KB041714

제18판

# 행정법신론

류지태 | 박종수

ADMINISTRATIVE
LAW

박영

# 제18판 머리말

제17판이 나오고 1년 만에 COVID 19로 인하여 한 번도 경험해 보지 못한 1년을 온라인 교육으로 보냈다. 이제 제18판을 준비하면서 되돌아볼 때 지난 1년이 법학교육에 많은 임팩트와 값진 변화를 줄 것임을 직감하게 된다. 온라인으로 강의를 하고 또 들으며 어려운 중에도 이 책과 함께 학문과 교육을 위해 힘겨운 노력을 경주해 온 교육자와 수강생들께 이 자리를 빌려 경의를 표한다.

이번 개정작업은 지난 2년 동안 축적된 대법원 판례를 반영하고, 그 사이 제·개정된 법령들을 관련 부분에 반영하는 데에 중점을 두었다. 특히 「개인정보보호법」은 행정법적 내용과 관련된 것으로 축약하여 간략히 설명하고 「행정절차법」과 전면 개정된 「지방자치법」을 비롯해 다수 법령의 변경된 조문 번호를 수정하는 등 소소한 작업이 있었다.

이번 개정 작업에도 곁에서 큰 힘이 되어 주는 동료 교수와 제자들의 도움이 있었다. 먼저 책의 내용에 건설적인 조언을 아끼지 않은 고려대학교 행정학과의 임현 교수께 감사의 정을 전한다. 책의 교정을 위해서는 한국법제연구원의 이재훈 법학박사와 연구실의 박수진 법학석사 및 강태현 연구조교가 많은 도움을 주었다. 항상 묵묵하게 저자가 청하는 도움에 마다하지 않고 도움을 주는 한국법제발전연구소의 석호영 법학박사에게도 고마움을 전한다. 특히 이재훈 박사는 이번 학기부터 성신여자대학교의 행정법 전임교수로, 석호영 박사는 명지대학교 미래융합대학의 행정법 전임교수로 각각 부임하게 된다. 두 사람의 학문적 대성을 진심으로 기원한다.

마지막으로 이 책의 개정과 출판을 위해 성실하게 도움을 주신 박영사 안종만 회장님 이하 편집부 임직원 여러분께도 감사의 뜻을 전한다.

2021년 2월 28일
한티언덕 우거에서
박종수

# 머리말

　　학문을 하는 사람으로서 연구와 강의는 어느 하나도 소홀히 할 수 없는 중요한 사명이다. 복잡한 사회현상을 안정된 방향으로 유도하고 동시에 바람직한 사회발전의 모델을 법의 이름하에 제시하는 것이 연구자로서의 행정법학자가 할 일이라면(본서 제9판 머리말 참조), 정립된 그 시대의 이론 수준을 자라나는 후학들에게 알기 쉽게 전달하는 것은 교육자로서의 행정법학자가 수행하여야 할 아름다운 책무이다. 이는 1995년 봄 이 책이 세상에 처음 나올 때부터 원 저자이시며 은사이신 사랑하는 고 류지태 스테파노 교수님께서 일관되게 유지하신 기본 정신이다. 앞으로도 이러한 신념은 이 책의 구서구석에서 변함없이 실현되도록 노력할 것이다.

　　이번 개정판을 준비하면서 저자로서 많은 고민을 할 수밖에 없었다. 무엇보다 법학전문대학원의 개원과 앞으로 있을 새로운 변호사시험제도의 실시 등 변화한 외부제도에 부합하여야 하는 문제, 행정법이론 공부 외에 실무적 내용을 동시에 중시하여야 하는 내용구성의 문제 등 간단히 정리할 수 없는 문제들이 많았다. 그러나 의욕은 앞서지만 이 모든 문제들을 하루아침에 해결하는 것은 가능하지도 않고 또한 바람직하지도 않다는 것을 스스로 깨닫게 되었다. 보완하거나 수정을 요하는 사항들은 시간을 두고 차근차근 반영해 나갈 것이다.

　　그런 가운데서도 이번 개정판부터는 각주의 외국문헌 표기를 과감하게 삭제하였고(해당 부분 외국문헌의 출처와 전거는 이 책의 이전 판을 참조), 서술내용 전반에 걸쳐 한글사용을 원칙으로 함은 물론, 관련 판례의 요지를 서술내용의 본문 해당 부분에서 직접 설명하는 등 외형적인 면에서의 변화를 시도하였고, 부관의 하자와 권리구제 문제나 행정상 손해배상책임에 있어서의 위법성 개념 등 내용적인 면에서 수정을 가한 부분도 있다.

　　지난 연말과 연초를 기해 비교적 많은 법령들이 국회를 통과하였다. 이 책에서는 2009년 2월 28일까지 제정 또는 개정된 주요 행정법규들을 모두 반영하도록 노력하였다. 특히 「국유재산법」이 대폭 개정되었고, 「행정심판법」상 재결청이 폐지되고 행정심판위원회로 일원화되는 한편, 「부패방지 및 국민권익위원회의 설치와 운영에 관한 법률」이 새로 제정되어 고충민원처리제도가 새롭게 개편되는 등 많은 변화가 있어 해당 부분을 대폭 수정하였다. 아울러 책의 판형을 한 단계 키우고 기존의 군사행정법 부분은 과감히 삭제하여 새로이 추가되는 내용들을 반영하기 위한 공간을 확보하였다.

이번 개정작업은 저자의 개인적인 능력 탓으로 많은 시간을 요할 수밖에 없었다. 그러한 가운데서도 많은 도움이 있어 무난히 출간할 수 있었다. 관계법령의 개정내용을 일일이 조사하여 반영하는 데는 일본 유학중인 박사과정의 이창림 법학석사(국회 부이사관)의 도움이 매우 컸다. 연구실 조교업무를 수행하면서 이 책의 서술에 대한 좋은 의견을 제시해 주었고, 지금은 사법연수원에서 예비법조인의 길을 걷고 있는 석사과정의 김태훈 군과 이유진 양에게도 고마움을 전한다. 아울러 수고로운 교정작업에 도움을 준 김지훈 법학박사와 석사과정의 오경희 양, 박사과정의 박종준 법학석사에게도 고마움을 전한다. 그 밖에도 이 책의 내용에 관해 많은 조언을 해 준 여러 연구실 제자들과 수강생들에게도 일일이 이름을 열거하지 못하지만 고마운 마음을 전한다. 이 책의 출판을 흔쾌히 맡아 주신 박영사의 안종만 회장님 이하 여러 직원분들께도 깊은 고마움을 전한다.

무엇보다 이 책을 저자로 하여금 이어갈 수 있도록 하여 제자의 도리를 다하게 허락해 주신 고인의 유족께도 감사의 말씀을 드린다.

2009년 3월 30일

박 종 수

# 차 례

## 제 1 편  행정법 서론

### 제 1 장  행정법의 의의

### 제 2 장  행정법의 대상으로서의 행정

# 제 3 장　공법의 일분야로서의 행정법

# 제 4 장　행정법학과 행정법의 체계

# 제 2 편　행정법의 기본개념

# 제 1 장　법률에 의한 행정

## 제 2 장  재량과 판단여지

# 제 3 장  주관적 공권

# 제 4 장　행정법관계론

# 제 3 편   행정작용론

## 제 1 장   행정작용 일반론

# 제 2 장 행정행위

# 제 3 장  행정입법

# 제 4 장  비권력적 행정작용

# 제 5 장  행정계획

# 제 6 장  그 밖의 행정작용유형

# 제 7 장  행정작용의 실효성 확보수단

# 제 4 편   행정구제론

## 제 1 장  사전적 권리구제제도

## 제 2 장  행정상의 손해배상제도

# 제 3 장  행정상의 손실보상제도

# 제 4 장  그 밖의 행정상 손해전보제도

# 제 6 장  행정소송

# 제 5 편 행정조직법

# 제 1 장 일반론(행정조직법의 기본구조)

# 제 2 장　국가행정조직

# 제 6 편　공무원법

## 제 1 장　공무원법 일반론

## 제 2 장　공무원법의 기본개념

# 제 3 장  공무원관계의 설정, 변경 및 종료

# 제 4 장 공무원법관계의 내용

# 제 7 편　지방자치법

# 제 1 장　지방자치법 일반론

# 제 2 장 지방자치단체 일반론

# 제 3 장  지방자치단체의 기관

# 제 4 장　지방자치단체 상호간의 관계

# 제 5 장　지방자치단체에 대한 국가의 관여

# 제 8 편　경찰행정법

## 제 1 장　경찰행정법 일반론

## 제 2 장　경찰권의 발동근거와 한계

# 제 3 장  경찰작용의 행위형식

# 제 4 장 경찰작용의 실효성 확보수단

# 제9편 급부행정법

## 제1장 공물법

# 제 2 장  영조물법

# 제 3 장  공기업법

# 제10편   개별 행정작용법

## 제1장  공용부담법

# 제 2 장  토지행정법

# 제 3 장  환경행정법

# 제 4 장　경제행정법

# 제 5 장  재무행정법

# 제1편

# 행정법 서론

行　政　法　新　論

▶ 행정법 사례의 전형적 모습

甲은 건축법 위반을 이유로 하여 자신의 건축물을 철거하라는 통지서를 노원구청장으로부터 받았다. 어떠한 권리구제방법을 강구할 수 있는가?

▶ 풀  이

이 문제는 행정법사례의 가장 전형적인 모습을 보여준다. 즉 행정법사례는 언제나 특정한 행정작용에 의하여 발생한 법적 효과에 대하여, 당사자의 권리구제방법(또는 가능성)을 검토하는 것이 내용이 된다. 따라서 행정법사례의 풀이에 있어서는 ① 행정기관의 일정한 행위(이를 행정작용이라고 칭한다)의 성질을 파악한 다음, ② 이의 위법성 또는 적법성을 검토하고, ③ 위법성이 인정되는 경우에 이에 대해 실정법상 허용되는 권리구제방법(즉 행정쟁송의 제기 및 그 밖의 권리구제방법)과 입법론상 필요하다고 인정되는 권리구제 유형의 가능성을 논하는 것이 그 내용이 되어야 한다.

따라서 그 해결의 순서로는 ㉠ 문제의 소재, ㉡ 행정작용의 법적 성질, ㉢ 행정작용의 위법성 검토, ㉣ 권리구제방법 등이 언급되어야 한다. 또한 이때에 주의할 것은 사례문제의 논의에 있어서는 항상 당해 사안과의 관련 속에서 설명이 행해져야 한다는 점이다. 논술형 문제의 답안처럼 일반적인 개념설명만을 시도하고 마지막에 일부분만 당해 사안과의 관련성을 언급하는 것은 올바른 답안구성이라고 할 수 없을 것이다.

# 제 1 장 행정법의 의의

## 제 1 절 행정법의 개념

행정법은 공법의 일부분으로서, 행정주체의 직접적인 행정목적 달성을 위한 모든 활동을 규율대상으로 하는 법규들의 총체라고 말할 수 있다. 이러한 점에서 행정법은 행정활동(행정작용), 행정절차 및 행정조직을 규율하게 되고, 이를 통하여 행정주체와 시민 사이의 법적 관련성을 발생시키게 된다.

그러나 행정작용이 하자를 발생하는 경우에는 당사자의 권리보호를 위하여 일정한 구제제도가 필요하게 되며, 이를 위하여 행정법은 행정구제에 관한 사항도 그 규율대상으로 하고 있다. 따라서 전체적으로 보아 행정법은 행정주체의 조직, 행정작용 및 행정구제에 관한 법체계를 그 대상으로 하게 된다.

이처럼 행정법이란 행정조직과 행정기관의 활동에 관한 사항을 규율대상으로 하는 규범체계를 말하며, 일차적으로는 개개의 권리주체와 공행정주체 사이의 법적 관계를 규율하는 것을 내용으로 한다. 오늘날과 같은 내용의 행정법이 만들어지기까지는 많은 역사를 필요로 하였다.

## 제 2 절    행정법의 발전

행정법의 발전은 국가체제의 정비와 관련된다. 따라서 행정법은 근대국가 체제를 비교적 빨리 완비한 프랑스에서부터 그 기원을 찾는다.

① 프랑스의 행정법은 행정부와 사법부의 갈등관계를 통하여 발전하였으며, 행정부의 우위를 강조한 체제로 성립하였다. 최초의 행정재판소가 행정부에 속하게 된 전통도 이에 기인한 것으로 이해된다. 프랑스 행정법은 오늘날 대륙법계의 특성인 공법과 사법의 구별을 전제로 한 이원적 법체계에 기초한 이론을 구축하였으며, 독일 행정법체계에 많은 영향을 미쳤다. 통치행위이론, 재량행위이론, 공물이론, 공법상 계약이론, 공역무이론, 당사자소송 등이 프랑스 행정법 논의의 산물로 평가되고 있다.

② 독일 행정법은 프랑스 행정법의 영향을 받으면서도 독자적으로 발전하여 온 체계이다. 이론의 엄격한 체계가 특징이며, 행정행위이론, 헌법재판제도와 개별 행정영역에 특유한 다양한 행정법원 구조, 주관적 권리보호 체계의 확립 등이 독일 행정법 논의의 산물이다.

③ 영국 행정법은 공법의 우월적 지위를 부정하고 형평법과 보통법에 기초한 법체제로서의 영국법의 특성으로 인하여 독자적 발전이 늦게 시작되었다. 별도의 행정법과 행정법원이 존재하지 않는 점, 행정소송과 민사소송의 상대화 경향 등이 특징으로 설명될 수 있다.

우리나라의 행정법은 일본 행정법을 통하여 프랑스 및 독일의 행정법이론에 많은 영향을 받은 것으로 평가되고 있다. 행정법은 초기에는 민법 및 소송법의 영향을 받아 다양한 이론을 구축한 것으로 평가되고 있으나, 점차 독자적인 내용을 확대하여 왔다고 말할 수 있다.

## 제 3 절    행정법의 지배이념

 기본
사례

1. 甲은 영농지원자금을 충북 진천군에 신청하였으나 거절되었다. 진천군은 영농자금지원은 郡이 갖는 재량행위이므로 스스로의 판단에 의해 결정할 수 있다고 한다. 甲은 어떠한 방법으로 이에 대응할 수 있는가?

2. 乙은 「자동차관리법시행령」 위반으로 과태료부과처분을 받게 되었다. 乙은 이러한 시행령 규정이 「자동차관리법」의 근거가 없는 것임을 이유로 하여 다투고자 한다. 어떠한 방법이 있는가?

3. 丙은 자신의 토지가 군사보호구역으로 지정되어 그의 재산권행사가 제약되게 되었다. 丙이 관련법 규정을 검토해 본 결과, 행정기관에게 매우 넓은 행정계획수립권한이 있음을 알게 되었다. 어떠한 권리구제방법을 강구할 수 있는가?

(풀이는 6면)

행정법이 기초로 하고 있는 지배이념에 대해서는 여러 가지 논의가 가능하다. 그러나 행정법은 전체적으로 보아 권리보호이념과 행정능률의 실현이념에 의하여 지배되고 있다고 볼 수 있다.

## Ⅰ. 권리보호이념

행정법도 우선적으로는 법으로서의 성격상 시민의 권리보호를 실현하는 것을 그 이념으로 한다. 따라서 이를 위하여 행정법은 행정기관의 행정작용을 근거지우고($_{작용법}^{행정}$), 행정작용을 사전적으로 규제하거나($_{절차법}^{행정}$), 사후적으로 통제하게 된다($_{상의 손해전보제도}^{행정쟁송법이나 행정}$). 이러한 행정작용으로부터 시민의 권리보호의 의미는 행정절차와 행정구제의 측면에서 강하게 나타난다.

## Ⅱ. 행정능률의 실현이념

행정법은 다른 측면에서는 그 규율대상인 행정작용의 특성상 요구되는, 행정작용의 신속한 능률적인 수행도 배려하여야 한다. 이는 행정작용을 통하여 달성하려는 공익적인 이해관계를 반영하는 것이다. 이를 행정능률의 실현이념이라고 칭할 수 있으며, 이로 인해 행정기관이 행하는 행정현실에 대한 합목적적인 결정이 여러 가지 측면에서 배려되어진다. 이는 실질적으로는 개별적인 행정현실의 사정을 반영하는 행정작용의 확보($_{정의의 실현}^{개별적인}$)와, 능률적이고 신속한 행정작용의 확보를 그 목표로 하게 된다. 이를 반영하는 행정법 이론으로서는 재량행위이론, 행정입법, 행정계획이론, 행정지도 등을 들 수 있다.

## Ⅲ. 양 이념의 조화

그러나 이러한 양 이념은 독자적으로 기능하는 것이 아니라 서로 적절한 형태로 조화되는 것이 필요하다. 행정법의 이론이나 법규정의 내용으로서 재량행위의 하자이론이나 재량행위에 대한 다양한 공권 인정, 행정계획에 대한 이른바 형량명령이론, 행정절차에서의 원칙과 예외규정의 존속, 행정절차의 하자의 치유 인정, 행정입법의 한계논의 등은 이를 반영한 것으로 볼 수 있다. 따라서 특정 행정법이론이나 제도가 위의 양 이념 중의 어느 하나에 치중하고 있다는 평가를 받게 되면, 다른 이념의 실현을 보장할 수 있는 제도적 장치가 마련될 필요성이 제기되는 것이다. 행정법의 이러한 특성은 후술하는 행정법의 체계에서도 그대로 나타난다.

**기본사례 풀이**

사례는 모두 행정법의 구체적인 현실을 보여주는 보기이다. 즉 현실적인 행정작용은 근거규범 자체에 의해 또는 그 형식에 의해 매우 넓은 범위의 자율적인 영역이 허용되고 있다. 그러나 이러한 행정기관의 자율영역은 개인의 권리보호측면에서는 적지 않은 문제점을 내포하게 된다. 따라서 행정법이론은 이러한 문제를 해결하고 개인의 권리보호를 위하여 다양한 제도와 개념을 만들어내고 있다. 이로 인해 행정법사례의 해결에 있어서도 이러한 필요성에 기초하여 권리보호를 위한 제도와 개념을 이해하고, 이에 따른 방안제시에 많은 비중을 두어야 한다. 첫 번째 사례에서는 재량행위에 대한 통제이론 또는 개인적 공권 인정 논의가, 두 번째 사례에서는 행정입법의 한계 문제가, 그리고 세 번째 사례에서는 행정계획에 대한 통제 논의가 검토되어야 한다.

# 제 1 절  행정의 개념

　행정법은 행정을 대상으로 한다. 그렇다면 행정법의 대상으로서의 행정이란 무엇인가? 행정법에 입문하기 위해서는 그 대상인 행정을 먼저 파악해야 할 것인데, 이는 행정법을 처음 대하는 법학도들이 가장 먼저 대하는 난해한 질문이 될 것이다. 어쩌면 행정법학이라는 학문의 세계에 입문하기 위한 굉장히 단순한 확인문제에 불과하다고 보일 수도 있지만, 이 문제에 대하여 행정법이 탄생한 과거로부터 오늘날에 이르기까지 유수한 행정법의 대가들도 명확한 답을 하지 못하고 있다. 이는 비단 독일을 위시한 대륙법계에만 특수한 문제는 아니며 영미법에서도 마찬가지이다.[1)]

## Ⅰ. 논의의 전제

　먼저 행정의 개념을 논하기 위한 두 가지 기본전제가 있다.

---

1) "… field that seems forever in search of itself": Schuck(Hrsg.), Foundations of Administrative Law, 1994, S. 3.

첫째, 행정법의 대상으로서의 행정개념은 강학상의 개념이다. 여기에는 다시 두 가지 의미가 내포되어 있다. 한편으로 행정 개념을 현행 법령상의 법률용어 중에서 바로 가져다 쓸 수는 없다는 것이다. 설사 현행 법령상 '행정' 개념이 사용되는 예가 있더라도 강학상의 행정 개념과 같을 수는 없다. 다른 한편 행정 개념은 행정법에 입문함에 있어 행정법학의 범위를 가늠하게 하는 중요한 열쇠가 되는 개념이다.

둘째, 행정법의 대상으로서의 행정은 사회영역이 아닌 광의의 국가영역에 관련한 행정, 즉 '公행정'을 의미한다는 것이다. 즉, 행정 개념은 사경제영역이나 회사와 같은 단체에서 볼 수 있는 '私행정'을 배제한다. 행정이란 일반적으로 '공공조직이나 사회조직의 특정 목적을 달성하기 위한 계획적 활동'으로 설명할 수 있는 일종의 사회현상이라고 말할 수 있다. 그러나 행정법의 대상으로서의 행정은 이 중 광의의 국가영역의 공행정만을 대상으로 한다.

## Ⅱ. 행정 개념에 관한 학설

이러한 전제위에 종래 학자들에 의하여 (공)행정을 정의하려고 했던 이론적 노력들을 검토할 수 있다. 공행정은 조직적·기능적 및 법적으로 그 자체 독립하여 다른 영역들과 구별되는 단일체를 이루고 있다. 따라서 동일한 대상이라도 보는 시각에 따라 달리 파악할 가능성이 있다. 이와 관련하여 종래 ① 조직적 의미의 행정, ② 형식적 의미의 행정 및 ③ 실질적 의미의 행정이 논해지고 있다.

### 1. 조직적 의미의 행정

이는 행정을 담당하는 조직과 인력의 총체로서의 행정 개념을 의미한다. 실질적으로 행해지는 내용이 무엇인지는 고려하지 않는다. 그러나 이러한 관점에서 행정에 접근하는 것은 행정현실을 완전하게 파악할 수 없다는 점에서 만족스럽지 못하다. 예컨대 입법부의 영역에도 행정은 존재한다. 즉, 국회의원에 대한 보수지급행위나 역무제공 및 국회 원내에서의 토론과정을 방해하는 방청객에 대한 국회의장의 퇴장지시와 같은 가택권(Hausrecht)의 행사 등은 순수 입법작용과는 거리가 멀다. 또한 사법부의 영역에서도 예컨대 등기·등록사무는 판결을 형성하는 것과 같은 순수 사법작용과는 거리가 멀다.

### 2. 형식적 의미의 행정

이는 위의 조직적 의미의 행정에 의해 행사된 모든 행위의 총체를 행정 개념으로 파악하는 입장이다. 근본적으로 이 관점은 조직적 의미의 행정에 연계한다는 점에서 조직적 의미의 행정에 대한 비판이 그대로 여기에도 적용된다. 조직적 의미의 행정에 의해 행사된 것인 이상 실질적으로 당해 행위가 입법·사법에 속하는지는 중요하지 않다고 본다.

### 3. 실질적 의미의 행정

이러한 이유에서 종래 오토 마이어(O. Mayer), 옐리네크(W. Jellinek) 이래 전통적으로 행정법학자들은 (공)행정의 개념을 실질적 의미로 파악하고 있다. 그러나 여기에는 다시 행정개념을 ㉠ 소극적으로 파악하는 입장과 ㉡ 적극적으로 파악하는 입장 및 ㉢ 양자를 절충하는 입장 등으로 구분할 수 있다.

#### (1) 소 극 설

이 입장은 특히 권력분립의 원칙에 근거하여 행정개념을 소극적 방법으로 도출해 내는 것이 특징이다. 즉, 행정이란 입법과 사법에 속하지 않는 나머지 국가작용이라고 본다. 그러한 점에서 이른바 '공제설(Substraktionstheorie)'이라고도 한다.

국가조직법의 대원칙인 권력분립원칙에 따르면 국가기능은 크게 세 가지로 나뉘는데, 입법·사법 및 행정이 그것이다. 우리 헌법도 권력분립의 원칙을 분명히 하고 있는데, 헌법 제66조 제4항에서는 "행정권은 대통령을 수반으로 하는 정부에 속한다"고 규정하고, 제40조에서는 "입법권은 국회에 속한다"고 규정하고 있으며, 제101조 제1항에서는 "사법권은 법관으로 구성된 법원에 속한다"고 선언하고 있다. 이렇게 헌법이 구분하는 국가권력 또는 국가기능의 분장에 따르면 우리가 다루려고 하는 행정은 바로 행정권, 즉 집행부(Exekutive)에 속하는 것임을 알 수 있다. 따라서 집행부가 하는 일이 무엇인지에 관심의 초점이 모아지게 된다.

그러나 일응 집행부가 하는 활동이 모두 공행정이라고 말할 수 있을 것처럼 보이지만, 집행부가 행사하는 행위 중에는 순수 행정작용이라고 볼 수 없는 것이 있다. 즉, 헌법 제66조 제4항에 따라 대통령을 수반으로 하는 정부가 행하는 집행작용에는 헌법기관으로서의 대통령이 행사하는 권한 부분이 있음을 간과하면 아니 된다. 대통령이 결정하는 국정운용의 지침이나 여타의 정치적 결정들은 고도의 정치성을 띠는 헌법기관으로서의 행위이기 때문에 순수한 행정작용이라고는 할 수 없고, 이론적으로 '통치행위'라고 하여 따로 구분하고 있다. 즉, 집행작용 중 통치작용이 아닌 부분을 행정이라고 해야 옳다. 물론 순수 행정작용과 통치작용을 명확하게 구분하는 것은 힘들다. 왜냐하면 헌법기관인 대통령도 스스로 행정기관으로서 행정활동을 하기 때문이다.

그러나 양자는 구분되어야 하고 행위하는 기관이 아니라 행사되는 행위의 실질적 내용에 기준을 두는 이러한 세부구분은 순전히 이론적 의미만 있는 것이 아니라, 실제

나타날 수 있는 분쟁절차에서도 차이를 보인다. 즉, 집행부의 어떤 행위가 기능적(=실질적)으로 '행정'으로서 행해졌다면 그와 관련한 법적 분쟁은 「행정심판법」이나 「행정소송법」에 의한 행정쟁송에 의해 해결되어야 한다. 반면 집행부의 어떤 행위가 기능적(=실질적)으로 통치작용의 일환으로 행해졌다면 그러한 행위는 행정소송에 의한 사법심사의 대상으로 할 수 없고 기껏해야 「헌법재판소법」이 규정하는 요건이 충족되는 전제하에 헌법재판소에 의한 헌법쟁송의 대상이 될 수 있을 뿐이다.

이처럼 오토 마이어[2] 이래 전통적인 행정법이론에서는 행정개념을 실질적으로 파악하여 행정이란 국가작용(기능) 중 입법과 사법 및 통치가 아닌 나머지 국가작용으로 파악한다.

### (2) 적 극 설

그러나 실질적 의미의 행정을 위와 같이 소극적 방법에 의해 도출하는 것에 대해서는 다음과 같은 비판이 제기된다.

첫째, 공제설이 타당하기 위해서는 과연 무엇이 입법이고 무엇이 사법인지(나아가 무엇이 통치인지)에 대해 먼저 충분히 명확히 할 것을 요한다. 그러나 위에서 실질적 의미의 행정을 조직적 의미나 형식적 의미의 행정과 구분하면서 본 바와 같이, 오늘날 입법·사법·행정의 구분이 과거와 같이 명확히 일도양단의 의미로 구분되기는 거의 어려우며, 개별적인 경우에 행정의 개념에 대한 논의 못지 않게 입법·사법의 개념에 대해서도 분명한 구분기준을 찾기가 힘든 것이 사실이다.

둘째, 오늘날의 국가작용 중에는 전통적인 권력분립원칙에 의한 카테고리에 포함시킬 수 없는 국가기능들이 나타나고 있다. 예컨대 통제작용과 관련하여 의회에 의한 통제작용, 감사원에 의한 통제작용 등이 그것이다.

셋째, 방법론적으로도 무엇을 정의할 때에는 적극적인 방법에 의해야지 소극적 방법에 의한 정의는 논증력이 떨어져 타당하지 않다.

따라서 종래의 지배적 입장인 소극설(공제설)에 반기를 들고 (실질적 의미의) 행정개념을 적극적으로 정의하려는 견해들이 주장되고 있다. 예컨대 페터스(Peters)는 행정을 개별사안에 대한 국가목적의 실현이라고 보았고, 포르스트호프(Forsthoff)는 법과 법률

---

2) 물론 오토 마이어의 입장이 소극설인지 또는 다음에 논의할 적극설에 해당하는지에 대해서는 견해가 대립할 수 있다. 이는 오토 마이어의 행정 개념의 정의규정 중에서 어느 부분을 강조하는가에 따라서 달라지게 되는 것이다. 즉 그에 따르면 행정이란, "국가가 자신의 목적을 달성하기 위하여 활동하는 것으로서, 입법작용도 사법활동도 아닌 것을 말한다"라고 한다(O. Mayer, Deutsches Verwaltungsrecht, Bd. I, 3. Aufl., 1924, S. 7). 따라서 이 표현 중에서 앞부분을 강조하는 입장에서는 이를 적극설의 범주에 넣게 되고, 후단을 강조하는 입장에서는 소극설의 범주에 넣게 된다(F. Mayer, *Allgemeines Verwaltungsrehcht*, 1971, S. 3; Adamovich/Funk, *Allgemeines Verwaltungsrecht*, 3. Aufl., 1987, S. 14).

의 테두리내에서의 사회형성작용이라고 하였다. 또한 기이제(Giese)는 고권적 수단의 투입을 행정이라고 보았고, 티이메(Thieme)는 이미 확정된 정치적 결정의 계획적·목적적 집행작용이라고 하였다. 또한 루만(Luhmann)은 구속적 결정의 창설작용을 행정이라고 보았다.

그러나 이러한 입장들도 행정작용의 중요한 단면들을 잘 지적하기는 하였지만 행정개념을 온전히 표현해내는 정의개념이 될 수는 없는 한계를 갖는다. 그 의미하는 내용이 매우 추상적일 뿐 아니라 입증하기도 어렵기 때문이다.

한편 일본의 학설 중에는 이른바 '기관양태설'이 소개되기도 한다.3) 이는 그 수행주체인 국가기관의 성질에 착안하여 행정을 이해하려는 입장이다. 이에 따르면 직무상 상호간에 독립된 대등관계에 있는 기관이 행하는 법집행행위가 사법인 데 반하여, 그 권한행사에 있어서 상급기관의 감독을 받는 상하관계에 있는 기관이 행하는 법집행행위가 행정이라고 본다. 이는 오스트리아의 켈젠(Kelsen) 등 순수법학파의 주장이라고 한다. 그러나 이에 대해서는 국가작용의 성질이 서로 다르기 때문에 이를 집행하기 위한 기관의 성질이 상이한 것인데도 불구하고, 반대로 기관의 성질의 차이를 이유로 하여 그 작용의 차이를 설명하려 한다는 비판이 제기되고 있다.4)

### (3) 결 합 설

이러한 이유에서 최근에는 점차 행정개념을 공제설에 따라 다른 국가기능과 구분하면서도 행정이 갖는 적극적 징표를 결합하여 정의하는 입장이 나타나고 있다.

예컨대 슈테른(Stern)은 먼저 소극적 방법으로 국가기능 중 법정립작용, 통치, 국가지도적 계획작용, 국방 및 사법을 배제한 후, 적극적 방법으로 행정이란 집행권의 기관과 여기에 속하는 일정한 법주체가 자기책임하에 공동체의 사무를 법적 구속하에 구체적 조치로써 수행하는 것이라고 정의한다.

## 4. 사    견

지금까지 본 바와 같이 많은 학문적인 노력이 있었지만 행정법의 대상이 되는 행정개념을 만족스럽게 정의해낸 견해는 찾을 수 없다. 이러한 행정개념 흠결의 원인은 '묘사할 수는 있지만 정의할 수 없는5)' 행정 자체의 고유한 특성에서 찾아야 할 것이다.

행정은 그 행위영역이나 사무영역 또는 구조 및 행위형식 등에 있어서 매우 다양하게 나타나고 있기 때문에 개념적으로 추상화하여 파악하기가 매우 어려운 대상이

---

3) 대표적인 학자로는 田中二郎을 들 수 있다.
4) 이에 대해서는 原田尙彦, 行政法要論, 2004, 6면 참조.
5) Forsthoff, *Lehrbuch des Verwaltungsrechts*, 10. Aufl., 1973, S. 1.

다. 그러한 점에서 행정개념을 어느 하나로 규정지으려고 한 적극설 및 동일한 비판이 가능한 결합설은 타당하지 않다. 행정법이 태동한 19세기에 비하여 오늘날 행정이 하는 일이 매우 다양하고 양적으로도 획기적으로 늘어났다고 하지만, 앞으로 얼마나 더 팽창하고 새로운 영역들이 더 생겨날지는 아무도 알 수 없다. 그렇다고 적극설이나 결합설을 취하여야 할 당위가 나오는 것도 아니다.

그러한 점에서 어느 정도의 난점이 없는 것은 아니지만 행정의 개념적 이해는 일응 전통적인 소극설에 따라 파악하는 것이 합목적적이라고 생각된다. 결국 행정이란 "사법작용과 직접적인 헌법활동인 입법작용이나 통치행위를 제외한 국가업무에 관한 작용을 총칭하는 것"이라고 정의될 수 있을 것이다. 그러한 바탕 위에 지금까지는 행정을 무작정 정의하려고만 노력하였다면 이제부터는 우리 주위에서 흔히 대할 수 있는 다양한 모습의 행정을 그 전형적인 표징(Merkmale)에 따라 '묘사'하는 노력을 기울일 필요가 있다.

행정의 본질을 가장 잘 특징지우는, 그러면서도 우리가 공동체 안에서 경험적으로 통상 이해할 수 있는 행정의 전형적인 징표는 다음과 같이 개략적으로 요약할 수 있다.

### (1) 공익을 실현하기 위한 활동

행정은 공익, 즉 일반인의 이해관계 또는 공공복리를 실현하기 위한 작용으로서의 특성을 갖는다. 이때의 공익의 개념은 다의적이어서 그 의미를 구체화하는 것이 용이하지 않으며, 이에 따라서 개별적인 경우에 상응하여 그 내용을 구체화할 수밖에 없게 된다. 그러나 공익의 실현은 다른 한편 행정에 특유한 특성은 아니며, 입법작용·통치활동 및 사법작용에서도 인정되는 특성이다. 그러나 사법작용이 주로 과거의 사건을 대상으로 하는 데 반하여, 행정은 미래의 일정한 상태를 실현하기 위한 적극적 사회형성작용이라는 점에서 서로 구별된다.

### (2) 공법적인 권리주체에 의한 활동

행정은 조직적인 의미에서는 통상적으로 국가나 지방자치단체와 같은 공법적인 권리주체에 의하여 수행되는 특성을 갖는다. 그러나 예외적으로는 사인이 공법적인 권리주체로부터 공행정의 수행권한을 위임받아 행정을 행하는 경우도 존재한다(이른바 '공무수탁사인'의 경우).

### (3) 구체적 조치를 내용으로 하는 활동

행정은 개별적인 사안의 규율을 위하여 구체적인 조치를 행하는 것을 내용으로 하는 활동이라는 특성을 갖는다. 이러한 점에서 행정은 같은 공익실현작용인 입법작용이 일반적인 조치인 규범정립작용을 행하는 것과 구별된다.

## 제 2 절  이른바 '통치행위'

**기본 사례**

대통령 甲은 헌법상 인정된 긴급재정·경제명령의 형식을 통하여 부동산실명제를 실시하였다. 이러한 새로운 제도로 인해 불이익을 받게 된 乙은 이러한 제도는 국민의 재산권행사에 중대한 제약을 가져오는 것인 만큼 법률의 형식을 필요로 한다고 생각하고 있다. 어떠한 법적 대응방법을 생각할 수 있는가?

(풀이는 19면)

실질적 의미의 행정은 그 기능면에서 통치활동 또는 통치행위와 구별된다. 행정은 통상적으로 법집행행위로서의 의미를 가지며 개별적인 경우에 있어서의 공적 과업의 수행작용인데 반하여, 통치행위는 국가 전체의 정치적 방향을 결정하는 행위로서 국가지도적 기능을 수행하는 행위들을 말한다. 그러나 실제에 있어서 이를 수행하는 기관면에서 서로 구별되는 것은 아니며, 동일한 국가기관이라도 양 유형의 행위를 행할 수 있다. 국가기관의 행위가 통치활동에 해당하는 경우에는 사법심사의 대상에서 제외된다는 점에서 통치행위는 통상적인 행정과 구별된다.

## I. 통치행위의 개념

통치행위는 "고도의 정치성을 가지는 국가기관의 행위로서, 사법심사의 대상으로 하기에 부적합하거나, 판결이 존재하는 경우에도 그 집행이 곤란한 행위"라고 일응 정의할 수 있다.

이 개념은 실정법상의 개념이 아니라 판례와 이론에 의해서 형성된 개념으로서, 합리적 관념의 소산이라기보다는 순전히 경험적 관념의 소산으로 평가될 수 있다. 이 개념에 해당하는 경우에는 행정법의 적용대상에서 제외된다. 그러나 그 대상이나 한계 등에 관한 문제는 행정법적 성질을 갖는 문제로서 인정되고 있다.

통치행위에 관한 논의는 법치행정의 한계와 관련되는 것이므로, 법치행정이 비교적 완비되어 공권력행사에 대한 사법심사제도가 제대로 인정되고 있는 경우에 그 논의의 의미를 가질 수 있다. 따라서 사법심사제도가 불완전하게 보장되고 있는 경우에는 일반적인 행정작용에 대해서도 권리보호가 제대로 인정되지 못하고 있는 경우이므로, 별도로 통치행위의 사법심사 가능성을 논의할 실익이 존재하지 않게 된다.

## II. 다른 나라에서의 통치행위 논의

통치행위 개념은 연혁적으로는 프랑스의 판례에 의하여 형성되어 발전된 것이다.

### 1. 프 랑 스

#### (1) 판례에 의한 논의

통치행위 개념은 프랑스에서 최초로 논의되기 시작하였으며, 19세기 초부터 최고행정재판소인 국사원의 판례에 의해 인정되어 왔다. 그 초기에는 이른바 정치적 동기이론, 즉 정치적 문제에 관해서 재판권이 개입할 수 없다는 논거에 의해서 인정하여 왔으나, 이는 정치적 동기로 행해지는 어떠한 행위도 통치행위로 미화될 가능성이 있다는 비판에 의해 이러한 논거는 1875년의 판례에 의하여 포기되기에 이르렀다.

#### (2) 통치행위의 대상

현재 통치행위에 관한 논의는 국사원과 관할 행정재판소 판결에 의해서 나타난 일정한 목록(통치행위표)에 의해서 설명되고 있으며, 전반적인 경향은 통치행위의 인정영역이 축소되어 가고 있다는 점을 들 수 있다.

통치행위로 인정되는 그 주된 사항으로는, 행정부의 의회에 관한 것으로서 대통령의 비상대권결정,6) 정부의 법률안 제출행위, 법률안 공포행위, 국회의 소집 및 폐회행위, 국회해산행위, 법률안의 국민투표회부결정, 헌법위원회 제소행위 등을 들 수 있다. 또한 행정부의 대외관계에 관한 사항으로서 국제조약의 협상 및 체결행위, 조약의 시행에 관한 행위, 전쟁수행에 관한 행위 등을 들 수 있다.

#### (3) 학설상의 근거

학설상의 통치행위의 근거에 대해서는 대략적으로, ① 행위의 동기에 의해서가 아니라 그 행위의 본질적 성격에서 찾아야 한다는 논거, ② 국가활동의 보장과 적

---

6) 그러나 이때에도 비상대권발동 그 자체에 대해서만 통치행위성이 인정될 뿐, 이에 따른 일련의 조치에 대해서는 사법심사를 인정하고 있다.

법성의 요청의 조화라는 측면에서 재량행위의 법리로 이해하는 입장, ③ 독자적인 법적인 범주에 해당하지 않는 혼성적 행위(즉, 정부와 의회, 정부와 외국과 관련되는 행위)로서 이해하는 입장 등이 있다.

## 2. 미  국

### (1) 정치적 문제

미국에서의 통치행위는 정치적 문제 또는 정치적 행위(political question)로 표현되고 있으며, 그 개념은 헌법이 권력분립원칙에 입각하여 다른 기관의 판단에 위임하였거나 또는 법원의 자율적 자제에 의해서 자신이 판단하기에 적절하지 아니한 타기관의 행위가 존재함을 인정한 행위들을 의미한다.

### (2) 판례의 발전

미국에서는 1803년의 Marbury vs. Madison 사건에서 Marshall 판사가 어떤 정치적 성격의 문제에 대해서는 헌법이 대통령의 자율적 재량에 위임하였기에 대통령이나 행정부의 결정이 최종적인 구속력을 가진다고 선언함으로써 정치적 문제의 존재가능성이 있음을 암시한 것을 시초로 하여, 최초로 정치적 문제의 존재를 인정한 판례인 1849년의 Luther vs. Borden 판결 등을 통하여 이 이론이 확립되었다.7)

### (3) 한  계

판례나 학설상의 검토에 의하면 정치적 행위는 헌법의 명시적인 규정(예컨대 탄핵문제)이나 헌법의 기능론적 해석에 입각한 법원의 자율적 자제에 의하여 다른 기관의 정치적 판단에 위임된 문제(예컨대 외교문제 등)에 한정되고 있다. 그러나 헌법이나 다른 법규범에 의하여 그 행위의 적법성을 판단할 기준이 존재하거나, 기본권, 특히 본질적인 권리가 관련되는 경우에는 정치적 행위로서가 아니라 사법심사의 대상이 됨을 인정하고 있다.

## 3. 독  일

독일에서는 통치행위 논의가 비교적 늦게 시작되었다고 볼 수 있다. 즉 제 2 차대전 전까지는 행정소송사항에 대해 이른바 '열기주의'를 채택하여 고도의 정치성을 가

---

7) 그 동안 미국에서 정치적 문제에 해당함을 인정한 대표적 사건으로서는, Coleman vs. Miller 사건(1939년 : 연방헌법 수정발의에 대한 주의회승인의 효력문제)과 Colegrove vs. Green 사건(1946년 : 선거구의 인구합치문제)이 있다. 이에 반하여 정치적 문제에 해당함을 부정한 대표적 사건으로서는, Baker vs. Carr 사건(1962년 : 의원정수의 불균형문제)과 Powell vs. McCormack 사건(1969년 : 의원제명절차문제)이 있다. 이에 대한 상세한 내용은 英美判例百選, ジュリスト(제59호), 1978, 61면 참조.

진 문제는 이러한 사항에서 처음부터 제외되어 논의가 활발하지 못하다가, 제2차대전 후에 행정소송사항에 대해 '개괄주의'가 채택되어 논의가 본격화되었다. 그러나 판례에 의해서 발전되기보다는 주로 이론상으로 논의되는 정도이며 주로 국가긴급권, 국회해산, 조약비준행위, 전쟁행위 등을 그 대상으로 보고 있다. 주된 논거로서는 재량행위설, 권력분립설, 사법자제설 등이 주장되고 있다.

## Ⅲ. 우리나라에서의 통치행위 논의

### 1. 이론적 논의

우리나라에서의 통치행위에 관한 논의는 이 개념을 부정하는 입장과 긍정하는 입장으로 나뉘고 있다. 일반적 견해는 긍정의 입장을 취한다.

### (1) 부 정 설

부정하는 입장은 헌법 제107조 제2항의 행정소송 개괄주의와 기본권보호를 근거로 통치행위를 부정한다. 그러나 이는 행정소송의 개괄주의가 바로 통치행위의 부정을 의미하는 것이 아니라는 점에서, 그리고 이러한 주장은 법정책론적 측면에서 문제가 있는 논거라고 비판된다.

### (2) 긍 정 설

#### 1) 학설의 내용

긍정하는 입장은 그 논거에 있어서 다음과 같이 세 가지 입장으로 대립하고 있다. 우선 ① 내재적 한계설(또는 권력분립설)에 의하면 통치행위에 해당하는 고도의 정치적 문제는 권력분립원리상 사법심사의 대상에서 제외하는 것이 타당하고, 이것이 사법권의 내재적 한계에 해당한다고 주장한다. 이에 반해 ② 재량행위설은 이를 행정부의 정치적 재량으로 파악하여 처음부터 사법심사의 대상에서 제외된다고 본다. 또한 ③ 사법부자제설은 법이론적으로는 심사가능한 사건을 정책적 견지에서 법원이 스스로 자제하는 것이라고 한다.

생각건대 재량행위설은 재량행위가 사법심사와 관련하여 그 대상에는 해당하나 범위에서는 제한되는 특성을 잘못 이해하는 문제를 안고 있다. 즉 '사법심사의 대상'에 관련된 통치행위의 문제를 '사법심사의 범위나 한계'의 문제로서 오해하고 있다는 비판이 가능하게 된다. 또한 사법부자제설은 국민의 권리구제에 공백을 야기하게 하는 사법권행사의 포기를 정당화하는 논거제시로서는 불충분한 논리를 전개하고 있다고 생각된다. 이러한 점에서 내재적 한계설이 타당하다고 생각한다.

그러나 헌법재판소는 사법부자제설의 입장에 가까운 태도를 보이고 있다. 즉, 헌법재판소는 일반사병의 이라크파병 위헌확인 사건8)에서, "이 사건 파병결정은 대통령이 파병의 정당성뿐만 아니라 북한 핵사태의 원만한 해결을 위한 동맹국과의 관계, 우리나라의 안보문제, 국·내외 정치관계 등 국익과 관련한 여러 가지 사정을 고려하여 파병부대의 성격과 규모, 파병기간을 국가안전보장회의의 자문을 거쳐 결정한 것으로, 그 후 국무회의 심의·의결을 거쳐 국회의 동의를 얻음으로써 헌법과 법률에 따른 절차적 정당성을 확보했음을 알 수 있다. 그렇다면 이 사건 파견결정은 그 성격상 국방 및 외교에 관련된 고도의 정치적 결단을 요하는 문제로서, 헌법과 법률이 정한 절차를 지켜 이루어진 것임이 명백하므로, 대통령과 국회의 판단은 존중되어야 하고 헌법재판소가 사법적 기준만으로 이를 심판하는 것은 자제되어야 한다. 이에 대하여는 설혹 사법적 심사의 회피로 자의적 결정이 방치될 수도 있다는 우려가 있을 수 있으나 그러한 대통령과 국회의 판단은 궁극적으로는 선거를 통해 국민에 의한 평가와 심판을 받게 될 것이다"고 결정하고 있다.

### 2) 헌법소원의 가능성

그러나 이러한 입장에서도 여전히 문제가 되는 것은 기본권침해를 이유로 한 헌법소원가능성(또는 헌법소원의 대상성) 문제이다. 즉 통상적인 사법심사는 불가능하다고 하더라도 별도의 권리구제기관인 헌법재판의 심사가능성은 보장된다고 볼 수 있는가가 문제로 된다.

이 문제에 대해서 행정법 학설에서는 별 논의가 없으나, 헌법학계의 다수견해는 통치행위성을 인정하더라도 당해 행위가 기본권과 관련되는 행위인 때에는 헌법소원의 대상성을 인정하고 있다. 그러나 통치행위가 국민의 기본권과 직접적인 관련성을 갖지 못하는 유형인 때에는 헌법소원의 대상성을 부정하고 있다.

헌법재판소의 결정도 같은 입장인 것으로 보인다. 즉, 헌법재판소는 긴급재정·경제명령 등 위헌확인 사건에서, "대통령의 긴급재정·경제명령은 국가긴급권의 일종으로서 고도의 정치적 결단에 의하여 발동되는 행위이고 그 결단을 존중하여야 할 필요성이 있는 행위라는 의미에서 이른바 통치행위에 속한다고 할 수 있으나, 통치행위를 포함하여 모든 국가작용은 국민의 기본권적 가치를 실현하기 위한 수단이라는 한계를 반드시 지켜야 하는 것이고, 헌법재판소는 헌법의 수호와 국민의 기본권보장을 사명으로 하는 국가기관이므로 비록 고도의 정치적 결단에 의하여 행해지는 국가작용이라고 할지라도 그것이 국민의 기본권침해와 직접 관련되는 경우에는 당연히 헌법재판소의 심판대상이 된다"고 결정한 바 있다.9)

---

8) 헌재 2004. 4. 29, 2003헌마814.
9) 헌재 1996. 2. 29, 93헌마186.

### (3) 소    결

생각건대 통치행위를 부정하는 견해는 따를 수 없다고 생각된다. 이 견해가 주장하고 있는 행정소송의 개괄주의의 논거는 이러한 개괄주의의 체제가 바로 논리적으로 통치행위의 부정을 도출하는 것이 아니라는 점에서, 그리고 이러한 주장은 법정책론적 측면에서 문제가 있는 논거라는 점에서 비판되어야 한다. 따라서 통치행위는 인정될 수밖에 없을 것이다. 그리고 이러한 통치행위에 대해서는 통상적인 사법심사와 헌법재판의 대상성이 부정된다고 보아야 한다. 그러나 대상행위가 기본권과 관련되는 경우에는 헌법재판소의 입장과 마찬가지로 헌법재판상의 헌법소원의 대상성은 인정된다고 본다.

### 2. 통치행위의 범위

통치행위는 법원에 의한 사법심사의 대상에서만 제외될 뿐 헌법상의 여러 원칙으로부터 배제되는 것은 아니며, 그 범위에 있어서는 개인의 기본권보호와 관련하여 극히 제한적으로 인정되는 것이 타당하다. 물론 헌법 제64조 제4항이 국회의원의 징계 등에 관하여 사법심사의 대상에서 제외됨을 인정하고 있으나, 그 밖에도 다른 나라의 예에서 보는 바와 같이 대통령의 일정한 행위(예컨대 국민투표회부권, 외교에 관한 행위, 군사에 관한 행위, 긴급재정·경제명령이나 처분권의 행사, 계엄선포행위, 사면권의 행사, 영전수여행위, 법률안거부권행사 등)나 의회의 일정한 행위(예컨대 국회의 의사 및 의원자격심사에 관련된 행위(제64조) 등)가 이에 해당한다고 볼 수 있다.

### 3. 판    례

우리나라에서는 그간의 정치적인 불안정과 관련하여 대통령 행위의 적법성 여부를 중심으로 통치행위에 관련한 판례가 형성되어 왔으며, 특히 계엄선포행위의 대상 문제가 관심의 대상이 되어 왔다. 1964년의 6·3사태를 수습하기 위한 비상계엄선포 사건의 판례(대재 1964.7.21, 64초3)나, 10·26사태를 이유로 행해진 1979년 10월 27일의 비상계엄선포 사건의 판례(대재 1979.12.27, 79초70)에서는 권력분립의 원리나 사법권의 내재적인 한계를 이유로 통치행위를 인정하였다.

통치행위 논의는 이상과 같은 과거의 역사적인 사건과 관련해 논의된 것에 그치지 않고, 최근까지도 판례상으로 그 해당 여부가 논의되고 있다. 즉, 제13대 국회의 이른바 법률안 날치기통과사건이나,10) 이라크파병 국회동의사건(헌재 2004.4.29, 2003 헌마814 전원재판부) 등이 그

---

10) 이 사건은 야당의원들이 국회의장의 날치기 의결행위를 대상으로 하여 헌법소원을 제기한 사건이다. 이에 대해 헌법재판소는 실체적 판단에 들어가지 않고, 다음과 같은 논거에 의하여 헌법소원을 각하했다 : "국회의원이 국회 내에서 행사하는 질의권, 토론권 및 표결권 등의 입법권은 공권력을 행사하는 국가기관인 국회의 구성원의 지위에서 부여된 지위이지, 국회의원 개인

예이며, 최근 대법원은 서훈취소사건에서 서훈취소는 서훈수여의 경우와는 달리 이미 발생된 서훈대상자 등의 권리 등에 영향을 미치는 행위로서 관련 당사자에게 미치는 불이익의 내용과 정도 등을 고려하면 사법심사의 필요상이 크므로 기본권의 보장 및 법치주의의 이념에 비추어 보면 비록 서훈취소가 대통령이 국가원수로서 행하는 행위라고 하더라도 법원이 사법심사를 자제하여야 할 고도의 정치성을 띤 행위(통치행위)라고 볼 수는 없다고 판시한 바 있다(대판 2015.4.23, 2012두26920).

**기본사례 풀이**

이에 대해서는 우선 통치행위의 필요성 문제를 논한 다음, 이와 관련하여 통치행위의 한계문제를 검토한다. 오늘날은 과거와는 달리 통치행위의 인정범위를 축소하려는 경향이 일반적 입장이며, 특히 헌법적인 검토요건이 존재하는 경우에 당해 국가작용의 통치행위성 인정은 어렵다고 보아야 할 것이다. 당해 사안에서는 헌법 제76조 제 1 항의 요건을 통하여 특정행위의 요건충족여부를 검토할 수 있다. 따라서 이러한 행위에 대해서는 바로 통치행위성을 부정할 수 있으며, 이러한 논리에 따르지 않는 경우에도 헌법규정상의 요건검토를 통하여 충족하지 않는다고 생각하는 경우에는 통치행위성을 인정하더라도 이를 통하여 자신의 기본권침해(특히 재산권 행사의 자유)가 인정될 수 있다. 따라서 이에 대해서는 헌법소원의 제기를 통한 구제방법을 생각할 수 있다.

## 제 3 절  행정의 유형

행정은 그 다양성으로 인하여 통일적인 설명이 어렵기 때문에 다양한 기준을 적용하는 경우에만 비로소 그 유형의 분류가 가능하게 된다. 그러나 이러한 유형분류는 서로 다른 유형의 경우와 명확하게 구별되는 것이 아니라, 내용에 따라서는 중복되는 경우도 발생하게 된다.

에게 헌법이 보장한 권리라고 할 수 없다. 따라서 국가기관의 일부로서의 국회의원은 헌법소원을 청구할 수 없다"(헌재 1995. 2. 23, 90헌마125).

## I. 주체에 의한 분류

행정은 그 수행주체에 따라 국가행정, 자치단체행정 및 그 밖의 공법인에 의한 행정으로 나눌 수 있다. 국가행정은 국가 스스로에 의한 행정을 말하고, 자치단체행정은 지방자치단체에 의하여 수행되는 행정을 말하며, 그 밖의 공법인에 의한 행정이란 공공조합(예컨대 도시개발 사업조합 등)이나 영조물법인(예컨대 국립 대학교 등) 및 공재단(예컨대 한국 연구재단 등) 등에 의한 행정을 말한다.

자치단체행정은 특히 그 행정수행과정에 있어서의 독립성을 기준으로 하여 다시 자치행정과 위임행정으로 분류될 수 있다. 전자는 지방자치단체가 자신의 책임하에 수행되는 행정유형을 말하며, 이에 대해서 국가는 적법성을 보장하기 위한 법적 감독수단만을 행사할 수 있게 된다(지방자치법 제 169조 제1항 후단). 이에 반해 후자는 국가 또는 다른 지방자치단체의 위임에 의하여 수행되는 행정유형을 말하며, 이에 대해서는 적법성의 통제뿐 아니라 합목적적 수행의 통제를 위하여 위임한 주체에 의한 감독이 행해진다(지방자치법 제169조 제1항 본문).

## II. 내용에 의한 분류

행정은 그 추구하는 목표설정에 따라 또는 다른 말로 수행하는 활동의 내용에 따라 다음과 같이 분류할 수 있다.

### 1. 질서행정

질서행정(ordnende Verwaltung)이란 공동체의 공공안녕과 질서유지를 목적으로 구성원의 개별적인 이익추구를 제한하는 것을 내용으로 하는 행정유형을 말한다. 이를 위하여 행정주체는 위해를 예방하고 장애를 제거하는 행위를 하게 되며, 구체적으로는 경찰행정, 경제행정, 건축행정, 환경행정11) 등이 이에 해당한다.

이 유형에서의 전형적인 행위수단은 행정주체가 이러한 목적을 달성하기 위하여 일방적으로 개인에게 규율하거나 명령하는 부담적 행정행위이며, 이러한 이유로 질서행정은 침해행정(Eingriffsverwaltung)12)이라고도 한다. 이 행정유형에서는 특히 당사자의 권리보호를 위하여 법률유보원칙의 준수가 의미를 갖게 된다.

---

11) 물론 환경행정이 이러한 질서행정적 요소만을 가지는 것은 아니며, 계획행정적 요소도 아울러 가지는 것임에 유의할 필요가 있다.

12) 독일어인 'Eingriff'의 개념을 '침해'로 번역하여 이를 위와 같이 침해행정으로 이해하는 것이 우리나라에서의 일반적 입장이나, 이는 그 의미상 타당하지 않다. 이에 대한 상세한 논거는 뒷부분의 '행정법의 법원'에 관한 설명 중에 언급되어 있다.

## 2. 급부행정

급부행정(Leistungsverwaltung)이란 공동체 구성원의 생존배려와 생활여건개선을 목적으로 직접적인 급부제공을 통하여 구성원의 이익추구를 촉진하는 행정유형을 말한다. 구체적인 급부행정의 행위유형으로는 사회보장적 급부의 제공(공적 부조, 실업수당 지급, 의료보험제도 등), 생존배려를 위한 공적 시설의 마련(유치원, 학교, 병원시설 등의 마련), 교육시설에 대한 급부제공(학교, 대학교, 평생교육 시설 등에 대한 지원 등), 문화적인 급부제공(방송시설, 연극장, 박물관의 시설마련) 및 경제지원조치(자금지원, 경기 부양책의 마련 등) 등이 있다.

현대행정의 특성으로는 종래의 질서행정 위주의 체제가 사회국가원리의 실현을 위하여 급부행정 중심의 체제로 그 중점영역이 이전하고 있다는 사실을 들 수 있다. 급부행정에서의 행위수단은 질서행정에서와는 달리 부담적 수단(Eingriff)이 아니라 수익적인 급부제공(Leistung)이며, 이에 따라 이 유형의 행정행위는 수익적 행정행위라고 한다. 이 유형의 행정에서는 질서행정의 경우와는 달리 법률유보원칙이 엄격하게 적용되지는 않는다.

## 3. 계획행정

계획행정(planende Verwaltung)이란 장래에 직면하게 될 행정수요를 충족하기 위하여 현재에 미리 계획하는 행정유형을 말한다. 이 유형은 현대행정의 새로운 모습으로 평가되고 있으며, 공간이용계획·건축계획·시설수요계획(병원, 학교 등의 시설수요)·자원이용 또는 보존계획(환경행정 의 경우)13) 등이 이에 해당한다.

## Ⅲ. 법형식에 의한 분류

행정은 또한 활동하는 데 이용하는 법적 형태에 따라 공법에 의하는 고권행정과 사법에 의하는 국고행정으로 나뉜다. 이는 기본적으로 행정은 원칙적으로 공법적 행위형식은 물론 사법적 행위형식도 사용할 수 있다는 점을 전제로 한다.

### 1. 행위형식 선택의 자유

행정은 그의 과업을 수행함에 있어 반드시 고권적으로 행위할 필요는 없으며 원칙적으로 사법적 행위형식 또는 조직형식을 사용할 수 있다. 즉, 여기서 행정이 하는 사법적 행위에는 사법상 계약의 체결과 같은 사법상의 개별 거래행위는 물론, 주식회사의 설립과 같은 사법적 조직형식을 배치하는 것도 포함된다.

---

13) 이러한 점에서 환경행정은 질서행정 외에도 계획행정의 일면을 갖는다.

## 2. 고권행정

이는 행정이 공법의 형태에 의하여 활동하는 경우의 유형을 총칭하는 개념이다. 여기에는 다시 공권력을 행사하여 국가와 시민 사이의 관계를 일방적으로 규율하는 권력행정(<sup>이를 좁은 의미의 고권</sup><sub>행정이라고도 불 수 있다</sub>)과, 공법적인 수단은 사용하지만 공권력은 행사하지 않는 유형인 비권력행정(<sup>또는 단순</sup><sub>고권행정</sub>)으로 대별된다.

전자의 행위로서는 과세처분, 경찰처분 및 당사자의 신청행위에 대한 결정행위(<sup>건축허가나 급부제공신청</sup><sub>행위에 대한 결정행위</sub>) 등이 해당한다. 후자의 행위로서는 행정상의 사실행위, 즉 의사표시행위(<sup>정보제공행위나</sup><sub>보도행위 등</sub>)나 도로 건설 및 관리행위 등이 해당한다. 권력행정은 행정행위의 수단을 사용하며, 비권력행정은 공법상 계약이나 사실행위의 수단을 사용하는 점에서 서로 차이를 나타낸다.

## 3. (광의의) 국고행정

이는 행정이 사법의 형태에 의하여 활동하는 경우의 유형을 총칭하는 개념이다. 이 유형은 다시 조달행위, 영리행위 및 행정사법행위의 유형으로 나뉜다.

조달행위는 행정활동을 위하여 필요한 물자를 사법상의 계약형태에 의하여 조달하는 행위 또는 행정기관에 소요되는 인적 자원을 사법상의 계약의 형태로 채용하는 경우가 이에 해당한다. 조달행위는 행정주체가 일반사인과 동등한 지위에서 행위를 행하는 것이므로 사법규정에 의하여서만 해결된다.

또한 행정기관에 의한 영리행위는 국가나 지방자치단체가 이윤추구를 위하여 주식을 매입하거나 직접 사업을 수행하는 행위 등을 말한다. 이에 대해서도 사법 규정이 적용된다.[14]

이에 반해 행정사법행위는 공적 과업의 수행을 위하여 사법적인 조직 형태나 행위 형태를 이용하는 행정유형을 말한다. 특히 생존배려의 영역에서의 공적 과업달성을 위한 활동, 예컨대 공공주택의 건설, 전기나 가스 등의 에너지공급, 폐기물처리행위, 버스나 지하철 등의 운송행위를 사법인의 형식을 통하여 하는 경우가 이에 해당한다. 이 유형에서는 비록 사법 형식을 이용하고 있지만 직접적인 행정목적달성을 위한 행위를 하고 있는 것이므로 통상적인 사법행위에서의 경우와 같이 사적 자치에 맡겨질 수는 없으며 공법적인 제약하에 놓이게 된다. 따라서 ① 기본권에의 구속, ② 권한규정의 준수, ③ 법률내용의 준수, ④ 절차규정의 준수 등이 주요한 의미를 갖게 된다.[15]

---

14) 행정주체에 의한 조달행위나 영리행위에 있어서 기본권 규정에 의하여 구속받는가의 여부에 대해서는 독일의 다수견해는 부정하고 있다. 그러나 오늘날 기본권이 갖는 제 3 자적 효력에 비추어 이를 전면적으로 부정할 수는 없을 것이다.

15) 행정사법에 대해서는 본편 제3장 제1절 참조.

## Ⅳ. 법률에의 구속 정도에 따른 분류

행정은 또한 법률에의 구속 정도에 따라서도 그 유형을 나누어 볼 수 있다. 물론 행정은 법치행정의 원리상 모두 헌법과 법률 등에 구속받는 것이기는 하나, 그 구속의 정도는 입법자에 의하여 다소 차이를 두고 규정되고 있다. 이에 따라서 법률이 특정 구성요건의 존재시에 행정기관으로 하여금 반드시 특정행위를 행하도록 하는 행정유형이 존재하는 반면, 반대로 법률이 규정하고 있는 구성요건의 존재시에도 일정한 범위에서의 결정여지가 인정되는 행정유형도 존재하게 된다. 전자의 경우를 기속행정으로, 후자의 경우를 재량행정으로 부를 수 있을 것이다.

# 제 **3** 장   공법의 일분야로서의 행정법

## 제 1 절   공법과 사법

### I. 논의의 의의

### 1. 공·사법 구별의 의의

　　대한민국의 현행 법질서는 기본적으로 공법과 사법의 이분법 위에 기초하고 있다. 법질서를 크게 공법영역과 사법영역으로 나누는 것은 선험적인 것이 아니라 단지 역사적인 것이다.

　　행정법이 태동한 초기에는 치안·국방과 같은 침해행정이 행정작용의 대부분이었고 행정은 고권적 권력(공권력)에 근거해 당연히 공법적으로 행위하였다. 그러나 두 차례의 세계대전을 거치면서 행정의 고권적(공법적)인 행위 중에는 명령·강제 등의 공권력성이 없는 이른바 '단순 고권적 행위'가 나타나고, 심지어 공행정사무를 사법의 형식으로 수행하는 이른바 '행정사법'이 등장하는 등 급부행정 영역이 비약적으로 발전하였다. 이제는 행정작용의 근거법이 공법뿐 아니라 사법도 가능하게 되었고, 행정은 급부행정작용에 있어서 공법형식과 사법형식간에 '선택의 자유'가 있음이 인정되고 있다.

이처럼 급부행정 영역에서는 공법형식의 행정작용과 사법형식의 행정작용이 공존할 수 있기 때문에, 구체적인 법적 분쟁이 있을 때 이를 공법영역에서 해결할 것인지 아니면 사법영역에서 해결할 것인지에 관하여 판단을 요할 수 있으며, 실무상 이러한 판단은 쉽지 않은 이론적 문제로 등장한다.[1]

공법·사법의 구별이 문제되는 상황은 크게 ① 법규정 자체가 공법에 속하는지 사법에 속하는지가 문제될 때, ② 행정작용으로 행해지는 개별 법적 행위들이 공법적 성질인지 사법적 성질인지가 문제될 때, ③ 행정작용으로 인해 야기된 법적 분쟁이 공법적 성질인지 사법적 성질인지가 문제될 때 등이다. 이 중에서 실제 사례해결시 중요한 상황은 세 번째 경우이다.

## 2. 공·사법 구별의 실익

공법과 사법을 구별할 필요성은 주로 법적 분쟁과 관련한 실무적 문제를 해결하기 위한 이유에서 찾는다. 최근 일본에서는 실체법과 소송법 양면에서 전통적인 공법·사법 이원론에 대한 비판론이 제기되기도 하고[2] 양자의 벽을 허물어 새로운 이론구성을 시도하는 모습을 보이고 있기도 하지만, 우리나라와 같이 공법과 사법을 구별하는 전통적인 대륙법 체계에 기초한 나라에서는 공법적 대상과 사법적 대상의 구별은 여전히 중요한 현실적인 의미를 갖는다.

### (1) 권리구제 관련
(헌법적 분쟁이 아닌) 공법적 분쟁에 대해서는 행정소송에 의한 권리구제의 길이 예정되어 있는 반면, 사법적 분쟁에 대해서는 민사소송에 의한 권리구제의 길이 예정되어 있다. 행정심판과 같은 (임의적인) 전심절차가 개시될 수 있는 가능성이나 집행정지를 통한 임시적 권리보호를 강구할 수 있는 것도 당해 행정의 조치가 공법영역에 귀속될 때에만 논의될 수 있다.

### (2) 행정절차 관련
행정처분, 행정지도 등 행정청의 공법적 활동에 대해서는 「행정절차법」이 적용됨에 반하여, 사법에 따라 행해지는 행정활동에 대해서는 「행정절차법」이 적용되지 않는다. 즉, 「행정절차법」의 적용여부는 당해 행정의 조치가 공법에 속하는지 여부에 달려 있다.

1) 박종수, "행정법상 공권력행사 개념의 재해석", 공법연구 제30집 제 5 호, 333면 이하 참조.
2) 石井 昇, 行政法と私法, 1998, 7면 이하.

### (3) 행정집행 관련

공법과 사법은 나아가 강제집행의 관점에서도 구별된다. 즉, 사법상의 청구권은 법원을 통해서만 강제될 수 있지만, 행정청은 행정행위를 통해 행위하는 한 법원의 힘에 의존하지 않고도 스스로 이를 관철할 수 있다.

### (4) 손해배상 관련

공법 또는 사법에 근거한 위법한 행위는 각각 상이한 배상책임의 문제를 야기한다. 즉, 행정청이나 그로부터 행정권한을 위탁받은 사인이 그 공법상의 직무와 관련하여 타인에게 손해를 입힌 경우에는 「국가배상법」에 의한 행정상 손해배상소송 (<sup>헌법 제29조, 국가</sup><sub>배상법 제2조</sub>)의 문제를 야기하나, 행정청의 행위가 사법규정에 따라 판단하여야 할 경우에는 민사상의 손해배상소송의 문제를 야기하게 된다.

## Ⅱ. 구별이론

이에 대해서 역사적으로는 로마법 이래로 수많은 이론이 주장되었으나, 오늘날 주된 이론으로서 검토되는 것은 이익설·종속설·주체설 및 귀속설이다.

### 1. 이 익 설

이는 로마법학자 Ulpian(170~228)의 견해로서 당해 법이 보호하고자 하는 이익에 따라서 분류하는 주장[3]이다. 이에 따르면 공익이나 일반적 이익을 보호하기 위한 목적을 갖는 법은 공법으로, 사익이나 개인적 이익을 보호하는 목적을 갖는 법은 사법으로 논하게 된다. 즉, 공익과 공법을, 사익과 사법을 동일시하는 견해이다.

그러나 이 견해에 대해서는 ① 공행정은 개념본질적으로 공익을 위해 활동하지만 행정이 사법형식을 사용하더라도 공적 과제를 수행하며 이에 따라서 공익을 추구하게 된다는 점, ② 사인도 사법형식으로 행위하면서 공익을 추구할 수 있다는 점,[4] ③ 보호규범이론에서 보는 바와 같이 사익보호성이 인정되는 공법규범도 존재한다는 점, 더욱이 ④ 공익 개념은 그 실체가 불분명하고 어떤 규범이 공익에 기여하는 면과 사익에 기여하는 면은 정도의 차이에 불과하여 일도양단으로 명확히 구별할 수 없다는 점 등의 비판이 제기된다.

---

3) "Publicum ius est quod ad statum rei Romanae spectat, privatum quod ad singulorum utilitatem."
4) 비영리법인의 공익기여에 대해서는 세법상 일정한 조세특례가 주어지기도 한다.

## 2. 종 속 설

이 견해는 당해 법이 규율하는 법률관계의 내용이 상하관계 또는 명령·복종관계이면 공법으로, 대등한 법률관계를 내용으로 하면 사법으로 분류하는 주장이다. 전술한 이익설은 일찍부터 구별이론으로서의 의미를 상실한 반면, 종속설은 후술하는 귀속설이 등장하기까지 오랫동안 독일의 학설과 판례의 지배적인 입장을 대변해 왔다.

그러나 이 주장에 대해서는 ① 행정조직을 대상으로 하는 법, 공법상의 계약 또는 공법상의 사실행위를 대상으로 하는 법이 비록 상하관계를 내용으로 하는 것이 아님에도 불구하고 공법으로 분류되고 있는 사실을 설명할 수 없는 점, ② 법률관계의 상하종속관계성은 당해 법이 공법이 되기 위한 전제조건으로서의 의미가 아니라 공법이 적용됨으로써 생기는 결과로서의 측면이라는 점에서 순환논리에 빠졌다는 점 등의 비판이 제기되고 있다.

## 3. 주체설(귀속설, 특별법설)

이는 볼프(Hans J. Wolff)에 의해 처음 주창된 견해로서 당해 법의 귀속주체에 따라서 분류하는 입장이다. 이에 따르면 일반 사인만을 대상으로 하여 권리와 의무를 부여하는 법인 경우에는 사법으로, 국가를 대상으로 하여 공권력의 주체에게만 권리나 의무를 부여하는 법은 공법으로 분류하게 된다. 따라서 사법은 만인의 법(Jeder-mannsrecht)으로서의 성질을, 공법은 공권력의 주체의 특별법(Sonderrecht)으로서의 성격을 갖는다고 본다.

이 이론은 ① 행정주체인가 사인인가라는 외형적인 행위주체를 기준으로 한다는 점에서 형식적 측면만을 강조하고 있고, ② 행위주체의 행사내용의 실질적 측면은 간과하고 있다는 비판을 받았다. 즉 행정주체가 행위하는 경우에도 그 실질적 내용이 사법적인 경우(<sup>이른바</sup>·국고행위)에는 공법의 문제로서 볼 수는 없을 것이기 때문이다.

이에 따라 이 이론은 후에 일정한 수정을 거치게 되었는바(이른바 '수정된 주체설'),[5] 우선 '만인의 법'이라고 할 때의 '만인'에는 고권주체인 국가 스스로도 포함된다고 보게 되었고, 여전히 고권주체가 규범의 귀속주체(수범자)인가를 중요한 공법의 판단기준으로 보되, 이때의 고권주체는 그 스스로 고권주체로서의 '고유한 성격' 때문에 당해 규범상 권리가 부여되거나 의무가 부과되는 경우일 것을 요구하게 되었다.[6]

---

5) 대표적으로 베터만(Bettermann), 바호프(Bachof)를 들 수 있다.

6) 이에 따라 국가의 무주물선점에 대해 규정하는 독일민법 제928조 제 2 항에 대하여 볼프는 이 규정의 귀속주체가 국가이므로 이 규정은 공법이라고 보았지만, 베터만과 바호프는 이 규정상 국가는 고권주체의 고유한 성격으로서 나타나는 것이 아니라 국고(Fiskus)로서 일반 사인과 대등한 지위에서 행위하는 주체이므로 이 규정은 만인의 법, 즉 사법이라고 보았다.

이러한 수정된 주체설을 적용함에 있어서는 우선 어떠한 규정이 당해 사안에서 분쟁을 해결하는 규범인가를 먼저 확정한 후에, 이 규정이 공법적 규정의 성질을 갖는가의 여부를 검토한다고 한다.

그러나 이 이론에 대해서는 분쟁해결을 위한 규정이 무엇인가가 명확한 경우에만 실용적인 이론이 되며, 구체적인 분쟁에서 어떠한 규정을 분쟁해결규정으로 확정할 수 있는가에 대해서는 답을 하지 못한다는 비판이 제기된다.

### 4. 평가 및 소결

이러한 각 구별이론들에 대해서는 다음과 같은 점을 지적할 수 있다.

(1) 첫째, 각 이론들은 많은 점에서 각 시대의 역사적인 조건들을 반영하는 것이었다. 예컨대 종속설은 19세기 당시에 국가의 과업이 위해방지에 집중되고, 이에 따라 침해행정이 주된 행정유형으로서 의미를 갖던 당시의 상황을 설명하는 이론이었다. 따라서 행정의 주된 양상이 급부행정으로 변모한 현재 상황에서는 더 이상 타당하지 못한 면을 갖게 된다. 물론 이러한 구별이론들은 공법과 사법의 각각의 전형적인 특징들을 설명하는 데에는 장점을 갖는다고 볼 수 있다. 그러나 양자의 구별이 현실적으로 필요로 되는 한계영역에서는 통일적인 답을 하지 못하는 문제를 낳는다. 따라서 공법과 사법의 구별기준은 어떠한 견해에 따르더라도 만족할 만한 결론에 이르지 못한다. 그러므로 구체적인 사안의 해결에 있어서 어느 하나의 기준만에 의하여 통일적으로 해결하기보다는 다양한 관점하에서 개별적으로 고찰할 수밖에 없을 것이다. 그 중에서도 특히 현실적 의미를 가질 수 있는 것은 종속설과 귀속설이 될 것이다.

(2) 둘째, 행정작용들 중에는 이미 처음부터 공법적으로 또는 사법적으로 행해지는 것이 예정되어 있는 경우가 있다. 즉, 이미 살펴본 바와 같이 경찰법영역에서와 같이 명령·강제가 동반된 침해행정작용은 원칙적으로 항상 공법형식으로 행해지며, 조달행위와 영리행위와 같은 국고행정작용은 언제나 사법형식으로 행해진다. 이와 같이 당해 행정작용의 내용에 따라 귀속이 명확한 경우에는 굳이 위 구별이론들을 동원할 필요가 없다. 이러한 때에는 구체적인 사안의 해결에 있어서도 당해 행정작용의 근거규범이 공법 또는 사법에 속한다는 점을 간단하게 언급하는 것만으로도 충분하다.

(3) 셋째, 위의 각 이론들은 기본적으로 법규범의 성질파악의 문제로부터 출발하고 있다. 즉, 어떤 법규범의 성질을 공법으로 또는 사법으로 구별하기 위한 기준을 찾는 것이 주된 관심사이다. 그러나 오늘날 법규범 자체의 성질파악은 실무상 거의 문제되지 않는다. 오히려 어려운 것은 분쟁이 야기된 생활사실관계를 (이미 구별되어 있는) 공법과 사법중 어떤 법규범(법영역)에 귀속시킬 것인가의 문제이다. 즉, 오늘날 공법과 사법의 구별문제는 더 이상 '성질문제'가 아니라 '귀속문제'라 할 수 있다. 어떤

생활사실관계에 적용될 분쟁해결규범을 찾을 수 있으면 그 규범이 공법인지 사법인지에 따라 당해 분쟁은 정해진 절차에 따라 해결이 된다. 문제는 당해 분쟁해결규범의 성질이 공법인지 사법인지 파악되지 않는 매우 예외적인 때이고, 바로 이러한 경우에 비로소 위의 공·사법구별이론을 적용할 여지가 있다. 따라서 구별이론이 적용되어야 하는 사안은 그리 많지 않은 것이 사실이다.

　　(4) 결국 귀속문제로 파악할 때 공법과 사법의 구별문제로서 현실적으로 의미를 갖는 전형적인 상황은 ① 문제된 사실관계에 적용할 분쟁해결규범이 전혀 존재하지 않는 때, 또는 ② 문제된 사실관계에 적용할 규범이 공법에도 존재하고 사법에도 동시에 존재할 때이다. 이러한 경우에는 당해 사실관계를 앞뒤 정황과 더불어 포괄적으로 평가한 뒤에 당해 사안이 처한 전체 관련성, 행정청이 의도한 목적 또는 공법·사법을 표창하는 전형적인 징표 등 간접증거에 따라 당해 사실관계의 귀속문제를 판단하여야 할 것이다.

## Ⅲ. 구별의 현실적 적용

### 1. 특별법으로서의 행정법

　　행정법은 공행정주체가 행위주체인 법률관계에 적용되는 법으로서, 사인 사이의 관계를 규정하는 사법에 대한 특별법(Sonderrecht)이라고 볼 수 있다. 물론 행정주체는 자신의 행정과업수행을 위하여 공법적인 형태 뿐 아니라 사법적인 형태도 이용할 수 있다. 그러나 행정주체가 공법에 의하여 주어지는 과업수행을 위하여 행위하는 때에는, 즉 고권적 주체로서 활동하는 때에는 원칙적으로 공법적으로 행위한다고 보아야 할 것이다.

### 2. 개별적인 경우의 적용

　　특정 법률관계의 공법적 성질여부를 결정하기 위하여는 당해 행위의 근거법률이 공법적인 것인가의 여부를 기준으로 하여 검토하면 된다. 그러나 근거법률의 검토를 통하여도 불확실한 경우에는 해석을 통하여 개별적으로 검토할 수밖에 없을 것이다. 문제되는 주요 법률관계를 보면 다음과 같다.

#### (1) 사실행위

　　사실행위는 많은 경우에 직접적인 법률에 근거하지 않고 행해진다. 따라서 해석에 의하여 당해 행위의 공법적 성질여부가 검토되어야 한다. 주로 논의되는 기준은 사실행위의 수행목적이며, 이에 따라서 공적 과업의 수행을 직접적인 목적으로 하면 공법적 행위로, 국고적 사무의 수행을 목적으로 하면 사법적인 것으로 보게 된다.

### (2) 공법상의 계약

이는 그 근거법규의 해석을 통하여 법적 성질을 검토하게 되나, 이를 통하여 분명하지 않은 경우에는 당해 계약을 통하여 부담하게 되는 당사자의 의무의 성질과 계약의 전체성격을 기준으로 하여 논하게 된다.

### (3) 공공시설의 이용관계

급부행정의 주된 현실적 형태인 공공시설의 이용관계는 그 법률관계를 ① 이용허가의 경우와 ② 이용관계의 개별적 내용의 경우로 나누어서 고찰할 수 있다(이른바 '이단계이론'). 전자의 관계는 행정주체를 대상으로 하는 이용청구권의 문제의 성격을 가지므로, 그 법적 성질이 공법적인 성질을 갖는 것으로 본다. 그러나 후자의 경우에는 행정주체에게 법적 형태의 선택의 자유가 인정되고 있으므로 개별적으로 그 법적 성질여부가 검토되어야 한다. 이를 위하여는 우선적으로 행정주체가 어떠한 법적 형태를 선택하였는가의 여부를 외형적인 기준을 가지고 검토하여야 한다. 예컨대 근거규범의 형태(조례에 의하는가 또는 일반약관에 의하는가), 이용료의 법적 형태(공법적인 수수료인가, 사법적인 사용료인가), 의무위반에 대한 강제가능성, 권리구제수단의 유형(행정소송의 제기가능성을 예정하고 있는가) 등이 검토기준으로 작용하게 된다.

## 3. 행정사법론 및 이단계이론과의 관계

양자는 공법과 사법의 구별과 관련하여 함께 언급되는 경우가 많지만, 공·사법 구별논의와는 다른 별개의 이론이므로 이를 각각 명확히 이해할 필요가 있다.

### (1) 이른바 '행정사법'
### 1) 개    념

독일의 지이베르트(W. Siebert)가 정립한 행정사법의 개념에 따르면 공행정은 원칙적으로 공행정사무(공적 과제)를 수행할 때 사법형식을 사용할 수 있는데, 이처럼 행정사법은 사법형식으로 '직접' 공행정사무를 수행한다는 점에서 다른 사법형식의 행정작용인 조달행정 및 영리행정과 구별되며, 비록 행정이 사법형식을 사용하더라도 당해 사법규정은 공법규범에 의해 보충 또는 수정된다고 한다.

결국 행정사법이란 사법규정 중 행정작용의 근거가 되면서 동시에 약간의 공법규범이 중첩적으로 적용되는 경우를 말하며, 공행정이 비록 사법형식을 사용하더라도 일반 사인과 동일하게 사적 자치를 누릴 수 없고 일정한 공법적 구속을 받는다는 이론을 정립한 점에 그 의의가 있다.

공법적 구속은 행정청이 스스로 사법형식으로 행위할 때 뿐 아니라 공행정사무를 행정주체에 의해 지배되는 상법상의 주식회사를 통해 수행하도록 하는 경우에도 마찬가지로 적용된다.

### 2) 적용영역

행정사법은 전기·가스·수도의 공급과 같은 생존배려영역, 공공시설의 운영, 민영화, 자금지원, 민간회사에의 지분참여 등 급부행정영역에서 주로 나타난다.

### 3) 공법적 구속의 내용

㈎ **기본권구속**    행정사법작용에 기본권구속이 미침은 일반적으로 용인되고 있다. 예컨대 사법형식에 의한 급부작용에서 합리적인 이유 없이 배제된 자는 행정청에 대하여 평등권에 근거한 급부청구권을 주장할 수 있을 것이다.

㈏ **비례성원칙**    행정사무를 사법형식으로 수행할 때 공행정에 미치는 공법적 구속에는 비례성원칙도 해당한다. 예컨대 자치단체로부터 수도공급계약에 의해 물을 공급받는 업체의 정수장치가 법이 정한 기준에 부합하지 않는다는 이유로 단수조치하는 경우, 비록 단수조치의 가능성이 수도공급계약에 포함되어 있었다 하더라도 그러한 조치는 당해 업체에 과도한 부담을 강요하는 수단으로서 비례성원칙에 반한다.

㈐ **권한규범**    행정청이 공행정사무를 사법형식으로 수행하더라도 입법자가 정해준 권한범위를 벗어나 행위할 수 없다. 사법으로 도피함으로써 권한에 관한 법률유보를 회피하는 것은 허용될 수 없기 때문이며, 결국 (형식)선택의 자유란 행정주체의 권한의 테두리 내에서만 인정됨을 의미한다.

㈑ **배상책임**    아직까지 독일의 지배적인 견해는 사법형식의 행정작용에 있어서 근거법이 사법인 이상 행정상 손해배상책임에 관한 규정은 적용되지 아니하고, 사법상의 일반불법행위책임만이 인정된다고 한다. 공법적 수단이 동원될 때에만 행정주체는 사인과의 관계에서 특별한 책임법의 적용을 정당화할만한 특별한 지위를 인정받을 수 있다는 점을 그 논거로 한다.

그러나 이에 대해서는 최근 어떤 책임법을 적용할 것인가에 관하여 행위형식적 관점이 아닌 기능적 관점에서 접근해야 한다는 반론이 제기되고 있다. 이에 따르면 행정청에 의해 수행되는 사무의 내용에 따라 구별하는 것이 더 합리적이라고 한다. 즉, 행정상 손해배상책임의 의의는 공무원 등이 공적 과제의 수행과정에서 제 3 자에게 가한 손해를 전보하기 위한 것이며, 행정이 사법형식을 취한다 하여 사무수행의 고권적 성격이 상실되는 것은 아니라는 점을 논거로 한다.

㈒ **소송법적 문제**    행위형식의 선택문제는 결국 소송에 갔을 때 어떤 권리구제의 길을 밟아야 하는가의 문제와 직결된다. 독일의 지배적인 견해는 행정사법영역에서는 직접적인 행정사무의 수행 및 그와 관련한 청구권이 문제됨에도 불구하고 소송상 권리

구제는 행위근거규정이 사법이고 사법형식으로 행위한 이상 민사법원의 관할로 된다고 한다. 결국 행정사법영역에 있어서 법적 분쟁의 귀속문제는 그 형식이 중요하다는 결론이 된다.

그러나 이에 대해서는 ① 행정활동에 대한 사법적 평가가 행정청이 선택한 형식에 따라 민사법원과 행정법원으로 갈려서 행정법관계에 대한 통일적 평가를 어렵게 한다는 점, ② 그렇게 되면 행정은 행위형식을 선택함으로써 법원의 관할을 임의로 선택하게 된다는 점 등이 비판되고 있다.

### 4) 평    가

행정사법이란 본래 사법규정이지만 공행정사무의 수행을 위해 선택된 점에서 약간의 공법적 규범이 중첩적으로 적용되는 현상을 말하고, 그 법률관계는 기본적으로 사법관계로 다루어지는 특징을 갖는다.

행정사법은 공행정 주체가 사법형식으로 행위할 때 사적 자치를 누리는 사인과 달리 어떠한 공법적 구속을 받는지, 그러한 사법형식의 행위는 배상책임이나 사법절차 면에서 어떤 결과를 가져오는지를 확정하는 것이 주된 관심사이기 때문에 위에서 본 공법과 사법의 구별이론과는 무관하다.

다만, ① 사법적 행위형식의 도입이 증가함에 따라 공법상 존재하는 형식흠결이 많은 부분 극복될 수 있는 점, ② 형식은 사법이지만 직접 공행정사무를 수행한다는 점에서 조달행위나 영리행위와 다른 측면이 있음을 부각시킨 점, ③ 특히 경제행정법 영역에서는 사법적 행위형식이 없다면 적절하게 규율하기 어렵다는 점, ④ 민영화의 문제가 계속 제기되는 한 미래에도 사법적 행위형식은 계속 중요한 의미를 가질 수 있다는 점 등은 인정할 수 있다.

그러나 ① 플라이너(Fleiner)가 '사법으로의 도피'라고 표현한 바와 같이 공행정이 사법적 형성수단을 끌어들여 본래 주어진 구속으로부터 의도적으로 벗어나는 것을 가능하게 할 위험이 있고, ② 자칫 행정청이 하는 조달행위나 영리행위에는 공법적 구속이 전혀 없다는 오해를 야기할 수 있으며, 또한 후술하는 바와 같이 ③ 공법규정의 흠결시 사법규정의 직접적용 또는 유추적용이 가능하다는 점에서, 행정사법이라는 관념을 위에서 언급한 배상책임이나 소송법적 문제에도 불구하고 굳이 인정할 필요가 있는가에 대한 논의가 행해지고 있다.

### (2) 이단계이론

#### 1) 개    념

이단계이론은 하나의 사실관계는 수개의 법률관계에 관련할 수 있다는 점, 특히 급부행정 영역에 있어서 공행정은 동일한 사무를 수행하면서 시민에 대한 관계에서 때로는 공법적으로 때로는 사법적으로 나타날 수 있다는 점에서 출발한다. 즉, 이단계이론이란 행정이 제공하는 급부와 관련하여 법률관계는 특정 시민에게 이를 제공할 것인가 아닌가에 관한 결정(기본결정)이 문제되는 단계(제 1 단계)와 제공한다면 어떻게 제공할 것인가에 관한 단계(제 2 단계)로 나뉘며, 제 1 단계는 항상 공법적 판단이지만 제 2 단계는 공법적으로도 사법적으로도 형성될 수 있는 가능성이 있다는 이론이다.

이단계이론은 사법영역에서 공행정주체에게 미치는 구속의 원칙을 규명하려는 것이 아니기 때문에 행정사법과는 구별되어야 한다. 그러나 양자는 매우 밀접한 관련을 갖는다. 특히 제 2 단계가 사법적으로 판단될 경우에 여기에는 행정사법원칙도 동시에 적용되게 된다.

이단계이론은 공법과 사법의 구별이론도 아니다. 이단계이론은 오히려 공법과 사법의 구별을 전제로 한다. 공법과 사법의 구별은 이단계이론을 적용함에 있어서 특별한 의미를 가질 수 있을 뿐이다.

  2) 적용영역

이단계이론이 적용되는 주된 분야는 공공시설이용관계와 자금지원관계이다. 공공시설의 이용과 관련하여 특정인에게 이용하게 할 것인가의 여부에 관한 결정(제 1 단계)은 항상 공법적이며, 구체적으로 이용하게 할 경우 이용조건 등에 관한 구체화(제 2 단계)는 공법상 계약이 체결될 수도 있고 사법상 계약이 체결될 수도 있다. 자금지원의 경우도 특정인에게 보조금을 지급할 것인지 여부의 결정(제 1 단계)은 항상 공법적이고, 지급할 경우 이자율·반환시기 등 제반 조건(제 2 단계)에 대해서는 공법상 계약이 체결될 수도 있고 사법상 계약이 체결될 수도 있다.

주의할 것은 이단계이론에서 제 2 단계는 항상 사법적인 것은 아니라는 점이다. 제 1 단계는 물론 제 2 단계도 공법적일 수 있다. 설사 공공시설이용과 관련하여 이용강제규정이 있다고 하여 반드시 제 2 단계가 공법적인 것은 아니다.

  3) 평  가

이단계이론은 급부행정영역에서의 법률관계를 이해하는 데 도움을 준다는 점에서 그 효용을 인정할 수 있다. 다만 이단계이론 그 자체는 공법과 사법의 구별기준을 제시하는 이론은 아니며 단지 일정한 경우 법률관계가 두 단계로 구별될 수 있다는 점을 제시할 뿐이다.

그러나 이단계이론에 대해서는 ① 하나의 급부와 관련한 법률관계를 인위적으로 두 단계로 나누어 경우에 따라 각각 권리구제의 관할을 달리하게 하는 점, 따라서 법률관계를 통일적으로 해석하지 못하게 하는 점과 ② 제 1 단계의 기본결정이 무효로 되거나 사후에 취소된다면 제 2 단계에서 구체적으로 제공되는 급부행위에는 어떤 효과가 미치는가의 문제가 제기되고 있다.

특히 후자에 대해서는 ㉠ 제1단계의 결정을 제2단계의 효력요건으로 보아 제1단계가 효력이 없는 경우 제2단계에서의 계약은 바로 무효로 된다는 견해, ㉡ 제1단계에서의 결정은 제2단계에서의 계약의 법적 근거가 된다고 보아, 제1단계에서의 결정이 효력을 상실하면 제2단계에서의 계약에 의한 급부는 법률상 원인 없는 급부가 되어 부당이득반환청구권의 문제가 된다고 보는 견해, ㉢ 제1단계에서의 결정은 제2단계에서의 계약의 이른바 '행위근거'가 된다고 보아, 제1단계에서의 결정이 효력이 없게 되면 행위근거의 결여를 이유로 제2단계에서의 계약의 해지사유가 된다고 보는 견해, ㉣ 제2단계의 계약이 체결됨과 동시에 제1단계의 결정은 소멸한다고 보아, 제1단계에서의 결정은 제2단계에서의 계약에 아무런 영향을 미치지 않는다는 견해 등 다양한 해법들이 제시되고 있다.

생각건대 현실적인 의미가 있는 것은 ㉠과 ㉡의 해결이 된다고 본다. 다만 제1단계의 행위의 결과에 제2단계의 행위를 직접적으로 의존하게 하는 것은 법률관계의 안정성을 해할 수 있다. 특히 중간에 급부의 이행을 완성하기 위해 개입한 은행 등 제3자의 이해관계를 고려해야 할 경우도 있으므로 ㉡의 해결이 더 합리적이라고 판단된다.[7]

# 제 2 절   행정법의 법원

## Ⅰ. 기본적 개념

성북세무서는 甲에게 양도소득세를 부과하였다. 이때에
1. 양도소득세의 근거규범이 「소득세법」일 때에 성북세무서가 이에 위반되는 처분을 한 경우,
2. 근거규범이 「소득세법시행령」이고, 성북세무서의 처분이 이에 위반한 경우,
3. 세액산정의 실질적인 근거규범이 국세청 훈령이고, 성북세무서가 이에 위반한 경우에 甲은 각각 어떠한 권리구제방법을 강구할 수 있는가?

(풀이는 37면)

---

7) 물론 ㉢의 해법도 행위근거의 결여를 일종의 '사정변경'으로 보게 되면 사정변경에 의한 계약해지로서 의미를 가질 수 있다고 본다.

## 1. 법    원

법원(Rechtsquelle)은 일반적으로 법의 인식근거나 존재근거를 의미하며, 일반인이 법의 구체적 존재형태를 알 수 있는 단서가 되는 것이다. 따라서 행정법의 법원은 행정기관의 조직, 행정작용 및 행정상의 권리구제에 관한 법체계의 인식근거나 존재형식을 의미하게 된다.

법원에는 성문법과 불문법이 존재하며, 행정법은 원칙적으로 성문법의 형식으로 존재하나 보충적으로 불문법의 형식으로도 존재하게 된다.

## 2. 법    규

법원 개념과 밀접한 연관성을 갖는 것이 '법규(Rechtssatz)' 개념이다. 법규 개념에 대해서는 종래 독일의 경우 좁게 이해하는 견해와 넓게 이해하는 견해가 주장되고 있다.

### (1) 좁게 이해하는 입장

이 견해는 법규 개념을 그 연혁에 있어서의 역사적인 의미로 이해하여 법률유보, 특히 이른바 침해유보이론[8])의 기초가 되었던 법규의 내용으로 파악한다. 이에 따르면 법규는 '시민의 자유와 재산에 관련되거나 제한하는 규정'으로서 이해된다. 또한 독일의 후기 입헌주의 시대의 지배적이었던 공법이론에 따라서, '독립적인 권리주체 사이의 관계를 규율하는 규정'으로 이해하는 입장도 같은 결론에 이르게 된다. 따라서 이에 따르면 시민과의 관련성(즉 오늘날 의미에서의 이른바 규범의 외부적 효력) 속에서만 법규 개념을 이해하기에, 행정주체 내부의 관계는 이 법규 개념에서 제외되는 결과가 도출되며, 그 결과 행정규칙은 이에 따르면 법규가 아니게 된다.

### (2) 넓게 이해하는 입장

이는 법규 개념을 좁게 이해하는 견해가 19세기 당시의 시대상황을 반영한 역사성

---

8) 이때의 침해 개념은 우리나라에서는 일반적으로 명확하게 그 의미가 구별되지 않고 사용되고 있다. 이 용어의 원어인 'Eingriff'는 시민의 권리나 의무에 영향을 미치는 행정작용이 행해지는 것을 의미하기 때문에 이 'Eingriff'의 단계에서는 당해 행위의 적법성이나 위법성 여부는 아직 논의되지 않는다. 이러한 행위가 아무런 법적인 하자가 없을 때에는 적법한 행위로서 당사자의 권리나 의무를 제한하는 행위로 되고, 그 행위가 근거법령을 흠결하거나 실정법이나 비례원칙 등에 위반되는 경우에 비로소 위법의 효과가 주어지게 되는 것이다. 이러한 위법성이 인정되는 행위를 독일에서는 엄격하게 'Eingriff'와는 다른 'Rechtsverletzung'의 표현을 사용하고 있으며 이러한 행위가 비로소 침해행위가 되는 것이다. 따라서 우리나라에서 'Eingriff'의 표현을 침해라고 번역하는 것은 잘못된 것이다(이에 대해서는 류지태, "부당한 재량행위와 권리침해", 고시계, 1993년 8월호, 87면 이하 참조). 그러나 본서에서는 교과서의 성격상 혼란을 주지 않기 위해 문제점의 지적에 그치고, 이러한 기존 용어사용례에 따르기로 한다.

에서 벗어나지 못하고 있음을 비판하고 법이론적으로 법규 개념을 정립한다. 이에 따르면 '행정법상의 권리주체에게 일반적으로 권리와 의무를 창설하거나 영향을 미치는 규정'이나 '고권적인 일반적·추상적 규율'을 법규로서 이해하게 된다. 따라서 이는 수범자의 범위를 한정하지 않고, 국가(<sup>행정</sup><sub>기관</sub>)와 시민과의 관계에 관한 규율뿐만 아니라 국가(<sup>행정</sup><sub>주체</sub>) 내부에서의 관계규율도 그 구성원의 권리나 의무에 관련되는 한, 법규의 개념에 포함하게 된다. 따라서 이에 따르면 행정규칙은 당연히 법규로서의 성질을 갖게 된다.

### (3) 소    결

우리나라의 다수 입장은 그 결론에 있어서 좁은 의미의 법규 개념을 따르고 있다고 볼 수 있다.[9] 즉 법규 개념을 비록 19세기의 입헌군주정 당시의 역사적 연혁에서는 벗어난 현대적인 의미로 이해하고 있으나, 법규 개념의 인정여부를 시민에 대하여 미치는 외부적 효력 유무에 따라서 논하고 있다. 따라서 일반국민에 대한 외부적인 법적 구속력이 인정되는 규범인 경우에만 법규로서 인정되며, 행정조직 내부에서만 효력을 갖는 규범인 때에는 그 법규성이 부정된다. 같은 입장에서 판례는 시민에 대한 구속력 인정여부를 법규 개념의 핵심적인 특징으로 보는 태도를 나타내고 있다.[10] 이러한 특유한 법규 개념으로 인해 우리나라에서는 후에 논의할 행정규칙의 법규성이 인정될 것인가의 문제가 제기되는 것이다.[11]

그러나 법규 개념은 연혁적인 배경에서 벗어나서 이해되어야 하리라고 본다. 즉 좁게 이해하는 입장은 시민의 자유나 권리를 보호한다는 입헌군주정 당시의 역사적 배경하에서의 기능적 측면이 강조되고 있는 것이나, 오늘날은 기본권보장이 보편화되어 있으므로 이러한 기능적 측면에서 법규가 이해될 필요는 없을 것이다. 오히려 법이론적인 관점에서 법규 개념을 정립하는 것이 타당하리라고 본다. 따라서 시민들이나 법원에 대해서 구속력을 갖는 규범뿐 아니라 국가기관 내부에서 효력을 갖는 규범도 법규 개념에 포함할 수 있다고 본다.[12]

---

9) 김도창(상), 63면; 석종현·송동수, 190면.
10) 소득세법기본통칙은 행정청 내부를 규율하는 규정일 뿐, 국가와 국민 사이에 효력을 가지는 법규가 아니므로 법원이나 일반개인에 대한 법적 구속력은 없다"(대판 1987. 5. 26, 86누96).
   "…소론이 들고 있는 수산청 훈령 제434호 수산업에 관한 어업면허사무취급규정은 행정기관 내부의 행정사무처리기준을 정한 것에 불과하고 이른바 법규로서의 성질을 가지는 명령 또는 규칙이라 볼 수 없으므로… "(대판 1990. 2. 27, 88재누55).
11) 이러한 입장에서 볼 때에 우리나라에서 논의되는 행정규칙의 법규성 논쟁은, 그 실질적 내용에 비추어 보아 시민에 대한 대외적 구속력인정여부에 있는 것이므로, 법규 개념을 시민에 대해 구속력이 인정되는 경우로 이해하는 입장을 기초로 할 때에만 의미가 있는 것이 된다. 반면에 법규 개념을 법이론적 의미로 넓게 이해하는 경우에는 행정규칙은 당연히 법규에 포함하는 것으로 보게 될 것이다.
12) 같은 입장 : 홍정선(상), 64면.

## 3. 법 규 범

이러한 위의 법규 개념과 그 구별이 논의되는 것으로는 '법규범(Rechtsnorm)'이 있다. 법규 개념을 좁게 이해하는 견해에서는 양 개념을 동일한 것으로 보고 있으나,[13] 법규 개념을 넓게 이해하는 입장에서는 양 개념을 서로 구별하고 있다. 후자의 견해에 따르면, 법규는 고권적인 일반적·추상적인 규율로서 국가(행정기관)와 시민과의 관계규율 뿐 아니라 국가(행정기관) 내부영역에서의 규율도 포함하는 개념인 데 반하여, 법규범의 개념은 국가와 시민간의 외부관계에 관한 법규에 한정하는 개념으로 보게 된다. 즉 법규범은 일반적·추상적인 규율로서, 시민이나 그 밖의 독자적인 법인에 대한 권리나 의무의 창설·변경·소멸에 관한 사항을 그 내용으로 하는 것을 말한다. 따라서 실질적 의미의 법률과 같은 개념으로 이해한다.

**기본사례 풀이**

법규개념의 이해에 대해 우리의 다수견해는 당해 규범의 대외적 구속력, 특히 시민에 대한 법적 구속력의 유무에서 찾는다. 이에 대해 반대견해는 법규 개념을 넓게 이해하고 행정주체에 의하여 정립하는 고권적인 일반적·추상적 규율로 파악한다.

당사자의 권리구제를 위한 기본적인 요건은 당해 행정작용의 위법성 인정에 있으며, 위법성을 주장하기 위한 필수요건은 행정작용의 근거규범이 행정기관 뿐 아니라 시민에 대해서도 법적 구속력을 갖는다는 것이다. 이에 비추어 볼 때에 법률이나 시행령은 시민에 대한 외부적·법적 구속력을 가지므로 이에 위반한 행정작용에 대해서 당사자는 위법의 효과를 주장할 수 있으며, 이에 근거하여 쟁송법상의 권리구제수단인 행정심판과 행정소송을 제기할 수 있게 된다(설문 1과 2의 경우).

그러나 근거규범이 행정규칙인 경우에는 시민에 대해서 구속력을 갖지 않는 것이 원칙이며, 따라서 당해 행정작용의 행정규칙위반이 바로 위법의 효과를 발생하지는 않게 된다. 이때에 다수견해는 이를 두고 행정규칙은 법규성이 부정된다고 한다. 따라서 설문 3에 대해서는, 행정규칙의 시민에 대한 법적 구속력이 부정되므로 당해 처분의 위법성 사유로서 행정규칙위반을 주장하지 못하게 된다. 그러나 이때에도 당해 처분이 헌법원칙이나 법률에 반하는 경우에는 이를 이유로 다툴 수 있음은 물론이다.

---

13) 학자에 따라서는 이보다 한 걸음 더 나아가서 법규범의 개념을 법규보다 더 넓게 사용하려는 견해도 보인다. 이에 따르면 행정규칙이 내부적 효력만을 갖는 경우에도 법규범이라고 보나, 법규는 외부적 효력을 갖는 경우에 한정하므로 재량준칙의 경우에만 법규에 준하는 것으로 본다고 한다(김동희(Ⅰ), 173면 이하 참조).

## Ⅱ. 행정법의 성문법주의

### 1. 이론적 근거

#### (1) 법적 안정성의 보장

행정법은 규정의 성질면에서는 모든 사람을 대상으로 하는 획일성과, 부과된 의무의 강제적 실현을 도모하는 강행성을 특성으로 한다. 따라서 행정법규의 위반행위에 대해서는 위반자의 고의 또는 과실을 묻지 않고 책임을 물을 수 있게 된다.

> 행정법규 위반에 대하여 가하는 제재조치는 행정목적의 달성을 위하여 행정법규위반이라는 객관적 사실에 착안하여 가하는 제재이므로, 위반자의 의무 해태를 탓할수 없는 정당한 사유가 있는 등의 특별한 사정이 없는 한, 위반자에게 고의나 과실이없다고 하더라도 부과될 수 있다(대판 2003.9.2, 2002두5177).

이처럼 행정법은 획일성과 강행성을 가지므로 일반시민으로 하여금 행정작용을 장래에 대해서 예측가능하게 하여 법적 생활의 안정성을 확보하기 위해 원칙적으로 성문법의 형식을 필요로 한다.

같은 연장선에서 행정법규의 소급적용은 예외적으로 허용할 수 있는 특별한 경우가 아니면 원칙적으로 금지된다. 이른바 '법령불소급의 원칙'의 이면에는 신뢰보호원칙이 자리하고 있기 때문이다.

> **행정법규의 소급적용이 허용되는 경우**    법령의 소급적용, 특히 행정법규의 소급적용은 일반적으로는 법치주의의 원리에 반하고, 개인의 권리·자유에 부당한 침해를가하며, 법률생활의 안정을 위협하는 것이어서, 이를 인정하지 않는 것이 원칙이고(법률불소급의 원칙 또는 행정법규불소급의 원칙), 다만 법령을 소급적용하더라도 일반국민의 이해에 직접 관계가 없는 경우, 오히려 그 이익을 증진하는 경우, 불이익이나고통을 제거하는 경우 등의 특별한 사정이 있는 경우에 한하여 예외적으로 법령의소급적용이 허용된다(근로복지공단이 잘못 지급한 보험급여를 환수할 권리를 사법상의 채권인 민법상의 부당이득반환청구권에서 국세체납처분의 예에 의하여 강제징수할 수 있는 공법상의 권리로 변경하는 내용의 산업재해보상보험법 제53조 제1항 제3호는 이를 소급적용하더라도, 일반 국민의 이해에 직접 관계가 없는 경우, 오히려 그이익을 증진하는 경우, 불이익이나 고통을 제거하는 경우 등의 특별한 사정이 있는경우에 해당한다고 볼 수는 없다고 할 것이므로, 달리 그 시행에 관한 경과규정이 없는 같은 법 제53조 제1항 제3호는 개정 법률의 시행일인 2000. 7. 1. 이후에 과오급된 보험급여의 징수에 관해서만 적용된다고 본 사례)(대판 2005.5.13, 2004다8630).

## (2) 공정한 행정작용의 보장

행정권 발동근거의 소재와 한계를 명확히 하여 행정작용의 공정을 도모하기 위해서도 성문화의 필요가 존재한다.

## 2. 법적 근거

행정법의 성문법원칙은 행정조직의 법률주의(헌법 제96조, 제100조; 정부조직법, 감사원법 등), 행정작용의 법률유보(헌법 제23조 3항, 제59조; 국세기본법, 공익 사업을위한토지등의취득및보상에관한법률 등) 및 행정구제의 법률주의(헌법 제107조 3항; 행정 심판법, 행정소송법 등) 등으로부터 그 법적 근거를 찾을 수 있다.

## 3. 한      계

현대행정의 양적인 확대와 강화로 인하여 그 규율대상이 매우 광범위하고 다양하고 유동적이기 때문에 그 모든 것을 성문법으로 규율하기는 대단히 어렵다. 따라서 이러한 성문법의 규율이 미치지 못하는 분야에 대해서는 관습법·판례법·조리 등과 같은 불문법이 보충적으로 적용되게 된다.

## 4. 행정법의 법전화 문제

행정법은 행정조직과 행정작용 영역에 있어서 그 대상인 행정의 특성, 즉 다양성과 전문성 등으로 인하여 통일적인 규율을 내용으로 하는 법전의 체계를 갖추지 못하고 개별 법령들의 집합적인 형식으로 존재하고 있다. 그러나 행정절차나 행정구제의 영역은 기술적 성격이 강하기 때문에 통일적인 법전화의 노력이 행해져 왔는바, 전자의 경우에는 미국이나 독일의 행정절차법이나 우리나라에서 1996년에 제정된 「행정절차법」의 예를 들 수 있고, 후자의 예로는 행정구제에 관한 일반법으로서의 「행정심판법」이나 「행정소송법」을 들 수 있다. 그러나 법전화가 행해지고 있는 영역에서도 이들이 갖는 지위는 일반법으로서의 성격만을 가지는 것이므로, 그 규율대상의 특성상 일반적인 규율과는 별도의 규율을 필요로 하는 특별법적 내용이 존재하는 경우에는 특별법적 내용이 우선적으로 적용되어진다(예컨대 행정절차법 제3조 1항, 행정심판법 제4조 참조).

## Ⅲ. 성문법원

행정법은 원칙적으로 성문법의 형식으로 존재하며 그 내용은 헌법을 정점으로 한 여러 법령의 형식으로 구성되어 있다. 법령 상호간에 충돌이 있을 때에는 성문법의 상하순위에 의해 해결하며, 동급의 법령 사이에서는 신법우선 및 특별법우선의 원칙에 의해 해결한다.

## 1. 성문법원의 종류

### (1) 헌 법

헌법은 행정조직에 관한 사항(대통령, 국무총리, 행정각부, 감사원 등)과 행정작용을 규정(기본권의 제한작용, 정부의 권한, 선거관리, 경제규제 등)하며, 그 밖에도 행정구제의 내용에 관한 규정(행정상 손해배상·손실보상, 행정심판, 행정소송규정)을 두고 있다. 헌법규정 외에 헌법원칙 등도 행정법의 적용에 주요한 역할을 한다.

#### 1) 헌법과 행정법의 일반적 관계 논의

행정법은 독일학자들의 표현대로 '활동하는 헌법(Lorenz von Stein)' 또는 '헌법을 구체화하는 법(Werner)'으로서 헌법의 내용에 구속되는 관계에 있다. 이는 우선 성문법의 규범단계적 구조상 도출되는 결론으로서의 의미를 갖는다. 즉, 헌법은 입법행위와 행정작용의 법적 조건을 만드는 지위에 있으며, 이로 인해 그 지위에 있어서 다른 국가작용에 비해 우월한 규범으로서의 성격을 갖게 된다. 이에 따라 헌법규범은 그 특성상 다소 추상적인 성격을 갖는 데 반해, 행정법은 헌법을 구체화하여 헌법이념을 실현하는 기능을 수행하게 되는 것이다. 따라서 행정법규의 해석이나 법적용에 있어서는 헌법이념이 주요한 기준으로 작용하게 된다. 물론 헌법의 직접적인 영향하에 있지 않은 영역에 있어서는 행정법의 독자적인 활동가능성도 인정된다.

#### 2) 행정법에 대한 헌법적 구속원리

행정법의 전체영역을 규율하는 헌법원리로서는 우선 권력분립원칙을 들 수 있다. 이는 행정작용이 입법기관이나 사법기관이 아닌 별도의 기관에 의하여 수행되어야 한다는 내용을 도출하게 한다. 또한 법치국가원리는 국가의 모든 작용을 법률과 법에 구속하게 한다. 이를 통하여 법치행정의 원리, 즉 행정의 법률적합성의 원칙이 도출되는바, 이는 행정기관에게 법률의 집행작용의 과업을 부여하게 한다. 이를 통하여 행정은 헌법에 포함되어 있는 지도이념들을 구체화하는 기능을 수행한다.

### (2) 법 률

행정법의 가장 일반적인 법원으로서 개별적인 실정법의 형식으로 존재한다(경찰관직무집행법, 도로교통법, 건축법 등). 법률은 행정기관이 따라야 할 가장 주요한 법원으로서 특히 법률유보이론 등이 관련된다.

### (3) 법규명령

법규명령은 통상적으로 헌법이나 법률의 위임에 근거하여 행정기관에 의하여 정립되는 일반법이다. 내용에 있어서는 상위법령의 위임을 필요로 하는 위임명령과 상위법령의 위임을 요하지 않는 집행명령으로, 발동주체에 의해서는 대통령의 긴급명령,

긴급재정·경제명령, 대통령령, 총리령, 부령, 중앙선거관리위원회규칙, 감사원규칙 등
으로 구분되며, 주로 행정작용에 관한 법원으로서의 기능을 수행한다.

### (4) 자치법규

지방자치행정에 관한 중요한 법원으로서 이에는 조례와 규칙이 있다. 전자는 지
방의회가 제정하며 교육조례를 포함하고, 후자는 지방자치단체의 집행기관인 장이 제
정하며 교육규칙이 포함된다. 자치법규는 그 효력에 있어서 상위법령에 위반되지 못
하는 기본적인 한계를 갖는다.

### (5) 국제조약과 국제법규

우리나라가 당사국인 국제조약이나 일반적으로 인정되는 국제법규도 그 내용이
국내행정에 관한 사항을 포함하고 있는 한 법원으로 된다. 그 효력은 입법사항에 관
련되는 내용일 때에는 국내법과 동일한 효력을 가지나, 그 밖의 내용에 관한 경우에
는 법규명령과 같은 효력을 갖는다고 본다.14) 따라서 이러한 한도에서는 국제조약이
나 국제법규도 법원으로서 재판규범으로 인정된다.

## 2. 행정규칙의 법원성 문제

행정규칙이란 행정조직 내부의 활동을 규율대상으로 하여 상위법령의 위임 없이
행정기관이 정립하는 일반적·추상적 규정이다. 이에 대해서는 법원성 인정문제가 논
의의 대상이 되고 있다.

학설에서는 실질적으로 오늘날 행정운영의 주요 부분이 행정규칙의 형식을 취하
고 있는 지침이나 훈령,15) 기타 내부규정 등에 의해서 행해지고 있음을 볼 때, 행정사
무처리의 준칙으로서의 성격상 그 법원성을 인정해야 할 것이라는 견해가 주장되기도

---

14) 그러나 구「특허법」(2011.12.2. 법률 제11117호로 개정되기 전의 것) 제26조는 조약이 국내법보
다 우선적으로 적용됨을 규정하고 있다. 이러한 조약우위에 대해서는 발명 및 특허제도가 국제
적인 범위와 관련되는 것이고 따라서 국제협력이 강하게 요청되기 때문이라고 설명하고 있다
(특허·실용신안법 조문해설, 1988, 특허청 공업소유권법연구회刊, 136면 참조). 그러나 현실적
으로 우리나라가 특허법에 관해 체결하고 있는 조약으로 국내법에 저촉되는 경우는 거의 없으
나, 파리조약 제 4 조에 규정되고 있는 내용은 예외로서 인정되고 있다. 이에 따르면 모든 동맹
국에 있어 정규의 특허출원을 한 자 또는 그 승계인은 타동맹국에 출원하는 것에 관해 12개월
의 우선권을 갖는다고 규정하고 있다(앞의 책, 137면 참조).

15) 행정규칙으로서의 훈령은 경우에 따라서는 새로운 법률에 의해 행정기관에게 의무가 부과되
는 경우에 이를 미리 대비하고 그 적용상의 경험축적과 법률시행상의 문제점을 보완하기 위하
여, 법률시행 전에 발령되는 것도 있다. 이에 해당하는 것으로서는 행정절차법을 대비한 '국민
의 권익보호를 위한 행정절차에 관한 훈령'(1989년 1월 14일의 국무총리 훈령)과 행정정보공개
법을 대비한 '정보공개기반구축과 운영기준에 관한 국무총리훈령'(1994년 3월 2일)이 있다.

한다.

　그러나 판례는 대표적인 행정규칙인 세법상 기본통칙에 대하여 "조세통칙은 어디까지나 과세관청 내부에 있어서 세법해석의 기준 및 집행기준을 시달한 행정규칙으로서 행정청 내부에서만 효력을 가질 뿐 국가와 국민사이에 효력을 가지는 법규적 효력이 없으므로 법원이나 일반 국민에 대한 법적 구속력이 없어 조세법의 법원이 될 수는 없다"고 일관되게 보고 있다.16)

### 3. 행정법규의 해석방법

　성문법원으로서의 행정법규를 해석·적용함에 있어서는 앞서 본 바와 같이 행정법규가 가지는 강행성, 확일성 및 공정한 행정작용의 보장 등을 고려하는 것이 필요하다.

　그러한 점에서 행정작용 중 침익적 행정행위의 근거가 되는 행정법규는 더더욱 엄격하게 해석·적용하여야 하고 그 행정행위의 상대방에게 불리한 방향으로 지나치게 확장해석하거나 유추해석해서는 안 되며, 그 입법 취지와 목적 등을 고려한 목적론적 해석이 전적으로 배제되는 것은 아니라고 하더라도 그 해석이 문언의 통상적인 의미를 벗어나서는 안 된다.17)

　특히 행정형벌의 적용과 관련하여 형벌법규의 해석은 엄격하여야 하고 명문규정의 의미를 피고인에게 불리한 방향으로 지나치게 확장 해석하거나 유추 해석하는 것은 죄형법정주의의 원칙에 어긋나는 것으로서 허용되지 않으며, 이러한 법해석의 원리는 그 형벌법규의 적용대상이 행정법규가 규정한 사항을 내용으로 하고 있는 경우에 그 행정법규의 규정을 해석하는 데에도 마찬가지로 적용된다할 것이다.18)

## Ⅳ. 불문법원

　불문법원이란 행정법의 법원으로서 문서화되고 있지 않은 것을 의미하며 특히 행정작용법 영역에서 의미가 있다.

### 1. 관 습 법

#### (1) 의　　의

　관습법이란 행정의 영역에서 국민의 전부 또는 일부 사이에 다년간 계속하여 동

---

16) 대법원 1992. 12. 22. 선고 92누7580 판결.
17) 대법원 2013.12.12. 선고 2011두3388 판결.
18) 대법원 2011.7.14. 선고 2009도7777 판결.

일한 사실이 관행으로서 성립되고, 이 관행이 국민일반의 법적 확신을 얻음으로써 효력을 갖는 법규범을 말한다. 다른 법영역과 달리 행정법영역에서는 법치행정의 원리상 불문법인 관습법은 큰 의미가 부여될 수 없는 한계가 있다. 특히 관습법은 각국의 특유한 사정이 반영되어 형성되는 규범이므로, 행정법원으로서의 관습법의 유형도 개별 국가에 따라서 상이하게 나타나게 된다. 따라서 다른 나라의 관습법적 내용은 우리나라에 그대로 원용하기에 어렵다고 보아야 할 것이다.

### (2) 효력의 근거

관습법이 성립하기 위해서는 관행의 존재와 법적 확신의 존재가 필요하다. 이러한 요소 외에도 국가의 승인을 필요로 하는가에 대해서는 이를 긍정하는 입장(국가 승인설)과 이를 부정하는 입장(법적 확신설)이 있으나, 판례나 다수설의 입장은 법적 확신설에 따르고 있다.

### (3) 효력의 내용

이에는 성문법에 대한 관계에서 보충적 효력만을 인정하는가와 개폐적 효력까지 인정할 것인가가 논의될 수 있으나, 일반적인 견해와 판례는 보충적 효력만을 인정한다. 따라서 성문법에 흠결이 있는 경우에만 관습법이 적용된다.

### (4) 종    류
#### 1) 행정선례법

행정선례법이란 성문법이 없거나 불충분한 경우에 행정청이 동일한 작용의 훈령·고시·통첩 등을 장기적으로 반복·시행하게 되어 국민 사이에 법적 확신이 생기게 됨으로써 성립되는 관습법을 말한다.

이와 관련해서는 "세법의 해석 또는 국세행정의 관행이 일반적으로 납세자에게 받아들여진 후에는 그 해석 또는 관행에 의한 행위 또는 계산은 정당한 것으로 보며, 새로운 해석 또는 관행에 의하여 소급하여 과세되지 아니한다"고 규정하고 있는 「국세기본법」 제18조 제 3 항이 조세행정에 있어서의 행정선례법의 존재를 명문으로 인정하고 있다고 보는 견해와 이 규정은 조세행정에 의한 소급과세의 금지원칙을 선언하고 있을 뿐 세법상 관습법의 존재를 전혀 인정할 수 없다는 견해가 대립하고 있다.

#### 2) 민중적 관습법

민중적 관습법이란 민중 사이의 다년간의 관행에 의하여 성립되는 것을 말하며, 주로 공물·공유수면 등의 사용관계에서 나타난다. 유수의 관개용수 용도로의 인수나 「수산업법」 제40조 제 1 항의 관행어업권을 예로 들 수 있다.

[1] 공유수면매립사업으로 인하여 관행어업권을 상실하게 된 자는 구 공유수면매립법 제6조 제2호가 정한 입어자로서 같은 법 제16조 제1항의 공유수면에 대하여 권리를 가진 자에 해당하므로 그가 매립사업으로 인하여 취득한 손실보상청구권은 직접 같은 법 조항에 근거하여 발생한 것이라 할 것이어서, 공유수면매립사업법 제16조 제2항, 제3항이 정한 재정과 그에 대한 행정소송의 방법에 의하여 권리를 주장하여야 할 것이고 민사소송의 방법으로는 그 손실보상청구권을 행사할 수 없다 (대판 2001.6.29, 99다56468).

[2] **간척사업의 시행으로 종래의 관행어업권자에게 구 공유수면매립법에서 정하는 손실보상청구권이 인정되기 위해서는 매립면허고시 후 매립공사가 실행되어 관행어업권자에게 실질이고 현실적인 피해가 발생해야 하는지 여부(적극)** 구 공유수면매립법(1999. 2. 8. 법률 제5911호로 전부 개정되기 전의 것) 제17조가 "매립의 면허를 받은 자는 제16조 제1항의 규정에 의한 보상이나 시설을 한 후가 아니면 그 보상을 받을 권리를 가진 자에게 손실을 미칠 공사에 착수할 수 없다. 다만, 그 권리를 가진 자의 동의를 받았을 때에는 예외로 한다"고 규정하고 있으나, 손실보상은 공공필요에 의한 행정작용에 의하여 사인에게 발생한 특별한 희생에 대한 전보라는 점에서 그 사인에게 특별한 희생이 발생하여야 하는 것은 당연히 요구되는 것이고, 공유수면 매립면허의 고시가 있다고 하여 반드시 그 사업이 시행되고 그로 인하여 손실이 발생한다고 할 수 없으므로, 매립면허 고시 이후 매립공사가 실행되어 관행어업권자에게 실질적이고 현실적인 피해가 발생한 경우에만 공유수면매립법에서 정하는 손실보상청구권이 발생하였다고 할 것이다(대판 2010. 12. 9, 2007두6571).

[3] **구 공유수면매립법상 간척사업의 시행으로 인하여 관행어업권이 상실되었음을 이유로 한 손실보상청구권에 민법에서 정하는 소멸시효규정이 유추적용될 수 있는지 여부(적극)와 소멸시효기간(=10년) 및 소멸시효의 기산일(=실질적이고 현실적인 손실이 발생한 때)** 소멸시효는 권리자가 그 권리를 행사할 수 있음에도 일정한 기간 동안 행사하지 않는 권리불행사의 상태가 계속된 경우에 그 권리를 소멸시키는 제도로서, 상당한 기간 동안 권리불행사가 지속되어 있는 이상 그 권리가 사법상의 손실보상청구인지 아니면 공법상 손실보상청구인지에 따라 달리 볼 것은 아니다. 따라서 공유수면매립법상 간척사업의 시행으로 인하여 관행어업권이 상실되었음을 이유로 한 손실보상청구권에도 그 소멸시효에 관하여 달리 정함이 없으면 민법에서 정하는 소멸시효규정이 유추적용될 수 있고, 이 경우 관행어업권자가 그 매립면허를 받은 자 또는 사업시행자에 대하여 가지는 손실보상청구권은 금전의 지급을 구하는 채권적 권리이므로 그 소멸시효기간은 민법 제162조 제1항에 따라 10년이다. 또한 그 소멸시효의 기산일은 손실보상청구권이 객관적으로 발생하여 그 권리를 행사할 수 있는 때, 곧 특별한 사정이 없는 한 이 사건 간척사업으로 인하여 관행어업권자가 자연산 패류 및 해초류 어장으로서의 어장을 상실하는 등 실질적이고 현실적인 손실이 발생한 때부터라고 보는 것이 타당하다(대판 2010. 12. 9, 2007두6571).

## 2. 판 례 법

### (1) 의    의

행정소송에 관한 법원의 심리과정 중에 일반적·추상적인 행정법규의 내용이 구체화되어 행정법규의 해석이나 운용의 기준으로 작용하고, 이것이 최고법원에 의하여 지지됨으로써 하나의 법규범과 같이 다른 행정사건의 해결기준으로서 작용하는 것을 행정판례법이라고 말한다. 행정법에 있어서의 판례법은 행정법 전체에 통용되는 법원칙을 확립하는 주된 기능을 수행한다.

### (2) 법원성의 인정문제

#### 1) 일반적인 논의

판례법을 법원으로 인정할 것인가에 대하여는 주요 법계에 있어서 상이한 입장을 취하고 있다.

영미법계의 국가에서는 성문법 체계가 결여되어 있으므로 판례법이 전통적으로 중요한 행정법의 법원이 되어 왔으나, 오늘날은 행정법 분야에서의 성문법 체제의 정비로 그 중요성은 감소하고 있는 추세이다.

이에 반하여 대륙법계(특히 독일의 경우)에서는 성문법 규정의 흠결이나 추상성을 보충하는 작용을 판례법이 수행하고 있으나, 최고법원의 판례는 하급법원의 판결에 대하여 법적인 구속력이 아닌 사실상의 구속력을 가질 뿐이므로 법원으로서의 지위가 인정되지는 않는다고 볼 수 있다.

#### 2) 우리나라의 경우

우리나라의 경우는 실정법의 해석상 대법원의 판례에 대해 법적인 구속력을 갖는 의미에서의 법원성을 인정할 수는 없고 사실상의 구속력만이 인정되므로 그 법원성이 부정되어야 할 것이다. 즉「법원조직법」제 8 조는 당해 사건에 관한 상급법원의 판단의 하급법원에 대한 구속력만을 인정하고 있다. 또한 대법원의 종전의 판례변경은 반드시 전원합의체에서 하도록 함으로써 판례변경을 어렵게 하고 있는 점(법원조직법 제7조 1항 3호)과 판례위반을 상고 또는 재항고사유로 하고 있는 점(소액사건심판법 제3조 2호)은 판례의 변경을 신중하게 하려는 정책적 배려이므로 법원성의 인정여부와는 직접관련이 없다고 보아야 할 것이다.[19]

#### 3) 헌법재판소 결정의 법원성

그러나 헌법재판소의 위헌법률결정은 당해 법률이나 법률조항의 효력을 일반적

---

19) 물론 학자들 중에는 대법원판례가 갖는 하급법원에 대한 사실상의 구속력을 이유로 사실상의 법원성이 인정된다는 견해도 주장된다.

으로 상실하게 하고($\frac{헌법재판소법}{제47조 2항}$), 법원 기타 국가기관이나 지방자치단체를 기속하게 하고 있으므로($\frac{헌법재판소법}{제47조 1항}$) 법원으로서의 성격을 갖게 된다고 보아야 할 것이다.

### 3. 조리(행정법의 일반원칙)

#### (1) 의  의

조리란 일반사회의 정의감에 비추어 반드시 그리하여야 할 것이라고 인정되는 사물의 본질적인 법칙 또는 법의 일반원칙을 말한다. 조리는 법해석상 의문이 있는 경우에 법해석의 기본원리로서 그리고 다른 법원이 없는 경우에 최후의 보충적 법원으로서 의미를 갖게 된다. 따라서 조리는 행정법관계의 영역 전반에 걸쳐 적용되는 일반원칙으로 볼 수 있으며,[20] 현실적으로는 헌법규정이나 법률 또는 판례 등에 의하여 인정되고 있다.

그러나 조리로서 논의되는 내용들이 실정법화되고 있는 경우에도, 그 의미는 실정법 규정이기에 비로소 중요한 원칙으로서 인정되는 것이 아니라, 법의 일반원칙이기에 이를 강조하기 위해 실정법화한 것으로, 즉 확인적 의미로 이해되어야 할 것이다.

#### (2) 종  류

행정법상 적용되는 주요한 일반원칙으로는 비례성원칙, 신의성실원칙, 신뢰보호원칙, 자의금지, 부당결부금지원칙 등을 들 수 있다. 이들 일반원칙은 주로 행정작용의 개별 행위유형별로 논의되는 것이 일반적이므로 행정작용의 일반원칙이라는 제목으로 행정작용편에서 상술하기로 한다.

---

20) 본래 조리와 '행정법의 일반원칙'의 개념은 엄격한 의미에서는 구별되는 것이 필요하다. 즉, 조리는 법원차원에서의 문제이며, 행정법의 일반원칙은 행정기관에 의한 행정작용의 행위원리로서의 의미를 갖는다. 그러나 후자의 원칙내용 중 주요한 원칙들은 법치행정원칙상 실제로 적용할 수 있는 법원이 존재하지 않는 경우에 중요한 역할을 하는 것이므로, 이러한 점에서는 양자의 개념을 구별하지 않고 같이 사용할 수 있을 것이다.

# 제4장 행정법학과 행정법의 체계

## 제1절 행정법학

### I. 행정법학의 연구대상

행정법학(Verwaltungsrechtswissenschaft)은 여러 다양한 법원에 의해 성립하는 행정법을 대상으로 하는 학문이며, 행정학과는 달리 현상적(또는 존재론적)으로 기술하는 방법을 취하지 않고, 규범적으로 해석하고 이를 통하여 미래발전적으로 설명하는 방법을 취한다.

행정법학은 전체 행정법내용에 효력을 미치는 통일적인 이론체계를 전개하는 것을 내용으로 하며, 이러한 체계는 다시 일반 행정법적 원칙을 그 내용으로 하는 일반행정법과 개별 행정작용영역에 따라 다양한 내용을 갖게 되는 특별행정법의 이원적 구조로 구성되고 있다.

행정법학은 법정책적 측면을 대상으로 하는 행정정책(Verwaltungspolitik)을 포함하는 바, 이러한 행정정책은 실정 행정법을 실제적인 사회여건 및 헌법질서의 실현여부와 비교함으로써, 필요로 되는 행정의 목표설정 및 수단을 도출하게 하는 기능을 수행한다.

## Ⅱ. 인접분야와의 관계

### 1. 헌법과의 관계

행정법이나 헌법은 모두 공법이라는 점에서는 공통점을 갖는다. 그러나 헌법은 헌법기관이나 그 구성기관들 및 헌법생활에 참여하는 당사자들 사이의 법적 관계를 규율하는 것이고, 행정법은 이에 반해 헌법생활에 법적으로 참여하지 않는 당사자와 다른 권리주체사이의 법적 관계를 대상으로 하는 것이다.

다른 한편으로 헌법규범이 갖는 특성인 내용의 추상성이나 불완전성은 행정법에 의하여 구체화 또는 보충되어지므로 양자는 서로 밀접한 관계를 갖는다고 볼 수 있다.

### 2. 행정학과의 관계

행정학은 현상적인 측면을 다루는 학문이므로 현실적 관점에서의 행정작용이나 행정조직의 기능 등을 논의대상으로 한다. 따라서 행정학은 행정에 영향을 미치는 역사적·사회적·경제적·정치적·기술적 및 문화적 요소들에 대한 검토에서부터 시작하며, 행정사·행정정책·행정조직이론·행정경영이론 등이 주된 영역으로 한다. 행정법이 같은 대상을 주로 규범적으로 검토하는 점에서 서로 차이를 나타낸다.

### 3. 민법과의 관계

행정법은 공법으로서의 성격상 사법인 민법과 차이를 갖는다. 특히 행정법에서는 법치행정의 원칙이 통용되기에 법률관계의 당사자들의 의사보다는 법률의 의사가 우선하지만, 민법에서는 사적 자치의 원칙상 법률관계의 당사자 사이의 의사가 원칙적으로 법률규정보다 우선하는 차이를 갖게 된다.

그러나 연혁적으로 보아 행정법은 그 역사가 일천하기 때문에 성립초기에 민법의 개념을 많이 차용하여 기본개념이 형성되었다. 행정행위나 부관의 개념은 이러한 예로 볼 수 있다. 또한 그 밖에도 민법에는 법일반에 통용되는 성격을 갖는 개념 등이 있어 이러한 개념들은 행정법에도 통용되고 있으며(시효 기간 등), 행정법의 법률관계에서도 행정주체의 의사표시가 중요한 의미를 갖는 경우에는 민법의 개념이 차용되기도 한다 (예컨대 의사 표시의 하자 등). 따라서 민법은 그 기본성격의 차이에도 불구하고 행정법과 밀접한 관련을 맺고 있다.

# 제 2 절 체계로서의 행정법

## I. 행정법의 체계 문제

행정법이 학문으로서의 체제를 갖추기 위하여는 나름대로의 체계를 유지하여야 함은 당연하다. 법학이 체계성을 갖추지 못하면 아무런 의미도 갖지 못한다는 볼프 (Wolff)의 견해는[1] 행정법에 있어서 특히 더욱 더 타당하다고 말할 수 있다. 그러나 기본개념으로서의 체계를 어떻게 이해하는가의 문제와 행정법의 체계를 전체적으로 어떻게 파악할 것인가의 문제는 결코 용이한 일이 아니다.

### 1. 체계개념의 이해

법학적 용어로서 체계(System)개념에 대해서는 많은 논의가 행해지고 있지만, 일응 이 개념은 '합리적인 수단을 사용하여 특정한 대상의 통일성과 전체 질서를 파악하고 설명하는, 법인식을 위한 시도'를 말한다고 볼 수 있다.[2] 법인식의 도구개념으로서의 이러한 체계개념의 유형을 어떻게 나누는가에 대해서는 여러 가지 분류가 가능하지만,[3] 일반적으로는 외부적 체계와 내부적 체계의 분류가 통용되고 있다.[4]

외부적 체계란 특정 대상의 외부적 위치(예컨대 특정 조문의 장, 절, 편 등의 위치) 또는 외형적 체제를 검토대상으로 하여 체계를 파악하는 것이다. 그러나 특정 조문의 외부적 위치나 전체적인 외형적 체제가 언제나 논리적인 일관성을 유지하면서 존재하는 것은 아니므로, 외형적 체제의 완전성을 전제로 하여 법인식을 시도하는 것에 대해서는 제한적인 의미만 주어질 뿐이다.[5] 따라서 체계의 유형으로서는 외부적 체계보다는 내부적 체계에 더 많은 중요성이 주어져야 한다.

이때의 내부적 체계란 그 개념상, 특정 대상의 전체적인 실질적 관련성과 내부질서를 고찰하는 것을 말하며, 이를 위하여는 당해 대상의 전체적인 통일성과 일관성을 검토할 수 있기 위한 기준이 그 전제로 된다. 이러한 기준으로서는 당해 대상이 포함

---

1) H. J. Wolff, *Typen im Recht und in der Rechtswissenschaft*, 1952, S. 205.
2) Canaris, *Systemdenken und Sysytembegriff in der Jurisprudenz*, 1968, S. 42; 또한 법체계를 복잡한 법적 대상에 관한 개관을 가능하도록 만드는 보조수단으로 이해하는 견해도 같은 입장으로 볼 수 있다(H. J. Wolff, *Typen im Recht und die Rechtswissenschaft*, 1952, S. 205).
3) 이와 관련하여 Larenz는 외부적 체계와 개념적 체계로(der., *Methodenlehre der Rechtswissenschaft*, 5. Aufl., 1983, S. 312, 329), Coing은 협의의 체계와 광의의 체계로 나누고 있다(der., *Zur Geschichte des Privatrechtssystems*, 1962, S. 9).
4) 이는 Heck의 분류에 따른 것이다(ders., *Begriffsbildung und Interessenjurisprudenz*, 1968, S. 139 ff.).
5) Larenz, a. a. O., S. 329.

된 법질서 전체를 총괄하는 원리나 원칙들이 주로 논의된다. 따라서 내부적 체계의 검토를 위해서는 당해 대상의 전체적인 가치적 일관성을 담보할 수 있는 가치질서나 원리들의 논의가 선행되어야 한다.6)

## 2. 행정법의 체계 논의

행정법을 외부적 체계에 따라 검토하면, 일반적인 논의대로 일반행정법과 특별행정법으로 나눌 수 있다. 이는 행정법이 통일적인 성문법전을 갖지 못하기에, 다른 법영역에서와는 달리 법전 전체상의 위치나 체제에 의하여 외부적 체계를 구분할 수 없기 때문이다. 이때에 일반행정법은 다시 행정주체, 행정작용의 형식, 행정구제 등으로 나눌 수 있고, 특별행정법은 행정작용의 개별유형에 따라 행정조직법, 공무원법, 지방자치법, 경찰행정법, 재무행정법 등으로 나누어진다. 그러나 이러한 외부적 체계의 검토만으로는 다양한 행정법의 개별 내용을 체계적으로 파악할 수 없게 된다. 이러한 외부적 체계만을 검토대상으로 하는 경우에는, 일찍이 헬러(H. Heller)가 지적한대로, 행정법학은 행정법이 만든 다양한 개념들을 통일적으로 규율하거나 지배하는 학문이 아니라, 오히려 이러한 개념들에 의해 지배당하는 학문으로 전락하게 될 것이다.

따라서 행정법 전체에 대해 의미나 구조면에서 통일적 설명을 가능하도록 하는 내부적 체계의 검토가 필요하게 된다. 그러나 이때에 문제되는 것은 어떠한 것을 기준으로 하여 행정법의 전체 내부적 체계를 검토하는가 하는 점이다.

생각건대 행정법의 근본성격상 전체 구조를 고찰할 때에는 헌법과의 긴밀한 관련성을 떠나서는 논할 수 없다고 본다.7) 이는 행정법이 과거에는 헌법과 함께 국가법이나 공법으로 논의되어왔던 역사성을 볼 때에도 도출될 수 있는 결론이며, 행정법을 구체화된 헌법이나 활동하는 헌법으로 이해하려는 독일의 주장들도 헌법상의 가치를 실현하는 수단으로서의 행정법의 지위를 분명하게 보여주는 것이다.8) 따라서 행정법의 내부적 체계는 헌법과의 관련성이라는 기본전제하에서 검토되어야 한다고 생각된다.9) 행정법이 갖는 이러한 헌법과의 관련성은 구체적으로는 다음의 두 가지 방향으

---

6) Canaris, a. a. O., S. 41; Zippelius, *Problemjurisprudenz und Topik*, NJW 1967, 2229(2230).
7) 물론 행정법의 헌법과의 긴밀한 관련성이, 행정법은 그 자체로서 아무런 의미를 갖는 것이 아니라는 식으로 오해되어서는 안 된다.
8) 물론 이론적으로는 행정법의 헌법으로부터의 독자성도 생각해 볼 수 있을 것이다. 예컨대 행정법이론으로서의 재량행위론이나 행정계획논의 등을 헌법과는 단절된 행정법적 특수한 논의로 평가할 수도 있을 것이다. 그러나 이러한 이론들은 행정목적을 실현하기 위한 수단적 개념에 불과하며, 행정목적실현은 헌법적 가치의 실현으로서의 성격을 갖는 것이므로, 이를 헌법으로부터 단절된 논의로 볼 필요는 없을 것이다.
9) 행정법의 전제조건은 헌법국가(Verfassungsstaat)라고 보는 오토 마이어의 입장도 같은 경향으로 볼 수 있다(O. Mayer, *Deutsches Verwaltungsrecht*, 3. Aufl., Bd. I, 1969, S. 55).

로 나타난다고 볼 수 있다.

### (1) 국가목적의 집행작용으로서의 성격

행정법의 규율대상인 행정은 그 기능에 있어서, 우선 헌법상 추구되는 공동가치의 실현을 위한 구체적인 집행작용으로 이해할 수 있다. 따라서 행정법은 일면에 있어서 이러한 행정의 집행작용으로서의 법체계라고 볼 수 있다.10) 이러한 측면에서 행정법은 행정목적의 실현수단으로서의 여러 행정작용 유형들을 포함하게 된다. 전통적으로 오토 마이어(Otto Mayer) 이래로 행정행위를 중심으로 논의되어 온 체제는 이러한 측면을 반영한 것으로 볼 수 있다. 이러한 측면에서는 국가목적달성의 이해관계가 중요한 관심이 되므로, 공익적인 목적달성을 위하여 어떠한 수단으로 그리고 어떠한 내용으로 행정작용을 행하는가가 중요하게 된다. 따라서 이러한 측면하에 행정법의 내부체계를 검토하게 될 때에는, 행정주체의 공익실현을 위한 행정의 능률적이고 신속한 수행의 이해관계가 중요한 기준으로서 작용하게 된다. 재량행위개념·행정입법·행정계획·행정지도·비정형적 행정작용의 등장 등은 이러한 체계하에서 통일적으로 고찰될 수 있는 개념들이다.

### (2) 헌법적 원리에 따른 형성작용으로서의 성격

행정법은 다른 면에서 헌법적 원리에 따라 그 내용이 구속받는 법체계로 볼 수 있다. 즉, 헌법상의 국가목적의 달성을 위한 행정작용의 내용의 구체화에 있어서는 행정주체의 임의적 의사가 아니라 헌법적 원리에 의하여 구속을 받게 된다. 이러한 측면에서는 특히 헌법적 원리인 법치국가원리와 민주주의원리의 내용이 중요한 검토대상이 된다. 따라서 행정법에서는 행정작용의 수단이나 일반 제도들을 법치국가원리와 민주주의 원리에 따라 형성하는 것이 중요한 과제로 된다.

이중에서 법치국가원리는 행정법의 내용구성에 있어서, 우선 다양한 행정작용의 유형(또는 수단)에 대해 엄격한 형식성을 요구하게 된다. 즉, 행정활동을 예측가능하고

---

10) 거의 모든 헌법 교과서의 체제들은 헌법논의의 전체 내용을 기본권부분과 통치구조부분의 순서로 나누어 설명하면서, 양자의 관계를 목적과 수단의 관계로 논하고 있다. 이는 헌법논의에서의 중심적 영역이 기본권부분에 주어져야 함을 보여주는 것으로 이해할 수 있다. 이에 반하여 거의 모든 행정법 교과서의 체제들은 그 내용을 행정작용부분과 행정구제부분의 순서로 나누어 설명하고 있다. 이는 행정법 논의에서는 행정법이 갖는 집행법으로서의 성격상, 헌법에서와는 달리 국가의 행위형태인 행정작용부분이 중심적 영역으로 이해되고 있는 태도를 보여주는 것으로 볼 수 있다. 그러나 행정법에서는 양자의 관계를 헌법에서와 달리 목적과 수단관계로 설명되어서는 안 된다는 점에 주의할 필요가 있다. 즉 뒤에서 설명되는 바와 같이, 두 부분은 전체 행정법체계에서 동일한 방향을 지향하는 두 기둥의 구체적 실현형태의 모습으로 이해되어야 하므로, 목적과 수단으로서가 아니라 서로 유기적인 관련성을 갖는 대상으로 검토되어야 한다고 생각된다.

통제가능한 형태하에서 행정목적이 달성되도록 요구하게 된다. 이러한 엄격한 형식성을 통하여 행정주체가 구속되며, 행정작용의 당사자로 하여금 행정작용 유형에 상응한 권리구제가 가능하게 된다. 당사자의 기본권보호를 위한 목적의 행정의 법률적합성 원칙이나 법률유보원칙 논의, 다양한 행정상의 권리구제제도 논의는 법치국가원리에 따른 관련 내용으로 볼 수 있다.

반면에 민주주의원리에 따른 내용형성의 측면에서는 행정작용의 형성과정의 측면을 강조하게 된다. 이에 의하게 되면 행정작용을 행정주체의 일방적 결정내용으로서가 아니라 당사자의 참여하에(또는 협력하에) 공동으로 형성하는 측면이 강조되게 된다. 다양한 행정작용의 발령을 사전절차로서의 행정절차 내용은 그 대표적인 예로서 검토할 수 있다.

### (3) 양 성격의 관계

주지하는 바와 같이 종전에는 행정법의 내용 중에서 주로 행정이 갖는 집행기능의 측면을 중심으로 설명되어 왔다. 따라서 집행기능의 수행차원에서 행정작용의 체계를 파악하였고, 이로 인해 행정행위 중심의 행정법 전체 체계가 형성되기에 이르렀다. 물론 오늘날도 이러한 집행기능은 여전히 간과할 수 없는 중요한 의미를 갖는다. 오늘날에 들어와서 종전과는 다른 새로운 행정수요가 등장하고 있기는 하지만, 이를 해결하기 위한 수단으로서 행정계획·행정사법·비정형적 행정작용과 같은 새로운 행정작용이 논의되고 있는 것은 집행기능의 모습을 여전히 보여주는 것이다. 따라서 행정이 갖는 이러한 집행기능은 어떠한 면에서는 행정현실을 둘러싼 사회적 변화에 대해 그 구체적 내용을 탄력적으로 변환할 수 있도록 하는 개방적 성격을 갖는다고도 볼 수 있을 것이다.[11]

그러나 행정을 이와 같이 집행기능의 측면에서만 파악하는 시각하에서는 행정작용의 당사자의 법적 지위가 충분하게 보장되지 못하는 문제가 존재한다. 즉, 집행기능하에서 행정목적을 달성하는 측면만을 강조하는 경우에는 어떠한 방법으로 신속하게 행정수요를 충족하는 가가 중요할 뿐이어서, 이를 실현하기 위한 여러 가지 이론이나 제도에만 관심이 있을 뿐이며, 이 과정에서의 행정작용 당사자에 대한 배려는 소홀하게 된다.

---

11) 이러한 점에서 본다면, 오늘날 행정법의 체계를 새롭게 구축할 필요성을 부정하는 바호프(Bachof)의 견해(ders., *Die Dogmatik des Verwaltungsrechts vor den Gegenwartsaufgaben der Verwaltung*, VVDStRL 30(1972), S. 242)나 전통적인 행정법 체계가 오늘날도 새로운 행정현실문제들을 해결할 수 있을 만큼 충분히 탄력성을 갖는 것이라고 고찰하는 브롬(Brohm)의 견해(ders., *Die Dogmatik des Verwaltungsrechts vor den Gegenwartsaufgaben der Verwaltung*, VVDStRL 30(1972), S. 257)는 일면적 타당성을 갖는 것이라고도 볼 수 있다.

따라서 이러한 문제의 해결수단으로서의 헌법적 측면의 여러 원리나 원칙이 주는 구속력은 매우 중요한 의미를 갖게 된다. 즉, 이를 통하여 당사자는 행정작용과정에 참여할 수 있게 되고 행정작용을 행정주체와 함께 형성하게 되며, 행정작용을 사후적으로 적정하게 통제할 수 있게 되는 것이다. 재량행위에 대한 새로운 통제이론들이나 행정절차의 중요성이 새로이 부각되고 있는 점, 행정구제제도로서 새로운 내용이 추가되고 있는 현상 등은 이러한 측면을 반영하고 있는 것이다.

그러므로 행정법의 전체 내부체계는, 법 일반의 경우와 마찬가지로 대립되는 이해관계의 충돌을 조정하는 복합적인 가치평가체계로서 구성되어야 한다고 본다.12) 이에 비추어 볼 때에 행정법의 개별내용들은 행정법을 지지하고 있는 두 기둥인 집행작용으로서의 성격에서 도출되는 능률적인 행정작용수행의 이해관계와, 헌법적 원리에 따른 형성작용으로서의 성격에서 도출되는 행정작용 당사자의 권리보호의 이해관계가 서로 조화되도록 구성되어야 하는 구조로 이해될 수 있을 것이다.

## Ⅱ. 본서의 체계

이러한 앞에서의 논의에 따라 본서는 다음과 같은 체계하에서 서술하고자 한다.

우선 행정의 본질적 임무인 행정목적달성을 위한 집행기능을 수행하기 위한 여러 행정작용 유형을 전통적인 논의대로 기술하되, 이러한 행정작용과 이와 관련된 당사자의 권리보호문제를 별도로 고찰하지 않고 서로 관련시켜 설명하는 방식을 취하고자 한다. 이렇게 함으로써 행정법의 전체 체계를 구성하는 두 지주가 서로 유기적인 관련성을 갖게 되는 점이 보다 명확하게 부각되리라고 생각한다.

둘째, 본서는 행정법의 전영역을 크게 일반행정법 영역, 행정구제법 영역, 특별행정법 영역으로 구분하되, 이를 전체로서 한 권의 테두리 내에 담는 것을 원칙으로 한다. 학문으로서의 행정법학이 점차 그 외연을 더해감에 따라 다루어야 할 내용이 계속 늘어나는 문제가 있지만, 전체를 꿰뚫는 일관성하에 행정법의 전영역을 조망할 수 있는 장점을 제공할 수 있을 것이다.

셋째, 본서에서는 각 영역의 서술내용에 부합하는 판례를 가급적 풍부히 언급함으로써 이론과 실제가 조화된 균형 잡힌 행정법 지식이 정리될 수 있도록 배려하려 노력하였다.

마지막으로 본서에서는 각 단원마다 기본적인 사례를 제시하고 그 해결의 기본틀을 함께 제시함으로써 행정법의 현실적 문제해결능력의 향상에 기여할 수 있도록 기

---

12) Triepel에 의하면, 법이란 이해관계의 충돌에 대해 가치판단을 내리는 복합적인 체계라고 이해하고 있다(Triepel, *Staatsrecht und Politik*, 1927, S. 37).

획하였다. 이를 통해 행정법의 양대 지배이념이 어떻게 구체화되는지를 보여주기 위해 노력하였다.

이러한 본서의 내적·외적 체계가 적극 활용되어 그 효용을 십분 발휘할 수 있기를 기대해본다.

# 제 2 편
# 행정법의 기본개념

行 政 法 新 論

# 제 1 장  법률에 의한 행정

## 제 1 절  법치행정의 원리

### Ⅰ. 의   의

행정작용이 합헌적인 법률에 따라 수행되어야 한다는 법치행정(행정의 법률적합성)의 원리는 대륙법의 전통에 근거한 것이며, 일반적으로 법치주의의 원리가 행정에 투영되어 나타난 원칙으로 이해된다.

인간의 존엄과 가치, 기본권보장 및 국가권력의 기본권구속을 통한 정의의 실현을 내용으로 하는 오늘날의 실질적 법치주의와는 달리, 법치주의의 초창기인 19세기에는 입헌군주와 그를 정점으로 한 집행권의 제한을 위해 국가행정의 가능한 모든 것을 법률로 정하도록 하였다(이른바 '형식적 법치주의'). 따라서 입헌군주와 집행권은 법률에 의한 구속을 받았고, 이러한 법률구속이 미치는 범위와 관련하여 오토 마이어(O.

Mayer)는 법률우위와 법률유보의 개념을 창시하였다.

## Ⅱ. 내    용

일반적으로 오토 마이어의 분류에 따르면 법치행정의 원리는 ① 법률의 우위와 ② 법률유보 외에도 ③ 법률의 법규창조력을 그 내용으로 한다고 한다. 여기서 법률의 법규창조력이란 의회가 제정한 법률만이 국민의 자유와 권리에 대하여 규율할 수 있음을 의미한다. 그러나 이 내용을 오늘날도 그대로 인정할 수 있는가에 대해서 논의가 통일적이지 않다.

부정적인 입장에서는, 오늘날에는 법률뿐 아니라 행정입법에 의해서도 국민의 자유와 권리에 관한 규율인 법규가 만들어진다는 사실(즉 행정입법에 의한 법규창조력의 인정)을 이유로 하여, 이 원칙을 법치행정의 내용에서 제외하려고 한다.

이에 반해 긍정적인 입장은 이러한 부정적 입장에 대하여, 행정입법에는 물론 법규적 효력이 인정되는 것이기는 하나, 이는 법률의 개별적인 위임에 근거하여서만 제정 가능하고 이러한 위임에 의하여 비로소 법규적 효력이 주어지는 것이므로, 결과적으로 법률에 의한 법규창조력을 부인할 수 없다고 한다.

긍정적 입장이 타당하다고 본다. 다만 실제 사례의 해결에 있어서는 주로 법률우위와 법률유보만이 문제된다는 점에서 이하에서는 법률우위와 법률유보의 내용에 대해서만 살펴보기로 한다.

## 제 2 절  법률우위의 원칙

## Ⅰ. 의    의

이 원칙은 법률은 의회가 제정한 것이기에 다른 국가기관의 의사보다 우월하다는 것으로서, 행정기관과 관련해서는 행정작용의 법률종속성을 의미한다. 따라서 이 내용에 의해 행정기관은 적극적으로 법률을 집행하고 적용하여야 하는 의무와(행위의무), 행정기관이 행위할 때에는 소극적으로 법률에 근거한 행위이든, 법률에 근거 없이 행위하든(이른바 '법률로부터 자유로운 행정'), 기존의 법률내용에 위반하여 행위할 수 없다는 의무(금지의무)가 도출된다. 일반적으로 법률우위의 원칙이라 하면 후자의 의미로 해석한다. 따라서 국가의 행정은 합헌적 절차에 따라 제정된 법률에 위반되어서는 안 된다는 점에서 '소극적 법률적합성'이라고도 부른다.

# Ⅱ. 근  거

우리 헌법에는 독일 연방헌법 제20조 제3항과 같은 명문의 규정은 없지만, 기본권보장규정(<sup>헌법</sup><sub>제2장</sub>), 권력분립원칙(<sup>제40조, 제66조 제4항,</sup><sub>제101조 제1항</sub>), 포괄적 위임입법금지에 관한 규정(<sup>제75조,</sup><sub>제95조</sub>), 사법심사제도(<sup>제107</sup><sub>조</sub>) 등 우리 헌법은 법치주의를 바탕으로 하고 있으며, 특히 권력분립원칙에 관한 규정과 헌법 제107조로부터 법률우위의 원칙을 도출해낼 수 있다고 해석된다.

# Ⅲ. 적용범위

법률우위의 원칙은 행정작용의 전영역에 대하여 무제한적 · 무조건적으로 미친다. 따라서 수익적 행위와 부담적 행위, 법적 행위와 사실행위, 공법적 행위와 사법적 행위, 외부법과 내부법(예컨대, 조직상의 행위)을 불문하고 적용된다. 법률우위원칙의 적용범위에 대해서는 법률유보와 달리 학설상 큰 이견이 없다.

# Ⅳ. 법적 효과

법률의 내용으로부터 벗어나는 행정작용은 위법의 효과가 주어지게 된다. 행정작용의 내용에 따라 행정처분과 같이 개별 · 구체적 규율행위는 위법의 정도에 따라 취소할 수 있는 행위가 되거나 무효로 되지만, 행정입법과 같은 위법한 일반 · 추상적 규율행위는 항상 무효이다.

다만 이때의 '법률'은 형식적 의미의 법률뿐 아니라 실질적 의미의 법률(<sup>법규명령,</sup><sub>자치법규</sub>)도 포함되며, 실질적 법치주의 이념에 따라 형식적 절차의 정당성 뿐 아니라 그 내용에서도 합헌적일 것을 요구한다. 이를 보장하기 위하여 규범통제절차인 위헌법률심사제도(<sup>헌법재</sup><sub>판제도</sub>)가 존재하게 된다.

# 제 3 절  법률유보의 원칙

 기본
사례

1. 甲은 중소기업청에 중소기업지원을 위한 긴급자금을 신청하여 지원을 받았다. 그러나 감사원의 정기감사에서 甲기업이 산업통상자원부의 자금지원지침에서 정하고 있는 요건과는 달리 지원받은 자금을 다른 용도로 사용한 사실이

적발되자, 산업통상자원부는 甲기업에게 지원금의 철회와 동시에 지원금의 반환을 요청하는 문서를 보내왔다. 甲은 이러한 철회의 행정행위가 법률에 근거하지 않음을 이유로 하여 다툴 수 있는가?
2. 국립대학교에 재학중인 甲은 학점을 이수하지 못하고, 자신의 전공에서 필요로 하는 전문성을 갖추지 못하였다는 이유로 유급조치를 받았다. 甲은 이러한 유급조치의 절차나 내용 등이 「고등교육법」에서 직접적으로 규정하지 않고 학칙에서 규정하고 있음을 이유로 하여, 다툴 수 있는가?

(풀이는 68면)

## Ⅰ. 법률유보의 의의

### 1. 개    념

이 원칙은 행정작용은 법률에 근거해서만 발동할 수 있다는 것으로서 행정은 법률이 수권한 때에 한하여 일정한 경우에 일정한 요건하에서 행위할 수 있음을 의미한다. 앞서 본 법률우위의 원칙은 이미 존재하는 법률에 대한 위반을 금지하는 반면, 법률유보의 원칙은 이에서 더 나아가 적극적으로 행정활동에 대한 법적 근거를 요구한다. 이처럼 법률유보는 행정기관이 적극적으로 행위하기 위한 법적 근거의 문제라는 점에서 '적극적 법률적합성'이라고도 부른다.

행정기관이 명령·강제의 수단으로 같은 행정주체의 다른 행정기관 또는 다른 행정주체의 행정기관의 권한영역에 개입하는 것도 형식적 법률에 의한 수권근거하에서만 허용된다. 그러나 이러한 요청은 여기서 논하는 일반적 법률유보로부터 나오는 것이 아니라 별도의 행정법의 일반원칙에 근거하는 것이라고 보아야 한다. 법률유보의 원칙은 '국가—시민' 관계만을 상정하기 때문이다.

법률유보에 있어서의 '법률'의 개념은 법률우위와는 달리 국회에서 일정한 제정절차에 의하여 만들어진 형식적 의미의 법률만을 의미하는 것이다. 그러나 법률유보원칙은 행정작용의 근거가 반드시 직접적인 법률의 근거를 갖추어야 함을 요하는 것은 아니고 간접적인 근거인 경우, 즉 법률의 위임에 따른 법규명령에 의한 경우도 가능한 것으로 본다.

### 2. 근    거

일반적 법률유보에 대한 명문의 법률규정은 없다. 다만 법률유보의 이론적 근거로서는 그 연혁에 비추어 ① 법치국가원리와 이와 관련되는 내용인 ② 기본권보장 이념을 주로 들 수 있고, 법률이 갖는 민주적 정당성의 측면에서 ③ 민주주의원리도 들 수 있다.

법치국가원리는 행정작용이 개인에 대하여 명확하고 예측가능할 것을 요구하는 바, 이를 위하여 국가의 행위를 사전에 일반적·추상적으로 확정해 놓아 남용과 자의를 배제하려는 것이다. 이러한 바탕위에 기본권은 개인의 자유와 재산권을 포괄적으로 보호하며 이에 대한 제한은 법률이나 법률에 근거해서만 가능하다. 민주주의로부터는 국민에 의해 선출된 의회가 공동체를 규율하기 위한 결정을 스스로 내려야 한다는 원리가 도출된다. 이러한 민주주의원리가 기반이 되어 '일반적 법률유보'는 위임금지와 관련하여 후술하는 '의회유보'로 집약되어 나타나고, 어떤 요건하에서 어떤 사항을 입법자가 스스로 결정하여야 하는지에 관한 심도 있는 논의 가운데 이른바 '본질성이론'이 탄생하게 된다.

법률유보에 관한 이러한 각각의 이론적 근거들은 나름대로의 정당성을 가지며 법률유보원칙의 서로 다른 면을 잘 설명해주고 있다. 따라서 법률유보의 근거는 어느 하나에서만 찾을 것이 아니라 위 세 가지 이론적 근거 모두로부터 도출된다고 보는 것이 타당하다.

## II. 관련 개념과의 구별

### 1. 기본권적 법률유보

기본권을 제한하는 행위는 법률에 의한 직접적 제한 또는 법률에 근거한 제한에 의하여서만 가능하다. 이를 기본권적 법률유보 또는 기본권 제한의 법률유보라고 한다.[1] 이는 여기서 논하는 일반적 법률유보와 비교하여 볼 때에 특별한 형태의 법률유보라고 말할 수 있다. 따라서 적용시에는 일반적인 법률유보의 원칙보다 우선적으로 적용된다.

### 2. 의회유보

법률유보의 개념이 행정의 어떠한 영역에 대하여 법률이나 법률에 근거하여 규율할 것인가에 관련되는 것임에 반하여, 의회유보의 개념은 이러한 규율을 행정기관과의 관계에 있어서 행정기관에게 위임하는 것이 아니라, 입법자 스스로에 의하여 어느 정도로 강력하게 규율할 것인가에 관련되는 개념이다. 즉 일반적 법률유보 개념이 그 규율대상의 위임금지(Delegationsverbot)를 통하여 강화된 개념이 의회유보라고 볼 수 있다. 따라서 의회유보 개념은 위임이 금지되는 대상과 관련하여 논의되는 것이 보통이다.

독일의 학계와 판례, 특히 연방헌법재판소의 판례에 의하여 전개된 이 개념은 크

---

[1] 법률에 의한 직접적 제한이란 입법자 스스로가 제한을 행하며 별도의 집행행위를 필요로 하지 않는 경우를 말하며, 법률에 근거한 제한이란 입법자가 행정 또는 사법권이 집행할 수 있도록 제한의 전제조건을 규정하는 것을 말한다. 이에 대해서는 계희열, 헌법학(중), 2004, 136면 참조.

게 두 가지 방향에서 논의되고 있다. 즉, 의회에 의한 직접적인 결정을 요구하는 것이기는 하나, 한편으로는 그 형식이 반드시 형식적 법률이어야 하는 경우도 있고, 다른 한편 의회에 의한 개별적 동의형식으로도 가능한 경우2)도 있다는 것이다.

따라서 이 개념은 뒤에 설명할 본질성이론(Wesentlichkeitstheorie)과 일부 관련이 되어 있으나(법률의 형식에 의하는 경우), 불가결한 관련을 갖는 것이라고는 말할 수 없을 것이다.

### 3. 행정유보

이는 행정기관이 법률에 의한 제한을 받지 않고 스스로 규율할 수 있는 행정의 고유한 영역을 말한다. 법률유보와의 관계에서는 행정유보의 인정이 바로 법률유보 원칙을 부정하는 것은 아니며, 법률유보 원칙의 적용하에서도 공백으로 남게 되는 영역에 대하여 행정기관이 독자적으로 규범적 규율을 할 수 있음을 의미하는 것이므로 서로 보충적인 관계라고 볼 수 있다. 그러나 행정유보는 일반적으로 확대적용 될 수는 없으며 그 영역에 있어서 한정적으로만 인정될 뿐이다. 예컨대 지방자치행정의 영역에서 자치행정기관의 독자적 규율이나,3) 행정기관이 행하는 법률보완적인 행정규칙의 발령 등을 들 수 있다.

## Ⅲ. 법률유보와 본질성이론

### 1. 본질성이론의 의의

오토 마이어(O. Mayer)에 의해 기초된 법률유보원칙은 행정작용에는 반드시 형식적 법률에 의한 수권근거가 있을 것을 요구하는 것으로 집약될 수 있다. 그러나 이러한 요청에 따라 입법자가 실제 행정작용과 관련한 법률을 마련할 때 과연 어떤 내용을 담아야 하고 그 규율정도는 어떠해야 하는지에 대해서는 법률유보 자체에서는 아무런 언급이 없다. 따라서 법률유보를 실제로 적용함에 있어서는 이 개념을 구체적으로 보완하고 세밀히 다듬는 작업이 필요할 수밖에 없다.

이러한 연유에서 독일의 연방헌법재판소와 학설에서는 이른바 '본질성이론'을 창안해냈다. 이에 따르면 입법자는 근본적인 규범영역에 있어서 모든 본질적인(중요한) 결정은 스스로 내려야 한다고 한다.4) 다만 어떤 규율사항의 본질성 여부는 정도의 차이를 가지고 스펙트럼의 형태로 나타나기 때문에, 본질성이 크면 클수록 입법자가 스

---

2) 예컨대 국군의 해외파병에 대한 국회의 동의를 들 수 있다.
3) 따라서 지방의회가 제정하는 자주적 법규인 조례는 이러한 독자적인 규율가능성의 측면에서 이해될 수 있으며, 이때에도 당연히 법률유보의 적용이 기본적으로 전제되는 것이다. 따라서 이러한 입장에서 지방자치법 제22조 단서가 해석되어야 할 것이다(류지태, "지방자치의 제도적 보장론 소고(하)", 고시연구, 1993년 11월호, 89면 이하 참조).
4) BVerfGE 34, 165.

스로 규율해야 하고, 본질성이 작으면 작을수록 하위법령에 위임하거나 행정규칙에 의한 규율로 넘길 수 있다고 한다. 즉, 본질성이론은 어떤 사항이 법률로 규율되어야 하며 규율된다면 어느 정도의 규율밀도(Regelungsdichte)를 가져야 하는지에 대한 답을 준다는 점에서 법률유보를 보완하고 구체화하는 이론이지 법률유보를 대체하거나 그 적용영역에 관한 이론이 아님을 유의하여야 한다.5)

## 2. 본질성의 판단기준

규율사항의 본질성 여부를 판단하는 기준으로서는 무엇보다도 '기본권관련성'이 논해진다.

### (1) 기본권제한

먼저 이 기준에 의하면 어떤 국가의 행위가 국민의 기본권영역에 개입하여 제한하게 되는 때에 그러한 조치는 본질적인 조치라고 본다. 물론 이 경우 당해 국가행위는 주로 침해행정에 해당하고 관련 기본권에 이미 기본권적 법률유보가 존재하는 경우에는 형식적 법률근거의 필요성은 이미 이러한 기본권적 법률유보로부터 나올 수 있다.

### (2) 기본권실현

또한 어떤 국가의 조치(<sup>작위 또는</sup><sub>부작위</sub>)가 기본권제한은 아니지만 국민의 기본권실현을 위해 중요한 때(<sup>예컨대, 학교에서의 성교육 허용문제, 언론에 대한</sup><sub>보조금 지급문제, 공직에서의 여성할당제 도입문제 등</sub>)에도 이러한 기본권관련성을 인정할 수 있다고 한다. 그러나 단순한 기본권관련성 그 자체만으로는 충분하지 않다고 한다. 즉, 거의 모든 국가의 활동은 어떤 의미에서든 국민의 기본권과 관련성을 맺을 수 있지만, 형식적 법률의 기초를 요하는 것은 그중에서도 '중요한' 기본권관련적 사항에 국한하여야 함을 강조한다.

### (3) 직접적 관련성 여부

또한 직접적 기본권관련성은 없지만 국가 - 시민 관계에 있어서 중요한 문제에 대해서도 본질성이론에 따르면 형식적 법률에 의한 입법자의 결정을 요한다고 본다.

### (4) 정치적 중요성

물론 기본권관련성을 띠는 사항에는 정치적으로 중요한 사안도 속할 수 있다. 그러

---

5) 이러한 점에서 국내문헌들이 본질성이론을 법률유보의 적용영역에 관한 침해유보설, 전부유보설 및 급부행정유보설 등과 함께 제4의 학설로 소개하는 것은 법률유보와 본질성이론의 관계를 명확하게 파악하지 못하게 하는 문제점을 안고 있다.

나 단지 정치적으로 논란이 있다는 정도만으로는 본질적이라고 볼 수는 없다고 한다.[6]

### 3. 구체적 적용사례

이 이론은 그 구체적 적용에 있어서 지나치게 확대되어 있지는 않으며, 한 나라의 근본적인 질서·안전 및 존속성에 있어서 현실적으로 근본적이고 지속적인 조건이 되는 영역이나, 시민의 생존과 인격적 발현가능성에 관련되는 영역에 한정되고 있다.

현실적으로 이러한 조건에 해당하는 영역은 시민의 기본권을 전개하고 유지하는 데 있어서 주요한 의미를 갖는 영역을 들 수 있다. 독일의 판례상 인정되고 있는 주된 적용영역은 학교관계에서의 기본권보호문제, 방송의 자유, 원자력에너지의 평화적 이용, 공직임용에서의 여성할당제 문제 등이다.

이 중에서 특히 (국·공립)학교관계 영역에서는 부모가 갖는 친권, 국가가 갖는 교육내용의 형성에 관한 권리, 학생들이 갖는 자신의 책임하에 인격을 발전시킬 권리 등이 주요 갈등대상인 권리관계로 나타나며, 구체적으로는 성교육 수업·주 5 일 수업·학생들의 유급결정(Versetzung)·의무적인 외국어수업·학교에서의 정치적 선전행위 등이 그 대상이 되고 있다. 이러한 학교관계에서 당사자 사이에 일어나는 갈등관계는 특별행정법관계를 '기본관계'와 '업무수행관계'로 나누어[7] 학교의 근본적인 조직규율·학생의 신분·교육과 수업내용의 근본지침에 대해서는 본질적인 영역에 해당한다고 보아 입법자 스스로가 규율하도록 하는 것이 타당하며, 학교교육내용의 세부적인 형성과 학교일상내용에 해당하는 사항에 대해서는 그 규율을 행정기관과 교사에게 일임하는 것이 타당하다고 한다.

### 4. 평  가

이 이론은 독일에서는 이미 지배적인 견해로서 자리잡고 있으나, 우리나라에서는 아직도 그 수용에 관해 소극적인 입장을 보이고 있다. 특히 이 이론에 대해서는 본질적인 것 또는 중요사항의 기준이 불명확하다는 비판적인 견해가 주장되고 있다.[8]

그러나 위에서 언급한 바와 같이 이 이론이 정립하는 본질성의 기준은 국민의 기본권관련성의 정도와 내용에 따라서 개별적·구체적으로 정해지는 것이므로 전혀 불명확하다고는 할 수 없을 것이다. 이때에는 국가와 시민간의 관계에서 기본권의 제한 또는 실현과 관련하여 본질적인 행위인가의 여부가 중요한 판단기준이 된다. 오히려 그러한 점에서 이 이론이 갖는 장점도 인정되어야 하리라고 본다. 즉, 이 이

---

6) BVerfGE 108, 282.
7) 이에 대해서는 본장 제 4 절 이른바 '특별권력관계' 참조.
8) 김남진·김연태(Ⅰ), 36면; 김동희(Ⅰ), 38면.

론은 침해나 급부 등 행정작용의 유형이라는 형식적 기준이 아니라, 의회입법의 원칙과 개별 행정작용의 내용적 특성을 모두 고려하여 법률유보가 적용되는 영역에 있어서 법률의 규율내용과 규율밀도를 정할 수 있도록 하는 장점이 있는 견해라고 평가할 수 있다.

우리 대법원(판례1)과 헌법재판소(판례2)도 기본적으로 이러한 입장에 서있는 것으로 보인다.

**[1] 특정 사안과 관련하여 법률에서 하위 법령에 위임을 한 경우, 모법의 위임범위를 확정하거나 하위 법령이 위임의 한계를 준수하고 있는지 판단하는 방법 / 어떤 사안이 국회가 형식적 법률로 스스로 규정해야 하는 본질적 사항에 해당하는지 판단하는 기준**
특정 사안과 관련하여 법률에서 하위 법령에 위임을 한 경우에 모법의 위임범위를 확정하거나 하위 법령이 위임의 한계를 준수하고 있는지 여부를 판단할 때에는, 하위 법령이 규정한 내용이 입법자가 형식적 법률로 스스로 규율하여야 하는 본질적 사항으로서 의회유보의 원칙이 지켜져야 할 영역인지, 당해 법률 규정의 입법 목적과 규정 내용, 규정의 체계, 다른 규정과의 관계 등을 종합적으로 고려하여야 하고, 위임 규정 자체에서 의미 내용을 정확하게 알 수 있는 용어를 사용하여 위임의 한계를 분명히 하고 있는데도 문언적 의미의 한계를 벗어났는지나, 하위 법령의 내용이 모법 자체로부터 위임된 내용의 대강을 예측할 수 있는 범위 내에 속한 것인지, 수권 규정에서 사용하고 있는 용어의 의미를 넘어 범위를 확장하거나 축소하여서 위임 내용을 구체화하는 단계를 벗어나 새로운 입법을 한 것으로 평가할 수 있는지 등을 구체적으로 따져 보아야 한다. 여기서 어떠한 사안이 국회가 형식적 법률로 스스로 규정하여야 하는 본질적 사항에 해당되는지는, 구체적 사례에서 관련된 이익 내지 가치의 중요성, 규제 또는 침해의 정도와 방법 등을 고려하여 개별적으로 결정하여야 하지만, 규율대상이 국민의 기본권 및 기본적 의무와 관련한 중요성을 가질수록 그리고 그에 관한 공개적 토론의 필요성 또는 상충하는 이익 사이의 조정 필요성이 클수록, 그것이 국회의 법률에 의해 직접 규율될 필요성은 더 증대된다(대판 2015.8.20, 2012두23808(전합)).

**[2]** 위임의 명확성의 요건이 완화될 수 있는 경우에도 국민주권주의, 권력분립주의 및 법치주의를 기본원리로 채택하고 있는 우리 헌법하에서는 국민의 헌법상 기본권 및 기본의무와 관련된 중요한 사항 내지 본질적인 내용에 관한 사항에 대한 정책형성기능은 원칙적으로 주권자인 국민에 의하여 선출된 대표자들로 구성되는 입법부가 담당하여 법률의 형식으로써 이를 수행하여야 하고, 이와 같이 입법화된 정책을 집행하거나 적용함을 임무로 하는 행정부나 사법부에 그 기능이 넘겨져서는 안 된다고 해석되므로, 국민의 기본의무인 납세의무의 중요한 사항 내지 본질적 내용에 관한 사항에 대하여는 조세법률주의의 원칙상 가능한 한 법률에 명확하게 규정되어야 하고 이와 같은 사항을 대통령령 등 하위법규에 위임하는 데에는 일정한 한계가 있는 것이다(헌재 1983.3.26, 96 헌바57 전원재판부).

## Ⅳ. 법률유보의 적용영역

법률유보의 원칙은 오늘날 본질성이론의 등장으로 매우 구체화되고 섬세하게 다듬어진 것이 사실이나, 동시에 이 원칙의 적용영역 또한 점차 확대하여 왔음을 간과할 수 없다. 법률유보의 원칙이 행정의 어떤 영역을 대상으로 하는가에 대해서는 그 논의가 역사적인 발전과정에 따라 다음과 같이 상이하게 전개되어 왔다.

### 1. 침해유보설

#### (1) 개 념

이는 국민의 자유와 권리를 침해하거나 새로운 의무를 부과하는 행정작용에 대해서만 법률의 근거를 요한다는 견해로서, 연혁적으로는 19세기 입헌군주시대의 시대적 산물이다. 따라서 이 견해에 의하면 급부행정의 경우에는 법률의 근거를 요하지 않게 된다.

#### (2) 평 가

이 견해에 대해서는 그 역사적인 의의는 인정할 수 있으나, 오늘날의 행정 현실에는 부합하지 못하는 점이 인정된다. 특히 현대의 행정유형 중 중요한 의미를 차지하는 급부행정의 특성에 부응하지 못하는 문제를 안고 있다. 그러나 침해행정에서는 여전히 그 의미를 유지하고 있다고 볼 수 있다.

### 2. 급부행정유보설(사회유보설)[9]

#### (1) 개 념

침해행정 뿐만 아니라 급부행정의 경우에도 법률의 근거를 요한다는 견해로서, 급부행정의 중요성의 인식을 배경으로 행정활동의 예측가능성을 보장함으로써 급부의 거부나 부당한 배분 등을 방지하여 급부행정에 있어서의 당사자의 법적 지위를 보장하고자 함에 그 의의가 있다.

#### (2) 평 가

이 견해에 의하면 ① 필요한 급부가 법률근거미비를 이유로 제공되지 못하여 급부행정이 경직되거나, ② 행정기관이 독자적으로 책임을 지며 행정을 수행할 수 있는 가능성이 부인되는 문제, 그리고 ③ 오늘날의 국가의 급부제공이 예산의 형식으로도 행해지는 점을 간과한 문제점을 내포하게 된다.

---

9) 우리나라에서의 견해로는 한견우(Ⅰ), 94면.

## 3. 전부유보설

### (1) 개  념

행정의 유형을 불문하고 모든 행정작용에 있어서 법률의 근거를 필요로 한다는 견해이다. 따라서 법의 적용으로부터 자유로운 행정영역을 인정하지 않게 된다. 이론적 근거로서는 입헌군주제의 붕괴로 강조된 의회의 지위를 배경으로 하는 국민주권원리가 주장된다.

### (2) 평  가

이념상으로는 가장 이상적인 견해이나, ① 행정부의 지위를 입법부의 하부기관으로 전락시킬 위험, ② 행정유형의 다양성에 부응하지 못하여 행정의 탄력적인 운영을 부정하는 문제 및 ③ 급부행정에 있어서 법률의 근거가 없이는 급부제공이 전혀 이루어지지 못하는 문제를 안고 있다.

## 4. 소결─법률유보의 한계

(1) 법률유보원칙이 탄생한 법치국가의 초창기에 행정의 활동영역은 국민의 자유와 재산권에 대한 명령과 강제를 내용으로 하는 침해작용이 대부분이었고, 법률유보의 적용영역도 당연히 거기에 머물렀다. 그러나 20세기에 들어와 국가가 국민에게 재화와 서비스를 제공하는 급부작용이 증대하면서 법률유보의 적용영역에 관한 종전 시각에 대해 비판론이 제기되었고, 학설과 판례는 이를 반영하여 종래의 적용영역을 점차 확대하는 방향으로 나아갔다.

① 이러한 상황에서 초기의 침해유보이론은 침해행정에 대한 설명으로는 여전히 타당하지만, 급부행정영역을 완전히 배제하여 급부행정작용에는 전혀 법률의 근거가 필요 없다는 결론에 이른다는 점에서 오늘날의 현실과 부합하지 않아 법률유보의 적용영역에 관한 일반적인 이론으로 인정하기에는 한계를 갖는다.

② 한편 급부행정유보설은 급부행정영역에도 법률유보가 적용됨을 인정한다는 점에서는 타당하지만 자칫 모든 급부행정작용에 일일이 법률의 근거를 요한다고 보는 '급부행정의 전부유보'로 흐를 수 있다는 점에서 타당하지 않다.

③ 마지막으로 전부유보설은 침해행정과 급부행정을 구분하지 않고 행정의 모든 영역에 법률유보가 적용된다고 보는 것이지만 현실적으로 법률유보원칙은 모든 행정작용에 대하여 적용되지는 않으며 일정한 한계를 갖는다. 특히 규율대상이 되는 사항과 관련하여 한계문제가 제기된다. 그 한계대상으로 논의되는 분야로는 ㉠ 법률로 규율하기에 아직은 기술상의 문제가 있거나 사실상 규율이 어려운 영역(예컨대 과학기술행정분야나 환경행정영역의 경우),10) ㉡ 규율은 가능하나 정책적인 측면에서 법률 등에 의해 규율하는 것이 바람

직하지 않은 영역(예컨대 문화적인 영역으로서 교육제도나 학교관계의 개별적인 내용들, 예술활동에 관한 영역 등)을 들 수 있다. 법률유보는 모든 대상을 법률의 규율하에 두는 것을 요구하는 것은 아니므로, 사실상의 한계가 존재하는 경우에는 이를 인정할 수밖에 없을 것이다.

(2) 따라서 법률유보의 적용영역에 대해서는 위 학설 중 어느 하나의 이론에 따르기보다는 문제된 행정작용의 유형에 따라서 개별적으로 검토하는 것이 타당하다고 보인다. 우리나라의 일반적인 견해도 같은 입장을 취하고 있다. 이에 따를 경우 침해행정영역에 대해서는 비교적 엄격한 법률유보원칙이 적용되지만, 급부행정의 영역에서는 법률유보원칙 적용이 완화될 수 있음을 인정하게 된다. 다만 구체적으로 당해 행정영역에서 무엇을 법률로 정하며, 그 규율밀도는 어떠해야 하는가의 문제는 앞서 논의한 본질성이론에 의하여 해결하여야 할 것이다.

본질성이론은 국가－시민간의 법률관계가 그 대상이며 시민의 기본권 실현을 위한 근본적이고 본질적인 결정이면 형식적 법률근거를 요구한다. 특히 이 이론이 갖는 장점은 현대 행정이 종전처럼 침해행정 또는 급부행정의 정형적 유형에 의하여 명확히 구분할 수 없다는 점을 반영하고 있다는 사실이다. 예컨대 자금지원행정의 경우는 당사자에게는 급부적 성질이 강하지만, 경쟁업자나 제 3 자에게는 침해적 성질이 존재하며, 생활보호대상자 지원행정과 같은 경우는 시민의 생존을 위한 중요한 행정으로서 실제 침해행정보다 그 비중이 적지 않으므로, 지원의 중단이나 배제는 침해적 성격을 가질 수도 있는 것이다. 따라서 정형적인 급부의 제공행위를 위한 전제조건에 관한 규율은 엄격한 법률유보원칙의 적용하에 있게 될 것이다. 또한 특별행정법관계의 행위라고 하더라도 특정 유형과 관계없이 실질적으로, 특별행정법관계 구성원을 시민의 지위로서 적용하는 행위와, 단순한 행정의 일개 구성원으로서 대하는 경우는 구별되어야 할 것이다. 전자의 경우에는 엄격한 법률유보원칙이 적용되어야 할 것이다.

**기본사례 풀이**

**1. 사례 1의 경우**

행정기관은 사인에 대한 자금지원이나 교부행위시에 항상 어떠한 경우에도 법률의 근거를 요하는 것은 아니다. 물론 중요한 구성요건이나 내용에 대해서는 법률에 규정을 둘 수도 있으나, 이외에도 의회의 의사표시, 즉 특정목적을 위해 예산에 반영되어 있는 경우는 이를 행정작용의 충분한 정당성의 근거로서 인정할

---

10) 이와 관련하여 독일에서 전개되고 우리나라에서도 논의가 되고 있는 이른바 '규범구체화 행정규칙'이 법률유보의 한계로서 논의되는 점도 이해될 수 있다.

수 있다. 따라서 이러한 예산에 반영되어 있는 자금지원의 요건을 충족하는 경우에는 행정행위를 통하여 교부될 수 있다. 이는 이러한 지원행위가 당사자에게 수익적인 의미를 갖는 것이기 때문이다. 이와 같은 급부행정작용에서는 그 권한이나 절차에 있어서 법률유보적용이 완화되는 것이다. 따라서 甲은 위의 사유를 근거로 하여서는 당해 처분을 다툴 수 없다.

### 2. 사례 2의 경우

문제된 행정작용인 유급조치는 학교의 자율적인 규율의 성격과, 당사자인 甲에게 불이익한 효과를 발생하는 행위의 의미를 갖는다. 따라서 문제는 본질성이론에 비추어보아 당해 유급조치가 본질적인 사항으로 파악될 수 있는가에 있다고 본다. 생각건대 당해 조치는 당사자의 수학능력이나 교육과정에의 성실성에 비추어 교육과정에 있어서 일정한 방침을 정하여 학생들을 규율하기 위한 것이므로, 설령 당사자에게 불이익하다고 하더라도 당사자의 기본권실현에 중요하게 관련되는 내용으로 이해될 수는 없을 것이다. 따라서 본질적인 사항에 해당하지 않는 것으로 볼 수 있으며, 이에 대해서는 입법자가 법률의 형식을 통하여 그 개별적 내용에 대하여 직접 규율하지 않더라도 법률에 의해 유급조치라는 제도존재의 가능성이 규정되어 있는 한(고등교육법 시행령 제4조 1항 3호 참조), 그 개별적인 내용이나 절차 등의 구체화에 관하여는 행정기관에 의해 자율적으로 규율할 수 있는 것으로 보아야 한다. 이와는 반대로 국립학교에서의 퇴학조치는 당사자의 기본권실현과 관련하여 중요한 의미를 갖는 행위가 되므로, 본질적인 행위라고 보아야 하며, 따라서 이에 대한 규율은 입법자가 스스로 행하여야 한다. 결국 당해 사안에서는 당사자 甲은 학칙에 그 세부적인 사항이 규정되어 있음을 이유로 하여 당해 처분을 다툴 수 없게 된다.

## 제 4 절 이른바 '특별권력관계'

**기본 사례**

서울시 건설국장인 甲은 부하직원인 乙이 공금을 횡령하고 도주하자, 이에 대한 책임으로 시장으로부터 서면경고조치를 받았다. 甲은 이러한 조치가 자신의 인사고과에 영향을 미치게 됨을 우려하여 다투고자 한다. 어떠한 방법이 있는가?

(풀이는 76면)

## I. 전통적 특별권력관계의 의의

전통적 의미에서의 특별권력관계란, 특별한 법률원인에 의하여 성립되어 특별한 공법상의 목적을 달성하기 위하여 필요한 범위 내에서 포괄적으로 일방이 타방을 지배하고 타방이 포괄적인 지배권에 복종함을 내용으로 하는 법률관계를 말한다.

주지하는 바와 같이, 이 이론의 배경은 19세기 후반 독일의 입헌군주정 당시의 정치상황에서 의회가 군주의 권력을 제한하는 반대급부로서 일정한 범위에서의 군주의 자유로운 행정영역을 보장해주기 위해 탄생한 이론이다. 이론적 근거로서 뒷받침되는 것은 당시의 법규 개념인데, 이에 따르면 국가내부 영역인 특별권력관계에서는 시민사회에서 통용되는 법규 개념이 성립되지 않으므로 법이 적용되지 않는다고 한다. 이러한 근거에 의해 특별권력관계에서는 법률유보의 원칙, 기본권 적용 및 사법심사가 배제되는 특색을 갖게 된다고 한다. 그러나 제 2 차대전 후에 들어서면서 이 이론은 많은 비판을 받게 되었으며, 특히 1972년의 독일 연방헌법재판소의 수형자 판결($\binom{1972.3.14.}{\text{BVerfGE 33.1 ff.}}$)을 계기로 하여 그 비판은 가속화되었다.

## II. 이론에 대한 평가

이 이론에 대한 비판을 거치면서 그 평가도 상이하게 나타나게 되었는데, 크게 보아서 다음과 같이 나뉜다.

### 1. 부 정 설

이 입장은 특별권력관계 개념을 부정하려는 입장이다. 이에는 모든 공권력의 행사에 법치주의가 전면적으로 적용됨을 이유로 법치주의적용을 배제해 온 특별권력관계 개념을 특별한 논거 없이 전면적으로 부정하려는 ① 일반적·형식적 부정설과, 종래에 특별권력관계로 이해되어 왔던 여러 법관계를 개별적으로 분석하여 그 실질적 내용에 따라 일반권력관계나 비권력관계로 환원하며 이 개념을 부정하는 ② 개별적·실질적 부정설이 주장된다.

### 2. 제한적 긍정설

이는 특별권력관계의 개념을 인정하면서도 그 내용에 있어서 종래와는 달리 수정하여 논하는 입장이다. 이에 따르면 기본권보호나 법률유보 등 일반권력관계에서 통용되는 내용은 특별권력관계에서도 그대로 적용되는 것이나, 그 제도의 존립목적을 달성하는 데 필요한 범위 내에서 법치주의가 완화되어 적용될 수 있는 내용으로 새로

이 그 개념을 정립하려는 것이다.

이에 해당하는 견해로 대표적인 입장은 독일 학자인 울레(Ule)의 견해인바, 그의 주장에 따르면 종래의 특별권력관계는 기본관계와 업무(또는경영)수행관계로 나누어 고찰될 수 있으며, 전자는 일반권력관계와 동일한 것으로 보나, 후자의 경우에는 사법심사의 적용에서부터 완화 또는 배제되는 내용으로 이해할 수 있다고 한다.

## 3. 소　결

생각건대 이 이론이 비판을 받는 가장 큰 이유는 특별권력관계의 구성원이 갖는 권리를 법률유보 없이도 제한할 수 있었던 과거의 잘못에 있으며, 기본권의 보장이 국가권력의 내부와 외부를 불문하고 적용되는 오늘날에 있어서는 더 이상 이러한 논리가 통용될 수 없음은 당연하다고 할 것이다.

그러나 특별권력관계에서도 기본권이 법률에 근거해서만 제한될 수 있다는 사실과 이러한 이유에서 이 제도 자체가 전면적으로 부정되어야 한다는 논리는 서로 필연적인 관련을 갖는 것은 아니라고 생각한다. 특별권력관계의 제도들이 헌법이나 법률 등에 의하여 보장되고 있는 이상(헌법 제7조에 의한 공무원제도나 「형의 집행 및 수용자의 처우에 관한 법률」에 의한 재소자 관계 등), 이러한 제도들은 그 존재목적을 달성하도록 배려되어야 한다.

따라서 기본권의 보호를 위한 법률유보이념의 적용을 인정하면서도, 개별적인 특별권력관계의 목적과 기능을 유지하기 위하여 필요한 범위 안에서는 여전히 이 제도의 존립을 인정할 필요는 존재한다고 본다.

이러한 논리에 따라서 전체적으로 볼 때 이 제도에 대해서는 이른바 제한적 긍정설을 취하는 것이 옳으리라고 본다. 이러한 입장에서는 특별권력관계 내부에서도 종전과 달리 법률관계가 존재한다는 인식하에서, 그 용어에 있어서 다소 권위적인 인상을 주는 용어인 특별권력관계라는 표현보다는 특별행정법관계라는 표현이 적절할 것이다.

## Ⅲ. 특별행정법관계의 성립과 소멸

### 1. 성　립

특별행정법관계가 성립하기 위하여는 공법상의 특별한 법률원인을 필요로 하며, 이에는 두 가지 유형이 존재한다. 우선 직접적인 법률의 규정에 의하여 성립하는 경우로서, 그 예로는 징소집 대상자의 입대・전염병환자의 강제입원・죄수의 수감 등을 들 수 있다. 그 밖에도 상대방의 동의에 의하여 성립하는 경우가 존재하는데, 이에는 임의적 동의(국공립학교의 입학이나 국공립도서관의 이용 등)와 의무적 동의(학령아동의 초등 학교 취학 등)가 존재한다.

## 2. 소　멸

일반적으로 ① 목적의 달성(예컨대 국공립 학교의 졸업), ② 구성원 스스로의 탈퇴(예컨대 공무 원의 사임), ③ 권력 주체에 의한 일방적인 해제(예컨대 학생의 퇴학처분 등)를 특별행정법관계의 소멸원인으로 한다.

## Ⅳ. 특별행정법관계의 종류

### 1. 공법상의 근무관계

국가나 지방자치단체에 대하여 포괄적인 근무관계를 지는 관계로서, 그 예로는 공무원관계나 군인관계를 들 수 있다.

### 2. 공법상의 영조물이용관계

국·공립의 학교,11) 국·공립도서관, 국·공립병원의 이용관계 및 교도소의 재소 관계가 이에 해당한다.

### 3. 공법상의 사단관계

공공조합과 그 조합원과의 관계로서 공공조합은 그 조합원에 대하여 특별한 관계를 형성할 수 있다.12)

### 4. 공법상의 특별감독관계

공공조합, 특허기업자 또는 국가로부터 행정사무수행의 위임을 받은 자(이른바 공무 수탁사인)가 국가 등의 특별한 감독을 받는 관계가 이에 해당한다(도시개발법 제74조 참조).

## Ⅴ. 특별행정법관계의 주요내용

특별행정법관계에서 행해지는 주요내용으로는 명령권과 징계권을 들 수 있다.

### 1. 명 령 권

#### (1) 내　용

이는 특별행정법관계의 주체가 포괄적 지배권의 발동으로서 당해 관계의 목적달

---

11) 따라서 국립대학 입시요강은 영조물이용관계의 설정을 위한 주요한 의미를 갖게 된다. 이에 대해서는 헌법재판소 결정(1992. 10. 1, 92헌마68, 76 병합; 1994학년도 서울대학교 신입생선발 입시안에 관한 헌법소원) 참조.

12) 현행법상으로는 도시개발사업조합과 조합원과의 관계가 이에 해당한다(도시개발법 제16조).

성을 위하여 구성원에 대하여 필요한 명령을 발할 수 있는 권한을 말한다. 그 형식으로는 일반적·추상적 형식으로 행하는 경우(행정규칙의 발령)와 개별적·구체적인 형식으로 행하는 경우(예컨대 개별적인 지시나 처분의 형식)를 들 수 있다.

### (2) 특별명령의 문제

이와 관련하여 독일에서 논의의 대상이 되는 것이 이른바 '특별명령(Sonderverordnung)'이다. 이는 특별행정법관계에서 그 주체가 발하는 일반적·추상적인 명령을 일반적인 행정규칙과 구별되는 독자적인 법형식으로 인정하여 논하는 것이다.

이러한 형식의 법규범을 인정할 것인가에 대해서는 독일에서 견해의 대립이 있으나, 다수의 견해는 행정기관에 의한 법령제정권은 반드시 법률에 의하여 근거지워져야 한다는 독일 기본법(GG) 제80조 제1항에 의거하여 이를 부정하며, 독일의 판례도 같은 입장을 따르고 있다.

생각건대 이 특별명령의 내용이 실질적으로는 구성원을 인격주체로서 규율대상으로 한다는 점에서, 이는 법률로 규정하거나 이에 근거한 법규명령에 의하여 규정되어야 할 것이다. 일반적인 행정규칙과 구별되는 독자적인 법형식으로 볼 필요는 없을 것이다.[13]

### 2. 징 계 권

이는 특별행정법관계의 내부질서를 유지하기 위하여 일정한 제재나 강제를 행할 수 있는 권한을 말한다. 이 권한은 그 행사목적이나 성질에 따른 한계 내에서만 가능하다고 보아야 할 것이다.

## VI. 특별행정법관계와 법치주의

### 1. 법률유보의 원칙

특별행정법관계에서도 법률유보원칙은 적용되어야 하며, 그 구성원의 권리를 제한하거나 의무를 부과하려는 경우에는 법령에 그 근거가 마련되어야 한다. 통상적으로 우리의 법령은 「국가공무원법」 등을 통하여 구성원의 권리나 징계의 절차, 사유 등에 대하여 규정하고 있다.

### 2. 기본권의 제한

#### (1) 법률의 근거

특별행정법관계에서 그 구성원의 기본권을 제한하는 경우에는 법률에 근거가 있어

---

13) 특별명령에 관한 자세한 행정입법 관련 부분을 참조.

야 한다. 예컨대 정치운동의 제한은 헌법 제 7 조와 「국가공무원법」 제65조에 의해, 근로 3 권의 제한은 헌법 제33조와 「국가공무원법」 제66조에 의해, 통신의 자유의 제한은 「형의 집행 및 수용자의 처우에 관한 법률」 제43조에 의해서만 가능하게 된다.

이와 관련된 내용인 수형자의 접견권 제한과 관련된 문제에 대해서 대법원(판례1)과 헌법재판소(판례2)는 다음과 같이 판시하고 있다.

[1] 구속된 피고인 또는 피의자의 타인과의 접견권이 헌법상의 기본권이라 하더라도 국가안전보장, 질서유지 또는 공공복리를 위하여 필요한 경우에는 법률로 제한할 수 있음은 헌법 제37조 제2항의 규정에 의하여 명백하며 구체적으로는 접견을 허용함으로써 도주나 증거인멸의 우려 방지라는 구속의 목적에 위배되거나 또는 구금시설의 질서유지를 해칠 현저한 위험성이 있을 때와 같은 경우에는 구속된 피고인 또는 피의자의 접견권을 제한할 수 있을 것이지만, 그와 같은 제한의 필요가 없는데도 접견권을 제한하거나 또는 제한의 필요가 있더라도 필요한 정도를 지나친 과도한 제한을 하는 것은 헌법상 보장된 기본권의 침해로서 위헌이라고 하지 않을 수 없다( 대결 1992.5.8, 91부8(위헌심판제청) ).

[2] 헌법재판소가 91헌마111 결정에서 미결수용자와 변호인과의 접견에 대해 어떠한 명분으로도 제한할 수 없다고 한 것은 구속된 자와 변호인 간의 접견이 실제로 이루어지는 경우에 있어서의 '자유로운 접견', 즉 '대화내용에 대하여 비밀이 완전히 보장되고 어떠한 제한, 영향, 압력 또는 부당한 간섭 없이 자유롭게 대화할 수 있는 접견'을 제한할 수 없다는 것이지, 변호인과의 접견 자체에 대해 아무런 제한도 가할 수 없다는 것을 의미하는 것이 아니므로 미결수용자의 변호인 접견권 역시 국가안전보장·질서유지 또는 공공복리를 위해 필요한 경우에는 법률로써 제한될 수 있음은 당연하다(변호인의 조력을 받을 권리를 보장하는 목적은 피의자 또는 피고인의 방어권 행사를 보장하기 위한 것이므로, 미결수용자 또는 변호인이 원하는 특정한 시점에 접견이 이루어지지 못하였다 하더라도 그것만으로 곧바로 변호인의 조력을 받을 권리가 침해되었다고 단정할 수는 없는 것이고, 변호인의 조력을 받을 권리가 침해되었다고 하기 위해서는 접견이 불허된 특정한 시점을 전후한 수사 또는 재판의 진행 경과에 비추어 보아, 그 시점에 접견이 불허됨으로써 피의자 또는 피고인의 방어권 행사에 어느 정도는 불이익이 초래되었다고 인정할 수 있어야만 하며, 그 시점을 전후한 변호인 접견의 상황이나 수사 또는 재판의 진행 과정에 비추어 미결수용자가 방어권을 행사하기 위해 변호인의 조력을 받을 기회가 충분히 보장되었다고 인정될 수 있는 경우에는, 비록 미결수용자 또는 그 상대방인 변호인이 원하는 특정 시점에는 접견이 이루어지지 못하였다 하더라도 변호인의 조력을 받을 권리가 침해되었다고 할 수 없다고 한 사례)( 헌재 2011.5.26, 2009헌마341(전원재판부) ).

### (2) 기본권제한의 한계

그러나 법률의 근거하에서도 구성원의 기본권제한은 목적달성을 위하여 필요하다고 인정되는 최소한도에서만 허용된다. 이는 특별행정법관계의 구성원은 다른 측면에서 시민의 지위에서 기본권의 주체이기 때문이다. 따라서 특별행정법관계의 내부질서유지의 목적과 이를 위한 구성원의 기본권제한 사이에는 일정한 비례관계가 형성되어야 한다. 이러한 관점에서 보아「국가공무원법」($^{제65조}_{1항}$)이 공무원에 대해 매우 넓은 범위에서 정치행위에 관련한 모든 기본권을 제한하고 있는 것과, 「공무원의 노동조합설립 및 운영 등에 관한 법률」이 일부 공무원에 한하여서만 단결권과 단체교섭권을 허용하고 있는 것은 비례성의 원칙에서 보아 문제라고 지적되어야 할 것이다. 또한 기본권의 성질상 제한이 허용되지 않는 경우($^{예컨대 양심의}_{자유 등}$)에는 기본권제한이 허용되지 않을 것이다.

## 3. 사법심사의 범위

이에 대해서는 특별권력관계 개념을 전반적으로 부인하는 견해는 일반 행정법관계와 동일하게 사법심사가 가능하다고 보며, 이 개념을 제한적으로 긍정하는 입장은 일정한 한계를 설정하려고 한다. 후자의 입장에서는 특별행정법관계에서의 행위에 대한 사법심사는 그 관계를 기본관계($^{또는}_{외부관계}$)와 업무수행관계($^{또는}_{내부관계}$)로 구분하여 전자인 기본관계에서의 행위에 대해서만 사법심사가 허용된다고 본다. 이러한 구분은 앞에서 본 바와 같이 독일의 울레(Ule)의 분류에 의한 것으로서, 기본관계는 특별행정법관계 자체의 성립·변경·종료나 그 밖의 특별행정법관계 구성원의 법적 지위의 본질적 사항에 관련된 법률관계를 의미하는 것이며, 이는 그 성질상 일반행정법관계와 구별되지 않는 것이다($^{예컨대 공무원의 임명이나 해임,}_{국공립학교 학생의 입학, 퇴학 등}$).

> 행정소송의 대상이 되는 행정처분이란 행정청이 행하는 구체적 사실에 관한 법집행으로서의 공권력의 행사 또는 그 거부와 그 밖에 이에 준하는 행정작용을 말하는 것인바, 국립 교육대학 학생에 대한 퇴학처분은, 국가가 설립·경영하는 교육기관인 동 대학의 교무를 통할하고 학생을 지도하는 지위에 있는 학장이 교육목적실현과 학교의 내부질서유지를 위해 학칙 위반자인 재학생에 대한 구체적 법집행으로서 국가공권력의 하나인 징계권을 발동하여 학생으로서의 신분을 일방적으로 박탈하는 국가의 교육행정에 관한 의사를 외부에 표시한 것이므로, 행정처분임이 명백하다(국립 교육대학 교수회의 학생에 대한 무기정학처분의 징계의결에 대하여 학장이 징계의 재심을 요청하여 다시 개최된 교수회에서 표결을 거치지 아니한 채 학장이 직권으로 징계의결내용을 변경하여 퇴학처분을 한 것이 학칙에 규정된 교수회의 심의·의결을 거치지 아니한 것이어서 위법하다고 본 사례)($^{대판 1991.11.22,}_{91누2144}$).

이러한 입장은 정형적인 유형에 따라서 사법심사의 문제를 고찰할 수 있는 장점을 갖는 것이지만, 이러한 유형만으로 사법심사의 모든 문제를 해결할 수는 없다고 본다. 따라서 이러한 정형적 기준 외에 추가적으로, 개별 행위가 실제로 당사자에게 어떠한 법적 효과를 발생하는가에 의하여 판단하는 기준, 즉 시민의 지위로서 규율하는가 또는 단순히 행정의 한 구성원으로서 규율하는가의 판단도 적용할 필요가 있을 것이다. 이러한 시각에서 이른바 '행정법상 내부관계'의 행위에 대해 외부적 효력을 부정하는 전통적 논의에 대해서는 새로운 검토가 주장되고 있다. 이에 따르면 내부관계의 행위라고 하더라도 개별 행위의 실질적 내용에 착안하여 구체적으로 그 처분성 여부가 검토되어야 한다고 본다.14) 일부 판례도 이러한 경향을 보이고 있다.

> 행정규칙에 의한 '불문경고조치'가 비록 법률상의 징계처분은 아니지만 위 처분을 받지 아니하였다면 차후 다른 징계처분이나 경고를 받게 될 경우 징계감경사유로 사용될 수 있었던 표창공적의 사용가능성을 소멸시키는 효과와 1년 동안 인사기록카드에 등재됨으로써 그 동안은 장관표창이나 도지사표창 대상자에서 제외시키는 효과 등이 있다는 이유로 항고소송의 대상이 되는 행정처분에 해당한다(대판 2002.7.26, 2001두3532).

### 기본사례 풀이

> 당해 법률관계는 공무원의 근무관계로서 특별행정법관계에 해당한다. 이러한 법률관계는 사법심사의 범위와 관련하여 기본관계와 업무수행관계로 나누어 볼 수 있다. 사안에서와 같이 공무원에 대하여 하급공무원의 행위에 대한 책임의 일환으로 서면경고를 하는 행위는, 「국가공무원법」이 예정하는 징계행위에 해당하지 않는다(국가공무원법 제79조 참조). 즉 서면경고행위는 공무원관계의 내부질서유지를 위한 행위에 불과하므로, 업무수행행위로서의 실질을 갖는다고 보아야 한다. 따라서 이에 대해서 당사자는 법 이외의 방법을 통한 내부적인 진정 등의 방법으로 자신의 이해관계를 주장하는 가능성은 별론으로 하고, 법원을 통한 권리구제는 불가능하다고 보아야 할 것이다.

---

14) 이에 대한 상세한 검토에 대해서는 정탁교, "행정법상 내부관계에 관한 법적 고찰", 고려대 박사논문, 2004 참조.

# 제2장 재량과 판단여지

# 제1절 행정에 대한 법률구속

행정작용이 법치행정원리에 따라야 하는 경우에도 그 구체적인 내용이나 정도는 일정하지 않다. 따라서 입법자가 법률내용을 통해 행하는 행정기관에 대한 법률에의 구속도 행정작용의 내용에 따라 상이하게 나타난다. 이에 따라 구별될 수 있는 행정 작용이 '법률에 종속하는 행정'과 '법률에서 자유로운 행정' 유형이다.

전자는 행정기관이 법률에 근거하여 행하는 행정작용을 말하며, 후자는 법률의 근거 없이도 가능한 행정작용을 말한다. 법률에 종속하는 행정은 다시 행정기관에게 어떠한 결정여지가 인정되지 않는 행정작용(기속행위)과, 행정기관의 결정여지가 인정되는 행정작용의 유형(재량행위, 판단여지 등)으로 나누어진다. 법률에서 자유로운 행정은 법률의 근거 없이 행위하는 것이므로 법률을 집행하는 행위라고 말할 수 없으며, 주로 급부행정의 경우에 많이 나타나는 행위이다. 물론 이때에도 헌법내용에 따른 구속(특히 평등권)이나 행정 규칙에 의한 구속으로부터도 자유로운 것은 아니다.

법률에서 자유로운 행정의 경우를 제외하면 행정은 기존의 형식적 및 실질적 법률을 집행하는 위치에 있는바,[1] 이때 입법자가 행정기관에 자유로운 결정여지를 부여하는 것은 한편으로 입법자가 모든 개별·구체적 사항에 대해 세세하게 규율하지 않아도 되므로 '법률의 홍수'를 억제할 수 있고, 다른 한편 행정기관은 개별사안의 특수성에 따라 탄력적으로 대응할 수 있어 행정작용의 효율성을 제고할 수 있는 장점을 갖는다. 그러나 단점 또한 존재한다. 무엇보다 시민은 행정기관이 개별·구체적인 경우 어떻게 행위할 것인지에 대해 확신을 가질 수 없기 때문에 어느 정도의 법적 안정성이 포기되는 결과를 지적할 수 있다.

# 제 2 절  재량행위론

## I. 재량행위의 개념

### 1. 재량과 기속의 구별

재량행위의 개념은 흔히 그 반대개념인 기속행위와의 구별을 통해서 파악하는 것이 일반적이다. 이때 기속행위와 재량행위는 양자 모두 법률에 종속하는 행정이라는 점에서는 공통점을 갖는다. 그러나 기속행위는 행정작용의 근거가 되는 행정법규가 어떠한 요건 아래에서 어떠한 내용의 행위를 할 것인가의 문제를 일의적·확정적으로 규정함으로써, 행정기관은 특정한 구성요건이 충족되면 특정된 결정을 발령하여야 하는 행정작용을 말한다. 이에 반하여 재량행위는 행정법규가 다의적·불확정적으로 규정되어 있고, 이를 통하여 행위요건의 판단 또는 행위효과의 결정에 있어서 행정기관에게 다양한 선택의 가능성이 부여되어 있는 경우의 행정작용을 말한다.

행정의 과업인 법률의 구체화는 가변적이고 유동적인 행정현실에 상응하는 행정작용을 필요로 한다. 이러한 사정으로 인해 입법자는 법률을 통해 행정작용의 요건을 정함에 있어서 모든 경우에 일의적·확정적으로 규정하지 못하고 행정기관에게 일정한 범위의 판단 및 결정권한을 수권하게 된다. 이와 같이 개별적이고 구체적인 행정현실에 상응하는 행정작용을 위해서 입법자에 의해서 허용되어, 행정기관이 수권된 권한의 목적에 따라 개별적 정의를 추구하고 실현하도록 행동하는 것이 재량행위이다. 이러한 개별적인 행정현실에 상응한 행정작용의 탄력성 보장은 시민의 기본권보호를 위하여도 필요한 것으로 볼 수 있다.

---

[1] 행정에 의한 구체화작용을 요하지 않는 이른바 'self-executing'의 경우는 논외로 한다.

## 2. 구별의 필요성

전통적인 행정법이론에서는 재량행위와 기속행위를 구별하는 필요성을 다음과 같은 세 가지 점에서 찾고 있다.

### (1) 사법심사의 범위

양 행정행위는 사법심사의 대상이 되는 점에서는 공통점을 가지나 사법심사의 범위에 있어서, 기속행위에 대해서는 전면적인 범위의 사법심사가 인정되고, 재량행위에 대해서는 재량권의 한계를 넘는 경우에 한정하여(재량의 남용·일탈의 경우) 제한적으로 사법심사가 인정되는 점에서 차이를 나타낸다.

**기속행위 내지 기속재량행위와 재량행위 내지 자유재량행위의 구분 기준 및 그 각각에 대한 사법심사 방식**   행정행위가 그 재량성의 유무 및 범위와 관련하여 이른바 기속행위 내지 기속재량행위와 재량행위 내지 자유재량행위로 구분된다고 할 때, 그 구분은 당해 행위의 근거가 된 법규의 체재·형식과 그 문언, 당해 행위가 속하는 행정분야의 주된 목적과 특성, 당해 행위 자체의 개별적 성질과 유형 등을 모두 고려하여 판단하여야 하고, 이렇게 구분되는 양자에 대한 사법심사는, 전자의 경우 그 법규에 대한 원칙적인 기속성으로 인하여 법원이 사실인정과 관련 법규의 해석·적용을 통하여 일정한 결론을 도출한 후 그 결론에 비추어 행정청이 한 판단의 적법 여부를 독자의 입장에서 판정하는 방식에 의하게 되나, 후자의 경우 행정청의 재량에 기한 공익판단의 여지를 감안하여 법원은 독자의 결론을 도출함이 없이 당해 행위에 재량권의 일탈·남용이 있는지 여부만을 심사하게 되고, 이러한 재량권의 일탈·남용 여부에 대한 심사는 사실오인, 비례·평등의 원칙 위배, 당해 행위의 목적 위반이나 동기의 부정 유무 등을 그 판단 대상으로 한다(대판 2001.2.9, 98두17593).

### (2) 부관의 허용성 여부

이에 대해서는 견해가 대립하고 있다. 즉 일반적으로 기속행위에는 그 성질상 부관을 붙일 수 없고, 재량행위에만 부관을 붙이는 것이 가능한 것으로 본다(현재 다수견해와 판례의 입장). 그러나 이에 대해서는 재량행위 뿐 아니라 기속행위에 대해서도 부관을 붙일 수 있다고 보는 일부 견해도 주장된다.2) 이에 따르면 예외적으로 기속행위의 경우에도 법률규정에 의해서 부관을 부가할 수 있는 가능성이 허용되어 있거나, 행정행위의 법률상의 전제조건의 충족을 보장하기 위한 경우에는 부관을 붙일 수 있다고 본다(독일 행정절차법 제36조 1항 참조).

---

2) 김남진·김연태(Ⅰ), 271면; 석종현·송동수, 290면.

### (3) 공권의 성립과의 관계

일반적으로 기속행위에 대해서는 상대방이 실체적인 청구권을 행사할 수 있으나, 재량행위에 대해서는 원칙적으로 상대방에게 이러한 청구권이 인정될 수 없다. 그러나 재량행위의 경우에도 예외적으로 무하자재량행사청구권이나 행정개입청구권이라는 공권이 인정되므로, 이러한 상황에서는 이 기준은 큰 의미를 갖지 못하게 된다.

## 3. 구별의 기준

양 행위를 구체적인 경우에 어떠한 기준에 의해 구별할 것인가에 대해서는 전통적으로 다음과 같은 학설대립이 있어 왔다.

### (1) 요건재량설

이 견해는 그 내용에 있어서 논자에 따라 통일적이지 못하다.3) 그러나 일반적인 논의를 정리하면, 이 견해는 재량을 행정행위의 법률요건에 해당하는 사실인정에 관한 판단에서만 인정하려고 한다. 따라서 요건의 규정내용이 공백규정이거나 종국목적(주: 공익 목적)만을 두고 있는 경우에는 행정기관 스스로 개별적인 행정작용에 특유한 중간적인 직접목적을 정할 수 있는 것이므로 재량행위에 해당하고, 행정행위의 종국목적 이외에 중간목적을 두고 있는 경우에는 개별적 행정작용의 근거기준이 확정적으로 규정되어 있는 경우이므로 기속행위라고 본다.

그러나 이에 대해서는 행정행위의 종국목적과 중간목적의 분류나 구체적 기준자체가 불명확하다는 비판이 제기되고, 재량과 판단여지를 구분하는 입장에 서서 법률문제인 요건인정을 재량문제로 오인하고 있다는 비판이 제기된다.

### (2) 효과재량설

이 견해는 재량을 법률효과의 선택에서만 인정하고자 하며, 법률효과의 내용에 따라 양자를 구별하고자 하는 입장이다. 따라서 개인의 자유나 권리를 제한하는 부담적 행정행위의 선택과 관련되는 때에는 기속행위이고, 수익적 행정행위의 선택과 관련되는 행위는 재량행위로 본다. 우리 판례도 기본적으로 이 입장에 따르고 있다.

> 채광계획이 중대한 공익에 배치된다고 할 때에는 인가를 거부할 수 있고, 채광계획을 불인가 하는 경우에는 정당한 사유가 제시되어야 하며 자의적으로 불인가를 하여서는 아니 될 것이므로 채광계획인가는 기속재량행위에 속하는 것으로 보아야 할 것이나, 구 광업법 제47조의2 제5호에 의하여 채광계획인가를 받으면 공유수면 점용허가를 받은 것으로 의제되고, 이 공유수면 점용허가는 공유수면 관리청이 공공 위

---

3) 예컨대 김동희(Ⅰ), 270면.

해의 예방 경감과 공공복리의 증진에 기여함에 적당하다고 인정하는 경우에 그 자유재량에 의하여 허가의 여부를 결정하여야 할 것이므로, 공유수면 점용허가를 필요로 하는 채광계획 인가신청에 대하여도, 공유수면 관리청이 재량적 판단에 의하여 공유수면 점용을 허가 여부를 결정할 수 있고, 그 결과 공유수면 점용을 허용하지 않기로 결정하였다면, 채광계획 인가관청은 이를 사유로 하여 채광계획을 인가하지 아니할 수 있는 것이다(대판 2002.10.11.,<br>2001두151 ).

이 견해에 대해서는 급부행정작용의 수익적 행정작용에 있어서 그 법률요건이 일의적이기에 법률요건해당성을 인정한 뒤에도, 공익재량이라는 이유로 불행위의 자유를 주는 것은 문제라는 비판이 제기된다.4)

### (3) 소   결

생각건대 양 학설은 각각 일면의 타당성은 갖지만 일반적 구별기준으로 정립하기에는 충분하지 않다. 요건재량설은 재량을 요건사실의 존부의 인정에서만 찾으려는 것이나 오늘날 재량관념은 주로 규범의 법효과의 선택에서 인정되고 있다는 점에서 타당하지 않고, 효과재량설은 재량과 기속의 구별문제를 행정작용의 성질문제로 오인케 할 수 있다는 점에서 타당하지 않다.

아래에서 보는 바와 같이 판단여지를 규범의 요건부분에서 예외적으로 인정되는 재량의 한 내용으로 인정하는 입장에서는 재량은 행정법규가 다의적·불확정적으로 규정되어 있어 그 행위요건의 판단 또는 행위효과의 결정에 있어 행정기관에게 다양한 선택의 가능성이 부여되는 것을 의미한다는 점에서, 주로는 규범의 효과부분에서 나타나지만 예외적으로 요건부분에서도 나타날 수 있다는 점을 인정하여야 하며, 구체적인 경우 당해 행정작용의 근거규범상 행정기관에게 어떠한 자유로운 결정여지가 인정되는 취지인지 여부를 종합적으로 판단하는 것이 중요하다.

행정행위가 재량행위인지 여부는 당해 행위의 근거가 된 법규의 체제·형식과 그 문언, 당해 행위가 속하는 행정 분야의 주된 목적과 특성, 당해 행위 자체의 개별적 성질과 유형 등을 모두 고려하여 판단하여야 한다(병역법 제26조 제2항은 보충역을 같은 조 제1항 소정의 업무나 분야에서 복무하여야 할 공익근무요원으로 소집한다고 규정하고 있는바, 위 법리와 병역법 제26조 제2항의 규정의 취지에 비추어 보면 병역의무자가 보충역에 해당하는 이상 지방병무청장으로서는 관련 법령에 따라 병역의무자를 공익근무요원으로 소집하여야 하는 것이고, 이와 같이 보충역을 공익근무요원으로 소집함에 있어 지방병무청장에게 재량이 있다고 볼 여지는 없다고 한 사례)(대판 2002.8.<br>23, 2002두820 ).

---

4) 김도창(상), 385면.

이러한 점에서 다음과 같은 구별기준을 제시할 수 있다.

### 1) 법규정의 표현방식

양 행위는 법률에의 구속정도에 따른 분류이고, 법률에의 구속정도의 구체적 모습은 입법자의 의사의 객관적인 모습, 즉 당해 근거법규정의 표현방식을 통하여 나타나게 되므로, 구별의 기준도 이러한 사실에서부터 출발하여야 한다.

따라서 입법자가 행정주체에게 근거법규정의 표현을 통하여 "할 수 있다"($\binom{\text{예컨대 식품위생}}{\text{법 제15조 2항}}$)는 가능규정(Kann-Vorschrift)의 형식을 취하면 재량행위로 보아야 한다. 이와는 반대로 법규정의 표현을 통하여 입법자가 행정주체에게 기속적인 의사를 표시하는 경우, 즉 "하여야 한다", "할 수 없다"는 표현방식이 사용된 경우($\binom{\text{예컨대 식품위생법 제15조}}{\text{2항 단서, 제38조 2항}}$)에는 기속행위로 보아야 할 것이다.

### 2) 기본권 실현과의 관련성

그러나 근거법규정의 표현방식이 행정주체에게 어느 정도로 구속력을 미치는가가 불명확한 경우도 존재한다. 예컨대 당사자로 하여금 당해 행위의 적법요건으로서 일정한 허가를 얻을 것을 요하는 표현만을 두고, 행정주체에 대한 행위방식에 대해서는 아무런 표현을 사용하고 있지 않은 경우가 존재한다($\binom{\text{예컨대 식품위생법 제37조}}{\text{1항, 건축법 제11조 1항 등}}$). 이때에는 입법자의 행정주체에 대한 관계의 측면에서는 고찰이 어렵게 되므로, 당해 행위의 당사자와의 관계에 대한 관점이 중요한 기준으로 작용하게 된다.

이에 따라서 당해행위의 발령이 당사자의 기본권실현, 즉 원래 당사자에게 허용되어 있던 가능성을 다시 회복하여 주는 기본권회복의 의미를 갖는 경우에는, 행정주체의 행위는 당사자의 기본권과의 관련하에서 강한 구속을 받게 되는 기속행위로 보아야 한다. 이에 반해 당해 행위를 통하여 비로소 당사자에게 새로운 권리가 설정되는 의미를 갖는 경우에는, 행정주체는 특정 당사자에게 이러한 새로운 권리를 설정하는 것이 바람직한가라는 공익적 측면에서 검토할 수 있는 가능성이 주어지게 된다고 볼 수 있다. 따라서 이러한 행위는 재량행위로 보아야 한다. 이에 비추어 볼 때에 강학상의 허가는 근거법률에 특별한 표현이 없는 한 기속행위로 보게 되고, 강학상의 특허는 법률에 다른 표현이 없는 한 재량행위로 보게 된다.

이러한 측면에서 헌법재판소는 강학상 허가에 해당함에도 불구하고 입법자가 허가를 재량행위로 형성하여 헌법상 부여된 기본권적인 권리의 행사여부를 행정청의 재량에 맡김으로써 허가관청이 임의로 국민의 기본권적 권리를 처분할 수 있게 하는 것은 국민의 기본권을 침해하는 위헌적인 규정이라고 보았다.

> 허가는 특별히 권리를 설정하여 주는 것이 아니라 공익목적을 위하여 제한된 기본권적 자유를 다시 회복시켜주는 행정행위이다. 따라서 기부금품의 모집행위도 행복추

구권에서 파생하는 일반적인 행동자유권에 의하여 기본권으로 보장되기 때문에, 법의 허가가 기본권의 본질과 부합하려면, 그 허가절차는 기본권에 의하여 보장된 자유를 행사할 권리 그 자체를 제거해서는 아니되고 허가절차에 규정된 법률요건을 충족시킨 경우에는 기본권의 주체에게 기본권행사의 형식적 제한을 다시 해제할 것을 요구할 수 있는 법적 권리를 부여하여야 한다. 구 기부금품모집금지법은 이 법 제3조에 규정된 경우가 존재하는 때에만 행정청이 허가를 하도록 규정하여 그 규정에 열거한 사항에 해당하지 아니한 경우에는 허가할 수 없다는 것을 소극적으로 밝히면서 한편, 어떠한 경우에 행정청이 허가를 할 의무가 있는가 하는 구체적인 허가요건을 규정하지 아니하고, 허가여부를 오로지 행정청의 자유로운 재량행사에 맡기고 있다. 따라서 기부금품을 모집하고자 하는 자는 비록 법 제3조에 규정된 요건을 충족시킨 경우에도 허가를 청구할 법적 권리가 없다. 법 제3조는 기부금품을 모집하고자 하는 국민에게 허가를 청구할 법적 권리를 부여하지 아니함으로써 국민의 기본권 -행복추구권-을 침해하는 위헌적인 규정이다(헌재 1998.5.28, 96헌가5(전원)).

### 3) 허가유보부(예방적 또는 사전적) 금지와 승인유보부(억제적 또는 사후적) 금지의 구별문제

기속행위와 재량행위의 구별은 이른바 허가유보부 금지와 승인(또는해제)유보부 금지의 구별과도 관련된다. 전자는 사회적으로 유익한 행위이거나 중립적인 경우를 대상으로 하며, 이때에 입법자가 다른 행정목적을 위하여 금지한 행위를 개별적인 경우에 심사를 통하여 허가를 발령함으로써, 금지를 해제하여 헌법적으로 보장된 기본권을 회복시켜 주는 경우를 말한다(예컨대 건축법 제11조의 건축허가, 식품위생법 제37조의 영업허가 등). 반면에 후자는 사회적으로 유해한 행위를 대상으로 하여, 입법자가 공익을 위하여 금지시킨 행위를 개별적인 경우에 심사를 통하여 금지해제(또는승인)를 발령함으로써 헌법적으로 보장되고 있지는 않은 개별적인 행위를 허용하여, 당사자의 행위가능성을 확대시켜 주는 경우를 말한다(예컨대 국가공무원법 제64조의 겸직의 허가, 도로법 제77조 1항의 단서의 차량의 운행허가, 학교보건법 제6조 1항의 금지해제 등). 이때에 금지되어 있는 행위를 대상으로 한 행정청의 허가 또는 승인(금지해제)행위의 법적 성격을 파악함에 있어서는, 물론 입법자의 명시적인 입장을 우선 검토하여야 할 것이다. 그러나 실제의 법령에서도 그러하듯이 법률의 표현이 불확실한 때에는, 허가유보부 금지행위에서의 허가행위는 신청자의 기본권 회복행위와 관련된다는 점에서 기속행위로, 승인유보부 금지행위에서의 승인(또는 금지해제)은 기본권과 직접 관련 없이 공익성을 강하게 갖는 행위라는 점에서 재량행위로 보아야 할 것이다.

판례는 이러한 점에서 개발행위허가의 법적 성질을 예외적 승인으로서의 재량행위로 파악하고 있다.

구 도시계획법 제21조와 같은 법 시행령 제20조 및 같은 법 시행규칙 제 7 조, 제 8 조 등의 규정을 종합해 보면, 개발제한구역 내에서는 구역지정의 목적상 건축물의 건축 및 공작물의 설치 등 개발행위가 원칙적으로 금지되고, 다만 구체적인 경우에 이러한 구역지정의 목적에 위배되지 아니할 경우 예외적으로 허가에 의하여 그러한 행위를 할 수 있게 되어 있음이 그 규정의 체제와 문언상 분명하고, 이러한 예외적인 개발행위의 허가는 상대방에게 수익적인 것이 틀림이 없으므로 그 법률적 성질은 재량행위 내지 자유재량행위에 속하는 것이고, 이러한 재량행위에 있어서는 관계 법령에 명시적인 금지규정이 없는 한 행정목적을 달성하기 위하여 조건이나 기한, 부담 등의 부관을 붙일 수 있고, 그 부관의 내용이 이행 가능하고 비례의 원칙 및 평등의 원칙에 적합하며 행정처분의 본질적 효력을 저해하지 아니하는 이상 위법하다고 할 수 없다($\frac{대판\ 2004.3.25,}{2003두12837}$).

## Ⅱ. 재량행위의 유형

재량행위는 그 유형에 있어서 전통적인 분류인 기속재량과 자유재량, 새로운 분류인 결정재량과 선택재량으로 나눌 수 있다.

### 1. 기속재량과 자유재량

#### (1) 개　　념

전통적으로 우리 학설은 재량행위의 유형으로서 이른바 기속재량과 공익($\frac{잡}{유}$)재량으로 구분하는 것이 일반적인 견해이었고, 아직도 판례5)는 이 분류에 따르고 있다.

이러한 분류에 의하면 기속재량은 법규재량으로서 법문상으로는 자유로운 재량이 허용될 것 같지만, 처분의 요건과 처분의 발동여부에 대하여 입법의 취지가 일의적이므로, 행정기관의 재량은 구체적인 경우에 그 취지 등이 무엇인가를 해석·판단하여 행위하는 데 불과한 경우를 의미하게 된다. 이때에 재량을 잘못 행사한 경우에는 기속행위에서의 위법행위와 같은 효과가 인정된다고 한다.

이에 반하여 자유재량은 비례성원칙이나 평등원칙 등의 헌법원칙에 의한 일반적인 제약하에 있는 행위6)이나, 행정기관에게 '어느 것이 행정목적에 적합한 것인가'라는 합목적성 여부에 대해서 재량이 허용되어 있는 것으로서, 이때에 재량을 그르친 경우에도 통상적으로 부당행위에 불과하게 되는 행위라고 한다.7) 따라서 이 행위에서는 재량을 잘못 행사한 경우에도 부당의 결과가 발생하게 되기 때문에 행정소송의 대

---

5) 예컨대 대판 1985. 12. 10, 85누674; 1989. 9. 12, 88누9206.
6) 따라서 이러한 법의 일반원칙 위반은 물론이고 법규가 정한 외부적 한계를 위반한 경우에 있어서는 위법의 효과가 인정될 것이다(대판 1990. 8. 28, 89누8255; 자유재량행위에 있어서도 법령 뿐 아니라 관습법 또는 일반적 조리에 의한 일정한 한계가 있는 것이므로 위 한계를 벗어난 재량권의 행사는 위법하다). 이때의 자유재량행위에 있어서 재량을 그르친 부당한 경우란 비례성의 원칙 등에 위반한 것은 아니나 합목적성의 관점에서(법원의 시야에서) 의심스러운 경우를 의미할 수밖에 없을 것이다.
7) 김도창(상), 352면 이하 참조.

상이 되지 않는 경우도 존재하게 되고,8) 행정 내부에서의 자율적인 시정대상이 되는데 그친다고 한다.

판례는 자유재량행위와 기속재량행위에 있어서 앞서 설명한 재량과 기속의 구분에 있어서와 마찬가지로 그 사법심사의 방식을 달리하고 있다.

행정행위가 그 재량성의 유무 및 범위와 관련하여 이른바 기속행위 내지 기속재량행위와 재량행위 내지 자유재량행위로 구분된다고 할 때, 그 구분은 당해 행위의 근거가 된 법규의 체제·형식과 그 문언, 당해 행위가 속하는 행정 분야의 주된 목적과 특성, 당해 행위 자체의 개별적 성질과 유형 등을 모두 고려하여 판단하여야 하고, 이렇게 구분되는 양자에 대한 사법심사는, 전자의 경우 그 법규에 대한 원칙적인 기속성으로 인하여 법원이 사실인정과 관련 법규의 해석·적용을 통하여 일정한 결론을 도출한 후 그 결론에 비추어 행정청이 한 판단의 적법 여부를 독자의 입장에서 판정하는 방식에 의하게 되나, 후자의 경우 행정청의 재량에 기한 공익판단의 여지를 감안하여 법원은 독자의 결론을 도출함이 없이 당해 행위에 재량권의 일탈·남용이 있는지 여부만을 심사하게 되고, 이러한 재량권의 일탈·남용 여부에 대한 심사는 사실오인, 비례·평등의 원칙 위배, 당해 행위의 목적 위반이나 동기의 부정 유무 등을 그 판단 대상으로 한다(대판 2001.2.9, 98두17593).

### (2) 평    가

그러나 이러한 유형의 재량행위 구분은 구체적인 경우에 있어서 다음의 비판에 직면하고 있다. 우선 이 구분에 의하면 기속재량과 기속행위의 구분이 실제적으로 명확하지 않게 되며, 또한 기속재량과 자유재량의 구분이 현실적으로 명확한 것이 아니고, 재량권의 남용이나 일탈의 경우에는 기속재량과 자유재량의 구별의 실익이 없게 된다. 따라서 논거나 실익에 있어서 이러한 구분은 아무런 의미를 갖지 못하므로 오늘날은 지양하는 것이 타당할 것이다.9)

### 2. 결정재량과 선택재량

오늘날의 새로운 분류는 위와는 달리 재량을 결정재량과 선택재량으로 분류한다. 이는 독일에서의 지배적인 견해를 수용하는 입장으로서, 전자는 재량권의 발동여부에 관련되는 재량의 유형이며, 후자는 재량권을 발동하기로 한 경우에 구체적으로 허용되어 있는 수단의 선택과 관련되는 재량을 의미한다. 결정재량은 주로 위해방지를 목적으로 하는 경찰행정권의 발동여부에 관한 재량에서 나타나게 되며, 선택재량은 이

---

8) 그러나 이른바 자유재량행위에 있어서는 이와 같이 부당만이 그 결과로서 생기는 것은 아니며, 앞의 註에서 본 바와 같이 위법의 효과도 발생하게 됨을 유의하여야 한다.

9) 김남진·김연태(Ⅰ), 216면.

에 반해 매우 다양하게 나타난다. 예컨대 공무원에 대한 징계유형의 선택이나 행정법적 의무위반에 대한 다양한 제재의 행사 등이 이에 해당하는 유형이다. 이러한 재량행위의 분류가 타당하리라고 생각한다.

## Ⅲ. 재량행위의 하자

**기본 사례**

환경부 공무원인 甲은 국회감사에 대한 답변 도중에, 서울근교에 공사 중인 폐기물처리장이 환경영향평가를 받지 않은 사실을 인정하였다. 이 사실이 언론에 보도되고, 인근주민들의 반발이 격화되자 서울시장은 당해 공사를 중지하였고, 환경부장관 乙은 이 사실을 누설하였다는 이유로 甲을 해임하였다. 甲이 대응할 수 있는 법적 구제방법에 대해 논하시오.　　　　　　　　　　(풀이는 89면)

재량행위는 기속행위에서와는 달리 원칙적으로 이에 상응하는 상대방의 청구권이 인정되지 않기에 일반적인 법적 통제에 어려움이 있으며, 이로 인해 특유한 하자논의가 필요하게 된다.

### 1. 재량의 한계와 재량하자

재량은 입법자가 행정에 일정한 결정여지를 인정하는 것이고 이에 따라 행정에 대한 법률구속이 일정 정도 완화되는 특성을 갖기 때문에, 행정기관의 재량행사에 대해서는 원칙적으로 합목적성 심사만이 가능하여 개별적인 경우 행정기관이 재량을 그르치더라도 부당함에 그치고 그 행위 자체가 위법이 되는 것이 아니다. 따라서 그에 대한 사법심사도 제한되는 것이 원칙이다.10)

그러나 법치행정의 원리상 행정기관의 재량은 무한정한 것이 아니어서 일정한 법적 한계가 있는 것이며, 이 한계를 넘는 경우에 당해 재량행사는 위법하게 된다. 이때에는 하자있는 재량행사가 되며, 이에 대해서는 완전한 사법심사가 가능해진다.

공무원인 피징계자에게 징계사유가 있어 징계처분을 하는 경우 어떠한 처분을 할 것인지는 징계권자의 재량에 맡겨진 것이고, 다만 징계권자가 그 재량권의 행사로서 한 징계처분이 사회통념상 현저하게 타당성을 잃어 징계권자에게 맡겨진 재량권을

---

10) 다만 행정심판의 제기는 가능할 것이다.

남용한 것이라고 인정되는 경우에 한하여 그 처분을 위법한 것이라 할 것이고, 공무원에 대한 징계처분이 사회통념상 현저하게 타당성을 잃었다고 하려면 구체적인 사례에 따라 징계의 원인이 된 비위사실의 내용과 성질, 징계에 의하여 달성하려고 하는 행정목적, 징계 양정의 기준 등 여러 요소를 종합하여 판단할 때에 그 징계 내용이 객관적으로 명백히 부당하다고 인정할 수 있는 경우라야 한다(<sup>대판 2002.9.24,</sup><sub>2002두6620</sub>).

그러한 의미에서 원칙적으로 '자유로운 재량' 또는 '임의재량'이란 존재하지 않으며 행정기관의 재량은 일정한 한계를 준수하는 가운데 행사될 것을 요한다. 「국세기본법」 제19조는 국세행정과 관련하여 "세무공무원이 재량으로 직무를 수행할 때에는 과세의 형평과 해당 세법의 목적에 비추어 일반적으로 적당하다고 인정되는 한계를 엄수하여야 한다"고 하여 재량에는 한계가 있음을 잘 나타내고 있으며, 「행정소송법」 제27조는 "행정청의 재량에 속하는 처분이라도 재량권의 한계를 넘거나 그 남용이 있는 때에는 법원은 이를 취소할 수 있다"고 규정하여 하자있는 재량행사에 대한 사법심사 가능성을 천명하고 있다.

## 2. 재량하자의 유형

이에는 세 가지 유형(<sup>재량의 남용,</sup><sub>일탈, 해태</sub>)으로 분류하는 입장과 두 가지 유형(<sup>재량의</sup><sub>남용과 일탈</sub>)으로 분류하는 입장이 있으나, 일반적인 견해는 전자를 따르고 있으며 「행정소송법」은 후자의 입장이다.11)

### (1) 재량의 남용

이는 행정기관에 의한 재량의 내부적인 고려 과정상의 잘못으로 인해 재량행사가 잘못된 경우를 말하며, 그 사유로서는 다음의 경우를 들 수 있다. 재량의 내부적 한계를 위반한 경우라고도 표현된다.

1) 재량의 수권목적에 위반되게 재량이 행사되는 경우(<sup>예, 이질적인 고려에서의 재량의 발동, 행정</sup><sub>주체의 개인적인 관계에 근거한 재량의 발동 등</sub>)
2) 행정기관이 재량권 행사의 내용 자체에 영향을 주는 헌법원칙이나 법의 일반원칙(<sup>평등원칙이나</sup><sub>비례성원칙 등</sub>)에 위반한 경우
3) 잘못된 사실의 토대하에서 재량을 발동하거나 중요한 관점을 빠뜨리고 재량을 발동하는 경우

---

11) 「행정소송법」 제27조는 재량의 남용, 일탈만을 하자로 인정하고 있으나 그 하자유형에는 재량의 흠결(또는 해태)도 당연히 포함된다고 보아야 하며, 이때에 재량의 흠결은 재량의 남용의 한 형태로서 고찰되어야 할 것이다.

### (2) 재량의 일탈(유월)

이는 재량의 외부적 한계를 위반한 경우라고 표현된다. 구체적으로는 행정기관이 법이 허용한 범위를 넘어서 재량을 발동한 경우(예, 500만원 이하의 과태료 부과처분의 재량권한으로 1000만원의 과태료를 부과한 경우, 영업허가정지의 처분권한을 영업허가의 취소권한으로 행사하는 경우 등)가 이에 해당한다.

### (3) 재량의 흠결(해태 또는 불행사)

이는 행정기관이 재량행위를 기속행위로 오인하여 복수행위간의 형량을 전혀 하지 않고 기속행위로 발령한 경우가 해당한다.

## 3. 재량수축

일정한 경우에는 행정기관의 재량이 영으로 수축하여 처음부터 복수행위간의 선택의 가능성이 사라지고 행정기관은 그 남은 하나의 행위만을 해야 할 의무를 지게 되는 경우가 있다. 재량수축은 특히 기본권적 법익의 침해와 관련해 인정될 수 있다. 예컨대 일단의 청년실업자들이 길을 가던 외국인노동자에게 각목을 휘두르며 폭력을 행사하는 현장을 목격한 경찰공무원은 즉시 경찰권을 발동하여 피해자를 구조하여야 할 것이다. 이를 방치할 경우 피해자의 건강은 물론 나아가 생명에 대한 중대한 위해가 발생할 것이라는 점에서 경찰상의 결정재량은 영으로 수축하기 때문이다. 경찰공무원에게는 기껏해야 적절한 조치나 수단의 선택과 관련한 선택재량만이 남게 될 것이다.12)

## 4. 재량하자에 대한 권리구제

하자있는 재량행사에 대하여는 다음과 같은 행정소송을 제기할 수 있다. 부담적 내용의 재량행위에 대해서는 취소소송이나 무효확인소송과 같은 항고소송을 제기할 수 있다. 하자있는 재량행위는 위법성을 갖게 되고, 이 행위가 당사자의 권리를 침해하게 되면, 이에 대해 「행정소송법」상 항고소송을 제기할 수 있기 때문이다.

반면에 수익적 내용의 재량행위의 발령을 구하는 경우에, 하자있는 부작위나 거부 행위가 발령되는 경우에는, 하자 없는 재량행위의 발령을 구하는 이른바 의무이행소송을 제기하는 것이 실효적인 수단이다. 그러나 현행 「행정소송법」은 아직 이러한 유형의 소송을 인정하고 있지 않으므로, 현행법상으로는 부작위위법확인소송이나 거부처분 취소소송을 제기할 수밖에 없을 것이다.

---

12) 재량수축과 행정개입청구권에 대해서는 제3장 주관적 공권 해당부분 참조.

**기본사례 풀이**

## 1. 문제의 소재

사안에서는 공무원의 의무의 한계문제와 관련된 해임처분의 위법성이 문제된다.

## 2. 행정작용의 성질 : 해임처분

(1) 이는 징계처분으로서 특별행정법관계에서의 행위 중 기본관계(또는 외부적 관계)로서의 성질을 갖는다.

(2) 징계사유가 존재한다고 인정하면 반드시 징계하여야 하나(국가공무원법 제78조), 그 유형의 선택은 재량행위로서의 성질을 갖는다(동법 제79조 참조).

## 3. 행정작용의 위법성

(1) 해임처분의 사유

국회감사에서의 행정기밀누설을 이유로 한 비밀엄수의무위반을 들고 있다(국가공무원법 제60조).

(2) 위법성 인정문제

1) 비밀엄수의무의 성질, 의의, 내용 등의 설명

2) 비밀엄수의무의 한계

이는 국민의 알권리와 적정한 조화를 이루어야 한다. 그러나 본 사안에서 공무원 甲의 행위는 일반국민의 알권리를 충족하는 행위로서 당해 의무의 한계에 해당한다고 보여진다. 따라서 甲의 행위는 비밀엄수의무위반으로 볼 수 없다.

(3) 해임처분의 위법성

결국 징계권의 행사가 잘못된 사실의 기초하에서 행해졌다고 보여지며, 이는 재량의 남용에 해당하는 위법성이 인정된다.

## 4. 甲의 권리구제문제

(1) 공무원의 신분보장

불이익처분에 대한 공무원의 권리구제행위는 신분보장에 해당하는 행위이다. 따라서 그 의의와 개별적 내용에 관한 개괄적 설명이 필요하다.

(2) 구체적 수단들

1) 소청심사의 제기 : 이는 특별법에 의한 행정심판으로서의 성질을 갖는다.

2) 행정소송의 제기 : 특히 취소소송의 제기가 권리보호방법이 된다.

## 5. 결   론

(1) 甲의 행위는 비밀엄수의무의 한계로서 국민의 알권리 보호차원에서 적법한 행위이다.

(2) 乙의 해임처분은 따라서 재량권의 남용으로 위법한 처분이다.

(3) 권리구제방법은 소청심사 및 취소소송의 제기가 된다.

## Ⅳ. 재량의 통제

재량행위가 행정의 개별적 사안해결에 있어서 구체적 타당성을 확보하기 위해 불가결하게 인정된다고 하더라도, 이를 이유로 당사자의 권리보호가 공백으로 남아서는 안 될 것이다. 이를 위해 재량행위에 대한 통제수단들이 필요하게 되며, 그 내용으로는 다음의 사항을 논할 수 있을 것이다.

### 1. 사전적 통제의 방법

재량행위에 대한 사법기관에 의한 사후적 심사는 그 내용의 전문성 등으로 인해 제한적인 범위에서만 가능하게 되어 실효적이지 못하다. 따라서 오늘날은 사전적인 통제가 강조되고 있다. 이를 위해 행정절차에 의한 통제가 중요한 의미를 가지며, 그 주된 내용으로는 당사자의 행정결정과정에의 참여 인정(청문권, 의견 제출권인정 등)과 재량처분의 이유부기 의무(특히 구체적인 재량 결정의 사실적 이유부기) 등의 인정을 들 수 있다.

### 2. 사후적 통제의 방법

재량행위가 위법한 경우는 물론 합목적적으로 행사되지 못한 부당한 처분에 대해서도 행정부 내부에서의 자율적 시정조치인 행정심판에 의한 통제가 인정될 수 있다. 이는 재량행위를 사법부에 의한 심사 전에 합법성이나 합목적성에 관해 다시 검토하여 통제하려는 것이다. 물론 「행정소송법」 제27조에 따라 재량이 남용되거나 일탈된 경우에는 위법의 사유가 되어 행정소송에 의해 통제될 수 있다.

그러나 행정심판에 의한 통제와 행정소송에 의한 통제에 있어서 중요한 관건은 행정기관의 재량행사를 다투는 당사자에게 행정심판의 청구인적격이나 행정소송의 원고적격이 인정되느냐의 문제이다. 이는 당사자의 주관적 공권의 인정문제로서 이에 대해서는 다음 장에서 논하기로 한다.

## 제 3 절  판단여지이론

**기본 사례**

甲은 교육부의 공무원으로서 직속상관인 乙이 자신의 근무성적에 대한 인사고 과평점을 낮게 주는 바람에 정기승진인사 때에 승진을 하지 못하였다. 乙의 이러한 태도는 지난번 丙대학의 부정입학감사 때에 甲이 乙의 부탁에 반하여 丙대학의 부정입학자들을 철저히 조사하여 사법조치케 한 데에 기인한 것이다. 甲은 어떠한 권리구제방법을 생각할 수 있는가?

(풀이는 95면)

## I. 개  념

법률의 구성요건에 불확정개념이 사용된 경우에는 이 개념을 개별적인 경우에 행정기관이 구체화하는 과정이 필요하게 된다. 그러나 이때에도 통상적으로는 이 개념은 법적 개념이기에 법원에 의한 전면적인 사법심사의 대상이 되는 것[13]이나, 예외적인 경우에는 법원의 판단보다 행정기관의 판단을 우선시해야 할 필요성이 인정되어 제한된 범위에서만 사법심사가 가능하게 되는 경우가 존재하게 된다.[14]

이와 같이 법률의 구성요건부분의 구체화과정에서 행한 행정주체의 결정에 대해 예외적으로 사법심사가 제한되는 경우에, 이를 재량개념하에서 평가할 것인가 또는 이와는 구별되는 별도의 개념을 인정할 것인가와 관련하여 논의되는 것이 판단여지이론이다. 이는 독일의 학설, 특히 바호프(Bachof)나 울레(Ule) 등에 의하여 주장된 이론으로서, 우리나라에서도 논의가 되고 있는 것이다. 따라서 우리나라의 일부견해가 이 이론을 기속행위와 재량행위의 구별기준으로서 논의하는 것은, 이 이론의 체계적 이해에 비추어 전혀 잘못된 것이다.

---

13) 예컨대 「식품위생법」 제38조 1항 7호에 의해 '국민보건위생상 그 허가를 제한할 필요가 현저하다'고 인정되어 허가를 제한하는 경우.
14) 예컨대 구 「사법시험법」 제8조 제3항과 동법 제12조에 의해 사법시험 3차 면접시험의 불합격결정의 경우.

## Ⅱ. 판단여지이론의 체계적 이해

법규범의 구조를 분석하면 구성요건 부분과 법률효과 부분으로 나누어 고찰할 수 있다. 구성요건 부분에서는 행정기관이 특정한 방식으로 행위를 해야 하거나 할 수 있는 내용의 전제요건들이 규정된다. 반면에 법률효과 부분에서는 구성요건내용이 충족된 경우에 행정기관이 어떻게 행위를 할 수 있는가에 대한 내용이 규정된다.

법규범은 다양한 사회현상들을 그 내용에 포함하기 때문에 구성요건 부분의 내용상의 특정성 정도는 상이하게 나타날 수 있다. 이에 따라 구성요건에는 확정 법개념과 불확정 법개념의 유형이 존재한다. 전자는 개념상 그 자체로서 의미파악이 명확하거나 확정할 수 있는 경우로서 내용이 특정된 개념을 말하며(예 : 기한, 위임, 위탁, 취소, 철회 등), 후자인 불확정 법개념은 의미가 불명확하여 언제 구성요건이 충족된 것인지의 여부가 확정되지 못하는 개념이라고 말할 수 있다(예 : 공익, 중대한 과실, 중요한 사유, 필요한 조치 등).

그러나 불확정 법개념이라고 하더라도 통상적으로는 당해 사안에서 정확한 결정은 하나만 존재하는 것이므로(예 : 공익이 존재하든지 또는 부재하든지의 경우 등), 이 개념의 해석 및 적용에 있어서 법규범을 집행하는 행정기관에게는 결정의 여지가 존재하지 않는다. 따라서 행정기관이 문제의 불확정 법개념을 정확하게 해석하였는가의 여부에 대해서는 법원이 전면적 범위에서 사법심사를 할 수 있으며, 법원의 판단내용이 행정기관의 판단내용보다 우월하게 되어, 법원에 의한 판단에 의하여 당해 결정의 위법성 여부가 결정된다.

반면에 불확정 법개념의 해석 및 적용에 있어서는 행정기관에게 마치 재량행위의 경우와 같이 결정여지가 존재하는 경우가 존재할 수 있으며, 이때에 이를 판단여지를 갖는 불확정 법개념이라고 말한다. 이때에는 불확정 법개념의 적용과 해석에 있어서 여러 가지의 다양한 적법한 결정가능성이 존재할 수 있다. 따라서 법원도 행정기관의 결정내용이 법적으로 타당한 범위에 존재하는 것인지의 여부에 대해서만 제한적으로 사법심사를 할 수 있다.

이처럼 불확정 법개념은 원칙적으로 판단여지가 없는 유형과 예외적으로 판단여지를 갖는 유형으로 나눌 수 있다. 결국 판단여지이론은 규범의 구성요건부분에 불확정 법개념이 사용된 경우의 예외적 상황을 전제로 하는 것으로 볼 수 있다.

## Ⅲ. 학설상의 논쟁

이 이론에서의 논의의 중점은 재량행위와 구별되는 판단여지라는 독자적인 개념을 인정할 수 있는가에 관련되고 있다.

## 1. 긍정적인 견해

이는 재량행위와 구별되는 유형으로서 별도의 판단여지 개념을 인정하려는 입장이다. 우리나라의 다수의 견해는 다음과 같은 논거에서 판단여지를 재량과 구별하고 있다.

(1) 재량행위는 법규범의 법률효과 측면에서만 논의되는 것이므로, 구성요건 부분에서는 인정될 수 없다.

(2) 구성요건 측면은 인식의 문제이지, 행위결정에 관련된 것은 아니다.

(3) 재량은 입법자에 의해서 주어지는 것이나 판단여지는 법원의 판단에 의한 것이다.

## 2. 부정적인 견해

이 견해는 판단여지개념을 부인하고 구성요건부분에도 재량을 인정하려고 한다. 주요 논거는 다음과 같다. 우리의 판례도 판단여지개념을 인정하지 않고 재량의 문제로 고찰한다.

(1) 재량의 개념은 입법자의 의사에 의하여 성립되는 것이므로 법률효과의 측면에만 한정하여 형식적으로 고찰해서는 안 되며, 재량이 인정되는 유형은 입법자의 수권의 정도와 내용에 따라 차이가 존재할 수 있다.

(2) 판단여지설에 따르면 불확정개념에 대해서 재량행위성을 부정하게 되므로, 법적 개념으로 이해하는 입장에 서게 된다. 그러나 법적 개념이면서 이에 대해 전면적인 사법심사가 인정되지 않는다는 것은 그 자체가 이미 모순이다.

(3) 양 개념구별의 실질적인 차이는 존재하지 않는다. 즉 판단여지이론에서 행정기관에게 허용되어 있는 결정여지는 재량여지에 상응하는 것이고, 양자 모두 동일한 법률효과를 창출하기 위하여 대체적으로 사용될 수 있으며, 사법심사의 범위에 있어서도 차이가 없다.

## 3. 소    결

개인적 생각으로는 판단여지 이론을 재량행위와 별도로 구분하여 인정해야 할 이론적인 독자성이나 현실적인 필요는 존재하지 않는다고 생각한다.[15) 재량행위를 통일적으로 파악하는 한, 이는 법률의 구성요건부분에 있어서 예외적으로 인정되는 재량의 한 내용에 해당할 뿐이라고 보아야 할 것이다.

---

15) 같은 결론 : 김동희(Ⅰ), 275면; 한견우(Ⅰ), 419면.

## Ⅳ. 논의의 대상이 되는 영역[16)]

이 논쟁은 단순히 구성요건 부분에 불확정개념이 사용되어 있는 모든 경우를 대상으로 하고 있는 것은 아니며, 원칙적으로 불확정개념이 사용되고 있는 경우에는 법원의 전면적인 사법심사의 대상이 되는 것이고, 극히 예외적인 경우에 한정하여 논의되는 것이다. 독일 판례상 논의되는 주요 영역은 다음과 같다.

(1) 시험을 통해 또는 시험과 유사한 내용을 가지는 과정을 통하여 행정결정이 내려지는 경우(예컨대 자동차운전실기시험의 합격여부결정, 공립학교에서의 학생의 진급결정, 주관식 시험합격결정 등)

(2) 공무원에 대한 직무상 평가행위(예컨대 특정 직위에 대한 적합성여부, 공무원이나 공직 후보자에 대한 능력이나 전문성 여부에 대한 판단, 상급 공무원의 하급 공무원에 대한 근무태도 등에 대한 평가 등)

(1)과 (2)에 대해 독일 법원이 판단여지를 인정하는 논거는 당해 결정의 사실상의 특수성, 즉 당해 전체 행정결정과정의 반복이나 재생을 통한 심사의 불가능성이나 1회성을 든다.

(3) 위원회에 의한 가치평가적인 결정

이때의 논거는 위원회가 갖는 전문성 또는 사회적 대표성이나 부분적이나마 사법절차와 유사한 결정과정을 거친다는 점을 든다.

(4) 행정기관의 미래예측적 결정

특히 환경행정상의 허가에 있어서 그 기초가 되는 장래의 위해발생여부에 대한 판단과, 계획결정상의 미래예측상의 판단은 법원의 심사를 통해 대체할 수 없는 것으로서 행정기관의 판단여지가 인정된다고 본다.

## Ⅴ. 사법심사의 범위

논의의 대상이 되어 있는 영역에 해당하는 경우에는 법원에 의한 사법심사의 범위가 일정한 범위로 제한되나, 그 개별적인 내용은 일반 재량행위의 사법심사의 범위와 차이가 없다. 즉 ① 행정절차의 이행여부, ② 이질적인 고려의 개입여부, ③ 평등원칙·비례성원칙 등의 위반여부, ④ 고려해야 할 모든 관점이 기초가 되어 있는가의

---

16) 이 대상에 관한 논의는 판단여지이론을 부정하는 입장에서도 필요한 것으로 보아야 한다. 즉 재량개념하에서 이해하는 입장에서도 어떠한 경우에 이러한 예외적인 구성요건측면에서의 재량이 인정되는가에 대한 검토가 필요하기 때문이다.

여부 등이 그 내용이 된다. 따라서 이때 나타나는 하자 유형은, 판단여지 개념을 부정하는 경우에는 재량의 남용, 재량의 일탈 및 재량의 불행사가 되는 데 반하여, 판단여지 개념을 인정하는 입장에서는 판단의 남용, 판단의 일탈 및 판단의 불행사가 될 것이다.

**기본사례 풀이**

### 1. 문제의 소재 : 전체설문에 대한 평가
인사고과평점의 성격문제와 乙의 인사고과평점부과시의 하자문제가 주요논점이다.

### 2. 乙행위의 법적 평가
(1) 승진행위의 법적 성질 : 다수의 지원자 중의 선택이므로 재량행위의 성질을 갖는다.

(2) 인사고과평점행위의 성격

1) 이는 행정기관의 주관적인 판단행위로서 사법심사범위와 관련하여 논의가 제기된다.

2) 판단여지론

다수의 견해는 독일에서의 논의에 따라 이를 판단여지에 해당하는 것으로 본다. 그러나 판례와 일부견해는 재량행위로 본다. 따라서 어느 견해에 따를 것인지에 관해 논의를 정리할 필요가 있다.

3) 소　　결

인사고과평점행위는 판단여지(또는 재량)의 성격을 갖고, 이에 근거한 승진행위는 재량행위로서의 성격을 갖는다.

### 3. 甲의 권리구제방법
(1) 인사고과평점 부과시의 하자문제

판단여지(또는 재량)를 인정하더라도 하자문제가 생길 수 있다. 이질적인 고려개입여부는 사법심사의 범위에 포함되며, 이에 따라 하자가 인정되면 위법으로 본다. 사안에서는 이질적인 고려에 기인한 하자가 존재하는 것으로 보인다.

(2) 권리구제방법

판단여지론에 따르든 재량행위로 보든 이질적인 고려에 입각한 행정기관의 행위이므로, 이에 따른 승진거부행위는 위법성이 인정된다. 따라서 소청심사제기와 취소소송제기가 가능하다고 본다.

# 제4절 이른바 '계획재량'

## I. 계획재량의 의의

계획재량이란 행정기관이 행정계획을 수립·결정하는 등 행정계획을 구체화하는 과정에서 갖게 되는 것으로서, 법적으로 그 내용을 미리 결정할 수 없는 고유한 형성 여지를 말한다. 이처럼 계획재량은 행정계획을 수립·결정하는 과정에서 행정기관이 가지는 넓은 형성의 자유라는 점에서 앞서 논의한 일반적인 행정재량(행위재량)과는 구별되는 것이다. 이는 실정법의 규정유무에 관계없이 계획결정에 있어서 본질적인 것으로서 인정된다.

## II. 계획재량의 법적 성질

계획재량에 대해서는 통상적인 재량행위와 비교하여 그 법적 성질이 같은 것인가의 여부와 관련하여 학설이 대립하고 있다.

### 1. 통상적인 재량행위와 구별하는 입장

이는 양자의 법적 성질이 서로 이질적인 것임을 주장하여 양자를 구별해야 한다고 한다. 다수의 입장이다. 주요 논거는 다음과 같다.

#### (1) 규범구조상의 특색

전통적 재량행위의 수권규범은 구성요건과 법률효과 부분으로 구성된 조건적 규범구조이나, 계획재량행위의 수권규범은 목적설정과 수단규정의 형식을 취하는 목적적 규범구조로 되어 있다. 이러한 점에 비추어 양자는 다른 것으로 본다.

#### (2) 특유한 하자이론의 존재

계획재량에는 행정계획의 결정과정을 통제하는 형량명령이라는 특유한 하자이론이 존재한다고 한다. 이에 따라 양자는 질적으로 구별되어야 하는 것으로 본다.

이 이론은 독일 연방행정법원에 의해 발전된 것으로서, 다음의 사항을 그 개별적 내용으로 하는 것이다. ① 형량이 행해질 것, ② 당해 결정을 위하여 중요한 의미를 갖는 모든 공적·사적 이해관계가 조사되고 확정되어 있을 것, ③ 공적·사적 이해관계의 평가에 있어서는 개개의 이해관계의 중요성이 간과되지 않을 것, ④ 대립되는 이해관계의 조정에 있어서는 개별적 이해관계들의 객관적 균형이 비례관계에서 벗어나지 않을 정도로 행해질 것이 그 내용이다. 이러한 사항들 중 어느 하나를 결하게 되면 당해 행정계획결정은 위법한 것이 된다.

## 2. 통상적인 재량행위와의 구별을 부정하는 견해

이 견해는 양자가 서로 질적인 면에서는 차이가 없고 단지 양적인 면, 즉 재량의 인정 범위 면에서만 차이를 가질 뿐이라고 한다. 주된 논거는 다음과 같다.

(1) 재량의 내용이나 그 범위는 입법자에 의한 수권을 근거로 논의되어야 하며, 이때에 입법자의 수권목적에 따라 행정기관이 갖는 재량의 범위나 내용은 다를 수 있는 것이며, 그에 상응하여 당연히 규범구조도 다르게 나타나는 것이다. 따라서 수권규범구조상의 특색이 중요한 것이 아니라, 이러한 수권규범구조상의 차이가 나타나게 되는 배경에 관하여 검토되어야 하는 것이다.

(2) 계획재량에 특유한 하자이론으로서 주장되는 형량명령은 그 실질적 내용에 있어서, 법치국가원리에서 도출되는 헌법적 원칙인 비례성원칙의 세 번째 내용에 해당하는 것이고, 계획재량에만 특유한 것이 아니다.

(3) 양 유형에서 나타나는 하자의 모습은 유사한 형태를 갖는다. 즉 전통적인 재량행위에 대하여 하자 없는 재량행사청구권이 존재하듯이, 계획재량행위에 대하여도 하자 없이 형량할 것을 요구할 수 있는 권리가 존재한다.

## 3. 판례의 입장

종래 대법원은 행정계획을 수립·결정함에 있어서 행정기관은 광범위한 계획재량을 가짐을 인정하고 재량행위라고 칭하면서 이를 일반적인 행정재량과 마찬가지로 재량권 일탈·남용 여하에 따라 위법여부를 판단하는 입장에 서 있었다. 그리고 이때의 재량하자 사유로는 비례성원칙이 중요한 의미를 부여받고 있었다.

> [1] 행정주체가 구체적인 도시계획을 입안·결정함에 있어서 비교적 광범위한 계획재량을 갖고 있지만, 여기에는 도시계획에 관련된 자들의 이익을 공익과 사익에서는 물론, 공익 상호간과 사익 상호간에도 정당하게 비교·교량하여야 한다는 제한이 있는 것이므로, 행정주체가 도시계획을 입안·결정함에 있어서 이익형량을 전혀 하지 아니하거나 이익형량의 고려대상에 마땅히 포함시켜야 할 사항을 누락한 경우 또는 이익형량을 하였으나 정당성·객관성이 결여된 경우에는 그 행정계획결정은 재량권을 일탈·남용한 위법한 처분이라 할 수 있고, 또한 비례의 원칙(과잉금지의 원칙)상 그 행정목적을 달성하기 위한 수단은 목적달성에 유효·적절하고 또한 가능한 한 최소침해를 가져오는 것이어야 하며 아울러 그 수단의 도입으로 인한 침해가 의도하는 공익을

능가하여서는 아니 된다($\frac{대판\ 1998.4.24,}{97누1501}$).

[2] 도시계획변경결정 당시 도시계획법령에 의하면, 도시계획구역 안에서의 녹지지역은 보건위생·공해방지, 보안과 도시의 무질서한 확산을 방지하기 위하여 녹지의 보전이 필요한 때에 지정되고, 그 중 보전녹지지역은 도시의 자연환경·경관·수림 및 녹지를 보전할 필요가 있을 때에, 자연녹지지역은 녹지공간의 보전을 해하지 아니하는 범위 안에서 제한적 개발이 불가피할 때 각 지정되는 것으로서 위와 같은 용도지역지정행위나 용도지역변경행위는 전문적·기술적 판단에 기초하여 행하여지는 일종의 행정계획으로서 재량행위라 할 것이지만, 행정주체가 가지는 이와 같은 계획재량은 그 행정계획에 관련되는 자들의 이익을 공익과 사익 사이에서는 물론이고 공익 상호간과 사익 상호간에도 정당하게 비교·교량하여야 하고 그 비교·교량은 비례의 원칙에 적합하도록 하여야 하는 것이므로, 만약 행정주체가 행정계획을 입안·결정함에 있어서 이익형량을 전혀 행하지 아니하였거나 이익형량의 고려대상에 마땅히 포함시켜야 할 중요한 사항을 누락한 경우 또는 이익형량을 하였으나 그것이 비례의 원칙에 어긋나게 된 경우에는 그 행정계획결정은 재량권을 일탈·남용한 것으로 위법하다($\frac{대판\ 2005.3.10,}{2002두5474}$).

[3] 행정주체가 택지개발 예정지구 지정 처분과 같은 행정계획을 입안·결정하는 데에는 비록 광범위한 계획재량을 갖고 있지만 행정계획에 관련된 자들의 이익을 공익과 사익 사이에서는 물론, 공익 상호간과 사익 상호간에도 정당하게 비교·교량하여야 하고 그 비교·교량은 비례의 원칙에 적합하도록 하여야 하는 것이므로, 만약 이익형량을 전혀 하지 아니하였거나 이익형량의 고려대상에 포함시켜야 할 중요한 사항을 누락한 경우 또는 이익형량을 하기는 하였으나 그것이 비례의 원칙에 어긋나게 된 경우에는 그 행정계획은 재량권을 일탈·남용한 위법한 처분이다. 또 여기서 비례의 원칙(과잉금지의 원칙)이란 어떤 행정목적을 달성하기 위한 수단은 그 목적달성에 유효·적절하고 또한 가능한 한 최소침해를 가져오는 것이어야 하며 아울러 그 수단의 도입으로 인한 침해가 의도하는 공익을 능가하여서는 아니된다는 헌법상의 원칙을 말하는 것인데, 어떠한 지역의 토지들을 토지구획정리사업법에 의한 구획정리의 방식이나 택지개발촉진법에 의한 택지개발의 방식 또는 도시계획법에 의한 일단의 주택지조성의 방식 중 어느 방식으로 개발할 것인지의 여부는 각 방식의 특성, 당해 토지들의 입지조건이나 개발당시의 사회·경제적 여건, 사업의 목표 등 각각의 특성에 따라 결정하여야 할 것이다($\frac{대판\ 1997.9.26,}{96누10096}$).

그러나 최근 대법원은 몇몇 판례에서 행정기관이 행정계획의 수립·결정 과정에서 가지는 계획재량에 대하여 이익형량을 전혀 행하지 아니하거나 이익형량의 고려대상에 마땅히 포함시켜야 할 사항을 누락한 경우 또는 이익형량을 하였더라도 그 정당성과 객관성이 결여된 경우에는 재량권 일탈·남용을 언급함이 없이 바로 위법하다고 판시함으로써 형량명령이론을 직접 적용하는 경향을 보이고 있다.

[ 1 ] 행정계획이라 함은 행정에 관한 전문적·기술적 판단을 기초로 하여 도시의 건설·정비·개량 등과 같은 특정한 행정목표를 달성하기 위하여 서로 관련되는 행정수단을 종합·조정함으로써 장래의 일정한 시점에 있어서 일정한 질서를 실현하기 위한 활동기준으로 설정된 것으로서, 구 도시계획법(2000. 1. 28. 법률 제6243호로 전문 개정되기 전의 것) 등 관계 법령에는 추상적인 행정목표와 절차만이 규정되어 있을 뿐 행정계획의 내용에 관하여는 별다른 규정을 두고 있지 아니하므로 행정주체는 구체적인 행정계획을 입안·결정함에 있어서 비교적 광범위한 형성의 자유를 가지는 것이지만, 행정주체가 가지는 이와 같은 형성의 자유는 무제한적인 것이 아니라 그 행정계획에 관련되는 자들의 이익을 공익과 사익 사이에서는 물론이고 공익 상호간과 사익 상호간에도 정당하게 비교교량하여야 한다는 제한이 있으므로, 행정주체가 행정계획을 입안·결정함에 있어서 이익형량을 전혀 행하지 아니하거나 이익형량의 고려 대상에 마땅히 포함시켜야 할 사항을 누락한 경우 또는 이익형량을 하였으나 정당성과 객관성이 결여된 경우에는 위법하다(대학시설을 유치하기 위한 광역시의 도시계획시설결정이 공익과 사익의 이익형량에 정당성과 객관성을 결여한 하자가 있어 위법하다고 한 사례)($\begin{smallmatrix} 대판 \ 2006.9.8, \\ 2003두5426 \end{smallmatrix}$).17)

[ 2 ] **행정계획의 의미 및 행정주체의 행정계획결정에 관한 재량의 한계**    행정계획이라 함은 행정에 관한 전문적·기술적 판단을 기초로 하여 도시의 건설·정비·개량 등과 같은 특정한 행정목표를 달성하기 위하여 서로 관련되는 행정수단을 종합·조정함으로써 장래의 일정한 시점에 있어서 일정한 질서를 실현하기 위한 활동기준으로 설정된 것으로서, 관계 법령에는 추상적인 행정목표와 절차만이 규정되어 있을 뿐 행정계획의 내용에 관하여는 별다른 규정을 두고 있지 아니하므로 행정주체는 구체적인 행정계획을 입안·결정함에 있어서 비교적 광범위한 형성의 자유를 가지는 것이지만, 행정주체가 가지는 이와 같은 형성의 자유는 무제한적인 것이 아니라 그 행정계획에 관련되는 자들의 이익을 공익과 사익 사이에서는 물론이고 공익 상호간과 사익 상호간에도 정당하게 비교교량하여야 한다는 제한이 있으므로, 행정주체가 행정계획을 입안·결정함에 있어서 이익형량을 전혀 행하지 아니하거나 이익형량의 고려 대상에 마땅히 포함시켜야 할 사항을 누락한 경우 또는 이익형량을 하였으나 정당성과 객관성이 결여된 경우에는 그 행정계획결정은 형량에 하자가 있어 위법하게 된다($\begin{smallmatrix} 대판 \ 2007. 4. 12, \\ 2005두1893 \end{smallmatrix}$).

## 4. 소  결

행정법영역에는 재량이나 판단여지를 부여하는 법률의 명시적 수권이 없음에도 불구하고 행정청이 일정한 결정여지를 행사하는 예가 있다. 그러한 영역으로서 행정입법시의 입법재량, 법률에서 자유로운 행정의 영역 및 여기서 논하는 계획재량을 들

---

17) 따름판례 : 대판 2007. 1. 25, 2004두12063(청계산 도시자연공원 인근에 휴게광장을 조성하기 위한 구청장의 도시계획결정이 공익과 사익에 관한 이익형량을 그르쳐 위법하다고 한 사례).

수 있다.

　이러한 영역들에 있어서 공통적으로 문제되는 것은 과연 일반 행정재량이론과 동일한 것으로 다룰 수 있는 것인지, 아니면 이와는 다른 별개의 것으로 다루어야 하는지에 있다. 논의의 실익은 일반 재량행위와 동일한 것으로 다룰 경우 개별 문제해결시 재량하자이론 및 「행정소송법」 제27조 등 재량이나 판단여지에서 발전된 원칙들을 직접 또는 유추하여 적용할 수 있다는 점에 있다.

　이러한 점에 비추어 볼 때 현재 학설상 일반 행정재량과 계획재량을 그 질적인 면에서 서로 다른 것으로 구분하는 다수견해와 양자는 재량의 범위에서만 차이를 갖는 것으로서 양적인 측면에서만 구별되어야 한다는 소수견해[18])의 대립은 계획재량과 관련한 실제문제를 해결하는 데 아무런 도움이 되지 않는다. 위 학설소개에서 보는 바와 같이 질적이든 양적이든 양자간에는 일정한 차이가 존재한다는 점은 부인할 수 없다. 오히려 중요한 것은 일반 행정재량이론에서 발전한 원칙들을 계획재량에 어느 범위에서 직접 또는 유추적용할 수 있느냐의 문제이다.

　생각건대 행정계획과 관련하여 행정청이 갖는 넓은 형성의 자유에 있어서도 행정청의 무제한한 자유 또는 임의의 결정이란 존재하지 않는다고 보아야 한다. 행정기관은 항상 최소한은 헌법적 구속하에 놓여 있기 때문이다. 따라서 행정계획에 특유한 성질로 인해 적용이 불가능한 경우를 제외하고는 계획재량에 대해 일반 행정재량에서 발전된 원칙들을 직접 또는 유추하여 적용할 수 있고 또한 적용하여야 한다고 본다. 특히 형량하자이론은 동일하게 비례성원칙으로부터 발전되었지만 오늘날 재량하자이론으로부터 독립하였다고 할 수 있을 만큼 독자적인 발전을 해 왔다고 평가할 수 있다. 판례가 최근 형량하자로부터 바로 행정계획의 위법성을 도출하는 경향을 보이는 것도 이러한 이론적 발전수준에서 이해할 수 있을 것이다.

---

18) 장태주(개론), 380면; 박균성(상), 264면.

# 제 3 장 주관적 공권

행정법의 기본개념으로서 빼놓을 수 없는 것은 국민이 행정주체인 국가에 대하여 갖는 법적 지위로서의 권리개념이다. 권리개념 자체는 민법상의 그것과 크게 다를 것이 없지만, 민법상의 권리와는 다른 행정법 특유의 법적 의미와 방법론을 가진다는 점에서 그 도그마틱적 의미를 고찰해볼 필요가 있다. 특히 이하에서 실체법적으로 논하는 주관적 공권 개념은 권리구제단계에서는 청구인적격(행정심판) 또는 원고적격(행정소송)의 관점에서 다시 논의되므로 양 영역을 입체적으로 연결하여 이해하여야 한다.

## 제 1 절 객관적 법과 주관적 권리의 구별

사법영역이든 공법영역이든 모든 법영역에 있어서 객관적 법과 주관적 권리는 구별된다. 객관적 법은 모든 성문법규와 불문법규의 총체를 의미한다. 이러한 법규들은 일반적으로 수범대상자가 준수하여야 할 특정한 규율내용을 담고 있으며, 당해 수범자에게는 이를 이행하여야 할 의무가 부여된다. 사인들의 관계를 규율하는 사법영역에서는 이러한 객관적 법의 존재는 수범자가 이를 이행하여야 할 의무와 동일시되기 때문에 상대방은 그 이행을 요구할 청구권이 당연히 인정된다.

그러나 공법영역에서는 당해 법규의 수범자인 국가 등이 일정한 행위를 해야 할 의무를 진다고 하여 바로 상대방인 국민이 그 이행을 요구할 수 있는 청구권이 당연히 인정된다고 말할 수는 없다. 즉, 공법영역은 사법영역과 달리 권리·의무의 '비대칭성'을 특징으로 한다. 물론 국가가 특정 의무를 이행하게 되면 국민들은 사실상 그로 인한 이익을 향유할 수 있다. 그러나 이러한 이익에 대하여 개별 국민은 바로 청구권을 가지는 것은 아니기 때문에 이는 단순한 사실상의 이익에 불과한 것이며, 이때에 이를 '반사적 이익'이라고 부른다. 이러한 경우 당해 공법상의 법규는 단지 객관적 공법이라고 부를 수 있을 뿐이다. 반면에 당해 법규정이 국가에게 객관적으로 일정한 행위를 할 법적 의무를 부여할 뿐 아니라, 국민이 국가에게 이러한 의무에 따른 행위를 요구할 청구권을 부여하고 있는 경우에는 이를 '주관적 공권'이라고 한다. 즉, 주관적 공권이란 국가에 대한 국민의 권리라는 점에서 개인적 공권이라고도 부르며, 그러한 점에서 공법관계상 국가가 개인에 대하여 행사할 수 있는 국가적 공권과는 구별된다. 이하에서는 개인적 공권을 중심으로 살펴보기로 한다.

## 제 2 절 개인적 공권의 의의

개인적 공권이란 행정상의 법률관계에서 개인이 행정주체에게 자신의 이익을 위하여 작위·부작위·수인·급부 등의 특정한 행위를 요구할 수 있는 법률상의 힘을 말한다. 이는 국가가 그 주체가 되는 경우인 국가적 공권에 대립되는 의미에서 개인의 주관적 공권이라고도 한다. 이러한 공권 논의는 주지하는 바와 같이 독일에서의 이론발전을 그 근간으로 하는 것이며 특히 옐리네크(G. Jellinek)와 뷜러(O. Bühler)의 주장이 기초가 되고 있다.

### Ⅰ. 관련 개념과의 관계

개인적 공권은 다음의 개념과 그 내용에 있어서 서로 밀접한 관련을 갖는다.

### 1. 반사적 이익과의 관계

반사적 이익이란 행정법규가 공익목적을 위하여 국가나 개인의 작위·부작위 등을 규정하고 있는 결과로 인해 그 반사적 효과로서 국민이 사실상 받는 데 불과한 이익을 말한다. 이는 그 침해의 경우에도 소송에 의하여 보호를 받지 못하는 점에서 공권과 구별되며,1) 현행 「행정소송법」 제12조도 취소소송의 원고적격으로서 '법률상 이익'을 요구함으로써 이러한 구별에 기초하고 있다. 그러나 오늘날은 근거법규의 해석에 있어서 점차 공익목적 이외에도 개인의 이익 보호목적을 확대하여 인정함으로써, 종전과는 달리 종래의 반사적 이익으로 인정되어 온 내용 중 많은 부분이 점차 법적인 보호대상으로 수용되고 있다.

## 2. 법률상 이익과의 관계

개인적 공권은 또한 행정심판의 청구인적격이나 행정소송의 원고적격을 위해 요구되는 법률상 이익과 동일한 것인지에 관해 논의된다. 즉 이 '법률상 이익'의 개념에 반사적 이익이 포함되지 않는 것에 대해서는 이론이 없으나, 이 개념이 권리와 동일하게 해석될 수 있는지 또는 '법률상 이익'은 권리 이외에 이른바 '법률상 보호이익'도 포함하는 개념으로 이해되어야 하는지에 관해서 다툼이 있다. 후자의 입장에 따르면 '법률상 보호이익'이란 권리는 아니면서 동시에 단순한 반사적 이익이라고도 할수 없는 것으로서 행정쟁송을 통하여 구제되어야 할 이익을 의미하는 것이고, 행정쟁송을 위해서는 공권의 존재를 요하지 않고 이러한 보호이익의 주장만으로도 충분하다고 한다.2) 그러나 공권인 권리개념을 오늘날 넓게 이해하는 한, 이에는 법적으로 보호되는 이익이 포함된다고 볼 수 있으며, 이러한 점에서 공권과 법률상 이익은 서로 구별할 필요가 없으리라고 본다.3)

# II. 개인적 공권의 특성

## 1. 이전성의 제한

개인적 공권은 그 공익적 성격으로 인해 이전이 제한되는 경우가 많다.4) 그러나 그 내용이 경제적인 가치를 대상으로 하는 경우에는 그 이전이 인정된다(예컨대 손실보상청구권, 전화가입권, 도로법상 허가로 인해 발생하는 권리(도로법 제4조) 등).

## 2. 포기의 제한

개인적 공권은 또한 그 내용상 공의무로서의 성격을 갖거나(예컨대 선거권), 공익적 성격이 강한 경우(예컨대 소권의 경우)5)에는 임의적 포기가 허용되지 않는다.

---

1) 김남진·김연태(Ⅰ), 103면.
2) 김도창(상), 240면.
3) 김남진·김연태(Ⅰ), 104면; 석종현·송동수, 124면; 홍정선(상), 144면; 한견우(Ⅰ), 181면; 정하중(총론), 96면; 장태주(개론), 117면.
4) 예컨대 「국가배상법」제 4 조의 배상받을 권리의 양도금지, 「공무원연금법」제32조의 연금청구권의 양도금지, 「국민기초생활법」제36조의 보호받을 권리의 양도금지 등.
5) 소권을 포기하는 약정은 무효이다(대판 1961. 11. 2, 4293행상60).

### 3. 그 밖의 특수성

이외에도 개인적 공권을 보호하기 위한 소송유형은 행정소송의 대상이 되며, 또한 개인적 공권의 소멸시효에 관해서는 일반 민법규정이 아니라「국가재정법」($^{제96조}_{2항}$)과「지방재정법」($^{제82}_{조}$)에 의해 5년의 소멸시효규정이 존재하고 있다.

## Ⅲ. 개인적 공권의 성립요건

국민의 국가에 대한 구체적 청구권이 인정되는가의 여부는「사회보장기본법」제9조나「지방자치법」제13조와 같이 문제된 당해 공법규정에 명시적으로 나타나 있는 경우에는 문제가 없다. 그러나 당해 법규상 구체적으로 명확히 드러나지 않는 대부분의 경우에는 어떻게 개인적 공권이 인정될 수 있는지 그 요건에 관한 의문이 제기될 수밖에 없다.

### 1. 공권성립의 3요소

이에 대하여는 일찍이 독일의 뷜러(Bühler)가 공권성립의 3요소론(1914)을 정립한바 있다. 이에 따르면 개인적 공권은 다음의 전제조건을 필요로 하게 된다.

첫째, 강행규범이 존재하여야 한다. 즉, 개인적 공권의 성립을 위해서는 행정주체에게 일정한 행위의무를 부과하는 강행적 성격의 객관적 법규의 존재가 필요로 된다.

둘째, 그러한 법규는 공익에만 기여할 것이 아니라 특정인이나 일정 범위의 사람의 개인적 이익을 위해 제정된 것이어야 한다. 따라서 관련법규가 단순한 공익 보호의 목적만을 갖는 경우에는 반사적 이익에 해당하게 된다.

셋째, 당해 특정인이나 일정한 범위의 사람은 그러한 법규를 주장함으로써 행정주체로 하여금 일정한 행위를 하도록 할 의사력을 지녀야 한다.

### 2. 이른바 '보호규범이론'

전통적인 뷜러의 공권성립의 3요소론은 독일의 연방헌법인 Bonn기본법이 제정된이후 독일 연방행정법원의 판례이론의 발전에 따라 일정한 수정을 겪게 된다. 즉, 제1요소와 관련해서 강행규범의 존재문제는 일반적으로 기속행위를 규정하는 규범이이에 해당하게 되나, 오늘날은 후술하는 바와 같이 재량행위의 수권규범으로부터도일정한 개인적 공권성립이 인정되고 있다는 점에서($^{예컨대 무하자재량행사}_{청구권, 행정개입청구권 등}$) 그 의미가 완화되었으며, 제3요소와 관련해서는 헌법상 재판청구권이 보장되고 행정소송사항의 개괄주의가 인정됨에 따라 그 의미를 상실했다고 보게 되었다. 따라서 3요소 중 제2요소가 중요한 의미를 가지게 되어 규범의 사익보호목적성 여부를 중시하게 되었고, 개별·구체적인 경우 당해 법규는 공익의 보호뿐 아니라 '최소한 적어도' 사익의 보호도 목적으로 함을 도출해내는 것을 중요시하게 되었다.

이와 같이 개인적 공권의 성립요건으로서 당해 법규의 보호목적의 내용과 연계하는 논의를 독일에서는 보호규범이론(Schutznormtheorie)이라고 하며, 지배적인 견해로서 인정되고 있다. 이때의 사적 이익보호목적의 인정여부를 위해서는 당해 법규범의 표현내용의 해석뿐만 아니라 객관적인 의미를 규명하기 위한 목적론적 해석이 행해지게 된다.

## 3. 평   가

뷜러의 공권론과 오늘날의 보호규범이론은 전혀 별개의 것이 아니라, 법치주의의 발전과정에 따라 국가에 대한 개인의 권리영역이 점차 확대되는 현상을 반영해 나타난 것으로 이해할 수 있다. 즉, 보호규범이론은 뷜러의 3요소론을 수정하여 정립된 것으로서 가히 오늘날의 공권론이라 말할 수 있으며, 따라서 대륙법계의 전통에 따르는 한 오늘날 개인적 공권의 인정여부는 이처럼 보호규범이론에 의하여 판정하는 것이 타당하다고 본다.

이에 의하면 뷜러의 제 2 요소가 강조되어 법규정은 공익 뿐 아니라 적어도 사익보호도 동시에 보호법익으로 하고 있다고 판정되는 경우에만 개인적 공권을 부여하고 있다고 인정하게 된다. 한편 뷜러의 제 1 요소인 강행규범성 요건은 비록 완화되기는 하였지만 재량행위에 대해서도 '의무에 합당한 재량' 또는 '재량수축'의 경우에 행정주체의 일정한 의무를 인정하게 되는 점에서 여전히 의미를 가진다고 볼 수 있다. 그러나 뷜러의 제 3 요소에 대해서는 재판청구권이 헌법상의 기본권으로서 보장되고 있고, 행정소송사항이 개괄주의로 인정되고 있음에 비추어, 독일의 경우와 마찬가지 논리에 의해 오늘날은 더 이상 필요하지 않다고 보는 것이 국내의 다수견해이다.6)

## Ⅳ. 헌법상의 기본권과의 관계

기본권도 개인의 국가에 대한 권리로서의 성질을 갖는다. 기본권은 전통적으로는 가장 전형적인 공권의 내용으로 논의되어 왔으나, 헌법상의 기본권이론의 체계적 전개로 인하여 독자적인 발전을 추구해 온 개념으로 평가되고 있다. 오늘날 양자의 관계에 있어서 주된 논의의 대상은 헌법상의 기본권규정으로부터 개인적 공권을 도출할 수 있는지, 즉 개인적 공권의 근거규정으로서 헌법의 기본권규정이 해당하는지의 여

---

6) 김남진·김연태(Ⅰ), 106면; 김동희(Ⅰ), 88면; 홍정선(상), 149면; 한견우(Ⅰ), 174면; 정하중 (총론), 94면.

부에 관한 것이다.

이에 대해서는 관련되는 사익의 보호를 위하여 우선적으로 개별 법률규정으로부터 개인적 공권의 도출가능성 여부를 검토하고(기본권의 규범내적 효력), 개별법규범으로부터 공권도출이 불가능한 경우에, 비로소 마지막 수단으로 권리구제의 실효성을 위하여 기본권규정 원용여부가 검토된다고 보는 것이 타당하다(기본권의 규범외적 효력). 즉 기본권은 평상시에는 개별 법률규정의 뒤에 숨어 당해 법률의 헌법합치적 해석의 테두리 내에서만 의미를 가질 뿐, 개인의 주관적 공권, 따라서 원고적격은 원칙적으로 개별 법률규정으로부터 도출하여야 한다. 기본권이 직접 주관적 공권(원고적격)으로 원용되는 경우는 '법률에서 자유로운 행정'과 같이 기본권이 규범외적 효력을 발휘해야 하는 예외적인 경우에 한정된다.

## 제3절  개인적 공권의 확대화 현상과 제3자보호의 문제

오늘날의 개인적 공권론은 행정작용의 상대방의 보호에서 행정작용의 직접적인 상대방이 아닌 이른바 '제3자' 보호의 문제로 논의의 중점이 이전되고 있다. 이는 행정작용에 있어서 제3자의 이해관계를 보호할 필요성이 행정작용의 다양성에 상응하여 점차 증가하고 있기 때문이다. 이의 해결을 위한 방법론으로서는 앞에서 논한 보호규범이론이 적용되고 있다.

(1) 이에 따라 특정한 행정작용의 근거가 되는 법규범이 공익의 실현 뿐 아니라 사익도 보호목적으로 하고 있는 경우에 제3자의 이해관계가 이러한 사익의 범위에 해당하면, 자신의 권리침해를 소송상 주장할 수 있게 된다.

> 행정처분의 직접 상대방이 아닌 제3자라 하더라도 당해 행정처분으로 인하여 법률상 보호되는 이익을 침해당한 경우에는 그 처분의 무효확인을 구하는 행정소송을 제기하여 그 당부의 판단을 받을 자격이 있다 할 것이며, 여기에서 말하는 법률상 보호되는 이익이라 함은 당해 처분의 근거 법규 및 관련 법규에 의하여 보호되는 개별적·직접적·구체적 이익이 있는 경우를 말하고, 공익보호의 결과로 국민 일반이 공통적으로 가지는 일반적·간접적·추상적 이익이 생기는 경우에는 법률상 보호되는 이익이 있다고 할 수 없다(대판 2006.3.16, 2006두330(전합)).

(2) 이는 특히 인인소송(隣人訴訟), 즉 건축허가나 특정시설 설치허가 등에 있어 이웃한 주민들의 소송제기에 있어서 문제되고 있으며, 이때에 인근주민들이 당해 행정작용에 대해 갖는 이해관계를 당해 관련법규의 해석을 통해 소송상 보호되는 이익

으로 인정함으로써 가능하게 된다.

예컨대 대법원이 인근주민이 연탄공장의 건축허가처분에 대해 제기한 취소소송에서, 「건축법」이 주거지역 내에서의 일정한 건축을 금지나 제한하는 것은 공익 이외에 주거지역 내에 거주하는 사람의 이익보호에도 그 목적이 있다고 평가하여 원고적격을 인정한 사건(<sup>대판 1975.5.13.</sup><sub>73누96, 97</sub>)이나, 인근주민이 주거지역 내에 위법하게 설치된 자동차 LPG 충전소 설치허가처분에 대해 제기한 취소소송에서 그 원고적격을 인정한 판례(<sup>대판 1983.7.12.</sup><sub>83누59</sub>)는 이러한 경향으로 이해될 수 있다.

> 공유수면매립면허처분과 농지개량사업 시행인가처분의 근거법규 또는 관련법규가 되는 구 공유수면매립법(1997. 4. 10. 법률 제5337호로 개정되기 전의 것), 구 농촌근대화촉진법(1994. 12. 22. 법률 제4823호로 개정되기 전의 것), 구 환경보전법(1990. 8. 1. 법률 제4257호로 폐지), 구 환경보전법 시행령(1991. 2. 2. 대통령령 제13303호로 폐지), 구 환경정책기본법(1993. 6. 11. 법률 제4567호로 개정되기 전의 것), 구 환경정책기본법 시행령(1992. 8. 22. 대통령령 제13715호로 개정되기 전의 것)의 각 관련 규정의 취지는, 공유수면매립과 농지개량사업시행으로 인하여 직접적이고 중대한 환경피해를 입으리라고 예상되는 환경영향평가 대상지역 안의 주민들이 전과 비교하여 수인한도를 넘는 환경침해를 받지 아니하고 쾌적한 환경에서 생활할 수 있는 개별적 이익까지도 이를 보호하려는 데에 있다고 할 것이므로, 위 주민들이 공유수면매립면허처분 등과 관련하여 갖고 있는 위와 같은 환경상의 이익은 주민 개개인에 대하여 개별적으로 보호되는 직접적·구체적 이익으로서 그들에 대하여는 특단의 사정이 없는 한 환경상의 이익에 대한 침해 또는 침해우려가 있는 것으로 사실상 추정되어 공유수면매립면허처분 등의 무효확인을 구할 원고적격이 인정된다. 한편, 환경영향평가 대상지역 밖의 주민이라 할지라도 공유수면매립면허처분 등으로 인하여 그 처분 전과 비교하여 수인한도를 넘는 환경피해를 받거나 받을 우려가 있는 경우에는, 공유수면매립면허처분 등으로 인하여 환경상 이익에 대한 침해 또는 침해우려가 있다는 것을 입증함으로써 그 처분 등의 무효확인을 구할 원고적격을 인정받을 수 있다(<sup>대판 2006.3.16.</sup><sub>2006두330(전합)</sub>).

(3) 또한 경업자소송(競業者訴訟)에서도 기존업자가 다른 당사자에 대한 새로운 영업허가행위에 대해 갖는 이해관계도 관계법규의 해석을 통해 법률상 보호되는 이익으로 평가되고 있다.

이러한 입장에서 대법원은 기존업자의 선박운항사업 면허처분 취소소송에서 기존업자의 이익을 법률상 이익으로 인정하고 있으며(<sup>대판 1969.12.30.</sup><sub>69누106</sub>), 이는 기존업자의 자동차운송사업 노선연장인가처분 취소소송(<sup>대판 1974.4.9.</sup><sub>73누173</sub>)과 기존 약종상업자의 사업장 이전허가처분 취소소송(<sup>대판 1988.6.14.</sup><sub>87누873</sub>) 등에서 다시 확인되고 있다.

(4) 그러나 개별법규범의 해석을 통해 제3자의 이익보호목적 도출이 어려운 경우에는 그 적용에 있어서 한계를 나타내게 된다. 따라서 이러한 공백을 메우기 위해

서는 관련법규정을 통해서가 아니라 헌법상의 기본권조항을 보호규범으로 하여 제 3 자의 개인적 공권을 보장하는 방법이 검토되어야 할 것이다.[7]

　　다만 기본권조항이 보호규범으로 검토되는 것은 앞서 설명한 바와 같이 기본권의 규범외적 효력이 논의될 수 있는 매우 예외적인 경우이어야 함을 유의하여야 한다. 참고로 판례는 새만금사건[8]에서 헌법 제35조 제 1 항에서 정하고 있는 환경권에 관한 규정만으로는 그 권리의 주체·대상·내용·행사방법 등이 구체적으로 정립되어 있다고 볼 수 없어 환경영향평가 대상지역 밖에 거주하는 주민에게는 헌법상의 환경권에 근거하여 공유수면매립면허처분과 농지개량사업 시행인가처분의 무효확인을 구할 원고적격이 없다고 판시한 바 있다.

## 제 4 절　재량행위와 주관적 공권

　　전통적으로 행정기관의 재량행위나 판단여지에 대해서는 상대방의 주관적 공권이 인정되지 않는다고 보는 것이 일반적이었다. 그러나 오늘날 행정의 재량여지나 판단여지가 인정되는 영역에 대해서도 상대방의 주관적 공권이 인정될 수 있음이 인정되고 있다. 이하에서는 주로 재량을 중심으로 주관적 공권의 인정여부와 그 요건에 대하여 살펴보기로 한다.

### Ⅰ. 원칙적인 경우 : 무하자재량행사청구권

**기본
사례**

　　甲은 자신의 오래된 집을 개조하기 위하여 집앞 도로의 일부구간을 공사기간 동안 사용하기 위하여 서울특별시장에게 도로점용허가를 신청하였다. 그러나 3개월이 지나도록 도로점용허가신청에 대한 결정은 발령되고 있지 않으며, 甲이 재차 서울시에 문의해 본 결과 담당공무원은 기다리라는 답변만을 하고 있다. 이에 대하여 甲이 강구할 수 있는 권리구제방법에 대하여 논하시오.

(풀이는 115면)

　7) 제 3 자의 공권에 관한 이론적 체계에 대하여는 박종수, "공법상 제 3 자 보호에 관한 소고", 고시연구, 1996년 5월호 참조.
　8) 대판 2006. 3. 16, 2006두330(전합).

## 1. 무하자재량행사청구권의 의의

### (1) 개 념

행정기관에게 입법자에 의하여 재량이 허용되어 있는 경우에, 당사자는 원칙적으로 자신이 원하는 특정내용의 행위를 요구할 수 있는 실체적인 청구권은 갖지 못한다. 이를 인정하는 경우에는 입법자에 의하여 재량이 인정된 취지에 반하기 때문이다.

그러나 재량행위도 법치행정의 원리로부터 자유로울 수 없으므로, 그 발동에 있어서 행정기관은 재량의 한계를 고려하여 하자 없는 내용으로 발령되도록 하여야 한다. 「국세기본법」 제19조는 "세무공무원이 그 재량에 의하여 직무를 수행함에 있어서는 과세의 형평과 당해 세법의 목적에 비추어 일반적으로 적당하다고 인정되는 한계를 엄수하여야 한다"고 하여 이를 명문화하고 있다. 재량행위에 대해 요구되는 이러한 기본적인 의무에 상응하여 당사자에게 인정되는 권리가 무하자재량행사청구권이다. 따라서 이는 행정기관에 대하여 재량을 행사함에 있어서 하자 없이 행위할 것을 요구할 수 있는 권리라고 정의할 수 있다.

독일의 이론과 판례에 의해 발전된 권리이며, 이 공권은 행정청에게 인정되고 있는 재량행사의 자유에 상응하여 당해 재량행위에 의하여 자신의 이익이 관련되고 있는 당사자에게 인정되는 주관적인 공권이다. 즉, 이는 기속행위에 대해 당사자가 내용적으로 특정한 행정결정을 청구할 수 있는 권리를 갖는 것에 상응하여 재량행위의 상대방에 대해 인정되는 공권이다.

### (2) 성 격

이 권리는 형식적 권리이다. 즉, 이 권리는 당사자가 신청한 재량행위의 특정내용을 관철하는 데에 정향된 것이 아니라(<sub>이러한 내용의 권리는</sub>실체적 권리로 칭한다), 단지 하자 없는 재량행위의 발령에 지향하고 있는 점에서 '형식적' 권리이다. 이 공권이 갖는 이러한 특성은 이 공권이 주로 수익적 행정행위의 발령과 관련되는 경우에 논의된다는 점에서 유의할 필요가 있다. 반면에 부담적 행정행위의 발령과 관련되는 때에는 이 공권은 하자 없이 (<sub>부담적</sub>내용의)재량행사가 발령되도록 특정 행위의 배제를 청구하는 점에 그 내용이 주어지게 된다. 그리고 이 공권은 절차적인 권리라고 볼 수도 없는바, 이는 단순하게 절차와 관련된 권리가 아니라 재량결정의 내용과 관련된 것이기 때문이다.

## 2. 청구권의 인정여부

이 이론이 성립한 독일의 경우와는 달리 우리나라에서는 이러한 청구권을 별도로 인정할 것인가에 대해서 견해가 대립하고 있다.

소수 견해인 부정설에 의하면,9) ㉠ 재량의 하자가 있는 경우에는 그로 인한 권리나 이익의 침해가 존재하는 경우이고, 따라서 이때에는 실체적인 권리침해가 존재하게 되는 것이므로 실체적 하자를 근거로 주장함으로써 충분하다는 점, ㉡ 이를 인정하면 남소의 폐단이 생기고 민중소송화 될 우려가 있다는 점, ㉢ 현행법상 이를 인정할 법적 근거가 없다는 점 등의 논거가 주장되고 있다.

그러나 이에 대해서는, ㉠ 실체적인 권리하자를 주장하기 어려운 경우에는 이를 주장할 실익이 있는 점, ㉡ 이 권리는 그 청구권의 전제조건이 충족된 당사자에게만 인정되므로 민중소송화하지 않는다는 점, ㉢ 이 권리는 원칙적으로 당해 재량수권규범의 해석을 통하여 도출될 수 있는 점 등의 이유에서 별도로 인정될 수 있다고 보는 반론이 제기된다. 이 주장이 다수의 견해이며 또한 타당하다고 본다.

### 3. 대상행위

이 권리는 그 성질이 형식적 권리이므로 재량행위에 대해 넓은 범위에서 인정된다고 볼 수 있다. 따라서 수익적 행정작용은 물론 부담적 행정작용도 대상이 되며, 행정기관이 선택재량을 가지는 경우 뿐 아니라 결정재량의 경우에도 인정될 수 있다.

### (1) 수익적 행정행위의 경우

이 청구권의 주된 논의영역은 수익적 행정행위 또는 일정한 급부제공을 지향한 신청이 되며, 이때에 당사자는 하자 없는 내용으로 재량결정이 발령될 것을 청구하게 된다. 예컨대 공무원임용의 경우에 임용공고를 내고서 지원자가 신청을 한 때에도 행정기관에게는 지원자를 임용할 것인지의 여부와 여러 지원자 중에서 누구를 임용할 것인지의 여부에 대해서 재량을 갖게 된다. 따라서 이때에 행정기관이 아무도 임용하지 않을 때에는 하자 없는 근거에 의하여 결정재량권을 행사해야 하며, 특정인을 임용할 때에도 마찬가지로 하자 없이 선택재량권을 행사하여야 한다. 그러나 현실적인 논의는 주로 후자의 경우에 전개되고 있으며, 따라서 당사자는 행정기관이 지원자 중에 선발하는 경우에 하자 없이 재량권을 행사할 것을 청구할 수 있게 되는 것이다. 예컨대 검사임용의 경우에 신청당사자에 대한 임용거부처분을 이러한 권리의 주장으로 다툴 수 있을 것이다.

검사의 임용 여부는 임용권자의 자유재량에 속하는 사항이나, 임용권자가 동일한 검사신규임용의 기회에 원고를 비롯한 다수의 검사 지원자들로부터 임용 신청을 받아 전형을 거쳐 자체에서 정한 임용기준에 따라 이들 일부만을 선정하여 검사로 임

---

9) 이상규(상), 180면.

용하는 경우에 있어서 법령상 검사임용 신청 및 그 처리의 제도에 관한 명문 규정이 없다고 하여도 조리상 임용권자는 임용신청자들에게 전형의 결과인 임용 여부의 응답을 해줄 의무가 있다고 할 것이며, 응답할 것인지 여부 조차도 임용권자의 편의재량사항이라고는 할 수 없다. 검사의 임용에 있어서 임용권자가 임용여부에 관하여 어떠한 내용의 응답을 할 것인지는 임용권자의 자유재량에 속하므로 일단 임용거부라는 응답을 한 이상 설사 그 응답내용이 부당하다고 하여도 사법심사의 대상으로 삼을 수 없는 것이 원칙이나, 적어도 재량권의 한계 일탈이나 남용이 없는 위법하지 않은 응답을 할 의무가 임용권자에게 있고 이에 대응하여 임용신청자로서도 재량권의 한계 일탈이나 남용이 없는 적법한 응답을 요구할 권리가 있다고 할 것이며, 이러한 응답신청권에 기하여 재량권 남용의 위법한 거부처분에 대하여는 항고소송으로서 그 취소를 구할 수 있다고 보아야 하므로 임용신청자가 임용거부처분이 재량권을 남용한 위법한 처분이라고 주장하면서 그 취소를 구하는 경우에는 법원은 재량권남용 여부를 심리하여 본안에 관한 판단으로서 청구의 인용 여부를 가려야 한다($\frac{대판\ 1991.2.12.}{90누5825}$).

그 밖에 독일의 경우 판례상 ㉠ 주립대학의 교수공개임용의 경우에 당사자가 대학 내부의 인사위원회에서의 심사절차를 1순위로 통과했으나 州 당국에 의한 심사절차에 의해 임용되지 못한 경우, ㉡ 외국인의 체류허가 연장신청을 거부한 처분에 대하여, 일정한 체류기한의 부과여부에 대한 재량권행사를 하지 않고 결정하였다는 이유로 소송을 제기하는 경우에도 기한의 부과여부에 대한 하자 없는 내용의 결정을 해달라는 권리를 주장하여 다투는 것을 허용한 예가 있다.

### (2) 부담적 행정행위의 경우

건물철거명령이나 공무원의 징계와 같은 부담적 행정행위가 재량으로 발령되는 경우에도 당사자는 행정청의 하자있는 재량행사로 인하여 자신의 권리가 제약될 수 있다. 이때에 당사자는 이 공권의 주장을 통하여 방어청구권을 행사하게 되며, 자신의 사익침해를 이유로 하여 취소청구를 주장할 수 있게 된다.

## 4. 청구권의 성립요건

주의할 것은 행정기관에게 재량여지를 부여하는 모든 법규정이 자동적으로 당사자에게 무하자재량행사청구권을 부여하는 것은 아니라는 점이다. 이 권리도 당사자의 개인적 공권으로서의 성질을 가지므로, 보호규범이론에 의한 공권의 일반적인 성립요건의 충족을 필요로 한다.

### (1) 강행규범의 존재

이는 행정으로 하여금 어떤 행위를 하도록 의무지우는 법규정이 존재하여야 한다는 요건이다. 재량행위에 있어서 이러한 법규정은 바로 재량수권규범 그 자체이며, 이 권리에 상응하여 재량행위를 하자 없이 발동하여야 하는 의무는 재량행위에 대해 법치행정원리상 요구되는 최소한의 요청이다. 이로 인해 행정기관의 실체적 재량내용형성이 제약을 받는 것은 아니므로 별도의 논의 없이 이 요건은 충족되는 것으로 볼 수 있다.

### (2) 사익보호목적의 인정

이 권리가 성립하기 위하여는 당해 행정작용의 근거규범이 공익뿐 아니라 최소한 부수적으로라도 사익을 같이 보호의 대상으로 하고 있어야 한다. 이는 공익만을 보호 법익으로 하는 경우에는 당사자의 이해관계는 반사적 이익에 불과하여 권리로써 주장할 수 없기 때문이다. 따라서 자신의 권리영역이 행정기관의 재량발동으로 인해 관련되는 당사자만이 청구권을 행사할 수 있게 된다.

그러나 이와 같이 청구권의 전제요건으로서 당사자의 법적 관련성을 확정하기 위한 기준을 설정한다는 것은 쉬운 일은 아니며, 이를 위한 기준으로서 인정되는 것이 이른바 보호규범이론(Schutznormtheorie)이다. 이에 따르면 당해 규범이나 규정이 공익뿐 아니라 사익도 같이 보호의 대상으로 하고 있는 경우에만 당사자의 공권이 인정된다고 하며, 이러한 보호규범으로서는 재량수권법률과 기본권을 들 수 있다.

① 오늘날의 재량수권법률은 종전과는 달리 공익뿐 아니라 개인의 이익보호도 대상으로 하고 있다고 넓게 인정되는 것이 일반적이다. 경찰법규, 건축법규, 영업법규, 환경법규 등이 주로 이에 해당할 것이다.

② 그러나 행정기관이 특별한 개별적인 법률의 근거 없이도 활동이 가능한 경우(예컨대 급부<br>행정의 경우)에는 수권규범이 존재하지 않으므로, 관련 기본권으로부터 직접적으로 하자 없는 재량행사청구권을 도출시키게 된다고 본다.[10]

## 5. 청구권의 내용과 그 실현방법

### (1) 청구권의 내용

이 청구권의 내용은 재량을 내용적인 측면에서 하자 없이 행사하도록 요구하는 것이나, 재량이 영으로 수축되는 경우에 있어서는 그 대상이 수익적 행정행위이면 특정한 급부행위를 요구하는 청구권으로 변하게 되며, 부담적 행정행위인 경우(예컨대<br>철거처분)에는 특정한 침해행위를 하지 말 것을 요구하는 방어권으로 변하게 된다. 이 공권은 그 자체로서 독자적인 소송상의 청구권으로서의 실질을 갖는다. 따라서 이 공권은 소송제

---

10) 독일의 경우에는 연방철도청이 기자들을 연방열차에 태우고 홍보작업을 하기 위하여 기자들을 선별한 행위에 대해서, 당해 기자들은 언론의 자유의 기본권에 근거하여 연방철도청이 기자들을 선별하는 행위에 대해 하자 없는 내용의 재량을 행사하도록 청구할 수 있는 권리가 있다고 판시하고 있다(BVerwGE 47, 247(253 f.)).

기시에 주장하는 법률상 이익의 내용을 형성하게 된다.[11]

구체적으로 이 권리는 재량의 근거규범이나 기본권규정에 의하여 보호되는 사익
관련성을 이유로 하여, 이러한 공권주장을 통하여 재량의 발동 자체를 청구하거나
(물론 특정 신청내용의 재량<br>발동을 의미하는 것은 아니다) 하자 없는 내용으로의 재량의 발동을 청구하는 것이다. 이때의 논
리적 구조는 다음과 같다. 재량수권규범 또는 당해 행정작용내용과 관련되는 기본권
으로부터 당사자의 사익관련성이 존재하게 되면, 이러한 하자 있는 재량행사에 대응
하여 당사자는 무하자재량행사청구권을 주장하게 된다(즉 이때에는 하자 있는 재량행사에 의하여<br>이 공권이 침해되고 있다고 말할 수 있다). 즉 무
하자재량행사청구권이 성립하게 되는 상황은 당해 재량행사작용이 당사자의 사익과
관련되기 때문이며, 무하자재량행사청구권을 주장할 수 있는 상황은 당해 재량행사작
용이 하자 있는 내용이기 때문에 하자 없이 재량행사를 하여야 할 의무를 위반하고
있기 때문이다. 당사자는 이때에 무하자재량행사청구권을 주장하여 자신의 특정 이해
관계를 소구할 수 있게 되는 것이다.

그러나 이때에 그 대상이 수익적 행정행위라면 재량이 구체적인 경우에 영으로
수축되지 않는 한, 하자 없는 내용으로의 새로운 재량발동을 소구할 수 있을 뿐이다.
이를 위하여 독일에서는 지령소송(指令訴訟)이라는 소송유형이 인정되고 있다. 반면에
부담적 행정행위를 대상으로 하는 때에는(예 : 철거명령,<br>징계처분 등), 하자있는 재량행사에 대하여 당사
자는 무하자재량행사청구권의 주장의 형식을 통하여 당해 재량행위의 배제(또는<br>배여)를 주
장하는 데에 정향된다. 그리고 그 방법으로는 독일에서는 취소소송 또는 부작위청구
소송(사실행위가<br>그 대상인 때)이 인정되고 있다.

### (2) 청구권의 실현방법

당해 청구권을 주장하게 되는 실제적 경우는 재량행위에 대해 실체법적인 하자를
주장할 수 없는 경우인바, 예컨대 당사자의 신청에 기하여 행정기관의 행위가 발령이
된 경우나, 특정 재량행위 신청에 대해 부작위로 대응하는 경우 등을 들 수 있다. 이
러한 경우에는 실체법적인 권리침해는 주장하기 어려우므로 이러한 형식적인 권리주
장이 의미를 갖게 된다. 구체적으로 이 청구권을 쟁송법상 관철하는 방법에는 그 대
상행위의 성격과 내용에 따라 다음의 방법을 들 수 있다.

#### 1) 재량행위가 발령되는 경우

㈎ 부담적 행정행위가 대상인 경우    재량행위의 내용이 행정법상 허가의 정지나 취
소처분 등과 같은 기존 행정행위의 수익적 효과를 배제 또는 제한하는 처분인 때에

---

11) 그러나 이에 대해서는 독일내에서도 이 공권 자체의 독자적인 성격을 부정하고, 이 공권을
근거지우는 재량행위의 근거규범 등을 통하여 보호되고 있는 사익의 침해에서 원고적격을 도출
하는 반대의 견해도 있다.

는, 이에 대한 당사자의 이해관계는 당해 처분의 취소가 되며, 이에 따라 당사자는 이 청구권의 주장에 의해 당해 처분에 대한 취소심판 또는 취소소송을 제기하기 위한 청구인적격 또는 원고적격을 인정받게 된다.

(나) **수익적 행정행위가 대상인 경우**    재량행위의 내용이 행정법상의 허가신청이나 공직임용의 신청, 자금지원의 신청 등과 같은 수익적 행정행위의 신청에 대해 거부처분을 행하는 것일 때에는, 당사자의 이해관계는 근본적으로 당해 신청된 처분을 발령받는 데에 주어지게 된다. 그러나 이러한 당사자의 이해관계가 무하자재량행사청구권의 주장에 의해 구체적으로 관철될 수 있기 위해서는 예외적인 경우인 재량이 영으로 수축되는 경우에 한정되며, 통상적인 경우에는 단지 행정기관으로 하여금 형식적 하자 없이 당해 처분을 다시 발령하도록 촉구하는 의미를 갖는 데 국한된다.

① **행정심판의 방법**    이때에 이 청구권에 근거하여 행정심판으로서 취소심판을 제기하는 것은 당사자의 권리구제에 직접적인 도움이 되지 못한다. 이는 당해 행정행위를 취소하는 데에만 의미를 갖는 것이기 때문이다. 따라서 이 경우에 보다 더 효과적인 행정심판 유형은 위법한 거부처분에 대하여 다시 절차적 하자없이 재량처분을 하도록 하는 심판인 의무이행심판이다. 우리나라에서도 의무이행심판이 인정되고 있으므로 이 청구권에 기하여 제기하면 될 것이다(<sup>행정심판법</sup><sub>제5조 3호</sub>).

② **행정소송의 방법**    이 청구권에 기하여 행정소송을 제기하는 경우에 당사자의 이해관계는 행정심판의 경우와 다르지 않다. 따라서 신청된 수익적 행정행위의 거부처분을 취소하는 방법은 당사자에게 별로 도움이 되지 못한다. 이때에는 행정심판의 경우에서 본 바와 같이 위법한 거부처분에 대해 절차적 하자없이 일정한 처분을 다시 행하도록 행정기관으로 하여금 강제할 수 있는 소송유형이 직접적인 방법이며, 이를 위한 유형이 이른바 '의무이행소송'이다.

그러나 이러한 소송유형은 우리나라에서는 인정될 수 없으므로[12] 수익적 행정행위의 발령거부처분을 대상으로 하는 무하자재량행사청구권의 주장은 별로 실효성을 갖지 못하게 된다고 볼 수 있다. 이러한 실정법상의 권리구제수단의 불충분함으로 인하여 현실적으로 가능한 방법은, 이 경우의 가장 소극적인 방법인 수익적 행정행위 발령거부처분의 취소소송제기만이 가능하게 될 뿐이다.

2) **재량행위가 발령되지 않은 경우**

이는 행정기관에 의한 부작위를 의미하며, 이때에 현실적으로 주로 논의되는 행정행위는 수익적 행정행위가 될 것이다. 이때의 행정심판의 방법은 앞에서 설명한 바와 같이 의무이행심판이 된다. 물론 이때에도 이 행정심판에 의해 당사자는 특정 재량행위의 발령을 요구할 수 없는 것은 물론이다. 행정소송의 방법은 마찬가지의 논리에 의

---

12) 이에 대해서는 뒤에 논할 행정소송법 단원의 '행정소송의 한계' 부분의 설명 참조.

하여 의무이행소송이 직접적인 방법이 될 것이나, 현행법상 인정되고 있지 않으므로 이 청구권의 주장에 의해서는 부작위위법확인소송만이 가능하게 될 뿐이다.

**기본사례 풀이**

### 1. 논점의 정리

설문에서는 행정기관의 부작위를 대상으로 한 권리구제논의가 검토의 대상이다. 따라서 부작위를 대상으로 하여 어떠한 권리를 주장할 수 있는가를 논의하여야 한다.

### 2. 행정작용의 검토

문제의 대상 행정작용은 도로점용허가이다. 이의 근거법령인 「도로법」 제38조 제1항의 해석에 비추어, 도로점용행위는 당사자의 기본권행사를 실현하는 의미보다는 공익상의 이해관계가 더 강하다고 보아야 한다. 이러한 기준에 따를 때에 당해 행정작용은 재량행위성을 갖게 된다.

### 3. 당사자의 권리구제논의

이러한 재량행위를 부작위로 할 때에 사안에서 당사자가 대응할 수 있는 방법은 바로 실체적 하자를 주장하기 어려우므로, 무하자재량행사청구권을 주장하는 것이다. 이때에는 그 요건을 검토하여야 하며, 강행규범성과 사익보호목적성의 요건이 모두 구비되는 것으로 평가할 수 있다. 따라서 甲은 무하자재량행사청구권의 침해를 이유로 하는 의무이행심판 또는 부작위위법확인소송을 제기할 수 있다.

## Ⅱ. 예외적인 경우 : 행정개입청구권

**기본 사례**

다음의 경우에 당사자의 권리구제방법을 논하시오.

(1) 甲 초등학교 앞은 인근상가가 밀집되어 있어서 항상 통행하는 차량으로 인하여 매우 위험한 편이다. 학교 앞의 통학길에 교통사고가 빈번하게 발생하자, 이를 시정하기 위하여 甲 초등학교의 학부모인 乙 등 10여명은 서울특별시장에게 학교 앞에 교통신호기를 설치하여 주도록 요청하였으나 거절되었다.

> (2) 甲은 낡은 자신의 집을 개축하면서 조경을 위해 정원공사를 하던 중 정원에서 6·25때 떨어진 것으로 보이는 폭탄 하나를 발견하였다. 甲은 즉시 관할경찰서에 신고하였으나 신고를 받은 경찰서장 乙은 신고를 받은 후 2주일이 지나도록 제거장비가 없다는 이유로 甲의 집에 조사조차 나오지 않았다. 이로부터 1주일이 지난 후 천둥이 치면서 떨어진 번개에 맞아 폭탄은 폭발하였고 이로 인해 甲의 집은 크게 부서져 공사 전의 상황보다 악화되게 되었다. 甲은 어떠한 권리구제수단을 갖는가?
>
> (풀이는 119면)

## 1. 공권인정의 배경

재량행위가 개별적인 사정에 비추어 특정한 내용으로만 행사되어야 하는 경우에는 예외적으로 이에 상응하는 당사자의 권리가 성립할 수 있게 된다. 이는 입법자에 의해 허용되는 재량권행사를 제한하여 당사자의 권리를 특별히 보호할 필요가 있는 예외적인 경우에 허용되는 것이다. 오늘날의 시민은 국가적 배려의 단순한 목적대상은 아니며, 자신의 중요한 이해관계와 관련되는 때에는 국가에 대한 주관적 권리를 갖는 주체로서 인정되어야 한다. 이에 근거하여 행정기관에 대해 자신의 생명이나 신체에 대한 법익침해나 위해에 대해 개입하여 줄 것을 청구할 수 있는 권리가 성립하게 되는 것이다.

## 2. 실체적인 공권의 인정 : 행정개입청구권

이때의 당사자 권리의 특성은 행정기관에 대하여 특정한 내용의 재량권 행사를 하여 줄 것을 요구할 수 있다는 점이다. 따라서 이는 실체적인 공권으로서의 실질을 갖게 되며, 이를 행정개입청구권이라고 한다.

### (1) 개  념

행정개입청구권이란 행정기관이 재량권을 가진 경우에 당사자가 자신을 위하여 자기 또는 타인에 대해 행정기관의 행정권 발동을 요구할 수 있는 공권을 말한다. 이 공권은 주로 위해방지를 목적으로 하는 경찰행정[13] 영역에서 논의되는 개념이다.

---

13) 이때의 경찰행정이란 좁은 의미에서의 경찰기관에 의한 행정작용을 의미하는 것이 아니라, 넓은 의미에서 위해방지를 그 과업범위로 갖는 행정작용을 말한다. 따라서 건축행정, 보건행정, 영업행정, 환경행정 등이 모두 이에 해당할 수 있게 된다.

### (2) 법적 성질

이 청구권은 무하자재량행사청구권과는 달리 형식적인 주관적 공권이 아니라 실체적인 주관적 공권의 성격을 갖는다. 따라서 이 공권은 재량행위에 대하여 일반적으로 논의되는 것이 아니라, 예외적으로 재량이 구체적인 사정에 비추어 영으로 수축되는 경우와 연결되어 논의되는 점에 그 특색이 있다. 즉, 행정기관의 재량행위에 대하여 당사자는 처음에는 개입여부에 관한 재량권발동을 하자 없이만 행사해줄 것을 청구할 수 있음에 그치지만(무하자재량행사청구권), 행정기관의 재량이 구체적인 사정에 비추어 영으로 수축되는 경우에는 당사자의 청구권은 특정한 행정작용의 발령을 구할 수 있는 행정개입청구권으로 변하게 되는 것이다.

### (3) 청구권의 성립요건

이 청구권도 공권으로서의 성질을 갖기 때문에 다음의 성립요건이 충족되어야 한다. 이때의 요건은 당해 공권의 내용이 실체적 권리로서의 성질을 가지므로 매우 엄격하게 검토되어야 한다.

#### 1) 강행규범의 존재 - 객관적 개입의무의 존재

이 공권이 성립하기 위하여는 행정기관에 대하여 일정한 행위를 하도록 하는 법적 의무가 존재하여야 한다. 이러한 의무는 당해 재량수권규범을 근거로 살펴보되 단순히 재량의 한계를 준수해야 할 의무에 그치는 것이 아니라, 더 나아가 개별·구체적인 경우 재량이 영으로 수축하여 행정기관의 구체적인 개입의무가 존재하는 경우에 인정될 수 있다.14)

① 이때 재량이 영으로 수축된다는 의미는 개별적인 경우에 있어서 행정기관의 재량이 특정한 행위로 발동되는 것만이 유일한 적법한 재량행사로서 허용되고, 그 이외의 다른 행사는 위법한 것으로 인정되는 것을 말한다. 그러나 이때 행정기관에게 부여되는 개입의무 존재의 판정은 용이한 일이 아니며, 개별적·구체적으로 검토하여야 한다. 따라서 개별적인 경우에 있어서 위협받고 있는 법익의 가치성, 야기되는 위해(Gefahr)의 정도 등을 종합적으로 고려하여 판단하여야 할 것이다. 따라서 당사자의 생명이나 신체의 자유와 같이 중대한 법익이 위협받고 있는 경우에 당해 행정기관이 다른 동가치적인 법익을 소홀히 함이 없이도 이러한 위해를 제거할 수 있는 상황에 있는 경우에는 행정기관의 재량은 개입을 결정하는 것만이 재량의 올바른 행사로서 평가받게 된다.15) 이는 국가에게 주어지는, 시민의 기본권을 보호하여야 할 의무로부

---

14) 박종수, "건축계획심의신청에 대한 반려행위의 처분성", 고시계 2009/10, 27면 참조.

15) 독일의 통상법원(BGH)의 판례에 의하면 기름이 쏟아져서 5km에 이른 경우에 경찰기관이 이에 개입하지 않은 경우, 개인집 정원에 있는 폭탄을 제거하지 않은 경우에 그 행위의 위법성을 인정하였다.

터 도출되는 결과라고 볼 수 있다.

② 반면에 이러한 개별적·구체적 검토에 의하여 행정기관의 개입의무는 일정한 경우에는 배제된다. 예컨대 당해 사안이 사소한 법익의 침해인 경우이거나, 경찰법에 통용되는 이른바 보충성의 원리에 의해 당사자가 경찰권의 개입 이외의 방법, 특히 법원에 의한 권리구제의 방법으로 해결할 수 있는 경우인 때에는 개입하지 않는 것이 타당하다. 또한 경찰의 인적인 수단과 물적인 수단의 제한으로 인해 구체적인 경우에 개입하는 것이 다른 위험에 직면하는 문제를 야기하는 경우에도 개입의무를 인정하는 것은 어려울 것이다.

### 2) 사익보호목적의 존재

행정기관에게 객관적인 개입의무가 존재하더라도 이것이 바로 당사자에게 주관적인 공권을 성립하도록 하게 하는 것은 아니다. 모든 공법적인 행정기관의 의무가 당사자의 주관적인 공권에 상응하는 것은 아니기 때문이다. 따라서 주관적 공권이 성립하기 위해서는 이러한 객관적인 개입의무를 근거지우는 법률규범이 그 보호법익으로서 공익 뿐 아니라 사익도 동시에 보호법익으로 하고 있을 것, 즉 당해 재량수권규범의 사익보호목적성을 필요로 한다. 오늘날 경찰법은 물론 건축법·식품위생법·공중위생법·환경법 등 개별 행정법 영역에서 개인의 권리보호를 확대하려는 것이 추세이므로 이 요건은 비교적 넓게 인정되고 있다. 따라서 개별 사안에서 위해제거나 예방이 동시에 개개 시민의 개인적 이해관계도 보호하는 것으로 판정되는 때에는 이 요건의 충족을 인정할 수 있다.

### (4) 청구권의 주장방법
#### 1) 행정쟁송의 방법

이 권리는 행정기관에게 당사자가 직접 주장하여 당해 경우에 개입하여 줄 것을 청구하는 것이며, 그 목적은 위해를 예방하기 위한 사전적인 목적이든 위해나 장애가 존재하는 경우에 이를 제거하기 위한 사후적인 것이든 모두 인정된다. 이를 쟁송법상 주장하는 수단으로서는 행정심판으로서의 의무이행심판과 행정소송으로서의 부작위위법확인소송 또는 취소소송16)을 들 수 있다.

#### 2) 행정상 손해배상의 방법

또한 행정기관의 개입의무가 존재함에도 개입하지 않음으로써 손해가 발생한 경우에는 행정상 손해배상을 청구할 수 있다.17) 이에 해당하는 전형적인 예로서 판례에

---

16) 이는 행정개입의 청구에 대해 행정청이 거부의 의사표시를 한 경우를 대상으로 할 것이다.
17) 행정기관의 개입의무의 사익보호성 문제에 대해서는 본서 제4편 제2장 행정상의 손해배상제도 해당부분 참조.

의해 인정되는 사례를 보면, 무장공비가 출현하여 가족구성원이 위협받고 있던 경우에 다른 가족구성원이 경찰에 세 차례나 출동을 요청하였음에도 불구하고 출동하지 않아 구성원이 사망하게 된 경우에, 이에 대한 국가의 손해배상책임을 인정한 사례를 들 수 있다(대판 1971.4.6.,71다124). 다른 판례로는, 경찰관이 농민들의 시위를 진압하고 시위과정에 도로상에 방치된 트랙터 1대에 대하여 이를 도로 밖으로 옮기거나 후방에 안전표지판을 설치하는 것과 같은 위험발생방지조치를 취하지 아니한 채, 그대로 방치하고 철수하여 버린 결과, 야간에 그 도로를 진행하던 운전자가 위 방치된 트랙터를 피하려다가 다른 트랙터에 부딪혀 상해를 입은 사안에서 국가배상책임을 인정한 사례를 들 수 있다(대판 1998. 8.25.,98다16890).18)

**기본사례 풀이**

### 1. 설문 1)의 풀이
(1) 논점의 정리

설문 1)에서의 논점은 교통신호기 설치요청에 대한 거부를 자신의 권리침해로서 다툴 수 있는가 하는 것이다. 이는 당해 사안에서 개인적 공권이 존재하고 있는가 하는 문제에 귀착된다.

(2) 행정작용의 검토

문제의 행정작용은 교통신호기 설치의 거부행위이며, 이는 근거법령인 도로교통법 제3조 제1항의 체계적 해석상 재량행위로 보인다.

(3) 당사자의 권리구제

설문의 내용에 비추어 교통사고가 빈번하게 발생하고 있는 사정은 학교 통학길을 이용하는 학생의 생명 또는 신체법익에 밀접한 관련을 갖고 있다. 따라서 乙 등은 교통신호기 설치를 요구하는 내용의 실체적 청구권인 행정개입청구권을 주장할 수 있어 보인다.

이때에 문제가 되는 것은 당해 공권의 성립요건이며, 첫 번째 요건인 강행규범성은 관련되는 법익의 중요성이나 법익침해의 시기적 실현가능성 등에 비추어 충족되고 있는 것으로 평가할 수 있다. 그러나 두 번째 요건인 사익보호목적성은 문제로 된다. 즉 교통신호기 설치행위의무는 분명히 공익을 보호법익으로 하는 행위이지만, 이러한 행위가 사익도 동시에 보호법익으로 하는가에 대해서는 검토

---

18) 이는 「경찰관직무집행법」 제5조의 재량에 의한 직무수행권한이, 그러한 권한을 부여한 취지와 목적에 비추어 볼 때 구체적인 사정에 따라 경찰관이 그 권한을 행사하여 필요한 조치를 취하지 아니하는 것이 현저하게 불합리하다고 인정되는 경우에는, 권한의 불행사는 직무상의 의무를 위반한 것이 되어 위법하게 된다고 보는 것이다.

를 필요로 한다. 생각건대 신호기 설치행위는 일면 교통의 원활한 흐름을 고려의 대상으로 하지만, 다른 한편으로는 교통과 관련한 안전보장도 그 이해관계로 한다고 보아야 하므로 사익도 부수적인 점에서는 보호법익으로 한다고 볼 수 있다.

따라서 乙 등은 행정개입청구권의 침해를 이유로 한 거부처분의 취소심판 또는 취소소송을 제기할 수 있다고 본다(이때에 권리구제방법으로서의 의무이행심판은 교통신호기 설치행위가 사실행위이므로 그 대상으로 삼기에 어렵다고 보인다).

## 2. 설문 2)의 풀이

### (1) 문제의 소재

사안은 이른바 행정개입청구권의 성립요건의 충족문제와 권리구제방법에 관한 논의를 주요 논점으로 한다.

### (2) 행정작용의 성질 및 위법성 검토

① 행정작용의 성질

문제되는 행정작용은 경찰행정권의 발동으로서 결정재량에 해당하는 행위이다.

② 행정작용의 위법성 검토

1) 결정재량이 위법하기 위하여는 발동의 의무가 존재하는 경우임에도 발동하지 않은 경우이어야 한다. 즉 행정개입청구권의 침해가 존재하는 경우일 것을 요한다. 이는 재량이 개별적인 경우에 비추어 영으로 축소되는가의 여부와 관련된다.

2) 이러한 여부는 개별적·구체적으로 검토되어야 하며, 이때에는 위협받는 법익의 가치성, 위해의 정도 및 경찰행정기관의 개입으로 야기될 수 있는 위험의 정도가 검토의 기준으로 작용한다.

3) 당해 사안에서는 폭탄이라는 위험물이 관련되는 이상 생명의 법익이 관련되고 법익침해의 정도가 급박하며, 폭탄의 제거나 회수를 위한 경찰행정기관의 개입은 제거장비가 부족한 경우에도 일정한 기간 내에 보충되어 행해졌어야 한다. 따라서 행정개입청구권이라는 공권이 성립하기 위한 행정기관의 개입의무는 존재한다.

4) 오늘날의 경찰법규는 공익뿐 아니라 사익의 보호도 그 보호법익으로 하므로, 공권의 성립요건으로서의 사익보호목적성의 요건도 충족하게 된다.

5) 따라서 경찰행정기관이 발동하지 않은 행위는 위법성이 인정된다.

### (3) 권리구제방법

① 이미 결과가 발생하고 있으므로 행정쟁송을 통한 구제는 실익이 없어 보인다.

② 당사자는 행정개입청구권의 침해를 이유로 하여 행정상의 손해배상을 청구할 수 있다.

# 제 4 장 행정법관계론

## 제 1 절  행정상 법률관계 일반론

**기본 사례**

다음의 법률관계의 성질을 각각 개별적으로 검토하시오.

1. 성북구청은 2016년도 재산세를 甲에게 부과하였다.
2. 성북구청은 목욕업자인 甲이 목욕요금을 대폭 올리자 이를 행정지도를 통하여 내리도록 종용하고 있다.
3. 강북구청은 도봉구에서 분리되면서 새로운 청사를 필요로 하게 되어 甲에게 건축을 도급하였다.
4. 서울시는 신축 아파트에 입주한 甲 이하 2천 세대에게 수돗물을 공급하기로 하였다.

(풀이는 126면)

행정법의 대상인 행정영역에서는 행정주체가 그 일방의 당사자로서 나타나는 법
관계가 형성된다. 이러한 점에 착안하여 행정주체가 법률관계의 일방당사자인 경우를
행정상의 법률관계라고 부르고 있다. 이 법률관계에서도 다른 법률관계와 마찬가지로
당사자간에 권리와 의무가 부여되게 되며, 그 내용은 당해 법률관계가 공법의 규율을
받는 경우에는 공권과 공의무로 나타난다. 행정상의 주된 법률관계는 일반적으로 행
정조직법관계와 행정작용법관계로 나뉘고 있다.

## Ⅰ. 행정조직법관계

### 1. 행정주체 내부에서의 법관계

행정기관인 상급청과 하급청간의 지휘·감독의 관계, 권한위임의 관계 등이 이
에 해당한다. 또한 지방자치단체 내부의 법관계인 지방의회와 지방자치단체 집행기
관간의 관계도 이에 해당한다. 특히 후자인 지방자치단체 내부기관 사이의 법적 분
쟁은 기관소송의 대상이 되며, 법률에 특별한 규정이 있는 경우에만 제기가 가능하
게 된다(예컨대 지방자치법 제172조 3항). 그 밖에도 행정기관과 그 구성원인 공무원의 관계도 이 관계에
해당하나, 그 법적 성질과 행정소송대상 여부는 개별적인 내용에 따라 결정되게 된다
(이에 대해서는 뒤에 설명 하는 공무원법관계 참조).

### 2. 행정주체 사이의 법관계

이에는 행정주체의 전형적인 경우인 국가와 지방자치단체간의 관계와 지방자치
단체 상호간의 관계가 해당한다. 이에 관련된 법적 분쟁에 대해서는 행정소송(예컨대 지방자치법 제169조 2항)이나 권한쟁의심판(헌법 제111조 1항 4호와 헌법재판소법 제62조 1항 참조)을 제기할 수 있다.

## Ⅱ. 행정작용법관계

행정작용법관계는 행정과업의 수행방식에 따라서 공법관계와 사법관계로 나눌
수 있고, 이는 다시 권력관계와 비권력행정관계 및 국고관계와 행정사법관계로 나누
어진다.

### 1. 공법관계

#### (1) 권력관계
행정주체가 사인에 대하여 일방적으로 명령·강제하여 법률관계를 발생·변경·
소멸하게 할 수 있는 관계로서, 전통적으로 행정법관계의 주된 영역을 차지하고 있다

(<sup>예컨대 세금부과, 병역소집,</sup><sub>건축허가나 취소 등</sub>). 이에 대해서는 공법규정과 공법원리가 적용되며 행정소송으로서 항고소송의 주된 대상이 된다. 권력관계는 다시 일반권력관계와 특별권력관계(또는 특별행정법관계)로 나뉜다.

### (2) 비권력행정관계

행정주체가 권력적인 수단을 사용하지 않고 행정작용을 하는 법관계를 말한다. 공법상의 계약이나 사실행위의 유형들이 주로 이에 해당한다(<sup>행정지도나</sup><sub>행정조사 등</sub>). 이에 대해서도 원칙적으로 공법규정이 적용되며, 행정소송으로서 당사자소송의 주된 대상이 된다.

### (3) 보론 : 이른바 '관리관계'의 개념
#### 1) 일반적 논의

우리의 일반적인 학설에 의하면 일본에서의 통설적 견해에 따라,[1] 직접적인 공권력의 행사가 아니라, 국가의 공적 재산 또는 공적 사업 등의 관리주체로서의 행정주체와 사인간의 관계로서 그 내용이 공공복리의 직접적인 실현과 밀접한 관련이 있는 관계를 전래적 공법관계로서 관리관계라고 논의하여 왔다. 그 예로서는 행정주체의 공기업경영, 공물의 관리 등이 이에 해당한다고 한다. 이에 대해서는 원칙적으로 사법규정이 적용되나, 실정법상 공공복리의 실현을 이유로 명문상의 공법적인 특수한 규율이 있는 경우에 한하여 공법관계로서의 성질을 가지며, 이 경우에는 공법상의 당사자소송의 대상이 된다고 한다.

#### 2) 비판적 입장

그러나 이러한 관리관계의 개념에 대해서는 비판의 입장도 없지 않다. 특히 ㉠ 이 법률관계를 공법관계로 이해하면서도[2] 기본적으로는 그 법적용에 있어서 사법을 원칙으로 하고 있다는 점과, ㉡ 그 내용으로 설명되는 것이 이른바 행정사법의 경우와 여하히 구별될 것인가 하는 점이 비판으로 주장되고 있다.[3] 따라서 이러한 입장에서는 관리관계의 용어 대신에 독일식의 단순고권행정관계의 표현사용을 주장한다.[4]

생각건대 관리관계 개념은 프랑스 행정법 학자인 오류(Hauriou)의 이론인 행정관리작용(gestion administrative)에 기초한 개념으로서, 일본에 도입되어 정착된 개념으로 보인다. 행정관리작용은 공역무의 집행작용을 의미하며, 따라서 공권력작용의 성질을 갖게 된다. 프랑스 행정법체제에서는 행정관리작용에 대한 권리구제는 전면심리소송

---

1) 이에 대해서는 原田尙彥, 行政法要論(제 5 판), 2004, 19면 이하 참조.
2) 대법원 판례에서도 이를 확인할 수 있다 : "실권의 법리는 … 공법관계 가운데 관리관계는 물론이고 권력관계에도 적용되어야 함을 배제할 수 없다 하겠으나 …"(대판 1988. 4. 27, 87누915).
3) 한견우(Ⅰ), 117면, 294면; 홍정선(상), 127면 참조.
4) 홍정선(상), 127면.

인 당사자소송의 대상이 되고 있다.5) 그러나 이러한 관리관계개념이 우리나라에서 수용 가능한 이론인가의 문제는 신중하게 검토되어야 한다. 특히 공역무의 개념은 우리 행정법이론에서는 받아들여지고 있지 않은 개념이며, 오히려 이와 유사한 독일식 개념인 행정사법 이론이 통용되고 있는 것으로 보인다. 따라서 관리관계의 개념은 이 개념을 인정할 때에는 공법관계로 보는 것이 당연하지만, 이 개념은 받아들이기 어렵다고 생각한다.

## 2. 행정상의 사법관계

### (1) 개    념

이는 행정기관이 사법적인 수단을 사용하여 활동하는 법률관계를 총칭하는 개념이다. 행정상의 사법관계는 행정주체가 직접적인 행정목적달성을 위하여 활동하는가의 여부에 따라 다시 국고관계와 행정사법(行政私法)으로 나뉘고 있다. 전자는 행정주체가 사법상의 재산권의 주체, 즉 국고로서 작용하는 관계로서 직접적인 행정목적달성과 무관한 경우를 의미하며, 따라서 공법관계에 해당하지 않는 법률관계이다. 이에는 행정활동에 소요되는 재화나 역무를 조달·지원하는 경우인 조달행정관계(물품구매계약, 건설도급재산의 관리·<br>계약, 국유재산인 일반 매각행위 등)가 해당하며, 이때의 관련법령으로는 「국가를 당사자로 하는 계약에 관한 법률」·「정부기업예산법」·「국유재산법」·「물품관리법」을 들 수 있다. 이 관계는 사법관계이므로 민사소송의 대상이 된다. 그 밖에도 국고관계에는 행정주체기 국공영사업이나 기업체사업형식으로 영리를 목적으로 활동하는 경우인 영리작용관계도 포함된다(은행경영, 주식시<br>장에의 참가 등).

> **국가의 철도운행사업과 관련하여 발생한 사고로 인한 손해배상청구에 관하여 적용될 법규**   국가 또는 지방자치단체라 할지라도 공권력의 행사가 아니고 단순한 사경제의 주체로 활동하였을 경우에는 그 손해배상책임에 국가배상법이 적용될 수 없고 민법상의 사용자책임 등이 인정되는 것이고 국가의 철도운행사업은 국가가 공권력의 행사로서 하는 것이 아니고 사경제적 작용이라 할 것이므로, 이로 인한 사고에 공무원이 간여하였다고 하더라도 국가배상법을 적용할 것이 아니고 일반 민법의 규정에 따라야 하므로, 국가배상법상의 배상전치절차를 거칠 필요가 없다(대판 1999.6.22.<br>99다7008).

### (2) 행정사법의 문제

행정상의 사법관계를 넓은 의미로 이해하는 경우에는 위와 같은 내용 이외에도 이른바 행정사법도 포함한다. 이는 주로 급부행정 분야에서 사법적 형식으로 행정목

---

5) 이에 대한 상세는 橋本博之, 行政法學と行政判例(1998), 19면 이하 참조.

적을 수행하는 행정활동으로서, 일정한 공법적 규율을 받는 경우를 의미하는 것이다. 이에 해당하는 예로서는 위생시설이나 폐수처리, 오물수거 등을 위하여 행정주체가 직접 또는 간접으로 사법적 형식을 이용하여 개입하는 경우와, 급부행정, 즉 운수사업, 전기·수도·가스공급사업, 우편전신사업 등을 들 수 있다. 이에 적용되는 공법적 규율의 예로서는 개별법에 의한 제약으로서「수도법」제39조 제 1 항과「철도사업법」제22조 제 1 호(계약의 강제),「수도법」제68조 제 1 항과「우편법」제24조 제 1 항(요금의 강제징수),「우편법」제10조(무능력자의 행위에 대한 특별규정),「우편법」제38조 제 1 항과 제43조(손해배상에 관한 특별규정) 등이 있다.

이때에 행정사법관계에서 공법적 규율이 존재하는 경우의 법률관계를 파악하는 입장은 ㉠ 공법관계, 특히 비권력행정에 해당하는 것으로 보는 견해6)와, ㉡ 사법관계로 이해하는 견해7)로 나뉘고 있다. 생각건대 행정사법은 행정이 사법의 형식으로 공행정목적을 달성하기 위해 행위하는 경우이고 그러한 한에서 일정한 공법적 제한이 가해지는 것이 그 법률관계의 특색을 이루는 것이나 기본적으로 여전히 사법관계에 속하는 것으로 이해하는 것이 타당할 것이다. 행정사법의 형식에 대해서는 행정주체가 일정한 법적 통제를 피하기 위해 의도적으로 공법형식을 피하고 사법형식으로 도피하는 위험이 지적되고 있으며, 이에 따라 공법적인 통제하에 두는 것이 중요하다는 점이 지적되고 있으나, 이러한 내용에 대해서는 아직 체계적으로 연구되어 있지 못한 현실이다. 한편 이 이론의 발원지인 독일에서는 최근 행정사법 이론의 필요성에 대한 비판적 견해도 제기되고 있다.

행정상의 법률관계에 관한 이상의 내용을 도식화하면 다음과 같다.

▶ 행정상의 법률관계

┌ 공법관계 ┬ 권력관계
│          └ 비권력행정관계
│
└ 사법관계(광의의 국고관계) ┬ 협의의 국고관계 ┬ 조달행정
                             └ 행정사법관계     └ 영리작용

6) 김도창(상), 215면; 석종현(상), 89면.
7) 홍정선(상), 537면.

이는 행정작용법 관계에서 나타나는 전형적 유형에 관한 예시이다.

행정작용법은 크게 보아 공법관계와 사법관계로 나뉘고, 전자는 다시 권력관계와 비권력관계로 나뉜다. 공법관계에서는 권력관계가 일반적인 모습이다($\frac{1의}{경우}$). 이는 일방적인 공권력행사의 바탕 위에서 명령·강제하는 법률관계이며, 공법규정과 공법원리가 적용된다. 그러나 비권력적인 수단을 사용하는 공법관계인 비권력행정관계가 나타나기도 한다($\frac{2의}{경우}$). 이 경우에도 공법관계로서 의 성질을 갖게 된다. 반면에 행정상의 사법관계는 통상적으로 행정주체가 사법적 형식으로 작용하는 것으로서, 직접적인 행정목적달성과는 무관한 경우를 말한다. 이를 달리 국고관계라고도 한다($\frac{1의}{경우}$). 따라서 이에 대해서는 사법규정이 적용된다. 그러나 행정상의 사법관계는 이외에도 사법적 형식으로 행정목적 수행활동을 하면서 일정한 공법적 규율을 받게 되는 행정사법의 형태로도 나타난다($\frac{4의}{경우}$). 이론상으로는 이러한 행정사법과 이른바 일본식의 관리관계를 여하히 구분할 것인가가 논란이 되기도 한다.

# 제 2 절  행정법관계의 발생원인

행정상의 법률관계는 전술한 바와 같이 공법관계와 사법관계로 나눌 수 있으나 주된 논의의 대상은 공법관계라고 볼 수 있다. 이러한 행정법관계는 많은 개별적 원인에 의하여 발생하게 되며, 이하에서는 이에 대한 개별적인 사항들을 고찰하기로 한다.

## Ⅰ. 공법상의 시효

### 1. 의    의

시효제도는 법률생활의 안정성을 도모하기 위하여 인정되는 제도로서 사법상의 제도로서 발전하여 왔다. 그러나 그 인정취지에 비추어보아 이에 관한 규정은 일반 법원리로서의 성질을 갖는다고 볼 수 있으며, 따라서 공법상의 시효에도 관련규정이 없는 경우에 이를 보충하는 규정으로서 적용될 수 있는가가 문제가 될 수 있다.

## 2. 금전채권의 소멸시효

공법상의 금전채권에 대해서는 일반적 규정으로서 「국가재정법」 제96조가 존재하나, 그 내용은 구체적이지 못하여 공백을 나타낸다. 따라서 이러한 공백으로 남는 부분에 있어서는 다른 법령에 특별한 규정이 존재하지 않는 한, 민법의 규정이 유추적용된다고 할 것이다.

### (1) 시효의 기간

일반법인 「국가재정법」 이외의 법률이 특별한 규정을 두어 더 짧은 기간규정을 두고 있지 않은 한, 시효는 5년이다. 이때의 소멸시효는 그 대상이 공법상의 금전채권인 경우뿐 아니라 사법상의 금전채권인 경우에도 적용된다.

### (2) 시효의 중단 · 정지

예컨대 조세채권의 시효의 중단과 정지에 대해서 규정하고 있는 「국세기본법」 제28조와 같이 다른 법률이 특별한 규정을 두고 있지 않은 한, 공법상 시효의 중단과 정지에 대해서는 민법의 규정이 준용된다.

### (3) 시효완성의 효과

공법상 채권의 소멸시효가 완성된 때에는 당사자의 원용을 필요로 함이 없이 권리가 절대적으로 소멸한다. 따라서 소멸시효가 완성된 후에 행한 조세의 징수처분은 당연무효라고 보는 것이 판례이며,[8] 이러한 처분에 기한 납세는 국가가 적법하게 보유할 권원이 없는 것이어서 부당이득반환의 대상이 된다.

## 3. 공물의 취득시효

취득시효제도의 이념은 행정상의 법률관계에도 적용되어야 하며, 따라서 국가 등이 사인소유의 물건을 시효취득하는 것도 가능하게 된다. 반면에 사인이 국유 또는 공유재산을 시효취득하는 것은 「국유재산법」($^{제7조}_{2항}$)이나 「공유재산 및 물품관리법」($^{제6조}_{2항}$)이 배제하고 있으므로 원칙적으로는 인정되지 않으나, 국유나 공유재산 중에서 직접적인 행정목적달성과 무관한 재산인 잡종재산(일반재산)은 공물이 아니므로, 사인에 의한 시효취득이 인정된다.[9]

---

8) 대판 1985. 5. 14, 83누655; 1988. 3. 22, 87누1018.
9) 헌재 1991. 5. 13, 89헌가97.

## Ⅱ. 공법상의 사무관리 · 부당이득

### 1. 공법상 사무관리

#### (1) 의    의

공법상 사무관리는 민법상의 개념인, 법률상 의무 없이 타인을 위하여 그 사무를 관리하는 작용($\frac{민법}{제734조}$)이 공법 영역에서 나타나는 경우를 말하며, 공법상 채권관계의 한 유형으로 볼 수 있다.

법치주의원칙은 행정기관의 법적 의무를 규정하고 있는 경우가 많으므로, 실제로 공법상 사무관리의 예는 많지 않다. 공법상 사무관리 또는 사법상 사무관리의 대상인 가의 여부는, 관리의 대상인 사무내용이 공법상의 것인지 사법상의 것인지 여부에 따라 구별되어야 할 것이다.

#### (2) 유    형

공법상 사무관리는 법률관계의 주체상 차이에 따라 유형을 세 가지로 나누어 볼 수 있다.

##### 1) 행정주체가 다른 행정주체를 위하여 행하는 사무관리

행정주체 상호간에 법률의 근거 없이 서로의 사무를 관리해주는 경우로서 실무상은 별로 존재하지 않는 유형이다.

##### 2) 행정주체가 사인을 위하여 행하는 사무관리

전형적 유형의 사무관리로서, 그 예로는 행정기관이 국가의 특별한 감독하에 있는 사업을 이에 대한 감독권에 기하여 강제적으로 관리하는 강제관리행위와, 행정주체가 행하는 수난구호 등의 재해구조, 그리고 행려병사자(行旅病死者) 또는 사망인의 관리와 같이 요보호자의 보호를 위한 보호관리가 일반적으로 논의되고 있다. 또한 공무수탁사인의 지위를 갖는 사인도 행정주체가 되므로, 공법상 사무관리가 존재할 수 있다. 그러나 어느 경우에도 법률상 의무 없이 타인을 위하여 사무를 관리하는 경우만 공법상의 사무관리라고 할 수 있으므로, 경찰에 의한 행려병자(行旅病者)의 보호와 같이 「경찰관직무집행법」 제 4 조에 의한 직무집행행위는 공법상 사무관리 유형으로 볼 수 없다고 생각한다.

##### 3) 사인이 행정주체를 위하여 행하는 사무관리

사인이 비상재해 기타의 긴급을 요하는 경우에 행정사무의 일부를 관리하는 경우가 이에 해당된다.

**사인이 국가의 사무를 처리한 경우, 사무관리가 성립하기 위한 요건** 사무관리가 성립하기 위하여는 우선 사무가 타인의 사무이고 타인을 위하여 사무를 처리하는 의사, 즉 관리의 사실상 이익을 타인에게 귀속시키려는 의사가 있어야 하며, 나아가 사무의 처리가 본인에게 불리하거나 본인의 의사에 반한다는 것이 명백하지 아니할 것을 요한다. 다만 타인의 사무가 국가의 사무인 경우, 원칙적으로 사인이 법령상 근거 없이 국가의 사무를 수행할 수 없다는 점을 고려하면, 사인이 처리한 국가의 사무가 사인이 국가를 대신하여 처리할 수 있는 성질의 것으로서, 사무 처리의 긴급성 등 국가의 사무에 대한 사인의 개입이 정당화되는 경우에 한하여 사무관리가 성립하고, 사인은 그 범위 내에서 국가에 대하여 국가의 사무를 처리하면서 지출된 필요비 내지 유익비의 상환을 청구할 수 있다(甲 주식회사 소유의 유조선에서 원유가 유출되는 사고가 발생하자 乙 주식회사가 피해 방지를 위해 해양경찰의 직접적인 지휘를 받아 방제작업을 보조한 사안에서, 乙 회사는 사무관리에 근거하여 국가에 방제비용을 청구할 수 있다고 한 사례)(대판 2014.12.11, 2012다15602).

### (3) 적용법규

공법상의 사무관리에 해당하는 일반적 규정은 없으므로, 이에 대한 특별한 규정이 있는 경우를 제외하고는 민법상의 사무관리에 관한 규정(민법 제734조 이하)이 준용된다. 따라서 공법상 사무관리에 대한 권리구제는 민사소송의 형태에 의할 것이다.

## 2. 공법상 부당이득

### (1) 의 의

공법상 부당이득이란 민법상 개념인, 법률상 원인 없이 타인의 재산 또는 노무로 인하여 이익을 얻고, 이로 인하여 타인에게 손해를 발생하는 경우의 법률관계가(민법 제741조), 공법영역에서 행정주체와 사인간의 관계에 나타나는 경우를 말한다.

이 제도도 행정상 채권관계의 한 유형으로 파악된다. 공법상의 원인에 근거하여 행위가 이루어졌으나, 그 원인이 무효이거나 취소됨으로써 법률상 원인 없는 급부가 된 경우에, 이로 인한 손해배상을 요구하는 것이 아니라, 원인 없는 급부행위의 반환을 목적으로 하는 제도를 말한다. 따라서 이 제도는 법치행정의 원칙상 당연히 도출되는 것으로서, 독자적인 공법적인 제도로 이해된다.

실무상의 예로는, 조세부과처분에 따라 납세하였으나 이후 당해 처분이 취소된 경우의 조세의 과오납, 공무원의 봉급의 과다수령, 사유지를 법적 근거 없이 행정목적으로 점용하거나, 국공유지를 법적 근거 없이 사인이 사용하는 경우 등을 들 수 있다.

(2) 성립요건

공법상 부당이득이 성립하려면 다음의 요건을 필요로 한다.

1) 재산의 이동

두 주체 사이에 재산의 이동이 발생하는 결과가 존재하여야 한다. 즉 한 주체는 손실의 발생이, 다른 주체는 이로 인한 이득이 발생되어야 한다.

2) 법적 근거의 결여

공법상 부당이득의 가장 주된 성립요건은 법적 근거의 결여이다. 즉 처음부터 법적 근거 없이 급부가 이루어지거나, 존재하였던 법적 근거가 사후에 상실되는 경우일 것이 필요하다. 이때 논의되는 법적 근거는 급부행위가 기초한 것을 말하므로, 행정행위 또는 법률규정이 될 수 있다. 만일 행정행위에 근거하여 급부가 이루어진 경우에는 행정행위가 법적 근거가 되므로, 내용상 위법하다고 하더라도 취소나 무효 등에 의하여 행정행위가 아직 효력을 상실하지 않는 한 유효한 법적 근거로 평가된다.

> **타인 소유의 물건에 관한 어떠한 이익의 취득이 부당이득에 해당하는지 여부의 판단 방법**   물건의 소유자가 그 물건에 관한 어떠한 이익을 상대방이 권원 없이 취득하고 있다고 주장하여 그 이익을 부당이득으로 반환청구하는 경우에는, 우선 상대방이 얻는 이익의 구체적인 내용을 따져서 그 취득을 내용으로 하는 권리가 일반적으로 유상으로 부여되는 것이어서 그 이익이 부당이득반환의 대상이 될 만한 것인지를 살펴보아야 하며, 그 경우 그러한 이익의 유무는 상대방이 당해 물건을 점유하는지에 의하여 좌우되지 아니하고 점유 여부는 단지 반환되어야 할 이익의 구체적인 액을 산정함에 있어서 고려될 뿐이다. 그리고 그와 같은 이익이 긍정된다면 나아가 그 이익이 소유자의 손실로 얻어진 것인지, 그리고 상대방에게 민법 제741조에서 정하는 그 이익의 보유에 관한 '법률상 원인'이 있는지, 즉 당해 이익을 보유하는 것을 내용으로 하는 소유자에 대항할 수 있는 권원이 있는지 여부를 살펴야 한다(지방자치단체가 타인 소유 임야의 일부 토지 위에 자신의 계획과 비용으로 수도시설, 안내판, 관리소 등을 설치하여 유지·관리해 온 사안에서, 지방자치단체는 임야소유자에게 위 시설물들의 부지 부분에 대한 점유·사용이익을 부당이득으로 반환할 의무가 있다고 한 사례)( 대판 2009.11.26, 2009다35903 )

(3) 유    형

공법상 부당이득은 국가의 시민에 대한 관계, 시민의 국가에 대한 관계 및 행정주체 상호간의 관계에서 나타날 수 있으나, 크게 보아 행정주체 측면에서의 부당이득과 사인측면에서의 부당이득으로 구별할 수 있다.

## 1) 행정주체 측면의 부당이득

행정주체의 부당이득은 주로 행정행위와 관련하여 발생하는 경우가 보통이며(예 : 당연 무효인 과세처분에 기해 납부된 세액의 경우), 일정한 사실행위 등에 의하여 성립하는 경우도 있다(예 : 국가 등의 사유지 무단점 용으로 인한 부당이득 발생 등).

이때의 부당이득의 반환범위에 대해서, 민법 제748조는 반환범위에 대하여 선의 인 경우에는 현존 이익만을, 악의인 경우에는 받은 이익의 전부 및 이자반환을 규정 하고 있으나, 공법영역에서는 부당이득의 반환범위에 관하여 특별한 규정을 두는 경 우가 적지 않다. 일반적으로 특별규정은 행정주체의 선의·악의를 구분하고 있지 않 으므로 항상 전액 반환을 명하고 있는 것으로 이해된다. 그러나 이러한 특별한 규정 이 없는 경우라도 행정주체는 적법하게 행정을 하여야 할 의무가 존재하는 것이므로, 민법규정이 준용되는 것은 타당하지 않으며 받은 이익의 전부를 반환하도록 하는 것 이 옳은 해석이다. 그러나 받은 이익에 대한 이자문제는 명문 규정이 있는 때에 한하 여 가능하다고 보아야 할 것이다.

사인이 행정주체에 대하여 부당이득반환청구를 행사하는 경우에는 이론상 행정 소송으로서 공법상 당사자소송의 대상이 된다. 그러나 판례는 민사소송절차에 의하여 운영하고 있다. 구체적인 쟁송방법은 행정처분이 부당이득의 원인인 경우 그 처분이 무효이거나 취소된 후 부당이득반환청구소송을 별건으로 제기할 수도 있고, 부당이득 의 원인인 행정처분의 취소를 구하는 소송에 당해 처분의 취소를 선결문제로 하는 부 당이득반환청구소송을 관련청구로 병합하여 제기할 수도 있다. 이 경우 그 청구가 인 용되려면 그 소송절차에서 판결에 의해 당해 처분이 취소되면 충분하고 그 처분의 취 소가 확정되어야 하는 것은 아니라고 보는 것이 판례의 태도이다.

> **행정처분의 취소를 구하는 취소소송에 당해 처분의 취소를 선결문제로 하는 부당이득반 환청구가 병합된 경우, 그 청구가 인용되려면 소송절차에서 당해 처분의 취소가 확정되어 야 하는지 여부(소극)**　　행정소송법 제10조 제1항, 제2항은 처분의 취소를 구하는 취 소소송에 당해 처분과 관련되는 부당이득반환소송을 관련 청구로서 병합할 수 있다 고 규정하고 있는바, 이 조항을 둔 취지에 비추어 보면, 취소소송에 병합할 수 있는 당해 처분과 관련되는 부당이득반환소송에는 당해 처분의 취소를 선결문제로 하는 부당이득반환청구가 포함되고, 이러한 부당이득반환청구가 인용되기 위해서는 그 소 송절차에서 판결에 의해 당해 처분이 취소되면 충분하고 그 처분의 취소가 확정되어 야 하는 것은 아니라고 보아야 한다(대판 2009.4.9. 2008두23153)

## 2) 사인측면의 부당이득

사인측면의 부당이득 발생도 그 원인은 행정행위에 의한 경우가 많으나(예 : 세무서장 의 국세환급 결정이 취소 된 경우 등), 사실행위에 의하여도 발생할 수 있다(예 : 공무원이 봉급을 과다 수령한 경우나 사인이 국유지를 무단점용하는 행위 등).

이때의 부당이득 반환범위는 항상 사인이 받은 이익의 전액을 반환하게 하여야 하지만, 이자의 지급문제는 법령에 특별한 규정이 있는 경우에 한하여 허용되는 것으로 본다.

사인이 취한 부당이득에 대하여 행정주체가 그것을 반환하게 하기 위해 청구권을 행사하는 방법과 관련하여, 개별 행정법규에서는 행정행위에 의하여 관련 부당이득 상당액을 반환하도록 명하고 이를 불이행하는 경우에 강제징수 등의 수단을 허용하는 예를 볼 수 있다. 「국유재산법」상의 변상금부과처분이 그 대표적인 예이다. 이때 행정주체는 이러한 방법과 더불어 민사소송으로 부당이득반환청구의 방법도 사용할 수 있는지가 문제될 수 있다.

생각건대, 공법상 부당이득반환청구권 행사를 민사소송절차에 의하여 운영한다는 전제라면,[10] 행정주체가 사인의 부당이득을 반환하게 하기 위하여 청구권을 주장하는 때에는 법규정에 의해 행정행위로 인정되고 있는 때에 한하여 행정상 강제징수 등의 수단이 허용되며, 그러한 규정이 없는 때에는 대등한 당사자간의 소송이 되므로 민사소송에 의하여야 한다고 본다. 행정주체가 효율적으로 권리를 행사·확보할 수 있도록 관련 법령에서 간이하고 경제적인 권리구제절차를 특별히 마련해 놓고 있는 경우에는, 행정주체로서는 그러한 절차에 의해서만 권리를 실현할 수 있고 그와 별도로 민사소송의 방법으로 권리를 행사하거나 권리의 만족을 구하는 것은 허용될 수 없다고 보아야 한다. 변상금 등의 부과·징수권과 민사상 부당이득반환청구권은 그 본질이 다르지 아니하다고 보기 때문이다. 종래 판례도 이러한 입장에 서 있었다.[11]

그러나 최근 대법원 전원합의체 판결의 다수견해는 이와 반대되는 입장을 판시하여 주목을 끌고 있다.[12]

국유재산의 무단점유자에 대하여 구 「국유재산법」 제51조 제1항, 제4항, 제5항에 의한 변상금 부과·징수권의 행사와 별도로 민사상 부당이득반환청구의 소를 제기할 수 있는지 여부(적극)        국유재산의 무단점유자에 대한 변상금 부과는 공권력을 가진 우월적 지위에서 행하는 행정처분이고, 그 부과처분에 의한 변상금 징수권은 공법상의 권리인 반면, 민사상 부당이득반환청구권은 국유재산의 소유자로서 가지는 사법상의 채권이다. 또한 변상금은 부당이득 산정의 기초가 되는 대부료나 사용료의 120%에 상당하는 금액으로서 부당이득금과 액수가 다르고, 이와 같이 할증된 금액의 변상금을 부과·징수하는 목적은 국유재산의 사용·수익으로 인한 이익의 환수를 넘어 국유재산

---

10) 그러나 공법상 부당이득반환청구권의 행사는 「행정소송법」상 당사자소송에 의하여야 한다고 본다. 최근까지 두 번에 걸쳐 만들어진 법무부의 행정소송법개정안에서도 이를 반영한 조문이 만들어지기도 하였다.
11) 대판 2005.5.13., 2004두8630; 대판 2009.6.11., 2009다1122.
12) 이 판결에서 종전 판례를 변경하지는 않았으며, 소수견해(대법관 민일영, 대법관 이인복, 대법관 박보영, 대법관 김신, 대법관 김소영의 반대의견)에서는 종래의 대법원의 입장을 견지하고자 하였다.

의 효율적인 보존·관리라는 공익을 실현하는 데 있다. 그리고 대부 또는 사용·수익 허가 없이 국유재산을 점유하거나 사용·수익하였지만 변상금 부과처분은 할 수 없는 때에도 민사상 부당이득반환청구권은 성립하는 경우가 있으므로, 변상금 부과·징수의 요건과 민사상 부당이득반환청구권의 성립 요건이 일치하는 것도 아니다. 이처럼 구 국유재산법(2009. 1. 30. 법률 제9401호로 전부 개정되기 전의 것, 이하 같다) 제51조 제1항, 제4항, 제5항에 의한 변상금 부과·징수권은 민사상 부당이득반환청구권과 법적 성질을 달리하므로, 국가는 무단점유자를 상대로 변상금 부과·징수권의 행사와 별도로 국유재산의 소유자로서 민사상 부당이득반환청구의 소를 제기할 수 있다. 그리고 이러한 법리는 구 국유재산법 제32조 제3항, 구 국유재산법 시행령 (2009. 7. 27. 대통령령 제21641호로 전부 개정되기 전의 것) 제33조 제2항에 의하여 국유재산 중 잡종재산(현행 국유재산법상의 일반재산에 해당한다)의 관리·처분에 관한 사무를 위탁받은 한국자산관리공사의 경우에도 마찬가지로 적용된다(대판 2014.7.16, 2011다76402(전합)).

대법원은 또한 이에서 더 나아가 변상금 부과·징수권과 민사상 부당이득반환청구권의 관계에 대하여 양자는 동일한 금액 범위 내에서 경합하여 병존하게 되고, 민사상 부당이득반환청구권이 만족을 얻어 소멸하면 그 범위 내에서 변상금 부과·징수권도 소멸하는 관계에 있다고 판시하였다(판례).

구 국유재산법 제51조 제1항, 제4항, 제5항(2009. 1. 30. 법률 제9401호로 전부 개정되기 전의 것)에 의한 변상금 부과·징수권은 민사상 부당이득반환청구권과 법적 성질을 달리하므로, 국가는 무단점유자를 상대로 변상금 부과·징수권의 행사와 별도로 국유재산의 소유자로서 민사상 부당이득반환청구의 소를 제기할 수 있다. 그리고 이러한 변상금 부과·징수권과 민사상 부당이득반환청구권은 동일한 금액 범위 내에서 경합하여 병존하게 되고, 민사상 부당이득반환청구권이 만족을 얻어 소멸하면 그 범위 내에서 변상금 부과·징수권도 소멸하는 관계에 있다(대판 2014.9.14, 2012두5688).

(4) 소멸시효의 문제

공법상 부당이득 반환청구권이 금전의 지급을 목적으로 하는 경우의 시효에 대하여는 특별한 규정을 둔 경우도 있으나(관세법 제22조 2항(5년으로 규정), 산업재해보상보험법 제112조 1항(3년으로 규정), 공무원연금법 제88조 2항(5년으로 규정) 등), 이러한 특별한 규정이 없으면 소멸시효기간은 원칙적으로 5년이 된다(국가재정법 제96조 1항).

한편 판례는 과세처분의 취소 또는 무효확인을 구하는 행정소송의 제기를 부당이득반환청구권의 소멸시효를 중단시키는 재판상 청구에 해당한다고 보고 있고(판례1), 반면 국유재산의 무단점유자에 대하여 변상금 부과·징수권을 행사한 경우 민사상 부당이득반환청구권의 소멸시효는 중단되지 않는다고 보고 있다(판례2).

[1] 이 사건 각 과세처분은 당연무효의 처분이어서 원고 회사가 납부한 세금은 법

률상 원인 없는 오납금이 되어 원고 회사에게 환급청구권, 즉 부당이득반환청구권이 발생한 것인데, 원고들은 이러한 부당이득반환청구권을 실행하기 위하여 먼저 그 권리의 기본적 법률관계인 위 각 과세처분에 대한 취소소송(<sup>무효선언으로서</sup><sub>의 취소소송</sub>)을 제기하였음이 명백한바, 이러한 과세처분의 취소 또는 무효확인을 구하는 행정소송은 그 과세처분으로 오납한 조세에 대한 부당이득반환청구권을 실현하기 위한 수단으로서 권리 위에 잠자는 것이 아님을 표명한 것으로 볼 수 있으므로, 위 부당이득반환청구권의 소멸시효를 중단시키는 재판상 청구에 해당하는 것이고 이로서 그 소멸시효는 중단되었다고 보아야 할 것이다(<sup>대판 1992.3.31.</sup><sub>91다32053</sub>).

[2] **한국자산관리공사가 국유재산의 무단점유자에 대하여 변상금 부과·징수권을 행사한 경우 민사상 부당이득반환청구권의 소멸시효가 중단되는지 여부(소극)** 국가는 국유재산의 대부 또는 사용·수익허가 등을 받지 아니하고 국유재산을 점유하거나 이를 사용·수익한 자(대부 또는 사용·수익허가 기간이 만료된 후 다시 대부 또는 사용·수익허가 등을 받지 아니하고 국유재산을 계속 점유하거나 이를 사용·수익한 자를 포함한다. 이하 '무단점유자'라고 한다)에 대하여 국유재산법 제72조 제1항에 의하여 변상금을 부과하고, 제73조 제2항에 의하여 국세징수법의 체납처분에 관한 규정을 준용하여 이를 징수할 수 있다. 그런데 국유재산의 무단점유자에 대한 변상금 부과는 공권력을 가진 우월적 지위에서 행하는 행정처분이고, 그 부과처분에 의한 변상금 징수권은 공법상의 권리인 반면, 민사상 부당이득반환청구권은 국유재산의 소유자로서 가지는 사법상의 채권이다(대법원 1992. 4. 14. 선고 91다42197 판결 참조). 또한 변상금은 부당이득 산정의 기초가 되는 대부료나 사용료의 120%에 상당하는 금액으로서 부당이득금과 액수가 다르고, 이와 같이 할증된 금액의 변상금을 부과·징수하는 목적은 국유재산의 사용·수익으로 인한 이익의 환수를 넘어 국유재산의 효율적인 보존·관리라는 공익을 실현하는 데 있다(대법원 2008. 5. 15. 선고 2005두11463 판결 참조). 그리고 대부 또는 사용·수익허가 없이 국유재산을 점유하거나 사용·수익하였지만 변상금 부과처분은 할 수 없는 때에도 민사상 부당이득반환청구권은 성립하는 경우가 있으므로, 변상금 부과·징수의 요건과 민사상 부당이득반환청구권의 성립 요건이 일치하는 것도 아니다(대법원 2000. 3. 24. 선고 98두7732 판결 참조). 이처럼 국유재산법 제72조 제1항, 제73조 제2항에 의한 변상금 부과·징수권은 민사상 부당이득반환청구권과 법적 성질을 달리하므로, 국가는 무단점유자를 상대로 변상금 부과·징수권의 행사와 별도로 국유재산의 소유자로서 민사상 부당이득반환청구의 소를 제기할 수 있다. 그리고 이러한 법리는 국유재산법 제42조 제1항, 국유재산법 시행령 제38조 제3항에 의하여 국유재산 중 일반재산의 관리·처분에 관한 사무를 위탁받은 원고의 경우에도 마찬가지로 적용된다(대법원 2014. 7. 16. 선고 2011다76402 전원합의체 판결 참조). 나아가 위와 같이 변상금 부과·징수권이 민사상 부당이득반환청구권과 법적 성질을 달리하는 별개의 권리인 이상 원고가 변상금 부과·징수권을 행사하였다 하더라도 이로써 민사상 부당이득반환청구권의 소멸시효가 중단된다고 할 수 없다(<sup>대판 2014.9.4.</sup><sub>2013다3576</sub>).

## Ⅲ. 사인의 공법행위

### 1. 의    의

공법관계에서의 사인의 행위로서 사법행위와는 달리 공법적 효과의 발생을 목적으로 하는 행위를 말한다. 이는 공법적 효과의 발생을 목적으로 하나 공권력행사는 아닌 점에서 행정행위와 구별된다. 또한 일반 사법행위와는 달리 사적 이해관계에 대한 규율을 대상으로 하는 것이 아니고 공법적 효과의 발생을 목적으로 하는 점에서 이에 대한 적용법규에 특별한 고려가 필요하게 된다.

### 2. 종    류

이에 대해서는 여러 가지 관점에서 분류할 수 있으나 성질에 의한 분류와 효과에 의한 분류를 보면 다음과 같다.

#### (1) 성질에 의한 분류

이에 의하면 일방적인 의사표시로 이루어지는 단독행위($\binom{허가신청,}{쟁송의 제기 등}$)와 의사표시의 합치로 이루어지는 쌍방적 행위로 나뉘며, 후자는 다시 사인 상호간의 공법상 계약($\binom{예컨대 사인상호간의}{토지수용에 관한 협의}$)과 사인 상호간의 공법상 합동행위($\binom{예컨대 도시재개발조합}{등의 공공조합 설립행위}$)로 나누어진다.

#### (2) 효과에 의한 분류

이에 따르면 그 행위 자체로서 법률효과를 완결하는 공법행위($\binom{선거에서의 투표행위,}{각종 신고행위 등}$)와 그 자체로서 법률효과를 완성하지 못하는 행위요건적 공법행위($\binom{신청, 동의,}{승낙, 협의 등}$)로 나뉜다.

### 3. 사인의 공법행위에 대한 적용법규

사인의 공법행위에 적용할 일반적·통칙적 규정은 존재하지 않으므로 개별적인 경우에 따라 민법규정의 적용문제를 검토해야 한다.

#### (1) 의사능력과 행위능력

법령의 특별한 규정에 의해서 적용이 배제되지 않는 한($\binom{예컨대 우편법}{제10조}$) 민법의 의사능력이나 행위능력에 관한 규정이 적용된다.

#### (2) 대    리

법령에 의하여 대리가 허용되지 않는 경우도 많으나 규정이 없는 때에는 행위의 성질에 따라서 대리가능여부를 검토해야 할 것이다.

### (3) 형 식 성

그 효과가 공법적이므로 법령상 특별한 규정이 없는 때에도 서면을 원칙으로 한다고 본다.

### (4) 효력발생시기

행위의 존재를 명확히 하고 관계자의 이해조정을 위해서 도달주의가 원칙적으로 적용된다. 따라서 행정기관의 집무장소에 도달하여 행위내용을 알 수 있는 때에 효력이 발생한다. 그러나 예외적인 경우에는 발신주의가 적용된다(국세기본법 제5조의 2).

### (5) 의사표시의 하자

민법규정이 유추적용되는 것이 원칙이나 당해 행위의 성질도 고려되어야 한다. 따라서 착오가 선거의 투표행위에서 발생하여도 이를 이유로 취소를 주장할 수 없게 된다. 또한 판례에 의하면 민법상의 진의 아닌 의사표시의 무효법리는 그 성질상 사인의 공법행위에는 적용될 수 없다고 한다.

> 비록 사직원 제출자의 내심의 의사가 사직할 뜻이 아니었다 하더라도 그 의사가 외부에 객관적으로 표시된 이상 그 의사는 표시된 대로 효력을 발하는 것이며, 민법 제107조 제 1 항 단서의 비진의 의사표시의 무효에 관한 규정은 그 성질상 사인의 공법행위에 적용되지 아니하므로 원고의 사직원을 받아들여 의원면직처분한 것을 당연무효라고 할 수 없다(대판 2001.8.24, 99두9971).

### (6) 부    관

명확성과 법률관계의 신속한 확정을 위해서 부관을 붙이는 것이 허용되지 않음이 원칙이다. 다만 법률에 명문의 규정이 있는 경우에는 법정부관이 가능할 수 있다.

> 유선및도선업법 제 3 조 제 1 항에 의하면 유선업이나 도선업을 경영하고자 하는 자는 대통령령이 정하는 바에 의하여 유선장이나 도선장을 관할하는 시장·군수에게 신고하여야 하고 신고사항을 변경하고자 할 때에도 그러한바, 유선장의 경영신고와 그 신고사항의 변경신고는 모두가 강학상 이른바 사인의 공법행위로서의 신고에 해당하고 그 신고를 받은 행정청은 형식적(절차적) 요건에 하자가 없는 한 이를 수리해야 할 입장에 있는 것이라고 하겠다. 그런데 위 법 제 3 조 제 6 항에 의하면, 제 1 항의 규정에 의한 유선업신고의 효력은 당해 연도에 한 한다고 규정되어 있어 유선업경영신고는 이른바 법정부관부행위이며 변경신고는 유효한 경영신고의 존재를 전제로 그 신고사항의 일부를 변경하는 의사의 통지행위라고 할 수 있는 것이므로 변경신고에 있어서 경영신고의 효력의 존속은 변경신고의 전제조건이라고 할 것이다

$\left(\substack{\text{대판 1988.8.9,}\\86누889}\right)$.

## (7) 철    회

원칙적으로 법적 효과가 발생하기 전까지는 허용된다고 할 수 있으나, 법률규정이 이를 금지하거나 성질상 허용되지 않는 경우도 존재한다. 판례도 사인의 공법행위의 철회·보정을 인정하고 있다.

[1] 구 도시재개발법(1995. 12. 29. 법률 제5116호로 전문 개정되기 전의 것)에 의하면, 제14조 제 1 항, 제17조 제 1 항, 제 2 항에서 재개발조합의 설립 및 사업시행인가를 신청하는 자는 재개발구역 안의 토지면적의 3분의 2 이상의 토지 소유자의 동의와 토지 소유자 총 수 및 건축물 소유자 총 수의 각 3분의 2 이상에 해당하는 자의 동의를 얻어야 한다고 규정하고 있을 뿐 그 동의나 철회를 할 수 있는 기한에 대하여는 아무런 규정을 두고 있지 아니하나, 사인의 공법상 행위는 명문으로 금지되거나 성질상 불가능한 경우가 아닌 한 그에 의거한 행정행위가 행하여질 때까지는 자유로이 철회나 보정이 가능하다고 보아야 할 것인 점, 인가신청 이후 인가처분이 행하여 질 때까지 상당한 기간이 소요될 수 있고 그 사이 권리변동이나 사정변경이 생길 수도 있는데 이에 따른 일체의 철회나 보정을 할 수 없다고 해석하는 것은 권리자의 의사를 가능한 한 존중하여 재개발조합의 설립 및 사업시행인가에 필요한 법정동의요건으로 높은 동의율을 요구하는 반면 일단 재개발조합설립인가가 행하여지면 재개발구역 안의 모든 토지나 건축물 소유자가 조합원이 되도록 하는 강제가입제를 채택하고 있는 법의 취지에 반하는 점, 재개발조합의 설립 및 사업시행인가를 신청할 때에 필요한 동의자의 수를 산정함에 있어서 재개발구역 안의 토지 또는 건축물의 소유자가 조합설립인가 전에 동의를 철회하는 경우에는 이를 동의자의 수에서 제외하여야 한다고 규정한 도시재개발법시행령(1996. 6. 29. 대통령령 제15096호로 전문 개정된 것) 제22조 제 1 항과 제29조 제 1 항은 이와 같은 법리를 확인하기 위하여 도입된 규정으로 볼 수 있는 점 등에 비추어 보면, 구 도시재개발법(1995. 12. 29. 법률 제5116호로 전문 개정되기 전의 것)이 적용되는 경우에 있어서 토지 또는 건축물의 소유자는 재개발조합의 설립 및 사업시행인가 처분시까지 동의를 하거나 이미 한 동의를 철회할 수 있다고 해석함이 상당하다($\substack{\text{대판 2001.6.15,}\\99두5566}$).

[2] 공무원의 사직 의사표시의 철회 또는 취소가 허용되는 시한(=의원면직처분시) 공무원이 한 사직 의사표시의 철회나 취소는 그에 터잡은 의원면직처분이 있을 때까지 할 수 있는 것이고, 일단 면직처분이 있고 난 이후에는 철회나 취소할 여지가 없다($\substack{\text{대판 2001.8.24,}\\99두9971}$).

## 4. 사인의 공법행위의 효과

사인의 공법행위가 효력을 발생하면 행정기관은 그에 대한 처리의무를 지게 되는 바, 그 내용으로는 우선 당해 행위가 적법·유효한 경우에 수리할 의무를 발생하며, 신청에 따른 행위를 할 의무($^{그러나\ 신청이\ 인가신청인\ 경우에는\ 법률에\ 특별한}_{규정이\ 없는\ 한\ 수정인가는\ 인정되지\ 않는다}$)와 경우에 따라서는 확인행위를 할 의무($^{예컨대\ 당선인}_{결정\ 등}$)가 발생된다.

## 5. 사인의 공법행위의 하자

사인의 공법행위에 하자가 있는 경우에 그 행위가 행정행위를 행하기 위한 단순한 동기에 불과한 때에는 이러한 하자는 행정행위의 효력에 영향을 미치지 않는다고 보는 것이 타당하다. 그러나 이 행위가 행정행위를 행하기 위한 전제요건인 때에는 사인의 공법행위가 무효이거나 적법하게 철회된 때에는 행정행위도 전제요건을 결하게 되어 무효로 된다고 할 것이다.

그러나 사인의 공법행위가 무효가 아닌 하자가 있음에 불과한 때에는 행정행위도 원칙적으로 유효하다고 볼 것이다.13) 이러한 다수견해에 대해서는, 사인의 공법행위에 하자가 발생하더라도 법적 안정성을 이유로 하여 그에 대한 행정행위를 취소할 수 있는 경우로 보려는 견해도 주장되고 있다.14)

[1] 행정관청에 대하여 특정사항에 관한 허가신청을 하도록 위임받은 자가 위임자 명의의 서류를 위조하여 위임받지 아니한 하자있는 허가신청에 기하여 이루어진 허가처분은 무효다($^{대판\ 1974.}_{8.30,\ 74누168}$).

[2] 취득세 및 등록세는 신고납세방식의 조세로서 이러한 유형의 조세에 있어서는 원칙적으로 납세의무자가 스스로 과세표준과 세액을 정하여 신고하는 행위에 의하여 조세채무가 구체적으로 확정되고, 그 납부행위는 신고에 의하여 확정된 구체적 조세채무의 이행으로 하는 것이며 국가나 지방자치단체는 그와 같이 확정된 조세채권에 기하여 납부된 세액을 보유하는 것이므로, 납세의무자의 신고행위가 중대하고 명백한 하자로 인하여 당연무효로 되지 아니하는 한 그것이 바로 부당이득에 해당한다고 할 수 없고, 여기에서 신고행위의 하자가 중대하고 명백하여 당연무효에 해당하는지의 여부에 대하여는 신고행위의 근거가 되는 법규의 목적, 의미, 기능 및 하자 있는 신고행위에 대한 법적 구제수단 등을 목적론적으로 고찰함과 동시에 신고행위에 이르게 된 구체적 사정을 개별적으로 파악하여 합리적으로 판단하여야 한다($^{대판\ 2005.5.12,}_{2003다43346}$).

[3] 신고납세방식을 채택하고 있는 취득세에 있어서 과세관청이 납세의무자의 신고에 의하여 취득세의 납세의무가 확정된 것으로 보고 그 이행을 명하는 징수처분으로 나아간 경우, 납세의무자의 신고행위에 하자가 존재하더라도 그 하자가 당연무효 사유에 해당하지 않는 한 그 하자가 후행처분인 징수처분에 그대로 승계되지는 않는 것이고, 납세의무자의 신고행위의 하자가 중대하고 명백하여 당연무효에 해당하는지

---

13) 이와 관련된 문제에 대해서는 류지태, "제2 이동통신사업의 사업권반납과 관련한 법적 문제", 안암법학 창간호(1993), 211면 이하.

14) 김남진·김연태(Ⅰ), 144면.

여부는 신고행위의 근거가 되는 법규의 목적, 의미, 기능 및 하자 있는 신고행위에 대한 법적 구제수단 등을 목적론적으로 고찰함과 동시에 신고행위에 이르게 된 구체적 사정을 개별적으로 파악하여 합리적으로 판단하여야 한다(대판 2006. 9. 8., 2005두14394).

## 6. 관련문제 : 신고의 법적 문제

### (1) 신고의 의의

신고행위는 사인의 공법행위로서, 이를 근거로 하여 행정주체가 일정한 행정목적을 수행하게 되므로 공법적 효과의 발생을 지향하는 행위로 이해된다. 행정기관에 대한 사인의 의사표시인 신고행위는 강학적 개념상 가장 완화된 규제형태로 이해된다. 즉 이는 통상적인 형태에 있어서, 당사자가 행정청에게 일정한 사실관계에 관한 의사표시를 하면, 형식적 요건을 구비하고 있는 한 그 자체로서 법령상의 의무가 이행된 것으로 보는 것이며, 이에 따라 법령에 규정된 효과가 발생되는 행위를 말한다. 따라서 당사자로서는 일정한 행위를 하기 위하여 행정청의 의사표시를 전제로 하지 않으며, 이로 인하여 비교적 완화된 구속을 받으며 법률관계를 형성할 수 있게 된다.

### (2) 신고의 유형 및 구별기준

그러나 행정실무나 법령상 신고의 표현은 통일적이지 않으며 다양하게 사용되고 있다. 이로 인하여 같은 신고의 표현하에서도 그 실질내용에 따라 달리 이해하여야 하는 문제가 발생한다. 크게 보아 행정법령상 사용되는 신고의 의미는 두 가지로 나누어서 이해할 수 있다.

### 1) 행정청의 수리행위를 요건으로 하지 않는 신고

이 유형의 신고행위는 원래 의미에서의 신고를 의미하며, 당사자의 신고행위가 법령상 요구되는 형식적 요건을 구비하면 그 자체로서 의무가 이행된 것으로 보며, 행정청의 별도의 수리행위를 그 요건으로 하지 않는다. 따라서 당사자의 신고행위가 형식적 요건을 구비하는 한 그 자체로서 신고행위로서의 법적 효과가 발생하게 된다. 이때에 행정청의 수리행위는 접수 후의 행정청 내부절차로서의 성격만을 가질 뿐이므로 독자적인 의미를 갖지 못하게 된다. 따라서 당사자의 신고행위가 형식적 요건을 갖추었음에도 불구하고 행정청이 접수를 거부하는 때에도 이는 단순한 사실행위에 불과하므로 당사자는 이러한 접수거부행위를 다툴 수 없다. 「행정절차법」 제40조상의 신고는 이 유형에 해당한다.

[ 1 ] 행정청에 대한 신고는 일정한 법률사실 또는 법률관계에 관하여 관계 행정청에 일방적으로 통고를 하는 것을 뜻하는 것으로서 법에 별도의 규정이 있거나 다른

특별한 사정이 없는 한 행정청에 대한 통고로서 그치는 것이고, 그에 대한 행정청의 반사적 결정을 기다릴 필요가 없는 것이므로, 체육시설의 설치·이용에 관한 법률 제18조에 의한 변경신고서는 그 신고 자체가 위법하거나 그 신고에 무효사유가 없는 한 이것이 도지사에게 제출하여 접수된 때에 신고가 있었다고 볼 것이고, 도지사의 수리행위가 있어야만 신고가 있었다고 볼 것은 아니다(대판 1993.7.6, 93마635).

[2] 행정관청에 대한 신고는 일정한 법률사실 또는 법률관계에 관하여 관계 행정관청에 일방적인 통고를 하는 것을 뜻하는 것으로 법령에 별도의 규정이 있거나 다른 특별한 사정이 없는 한 행정관청에 대한 통고로써 그치는 것이고, 그에 대한 행정관청의 반사적 결정을 기다릴 필요가 없는 것인바, 구 수산업법, 구 수산업법시행령, 구 수산제조업의 허가 등에 관한 규칙의 각 규정에도 수산제조업의 신고를 하고자 하는 자는 그 규칙에서 정한 양식에 따른 수산제조업 신고서에 주요 기기의 명칭·수량 및 능력에 관한 서류, 제조공정에 관한 서류를 첨부하여 시장·군수·구청장에게 제출하면 되고, 시장·군수·구청장에게 수산제조업 신고에 대한 실질적인 검토를 허용하고 있다고 볼 만한 규정을 두고 있지 아니하고 있으므로, 수산제조업의 신고를 하고자 하는 자가 그 신고서를 구비서류까지 첨부하여 제출한 경우 시장·군수·구청장으로서는 형식적 요건에 하자가 없는 한 수리하여야 할 것이고, 나아가 관할 관청에 신고업의 신고서가 제출되었다면 담당공무원이 법령에 규정되지 아니한 다른 사유를 들어 그 신고를 수리하지 아니하고 반려하였다고 하더라도, 그 신고서가 제출된 때에 신고가 있었다고 볼 것이다(대판 1999.12.24, 98다57419, 57426).

### 2) 행정청의 수리행위를 요건으로 하는 신고

그러나 신고유형 중에는 행정청의 실질심사행위를 요하는 경우도 존재한다. 이는 외형상으로만 신고일 뿐이며 실질적으로는 당사자의 신청을 받아 이에 따라 행정청이 당사자 행위의 가부여부를 결정하게 되는 구조를 취하게 된다. 따라서 행정청의 허가행위로서의 실질을 갖게 되는 것이다. 이때에 행정청은 당사자의 신고행위를 접수하여 형식적 요건 외에 적법성 및 합목적성 등의 실질적 사항의 심사를 거쳐 이를 충족하는 때에 수리의 의사표시를 하게 된다. 따라서 이 유형의 신고행위에서는 형식적 요건을 구비한 상태로서는 아직 그 효력을 발생하지 못하며, 수리의 의사표시가 존재한 후에야 그 효력을 발생하게 된다. 물론 이때에 행정청은 수리의사표시를 한 후에도 적법성확보나 합목적성 등을 이유로 하여 수리취소처분도 할 수 있게 된다. 이러한 유형의 신고행위에 대해서는 행정청의 신고수리거부 및 수리취소에 대해 당사자는 행정쟁송을 통하여 다툴 수 있게 된다. 판례상 수리행위를 요건으로 하는 신고로 인정된 사례로는 「수산업법」에서의 신고어업에 관한 대법원 2000. 5. 26. 선고 99다37382 판결, 「주민등록법」에서의 전입신고에 관한 대법원 2009. 6. 18. 선고 2008두10997 전원합의체 판결, 「체육시설의 설치·이용에 관한 법률」에서의 체육시설업신고에 관한 대법원 1991. 7. 12. 선고 90누8350 판결, 대법원 1993. 4. 27. 선고 93누1374 판결, 「식품위생법」에서의 일반음식점영업신고에 관한 대법원 2009. 4. 23. 선고 2008 도6829 판결, 같은 법에서의 영업허가명의변경신고에 관한 대법원 1990. 10. 30. 선고 90누1649 판결, 「건축법」에서의 건축주명의변경신고에 관한 대법원 1992. 3. 31. 선고 91누4911 판결, 「액화석유가스의 안전 및 사업관리법」에서의 사업양수에 의한 지위승 계신고에 관한 대법원 1993. 6. 8. 선고 91누11544 판결 등을 참조할 수 있다.

판례는 특히 식품위생법령상의 지위승계신고의 수리(처분)에 대하여는 양면적 성격을 인정하여, 영업양수인에게는 영업자의 지위를 부여하는 수익적 효과가, 영업양도인에 대해서는 영업자의 지위를 박탈하는 부담적 효과가 발생하기 때문에, 영업양도인에 대해서는 불이익처분으로서 「행정절차법」상 사전통지 및 의견청취 절차를 준수하여야 한다고 하였고(판례1), 수리거부처분의 위법판단에 있어서 허가 등 신청의 수리거부가 실체적 사유의 미비를 이유로 한 경우에는 수리거부처분이 취소되더라도 행정청이 실질적인 심사에 들어가 종국적인 거부처분을 한다면 당사자로서는 이를 다시 다투어야 하는 등 소송경제의 측면에서 문제가 생기므로 수리거부처분의 적법 여부는 단순히 절차상의 위법(형식적 요소)만으로 판단할 것이 아니라 이미 실질적인 내용에 들어가 판단하여야 한다고 하였으며(판례2), 또한 수리행위에 신고필증의 교부 등 행위는 반드시 필요한 것은 아니라고 판시하였다(판례3).

[1] 행정청이 구 「식품위생법」상의 영업자지위승계신고 수리처분을 하는 경우, 종전의 영업자가 「행정절차법」 제2조 제4호 소정의 '당사자'에 해당하는지 여부(적극) 및 수리처분시 종전의 영업자에게 「행정절차법」 소정의 행정절차를 실시하여야 하는지 여부(적극) 행정절차법 제21조 제1항, 제22조 제3항 및 제2조 제4호의 각 규정에 의하면, 행정청이 당사자에게 의무를 과하거나 권익을 제한하는 처분을 함에 있어서는 당사자 등에게 처분의 사전통지를 하고 의견제출의 기회를 주어야 하며, 여기서 당사자라 함은 행정청의 처분에 대하여 직접 그 상대가 되는 자를 의미한다 할 것이고, 한편 구 식품위생법(2002. 1. 26. 법률 제6627호로 개정되기 전의 것) 제25조 제2항, 제3항의 각 규정에 의하면, 지방세법에 의한 압류재산 매각절차에 따라 영업시설의 전부를 인수함으로써 그 영업자의 지위를 승계한 자가 관계 행정청에 이를 신고하여 행정청이 이를 수리하는 경우에는 종전의 영업자에 대한 영업허가 등은 그 효력을 잃는다 할 것인데, 위 규정들을 종합하면 위 행정청이 구 식품위생법 규정에 의하여 영업자지위 승계신고를 수리하는 처분은 종전의 영업자의 권익을 제한하는 처분이라 할 것이고 따라서 종전의 영업자는 그 처분에 대하여 직접 그 상대가 되는 자에 해당한다고 봄이 상당하므로, 행정청으로서는 위 신고를 수리하는 처분을 함에 있어서 행정절차법 규정 소정의 당사자에 해당하는 종전의 영업자에 대하여 위 규정 소정의 행정절차를 실시하고 처분을 하여야 한다(대판 2003.2.14, 2001두7015).15)

[ 2 ] 개인택시 운송사업면허신청 접수거부처분의 적법 여부를 절차상의 위법만으로 판단할 것이 아니고 실질적 내용에 들어가 판단함이 상당한 경우    원고들이 모두 신청자격을 갖추어 자동차운수사업법 제4조와 같은법시행규칙 제15조의 규정에 의하여 개인택시 면허신청을 하였으므로 피고로부터 개인택시 면허 부여와 관련된 사실상의 업무들을 내부적으로 위임받아 이를 보조하는 의미에서 신청서 접수업무를 담당한 각 구청 접수공무원들로서는 당연히 형식적 요건을 갖춘 원고들의 신청을 수리하여야 할 것인데 이를 거부하였으니 이는 원고들에게 보장된 절차적 신청권을 침해한 것으로 위법하다고 할 것이나, 한편 원고들이 수리거부처분의 취소를 구하는 사유는 단순한 절차적 권리침해가 아니라 예비적 청구에서 주장하는 것과 같은 실체적 권리의 침해에 있고, 이 사건 개인택시 면허신청과 같이 그 수리를 구하는 사인의 공법행위가 허가 등 행정청의 일정한 적극적 처분을 구하는 것인 때에는 위법한 수리거부처분이 취소된다고 하더라도 그에 따라 행정청이 당해 신청에 대한 실질적인 심사에 들어가 다시 종국적인 거부처분을 하는 경우 그 거부처분에 대하여 다시 취소의 행정심판 또는 소송을 제기하여야만 종국적인 권리구제가 되는 점 및 이 사건 개인택시 면허신청 접수업무를 담당한 구청공무원들은 피고가 시달한 지침과 모집공고문의 내용에 따라 형식적 요건의 구비만을 심사하는데 그친 것이 아니라 실질적인 심사에까지 나아가 공고된 신청자격과 우선순위의 기준에 미달하는 것이 신청서 기재나 첨부서류 자체에 의하여 명백한 자에 대하여는 그 신청서의 수리 자체를 거부한 점에 비추어 피고의 이 사건 수리거부처분은 원고들이 공고된 면허기준에 미달하여 면허발급 대상자에서 제외될 것이 확실하므로 업무의 효율상 미리 신청단계에서 이를 배제한 것으로 사실상의 면허거부처분이라고 할 것이고, 따라서 그 적법 여부는 실체적 사유 즉 공고된 면허기준상 우선순위 조항에의 해당 여부에 따라 가려져야 한다. 이 사건 수리거부처분이 단순히 형식적인 절차상의 것에 그치는 것이 아니고 실질적으로 원고들이 면허발급 대상자에 해당하지 아니하는 사실이 명백함에 기인한 것이라면 이 사건 수리거부처분의 적법 여부는 절차상의 위법만으로 판단할 것이 아니고

15) 참조판례: 구 「식품위생법」 제39조 제1항, 제3항에 따라 영업자 지위 승계신고를 하여야 하는 '영업양도'가 있다고 볼 수 있는지에 관한 기준: 구 식품위생법(2010. 1. 18. 법률 제9932호로 개정되기 전의 것, 이하 '구법'이라 한다) 제39조는 제1항에서 영업자가 영업을 양도하는 경우에는 양수인이 영업자의 지위를 승계한다고 규정하면서, 제3항에서 제1항에 따라 영업자의 지위를 승계한 자는 보건복지가족부령으로 정하는 바에 따라 1개월 이내에 그 사실을 관할 당국에 신고하도록 규정하고 있고, 위 영업양도에 따른 지위승계신고를 수리하는 허가관청의 행위는 단순히 양도인과 양수인 사이에 이미 발생한 사법상 사업양도의 법률효과에 의하여 양수인이 영업을 승계하였다는 사실의 신고를 접수하는 행위에 그치는 것이 아니라, 실질적으로 양도자의 사업허가 등을 취소함과 아울러 양수자에게 적법하게 사업을 할 수 있는 권리를 설정하여 주는 행위로서 사업허가자 등의 변경이라는 법률효과를 발생시키는 행위라고 할 것이므로, 위와 같은 영업양도가 있다고 볼 수 있는지 여부는 영업양도로 인하여 구법상의 영업자의 지위가 양수인에게 승계되어 양도인에 대한 사업허가 등이 취소되는 효과가 발생함을 염두에 두고, 양수인이 유기적으로 조직화된 수익의 원천으로서의 기능적 재산을 이전받아 양도인이 하던 것과 같은 영업적 활동을 계속하고 있다고 볼 수 있는지에 따라 판단되어야 한다(대법원 2012.01.12. 선고 2011도6561 판결).

실질적인 내용에 들어가 판단함이 당사자의 의사나 소송경제적인 면에서 상당하다 (대판 1996.7.30, 95누12897).

[3] **납골당설치 신고가 '수리를 요하는 신고'인지 여부(적극) 및 수리행위에 신고필증 교부 등 행위가 필요한지 여부(소극)** 　구 장사 등에 관한 법률(2007. 5. 25. 법률 제8489호로 전부 개정되기 전의 것, 이하 '구 장사법'이라 한다) 제14조 제1항, 구 장사 등에 관한 법률 시행규칙(2008. 5. 26. 보건복지가족부령 제15호로 전부 개정되기 전의 것) 제7조 제1항 [별지 제7호 서식] 을 종합하면, 납골당설치 신고는 이른바 '수리를 요하는 신고'라 할 것이므로, 납골당설치 신고가 구 장사법 관련 규정의 모든 요건에 맞는 신고라 하더라도 신고인은 곧바로 납골당을 설치할 수는 없고, 이에 대한 행정청의 수리처분이 있어야만 신고한 대로 납골당을 설치할 수 있다. 한편 수리란 신고를 유효한 것으로 판단하고 법령에 의하여 처리할 의사로 이를 수령하는 수동적 행위이므로 수리행위에 신고필증 교부 등 행위가 꼭 필요한 것은 아니다(대판 2011.9.8, 2009두6766).

### (3) 최근의 판례동향

사인의 공법행위로서의 신고와 관련하여 종래 대표적으로 논의된 것은 「건축법」상 건축신고의 사례이다. 건축신고를 중심으로 보면 최근까지 판례상 일련의 변화경향을 감지할 수 있다.

즉, 종래 대법원은 「건축법」상의 건축신고는 이를 대표적인 '수리를 요하지 아니하는 신고'로 보았고, 행정청이 이를 수리하는 행위는 항고소송의 대상으로서의 처분성이 없어 당사자가 그 반려행위를 수리거부처분으로 보고 취소소송을 제기하더라도 소의 대상적격이 없다고 보아 부적법 각하하는 입장을 견지해 왔었다.[16]

그런데 최근 대법원은 2010.11.18. 선고 2008두167 전원합의체 판결에서, 수리를 요하는지 여부에 관한 종전의 판단을 명시적으로 하지는 않은 채, 행정청의 어떤 행위가 항고소송의 대상이 될 수 있는지의 문제는 추상적·일반적으로 결정할 수 없고, 구체적인 경우 행정처분은 행정청이 공권력의 주체로서 행하는 구체적 사실에 관한 법집행으로서 국민의 권리의무에 직접적으로 영향을 미치는 행위라는 점을 염두에 두고, 관련 법령의 내용과 취지, 그 행위의 주체·내용·형식·절차, 그 행위와 상대방 등 이해관계인이 입는 불이익과의 실질적 견련성, 그리고 법치행정의 원리와 당해 행위에 관련한 행정청 및 이해관계인의 태도 등을 참작하여 개별적으로 결정하여야 한다고 전제하고, 관련 규정을 종합하면 「건축법」상 건축신고의 반려행위 또는 수리거부행위는 항고소송의 대상인 처분성이 인정된다고 하여 이러한 취지와 배치되는 대법원 1967. 9. 19. 선고 67누71 판결, 대법원 1995. 3. 14. 선고 94누9962 판결, 대법원

---

16) 대판 1967.9.19, 67누71; 대판 1995.3.14, 94누9962; 대판 1997.4.25, 97누3187; 대판 1998.9.22, 98두10189; 대판 1999.10.22, 98두18435; 2000.9.5, 99두8800 등 다수.

1997. 4. 25. 선고 97누3187 판결, 대법원 1998. 9. 22. 선고 98두10189 판결, 대법원 1999. 10. 22. 선고 98두18435 판결, 대법원 2000. 9. 5. 선고 99두8800 판결 등 종전 판결들을 모두 변경하였다.

구 건축법(2008. 3. 21. 법률 제8974호로 전부 개정되기 전의 것) 관련 규정의 내용 및 취지에 의하면, 행정청은 건축신고로써 건축허가가 의제되는 건축물의 경우에도 그 신고 없이 건축이 개시될 경우 건축주 등에 대하여 공사 중지·철거·사용금지 등의 시정명령을 할 수 있고(제69조 제1항), 그 시정명령을 받고 이행하지 않은 건축물에 대하여는 당해 건축물을 사용하여 행할 다른 법령에 의한 영업 기타 행위의 허가를 하지 않도록 요청할 수 있으며(제69조 제2항), 그 요청을 받은 자는 특별한 이유가 없는 한 이에 응하여야 하고(제69조 제3항), 나아가 행정청은 그 시정명령의 이행을 하지 아니한 건축주 등에 대하여는 이행강제금을 부과할 수 있으며(제69조의2 제1항 제1호), 또한 건축신고를 하지 않은 자는 200만원 이하의 벌금에 처해질 수 있다(제80조 제1호, 제9조). 이와 같이 건축주 등은 신고제하에서도 건축신고가 반려될 경우 당해 건축물의 건축을 개시하면 시정명령, 이행강제금, 벌금의 대상이 되거나 당해 건축물을 사용하여 행할 행위의 허가가 거부될 우려가 있어 불안정한 지위에 놓이게 된다. 따라서 건축신고 반려행위가 이루어진 단계에서 당사자로 하여금 반려행위의 적법성을 다투어 그 법적 불안을 해소한 다음 건축행위에 나아가도록 함으로써 장차 있을지도 모르는 위험에서 미리 벗어날 수 있도록 길을 열어 주고, 위법한 건축물의 양산과 그 철거를 둘러싼 분쟁을 조기에 근본적으로 해결할 수 있게 하는 것이 법치행정의 원리에 부합한다. 그러므로 건축신고 반려행위는 항고소송의 대상이 된다고 보는 것이 옳다( 대판 2010.11.18, 2008두167(전합) ).

한편 대법원은 2011.1.20. 선고한 2010두14954 전원합의체 판결의 다수견해에서 「건축법」상 건축신고가 관련 법령에 의해 인·허가의제 효과를 수반하는 경우에는 이를 '수리를 요하는 신고'로 보아야 하고, 따라서 「국토의 계획 및 이용에 관한 법률」상의 개발행위허가로 의제되는 건축신고가 개발행위허가의 기준을 갖추지 못한 경우, 행정청은 그 수리를 거부할 수 있다고 판시하였다.[17]

---

17) 대법원은 이러한 취지를 건축허가에 대해서 적용하고 있다. 즉, 최근 대법원은 「건축법」상 인허가의제 제도의 취지 및 도시계획시설인 주차장에 대한 건축허가신청 시 국토의 계획 및 이용에 관한 법령이 정한 도시계획시설사업에 관한 실시계획인가 요건을 충족해야 하는지 여부가 문제된 사안에서, "건축법에서 인허가의제 제도를 둔 취지는, 인허가의제사항과 관련하여 건축허가의 관할 행정청으로 창구를 단일화하고 절차를 간소화하며 비용과 시간을 절감함으로써 국민의 권익을 보호하려는 것이지, 인허가의제사항 관련 법률에 따른 각각의 인허가 요건에 관한 일체의 심사를 배제하려는 것으로 보기는 어려우므로, 도시계획시설인 주차장에 대한 건축허가 신청을 받은 행정청으로서는 건축법상 허가 요건뿐 아니라 국토의 계획 및 이용에 관한 법령이 정한 도시계획시설사업에 관한 실시계획인가 요건도 충족하는 경우에 한하여 이를 허가해야 한다"고 판시하였다(대판 2015.7.9, 2015두39590).

「건축법」 제14조 제2항에 의한 인·허가의제 효과를 수반하는 건축신고가 행정청이 그 실체적 요건에 관한 심사를 한 후 수리하여야 하는 이른바 '수리를 요하는 신고'인지 여부 (적극)    건축법에서 인·허가의제 제도를 둔 취지는, 인·허가의제사항과 관련하여 건축허가 또는 건축신고의 관할 행정청으로 그 창구를 단일화하고 절차를 간소화하며 비용과 시간을 절감함으로써 국민의 권익을 보호하려는 것이지, 인·허가의제사항 관련 법률에 따른 각각의 인·허가 요건에 관한 일체의 심사를 배제하려는 것으로 보기는 어렵다. 왜냐하면, 건축법과 인·허가의제사항 관련 법률은 각기 고유한 목적이 있고, 건축신고와 인·허가의제사항도 각각 별개의 제도적 취지가 있으며 그 요건 또한 달리하기 때문이다. 나아가 인·허가의제사항 관련 법률에 규정된 요건 중 상당수는 공익에 관한 것으로서 행정청의 전문적이고 종합적인 심사가 요구되는데, 만약 건축신고만으로 인·허가의제사항에 관한 일체의 요건 심사가 배제된다고 한다면, 중대한 공익상의 침해나 이해관계인의 피해를 야기하고 관련 법률에서 인·허가 제도를 통하여 사인의 행위를 사전에 감독하고자 하는 규율체계 전반을 무너뜨릴 우려가 있다. 또한 무엇보다도 건축신고를 하려는 자는 인·허가의제사항 관련 법령에서 제출하도록 의무화하고 있는 신청서와 구비서류를 제출하여야 하는데, 이는 건축신고를 수리하는 행정청으로 하여금 인·허가의제사항 관련 법률에 규정된 요건에 관하여도 심사를 하도록 하기 위한 것으로 볼 수밖에 없다. 따라서 인·허가의제 효과를 수반하는 건축신고는 일반적인 건축신고와는 달리, 특별한 사정이 없는 한 행정청이 그 실체적 요건에 관한 심사를 한 후 수리하여야 하는 이른바 '수리를 요하는 신고'로 보는 것이 옳다(일정한 건축물에 관한 건축신고는 건축법 제14조 제2항, 제11조 제5항 제3호에 의하여 국토의 계획 및 이용에 관한 법률 제56조에 따른 개발행위허가를 받은 것으로 의제되는데, 국토의 계획 및 이용에 관한 법률 제58조 제1항 제4호에서는 개발행위허가의 기준으로 주변 지역의 토지이용실태 또는 토지이용계획, 건축물의 높이, 토지의 경사도, 수목의 상태, 물의 배수, 하천·호소·습지의 배수 등 주변 환경이나 경관과 조화를 이룰 것을 규정하고 있으므로, 국토의 계획 및 이용에 관한 법률상의 개발행위허가로 의제되는 건축신고가 위와 같은 기준을 갖추지 못한 경우 행정청으로서는 이를 이유로 그 수리를 거부할 수 있다고 본 사례)(대판 2011.1.20, 2010두14954(전합)).

또한 대법원은 최근 위 2008두167 전원합의체 판결과 동일한 전제에서 「건축법」 제21조 소정의 착공신고에 대해서도 그 수리거부행위는 항고소송의 대상인 처분성이 있다고 인정하였다.

행정청의 착공신고 반려행위가 항고소송의 대상이 되는지 여부(적극)    행정청의 어떤 행위가 항고소송의 대상이 될 수 있는지의 문제는 추상적·일반적으로 결정할 수 없고, 구체적인 경우 행정처분은 행정청이 공권력의 주체로서 행하는 구체적 사실에 관한 법집행으로서 국민의 권리의무에 직접적으로 영향을 미치는 행위라는 점을 염두에 두고, 관련 법령 내용과 취지, 행위 주체·내용·형식·절차, 행위와 상대방 등

이해관계인이 입는 불이익의 실질적 견련성, 그리고 법치행정의 원리와 당해 행위에 관련된 행정청 및 이해관계인의 태도 등을 참작하여 개별적으로 결정하여야 하여야 하는바, 구 건축법(2008. 3. 21. 법률 제8974호로 전부 개정되기 전의 것)의 관련 규정에 따르면, 행정청은 착공신고의 경우에도 신고 없이 착공이 개시될 경우 건축주 등에 대하여 공사중지·철거·사용금지 등의 시정명령을 할 수 있고(제69조 제1항), 시정명령을 받고 이행하지 아니한 건축물에 대하여는 당해 건축물을 사용하여 행할 다른 법령에 의한 영업 기타 행위의 허가를 하지 않도록 요청할 수 있으며(제69조 제2항), 요청을 받은 자는 특별한 이유가 없는 한 이에 응하여야 하고(제69조 제3항), 나아가 행정청은 시정명령의 이행을 하지 아니한 건축주 등에 대하여는 이행강제금 을 부과할 수 있으며(제69조의2 제1항 제1호), 또한 착공신고를 하지 아니한 자는 200만 원 이하의 벌금에 처해질 수 있다(제80조 제1호, 제9조). 이와 같이 건축주 등 으로서는 착공신고가 반려될 경우, 당해 건축물의 착공을 개시하면 시정명령, 이행강 제금, 벌금의 대상이 되거나 당해 건축물을 사용하여 행할 행위의 허가가 거부될 우 려가 있어 불안정한 지위에 놓이게 된다. 따라서 착공신고 반려행위가 이루어진 단계 에서 당사자로 하여금 반려행위의 적법성을 다투어 법적 불안을 해소한 다음 건축행 위에 나아가도록 함으로써 장차 있을지도 모르는 위험에서 미리 벗어날 수 있도록 길을 열어 주고, 위법한 건축물의 양산과 철거를 둘러싼 분쟁을 조기에 근본적으로 해결할 수 있게 하는 것이 법치행정의 원리에 부합한다. 그러므로 행정청의 착공신고 반려행위는 항고소송의 대상이 된다고 보는 것이 옳다(대판 2011.6.10, 2010두7321).

이상 최근의 경향을 종합해보면, 판례는 신고행위의 법적 성질을 파악함에 있어 종래와 같은 수리를 요하는지 아닌지 여부에 관한 이분법도 여전히 중요한 기준으로 보지만, 그러한 이분법을 명시적으로 적용하지 않고서도 신고가 반려됨에 따라 관계 법령상 당사자에게 미칠 수 있는 불이익 등을 개별적·구체적으로 검토하여 수리거부 행위의 처분성 여부를 판단하는 방향으로 점차 나아가고 있다고 보여진다.

## 제 3 절 행정법관계의 변동 : 공권과 공의무의 승계

행정법관계는 기본적으로 이에 관계하는 법주체간의 권리의무관계로 나타난다. 그리고 한 번 발생한 법률관계는 그러한 권리·의무에 변동이 생김에 따라 변화하게 된다. 그러한 대표적인 예로 권리·의무의 승계를 들 수 있다. 이하에서는 행정법관계 상의 권리·의무인 공권과 공의무를 중심으로 이점을 살펴보기로 한다.

## I. 공권·공의무의 의의

공권이란 앞서 설명한 바와 같이 행정법관계상 개인이 법령상 국가에 대하여 가지는 주관적인 법적 지위를 의미한다. 공의무는 공권에 대응하는 개념이며, 공법관계에 있어서 공법규정에 의하여 일정한 내용의 의사상의 구속을 받는 것을 말한다. 공권이 국가적 공권과 개인적 공권으로 나뉘는 바와 같이, 공의무도 그 주체에 따라 국가적 공의무와 개인적 공의무로 나뉘며, 그 내용은 작위의무($\binom{\text{예: 경찰권발동의무,}}{\text{영업허가발령의무}}$), 부작위의무($\binom{\text{예: 급부행정에서의}}{\text{과잉급부금지의무}}$), 수인의무($\binom{\text{예: 무허가건축물}}{\text{철거시의 수인의무}}$), 급부의무($\binom{\text{예: 공과금}}{\text{납부의무}}$)로 구별된다.

개인적 공권에 상응하여 개인적 공의무는 그 성질에 있어서 일신전속적인 경우는 포기와 이전이 제한되고, 의무불이행시에 행정상 강제집행의 방법이 이용되며, 의무위반시에 행정벌이 가해지는 특성을 갖는다.

## II. 공권·공의무의 승계

### 1. 논의의 의미

공권과 공의무는 원칙적으로 행정청과 일정한 법률관계를 갖는 사인의 행정청에 대한 관계에서 성립하는 것이다. 따라서 이러한 당사자의 지위는 행정청과 더 이상 법률관계를 갖지 않게 되는 경우에는 성립하지 않게 된다. 이때에는 당사자로부터 법률관계를 승계한 새로운 당사자($\binom{\text{이는 법인의 경우에는 합병 등에 의하여, 개인의 경우에는}}{\text{상속이나 영업의 양도, 매매 등을 통하여 이루어진다}}$)와 행정청과의 관계가 문제로 되며, 이는 공권과 공의무의 승계문제로 된다. 이 중에서 논의의 중심은 특히 공의무의 승계문제이다.

### 2. 논의의 해결

공의무의 승계문제에 대해서는 우선적으로 법률규정을 검토하여야 한다. 공의무를 통하여 달성하려는 행정목적수행의 안정적 보장을 위하여 입법자가 특별한 규율을 직접 하고 있는 때에는 이러한 의사가 우선시되어야 하기 때문이다. 이와 같이 직접 규율하고 있는 법률규정을 보면 원칙적으로는 그 승계를 인정하고 있으나($\binom{\text{예: 도시개발법 제73조, 공}}{\text{중위생관리법 제11조의 3 등}}$), 새로이 그 지위를 승계한 당사자의 이해관계를 고려하여 일정한 경우에는 승계를 부정하는 내용도 포함하는 경우가 있다($\binom{\text{예: 식품위생법}}{\text{제78조 단서}}$). 그러나 이러한 법률규정이 없는 때에는 당해 공의무의 성질에 따라서 검토하여야 한다. 즉 당해 공의무가 그 성질에 있어서 일신전속적인 경우에는 이전 또는 승계가 허용되지 않는 것으로 보아야 하며, 일신전속성이 부정되는 경우에는 의무의 이전 또는 승계가 인정되는 것으로 보아야 한다.

석유판매업자의 지위를 승계한 자에 대하여 종전의 석유판매업자가 유사석유제품을 판매하는 위법행위를 하였다는 이유로 사업정지 등 제재처분을 취할 수 있는지 여부(적극)

석유사업법 제 9 조 제 3 항 및 그 시행령이 규정하는 석유판매업의 적극적 등록요건과 제 9 조 제 4 항, 제 5 조가 규정하는 소극적 결격사유 및 제 9 조 제 4 항, 제 7 조가 석유판매업자의 영업양도, 사망, 합병의 경우뿐만 아니라 경매 등의 절차에 따라 단순히 석유판매시설만의 인수가 이루어진 경우에도 석유판매업자의 지위승계를 인정하고 있는 점을 종합하여 보면, 석유판매업 등록은 원칙적으로 대물적 허가의 성격을 갖고, 또 석유판매업자가 같은 법 제26조의 유사석유제품 판매금지를 위반함으로써 같은 법 제13조 제 3 항 제 6 호, 제 1 항 제11호에 따라 받게 되는 사업정지 등의 제재처분은 사업자 개인의 자격에 대한 제재가 아니라 사업의 전부나 일부에 대한 것으로서 대물적 처분의 성격을 갖고 있으므로, 위와 같은 지위승계에는 종전 석유판매업자가 유사석유제품을 판매함으로써 받게 되는 사업정지 등 제재처분의 승계가 포함되어 그 지위를 승계한 자에 대하여 사업정지 등의 제재처분을 취할 수 있다고 보아야 하고, 같은 법 제14조 제 1 항 소정의 과징금은 해당 사업자에게 경제적 부담을 주어 행정상의 제재 및 감독의 효과를 달성함과 동시에 그 사업자와 거래관계에 있는 일반 국민의 불편을 해소시켜 준다는 취지에서 사업정지처분에 갈음하여 부과되는 것일 뿐이므로, 지위승계의 효과에 있어서 과징금부과처분을 사업정지처분과 달리 볼 이유가 없다(대판 2003.10.23, 2003두8005).

## 3. 논의의 영역

공의무의 승계문제는 행정실무에서는 실체법적 효력의 측면과 소송법적 효력의 측면에서 나타날 수 있다. 실체법적 측면에서는, 기존 사업자에 대한 제재처분효력이 새로운 사업자에게 유효한가(판례 1) 또는 기존 사업자의 행정법상 의무이행이(허가나 신고 의무의 이행 등) 새로운 사업자에게도 그대로 유효한가 등의 문제로 나타난다(판례 2). 소송법적 측면에서는 양도인에 대한 허가취소를 양수인이 다툴 법률상 이익이 있는가 등의 문제로 나타나게 된다(판례 3).

[1] 구 공중위생관리법 제11조 제 5 항에서, 영업소폐쇄명령을 받은 후 6월이 지나지 아니한 경우에는 동일한 장소에서는 그 폐쇄명령을 받은 영업과 같은 종류의 영업을 할 수 없다고 규정하고 있고, 법시행규칙 제19조 [별표 7] 행정처분기준 Ⅱ. 개별기준 1. 숙박업에서 업주의 위반사항에 대하여 3차 또는 4차 위반시에는 영업장폐쇄명령을 하고, 그보다 위반횟수가 적을 경우에는 영업정지, 개선명령 등을 할 수 있도록 규정하고 있는 점 등을 고려하여 볼 때 영업정지나 영업장폐쇄명령 모두 대물적 처분으로 보아야 할 것이고, 아울러 법 제 3 조 제 1 항에서 보건복지부장관은 공중위생영업자로 하여금 일정한 시설 및 설비를 갖추고 이를 유지·관리하게 할 수 있

으며, 제 2 항에서 공중위생영업자가 영업소를 개설한 후 시장 등에게 영업소개설사실을 통보하도록 규정하는 외에 공중위생영업에 대한 어떠한 제한규정도 두고 있지 아니한 것은 공중위생영업의 양도가 가능함을 전제로 한 것이라 할 것이므로, 양수인이 그 양수 후 행정청에 새로운 영업소개설통보를 하였다 하더라도, 그로 인하여 영업양도·양수로 영업소에 관한 권리의무가 양수인에게 이전하는 법률효과까지 부정되는 것은 아니라 할 것인바, 만일 어떠한 공중위생영업에 대하여 그 영업을 정지할 위법사유가 있다면, 관할 행정청은 그 영업이 양도·양수되었다 하더라도 그 업소의 양수인에 대하여 영업정지처분을 할 수 있다고 봄이 상당하다(대판 2003.3.14, 2003두353).

　[2] 구 풍속영업의규제에관한법률 아래에서는 영업의 양도 등으로 인한 업주의 변경은 변경신고의 대상이 될 수 없는 것으로 해석되고, 달리 영업의 승계 등에 관한 규정이 없는 이상, 기왕에 신고를 마친 업주로부터 노래연습장 영업을 양수한 자는 새로이 자기 명의로 영업신고를 하여야 하고, 이와 같은 신고를 하지 아니한 채 영업을 한 때에는 과태료가 부과되거나 형사처벌된다(대판 2003.7.25, 2002도4872).

　[3] 산림법이 수허가자의 명의변경제도를 두고 있는 취지는, 채석허가가 일반적·상대적 금지를 해제하여 줌으로써 채석행위를 자유롭게 할 수 있는 자유를 회복시켜 주는 것일 뿐 권리를 설정하는 것이 아니어서 관할 행정청과의 관계에서 수허가자의 지위의 승계를 직접 주장할 수는 없다 하더라도, 채석허가가 대물적 허가의 성질을 아울러 가지고 있고 수허가자의 지위가 사실상 양도·양수되는 점을 고려하여 수허가자의 지위를 사실상 양수한 양수인의 이익을 보호하고자 하는 데 있는 것으로 해석되므로, 수허가자의 지위를 양수받아 명의변경신고를 할 수 있는 양수인의 지위는 단순한 반사적 이익이나 사실상의 이익이 아니라 산림법령에 의하여 보호되는 직접적이고 구체적인 이익으로서 법률상 이익이라고 할 것이고, 채석허가가 유효하게 존속하고 있다는 것이 양수인의 명의변경신고의 전제가 된다는 의미에서 관할 행정청이 양도인에 대하여 채석허가를 취소하는 처분을 하였다면 이는 양수인의 지위에 대한 직접적 침해가 된다고 할 것이므로 양수인은 채석허가를 취소하는 처분의 취소를 구할 법률상 이익을 가진다(대판 2003.7.11, 2001두6289).


# 제 4 절　행정법관계에 대한 사법규정의 적용문제


## Ⅰ. 문제의 소재

　행정법은 그 역사도 짧지만 그 대상의 다양성으로 인해 통일적인 법전도 존재하지 않으므로 법규정의 공백이 현실적인 문제로 제기된다. 따라서 행정법관계에 이러한 법규정의 공백이 생기는 경우에 여기에 사법규정이나 사법원리가 어떻게 적용될 수 있는가 하는 것이 문제될 수 있다. 이는 공법과 사법이라는 이원적인 법체계를 유지하고 있는 나라에서는 현실적인 문제로서 나타나게 된다.

## Ⅱ. 학설의 입장

### 1. 부 정 설

공법과 사법의 독자성을 강조하여 사법원칙의 적용을 부정하려는 견해이나, 오늘날 이러한 견해는 주장되지 않는다.

### 2. 긍 정 설

사법규정에 의해 공법규정의 흠결을 보충할 수 있다는 견해로서, 이는 다시 근거에 있어서 세분된다.

#### (1) 직접적용설

사법규정의 대부분은 법의 일반원리로서의 성질을 가지므로 공법영역에도 일반적으로, 그리고 직접적으로 적용된다고 한다. 그러나 이 견해는 공법관계와 사법관계의 기본적인 차이를 간과하고 있다는 비판을 받는다.

#### (2) 유추적용설

공법과 사법의 특수성을 인정하여 사법규정의 직접적 적용을 인정하지 않으며 단지 사법규정을 유추적용할 수 있다고 한다. 이것이 우리나라의 일반적인 견해로서,[18] 이때의 유추적용의 정도는 유추적용되는 사법규정의 성질과 유추적용하려는 공법관계의 성질(즉 당해 법률관계가 권력관계인가 비권력관계인가에 따른 성질)에 따라서 결정되어진다고 한다.

## Ⅲ. 사법규정의 유추적용의 한계

### 1. 사법규정의 내용에 따른 한계

사법규정 중에서 일반 법원리적 의미를 갖는 규정이나 법의 기술적 규정은 공법관계에도 적용될 수 있다. 이러한 내용으로는 신의성실원칙·권리남용금지원칙·자연인·법인·물건·의사표시·대리·부관·기간·시효 등의 민법총칙 규정을 비롯하여 사무관리·부당이득·불법행위 등 채권법적 규정이 포함된다.

---

18) 김남진·김연태(Ⅰ), 125면.

## 2. 공법관계의 유형에 따른 한계

공법관계 중에서 권력관계는 행정주체의 의사의 우월성이 인정되는 관계로서 일반 사법관계와는 본질적으로 상이한 것이므로, 일반 법원리로서의 사법규정 이외에는 다른 사법규정이 유추적용되지 않는다고 보아야 한다. 그러나 이에 반해 비권력관계에서는 법률관계의 내용이 행정목적의 달성과 밀접한 관련을 갖는다는 것 이외에는 사인과 대등한 관계를 형성하고 있는 것이므로, 특별한 법률규정이 있거나 실정법 전체의 체계에 비추어 해석상 당해 관계가 행정목적의 달성을 위하여 필요한 경우에 한하여 공법규정이 적용되고, 그 이외에는 일반적으로 사법규정이 적용된다.

# 제 5 절  행정법관계론의 현실적 의의

종래 행정법이론체계 내에서는 의례 행정상 법률관계론을 기본적 내용으로 다루어 왔다. 그러나 실무상으로는 주로 행정주체의 개별·구체적 행위의 위법 또는 적법의 문제가 더 중요하게 다루어졌고, 행정법관계 자체는 그에 비하여 특별한 의미를 부여받지 못한 것이 사실이다. 예컨대 행정주체의 처분(행정행위)이 위법하여 이를 행정 스스로 직권으로 취소하거나 국민이 법원에 그 처분의 취소소송을 제기하여 승소함으로써 법원이 당해 처분을 취소하면 그로써 당사자인 국민의 권리구제가 성취되는 것일 뿐, 이에서 더 나아가 당해 행정법관계의 소멸 내지 변동을 논할 여지는 없었기 때문이다.

그러나 행정법관계 중 행정청의 사실행위나 사인의 공법행위에 의한 경우처럼 행정주체의 개별·구체적 조치가 없이 성립된 법률관계에서의 당사자인 국민의 권리구제를 위해서는 위에서와 같은 통상적인 권리구제 수단이 아닌 공법상 법률관계 그 자체를 다툴 수 있는 수단이 필요하고, 그러한 수단이 바로 「행정소송법」상 당사자소송이 된다. 이처럼 행정법관계론은 오늘날 행정소송상 당사자소송에 의하여 공법상 법률관계에 관한 다툼을 논할 때 그 현실적 의미를 갖게 됨을 유념하여야 한다. 이에 상세한 내용은 행정구제론에서 설명하기로 한다.

# 제 3 편

# 행정작용론

# 제 1 장  행정작용 일반론

| | |
|---|---|
| 제 1 절  행정작용의 형식론 | Ⅰ. 신뢰보호원칙 |
| | Ⅱ. 비례성원칙 |
| 제 2 절  행정작용의 일반원칙 | Ⅲ. 평등원칙 |
| | Ⅳ. 부당결부금지원칙 |

## 제 1 절  행정작용의 형식론

행정작용은 행정수요를 해결하기 위한 수단이므로 수요의 다양성만큼이나 다양
한 행정작용의 유형이 존재할 수 있다. 따라서 행정작용의 유형은 한정되지 않는다.
그러나 이와 같이 다양한 행정작용의 유형들을 체계적으로 이해하지 않고서는 행정작
용과 관련된 법적 안정성은 확보되기 어렵다. 따라서 법치국가원리의 이념에 비추어
행정작용 유형은 어느 정도 정형화될 필요가 있으며, 이에 따른 구별논의가 행정작용

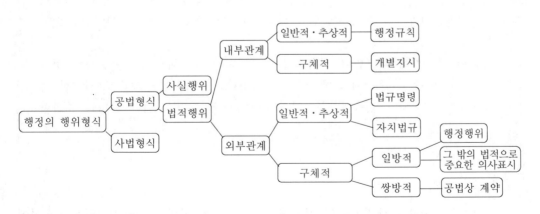

출처 : Maurer, *Allgemeines Verwaltungsrecht*, 16. Aufl., 2006, S. 188.

의 형식론이라고 말할 수 있다. 이에 따르면, 행정작용은 행정행위, 행정입법, 사실행위, 공법상 계약의 4유형으로 대별할 수 있다. 각 유형은 독자적인 개념, 성립요건, 위법성 유형, 법적 효과, 권리구제방법 등에서 차이를 갖는다. 따라서 행정수요에 따라서 나타나게 되는 행정작용들은 그 명칭에 상관없이 정형화된 이러한 유형틀 속에서 고찰될 수 있다.

# 제 2 절   행정작용의 일반원칙

행정작용의 개별 행위형식들에 공통적으로 적용될 수 있는 일반원칙으로는 다음과 같은 네 가지를 들 수 있다.

## Ⅰ. 신뢰보호원칙

**기본 사례**

甲조합은 강남구 도곡동 일대에 조합주택아파트를 건축하기 위하여 건축가능성 여부를 서울시에 문의하였다. 이에 대해 서울시는 조합이 합법적으로 결성되면 건축허가는 문제가 없다는 회신을 보내왔다. 이에 甲조합은 직장주택조합을 결성하고 乙건설회사를 건축시공자로 선정하며, 본격적으로 서울시에 건축허가를 신청하였다.
   1) 그러나 서울시는 이러한 신청에 대해 당해 지역이 그 사이에 공원구역으로 지정되었다면서 건축허가를 거부하였다. 甲조합은 법적 대응방법이 있는가?
   2) 만일 이때에 甲조합이 건축허가신청을 받아 시공회사가 기초공사를 하고 있던 도중, 서울시에 의해 건축허가신청서의 기재사항을 허위로 작성한 사실이 지적되어 건축허가신청이 취소되었다면 어떠한 법적 방법을 주장할 수 있는가?
(풀이는 164면)

### 1. 의   의

신뢰보호원칙이란 행정기관의 적극적 또는 소극적 행위의 정당성 또는 존속성에 대한 개인의 보호가치 있는 신뢰를 보호해주는 원칙을 말한다. 이 원칙은 독일 행정법의 발전과 밀접한 관련을 갖고 있으나, 영미행정법상의 금반언의 법리(estoppel)도 이와 비슷한 이념하에서 인정되는 것이라고 볼 수 있다. 이 원칙의 적용에 의해서는 행정의 적법성(또는 합법성)의 원칙과 갈등관계가 형성될 수 있으며, 후자의 원칙을 배제할 만한 우월한 사정이 있는 경우에 그 효력을 인정할 수 있게 된다.

## 2. 인정근거

이에 관해서는 ① 신의칙설과 ② 법적 안정성설이 주장되고 있다. 전자는 신의성실의 원칙에 근거하여 신뢰보호원칙을 도출하려는 견해이다. 물론 신의성실의 원칙이 개념상 신뢰보호원칙과 밀접한 관련을 갖는다는 점은 부정하기 어려울 것이다. 판례 또한 신의성실의 원칙과 신뢰보호원칙을 그 근원에 있어서 동일한 것으로 보는 입장을 보이고 있다.

> 신의성실의 원칙은 법률관계의 당사자는 상대방의 이익을 배려하여 형평에 어긋나거나 신뢰를 저버리는 내용 또는 방법으로 권리를 행사하거나 의무를 이행하여서는 아니 된다는 추상적 규범을 말하는 것으로서, 신의성실의 원칙에 위배된다는 이유로 그 권리의 행사를 부정하기 위하여는 상대방에게 신의를 주었다거나 객관적으로 보아 상대방이 그러한 신의를 가짐이 정당한 상태에 이르러야 하고, 이와 같은 상대방의 신의에 반하여 권리를 행사하는 것이 정의 관념에 비추어 용인될 수 없는 정도의 상태에 이르러야 하고, 일반 행정법률관계에서 관청의 행위에 대하여 신의칙이 적용되기 위해서는 합법성의 원칙을 희생하여서라도 처분의 상대방의 신뢰를 보호함이 정의의 관념에 부합하는 것으로 인정되는 특별한 사정이 있을 경우에 한하여 예외적으로 적용된다(대판 2004.7.22, 2002두11233).

그러나 신의성실의 원칙은 당사자 사이의 일정한 법률관계의 존재를 전제로 하는 것이므로, 이러한 일정한 관계가 행정주체와 당사자 사이에 존재하지 못하는 경우에는 신뢰보호가 인정되지 못하게 된다. 따라서 신뢰보호의 인정범위가 제한될 수밖에 없게 된다.

이에 반해 법적 안정성설은 법치국가원리의 한 구성요소를 이루는 당사자의 법적 생활의 안정성의 필요성을 근거로 하여 신뢰보호의 요청을 도출하려는 것이다. 즉, 신뢰보호원칙을 법치국가원리의 독자적인 한 요소로 보기보다는, 법치국가원리의 요소를 구성하는 법적 안정성의 요청으로부터 나오는 파생효과(Reflexwirkung)라고 보는 입장으로서, 이 견해가 지배적인 입장이며 타당하다고 본다.

한편 실정법상으로는 「국세기본법」 제18조 제 3 항, 「행정절차법」 제 4 조 제 2 항 등에서 명문의 규정을 두고 있기도 하다. 그러나 명문의 규정여하와 상관없이 당연히 인정되는 원칙으로 파악된다.

## 3. 적용요건

신뢰보호원칙을 적용하기 위해서는 일반적으로 ① 행정기관의 일정한 선행행위의 존재, ② 이에 근거한 상대방의 처분행위의 존재, ③ 선행행위에 대한 신뢰와 처분행위 사이의 인과관계의 존재, ④ 상대방의 행정기관에 대한 신뢰가 보호할 만한 가치가 있을 것, ⑤ 선행조치에 반하는 행정작용의 존재 등 몇 가지 요건을 필요로 한다.

판례의 입장도 비슷한 것으로 보인다. 그러나 판례에서는 '선행조치의 존재'의 표현 대신에 '공적 견해의 표명'이라는 표현을 사용하고 있고, 신뢰보호원칙과 신의성실의 원칙의 표현이 혼용되고 있으며, 성립요건과 한계문제가 명확히 구별되고 있지 않다.

[1] 일반적으로 행정상의 법률관계에 있어서 행정청의 행위에 대하여 신뢰보호의 원칙이 적용되기 위하여는, 첫째, 행정청이 개인에 대하여 신뢰의 대상이 되는 공적인 견해표명을 하여야 하고, 둘째, 행정청의 견해표명이 정당하다고 신뢰한 데에 대하여 그 개인에게 귀책사유가 없어야 하며, 셋째, 그 개인이 그 견해표명을 신뢰하고 이에 상응하는 어떠한 행위를 하였어야 하며, 넷째, 행정청이 위 견해표명에 반하는 처분을 함으로써 그 견해표명을 신뢰한 개인의 이익이 침해되는 결과가 초래되어야 하며, 마지막으로 위 견해표명에 따른 행정처분을 할 경우 이로 인하여 공익 또는 제 3 자의 정당한 이익을 현저히 해할 우려가 있는 경우가 아니어야 할 것이다(대판 2003.3.28, 2002두12113).

[2] 일반적으로 조세법률관계에서 과세관청의 행위에 대하여 신의성실의 원칙이 적용되기 위하여는, 첫째, 과세관청이 납세자에게 신뢰의 대상이 되는 공적인 견해표명을 하여야 하고, 둘째, 납세자가 과세관청의 견해 표명이 정당하다고 신뢰한 데 대하여 납세자에게 귀책사유가 없어야 하며, 셋째, 납세자가 그 견해 표명을 신뢰하고 이에 따라 무엇인가 행위를 하여야 하고, 넷째, 과세관청이 위 견해 표명에 반하는 처분을 함으로써 납세자의 이익이 침해되는 결과가 초래되어야 할 것이고, 한편, 조세법령의 규정내용 및 행정규칙 자체는 과세관청의 공적 견해 표명에 해당하지 아니 한다(대판 2003.9.5, 2001두403).

각 요건의 주요한 내용을 분설하면 다음과 같다.

### (1) 행정기관의 일정한 선행행위(행정행위, 행정계획, 행정법상의 확약 등)가 존재할 것

이때에는 작위 뿐 아니라 부작위도 포함된다. 부작위의 경우에는 일정기간의 비과세행위(판례 1, 판례 2)나 행정재산을 장기간 사용하지 않는 경우(판례 3)에 이를 부작위로 볼 수 있을 것인가가 문제로 된다.

[1] 국세기본법 제18조 제 3 항에 규정된 비과세관행이 성립하려면, 상당한 기간에 걸쳐 과세를 하지 아니한 객관적 사실이 존재할 뿐만 아니라, 과세관청 자신이 그 사

항에 관하여 과세할 수 있음을 알면서도 어떤 특별한 사정 때문에 과세하지 않는다
는 의사가 있어야 하며, 위와 같은 공적 견해나 의사는 명시적 또는 묵시적으로 표시
되어야 하지만 묵시적 표시가 있다고 하기 위하여는 단순한 과세누락과는 달리 과세
관청이 상당기간의 비과세 상태에 대하여 과세하지 않겠다는 의사표시를 한 것으로
볼 수 있는 사정이 있어야 한다(대판 2003.9.5.).
2001두7855

[2] 구 부가가치세법(1998. 12. 28. 법률 제5585호로 개정되기 전의 것) 제5조, 구
부가가치세법시행령(1998. 12. 31. 대통령령 제15973호로 개정되기 전의 것) 제7조 내
지 제9조 등의 규정에 비추어 보면, 부가가치세법상의 사업자등록은 과세관청으로
하여금 부가가치세의 납세의무자를 파악하고 그 과세자료를 확보케 하려는 데 입법
취지가 있는 것으로서, 이는 단순한 사업사실의 신고로서 사업자가 소관 세무서장에
게 소정의 사업자등록신청서를 제출함으로써 성립되는 것이고, 사업자등록증의 교부
는 이와 같은 등록사실을 증명하는 증서의 교부행위에 불과한 것이며, 이와 마찬가지
로 사업자등록증에 대한 검열 역시 과세관청이 등록된 사업을 계속하고 있는 사업자
의 신고사실을 증명하는 사실행위에 지나지 않는 것으로 세무서장이 납세의무자의
면세사업자등록증을 검열하고, 이에 따른 사업자등록증을 교부하거나 면세사업자로서
한 부가가치세 예정신고 및 확정신고를 받은 행위만으로는 세무서장이 납세의무자에
게 그가 영위하는 사업에 관하여 부가가치세를 과세하지 아니함을 시사하는 언동이
나 공적인 견해를 표명한 것이라 할 수 없다(관할 세무서장이 납세의무자에게 7년간
부가가치세 면세사업자에 해당함을 전제로 세무신고 안내를 한 사실만으로는 국세기
본법 제15조 소정의 신의성실의 원칙을 적용할 수 없다고 한 사례)(대판 2000.2.11.).
98두2119

[3] 공용폐지의 의사표시는 명시적 의사표시뿐만 아니라 묵시적 의사표시이어도
무방하나 적법한 의사표시이어야 하고, 행정재산이 본래의 용도에 제공되지 않는 상
태에 놓여 있다는 사실만으로 관리청의 이에 대한 공용폐지의 의사표시가 있었다고
볼 수 없고, 원래의 행정재산이 공용폐지되어 취득시효의 대상이 된다는 입증책임은
시효취득을 주장하는 자에게 있다(대판 1999.1.15.).
98다49548

## (2) 선행행위에 근거한 상대방의 처분행위가 존재할 것

따라서 아직 처분행위가 존재하지 않는 경우에는 당사자는 기대이익이나 예상이
익의 보호를 주장할 수 없게 된다. 신뢰보호는 엄격한 의미에서는 처분행위의 보호의
내용을 갖는 것이다. 이때의 처분행위란 물권적 처분행위의 의미가 아니라, 행정기관
의 선행행위를 이유로 하여 행해지는 모든 법적 행위를 말하는 것이다.

## (3) 선행행위에 대한 신뢰와 당사자의 처분행위 사이에 인과관계가 존재할 것

### (4) 상대방의 신뢰가 보호할 만한 가치가 있을 것

이 요건에서의 보호가치유무의 판단은 신뢰를 얻기까지의 과정에서 당사자가 귀
책사유 있는 행위를 했는가에 의해 결정된다. 예컨대 당사자가 사기·강박·뇌물제공·
신청서의 허위기재 등에 의해 행정처분을 받은 경우에는 이 원칙에 의해 보호되지 못
한다.

> [ 1 ] 수익적 처분이 상대방의 허위 기타 부정한 방법으로 인하여 행하여졌다면, 상
> 대방은 그 처분이 위와 같은 사유로 인하여 취소될 것임을 예상할 수 없었다고 할
> 수 없으므로, 이러한 경우에까지 상대방의 신뢰를 보호하여야 하는 것은 아니라고 할
> 것이다($\frac{대판\ 1995.1.20,}{94누6529}$).
>
> [ 2 ] 원고들은 스스로 농업에 종사하거나 개발제한구역 내에 거주하지 않아 같은
> 조항에 정한 건축허가신청 요건을 갖추지 못하였음을 잘 알고 있으면서도 마치 농
> 업에 종사하는 것처럼 가장하거나 위장전입한 주민등록등본을 첨부하는 방법으로
> 이 사건 건축허가를 받았던 것이므로, 원고들로서는 이와 같은 하자를 이유로 한
> 피고의 이 사건 건축허가 취소처분과 관련하여 보호할 만한 정당한 신뢰를 가졌다
> 고 할 수 없을 뿐만 아니라, 개발제한구역의 지정목적 및 그 구역 내의 건축행위를
> 제한하여야 할 공익상의 필요성에 비추어 볼 때, 이 사건 건축허가 취소처분으로
> 원고들이 입게 될 경제적 손실보다 이로써 달성하여야 할 공익이 더 중대하다고 인
> 정되므로, 결국 이 사건 건축허가 취소처분은 정당한 재량권의 범위 내에서 행해진
> 것이다($\frac{대판\ 2002.8.23,}{2001두5651}$).

### (5) 선행조치에 반하는 행정작용이 존재할 것

행정기관이 선행조치에 반하는 행정작용을 함으로써 선행조치의 존속에 대한 신
뢰에 근거하여 일정한 처분행위를 행한 당사자의 이익을 침해하여야 한다.

## 4. 한   계

신뢰보호원칙은 이를 일관하는 경우에는 행정의 법률적합성의 원칙과 충돌하게
된다. 특히 이는 '위법'한 행정작용을 신뢰한 경우에 문제가 된다. 물론 이때의 '위법'
하다는 의미는 당사자가 신뢰하여 일정한 처분행위를 하였을 당시에는 위법하지 않은
상태인 것을 전제로 한다. 그렇지 않다면 당사자의 신뢰과정에는 귀책사유가 인정되
어 보호할 만한 가치가 있는 신뢰로 평가할 수 없기 때문이다. 예컨대 헌법재판소에
의해 위헌으로 인정된 국공립대학 사범대학생의 우선 임용제에 대해 이러한 위헌결정
이 있기 전에 우선 임용될 것을 신뢰하고, 국공립대학교 사범대학에 입학한 학생들에
대해 우선 임용이 인정될 수 있는가의 문제가 이에 해당할 것이다.

이때의 해결방법에 대해서는 ① 법률적합성우위설, ② 양자동위설, ③ 이익형량설이 주장되나 이익형량설이 타당하다고 볼 수 있다. 따라서 법률적합성의 원칙을 관철하여야 할 공익과 당사자의 신뢰보호라는 사익을 개별적으로 비교형량하는 과정을 통하여 신뢰보호원칙의 우월적 적용이 인정되는 경우에는, 이에 반하는 행정작용은 위법한 행위로 되어 행정소송제기가 가능하게 된다.

> 신뢰보호원칙의 위반여부는 한편으로는 침해받은 신뢰이익의 보호가치, 침해의 중한 정도, 신뢰침해의 방법 등과 다른 한편으로는 새 입법을 통해 실현코자 하는 공익목적을 종합적으로 비교형량하여 판단하여야 한다($\binom{\text{헌재 2003.4.24, 2002}}{\text{헌마611 전원재판부}}$).

판례에서는 종종 '공익 또는 제3자의 정당한 이익을 현저히 해할 우려가 있는 경우가 아니어야 함'을 신뢰보호원칙의 적용요건의 하나로 보고 있으나[1] 신뢰보호원칙 적용한계로서의 이익형량의 문제로 보는 것이 타당할 것이다.

> 일반적으로 행정상의 법률관계에 있어서 행정청의 행위에 대하여 신뢰보호의 원칙이 적용되기 위하여는, 첫째 행정청이 개인에 대하여 신뢰의 대상이 되는 공적인 견해표명을 하여야 하고, 둘째 행정청의 견해표명이 정당하다고 신뢰한 데에 대하여 그 개인에게 귀책사유가 없어야 하며, 셋째 그 개인이 그 견해표명을 신뢰하고 이에 어떠한 행위를 하였어야 하고, 넷째 행정청이 위 견해표명에 반하는 처분을 함으로써 그 견해표명을 신뢰한 개인의 이익이 침해되는 결과가 초래되어야 하고, 어떠한 행정처분이 이러한 요건을 충족할 때에는, 공익 또는 제3자의 정당한 이익을 해할 우려가 있는 경우가 아닌 한, 신뢰보호의 원칙에 반하는 행위로서 위법하게 된다고 할 것이므로, 행정처분이 이러한 요건을 충족하는 경우라고 하더라도 행정청이 앞서 표명한 공적인 견해에 반하는 행정처분을 함으로써 달성하려는 공익이 행정청의 공적 견해표명을 신뢰한 개인이 그 행정처분으로 인하여 입게 되는 이익의 침해를 정당화할 수 있을 정도로 강한 경우에는 신뢰보호의 원칙을 들어 그 행정처분이 위법하다고는 할 수 없다($\binom{\text{대판 1998.11.13,}}{\text{98두7343}}$).

## 5. 적용영역

신뢰보호원칙은 행정법의 전 분야에 적용되는 행정작용의 일반원칙으로서 특히 논의되는 영역을 열거하면 다음과 같다.

### (1) 행정행위의 취소나 철회의 제한
독일의 연방행정절차법의 예에서 보듯이 이 원칙은 주로 수익적 행정행위의 취소

---

1) 예컨대 대법원 2003. 3. 28, 2002두12113.

권이나 철회권 행사 제한의 경우에 적용된다.

### (2) 행정계획의 변경시

사인이 행정기관의 행정계획을 신뢰하고 일정한 처분행위를 한 경우에 사후에 당해 행정계획이 변경 또는 폐지되는 때에도 이 원칙의 적용이 논의된다. 이때에는 당해 계획의 계속적인 존속을 구하는 계획존속청구권은 행정계획의 특성상 인정될 수 없으나, 당해 행정계획과 신뢰의 관계의 정도에 따라서는 손실보상이 인정되어야 할 것이다.

### (3) 확    약

행정기관의 확약에 대한 신뢰도 이 원칙에 의해 보호된다. 행정기관은 불가항력 등의 특별한 사유가 없는 한 확약내용에 구속되며, 이를 정당한 사유를 이유로 하여 취소하거나 철회하는 경우에는 손실보상을 행하여야 한다.

### (4) 실    권

실권이란 행정기관이 위법한 상태를 장기간 방치함으로써 개인이 이를 신뢰하여 이를 기초로 새로운 법률관계를 형성한 경우에 행정기관이 사후에 그 위법성을 주장할 수 없도록 하는 것이다. 이 경우도 신뢰보호원칙이 적용되는 것으로 볼 수 있다.

### (5) 소급입법의 문제

신뢰보호원칙은 소급입법과도 관련된다. 소급입법의 문제는 일반적으로 국회의 입법작용과 관련해 논의되지만 행정입법과 관련해서도 문제될 수 있다.

소급입법은 새로운 입법으로 이미 종료된 사실관계 또는 법률관계에 작용케 하는 진정소급입법과, 현재 진행중인 사실관계 또는 법률관계에 작용케 하는 부진정소급입법으로 나눌 수 있다. 부진정소급입법은 원칙적으로 허용되지만, 이 과정에서도 소급효를 요구하는 공익상의 사유와 신뢰보호의 요청 사이의 교량과정에서 신뢰보호의 관점이 입법자의 형성권에 제한을 가할 수 있다고 판단된다. 그러나 이에 반하여 기존의 법에 의하여 형성되어 이미 굳어진 개인의 법적 지위를 사후입법을 통하여 박탈하는 것 등을 내용으로 하는 진정소급입법은, 개인의 신뢰보호와 법적 안정성을 내용으로 하는 법치국가원리에 의하여 특단의 사정이 없는 한, 헌법적으로 허용되지 아니하는 것이 원칙이다. 다만 일반적으로 국민이 소급입법을 예상할 수 있었거나 법적 상태가 불확실하고 혼란스러워 보호할 만한 신뢰이익이 적은 경우와, 소급입법에 의한 당사자의 손실이 없거나 아주 경미한 경우 그리고 신뢰보호의 요청에 우선하는 심히 중대한 공익상의 사유가 소

급입법을 정당화하는 경우 등에는 예외적으로 진정소급입법이 허용될 수 있다.2)

**[1] 법령의 개정시 구 법령의 존속에 대한 당사자의 신뢰를 침해하여 신뢰보호 원칙을 위배하였는지 여부의 판단 기준** 법률의 개정에 있어서 구 법률의 존속에 대한 당사자의 신뢰가 합리적이고도 정당하며, 법률의 개정으로 야기되는 당사자의 손해 내지 이익 침해가 극심하여 새로운 법률로 달성하고자 하는 공익적 목적이 그러한 신뢰의 파괴를 정당화할 수 없다면, 입법자는 경과규정을 두는 등 당사자의 신뢰를 보호할 적절한 조치를 하여야 하며, 이와 같은 적절한 조치 없이 새 법률을 그대로 시행하거나 적용하는 것은 허용될 수 없다 할 것인바, 이는 헌법의 기본원리인 법치주의 원리에서 도출되는 신뢰보호의 원칙에 위배되기 때문이다. 이러한 신뢰보호 원칙의 위배 여부를 판단하기 위하여는 한편으로는 침해받은 이익의 보호가치, 침해의 중한 정도, 신뢰가 손상된 정도, 신뢰침해의 방법 등과 다른 한편으로는 새 법률을 통해 실현하고자 하는 공익적 목적을 종합적으로 비교·형량하여야 한다. 또한 새로운 법령에 의한 신뢰이익의 침해는 새로운 법령이 과거의 사실 또는 법률관계에 소급적용되는 경우에 한하여 문제되는 것은 아니고, 과거에 발생하였지만 완성되지 않고 진행중인 사실 또는 법률관계 등을 새로운 법령이 규율함으로써 종전에 시행되던 법령의 존속에 대한 신뢰이익을 침해하게 되는 경우에도 신뢰보호의 원칙이 적용될 수 있다 ( 대판 2006.11.16, 2003두12899(전합) ).

**[2] 행정처분의 근거가 되는 개정 법령이 그 시행 전에 완성 또는 종결되지 않은 기존의 사실 또는 법률관계를 적용대상으로 하면서 국민의 재산권과 관련하여 종전보다 불리한 법률효과를 규정하고 있는 경우, 개정 법령의 적용이 소급입법에 의한 재산권 침해인지 여부(원칙적 소극) 및 법령불소급원칙의 적용범위** 행정처분은 그 근거 법령이 개정된 경우에도 경과규정에서 달리 정함이 없는 한 처분 당시 시행되는 법령과 그에 정한 기준에 의하는 것이 원칙이다. 개정 법령이 기존의 사실 또는 법률관계를 적용대상으로 하면서 국민의 재산권과 관련하여 종전보다 불리한 법률효과를 규정하고 있는 경우에도 그러한 사실 또는 법률관계가 개정 법령이 시행되기 이전에 이미 완성 또는 종결된 것이 아니라면 개정 법령을 적용하는 것이 헌법상 금지되는 소급입법에 의한 재산권 침해라고 할 수는 없다. 다만 개정 전 법령의 존속에 대한 국민의 신뢰가 개정 법령의 적용에 관한 공익상의 요구보다 더 보호가치가 있다고 인정되는 경우에 그러한 국민의 신뢰를 보호하기 위하여 그 적용이 제한될 수 있는 여지가 있을 따름이다. 법령불소급의 원칙은 그 법령의 효력발생 전에 완성된 요건 사실에 대하여 당해 법령을 적용할 수 없다는 의미일 뿐, 계속 중인 사실이나 그 이후에 발생한 요건 사실에 대한 법령적용까지를 제한하는 것은 아니라고 할 것이다( 대판 2014.4.24, 2013두26552 ).

---

2) 헌재 1999. 7. 22, 97헌바76, 98헌바50·51·52·54·55(병합) 전원재판부.

**기본사례 풀이**

신뢰보호원칙은 이를 일관하는 경우에는 실정법에 위반하는 행정작용도 허용해야 하는 결과를 낳게 된다. 이는 법률적합성 원칙과 항상 긴장관계를 형성하게 된다. 따라서 보호할 가치가 있는 신뢰가 바로 다른 법원칙을 배제하는 것으로 인정되는 것은 아니다. 양자의 관계는 오히려 개별적인 경우의 사정에 따라 구체적으로 비교형량하여 검토되는 것이 타당하다. 사례 1에서는 주택조합이 갖고 있는 행정법상의 확약에 기인한 신뢰이익인 사익과 공원구역으로 지정되어 행정목적을 달성하여야 하는 공익이 서로 충돌하고 있다. 따라서 이러한 공익과 사익은 서로 개별적인 사정을 검토하여 비교형량되어야 한다. 현재 甲조합은 아직 공사에 착공 전 단계이므로 공익을 우선한다고 하여도 큰 문제를 야기하지는 않는 것으로 보인다. 또한 이 단계에서의 공원구역지정을 통한 효과달성의 공익목적은 개개의 주택조합의 건설의 이해관계보다 우월한 것으로 보인다. 따라서 甲조합은 자신의 신뢰이익인 건축허가의 발급을 관철할 수는 없다고 보아야 할 것이다. 그러나 자신의 신뢰이익이 정당한 이상, 신뢰이익에 근거하여 손실보상을 주장할 수는 있을 것이다.

사례 2에서는 이러한 단계를 지나, 甲조합이 건축공사에 착공하고 있다. 이러한 단계에서는 사례 1의 경우보다 신뢰에 기초한 법률관계가 더 복잡하게 관련되고 있다고 볼 수 있다. 그러나 이러한 신뢰를 얻는 과정에서 甲조합은 허위기재행위를 하고 있다. 신뢰보호원칙에서 보호되는 신뢰는 모든 신뢰를 다 보호하는 것이 아니라 보호할 가치가 있는 신뢰에 한정하며, 이때의 보호가치성 여부는 당사자가 신뢰를 얻는 과정에서 귀책사유가 인정되는가 여부에 의해 결정된다. 따라서 甲조합의 신뢰는 보호할 가치가 없는 신뢰라고 보아야 하며, 오히려 이때에는 법률적합성의 공익이 우선적으로 적용되어야 한다. 따라서 甲조합의 건축허가는 취소되어야 하며, 이에 대해 甲조합은 신뢰보호원칙에 근거한 손실보상도 주장할 수 없게 된다.

## Ⅱ. 비례성원칙

**기본
사례**

1. 甲은 경찰공무원으로서 파출소에 근무하던 중 대학생들의 시위공격을 받게
   되었다. 이를 저지하기 위하여 甲은 동료 4인과 함께 경찰봉으로 대응하였
   으나, 수의 부족으로 인하여 부상을 입게 되었다. 대학생들의 시위가 거의
   끝날 무렵 甲은 파출소의 건물을 보호한다는 명목으로 실탄을 발사하여 시
   위를 끝내고 돌아가던 乙의 머리를 관통하여 사망하게 하였다. 甲의 행정
   법적 책임은 어떻게 되는가?
2. 甲은 단란주점 영업행위를 하는 자로서 평소에 유흥종사자를 두지 않고 영
   업을 하고 있었다. 어느날 집에 제사가 있어서 9시에 영업소를 퇴근한 甲
   은 직원들에게 12시 이전에 영업을 마감할 것을 알렸으나, 직원들은 과외
   수입을 올릴 목적으로 미성년자인 유흥종사자를 고용하여 12시 이후인 심
   야에 영업을 하다가 담당 공무원에게 적발되어 영업허가 취소처분을 받게
   되었다. 甲에게는 어떠한 법적 대응방안이 있는가?

(풀이는 168면)

### 1. 의    의

비례성원칙이란 행정목적의 실현을 위한 구체적 수단의 선택에 있어서 달성하고자
하는 공익과 이로 인해 제한되는 개인의 권리 사이에 일정한 비례관계가 존재하도록 하
여야 한다는 원칙을 말한다. 이 원칙은 입법 뿐 아니라 행정작용에 대해서도 적용되는
내용이다.

과잉금지의 원칙은 국가가 국민의 기본권을 제한하는 내용의 입법활동을 함에 있어
서 준수하여야 할 기본원칙 내지 입법활동의 한계를 의미하는 것으로서, 국민의 기본
권을 제한하려는 입법의 목적이 헌법 및 법률의 체제상 그 정당성이 인정되어야 하고
($_{정당성}^{목적의}$), 그 목적의 달성을 위하여 그 수단이 효과적이고 적절하여야 하며($_{적합성}^{수단의}$), 입법
권자가 선택한 기본권 제한의 조치가 입법목적달성을 위하여 설사 적절하다 할지라도
보다 완화된 형태나 수단을 모색함으로써 기본권의 제한은 필요한 최소한도에 그치도
록 하여야 하며($_{최소성}^{피해의}$), 그 입법에 의하여 보호하려는 공익과 침해되는 사익을 비교형
량할 때 보호되는 공익이 더 커야 한다($_{균형성}^{법익의}$)는 헌법상의 원칙이다($_{헌가14 전원재판부}^{헌재 2003.6.26, 2002}$).3)

---

3) 헌법재판소 1989년 10월 8일 결정(89헌마89; 교육공무원법 제11조 1항에 대한 헌법소원)에

비례성원칙은 과잉금지의 원칙이라고도 하며, 특히 경찰행정작용에서 의미를 갖는다. 그 개별적 내용으로는 ① 적합성의 원칙, ② 필요성의 원칙 및 ③ 상당성의 원칙이 포함된다. 이 원칙은 특히 재량행위인 부담적 행정작용의 통제원리로서 중요한 의미를 갖는다는 점에 유의할 필요가 있다.

> 제재적 행정처분이 사회통념상 재량권의 범위를 일탈하였거나 남용하였는지 여부는 처분사유로 된 위반행위의 내용과 당해 처분행위에 의하여 달성하려는 공익목적 및 이에 따른 제반 사정 등을 객관적으로 심리하여 공익침해의 정도와 그 처분으로 인하여 개인이 입게 될 불이익을 비교 교량하여 판단하여야 한다($\frac{대판 2002.9.24,}{99두1519}$).

## 2. 근   거

일반적으로는 법의 일반원칙($\frac{또는}{조리}$)으로 파악되나 헌법에 의해 제도화되어 있는 경우($\frac{제37조}{2항}$)에는 헌법상의 원칙으로 볼 수 있다. 구체적으로는 「경찰관직무집행법」($\frac{제1조}{2항}$)에서 이 원칙을 확인할 수 있으나, 개별규정이 없는 경우에도 비례성원칙은 효력을 갖는다고 볼 것이다.

## 3. 내   용

비례성원칙은 세 가지를 그 내용으로 하는바,4) 각 내용은 적합성-필요성-상당성 기준의 단계적 심사과정을 거치게 된다. 따라서 적합성이 부정되는 수단은 다음 단계인 필요성이나 상당성의 심사를 거칠 필요가 없으며, 필요성이 부정되는 수단은 상당성여부의 심사를 거칠 필요가 없다.

### (1) 적합성의 원칙

이는 선택된 수단이 이를 통하여 추구되는 (합법적인) 목적달성에 일반적으로 기여할 수 있는 경우인가의 여부를 심사하는 것이다. 그러나 이때에 행정기관은 목적달성을 위하여 적합하다고 평가할 수 있는 다양한 수단 중에서 선택할 수 있는 권한을 갖는 것이므로, 적합성 원칙의 심사에서는 행정기관이 선택한 수단보다 더 적합한 수단을 선택

---

의하면 특정 학교나 학과 출신의 교육공무원 우선임용제도는 '우수교사확보'라는 입법목적달성의 수단으로서 심히 균형을 잃고 있어 비례성의 원칙에 어긋난다고 보고 있다.

4) 비례성원칙의 내용에 대해서는 4가지로 보는 입장도 존재한다. 우리 헌법재판소 결정도 「목적의 정당성-수단의 적합성-피해의 최소성-법익의 균형성」의 4가지 기준에 기초하고 있다. 차이가 나는 기준은 목적의 정당성(또는 목적심사)인바, 이는 국가가 행정작용을 통하여 추구하는 목적이 그 자체로서 정당한가 또는 위법적인가의 여부를 검토하는 것이며, 법률에 의하여 추구되는 목적이 아닌 다른 목적을 추구하는 경우에는 위법적인 행위로 된다. 그러나 이 심사기준에 위반되는 경우는 실무상 거의 발견되지 않는다. 따라서 이 기준은 큰 비중을 갖지 못하는 것으로 이해되어, 본서에서는 별도로 논의하지 않는다.

할 수 있었는가의 여부는 평가하지 않는다. 전혀 부적합한 수단이라는 평가는 실무상 거의 발견되지 않으므로, 이 기준은 통상적인 경우 충족되는 것이 일반적이다.

### (2) 필요성의 원칙

이는 선택된 수단이 당사자에게 덜 불이익한 수단인가의 여부를 심사하게 된다. 즉 행정기관이 당해 행정목적달성을 위하여 선택 가능한 다양한 효과적 수단들 중에서 당사자의 권리나 자유를 가장 최소한으로 제한하는 수단이 존재하는가를 심사하는 것이다. 수단의 선택에 대해서는 입법자나(입법) 행정기관에게(행정) 선택의 여지가 인정되고 있으므로, 이 기준의 심사를 위하여는 이러한 재량을 제약할 정도로, 동일하게 효과적이면서도 덜 부담적인 수단의 선택을 요청하게 된다. 따라서 이때에는 여러 가지 구체적인 사정을 반영하여 심사하게 되는바, 제한되는 법익의 내용·의무위반의 정황 및 위반된 의무의 중요성 등과 같은 개별적 사정이 판단기준으로 작용하게 된다.

### (3) 상당성의 원칙

이는 '협의의 비례성원칙'이라고도 하며, 제한되는 당사자 법익의 정도와 이러한 제한을 정당화하는 공익적 사정의 관계를 전체적으로 고려하여, 선택한 수단이 비례적 관계에 있는가 여부가 심사된다. 따라서 이를 위하여는 우선 선택한 수단에 의하여 관련되는 당사자의 불이익의 정도, 이를 통하여 달성되는 이익 및 일반인에 대한 이익내용들이 조사되어야 하며, 이때에 당사자들에 대한 불이익 정도가 더 크다고 평가되는 경우에는 더 완화된 수단이 선택되도록 요청하게 된다. 물론 이러한 객관적 비례관계에 있는가의 판단은 최종적으로는 심사자의 합리적인 논증부담으로 해결할 수밖에 없다.

## 4. 적용영역

비례성원칙은 부담적 행정작용의 경우가 주된 논의의 대상이다. 그러나 이때에는 한편으로는 수익적 행정작용이면서 다른 면에서는 부담적 행정작용인 이른바 제 3 자효 또는 복효적 행정작용의 경우도 그 대상이 될 수 있다.

### (1) 경찰행정

그 기원에 있어서 이 원칙은 경찰행정5)의 영역에서 비롯된 것이다. 즉 경찰행정

---

5) 이때의 경찰행정작용이란 넓은 의미에서의 경찰작용, 즉 위해방지를 위하여 활동하는 모든 행정작용을 말한다. 따라서 통상적인 경찰 뿐 아니라 건축행정, 위생행정, 환경행정 등에서도 경찰행정작용이 행해질 수 있다. 이에 대한 상세한 설명은 뒤에서 논할 '경찰행정법' 부분을 참고할 것.

작용이 그 성질상 재량행위임에 비추어, 이를 적절한 범위에서 제한하기 위한 일반적인 법원리의 내용으로서 발전한 것이다. 우리의 「경찰관직무집행법」 제 1 조 제 2 항에서도 이를 규정하고 있다.

### (2) 그 밖의 영역

이 원칙은 경찰행정 이외에도 오늘날 다른 행정작용에 널리 인정되고 있다. 이때에 주로 논의되는 대상은 재량행위의 남용여부심사의 기준, 행정행위의 부관의 한계, 수익적 행정행위의 취소나 철회제한 기준, 행정강제 사용의 한계, 행정지도의 한계, 급부행정에 있어서의 과잉급부금지의 원칙, 사정재결 및 사정판결의 기준, 행정소송에 있어서의 소송경제이념의 적용 등이다.

---

**기본사례 풀이**

### Ⅰ. 사례 1의 경우

#### 1. 문제의 소재

#### 2. 행정작용의 성질

실탄발사행위는 경찰상의 무기사용행위($^{경찰관직무집}_{행법 제10조의 4}$)로서, 경찰상의 즉시강제에 해당하는 행위이다.

#### 3. 행정작용의 위법성 검토

사안에서의 무기사용은 달성하려는 행정상의 목적인 공익($^{공용건물}_{의 보호}$)보호를 위한 수단으로 선택되어 행사된 것이나, 불법시위가 이미 종료되는 시점에서 무기가 사용되었다는 점에서 비례성원칙인 필요성의 원칙위반을, 乙의 머리가 관통되도록 행사되었다는 점에서 상당성의 원칙을 위반한 것으로 평가할 수 있다. 따라서 무기사용행위의 행정작용은 비례성원칙에 반하는 위법한 행정작용이 된다.

#### 4. 권리구제문제

당사자 乙($^{실질적으로는}_{乙의 유가족}$)은 위법한 행정작용을 이유로 하는 행정상의 손해배상책임을 청구할 수 있다. 이때에는 국가배상책임의 성질여하에 따라 그 상대방이 달라지게 된다. 다수견해인 대위책임설에 따르면 乙의 가족은 국가를 상대방으로 하여서만 청구가능하나, 자기책임설에 따르면 국가와 甲 중에서 선택하여 청구하는 것이 가능하게 된다. 또한 甲은 고의·중과실 여하에 따라 국가 등의 구상책임에 응하여 변상책임을 부담하게 될 것이다.

## Ⅱ. 사례 2의 경우

### 1. 문제의 소재

### 2. 행정작용의 성질

　문제의 행정작용은 영업행위의 제한준수의무($^{\text{식품위생법}}_{\text{제43조}}$) 위반행위를 근거로 하는 허가취소처분($^{\text{동법 제75조}}_{\text{1항 6호}}$)으로서 재량행위로서의 성질이 인정된다($^{\text{식품위생법 제75조}}_{\text{1항 표현 참조}}$).

### 3. 행정작용의 위법성 검토

　당해 허가취소처분은 법정요건은 충족하고 있지만, 甲이 평소에 유흥종사자고용영업을 하지 않고 있었다는 사실, 당일도 12시 이전에 종료하도록 지시하였다는 사실, 1회 의무위반에 대하여 바로 허가취소처분이 발령되었다는 사정에 비추어, 비례성원칙에 반하는 위법성이 인정될 수 있다.

### 4. 권리구제

　따라서 甲은 취소심판 또는 취소소송을 제기할 수 있다.

## Ⅲ. 평등원칙

**기본 사례**

　甲기업은 기간통신사업에 진출하고자 한다. 甲기업은 자신보다 일찍 이 사업분야에 진출한 乙기업이 사업허가를 취득한 사실을 알고, 乙기업의 전임임원인 丙으로부터 업무지원을 받아 사업허가신청을 하였다.

　1. 그러나 방송통신위원회는 乙기업의 경우와 동일한 자격요건을 갖춘 甲기업의 허가신청을 乙기업의 경우와는 달리 거부하였다. 甲기업의 법적 대응방법은?

　2. 乙기업의 경우를 예로 들면서 허가거부사유를 질의하자, 방송통신위원회 공무원 丁은 乙기업의 경우는 전임공무원의 법령적용상의 잘못으로 인해 사업허가결정이 처음부터 잘못 발령된 것이었다는 답변을 보이고 있다. 甲기업은 어떻게 대응할 것인가?

(풀이는 172면)

## 1. 의   의

평등원칙이란 행정작용을 함에 있어서 특별한 합리적 사유가 존재하지 않는 한 행정기관은 상대방인 국민을 공평하게 대우해야 한다는 내용으로서, 특히 재량권행사의 한계원리로서 중요한 의미를 갖는다.

## 2. 근   거

헌법 자체에 근거를 갖는 원칙으로 볼 수 있으며(제11조, 제31조, 제32조 4항 등), 위반의 경우에 위헌·위법의 효과가 발생한다.

> 행정자치부의 지방조직 개편지침의 일환으로 청원경찰의 인원감축을 위한 면직처분대상자를 선정함에 있어서 초등학교 졸업 이하 학력소지자 집단과 중학교 중퇴 이상 학력소지자 집단으로 나누어 각 집단별로 같은 감원비율 상당의 인원을 선정한 것은 합리성과 공정성을 결여하고, 평등의 원칙에 위배하여 그 하자가 중대하다 할 것이다(대판 2002.2.8, 2000두4057).

## 3. 행정의 자기구속의 법리

### (1) 내   용

행정의 자기구속의 법리란 평등의 원칙이 구체적으로 적용되어 나타나는 원칙으로서, 행정기관이 행정결정에 있어서 동종의 사안에 대하여 이전에 제3자에게 행한 결정과 동일한 결정을 상대방에게 하도록 스스로 구속당하는 원칙을 말한다. 이때 당사자가 갖는 권리는 특정행위에 대한 청구권이 아니라 평등한 대우를 요구하는 형식적인 권리로서의 성질을 갖는다.

### (2) 근   거

이에 대해서는 신뢰보호의 원칙을 주장하는 견해도 있으나, 당사자의 신뢰유무와 무관하게 행정기관이 종전의 행위와 다르게 행위를 한다는 점에서 인정되는 것이므로 평등원칙에서 근거를 찾는 것이 직접적이라고 생각한다.

### (3) 행정규칙과의 관계

이 원칙의 구체적 논의실익은 행정규칙과의 관련성에 있다. 예컨대 행정기관이 재량행사에 관련된 행정규칙인 재량준칙에 의거하여 구체적 결정을 하는 경우에는 당해 행정규칙의 적용을 통하여 일정한 행정관행이 생성되게 되므로, 행정기관은 합리적인 사유 없이 종전의 행정관행에 반하는 행정행위를 할 수 없고 이에 스스로 구속을 받게 된다. 이와 같이 행정기관이 종전의 행정관행에 따른 동일한 행정결정을 해야 할 자기구속을 받게 되는 때에는 상대방인 국민도 종전의 결정과 동일한 내용의 수익을 주장할 수 있다. 따라서 이러한 행정규칙에 위반하여 처분을 행하는 때에는, 당사자는 당해 처분의 위법을 이유(이때의 위법사유는 물론 행정규칙위반이 아니라 평등원칙위반으로서의 위법이다)로 취소쟁송을 제기할 수 있게 된다.

[1] 공기업·준정부기관이 행하는 입찰참가자격 제한처분이 적법한지 판단하는 방법 및 입찰참가자격 제한처분에 관한 공기업·준정부기관 내부의 재량준칙에 반하는 행정처분이 위법하게 되는 경우　　공공기관의 운영에 관한 법률 제39조 제2항, 제3항에 따라 입찰참가자격 제한기준을 정하고 있는 구 공기업·준정부기관 계약사무규칙(2013. 11. 18. 기획재정부령 제375호로 개정되기 전의 것) 제15조 제2항, 국가를 당사자로 하는 계약에 관한 법률 시행규칙 제76조 제1항 [별표 2], 제3항 등은 비록 부령의 형식으로 되어 있으나 규정의 성질과 내용이 공기업·준정부기관(이하 '행정청'이라 한다)이 행하는 입찰참가자격 제한처분에 관한 행정청 내부의 재량준칙을 정한 것에 지나지 아니하여 대외적으로 국민이나 법원을 기속하는 효력이 없으므로, 입찰참가자격 제한처분이 적법한지 여부는 이러한 규칙에서 정한 기준에 적합한지 여부만에 따라 판단할 것이 아니라 공공기관의 운영에 관한 법률상 입찰참가자격 제한처분에 관한 규정과 그 취지에 적합한지 여부에 따라 판단하여야 한다. 다만 그 재량준칙이 정한 바에 따라 되풀이 시행되어 행정관행이 이루어지게 되면 평등의 원칙이나 신뢰보호의 원칙에 따라 행정청은 상대방에 대한 관계에서 그 규칙에 따라야 할 자기구속을 받게 되므로, 이러한 경우에는 특별한 사정이 없는 한 그에 반하는 처분은 평등의 원칙이나 신뢰보호의 원칙에 어긋나 재량권을 일탈·남용한 위법한 처분이 된다(한국전력공사가, 갑 주식회사가 광섬유복합가공지선 구매입찰에서 담합행위를 하였다는 이유로 6개월의 입찰참가자격 제한처분(1차 처분)을 한 다음, 1차 처분이 있기 전에 전력선 구매입찰에서 담합행위를 하였다는 이유로 갑 회사에 다시 6개월의 입찰참가자격 제한처분(2차 처분)을 한 사안에서, 위 2차 처분은 재량권을 일탈·남용하여 위법하다고 한 사례)(대판 2014.11.27., 2013두18964).

[2] 상급행정기관이 하급행정기관에 발하는 이른바 '행정규칙이나 내부지침'을 위반한 행정처분이 위법하게 되는 경우　　상급행정기관이 하급행정기관에 대하여 업무처리지침이나 법령의 해석적용에 관한 기준을 정하여 발하는 이른바 '행정규칙이나 내부지침'은 일반적으로 행정조직 내부에서만 효력을 가질 뿐 대외적인 구속력을 갖는 것은 아니므로 행정처분이 그에 위반하였다고 하여 그러한 사정만으로 곧바로 위법하게 되는 것은 아니다. 다만, 재량권 행사의 준칙인 행정규칙이 그 정한 바에 따라 되풀이 시행되어 행정관행이 이루어지게 되면 평등의 원칙이나 신뢰보호의 원칙에 따라 행정기관은 그 상대방에 대한 관계에서 그 규칙에 따라야 할 자기구속을 받게 되므로, 이러한 경우에는 특별한 사정이 없는 한 그를 위반하는 처분은 평등의 원칙이나 신뢰보호의 원칙에 위배되어 재량권을 일탈·남용한 위법한 처분이 된다(시장이 농림

수산식품부에 의하여 공표된 '2008년도 농림사업시행지침서'에 명시되지 않은 '시·군별 건조저장시설 개소당 논 면적' 기준을 충족하지 못하였다는 이유로 신규 건조저장시설 사업자 인정신청을 반려한 사안에서, 위 지침이 되풀이 시행되어 행정관행이 이루어졌다거나 그 공표만으로 신청인이 보호가치 있는 신뢰를 갖게 되었다고 볼 수 없고, 쌀 시장 개방화에 대비한 경쟁력 강화 등 우월한 공익상 요청에 따라 위 지침상의 요건 외에 '시·군별 건조저장시설 개소당 논 면적 1,000ha 이상' 요건을 추가할 만한 특별한 사정을 인정할 수 있어, 그 처분이 행정의 자기구속의 원칙 및 행정규칙에 관련된 신뢰보호의 원칙에 위배되거나 재량권을 일탈·남용한 위법이 없다고 한 사례)( 대판 2009.12.24,. 2009두7967 ).

### (4) 한 계

이 원칙은 일정한 경우에는 적용될 수 없다. 우선 ㉠ 행정규칙적용에 따른 종전 행정관행의 내용이 위법적인 경우에는 위법인 수익적 내용의 평등한 계속적인 적용을 요구하는 청구권은 인정될 수 없다. 즉 위법의 평등적용 주장은 인정되지 않는다. ㉡ 또한 행정의 자기구속의 전제가 되는 선행 행정관행이 존재하지 않는, 행정규칙의 최초적용의 경우에는 사실상 한계를 갖게 된다.6)

---

**기본사례 풀이**

#### 1. 문제의 소재

#### 2. 행정작용의 성질

기간통신사업의 허가행위는 당해 근거법령의 표현이 명확하지 않으므로 (전기통신사업법 제6조 1항 참조), 사업의 특허로서의 성질상 재량행위로 볼 수 있다.

#### 3. 행정작용의 위법성 검토

甲기업이 이미 사업허가를 받은 乙기업에 비하여 자격요건에서 차이가 없음에도 불구하고 허가를 거부하는 행위는, 방송통신위원회가 스스로 종전의 행정작용을 통한 자기구속을 벗어나는 행위가 된다. 따라서 자기구속원칙의 근거원칙인 평등원칙에 반하는 위법성이 인정된다(설문 1의 경우).

그러나 이때의 방송통신위원회의 허가거부사유가 종전의 행정작용이 위법인 것

---

6) 물론 이러한 행정규칙의 최초적용의 경우에도 독일에서는 판례를 통하여 '미리 행해진 행정관행'(antizipierte Verwaltungspraxis)을 인정하거나, 이론을 통하여 행정기관의 의사행위에 의한 독자적인 규율권한을 인정하여 자기구속원칙 적용을 정당화하려는 주장이 제기되고 있다. 이에 대한 상세는 뒤에 설명되는 행정규칙의 효력 부분 참조.

임을 이유로 하는 경우에는 甲기업은 이의 평등적용을 주장할 수 없다. 이는 평
등원칙의 적용상의 한계에 해당하기 때문이다. 따라서 이때에 당해 거부처분은
위법성이 인정되지 못한다(설문 2의).

### 4. 권리구제문제

설문 1의 경우에만 甲기업은 재량행위의 위법인 남용을 근거로 하여, 현행법
상 의무이행심판 또는 거부처분취소소송의 방법을 통하여 다툴 수 있게 된다.

## Ⅳ. 부당결부금지원칙

 **기본 사례**

甲은 성북구청에 도로점용허가를 신청하였다. 이에 대해 구청장 乙은 다음과
같은 처분을 발령하였다. "점용허가는 발령한다. 그러나 甲은 도로점용허가를 받
은 후 3개월 이내에 그간 체납한 자동차세를 가산금과 함께 납부하여야 한다."
甲은 이러한 내용의 전제조건에 불복하고자 한다. 어떠한 권리구제방법을 강구할
수 있는가? (풀이는 176면)

### 1. 의 의

부당결부금지원칙이란 행정작용을 함에 있어서 이와 실질적인 관련이 없는 상대
방의 반대급부를 조건으로 하여서는 안 된다는 원칙을 말한다. 따라서 예컨대 건축허
가를 발령함에 있어서 기존에 체납된 공과금을 납부할 것을 반대조건으로 하는 부관
부과행위는 허용되지 않는다. 이 원칙은 헌법상의 법치국가원리와 자의금지에서 도출
되는 것으로 이해되고 있다.

[ 1 ] 부당결부금지의 원칙이란 행정주체가 행정작용을 함에 있어서 상대방에게 이
와 실질적인 관련이 없는 의무를 부과하거나 그 이행을 강제하여서는 아니 된다는
원칙을 말한다. 수익적 행정처분에 있어서는 법령에 특별한 근거규정이 없다고 하더
라도 그 부관으로서 부담을 붙일 수 있고, 그와 같은 부담은 행정청이 행정처분을 하
면서 일방적으로 부가할 수도 있지만 부담을 부가하기 이전에 상대방과 협의하여 부
담의 내용을 협약의 형식으로 미리 정한 다음 행정처분을 하면서 이를 부가할 수도
있다(고속국도 관리청이 고속도로 부지와 접도구역에 송유관 매설을 허가하면서 상대
방과 체결한 협약에 따라 송유관 시설을 이전하게 될 경우 그 비용을 상대방에게 부

담하도록 하였고, 그 후 도로법 시행규칙이 개정되어 접도구역에는 관리청의 허가 없이도 송유관을 매설할 수 있게 된 사안에서, 위 협약이 효력을 상실하지 않을 뿐만 아니라 위 협약에 포함된 부관이 부당결부금지의 원칙에도 반하지 않는다고 한 사례) ( 대판 2009.2.12., 2005다65500 ).

[2] 수익적 행정행위에 있어서는 법령에 특별한 근거규정이 없다고 하더라도 그 부관으로서 부담을 붙일 수 있으나, 그러한 부담은 비례의 원칙, 부당결부금지의 원칙에 위반되지 않아야만 적법하다고 할 것이다. 소외 인천시장은 원고에게 주택사업계획승인을 하게 됨을 기화로 그 주택사업과는 아무런 관련이 없는 토지를 기부채납하도록 하는 부관을 위 주택사업계획승인에 붙인 사실이 인정되므로, 위 부관은 부당결부금지의 원칙에 위반되어 위법하다고 할 것이다( 대판 1997.3.11., 96다49650 ).

## 2. 개별적 내용

이러한 부당결부금지원칙은 일반적으로 새로운 내용의 행정법의 일반원칙으로 설명되고 있으나, 그 실질적 내용에 대해서는 아직도 명확한 검토가 행해지고 있지 않다. 그러나 이 원칙은 그 개별적 내용으로서, 인과관계 면에서의 관련성(Ursachenzusammenhang: 이를 '원인적 관련성'으로 논한다)과 목적 면에서의 관련성(Zweckzusammenhang : 이를 '목적적 관련성'으로 논한다)을 요구한다고 볼 수 있다.

### (1) 원인적 관련성의 요청

이는 수익적 내용인 주된 행정행위와 불이익한 의무를 부과하는 부관 사이에 직접적인 인과관계가 있을 것을 요하는 것이다.

이에 따르면 양자의 관계는, 수익적 내용의 행정행위를 발령하기 때문에 이와 관련하여 상대방에게 개별적 부관을 부과하는 것이 가능하게 되는 관계가 될 뿐 아니라, 수익적 행정행위를 발령하기 때문에 특정부관의 부과가 필요하게 되는 관계일 것을 요하게 된다.

이는 행정기관이 수익적 행정행위를 발령할 수 있는 권한을 이용하여, 상대방이 다른 이유에서 부담하고 있는 특정의무이행을 부담을 통하여 강제하려는 것을 방지하는 기능을 수행하게 된다. 특히 급부행정영역에서의 행정작용과 같이 상세한 수권규정이 존재하지 않는 경우에는, 급부행정에 의존하는 당사자의 열악한 지위를 이용하여 행정기관이 다른 행정목적달성을 위하여 영향력을 행사하는 문제가 발생할 수 있으며, 이때의 원인적 관련성의 요구는 당사자의 법적 지위를 보장해주는 기능을 수행하게 된다.

따라서 설령 당사자가 자신이 다른 이유에서 부담하고 있는 특정의무이행을 수익적 급부제공을 기대하여 동의한다고 하더라도, 이러한 동의가 당해 행정작용을 적법한 것으로 만들지는 못하게 된다. 즉 "동의가 불법을 조각한다"(volenti non fit injuria)는 법언은 이 경우에는 통용되지 못한다고 보아야 한다.

### (2) 목적적 관련성의 요청

이는 행정기관은 행정작용을 함에 있어서, 근거법률 및 당해 행정분야의 과업내용에 따라 허용되어지는 특정목적만을 수행하여야 한다는 것을 말한다.

이 요청은 특히 행정행위의 부관을 부과하는 경우가 논의의 대상이 되며, 이때에 부관부 행정행위를 발령하려는 행정기관은 수익적 행정작용의 발령권한뿐 아니라, 이 외에도 특정의무를 내용으로 하는 부관의 발령을 위한 권한도 동시에 갖추고 있어야 한다. 따라서 수익적 행정행위의 발령권한으로부터 특정부관의 부과를 위한 권한이 도출되지는 않게 된다.

이러한 내용에 의해 목적적 관련성의 존재여부를 판정하는 데 있어서는 당해 부관을 부과할 수 있는 '행정기관의 권한유무'가 우선적인 기준으로 작용하게 된다. 이에 따라 다른 행정기관의 권한영역에 속하는(ressortfremd) 행정목적을 부관의 부과를 통하여 수행하려는 것은 허용되지 않는다.

그러나 하나의 행정기관이 여러 유형의 행정목적의 수행을 위한 권한을 갖는 경우에는 이러한 기준만에 의해서는 불충분하게 된다. 따라서 이때에는 목적적 관련성의 판정을 위하여 수익적인 행정작용을 가능하게 하는 수권규범인 '법률규범의 해석'이 필요하게 된다. 이를 통하여 당해 법률로부터 수익적 행정작용을 가능하게 하는 특정의 수권목적이 도출되면, 이는 동시에 부관의 부과에 있어서의 수권의 한계로 작용하게 된다고 볼 수 있다.

따라서 예컨대 특정영업을 가능하도록 하는 특허행위의 발령과 동시에 부담을 부과하는 경우에는 영업질서유지를 위한 목적을 위해서만 부담을 부과할 수 있으며, 설령 당해 행정기관에게 그 권한이 주어져 있다고 하더라도 도로경찰상의 목적을 위해서는 부과할 수 없게 되는 것이다.

### 3. 법적 평가

부당결부금지의 원칙은 조리로서 인정되는 것이지만, 실정법에 이와 모순되는 규정들이 존재하여 그 법적 평가가 문제로 된다(예컨대 국세징수법 제7. 조나 건축법 제79조 등). 이 원칙이 헌법적 차원의 원칙으로 인정되는 경우[7]에는 실정법상의 규정이 위헌으로 되지만, 법률차원의 원칙[8]으로 평가된다면 실정법상의 규정에 대해서는 부당결부금지원칙은 주장하지 못하게 될 것이다.

---

7) 장태주(개론), 60면.
8) 박균성(상), 66면.

**기본사례 풀이**

### 1. 문제의 소재

### 2. 행정작용의 성질

도로점용허가는 그 근거규정(도로법 제61조)의 표현이 불명확하기 때문에, 그 특허로서의 성질상 재량행위로 볼 수 있다. 또한 자동차세 납부의무의 부과는 부담인 부관의 부가행위인 행정작용으로서, 그 자체로서 행정행위성을 갖는다고 본다.

### 3. 행정작용의 위법성

이때의 부담인 부관부과행위는 주된 행정행위인 도로점용허가와 원인적 관련성 면에서 직접적인 인과관계가 존재하지 않으므로, 부당결부금지원칙에 반하는 위법한 행정행위가 된다.

그러나 이때의 부관의 하자는 무효의 정도에는 이르지 않으며, 취소의 사유가 있는 것으로 볼 수 있게 된다.

### 4. 권리구제

부담에 대해서는 그 자체로서 독립적인 쟁송가능성이 인정되는 것이 다수견해이므로, 이에 따를 때에 甲은 부담의 취소를 구하는 쟁송을 제기할 수 있게 된다.

# 제 2 장   행정행위

## 제 1 절   행정행위의 의의

「행정작용의 유형 중에서 가장 중요한 유형은 19세기의 제도적 산물로 평가되는 행정행위이다. 행정행위는 가장 고전적 개념이면서도 그 개념의 신축적 운용을 통하여 새로운 행정작용 유형들을 많이 포섭하고 있다고 평가된다.」

## Ⅰ. 행정행위 개념의 연혁

18, 19세기에 근대국가가 성립하면서 통일적인 국가권력이 정립됨에 따라 국가가 일방적으로 특정 목적수행을 위해서 행사할 수 있는 권한인 공권력 개념이 생성되게 되었다. 이러한 공권력을 내용적으로 제한하고 구속하기 위해 공법의 관념이 성립하고 이의 중심개념으로서, 일정한 고권행정작용의 유형을 기술적인 의미에서 제한하여

19세기에 인위적으로 만든 개념이 행정행위이다. 특히 독일의 경우에는 19세기에 행정소송이 인정되면서 법실증주의의 영향하에서 법률로 열거된 경우에만 행정소송 제기가능성을 인정함으로써(열기주의)[1] 행정소송의 대상과 관련하여 행정행위의 개념이 의미를 갖게 되었다.

독일에서의 이러한 행정행위 개념은 오토 마이어(Otto Mayer)가 정립한 것으로 평가되고 있다. 마이어는 행정행위 개념을 프랑스 행정법학의 영향을 받아 판결로부터 차용하고 있다. 즉 법률의 지배하에 있는 권력인 사법권에서 무엇이 법인가를 공권적으로 선언하는 행위가 판결이듯이, 사법과 동등한 지위에서 법률과 관련을 맺고 있는 행정권이 개별사안에서 사인에게 무엇이 법인지를 규정하는 선언행위가 행정행위라고 이해하고 있다.[2] 이러한 논리에 근거하여 마이어는 행정행위에 있어서 스스로의 적법성을 확인하는 자기확인력을 인정하고 있다.

## Ⅱ. 행정행위의 기능

행정행위 개념이 현실적으로 갖는 기능은 다음과 같다.

### 1. 실체법적 기능

행정행위는 행정주체가 다른 권리주체에 대하여 구속력 있는 법률효과를 발생하게 하는 수단이 된다.

### 2. 집행법적 기능

행정행위는 행정집행을 위한 근거로서 작용한다.

### 3. 소송법적 기능

행정행위는 행정소송을 제기하기 위한 연계점으로 작용한다. 이 기능은 연혁적인 의미를 갖는 것으로서 행정소송의 대상이 독일의 경우처럼 다양하게 인정되는 경우에는 행정소송의 유형선택과 관련하여 의미를 갖게 된다고 볼 수 있다. 그러나 우리나라와 같이 행정소송유형이 불완전하게 마련되고 있는 경우에도 어떠한 행정작용이 행정행위인가의 여부는 여전히 시민의 권리보호를 위한 최소한의 기능으로 작용한다고 볼 수 있다.

---

1) 당시에는 행정행위만이 행정소송의 대상이었고 그 이외의 행위에 대해서는 행정소송이 인정되지 않았다.
2) 오토 마이어의 행정법학에 관한 체계적인 검토에 대해서는 임현, "오토 마이어 행정법학의 현대적 해석", 고려대학교 대학원 석사논문, 1998 참조.

## Ⅲ. 행정행위의 개념징표

**기본 사례**

1. 미국산 오렌지에서 발암물질이 검출되자, 충북도지사 甲은 道내에서 수입오렌지의 판매를 금지시켰다. 수입식품판매상 乙은 이를 다투고자 한다. 이는 행정행위인가?

2. 성북경찰서장 甲은 특정 정당의 전당대회장인 성북구 안암동 3번지 일대에 교통혼잡을 방지하기 위하여 일시적으로 주차금지 표지판을 설치하였다. 이 일대에서 거주하는 乙은 이로 인해 주차할 곳을 확보하지 못하게 되자 이를 다투고자 한다. 이는 행정행위인가?

3. 개별공시지가로 결정한 금액에 관해 이의가 있는 사람은 이를 소송을 통하여 다툴 수 있는가?

4. 공립고등학교 2년을 중퇴하고 검정고시를 보려는 甲은 학교에 자퇴원을 제출하였다. 그 동안의 성적표를 본 甲은 영어성적이 현저하게 잘못 산정되었다고 생각하여 소송을 제기하려고 한다. 이를 다툴 수 있는가?

5. 영동대교를 통해 출퇴근하는 甲은 2006년 1월 1일 대교 중간에서 무리하게 차선을 변경하여 끼어들던 乙과 충돌하여 차에 손상을 입게 되었다. 그러나 신고를 받고 출동한 강남경찰서 소속 교통계 공무원 丙은 乙의 일방적인 이야기만을 듣고 甲에게 교통사고의 원인이 있다는 교통사고 조사보고서를 작성하였다. 甲은 이 보고서를 소송상 다툴 수 있는가?

6. 노원구에 예정된 쓰레기소각장 건설공사를 저지하기 위하여 중계동의 아파트주민들이 주위의 도로를 점거하자, 노원경찰서 소속의 경찰 甲은 주민들에게 도로점거를 중단할 것을 요구하였다. 이에도 불구하고 주민들이 계속 교통을 방해하자, 甲은 경찰봉으로 주민들을 구타하였다. 주민들은 이 행위에 대해 어떠한 행정소송상의 조치를 취할 수 있는가?

(풀이는 185면)

위에서 말한 행정행위 개념의 기능 중 실체법적 기능에 터잡아 정의할 때 일반적으로 행정행위란 행정기관이 행하는 처분, 결정 등 개별사안에 대해 행해지는 고권적 조치로서 시민 등 권리주체에 대한 직접적 외부효를 갖는 법적 규율을 말한다. 행정행위의 개념을 이에 따라 그 특징에 있어서 검토하면 다음과 같다.

## 1. 행정기관에 의한 법적 행위

행정기관이란 행정주체로서 그 의사를 외부로 결정하고 표시할 수 있는 권한을 가진 기관을 말하며 국가기관, 지방자치단체, 공무수탁사인이 해당한다. 또한 입법기관이나 사법기관인 경우에도 행정작용을 행하는 한도에서는 이에 포함된다. 행정행위는 또한 법적 행위이어야 하므로 법적 행위로서의 성질을 갖지 못하는 통치행위 등은 제외된다.

> **행정소송의 대상이 되는 행정처분의 의의**   행정소송의 대상이 되는 행정처분은, 행정청 또는 그 소속기관이나 법령에 의하여 행정권한의 위임 또는 위탁을 받은 공공기관이 국민의 권리의무에 관계되는 사항에 관하여 공권력을 발동하여 행하는 공법상의 행위를 말하며, 그것이 상대방의 권리를 제한하는 행위라 하더라도 행정청 또는 그 소속기관이나 권한을 위임받은 공공기관의 행위가 아닌 한 이를 행정처분이라고 할 수 없다(대결 2010.11.26., 2010무137).

## 2. 공법적 행위

법석 행위로서의 행정행위는 공법상의 행위일 깃을 필요로 한다. 따라서 행정법관계 중에서 사법적 성격이 강한 국고행위는 행정행위 개념에서 제외된다. 그러나 이때에 그 효과가 반드시 공법적일 필요는 없으며 사법관계를 형성하게 해주는 행위(예 : 부동산 거래신고 등에 관한 법률 제11조 제1항에 의한 토지거래허가행위)도 이에 해당된다.

## 3. 법적 규율행위

### (1) 개   념

법적 규율행위(Regelung)로서의 기준은 당사자에 대하여 직접적으로 권리나 의무관계에 영향을 주는 행위를 의미하는 것이다. 따라서 원칙적으로 일정한 행정작용이 행해질 것을 알리는 행위는 행정행위가 아니다. 그러나 예외적으로 행정대집행의 필요한 절차로서의 계고나 대집행영장의 통지는 독립된 행정행위의 성질을 갖는다. 또한 후속적인 행정작용을 위한 단순한 기준이나 자료에 불과한 경우에도 행정행위로서 인정되지 않는다.

> [ 1 ] 군의관의 신체등급 판정행위는 행정청이라고 볼 수 없는 군의관이 하도록 하고 있고, 그 자체만으로는 바로 병역법상의 권리, 의무가 정하여지는 것이 아니라, 그에 따라 지방병무청장이 병역처분을 함으로써 비로소 병역의무의 종류가 정하여지는 것이므로 항고소송의 대상이 되는 행정처분으로 보기 어렵다고 한다(대판 1993.8.27., 93누3356).

[ 2 ] 교통법규를 위반한 경우에 부과되는 벌점은 운전면허의 취소나 정지처분을 위한 기초자료에 불과하므로, 벌점부과행위 그 자체는 국민의 권리를 제한하거나 의무를 부과하는 행정처분으로 볼 수 없고, 따라서 행정소송의 대상이 되지 않는다(대판 1994.8.12, 94누2190).

그 밖에도 단순한 사실행위도 법적으로 규율하는 행위가 아니기에 이러한 행위유형에서 배제된다(예 : 도로의 건설, 직업의 상담, 가족계획 상담, 일기예보행위 등).

### (2) 범위의 확장

법적 규율행위의 개념기준은 그러나 실무상 확장되고 있다. 이는 ① 사전적인 분쟁해결의 필요성이 인정되는 경우(예 : 계고나 독촉행위의 행정행위성 인정, 개별공시지가의 행정행위성 인정 등), ② 종국적 법적 규율성이 적용되는 대상의 확장(예 : 후술할 가행정행위, 예비결정, 부분허가의 행정행위성 인정) 및 ③ 법적 규율의 적용대상자의 확장 등으로(예 : 확약 등) 나타나고 있다.

### (3) 구체적 사례

현실적으로 이 기준은 어떠한 행위가 행정행위로서 행정소송의 대상인 처분으로 인정될 수 있는가의 문제에 있어서 많이 논의되고 있다. 이와 관련된 대법원 판례에 의하면 개별공시지가 결정행위는 「행정소송법」상의 행정처분으로 인정하나,3) 정부투자기관에 대한 경제기획원장관의 예산편성지침통보(구 정부투자기관 관리기본법 제21조)는 정부투자기관의 경영합리화와 정부투자의 효율적 관리를 도모하기 위한 것으로서 그 투자기관에 대한 감독작용에 해당할 뿐 그 자체만으로는 직접적으로 국민의 권리·의무가 설정·변경·박탈되거나 그 범위가 확정되는 등 기존의 권리상태에 어떤 변동을 가져오는 것이 아니므로 이를 행정소송의 대상이 되는 행정처분이라고는 할 수 없다고 한다.4)

## 4. 개별적인 경우에 관한 법적 규율

이러한 법적 규율은 개별적인 경우를 대상으로 하는 것이어야 하며, 일반적·추상적인 규율이어서는 안 된다. 이 특징은 주지하는 바와 같이 행정행위와 행정입법(특히 법규명령이나 조례)과의 구별기준으로서 의미를 갖는 것이다. 여기서 행정행위가 개별적인 경우에 관한 규율이라 함은, 일반적·추상적 규율인 법규범과의 차이로부터 알 수 있는 바와 같이, 행정행위는 어떤 규율이 구체적 사실관계에 관련하고, 그 내용이 특정인 또는 특정 가능한 인적 범위에 정향하는 이른바 '개별적·구체적' 성격을 가질 때 인정할 수 있음을 의미한다.

---

3) 대판 1993. 1. 15, 92누12407; 1993. 1. 15, 92누12414; 1993. 6. 11, 92누16706. 이와 관련된 판례의 문제점에 대해서는 류지태, "공시지가의 법적 성질", 토지연구, 1994년 1, 2월호, 5면 이하 참조.
4) 대판 1993. 9. 14, 93누9163.

### (1) 규율의 개별성과 구체성

이때 '개별적(individuell)'이라 함은 '일반적(generell)'과 구별되는 것으로서 행정행위 발령 당시의 시점에 있어서 당해 행정행위가 정향하는 상대방이 특정되거나 특정될 수 있음을 의미한다. 원칙적으로 행정행위는 특정인에게 정향하는 것이 보통이지만 오늘날 경우에 따라서는 특정 가능한 인적 범위가 대상인 경우도 포함될 수 있다고 보는 것이 일반적이다.

또한 '구체적(konkret)'이라 함은 '추상적(abstrakt)'과 구별되는 것으로서 행정행위가 규율하려는 사실관계가 일의적이고 구체적으로 특정될 수 있음을 의미한다. 따라서 상정가능한 불특정 다수의 사실관계에 관련할 수 있는 추상적 규율은 행정행위 개념과는 거리가 있음을 알 수 있다.

결국 행정행위는 법적 규율의 수범자의 인적범위가 개별적인지 아니면 일반적인지 여부와, 그 규율대상인 사실관계가 구체적인지 여하에 따라 다음과 같은 네 가지 경우의 수 중 일정한 경우를 지칭하는 것임을 알 수 있다.

| 인적 범위 ＼ 사실관계 | 구체적 | 추상적 |
|---|---|---|
| 개별적 | 행정행위 | ② |
| 일반적 | ① | 법규범 |

다만, 위 표에서 ①과 ②의 영역에 해당하는 규율작용이 과연 행정행위에 속하는 것인지 여부에 대해서는 논란이 있을 수 있다.

### (2) 일반적 · 구체적 규율

위 표에서 ①에 해당하는 영역은 규율의 상대방이 특정되지 않고 다수인이 될 수 있다는 점에서 일반적이면서도 사실관계는 구체적인 경우로서, 그 법적 성격을 행정행위로 볼 수 있는지 여부에 대해서 논란이 있을 수 있다. 이 경우에는 수범자의 개별성과 사실관계의 구체성 중 어느 요소가 규율의 법적 성격을 파악함에 있어 1차적으로 중요한 것인지 여하에 따라 결론이 달라질 것이다.

생각건대 수범자의 개별성 기준은 비교적 쉽게 확인할 수 있다는 장점은 있지만, 오늘날 반드시 특정인일 것을 요구하지 않고 특정 가능한 (폐쇄적) 인적 범위의 다수인도 포함될 수 있다고 상대화되고 있는 점을 고려하면, 행정행위성 여부를 판단함에 있어서 1차적으로 고려할 기준은 사실관계의 구체성이라고 본다. 그러한 한에서 비록 수범자의 개별성은 떨어지나 사실관계가 구체적인 규율작용은 행정행위성을 인정할 여지가 많다고 할 것이다. 행정행위의 개념정의를 직접 두고 있는 독일 연방행정절차법 제35조도 이러한 바탕위에 서 있는 것으로 평가되고 있다.

이러한 일반적·구체적 규율로서 행정행위성이 인정되는 대표적인 개념이 이른바 '일반처분'이며, 독일 연방행정절차법 제35조 2문에 의하면 이는 다음의 두 가지 유형을 그 대상으로 한다. 우선 행정행위 발령 당시에는 인적 범위가 특정되어 있지 않으나, 구체적인 경우에 있어서 일반적인 특징에 근거하여 특정되어지거나 특정되어질 수 있는 인적 범위를 대상으로 하는 경우도 개별성은 없지만 행정행위로 인정한다( 예컨대 집회신고에 대한 집회금지통고의 경우와 같이 특정시간이나 장소 등을 기준으로 하여 행정행위의 인적 범위를 특정할 수 있는 경우 ). 그리고 또한 인적 범위를 전혀 특정할 수 없는 경우에도 행정행위의 성질이 인정되는 경우가 있는바, 이에 해당하는 것으로서는 '물적 행정행위'를 들 수 있다. 물적 행정행위란 직접적인 규율대상이 물건의 성질이나 상태이고 사람에 대해서는 간접적으로 법적 효과를 미치는 행위를 의미하는 것이다. 예컨대 「도로법」 제25조에 의한 도로의 공용지정(<sup>또는</sup>공용개시)행위와, 당해 처분이 공중에 의한 공물의 일반적 이용과 관련되는 경우(예컨대 교통표지판에 의한 교통제한 표시, 일방통행구역표시, 주·정차금지구역표시 등)를 들 수 있다.

### (3) 개별적·추상적 규율

한편 앞의 표에서 ②에 해당하는 영역에 대해서도 비록 규율의 상대방은 특정되지만 그 대상이 되는 사실관계가 추상적인 경우 이러한 규율도 행정행위성을 인정할 수 있는지 여부에 대하여 논란이 있을 수 있다. 그러한 예로 독일에서는 관할관청이 예컨대 甲에게 도로위에 빙판이 만들어질 때마다 염화칼슘을 뿌리도록 명하는 경우 또는 乙에게 물의 수위가 일정수준을 넘을 때마다 수문을 개방하도록 명령하는 경우 등이 논의되고 있다.

생각건대 방금 언급한 사례에서 甲과 乙에게 명령되는 내용을 유심히 보면 전혀 추상적인 규율이 문제되는 것은 아님을 알 수 있다. 甲과 乙에게는 매우 구체적인 행위의무가 부과되고 있기 때문이다. 비록 당해 규율행위는 어느 정도 시간적 지속성이 있고 추가적인 상황이 발생하여야 구체화되는 면이 있지만, 이러한 점 때문에 추상적 규율이라고는 말할 수 없다. 누구든지 도로위에 빙판이 만들어질 때마다 염화칼슘을 뿌리도록 명하거나 누구든지 물의 수위가 일정수준을 넘을 때마다 수문을 개방하도록 명하는 것과는 분명 구별되어야 할 것이기 때문이다. 독일에서의 일반적인 학설의 입장도 이러한 개별적·추상적 규율의 행정행위성을 인정하고 특별히 문제 삼지 않는 입장에 서있는 것으로 보인다.

## 5. 권리주체에 대하여 직접적인 외부효를 갖는 규율

### (1) 외부효의 의미

행정행위는 또한 권리주체에 대하여 직접적인 외부적 효력을 갖는 규율이어야 한다. 이에 따라서 행정조직 내부에서의 행위는 원칙적으로는 행정행위로서의 성질을 갖지 않게 된다(예컨대 국가기관에서 상급기관이 하급기관에<br>대해 개별적인 시정지시를 내리는 경우 등).

**항고소송의 대상이 되는 행정처분의 의미**    항고소송의 대상이 되는 행정처분이라 함은 행정청의 공법상의 행위로서 특정 사항에 대하여 법규에 의한 권리의 설정 또는 의무의 부담을 명하거나 기타 법률상 효과를 발생하게 하는 등 국민의 권리의무에 직접 관계가 있는 행위를 가리키는 것이고, 행정권 내부에서의 행위나 알선, 권유, 사실상의 통지 등과 같이 상대방 또는 기타 관계자들의 법률상 지위에 직접적인 법률적 변동을 일으키지 아니하는 행위 등은 항고소송의 대상이 되는 행정처분이 아니다(대판 1996.3.22,<br>96누433).

이러한 특징은 특히 특별행정법관계이론(종래의 특별권력<br>관계이론)과 관련되는바, 특별행정법관계에서 이러한 징표를 파악하기 위해서는 1956년 독일의 울레(Ule)가 전개한 이론에 따를 필요가 있다. 즉 이 이론에 따르면 특별행정법관계는 기본관계와 업무수행관계로 나눌 필요가 있으며, 기본관계(근본<br>관계) 내에서의 행위만이 행정행위가 되어 사법심사의 대상이 되며, 업무수행(또는<br>직무주행)관계에서의 규율행위는 외부적 행위로서의 성질을 갖지 못하므로 행정행위로서의 성질을 갖지 못하게 된다.

## (2) 다른 행정기관의 동의의 행정행위성

다만, 직접적 외부효 징표와 관련하여 행정행위 중에는 다른 행정기관 또는 행정주체의 동의(또는 승인)가 있어야만 발령될 수 있는 경우가 많이 있다. 이러한 경우 그 동의관청의 동의행위도 행정행위성을 인정할 수 있는지가 문제될 수 있다. 논의의 실익은 만약 이런 경우 동의행위 자체도 행정행위성을 인정할 수 있다면 당해 동의를 요하는 행정행위를 신청했다가 동의관청의 부동의를 이유로 거부당한 당사자는 직접 처분청의 거부행위에 대해서 뿐 아니라 동의관청의 부동의 행위에 대해서도 (제 3 자로서) 권리구제를 강구할 수 있는 점에 있다.

생각건대 원칙적으로는 이러한 동의행위는 당해 동의를 요하는 행정행위의 발령청에 대한 동의관청의 행정내부적인 의사표현에 불과하고 따라서 직접적 외부효를 결여하여 행정행위라고 볼 수 없다(판례). 그러나 예외적으로 동의관청의 동의행위가 당사자에 대하여 독자적이고 직접적인 법효과를 미치는 경우에는 그 자체 행정행위성을 인정할 수 있을 것이다. 그러한 경우로는 동의관청이 특정한 사무에 대하여 배타적인 판단을 수행할 것이 예정되어 있고, 피동의관청이 처분할 사항과 관련하여 독자적인 관점에서 심사·결정할 수 있는 경우로서 피동의관청의 처분은 동의관청의 동의가 있는 경우에만 허용되는 경우를 들 수 있다.

**상급행정기관의 하급행정기관에 대한 승인·동의·지시 등이 항고소송의 대상이 되는 행정처분에 해당하는지 여부(소극)**    항고소송의 대상이 되는 행정처분은 행정청의 공법상의 행위로서 특정 사항에 대하여 법규에 의한 권리의 설정 또는 의무의 부담을 명하거나 기타 법률상의 효과를 직접 발생케 하는 등 국민의 구체적인 권리·의무에 직접 관계가 있는 행위를 말하는바, 상급행정기관의 하급행정기관에 대한 승인·동의·지시 등은 행정기관 상호간의 내부행위로서 국민의 권리·의무에 직접 영향을 미치는 것이 아니므로 항고소송의 대상이 되는 행정처분에 해당한다고 볼 수 없다(도지사가 군수의 국토이용계획변경결정 요청을 반려한 것은 국토이용계획 입안 및 용도지역 변경 결정권자인 도지사가 군수에게 위임한 국토이용계획 입안권한에 대한 감독권의 행사로서 군수에게 용도지역이 아직까지 지정되지 아니한 토지에 대하여 용도지역 지정절차가 선행되어야 함을 통보한 것으로서, 이는 하급행정기관에 대한 지도·감독작용으로 행한 행정기관 내부의 행위에 불과할 뿐, 국민의 구체적인 권리·의무에 직접적인 변동을 초래하는 것이 아니므로, 항고소송의 대상이 되는 행정처분에 해당하지 않는다고 한 사례)( 대판 2008.5.15, 2008두2583 ).

---

**기본사례** 풀이

1. 사례 1, 2, 3은 행정행위 개념징표로서의 개별적인 규율에 관한 논의를 기초로 하는 사안이다. 사례 1에서는 도지사의 판매금지처분의 인적 대상범위의 특정가능성 문제가 중요한 논점이 된다. 그러나 발령 당시에는 특정불가능하지만 금지시점과 지역적 한계를 설정하여 검토하면, 그 인적 범위는 특정될 수 있는 것으로 보인다. 따라서 일반처분으로서 행정행위성이 인정된다고 본다. 사례 2에서는 교통표지판의 성질에 관한 논의가 중점이 된다. 이에 대하여서는 과거에 독일에서 상당한 논의가 진행되었으나, 오늘날의 일반적 견해는 이를 물적 행정행위로서 논하여 그 행정행위성을 인정한다. 사례 3은 개별공시지가에 관한 법적 성질 논의에 관한 문제로서, 이에 대해서 다수견해와 판례는 행정행위성을 인정하고, 일부견해는 행정규칙으로 보는 입장을 전개하고 있다. 이러한 개별공시지가가 후속하는 과세처분 등에서 그대로 산정의 기초로서 기능하는 점에 비추어, 그 자체로서 행정행위성이 인정된다고 볼 수 있다. 그러나 이때의 행정행위는 사람을 대상으로 하는 것이라기보다는 대상 물건인 당해 토지의 성질에 관한 규율이므로, 물적 행정행위로서의 성질을 갖는다고 보여진다.

2. 사례 4, 5, 6은 행정행위 개념징표로서의 법적 규율성에 관한 기준충족여부가 논의의 대상이다. 사례 4의 경우에는, 개별 성적이 전체 성적에 영향을 미쳐 성적수령자의 후일의 직업생활에 미치는 효과는 단순한 사실상의 효과일 뿐이

다. 따라서 이에 대해서는 행정행위성을 인정할 수 없다. 그러나 본 경우와는 달리 특정결정이 최종성적에 직접적으로 영향을 미치거나, 진학과정이나 취업 등의 결과가 당해 결정에 의존하는 경우(예컨대 최종성적의 경우)에는 행정행위로 보아야 할 것이다. 사례 5의 경우에, 교통사고보고서는 당해 사건의 사실상의 확정과 그 법적 평가를 내용으로 하는 것이다. 그러나 이러한 보고서는 어느 누구에게도 법적인 구속력을 갖는 것은 아니며, 법원이 이를 증거능력 있는 것으로 평가하는 것은 법원 스스로의 평가에 의한 것일 뿐이다. 따라서 행정행위성이 인정되지 않는다. 사례 6의 경우는 이른바 권력적 사실행위가 그 대상이다. 이러한 행위는 단순한 사실행위일 뿐 아니라 동시에 행정행위로서의 성질을 갖는다고 본다. 즉 하나의 행위 속에 두 개의 행위가 포함되어 있는 것으로 본다. 이때 후자의 내용으로는 당사자로 하여금 특정한 행정목적달성에 협조하는 태도로 유도하는 것이 포함되었다고 보는바, 특히 여기에는 당사자의 수인의무가 포함된다고 본다. 따라서 당해 사안의 경우에는 그 행정행위성은 인정되나, 이미 그 행위가 종료하였으므로 권리보호의 이익이 없어 취소소송은 인정될 수 없다고 본다. 행정상의 손해배상이 현실적인 의미를 갖게 될 것이다.

## Ⅳ. 행정행위의 개념논쟁

### 1. 논의의 배경

행정행위는 행정작용의 유형 중에서 일정한 개념적 기준을 충족한 특정한 유형을 의미하는 개념이다. 따라서 이는 실체법적 개념으로 이해되어야 한다. 그러나 행정행위의 개념에 대해서는 실정법적 정의규정이 없으므로, 이를 어떻게 이해하여야 할 것인가가 문제로 된다. 이는 특히 행정법 영역 전체에 걸쳐 사용되는 행정행위 개념이 논의되는 영역에 따라 그 의미에 대해 서로 다르게 주장되고 있는 사정과 관련되는 것이다. 이러한 전체 논의를 행정행위 개념논쟁으로 논할 수 있다.

우리나라에서 이른바 행정행위 개념논쟁이 제기되는 것은 특히 「행정심판법」이나 「행정소송법」이 그 대상으로서 독일의 경우와는 달리 행정행위라는 표현을 사용하지 않고, 그 해석의 소지를 남기고 있는 '처분'이라는 개념을 사용하고 있기 때문이다. 물론 이러한 행정쟁송법상의 처분 개념은 그 표현내용에 비추어 실체법적으로 파악되고 있는 행정행위 개념과 동일한 것으로 볼 수는 없고 더 넓은 개념으로 이해되어야 할 것이다. 그러나 이러한 표현 때문에 쟁송법상의 처분 개념 속에 이른바 형식적 행정행위 개념을 별도로 인정하여야 하는지의 여부에 대해서는 논의가 대립하고 있다.

## 2. 견해대립

### (1) 실체법적 행정행위 개념

실체법적으로 행정행위의 개념을 정의하게 되면, 그 내용에서 다소의 차이는 있으나 일반적으로 행정행위를 "행정주체가 공법의 영역에 속하는 구체적 사실을 규율하기 위하여 외부에 대하여 직접적인 법률효과를 발생하게 하는 권력적인 단독행위"로 이해한다. 이러한 개념이 행정작용론에서의 논의대상인 행정행위 개념에 해당한다.

### (2) 쟁송법적 행정행위 개념

이 개념은 기본적으로 행정쟁송법상의 취소쟁송의 대상인 처분을 실체법상의 행정행위 개념 뿐 아니라, 그 밖에 일정한 다른 행정작용유형도 그 대상으로 하는 개념으로 이해하려는 것이다.

이 견해는 일본에서 주장되기 시작한 것으로서 그 성립배경으로는, 오늘날의 행정작용의 중심이 권력적 행정작용으로부터 비권력적 행정작용으로 이전함을 중시하고, 종래에 권력적 행정작용만을 대상으로 하는 사법적 권리보호의 공백을 메우기 위하여 실체법상의 행정행위 개념 이외에 비권력적 행정작용을 그 대상으로 하는 별도의 형식적 행정행위 개념을 인정하여, 이를 통하여 취소쟁송의 대상인 처분성의 확대를 주장하는 견해이다.

결국 이 견해에 따르면 공권력 행사의 실체는 갖지 않으나 일정한 행정목적을 위하여 국민 개인의 법익에 대하여 계속적으로 사실상의 지배력을 미치는 행정작용의 경우(예컨대 행정규칙이나 행정지도, 사실행위 등)를 '형식적 행정행위'의 개념으로 파악하여, 이를 항고소송의 대상으로 삼으려고 하는 것이다. 따라서 「행정심판법」이나 「행정소송법」상의 '처분' 개념 정의는 형식적 행정행위를 포함하고 있는 것으로서 실체법적 행정행위 개념보다 넓은 개념으로 이해하게 된다.

### (3) 판례의 입장

판례는 이와 관련하여 형식적 행정행위를 인정하는가의 여부에 대해 명시적인 입장을 보이고 있지는 않다. 그러나 판결의 주된 내용들을 보면, 아직은 형식적 행정행위 개념 주장의 대표적인 결론인 비권력적 행정작용에 대하여 취소쟁송의 제기를 인정하는 결론으로 이어지고 있는 것은 아니므로, 기본적으로 소극적인 입장이라고 보아야 할 것이다.

## 3. 평     가

행정쟁송법적으로 실체법상의 행정행위 외에 형식적 행정행위 개념을 별도로 인정할 수 있는가에 대해서는 논란이 되고 있다.

### (1) 형식적 행정행위 개념에 대한 비판논거

형식적 행정행위 개념은 다음의 논거에 의하여 비판되고 있다.

1) 이러한 입장에 따르게 되면, 쟁송법상의 처분이라는 하나의 개념 속에 서로 이질적인 행정작용들이 단순히 당사자의 권리보호라는 이름하에 포함되는 문제점이 지적될 수 있다. 또한 이러한 입장에 따르면 행정작용의 유형분류로서 권력적 성질을 갖는 것과 비권력적 성질을 갖는 유형의 분류가 무의미하게 된다.

그 밖에도 이 개념에서는 실체법상의 행정행위 외에 형식적 행정행위 개념을 만들어서 논하고 있으나, 행정행위 개념을 당사자의 권리보호의 필요성하에서 임의로 만들고 있다는 비판도 지적될 수 있을 것이다.

2) 쟁송법적으로 별도의 형식적 행정행위 개념을 인정하려는 견해는 현존하는 소송제도하에서 국민의 권리구제라는 현실적 필요성을 위해 행정기관의 비권력적인 행정작용까지 처분개념에 포함하려는 것이다.

그러나 비권력적인 행정작용에 대해서까지 취소쟁송의 대상인 처분성을 확대하는 것은 우선 취소쟁송이 갖는 행정행위의 공정력과의 관계에 비추어 수인하기 어려울 것이다. 즉 행정행위의 공정력이 취소쟁송 등의 실정법제도가 있음으로 인해 생기는 하나의 반사적 효과로서 인정되는 것이라면, 비권력적 행정작용인 단순한 사실행위 등에 대한 취소쟁송을 인정하는 경우 이러한 사실행위에 대해서도 공정력이 인정된다고 볼 수 있는 것인가가 문제된다.

이에 대해 형식적 행정행위 개념을 인정하는 입장에서는 대부분 이 경우의 공정력 인정을 부정하고 있는바, 이러한 결론은 취소쟁송과 공정력과의 관계를 통일적으로 설명하지 못하게 되는 문제점을 안게 된다.

3) 이 개념의 인정 주장은 당사자의 권리구제의 필요성을 취소소송의 형태에 의해서만 해결하려는 문제를 안고 있다. 이러한 시도는 취소소송의 부담이 과중하게 된다는 비판은 별론으로 하고, 현실적으로 취소소송의 기능 전반에 관한 새로운 고찰을 요하게 한다. 즉 이 개념의 주창자들에 따르면, 취소소송은 종전의 전통적인 실체법상의 행정행위 이외의 행정작용에 대해서도 다른 적당한 권리구제수단이 없는 경우에 이를 해결하기 위한 제도로서 탄력적으로 운영될 필요가 있으며, 이러한 새로운 변화에 상응하여 그 기능 또한 변화해야 한다고 한다. 따라서 종전의 취소소송은 행정행

위의 공정력을 배제하기 위한 상소수단으로서 기능하였던 것이나, 현재의 취소소송은 위법한 행정과정으로부터 국민의 지위를 보호하는 포괄적인 행정구제제도로서 기능한다고 고찰되어야 한다고 본다.

이 개념논의의 기원인 일본에서의 이러한 주장의 기본적 출발점은 일본헌법이 채용하고 있는 실질적 법치주의의 정신에 입각한 것이라고 하는데, 종전의 형식적 법치주의에 의하는 경우에 행정구제제도가 차지하고 있던 법률에 의한 행정을 담보하는 단순한 기능에서 진일보하여, 인권보장을 주된 목적으로 하고 이를 실현하기 위한 봉사적 수단으로서 행정구제제도가 존재하는 것으로 이해하려는 것이다.5) 따라서 오늘날과 같이 행정의 행위형식이 권력적인 행위 뿐 아니라 비권력적인 행위 등 다양하게 나타나고 있고, 행정행위 이외의 행정기관의 행위에 의해서도 국민에게 중대한 영향을 미치는 경우가 적지 않은 상황에서는, 국민의 이익을 보호하기 위하여 전통적인 행정행위개념으로부터 벗어나서 소송법적으로 특유한 도구개념이 취소소송에서 필요하게 되는 것이라고 한다.

따라서 이러한 주장에 의하면 취소소송은 현실적으로 행정활동의 적부를 다투는 모든 분쟁의 해결사로서 기능하게 되는 결과를 초래하게 되며, 이러한 결과는 취소소송의 내용을 프랑스의 월권소송(越權訴訟)과 유사한 내용으로 구성하게 하는 결론을 도출하게 된다.6) 그러나 이러한 결론이 우리나라에서도 그대로 타당할 수 있는가는 지극히 회의적이다.

4) 따라서 이러한 무리한 주장을 하는 것보다는 행정소송유형을 행정작용의 유형에 상응하여 다양하게 마련하는 것이 오히려 체계적인 방법이라고 주장한다. 이를 위하여는 장기적으로는 행정쟁송 법률의 개정작업을 행할 필요가 있으며, 단기적으로는 형식적 행정행위 개념의 주장에서 특히 문제 삼고 있는 비권력적인 행정작용의 대부분을 대상으로 하는 공법상의 당사자소송을 활성화하는 방안이 필요하다고 본다.

### (2) 형식적 행정행위 개념 주장에서의 반론

형식적 행정행위 개념에 대한 비판에 대해서는 다음과 같은 반론이 제기될 수 있다.

1) 형식적 행정행위 개념을 부정하게 되면 비권력적 행정작용을 취소쟁송의 대상으로 할 수 없으므로, 당사자의 권리보호에 있어서 공백을 남기게 되어 문제가 있는 것으로 보게 된다.7)

2) 형식적 행정행위 개념을 부정하게 되면 결국 법률의 개정작업을 통하여 행정

---

5) 高田 敏(編著), 行政法, 1993, 263면.
6) 原田尙彦, 行政法要論, 2004, 358면 참조.
7) 김도창(상), 360면.

작용의 유형에 상응한 다양한 행정소송유형을 인정하는 방법론을 주장하게 되지만, 법률의 개정은 그렇게 용이하게 가능한 것은 아니다. 따라서 이러한 방법보다는 오히려 실정법의 해석을 통하여 권리구제의 확대가 가능한 경우에는 이러한 해석의 방법론이 바람직할 것이다. 현행 「행정심판법」 제2조 제1항과 「행정소송법」 제2조 제1항에서의 '처분' 개념의 정의에 관한 규정 중에서 "그 밖에 이에 준하는 행정작용"이라는 표현이 사용되고 있는 것은, 쟁송법상의 대상인 처분개념을 그 해석상 넓게 이해하고 있는 것으로 볼 수 있다. 따라서 이러한 표현을 이른바 형식적 행정행위의 개념을 현행법이 수용하고 있는 것으로 해석하여, 비권력적 행정작용에 대해 취소쟁송을 통한 당사자의 권리구제가 가능하게 되는 것으로 볼 수 있다.

### (3) 사　견

이러한 논의는 주지하는 바와 같이 현행 행정소송 구조하에서 당사자의 권리구제의 가능성을 확대하려는 시도가 그 배경이 되고 있다. 쟁송법상 형식적 행정행위 개념을 별도로 인정하는 견해는 이를 통하여 행정소송, 특히 취소소송을 통한 권리구제의 범위를 확대하려는 것이다. 물론 이러한 입장에 따르게 되면 종전보다 취소소송의 대상이 확대되므로 권리구제의 가능성이 확장될 것은 분명하다. 그러나 이러한 견해에 대해서는 그 개별적 검토에 있어서 다음의 비판이 가능하리라고 생각한다.

1) 이러한 주장에 의하면, 비권력적 행정작용에 의하여 당사자의 권리나 의무관계에 대한 실질적인 영향력이 발생하는 경우에 이를 취소쟁송을 통하여 배제할 수 있게 될 것이다. 그러나 비권력적 행정작용들은 굳이 취소쟁송을 제기하지 않고서도 현행법상, 공법상의 당사자소송의 형식을 통하여도 다툴 수 있게 된다. 그리고 현실적으로 비권력적 행정작용이 종료한 경우에는 많은 경우에 행정상의 손해배상의 방법을 통하여 당사자의 권리구제는 해결될 수 있게 된다.

2) 쟁송법상의 이해관계를 관철하기 위하여 행정행위 개념을 새로이 만들어내는 것은 여러 면에서 바람직하지 않을 것이다. 쟁송법과 실체법의 관계에 비추어 쟁송법은 실체법적 내용을 실현하는 도구적 의미를 갖는 것이며, 반대로 쟁송법적 이해관계를 위해 그 본질상 실체법적 개념인 행정행위 개념이 이원화되는 것은 타당하지 않다.

3) 따라서 쟁송법상의 처분 개념은 실체법상의 행정행위 개념과 동일하지 않고, 더 넓은 개념으로 이해되어야 하지만, 이러한 경우에도 형식적 행정행위 개념의 인정 주장은 따를 수 없을 것이다.

## 4. 관련문제

### (1)「행정소송법」제 2 조 제 1 항 제 1 호의 해석문제

이러한 논쟁과 관련되어 해결되어야 할 문제는「행정소송법」제 2 조 제 1 항 제 1 호가 규정하고 있는 처분개념 정의 중에 "그 밖에 이에 준하는 행정작용"의 의미이다. 쟁송법상의 형식적 행정행위 개념을 별도로 인정하는 입장에서는, 위에서 본 바와 같이 이를 단순한 사실행위 등을 내용으로 하는 비권력적 행정작용을 포함하는 이른바 일본식의 형식적 행정행위 개념을 인정하는 것이라고 해석한다.

그러나 이는 제 2 조 제 1 항 제 1 호의 체계적 해석상, 처분개념의 정의에 해당하는 "공권력의 행사 또는 그 거부"에 준하는 행정청의 구체적 사실에 관한 법집행행위를 의미하는 것으로 이해되어야 한다고 본다. 이에 따라 권력적 성질을 갖는 행위에 한정된다고 보아야 할 것이다. 따라서 이에는 전통적인 행정행위 개념 징표에 해당하는 행위 이외의 권력적 행정작용이 해당되며, 그 개별적인 내용은 앞으로의 행정작용의 변화와 이를 반영하는 판례에 의해 구체화될 것이나, 현재로는 대표적으로 독일 연방행정절차법상 인정되고 있는 일반처분이 이에 해당한다고 볼 수 있을 것이다.[8]

### (2) 이른바 '권력적 사실행위'의 문제

권력적 사실행위는 일본식 개념으로서 일본에서는 "행정청의 일방적 의사결정에 기한 특정의 행정목적을 위해 국민의 신체·재산 등에 실력을 가하여 행정상 필요한 상태를 실현하고자 하는 권력적 행위"라고 정의하고 있으며,[9] 이러한 정의는 우리나라에서도 받아들여지고 있다.[10] 이에 관한 예로는 전염병환자의 강제격리, 송환대상자의 강제격리, 토지출입조사, 대집행의 실행 등을 들고 있다.[11] 이때의 '권력적'이라는 표현은 생각건대 행정청의 일방적 의사결정에 기인한 것이라는 점에 착안한 듯하며, 이 점에서 통상적인 비권력적인 단순한 사실행위와 구별된다고 볼 수 있다. 이러한 행위에 대해서는 위에서 논의한 행정행위 개념에 관한 어떠한 견해에 따르더라도, 우리나라나 일본의 일반적인 입장은 행정소송의 대상으로서의 처분성이 인정된다고 본다.

이러한 권력적 사실행위는 그 실체에 있어서 이를 통해 상대방의 법적 영역에 개입하여 일정한 법적 규율(특히 수인의무의 부과)이 행해지는 측면과, 이를 물리적으로 집행하는 행위

---

8) 독일 연방행정절차법 제35조 2문이 규정하고 있는 일반처분은 전통적인 행정행위 개념요소인 개별성·구체성을 충족하지 못하는 행위유형을 포함하는 내용이며, 이에는 구체적으로 그 인적 범위가 일반적 기준에 의해서 비로소 특정가능한 행위와 이른바 물적 행정행위가 포함된다.

9) 高田 敏(編著), 行政法, 1993, 264면.

10) 김동희(Ⅰ), 462면.

11) 김도창(상), 756면.

가 동시에 포함되어 있는 이중적인 성격을 갖는 것이라고 이해될 수 있다. 따라서 전자의 측면에서는 일반적인 행정행위와 마찬가지로 특정 법적 효과를 지향한 행정작용으로서, 「행정소송법」 제2조 제1항 제1호의 처분 개념의 정의에서 말하는 '공권력의 행사'에 해당한다고 보게 되며, 이로 인해 취소소송의 대상이 된다고 보아야 할 것이다.

## 제2절  행정행위의 분류

### Ⅰ. 법률효과의 발생원인을 기준으로 한 분류

일반적인 견해에 따르면 행정행위는 그 구성요소와 법률효과의 발생원인을 표준으로 법률행위적 행정행위와 준법률행위적 행정행위로 나누고 있다. 이때에 전자는 다시 법률효과의 내용에 따라 명령적 행정행위와 형성적 행정행위로, 후자는 구성요소를 기준으로 하여 확인·공증·통지·수리로 구분하고 있다.

법률행위적 행정행위와 준법률행위적 행정행위의 구분은, 전자는 법집행을 위한 의사표시(효과의사의 표시)를 구성요소로 하고 그 효과의사의 내용에 따라서 법률효과를 발생하는 행위인 데 반해서, 후자는 법집행을 위한 효과의사 이외의 정신작용의 표시를 요소로 하고 그 법률효과는 행위자의 의사여하를 불문하고 직접 법규가 정하는 바에 따라 발생하는 행위라는 데에 있다. 따라서 이러한 구분방식은 민법의 법률행위개념을 유추하여 행정행위를 분류하려는 것이다.

◥ 행정행위의 분류

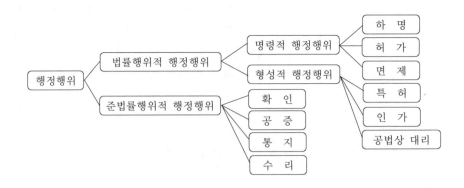

## 1. 법률행위적 행정행위

### (1) 명령적 행정행위

이는 개인에게 특정의 의무를 부과하거나 이를 해제하는 행위를 말한다. 이 유형은 다시 의무를 명하는 하명과 의무를 해제하는 허가, 면제로 나뉜다.

#### 1) 하  명

(개) 개  념   작위·부작위·급부·수인을 명하는 행위를 말하며, 이중에서 특히 부작위를 명하는 행위를 금지라고도 한다. 예컨대 건물철거명령이나 주택의 일정기간 동안의 전매금지 의무부과 등이 이에 해당한다.

(내) 효  과   하명의 효과로서는 그 내용에 따라 명령을 받은 자가 일정한 행위를 사실상 하여야 하거나, 소극적으로 하여서는 아니 될 공법상 의무를 부담하는 데 있다. 그러나 이러한 명령이나 금지는 직접적으로 법률행위의 효력을 제한하거나 부정함을 본래의 목적으로 하는 것이 아니므로, 이에 위반한 법률행위가 민법이나 상법적으로 당연히 무효가 되지는 않는다.

#### 2) 허  가

(개) 개  념   이는 상대적인 일반적 금지12)를 특정한 경우에 특정의 상대방에게 해제하여, 적법하게 일정한 행위를 행할 수 있게 하여 주는 처분을 말한다.

(내) 성  질   허가행위가 기속행위인지 재량행위인지에 대해서는 논란이 있으나, 우선적으로는 법률규정의 표현을 기준으로 해야 한다. 따라서 법률의 표현이 가능규정(`…할 수 있다는 표현`)이면 재량행위로, 구속적 표현(`…하여야 한다는 표현`)이면 기속행위로 보아야 한다. 이러한 법문상의 표현이 불명확한 경우에는, 허가로 인하여 당사자의 일정한 기본권행사가 비로소 회복 가능해진다는 점을 생각해 볼 때, 허가요건을 충족하는 경우에는 행정기관이 자유로이 결정할 것이 아니라 기속된다고 봄이 타당하다. 즉 기속행위로 보아야 한다.

판례는 동일한 건축허가라 하더라도 구 「도시계획법」 제21조와 같은 법 시행령 제20조 제 1 항, 제 2 항 및 같은 법 시행규칙 제 7 조 제 1 항 제 1 호 (가)목 등의 규정을 종합하여 보면, 개발제한구역 안에서는 구역 지정의 목적상 건축물의 건축 등의 개발행위는 원칙적으로 금지되고, 다만 구체적인 경우에 이와 같은 구역 지정의 목적에 위배되지 아니할 경우 예외적으로 허가에 의하여 그러한 행위를 할 수 있게 되어 있음이 그 규정의 체제와 문언상 분명하고, 이러한 예외적인 건축허가는 그 상대방에

---

12) 이는 당해 행위가 그 성질에 있어서 당사자의 기본권행사의 대상이 되는 것으로서 자유로운 행위로 인정되는 것(예컨대 영업허가에 있어서의 직업행사의 자유나 건축허가에 있어서의 재산권행사의 자유 등)이나, 특정 행정목적을 달성하기 위하여 제한을 설정하고 개별적인 경우에 당해 자유의 회복여부를 검토하는 것을 말한다.

게 수익적인 것에 틀림이 없으므로 그 법률적 성질은 재량행위 내지 자유재량행위에 속하는 것이라고 보았고,13) 반면 장례식장을 건축하는 것이 구 「건축법」 제 8 조 제 4 항, 같은 법 시행령 제 8 조 제 6 항 제 3 호 소정의 인근 토지나 주변 건축물의 이용현황에 비추어 현저히 부적합한 용도의 건축물을 건축하는 경우에 해당하는 것으로 볼 수 없음에도, 건축허가신청을 불허할 사유가 되지 않는 인근 주민들의 민원이 있다는 사정만으로 건축허가신청을 반려한 처분은 법령의 근거 없이 이루어진 것으로 위법하다고 보아 이러한 건축허가를 기속행위로 보았다.14)

   (대) 종  류    허가의 종류로는 그 대상에 따라서, 대인적 허가·대물적 허가·혼합적 허가로 분류된다. 대인적 허가는 그 효과가 일신전속적인 것(예컨대 운전면 허나 의사면허)이고, 대물적 허가는 그 효과의 이전이 가능하며(예컨대 건축허가 또는 음식점영업허가 등), 혼합적 허가는 원칙적으로는 효과의 이전이 불가능하나, 법률이 인정하는 경우에는 이전이 가능하게 된다.

   (라) 효  과    허가의 효과는 제한되었던 자연적 자유가 회복되는 데 그치며, 새로운 권리를 설정하지 않는다. 따라서 통상적으로는 그 효과의 내용은 반사적 이익이나 사실상 이익에 해당하게 된다.15)

또한 허가는 그 전제가 되는 특정목적을 위한 법적 제한을 해제해 주는 데 불과하므로, 다른 법령에 의해서 금지된 자유가 회복되지는 않는다. 허가를 요하는 행위를 허가를 받지 않고 행위한 경우에는 그 행위의 사법적 효과가 부정되는 것은 아니며, 경우에 따라서는 행정강제나 행정벌의 제재가 수반된다.

한편 허가 등의 행정처분은 원칙적으로 처분시의 법령과 허가기준에 의하여 처리되어야 하고 허가신청 당시의 기준에 따라야 하는 것은 아니며, 비록 허가신청 후 허가기준이 변경되었다 하더라도 그 허가관청이 허가신청을 수리하고도 정당한 이유 없이 그 처리를 늦추어 그 사이에 허가기준이 변경된 것이 아닌 이상 변경된 허가기준에 따라서 처분을 하여야 한다.16)

   3) 면  제

이는 특정의 경우에 작위·급부·수인의무를 해제하는 행위로서, 해제되는 의무의 대상에 있어서 부작위의무를 해제하는 허가와 구별된다. 그러나 그 밖의 점에 있어서는 허가와 성질이 유사하다고 볼 수 있다.

---

13) 대판 2003. 3. 28, 2002두11905.
14) 대판 2002. 7. 26, 2000두9762.
15) 그러나 오늘날은 허가의 효과내용이 종전의 단순한 반사적 효과에서 개인적 권리로 고양되고 있음에 유의할 필요가 있다.
16) 대판 1996. 8. 20, 95누10877.

## (2) 형성적 행정행위

특정의 상대방에게 권리·능력($^{권리능력이나}_{행위능력}$) 또는 포괄적 법률관계 기타 법률상의 힘을 발생·변경·소멸시키는 행위이다. 판례에 의하면 형성적 행정행위 발령의 거부는 공익적 사정을 이유로 폭넓게 인정되고 있다.

> 산림훼손은 국토 및 자연의 유지와 수질 등 환경의 보전에 직접적으로 영향을 미치는 행위이므로, 법령이 규정하는 산림훼손 금지 또는 제한 지역에 해당하는 경우는 물론 금지 또는 제한 지역에 해당하지 않더라도 허가관청은 산림훼손허가신청 대상 토지의 현상과 위치 및 주위의 상황 등을 고려하여 국토 및 자연의 유지와 환경의 보전 등 중대한 공익상 필요가 있다고 인정될 때에는 허가를 거부할 수 있고, 그 경우 법규에 명문의 근거가 없더라도 거부처분을 할 수 있다($^{대판\ 2003.3.28,}_{2002두12113}$).

### 1) 특    허

(가) 의  의    특허란 특정의 상대방을 위하여 새로이 권리($^{특허기업의}_{특허\ 등}$)나 능력을 설정($^{공법인의}_{설립행위}$)하거나, 포괄적 법률관계를 설정하는 행위($^{공무원임명이나}_{귀화허가\ 등}$)를 말한다. 특허는 출원을 효력발생요건으로 하며, 출원이 없거나 그 취지에 반하는 특허는 완전한 효력을 발생할 수 없게 된다. 그 법적 효과는 권리 등 법률상의 힘을 발생시키는 것이며, 대인적인 특허의 효과는 이전될 수 없게 된다.

(나) 허가와의 구별    특허는 특히 허가와의 관계에서 구별이 논의되며, 다수의 견해는 양자를 구분하고 있다. 구별의 기준으로서는 다음의 사항을 들 수 있다.

① 허가는 금지해제행위로서 명령적 행위이나, 특허는 설권행위로서 형성적 행위이다.

② 허가는 신청행위 없이 행해지기도 하나, 특허는 항상 신청을 전제로 한다.

③ 재량행위성 여부에 관하여는 법률규정상의 표현이 주요한 기준이나, 불분명한 경우에는 허가는 기속행위로서 인정되나 특허는 재량행위로서의 성질을 갖는다.

④ 허가는 소극적 목적을 위해서 행해지나, 특허는 적극적으로 공공복리를 증진시킬 목적으로 행해진다.

### 2) 인    가

(가) 개  념    이는 타인의 법률행위에 동의를 부여하여 그 행위의 효력을 보충함으로써 법률상의 효력을 완성시키는 행위를 말한다. 실정법상으로는 허가나 승인 등의 표현이 사용되기도 하며, 사인의 행위를 전제로 하는 점에서 그 자체가 독립적인 행위인 허가나 특허와 구별된다. 인가는 당사자의 행위가 갖는 공익적 성격으로 인하여, 일정한 행정기관으로 하여금 당사자 사이의 행위를 개별적으로 검토하여 그 효력을 완성하도록 하는 의미를 갖는 것이다.

그 예로서는 「여객자동차운수사업법」상 자동차운수사업의 양도행위 자체는 사법상의 행위로서 행해질 수 있으나, 자동차운수사업이 갖는 공익성을 고려하여 이러한 사인의 행위를 당사자의 임의의 계약에 맡기지 아니하고 그 양도계약에는 국토교통부장관이나 시·도지사의 인가를 요하도록 하는 경우를 들 수 있다(여객자동차운수사업법 제14조 2항). 또한 「국토의 계획 및 이용에 관한 법률」상의 토지거래행위에 대한 허가도 그 성질상 인가로 볼 수 있다(부동산 거래신고 등에 관한 법률 제11조).

판례는 구 「교육법」 제85조 제 3 항, 제 1 항 소정의 교육부장관의 사립대학에서 공립대학으로의 설립자변경 인가처분은 당사자간의 설립자 변경행위를 보충하여 그 법률효과를 완성시키는 의미에서의 강학상의 인가처분으로 보았고,17) 재단법인의 임원취임이 사법인인 재단법인의 정관에 근거한다 할지라도 이에 대한 행정청의 승인(인가)행위는 법인에 대한 주무관청의 감독권에 연유하는 이상 그 인가행위 또는 인가거부행위는 공법상의 행정처분으로서, 그 임원취임을 인가 또는 거부할 것인지 여부는 주무관청의 권한에 속하는 사항이라고 할 것이고, 재단법인의 임원취임승인 신청에 대하여 주무관청이 이에 기속되어 이를 당연히 승인(인가)하여야 하는 것은 아니라고 보았다.18)

(내) 효 과    인가는 법률적 행위가 효력을 발생하기 위한 요건이므로, 인가를 요히는 행위를 인가 없이 행한 경우에는 그 행위는 무효가 된다. 인가는 항상 신청을 전제로 하는 점에 특색이 있다. 이는 또한 타인의 법률적 행위의 효력을 보충하여 이를 완성시켜 주는 보충적 행위이므로 기본행위의 존재를 그 전제로 하며, 인가가 유효하기 위하여는 인가의 대상인 기본행위가 계속하여 존재하여야 한다. 따라서 기본행위가 불성립하거나 일정한 사유로 인하여 무효인 경우에는 인가를 받아도 이러한 법률행위의 흠이 치유되지는 못하고 무효가 된다. 또한 인가의 대상인 기본행위에 취소원인이 있는 때에는 인가 후에도 이를 취소할 수 있으며, 취소되는 경우에는 인가행위의 목적물이 상실하게 되어 인가를 행한 행정기관의 의사에 관계없이 당연히 그 효력이 상실된다.

### 3) 공법상 대리

타인이 행할 행위를 행정기관이 대리하여 행한 경우에 타인이 스스로 행한 것과 동일한 효과를 발생시키는 행위를 말한다. 주로 감독적인 입장(예컨대 공법인의 임원임명)이나 협의불성립의 경우에 조정적 입장에서, 또한 국가 자신의 행정목적달성을 위해서(예컨대 체납처분절차에 의한 압류재산의 공매처분) 행해진다.

---

17) 대판 1997. 10. 10, 96누4046.
18) 대판 2000. 1. 28, 98두16996.

## 2. 준법률행위적 행정행위

### (1) 확    인

확인의 행정행위란 특정의 사실이나 법률관계에 관하여 의문이 있거나 다툼이 있는 경우에 공적 권위로써 그 존부(存否)나 정부(正否)를 확인하는 행위를 말한다. 이는 판단의 표시행위이므로 기속행위로서의 성질을 가지며, 그 형식에 있어서 항상 구체적인 처분의 형식으로 행해지고 일정한 형식이 요구되는 요식행위인 것이 보통이다. 그 효과로서는 개별적인 법률이 정하는 바에 따라 정해지며, 확인행위로 확정된 사실이나 법률관계 중 일정한 행위에 대해서는 처분청 스스로도 변경할 수 없는 불가변력이 발생한다(예컨대 행정심판의 재결행위).

확인에 해당하는 예로는 발명특허, 국가시험합격자결정, 소득세부과를 위한 소득금액결정, 도로구역결정, 공무원의 정년확인결정, 건축물의 준공검사,[19] 행정심판의 재결 등을 들 수 있다.

**'친일반민족행위자 재산의 국가귀속에 관한 특별법' 제 2 조 제 2 호에 정한 친일재산이 친일반민족행위자재산조사위원회의 국가귀속결정이 있어야 비로소 국가의 소유로 되는지 여부(소극) 및 위 위원회의 국가귀속결정의 법적 성격(=준법률행위적 행정행위)**    친일반민족행위자 재산의 국가귀속에 관한 특별법 제 3 조 제 1 항 본문, 제 9 조 규정들의 취지와 내용에 비추어 보면, 같은 법 제 2 조 제 2 호에 정한 친일재산은 친일반민족행위자재산조사위원회가 국가귀속결정을 하여야 비로소 국가의 소유로 되는 것이 아니라 특별법의 시행에 따라 그 취득 · 증여 등 원인행위시에 소급하여 당연히 국가의 소유로 되고, 위 위원회의 국가귀속결정은 당해 재산이 친일재산에 해당한다는 사실을 확인하는 이른바 준법률행위적 행정행위의 성격을 가진다(대판 2008.1.13, 2008두13491).

한편 판례에 의하면 예컨대 구 「공업배치 및 공장설립에 관한 법률」[20] 제 9 조에 따라 시장 · 군수 또는 구청장이 토지소유자 기타 이해관계인의 신청이 있는 경우에 그 관할구역 안의 토지에 대하여 지번별로 공장설립이 가능한지 여부를 확인하여 통지하는 공장입지기준확인은, 공장을 설립하고자 하는 사람이 공장설립승인신청 등 공장설립에 필요한 각종 절차를 밟기 전에 어느 토지 위에 공장설립이 가능한지 여부를 손쉽게 확인할 수 있도록 편의를 도모하기 위하여 마련된 절차로서 그 확인으로 인하여 신청인 등 이해관계인의 지위에 영향을 주는 법률상의 효과가 발생하지 아니하므로, 공장입지기준확인 그 자체는 항고소송의 대상으로서의 처분성을 부인하였다.[21]

---

19) 대판 1993. 11. 9, 93누13988; 1994. 1. 14, 93누20481.
20) 현재는 「산업집적활성화 및 공장설립에 관한 법률」이다.
21) 대판 2003. 2. 11, 2002두10735.

## (2) 공  증

### 1) 개  념

공증이란 특정의 사실이나 법률관계의 존부를 공적으로 증명하여 공적 증거력을 부여하는 행위이다. 인식의 표시라는 점에서 확인과 구별되며, 그 성질에 있어서 원칙적으로 기속행위이며 요식행위이다. 그 효과로서는 공적 증거력이 발생하는 것을 들 수 있으나, 이러한 증거력은 반증에 의해서 번복가능하며 행정기관이나 법원에 의한 공증의 취소를 막는 것은 아니라고 본다. 예로는 일반적으로 부동산등기부나 토지대장 등에의 등재, 합격증서발급, 여권발급행위, 인감증명서 발급행위 등을 들고 있다.

### 2) 행정행위성의 인정여부

공증행위가 행정행위성을 가지는가에 관하여는 논의가 일치되어 있지 않다. 논의의 대립은 공증행위에는 여러 유형이 존재하며, 그 중에는 실체적 권리관계의 변동과 관련을 갖는 행위도(예 : 소유권 변동이나 토지지목의 변경 등) 존재하는바, 이때에 공증행위 자체가 실체적 권리관계를 변동시키는 효과를 발생하는가의 여부와 관련되는 것이다.

(가) 학  설    다수설은 별다른 논거 없이 이 유형에 대해서도 행정행위성을 인정하고 있으나, 이에 대해서는 부정설도 주장된다. 부정설에 따르면 공증행위가 그 효과로서 갖는 공적 증거력이 누구든지 공증의 취소를 기다림이 없이 반증에 의하여 변경가능한 것이라면, 이는 행정행위로서의 공정력을 부인하는 것이고, 따라서 공증행위 자체에 대하여 행정행위성을 인정하기 어렵다고 본다.

(나) 판  례    판례는 그동안 공증행위 중 공적 장부에의 등재나 기재사항의 변경행위에 대하여 지속적으로 처분성을 부인해 왔다. 그 논거로서는 공적 장부에 기재하는 행위는 행정사무집행의 편의와 사실증명의 자료로 삼기 위한 목적으로 행하여지는 것에 불과하고, 이러한 등재나 변경으로 인하여 실체상의 권리관계에 어떠한 변동을 가져오는 것은 아니라는 사실을 지적하였다.

> 지적공부에 기재된 일정한 사항을 변경하는 행위는 행정사무집행의 편의와 사실증명의 자료로 삼기 위한 것으로, 이로 인하여 당해 토지에 대한 실체상의 권리관계에 변동을 가져오는 것이 아니고, 토지소유권의 범위가 지적공부의 기재만에 의하여 증명되는 것도 아니므로, 지적도의 경계를 현재의 도로경계선에 따라 정정해달라는 지적정리 요청을 거부하는 내용의 회신은 항고소송의 대상이 되는 행정처분이라고 할 수 없다(대판 2002.4.26, 2000두76125).

이와 같이 대법원이 처분성을 부인하여 행정소송을 제기할 수 없게 되자, 이른바 헌법소원의 보충성요건이 충족하게 된 결과 이에 대해서는 헌법재판소가 헌법소원으로 심사하였는바, 헌법재판소는 이러한 행위유형들에 대해 일관되게 처분성을 인정하고, 헌법소원의 대상인 공권력의 개념에 포함되는 것으로 보고 있다.

[1] 지목정정신청을 반려한 처분은 헌법소원의 대상이 되는 공권력이며, 이에 대하여 바로 헌법소원 심판청구가 가능하다(헌재 2002.1.31, 99헌마563 전원재판부).

[2] 지적법 제38조 제2항에 의하면 토지소유자에게는 지적공부의 등록사항에 대한 정정신청의 권리가 부여되어 있고, 이에 대응하여 소관청은 소유자의 정정신청이 있으면 등록사항에 오류가 있는지를 조사한 다음 오류가 있을 경우에는 등록사항을 정정하여야 할 의무가 있는바, 피청구인의 반려행위는 지적관리업무를 담당하고 있는 행정청의 지위에서 청구인의 등록사항 정정신청을 확정적으로 거부하는 의사를 밝힌 것으로서 공권력의 행사인 거부처분이라 할 것이므로 헌법재판소법 제68조 제1항 소정의 '공권력의 행사'에 해당한다(헌재 1999.6.24, 97헌마315).

그러자 법원은 최근 전원합의체 판결을 통하여 기존 판례를 변경하여 지목변경신청 반려행위에 대하여 처분성을 인정하였고(판례1), 같은 취지에서 지적공부 소관청이 토지대장을 직권으로 말소한 행위의 처분성을 인정하였다(판례2).

[1] 구 지적법 제20조, 제38조 제2항의 규정은 토지소유자에게 지목변경신청권과 지목정정신청권을 부여한 것이고, 한편 지목은 토지에 대한 공법상의 규제, 개발부담금의 부과대상, 지방세의 과세대상, 공시지가의 산정, 손실보상가액의 산정 등 토지행정의 기초로서 공법상의 법률관계에 영향을 미치고, 토지소유자는 지목을 토대로 토지의 사용·수익·처분에 일정한 제한을 받게 되는 점 등을 고려하면, 지목은 토지소유권을 제대로 행사하기 위한 전제요건으로서 토지소유자의 실체적 권리관계에 밀접하게 관련되어 있으므로 지적공부 소관청의 지목변경신청 반려행위는 국민의 권리관계에 영향을 미치는 것으로서 항고소송의 대상이 되는 행정처분에 해당한다(대판 2004.4.22, 2003두9015 전원합의체).

[2] 지적공부 소관청이 토지대장을 직권으로 말소한 행위가 항고소송의 대상이 되는 행정처분에 해당하는지 여부(적극)  토지대장은 토지에 대한 공법상의 규제, 개발부담금의 부과대상, 지방세의 과세대상, 공시지가의 산정, 손실보상가액의 산정 등 토지행정의 기초자료로서 공법상의 법률관계에 영향을 미칠 뿐만 아니라, 토지에 관한 소유권보존등기 또는 소유권이전등기를 신청하려면 이를 등기소에 제출해야 하는 점 등을 종합해 보면, 토지대장은 토지의 소유권을 제대로 행사하기 위한 전제요건으로서 토지 소유자의 실체적 권리관계에 밀접하게 관련되어 있으므로, 이러한 토지대장을 직권으로 말소한 행위는 국민의 권리관계에 영향을 미치는 것으로서 항고소송의 대상이 되는 행정처분에 해당한다(대판 2013.10.24, 2011두13286).

그러나 지적공부 이외의 공증행위에 대해서는 여전히 항고소송의 대상인 처분성을 부인하는 입장을 유지하고 있다.

**법무법인의 공정증서 작성행위가 항고소송의 대상이 되는 행정처분인지 여부(소극)**

행정소송 제도는 행정청의 위법한 처분, 그 밖에 공권력의 행사·불행사 등으로 인한 국민의 권리 또는 이익의 침해를 구제하고 공법상 권리관계 또는 법률 적용에 관한 다툼을 적정하게 해결함을 목적으로 하는 것이므로, 항고소송의 대상이 되는 행정처분에 해당하는지는 행위의 성질·효과 이외에 행정소송 제도의 목적이나 사법권에 의한 국민의 권익보호 기능도 충분히 고려하여 합목적적으로 판단해야 한다. 이러한 행정소송 제도의 목적 및 기능 등에 비추어 볼 때, 행정청이 한 행위가 단지 사인 간 법률관계의 존부를 공적으로 증명하는 공증행위에 불과하여 그 효력을 둘러싼 분쟁의 해결이 사법원리에 맡겨져 있거나 행위의 근거 법률에서 행정소송 이외의 다른 절차에 의하여 불복할 것을 예정하고 있는 경우에는 항고소송의 대상이 될 수 없다고 보는 것이 타당하다(대판 2012.6.14, 2010두19720).

(다) 평 가    공증행위는 실체적 권리관계의 변동과 관련을 갖고 있기는 하지만, 공적 장부에 대한 공신력이 인정되고 있지 않고, 이러한 공적 장부에의 등재행위나 변경행위에 있어서 담당 공무원들의 실질적 심사권도 인정되고 있지 않는 등 다소 특수한 사정에 있는 행정작용이다.

기존 판례는 이러한 점에 착안하여 처분성을 부정하였으나, 실질적으로 지적공부의 등재나 기재사항의 변경 등은 당사자의 이해관계에 매우 밀접한 관계를 맺는 것이므로, 이러한 내용적 측면을 간과할 수는 없다고 보인다. 예컨대 지목내용이 당사사의 권리 또는 의무의 변동에 직접 영향을 미치는 성질은 인정될 필요가 있을 것이다. 따라서 그러한 경우에는 새로운 판례의 취지에 따라 처분성을 긍정하는 것이 타당하다고 보인다. 다만 제도상의 문제점은 보완될 필요가 있을 것이다.

## (3) 통 지

통지란 특정인 또는 불특정다수인에게 특정 사실을 알리는 행위이다. 이미 성립한 행정행위의 효력발생요건으로서의 교부나 송달은 그 자체가 독립된 행정행위가 아니므로 통지와는 구별된다. 그러나 특정 사실을 알리는 행위가 아무런 법적 효과를 발생하지 않는 경우에는 단순한 사실행위(예컨대 처분발행시에 행하는 행정심판의 고지행위)에 해당하며 행정행위에 해당하지 않는다.

수도사업자가 급수공사 신청자에 대하여 급수공사비 내역과 이를 지정기일 내에 선납하라는 취지로 한 납부통지는 수도사업자가 급수공사를 승인하면서 급수공사비를 계산하여 급수공사 신청자에게 이를 알려 주고 위 신청자가 이에 따라 공사비를 납부하면 급수공사를 하여 주겠다는 취지의 강제성이 없는 의사 또는 사실상의 통지행위라고 풀이함이 상당하고, 이를 가리켜 항고소송의 대상이 되는 행정처분이라고 볼 수 없다($\frac{대판 1993.10.26,}{93누6331}$).

한편 행정행위로서의 통지의 예로는 토지수용에 있어서의 사업인정의 고시, 대집행의 계고, 납세의 독촉 등을 들 수 있다.

[ 1 ] 구 농지법 제10조 제 1 항 제 7 호, 제 2 항, 제11조에 의하면, 농지의 소유자가 정당한 사유 없이 같은 법 제 8 조 제 2 항의 규정에 의한 농업경영계획서의 내용을 이행하지 아니하였다고 시장 등이 인정한 때에는 그 사유가 발생한 날부터 1년 이내에 당해 농지를 처분하여야 하고, 시장 등은 농지의 처분의무가 생긴 농지의 소유자에게 농림부령이 정하는 바에 의하여 처분대상농지·처분의무기간 등을 명시하여 해당 농지를 처분하여야 함을 통지하여야 하며, 위 통지에서 정한 처분의무기간 내에 처분대상농지를 처분하지 아니한 농지의 소유자에 대하여는 6개월 이내에 당해 농지를 처분할 것을 명할 수 있는바, 시장 등 행정청은 위 제 7 호에 정한 사유의 유무, 즉 농지의 소유자가 위 농업경영계획서의 내용을 이행하였는지 여부 및 그 불이행에 정당한 사유가 있는지 여부를 판단하여 그 사유를 인정한 때에는 반드시 농지처분의무통지를 하여야 하는 점, 위 통지를 전제로 농지처분명령, 같은 법 제65조에 의한 이행강제금부과 등의 일련의 절차가 진행되는 점 등을 종합하여 보면, 농지처분의무통지는 단순한 관념의 통지에 불과하다고 볼 수는 없고, 상대방인 농지소유자의 의무에 직접 관계되는 독립한 행정처분으로서 항고소송의 대상이 된다($\frac{대판 2003.11.14,}{2001두8742}$).

[ 2 ]  **과세관청의 소득처분에 따른 소득금액변동통지가 항고소송의 대상이 되는 조세행정처분인지 여부**      [다수의견] 과세관청의 소득처분과 그에 따른 소득금액변동통지가 있는 경우 원천징수의무자인 법인은 소득금액변동통지서를 받은 날에 그 통지서에 기재된 소득의 귀속자에게 당해 소득금액을 지급한 것으로 의제되어 그 때 원천징수하는 소득세의 납세의무가 성립함과 동시에 확정되고, 원천징수의무자인 법인으로서는 소득금액변동통지서에 기재된 소득처분의 내용에 따라 원천징수세액을 그 다음달 10일까지 관할 세무서장 등에게 납부하여야 할 의무를 부담하며, 만일 이를 이행하지 아니하는 경우에는 가산세의 제재를 받게 됨은 물론이고 형사처벌까지 받도록 규정되어 있는 점에 비추어 보면, 소득금액변동통지는 원천징수의무자인 법인의 납세의무에 직접 영향을 미치는 과세관청의 행위로서, 항고소송의 대상이 되는 조세행정처분이라고 봄이 상당하다.

[대법관 김영란의 반대의견] 소득금액변동통지란 과세관청이 내부적으로 법인의 사외유출된 소득에 대하여 법인세법 제67조 및 구 법인세법 시행령(2001. 12. 31. 대통령령 제17457호로 개정되기 전의 것) 제106조가 정하는 바에 따라 소득의 귀속자와 소득의 종류 등을 확정하는 소득처분을 한 다음, 그 소득처분의 내용 중 법인의 원천징수의무 이행과 관련된 사항을 기재하여 원천징수의무자에게 고지하는 절차로서, 법인의 원천징수의무를 성립·확정시키기 위한 선행적 절차에 불과하여 원천징수의무자의 법률적 지위에 직접적인 변동을 가져오는 것은 아니므로, 이를 항고소송의 대상이

되는 행정처분이라고 할 수 없다.

[대법관 손지열의 반대의견] 소득금액변동통지는 그 통지의 실질이나 기능을 직시한다면 행정처분으로 보는 것이 타당하겠으나, 현재 대통령령으로 규정되어 있는 소득금액변동통지를 부과처분과 유사한 행정처분으로 볼 경우에는 구 소득세법 시행령 (2000. 12. 29. 대통령령 제17032호로 개정되기 전의 것) 제192조 제 2 항은 조세법률주의에 위배된 명령으로 위헌으로 볼 수밖에 없고, 소득금액변동통지를 행정처분으로 보지 않고 단순히 조세징수에 관한 절차적 규정으로 보는 종전의 대법원판례가 법령의 문언에 정면으로 반한다든가 심히 불합리하다든가 하는 점은 찾아보기 어려우므로, 현행 법령의 해석으로는 종전의 판례를 유지하여 위헌의 문제를 피하는 것이 현명할 것으로 본다.

[다수의견에 대한 대법관 이강국, 고현철의 보충의견] 소득금액변동통지는 원천징수의무자인 법인의 납세의무에 직접 영향을 미치는 과세관청의 행위로서 항고소송의 대상이 되는 조세행정처분이라고 볼 이론적 근거가 충분하고, 또 종전의 판례하에서 소득금액변동통지를 받은 원천징수의무자는 그 원천징수의무의 성립 여부나 범위에 관하여 다투기 위해서는 당해 원천세액을 자진 납부하지 아니하고 납부불성실가산세의 제재를 받으면서 징수처분이 있기를 기다렸다가 그 징수처분에 대한 취소소송으로 다툴 수밖에 없었는데, 이는 납세자의 권리보호에 미흡하고 형평에도 맞지 않는다고 할 것이므로 소득금액변동통지 자체를 항고소송의 대상으로 삼아 불복청구를 할 수 있도록 보장하여 주는 것이 진정으로 납세자의 권리보호와 조세성의에 부합한다 ($\frac{\text{대판 2006.4.20,}}{\text{2002두1878}}$).

## (4) 수    리

수리란 일정한 서류의 제출이 형식적 요건을 갖춘 경우에 행정기관이 이를 유효한 행위로서 받아들이는 행위를 말한다. 그 예로서는 사직원의 수리, 혼인신고서의 수리, 행정심판의 수리 등을 들 수 있다.[22) 법정된 요건을 갖춘 신고는 수리되어야 하므로 기속행위로서의 성질을 갖게 된다. 수리의 효과로서는 그 대상에 따라 행정기관으로 하여금 일정한 행위를 할 의무를 발생($\frac{\text{예컨대 행정심판신청에 대해}}{\text{심리·재결을 해야 하는 경우}}$)시키거나 공법적 효과가 발생($\frac{\text{예컨대 사직원수리에}}{\text{의한 공무원관계의 소멸}}$)하거나 사법상의 법률효과가 완성된다($\frac{\text{예컨대 혼인}}{\text{신고서의 수리}}$). 수리거절행위는 불수리의 의사표시로서 소극적인 행정행위로서 행정쟁송의 대상이 된다.

## 3. 행정행위 유형분류의 문제

법률행위적 행정행위와 준법률행위적 행정행위의 구분법에 대해서는 오늘날에도 이를 계속 유지할 것인가에 대하여 논란이 있다.

---

22) 신고 관련 법규정이 형식적 심사를 하는 것으로 규정되어 있더라도, 혼인신고 등과 같이 신고의 수리가 있어야 구체적인 법적 효과가 발생하는 것으로 규정되어 있는 경우에는 이를 자기완결적 신고가 아닌 '수리를 요하는 신고'로 보아야 할 것이다.

## (1) 소 극 설

이 견해에서는 행정행위에 있어서는 행위자인 공무원의 개인적 효과의사보다는 행정작용의 근거법규와의 관련하에서 행위의 효력유무가 정해지는 것이므로 행정행위를 그 효과의사의 내용에 따라 구분하는 이러한 분류는 타당하지 못하다는 비판을 제기한다.[23]

## (2) 적 극 설

그러나 이에 대해서는 행정행위의 근거법규 내용에 따라서는 행정기관에게 일정한 판단권한이 부여되는 경우도 있으며, 이때에는 행정기관의 판단권의 한계 내에서는 그 의사내용에 따라 법적 효과가 발생된다는 점을 부인할 수 없다는 논거로 반론을 제기하는 입장도 존재한다.[24]

## (3) 사 견

주지하는 바와 같이 오늘날 독일 행정법이론에서는 1910년대에 코르만(Kormann)이 분류한 법률행위적 행정행위와 준법률행위적 행정행위의 유형구분을 포기하고, 행정행위 유형을 그 내용 및 효력에 따라서 명령적 행정행위, 형성적 행정행위 및 확인적 행정행위로 구분하는 것이 일반적이다.

명령적 행정행위는 명령이나 금지를 그 내용으로 하는 것이며, 위법건축물의 철거명령 등이 이에 해당한다. 형성적 행정행위는 법률관계를 창설·변경 및 종료하는 것을 그 내용으로 하며, 공무원 임명·허가·인가발령 등이 이에 해당한다. 확인적 행정행위는 권리를 확정하거나 사람이나 물건이 갖는 법적으로 중요한 특성을 확정하는 행위를 말하며, 국적확인·공무원정년확인·청구권소멸확인 등이 해당한다.

이러한 분류 유형을 보면 현재 우리나라에서 통용되는 논의 중 법률행위적 행정행위 유형 중의 명령적 행정행위와 형성적 행정행위, 준법률행위적 행정행위 유형 중의 확인행위가 포함되어 있는 것을 알 수 있다. 다만 준법률행위적 행정행위 유형 중의 다른 유형인 공증·수리 및 통지 행위가 포함되지 않은 점이 차이라고 말할 수 있다. 따라서 독일식 분류기준을 수용한다면, 공증·수리 및 통지행위의 행정행위성을 인정할 것인가 또는 인정한다면 이를 어떻게 분류할 것인가 하는 문제 등이 과제로 남게 된다.

실무적으로 법률행위적 행정행위와 준법률행위적 행정행위의 유형구분은 행정행위의 다른 유형구분과 충돌을 야기하고 있어 적지 않은 문제를 내포하고 있다. 예컨

---

23) 김남진·김연태(Ⅰ), 212면.
24) 김동희(Ⅰ), 247면 참조.

대 법률행위적 행정행위에 부관을 부가할 수 있다는 점에는 이론이 없으므로, 이 유형에 해당하는 허가행위는 당연히 부관을 부가할 수 있어야 하지만, 허가를 기속행위로 분류하는 일반적 기준에 따르면, 허가행위에 대해 부관을 부가하지 못하게 되는 모순이 발생하게 된다. 따라서 시대적으로 이미 낡은 이론이고 실무적으로도 문제를 야기하는 법률행위적 행정행위와 준법률행위적 행정행위의 유형구분논의는 지양되어야 할 대상이라고 생각한다. 그러나 기존의 논의내용을 어떻게 새로운 틀에 담을 것인가에 대해서는 신중한 검토가 필요할 것이다.

## Ⅱ. 법률효과의 내용에 따른 분류

행정행위를 상대방에 대한 효과를 기준으로 분류하는 경우에는, 권리를 설정하고 이익을 부여하는 수익적 행정행위, 권리를 제한하고 의무를 부과하는 부담적 행정행위, 수익적 효과와 부담적 효과가 동시에 나타나는 복효적 행정행위로 나눌 수 있다. 이 가운데에서 특별한 고찰을 요하는 것은 복효적 행정행위이다.

### 1. 부담적 행정행위와 수익적 행정행위

이는 행정행위가 일반 사인에게 어떠한 법적 효과를 발생하는가에 따른 내용분류이다. 부담적 행정행위는 상대방에게 불이익한 행위이므로, 그 법적 근거면에서 강화된 요구가 제기된다. 따라서 법률유보원칙이 엄격하게 적용되는 특색을 갖는다. 앞에서 설명한 하명행위가 주로 이에 해당한다. 이에 반해 수익적 행정행위는 상대방에게 이익을 주는 행위이므로, 법률유보원칙이 완화적으로 적용되는 특색을 보인다. 특허행위나 각종 급부제공행위 등이 이에 해당한다.

### 2. 복효적 행정행위

(1) 의    의

이는 행정행위가 동일인에게 수익적 효과와 동시에 부담적 효과를 발생하거나, 한 사람에게는 이익을 주는 것이나 다른 사람에게는 불이익을 과하는 효과를 가지는 것을 말한다. 후자의 경우를 특히 제3자효 행정행위라고도 한다. 여기에서의 이익은 넓은 의미의 공권에 해당하는 것으로서, 즉 종래의 의미에서의 권리에 법적으로 보호된 이익을 포함한 것을 말한다.

이러한 복효적 행정행위 중에서 동일인을 대상으로 한 경우는 부담적 행정행위와 수익적 행정행위에 관한 논의가 그대로 타당하므로 별도의 논의를 필요로 하지 않는다. 따라서 행정행위의 직접 상대방이 아닌 제3자가 관련되는 제3자효 행정행위가 특히 문제가 되며 이에 따라 제 3 자의 이해관계보호에 논의의 중점이 주어지게 된다. 그 내용으로는 제 3 자가 당해 행정행위에 대해 어떠한 절차법적 또는 쟁송법상의 권리주장수단을 갖는가 하는 점과 행정기관에 의한 행정행위의 철회나 직권취소의 경우에 제 3 자의 이해관계를 어떻게 보호할 것인가의 사항 등이 논의의 대상이 된다.

### (2) 제 3 자효 행정행위의 쟁송법적 문제

#### 1) 청구인적격과 원고적격의 문제

행정심판의 청구인적격과 행정소송의 원고적격은 행정행위의 취소 등을 구할 법률상의 이익이 있는 자가 갖게 되며, 제 3 자가 이러한 쟁송법적 지위를 갖기 위해서는 관련법규에 의해서 보호되는 사익의 범위에 제 3 자의 이익이 법적 이익으로 포함될 수 있어야 한다.

이때의 법률상 이익은 당해 처분의 근거법률에 의하여 보호되는 직접적이고 구체적인 이익이 있는 경우를 말하고, 다만 간접적이거나 사실적, 경제적 이해관계를 가지는 데 불과한 경우는 포함되지 않는다. 따라서 택시회사기사가 합승행위를 하여 택시회사에 과징금이 부과된 경우에, 당해 운전기사에게 노사간의 임금협상에 의해 과징금이 부담되었다고 하더라도 과징금부과처분의 직접 당사자가 아닌 당해 운전기사는 구청장을 상대로 그 처분의 취소를 구할 수 없다(대판 1994.4.12, 93누24247).

그 밖에도 판례는 행정행위의 직접 상대방이 아닌 제 3 자의 원고적격을 점차 넓게 인정하고 있으며, 인인소송(예컨대 「건축법」의 건축허가에 대한 이웃사람의 원고적격 인정)과 경업자소송(예컨대 「여객자동차운수사업법」상의 사업 면허에 대한 기존업자의 원고적격 인정) 등에서 주로 나타나고 있다.

#### 2) 가구제의 수단

제 3 자는 자신의 법률상의 이익이 관련되는 경우에는 취소심판이나 취소소송을 제기하면서, 임시적인 권리구제의 필요가 있다고 인정할 때에 집행정지를 신청할 수 있다(행정심판법 제30조 2항과 행정소송법 제23조 2항). 이에 대해 당해 행정행위의 수익자는 참가인으로서 당해 절차에 참가할 수 있고(행정심판법 제20조 1항, 행정소송법 제16조 1항), 집행정지결정이 확정된 경우에는 이의 취소를 신청할 수 있게 된다.25)

#### 3) 판결의 효력

처분 등의 취소, 무효 등의 확인 및 부작위의 위법을 확인하는 확정판결은 이러한 제 3 자에 대해서도 효력을 미친다(행정소송법 제29조 1항, 제38조 1항·2항).

#### 4) 재심청구 문제

처분 등을 취소하는 판결에 의하여 권리나 이익의 침해를 받은 제 3 자는, 자기에게

---

25) 박윤흔(상), 330면; 석종현·송동수(상), 228면.

책임 없는 사유로 인하여 소송에 참가하지 못함으로써 판결의 결과에 영향을 미칠 공격 또는 방어방법을 제출하지 못한 때에 이를 이유로 재심을 청구할 수 있다(행정소송법 제31조 1항).

### (3) 제 3 자효 행정행위의 절차법적 문제

#### 1) 제 3 자에 대한 통지

제 3 자효 행정행위는 직접 당사자 이외의 제 3 자에게도 통지되어야 효력을 발생한다.「행정절차법」제21조는 이를 반영하여 행정처분의 사전통지의 상대를 "당사자 등"으로 표현하고 이를 문서로써 하도록 하고 있다.

#### 2) 제 3 자의 행정절차참가

제 3 자효 행정행위에서는 모든 이해관계인의 행정절차에의 참가가 중요한 의미를 갖는다. 따라서 절차에의 참가권이 보장되어야 하는바,「행정절차법」도 제21조(행정처분의 사전통지), 제27조(의견 제출권) 등을 규정하고 있다.

### (4) 제 3 자효 행정행위의 취소와 철회[26]

제 3 자효 행정행위에서는 철회권이나 취소권의 행사에 있어서도 제 3 자의 이해관계가 고려되어야 한다.

#### 1) 행정행위의 철회

(개) 당해 행정행위의 존속이 제 3 자에게 불이익이 되는 경우    이때에는 제 3 자의 보호가 당해 법규의 목적으로 되어 있고, 제 3 자의 이익보호를 위해 구체적인 경우에 철회 이외에는 다른 방법이 없는 경우에 철회가 허용될 수 있다. 예컨대 연탄공장의 허가를 받은 지역이 시간이 경과됨에 따라 주거지역으로 변경됨으로 인하여, 연탄공장의 존재가 주거지역 주민의 건강을 위협하는 경우가 이에 해당할 수 있다.

(내) 행정행위의 존속이 제 3 자에게 이익이 되는 경우    직접 당사자에 대해서 이익이 되거나 불이익이 되더라도 당해 행위가 제 3 자의 이익보호에도 관련이 되는 경우에는 이에 대한 철회가 제한될 수 있다. 예컨대 일반국민의 이해관계에 많은 관련을 갖는 자동차운수사업이나 건설업의 경우에 그 면허의 철회 사유가 있더라도, 일반국민에 발생할 수 있는 불편을 이유로 과징금제도 등으로 의무이행을 대신 확보하며 그 철회가 제한되는 경우를 들 수 있다.

#### 2) 행정행위의 취소

직권취소의 경우에만 문제가 되며, 일반적으로 문제행위에 불가쟁력이 발생하기 전에는 불이익자를 구제하기 위해서 자유로운 직권취소가 허용되나, 불가쟁력이 발생한 후에는 불이익의 제거요청과 수익자의 신뢰보호의 요청을 비교형량하여 구체적으

---

26) 박윤흔(상), 337면 이하; 석종현·송동수(상), 224면 이하.

로 결정해야 한다.

## Ⅲ. 근거법령에의 구속 정도에 따른 분류

행정행위는 그 근거법령에의 구속정도에 따라 기속행위와 재량행위로 나눌 수 있다. 기속행위는 근거법령상의 표현이 일의적·확정적이어서 행정주체가 기계적으로 집행하는 데 불과한 행위로서, 법치행정원리가 엄격하게 적용되는 행정행위 유형이다. 재량행위는 다의적·불확정적으로 근거법령상 표현되고 있어, 행정주체에게 구성요건의 판단이나27) 개별행위의 결정 및 선택에 있어서 넓은 범위의 결정가능성이 인정되는 행정행위 유형을 말한다. 이러한 유형들에 대한 관련 설명은 이미 앞에서 논의된 바 있다.

## Ⅳ. 행정결정의 단계에 따른 분류

행정행위는 전체과정에 비추어 그 종국적인 효력이 바로 나타나는 것인가, 또는 단계적인 과정을 거친 다음에 비로소 종국적인 효력이 나타나고 현재로는 전체과정과 관련하여 잠정적인 효력만이 인정되는가의 여부를 기준으로 하여 분류될 수 있다. 통상적인 행정행위는 전자에 해당하며, 후자에는 가행정행위, 예비결정·부분허가 및 변경인허가 등을 들 수 있다. 물론 논의의 중점은 후자에 있게 되는바, 단계적 또는 연속적으로 행해지는 행위들의 효력관계를 개별적인 경우 어떻게 보아야 하는지가 문제되는 것이 특징이다. 이하에서는 이를 중심으로 설명하기로 한다.

### 1. 가행정행위28)

#### (1) 가행정행위의 의의

#### 1) 개    념

가행정행위는 사실관계와 법률관계의 계속적인 심사를 유보한 상태에서, 당해 행정법관계의 권리와 의무를 잠정적으로 확정하는 내용을 그 규율대상으로 하는 것을 의미한다. 이는 그 개념에 있어서 다음의 세 가지 특징을 징표로 한다. 우선 ㉠ 종국적인 결정이 있을 때까지 당해 행위는 단지 잠정적으로 규율하는 효과를 내용으로 한다는 것이며, ㉡ 다음으로는 그 내용은 종국적인 결정을 위한 주된 절차에 종속한다는 점으

---

27) 이는 물론 판단여지 개념을 별도로 인정하지 않는 입장에서의 주장이며, 반대로 판단여지 개념을 인정하는 경우에는 해당하지 않을 것이다.

28) 이에 대해서는 류지태, "가행정행위의 개념", 월간고시, 1993. 11, 85면 이하 참조.

로서, 종국적인 결정이 내려지면 이에 의해 종전의 결정이 대체되게 된다. 따라서 가행
정행위에 있어서는 행정행위의 존속력 중, 행정기관이 자신의 결정에 구속되는 이른바
불가변력이 발생하지 못하게 되며, 이때에 당사자는 이러한 종국적인 결정으로의 대체
에 대해 신뢰보호원칙을 주장하여 대응하지 못하게 된다. 그리고 개념상의 특징으로
마지막에 해당하는 것은 ⓒ 사실관계와 법률관계에 대한 개략적인 심사에 기초한다는
점이다. 이 개념에서의 특징인 잠정성은 주로 완전한 상태로 밝혀져 있지 않은 정황(사
실관계)과 관련되는 것이라고 볼 수 있다.

### 2) 인정영역

가행정행위는 일반적으로 그 유형에 있어서, 이 개념의 탄생을 야기한 독일의 판
례에서 보는 바와 같은 급부행정의 경우뿐만 아니라, 당사자에게 불리한 효과를 발생
하게 하는 침해행정의 경우에도 존재한다. 예컨대 공무원의 징계절차에서 징계의결이
요구중인 자에 대해 잠정적으로 직위를 해제하는 처분을 내리는 경우(국가공무원법 제73
조의 3 제1항 제3호)나
경찰행정에서 이른바 '위해의 혐의(Gefahrenverdacht)'가 있는 경우에 일정한 처분을 행
하는 것이 이에 해당한다고 볼 수 있는데, 이러한 위해의 혐의가 근거 있는지의 여부
는 사후에 밝혀지기 때문이다. 그러나 현실적으로 의미를 갖게 되는 가행정행위의 필
요성은 급부행정에서 주로 나타나게 되는데, 이는 현금이나 물건의 급부에 있어서는
수령자의 이익을 위해 가급적 빠른 시간에 제공되는 것이 주요한 의미를 갖기 때문
이다.

### (2) 가행정행위 개념의 연혁

가행정행위가 행정법 학계의 주목을 받게 된 것은 주지하는 바와 같이 독일 연방
행정법원의 1983년 4월 14일의 판결이[29] 계기가 된다. 보조금지급과 관련된 이 사건
에서 연방행정법원은 가행정행위 개념을 판결로써 인정하고 있으며 이의 해석을 둘러
싸고 학자들간에 논의가 진행되게 된 것이다. 이러한 논의는 한동안 소강상태를 거치
다가 1987년 6월 11일의 연방사회법원의 판결과 1988년 12월 15일의 연방행정법원의
판결을 통하여 다시 그 논의가 활발하게 진행되게 되었다. 독일의 판례를 통해서 알
수 있는 것은, 가행정행위 개념의 논의는 현실적으로 주로 급부행정이 대상이 되고
있으며 이때에 행정기관이 급부결정을 하면서 당해 급부의 전제조건에 대한 최종적인
사후심사의 결과에 그 급부결정의 최종적인 효과발생을 유보하는 내용으로 발령하는
경우에 논의되고 있다는 점이다.

---

29) 이 판결의 상세한 내용은 김남진, 행정법의 기본문제, 1994, 300면 참조.

### (3) 가행정행위의 법적 성질 문제

가행정행위에 있어서는 이 개념이 전형적인 행정행위인가, 아니면 이에 포함할 수 없는 독자적인 특수한 행정작용30)으로 보아야 할 것인가가 다투어진다.

생각건대 이러한 논의는 가행정행위가 행정행위 개념의 전형적인 징표 속에 포함 가능한지의 여부에 따라 그 결과가 달라지게 될 것이다. 행정행위 개념을 위에서 이미 논한 바와 같이 "행정기관이 공법영역에서의 개별적인 규율을 위해 직접적인 외부적 효력발생을 목적으로 발령하는 고권적인 행위"라고 보는 한, 이때에 그 행위의 효력발생이 시간적으로 잠정적이라는 사실은 행정행위의 개념성립 자체를 배제할 정도의 장애가 되지 않는다고 보는 것이 타당하다. 시간적으로 그 효과를 제한하는 경우에도 당해 행위의 법적 성질을 행정행위로 보는 경우는 통상적인 부관이 부가된 행위에서도 인정되고 있기 때문이다. 가행정행위는 그 내용에 있어서 당사자의 권리나 의무 또는 물건의 상태 등의 법률관계에 대하여 직접적인 변동을 가져오거나 구속력을 가지고 확정하는 효과를 발생하는 것이므로, 잠정적인 시간범위 안에서라고 할지라도 그 한도에서는 종국적이고 최종적인 규율을 행하는 것이다. 따라서 가행정행위를 전형적인 행정행위와 본질적으로 구별되는 독자적인 행정작용으로 볼 수는 없을 것이다.

### (4) 가행정행위의 권리구제 문제

가행정행위의 법적 성질을 일반적인 행정행위로 보는 한 이에 대한 권리구제는 특별한 취급을 요하지 않는다. 따라서 통상적인 내용에 의해 그 내용이 파악될 것이다. 예컨대 당사자의 가행정행위의 발령신청이 거부될 경우에는 의무이행소송이 직접적인 해결책이 되나, 우리의 경우에는 이 제도가 인정되지 않으므로 의무이행심판이나 거부처분의 취소소송만이 가능할 것이다. 또한 가행정행위를 발령한 후에 행정기관이 상당한 기간 내에 종국적인 결정을 행하지 않는 경우에도 의무이행소송이 직접적인 방법이 될 것이나, 우리의 경우에는 부작위위법확인소송에 의해 해결할 수밖에 없을 것이다.

## 2. 예비결정과 부분허가

### (1) 의    의

행정기관의 최종결정이 내려지기까지 여러 단계의 과정을 거치는 행정절차인 다단계 행정절차에서는, 특정시설의 건설이나 특정사업의 허가 등에 소요되는 시간이나 비용이 막대하고 그 효과가 중대하기 때문에 결정과정을 신중하게 하기 위해 전체 행정절차를 주요 단계로 세분화하여 각 단계마다 법적인 평가를 행하게 된다. 이때에

---

30) 이러한 견해로는 김남진, 행정법의 기본문제, 1994, 301면; 김남진·김연태(Ⅰ), 237면.

행정절차를 세분화하여 행해지는 개개의 결정을 예비결정(Vorbescheid) 또는 부분허가(Teilgenehmigung)31)라고 하며, 이는 독일 행정법이론에서 연유하는 개념이다.

### 1) 예비결정

예비결정이란 최종적인 행정결정(예컨대 허)이 있기 전에 사전적인 단계로서 필요로 되는 형식적인 또는 실질적인 요건심사에 대한 종국적인 판단으로서 내려지는 결정을 의미하며, 그 결정은 후속적인 최종결정의 토대로서 작용하게 되는 것이다. 이는 일반적인 허가가 전체 프로젝트에 관련하며, 따라서 모든 법적 요건이 심사되고 또 긍정되는 경우에만 발령되는 반면에, 예비결정은 개별적인 허가요건에 제한되어 행해지는 특성을 나타낸다.

그러나 예비결정은 개별적인 허가요건에 대해서는 종국적이며 구속적인 결정을 행하는 것이다. 또한 후술하는 확약과 비교할 때에, 확약과는 달리 비록 예비결정의 발령에 기초가 되었던 법적 사정 및 사실상태가 변경되었다고 하더라도 당해 예비결정은 통상적으로 계속 유효한 것으로서 남게 된다.

현행법상 예비결정행위에 해당하는 유형으로는 「건축법」 제10조 제 1 항의 사전결정을 들 수 있다. 사전결정은 건축허가 신청 전에 당해 건축물을 해당 대지에 건축하는 것이 「건축법」이나 다른 법률규정에 의하여 허용되는가의 여부에 관한 판단을 받기 위하여 신청하는 것이다. 이러한 점에서 행정행위의 일부 허가요건과 관련하여 발령된다는 점에서 사전결정은 예비결정으로서의 성질을 갖는 것이다.

사전결정은 「건축법」에 처음으로 도입된 것은 아니며, 이미 과거 「건축법」에 규정되어 있었으나, 1995년 1월 5일의 「건축법」 개정으로 삭제되었다가 최근 법령 개정으로 다시 규정된 것이다. 「건축법」상의 사전결정은 단계적 행정결정의 한 행위로서 최종적으로는 건축허가라는 본 허가의 발령을 그 전제로 하는 것이므로, 사전결정을 받은 당사자는 법령에 규정되어 있는 기간내에 본 허가인 건축허가를 신청하여야 한다(건축법 제10조 제8항). 이때에 건축허가를 신청하지 않는 경우에는 사전결정의 독자적 효력을 더 이상 인정하기 어려우므로 그 효력이 상실될 것이다(건축법 제10조 제8항). 그러나 이때의 사전결정 효력 상실의 효과는 소급하지 않으며 장래에 향하여서만 인정된다고 보는 것이 타당할 것이다. 따라서 당사자는 다시 사전결정의 신청절차를 거쳐 본 허가를 받는 절차를 거쳐야 할 것이다.

건축에 관한 계획의 사전결정은 규정상 결정의 대상이 "당해 건축물을 해당 대지에 건축하는 것이 건축법 또는 다른 법률의 규정에 의하여 허용되는지의 여부"로 한정되어 있고, 사전결정제도의 목적이 일정 규모 이상의 건축물 등을 신축하고자 하는

---

31) 이를 부분인허라고도 표현하고 있다. 김남진, 행정법의 기본문제, 1994, 314면.

자가 건축허가신청에 필요한 모든 준비를 갖추어 허가신청을 하였다가 건축물 입지의 부적법성을 이유로 불허가될 경우 그 불이익이 매우 클 것이므로 건축허가 신청 전에 건축계획서 등에 의하여 그 입지의 적법성 여부에 대한 사전결정을 받을 수 있게 함으로써 경제적·시간적 부담을 덜어주려는 것이어서 그 허부 판단의 기준은 건축허가에 있어서의 그것과 가급적 일치되어야 할 것이므로 사전결정을 함에 있어서도 처분 당시의 건축법 기타 관계 법령상의 제한만이 판단의 기준이 된다. 그러므로 사전결정 신청에 대한 결정권자는 건축하고자 하는 건축물을 해당 대지에 건축하는 것이 처분 당시의 건축법, 도시계획법 등의 관계법령에서 정하는 제한에 배치되지 아니하는 이상 당연히 건축이 허용된다는 사전결정을 하여야 하고 위 관계 법령에서 정하는 제한 사유 이외의 사유를 들어 건축을 불허가하는 결정을 할 수는 없다(대지가 공동주택 건축금지구역으로 지정·공고될 예정이라거나 행정청이 그 동안 준공업지역에서의 공동주택건축을 불허한다는 방침을 내부적으로 정하고 사실상 실천하여 왔는데 그러한 내용의 조례안이 만들어져 공고된 상태라는 등 건축법 기타 관계 법령에서 정하는 제한 사유 이외의 사유를 들어 건축을 불허가한다는 사전결정은 위법하다고 본 사례)(대판 1996.3.12, 95누658).

### 2) 부분허가

이에 반해 부분허가는 비교적 장기간의 시간을 요하고 영향력이 큰 시설물의 건설(예컨대 원자력발전소 건설, 공항건설 등)에 있어서 단계적으로 시설의 일부에 대하여 허가를 발령하는 경우를 의미한다.

우리나라에서 이에 해당할 수 있는 것으로는 「원자력안전법」 제10조에 의한 제한 공사승인제도를 들 수 있다. 이는 원자력발전소 건설허가 이전에 부지에 대한 사전승인을 받은 자가 발전용 원자로 및 관계시설의 설치를 위한 기초공사를 하고자 할 때에 원자력안전위원회의 승인을 얻는 것으로서, 6~7년이라는 비교적 장기간 소요되는 건설공사기간을 가능한 한 단축할 수 있도록 사업자에게 편의를 제공하는 것을 그 목적으로 한다고 한다.32)

### (2) 법적 성질

이러한 결정들은 비록 중간단계에서 행해지는 결정이기는 하나 문제되는 단계에서는 최종적인 법적 규율을 행하는 것이기 때문에 그 자체로서 행정행위의 성질을 갖게 된다. 이로 인해 다단계 행정절차에서는 최종적인 허가뿐만 아니라 그 이전 과정에서의 개별적인 결정들도 행정행위로서의 성질을 갖게 되어 다수의 행정행위가 존재하게 된다. 이는 일면 단계적으로 당사자의 법적 지위가 안정적으로 보호되는 측면을 갖는데, 특히 단계적인 과정에서 예비결정이나 부분허가를 받지 못한 당사자는 최종

---

32) 원자력안전백서, 과학기술처, 1992, 76면 이하.

적인 허가결정시기까지 기다릴 필요 없이 당해 부분적 결정을 대상으로 한 행정쟁송을 제기할 수 있게 되며, 다른 한편으로 부분결정이 거부되는 경우에는 계속하여 본 허가를 받기 위한 노력이나 자본투자 등의 비용을 절약할 수 있는 측면도 있게 되는 것이다.

### (3) 권리구제의 문제

행정행위로서의 성질상 이러한 행위에 대해서는 당사자나 일정한 범위의 제3자는 자신의 권리침해를 이유로 하여 취소소송 제기가 가능하게 된다. 또한 이러한 결정에 기초한 종국적인 결정으로서의 허가가 발령되지 않는 경우에는 의무이행소송 제기가 허용되어야 하나 우리나라에서는 이 소송유형이 인정되고 있지 않으므로, 거부처분의 존재시에 거부처분의 취소소송이나 부작위위법확인소송만이 가능할 것이다.

### (4) 구체적 사례 : 원전시설부지 사전승인의 법적 문제
#### 1) 판결의 내용

대법원은 1998. 9. 4. 선고 97누19588 판결에서, "구 원자력법 제11조 제3항에 근거한 원자로 및 관계시설의 부지사전승인처분은 원자로 등 건설예정지로 계획중인 부지가 원자력법의 관계규정에 비추어 적법성을 구비한 것인지 여부를 심사하여 행하는 사전적 부분건설허가 처분의 성격을 가지고 있는 것이므로, 원자력법 제12조 제2호, 제3호로 규정한 원자로 및 관계시설의 허가기준에 관한 사항은 건설허가처분의 기준이 됨은 물론 부지사전승인처분의 기준으로 된다. … 원자력법 제11조 제3항 소정의 부지사전승인제도는 원자로 및 관계시설을 건설하고자 하는 자가 그 계획중인 건설부지가 원자력법에 의하여 원자로 및 관계시설의 부지로 적법한지 여부 및 굴착공사 등 일정한 범위의 공사를 할 수 있는지 여부에 대하여 건설허가 전에 미리 승인을 받는 제도로서, 원자로 및 관계시설의 건설에는 장기간의 준비공사가 필요하기 때문에 필요한 모든 준비를 갖추어 건설허가신청을 하였다가 부지의 부적법성을 이유로 불허가될 경우 그 불이익이 매우 크고 또한 원자로 및 관계시설 건설의 이와 같은 특성상 미리 사전공사의 허용여부에 대한 승인을 받을 수 있게 함으로써 그의 경제적·시간적 부담을 덜어주고 유효적절한 건설공사를 행할 수 있도록 배려하는데 그 취지가 있다고 할 것이므로, 원자로 및 관계시설의 부지사전승인처분은 그 자체로서 건설부지를 확정하고 사전공사를 허용하는 법률효과를 지닌 독립한 행정처분이기는 하지만 건설허가 전에 신청자의 편의를 위하여 미리 그 건설허가의 일부 요건을 심사하여 행하는 사전적 부분건설허가처분의 성격을 갖고 있는 것이어서 나중에 건설허가처분이 있게 되면 그 건설허가처분에 흡수되어 독립된 존재가치를 상실함으로써 그 건설허가처분만이 쟁송의 대상이 되는 것이므로, 부지사전승인처분의 취소를 구하는 소는 소의 이익을 잃게 되고, 따라서 부지사전승인처분의 '위법성'은 나중에 내려진 건설허가처분의 취소를 구하는 소송에서 이를 다투면 된다"고 판시하고 있다.

　　또한 대법원은 주민들의 방사성물질에 의한 생명·신체의 침해 주장을 이유로, 또한 환경영향평가 대상지역내의 주민들이 방사성물질 이외의 원인에 의한 환경침해를 받지 않고 생활할 수 있는 이익도 직접적·구체적 이익으로서 그 보호대상으로 삼고 있다는 판단하에, 방사성물질 이외에 원전냉각수 순환시 발생되는 온배수로 인한 환경침해를 이유로 부지사전승인 처분의 취소를 구할 원고적격은 인정된다고 판시하고 있다.

### 2) 판결의 의의

#### (가) 원자로 시설부지 사전승인의 행정행위성 인정

　　동 판결은 우선 구「원자력법」제11조 제3항 소정의 부지사전승인 제도를, 원자로 및 관계시설을 건설하고자 하는 자가 그 계획 중인 건설부지가「원자력법」에 의하여 원자로 및 관계시설의 부지로 적법한지 여부와 동시에 구「원자력법」제11조 제4항에 의하여 일정한 범위의 공사(해당 지점의 굴착 및 그 지점의 암반 보호를 위한 무근콘크리트 공사)를 허가하는 제도이기 때문에 예비결정과 부분허가로서의 성격을 갖는다는 점을 인정하고 있다는 점에서 그 의미를 갖는다. 이는 학설상 논의되어 온 예비결정 및 부분허가에 대해서 행정행위로서의 성질을 인정하여, 취소소송의 대상으로 하고 있는 점에서 긍정적 평가가 가능하다.

#### (나) 사전승인 행위의 독자적 지위의 문제

　　그러나 대법원은 동 판결에서 "부지사전승인처분이 독립한 행정처분이긴 하지만, 나중에 건설허가처분이 있게 되면 그 건설허가처분에 흡수되어 독립된 존재가치를 상실함으로써 그 부지사전승인처분의 취소를 구하는 소의 이익을 잃게 된다"고 판시하고 있다. 이러한 논리에 따르게 되면, 부지사전승인처분은 후행처분인 건설허가처분이 발령되고 있지 않은 단계에서만 그 의미를 가질 뿐이어서 그 독자적인 존재가치가 의문스럽게 된다. 이러한 논리는 단계적 행정절차의 요소로서의 예비결정과 부분허가의 독자적 행정행위성을 인정하는 의미를 상실하게 하여 따를 수 없다고 평가되어야 할 것이다. 따라서 부지사전승인행위에 대해서는 건설허가처분의 존재와 무관하게 독자적으로 취소소송을 제기할 수 있다고 보아야 하며, 부지사전승인에 대한 취소소송이 인용되는 경우에는 부지사전승인에 근거한 건설허가처분도 법적으로 효력을 상실하게 된다고 보아야 한다.

## 3. 변경인허가의 경우

　　행정법규 중에는 신고와 같은 사인의 공법행위에 있어서는 물론, 행정청이 행하는 등록, 인가, 허가 등의 행정행위에 있어서도, 당초의 행위(이하 "선행행위"라 한다) 후에 그 주요내용을 변경하는 행위(변경신고, 변경등록, 변경인허가 등, 이하 "후행행위"라 한다)를 할 수 있도록 근거규정을 두는 경우가 많다.

이렇듯 연속적 또는 단계적으로 행해지는 행위가 있으면 선행행위와 후행행위의 효력관계가 중요한 문제가 되는데, 특히 행정처분인 경우 쟁송단계에서 소의 대상, 전심절차의 경유 여부(필요적 전치주의의 경우), 제소기간의 기산점 등 개별 쟁점을 어느 행위를 기준으로 판단하여야 하는지를 두고 복잡한 문제를 야기할 수 있다. 이에 대해서는 종래 행정법학에서도 심도 있는 논의를 전개한 바 없는 관계로 주로 판례상 그때그때 논의되는 사항을 개별적으로 검토할 수밖에 없는 형편이다.

### (1) 과세처분 경정의 경우

조세법 영역에서는 세금의 부과와 관련한 당초의 처분을 과세관청이 사후에 세무조사를 거쳐 경정하는 경우가 많은데, 이때 당초처분과 경정처분의 관계를 어떻게 볼 것인가와 관련하여 일본에서의 학설을 중심으로 흡수설, 역흡수설, 병존설, 역흡수병존설 등이 소개되고 있는데, 대법원은 경정처분을 감액경정처분과 증액경정처분으로 나누어 각각 당초처분과 경정처분의 관계를 달리 보는 특유한 판례이론을 정립하고 있다.

즉, 감액경정처분은 당초의 신고 또는 부과처분과 별개인 독립의 과세처분이 아니라 그 실질은 당초의 신고 또는 부과처분의 변경이고 그에 의하여 세액의 일부취소라는 납세자에게 유리한 효과를 가져오는 처분이므로, 그 경정결정으로도 아직 취소되지 않고 남아 있는 부분이 위법하다 하여 다투는 경우 항고소송의 대상은 당초 신고나 부과처분 중 경정결정에 의하여 취소되지 않고 남은 부분이며, 감액경정결정이 항고소송의 대상이 되는 것은 아니라고 본다(이른바 '일부취소설').33)

반면 증액경정처분이 있는 경우 당초 신고나 결정은 증액경정처분에 흡수됨으로써 독립한 존재가치를 잃게 되어 원칙적으로는 증액경정처분만이 항고소송의 심판대상이 된다고 본다(흡수설). 이 경우 납세자는 그 항고소송에서 당초 신고나 결정에 대

---

33) 대판 1996.11.15, 95누8904; 판례는 이러한 입장은 과징금부과처분의 감액처분에 대해서도 동일하게 적용하고 있다: "과징금 부과처분에서 행정청이 납부의무자에 대하여 부과처분을 한 후 그 부과처분의 하자를 이유로 과징금의 액수를 감액하는 경우에 그 감액처분은 감액된 과징금 부분에 관하여만 법적 효과가 미치는 것으로서 처음의 부과처분과 별개 독립의 과징금 부과처분이 아니라 그 실질은 당초 부과처분의 변경이고, 그에 의하여 과징금의 일부취소라는 납부의무자에게 유리한 결과를 가져오는 처분이므로 처음의 부과처분이 전부 실효되는 것은 아니며, 그 감액처분으로도 아직 취소되지 않고 남아 있는 부분이 위법하다고 하여 다투는 경우 항고소송의 대상은 처음의 부과처분 중 감액처분에 의하여 취소되지 않고 남은 부분이고 감액처분이 항고소송의 대상이 되는 것은 아니다."(대법원 2008.2.15. 선고 2006두3957 판결)

한 위법사유도 함께 주장할 수 있으나, 불복기간이나 경정청구기간의 도과로 더 이상 다툴 수 없게 된 세액에 관하여는 그 취소를 구할 수 없고 증액경정처분에 의하여 증액된 세액의 범위 내에서만 취소를 구할 수 있다고 한다.[34]

### (2) 영업정지처분변경의 경우

또한 판례는 행정청이 식품위생법령에 따라 영업자에게 한 영업정지처분을 영업자에게 유리하게 변경한 사안에서, 행정청이 식품위생법령에 따라 영업자에게 행정제재처분을 한 후 그 처분을 영업자에게 유리하게 변경하는 처분을 한 경우, 변경처분에 의하여 당초처분은 소멸하는 것이 아니고 당초부터 유리하게 변경된 내용의 처분으로 존재하는 것이므로, 변경처분에 의하여 유리하게 변경된 내용의 행정제재가 위법하다 하여 그 취소를 구하는 경우 그 취소소송의 대상은 변경된 내용의 당초 처분이지 변경처분은 아니고, 제소기간의 준수 여부도 변경처분이 아닌 변경된 내용의 당초 처분을 기준으로 판단하여야 한다고 판시하였다.[35]

### (3) 집단에너지사업변경허가의 경우

앞서 본 조세나 과징금의 감액처분이나 영업정지처분의 유리한 변경과 같이 당사자에게 뚜렷이 유리하다고 볼 수 없는 경우로서, 대법원은 지식경제부장관이 2003. 12. 12. 한국지역난방공사에게 '파주 열병합발전소' 설치를 내용으로 하는 집단에너지사업허가를 해 준 다음 2006. 1. 11. 최대열부하 규모와 전기 및 열 공급용량 등을 확대하는 내용의 사업변경허가(이하 '선행처분'이라 한다)를 하고 다시 2008. 8. 19. 최대열부하 규모와 열공급시설의 설치 대수와 장소 등을 변경하는 내용의 사업변경허가(이하 '후행처분'이라 한다)를 한 사안에서, 선행처분의 주요 부분을 실질적으로 변경하는 내용으로 후행처분을 한 경우에 선행처분은 특별한 사정이 없는 한 그 효력을 상실하지만, 후행처분이 있었다고 하여 일률적으로 선행처분이 존재하지 않게 되는 것은 아니고 선행처분의 내용 중 일부만을 소폭 변경하는 정도에 불과한 경우에는 선행처분이 소멸한다고 볼 수 없다고 전제하고, 선행처분이 후행처분에 의하여 변경되지 아니한 범위 내에서 존속하고 후행처분은 선행처분의 내용 중 일부를 변경하는 범위 내에서 효력을 가지는 경우에, 선행처분의 취소를 구하는 소를 제기한 후 후행처분의 취소를 구하는 청구를 추가하여 청구를 변경하였다면 후행처분에 관한 제소기간 준수 여부는 청구변경 당시를 기준으로 판단하여야 하나, 선행처분에만 존재하는 취소사유를 이유로 후행처분의 취소를 청구할 수는 없다고 판시하였다.[36]

---

34) 대판 2012.3.29, 2011두4855.
35) 대판 2007.4.27, 2004두9302.

## V. 행정상의 확약

### 1. 확약의 개념

확약이란 행정기관이 국민에 대한 관계에 있어서 자기구속을 할 의도로써 장래에 향하여 일정한 행정행위를 하거나 하지 않을 것을 약속하는 의사표시를 말한다. 행정 실무상 존재하는 내허가, 내인가, 공무원임용의 내정 등은 확약의 성질을 갖는 것으로 볼 수 있다.

확약(Zusicherung)은 그 대상이 특정 행정행위에 한정되고 있다는 점에서 이에 한 정되지 않고 행정작용 전반을 대상으로 할 수 있는 확언(Zusage)과 구별되며, 행정기 관의 일방적인 의사표시인 점에서 공법상의 계약과 구별되어진다.

### 2. 확약의 법적 성질

확약의 법적 성질에 관해서는 그 자체가 행정행위로서의 성질을 갖는가에 관련하 여 견해가 다투어진다. 다수의 견해는 이를 인정하나, 이를 독자적인 법형식으로 보는 견해도[37] 존재한다. 판례의 입장은 행정행위성을 부정하고 있다고 볼 수 있다.

> 어업권면허에 선행하는 우선순위결정은 행정청이 우선권자로 결정된 자의 신청이 있으면 어업권면허처분을 하겠다는 것을 약속하는 행위로서 강학상 확약에 불과하 고 행정처분은 아니므로, 우선순위결정에 공정력이나 불가쟁력과 같은 효력은 인정 되지 아니하며, 따라서 우선순위결정이 잘못되었다는 이유로 종전의 어업권면허처 분이 취소되면 행정청은 종전의 우선순위결정을 무시하고 다시 우선순위를 결정한 다음 새로운 우선순위결정에 기하여 새로운 어업권면허를 할 수 있다(대판 1995.1.20, 94누6529).

생각건대 확약은 확약되는 행정행위의 내용에 따라 행정기관 스스로 장래의 일정 한 행위의 이행 또는 불이행을 의무지우는 효과가 인정되는 이상, 행정행위의 특징인 법적 규율성이 인정된다고 볼 수 있으므로 행정행위라고 보아야 할 것이다. 따라서 확약에 대해서는 관련되는 한도 내에서 행정행위에 관한 규정이 준용된다고 보아야 한다(독일 연방행정절차법 제38조 2항 참조).

### 3. 확약의 허용성 및 한계

#### (1) 허용근거

확약을 허용하는 명문규정이 없는 경우에도 확약이 허용되는지의 여부에 대해서 는 다툼이 있을 수 있다. 이에 대해서 종전에는 독일에서도 부정적인 견해가 존재했

---

36) 대판 2012.12.13, 2010두20782.
37) 김남진 · 김연태(Ⅰ), 362면; 정하중(총론), 314면.

으나 오늘날은 더 이상 주장되지 않는다.

생각건대 명문규정이 없는 경우에도 법령이 본 행정행위를 할 수 있는 권한을 부여하고 있는 경우에, 특별한 예외의 경우를 제외하고는 본 행정행위에 관한 확약의 권한도 함께 주어진 것으로 해석하는 것이 타당할 것이며, 이것이 다수의 견해이다. 즉 본래의 행정행위를 할 수 있는 권한을 갖고 있는 이상 그 범위에서 이에 관해 확약을 하는 것은 법치행정의 원칙에 반한다고 볼 수 없으며, 다른 한편 당사자가 확약에 근거하여 안정적으로 본 행정행위를 얻기 위한 일정한 법적 준비행위를 할 수 있게 되므로 당사자 권리보호면에서도 긍정적인 측면이 인정될 수 있다고 본다.

### (2) 허용의 한계

본 처분이 재량행위인 경우에 확약을 인정하는 것은 별 어려움이 없으나, 그 대상이 기속행위인 경우에도 확약이 인정될 수 있는가에 대해서는 검토가 필요하다.

그러나 기속행위인 경우에도 확약을 통하여 법치행정의 원칙이 침해되지 않는 한, 즉 당해 행위의 법적 요건의 충족이 보장되는 한, 확약에 근거하여 당사자가 후의 본 처분을 대비하는 이해관계를 중시하여 인정될 수 있다고 볼 것이다. 이것이 다수의 견해이다.

그러나 본 처분인 행정행위를 행할 요건사실이 완성된 후에도 여전히 확약을 인정할 것인가에 대해서는 논의가 대립한다. 이 경우에는 확약보다는 법적 안정성을 위해서 오히려 본 처분을 발령해야 할 것이라는 입장도 주장되고 있으나,[38] 다수의 견해는 과세처분의 경우를 예로 들면서 과세요건사실이 완성된 후에도, 확약이 납세의무자에게 준비이익이나 기대이익을 줄 수 있음을 이유로 확약을 인정하고 있다.[39] 그 밖에도 행정기관은 행정처분의 발령시기를 스스로 결정할 수 있음을 이유로 하여 확약의 가능성을 인정하기도 한다.[40]

## 4. 확약의 요건

### (1) 일반적 요건

확약은 본 처분을 할 수 있는 권한을 가지는 행정기관이 자신의 권한의 범위 안에서 행해야 하며, 그 내용은 법령에 위반되어서는 안 된다.

---

38) 박윤흔(상), 375면.
39) 김남진·김연태(Ⅰ), 364면.
40) 김동희(Ⅰ), 237면.

## (2) 절    차

본 처분을 행하기 위하여 일정한 행정절차가 요구되는 경우에는 확약을 위해서도 그 절차가 이행되어야 한다.

## (3) 형    식

확약의 형식에 대해서는 법적 안정성을 위해서 독일의 연방행정절차법과 같이 ($^{제38조}_{1항}$) 서면의 형식으로 행할 것을 요구하는 경우도 있으나, 이러한 명문규정이 없는 경우에는 통상적으로 특정한 형식을 요구하지 않는다고 보아야 할 것이다.

## 5. 확약의 효과

### (1) 일반적 효과

확약이 행해진 경우에는 행정기관은 확약의 내용에 따라 본 처분을 발령할 의무를 진다. 확약의 내용에 따른 본 처분을 발령하지 않는 경우에는, 행정주체의 행위유형에 따라 의무이행심판($^{본처분의\ 거부나}_{부작위의\ 경우}$)이나, 거부처분취소소송($^{본처분의}_{거부의\ 경우}$) 또는 부작위위법확인소송($^{본처분의}_{부작위의\ 경우}$)을 제기할 수 있다. 또한 확약의 내용에 반하는 처분을 하는 때에는 취소쟁송을 제기할 수 있다.

부가가치세의 면세대상사업이라는 종전의 국세청장의 회신에 반하여 과세처분을 행한 것은, 신의성실의 원칙에 위배되는 것이다($^{대판\ 1994.3.22,}_{93누22517}$).

### (2) 확약의 취소나 철회

이에 대해서는 행정행위에 관한 관련규정이 준용된다. 따라서 확약 내용이 위법하거나 확약의 대상행위가 위법한 때에는 취소사유가 된다. 또한 확약을 발령한 이후에 그 효력을 유지할 수 없는 사정이 발생한 때에는 철회가 가능하게 된다. 그러나 확약이 수익적 행정행위를 대상으로 하는 때에는 신뢰보호의 관점에서 취소나 철회가 제한될 수 있게 된다.

### (3) 구속력의 배제

확약이 행해진 후에 불가항력이나 기타의 사유로 확약의 내용을 이행할 수 없을 정도로 그 기초가 되었던 사실상태나 법률상태가 변경된 경우($^{사정변경}_{의\ 발생}$)에는, 행정기관이 이러한 사정을 미리 알았더라면 그와 같은 확약을 하지 않았을 것이라고 인정되는 경우에 한하여 확약 내용의 구속력으로부터 배제된다고 보아야 할 것이다. 이때에 당사자는 확약의 내용 이행을 행정기관에게 강제할 수 없게 된다. 이러한 경우에는 당사자에 대한 신뢰보호를 위하여 손실보상이 인정될 수 있을 것이다.

행정청이 상대방에게 장차 어떤 처분을 하겠다고 확약 또는 공적인 의사표명을 하였다고 하더라도, 그 자체에서 상대방으로 하여금 언제까지 처분의 발령을 신청을 하도록 유효기간을 두었는데도 그 기간 내에 상대방의 신청이 없었다거나 확약 또는 공적인 의사표명이 있은 후에 사실적·법률적 상태가 변경되었다면, 그와 같은 확약 또는 공적인 의사표명은 행정청의 별다른 의사표시를 기다리지 않고 실효된다( 대판 1996.8.20, 95누10877 ).

# 제 3 절  행정행위의 효력과 하자

**기본 사례**

甲은 단란주점영업을 하는 자로서 미성년자를 출입시켰다는 이유로 성북구청장 乙로부터 영업정지처분을 받았다. 그러나 사실은 乙은 甲을 다른 영업소와 혼동하여 잘못된 처분을 발령한 것이다. 甲은 어떠한 권리구제방법을 강구할 수 있는가?

(풀이는 231면)

## Ⅰ. 행정행위의 효력

행정행위는 그 성립요건과 효력발생요건을 구비하면 그에 따른 법률에 의한 효력을 발생하게 된다. 이러한 효력내용에는 행정행위가 갖는 형식적 측면, 내용적 측면 등에 따라 다양한 내용이 인정될 수 있다.

### 1. 구 속 력

구속력이란 행정행위가 그 내용에 따라 당사자들에 대해 법적 효력을 발생하는 힘을 말한다. 이때의 당사자로는 행정행위의 상대방·행정기관·이해관계인 등을 들 수 있다. 따라서 행정행위의 발령행정기관도 스스로 취소나 철회하지 않고서는 구속력으로부터 벗어날 수 없게 된다. 통상적으로 행정행위의 구속력은 행정행위가 성립하고 당사자에게 그 효력이 미침으로써 발생하게 되나, 부관부 행정행위와 같이 행정행위의 효력발생이 성립당시에 불확정적일 때에는 예외적으로 사후에 발생하게 된다( 예컨대 정지조건부 행정행위의 경우 ).

그러나 행정행위가 갖는 이러한 구속력은 실질적으로는 법적인 행위이면 모두 해당하는 기본적인 효력을 의미하는 것이므로, 행정행위에 특유한 효력논의로서는 큰 의미를 갖지 못한다고 볼 수 있다.[41]

## 2. 공 정 력

### (1) 공정력의 개념

공정력이란 행정행위에 하자가 있는 경우에 무효가 아닌 한, 권한 있는 기관에 의하여 취소되기 전에는 행정행위의 상대방이나 이해관계인들을 절차법적으로 구속하게 하는 힘을 말하며 예선적 효력이라고도 한다. 따라서 이 개념은 논리상 당해 행정행위에 하자가 존재하는 경우와 직권취소제도의 존재 및 행정쟁송제도의 존재를 그 전제로 한다고 볼 수 있다. 독일의 오토 마이어(O. Mayer)의 주장을 일본에서 계수하여 공정력이라고 칭한 것이다.

### (2) 공정력의 인정근거

#### 1) 실정법적 근거

실정법적으로 공정력을 직접적으로 인정하는 명문규정은 찾을 수 없다. 그러나 간접적으로 공정력의 존재를 그 전제로 하는 규정은 찾을 수 있다. 이에 해당하는 것으로서는 행정쟁송법 규정으로서「행정심판법」제 5 조 제 1 호($^{취소}_{심판}$),「행정소송법」제 4 조 제 1 호 규정($^{취소}_{소송}$) 외에도 직권취소를 인정하는 규정들($^{예컨대 \ 식품위생법}_{제75조 \ 1항 \ 등}$)을 들 수 있다.

그러나 행정쟁송이 제기된 경우에도 행정행위의 효력을 원칙적으로 정지하지 않는 규정인「행정심판법」제30조 제 1 항과「행정소송법」제23조의 규정은 이러한 근거규정에 포함할 수 없을 것이다. 이러한 집행부정지에 관한 내용은 각국의 입법정책적인 결정여하에 따라 그 인정여부가 결정되는 것이므로[42] 행정행위의 공정력의 인정근거와는 무관하다고 보아야 할 것이다.[43]

#### 2) 이론적 근거

이에 대해서는 역사적으로 다음과 같은 다양한 견해가 주장되고 있다.

㈎ 자기확인설    이는 독일에서 일찍이 오토 마이어에 의해 주장된 것이다. 이에 의하면 행정행위의 공정력은 행정행위의 발령에 의하여, 행정기관이 자신의 행위의 유효성을 위한 전제조건이 존재한다는 것을 스스로 확인하기 때문에 인정되는 것이라고 본다. 이는 마치 판결의 경우에 스스로 당해 행위의 적법성이 인정되는 경우와 동일하게, 그

---

41) 高田 敏(편저), 行政法, 1993, 169면.
42) 예컨대 독일의 경우는 집행정지가 원칙이고 일본은 우리와 같이 집행부정지가 원칙이다.
43) 같은 입장: 鹽野 宏, 行政法 Ⅰ, 1994, 122면.

자체로서 권위를 가지며 이를 통하여 그 적법성이 추정된다는 견해이다. 이에 대해서는 이러한 논거가 관료적이며 권위주의적이어서 법치국가 원리에 반하는 것이라는 비판이 행해진다.

(나) 국가권위설　　위의 자기확인설과 유사한 내용으로서 독일의 포르스트호프(Forsthoff)가 주장한 것이다. 이에 따르면 행정행위는 국가권위의 표현이므로 그 자체로서 이의 준수를 요구하는 청구권을 갖게 되는 것이라고 한다.44) 권위주의적 논거라는 비판이 마찬가지로 타당할 것이다.

(다) 예선적 특권설　　이는 프랑스에서 주장되고 있는 '행정의 예선적 특권' 개념을 도입하여 설명하려는 것이다. 예선적 특권이란 행정행위에 대하여 법원의 적법이나 위법판정이 있기 이전에 미리(<sup>예선적</sup><sub>으로</sub>) 행정기관에게 그 자신의 행정결정에 대한 정당한 통용력을 인정하는 것이다.45) 이 견해는 자기확인설과는 달리 행정결정과 재판판결을 동일선상에서 비교하는 것이 아니라, 재판판결에 우위를 인정하면서도 재판행위 이전에 임시로 다툼이 있는 행위에 대해 예선적 효력을 인정하여 행정행위를 통용하도록 하려는 것이다. 그러나 이 견해는 이러한 효력의 인정근거에 대해서는 대답하지 못하는 문제가 있으며, 학자에 따라서는 이를 공정력 인정근거가 아니라 공정력개념 자체를 대신하는 개념으로 사용하는 견해46)도 있는 등 아직 정리되어 있지 못한 모습을 보이고 있다. 개인적 생각으로는 이 논거는 공정력의 논거와는 무관한 것이므로 인정하지 않는 것이 타당하리라고 본다.

(라) 법적 안정설(또는 행정정책설)　　이 견해는 공정력의 근거를 행정목적의 신속한 달성, 능률적 수행, 행정법관계의 안정성 유지, 상대방의 신뢰보호 등의 정책적 견지에서 찾고자 하는 것이다. 행정행위의 공정력개념이 하자있는 행정행위를 전제로 하고 있고 하자있는 행정행위는 행정쟁송에 의하여 해결하는 것이 원칙이므로, 행정쟁송에 의한 해결 전까지는 행정법관계의 안정성과 행정작용의 능률적 수행이 요청되게 되며 이를 위해 인정되는 것이 공정력이라고 보는 것이다. 다수의 견해이다.

(마) 소 결　　법적 안정설이 타당하다. 즉 공정력은 행정쟁송제도 등에 의해서 당해 행정행위의 효력이 취소될 때까지 정책적 견지에서 인정되는 효력으로 볼 수 있다.

이른바 행정행위의 공정력이란 행정행위가 위법하더라도 취소되지 않는 한 유효한 것으로 통용되는 효력을 의미하는 것인바, 행정청의 후행거부처분은 소극적 행정행위

---

44) 포르스트호프는 이러한 주장을 무효인 행정행위에 대해서도 행하고 있다. 즉 무효인 경우도 행정행위의 외관이 존재하는 것이므로 이를 통해 국가권위가 나타나고 있다고 보며, 이러한 이유로 하여 (무효인) 행정행위에 따라 행위하여야 한다는 추정이 생기게 되어, 이를 취소하거나 (무효를) 확인해야 할 행정소송제기의 필요성이 인정된다고 한다.

45) 한견우(Ⅰ), 481면.

46) 김도창(상), 440면.

로서 현존하는 법률관계에 아무런 변동도 가져오는 것이 아니므로, 그 거부처분이 공정력이 있는 행정행위로서 취소되지 아니하였다고 하더라도, 원고가 그 거부처분의 효력을 직접 부정하는 것이 아닌 한 선행거부처분보다 뒤에 된 동일한 내용의 후행 거부처분 때문에 선행거부처분의 취소를 구할 법률상 이익이 없다고 할 수는 없다 ( 대판 1994.4.12, 93누21088 ).

### (3) 공정력의 한계
#### 1) 무효인 행정행위

공정력은 무효인 행정행위에 대해서는 인정되지 않는다. 행정행위의 하자가 중대하고 명백한 경우까지 정책적 견지에서 법적 안정성을 이유로 보호하는 것은 허용될 수 없을 것이다.

그러나 행정행위의 무효와 취소 구별의 상대화를 이유로 무효가 판결에 의하여 확정되기 전까지는 누구도 당해 하자가 무효인지 취소사유인지 알 수 없으므로 무효의 경우에도 인정될 수 있다는 견해도 주장되고 있다.[47]

#### 2) 행정행위 이외의 행위

행정쟁송제도의 존재를 이론적 전제로 하는 것이 공정력개념이므로 행정쟁송의 대상에 해당할 수 없는 행정기관의 행위인 사실행위, 비권력적 행위, 사법행위에 대해서는 공정력이 인정되지 않는다. 이른바 형식적 행정행위를 인정하는 입장에서는 이러한 행정작용 중에서 비권력적인 행정작용에 대해 행정쟁송의 대상으로서의 처분성을 인정하고 있다. 그러나 이러한 경우에도 형식적 행정행위가 포함하는 행정행위성은 행정쟁송의 제기를 위한 필요성에 의하여 인정되는 것에 불과한 것이므로, 이러한 행위에 대해서도 그 처분성을 이유로 하여 공정력이 인정되고 있지는 않다.

### (4) 공정력과 입증책임

공정력이 취소소송의 입증책임의 소재결정에 영향을 주는가 여부에 대해서는 견해가 대립하고 있다.

#### 1) 원고책임설

이는 공정력의 이론적 논거로서의 자기확인설의 입장에서 주장되는 것으로서, 공정력을 행정행위의 적법성의 법률상 추정으로 보는 이상 그 위법성에 대한 입증책임은 원고가 부담한다는 것이다. 공정력은 실체법적으로 행정행위를 적법한 것으로 추정하게 하는 것이 아니고, 사실상의 통용력이나 또는 행정쟁송제도의 반사적 효과에 지나지 않으므로 이 견해는 옳지 못하다.

---

47) 김도창(상), 442면.

2) 입증책임무관계설

이는 공정력은 행정소송에서의 입증책임문제와 무관하다는 주장이다. 따라서 입
증책임문제는 민사소송에서 통용되는 입증책임분배원칙인 '법률요건분류설'에 따라
해결된다고 한다. 이에 따르면 권리발생의 요건사실은 행정기관이 입증책임을 지고,
권리발생의 장애사실에 대해서는 원고 측이 부담하게 된다. 예컨대 영업허가취소처분
에 대한 취소소송에서는 취소사실 요건부분에 대해서는 피고인 행정기관이, 취소장애
사실에 대해서는 원고가 각각 입증책임을 지게 된다. 통설의 입장이다.48)

## 3. 구성요건적 효력

(1) 의    의

1) 개    념

구성요건적 효력이란 행정행위의 존재사실 그 자체가 다른 국가기관의 결정에 대
하여 미치는 효력을 말한다. 즉 처분청과 취소소송에서의 수소법원을 제외한 다른 국
가기관이, 처분청에 의해 발령된 행정행위가 무효가 아닌 한, 그 존재를 존중하여 그
내용에 구속되어 스스로의 판단기초로 인정해야 하는 효력을 말한다. 예컨대 구청에
의해 특정인에게 건축허가가 주어진 경우에, 다른 행정기관인 경찰기관 등은 이러한
건축허가의 존재에 기초하여 경찰행정작용을 해야 하는 효력이 그것이다.

2) 인정근거

이에 대해서도 직접적인 실정법적인 근거는 찾을 수 없으나, 국가기관들은 서로
그 권한과 업무를 달리하므로 다른 국가기관에 의한 행위를 존중하여 작용을 해야 한
다는 데서 그 근거를 찾을 수 있다(권한분배의 체계).

3) 공정력과의 관계

이에 대해 다수 견해는 공정력과의 구별을 부정하고 있으나, 양 개념은 인정근거
와 상대방에 있어서 서로 구별되므로 구분이 인정되어야 한다.49) 즉 공정력은 앞에서
본 바와 같이 정책적 견지에서 권한 있는 기관에 의한 하자 있는 행정행위의 효력에
관한 해결 전까지 행정법관계의 법적 안정성을 이유로 인정되는 것이고, 그 대상이
행정행위의 상대방과 이해관계인이다. 이에 반하여 구성요건적 효력은 각 국가기관의
서로 다른 권한분배의 체계를 근거로 하며, 그 대상이 처분청과 취소소송에서의 수소
법원을 제외한 다른 국가기관이 된다. 그러나 물론 양자 모두 당해 처분이 무효인 경
우에는 그 효력이 인정되지 않는다.

---

48) 김남진·김연태(Ⅰ), 289면; 석종현·송동수(상), 309면.
49) 김남진·김연태(Ⅰ), 290면; 석종현·송동수(상), 310면; 홍정선(상), 404면; 장태주(개론),
230면; 박균성(상), 126면.

## (2) 선결문제와의 관계

구성요건적 효력이 현실적으로 논의되는 문제는 이른바 선결문제의 경우이다.

### 1) 논의의 체계

이에 관해 다수의 견해와 판례는 선결문제를 공정력의 문제로서 논의한다. 그러나 선결문제는 그 실질상 행정행위가 다른 국가기관에 대하여 어느 정도 내용적으로 구속하는가에 관련된 문제이므로, 그 적용대상에 있어서 공정력과는 차이가 있다고 보아야 할 것이다. 따라서 논의의 체계에 있어서는 공정력의 문제가 아니라 구성요건적 효력의 문제로서 고찰하는 것이 타당할 것이다.

### 2) 선결문제

(개) 개 념    선결문제란 당해 소송에서의 본안판단을 위해 그 해결이 필수적인 전제로 되는 문제를 말한다. 행정법관계에서는 민사소송이나 형사소송에서 본안판단의 전제로서 행정행위의 위법성 또는 무효·부존재 여부 등이 선결문제로서 나타날 수 있으나, 「행정소송법」 제11조는 민사소송에서의 본안판단의 전제로서의 행정처분 등의 무효 여부 또는 부존재 여부에 대한 분쟁을 선결문제로서 심리가능함을 규정하고 있다. 행정행위가 무효나 부존재인 경우에는 어느 기관도 구속할 수 없으므로 민사소송이나 형사소송에서 그 효력을 부인하고 판단할 수 있음은 당연하다. 그러나 문제는 행정행위의 하자가 단순위법인 경우에 존재한다. 이에 관해 「행정소송법」 제11조는 명문규정을 두고 있지 않으므로 학설과 판례의 해석에 의해 해결되게 된다.

이때에 행정행위의 하자가 취소사유인 단순위법인 경우에, 선결문제로서 논의되는 유형은 행정행위의 효력을 부인하여야(즉효력을<br>소멸시켜야) 비로소 본안판단이 가능한 경우와, 단순하게 위법성을 확인함으로써도 본안판단이 가능한 경우로 나눌 수 있다. 이러한 구분은 특정 기준에 의하는 것이 아니라, 본안판단의 내용이 어떠한 것인가에 따라서 나누어지는 것이다.

(내) 민사소송에서의 선결문제

① 전자의 경우, 즉 민사소송에서 그 선결문제로서 위법한 행정행위의 효력을 부인하는 것이 본안사건과 관련하여 제기될 때에, 민사법원은 행정행위의 위법성을 심리하여 스스로 그 효력을 부인할 수 없다(즉 구성요건적<br>효력에 저촉된다). 이는 취소소송을 통해서만 가능하기 때문이다. 따라서 예컨대 과세처분의 위법을 이유로 하여 이미 납부한 조세에 대해 부당이득반환청구소송을 제기하였다면, 당해 민사법원은 과세처분이 무효가 아닌 한 스스로 과세처분의 효력을 부인하고 청구를 인용할 수 없다.

과세처분이 당연무효라고 볼 수 없는 한 과세처분에 취소할 수 있는 위법사유가 있다 하더라도 그 과세처분은 행정행위의 공정력 또는 집행력에 의하여 그것이 적법하게 취소되기 전까지는 유효하다 할 것이므로, 민사소송절차에서 그 과세처분의 효력을 부인할 수 없다(대판 1999. 8. 20, 99다20179).

② 그러나 후자의 경우와 같이, 민사소송에서의 선결문제가 당해 행정행위효력을 직접 부인하는 경우가 아니고 단지 위법성을 확인하는 경우에 그치는 때(예컨대 위법인 행정행위에 기해 재산상 손해가 발생한 때에 민사소송으로서 손해배상을 청구하는 경우)에는, 민사법원에 의한 위법성 인정 가능성에 대해서 의견이 대립한다. 부정하는 입장은 공정력을 이유로 행정행위가 적법하게 취소되지 않는 한 어떠한 국가기관도 그 효력에 구속되어야 하며, 현행법은 민사소송에서의 선결문제 심리가능성을 처분 등의 효력유무 또는 존재여부에 한정하고 있음(행정소송법 제11조 제1항)을 논거로 든다.50) 그러나 선결문제에서의 논의대상은 민사법원이나 형사법원이므로 그 대상에서 차이가 나는 공정력을 그 논거로서 드는 것은 우선 타당하지 않다. 다른 한편 공정력은 단순히 절차적 효력에 불과할 뿐 당해 행위를 적법한 것으로 만드는 것은 아니며, 「행정소송법」 제11조 제1항 규정은 제한적으로 해석할 것이 아니라 예시적인 것으로 볼 필요가 있으므로 행정행위의 효력자체를 부인하는 것이 아닌 한 위법성 판단은 가능하다고 보아야 할 것이다. 즉 이 경우는 구성요건적 효력에 저촉되는 것은 아니라고 보아야 한다.51) 판례와 다수견해의 입장이다.

계고처분이 위법임을 이유로 배상을 청구하는 취지로 인정될 수 있는 사건에 있어서는 그 행정처분에 대한 취소판결이 있는 경우에만 그 위법임을 이유로 처분청에게 배상을 청구할 수 있는 것은 아니다(대판 1972. 4. 28, 72다337).

(다) 형사소송에서의 선결문제

형사소송에서도 기본적으로는 민사소송에서와 동일한 문제가 제기된다.

① 형사소송에서 행정행위 효력유무가 선결문제가 되는 때에는 법원은 직접 행정행위의 효력을 부인할 수 없다. 즉 구성요건적 효력이 인정된다. 따라서 예컨대 연령을 속여 발급받은 운전면허라고 하더라도 이는 「도로교통법」 규정(제93조 제1항 7호)을 위반한 행위로서 취소의 대상이 될 뿐이고 취소된 때에만 무면허로서 처벌이 가능하므로, 형사법원이 운전면허 발급행위의 위법을 이유로 하여 무면허운전자로 형사상 처벌할 수는 없게 된다.52)

② 그러나 형사소송에서 행정행위의 위법성 확인여부가 선결문제가 되는 때(예컨대 제 품검사에

---

50) 이상규(상), 358면.
51) 물론 다수견해는 구성요건적 효력의 논의로서가 아니라, 공정력의 논의로서 해결하고 있다.
52) 대판 1982. 6. 8, 80도2646.

합격하지 못하였음을 이유로 하여 식품위생법 제17조 4항에 의해 판매 금지처분을 받은 식품을 판매하여, 식품위생법 제97조 1호에 의해 형사재판이 청구된 경우)에는 민사소송에서와 같은 논의가 존재한다. 즉, 이때에 당사자가 형사소송에서 당해 행정행위(즉 판매 금지처분)가 잘못 발령된 것이라는 주장을 하는 때에는, 법원은 우선 문제의 행정행위가 적법하게 발령된 것인지 또는 위법하게 잘못 발령된 것인지의 여부를 검토하여야 한다. 그러나 이 경우는 당해 행정행위(즉 판매 금지처분)의 효력을 법원이 스스로 부인하지 않고서도 심리가 가능한 경우이므로 구성요건적 효력과 모순되는 것이 아니며, 따라서 스스로의 위법성 판단이 가능하다고 보아야 할 것이다. 이때에는「행정소송법」제11조의 규정을 예시적인 것으로 보아 형사법원의 경우에도 선결문제로서 심리할 수 있다고 보는 것이다.

구「도시계획법」제92조 제 4 호(1991. 12. 14. 법률 제4427호로 개정되기 전의 것)에 의하면 같은법 제78조의 규정에 의한 행정청의 처분 또는 조치명령에 위반한 자에 대하여 6월 이하의 징역 또는 300,000원 이하의 벌금에 처하도록 규정되어 있고, 같은 법 제78조 제 1 호에 의하면 이 법 또는 이 법에 의한 명령이나 처분에 위반한 자에 대하여 이 법에 의한 허가, 인가 또는 승인을 취소하거나 공사의 중지, 공작물 등의 개축 또는 이전 기타 필요한 처분을 하거나 조치를 명할 수 있도록 규정되어 있으며, 같은법 제 4 조 제 1 항 제 1 호에 의하면 도시계획구역 안에서 토지의 형질의 변경은 시장 또는 군수의 허가 없이 이를 할 수 없도록 규정되어 있는 바, 위 각 규정을 종합하면 도시계획구역 안에서 허가 없이 토지의 형질을 변경한 경우 행정청은 그 토지의 형질을 변경한 자에 대하여서만 같은법 제78조 제 1 항에 의하여 처분이나 원상회복 등의 조치명령을 할 수 있다고 해석되고, 같은 조항에 정한 처분이나 조치명령을 받은 자가 이에 위반한 경우 이로 인하여 같은법 제92조에 정한 처벌을 받기 위하여 그 처분이나 조치명령이 적법한 것이라야 한다고 봄이 상당하다 할 것이다. 원심이 적법하게 확정한 바에 의하면 피고인 소유인 이 사건 토지의 형질을 무단으로 변경한 자는 피고인이 아니라 피고인으로 부터 이 사건 토지를 임차한 공소외 김○준과 이▽환임에도 불구하고 그 형질을 변경한 자도 아닌 피고인에 대하여 판시 원상복구의 시정명령이 발하여 진 것을 알 수 있으므로 위 원상복구의 시정명령은 위법하다 할 것이고 따라서 피고인이 위법한 위 시정명령을 따르지 않았다고 하여 피고인을 같은법 제92조 제 4 호에 정한 조치명령등 위반죄로 처벌할 수는 없다 할 것이며, 위 시정명령을 당연무효로 볼 수 없다 하더라도 그것이 위법한 처분으로 인정되는 한 이 사건 도시계획위반죄가 성립될 수 없다 할 것이다(대판 1992.8.18, 90도1709).

## 4. 존 속 력

### (1) 개    념

행정행위가 발령되면 이에 근거하여 새로운 법률관계가 형성되므로 행정행위를 변경하지 않고 계속적으로 존속시킬 필요성이 존재한다. 이와 같이 행정행위의 존속을 제도화한 개념이 존속력이며, 그 내용으로는 형식적 존속력과 실질적 존속력이 포함된다.

형식적 존속력이란 행정행위에 대해 행정심판이나 행정소송과 같은 불복수단 (Rechtsmittel)의 제기가 인정되는 경우에, 이를 제기하기 위한 일정한 법정기간이 경과함으로 인하여 당사자로 하여금 당해 행정행위를 더 이상 다투지 못하게 하는 효력을 말한다. 이를 불가쟁력이라고도 한다.

반면에 실질적 존속력이란 행정행위의 내용 측면에서 인정되는 효력으로서, 그 용어사용과 범위에 있어서 아직도 통일적이지 못하지만,53) 대체적으로 보아 처분청을 대상으로 하여 행정행위의 내용이 특별한 효력을 발생하는 경우를 의미한다고 볼 수 있다. 이를 불가변력이라고도 한다.

### (2) 불가쟁력
### 1) 개    념

불가쟁력이란 행정행위의 상대방이나 이해관계인에 대하여 행정행위의 효력을 일정한 쟁송제기기간내 또는 일정한 쟁송수단의 사용 등에 의해서만 다툴 수 있게 하고, 이러한 시간의 경과나 쟁송수단이 모두 사용된 경우에는 통상의 쟁송절차에 의해서는 더 이상 다투지 못하게 하여 행정행위를 형식적으로 존속하게 하는 것을 말한다. 이 효력의 상대방이 아닌 처분행정청은 이에 영향을 받지 않으므로 독자적으로 직권취소나 철회할 수 있다. 그러나 무효인 행정행위는 쟁송제기기간의 제한을 받지 않으므로 불가쟁력이 발생하지 않으며, 불가쟁력이 발생한 행정행위에 대한 행정심판 및 행정소송은 부적법한 것으로 각하된다.

### 2) 재심청구의 문제

불가쟁력은 행정행위의 효력을 형식적인 사유에 의해 더 이상 다투지 못하게 하여 결정하는 것이므로 경우에 따라서는 실체적 관계에 비추어 불합리한 결과가 발생할 수 있다. 따라서 불가쟁력이 발생한 행정행위에 대해서 그 효력문제를 다시 검토하여야 할 일정한 사정변경이 존재하게 되는 경우에는 당사자가 이에 대한 재심을 처분청에 대하여 요구할 수 있는 제도가 마련될 필요가 존재하게 된다. 현행법은 이를 인정하지 않고 있으나, 독일 연방행정절차법은 제51조에서 확정된 판결의 재심에 준하여 행정행위의 재심청구를 인정하고 있다. 이러한 규정들의 내용에 비추어 재심청구는 다음의 사유가 존재하는 경우에 허용된다고 볼 수 있다.

① 행정처분의 근거가 되는 사실관계 또는 법률관계가 당사자에게 유리하게 변경

---

53) 학자에 따라서는 두 가지 내용을 존속력의 범위에 포함한다고 보는 견해도 주장된다. 즉 행정행위의 당사자를 대상으로 하여 행정행위의 내용이 효력을 발생하는 경우와, 처분청을 대상으로 하여 행정행위의 내용이 효력을 발생하는 경우를 들고 있다. 그러나 전자의 내용은 우리나라에서는 행정행위의 구속력의 개념으로 설명되고 있다.

된 경우

② 당사자 등에게 유리한 결정을 초래할 만한 새로운 증거가 제출된 경우

③ 민사소송법 제451조에 준하는 재심사유가 발생한 경우

### (3) 불가변력

#### 1) 개  념

행정행위는 일단 발령된 뒤에도 처분청 등 행정기관에 의하여 직권으로 취소 ($\binom{행정행위에 하자가}{존재하는 경우}$)나 철회될 수 있음($\binom{행정현실의 변화에 상응하여}{새로운 결정이 필요로 되는 경우}$)이 보통이다. 그러나 예외적으로 당해 행정행위의 성질에 의하여 처분청 등 행정기관의 직권에 의하여도 사후변경행위인 취소나 철회가 허용되지 않는 효력이 발생하는바, 이를 불가변력 또는 실질적 존속력이라고 한다. 이는 일단 발령된 행정행위에 대한 당사자의 법적 안정성을 도모하고자하는 데 그 존재이유를 갖는 것이며, 무효의 하자있는 행정행위에 대해서는 인정되지 않는다.

#### 2) 불가변력 개념의 체계적 이해

행정행위의 불가변력의 개념은 행정법에 특유한 개념이 아니라, 판결의 기판력의 개념에서 연유하는 것이다. 이는 행정행위가 발령된 후에는 그 하자유무나 행정현실변화 등의 사정에 관계없이, 발령된 행정행위의 내용을 행정기관에 대해 구속하게 하는 효력을 말한다. 판결의 기판력은 당사자의 권리보호를 위한 엄격한 절차를 거쳐서 발령된다는 점과 그 주체가 중립적인 법원이라는 점에서, 형식적 확정력인 불가쟁력이 발생한 판결에 대하여 내용의 측면에서 더 이상 변경하지 못하도록 하는 효력이 발생하는 것이다. 이에 반하여 행정행위는 그 발령절차에서 당사자의 권리보호를 위한 엄격한 형식절차가 전제되지 않으며, 그 발령주체가 당해 법률관계의 한쪽 당사자인 행정기관이라는 점에서 판결과 많은 차이를 갖게 된다. 이러한 이유로 하여 판결의 기판력의 경우와는 달리, 행정행위의 불가변력은 형식적 존속력의 존재를 반드시 그 전제로 하지 않게 된다. 따라서 행정행위의 불가변력은 이러한 판결과 행정행위가 갖는 본질적인 차이로 인하여 일반적인 형태로는 인정될 수 없고, 판결의 기판력이 발생하는 사정과 유사한 조건이 행정행위의 발령에 있어서 존재하는 경우에만 예외적으로 인정된다고 볼 수 있다. 따라서 사법절차와 같이 엄격한 형식을 가진 행정절차를 거쳐서 행정행위가 발령되는 경우에만 인정되는 것으로 볼 수 있다.

#### 3) 불가변력이 논의되는 행정행위

이는 예외적인 경우에만 인정된다고 볼 수 있으나, 일응 다음의 행위들이 논의의 대상이 되고 있다.

(가) 준사법적 행위

이는 일정한 사법절차에 준하는 쟁송절차를 거쳐 행해지는 확인적 행위로서의 성질을 갖는 행정행위이므로, 처분청의 사후적인 임의적 변경을 허용하지 않는다. 따라서 불가변력의 발생이 인정된다. 이에 해당하는 행위로서는 예컨대 행정심판의 재결 등을 들 수 있다.

(나) 수익적 행정행위에 있어서 취소권이나 철회권이 제한되는 경우

이에 대해서는 불가변력의 문제로 보는 견해도 있으나,54) 이때에 취소권 등의 제한이 인정되는 것은 당해 행정행위의 성질 자체에서 비롯된 것이 아니라 개별적인 경우에 있어서 당사자나 이해관계인의 신뢰보호의 필요성을 이유로 도출되는 것이므로, 취소권 등의 제한의 문제로서 논의하는 것이 타당할 것이다.55)

(다) 법률의 규정에 의한 경우

법률이 일정한 행위에 대하여 확정판결의 효력(공익사업을위한토지등의취득및보상에관한법률 제86조 1항에 의한 토지수용재결)을 인정하는 경우에는 이에 의해 행정기관이 더 이상 변경할 수 없는 효력이 생기게 되는 것이나, 이는 법률자체규정에 의해 인정되는 효력이므로 불가변력과는 무관한 것으로 보아야 한다.

(라) 공공복리를 이유로 하는 경우

공공복리를 이유로 행정행위의 취소가 제한되는 경우(예컨대 사정재결)를 불가변력의 예로 드는 견해도 있으나,56) 이는 행정행위의 성질 자체에 의한 것이라기보다는 개별적인 행위가 구체적인 경우에 있어서 공공복리와의 비교형량을 통해 그 취소권이 제한되는 경우로 보는 것이 타당하다.

(4) 불가쟁력과 불가변력의 관계

1) 양자는 그 대상에 있어서 기본적인 차이를 갖는다. 즉 불가쟁력은 행정행위의 상대방 및 이해관계인이 대상인 데 반하여, 불가변력은 처분청 등 행정기관이 대상이 된다.

2) 불가쟁력은 절차상의 문제에 지나지 않으므로 불가쟁력이 발생한 행위도 불가변력이 발생하는 행위가 아닌 한, 행정기관에 의해 직권으로 취소변경이 가능하다.

3) 불가변력이 발생하는 행위도 쟁송제기기간이 경과하지 않거나 쟁송수단이 허용하는 한 그 상대방이나 이해관계인이 쟁송을 제기하여 효력을 다툴 수 있다.

54) 이상규(상), 362면; 한견우(Ⅰ), 492면.
55) 김남진·김연태(Ⅰ), 298면; 박윤흔(상), 172면; 석종현·송동수(상), 319면.
56) 이상규(상), 362면.

## 5. 강 제 력

강제력이란 행정행위를 통하여 사인에게 명하여진 특정의무가 이행되지 않는 경우에, 행정행위의 실효성을 확보하기 위한 차원에서 인정되는 효력을 말한다. 따라서 강제력은 행정행위를 통하여 의무부과가 수반되는 이른바 '하명행위(예컨대 경찰처분)'에서 문제되며, 의무부과와 무관한 형성적 행위는 그 대상이 되지 못한다. 그 내용으로서는 의무이행을 강제하여 사실상 의무가 이행되는 상태를 실현하는 집행력과, 의무위반이라는 사실에 착안하여 이에 대해 일정한 제재를 가하는 제재력이 있다.

### (1) 집 행 력
#### 1) 개    념

행정행위에 의한 명령이나 특정의무가 부과되었으나 이행되지 않은 경우에 행정기관이 스스로의 강제력에 의하여 직접 의무의 이행을 실현할 수 있거나 상대방에게 그것을 수인하도록 요구할 수 있는 효력을 말한다.

#### 2) 인정근거

집행력은 행정행위에 내재하는 효력은 아니며, 하명행위와 집행행위는 별개의 행정작용이므로 자력집행을 위해서는 별도로 그 자체의 수권법규가 필요하다. 예컨대 소득세를 납부하지 않은 경우에 강제징수의 근거법은 「소득세법」이 아니라 「국세징수법」이 근거법이 된다. 집행력의 일반적인 법적 근거로는 「행정대집행법」과 「국세징수법」이 있다.

### (2) 제 재 력

행정행위에 의해 부과된 의무를 위반한 경우에 그 제재로서 행정형벌과 행정질서벌의 행정벌을 부과할 수 있는 효력을 말한다. 행정형벌과 행정질서벌의 구분은 의무위반의 정도나 문제가 되는 의무의 중요성에 따라 행해질 수 있으며, 그 내용은 전자는 형법상의 처벌내용이 부과되는 것이나 후자의 경우는 과태료가 부과되는 점에 차이를 나타낸다. 이때에도 그 법적 근거로서는 의무를 명하는 행정행위의 발령근거가 동시에 제재력을 부과할 수 있는 근거가 되는 것은 아니며 별도의 법적 근거를 요함은 물론이나, 통상적으로는 의무부과 법령과 같은 법령의 다른 규정이 그 근거가 되고 있다(예컨대 식품위생법에 따른 유독기구 등의 사용금지의무와(예:제8조) 이 의무위반에 대한 식품위생법상의 벌칙규정(제94조)).

기본사례 풀이

사안에서의 甲에 대한 영업정지처분은 처분청인 乙의 착오에 기인한 것이므로, 취소사유인 하자있는 행정행위가 된다. 따라서 甲은 통상적인 권리구제방법으로서 취소심판과 취소소송을 제기할 수 있다. 이때에는 또한 甲이 영업정지처분의 위법성을 이유로 하여 행정상의 손해배상청구를 민사소송을 통하여 주장할 수 있는가가 문제될 수 있다. 이는 민사법원이 당해본안사건인 손해배상청구를 심리하기 위하여, 그 전제로서 영업정지처분의 위법성여부를 심리할 수 있는가의 문제와 관련되는 것이다. 이에 대해서는 「행정소송법」 제11조 제1항의 해석과 관련하여 견해의 대립이 있으나, 다수견해는 이를 인정하고 있다. 따라서 甲은 자신의 권리구제방법으로서 취소쟁송을 거치지 않고서도 행정상의 손해배상청구를 제기할 수 있다.

## Ⅱ. 행정행위의 하자 일반론

### 1. 행정행위의 하자

#### (1) 의    의

#### 1) 개    념

행정행위가 성립은 했으나 발령 당시에 적법요건을 갖추지 못하여 완전한 효력을 발생하지 못하는 경우에 이를 하자 있는 행정행위라고 한다. 행정행위의 하자에 대해서는 특별한 법적 규정을 두고 있지 않으므로 이론과 판례에 의해 논의되고 있으며, 그 유형으로는 대체로 무효인 행정행위와 취소할 수 있는 행정행위로 나뉘고 있다.

#### 2) 행정행위의 하자의 효과

행정행위에 하자가 존재하는 경우에 그 효과에 대하여는 일률적으로 논할 수 없다. 즉, 하자의 정도와 유형에 따라서 그 효과는 상이하게 나타날 수 있게 된다. 따라서 통상적으로는 무효가 되거나, 취소사유이기에 당사자가 행정쟁송을 제기하여 취소할 수 있게 될 것이다. 그러나 이외에도 행정기관이 직권으로 취소할 수 있으며, 경미한 하자인 때에는 정정도 가능하게 된다(<sup>행정절차법</sup> <sub>제25조 참조</sub>). 또한 경우에 따라서는 절차적 하자가 치유되기도 하며, 적법·유효한 행위로 전환되기도 한다. 그 밖에도 행정행위를 발령하면서 불복의 기간을 고지하지 않거나 잘못 알려준 경우(<sup>물론 이때에는 법령상 고지</sup> <sub>의무 있는 경우에 한정된다</sub>)에는, 행정심판 등의 불복제기기간이 연장되기도 한다(<sup>행정심판법 제27</sup> <sub>조 5항, 6항 참조</sub>).

### (2) 행정행위의 부존재와의 구별

행정행위의 부존재는 행정행위의 성립요건을 갖추지 못함으로써 행정행위로서 인정될 수 없는 경우를 의미한다. 따라서 이는 행정행위의 성립을 전제로 하는 행정행위의 무효나 취소와 구별된다. 부존재에 해당하는 예로서 일반적으로는 ㉠ 행정기관이 아닌 것이 명백한 사인의 행위, ㉡ 행정기관의 행위이지만 행정권발동으로 볼 수 없는 행위, ㉢ 행정기관의 내부적 의사결정만 있었을 뿐이고 아직 외부로 표시되지 아니하여 행정행위로서 성립하지 못한 행위, ㉣ 해제조건의 성취, 기한의 도래, 취소, 철회 등으로 실효된 경우 등을 설명하고 있다.57) 그러나 이에 대해서는 위의 내용 중 ㉠과 ㉡의 경우는 비행정행위로 보아 부존재개념에서 제외시키고 ㉢과 ㉣만을 행정행위의 부존재개념에 포함하는 견해도 주장되고 있다.58)

### (3) 행정행위의 철회와의 구별

행정행위의 하자는 발령 당시를 기준으로 하여 논하는 것이며, 발령 당시에 적법요건을 갖추었으나 그 후에 새로운 사정 등의 발생으로 행정행위의 효력을 장래에 향해 더 이상 유지할 수 없는 경우에는 철회의 문제로 논의하게 된다.

## 2. 행정행위의 무효와 취소

행정행위의 무효는 행정행위로서의 외형은 갖추고 있으나 아무런 효력이 인정되지 않으므로 누구에게도 구속력이 없는 경우를 말하고, 이에 반해 취소할 수 있는 행정행위는 하자가 있음에도 불구하고 권한 있는 기관에 의한 행정행위 효력에 관한 결정이 있을 때까지는 효력을 갖는 경우를 말한다.

### (1) 구별의 필요성

#### 1) 행정행위 효력과의 관계

무효인 행정행위는 이미 앞에서 논한 행정행위의 효력내용 중의 어느 것도 인정되지 않는다. 이를 다시 정리하면 다음과 같다.

㈎ 선결문제의 심리문제　이를 구성요건적 효력의 문제로 보든 공정력의 문제로 보든 이미 앞에서 설명한 바와 같이, 민사소송이나 형사소송에서의 선결문제가 행정행위의 무효여부인 경우와 행정행위의 위법성을 확인하는 것으로 충분한 경우에만 법원이 스스로 민사나 형사소송의 본안사건을 판단할 수 있게 된다. 그러나 행정행위가 단순히 취소할 수 있는 하자인 경우에, 선결문제로서 행정행위의 효력을 직접 부인하

---

57) 김도창(상), 434면.
58) 박윤흔(상), 418면; 김동희(Ⅰ), 336면.

는 것이 필요하게 될 때에는 행정소송에서 취소판결로 그 효력이 부인되지 않는 한, 민사법원이나 형사법원은 행정행위의 효력을 스스로 부인할 수 없다. 이러한 점에서 양자는 구별의 실익이 있다.

(나) 공정력과 불가쟁력의 인정문제 　무효인 행정행위는 공정력이 없으므로 이를 강제집행하는 행위에 대해 대항하더라도 공무집행방해죄가 성립되지 않으며, 불가쟁력이 없으므로 쟁송제기기간의 제한을 받지 않는다.

### 2) 쟁송방법과의 관계

(가) 소송형태 　취소할 수 있는 행정행위는 취소소송에 의하게 되나($^{행정소송법}_{제4조 1호}$), 무효인 행정행위는 무효확인소송($^{행정소송법}_{제4조 2호}$)과 취소소송($^{무효선언}_{의 의미}$)의 유형에 의한다. 이에 따라서 취소의 하자있는 행정행위는 행정심판전치주의($^{개별 법률이 이를 특별히}_{요구하고 있는 경우에 한정}$)와 제소기간의 제한을 받으나, 무효인 경우는 무효선언의 의미에서의 취소소송의 경우에만 이러한 제약을 받는다.

(나) 사정재결과 사정판결과의 관계 　다수의 견해와 판례는 취소할 수 있는 행정행위의 경우에만 이를 인정하고, 무효인 경우에는 인정하지 않는다.

### 3) 하자의 치유와 전환 문제

행정행위 하자의 치유는 행정행위의 성질이나 법치주의의 관점에서 볼 때 원칙적으로 허용될 수 없으며, 예외적으로 행정행위의 무용한 반복을 피하고 당사자의 법적 안정성을 위해, 이를 허용하는 때에도 국민의 권리나 이익을 침해하지 않는 범위에서 구체적 사정에 따라 합목적적으로 인정하여야 한다.[59] 다수의 견해는 취소할 수 있는 행정행위인 경우에 한하여 하자의 치유를 인정하며, 행정행위의 전환은 무효인 행정행위에 대해서만 인정한다. 그러나 전환에 대해서는 취소의 하자 있는 경우에도 인정하려는 견해도 주장되고 있다.[60]

생각건대 무효와 같이 그 하자의 정도가 심한 경우에도 전환이 인정된다면 그보다는 다소 경한 하자인 취소할 수 있는 하자의 경우에도 행정행위의 전환이 인정된다고 볼 수 있을 것이다. 이러한 입장에 서게 되면 하자있는 행정행위의 전환에 있어서는 무효와 취소의 구별필요성은 존재하지 않게 된다.

### 4) 하자의 승계 문제

둘 이상의 행정행위가 연속적으로 행해지는 경우에 선행행위에 무효사유인 하자가 있는 경우에는, 언제나 선행행위의 무효를 주장하거나 또는 선행행위의 무효를 근거로 하여 후행행위를 다툴 수 있게 된다. 따라서 선행 행정행위의 무효인 하자는 당연히 후행 행정행위에 승계되며, 이러한 점에서 하자가 무효인 경우에는 그 승계문제가 특별히 논의될 필요가 없게 된다. 따라서 행정행위 하자의 승계문제는 선행행위에

---

59) 대판 2002. 7. 9, 2001두10684.
60) 김남진·김연태(Ⅰ), 326면; 장태주(개론), 245면.

취소사유인 하자가 있는 경우에 한정되어 논의된다.

### (2) 구별의 기준

#### 1) 중대·명백설

무효와 취소의 구별에 관해서는 역사적으로 많은 학설이 주장되었으나, 오늘날은 하자의 정도에 따라서 구별하는 기준이 일반적으로 통용되고 있다. 이에 따르면 하자의 정도가 중대하고 명백한 경우에 무효인 행정행위가 되며, 그 밖의 하자인 경우에는 취소할 수 있는 행정행위로 된다.

이때의 하자의 중대성은 행정행위가 중요한 법률요건을 위반하여 그 하자가 내용적으로 중요한 경우를 의미하며, 이의 판단을 위해서는 당해 법규의 목적, 의미, 기능 등을 목적론적으로 고찰함과 동시에 구체적인 사안 자체의 특수성에 대해서도 합리적인 고찰을 행하여 정하게 된다.61)

또한 하자의 명백성이란 행정행위 자체에 하자가 존재함이, 행정행위의 성립 당시부터, 객관적으로 행정기관의 인식여부와 관계없이, 통상인의 판단에 의해서도 인정될 수 있을 정도로 분명하다는 의미이다. 따라서 사실관계의 자료를 정확히 조사하여야 비로소 그 하자유무가 밝혀질 수 있는 경우에는 그 하자는 외관상 명백하다고 할 수 없다.62) 그러나 이러한 기준은 그 자체로서는 개념상 불명확하므로 구체적인 경우의 판례에 의해 개별적으로 검토할 수밖에 없을 것이다.

[ 1 ] **법률에 대한 헌법재판소의 위헌결정이 있기 전에 그 법률에 근거하여 행해진 행정처분이 당연무효인지 여부**  행정청이 법률에 근거하여 행정처분을 한 후에 헌법재판소가 그 법률을 위헌으로 결정하였다면 그 행정처분은 결과적으로 법률의 근거가 없이 행하여진 것과 마찬가지가 되어 하자가 있다고 할 것이나, 하자 있는 행정처분이 당연무효가 되기 위하여는 그 하자가 중대할 뿐만 아니라 명백한 것이어야 하는데, 일반적으로 법률이 헌법에 위반된다는 사정은 헌법재판소의 위헌결정이 있기 전에는 객관적으로 명백한 것이라고 할 수 없으므로 특별한 사정이 없는 한 이러한 하자는 위 행정처분의 취소사유에 해당할 뿐 당연무효 사유는 아니라고 보아야 한다($\substack{대판\ 2002.6.9,\\ 2000다16329}$).

[ 2 ] **구 택지소유상한에관한법률 전부에 대한 위헌결정 이전에 택지초과소유부담금 부과처분과 압류처분 및 이에 기한 압류등기가 이루어지고 각 처분이 확정된 경우, 위헌결정 이후 별도의 새로운 압류처분과 그에 기한 압류를 할 수 있는지 여부**  구 택지소유상한에관한법률(1998. 9. 19. 법률 제5571호로 폐지되기 전의 것) 제30조는 "부담금의 납부의무자가 독촉장을 받고 지정된 기한까지 부담금 및 가산금 등을 완납하지 아니한 때에는 건설교통부장관은 국세체납처분의 예에 의하여 이를 징수할 수 있다"고 규정

---

61) 대판 1991. 10. 22, 91다26690.
62) 대판 1992. 4. 28, 91누6863.

함으로써 국세징수법 제3장의 체납처분규정에 의하여 체납 택지초과소유부담금을 강제징수할 수 있었으나, 1999. 4. 29. 위 법 전부에 대한 위헌결정으로 제30조 규정 역시 그 날로부터 효력을 상실하게 되었고, 위 규정 이외에는 체납 택지초과소유부담금을 강제로 징수할 수 있는 다른 법률적 근거가 없으므로 위헌결정 이전에 이미 택지초과소유부담금 부과처분과 압류처분 및 이에 기한 압류등기가 이루어지고 이들 처분이 확정되었다고 하여도, 위헌결정 이후에는 이와 별도의 새로운 압류처분과 그에 기한 압류를 할 수 없다(위헌결정 이후에 당초의 압류를 해제하고 다른 재산에 대하여 대체 압류를 한 경우, 그 압류는 당초의 압류처분과는 별도인 새로운 처분으로서 법률의 근거 없이 행하여진 당연무효의 처분이라고 한 사례)( 대판 2002.6.28., 2001두1925 ).

### 2) 명백성 보충요건설

이러한 견해에 대해서는 행정행위 무효하자의 기준으로서 중대성의 요건만을 요구하고 명백성의 요건은 보충적으로 검토하려는 견해도 주장되고 있다. 이에 따르면 하자의 명백성의 요건은 행정행위의 법적 안정성 확보를 통하여 행정의 원활한 수행을 확보할 필요성이 있거나 또는 그 행정행위를 유효한 것으로 믿은 제3자나 공공의 신뢰를 보호하여야 할 필요가 인정되는 경우에만 보충적으로 요구되는 것으로 본다. 즉 명백성 요건은 행정행위의 상대방에 대한 것이 아니라 제3자 등의 이해관계를 반영하기 위한 것이므로, 행정행위 상대방의 권익을 구제하고 위법한 결과를 시정할 필요성이 제3자 등의 이해관계보다 큰 경우에는 하자의 중대성의 요건만으로 무효를 인정하려는 것이다.

이 견해는 대법원 1995. 7. 11. 선고 94누4615 전원합의체판결에서 중대·명백설을 지지한 다수의견에 대한 반대의견으로 개진된 것으로, 제3자나 공공의 신뢰보호의 필요가 없거나 하자가 워낙 중대하여 그와 같은 필요에 비하여 처분 상대방의 권익을 구제하고 위법한 결과를 시정할 필요가 훨씬 더 큰 경우라면 그 하자가 명백하지 않더라도 그와 같이 중대한 하자를 가진 행정처분은 당연무효라고 보아야 한다고 하였다. 이에 따라 ㉠ 구청장의 건설업영업정지처분은 그 상대방으로 하여금 적극적으로 어떠한 행위를 할 수 있도록 금지를 해제하거나 권능을 부여하는 것이 아니라 소극적으로 허가된 행위를 할 수 없도록 금지 내지 정지함에 그치고 있어 그 처분의 존재를 신뢰하는 제3자의 보호나 행정법 질서에 대한 공공의 신뢰를 고려할 필요가 크지 않다는 점, ㉡ 처분권한의 위임에 관한 조례가 무효이어서 결국 처분청에게 권한이 없다는 것은 극히 중대한 하자에 해당하는 것으로 보아야 할 것이라는 점, 그리고 ㉢ 다수의견에 의하면 위 영업정지처분과 유사하게 규칙으로 정하여야 할 것을 조례로 정하였거나 상위규범에 위반하여 무효인 법령에 기하여 행정처분이 행하여진 경우에 그 처분이 무효로 판단될 가능성은 거의 없게 되는데, 지방자치의 전면적인 실시와 행정권한의 하향분산화 추세에 따라 앞으로 위와 같은 성격의 하자를 가지는 행정처분이 늘어날 것으로 예상되는 상황에서 이에 대한 법원의 태도를 엄정하게 유지함으로써 행정의 법적합성과 국민의 권리구제 실현을 도모하여야 할 현실적인 필요성도 적지 않다는 점 등을 종합적으로 고려할 때, 위 영업정지처분은 그 처분의 성질이나 하자의 중대성에 비추어 그 하자가 외관상 명백하지 않더라도 당연무효라고 보았다.

### 3) 소 결

결국 논쟁의 주된 쟁점은 하자의 명백성 기준을 행정행위 무효판정기준의 주된 기준으로 볼 것인가 또는 보충적 요건 정도로 볼 것인가에 있다고 할 수 있다.

학설에서는 명백성 요건의 난점을 의식하여 ㉠ 행정행위에 중대한 하자만 있으면 당연무효이고 명백성은 무효요건이 아니라는 견해, ㉡ 중대명백설을 취하면서도 명백성 요건을 완화하여 무효사유를 넓히려는 입장, ㉢ 무효사유와 취소사유를 구분하는 일반적 기준을 정립하는 것 자체에 의문을 가지면서 구체적 사안마다 권리구제의 요청과 행정의 법적 안정성 및 제 3 자의 이익 등을 개별·구체적으로 비교교량하여 판단하여야 한다는 견해 등 다양한 해법이 제시되고 있다.

판례의 일반적 입장은 여전히 하자의 명백성의 기준을 중대성의 기준과 함께 주된 기준으로 평가하는 입장을 취하고 있다.

[1] 행정처분이 당연무효라고 하기 위하여는 처분에 위법사유가 있다는 것만으로는 부족하고 하자가 법규의 중요한 부분을 위반한 중대한 것으로서 객관적으로 명백한 것이어야 하며, 하자의 중대·명백 여부를 판별함에 있어서는 법규의 목적, 의미, 기능 등을 목적론적으로 고찰함과 동시에 구체적 사안 자체의 특수성에 관하여도 합리적으로 고찰하여야 한다. 그리고 행정청이 어느 법률관계나 사실관계에 대하여 어느 법률의 규정을 적용하여 행정처분을 한 경우에 그 법률관계나 사실관계에 대하여는 그 법률의 규정을 적용할 수 없다는 법리가 명백히 밝혀져 그 해석에 다툼의 여지가 없음에도 불구하고 행정청이 위 규정을 적용하여 처분을 한 때에는 그 하자가 중대하고도 명백하다고 할 것이나, 그 법률관계나 사실관계에 대하여 그 법률의 규정을 적용할 수 없다는 법리가 명백히 밝혀지지 아니하여 그 해석에 다툼의 여지가 있는 때에는 행정관청이 이를 잘못 해석하여 행정처분을 하였더라도 이는 그 처분 요건사실을 오인한 것에 불과하여 그 하자가 명백하다고 할 수 없는 것이고, 행정처분의 대상이 되지 아니하는 어떤 법률관계나 사실관계에 대하여 이를 처분의 대상이 되는 것으로 오인할 만한 객관적인 사정이 있는 경우로서 그것이 처분대상이 되는지의 여부가 그 사실관계를 정확히 조사하여야 비로소 밝혀질 수 있는 때에는 비록 이를 오인한 하자가 중대하다고 할지라도 외관상 명백하다고 할 수 없다(대판 2010.9.30, 2010두9358).

[2] 위헌결정의 효력은 그 결정 이후에 당해 법률이 재판의 전제가 되었음을 이유로 법원에 제소된 일반사건에도 미치므로, 당해 법률에 근거하여 행정처분이 발하여

진 후에 헌법재판소가 그 행정처분의 근거가 된 법률을 위헌으로 결정하였다면 결과
적으로 행정처분은 법률의 근거가 없이 행하여진 것과 마찬가지가 되어 하자가 있는
것이 되나, 이미 취소소송의 제기기간을 경과하여 확정력이 발생한 행정처분의 경우
에는 위헌결정의 소급효가 미치지 않는다고 보아야 할 것이고, 일반적으로 법률이 헌
법에 위반된다는 사정은 헌법재판소의 위헌결정이 있기 전에는 객관적으로 명백한
것이라고 할 수는 없으므로 헌법재판소의 위헌결정 전에 행정처분의 근거되는 당해
법률이 헌법에 위반된다는 사유는 특별한 사정이 없는 한 그 행정처분의 취소소송의
전제가 될 수 있을 뿐 당연무효사유는 아니라고 봄이 상당하다(대판 2002.11.8, 2001두3181 ).

[ 3 ] 행정처분의 집행이 이미 종료되었고 그것이 번복될 경우 법적 안정성을 크게
해치게 되는 경우에는 후에 행정처분의 근거가 된 법규가 헌법재판소에서 위헌으로
선고된다고 하더라도 그 행정처분이 당연무효가 되지는 않음이 원칙이라고 할 것이
나, 행정처분 자체의 효력이 쟁송기간 경과 후에도 존속 중인 경우, 특히 그 처분이
위헌법률에 근거하여 내려진 것이고 그 행정처분의 목적달성을 위하여서는 후행 행
정처분이 필요한데 후행 행정처분은 아직 이루어지지 않은 경우와 같이 그 행정처분
을 무효로 하더라도 법적 안정성을 크게 해치지 않는 반면에 그 하자가 중대하여 그
구제가 필요한 경우에 대하여서는 그 예외를 인정하여 이를 당연무효사유로 보아서
쟁송기간 경과 후에라도 무효확인을 구할 수 있는 것이라고 봐야 할 것이다. 그렇다
면 관련소송사건에서 청구인이 무효확인을 구하는 행정처분의 진행정도는 마포세무
서장의 압류만 있는 상태이고 그 처분의 만족을 위한 환가 및 청산이라는 행정처분
은 아직 집행되지 않고 있는 경우이므로 이 사건은 위 예외에 해당되는 사례로 볼
여지가 있고, 따라서 헌법재판소로서는 위 압류처분의 근거법규에 대하여 일응 재판
의 전제성을 인정하여 그 위헌 여부에 대하여 판단하여야 할 것이다(헌재 1994.6.30, 92헌바23 ).

[ 4 ] **위헌·위법한 시행령에 근거한 행정처분이 당연무효가 되기 위한 요건 및 그 시행
령의 무효를 선언한 대법원판결이 없는 상태에서 그에 근거하여 이루어진 처분을 당연무
효라 할 수 있는지 여부(원칙적 소극)**   하자 있는 행정처분이 당연무효로 되려면 그
하자가 법규의 중요한 부분을 위반한 중대한 것이어야 할 뿐 아니라 객관적으로 명
백한 것이어야 하고, 행정청이 위헌이거나 위법하여 무효인 시행령을 적용하여 한 행
정처분이 당연무효로 되려면 그 규정이 행정처분의 중요한 부분에 관한 것이어서 결
과적으로 그에 따른 행정처분의 중요한 부분에 하자가 있는 것으로 귀착되고, 또한
그 규정의 위헌성 또는 위법성이 객관적으로 명백하여 그에 따른 행정처분의 하자가
객관적으로 명백한 것으로 귀착되어야 하는바, 일반적으로 시행령이 헌법이나 법률에
위반된다는 사정은 그 시행령의 규정을 위헌 또는 위법하여 무효라고 선언한 대법원
의 판결이 선고되지 아니한 상태에서는 그 시행령 규정의 위헌 내지 위법 여부가 해
석상 다툼의 여지가 없을 정도로 명백하였다고 인정되지 아니하는 이상 객관적으로
명백한 것이라 할 수 없으므로, 이러한 시행령에 근거한 행정처분의 하자는 취소사유
에 해당할 뿐 무효사유가 되지 아니한다(대판 2007.6.14, 2004두619 ).

오늘날 행정행위의 무효와 취소의 명확한 구별에 대해 많은 회의가 제기되는 것은 사실이지만, 무효사유와 취소사유의 객관적 기준을 정립하면서도 국민의 권리구제와 행정의 법적 안정성을 적절히 조화시킬 수 있는 관점을 찾아내는 것이 중요하다고 본다. 따라서 그 구별기준을 포기하고 단순한 이익형량의 문제로 해결하려는 입장은 타당하지 않다.

또한 다수견해인 중대명백설이 행정행위의 무효판정에 있어서 중대성과 명백성을 모두 요구하는 취지는 법적 안정성과 가능한 제3자나 공공의 신뢰이익의 보호, 행정의 원활한 수행 및 당사자의 권리구제 등을 적절히 조화하는 기능을 수행한다는 점에서 기본적으로 타당하다고 본다.

결국은 다수견해인 중대명백설과 소수견해인 명백성보충요건설 간의 택일의 문제일 것인데, 양자의 차이는 중대성만으로 행정행위의 무효를 인정하는 것을 원칙으로 할 것인가 아니면 예외로 할 것인가에 있다고 하겠다. 즉, 명백성보충요건설에 의하면 하자의 중대성만으로 행정행위의 무효를 인정하는 것을 원칙으로 할 것이고, 중대명백설에 의하면 하자의 중대성만으로 행정행위의 무효를 인정하는 것을 예외적으로만 허용하려 할 것이다.

생각건대 ㉠ 모든 처분에서 항상 제3자나 공공의 신뢰보호가 문제되는 것은 아니라는 점, ㉡ 명백성 요건이 제3자나 공공의 신뢰보호에 기여한다는 것과 명백성 요건을 전혀 필요로 하지 않는다는 것 사이에는 큰 차이가 있다는 점에서, 중대성만으로 행정행위의 무효를 인정하는 것은 예외적으로만 허용하는 다수견해가 아직까지는 타당하다고 본다.

### 3. 행정행위의 하자의 승계

**기본 사례**

1. 甲은 공인중개사 자격시험에 합격하여 이에 따라 성북구청장에게 부동산중개사무소의 개설등록을 하였다. 그러나 공인중개사 시험문제가 사전유출되었다는 사실이 검찰에 의해 적발되어 수사가 진행되면서, 甲과 동명이인인 다른 사람이름과 혼동을 일으켜 서울특별시장에 의하여 甲의 시험합격은 취소되어 甲에게 통지되었다. 이에 따라 성북구청은 중개업사무소의 개설등록을 취소하였다. 이러한 중개업사무소 개설등록 취소처분을 받은 후 비로소 甲은 권리구제를 강구하려고 한다. 어떠한 방법이 있는가?

2. 甲은 서울시경 소속 수사경찰공무원으로서 살인사건의 용의자를 심문하는 과정에서 고문을 한 사실이 적발되어 직위해제처분을 받았다.

   그후 3개월의 기간 동안 복직되지 못하자 甲은 면직처분을 받게 되었다. 이러한 면직처분을 받은 후 비로소 甲은 권리구제를 강구하려고 한다. 어떠한 방법이 있는가?

3. 甲은 염색공장을 경영하는 자로서, 자신의 공장에서 배출된 폐수가 배출허용기준을 위반하였다는 이유로 시설개선명령을 받았으나, 이를 시정하지 않자 다시 조업정지명령을 받았다. 그러나 甲은 자신의 회사에서 배출되는 폐수가 배출허용기준을 넘지 않는다고 생각하고 있으며, 이에 따라 이러한 명령에도 불구하고 조업을 계속하였다. 이러한 위반사실이 적발되어 甲은 환경부에 의하여 청문절차를 거쳐 검찰에 고발되어 형사상 소추가 제기되었다. 이때에 당해 형사법원은 행정작용의 위법성 여부를 심사할 수 있는가?

(풀이는 246면)

## (1) 논의의 의의

### 1) 개    념

행정행위 하자의 승계문제는 둘 이상의 행정행위가 연속적으로 행해지는 경우에 선행 행정행위의 하자가 후행 행정행위에 승계되는가, 즉 선행 행정행위의 하자를 이유로 하여 후행 행정행위를 다툴 수 있는가 하는 것이 그 대상이 된다. 이 논의가 성립하기 위한 기본적 전제로서는 ㉠ 우선적으로 선행 행정행위에는 하자가 존재하나 후행 행정행위에는 하자가 존재하지 않는 경우이어야 하고, ㉡ 또한 선행 행정행위의 하자가 무효가 아닌 취소의 하자가 존재하여야 하며, ㉢ 이러한 선행 행정행위의 하자를 당사자가 쟁송제기 기간내에 다투지 않거나 행정심판을 제기하지 않아 불가쟁력이 발생한 경우일 것이 필요로 된다. 이때에 선행 행정행위의 하자가 무효인 경우에는 선행 행정행위의 무효를 언제든지 주장할 수 있으므로 당연히 후행 행정행위에 그 무효인 하자가 승계되는 것이어서, 후행 행정행위에 대해 선행 행정행위의 하자의 승계가 인정될 수 있는가의 문제는 별 의미를 갖지 못하게 된다.

행정기관의 권한에는 사무의 성질 및 내용에 따르는 제약이 있고, 지역적·대인적으로 한계가 있으므로 이러한 권한의 범위를 넘어서는 권한유월의 행위는 무권한 행위로서 원칙적으로 무효이고, 선행행위가 부존재하거나 무효인 경우에는 그 하자는 당연히 후행행위에 승계되어 후행행위도 무효로 된다. 그런데 주택건설촉진법 제38조 제 2 항은 공동주택 및 부대시설·복리시설의 소유자·입주자·사용자 등은 부대시설 등에 대하여 도지사의 허가를 받지 않고 사업계획에 따른 용도 이외의 용도에 사용하는 행위 등을 금지하고(정부조직법 제5조 제1항, 행정권한의위임및위탁에관한규정 제4조에 따른 인천광역시사무위임규칙에 의하여 위 허가권이 구청장에게 재위임되었다), 그 위반행위에 대하여 위 주택건설촉진법 제52조의2 제1호에서 1천만 원 이하의 벌금에 처하도록 하는 벌칙규정만을 두고 있을 뿐, 건축법 제69조 등과 같은 부작위의무 위반행위에 대하여 대체적 작위의무로 전환하는 규정을 두고 있지 아니하므로 위 금지규정으로부터 그 위반결과의 시정을 명하는 원상복구명령을 할 수 있는 권한이 도출되는 것은 아니다. 결국 행정청의 원고에 대한 원상복구명령은 권한 없는 자의 처분으로 무효라고 할 것이고, 위 원상복구명령이 당연무효인 이상 후행처분인 계고처분의 효력에 당연히 영향을 미쳐 그 계고처분 역시 무효로 된다(대판 1996.6.28, 96누4374).

### 2) 논의의 의미

행정행위의 하자의 승계논의는 주지하는 바와 같이 다음과 같은 이해관계와 관련된다. 우선 선행 행정행위에 발생한 불가쟁력을 강조하는 입장에서는 이미 불가쟁력이 발생한 행정행위를 후에 다시 다툴 수 있게 한다면, 불가쟁력의 개념과 관련되는 이념인 법적 안정성이나 또는 행정작용의 능률적 수행 면에 있어서 문제를 야기할 수 있게 되므로 하자의 승계를 부정하려고 할 것이다. 그러나 이에 반하여 이때에 발생한 불가쟁력이라는 것이 당해 행정행위가 실체법적으로 적법하기 때문에 유효한 것으로 존속하게 하는 것이 아니라, 낭사자가 쟁송제기기간을 준수하지 못하였거나 행정심판을 기치지 않았다는 형식적인 사유만을 고려하여 인정되는 효력이므로 경우에 따라서는 후행 행정행위를 선행 행정행위의 위법성의 주장을 통하여 다툴 수 있도록 하는 것이 당사자의 권리보호나 개별적인 경우의 정의 또는 실질적인 타당성을 확보하는 것이라는 입장을 취할 수도 있게 된다. 이러한 입장을 따르는 경우에는 선행 행정행위의 하자의 승계를 인정하려고 할 것이다. 따라서 이러한 대립적인 이해관계를 여하히 조화할 것인가의 문제가 그 해결에 있어서 중요하게 고려되어야 할 관점들이 된다.

### (2) 문제해결 논의

### 1) 일반적 논의

이에 대한 우리나라의 다수 학설과[63] 판례는 일본의 영향을 받아, 선행행위와 후행행위가 결합하여 동일한 하나의 법률효과를 목적하고 있는 것인가, 아니면 서로 독립한 관계에 있기 때문에 서로 별개의 법률효과를 목적하는가에 따라 하자의 승계 인정여부를 논의한다. 이에 따르면 선행행위와 후행행위가 관련성은 가지나, 서로 독립하여 별개의 법률효과를 목적으로 하는 경우에는 하자의 승계를 인정하지 않는다. 이는 선행 행정행위에 발생한 불가쟁력은 당해 행위의 법률효과와 관련하여 논의되는

---

63) 김도창(상), 443면; 박윤흔(상), 435면; 김동희(Ⅰ), 346면; 석종현·송동수(상), 338면.

것이므로, 별도의 법률효과를 지향하는 후행 행정행위에 대하여 일정한 영향력을 인정하는 것은 법적 안정성의 요청에 반하기 때문이다. 즉 이때에는 불가쟁력의 인정을 통하여 달성하려는 이해관계가 다른 이해관계보다 강하게 작용한다고 볼 수 있다. 이러한 예로서 학자들은 과세처분과 체납처분, 직위해제처분과 면직처분, 도시계획결정과 수용재결처분, 건물철거명령과 대집행행위를 들고 있다.

그러나 이에 반하여 동일한 법률효과를 추구하는 양 행정행위에 있어서는 선행 행정행위의 하자의 승계를 인정할 수 있다고 한다. 이는 동일한 법률효과를 지향하는 경우에는, 불가쟁력의 인정을 통하여 주장하지 못하였던 선행 행정행위의 하자를 동일한 법률효과를 지향하는 후행 행정행위에 있어서 주장할 수 있도록 하는 것이 당사자의 권리보호나 개별적인 경우에 비추어 다른 이해관계보다 강하게 작용한다고 볼 수 있기 때문이다. 예컨대 조세체납처분에 있어서의 독촉·압류·매각의 각 행위 사이, 대집행에 있어서의 계고·대집행영장에 의한 통지·대집행실행·비용징수의 각 행위 사이 등의 관계를 들고 있다.

2) 새로운 논의

그러나 이에 대해서는 하자의 승계문제를 불가쟁력이 발생한 선행 행정행위의 후행 행정행위에 대한 구속력의 문제로서 이해하려는 견해가 주장되고 있다.[64] 이에 따르면 둘 이상의 행정행위가 동일한 법적 효과를 추구하고 있는 경우에는 선행행위는 후행행위에 대하여 일정한 범위에 있어서 구속력을 갖게 된다고 보며, 이러한 구속력이 미치는 범위에서는 후행행위에 있어서 선행행위의 효과와 다른 주장을 할 수 없게 된다고 한다(즉 선행행위의 위법성을 이유로 후행행위의 취소를 청구할 수 없게 된다고 한다). 이는 독일에서의 일부 논의를 받아들여 주장되는 것으로서,[65] 동일한 법적 효과를 추구하는 행정작용이 여러 단계를 거쳐서 행하여지는 경우에는 선행 행정행위는 그에 뒤따르는 후행 행정행위에 대하여 판결의 기판력에 준하는(또는 이와 유사한) 효력을 발생하게 되며,[66] 이에 따라서 이러한 구속력이 미치는 범위에서는 하자의 승계는 부정되어 후행 행정행위에 대해 다투지 못하게 된다고 한다. 그러나 이때의 선행 행정행위의 구속력은 후행 행정행위와의 일정한 관련성을 필요로 하며, 이에 따라서 일정한 한계하(또는 요건하)에서만 구속력을 인정할 수 있다고 한다. 이러한 한계내용은 마치 판결의 기판력이 미치는 한계와 유사하며,[67] 그 내용으로는 우선 ㉠ 사물적 한계로서, 양 행정행위가 동일한 목적을 추구하여 그 법적 효과가 일치되

---

64) 김남진·김연태(Ⅰ), 330면; 정하중(총론), 294면.
65) 이는 Joachim Braun의 논문인 Die präjudizielle Wirkung bestandskräftiger Verwaltungsakte, 1981을 참고한 것이다.
66) 이를 선행 행정행위의 후행 행정행위에 대한 구속력, 규준력 또는 기결력이라고 부른다.
67) 판결의 기판력이 미치는 범위(또는 한계)는 주관적 범위, 객관적 범위, 시간적 범위로 나누어서 고찰된다.

어야 하며(이 주장에 따르면 과세처분과 체납처분, 건물의 철거명령과 대집행 등은 이에 해당하는 것으로 본다), ⓛ 대인적 한계로서 양 행정행위의 수범자가 일치되어야 하며, ⓒ 시간적 한계로서 선행 행정행위의 사실상태 및 법적 상태가 동일하게 유지되는 한도에서만 선행 행정행위의 후행 행정행위에 대한 구속력을 인정할 수 있다고 본다. 이러한 주장에서는 이러한 한계 외에도 판결의 기판력의 경우와는 달리, ⓔ 이른바 추가적 요건으로서 예측가능성과 수인가능성을 요구하여, 선행 및 후행 행정행위의 수범자가 선행 행정행위의 구속력을 미리 예측할 수 있고 수인할 수 있는 경우일 것을 필요로 한다고 본다(이에 따라서 직위해제처분과 면직처분의 관계는 이러한 요건을 충족하지 못한다고 한다).68)

### 3) 판  례

판례는 기본적으로 다수 견해에 따른 기준에 의하여 하자승계 여부를 검토하고 있다. 이에 따라 하자의 승계를 인정한 경우로는 안경사 시험의 합격취소처분과 안경사 면허취소처분의 관계(대판 1993.2.9, 92누4567), 행정대집행에 있어서 위법한 계고처분과 대집행비용 납부명령 사이의 관계 등을 들 수 있다(대판 1993.11.9, 93누14271).

이에 반해 하자의 승계를 부정한 판례로는 건물철거명령과 계고처분(대판 1998.9.8, 97누20502), 과세처분과 체납처분(대판 1961.10.26, 4293행상73), 변상판정과 변상명령(대판 1963.7.25, 63누65), 직위해제처분과 면직처분(대판 1984.9.11, 84누191), 도시계획결정과 수용재결처분(대판 1990.1.23, 87누947), 건설교통부장관의 사업인정과 토지수용위원회의 수용재결(대판 1993.6.29, 91누2342) 사업계획승인과 도시계획시설변경(대판 2000.9.5, 99두9889)등을 들 수 있다. 그 밖에 판례는 보충역편입처분과 공익근무요원소집처분의 관계(판례 1), 택지개발예정지구 지정처분과 택지개발계획 승인처분의 관계(판례 2)에 대하여도 하자승계를 부인한 바 있다.

[1] 구 병역법 제2조 제1항 제2호, 제9호, 제5조, 제11조, 제12조, 제14조, 제26조, 제29조, 제55조, 제56조의 각 규정에 의하면, 보충역편입처분 등의 병역처분은 구체적인 병역의무부과를 위한 전제로서 징병검사 결과 신체등위와 학력·연령 등 자질을 감안하여 역종을 부과하는 처분임에 반하여, 공익근무요원소집처분은 보충역편입처분을 받은 공익근무요원소집대상자에게 기초적 군사훈련과 구체적인 복무기관 및 복무분야를 정한 공익근무요원으로서의 복무를 명하는 구체적인 행정처분이므로, 위 두 처분은 후자의 처분이 전자의 처분을 전제로 하는 것이기는 하나 각각 단계적으로 별개의 법률효과를 발생하는 독립된 행정처분이라고 할 것이므로, 따라서 보충역편입처분의 기초가 되는 신체등위 판정에 잘못이 있다는 이유로 이를 다투기 위하여는 신체등위 판정을 기초로 한 보충역편입처분에 대하여 쟁송을 제기하여야 할 것이며, 그 처분을 다투지 아니하여 이미 불가쟁력이 생겨 그 효력을 다툴 수 없게 된 경우에는, 병역처분변경신청에 의하는 경우는 별론으로 하고, 보충역편입처분에 하자가 있다고 할지라도 그것이 당연무효라고 볼만한 특단의 사정이 없는 한 그 위법을 이유로 공익근무요원소집처분의 효력을 다툴 수 없다(대판 2002.12.10, 2001두5422).

---

68) 김남진, 행정법의 기본문제, 1994, 977면.

[ 2 ] 택지개발촉진법 제 3 조에 의한 건설교통부장관의 택지개발예정지구의 지정은 그 처분의 고시에 의하여 개발할 토지의 위치, 면적과 그 행사가 제한되는 권리내용 등이 특정되는 처분인 반면에, 같은 법 제 8 조에 의한 건설교통부장관의 택지개발사업 시행자에 대한 택지개발계획의 승인은 당해 사업이 택지개발촉진법상의 택지개발사업에 해당함을 인정하여 시행자가 그 후 일정한 절차를 거칠 것을 조건으로 하여 일정한 내용의 수용권을 설정하여 주는 처분으로서 그 승인고시에 의하여 수용할 목적물의 범위가 확정되는 것이므로, 위 두 처분은 후자가 전자의 처분을 전제로 한 것이기는 하나 각각 단계적으로 별개의 법률효과를 발생하는 독립한 행정처분이어서 선행처분에 불가쟁력이 생겨 그 효력을 다툴 수 없게 된 경우에는 선행처분에 위법사유가 있다고 할지라도 그것이 당연무효 사유가 아닌 한 선행처분의 하자가 후행처분에 승계되는 것은 아니다($^{대판\ 1996.3.22,}_{95누10075}$).

### 4) 평    가

㈎ 다수학설의 평가     이 견해는 하자의 승계를 인정하는 경우와 부정하는 경우의 기준을 비교적 구체적으로 제시하고 있는 점에서 일응 긍정적인 평가를 받아오고 있다. 그러나 법률효과의 동일성 여부라는 형식적 기준[69]만에 의존함으로써 경우에 따라서는 개별적인 사안에 비추어 불합리한 결과가 도출될 수 있는 문제점도 지적될 수 있을 것이다. 이점을 감안하여 개별적인 경우의 타당성을 확보하기 위하여는 이외에도 보충적인 기준이 필요하다는 지적도 할 수 있을 것이다.

㈏ 새로운 견해의 평가     새로운 견해는 선행 행정행위의 후행 행정행위에 대한 구속력의 문제로서 검토하고 있으나, 이에 대해서는 다음의 문제점이 지적될 수 있다고 생각한다.

① 우선 이러한 이른바 선행 행정행위의 구속력의 주장은 그 개념을 판결의 기판력에서 차용하고 있고, 이에 따라 일정한 한계하에서 선행 행정행위의 구속력의 발생을 논의하고 있다.

이때의 판결의 기판력이란 주지하는 바와 같이 실질적 확정력으로서, 법원이 당해 사안에 대하여 비교적 엄격한 장기적인 형식절차를 거쳐 일정한 판결을 내린 경우에 판결의 내용에 관련하여 발생하는 효력이다. 그렇기 때문에 판결의 기판력에서는 당사자의 권리보호의 이해관계보다는 법적 안정성의 목적달성이 더 큰 비중을 갖게

---

69) 예컨대 과세처분과 체납처분의 관계에서 과세처분은 법령상 과세요건이 충족되고 있음을 확인하는 처분이고 납세자는 이러한 과세처분에 응하여 자발적으로 납세의무를 이행할 수 있다. 그러나 납세자의 이러한 임의의 납부행위가 없는 경우에는 국가는 체납처분이라는 강제권을 발동하여 조세채권의 만족을 얻는다. 즉, 과세처분과 체납처분은 나무를 본다면 서로 다른 처분이라고 구별할 수 있지만, 숲을 본다면 양 처분은 국가의 조세채권이 만족을 얻는다는 동일한 목표로 향하는 일련의 처분들에 해당한다고 볼 수도 있는 것이다. 공무원 직위해제처분과 면직처분의 관계도 이러한 시각에서 바라볼 수 있다.

되며, 이에 따라 기판력에 저촉되는 새로운 소송제기나 법원의 판결은 가급적 허용되지 않게 되어, 이를 위하여 일정한 엄격한 한계가 설정되는 것이다.

그러나 선행 행정행위의 하자가 후행 행정행위의 효력에 영향을 미치는가의 문제의 기본적인 전제는 이른바 형식적 존속력인 불가쟁력의 발생이다. 즉 행정행위의 적법성의 문제가 실체법적으로 검토되어 확정되는 경우라기보다는, 일정한 쟁송제기기간 내에 쟁송을 제기하지 못하였거나 행정심판 등을 제기하지 못하여 그 효력이 형식적으로 확정되는 경우이다. 따라서 불가쟁력이 발생한 선행 행정행위의 하자를 주장할 수 있는가의 문제에서는, 행정행위의 내용에 관한 적법성 여부에 관하여 검토를 받지 않은 경우이므로 당사자의 권리보호의 이해관계는 적어도 판결의 기판력의 경우와는 달리 더 넓게 인정되어야 할 것이다.

따라서 이러한 판결의 기판력이 발생되는 일정한 한계의 논의를 선행 행정행위의 후행 행정행위에 대한 구속력의 한계의 문제로서 논의하는 것은, 실체법적 하자의 검토가 행해지고 난 후에 발생하는 판결의 내용상의 효력의 문제와 이러한 실체법적인 하자의 검토 없이 형식적인 사유만으로 그 효력이 확정되는 대상 행정행위의 하자주장문제를 그 실질적인 차이에 대한 검토 없이 동일선상에서 유추적용하고 있는 문제점을 안고 있다고 생각된다.

② 또한 이 견해는 기본적으로 둘 이상의 행정행위가 동일한 법적 효과를 추구하는 경우를 그 대상으로 논의하며, 그 예로서 과세처분과 체납처분, 철거명령과 대집행행위 등을 들고 있다.

그러나 일정한 의무부과행위와 의무불이행시에 이를 강제하기 위한 행정작용을 과연 동일한 법적 효과를 추구하는 것이라고 볼 수 있는가는 의문이라고 생각한다. 이른바 행정행위의 효력으로서의 강제력을 부과하기 위하여, 처분의 근거규정이 아닌 이와는 별도의 근거규정을 요한다는 사실은, 양 행위가 서로 다른 법적 효과를 지향하는 것이라는 전제에서 출발한 것이라고 이해하여야 할 것이다.

③ 이 견해가 들고 있는 추가적 요건으로서의 예측가능성과 수인가능성의 요구는 이 견해의 출발점에 비추어 다소 이질적인 성질을 갖는 것으로 보인다. 그러나 그 내용을 실질적으로 검토할 때에 이 요건은 반드시 '선행 행정행위의 구속력'의 주장에 특유한 논거라기보다는, 당사자의 개별적인 사정에 상응한 권리보호를 위하여 법치주의원리 하에서 당연히 고려할 수 있는 일반적인 요건으로서 의미를 갖는다고 보아야 한다.[70] 따라서 이 요건을 이 견해에만 특유하게 적용될 수 있는 내용으로서 이해할 필요는 없다고 본다. 이 요건은 그 내용에 비추어 오히려 종래의 다수견해에 따르는 경우에도 구체적인

---

70) 이러한 주장의 주창자인 Joachim Braun도 당해 요건이 갖는 이러한 의미를 명확하게 언급하고 있다(Die präjudizielle Wirkung bestandskräftiger Verwaltungsakte, 1981, S. 91 Anm. 27 참조).

개별적 경우에 있어서 불합리한 결과가 발생할 때에, 이를 보완하기 위하여 일정한 형식적인 기준 외에 행정행위의 상대방의 권리보호를 위하여 필요한 경우에는 검토할 수 있는 논거로서도 평가할 수 있다고 생각한다.

(대) 소 결 결론적으로 보아 하자의 승계 논의를 해결하는 방법으로 제시된 내용 중에서 다소 문제점이 없는 것은 아니지만 종전의 다수견해와 판례에 따르는 것이 타당하다고 본다.

다만 대법원 1994. 1. 25. 선고 93누8542 판결은 특별한 검토를 필요로 한다. 대법원은 동 판결에서 위법한 개별공시지가 결정과 이에 근거한 양도소득세 과세처분 사이의 하자의 승계 문제를 다음과 같이 검토하고 있다. 즉 양 행위는 서로 독립하여 별개의 법률효과를 목적으로 하는 것이어서 불가쟁력이 발생한 선행처분의 하자를 이유로 하여 후행처분을 다툴 수 없는 것이 원칙이다. 그러나 이때에 위법한 개별공시지가결정에 대하여 그 정하여진 절차를 통하여 다투지 아니하였다는 이유로 이에 근거한 후행 과세처분에서 선행 개별공시지가결정의 위법을 주장할 수 없도록 하는 것은 수인한도를 넘는 불이익을 강요하는 것으로서, 그 결과가 당사자에게 예측가능한 경우에 해당하지 않는 것이라고 한다. 이러한 결론은 당사자의 재판청구권을 침해하는 문제를 야기하게 되므로, 선행 행정행위의 구속력이 인정될 수 없다고 한다. 따라서 과세처분 등의 후행 행정처분의 취소를 구하는 행정소송에서는 선행 개별공시지가결정의 위법을 독립된 위법사유로 주장할 수 있다고 해석함이 타당하다고 한다.

이러한 판례에 대하여 '선행 행정행위의 구속력'의 문제로 이해하는 입장에서는 대법원이 종전의 입장을 바꾸어, '선행 행정행위의 구속력'의 관점에서 하자의 승계문제를 검토하기 시작한 것으로 평가하고 있다.[71] 이는 특히 대법원이 동 판결에서 '기대불가능', '수인한도', '선행 행정행위의 구속력' 등의 표현을 사용함으로써 이러한 주장의 관점에 따른 듯한 인상을 남기고 있기 때문인 것으로 보인다.

그러나 동 판결은 그 기본적인 전제로서, 양 행정행위가 서로 별개의 법률효과를 지향하고 있다는 사실에서 출발하고 있다는 사실을 간과하여서는 안될 것이다. 이는 종전의 대법원 판결이나 다수 학설과 일치하는 논거이며, 이러한 입장에 따른 고찰이 개별적인 구체적 사안에 비추어 타당하지 못한 결과를 발생하기 때문에 이를 해결하기 위하여 보충적인 논거로서 예측가능성과 기대가능성의 기준을 적용하고 있는 것으로 평가할 수 있다. 특히 이는 개별공시지가 결정이 특정인에게 직접 알려지는 것이 아니라, 공람의 절차를 거치기 때문에 특정인이 개별공시지가 결정을 제때에 알 수 없다는 사정이 반영되는 것이다.[72]

---

71) 김남진·김연태(Ⅰ), 332면 참조.
72) 예측가능성·기대가능성이 인정되는 경우 : "이 사건 보조금 중단처분은 원고가 시설의 장 교체

그러나 앞에서 검토한 바와 같이 이러한 기준은 그 내용에 비추어 개별적인 사정에 상응하여 당사자의 권리보호를 위하여 법치국가원리하에서 당연히 고려할 수 있는 일반적인 요건으로서의 의미를 갖는 것이다. 따라서 이러한 기준은, 종래의 다수견해나 기존 판례의 입장에 따르는 경우에 형식적 기준만을 적용함으로써 구체적인 개별적 경우에 있어서 발생할 수 있는 불합리한 결과를 제거하기 위하여 이를 보완하기 위한 논거로서 평가될 수 있다고 본다.

따라서 동 대법원 판결은 이러한 입장에서 본다면 종전의 다수의 입장이나 판례와 모순되는 것은 아니라고 보아야 할 것이다. 또한 이 판결 이후의 후속된 판례들을 보면 종전의 판례와 같은 입장을 보이고 있다. 따라서 동 판결을 종전 판례의 변경으로 볼 필요는 없을 것이다.

**기본사례 풀이**

### 1. 사례 1의 경우
  (1) 문제의 소재
  (2) 문제되는 행정작용
  사안에서 문세되는 행정작용은 시험합격의 취소처분과 이에 따른 부동산중개사무소 개설등록의 취소처분이 대상이 된다.
  (3) 위법성 검토
  위법성이 검토되어야 하는 행정행위는 사안에서는 시험합격의 취소처분만이다. 부동산중개사무소 개설등록의 취소처분은 시험합격의 취소처분을 전제로 하는 처분이므로 그 자체로서의 위법성을 포함하지는 않게 된다. 이때의 시험합격의 취소처분은 착오의 하자가 존재하는 것이므로 취소사유가 존재하고 있다고 평가할

---

명령에 불응한 것을 전제로 하는 것으로서 위 각 처분은 별개의 법률효과를 발생하는 독립한 행정처분이므로, 선행처분인 이 사건 교체명령에 불가쟁력이 생겨 그 효력을 다툴 수 없게 된 경우에는 위 선행처분에 위법사유가 있다고 할지라도 그것이 당연무효 사유가 아닌 한 위 선행처분의 하자가 후행처분인 이 사건 중단처분에 승계되는 것은 아니라 할 것인데, 원고는 이미 제소기간의 도과로 불가쟁력이 발생한 선행처분인 이 사건 교체명령의 하자가 후행처분인 이 사건 중단처분에 승계되는 것을 전제로 하여 이 사건 교체명령에 위법사유가 있다는 점을 내세워 이 사건 중단처분의 위법성을 다투고 있을 뿐이라는 이유로, 이 사건 교체명령에 불응함을 이유로 이 사건 중단처분을 발한 피고의 행위는 위법하다는 원고의 주장을 배척하였다. 기록에 비추어 보면, 이 사건에서는 선행처분인 위 교체명령이 일정한 이유를 들어 원고에게 직접 고지된 것이어서 예측가능한 것이고, 그로 인하여 불이익을 입은 원고에게 수인한도를 넘는 가혹함을 가져오는 것도 아니기 때문에 선행처분인 교체명령의 후행처분인 중단처분에 대한 구속력이 인정될 수 없는 것도 아니라고 할 것이므로, 원심의 위 인정과 판단은 정당한 것으로 수긍이 가고, 거기에 하자의 승계에 관한 법리오해 등의 위법이 있다 할 수 없다"(대판 2003. 4. 11, 2003두1189).

수 있다.

　(4) 권리구제방법

　1) 행정쟁송의 방법

　　이때의 행정쟁송은 합격취소처분을 대상으로 하지는 못하게 된다. 이는 설
문의 내용에 비추어 행정쟁송 제기기간이 경과하였다고 보기 때문이며, 따
라서 불가쟁력이 발생하고 있기 때문이다. 이러한 이유로 중개업사무소 개
설등록 취소처분만을 대상으로 하여 행정쟁송을 제기할 수 있게 된다. 그러
나 이 처분은 그 자체로서 위법사유가 존재하고 있지는 않으므로 행정쟁송
을 제기할 수 있기 위하여는, 선행처분인 합격취소처분의 위법성을 중개업
사무소 개설등록 취소처분의 취소쟁송제기의 사유로서 주장할 수 있는가가
검토되어야 한다. 이는 행정행위의 하자의 승계논의로 검토되어야 하며, 다
수의 견해에 따르는 경우에는 두 행정행위 사이의 법적 효과의 동일성 여
부를 기준으로 검토하게 된다. 문제의 두 행정행위인 합격취소처분과 중개
업사무소 개설등록 취소처분 사이의 관계는, 공인중개사 자격시험에 합격한
당사자에게 주었던 중개업사무소 개설등록의 효력을 상실케 한다는 하나의
법률효과를 발생시키기 위하여 일련의 절차로 연속하여 행하여지는 경우이
므로, 선행처분과 후행처분이 서로 동일한 법률효과를 발생시키고 있다고
판단된다. 따라서 선행처분의 위법성을 이유로 하여 후행처분의 위법성을
주장할 수 있게 된다(관련판례 : 대판<br>1993.2.9. 92누4567). 따라서 甲은 합격취소처분에 존재한 위법
성을 이유로 하여 중개업사무소 개설등록 취소처분의 취소심판 및 취소소
송을 제기할 수 있게 된다.

　2) 행정상 손해배상의 방법

　　당사자인 甲은 그 밖에도 합격취소처분에 존재한 위법성을 이유로 하여 행
정상 손해배상을 주장할 수 있다.

## 2. 사례 2의 경우

　사안에서는 직위해제처분과(국가공무원법<br>제73조의3 3항) 이에 근거한 직권면직처분이(국가공무원법<br>제70조 1항 5호;<br>경찰공무원법<br>제22조 1항 1호) 대상이 되고 있다. 이때의 직권면직처분은 직위해제처분에 근거한 것
이므로 그 자체로서는 위법성이 존재하지 않는다. 따라서 甲은 직위해제처분만을
대상으로 하여 위법성을 주장할 수 있게 된다. 그러나 직위해제처분에 대해서는
그 사이에 3개월의 기간이 경과한 점에 비추어 불가쟁력이 발생한 것으로 판단
될 수 있다. 따라서 甲은 직위해제처분 그 자체를 대상으로 하여 취소쟁송을 제
기하지는 못하며, 직권면직처분을 다투면서 그 위법성 사유로서 선행 처분인 직

위해제처분의 위법성을 주장할 수 있는 가능성이 존재할 뿐이다. 이 문제는 따라서 행정행위의 하자승계논의에 따라 검토되어야 하며, 다수견해에 따르는 한 두 행정행위 사이의 법률효과의 동일성 여부에 따라서 해결되어진다. 생각건대 직위해제처분과 이에 근거한 직권면직처분은 각각 별개의 법률효과를 추구하는 행정행위라고 보아야 하므로, 선행 직위해제처분에 발생한 하자는 후행 직권면직처분에 승계되지 않는다고 보아야 한다(관련판례 : 대판 1984.9.11, 84누191). 따라서 甲은 자신의 권리구제를 강구할 방법이 없다고 본다.

## 3. 사례 3의 경우

(1) 문제의 소재

(2) 문제되는 행정작용

이때의 행정작용은 시설개선명령(물환경보전법 제35조)과 조업정지명령(동법 제38조의4)이 그 내용이 되며, 이는 특별경찰행정법상의 행위로서 경찰행정작용의 성질을 가지며, 재량행위로서의 의미를 갖는다.

(3) 행정작용의 위법성

이때의 위법성의 존재는 당사자의 주장 내용에 비추어 시설개선명령만을 대상으로 검토하여야 한다.

(4) 당사자의 권리구제방법

1) 이때에는 우선 시설개선명령행위에 대한 불가쟁력의 발생여부에 따른 검토가 필요하다.

2) 불가쟁력이 발생하지 않은 경우

(가) 이 경우에는 시설개선명령 자체에 대한 위법성 주장이 가능하며, 이는 통상적으로는 취소심판 또는 취소소송의 형태에 의해 제기하게 된다.

(나) 그러나 당해 사안의 경우는 형사소송에 의한 경우이다.

이때에 당사자가 행정행위의 위법성을 주장할 수 있는가의 문제는 형사소송에서의 선결문제로서의 의미를 가지며, 이때의 선결문제의 내용은 시설개선명령 행위의 위법성 확인에 그친다. 형사법원이 선결문제로서 이를 심리할 수 있는가의 여부에 대해서는 「행정소송법」 제11조 제1항이 명확한 규정을 두고 있지 않아 견해가 대립한다. 이에 대해 부정하는 견해는 공정력의 근거와 「행정소송법」 제11조 제1항의 제한적 해석을 그 근거로 제시한다. 그러나 이때에 공정력 또는 구성요건적 효력은 당해 행위를 적법한 것으로 만드는 것이 아니고, 「행정소송법」 제11조 제1항은 예시적으로 해석하여야 하므로 이러한 주장은 타당하지 않다. 따라서 형사법원은 심리할 수 있다고 본다.

3) 불가쟁력이  발생한  경우

(가)  이때에는  조업정지명령의  위법성  주장사유로서  시설개선명령의  하자를  주장할  수  있는지가  문제될  수  있다.  이는  행정행위의  하자승계논의로서  검토되고  있으며,  이에  대한  다수견해와  판례에  의하면,  두  행정행위  사이의  법률효과  동일성  여부가  기준이  되고  있다.  이에  따를  때에  시설개선명령과  조업정지명령은  서로  별개의  법률효과를  추구하는  제도로서  의미를  갖는다고  보아야  하므로,  이에  따라  더  이상  조업정지명령  단계에서  시설개선명령의  위법성을  심사할  수  없다고  생각된다.

(나)  그러나  당사자는  형사법원에서는  여전히  시설개선명령의  위법성을  주장할  수  있다고  본다.  행정행위의  불가쟁력은  행정소송인  항고소송의  제기와  관련되어  발생되는  효과이므로,  국가배상청구의  주장이나  형사소송에서의  위법성  주장에는  영향을  미치지  않는다고  보아야  한다.  따라서  형사법원도  행정행위의  위법성을  심리할  수  있을  것이다.

## Ⅲ. 행정행위의 무효

### 1. 무효의 의의

#### (1) 개    념

행정행위의  무효란  행정행위로서의  외형은  존재하나  그  하자가  중대하고  명백하여  처음부터  행정행위로서의  효력을  발생하지  못하는  경우를  말한다.  구속력을  갖지  못하므로  어느  누구나  모두  효력을  부인할  수  있다.  처음부터  효력을  발생하지  못하는  점에서  권한  있는  기관에  의한  결정이  있기까지는  효력을  갖는  취소와  구별된다.

#### (2) 행정행위의 부존재와의 구별

행정행위의  무효를  부존재와  구별할  수  있는가에  대해서는  견해가  대립한다.  구별을  부인하는  입장은  양자  모두  처음부터  행정행위로서의  효력이  발생하지  않는  경우라는  점,  실정법상  무효등확인심판과  무효등확인소송을  인정하여  양자의  구별의  실익이  없다는  점을  든다.[73]  그러나  무효인  행정행위는  적어도  행정행위로서의  외관을  갖는다는  점에서  그리고  무효확인소송과  부존재확인소송은  그  소송형태를  달리한다는  점에서  구별되어야  하리라고  본다.[74]

---

73) 김도창(상), 453면.
74) 김남진·김연태(Ⅰ), 304면; 정하중(총론), 272면.

## 2. 무효의 원인

현행법은 독일의 경우와는 달리($\genfrac{}{}{0pt}{}{\text{독일 연방행정절}}{\text{차법 제44조 참조}}$) 무효의 원인유형을 규정한 실정법적 규정이 없기 때문에, 중대하고 명백한 하자 기준의 구체적인 경우는 학설과 판례에 의해 개별적으로 판단할 수밖에 없다.

### (1) 주체에 관한 하자

다음의 사유들은 행정행위의 무효사유가 된다.

### 1) 권한 없는 행정기관의 행위

이는 다시 다음의 유형으로 나누어서 무효의 원인을 고찰할 수 있다.

㈎ 공무원이 아닌 자가 공무집행을 하는 경우   이는 당연히 무효의 효과를 가져오는 것이나, 이때에 결격자이기에 공무원임명요건에 해당하지 않는 자나 임명요건상 무효인 하자 있는 자가 외형상 공무원으로서 행위를 한 때의 효과에 대해서는 선의의 당사자보호를 위해 유효한 행위로 인정해야 할 때가 있다. 이를 사실상의 공무원 개념이라고 하며, 행정상 손해배상의 주체로서의 공무원의 개념에는 이러한 '사실상의 공무원'도 포함된다.

㈏ 대리권이 없는 자의 행위

㈐ 적법하게 구성되지 아니한 합의기관에 의한 경우

### 2) 권한 외의 행정행위를 행한 경우

특히 사항적 권한을 갖지 못하는 행정기관의 경우가 무효의 원인에 해당한다. 그러나 판례는 취소사유로 보는 것 같다.

[1] 자연휴양림 지정절차에 있어서 군수는 단순한 경유기관에 불과하여 그 지정권이 없으므로, 산림소유자가 제출한 자연휴양림 지정신청서를 반려하거나 지정을 거부하는 등의 최종적인 처분을 할 수 없고, 군수가 그 단계에서 위 신청서를 반려하거나 지정을 거부하였다고 하더라도, 이는 권한 없는 자의 반려 내지 거부처분이 되어 취소소송의 대상이 된다($\genfrac{}{}{0pt}{}{\text{대판 1998.3.10,}}{\text{96누14005}}$).

[2] 하자 있는 행정처분이 당연무효가 되기 위하여는 그 하자가 법규의 중요한 부분을 위반한 중대한 것으로서 객관적으로 명백한 것이어야 하며, 하자가 중대하고 명백한 것인지 여부를 판별함에 있어서는 그 법규의 목적, 의미, 기능 등을 목적론적으로 고찰함과 동시에 구체적 사안 자체의 특수성에 관하여도 합리적으로 고찰하여야 할 것인바, 납세지를 관할하는 세무서장이 아닌 다른 세무서장의 소득세 부과·징수처분은 관할 없는 과세관청의 처분으로서 위법하고 그 하자가 중대하다고 할 것이나, 납세자가 주민등록을 빈번히 이전·말소한 경위, 세무서장이 처분에 이르기까지 그 주소를 확인한 과정과 구 소득세법상 납세지 확정에 관련된 규정들에 비추어 보아, 그 하자가 일견하여 객관적으로 명백한 것이라고 할 수 없으므로 당연무효사유는

아니다($^{대판\ 2001.6.1,}_{99다1260}$).

[3] 과세관청이 증여세과세처분 당시 납세자의 주소지나 거소지를 관할하는 세무서는 아니지만, 증여세 결정전통지서가 송달될 당시에는 납세자의 주소지를 관할하고 있었고, 과세처분 납세고지서가 납세자에게 송달되어 납세자가 증여세를 그 납부기한 안에 납부하였으며, 과세처분 당시 3개월마다 갱신되는 전산자료를 행정자치부로부터 받아 납세자의 주소지를 확인하고 있던 과세당국으로서는 과세처분 납세고지서가 납세자에게 송달될 때 납세자의 주민등록 변경사항을 전산자료를 통하여 확인할 수 없었던 점 등에 비추어 보면, 납세자의 주소지를 관할하지 아니하는 세무서장이 한 증여세부과처분이 위법하나 그 흠이 객관적으로 명백하여 당연무효라고 볼 수는 없다($^{대판\ 2003.1.10,}_{2002다61897}$).

### 3) 행정기관의 의사에 하자가 있는 경우

의사능력이 없는 자의 행위가 이에 해당한다. 따라서 특히 저항할 수 없을 정도의 강제에 의한 경우나 심신상실 상태에서의 행정기관의 행위는 무효이다. 그러나 행정결정과정에 있어서 행정기관의 의사하자가 있는 경우에는 취소사유에 해당함에 불과하다. 이때에 행정기관의 착오가 존재하는 때에 판례나 다수설은 착오가 있었다는 사실만으로는 취소 사유가 되지 못하고, 이로 인해 행위 자체가 위법으로서 취소사유가 있는 때에 비로소 취소할 수 있게 된다고 본다.[75] 또한 상대방의 사기, 강박 또는 증뢰에 의한 행정행위도 무효가 아니라 취소사유가 된다.

### (2) 내용에 관한 하자
### 1) 내용이 불명확한 경우

행정행위의 내용이 사회통념의 기준에 의해서도 특정될 수 없는 경우, 예컨대 목적물의 불특정이나 범위가 불확정인 처분 등이 이에 해당한다.

### 2) 내용이 실현불능인 경우

㈎ 사실상 실현불능인 경우  기술적·물리적으로 또는 사회통념상 실현불능인 경우가 이에 해당한다.

㈏ 법률상 실현불능인 경우  이에는 인적 불능($^{예:死者에\ 대한}_{행정행위\ 등}$), 물적 불능($^{예:법률상\ 압류}_{의\ 대상이\ 될\ 수\ 없는\ 물건에\ 대한\ 압류}$), 법률관계의 불능($^{예:치외법권\ 대상자에}_{대한\ 과세면세\ 처분\ 등}$)이 해당한다.

[1] 체납자가 아닌 제3자의 소유물건을 대상으로 한 압류처분은 그 하자가 객관적으로 명백한 것인지의 여부와는 관계없이 그 처분의 내용이 법률상 실현될 수 없는 것이어서 당연무효라고 하지 않을 수 없다($^{대판\ 1993.4.27,}_{92누12117}$).

[2] 행정행위의 취소라 함은 일단 유효하게 성립한 행정처분이 위법 또는 부당함

---

75) 대판 1976. 5. 11, 75누214.

을 이유로 소급하여 그 효력을 소멸시키는 별도의 행정처분을 말하고, 행정청은 종전 처분과 양립할 수 없는 처분을 함으로써 묵시적으로 종전 처분을 취소할 수도 있으나, 행정행위 중 당사자의 신청에 의하여 인·허가 또는 면허 등 이익을 주거나 그 신청을 거부하는 처분을 하는 것을 내용으로 하는 이른바 신청에 의한 처분의 경우에는 신청에 대하여 일단 거부처분이 행해지면 그 거부처분이 적법한 절차에 의하여 취소되지 않는 한, 사유를 추가하여 거부처분을 반복하는 것은 존재하지도 않는 신청에 대한 거부처분으로서 당연무효이다($^{대판\ 1999.12.28,}_{98두1895}$).

### 3) 행정행위의 내용이 선량한 풍속에 반하는 경우

민법상의 법률행위에서는 이를 무효로서 인정하고 있고($^{민법}_{제103조}$) 독일 연방행정절차법도 이를 무효사유로서 규정하고 있으나($^{제44조}_{2항}$), 우리나라에서는 취소사유로 보는 견해가 많다.[76] 생각건대 '선량한 풍속'이라는 개념 자체는 불명확한 개념으로서 이러한 불명확한 개념에 바로 그 효과로서 무효를 연결하는 것은 법치국가원리상 법적 안정성 요청과 규범내용의 명확성 요청, 그리고 무효라는 법적 효과에 이해관계를 갖는 시민의 기본권보호 측면에서 문제를 내포하는 것이라고 보아야 할 것이다. 또한 다른 측면에서 볼 때에도 '선량한 풍속'이라는 개념은 그 시대의 도덕관념, 윤리성, 일반인의 인식 등에 의하여 그 판정이 영향을 받는 것이므로, 바로 무효의 효과를 인정하기보다는 법원의 판단에 의해 그 시대의 사회상을 반영한 전제에서 판정할 수 있도록 하는 것이 옳을 것이다. 따라서 취소의 사유로 보는 것이 타당할 것이다.

### (3) 절차에 관한 하자

### 1) 일반적 기준

당해 절차의 존재목적이 당사자 사이의 이해관계의 조정이나 이해관계인의 권익보호인 경우에는 이를 결하면 무효가 되고, 당해 절차가 요구되는 목적이 행정의 적정, 원활한 운영 등에 있는 경우에 이를 결하면 취소할 수 있을 뿐이다.

### 2) 무효로 인정되는 경우

(가) 법률상 필요로 되는 상대방의 신청 또는 동의를 결한 경우

(나) 필요한 공고 또는 통지를 결한 경우    이는 이해관계인의 권리주장이나 이의신청의 기회를 주기 위한 것이므로 무효로 보아야 한다. 그러나 판례는 세금체납시의 압류처분에 있어서 비록 독촉절차 없이 압류처분을 한 경우에도 중대하고 명백한 하자로 인정하지 않는다.[77]

(다) 다른 기관과의 협의를 결한 경우    협의가 당해 법령에 비추어 보아 처분의 필수

---

76) 박윤흔(상), 440면; 석종현(상), 342면.
77) 대판 1987. 9. 22, 87누383.

적인 전제요건인 때에 한하여 무효사유가 된다고 본다.

㈐ 청문 또는 의견진술의 기회를 주지 않은 경우    이러한 청문 흠결의 하자에 대해 실정법상으로는 무효로 규정하는 경우가 많다(국가공무원법 제13조 2항, 제81조 3항 등). 이러한 규정이 없는 경우에 대해 종전 판례는 그 효과로서 무효라고 보는 경우와[78] 취소라고 보는 입장으로[79] 나뉘고 있었으나, 행정절차법 제정 이후의 판례를 보면, 청문절차 하자의 효과에 대하여는 전체적인 내용에 비추어 취소사유로 보는 판례가 많은 것으로 보인다.

㈑ 이유부기가 요구되고 있는 경우에 이를 결한 행위    이유부기는 행정기관으로 하여금 신중한 행정작용을 하도록 하고, 당사자에게는 당해 행정행위에 대하여 권리구제를 신청할 것인가를 결정하는 기능을 수행한다. 따라서 이를 결하는 행정행위도 무효가 된다(예 : 행정절차법 제23조 1항 참조).

### (4) 형식에 관한 하자
### 1) 문서에 의하지 않고 한 행위

행정행위의 발령은 원칙적으로 다른 법령 등에 특별한 규정이 있는 경우를 제외하고는 문서로 하여야 한다(행정절차법 제24조 1항). 다만 신속을 요하거나 사안이 경미한 경우에는 구술 기타의 방법으로 할 수 있으며, 이 경우에도 당사자의 요청이 있는 때에는 지체없이 처분에 관한 문서를 교부하여야 한다(동법 제24조 1항 단서). 따라서 이러한 문서형식을 갖추지 않은 행정행위는 무효가 된다.

### 2) 행정기관의 서명 또는 날인을 결한 경우

행정행위에 처분청의 서명이나 날인을 요구하는 것은 책임의 소재와 범위를 명확하게 하기 위함이다. 따라서 이를 결하는 행정행위도 무효라고 본다.

## 3. 행정행위의 무효의 효과

### (1) 일반적 효과

처음부터 행정행위로서의 효력이 발생하지 않는다. 이때에 행정행위의 일부무효인 경우에는 무효인 부분이 전체 행정행위에 있어서 본질적인 의미를 갖는 경우에만 행정행위 전체가 무효가 된다고 본다.

### (2) 무효인 행정행위의 치유 가능성

무효인 행정행위는 법적 안정성을 위해서 본래의 행정행위로서의 유효한 효력을 인정하는 의미로서의 치유는 인정되지 않는다.

---

78) 대판 1969. 3. 31, 68누179.
79) 대판 1986. 8. 19, 86누115.

이 사건 학교법인의 감독청인 피고(부산시교육위원회)의 학교법인기본재산교환허가
처분은 학교법인의 이사장이 교환허가신청을 함에 있어서 이사회의 승인의결을 받음
이 없이 이사회회의록사본을 위조하여 첨부한 교환허가신청서에 의한 것인바, 사립학
교법 제 1 조, 제16조, 제28조, 제73조 동법시행령 제11조의 각 규정취지를 종합고찰
하면 피고의 이 사건 허가처분은 중대하고 명백한 하자가 있어 당연 무효라 할 것이
고 위 학교법인이사회가 위 교환을 추인·재추인하는 의결을 한 사실만으로써 무효
인 허가처분의 하자가 치유된다고 볼 수 없다(대판 1984.2.28.<br>81누275).

### (3) 무효인 행정행위의 전환의 문제[80]

### 1) 개    념

무효의 하자있는 행정행위가 일정한 조건하에서 하자없는 다른 행정행위에 의해
대치되어, 이 새로운 행정행위가 원래의 행정행위로서의 효력으로 소급적으로 적용되
는 것을 의미한다. 그 예는 실무상 흔하지 않으며 사자에 대한 처분행위의 효력을 상
속인에 대한 것으로 인정하는 경우가 전형적인 예이다. 이는 민법상의 법률행위의 전
환(민법 제138조<br>참조)이 행정법에 도입된 것으로서 행정법이 갖는 특수성에 의하여 다소 변형된
제도로서 파악할 수 있다.

귀속재산을 불하받은 자가 사망한 후에 그 수불하자에 대하여 한 그 불하처분은
사망자에 대한 행정처분이므로 무효이지만 그 취소처분을 수불하자의 상속인에게 송
달한 때에는 그 송달시에 그 상속인에 대하여 다시 그 불하처분을 취소한다는 새로
운 행정처분을 한 것이라고 할 것이다(대판 1969.1.21.<br>68누190).

### 2) 허용여부

(가) 이론적 근거    이에 대해서 우리나라에서는 별다른 견해대립 없이, 당사자의
법적 안정성이 보장됨을 이유로 또는 행정행위의 불필요한 반복을 배제함으로써 절차
적 경제를 위한 것이라는 이유에서 그 허용성이 일반적으로 인정되고 있다.[81]

(나) 법적 근거    우리나라에서는 독일의 경우와는 달리 이의 허용여부에 관한 관련

---

80) 이에 대한 상세한 설명은 류지태, "행정행위의 전환에 관한 법리", 사법행정, 1990. 1월호와 2
월호 참조.

81) 그러나 독일에서는 무효의 전환의 인정여부에 대해 견해가 대립하고 있다. 이를 부정하는 견
해는 무효의 하자있는 행정행위는 처음부터 아무런 효력도 발생하지 않고, 국가기관이나 어느
누구에게도 구속력을 발휘하지 못하므로 행정행위의 전환의 대상이 될 수 없다고 주장한다. 그
러나 무효인 행정행위가 비록 그 법적 효력이 없다고 하더라도 당해 행정행위는 적어도 그 외형
에 있어서 계속 행정행위로서 존재하게 된다. 따라서 법적 생활의 안정성 확보라는 측면에서 경
우에 따라서는 이러한 무효인 행정행위의 확인소송 등이 인정될 실익이 존재하게 되며, 이와 같
은 소송제기에 있어서 행정행위의 전환이 논의될 가능성이 존재하게 된다. 따라서 무효의 하자
있는 행정행위도 전환의 대상이 될 수 있다고 본다. 독일의 지배적인 입장이자 판례의 입장이다.

행정법규정이 없으나, 민법 제138조를 그 성질이 허용하는 한 기본적인 내용에서 그 근거로서 인정할 수 있다고 보아야 할 것이다.

### 3) 전환의 요건

무효인 행정행위의 전환을 인정하기 위해서는 다음의 엄격한 요건이 필요로 된다. 이에 관한 독일 연방행정절차법 제47조의 규정을 참고하면 다음과 같다.

㈎ 당사자의 신뢰보호를 위한 요건

① 양 행정행위의 목적이 동일할 것

② 관련 당사자의 이익이 이로 인해 침해되지 않을 것

③ 사전에 청문절차가 행해질 것

㈏ 새로운 행정행위의 적법성 확보를 위한 요건    새로운 행정행위는 기존 행정행위와 동일한 절차방식과 형태로 적법하게 발령될 수 있는 경우일 것이 필요하다. 따라서 종전의 행정행위가 기속행위인 때에 재량행위의 발령으로 이를 대체할 수 없고 그 반대의 경우에도 허용되지 않게 된다.

### 4) 전환의 법적 성질

전환은 그 자체로서 독립적인 행정행위로서의 성질을 갖는다. 따라서 전환행위는 당사자가 행정소송의 대상으로 할 수 있다. 전환의 행정행위로서의 성질상 법원은 주체가 될 수 없으며 처분청만이 주체가 된다.

### 5) 전환의 효과

전환으로 인해 생긴 새로운 행정행위는 종전의 행정행위의 발령 당시에 소급해서 효력을 발생한다.

## 4. 행정행위의 무효의 주장방법

### (1) 행정쟁송에 의한 방법

무효인 행정행위에 대해서는 「행정심판법」상 무효확인심판($\frac{행정심판법}{제5조 2호}$)의 청구가 가능하고, 「행정소송법」상 무효확인소송($\frac{행정소송법}{제4조 2호}$)과 무효선언의 의미의 취소소송을 제기할 수 있다. 판례는 이때 행정처분의 당연무효를 주장하여 그 무효확인을 구하는 행정소송에 있어서는 원고에게 그 행정처분이 무효인 사유를 주장, 입증할 책임이 있다고 일관되게 보고 있다($\frac{대판 2000.3.23. 99두}{11851 등 다수}$).

### (2) 민사소송과 형사소송에 의한 방법

행정행위의 무효를 원인으로 제기된 민사소송과 형사소송에서 선결문제로서 행정행위의 무효를 주장할 수 있다($\frac{행정소송법}{제11조 1항 참조}$).

## Ⅳ. 행정행위의 취소

**기본 사례**

甲은 자신의 대지에 아파트를 신축하기 위하여 건축허가 신청을 하여 강남구 청장 乙로부터 건축허가를 받았다. 甲은 이를 근거로 고층아파트를 완공하여 丙 이하 120세대에게 분양하였다. 3년이 지난 후 甲이 동일지역 내에 있는 자신의 나머지 대지를 이용하여 상가건물을 신축하기 위해 건축허가 신청을 하였을 때 에, 乙은 이 신청을 심사하던 중 3년 전의 건축허가처분이 건축물의 높이제한규 정에 위반되어 잘못된 것임을 알게 되었다. 乙은 자신의 3년 전의 甲에 대한 건 축허가 처분을 취소할 수 있는가?

(풀이는 266면)

### 1. 취소의 의의

행정행위의 취소란 좁은 의미에서는 직권취소를 의미하는 것으로, 일단 유효하게 성립한 행정행위를 그 성립에 있어서의 하자를 이유로 하여 권한 있는 행정기관의 직 권에 의하여 원칙적으로 과거에 소급하여 효력을 상실하게 하는 행정행위를 말한다. 따라서 행정행위의 하자의 정도에 있어서 행정행위의 무효와, 그리고 행정행위의 효 력상실 원인에 있어서 철회와 각각 구별된다.

행정행위의 취소는 일단 유효하게 성립한 행정행위를 그 행위에 위법 또는 부당한 하자가 있음을 이유로 소급하여 그 효력을 소멸시키는 별도의 행정처분이고, 행정행 위의 철회는 적법요건을 구비하여 완전히 효력을 발하고 있는 행정행위를 사후적으 로 그 행위의 효력의 전부 또는 일부를 장래에 향해 소멸시키는 행정처분이므로, 행 정행위의 취소사유는 행정행위의 성립 당시에 존재하였던 하자를 말하고, 철회사유는 행정행위가 성립된 이후에 새로이 발생한 것으로서 행정행위의 효력을 존속시킬 수 없는 사유를 말한다(대판 2003.5.30, 2003다6422).

### 2. 행정행위의 취소의 유형

#### (1) 직권취소와 쟁송취소

#### 1) 일반적 구별기준

직권취소는 행정기관의 직권이 동기가 되나 쟁송취소는 당사자의 신청이 동기가 된다. 따라서 전자의 주체는 행정청이 되나, 후자의 주체는 행정청이나($^{행정심판}_{의 경우}$) 법원이 된다($^{행정소송}_{의 경우}$).

## 2) 구체적 구별기준

㈎ **취소권 행사의 기능**　직권취소는 행정행위의 적법성 또는 합목적성의 확보가 1차적 기능이며, 즉 공익의 이해관계가 주된 기능이며, 당사자의 권리구제인 사익보호는 부차적 기능을 갖는다. 반면에 쟁송취소의 경우에는 당사자의 권리구제인 사익보호가 1차적 기능이며, 행정행위의 적법성 확보인 공익보호는 부수적 기능으로 작용한다.

㈏ **취소권 행사의 대상**　직권취소는 행정행위의 적법성의 확보가 우선적인 기능이므로 부담적 행정행위뿐 아니라 수익적 행정행위 모두가 대상이 된다. 반면에 쟁송취소는 당사자의 권리구제를 목적으로 청구되는 것이므로 부담적 행정행위가 주된 대상이 된다.

㈐ **이익형량의 필요성(또는 취소권행사의 제한여부)**　직권취소는 취소권 행사를 함에 있어서 수익적 행정행위가 대상인 경우에 합목적성을 보장하기 위하여 공익과 사익의 이익형량의 필요성이 존재하게 된다. 반면에 쟁송취소는 행정행위의 위법성이 인정되는 한 이익형량은 원칙적으로 불필요하나, 예외적으로 사정판결 또는 사정재결의 경우에는 공익과의 이익형량이 필요하게 된다.

㈑ **취소의 절차**　직권취소는 행정행위로서의 성질을 가지므로 일반적인 행정행위 발령의 절차에 따른다. 반면에 쟁송취소는 「행정심판법」 또는 「행정소송법」 규정에 따른다.

㈒ **취소의 효과(또는 소급효의 인정여부)**　직권취소의 경우 부담적 행정행위가 대상인 때에는 당사자에게 유리하도록 소급효가 인정된다. 그러나 수익적 행정행위가 대상인 때에는 원칙적으로 소급효가 인정되지 않으며, 예외적으로 당사자의 신뢰형성에 귀책사유가 있는 경우에만 소급효가 인정된다. 반면에 쟁송취소의 경우는 당사자의 권리보호를 위하여 소급효가 인정된다.

## (2) 행정행위의 내용에 따른 취소유형

수익적 행정행위는 주로 직권취소의 대상이 되며 이때에는 법률유보의 문제, 이익형량(또는 취소권의 제한)문제 및 소급효의 인정여부 문제가 발생하는 반면, 부담적 행정행위는 주로 쟁송취소의 대상이 된다.

## 3. 취소의 주체와 법적 근거

### (1) 주      체

#### 1) 직권취소

행정행위를 발령한 처분청은 당연한 주체가 되나, 감독청도 그 주체가 될 수 있는가에 대해서는 인정설과 부정설이 대립하고 있다. 인정설은 감독의 목적달성을 위해서는 감독청도 당연히 취소권을 갖는다고 주장하나,[82] 직권취소가 행정행위의 성질을 갖는 이상 이는 발령권한을 갖는 기관에 한정하여 인정되어야 하며, 감독권이라는 포괄적인 권한내용에 포함할 수는 없을 것이다. 따라서 감독청은 실정법에 의하여 명문으로 인정되는 경우를 제외하고는(예: 지방자치 법 제169조) 취소명령권만 있고 직접적인 취소권은 없다고 보는 것이 타당할 것이다.[83]

#### 2) 쟁송취소

이는 행정심판의 경우에 행정기관인 처분청, 행정심판위원회, 제 3 의 기관(예: 공무원 소청심사 위원회 등)과, 행정소송의 경우의 법원이 주체가 된다. 특히 행정심판에 의하는 경우에는 당해 처분의 취소를 처분청이 할 수 있을 뿐만 아니라 행정심판위원회 스스로도 행할 수 있다(행정심판법 제43조 3항 참조).

### (2) 법적 근거

행정행위의 취소는 상대방이나 제 3 자의 이해관계에 많은 영향을 미치게 되므로 법률유보원칙의 적용문제가 생기게 된다. 이러한 취소행위에 대한 일반적 법적 근거에 대하여 판례는 취소행위를 위하여는 특별한 법적 근거가 없어도 취소가 가능하다는 논리를 전개하고 있고, 학설도 별도의 명시적 근거규정이 없이도 위법한 행정작용을 스스로 시정할 수 있는 권한이 행정청에게 있는 것으로 본다.[84]

> 행정처분을 한 처분청은 그 처분의 성립에 하자가 있는 경우 이를 취소할 별도의 법적 근거가 없다고 하더라도 직권으로 이를 취소할 수 있는바, 병역의무가 국가수호를 위하여 전 국민에게 과하여진 헌법상의 의무로서 그를 수행하기 위한 전제로서의 신체등위판정이나 병역처분 등은 공정성과 형평성을 유지하여야 함은 물론 그 면탈을 방지하여야 할 공익적 필요성이 매우 큰 점에 비추어 볼 때, 지방병무청장은 군의관의 신체등위판정이 금품수수에 따라 위법 또는 부당하게 이루어졌다고 인정하는

---

82) 이상규(상), 449면; 장태주(개론), 275면; 홍정선(상), 351면.
83) 김남진·김연태(Ⅰ), 340면; 박윤흔(상), 450면; 석종현·송동수(상), 351면; 한견우(Ⅰ), 589면; 정하중(총론), 300면.
84) 김남진·김연태(Ⅰ), 340면; 김동희(Ⅰ), 330면; 田中二朗, 行政法 上, 2002, 151면.

경우에는 그 위법 또는 부당한 신체등위판정을 기초로 자신이 한 병역처분을 직권으로 취소할 수 있다($^{대판\ 2002.5.28,}_{2001두9653}$).

그러나 이때의 취소권의 행사근거를 원처분의 근거규정에서 찾는 견해도 주장된다. 이는 취소권을 행사할 수 있는 권한은 원처분을 발령할 권한과 표리관계에 있으므로, 행정행위를 발령할 수 있는 권한 속에는 취소권이 당연히 포함되어 있다고 보는 것이다.[85] 그러나 원처분의 발령권한 속에서 이러한 장래의 취소권 행사의 근거를 찾는 주장은 따르기 어렵다. 원처분과 이를 취소하는 새로운 행정행위는 서로 그 효과 등에서 차이가 인정되므로 별개의 행위로 구별될 필요가 있다. 따라서 취소권의 근거는 원처분의 발령근거와는 별도의 독립한 법치국가원리에서 찾는 것이 타당할 것이다.[86]

### 4. 취소의 사유와 제한

#### (1) 취소의 사유

취소사유는 법정되어 있는 경우도 있으나($^{예:도로교통법\ 제93조\ 1항,}_{폐기물관리법\ 제27조\ 1항\ 등}$) 통상적으로는 개별적인 경우의 직권취소사유는 법정되어 있지 않다. 이는 그 개별적 취소사유가 다양하기 때문이다. 이와 같이 명문의 규정이 없는 경우에는 당해 하자가 무효의 사유에 해당하지 않는 경우가 취소사유로서 인정된다. 즉 중대하나 명백하지 않거나, 명백하나 중대하지 않은 경우가 해당된다.

#### (2) 취소권행사의 제한

행정기관에 의한 취소권의 행사는 법령상의 예외적인 특별한 규정이 있는 경우를 제외하고는 재량행위로서의 성질을 갖는 것이 통상적이다. 이는 직권취소의 경우에 대립되는 이해관계를 개별적인 경우에 비추어 적절하게 조화하기 위한 목적을 달성하기 위함이다. 즉 부담적 행정행위가 대상인 때에는 법률적합성의 원칙과 법적 안정성의 요청이, 수익적 행정행위가 대상인 때에는 법률적합성의 원칙과 신뢰보호의 요청이 직권취소를 제한하게 하는 서로 대립되는 이해관계로서 나타나게 된다. 그러나 현실적으로 의미를 갖는 것은 직권취소의 경우에 수익적 행정행위가 대상인 때이다.

##### 1) 쟁송취소

주로 부담적 행정행위가 대상이고, 이때의 행정심판위원회($^{행정심판}_{의\ 경우}$)나 법원($^{행정소송}_{의\ 경우}$)에 의한 취소권 행사는 당사자에게는 오히려 권리구제의 의미를 갖게 되어 원칙적으로 자유롭게 인정된다. 그러나 예외적으로 사정재결($^{행정심판법}_{제44조\ 1항}$)과 사정판결($^{행정소송법}_{제28조\ 1항}$)의 경우에는 취소권행사가 제한될 수 있다.

---

85) 原田尙彦, 行政法要論 제 5 판, 2004, 182면.
86) 塩野 宏, 行政法, 1996, 139면.

### 2) 직권취소

(개) 부담적 행정행위의 경우　이때의 취소권 행사는 적법성 확보의 의미와 동시에 상대방에게 이익을 주게 되는 것이므로 자유롭게 인정되어 제한되지 않는다.

(내) 수익적 행정행위의 경우　이때에는 사익인 당사자의 신뢰보호 및 법적 안정성의 관점과 공익인 행정의 법률적합성의 관점이 서로 충돌하게 되므로 이익형량의 필요성이 생기게 된다. 따라서 이때 당해 행정행위를 취소함으로써 얻는 이익(공익)이 당해 행정행위의 취소를 제한함으로써 얻는 이익(사익)보다 큰 경우에만 취소가 허용된다.

> 이 사건 면허처분이 취소되지 않음으로써 원고 등이 입게 될 불이익이나 위법한 한정면허를 취소하여야 할 공익상 필요가, 그 취소로 인하여 받게 될 소외 회사나 그 직원들의 불이익과 이용 주민들이 입게 될 불편 등보다 중대함을 알 수 있는바, 사정이 그러하다면 이 사건 면허처분을 취소하는 것이 수익적 행정행위의 취소에 있어서 재량권의 한계를 일탈한 위법이 있다고 할 수 없다(대판 2001.1.19. 99두3812).

이를 구체적으로 살펴보면 다음과 같다.

① 취소가 제한되는 예시적인 경우　다음의 경우에는 위법행위의 취소가 제한된다고 볼 수 있다.

㉠ 그 위법성을 모르고 신뢰하고 구체적인 서분행위를 하여 소모하였거나 원상회복이 불가능한 경우(예컨대 금전급부나 가분적 현물급부를 내용으로 하는 행정행위의 경우) 또는 현저한 손해를 보지 않고서는 원상회복이 불가능한 경우(예컨대 건축허가가 내용인 경우에 건축공사가 진행되어 이제 철거하는 것이 지나친 사익의 침해로 되는 경우)

> 행정청이 일단 행정처분을 한 경우에는 행정처분을 한 행정청이라도 법령에 규정이 있는 때, 행정처분에 하자가 있는 때, 행정처분의 존속이 공익에 위반되는 때, 또는 상대방의 동의가 있는 때 등의 특별한 사유가 있는 경우를 제외하고는 행정처분을 자의로 취소(철회의 의미를 포함한다)할 수 없다. 운전면허 취소사유에 해당하는 음주운전을 적발한 경찰관의 소속 경찰서장이 사무착오로 위반자에게 운전면허정지처분을 한 상태에서 위반자의 주소지 관할 지방경찰청장이 위반자에게 운전면허취소처분을 한 것은 선행처분에 대한 당사자의 신뢰 및 법적 안정성을 저해하는 것으로서 허용될 수 없다(대판 2000.2.25. 99두10520).

㉡ 실권의 법리가 적용되는 경우 : 행정기관이 주어진 취소권을 장기간 행사하지 않기 때문에 취소권을 행사하지 않을 것이라는 신뢰하에 당사자가 구체적 처분행위를 한 경우[87]

> 원고가 허가받은 때로부터 20년이 다 되어 피고가 그 허가를 취소한 것이기는 하

---

[87] 그러나 이때에 어느 정도의 기간경과가 장기간에 해당한다고 볼 것인지에 대해서는 일의적으로 말할 수 없다. 그러나 1987년 입법예고된 행정절차법안 제31조 2항에 의하면 위법한 수익처분이 있음을 안 날로부터 1년 이내, 처분이 있은 날로부터 2년 이내에 취소권을 행사하도록 하고 있다.

나, 피고가 취소사유를 알고서도 그렇게 장기간 취소권을 행사하지 않은 것이 아니고, 1985. 9. 중순에 비로소 위에서 본 취소사유를 알고 그에 관한 법적 처리방안에 관하여 다각도로 연구검토가 행해졌고 그러한 사정은 원고도 알고 있었음이 기록상 명백하여, 이로써 본다면 상대방인 원고에게 취소권을 행사하지 않을 것이란 신뢰를 심어준 것으로 여겨지지 않으니 피고의 처분이 실권의 법리에 저촉된 것이라고 볼 수 있는 것도 아니다($^{대판 1988.4.27,}_{87누915}$).

ⓒ 행정행위에 불가변력이 생긴 경우 : 이의신청이나 행정심판에 의한 재결의 경우

행정청은 그가 행한 처분에 잘못이 있음을 발견한 경우에는, 그 취소로 인하여 상대방이 취득한 권리·이익 또는 공공복리가 침해된다든지 또는 그 행정처분이 절차상 확인판단적·준사법적 성질을 가지거나 법률의 규정에 의하여 소송법적 확정력을 가지는 등과 같은 예외적인 사유가 없는 한, 일반적으로 당해 처분에 대한 불복신청이 없더라도 그 잘못을 시정하기 위하여 직권으로 이를 취소·변경할 수 있다($^{대판 1997.11.28,}_{97누11089}$).

ⓓ 행정행위의 하자의 치유나 전환이 인정되는 경우

② 취소가 제한되지 않는 경우　당사자의 신뢰가 보호할 가치가 없는 경우가 이에 해당한다. 예컨대 수익적 행정행위가 당사자의 사기·강박·증뢰에 의하여 행해진 경우 또는 수익적 행정행위가 당사자의 부정이나 부실기재로 인한 신청에 의한 경우, 그리고 수익자가 당해 행정행위의 위법성을 알고 있었거나 중대한 과실로 알지 못했던 경우 등이 이에 해당한다.

[1] 행정처분의 성립과정에서 그 처분을 받아내기 위한 뇌물이 수수되었다면 특별한 사정이 없는 한 그 행정처분에는 직권취소사유가 있는 것으로 보아야 할 것이고, 이러한 이유로 직권취소하는 경우에는 처분 상대방측에 귀책사유가 있기 때문에 신뢰보호의 원칙도 적용될 여지가 없다 할 것이며, 다만 행정처분의 성립과정에서 뇌물이 수수되었다고 하더라도 그 행정처분이 기속적 행정행위이고 그 처분의 요건이 충족되었음이 객관적으로 명백하여 다른 선택의 여지가 없었던 경우에는 직권취소의 예외가 될 수 있을 것이지만, 그 경우 이에 대한 입증책임은 이를 주장하는 측에게 있다($^{대판 2003.7.22,}_{2002두11066}$).
[2] 행정행위를 한 처분청은 그 행위에 하자가 있는 경우에는 별도의 법적 근거가 없더라도 스스로 이를 취소할 수 있고, 다만 수익적 행정처분을 취소할 때에는 이를 취소하여야 할 공익상의 필요와 그 취소로 인하여 당사자가 입게 될 기득권과 신뢰보호 및 법률생활 안정의 침해 등 불이익을 비교·교량한 후 공익상의 필요가 당사자가 입을 불이익을 정당화할 만큼 강한 경우에 한하여 취소할 수 있다. 그런데 수익적 행정처분의 하자가 당사자의 사실은폐나 기타 사위의 방법에 의한 신청행위에 기인한 것이라면, 당사자는 처분에 의한 이익을 위법하게 취득하였음을 알아 취소가능

성도 예상하고 있었을 것이므로, 그 자신이 처분에 관한 신뢰이익을 원용할 수 없음은 물론, 행정청이 이를 고려하지 않았다 하여도 재량권의 남용이 되지 않고, 이 경우 당사자의 사실은폐나 기타 사위의 방법에 의한 신청행위가 제3자를 통하여 소극적으로 이루어졌다고 하여 달리 볼 것이 아니다($^{대판\ 2008.11.13,}_{2008두8628}$).

## 5. 취소의 절차

직권취소의 경우에는 일반 행정행위의 발령의 절차와 같으며, 수익적 행정행위인 경우에는 보통 청문의 절차가 요구된다($^{예컨대\ 여객자동차}_{운수사업법\ 제86조}$). 쟁송취소의 경우에는 「행정심판법」과 「행정소송법」의 관련규정에 따른다.

## 6. 취소의 효과

### (1) 쟁송취소

1) 행정심판에 의한 취소는 준사법적 절차를 거친 행정행위이므로 불가변력이 발생한다.

2) 행정소송에 의한 취소판결은 제3자에 대한 효력인 형성력이 발생한다($^{행정소송법}_{제29조\ 1항\ 참조}$).

3) 소급효의 문제

쟁송취소는 당사자의 권리구제가 목적이므로 권리보호를 위하여 소급효가 인정된다. 따라서 부담적 행정행위는 처음부터 효력이 없는 것이 되며, 이를 근거로 하는 형사적 제재의 효력도 같이 상실한다고 본다.

피고인이 행정청으로부터 자동차 운전면허취소처분을 받았으나 나중에 그 행정처분 자체가 행정쟁송절차에 의하여 취소되었다면, 위 운전면허취소처분은 그 처분시에 소급하여 효력을 잃게 되고, 피고인은 위 운전면허취소처분에 복종할 의무가 원래부터 없었음이 후에 확정되었다고 봄이 타당할 것이고, 행정행위에 공정력의 효력이 인정된다고 하여 행정소송에 의하여 적법하게 취소된 운전면허취소처분이 단지 장래에 향하여서만 효력을 잃게 된다고 볼 수는 없는 것이다. 따라서 피고인이 자동차 운전면허취소처분을 받은 후 처분청을 상대로 운전면허취소처분의 취소소송을 제기하고, 자동차를 운전한 행위는 도로교통법에 규정된 무면허운전의 죄에 해당하지 아니한다 할 것이다($^{대판\ 1999.2.5,}_{98도4239}$).

### (2) 직권취소

1) 소급효의 문제

이는 통일적으로 논할 수 없고 개별적·구체적으로 검토되어야 한다.

㈎ 수익적 행정행위가 대상인 경우    이때에는 취소권 행사의 원인에 당사자의 귀책

사유가 없고 소급하는 것이 당사자에게 불리한 경우(<sub>예컨대 기득권 보호, 신뢰<br>보호의 필요성이 인정되는 경우</sub>)에는, 소급효가 부정되고 장래에 향해서만 효력이 인정된다. 그러나 취소권 행사의 원인에 당사자의 귀책사유가 있는 경우에는 소급효가 인정된다.

(나) **부담적 행정행위가 대상인 경우**  이때에는 당사자의 권리보호를 위하여 소급효가 인정된다.

### 2) 손실보상의 문제

수익적 행정행위가 대상인 경우에 당사자의 귀책사유가 없는 때에는, 취소권행사로 발생한 당사자의 재산적 손실(<sub>신뢰<br>이익</sub>)을 보상하거나 원상회복 등의 조치를 하여야 한다.

## 7. 취소의 하자

행정청의 직권취소행위는 그 자체가 새로운 행정행위이므로 이에 하자가 존재하는 경우에 그 효과에 대하여 논의가 행해진다. 물론 이때에 그 하자가 중대하고 명백한 경우에는 당해 직권취소행위는 무효로 되며, 원 행정행위는 아무런 영향을 받지 않게 된다. 이때에 행정청은 무효선언의 의미로서의 취소행위는 가능하다고 본다. 그러나 그 하자가 취소사유인 경우에는 이를 다시 취소할 수 있는가와 관련하여 논의가 대립하고 있다.

### (1) 쟁송취소

이때 쟁송취소의 경우는 취소처분에 대한 통상적인 취소소송제기의 문제이므로, 특별한 문제가 발생하지 않는다. 따라서 사정판결의 문제가 발생하지 않는 한 취소행위의 쟁송취소는 가능하게 된다.

### (2) 직권취소

그러나 직권취소의 경우는 그 가능성과 관련하여 논의가 제기되고 있다. 물론 실정법에 직권취소의 취소가능성을 규정하고 있는 경우에는 취소가 가능한 것으로 보며, 이때의 취소의 효과는 법령의 취지에 비추어 원 행정행위를 회복하는 데 있다고 보아야 한다. 따라서 원 행정행위를 취소하는 처분의 효과는 원 행정행위의 효력소멸보다는 그 효력의 일시정지 정도의 의미를 부여할 수밖에 없을 것이다. 그러나 실정법에 명문의 규정이 없는 경우에 대해서는 다음과 같은 견해대립이 있다.

### 1) 학설의 입장

(가) **부정설**  이 견해에서는 취소행위에 의하여 원 행정행위는 확정적으로 소멸하게 되므로, 재차 취소행위를 통하여 원 행정행위가 회복되는 것은 불가능하다고 본다. 이에 따르면 행정청은 재차의 취소행위를 통하여 달성하려는 이해관계를 위하여는 원

행정행위와 동일한 내용으로 행정행위를 다시 발령하는 것이 옳다고 본다.

(나) 긍정설    이 견해에서는 원 행정행위를 직권으로 취소하는 행위도 행정행위의 성질을 갖는 이상, 직권취소행위에 취소의 하자가 존재하면 일반적인 논의에 따라서 재차 취소행위가 가능한 것으로 본다. 다수의 견해이다.

2) 판례의 입장

판례의 입장도 통일적이지 못한 듯하다. 전반적인 경향으로는 부정설을 취하고 있다고 말할 수 있다. 즉 ㉠ 부담적 처분인 국세부과의 취소의 취소가 문제된 사안에서 "국세기본법 제26조 제 1 호는 부과의 취소를 국세납부의무 소멸사유의 하나로 들고 있으나, 그 부과의 취소에 하자가 있는 경우의 부과의 취소의 취소에 대하여는 법률이 명문으로 그 취소요건이나 그에 대한 불복절차에 대하여 따로 규정을 둔 바도 없으므로, 설사 부과의 취소에 위법사유가 있다고 하더라도 당연무효가 아닌 한 일단 유효하게 성립하여 부과처분을 확정적으로 상실시키는 것이므로, 과세관청은 부과의 취소를 다시 취소함으로써 원 부과처분을 소생시킬 수는 없고 납세의무자에게 종전의 과세대상에 대한 납부의무를 지우려면 다시 법률에서 정한 부과절차에 좇아 동일한 내용의 새로운 처분을 하는 수밖에 없다"고 판시하였고,[88] ㉡ 수익적 처분인 영업허가처분의 취소의 취소가 문제된 사안에서는 "적법한 영업허가의 취소처분이 있었고, 제소기간의 경과로 확정된 이상 영업허가처분은 그 효력이 확정적으로 상실되었다 할 것이므로 그 영업허가취소처분을 다시 취소하여 이미 상실한 영업허가의 효력을 다시 소생시킬 수 없으며 이를 소생시키기 위하여는 원 행정행위와 동일한 내용의 새로운 행정행위를 할 수밖에 없다"고 판시하였으며,[89] 또한 ㉢ 병역처분의 취소의 취소가 문제된 사안에서도 "구 병역법 제 5 조, 제 8 조, 제12조, 제14조, 제62조, 제63조, 제65조의 규정을 종합하면, 지방병무청장이 재신체검사 등을 거쳐 현역병 입영대상편입처분을 보충역 편입처분이나 제 2 국민역 편입처분으로 변경하거나 보충역 편입처분을 제 2 국민역 편입처분으로 변경하는 경우, 비록 새로운 병역처분의 성립에 하자가 있다고 하더라도, 그것이 당연무효가 아닌 한 일단 유효하게 성립하고 제소기간의 경과 등 형식적 존속력이 생김과 동시에 종전의 병역처분의 효력은 취소 또는 철회되어 확정적으로 상실된다고 보아야 할 것이므로, 그 후 새로운 병역처분의 성립에 하자가 있었음을 이유로 하여 이를 취소한다고 하더라도 종전의 병역처분의 효력이 되살아난다고 할 수 없다"고 판시하였다.[90]

그러나 일부 판례에서는 긍정설의 결론을 취하고 있기도 하다. 즉, ㉠ 의료법인의

---

88) 대판 1995. 3. 10, 94누7027.

89) 대판 1980. 4. 8, 80누27.

90) 대판 2002. 5. 28, 2001두9653.

이사취임 승인취소의 취소가 문제된 사안에서 "행정처분이 취소되면 그 소급효에 의하여 처음부터 그 처분이 없었던 것과 같은 효과를 발생하게 되는바, 행정청이 의료법인의 이사에 대한 (하자)이사취임 승인취소처분을 직권으로 취소한 경우에는 그로 인하여 이사가 소급하여 이사로서의 지위를 회복하게 되고, 그 결과 위 제1처분과 제2처분 사이에 법원에 의하여 선임결정된 임시이사들의 지위는 법원의 해임결정이 없더라도 당연히 소멸된다"고 판시하였고,91) ⓒ 광업권 취소의 취소가 문제된 사안에서도 "피고가 일단 취소처분을 한 후에 새로운 이해관계인이 생기기 전에 취소처분을 취소하여 그 광업권의 회복을 시켰으면 모르되, 피고가 본건 취소처분을 한 후에 원고가 본건 광구에 대하여 선출원을 적법히 함으로써 이해관계인이 생긴 이 사건에 있어서, 피고가 취소처분을 취소하여 광업권을 복구시키는 조치는 원고의 선출원권을 침해하는 위법한 처분이라고 하지 않을 수 없을 것이다"고 판시하였다.92)

### 3) 평 가

생각건대 취소의 취소가능성에 대한 부정설의 입장은 다음과 같은 점에서 문제가 지적될 수 있으므로, 긍정설이 타당하다고 본다.93)

(개) **직권취소의 기능측면**　직권취소의 경우는 법치행정의 원칙이라는 공익적 사정이 중심을 이룬다. 즉 취소처분이 갖는 법적 하자를 다시 취소함으로써 법치행정에 맞는 적법상태를 회복하려는 것이다. 따라서 이러한 관점을 그대로 유지하려면, 하자있는 행정행위가 존재하는 이상, 이를 시정하려는 직권취소는 원칙적으로 가능하여야 한다.

(내) **쟁송취소와의 구별문제**　이때에 취소의 직권취소가 부정되는 이유가 취소에 의하여 원처분이 소멸된 것이라는 논리가 기초가 된 것이라면, 이는 직권취소 뿐 아니라 쟁송취소의 경우에서도 그대로 타당하여야 한다. 직권취소는 행정청의 관점에서 원처분을 회복하려는 이해관계의 전제에서 출발하는 취소행위이고, 쟁송취소는 처분 상대방 등의 관점에서 원처분을 회복하려는 이해관계의 전제에서 논의를 전개하는 것이다.

따라서 판례의 태도처럼 취소에 의하여 원처분이 소멸되었다는 논리를 주장하려 한다면, 이는 직권취소와 쟁송취소 어느 경우에나 모두 타당하여야 할 것이다. 즉 쟁송취소의 경우에도 이전의 취소행위에 의하여 원처분은 소멸된 것으로 보아야 하며, 따라서 취소행위를 대상으로 한 취소소송을 제기한다면 이때에는 취소소송을 제기할 소의 이익이 없다는 논리를 전개하여야 할 것이다.

그러나 이러한 결론은 어느 취소처분의 취소소송에 관한 판례에서도 발견되지 않는다. 따라서 취소처분에 의하여 직권취소의 경우에만 원처분의 효력이 소멸된 것이

---

91) 대판 1997. 1. 21, 96누3401.
92) 대판 1967. 10. 23, 67누126.
93) 이 문제에 대한 상세한 검토는 류지태, "행정행위 취소의 취소", 행정판례연구 제9집, 2004 참조.

라는 논리를 전개하는 것은 문제가 있어 보인다.

㈐ 취소권제한법리의 적용문제  직권취소의 경우의 취소권제한의 법리는 취소의 대상행위에 대해 성립한 이해관계를 기초로 하는 것이므로, 이러한 논리는 취소행위를 재차 직권취소하려는 경우에도 굳이 구별할 필요가 있다고 보이지는 않는다. 즉 처분의 취소시에 원처분행위에 대해 성립한 신뢰보호 등의 이해관계는, 취소처분을 재차 취소하는 경우에도 동일하게 타당할 필요가 있다고 보인다. 따라서 취소처분 후에 취소처분을 대상으로 신뢰보호이익이 존재하면 재차 취소하려는 행위는 허용되지만, 다만 취소권제한의 법리가 적용되는 것으로 이해할 필요가 있다고 보인다. 이때의 새로운 이해관계는 처분 상대방에 의하여 형성되기도 하고(예컨대 납세자가 과세처분의 직권취소를 신뢰하여 과세하지 않을 것을 전제로 하여, 투자하거나 새로운 법률행위 등을 한 경우), 또는 제3자에 의하여 형성될 수도 있다(예컨대 판례상 나타나고 있는 광업권 취소에 대한 신뢰를 근거로 한 제3자의 선출원행위 등). 따라서 이러한 법리는 수익적 행정행위의 취소의 경우 뿐 아니라 부담적 행정행위의 취소의 경우에도 모두 가능할 것이다.

**기본사례 풀이**

### 1. 문제의 소재

### 2. 행정작용의 성질

문제의 대상이 되는 행정작용은 건축허가처분의 취소가능성 여부이다. 이는 수익적 행정행위를 대상으로 하는 것으로서 직권취소의 성질을 갖는다.

### 3. 취소가능성

(1) 이때의 취소의 사유로는 건축법상의 높이 제한규정의 위반을 검토할 수 있다(제60조).

(2) 취소권의 제한문제

이때의 취소대상이 되는 행정행위는 건축허가로서 수익적 행정행위이다. 따라서 당사자의 신뢰보호나 제3자의 법적 안정성 보장의 필요성과 공익과의 이익형량의 필요성이 제기된다. 따라서 취소권행사는 자유롭지 못하며, 개별적인 경우의 이익형량의 결과에 따라 공익이 우월한 때에만 취소권행사가 가능하게 된다.

(3) 사안의 경우

당해 사안에서 이익형량을 위하여는, 당사자인 甲자신의 신뢰보호 및 丙 이하 120세대의 이해관계, 당해 처분이 행해진 후 3년이 경과하였다는 사실(실권의 법리 적용문제) 등이 공익인 법률적합성의 원칙과 이익형량되어야 한다. 또한 사안에서는 불분명하지만 건축허가 신청을 통해 신뢰를 얻는 과정에서의 甲의 고의나 과실여부도 고려의 대상이 되어야 한다.

### (4) 결  론

따라서 당사자인 甲의 고의나 과실이 존재하지 않는다면 사익보호의 고려필요성이 공익보다 강한 것으로 인정될 수 있다고 판단된다. 따라서 취소권행사가 제한된다고 보아야 한다. 그러나 반대의 경우로서 甲의 고의나 과실이 존재하는, 보호할 가치가 없는 신뢰가 존재하는 경우라고 하더라도 丙 이하 120세대의 이해관계와 이미 건물이 완성되어 있다는 사실관계에 비추어 취소가능성이 인정되기는 어렵다고 생각된다.

## V. 행정행위의 철회

### 1. 철회의 의의

행정행위의 철회란 행정행위 성립 당시 하자 없이 유효하게 성립한 행정행위를 사후에 발생한 사유에 의해서, 행정기관이 장래에 향해서 그 효력을 소멸시키는 행정행위를 말한다. 실무나 판례상으로는 취소의 용어로 많이 사용되고 있으나, 개념상으로는 서로 구분되어야 한다. 즉 행정행위의 효력상실사유가 후발적인 점에서, 따라서 그 효과로서 소급효가 인정될 수 없는 점에서 직권취소와 구별된다.

### 2. 철회권의 행사

#### (1) 주  체

처분행정청은 당연한 주체가 되나 감독기관이 철회권을 행사할 수 있는지에 대해서는 견해가 대립한다. 그러나 직권취소의 경우와 마찬가지 논리에 의해 명문규정이 없는 한 감독권의 내용에는 직접적인 철회권이 포함된다고 볼 수는 없으므로, 감독관청은 철회권 행사의 주체가 될 수 없다고 보아야 할 것이다.

#### (2) 철회사유

철회의 사유는 행정행위의 효력을 계속하여 더 이상 존속시킬 수 없는 새로운 사유가 발생한 경우를 의미하며, 구체적으로는 다음의 경우를 들 수 있다.

#### 1) 사정변경의 경우

행정행위의 발령 당시와는 다른 사정변경이 존재하는 경우 당해 행정행위는 장래에 향하여 철회될 수 있다. 그러한 사유로는 ㉠ 근거법령의 변경, ㉡ 법정요건이 흠결된 경우(예: 국민기초생활보장법 제5조에 따른 요건을 피보호자가 더 이상 갖추지 못하는 경우), ㉢ 중요한 공익상의 요청이 있는 경우 등을 들 수 있다. 특히 공익상의 요청이 있는 때에는 법률의 근거(예: 도로법 제97조 제1항에 의해 공공의 이익이 될 사업을 위하여 특히 필요한 경우)를 요한다는 점을 유의할 필요가 있다.

### 2) 상대방의 의무위반의 경우

처분을 받은 상대방의 법령위반행위나 부담의 불이행이 있을 경우에도 당해 행정행위는 철회될 수 있다. 다만 이때의 철회수단은 비례성의 원칙상 최후의 수단으로서만 허용될 수 있다. 따라서 의무위반의 내용이나 정도에 따라서 경고나 영업정지처분 등 경미한 제재수단의 행사가 가능하며, 의무위반의 횟수나 정도가 심한 때에 마지막 수단으로써 철회권 행사가 가능하게 된다.

### 3) 철회권 유보의 경우

수익적 행정행위에 부관으로서 철회권 유보가 있는 때에는 그 유보된 사실이 발생한 경우에 철회권 행사가 가능하게 된다.

### (3) 법적 근거의 필요성 문제

행정행위의 철회에 대하여는 취소의 경우와는 달리 그 사유가 법정되어 있는 것이 보통이다(식품위생법 제75조, 의료법 제65조 등). 그러나 철회사유는 존재하지만 그 법적 근거가 존재하지 않는 경우에는, 철회권 행사를 위하여 법적 근거를 필요로 하는가가 문제가 된다.

### 1) 견해의 대립

이때에 철회권 행사를 위하여 개별적인 법률의 명시적인 근거를 요하는가에 대하여는 견해가 대립하며, 행정행위에 대한 수권규정 이외의 별도의 법적 근거를 요하지 않는다는 것이 다수의 견해이다. 그 논거로서는 특히 중대한 공익상의 요청을 이유로 철회하려는 경우에 반드시 개별적 근거를 요한다면 결과적으로 철회할 수 없어 공익에 반한다는 사실을 지적한다.[94] 판례도 같은 입장이다.

> 행정행위 발령 후에 이를 취소(철회)할 별도의 법적 근거가 없다 하더라도, 원래의 처분을 존속시킬 필요가 없게 된 사정변경이 생겼거나 또는 중대한 공익상의 필요가 발생한 경우에는 그 효력을 상실케 하는 별개의 행정행위로 이를 취소(철회)할 수 있다.[95]

### 2) 개별적인 검토의 필요

그러나 이 문제는 획일적으로 판단될 것이 아니라 대상행위에 따라 개별적으로 검토되어야 한다고 본다. 특히 공익실현의 관점 못지않게 동시에 당해 철회와 관련되는 당사자의 이해관계 배려의 관점도 또한 고려되어야 할 것이다. 따라서 그 대상이 부담적 행정행위인 때에는 별도의 법령의 근거를 필요로 하지 않는다고 보아도 좋을 것이다. 그러나 수익적 행정행위의 철회의 경우에는 이로 인해 당해 행위가 부담적 행정행

---

94) 홍정선(상), 457면.
95) 대판 1995. 2. 28, 94누7713; 1995. 5. 26, 94누8266.

위로 변하므로 당사자의 이해관계가 배려되어야 한다. 따라서 당사자의 귀책사유가 있
거나 사전에 철회권이 유보되어 있는 경우에는 당사자의 이해관계 배려의 필요성이 별
로 크지 않으므로, 별도의 법률근거 없이 철회가 가능하다고 볼 수 있다.

그러나 새로운 사정의 발생으로 이에 적응하여 공익을 실현할 목적으로 철회권이
행사되는 경우에는 공익실현 못지않게 당사자의 이해관계 배려도 고려되어야 하며, 따
라서 이러한 경우를 대비한 별도의 법률근거를 요한다고 보아야 할 것이다.[96] 이는 특
히 이때의 철회가 직권취소의 경우와는 달리 행정행위 성립 당시에는 아무런 하자가
없었던 경우이므로, 원래 행정행위의 수권규정은 이때의 철회의 근거가 될 수 없다는
사실에 비추어서도 별도의 법률근거를 필요로 한다고 보아야 할 것이다.

### (4) 철회권 행사의 제한

철회권의 경우에도 취소권의 경우와 마찬가지로 그 행사가 자유로운가의 문제가
제기된다. 이는 이익형량의 필요성 여부와 관련되는 문제이다.

#### 1) 부담적 행정행위의 철회

이때의 철회행위는 당사자에 대한 기존 불이익의 제거행위이므로 원칙적으로 자
유롭다고 본다. 따라서 철회권 행사는 제한되지 않는다(예컨대 영업허가<br>정지처분의 철회). 그러나 예외적으로
행정행위를 존속시켜야 할 중대한 공익이 존재하는 경우나 행정행위를 철회한 후에 다
시 동일한 내용의 행정행위를 발령해야 되는 경우[97]에는 제한된다고 볼 수 있다.[98]

#### 2) 수익적 행정행위의 철회

이 경우에는 당사자의 신뢰보호나 법적 안정성의 이해관계로 인하여, 철회권 행
사가 자유롭지 못하며 다음의 제한하에서만 철회권 행사가 인정된다.

①  이때의 철회행위는 당사자의 기득권에 대한 제한이나 박탈행위이므로, 당사자
    의 귀책사유가 존재하지 않는 경우에는 별도의 법적 근거를 필요로 한다고
    보아야 한다.

②  이익형량 하에서만 가능하며, 이때에는 철회를 요청하는 공익이 상대방이나
    제 3 자의 신뢰보호의 이익보다 우월한 경우에만 허용된다.

③  비례성의 원칙상 상대방의 귀책사유가 있는 경우에도 최후의 수단으로서만 가
    능하다.

④  상대방의 귀책사유가 없는 경우에는 손실보상하에서만 가능하다.

---

96) 김남진·김연태(Ⅰ), 353면; 석종현·송동수(상), 359면; 정하중(총론), 308면; 장태주(개론),
    284면; 박균성(상), 435면.

97) 독일 연방행정절차법 제49조 제 1 항 참조. 이에 따르면 당해 행정행위가 기속행위이거나 재
    량행위로서 재량이 영으로 수축되는 경우를 들고 있다.

98) 한견우(Ⅰ), 603면.

⑤ 실권의 법리에 의해서도 제한될 수 있으며, 따라서 수익적 행정행위의 철회사유가 존재한 날로부터 일정기간이 경과한 후에는 더 이상 철회권을 행사하지 못한다고 보아야 한다(<sup>독일연방행정절차법</sup><sub>제49조 2항 참조</sub>). 참고로 판례에 의하면 당사자의 의무위반 행위가 있은지 3년이 경과한 후에 행한 철회처분은 당사자의 신뢰이익과 법적 안정성을 빼앗는 것으로서 허용되지 않는 것으로 보고 있다.99)

### (5) 철회절차

이에 관한 일반적인 규정은 없으나 수익적 행정행위가 대상인 경우에는, 관계당사자의 사전의견진술(청문)을 필요로 하는 경우가 많다.

## 3. 철회의 효과

### (1) 일반적 효과

1) 철회의 효력은 그 성질상 소급할 수 없고, 항상 장래에 향해서만 발생한다.

2) 철회로 인하여 행정기관이나 당사자는 원상회복의 의무가 생기며, 이에 따라 이미 지급된 문서나 물건의 반환을 요구할 수 있으나 이를 위해서는 별도의 법률의 근거를 요한다.

3) 당사자의 귀책사유 없이 철회되는 경우에는 손실보상이 요구된다. 그러나 이 경우에도 법적근거를 필요로 한다.

4) 철회행위의 효력은 당해 대상 행정행위에 한정하여 발생하는 것이 원칙이다(판례). 그러나 철회행위의 효력은 지역적 범위를 넘는 것이 인정되며, 다른 행정기관에 의하여도 존중되어야 한다.

> 한 사람이 여러 종류의 자동차운전면허를 취득하는 경우뿐만 아니라 이를 취소 또는 정지함에 있어서도 서로 별개의 것으로 취급함이 원칙이라 할 것이고, 그 취소나 정지의 사유가 특정의 면허에 관한 것이 아니고 다른 면허와 공통된 것이거나 운전면허를 받은 사람에 관한 것일 경우에는 여러 운전면허 전부를 취소 또는 정지할 수도 있다고 보는 것이 상당하지만, 한 사람이 여러 종류의 자동차 운전면허를 취득하는 경우 1개의 운전면허증을 발급하고 그 운전면허증의 면허번호는 최초로 부여한 면허번호로 하여 이를 통합관리하고 있다고 하더라도, 이는 자동차 운전면허증 및 그 면허번호 관리상의 편의를 위한 것에 불과할 뿐이어서, 여러 종류의 면허를 서로 별개의 것으로 취급할 수 없다거나 각 면허의 개별적인 취소 또는 정지를 분리하여 집행할 수 없는 것이 아니므로, 특정의 면허의 취소 또는 정지에 의하여 다른 운전면허에까지 당연히 그 취소 또는 정지의 효력이 미치는 것은 아니다(<sup>대판 1998.3.24,</sup><sub>98두1031</sub>).

---

99) 대판 1987. 9. 8, 87누373.

## (2) 철회의 하자

철회처분이 행정행위의 성질을 갖는 이상, 이에 하자가 존재하는 경우에는 일반적인 하자이론에 의해 해결되어야 한다. 따라서 그 하자가 중대하고 명백한 경우에는 무효로서 원처분이 영향을 받지 않게 된다. 그러나 취소사유 있는 하자인 때에 당해 철회처분을 취소할 수 있는가에 대해서는, 이미 설명한 취소의 하자의 경우와 같은 법리에 의해서 해결되어야 할 것이다. 따라서 철회처분에 대해서도 취소사유가 존재하는 한 직권취소를 인정할 수 있다고 본다.

# 제 4 절  행정행위의 부관

**기본 사례**

1. 甲은 자신의 집앞에서 하수도공사를 하기 위하여 도로점용허가를 강남구청장에게 신청하였다. 이에 대해 구청장 乙은 다음의 처분을 발령하였다. "신청된 도로점용허가는 발령한다. 그러나 이 허가를 받은 후 3개월 이내에 甲은 체납한 재산세를 납부하여야 한다." 甲은 이에 대해 다투고자 한다. 어떠한 법적 대응방법이 있는가?

2. 甲기업은 서울대공원을 건설하여 서울시에 기부채납하기로 하고, 건설공사를 완료하였다. 서울시는 甲의 신청에 대하여 무상으로 서울대공원의 사용을 허가하면서 그 기한을 20년으로 하였다. 甲은 이 기한으로는 투자한 자금 및 적정 이윤을 확보하지 못한다는 이유로 기한을 다투고자 한다. 어떠한 방법을 강구할 수 있는가?

3. 사회복지법인 甲은 노인복지시설을 건축하기 위하여 개발제한구역내의 건축허가를 신청하였다. 성북구는 인근 주민들이 반대하는 이유를 들어 인근 주민의 동의를 얻을 것을 건축허가의 단서로 하였다. 甲은 최선을 다하여 노력하였지만 주민들의 반대가 거세 동의를 받지 못하게 되자, 이러한 단서를 다투고자 한다. 어떠한 방법을 강구할 수 있는가?

(풀이는 304면)

## Ⅰ. 부관의 의의

### 1. 부관의 개념

부관이란 행정행위의 효과를 제한 또는 보충하기 위하여 행정기관에 의하여 주된 행정행위에 부가되는 종적인 규율을 말한다. 이는 행정기관의 의사에 기하지 않고 법령 그 자체에 의해 내용이 정해지는 법정부관과 구별되어야 한다.

예컨대 「광업법」 제28조에 의한 광업허가에 있어서는, 허가통지서를 받은 날로부터 30일 이내에 등록세의 납부와 등록을 신청하도록 되어 있고 등록신청을 결한 경우에 그 허가는 효력을 상실하도록 하고 있다. 그러나 이때의 등록신청요구는 행정기관의 의사와는 무관한 법령 자체의 규율이므로, 여기에서 논하는 행정행위의 부관과는 구별되어야 한다. 마찬가지로 판례는 "구 식품위생법 제23조의3 제4호(개정된 후의 현행 식품위생법 제24조 1항 4호도 같은 취지이다)는 공익상 그 허가를 제한할 필요가 있다고 인정되어 보건사회부장관이 지정하는 영업 또는 품목에 해당되는 때에는 영업의 허가 또는 품목제조의 허가를 할 수 없다고 규정하고 있고, 이에 근거한 구 식품제조영업허가기준(1975.9.1. 보건사회부 고시 제34호로 개정된 것) 제2조 제11호, 제4조 제1호는 보존음료수제조업의 신규허가는 하지 아니하되 다만 전량수출 및 외자도입법에 의하여 합작 또는 기술제휴하는 경우에는 신규허가를 할 수 있다고 규정하고 있으며, 구 식품제조영업허가기준(1984.5.25. 보건사회부 고시 제84-38호로 개정된 것) 제1조 제6호, 제2조 제4호는 보존음료수제조업을 구 식품위생법 제23조의3 제4호의 규정에 의한 허가제한영업으로 규정하면서 다만 전량수출을 목적으로 하거나 주한외국인에게 판매를 목적으로 하는 경우에는 그 허가를 할 수 있다고 규정하고 있으므로, 행정청이 보존음료수제조업의 허가를 하면서 붙인 전량수출 또는 주한외국인에 대한 판매에 한함이라고 붙인 허가조건은 법령이 직접 특정한 행정행위의 효과 또는 효력을 제한하기 위하여 부과한 이른바 법정부관으로서 허가관청의 재량으로 붙이는 부관과는 그 성질을 달리하므로, 부관부과에 관한 목적한계·비례평등의 한계일탈이라는 문제는 생기지 않는다"고 보았다.100)

### 2. 부관의 부종성

부관은 주된 행정행위와의 관계에서 종적인 지위를 가지며 밀접한 관련성을 갖는다. 따라서 주된 행정행위에 발생한 사정에 영향을 받게 된다. 이를 부관의 부종성이라고 한다. 이에 따라 부관은 형식적인 측면에서 주된 행정행위의 존재여부와 효력유무에 의존하게 되며, 내용적 측면에서 부관의 내용은 주된 행정행위와의 실질적 관련성이 있는 것에 한정하여 가능하게 되는 한계가 인정된다.

100) 대판 1994. 3. 8, 92누1728.

## 3. 부관의 기능

부관은 제한 없는 완전한 내용의 행정행위를 발령하기에는 아직은 문제가 되는 법적·사실적 장애물을 제거함을 그 목적으로 한다. 즉 당사자가 신청한 내용대로 행정기관이 행정행위를 발령하면서, 일정한 경미한 부분의 미비된 요건의 완결이나 이행을 그 내용으로 하여 주된 행정행위에 부가하는 것이 부관의 역할이다. 이로 인해 행정작용이 신축적이고 탄력적으로 운영될 수 있게 되며, 행정기관이나 당사자 모두에게, 미비된 요건을 이유로 거부하였다가 이 요건이 이행된 경우에 다시 신청하고 심사하는 시간과 노력을 절약시켜 주게 된다. 이러한 기능으로 인해 부관은 행정실무에 있어서 많이 이용되고 있다. 그러나 부관은 다른 한편으로 지나치게 이용됨으로써 과도한 규제와 후견이 될 위험성도 그 문제점으로서 지적되어야 한다.

부관이 갖는 이러한 탄력적 행정작용의 보장이라는 기능은 주로 미비된 행정행위 발령요건 존재시에 의미가 있는 것이다. 반면에 행정행위 발령요건을 모두 구비한 경우에는(특히 주된 행정행위가 / 재량행위인 경우 등 해당), 법치행정원칙을 계속적으로 확보하거나(특히 철회권 / 유보의 경우), 새로운 사회나 경제적 사정변화에 대응하기 위한 목적(특히 부담 / 유보의 경우), 주된 행정행위를 통하여 야기될 수 있는 갈등조정 등(특히 부담의 / 경우) 다른 공익적 목적을 달성하기 위하여도 부가될 수 있다.

## Ⅱ. 부관의 유형

부관은 주지하는 바와 같이 민법의 법률행위에서 사용되는 개념이며, 이것이 행정법의 영역에 도입된 것으로 볼 수 있다. 따라서 그 유형에서 아직도 민법에서의 유형인 조건과 기한이 행정법영역에 특유한 다른 유형들과 함께 사용되고 있다.

## 1. 조    건

### (1) 개    념

조건이란 행정행위의 효력의 발생 또는 소멸을 장래의 불확실한 사실에 의존시키는 부관을 말하며, 이에는 정지조건과 해제조건이 있다.

정지조건이란 조건의 성취에 의하여 비로소 행정행위의 효력이 발생하는 조건으로서, 예컨대 도로의 완공을 조건으로 한 여객자동차운수사업면허의 경우를 들 수 있다.

한편 해제조건이란 행정행위의 발령에 의하여 효력은 발생하나 조건의 성취에 의하여 그 법적 효과가 소멸하는 조건을 말한다. 예컨대 당해 허가를 이용하여 행하는 광물의 채취를 위해서는 반드시 사전적인 일정한 조치를 행할 것을 조건으로 하는 공유수면점용허가101)의 경우를 들 수 있다.

### (2) 특    성

이 부관에서 전제되는 장래의 불확실한 사실은 구체적으로는 정지조건에서는 객관적인 사실의 발생이 되나, 해제조건의 경우에는 부과된 일정한 내용의 의무의 불이행이 된다. 그러나 이러한 조건들의 성취여부가 현재 매우 불확실한 상태에 있다는 점에서 법적 관계에서 매우 불안정한 측면을 갖게 된다. 이때 해제조건에서 부과되는 의무는 다른 부관인 부담과는 달리 불이행의 경우에도 강제되지 않고, 바로 주된 행정행위의 효력소멸에 연계된다는 점에 특색이 있다.

### 2. 기    한

#### (1) 개    념

이는 행정행위의 효력의 발생 또는 소멸을 장래 도래할 것이 확실한 사실(예 : 특정의 시기나<br>사건의 발생)에 의존하게 하는 종적인 규율을 말한다. 이에는 다시 시기(始期)(특정사실의 발생에<br>의하여 행정행위의<br>효력이 발생하는 기한 : 예컨대 공무원 임용행<br>위의 효력발생을 특정일자로 정하는 경우)와 종기(終期)(특정사실의 발생에 의하여 행정행위의 효력이 소멸하는<br>기한 : 예컨대 영업허가기간을 5년으로 정하는 경우)가 있고, 사실이나 시간도래가 확정된 기한인 확정기한과 현재로서는 시점을 확정할 수 없으나 도래할 것은 확실한 불확정기한(예컨대 종신으로 특정직<br>을 임명하는 경우)으로 분류할 수도 있다.

#### (2) 특    성

기한에서는 특히 종기가 도래한 경우의 행정행위의 효력문제가 논의의 중심이 된다. 통상적으로는 종기의 도래로 인하여 장래에 향하여 주된 행정행위의 효력이 소멸된다.

> 기간을 정한 개간허가처분은 기간연장 등의 특별한 사정이 없는 한, 기간경과 후에는 다시 개간행위를 할 수 없다는 의미에서 장래에 향하여 그 효력이 소멸한다 할 것이므로, 행정청이 그 허가기간 경과 후에 동 개간지역 내의 건물철거 등 부담의 이행을 촉구하였다 하여 그것만으로 개간허가 연장신청이 묵시적으로 받아들여진 것이라고 단정할 수 없다(대판 1985.2.8,<br>83누625).

그러나 이때의 행정행위의 효력상실 여부는 일률적으로 고찰할 것이 아니고 개별적 행정행위의 성질에 따라 다르게 해석되어야 한다. 즉 주된 행정행위가 일회성을 갖는 경우인가 또는 계속적인 성질을 갖는 경우인가에 따라 다르게 고찰되어야 한다. 전자의 경우는 종기의 도래가 바로 행정행위의 효력소멸에 지향되어 있지만(예컨대 인감증명<br>발급행위 등),

---

101) 대판 1976. 3. 23, 76다253.

계속적 성격을 갖는 행정행위의 경우(예컨대 영업허가 등)의 종기의 의미는 당해 주된 행정행위 효력의 소멸에 지향되어 있다고 보기보다는, 변경(갱신)기간으로 보는 것이 합리적이다.

[1] 일반적으로 행정처분에 효력기간이 정하여져 있는 경우에는 그 기간의 경과로 그 행정처분의 효력은 상실되며, 다만 허가에 붙은 기한이 그 허가된 사업의 성질상 부당하게 짧은 경우에는 이를 그 허가 자체의 존속기간이 아니라 그 허가조건의 존속기간으로 보아 그 기한이 도래함으로써 그 조건의 개정을 고려한다는 뜻으로 해석할 수 있지만, 이와 같이 당초에 붙은 기한을 허가 자체의 존속기간이 아니라 허가조건의 존속기간으로 보더라도 그 후 당초의 기한이 상당기간 연장되어 연장된 기간을 포함한 존속기간 전체를 기준으로 볼 경우 더 이상 허가된 사업의 성질상 부당하게 짧은 경우에 해당하지 않게 된 때에는 관계 법령의 규정에 따라 허가 여부의 재량권을 가진 행정청으로서는 그 때에도 허가조건의 개정만을 고려하여야 하는 것은 아니고 재량권의 행사로서 더 이상의 기간연장을 불허가할 수도 있는 것이며, 이로써 허가의 효력은 상실된다(대판 2004.3.25, 2003두12837).

[2] 일반적으로 행정처분에 효력기간이 정하여져 있는 경우에는 그 기간의 경과로 그 행정처분의 효력은 상실되고, 다만 허가에 붙은 기한이 그 허가된 사업의 성질상 부당하게 짧은 경우에는 이를 그 허가 자체의 존속기간이 아니라 그 허가조건의 존속기간으로 보아 그 기한이 도래함으로써 그 조건의 개정을 고려한다는 뜻으로 해석할 수는 있지만, 그와 같은 경우라 하더라도 그 허가기간이 연장되기 위하여는 그 종기가 도래하기 전에 그 허가기간의 연장에 관한 신청이 있어야 하며, 만일 그러한 연장신청이 없는 상태에서 허가기간이 만료하였다면 그 허가의 효력은 상실된다(대판 2007.10.11, 2005두12404).

[3] 허가에 붙은 기한이 그 허가된 사업의 성질상 부당하게 짧아 그 기한을 허가조건의 존속기간으로 볼 수 있는 경우에 허가기간이 연장되기 위하여는 그 종기 도래 이전에 연장에 관한 신청이 있어야 하는지 여부(적극)   일반적으로 행정처분에 효력기간이 정하여져 있는 경우에는 그 기간의 경과로 그 행정처분의 효력은 상실되고, 다만 허가에 붙은 기한이 그 허가된 사업의 성질상 부당하게 짧은 경우에는 이를 그 허가 자체의 존속기간이 아니라 그 허가조건의 존속기간으로 보아 그 기한이 도래함으로써 그 조건의 개정을 고려한다는 뜻으로 해석할 수는 있지만, 그와 같은 경우라 하더라도 그 허가기간이 연장되기 위하여는 그 종기가 도래하기 전에 그 허가기간의 연장에 관한 신청이 있어야 하며, 만일 그러한 연장신청이 없는 상태에서 허가기간이 만료하였다면 그 허가의 효력은 상실된다(대판 2007.10.11, 2005두12404).

그러나 물론 이러한 경우에 종기의 경과 후에 당해 허가가 갱신되지 않는다고 하여 당사자가 신뢰보호 등을 주장하여 다툴 수는 없다고 보아야 한다. 대법원 판례의 입장 또한 그러하다.

사행행위의 허가(사안에서는 투전기업 허가)는 그것이 비록 갱신허가라고 하더라도 종전의 허가처분을 전제로 하여 그 유효기간을 연장하여 주거나 기간연장신청을 거부하는 행정처분이라기보다는 종전의 허가처분과는 별도의 새로운 행정처분이라고 보아야 할 것이므로, 허가관청은 기존 허가받은 자에 대해서 다시 허가를 할 때에는 신법 소정의 허가요건 및 허가를 제한하고 있는 경우에 해당하고 있는지 여부를 새로이 판단하여 허가여부를 결정하여야 하며, 재허가를 불허하더라도 기득권박탈이나 신뢰보호원칙에 어긋난다고 할 수 없다($\substack{대판\ 1993.5.25,\\ 93구4177}$).

## 3. 부    담

### (1) 개    념

부담이란 행정행위의 주된 내용에 결부하여 상대방에게 작위·부작위·급부 등의 의무를 부과하는 부관을 말한다. 이는 주로 수익적 행정행위를 대상으로 한다($\substack{예컨대\\ 사립대학\\ 인가를 발령하면서 일정한 미비된\\ 시설의 보완의무를 부과하는 경우}$).

### (2) 법적 성질

부담은 다른 부관과는 달리 주된 행정행위의 일부로서가 아니라 그 자체로서 독립된 행정행위로서의 성질을 갖는다. 따라서 부담은 그 자체로서 독립적인 행정소송과 강제집행의 대상이 된다. 그러나 부관으로서의 성질을 가지므로 부담에 있어서도 주된 행정행위의 존재여부나 효력여하에 의존하게 된다.

### (3) 조건과의 구별

부담은 일정한 내용의 의무를 부과하는 점에서 특히 해제조건과 유사한 면을 갖는다. 그러나 양자는 그 효과 면에서 많은 차이를 나타내므로 서로 구별되어야 한다.

#### 1) 정지조건부 행정행위와의 구별

부담이 부가된 행정행위는 곧바로 효력이 발생하며 부담의 성취여부가 주된 행정행위의 효력요건이 되는 것이 아닌 반면에, 정지조건부 행정행위는 조건의 성취로 비로소 효력이 발생하게 된다. 또한 부담은 의무를 부과하는 것이고 따라서 의무불이행시에 강제적으로 관철시킬 수 있는 반면에, 정지조건은 의무의 부과가 아니어서 강제적으로 관철시킬 수 없다는 점에서도 차이를 나타내게 된다.

#### 2) 해제조건부 행정행위와의 구별

㈎ 일반적인 구별    해제조건의 경우는 조건의 성취로 당연히 행정행위 효력이 소멸하게 되는 것이나, 부담이 부가된 행정행위는 의무의 불이행의 경우에도 행정행위는 당연히 소멸하지 않고 별개의 철회처분의 행사가능성만 존재하게 된다. 예컨대 영업허가의 발령시에 필요한 조건을 부과하였으나($\substack{식품위생법\\ 제37조 2항}$), 이 조건을 위반한 경우에는 허가관청은 그 허가를 취소($\substack{철회의\\ 의미}$)할 수 있도록 하고 있다($\substack{동법 제75조\\ 1항 7호}$). 그러나 구체적으로 해제

조건과 부담은 그 구별이 용이하지 않다. 다음의 구별기준이 검토될 수 있다.

   (나) 구별기준

   ① 객관적인 행정목적    이때 우선 행정기관의 주관적 의사나 의도는 외부로 나타나지 않으므로 단지 참고의 기능만을 가질 뿐이고, 해제조건과 부담의 구별을 위한 결정적 기준은 되지 못한다. 이보다는 행정기관이 부관의 부가로 인하여 객관적으로 달성하고자 하는 행정목적이 더 중요한 기준으로 인정되어야 한다. 즉 의무부과를 통하여 당사자로부터 기대되는 행위가 이행되지 않는 경우에는 당해 행정행위의 목적을 달성할 수 없는 것인 때에는 해제조건부 행정행위가 되고, 의무의 불이행시에도 행정행위 목적달성에 중요한 장애가 되지 않는다고 인정되는 때에는 부담부 행정행위로 보아야 한다. 따라서 당해 의무 불이행상태의 계속적인 존속이 주된 행정행위와의 목적달성에 비추어 참을 수 없는 정도이어서, 행정기관도 이러한 의무불이행을 예측할 수 있었다면 당해 행정행위를 처음부터 발령하지 않았으리라고 생각되는 경우에만 해제조건으로 인정될 수 있다. 따라서 해제조건은 예외적으로만 부가된다고 볼 것이다.

   ② 불명확한 경우    그러나 양 유형의 부관구별이 구체적인 경우에 의심스러운 때에는 부담부 행정행위로 추정되어야 한다. 그 이유로는 첫째, 조건은 당사자의 권리보호를 위해 불리하다는 점을 들 수 있다. 즉 조건의 이행여부가 불확실할 때가 많이 존재하여 법적 안정성에 불리하다고 볼 수 있다. 둘째, 부담은 이에 반해 법적 명확성에 유리하고 당사자에게 미치는 불이익의 정도가 작다. 즉 비례성의 원칙에서 보아 당사자에게 최소한의 침해가 되는 처분이 행해져야 하므로 부담으로 추정되어야 하는 것이다.

   (다) 판례의 입장    판례 역시 기본적으로 같은 입장에 서있는 것으로 보인다. 즉 판례에 의하면 '건축사용승인 신청시까지 단지 내 침범된 인근 건축물의 담장 부분을 철거한 후 사용승인신청을 하여야 한다'는 담장철거 부관은 건축법 제 1 조, 제 3 조 등, 건축법시행령 제 9 조 제 1 항 및 건축법시행규칙 제 6 조 제 1 항의 내용에 비추어 건축허가와는 별개의 독립한 이행의무를 부과하는 이른바 부담이라고 단정하기 어려운 면도 엿보이고, 또 기록에 의하면 피고가 위 부관 부가시 그 불이행의 경우에는 건축허가를 취소할 수 있다는 의사표시를 한 것으로 볼 수 있는 여지도 있어서, 위 부관의 필요성, 부관 부가시 행정청인 피고의 의사나 위와 같은 내용의 부관 불이행시 행정청이 취하여 온 행정관행 등이 어떠한 것인지 등을 더 심리하여 보기 전에는 위 부관의 법적 성격이 단순한 부담인지, 해제조건이나 철회권의 유보인지도 분명치 아니할뿐더러, 만일 부담이라고 본다면 건축행위의 성격과 관련하여 그 근거는 무엇인지를 밝혀 그 당부를 가려내야 할 것이라고 판시하였고,102) 그러한 점에서 특히 "공유수면점용허가

---

102) 대판 2000. 2. 11, 98누7527.

를 발령하면서 '규사채취는 해수의 침수영향을 방지할 사전예방조치를 하고 당국의 승인을 받은 후 실시할 것'이라고 되어 있다면 이러한 행정행위의 부관은 부담이라기보다는 오히려 조건에 속한다고 한다"고 판시한 바 있다.103)

## 4. 철회권의 유보

### (1) 개    념

철회권 유보는 행정행위에 부가하여 특정한 사정이 발생한 경우(예컨대 의무위반 등)에 행정행위를 철회할 수 있는 권한을 유보하는 부관을 말한다. 이는 행정행위 당사자의 지속적인 의무이행을 확보할 필요가 있을 때에 사용되며, 또한 당사자에게 사후에 철회의 가능성이 있음을 시사하여 보호가치 있는 신뢰가 성립하는 것을 미리 배제시키는 의미도 갖고 있다.

구체적인 경우에는 철회권 유보라고 명시하지 아니하고 단지 조건의 외형을 가지고 있는 경우에도 의미상 철회권 유보로 해석하여야 할 경우도 존재할 수 있다. 예컨대 판례에 의하면 "기본재산전환인가의 인가조건으로 되어 있는 사유들은 모두 이 인가처분의 효력이 발생하여 기본재산 처분행위가 유효하게 이루어진 이후에 비로소 이행할 수 있는 것들이고, 인가처분 당시에 그 처분에 그와 같은 흠이 존재하였던 것은 아니므로, 이러한 법리에 의하면 위 사유들은 모두 인가처분의 철회사유에 해당한다고 보아야 하고, 인가처분을 함에 있어 위와 같은 철회사유를 인가조건으로 부가하면서 비록 철회권 유보라고 명시하지 아니한 채 조건불이행시 인가를 취소할 수 있다는 기재를 하였다 하더라도 위 인가조건의 전체적 의미는 인가처분에 대한 철회권을 유보한 것이라고 봄이 상당하다"고 판시하였다.104)

### (2) 철회권의 행사문제

그러나 이때에도 특정한 사정이 발생한 경우에 반드시 철회되어야 하는 것은 아니며, 이때의 철회권 행사는 행정행위의 철회권 행사의 일반적인 원리에 따르게 된다. 따라서 공익상의 필요성, 당사자의 이해관계, 법적 안정성 등을 모두 고려하여 철회권 행사가 결정된다. 즉, 구체적인 철회권의 행사는 행정청의 재량행위이며 이때에는 재량의 한계가 고려되어야 한다. 이러한 의미에서 판례도 "새로이 개설된 농수산물도매시장을 활성화하고 유통구조를 개설할 필요가 있으며 법에서 정한 위탁경매를 하지 않았다는 이유로 기존 농수산물도매시장의 존속 중에 그 시장에 있어서 필수적 존재인 도매시장법인의 지정을 취소권유보의 부관에 터잡아 취소한 처분은 재량권의 일탈·남용에 해

---

103) 대판 1976. 3. 23, 76다253.
104) 대판 2003. 5. 30, 2003다6422.

당한다"고 판시하였다.105)

한편 철회권 행사에 있어서 당사자는 철회권 행사의 가능성을 이미 알고 있는 상태이므로 신뢰보호를 이유로 이를 다툴 수 없다. 따라서 당사자의 신뢰이익의 보상문제도 발생되지 않는다.

### 5. 부담유보(부담의 추가, 변경 또는 보충권의 유보)

#### (1) 개    념

부담유보란 행정행위에 대해 부관으로서의 부담을 사후적으로 추가·변경·보충할 수 있는 권한을 미리 유보하는 부관을 말한다. 이는 독일 연방행정절차법 제36조 제 2 항 제 5 호에 규정되고 있는 것으로서, 그 인정여부를 둘러싸고 우리나라에서 논의되는 것이다. 학자에 따라서는 행정행위의 사후변경의 유보라고도 한다.106)

부담유보는 철회권 유보와 마찬가지로 보호가치 있는 신뢰의 성립을 배제시키는 기능을 한다. 부담유보의 존재의의로서는 사회적·경제적 변화 및 기술발전에 상응한 탄력적인 행정작용의 내용확보의 필요성이 주장된다. 특히 행정작용의 특정한 효과(예컨대 이웃주민에 대한 소음공해의 발생 이나 원자력발전소의 안정성 문제 등)가 발령당시에는 명확하게 확정될 수 없는 경우에 실제적인 의미를 갖게 된다.

#### (2) 법적 성질

이 성질에 관해서 우리나라에서는 철회권유보의 일종으로 보는 견해와,107) 이와 구별되는 별개의 새로운 내용의 부관으로 보는 견해가 주장된다.

생각건대 철회권의 유보는 특정사실의 발생시에 기존 수익적 효과를 철회할 수 있는 데 반해, 부담유보의 경우는 장래의 일정한 사실의 발생시에 새로운 의무를 부과할 수 있음을 유보하는 것이므로 양자는 서로 구분되어야 할 것이다. 따라서 후자의 견해가 타당하다고 본다.

### 6. 부관성의 인정여부가 논란되는 대상

위의 부관 이외에도 학자들간에 부관성 자체가 논의되는 대상들이 있다.

---

105) 대판 1998. 8. 21, 98두8919.
106) 김남진·김연태(Ⅰ), 268면; 한견우(Ⅰ), 502면.
107) 이상규(상), 322면.

### (1) 수정부담

#### 1) 개　념

수정부담이란 행정기관이 당사자가 신청한 내용의 행정행위와 다르게 행정행위의 내용을 정하여 발령하는 경우를 말한다. 즉 수정부담이란 통상적인 부관으로서의 부담처럼 부가적인 이행의무를 부과하는 것이 아니라, 본래의 행정행위의 내용에 질적인 변경·수정을 가하여 발할 때에 문제가 되는 것이다. 예컨대 甲이 행정기관에 대해 A국으로부터의 쇠고기 수입허가를 신청하였던바, 허가기관이 甲에 대해 B국으로부터의 쇠고기 수입허가를 부여하는 것과 같은 경우를 말한다. 이 경우에 수정부담은 상대방이 수정된 행정행위의 내용을 받아들임으로써 완전한 효력을 발생하게 된다.

결국 수정부담에 있어서는 '부담'이라는 점이 중요한 것이 아니라, 당사자의 신청에 반하여 행정행위의 내용이 제한되고 변경된다는 점이 특색으로 나타나게 된다. 즉 상대방인 시민은 자신이 신청한 바를 얻을 수 없다는 점이 문제되는 것이다. 따라서 이와 같은 관점에서 볼 때에 '수정된 부담'이라기보다는 '수정된 허가'라는 표현이 더 타당할 수 있게 된다. 이 개념은 독일의 연방행정법원의 판례를 통하여 만들어진 개념으로서,[108] 그 특유한 명칭으로 인하여 그 법적 성질과 관련하여 논의가 제기되는 것이다.

#### 2) 법적 성질(부관성의 인정문제)

이에 대해서는 수정부담을 부관의 일종으로서 보는 견해와, 부관이 아니라 독립적인 행정행위로서 보는 견해로 나뉘고 있다.

생각건대 이 경우에 있어서는 신청된 주된 행정행위의 내용 자체를 행정기관이 질적으로 변경하는 것이므로, 신청된 행정행위를 허용하면서 단지 그 효과를 제한하는 부관과는 구별되어야 한다고 보아야 할 것이다. 따라서 이에 대해서는 부관의 성질을 인정할 수 없고 새로운 행정행위로 보아야 한다. 이 개념이 만들어진 독일에서도 지배적 견해는 이를 부관으로서의 부담으로 보지 않고 새로운 행정행위로서 이해하고 있다. 따라서 만약 상대방이 수정부담에 있어서의 내용적 제한이나 변경을 받아들이지 않으려는 경우에는, 그 제한이나 변경을 바로 다툴 수는 없고 본래 자신이 신청하였던 행정행위의 발령을 소구하여야 할 것이다. 또한 당사자가 수정부담의 내용을 이행하지 않는 경우에는 통상의 부담의 경우와는 달리 이를 강제할 수 없고, 단지 그 효력을 철회할 수 있을 뿐이다.

---

108) 예컨대 BVerwGE 36, 154.

## (2) 법률효과의 일부배제

### 1) 개 념

법률효과의 일부배제란 법령이 당해 행정행위에 부여하고 있는 법률효과의 일부의 발생을 배제시키는 행정기관의 행위를 말한다. 예컨대 택시의 영업허가를 부여하면서 부제운영을 하도록 하는 경우(여객자동차운수사업법 제4조 3항) 등이 그것이다. 이는 그 실질적인 내용에 있어서 법률 자체가 인정하고 있는 법률효과의 일부를 행정기관이 배제하는 것이기 때문에 반드시 법률에 근거가 있어야만 가능하다고 보아야 한다.

### 2) 법적 성질

우리나라의 일반적 견해는 이를 부관으로 본다. 판례 또한 마찬가지이다. 즉 판례는 "행정행위의 부관은 부담의 경우를 제외하고는 독립하여 행정소송의 대상이 될 수 없는 것인바, 지방국토관리청장이 일부 공유수면매립지에 대하여 한 국가 또는 직할시 귀속처분은 매립준공인가를 함에 있어서 매립의 면허를 받은 자의 매립지에 대한 소유권취득을 규정한 공유수면매립법 제14조의 효과 일부를 배제하는 부관을 붙인 것이고, 이러한 행정행위의 부관은 위 법리와 같이 독립하여 행정소송 대상이 될 수 없다"고 하여 기본적으로 법률효과의 일부배제라는 부관의 존재를 인정한다.[109]

그러나 이에 대해서는 이는 신청된 내용의 일부에 대한 제한으로서 주된 행정행위의 구성부분이기에 부관으로서의 성질을 부인하고, 새로운 행정행위의 성질을 갖는 것으로 보는 견해도 있다.[110]

## Ⅲ. 부관의 한계(허용성)

### 1. 부관의 법적 근거(부관과 법률유보)

부관은 그 내용상 당사자에게 불리한 효과를 발생시키므로 법률유보원칙의 적용문제를 야기한다. 결국은 개별·구체적인 경우 당해 처분에 대하여 어떤 요건하에서 부관이 허용될 수 있는지에 대해서는 해당 처분근거규정으로부터 도출되어야 한다. 만약 부관규정이 흠결되어 있거나, 있더라도 요건의 보완을 요하는 경우에는 보충적으로 행정법의 일반원칙이 동원되어야 한다. 특히 부당결부금지원칙의 한 내용인 목적적 관련성의 요청에 따르면 부관은 본체인 행정행위의 목적에 반할 수 없다.[111]

이러한 목적위배 금지의 원리는 일차적으로 행정청의 재량행위를 상정한 것이겠

---

109) 대판 1993. 10. 8, 93누2032.
110) 서원우, "행정행위의 부관론에 대한 재검토", 고시계, 1985. 11월호, 50면.
111) 독일의 연방행정절차법 제36조 제3항은 이 점을 명문으로 규정하고 있다.

지만, 기속적 행정행위를 배제하는 것은 아니며, 그 의미는 행정행위의 경향에 부합하지 아니하는 부관(예컨대 행정청이 건축허가를 발령하면서, 건축금지의 부담을 부가하는 경우.)을 배제하는 데에 있다. 다만 일정한 행정행위, 예컨대 귀화허가나 공무원임명 등은 부관과 친하지 아니하다고 보아야 한다. 왜냐하면 이러한 행정행위의 주된 규율은 기본적으로 부관에 의한 제한을 수인할 수 없는 성질의 것이기 때문이다.

## 2. 부관의 가능성(부관의 대상)

이는 행정의 어떠한 행위에 대하여 부관을 붙일 수 있는가에 관한 문제이다. 주로 논의되는 대상은 다음의 행위이다.

### (1) 준법률행위적 행정행위

판례와 학설의 일부는 법률행위적 행정행위에 대해서만 부관을 붙일 수 있고, 준법률행위적 행정행위에는 의사표시의 존재를 인정할 수 없으므로 부관을 붙일 수 없다고 한다.

> 매립준공인가는 매립면허에 대한 단순한 확인행위가 아니며, 인가는 당사자의 법률적 행위를 보충하여 그 법률적 효력을 완성시키는 행정주체의 보충적 의사표시로서의 법률행위적 행정행위인 이상 매립면허의 양도허가시 및 준공인가시 부관을 붙일 수 있다(대판 1975.8.29, 75누23).

그러나 부관의 가능성 문제는 개별적 행정행위의 성질에 따라서 고찰해야 한다고 본다. 따라서 법률행위적 행정행위이면서도 부관을 붙일 수 없는 경우가 있는 반면에 (예컨대 귀화 허가처분), 준법률행위적 행정행위이면서도 법률규정 자체에 의하여 허용되기 때문에 부관을 붙일 수 있는 경우도 있다(예컨대 인감증명발급행위, 자동차 검 사증의 유효기간, 여권의 유효기간 등). 이에 비추어 법률행위적 행정행위에만 부관을 한정하는 것은 타당하지 않다고 본다.

### (2) 부담적 행정행위

행정기관이 부담적 조치를 할 때에도 조건과 기한과 같은 부관을 부가할 수 있을 것이다. 독일 연방행정절차법 제36조는 이러한 가능성을 명문으로 규정하고 있다. 특히 부담적 제 3 자효를 발하는 수익적 행정행위(예컨대 이웃에게 부담적 효과를 발하는 건축허가가 발령되는 경우)에 붙은 부관의 경우가 그러한 이해관계를 야기하는 대표적인 예에 해당할 것이다.

### (3) 수익적 행정행위

부관의 가능성 문제는 부담적 행정행위보다는 오히려 수익적 행정행위와 관련해서 더 많은 논의가 가능하다. 특히 당해 행정행위가 기속행위인 경우와 재량행위인 경우로 나누어 살펴볼 수 있다.

### 1) 기속행위의 경우

기속행위에 대하여 부관을 붙일 수 있는가에 대해서는 견해가 대립한다.

㈎ **학 설**　다수의 견해는 기속행위의 성질상 행정기관이 법률에 의해서 부여되는 법효과를 제한할 수는 없으므로 기속행위에는 부관을 붙일 수 없다고 주장하나, 다른 견해에 의하면 부관의 부가를 통하여 행정행위의 발령을 위한 법률요건의 충족이 보장되는 경우에는 기속행위에도 허용된다고 한다.112)

㈏ **판 례**　대법원 판례의 일관된 입장에 의하면 기속행위에 붙은 부관은 무효라고 본다.

> [1] 기속행위 내지 기속적 재량행위 행정처분에 부담인 부관을 붙인 경우 일반적으로 그 부관은 무효라 할 것이고 그 부관의 무효화에 의하여 본체인 행정처분 자체의 효력에도 영향이 있게 될 수는 있지만, 그러한 사유는 그 처분을 받은 사람이 그 부담의 이행으로서의 증여의 의사표시를 하게 된 동기 내지 연유로 작용하였을 뿐이므로 취소사유가 될 수 있음은 별론으로 하여도 그 의사표시 자체를 당연히 무효화하는 것은 아니다($\substack{\text{대판 1998.12.22,}\\\text{98다51305}}$).
> [2] 건축허가를 하면서 일정 토지를 기부채납하도록 하는 내용의 허가조건은 부관을 붙일 수 없는 기속행위 내지 기속적 재량행위인 건축허가에 붙인 부담이거나 또는 법령상 아무런 근거가 없는 부관이어서 무효이다($\substack{\text{대판 1995.6.13,}\\\text{94다56883}}$).

㈐ **사 견**　생각건대 이 문제는 당해 기속행위를 둘러싼 행정청과 그 상대방인 국민의 이해관계 대립을 어떻게 합리적으로 조화시킬 것인가에 달려있다고 본다. 왜냐하면 일반적으로 행정청의 기속행위에 대해서는 당사자는 청구권을 가지기 마련인데, 요건이 충족되어 당연히 행정행위가 발급될 것으로 알던 국민으로서는 당해 처분에 부관이 부가되리라는 것은 전혀 기대할 수 없으며, 행정청으로서도 법률규정상 당해 처분을 발령하여야 하는 의무가 있음에도 불구하고 그 내용을 제한하는 종된 규율을 추가하려면 그에 대한 정당성이 특별히 뒷받침되어야 하기 때문이다. 그러한 점에서 행정청의 기속행위에 대해서는 전통적으로 부관을 붙일 수 없다고 보는 통설과 판례의 입장도 일응 수긍할 수 있다.

그러나 기속행위라 하더라도 예외적으로 위와 같은 이해관계의 대립을 충분히 조정할 수 있는 한계내에서라면 부관을 부가하는 것이 허용될 수 있다고 보아야 하고, 그러한 경우만큼은 수익적 행정행위에 대한 청구권을 가지는 당사자도 당해 수익적 처분에 부관이 붙을 수 있음을 고려할 수 있어야 한다. 그러한 한계로는 다음과 같은

---

112) 김남진·김연태(Ⅰ), 272면; 석종현·송동수(상), 290면.

두 가지를 들 수 있다.

① **법치주의적 한계**  기속행위인 당해 수익적 행정행위에 대하여 부관을 부가하는 것이 정당화되고 그 상대방인 국민으로서도 이를 수긍할 수 있는 이해관계의 조정행위는 오늘날의 민주적 법치국가하에서는 의회만이 가능하다고 보아야 한다. 따라서 기속행위에 대해서 부관을 붙이는 것이 허용되기 위해서는 당해 행정행위의 근거법률이 부관수권(Nebenbestimmungsermächtigung)을 명시적으로 규정하고 있어야 하며, 부관이 부가되어 당해 행정행위의 발령을 위한 법률요건의 충족이 보장됨으로써 본래 입법자가 당해 행정행위를 기속행위로 규정한 취지가 실현될 수 있어야 한다.

예컨대 부담의 경우 행정기관은 수익적 행정처분을 발령하여야 하나(기속행위) 신청인이 당해 기속적 수익처분의 모든 요건을 충족하지 못할 때에는 당해 법률상 요건이 충족될 것을 보장하는 의무부과를 부가하여 수익적 조치를 발급할 수 있다. 다만 부관 부가의 가능성은 법령상 명시적으로 규정되어 있을 것을 요한다.

특히 실무상 중요한 의미를 갖는 것은 허가유보부 예방적 금지의 해제의 경우이다. 그러한 금지는 어떤 행위를 원칙적으로 억제하려는 것이 아니라 오히려 행정기관에 의한 타당성심사(Unbedenklichkeitsprüfung)의 가능성을 열어놓는데 의미가 있다. 심사결과 타당성이 있다고 판단되는 행위는 허가되어야 마땅하다. 이는 기본권적 법률유보의 법리로부터 나오는 것이다. 즉, 입법자는 기본권행사의 영역에 있어서는 금지의 범위와 허가요건을, 관련인이 언제 당해 허가가 가능할 수 있는지에 대하여 예측할 수 있도록 확정해 놓아야 한다. 행정청의 재량은 단지 예외적으로만 고려될 수 있다. 명확성(불확정 법개념의 문제)에 대한 요청은 기본권에 대한 제약이 강하면 강할수록 높아진다. 이 경우 부관은 바로 당해 금지법률로부터 도출할 수 있어야 하며, 당해 금지법률에 의해 추구되거나 그와 관련되는 이해관계만을 보장하여야 한다. 부관은 이처럼 당해 금지법률과 밀접하게 부합되어져 있는 한에서만 제한적으로 허용될 수 있다.

② **내용적 한계**  기속행위에 대하여 부관을 부가하는 것이 예외적으로 허용될 수 있다고 하더라도 실제로 행정청이 부관을 부가할 여지는 비교적 좁다고 보아야 한다. 여기에는 당해 행정행위의 내용적 측면도 고려될 수 있기 때문이다. 부관가능성을 고려할 수 있는 기속행위로서의 수익적 조치로는 대표적으로 사회보장급부나 공공시설의 이용과 같은 공법상 금전 또는 물건의 급부행위를 들 수 있다. 그런데 사회보장 영역에서의 행정행위는 일반적으로 부관과 친하지 아니하다. 이는 사회보장급부와의 관계에서 그 요건충족을 보장하는 부관은 결과적으로 당해 행정법관계의 관계인들에게 수인하기 어려운 불안정성을 가져올 것이기 때문이다. 입법자도 이러한 경우에는 부관수권을 규정하지 않아야 할 것이다.

### 2) 재량행위의 경우

재량행위의 경우는 일반적으로 법령상 부관을 부가할 수 있는 취지의 규정이 있는 경우에는 당연하고, 이러한 법적 근거가 없어도 그 재량수권의 범위 안에서 부관을 부가할 수 있다고 이해된다. 그러므로 예컨대 부담의 경우와 같이 주된 행정행위에 의한 효과 이상의 의무를 부과하는 내용의 부관은, 법률의 명시적 근거규정이 있거나 해석을 통하여 인정될 수 있어야 하며, 그렇지 않은 경우에는 주된 행정행위에 대한 재량수권의 범위 안에서만 가능한 것이므로, 이른바 재량의 한계문제를 적용하여, 이러한 부관부가가 재량의 남용이나 일탈에 해당하는가의 여부가 검토되어야 하는 것이다. 또한 철회권유보의 경우는 행정행위의 철회 자체를 법적 근거 없이도 할 수 있는가의 문제와 연계되는 문제이므로, 이 문제가 긍정되는 전제하에서는 철회권유보도 법적 근거 없이 부가할 수 있다는 논리가 성립가능하게 될 것이다.[113)]

특히 허가유보부 억제적 금지는 법률이 더 상위의 법익과 충돌하는 행위를 억제하려는 취지라는 점에서 허가유보부 예방적 금지와 구별하여야 한다. 그와 같은 금지법률이 재량허가수권을 내포하는 경우에는 당해 허가는 '의무에 합당한 재량'에 따라 부관을 부가하여 발령될 수 있다. 행정기관은 그의 재량을 그 수권의 목적에 상응하여 행사하여야 하며 재량의 한계를 준수하여야 한다. 기속행위로서의 허가와 달리 행정청은 이러한 '자유로운' 허가를 발령함에 있어 자유로운 결정의 여지를 가지는바, 당해 허가의 발령을 적법하게 거부할 수도 있고, 부관을 부가하여 발령할 수도 있다.

그러나 이때의 재량행사와 관련한 합목적성고려는 완전히 자유로운 것은 아니다. 행정기관은 각각의 법률의 목적에 구속된다. 행정기관은 당해 수권법률에서 전혀 연결점을 찾을 수 없는 사항을 고려에 넣기 위하여 재량을 남용할 수 없으며, 나아가 당해 허가의 발령을 가능하게 하거나 불가능하도록 하는 경합하는 대립적 상황들에 대하여 그 객관적으로 용인되는 바에 상응한 중요성을 부여하여야 한다. 이때 부관은 당해 행정행위가 원인을 제공할 수 있는 불이익을 차단 또는 제거하거나 저감하는 데 기여할 수 있다.

재량행사의 한계는 기본권, 사회국가원리 및 비례성원칙으로부터 나올 수 있는바, 허가유보부 억제적 금지의 경우에도 관련 기본권과 비례성원칙은 —부관이 부가된 상태에서도— 준수되어야 한다. 특히 재량영역에서 행정청이 어떤 범위내에서 부관의 힘을 빌려 다른 법영역의 이해관계를 관철하거나 경제적 반대급부의 제공을 결부시킬 수 있는지 여부는 부당결부금지원칙에 의한 통제하에서 판단되어야 한다. 즉, 법치국가원리 및 비례성원칙으로부터 도출되는 부당결부금지원칙은 부관의 부가와 관련한

---

113) 藤田宙靖, 行政法 Ⅰ, 제 3 판, 1993, 192면 이하 참조.

재량행사의 한계원리로 작용한다. 그렇다면 비례성원칙으로부터 부관의 내용인 반대급부 등은 그에 의하여 추구되는 이해가 정당하고 상당한 경우에만 용인될 수 있다는 결론이 도출된다.

[ 1 ] 수익적 행정행위에 있어서는 법령에 특별한 근거규정이 없다고 하더라도 그 부관으로서 부담을 붙일 수 있으나, 그러한 부담은 비례의 원칙, 부당결부금지의 원칙에 위반되지 않아야만 적법하다. 지방자치단체장이 사업자에게 주택사업계획승인을 하면서 그 주택사업과는 아무런 관련이 없는 토지를 기부채납하도록 하는 부관을 주택사업계획승인에 붙인 경우, 그 부관은 부당결부금지의 원칙에 위반되어 위법하지만, 지방자치단체장이 승인한 사업자의 주택사업계획은 상당히 큰 규모의 사업임에 반하여, 사업자가 기부채납한 토지 가액은 그 100분의 1 상당의 금액에 불과한 데다가, 사업자가 그 동안 그 부관에 대하여 아무런 이의를 제기하지 아니하다가 지방자치단체장이 업무착오로 기부채납한 토지에 대하여 보상협조요청서를 보내자 그때서야 비로소 부관의 하자를 들고 나온 사정에 비추어 볼 때 부관의 하자가 중대하고 명백하여 당연무효라고는 볼 수 없다(대판 1997. 3. 11,<br>96다49650).

[ 2 ] **행정청이 수익적 행정처분을 하면서 부관으로 부담을 붙이는 방법**  수익적 행정처분에 있어서는 법령에 특별한 근거규정이 없다고 하더라도 그 부관으로서 부담을 붙일 수 있고, 그와 같은 부담은 행정청이 행정처분을 하면서 일방적으로 부가할 수도 있지만 부담을 부가하기 이전에 상대방과 협의하여 부담의 내용을 협약의 형식으로 미리 정한 다음 행정처분을 하면서 이를 부가할 수도 있다(대판 2009.2.12,<br>2005다65500).

### 3. 부관의 시간적 한계(사후부관의 인정문제)

이는 부관을 행정행위 발령 당시가 아니라 사후에도 붙일 수 있는가에 관련되는 문제이다.

### (1) 부 정 설

이에 의하면 부관은 주된 행정행위에 부종하는 것이므로 사후에 부가하는 것은 부관의 부종성에 반하게 되어 부정된다고 본다.

### (2) 긍 정 설

이는 다시 견해가 세분화되어, 부담의 독립적 행정행위로서의 성격을 근거로 부담의 경우에만 사후부관을 인정하는 견해와,114) 일정한 요건하에서 모든 부관의 경우에 인정하려는 견해로 나뉜다. 다수입장인 후자의 견해에서는 그 요건으로서, 법령의 명문규정에 의해 허용되거나 행정행위 그 자체가 사후부관을 예상하고 있거나 또는

---

114) 박윤흔(상), 398면; 이상규(상), 326면.

상대방이 동의한 경우에 한한다는 논거를 주장하고 있다.[115]

## (3) 판　　례

판례에서도 부관의 시간적 한계의 문제로서의 사후부관의 개념을 인정한다. 예컨대 대법원은 행정청이 종합주류도매업면허를 하면서 그 면허조건으로 "무자료판매 및 위장거래의 금액이 부가가치세 과세기간별 총주류판매금액의 100분의 20이상인 때에는 면허를 취소한다"는 부관을 붙였다면 이는 행정청이 행정행위를 한 후에 새로이 붙이는 부관인 이른바 사후부관이라고 볼 수 없고, 또 위와 같은 면허는 이른바 일방적 행정행위로서 상대방의 동의를 필요로 하지 않는 것이라고 판시한 바 있다.[116]

다만 사후부관 인정의 요건을 명확히 하고 있지는 않으나, 판례에서는 이따금 다수설이 제시하는 것과 동일한 논거를 이른바 '부관의 사후변경'이 허용되는 범위를 논하는 경우에도 원용하고 있다. 예컨대 대법원은 "행정처분에 이미 부담이 부가되어 있는 상태에서 그 의무의 범위 또는 내용 등을 변경하는 부관의 사후변경은, 법률에 명문의 규정이 있거나 그 변경이 미리 유보되어 있는 경우 또는 상대방의 동의가 있는 경우에 한하여 허용되는 것이 원칙이지만, 사정변경으로 인하여 당초에 부담을 부가한 목적을 달성할 수 없게 된 경우에도 그 목적달성에 필요한 범위 내에서 예외적으로 허용된다"고 판시한 바 있다.[117]

기본적으로 판례는 사후부관과 부관의 사후변경을 동일한 논거하에 긍정하는 것으로 보인다. 그러나 엄격한 의미에서 사후부관과 부관의 사후변경은 구별하여야 할 것이다.

## (4) 평　　가

부관의 부종성 요구는 행정작용의 명확성과 당사자의 권리보호의 기능을 실현하는 면을 갖는다. 따라서 사후적으로 부관을 붙이는 경우에도 이러한 요청이 확보될 수 있다면 탄력적으로 해석하는 것이 합리적이다. 이에 비추어 당해 법령이나 행정행위 자체가 사후부관의 가능성을 예정하고 있는 경우라면 행정작용의 명확성 확보의 측면에서 이 요청을 충족하는 것이 되고, 다른 한편 당사자 동의의 존재는 당사자 보호의 측면에서 이 요청을 충족하는 것으로 볼 수 있을 것이다. 따라서 긍정설의 두 번째 입장에 따른다.

---

115) 김철용, "행정행위의 부관", 고시계, 1977. 12월호, 85면 이하; 김남진·김연태(Ⅰ), 274면; 홍정선(상), 477면.
116) 대판 1992. 8. 18, 92누6020.
117) 대판 1997. 5. 30, 97누2627.

288 제 3 편  행정작용론

## Ⅳ. 부관의 하자

부관의 부가행위도 행정작용의 한 유형이므로 어떠한 경우에도 법치행정의 요구로부터 벗어날 수 없으며, 이러한 부관이 실질적으로는 주된 행정행위의 수익적 효과를 여러 측면에서 제한하는 성질을 갖는 것이므로 잘못된 부관은 당사자의 법적 지위의 보장을 위하여 바로잡아야 할 것이다. 이러한 점에서 부관의 하자의 문제와 이와 관련한 당사자의 권리구제 문제의 중요성이 제기된다.

### 1. 부관의 하자사유

부관이 행정작용으로서 효력을 갖기 위해여는 다른 일반적인 경우와 마찬가지로 그 적법성의 요건을 충족하여야 한다. 이러한 요건을 흠결하는 경우에는 부관으로서의 법적 효력이 인정되지 못하게 되며 하자 있는 부관이 된다. 이와 같이 부관을 위법하게 만드는 대표적인 하자사유로는 다음의 경우를 들 수 있다.

(1) 부관의 내용은 법령에 위반되어서는 안 된다. 따라서 내용이 적법해야 하고 실현 가능해야 한다.

[ 1 ] 구 건축법 제72조, 같은법 시행령 제118조 등 관련 규정에 의하면 건축주가 2m 이상의 담장을 설치하고자 하는 경우에는 이를 신고하여야 한다고 규정하고 있을 뿐 건축 관계 법령은 건축물 건축시 반드시 담장을 설치하여야 한다는 취지의 규정은 두지 아니하고 있으므로, 행정청이 건축변경허가를 함에 있어 건축주에게 새 담장을 설치하라는 부관을 붙인 것은 법령상 근거 없는 부담을 부가한 것으로 위법하다 $\left(\begin{smallmatrix} \text{대판 } 2000.2.11, \\ 98누7527 \end{smallmatrix}\right)$.

[ 2 ] 재량행위에 있어서는 법령상의 근거가 없다고 하더라도 부관을 붙일 수 있는데, 그 부관의 내용은 적법하고 이행가능하여야 하며 비례의 원칙 및 평등의 원칙에 적합하고 행정처분의 본질적 효력을 해하지 아니하는 한도의 것이어야 한다 $\left(\begin{smallmatrix} \text{대판 } 1997.3.14, \\ 96누16698 \end{smallmatrix}\right)$.

[ 3 ] 행정청이 재량행위인 수익적 행정처분을 하면서 처분의 상대방에게 일정한 의무를 부과하는 부담을 부가하였다면 이러한 부담은 독립하여 행정소송의 대상이 되는 행정처분이 된다 할 것인데, 행정처분의 위법 여부는 행정처분이 있을 때의 법령과 사실상태를 기준으로 하여 판단하여야 하고, 처분 후 법령의 개폐나 사실상태의 변동에 의하여 영향을 받지 않으므로, 행정청이 수익적 행정처분을 하면서 부가한 부담 역시 처분 당시 법령을 기준으로 위법 여부를 판단하여야 하고, 부담이 처분 당시 법령을 기준으로 적법하다면 처분 후 부담의 전제가 된 주된 행정처분의 근거 법령이 개정됨으로써 행정청이 더 이상 부관을 붙일 수 없게 되었다 하더라도 곧바로 위

법하게 되거나 그 효력이 소멸하게 되는 것은 아니라고 할 것이다. 따라서 행정처분의 상대방이 수익적 행정처분을 얻기 위하여 행정청과 사이에 행정처분에 부가할 부담에 관한 협약을 체결하고 행정청이 수익적 행정처분을 하면서 협약상의 의무를 부담으로 부가하였으나 부담의 전제가 된 주된 행정처분의 근거 법령이 개정됨으로써 행정청이 더 이상 부관을 붙일 수 없게 된 경우에도 곧바로 협약의 효력이 소멸하는 것은 아니다(고속국도 관리청이 고속도로 부지와 접도구역에 송유관 매설을 허가하면서 상대방과 체결한 협약에 따라 송유관 시설을 이전하게 될 경우 그 비용을 상대방에게 부담하도록 하였고, 그 후 도로법 시행규칙이 개정되어 접도구역에는 관리청의 허가 없이도 송유관을 매설할 수 있게 된 사안에서, 위 협약이 효력을 상실하지 않을 뿐만 아니라 위 협약에 포함된 부관이 부당결부금지의 원칙에도 반하지 않는다고 한 사례)( 대판 2009.2.12, 2005다65500 ).

(2) 부관의 내용은 주된 행정행위가 추구하는 목적을 넘어서는 안 된다. 따라서 주된 행정행위와 부관 사이에는 실질적인 관련성이 존재해야 한다. 이때에는 부당결부금지의 원칙이 주요한 의미를 갖는다.

**행정처분과 실제적 관련성이 없어 부관으로 붙일 수 없는 부담을 사법상 계약의 형식으로 행정처분의 상대방에게 부과할 수 있는지 여부(소극)**　　공무원이 인·허가 등 수익적 행정처분을 하면서 상대방에게 그 처분과 관련하여 이른바 부관으로서 부담을 붙일 수 있다 하더라도, 그러한 부담은 법치주의와 사유재산 존중, 조세법률주의 등 헌법의 기본원리에 비추어 비례의 원칙이나 부당결부의 원칙에 위반되지 않아야만 적법한 것인바, 행정처분과 부관 사이에 실제적 관련성이 있다고 볼 수 없는 경우 공무원이 위와 같은 공법상의 제한을 회피할 목적으로 행정처분의 상대방과 사이에 사법상 계약을 체결하는 형식을 취하였다면 이는 법치행정의 원리에 반하는 것으로서 위법하다(지방자치단체가 골프장사업계획승인과 관련하여 사업자로부터 기부금을 지급받기로 한 증여계약은 공무수행과 결부된 금전적 대가로서 그 조건이나 동기가 사회질서에 반하므로 민법 제103조에 의해 무효라고 본 사례)( 대판 2009.12.10, 2007다63966 ).

(3) 부관은 법의 일반원칙( 예컨대 비례성의 원칙, 평등의 원칙 등 )을 위반해서는 안 된다.

구 수산업법 제45조 제1항에 의하여 준용되는 같은 법 제12조에 의하여 공익상 필요하다고 인정할 때에는 어업의 허가에 제한 또는 조건을 붙일 수 있는 것인바, 위 부관은 그것이 법률에 위반되거나 이행 불가능하거나 비례 또는 평등의 원칙에 크게 어긋나거나 또는 행정처분의 본질적인 효력을 해하는 등 그 한계를 일탈하였다고 볼 만한 특별한 사정이 없는 한 쉽게 효력을 부정하여서는 안 된다( 대판 1999.12.24, 98다57419, 57426 ).

## 2. 하자있는 부관의 효과

부관의 부가에 있어서 위와 같은 사유에 의하여 하자가 존재하는 경우에는 부관의 위법성의 문제가 제기된다. 이러한 위법성의 효과는 다시 개별적으로 위법성의 효과에 관한 문제나 다른 내용의 부관으로의 전환 가능성의 문제 등을 발생하게 한다.

### (1) 위법성의 효과

위법한 부관은 그 효과로서 무효가 되거나 또는 취소할 수 있는 행정작용이 된다. 여기서 무효와 취소의 구별기준으로는 행정행위하자 일반론에 따라 중대명백설이 적용된다. 따라서 하자가 중대하고 명백한 경우에는 무효인 부관이 되며 그렇지 아니한 경우는 취소사유인 부관이 된다고 일응 말할 수 있다. 그러나 구체적인 하자의 효과는 각 사안마다 개별적인 검토를 요한다고 할 것이다.

#### 1) 무효인 부관의 경우

예컨대 정지조건의 내용이 객관적으로 발생할 수 없는 사건을 규정하고 있다면 이는 불가능한 부관으로서 무효인 부관이 된다. 또한 무효인 부담의 예시로는 그 의무이행이 실현불가능한 부담을 들 수 있는바, 이때의 불가능성은 의무가 부과된 상대방을 기준으로 하며 제 3 자의 경우라면 실행가능한 것인가의 여부는 기준으로 인정되지 않는다. 또한 그 표현이 불명확한 부담도 상대방에 대한 특정의무부과의 효력이 인정될 수 없으므로 무효가 된다고 볼 것이다.

> 부관부 행정처분에 있어서 그 부관의 내용은 적법하여야 하고, 그 이행이 가능하여야 하며, 위법하거나, 그 이행이 불가능하여 그 하자가 명백하고 중대한 때에는 그 부관은 무효라고 할 것이나, 임야에 대한 개간허가처분과 같은 수익적 처분을 함에 있어서 원고의 노력과 비용으로 개간지역 내에 있는 사설 분묘와 건축물을 이해관계인과 원만히 협의하여 관계법규에 의한 절차에 따라 이를 이장 내지 철거하도록 부관을 부과한 것은 설사 위 분묘와 건축물이 적법하게 이장 내지 건축된 것이라 하더라도 그 철거 내지 이장이 불가능하다거나 개인의 사유재산권을 침해하는 위법한 것이라고 볼 수 없어 위 부관이 무효라고 할 수는 없다(대판 1985. 2. 8, 83누625).

#### 2) 취소사유인 부관의 경우

그러나 이에 반하여 주된 행정행위의 효과를 제한하는 의미를 갖지 못하는 부관이 부가된 때에는 취소사유인 하자로 보게 된다. 또한 주된 행정행위와의 실질적 관련성이 결여된 부담의 부가의 경우도 그 하자의 내용이 중대하다고 볼 수 없으므로 취소할 수 있는 하자가 된다고 보아야 할 것이다. 판례도 같은 입장으로 보인다.

지방자치단체장이 사업자에게 주택사업계획승인을 하면서 그 주택사업과는 아무런
관련이 없는 토지를 기부채납하도록 하는 부관을 주택사업계획승인에 붙인 경우, 그
부관은 부당결부금지의 원칙에 위반되어 위법하지만, 지방자치단체장이 승인한 사업
자의 주택사업계획은 상당히 큰 규모의 사업임에 반하여, 사업자가 기부채납한 토지
가액은 그 100분의 1 상당의 금액에 불과한데다가, 사업자가 그 동안 그 부관에 대하
여 아무런 이의를 제기하지 아니하다가 지방자치단체장이 업무착오로 기부채납한 토
지에 대하여 보상협조요청서를 보내자 그때서야 비로소 부관의 하자를 들고 나온 사
정에 비추어 볼 때 부관의 하자가 중대하고 명백하여 당연무효라고는 볼 수 없다
($\binom{대판 1997.3.11,}{96다49650}$).


## (2) 부관하자가 주된 행정행위에 미치는 효과
### 1) 문제의 의의
부관의 하자는 부관 자체의 무효 또는 취소사유 여부를 논하는 것에서 더 나아가
그러한 하자있는 부관이 부가된 본체인 행정행위의 효력에는 어떤 효과가 미치는지에
관심이 집중된다.

이때의 부관의 하자의 효과를 검토함에 있어서는 부관을 통하여 달성하려는 공익
적 이해관계와, 특정 행정행위의 신청자의 이해관계가 모두 반영되어야 한다. 즉, 이
러한 부관의 부가는 주된 수익적 행정행위를 아무런 제약 없이 발령하는 것이 아니라
는 의미를 내포하는 것이므로, 부관의 하자가 바로 이러한 부관이 존재하지 않은 경
우와 동일하게 취급하여 부관이 없는 행정행위로서의 효력을 발생하는 것으로 이해될
수는 없을 것이다.

### 2) 학설과 판례
이와 관련하여 우리의 일반적 견해는 부관의 하자가 주된 행정행위에 미치는 효
과에 대하여 당해 무효 또는 취소사유인 부관이 주된 행정행위에서 본질적인 부분 또
는 중요부분에 해당하는 경우에만 주된 행정행위도 그 효력을 상실한다고 보고 있다.
판례 또한 같은 입장으로 보인다.

[1] 기부채납의 대가로서 발령된 도로의 점용허가에 있어서 점용기간은 행정행위
의 본질적인 요소에 해당하는 것으로 보며, 따라서 점용기간을 정함에 위법이 있으면
도로점용허가 전부가 위법이 있다($\binom{대판 1985.7.9,}{84누604}$).

[2] 공유재산의 관리청이 기부채납된 행정재산에 대하여 하는 사용·수익의 허가
는 관리청이 공권력을 가진 우월적 지위에서 행하는 행정처분임에도 불구하고, 원심
이 이 사건 시설물에 대한 사용·수익의 허가가 행정처분이 아니라는 이유로 이 사
건 소 중 예비적 청구부분을 부적법하다고 판단한 데에는 행정처분에 관한 법리를

오해한 위법이 있고, 이는 판결 결과에 영향을 미쳤음이 분명하다(이 사건 허가에서 그 허가기간은 행정행위의 본질적 요소에 해당한다고 볼 것이어서, 부관인 허가기간에 위법사유가 있다면 이로써 이 사건 허가 전부가 위법하게 될 것이다)(<sup>대판 2001.6.15,</sup><sub>99두509</sub>).

### 3) 검 토

생각건대 이러한 기준은 일응 타당하다고 보여진다. 이를 위에서 언급한 부관의 각 하자사유에 따라 개별로 구체화 해보면 다음과 같다.

#### ㈎ 부관의 내용이 불명확한 경우

행정작용의 명확성 요청은 상대방에게 일정한 행정작용의 내용을 주지하게 하는 기능 외에, 당해 행정작용을 기초로 한 다른 새로운 법률관계의 안정성을 보장하기 위하여도 필요로 되는 기본적 요건이다. 따라서 불명확한 내용의 부관은 부관뿐 아니라 경우에 따라서는 전체 행정행위 자체를 위법하게 만드는 효과가 발생하게 된다. 이는 특히 부관의 불명확성으로 인하여 주된 수익적 행정행위의 범위나 내용이 해석을 통하여도 확정될 수 없는 경우에 발생하는 것이다.

예컨대 정지조건이나 해제조건의 부관이 부가된 때에 전제로 되어 있는 조건의 내용이 무엇을 의미하는지가 불명확한 경우에는, 주된 수익적 행정행위의 효력발생의 기산점이나 종료시점이 불명확하게 된다. 또한 기한의 경우에도 특정시점이 흠결되어 있는 경우에는 동일한 문제가 발생하게 된다.

물론 이때에 단순하게 부관의 외형적 표시행위가 잘못되어 있는 데에 불과하고 그 효력에 대해서는 명확하게 인식할 수 있는 때에는 불명확한 부관의 경우로 볼 필요는 없을 것이다.

#### ㈏ 부관의 내용이 불가능한 경우

부관의 불가능성은 부관의 내용이 행정작용의 대상인 상대방의 관점에서 보아 실행불가능하거나 또는 객관적으로 실현불가능하기 때문에 부관으로서의 통상적인 법적 효과가 발생하지 못하는 경우를 말한다. 그러나 이러한 불가능한 부관의 경우에도 통상적으로는 주된 행정행위가 이로 인해 위법하게 되지는 않으며, 부관이 없는 행정행위로서의 의미를 갖게 된다.

따라서 정지조건의 부관 내용이 도래하는 것이 불가능한 경우라면 주된 수익적 행정행위의 효과는 결코 발생하지 않게 되어 이러한 경우는 사실상 행정기관이 주된 행정행위를 거부한 것으로 이해되어야 하며, 해제조건의 내용이 불가능한 경우에는 수익적인 주된 행정작용의 내용은 그 밖의 다른 사유로 인하여 철회될 때까지 계속적인 효력을 갖게 된다.

그러나 부담인 부관이 대상인 경우에는 사정은 다소 다르게 나타난다. 즉, 부담은

그 내용이 주된 수익적 행정행위와 실질적인 관련성을 갖는 집행가능한 의무의 부과이
며, 의무의 불이행에 대해서는 행정상의 강제집행의 방법이 허용되는 특색을 갖는다.
따라서 이때의 의무불이행에 대한 행정상의 강제집행이나 일정한 제재의 부과는 상대
방이 당연히 하여야 할 의무를 이행하지 않는다는 사정에 근거하여 부과되는 것이다.
따라서 상대방이 의무를 이행하는 것이 불가능한 상황에서는 이러한 의무의 이행과 관
련을 갖는 수익적 효과의 주장이나 일정한 제재의 부과는 모두 발생하지 않게 된다.
이러한 이유로 하여 불가능한 부담은 전체 행정행위를 위법한 것으로 만들게 된다.

(대) 기타 헌법상의 원칙에 반하는 내용의 부관이나 주된 행정행위와 실질적 관련성이 없는
내용의 부관의 경우

이때에는 본체인 주된 행정행위에서 차지하는 부관부분의 의미를 각 사안마다 개
별·구체적으로 검토하여야 할 것으로서, 하자 있는 부관이 무효이거나 취소되는 경
우 당해 부관이 주된 행정행위에서 본질적인 부분 또는 중요부분에 해당하는 경우에
만 주된 행정행위도 그 효력을 상실하며, 그렇지 아니한 경우에는 본체인 주된 행정
행위는 부관 없는 행정행위로서 유효하게 효력을 유지한다고 할 것이다.

## (3) 다른 부관으로의 전환가능성 등

부관에 하자가 있어 주된 행정행위가 위법하게 되는 때에, 행정기관은 스스로 문
제가 된 부관을 삭제하거나 위법인 주된 행정행위를 적법한 내용으로 변경시킬 수 있
을 것이다. 물론 이러한 변경행위 등은 무제약적으로 허용되는 것은 아니며, 이러한
행위들로 인하여 당해 행정행위가 새로이 위법하게 되지 않는다는 전제하에서만 가능
하게 된다.

그 밖에도 또한 부관의 유형을 다른 것으로 변경하는 전환행위도 가능하다. 이는
하자 있는 행정행위에 있어서의 전환의 가능성을 부관의 경우에 적용하려는 것이다. 그
러나 주의할 것은 행정행위의 전환의 한계로서 논의되는 주요내용들은 이 경우에도 적
용되어야 한다는 점이다. 따라서 전환으로 인하여 새로이 교체된 부관은 당사자에 대한
법률효과에 있어서 그 불이익의 정도가 종전의 부관에 의한 경우보다 더 심하여서는
안 된다. 따라서 해제조건의 부관을 부담이나 철회권유보의 부관으로 전환하는 행위는
허용될 수 있을 것이다.

해제조건의 부관은 예정된 사실[118]이 발생함에 의하여 당연히 행정행위의 효력을
상실하게 하는 데 반하여, 부담이나 철회권유보의 경우는 예정된 사실이 발생하더라도
행정기관이 개별적인 사정에 비추어 행정행위의 철회 여부를 검토할 수 있는 것이므로
당사자에 미치는 효과에 있어서는 더 유리하다고 볼 수 있다.

---

118) 통상적으로 의무위반을 의미한다.

## 3. 하자있는 부관과 당사자의 권리구제

부관에 하자가 존재하여 위법하게 되는 경우에는 당사자는 행정쟁송의 방법을 통하여 자신의 권리를 구제받을 수 있다. 이때에는 부관의 하자를 이유로 하는 행정쟁송을 제기하게 된다.

이와 관련하여 이 경우에는 행정쟁송을 통하여 하자있는 부관 부분만을 별도로 다툴 수 있는가 또는 이러한 부관이 부가되어 있는 행정행위 전체를 다투어야 하는가의 문제가 검토되어야 하며, 그 외에도 법원의 심리에 있어서 주된 행정행위와 분리하여 부관만의 취소가 가능한가의 문제가 검토되어야 한다. 우리나라에서는 전자를 '부관의 독립쟁송가능성'의 문제로, 후자를 '부관의 독립취소가능성'의 문제로 논의하고 있다.

### (1) 부관의 독립쟁송가능성

### 1) 논의의 체계적 위치

부관의 독립쟁송가능성(학자에 따라서는 '독립'가쟁성'의 문제로 표현)이란 앞서 정의한 바와 같이 행정쟁송을 통하여 하자 있는 부관 부분만을 별도로 다툴 수 있는가 아니면 이러한 부관이 부가되어 있는 행정행위 전체를 다투어야 하는가의 문제이다. 그러나 이 문제와 관련하여 우리의 학설은 난맥상태를 보여주고 있다. 이는 논의영역이 정리되지 못하고 차원이 다른 문제들이 서로 혼란스럽게 섞여서 발생하는 문제로 보인다. 학설은 다음과 같은 문제영역별로 정리할 수 있어 보인다.

㈎ 의무이행소송과의 구별 문제   우선 다른 나라에서의 논의상황과의 차이를 인식할 필요가 있으며, 예컨대 독일은 우리와 달리 의무이행소송이 인정되고 있다는 사정이 고려되어야 한다. 따라서 독일에서는 위법한 부관에 대해, 그 방법으로서 하자 없는 내용의 부관 발령을 구할 것인가(의무이행소송 제기), 또는 불리한 내용이므로 취소소송 제기를 원칙으로 할 것인가의 논의를 중심으로 이 문제가 제기되고 있음을 유의할 필요가 있다. 독일의 학설을 보면, 이에 대해서는 ㉠ 부관의 유형별로 논의하는 입장(즉 부관 중 부담이나 부담유보의 경우에는 독립한 취소소송제기를, 다른 유형의 부관에 대해서는 의무이행소송제기를 인정하는 입장),119) ㉡ 주된 행정행위의 내용에 따라서 논하는 입장(즉 기속행위에 대해서는 독립한 취소소송제기를, 재량 행위에 대해서는 의무이행소송제기를 인정하는 입장), ㉢ 부관의 유형을 불문하고 모두 원칙적으로 취소소송의 대상으로 인정하는 입장120) 및 ㉣ 부관의 유형을 불문하고 모두 의무이행소송의 대상으로 인정하는 입장으로 나눌 수 있다.121) 그러나 우리나라나 의무이행소송 유형이 인정되

---

119) 독일 일부판례 및 종전의 지배적 견해의 입장이라고 한다.

120) 독일 학설상 비교적 많은 지지를 받고 있는 것으로 보이며, 확고한 판례의 입장이라고도 평가된다. 이 견해에서도 원칙적으로 취소소송의 대상이 됨을 인정하면서도, 주된 행정행위가 재량행위인 경우에는 의무이행소송의 대상이 된다고 보는 주장도 제기된다.

121) 독일 일부 견해라고 한다.

고 있지 않은 경우에는, 이러한 문제는 심도있게 제기되지 못하는 한계를 갖게 된다.[122]

(나) 부관만을 대상으로 한 취소소송 제기문제　위법한 부관에 대해 의무이행소송이 아니라 원칙적으로 취소소송을 제기하여야 한다는 논의에 따르게 되면, 다음으로는 부관에 대한 취소소송의 제기가능성을 어떻게 확정할 것인가의 문제가 검토되어야 한다. 이 논의영역은 무슨 기준으로 부관만을 대상으로 한 취소소송 제기논의를 구성할 것인가의 문제라고 볼 수 있으며, 이를 부관의 독립쟁송가능성의 문제라고 칭할 수 있다. 이때에는 처분성여부(우리 판례 및 다수 견해의 입장), 위법성의 존재여부, 소의 이익의 존재여부,[123] 또는 분리가능성의 존재여부 등의 다양한 기준이 제시된다. 일본의 경우에도 이 영역의 문제가 논의의 중점이 되어 있으며, 학설은 분리가능성 여부에 따라서 논의하는 입장이 주된 것으로 보인다.[124]

2) 학　설

부관의 독립쟁송가능성에 관하여 종래 우리나라에서는 다음과 같은 견해가 주장되고 있다.

(가) 부담만에 대해 인정하는 입장　이 입장은 부관 중에서 부담만에 대해서만 독립하여 행정쟁송을 제기할 수 있도록 하고, 그 외의 부관에 대해서는 주된 행정행위와 결합하여서만 행정쟁송을 제기할 수 있다는 견해이다.

이는 부담 이외의 부관은 그 자체로서 독자적인 행정행위성을 갖지 못하고 주된 행정행위의 한 부분으로서의 성질을 갖는 것이므로 부관과 함께 전체 행정행위를 행정쟁송의 대상으로 하여야 하는 데 반하여, 부담은 그 자체로서 독자적인 행정행위성을 갖는 것이므로 주된(또는 본체인) 행정행위와 분리하여 별도로 쟁송의 대상으로 할 수 있다고 본다. 우리나라에서의 다수의 견해이다.

(나) 모든 부관에 대해 인정하려는 견해　위와 같은 다수의 견해와는 달리, 일부 견해에 따르면 부관에 위법성이 존재하는 한 그 종류를 불문하고 모두 인정되거나,[125] 또는 소의 이익이 있는 한 모든 부관에 대하여 독립하여 행정쟁송을 제기할 수 있다고 한다.

(다) 그 밖의 견해　일부견해에서는 부관은 종속된 의사표시라는 이유에서 부관만을 따로 떼어서 독립적인 쟁송의 대상으로 할 수 없다는 견해, 본체인 행정행위에 중

---

122) 따라서 행정소송법이 개정되어 의무이행소송이 도입되면, 우리의 경우도 이 차원의 논의가 심도 있고 다양하게 논의될 수 있으리라고 전망된다.

123) 이 논의는 더 이상 주장되지 않는 것으로 보인다(김남진·김연태(Ⅰ), 제 8 판, 246면 참조).

124) 原田尙彦, 行政法要論, 제 5 판, 2004, 170면; 芝池義一, 行政法總論講義, 제 2 판, 1994, 189면; 藤田宙靖, 行政法 Ⅰ, 제 3 판, 1993, 193면.

125) 박윤흔(상), 410면; 이일세, "행정행위의 부관과 행정쟁송", 공법학의 현대적 지평(계희열교수 화갑기념논문집), 1995, 655면.

요한 요소인 부관인지 여부에 따라 독립된 쟁송의 대상여부가 결정된다는 견해 등이 주장되고 있다.

### 3) 판례의 입장

① 판례는 기한이나 법률효과의 일부배제와 같은 부관에 대하여는 본체인 행정행위와 합하여 하나의 행정행위를 이루는 것이어서 본체인 행정행위에 중요한 요소인 부관인지 여부에 상관없이 부관만을 따로 떼어서 독립한 쟁송의 대상으로 삼을 수 없고, 결국 당해 행정행위 전체를 대상으로 소를 제기하여야 한다고 보았다.

[1] **어업면허처분 중 그 면허유효기간만의 취소를 구하는 소의 적부**　　어업면허처분을 함에 있어 그 면허의 유효기간을 1년으로 정한 경우, 위 면허의 유효기간은 행정청이 위 어업면허처분의 효력을 제한하기 위한 행정행위의 부관이라 할 것이고 이러한 행정행위의 부관은 독립하여 행정소송의 대상이 될 수 없는 것이므로 위 어업면허처분 중 그 면허유효기간만의 취소를 구하는 청구는 허용될 수 없다($\frac{대판\ 1986.8.19,}{86누202}$).

[2] **기부채납받은 행정재산에 대한 사용·수익허가 중 사용·수익허가의 기간에 대하여 독립하여 행정소송을 제기할 수 있는지 여부**　　행정행위의 부관은 부담인 경우를 제외하고는 독립하여 행정소송의 대상이 될 수 없는바, 기부채납받은 행정재산에 대한 사용·수익허가에서 공유재산의 관리청이 정한 사용·수익허가의 기간은 그 허가의 효력을 제한하기 위한 행정행위의 부관으로서 이러한 사용·수익허가의 기간에 대해서는 독립하여 행정소송을 제기할 수 없다($\frac{대판\ 2001.6.15,}{99두509}$).

[3] **공유수면매립준공인가 중 매립지 일부에 대하여 한 국가귀속처분에 대하여 독립하여 행정소송의 대상으로 삼을 수 있는지 여부**　　행정행위의 부관은 부담의 경우를 제외하고는 독립하여 행정소송의 대상이 될 수 없는 것인바, 행정청이 한 공유수면매립준공인가 중 매립지 일부에 대하여 한 국가귀속처분은 매립준공인가를 함에 있어서 매립의 면허를 받은 자의 매립지에 대한 소유권취득을 규정한 공유수면매립법 제14조의 효과 일부를 배제하는 부관을 붙인 것이므로 이러한 행정행위의 부관에 대하여는 독립하여 행정소송의 대상으로 삼을 수 없다($\frac{대판\ 1991.12.3,}{90누8503}$).

② 그러나 부담에 대해서는 다른 부관과 달리 독자적인 행정행위로서의 성격을 가지므로 본체인 행정행위의 불가분적 요소가 아니며 단지 그 존속이 본체인 행정행위의 존재를 전제로 하는 것일 뿐이라는 점에서 부담은 그 자체로서 항고소송의 대상이 될 수 있다고 일관되게 보고 있다.

[1] **행정행위의 부관 중 행정행위에 부수하여 그 상대방에게 일정한 의무를 부과하는 행정청의 의사표시인 부담이 그 자체만으로 행정쟁송의 대상이 될 수 있는지 여부**　　행정행위의 부관은 행정행위의 일반적인 효력이나 효과를 제한하기 위하여 의사표시의 주된 내용에 부가되는 종된 의사표시이지 그 자체로서 직접 법적 효과를 발생하는 독립된 처분이 아니므로 현행 행정쟁송제도 아래서는 부관 그 자체만을 독립된 쟁송

의 대상으로 할 수 없는 것이 원칙이나 행정행위의 부관 중에서도 행정행위에 부수하여 그 행정행위의 상대방에게 일정한 의무를 부과하는 행정청의 의사표시인 부담의 경우에는 다른 부관과는 달리 행정행위의 불가분적인 요소가 아니고 그 존속이 본체인 행정행위의 존재를 전제로 하는 것일 뿐이므로 부담 그 자체로서 행정쟁송의 대상이 될 수 있다(대판 1992.1.21, 91누1264).

[ 2 ] **주택건설사업계획 승인에 붙여진 기부채납 조건의 법적 성질과 그 하자**   주택건설 사업 계획 승인에 붙여진 기부채납의 조건은 행정행위의 부관 중 '부담'에 해당하는 것으로서, 그 조건에 하자가 있다고 하더라도 그 하자가 기부채납의 조건을 당연무효로 할 만한 사유에 해당한다고 볼 수는 없고, 또 그와 같은 행정처분의 부관에 근거한 기부채납 행위가 당연무효이거나 취소될 사유는 못 된다(대판 1996.1.23, 95다3541).

### 4) 평가 및 사견

⒜ **독일에서의 논의상황과 시사점**

우리나라에서 위와 같은 견해대립이 전개되고 있는 것은 주지하는 바와 같이 독일 학설의 영향에서 비롯하는 것이다. 즉 독일에서는 일찍이 연방행정법원의 판례를 통하여 부담의 경우에만 독자적으로 취소소송을 통하여 다툴 수 있도록 하고, 그 이외의 부관인 조건이나 기한 등의 경우에는 주된 행정행위와 분리하여 부관만에 대해 독자적으로 취소소송을 통하여서는 다투지 못하고, 예외적으로 의무이행소송을 통하여 부관이 없는 행정행위를 발령하여 줄 것을 청구할 수 있다는 입장을 견지하여 왔다.

이는 부담의 경우에는 통상적으로 주된 행정행위와 독립하여 그 법률효과가 인정될 수 있고, 이에 따라 부담이 취소된 경우에도 주된 행정행위가 존립할 수 있는 데 반하여, 조건이나 기한은 주된 행정행위와 분리하여서는 존재의미가 인정될 수 없고, 또한 조건이나 기한의 취소에 의해서는 주된 행정행위가 더 이상 그 자체로서의 존재의 의미를 갖지 못한다는 논거에 의해 뒷받침되는 것이었다.

그러나 이러한 판례는 기한이 부가된 행정행위에 있어서 기한만을 다투는 것을 허용함으로써 변경을 겪게 되었음을 주목할 필요가 있다. 또한 그 자체로서 행정행위성이 인정되는 부관인 부담에 대해서도 당해 부담이 재량행위에 부가되어 전체적으로 행정기관의 재량권행사의 한 내용으로서의 의미를 갖는 경우에는, 부담만에 대해 독자적으로 쟁송을 제기하여 독자적으로 취소하게 한다는 것은, 법원의 판결에 의해 행정기관이 갖는 재량권행사의 내용을 변경시키는 의미를 갖게 되는 것이므로 주된 행정행위와 분리하여 행정쟁송을 제기하는 것이 부정되고 있다.

따라서 독일학설의 논의는 이제는 부관의 유형별로 나누어서(즉 부담은 가능하나 그 밖의 부관은 불가능한 것으로 보는 종전의 분류) 독자적인 쟁송가능성을 논하지 않고, 오히려 당해 부관과 주된 행정행위와의 분리가능성 여하에 대하여 검토하는 입장에 서있다고 볼 수 있다.126) 또한 독일판례에 의하면 이러한 경우의 부관의 분리가능성 여부의 검토에 있어서는, 법원이 부관만을 취소하는 경우에 그 자체로서 존립할 수 있게 되는 주된 행정행위가 그 내용에 있어서 위법하게 되지 않고 적법한 것일 것을 요구하고 있다. 따라서 이때에 부관만의 취소에 의하여 남게 되는 주된 행정행위가 실정법의 내용에 반하는 위법한 것이 될 때에는 부관만을 따로 분리하여 취소할 수 없는 것으로 인정된다.

결국 부관만의 위법성을 독자적으로 다툴 수 있는가의 문제는, 당해 부관과 주된 행정행위의 분리가능성이 중요한 요소가 되며, 이 분리가능성을 판단함에 있어서는 법원에 의한 부관부분의 취소행위가 부관을 제외한 나머지 행정행위부분에 법적인 효과 면에서 영향을 미치는가의 여부를 중시하고 있다는 점에서, 독립쟁송가능성의 문제가 독립취소가능성의 문제와 밀접한 관련을 가지고 논의되고 있음을 볼 수 있다. 이러한 점은 우리나라에서의 부관의 독립쟁송 및 후술하는 독립취소의 가능성을 판단함에 있어 많은 시사점을 주고 있다.

⑷ 독립쟁송가능성 개념의 이해

① 분리가능성 기준의 필요성　　이상 독일에서의 논의에 비추어 보면 우리나라에서 '부관의 독립쟁송가능성' 여부를 둘러싸고 전개되는 종래의 논의는 전체적으로 보아 이 개념의 이해에 대한 혼돈과 관련을 갖고 있다고 평가할 수 있다. 즉 이 개념은 앞의 독일의 경우를 통하여 본 바와 같이 당사자가 쟁송의 제기를 통하여 부관부분만을 독립하여 다툴 수 있는가의 여부에 관련한 문제이며, 이러한 주장을 구체화하기 위하여 어떠한 형태로 취소소송 등을 제기하여야 할 것인가의 문제와는 구별되어야 하는 것이다. 즉, 독립쟁송가능성의 문제는 부관에 대한 행정소송의 소의 적법성에 관한 문제이며, 이러한 독립쟁송가능성의 판단에 있어서는 부관의 종류가 어떠한 것인지 또는 본체인 행정행위가 기속행위인지 재량행위인지 여부는 중요하지 않다고 해야 한다.127) 즉, 여기서는 당해 부관의 독자적인 처분성 인정여부가 중요한 것이 아니라, 당해 부관이 주된(본체) 행정행위와 분리하여 독자적으로 다툴 수 있는 정도의 분리가능성을 가지고 있는가 하는 것이 중요하게 된다.

② 논리적 분리가능성과 실질적 분리가능성의 구분　　다만 여기서 말하는 분리가능성은 이른바 '논리적 분리가능성(logische Teilbarkeit)'으로서, 부관에 관한 소송의 이유유무(독립취소가능성의 문제)에서 논하게 될 '실질적 분리가능성(materielle Teilbarkeit)'과는 구별하여야 한다.128) 즉 논리적 분리가능성이란 부관의 개념정의로부터 바

---

126) 김철용, "행정행위의 부관과 행정상 쟁송", 문인구박사화갑기념논문집, 1987, 911면; 동인, "위법한 부관에 대한 쟁송", 고시연구, 1987. 3월호, 65면.
127) 주된 행정행위가 재량행위인지 여부는 후술하는 바와 같이 부관에 대한 소송의 본안, 즉 소의 이유유무를 판단함에 있어서 검토할 사항이다.
128) 논리적 분리가능성과 실질적 분리가능성의 구별에 대해서는 Gersdorf, Verwaltungsprozeßrecht,

로 도출되는 의미에서의 분리가능성으로서, 어떤 부관이든 주된 행정행위에 대하여
덧붙여진 종된 규율인 이상 그 부관은 논리적 의미에서 당연히 주된 행정행위로부터
분리될 수도 있어야 한다는 뜻이다. 결국 개념상 주된 행정행위와 부관은 논리적 의
미에서 분리가능하기 때문에, 사실상 원칙적으로 모든 부관은 논리적으로 독립하여
다투어질 수 있다는 결론에 도달하게 된다. 즉, 독립쟁송가능성은 소송요건의 문제이
므로 비교적 넓게 인정하는 것이 타당하다. 주된 행정행위가 당해 부관 없이는 더 이
상 적법하게 존속할 수 없는가의 문제는 부관에 대한 행정소송의 소의 적법성 문제가
아니라 소의 이유유무의 문제이다. 즉, 그것은 부관의 독립쟁송가능성의 문제가 아니
라 후술하는 부관의 독립취소가능성의 문제로 검토될 사항이다.

  그러나 이러한 독립쟁송가능성의 원칙에 대한 예외는 당해 사안에서 부관의 독립
취소가능성(실질적 분리가능성)이 '처음부터 그리고 명백히' 배제되는 경우이다. 즉, 앞
서 독일의 예에서 본 바와 같이 부관의 독립쟁송가능성의 문제는 부관의 독립취소가
능성의 문제와 밀접한 논리적인 관계에 있다는 사실이 중시되어야 하며, 부관의 독립
쟁송가능성 여부의 문제는 법원에 의한 부관의 독자적인 취소가능성 문제의 전제조건
으로서의 성격을 갖는다고 볼 수 있다. 따라서 부관의 독립취소가 '처음부터 그리고
명백히' 불가능한 경우에는 부관의 독립쟁송가능성도 허용될 수 없는 것이 부관에 대
한 행정소송의 특징이다. 그러한 대표적인 예는 바로 수정부담의 경우이다.

  수정부담은 그 부관성이 부정되는 것이 일반적이며, 사실상 당해 행정행위의 내
용결정을 이루는 것으로 평가된다. 이러한 내용결정을 주된 행정행위로부터 실질적으
로 분리해내는 것은 '처음부터 그리고 명백히' 불가능하다. 따라서 수정부담에 대해서
는 독립쟁송가능성도 인정할 여지가 없게 된다.[129]

  ③ 다수견해의 문제점   그러나 우리의 다수견해와 판례는 부관의 독립쟁송가능
성의 문제를 행정쟁송(특히 취소소송)의 구체적인 제기방법(또는 제기형태)의 모습으로 이해하고 있다.
따라서 이러한 입장에 따르면 취소소송을 제기하는 경우에 있어서는 쟁송법상의 처분
성이 요구되는 것이므로, 부관 중 처분성이 인정되는 부담만이 독립쟁송가능성의 대
상이 되는 것이고, 이러한 독립적인 처분성이 인정되지 못하는 그 밖의 부관의 경우
에는 독립쟁송가능성이 부인된다고 한다.

  그러나 부관의 독립쟁송가능성은 앞서 논의한 바와 같이 부관의 논리적 분리가능
성의 문제로서, 주된 규율행위에 부가된 종된 규율인 이상 한 번 붙여진 부관은 논리

---

    2000, Rn. 28 f.; Sieckmann, Die Anfechtbarkeit von Nebenbestimmungen zu begünstigenden Verwaltungs-
    akten, DÖV 1998, 525 f. 참조.
129) 그러한 경우에 독일에서는 부관 없는 행정행위의 발령을 구하는 의무이행소송의 가능성만이 검토될
    수 있을 뿐이라고 한다. 우리나라의 경우는 의무이행소송이 인정되지 않는 관계로, 당사자는 기신청한
    수익적 행정행위가 거부된 것으로 보고 그 거부처분의 취소소송의 형태로 다툴 수밖에 없을 것이다.

적으로 다시 떼어낼 수도 있다는 개념논리에 근거하는 성질이며, 다수견해와 판례처럼 구체적인 취소소송의 제기방법(또는형태)의 측면과 연계하는 것은 오류이다. 부관의 독립쟁송가능성은 부관을 다투는 행정소송의 소의 적법성 요건의 하나이지 구체적인 소제기방식의 문제와는 구별하여야 한다.

④ 일부견해의 문제점    일부견해에 의하면 부관의 독립쟁송가능성의 문제는 독자적인 처분성의 인정여부와는 무관하게 어떠한 부관이든지 모든 위법한 부관은 독립하여 다툴 수 있다고 하거나, 소의 이익이 있는 한 모든 부관에 대하여 독립하여 쟁송을 제기할 수 있다고 보고 있다.

그러나 위에서 설명한 바와 같이 '부관의 독립쟁송가능성'의 문제는 개별적인 경우에 비추어 당해 부관이 주된 행정행위와 분리하여 다툴 만한 의미를 갖고 있는가와 관련되는 것이며(논리적 분리가능성),130) 따라서 이러한 분리가능성의 기준은 '부관만의 위법을 주된 행정행위를 다투지 않고서 별도로 주장할 수 있는가'의 여부에 관한 것이고, 이러한 기준에 따르는 한, 구체적인 소송형태에 있어서 어느 부관이나 위법한 부관이면 그 자체로서 독자적인 취소소송의 대상이 될 수 있는 것이라는 결론은131) 도출될 수 없을 것이다. 부관의 위법성은 부관을 다투는 소송의 소의 이유유무의 판단에서 검토할 본안사항이다.

또한 소의 이익이 있는 한 모든 부관에 대하여 독립적인 쟁송을 인정하려는 견해는, 소의 이익을 당사자의 권리침해나 법률상 보호되는 이익의 침해로 이해하는 한, 당사자의 주관적인 입장인 원고적격의 관점과 부관의 독립쟁송가능성 문제를 혼동하여 정작 부관과 주된 행정행위와의 관계에 관한 객관적인 고찰은 소홀히 하고 있다고 비판될 수 있을 것이다. 분리가능성은 소의 이익과는 별개의 독자적인 소송요건이라고 보아야 하기 때문이다.

그 밖에 부관만을 따로 떼어서 독립적인 쟁송의 대상으로 할 수 없다는 견해는 국민의 권리구제에 소극적이라는 면에서 타당하지 않으며, 본체인 행정행위에 중요한 요소인 부관인지 여부에 따라 독립된 쟁송의 대상여부가 결정된다는 견해는 중요성기준 자체가 다분히 추상적이라는 점, 이것이 분리가능성기준과 어떤 차이가 있는지 등이 불분명하다는 점을 지적할 수 있다.

### (2) 부관의 독립취소가능성

이미 앞서 설명한 바와 같이 부관성이 인정되는 한 모든 부관은 논리적 의미에

---

130) 이는 다시 소송의 제기를 통하여 부관만의 위법을 주장하여 법원에 의하여 당해 부관만이 취소되더라도 주된 행정행위가 그 자체로서 존재의 의미를 갖게 되는가의 문제(실질적 분리가능성)와 밀접하게 관련되는 것이다.

131) 박윤흔(상), 410면; 이일세, 앞의 논문, 655면.

서 분리가능하고 따라서 주된 행정행위로부터 독립하여 쟁송의 대상이 될 수 있다. 이러한 (논리적) 분리가능성은 부관에 관한 행정소송에 있어서 소의 적법성 요건의 하나에 해당한다.

반면에 '부관의 독립취소가능성(gerichtliche Aufhebbarkeit)'의 문제는 법원이 소송의 심리를 통하여 부관만을 별도로 취소시킬 수 있는가에 관한 문제로서, 부관에 관한 행정소송에 있어서의 본안, 즉 소의 이유유무에 관한 판단에서 심리되어야 하는 '실질적 분리가능성'을 의미한다. 이와 같이 분리가능성은 논리적 분리가능성과 실질적 분리가능성으로 구분하여야 함을 유의하여야 한다. 결국 부관을 다투는 행정소송의 본안에서 심리되어야 할 사항은 다음과 같이 2단계 심사구조를 띠게 된다.

① 우선 제1단계는 부관의 위법성 여부이다. 이를 위해서는 부관의 적법성 요건을 검토하게 된다. 심리결과 부관이 적법한 경우에는 당해 소는 이유 없는 것으로 기각되어야 한다. 반면에 부관이 위법한 것으로 밝혀진 경우에는 다음의 제2단계로 넘어간다.

② 제2단계는 부관의 실질적 분리가능성이다. 부관의 실질적 분리가능성은 첫째, 법원에 의하여 당해 부관부분이 취소되더라도 주된 행정행위가 적법하게 존속할 수 있을 때 인정될 수 있다. 역으로 말하면 부관부분의 취소가 주된 행정행위의 위법성을 초래할 때에는 당해 부관의 (실질적)분리가능성은 부인된다. 둘째, 부관의 실질적 분리가능성은 일반적으로 주된 행정행위가 재량결정인 경우에는 부정된다. 왜냐하면 행정기관에게 입법자에 의하여 재량이 부여되어 있음에도 불구하고, 법원이 당해 부관을 취소함으로써 재량이 전혀 행사되지 아니하고 처분이 발령되는 것과 같은 결과가 야기될 것이기 때문이다.

결국 실질적 분리가능성의 판단기준으로서는, ㉠ 부관이 없어도 주된 행정행위가 적법하게 존속할 수 있을 것과 ㉡ 부관이 없어도 주된 행정행위가 달성하려는 일정한 정도의 공익상의 장애가 발생하지 않는 경우일 것의 두 요건을 모두 충족할 것이 요구된다고 볼 수 있다. 다만 이러한 기준에 따라 실질적 분리가능성이 있는 부관인가의 여부는 부관의 유형별로 정형화하여 획일적으로 고찰할 수는 없고, 항상 개별적·구체적으로 검토하여야 할 것이다(논의대상은 주로 부담, 기한, 조건에서 문제되는 것으로 보인다). 예컨대 주된 행정행위와 무관한 다른 목적을 달성하기 위하여 일정한 의무를 부가하는 내용의 부관 또는 법정요건에 없는 내용의 의무를 행정행위 발령시 일정한 기한내에 충족할 것을 단서로 하는 부관 등은 ㉠과 ㉡의 요건을 모두 충족하여 분리가능한 부관이 되며, 도로점용기한을 일정한 기간으로 한정하여 부과한 내용의 부관은 ㉠의 요건은 충족할 수 있지만, 같은 기한이라도 도로점용허가 발령의 구체적 정황이나 도로점용행위의 목적 등에 따라서 ㉡의 요건충족여부 판정이 달라질 수 있으므로, 구체적인 경우의 판단을 거쳐야 할 것이다.

이러한 의미에서의 부관의 실질적 분리가능성, 즉 독립취소가능성이 부인된다는 결론에 도달하게 되면, 부관을 다투는 당해 취소소송은 이유 없는 것으로서 기각되어야 한다. 이때에 당사자는 부관이 붙은 전체 행정행위를 대상으로 다투는 방법을 강구하거나, 부관이 없는 행정행위의 발령을 구하는 의무이행소송의 제기를 강구해볼 수 있을 것이다. 전자의 경우는 당해 부관이 전체 행정행위에서 차지하는 중요성 여하에 따라 전체 행정행위가 위법하게 되면 전체 행정행위를 다투어야 할 것이고,132) 후자의 경우는 우리 「행정소송법」상 의무이행소송이 인정되지 않는 관계로 우회적으로 부관 없는 행정행위발령 신청의 거부처분에 대한 취소소송의 제기형태로 권리구제를 강구할 수 있을 것이다.133)

반면에 부관이 위법하고 실질적 분리가능성도 인정되는 경우에는 당해 부관이 법원에 의하여 취소될 것인바, 이때에는 행정행위의 일부취소 또는 변경의 결과가 발생하게 되고, 결국 주된 행정행위는 부관 없는 행정행위로서 존속하게 된다고 보아야 할 것이다. 이 경우 특히 부관만의 취소에 의하여 남게 되는 주된 행정행위가 더 이상 당해 부관을 부가한 행정기관의 의사에 상응하지 못하는 상황이 발생하는 경우에는 행정기관은 새로운 적법한 부관을 부가하여 전체 행정작용의 적법성을 회복하여야 할 것이다.134) 이러한 역할은 행정기관이 스스로 수행하는 것이지, 법원이 판결을 통하여 이를 대신 행할 수는 없다고 보아야 한다.

### (3) 행정소송유형의 문제
### 1) 취소소송의 제기

부관의 하자가 취소사유에 해당하는 때에는 당사자는 부관부분의 제거를 구하는 취소소송을 제기할 수 있다. 이 경우 소의 적법성과 이유유무 등의 특성에 관해서는 앞서 설명한 바와 같고, 그 밖의 관련문제를 검토하면 다음과 같다.

㈎ 구체적인 소제기의 형식   하자있는 부관에 대해서 당사자는 소송상 요구되는 형식에 따라 취소소송을 제기할 수 있다. 다만 부관의 하자를 독자적으로 다툴 수 있

---

132) 그러나 본체인 수익적 행정행위는 당사자의 이해관계에 부합하는 내용인 것이 대부분이므로 실제로 당사자가 이 부분까지를 포함하여 다툰다는 것을 상정하기는 어려울 것이다. 부관부분이 위법한 결과 본체인 행정행위 전체가 위법하게 되는 경우에는 행정청 스스로 직권취소(철회)하거나 새로운 적법한 부관을 부가하는 방법을 강구할 수 있을 것이다.

133) 이 경우 현실적으로는 부관부분만을 다투는 취소소송을 주된 청구로 하고 이것이 받아들여지지 않을 것을 대비해 부관 없는 행정행위발령신청의 거부처분에 대한 취소청구를 예비적으로 병합하여 제기하는 방법을 고려해볼 수 있다.

134) 이 경우에 행정기관이 주된 행정행위의 효력을 취소하는 행위를 하는 경우에는 수익적 행정행위의 효력은 유지하고자 하는 당사자의 부관에 대한 권리구제 실효성에 의문이 제기될 수 있으므로, 제한되는 것으로 보는 것이 타당할 것이다(이에 대해서는, 芝池義一, 行政法總論講義 제 2 판, 1994, 190면).

는 가능성이 개별적인 경우에 비추어 허용된다고 하더라도, 이를 쟁송의 제기에 있어서 어떠한 모습으로 관철시킬 수 있는가 하는 것은 별개의 문제이다. 이때에는 행정쟁송법상 요구되는 처분성의 요건을 충족하여야 하며, 이에 따라 처분성을 갖는 부관(<sup>부담의</sup><sub>경우</sub>)의 경우는 당해 부관만을 취소소송의 직접적인 대상으로 하여 소송을 제기할 수 있게 된다. 이를 학자들은 이른바 '진정일부취소소송'이라고 한다.

또한 부관만의 위법성을 주된 행정행위와 분리하여 독자적으로 다툴 수 있다고 하더라도 이를 구체적으로 소송상 제기하기 위하여는 처분성의 요건을 요하므로, 독자적인 처분성이 인정되지 못하는 부관인 때에는(<sup>예컨대 조건 등</sup><sub>이나 기한 등</sub>) 당해 부관이 부가된 전체 행정행위를 대상으로 소송을 제기하고, 이 가운데서 부관만의 취소를 구하는 형태를 갖추어야 할 것이다. 이를 이른바 '부진정일부취소소송'이라고 한다. 다만 우리 판례는 부진정일부취소소송의 형태를 인정하고 있지 않다.

(나) 집행정지의 문제　　부관에 대해 취소소송이 제기된 경우에 당사자는 또한 일반적인 원칙에 따라 집행정지를 신청할 수 있게 된다. 이때에는 집행이 정지되는 효력이 당해 부관의 내용에만 미치는가 또는 주된 수익적 행정행위에도 미치는가가 문제될 수 있다.

전자의 입장을 따르는 견해는 이때에 당사자는 주된 행정행위가 제공하는 수익적인 효과는 다투고 있지 않으므로, 집행정지의 효력은 부관에 대해서만 미친다고 본다. 그러나 이 견해에는 따를 수 없다고 본다. 우선 부관과 주된 행정행위는 서로 일정한 관련성을 갖고 있는 것이다. 또한 부관만에 대해 그 위법성을 다투는 때에는, 법원에 의하여 부관만이 취소되는 경우에 부관이 위법하였다는 것을 행정기관이 알았다면, 남게 되는 주된 행정행위를 과연 적법하게 발령할 수 있었던 것인가 하는 사실이 중요한 의미를 갖는 것이다. 따라서 집행정지의 효력은 부관만에 한정되지 않고, 주된 행정행위의 수익적 효과에 대해서도 미친다고 보아야 한다.

(다) 제3자의 경우　　경우에 따라서는 부관의 부가로 인하여 일정한 이해관계를 갖는 제3자도 소송을 제기할 수 있다. 이는 특히 예컨대 부관인 부담에 의하여 명하여진 상대방에 대한 특정의무의 내용이 이웃사람인 제3자의 위해방지나 소음방지 등을 위하여 불충분하다고 평가되는 경우, 또는 부담에 의하여 부과된 의무를 이행하게 되는 경우에는 이웃사람인 제3자에게 참기 어려운 소음발생이 야기될 수밖에 없는 경우 등에서 문제가 된다. 후자의 경우에 제3자는 자신의 권리침해를 이유로 하여 취소소송을 제기할 수 있고, 이를 통하여 특정의무를 명하는 부담의 제거를 구할 수 있게 된다. 그러나 전자의 경우에는 제3자의 이해관계는 부담의 취소가 아니라, 위해방지나 소음방지 등을 위하여 적절한 내용의(<sup>즉 강화된</sup><sub>내용의</sub>) 부담의 발령을 구하는 데에 있게 된다. 따라서 이의 실질적인 권리구제수단은 의무이행소송이 될 것이다.

그러나 우리나라에서는 이러한 소송유형이 인정되고 있지 않으므로 변칙적이며 간접적인 구제수단으로써 취소소송을 제기할 수밖에 없을 것이다.

2) 무효확인소송의 제기

당해 부관이 무효인 때에는 일반적인 원칙에 따라 무효확인소송을 제기할 수 있을 것이다. 소의 적법성 및 소의 이유유무에 관한 공통된 사항은 앞서 설명한 취소소송의 경우와 동일하므로 별도의 설명은 생략한다.

---

**기본사례 풀이**

### 1. 사례 1)의 풀이

당해 사안은 도로점용허가(도로법 제61조)라는 특허행위에 대한 부관의 한계문제이다. 강남구청장 乙은 신청된 행정행위와 아무런 관련이 없는 재산세납부의무를 당해 행위의 부관으로 부과하고 있다. 따라서 이러한 부관은 부당결부금지원칙에 반하는 하자있는 부관으로서 위법한 부관이 된다. 이때의 위법성의 정도는 취소사유로 본다. 그러나 이때의 부관인 부담은 주된 행정행위와 분리가능한 부관으로서, 그 자체가 취소된다고 하더라도 주된 행정행위에 영향을 미치지 않는다. 따라서 그 자체로서 독자적인 쟁송가능성이 인정되며, 이때의 부관인 부담은 그 자체로서 처분성이 인정되는 행정행위이므로 취소심판과 취소소송의 제기에 있어서 부관만을 쟁송의 대상으로 하여 제기할 수 있게 된다.

### 2. 문제 2)의 풀이

본 사안은 서울대공원이라는 공공용물에 대한 사용허가행위로서 이른바 행정재산의 목적외 사용행위로서(이에 대해서는 공물법 부분 참조), 판례상 그 처분성이 인정되는 재량행위이다(대판 2001.6.15, 99두509). 이때의 사용허가기한은 재량행위에 부가된 부관으로서, 甲기업의 기부채납행위의 반대급부로서의 성격을 갖는 것이므로, 법적으로 일정한 기한은 보장되어야 한다(국유재산법 제35조 1항 단서). 따라서 사안에서의 기한은 사용허가의 목적 등에 비추어, 분리가능성 요건을 충족하지 못한다고 보이므로, 분리불가능한 부관으로 판단할 수 있다. 甲기업은 비례성원칙위반이나, 경우에 따라서는 국유재산법위반 등의 사유인 부관의 위법성을 이유로 다툴 수 있으며, 그 방법은 부관부 사용허가 전체 행위의 취소소송을 제기하여야 할 것이다. 부관의 쟁송에 관한 판례의 기준에 따르는 경우에도 같은 방법이 될 것이다.

### 3. 문제 3)의 풀이

사안에서의 대상행위는 개발제한구역내의 건축허가이므로 원칙적으로 재량행위로 판단된다(대판 2003.3.28, 2002두11905). 그리고 이때의 주민동의를 요구하는 부관은 작위의무를 부여하는 내용으로서 부담의 성격을 갖게 된다. 그러나 이 경우의 부담은 분리가 능성에 관한 두 요건인 ㉠ 부관이 없어도 주된 행정행위가 적법하게 존속할 수 있을 것과 ㉡ 부관이 없어도 주된 행정행위가 달성하려는 일정한 정도의 공익상의 장애가 발생하지 않는 경우일 것의 요건에 비추어, 두 요건을 모두 충족한다고 판단된다. 따라서 분리가능한 부관으로 볼 수 있으며, 이 부관을 대상으로 한 독자적인 취소심판 또는 취소소송을 제기할 수 있을 것이다. 판례의 기준에 따르는 경우에도 같은 결론이 도출될 수 있을 것이다.

# 제 3 장  행정입법

# 제 1 절  행정입법 일반론

## Ⅰ. 행정입법의 의의

### 1. 개    념

　　행정입법이란 행정기관이 정립하는 일반적·추상적 규율을 말한다. 이는 일반적·추상적으로 규율하는 점에서 개별적·구체적인 경우를 규율하는 행정행위와 구별된다. 그 종류로서는 국가행정기관이 제정하는 법규명령과 행정규칙, 지방자치단체가 제정하는 자치입법인 조례와 규칙이 있다.[1]

---

1) 자치입법인 조례와 규칙에 대해서는 지방자치법 편에서 별도로 상세히 논하기로 한다.

## 2. 필 요 성

행정현상은 그 특성상 전문성·다양성·가변성의 성질을 가지나, 이를 규율해야 하는 법률규정은 추상성이나 불완전성 등으로 인해 행정현실의 변화에 상응한 신속한 해결이 어렵게 된다. ㉠ 따라서 행정현실의 특성과 그 변화에 상응한 탄력적인 규율을 위하여 행정기관에 의한 스스로의 입법의 필요성이 존재하게 된다. ㉡ 또한 그 규율대상이 과학기술 등의 전문성을 요하는 경우에는 법률의 형태보다는 행정입법에 의하는 경우가 바람직하게 되며, ㉢ 지방자치단체의 개별적 사정을 반영한 규율이 필요한 경우에도 행정입법이 그 의미를 갖게 된다.

## Ⅱ. 법치주의와의 관계

행정입법에 있어서 고려되어야 할 사항은 이 경우에도 법치주의원칙, 특히 의회입법주의 원칙과 조화되어야 한다는 점이다. 즉 행정입법이 행정의 개별적 사정을 반영한 타당한 규율을 위하여 필요한 것이기는 하나, 이를 이유로 하여 의회입법주의 원칙을 통하여 보장하는 기능인 기본권보호이념이 침해되어서는 안 될 것이다. 따라서 이를 위해서는 행정입법의 내용에 관한 한계 설정의 문제가 중요시된다.

# 제 2 절  법규명령

## Ⅰ. 법규명령의 의의

### 1. 개    념

법규명령이란 행정기관이 제정하는 일반적·추상적인 규정으로서 법규로서의 효력을 갖는 것을 말한다. 이때의 법규로서의 효력은 이미 앞에서 법규 개념을 논할 때 설명되었던 것과 같이[2] '행정법상의 권리주체에 일반적으로 권리와 의무를 창설하거나 영향을 미치는 규정'이나 '고권적인 일반적·추상적 규율'을 의미하는 것으로 이해하여야 할 것이다. 이에 따라서 법규명령은 행정기관에 대한 효력발생은 물론(이는 특히 집행 명령이 해당), 대외적으로 국민에 대한 효력도 인정되는 것으로 볼 수 있다(특히 위임 명령의 경우). 따라서 후자의 측면에서는 외부적 효력을 발생하게 되므로 법규명령의 위반행위에 대해서는 위법성의 문제가 발생하게 된다.

2) 행정법의 법원에 관한 제 1 편 제 3 장 제 2 절 참조.

그러나 이와는 반대로 법규 개념을 우리의 다수견해의 태도에 따라 '시민에 대한 외부적·법적 구속력이 발생하는 규범'으로 이해하게 되면, 일반적으로 법규명령의 한 유형으로 설명되고 있는 집행명령을 법규명령으로 설명하는 것이 불가능하게 된다. 집행명령은 뒤에서 보는 바와 같이 시민의 권리나 의무에 관한 사항을 규율할 수 없기 때문이다.

## 2. 구별개념

법규명령은 일반적·추상적인 규범인 점에서 개별적·구체적인 규율의 성질을 갖는 행정행위와 구별되며, 시민에 대한 외부적 구속력도 인정되는 점에서 원칙적으로 행정기관 내부에서만 효력을 갖는 행정규칙과 구별된다.

# Ⅱ. 법규명령의 유형

## 1. 효력을 기준으로 하는 경우

법규명령은 원칙적으로 법률에 근거하며 법률보다 하위의 효력을 갖게 되나, 예외적으로 헌법에 근거하며 따라서 법률과 동위의 효력을 갖는 경우도 있다. 후자의 경우를 법률대위명령이라고도 하며, 그 예로는 대통령의 긴급재정·경제명령(헌법 제76조 1항)과 대통령의 긴급명령(헌법 제76조 2항)을 들 수 있다.

## 2. 내용을 기준으로 하는 경우

이러한 기준에 의하는 경우에는 위임명령과 집행명령으로 나눌 수 있다. 위임명령은 상위법령에서 구체적으로 범위를 정하여 위임받은 사항을 규정하며, 그 범위 내에서는 새로운 입법사항, 즉 시민에 대한 관계에서의 권리나 의무에 관한 규율을 정할 수 있게 된다.

이에 반해 집행명령은 상위법령을 구체적으로 시행·실시하기 위한 명령으로서 이 형식을 통해서는 시민의 권리나 의무에 관한 사항을 규정할 수 없게 된다. 따라서 법규명령이 갖는 법규적 효력이 위임명령에서는 주로 시민에 대한 외부적 효력으로 나타나게 되고, 집행명령에서는 행정기관에 대한 내부적 구속력으로 나타나는 것으로 볼 수 있다.

그러나 두 형식은 실무에 있어서 명확히 구분되어 나타나는 것은 아니며, 하나의 명령 속에 두 형식이 혼합되어 나타나는 경우가 많다.

## 3. 주체를 기준으로 하는 경우

### (1) 대통령령(헌법 제75조)

### (2) 총리령과 부령(헌법 제95조)

이때에는 효력의 우열문제가 논의의 대상이 되나, 국무총리는 행정각부를 통할하는 기능을 하므로(헌법 제86조 2항) 이러한 기능에서의 행위를 수행하는 한 총리령은 부령보다 우위에 있다고 볼 것이다.

### (3) 중앙선거관리위원회규칙(헌법 제114조 6항)

### (4) 감사원규칙(감사원법 제52조)

이 법규명령에 대해서는 헌법규정에 의하는 것이 아니고 법률에 근거하고 있기에, 그 법규명령으로서의 성질이 논의되고 있다. 생각건대 헌법이 인정하고 있는 법규명령의 유형은 제한적으로 해석되어야 하므로 법률의 위임에 의한 새로운 법규명령의 창설은 인정되기 어려울 것이다.[3]

그러나 헌법재판소는 헌법 제40조와 헌법 제75조, 제95조 등 헌법이 인정하고 있는 위임입법의 형식은 예시적인 것으로 보아야 한다는 입장을 취하고 있으며, 그러한 연장선에서 후술하는 바와 같이 고시 등 행정규칙 형식의 법규명령을 허용하는 입장을 취하고 있다.

> 오늘날 의회의 입법독점주의에서 입법중심주의로 전환하여 일정한 범위 내에서 행정입법을 허용하게 된 동기가 사회적 변화에 대응한 입법수요의 급증과 종래의 형식적 권력분립주의로는 현대사회에 대응할 수 없다는 기능적 권력분립론에 있다는 점 등을 감안하여 헌법 제40조와 헌법 제75조, 제95조의 의미를 살펴보면, 국회입법에 의한 수권이 입법기관이 아닌 행정기관에게 법률 등으로 구체적인 범위를 정하여 위임한 사항에 관하여는 당해 행정기관에게 법정립의 권한을 갖게 되고, 입법자가 규율의 형식도 선택할 수도 있다 할 것이므로, 헌법이 인정하고 있는 위임입법의 형식은 예시적인 것으로 보아야 할 것이고, 그것은 법률이 행정규칙에 위임하더라도 그 행정규칙은 위임된 사항만을 규율할 수 있으므로, 국회입법의 원칙과 상치되지도 않는다. 다만, 형식의 선택에 있어서 규율의 밀도와 규율영역의 특성이 개별적으로 고찰되어야 할 것이고, 그에 따라 입법자에게 상세한 규율이 불가능한 것으로 보이는 영역이라면 행정부에게 필요한 보충을 할 책임이 인정되고 극히 전문적인 식견에 좌우되는 영역에서는 행정기관에 의한 구체화의 우위가 불가피하게 있을 수 있다. 그러한 영역

---

3) 같은 견해 : 정하중(총론), 138면 ; 김남진·김연태(Ⅰ), 158면.

에서 행정규칙에 대한 위임입법이 제한적으로 인정될 수 있다($^{헌재\ 2004.10.28,}_{99헌바91}$).

## Ⅲ. 법규명령의 근거와 한계

이는 행정입법에 내재하는 역기능, 즉 시민의 권리보호에 대한 침해문제를 방지하기 위하여 중요하게 검토되어야 하는 영역이다.

### 1. 대통령의 긴급명령, 긴급재정·경제명령

이 경우는 헌법 제76조가 정하고 있는 요건하에서 헌법이 정한 절차를 거쳐야 하며 국회의 사후통제를 필요로 한다.

### 2. 위임명령

#### (1) 근    거

이를 위하여는 구체적으로 범위를 정하여 수권한 법률이나 상위법령을 필요로 한다($^{헌법\ 제75조,}_{제95조\ 참조}$).

#### (2) 한    계

#### 1) 기본적인 한계

(가) 위임명령은 모법에서 수권되지 않은 입법사항에 대하여 스스로 규정을 만들어 규율할 수 없으며, 또한 그 내용에 있어서는 모법의 위임취지에 어긋나지 않아야 한다.

[1] 개발사업착수 시점의 매입가격을 특정한 경우에만 소명에 의한 신고가액으로 할 수 있도록 한정하고 있는 개발이익환수에관한법률시행령 제 9 조 제 5 항($^{현행\ 시행령}_{제9조\ 6항}$)은 모법의 위임근거 없는 규정이기 때문에 무효이다($^{대판\ 1993.5.11,\ 92누13677,}_{법률신문\ 1993.6.17}$).

[2] 체육시설의설치이용에관한법률 시행규칙 제 5 조가 19가지 체육시설 중 오직 당구장업자에 대해서만 출입문에 18세 미만의 출입을 금지하는 내용을 표시해야 한다고 규정한 것은 법률의 근거 없이($^{「체육시설의설치이용에관한법률」에는\ 동\ 시행령이나\ 동\ 시행규칙으로\ 미성년자에}_{대한\ 출입제한을\ 가능하게\ 하는\ 근거규정을\ 전혀\ 두고\ 있지\ 않다;\ 저자\ 주}$) 당구장업자의 헌법상의 직업선택의 자유의 한 내용인 직업종사($^{직업}_{수행}$)의 자유를 침해하는 것이고, 다른 체육시설업자에 비하여 합리적인 이유없는 차별로써 당구장업자의 헌법상의 평등권을 침해하는 위헌의 규정이다($^{헌재\ 1993.5.13,}_{92헌마80}$).

[3] 개발이익환수법 제 9 조 제 3 항 제 2 호에서 개발완료 시점의 예외적 사유의 하나로 '분양'을 규정한 것은, 아파트건설 시행자가 아파트나 상가를 분양할 시점에는 이미 분양가가 정해있고 분양한 때부터는 임의로 처분할 수 없어서 부지가격이 그후 상승해도 그로 인한 이익을 차지할 방법이 없다는 점을 고려한 때문이라 해석되므로, 이 법에서 정한 '분양' 등 처분하는 경우의 범위를 근거 없이 부당하게 제한

한 동법 시행령 제 8 조 2항은 무효이다(대판 1993.5.11., 92누12841.).

(나) 이러한 내용은 위임명령의 개념상 당연한 한계이지만, 실무상 가장 준수되고 있지 않는 한계이다. 이러한 한계는 본래 위임명령인 경우 뿐 아니라, 행정규칙형식으로서 법규명령의 실질을 갖는 경우4)에도 적용되는 것이다.

[ 1 ] 법령보충적인 행정규칙은 당해 법령의 위임한계를 벗어나지 아니하는 범위 내에서만 그것들과 결합하여 법규적 효력을 가지고(사안에서는 노인복지사업 지침을 의미: 저자 주), 노인복지법 제13조 제 2 항의 규정에 따른 노인복지법시행령 제17조, 제20조 제 1 항은 노령수당의 지급대상자의 연령범위에 관하여 위 법 조항과 동일하게 '65세 이상의 자'로 반복하여 규정한 다음 소득수준 등을 참작한 일정소득 이하의 자라고 하는 지급대상자의 선정기준과 그 지급대상자에 대한 구체적인 지급수준(지급액) 등의 결정을 보건사회부장관에게 위임하고 있으므로, 보건사회부장관이 노령수당의 지급대상자에 관하여 정할 수 있는 것은 65세 이상의 노령자 중에서 그 선정기준이 될 소득수준 등을 참작한 일정소득 이하의 자인 지급대상자의 범위와 그 지급대상자에 대하여 매년 예산확보상황 등을 고려한 구체적인 지급수준과 지급시기, 지급방법 등일 뿐이지, 나아가 지급대상자의 최저연령을 법령상의 규정보다 높게 정하는 등 노령수당의 지급대상자의 범위를 법령의 규정보다 축소·조정하여 정할 수는 없다고 할 것임에도, 보건사회부장관이 정한 1994년도 노인복지사업지침은 노령수당의 지급대상자를 '70세 이상'의 생활보호대상자로 규정함으로써 당초 법령이 예정한 노령수당의 지급대상자를 부당하게 축소·조정하였고, 따라서 위 지침 가운데 노령수당의 지급대상자를 '70세 이상'으로 규정한 부분은 법령의 위임한계를 벗어난 것이어서 그 효력이 없다(대판 1996.4.12., 95누7727).

[ 2 ] 법령의 규정이 특정 행정기관에게 법령 내용의 구체적 사항을 정할 수 있는 권한을 부여하면서 권한행사의 절차나 방법을 특정하지 아니한 경우에는 수임 행정기관은 행정규칙이나 규정 형식으로 법령 내용이 될 사항을 구체적으로 정할 수 있다. 이 경우 행정규칙 등은 당해 법령의 위임한계를 벗어나지 않는 한 대외적 구속력이 있는 법규명령으로서 효력을 가지게 되지만, 이는 행정규칙이 갖는 일반적 효력이 아니라 행정기관에 법령의 구체적 내용을 보충할 권한을 부여한 법령 규정의 효력에 근거하여 예외적으로 인정되는 것이다. 따라서 그 행정규칙이나 규정이 상위법령의 위임범위를 벗어난 경우에는 법규명령으로서 대외적 구속력을 인정할 여지는 없다. 이는 행정규칙이나 규정 '내용'이 위임범위를 벗어난 경우뿐 아니라 상위법령의 위임규정에서 특정하여 정한 권한행사의 '절차'나 '방식'에 위배되는 경우도 마찬가지이므로, 상위법령에서 세부사항 등을 시행규칙으로 정하도록 위임하였음에도 이를 고시 등 행정규칙으로 정하였다면 그 역시 대외적 구속력을 가지는 법규명령으로서 효력이 인정될 수 없다(대판 2012.7.5., 2010다72076).

---

4) 이를 판례에서는 '법령보충적 행정규칙'이라고 한다. 이에 대한 이론적 판단에 대해서는 본 장 제4절 행정입법의 형식, "IV. 행정규칙 형식을 갖는 법규명령" 부분 참조.

㈐ 또한 위임입법의 한계 위반여부를 판단하는 데는 대상 행정영역의 유형에 따른 차이가 고려되어야 할 기준으로 평가되고 있다. 즉, 부담적 행정영역의 경우보다는 급부행정의 영역에서 위임입법시의 명확성이나 구체성의 요구가 완화될 수 있다고 한다.

> 이 사건 법률조항은 산업단지 개발절차 중 '개발된 토지 등을 입주기업 등에게 분양·임대·양도하는 절차' 즉 급부행정의 영역을 규율하고 있으므로 그 성격상 입주기업 등에 대한 관계에서 기본권을 제한하거나 침해하는 것이 아니고, 또한 이 사건 법률조항의 위임사항의 중심적 개념인 "처분"은 그 본질이 사법상의 법률행위에 다름 아니어서 이를 법률로 규율하는 데는 현실적·기술적으로 상당한 어려움이 따르므로 위임의 필요성이 크다고 할 것이므로 이 사건 법률조항이 위임입법으로서 갖추어야 할 구체성·명확성의 정도는 완화될 수 있다(헌재 2002.12.18, 2001 헌바52 전원재판부).

또한 규율대상이 지극히 다양하거나 수시로 변화하는 성질의 것일 때에는 위임의 구체성·명확성의 요건이 완화된다고 본다.

> 위임입법의 구체성, 명확성의 요구 정도는 그 규율대상의 종류와 성격에 따라 달라질 것이지만, 특히 처벌법규나 조세법규 등 국민의 기본권을 직접적으로 제한하거나 침해할 소지가 있는 법규에서는 구체성·명확성의 요구가 강화되어 그 위임의 요건과 범위가 일반적인 급부행정법규의 경우보다 더 엄격하게 제한적으로 규정되어야 하는 반면에, 규율대상이 지극히 다양하거나 수시로 변화하는 성질의 것일 때에는 위임의 구체성, 명확성의 요건이 완화되어야 할 것이다(헌재 1998.3.26, 96 헌바57 전원재판부).

### 2) 위임의 범위에 관한 한계

㈎ 포괄적 위임의 금지   포괄적인 위임은 입법권 자체의 포기를 의미하게 되므로 위임의 구체적인 범위를 특정하여 행해야 한다(헌법 제75조).

다만 판례에 의하면 위임입법 한계위반여부의 판단은 해당 법률규정 자체만으로 판단하여서는 안 되며, 따라서 당해 법률규정에서 구체적인 위임범위가 명확히 규정되어 있지 않았다고 해서 바로 위임입법의 한계위반을 인정하는 것은 아니라고 한다. 오히려 위임규정 자체 뿐 아니라 당해 법률의 전반적인 체계와 관련 규정을 모두 판단기준으로 하여, 위임조항의 내재적인 위임의 범위와 한계를 객관적으로 분명히 하여 확정할 수 있다면 이 경우에는 일반적이고 포괄적인 백지위임이라고 할 수 없다고 한다.

> 위임명령은 법률이나 상위명령에서 구체적으로 범위를 정한 개별적인 위임이 있을 때에 가능하고, 여기에서 구체적인 위임의 범위는 규제하고자 하는 대상의 종류와 성격에 따라 달라지는 것이어서 일률적 기준을 정할 수는 없지만, 적어도 위임명령에 규정될 내용 및 범위의 기본사항이 구체적으로 규정되어 있어서 누구라도 당해 법률이나 상위명령으로부터 위임명령에 규정될 내용의 대강을 예측할 수 있어야 하나, 이

경우 그 예측가능성의 유무는 당해 위임조항 하나만을 가지고 판단할 것이 아니라 그 위임조항이 속한 법률이나 상위명령의 전반적인 체계와 취지·목적, 당해 위임조항의 규정형식과 내용 및 관련 법규를 유기적·체계적으로 종합 판단하여야 하고, 나아가 각 규제대상의 성질에 따라 구체적·개별적으로 검토함을 요한다(대판 2002.8.23, 2001두5651).

한편 헌법재판소 결정에 의하면, 구 「토지초과이득세법」(이하에서는 '토초세법'으로 약함)상의 기준시가는 국민의 납세의무의 성부 및 범위와 직접적인 관계를 가지고 있는 중요한 사항이므로, 이를 하위법규에 백지위임하지 아니하고 그 대강이라도 토초세법 자체에서 직접 규정해두어야 함에도 불구하고 동법 제11조 제 2 항이 그 기준시가를 전적으로 대통령령에 맡겨두고 있는 것은 헌법상의 조세법률주의 혹은 위임입법의 범위를 구체적으로 정하도록 한 헌법 제75조에 위반되나, 이를 무효로 할 경우에는 세정전반에 일대 혼란이 일어날 것이므로 위헌선언 대신 조속한 개정을 촉구하였다.[5]

또한 정부관리기업체의 간부직원을 공무원으로 의제하여 가중처벌하도록 규정한 구 「특정범죄가중처벌등에관한법률」 제 4 조는 그 구체적인 범위를 대통령령에 포괄적으로 위임하고 있으므로 위임입법의 한계를 넘는 위헌규정으로 평가되고 있다.[6]

아울러 구 「건축법」 제14조는 건축물의 용도제한에 관하여 그 내용을 아무런 구체적인 기준이나 범위를 정함이 없이 이를 하위법령인 대통령령이나 조례에 백지위임하고 있고, 건축물의 용도변경행위에 관하여도 이를 대통령령이 정하는 바에 따른다고만 규정하고 있을 뿐이며, 건축물의 용도제한에 관한 사항도 모두 하위법령에 백지위임되어 있어서 일반인의 입장에서 보면 구 「건축법」 제14조만으로는 실제로 하위법령인 대통령령의 규정내용을 미리 예측하여 자신의 용도변경행위가 건축으로 보아 허가를 받아야 하는 용도변경행위인지 여부를 도저히 알 수가 없어서, 구 「건축법」 제78조 제 1 항 중 제14조의 규정에 의하여 허가 없이 한 대통령령이 정하는 용도변경행위를 건축으로 보아 처벌하는 것은 이에 관련된 법조항 전체를 유기적·체계적으로 종합판단하더라도 그 위임내용을 예측할 수 없는 경우로서 그 구체적인 내용을 하위법령인 대통령령에 백지위임하고 있는 것이므로, 이와 같은 위임입법은 범죄의 구성요건 규정을 위임한 부분에 관한 한 죄형법정주의를 규정한 헌법 제12조 제 1 항 후문 및 제13조 제 1 항 전단과 위임입법의 한계를 규정한 헌법 제75조에 위반된다고 판시하였다.[7]

(나) 국회의 전속적 입법사항의 위임금지  헌법이 법률에 의해서만 규율하도록 하고 있는 사항은 행정부에 위임할 수 없다. 예컨대 조세의 종목과 세율에 관한 사항(조세법률주의: 헌법 제59조), 죄형법정주의(헌법 제12조 1항), 국적취득의 요건(헌법 제2조) 등이 이에 해당한다. 그러나 이러한 사항

---

5) 헌재 1994. 7. 29, 92헌바49, 52 병합사건 : 토지초과이득세법 제10조 등 위헌소원사건.
6) 헌재 1995. 9. 28, 93헌바50.
7) 헌재 1997. 5. 29, 94헌바22.

의 위임금지의 요구는 개별적인 경우에 따라 그 정도가 검토되어야 한다.

> 헌법재판소 1995. 11. 30. 선고 94헌바14 결정은 구 법인세법 제32조 제 5 항이 국민
> 의 권리의무에 관한 기본적 사항에 해당하는 소득처분에 관련된 과세요건을 정하면
> 서도 아무런 기준을 제시함이 없이 이를 하위법규인 대통령령에 포괄적으로 위임하
> 였다는 점을 이유로 한 것이므로, 같은 법 시행령 제94조의2 제 1 항 제 1 호를 근거
> 로 과세하게 되면, 결국 모법의 근거 없이 과세대상인 소득의 종류와 납세의무자를
> 의제하는 규정인 대통령령만에 의하여 과세처분을 하게 되는 것에 해당하여 조세법
> 률주의에 반한다($\frac{대판\ 1997.5.16,}{96누8796}$).

(다) 처벌규정의 위임문제   이 경우에는 죄형법정주의와의 관계가 문제되나, 다음의
논리에 의해 해결하는 것이 타당하다고 본다.

① 범죄구성요건의 측면에 있어서는, 구체적·객관적으로 행위유형을 법률로 명
시적으로 규정해 놓고, 이를 좀 더 세부적으로 구체화하기 위한 내용의 위임만이 허
용된다고 본다.

② 처벌한도에 대해서는 최고 한도에 대해서 법률이 명시해 놓고, 그 한도 내에
서 위임하는 경우에만 가능하다고 볼 수 있다.

> 사회현상의 복잡다기화와 국회의 전문적·기술적 능력의 한계 및 시간적 적응능력
> 의 한계로 인하여 형사처벌에 관련된 모든 법규를 예외 없이 형식적 의미의 법률에
> 의하여 규정한다는 것은 사실상 불가능할 뿐만 아니라 실제에 적합하지도 아니하기
> 때문에, 특히 긴급한 필요가 있거나 미리 법률로써 자세히 정할 수 없는 부득이한 사
> 정이 있는 경우에 한하여 수권법률($^{위임}_{법률}$)이 구성요건의 점에서는 처벌대상인 행위가
> 어떠한 것인지 이를 예측할 수 있을 정도로 구체적으로 정하고, 형벌의 점에서는 형
> 벌의 종류 및 그 상한과 폭을 명확히 규정하는 것을 전제로 위임입법이 허용되며, 이
> 러한 위임입법은 죄형법정주의에 반하지 않는다($\frac{대판\ 2002.11.26,}{2002도2998}$).

(라) 재위임의 문제   이때에는 전면적인 내용의 재위임은 수권하는 법률의 취지에
모순되므로 허용되지 않으나, 당해 명령에서 대강적인 내용을 규정하여 모법에서 위
임한 사항을 구체화하고, 다시 보다 세부적 사항을 하위법령에 재위임하는 것은 가능
하다고 본다.

> 법률에서 위임받은 사항을 전혀 규정하지 않고 재위임하는 것은 복위임금지의 법
> 리에 반할 뿐 아니라 수권법의 내용변경을 초래하는 것이 되고, 부령의 제정·개정
> 절차가 대통령령에 비하여 보다 용이한 점을 고려할 때 재위임에 의한 부령의 경우
> 에도 위임에 의한 대통령령에 가해지는 헌법상의 제한이 당연히 적용되어야 할 것
> 이므로, 법률에서 위임받은 사항을 전혀 규정하지 아니하고 그대로 재위임하는 것
> 은 허용되지 않으며 위임받은 사항에 관하여 대강을 정하고 그 중의 특정사항을 범

위를 정하여 하위법령에 다시 위임하는 경우에만 재위임이 허용된다(<sup>헌재 2003.12.18.</sup><sub>2001헌마543</sub>).

㈐ 본질적 사항의 위임금지   이때에 법률은 또한 본질성이론(<sup>또는 중요</sup><sub>사항유보설</sub>)에 따라 의회입법을 통하여 반드시 스스로 규율하여야 할 모든 본질적 사항(<sup>또는</sup><sub>요사항</sub><sup>중</sup>)에 대해서는 위임할 수 없다고 보아야 한다. 이러한 사항은 국민의 기본권실현과 밀접한 관련을 가지므로 법규명령보다는 법률에 의한 보장이 필요하기 때문이다. 이러한 이유로 사법시험의 근거규범이 종전에는 대통령령인 「사법시험령」이었으나, 새로이 법률인 「사법시험법」이 제정된 것이다.

### 3. 집행명령

#### (1) 근    거
집행명령의 발령을 위하여는 헌법이나 법률의 직접적인 명시적 수권규정을 필요로 하지 않는다.

#### (2) 한    계
이는 법률이나 상위법령을 집행하기 위하여 필요한 사항만을 규정하며, 국민의 권리나 의무에 관한 새로운 입법사항은 집행명령으로 규정할 수 없다.

## Ⅳ. 법규명령의 하자

### 1. 하자 일반론
법규명령은 그 주체·내용·절차·형식 등에 있어서 적법요건을 갖추어야 한다. 이 요건에 하자가 있는 경우에는 위법한 법규명령으로 된다. 법규명령의 하자는 주로 위임명령의 경우를 논의의 대상으로 하며, 판례상 많이 나타나는 하자로는 위임명령이 수권근거 없이 규율하고 있는 경우, 범위를 정하지 않고 포괄적으로 위임명령에 위임하고 있는 경우, 내용에 있어서 상위법령에 위반되는 경우 등을 들 수 있다.

### 2. 하자의 유형
법규명령에 하자가 존재하는 경우에는 무효만이 인정되고 취소의 가능성은 존재할 수 없다. 이는 법규명령이 일반적·추상적 규율의 성질을 갖는 것과 관련되며 현행법으로도 법규명령에 대한 취소소송이 인정되고 있지 않다.

[1] 개정 시행령 부칙이 한약사 국가시험의 응시자격에 관하여 1996학년도 이전에 대학에 입학하여 개정 시행령 시행 당시 대학에 재학중인 자에게는 개정 전의 시

행령 제 3 조의2를 적용하게 하고, 원고들과 같이 1997학년도에 대학에 입학하여 개정 시행령 시행 당시 대학에 재학중인 자에게는 개정 시행령 제 3 조의2를 적용하게 하는 것은 헌법상 신뢰보호의 원칙과 평등의 원칙에 위배되어 허용될 수 없다 할 것이므로, 개정 시행령 부칙은 개정 시행령 제 3 조의2를 그 시행 당시 대학에 재학중인 자로서 1997학년도에 입학한 자들에게 적용하게 하는 범위 내에서 헌법에 위반되어 무효라고 할 것이다( 대판 2007.10.29, 2005두4649 ).

    [ 2 ] 구 개발제한구역의 지정 및 관리에 관한 특별조치법 시행령(2006. 6. 15. 대통령령 제19532호로 개정되기 전의 것) 제35조 제 1 항 제 2 호 (다)목에서는 공익시설 중 전기공급시설, 가스공급시설, 유류저장 및 송유설비에 대하여 개발제한구역 훼손부담금의 부과율을 100분의 20으로 정하고 있는 반면, 같은 항 제 3 호에서는 집단에너지공급시설을 포함한 다른 공익시설들(같은 항 제 1 호 및 제 2 호에서 규정하고 있는 공익시설은 제외)에 대하여 훼손부담금의 부과율을 100분의 100으로 정하고 있는 바, 집단에너지공급시설과 전기공급시설 등은 모두 다수의 사용자에게 에너지를 공급하여 생활의 편의를 충족시키는 역할을 하는 공익시설들로서 에너지를 수송하는 시설들이 그 주요 부분을 차지하고 있고, 이러한 시설들은 개발제한구역이 도시 주위를 둘러싸고 띠 형태로 지정되어 있어서 도시 지역 밖에서 안으로 혹은 그 반대방향으로 에너지를 공급하기 위해서는 개발제한구역을 통과해야 하는 경우가 많아 개발제한구역 밖의 토지에 대한 입지 선택이 가능한 학교 등 다른 공익시설들과는 그 사정이 다른 점, 위와 같은 시설들의 설치는 주로 배관을 지중에 매설한 후 그 지표면을 다시 원상복구시키는 방식으로 이루어지는 것이어서, 다른 공익시설들에 비해 개발제한구역에 대한 훼손의 정도가 크지 않기 때문에 개발제한구역 훼손부담금의 제도적 취지상 다른 공익시설들보다 훼손부담금의 부과율을 낮게 정할 필요가 있으며, 이 점에서는 집단에너지공급시설과 전기공급시설 등의 사이에 아무런 차이가 없는 점, 그뿐만 아니라, 집단에너지공급시설과 전기공급시설 등은 공급하는 물질(에너지)만 다를 뿐, 그 설치공사의 내용과 방법이나 그에 관한 기술적 측면의 규제 내용 등이 동일하거나 유사하고, 그 외 도로법 등 다른 각종 행정법규에서도 점용료나 원인자부담금 등의 산정·부과 및 감면 등에서 같게 취급하고 있는 등 사실상의 차이도 찾아보기 어려운 점 등을 종합하여 보면, 위 시행령 제35조 제 1 항 제 3 호에서 집단에너지공급시설에 대한 훼손부담금의 부과율을 전기공급시설 등에 대한 훼손부담금의 부과율인 100분의 20의 다섯 배에 이르는 100분의 100으로 정한 것은, 집단에너지공급시설과 전기공급시설 등의 사이에 그 공급받는 수요자가 다소 다를 수 있음을 감안하더라도, 부과율에 과도한 차등을 둔 것으로서 합리적 근거 없는 차별에 해당하므로 헌법상 평등원칙에 위배되어 무효이다( 대판 2007.10.29, 2005두14417 ).

물론 법규명령에 직접적인 처분성이 인정되는 경우에는 이에 대한 취소소송제기가 가능할 것이나(처분적 명령), 이는 처분성이 인정되는 예외적인 경우의 문제이며 법규명령 전반에 대한 설명으로는 타당할 수 없을 것이다.

공립초등학교 분교의 폐지는 지방의회가 이를 폐지하는 내용의 개정조례를 의결하고 교육감이 이를 공포하여 그 효력이 발생함으로써 완결되고, 그 조례 공포 후 교육감이 하는 분교장의 폐쇄, 직원에 대한 인사이동 및 급식학교의 변경지정 등 일련의 행위는 분교의 폐지에 따르는 사후적인 사무처리에 불과할 뿐이므로, 이를 독립하여 항고소송의 대상이 되는 행정처분으로서의 폐교처분이라고 할 수 없다(대판 1996.9.20, 95누7994).

그러나 이러한 논의와는 반대로, 행정행위에서와 같이 하자의 정도에 따라 중대하고 명백한 경우의 무효와 그 이외의 경우의 취소할 수 있는 법규명령으로 보는 견해도 존재한다.

## V. 법규명령의 소멸

다음의 사유가 있는 경우에 법규명령은 그 효력을 상실한다.

### 1) 법규명령이 폐지되는 경우

상위법령이나 동위의 법령으로 개별적인 법규명령의 효력을 장래에 향하여 소멸시키는 경우를 폐지라고 하며, 이때는 명시적으로 폐지하는 경우는 물론이고 종래의 법규명령의 내용과 저촉되는 규정을 이후의 법규명령에서 정한 경우에도 종전의 법규명령은 그 효력이 소멸되게 된다. 이에 비해서 법규명령의 형식 자체가 폐지된 때에는 그 내용이 상위법령에 저촉되지 않는 한 계속하여 효력을 갖게 된다.

상위법령의 시행에 필요한 세부적 사항을 정하기 위하여 행정관청이 일반적 직권에 의하여 제정하는 이른바 집행명령은 근거법령인 상위법령이 폐지되면 특별한 규정이 없는 이상 실효되는 것이나, 상위법령이 개정됨에 그친 경우에는 개정법령과 성질상 모순, 저촉되지 아니하고 개정된 상위법령의 시행에 필요한 사항을 규정하고 있는 이상 그 집행명령은 상위법령의 개정에도 불구하고 당연히 실효되지 아니하고 개정법령의 시행을 위한 집행명령이 제정, 발효될 때까지는 여전히 그 효력을 유지한다(대판 1989.9.12, 88누6962).

### 2) 당해 명령에서 예정하고 있는 종기가 도래하거나 해제조건이 성취되는 경우

### 3) 당해 명령의 근거법령의 효력이 상실되는 경우

구법의 위임에 의해 유효했던 법규명령이 법개정으로 위임의 근거가 없어지게 되면 그때부터 무효인 법규명령이 된다(대판 1995.6.30, 93추83).

## VI. 법규명령에 대한 통제

### 1. 의회에 의한 통제

이에는 입법례에 비추어 보아 직접적 통제유형과 간접적 통제유형이 존재한다. 직접적 통제유형으로서는 독일의 경우와 같이 법규명령의 성립·발효에 대한 동의권이나 승인권을 의회에 유보하는 방법과, 일단 유효하게 성립된 법규명령의 효력을 소멸시키는 권한을 의회에 유보하는 방법이 존재한다. 그러나 우리나라에서는 이보다 간접적인 통제 수단으로서 의회가 가지는 행정부에 대한 견제수단을 발동함으로써 (국정감사나 국정조사권의 행사, 국무<br>총리나 국무위원에 대한 해임건의권 등) 간접적으로 위법한 법규명령이 발령되지 않도록 하는 방법이 이용되고 있다.

최근에는 간접적인 방법으로서 행정입법에 대한 의회의 통제를 강화하는 방안도 강구되고 있다. 즉 법률의 위임사항이나 집행을 위하여 필요한 사항을 규정하는 대통령령·총리령·부령 및 훈령·예규·고시 등 행정규칙이 제정 또는 개정된 때에는 10일 이내에 이를 국회에 반드시 송부하도록 하여 간접적인 통제방법이 마련되고 있다 (국회법<br>제98조의 2).

### 2. 사법부에 의한 통제

이에는 일반적으로 추상적인 규범통제의 방법과 구체적 규범통제의 방법이 있으나, 우리나라에서는 후자의 방법만을 인정하고 있다(헌법 제107<br>조 2항). 따라서 법규명령의 위헌·위법 여부가 재판의 전제가 되는 경우(즉 법규명령에 근거한 처분을 대상으로 하여, 그 위법성 사유로서<br>당해 근거 법규명령의 상위법령위반을 소송상 주장하는 경우)에 법규명령을 간접적으로 심사할 수 있으며, 법원에 의해서 무효로 판정된 법규명령은 일반적으로 실효되는 것이 아니고 당해 사건에 대해서만 그 적용이 거부될 뿐인 효과가 발생한다.

**위헌·위법한 시행령에 근거한 행정처분이 당연무효가 되기 위한 요건 및 그 시행령의 무효를 선언한 대법원판결이 없는 상태에서 그에 근거하여 이루어진 처분을 당연무효라 할 수 있는지 여부(원칙적 소극)**    하자 있는 행정처분이 당연무효로 되려면 그 하자가 법규의 중요한 부분을 위반한 중대한 것이어야 할 뿐 아니라 객관적으로 명백한 것이어야 하고, 행정청이 위헌이거나 위법하여 무효인 시행령을 적용하여 한 행정처분이 당연무효로 되려면 그 규정이 행정처분의 중요한 부분에 관한 것이어서 결과적으로 그에 따른 행정처분의 중요한 부분에 하자가 있는 것으로 귀착되고, 또한 그 규정의 위헌성 또는 위법성이 객관적으로 명백하여 그에 따른 행정처분의 하자가 객관적으로 명백한 것으로 귀착되어야 하는바, 일반적으로 시행령이 헌법이나 법률에 위반된다는 사정은 그 시행령의 규정을 위헌 또는 위법하여 무효라고 선언한 대법원의 판결이 선고되지 아니한 상태에서는 그 시행령 규정의 위헌 내지 위법 여부가 해석상 다툼의 여지가 없을 정도로 명백하였다고 인정되지 아니하는 이상 객관적으로 명백한 것이라 할 수 없으므로, 이러한 시행령에 근거한 행정처분의 하자는 취소사유에 해당할 뿐 무효사유가 되지 아니한다. 구 청소년보호법(2001. 5. 24. 법률 제6479호로 개정되기 전의 것) 제10조 제 3 항의 위임에 따라 같은 법 시행령(2001. 8. 25. 대통령령 제17344호로 개정되기 전의 것) 제 7 조와 [별표 1]의 제 2 호 (다)목은 '동성애를 조장하는 것'을 청소년유해매체물 개별 심의기준의 하나로 규정하고 있는바, 현재까지 위 시행령 규정에 관하여 이를 위헌이거나 위법하여 무효라고 선언한 대법원의 판결이 선고된 바는 없는 점, 한편 동성애에 관하여는 이를 이성애와 같은 정상적인 성적 지향의 하나로 보아야 한다는 주장이 있는 반면 이성간의 성적 결합과 이를 기초로 한 혼인 및 가족생활을 정상적인 것으로 간주하는 전통적인 성에 대한 관념 및 시각에 비추어 이를 사회통념상 허용되지 않는 것으로 보는 견해도 있는 점, 동성애를 유해한 것으로 취급하여 그에 관한 정보의 생산과 유포를 규제하는 경우 성적 소수자인 동성애자들의 인격권·행복추구권에 속하는 성적 자기결정권 및 알 권리, 표현의 자유, 평등권 등 헌법상 기본권을 제한할 우려가 있다는 견해도 있으나, 또한 동성애자가 아닌 다수의 청소년들에 있어서는 동성애에 관한 정보의 제공이 성적 자기정체성에 대한 진지한 성찰의 계기를 제공하는 것이 아니라 성적 상상이나 호기심을 불필요하게 부추기거나 조장하는 부작용을 야기하여 인격형성에 지장을 초래할 우려 역시 부정할 수 없다 할 것인 점 등에 비추어 보면, 이 사건 청소년유해매체물 결정 및 고시처분 당시 위 시행령의 규정이 헌법이나 모법에 위반되는 것인지 여부가 해석상 다툼의 여지가 없을 정도로 객관적으로 명백하였다고 단정할 수 없고, 따라서 위 시행령의 규정에 따른 위 처분의 하자가 객관적으로 명백하다고 볼 수 없다 ( 대판 2007.6.14, 2004두619 )

행정입법에 대하여 법원의 직접적 통제가 가능한가의 문제는 헌법 제107조 제 2 항의 '재판의 전제가 된 경우'의 해석과 관련하여 제기되는 것이다. 해석의 가능성은 '재판의 전제성'을 구체적 규범통제에 해당하는 경우로 이해하는 견해와, 단순히 재판의 대상으로 이해하는 견해로 나뉜다. 후자의 견해에 따르면 현행 대법원의 태도는 실정헌법상 허용되는 자신의 권한을 제대로 행사하고 있지 못하다는 비판을 받게 되며, 행정입법에 대한 직접적 사법통제가 가능한 것으로 이해한다. 그러나 이러한 견해는 실정법상으로는 헌법소원에 의한 헌법재판소의 행정입법통제 권한과 충돌하는 문제를 야기하게 될 것이다.

## 3. 헌법소원에 의한 통제

법규명령에 의하여 기본권을 침해받은 경우에 헌법소원을 제기하여 법규명령에 대한 통제가 인정될 수 있는가가 문제될 수 있다(헌법재판소법 제68조 1항 참조). 이는 특히 헌법이 명령이나 규칙에 대한 위헌·위법심사권을 법원에 부여하고 있는 제107조 제 2 항과 관련하여 문제가 제기된다.

### (1) 부 정 설

이에 대하여 헌법소원을 부정하는 입장은 헌법 제107조 제 2 항이 법원에 명령과 규칙에 대한 최종적인 심사권을 인정하고 있는 이상, 그 대상이 명령과 규칙인 때에는 헌법소원은 인정될 수 없다고 한다.

### (2) 인 정 설

반면에 헌법소원을 인정하는 입장은 ㉠ 헌법 제107조 제 2 항은 재판의 전제가 된 경우에 한하여 명령과 규칙에 대한 법원의 심사권을 규정하는 것이므로, 재판의 전제가 되지 아니하고 기본권침해가 존재하는 경우에는 헌법소원이 인정된다는 점, ㉡ 헌법소원의 대상은 법원의 재판을 제외한 공권력의 행사 또는 불행사이므로 이러한 대상에 명령과 규칙도 포함된다는 점 등을 논거로 제시한다. 이 견해가 타당하다고 본다.

### (3) 관련 사례

이러한 문제가 처음으로 논의된 사건은 주지하는 바와 같이 구 「법무사법시행규칙」에 대한 헌법소원이다. 이 사건의 심리과정에서 대법원은 헌법소원 대상성이 되지 않는다고 강하게 주장하였으나, 헌법재판소는 대법원규칙의 형식을 취하나, 구 「법무사법」 제 4 조 제 2 항에 의하여 위임된 법규명령으로서의 성질을 갖는 구 「법무사법시행규칙(대법원규칙)」에 대하여 인정설의 입장에서 헌법소원의 대상이 됨을 인정하고, 동 규칙 제 3 조 제 1 항이 위헌임을 결정했다.8) 또한 이후에 논의된 사건들을 통하여 헌법재판소는 지속적으로 법규명령에 대한 헌법소원을 통한 통제를 확립하고 있다.

## 4. 행정적 통제

### (1) 상급기관에 의한 통제

이에는 상급 행정기관이 하급 행정기관에 대해서 행사하는 지휘·감독권의 방법을 통한 통제와, 행정부 내에 법규명령안을 심사하는 별도의 기관을 두어 법규명령제정을 통제하는 방법이 있다.

예컨대 중앙행정심판위원회는 심판청구를 심리·의결함에 있어서 처분 또는 부작위의 근거가 되는 명령 등(대통령령·총리령·부령·훈령·예규·고시·조례·규칙 등을 말한다)이 법령에 근거가 없거나 상위법령에 위배되거나 국민에게 과도한 부담을 주는 등 현저하게 불합리하다고 인정되는 경우에는 관계행정기관에 대하여 당해 명령 등의

---

8) 헌재 1990. 10. 15, 89헌마178.

개정·폐지 등 적절한 시정조치를 요청할 수 있다. 이러한 요청을 받은 관계행정기관은 정당한 사유가 없는 한 이에 따라야 한다(행정심판법 제59조).

### (2) 행정절차적 통제

법규명령이 갖는 사실상의 중요성에 비추어 그 제정절차를 일정한 법적 통제하에 두어 국민의 참여를 유도하고, 사전적으로 법규명령의 내용을 일반 국민에게 주지하게 하는 것은 그 의의가 있다. 이를 위해서 현행법은 1996년 12월 「행정절차법」을 제정하여, 미국 행정절차법의 행정입법절차를 따라 행정입법의 예고절차를 규정하고 있다(제41조 이하).

## 제 3 절 행정규칙

**기본 사례**

1. 甲기업과 乙기업은 중소기업으로서, 정부의 중소기업 부양책에 의해 예산에 의해 책정된 자금지원을 받기 위하여 산업통상자원부에 신청하였다. 산업통상자원부는 이에 대해 내부적인 자금지원지침에 따라 甲기업에는 자금을 지원하였으나, 乙기업에 대해서는 자금지원지침에 위반하여 자금지원을 거부하였다. 乙기업은 甲기업과 동종업체로서 비슷한 시설규모를 갖추고 있고, 자금지원이 필요한 정도도 비슷한 상황에 있다. 乙기업은 어떻게 이러한 거부처분에 대하여 다툴 수 있는가?

2. 45세인 甲은 자신의 아파트를 1억 3천만원에 매매하고 기준시가에 의한 양도차익 예정신고를 하여 이에 근거한 양도소득세를 납부하였다. 그러나 강남세무서장 乙은 이를 인정하지 않고, 아파트의 실지거래가격을 조사하여 이에 따라 양도소득세를 부과하였다. 그러나 이러한 乙의 행위는 「재산제세조사 사무처리규정」에 위반한 것이다. 이때에 甲은 어떠한 권리구제방법을 생각할 수 있는가?

(풀이는 340면)

## Ⅰ. 행정규칙의 의의

### 1. 개    념

행정규칙이란 행정기관이 행정조직 내부 또는 특별행정법관계 내부에서의 조직과 활동을 규율할 목적으로, 행정조직 내부에서 상급기관이나 상급자가 하급기관이나 하급자에게 행하는, 법률의 수권 없이 정립하는 일반적·추상적 규정을 의미한다. 행정규칙은 주로 행정기관 내부의 사무집행이 통일적으로 수행되는 것을 보장하기 위해 발령된다.

### 2. 구별개념

#### (1) 법규명령과의 구별

양 개념은 기본적으로 상위규범의 수권여부, 수범대상자의 범위에서 차이를 나타낸다. 그러나 행정규칙의 외부적 효력 인정여부에 따라서는 그에 따른 차이도 인정될 수 있다.

#### (2) 행정행위와의 구별

행정규칙은 일반적·추상적 규율을 특색으로 하는 점에서, 구체적·개별적인 성질을 갖는 행정행위와 구별된다.

## Ⅱ. 행정규칙의 법적 성질(이른바 '법규성' 인정여부의 문제)

### 1. 논의의 체계

행정규칙의 법적 성질을 여하히 파악할 것인가의 문제는 실질적으로는 행정규칙의 시민에 대한 법적 외부효(또는 법적 구속력)를 인정할 수 있는가에 관련되는 것이다. 그러나 우리나라에서는 이 문제를 행정규칙의 법규성 인정여부의 논의로서 다루고 있으며, 이에 대해서는 견해가 대립하고 있다. 이는 우리의 다수견해가 법규개념을 좁게 이해하여 시민에 대한 외부적 효력유무에 따라서 고찰하는 것과 관련되는 것이다.

#### (1) 논의의 의미

행정규칙이 시민에 대한 법적 외부효를 갖는가의 논의는 실제적으로는 다음과 같은 의미를 갖는 것이다.

우선 이러한 구속력이 인정될 때에는 행정규칙은 외부적 효력이 있는 규범으로서, 당사자는 행정규칙 위반의 행정행위에 대해 '행정규칙위반을 이유로 하는' 위법성을 쟁송의 형태로서 주장할 수 있게 된다. 또한 법원으로서도 행정규칙내용에 구속을 받게 되어 행정규칙위반의 행정행위에 대해 위법성을 인정하여야 하며, 스스로 행정규칙의 내용을 무시하고 행정규칙에 위반된 행정행위의 위법성을 다른 기준을 적용하여 논하지 못하게 된다.

그러나 이와는 반대로 행정규칙의 외부적 효력을 부정할 때에는, 행정규칙은 행정기관 내부에서만 구속력을 갖는 것이 된다. 따라서 당사자인 시민은 행정규칙위반의 행정행위에 대해 '행정규칙 위반을 이유로 하는' 위법성을 주장할 수 없으나, 당해 행정행위를 행정규칙이 아닌 다른 실정법령 위반사유로 인해 그 위법성을 주장할 수는 있게 된다. 또한 법원으로서도 행정규칙의 구속력을 받지 않으므로 행정규칙을 위반한 처분이라고 하더라도 바로 그 위법성을 인정할 수는 없고, 다른 실정법령 위반여부를 검토하여 위법성을 심사하게 된다.

### (2) 연혁적 고찰

행정규칙의 법적 성질에 대해서는, 연혁적으로는 과거에 독일에서 19세기 독일의 정치적 상황인 입헌군주정 당시의 법규개념에 기초하여 그 법규성을 부정하는 견해가 주장되었다. 즉 당시의 입헌군주정하에서는 시민의 권리보호를 위하여, 군주는 의회의 동의를 요하는 규범에 의해서만 시민의 재산과 자유에 관한 규율을 할 수 있도록 하였다(침해유보설). 이러한 입장에 따라 의회가 관할하는 규범인 법률만이 법규로서 이해되었고, 시민의 권리보호와 무관한 국가의 조직 등에 관한 국가 내부에 관한 규율은 의회의 규율대상이 아닌 군주의 규율사항이므로 법규가 아니라고 보았다. 따라서 행정규칙은 내부적 규율이므로 법규성이 부정되었다. 또한 이른바 특별권력관계이론에 기초하여, 공무원이나 군인 등의 관계를 국가의 내부관계로 보아 이에 대해서는 법이 침투할 수 없는 영역으로 인정하여 행정부에 의한 독자적인 규율영역으로 보았다. 따라서 이 영역은 행정규칙으로 규율할 수 있다고 보았다.

이와 같이 이 논거는 법규개념을 좁게 이해하면서 19세기 당시의 독일의 상황에 근거하여 국가의 내부관계에 해당하는 행정조직 내부나 특별권력관계에는 법규가 적용될 수 없음을 주장하고, 이들 내부관계를 규율대상으로 하는 행정규칙에 대해서 법규성이 인정될 수 없다고 주장하였다.

### 2. 학설의 대립

행정규칙의 법규성 인정여부의 논의는, 논의의 핵심요소를 이루는 법규 개념의 이해내용에 따라 다음과 같이 검토할 수 있다.

### (1) 법규 개념을 넓게 이해하는 입장

법규개념을 넓게 파악하여 법규를 '일반적이고 추상적인 고권적 규율'을 의미하는 것으로 이해하는 입장에서는, 행정규칙도 또한 행정기관이 정립하는 일반적이고 추상적인 규율로서의 성격을 가지므로 법규성을 가진다고 본다. 즉 행정규칙은 비록 그 규율대상이 행정조직 내부의 기관이나 공무원 또는 특별행정법관계 구성원에 한정되는 일면적 구속력만이 인정되기는 하지만, 이들 대상이 공권력을 행사하거나 국가사무를 처리하는 데 있어서 준거규범의 기능을 하게 되므로 이른바 '내부법규'로서 그 법규성을 긍정하게 된다.9)

그러나 이 입장에서도 행정규칙이 시민에 대한 법적 구속력을 발생하는가의 문제는 부정적으로 검토되고 있다. 따라서 이러한 입장에 의하는 경우에도 당사자는 당해 처분의 위법성 사유로서 '행정규칙위반의 위법성'을 주장하지는 못하게 된다.

### (2) 법규 개념을 좁게 이해하는 입장

이 입장은 법규 개념을 좁게 이해하여 시민에 대한 직접적인 외부적 효력(<sup>또는 법적</sup><sup>구속력</sup>)이 인정되는 경우에 한정하여 논의하는 것이다. 이 견해는 다시 행정규칙의 법규성을 일반적으로 부정하는 다수의 견해와, 개별적인 경우의 행정규칙의 유형에 따라 긍정하는 일부 견해로 나누어진다.

#### 1) 부정하는 견해

이에 따르면 행정규칙은 시민에 대한 직접적인 외부적 효력이 인정될 수 없으므로 그 법규성이 부정되어야 한다고 본다. 우리나라에서의 다수견해이다. 이 견해는 법규 개념을 좁게 이해하는 입장에서의 기준이 되는 규범의 외부효를 직접적인 법적인 효과에 한정하여 이해하는 논거를 기초로 한다. 이 견해에 따르면 행정규칙이 시민에 대해 미치는 효과는 직접적·법적인 효과로서의 구속력으로 나타나는 것이 아니라, 원래의 수범자인 행정기관이 행정규칙을 적용함으로써 관계를 갖게 되는 사실상의 효과이거나 (<sup>평등원칙을</sup><sub>매개로 하는</sub>) 간접적인 법적 효력에 불과하다고 본다.10) 이에 따라 시민에 대한 법적인 외부효(<sup>또는 외부적</sup><sub>구속력</sub>)가 인정될 수 없다고 보아 법규 개념에 해당하지 않는다고 보며 행정규칙의 법규성을 부정하게 된다.

#### 2) 인정하는 견해

이는 특정한 유형의 행정규칙에 한정하여 그 법규성을 인정하는 견해이다.11) 이에 따르면 행정규칙으로서의 '재량준칙'은 그 적용을 통해서 생성되는 행정관행에

---

9) 박윤흔(상), 243면.
10) 김남진·김연태(Ⅰ), 191면.
11) 이러한 논거는 행정규칙의 유형별로 그 법적 성질(또는 법규성 인정여부)을 논하려는 견해와 (예컨대 홍정선(상), 267면; 한견우(Ⅰ), 242면) 같은 방향에 있는 것으로 보인다.

대해 헌법상의 평등원칙에 의거하여 행정기관 스스로 시민에 대한 관계에서 자기구속을 받게 되는 효과가 인정되고, 또한 재판에 있어서 평등원칙 구체화의 주요 연결점의 기능을 하므로 사실상 법규에 가까운 성질을 인정할 수 있다고 한다. 이를 '준법규설'이라고도 한다.12) 또한 이외에도 다른 한편 행정규칙의 유형으로서 이른바 '규범구체화 행정규칙'을 인정하여 이에 한정하여 그 법규성을 인정하려는 견해도 주장된다.13)

　　그러나 이 견해는 다음과 같은 문제점이 존재한다고 평가할 수 있다. 즉 행정규칙 중 재량준칙은 그 수범자가 행정기관이므로 시민에게는 직접적인 효력을 미칠 수 없다. 이러한 대내적인 성격의 행정규칙은 내부규율의 성격을 갖는 것이므로, 평등원칙에 의해서도 외부법으로 바뀐다고 볼 수 없다고 보아야 한다. 이때에 당사자인 시민이 주장하는 당해 행정처분의 위법성은 '행정규칙 위반'을 근거로 하는 것이 아니라 '평등원칙 위반'이라는 사실에 비추어 보아서도,14) 행정규칙이 평등원칙을 통해 대외적 효력을 갖는 외부법으로 전환된다는 주장은 타당하지 않을 것이다. 또한 일부 견해가 주장하는 준법규라는 개념도 그 표현 자체가 암시하듯 실제로 엄격한 의미에서는 법규가 아니라는 비판도 가능할 것이다. 이외에도 규범구체화 행정규칙에 대해서는 이러한 유형의 행정규칙을 우리나라에서는 인정할 수 없다고 보는 것이 다수견해이고 이러한 견해가 타당하므로, 이에 근거한 논거도 따르기 어려울 것이다.15)

### (3) 소　결

　　행정규칙이 어떠한 의미에서든 시민에 대하여 영향력을 갖고 그 효력이 미친다는 점에 대해서는 이론을 제기할 수 없을 것이다. 그러나 이러한 경우에서의 시민에 대한 외부효(또는 대외적 구속력)의 내용은 그 실체에 있어서 엄격하게 검토되어야 한다. 즉 행정규칙의 시민에 대한 외부효를 논의하려는 실제적 필요성이 시민이 당해 행정처분의 위법성을 주장하기 위하여 직접적으로 행정규칙을 원용할 수 있는가에 있는 것이라면, 이때의 외부효의 내용은 사실상의 효력이 인정되는 경우는 포함할 수 없으며 직접적인 법적 효력에 한정하여야 할 것이다. 이러한 경우에만 당사자는 당해 행정규칙으로부터 소송상 주장 가능한 권리를 원용할 수 있게 되는 것이다. 또한 다른 한편 행정규칙의 시민에 대한 직접적 외부효를 인정하기 위해서는 논리적으로 그 수범자가 시민이라는 것이 전제가 되어야 한다. 그러나 행정규칙에 대해서는 시민을 수범자로 인정할 수 없는 기

---

본적인 한계가 있게 된다. 따라서 결국 행정규칙에 대해서는 직접적인 법적 외부효를 인정할 수 없다는 결론이 가능하게 된다. 이로 인해 시민인 당사자는 행정규칙위반의 행정행위에 대해 '행정규칙 위반을 이유로 하는' 위법성을 주장할 수 없게 된다. 우리나라의 다수견해는 행정규칙의 시민에 대한 직접적인 외부적 효력($\frac{\text{또는 대외적}}{\text{효력}}$)을 부정하면서, 이에 따라 행정규칙의 법규성도 부정하고 있다. 이러한 주장의 배경에는 앞에서 논한 바와 같이16) 법규개념을 시민에 대한 효력($\frac{\text{구속}}{\text{력}}$) 인정여부와 연계하는 이해가 기초가 되고 있는 것이다. 그러나 법규개념을 법이론적으로 넓게 이해하는 입장에서는, 행정규칙이 시민에 대한 직접적인 외부적 효력이 없다고 하더라도 그 법규성이 인정되게 된다. 우리의 판례는 이 문제에 관해 통일적이지 못한 태도를 나타내고 있다.

## Ⅲ. 행정규칙의 종류

### 1. 내용에 따른 분류

#### (1) 조직규칙

이는 행정조직에 관한 사항을 행정규칙의 형태로 규율하는 것을 말한다. 그러나 행정조직에 관한 규율에 있어서는, 그 범위에 있어서 중앙행정기관 및 그 보조기관 등의 설치·조직과 직무범위를 법률과 대통령령으로 정하도록 하고 있으므로, 이러한 행정규칙에 의한 규율범위가 사실상 제한되어 있다는 점에 유의할 필요가 있다($\frac{\text{헌법 제96조, 정부조}}{\text{직법 제2조 1항 참조}}$).

#### (2) 근무규칙

이는 상급기관이 하급기관의 근무에 관한 사항을 지속적으로 규율하기 위하여 발하는 규칙을 말한다($\frac{\text{예컨대 훈령}}{\text{지시, 예규 등}}$). 대법원은 국무총리훈령인 「행정정보공개운영지침」($\frac{\text{국무총리 훈령}}{\text{제288호}}$)의 효력과 관련하여 이 지침이 공개대상에서 제외되는 정보의 범위를 규정하고 있으나, 국민의 자유와 권리는 법률로써만 제한할 수 있으므로, 이는 법률에 의하지 아니하고 국민의 기본권을 제한한 것이 되어 대외적으로 구속력이 없다고 판시한 바 있다.17)

#### (3) 영조물규칙

이는 공공 영조물($\frac{\text{국공립학교, 병원}}{\text{도서관, 교도소 등}}$)의 이용관계를 규율하는 규칙을 말한다($\frac{\text{예컨대 국립대}}{\text{학의 학칙 등}}$).

---

16) 앞부분의 행정법의 법원에 관한 설명부분 참조.
17) 대판 1999. 9. 21, 97누5114.

(4) 행위통제규칙

이는 행정기관이 행하는 개별적 행위의 통일성을 담보하기 위하여 통제하는 것을 내용으로 하는 규칙을 말한다. 이에는 특히 재량준칙이 주요한 의미를 갖는다.


(5) 규범구체화 행정규칙

1) 개    념

규범구체화 행정규칙이란 입법기관이 그 대상의 전문성 등을 이유로 하여 법률에 그 세부적인 사항을 직접 규율하지 못하고 행정기관에게 당해 내용의 구체화 권한을 일임한 경우에, 행정기관이 당해 규범을 구체화하는 내용으로 발령하는 행정규칙을 말한다.

규범구체화 행정규칙은 불확정법개념과 관련이 있다. 일반적으로 법규범에 불확정법개념이 사용되고 있을 때 당해 개념의 해석과 적용에 관하여 하급기관의 법해석을 지원하고 법적용의 통일성을 기하기 위하여 흔히 법률(규범)해석지침이라는 행정규칙이 제정될 수 있다. 그러나 통상의 규범해석은 완전한 범위에서 사법심사가 가능하지만, 규범구체화 행정규칙은 법률상의 수권에 근거하여 제정되고 판단여지가 인정되는 불확정법개념을 법규에 부합하게 구체화하고 그에 따라 법원에 의한 심사가 제한되는 데에 특징이 있다. 규범구체화 행정규칙은 비교적 새롭게 논의되기 시작한 대상으로서 아직 확립된 이론체계는 아니라고 평가된다.

2) 연    혁

이 개념은 독일의 연방행정법원이 1985년 12월 19일의 빌(Whyl) 판결에서, 원자력법의 영역에서 적용되는 '배출공기나 지표수를 통한 방사능의 유출에 있어서의 방사선노출에 관한 일반적 산정기준'(연방내무부 장관의 지침)에 대하여 이를 인정한 데서 비롯되는 개념이다. 동 판결은 이러한 지침(행정 규칙)을 규범구체화 행정규칙으로 이해하고 이에 대해서는 법원도 구속되는 직접적인 외부적 효력이 있음을 인정하였다. 이에 따르면 이 경우의 법원의 심사권한은 행정규칙 내용의 정립에 있어서 자의가 없는 조사에 의한 것인지 여부 등만을 심사할 수 있을 뿐이라고 한다. 독일의 판례를 통하여 나타나는 경우를 보면 이 유형의 행정규칙은 기술적인 안전법이나 환경법 영역에서 주로 인정되고 있다.[18]

3) 인정논거

주로 기능적 고려가 논거로 인정된다. 즉 그 대상의 규율을 위해 전문성(특히 과학기술적인 전문성)

---

18) 원자력법의 경우 : BVerwGE 72, 300(320)(Whyl 판결); 환경법의 경우(TA Luft가 대상) : BVerfGE 78, 214(227), OVG Münster, NVwZ 1988, 173 등. 그러나 독일에서는 최근에 유럽연합의 지침의 영향으로, 종전에 규범구체화 행정규칙으로 이해되던 대상들이 법규명령으로 논의되고 있다고 한다.

이 요구되는 사안에 있어서, 행정부는 어느 기관보다도 전문인력과 지식을 보유하고 있다고 인정되므로 입법기관도 이를 존중하여 행정기관에 의한 규율권한을 인정하는 것이다.

### 4) 우리나라에서의 논의

우리나라에서 이러한 유형의 행정규칙이 인정될 수 있는가의 여부가 논의되는 주된 대상은 국세청장의 훈령인 「재산제세조사사무처리규정」이다. 대법원 판례에 의하면[19] 「재산제세조사사무처리규정」은 그 형식은 행정규칙으로 되어 있으나 「소득세법 시행령」의 위임에 의하여 실체법상의 과세요건에 관하여 규정하는 것으로서, 위 시행령의 규정을 보완하는 기능을 하면서 그것과 결합하여 대외적인 구속력이 있는 법규명령으로서의 효력을 갖게 된다고 본다. 이러한 판결의 해석과 관련하여 이를 규범구체화 행정규칙의 예로 보는 견해도 존재하나,[20] 이를 부정하는 견해가 우리의 다수견해이다.

생각건대 ㉠ 이러한 유형의 행정규칙은 인정논거에서도 보았듯이 행정기관이 갖는 과학기술적인 전문지식 등의 사정을 고려하여 인정되는 것이므로 일반적으로 확대할 수는 없을 것이다. ㉡ 더욱이 독일에서 논의되고 있는 규범구체화 행정규칙은 불확정법개념 중 판단여지가 인정되는 매우 예외적인 경우에 대하여 그 해석을 뒷받침하여 하급기관에 의한 법해석·적용을 통일시키기 위해 제정되는 특징이 있고, 그로인해 그러한 행정부의 규범구체화행위에 대하여 법원의 사법심사가 제한되는 특성을 논의의 대상으로 한다는 점에서, 비록 법률의 수권에 의해 제정되는 유사성이 보인다고 하더라도, 판단여지가 인정되는 불확정법개념과 전혀 상관없는 영역에까지 일반적으로 확대하여 논의하는 것은 타당하지 않다고 보아야 한다. ㉢ 그리고 「재산제세조사사무처리규정」이 그 효력에 있어서 대외적인 구속력을 갖는 것은 행정규칙이 갖는 효력으로서가 아니라, 행정기관에게 법령의 내용을 보충할 권한을 부여한 법령규정(즉 소득세법 시행령)의 효력에 의하여 그 내용을 보충하는 기능을 갖게 되는 것이므로, 당해 규정은 규범구체화 행정규칙으로서 볼 수 없고, 실질적으로는 위임명령으로서 법규명령에 해당한다고 보아야 할 것이다.

따라서 우리나라에서는 독일식의 규범구체화 행정규칙은 인정될 수 없다고 보며, 이러한 유형의 행정규칙의 존재를 전제로 한 행정규칙의 시민에 대한 외부적 구속력의 인정주장도 또한 타당할 수 없다고 보아야 할 것이다.

---

19) 대판 1987. 9. 29, 86누484; 1989. 11. 14, 89누5676.
20) 김남진, 행정법의 기본문제, 192면; 일부견해에 의하면 이 경우를 법률대위적 행정규칙(gesetzes-vertretnede Verwaltungsvorschrift)으로 보고 있으나(홍정선(상), 269면), 이러한 이해는 독일에서의 용어사용례에 비추어 잘못 이해하고 있는 것이 아닌가 하는 의문이 제기된다.

## 2. 형식에 따른 분류

이는 행정실무상 「행정 효율과 협업 촉진에 관한 규정」($\frac{제4}{조}$)에 따른 구분이다. 이에는 훈령·지시·예규·일일명령이 있다.

## Ⅳ. 행정규칙의 근거와 한계

### 1. 근  거

행정규칙은 법령에서 인정된 직무권한 범위 안에서 발령하는 것이므로, 법령의 개별적·구체적 수권을 필요로 하지 않는다. 또한 그 내용이 국민의 권리나 의무에 관한 사항을 규율대상으로 하는 것이 아니고, 하급기관의 권한행사를 규율하기 위한 것이므로 개별적 법령의 수권을 요하지 않게 된다.

### 2. 한  계

법률우위의 원칙이 적용되므로 법령과 상급행정기관의 행정규칙에 위반하지 않아야 하며, 특정의 행정목적달성을 위하여 필요한 한도에서 제정할 수 있으며, 국민의 권리의무에 관한 사항을 새로이 정할 수 없다. 국민의 권리의무에 관하여 새로운 사항을 정하기 위해서는 법령의 개별적 수권을 필요로 하며, 이러한 경우에는 행정규칙의 형식을 취하고 있다고 하더라도 그 실질에 있어서 법규명령으로 보아야 한다.

## Ⅴ. 행정규칙의 성립요건과 효력발생요건

행정규칙은 그 적법요건으로서 다음의 요건을 필요로 한다. 이 요건을 구비하지 못한 경우에는 하자있는 행정규칙이 되며, 위법한 행정규칙으로서 무효가 된다.

### 1. 성립요건

우선 주체 면에서는 권한 있는 기관이 행정규칙의 내용에 따를 의무가 있는 기관에게 발하여야 한다. 내용면에서는 그 한계를 지켜야 하고, 내용이 실현불가능하거나 불확실한 것이어서는 안 된다. 형식면에서는 문서나 구술로 할 수 있고, 절차 면에서는 일반적으로 따라야 할 법정절차는 없으나 국무총리훈령의 제정은 관례적으로 법제처의 사전심사를 받고 있고, 중앙행정기관의 훈령이나 예규에 대해서는 국무총리훈령에 의한 법제처의 사후평가제가 실시되고 있다.

행정규칙은 공포라는 형식을 법적으로 요구하지는 않으나 고시와 훈령의 경우에는 대부분 관보에 의하여 대외적으로 공표하고 있다.

## 2. 효력발생요건

특별한 규정이 없는 한 성립요건을 갖춘 때에 효력을 발생하며, 수명기관에게 도달된 때부터 구속력을 발생한다고 볼 수 있다.

# Ⅵ. 행정규칙의 효력

## 1. 내부적 효력

이는 행정규칙이 행정조직 내부나 특별행정법관계 구성원에 대하여 갖는 구속력을 말한다. 구체적으로는 그 대상자인 공무원이나 행정기관이 행정규칙을 준수할 의무를 말하며, 이를 위반한 경우에는 징계책임이나 징계벌을 받게 되는 법적 효과가 발생한다.

규칙이나 예규 및 지침 등은 법규명령이 아니라 행정조직 내부에서 행정의 사무처리기준으로 제정된 일반적·추상적 규범인 행정규칙이어서, 일반 국민이나 법원에 대한 대외적인 구속력은 없지만 행정조직 내부에서는 구속력 있는 규범으로 적용되고 있는바, 이들 규칙이나 예규 및 지침 등에 의하면, 이 사건 불문경고조치가 비록 법률상의 징계처분은 아니라 하더라도, 불문경고 처분에는 적어도 이 사건 처분을 받지 아니하였다면 차후 다른 징계처분이나 경고를 받게 될 경우 징계감경사유로 사용될 수 있었던 표창공적의 사용가능성을 소멸시키는 효과와 1년 동안 인사기록카드에 등재됨으로써 그 동안은 장관표창이나 도지사표창 대상자에서 제외시키는 효과 등이 있음을 알 수 있다. 그렇다면 이 사건 불문경고조치는 그 근거와 법적 효과가 위와 같은 행정규칙에 규정되어 있다 하더라도, 행정규칙의 내부적 구속력에 의하여 상대방에게 권리의 설정 또는 의무의 부담을 명하거나 기타 법적 효과를 발생하게 하는 등으로 원고의 권리의무에 직접 영향을 미치는 행위로서 항고소송의 대상이 되는 행정처분에 해당하는 것으로 보아야 할 것이다($\frac{대관\ 2002.7.26,}{2001두3532}$).

## 2. 외부적 효력

이는 행정규칙이 시민에 대해서도 효력을 미치는가에 관한 것이다. 행정규칙이 시민에 대해서도 어떠한 의미에서든 효력을 미친다는 점에 대해서는 이론이 없으나, 그 효력의 내용에 대해서는 견해가 일치하지 않고 있다.

## (1) 원칙적인 경우

행정규칙이 갖는 외부적 효력의 내용은 원칙적으로 사실상의 효력에 불과하다. 즉 행정규칙은 행정기관이나 공무원에 대하여 내부적으로 행정과업을 여하히 수행할 것인가에 관하여 규율하는 것이므로, 행정기관에 의해 이러한 행정규칙이 적용됨으로써 당사자인 시민은 행정규칙에 의해 사실상의 영향을 받게 되는 것이다. 그러나 이러한 단계에서는 행정규칙의 법적인 외부효는 인정되지 않는다.

## (2) 법적인 외부효의 인정문제

일정한 예외적인 경우에는 행정규칙이 갖는 외부효는 동시에 법적인 중요성을 갖는 법적 외부효를 내용으로 할 수 있다. 그러나 이때의 내용에 대해서는 견해가 대립한다.

### 1) 간접적 외부효설

㈎ 평등원칙매개설     독일과 우리나라의 다수학설의 입장은 행정규칙이 갖는 법적 외부효의 내용을 간접적인 법적 효력으로 이해한다.[21] 이는 행정규칙 중에서 특히 재량준칙의 경우를 그 예로서 설명한다. 즉 이러한 재량준칙의 적용으로 인해 행정관행이 성립된 경우에는, 행정기관은 합리적인 근거 없이 스스로 종전의 행정관행에 어긋나는 행정작용을 할 수 없는 구속을 받게 된다(이른바 행정의 자기구속원칙). 따라서 행정기관이 행정규칙에 의하여 성립된 행정관행으로부터 합리적인 이유 없이 벗어나는 행위를 하는 경우에는, 당사자는 평등원칙 위반을 이유로 위법성을 주장할 수 있게 된다. 이로 인해 행정규칙은 헌법상의 평등원칙을 매개로 하여 간접적인 법적 외부효를 갖게 된다.

그러나 이와 같이 평등원칙에 근거하여 행정기관이 자기구속을 받기 위해서는, 그 전제로서 비교대상이 될 수 있는 행정규칙의 적용에 의해 성립한 종전의 행정관행이 존재하고 있어야 한다. 따라서 행정규칙이 최초로 적용되는 때에는 행정관행이 아직 생성되고 있지 않으므로 문제가 생길 수 있다.

이러한 난점을 극복하기 위해 독일에서는 몇 가지 주장들이 제기되고 있다. 독일의 판례는 행정규칙의 최초의 적용에 있어서 벌써 '미리 행해진 행정관행'(antizipierte Verwaltungspraxis)을 인정하여 이 난점을 해결하려고 한다. 즉 장래에 예상되는 경우를 미리 고려하여 평등원칙 위반을 인정할 수 있다고 한다.

㈏ 신뢰보호원칙매개설     독일의 일부견해에서는 신뢰보호원칙을 매개한 간접적 외부효설이 주장되기도 한다. 즉, 이 견해는 행정기관이 행정규칙을 제정해서 시행한 경우 특정 상대방이 자기에 대하여도 행정규칙이 적용될 것으로 신뢰하고 그 신뢰가 보호가치 있는 경우에는 구체적인 경우 행정기관이 당해 행정규칙으로부터 벗어나는 것

---

21) 박윤흔(상), 282면.

은 신뢰보호원칙에 위반되어 위법하다고 본다. 이때 신뢰보호원칙은 시민에게 행정으로 하여금 그가 발령한 행정규칙을 준수하도록 요구할 수 있는 청구권을 부여한다고 한다.

그러나 이에 대해서는 행정규칙은 시민이 아닌 하급기관을 수명자로 하기 때문에 시민에게 당해 행정규칙이 자신에 대해 법적 의미를 가질 것이라는 기대를 가지게 할 만한 공행정의 언동이나 행위가 있어야 한다는 신뢰보호원칙의 적용요건이 처음부터 결여되는 문제점이 지적되어야 할 것이다. 이 경우 신뢰보호원칙은 기껏해야 행정규칙의 내용이 구체적 정황을 고려할 때 특정 시민에 대한 일종의 '확약'으로 평가될 수 있을 때에 비로소 논의될 수 있을 것이다.

### 2) 직접적 외부효설

일부 견해는 일정한 유형의 행정규칙에 대하여 평등원칙 등을 매개하지 않고 직접적인 법적 외부효를 인정하려고 한다. 이에 따르면 행정의 자기구속은 행정관행에 의해 비로소 생기는 것이 아니라 행정규칙에 표현된 행정의 의사행위에 의해 이미 나타난다고 본다. 행정기관은 자신의 기능영역 내에서는 외부법으로서의 법규범을 정립하는 독자적인 법정립권한을 가지며, 이러한 범위 안에서 발령되는 행정규칙은 이에 따라 외부효를 갖는 독자적인 행정기관의 법으로서의 성질을 갖게 된다고 본다.

직접적 외부효 이론은 독일 연방행정법원의 판례가 창안한 '규범구체화 행정규칙'의 법리에 의해 주로 뒷받침되고 있다. 규범구체화 행정규칙은 기술안전법과 환경법 영역에서 판단여지와 관련하여 행정기관이 독자적으로 정립하는 규범으로서, 법적으로 정해진 일정한 한계 내에서는 법원도 이에 구속되는 법적 외부효가 인정된다고 보는 것이다.[22] 이처럼 규범구체화 행정규칙의 토대는 판단여지이며 판단여지가 존재하는 한에서는 행정청의 개별적인 결정(행정행위)은 물론 행정의 일반적 규율(재량준칙 등)도 사법심사가 제한된다고 본다.

그러나 이 견해에 대해서는 행정기관이 행정규칙의 형태를 선택함으로써 처음부터 내부적으로만 구속력을 발생하도록 의도한 것으로 볼 수 있는데, 이러한 '행정기관의 의사행위'에 대해 어떻게 외부효가 인정될 수 있는 것인가 하는 반론이 제기된다.

### 3) 소  결

생각건대 행정규칙의 외부적 효력은 인정될 수 있으나, 그 실질적 내용은 사실적 효력 또는 간접적인 법적 효력으로 파악하는 것이 타당하다고 본다. 행정규칙은 그 규율대상에 있어서 행정기관이나 공무원만을 그 수범대상으로 하기 때문이다.

일부 견해가 주장하는 바와 같이 재량준칙에 대해 직접적인 법적 외부효를 인정하는 입장은 우선 그 실체가 불명확한 개념인 행정기관의 규범정립의사를 그 근거로

---

22) 우리나라의 견해로는 김남진, 기본문제, 193면.

하는 문제점이 지적되어야 한다. 또한 이러한 독자적인 행정기관의 법이 인정되기 위해서는 행정기관에게 독자적인 법정립권한이 인정될 것을 전제로 하는바, 이러한 권한이 인정될 수 있는가는 권력분립의 원리나 법률유보의 원칙에 비추어 회의적이다.

그 밖에 규범구체화 행정규칙의 경우는 독일에서도 아직 일반화하고 있다고 보기 어려우며(<sup>최근의 독일에서의 경향은 종래 인정되고 있던 규범구체화</sup> <sub>행정규칙의 사례들을 모두 법규명령으로 인정하고 있다고 한다</sub>), 그 개념의 실체가 우리나라에서는 실질적으로 법규명령으로 이해되어야 하므로 인정될 수 없다고 보아야 할 것이다.

다만 간접적 외부효설 중 신뢰보호원칙매개설에 대해서는 앞서 지적한 바와 같이 신뢰보호원칙 적용의 요건이 충족될 수 없는 난점이 있으므로, 비록 적용상의 한계가 없는 것은 아니나 다른 학설에 비해 그 단점이 비교적 경미하다는 점에서 평등원칙매개설이 타당하다고 본다. 따라서 행정규칙에 대해서는 이러한 사실상의 외부효나 (<sup>평등원칙에 기초한 자기</sup> <sub>구속원칙을 매개로 하는</sub>) 간접적인 법적 외부효만이 인정되므로 당사자인 시민은 행정규칙 위반을 이유로 한 행정행위의 위법성을 주장할 수 없고 당해 행정작용이 평등원칙에 위반임을 이유로 위법을 주장할 수 있을 뿐이다.

> **상급행정기관이 하급행정기관에 발하는 이른바 '행정규칙이나 내부지침'을 위반한 행정처분이 위법하게 되는 경우**   상급행정기관이 하급행정기관에 대하여 업무처리지침이나 법령의 해석적용에 관한 기준을 정하여 발하는 이른바 '행정규칙이나 내부지침'은 일반적으로 행정조직 내부에서만 효력을 가질 뿐 대외적인 구속력을 갖는 것은 아니므로 행정처분이 그에 위반하였다고 하여 그러한 사정만으로 곧바로 위법하게 되는 것은 아니다. 다만, 재량권 행사의 준칙인 행정규칙이 그 정한 바에 따라 되풀이 시행되어 행정관행이 이루어지게 되면 평등의 원칙이나 신뢰보호의 원칙에 따라 행정기관은 그 상대방에 대한 관계에서 그 규칙에 따라야 할 자기구속을 받게 되므로, 이러한 경우에는 특별한 사정이 없는 한 그를 위반하는 처분은 평등의 원칙이나 신뢰보호의 원칙에 위배되어 재량권을 일탈·남용한 위법한 처분이 된다(<sup>대판 2009.12.24.,</sup> <sub>2009두7967</sub>).

## 3. 외부적 효력의 요건

이상 논의한 행정규칙의 (간접적인) 법적 외부효가 구체적으로 논의되기 위한 요건을 상정해보면 다음과 같다.

### 1) 행정에 고유한 형성의 여지가 인정될 것

이는 주로 당해 사안에서의 행정작용이 법률에서 자유로운 행정의 영역에 속하거나, 법률이 행정에 재량여지나 판단여지를 수권하는 경우에 인정될 수 있다. 행정규칙 중 법률(규범)해석규칙은 행정의 고유한 결정의 여지 자체가 흠결된다. 법률(규범)해석규칙이 법률을 적절히 해석하고 있는 한 그것은 법률이 이미 확정한 바를 결정하는 것에 그치므로 행정규칙에 독자적인 의미를 부여할 수 없다. 국민은 이런 경우 직접적으로 법률에 대하여 주장하여야지 행정규칙을 대상으로 삼는 것은 무용하다.

그러나 불확정 법개념과 관련하여 판단여지가 인정될 때에는 사정이 다르다. 이 경우 행정은 판단여지의 범위내에서는 당해 불확정 법개념을 자기책임하에 독자적·최종구속적으로 해석할 권리를 가지며, 동시에 당해 행정규칙에 의해 확정되고 지속적으로 적용된 해석관행에 구속된다. 다만 이때에도 행정규칙이나 그에 기초한 관행이 법률에 위반될 때에는, 당해 관행과 달리 취급받은 국민은 다른 유사 사례에서와 같게 취급해줄 것을 주장할 수 없다. 불법의 평등을 주장하거나 하자의 반복을 구하는 청구권은 인정될 수 없기 때문이다.

행정청 내부에서의 사무처리지침이 행정부가 독자적으로 제정한 행정규칙으로서 상위법규의 규정내용을 벗어나 국민에게 새로운 제한을 가한 것이라면 그 효력을 인정할 수 없겠으나, 단순히 행정규칙 중 하급행정기관을 지도하고 통일적 법해석을 기하기 위하여 상위법규해석의 준거기준을 제시하는 규범해석규칙의 성격을 가지는 것에 불과하다면 그러한 해석기준이 상위법규의 해석상 타당하다고 보여지는 한 그에 따랐다는 이유만으로 행정처분이 위법하게 되는 것은 아니라 할 것이다(대판 1992.5.12.<br>91누8128).

2) 이러한 행정의 고유한 결정여지를 제한·통제·유도하는 행정규칙이 존재할 것

행정규칙의 종류 중 외부효가 논의될 수 있는 행정규칙은 주로 재량준칙과 법률대위규칙이 이에 해당한다. 행정이 재량영역에서 그 재량을 행정규칙에 의해 구체화하고 이를 행정실무상 규칙적으로 적용하면 개별적인 경우에도 행정은 그러한 관행을 준수하여야 한다.

다만 이 경우에도 재량준칙은 법률에 위반됨이 없어야 외부영역에 법적 효력을 발휘할 수 있다. 특히 재량준칙의 제정은 일반적 재량행사행위로서 그 자체 재량수권법률의 테두리를 벗어날 수 없고 법률상 수권의 목적에 부합하여야 한다. 행정규칙에 의한 일반적 재량행사에 대해서는 원칙적으로 개별적 재량행사에 있어서와 동일한 원리(재량하자 등)가 적용됨을 유의하여야 한다.

[1] 행정청의 재량권은 복지행정의 확대 등 행정행위의 복잡다기화에 따라 그 영역이 날로 넓어지는 추세에 있고 한편 국민의 권익을 아울러 보장하여야 하는 행정목적과 행정행위의 특성에 따라 재량권을 부여한 내재적 목적에 반하여 명백히 다른 목적을 위하여 행정처분을 하는 것과 같은 재량권의 남용이나 재량권의 행사가 그 법적 한계를 벗어나는 경우와 같은 재량권의 일탈은 그 재량권이 기속재량이거나 자유재량이거나를 막론하고 사법심사의 대상이 된다고 풀이하여야 할 것일 뿐만 아니라 그 행정행위가 기속행위인지 재량행위인지 나아가 재량행위라고 할지라도 기속재량인지 또는 자유재량에 속하는 것인지의 여부가 우선 객관적으로 명백하지 않고 또 행정행위의 전제가 되는 사실의 존부 확정과 그 상당성 및 적법성의 인정은 전혀 당

해 행정청의 기능에 속하는 것으로 상대적으로 행정청의 재량권도 확대된다고 할 것
이므로 어떤 행정처분의 기준을 정한 준칙 등을 그 규정의 형식이나 체제 또는 문언
에 따라 이를 일률적으로 기속행위라고 규정지울 수는 없다고 할 것이다(대판 1984.1.31.).
83누451

　[2] 도시계획법 제4조, 같은법 시행령 제5조의2, 토지의형질변경등행위허가기준
등에관한규칙 제5조의 규정 형식이나 문언 등에 비추어 볼 때, 형질변경행위의 허가
를 함에 있어서 공익상 또는 이해관계인의 보호를 위하여 부관을 붙일 필요가 있는
지의 유무 등을 판단함에 있어서는 행정청에 재량의 여지가 있으므로 그에 관한 판
단기준을 정하는 것 역시 행정청의 재량에 속하고, 그 설정된 기준이 객관적으로 합
리적이 아니라거나 타당하지 않다고 볼 만한 특별한 사정이 없는 이상 행정청의 의
사는 가능한 한 존중되어야 한다(대판 1999.5.25.).
98다53134

### 3) 대외적인 사실상의 효력이 존재할 것

행정규칙 중 직무규칙은 항상 행정내부적인 사무집행에만 관련하기 때문에 일반
적으로 사실상의 외부효도 이미 흠결된다. 행정청 내부의 사무분배는 전적으로 내부적
성격만 가지므로 국민은 행정관행이나 평등원칙을 들어 자신이 신청하는 바가 관철될
것을 주장할 수도 없다. 또한 행정청의 권한이나 행정절차 및 기타 대외적으로 효력을
발하는 조직규율은 원칙적으로 법률이나 법률에 근거하여 이루어져야 한다. 따라서 그
러한 한에서 조직규칙과 관련해서도 행정규칙의 외부효 문제는 전혀 일어나지 않는다.

### 4) 행정규칙 자체가 위법하지 않을 것

행정규칙 자체가 이미 위법한 경우에는 그에 대한 통제의 문제가 제기될 뿐 대외
적 외부효의 문제는 발생하지 않는다.

### 5) 행정기관이 당해 행정규칙으로부터 벗어나는 행동을 할 것

행정규칙에 위반되는 행위를 함으로써 자기구속의 원칙에 반하는 것으로 인정되
어야 한다.

## 4. 외부적 효력의 실체법적·쟁송법적 결과

### 1) 부담적 행정행위의 경우

만약 법률에서 자유로운 행정의 영역에서 또는 행정에 재량여지나 판단여지와 같
은 결정여지가 부여되는 경우, 행정기관이 그러한 결정여지를 제한하거나 유도하는 행
정규칙과 부합하지 않는 부담적 행정행위를 발령한다면, 당해 행정행위는 헌법 제11조
의 평등원칙은 물론, 관련된 국민의 주관적 공권을 침해하여 위법하게 된다. 국민은 이
경우 당해 부담적 행정행위의 제거를 구하는 취소심판이나 취소소송을 제기할 수 있
다. 법원은 이때 행정기관이 당해 행정규칙을 제대로 적용하지 않음으로써 위법하게
행동하였는지 여부와 그로 인해 국민의 권리를 침해하였는지 여부를 심사한다.

### 2) 수익적 행정행위의 경우

만약 법률에서 자유로운 행정의 영역에서 또는 행정에 재량여지나 판단여지와 같은 결정여지가 부여되는 경우, 행정기관이 행정규칙에 근거하여 발령하여야 할 의무가 있는 수익적 행정행위에 대하여 거부하거나 부작위한다면, 관련 국민은 헌법 제11조의 평등원칙으로부터 당해 수익적 행정행위를 발령해달라는 청구권을 가진다. 이러한 청구권은 의무이행심판 또는 거부처분취소소송이나 부작위위법확인소송을 통해 관철할 수 있다. 법원은 이때 당해 국민이 헌법 제11조로부터 행정규칙에 부합하는 수익적 행정행위의 발령을 구할 청구권('신청권')을 갖는지 여부를 심사한다.

### 3) 행정기관이 자유로운 결정여지를 갖지 못하는 경우

만약 행정기관이 고유한 결정여지를 갖지 못하는 경우 행정규칙에 반하여 부담적 행정행위를 발령하거나 수익적 행정행위의 발령을 거부·부작위한다면, 당해 행정청의 행위의 적법성은 오로지 관련 실체법(기본권, 법률, 법규명령, 자치법규 등 법령)을 기준으로 판단하여야 한다. 행정규칙은 이 경우 전혀 고려의 대상이 되지 못하며 간접적으로라도 사법심사의 척도가 될 수 없다.


## Ⅶ. 행정규칙의 하자와 통제

### 1. 행정규칙의 하자

적법성요건을 모두 갖춘 행정규칙은 적법한 행위로서 효력을 발한다. 그러나 적법성요건을 완전하게 갖추지 않으면 하자있는(=위법한) 행정규칙으로서 그 효력을 발하지 못하게 된다. 즉, 하자있는 행정규칙은 언제나 무효이며 취소할 수 있는 행정규칙이란 존재하지 않는다.


### 2. 하자의 통제

행정규칙도 행정작용의 한 유형인 이상 그 하자시에는 이에 대한 통제수단을 강구하여야 한다. 이에는 크게 ㉠ 행정내부적 통제, ㉡ 국회에 의한 통제, ㉢ 법원에 의한 통제 및 ㉣ 헌법재판소에 의한 통제 등을 검토할 수 있다.


#### (1) 행정내부적 통제

이에는 다시 행정절차에 의한 통제, 상급기관의 지휘·감독권에 의한 통제, 법제처의 사후평가제 및 중앙행정심판위원회에 의한 시정조치요구 등이 있다.

이 중 특히 법제처 사후평가제는 「법제업무 운영규정」 제25조의2에 따라 행해지는데, 법제처장은 법령으로 정하여야 할 사항을 훈령 등으로 정한 경우를 발견할 시에는 개선의견을 작성하여 소관 중앙행정기관에 통보하여야 한다. 이에 중앙행정기관은 특별한 사유가 없는 한 이를 당해 훈령 등에 반영하고 그 처리결과를 법제처장에게 통보하여야 한다.

또한 중앙행정심판위원회의 시정조치요구란 「행정심판법」 제59조에 따라 중앙행정심판위원회가 심판청구를 심리·의결함에 있어서 처분 또는 부작위의 근거가 되는 명령 등(대통령령·총리령·부령·훈령·예규·고시·조례·규칙 등)이 법령에 근거가 없거나 상위법령에 위배되거나 국민에게 과도한 부담을 주는 등 현저하게 불합리하다고 인정되는 경우에는 관계행정기관에 대하여 당해 명령 등의 개정·폐지 등 적절한 시정조치를 요청할 수 있는 제도를 말한다. 요청을 받은 관계행정기관은 정당한 사유가 없는 한 이에 따라야 한다.

### (2) 국회에 의한 통제

중앙행정기관의 장은 법률에서 위임한 사항이나 법률을 집행하기 위하여 필요한 사항을 규정한 대통령령·총리령·부령·훈령·예규·고시 등이 제정·개정 또는 폐지된 때에는 10일 이내에 이를 국회 소관상임위원회에 제출하여야 한다. 다만, 대통령령의 경우에는 입법예고를 하는 때(입법예고를 생략하는 경우에는 법제처장에게 심사를 요청하는 때를 말한다)에도 그 입법예고안을 10일 이내에 제출하여야 한다. 그 기간 이내에 제출하지 못한 경우에는 그 이유를 소관상임위원회에 통지하여야 한다(국회법 제98조의2 1항, 2항).

그 밖에 헌법상의 국정감사와 국정조사, 국무위원해임건의, 대정부질문, 탄핵소추제도 등을 통한 간접적인 통제수단도 활용할 수 있다.

### (3) 법원에 의한 통제

행정규칙은 직접적으로 국민을 그 수범자로 하지 않기 때문에 국민은 행정규칙 그 자체를 대상으로 삼아 당해 행정규칙이 위법이어서 무효임을 소송상 주장할 수 없다. 행정규칙은 그러한 주관적 공권을 국민에게 부여하지도 않는다. 다만 그 자체 처분성이 인정되는 이른바 '처분규칙'에 대해서는 항고소송의 대상으로 삼아 다툴 수 있는 여지가 있다. 더욱이 추상적 규범통제는 우리 헌법상 원천적으로 허용되지 않는다.

다만 국민이 직접 소송상 다툴 수 있는 것은 행정규칙에 근거한 행정기관의 집행행위(예컨대 행정행위)이다. 그런데 이러한 소송이 성공하기 위해서는 당해 집행행위가 당사자에게 주관적 공권을 근거지우는 법령이나 법원칙에 위반됨이 확인되어야 한다. 즉, 국민은 행정규칙의 (간접적) 외부효가 인정되는 예외적인 경우에 행정의 자기구속원칙 또는 평등원칙을 매개하여 당해 행정규칙의 집행행위(행정행위 등)를 다툴 수 있을 뿐이다. 이처럼 평등원칙 위반에 의한 위법을 주장하여야지 당해 집행행위가 행정규칙이 정하는 요건을 흠결함(=행정규칙 위반임)을 주장하는 것만으로는 부족하다.

행정규칙의 내부적 구속력만이 문제되는 통상적인 경우 당해 행정규칙과 관련한 행정작용(행정행위 등)의 위법성은 오로지 관련 실체법(기본권, 법률, 법규명령, 자치법규 등)에 따라 판단하여야 한다. 이때 행정규칙은 고려의 대상이 되지 못하며 간접적으로라도 사법심사의 기준이 되지 못한다.

이처럼 국민이 행정규칙의 하자를 법원에 호소하여 통제할 수 있는 길은 매우 제한적이어서, 법규명령에서와는 달리 행정규칙에서는 법원에 의한 통제 이외의 통제수단이 의미를 갖는다.

### (4) 헌법소원에 의한 통제

행정규칙은 행정조직 내부의 문제이므로 원칙적으로 헌법소원의 대상이 되는 '공권력 행사'에 해당하지 않으나 ㉠ 행정규칙 자체가 처분성을 가지고 있어(이른바 '처분규칙') 이에 의해 직접적으로 기본권이 침해되고 다른 방법에 의해서는 권리보호가 불가능한 때, ㉡ 행정규칙이 평등원칙 또는 신뢰보호원칙을 매개하여 대외적 구속력을 미칠 때 등에는 국민은 「헌법재판소법」 제68조 제1항에 의해 헌법소원을 제기할 수 있을 것이다.

헌법재판소도 "국립대학인 서울대학교의 '94학년도 대학입학고사주요요강'은 사실상의 준비행위 내지 사전안내로서 행정쟁송의 대상이 될 수 있는 행정처분이나 공권력의 행사는 될 수 없지만 그 내용이 국민의 기본권에 직접 영향을 끼치는 내용이고 앞으로 법령의 뒷받침에 의하여 그대로 실시될 것이 틀림없을 것으로 예상되어 그로 인하여 직접적으로 기본권 침해를 받게 되는 사람에게는 사실상의 규범작용으로 인한 위험성이 이미 현실적으로 발생하였다고 보아야 할 것이므로 이는 헌법소원의 대상이 되는 「헌법재판소법」 제68조 제1항 소정의 공권력의 행사에 해당된다"고 보았으며,23) 경기도교육청의 학교장·교사 초빙제 시범실시 지침의 위헌확인이 문제된 사건에서 "행정규칙은 일반적으로 행정조직 내부에서만 효력을 가지는 것이나, 행정규칙이 법령의 규정에 의하여 행정관청에 법령의 구체적 내용을 보충할 권한을 부여한 경우나 재량권행사의 준칙인 규칙이 그 정한 바에 따라 되풀이 시행되어 행정관행이 이룩되게 되면, 평등의 원칙이나 신뢰보호의 원칙에 따라 행정기관은 그 상대방에 대한 관계에서 그 규칙에 따라야 할 자기구속을 당하게 되는 경우에는 대외적인 구속력을 가지게 되는바, 이러한 경우에는 헌법소원의 대상이 될 수도 있다"고 판시한 바 있다.24)

---

23) 헌재 1992. 10. 1, 92헌마68.
24) 헌재 2001. 5. 31, 99헌마413.

## Ⅷ. 이른바 '특별명령'의 문제

### 1. 개      념

특별명령이란 특별행정법관계 내부에서 구성원의 지위나 이용관계 등에 관하여 규율하는 법규범을 말한다. 예컨대 독일에서의 학교관계에서의 학칙, 시험에 관한 규정, 공무원 관계에서의 직무명령규정, 진급규정 등이 이에 해당한다고 한다. 이는 독일에서 전통적인 특별권력관계이론이 비판을 받으면서 새로운 입장에서 특별행정법관계를 규율할 목적으로 만들어진 개념으로서, 특별행정법관계 내부의 질서유지와 기능을 보장하기 위해서 인정되는 것이라고 한다.

### 2. 문 제 점

이 개념의 근본적인 문제는 이를 행정규칙의 영역에서 배제하여 행정기관에 의한 독자적인 규율형식으로 보는 데 있다.

이 개념을 인정하는 견해는 특별행정법관계에서의 규율행위를 모두 법률유보의 적용하에 두는 것은 사실상 불가능하므로 부분적으로나마 독자적인 행정기관의 법에 의해서 규율될 필요성을 강조한다. 특히 성문법으로서의 법률은 불완전성(불완전)을 그 특성으로 하고 이러한 법률의 공백은 쉽게 보충되어지는 것이 아니므로, 이를 보충하기 위해 관습법상의 수권을 근거로 하여 행정기관에게 특별행정법관계에서의 독자적인 법제정권한을 인정하고자 한다.

그러나 이 개념을 부정하는 견해에 의하면 특별명령은 특별행정법관계 구성원에 대해 직접적으로 규율하는 효과를 가져오면서도 법률의 수권을 불필요한 것으로 하고, 독자적으로 법제정권한을 인정하려는 데 문제가 있다고 한다. 즉, 특별명령은 구성원의 지위가 단순한 내부관계로서가 아니라 인격의 주체로서 인정되는 영역에 대해서 규율하면서도, 법률의 근거를 요하지 않고 관습법에 의한 수권이나 행정권의 독자적인 법정립권을 논거로 하여 그 정립권한을 인정하고 있다. 따라서 이는 특별행정법관계에 대해 법치주의의 적용이 배제되는 문제를 내포하게 된다. 이러한 문제 때문에 특별행정법관계에서 독자적인 법형식으로서의 특별명령의 개념은 인정하지 않는 것이 타당하다고 한다. 오히려 이러한 경우에는 그 내용에 비추어 보아 독일 기본법 제80조 제1항에 따라 일정한 형식의 법률의 수권을 필요로 하는 법규명령으로 제정되어야 한다고 본다.

후자의 입장이 타당할 것이다.

기본사례 풀이

## 1. 사례 1의 경우

### (1) 문제의 소재

### (2) 행정작용의 위법성

#### 1) 지침의 위반문제

사안에서 乙기업은 자금지원 거부처분이라는 행정행위를 받고 있으며, 이에 대하여 다투고자 한다. 이때에 우선 검토할 수 있는 방법은, 당해 처분이 자금지원지침에 위반하고 있다는 사실을 처분의 위법성 사유로서 주장 가능한가 하는 점이다. 이때에 문제의 지침은 그 법적 성질이 행정규칙이며, 특히 재량준칙으로서의 의미를 갖는 것이다. 따라서 행정규칙 위반을 처분의 위법성 사유로서 주장하기 위하여는 당해 행정규칙의 시민에 대한 외부적 효력이 인정되어야 한다. 이에 대해서는 부정하는 견해가 다수견해이며, 이때에 법규개념을 좁게 이해하고 있기에 이를 법규성이 부정된다고 한다. 따라서 지침의 위반사실 자체를 처분의 위법성 사유로서 주장하지 못하게 된다.

#### 2) 다른 위법성 사유문제

그러나 乙기업은 자신과 사정이 비슷한 甲기입이 자금지원을 제공받고 있다는 사실을 들어 당해 처분을 다툴 수 있다. 즉 산업통상자원부는 甲기업에 대해 자금을 지원함으로써 이와 유사한 사안인 乙기업의 자금지원신청에 대하여, 합리적 차별사유가 없는 한 스스로 종전 처분에 대하여 구속을 받게 된다고 보아야 한다(자기구속의 원칙). 따라서 乙기업에 대하여 종전의 甲기업의 경우와는 달리 지침에 위반하여 거부처분을 발령한 행위는, 평등원칙에 위반한 위법성이 인정될 수 있다고 본다. 이와 같이 당해 지침인 재량준칙을 위반한 경우에 평등원칙위반을 들어 당해 처분을 다툴 수 있다는 점에서, 일부 견해에서는 그 법규성을 인정할 수 있다는 견해를 주장하기도 한다.

### (3) 권리구제방법

따라서 乙기업은 평등원칙위반을 들어 당해 처분을 다툴 수 있다. 이때의 방법은 행정심판으로서 의무이행심판 또는 행정소송으로서 거부처분의 취소소송을 제기할 수 있다.

## 2. 사례 2의 경우

### (1) 문제의 소재

### (2) 당해 훈령의 성격

사안에서 문제되는 처분의 근거규범은 「재산제세조사사무처리규정」이다.

이는 그 형식은 국세청장 훈령으로서 행정규칙이나, 「소득세법시행령」의 위임에 의하여 발령되는 특성을 갖는 규범으로서 근거규정과 결합하여 외부적 효력을 갖는 것이다. 따라서 이 규범의 법적 성질이 검토되어야 하는바, 이에 대해서는 법규명령으로서 보는 다수견해 및 판례의 입장과 행정규칙으로 보려는 일부 견해가 대립하고 있다. 그러나 후자의 견해는 일반적인 행정규칙으로서가 아니라 규범구체화 행정규칙으로 이해하려는 것임에 주의할 필요가 있다. 따라서 다수견해에 따르는 한 당해 규범은 「소득세법시행령」의 규정과 결합하여 외부적으로 효력이 발생하는 법규명령으로 볼 수 있을 것이다.

(3) 행정작용의 위법성

문제의 처분은 이러한 「재산제세조사사무처리규정」에 위반하고 있음에 일응 그 위법성이 검토될 수 있다. 이때에 당해 규범을 법규명령으로 보는 견해에 따르게 되면 당연히 이에 위반한 처분의 위법성이 인정된다. 그러나 행정규칙으로 보는 견해에 따르는 경우에도 이를 예외적으로 외부적 효력을 발생하는 규범구체화 행정규칙으로 보고 있으므로, 위반행위는 마찬가지로 바로 그 위법성이 인정된다.

(4) 권리구제방법

1) 행정심판의 제기

이때에 당사자인 甲이 주장할 수 있는 행정심판방법은 조세행정쟁송의 특수한 체계로 인하여 「국세기본법」이 별도로 규율하고 있음에 유의할 필요가 있다. 따라서 당해 처분에 대해서는 행정심판전치주의가 적용되며, 구체적으로는 국세청장에 대한 심사청구 또는 조세심판원장에 대한 심판청구 절차를 거쳐야 한다.

2) 행정소송의 제기

행정심판을 통하여 권리구제가 행해지지 않는 경우에는 취소소송을 제기하여야 할 것이다.

# 제 4 절 행정입법의 형식문제

## I. 문제의 제기

전통적인 법규명령과 행정규칙의 엄격한 이분법에도 불구하고 오늘날 행정입법은 행정실무상 그 내용과 형식이 서로 일치하지 않는 모습으로 나타나는 경우가 많다. 즉, 일반구속적인 외부법과 행정내부구속적인 내부법으로서의 양자의 구분 자체가 의문스러워지는 사례가 많아지고 있다. 실제로 동일한 내용과 동일한 효력의 특정 규율이 법규명령의 형식으로 또는 행정규칙의 형식으로 제정되는 사례가 가능하다. 물론 법규명령은 법률을 계속 발전시키고 부가적 규율을 통해 보충하는 반면, 행정규칙은 법률규정의 구체화에 기여할 뿐이라고 일응 말할 수 있다. 그러나 이는 일반적인 경향일 뿐 양자를 구분하는 이분법이 존재하는 한 어떤 기준에 의해 양자를 구분할 것인가에 대해서는 항상 의문이 제기된다. 그 대표적인 예가 법규명령형식의 행정규칙과 행정규칙형식의 법규명령의 논의이다.

## Ⅱ. 양자의 구별기준

먼저 행정입법의 형식구별의 문제를 논함에 있어 기본적으로 검토할 수 있는 구별기준에 관한 논의를 정리할 필요가 있다. 일차적으로 법규명령과 행정규칙을 구별하는 기준은 개별 규정상의 표현이 될 것이다. 그러나 이것이 유일한 기준이 될 수는 없음을 실무상 많이 보게 된다. 이에 양자의 구별기준으로 제시되는 이론들을 먼저 살펴볼 필요가 있다.

### 1. 형식적 기준설

이는 행정입법의 형식적인 면에 주안점을 두는 견해로서 법규명령의 전형적 요건인 수권근거·형식요건·공포 등이 존재하는지 여부에 따라 그러하다면 법규명령으로, 그렇지 아니하다면 행정규칙으로 파악하는 견해이다.

그러나 법규명령의 (형식적)적법성요건과 여기서 논하는 법규명령과 행정규칙을 구분해주는 기준은 서로 구별하여야 할 것이다. 행정규칙도 경우에 따라서는 관보에 공표되는 경우도 존재할 수 있고, 위와 같은 형식적 요건을 결한 경우에는 '위법한 법규명령'의 문제로 다루는 것이 수미일관한 결론을 가져올 것이다.

### 2. 실질적 기준설

이는 행정입법의 실질적인 면에 주안점을 두는 견해로서 당해 규정의 수범자·규율내용 및 법적 효력 등을 기준으로 삼는 입장이며 독일에서의 다수견해이다.

그러나 실질적 기준에 따른다 하더라도 예컨대 당해 규정의 실질적 규율내용은 법규명령이라는 그릇에 담길 수도 있고 행정규칙이라는 그릇에 담길 수도 있다는 점을 간과할 수 없다. 또한 하급관청의 직무수행에 관한 규정은 법규명령의 형식으로 발해질 수도 있으며, 행정규칙도 경우에 따라서는 대외적 효력을 발할 수 있음이 인

정되는 점을 감안하면 의도된 법적 효력이라는 기준도 상대적일 수밖에 없다는 결론
에 이르게 된다.

### 3. 소    결

생각건대 법규명령의 형식적 적법성요건에 우위를 두고 이에 해당하는 경우에 한
하여 법규명령으로 보고 그렇지 아니하면 행정규칙으로 규정짓는 형식적 기준설은 당
해 규정의 실질적인 면을 전혀 도외시하는 점에서 타당하지 않고 따라서 실질적 기준
설이 타당하다고 본다. 다만 그렇다 하더라도 실질적 기준설의 개별 기준들은 사안에
따라 다시금 상대적인 기준에 그칠 수 있기 때문에 어느 하나의 실질기준에만 국한할
것이 아니라 의심스러운 경우에는 다양한 실질적 관점들이 개별적으로 또는 형량을
통해 판단되어야 할 것이되, 개인적으로 가장 중요한 기준이 되는 것은 '수범자의 범
위'가 될 것으로 본다. 즉, 많은 경우 법규명령과 행정규칙을 실질적으로 구별하는 중
요한 단서는 당해 규정이 행정청을 수범자로 하는지 아니면 만인을 수범자로 하는지
에 달려 있다.

## Ⅲ. 법규명령의 형식을 갖는 행정규칙

### 1. 개    념

행정규칙으로 정하여질 내용이 법규명령의 형식으로 정립되는 경우에는 그것이
행정규칙의 성질을 가질 수 있는지 여부가 문제가 된다. 이에 해당하는 예로서는 ㉠
상위법령의 수권을 받아 제정되어 법규명령의 형식을 취하지만, 행정기관 내부의 사
무처리규칙으로서의 성질을 갖는 경우와, ㉡ 상위법령의 수권 없이 제정되는 경우
(예컨대 행정업무의 효율적 운영에 관한 규정 등)로서, 형식은 법규명령이지만 내용이 내부처리규칙에 불과한 경우를
들 수 있다. 주로 대통령령이나 부령의 별표에 규정된 제재적 행정처분기준, 과징금처
분기준, 과태료처분기준 등이 그 예에 해당한다.

### 2. 문제의 발단과 연혁

종래 제재적 행정처분기준 등은 각 소관 중앙행정기관마다 관행적으로 훈령이나
예규의 형식으로 운영해오고 있었다. 그러나 국민의 권익에 매우 중요한 영향을 미칠
수 있는 행정처분기준이 훈령 등의 형식으로 존재하는 것은 국민의 권익을 위해서는
물론, 제재적 행정처분에 대한 행정소송제기시 행정청이 패소하는 중요한 원인이 된
다는 인식하에 1984년 5월 14일 국무총리훈령 제196호로 '행정처분기준의법제화를위
한특별지시'를 하달하여 행정처분기준을 부령의 형식으로 법제화하도록 유도하였다.

이에 따라 해당 법률에 위임규정을 두지 않은 상태에서 부령의 별표에 행정처분기준
이 규정되기 시작했지만, 이에 대하여 대법원은 이를 행정규칙에 불과한 것으로 판시
하였다.25) 그러자 각 부처들은 소관 법률들에 위임규정을 두어 다시 부령에 행정처분
기준을 규정하였지만, 대법원은 여전히 행정규칙에 불과한 것으로 보았다.26) 이후 법
률에 위임규정을 두어 대통령령에 행정처분기준을 규정하게 되자 대법원은 이에 대하
여 법규명령에 해당하는 것으로 판시하기 시작하였다.27) 이로써 법규명령 형식의 행
정규칙의 법적 성질을 법규명령으로 보아야 하는지 행정규칙으로 보아야 하는지에 관
한 이론적 문제가 야기된 것이다.

### 3. 법적 성질의 검토

#### (1) 학설의 입장

㉠ 다수견해는 문제된 규범의 상위법령의 수권여부를 구별하지 않고, 일반적으로
법규명령으로서의 성질을 인정할 수 있다고 본다. 그 논거로서는 법규명령은 그 내용
이 설령 국민의 자유나 재산에 관계없는 사항을 포함하더라도, 법규의 형식으로 규정
된 이상 일반 국민을 구속하게 된다고 본다.28) 그러나, ㉡ 이에 대해 일부 견해는 문
제된 규범의 법률의 수권존재 여부를 구별하여, 위임의 근거가 있는 경우에는 법규명
령으로서의 성질을 인정하고, 위임의 근거가 없는 경우에는 행정규칙으로서의 성질을
인정하여야 한다고 본다.29) 또한, ㉢ 다른 일부 견해에 의하면 문제된 규범의 실질적
내용을 중시하여 행정규칙으로 보아야 한다고 주장한다.30)

#### (2) 판례의 입장

앞서 연혁에서 소개한 바와 같이 판례는 문제된 규범의 형식에 따라 다른 입장을
보이고 있다. 즉, 총리령이나 부령형식의 규범에 대해서는 실질 내용에 따라 행정규칙
으로서 파악하지만, 대통령령의 형식을 갖는 경우에는 법규명령으로 이해한다.

즉, 판례는 「공중위생법시행규칙」은 형식은 부령으로 되어 있으나 그 성질은 행
정기관 내부의 사무처리준칙을 규정한 것에 불과한 것으로서 행정명령의 성질을 가지
는 것이며,31) 구「자동차운수사업법」제31조 등에 의한 사업면허취소처분 등의 처분에

---

25) 대판 1983. 2. 22, 82누352; 1994. 3. 8, 93누21958.
26) 대판 1990. 5. 22, 90누1571; 1996. 2. 23, 95누16318.
27) 대판 1997. 12. 26, 97누15418; 2001. 3. 9, 99두5207.
28) 김남진·김연태(Ⅰ), 182면; 김도창(상), 325면; 박윤흔(상), 197면; 박균성(상), 243면; 정하중
  (총론), 164면.
29) 장태주(개론), 330면; 홍정선(상), 262면.
30) 석종현·송동수(상), 201면; 한견우(Ⅰ), 247면.
31) 대판 1991. 3. 8, 90누6545.

관한 규칙도 형식은 부령으로 되어 있으나 그 성질과 내용이 자동차운수사업면허의 취소처분 등에 관한 사무처리기준과 처분절차 등 행정기관내부의 사무처리준칙을 정한 것이어서 행정명령의 성질을 가지는 것이라고 판시하였다.32)

**제재적 행정처분의 기준이 부령의 형식으로 규정되어 있는 경우, 그 기준에 따른 처분의 적법성에 관한 판단 방법**   제재적 행정처분의 기준이 부령의 형식으로 규정되어 있더라도 그것은 행정청 내부의 사무처리준칙을 정한 것에 지나지 아니하여 대외적으로 국민이나 법원을 기속하는 효력이 없고, 당해 처분의 적법 여부는 위 처분기준만이 아니라 관계 법령의 규정 내용과 취지에 따라 판단되어야 하므로, 위 처분기준에 적합하다 하여 곧바로 당해 처분이 적법한 것이라고 할 수는 없지만, 위 처분기준이 그 자체로 헌법 또는 법률에 합치되지 아니하거나 위 처분기준에 따른 제재적 행정처분이 그 처분사유가 된 위반행위의 내용 및 관계 법령의 규정 내용과 취지에 비추어 현저히 부당하다고 인정할 만한 합리적인 이유가 없는 한 섣불리 그 처분이 재량권의 범위를 일탈하였거나 재량권을 남용한 것이라고 판단해서는 안 된다(약사의 의약품 개봉판매행위에 대하여 구 약사법(2007. 4. 11. 법률 제8365호로 전문 개정되기 전의 것) 제69조 제 1 항 제 3 호, 제 3 항, 같은 법 시행규칙(2005. 10. 7. 보건복지부령 제332호로 개정되기 전의 것) 제89조 [별표 6] ‘행정처분의 기준’에 따라 업무정지 15일의 처분을 사전통지하였다가, 그 후 같은 법 제71조의3 제 1 항, 제 2 항, 같은 법 시행령(2007. 6. 28. 대통령령 제20130호로 개정되기 전의 것) 제29조 [별표 1의2] ‘과징금 산정기준’에 따라 업무정지 15일에 갈음하는 과징금 부과처분을 한 것이 재량권의 범위를 일탈하거나 재량권을 남용한 것으로 보기 어렵다고 한 사례)($^{대판 2007.9.20,}_{2007두6946}$).

그러나 판례는 그 형식이 대통령령인 경우에는 다른 입장을 취하고 있는바, 「주택건설촉진법시행령」 제10조의3 제 1 항 [별표 1]은 「주택건설촉진법」 제 7 조 2항의 위임규정에 근거한 규정형식상 대통령령이므로, 그 성질이 부령인 시행규칙이나 또는 지방자치단체의 규칙과 같이 통상적으로 행정조직 내부에 있어서의 행정명령에 지나지 않는 것이 아니라 대외적으로 국민이나 법원을 구속하는 힘이 있는 법규명령에 해당한다고 판시하였다.33)

### (3) 평   가

생각건대 행정입법의 형식과 내용이 서로 일치하지 못하는 경우에는, 내부 제정절차과정에서의 통제를 강화하여 형식과 내용이 일치되는 올바른 행정입법의 제정을 도모하여야 할 것이다. 그러나 행정실무상 형식과 내용이 일치하지 못하는 행정입법이 존재하는 경우에는, 위헌적인 문제를 야기하지 않는 한, 논의의 방향은 앞서 실질

---

32) 대판 1991. 11. 8, 91누4973.
33) 대판 1997. 12. 26, 97누15418.

적 기준설을 지지하면서 설명한 바와 같이 형식이 아니라 그 실질적인 내용을 중심으로 하여 검토될 수밖에 없을 것이다. 따라서 문제된 행정입법의 실질내용이 일반 국민을 구속하는 효력을 갖는다고 인정할 것인가의 여부를 검토하여, 명백히 행정사무의 처리준칙으로서 행정기관 내부에서만 효력을 갖는 것일 때에는, 당해 행정입법이 형식을 법규명령으로 하고 있다고 하더라도 행정규칙으로서의 성질은 변하지 않는다고 보는 것이 타당할 것이다. 따라서 내용을 중심으로 검토하는 견해에 따른다.

이때에 당해 행정입법이 상위법령의 위임에 근거한 것인가의 여부를 기준으로 하여 논의하려는 견해는, 앞서 수권근거에 관한 형식적 기준설에 대한 비판에서 지적한 바를 차치하고라도, 논의 연혁에서 보는 바와 같이 법률의 위임근거가 초기에 없다가 뒤늦게 두어지기 시작한 것은 행정처분기준의 법제화과정에서 나타난 과도기적 현상에 불과하고, 현재는 대부분 위임규정을 두고 있어 이 점이 큰 의미를 갖지 못하는 상황이 되었으므로 이를 이유로 하여 당사자의 권리보호에 영향을 받게 되는 결과를 초래하게 해서는 안 된다는 점 등에서 따를 수 없다고 보아야 할 것이다.

또한, 그 규범형식에 따라서 결론을 달리하는 판례의 입장은 행정입법 실무에 있어서 행정청이 선택하는 행정입법 형식은 규율내용에 따른 것이 아니라, 실무상 편의에 의하여 선택되고 있으므로, 이러한 형식이 당해 규범의 법적 성질을 파악하는 데 중요한 논거가 될 수 없다는 점에서 따를 수 없다고 본다.

특히 판례의 입장과 같이 대통령령 형식의 제재적 행정처분기준을 법규명령으로 보게 되면, 대부분의 처분기준은 그 규정형식이나 체계 또는 문언상 개개의 위반사유별로 영업정지기간 등 특정한 제재처분을 일률적으로 정하고 있어서 담당공무원에게는 처분양정과 관련하여 아무런 재량의 여지가 없게 되어,34) 모법이 제재적 행정처분을 재량처분으로 규정한 취지가 해석에 의하여 몰각되는 문제점이 제기된다. 대법원이 2000년대에 들어와 대통령령 형식의 과징금처분기준상의 과징금 수액의 의미를 정액이 아니라 최고한도액으로 해석하고 당해 과징금부과처분을 재량처분이라고 판시한 사안35)은 이러한 문제점을 부분적으로나마 인식한 결과라고 해석된다.

참고로 최근 대법원은 제재적 행정처분이 그 처분에서 정한 제재기간의 경과로 인하여 그 효과가 소멸되었으나, 부령인 시행규칙 또는 지방자치단체의 규칙의 형식으로 정한 처분기준에서 제재적 행정처분을 받은 것을 가중사유나 전제요건으로 삼아 장래의 제재적 행정처분을 하도록 정하고 있는 경우, 선행처분인 제재적 행정처분을 받은 상대방이 그 처분에서 정한 제재기간이 경과하였다 하더라도 그 처분의 취소를 구할 법률상 이익이 있는지 여부가 문제된 사안에서 다수의견이 이를 긍정하면서 그

---

34) 대표적으로 이러한 취지를 설시한 판례로는, 대판 1997. 12. 26, 97누15418.
35) 대판 2001. 3. 9, 99두5207.

이유부분에서 "…그러한 규칙이 법령에 근거를 두고 있는 이상 그 법적 성질이 대외적·일반적 구속력을 갖는 법규명령인지 여부와는 상관없이…"라고 설시하여 여운을 남겼고, 이를 받아 이 판결 별개의견에서는 "…부령인 제재적 처분기준의 법규성을 인정하는 이론적 기초위에서 이 사건 원고의 법률상 이익을 긍정하는 것이 법리적으로 더욱 합당하다…"고 하여36) 향후 판례변경의 가능성을 점쳐보게 하는 진일보를 기록하였다.

## Ⅳ. 행정규칙의 형식을 갖는 법규명령

### 1. 개 념

이는 문제된 행정입법이 고시·공고·훈령 등의 행정규칙의 형식을 갖추고 있으나, 그 실질내용에 있어서 당해 행정입법의 근거가 되는 법령의 규정과 결합하여 법령의 내용을 보충하는 기능을 갖는 경우가 대상이 된다. 예컨대 「독점규제 및 공정거래에 관한 법률」 제23조 제 3 항에 근거한 불공정거래행위의 지정고시 또는 「대외무역법」 제19조 제 2 항에 근거한 물품수출입 공고 등이 이에 해당하는 예이다.

### 2. 법적 성질의 검토

#### (1) 학설의 입장

이러한 행정입법의 법적 성질에 대하여도 견해가 대립하는바, 다수견해는 ㉠ 헌법은 대통령령·총리령·부령 등을 정하고 있지만 그것은 예시적인 것이며 이들로서만 법규명령을 규정할 수 있도록 위임하고 있는 것도 아닌 점, ㉡ 위임의 근거가 된 상위법령의 일부분으로서 근거법령과 결합하여 전체로서 시민에 대한 외부적 효력이 인정된다는 점에서 법규명령으로 본다.

그러나 일부 견해에 의하면 경성 헌법하에서 국회입법원칙의 예외가 되는 입법형식은 헌법 자체에서 명시하지 않으면 안 된다는 점에서 행정규칙으로 본다.37)

또 다른 견해에 의하면 이때에 인정되는 행정규칙은 통상적인 행정규칙이 아니라 그 자체로서 시민에 대한 법적 구속력이 인정되는 경우이므로 이른바 규범구체화 행정규칙으로 이해한다.38)

#### (2) 판례의 태도

판례는 다수견해와 마찬가지로 법규명령으로 보는 입장을 견지하고 있다. 판례는

36) 대판 2006. 6. 22, 2003두1684.
37) 석종현·송동수(상), 206면.
38) 김남진·김연태(Ⅰ), 185면.

그 논거로서 이 경우의 행정규칙은 행정규칙으로서의 독자적 의미를 갖는 것이 아니라, 실질적으로 상위 법령의 내용을 보충하는 기능을 갖게 되므로, 위임의 근거가 된 상위법령의 일부분으로서의 의미를 강조한다. 따라서 근거법령과 결합하여 전체로서 시민에 대한 외부적 효력이 인정되는 것으로 보며, 그 내용을 중시하여 법규명령으로 보는 것이다. 이때에 판례는 문제의 행정입법이 상위법령의 내용을 보충하는 기능을 갖는 법규명령인가의 판정을, 상위법령의 위임근거 유무에 따라서 판정하고 있는 것으로 보인다.

[ 1 ] 국세청 훈령인 재산제세조사사무처리규정($\frac{훈령}{제980호}$)은 소득세법 시행령의 위임에 따라 그 규정의 내용을 보충하는 기능을 가지면서 그와 결합하여 대외적인 구속력이 있는 법규명령으로서의 효력을 가지는 것이어서 그 내용이 위 법령의 위임한계를 벗어난 것이라는 등의 특별한 사정이 없는 한 무효라고 볼 수 없다($\frac{대판\ 1992.1.21,}{91누5334}$).

[ 2 ] 구 식품위생법 제23조의 3 제 4 호나 현행 식품위생법 제24조 제 1 항 제 4 호는 공익상 그 허가를 제한할 필요가 있다고 인정되어 보건사회부장관이 지정하는 영업 또는 품목에 해당되는 때에는 영업 또는 품목제조의 허가를 할 수 없다고 규정하고 있고, 보건사회부장관이 이 규정에 따라 허가제한영업을 지정한 고시로서 원고들이 받은 이 사건허가에 적용될 식품제조영업허가기준 제 2 조 제 4 호, 제 1 조 제 6 호는 보존음료수제조업은 허가를 할 수 없고 다만 제품을 전량 수출하거나 주한외국인에게만 판매하여야 하는 등의 요건을 갖추는 경우에만 그 허가를 할 수 있도록 규정하고 있다. 관계법령의 위와 같은 규정내용에 의하면, 위 고시는 공익상의 이유로 허가를 할 수 없는 영업의 종류를 지정할 권한을 부여한 구 식품위생법 제23조의 3 제 4 호에 따라 보건사회부장관이 발한 것으로서, 실질적으로 법의 규정내용을 보충하는 기능을 지니면서 그것과 결합하여 대외적으로 구속력이 있는 법규명령의 성질을 가진 것으로 보인다($\frac{대판\ 1994.3.8,}{92누1728}$).

[ 3 ] 법령의 규정이 지방자치단체장(허가관청)에게 그 법령내용의 구체적인 사항을 정할 수 있는 권한을 부여하면서 그 권한행사의 절차나 방법을 정하지 아니하고 있는 경우, 그 법령의 내용이 될 사항을 구체적으로 규정한 지방자치단체장의 고시는, 당해 법률 및 그 시행령의 위임한계를 벗어나지 아니하는 한 그 법령의 규정과 결합하여 대외적인 구속력이 있는 법규명령으로서의 효력을 갖게 되고, 허가관청인 지방자치단체장이 그 범위 내에서 허가기준을 정하였다면 그 허가기준의 내용이 관계 법령의 목적이나 근본취지에 명백히 배치되거나 서로 모순되는 등의 특별한 사정이 없는 한 그 허가기준이 효력이 없는 것이라고 볼 수는 없다($\frac{대판\ 2002.9.27,}{2000두7933}$).

[ 4 ] 상급행정기관이 하급행정기관에 대하여 업무처리지침이나 법령의 해석적용에 관한 기준을 정하여 발하는 이른바 행정규칙은 일반적으로 행정조직 내부에서만 효력을 가질 뿐 대외적인 구속력을 갖는 것은 아니지만, 법령의 규정이 특정행정기관에게 그 법령내용의 구체적 사항을 정할 수 있는 권한을 부여하면서 그 권한행사의 절

차나 방법을 특정하고 있지 아니한 관계로 수임행정기관이 행정규칙의 형식으로 그 법령의 내용이 될 사항을 구체적으로 정하고 있는 경우, 그러한 행정규칙, 규정은 행정조직 내부에서만 효력을 가질 뿐 대외적인 구속력을 갖지 않는 행정규칙의 일반적 효력으로서가 아니라, 행정기관에 법령의 구체적 내용을 보충할 권한을 부여한 법령규정의 효력에 의하여 그 내용을 보충하는 기능을 갖게 되고, 따라서 당해 법령의 위임한계를 벗어나지 아니하는 한 그것들과 결합하여 대외적인 구속력이 있는 법규명령으로서의 효력을 갖게 된다(대판 1998.6.9., 97누19915).

[5] 학원의 설립·운영에관한법률시행령 제18조에서 수강료의 기준에 관하여 조례 등에 위임한바 없으므로, 제주도학원의설립·운영에관한조례나 그에 근거한 제주도학원업무처리지침의 관계 규정이 법령의 위임에 따라 법령의 구체적인 내용을 보충하는 기능을 가진 것이라고 보기 어려우므로 법규명령이라고는 볼 수 없고, 행정기관 내부의 업무처리지침에 불과하다(대판 1995.5.23., 94도2502).

## (3) 평    가

행정규칙의 옷을 입고 있는 법규명령에 대하여 그 법적 성질을 어떻게 파악하여야 하는가의 문제에 대해서도 일응 앞서 일반적으로 정리한 실질적 기준설을 적용하여 파악할 수 있다. 그러한 점에서 다수설과 판례가 규율내용을 중시하여 상위법령과 결합되어 전체로서 국민에 대한 대외적 효력이 발생하는 면을 강조하려고 하는 취지를 수긍할 수도 있을 것이다.

그러나 이 경우에는 우리 헌법이 행정규칙의 형식에 대해서는 특별히 언급하지 않으면서도 법규명령의 형식에 대해서는 엄격하게 규정하고 있는 점을 중시해야 한다는 점에서 행정입법의 형식에 관한 헌법적 이해가 전제되어야 한다고 본다. 즉, 우리 헌법은 다른 나라의 헌법규정과 달리 법률의 위임을 받아 제정할 수 있는 법규명령의 유형을 대통령령(제75조), 총리령 및 부령(제95조)으로 규정하고 있다. 헌법 제40조의 입법권의 의미를 형식적 법률로 이해하는 한, 헌법상 규정되어 있는 법규명령에 대해서도 형식적인 측면으로 이해할 필요가 있다. 따라서 법률의 위임을 받아 제정할 수 있는 행정입법은 그 형식이 대통령령·총리령 및 부령과 같은 법규명령으로 한정되어야 하며,39) 법률의 위임근거가 있다고 하더라도 고시나 지침과 같은 행정규칙 형식으로 발령할 수는 없다고 보아야 한다. 따라서 행정규칙 형식으로 법률의 위임을 받아 제정되는 행정입법은 헌법적인 근거가 없는 것이므로, 그 자체로서 헌법위반의 문제를 발생시킨다.

---

39) 권영성, 헌법학원론, 2001, 992면; 성낙인, 헌법학, 2001, 942면 등. 그러나 헌법재판소는 헌법 상 규정되어 있는 법규명령의 형식을 예시적으로 이해하고 있다(… 국회입법에 의한 수권이 입법기관이 아닌 행정기관에게 법률 등으로 구체적인 범위를 정하여 위임한 사항에 관하여는 당해 행정기관에게 법정립의 권한을 갖게 되고, 입법자가 규율의 형식도 선택할 수도 있다 할 것이므로, 헌법이 인정하고 있는 위임입법의 형식은 예시적인 것으로 보아야 할 것이고…)(헌재 2004. 10. 28, 99헌바91).

즉 헌법은 행정입법에 대해 위임입법의 한계를 요구하고 있으나, 이때의 한계는 위임의 내용 뿐 아니라 그 형식면에서도 고찰되어야 한다. 또한 법률이 아닌 법규명령의 위임을 받아 제정될 수 있는 행정입법의 경우도 그 형식은 총리령이나 부령과 같은 법규명령이어야 하므로(헌법 제95조), 그 자체 위헌의 문제를 야기하게 된다. 따라서 상위 법령의 위임을 받아 제정된 고시 등의 행정규칙의 효력을 논하는 이른바 '행정규칙 형식의 법규명령' 논의는, 위헌적 행정입법에 대한 논의가 되므로 위헌의 효력만을 도출하여야 할 것이며, 대법원 판례나 헌법재판소의 결정과 같이40) '행정규칙이지만 법규명령으로서의 효력을 갖는 것'이라는 논리를 도출하여서는 안 될 것이다. 헌법재판소도 이른바 '법령보충적 행정규칙'이라 하여 그 자체로서 당연히 대외적 구속력을 가지는 것은 아니라는 것을 강조한 점을 주의하여야 한다.

> … 원칙적으로 행정규칙은 그 성격상 대외적 효력을 갖는 것은 아니나, 특별히 예외적인 경우에 대외적으로 효력을 가질 수 있는데, 그 예외적인 경우는 우리 재판소가 이미 선례에서 밝힌 바와 같이 재량권 행사의 준칙인 규칙이 그 정한 바에 따라 되풀이 시행되어 행정관행이 이룩되게 되면 평등의 원칙이나 신뢰보호의 원칙에 따라 행정기관은 그 상대방에 대한 관계에서 그 규칙에 따라야 할 자기구속을 당하게 되는 경우, 또는 법령의 직접적 위임에 따라 수임행정기관이 그 법령을 시행하는 데 필요한 구체적 사항을 정하였을 때, 그 제정형식은 비록 법규명령이 아닌 고시·훈령·예규 등과 같은 행정규칙이더라도 그것이 상위법령의 위임한계를 벗어나지 않는 경우이다. 그러나, 위와 같은 행정규칙, 특히 후자와 같은 이른바 법령보충적 행정규칙이라도 그 자체로서 직접적으로 대외적인 구속력을 갖는 것은 아니다. 즉, 상위법령과 결합하여 일체가 되는 한도 내에서 상위법령의 일부가 됨으로써 대외적 구속력이 발생되는 것일 뿐 그 행정규칙 자체는 대외적 구속력을 갖는 것은 아니라 할 것이다(헌재 2004.10.28, 99헌바91).41)

학설이나 판례는 법규명령 또는 행정규칙 어느 하나로 그 법적 성질을 이해함으로써 실무상 문제점을 해결하려고 하지만, 이는 위헌적 행정입법을 방치하게 되는 문제점만 발생할 뿐이다. 따라서 이 문제는 법적 성질을 규명하는 학설 논의의 대상이 되어서는 안 될 것이다.

---

40) 헌법재판소는 이에 대해 특별한 논거를 제시하지 않으며 대법원 판례의 논거를 그대로 차용하고 있다 : 법령의 직접적인 위임에 따라 위임행정기관이 그 법령을 시행하는데 필요한 구체적 사항을 정한 것이면, 그 제정형식은 비록 법규명령이 아닌 고시, 훈령, 예규 등과 같은 행정규칙이더라도 그것이 상위법령의 위임한계를 벗어나지 아니하는 한, 상위법령과 결합하여 대외적인 구속력을 갖는 법규명령으로서 기능하게 된다고 보아야 할 것인바…"(헌재 1992. 6. 26, 91헌마25 전원재판부).

41) 이와 반대로 법령의 위임을 받아 제정된 법규명령의 효력의 문제인 이른바 '법규명령 형식의 행정규칙'의 경우는 헌법적으로는 문제가 없어 보인다. 이는 헌법적 요청을 충족한 위임입법의 실질적 효력의 문제이므로, 실무상은 문제가 있어도 학설로서 충분한 논의의 대상이 될 수 있다고 본다. 이상에 대한 상세한 검토는 류지태, "행정입법의 형식성 논의의 헌법적 평가", 토지공법연구 제25집, 2005 참조.

**기본 사례**

　　보건복지부는 2006년 간행·배포한 "의약품 안전성 정보"라는 소책자를 통해, 로얄제리가 함유된 의약품이 천식 및 알레르기 환자에게 증상을 악화시키는 부작용을 유발할 수 있으므로 이들 환자들이 이의 복용을 피하도록 하고, 동시에 로얄제리가 함유된 의약품 61개 품목의 명단을 게재하였다. 이러한 명단에는 甲제약회사의 '로얄디'제품도 포함되어 있었는데, 사실 甲제약회사에서 로얄제리를 함유하고 있는 의약품은 로얄디가 아니라 로젤씨이며 로얄디는 단순한 건강음료라고 한다. 그리고 로젤씨는 판매가 부진하여 이미 생산을 중단한 상태라고 한다. 보건복지부의 이러한 명단공개가 언론을 통하여 보도되면서 甲제약회사의 로얄디의 판매는 평상시 1일 5천만원의 매출액이 3천만원선으로 떨어졌고, 이러한 추세가 당분간 계속될 전망이라고 한다. 甲제약회사는 어떠한 행정법적 조치를 강구할 수 있는가?

(풀이는 373면)

# 제 1 절 일 반 론

## Ⅰ. 개    념

비권력적 행정작용이란 일반적으로 행정주체가 행정목적의 달성을 위해서 공권력 발동의 수단에 의하지 아니하고 행하는 행정작용을 말한다. 이는 다시 법적 행위와 사실행위로 나눌 수 있으며, 전자에는 공법상 계약과 공법상 합동행위가 해당하고, 후자의 사실행위로서는 단순 사실행위, 행정지도와 비공식 행정작용을 들 수 있다.

## Ⅱ. 권리보호문제

오늘날 이러한 행정작용의 중요성이 증가함에 따라 당사자의 권리보호문제가 주요 문제로 대두되고 있다. 이러한 행정작용에 있어서도 행정기관은 헌법의 기본권규정(특히 평등권이나 생존권)과 법의 일반원칙(비례성원칙 등)의 구속을 받는다. 그러나 비권력적 행정작용을 통하여 권리가 침해된 당사자는 당해 행정작용이 통상적으로 처분성을 갖지 못하므로 취소쟁송은 제기하지 못하고, 공법상의 당사자소송에 의하여 법적 분쟁을 해결할 수 있을 뿐이다. 이러한 문제점으로 인해 비권력적 행정작용도 행정쟁송법상의 처분 개념에 포함하여 취소쟁송의 대상으로 인정하려는 주장(이른바 형식적 행정행위개념)이 일본과 우리나라에서 제기되고 있는 것이다.[1]

# 제 2 절   공법상 계약

## Ⅰ. 공법상 계약의 의의

### 1. 개    념

공법상 계약이란 공법상의 효과발생을 목적으로 하여 복수의 대등한 당사자 간에 반대방향의 의사의 합치에 의하여 성립되는 공법행위를 말한다. 공법상 계약은 학문상의 개념이며 실정법적 개념이 아니다.

---

1) 이에 관한 상세는 앞부분인 행정행위개념 부분 참조.

## 2. 다른 개념과의 구별

### (1) 사법상 계약과의 구별

공법상 계약은 그 효과에 있어서 공법상 권리나 의무의 발생·변경 및 소멸을 내용으로 하는 점에서 사법상의 효과발생을 지향하는 사법상 계약과 구별된다. 또한 계약당사자의 측면에서도 공법상의 계약은 당사자의 일방이 행정주체에 한정되어 나타나는 데 반하여(이때에 사인이 당사자인 경우에도 공무수탁사인으로서 행정주체인 경우에 한정된다), 사법상의 계약은 사인간의 계약인 점에서 구별된다.

### (2) 행정행위와의 구별

양 개념 모두 공법적 효과를 발생하며 개별적·구체적인 경우에 관한 규율이라는 점에서 공통점을 가진다. 그러나 공법상 계약은 그 성질상 쌍방적 행위이나, 행정행위는 원칙적으로 일방적 행위라는 점에서 구별될 수 있다. 그러나 행정행위에도 상대방의 동의나 신청 등을 요하는 경우가 존재하며(동의를 요하는 행정행위 또는 쌍방적 행정행위), 이러한 경우에는 양 개념의 구별이 용이하지 않으나, 이러한 행정행위에서도 그 내용은 행정기관이 일방적으로 결정하고 사인은 그 내용에 영향을 미칠 수 없다는 점에서 공법상 계약과 구별된다.

### (3) 공법상 합동행위와의 구별

공법상 합동행위는 당사자의 동일방향의 의사합치인 점에서, 그 방향이 서로 반대되는 방향의 의사합치인 공법상 계약과 구별된다.

### (4) 행정계약과의 구별

학자에 따라서는 행정주체가 일방 당사자인 공법상 계약과 사법상 계약의 상위개념으로 '행정계약'이라는 개념을 사용하기도 한다.2) 이는 공법과 사법의 구별을 전제하지 않고, 행정주체가 행정목적달성을 위하여 체결하는 모든 계약을 대상으로 하여 그 특색을 검토하는 것이다.3) 따라서 이러한 개념을 사용하는 한 공법상 계약과 구별된다.

---

2) 김도창(상), 468면.
3) 박윤흔(상), 526면.

## II. 공법상 계약의 가능성과 자유성

### 1. 가능성 문제

오늘날 공법상 계약의 개념을 부정하는 견해는 없으며 모두 인정하고 있다. 그 주된 논거로는 ㉠ 공법상 계약은 개별적이고 구체적인 사정에 상응하여 탄력적인 행정목적을 달성할 수 있다는 점, ㉡ 상대방의 동의를 얻을 수 있다면 일방적인 권력의 발동보다 합의에 의한 행정법 관계 형성이 바람직하다는 점, ㉢ 법률관계를 명확히 하여 법적 분쟁의 소지를 줄일 수 있다는 점 등이 지적된다.4) 이러한 이유로 하여 공법상 계약은 행정행위를 보충하는 주요 행위형식으로 인정되고 있다.

### 2. 자유성 문제

이는 공법상 계약에 있어서 법치행정의 원리상 법률의 근거를 요하는가에 관한 문제이다. 이에 대해서는 법률의 근거를 요한다는 견해도 존재하나, 특별한 법적 근거 없이도 가능하다는 입장이 타당하다고 생각한다. 그 근거로서는 공법상 계약의 성립은 당사자의 의사합치에 의하는 것이고, 그 효력발생은 계약 자체가 새로운 법정립의 근원으로서 작용하는 것이므로 명시적인 법적 근거 없이도 성립할 수 있다고 보아야 할 것이다. 또한 공법상 계약은 공법적 성격으로 인해 많은 규세하에 놓이게 되므로, 법적 근거를 요하지 않더라도 그 내용이 무제약적이지는 않게 되기 때문이다.

그러나 실무적으로는 대부분의 공법상 계약이 실정법상의 근거를 가지므로 논쟁의 실익은 없다고 볼 것이다. 현행법상 주요한 것으로는 「국가를 당사자로 하는 계약에 관한 법률」과 「전기통신사업법」 등을 들 수 있다.

## III. 공법상 계약의 종류

### 1. 주체에 의한 분류

#### (1) 행정주체 상호간의 공법상 계약

이에는 공공단체 상호간의 사무위탁(예: 지방자치단체 사이의 교육사무위탁), 지방자치단체간의 도로 또는 하천의 경비부담에 관한 협의, 도로관리에 관한 협의 등이 해당한다.

#### (2) 행정주체와 사인간의 공법상 계약

가장 일반적인 공법상 계약의 형태로서 다음의 경우가 해당한다. 특별행정법관계 설정에 관한 계약행위(예: 지원에 의한 군입대, 전문직공무원의 채용 등), 임의적 공용부담의 경우(예: 개인이 사유지를 도로나 공원의 부지로 제공하는 계약), 공법

---

4) 김남진·김연태(I), 386면; 박윤흔(상), 528면.

상의 보조계약($\binom{예: 보조금 교부결정(보조금)}{관리에 관한 법률 제17조}$), 행정사무의 위탁($\binom{예: 사인의 신청에 의한}{별정 우체국 지정}$) 등이 그것이다.

[ 1 ] 서울특별시립 무용단원의 위촉은 공법상의 계약에 해당하며, 그 단원의 해촉에 대하여는 공법상의 당사자소송으로 그 무효확인을 청구할 수 있다($\binom{대판 2001.12.11, 2001두}{7794; 1995.12.22, 95누4636}$).
[ 2 ] 현행 실정법이 지방전문직공무원 채용계약 해지의 의사표시를 일반공무원에 대한 징계처분과는 달리 항고소송의 대상이 되는 처분 등의 성격을 가진 것으로 인정하지 아니하고, 지방전문직공무원규정 제 7 조 각호의 1에 해당하는 사유가 있을 때 지방자치단체가 채용계약관계의 한쪽 당사자로서 대등한 지위에서 행하는 의사표시로 취급하고 있는 것으로 이해되므로, 지방전문직공무원 채용계약 해지의 의사표시에 대하여는 대등한 당사자간의 소송형식인 공법상 당사자소송으로 그 의사표시의 무효확인을 청구할 수 있다($\binom{대판 1993.9.14,}{92누4611}$).

### (3) 사인 상호간의 공법상 계약

이에 해당하는 것으로는 현행법상 특허기업자 등 사인인 사업시행자와 토지소유주 사이의 「공익사업을 위한 토지 등의 취득 및 보상에 관한 법률」상의 협의($\binom{동법 제26조}{참조}$)만이 인정된다. 이러한 협의는 관할 토지수용위원회의 확인을 받으면 토지수용위원회에 의한 재결로 보게 되고, 이에는 일정한 공법적 효과가 발생하게 된다($\binom{동법 제29조}{4항 참조}$). 이때의 사업시행자인 사인은 공무수탁사인으로서의 지위를 갖게 된다.

## 2. 성질에 의한 분류

공법상 계약은 그 성질에 따라 대등계약과 종속계약으로 나눌 수 있다. 이는 독일 연방행정절차법상의 분류에 따른 것이다. 대등계약은 대등한 행정주체 상호간, 사인 상호간의 공법상 계약을 의미하는 것으로서, 행정행위의 형식을 통해서는 규율할 수 없는 법관계가 그 대상인 경우이다. 이에 반해 종속계약은 행정주체와 사인간의 공법상 계약을 의미하는 것으로서, 행정행위 대신에 체결될 수 있는 경우를 그 대상으로 한다.

## Ⅳ. 공법상 계약의 특색

공법상 계약의 특색은 공법적인 효과의 발생을 목적으로 하기 때문에 사법규정만에 의하는 것이 아니라, 공법원리와 공법 규정이 같이 적용되어야 한다는 점에 있다.

## 1. 실체법상의 특색

### (1) 성　립

① 공법상 계약의 체결에 관한 일반법은 없으므로 원칙적으로 민법 규정에 따르게 되나, 관계 행정기관의 확인을 요하는 경우도 있다(공익사업을위한토지등의취득및 보상에관한법률 제29조 참조).

② 공법상 계약을 금지하는 명시적 규정이나 묵시적 규정(예: 기속행위인 행정행위로 행해져야 하는 경우)에 위반하지 않는 범위 내에서만 가능하다.

③ 특별한 규정이 없는 한 원칙적으로 문서에 의해야 한다.

### (2) 이　행

① 사정변경이 있는 경우에 일정한 경우에는 계약내용의 변경·해제·해지가 인정된다. 이때에 귀책사유 없이 손실을 입게 되는 당사자는 손실보상청구권을 갖게 된다.

② 민법상의 계약해제에 관한 규정은 해제에 관한 별도의 특별규정이 없는 경우에만 적용된다.

### (3) 계약의 하자

공법상 계약에 존재할 수 있는 하자에 대해서는 의사표시상의 하자와 내용상의 하자로 나누어서 고찰되어야 한다. 의사표시상의 하자에 대해서는 민법상의 계약의 경우와 마찬가지로 무효 또는 취소의 하자가 모두 인정된다고 본다. 이때에는 별도의 특별한 규정이 없는 한 민법상의 계약에 관한 규정이 적용된다고 본다. 그러나 공법상 계약이 갖는 내용상의 하자에 대해서는 행정행위와 달리 공정력이 인정되지 않으므로 무효의 하자유형만 인정된다고 본다.

## 2. 절차법적 특색

1) 이에 관련된 소송은 일반적인 견해에 따르면 공법상의 당사자소송의 대상이라고 보나, 판례는 주된 경향에 있어서 민사소송에 의해 해결하고 있다.

2) 계약상의 의무불이행시에는 법원의 판결에 의해 이행을 강제할 수 있을 뿐, 법령의 명문규정이 없는 한5) 판결 없이 강제집행을 할 수는 없다. 그러나 행정주체 상호간에 체결되는 공법상 계약의 경우에 의무불이행에 대한 사법적 강제는 사실상 불가능하다고 보아야 할 것이다.

---

5) 이와 관련하여 「보조금 관리에 관한 법률」 제33조를 공법상 계약에 의하여 상대방이 지는 의무를 불이행하는 경우에 행정상 강제집행을 인정한 예로 볼 것인가에 대하여는 견해가 대립하고 있다.

# 제 3 절 행정상의 사실행위

## Ⅰ. 행정상의 사실행위 일반론

### 1. 사실행위의 의의

#### (1) 개 념

사실행위란 법률적 효과의 발생을 직접적으로 목적하지 않는 행위로서,6) 주로 공법영역에서의 행정기관의 활동에 관련되고7) 그로 인해 시민의 법적 영역과 관련되는 행위를 말한다. 법적 효과를 직접적으로 의도하지 않는 행위라는 점에서 법적 행위인 행정행위와 구별된다. 그러나 현실적으로는 양자의 구별이 용이하지 않다.8) 개별적 행위가 사실행위인지 행정행위인지의 여부는 개별적인 신중한 검토를 필요로 한다. 이는 사실행위가 다양한, 이질적인 내용을 갖는 대상들을 일정한 공통적 특징하에 총칭하는 개념이기에, 개별적인 경우에 따라서는 그 성질이 상이하게 나타날 수 있기 때문이다. 예컨대 대통령이나 장관의 담화나 기자회견은 통상적으로 사실행위로서 직접적인 법적 규율성이 인정되지 않는 것이나, 경우에 따라서는 예외적으로 행정행위로서의 성질이 인정될 수 있다.

#### (2) 사실행위의 중요성

행정작용으로서의 사실행위는 법적 규율성을 결여한다는 이유로 하여 행정행위 중심의 체계하에서 그간 별로 관심의 대상이 되지 못하였다. 그러나 오늘날 행정수요의 다양화로 인해 행정작용의 형태는 종전과 같이 행정행위에 한정되지 않고 여러 형태의 행정작용이 행해지고 있으며, 이로 인해 사실행위가 갖는 비중도 높아지고 있다. 현실적으로는 사실행위에 대한 권리구제문제가 주요한 의미를 갖게 된다.

---

6) 이 점에서 우리나라 학자들이 일반적으로 사실행위의 개념징표를 '단지 사실적 결과만을 의욕하는 행위'라고 논하는 것은 문제가 있다고 생각한다. 즉 국가는 그 행위에 있어서 법 안에서만 작용할 수 있는 것이므로 국가의 행위로서 직접적으로 단지 사실적 결과만을 의욕하는 행위는 존재할 수 없다고 보아야 할 것이다(류지태, "사실행위와 권리보호", 사법행정, 1992. 11, 27면 참조).

7) 일반적으로 인정되고 있는 사법상의 사실행위는 민법 규정에 의한 해결대상이므로 행정상의 사실행위 유형으로서는 거의 의미를 갖지 않는다고 본다.

8) 예컨대 제2이동통신사업자로 선정된 선경이 사업권을 반납하자 이에 대해 체신부장관이 1992년 8월 28일 발표한 기자회견은, 그 내용에 있어서 법적 규율을 포함하고 있기에 행정행위성이 인정될 수 있다(류지태, "제2이동통신사업의 사업권반납과 관련한 법적 문제", 안암법학 창간호, 1993, 219면 이하 참조).

## 2. 사실행위의 종류

### (1) 권력적 사실행위와 비권력적 사실행위

이는 사실행위가 공권력행사의 성질을 갖는가 여부에 따른 분류이다. 이때 공권력행사로서 일방적으로 명령·강제하는 성질을 갖는 사실행위가 권력적 사실행위이고, 공권력행사로서의 성질을 갖지 않는 사실행위가 비권력적 사실행위이다. 통상적인 사실행위는 비권력적 사실행위이며, 이의 대표적인 경우로서는 공익목적을 위한 공사행위나 행정지도, 비공식적 행정작용 등을 들 수 있다.

이때 주요한 의미를 갖는 것은 물론 권력적 사실행위이다. 일본식 개념인 이 용어에 대해 일본에서는 "행정청의 일방적 의사결정에 기하여, 특정의 행정목적을 위해 국민의 신체·재산 등에 실력을 가하여 행정상 필요한 상태를 실현하고자 하는 권력적 행위"라고 정의하고 있으며,9) 이러한 정의는 우리나라에서도 받아들여지고 있다.10) 이에 관한 예로는 전염병환자의 강제격리·송환대상자의 강제격리·토지출입조사·대집행의 실행 등을 들고 있다.11) 이때의 '권력적'이라는 표현은 생각건대 행정청의 일방적 의사결정에 기인한 것이라는 점에 착안한 듯하며, 이 점에서 통상적인 비권력적인 단순한 사실행위와 구별된다고 볼 수 있다.

이 권력적 사실행위는 그 실체에 있어서 이를 통해 상대방의 법적 영역에 개입하여 일정한 법적 규율(특허 수인 의무의 부과)이 행해지는 측면과, 이를 물리적으로 집행하는 행위가 동시에 포함되어 있는 이중적인 성격을 갖는 것이라고 이해될 수 있다. 따라서 전자의 측면에서는 일반적인 행정행위와 마찬가지로 특정 법적 효과를 지향한 행정작용으로서, 「행정소송법」 제 2 조 제 1 호에서 말하는 '공권력의 행사'에 해당한다고 보게 되며, 이로 인해 취소소송의 대상이 된다고 보아야 할 것이다.

### (2) 집행적 사실행위와 독립적 사실행위

사실행위가 법령이나 행정행위를 집행하기 위한 것인지, 아니면 그 자체로서 독립적인 의미를 갖는가에 따른 구분이다. 일반적 견해는 이 구분의 실익으로서 전자의 행위는 권력적 사실행위로서의 성질을 갖는 경우가 많다는 점을 든다.

### (3) 정신적 사실행위와 물리적 사실행위

사실행위가 의사작용을 중심으로 하여 이루어지는가(예컨대 행정지도, 법적인 효과없는 고지·통지 등), 아니면 물리

---

9) 高田 敏(編著), 행정법, 264면.
10) 김동희(Ⅰ), 462면.
11) 김도창(상), 756면.

적 작용을 중심으로 하여 이루어지는가(예컨대 재산압류,)에 따른 구분이다.

### (4) 공법적 사실행위와 사법적 사실행위

사실행위의 근거법이 공법인가 사법인가에 따른 구분이나, 행정법적으로 의미있는 사실행위의 개념은 공법 영역에서의 활동이므로 이러한 구분은 실익이 없으리라고 본다.

## 3. 사실행위의 법적 근거와 한계

### (1) 법적 근거

사실행위는 원칙적으로 직접적인 법적 효과를 발생하지 않으므로 직접적인 법적 근거는 필요하지 않으나, 행정작용인 이상 조직법적인 근거는 필요하게 된다. 이외에도 작용법적 근거를 요하는가의 문제는 법률유보원칙의 적용범위에 관한 견해에 따라 다소 상이한 결론이 나올 것이나, 일반적 견해는 적어도 그 성질이 권력적인 사실행위인 때에는 법률유보의 적용을 받는다고 본다. 그러나 이외에도 현실적으로 당사자에게 불이익을 발생하게 하는 사실행위(예컨대 행정지도나 비공식적 행정작용으로서 당사자에게 불이익을 발생하게 하는 경우)는 작용법적 근거를 요한다고 보아야 할 것이다.

### (2) 한 계

사실행위는 법령에 위반되어서는 아니되며, 법령의 근거하에서도 필요한 한도에서 행해져야 한다(비례성의 원칙). 또한 그 밖에도 평등의 원칙, 신뢰보호의 원칙 등도 준수해야 한다고 본다.

## 4. 사실행위에 대한 권리구제

### (1) 취소쟁송의 가능성

이 문제는 「행정심판법」제 2 조나 「행정소송법」제 2 조에서 그 대상으로서 규정하고 있는 처분개념에 사실행위도 포함된다고 볼 수 있느냐에 따라 그 가능성이 검토된다. 이에 대해서는 사실행위의 처분성을 부정하는 견해와 긍정하는 견해가 대립하고 있다.

㉠ 부정하는 견해는 통상적인 비권력적 사실행위는 직접적인 법적 효과를 발생하는 것이 아니므로 취소쟁송의 대상으로 인정할 수 없다고 본다. 판례도 「식품위생법시행규칙」제28조 소정의 영업허가증의 교부는 허가관청이 영업을 허가한 때에 그에 수반하는 사실행위로서 이를 교부하는 것이므로 그 허가증교부는 공권력의 행사인 행정처분이라 할 수 없다고 본다.[12] 그러나 적어도 계속적인 성질을 갖는 권력적 사실

---

12) 대판 1984. 6. 12, 84누21.

행위는 수인하명과 결합하여 물리적 집행행위라는 사실행위가 나타나는 경우이므로 취소쟁송의 대상으로 인정할 수 있다고 본다. ⓛ 이에 반해 긍정하는 견해는 비권력적 사실행위에 대해서 이른바 '형식적 행정행위'에 해당함을 인정하여 처분성을 부여하고자 한다.

생각건대 비권력적 사실행위에 대한 권리구제는 반드시 취소쟁송의 대상인 처분성을 무리하게 확대하는 경우에만 가능한 것이 아니라, 공법상 당사자소송의 방법에 의하여도 가능한 것이므로 처분성을 인정할 필요는 없다는 점, 이론적으로도 일본식 논의인 형식적 행정행위 개념을 인정할 필요성이 없다는 점에서 부정하는 견해에 찬동한다. 다만 계속적 성질의 권력적 사실행위에 대해서는 처분성을 인정할 수 있다. 판례도 같은 입장에 서 있다.

계고처분에 기한 대집행의 실행이 이미 사실행위로서 완료되었다면, 계고처분이나 대집행의 실행행위 자체의 무효확인 또는 취소를 구할 법률상 이익은 없다(대판 1995.7.28. 95누2623).

### (2) 행정상 손해배상

「국가배상법」제 2 조와 제 5 조에서 규정하고 있는 '공무원의 위법한 직무행위' 범위나 '영조물의 설치나 관리행위'에는 행정상의 사실행위도 포함된다. 따라서 이러한 사실행위에 의해 국민에게 재산상의 손해가 발생한 경우에는, 국가배상책임의 성립을 위한 다른 요건이 충족되는 한, 행정상 손해배상을 청구할 수 있게 된다. 특히 최근에는 행정기관에 의한 위법한 경고나 추천행위로 인한 손해발생의 문제가 논의의 대상이 되고 있다.

### (3) 행정상 손실보상

행정작용의 초기에는 적법한 사실행위가 사후에 전혀 의도하지 않았던 재산상의 손실을 타인에게 야기한 경우에 손실보상의 문제가 제기될 수 있다. 그러나 현행 헌법 제23조 제 3 항은 적법한 '법적 행위'로 인해 야기된 손실보상 문제만을 규율대상으로 하고 있으므로 그 대상이 사실행위인 경우에는 그 적용에 한계를 갖게 된다. 이에 대해서는 헌법 제23조 제 3 항의 구성요건을 확대하여 이를 근거로 하여 손실보상을 직접 청구할 수 있다는 견해, 헌법 제23조 제 3 항을 유추적용하여 독일에서 논의되는 이른바 '수용적 침해이론'에 입각하여 이러한 사실행위에 대해서도 그 침해를 인용하고 손실보상을 청구할 수 있다는 주장 등이 제기되기도 한다.[13]

그러나 헌법 제23조 제 3 항은 그 구성요건상 사실행위를 대상으로 하지 않으며,

---

13) 이러한 견해대립의 상세한 논의는 뒤에 설명될 '행정상의 손실보상' 부분 참조.

독일식의 수용적 침해이론은 그 발전과정에 있어서 명백하게 드러나듯이 독일에서 관습법적으로 주장되어 온 희생보상청구권에 근거를 두는 이론이므로 우리의 실정에는 부합하지 못하는 면을 내포한다고 보아야 할 것이다. 따라서 개별 실정법에 이에 대비한 규정이 없는 한 손실보상청구는 불가능하다고 보아야 할 것이다. 입법적인 해결이 필요하리라고 본다.

### (4) 사전적인 권리보호수단의 인정문제

사실행위가 대상인 경우에 사후적인 권리보호수단은 행정행위 중심의 체계로 구성되어 있는 행정쟁송제도에 비추어 그 내용이 한계를 가지게 되므로 충실한 권리구제수단이 되지 못하는 문제를 내포한다. 따라서 사실행위가 사전적으로 적절한 절차의 방법으로 통제되도록 하는 방법이 실질적인 의미를 가질 수 있다. 특히 사실행위로 인한 행위에 있어서도 행정행위에 있어서와 같이 기본권보호의 필요성이 주요한 의미를 갖는 것이므로 사전적으로 절차적 단계에서 기본권이 보호될 수 있도록 하는 방법이 필요하게 된다.

이의 구체적 방법으로는 사실행위에 있어서도 일반 행정행위 등의 경우와 같이 그 과정에서 절차적 단계를 인정할 수 있는 사실행위가 있으며(예컨대 행정기관이 행하는 상담행위, 지도행위, 수업행위, 정보제공행위 등), 이때에 이러한 절차적 단계가 준수되는 것이 당해 사실행위의 적법성 보장을 위하여 요구되는 경우에는 주요한 행정절차의 내용을 사실행위에 대해서도 준수하도록 하는 것이다.[14] 따라서 이로 인해 행정기관의 정보제공행위에 있어서는 사전에 제공되는 정보의 대상인 당사자의 동의를 요하도록 하거나, 특정목적에 한정하도록 하는 절차적 요구가 도출되며, 국공립학교에서의 종교수업은 원하는 당사자의 신청에 의하도록 하고, 예방접종행위는 의사가 반드시 당사자에 대한 예진을 거친 후에 행하도록 하는 절차가 요구되어지는 것이다.[15]

### (5) 사실행위에 대한 가구제 문제

사실행위에 대해서도 소송상 인정되는 가구제가 허용되는지가 문제될 수 있다. 가구제의 유형으로는 행정소송에 특유한 집행정지와, 민사소송에서의 제도인 가처분을 행정소송에서 이용하는 경우를 들 수 있다.

#### 1) 집행정지의 인정문제

행정소송에서의 가구제인 집행정지는 그 전제로서 행정소송, 특히 취소소송의 대

---

14) 이에 대한 보다 상세한 설명은 류지태, 앞의 논문(사실행위와 권리보호), 29면 이하 참조.
15) 1994년도 여름에 발생한 일본뇌염백신 접종사고와 관련하여, 보건복지부는 보건소에서는 반드시 의사가 어린이에 대한 예진을 실시한 뒤에 접종토록 할 것을 지시한 바 있다.

상이 될 수 있는 처분성이 인정되는 행정작용만을 대상으로 하며, 이러한 요건은 사실행위에 있어서도 동일하다. 따라서 비권력적인 단순한 사실행위는 처분성을 인정할 수 없다고 보기 때문에 집행정지의 대상이 될 수 없게 된다. 그러나 계속적인 효력을 갖는 권력적 사실행위는 그 내용 중에 포함된 수인의무의 부과라는 측면에 비추어 그 처분성이 인정될 수 있으며, 이에 따라 취소소송의 대상과 동시에 행정소송에서의 가구제인 집행정지의 대상이 될 수 있다고 본다.

### 2) 민사가처분의 인정문제

㈎ 행정소송과 민사가처분 일반론  민사소송상의 가처분제도가 행정소송에서도 일반적으로 허용될 수 있는가에 대해서는 논의가 대립하고 있다. 이는 「행정소송법」 제8조 제2항이 "행정소송에 관하여 이 법에 특별한 규정이 없는 사항에 대하여는 법원조직법과 민사소송법의 규정을 준용한다"라고 규정하고 있고, 일본의 경우처럼 「민사소송법」상의 가처분준용을 배제하는 명문규정이 없기 때문에 행정소송에도 민사소송에서 통용되는 가처분 제도(민사집행법 제300조)가 이론상 준용될 수 있는가 여부가 논의되게 되는 것이다. 이에 대해서 판례는 부정적이나, 학설은 소극설과 적극설이 대립하고 있다.

① 소극설  소극설(또는 부정설)은 그 논거로서 가처분이 인정되면 법원이 일정한 행위를 행정기관에 명하게 되는바, 이는 권력분립의 원리에 따른 사법권의 범위를 벗어나는 것이라는 사실과, 「행정소송법」 제23조 제2항(집행정지에 관한 규정)을 「민사소송법」상의 가처분에 대한 특별규정 또는 「민사소송법」상의 가처분에 대한 대상(代償) 제도로 해석하여 행정소송에의 준용을 부정한다.

② 적극설  반면에 적극설(또는 긍정설)은 그 논거로서 현행법상 「민사소송법」상의 가처분 규정 준용을 배제하는 규정이 없는 이상, 이 문제는 「행정소송법」 제8조 제2항에 의해 해결될 수밖에 없으며 이에 따라 준용 가능하다는 사실과, 이를 인정함으로써 국민의 권리구제가 사법권에 의해 실효성 있게 보장되는 것이므로 사법의 본질에 반하는 것이 아니라는 사실을 주장한다.

③ 사 견  생각건대 현행법은 그 내용상 민사소송상의 가처분준용을 배제하지도, 적극적으로 인용하고 있지도 않다. 그러나 「행정소송법」이 「민사소송법」과는 달리 실질적인 의미의 소극적인 가처분인 집행정지를 채택하고 있는 이상, 이러한 제도를 통하여 권리구제목적이 달성될 수 있는 상황에서는 「민사소송법」상의 가처분 규정은 준용될 수 없다고 보아야 할 것이다. 그러나 이러한 집행정지를 통하여서는 실효적인 권리구제가 되지 못하는 경우(예컨대 거부처분의 효력을 잠정적으로 배제하고 임시적으로 적극적인 행위를 할 필요가 있는 경우)에는[16] 가처분 제도는 행정

---

16) 판례는 거부처분의 집행정지를 신청의 이익이 없다고 보아 허용하지 않고 있다(대판 1991. 5. 2, 91두15).

작용에 따른 불이익을 잠정적으로 배제하기 위해 활용될 수 있을 것이다.[17] 판례는 전입학자에 대한 등교거부처분을 가처분에 의해 정지시킴으로써 학생들이 등교를 할 수 있게 할 필요가 있는 경우에 이를 인정하고 있다.[18] 그러나 가장 실효적인 해법은 법원에 의한 가처분의 가능성을 「행정소송법」에서 직접 규정하는 것이 될 것이다. 개정된 「행정심판법」 제31조가 임시처분제도를 도입하여 행정청의 부작위·거부처분에 대한 임시적 권리구제를 대폭 확대한 것은 좋은 시사점을 준다.

(내) 사실행위의 경우    그러나 이러한 논의는 당해 행정작용인 사실행위가 행정소송의 대상이 되는 경우에 한정되는 것이며, 이에 해당할 수 없는 경우에는 통상적인 민사소송의 제기를 통한 가처분의 적용하에 둘 수밖에 없을 것이다. 따라서 특히 최근에 논란이 되고 있는 행정기관에 의한 환경위해시설의 건설, 육교의 건설 등의 공익사업과 같은 단순한 비권력적인 사실행위로 인해 불이익을 받는 당사자는, 잠정적인 권리구제를 위해서는 행정소송이 아니라 민사소송을 제기하고 가처분을 신청할 수밖에 없을 것이다. 그러나 물론 이러한 비권력적 사실행위에 대해서 취소소송의 대상인 처분성을 인정하려는 입장에서는, 행정소송의 제기가 가능하게 되므로 행정소송상에서 가처분 논의가 가능하게 될 것이다.

## II. 행정지도

### 1. 행정지도의 의의

#### (1) 개    념

행정지도란 행정주체가 일정한 행정목적 실현을 위하여 상대방의 임의적 협력을 기대하며 행하는 비권력적 사실행위로서, 일본에서 행정실무상의 용어로 시작된 것이다. 예컨대 행정주체에 의한 비강제적인 권고·지도·요망 등이 이에 해당한다고 볼 수 있다.

행정지도는 상대방의 임의적인 협력을 전제로 하는 점에서 그 법적 성질에 있어서 비권력적인 성질을 갖는다. 따라서 이에 따르지 않는 경우에도 강제조치가 수반되는 것은 아니나, 사실상의 불이익조치가 수반되는 점에서 특색을 갖는다.

#### (2) 다른 개념과의 구별

① 행정지도는 사실행위로서의 성질을 가지므로, 직접적으로 일정한 법적 효과의 발생을 목적으로 하는 법적 행위인 행정행위와 구별된다.

---

17) 김남진·김연태(Ⅰ), 857면; 김도창(상), 794면.
18) 서울고법 1964. 11. 9, 64부90.

② 이는 비권력적 사실행위로서의 성질을 가지므로 이른바 권력적 사실행위<sup>(예 : 강제퇴거,</sup><sub>행정대집행 등)</sub>
와 구별된다.

## 2. 행정지도의 존재이유와 문제점

### (1) 존재이유

#### 1) 행정기능의 확대현상으로 인한 필요성

새로운 행정수요가 발생하고 있으나 행정작용을 위한 법령의 근거가 없는 경우에, 법률에 의한 행정과 행정현실 변화에 상응한 적극적인 행정수행의 요청 사이의 괴리를 극복하기 위해 행정지도의 필요성이 인정된다. 이로 인해 법령의 불비를 보충하는 임기응변적인 행정작용이 가능하게 된다.

#### 2) 분쟁의 사전적 회피의 실익

상대방의 임의적인 협력에 근거하여 행정작용을 행함으로써 불필요한 마찰이나 분쟁을 사전에 회피할 수 있도록 하는 것도 행정지도의 존재이유가 된다.

#### 3) 새로운 지식이나 기술 · 정보제공의 실익

행정지도는 행정주체에 의해 적극적으로 새로운 과학기술적인 지식이나 경제영역의 정보를 제공하게 하는 기능을 갖는다. 중소기업 경영개선지도나 영농기술지도 등이 여기에 해당한다.[19]

### (2) 문 제 점

행정지도가 갖는 가장 큰 문제점은 법치주의와의 갈등이며, 그 주요한 내용은 다음의 것을 들 수 있다.

#### 1) 불충분한 권리구제수단

그 내용에 있어서 위법한 행정지도라 하더라도 비권력적인 성질을 가지므로 통상적으로 행정쟁송이 인정되지 않고 있으며,[20] 행정상 손해배상에 있어서도 상대방의 동의가 있었다는 사실상태로 인해 그 인정이 용이하지 않은 문제가 지적된다.

#### 2) 사실상의 강제성

행정지도는 비권력적 행위이나, 이를 거부하는 경우에는 여러 가지 억제적 조치가 행해짐으로써 불이익을 받게 된다. 따라서 사실상의 효과에 있어서 권력적 행위가 행해지는 것과 같은 효과가 발생함에도 불구하고, 권력적 행위에서와는 달리 법령의 근거가 강하게 요구되고 있지 않다는 문제가 제기된다.

---

19) 이상의 통상적인 존재이유 외에 행정지도가 일본에서 가능하게 된 특유한 이유로는, 일본국민들의 정부에 대한 맹목적인 복종태도나 일본 공무원들의 높은 자질도 간과할 수 없을 것이다.

20) 물론 이때에도 이른바 쟁송법상의 행정행위 개념을 별도로 인정하는 견해는 형식적 행정행위 개념을 통하여 취소쟁송에 의한 권리구제 가능성을 인정하려고 한다.

### 3) 기준의 불명확성

행정지도는 개별적인 경우의 사정에 따라 탄력적으로 행해지는 것이므로 기준이 불명확하고, 그 일관성과 안정성을 결하게 된다. 이로 인해 행정기관의 책임소재도 명확하지 않게 되는 문제가 발생한다.

## 3. 행정지도의 종류

행정지도는 그 기준에 따라 여러 가지로 분류될 수 있으나, 주요한 것으로는 법령근거 유무와 기능에 따른 분류를 들 수 있다.

### (1) 법령의 근거에 의한 분류

#### 1) 직접적인 법령에 근거하는 행정지도

이에 해당하는 것으로는 중소기업의 경영합리화를 위한 지도(중소기업기본법 제6조), 지방자치단체에 대한 지도(지방자치법 제166조), 농촌지도사업(농촌진흥법 제2조 제3호) 등이 있다.

#### 2) 간접적인 법령의 규정에 의한 행정지도

이는 특정사항에 대해서 행정기관이 처분권 등의 권한을 행사할 수 있는 규정이 있을 때, 권한발동에 앞서서(또는 이에 갈음해서) 권고·지도하는 경우가 해당한다.

#### 3) 법령에 근거가 없는 경우

조직법에 의해서 부여된 행정기관의 일반적 권한에 의거하여 행해지는 행정지도가 이에 해당한다.

### (2) 기능에 의한 분류[21]

#### 1) 조성적 행정지도

이는 일정한 정책목적을 실현하기 위하여 사인에게 정보나 지식을 제공하여 그 활동을 도와주는(조성하는) 행정지도를 말한다. 예컨대 중소기업자나 농민에 대한 기술지도, 일정한 사인에 대한 장학지도 등이 해당한다. 이는 정보나 지식제공이 정책목적실현을 위한 한 수단이 되고 있는 점에서 단순한 행정서비스 차원에서의 정보나 지식제공과 구별된다.

#### 2) 규제적 행정지도

이는 상대방의 자유의사에 기한 불이익의 수락을 전제로 하여 상대방의 활동을 규제함으로써 일정한 행정목적을 실현하는 행정지도를 말한다. 이는 행정목적달성에 지장이 있는 모든 행위가 대상이 되며, 예컨대 물가의 억제를 위한 가격지도, 주거환경유지를 위한 일정한 행위규제를 통한 행정지도 등이 해당한다.

---

21) 이하의 내용은 高田 敏(編著), 行政法, 1993, 200면 이하 참조.

### 3) 조정적 행정지도

이는 사인 또는 기업간의 분쟁을 해결하거나 방지하기 위하여 행하는 행정지도를 말한다. 특히 기업간의 이해관계 대립이나 특정산업의 지역적 편중 등이 있을 때 타협이나 조정을 위해 행해진다. 예컨대 중소기업의 계열화 촉진, 노사간의 쟁의조정이나 지도뿐 아니라, 고층건물 건축으로 인해 일조방해나 환경상의 분쟁이 생기는 경우에, 주변주민과 대화를 통해 이를 해결하도록 건축주에게 행하는 행정지도 등도 이에 해당한다.

## 4. 행정지도의 법적 근거와 한계

### (1) 법적 근거

행정지도도 행정작용인 이상 법률유보원칙의 적용여부가 논의된다. 이에 대해서는 최소한 조직법적 근거가 필요로 된다는 점에 대해서는 이론이 없다. 즉 이는 행정지도 행위가 당해 행정기관의 소관사무 범위 안에 있어야 한다는 의미이므로 당연하다고 볼 수 있다.[22]

그러나 문제는 이 밖에 작용법적 근거도 필요로 되는가 하는 것이다. 우리나라와 일본의 다수견해는 이를 부정한다. 그 논거로서는 행정지도가 비권력적 사실행위로서, 상대방의 임의적 협력을 전제로 하며 상대방에 대해 직접적 강제력을 행사하지 않는다는 점을 지적한다. 또한 법률의 근거를 요한다고 보는 경우에는, 행정지도의 장점인 당해 입법이 정비되기 전에 임시로 행정수요에 대응하는 장점을 살릴 수 없다는 지적도 주장된다.[23]

그러나 행정지도의 유형 중에서 규제적 행정지도와 조정적 행정지도는 불복종의 경우에 수반되는 불이익으로 인해, 사실상 상대방의 임의성이 제약되는 문제가 인정되므로 작용법적 근거가 필요하다고 보아야 할 것이다.

### (2) 한 계

### 1) 법령상의 한계

① 행정지도는 조직법적 한계, 즉 행정기관의 소관사무 범위 안에서만 가능하며 소관사무의 범위 안에서도 원래의 목적과는 다른 목적으로의 행정지도는 불가능하다.

관할청이 학교법인에 대하여 부동산 매각과 관련된 당초의 시정요구사항을 이행하지 아니할 경우 사립학교법 제20조의2의 규정에 따라 임원취임승인을 취소하겠다고

---

22) 高田 敏(編著), 行政法, 203면.
23) 高田 敏(編著), 行政法, 203면; 우리나라에서의 견해는 박윤흔(상), 552면 참조.

계고한 바에 따라서 임원취임승인을 취소함과 동시에 임시이사를 선임하고 당초의 시정요구사항을 변경하는 통보를 한 경우, 관할청이 한 당초의 사립학교법상의 시정요구는 임원취임승인취소처분이 행하여짐으로써 같은 법 제20조의2 제2항 소정의 목적을 달성하여 실효되었다고 할 것이고, 한편 그 상태에서 발하여진 관할청의 시정요구 변경통보는 관할청이 가지는 같은 법 제4조 소정의 일반적인 지도·감독권에 기한 것으로서 임시이사들로 임원진이 개편된 학교법인에 대한 행정지도의 성격을 지니는 새로운 조치라고 할 것인바, 그렇다면 당초의 시정요구는 관할청의 시정요구 변경통보에 의하여 소급하여 취소되었다고 볼 수 없으므로 위 임원취임승인취소처분에 같은 법 제20조의2 제2항 소정의 시정요구를 결여한 하자가 있다고 할 수 없고, 또한 위 시정요구 변경통보를 같은 법 제20조의2 제2항에 근거를 둔 시정요구로 볼 수 없으므로 시정요구 변경통보에 시정기간을 두지 아니하였다고 하여 임원취임승인취소처분에 시정기간을 두지 아니한 하자가 있다고 할 수도 없다(대판 2002.2.5, 2001두7138).

② 법률에 직접 근거한 행정지도는 법률규정상의 절차에 따라야 한다(예: 농촌진 흥법 제4조). 또한 권한규정에 근거한 행정지도는 당해 법률의 범위를 초과할 수 없으며, 다른 법령에 위반해서도 안 된다.

토지의 매매대금을 허위로 신고하고 계약을 체결하였다면 이는 계약예정금액에 대하여 허위의 신고를 하고 토지 등의 거래계약을 체결한 것으로서 구 국토이용관리법 제33조 제4호에 해당한다고 할 것이고, 행정관청이 국토이용관리법 소정의 토지거래계약신고에 관하여 공시된 기준시가를 기준으로 매매가격을 신고하도록 행정지도를 하여 그에 따라 허위신고를 한 것이라 하더라도 이와 같은 행정지도는 법에 어긋나는 것으로서 그와 같은 행정지도나 관행에 따라 허위신고행위에 이르렀다고 하여도 이것만 가지고서는 그 범법행위가 정당화될 수 없다(대판 2002.2.5, 2001두7138).

### 2) 법의 일반원칙에 따른 한계

행정지도도 행정작용인 이상 법의 일반원칙을 준수하여야 한다. 따라서 비례성원칙(따라서 필요한 최소한도의 범위에 그쳐야 한다 : 행정절차법 제48조 1항 참조), 평등원칙, 신뢰보호원칙에 의해 구속된다. 또한 행정지도의 상대방의 의사에 반하여 부당하게 강요하여서는 안 되며(동법 제48조 1항), 상대방이 행정지도에 따르지 아니하였다는 것을 이유로 불이익한 조치를 하여서도 안 된다(제48조 2항).

## 5. 행정지도와 권리구제

### (1) 행정절차

행정지도에 관해서는 그 실질적인 영향력에도 불구하고 그간 법령상 절차적 측면에서 아무런 규정을 두고 있지 않았었다. 그러나 행정지도의 공정성과 실효성을 보장하기 위해서는 기본적인 요건이나 내용 등을 법적인 규제하에 두는 것이 바람직하며,

절차적 측면도 또한 규율할 것이 필요하다.

이러한 필요성에 따라 「행정절차법」은 다음과 같은 절차적 사항을 규정하고 있다. 우선 행정주체는 그 상대방에게 당해 행정지도의 취지·내용 및 신분을 밝혀야 한다(제49조 1항). 이때에 행정지도가 구술로 이루어지는 경우에 상대방이 위의 사항을 기재한 서면의 교부를 요구하는 때에는, 직무수행에 특별한 지장이 없는 한 행정지도를 행하는 자는 이를 교부하여야 한다(제49조 2항; 문서교부요구권의 인정). 또한 행정지도의 상대방은 당해 행정지도의 방식·내용 등에 관하여 행정기관에게 의견제출을 할 수 있다(제50조; 의견제출권의 인정). 그리고 다수인을 대상으로 행정지도를 행하는 경우에는 특별한 사정이 없는 한, 행정기관은 행정지도에 공통적인 내용이 되는 사항을 공표하여야 한다(제51조; 공표 의무의 인정).24)

### (2) 취소쟁송

행정지도는 비권력적 사실행위이고 상대방의 동의에 기초하므로 법적 구속력과 강제력을 갖지 않는다. 따라서 「행정소송법」과 「행정심판법」상의 처분개념에 해당하지 않게 되므로 취소쟁송의 대상으로 되지 않는다. 판례도 같은 입장이다. 그러나 행정지도에 따르지 않았다는 이유로 부담적 내용의 처분을 받은 때에는 행정지도가 아닌 당해 처분사유의 위법성을 이유로 하여 다툴 수 있게 된다. 이에 대해서는 처분성 개념을 확대하여 이른바 형식적 행정행위 개념을 인정함으로써 행정지도의 처분성과 취소쟁송의 대상성을 인정하려는 견해도 주장된다.

> 항고소송의 대상이 되는 행정처분은 행정청의 공법상의 행위로서 상대방 또는 기타 관계자들의 법률상 지위에 직접적으로 법률적인 변동을 일으키는 행위를 말하는 것이므로 세무당국이 소외 회사에 대하여 원고와의 주류거래를 일정기간 중지하여 줄 것을 요청한 행위는 권고 내지 협조를 요청하는 권고적 성격의 행위로서 소외 회사나 원고의 법률상의 지위에 직접적인 법률상의 변동을 가져오는 행정처분이라고 볼 수 없는 것이므로 항고소송의 대상이 될 수 없다(대판 1980.10.27, 80누395).

### (3) 행정상의 손해배상

위법한 행정지도에 의해 손해가 발생한 경우에 이에 대해서도 행정상의 손해배상이 인정될 것인가가 문제된다. 물론 행정지도도 「국가배상법」 제 2 조의 요건인 '공무원의 직무행위'에는 해당된다고 볼 수 있다. 그러나 당사자의 동의가 존재하는 행정지도에서 행정기관의 고의나 과실의 존재를 인정할 수 있는가와, 행정지도행위와 손해 발생과의 인과관계가 인정될 수 있는가는 문제로 된다. 이에 따라 우리의 다수견해는 이때의 상대방의 동의는 손해발생의 가능성을 예측하면서도 위법한 행정지도에 따른

---

24) 행정절차법에 규정된 이러한 내용들은 일본 행정수속법을 참고한 것이다.

것이므로, "동의는 불법행위성립을 조각시킨다"는 논리에 따라 손해배상청구가 인정되지 않는다고 본다.

### (4) 행정상의 손실보상

적법한 행정지도로 인하여 상대방이 예측 불가능한 특별한 희생을 받은 경우에는 손실보상 가능성이 논의된다. 예컨대 배추수요의 증가를 예측하여 배추작농을 권한 경우에 수요감퇴로 인해 배추값이 폭락함으로써 막대한 피해를 보는 경우나, 특정 국가의 경기활성화를 전망하여 중소기업에 대해 적극적인 해외진출을 권고하였으나 해당국가의 경기침체로 피해를 본 경우 등이 해당할 것이다.

그러나 이때에 행정지도는 비권력적 행정작용이기에 권력적 행정작용을 전제로 하는 행정상의 손실보상이 인정되지 않는다고 보는 것이 타당하다. 하지만 이에 대해서는 신뢰보호의 차원에서 손실보상을 인정하거나,25) 수용적 침해의 이론에 의해 손실보상을 인정하려는 견해도 주장되고 있다.

## Ⅲ. 비공식 행정작용

### 1. 의  의

#### (1) 개  념

비공식 행정작용 또는 비정식적 행정작용이란 공식적인 행정절차의 사전단계에서 행정주체가 일방적인 강제를 행사하지 않고 사인의 임의적인 행동을 유도함을 목적으로 사인과 접촉·협의(또는 협상)·사전조정·합의 등을 행하여 행정목적을 달성하는 것을 말한다. 이는 특정한 형식을 갖지 않고 그 절차 등이 법령에 규정되어 있지 않으며 법적 구속력을 발생하지 않는 행위형식들로서, 그 법적 성질은 사실행위의 영역으로 구분할 수 있다. 그 유형은 한정적이지 않으며 여러 가지 형태로 나타나게 된다. 따라서 경고·권의(勸誘)·정보제공 등도 이에 해당한다고 본다.26) 이 용어는 독일 행정법에서 만들어진 개념이지만, 그 행정작용의 실제에 비추어 독일에만 특유한 현상은 아니며, 일본이나 우리나라에서도 많이 행해지고 있는 유형으로 볼 수 있다.

#### (2) 비공식 행정작용의 분류

비공식 행정작용을 어떻게 분류할 것인가에 대해서는 학자들마다 약간의 차이를 보이고 있다.

---

25) 서원우(상), 542면; 이상규(상), 489면.
26) 이 유형에 대해서는 김남진, "행정상의 경고·추천·시사", 월간고시, 1994. 7, 97면 이하 참조.

### 1) 보네(Bohne)의 분류

비공식 행정작용의 논의를 본격적으로 제기한 학자로서 평가되는 보네(Bohne)에 의하면, 규범대체형 협의·규범집행형 협의·혼합형 협의로 나누고 있다.

① 규범대체형 협의는 행정청이 행정수요의 충족을 위하여 법령을 제정하는 방법을 취할 수 있지만, 관련 당사자(<sup>주로 사업자</sup> <sup>등이 해당</sup>)와의 원만한 합의에 의하여 행정목적을 달성하고, 이를 통하여 규범발령방법을 취하지 않는 경우를 말한다.

② 규범집행형 협의는 행정청이 이미 제정되어 있는 법령에 의하여 집행권한을 부여받고 있지만, 당해 규범의 집행을 피하거나 집행을 준비하기 위하여 당사자들과 합의를 하는 경우를 말한다. 이에는 사전절충과 개선협상의 방법이 해당된다고 본다.

③ 혼합형 협의는 규범대체형 협의와 규범집행형 협의의 두 성질을 모두 가지는 유형을 말한다. 이는 법률규정상 일정한 요건이 충족되는 경우에 행정청이 당연히 법규명령을 발하도록 하고 있으나, 일정한 요건이 충족되는 행위가 존재하여도 행정청이 법규명령을 발하지 않고, 합의에 의하여 해결하는 경우를 말한다. 이때에는 법규명령이라는 규범발령을 하지 않는다는 점에서는 규범대체형의 요소를, 당해 법률집행의 의미를 갖는 법규명령을 발령하지 않아 법률집행을 피한다는 점에서는 규범집행형의 요소가 포함되고 있는 것으로 평가된다.

### 2) 브롬(Brohm)의 분류

독일학자인 브롬(Brohm)에 의하면 비공식 행정작용은 세 가지 유형으로 분류할 수 있다고 한다. 즉 ㉠ 법규범의 발령을 대체하는 협의, ㉡ 동의에 기초한 비공식 행정작용, ㉢ 일방적인 비공식 행정작용으로 분류한다. 두 번째 유형은 실질적으로 일본식 개념인 행정지도와 그 내용이 일치하게 되며, 경고나 권고(<sup>또는</sup> <sup>추천</sup>)는 세 번째 유형에 속한다고 볼 수 있다.

### (3) 적용영역

비공식 행정작용은 오늘날 행정의 여러 영역에서 나타나고 있으나, 주된 영역으로는 환경법·경제규제법·건축법·경찰법 등을 들 수 있다. 즉 환경행정법령에 근거하여 일정한 규제적 행정작용을 행하기 전에 행정기관과 기업 또는 사인이 협의(<sup>또는</sup> <sup>협상</sup>)하는 경우, 건축관청과 건축허가신청인의 사전접촉을 통한 건축허가와 관련한 협상, 대규모집회를 행하기 전에 경찰관청과 주최자 사이의 사전협상 등이 이에 해당한다.

그러나 이 가운데에서 오늘날 특히 현실적으로 중요한 의미를 갖는 것은 환경법의 영역이다. 즉 이러한 행정작용은 이 영역에서는 환경법의 주요원리의 하나인 협력의 원칙과 관련되는 것으로서, 국가와 사회가 공동으로 협력하여 환경보호목적을 달성하기 위해 양 당사자간에 그 절차나 형식이 법적으로 규정되고 있지 않은 합의를 하는 경우가 이에 해당한다.

### (4) 필 요 성

비공식 행정작용에 대해서는 비판의 소리도 없지 않다. 즉 이를 통하여 행정기관이 '고권적 행위를 매각'하는 결과를 가져온다거나 '사인과의 거래를 통한 국가의 규율의지의 포기'라는 비판 등이 행해지기도 한다. 그러나 이 행정작용은 그 장점으로 인해 오늘날 그 필요성이 인정되고 있다. 주요 장점으로는 ㉠ 현실상황에 맞는 탄력적인 행정작용의 확보, ㉡ 비용과 시간을 절약하며 작용할 수 있는 이점, ㉢ 당사자의 수용여하에 의해 결과가 도출되므로 법적 분쟁의 회피 또는 경감의 이점 등을 들 수 있다.

## 2. 법적 문제

비공식 행정작용이 오늘날의 행정작용의 현실로서 여러 가지 이점을 제공한다면, 논의의 중점은 그 인정여부보다는 이 행정작용을 법적인 영역으로 수용하여 법치주의에 합당한 결과를 확보하도록 하는 데에 주어져야 한다.

### (1) 법률유보의 문제

비공식 행정작용의 허용여부에 대해서는 별 문제가 제기되지 않는다.27) 문제는 오히려 그 법적 근거에 관한 것이다. 이때에 당사자와의 합의에 의하는 경우는 별도의 특별한 개별적인 수권규정을 필요로 하지 않고, 그러한 행정작용이 행정기관의 권한범위에 속한다는 근거규정인 통상적인 직무규범의 근거로 충분하게 된다.

그러나 행정기관의 일방적 형식에 의하고 특히 그 효과에 있어서 당사자에게 실질적으로 불이익하게 작용하는 경우에는, 예컨대 국가기관에 의해 특정의약품에 대해 유효성에 관해 평가하거나 경고하는 행위는 이로 인해 특정제품의 불매에 영향을 미치게 되므로 부담적 행정작용과 실제로 같은 효과를 갖게 된다. 따라서 이 경우에는 법률유보원칙이 적용되어 별도의 수권규정을 필요로 하게 된다고 보아야 한다. 그러나 이때에도 경찰상의 행정작용의 형태로 경고와 같은 일방적인 비공식 행정작용이 행해지는 경우에는, 위해방지의 과업을 수행하는 경찰작용의 특성상 모든 경우를 대비하여 미리 구체적인 법률규정을 두는 것이 사실상 불가능하므로 개괄조항에 의해서도 가능한 것으로 해석되고 있다.

---

27) 김남진, 행정법의 기본문제, 1994, 323면.

## (2) 권리구제의 문제

비공식 행정작용은 사실행위로 분류되므로 법적 구속력을 갖지 않는 데 그 특색이 있으나, 사실상의 구속력은 인정되고 있다. 이러한 이유로 하여 행정쟁송법상 별도의 형식적 행정행위 개념을 인정하려는 견해에서는 이러한 행정작용의 처분성을 인정하여 취소쟁송의 대상이 될 수 있다고 본다. 그러나 형식적 행정행위 개념의 필요성을 부정하는 주장에 의하면 그 처분성이 부정되어, 취소쟁송의 대상이 되지 못하며 공법상 당사자소송의 대상이 될 수 있을 뿐이다.

행정소송법상 항고소송의 대상이 되는 행정처분은 행정청이 공권력의 행사로서 행하는 처분 중 국민의 권리의무에 직접적으로 법률적 영향을 미치는 것에 한하는 것이므로, 그 상대방이나 관계인의 권리의무에 직접 법률상의 변동을 가져오지 아니하는 처분은 이에 해당하지 아니한다고 할 것인바, 구 영화법 제10조 제 1 항, 제 4 항, 구 영화법 시행령 제10조등의 규정을 종합하면, 수입하려는 외국영화에 대한 공연윤리위원회의 심의는 그 수입추천의 권한을 가진 문화체육부장관이 추천을 하기에 앞서 거치게 되는 절차로서 외국영화를 수입하려는 자가 위 위원회의 수입불가심의로 인하여 외국영화의 수입추천을 받을 권리를 취득하지 못하는 것으로 결정된다거나 그 밖에 권리의무에 직접 법률상의 변동을 가져 온다고는 할 수 없으므로 항고소송의 대상이 되는 행정처분이라 할 수 없다(대판 1997.10.24, 96누5889).

## (3) 한   계

비공식 행정작용이 갖는 가장 큰 문제는 이로 인해 법치주의에 반하는 결과발생의 위험이 존재한다는 것이다. 법치국가원리는 미리 법적으로 예정된 행정기관의 행위형태와 연계하여 그 명확성을 확보하고 이로 인해 국민의 권리보호를 보장하는 것이나, 비공식 행정작용의 경우는 법적 형식의 구속을 받지 않는 것이므로 이러한 권리보호보장의 실효성을 상실할 위험을 내포하게 된다. 따라서 이를 막기 위하여 다음의 여러 한계가 준수되어야 한다. 이에는 ㉠ 당해 사안과 무관한 반대급부를 연계하는 것의 금지(부당결부금지; Koppelungsverbot), ㉡ 제 3 자를 불이익하게 하는 내용의 합의금지, ㉢ 규범목적에 반하는 내용의 사실상의 구속력 창설금지 등이 해당한다.

**기본사례 풀이**

## 1. 문제의 소재

설문은 사실행위 중에서 비공식 행정작용을 그 대상으로 하며, 이때의 권리구제방법을 그 핵심적 논의내용으로 하고 있다.

## 2. 보건복지부 행위의 성질

이는 경고행위로서 비권력적 사실행위에 해당한다.

## 3. 행정작용의 위법성

이는 객관적 사실에 어긋난 명단의 공표행위로서 그 위법성이 인정된다.

## 4. 권리구제방법

(1) 행정쟁송의 문제

이때의 행정쟁송, 특히 취소쟁송의 문제는 이러한 비권력적 사실행위를 형식적 행정행위개념에 포함하는 입장과 부정하는 입장에 따라 차이가 나타나게 된다. 전자의 입장에서는 취소쟁송을 인정하나, 후자의 입장에서는 부정하게 된다.

(2) 행정상 손해배상의 인정

1) 성립요건

이러한 경고행위도 직무행위에는 포함된다. 그러나 이때 행정기관의 고의나 과실의 요건이 충족되었다고 볼 수 있는가는 문제이다. 특히 의료행정분야의 경우에는 행정작용이 시간적인 긴급성을 요하므로 일정한 주의의무를 다한 경우에는, 설령 사후에 잘못되었다는 사실이 밝혀진다고 하더라도 고의나 과실을 인정하기는 어렵다고 보여진다. 물론 이에 대해서는 반대해석도 가능할 것이다.

2) 따라서 손해배상책임의 주장가능성 여부는 그 성립요건의 충족여하에 의해 좌우된다고 본다.

## 5. 여  론

따라서 사후적 권리구제논의보다는 당사자의 권리보호를 위하여는 사전적 권리구제제도의 필요성이 특히 강조될 것이다. 이를 위해 사전적 행정절차의 필요성이 제기되며, 예컨대 외부적 공표 이전에 반드시 당사자에게 알려 정보정정의 가능성을 보장하는 제도가 필요할 것이다.

# 제 5 장   행정계획

**기본
사례**

　　甲은 백화점업을 하기로 하고 그 장소를 물색하던 중, 경기도 고양시에 대규모 상가단지를 건설할 목적으로 지정되어 있는 상업지역 내에 대지를 구입하여 건설공사에 착공하였다. 그러나 고양시는 고양시의회가 당해 상업지역이 대규모 상가단지를 짓기에는 너무 협소하다는 지적에 따라, 이를 국토교통부에 건의하자, 국토교통부장관은 당해 상업지역 지정을 해제하였다. 이때에 甲은 어떠한 법적 대응방안을 생각할 수 있는가?

(풀이는 391면)

# 제 1 절  행정계획 일반론

## Ⅰ. 행정계획의 의의

### 1. 개    념

행정계획은 행정주체가 일정한 행정활동을 위한 목표를 예측적으로 설정하고, 서로 관련되는 행정수단의 조정과 종합화의 과정을 통하여, 목표로 설정된 장래의 일정한 시점에 있어서의 일정한 질서를 실현할 것을 목적으로 하여 정립하는 활동기준을 말한다. 따라서 계획(Plan)의 개념은 일정한 과정의 산물이나 결과의 측면이 강하며, 이에 반해 계획의 발령을 지향하는 활동으로서 그 준비과정의 의미를 갖는 것은 기획(Planung)이라고 하여 서로 구별한다.

### 2. 발전배경

행정계획은 오랜 역사를 가지며 발전되어 온 것으로서[1] 현대행정의 산물은 아니다. 그러나 과거의 특히, 19세기의 질서유지만을 주된 목적으로 하는 시대의 국가의 임무는, 사회질서에 반하거나 공공안녕에 반하는 행위에 대해 사후적으로 반응하는 소극적인 성격을 가지는 것이었으므로 행정계획도 소극적인 의미를 가질 수밖에 없었다. 그러나 국가의 과업이 사전적인 측면에서 형성적 작용($^{경제형성과}_{사회형성}$), 배려적 작용 등 적극적인 과업을 수행하게 되면서, 그 과업을 수행하기 위한 중장기적인 준비가 필요하게 되었고, 이를 실현하기 위한 도구로서 행정계획이 제2차 세계대전 후 본격적으로 중요성을 갖게 되었다. 그 성립배경으로는 ㉠ 사회국가원리의 영향으로 행정의 내용으로서 복리행정이 중요시되면서 이를 효율적으로 수행하기 위한 수단으로서의 필요성, ㉡ 행정수요를 충족하기 위한 시설물의 건설($^{예컨대 고속전철과 같은 새로운 공적 교통}_{체계의 도입, 공항이나 발전소의 건설 등}$)은 비용이나 시간이 많이 소요되므로 이를 합리적으로 해결하기 위한 종합적인 수단으로서의 필요성, ㉢ 과학기술의 진보에 따른 자료의 조사·분석력 향상과 장래 예측의 확실도 향상 등을 들 수 있다.

### 3. 행정계획과 법치주의

오늘날 행정계획은 불가결한 행정작용 형식으로 이해되고 있으며, 이로 인해 행

---

1) 포르스트호프(Forsthoff)에 의하면 국가의 행위는 불가피하게 계획된 행위(geplantes Handeln)일 수밖에 없다고 한다. 왜냐하면 무계획성(Planlosigkeit)은 국가의 목적과 과업을 실패로 이끌기 때문이다.

정계획의 풍조가 만연되고 있다. 그러나 행정계획도 행정작용인 이상 법치주의의 적용하에 있으며, 특히 개인의 권리보호차원에서 일정한 한계가 설정되어야 한다. 법치국가에서의 계획이 전체국가에서의 계획과 다른 점이 개인의 자유를 실현하기 위한 계획(Planung zur Freiheit)에 있는 것이라면, 행정계획이 헌법이나 법령의 적용영역 밖에 존재하는 현상일 수는 없는 것이다. 따라서 행정계획에서는 행정계획을 법적 체계하에 놓는 노력이 필요하게 되며, 현실적으로는 당사자의 권리보호가 주요 문제로 제기되는 것이다. 특히 행정계획은 법률의 형식을 통하여 인정된다고 하더라도 구체적인 내용에 대해 의회는 그 형성과정에 거의 참여하지 못하게 되므로, 당사자인 국민 스스로가 권리보호를 위하여 직접 행정계획의 결정과정에 참여할 필요성이 강력히 제기되게 된다.

## 4. 정치적 계획과 행정계획

국가가 오늘날 행하는 계획을 전체적으로 나누어 보면 작용영역에 따라 분류할 수 있으며, 이에 의하면 계획은 정치적 계획과 행정계획으로 나눌 수 있다. 전자는 국가 전체를 지도하는 계획이라고도 하며, 국가를 위한 근본적인 목표설정에 관한 것, 즉 행정부의 행정작용을 위한 주요한 원칙을 사전에 설정하는 것을 그 내용으로 한다. 따라서 이 계획은 프로그램계획(Programmplanung)의 성질을 갖게 된다. 이에 반해 후자는 법률에 종속하여 행하는 국가작용으로서, 법률을 집행하는 것을 그 내용으로 하는 것이다.[2] 행정법적인 계획은 물론 후자가 대상이 되며, 주로 처분계획(Maβnahmeplanung)의 성질을 갖게 된다. 그러나 정치적 계획과 행정계획은 서로 많은 관련을 가지면서 나타나게 되므로, 양자의 명확한 구별은 현실적으로 용이한 일이 아니다.

## Ⅱ. 행정계획의 종류

행정계획은 그 기준에 따라 아래와 같이 여러 유형으로 나눌 수 있다. 이러한 분류는 다양한 유형의 행정계획에 관한 이론적인 이해를 용이하게 하는 측면이 있기는 하나, 실제적인 의미는 크지 않다고 평가되고 있다. 현실적인 행정계획은 이론적인 분류와는 달리 그 내용에 있어서 서로 융합되어 나타나는 것이 보통이기 때문이다.

---

2) 홉페(Hoppe)에 의하면 이때 정치적 계획 개념은 문제가 있다고 지적한다. 즉 '정치적'이라는 용어의 의미가 불명확할 뿐 아니라, 행정계획에 있어서도 거대한 공업시설이나 도로건설과 같은 경우에는 정치적 중요성을 갖기 때문이다.

## 1. 전체계획과 부문계획

이는 공간과 관련되는 행정계획을 당해 계획의 범위에 따라 구별한 분류이다. 이에는 전체계획과 부문계획이 있다. 연혁적으로는 부문계획은 19세기 초까지 소급하나, 전체계획은 20세기에 들어와서 시작된 것으로 본다. 전체계획(Gesamtplanung)은 특정부문을 초월하는 다양한 대상영역에 관련되는 것으로서, 특정한 지역에 관련하여 당해 지역에서 의미를 갖는 모든 요소들을 포함하여 여러 이해관계를 조정하여 결정하는 계획을 말한다. 예컨대 특정 지역의 건축, 교통 및 그 밖의 개별적인 형성에 관련된 총체적인 계획을 말한다. 주로 공간질서계획, 지역발전계획 등이 포함되며, 현행법상 도시기본계획이나 국토종합계획 등이 이에 해당한다. 이에 반해 부문계획(Fach-planung)은 특정된 개별대상영역이나 특정된 전문부문에 한정하여 논하는 계획을 말하며 도로계획, 교통계획 등이 이에 해당한다.

도시계획의 한 유형인 도시·군관리계획은 도시 또는 군의 개발·정비 및 보전을 위하여 수립하는 토지이용·교통·환경·경관·안전·산업·정보통신·보건·복지·안보·문화 등에 관한 계획으로서($\binom{\text{국토의 계획 및 이용에}}{\text{관한 법률 제2조 4호}}$), 이러한 목적을 달성하기 위하여 다양한 지역, 지구 및 구역을 정하는 행정작용이다. 따라서 이는 특정부문에 한정된 것으로는 볼 수 없을 것이다. 도시관리계획의 특성은 지역에 관련하여 당해 지역을 개별적으로 형성하기 위한 점에 중점이 있다고 인정되어야 하므로, 전체계획에 해당된다고 보아야 할 것이다.

## 2. 단기계획·중기계획·장기계획

이는 기간적인 요소를 가지고 분류하는 계획이다. 독일의 경우를 보면 1~2년의 기간은 단기계획, 3~7년의 기간은 중기계획, 7~15년의 기간 동안 효력을 갖는 계획은 장기계획으로 구분하고 있다.

## 3. 자료제공적 계획·영향적 계획·명령적 계획

이는 행정계획의 효력방식에 따른 분류이다. ㉠ 자료제공적 또는 정보제공적 계획(indikativer oder informativer Plan)은 자료의 축적과 예측을 통하여 국가기관과 개인이 결정이나 처분행위를 하는 데 도움이 되는 자료를 제공해 주는 것이다. 따라서 이는 법적인 구속력을 갖지 않는 사실행위로서의 성질을 갖게 된다.[3] ㉡ 영향적 계획

---

3) 이 유형의 행정계획이 단순히 자료의 축적과 그 제공의 특색을 갖기에 행정계획으로 볼 수 있는가에 대해서는 의문이 제기될 수 있다. 그러나 이때에도 이 자료들은 특정한 목표개념하에서 다른 당사자에 전달될 수 있고, 이를 통해 결국에는 당사자들의 행동에 자극을 주게 된다는 점에서 실질적으로는 영향적 계획에 근접하는 면을 갖게 된다고 보아야 한다.

(influenzierender Plan)은 법적 구속력이 없다는 점에서는 자료제공적 계획과 동일하지만, 일정한 목표와 우선순위를 정해놓고 이에 부합하는 행위에 대해서는 유리한 혜택을 제공(예 : 보조금의 지급)하고, 이에 반하는 행위에 대해서는 불이익을 과함으로써(예 : 세금부과 상의 불이익)이를 달성하려고 시도한다는 점에서 차이를 갖는다.4) ⓒ 명령적 계획(imperativer Plan)은 앞에서 논한 두 계획유형들과는 달리 상대방에 대하여 법적 구속력을 갖는 것을 말한다. 이러한 법적 구속력은 행정기관에 대한 내부적인 구속력일 수도 있고 (예 : 행정규칙 의 형식의 경우), 국가와 시민에 대한 관계에서의 외부적 효력일 수도 있다. 후자의 경우에는 법규명령이나 조례나 행정행위의 형식을 취하게 된다.

## 4. 구속적 계획과 비구속적 계획

이는 현실적으로 주요한 의미를 갖는 행정계획의 분류로서 법적 구속력의 유무에 따른 것이다. 구속적 계획은 국민에 대하여 또는 행정기관에 대하여 구속력을 갖는 행정계획을 말한다. 이에는 앞에서 논한 명령적 계획이 해당되며, 부문계획에서도 구속적 계획이 존재한다. 이에 반해 비구속적 계획은 단순한 행정의 지침에 불과한 경우를 말하며, 영향적 계획과 자료제공적 계획이 해당하며, 부문계획에서도 비구속적 계획이 존재한다. 구속적 계획 중 국민에 대하여 구속력을 갖는 행정계획으로는 도시·군관리계획(국토의 계획 및 이용에 관한 법률 제36조, 제37조)이나 문화재보호구역 지정행위(문화재보호법 제27조), 폐기물처리시설 설치계획(폐기물처리시설설치촉진및주변지역지원등에관한법률 제11조의3) 등을 들 수 있다. 이러한 유형의 행정계획은 그 효력에 비추어 취소쟁송의 대상인 처분성이 인정된다.

[1] 문화재보호법에 의한 보호구역의 지정은 국민의 권리행사의 제한이나 의무부담을 가하는 처분이라고 할 것이다(대판 1993.6.29, 91누6986).

[2] 하수도법 제5조의2에 의하여 기존의 하수도정비기본계획을 변경하여 광역하수종말처리시설을 설치하는 등의 내용으로 수립한 하수도정비기본계획은 항고소송의 대상이 되는 행정처분에 해당하지 아니한다(대판 2002.5.17, 2001두10578).

## Ⅲ. 행정계획의 법적 성질

### 1. 개    론

행정계획에 특유한 법적 형태는 존재하지 않는다. 따라서 행정계획은 다양한 법적 성질을 가질 수 있다. 독일의 경우와 같이 대부분 입법자가 스스로 행정계획의 법

---

4) 이 유형의 행정계획은 관련 당사자를 강제하지 않으면서도, 사회형성적 영향력의 행사 자체는 포기하지 않는 특색, 그리고 간접적인 유도수단을 통하여 개인의 창의력과 자기책임성을 자극한다는 점에서 사회적 법치국가 이념에 적합한 계획유형으로 평가되고 있다.

적 형태를 정하고 있는 경우는 문제가 없지만, 그렇지 않은 때에는 그 법적 성질을 여하히 파악할 것인가가 논의된다. 이는 행정계획에 대한 당사자의 소송상의 권리구제 문제와 관련을 갖는 것이다.

## 2. 논의의 내용

행정계획은 다양한 대상을 갖는 것이므로 획일적인 법적 성질 검토는 무의미하며, 개별적인 경우에 따라 검토되어야 할 것이다. 이 점에 관한 한 다른 견해는 존재하지 않는다. 우리나라에서 이와 관련하여 주로 논의되어 온 문제는 국민에 대한 효력을 갖는 구속적 계획이면서 명령적 계획인 종전의 「도시계획법」에 따른 도시계획이며, 그 법적 성질에 대해서는 여러 가지 견해가 주장되었다.

### (1) 입법행위설(법규명령설)

이는 서울고등법원의 입장이었다(서울고법 1980. 1.29, 79구416). 이에 따르면 도시계획 결정은 도시계획사업의 기본이 되는 일반적·추상적인 도시계획의 결정으로서 특정인에게 직접적이며 구체적인 권리·의무관계를 발생시키지 않는다고 하여 법규명령으로 이해한다.

### (2) 행정행위설

이는 위의 서울고등법원 판결에 대한 대법원 판례의 입장이다(대판 1982.3.9. 80누105).5) 이 대법원 판례에 의하면 도시계획 결정은 그것이 공고나 고시되면 법률규정과 결합하여 각종 권리제한의 효과를 가져오므로, 이러한 점에서 특정개인의 권리 내지 법률상의 이익을 개별적이고 구체적으로 규제하는 효과를 가져오게 하는 행정청의 행정행위로 본다.

### (3) 개별적으로 고찰하려는 견해

이에 의하면 도시계획은 그 내용에 따라 법규명령적인 것도 있고, 행정행위에 해당하는 것도 있으므로, 그 법적 성질을 개별적으로 논하여야 한다고 본다.6)

### (4) 평   가

생각건대 도시계획중 도시관리계획결정은 법령상 규정되어 있는 효과에 비추어 당사자의 권리를 제한하고 의무를 부과하는 내용을 갖는 것이므로 그 구체적인 법적 규율성을 인정할 수 있을 것이다. 즉 도시관리계획결정은 그 효과로서, 용도지역·용도지구 및 용도구역 안에서의 일정한 행위가 금지 또는 제한되는 효과를 발생하게 된

---

5) 같은 취지: 대판 1986. 8. 19, 86누256.
6) 김남진·김연태(Ⅰ), 372면; 석종현·송동수(상), 392면.

다($^{국토의\ 계획\ 및\ 이용에\ 관한}_{법률\ 제76조,\ 제77조\ 등}$). 따라서 행정행위로서의 성질이 인정되어야 한다고 본다.

우리나라의 대부분 교과서에는 행정계획의 법적 성질에 관한 논거로서 이른바 '독자성설'이 언급되어 있다. 이에 따르면 행정계획은 그 일반적인 법적 성질에 있어서 법규범도 행정행위도 아닌 특수한 법제도인 이물(異物, aliud)이며, 구속력을 가지는 점에서 행정행위에 준하여 행정소송의 대상이 된다고 한다.7) 이 논거는 주지하는 바와 같이 독일의 포르스트호프(Forsthoff)가 주장한 것이다. 그러나 포르스트호프는 이 논거를 행정계획 전반에 대해 인정하고 있지 않으며 전체계획(Gesamtplan)에 한해 논하고 있는 점에 유의할 필요가 있다. 그에 따르면 행정계획 중 부문계획(Fachplan)은 그 법적 성질에 있어서 의심의 여지없이 행정행위로 본다. 그러나 지역건축계획(Ortsbebauungsplan)의 확정이나 건축선(Baufluchtlinie)의 확정과 같은, 특정지역과 관련을 갖는 전체계획은 이에 관한 독일 연방행정법원의 판결과는 다르게 순수한 규범(Norm)도 아니고 단순한 명령(Anordnung)도 아닌, 두 가지의 본질적인 부분을 모두 포함하는 것이나, 양자의 혼합형태로서는 볼 수 없고 별도의 이질적 유형(aliud)이라고 본다. 그러나 문제는 이러한 이질적 유형을 대상으로 당사자가 권리구제를 신청하는 경우에는 어떻게 해야 하는가에 있게 된다. 이에 대해 포르스트호프는 외부적 효력을 갖는, 지역과 관련되는 전체계획(gebietsbezogener Plan)에 대해서는 당사자에 대한 권리의무관계에 내한 영향으로 인해 행정행위성을 인정해야 하며, 이에 따른 행정소송이 제기되어야 한다고 본다. 포르스트호프가 주장하는 이러한 독자성설의 내용에 비추어, 이 논거는 우리나라에서의 일반적인 설명과는 달리 행정계획 전반에 걸친 법적 성질논거로서는 타당할 수 없다는 결론이 도출되게 된다. 따라서 앞에서 본 바와 같이 도시관리계획을 전체계획에 해당하는 것으로 보는 이상, 이러한 독자성설은 도시관리계획의 법적 성질논의에 그대로 타당하다는 결과를 가져오게 된다. 그러나 그 결론으로서 포르스트호프 자신이 권리구제와 관련해서는 행정행위성을 인정하는 이상, 행정행위설과 크게 구별되어야 할 실익은 없을 것이다.

## Ⅳ. 행정계획과 계획재량

### 1. 계획재량의 의미

행정계획의 근거규범은 통상적으로 당해 행정계획에 의해 달성하고자 하는 목표만을 규정하며, 이러한 목표달성을 위한 구체적·개별적 수단에 관한 사항에 대해서는 당해 행정기관의 넓은 범위의 형성의 자유에 일임하게 된다. 이때에 행정주체에게 허용되어 있는 행정계획내용이나 개별적인 수단에 대한 형성의 자유를 '계획재량'이

---

7) 김도창(상), 339면의 주 5); 홍정선(상), 284면; 한견우(Ⅰ), 260면; 홍준형(총론), 341면.

라고 한다. 따라서 이는 실정법의 명문규정에 상관없이 행정계획의 본질적인 특성으로 인정되는 것이라고 볼 수 있다.

## 2. 계획재량의 법적 성질

앞부분의 일반적인 재량행위론에서 이미 언급한 바와 같이, 계획재량의 법적 성질에 대해서는 통상적인 재량행위와의 구별과 관련하여 견해가 대립하고 있다. 다수의 견해는 양자를 질적으로 다른 것으로서 구별하며, 그 논거로서는 양 규범의 구조적 차이와 행정계획에 특유한 하자이론($\frac{즉 형량}{명령}$)의 존재를 주장한다. 그러나 다른 견해에 의하면 양자는 질적인 면에서는 차이가 없고, 양적인 면에서만($\frac{즉\ 재량의}{범위면에서만}$) 차이를 가질 뿐이라고 한다. 판례는 통상적인 재량행위와의 구별을 부정하는 견해를 견지하여 왔다.[8]

> 행정계획이라 함은 행정에 관한 전문적 · 기술적 판단을 기초로 하여 도시의 건설 · 정비 · 개량 등과 같은 특정한 행정목표를 달성하기 위하여 서로 관련되는 행정수단을 종합 · 조정함으로써 장래의 일정한 시점에 있어서 일정한 질서를 실현하기 위한 활동기준으로 설정된 것으로서, 도시계획법 등 관계 법령에는 추상적인 행정목표와 절차만이 규정되어 있을 뿐 행정계획의 내용에 대하여는 별다른 규정을 두고 있지 아니하므로 행정주체는 구체적인 행정계획을 입안 · 결정함에 있어서 비교적 광범위한 형성의 자유를 가진다고 할 것이지만, 행정주체가 가지는 이와 같은 형성의 자유는 무제한적인 것이 아니라 그 행정계획에 관련되는 자들의 이익을 공익과 사익 사이에서는 물론이고 공익 상호간과 사익 상호간에도 정당하게 비교 · 교량하여야 한다는 제한이 있는 것이고, 따라서 행정주체가 행정계획을 입안 · 결정함에 있어서 이익형량을 전혀 행하지 아니하거나 이익형량의 고려 대상에 마땅히 포함시켜야 할 사항을 누락한 경우 또는 이익형량을 하였으나 정당성 · 객관성이 결여된 경우에는 그 행정계획결정은 재량권을 일탈 · 남용한 것으로서 위법하다($\frac{대판\ 1996.11.29.}{96누8567}$).

# 제 2 절 행정계획의 법적 근거와 확정절차

## I. 법적 근거

행정계획에 대해서도 법률유보원칙은 적용된다. 따라서 행정계획을 수립하기 위해서는 우선 조직법적 근거가 존재하여야 한다. 이외에도 또한 구속적인 행정계획의

---

8) 이에 대한 상세한 설명은 앞부분의 관련내용인 '재량행위론'을 참조하기 바람.

경우에는 그 효과에 있어서 국민의 권리의무에 영향을 미치거나 관련 행정기관에 대한 법적 구속력을 갖는 것이므로 작용법적인 근거도 필요하게 된다. 특히 오늘날의 지방자치제하에서는 행정기관, 즉 지방자치단체에 대해 구속력을 갖는 중앙의 행정계획의 법적 근거가 중요한 의미를 갖게 된다. 이에 반해 비구속적인 행정계획의 경우에는 그것이 단순한 행정의 지침적 기능을 가지는 데 불과하므로 원칙적으로는 작용법적 근거 없이도 수립할 수 있다고 볼 수 있으나, 통상적으로 계획책정기관이나 실시기관의 책임소재를 명확히 하고 관련당사자의 이해조정을 위하여 작용법적 근거를 두고 있다.

## II. 계획의 확정절차

행정계획은 그 특성상 행정기관에게 넓은 범위의 계획내용에 관한 형성여지가 인정되고 있고 이로 인해 사법심사에 있어서 제약을 받게 되므로, 계획의 확정절차과정이 중요성을 갖게 된다. 또한 행정계획에 의해 관련되는 여러 이해관계의 적절한 조정을 위하여서도 절차적 측면에 대한 규제의 필요성이 제기된다.

### 1. 현행법상의 절차

행정계획의 확정절차에 관한 일반법이나 통일적인 절차는 마련되고 있지 않으며, 「행정절차법」도 이러한 절차적 내용을 규정하고 있지 않다. 따라서 개별법의 내용을 검토할 수밖에 없다. 현행 법률에서 규정하고 있는 행정계획확정절차는 매우 다양하나, 크게 보면 ⑦ 전문적 지식을 도입하여 당해 계획의 합리성과 타당성을 확보하기 위한 절차(예컨대 관계전문가를 참여시킨 심의회 등의 자문이나 의결을 거치도록 하는 경우), ⑥ 당해 행정계획과 관련되는 다른 행정작용과의 조정을 위한 절차(예컨대 관계행정기관과 협의하도록 하는 경우(국토의 계획 및 이용에 관한 법률 제30조), 상급 행정청의 승인이나 조정을 받도록 하는 경우(국토의 계획 및 이용에 관한 법률 제22조) 등), ⓒ 이해관계인의 권익을 보호하기 위한 절차(예컨대 계획안의 공고, 당사자의 의견제출, 청문절차 등의 인정), ② 주민참여를 위한 절차(예컨대 도시·군관리계획의 입안에 있어서 주민의견을 듣도록 하는 경우(국토의 계획 및 이용에 관한 법률 제28조 1항) 및 개발제한구역 지정을 위한 도시계획 입안시의 주민의견 청취(개발제한구역의지정및관리에관한특별조치법 제7조 1항))로 나눌 수 있다.9)

### 2. 문 제 점

이러한 현행법상의 계획확정절차의 문제점으로는, 행정기관간의 내부적인 조정이나 통제절차는 어느 정도 마련되고 있으나, 정작 중요한 의미를 갖는 당사자나 이해관계인의 참여를 통한 통제절차가 매우 미흡하다는 점을 들 수 있다. 이러한 참여절차가 규정되고 있는 경우에도 당사자나 이해관계인의 의견 등이 당해 행정계획 내용 형성에 영향을 미칠 수 있는 내용으로서 보장되고 있지 못하며, 그 의미가 단지 요식

9) 박윤흔(상), 303면 이하 참조.

행위 정도로 인식되고 있다.

## 제 3 절 행정계획과 권리구제

### Ⅰ. 취소쟁송

#### 1. 처분성의 인정문제

행정계획에 대한 취소쟁송을 통한 권리구제가능성은 행정계획의 법적 성질문제와 관련을 갖는다. 따라서 단순히 행정조직 내부에서만 효력을 갖는 행정계획의 경우는 취소쟁송의 대상인 처분에 해당하지 않으므로 사법적 심사의 대상이 되지 않는다. 그러나 구속적 행정계획으로서 국민의 종전의 권리상태에 직접적인 변동을 가져오는 행정계획은(예컨대 앞에서 설명한 바와 같이 도시·군관리계획의 경우) 처분성이 인정되어 취소쟁송의 대상이 될 수 있다. 그러나 현실적으로 이때에는 행정계획의 본질적 부분인, 계획주체에게 인정되고 있는 계획재량으로 인한 사법적 심사의 한계와, 계획이 확정된 경우에는 사실상의 효과에 있어서 단순히 '완성된 사실'을 의미하기에 사법적 통제가 실효성이 없는 경우가 생기게 된다. 따라서 이러한 이유로 행정계획에서는 사전적인 확정절차에 대한 통제가 더 중요한 의미를 갖게 되는 것이다.

#### 2. 형량명령 또는 비례성원칙의 검토

행정계획에 대한 사법심사에 있어서 특히 주요한 의미를 갖는 것은 형량명령 또는 비례성원칙에 따른 검토이다. 비례성원칙은 구체적인 행정계획이 설정된 목적달성에 적합한 것이어야 하고, 당사자에게 가장 적은 부담(또는 불이익)이 되도록 행해지도록 요구하고, 또한 행정계획을 통하여 달성하고자 하는 목적과 이를 위한 수단 사이에는 적절한 비례관계가 유지되도록 요구한다. 이러한 내용의 비례성원칙이 구현된 형태가 이른바 형량명령이라고 볼 수 있다. 따라서 형량명령 위반여부가 법원에 의하여 검토되면 별도로 비례성원칙 위반여부는 논의될 필요가 없게 된다. 형량명령은 주지하는 바와 같이 독일의 연방행정법원이 발전시킨 원칙으로서 개별적인 내용으로는 ㉠ 형량이 행해질 것, ㉡ 당해 결정을 위하여 중요한 의미를 갖는 모든 공적·사적 이해관계가 조사되고 확정되어 있을 것, ㉢ 공적·사적 이해관계의 평가에 있어서는 개개의 이해관계의 중요성이 간과되지 않을 것, ㉣ 대립되는 이해관계의 조정에 있어서는 개별적 이해관계들의 객관적 균형이 비례관계에서 벗어나지 않을 정도로 행해질 것을 그 내용으로 한다. 앞서 계획재량에서 설명한 바와 같이 대법원도 형량명령상

의 하자유형을 인정하고 있다.10)

## 3. 행정계획 변경신청권의 인정문제

행정계획과 관련하여 당사자가 그 변경을 신청할 권리를 갖는가의 여부도 문제가 된다.

### (1) 원    칙

일반적으로 행정계획의 근거법령에는 주민이 행정계획의 변경에 대하여 신청을 할 수 있다는 규정을 두고 있지 않을 뿐만 아니라, 행정계획의 효율적인 추진과 토지 이용질서를 확립하기 위한 목적의 행정계획은 장기성·종합성이 요구되는 행정작용 이어서 원칙적으로는 그 계획이 일단 확정된 후에 어떤 사정의 변동이 있다고 하여 그러한 사유만으로는 지역주민이나 일반 이해관계인에게 일일이 그 계획의 변경을 신 청할 권리를 인정하여 줄 수는 없다고 보아야 한다.

판례도 「도시계획법」상 주민이 행정청에 대하여 도시계획 및 그 변경에 대하여 어떤 신청을 할 수 있음에 관한 규정이 없고, 도시계획과 같이 장기성·종합성이 요 구되는 행정계획에 있어서 그 계획이 일단 확정된 후에 어떤 사정의 변동이 있다고 하여 지역주민에게 일일이 그 계획의 변경 또는 폐지를 청구할 권리를 인정해 줄 수 도 없는 것이므로 지역주민에게 도시계획시설(여객자동차정류장)의 변경·폐지를 신청 할 조리상의 권리가 있다고도 볼 수 없다고 보았고,11) 국민의 신청에 대한 행정청의 거부가 행정처분이 되기 위하여는 국민이 그 신청에 따른 행정행위를 요구할 수 있는 법규상 또는 조리상의 권리가 있어야 할 것인바, 「도시계획법」상 주민이 도시계획 및 그 변경에 대하여 어떤 신청을 할 수 있다는 규정이 없을 뿐만 아니라 도시계획과 같 이 장기성·종합성이 요구되는 행정계획에 있어서는 그 계획이 일단 확정된 후에 어 떤 사정의 변경이 있다하여 지역주민에게 일일이 그 계획의 변경을 청구할 권리를 인 정해 줄 수도 없는 이치이므로 도시계획시설인 공원조성계획 취소신청을 거부한 행위 는 항고소송의 대상이 되는 행정처분이라고 볼 수 없다고 판시하였다.12)

같은 취지에서 임야의 국토이용계획상의 용도지역을 사설묘지를 설치할 수 있는 용도지역으로 변경하는 것을 허가하여 달라는 토지소유자의 신청을 행정청이 거부 내 지 반려하였다고 하여 그 거부 내지 반려한 행위를 가지고 항고소송의 대상이 되는 행정처분이라고 볼 수 없다고 보았으며, 나아가 이렇게 토지소유자에게 국토이용계획

10) 대판 1996. 11. 29, 96누8567; 1997. 9. 26, 96누10096.
11) 대판 1994. 12. 9, 94누8433.
12) 대판 1989. 10. 24, 89누725.

의 변경신청에 대하여 일정한 제한을 가하고 있다 하여도 이와 같은 제한은 공공복리에 적합한 합리적인 제한이라고 볼 것이고, 그 제한으로 인한 토지소유자의 불이익은 공공의 복리를 위하여 감수하지 아니하면 안 될 정도의 것이라고 인정되며 이러한 제한을 가지고 헌법상 보장되어 있는 국민의 재산권보장의 규정을 침해하는 것이라고 볼 수 없다고 판시하였다.13)

### (2) 예    외

그러나 장래 일정한 기간 내에 관계 법령이 규정하는 시설 등을 갖추어, 일정한 행정처분을 구하는 신청을 할 수 있는 법률상 지위에 있는 자의 행정계획 변경신청을 거부하는 것이 실질적으로 당해 행정처분 자체를 거부하는 결과가 되는 경우에는, 예외적으로 그 신청인에게 행정계획 변경을 신청할 권리가 인정된다고 볼 수 있을 것이다. 따라서 이러한 요건을 갖춘 변경신청에 대한 거부행위는 항고소송의 대상이 되는 처분성을 갖는다고 보아야 할 것이다.

판례도 같은 입장이다. 즉, 폐기물처리사업을 위해 국토이용계획의 변경신청이 문제되었던 사안에서 대법원은 「폐기물관리법」에 따른 폐기물처리사업계획의 적정통보를 받은 자는 장래 일정한 기간 내에 관계 법령이 규정하는 시설 등을 갖추어 폐기물처리업허가신청을 할 수 있는 법률상 지위에 있다고 할 것이므로, 행정청으로부터 폐기물처리사업계획의 적정통보를 받은 원고가 폐기물처리업허가를 받기 위하여는 당해 부동산에 대한 용도지역을 '농림지역 또는 준농림지역'에서 '준도시지역(시설용지구)으로 변경하는 국토이용계획변경이 선행되어야 하고, 원고의 계획변경신청을 피고가 거부한다면, 이는 실질적으로 원고에 대한 폐기물처리업허가신청을 불허하는 결과가 되므로, 원고는 위 국토이용계획변경의 입안 및 결정권자인 피고에 대하여 그 계획변경을 신청할 법규상 또는 조리상 권리를 가진다고 보고 있다.14)

## II. 행정상 손실보상

적법한 행정계획의 시행으로 인해 국민의 재산권이 제한되는 경우에는 손실보상이 문제로 된다. 이 문제는 종전까지는 특히 개발제한구역의 지정으로 인한 손실보상 인정여부가 대상이 되어 왔으나, 이외에도 다른 적법한 행정계획으로 인하여 재산상 불이익을 받는 경우에 문제가 될 수 있다.

---

13) 대판 1995. 4. 28, 95누627.
14) 대판 2003. 9. 23, 2001두10936.

## 1. 손실보상의 법적 근거 문제

헌법은 제23조 제 3 항에서 손실보상에 관한 사항을 법률에 의하도록 하고 있으므로, 손실보상을 청구하기 위하여는 개별 법률규정의 존재를 필요로 한다. 그러나 이때에 관련 법률이 손실보상규정을 두고 있지 않은 경우에는 그 해결책이 문제로 된다.

학설은 이 경우에도 당사자의 권리보호의 필요성을 인정한다. 그러나 그 법적 근거와 내용에 대해서는 견해가 일치하지 않고 있다. 이는 특히 개별 법률규정이 존재하지 않는 경우에는 헌법 제23조 제 3 항을 법적 근거로 할 수 있는가와 관련하여 논의되고 있다. 이에 대해서는 ㉠ 개별법에 손실보상규정을 두고 있지 않은 때에는 헌법 제23조 제 3 항을 직접적인 근거로 하여 손실보상을 청구할 수 있다는 견해, ㉡ 이러한 경우에는 현행법상 헌법 제23조 제 1 항과 제11조를 직접적인 근거규정으로 하고, 헌법 제23조 제 3 항과 각 개별법상의 보상규정을 유추적용하여 독일에서 인정되는 수용유사침해이론에 의하여 손실보상을 인정하자는 견해, ㉢ 손실보상에 관한 법률규정이 없이 행한 재산권제약행위는 헌법 제23조 제 3 항 위반으로 위헌·무효이므로, 이때에는 손실보상이 아닌 손해배상청구만이 가능하다는 견해가 주장된다.

생각건대 헌법 제23조 제 3 항은 적법한 행정작용에 대해 이른바 '재산권의 가치보장'을 실현하기 위한 규정으로서, 그 취지는 국민의 재산권을 제한하기 위해서는 반드시 손실보상에 관한 사항을 규정하고 있는 법률에 의해서만 가능하도록 하는 것이다(<sub>이른바</sub>불가분조항). 따라서 행정작용의 적법성이 인정되는 주요한 전제조건의 내용에는, 그에 대한 손실보상이 법률규정에 의해 보장되어 있는 경우가 포함되게 된다. 이러한 전제조건이 충족되지 않는 재산권제약행위는 위법이며 따라서 그에 대해서는 헌법 제23조 제 3 항은 아무런 도움도 제공할 수 없게 된다. 결국 이러한 행정작용은 위법적인 재산권 침해행위로서, 손해배상문제만이 논의될 수 있을 뿐이라고 보아야 한다.[15]

## 2. 입법론적 해결

입법론적으로는 행정계획으로 인해 국민의 재산권이 제한되는 때에는 이를 특별한 희생으로 인정하여, 법률규정에 의해 손실보상이 인정되어야 한다. 이는 특히 행정계획의 효과로 인한 개발이익은 환수하고 있는 현행 법률과의 균형에서 볼 때에도 (예컨대 개발이익환수에관한 법률에 의한 개발이익환수), 개발손실보상에 해당하는 경우라고 볼 수 있으므로 당연히 인정되어야 하는 것이다.

헌법재판소는 그 동안 문제로 되어 왔던 개발제한구역의 지정으로 인한 당사자들의 손실보상문제에 대해, 개발제한구역지정으로 인한 재산권 제한의 효과는 공공복리

---

15) 각 견해에 대한 상세한 평가에 대해서는 뒤에서 설명할 '행정상의 손실보상' 부분 참조.

를 위하여 인정되는 적법한 것으로서 특별한 희생이 아니라고 보아 손실보상을 부정하고 있던 종전의 대법원의 입장16)과는 달리, 일정한 경우에 한하여 손실보상규정의 필요성을 인정하고 있다. 그러나 손실보상의 구체적인 내용에 대해서 헌법재판소는 입법자에게 일임하고 있다.17)

이러한 방향에서 2000. 7. 1. 제정된 「개발제한구역의 지정 및 관리에 관한 특별조치법」은, 개발제한구역의 지정으로 인하여 개발제한구역 안의 토지를 종래의 용도로 사용할 수 없어 그 효용이 현저히 감소되거나, 또는 당해 토지의 사용 및 수익이 사실상 불가능하게 되는 경우에 한하여, 당사자들에게 국토교통부장관을 상대로 하여 당해 토지의 매수를 청구할 수 있는 권리를 부여하고 있다(동법 제17조1항). 토지매수청구권도 넓은 의미에서는 보상의 하나의 내용이라는 것이 입법자의 의도인 것으로 보인다.

## Ⅲ. 계획보장청구권

### 1. 의    의

#### (1) 개    념

계획보장청구권은 그 개념에 있어서 협의의 의미와 광의의 의미로 사용된다. 협의로는 행정계획의 폐지·변경 및 그 내용의 불이행이 있는 경우에 당사자의 신뢰보호를 위해 손실보상을 주장하는 것을 의미하는 것으로 본다. 그러나 광의로는 행정계획의 폐지나 변경 등의 경우에 당사자가 주장할 수 있는 다양한 청구권과 이에 상응하는 다양한 보장수단을 포괄하는 개념으로 사용되고 있다. 이에 따르면 계획보장청구권은 계획존속청구권, 계획실행청구권, 경과조치청구권 및 손실보상청구권이 그 개별적 내용으로 포함되어진다. 우리나라에서는 광의의 의미로 이해되는 것이 다수의 입장이다.18)

#### (2) 논의의 배경

계획보장청구권이 논의되는 배경은 행정계획이 갖는 가변성(可變性)의 필요성과 당사자가 행정계획에 대해 갖는 신뢰보호의 필요성 사이의 긴장관계와 관련된다. 즉 행정계획은 미래의 일정상황의 실현을 목적으로 하므로 불가결하게 예측적인 요소를 포함하게 되며, 이로 인해 불확실성과 부정확성을 내재적인 속성으로 하게 된다. 따라서 행정계획과 관련되는 상황이 변화하거나, 처음부터 자료 등의 잘못된 평가에 기초하

---

16) 대판 1990. 5. 8, 89부2 참조.
17) 헌재 1998. 12. 24, 89헌마214 결정(90헌바16, 97헌바78 병합사건).
18) 김도창(상), 346면; 박윤흔(상), 308면; 석종현·송동수(상), 405면; 김동희(Ⅰ), 158면; 한견우(Ⅰ), 270면.

고 있었던 경우에는 사후에라도 계획을 변경할 필요성이 생기게 된다.

　행정청은 이미 도시계획이 결정·고시된 지역에 대하여도 다른 도시계획을 결정·
고시할 수 있고, 이때에 후행 도시계획에 선행 도시계획과 서로 양립할 수 없는 내용
이 포함되어 있다면, 특별한 사정이 없는 한 선행 도시계획은 후행 도시계획과 같은
내용으로 적법하게 변경되었다고 할 것이다(대판 1997.6.24,<br>96누1313).

　반면에 행정계획은 관계인의 태도에 영향을 미치면서 개인이 계획에 따른 일정행
위를 하도록 유도하게 한다. 따라서 개인은 행정계획에 정향되어, 계획을 신뢰하고 자
본투자 등의 처분행위를 하게 되므로 행정계획의 계속성에 대해 이해관계를 갖게 된
다. 이러한 상황에서 행정계획이 폐지·변경되거나 행정계획의 내용에 위반되는 행위
가 발생할 때에는 이로 인한 위험(Risiko)을 계획의 주체와 계획의 당사자 사이에 여
하히 배분할 것인가 하는 문제가 제기된다. 이러한 문제를 해결하는 수단으로서 기능
하는 것이 계획보장청구권이다.

### 2. 개별적 내용들[19]

#### (1) 계획존속청구권

#### 1) 개　념

　이는 행정계획의 변경이나 폐지가 있는 경우에 주장되는 것으로서 행정계획의 유
지와 계속적인 존속을 청구하는 것을 그 내용으로 한다. 이는 당해 행정계획의 신뢰
를 통하여 만들어진 개인적인 법적 지위를 보호하려는 데 주된 이해관계가 있다.

#### 2) 인정여부

　이러한 청구권은 일반적인 형태로는 허용되지 않는다고 보아야 한다. 독일에서의
지배적 견해 또한 마찬가지이다. 이를 인정하는 결론은 너무 일방적으로 개인이 갖는
신뢰보호의 이해관계만을 강조하여, 행정계획변경의 공적인 이해관계와 실효성있는
행정계획의 수행을 불가능하게 하는 결과를 야기하기 때문이다. 오히려 이의 인정문
제는 그 형식에 따라 나누어, 각개의 법적 형식에 의해 요구되는 내용에 따라 개별적
으로 논의되어야 한다고 본다.

　독일에서의 예를 참조하면 행정계획이 법률의 형식을 취하거나 법률에 의해 확정
되는 경우에는, 독일 연방헌법재판소가 신뢰보호의 원칙에 근거하여 법률변경의 소급
효와 관련하여 인정한 한계가 주요한 의미를 갖는다고 한다. 이에 따르면 법률이 사
후에 변경되어 그 효력이 과거의 사실에 대해서도 영향을 갖는 경우를 진정소급효라

---

19) 이하의 논의내용은 우리나라에서는 아직 정리되지 못한 부분이 많으므로, 주로 독일의 경우
　를 참고로 한다.

고 하는데, 이는 신뢰보호에 반하는 결과를 가져오므로 허용되지 않는다고 한다. 이러한 진정소급효는 계획변경에서는 존재할 수 없는데, 계획은 통상적으로 장래지향적이기 때문에 계획변경의 경우에도 장래에 향해서만 그 변경의 효력이 인정되기 때문이다. 이에 반해 법률변경의 효력이 단지 현재의 아직 완결되지 않은 상태에 있는 사실관계와 장래의 법률관계에 영향을 미치는 경우를 부진정소급효라고 하며, 이때에는 당사자가 당해 규정의 존속을 신뢰하고 있고, 그 신뢰가 즉각적인 법률변경의 공적 이해관계보다 우월한 경우를 제외하고는 허용되는 것으로 보고 있다. 따라서 이러한 부진정소급효의 배제사유가 존재하는 경우에는 법률변경이 불허되게 된다. 이에 따라 계획변경의 경우에도 당해 계획이 당사자의 계획내용에 상응하는 일정한 처분행위의 원인이 되고 있고, 계획존속에 대한 당사자의 보호가치 있는 신뢰가 계획변경의 공적 이해관계보다 우월한 경우에는 계획변경이 불허되고, 당사자의 계획존속청구권이 인정되게 된다고 본다.

### (2) 계획실행청구권

이는 학자에 따라 계획준수청구권[20] 또는 계획이행청구권[21]이라고도 하는데, 행정계획의 준수와 집행에 관련되는 청구권으로서, 계획에 위반되는 내용의 행정기관의 행위에 대해 주장되는 것이다.

이 청구권도 일반적인 형태로는 인정되지 않는다고 본다. 물론 구속적인 성질을 갖는 행정계획은 당해 행정기관이나 다른 행정기관에 의해 준수되어야 하지만, 행정기관이 당해 행정계획을 즉시 집행하여야 할 의무를 부담하지는 않는다. 또한 이러한 집행의무가 인정된다고 하더라도 당사자가 이에 상응하는 청구권을 가질 수 있는가의 문제는 주관적 공권의 문제로서 별도로 검토하여야 한다. 따라서 이러한 청구권은 행정기관의 행정계획 집행의무가 당사자의 사익보호도 그 보호목적으로 하는 경우에만 예외적으로 인정될 수 있을 것이다.

### (3) 경과조치청구권

이는 행정계획이 변경되거나 폐지되는 경우에, 이로 인해 당해 계획에 상응한 처분행위를 한 자가 입게 되는 재산상의 손실을 보전할 경과규정이나 일정한 적응조치(Anpassungshilfe)를 요구하는 권리를 말한다.

이는 그 취지에 있어서, 일면 필요한 계획변경을 가능하게 하며, 타면에 관련 당사자의 이해관계도 고려할 수 있기 위한 것이라고 볼 수 있다. 물론 행정기관이 스스

---

20) 박윤흔(상), 310면; 김남진·김연태(Ⅰ), 382면; 정하중(총론), 333면.
21) 김동희(Ⅰ), 198면.

로 그러한 경과조치나 적응조치를 제공할 수는 있을 것이다. 그러나 이러한 청구권은
법률에 별도의 규정이 존재하지 않는 한, 그 일반적인 형태로서는 인정되지 않는다고
본다. 경우에 따라서는 오히려 이러한 청구권이 인정됨으로써 계획변경 자체가 불가
능하게 되거나, 그 밖의 방법에 의해 인정되는 손실보상이나 손해배상이 배제되는 경
우도 존재할 수 있게 된다.

### (4) 손실보상청구권

이는 행정계획의 변경이나 위반행위가 있는 경우에 손실보상이나 손해배상을 주
장하는 것이다. 위에서 본 바와 같이 존속청구권·실행청구권·경과조치청구권이 일
반적으로는 인정되지 않으므로 현실적으로 계획보장청구권의 주된 논의의 대상은 이
권리가 된다. 그러나 이 권리인정을 위한 별도의 특별한 법적 규정은 존재하지 않으
며, 이 문제는 손실보상에 관한 통상적인 규정과 원칙에 의해 해결된다.

실제로 국방부가 1991년 12월 송탄 미군공군기지 인근의 5개 부락 26만 8천평 부
지를 미용산기지 이전사업대상지역으로 선정하였으나 1993년 5월 이를 전면 백지화함
에 따라 이러한 행정계획의 철회로 인해 지역주민들의 손실보상 문제가 주요한 문제
로 대두된 바 있다.

### 3. 실정법 규정

현행 개별 실정법은 일반적으로 계획보장청구권에 관한 규정을 두고 있지 않으
며, 1987년 입법예고된 행정절차법안에서 이에 관한 내용을 일부 찾을 수 있을 뿐이
다(예컨대 일정한 경과조치를 요구할 수 있는 청구권문제와 손실보상의 문제가 규정되고 있다). 그러나 현행 「행정절차법」은 이에 관한 규정을 두고 있
지 않다.

## Ⅳ. 사전적 권리구제수단

### 1. 행정계획 확정절차의 중요성

행정계획은 그 특성상 행정기관에게 넓은 범위의 계획내용에 관한 형성여지가 인
정되고 있어 이로 인해 사후적인 사법심사에 있어서 제약을 받게 된다. 따라서 사전
적인 절차측면의 보호대책이 필요하게 된다. 다른 측면에서는 행정계획에 의해 관련
되는 여러 이해관계의 적절한 조정이 필요하다는 점 때문에서도 절차적 측면에 대한
규제의 필요성이 제기된다. 이에 따라 행정계획의 확정절차가 중요성을 갖게 된다. 그
러나 현행 「행정절차법」에서는 1987년의 행정절차법안과는 달리 행정계획의 확정절
차에 관한 규정을 두고 있지 않다.

## 2. 행정계획 확정절차의 주요내용

1987년 입법예고되었던 행정절차법안의 내용을 중심으로 하여 이러한 절차의 주요내용을 보면 다음과 같다.

### (1) 관련 행정청과의 협의

계획수립관청은 계획입안시 관계 행정청과 협의하여야 한다. 이때에는 당해 지방자치단체의 이해관계가 적극 반영되어야 한다.

### (2) 계획안의 공고와 열람

행정계획안에 대하여는 관보나 일간신문에 그 주요내용, 계획안의 열람장소 및 기간, 의견제출기관 및 그 기간을 공고해야 하며, 일정한 열람기간이 보장되어야 한다.

### (3) 계획안에 대한 의견제출

계획안에 대하여 의견이 있는 자는 의견이나 자료를 제출할 수 있어야 한다.

### (4) 청문절차 및 공청회절차

법령에 그 실시를 규정하고 있거나, 행정청이 필요성을 인정할 때에는 행정계획의 확정절차에 있어서 청문과 공청회를 실시하여야 한다.

### (5) 행정계획의 확정

행정계획의 확정절차는 그 주관행정청이 계획을 확정함으로써 종결된다. 확정된 행정계획의 주요내용·열람방법·열람장소는 관보나 일간신문에 고시되어야 한다.

---

**기본사례 풀이**

### 1. 문제의 소재

본 설문은 행정계획의 해제로 인한 당사자의 권리구제문제가 주요쟁점이다.

### 2. 문제되고 있는 행정작용

이때 문제되는 행정작용은 「국토의 계획 및 이용에 관한 법률」 제36조에 규정된 상업지역지정의 해제행위로서, 이는 행정계획의 해제행위로서 처분성을 갖게 된다.

## 3. 권리구제방법

### (1) 일 반 론

행정계획의 해제행위는 공익적인 측면에서 필요성이 인정되는 반면, 이로 인해 당사자의 신뢰보호라는 사익과 갈등관계를 빚게 된다. 이로 인해 양자간의 관계를 조화하기 위한 제도인 행정계획보장청구권의 문제가 제기된다.

### (2) 구제방법의 내용

#### 1) 일반적 논의

이 제도는 광의의 개념으로 이해되는 것이 일반적이며, 그 개별적 내용으로서 존속보장청구, 실행청구, 경과조치청구 및 손실보상청구가 논의되고 있다.

#### 2) 당해 사안의 경우

그러나 당해 사안에서는 행정계획의 폐지가 문제되므로 실행청구는 관련성이 없게 된다. 따라서 존속보장청구와 경과조치청구 및 손실보상청구가 논의대상이 된다. 그러나 존속보장청구와 경과조치청구는 그 내용상 당해 사안에서는 주장되기 어렵다고 보인다. 따라서 손실보상의 청구가능성문제가 주된 검토의 대상이 되며, 이는 다시 당사자의 신뢰보호주장이 가능한가의 문제가 된다. 이에 대해서는 신뢰보호원칙 성립요건의 충족여부를 검토하면 되며, 당해 사안에서는 인정될 수 있다고 보인다. 또한 이때에는 「국토의 계획 및 이용에 관한 법률」에 손실보상 규정이 없는 경우에 해당하므로 이에 관한 논의가 요구될 것이다.

# 제6장 그 밖의 행정작용유형

행정작용의 형식과 유형은 획일적으로 말할 수 없다. 이는 행정수요의 다양화와 행정현실여건의 변화에 상응하여 행정작용도 여러 가지 형태로 나타날 수밖에 없기 때문이며, 이에 의해 정형적인 행정작용 이외에도 여러 가지 유형이 존재하게 된다.

## 제1절 사법형식의 행정작용

## I. 일 반 론

### 1. 행정작용의 법형식

행정작용의 법형식은 원칙적으로 자유롭다. 따라서 특정목적달성을 위하여 법령의 명문규정에 의해 특정의 법형식이 요구되어 있지 않는 한, 행정기관은 사법형식의 행정작용과 조직형태를 이용할 수 있다. 행정작용의 법형식으로서 사법이 이용되는 이유는 다양하지만 주된 근거로는 다음을 들고 있다. ㉠ 우선 공법에 의해서는 구체적인 경우에 있어서 적당한 행위형태가 마련되지 못하는 문제가 지적되고 있다. 특히 이는 급부행정의 개별적 내용형성과 관련하여 행정기관과 시민 사이의 관계규율이 공법보다는 사법($^{특히 계약의}_{형식의}$)에 의해 효율적으로 해결되는 현실에서 두드러지게 나타나고 있다. 이러한 행정작용 영역에는 자금지원행정과 영조물이용관계도 해당한다. ⓒ 또한 사법은 공법의 경우보다 행정과업수행에 있어서 행정기관에게 더 넓은 활동가능성을 제공하게 된다. 사법적인 법인의 형태를 이용하거나 이용관계를 사법적으로 설정함으로써, 행정기관은 공법에 의하는 경우보다 더 자유롭게 행정작용을 수행할 수 있게 되는 것이다. 그러나 이때에는 행정기관이 단순히 공법적인 구속을 피하기 위하여 사법형식으로 도피(Flucht in das Privatrecht)하는 문제가 나타나게 되며, 이를 위하여 사법형식의 행정작용을 여하히 통제할 것인가가 주요한 의미를 갖게 된다.

## 2. 유  형

사법형식의 행정작용은 그 목적에 있어서 행정과업수행과 직접적인 관련을 갖는가의 여부에 따라 행정사법과 협의의 국고작용으로 나누어진다.

## Ⅱ. 행정사법

### 1. 의   의

#### (1) 개   념

행정기관이 사법적인 형태에 의해 행정과업을 직접적으로 수행하거나 공법적으로 설정된 과업을 수행하는 경우를 행정사법(Verwaltungsprivatrecht)이라고 한다. 이는 독일에서 지베르트(Siebert)와 볼프(Wolff)에 의해 정립된 개념으로서, 사법형식에 기초하고 있으나 행정과업을 직접적으로 수행한다는 목적을 갖기에 사적자치원리를 행정기관이 완전한 형태로 주장하지 못하고 공법적인 구속을 받는다는 점에서 그 특성을 갖는 개념이다.

#### (2) 이른바 관리관계와의 구별

우리의 일반적인 견해는 행정사법과 행정상의 관리관계를 구분하여 양자가 서로 다른 것으로 분류하고 있으나, 양자는 그 실질내용에 있어서 서로 명확하게 구분될 수 없으며 많은 점에서 유사한 내용으로 이해되어야 할 것이다.[1] 이는 그 내용에 있어서 거의 동일하다고 볼 수 있는 독일식 개념인 행정사법과 일본식 개념인 관리관계의 용어가 서로 검토되지 않은 채 중복적으로 사용되고 있는 이유에 기인하는 것으로 보인다.[2]

---

[1] 이상규(상), 179면; 홍정선(상), 127면; 한견우(Ⅰ), 294면.
[2] 이 문제에 대한 상세는 이미 앞부분인 '행정상의 법률관계'에서 언급한 바 있으므로 이를 참

## 2. 적용영역

행정사법은 주로 생존배려적인 목적을 가지는 급부행정과 자금지원을 통한 경제유도행정에서 많이 나타난다. 전자의 예로는 사법형식을 통한 교통·수도 및 가스·전기공급·하수처리나 폐기물처리영역이 해당하며, 후자에는 주택건설·융자제공 등이 해당한다. 또한 행정사법은 공무를 위탁받은 사인(beliehener Person)과 일반인 사이의 관계에서도 존재할 수 있다.

## 3. 특    색

행정사법에서는 다음과 같은 특색이 존재한다. ㉠ 우선 기본권에 구속된다. 특히 자유권과 평등권에 기속되며 비례성의 원칙에도 기속된다. ㉡ 이를 통해 급부제공이 대량적으로 그리고 정형적·획일적인 모습으로 나타나므로 개별적인 계약행위의 흠결, 행위능력의 흠결 및 착오에 기인한 행위시에도 상호적인 계약관계의 성립이 인정된다. 따라서 의사표시에 관한 민법규정이 제한적으로만 인정된다. ㉢ 계약강제, 계약해제의 제한, 특정 사기업의 가동의무, 수수료결정시의 행정기관의 허가필요 등의 특성도 존재한다.

## Ⅲ. 국고작용

### 1. 의    의

행정기관이 사법적인 형태로 작용할 때 이를 넓은 의미에서의 국고작용이라고 한다. 그러나 이때에 그 활동목적이 행정기관의 재정목적의 재산을 확보·증대 또는 양여하기 위하거나 이를 위해 필요한 재화를 조달하기 위하여, 행정기관이 경제활동이나 영리활동을 하는 경우에는 이를 좁은 의미의 국고작용이라고 한다. 통상적인 경우는 후자의 좁은 의미로 이해되며, 국유지의 매각·임대·행정건물의 건축도급·물자의 구매 등이 이에 해당한다.

### 2. 특    색

이때에는 형식적인 면이나 실질적인 면에 있어서 일반적인 사법 규정이 적용된다. 또한 이때 행정기관은 행정작용을 행하는 것이 아니므로 특별한 법령규정이 존재하지 않은 한 원칙적으로 기본권, 특히 평등원칙 등에 구속받지 않는다. 그러나 이때에도 행정기관은 타인의 기본권행사를 개별적인 경우에 있어서 배제할 정도로 자신이

조할 것.

갖는 사법형식의 계약의 자유를 행사하여서는 안 되는 구속을 받게 된다. 이러한 구속은 통상적으로 법령에 의하여 규정되고 있다.

## 제 2 절  행정의 자동절차에 따른 행정작용[3]

### Ⅰ. 행정자동화작용의 의의

#### 1. 개    념

오늘날의 행정현실은 행정이 입력된 자료의 기록·취사선택·정리비교·데이터베이스의 구축 등 사무처리를 위하여 컴퓨터를 활용하는데 그치는 것이 아니라, 행정결정을 위하여 미리 작성된 프로그램과 이에 입력된 정보를 바탕으로 행정사무를 처리함으로써 엄청난 시간과 노력을 절약하고 부분적으로는 인간의 행위를 대체하는 수준에 이르고 있다. 이에 따라 행정의 자동화현상이 행정실무에 있어서 점차 보편화되고 있다. 이러한 행정의 자동화란 다양하게 정의될 수 있으나 대체로 '행정과정에서 컴퓨터 등 전자데이터장비를 투입하여 행정업무를 자동화하여 수행하는 것'을 의미한다고 볼 수 있다. 행정의 실제에서 이와 같은 자동화작용은 행정정보와 기록의 보존(주민등록이나 통계분야), 교통신호나 교통관리시스템의 구축·운용, 대량행정에 있어 행정결정의 산출(조세부과결정, 연금 등 급부행정의 분야에서 교부금지급결정, 학생의 학교배정, 병역의 징·소집관계결정, 주차장 등 공공시설의 사용료결정 등), 행정계획의 사전준비작업 등의 목적을 위하여 활용되고 있다.[4] 그리하여 조세행정과 같은 대량행정의 경우 자동데이터처리시설을 활용하지 않고 일일이 전통적인 방식으로 업무를 처리하는 것은 거의 생각조차 어렵게 되고 있다. 이와 같이 행정의 자동화를 통하여 발하여지는 행정작용이 행정자동결정이다.

#### 2. 주요 문제점

이러한 행정의 자동화작용은 한편으로 그 필요성을 부정할 수 없는 반면에, 다른 한편으로 그 법적 문제에 대한 다양한 검토를 필요로 한다. 특히 법률유보원칙의 적용문제, 자동기계결정의 법적 특성과 법적 형식에 관한 문제, 행정절차와 관련된 문제 및 남용된 정보수집으로부터 개인보호의 문제 또는 수집된 정보의 남용으로부터 개인의 보호문제 등이 주요한 문제로 검토된다.

---

3) 이하의 논의의 주요 내용은 김중권, "행정자동절차에 관한 법적 고찰", 고려대 박사학위논문 (1993) 참조.
4) 김중권, 앞의 논문, 2면.

## Ⅱ. 행정자동결정의 법적 성질

### 1. 논의의 필요성

행정자동결정은 행정자동절차를 거쳐서 만들어지는 최종산물을 말한다. 이때에 행정자동절차라 함은 "다수의 동형적인 행정작용을 자동데이터처리시설에 의거해서 발하는 대량의 동종절차"라고 정의할 수 있다. 다시 말해 전체 결정과정에 있어서 최종단계를 포함한 개개의 단계가 자동데이터시설에 의해서 수행됨으로써, 그 과정을 종결시키는 최종 산물마저도 자동데이터시설로부터 직접 도출되는 경우를 말한다. 그러나 이때에 결정과정이 개개의 단계를 자동화하더라도 최종단계에서만은 여전히 사람이 행하는 경우에는 이러한 행정자동절차에 해당하지 않는다. 이러한 행정자동절차의 최종산물이 행정자동결정이며, 그 법적 성질 내지 법적 형식이 행정입법·행정행위·행정상 사실행위 등의 행정형식들 가운데 어느 것에 해당하는가가 문제된다. 이는 행정작용의 형식 중 어느 것에 해당하느냐에 따라 그의 법적 효과나 그에 대응하는 행정구제수단들이 달라지기 때문이다.[5]

### 2. 행정행위성의 인정문제

행정자동결정은 그 법적 성질에 있어서 행정행위성을 갖는가가 우선적으로 문제된다. 이는 행정기관이 어느 정도로 행정자동절차과정에서 주도적 역할을 하는가의 여부에 의존하게 된다. 행정자동결정의 법적 성질은 그것이 행해지는 메카니즘의 분석을 통해서 행해질 수 있다고 본다. 행정자동결정에 있어서도 원칙적으로 인간의 조력 없이는 행해질 수 없으며, 특히 최소한 공무원이라는 인간이 작성한 프로그램을 필요로 한다. 이러한 프로그램에 입각하여 구체적인 조치로서 행정자동결정이 행해지는 것이다. 따라서 행정기관이 컴퓨터 프로그램에 관하여 주도적 권한을 가지고 있다면, 이러한 행정자동절차의 산물인 행정자동기계결정은 행정청에 귀속될 수 있다고 보아야 할 것이다. 이때에 자동데이터처리시설의 개입은 행정자동결정을 행정행위로 파악하는 데 방해요소가 되지 못한다고 본다. 자동처리시설이 일정한 역할을 수행하지만, 이때에도 공무원은 개별적 행정작용에 관한 프로그램과 구체적인 자료를 통해서 조종하고 결정하는 역할을 하는 한편, 이러한 절차를 통하여 결정된 내용을 행정처분으로 통지함으로써 구속력을 발생시키는 역할을 수행하기 때문이다. 따라서 이러

---

5) 만일에 행정자동결정이 행정상의 사실행위에 해당하게 되면 그것은 직접적인 법적 효과를 발생하지 않으며, 다만 국가배상 등 간접적인 법적 효과만을 발생하게 된다. 반면에 법규명령에 해당하게 되면, 그의 적법여부가 구체적인 사건에서의 재판의 전제가 되는 경우에 행해지는 구체적인 규범통제만이 가능하다. 단지 행정행위에 해당하는 경우에만 그의 취소를 청구하는 내용의 행정소송을 제기할 수 있게 될 것이다.

한 자동절차과정에서도 행정기관은 여전히 절차의 주인(Herr des Verfarens)이라고 보아야 한다. 이로 인해 행정과정의 최종단계로서의 행정자동결정은 대부분은 행정행위로서의 성질을 가진다고 말할 수 있다. 이때에 프로그램고권의 존재가 행정자동기계결정을 행정청에 귀속시키기 위한 결정적인 규준이 된다. 독일의 경우에도 오늘날에는 행정자동결정을 전통적인 행정행위와 동일하게 보는 것이 일반적인 경향이며, 이러한 입장이 연방행정절차법과 조세기본법 등에 명문화되기에 이르렀다. 우리나라에서도 행정자동화 문제에 대해서 특히 행정자동결정이 행정청이 작성한 프로그램에 입각하여 행해지고 있는 점을 논거로 하여 행정행위성을 인정하고 있다.6)

## Ⅲ. 행정자동결정의 대상

행정자동결정이 행정행위성을 갖는다고 할 때에도 그 대상행위에 재량행위도 포함되는지가 문제된다. 물론 일정한 구성요건이 충족되어 있을 때 법이 정한 효과로서 일정한 행정행위를 반드시 행하도록 되어 있는 경우인 기속행위의 경우는 완전한 확정성에 의거하여 정식화할 수 있기 때문에, 이를 자동절차화하는데 별 문제가 없을 것이다. 그러나 추상적 사고과정에 해당한다고 여겨지는 재량행위를 기계적인 절차에 따라 자동화한다는 것은 기속행위에서와는 그 사정이 다르게 된다. 이는 자동데이터처리가 확정화된 도식인 프로그램에 따라서 작동되는 데 반하여, 재량행위는 구체적 사정을 고려하여 개별적 사정에 적합한 결정을 요구하기 때문이다. 생각건대 행정의 자동화란 일정한 정형적 내용의 유형화·표준화를 지향하는 것이기 때문에, 프로그래밍화를 통해서 재량행위의 결정과정의 모든 단계를 자동화한다든지 또는 재량행위에 있어서 수반되는 인간적 요소 전부를 자동화로 대체한다든지 하는 것은 원칙적으로 금지될 수밖에 없을 것이다. 그러나 법률에 의해 인정되어 있는 재량행위를 구체화하는 재량준칙을 행정자동절차에 의해 자동화하는 것은 가능하다고 보여 진다. 이는 재량준칙이 재량행위의 통일적 수행을 보장하기 위하여 일정한 유형화를 지향하기 때문에, 구체적인 개개의 사건이 아니라 전형적인 사건을 그 대상으로 하기 때문이다.7)

결국 개별적인 정당성을 지향하는 재량행위의 취지에 비추어보아, 재량행위를 그 대상으로 하여 무조건적인 재량결정의 자동화를 인정할 수는 없을 것이다. 그러나 재량준칙에 의한 일반적 재량행사가 허용되는 한도 내에서 재량결정을 자동화하는 것은 허용된다고 보아야 할 것이다. 이 경우에 컴퓨터프로그램은 일종의 행정규칙으로서의

---

6) 김남진·김연태(Ⅰ), 414면.
7) 마우러(Maurer)는 일반적 재량행사와 재량준칙에 관한 이상과 같은 이해를 바탕으로, 컴퓨터프로그램의 법적 성질이 행정규칙임을 지적함과 아울러 재량행위를 자동화함에 있어서 아무런 문제가 없음을 주장하고 있다.

성질을 갖는다고 볼 수 있다.8) 물론 행정자동화에 의한 재량권행사가 허용되는 경우에도 '행정의 자기구속'보다는 법률에의 구속이, 그리고 행정의 균일화·능률에 대한 고려보다는 이른바 '개별사례적 정당성'에 대한 고려가 우선되어야 하며, 또한 행정자동결정이 '데이터 짜맞추기'나 지나친 규격화, 무차별주의 등으로 전락하는 결과를 방지할 수 있는 적절한 조치가 사전에 모색되어야 한다. 가령 프로그래밍 수준에서 변수나 파라미터의 조작을 통해서 개별사례의 특수성을 고려할 수 있는 여지를 부여한다든가, 분야의 특수성에 따라 결정구조를 대화식 구조로 전환하거나 부분적으로 유연화하는 방법이 고려될 수 있을 것이다.

## Ⅳ. 행정자동결정과 행정절차

행정상의 자동결정도 행정행위인 이상, 유효하게 성립하기 위해서는 보통의 행정행위와 마찬가지로 행정행위의 발령을 위한 절차적 요건이 이 경우에도 적용되어야 한다. 그러나 행정자동결정은 자동화된 기술적 절차에 의하여 행해지고 대량사무처리를 위한 것이라는 점에서 행정청이 개인을 상대로 개별적으로 행해지는 보통의 행정행위와는 다른 특성을 가지며, 그 한도 내에서 그 성립 및 효력발생요건에 관하여 특별한 규율을 요한다. 이와 관련하여 독일연방행정절차법은 행정자동결정의 성립에는 보통의 행정행위가 갖추어야 하는 성립요건으로서 행정청의 서명·날인, 행정행위의 이유부기, 청문에 관한 특례를 인정하고 있다. 즉 행정청의 서명·날인의 생략(동법 제37조 제3항 제4항 제1문), 행정행위의 상대방 또는 관계자가 첨부된 설명서를 통하여 행정행위의 내용을 명백하게 알 수 있는 경우에는 그 내용표시를 위하여 부호를 사용할 수 있는 가능성(동법 제37조 제4항 제2문), 이유부기에 대한 생략인정(동법 제39조 제2항 제3호), 청문절차의 생략(동법 제28조 제2항 제4호) 등의 특례가 인정되고 있다.

우리나라의 경우에는 「행정절차법」이 제정되어 있기는 하지만, 행정자동결정의 특성을 반영한 행정절차의 규정은 마련되고 있지 않다. 따라서 법률에 의한 별도의 근거가 없으므로, 단지 행정자동결정의 특수성만 가지고 그러한 절차적 특례를 인정할 수는 없을 것이다.

## Ⅴ. 행정자동결정의 하자 및 권리구제문제

### 1. 하자의 의미

자동장치에 의한 행정작용의 경우에도 위법의 문제가 있을 수 있음은 보통의 행

---

8) 김중권, 앞의 논문, 83면; 정하중(총론), 207면.

정행위와 다를 바 없다. 행정자동결정의 하자는 기계의 이상 또는 프로그램을 작성하는 관계공무원의 과실이 그 원인이 되는 것이 보통이며, 행정자동결정의 하자의 판단은 통상적인 행정행위의 하자에 관한 일반원칙에 따라 결정할 문제이다.

따라서 중대하고 명백한 하자를 지닌 행정자동결정은 무효가 되며, 하자가 그 정도에 이르지 않을 때에는 취소의 대상이 된다. 자동장치에 의한 행정행위가 취소사유에 해당하는 흠을 지닌 경우에 행정청은 직권으로 취소할 수 있지만, 보통의 행정행위의 경우와 마찬가지로 수익적 행정행위를 대상으로 한 취소의 경우에는 신뢰보호원칙에 따라 그 취소권이 제한될 수 있게 된다.

그러나 이에 반해 오기나 오산 등과 같은 명백한 오류는 행정행위의 하자에는 해당하지 않는다. 행정자동결정과 같이 많은 데이터를 컴퓨터를 이용하여 정형적·도식적으로 처리할 때에는, 작용과 적용상의 하자가 빈번하게 발생하게 될 수 있다. 이와 같이 자동장치에 의한 행정행위의 오기·오산 및 이에 준하는 명백한 오류가 있는 때에는 행정청은 특별한 절차없이 언제든지 정정할 수 있게 된다.9)

## 2. 위법한 행정자동결정과 권리구제

위법한 행정자동결정에 의해 손해가 발생한 경우에는 행정상 손해배상책임의 일반적 원칙에 의해 손해배상청구가 가능하게 된다. 따라서 행정자동결정과정의 프로그램을 작성하는 관계공무원의 유책의 위법행위에 기인한 경우에는 「국가배상법」 제 2 조에 의한 배상책임이 인정된다. 또한 자동처리시설의 이상으로 인하여 발생한 경우에는 「국가배상법」 제 5 조에 의한 배상책임을 인정할 수 있게 된다.

그러나 경우에 따라서는 공무원의 위법한 직무집행이 없거나 자동장치의 설치·관리의 하자가 없음에도 불구하고 통행인의 교통신호기의 조작실수 등에 의하여 야기된 교통사고로 인하여 발생한 손해에 있어서는 국가배상책임을 인정하기 어려운 문제가 발생할 수 있다. 이에 대한 해결방안으로는 ㉠ 위험책임의 법리를 통해서 해결하려는 견해, ㉡ 수용유사적 침해이론에 의한 보상을 시사하는 견해10)가 주장되고 있다. 생각건대 행정의 기술화·자동화가 급속히 진행되는 현대 행정의 상황에서 행정자동장치 또는 정보처리시설의 하자로 인하여 발생하는 손해배상문제를 해결하기 위해서는, 공법상의 위험책임의 법리를 입법적으로 채택하여 대응하는 방법도 신중히 고려하여야 할 것이다.

---

9) 이에 관한 상세한 논의는 김중권, "행정자동절차상의 오류의 정정에 관한 소고", 안암법학 제
　 1 호(1993), 229면 이하 참조.
10) 홍준형(총론), 446면.

# 제 **7** 장   행정작용의 실효성 확보수단

**기본
사례**

　甲은 아프리카를 여행하는 도중에 말라리아에 감염되어 귀국 후에 병원에서 진료를 받게 되었다. 그러나 병원당국이 甲의 감염사실을 보건복지부에 신고를 하는 과정에서 착오가 발생하여 제 1 군 전염병인 장티푸스로 잘못 기재가 되어, 甲은 보건복지부에 의하여 국립병원에 강제입원조치 되었다. 이때에 甲이 아직 강제입원되어 있는 경우와 이미 퇴원조치되어 있는 경우에 각각 甲은 어떠한 권리구제조치를 강구할 수 있는가?　　　　　　　　　　　　　　　(풀이는 461면)

　행정작용이 확인적 행정행위나 형성적 행정행위에 의해 행해지는 경우에는 그 법적 효과가 바로 나타나기 때문에 별도의 집행행위를 필요로 하지 않는다. 그러나 일정한 명령을 부과하는 하명행위에 의하는 경우에는 당사자가 자발적으로 이에 따르지 않는 때에 이를 강제할 필요성이 생기게 된다. 이와 같이 행정행위에 의해 명해진 의무의 이행을 확보하기 위한 수단으로서는 직접적 강제수단으로서 행정상 강제집행과, 간접적 강제수단으로서 행정벌, 행정조사 및 기타의 수단(예컨대 과징금제도, 공급거부, 명단 또는 사실 등의 공표, 부관에 의한 철회권의 유보, 세법상의 각 종 조치 등)이 있다. 이들 수단들은 권력적인 성격을 갖는 행위이므로 법치행정의 원칙상 엄격한 법적 통제를 필요로 하게 된다. 따라서 이들 행위들은 법적 근거를 필요로 하며, 법률의 근거하에서도 조리(또는 법 일반원칙)에 의한 제약을 받게 된다. 또한 이러한 수단이 위법하거나 부당한 경우에는 일반적인 행정구제수단인 행정쟁송수단과 행정상 손해배상·손실보상 등에 의한 구제가 인정된다.

# 제 1 절 행정강제

## I. 의 의

### 1. 개 념

행정강제란 행정목적의 실현을 확보하기 위하여 사람의 신체나 재산에 실력을 가하여 행정상 필요한 상태를 실현하는 사실행위인 행정작용을 말한다. 행정강제는 그 직접적인 목적과 수단에 있어서 사후적인 제재로서의 성질을 갖는 행정벌과 구별된다.

### 2. 유 형

행정강제는 다시 행정상 강제집행과 행정상 즉시강제로 나뉘며, 양자는 실력으로 필요한 상태를 실현시키는 사실행위인 점에서는 같으나 그 발동요건 및 성질에 있어서 서로 구별된다. 특히 행정상 즉시강제는 행정의무의 불이행을 전제로 하지 않으므로 예측가능성과 법적 안정성을 침해할 우려가 있으며 따라서 예외적으로만 인정된다.

### 3. 법적 근거

행정상 강제집행에는 행정대집행에 관한 일반법으로서 「행정대집행법」, 행정상 강제징수에 관한 실질적인 일반법으로서 「국세징수법」과 직접강제를 예외적으로 인정하고 있는 각 단행법이 있다. 또한 행정상 즉시강제에는 경찰상 즉시강제에 관한 일반법으로서 「경찰관직무집행법」과 개별적 단행법(전염병예방법, 식품위생법 등)이 있다.

## II. 행정상 강제집행

### 1. 의    의

#### (1) 개    념

행정상 강제집행이란 행정상의 의무불이행의 경우에 행정기관이 의무자의 신체 또는 재산에 실력을 가하여 장래에 향하여 그것을 이행하거나 이행한 것과 동일한 상태를 실현하는 작용을 말한다. 이때에도 법률유보원칙이 적용되는가에 대해서는 오늘날 이론의 여지없이 인정되고 있다. 행정의무를 강제하는 것은, 의무부과와는 달리 새로이 그리고 의무 그 자체보다 강한 정도로 당사자의 권리영역에 불이익을 가져오는 것이므로 법률의 근거를 필요로 한다고 보아야 한다. 이때의 법적 근거로는 처분의 근거로는 불충분하며 별도의 법적 근거를 요하게 된다. 현행법으로서는 「행정대집행법」, 「국세징수법」, 「출입국관리법」 등이 있다.

#### (2) 강제집행의 수단

행정상 강제집행의 수단은 집행되는 행정의무의 내용에 따라 구분된다. 대상이 되는 의무가 작위의무로서 대체적 작위의무인 경우에는 행정대집행이, 급부의무로서 공법상의 금전납부의무에 대해서는 행정상 강제징수가 일반적인 수단으로서 인정되고 있다. 또한 비대체적 작위의무와 부작위의무에 대해서는 집행벌과 직접강제가 예외적으로 인정된다.

### 2. 대 집 행

#### (1) 의    의

대집행이란 대체적 작위의무의 불이행의 경우에, 당해 행정기관이 의무자가 행할 의무를 스스로 이행하거나 제 3 자로 하여금 이를 행하게 하고 그 비용을 의무자로부터 징수하는 것을 말한다. 통상적인 예로서는 위법건축물 또는 위법광고물의 철거행위나, 폐기물을 법령에 위반되게 처리한 경우에 환경부장관 등으로부터 발령된 조치명령을 위반하는 때의 대집행이 해당한다. 이에 관한 법으로서는 일반법으로서 「행정대집행법」과 이를 준용하고 있는 개별법인 「공익사업을 위한 토지 등의 취득 및 보상에 관한 법률」($^{제44}_{조}$), 「건축법」($^{제85}_{조}$), 「폐기물관리법」($^{제49}_{조}$), 「공유재산 및 물품 관리법」($^{제83}_{조}$) 등이 있다.

[ 1 ] 지방재정법 제85조 제 1 항은 공유재산을 정당한 이유 없이 점유하거나 그에 시설을 한 때에는 이를 강제로 철거하게 할 수 있다고 규정하고, 그 제 2 항은 지방자치단체의 장이 제 1 항의 규정에 의한 강제철거를 하게 하고자 할 때에는 행정대집행

법 제 3 조 내지 제 6 조의 규정을 준용한다고 규정하고 있는바, 공유재산의 점유자가
그 공유재산에 관하여 대부계약 외 달리 정당한 권원이 있다는 자료가 없는 경우 그
대부계약이 적법하게 해지된 이상 그 점유자의 공유재산에 대한 점유는 정당한 이유
없는 점유라 할 것이고, 따라서 지방자치단체의 장은 지방재정법 제85조에 의하여 행
정대집행의 방법으로 그 지상물을 철거시킬 수 있다(대판 2001.10.12, 2001두4078.).

　[ 2 ] 지방재정법 제85조에 의하면 그 제 1 항에서 공유재산을 정당한 이유 없이 점
유하거나 그에 시설을 한 때에는 이를 강제로 철거시킬 수 있는 권한이 지방자치단
체의 장에게 부여되었고, 그 제 2 항에서는 제 1 항에 의하여 강제철거를 시키는 경우
에 행정대집행법 제 3 조 내지 제 6 조를 준용한다고 규정되어 있을 뿐 같은 법 제 2
조의 준용은 없으므로, 같은 조에 규정된 대집행의 요건은 필요 없는 것으로 해석함
이 지방재정법 제85조의 입법취지에 맞는 해석이다(대판 1996.10.11, 95누10020.).

## (2) 요　건

1) 대집행의 주체는 당해 행정청이 된다(행정대집행법 제2조). 당해 행정청은 당사자에 의해
불이행되고 있는 의무를 부과한 행정기관을 말한다. 그러나 대집행의 실행행위는 행
정청에 의한 경우 이외에 제 3 자에 의해서도 가능하다. 전자를 자기집행, 후자를 타자
집행이라고도 한다.[1] 제 3 자에 의한 타자집행에서는 행정청과 제 3 자 사이의 법률관
계의 성질에 대해서 견해가 대립하고 있다. 사법상의 도급계약관계로 보는 견해가 다
수이나,[2] 공법관계로 보는 견해도 존재한다.[3] 전자의 입장이 타당하다고 본다. 이때
에 제 3 자는 의무자와 아무런 법률관계가 성립하지 않으나, 의무자는 제 3 자에 의한
대집행행위를 수인할 의무를 부담하는 것으로 본다.

2) 대상행위는 대체적 작위의무이다. 그 의미는 법률·명령·조례에 의하여 직접
명령되었거나 또는 이들 법령에 근거한 행정청의 명령에 의한 행위로서 타인이 대신
하여 행할 수 있는 행위를 말한다(행정대집행법 제2조 참조). 부작위의무위반인 경우에는 대집행을 할
수 없으므로, 대체적 작위의무를 명하고(예컨대 도로법 제73조의 경우) 이의 불이행을 기다려서 대집행을
할 수 있다고 본다. 이와 관련하여 토지나 가옥의 인도의무 불이행의 경우가 논의되
나, 이러한 의무는 그 내용에 비추어 대체적 작위의무에 해당하지 않으므로 대집행의
대상에 해당하지 않는다고 본다.[4]

　[ 1 ] 도시공원시설인 매점의 관리청이 그 공동점유자 중의 1인에 대하여 소정의 기
　간 내에 위 매점으로부터 퇴거하고 이에 부수하여 그 판매 시설물 및 상품을 반출하

---

1) 김남진·김연태(Ⅰ), 519면.
2) 김남진·김연태(Ⅰ), 520면; 홍정선(상), 656면; 홍준형(총론), 450면.
3) 한견우(Ⅰ), 519면; 박균성(상), 516면.
4) 이러한 점에서 토지 또는 물건의 인도나 이전을 대행할 수 있도록 하고 있는 「공익사업을 위
　한 토지등의 취득 및 보상에 관한 법률」 제44조의 규정은 예외적인 규정이라고 평가될 수 있다.

지 아니할 때에는 이를 대집행하겠다는 내용의 계고처분은 그 주된 목적이 매점의
원형을 보존하기 위하여 점유자가 설치한 불법 시설물을 철거하고자 하는 것이 아니
라, 매점에 대한 점유자의 점유를 배제하고 그 점유이전을 받는 데 있다고 할 것인
데, 이러한 의무는 그것을 강제적으로 실현함에 있어 직접적인 실력행사가 필요한 것
이지 대체적 작위의무에 해당하는 것은 아니어서 직접강제의 방법에 의하는 것은 별
론으로 하고 행정대집행법에 의한 대집행의 대상이 되는 것은 아니다($^{대판\ 1998.10.23,}_{97누157}$).

[ 2 ] 하천유수인용허가신청이 불허되었음을 이유로 하천유수인용행위를 중단할 것
과 이를 불이행할 경우 행정대집행법에 의하여 대집행하겠다는 내용의 계고처분은
대집행의 대상이 될 수 없는 부작위의무에 대한 것으로서, 그 자체로 위법함이 명백
한바, 이러한 경우 법원으로서는 마땅히 석명권을 행사하여 원고로 하여금 위 계고처
분의 위법사유를 밝히게 하고, 나아가 위와 같은 법리에 따라 그 취소 여부를 가려
보아야 한다($^{대판\ 1998.10.2,}_{96누5445}$).

3) 실체적 요건으로서는 '다른 수단으로서는 이행을 확보하기가 곤란한 경우일
것'과 '그 불이행을 방치하는 것이 심히 공익을 해하는 것으로 인정될 것'이 요구된
다. 전자의 의미는 대집행으로 인한 당사자의 불이익을 최소화하기 위해 비례성의 원
칙을 적용하는 것으로서, 특히 보충성의 원칙을 강조한 것이다. 후자의 요건은 구체적
인 경우에 있어서 공익과 사익의 비교형량을 요구하는 것이나, 그 판단은 행정기관의
재량에 일임되는 것이 아니라 기속적이라고 보아야 한다. 따라서 이 요건의 존부에
관해서는 전면적인 사법심사의 대상이 된다고 보아야 할 것이다.

### (3) 대집행의 절차

대집행의 절차는 계고, 대집행영장에 의한 통지, 대집행의 실행, 비용징수의 4단
계를 거치게 된다($^{행정대집행법}_{제3조에서\ 제6조}$).

#### 1) 계    고

이는 상당한 이행기한을 정하여 그 기간까지 이행하지 않는 경우에는 대집행을
한다는 뜻을 문서로 통지하는 것이며, 준법률행위적 행정행위로서($^{다수의}_{견해}$)5) 항고소송의
대상이 된다. 다만 판례는 제1차 계고에 이어 제2차, 제3차 계고가 이어진 경우
제1차 계고에 한하여 처분성을 인정하고 있다. 즉, 제1차로 철거명령 및 계고처분
을 한 데 이어 제2차로 계고서를 송달하였음에도 불응함에 따라 대집행을 일부 실
행한 후 철거의무자의 연기원을 받아들여 나머지 부분의 철거를 진행하지 않고 있다
가 연기기한이 지나자 다시 제3차로 철거명령 및 대집행계고를 한 경우, 「행정대집
행법」상의 철거의무는 제1차 철거명령 및 계고처분으로써 발생하였다고 할 것이고,

---

5) 이 성질에 대한 비판적 견해에 대해서는, 김남진·김연태(Ⅰ), 526면 참조.

제3차 철거명령 및 대집행계고는 새로운 철거의무를 부과하는 것이라고는 볼 수 없으며, 단지 종전의 계고처분에 의한 건물철거를 독촉하거나 그 대집행기한을 연기한다는 통지에 불과하므로 취소소송의 대상이 되는 독립한 행정처분이라고 할 수 없다고 보았다.[6] 한편 비상시나 위험이 절박한 경우에 있어서 급속한 실시를 요하여 계고절차를 거칠 여유가 없을 때에는, 예외적으로 이 절차를 생략할 수 있다(행정대집행법 제3조 3항). 판례에 의하면 건물일부를 철거하는 계고처분을 발하는 때에 어느 부위를 철거할지가 불명확하여 대집행의 내용이 특정되지 아니한 계고처분은 위법한 것으로 보고 있다.[7] 계고를 함에 있어서는 법률의 특별한 규정이 없는 한, 철거의무를 명하는 행정행위와 결합하여 발령될 수 없다고 본다.

### 2) 대집행영장에 의한 통지

이는 계고에 의해 지정된 기한까지 의무가 이행되지 않은 경우에 행정청에 의해 대집행의 시기, 대집행책임자의 이름, 대집행비용의 개산액을 의무자에게 통지하는 절차이다(행정대집행법 제3조 2항). 그 성질은 준법률행위적 행정행위로 본다. 계고의 경우와 동일한 사정에 의해 생략할 수 있다(행정대집행법 제3조 3항).

### 3) 대집행의 실행

이는 이른바 권력적 사실행위로서의 성질을 가지며, 이에 대해 의무자는 수인의 의무가 있다. 대집행의 실행과정에 당사자가 저항하는 경우에 이를 실력으로 배제할 수 있는가에 대해서는 견해가 통일적이지 못하다. 필요한 한도 내에서 저항의 배제에 부득이한 최소한의 실력행사는 이를 대집행에 수반된 기능으로 인정할 수 있다는 견해와[8] 입법적으로 해결되기 전에는 인정될 수 없다는 견해로[9] 나뉘고 있다. 전자의 입장이 타당할 것이다.

### 4) 비용징수

이는 대집행에 소요된 비용을 그 금액과 납부기일을 정하여 문서로써 납부고지하는 것이며, 납부하지 않는 경우에는 국세체납처분의 예에 의하여 강제징수하게 된다(행정대집행법 제6조 1항).

### (4) 대집행에 대한 권리구제

이에 대해서는 시간적인 단계에 따라서 고찰하는 것이 필요하다.

### 1) 대집행 실행행위가 종료되기 전의 단계

㈎ 취소쟁송의 대상   취소쟁송의 대상이 되기 위해서는 그 대상행위의 성질이 처분

6) 대판 2000. 2. 22, 98두4665.
7) 대판 1984. 8. 28, 84프11.
8) 김남진·김연태(Ⅰ), 527면; 박윤흔(상), 584면; 홍정선(상), 658면; 홍준형(총론), 451면.
9) 석종현·송동수(상), 498면; 박균성(상), 523면.

성을 가져야 한다. 따라서 당사자는 행정행위로서의 성질을 갖는 계고행위와 대집행영장
에 의한 통지행위에 대해 취소쟁송을 제기할 수 있다. 또한 대집행의 실행행위는 권력적
사실행위로서의 성질을 가지므로 처분성이 인정되고 그 실행행위가 아직 종료되지 않은
경우에는 통상적으로 권리보호이익이 인정되므로, 이때에 취소쟁송의 대상이 된다.

(ᄂ) 행정쟁송의 내용    이러한 대집행절차에서의 개별적 행위에 불복하는 자는 우선
행정심판을 제기할 수 있다(<sup>행정대집행법</sup><sub>제7조</sub>). 다음 단계로서는 취소소송을 제기할 수 있다. 취
소소송의 제기에 있어서는 판례나 다수견해에 따르면, 대집행절차의 개별적 행위상호
간의 하자가 승계되는 점에 유의할 필요가 있다. 따라서 이에 따르면 불가쟁력이 발
생한 계고처분의 하자를 후행 행정행위의 위법성 사유로서 주장할 수 있게 된다.

> 대집행의 계고, 대집행영장에 의한 통지, 대집행의 실행, 대집행에 요한 비용의 납부
> 명령 등은 타인이 대신하여 행할 수 있는 행정의무의 이행을 의무자의 비용부담하에 확
> 보하고자 하는, 동일한 행정목적을 달성하기 위하여 단계적인 일련의 절차로 연속하여
> 행하여지는 것으로서, 서로 결합하여 하나의 법률효과를 발생시키는 것이므로, 선행처분
> 인 계고처분이 하자가 있는 위법한 처분이라면, 비록 그 하자가 중대하고도 명백한 것
> 이 아니어서 당연무효의 처분이라고 볼 수 없고 행정소송으로 효력이 다투어지지도 아
> 니하여 이미 불가쟁력이 생겼으며, 후행처분인 대집행영장발부통보처분 자체에는 아무
> 런 하자가 없다고 하더라도, 후행처분인 대집행영장발부통보처분의 취소를 청구하는 소
> 송에서 청구원인으로 선행처분인 계고처분이 위법한 것이기 때문에 그 계고처분을 전제
> 로 행하여진 대집행영장발부통보처분도 위법한 것이라는 주장을 할 수 있다(<sup>대판 1996.2.9.</sup><sub>95누12507</sub>).

### 2) 대집행 실행행위가 완료된 후의 단계

대집행이 이미 실행된 후에는 원칙적으로 권리보호이익이 존재하지 않으므로 취
소쟁송제기가 인정되지 않는다. 그러나 대집행실행의 종료 후에도 대집행의 취소로
인해 회복되는 법률상의 이익이 있는 경우에는 취소소송제기가 인정된다고 볼 수 있
다(<sup>행정소송법 제12</sup><sub>조 단서 참조</sub>). 통상적인 경우에는 그 위법성을 이유로 하는 손해배상 또는 원상회복청
구제기가 가능하게 되며, 종료 후에도 위법상태가 계속되는 때에는 결과제거청구 주
장이 가능하다고 볼 수 있다.

## 3. 집 행 벌

### (1) 의    의

집행벌이란 비대체적 작위의무 또는 부작위의무를 이행하지 않는 경우에, 일정한
기간 안에 의무이행이 없을 때에는 일정한 금전의무를 부과할 것을 미리 계고하여 당
사자에게 심리적인 부담을 줌으로써 그 의무를 간접적으로 이행하게 하는 수단을 말
한다. 강제금이라고도 한다. 의무이행이 없는 경우에는 일정한 금전납부의무를 부과하

게 되나, 이는 사후적인 제재로서의 성질이 아니라 의무이행의 확보에 지향된 것이므로 행정벌과 구별된다.

### (2) 인정되는 경우

집행벌은 많이 이용되는 제도는 아니며, 예외적으로만 인정되고 있다. 특히 이 제도가 논의되는 영역은 건축법과 환경법의 영역을 들 수 있다. 건축법상은 「건축법」 제80조에서 규정되고 있는 이행강제금의 형태로서 나타나고 있는바, 이에 의하면 건축법위반의 건축물에 대해 시정명령을 발한 경우에($_{제79조}^{동법}$) 이를 이행하지 않을 때에, 시정명령이행에 필요한 상당기간을 정하여 그 기한까지 이행하지 아니한 경우에 이행강제금을 부과하게 된다($_{조}^{제80}$).

> 이행강제금은 국민의 자유와 권리를 제한한다는 의미에서 행정상 간접강제의 일종인 이른바 침익적 행정행위에 속하기는 하나, 위법건축물의 방치를 막고자 행정청이 시정조치를 명하였음에도 건축주 등이 이를 이행하지 아니한 경우에 행정명령의 실효성을 확보하기 위하여 시정명령 이행시까지 지속적으로 부과함으로써 건축물의 안전과 기능, 미관을 향상시켜 공공복리의 증진을 도모하기 위한 것이므로 그 목적의 정당성이 인정된다 할 것이고, 공무원들이 위법건축물임을 알지 못하여 공사 도중에 시정명령이 내려지지 않아 위법건축물이 완공되었다 하더라도, 공공복리의 증진이라는 위 목적의 달성을 위해서는 완공 후에라도 위법건축물임을 알게 된 이상 시정명령을 할 수 있다고 보아야 할 것이며, 만약 완공 후에는 시정명령을 할 수 없다면 위법건축물을 축조한 자가 일단 건물이 완공되었다는 이유만으로 그 시정을 거부할 수 있는 결과를 초래하게 될 것이므로, 공사기간 중에 위법건축물임을 알지 못하여 시정명령을 하지 않고 있다가 완공 후에 이러한 사실을 알고 시정명령을 하였다고 하여 부당하다고 볼 수는 없고, 시정명령을 내릴 수 있는 시점을 공사 도중이나 특정 시점까지만 할 수 있다고 정해두지 아니하였다고 하여 그 침해의 필요성이 없음에도 국민의 자유와 권리를 침해하고 있다거나, 국민의 자유와 권리에 대한 본질적인 내용을 침해한 것이라고 볼 수는 없다 할 것이므로, 건축법 제83조 제 1 항 및 제69조 제 1 항에서 시정명령을 내리도록 규정하면서 그 발령 시기를 규정하지 아니한 것이 헌법 제37조 제 2 항에 위반된다고도 볼 수 없다($_{2002마362}^{대판\ 2002.8.16,}$).

환경법 영역에서는 대표적으로 배출부과금의 형태로서 나타나는바, 이에 의하면 배출허용기준을 위반하는 경우에 의무이행을 확보하기 위하여 부과되고 있다. 실정법으로는 「물환경 보전법」 제41조 제 1 항과 「대기환경보전법」 제35조 제 1 항을 들 수 있다.

## 4. 직접강제

### (1) 의 의

직접강제란 의무자가 의무를 이행하지 않는 경우에 직접적으로 의무자의 신체 또는 재산에 실력을 가함으로써 행정상 필요한 상태를 실현하는 작용을 말한다. 이때에 대상이 되는 의무에는 제한이 없다. 따라서 대체적 작위의무 뿐 아니라 비대체적 작위의무, 부작위의무, 수인의무 등 모든 의무가 대상이 된다. 이 수단은 당사자의 신체나 재산에 대한 직접적인 실력행사인 점에서 마지막 수단으로서만 제한적으로 사용가능하며, 법률의 근거하에서만 인정된다. 외형상으로는 행정상 즉시강제와 유사하나, 직접강제는 의무의 불이행을 전제로 하는 점에서 서로 구별된다.

### (2) 인정되는 경우

현행법으로서 이에 관한 일반법은 존재하지 않으며 개별법에서 예외적으로 인정되고 있다. 즉「출입국관리법」제68조의 강제출국,「공중위생관리법」제11조의 영업소나 제조업소의 폐쇄조치,「식품위생법」제79조의 영업소의 폐쇄조치 등이 그것이다. 이 수단의 사용에 있어서는 비례성의 원칙이 중요한 의미를 갖는다.

> 학원의설립·운영에관한법률 제 2 조 제 1 호와 제 6 조 및 제19조 등의 관련 규정에 의하면, 같은 법상의 학원을 설립·운영하고자 하는 자는 소정의 시설과 설비를 갖추어 등록을 하여야 하고, 그와 같은 등록절차를 거치지 아니한 경우에는 관할 행정청이 직접 그 무등록 학원의 폐쇄를 위하여 출입제한 시설물의 설치와 같은 조치를 취할 수 있게 되어 있으나, 달리 무등록 학원의 설립·운영자에 대하여 그 폐쇄를 명할 수 있는 것으로는 규정하고 있지 아니하고, 위와 같은 폐쇄조치에 관한 규정이 그와 같은 폐쇄명령의 근거 규정이 된다고 할 수도 없다(대판 2001.2.23, 99두6002).

## 5. 행정상 강제징수

### (1) 의 의

강제징수란 행정주체에 대한 공법상의 금전납부의무를 불이행한 경우에 행정기관이 의무자의 재산에 실력을 가하여 의무가 이행된 것과 같은 상태를 실현하는 강제집행을 말한다. 이때의 금전납부의무는 명칭에 무관하며, 주로 세금·부담금·수수료·분담금의 형태로 나타난다.

### (2) 근 거

이에 관한 일반법으로서는 「국세징수법」이 있다. 이 법은 원래는 국세만을 대상으로 한 것이었지만 다른 법률에서 「국세징수법」의 체납처분의 예에 의하도록 규정하고 있어 사실상 일반법으로서의 지위를 갖고 있다. 따라서 지방자치단체가 부과하는 지방세(지방자치법 제135조)나 사용료·수수료·분담금(지방자치법 제136조 이하)도 「지방세법」에 특별한 규정이 없는 한 「국세징수법」상의 체납처분이 적용되게 된다. 또한 관세에 대해서도 「관세법」에 규정이 없는 경우에는 「국세징수법」이 적용되고 있다(관세법 제26조 1항).

### (3) 절 차

「국세징수법」에 의한 강제징수의 절차는 독촉 및 체납처분으로 이루어지며 체납처분은 다시 재산압류, 압류재산의 매각, 청산의 3단계로 되어 있다. 다수견해와 판례에 의하면 이들 행위들은 서로 결합하여 하나의 동일한 법적 효과를 완성하는 관계에 있으며, 따라서 불가쟁력이 발생한 선행행위의 위법적인 하자는 후행행위에 승계되게 된다.

#### 1) 독 촉

독촉이란 납세의무자에게 일정기간 내에(동법 제23조 1항과 2항에 의하면 10일 이내) 이행을 최고하고 그 불이행시에 체납처분을 할 것을 예고하는 통지행위이다. 다수견해는 이를 준법률행위적 행정행위로 본다. 이때에 납기 전 징수의 경우에는 예외적으로 독촉절차 없이 다음 단계를 진행할 수 있다(국세징수법 제23조 1항 단서). 독촉절차를 결하는 경우의 체납처분은 무효라고 보는 것이 타당하나, 판례는 비록 독촉절차 없이 압류처분을 한 경우에도 중대하고 명백한 하자로 인정하지 않고 있다.[10]

#### 2) 체납처분

이는 강제징수의 본질적인 내용으로서 다음의 단계로 구성되고 있다.

(개) 재산압류 이는 체납국세의 징수를 실현하기 위하여 체납자의 재산을 보전하는 강제행위로서 행정행위성을 가지며, 압류재산의 법률상·사실상의 처분을 금지시키는 것이 그 효력이다. 그 대상이 되는 재산은 체납자의 소유로서, 금전적 가치를 가지며 양도가능한 재산이다. 따라서 체납자가 아닌 제 3 자의 소유물건을 대상으로 한 압류처분은 무효이다. 판례에 의하면 이때에는 그 하자가 객관적으로 명백한 것인지의 여부와는 관계없이 그 처분의 내용이 법률상 실현될 수 없는 것이어서 당연무효라고 본다.[11] 그러나 일정한 재산에 대해서는 압류가 금지되거나 제한되기도 한다(동법 제31조 이하 참조). 체납세금의 납부 등 기타 일정한 사유가 있는 경우에는 세무서장은 압류를 해제해야 하거나 해제할 수 있다(동법 제53조 이하).

---

10) 대판 1987. 9. 22, 87누383.
11) 대판 1993. 4. 27, 92누12117.

(내) **압류재산의 매각**　　압류재산은 통화를 제외하고 공매에 붙여 금전으로 환가하게 된다(동법 제61조). 공매는 입찰 또는 경매의 방법에 의하나 예외적으로 수의계약에 의하기도 한다(동법 제62조). 공매의 법적 성질에 대해, 판례는 우월한 공권력의 행사로서 행정처분이라고 보고 있다.12) 한편 판례는 압류의 원인이 된 부가가치세가 완납되었음에도 양도소득세 등 징수처분에 따른 양도소득세 등이 체납되었음을 이유로 하여 압류가 해제되지 아니한 채 공매절차가 진행된 경우, 위 양도소득세 등 징수처분이 무효라면 토지에 대한 공매처분 역시 당연무효라고 보고 있다.13)

(다) **청 산**　　청산이란 체납처분의 집행으로 수령한 금전을 체납국세·지방세·공과금·전세권·질권·저당권 등에게 배분하고, 잔여분이 있으면 체납자에게 지급하고, 부족하면 민법 등의 법령에 의하여 배분할 순위와 금액을 정하여 배분하는 것을 말한다(동법 제80조 이하).

> 구 택지소유상한에관한법률 제30조는 "부담금의 납부의무자가 독촉장을 받고 지정된 기한까지 부담금 및 가산금 등을 완납하지 아니한 때에는 건설교통부장관은 국세체납처분의 예에 의하여 이를 징수할 수 있다"고 규정함으로써 국세징수법 제3장의 체납처분규정에 의하여 체납 택지초과소유부담금(이하 '부담금'이라 한다)을 강제징수할 수 있었으나, 1999. 4. 29. 같은 법 전부에 대한 위헌결정으로 위 제30조 규정 역시 그 날로부터 효력을 상실하게 되었고, 위 규정 이외에는 체납 부담금을 강제로 징수할 수 있는 다른 법률적 근거가 없으므로, 위 위헌결정 이전에 이미 부담금 부과처분과 압류처분 및 이에 기한 압류등기가 이루어지고 위 각 처분이 확정되었다고 하여도, 위헌결정 이후에는 별도의 행정처분인 매각처분, 분배처분 등 후속 체납처분 절차를 진행할 수 없는 것은 물론이고, 기존의 압류등기나 교부청구만으로는 다른 사람에 의하여 개시된 경매절차에서 배당을 받을 수도 없다(대판 2002.7.12, 2002두3317).

## (4) 강제징수절차에 대한 불복

이러한 절차에 불복하는 당사자는 행정쟁송절차에 따라 강제징수절차상의 행위의 취소 또는 변경을 청구할 수 있다. 이때의 행정심판에 대해서는 행정심판전치주의가 적용되며, 그 내용은 특별법인 「국세기본법」에 별도의 규정이 마련되고 있다. 즉, 당사자는 국세청장에게 제기하는 심사청구 또는 조세심판원장에게 제기하는 심판청구 중에서 하나를 선택하여 행정심판을 제기하도록 규정하고 있다(제55조 9항). 이러한 규정이 적용되는 한은 일반법인 「행정심판법」 적용이 배제된다(국세기본법 제56조 1항). 또한 행정소송에 대해서도 약간의 특칙이 규정되고 있다. 그러나 지방세의 경우에는 이러한 행정심판전치주의가 적용되지 않는다(지방세기본법 제98조).

---

12) 대판 1984. 9. 25, 84누201.
13) 대판 2001. 6. 1, 99다1260.

## Ⅲ. 행정상 즉시강제

### 1. 의 의

#### (1) 개 념

행정상 즉시강제의 개념에 대해서는 '목전에 급박한 행정상의 장해를 제거할 필요가 있으나 미리 의무를 명할 시간적 여유가 없을 때, 또는 성질상 의무를 명하여서는 목적달성이 곤란한 때에 즉시 국민의 신체 또는 재산에 실력을 가하여 행정상의 필요한 상태를 실현하는 작용'을 말한다고 이해되고 있다.

#### (2) 다른 개념과의 구별

즉시강제는 행정상의 의무존재를 요하지 않고 의무불이행을 전제로 하지 않는다는 점에서 직접강제와 행정상 강제집행과 구별된다. 또한 행정조사와는 그 수단의 목적을 기준으로 구별될 수 있다. 즉 행정조사는 정보나 자료의 수집을 목적으로 하는 데 반하여, 즉시강제는 행정상 필요한 상태를 실현하기 위한 목적을 갖는 점에서 서로 구별된다.

#### (3) 법적 성질

즉시강제는 사실행위로서의 성질을 갖는다. 그러나 당사자의 신체나 재산에 대한 실력행사인 점에서, 단순한 비권력적 사실행위가 아니라 권력적 성질을 갖는 사실행위로서 평가되고 있다. 따라서 처분개념에 관한 어느 입장에 따르든 행정쟁송의 대상인 처분성이 인정되고 있다.

### 2. 법적 근거

즉시강제는 당사자의 기본권에 직접 관련됨에 비추어, 과거와 같이 국가의 일반긴급권이론에 의해 정당화되지 못하고 법치주의의 요청에 따라 엄격한 법적 근거하에서만 인정될 수 있다. 이에 따른 실정법으로서는 일반법으로서의 성격을 갖는 「경찰관 직무집행법」과, 개별법으로서 「마약류 관리에 관한 법률」, 「소방기본법」, 「감염병의 예방 및 관리에 관한 법률」, 「식품위생법」 등이 있다.

### 3. 발동의 한계

#### (1) 실체적 한계

행정상 즉시강제는 당사자에 대한 부담적 행정작용으로서의 의미를 가지므로, 그 발동을 위하여는 엄격한 법적 근거가 존재해야 한다. 이때의 즉시강제의 발동요건에 관한 법률규정은 매우 다의적으로 표현되고 있으므로 이를 내용면에서 구속하기 위한 조리상의 한계가 의미를 갖게 된다. 이때에는 특히 비례성의 원칙이 중요하며, 따라서 적합성의 원칙, 필요성(<sub>최소침해</sub><sup>또는</sup>)의 원칙 및 상당성의 원칙이 적용된다. 이외에도 시간적 한계로서 급박성의 한계를 설명하기도 한다.

### (2) 절차적 한계(영장주의의 적용문제)

행정상 즉시강제에서는 절차적 한계로서 사전영장의 원칙이 타당한가 여부가 문제된다. 영장의 필요성에 관하여는 명문규정이 없으므로 학설이 대립한다.

영장불요설은 영장주의가 연혁상 형사사법상의 원칙과 관련된다는 점과, 모든 즉시강제에 대하여 영장주의를 관철하려는 것은 실질적으로 즉시강제를 부정하는 결과를 초래한다는 점 등을 논거로 하여 그 필요성을 부정한다.[14]

영장필요설은 이에 반해 헌법상의 기본권보장의 취지에 비추어, 그리고 즉시강제의 경우도 형사사법의 경우와 마찬가지로 신체와 재산에 대한 실력작용이라는 점에서 영장을 필요로 한다고 본다.[15]

그러나 절충적인 견해가 일반적인 다수의 견해이다. 이에 따르면 행정상 즉시강제 행위도 당사자의 기본권을 침해할 가능성이 많은 국가작용이므로 원칙적으로 영장주의 이념은 적용되어야 할 것이다. 따라서 가급적 사전영장의 발부를 거쳐 행하여질 필요가 있다고 본다. 그러나 실무상 행정상 즉시강제는 행위의 긴급성의 이유로 인하여 사전에 법관의 영장을 요구할 수 없는 것이 일반적이다. 따라서 행정목적 달성을 위하여 불가피하다고 인정할만한 합리적인 이유가 있는 경우에는 사전영장 없이도 즉시강제 조치를 할 수 있다고 볼 수 있다. 그러나 이때에도 당해 행위가 형사상 책임을 묻기 위한 목적을 갖는 경우에는 사전영장원칙에서 배제될 수 없을 것이다.

## 4. 구체적 수단

### (1) 대인적 강제

이에는 「경찰관 직무집행법」상의 조치인 불심검문·보호조치·위험발생방지조치·무기사용 등과 개별법상의 조치인 「감염병의 예방 및 관리에 관한 법률」상의 강제격리(<sub>조</sub><sup>제42</sup>), 「마약류 관리에 관한 법률」상의 치료보호(<sub>조</sub><sup>제40</sup>), 「출입국관리법」상의 강제퇴거(<sub>조</sub><sup>제46</sup>) 등이 있다.

출입국관리법 제63조 제 1 항은, 강제퇴거명령을 받은 자를 즉시 대한민국 밖으로 송

---

14) 박윤흔(상), 602면.
15) 그러나 이 견해는 과거의 학설로서만 의미를 가지며, 오늘날 이러한 견해를 주장하는 입장은 존재하지 않는다.

환할 수 없는 때에 송환이 가능할 때까지 그를 외국인 보호실·외국인 보호소 기타 법무부장관이 지정하는 장소에 보호할 수 있도록 규정하고 있는바, 이 규정의 취지에 비추어 볼 때, 출입국관리법 제63조 제 1 항의 보호명령은 강제퇴거명령의 집행확보 이외의 다른 목적을 위하여 이를 발할 수 없다는 목적상의 한계 및 일단 적법하게 보호명령이 발하여진 경우에도 송환에 필요한 준비와 절차를 신속히 마쳐 송환이 가능할 때까지 필요한 최소한의 기간 동안 잠정적으로만 보호할 수 있고 다른 목적을 위하여 보호기간을 연장할 수 없다는 시간적 한계를 가지는 일시적 강제조치라고 해석된다(<sup>대판 2001.10.26,</sup><sub>99다68829</sub>).

### (2) 대물적 강제

이에는 「경찰관 직무집행법」상의 조치인 무기 등 물건의 임시영치 조치 등과 개별법상의 조치인 「식품위생법」상의 물건의 폐기·수거조치, 「청소년 보호법」상의 유해매체물의 수거·파기(제44조), 「소방기본법」상 물건에 대한 강제처분(제25조) 등이 있다.

### (3) 대가택 강제

이에는 「경찰관 직무집행법」상의 가택출입과 개별법상의 조치인 「조세범 처벌절차법」 등에 의한 임검·검사 및 수색 등이 있다.

## 5. 권리구제문제

### (1) 적법한 즉시강제에 대한 구제

이는 특히 급박한 행정목적달성을 위하여 제 3 자에 대하여 즉시강제가 행해지는 경우가 문제되며, 이에 대해서는 특별한 희생을 인정하여 법률규정에 따라 적절한 보상을 해야 한다(<sup>예컨대 소방기본법 제25조 4항에</sup><sub>의한 강제처분시의 손실보상 등</sub>). 그러나 이때에 손실보상에 관한 법률규정이 없는 경우에 대해서는 독일의 이론을 도입하여 수용유사침해이론이나 수용적 침해이론에 의해 손실보상을 인정하자는 견해가 주장되고 있다.16) 그러나 이러한 이론들은 우리나라에서의 적용에 많은 문제가 존재하므로 인정될 수 없다고 보며, 입법적으로 해결될 수밖에 없을 것이다.

### (2) 위법한 즉시강제에 대한 구제

#### 1) 행정쟁송수단

즉시강제는 권력적 사실행위로서의 성질을 가지므로 행정심판과 행정소송의 대상이 된다. 그러나 즉시강제는 단기간의 행위로 종료하는 경우가 보통이므로 통상적인 때에는 권리보호의 이익이 존재하지 못하여 행정쟁송의 대상이 되지 못한다. 따라서 예외

---

16) 김남진·김연태(Ⅰ), 546면.

적으로 계속적인 성질을 갖기에 아직 종료되지 않은 경우와 이미 종료된 때에도 그 취소로 회복되는 법률상 이익이 있는 경우에만 취소소송의 제기가 가능하게 된다.[17]

### 2) 행정상 손해배상

즉시강제가 이미 종료하여 행정쟁송이 불가능한 통상적인 경우에는, 그 행위로 인한 위법한 재산권침해행위에 대한 손해배상이 실효적인 권리구제방법이 된다.

# 제 2 절   행 정 벌

## I. 의    의

### 1. 개    념

행정벌이란 행정법상의 의무위반에 대하여 일반통치권에 근거하여 일반사인에게 사후적인 제재로서 과하는 처벌로서, 행정법상의 간접적인 의무이행확보수단이다. 이에는 행정형벌과 행정질서벌이 있다. 행정벌도 처벌의 일종이므로 기본권보호를 위하여 법적 근거를 필요로 한다. 물론 이때에는 법률 이외에 행정입법(법규명령)이나 자치입법(조례)에 의한 행정벌도 가능하나, 이때에는 위임입법상의 한계가 준수되어야 한다.

### 2. 다른 개념과의 구별

#### (1) 징계벌과의 구별

징계벌은 특별행정법관계에 있는 자에 대해 특별권력의 발동으로서 과하여지는 점에서 일반권력관계에 기초하는 행정벌과 구별된다. 양자는 그 목적·대상·처벌의 권력적 기초가 다르므로 일사부재리의 원칙(헌법제13조)이 적용되지 않는다.

#### (2) 행정상 강제집행과의 구별

이때에는 특히 강제집행의 유형인 집행벌과의 구별이 논의가 되나, 행정벌은 과거 의무위반에 대하여 가해지는 제재로서의 성격을 가지는 데 반하여, 집행벌은 의무의 불이행에 대하여 장래의 이행을 확보하기 위한 목적에서 행해지는 점에서 차이를 갖는다.

#### (3) 형사벌과의 구별

이때에는 특히 행정형벌과 형사벌의 구별이 문제된다. 양자의 구별을 부정하는

---

17) 「행정소송법」 제12조 2문 참조.

입장에 의하면, 양자 모두 가벌적인 행위로서 구성요건에 해당하는 위법·유책의 행위라고 본다. 그러나 이 견해는 양자의 질적 차이를 부정하고 있는 점에서 비판받고 있다. 오히려 일반적인 견해는 양자의 차이를 인정하는 긍정설에 따르고 있다. 이에는 다시 구별기준에 따라 여러 견해가 주장되고 있다. 즉, 침해되는 이익을 기준으로 하는 견해, 침해되는 규범의 성질을 기준으로 하는 견해, 윤리를 표준으로 하는 견해, 생활질서의 차이를 기준으로 하는 견해 등이 있으나 일반적인 견해는 양자를 윤리·도덕과의 관계에서 찾고 있다. 즉 형사범은 국가의 제정법 이전에 문화규범이나 도덕규범을 침해한 자연범의 성격을 가지나, 행정범은 행위의 성질 자체는 반윤리성·반사회성을 갖는 것은 아니나 특정한 행정목적의 실현을 위한 국가의 제정법을 침해한 법정범이라는 점에서 차이를 나타낸다. 따라서 윤리나 도덕이 사회변화에 따라 가변적이듯이 행정범과 형사범의 관계도 서로 유동적인 것으로 인정된다.

## 3. 행정벌의 종류

처벌의 대상에 따라 경찰벌·재정벌·군정벌 등으로 나뉘기도 하나 실질적으로 의미가 있는 분류는 처벌의 내용에 따른 행정형벌과 행정질서벌의 분류이다. 전자는 형법상의 형벌이 과하여지는 행정벌을 의미하고, 후자는 과태료가 과하여지는 행정벌을 말한다. 통상적으로는 위반되는 행정법상의 의무의 내용이나 정도가 중한 경우에 행정형벌이, 그 이외의 경우에는 행정질서벌이 부과된다. 그러나 행정형벌은 형벌로서의 성격도 갖는 것이므로 신중히 행해져야 하며, 행정질서벌에 의해서도 충분히 그 효과가 기대되는 경우에는 이로 대체되어야 할 것이다. 물론 행정형벌이 형벌로서의 성격을 갖는다는 이유만으로 행정벌의 내용에서 배제될 필요는 없을 것이다. 그러나 행정형벌과 행정질서벌은 그 목적이나 기능면에서 현실적으로 서로 중복되는 면이 없지 않으므로, 동일행위에 대해 양자를 부과하는 것은 이중처벌금지 정신에 배치될 수 있게 된다. 그러나 동일인이라도 그 대상행위가 다른 경우에 양자를 각각 부과하는 것은 그 보호법익과 목적에서 차이를 갖게 되므로 이중처벌에 해당하지 않게 된다.

> 허가 없이 행한 건축 또는 용도변경행위에 대해 벌금을 부과하고, 이러한 위법건축물에 대해 시정명령을 발하였으나 시정하지 않아 과태료를 부과한 경우는 양자의 처벌 또는 제재대상이 다른 경우에 해당하므로 헌법 제13조 제 1 항이 금지하는 이중처벌에 해당하지 않는다. 만일 무허가건축행위에 벌금 등 형사처벌만으로 제재가 끝나 더 이상 시정할 수 없다면, 건축법이 추구하는 건축물의 안전·기능 및 미관을 향상시킴으로써 공공복리의 증진을 도모한다는 목적을 달성할 수 없게 될 것이다(헌재 1994.6.30, 92헌바38).

## 4. 행정형벌의 의미에 관한 새로운 논의

행정형벌에 관해서는 행정형벌이 갖는 형벌로서의 특성으로 인해 형법상의 문제로서 고찰하는 것이 타당하고, 행정법상의 의무이행수단으로서는 독일의 경우처럼 행정질서벌만을 고찰의 대상으로 하는 것이 타당하다는 견해가 주장되고 있다.[18] 이러한 주장들은 그 논거로서 행정형벌의 과잉현상으로 인해 전국적으로 매년 많은 수의 전과자를 양산하는 부작용을 낳고 있다는 점과,[19] 행정형벌은 그 내용에 있어서 형법과 많은 관련을 갖는 것이고 현실적으로 행정법 영역에서 할 수 있는 일이란 범법사실에 대한 고발정도에 그치는 것이라는 사실을 강조한다.[20]

물론 행정형벌의 무분별한 적용은 국민의 기본권보호의 차원에서 많은 문제를 야기하게 됨은 부정할 수 없는 사실이며, 경우에 따라서는 사안에 따라서 행정질서벌로 대체하도록 하는 것도 필요할 것이다. 이러한 입장에서 현재의 추세는 개별적인 대상에 따라 점차로 행정질서벌로 대체되고 있는 것도 사실이다. 그러나 행정형벌에 있어서 간과해서는 안 될 사실은 행정형벌은 단순하게 사후적인 제재를 과한다는 점에만 그 의미가 있는 것이 아니라, 이를 통하여 간접적으로 행정법상의 의무이행을 확보하기 위함이 그 기능이라는 점과, 오늘날의 행정법상의 의무이행은 경우에 따라서는 형벌과 연계할 때에만 그 실효적인 확보가 가능하게 되고 있다는 것이 현실이라는 점이다.

따라서 행정형벌에 의할 것인지 또는 행정질서벌에 의할 것인지의 선택은 대상이 되는 행정법상의 의무내용의 중요성에 따라서 개별적으로 검토되어야 하며, 획일적으로 논할 수는 없을 것이다. 단순한 과태료의 부과만에 의할 때에는 경우에 따라서는 부과되는 금전액수의 부담정도에 따라 의무 위반에 대한 제재나 의무이행의 확보가 사실상 거의 불가능하게 되며, 이로 인해 행정목적달성은 당사자의 권리보호라는 미명하에 포기될 수밖에 없을 것이다. 이러한 문제는 특히 환경행정이나 영업행정의 영역에서 두드러지게 나타나고 있는데, 이 영역에 있어서 실효성 없는 액수의 과태료의 부과만에 의할 때에는 당사자로 하여금 의무이행보다는 불이행의 대가로서 금전부담을 선호하는 경향을 낳게 될 것이며, 이로 인해 오히려 전체국민의 건강이나 환경에 관련된 기본권을 대가로서 희생해야 하는 문제가 발생할 수 있게 된다.

물론 행정형벌은 그 내용에 있어서 형벌과 많은 관련을 갖는 것이며, 이 점에서 행정법 영역에서 할 수 있는 일도 범법사실에 대한 고발정도로 제한될지도 모른다. 그러나 이는 단순하게 형사상의 소추 면에만 국한된 고찰에 불과하며, 이를 통하여

---

18) 박윤흔(상), 626면 이하; 홍준형(총론), 494면 이하.
19) 박윤흔(상), 626면.
20) 홍준형(총론), 494면.

달성하고자 하는 행정법상의 의무이행확보의 측면은 간과되고 있는 문제가 있다. 행정법과 형법의 관계는 실질적으로는, 행정벌을 통해 달성하려는 행정법상의 의무이행확보를 위하여 행정법의 필요에 의하여 형법의 도움에 의존하는 관계에 있는 것이며 이러한 이유로 형법이론의 도움이 필요로 되는 것이다.

　　따라서 행정법에서 행정형벌이 갖는 비중은 여전히 중요하다고 보아야 하며, 오히려 논의의 중점은 형법과의 기능적인 협동작업을 여하히 수행할 것인가에 주어지는 것이라고 보아야 할 것이다. 이를 위해서는 우선 행정법에서 행정벌의 그 본래의 기능차원에서의 연구작업이 진행되어야 할 것이다. 이와 관련하여 이미 형법 영역에서는 행정법과의 관계연구에 많은 비중을 두고 연구가 진행 중인 것이 사실이다. 따라서 행정형벌의 문제를 형법의 문제만으로 평가한다는 것은, 그 기능의 측면에서 보아 그리고 전체내용의 체계적인 검토에 비추어 일면적인 고찰에 불과하다고 보아야 할 것이다. 오히려 행정형벌의 문제는 행정법적 측면에서의 이론과 형법측면에서의 이론의 합동작업이 필요한 영역으로 평가되어야 할 것이다.[21]

## Ⅱ. 행정벌의 근거

### 1. 법률의 근거

　　행정벌에 의해 당사자에게 부과되는 제재는 신체의 자유나 재산권에 대한 제한의 의미를 갖는다. 따라서 행정벌의 부과를 위해서는 죄형법정주의($\binom{행정형벌}{의 경우}$)와 재산권보호의 취지에서($\binom{행정질서벌}{의 경우}$) 법률의 근거를 필요로 하게 된다. 이때에 법률은 별도의 법률을 의미하지 않고, 통상적으로는 의무를 명하는 법률에서 동시에 의무위반에 대한 벌칙조항을 규정하고 있다($\binom{식품위생법, 공중위생관리법,}{건축법, 환경관계법률 등}$).

### 2. 그 밖의 근거

　　행정벌은 법률 이외에 하위명령에 의해서도 부과될 수 있다. 따라서 법규명령의 형식을 통하여서도 행정형벌과 행정질서벌이 부과될 수 있으나, 이때에는 위임입법의 한계가 준수되어야 한다. 특히 그 구성요건과 처벌의 최고한도에 대해서는 위임하는 법률에서 구체적으로 규정하여 위임되어야 한다. 또한 지방자치단체의 자치입법인 조례에 의해서도 행정벌규정이 가능하나, 「지방자치법」은 조례위반에 대하여 행정형벌은 인정하지 않고, 행정질서벌인 1천만 원 이하의 과태료부과만을 정할 수 있도록 하고 있다($\binom{제27조}{1항}$). 이는 개정 전의 「지방자치법」 제20조가 행정형벌을 규정하고 있는 데 대하

---

21) 이와 관련된 문제는 류지태, "환경행정법과 환경형법", 환경법연구, 제14권(1992), 61면 이하와 동 논문에서 참고한 독일문헌 참조.

여 죄형법정주의에 반한다는 비판을 반영하는 것으로 보이나,「지방자치법」제22조 단
서에 의해 법률의 개별적인 위임이 존재하는 한, 여전히 별도의 행정형벌을 조례로서
정할 수 있다고 보아야 할 것이다. 또한 사용료, 수수료 또는 분담금의 징수를 사기나
부정한 방법으로 면한 자에 대해서는 면한 액수의 5배 이내의 과태료를, 공공시설을
부정사용한 자에 대하여는 50만 원 이하의 과태료를 조례로서 정할 수 있다(지방자치법 제139조).

## Ⅲ. 행정벌의 특수성

행정벌은 형사벌과 기본적으로 그 성질을 달리하는 것이지만 이에 관한 별도의
적용규정은 존재하지 않는다. 따라서 그와 성질이 유사한 다른 규정의 적용가능성 여
부를 검토할 수밖에 없다.

### 1. 행정형벌의 경우

우선 행정형벌의 경우는 그 처벌수단의 성격상 형사벌과 공통되기 때문에, 이에
대해서 어느 범위에서 형법이나「형사소송법」의 규정이 적용될 것인지가 문제된다.

#### (1) 형법총칙의 적용문제

형법 제8조 본문에 따라서 원칙적으로 행정형벌의 경우에도 형법총칙규정은 적
용된다. 그러나 제8조 단서에 의해 특별한 명문규정이 있거나 그 규정의 해석상 다
른 특수성이 인정되는 때에는 형법총칙 규정은 배제될 수 있다. 그러나 행정형벌에
관하여 구체적으로 어떤 내용의 형법총칙 내용이 적용가능한지는 구체적으로 검토해
야 한다. 이러한 검토대상으로는 고의·과실·타인의 행위에 대한 책임문제·법인의
책임문제·책임능력·경합범·공범·누범·형량의 감경문제 등이 해당한다. 이러한
대상들은 개별행정법에서 그 적용을 배제하는 규정을 두고 있는 경우가 적지 않고,
이때에는 행정형벌에 적용되지 않게 된다.

#### (2) 형사소송법의 적용문제

행정형벌도 원칙적으로는「형사소송법」이 정하는 절차에 따라 과해지는 것이나,
이에는 예외적인 과벌절차가 인정되고 있다.

##### 1) 통고처분

통고처분이란 행정법상의 의무위반자에게 정식재판에 갈음하여 행정청이 일정한
벌금이나 과료에 상당하는 금액의 납부를 명하는 것을 말한다. 이에 대해서 당사자가
법정기간 내에 통고된 내용에 따른 행위를 한 경우에는 처벌절차가 종료하게 되며,

이행되지 않은 경우에는 당해 행정청의 고발에 의해 일반적인 형사소송절차로 이행된다. 통고처분에 대해서는 형사소송절차에 의한 재판절차가 보장되고 있으므로 행정처분의 성질이 인정되지 않으며, 따라서 통고처분의 취소를 구하는 행정쟁송은 인정되지 않는다.[22] 현행법상으로는 조세범, 전매범, 관세범, 출입국관리사범, 교통사범 등에 대하여 인정되고 있다.

### 2) 즉결심판절차

행정형벌의 부과를 위해서는 그 밖에도 일반형벌의 경우와 동일한 절차로서 즉결심판절차가 인정되고 있다. 이는 20만 원 이하의 벌금, 구류 또는 과료의 행정벌을 경찰서장의 청구에 의하여 지방법원, 지원 또는 시·군법원의 판사에 의해 부과하는 것으로서(법원조직법 제34조, 즉결심판에 관한절차법 제2조, 제3조), 이에 불복하는 당사자는 정식재판을 청구할 수 있다.

## 2. 행정질서벌의 경우

### (1) 형법총칙의 적용문제

행정질서벌은 행정법상의 경미한 의무위반행위에 대하여 제재로서 과태료를 과하는 행정벌이다. 이는 형벌의 성질을 갖지 않으므로 형법총칙의 적용을 받지 않는 것이 원칙이다.

따라서 종래 행정질서벌은 객관적인 의무위반 자체에 대해 처벌이 연계되어 인정되는 것이므로 행위자의 고의나 과실요건은 요하지 않는 것으로 보았다. 이와 같이 책임요건을 요구하지 않은 것은 이를 인정할 때에는 행정청이 입증을 하여야 하기 때문에, 이점을 고려한 다분히 행정편의적인 사정이 반영된 것으로 보인다. 그러나 과태료는 당사자에게 미치는 재산상의 불이익인 점에 비추어 책임요건을 요구하지 않는 것은 재고의 여지가 있었다. 이를 반영하여 「질서위반행위규제법」[23]에서는 고의 또는 과실이 없는 질서위반행위에 대해서는 과태료를 부과하지 아니한다고 규정하고 있다(동법 제7조). 그 밖에도 동법에서는 질서위반행위법정주의(동법 제6조), 위법성의 착오(동법 제8조), 책임연령(동법 제9조), 심신장애(동법 제10조), 다수인의 질서위반행위(동법 제12조) 및 수개의 질서위반행위(동법 제13조) 등에 대해 직접 규정하고 있기 때문에 형법총칙이 적용될 여지는 더욱 없게 되었다.

이처럼 행정질서벌은 원칙적으로 형법총칙의 적용이 없고 목적도 달리하는 것이어서 행정질서벌로 과태료처분을 받은 자에 대해 형벌을 과하는 것은 일사부재리의 원칙에 반하는 것이 아니다.[24] 그러나 행정형벌과 행정질서벌은 모두 행정벌이므로,

---

22) 대판 1980. 10. 14, 80누380.
23) 2007년 12월 21일 법률 제8725호. 이 법은 법률상 의무의 효율적인 이행을 확보하고 국민의 권리와 이익을 보호하기 위하여 질서위반행위의 성립요건과 과태료의 부과·징수 및 재판 등에 관한 사항을 규정하기 위해 제정되었다(제 1 조).
24) 대판 1989. 6. 13, 88도1983.

동일한 사유에 의해 동일한 사람에 대해 병과하는 것은 바람직하지 않을 것이다.

　　구 건축법 제54조 제 1 항에 의한 무허가 건축행위에 대한 형사처벌과 이 사건 규
정에 의한 시정명령 위반에 대한 과태료의 부과는 헌법 제13조 제 1 항이 금지하는
이중처벌에 해당한다고 할 수 없고, 또한 무허가 건축행위에 대하여 형사처벌을 한
후에라도 그 위법행위의 결과 침해된 법익을 원상회복시킬 필요가 있으므로 이를 위
한 행정상 조치로서 시정명령을 발하고 그 위반에 대하여 과태료를 부과할 수 있도
록 한 것이 기본권의 본질적 내용을 침해하는 것이라고 할 수도 없다 할 것이다. …
다만, 행정질서벌로서의 과태료는 행정상 의무의 위반에 대하여 국가가 일반통치권에
기하여 과하는 제재로서 형벌(특히 행정형벌)과 목적·기능이 중복되는 면이 없지
않으므로, 동일한 행위를 대상으로 하여 형벌을 부과하면서 아울러 행정질서벌로서의
과태료까지 부과한다면 그것은 이중처벌금지의 기본정신에 배치되어 국가 입법권의
남용으로 인정될 여지가 있음을 부정할 수 없다(헌재 1994.6.30,/92헌바38).


### (2) 과벌절차[25]

#### 1) 개　　관

　　과태료의 부과·징수절차에 대하여 법이 규정하는 바가 있다면 그에 의하여야 한
다. 예컨대「지방자치법」제139조 제 2 항 소정의 과태료의 부과·징수절차에 대하여는
사용료·수수료·분담금의 경우와 더불어「지방세법」에 의하게 된다. 판례도 구「지방
자치법」제130조 제 2 항 소정의 과태료의 부과징수는「지방세법」에 따른 절차에 의하
여야 할 것이므로, 그 과태료의 부과처분에는「지방세법」제 1 조 제 1 항 제 5 호, 제25조
제 1 항 및 그 시행령 제 8 조의 규정을 준용하여, 납부할 과태료의 종목, 부과의 근거가
되는 법률 및 당해 지방자치단체의 조례의 규정, 납부의무자의 주소, 성명, 과태료액,
납기, 납부장소, 부과의 위법 및 착오가 있는 경우의 구제방법 등을 기재한 부과고지서
에 의하여야 할 것이고, 그 납부고지서에 과태료액과 납부기한, 고지기일 및 납부장소
만을 기재하였다면 적법한 과태료부과처분이라 할 수 없다고 판시한 바 있다[26].

　　그러나 종래 개별 행정법규상 과태료부과에 대해서는 대부분 별도의 부과절차가
예정되어 있지 않았다. 하지만 과태료부과가 행정행위로서의 성질을 갖는 경우에는「행
정절차법」에 따른 행정절차적 사항이 준수되어야 할 것이다. 이와 관련해서는 과태료가
실질적으로는 당사자의 재산권에 불이익을 발생하게 된다는 점을 감안한다면, 이와 같
이 과태료부과절차가 제대로 마련되고 있지 못한 것은 원칙적으로 헌법상 적법절차의
취지와 부합하지 못하는 것이라는 비판도 제기되었다.[27] 이러한 비판을 의식하여 전형

---

25) 이하의 내용은 류지태, "행정질서벌의 체계", 법조, 2002. 12, 50면 이하 참조.
26) 대판 1992. 11. 13, 92누1285.
27) 藤田宙靖, 行政法 I, 262면.

적인 과태료부과시에 과거와는 달리 ―행정행위적 성질의 부정하에서도― 이러한 행정
절차적 측면을 강화하는 개별입법들이 나타났다. 그러한 예로는 「공중위생관리법시행
령」(2008. 6. 30. 대통령령 제20890호로 개정되기 전의 것) 제11조를 들 수 있는데, 동 규정
에 따르면 과태료를 부과하는 때에는 사전통지절차와 의견진술절차를 거치도록 하였
다.28) 이는 과거에 책임요건을 묻지 않고 과태료를 부과할 수 있었던 대신, 이러한 경
우에 고려되어야 할 당사자의 개별적인 사정들을 반영하기 위한 절차적 장치를 마련한
것으로 평가하여 볼 수 있다.

이처럼 행정질서벌의 부과·징수절차에 대하여 개별법에서 별도로 정하는 바가
없다면 일반법인 「질서위반행위규제법」이 적용된다.29) 동법에서 정하는 몇 가지 절차
들을 정리하면 다음과 같다.

### 2) 부과주체

행정질서벌인 과태료는 원칙적으로 행정청에 의하여 부과된다. 그러나 과태료부
과에 대해 이의를 제기하는 경우에는 원칙적으로 관할법원에 의한 과태료재판의 절차
로 이전하게 되므로, 이때에는 과태료가 최종적으로 법원에 의하여 부과되어진다.

> 구 건축법 제56조의2 제 1, 4, 5항 등에 의하면, 부과된 과태료처분에 대하여 불복
> 이 있는 자는 그 처분이 있음을 안 날로부터 30일 이내에 당해 부과권자에게 이의를
> 제기할 수 있고, 이러한 이의가 제기된 때에는 부과권자는 지체 없이 관할법원에 그
> 사실을 통보하여야 하며, 그 통보를 받은 관할법원은 비송사건절차법에 의하여 과태
> 료의 재판을 하도록 규정되어 있어서, 건축법에 의하여 부과된 과태료처분의 당부는
> 최종적으로 비송사건절차법에 의한 절차에 의하여만 판단되어야 한다고 보아야 하므
> 로, 그 과태료처분은 행정소송의 대상이 되는 행정처분이라고 볼 수 없다(대판 1995.7.28, 95누2623).

### 3) 부과대상자

「질서위반행위규제법」에서 말하는 질서위반행위란 법률(조례를 포함한다)상의 의
무를 위반하여 과태료를 부과하는 행위를 말하는바(제2조 1호), 이 법에 의한 과태료의 부과
대상자에는 자연인 뿐 아니라 법인 및 법인이 아닌 사단·재단으로서 대표자 또는 관
리인이 있는 것을 포함한다. 이하 이들을 '당사자'라 통칭한다(제2조 3호). 여기에는 다음과
같은 특칙이 있다.

㈎ 법인의 대표자, 법인 또는 개인의 대리인·사용인 및 그 밖의 종업원이 업무에
관하여 법인 또는 그 개인에게 부과된 법률상의 의무를 위반한 때에는 법인 또는 그
개인에게 과태료를 부과한다(제11조 1항).

---

28) 다만 동 규정은 「질서위반행위규제법」이 제정되면서 2008. 6. 30. 삭제되었다.
29) 과태료의 부과·징수, 재판 및 집행 등의 절차에 관한 다른 법률의 규정 중 이 법의 규정에
저촉되는 것은 이 법으로 정하는 바에 따른다(동법 제 5 조).

㈏ 2인 이상이 질서위반행위에 가담한 때에는 각자가 질서위반행위를 한 것으로 본다. 특히 신분에 의하여 성립하는 질서위반행위에 신분이 없는 자가 가담한 때에는 신분이 없는 자에 대하여도 질서위반행위가 성립한다. 이때 신분에 의하여 과태료를 감경 또는 가중하거나 과태료를 부과하지 아니하는 때에는 그 신분의 효과는 신분이 없는 자에게는 미치지 아니 한다($_{조}^{제12}$).

### 4) 과태료의 산정

행정청 및 법원이 과태료를 정함에 있어서는 ㉠ 질서위반행위의 동기・목적・방법・결과, ㉡ 질서위반행위 이후의 당사자의 태도와 정황, ㉢ 질서위반행위자의 연령・재산상태・환경, ㉣ 그 밖에 과태료의 산정에 필요하다고 인정되는 사유 등을 고려하여야 한다($_{조}^{제14}$).

하나의 행위가 2 이상의 질서위반행위에 해당하는 경우에는 각 질서위반행위에 대하여 정한 과태료 중 가장 중한 과태료를 부과한다. 그러한 경우를 제외하고 2 이상의 질서위반행위가 경합하는 경우에는 각 질서위반행위에 대하여 정한 과태료를 각각 부과한다($_{조}^{제13}$).

### 5) 부과・징수절차

㈎ **질서위반행위의 조사 등**　행정청은 질서위반행위가 발생하였다는 합리적 의심이 있어 그에 대한 조사가 필요하다고 인정할 때에는 ㉠ 당사자 또는 참고인의 출석요구 및 진술의 청취, ㉡ 당사자에 대한 보고 명령 또는 자료 제출의 명령 등의 조치를 할 수 있고, 그 소속 직원으로 하여금 당사자의 사무소 또는 영업소에 출입하여 장부・서류 또는 그 밖의 물건을 검사하게 할 수 있다($_{1항, 2항}^{제22조}$). 이러한 검사를 하고자 하는 행정청 소속 직원은 당사자에게 검사 개시 7일 전까지 검사 대상 및 검사 이유 등을 통지하여야 한다. 다만, 긴급을 요하거나 사전통지의 경우 증거인멸 등으로 검사목적을 달성할 수 없다고 인정되는 때에는 그러하지 아니하다($_{3항, 4항}^{제22조}$). 위 조치나 검사는 비례성원칙에 따라 그 목적 달성에 필요한 최소한에 그쳐야 한다.

㈏ **사전통지 및 의견제출**　행정청이 질서위반행위에 대하여 과태료를 부과하고자 하는 때에는 미리 당사자에게 일정한 사항을 통지하고, 10일 이상의 기간을 정하여 의견을 제출할 기회를 주어야 한다. 이에 따라 당사자는 의견제출 기한 이내에 행정청에 의견을 진술하거나 필요한 자료를 제출할 수 있다($_{1항, 2항}^{제16조}$).

㈐ **과태료의 부과**　행정청은 의견제출 절차를 마친 후에 질서위반행위, 과태료 금액 등을 명시한 서면으로 과태료를 부과하여야 한다.($_{1항, 2항}^{제17조}$)

그런데 이 부과권에는 제척기간이 있어서 행정청은 질서위반행위가 종료된 날($_{에는\ 최종행위가\ 종료된\ 날을\ 말한다}^{다수인이\ 질서위반행위에\ 가담한\ 경우}$)부터 5년이 경과한 경우에는 해당 질서위반행위에 대하여 더 이상 과태료를 부과할 수 없다($_{1항}^{제19조}$). 다만 법원의 과태료재판에 따른 결정이 있는 경우에는 위 제척기간에도 불구하고 그 결정이 확정된 날부터 1년이 경과하기 전까지는 과태료를 정정부과 하는 등 해당 결정에 따라 필요한 처분을 할 수 있다($^{제19조}_{2항}$). 이는 재판절차가 장기화됨에 따라 그 도중에 이미 제척기간이 도과하는 경우의 처리를 위한 특례규정이라고 해석된다.

(라) **과태료의 징수**　　과태료의 징수는 원칙적으로 과태료의 부과권자가 징수한다. 행정청은 당사자가 의견제출기한 이내에 과태료를 자진하여 납부하고자 하는 경우에는 과태료를 감경할 수 있고, 당사자가 감경된 과태료를 납부한 경우에는 해당 질서위반행위에 대한 과태료 부과 및 징수절차는 종료한다($^{제18조}_{1항, 2항}$).

당사자가 임의로 납부하지 않는 경우에는 납부를 간접적으로 강제하며, 최후에는 강제징수절차가 개시된다. 즉, 행정청은 당사자가 납부기한까지 과태료를 납부하지 아니한 때에는 납부기한을 경과한 날부터 체납된 과태료에 대하여 100분의 3에 상당하는 가산금을 징수하고, 체납된 과태료를 납부하지 아니한 때에는 납부기한이 경과한 날부터 매 1개월이 경과할 때마다 체납된 과태료의 1천분의 12에 상당하는 가산금(중가산금)을 60월의 범위내에서 위 가산금에 추가하여 징수한다($^{제24조 1항,}_{2항}$).

그러나 최종적으로 과태료부과에 대해 당사자가 일정 기간 내에 이의를 제기하지 않고 위 가산금도 납부하지 아니한 때에는 국세 또는 지방세 체납처분의 예에 따라 이를 징수한다($^{제24조}_{3항}$).

한편 과태료는 행정청의 과태료 부과처분이나 법원의 과태료재판이 확정된 후 5년간 징수하지 아니하거나 집행하지 아니하면 시효로 인하여 소멸하며, 과태료시효의 중단·정지에 대해서는 「국세기본법」 관련규정을 준용한다($^{제15조}_{1항, 2항}$).

　　과태료의 제재는 범죄에 대한 형벌이 아니므로 그 성질상 처음부터 공소시효($^{형사소송법}_{제249조}$)나 형의 시효($^{형법}_{제78조}$)에 상당하는 것은 있을 수 없고, 이에 상당하는 규정도 없으므로 일단 한번 과태료에 처해질 위반행위를 한 자는 그 처벌을 면할 수 없는 것이며, 예산회계법 제96조 제 1 항은 "금전의 급부를 목적으로 하는 국가의 권리로서 시효에 관하여 다른 법률에 규정이 없는 것은 5년간 행사하지 아니할 때에는 시효로 인하여 소멸한다"고 규정하고 있으므로 과태료 결정 후 징수의 시효, 즉 과태료재판의 효력이 소멸하는 시효에 관하여는 국가의 금전채권으로서 예산회계법에 의하여 그 기간은 5년이라고 할 것이지만, 위반행위자에 대한 과태료의 처벌권을 국가의 금전채권과 동일하게 볼 수는 없으므로 예산회계법 제96조에서 정해진 국가의 금전채권에 관한 소멸시효의 규정이 과태료의 처벌권에 적용되거나 준용되지는 않는다($^{대판 2000.8.24,}_{자 2000마1350}$).

(마) **자료제공의 요청**　　행정청은 과태료의 부과·징수를 위하여 필요한 때에는 관계 행정기관, 지방자치단체, 기타 공공기관의 장에게 그 필요성을 소명하여 자료 또는 정보의 제공을 요청할 수 있으며, 그 요청을 받은 공공기관 등의 장은 특별한 사정이

없는 한 이에 응하여야 한다($^{제23}_{조}$).

## (3) 행정질서벌과 권리구제 문제

### 1) 권리구제의 유형

과태료부과에 대한 권리구제는 이의제기와 소송제기로 나타난다. 행정청의 과태료 부과에 불복하는 당사자는 과태료 부과 통지를 받은 날부터 60일 이내에 해당 행정청에 서면으로 이의제기를 할 수 있다($^{제20}_{조}$). 이의제기를 받은 행정청은, ㉠ 당사자가 이의제기를 철회한 경우, ㉡ 당사자의 이의제기에 이유가 있어 과태료를 부과할 필요가 없는 것으로 인정되는 경우를 제외하고는, 이의제기를 받은 날부터 14일 이내에 이에 대한 의견 및 증빙서류를 첨부하여 관할법원에 통보하여야 한다($^{제21}_{조}$). 이로써 관할법원에 의한 과태료재판절차가 진행하게 된다. 행정청이 관할법원에 통보를 하거나 통보하지 아니하는 경우에는 그 사실을 즉시 당사자에게 통지하여야 한다($^{제21조}_{3항}$). 그리고 당사자는 행정청으로부터 그러한 통지를 받기 전까지는 행정청에 대하여 서면으로 이의제기를 철회할 수 있다($^{제20조}_{3항}$). 이때의 이의제기는 물론 행정심판의 성질을 갖지 못하며, 내부적인 불복절차의 의미를 갖게 될 뿐이다.

### 2) 질서위반행위의 재판 및 집행

⒜ 관 할  과태료 사건은 다른 법령에 특별한 규정이 있는 경우를 제외하고는 당사자의 주소지의 지방법원 또는 그 지원의 관할로 한다($^{제25}_{조}$). 법원의 관할은 행정청이 당사자의 이의제기 사실을 통보한 때를 표준으로 정한다($^{제26}_{조}$). 법원은 과태료 사건의 전부 또는 일부에 대하여 관할권이 없다고 인정하는 경우에는 결정으로 이를 관할 법원으로 이송한다. 당사자 또는 검사는 이송결정에 대하여 즉시항고를 할 수 있다($^{제27}_{조}$).

⒝ 심문 등  법원은 행정청이 이의제기 사실을 통보해오면 이를 즉시 검사에게 통지하여야 한다($^{제30}_{조}$). 법원은 심문기일을 열어 당사자의 진술을 들어야 한다. 이때 법원은 검사의 의견을 구하여야 하고, 검사는 심문에 참여하여 의견을 진술하거나 서면으로 의견을 제출하여야 한다($^{제31}_{조}$).

⒞ 사실탐지와 증거조사  법원은 직권으로 사실의 탐지와 필요하다고 인정하는 증거의 조사를 하여야 한다($^{제33조}_{1항}$). 다만 사실탐지, 소환 및 고지에 관한 행위는 이를 촉탁할 수 있다($^{제34}_{조}$).

⒟ 과태료의 재판  당사자의 이의제기로 과태료 부과절차가 법원으로 이전하게 되면 이제는 행정청이 아니라 법원이 절차의 주체가 된다. 이때에 법원은 당초 행정기관의 과태료부과를 심판의 대상으로 하여 그 당부를 심사한 후 이의가 이유 있다고 인정하여 그 행위를 취소하거나 이유 없다는 이유로 이의를 기각하는 재판을 하는 것이 아니라(즉 통상적인 행정소송의 방식으로 처리하는 것이 아니라), 직권으로 과태료부과요건이 있는지 여부를 심사하게 된

다. 따라서 법원이 부과요건이 있다고 인정하면 위반자에 대하여 새로이 과태료를 부과하게 되는 것이다. 이로 인하여 행정청의 과태료부과에 대하여 상대방이 이의를 제기하면, 당초의 행정청의 부과처분은 그 효력을 상실하게 된다(제20조2항).

또한 법원이 과태료재판을 함에 있어서는 관할 관청이 부과한 과태료처분에 대한 당부를 심판하는 행정소송절차가 아니므로, 행정관청 내부의 부과기준에 기속됨이 없이 관계법령에서 규정하는 과태료 상한의 범위 내에서 그 동기·위반의 정도·결과 등 여러 인자를 고려하여 재량으로 그 액수를 정할 수 있게 된다.

과태료재판은 이유를 붙인 결정으로써 한다(제36조1항). 결정서의 원본에는 판사가 서명날인하여야 하며, 결정은 당사자와 검사에게 고지함으로써 효력이 생긴다(제37조1항). 당사자와 검사는 과태료재판에 대하여 즉시항고를 할 수 있다. 이 경우 항고는 집행정지의 효력이 있다(제38조1항). 과태료재판절차의 비용은 과태료에 처하는 선고가 있는 경우에는 그 선고를 받은 자의 부담으로 하고, 그 외의 경우에는 국고의 부담으로 한다(제41조1항).

법원은 상당하다고 인정하는 때에는 심문 없이 재판을 할 수 있다(제44조). 당사자와 검사는 약식재판의 고지를 받은 날부터 7일 이내에 이의신청을 할 수 있다. 법원이 이의신청이 적법하다고 인정하는 때에는 약식재판은 그 효력을 잃는다(제50조1항).

⒨ **과태료재판의 집행**　　과태료재판은 검사의 명령으로써 집행한다. 이 경우 그 명령은 집행력 있는 집행권원과 동일한 효력이 있다(제42조1항). 검사는 과태료를 최초 부과한 행정청에 대하여 과태료재판의 집행을 위탁할 수 있고, 위탁을 받은 행정청은 국세 또는 지방세 체납처분의 예에 따라 집행한다(제43조1항). 지방자치단체의 장이 집행을 위탁받은 경우에는 그 집행한 금원은 당해 지방자치단체의 수입으로 한다(제43조2항). 이로써 재판에 의할 경우 무조건 국고로 귀속되던 문제점을 일부 해결하였다.

⒝ **처분청의 지위**　　이상 살펴본 바와 같이 과태료재판은 법원이 과태료에 처하여야 할 사실이 있다고 판단되면, 공익적 견지에서 직권으로 그 절차를 개시·진행하게 된다. 따라서 이의제기가 있는 경우의 관할 관청의 통고 또는 통지는 법원의 직권발동을 촉구하는 데에 지나지 아니하며, 후에 관할 관청으로부터 이미 행한 통고 또는 통지의 취하 내지 철회가 있다고 하더라도 그 취하·철회는 법원이 과태료재판을 개시·진행하는데 장애가 되지 못한다.[30] 따라서 과태료재판절차에서는 처분청이 아무런 역할을 수행하지 못하며, 검사가 공익적 대표자로서 부과당사자에 대한 소송을 수행하게 된다.

다만 「질서위반행위규제법」에서는 종래 과태료재판에 있어서 처분청의 역할이 미흡했던 점을 일부 보완하여, 법원이 행정청의 참여가 필요하다고 인정하는 때에는 행정청으로 하여금 심문기일에 출석하여 의견을 진술하게 할 수 있게 하고(제32조), 검사가 과태료재판에 대하여 즉시항고를 하거나(제38조2항) 약식재판의 고지에 대해 이의신청을

---

30) 대판 1998. 12. 23, 98마2866.

하려고 할 때 행정청의 의견을 청취할 수 있도록 하고 있다($^{제45조}_{2항}$).

# 제 3 절 새로운 의무이행확보수단

## Ⅰ. 논의의 배경

앞에서 논의한 전통적인 의무이행확보수단들은 행정현실의 변화에 따라서 그 실효성면에서 한계를 나타내고 있다. 예컨대 강제집행은 구체적인 경우에 개별적인 사정에 따라 집행되지 못하는 상황이 발생하고 있으며, 행정벌은 행정기관의 소극적인 자세로 고발되지 않는 경우가 많아 현실적으로 실행되지 못하거나, 실현되는 경우에는 처벌의 측면에만 치우쳐서 개별적인 상황에 맞는 의무이행확보수단이 되지 못하는 문제가 발생하고 있다. 따라서 전통적인 수단과 동시에 이러한 공백을 보충하기 위한 목적으로 행정현실에 상응하는 탄력적인 의무이행확보수단이 필요하게 되는 것이다.

## Ⅱ. 주요수단들

이러한 수단은 여러 가지 기준에 의해 분류할 수 있으나, 금전적인 부담을 부과하는 수단과 그 이외의 수단으로 나눌 수 있다.

### 1. 금전적인 부담수단

이에는 다음의 방법이 인정되고 있다.

### (1) 가산세와 가산금

가산세란 세법에 규정하고 있는 의무의 성실한 이행을 확보하기 위하여 당해 세법에 의하여 산출한 금액에 가산하여 징수하는 금액을 말한다. 이는 국세와 지방세의 경우에 모두 적용된다($^{국세기본법 제2조 4호;}_{지방세기본법 제2조 1항 23호}$). 예컨대 소득세의 경우에 거주자가 과세표준확정신고를 하지 아니하였거나 신고하여야 할 소득금액에 미달하게 신고한 때에 부과하거나($^{소득세법}_{제81조 1항}$) 또는 복식부기의무자나 간이장부의무자가 당해 장부를 비치·기장하지 아니하였거나 비치·기장한 장부에 의한 소득금액이 기장하여야 할 금액에 미달한 때($^{소득세법 제81조}_{7항 이하}$), 원천징수의무자나 원천징수를 하여야 할 자가 불성실하게 의무를 이행하지 않는 경우($^{제85조}_{3항}$) 등에 부과한다. 이는 세법상의 의무를 이행하지 않는 경우에 대한 제재로서의 성질을 가지며 동시에 추가적인 금전적인 부담을 통하여 성실한 의무이행을 확보하는 수단으로서 의미를 갖는 것이다. 다만 이 수단은 국민의 재산권보장에 대한 제한의 의미를 가지므로 엄격한 법적 근거하에서만 가능하며, 이에 관해서는「국세징수법」과「소득세법」등 개별세법이 관련규정을 두고 있다.

반면에 가산금은 국세나 지방세를 납부기한까지 납부하지 아니한 때에 고지세액에 가산하여 징수하는 금액과, 납부기한 경과 후 일정기한까지 납부하지 아니한 때에 그 금액에 다시 가산하여 징수하는 금액을 말한다(국세기본법 제2조 5호; 지방세기본법 제2조 1항 24호). 후자를 특히 중가산금이라 부른다. 이는 세금체납에 대한 지연이자의 성격을 가지며 동시에 금전적인 부담을 통해 의무이행을 간접적으로 강제하기 위한 것이다. 개별적인 절차는「국세징수법」과「지방세법」에 의한다.

가산세와 가산금은 위와 같은 법적 성질의 차이뿐 아니라 권리구제 면에서도 차이를 가진다. 가산세는 본세의 부과처분과 독립한 처분으로서의 성격을 가지므로 그 자체 항고소송의 대상이 될 수 있으나, 가산금은 본세의 납부기한을 경과함으로써 특별한 절차 없이 법률의 규정에 의하여 당연히 발생하고 그 액수도 확정되며 당초의 부과세액이 결정취소되거나 감액경정되면 가산금도 그에 응하여 자동적으로 취소 또는 감액되므로 독립한 항고소송의 대상이 될 수 없다.[31]

### (2) 과 징 금
#### 1) 의 의

과징금은 행정법상의 의무를 위반하거나 이행하지 않는 자에 대하여 행정청이 부과하는 금전적인 제재를 말한다. 이는 1980년에 제정된「독점규제 및 공정거래에 관한 법률」제 6 조에서 처음으로 도입된 것이며 현재에 100여개의 개별 법률에서 규정되고 있다.[32] 과징금은 원래 처음 실정법에 도입할 당시에는 '경제행정법상의 의무에 위반한 자가 당해 행위로 인하여 경제적 이익을 얻을 것이 예정되어 있는 경우에, 당해 의무위반행위로 인한 불법적인 이익을 박탈하기 위하여 그 이익액에 따라 과하여지는 일종의 행정제재금을 의미'하는 것이었다[33](이를 전형적 과징금이라고 한다). 이에 해당하는 예로서는「독점규제 및 공정거래에 관한 법률」제 6 조, 제22조 등과「전기사업법」제24조,「청소년보호법」제54조 등이 있다.

제재적 행정처분인 청소년보호법상의 과징금 부과처분이 사회통념상 재량권의 범위를 일탈하거나 남용한 경우에는 위법하고, 재량권의 일탈·남용 여부는 처분사유로

31) 대판 1986. 9. 6, 86누76; 2005. 6. 10, 2005다15482.
32) 신봉기, "경제규제법상 과징금제도", 한국공법학회 제28회 월례발표회(1992. 5. 30) 발표문, 30면.
33) 박윤흔(상), 652면.

된 위반행위의 내용과 당해 처분행위에 의하여 달성하려는 공익목적 및 이에 따르는 모든 사정을 객관적으로 심리하여 공익침해의 정도와 그 처분으로 인하여 개인이 입게 될 불이익을 비교 교량하여 판단하여야 한다($\frac{대판\ 2001.7.27,}{99두9490}$).

그러나 오늘날 실정법에서 사용되고 있는 과징금의 의미는 매우 다양하게 나타나고 있으며, 경우에 따라서는 인가나 허가사업에 관한 법률에 의한 의무위반을 이유로 하여 당연히 당해 인가나 허가사업 등을 정지하여야 할 경우에도, 여러 가지 사정을 고려하여 이러한 처분을 내리지 아니하고 사업을 계속할 수 있게 하되, 이에 갈음하여 사업을 계속함으로써 얻은 이익을 박탈하는 행정제재금도 과징금으로 논하고 있다. 이를 변형된 형태의 과징금이라고 하는데[34] 이에 해당하는 예로서는 「식품위생법」 제82조 제 1 항, 「여신전문금융업법」 제58조, 「석탄산업법」 제21조 등이 있다. 이 경우는 통상적으로 그 대상이 공익사업적 성격을 갖기 때문에 사업의 정지 등을 명함으로써 사업의 이용자에게 심한 불편을 주거나 공익을 해할 우려가 생기게 되므로 인정되는 것이라고 본다. 어느 경우에나 과징금은 당사자에 대한 금전적 부담이 되는 것이므로 개별법의 규정이 있는 경우에만 인정된다.

2) 성    질

과징금은 금전적인 제재로서의 성질을 가지는 점에서 유사개념과 구별될 필요가 있다. 우선 과징금은 그 주체가 행정청이라는 점, 그 부과행위는 행정행위의 성질을 갖는다는 점, 따라서 부과행위에 대한 불복은 행정쟁송절차에 의한다는 점 등에서 행정형벌인 벌금과 서로 구별된다. 또한 이는 행정질서벌이 아니고 별도의 절차에 의함이 없이 소관 행정청이 바로 징수할 수 있다는 점 등에서 과태료와도 구별된다.


(3) 부 과 금

1) 의    의

부과금에 대한 개념정의에 있어서 학자들은 일반적으로 과징금과 관련하여 부과금을 설명하고 있다. 즉 부과금을 앞에서 논한 과징금의 실정법상의 다른 표현으로 이해하기도 하고,[35] 과징금과 유사한 제도로서 과징금의 한 유형으로서 논하기도 한다.[36] 그 예로서는 대표적으로 환경법 영역에서의 배출부과금을 들고 있는데, 이에 관한 실정법으로는 「물환경 보전법」 제41조 제 1 항과 「대기환경보전법」 제35조 제 1 항이 해당한다고 본다.[37] 그러나 일반적 견해처럼 배출부과금을 부과금으로 본다면, 부

---

34) 박윤흔(상), 653면.
35) 홍정선(상), 700면; 한견우(Ⅰ), 561면.
36) 박윤흔(상), 653면; 신봉기, 앞의 논문, 32면.

과금은―설령 실정법이 언제나 명확한 개념상의 차이를 인식하고 용어를 사용하는 것은 아니라고 하더라도― 과징금과 같은 차원에서 논의될 수는 없고 서로 구별되어야 한다고 생각한다. 아래에서 그 차이를 논하기로 한다.

2) 부과금의 요건

우리 학자들이 부과금으로 논의하는 배출부과금의 법적 성질은 이른바 특별부과금(Sonderabgabe)이다. 독일의 연방헌법재판소의 판례에 의하여 정립된 이 개념에 따르면 그 성립요건으로서, ㉠ 부과금의 의무자가 공통적으로 주어진 이해상황 또는 공통적으로 주어진 여건을 통하여 다른 집단과 구별되는 사회적인 동질성을 갖고 있을 것, ㉡ 부과금의무자는 부과금부과를 통하여 추구하는 목적에 대하여 여타의 사회집단 또는 일반납세자보다 객관적으로 근접한 위치에 있을 것, ㉢ 이러한 객관적 근접성에 근거하여 부과금의 의무자는 부과금부과를 통하여 추구하는 목적에 대하여 특별한 책임을 지는 위치에 있을 것, ㉣ 부과금의 수입은 부과금의무자들의 집단적인 이익을 위하여 사용되어야 할 것을 들고 있다.38) 이러한 요건에 비추어 배출부과금의 경우를 보면, 부과금의무자는 일정규모 이상의 사업자로서 오염물질의 대기나 하천으로의 직접 배출자이며 이러한 배출행위를 통하여 다른 환경오염자와 충분히 구별되어 사회적 동질성의 요건을 충족하게 된다. 또한 배출자는 다른 집단이나 일반 납세의무자보다 배출을 감소시키고 오염방지의 투자에 대한 유인의 목적에 보다 더 접근해 있으며, 의무자의 책임은 환경법상의 원인자책임원칙에 의하여 정당화되는 것이며, 마지막으로 배출부과금의 수입액은 환경개선특별회계의 세입으로 활용되기 때문(대기환경보전법 제35조 7항; 물환경보전법 제41조 6항)에 집단적 이익을 위한 사용요건도 충족하게 된다.39)

3) 과징금과의 구별문제

따라서 부과금은 행정법상의 의무위반에 대한 금전적 제재로서의 성질을 갖는다는 점과 그 징수절차가 국세나 지방세 체납처분의 예에 의하는 점에서는 과징금과 같으나, 부과금의 경우에는 국고수입으로 귀속되는 것이 아니라 당해 특정된 행정법상의 의무이행을 전체적으로 확보하기 위한 목적으로 그 사용목적이 제한되는 점에서 과징금과 구별된다.

---

37) 우리나라의 일반적인 견해는 배출부과금을 새로운 의무이행확보수단으로서의 과징금에 해당하는 것으로 보고 있다. 그러나 견해에 따라서는 이를 집행벌과 과징금 모두에 해당하는 것으로 분류하는 견해도 주장된다(변재옥, 행정법강의(Ⅰ), 1991, 465, 480면).

38) 이에 대해서는 김성수, "특별부담금의 개념과 정당화문제", 한국공법학회 제7회 학술발표회(1990. 3. 31), 발표문 34면 이하; 정하중, "배출부과금의 제도적 근거와 법적 개선방향", 환경법연구 제15권(1993), 한국환경법학회, 53면.

39) 정하중, 앞의 논문 54면.

## 2. 그 이외의 수단

### (1) 공급거부

#### 1) 의　　의

이는 행정법상의 의무위반이나 불이행에 대하여 일정한 행정상의 서비스나 재화의 공급을 거부하는 행정조치를 말한다. 이의 예로서는 구「건축법」상의 명령이나 처분에 위반하여 행정청이 발한 시정명령을 불이행한 때에 전기·전화·수도 또는 도시가스 공급시설의 설치나 공급을 중지하도록 했던 경우($^{구 건축법}_{제69조 2항}$)를 들 수 있다. 공급거부는 위반되는 의무와의 관련성에 비추어 직접적인 관계를 갖는 것이 아니라, 간접적으로 당해 의무의 이행을 확보하는 수단으로서 의미를 갖는 것이다.

판례는 구「건축법」제69조 제 2 항, 제 3 항의 규정에 따라 행정청이 위법 건축물에 대한 시정명령을 하고 나서 위반자가 이를 이행하지 아니하여 전기·전화의 공급자에게 그 위법 건축물에 대한 전기·전화공급을 하지 말아 줄 것을 요청한 행위는 권고적 성격의 행위에 불과한 것으로서 전기·전화공급자나 특정인의 법률상 지위에 직접적인 변동을 가져오는 것은 아니므로 이를 항고소송의 대상이 되는 행정처분이라고 볼 수 없다고 본 반면,[40] 단수조치는 그 법적 성질에 있어서 항고소송의 대상이 되는 행정행위로 보았다.[41]

#### 2) 한　　계

공급거부는 거부의 대상이 되는 서비스나 재화가 급부행정의 대상으로서 국민의 기본적인 생존배려나 복리배려와 관련된다는 점에 특색이 있다. 따라서 공급거부는 우선 쉽게 허용되어서는 안 되는 한계를 갖게 되며, 이를 위해서는 엄격한 법적 근거를 요하고 비례성원칙의 적용을 받게 된다. 다른 한편에서는 공급거부를 널리 인정하게 되면 행정상의 목적달성을 위하여 확보되어야 할 의무와 무관한 내용의 제재도 정당화되는 문제를 안게 된다. 따라서 공급거부는 당해 거부되는 급부와 실질적으로 관련된 의무의 불이행이나 위반이 있는 경우에 한정되어야 할 것이다($^{부당결부금지}_{원칙의 적용}$). 이러한 이유로 공급거부를 허용하고 있는 법률들은 그 요건의 존재여부의 판단에 관련하여, 당해 개별적 의무와의 실질적 관련성하에서 엄격히 해석되어야 할 것이다.[42]

---

40) 대판 1996. 3. 22, 96누433.
41) 대판 1979. 12. 28, 79누218.
42) 김남진·김연태(Ⅰ), 570면.

## (2) 명단의 공표

### 1) 의    의

이는 행정법상의 의무위반이 있는 경우에 의무위반자나 의무위반사실을 행정청이 일반인이 알 수 있도록 알리는 행위를 말한다. 이는 개인이나 기업의 명예나 신용에 대한 불이익을 위협함으로써 간접적으로 의무이행을 확보하기 위한 기능을 하는 것이다. 그 예로서는 고액체납자 명단의 공개, 환경법위반업체의 공개, 불량상품제조업체의 공개, 공직자재산의 허위등록사실의 공개 등을 들 수 있다. 이는 비권력적 사실행위로서의 성질을 가진다.

### 2) 법적 근거

이 수단은 당사자의 경제적 신용의 손실이나 프라이버시에 관련되는 만큼 법률의 근거하에서만 가능하도록 하여야 한다. 이에 관한 현행법으로는,「공직자윤리법」에 의해 공직자재산등록을 허위로 한 경우에 공직자윤리위원회가 행하는 일간신문 광고란을 통한 허위등록사실의 공표(제8조의2,)와 「소비자기본법」 제35조 제 3 항의 규정에 의하여 한국소비자원이 공표하는 경우 및 「국세기본법」 제85조의5의 규정에 의한 고액체납자의 명단공개제도를 들 수 있다.

### (3) 관허사업의 제한

#### 1) 세금체납자의 관허사업제한

(개) 의    의    세무서장이나 지방자치단체의 장 등은 국세나 지방세를 일정한 사유 없이 체납한 자에 대하여 허가, 인가, 면허 및 등록과 그 갱신을 요하는 사업의 주무관서에 대하여 그 허가 등을 하지 않을 것을 요구할 수 있고, 국세나 지방세를 3회 이상 체납한 때에는 일정한 경우를 제외하고는 그 주무관서에 사업의 정지나 허가의 취소를 요구할 수 있다. 이때에 이러한 요구를 받은 주무관서는 정당한 사유가 없는 한 이에 응하여야 한다(국세징수법 제7조,). 이를 관허사업의 제한조치라고 하는바, 이는 세금을 체납한 경우에 행하는 전통적인 수단인 체납처분의 수단을 사용하지 않고 간접적으로 세금납부의무이행을 확보하기 위한 것이다.

(내) 문제점    그러나 이 수단은 전통적인 강제수단인 체납처분보다 당사자에게 미치는 효과 면에서 더 불리하게 작용하는 것이므로, 그 사용에 있어서 비례성원칙 위반의 문제를 안고 있다.[43] 또한 납세의무와 전혀 무관한 내용의 제재가 과해지는 점에서는 부당결부금지원칙의 위반문제도 제기된다.[44]

---

43) 박윤흔(상), 659면.
44) 김남진·김연태(Ⅰ), 572면.

### 2) 건축법상의 허가제한

「건축법」은 건축법상의 의무를 이행하지 않는 경우에 시장·군수·구청장으로 하여금 당해 건축물을 사용하여 행할 다른 법령에 의한 영업 기타 행위의 허가를 하지 아니하도록 요청할 수 있으며(제79조 2항), 이러한 요청을 받은 자는 특별한 이유가 없는 한 이에 응하도록 하고 있다(제79조 3항). 이는 건축법상의 의무위반에 대한 전통적 강제수단인 대집행이 실효성을 갖지 못하는 경우(예컨대 대형 건물인 경우)에 이를 대신할 수 있는 수단으로서의 의미를 갖는 것이나, 이러한 수단 또한 건축물의 경제적 이용가치를 상실하게 하는 점에서 문제점을 안고 있다고 지적되고 있다. 따라서 이 수단은 사후적인 기능보다는 사전적인 예방수단으로서의 의미를 갖는 것이라고 보아야 한다.[45]

### (4) 기타의 수단들

행정법상의 의무이행 확보수단으로는 그 밖에도 영업의 허가나 인가의 철회·정지(식품위생 법 제75조), 업소의 폐쇄조치(공중위생관리법 제11조 1항, 식품위생법 제75조 2항), 취업제한(병역법 제76조 1항) 등이 존재한다. 이러한 수단들에서는 비례성의 원칙과 부당결부금지원칙이 중요한 의미를 갖는다. 또한 세무조사나 행정지도의 수단도 법적 근거의 문제는 있지만 간접적인 수단으로서 의미를 갖는다.

# 제 4 절  행정조사

## Ⅰ. 행정조사의 의의

### 1. 개    념

행정조사란 행정기관이 정책을 결정하거나 직무를 수행하는 데 필요한 정보나 자료를 수집하기 위하여 현장조사·문서열람·시료채취 등을 하거나 조사대상자에게 보고요구·자료제출요구 및 출석·진술요구를 행하는 사실행위로서의 활동을 말한다(행정조사기본법 제2조 1호). 이에는 당사자의 임의적인 협력을 전제로 하는 비권력적인 행정조사(임의 조사)와 실력행사를 요소로 하는 권력적인 행정조사가 모두 해당한다. 이때 특히 법적으로 문제가 되는 것은 후자인 권력적인 강제조사이다. 오늘날 행정조사가 갖는 기능은 종전과는 달리 행정법상의 의무이행 자체를 강제하기 위한 것이 아니라, 넓은 의미에서의 행정작용의 실효성을 확보하기 위한 기능으로 이해되고 있다.

---

45) 박윤흔(상), 658면.

## 2. 구별개념

행정조사는 특히 행정상 즉시강제와 구별되어 논의된다. 전자는 후자와는 달리 그 자체가 행정상 필요한 구체적인 결과를 실현시키는 것이 아니라, 단순히 행정작용에 필요한 자료나 정보의 수집을 위하여 행해지는 준비적·보조적 수단의 성질을 갖는다는 점에서 차이를 갖는다. 또한 행정조사는 상대방의 거부시에 직접적인 실력행사를 할 수 없고, 간접적으로 벌칙에 의해서 강제하는 점에서 행정상의 즉시강제와 차이를 갖는다.[46]

# II. 행정조사의 종류

## 1. 강제조사와 임의조사

이는 행정조사에 있어서 강제성 또는 권력적 요소의 존재유무에 따라 구분하는 분류이다. 상대방이 행정기관의 명령이나 지시에 따르지 않는 경우에 벌칙의 적용을 통한 강제력을 받게 되는 행정조사가 강제조사이며(식품위생법 제22조 1항, 공중위생관리법 제9조 1항 등이 해당), 이에 반해 상대방의 임의적인 협력에 의하여 행해지는 조사가 임의조사이다. 영업소에 들어가 강제적으로 장부나 서류를 조사하는 경우가 전자의 예이며, 여론조사나 임의적 성격을 갖는 통계자료조사 등은 후자에 해당한다.

## 2. 개별적 조사와 일반적 조사

이는 조사의 목적에 따른 분류로서, 법률이 정하는 개별적·구체적 목적을 위한 자료의 수집활동이 개별적 조사(식품위생법상의 영업자의 식품생산실적 보고의무부과, 공익사업을 위한 토지등의 취득 및 보상에 관한 법률상의 토지출입조사활동 등)이며, 이에 반해 일반적인 정책입안의 자료를 수집하기 위한 행정조사가 일반적 조사이다(통계법에 의한 통계조사행위 등).

## 3. 대인적 조사·대물적 조사·대가택 조사

이는 조사대상에 따른 분류로서, 각각 사람을 대상으로 하는 조사(질문등), 물건을 대상으로 하는 조사(물건의 수거나 검사 등) 및 영업소나 가택을 대상으로 하는 조사(가택이나 영업소 출입 등)가 이에 해당한다.

---

46) 박윤흔(상), 608면.

## Ⅲ. 행정조사의 근거 및 한계

### 1. 법적 근거

행정조사를 위해서는 법률의 근거를 요한다. 즉, 행정기관은 법령등에서 행정조사를 규정하고 있는 경우에 한하여 행정조사를 실시할 수 있다(행정조사기본법 제5조). 강제조사인 때에는 시민의 신체나 재산에 대한 제한을 야기하므로 법률유보원칙에 따라 당연히 법률의 근거(협의 작용)를 요한다. 반면에 당사자의 임의적 동의하에 행해지는 임의조사인 때에는 작용법적 근거는 필요하지 않으나(통조급서), 당해 행정기관의 권한범위 내에 있는 경우에만 허용되는 것이므로 적어도 조직법적 근거는 필요하게 된다. 특히 오늘날 개인의 정보보호가 차지하는 중요성에 비추어 임의조사의 성질을 갖는 것이기는 하나 개인의 정보를 수집하고 관리하는 행위에 있어서는, 당사자의 동의나 정보에 관한 자주적인 결정권을 보호하는 내용의 법률적 근거가 필요하다고 볼 것이다. 종래 행정기관이 실시해온 행정조사는 조사요건이 포괄적이고 절차규정이 미흡하며, 조사활동에 대한 통제장치가 미흡하여 국민의 권익보호에 불충분하다는 지적에 따라 행정조사에 관한 일반법으로서 2007년 5월 17일 새로이 「행정조사기본법」[47]이 제정되었다. 행정조사에 관한 근거규정을 두고 있는 그 밖의 개별 법률로는 「통계법」, 「식품위생법」, 「공익사업을 위한 토지 등의 취득 및 보상에 관한 법률」, 「약사법」 등이 있다.

### 2. 한   계

#### (1) 실체적 한계

행정조사는 그것이 법적 근거하에 행해지는 때에도 행정법의 일반원칙의 적용을 받게 된다. 따라서 비례성의 원칙, 평등의 원칙, 신뢰보호의 원칙 등의 적용을 받게 된다. 현실적으로 행정조사는 우리의 정치현실에서 정치적인 동기나 다른 목적을 달성하기 위하여 행해지는 경우가 적지 않은바(예컨대 야당이나 특정정당을 후원하는 기업에 대한 세무서의 세무조사나 정부의 시책을 따르지 않는 기업에 대한 세무조사 등), 이는 평등원칙 또는 부당결부금지원칙 위반이나 기본권침해의 문제로서 검토되어야 할 것이다.

오늘날 공공기관이 규제하는 영역이 점차 확대됨에 따라 행정기관이 기업 등을 대상으로 다양한 행정조사를 실시하고 있으나, 자칫 행정편의에 따라 행정조사권이 발동될 위험이 상존하고 있어서, 행정조사의 공정성·투명성 및 효율성을 확보하고 행정조사의 대상이 되는 기업 등에게 행정조사에 대한 부담을 덜어주어야 한다는 목소리가 높아졌다. 이에 「행정조사기본법」에서는 이러한 행정조사의 실체적 한계를 명확히 구체화하여 행정조사와 관련한 국민의 권익을 보호하고자 조사범위의 최소화, 조사목적

---

47) 법률 제8482호.

의 적합성, 중복조사의 제한 등 행정조사의 기본원칙을 명문으로 규정하였다($^{제4}_{조}$).48)

### (2) 영장주의와의 관계

행정조사는 그 내용에 따라 주거나 영업소에 대한 수색 등을 행하거나 신체에 대한 실력행사를 수반하게 된다. 따라서 행정조사를 위해서 헌법 제12조 제3항과 제16조에 따른 영장제시가 필요한가에 대해서 논의가 제기되어진다. 이에 대해 일반적 견해는 행정조사가 상대방의 신체나 재산에 관해 실력을 행사하는 것이고, 그것이 형사상의 소추목적을 동시에 추구하는 경우에는 영장이 필요한 것으로 보고, 단지 긴급을 요하는 경우에만 그 예외를 인정하고 있다.

## Ⅳ. 행정조사의 방법과 절차

### 1. 조사방법

행정기관은 원칙적으로 질문, 검사, 장소출입 등 개별 근거법령에서 정하는 조사방법을 사용하여 행정조사를 실시한다. 다만 행정조사에 관한 일반법인 「행정조사기본법」에서는 조사대상자에 대한 출석·진술요구($^{제9}_{조}$), 조사대상자에 대한 보고 또는 자료제출의 요구($^{제10}_{조}$), 가택·사무실 또는 사업상 등에 출입하여 행하는 현장조사($^{제11}_{조}$) 및 시료채취($^{제12}_{조}$) 등의 방법을 구체화하여 규정하고 있다.

### 2. 조사계획의 수립 및 조사대상의 선정

행정기관의 장은 매년 12월말까지 다음 연도의 행정조사운영계획을 수립하여 국무총리실장에게 제출하여야 한다($^{행정조사기}_{본법 제6조}$). 행정조사는 법령등 또는 행정조사운영계획으로 정하는 바에 따라 정기적으로 실시함을 원칙으로 한다($^{정기}_{조사}$). 다만, 법률에서 수시조사를 규정하고 있는 경우, 법령등의 위반에 대하여 혐의가 있는 경우, 다른 행정기관으로부터 법령등의 위반에 관한 혐의를 통보 또는 이첩받은 경우, 법령등의 위반에 대한 신고를 받거나 민원이 접수된 경우, 그 밖에 행정조사의 필요성이 인정되는 사항에 대해서는 '수시조사'를 할 수 있다($^{제7}_{조}$).

---

48) 이에 의하면 행정조사는 조사목적을 달성하는 데 필요한 최소한의 범위 안에서 실시하여야 하며, 다른 목적 등을 위하여 조사권을 남용하여서는 아니 된다. 아울러 행정기관은 조사목적에 적합하도록 조사대상자를 선정하여 행정조사를 실시하여야 하며, 유사하거나 동일한 사안에 대하여는 공동조사 등을 실시함으로써 행정조사가 중복되지 아니하도록 하여야 한다. 또한 행정기관은 행정조사의 대상자 또는 행정조사의 내용을 공표하거나 직무상 알게 된 비밀을 누설하여서는 아니 되며, 행정조사를 통하여 알게 된 정보를 다른 법률에 따라 내부에서 이용하거나 다른 기관에 제공하는 경우를 제외하고는 원래의 조사목적 이외의 용도로 이용하거나 타인에게 제공하여서는 아니 된다.

행정기관의 장은 행정조사의 목적, 법령준수의 실적, 자율적인 준수를 위한 노력, 규모와 업종 등을 고려하여 명백하고 객관적인 기준에 따라 행정조사의 대상을 선정하여야 한다. 조사대상자는 조사대상 선정기준에 대한 열람을 행정기관의 장에게 신청할 수 있으며, 열람신청이 있는 때에는 행정기관이 당해 행정조사업무를 수행할 수 없을 정도로 조사활동에 지장을 초래하는 경우 또는 내부고발자 등 제 3 자에 대한 보호가 필요한 경우가 아닌 한 신청인이 조사대상 선정기준을 열람할 수 있도록 하여야 한다($\frac{제8}{조}$).

## 3. 조사실시

### (1) 증표제시의무

행정조사를 하는 공무원은 그 권한을 표시하는 증표를 지녀야 하고 관계인에게 이를 제시하여야 한다($\frac{예컨대 식품위생법}{제22조 3항}$). 이는 상대방의 권익보호를 위한 의미를 갖고, 이로 인해 상대방은 행정조사에 대한 수인의무를 갖게 되는 것이므로 실정법규정 유무에 관계없이 인정되어야 한다고 본다.

### (2) 사전통지와 이유제시

행정조사는 그 행위로 인하여 상대방의 일상생활과 영업활동에 영향을 미치게 되므로, 사전에 당해 조사의 일시·장소·대상 등에 대하여 통지를 행할 필요가 있고, 상대방의 수인이나 협조에 의한 조사를 행하기 위하여 조사이유를 제시할 필요가 있게 된다. 물론 경우에 따라서는 시간적 여유가 없거나, 사전통지를 통하여서는 행정조사 목적달성이 불가능하게 될 상황에서는 예외를 인정해야 할 것이다. 「행정조사기본법」은 행정기관이 조사대상자에게 출석·보고·자료제출 등을 요구하거나 현장조사를 실시하는 경우에는 반드시 조사목적·조사범위 등이 기재된 서면요구서를 조사개시 7일전까지 조사대상자에게 발송하도록 하고 있다($\frac{제17}{조}$). 행정조사를 실시하고자 하는 행정기관의 장은 사전통지를 하기 전에 개별조사계획을 수립하여야 한다($\frac{제16조}{1항}$). 또한 출석요구서등을 통지받은 자가 천재지변이나 그 밖의 사유로 인하여 행정조사를 받을 수 없는 때에는 당해 행정조사를 연기하여 줄 것을 행정기관의 장에게 요청할 수 있다($\frac{제18조}{1항}$). 조사대상자는 사전통지의 내용에 대하여 행정기관의 장에게 의견을 제출할 수 있다($\frac{제21조}{1항}$).

### (3) 시간의 고려

행정조사는 상대방의 입장을 고려하여 통상적인 영업시간대나 일상생활 시간대에 행해지는 것이 바람직하다. 「행정조사기본법」은 출석·진술요구와 관련하여 조사대상자는 지정된 출석일시에 출석하는 경우 업무 또는 생활에 지장이 있는 때에는 행정기관의 장에게 출석일시를 변경하여 줄 것을 신청할 수 있으며, 변경신청을 받은 행정기관의 장은 행정조사의 목적을 달성할 수 있는 범위 안에서 출석일시를 변경할 수 있다고 규정하고 있다(제9조). 또 현장조사시에도 해가 뜨기 전이나 해가 진 뒤에는 원칙적으로 할 수 없도록 하고 있다(제11조). 물론 예외적으로는 그 목적을 달성할 필요성으로 인하여 영업시간 외에 행해지는 경우도 가능할 것이나, 이때에는 그 필요성에 관한 엄격한 요건하에서 영장주의의 적용하에 행해져야 할 것이다.

## 4. 개별적인 문제

### (1) 진술거부권의 문제

행정조사에 있어서 상대방은 원칙적으로 헌법 제12조에 따른 진술거부권을 갖지 않는다. 이는 형사절차와 관련되는 것이기 때문이다. 그러나 행정조사가 형사상 소추의 목적도 수행하는 경우에는 일반적인 원칙에 따라 인정된다고 본다.

### (2) 실력행사의 가능성 문제

행정조사를 행하는 과정에서 상대방이 이를 불응하는 경우에 행정기관이 실력을 행사하여 이를 저지할 수 있는가의 문제가 제기된다.

이에 관해 다수의 견해는 현행법이 행정조사를 거부·방해하거나 기피한 자에 대하여 징역·벌금·구류·과료 등의 별도의 벌칙규정을 두고 있음을 이유로 하여 (식품위생법 제97조 2호) 직접적인 실력행사 자체는 허용되지 않는 것으로 본다.[49] 그러나 이에 대해서는 이러한 벌칙규정은 상대방의 저항이 위법이라는 것을 전제로 하여 인정되는 것이라는 해석하에 오히려 실력행사가 허용된다고 보는 견해도 주장되고 있다.[50]

생각건대 행정조사와 즉시강제를 구분하는 입장에 서는 한, 행정조사에 대해서는 상대방에 대해 직접적으로 실력을 행사하는 수단이 인정될 수 없고, 단지 간접적으로 벌칙 등에 의해 강제요소가 인정될 뿐이라고 보아야 한다. 따라서 부정하는 견해에 따른다.

## V. 행정조사에 대한 권리구제

### 1. 적법한 행정조사에 대한 권리구제

적법한 행정조사로 인하여 재산상의 손실을 받은 경우에 그것이 특별한 희생에 해당하는 때에는 손실보상을 청구할 수 있다. 그러나 실정법에서 인정되고 있는 경우

---

49) 김남진·김연태(Ⅰ), 468면; 서원우(상), 604면.
50) 홍정선(상), 696면; 정하중(총론), 452면.

는 별로 없으며,「공익사업을 위한 토지등의 취득 및 보상에 관한 법률」에 의한 출입
조사에 대한 손실보상규정이 이에 해당하는 것으로 볼 수 있다(제9조).

## 2. 위법한 행정조사에 대한 권리구제

행정조사 자체는 통상적으로 행정행위에 선행되는 경우에도 행정행위의 전제조
건이 아니라 별개의 제도로서 작용하는 것이다. 따라서 행정조사 과정에서의 위법적
인 사유는 다음 행위인 행정행위 자체를 당연히 위법한 것으로 만들지는 않는다. 그
러나 행정조사를 통하여 얻은 자료나 정보를 토대로 행정행위가 행해지는 경우에는
잘못된 사실의 기초 위에 행하는 것이 되므로, 위법의 사유가 될 수 있게 된다.

한편 강제적 행정조사는 사실행위이지만 상대방에게 수인의무를 부과하는 점에
서 그 자체 처분성이 인정되고 있다. 따라서 아직 행정조사행위가 종료되지 않은 단
계에서는 수인의무의 제거를 목적으로 하는 행정쟁송이 이론상 가능하게 된다. 그러
나 행정조사는 단기간에 끝나는 것이 보통이므로 권리보호의 이익이 없는 것이 통상
적이다. 예외적으로 비교적 장기간에 걸쳐 계속적인 성질을 갖는 행정조사에 대해서
는 행정쟁송을 제기할 수 있고, 위법한 행정조사로 재산상의 손해를 받은 때에는 행
정상 손해배상을 청구할 수 있다.

그러나 최근 대법원은 조세의 부과처분을 위한 질문검사권의 행사에 관한 과세관
청의 세무조사결정에 대하여, 세무조사결정 자체는 상대방 또는 관계자들의 법률상
지위에 직접적으로 법률적 변동을 일으키지 아니하는 행위로서 항고소송의 대상이 되
는 행정처분에 해당하지 않는 것으로 보아 소를 각하한 원심을 파기하고 항고소송의
대상으로서의 처분성을 인정하여 납세자의 권리구제를 앞당기는 계기를 마련하여 주
목을 끌고 있다.

세무조사결정이 항고소송의 대상이 되는 행정처분에 해당하는지 여부(적극)　부과처
분을 위한 과세관청의 질문조사권이 행해지는 세무조사결정이 있는 경우 납세의무자
는 세무공무원의 과세자료 수집을 위한 질문에 대답하고 검사를 수인하여야 할 법적
의무를 부담하게 되는 점, 세무조사는 기본적으로 적정하고 공평한 과세의 실현을 위
하여 필요한 최소한의 범위 안에서 행하여져야 하고, 더욱이 동일한 세목 및 과세기
간에 대한 재조사는 납세자의 영업의 자유 등 권익을 심각하게 침해할 뿐만 아니라
과세관청에 의한 자의적인 세무조사의 위험마저 있으므로 조세공평의 원칙에 현저히
반하는 예외적인 경우를 제외하고는 금지될 필요가 있는 점, 납세의무자로 하여금 개
개의 과태료 처분에 대하여 불복하거나 조사 종료 후의 과세처분에 대하여만 다툴
수 있도록 하는 것보다는 그에 앞서 세무조사결정에 대하여 다툼으로써 분쟁을 조기
에 근본적으로 해결할 수 있는 점 등을 종합하면, 세무조사결정은 납세의무자의 권

리·의무에 직접 영향을 미치는 공권력의 행사에 따른 행정작용으로서 항고소송의 대상이 된다(대판 2011.3.10, 2009두23617).

## VI. 행정조사와 정보공개·보호

오늘날 행정조사는 행정기관이 이를 통해 개인이나 기업의 정보수집수단으로서 이용하고 있다는 점에서 중요성을 갖고 있다. 따라서 수집된 정보가 체계적으로 관리·통제되지 못하는 상황에서는 많은 법적 문제를 낳게 된다. 관련되는 사항을 보기로 한다.

### 1. 정보공개의 문제

#### (1) 정보공개의 의의

오늘날 정보는 그 양이 증대하면서 이를 처리하는 기술을 가진 주체에게 집중되는 현상을 야기하고 있다. 따라서 개인이 갖는 정보는 기술적인 한계와 시간적인 한계, 전문성의 한계 등으로 인해 제약이 따르지 않을 수 없으며, 이 때문에 적지 않은 영역에서 다른 주체에 의한 정보제공에 의존하지 않을 수 없게 된다. 이때에 나타나는 주체로서는 대표적으로 행정기관을 들 수 있다. 행정기관은 정보를 축적하는 기술이나 이를 뒷받침하는 공권력 등으로 인해 엄청난 양의 정보가 수집, 축적되고 있으며 이로 인해 시민에 대한 영향력이 크게 나타나고 있다.

이러한 행정기관의 정보, 즉 특히 행정조사를 통한 행정정보는 원칙적으로 공개되어야 한다. 이는 이론적으로 ㉠ 헌법상의 권리인 국민의 알 권리의 실현을 위해 필요한 것이며, 이를 통해 정보의 유통과정에서 국민을 그 주권자적 지위에서 보장하는 것을 의미하는 것이다. ㉡ 또한 개별적인 경우에 있어서 행정정보는 행정처분의 상대방이나 이해관계인이 행정절차과정에서 자신의 권익을 보호하기 위한 필요성에서 공개될 필요가 있고, 행정소송에서 자신의 권익을 적절하게 방어하기 위하여서도 공개될 필요가 있다. ㉢ 그 밖에도 일반적인 차원에서는 국가기관의 행위에 대한 최후의 감시자로서의 국민의 기능을 위해서도 행정정보는 공개되어야 한다. 즉 시민이 잘못된 행정작용이 행해지지 않도록 감시와 통제를 행하기 위해서, 그리고 이를 통해 행정작용의 공정성을 확보하기 위해서도 행정정보는 원칙적으로 공개되어야 한다.

**정보공개청구권의 인정 근거**  국민의 알 권리, 특히 국가정보에의 접근의 권리는 우리 헌법상 기본적으로 표현의 자유와 관련하여 인정되는 것으로 그 권리의 내용에는 일반 국민 누구나 국가에 대하여 보유·관리하고 있는 정보의 공개를 청구할 수 있는 이른바 일반적인 정보공개청구권이 포함되고, 이 청구권은 공공기관의정보공개에 관한법률($^{1996.12.31.}_{법률 제5242호}$)이 1998. 1. 1. 시행되기 전에는 사무관리규정($^{1991.6.19. 대통령령 제13390호}_{로 제정되어 1997.10.21. 대통}$ $^{령령 제15498호로}_{개정되기 전의 것}$) 제33조 제 2 항과 행정정보공개운영지침($^{1994.3.2. 국무총리}_{훈령 제288호}$)에서 구체화되어 있었다($^{대판 1999.9.21.}_{97누5114}$).

## (2) 정보공개의 법적 체계

### 1) 입법상황

이러한 행정정보공개에 대한 규율은 그러나 행정기관의 자율적인 해결에 일임되어서는 안 되며, 일정한 원칙을 마련한 법적인 규율하에서 행해져야 한다. 우리의 경우에는 그간의 행정정보공개에 관한 법적 규율로서 지방자치단체의 조례와 행정규칙인 훈령을 들 수 있었다. ㉠ 지방자치단체의 조례로서는 1992년 6월 23일의 대법원 판결을 통하여 그 효력이 확정된 청주시 정보공개조례를 비롯한 일부 지방자치단체의 조례가 이에 해당한다. ㉡ 중앙행정정부의 차원에서는 그간 법률이 마련되어 있지 못하고, 「정보공개기반구축과 운영기준에 관한 국무총리훈령」이 1994년 3월 2일에 제정되고 시행되어 왔다. 그러나 1996년 11월에 정보공개에 관련한 일반법이라고 할 수 있는 「공공기관의 정보공개에 관한 법률」이 제정되었다.

### 2) 정보공개법의 적용범위

정보의 공개에 관하여는 다른 법률에 특별한 규정이 있는 경우를 제외하고는 「공공기관의 정보공개에 관한 법률」이 정하는 바에 의한다. 지방자치단체는 그 소관사무에 관하여 법령의 범위 안에서 정보공개에 관한 조례를 정할 수 있다($^{제4조}_{1항, 2항}$).

공공기관의 정보공개에 관한 법률(이하 '정보공개법'이라 한다) 제 4 조 제 1 항은 '정보의 공개에 관하여는 다른 법률에 특별한 규정이 있는 경우를 제외하고는 이 법이 정하는 바에 의한다'고 규정하고 있는 바, 여기서 '정보공개에 관하여 다른 법률에 특별한 규정이 있는 경우'에 해당한다고 하여서 정보공개법의 적용을 배제하기 위해서는, 그 특별한 규정이 '법률'이어야 하고, 나아가 그 내용이 정보공개의 대상 및 범위, 정보공개의 절차, 비공개대상정보 등에 관하여 정보공개법과 달리 규정하고 있는 것이어야 할 것이다(임대주택법 시행규칙 제 2 조의 3은 '법률'이 아니고 건설교통부령에 불과할 뿐만 아니라, 그 내용도 공공건설임대주택의 입주자모집공고를 할 때에는 '입주자모집공고 당시의 주택가격, 임대의무기간 및 분양전환시기, 분양전환가격의 산정기준' 등을 포함시키도록 하여서 당해 임대주택의 공급을 신청하려는 사람들이 필요한 정보를 손쉽게 얻도록 하려는 것일 뿐, 그 이외의 정보에 대하여는 일반국민이 정보공개법에 의하여 공개를 청구할 권리마저 제한하려는 취지는 아니라고 본 사례)($^{대판 2007.6.1.}_{2007두2555}$).

### 3) 정보공개법제의 내용

㈎ 정보공개청구권자 '모든 국민'은 정보의 공개를 청구할 권리를 가진다($\frac{제5조}{1항}$). 이 때의 모든 국민에는 자연인뿐 아니라 법인 및 법인격 없는 단체 나아가 이해관계 없이 공익을 위한 경우에도 인정되지만[51] 행정주체인 지방자치단체는 이에 포함되지 아니한다.

> 질서위반행위규제법 제23조의 규정 취지는, 과태료 납부의무의 효율적인 이행을 확보하려는 질서위반행위규제법의 목적을 이루기 위한 전제로서, 과태료 부과·징수에 관한 행정작용이 원활하게 이루어지게 하고 후속 행정처분에 필요한 자료나 정보를 제공받을 수 있도록 행정기관 상호간에 협력할 것을 규정한 것이므로, 이에 근거한 정보제공요청에 따른 정보제공 또는 정보제공거부는 그 자체로 행정청이 고권적 지위에서 한 공권력적 행위로 보기 어려우며, 국민의 권리와 이익 구제를 위하여 항고소송제도를 둔 취지를 감안하고, 질서위반행위규제법 제23조에서 원고(파주시)와 같은 지방자치단체에게 국민과 같은 지위에서 구체적이고 직접적인 정보제공요청권을 부여한 것이 아니라 과태료의 부과·징수에 관한 행정업무를 원활하게 수행하기 위한 행정협조절차를 규정하였음에 비추어 볼 때, 원고를 행정처분의 대상인 '국민'에 해당한다고 볼 수 없으며, 같은 이유로 원고는 정보공개법 제 5 조 소정의 정보공개청구권자인 국민에도 해당되지 아니한다(파주시가 자동차관련 과태료체납자의 직장명, 직장주소, 전화번호 등 신상정보의 공개요구에 대하여 국민건강보험공단이 거부한 사안에서 지방자치단체인 파주시는 정보공개청구권자인 국민에 해당되지 아니한다고 본 사례)($\frac{서울고법\ 2010.9.9,}{2010누2540}$).[52]

외국인의 경우는 ㉠ 국내에 일정한 주소를 두고 거주하거나 학술·연구를 위하여 일시적으로 체류하는 자, ㉡ 국내에 사무소를 두고 있는 법인 또는 단체에 한하여 정보공개청구권을 가진다($\frac{영}{제3조}$).

㈏ 상대방 및 대상정보

① 공공기관 정보공개의무기관은 공공기관이며, 이에는 국가·지방자치단체·정부투자기관 기타 대통령령이 정하는 기관이 해당된다($\frac{제2조}{3호}$). 그러한 기관으로는 ㉠「초·중등교육법」 및 「고등교육법」 그 밖에 다른 법률에 의하여 설치된 각급학교, ㉡「지방공기업법」에 의한 지방공사 및 지방공단, ㉢「정부산하기관관리기본법」의 적용을 받는 정부산하기관, ㉣ 특별법에 의하여 설립된 특수법인 및 ㉤ 국가 또는 지방자치단체로부터 보조금을 받는 사회복지법인과 사회복지사업을 하는 비영리법인이 포함된다($\frac{영}{제2조}$). 나아

---

51) 대판 2003. 12. 12, 2003두8050.

52) 이 사건의 상고심에서 대법원은 「상고심 절차에 관한 특례법」 제 4 조 제 1 항 각 호에 정한 사유를 포함하지 아니하거나 이유가 없다고 인정하여 심리불속행 기각판결을 하였다(대판 2010. 12. 9, 2010두21792).

가 행정기관뿐 아니라 국회, 법원, 헌법재판소도 포함되나 국가안전보장에 관련되는 정보 및 보안업무를 관장하는 기관에서 국가안전보장과 관련된 정보의 분석을 목적으로 수집되거나 작성된 정보에 대하여는 이 법을 적용하지 아니한다(제4조).

[1] 정보공개 의무기관을 정하는 것은 입법자의 입법형성권에 속하고, 이에 따라 입법자는 구 공공기관의 정보공개에 관한 법률(2004. 1. 29. 법률 제7127호로 전문 개정되기 전의 것) 제2조 제3호에서 정보공개 의무기관을 공공기관으로 정하였는바, 공공기관은 국가기관에 한정되는 것이 아니라 지방자치단체, 정부투자기관, 그 밖에 공동체 전체의 이익에 중요한 역할이나 기능을 수행하는 기관도 포함되는 것으로 해석되고, 여기에 정보공개의 목적, 교육의 공공성 및 공·사립학교의 동질성, 사립대학교에 대한 국가의 재정지원 및 보조 등 여러 사정을 고려해 보면, 사립대학교에 대한 국비 지원이 한정적·일시적·국부적이라는 점을 고려하더라도, 같은 법 시행령 (2004. 3. 17. 대통령령 제18312호로 개정되기 전의 것) 제2조 제1호가 정보공개의무를 지는 공공기관의 하나로 사립대학교를 들고 있는 것이 모법인 구 공공기관의 정보공개에 관한 법률의 위임범위를 벗어났다거나 사립대학교가 국비의 지원을 받는 범위 내에서만 공공기관의 성격을 가진다고 볼 수 없다(대판 2006.8.24., 2004두2783).

[2] **공공기관의 정보공개에 관한 법률 제2조 제3호 등에 따라 정보를 공개할 의무가 있는 '특별법에 의하여 설립된 특수법인'에 해당하는지 여부의 판단 기준**    어느 법인이 공공기관의 정보공개에 관한 법률 제2조 제3호 등에 따라 정보를 공개할 의무가 있는 '특별법에 의하여 설립된 특수법인'에 해당하는가는, 국민의 알권리를 보장하고 국정에 대한 국민의 참여와 국정운영의 투명성을 확보하고자 하는 위 법의 입법 목적을 염두에 두고, 당해 법인에게 부여된 업무가 국가행정업무이거나, 이에 해당하지 않더라도 그 업무 수행으로써 추구하는 이익이 당해 법인 내부의 이익에 그치지 않고 공동체 전체의 이익에 해당하는 공익적 성격을 갖는지 여부를 중심으로 개별적으로 판단하되, 당해 법인의 설립근거가 되는 법률이 법인의 조직구성과 활동에 대한 행정적 관리·감독 등에서 민법이나 상법 등에 의하여 설립된 일반 법인과 달리 규율한 취지, 국가나 지방자치단체의 당해 법인에 대한 재정적 지원·보조의 유무와 그 정도, 당해 법인의 공공적 업무와 관련하여 국가기관·지방자치단체 등 다른 공공기관에 대한 정보공개청구와는 별도로 당해 법인에 대하여 직접 정보공개청구를 구할 필요성이 있는지 여부 등을 종합적으로 고려하여야 한다('한국증권업협회'는 증권회사 상호간의 업무질서를 유지하고 유가증권의 공정한 매매거래 및 투자자보호를 위하여 일정 규모 이상인 증권회사 등으로 구성된 회원조직으로서, 증권거래법 또는 그 법에 의한 명령에 대하여 특별한 규정이 있는 것을 제외하고는 민법 중 사단법인에 관한 규정을 준용받는 점, 그 업무가 국가기관 등에 준할 정도로 공동체 전체의 이익에 중요한 역할이나 기능에 해당하는 공공성을 갖는다고 볼 수 없는 점 등에 비추어, 공공기관의 정보공개에 관한 법률 시행령 제2조 제4호의 '특별법에 의하여 설립된 특수법인'에 해당한다고 보기 어렵다고 한 사례)(대판 2010.4.29., 2008두5643).

② 공개대상정보   공개할 대상정보는 공공기관이 직무상 작성 또는 취득하여 관리하고 있는 문서·도면·사진·필름·테이프·슬라이드 및 그 밖에 이에 준하는 매체 등에 기록된 사항을 의미한다(제2조 1호). 정보공개제도는 공공기관이 보유·관리하는 정보를 그 상태대로 공개하는 제도로서 공개를 구하는 정보를 공공기관이 보유·관리하고 있을 상당한 개연성이 있다는 점에 대하여 원칙적으로 공개청구자에게 증명책임이 있다고 할 것이지만, 공개를 구하는 정보를 공공기관이 한 때 보유·관리하였으나 후에 그 정보가 담긴 문서 등이 폐기되어 존재하지 않게 된 것이라면 그 정보를 더 이상 보유·관리하고 있지 아니하다는 점에 대한 증명책임은 공공기관에게 있다.53) 그러나 대상정보가 반드시 원본일 필요는 없다.54)

[ 1 ] 정보공개제도는 공공기관이 보유·관리하는 정보를 그 상태대로 공개하는 제도라는 점 등에 비추어 보면, 정보공개를 구하는 자가 공개를 구하는 정보를 행정기관이 보유·관리하고 있을 상당한 개연성이 있다는 점을 입증함으로써 족하다 할 것이지만, 공공기관이 그 정보를 보유·관리하고 있지 아니한 경우에는 특별한 사정이 없는 한 정보공개거부처분의 취소를 구할 법률상의 이익이 없다(아파트재건축주택조합의 조합원들에게 제공될 무상보상평수의 사업수익성 등을 검토한 자료가 구 공공기관의 정보공개에 관한 법률(2004. 1. 29. 법률 제7127호로 전문 개정되기 전의 것) 제 7 조 세 1 항에서 징한 비공개대상정보에 해당하지 않는다고 한 사례)(대판 2006.1.13, 2003두9459).
[ 2 ] **공공기관에 의하여 전자적 형태로 보유·관리되는 정보가 정보공개청구인이 구하는 대로 되어 있지 않더라도, 공공기관이 공개청구대상정보를 보유·관리하고 있는 것으로 볼 수 있는지 여부(한정 적극)**   공공기관의 정보공개에 관한 법률에 의한 정보공개제도는 공공기관이 보유·관리하는 정보를 그 상태대로 공개하는 제도이지만, 전자적 형태로 보유·관리되는 정보의 경우에는, 그 정보가 청구인이 구하는 대로는 되어 있지 않다고 하더라도, 공개청구를 받은 공공기관이 공개청구대상정보의 기초자료를 전자적 형태로 보유·관리하고 있고, 당해 기관에서 통상 사용되는 컴퓨터 하드웨어 및 소프트웨어와 기술적 전문지식을 사용하여 그 기초자료를 검색하여 청구인이 구하는 대로 편집할 수 있으며, 그러한 작업이 당해 기관의 컴퓨터 시스템 운용에 별다른 지장을 초래하지 아니한다면, 그 공공기관이 공개청구대상정보를 보유·관리하고 있는 것으로 볼 수 있고, 이러한 경우에 기초자료를 검색·편집하는 것은 새로운 정보의 생산 또는 가공에 해당한다고 할 수 없다(대판 2010.2.11, 2009두6001).

③ 비공개대상정보   이는 공익 또는 타인의 권익을 위하여 공개가 제한될 수 있는 경우를 말한다. 정보공개는 국민의 알권리와 한계를 이루는 것으로서 알권리의 제한은 최소한도에 그쳐야 하므로 비공개정보에 해당한다고 하여 당연히 정보공개가 거

---

53) 대판 2004. 12. 9, 2003두12707.
54) 대판 2006. 5. 25, 2006두3049.

부될 수 있다고 보아서는 아니 되며, 개별·구체적으로는 알권리의 제한으로 인하여 국민이 입게 되는 구체적 불이익과 보호하려는 국익의 정도를 비교형량하여 판단하여야 할 것이다.55) 비공개대상정보로 열거되고 있는 정보는 다음과 같다($^{제9조}_{1항}$).

**[1] 공공기관이 국민으로부터 보유·관리하는 정보에 대한 공개를 요구받은 경우 취해야 할 조치**    국민의 '알권리', 즉 정보에의 접근·수집·처리의 자유는 자유권적 성질과 청구권적 성질을 공유하는 것으로서 헌법 제21조에 의하여 직접 보장되는 권리이고, 그 구체적 실현을 위하여 제정된 공공기관의 정보공개에 관한 법률도 제 3 조에서 공공기관이 보유·관리하는 정보를 원칙적으로 공개하도록 하여 정보공개의 원칙을 천명하고 있고, 위 법 제 9 조가 예외적인 비공개사유를 열거하고 있는 점에 비추어 보면, 국민으로부터 보유·관리하는 정보에 대한 공개를 요구받은 공공기관으로서는 위 법 제 9 조 제 1 항 각 호에서 정하고 있는 비공개사유에 해당하지 않는 한 이를 공개하여야 하고, 이를 거부하는 경우라 할지라도 대상이 된 정보의 내용을 구체적으로 확인·검토하여 어느 부분이 어떠한 법익 또는 기본권과 충돌되어 위 각 호의 어디에 해당하는지를 주장·증명하여야만 하며, 여기에 해당하는지 여부는 비공개에 의하여 보호되는 업무수행의 공정성 등의 이익과 공개에 의하여 보호되는 국민의 알권리의 보장과 국정에 대한 국민의 참여 및 국정운영의 투명성 확보 등의 이익을 비교·교량하여 구체적인 사안에 따라 개별적으로 판단하여야 한다($^{대판 2009.12.10,}_{2009두12785}$).

**[2]** 행정정보의 어느 부분이 구 정보공개법 제 7 조 제 1 항 몇 호에서 정하고 있는 비공개사유에 해당하는지 구체적으로 적시하지 아니한 채 '아파트 분양원가에 대한 구체적인 검증 수단과 주택사업의 적정 수익률에 대한 사회적 합의가 없는 상태에서 분양원가 공개는 끝없는 논쟁의 대상이 될 뿐이어서 효과보다 문제점이 클 것으로 예상된다'는 취지의 추상적이고 개괄적 이유만을 처분사유로 들어 이 사건 행정정보의 공개를 거부하였다면, 이는 처분사유를 제시한 적법한 처분이라고 볼 수 없다($^{대판 2007.2.8,}_{2006두4899}$).

㉠ 다른 법률 또는 법률이 위임한 명령(국회규칙·대법원규칙·헌법재판소규칙·중앙선거관리위원회규칙·대통령령 및 조례에 한한다)에 의하여 비밀 또는 비공개 사항으로 규정된 정보

대표적으로 「국가정보원법」과 「보안업무규정」, 「군사기밀보호법」과 동법시행령 등을 들 수 있는데, 여기서 '법률이 위임한 명령'중에는 대통령령만이 열거된 것을 주의할 필요가 있다. 판례도 '법률이 위임한 명령'이란 법률의 위임규정에 의하여 제정된 대통령령·총리령·부령 전부를 의미한다기보다는 정보의 공개에 관하여 법률의 구체적인 위임 아래 제정된 법규명령(위임명령)을 의미한다고 좁게 보고 있다.56) 이에 따라 판례는 「검찰보존사무규칙」은 비록 법무부령으로 되어 있으나 행정기관 내부의 사무처리준칙으로서 행정규칙이므로 검찰보존사무규칙상의 열람·등사의 제한은 「공

---

55) 서울행정법원 2004. 2. 13, 2002구합33943.
56) 대판 2003. 12. 11, 2003두8395.

공기관의 정보공개에 관한 법률」제 9 조 제 1 항 1호의 '다른 법률 또는 법률에 의한 명령에 의하여 비공개사항으로 규정된 경우'에 해당하지 않는다고 보았다.57)

[1] 공공기관의 정보공개에 관한 법률 제 9 조 제 1 항 제 1 호의 입법 취지 및 '법률에 의한 명령'의 의미[=법규명령(위임명령)]      공공기관의 정보공개에 관한 법률 제 9 조 제 1 항 본문은 "공공기관이 보유관리하는 정보는 공개대상이 된다"고 규정하면서 그 단서 제 1 호에서는 "다른 법률 또는 법률이 위임한 명령(국회규칙・대법원규칙・중앙선거관리위원회규칙・대통령령 및 조례에 한한다)에 의하여 비밀 또는 비공개 사항으로 규정된 정보"는 이를 공개하지 아니할 수 있다고 규정하고 있는 바, 그 입법 취지는 비밀 또는 비공개 사항으로 다른 법률 등에 규정되어 있는 경우는 이를 존중함으로써 법률 간의 마찰을 피하기 위한 것이고, 여기에서 '법률에 의한 명령'은 정보의 공개에 관하여 법률의 구체적인 위임 아래 제정된 법규명령(위임명령)을 의미한다(학교폭력예방 및 대책에 관한 법률 제21조 제 1 항, 제 2 항, 제 3 항 및 같은 법 시행령 제17조 규정들의 내용, 학교폭력예방 및 대책에 관한 법률의 목적, 입법 취지, 특히 학교폭력예방 및 대책에 관한 법률 제21조 제 3 항이 학교폭력대책자치위원회의 회의를 공개하지 못하도록 규정하고 있는 점 등에 비추어, 학교폭력대책자치위원회의 회의록은 공공기관의 정보공개에 관한 법률 제 9 조 제 1 항 제 1 호의 '다른 법률 또는 법률이 위임한 명령에 의하여 비밀 또는 비공개 사항으로 규정된 정보'에 해당한다고 한 사례)( 대판 2010.6.10., 2010두2913 ).

[2] 공직자윤리법상의 등록의무자가 구 공직자윤리법 시행규칙 제12조 관련 [별지 14호 서식]에 따라 제출한, '자신의 재산등록사항의 고지를 거부한 직계존비속의 본인과의 관계, 성명, 고지거부사유, 서명(날인)'이 기재되어 있는 문서가 구 공공기관의 정보공개에 관한 법률 제 7 조 제 1 항 제 1 호에 정한 법령비정보(法令秘情報)에 해당하는지 여부(소극)      구 공공기관의 정보공개에 관한 법률(2004. 1. 29. 법률 제7127호로 전문 개정되기 전의 것)과 구 공직자윤리법(2003. 3. 12. 법률 제6816호로 개정되기 전의 것)의 관련 규정들을 종합하여 보면, 구 공직자윤리법에 의한 '등록사항' 중 같은 법 제10조 제 1 항 및 제 2 항에 의하여 공개하여야 할 등록사항을 제외한 나머지 등록사항은 같은 법 제10조 제 3 항 또는 제14조의 규정에 의한 법령비정보(法令秘情報)에 해당한다. 그런데 위 규정들의 내용 및 공직자윤리법의 목적, 입법 취지 등을 종합하여 보면, 등록의무자 본인 및 그 배우자와 직계존비속이 소유하는 재산의 종류와 가액 및 고지거부사실(직계존비속이 자신의 재산등록사항의 고지를 거부하는 경우 그 고지거부사실 자체는 등록할 재산에 대응하는 것이므로 등록사항으로 보아야 한다)은 구 공직자윤리법에 의한 등록사항에 해당하나, 그 밖에 등록의무자의 배우자 및 직계존비속의 존부와 그 인적사항 및 고지거부자의 고지거부사유는 그 등록사항에 해당하지 않는다. 따라서 공직자윤리법상의 등록의무자가 제출한 '자신의 재산등록사항의 고지를 거부한 직계존비속의 본인과의 관계, 성명, 고지거부사유, 서명(날인)'이 기재

---

57) 대판 2004. 9. 23, 2003두1370.

제 7 장 행정작용의 실효성 확보수단 **447**

되어 있는 구 공직자윤리법 시행규칙(2005. 11. 16. 행정자치부령 제303호로 개정되기
전의 것) 제12조 관련 [별지 14호 서식]의 문서는 구 공직자윤리법에 의한 등록사항
이 아니므로, 같은 법 제10조 제3항 및 제14조의 각 규정에 의하여 열람복사가 금
지되거나 누설이 금지된 정보가 아니고, 나아가 구 공공기관의 정보공개에 관한 법률
제7조 제1항 제1호에 정한 법령비정보에도 해당하지 않는다(대판 2007.12.13, 2005두13117).

[3] 공공기관의 정보공개에 관한 법률에 의한 정보공개청구를 군사기밀보호법에 의한
**군사기밀 공개요청과 동일한 것으로 보거나 그 공개요청이 포함되어 있는 것으로 볼 수**
**있는지 여부(소극)** 공공기관의 정보공개에 관한 법률에 의한 정보공개의 청구와
군사기밀보호법에 의한 군사기밀의 공개요청은 그 상대방, 처리절차 및 공개의 사유
등이 전혀 다르므로, 공공기관의 정보공개에 관한 법률에 의한 정보공개청구를 군사
기밀보호법에 의한 군사기밀 공개요청과 동일한 것으로 보거나 그 공개요청이 포함
되어 있는 것으로 볼 수는 없다(국방부의 한국형 다목적 헬기(KMH) 도입사업에 대
한 감사원장의 감사결과보고서가 군사 2 급비밀에 해당하는 이상 공공기관의 정보공
개에 관한 법률 제9조 제1항 제1호에 의하여 공개하지 아니할 수 있다고 한 사
례)(대판 2006.11.10, 2006두9351).

ⓛ 국가안전보장·국방·통일·외교관계 등에 관한 사항으로서 공개될 경우 국가의 중대한 이
익을 현저히 해할 우려가 있다고 인정되는 정보

보안관찰처분을 규정한 보안관찰법에 대하여 헌법재판소도 이미 그 합헌성을 인정
한 바 있고, 보안관찰법 소정의 보안관찰 관련 통계자료는 우리나라 53개 지방검찰청
및 지청관할지역에서 매월 보고된 보안관찰처분에 관한 각종 자료로서, 보안관찰처분
대상자 또는 피보안관찰자들의 매월별 규모, 그 처분시기, 지역별 분포에 대한 전국
적 현황과 추이를 한눈에 파악할 수 있는 구체적이고 광범위한 자료에 해당하므로
'통계자료'라고 하여도 그 함의(含意)를 통하여 나타내는 의미가 있음이 분명하여 가
치중립적일 수는 없고, 그 통계자료의 분석에 의하여 대남공작활동이 유리한 지역으
로 보안관찰처분대상자가 많은 지역을 선택하는 등으로 위 정보가 북한정보기관에
의한 간첩의 파견, 포섭, 선전선동을 위한 교두보의 확보 등 북한의 대남전략에 있어
매우 유용한 자료로 악용될 우려가 없다고 할 수 없으므로, 위 정보는 공공기관의정
보공개에관한법률 제7조 제1항 제2호 소정의 공개될 경우 국가안전보장·국방·
통일·외교관계 등 국가의 중대한 이익을 해할 우려가 있는 정보, 또는 제3호 소정
의 공개될 경우 국민의 생명·신체 및 재산의 보호 기타 공공의 안전과 이익을 현저
히 해할 우려가 있다고 인정되는 정보에 해당한다(대판 2004.3.18, 2001두8254).

ⓒ 공개될 경우 국민의 생명·신체 및 재산의 보호에 현저한 지장을 초래할 우려가 있다고 인
정되는 정보

**보안관찰법상의 보안관찰 관련 통계자료가 공공기관의정보공개에관한법률 제7조 제1**

**항 제 2 호, 제 3 호에서 규정하는 비공개대상정보에 해당하는지 여부(적극)**　　보안관찰처분을 규정한 보안관찰법에 대하여 헌법재판소도 이미 그 합헌성을 인정한 바 있고, 보안관찰법 소정의 보안관찰 관련 통계자료는 우리나라 53개 지방검찰청 및 지청관할지역에서 매월 보고된 보안관찰처분에 관한 각종 자료로서, 보안관찰처분대상자 또는 피보안관찰자들의 매월별 규모, 그 처분시기, 지역별 분포에 대한 전국적 현황과 추이를 한눈에 파악할 수 있는 구체적이고 광범위한 자료에 해당하므로 '통계자료'라고 하여도 그 함의(含意)를 통하여 나타내는 의미가 있음이 분명하여 가치중립적일 수는 없고, 그 통계자료의 분석에 의하여 대남공작활동이 유리한 지역으로 보안관찰처분대상자가 많은 지역을 선택하는 등으로 위 정보가 북한정보기관에 의한 간첩의 파견, 포섭, 선전선동을 위한 교두보의 확보 등 북한의 대남전략에 있어 매우 유용한 자료로 악용될 우려가 없다고 할 수 없으므로, 위 정보는 공공기관의정보공개에관한법률 제 7 조 제 1 항 제 2 호 소정의 공개될 경우 국가안전보장·국방·통일·외교관계 등 국가의 중대한 이익을 해할 우려가 있는 정보, 또는 제 3 호 소정의 공개될 경우 국민의 생명·신체 및 재산의 보호 기타 공공의 안전과 이익을 현저히 해할 우려가 있다고 인정되는 정보에 해당한다(대판 2004.3.18, 2001두8254).

㉣ 진행 중인 재판에 관련된 정보와 범죄의 예방, 수사, 공소의 제기 및 유지, 형의 집행, 교정, 보안처분에 관한 사항으로서 공개될 경우 그 직무수행을 현저히 곤란하게 하거나 형사피고인의 공정한 재판을 받을 권리를 침해한다고 인정할 만한 상당한 이유가 있는 정보

　　구 공공기관의정보공개에관한법률(2004. 1. 29. 법률 제7127호로 전문 개정되기 전의 것) 제 7 조 제 1 항 제 4 호에서 비공개대상으로 규정한 '형의 집행, 교정에 관한 사항으로서 공개될 경우 그 직무수행을 현저히 곤란하게 하는 정보'라 함은 당해 정보가 공개될 경우 재소자들의 관리 및 질서유지, 수용시설의 안전, 재소자들에 대한 적정한 처우 및 교정·교화에 관한 직무의 공정하고 효율적인 수행에 직접적이고 구체적으로 장애를 줄 고도의 개연성이 있고, 그 정도가 현저한 경우를 의미한다고 할 것이며, 여기에 해당하는지 여부는 비공개에 의하여 보호되는 업무수행의 공정성 등의 이익과 공개에 의하여 보호되는 국민의 알권리의 보장과 국정에 대한 국민의 참여 및 국정운영의 투명성 확보 등의 이익을 비교·교량하여 구체적인 사안에 따라 개별적으로 판단되어야 한다(교도소수용자의 외부병원 이송진료와 관련한 이송진료자 수, 이송진료자의 진료내역별 현황, 이송진료자의 병명별 현황, 수용자신문구독현황 등 정보는 '형의 집행, 교정에 관한 사항으로서 공개될 경우 그 직무수행을 현저히 곤란하게 하는 정보'에 해당하기 어렵다고 한 사례)(대판 2004.12.9, 2003두12707).

㉤ 감사·감독·검사·시험·규제·입찰계약·기술개발·인사관리·의사결정과정 또는 내부검토과정에 있는 사항 등으로서 공개될 경우 업무의 공정한 수행이나 연구·개발에 현저한 지장을 초래한다고 인정할 만한 상당한 이유가 있는 정보

[ 1 ] 의사결정과정에 제공된 회의관련자료나 의사결정과정이 기록된 회의록 등이 공공
기관의정보공개에관한법률 제 7 조 제 1 항 제 5 호 소정의 '의사결정과정에 있는 사항'에
준하는 사항으로서 비공개대상정보에 해당되는지 여부(적극)    공공기관의정보공개에관
한법률상 비공개대상정보의 입법 취지에 비추어 살펴보면, 같은 법 제 7 조 제 1 항 제
5 호에서의 '감사·감독·검사·시험·규제·입찰계약·기술개발·인사관리·의사결
정과정 또는 내부검토과정에 있는 사항'은 비공개대상정보를 예시적으로 열거한 것이
라고 할 것이므로 의사결정과정에 제공된 회의관련자료나 의사결정과정이 기록된 회
의록 등은 의사가 결정되거나 의사가 집행된 경우에는 더 이상 의사결정과정에 있는
사항 그 자체라고는 할 수 없으나, 의사결정과정에 있는 사항에 준하는 사항으로서
비공개대상정보에 포함될 수 있다(학교환경위생구역 내 금지행위(숙박시설) 해제결정
에 관한 학교환경위생정화위원회의 회의록에 기재된 발언내용에 대한 해당 발언자의
인적사항 부분에 관한 정보는 공공기관의정보공개에관한법률 제 7 조 제 1 항 제 5 호
소정의 비공개대상에 해당한다고 한 사례)( 대판 2003.8.22,<br>2002두12946 ).

[ 2 ] 공공기관의 정보공개에 관한 법률 제 9 조 제 1 항 제 5 호는 시험에 관한 사항
으로서 공개될 경우 업무의 공정한 수행에 현저한 지장을 초래한다고 인정할 만한 상
당한 이유가 있는 정보는 공개하지 아니할 수 있도록 하고 있는바, 여기에서 시험정
보로서 공개될 경우 업무의 공정한 수행에 현저한 지장을 초래하는지 여부는 같은 법
및 시험정보를 공개하지 아니할 수 있도록 하고 있는 입법취지, 당해 시험 및 그에
대한 평가행위의 성격과 내용, 공개의 내용과 공개로 인한 업무의 증가, 공개로 인한
파급효과 등을 종합하여 개별적으로 판단되어야 한다(치과의사 국가시험에서 채택하
고 있는 문제은행 출제방식이 출제의 시간·비용을 줄이면서도 양질의 문항을 확보할
수 있는 등 많은 장점을 가지고 있는 점, 그 시험문제를 공개할 경우 발생하게 될 결
과와 시험업무에 초래될 부작용 등을 감안하면, 위 시험의 문제지와 그 정답지를 공
개하는 것은 시험업무의 공정한 수행이나 연구·개발에 현저한 지장을 초래한다고 인
정할 만한 상당한 이유가 있는 경우에 해당하므로, 공공기관의 정보공개에 관한 법률
제 9 조 제 1 항 제 5 호에 따라 이를 공개하지 않을 수 있다고 한 사례)( 대판 2007.6.15,<br>2006두15936 ).

[ 3 ] 공공기관의 정보공개에 관한 법률 제 9 조 제 1 항 제 5 호에서 정한 '공개될 경우
업무의 공정한 수행에 현저한 지장을 초래한다고 인정할 만한 상당한 이유가 있는 경우'
의 의미 및 학교교육에서의 시험에 관한 정보로서 '공개될 경우 업무의 공정한 수행에 현
저한 지장을 초래하는지 여부'의 판단 기준    공공기관의 정보공개에 관한 법률 제 9
조 제 1 항 제 5 호는 시험에 관한 사항으로서 공개될 경우 업무의 공정한 수행에 현
저한 지장을 초래한다고 인정할 만한 상당한 이유가 있는 정보는 공개하지 아니한다
고 규정하고 있는 바, 여기에서 규정하고 있는 '공개될 경우 업무의 공정한 수행에
현저한 지장을 초래한다고 인정할 만한 상당한 이유가 있는 경우'란 공개될 경우 업
무의 공정한 수행이 객관적으로 현저하게 지장을 받을 것이라는 고도의 개연성이 존
재하는 경우를 의미한다. 알 권리와 학생의 학습권, 부모의 자녀교육권의 성격 등에
비추어 볼 때, 학교교육에서의 시험에 관한 정보로서 공개될 경우 업무의 공정한 수

행에 현저한 지장을 초래하는지 여부는 공공기관의 정보공개에 관한 법률의 목적 및 시험정보를 공개하지 아니할 수 있도록 하고 있는 입법 취지, 당해 시험 및 그에 대한 평가행위의 성격과 내용, 공개의 내용과 공개로 인한 업무의 증가, 공개로 인한 파급효과 등을 종합하여, 비공개에 의하여 보호되는 업무수행의 공정성 등의 이익과 공개에 의하여 보호되는 국민의 알 권리와 학생의 학습권 및 부모의 자녀교육권의 보장, 학교교육에 대한 국민의 참여 및 교육행정의 투명성 확보 등의 이익을 비교·교량하여 구체적인 사안에 따라 신중하게 판단하여야 한다('2002년도 및 2003년도 국가 수준 학업성취도평가 자료'는 표본조사 방식으로 이루어졌을 뿐만 아니라 학교식별정보 등도 포함되어 있어서 그 원자료 전부가 그대로 공개될 경우 학업성취도평가 업무의 공정한 수행이 객관적으로 현저하게 지장을 받을 것이라는 고도의 개연성이 존재한다고 볼 여지가 있어 공공기관의 정보공개에 관한 법률 제9조 제1항 제5호에서 정한 비공개대상정보에 해당하는 부분이 있으나, '2002학년도부터 2005학년도까지의 대학수학능력시험 원데이터'는 연구 목적으로 그 정보의 공개를 청구하는 경우, 공개로 인하여 초래될 부작용이 공개로 얻을 수 있는 이익보다 더 클 것이라고 단정하기 어려우므로 그 공개로 대학수학능력시험 업무의 공정한 수행이 객관적으로 현저하게 지장을 받을 것이라는 고도의 개연성이 존재한다고 볼 수 없어 위 조항의 비공개대상정보에 해당하지 않는다고 한 사례)(대판 2010.2.25, 2007두9877).

　[4] **공공기관의 정보공개에 관한 법률 제9조 제1항 제5호의 '공개될 경우 업무의 공정한 수행에 현저한 지장을 초래한다고 인정할 만한 상당한 이유가 있는 경우'의 의미 및 그 판단 기준**　공공기관의 정보공개에 관한 법률 제9조 제1항 제5호에서 규정하고 있는 '공개될 경우 업무의 공정한 수행에 현저한 지장을 초래한다고 인정할 만한 상당한 이유가 있는 경우'란, 공공기관의 정보공개에 관한 법률 제1조의 정보공개제도의 목적 및 공공기관의 정보공개에 관한 법률 제9조 제1항 제5호의 규정에 의한 비공개대상정보의 입법 취지에 비추어 볼 때 공개될 경우 업무의 공정한 수행이 객관적으로 현저하게 지장을 받을 것이라는 고도의 개연성이 존재하는 경우를 의미한다고 할 것이고, 여기에 해당하는지 여부는 비공개에 의하여 보호되는 업무수행의 공정성 등의 이익과 공개에 의하여 보호되는 국민의 알권리의 보장과 국정에 대한 국민의 참여 및 국정운영의 투명성 확보 등의 이익을 비교·교량하여 구체적인 사안에 따라 신중하게 판단되어야 한다(학교폭력대책자치위원회에서의 자유롭고 활발한 심의·의결이 보장되기 위해서는 위원회가 종료된 후라도 심의·의결 과정에서 개개 위원들이 한 발언 내용이 외부에 공개되지 않는다는 것이 철저히 보장되어야 한다는 점, 학교폭력예방 및 대책에 관한 법률 제21조 제3항이 학교폭력대책자치위원회의 회의를 공개하지 못하도록 명문으로 규정하고 있는 것은, 회의록 공개를 통한 알권리 보장과 학교폭력대책자치위원회 운영의 투명성 확보 요청을 다소 후퇴시켜서라도 초등학교·중학교·고등학교·특수학교 내외에서 학생들 사이에서 발생한 학교폭력의 예방 및 대책에 관련된 사항을 심의하는 학교폭력대책자치위원회 업무수행의 공정성을 최대한 확보하기 위한 것으로 보이는 점 등을 고려하면, 학교폭력대책자치

위원회의 회의록은 공공기관의 정보공개에 관한 법률 제 9 조 제 1 항 제 5 호의 '공개
될 경우 업무의 공정한 수행에 현저한 지장을 초래한다고 인정할 만한 상당한 이유
가 있는 정보'에 해당한다고 한 사례)( 대판 2010.6.10,<br>2010두2913 ).

ⓑ 당해 정보에 포함되어 있는 이름·주민등록번호 등 개인에 관한 사항으로서 공개될 경우 개
인의 사생활의 비밀 또는 자유를 침해할 우려가 있다고 인정되는 정보(다만, 가. 법령이 정
하는 바에 따라 열람할 수 있는 정보, 나. 공공기관이 공표를 목적으로 작성하거나 취득한
정보로서 개인의 사생활의 비밀과 자유를 부당하게 침해하지 않는 정보, 다. 공공기관이 작
성하거나 취득한 정보로서 공개하는 것이 공익 또는 개인의 권리구제를 위하여 필요하다고
인정되는 정보, 라. 직무를 수행한 공무원의 성명·직위, 마. 공개하는 것이 공익을 위하여
필요한 경우로써 법령에 의하여 국가 또는 지방자치단체가 업무의 일부를 위탁 또는 위촉한
개인의 성명·직업 등 개인정보는 제외된다)

**[ 1 ] 구 공공기관의 정보공개에 관한 법률에서 정한 '공개하는 것이 공익을 위하여 필
요하다고 인정되는 정보'에 해당하는지 여부의 판단 기준**   구 공공기관의 정보공개에
관한 법률(2004. 1. 29. 법률 제7127호로 전문 개정되기 전의 것) 제 7 조 제 1 항 제 6
호 단서 (다)목에서 정한 '공개하는 것이 공익을 위하여 필요하다고 인정되는 정보'
에 해당하는지 여부는 비공개에 의하여 보호되는 개인의 사생활 보호 등의 이익과
공개에 의하여 보호되는 국정운영의 투명성 확보 등의 공익을 비교·교량하여 구체
적 사안에 따라 신중히 판단하여야 한다(사면대상자들의 사면실시건의서와 그와 관련
된 국무회의 안건자료에 관한 정보는 그 공개로 얻는 이익이 그로 인하여 침해되는
당사자들의 사생활의 비밀에 관한 이익보다 더욱 크므로 구 공공기관의 정보공개에
관한 법률(2004. 1. 29. 법률 제7127호로 전문 개정되기 전의 것) 제 7 조 제 1 항 제 6
호에서 정한 비공개사유에 해당하지 않는다고 본 사례)( 대판 2006.12.7,<br>2005두241 ).
    [ 2 ] 구 공공기관의 정보공개에 관한 법률(2004. 1. 29. 법률 제7127호로 전문 개정
되기 전의 것) 제 7 조 제 1 항 제 6 호는 비공개대상정보의 하나로 '당해 정보에 포함
되어 있는 이름·주민등록번호 등에 의하여 특정인을 식별할 수 있는 개인에 관한
정보'를 규정하면서, 같은 호 단서 (다)목으로 '공공기관이 작성하거나 취득한 정보
로서 공개하는 것이 공익 또는 개인의 권리구제를 위하여 필요하다고 인정되는 정보'
는 제외된다고 규정하고 있는데, 여기에서 '공개하는 것이 공익을 위하여 필요하다고
인정되는 정보'에 해당하는지 여부는 비공개에 의하여 보호되는 개인의 사생활 보호
등의 이익과 공개에 의하여 보호되는 국정운영의 투명성 확보 등의 공익을 비교·교
량하여 구체적 사안에 따라 신중히 판단하여야 한다(공직자윤리법상의 등록의무자가
구 공직자윤리법 시행규칙 제12조 관련 [별지 14호 서식]에 따라 정부공직자윤리위원
회에 제출한 문서에 포함되어 있는 고지거부자의 인적사항이 '공개하는 것이 공익을
위하여 필요하다고 인정되는 정보'에 해당하지 않는다고 본 사례)( 대판 2007.12.13,<br>2005두13117 ).

Ⓐ 법인·단체 또는 개인(이하 법인 등)의 경영·영업상 비밀에 관한 사항으로서 공개될 경우 법인등의 정당한 이익을 현저히 해할 우려가 있다고 인정되는 정보(다만, 가. 사업활동에 의하여 발생하는 위해로부터 사람의 생명·신체 또는 건강을 보호하기 위하여 공개할 필요가 있는 정보, 나. 위법·부당한 사업활동으로부터 국민의 재산 또는 생활을 보호하기 위하여 공개할 필요가 있는 정보 등은 제외된다)

[1] 공공기관의 정보공개에 관한 법률 제 9 조 제 1 항 제 7 호에 정한 '법인 등의 경영·영업상 비밀'의 의미 및 공공기관의 정보공개에 관한 법률 제 9 조 제 1 항 제 7 호에 정한 공개를 거부할 만한 '정당한 이익'이 있는지 여부의 판단 방법     부정경쟁방지 및 영업비밀보호에 관한 법률(이하 '부정경쟁방지법'이라 한다)은 타인의 상표·상호 등을 부정하게 사용하게 하는 등의 부정경쟁행위와 타인의 영업비밀을 침해하는 행위를 방지하여 건전한 거래질서를 유지함을 목적으로 제정된 것으로서, 영업비밀 침해행위에 대하여 민사적 구제수단으로서 침해행위 금지·예방청구권, 손해배상청구권 및 신용회복조치청구권 등에 관한 규정을 둠과 아울러 형사처벌에 관한 규정도 두고 있는데, 부정경쟁방지법 제 2 조 제 2 호는 그 규율대상인 '영업비밀'에 관하여 "공공연히 알려져 있지 아니하고 독립된 경제적 가치를 가지는 것으로서, 상당한 노력에 의하여 비밀로 유지된 생산방법, 판매방법, 그 밖에 영업활동에 유용한 기술상 또는 경영상의 정보를 말한다"고 정의하고 있다. 한편, 정보공개법은 공공기관이 보유·관리하는 정보에 대한 국민의 공개청구 및 공공기관의 공개의무에 관하여 필요한 사항을 정함으로써 국민의 알권리를 보장하고 국정에 대한 국민의 참여와 국정운영의 투명성을 확보함을 목적으로 공공기관이 보유·관리하는 모든 정보를 원칙적 공개대상으로 하면서, 사업체인 법인 등의 사업활동에 관한 비밀의 유출을 방지하여 정당한 이익을 보호하고자 하는 취지에서 정보공개법 제 9 조 제 1 항 제 7 호로 "법인·단체 또는 개인의 경영·영업상 비밀로서 공개될 경우 법인 등의 정당한 이익을 현저히 해할 우려가 있다고 인정되는 정보"를 비공개대상정보로 규정하고 있다. 이와 같은 양 법의 입법 목적과 규율대상 등 여러 사정을 고려하여 보면, 정보공개법 제 9 조 제 1 항 제 7 호 소정의 '법인 등의 경영·영업상 비밀'은 부정경쟁방지법 제 2 조 제 2 호 소정의 '영업비밀'에 한하지 않고, '타인에게 알려지지 아니함이 유리한 사업활동에 관한 일체의 정보' 또는 '사업활동에 관한 일체의 비밀사항'으로 해석함이 상당하다. 그러나 한편, 정보공개법 제 9 조 제 1 항 제 7 호는 '법인 등의 경영·영업상의 비밀에 관한 사항'이라도 공개를 거부할 만한 정당한 이익이 있는지의 여부에 따라 그 공개 여부가 결정되어야 한다고 해석되는 바, 그 정당한 이익이 있는지의 여부는 앞서 본 정보공개법의 입법 취지에 비추어 이를 엄격하게 해석하여야 할 뿐만 아니라 국민에 의한 감시의 필요성이 크고 이를 감수하여야 하는 면이 강한 공익법인에 대하여는 다른 법인 등에 대하여 보다 소극적으로 해석할 수밖에 없다고 할 것이다(한국방송공사의 '수시집행 접대성 경비의 건별 집행서류 일체'는 공공기관의 정보공개에 관한 법률 제 9 조 제 1 항 제 7 호의 비공개대상정보에 해당하지 않는다고 한 사

례)( 대판 2008.10.23, 2007두1798 ).

[2] 법 제7조 제1항 제7호의 입법취지와 내용에 비추어 볼 때, 법인등의 상호, 단체명, 영업소명, 사업자등록번호 등에 관한 정보는 법인등의 영업상 비밀에 관한 사항으로서 공개될 경우 법인등의 정당한 이익을 현저히 해할 우려가 있다고 인정되는 정보에 해당하지 아니하지만, 법인등이 거래하는 금융기관의 계좌번호에 관한 정보는 법인등의 영업상 비밀에 관한 사항으로서 법인등의 이름과 결합하여 공개될 경우 당해 법인등의 영업상 지위가 위협받을 우려가 있다고 할 것이므로 위 정보는 법인등의 영업상 비밀에 관한 사항으로서 공개될 경우 법인등의 정당한 이익을 현저히 해할 우려가 있다고 인정되는 정보에 해당한다고 할 것이다( 대판 2004.8.20, 2003두8302 ).

◎ 공개될 경우 부동산 투기·매점매석 등으로 특정인에게 이익 또는 불이익을 줄 우려가 있다고 인정되는 정보

공공기관은 이상 열거한 정보를 제외한 (a) 국민생활에 매우 큰 영향을 미치는 정책에 관한 정보, (b) 국가의 시책으로 시행하는 공사 등 대규모의 예산이 투입되는 사업에 관한 정보, (c) 예산집행의 내용과 사업평가 결과 등 행정감시를 위하여 필요한 정보, (d) 그 밖에 공공기관의 장이 정하는 정보 등에 대하여는 공개의 구체적 범위, 공개의 주기·시기 및 방법 등을 미리 정하여 공표하고, 이에 따라 정기적으로 공개하여야 한다(제7조 1항). 공공기관은 위에 열거한 범위내에서 당해 공공기관의 업무의 성격을 고려해 비공개대상정보의 범위에 대한 세부기준을 수립하고 이를 공개하여야 하며(제9조 3항), 아울러 위 비공개대상정보가 기간의 경과 등으로 인하여 비공개의 필요성이 없어진 경우에는 당해 정보를 공개대상으로 하여야 한다(제7조 1항). 다만 위에 열거된 비공개정보의 범위가 너무 넓기 때문에 정보공개법의 이념이 퇴색되고 있다는 비판도 제기되고 있기도 하다.

**정보공개를 요구받은 공공기관이 공공기관의정보공개에관한법률 제7조 제1항 몇 호 소정의 비공개사유에 해당하는지를 주장·입증하지 아니한 채 개괄적인 사유만을 들어 그 공개를 거부할 수 있는지 여부(소극)** 공공기관의정보공개에관한법률 제1조, 제3조, 제6조는 국민의 알권리를 보장하고 국정에 대한 국민의 참여와 국정운영의 투명성을 확보하기 위하여 공공기관이 보유·관리하는 정보를 모든 국민에게 원칙적으로 공개하도록 하고 있으므로, 국민으로부터 보유·관리하는 정보에 대한 공개를 요구받은 공공기관으로서는 같은 법 제7조 제1항 각 호에서 정하고 있는 비공개사유에 해당하지 않는 한 이를 공개하여야 할 것이고, 만일 이를 거부하는 경우라 할지라도 대상이 된 정보의 내용을 구체적으로 확인·검토하여 어느 부분이 어떠한 법익 또는 기본권과 충돌되어 같은 법 제7조 제1항 몇 호에서 정하고 있는 비공개사유에 해당하는지를 주장·입증하여야만 할 것이며, 그에 이르지 아니한 채 개괄적인 사유만을 들어 공개를 거부하는 것은 허용되지 아니한다( 대판 2003.12.11, 2001두8827 ).

(대) **부분공개**     공개청구한 정보가 제 9 조 제 1 항 각호의 1에 해당하는 부분(비공개대상정보)과 공개가 가능한 부분이 혼합되어 있는 경우로서 공개청구의 취지에 어긋나지 아니하는 범위 안에서 두 부분을 분리할 수 있는 때에는 제 9 조 제 1 항 각호의 1에 해당하는 부분을 제외하고 공개하여야 한다(<sup>제14</sup><sub>조</sub>).

[ 1 ] **법원이 행정기관의 정보공개거부처분의 위법 여부를 심리한 결과 공개를 거부한 정보에 비공개사유에 해당하는 부분과 그렇지 않은 부분이 혼합되어 있고, 공개청구의 취지에 어긋나지 않는 범위 안에서 두 부분을 분리할 수 있는 경우, 공개가 가능한 정보에 한하여 일부취소를 명할 수 있는지 여부(적극) 및 정보의 부분 공개가 허용되는 경우의 의미** 법원이 행정기관의 정보공개거부처분의 위법 여부를 심리한 결과 공개를 거부한 정보에 비공개사유에 해당하는 부분과 그렇지 않은 부분이 혼합되어 있고, 공개청구의 취지에 어긋나지 않는 범위 안에서 두 부분을 분리할 수 있음을 인정할 수 있을 때에는 공개가 가능한 정보에 국한하여 일부취소를 명할 수 있다. 이러한 정보의 부분 공개가 허용되는 경우란 그 정보의 공개방법 및 절차에 비추어 당해 정보에서 비공개대상정보에 관련된 기술 등을 제외 혹은 삭제하고 나머지 정보만을 공개하는 것이 가능하고 나머지 부분의 정보만으로도 공개의 가치가 있는 경우를 의미한다(교도소에 수용 중이던 재소자가 담당 교도관들을 상대로 가혹행위를 이유로 형사고소 및 민사소송을 제기하면서 그 증명자료 확보를 위해 '근무보고서'와 '징벌위원회 회의록' 등의 정보공개를 요청하였으나 교도소장이 이를 거부한 사안에서, 근무보고서는 공공기관의 정보공개에 관한 법률 제 9 조 제 1 항 제 4 호에 정한 비공개대상정보에 해당한다고 볼 수 없고, 징벌위원회 회의록 중 비공개 심사·의결 부분은 위 법 제 9 조 제 1 항 제 5 호의 비공개사유에 해당하지만 재소자의 진술, 위원장 및 위원들과 재소자 사이의 문답 등 징벌절차 진행 부분은 비공개사유에 해당하지 않는다고 보아 분리 공개가 허용된다고 한 사례)(<sup>대판 2009.12.10,</sup><sub>2009두12785</sub>).

[ 2 ] **공개가 거부된 정보에 비공개대상정보에 해당하는 부분과 공개가 가능한 부분이 혼합되어 있고, 공개청구의 취지에 어긋나지 않는 범위 안에서 두 부분을 분리할 수 있는 경우, 판결 주문의 기재 방법**     공공기관의 정보공개에 관한 법률 제14조는 공개청구한 정보가 제 9 조 제 1 항 각 호에 정한 비공개대상정보에 해당하는 부분과 공개가 가능한 부분이 혼합되어 있는 경우로서 공개청구의 취지에 어긋나지 아니하는 범위 안에서 두 부분을 분리할 수 있는 때에는 비공개대상정보에 해당하는 부분을 제외하고 공개하여야 한다고 규정하고 있는 바, 법원이 정보공개거부처분의 위법 여부를 심리한 결과, 공개가 거부된 정보에 비공개대상정보에 해당하는 부분과 공개가 가능한 부분이 혼합되어 있으며, 공개청구의 취지에 어긋나지 아니하는 범위 안에서 두 부분을 분리할 수 있다고 인정할 수 있을 때에는, 공개가 거부된 정보 중 공개가 가능한 부분을 특정하고, 판결의 주문에 정보공개거부처분 중 공개가 가능한 정보에 관한 부분만을 취소한다고 표시하여야 한다(대학수학능력시험 수험생의 원점수정보에 관한 공개청구를 행정청이 거부한 사안에서, 원심이, 각 수험생의 인적사항에 관한 정보를

청구인이 공개청구한 것으로 보이지 않으므로 원점수정보가 공공기관의 정보공개에 관한 법률 제9조 제1항 제6호에서 정한 비공개대상정보에 해당하지 아니하고, 이와 달리 보더라도 원점수정보 중 수험생의 수험번호, 성명, 주민등록번호 등 인적사항을 제외한 나머지 부분만을 공개하는 것이 타당하다고 하면서도 주문에서는 원점수정보 공개거부처분의 전부를 취소한 것에 대하여, 당사자의 의사해석을 그르치거나 판결 주문 기재방법 등을 오해한 위법이 있음을 이유로 원심판결을 파기한 사례) (대판 2010.2.11, 2009두6001).

㈉ **청구절차**   청구권자는 공공기관에 일정한 사항을 기재한 정보공개청구서를 제출하여야 하며(제10조 1항). 청구일로부터 20일 이내에 공개여부를 결정하지 아니하면, 비공개의 결정이 있는 것으로 간주된다(제11조 5항). 정보공개여부는 공공기관에 설치된 정보공개심의회에서 심의되며(제12조 1항), 정보의 비공개결정을 한 때에는 청구인에게 지체 없이 서면으로 통지하여야 한다(제13조 4항).

청구권자가 청구대상정보를 정보공개청구서에 기재함에 있어서는 사회일반인의 관점에서 청구대상정보의 내용과 범위를 확정할 수 있을 정도로 특정함을 요한다. 판례는 「공공기관의 정보공개에 관한 법률」에 따라 공개를 청구한 정보의 내용이 '대한주택공사의 특정 공공택지에 관한 수용가, 택지조성원가, 분양가, 건설원가 등 및 관련 자료 일체'인 경우, '관련 자료 일체' 부분은 그 내용과 범위가 정보공개청구 대상정보로서 특정되지 않았다고 판단하였다.[58]

> **공공기관의 정보공개에 관한 법률에 따른 정보공개청구시 요구되는 대상정보 특정의 정도 및 공공기관의 정보공개에 관한 법률에 따라 정보비공개결정의 취소를 구하는 사건에서 정보공개청구서에 청구대상정보를 특정할 수 없는 부분이 포함되어 있는 경우 법원이 취해야 할 조치**   정보공개법 제10조 제1항 제2호는 정보의 공개를 청구하는 자는 정보공개청구서에 '공개를 청구하는 정보의 내용' 등을 기재할 것을 규정하고 있는 바, 청구대상정보를 기재함에 있어서는 사회일반인의 관점에서 청구대상정보의 내용과 범위를 확정할 수 있을 정도로 특정함을 요한다고 할 것이다. 또한, 정보비공개결정의 취소를 구하는 사건에 있어서, 만일 원고가 공개를 청구한 정보의 내용 중 너무 포괄적이거나 막연하여서 사회일반인의 관점에서 그 내용과 범위를 확정할 수 있을 정도로 특정되었다고 볼 수 없는 부분(이하 '특정되지 않은 부분'이라 한다)이 포함되어 있다면, 이를 심리하는 법원으로서는 마땅히 정보공개법 제20조 제2항의 규정에 따라 피고에게 그가 보유·관리하고 있는 공개청구정보를 제출하도록 하여 이를 비공개로 열람·심사하는 등의 방법으로 공개청구정보의 내용과 범위를 특정시켜야 할 것이고, 나아가 위와 같은 방법으로도 특정이 불가능한 경우에는 특정되지 않은 부분과 나머지 부분을 분리할 수 있고 나머지 부분에 대한 비공개결정이 위법한 경

---

58) 대판 2007. 6. 1, 2007두2555.

우라고 하여도 원고의 청구 중 특정되지 않은 부분에 대한 비공개결정의 취소를 구하는 부분은 나머지 부분과 분리하여서 이를 기각하여야 할 것이다(대판 2007.6.1, 2007두2555).

한편 해석상 공공기관이 보유·관리하고 있는 제3자 관련 정보의 경우 그 제3자의 비공개요청이 정보공개법상 비공개사유에 해당하는지가 문제될 수 있다. 이에 법 제11조 제3항은 "공공기관은 공개청구된 공개대상정보의 전부 또는 일부가 제3자와 관련이 있다고 인정되는 때에는 그 사실을 제3자에게 지체 없이 통지하여야 하며, 필요한 경우에는 그의 의견을 청취할 수 있다"고 규정하고, 제21조 제1항은 "제11조 제3항의 규정에 의하여 공개청구된 사실을 통지받은 제3자는 통지받은 날부터 3일 이내에 당해 공공기관에 대하여 자신과 관련된 정보를 공개하지 아니할 것을 요청할 수 있다"고만 규정하고 있다. 생각건대 정보공개법의 입법취지 및 위와 같은 규정형식에 비추어 보면, 공개대상정보에는 당해 공공기관이 작성하여 보유·관리하고 있는 정보뿐만 아니라 경위를 불문하고 당해 공공기관이 보유·관리하고 있는 모든 정보를 의미한다고 할 것이므로, 제3자와 관련이 있는 정보라고 하더라도 당해 공공기관이 이를 보유·관리하고 있는 이상 정보공개법 제9조 제1항 단서 각 호의 비공개사유에 해당하지 아니하면 정보공개의 대상이 되는 정보에 해당한다고 보아야 할 것이다. 따라서 정보공개법 제11조 제3항과 제21조 제1항의 규정은 공공기관이 보유·관리하고 있는 정보가 제3자와 관련이 있는 경우 그 정보공개여부를 결정함에 있어 공공기관이 제3자와의 관계에서 거쳐야 할 절차를 규정한 것에 불과할 뿐, 제3자의 비공개요청이 있다는 사유만으로 정보공개법상 정보의 비공개사유에 해당한다고 볼 수 없을 것이다. 판례도 같은 입장이다.

**공공기관이 보유·관리하고 있는 제3자 관련정보의 경우, 제3자의 비공개요청이 정보공개법상 비공개사유에 해당하는지 여부(소극)**   제3자와 관련이 있는 정보라고 하더라도 당해 공공기관이 이를 보유·관리하고 있는 이상 정보공개법 제9조 제1항 단서 각 호의 비공개사유에 해당하지 아니하면 정보공개의 대상이 되는 정보에 해당한다. 따라서 정보공개법 제11조 제3항, 제21조 제1항의 규정은 공공기관이 보유·관리하고 있는 정보가 제3자와 관련이 있는 경우 그 정보공개 여부를 결정할 때 공공기관이 제3자와의 관계에서 거쳐야 할 절차를 규정한 것에 불과할 뿐, 제3자의 비공개요청이 있다는 사유만으로 정보공개법상 정보의 비공개사유에 해당한다고 볼 수 없다(대판 2008.9.25, 2008두8680).

㈒ 권리구제절차   정보공개와 관련한 공공기관의 비공개 또는 부분공개의 결정에 대하여 불복이 있는 자는 정보공개여부의 결정통지를 받은 날 또는 비공개의 결정이 있는 것으로 보는 날로부터 30일 이내에 서면으로 이의신청을 할 수 있으며(제18조제1항), 또

는 이를 거치지 않고 바로 행정심판을 제기할 수 있다($^{제19조}_{2항}$). 당해 정보에 이해관계를 갖기 때문에 공개통지를 받은 제 3 자($^{제11조}_{3항}$)도 통지를 받은 날부터 3일 이내에 당해 공공기관에 대하여 자신과 관계된 정보를 공개하지 아니할 것을 요청할 수 있다($^{제21조}_{1항}$). 공공기관은 이의신청을 받은 날부터 7일 이내에 결정하고, 결과를 지체 없이 서면으로 통지하여야 한다($^{제18조}_{2항}$). 청구인이나 제 3 자에게는 통상적인 행정심판 및 행정소송 제기도 허용된다($^{제19조, 제20조,}_{제21조 2항}$).

[ 1 ] **정보공개거부처분을 받은 청구인이 그 거부처분의 취소를 구할 법률상의 이익이 있는지 여부(적극)**    공공기관의 정보공개에 관한 법률의 목적, 규정 내용 및 취지 등에 비추어 보면, 국민의 정보공개청구권은 법률상 보호되는 구체적인 권리라 할 것이므로, 공공기관에 대하여 정보의 공개를 청구하였다가 공개거부처분을 받은 청구인은 행정소송을 통하여 그 공개거부처분의 취소를 구할 법률상의 이익이 있다($^{대판 2003.12.11,}_{2003두8395}$).

[ 2 ] **정보공개거부처분의 취소를 구하는 소송에서 공공기관이 청구정보를 증거 등으로 법원에 제출한 것이 공공기관의정보공개에관한법률 제 2 조 제 2 호에서 규정하는 '공개'로 볼 수 있는지 여부(소극)**    법 제2 조 제 2 호는 '공개'라 함은 공공기관이 이 법의 규정에 의하여 정보를 열람하게 하거나 그 사본 또는 복제물을 교부하는 것 등을 말한다고 정의하고 있는데, 정보공개방법에 대하여 법시행령 제14조 제 1 항은 문서·도면·사진 등은 열람 또는 사본의 교부의 방법 등에 의하도록 하고 있고, 제 2 항은 공공기관은 정보를 공개함에 있어서 본인 또는 그 정당한 대리인임을 직접 확인할 필요가 없는 경우에는 청구인의 요청에 의하여 사본 등을 우편으로 송부할 수 있도록 하고 있으며, 한편 법 제15조 제 1 항은 정보의 공개 및 우송 등에 소요되는 비용은 실비의 범위 안에서 청구인의 부담으로 하도록 하고 있는 바, 청구인이 정보공개거부처분의 취소를 구하는 소송에서 공공기관이 청구정보를 증거 등으로 법원에 제출하여 법원을 통하여 그 사본을 청구인에게 교부 또는 송달하게 하여 결과적으로 청구인에게 정보를 공개하는 셈이 되었다고 하더라도, 이러한 우회적인 방법은 법이 예정하고 있지 아니한 방법으로서 법에 의한 공개라고 볼 수는 없으므로, 당해 문서의 비공개결정의 취소를 구할 소의 이익은 소멸되지 않는다고 할 것이다($^{대판 2004.3.26,}_{2002두6583}$).

## 2. 정보보호의 문제

### (1) 정보보호의 의의

정보는 그 공개의 필요성 못지않게 보호의 요청 또한 강하게 나타나는 특색을 가진다. 즉, 정보라고 하더라도 그 내용이 국가기밀을 포함하고 있는 경우에는 일정한 합리적인 선에서 보호되어야 한다. 물론 이때의 국가기밀에 의한 정보보호는 국가 전체의 이익차원에서 배려되는 것이므로 정권유지 차원이나 특정인의 탄압차원에서 남용되어서는 안 됨은 물론이다. 그 밖에도 행정기관의 정보 중에서 범죄의 예방이나 수사에 관한 정보 등도 관련되는 행정작용의 실효성을 위해 보호되어야 할 것이며, 기업의 비밀도 일정한 경우에는 영업상의 비밀로서 보호되어야 할 것이다. 그러나 정보보호에 있어서 무엇보다도 주요한 의미를 갖는 것은 개인에 관한 정보의 보호이다.

개인의 정보는 헌법상의 기본권인 사생활보호에 근거하는 것으로서, 개인은 자신에 관한 정보가 언제 누구에게 어느 범위까지 알려지고 또 이용되도록 할 것인지를 스스로 결정할 수 있는 권리, 즉 '개인정보자기결정권'을 가지는바,59) 이때의 정보보호의 의미는 일정한 개인정보의 비공개뿐 아니라 이에 못지않게 내부적인 정보의 관리도 중요시 되어야 한다. ㉠ 즉 우선 개인에 관한 정보 중에서 정치적 신조나 종교, 사상, 노조나 정당에의 가입여부 등에 관한 정보는 입력되지 않아야 한다. 이러한 사례로는 과거 정권에서 안기부나 보안사에서 정권유지 차원에서 이러한 내용의 개인의 정보가 수집되고 관리되어 온 예를 들 수 있다. ㉡ 또한 개인에 관해 잘못된 정보가 입력되어 신상의 불이익을 받지 않도록 하여야 한다. 경찰컴퓨터에서 잘못 기록되거나 이미 삭제되어야 할 개인정보가 그대로 남아 있어 불이익을 받는 경우를 우리는 아직도 종종 언론을 통해 보고 있다. ㉢ 그 밖에도 수집된 개인정보가 수집목적을 위반하여 사용되지 않도록 하여야 하며, 잘못 기록된 개인정보에 대해 정정할 수 있는 가능성이 제공되어야 한다.

> **개인정보자기결정권의 보호대상이 되는 개인정보의 의미 및 공적 생활에서 형성되었거나 이미 공개된 개인정보가 이에 포함되는지 여부(적극)**  인간의 존엄과 가치, 행복추구권을 규정한 헌법 제10조 제1문에서 도출되는 일반적 인격권 및 헌법 제17조의 사생활의 비밀과 자유에 의하여 보장되는 개인정보자기결정권은 자신에 관한 정보가 언제 누구에게 어느 범위까지 알려지고 또 이용되도록 할 것인지를 정보주체가 스스로 결정할 수 있는 권리이다. 개인정보자기결정권의 보호대상이 되는 개인정보는 개인의 신체, 신념, 사회적 지위, 신분 등과 같이 개인의 인격주체성을 특징짓는 사항으로서 개인의 동일성을 식별할 수 있게 하는 일체의 정보라고 할 수 있고, 반드시 개인의 내밀한 영역에 속하는 정보에 국한되지 않고 공적 생활에서 형성되었거나 이미 공개된 개인정보까지 포함한다. 또한 그러한 개인정보를 대상으로 한 조사·수집·보관·처리·이용 등의 행위는 모두 원칙적으로 개인정보자기결정권에 대한 제한에 해당한다(국회의원 갑 등이 '각급학교 교원의 교원단체 및 교원노조 가입현황 실명자료'를 인터넷을 통하여 공개한 행위가 해당 교원들의 개인정보자기결정권 등을 침해하는 것으로 위법하다고 한 사례)(대판 2014.7.24, 2012다49933).

---

59) 헌재 2005. 5. 26, 99헌마513.

## (2) 정보보호의 법적 체계

이러한 정보보호에 대한 대책도 행정적인 감시체제만으로는 불충분하고 법적인 차원에서 행해져야 한다. 그런데 종래의 정보보호에 관한 법체계는 정보보호가 문제되는 각 영역별로 별도의 개별 법률에서 각각 규율하는 체계를 이루고 있었다. 즉, 정보통신분야에서는 「정보통신망 이용촉진 및 정보보호 등에 관한 법률」, 「위치정보의 보호 및 이용 등에 관한 법률」, 「통신비밀보호법」, 「전자상거래 등에서의 소비자보호에 관한 법률」 등에서 정보보호에 대하여 규율하였고, 금융·신용분야에서는 「신용정보의 이용 및 보호에 관한 법률」, 「전자금융거래법」, 「금융실명거래 및 비밀보장에 관한 법률」, 「보험업법」 등에서 규율하였으며, 의료·건강분야에서는 「의료법」, 「약사법」, 「후천성면역결핍증 예방법」 등에서 규율해오고 있었다.

그러나 정보사회의 고도화와 개인정보의 경제적 가치 증대로 사회 모든 영역에 걸쳐 개인정보의 수집과 이용이 보편화되고 있음에도, 국가사회 전반을 규율하는 통일된 개인정보 보호원칙과 개인정보 처리기준이 마련되지 못해 개인정보 보호의 사각지대가 발생할 뿐만 아니라, 최근 개인정보의 유출·오용·남용 등 개인정보 침해 사례가 지속적으로 발생함에 따라 국민의 프라이버시 침해는 물론 명의도용, 전화사기 등 정신적·금전적 피해를 초래하고 있는바, 공공부문과 민간부문을 망라하여 국제수준에 부합하는 개인정보 처리원칙 등을 규정하고, 개인정보 침해로 인한 국민의 피해 구제를 강화하여 국민의 사생활의 비밀을 보호하며, 개인정보에 대한 권리와 이익을 보장하는 일반법을 제정하여야 한다는 목소리가 높아졌다. 이러한 입법취지에서 새로이 개인정보 보호에 관한 일반법으로서 「개인정보 보호법」이 제정되었다.[60] 다만 「개인정보 보호법」이 제정된 이후에도 기존의 개별영역에서의 정보보호 관련 법률들은 계속 유지되고 있다. 결국 구체적인 사안에서는 「개인정보 보호법」과 개별법률간의 관계가 문제될 것인데, 이때에는 일반법과 특별법의 관계에서 양자의 적용관계를 파악하여야 할 것이다. 즉, 원칙적으로 개인정보보호에 관해서는 모든 분야에서 「개인정보 보호법」이 적용되지만, 만약 개별영역에서 타 법률에 특별한 규정이 있는 경우에는 그 규정이 우선 적용되게 되는 것이다(법 제6조).

## (3) 공공분야에서의 개인정보 보호

「개인정보 보호법」은 개인정보의 처리 및 보호에 관한 사항을 정함으로써 개인의 자유와 권리를 보호하고, 나아가 개인의 존엄과 가치를 구현함을 목적으로 제정되었다(법 제1조). 이 법은 민간부분과 공공부문을 통틀어 개인정보처리자가 개인정보를 수집 및 이용할 수 있는 요건과 그 위반에 대한 제재 등을 규율하는 개인정보 보호에 관한

---

60) 법률 제10465호(2011. 3. 29.).

일반법에 해당한다.

공공기관은 법령등에서 정하는 소관 업무의 수행을 위하여 불가피한 경우에는 개인정보를 수집할 수 있으며, 그 수집 목적의 범위에서 이용할 수 있다(법 제15조 1항 3호).

공공기관은 ① 다른 법률에서 특별한 규정이 있는 경우, ② 정보주체 또는 그 법정대리인이 의사표시를 할 수 없는 상태에 있거나 주소불명 등으로 사전 동의를 받을 수 없는 경우로서 명백히 정보주체 또는 제3자의 급박한 생명·신체·재산의 이익을 위하여 필요하다고 인정되는 경우, ③ 개인정보를 목적 외의 용도로 이용하거나 이를 제3자에게 제공하지 아니하면 다른 법률에서 정하는 소관 업무를 수행할 수 없는 경우로서 개인정보보호위원회의 심의·의결을 거친 경우, ④ 조약 그 밖의 국제협정의 이행을 위하여 외국정부 또는 국제기구에 제공하기 위하여 필요한 경우, ⑤ 법원의 재판업무 수행을 위하여 필요한 경우, ⑥ 형의 감호·보호처분의 집행을 위하여 필요한 경우 등에 개인정보를 목적 외의 용도로 이용하거나 이를 제3자에게 제공하는 경우에는 그 이용 또는 제공의 법적 근거, 목적 및 범위 등에 관하여 필요한 사항을 개인정보보호위원회의 고시로 정하는 바에 따라 관보 또는 인터넷 홈페이지 등에 게재하여야 한다(법 제18조 4항).

공공기관61)의 장이 개인정보파일을 운용하는 경우에는 ㉠ 개인정보파일의 명칭, ㉡ 개인정보파일의 운영 근거 및 목적, ㉢ 개인정보파일에 기록되는 개인정보의 항목, ㉣ 개인정보의 처리방법, ㉤ 개인정보의 보유기간, ㉥ 개인정보를 통상적 또는 반복적으로 제공하는 경우에는 그 제공받는 자, ㉦ 그 밖에 대통령령으로 정하는 사항을 개인정보보호위원회에 등록하여야 한다(법 제32 조 1항).62) 다만, ⓐ 국가 안전, 외교상 비밀, 그 밖에 국가의 중대한 이익에 관한 사항을 기록한 개인정보파일, ⓑ 범죄의 수사, 공소의 제기 및 유지, 형 및 감호의 집행, 교정처분, 보호처분, 보안관찰처분과 출입국관리에 관한 사항을 기록한 개인정보파일, ⓒ 「조세범처벌법」에 따른 범칙행위 조사 및 「관세법」에 따른 범칙행위 조사에 관한 사항을 기록한 개인정보파일, ⓓ 공공기관의 내부적 업무처리만을 위하여 사용되는 개인정보파일, ⓔ 다른 법령에 따라 비밀로 분류된 개인정보파일의 경우에는 그러하지 아니하다(법 제32 조 2항). 개인정보보호위원회는 필요하면 위 등록사항과 그 내용을 검토하여 해당 공공기관의 장에게 개선을 권고할 수 있고(법 제32 조 3항), 개인정보파일의 등록 현황을 누구든지 쉽게 열람할 수 있도록 공개하여야 한다(법 제32 조 4항).

---

61) 국회, 법원, 헌법재판소, 중앙선거관리위원회(그 소속 기관을 포함한다)의 개인정보파일 등록 및 공개에 관하여는 국회규칙, 대법원규칙, 헌법재판소규칙 및 중앙선거관리위원회규칙으로 정한다(법 제32 조 6항).

62) 등록한 사항이 변경된 경우에도 또한 같다.

**기본사례 풀이**

## 1. 문제의 소재

이는 권력적 사실행위에 대한 권리구제문제를 그 논의대상으로 한다. 이때에는 행정작용 효력의 종료여부 등에 따라 당사자의 권리보호이익이 있는가 여부와 개별적인 권리구제내용이 중요한 논점이 된다.

## 2. 행정작용의 성질

이때의 강제입원행위는 전염병예방법상의 행위로서 행정상 즉시강제(특히, 대인적 강제)로서, 권력적 사실행위에 해당하며, 따라서 처분성이 인정된다.

## 3. 위법성의 검토

이때에 보건복지부는 병원측의 잘못된 보고에 따라 착오에 빠져 행정작용을 잘못 행사하고 있다. 따라서 이에 대해서는 취소사유인 위법성이 인정된다고 볼 수 있다.

## 4. 권리구제방법

권리구제방법은 甲의 강제입원조치의 종료여부에 따라 나누어서 고찰되어야 한다.

### (1) 아직 입원조치 되어 있는 경우

이때에는 취소쟁송의 방법을 통하여 다투어야 한다. 당해 행위에 대해서는 처분성이 인정되므로 취소심판과 취소소송을 제기하면 되며, 특별한 문제가 존재하지 않는다. 그러나 이러한 취소소송제기를 통하여 당사자가 확정판결을 얻은 경우에도 행정기관이 퇴원조치를 취하지 않는 때에는 결과제거청구권을 주장하여야 할 것이다.

### (2) 퇴원조치가 된 경우

이때에는 행정작용의 효력이 이미 종료한 경우에 해당하므로 원칙적으로는 취소쟁송을 제기할 수 있는 권리보호이익이 존재하지 않는다. 그러나 행정행위의 효력소멸 후에도 이를 다툴만한 예외적인 권리보호이익이 존재하는 경우에는 취소소송제기가 인정될 수 있다(행정소송법 제12조 단서). 그러나 당해 사안에서는 甲이 퇴원조치 후에 사후적으로 이를 다툴만한 특별한 권리보호이익이 존재한다고 볼 수 없다. 따라서 甲이 주장할 수 있는 현실적인 권리구제방법은 위법한 강제입원조치를 통해 야기된 손해의 배상청구권의 주장이 될 것이다.

# 제 4 편

# 행정구제론

行　政　法　新　論

행정구제는 행정기관의 작용으로 자신의 권리나 이익이 침해되었거나 침해될 것으로 주장하는 자가 행정기관이나 법원에 원상회복, 손해전보 또는 당해 행정작용의 취소나 변경을 청구하거나 기타 피해구제 등을 청구하고 이에 대하여 행정기관 또는 법원이 이를 심리하여 권리나 이익의 보호에 관한 결정을 내리는 것을 말한다. 법치주의원리가 제대로 적용되기 위해서는 사전적으로 행정기관이 법령 등을 잘 준수하여야 할 뿐 아니라, 국가기관의 작용이 위법이나 부당한 경우에 사후적으로 이를 바로잡아 국민의 권리구제에 도움을 줄 수 있어야만 한다. 이러한 의미에서 기능하는 제도가 행정구제제도이다. 이에는 사전적 권리구제제도로서 행정절차, 청원, 옴부즈만제도 등이 있고, 사후적인 권리구제제도로서 행정상의 손해전보제도(즉 행정상의 손해배상과 행정상의 손실보상제도)와 쟁송제도(행정심판과 행정소송)가 있다.

# 제 1 장  사전적 권리구제제도

**기본 사례**

1. 공무원 신분을 갖는 국립대학교 조교인 朴모양은 2006년 2월에 신청한 조교재임용신청에서 거부되었다. 이때 朴양이 받은 거부처분에 학교측이 아무런 이유를 붙이지 않고 행한 경우에, 어떠한 권리구제방법을 朴양은 강구할 수 있는가?

2. 甲은 대전에서 개인택시를 영업용으로 운전하는 자로서 비가 오는 날 부주의로 중앙선을 침범하여 교통사고를 일으켜 3인을 사망하게 하여 자동차운전면허가 취소되었다. 이에 대전광역시장은 甲에게 「여객자동차 운수사업법」 제85조 1항의 3호를 적용하여 여객자동차운송사업면허의 취소처분을 내렸다. 대전광역시장은 당해 처분을 내리기 전에 甲에게 청문의 기회를 주었는바, 청문예정일 7일 전에 甲에게 청문통지서가 전달되었다. 이에 대해 甲은 청문에 응하지 않았다. 甲은 대전광역시장의 처분에 대하여 어떻게 대응할 수 있는가?

(풀이는 496면)

# 제 1 절 행정절차

## I. 행정절차의 의의

### 1. 개 념

이에 대해서는 많은 유형으로 분류할 수 있으나 일반적으로는 다음의 두 개념으로 설명되고 있다. 광의로는 행정작용을 함에 있어서 거치게 되는 일련의 절차로 이해되는데, 이에 따르면 행정작용의 발령절차, 행정심판절차 및 그 집행절차가 포함된다. 따라서 이 개념에서는 행정권행사의 사전절차와 사후절차가 모두 포함된다. 이에 반해 협의로 이해하게 되면 행정절차는 행정작용의 발령절차만을 의미하는 것으로 본다. 일반적 입장과 「행정절차법」은 협의의 개념으로 행정절차를 이해하고 있다. 이에 따르게 되면 행정절차는 일반적으로 다음의 특징을 그 요소로서 갖는다고 볼 수 있다.

### 2. 행정절차의 요소

#### (1) 행정청이 행하는 절차

행정절차는 행정청이 그 주체가 되는 절차를 말한다. 이러한 점에서 행정절차는 입법절차나 사법절차와 구별된다. 이때의 행정청이란 행정에 관한 의사를 결정하여 표시하는 국가 또는 지방자치단체의 기관, 기타 법령 또는 자치법규에 의하여 행정권한을 가지고 있거나 위임 또는 위탁받은 공공단체나 그 기관 또는 사인을 말한다(행정절차법 제2조 1호).

#### (2) 행정작용의 형성을 목적으로 하는 절차

이 경우의 행정작용의 의미는 현대행정의 새로운 현상에 따라 그 범위가 비교적 넓게 인정된다. 따라서 이론상으로는 엄격한 의미의 행정행위 뿐 아니라 새로운 행정작용이라고 볼 수 있는 행정계획·행정지도·공법상 계약도 포함되며 그 이외에도 일반적·추상적 법규의 제정행위인 행정입법도 포함될 수 있을 것이다. 그러나 현행 「행정절차법」은 처분, 신고, 행정상 입법예고, 행정예고 및 행정지도를 행정절차의 대상으로 하고 있다(제3조 1항).1) 다른 한편 행정작용의 형성 이후의 단계에 해당하는 행정작용의 집행절차는 행정절차에 포함되지 않는다고 보아야 할 것이다.

#### (3) 행정청의 대외적 절차

행정절차가 갖는 중요성은 국민과 직접적인 관계를 갖는다는 점에서 의미를 갖는

---

1) 현행법은 행정계획이나 공법상 계약을 적용대상으로 하지 않는 점에서 비판되고 있다.

것이므로, 직접적으로 국민과 관계를 갖지 않는 행정기관 내부에서의 내부적 절차에 관한 내용은 행정절차라고 볼 수 없을 것이다.[2]

## Ⅱ. 행정절차의 기능

행정절차가 갖는 기능은 크게 볼 때 이념적 기능과 현실적 기능으로 나눌 수 있다.

### 1. 이념적 기능

#### (1) 행정작용의 공정성확보
행정절차는 행정주체로 하여금 신중한 행정작용을 하도록 유도함으로써 올바른 행정작용이 행해질 수 있게 하며, 이를 통하여 공정한 행정작용이 확보된다.

#### (2) 행정과정의 민주화
행정절차의 주된 내용은 시민이 단순한 행정객체로서가 아니라 행정과정에 일정한 지위를 가지는 당사자로서 참여할 수 있도록 보장함으로써, 행정과정을 민주적으로 운영하도록 하고 있다. 이는 행정절차의 주된 내용을 이루는 청문과 공청회의 경우에 두드러지게 나타난다.

### 2. 현실적 기능

행정절차는 현실적으로는 사전적인 권리구제제도로서의 기능을 수행한다.

#### (1) 재량행위의 통제와 행정절차
재량행위는 그 특성상 사후적인 사법심사에서 실체법적인 측면이 전면적인 범위에서 통제되지 못하고, 남용과 일탈여부의 심사로 범위가 한정되어진다. 따라서 재량행위는 사전적인 단계에서 재량과정을 중심으로 하여 그 통제가 행해질 수밖에 없게 된다. 이때의 재량과정의 통제를 위해서는 재량행위가 행해지는 절차적 측면이 통제될 필요가 있으며, 이러한 행정절차가 제대로 이행된 재량행위인 경우에만 국민의 권리보호가 사전적으로 보장되게 된다. 이와 관련하여 중요한 의미를 갖는 행정절차는 재량행위에 대한 사실적 측면에서의 이유부기와 청문이다.

---

2) 이러한 점에서 현행 「행정절차법」이 제 6 조에서 제 8 조까지에 행정청의 관할, 행정청간의 협조, 행정응원을 규정하고 있는 것은, 행정청과 다른 행정청 사이의 관계를 규정하는 것으로서 행정절차의 내용으로 이해할 수는 없을 것이다.

### (2) 행정계획의 통제와 행정절차

행정계획의 사법심사도 이른바 계획재량의 특성으로 인하여 그 실체법적 측면에서 통제되지 못하고 절차적 과정의 통제에 머물게 된다. 이때의 절차적 과정의 통제는 특히 형량명령의 통제로서 논의되고 있으며, 그 중심적인 내용은 행정계획의 구체적인 결정이 내려지는 과정에서 법치국가적 원리에 따라 요구되는 내용들이 제대로 이행되었는가의 여부가 된다. 이러한 절차적인 요구가 이행된 경우에만 특정의 행정계획과 관련된 국민의 권리가 제대로 보호받게 된다.

### (3) 과학기술적 행정작용의 통제와 행정절차

행정기관의 행정작용에 과학기술적인 내용이 포함되어 있는 경우에는 사법심사기관인 법원으로서는 전문성의 부족 등의 이유로 실질적인 심사를 행할 수 없게 된다. 특히 이러한 예로는 오늘날 그 중요성이 증가되고 있는 환경행정작용을 들 수 있다. 이러한 영역에서는 행정기관의 판단을 우선시하여 인정할 수밖에 없으며, 사법심사기관은 절차적 측면에서의 하자유무의 심사에 중점을 둘 수밖에 없게 된다.

## Ⅲ. 행정절차의 지배이념[3]

### 1. 지배이념의 내용

행정절차는 그 내용의 형성에 있어서 일정한 이념의 지배를 받게 되는데, 이때 특히 중요한 의미를 갖는 이념으로는 행정절차의 권리보호이념과 행정능률실현의 이념을 들 수 있다.

### (1) 권리보호의 이념

행정절차가 갖는 권리보호이념은 행정작용이 행해지는 초기단계에서 행정절차를 통하여 행정기관을 객관적·법적으로 의무지우고, 절차에 있어서의 개인의 주관적·법적지위를 보장함으로써 개개인의 법률상의 이해관계를 보호하는 것을 의미한다. 이를 통하여 행정절차의 당사자는 단순한 행정의 객체로서가 아니라 올바른 행정과정을 형성하기 위한 참여인으로서의 지위를 갖게 된다. 이러한 권리보호이념은 일정한 파생적인 효과도 가져오게 되는데, 특히 지적될 수 있는 사실은 행정절차의 권리보호이념이 법원에 의한 사법적 권리보호에 있어서의 부담을 경감시킬 수 있다는 사실이다. 즉 행정절차가 올바로 준수됨으로써 그 최종산물인 행정결정이 적법하게 되어 이로

---

3) 이에 대한 보다 상세한 설명은 류지태, "행정절차에 있어서의 권리보호기능과 그 한계", 저스티스, 1989(제22권), 16면 이하 참조.

인한 분쟁의 소지가 없게 되는 경우에는 법원에 의한 최종적인 분쟁해결요청이 절약될 수 있게 되는 것이다. 이는 다른 한편으로 오늘날 주요 문제의 하나로 부각되고 있는, 소송심리기간의 장기화 등으로 인한 법원에 의한 사후적인 권리구제의 공백이나 약점을 보완하는 기능도 수행하게 된다.

### (2) 행정능률의 이념

행정능률은 그 개념이 갖는 내용상의 추상성으로 인하여 다양한 내용으로 해석될 가능성이 있으나, 법적으로 의미를 갖는 관점으로서의 행정능률은 '법에 의하여 행정기관에게 주어진 또는 적어도 인정된 목적들을 가능한 한 경제적이고 적절한 수단들을 사용함으로써 달성하도록 하는 요청'을 의미한다고 말할 수 있다. 따라서 행정의 능률은 그 자체가 스스로의 목적이 아니라 법에 의하여 그때그때 주어진, 또는 인정된 목적들과의 관련하에서만 인식될 수 있는 것이다. 행정절차도 행정작용이 일정한 목적을 지향하여 활동하는 한 형태이므로 이러한 행정의 능률의 요청에서 벗어날 수 없으며, 이는 특히 대량적인 행정작용, 자동기계화에 의한 행정결정의 경우 등에 있어서 현저하게 나타난다.

## 2. 지배이념의 조화

이러한 행정절차상의 지배이념들은 별개로 작용하는 것이 아니라 서로 조화되어서 작용될 필요가 있다. 행정능률만이 강조되어서는 시민의 권리보호는 공백으로 남게 되며, 행정절차에서 지나친 권리보호만을 강조하는 것은 행정절차가 사법절차와 다른 특성을 갖고 있음을 간과하는 것이다. 따라서 양 이념은 일정한 선에서 조정될 필요가 있으며 이를 구체화하는 내용으로서는 다음의 것을 들 수 있다.

### (1) 원칙과 예외의 입법체계

행정절차의 법적 규율에 있어서 원칙과 예외체계는 이 양 이념을 반영한 것으로 볼 수 있다. 즉 행정절차는 원칙적으로 관계인들의 권리보호를 우선적인 이념으로 하므로 행정기관에게 일정한 의무를 부과하는 내용을 원칙으로 하게 되나, 개별적인 경우에 있어서 행정의 능률적 수행이 필요한 경우에는 예외규정(또는 단서규정 ; 예컨대 행정절차법 제21조 4항, 제22조 4항, 제23조 2항, 제41조 2항 등)의 형태를 두어 이를 규정하게 된다. 따라서 행정절차에 관한 개별적 규정의 의미는 예외규정(또는 단서 규정) 내용도 함께 포함하여 전체적으로 고찰될 필요가 있게 된다. 그러나 예외규정의 내용이 광범위하게 되면 행정절차규정의 실효성이 상실될 우려도 존재하게 된다.

### (2) 행정절차의 무형식성의 원칙

행정절차는 정식절차를 요구하는 예외적인 경우를 제외하고는 신속하고 합리적인 절차목적을 달성하기 위하여 약식절차에 의하는 것을 원칙으로 한다. 이는 행정절차가 행정작용과 관련을 갖기 때문이며, 또한 경우에 따라서 장기적인 절차진행은 권리보호에도 반할 수 있기 때문이다.

### (3) 행정절차하자의 치유가능성

행정절차에 하자가 있는 경우에도 당해 절차가 수행하는 권리보호기능의 의미가 상실되지 않는 한도에서는, 행정작용의 능률적 수행을 위하여 하자의 치유를 허용할 수 있도록 하는 것이 필요하다.

## Ⅳ. 행정절차의 입법화 문제

### 1. 입법화에 있어서의 고려사항

행정절차를 입법하는 경우에는 다음의 사항들이 고려되어야 한다.

### (1) 행정의 다양성의 고려

행정절차의 입법은 행정절차를 일반화·통일화한다는 것을 의미한다. 그러나 행정절차의 대상인 행정작용은 다양성과 전문성을 특징으로 하므로, 일반적이고 통일적인 법적 규율하에 놓기에는 적지 않은 문제점을 드러내게 된다. 따라서 행정절차의 입법에 있어서는 개별 행정작용의 다양성·전문성에 상응하여, 특수한 행정분야는 일반적인 행정절차법이 아닌 별도의 개별법률절차에 따른 규율을 인정해야 할 필요성이 있게 된다(행정절차법 제3조 1항). 이러한 이유로 하여 또한 입법내용에 있어서는 지나치게 완벽한 내용의 규정은 지양될 필요가 있다.

### (2) 현실적인 행정법체계의 고려

행정절차는 행정작용과 관련되는 규율이므로 그 입법에 있어서는 행정작용의 법체계에 대한 특색이 고려되어야 한다. 영미법계에서는 절차법위주로 법이 형성되어 왔고, 정도의 차이는 있지만 여전히 절차법이 강한 비중을 차지하고 있기에 행정절차의 입법도 절차법 위주의 내용으로 구성되게 된다. 그러나 우리나라와 같은 대륙법계에서는 실체법 위주로 형성되어 왔기에 행정절차법의 내용에서 이러한 사정이 적절하게 반영되는 것이 필요하게 된다. 따라서 절차법적 문제와 밀접한 관련을 갖거나, 행정절차법에서 동시에 취급될 것을 필요로 하는 행정작용에 관한 실체법적 사항도 규

율될 필요가 있게 된다.4)

### (3) 행정실무여건의 고려

행정절차법은 행정기관에 의하여 적용되고 구체화되는 것이므로 구체적인 행정기관의 실무나 관행도 고려되어야 한다. 행정절차에 익숙하지 않은 상황에서 급격하고 완벽한 내용의 행정절차의 적용의무를 부과하는 것은 오히려 부작용과 혼란만을 야기할 수 있게 된다. 따라서 행정절차의 입법은 현실적 수용상황을 고려하여 점진적으로 내용을 강화하는 것이 필요하다.

## 2. 입법상황

행정법의 일반적인 경우와 마찬가지로 행정절차법도 통일적 규율의 어려움으로 인하여 그 입법화 작업이 비교적 늦게 시작되었다. 주요 입법례를 보면 1925년에 오스트리아가 최초로 행정절차법을 입법하였고, 1946년에 미국의 행정절차법(APA), 1976년에 독일의 행정절차법(VwVfG), 1993년 일본의 행정수속법을 들 수 있다. 우리나라의 경우는 1987년 행정절차법안 입법예고, 1989년의 국민의 권익보호를 위한 행정절차에 관한 국무총리훈령을 거쳐 1996년 12월 「행정절차법」이 일반법으로서 제정되었다.

## V. 행정절차의 주요내용

행정절차를 법률에 의해 통일적으로 규율하는 경우에는 그 주요 내용으로서 처분절차, 행정계획의 확정절차, 행정입법절차, 행정지도절차 등을 생각할 수 있다. 어떠한 내용을 그 규율사항으로 할 것인가는 각국의 입법태도에 달려 있으나, 우리나라의 행정절차법은 아래의 사항을 그 규율내용으로 하고 있다.

### 1. 개    관

현행 「행정절차법」은 외국의 입법례(특히 일본의 행정수속법)를 참조하여 제정된 것으로서, 그 규율대상으로서 처분·신고·행정상 입법예고·행정예고 및 행정지도절차를 포함하고 있다. 이 가운데서 중심적인 역할을 하는 절차는 물론 처분절차이다. 또한 일정한 사항에 대해서는 「행정절차법」의 적용대상으로부터 제외되고 있다(제3조2항).

---

4) 이에 해당하는 것으로서는 행정계획, 행정행위의 취소권이나 철회권제한, 이유부기에 관한 규정 등을 들 수 있다. 현행 「행정절차법」이 이러한 실체법적 사항을 포함하지 않고 있다는 것도 비판점이 되고 있다.

공무원 인사관계 법령에 의한 처분에 관한 사항에 대하여 행정절차법의 적용이 배제되는 범위 및 그 법리가 별정직 공무원에 대한 직권면직 처분에도 적용되는지 여부(적극) 구 행정절차법(2012. 10. 22. 법률 제11498호로 개정되기 전의 것) 제3조 제2항 제9호, 구 행정절차법 시행령(2011. 12. 21. 대통령령 제23383호로 개정되기 전의 것) 제2조 제3호의 내용을 행정의 공정성, 투명성 및 신뢰성을 확보하고 국민의 권익을 보호함을 목적으로 하는 행정절차법의 입법 목적에 비추어 보면, 공무원 인사관계 법령에 의한 처분에 관한 사항이라 하더라도 전부에 대하여 행정절차법의 적용이 배제되는 것이 아니라, 성질상 행정절차를 거치기 곤란하거나 불필요하다고 인정되는 처분이나 행정절차에 준하는 절차를 거치도록 하고 있는 처분의 경우에만 행정절차법의 적용이 배제되는 것으로 보아야 하고, 이러한 법리는 '공무원 인사관계 법령에 의한 처분'에 해당하는 별정직 공무원에 대한 직권면직 처분의 경우에도 마찬가지로 적용된다( 대판 2013.1.16, 2011두30687 ).

## 2. 당사자 등

행정절차상 당사자등이라 함은 행정청의 처분에 대하여 직접 그 상대가 되는 당사자와 행정청이 직권 또는 신청에 의하여 행정절차에 참여하게 한 이해관계인을 말한다(제2조 4호). 행정절차에 참여하고자 하는 이해관계인은 행정청에 참여대상인 절차와 참여이유를 기재한 서면으로 참여를 신청하여야 하고, 행정청은 지체 없이 참여여부를 결정하여 신청인에게 통지하여야 한다(영 제3조).5)

### (1) 당사자 등의 자격

당사자 등이 될 수 있는 자는 ㉠ 자연인과 ㉡ 법인뿐 아니라 ㉢ 법인 아닌 사단(학회, 동창회, 종중, 동민회 등)이나 재단(대학교 장학회, 육영회 등)도 포함된다. 다만 법인 아닌 사단이나 재단은 대표자와 관리인이 있어 외부에 대하여 명확한 조직을 갖고 있는 경우 당사자 등의 자격을 가질 수 있다. 그 밖에 ㉣ 환경보호단체나 소비자보호단체 등 기타 다른 법령에 의하여 권리의무의 주체가 될 수 있는 자도 당사자가 될 수 있다.

### (2) 지위의 승계
#### 1) 지위승계의 일반원칙

행정절차에 참가한 당사자등이 사망하거나 합병 등으로 인해 권리능력에 변동이 있는 때에는 그 권리나 이익을 승계한 자가 당사자등의 행정절차 참여자로서의 지위

---

5) 행정절차법에서는 처분절차에서만 '당사자 등'이라는 용어를 사용하고 다른 절차에서는 사용하고 있지 않음을 유의할 필요가 있다.

를 승계한다($^{제10조}_{제1항}$). 이는 실체적 권리의 지위승계와 구별하여야 하며, 당사자등의 지위를 승계한 자는 행정청에 그 사실을 통지하여야 한다($^{제10조}_{제3항}$).

나아가 처분에 관한 권리 또는 이익을 사실상 양수한 자 역시 행정청의 승인을 얻어 당사자 등의 지위를 승계할 수 있다($^{제10조}_{제4항}$). 건설업등록, 하천점용허가 또는 공유수면매립면허 등과 같이 타인에게 그 효과를 이전하는 것이 가능한 경우 당사자등의 지위를 승계하고자 하는 자는 행정청에 서면으로 신청하여야 하고, 행정청은 승인여부를 결정하여 신청인에게 통지한다($^{영}_{제4조}$).

### 2) 개별 행정법규상의 지위승계신고와 행정절차

다만 개별 행정법규에서는 「행정절차법」 제10조에 대한 특별규정으로서 '지위승계신고'에 대하여 규정하는 예가 많다. 이때 행정절차와 관련하여 두 가지 점을 유의하여야 한다.

첫째는 영업양도에 따른 지위승계의 신고를 수리하는 행위의 성질 문제이다. 이때 행정청이 영업양도에 따른 신고를 수리하는 행위는 단순히 승계사실의 신고를 접수하는 행위에 그치는 것이 아니라 영업허가자의 변경이라는 법률효과를 발생시키는 행위라 할 것이다.6) 따라서 예컨대 행정청이 구 「식품위생법」 규정에 의하여 영업자 지위승계신고를 수리하는 처분은 종전의 영업자의 권익을 제한하는 처분이라 할 것이고 따라서 종전의 영업자는 그 처분에 대하여 직접 그 상대가 되는 자에 해당한다고 봄이 상당하므로, 행정청으로서는 위 신고를 수리하는 처분을 함에 있어서 「행정절차법」 소정의 당사자에 해당하는 종전의 영업자에 대하여 「행정절차법」 소정의 행정절차를 실시하고 처분을 하여야 한다.7)

둘째는 사실상 영업이 양도·양수되었지만 아직 지위승계신고 및 수리처분이 있기 이전의 경우, 행정제재처분 사유의 유무의 판단기준이 되는 대상자 및 위반행위에 대한 행정책임이 귀속되는 자가 양도인과 양수인 중 누구인가의 문제이다. 판례는 사실상 영업이 양도·양수되었지만 아직 승계신고 및 그 수리처분이 있기 이전에는 여전히 종전의 영업자인 양도인이 영업허가자이고, 양수인은 영업허가자가 되지 못한다 할 것이어서 행정제재처분은 영업허가자인 양도인을 기준으로 판단하여 그 양도인에 대하여 행하여야 할 것이고, 한편 양도인이 그의 의사에 따라 양수인에게 영업을 양도하면서 양수인으로 하여금 영업을 하도록 허락하였다면 그 양수인의 영업중 발생한 위반행위에 대한 행정적 책임은 영업허가자인 양도인에게 귀속된다고 보아야 한다고 판시하였다.8)

---

6) 대판 1995. 2. 24, 94누9146.
7) 대판 2003. 2. 14, 2001두7015.
8) 대판 1995. 2. 24, 94누9146.

## 3. 개별적 절차의 내용

### (1) 처분절차

#### 1) 처분의 신청

행정청에 대하여 처분을 구하는 신청은 원칙적으로 문서의 형식에 의하여야 한다 ($\frac{제17조}{1항}$). 이러한 신청에 대하여 행정청은 다른 법령 등에 특별한 규정이 있는 경우를 제외하고는 그 접수를 보류 또는 거부하지 못하며, 신청을 접수한 경우에는 원칙적으로 신청인에게 접수증을 교부하여야 한다($\frac{제17조}{4항}$). 신청에 형식적 요건의 미비가 있으면 행정청은 상당한 기간을 정하여 지체 없이 신청인에게 보완을 요구하여야 하며($\frac{제17조}{5항}$), 이 기간 내에 보완이 없으면 그 이유를 명시하여 접수된 신청을 되돌려 보낼 수 있다 ($\frac{제17조}{6항}$). 또한 행정청은 신청인의 편의를 위하여 다른 행정청에 신청을 접수하게 할 수 있으며($\frac{제17조}{7항}$), 신청인은 처분이 있기 전에는 다른 법령 등에 특별한 규정이 있거나 당해 신청의 성질상 보완·변경 또는 취하할 수 없는 경우를 제외하고는, 신청의 내용을 보완하거나 변경 또는 취하할 수 있다($\frac{제17조}{7항}$). 행정청이 다수의 행정청에 관여하는 처분을 구하는 신청을 접수한 경우에는 관계 행정청과의 신속한 협조를 통하여 당해 처분이 지연되지 아니하도록 하여야 한다($\frac{제18}{조}$).

#### 2) 처리기간의 설정 및 공표

행정청은 처분을 위한 처리기간을 종류별로 미리 정하여 공표하여야 한다($\frac{제19조}{1항}$). 이는 처분을 대상으로 하는 당사자의 법적 지위를 안정적으로 보장하고, 행정작용의 예측가능성을 확보하기 위한 목적을 갖는다. 이러한 처리기간은 1회에 한하여 연장할 수 있다($\frac{제19조}{2항}$).

#### 3) 처분기준의 설정 및 공표

(가) 의 의   이는 행정청이 처분을 함에 있어서 적용하게 될 객관적이고 구체적인 기준을 미리 설정하고 이를 외부적으로 공표하는 것을 말한다. 이는 행정결정과정의 투명성을 보장함으로써 공정한 행정작용을 확보하기 위한 것이다. 입법례로서는 일본 행정수속법 제12조를 들 수 있다.

(나) 실정법규정   현행법으로 이를 규정하고 있는 경우는「행정절차법」제20조와「민원 처리에 관한 법률」제 36 조를 들 수 있다.「행정절차법」에 따르면 처분의 처리기준을 설정·변경함에 있어서 이를 원칙적으로 공표하도록 하고 있으며, 예외적으로 그 기준을 공표하는 것이 당해 처분의 성질상 현저히 곤란하거나 공공의 안전 또는 복리를 현저하게 해하는 것으로 인정될 만한 상당한 이유가 있는 경우에는 제외하도록 하고 있다($\frac{제20조}{2항}$).

### 4) 행정처분의 사전통지와 의견청취

㈎ **사전통지** 당사자에게 의무를 부과하거나 권익을 제한하는 행정처분(즉 부담적 행정행위)을 하고자 하는 경우에 일정한 사항을 기재한 문서로 당사자에게 미리 통지하는 것을 말한다(제21조). 이러한 사전통지에 대해서는 당사자에게 의견제출권이 인정되므로(제21조 1항 4호), 이는 부담적 행정행위에 대한 사전적 권리보호수단과 공정한 행정작용을 확보하는 수단으로서의 의미를 갖게 된다.

그러나 ㉠ 공공의 안전 또는 복리를 위하여 긴급히 처분을 할 필요가 있는 경우, ㉡ 법령 등에서 요구된 자격이 없거나 없어지게 되면 반드시 일정한 처분을 하여야 하는 경우에, 그 자격이 없거나 없어지게 된 사실이 법원의 재판 등에 의하여 객관적으로 증명된 때, ㉢ 당해 처분의 성질상 의견청취가 현저히 곤란하거나 명백히 불필요하다고 인정될만한 상당한 이유가 있는 경우에는 사전통지를 아니할 수 있다(제21조 4항).

㈏ **의견청취** 행정청이 불이익처분을 함에 있어서는 의견청취를 거쳐야 한다. 「행정절차법」 제22조는 의견청취라는 제목을 갖고 있지만, 세부적으로는 청문·공청회·의견제출에 관하여 규정하고 있다. 이러한 유형은 당사자가 행정작용과정에 참여하는 제도라는 점에서 서로 그 공통점을 갖지만, 청문과 공청회는 개별 법령에서 규정되고 있거나 행정청이 필요하다고 인정하는 경우에만 가능한 반면에, 의견제출은 불이익한 처분에 대하여 이러한 제한 없이 원칙적으로 인정되는 제도라는 점에서 차이를 갖고 있다.

제22조는 이러한 세 가지 제도에 대해 규율하고 있지만, 구체적인 절차에 대해서는 다른 규정에서 규율하고 있어 개관하기가 용이하지 않은 상황이다. 즉 청문에 대해서는 그 사유는 제22조 제 1 항에서, 개별절차는 제21조 제 2 항 및 제28조에서 제37조까지에 규정되어 있으며, 공청회에 대해서는 그 사유는 제22조 제 2 항에서, 개별절차는 제38조, 제39조에서 규정되고 있다. 의견제출에 대해서는 그 사유는 제22조 제 3 항에서, 개별절차는 제27조에 규정되고 있다. 청문, 공청회 및 의견제출에 대해서는 아래에서 상세히 논하기로 한다.

㈐ **관련 문제** 사전통지나 의견청취의 대상이 되는 불이익처분의 범위에 대해서는 두 가지 법적인 문제가 제기된다.

① 먼저 처분의 직접 상대방에게는 수익적이지만 제 3 자에게는 불이익적 효과가 발생하는 처분이 여기서 말하는 사전통지나 의견청취의 대상이 되는 불이익처분에 속하는가가 문제된다. 이에 대해서는 「행정절차법」 제21조가 문언상 '당사자'에 한정하고 있으므로 포함되지 않는다는 견해9)와 행정청이 직권 또는 신청에 의하여 행정절차에 참여하게 한 이해관계인에게는 사전통지의 대상에 포함시키는 것이 「행정절차법」의

---

9) 박균성(상), 615면.

이념에 부합한다는 견해가 대립한다.10)

생각건대 「행정절차법」 제22조 제 3 항이 행정청이 당사자에게 의무를 부과하거나 권익을 제한하는 처분을 함에 있어서 제 1 항 또는 제 2 항의 경우 외에는 '당사자 등'에게 의견제출의 기회를 주어야 한다고 규정하고 있고, 이때의 '당사자 등'에는 당사자 외에 이해관계인(행정절차법 제2조 제4호)도 포함된다는 점에서 후자의 견해가 타당하다고 본다.

　　구 행정절차법(2011. 12. 2. 법률 제11109호로 개정되기 전의 것, 이하 같다) 제22조 제3항에 따라 행정청이 의무를 부과하거나 권익을 제한하는 처분을 할 때 의견제출의 기회를 주어야 하는 '당사자'는 '행정청의 처분에 대하여 직접 그 상대가 되는 당사자'(구 행정절차법 제2조 제4호)를 의미한다. 그런데 '고시'의 방법으로 불특정 다수인을 상대로 의무를 부과하거나 권익을 제한하는 처분은 그 성질상 의견제출의 기회를 주어야 하는 상대방을 특정할 수 없으므로, 이와 같은 처분에 있어서까지 구 행정절차법 제22조 제3항에 의하여 그 상대방에게 의견제출의 기회를 주어야 한다고 해석할 것은 아니다(대판 2014.10.27, 2012두7745).

② 다음으로 수익적 처분의 신청에 대한 거부처분도 여기서 말하는 불이익처분에 속하는가가 문제된다. 이에 대해서는 ㉠ 신청에 대한 거부처분이 있는 이상 아직 당사자에게는 권익이 부여된 바 없다는 점, ㉡ 신청에 대한 거부조치의 내용에는 이미 의견진술의 기회를 부여한 것과 같은 효과가 내포된 것으로 볼 수 있다는 점을 논거로 부정하는 견해와,11) 수익적 처분의 신청에 대한 거부조치는 좁은 의미의 권리침해는 아니라고 하더라도 법적으로 보호되는 관계인의 이익을 제한할 수 있다는 점에서 긍정하는 견해12)가 대립하고 있다.

판례는 "신청에 따른 처분이 이루어지지 아니한 경우에는 아직 당사자에게 권익이 부과되지 아니하였으므로, 특별한 사정이 없는 한, 신청에 대한 거부처분이라고 하더라도 직접 당사자의 권익을 제한하는 것은 아니어서, 신청에 대한 거부처분을, 여기에서 말하는 '당사자의 권익을 제한하는 처분'에 해당한다고 할 수 없는 것이어서, 처분의 사전통지대상이 된다고 할 수 없다"고 하여 부정설을 취하고 있다.13)

생각건대 수익적 처분을 신청하고 그 결과를 기다리는 국민의 입장에서 볼 때 그것이 거부되는 경우에 대비하여 미리 준비하고 소명할 수 있는 기회를 부여받을 이해관계는 통상적인 불이익처분의 경우와 크게 다르지 않다고 본다. 특히 사회보장분야에서 불요불급한 국가의 급부에 의존하는 사회취약계층의 권익보호를 고려하면 더더

---

10) 오준근, 행정절차법, 340면.
11) 김동희(Ⅰ), 395면; 홍정선(상), 566면; 박균성(상), 614면.
12) 오준근, 행정절차법, 340면 이하; 김성수, "참여와 협력시대의 한국 행정절차법", 현대공법이론의 제문제(석종현박사화갑기념논문집), 2003, 552면; 김철용, 행정법(Ⅰ), 364면.
13) 대판 2003. 11. 28, 2003두674.

욱 절차적 보호의 필요성이 있다고 판단된다. 따라서 긍정설에 찬동한다.

### 5) 청 문

㈎ 의 의　청문은 행정절차 중 가장 오랜 역사를 갖고 있으며 오늘날 가장 보편화되어 있는 가장 중요한 절차이다. 이는 영국법의 자연적 정의의 원칙에서 출발한 것으로서, 관련되는 양당사자로부터 의견을 들어 공정한 결정을 내리도록 하는 것이 본래의 이념이다. 구체적으로는 행정작용의 당사자인 시민이 당해 행정작용에 대해 통지받고, 이에 대해서 자신이 증거를 제출하고 진술할 권리를 갖는 것을 말한다.[14] 오늘날은 대륙법계에서도 일반적으로 채택되고 있다.

㈏ 유 형　청문의 주요 유형으로는 약식청문과 정식청문을 들 수 있다. 전자는 일정한 방식에 의하지 않고 당해 예정된 처분에 대한 의견이나 참고자료를 제출하는 것으로서, 현행 개별법에 규정되어 있는 청문과 「행정절차법」 제27조가 규정하고 있는 의견제출이 이에 해당한다고 볼 수 있다. 후자는 청문주재자가 있어서 가능한 범위 내에서 대심구조를 형성하여 이루어지는 청문이며, 청문주재자가 당사자에 대한 청문의 결과를 최종적으로 조서의 형식으로 행정기관에게 제출하고, 행정기관은 이를 참작하여 행정결정을 내리게 된다. 「행정절차법」에서 규정하고 있는 청문은 이에 해당한다고 볼 수 있다.

㈐ 청문의 절차

① 청문의 실시사유　1996년 제정 당시부터 「행정절차법」은 다른 법령 등에서 청문을 실시하도록 규정하고 있거나, 행정청이 필요하다고 인정하는 경우에 한하여 청문을 실시하도록 하여왔다($^{제22조}_{1항 1호, 2호}$). 그래서 청문의 사유로서 당사자가 신청(또는 요구)하는 경우를 제외했다는 점에서 청문실시사유가 매우 제약되고 있는 문제점을 안고 있었다. 그러나 「행정절차법」이 2014. 1. 28. 일부개정되면서 청문실시사유로서 '인허가 등의 취소, 신분·자격의 박탈, 법인이나 조합등의 설립허가 취소시 의견제출기한 내에 당사자의 신청이 있는 경우'를 청문실시사유로 추가하였다($^{제22조}_{1항 3호}$). 이로써 당사자가 신청 또는 요구하는 경우를 청문실시사유로 인정하게 되었다는 점에서는 진일보하였다고 평가할 수 있으나, 당사자 등이 신청할 수 있는 경우를 '인허가 등의 취소, 신분·자격의 박탈, 법인이나 조합 등의 설립허가 취소'의 세 가지 경우로만 한정한 것은 다소 아쉬움을 남긴다고 할 것이다.

그러나 이상의 청문실시사유에 해당한다고 하더라도 ㉠ 공공의 안전 또는 복리를 위하여 긴급히 처분을 할 필요가 있는 경우, ㉡ 법령 등에서 요구된 자격이 없거나 없어지게 되면 반드시 일정한 처분을 하여야 하는 경우에 그 자격이 없거나 없어지게 된 사실이 법원의 재판 등에 의하여 객관적으로 증명된 때, ㉢ 당해 처분의 성질상 의

---

14) Wade, *Administrative Law*, 2000, p. 469.

견청취가 현저히 곤란하거나 명백히 불필요하다고 인정될만한 상당한 이유가 있는 경우($^{제22조\ 4항,}_{제21조\ 4항}$)와, 당사자가 의견진술의 기회를 포기한다는 뜻을 명백하게 표시한 경우에는 청문을 실시하지 않을 수 있다($^{제22조}_{4항}$).

② **청문의 진행절차**  행정청은 청문을 실시하고자 하는 경우에 청문이 시작되는 날부터 10일 전까지 일정한 사항을 당사자 등에게 통지하여야 한다($^{제21조}_{2항}$). 청문은 중립적 위치에 있는 주재자에 의하여 일정한 절차를 거쳐 진행된다.

㉠ **청문주재자**  현행법은 청문주재자를 행정청의 소속직원이나 대통령령이 정하는 자격을 가진 자 중에서 행정청이 선정하는 자가 되도록 예정하고 있다($^{제28조}_{1항}$). 그러나 이러한 자격만으로는 청문주재자의 중립적 지위를 확보하기 어려운 문제점이 존재한다.[15] 이때 선정된 청문주재자는 그 직무수행의 공정성을 담보하기 위하여 형법 기타 다른 법률에 의한 벌칙의 적용에 있어서 공무원으로 간주되며($^{제28조}_{3항}$), 일정한 사유에 의하여 제척·기피·회피된다($^{제29}_{조}$).

㉡ **청문절차의 공개 문제**  현행법은 당사자의 공개신청이 있거나 청문주재자가 필요하다고 인정하는 경우에는 청문절차를 공개할 수 있도록 하고 있다. 다만 공익 또는 제 3 자의 정당한 이익을 현저히 해할 우려가 있는 경우에는 공개하지 않도록 하고 있다($^{제30}_{조}$). 이러한 규정의 내용에 비추어, 현행법에서는 청문의 공개여부가 행정청의 재량에 맡겨지고 있고, 오히려 비공개의 가능성이 더 넓게 인정되는 문제점이 지적되어야 할 것이다.

㉢ **청문절차의 진행**  청문절차는 청문주재자가 먼저 예정된 처분의 내용, 그 원인이 되는 사실 및 법적 근거 등을 설명함으로써 시작된다($^{제31조}_{1항}$). 당사자 등은 직접 청문절차에 출석하여 의견을 진술하고 증거를 제출할 수 있으며, 참고인·감정인 등에 대하여 질문할 수 있다($^{제31조}_{2항}$). 이때에 당사자 등이 출석하지 않고 의견서를 제출한 경우에는 그 내용을 출석하여 진술한 것으로 본다($^{제31조}_{3항}$). 청문주재자는 신청 또는 직권에 의하여 필요한 조사를 할 수 있으며, 당사자 등이 주장하지 아니한 사실에 대하여도 조사할 수 있다($^{제33조}_{1항}$). 청문절차의 결과는 청문조서의 작성으로 나타나게 된다. 이러한 청문조서에는 당사자 등의 진술요지 및 제출된 증거, 증거조사의 요지 등이 기재되며($^{제34조}_{1항}$), 당사자 등은 청문조서의 기재내용을 열람·확인할 수 있고, 이의가 있을 때에는 그 정정을 요구할 수 있다($^{제34조}_{2항}$).

㉣ **청문의 종결**  청문주재자는 당해 사안에 대하여 당사자 등의 의견제출·증거조사가 충분히 이루어졌다고 인정되는 경우에는 청문을 마칠 수 있다($^{제35조}_{1항}$). 또한 당사자 등의 전부 또는 일부가 정당한 사유 없이 청문기일에 출석하지 아니하거나 의견

---

15) 이 점을 고려하여 입법자는 2019. 12. 10. 행정청이 청문 주재자를 공정하게 선정하여야 한다고 의무지우는 것으로 「행정절차법」 제28조 제1항의 문구를 다듬었다.

서를 제출하지 아니한 경우에는, 이들에게 다시 의견제출 및 증거제출의 기회를 주지 아니하고 청문을 마칠 수 있다($^{제35조}_{2항}$). 청문주재자는 당사자등의 전부 또는 일부가 정당한 사유로 청문기일에 출석하지 못하거나 의견서를 제출하지 못한 경우에는 10일 이상의 기간을 정하여 이들에게 의견진술 및 증거제출을 요구하여야 하며, 해당 기간이 지났을 때에 청문을 마칠 수 있다($^{제35조}_{3항}$). 청문을 마친 때에는 청문주재자는 지체 없이 청문조서 기타 관계서류 등을 행정청에 제출하여야 하며($^{제35조}_{4항}$), 행정청은 제출받은 청문조서 기타 관계서류 등을 충분히 검토하고 상당한 이유가 있다고 인정되는 경우에는, 처분을 함에 있어서 청문결과를 적극 반영하여야 한다($^{제35조}_{의2}$).

㈘ **청문의 하자** 청문절차를 거치지 않은 행정작용은 하자있는 행위로서 위법성이 인정된다. 청문하자는 주로 청문배제사유와 관련한 경우가 많으며, 이때의 위법성 정도에 대해서 판례는 「행정절차법」 제정 이후에는 취소사유로 보는 것이 일반적이다.

[ 1 ] 행정절차법 제21조 제 4 항 제 3 호는 침해적 행정처분을 할 경우 청문을 실시하지 않을 수 있는 사유로서 "당해 처분의 성질상 의견청취가 현저히 곤란하거나 명백히 불필요하다고 인정될 만한 상당한 이유가 있는 경우"를 규정하고 있으나, 여기에서 말하는 '의견청취가 현저히 곤란하거나 명백히 불필요하다고 인정될 만한 상당한 이유가 있는지 여부'는 당해 행정처분의 성질에 비추어 판단하여야 하는 것이지, 청문통지서의 반송 여부, 청문통지의 방법 등에 의하여 판단할 것은 아니며, 또한 행정처분의 상대방이 통지된 청문일시에 불출석하였다는 이유만으로 행정청이 관계 법령상 그 실시가 요구되는 청문을 실시하지 아니한 채 침해적 행정처분을 할 수는 없을 것이므로, 행정처분의 상대방에 대한 청문통지서가 반송되었다거나, 행정처분의 상대방이 청문일시에 불출석하였다는 이유로 청문을 실시하지 아니하고 한 침해적 행정처분은 위법하다($^{대판\ 2001.4.13.}_{2000두3337}$).

[ 2 ] 청문절차에 관한 각 규정과 행정처분의 사유에 대하여 당해 영업자에게 변명과 유리한 자료를 제출할 기회를 부여함으로써 위법사유의 시정 가능성을 고려하고 처분의 신중과 적정을 기하려는 청문제도의 취지에 비추어 볼 때, 행정청이 침해적 행정처분을 함에 즈음하여 청문을 실시하지 않아도 되는 예외적인 경우에 해당하지 않는 한, 반드시 청문을 실시하여야 하고, 그 절차를 결여한 처분은 위법한 처분으로서 취소 사유에 해당한다($^{대판\ 2001.4.13.}_{2000두3337}$).

### 6) 의견제출

㈎ **의 의** 「행정절차법」은 제27조에서 약식절차의 청문으로서의 성질을 갖는 의견제출 절차를 규정하고 있다.16) 이는 행정청이 당사자에게 불이익한 내용이 되는 처

---

16) 「행정절차법」은 의견제출의 개념정의의 규정에서 의견제출이 청문에 해당하지 아니함을 규정하고 있으나(제 2 조 제 7 호), 이는 정식절차로서 규정되고 있는 「행정절차법」상의 청문에 해당하지 아니한다는 의미로서 이해되어야 할 것이다.

분을 하는 경우에 이행해야 할 처분의 사전통지의무에 상응하는 당사자의 권리로서 이
해될 수 있다(제21조 1항 참조). 따라서 당사자 등은 처분 전에 그 처분의 관할 행정청에 서면·
정보통신망 또는 구술로 의견제출을 할 수 있으며(제27조 1항), 이때에는 그 주장을 입증하기
위한 증거자료 등을 첨부할 수 있다(제27조 2항). 이때에 당사자 등이 정당한 이유 없이 의견
제출기한 내에 의견제출을 하지 아니한 경우에는 의견이 없는 것으로 간주된다(제27조 4항).
우리나라의 경우에 의견제출은 개별법에서 이미 청문의 이름으로 가장 주요한 행정절
차로서 규정되고 있다.

(나) 의견제출의 사유    의견제출의 실시사유는 청문이나 공청회와는 달리 일반적인
형태로서 인정되고 있다. 즉 당사자에게 의무를 과하거나 권익을 제한하는 처분을 할
때에는 청문 또는 공청회의 경우 외에는 반드시 의견제출을 실시하도록 하고 있다
(제22조 3항).

(다) 의견제출의 배제사유    의견제출 절차도 일정한 경우에는 배제될 수 있으며, 이
러한 사유는 청문절차의 배제사유와 같은 내용으로 구성되고 있다. 따라서 ㉠ 공공의
안전 또는 복리를 위하여 긴급히 처분을 할 필요가 있는 경우, ㉡ 법령 등에서 요구된
자격이 없거나 없어지게 되면 반드시 일정한 처분을 하여야 하는 경우에 그 자격이
없거나 없어지게 된 사실이 법원의 재판 등에 의하여 객관적으로 증명된 때, ㉢ 당해
처분의 성질상 의견청취가 현저히 곤란하거나 명백히 불필요하다고 인정될 만한 상당
한 이유가 있는 경우와, 당사자가 의견진술의 기회를 포기한다는 뜻을 명백히 표시한
경우에는 의견제출 절차를 배제할 수 있다(제22조 4항, 제21조 4항). 이러한 배제사유에 해당하지 않는
경우에도 의견제출을 생략하면 하자있는 행정작용이 되며, 취소사유가 된다.

[1] **행정청이 침해적 행정처분을 하면서 당사자에게 행정절차법상의 사전통지를 하거
나 의견제출의 기회를 주지 아니한 경우, 그 처분이 위법한 것인지 여부**    행정청이 침
해적 행정처분을 함에 있어서 당사자에게 의견제출의 기회를 주지 아니하였다면 의
견제출의 기회를 주지 아니하여도 되는 예외적인 경우에 해당하지 아니하는 한 그
처분은 위법하여 취소를 면할 수 없다. 행정청이 온천지구임을 간과하여 지하수개
발·이용신고를 수리하였다가 행정절차법상의 사전통지를 하거나 의견제출의 기회를
주지 아니한 채 그 신고수리처분을 취소하고 원상복구명령의 처분을 한 경우, 행정지
도방식에 의한 사전고지나 그에 따른 당사자의 자진 폐공의 약속 등의 사유만으로는
사전통지 등을 하지 않아도 되는 행정절차법 소정의 예외의 경우에 해당한다고 볼
수 없다(대판 2000.11.14, 99두5870).

[2] **공무원 인사관계 법령에 의한 처분에 관한 사항에 대하여 행정절차법의 적용이 배
제되는 범위**    행정과정에 대한 국민의 참여와 행정의 공정성, 투명성 및 신뢰성을
확보하고 국민의 권익을 보호함을 목적으로 하는 행정절차법의 입법목적과 행정절차
법 제 3 조 제 2 항 제 9 호의 규정 내용 등에 비추어 보면, 공무원 인사관계 법령에 의

한 처분에 관한 사항 전부에 대하여 행정절차법의 적용이 배제되는 것이 아니라 성질상 행정절차를 거치기 곤란하거나 불필요하다고 인정되는 처분이나 행정절차에 준하는 절차를 거치도록 하고 있는 처분의 경우에만 행정절차법의 적용이 배제된다(군인사법령에 의하여 진급예정자명단에 포함된 자에 대하여 의견제출의 기회를 부여하지 아니한 채 진급선발을 취소하는 처분을 한 것이 절차상 하자가 있어 위법하다고 한 사례)( 대판 2007.9.21, 2006두20631 ).

(라) **제출 의견의 반영 등**   행정청은 처분을 할 때에 당사자 등이 제출한 의견이 상당한 이유가 있는 경우에는 이를 반영하여야 한다(제27조의2 1항). 행정청은 당사자 등이 제출한 의견을 반영하지 아니하고 처분을 한 경우 당사자 등이 처분이 있음을 안 날부터 90일 이내에 그 이유의 설명을 요청하면 서면으로 그 이유를 알려야 한다. 다만, 당사자 등이 동의하면 말, 정보통신망 또는 그 밖의 방법으로 알릴 수 있다(제27조의2 2항).

### 7) 공 청 회

(가) **의 의**   공청회는 특정사항에 대하여 발표자와 이해관계인들이 서로 질문과 답변을 통하여 행정결정을 위해 필요로 되는 의사를 형성하는 절차를 말한다. 이는 청문과는 달리 공청사항에 대하여 이해관계 없는 사람도 참가가 가능하다는 특색이 있으며, 그 사항으로는 중요한 국가시책, 국토계획, 입법안 등 그 대상이 광범위하다. 이를 통하여 다수의 의견을 수렴하여 사전적으로 이해관계를 조정하고자 하는 데 그 의의가 있다.

(나) **실정법 규정**   현행법으로 공청회절차를 규정하고 있는 법령은 많지 않다. 대표적으로 들 수 있는 것은, 「국토의 계획 및 이용에 관한 법률」 제14조, 제20조 등(광역도시계획 수립·변경의 경우와 도시기본계획의 수립의 경우), 「도시교통정비 촉진법」 제33조 제2항(교통수요관리의 시행의 경우), 「사회보장기본법」 제21조(사회보장의 장기 발전방향수립의 경우), 「행정규제기본법」 제9조(행정규제의 신설 또는 강화의 경우), 「환경영향평가법」 제13조 제1항(환경영향평가서 의 작성의 경우) 등이 이에 해당한다.

(다) **「행정절차법」의 규정**   「행정절차법」은 공청회의 개최에 관한 일반법으로서 작용한다. 이에 따르면, 행정청은 공청회를 개최하고자 하는 경우에는 공청회 개최 14일 전까지 일정한 사항을 당사자 등에게 통지하고, 관보·공보·인터넷 홈페이지 또는 일간신문 등에 공고하는 등의 방법으로 널리 알려야 한다. 다만, 공청회 개최를 알린 후 예정대로 개최하지 못하여 새로 일시 및 장소 등을 정한 경우에는 공청회 개최 7일 전까지 알려야 한다(제38조).

① **공청회 개최사유**   행정청은 처분을 함에 있어서 ㉠ 다른 법령 등에서 공청회를 개최하도록 규정하고 있는 경우, ㉡ 당해 처분의 영향이 광범위하여 널리 의견을 수렴할 필요가 있다고 인정하는 경우, ㉢ 국민생활에 큰 영향을 미치는 처분으로서 대통령령으로 정하는 처분에 대하여 대통령령으로 정하는 수 이상의 당사자등이

공청회 개최를 요구하는 경우에 공청회를 개최한다($\frac{제22조}{2항}$). 현행법은 청문의 경우와 마찬가지로 당사자 등의 신청이 있는 경우를 그 사유에서 배제함으로써 공청회의 개최를 사실상 어렵게 하고 있다.

② 공청회의 주재자 및 발표자 선정  행정청은 당해 공청회의 사안과 관련된 분야에 전문적 지식이 있거나 그 분야에서 종사한 경험이 있는 사람으로서 대통령령으로 정하는 자격을 가진 사람 중에서 공청회의 주재자를 선정한다($\frac{제38조}{의3\ 1항}$). 또한 공청회의 발표자는 발표를 신청한 자 중에서 행정청이 선정한다. 다만, 발표 신청자가 없거나 공청회의 공정성 확보를 위하여 필요하다고 인정하는 경우에는 ㉠ 당해 공청회의 사안과 관련된 당사자 등, ㉡ 당해 공청회의 사안과 관련된 분야에 전문적 지식이 있는 자, ㉢ 당해 공청회의 사안과 관련된 분야에서 종사한 경험이 있는 자 중에서 지명 또는 위촉할 수 있다($\frac{제38조}{의3\ 2항}$).

③ 공청회의 진행  공청회의 주재자는 공청회를 공정하게 진행하여야 하며, 공청회의 원활한 진행을 위하여 발표내용을 제한할 수 있고, 질서유지를 위하여 발언중지, 퇴장명령 등 행정자치부장관이 정하는 필요한 조치를 할 수 있다. 발표자는 공청회의 내용과 직접 관련된 사항에 한하여 발표하여야 한다. 공청회의 주재자는 발표자의 발표가 끝난 후에는 발표자 상호 간에 질의 및 답변을 할 수 있도록 하여야 하며, 방청인에 대하여도 의견을 제시할 기회를 주어야 한다($\frac{제39}{조}$).

④ 공청회 결과의 반영 등  행정청은 처분을 할 때에 공청회, 전자공청회 및 정보통신망 등을 통하여 제시된 사실 및 의견이 상당한 이유가 있다고 인정하는 경우에는 이를 반영하여야 한다($\frac{제39}{조의2}$). 행정청은 공청회를 마친 후 처분을 할 때까지 새로운 사정이 발견되어 공청회를 다시 개최할 필요가 있다고 인정할 때에는 공청회를 다시 개최할 수 있다($\frac{제39}{조의3}$).

8) 행정처분의 이유부기

(개) 의  의  이는 행정처분의 근거가 된 법적·사실적 이유를 처분당시에 부기하도록 하는 것이다. 이유부기는 기능적 측면에서 볼 때 ㉠ 행정의 자기통제기능(행정기관이 이유부기의 의무를 통해서 보다 신중하게 행정결정을 내리게 되고, 행정작용의 공정성이 보장되는 기능), ㉡ 권리구제기능(당해 처분의 당사자가 부기된 이유를 검토하여 당해 처분의 위법성 여부를 판단하고, 이를 근거로 처분에 대한 행정쟁송 제기 여부를 결정하는 데 도움을 받게 되는 기능), ㉢ 당사자로 하여금 이유를 검토하여 당해 행정결정을 받아들이게 하는 당사자만족기능 및 ㉣ 당해 행정결정을 명확하게 하는 기능 등이 인정되고 있다. 특히 이유부기는 현실적으로 재량행위에서 큰 의미를 갖는데, 기속행위에서와는 달리 재량행위에서는 그 사실적 이유가 제시되지 않고서는 당사자나 법원에 의한 통제가 불가능하게 되기 때문이다.

「행정절차법」 제23조 제1항의 규정 취지 및 처분서에 처분의 근거와 이유가 구체적으

**로 명시되어 있지 않은 처분이라도 절차상 위법하지 않은 경우**    행정절차법 제23조
제1항은 행정청이 처분을 하는 때에는 당사자에게 그 근거와 이유를 제시하도록 규
정하고 있고, 이는 행정청의 자의적 결정을 배제하고 당사자로 하여금 행정구제절차
에서 적절히 대처할 수 있도록 하는 데 그 취지가 있다. 따라서 처분서에 기재된 내
용과 관계 법령 및 당해 처분에 이르기까지 전체적인 과정 등을 종합적으로 고려하
여, 처분 당시 당사자가 어떠한 근거와 이유로 처분이 이루어진 것인지를 충분히 알
수 있어서 그에 불복하여 행정구제절차로 나아가는 데에 별다른 지장이 없었던 것으
로 인정되는 경우에는 처분서에 처분의 근거와 이유가 구체적으로 명시되어 있지 않
았다고 하더라도 그로 말미암아 그 처분이 위법한 것으로 된다고 할 수는 없다
( 대판 2011.11.14, 2011두18571 ).

(나) **청문과의 관계**    행정절차로서의 이유부기는 청문과 관계를 갖는다. 즉 청문은
단순히 당사자의 의견을 듣는 데 그치는 것이 아니라, 청문을 통하여 진술된 당사자
의 의견이나 자료에 대해 행정기관이 이유부기의 내용을 통하여 구체적인 평가를 행
하여야 한다. 따라서 이유부기는 청문의 기능을 실질적으로 보장하는 역할을 한다고
볼 수 있다.

(다) **실정법 규정**    현행법으로서 이를 규정하고 있는 법률로는 「민원 처리에 관한
법률」을 들 수 있다. 이에 따르면 행정기관은 민원인의 신청을 거부하는 때에는 그
이유와 구제절차를 함께 통지하여야 한다(동법 제27조 2항).

(라) **「행정절차법」의 규정**    「행정절차법」은 처분의 이유부기 의무를 원칙적으로 인
정하고 있다(제23조 1항). 그러나 ㉠ 신청내용을 모두 그대로 인정하는 처분이거나, ㉡ 단순·
반복적인 처분 또는 경미한 처분으로서 당사자가 그 이유를 명백히 알 수 있는 경우
또는 ㉢ 긴급을 요하는 경우에는 이유부기의무를 배제하고 있다(제23조 1항). 이때 제23조
제 1 항 2호 및 3호의 경우에 처분후 당사자가 요청하는 경우에는 그 근거와 이유를
제시하여야 한다(제23조 2항).17)

## (2) 신고절차
### 1) 의    의

법령 등에서 사인을 대상으로 행정청에 대하여 일정한 사항을 통지하도록 하는
신고의무를 규정하고 있는 경우에, 신고의무의 이행과 관련된 절차를 규정하고 있는
것이 「행정절차법」상의 신고절차이다. 신고는 행정법적으로는 행정기관의 업무수행을
위하여 당사자에게 부과되는 것으로서, 그 의무위반이 있어도 행정작용의 효력에 영
향을 주는 것은 아니며 원활한 행정수행이 다소 지장을 받게 되는 것을 말한다. 현행

---

17) 이유부기의무에 관한 상세한 검토는 류지태, "행정절차로서의 이유부기의무", 고시계, 1997년
7월호 참조.

행정절차법상의 규정은 일본의 행정수속법 내용을 참고한 것이다.

### 2) 내　　용

행정청은 당사자가 신고의무를 효율적으로 이행하도록 하기 위하여, 신고에 필요한 구비서류와 접수기관 기타 법령 등에 의한 신고에 필요한 사항을 제시하거나 이에 대한 편람을 비치하여 누구나 열람할 수 있도록 하여야 한다($^{제40조}_{1항}$). 신고는 일정한 형식적 요건을 갖추면, 신고서가 접수기관에 도달한 때에 그 의무가 이행된 것으로 본다. 이러한 요건으로는 ㉠ 신고서의 기재사항에 하자가 없을 것, ㉡ 필요한 구비서류가 첨부되어 있을 것, ㉢ 기타 법령 등에 규정된 형식상의 요건에 적합할 것이 해당한다($^{제40조}_{2항}$). 이러한 요건을 갖추지 못한 신고서는 신고인에게 상당한 기간을 정하여 보완을 요구하여야 하며($^{제40조}_{3항}$), 이 기간 내에 보완이 없으면 행정청은 신고서를 이유를 명기하여 되돌려 보내야 한다($^{제40조}_{4항}$).

## (3) 입법예고절차

### 1) 의　　의

입법예고절차는 국민의 일상생활과 밀접하게 관련되는 법령안의 내용을($^{즉\ 법률,\ 법규명}_{령,\ 조례,\ 규칙}$ $^{등의\ 제정·개}_{정\ 또는\ 폐지}$) 구체적인 행위에 앞서서 국민들에게 일반적으로 예고함으로써 국민들의 참여기회를 보장하여 입법과정의 민주화를 확보하고, 법령의 실효성을 높여 정책수행의 효율화를 도모하기 위한 절차이다. 이는 미국의 행정절차법에 특유한 것이지만($^{미국은\ 행정}_{입법에만\ 한정}$) 이러한 절차가 차지하는 중요성에 비추어 특정국가에만 한정된 절차로 이해할 필요는 없을 것이다.

### 2) 실정법규정

현행법상의 규정으로는 「행정절차법」과 그 세부적 사항을 규정하고 있는 「법제업무 운영규정」($^{대통}_{령령}$)이 있다.

㈎ 입법예고의무　　입법예고의무는 법령 등의 제정·개정 또는 폐지의 경우에 해당된다. 그러나 예외적으로 입법내용이 국민의 권리·의무 또는 일상생활과 관련이 없거나 긴급을 요하거나 입법내용의 성질 또는 기타 사유로 예고의 필요가 없거나 곤란하다고 판단되는 경우, 상위법령 등의 단순한 집행을 위한 경우, 예고함이 공익에 현저히 불리한 영향을 미치는 경우에는 입법예고를 아니할 수 있다($^{제41조}_{1항}$). 그러나 입법예고를 하지 아니한 법령안의 심사요청을 법제처장이 받은 경우에, 입법예고를 함이 적당하다고 판단될 때에는 당해 행정청에 대하여 입법예고를 권고하거나 직접 예고할 수 있다.

㈏ 예고방법　　행정청은 입법안의 취지, 주요 내용 또는 전문(全文)을 ㉠ 법령의

입법안을 입법예고하는 경우: 관보 및 법제처장이 구축·제공하는 정보시스템을 통한 공고, ⓛ 자치법규의 입법안을 입법예고하는 경우: 공보를 통한 공고의 방법으로 널리 알려야 하며, 추가로 인터넷·신문 또는 방송 등을 통하여 공고할 수 있다($^{제42조}_{1항}$). 행정청은 대통령령을 입법예고하는 경우 국회 소관 상임위원회에 이를 제출하여야 한다($^{제42조}_{2항}$). 또한 행정청은 입법예고를 하는 때에 입법안과 관련이 있다고 인정되는 중앙행정기관, 지방자치단체, 그 밖의 단체 등이 예고사항을 알 수 있도록 예고사항의 통지 그 밖의 방법 등으로 알려야 한다($^{제42조}_{3항}$). 아울러 예고된 입법안의 전문에 대하여 열람 또는 복사의 요청이 있는 때에는 특별한 사유가 없는 한 이에 응하여야 한다($^{제42조}_{5항}$).

(대) **예고기간**  예고할 때 그 기간을 정하게 되며, 특별한 사정이 없는 한 40일(자치법규는 20일) 이상으로 하게 된다($^{제43}_{조}$).

(라) **의견제출 및 공청회**  예고된 입법안에 대하여는 누구든지 의견을 제출할 수 있으며($^{제44조}_{1항}$), 이러한 의견을 제출한 자에게는 의견의 처리결과를 통지하여야 한다($^{제44조}_{4항}$). 행정청은 입법안에 관하여 필요에 따라 공청회를 개최할 수 있다($^{제45조}_{1항}$).

### (4) 행정예고절차

#### 1) 의  의

행정작용이 국민의 법적 생활에 중요한 의미를 갖는 경우에는 이를 시행 또는 변경하기에 앞서서 예고할 필요가 있다. 이는 행정작용에 대한 당사자의 법적 안정성을 확보하기 위한 것이다. 이에 따라 「행정절차법」은 입법예고 절차에 준하여 이에 관한 사항을 규정하고 있다.

#### 2) 규정내용

행정청은 정책, 제도 및 계획(정책 등)을 수립·시행하거나 변경하려는 경우에는 이를 예고하여야 한다. 다만, ㉠ 신속하게 국민의 권리를 보호하여야 하거나 예측이 어려운 특별한 사정이 발생하는 등 긴급한 사유로 예고가 현저히 곤란한 경우, ㉡ 법령 등의 단순한 집행을 위한 경우, ㉢ 정책 등의 내용이 국민의 권리·의무 또는 일상생활과 관련이 없는 경우, ㉣ 정책 등의 예고가 공공의 안전 또는 복리를 현저히 해칠 우려가 상당한 경우 등 어느 하나에 해당하는 경우에는 예고를 하지 아니할 수 있다($^{제46조}_{1항}$). 또한 법령 등의 입법을 포함하는 행정예고의 경우에는 입법예고로 이를 갈음할 수 있다($^{제46조}_{2항}$). 행정예고기간은 예고시에 예고내용의 성격 등을 고려하여 정하되, 특별한 사정이 없으면 20일 이상으로 한다($^{제46조}_{3항}$). 행정청은 정책등(案)의 취지, 주요 내용 등을 관보·공보나 인터넷·신문·방송 등을 통하여 공고하여야 하며, 그 밖에 행정예고의 방법, 당사자의 의견제출, 공청회 및 전자공청회에 관하여는 입법예고의 규정을 준용하게 된다($^{제47}_{조}$).

## (5) 행정지도절차

### 1) 의    의

이는 비권력적 행정작용인 행정지도가 우리나라의 행정실무에서 차지하는 현실적인 중요성에 비추어 그 주요 사항에 대하여(예컨대 행정지도의 방식이나 당사자의 권리보호내용 등) 절차법의 규율하에 두는 것이다. 행정지도는 일본에서 기원한 것이고 따라서 이에 관한 절차적 규율도 일본 행정절차법(정확한 명칭은 행정수속법)은 상세한 규정을 두고 있다(동법 제32조 에서 제36조). 「행정절차법」은 이러한 일본법을 많이 참고한 것이다.

### 2) 규정내용

(가) 행정지도의 원칙   행정지도는 그 목적달성에 필요한 최소한도에 그쳐야 하며, 상대방의 의사에 반하여 부당하게 강요하여서는 안 된다(제48조 1항). 또한 행정기관은 행정지도의 상대방이 행정지도에 따르지 아니하였다는 것을 이유로 하여 불이익한 조치를 하여서는 안 된다(제48조 2항).

(나) 행정지도의 방식   행정기관은 그 상대방에게 당해 행정지도의 취지·내용 및 신분을 밝혀야 하며(제49조 1항), 구술로 행정지도가 행해지는 경우에 상대방이 이러한 사항을 기재한 서면의 교부를 요구한 때에는, 행정지도를 행하는 자는 직무수행에 특별한 지장이 없는 한 이를 교부하여야 한다(제49조 2항). 행정기관이 다수인을 대상으로 행정지도를 하고자 하는 때에는 특별한 사정이 없는 한, 행정지도에 공통적인 내용이 되는 사항을 공표하여야 한다(제51조).

(다) 의견제출   행정지도의 상대방은 당해 행정지도의 방식·내용 등에 관하여 행정기관에 의견제출을 할 수 있다(제50조).

## VI. 행정절차의 하자와 치유

### 1. 행정절차의 하자

행정절차는 앞에서 설명한 바와 같이 관계인들의 권리보호를 우선적인 목적으로 하는 것이므로, 법률에 의해 요구되는 절차의 흠결은 그 효과에 관한 실정법규정 유무에 관계없이 당해 행정행위를 위법한 것으로 만들게 된다.

> 폐기물처리시설설치기관이 환경부에서 1998. 4.경 발행한 폐기물처리시설설치업무 편람은 업무의 편의를 위하여 마련된 것으로 어떠한 구속력을 갖는 것이 아니므로, 폐기물처리시설설치기관이 위 편람에서 정한 절차를 거치지 아니하였다 하여 적법한 행정절차를 위반한 것이라고 할 수 없다(대판 2002.6.14, 2000두8523).

따라서 행정절차의 하자는 그 자체로서 독자적인 위법성 사유를 구성하게 된다.

이때의 위법효과의 내용이 취소인가 또는 무효인가에 대해서, 학설은 당해 절차의 존재 목적이 당사자의 권익보호를 위한 차원에서 인정되는 것이면 무효로 보고 그 이외의 목적을 갖는 경우에는 취소의 사유로 보고 있으나, 판례는 일정하지 않은 태도를 보이고 있다.18)

## 2. 하자의 치유 문제

행정절차의 하자로 인해 바로 무효의 효과가 인정되지 않는 경우에는 하자의 치유문제가 제기된다. 행정절차의 하자치유문제는 행정기관이 법령에 의하여 요구되는 절차를 빠뜨리고 이행하지 않은 경우에, 사후에 이러한 절차를 이행함으로써 절차흠결의 하자치유를 인정할 것인가에 관련된 것이다.

### (1) 판  례

판례는 행정절차의 하자에 대하여 비교적 엄격한 태도를 취하고 있다. 즉 행정절차의 독자적 중요성을 강조하여 실체적 행정작용의 위법성과 독립된 위법성 사유를 인정하고 있다. 이때의 위법성의 정도는 무효보다는 취소사유로 보고 있다. 판례에서 논의되고 있는 주요 대상은 청문절차, 공람·공고절차, 이유부기절차의 하자 등이다.

[1] 이러한 청문절차에 관한 각 규정과 행정처분의 사유에 대하여 당해 영업자에게 변명과 유리한 자료를 제출할 기회를 부여함으로써 위법사유의 시정 가능성을 고려하고 처분의 신중과 적정을 기하려는 청문제도의 취지에 비추어 볼 때, 행정청이 침해적 행정처분을 함에 즈음하여 청문을 실시하지 않아도 되는 예외적인 경우에 해당하지 않는 한 반드시 청문을 실시하여야 하고, 그 절차를 결여한 처분은 위법한 처분으로서 취소 사유에 해당한다(대판 2001.4.13, 2000두3337).

[2] 양약종상허가취소처분을 하기에 앞서 약사법 제69조의2 규정에 따른 청문의 기회를 부여하지 아니한 것은 위법이나 그러한 흠 때문에 동 허가취소처분이 당연무효가 되는 것은 아니다(대판 1990.11.9, 90누4129).

[3] 도시계획법 제16조의2 제2항과 같은법 시행령 제14조의2 제6항 내지 제8항의 규정을 종합하여 보면 도시계획의 입안에 있어 해당 도시계획안의 내용을 공고 및 공람하게 한 것은 다수 이해관계자의 이익을 합리적으로 조정하여 국민의 권리자유에 대한 부당한 침해를 방지하고 행정의 민주화와 신뢰를 확보하기 위하여 국민의 의사를 그 과정에 반영시키는데 있는 것이므로 이러한 공고 및 공람 절차에 하자가 있는 도시계획결정은 위법하다(대판 2000.3.23, 98두2768).

[4] 과세처분에 과세표준, 세율 등 그 산출근거가 명시되지 아니하였을 경우에 그 과세처분은 무효가 되는 것이 아니라 취소할 수 있는 사유에 해당된다(대판 1985.2.8, 84누84).

---

18) 이에 관해서는 앞부분의 '행정행위의 무효' 항목 참조.

[5] 국세징수법 제9조 제1항은 단순히 세무행정상의 편의를 위한 훈시규정이 아니라 조세행정에 있어 자의를 배제하고 신중하고 합리적인 처분을 행하게 함으로써 공정을 기함과 동시에 납세의무자에게 부과처분의 내용을 상세히 알려 불복여부의 결정과 불복신청에 편의를 제공하려는데서 나온 강행규정이므로 세액의 산출근거가 기재되지 아니한 물품세 납세고지서에 의한 부과처분은 위법한 것으로서 취소의 대상이 된다(대판 1984.5.9, 84누116).

그리고 하자치유에 대하여는 구체적인 상황을 검토하여 판단하는 개별적 태도를 취하고 있으나, 행정절차가 갖는 기능을 수행할 수 있는 시점까지는 허용하는 태도를 취하고 있다고 볼 수 있다.

[1] 행정청이 식품위생법상의 청문절차를 이행함에 있어 소정의 청문서 도달기간을 지키지 아니하였다면 이는 청문의 절차적 요건을 준수하지 아니한 것이므로 이를 바탕으로 한 행정처분은 일단 위법하다고 보아야 할 것이지만 이러한 청문제도의 취지는 처분으로 말미암아 받게 될 영업자에게 미리 변명과 유리한 자료를 제출할 기회를 부여함으로써 부당한 권리침해를 예방하려는 데에 있는 것임을 고려하여 볼 때, 가령 행정청이 청문서 도달기간을 다소 어겼다 하더라도 영업자가 이에 대하여 이의하지 아니한 채 스스로 청문일에 출석하여 그 의견을 진술하고 변명하는 등 방어의 기회를 충분히 가졌다면 청문서 도달기간을 준수하지 아니한 하자는 치유되었다고 봄이 상당하다(대판 1992.10.23, 92누2844).

[2] 납세고지서에 기재누락된 사항을 보완통지하였다 하더라도 그 통지일이 부과처분의 위법 판결 선고 후일 뿐 아니라 국세징수법 제9조 제1항의 입법취지에 비추어 과세처분에 대한 납세의무자의 불복여부의 결정 및 불복 신청에 편의를 줄 수 없게 되었다면 위 부과처분의 하자가 치유되었다고 볼 수는 없다(대판 1984.5.9, 84누116).

[3] 세액산출근거가 누락된 납세고지서에 의한 과세처분의 하자의 치유를 허용하려면 늦어도 과세처분에 대한 불복여부의 결정 및 불복신청에 편의를 줄 수 있는 상당한 기간내에 하여야 한다고 할 것이므로 위 과세처분에 대한 전심절차가 모두 끝나고 상고심의 계류중에 세액산출근거의 통지가 있었다고 하여 이로써 위 과세처분의 하자가 치유되었다고는 볼 수 없다(대판 1984.4.10, 83누393).

## (2) 학    설

이에 대해서는 이를 부정하는 견해와 긍정하는 견해로 대립하고 있다.

1) 부정하는 견해는 행정절차의 독자적 의미를 강조하여 하자의 치유를 부정하고자 한다. 이에 따르면 하자의 치유를 인정하게 되면 당해 절차가 가지는 절차법적 의의가 정당하게 평가되지 못하게 된다고 본다.19)

---

19) 이상규(상), 347면; 서원우, "이유부기와 하자의 치유", 월간고시, 1985. 1월호, 151면; 동인, "행정상의 절차적 하자의 법적 효과", 서울대 법학, 1986. 9, 50면.

2) 이에 반해 하자의 치유를 인정하려는 견해는 독일 연방행정절차법 제46조의 예를 참조하여 인정하고자 한다. 이 규정에 의하면 당해 사안에 있어서 행정결정내용에 실체적으로 영향을 미치지 않았다고 생각되는 경우에는, 절차나 형식에 관한 규정을 위반한 것만으로 당해 행정행위의 취소를 청구할 수 없도록 하고 있다. 따라서 이에 따르면 절차나 형식의 사후충족을 통해 하자가 치유될 수 있다고 본다.[20]

### (3) 평　　가[21]

1) 절차하자의 치유를 부정하는 견해는 행정절차가 가지는 절차법적 의미만 지나치게 강조하고 있으며 실체법적 관련성은 도외시하는 문제점을 갖고 있다. 실체법이 절차법적 기초를 도외시하고서는 생각할 수 없듯이, 절차법도 그 자체만으로서 독자적인 의미를 갖는 것이 아니라 그 규율대상인 실체법적 사항과의 기능적 관련하에서 비로소 그 의미가 올바로 파악되게 되는 것이다. 특히 우리나라에서는 행정법체계에 있어서 대륙법계에 따라 실체법적으로 형성되었기 때문에 절차법으로 형성된 영미법계와는 다르다. 따라서 실체법 위주의 국가에서 절차법이 갖는 지위와 그 하자문제는 절차법 위주 국가의 경우와 다르게 고찰되어야 할 것이다.

2) 절차하자의 치유를 인정하는 견해는 그 결론에서는 타당하다. 하지만 논거에서는 문제가 있다고 생각한다. 위에서 본 바와 같이 행정절차에서는 권리보호 이념과 행정능률실현 이념이 서로 조화되어야 한다. 따라서 어느 일방만을 지나치게 강조하는 입장, 예컨대 행정의 능률만을 강조하고 시민의 권리보호 자체를 공동화(空洞化)시키는 규정은 인정될 수 없을 것이다. 인정설이 근거로 하는 독일 연방행정절차법 제46조는 절차상의 하자가 있는 경우에, 행정기관에 의한 어떠한 치유행위가 없는 경우에도 당해 행정결정내용에 실체적으로 영향을 미치지 않았다는 이유만으로 당해 행정행위에 대한 취소청구를 제기하지 못하게 하고 있다. 따라서 이 규정에 의하면 절차규정의 의미가 완전히 무시되는 결과를 낳게 된다.[22]

3) 참고로 이해를 돕기 위해 행정절차의 하자치유문제를 논의하는 대표적인 입법으로서 독일의 연방행정절차법 규정을 참조할 수 있는데, 독일 연방행정절차법 제45조 제1항은 절차나 형식규정의 하자에 관한 추완가능성을 규정하고 있다. 즉 제1항에서는 무효사유로 되지 않는 절차규정 또는 형식규정위반 하자의 추완 대상행위로

---

20) 이 견해는 과거에 주장되었던 것이며(김남진(Ⅰ), 제4판, 419면), 현재는 주장의 내용을 변경하고 있다.
21) 이하 내용에 관한 상세한 설명은 류지태, "행정절차에 있어서의 권리보호기능과 그 한계", 저스티스, 1989(제22권), 21면 이하 참조.
22) 이러한 이유로 독일에서도 이 규정에 대해서는 "행정절차법을 자살하게 만드는 규정", "위헌의 규정"이라는 비판 등이 제기되고 있음에 유의할 필요가 있다.

서, ㉠ 행정행위 발령에 필요한 신청이 사후적으로 제출된 때, ㉡ 필요한 이유부기가 사후적으로 행하여진 때, ㉢ 필요한 관계인의 청문이 사후적으로 행하여진 때, ㉣ 행정행위의 발령에 필요한 위원회의 의결이 사후적으로 행하여진 때, ㉤ 필요한 다른 행정청의 협력이 사후적으로 행하여진 때를 들고 있다.

또한 동조 제 2 항에서는 이러한 하자추완 시점을 규정하고 있다. 제 2 항은 종전에는 하자의 추완가능성을 사전절차(Vorverfahren)의 종결시나 행정소송제기 이전까지만 허용하고 있었으나, 1996년 동 조항이 개정되어 그 추완가능성을 행정소송의 종결시점까지로 연장하였다. 이러한 규정에 따라 독일은 행정소송법 제87조 제 1 항 제 2 문 제 7 호(행정소송절차에서 행정청에게 3개월의 기간범위안에서 하자치유 기회부여)와 제94조 제 2 문(하자추완을 위한 목적의 소송절차연기)도 개정하였다.

한편 제46조는 행정청이 하자부분을 추완하지 않더라도, 단순한 절차나 형식규정의 하자의 사유만으로 당사자가 행정행위의 취소를 주장하지 못하도록 규정하고 있다. 이 규정은 종래에는 절차나 형식규정 등의 하자가 없더라도 '다른 결정이 내려질 수 없었던 경우'에 취소소송을 제기하지 못하도록 하고 있었으나, 1996년의 개정을 통하여 '절차나 형식규정 등의 위반행위가 행정결정내용에 실체적으로 영향을 미치지 아니하였음이 명백한 경우'에는 제기될 수 없다는 내용으로 개정되었다.

이와 같은 규정들은 그 취지에 비추어 본다면 행정절차에서 고려하여야 할 이념인 행정의 능률적 수행을 고려한 것으로 평가해 볼 수 있지만, 그러나 그 추완가능성을 행정소송종결단계까지 확장함으로써 행정절차의 의미를 상실시키는 문제를 안고 있다고 평가된다. 또한 행정절차의 하자에 대해서 아무런 추완대책을 하지 않더라도 당사자가 취소소송을 제기하지 못하게 하는 규정도 행정절차의 존재의미를 상실시키는 문제의 규정으로 평가되어야 할 것이다.

4) 생각건대 행정절차에서는 권리보호이념과 동시에 무시할 수 없는 이념인 행정의 능률적 수행도 고려하여, 하자의 치유를 인정하되 일정하게 제한을 가하는 것이 타당하다고 생각한다. 이는 행정절차가 흠결된 경우에 흠결된 행정절차의 사후추완을 무조건적으로 불허하기보다는, 사후에 흠결된 절차를 이행하는 것을 허용하더라도 당사자의 권리보호에 문제를 야기하지 않고, 오히려 행정작용의 능률적 수행을 가능하게 할 수 있는 상황도 존재하게 되기 때문이다. 이와 같이 절차하자의 치유를 인정하는 경우의 한계로는 앞서 살펴본 독일의 입법례를 참조할 때 다음의 조건을 필요로 한다고 본다.

① 행정기관 스스로에 의한 치유행위가 있을 것   따라서 행정소송 도중에 법원에 의한 절차하자의 추완행위는 인정되지 않는다.

② 일정한 시간적 한계하에서만 인정될 것   이는 개개의 행정절차의 기능이 여전히 보장될 수 있는 시한까지만 하자의 치유행위를 인정하려는 것이다. 이러한 시점

으로는 행정심판절차가 종료되기 이전, 또는 행정심판절차가 필요 없는 경우에는 행정소송 제기 이전까지만 하자의 치유를 인정하는 것이 타당하다.[23]

③ 하자치유행위의 소급효의 제한　주의할 것은 치유행위가 있다고 하여 절차의 하자가 있었던 사실이 없어지는 것은 아니며, 하자 자체는 여전히 위법한 상태로 남는다는 사실이다. 따라서 치유행위는 장래에 향해서만 그 효력이 있다고 보아야 한다.

④ 하자의 치유행위로 인하여 당사자는 불이익을 받지 않을 것　따라서 행정절차상의 기간의 진행이나 권리구제신청기간의 진행에 있어서 불이익을 받지 않아야 하며, 당사자가 자신의 권리추구나 권리방어를 위하여 지출한 비용이 하자의 치유행위로 인하여 무의미하게 된 경우에는 그 비용은 행정기관이 부담해야 한다.

# 제 2 절　옴부즈만제도

## Ⅰ. 의　의

### 1. 개　념

옴부즈만제도는 의회에서 임명된 옴부즈만(Ombudsman)을 통하여 행정기관의 활동을 감시하고 위법적인 행정작용을 적발하여 의회에 보고함으로써 국민의 권익보호에 기여하는 제도를 말한다. 이 제도는 스웨덴에서 1809년에 처음으로 채택된 이래로 스칸디나비아제국에서 일반화되었고, 오늘날은 세계 여러 나라에서 도입되고 있는 제도이다.

### 2. 특　징

옴부즈만제도는 오늘날 여러 나라에서 각국의 사정에 따라 조금씩 상이한 형태로 나타나고 있지만, 본래의 의미에서는 다음의 사항을 그 특징으로 하고 있다고 볼 수 있다.

#### (1) 의회와의 긴밀한 관계

가장 두드러진 특색은 옴부즈만은 의회에 의존한다는 사실이다. 그 선출절차에 있어서 의회의 직접 또는 간접선거에 의해 임명되고 있고, 의회에 의해서만 해임될 수 있으며, 자신의 활동결과를 의회에 보고서로 제출하도록 하고 있다. 따라서 옴부즈만은 의회에 의해 그 신분이 보장되고 있기에 이를 통하여 행정부에 대해 객관적인

---

23) 이러한 입장에서 현행 독일 연방행정절차법 제45조 제2항에서 절차하자의 치유를 행정소송 종결까지 허용하고 있는 것은 따르기 어려울 것이다.

감시활동을 할 수 있게 되는 것이다.

### (2) 직권조사권의 인정

옴부즈만제도는 행정작용을 감시하여 종국적으로는 국민의 권익구제에 기여하는 제도로서의 특징을 갖지만, 다른 권리구제제도와는 달리 직권에 의해서도 조사를 개시할 수 있다는 점에서 특징을 갖는다. 따라서 사적인 보고, 신문, 개인적 감찰행위의 결과로서 행정부 내에 위법행위나 비리를 발견하였을 때에 조사가 개시된다. 이로 인해 직권조사는 정치적으로 중요한 사건의 경우에 많이 사용된다.24)

### (3) 일정한 사후조치권의 인정

옴부즈만은 조사 후에 그 결과를 토대로 하여 일정한 조치를 할 권한이 인정되고 있다. 개별적인 권한의 내용은 각국의 사정에 따라 다르나, 법원에의 소송제기, 징계절차에의 회부, 이의제기, 의회 또는 정부에의 법률 기타 법령의 제정과 변경에 대한 신청, 언론기관에의 보고 등이 해당한다.25)

## Ⅱ. 현행 제도

우리의 경우에는 아직 의회에 의존하는 형태의 본래의 옴부즈만제도는 존재하지 않으나, 행정기관 내에 존재하며 그 유사한 기능을 수행하는 일부 제도를 볼 수 있다.

### 1. 고충민원처리제도

#### (1) 의    의

이는 행정기관 등26)의 위법·부당하거나 소극적인 처분(사실행위와 부작위를 포함) 및 불합리한 행정제도로 인하여 국민의 권리를 침해하거나 국민에게 불편 또는 부담을 주는 사항에 관한 민원(이를 고충민원 이라고 한다)을 접수, 상담하고 이를 신속하게 조사, 처리하며, 행정기관의 민원사무처리상황을 감시함으로써 국민의 권익을 보호하는 제도를 말한다. 「부패방지 및 국민권익위원회의 설치와 운영에 관한 법률」(이하 법으로 약함)에 근거를 두고 있는 제도로서, 이를 위한 기관으로서 국민권익위원회와 시민고충처리위원회가 운영되고 있다. 국

---

24) 김수철, "한국에의 옴부즈만제도의 도입가능성", 한국공법학회 제38회 월례발표회(1993. 5. 22) 발표문, 41면.

25) 김수철, 앞의 발표문, 42면.

26) 여기서 행정기관 등이란 중앙행정기관, 지방자치단체, 「공공기관의 운영에 관한 법률」 제 4 조에 따른 기관 및 법령에 따라 행정기관의 권한을 가지고 있거나 그 권한을 위임·위탁받은 법인·단체 또는 그 기관이나 개인을 말한다(「부패방지 및 국민권익위원회의 설치와 운영에 관한 법률」 제 2 조 2호).

민권익위원회는 고충민원의 처리와 이에 관련된 불합리한 행정제도를 개선하고, 부패의 발생을 예방하며 부패행위를 효율적으로 규제하도록 하기 위하여 설치되는 기관이며, 시민고충처리위원회는 지방자치단체 및 그 소속 기관에 대한 고충민원의 처리와 이에 관련된 제도개선을 위하여 설치되는 기관을 말한다.

국민권익위원회 또는 각 시민고충처리위원회(이하 '권익위원회'라 한다)는 상호 독립하여 업무를 수행하도록 예정되고 있으므로(법제54조), 하나의 권익위원회에 대하여 고충민원을 제기한 신청인은 다른 권익위원회에 대하여도 고충민원을 신청할 수 있게 된다(법제39조1항). 따라서 신청인이 국민권익위원회와 시민고충처리위원회에 대하여 동일한 고충민원을 신청한 경우에는, 각 권익위원회는 지체 없이 그 사실을 상호 통보하여야 하며, 이 경우 각 권익위원회는 상호 협력하여 고충민원을 처리하도록 하고 있다(법제40조4항).

### (2) 성  질

국민권익위원회는 의회와는 무관하게 존재하며, 국무총리 소속하에 설치되고 있으며, 국민과 행정기관 사이에서 위치하여 민원을 처리함으로써 권익을 보호하는 기관이다. 또한 이 위원회는 직권조사에 의하는 것이 아니라, 고충민원의 접수에 의해서 비로소 조사를 시작하는 형태를 취하고 있다(법제41조). 따라서 이러한 점들에서 보아 이 제도는 원래의 옴부즈만제도와는 적지 않은 차이를 나타내고 있다고 볼 것이다. 그러나 엄밀한 의미에서의 옴부즈만제도와는 차이를 가진다 하여도, 동 제도는 국민의 민원을 기초로 하여 독자적으로 활동하고 국민의 권익보호에 기여한다는 점에서 옴부즈만제도의 기능을 수행한다고 볼 수 있을 것이다. 이를 학자에 따라서는 '옴부즈만제도에 유사한 형태' 또는 '유사민원 옴부즈만제도'라고 하거나 '행정옴부즈만'이라고 한다.27)

### (3) 국민권익위원회
#### 1) 지  위

고충민원을 접수·처리하고 이에 관련된 불합리한 행정제도를 개선함으로써 국민의 권익을 보호하는 지위를 갖는다(법제11조).

#### 2) 구  성

동 위원회는 국무총리 소속하에 두며, 위원장 1인을 포함한 15인의 위원으로 (부위원장 3명과 상임위원 3명을 포함) 구성된다(제13조1항). 위원장 및 부위원장은 국무총리의 제청으로 대통령이 임명하고, 상임위원은 위원장의 제청으로 대통령이 임명하며, 상임위원이 아닌 위원은 대통령이 임명 또는 위촉한다(제13조3항). 위원장과 위원의 임기는 3년으로 하되 1차에 한하여 연임할 수 있다(제16조1항). 위원은 법률에 의해 신분보장을 받으며(제16조3항), 일정한 직을

---

27) 박윤흔(상), 667면; 행정옴부즈만에 대한 설명은 김남진·김연태(Ⅰ), 927면 이하 참조.

겸직할 수 없도록 하고 있다($\frac{제17}{조}$).

### 3) 기　능

국민권익위원회는 행정기관 등에 관한 고충민원의 처리와 행정제도의 개선 등을 위하여, ㉠ 고충민원의 조사와 처리, ㉡ 고충민원과 관련된 시정권고 또는 의견표명, ㉢ 고충민원의 처리과정에서 관련 행정제도 및 그 제도의 운영에 개선이 필요하다고 판단되는 경우 이에 대한 권고 또는 의견표명, ㉣ 국민고충처리위원회가 처리한 고충민원의 결과 및 행정제도의 개선에 관한 실태조사와 평가, ㉤ 민원사항에 관한 안내 및 상담 등에 관한 업무를 수행한다($\frac{법}{제12조}$).

### 4) 처리절차

위원회는 민원인에 의한 고충민원의 접수를 받은 때에 비로소 필요한 조사활동을 하게 된다($\frac{제39조}{1항}$). 조사의 방법은 필요하다고 인정하는 때에 ㉠ 관계 행정기관등에 대한 설명요구 또는 관계자료·서류 등의 제출요구, ㉡ 신청인·이해관계인·참고인 또는 관계직원의 출석 및 의견진술 등의 요구, ㉢ 조사사항와 관계있다고 인정되는 장소·시설 등에 대한 실지조사, ㉣ 감정 의뢰의 방법 등을 취하게 된다($\frac{제42조}{1항}$). 조사의 결과에 대해 위원회는 처분 등이 위법·부당하다고 인정할 만한 상당한 이유가 있는 때에는 관계 행정기관 등의 장에게 적절한 시정조치를 권고할 수 있고, 경우에 따라서는 제도나 정책의 개선을 권고하거나 의견을 표명할 수 있다($\frac{제46조}{제47조}$). 위원회는 시정조치의 권고를 하기 전에 당해 행정기관, 신청인 또는 이해관계인에게 미리 의견을 진술할 기회를 주어야 한다($\frac{제48조}{1항}$). 이에 대해 관계행정기관의 장은 정당한 사유가 있는 경우를 제외하고는 권고 또는 의견을 받은 날로부터 30일 이내에 그 처리결과를 위원회에 통보하여야 한다($\frac{제50조}{1항}$). 이에 대해 위원회는 처리결과의 내용을 신청인에게 지체 없이 통보해야 하며($\frac{제50조}{3항}$), 개인의 사생활의 비밀이 침해되지 않는 방법으로 대외적으로 공표할 수 있다($\frac{제53}{조}$).

### (4) 시민고충처리위원회

#### 1) 지위 및 성격

고충민원처리를 위한 지방자치단체 차원의 기관으로 시민고충처리위원회가 있다. 이는 이미 일부 지방자치단체에서 운영되고 있던 시민옴부즈만제도를 법률로 수용하여 제도화하고 있는 것으로 평가할 수 있다. 또한 필수적 기관인 국민권익위원회와는 달리 시민고충처리위원회는 각 지방자치단체의 사정에 따라서 임의로 설치할 수 있는 기관으로서의 성격을 갖는다($\frac{법 제32조}{1항}$). 이 기관은 임의적 기관으로서 결국 지방자치단체의 재정적 사정 등에 의하여 그 존재여부가 결정되고, 위원의 임기나 선임절차들이 국민권익위원회와는 달리 지방의회와 밀접하게 관련을 갖고 있다. 또한 그 성격상 국민권익위원회와 상하관계에 있는 것이 아니어서 서로 중첩적으로 운영될 수밖에 없으므로, 국민권익위원회의 설치근거법에 굳이 같이 규율할 필요가 있는가에 대해서는 재검토가 필요한 것으로 보인다. 특히 종전과 같이 지방자치단체의 조례에 의하여 규율되어 온 시민옴부즈만제도는 국민권익위원회와는 달리, 옴부즈만제도의 원형에 비교적 근접한 것으로 평가되는 것이므로, 법률이 아니라 지방자치단체의 조례에 의하여 규율하는 것이 오히려 기관의 성격이나 법체계상 더 타당성을 갖는 것으로 보인다.

### 2) 구  성

시민고충처리위원회의 위원은 지방자치단체의 장이 지방의회의 동의를 거쳐 위촉한다(<sup>법 제33조</sup><sub>제1항</sub>). 이는 국민권익위원회의 위원이 국회의 관여를 거치지 않고 대통령에 의하여 임명되는 절차와 구별되는 것이다. 그 정원은 지방자치단체의 재정적 사정 등에 의하여 개별 지방자치단체별로 차이가 나타날 수 있으므로, 법률에서는 규정하고 있지 않다. 또한 위원은 지방의회의 신임을 전제로 하여 임명되고 활동하는 것이므로, 그 임기도 지방의회 의원의 임기와 동일하게 4년으로 규정되어 있으며, 연임할 수 없도록 하고 있다(<sup>법 제33조</sup><sub>제2항</sub>).

### 3) 기  능

시민고충처리위원회는 그 내용상 국민권익위원회와 동일한 업무를 수행할 것이 예정되고 있다. 따라서 ㉠ 지방자치단체 및 그 소속 기관에 관한 고충민원의 조사와 처리, ㉡ 고충민원과 관련된 시정권고 또는 의견표명, ㉢ 고충민원의 처리과정에서 관련 행정제도 및 그 제도의 운영에 개선이 필요하다고 판단되는 경우 이에 대한 권고 또는 의견표명, ㉣ 시민고충처리위원회가 처리한 고충민원의 결과 및 행정제도의 개선에 관한 실태조사와 평가, ㉤ 민원사항에 관한 안내, 상담 및 민원처리 지원 등의 업무를 수행하게 된다(<sup>법 제32조</sup><sub>제2항</sub>).

### 4) 처리절차

시민고충처리위원회의 업무처리절차는 국민권익위원회에서의 업무처리절차와 동일한 내용이 적용될 것을 예정하고 있다(<sup>법 제35조</sup><sub>이하 참조</sub>). 따라서 신청에 의하여 업무를 처리하고, 이에 따라 고충민원을 조사하고 그 처리결과를 신청인 등에게 통지하는 절차가 예상되며, 필요한 경우에는 제도개선 등의 시정조치를 권고할 수 있게 된다.

국민권익위원회의 처리절차와 같은 절차가 적용되는 결과로 인하여, 종전의 일부 시민옴부즈만제도가(<sup>예컨대 부천시 시민옴부즈만</sup><sub>운영에 관한 조례 등</sub>) 민원인의 신청에 의한 경우 외에도 자신의 발의에 의하여 직권으로 활동하여 온 가능성은, 현행법상 시민고충처리위원회에서는 어떻게 처리되는 것인가에 대한 의문이 제기될 수 있다. 그러나 이러한 탄력적인 제도운영상의 장점을 굳이 부정할 필요는 없으며, 현행법에서도 필요한 경우에는 지방자치단체의 조례에 의하여 시민고충처리위원회의 운영에 관한 사항을 규정할 수 있으므로

(<sub>제38조</sub><sup>법</sup>), 개별 지방자치단체의 사정에 따라서 직권에 의한 발의가능성을 포함한 그 운영상의 특칙을 규정할 수 있다고 보인다.

## 2. 감 사 원

감사원은 직권조사권의 인정과 사후조치의 내용면에 있어서 옴부즈만제도와 유사한 기능을 수행한다. 그러나 감사원에 의한 통제는 주로 사후적인 통제임에 반하여 옴부즈만제도는 사전적(<sup>예방</sup><sub>적</sub>)으로 통제할 수 있음에 차이를 갖는다. 또한 감사원은 행정부의 기관임에 반하여, 옴부즈만은 의회에 의존하는 기관이라는 점에서도 기본적인 차이를 갖게 된다.[28]

---

### 기본사례 풀이

### I. 설문 (1)의 풀이

#### 1. 문제의 소재

당해 사안에서는 재임용 거부처분의 실체적 하자를 주장할 수 없는 경우의 구체적인 권리구제가 문제로 된다.

#### 2. 행정작용의 성질 및 위법성 검토

(1) 거부처분의 의미

1) 특별행정법관계인 공법상의 근무관계로부터의 배제행위로서, 울레(Ule)의 견해에 따라 외부적 관계(또는 기본관계)의 행위로서 행정행위성을 갖는다.

2) 재임용행위는 재량행위로서의 성질을 갖는다.

(2) 거부처분의 위법성

1) 이때에는 처분의 이유가 부기되지 않아 실체적인 하자주장이 어렵게 된다.

2) 따라서 형식적 하자만이 문제될 수 있다.

#### 3. 당사자의 권리구제방법

(1) 재량행위의 형식적 하자를 이유로 한 권리구제주장이 가능하게 된다.

(2) 구체적 방법

1) 절차적 하자의 주장

이때에 국립대학교의 처분에는 「행정절차법」 제23조 제 1 항상 요구되고 있는 이유부기를 하고 있지 않으므로, 행정절차인 이유부기의무위반의 하자가 존재하고 있다. 따라서 당사자인 朴모양은 절차하자를 이유로 하는 위법성

---

28) 김수철, 앞의 발표문, 43면.

을 주장할 수 있다.

 2) 구체적 실행방법

이때에는 「교원의 지위 향상 및 교육활동 보호를 위한 특별법」상의 교원소청 심사위원회에의 소청심사청구와 60일 이내에 행정소송의 제기가 가능하다 (<sup>동법 제9조 1항; </sup><sub>제10조 3항</sub>). 이때의 행정소송은 현행법상으로는 거부처분의 취소소송제기만 이 가능하나, 입법론상으로는 의무이행소송이나 지령소송에 의한 방법이 필 요함도 언급해야 한다.

## Ⅱ. 설문 (2)의 풀이

### 1. 문제의 소재

본 사안은 절차법적 하자가 존재하는 경우의 행정작용의 효과에 미치는 문제를 그 논점으로 한다. 이를 위하여는 실정법령의 이해를 그 전제로 한다.

### 2. 행정작용의 성질

문제된 행정작용은 여객자동차운전면허의 취소처분이다. 이는 「여객자동차운수 사업법」 제85조 1항에 근거를 두고 있으며, 그 실질적 의미는 철회행위로서 재 량행위의 구조를 취하고 있다.

### 3. 위법성의 검토

#### (1) 절차법적 하자의 검토

이러한 철회처분은 동법 제86조에 의해 청문을 거치도록 하고 있고, 청문예정 일 10일 전까지 도착하여야 한다(<sup>행정절차법</sup><sub>제21조 2항</sub>). 따라서 당사자에게 7일 전에 도착한 것은 절차적 하자가 존재하고 있다고 볼 수 있다. 일반적으로 절차적 하자의 효 과에 대해서 학설은 당해 절차의 존재이유에 비추어 당사자의 권리보호를 위한 절차인 경우에는 무효의 효과를 인정하려고 하나, 판례는 무효 또는 취소로 보고 있다. 그러나 당해 경우는 청문절차 자체를 결여한 경우라기보다는 청문의 기일 통지절차상의 하자에 해당하므로, 무효라기보다는 취소사유로 보는 것이 타당하 다고 보여진다.

#### (2) 소   결

따라서 문제의 처분은 절차적 하자를 이유로 하여 위법성이 인정되며, 취소사 유인 행정행위로 볼 수 있다.

### 4. 권리구제방법

따라서 甲은 자신의 권리보호를 위하여 취소심판 또는 취소소송을 제기할 수 있다.

**기본 사례**

1. 甲은 乙의 부인으로서 乙 몰래 乙의 부동산을 처분하기 위하여 서울시 노원 구 상계동 동사무소에 乙의 인감증명서 발급을 신청하였다. 이에 대해 담당 공무원 丙은 甲이 乙의 부인이라는 사실만으로 위임장을 확인함이 없이 인 감을 발급하였다. 그러나 甲은 乙의 부동산을 처분하고 잠적하였다. 乙은 행정법적으로 어떠한 방법에 의하여 자신의 손해를 회복할 수 있는가?

2. 甲은 눈이 오는 겨울날 새벽에 충청북도의 지방도로를 운전하고 가던 중에 눈이 쌓인 도로의 굴곡이 심한 탓에 차가 전복되어 중상을 입게 되었다. 그 러나 평소에는 당해 도로의 관리청인 충청북도에서 눈이 쌓이는 경우, 주의 안내표지판을 도로의 곳곳에 설치하여 이러한 사고가 발생하지 않았던 것이 나, 사고가 난 전날밤에 강풍이 불어서 표지판이 날아가버려 눈이 내린 당일 새벽에는 이러한 주의안내표지판이 보이지 않아 甲으로서는 주의할 수 없었 던 것이다. 甲은 어떠한 권리구제방법을 행정법적으로 강구할 수 있는가?

(풀이는 555면)

# 제 1 절  개    설

## I. 행정상 손해배상제도의 의의

### 1. 제도의 성질

행정상 손해배상제도는 국가 등 행정기관의 위법한 행정작용으로 인하여 발생한 손해에 대하여 국가 등의 행정기관이 배상하여 주는 제도를 말한다. 헌법 제29조 제1항에서 기본권으로 인정되고 있으며, 「국가배상법」에 의해 그 구체적인 절차와 내용이 정해져 있다. 헌법상의 기본권으로서의 국가배상청구권은 그 자체로서의 독자적인 의미보다는 다른 기본권의 실효적 보장을 위한 기본권으로서의 지위를 갖는 것으로 이해되고 있다. 또한 위법한 국가작용으로 인한 국민의 재산권 침해행위에 대해 사후적으로 그 손해의 배상청구권을 보장함으로써 법치국가를 최종적으로 담보하는 수단으로서의(ultima ratio des Rechtsstaats) 의미를 갖는 것이다. 따라서 이 제도는 오늘날 법치국가원리가 지배하는 나라에서는 대부분 인정되고 있는 것으로 볼 수 있다.[1]

### 2. 제도의 연혁

행정상 손해배상제도는 그 연혁에 있어서 국가무책임사상을 극복하고 발전된 제도로서 인식되고 있다. 즉 근대에 들어서까지 통용되었던 영미의 '왕은 불법을 행할 수 없다'는 사상과 독일의 공무원법에서 통용되었던 위임이론(Mandatstheorie)[2] 등에 의해 국가 스스로가 공무원의 위법행위에 대해 책임을 지는 구조는 성립하지 못했다. 그러나 이러한 국가의 특권적 지위는 국민의 권리의식 제고와 더불어 극복되어 1919년 독일의 바이마르 헌법(제131조), 1946년 미국의 연방불법행위배상청구법, 1947년 영국의 국왕소추법 등을 거치면서 국가의 배상책임이 인정되게 되었다.

특히 독일에서의 행정상 손해배상이론의 발전과정을 검토하는 것은 현행 제도를 이해하는 데에 많은 도움이 될 수 있다.[3] 독일은 18세기 당시에는 이른바 '위임이론'

---

[1] 물론 각국의 국가배상청구권이 모두 기본권의 성질을 갖는가 하는 점은 획일적으로 말할 수 없을 것이다. 예컨대 독일의 경우는 역사적인 배경으로 인해 오늘날 기본법 제34조와 민법 제839조 제1항에 의해 인정되고 있는바, 당해 청구권은 기본법 제34조의 체계적 위치, 즉 기본법 전체규정에 있어서 기본권부분에 규정되고 있지 않고, 연방과 각주들의 권력조직을 규정하고 있는 부분에 위치하고 있다는 점과 당해 조문의 내용으로 인해 기본권으로서의 성질은 인정되고 있지 않다.

[2] 이 이론에 의하면 공무원이 위법하게 행위하는 것은 국가와의 위임계약(Mandatskontrakt)에 반하는 행위로서 그 효과는 국가에 귀속하지 않고 행위자인 공무원에게 귀속되게 된다.

[3] 이하의 내용은 류지태, "한국과 독일의 행정상 손해배상제도", 고시계, 1992. 4월호, 47면 이하

이 지배하여, 국가와 공무원의 관계를 위임계약으로 보고 공무원의 위법행위는 이러한 위임계약에 반하는 것으로 보아, 위법행위의 결과는 공무원에게만 귀속하고 국가는 책임을 지지 않는다는, 국가의 무책임사상이 주장되었다. 19세기 중반에 들어와서 이러한 위임이론이 극복되면서 기관책임(Organhaftung)으로서의 국가의 책임이 인정되게 되었으나, 이는 사법형식의 행정작용에 한정되는 것이었고 공행정영역에서의 위법행위에 대해서는 여전히 공무원이 책임을 지도록 하였다. 이는 공행정영역에서의 위법행위에 관한 규율문제는 공법에 해당하는 것이나, 이는 연방제하에서는 개별 주의 입법권한에 해당하는 것이고 제국의 입법권한에서 제외되었기 때문이다. 20세기에 들어서면서 독일에서도 공행정 영역에서의 국가배상책임을 인정하는 입법이 존재하게 되었는데, 개별 주에서는 1909년의 프로이센州에서의 공무원배상책임법과 제국차원에서의 1910년의 제국배상책임법이 제정되었다.

이러한 법률에서 특기할 만한 사실은, 국가 등이 지는 배상책임을 가해자인 공무원이 제3자에게 부담하여야 할 책임을 면책하는 내용과 연계하여 규정하고 있다는 사실이다. 즉 독일 민법 제839조 제1항에 의하여 인정되는 공무원의 배상책임이 이러한 법률들에 의하여 책임의 주체가 변경되면서 국가 등에 이전되게 된 것이다. 이로 인해 독일에서 역사적으로 처음으로 채택된 국가배상책임은 직접적인 책임이 아니라, 공무원이 부담하여야 할 책임을 국가 등이 대신 인수하여 부담하는 간접적인 형태를 취하게 된 것이다. 그러나 이러한 법률들은 제국 전체에 통일적으로 실시된 것이 아니라 프로이센을 비롯한 몇몇 주나 제국공무원만을 대상으로 한 것이었고, 독일 전역에 걸쳐 모든 공무원을 대상으로 하는 국가배상책임의 인정은 바이마르 헌법 제131조에 의해서 비로소 나타나게 된다. 이 규정은 앞의 법률들에서 인정되고 있던 논리인 간접적인 국가배상책임의 인정과 국가가 공무원의 책임을 면책하면서 대신 인수하는 형태를 취하고 있었다. 이는 후에 독일 기본법 제34조에서 변경되지 않고 그대로 채택되게 되었다.

그러나 이러한 간접적인 국가배상책임에 대해서는 비판의 소리가 적지 않아, 입법적인 대책으로서 국가 등의 직접적인 책임을 규정하고 기술적 설비의 고장의 경우에 무과실책임을 인정하는 등의 내용을 담고 있던, 1981년 6월 26일 연방법률로서의 국가배상책임법(Staatshaftungsgesetz)이 제정되었다. 그러나 이 법률은 그 성질상 연방의 입법권한에 해당하지 않던 공법에 속하는 것이어서, 1982년 10월 19일 독일 연방헌법재판소의 판결에 의해 무효선언되게 되었다. 따라서 현재 독일의 행정상 손해배상은 독일 민법 제839조 제1항과 독일 기본법 제34조의 규정에 의해 인정되며, 그 성질은 간접적인 국가배상책임을 인정하는 형태를 취하고 있다. 독일은 그후 기본법

참조.

개정을 통하여 국가배상책임법의 연방 입법권한을 마련하였으나(기본법 제74조 1항 25호), 아직 이 법은 제정되고 있지 않은 실정이다.

## 3. 제도의 내용

행정상 손해배상제도에 대해 헌법은 공무원의 불법행위로 인한 배상책임만을 규정하고 있으나, 「국가배상법」은 공무원의 직무상 불법행위(제2조) 이외에 영조물의 설치·관리상의 하자(제5조)에 관해서도 규정하고 있다.

# Ⅱ. 행정상 손실보상제도와의 관계

## 1. 전통적 논의

전통적으로 행정상 손해배상은 행정상 손실보상과 구별되어 왔는데, 양자는 그 요건과 제도의 이념면에서 구분되었다. 전자는 위법의 요건을 갖춘 행정작용에 대해 민법상의 불법행위책임을 행정법에 도입하여 인정되는 것으로서, 개인주의적 법사상에 기초한 도덕적 책임주의를 기초원리로 하여 인정된 것이다. 이에 반하여 후자는 적법한 행정작용에 대해서 단체주의적 법사상과 사회적 공평부담주의에 기초하여 인정되는 제도로서 이해되었다.[4]

## 2. 새로운 논의

그러나 오늘날은 양 제도를 통합적으로 고찰하려는 견해가 강하게 주장되고 있다. 이에 따르면 행정상 손해배상의 주체로서의 국가는 인격을 갖지 못하므로 전통적인 주장처럼 도의적 책임주의 원리가 관철될 수 없는 것이고, 손해배상의 현실적인 재원은 국민의 세금에 의하는 것이므로 손실보상의 경우와 같이 '공적 부담 앞의 평등원칙'하에서 파악될 수 있다고 한다. 또한 오늘날 양 제도가 서로 교착하는 새로운 책임유형인 위험책임이 등장하고 있어 그 구별이 상대화되고 있다고 한다. 이외에도 피해자의 권리구제의 측면에서 볼 때에는 원인행위의 적법성·위법성 문제는 아무런 의미를 갖지 않는 것이므로 통일적으로 고찰될 필요가 있다고 본다. 이에 따라 양 개념 대신에 '행정상 손해전보'나 '국가보상'이라는 용어에 의해 통일적인 고찰을 주장한다.[5] 이러한 새로운 논의에 대해서 학자들은 그 방향에 공감은 표시하면서도, 아직 전통적으로 분류해 온 양 제도의 포기에 이를 정도로 현실여건이 성숙하지 않았다는 이유나 또는

---

4) 박균성, "행정상 손해전보(국가보상)의 개념과 체계", 현대행정과 공법이론(서원우교수화갑기념논문집), 1991, 474면.
5) 박균성, 앞의 논문, 479면 이하 참조.

실정법이나 판례가 아직도 이러한 구분에 입각하고 있다는 이유로 양 개념을 나누어서 설명하고 있다. 이하에서도 이러한 입장에 따르기로 한다.

## Ⅲ. 행정상 손해배상제도의 규범적 구조

행정상 손해배상제도는 앞에서 논한 바와 같이 규범적 기초로서 헌법 제29조와 「국가배상법」에 의해 인정되고 있다.

### 1. 헌법에 의한 인정

모든 국민은 헌법 제29조에 의해 국가배상청구권을 행사할 수 있다. 그러나 이때의 청구권의 법적 성질에 대해서는 학설대립이 있다.

#### (1) 입법방침규정설과 직접효력규정설

이는 국가배상청구권을 규정하고 있는 현행 헌법 제29조를 어떻게 해석할 것인가와 관련되는 학설대립이다. 입법방침규정설에 의하면 헌법 제29조가 '법률이 정하는 바에 의하여'라는 규정을 두고 있음을 강조하여, 이러한 법률유보로 인해 헌법에 의해서는 추상적인 권리만이 발생하고 구체적인 권리는 법률에 의해서 비로소 생기는 것이라고 한다.[6] 이에 반해 직접효력규정설은 헌법 제29조는 구체적인 권리를 규정하고 있는 직접적 효력규정으로서, 이때의 '법률이 정하는 바에 의하여'의 표현은 국가배상청구권의 행사절차 내지는 구체적인 기준이나 방법을 법률이 규정한다는 의미로 이해한다.[7]

생각건대 이때의 '법률이 정하는 바에 의하여'의 의미의 해석과 관련한 이러한 견해대립의 실익은 이러한 법률이 존재하지 않는 경우에 당사자는 어떠한 근거규범에 의하여 청구권을 주장할 수 있는가에 있다고 볼 수 있다. 전자의 입장은 이러한 경우에 헌법규정을 그 근거로 주장하지 못하는 데 반하여, 후자의 경우에는 헌법규정이 근거규범이 될 수 있게 된다. 후자의 입장이 당사자의 권리구제를 위하여 타당함은 당연한 것이며, 이것이 다수의 입장이다.

#### (2) 재산권설과 청구권설

이는 국가배상청구권의 실질적인 성격에 관한 학설대립으로서 재산권설은 헌법 제23조 제 1 항에 규정되고 있는 재산권의 한 내용으로서 국가배상청구권을 이해한다.[8]

---

6) 구병삭, 629면.
7) 허영, 550면; 권영성, 508면; 김철수, 577면.

이에 반해 청구권설은 국가배상청구권의 중점을 국민의 손해를 구제하기 위한 청구권으로서 재산권과는 별도로 인정되고 있음을 강조한다.

물론 국가배상청구권이 재산적 가치를 갖는 권리로서의 일면을 가짐을 부인할 수는 없을 것이다(국가배상법 제8조 참조). 그러나 우리 헌법 스스로가 제23조 외에 제29조를 별도로 규정하고 있다는 사실과, 이 기본권이 국가의 위법적인 공무집행에 대한 권리구제 수단의 성질을 갖는다는 점에 비추어 그 중점은 청구권으로 이해하는 것이 타당할 것이다. 이것이 일반적인 입장이다.9)

## 2. 「국가배상법」에 의한 인정

### (1) 청구권의 성질에 관한 논의

#### 1) 견해의 대립

헌법 제29조에 의해 행정상의 손해배상제도를 구체화하고 있는 「국가배상법」과 관련하여서는 공권설과 사권설(또는 공법설과 사법설)의 대립이 있다. 이는 「국가배상법」에 의한 손해배상청구권의 실행방법과 관련되는 견해대립이다.

공권설은 「국가배상법」의 성질을 공법으로 이해하고, 행정상의 손해배상청구권이 헌법규정에 의해서 직접 효력을 갖는 권리이고,10) 그 성질이 일반적인 사권과는 달리 일정한 경우에는 양도나 압류의 대상이 되지 않으며(국가배상법 제4조) 그 주체가 외국인인 경우에 상호보증주의에 입각한 제한이 있음을(국가배상법 제7조) 그 논거로 든다.11)

이에 반해 사권으로 이해하는 입장은 국가배상책임을 일반 불법행위책임의 한 유형으로 이해하고, 「국가배상법」은 민법의 특별법에 불과하다고 본다(국가배상법 제8조). 또한 행정상의 손해배상청구권은 국가가 사적인 사용자의 지위에서 지는 책임으로서, 이를 공권으로 이해하는 경우에는 많은 제약이 따른다는 점을 그 논거로 제시한다.12)

또 일부 견해에 의하면 행정상의 손해배상청구권에서는 공권과 사권의 대립이 아니라 양자의 혼합, 즉 공권적인 것에 사권적인 것이 보완된 것으로 이해되어야 한다는 주장도 제기된다.13)

#### 2) 논의의 평가

생각건대 이러한 견해대립의 실익은 당사자가 행정상의 손해배상청구권을 소송상 주장하는 경우에 어떠한 소송절차를 거쳐야 하는가에 존재한다고 볼 수 있다. 이

---

8) 사실 이 견해는 대법원의 종전판례(대판 1971. 6. 22, 70다1010)에서 주장된 소수 견해를 정리한 것이나, 오늘날 이에 따르는 학자가 없으므로 그 의미는 거의 없다고 보아야 할 것이다.
9) 허영, 551면; 권영성, 508면; 김철수, 578면; 구병삭, 628면.
10) 허영, 551면.
11) 권영성, 508면.
12) 김철수, 578면.
13) 구병삭, 630면.

때에 이를 공권으로 보게 되면 공법적인 수단, 즉 행정소송으로서 그 중에서 공법상의 당사자소송의 방법을 이용하여야 하며(행정소송법 제3조 2호), 사권으로 보게 되면 민사소송의 방법을 이용하게 된다. 우리와 같이 대륙법계의 전통하에 공법과 사법의 이원화를 인정하는 체계에서는 동일한 손해배상청구권이라 하더라도 그 발생원인이 공법적인 것인가 또는 사법적인 것인가 하는 것은 중요한 의미를 갖는다는 사실에 비추어 볼 때에, 행정청의 처분 등이 원인이 되어 발생된 손해배상청구권은 공권에 해당한다고 봄이 타당할 것이다. 이러한 공권으로서의 성질로 인해 「국가배상법」상의 특칙규정들이 (제4조 9조 등) 존재하게 되는 것으로 볼 수 있다.

물론 견해에 따라서는 청구권의 법적 성질과 그 소송절차는 다를 수 있다는 것을 독일의 입법과 우리나라의 「국가배상법」을 논거로 주장하기도 하나,[14] 이는 타당하지 않다고 생각한다. 우선 우리의 국가배상법은 어느 규정에서도 이 견해가 주장하는 것처럼 국가배상사건을 소송절차상 민사사건으로 다루고 있지 않다.[15] 또한 독일의 경우에는 국가배상책임의 규범구조에 있어서 우리와는 달리 민법규정(제839조 1항)에 의해 성립되는 배상책임이 기본법 규정(제34조)에 의해 배상책임의 주체만이 국가 등으로 전환되고 있어 민사소송적인 절차가 의미를 갖게 되는 것이나, 그러한 설명이 우리의 경우에는 타당할 수 없다고 보아야 할 것이다.[16] 우리의 소송실무가 국가배상사건을 민사소송으로 다루고 있는 것은 행정법학자들이 일관성 있게 비판하고 있는 것처럼 순전히 소송편의적인 면이 배경이 되고 있는 것에 불과하며, 이는 논리적으로 당연히 행정소송으로서의 공법상의 당사자소송의 방법으로 대체되어야 하는 것이다.

### (2) 손해배상청구권의 주체

손해배상청구권은 위법한 공무집행으로 인해 손해를 입은 국민이 그 주체가 된다. 이때의 국민의 개념에는 한국 국적을 갖는 자연인과 법인이 포함되며, 외국인이나 외국법인은 상호의 보증이 있는 때에 한하여 「국가배상법」이 적용된다(국가배상법 제7조).[17] 그러나 한편 일정한 경우에는 신분상의 특수성 때문에 군인·군무원·경찰공무원 등에 대해서는 「국가배상법」에 의한 청구권을 배제하고 다른 법률규정에 의한 권리구제방법이 인정되고 있다(헌법 제29조 2항, 국가 배상법 제2조 1항 단서).

---

14) 허영, 552면.

15) 「국가배상법」 제 8 조가 민법규정을 준용하도록 하고 있으나 이는 입법의 흠결을 보충하기 위한 규정이며, 이로 인해 당해 청구권이 민사적 성질을 갖는 것으로 전환되는 것은 아니다.

16) 이에 대한 설명은 류지태, "한국과 독일의 행정상 손해배상제도", 고시계, 1992년 4월호, 48면 이하 참조.

17) 이외에도 우리나라에 주둔하고 있는 미국군대의 구성원, 고용원 또는 한국증원부대구성원(카투사)의 공무집행 중의 행위에 대해서도 「국가배상법」 절차에 의하여 한국정부에 대하여 배상을 청구할 수 있다(한미행정협정 제23조 제 5 항).

# 제 2 절 공무원의 직무상 불법행위로 인한 손해배상책임

## I. 배상책임의 요건

행정상의 손해배상청구권의 성립을 위해서는 우선 공무원이 직무상의 위법적인 행위로 인하여 타인에게 손해를 발생하게 하였어야 한다(국가배상법 제2조 1항). 이를 나누어 설명하면 다음과 같다.

### 1. 공무원의 행위

여기서의 공무원은 넓은 의미로 이해되며,「국가공무원법」및「지방공무원법」상의 공무원뿐만 아니라 사실상 공무를 위탁받아 실질적으로 그에 종사하는 자도 포함한다. 대법원 판례에 의하면 집행관이나 시청소차운전사, 국가나 지방자치단체소속의 청원경찰, 동원훈련 중의 향토예비군, 지방자치단체에 의해 선발된 교통할아버지[18] 등은 이에 포함되나, 시영버스운전사나 의용소방대원은 이 범위에서 제외하고 있다. 또한 공무원의 임용행위상의 무효사유가 사후에 발견되더라도 그 이전까지의 행위에 대해서는 이른바 '사실상의 공무원'으로서 이 자의 행위에 대한 손해배상책임이 인정된다.

> **법령에 의해 대집행권한을 위탁받은 한국토지공사가 국가공무원법 제 2 조에서 말하는 공무원에 해당하는지 여부(소극)** 한국토지공사는 구 한국토지공사법(2007. 4. 6. 법률 제8340호로 개정되기 전의 것) 제 2 조, 제 4 조에 의하여 정부가 자본금의 전액을 출자하여 설립한 법인이고, 같은 법 제 9 조 제 4 호에 규정된 한국토지공사의 사업에 관하여는 「공익사업을 위한 토지 등의 취득 및 보상에 관한 법률」제89조 제 1 항, 위 한국토지공사법 제22조 제 6 호 및 같은 법 시행령 제40조의3 제 1 항의 규정에 의하여 본래 시·도지사나 시장·군수 또는 구청장의 업무에 속하는 대집행권한을 한국토지공사에게 위탁하도록 되어 있는 바, 한국토지공사는 이러한 법령의 위탁에 의하여 대집행을 수권받은 자로서 공무인 대집행을 실시함에 따르는 권리·의무 및 책임이 귀속되는 행정주체의 지위에 있다고 볼 것이지 지방자치단체 등의 기관으로서 국가배상법 제 2 조 소정의 공무원에 해당한다고 볼 것은 아니다(대판 2010.1.28, 2007다82950, 82967).

---

18) 대판 2001. 1. 5, 98다39060.

## 2. 직무를 집행하면서 한 행위

### (1) 직무행위의 범위

이에 대해서는 행정작용 중 권력작용만 포함하는 견해($_{설}^{협의}$), 권력작용과 비권력작용만 포함하는 견해($_{설}^{광의}$),19) 권력작용과 비권력작용 및 사경제작용을 포함하는 견해($_{의설}^{최광}$)20)로 대립되어 있다. 행정상의 손해배상청구권의 성질을 공권으로 이해하는 한, 사경제작용으로 인한 경우는 이에서 배제하여 일반적인 민법규정에 의해서 배상하도록 해야 할 것이다. 따라서 광의설에 따른다. 판례도 국가배상청구의 요건인 '공무원의 직무'에는 권력적 작용만이 아니라 비권력적 작용도 포함되며 단지 행정주체가 사경제주체로서 하는 활동은 제외된다고 하여 광의설을 지지하고 있다.21)

### (2) 직무행위의 내용

직무행위의 내용에 대해서는 원칙적으로 제한이 없다. 주로 문제되는 영역은 다음과 같다.

(개) **입법작용의 경우**    입법작용이란 광의로 파악하면 의회가 제정한 형식적 법률뿐아니라 행정입법의 경우도 포괄하여 말할 수 있다. 그러나 행정입법과 관련한 불법으로 인한 국가배상의 문제는 일반적인 행정상 손해배상의 문제로 포괄하기에 특별한 문제가 없지만, 의회입법상의 불법으로 인한 국가배상의 문제는 의회입법권과 관련해 특수한 문제가 제기되기 때문에 별도의 고찰이 필요하다.

① 우선 법률이 위헌으로 결정된 경우의 입법기관의 책임문제는 개별 의원들의 고의·과실의 입증문제 때문에 사실상 인정되지 않는다.

② 또한 위헌인 법률을 집행함으로 인해서 손해가 발생한 경우의 행정기관의 책임문제는 「헌법재판소법」 제47조 제 2 항의 규정에 따라 위헌판결 전까지의 법률은 유효한 것이므로 책임을 물을 수 없게 된다.

③ 한편 입법상 불법으로 인한 국가배상의 문제는 입법부작위로 인한 손해의 국가배상문제도 포괄한다. 즉, 법률을 제정하거나 개정하여야 할 입법의무가 있음에도 불구하고 이를 이행하지 않는 부작위로 인하여 국민의 권익침해가 발생하는 경우에는 이에 대해 국가배상책임의 문제가 발생한다. 물론 「국가배상법」 제 2 조 제 1 항의 직무의 범위에 작위 외에 부작위도 포함된다는 점에는 문제가 없다. 그러나 입법자는 원칙적으로 개별 국민에 대하여 일반적인 입법의무를 부담하고 있지 않으며, 다른 면에서 광범위한 입

---

19) 다수의 견해이다. 김남진·김연태(Ⅰ), 594면; 박윤흔(상), 687면; 석종현·송동수(상), 625면; 허영, 553면; 권영성, 510면.
20) 이상규(상), 534면; 김철수, 581면.
21) 대판 2001. 1. 5, 98다39060.

법형성의 자유가 인정되므로, 입법부작위에 대한 국가배상책임을 인정하는 데에는 국가배상책임의 요건으로서의 위법성과 과실의 요건의 충족과 관련하여 신중한 검토를 요한다.

이 논의에서는 우선 부작위의 유형을 구분할 필요가 있다. 부작위 유형에는 진정부작위와 부진정부작위가 존재한다. 전자는 헌법 또는 법률에 의하여 입법을 하여야 할 작위의무가 존재함에도 불구하고 이러한 입법의무를 이행하지 않는 경우이며, 후자는 입법자가 실제로 법률을 제정 또는 개정하는 행위를 하였으나, 당해 입법이 불완전 또는 불충분하여 헌법상 보장된 기본권을 침해하는 경우를 말한다. 그러나 후자의 경우에는 이를 입법행위에 대한 부작위로 보기는 어렵다고 보인다. 따라서 진정부작위의 경우만을 그 대상으로 하여야 할 것이다. 이때의 고의 또는 과실요건은 입법자의 의무의 인정여부와 관련되는 것이며, 이때에는 헌법이나 법률의 규정을 기준으로 하여 검토하게 된다.22)

[ 1 ] 입법부작위에 대한 헌법재판소의 재판관할권은 극히 한정적으로 인정할 수밖에 없다고 할 것인바, 생각건대 헌법에서 기본권보장을 위해 법령에 명시적인 입법위임을 하였음에도 입법자가 이를 이행하지 않을 때, 그리고 헌법해석상 특정인에게 구체적인 기본권이 생겨 이를 보장하기 위한 국가의 행위의무 내지 보호의무가 발생하였음이 명백함에도 불구하고 입법자가 전혀 아무런 조치를 취하고 있지 않는 경우가 여기에 해당될 것이다($\binom{\text{헌재 1989.3.17,}}{\text{88헌마1}}$).

[ 2 ] 법률이 군법무관의 보수를 판사, 검사의 예에 의하도록 규정하면서 그 구체적 내용을 시행령에 위임하고 있다면, 이는 군법무관의 보수의 내용을 법률로써 일차적으로 형성한 것이고, 따라서 상당한 수준의 보수청구권이 인정되는 것이라 해석함이 상당하다. 그러므로 이 사건에서 대통령이 법률의 명시적 위임에도 불구하고 지금까지 해당 시행령을 제정하지 않아 그러한 보수청구권이 보장되지 않고 있다면, 그러한 입법부작위는 정당한 이유 없이 청구인들의 재산권을 침해하는 것으로써 헌법에 위반된다($\binom{\text{헌재 2004.2.26,}}{\text{2001헌마718}}$).

(내) 사법작용의 경우　　이에 대하여 영미의 경우에는 법관의 독립을 근거로 면책하고 있고, 독일의 경우에는 고의에 의한 오판의 경우에서만 책임을 인정하고 있으나, 우리나라에서는 이에 관한 명문의 규정이 없으므로 원칙적으로 직무행위의 범위에 포함된다. 그러나 사법작용에 대한 국가배상책임이 용이하게 인정되면 헌법상 보장된 재판의 독립성의 취지가 침해될 우려가 있으므로, 그 인정은 신중하여야 한다. 따라서 법관의 재판에 법령의 규정을 따르지 아니한 잘못이 있다 하더라도, 이로써 바로 그 재판상 직무행위가 「국가배상법」 제 2 조 제 1 항에서 말하는 위법한 행위로 되어 국가

---

22) 입법의 개념을 광의로 보면 행정입법의 경우도 입법부작위의 테두리 속에서 논할 수 있다. 이때에는 법률시행을 위한 시행령의 불제정이 특히 문제가 되며, 이때에는 법률제정 후 상당한 기간이 지났음에도 불구하고 제정되지 않은 경우가 그 주된 대상이 될 것이다.

의 손해배상책임이 발생하는 것은 아니다. 이때에 국가배상책임이 인정되려면 ㉠ 당해 법관이 위법 또는 부당한 목적을 가지고 재판을 하였다거나, ㉡ 법이 법관의 직무수행상 준수할 것을 요구하고 있는 기준을 현저하게 위반하는 등, 법관이 그에게 부여된 권한의 취지에 명백히 어긋나게 이를 행사하였다고 인정할 만한 특별한 사정이 있어야 한다. 또한 재판에 대하여 따로 불복절차 또는 시정절차가 마련되어 있는 경우에는, 재판의 결과로 불이익 내지 손해를 입었다고 판단되는 당사자는 그 절차에 따라 자신의 권리 내지 이익을 회복할 수 있으므로, ㉢ 불복에 의한 시정을 구할 수 없었던 것 자체가 법관이나 다른 공무원의 귀책사유로 인한 것이라거나 그와 같은 시정을 구할 수 없었던 부득이한 사정이 있었다는 등의 특별한 사정이 존재할 것을 요한다. 따라서 스스로 그와 같은 시정을 구하지 아니한 결과 권리 내지 이익을 회복하지 못한 당사자는 원칙적으로 국가배상에 의한 권리구제를 받을 수 없다고 봄이 상당하다. 판례 또한 같은 취지이다.

> 재판에 대하여 불복절차 내지 시정절차 자체가 없는 경우에는 부당한 재판으로 인하여 불이익 내지 손해를 입은 사람은 국가배상 이외의 방법으로는 자신의 권리 내지 이익을 회복할 방법이 없으므로, 이와 같은 경우에는 배상책임의 요건이 충족되는 한 국가배상책임을 인정하지 않을 수 없다. 헌법재판소 재판관이 청구기간 내에 제기된 헌법소원심판청구 사건에서 청구기간을 오인하여 각하결정을 한 경우, 이에 대한 불복절차 내지 시정절차가 없는 때에는 국가배상책임을 인정할 수 있다(대판 2003.7.11, 99다24218).

(다) **행정작용의 경우**  행정상 손해배상을 야기하는 대부분의 대상영역은 행정작용의 경우이다. 행정작용으로서는 준법률행위적 행정행위의 경우도 포함되며(예: 동사무소 직원의 허위 인감증명서 발급행위), 부작위의 경우에는 작위의무가 있음이 전제되어야 하므로 재량행위가 대상인 경우에 예외적으로 '재량의 영으로의 수축'에 해당하는 때에 구제가 가능하게 된다. 사실행위도 그것이 권력적 성질을 갖는가 여부에 무관하게 직무행위에 포함된다.

### (3) 직무행위의 판단기준

직무행위의 판단기준과 관련해서는 「국가배상법」이 '직무를 집행하면서'라는 규정을 두고 있다(제2조1항). 이에 대한 일반적인 견해는 이때의 직무행위에 해당하는가의 판단기준을 행위자인 공무원의 주관적 의사가 아니라 객관적으로 직무행위로서의 외형을 가지고 있으면 모두 인정한다. 따라서 직무행위 자체뿐 아니라 직무행위와 외형상 관련있는 것으로 인정되는 행위도 포함되므로, 직무수행의 수단으로써 또는 직무행위에 부수하여 행해지는 행위로서 직무와 밀접한 관련이 있는 것도 공무원이 직무를 집행하면서 한 행위로 본다.[23] 판례도 이러한 객관적·외형적 직무관련을 널리 인정하

---

23) 대판 1994. 5. 27, 94다6741.

고 있다.

[1] 국가배상법 제 2 조 제 1 항 소정의 '직무를 집행함에 당하여'라 함은 직접 공무원의 직무집행행위이거나 그와 밀접한 관계에 있는 행위를 포함하고, 이를 판단함에 있어서는 행위 자체의 외관을 객관적으로 관찰하여 공무원의 직무행위로 보여질 때에는 비록 그것이 실질적으로 직무행위에 속하지 않는다 하더라도 그 행위는 공무원이 '직무를 집행함에 당하여' 한 것으로 보아야 한다( 대판 1995.4.21, 93다14240 ).

[2] 국가배상법 제 2 조 제 1 항의 '직무를 집행함에 당하여'라 함은 직접 공무원의 직무집행행위이거나 그와 밀접한 관련이 있는 행위를 포함하고, 이를 판단함에 있어서는 행위 자체의 외관을 객관적으로 관찰하여 공무원의 직무행위로 보여질 때에는 비록 그것이 실질적으로 직무행위가 아니거나 또는 행위자로서는 주관적으로 공무집행의 의사가 없었다고 하더라도 그 행위는 공무원이 '직무를 집행함에 당하여' 한 것으로 보아야 한다( 대판 2005.1.14, 2004다26805 ).

## 3. 고의 또는 과실로 인한 행위

### (1) 고의 또는 과실의 의미

고의나 과실의 요구는 손해배상청구권이 과실책임주의에 입각하고 있음을 보여주는 것이며, 이러한 점에서 「국가배상법」 제 5 조의 경우인 영조물의 설치나 관리상의 하자의 경우에 무과실책임으로 배상책임을 지는 경우와 구별된다.24) 고의 또는 과실의 존재는 가해 공무원만을 기준으로 하는 것이며, 또한 과실개념에는 중과실을 요구하는 「국가배상법」 제 2 조 제 2 항의 경우에 비추어 경과실의 경우도 포함된다고 본다. 이때의 입증책임은 원칙적으로 피해자인 원고에게 있으며, 가해자의 특정 자체는 요건이 아니므로 누구의 행위인지가 판명되지 않더라도 공무원의 행위에 의한 것인 이상 국가는 배상책임을 지게 된다.

국가배상법 제 2 조 제 2 항에 의하면, 공무원의 직무상의 위법행위로 인하여 국가 또는 지방자치단체의 손해배상책임이 인정된 경우 그 위법행위가 고의 또는 중대한 과실에 기한 경우에는 국가 또는 지방자치단체는 당해 공무원에 대하여 구상할 수 있다 할 것이나, 이 경우 공무원의 중과실이라 함은 공무원에게 통상 요구되는 정도의 상당한 주의를 하지 않더라도 약간의 주의를 한다면 손쉽게 위법, 유해한 결과를 예견할 수 있는 경우임에도 만연히 이를 간과함과 같은 거의 고의에 가까운 현저한 주의를 결여한 상태를 의미한다( 대판 2003.2.11, 2002다65929 ).

---

24) 따라서 이러한 점에서 전술한 바와 같이 헌법 제29조의 내용을 설명하면서 「국가배상법」 제 5 조의 경우를 같이 논할 수는 없을 것이다.

## (2) 과실의 객관화와 입증책임의 완화

그러나 이때에 가해공무원의 고의나 과실의 존재를 입증하는 것은 용이하지 않다. 따라서 권리구제를 용이하게 하기 위하여 이때의 과실의 의미를 객관화하고 입증책임을 완화하여, 국가배상책임의 성립을 용이하게 하려는 것이 일반적인 입장이다. 이에 의하면 이때의 과실은 당해 공무원의 주관적인 주의력으로 해석되지 않고, 당해 직종의 평균적 공무원의 객관적인 주의의무위반으로 이해된다고 본다. 또한 피해자 측의 입증책임도 완화하여 피해자 측에서 공무원의 위법한 직무행위에 의하여 손해가 발생하였음을 입증하면 공무원에게 과실이 있는 것으로 일응추정하고, 피고인 국가 측에서 반증에 의해 이를 번복하지 못하는 한, 배상책임을 지도록 하는 것이 필요하다고 한다.

> [1] 법령에 대한 해석이 복잡, 미묘하여 워낙 어렵고, 이에 대한 학설, 판례조차 귀일되어 있지 않는 등의 특별한 사정이 없는 한 일반적으로 공무원이 관계 법규를 알지 못하거나 필요한 지식을 갖추지 못하고 법규의 해석을 그르쳐 행정처분을 하였다면 그가 법률전문가가 아닌 행정직 공무원이라고 하여 과실이 없다고는 할 수 없다(대판 2001.2.9, 98다52988).
> [2] 어떠한 행정처분이 후에 항고소송에서 취소되었다고 할지라도 그 기판력에 의하여 당해 행정처분이 곧바로 공무원의 고의 또는 과실로 인한 것으로서 불법행위를 구성한다고 단정할 수는 없는 것이고, 그 행정처분의 담당공무원이 보통 일반의 공무원을 표준으로 하여 볼 때 객관적 주의의무를 결하여 그 행정처분이 객관적 정당성을 상실하였다고 인정될 정도에 이른 경우에 국가배상법 제 2 조 소정의 국가배상책임의 요건을 충족하였다고 봄이 상당할 것이며, 이때에 객관적 정당성을 상실하였는지 여부는 피침해이익의 종류 및 성질, 침해행위가 되는 행정처분의 태양 및 그 원인, 행정처분의 발동에 대한 피해자측의 관여의 유무, 정도 및 손해의 정도 등 제반사정을 종합하여 손해의 전보책임을 국가 또는 지방자치단체에게 부담시켜야 할 실질적인 이유가 있는지 여부에 의하여 판단하여야 한다(대판 2000.5.12, 99다70600).

## 4. 법령을 위반한 행위(위법성)

### (1) 위법성의 의미— 직무의무위반

「국가배상법」 제 2 조 제 1 항은 국가배상의 요건으로 공무원이 직무를 집행하면서 '법령을 위반하여' 행위할 것을 요구하고 있다. 헌법 제29조에서는 이를 '직무상 불법행위'라 표현하고 있다. 그러나 이때의 법령위반 내지 직무상 불법의 의미가 무엇인가에 대해서는 명확한 언급이 없어 해석에 일임되어 있다고 말할 수 있다. 학설에서는 이를 단순히 위법성이라 이해하지만 「국가배상법」상의 위법의 구체적 의미와 내용에 대해서는 명확한 설명이 없다.

생각건대 헌법 제29조의 '직무상 불법행위'는 「국가배상법」 제 2 조 제 1 항이 '공무원이 직무를 집행하면서 법령에 위반한 행위'라고 구체화하고 있다는 점에서, 이때의 법령위반은 문언상의 표현에도 불구하고 결국 '직무의무위반'으로 이해하여야 할 것이다. 이때 직무의무란 일반적으로 공적 직무를 수임한 자연인(공무원)의 직무수행과 관련한 여타의 작위 및 부작위의무를 말한다. 주의할 것은 직무행위는 국가와 그의 피용자 사이의 내부관계에 관련되고 국가와 시민간의 법적 관계(외부관계)에 연결될 수는 없기 때문에, 직무의무는 기본적으로 행정주체인 국가 등이 국민에 대하여 지는 법적 의무와는 구별하여야 한다. 즉, 직무의무는 국가와 공무원의 내부(법)관계에만 존재하고 공무원과 시민간의 외부(법)관계에는 존재하지 않는다. 직무수행의 법적 효과는 행정주체인 국가에 귀속되기 때문에, 對국민관계(외부관계)에 있어서 행정주체인 국가만이 법적 의무의 주체로서 나타나는 것이다.

[1] **국가배상책임에 있어서 '법령 위반'의 의미**   국가배상책임에 있어 공무원의 가해행위는 법령을 위반한 것이어야 하고, 법령을 위반하였다 함은 엄격한 의미의 법령 위반뿐 아니라 인권존중, 권력남용금지, 신의성실과 같이 공무원으로서 마땅히 지켜야 할 준칙이나 규범을 지키지 아니하고 위반한 경우를 포함하여 널리 그 행위가 객관적인 정당성을 결여하고 있음을 뜻하는 것이므로, 경찰관이 범죄수사를 함에 있어 경찰관으로서 의당 지켜야 할 법규상 또는 조리상의 한계를 위반하였다면 이는 법령을 위반한 경우에 해당한다(경찰관은 그 직무를 수행함에 있어 헌법과 법률에 따라 국민의 자유와 권리를 존중하고 범죄피해자의 명예와 사생활의 평온을 보호할 법규상 또는 조리상의 의무가 있고, 특히 성폭력범죄의 피해자가 나이 어린 학생인 경우에는 수사과정에서 또 다른 심리적·신체적 고통으로 인한 가중된 피해를 입지 않도록 더욱 세심하게 배려할 직무상 의무가 있다고 본 사례)($^{대판\ 2008.6.12,}_{2007다64365}$).

[2] 공무원이 그 직무를 집행함에 당하여 고의 또는 과실로 법령에 위반하여 타인에게 손해를 가한 때에는 국가가 이를 배상할 책임을 진다. 범죄의 예방·진압 및 수사는 경찰관의 직무에 해당하며(경찰관직무집행법 제2조 제1호 참조), 그 직무행위의 구체적 내용이나 방법 등이 경찰관의 전문적 판단에 기한 합리적인 재량에 위임되어 있으므로, 경찰관이 구체적 상황하에서 그 인적·물적 능력의 범위 내에서의 적절한 조치라는 판단에 따라 범죄의 진압 및 수사에 관한 직무를 수행한 경우, 경찰관에게 그와 같은 권한을 부여한 취지와 목적, 경찰관이 다른 조치를 취하지 아니함으로 인하여 침해된 국민의 법익 또는 국민에게 발생한 손해의 심각성 내지 그 절박한 정도, 경찰관이 그와 같은 결과를 예견하여 그 결과를 회피하기 위한 조치를 취할 수 있는 가능성이 있는지 여부 등을 종합적으로 고려하여 볼 때, 그것이 객관적 정당성을 상실하여 현저하게 불합리하다고 인정되지 않는다면 그와 다른 조치를 취하지 아니한 부작위를 내세워 국가배상책임의 요건인 법령 위반에 해당한다고 할 수 없다(사건의 발생 및 전개가 급박하고 가변적인 인질강도 사건의 특성과 그와 같은 범죄의 태양 및 수법, 경위 등에서 예측되는 피해 발생의 구체적 위험성의 내용 등에 비

추어, 이 사건 경찰관들은 구체적·개별적 상황하에서 인질 구출 및 납치범 검거를 위한 최선의 조치를 취하였다고 볼 수 있으며, 그 추적의 개시 및 방법 등 직무의 수행이 합리성 내지 상당성을 현저히 결여하였다거나 합리적인 판단 기준에서 현저히 잘못된 것이라고 볼 수 없으므로, 경찰권의 행사가 부적절하였다거나 완벽한 조치를 취하지 아니한 부작위가 있다는 등의 이유를 내세워 이 사건 인질 구출 및 납치범 검거에 관한 직무수행 행위가 법령에 위반하는 행위에 해당한다고 할 수 없다고 본 사례)( 대판 2008.6.12, 2007다64365 ).

## (2) 직무의무의 사익보호성(제 3 자 관련성)

그런데 직무의무의 위반에 대하여 외부법관계에 있는 시민이 손해배상청구권을 행사할 수 있기 위해서는 공무원의 직무수행관계와 시민이 관련을 맺을 수 있어야 하고, 그러기 위해서는 당해 직무의무가 단순한 행정내부적 목적의 달성에만 기여할 것이 아니라 최소한 시민의 이익에도 기여함이 인정되어야 할 것이다. 즉, 원칙적으로 직무의무는 행정내부관계에 속하는 사항이지만 예외적으로 일정한 경우에는 외부효가 인정될 필요가 있는 것이다. 이러한 관점에서 당해 직무의무의 사익보호성 또는 제 3 자 관련성이 논의된다. 독일의 경우 독일 기본법 제34조와 독일 민법 제839조는 이점을 명문으로 요구하고 있다.

우리 판례도 "공무원에게 부과된 직무상 의무의 내용이 단순히 공공 일반의 이익을 위한 것이거나 행정기관 내부의 질서를 규율하기 위한 것이 아니고 전적으로 또는 부수적으로 사회구성원 개인의 안전과 이익을 보호하기 위하여 설정된 것이라면, 공무원이 그와 같은 직무상 의무를 위반함으로 인하여 피해자가 입은 손해에 대하여는 상당인과관계가 인정되는 범위 내에서 국가가 배상책임을 지는 것이다"라고 하여25) 직무의무의 사익보호성을 요구하고 있다.26)

우리 「국가배상법」 제 2 조에서는 비록 명문의 표현은 없지만 해석상 직무의무의 사익보호성 내지 제 3 자 관련성 요건이 요구된다고 보아야 할 것이다. 사익보호성 유무의 판단은 당해 직무의무의 근거법규를 보호규범이론에 비추어 당해 직무의무가 공익뿐 아니라 최소한 사익에도 기여하는 취지인지 여부를 해석에 의하여 도출할 수 있어야 한다.

앞서 본바와 같이 직무의무 자체만으로는 행정내부관계에 그치기 때문에 사익보호성이 전제되지 아니하는 직무의무의 위반행위는 외부법적 관련성이 없어 위법이라고 말할 수도 없고 국민의 손해배상청구권을 근거지울 수 없으나, 사익보호성이 인정되는 직무의무의의 위반행위는 외부법적 문제로 되고 이제는 단순한 행정내부적 직무의무위반이 아니라 법적 의무의 위반이 되고 위법이라 말할 수 있어 국민의 손해배상

---

25) 대판 1993. 2. 12, 91다43466.
26) 같은 취지의 판례로는 대판 2003. 4. 25, 2001다59842; 2006. 4. 14, 2003다41746 참조.

청구권도 근거지울 수 있다.

다만 우리 판례가 직무의무의 사익보호성 문제를 국가배상책임의 상당인과관계가 인정되기 위한 요건으로 연결시키는 것은 문제라고 할 것이다.

[1] 공무원이 고의 또는 과실로 그에게 부과된 직무상 의무를 위반하였을 경우라고 하더라도 국가는 그러한 직무상의 의무 위반과 피해자가 입은 손해 사이에 상당인과 관계가 인정되는 범위 내에서만 배상책임을 지는 것이고, 이 경우 상당인과관계가 인정되기 위하여는 공무원에게 부과된 직무상 의무의 내용이 단순히 공공 일반의 이익을 위한 것이거나 행정기관 내부의 질서를 규율하기 위한 것이 아니고 전적으로 또는 부수적으로 사회구성원 개인의 안전과 이익을 보호하기 위하여 설정된 것이어야 한다(구 식품위생법 제7조, 제9조, 제10조, 제16조가 사회구성원 개인의 안전과 이익을 보호하기 위한 규정이라고 본 사례)( 대판 2010.9.9, 2008다77795 ).

[2] 공무원의 직무상 의무가 순전히 행정기관 내부의 질서를 유지하기 위한 것이거나 **전체적으로 공공 일반의 이익을 도모하기 위한 것인 경우, 그 의무를 위반하여 국민에게 가한 손해에 대하여 국가 또는 지방자치단체가 배상책임을 부담하는지 여부(소극) 및 공무원의 직무상 의무가 오로지 공공 일반의 전체적인 이익을 도모하기 위한 것에 불과한지 판단하는 기준**　일반적으로 국가 또는 지방자치단체가 권한을 행사할 때에는 국민에 대한 손해를 방지하여야 하고, 국민의 안전을 배려하여야 하며, 소속 공무원이 전적으로 또는 부수적으로라도 국민 개개인의 안전과 이익을 보호하기 위하여 법령에서 정한 직무상 의무를 위반하여 국민에게 손해를 가하면 상당인과관계가 인정되는 범위 안에서 국가 또는 지방자치단체가 배상책임을 부담하는 것이지만, 공무원이 직무를 수행하면서 근거되는 법령의 규정에 따라 구체적으로 의무를 부여받았어도 그것이 국민의 이익과는 관계없이 순전히 행정기관 내부의 질서를 유지하기 위한 것이거나, 또는 국민의 이익과 관련된 것이라도 직접 국민 개개인의 이익을 위한 것이 아니라 전체적으로 공공 일반의 이익을 도모하기 위한 것이라면 그 의무를 위반하여 국민에게 손해를 가하여도 국가 또는 지방자치단체는 배상책임을 부담하지 아니한다. 이때 공무원이 준수하여야 할 직무상 의무가 오로지 공공 일반의 전체적인 이익을 도모하기 위한 것에 불과한지 혹은 국민 개개인의 안전과 이익을 보호하기 위하여 설정된 것인지는 결국 근거 법령 전체의 기본적인 취지·목적과 그 의무를 부과하고 있는 개별 규정의 구체적 목적·내용 및 직무의 성질, 가해행위의 태양 및 피해의 정도 등의 제반 사정을 개별적·구체적으로 고려하여 판단하여야 한다( 대판 2015.5.28, 2013다41431 ).

### (3) 직무의무의 법원(法源)

「국가배상법」 제2조 제1항 소정의 법령위반을 직무의무위반으로 본다면 이때의 직무의무의 법원, 즉 '법령'의 범위는 어떠한가가 문제될 수 있다. 이에 대해서는 엄격한 의미의 법률·명령에 국한하는 견해(협의설)27)와 더 나아가 인권존중·권력남용금지·신의성실·공서양속 등도 포함한다는 견해(광의설)가 대립하고 있다.

생각건대 직무의무의 근거는 헌법·(형식적)법률·법규명령·자치법규 등 성문법원뿐 아니라 법의 일반원칙·관습법 등 불문법원이 포함될 수 있다는 점에서 광의설이 타당하다고 본다.

판례도 "국가배상법 제 2 조 제 1 항 소정의 요건상 '법령에 위반하여'라고 하는 것이 엄격하게 형식적 의미의 법령에 명시적으로 공무원의 작위의무가 규정되어 있는데도 이를 위반하는 경우만을 의미하는 것은 아니고, 국민의 생명·신체·재산 등에 대하여 절박하고 중대한 위험상태가 발생하였거나 발생할 우려가 있어서 국민의 생명·신체·재산 등을 보호하는 것을 본래적 사명으로 하는 국가가 초법규적·일차적으로 그 위험배제에 나서지 아니하면 국민의 생명·신체·재산 등을 보호할 수 없는 경우에는 형식적 의미의 법령에 근거가 없더라도 국가나 관련 공무원에 대하여 그러한 위험을 배제할 작위의무를 인정할 수 있다"고 하여 광의설을 취함을 분명히 하였다.28) 종래 통설도 광의설을 취하고 있다.

그러나 문제는 직무의무의 법원에 행정규칙(나아가 직무명령)이 포함될 수 있는지에 있다. 이에 대해서는 일반적으로 행정규칙 위반이 「국가배상법」상의 '법령 위반'에 해당하는지의 문제로 논의되고 있으며, 행정규칙이 법규성을 갖는 경우에는 그 위반이 「국가배상법」상의 법령위반에 해당된다고 보는 것이 일반적이다. 일설에서는 행정규칙의 법규성을 인정하지 않으면서도 행정작용의 객관적 기준을 설정하고 있는 행정규칙을 합리적 이유 없이 위반하여 특정인에게 불리한 처분을 한 행위는 법령위반에 해당한다고 주장한다. 생각건대 직무의무는 기본적으로 내부법관계를 전제로 하므로 직무의무의 근거는 행정규칙이 될 수도 있고 심지어 직무명령이 될 수도 있다. 다만 「국가배상법」상 손해배상청구권이 성립하기 위해서는 직무의무의 사익보호성(제 3 자 관련성)이 인정되어야 하므로 그러기 위해서는 행정규칙이 평등원칙을 매개하여 외부효를 발할 수 있음이 인정되어야 할 것이다.

### (4) 행위불법과 결과불법

다음으로는 위법판단의 대상에 관한 전통적인 위법성이론과 관련하여 국가배상에서의 법령위반을 행위불법의 의미로 이해하여야 하는지 아니면 결과불법의 의미로 이해하여야 하는지 또는 행위불법과 결과불법의 구분이 국가배상에 있어서는 전혀 의

---

27) 윤세창(상), 369면.

28) 대판 1998. 10. 13, 98다18520; 학설에서 판례가 "당해 행위가 객관적 정당성을 상실한 경우"에 국가배상책임의 요건이 충족된 것으로 보는 것을 두고 광의설을 취하는 것이라고 보고 있으나, 이는 '법령'의 범위문제가 아니라 공무원이 주의의무를 결한 결과 당해 처분에 발생한 효과 내지 결과의 측면을 지칭한 것이라고 보아야 할 것이다.

미가 없는 것인지가 문제된다. 이에 대해서도 학설의 대립이 있다.

### 1) 결과불법설

결과불법으로 보는 견해는 피해결과에 착안하여 법령위반의 유무를 판단하려는 견해이다. 이에 의하면 공무원의 행위로 인하여 국민의 권리가 침해된 이상 그 결과를 정당화할 만한 다른 사유가 없는 한 국가배상책임이 인정된다고 한다.[29]

### 2) 행위불법설

반면에 행위불법으로 보는 견해에서는 가해행위 그 자체에 착안하여 행위가 객관적 법규범에 합치하고 있는가의 여부에 따라 법령위반의 유무를 판단하려는 견해이다.[30] 이에 따르면 민사불법행위법상의 위법성과 달리 「국가배상법」상의 법령위반은 권리침해가 곧 위법이라는 도식이 성립할 수 없고, 오히려 공행정작용이 객관적 법규범에 따라 적법하게 행하여졌는지가 중요한 법적 평가의 기준이라고 본다.[31]

이 견해에서는 판례가 "공무원의 직무집행이 법령이 정한 요건과 절차에 따라 이루어진 것이라면 특별한 사정이 없는 한 이는 법령에 적합한 것이고 그 과정에서 개인의 권리가 침해되는 일이 생긴다고 하여 그 법령적합성이 곧바로 부정되는 것은 아니다"라고 판시한 것도[32] 행위불법설을 취한 결과라고 본다.

### 3) 사   견

생각건대 「국가배상법」상의 법령위반을 직무의무위반으로 보는 경우에도 사익보호성(제 3 자관련성)이 있는 직무의무의 위반이 문제되고, 따라서 법적 의무의 위반과 마찬가지로 그 판단을 함에 있어서는 위법판단의 대상과 내용에 관한 전통적인 위법성이론의 적용을 검토할 수 있다.

주지하는 바와 같이 행위불법설은 형법학의 목적적 행위론에 근거하는 것으로서, 위법성판단의 연결점은 보호법익에 미치는 영향이 아니라 가해행위 그 자체이어야 한다는 입장이다. 다만 주의할 것은 이에 따를 때 위법성은 행위자가 손해발생을 회피하기 위하여 필요한 주의를 기울이지 않거나, 법질서가 요구하는 특별한 행위규칙을 객관적으로 주의의무에 위반하여 침해한 경우에 인정된다고 한다. 따라서 사회적으로 정당한 (sozialadäquat) 행위는 당해 사안에서 법익침해가 야기되더라도 위법하지 않다고 본다. 이와 같이 행위불법설을 적용할 때에는 단순히 가해행위에만 착안한다는 것이 중요한 것이 아니라 행위자에게 특별한 주의의무를 추가한다는 점이 간과되어서는 안 된다.

한편 결과불법설은 전통적으로 민사불법행위법의 근간으로서 인간의 행위로부터

---

29) 서원우, 전환기의 행정법이론, 824면 이하.
30) 김동희(Ⅰ), 565면; 박균성(상), 749면.
31) 학설에서는 행위불법설을 광의와 협의로 나누어 설명하기도 하는데(예컨대 박균성(상), 645면), 이는 앞서 설명한 법령의 범위 문제와 혼동할 여지가 있으므로 본서에서는 따르지 않기로 한다.
32) 대판 1997. 7. 25, 94다2480; 2000. 11. 10, 2000다26807, 26814.

야기된 결과로서의 권리 또는 법익의 침해가 위법성을 징표한다는 이론이다. 주의할 것은 무조건 보호법익에 대한 침해가 있어야 하는 것은 아니고, 법익에 대한 위해의 존재만으로도 족하다는 것이다. 무엇보다 가해자에게 정당화사유가 없는 한 발생결과에 원인을 제공한 모든 행위가 위법하다고 보기 때문에, 결과불법설에서도 위법에 대한 연결점은 가해자의 행위 그 자체이며, 이 행위는 발생한 결과에 의하여 위법하게 되는 것이고, 결과는 위법의 원인이지 그 대상이 아니라고 본다. 따라서 중요한 것은 가해자의 행위로부터 출발한다는 점에서는 행위불법설과 결과불법설이 구별되지 않는다는 점이다.

　　이상 검토한 바에 따르면「국가배상법」상의 법령위반, 즉 직무의무위반을 검토함에 있어 직무의무의 행위관련성을 부인할 수는 없다고 본다. 그러나 행위불법설에 따라 직무의무위반의 행위관련성을 근거지우기에는 불충분하다고 본다. 직무의무위반 또는 위법성은 항상 인간의 행위에 관련하며, 행위가 연결점이 된다는 점에서는 행위불법설과 결과불법설에서 차이가 없기 때문이다. 중요한 것은 직무의무위반 또는 위법성이 구성요건적 결과로부터 판단된다고 볼 것인지 아니면 가해자에게 객관적 주의의무위반을 추가하여 판단할 것인지에 달려있다. 개인적으로 공무원의 직무의무위반을 판단함에 있어 매번 추가적으로 주의의무위반 여부가 판단되어야 한다는 것은 수긍하기 어렵다고 본다. 오히려 직무의무위반의 판단에 있어서는 결과의 측면이 가미된 행위(이른바 '결과관련적 행위')가 중요하다고 본다. 다만 여기서의 결과란 구성요건적 결과로서, 권리침해나 법익침해를 의미하는 것이 아니라, 사익보호성 있는 직무의무 내지 법적 의무의 침해에서 찾아야 한다. 왜냐하면 제약된 법익에 대해 구체적인 경우 보호가 주어져야 하는지 여부는 관련 책임규범으로부터 나오는 것이며, 결과관련적 위법성이 꼭 법익관련적 위법성을 의미하는 것은 아니기 때문이다. 이러한 의미의 결과관련적 행위를 중시하는 취지에서 결과불법설에 찬동한다.

　　학설에서는 위 판례의 입장을 법익침해를 고려하지 않는 것처럼 외형적으로만 이해하여 행위불법설에 따른 것이라고 보지만, 판례의 입장은 일본의 다수설과 판례의 입장을 수용한 것으로서, 결과불법설에 기반을 둔 과거 일본의 실정법상 공권력의 행사를 위한 요건을 정하고 있는 법령의 규정이 당해 공권력의 행사·불행사에 의하여 제3자에게 발생하는 불이익에 대한 충분한 고려가 없이 입법되는 예가 많아, 법령의 명시적 요건을 충족하여 아무런 법령위반이 없는 행위라 하더라도 결과로서 제3자에게 중대한 손해를 가져오는 점을 인정하기 위하여 1960년대에 일본의 학설과 판례가 전개한 위법성의 상대화론에 기인한 것이다.33) 따라서 판례의 입장도 기본적으로 위에서 검토한 의미에서의 결과불법설로 이해하여야 함을 유념하여야 한다.

---

33) 이에 대한 상세한 설명은 김철용(Ⅰ), 464면 참조.

### (5) 취소판결과의 관계

### 1) 처분의 위법과 법령위반

「국가배상법」상의 법령위반과 취소소송에서의 위법성이 같은 것인가 여부에 대하여 견해의 대립이 있다.

㈎ 위법성일원론   이는 취소소송에 있어서의 처분의 위법성과 국가배상청구소송에서의 법령위반은 일반적으로 동일하다는 견해이다. 동일처분이 동일 행위규범을 위반하였는가 여부는 동일시점에 행하여진다는 점을 논거로 한다.[34]

㈏ 위법성이원론   이는 「국가배상법」상의 법령위반의 범위가 취소소송상의 위법성의 범위보다 넓다는 견해이다. 처분의 취소소송과 국가배상청구소송은 그 목적과 역할이 다르다는 점을 논거로 한다. 대표적으로 「국가배상법」상의 위법성을 행위 자체의 적법·위법뿐만 아니라 피침해이익의 성격과 침해의 정도 및 가해행위의 태양 등을 종합적으로 고려하여 행위가 객관적으로 정당성을 결여한 경우를 의미한다고 보는 이른바 '상대적 위법성설'이 이러한 입장에 해당한다.

㈐ 소 결   생각건대 「국가배상법」상의 법령위반은 위에서 언급한 바와 같이 직무의무위반이라고 보아야 하는 한, 일반적으로 행정처분이 헌법·근거법률·법의 일반원칙 등 법 일반에 위반되는지 여부를 논의하는 처분의 위법성과 다르다고 보아야 하며, 직무의무의 근거를 앞에서 검토한 것처럼 넓게 파악하는 한 「국가배상법」상의 직무의무위반이 취소소송에서의 위법성 개념보다 원칙적으로 넓다고 보아야 한다. 다만 「국가배상법」상의 법령위반으로서의 직무의무위반은 사익보호성(제 3 자 관련성)을 요구하는 의미의 것이라는 점에서 통상적인 경우에는 직무의무위반과 처분의 위법성은 대부분 일치하는 경우가 많을 것이다.[35]

### 2) 취소판결의 필요성 문제

행정상의 손해배상을 위해서 먼저 위법한 행정행위의 취소판결이 필요한가의 문제에 대해서는 일반적으로 필요 없다고 본다. 이는 통상적으로 민사소송에서의 선결문제로서 행정행위의 위법성 판단 가능성 여부에 관한 것으로 논의되고 있으며, 일반적 견해는 이 경우에는 행정행위의 공정력 또는 구성요건적 효력과 관계없는 경우로서 민사법원이 선결문제로서 당해 행위의 위법을 스스로 인정할 수 있다고 본다.

### 3) 취소판결의 기판력과의 관계

「국가배상법」상의 법령위반의 의미는 앞서 제기된 취소판결의 기판력이 후소인 국가배상청구소송에 미치는가와 관련해서도 논의된다.[36] 이때에는 취소소송에서의 소

---

34) 김철용(Ⅰ), 464면.

35) 동지: Detterbeck, *Allgemeines Verwaltungsrecht*, 6. Aufl., 2008, Rn. 1076.

36) 이 문제에 대한 논문으로는 김철용, "취소소송판결의 기판력과 국가배상소송", 고시계 1985. 7, 141면 이하; 동인, "취소소송과 국가배상청구소송", 고시계, 1992. 7, 90면 이하; 서원우, "취소소

송물과 동일한 내용의 소송물이 후소인 국가배상청구소송에서는 단지 선결문제로서 제기되어 있는 경우이다. 일반적으로 판결의 기판력이 현실적으로 논의되는 상황은 확정판결이 있은 후에 제 2 의 소송이 후소로서 제기된 경우이다. 이때 가정할 수 있는 상황은 후소의 소송물이 전소와 동일하거나 모순되는 경우 뿐 아니라, 전소의 소송물이 후소에서는 단지 선결문제로서 나타나는 경우이다.[37)

생각건대 기판력의 취지는 이러한 경우들에 있어서 전소의 확정판결의 효력을 후소에 있어서도 관철하려고 하는 것이므로, 전소의 소송물이 후소에서 선결문제로 나타나는 경우인 본 논의에서도 기판력은 인정되어야 할 것이다. 물론 양 소송에서 법령위반과 처분의 위법성간의 차이는 앞서 논의한 바와 같이 인정하여야 한다. 즉, 국가배상청구소송에서의 법령위반은 손해배상체계에서 의미를 갖는 것이므로 그 판단기준이 취소소송의 경우와는 다른 특성을 가지며, 그 범위도 직무의무의 상관관계 등에 의하여 넓게 인정되어야 한다고 본다.

따라서 국가배상청구소송이 취소소송의 후소로서가 아니라 독자적으로 제기된 때에는[38) 국가배상청구소송에서의 소송물은 행정처분의 위법성문제가 아니므로 당사자가 후소로서 취소소송을 제기하더라도(즉 전소에서 적법 성이 확인된 경우) 이 소송에서는 전소의 기판력이 미치지 않게 된다.

그러나 이러한 경우와는 달리 국가배상청구소송이 취소소송의 후소로서 제기되어 있고 당해 행정처분의 위법성문제가 후소의 선결문제로서 제기되는 경우에는, 비록 국가배상에서의 법령위반이 직무의무위반의 판단이 되지만 앞서 논의한 바와 같이 대부분의 경우 직무의무위반은 (처분의) 위법성과 많은 경우 일치하기 때문에, 후소인 국가배상청구소송에서의 독자적인 직무의무위반의 판단은 전소인 취소소송의 소송물에 관한 판단(청구인용이든 청구기각이든)에[39) 영향을 받는다고 보아야 할 것이다.[40) 이는 전소의 기판력이 이와 실질적인 관련이 있는 다른 소송에서 서로 모순되거나 배치되지 않고 해결되어 이와 관련한 분쟁의 통일적 해결을 위하여 필요하기 때문이다.[41) 다수견해나 판례의 주된 입장도 동일한 것으로 보인다.[42)

---

송판결에 대한 국가배상소송에 대한 기판력", 고시계, 1987. 11, 164면 이하; 동인, "국가배상책임상의 위법개념", 월간고시, 1991. 5, 64면 이하 참조.

37) 정동윤·유병현, 민사소송법, 2005, 686면.

38) 박윤흔, 앞의 책, 676면.

39) 국가배상법상의 법령위반이 처분위법과 다르다는 점을 인정하면서도 청구인용판결의 기판력은 국가배상소송에 미치지만 청구기각판결의 기판력은 국가배상청구소송에 미치지 않는다고 보는 견해로는 박균성(상), 768면 참조.

40) 이러한 이유에서 국가배상에서의 법령위반을 직무의무위반으로 보면서 단순히 양 위법개념이 다르다는 이유로 취소판결의 기판력이 국가배상청구소송에 미치지 아니한다는 견해(김연태, 행정법사례연습, 2012, 713면)에는 찬동할 수 없다.

41) 김철용, 고시계, 1992. 7, 98면 참조.

### (6) 그 밖의 관련문제

「국가배상법」제 2 조 소정의 법령위반, 즉 직무의무위반은 비교적 넓게 이해되고 있다. 행정규칙 위반의 행정행위에 기한 손해발생에 대해서는 앞서 설명한 바와 같이 행정규칙의 법적 성질에 관한 논의에 따라 외부적 구속력을 인정하는 경우에만 위법성이 인정된다고 본다. 그 밖에 특수한 경우들을 정리하면 다음과 같다.

### 1) 재량행위의 경우

재량행위가 대상인 때에는 부당한 재량행위는 제외되며 남용·일탈의 경우에만 해당된다. 판례도 같은 취지에서 경찰관의 「경찰관 직무집행법」제 5 조에 규정된 권한의 불행사가 직무의무를 위반한 것이 되어 국가배상책임을 인정한 바 있다.

> [1] 경찰관직무집행법 제 5 조는 경찰관은 인명 또는 신체에 위해를 미치거나 재산에 중대한 손해를 끼칠 우려가 있는 위험한 사태가 있을 때에는 그 각 호의 조치를 취할 수 있다고 규정하여 형식상 경찰관에게 재량에 의한 직무수행권한을 부여한 것처럼 되어 있으나, 경찰관에게 그러한 권한을 부여한 취지와 목적에 비추어 볼 때 구체적인 사정에 따라 경찰관이 그 권한을 행사하여 필요한 조치를 취하지 아니하는 것이 현저하게 불합리하다고 인정되는 경우에는 그러한 권한의 불행사는 직무상의 의무를 위반한 것이 되어 위법하게 된다($\frac{대판\ 1998.8.25,}{98다16890}$).
>
> [2] 구 식품위생법의 관련규정이 식약청장 등에게 합리적인 재량에 따른 직무수행권한을 부여한 것으로 해석된다고 하더라도, 식약청장 등에게 그러한 권한을 부여한 취지와 목적에 비추어 볼 때 구체적인 상황 아래에서 식약청장 등이 그 권한을 행사하지 아니한 것이 현저하게 합리성을 잃어 사회적 타당성이 없는 경우에는 직무상 의무를 위반한 것이 되어 위법하게 된다. 그리고 위와 같이 식약청장 등이 그 권한을 행사하지 아니한 것이 직무상 의무를 위반하여 위법한 것으로 되는 경우에는 특별한 사정이 없는 한 과실도 인정된다고 할 것이다($\frac{대판\ 2010.9.9,}{2008다77795}$).

### 2) 수익적 행정처분과 국가배상

일반적으로 행정상 손해배상문제는 부담적 행정처분과 관련해서 문제되는 것이 일반적이지만 예외적으로 수익적 행정처분과 관련해서도 문제될 수 있다. 판례에서도 이를 인정하며 그 요건을 다음과 같이 설시하고 있다.

> 수익적 행정처분은 그 성질상 특별한 사정이 없는 한 그 처분이 이루어지는 것이 신청인의 이익에 부합하고, 이에 대한 법규상의 제한은 공공의 이익을 위한 것이어서 그러한 법규상의 제한 사유가 없는 한 원칙적으로 이를 허용할 것이 요청된다고 할 것이므로, 수익적 행정처분이 신청인에 대한 관계에서 국가배상법 제 2 조 제 1 항의 위법성이 있는 것으로 평가되기 위하여는 당해 행정처분에 관한 법령의 내용, 그 성

---

42) 김철용, 고시계, 1985. 7, 149면; 동인, 고시계, 1992. 7, 97면; 석종현·송동수(상), 642면.

질과 법률적 효과, 그로 인하여 신청인이 무익한 비용을 지출할 개연성에 관한 구체적 사정 등을 종합적으로 고려하여 객관적으로 보아 그 행위로 인하여 신청인이 손해를 입게 될 것임이 분명하다고 할 수 있어 신청인을 위하여도 당해 행정처분을 거부할 것이 요구되는 경우이어야 할 것이다(대판 2001.5.29, 99다37047).

### 3) 부작위의 문제

행정기관의 부작위도 국가배상책임을 야기할 수 있음은 당연하다. 다만 부작위가 「국가배상법」상 법령위반으로 인정되기 위해서는 공무원의 작위의무가 전제되어야 하는바, 판례는 일정한 경우 앞서 직무의무의 법원에서 검토한 바와 같이 조리상의 직무의무(개괄적 위험배제의무)를 인정하고 이를 통해 국가배상책임을 인정한 바 있다.

공무원의 부작위로 인한 국가배상책임을 인정하기 위하여는 공무원의 작위로 인한 국가배상책임을 인정하는 경우와 마찬가지로 '공무원이 그 직무를 집행함에 당하여 고의 또는 과실로 법령에 위반하여 타인에게 손해를 가한 때'라고 하는 국가배상법 제 2 조 제 1 항의 요건이 충족되어야 할 것인바, 여기서 '법령에 위반하여'라고 하는 것이 엄격하게 형식적 의미의 법령에 명시적으로 공무원의 작위의무가 규정되어 있는데도 이를 위반하는 경우만을 의미하는 것은 아니고, 국민의 생명, 신체, 재산 등에 대하여 절박하고 중대한 위험상태가 발생하였거나 발생할 우려가 있어서 국민의 생명, 신체, 재산 등을 보호하는 것을 본래적 사명으로 하는 국가가 초법규적, 일차적으로 그 위험 배제에 나서지 아니하면 국민의 생명, 신체, 재산 등을 보호할 수 없는 경우에는 형식적 의미의 법령에 근거가 없더라도 국가나 관련 공무원에 대하여 그러한 위험을 배제할 작위의무를 인정할 수 있을 것이지만, 그와 같은 절박하고 중대한 위험상태가 발생하였거나 발생할 우려가 있는 경우가 아니라면 원칙적으로 공무원이 관련 법령을 준수하여 직무를 수행하였다면 그와 같은 공무원의 부작위를 가지고 '고의 또는 과실로 법령에 위반'하였다고 할 수는 없을 것이므로, 공무원의 부작위로 인한 국가배상책임을 인정할 것인지 여부가 문제되는 경우에 관련 공무원에 대하여 작위의무를 명하는 법령의 규정이 없다면 공무원의 부작위로 인하여 침해된 국민의 법익 또는 국민에게 발생한 손해가 어느 정도 심각하고 절박한 것인지, 관련 공무원이 그와 같은 결과를 예견하여 그 결과를 회피하기 위한 조치를 취할 수 있는 가능성이 있는지 등을 종합적으로 고려하여 판단하여야 할 것이다(대판 1998.10.13, 98다18520).

## 5. 타인에게 손해를 입혔을 것

### (1) 타인의 범위

이때의 타인에는 가해자인 공무원과 그의 위법한 직무행위에 가담한 자 이외의 모든 사람이 해당하며, 자연인과 법인이 포함된다. 따라서 공무원의 신분을 가진 자도 피해자로서 타인에 해당할 수 있다. 물론 이때에는 군인 등에 대한 특례(헌법 제29조 2항; 국가 배상법 제2조 1항 단서)가

중요한 의미를 갖는다.

### (2) 손해의 발생

손해라 함은 법익침해에 의한 불이익을 말하며, 이러한 손해는 재산적 손해이든 비재산적 손해(생명이나 신체의 침해 등)이든, 혹은 적극적 손해이든 소극적 손해(기대이익)이든 불문한다. 이 때에 가해행위와 손해의 발생 사이에는 상당인과관계가 있을 것이 요구된다.

> 개별공시지가 산정업무 담당공무원 등이 잘못 산정·공시한 개별공시지가를 신뢰한 나머지 토지의 담보가치가 충분하다고 믿고 그 토지에 관하여 근저당권설정등기를 경료한 후 물품을 추가로 공급함으로써 손해를 입었음을 이유로 그 담당공무원이 속한 지방자치단체에 손해배상을 구한 사안에서, 원고는 소외인으로부터 이 사건 토지를 담보로 제공받은 이후 소외인에 대해 매월 2,415,806,005원 내지 3,267,273,405원의 외상매출채권을 가지고 있었으나, 위와 같이 담보로 제공받기 이전인 2006. 9.경부터 2007. 8.경까지 사이에도 위 외상매출채권에 상당한 매월 2,440,136,455원 내지 3,806,529,387원의 외상매출 채권을 가지고 있었던 사실에 비추어 원고가 2007. 8. 이후에 729,196,720원 상당의 물품을 추가로 공급한 것이 이 사건 토지의 개별공시지가를 신뢰하고 담보로 제공받았기 때문이라고 단정하기 어려운 점, 원고는 소외인으로부터 이 사건 토지를 담보로 제공하겠다는 제안을 받고 이 사건 토지의 담보가치를 파악하기 위해 ○○○감정평가법인에 탁상감정 내지 약식감정을 의뢰하였고, ○○○감정평가법인으로부터 이 사건 토지의 개별공시지가가 31억 5,000만 원 정도 되고 주변 시세도 비슷하므로 이 사건 토지의 거래가액이 개별공시지가 이상이 될 것이라는 의견을 듣고 이 사건 토지에 근저당권을 설정하게 된 점을 알 수 있는 바, 앞서 본 법리 및 개별공시지가의 산정 목적에다가 이와 같은 사정 등을 종합적으로 고려해 보면, 피고 소속 담당공무원 등의 이 사건 토지에 관한 개별공시지가 산정에 관한 직무상 위반행위와 원고가 이 사건 토지의 담보가치가 충분하다고 믿고 추가로 물품을 공급하였다가 입은 손해 사이에 상당인과관계가 있다고 보기 어렵다는 사례(대판 2010.7.22, 2010다13527).

## II. 손해배상책임

### 1. 배상책임자

배상책임자에 대해서는 헌법 제29조(국가 또는 공공단체)와 「국가배상법」 제 2 조 제 1 항(국가 또는 지방자치단체)이 서로 상이하게 규정하고 있어, 공공단체로서 지방자치단체가 아닌 공공기관(각종 공공조합, 영조물 법인)은 민법의 규정에 의하여 배상책임의 의무를 지게 된다(국가배상법 제8조 참조). 공무원의 선임·감독자와 비용부담자가 서로 다른 경우에는(국가배상법 제6조 1항) 비용부담자도 손해배상의 책임을 부담한다. 고의나 과실의 요구는 가해자인 공무원을 기준으로 검토하는 것이므로, 이들 배상책임자가 지는 책임은 무과실책임의 성질을 갖게 된다.

## 2. 배상책임의 성질

이때에 배상책임자가 지는 책임의 성질에 관해서는 견해가 대립하고 있다. 자기책임설, 대위책임설, 절충설(또는 중간설)이 그것이다.

### (1) 대위책임설

이 견해에 의하면 국가 등의 배상책임은 피해자보호를 위하여 가해 공무원을 대신하여 지는 책임으로 이해한다. 그 논거로서는 ㉠ 공무원의 위법행위는 국가 등의 대리인으로서 수권에 위반하여 행한 행위이므로 국가 등은 그 책임을 지지 않는다는 점, ㉡「국가배상법」제 2 조 제 1 항은 공무원 자신의 불법행위책임을 전제로 하고 있다는 점 및 ㉢ 국가의 가해 공무원에 대한 구상권이 인정되고 있는 점 등을 주장한다. 우리 행정법학자들의 다수견해이다.

### (2) 자기책임설

이 견해는 국가 등의 배상책임은 자기의 행위에 대한 책임을 스스로 지는 것이라고 이해한다. 주요 논거로서는 ㉠ 국가는 공무원을 통해서 행위를 하는 것이므로 그로 인한 효과는 위법·적법을 불문하고 국가에 귀속되어야 한다는 점과, ㉡ 헌법이나「국가배상법」규정에 '공무원에 대신하여 …'라는 표현이 없다는 점을 제시한다.[43]

### (3) 절충설(또는 중간설)

이 견해는 가해 공무원에 대한 국가의 구상권 존재 유무를 기준으로, 공무원의 고의나 중과실로 인한 행위는 국가의 구상권이 인정되므로 대위책임의 성질을 가지나, 경과실로 인한 경우에는 구상권이 인정되지 않으므로 국가 스스로 책임을 지는 자기책임으로 이해한다.[44]

### (4) 평   가

생각건대 대위책임설은 그 이론적 기초에 있어서 현대의 법치주의원리와 조화하기 어려운 국가무책임사상이나 국가면책특권이 배경이 되어 있다는 점과, 우리의 헌법 규정이나「국가배상법」규정은 대위책임설에 입각하고 있는 나라(예컨대 독일)의 실정법 규정과는

---

43) 우리나라 헌법학자들의 다수견해이고 행정법학자들도 지지하는 견해가 늘고 있다. 김남진·김연태(Ⅰ), 619면; 장태주(개론), 551면; 박균성(상), 791면; 허영, 555면; 권영성, 512면; 구병삭, 635면.
44) 윤세창, 행정법(상), 1985, 292면; 이상규(상), 547면.

다른 표현으로 기술되어 있다는 점 등에 비추어 따르기 어렵다고 본다. 또한 국가배상책임제도는 앞의 독일의 경우에서도 본 바와 같이 그 발전추세에 있어서 자기책임의 방향으로 가고 있다는 점도 간과할 수 없는 사실이다. 그리고 구상권의 인정문제는 공무원의 집무의욕이나 사기저하 등을 고려한 다분히 정책적인 측면에서 인정되는 것이므로, 이를 기준으로 배상책임의 성질을 논하는 것은 옳지 못하다. 입법례를 보더라도 1981년의 독일 국가배상책임법45)은 기본적으로 자기책임설의 입장에 서면서도 고의나 중과실의 경우에 구상권을 인정하고 있었고, 프랑스의 경우도 자기책임설의 입장에 서면서 구상권을 인정하고 있다. 따라서 구상권인정을 대위책임설과 연결시키는 것이나 비슷한 논리를 전개하고 있는 절충설은 잘못된 것이다. 따라서 자기책임설에 따른다.

## 3. 공무원 개인의 배상책임문제

이때에 국가배상책임의 문제는 아니지만, 관련 문제로서 국가 등의 배상책임 이외에 공무원 자신의 배상책임이 인정될 수 있는지의 문제가 제기된다. 이는 헌법 제29조 제 1 항 단서가 "공무원 자신의 책임은 면제되지 아니 한다"라고 규정하고 있기 때문에 이의 해석과 관련하여 논의가 제기되는 것이다.

### (1) 외부적 책임문제

가해 공무원도 직접적으로 피해자에 대한 배상책임을 부담하는가 여부의 문제이다. 이는 국가배상책임의 성질을 어떻게 이해하는가에 따라 차이를 가져온다.

#### 1) 대위책임설의 입장

국가배상책임의 성질을 대위책임으로 이해하는 견해는 공무원 자신의 피해자에 대한 배상책임을 부정한다. 이에 따르면 헌법 제29조 제 1 항 단서는 내부적인 구상책임으로 이해된다. 논거로서는 국가 등의 배상으로 피해자의 구제는 충분하며, 대위책임은 그 성질상 공무원이 지는 책임을 국가가 대신 인수하여 부담하는 것이므로 공무원 스스로의 외부적 배상책임은 인정되지 않는다고 본다. 행정법학자들의 다수 견해이다.

#### 2) 자기책임설의 입장

이에 반해 자기책임으로 이해하는 견해는, 공무원은 피해자에 대한 배상책임을 별도로 부담한다고 본다. 이에 따르면 헌법 제29조 제 1 항 단서의 의미는 피해자에 대한 배상책임으로 이해된다. 논거로서는 국가 등의 배상책임은 국가 스스로의 행위에 대한 책임이므로, 공무원 개인의 책임은 이와 별도로 성립하고 양립할 수 있다고

---

45) 이 법은 앞에서 설명한 바와 같이 연방의 입법권한을 넘는 법으로 인정되어 독일 연방헌법재판소에 의해 1981년 6월 29일 무효로 선언되었다.

한다. 이러한 입장에 의하면 피해자는 국가와 가해 공무원 양자에 대해 선택적으로 손해배상을 청구할 수 있는 가능성을 갖게 된다.46)

### 3) 판례의 입장

판례는 이에 대해 그간 비교적 불안정한 모습을 보여왔다. 공무원의 귀책사유의 정도를 구분하지 않고(즉 중과실인가 아니면 경과실인가의 구분) 공무원 개인도 손해배상책임을 진다고 판시한 판결이 있었으나,47) 이 판결과 반대의 입장에서 공무원의 귀책사유의 정도에 관계없이 공무원 개인의 손해배상책임을 부정한 판결도 존재했다.48) 그러나 최근의 판례는 그간의 판례와는 반대로, 공무원이 고의나 중과실로 인해 타인에게 손해를 입힌 경우에 한해서만 공무원 개인의 손해배상책임을 인정하고, 경과실만이 인정되는 경우에는 손해배상책임을 부정하는 입장을 보이고 있다.49)

### 4) 평  가

물론 국가 등이 손해를 배상하면 피해자의 구제는 충분할 수도 있다. 그러나 경우에 따라서는 국가 등이 관련예산부족으로 배상판결을 받은 당사자에게 바로 지급하지 못하는 경우가 현실적으로 발생하고 있고, 가해 공무원의 자력이 충분하다고 인정할 때에는 당사자로 하여금 스스로 알아서 선택할 수 있게 하는 것이 오히려 권리구제에 효과적일 수 있다. 또한 공무원 자신의 외부적 배상책임이 인정되면 오히려 공무집행에 신중할 수 있는 효과도 기대할 수 있을 것이다. 따라서 피해자의 선택적 청구를 인정하는 것이 타당할 것이다. 판례는 공무원이 고의나 중과실이 있는 경우에만 내부적으로 구상책임을 지게 된다는 사실을 강조하여 공무원의 귀책사유의 정도가 경과실인 때에는 공무원의 개인적인 손해배상책임을 부정하고 있으나, 국가 등과 공무원 사이의 내부적인 구상관계에 관한 요건내용을 외부적 관계인 피해자와 가해 공무원 사이의 책임문제와 연계하는 것은 타당하다고 볼 수 없다. 따라서 경과실의 경우에도 외부적인 손해배상책임을 부담한다고 보는 것이 타당하다.

### (2) 내부적 책임문제

이는 구상권행사의 문제이다. 국가가 피해자에 대한 배상책임을 이행한 때에 공무원이 고의나 중과실로 인해 손해를 야기한 경우에는, 공무원에 대해 내부적인 관계에서 구상권을 행사할 수 있다(국가배상법 제2조 2항). 이때 공무원의 경과실로 인한 경우는 구상책임에서 제외된다. 이는 공무원의 직무집행상의 사기를 고려한 정책적 배려에 기인한

---

46) 자기책임설에 찬동하지만 선택적 청구를 부인하는 견해 : 김남진·김연태(Ⅰ), 625면; 장태주(개론), 552면.
47) 대판 1972. 10. 10, 69다701.
48) 대판 1994. 4. 12, 93다11807.
49) 대판 1996. 2. 15, 95다38677(전합).

것이며, 이러한 구상권 유무가 국가배상책임의 성질을 결정하는 기준이 되지 않음은 앞에서 설명한 바 있다.

### 4. 손해배상액

배상액은 정당한 배상($^{헌법}_{제29조 1항}$)이어야 하며, 당해 불법행위와 상당인과관계에 있는 모든 손해가 배상되어야 한다. 「국가배상법」제 3 조는 이와 관련하여 배상기준을 규정하고 있으나, 이 기준은 배상의 범위를 한정하는 의미를 갖는 것이 아니라 참고하는 의미만을 가질 뿐이다. 그러나 이 기준에 의한 배상이 민법상의 경우보다 불리해서는 안 된다.

### 5. 손해배상청구권

#### (1) 청구권의 특색

생명·신체의 침해로 인한 국가배상을 받을 권리는 재산권의 성질을 가지면서도 사회보장적 견지에서 그 양도와 압류가 금지된다($^{국가배상}_{법 제4조}$). 청구권의 소멸시효는 피해자나 그 법정대리인이 손해 및 가해자를 안 날로부터 3년이다($^{국가배상법 제8조,}_{민법 제766조 1항}$). 이때에 손해배상 청구소송제기 전에 배상심의회의 결정을 거치도록 하는 규정($^{국가배상}_{법 제9조}$)에 따른 손해배상금 지급신청은 시효중단사유인 청구에 해당한다고 본다.

> 국가배상법 제 8 조가 "국가 또는 지방자치단체의 손해배상책임에 관하여는 이 법의 규정에 의한 것을 제외하고는 민법의 규정에 의한다"고 하고 소멸시효에 관하여 별도의 규정을 두고 아니함으로써 국가배상청구권에도 소멸시효에 관한 민법상의 규정인 민법 제766조가 적용되게 되었다 하더라도 이는 국가배상청구권의 성격과 책임의 본질, 소멸시효제도의 존재이유 등을 종합적으로 고려한 입법재량 범위 내에서의 입법자의 결단의 산물인 것으로 국가배상청구권의 본질적인 내용을 침해하는 것이라고는 볼 수 없고 기본권 제한에 있어서의 한계를 넘어서는 것이라고 볼 수도 없으므로 헌법에 위반되지 아니한다($^{헌재 1997.2.20.}_{96헌바24}$).

#### (2) 국가배상청구권과 「자동차손해배상보장법」상의 청구권과의 관계

#### 1) 문제의 제기

앞에서 본 바와 같이 국가배상책임과 공무원의 민사상 손해배상책임의 관계는 학설 또는 판례의 입장에 따라 다른 입장을 나타내게 된다. 그러나 이러한 논리가 「자동차손해배상보장법」에 의하여 손해배상책임이 인정되는 경우에도 해당할 것인가는 별도의 검토를 필요로 한다. 「국가배상법」제 2 조 제 1 항은, "국가나 지방자치단체는 공무원이 직무를 집행하면서 고의 또는 과실로 법령을 위반하여 타인에게 손해를 입히거나, 「자동차손해배상보장법」에 따라 손해배상의 책임이 있을 때에는 이 법에 따라 그 손해를 배상하여야 한다"라고 하여, 「자동차손해배상보장법」에 의한 배상책임과 국가배상책임에 대하여도 규정을 두고 있다. 따라서 양자의 관계를 어떻게 이해할 것인가 하는 문제가 제기된다.

### 2) 「자동차손해배상보장법」에 따른 손해배상문제

(개) 동법 제 3 조의 해석    「자동차손해배상보장법」 제 3 조는 "자기를 위하여 자동차를 운행하는 자는 그 운행으로 인하여 다른 사람을 사망하게 하거나 부상하게 한 때에는 그 손해를 배상할 책임을 진다"라고 하여, 원칙적인 무과실책임을 규정하고 있다. 이때에 "자기를 위하여 자동차를 운행하는 자"라고 함은 자동차에 대한 운행을 지배하여 그 이익을 향수하는 책임 주체로서의 지위에 있는 자를 뜻하는 것으로 이해된다. 따라서 제 3 조는 동법의 입법취지에 비추어 볼 때에(<sup>제1조</sup><sub>참조</sub>) 자동차의 운행이 사적인 용무를 위한 것이건, 국가 등의 공무를 위한 것이건 구별하지 아니하고 발생한 손해에 대한 배상책임을 인정하는 것으로 이해된다. 그러므로 이러한 배상책임이 인정될 때에는 민법의 규정보다 우선하여 적용된다고 보아야 한다. 그러나 이러한 요건이 어떻게 적용되는가에 대하여는 자세한 검토가 필요하다. 판례의 내용에 비추어 이를 검토하면 다음과 같다.

(내) 운전차량이 공무원 자기소유인 경우    「자동차손해배상보장법」 제 3 조는 자동차운행자가 그 운행으로 인하여 타인에게 손해를 야기한 때에 동조 각호의 규정에 의한 예외적인 경우를 제외하고는 무과실책임을 지도록 하고 있다. 따라서 공무원이 자기소유의 차량으로 공무를 수행하다가 사고를 일으켜 다른 사람에게 손해를 입힌 경우에는 그 사고가 자동차를 운전한 공무원의 경과실에 의한 것인지 중과실 또는 고의에 의한 것인지를 가리지 않고, 그 공무원이 「자동차손해배상보장법」 제 3 조 소정의 '자기를 위하여 자동차를 운행하는 자'에 해당하여 「자동차손해배상보장법」상의 손해배상책임을 부담하게 된다.

> 「자동차손해배상보장법」의 입법취지에 비추어 볼 때, 같은 법 제 3 조는 자동차의 운행이 사적인 용무를 위한 것이건 국가 등의 공무를 위한 것이건 구별하지 아니하고 민법이나 「국가배상법」에 우선하여 적용된다고 보아야 한다. 따라서 일반적으로 공무원의 공무집행상의 위법행위로 인한 공무원 개인 책임의 내용과 범위는 민법과 국가배상법의 규정과 해석에 따라 정하여질 것이지만, 자동차의 운행으로 말미암아 다른 사람을 사망하게 하거나 부상하게 함으로써 발생한 손해에 대한 공무원의 손해배상책임의 내용과 범위는 이와는 달리 「자동차손해배상보장법」이 정하는 바에 의할 것이므로, 공무원이 직무상 자동차를 운전하다가 사고를 일으켜 다른 사람에게 손해를 입힌 경우에는 그 사고가 자동차를 운전한 공무원의 경과실에 의한 것인지 중과

실 또는 고의에 의한 것인지를 가리지 않고, 그 공무원이 「자동차손해배상보장법」 제 3 조 소정의 '자기를 위하여 자동차를 운행하는 자'에 해당하는 한 「자동차손해배상보장법」상의 손해배상책임을 부담한다. 원심이 인용한 제 1 심의 판시와 같이 피고가 위 사고당시 운전한 차량이 피고 개인 소유인 이상, 비록 이 사건 사고당시에 공무를 수행하기 위하여 위 차를 운행하였다고 하더라도 피고 개인이 자배법 제 3 조의 '운행자'라고 할 것이므로, 앞에서 본 공무원 개인책임에 관한 일반적 법리에 앞서 자배법이 우선하여 적용되는 결과, 그 사고가 경과실에 의한 것이건 고의, 중과실에 의한 것이건 피고 개인이 자배법 제 3 조 소정의 손해배상책임을 부담하게 된다(대판 1996.3.8, 94다23876).

이때의 공무원 개인의 배상책임은 민법에 근거한 경우와는 달리 고의 또는 과실의 경중을 묻지 않고 인정되는 것이므로, 가해 공무원의 고의나 과실의 경중을 기준으로 하여 공무원 개인의 배상책임의 인정여부를 검토하는 판례의 기준은 적용될 수 없다고 보아야 한다. 따라서 이때에 피해자는 공무원의 과실경중 등을 묻지 않고 선택적으로, 공무원에 대하여는 「자동차손해배상보장법」상의 책임을 주장할 수 있고, 국가에 대하여는 공무원의 고의 또는 과실을 입증하여 국가배상책임을 주장할 수 있게 될 것이다.

㈐ 관용차량인 경우   그러나 공무원이 국가 또는 지방자치단체 소유의 차량을 운행하다가 손해를 야기한 때에는, 이때의 자동차에 대한 운행지배나 운행이익은 운전한 공무원 개인이 아니라 그 공무원이 소속한 국가 또는 지방자치단체에 귀속된다고 할 것이다. 따라서 공무원 자신이 개인적으로 그 자동차에 대한 운행지배나 운행이익을 가지는 것이라고는 볼 수 없으므로, 공무원은 「자동차손해배상보장법」 제 3 조 소정의 손해배상책임의 주체가 될 수 없다고 보아야 한다. 이때에 피해자는 공무원에게는 민법상의 손해배상책임을 주장할 수 있고, 국가에 대해서는 「자동차손해배상보장법」상의 책임을 주장할 수 있다.

「자동차손해배상보장법」 제 3 조 소정의 "자기를 위하여 자동차를 운행하는 자"라고 함은 자동차에 대한 운행을 지배하여 그 이익을 향수하는 책임 주체로서의 지위에 있는 자를 뜻하는 것인바, 공무원이 그 직무를 집행하기 위하여 국가 또는 지방자치단체 소유의 관용차를 운행하는 경우, 그 자동차에 대한 운행지배나 운행이익은 그 공무원이 소속한 국가 또는 지방자치단체에 귀속된다고 할 것이고, 그 공무원 자신이 개인적으로 그 자동차에 대한 운행지배나 운행이익을 가지는 것이라고는 볼 수 없으므로, 그 공무원이 자기를 위하여 관용차를 운행하는 자로서 같은 법조 소정의 손해배상책임의 주체가 될 수 없다. 따라서 원심이 금산경찰서 경비과장에 지나지 않는 원고가 자기를 위하여 이 사건 자동차를 운행하는 자로서 위 사고로 인한 손해를 배상할 책임이 있다고 판단하였으니, 원심판결에는 「자동차손해배상보장법」이 규정하고 있는 손해배상책임의 주체에 관한 법리를 오해한 위법이 있다고 하지 않을 수 없다.

오히려 원심으로서는 더 나아가서 원고의 고의 또는 과실로 인하여 위 사고가 발생
한 것인지의 여부 등을 심리함으로써 원고 자신이 위 사고에 민법상의 불법행위로
인한 손해배상책임이나 그 외의 어떤 법률상 손해배상책임을 지게 되는 것인지의 여
부를 가려보았어야 할 것이다($^{대판\ 1992.2.25,}_{91다12356}$).

## Ⅲ. 손해배상청구의 절차

이에 관해서는 헌법 제29조 제1항에 의해 법률로 정하게 되며 「국가배상법」이
이를 정하고 있다.

### 1. 행정절차에 의한 경우

#### (1) 배상심의회와의 관계($^{국가배상}_{법\ 제9조}$)

국가 또는 지방자치단체에 대한 배상신청사건을 심의하기 위하여 배상심의회가
존재하지만($^{법\ 제}_{10조}$), 손해배상소송을 제기하기 위하여는 이러한 배상심의회를 반드시 거
칠 필요는 없다. 즉, 당사자는 배상심의회에 배상신청을 하지 않고도 이를 제기할 수
있다.

#### (2) 배상심의회 결정의 효력

종전에는 배상책임자가 국가인 경우에는 신청인의 동의시에, 배상책임자가 지방
자치단체인 때에는 지방자치단체가 신청인의 청구에 따라 배상금을 지급한 때에 「민
사소송법」규정에 의한 재판상의 화해가 이루어진 것으로 보았다($^{개정전}_{제16조}$). 그러나 동 조
문에 포함되고 있는 '신청인의 동의시에 민사소송법 규정에 의한 재판상의 화해가 성
립된 것으로 본다'는 부분은, 과잉입법금지원칙의 위반과 법관에 의한 재판을 받을 수
있는 기본권 침해로서, 헌법재판소에서 위헌으로 결정되었다.[50] 그리고 배상책임자가
지방자치단체인 경우도 동일한 이유에서 위헌의 소지가 존재하기에 법무부는 제16조
를 삭제하였다. 따라서 이제는 배상심의회 결정내용에 동의를 하거나 지방자치단체가
배상금을 지급하여도, 당사자는 자신의 의사를 번복하여 법원에 소송을 제기할 수 있
게 되었다.

### 2. 사법절차에 의한 경우

배상심의회의 결정에 불복하는 경우에는 일반적인 재판절차를 거치게 된다. 이에
는 국가배상청구 자체를 소송대상으로 하는 일반절차와 다른 소송제기에 배상청구소

---

50) 헌재 1995. 5. 25, 91헌가7.

송을 병합하는 특별절차의 방법이 있다.

### (1) 일반절차에 의한 경우

일반절차에 의하는 경우에는 전술한 바와 같이 국가배상청구권의 성질여하에 따라 소송유형이 상이하게 나타나게 된다. 공권설에 따르는 경우에는 행정소송으로서 공법상의 당사자소송에 의하게 된다. 이것이 다수의 견해이며 논거로서는 공법적 원인에 의하여 발생한 손해의 배상인 점을 든다. 그러나 사권설에 따르는 경우에는 민사소송에 의하게 되며, 판례가 이에 입각하고 있다. 국가배상청구소송에서도 일반적인 민사소송에서와 마찬가지로 가집행선고를 할 수 있다.

국가를 상대로 하는 재산권 청구소송에서( 배상금청구 소송도 포함 ) 다른 민사사건과는 달리 가집행 선고를 할 수 없게 하는 「소송촉진등에 관한 특례법」 제 6 조 제 1 항 단서는 헌법 제 11조 제 1 항 위반으로서 위헌이다( 헌재 1989.1.25, 88헌마1 ).

### (2) 특별절차에 의한 경우

이는 손해배상 청구소송을 당해 행정작용에 대한 취소소송과 병합하여 제기하는 것이다( 행정소송법 제10조 1항 ).

## Ⅳ. 손해배상청구권의 제한

### 1. 헌법에 의한 제한

행정상의 손해배상청구권은 헌법규정에 의하여 제한될 수 있다. 그 내용에는 일반적인 제한으로서 제37조 제 2 항에 의한 경우와 일정한 주체에 대하여 제한하는 제29조 제 2 항의 경우로 나눌 수 있다.

### (1) 제37조 제 2 항에 의한 경우

일반적인 기본권의 경우와 마찬가지로 국가배상청구권도 국가안전보장·질서유지·공공복리를 위하여 필요한 경우에 법률에 의하여 제한할 수 있다. 그러나 기본권제한 입법의 한계로서 인정되는 내용은 이때에도 준수되어야 한다. 따라서 이 권리의 본질적 내용은 침해할 수 없으며, 평등원칙·비례성의 원칙 등에 위배되어서는 안 된다.

### (2) 제29조 제 2 항에 의한 경우

헌법은 일정한 신분의 소유자, 즉 군인·군무원·경찰공무원 기타 법률이 정하는 자에(예컨대 향토<br>예비군대원) 대해서는 다른 법령에 의한 보상이 인정되고 있음을 이유로 국가배상청구권을 부정하고 있다. 이는 동일한 원인행위에 기한 이중배상을 금지하려는 취지에서 인정되는 것이라고 한다.「국가배상법」제2조 제1항 단서도 이를 구체화하고 있다. 그러나 이러한 규정내용은 다음의 점에서 비판되어야 한다.

우선 내용적인 면에서 이 경우에 군인·군무원 등이 직무집행과 관련하여 받은 손해에 대하여 본인이나 그 유가족 등이「군인연금법」,「국가유공자 등 예우 및 지원에 관한 법률」등에 의하여 받게 되는 재해보상금이나 유족연금·상이연금 등은 이러한 피해자의 생활을 배려하기 위한 사회보장적 성격을 갖는 것이므로, 직무상의 불법행위에 대한 국가 등의 책임을 의미하는 배상과는 그 성질이 다른 것이다. 따라서 양자는 그 성질에 있어서 서로 구별되는 것이므로 이중배상이 성립할 수 없다고 보아야 할 것이다. 따라서 이 규정은 일정한 주체에 대해서만 합리적인 차별 이유 없이 국가배상청구권을 배제하고 있는 것이 되어 결국 헌법 제11조의 평등원칙과의 충돌을 야기하게 된다. 현행 헌법 제29조 제2항이 규정되기 전에는 대법원도 같은 취지에서「국가배상법」제2조 제1항 단서가 위헌이라고 판시한 바 있다.51)

또한 이외에도 입법연혁에 있어서 현행 헌법 제29조 제2항이 규정된 배경은 특별한 이론적 근거에 기초된 것이 아니라,「국가배상법」제2조 제1항 단서에 대해 그간의 학설과 판례가 일관되게 위헌으로 주장한 데 대해 이러한 위헌논의를 봉쇄하기 위해 1972년의 소위 유신헌법에 의해 헌법으로 규정되게 된 것임을 간과할 수 없다. 현행 헌법 제29조 제2항이 규정된 이후로는 대법원도 부득불「국가배상법」제2조 제1항 단서가 규정형식상 헌법 제29조 제2항에 근거하게 되는 이상 이중배상금지의 차원에서 합헌이라고 결론짓고 있지만52) 실정법을 해석·적용할 수밖에 없는 사법부의 한계 때문이다.

다만 문제는 헌법이 스스로 규정하고 있는 내용을 다른 헌법규정에 위반한다는 이유로 위헌으로 평가할 수 있는가에 있다. 이러한 논리는 헌법규정 상호간의 우열을 전제로 한 경우에만 가능한 것이나, 헌법재판소는 이에 관해 헌법규정 상호간의 효력상의 차이를 부정하고, 이에 따라 헌법 제29조 제2항을 대상으로 한 헌법소원을 각하하고 있으며,「국가배상법」제2조 제1항 단서가 헌법 제29조에 위반되는 것이 아니라고 결정하고 있다.53)

그렇다면 방법은 입법론으로 해결할 수밖에 없을 것이다. 즉, 오늘날 더 이상 그 내용 면에 있어서나 입법연혁 면에 있어서나 정당성의 근거를 찾을 수 없는 헌법 제29조 제2항은 헌법개정을 통해 삭제하는 방법도 고려해 볼 만하다고 할 것이다. 다

---

51) 대판 1971. 6. 22, 70다1010.
52) 대판 2001. 2. 15, 96다42420.
53) 헌재 1995. 12. 28, 95헌바3.

만 개헌논의는 매우 다양한 정치적 이해관계의 대립을 전제하기 때문에 쉽게 달성할 수 없는 어려움이 있다. 따라서 헌법규정이 개정되기 전까지는 현실적으로 사회보장적 성격을 갖는 각종 보상금의 산정에 있어서 국가배상청구권의 행사의 경우와 동일한 결과가 야기되도록 실무와 판례가 노력하거나, 또는 「국가배상법」 제 2 조 제 1 항 단서의 구성요건을 엄격하게 제한적으로 해석함으로써 「국가배상법」상의 배상청구권 인정범위를 가급적 확대하려는 노력이 필요할 것이다.

그 대표적인 예로 대법원은 '경찰관이 숙직실에서 연탄가스로 순직한 사건에서 경찰관서의 숙직실이 「국가배상법」 제 2 조 제 1 항 단서에서 규정하고 있는 내용의 시설에 해당하지 않음을 이유로 하여 「공무원연금법」에 의한 순직연금 이외에 「국가배상법」에 의한 손해배상을 청구할 수 있다'고 결정하고 있으며, 또한 '군인 또는 경찰공무원으로서 교육훈련 또는 직무수행중 상이(공무상의 질병 포함)를 입고 전역 또는 퇴직한 자라고 하더라도, 「국가유공자 등 예우 및 지원에 관한 법률」에 의하여 국가보훈처장이 실시하는 신체검사에서 대통령령이 정하는 상이등급에 해당하는 신체의 장애를 입지 않은 것으로 판명된 자는 같은 법의 적용대상에서 제외되고, 따라서 그러한 자는 「국가배상법」 제 2 조 제 1 항 단서의 적용을 받지 않아 국가배상을 청구할 수 있으며, 설사 그가 같은 법 제72조의 3 제 2 항에 의하여 국가의료시설에서 가료를 받을 수 있다고 하더라도 달리 볼 것은 아니라고' 판시하였다.[54]

이러한 방향에서 「국가배상법」 제 2 조 제 1 항 단서의 구성요건이 2005. 7. 13. 개정되기도 하였다. 이에 따르면, 그동안 국가배상 대상에서 제외되어 불합리한 차별을 받아오던 경찰공무원 등의 보상체계를 부분적으로 개선하기 위하여, 「국가배상법」상의 직무관련 규정을 "전투·훈련 등 직무집행과 관련하여"로 헌법과 최대한 근접하게 수정하고, "국방 또는 치안유지의 목적상 사용하는 시설 및 자동차·함선·항공기·기타 운반기구 안에서"를 삭제하여, "전투·훈련 등 직무집행과 관련"한 경우에만 국가나 지방자치단체를 상대로 한 손해배상청구를 제한하고, 그 이외의 경우에는 배상청구를 가능하도록 하고 있다. 바람직한 입법적 개선이라 평가할 수 있다.

## 2. 특별법에 의한 제한

행정상의 손해배상청구권은 이에 관한 일반법인 「국가배상법」의 적용을 배제하는 특별법이 존재하는 경우에는 그 내용에 있어서 제한된다. 이에 해당하는 법률로는 「우편법」, 「전기통신사업법」 등을 들 수 있다. 이러한 행정작용은 국민에 대해 일정한 급부를 대량으로 반복해서 제공하는 성질을 갖는 것이므로 통상적인 행정작용의 경우와 구별되는 특성이 인정되는 것이다.

---

54) 대판 1979. 1. 30, 77다2389.

## 3. 공동불법행위로 인한 구상권문제

앞서 살펴본 「국가배상법」 제2조 제1항 단서에 의한 배상청구의 제한과도 관련 있는 문제로서 민간인과 직무집행중인 군인 등의 공동불법행위로 인하여 직무집행 중인 다른 군인 등이 피해를 입은 경우에, 민간인의 피해 군인 등에 대한 손해배상의 범위 및 민간인이 피해 군인 등에게 자신의 귀책부분을 넘어서 배상한 경우 국가 등에게 구상권을 행사할 수 있는지 여부에 대해서는 논란이 있다.

### (1) 구상권의 부인

이 문제에 대하여 대법원은 초기에 "헌법 제29조 제2항에 근거를 둔 「국가배상법」 제2조 제1항 단서의 규정은 군인, 군무원 등 위 규정에 열거된 자에 대하여 재해보상금, 유족연금, 상이연금 등 별도의 보상제도가 마련되어 있는 경우에는 이중배상의 금지를 위하여 이들의 국가에 대한 「국가배상법」상 또는 민법상의 손해배상청구권을 배제한 규정이므로, 국가와 공동불법행위책임이 있는 자가 피해자에게 그 배상채무를 변제하였음을 이유로 국가에 대하여 구상권을 행사하는 것도 허용되지 않는다"고 판시하여 구상권을 부인하였다.[55]

### (2) 헌법재판소의 한정위헌결정

그런데 이후 헌법재판소는 이 문제에 대하여 "「국가배상법」 제2조 제1항 단서 중 군인에 관련되는 부분을, 일반국민이 직무집행 중인 군인과의 공동불법행위로 직무집행 중인 다른 군인에게 공상을 입혀 그 피해자에게 공동의 불법행위로 인한 손해를 배상한 다음 공동불법행위자인 군인의 부담부분에 관하여 국가에 대하여 구상권을 행사하는 것을 허용하지 않는다고 해석한다면, 이는 위 단서 규정의 헌법상 근거규정인 헌법 제29조가 구상권의 행사를 배제하지 아니하는데도 이를 배제하는 것으로 해석하는 것으로서 합리적인 이유 없이 일반국민을 국가에 대하여 지나치게 차별하는 경우에 해당하므로 헌법 제11조, 제29조에 위반되며, 또한 국가에 대한 구상권은 헌법 제23조 제1항에 의하여 보장되는 재산권이고 위와 같은 해석은 그러한 재산권의 제한에 해당하며 재산권의 제한은 헌법 제37조 제2항에 의한 기본권제한의 한계 내에서만 가능한데, 위와 같은 해석은 헌법 제37조 제2항에 의하여 기본권을 제한할 때 요구되는 비례의 원칙에 위배하여 일반국민의 재산권을 과잉제한하는 경우에 해당하여 헌법 제23조 제1항 및 제37조 제2항에도 위반된다"고 판시하여 구상권을 부인하는 해석에 대하여 한정위헌결정을 하였다.[56]

---

55) 대판 1983. 6. 28, 83다카500.

## (3) 대법원 2001. 2. 15. 선고 96다42420 판결

위 헌법재판소 결정이 나온 후 이 문제에 관하여 대법원의 전원합의체 판결이 나왔는바, 이 판결 다수의견에서는 "헌법 제29조 제2항, 「국가배상법」 제2조 제1항 단서의 입법취지를 관철하기 위하여는, 「국가배상법」 제2조 제1항 단서가 적용되는 공무원의 직무상 불법행위로 인하여 직무집행과 관련하여 피해를 입은 군인 등에 대하여 위 불법행위에 관련된 일반국민($_{\text{"민간인"이라 한다}}^{\text{법인을 포함한다. 이하}}$)이 공동불법행위책임·사용자책임·자동차운행자책임 등에 의하여 그 손해를 자신의 귀책부분을 넘어서 배상한 경우에도, 국가 등은 피해 군인 등에 대한 국가배상책임을 면할 뿐만 아니라, 나아가 민간인에 대한 국가의 귀책비율에 따른 구상의무도 부담하지 않는다고 하여야 할 것이다. 위와 같은 경우에는 공동불법행위자 등이 부진정연대채무자로서 각자 피해자의 손해 전부를 배상할 의무를 부담하는 공동불법행위의 일반적인 경우와 달리 예외적으로 민간인은 피해 군인 등에 대하여 그 손해 중 국가 등이 민간인에 대한 구상의무를 부담한다면 그 내부적인 관계에서 부담하여야 할 부분을 제외한 나머지 자신의 부담부분에 한하여 손해배상의무를 부담하고, 한편 국가 등에 대하여는 그 귀책부분의 구상을 청구할 수 없다고 해석함이 상당하다 할 것이고, 이러한 해석이 손해의 공평·타당한 부담을 그 지도원리로 하는 손해배상제도의 이상에도 맞는다 할 것이다"라고 판시하여 일부 민간인의 부담범위를 축소하기는 하였지만 기본적으로 국가에 대한 구상권을 부인하는 기존의 입장을 유지하였다.

## (4) 사   견

기본적으로 「국가배상법」 제2조 제1항 단서의 배상청구제한 자체가 앞서 살펴본 바와 같이 타당하지 않음은 재론의 여지가 없으며, 나아가 그 연장선에서 자신의 귀책부분을 넘어서 배상한 민간인에게 구상권 행사를 원천적으로 봉쇄하는 것은 합리적인 이유를 찾기 어렵다고 할 것이다. 위 대법원 전원합의체판결의 반대의견에서 설시하는 바와 같이 만약 국가 등이 군인 등의 손해 전부를 배상한 민간인에 대한 구상의무까지 부담하지 않는다면, 국가 등은 공무원의 직무행위로 빚어지는 이익의 귀속주체로서 그 손해의 발생에 책임이 있는 경우에도 그 손해 중 민간인과의 관계에서 원래는 자신이 부담함이 마땅한 부분을 민간인에게 전가시킴으로써 재산상 불이익을 주게 되는 결과를 초래하고 이러한 결과는 공평과 재산권 보장의 정신에 반하는 문제를 안고 있다. 무엇보다 구상권을 부인하는 해석에 대해 한정위헌결정을 한 헌법재판소의 결정의 효력을 무력화하는 결과를 가져온다는 점에서도 구상권을 부인하는 대법원의 입장은 타당하지 않다고 본다.

---

56) 헌재 1994. 12. 29, 93헌바21(전원재판부).

# 제 3 절 공공시설 등의 설치·관리의 하자로 인한 손해배상책임

## Ⅰ. 의    의

### 1. 개념과 특징

「국가배상법」제 5 조는 제 1 항에서 "도로·하천, 그 밖의 공공의 영조물의 설치나 관리에 하자가 있기 때문에 타인에게 손해를 발생하게 하였을 때에는 국가나 지방자치단체는 그 손해를 배상하여야 한다. 이 경우 제 2 조 제 1 항 단서, 제 3 조 및 제 3 조의 2를 준용한다"라고 규정하고 있다. 이는 통상적으로 영조물의 하자로 인한 배상책임으로 논의되고 있다. 이는 그 내용에 있어서「국가배상법」제 2 조의 경우와는 달리 영조물로 인한 행정작용과 관련되는 것이며, 이 점에서 오히려 민법 제758조의 공작물책임에 유사한 성질을 갖는 것이다.

「국가배상법」제 5 조의 특징은 공공영조물의 설치·관리에 있어서의 하자를 요건으로 하는 무과실책임을 인정하고 있는 데 있다. 즉 국가나 지방자치단체는 영조물의 설치나 관리상의 하자가 있는 이상 관리자의 과실이 존재하지 않는 경우에도 손해배상책임을 부담하게 되는 것이다. 이는 국가나 지방자치단체가 물적 시설을 설치하여 국민의 이용에 제공하고 있는 이상, 그 안전성을 확보할 고도의 안전배려의무를 부담하는 것이라고 생각되어 엄격한 책임을 과하는 것이다.57)

### 2. 규범적 체계의 문제

「국가배상법」제 5 조는 규범적 체계에 있어서 논의를 필요로 한다. 즉 헌법은 제29조에서 공무원의 직무상 불법행위로 인한 배상청구권만을 규정하고 있으며, 영조물의 설치나 관리상의 하자로 인한 손해에 대해서는 규정을 두고 있지 않다. 따라서「국가배상법」제 5 조가 헌법 제29조와 어떠한 관계에 있는지가 문제된다.

이에 대해서는 입법자가 헌법 제29조 제 1 항을 넓게 해석하여 이러한 경우까지 국가배상법에서 규정하고 있는 것으로 이해된다는 견해가 주장된다.58) 그러나 그 내용이나 성질에 비추어 서로 상이한 헌법 제29조의 구성요건에 대한 설명이「국가배상법」제 5 조의 경우에도 적용될 수 있을지는 회의적이라고 보아야 할 것이다. 따라서 헌법 제29조의 구성요건을 설명하면서 이에「국가배상법」제 5 조를 같이 논하는 것은

---

57) 高田 敏(編著), 行政法, 1993, 318면.
58) 홍정선(상), 763면.

서로 부합하지 않는다고 본다.59)

생각건대 「국가배상법」제 5 조의 경우는 그 체계에 비추어 보아 일본의 법제에 영향을 받은 것으로 보인다. 즉 일본 헌법 제17조와 국가배상법 제 1 조는 공무원의 불법행위에 대한 배상책임을 규정하고 있는데 이는 우리 헌법 제29조와 「국가배상법」 제 2 조와 거의 동일한 내용이며, 일본 국가배상법 제 2 조에서는 우리의 「국가배상법」 제 5 조와 유사한 규정을 두고 있다. 일본에서의 설명에 의하면, 제 2 차대전 전에는 영조물의 하자로 인한 국가의 배상책임이 일본 민법 제717조($\frac{우리 민법}{제758조와 유사}$)의 적용에 의해 인정될 것인가와 관련하여 판례가 동요를 보이고 있었다고 한다. 그러나 전후에 국가배상법을 제정하면서 이미 그 사이에 특정사건을 계기로 하여($\frac{즉 德島 小學校}{遊動円棒사건}$) 민법 제717조의 적용이 인정되고 있던 영조물의 하자로 인한 국가의 배상책임을, 제 2 조를($\frac{우리의}{경우 제5조}$) 규정함으로써 명확히 하게 되었다고 한다.60)

생각건대 일본의 국가배상법 제 1 조($\frac{우리의}{경우 제2조}$)는 공무원의 직무집행상의 위법성을 원인으로 하는 배상책임문제를 규정하고 있는 것으로서 헌법 제17조와($\frac{우리의 경우}{제29조}$) 관련되는 데 반하여, 제 2 조는 영조물을 통한 비권력적 행정작용에 있어서의 배상책임문제를 규정하고 있는 것으로서 민법규정과의 관계에서 고찰되고 있는 것으로 보인다. 이에 비추어 볼 때에 우리의 경우에도 「국가배상법」제 5 조를 헌법 제29조와의 관계에서 확대해석 등의 논리로 설명하거나 또한 국가배상청구권이라는 기본권의 내용으로 설명하는 것은 타당하지 않으며, 오히려 민법 제758조와의 관계에서 논의되어야 하리라고 본다. 따라서 「국가배상법」제 5 조의 경우는 헌법적 차원의 권리인 기본권으로서 논의할 수 없고, 법률차원의 권리로서 이해되어야 할 것이다.

## Ⅱ. 배상책임의 요건

### 1. 공공의 영조물일 것

여기에서의 영조물은 일반적으로 행정주체가 직접적으로 공적 목적을 달성하기 위하여 제공한 유체물인 공물을 의미하는 것으로 이해되고 있으며, 민법 제758조의 대상인 공작물보다는 넓은 개념으로 보고 있다. 이때의 유체물의 개념은 개개의 물건뿐 아니라 물건의 집합체인 유체적 설비도 포함된다고 보며,61) 공물의 개념에는 도로나 하천과 같은 공공용물은 물론 행정기관의 청사와 같은 공용물도 포함된다. 또한

---

59) 이에 관해 헌법학자들은 「국가배상법」제 5 조의 경우도 헌법상의 국가배상청구권의 내용으로 논하고 있다(허영, 554면; 김철수, 581면; 구병삭, 637면).

60) 原田尙彦, 行政法要論, 2004, 282면; 小幡純子, 公の營造物の意義, 국가보상법대계 제 2 권, 1987, 170면.

61) 김남진·김연태(Ⅰ), 629면; 박윤흔(상), 707면.

부동산 이외에 동산($^{자동차, 항공기,}_{경찰견 등}$)도 포함되며, 인공공물($^{도로}_{등}$)뿐만 아니라 자연공물($^{하천,}_{해면 등}$)도 포함된다. 그러나 이때의 영조물은 이를 통한 직접적인 행정목적달성과 관련을 갖는 것이므로, 이와 무관한 국유 또는 공유재산은 이 개념에서 배제된다. 따라서 국유재산이나 공유재산 중의 일반재산 또는 잡종재산은 제외된다.

## 2. 설치 또는 관리에 하자가 있을 것

### (1) 설치 또는 관리상의 하자의 의미

이는 당해 영조물의 구조와 성질 등 물적 상태에 결함이 있어서 통상적으로 당해 시설이 가져야 하는 안전성을 결하는 것을 의미한다. 설치상의 하자는 당해 영조물이 그 성립 당시부터 원시적으로 안정성을 결하는 것을 말하는 것으로서, 당해 영조물의 건조 이전의 하자로서 설계상 또는 축조상의 하자가 해당한다. 이에 반해 관리상의 하자는 당해 시설이 건조된 후의 후발적인 하자를 의미하며, 이에는 유지·수선에 불완전한 점이 있는 경우가 해당한다. 그러나 피해자로서는 양 하자 중에 어느 한 하자를 주장하면 되므로 현실적인 구분의 실익은 별로 없다고 할 것이다.

### (2) 하자의 기준

그러나 하자의 기준을 어떻게 정할 것인가에 대해서는 주관설, 객관설, 절충설이 대립하고 있다. 특히 이는 관리자의 주의의무 위반이라는 주관적인 사유를 기준에 포함하여야 할 것인가와 관련하여 논의가 대립하는 것이다.[62]

#### 1) 학   설

(개) 주관설(또는 의무위반설[63])    이는 이때의 하자를 관리자의 영조물에 대한 안전확보의무나 사고방지의무 위반의 의미로 이해하는 견해이다. 일본의 일부 민법학자를 중심으로 하여 주장되고 있는 이 견해에 의하면, ㉠ 법문의 표현이 '영조물의 설치 또는 관리의 하자'라고 되어 있으므로 영조물 자체의 안전성을 결한 경우라고 해석하기보다는 영조물 관리자의 안전관리의무위반이라고 이해하는 것이 자연스러운 점, ㉡ 의무위반으로 해석하여 귀책사유와 연계하는 것이 불법행위의 통일적 해석을 위해 명확한 의미를 제공한다는 점, ㉢ 귀책사유를 관리자의 객관화된 관리의무위반에서 찾는 것이 「국가배상법」 제 5 조의 적용범위를 합리적으로 제한하는 기능을 하게 된다는 점 등의 논거를 주장한다.[64]

---

62) 이하의 설명은 原田尙彦, 행정법요론, 1994, 255면 이하를 참조함.
63) 우리나라의 이러한 하자기준 논의의 배경을 제공하고 있는 일본의 학설에 의하면, 우리나라에서 동일한 것으로 이해되고 있는 주관설과 의무위반설을 서로 다른 것으로 구분하는 견해도 존재한다(前田順司, 災害防御施設における 設置又は 管理の瑕疵の判斷基準, 국가보상법대계 제 2 권, 1987, 192면).
64) 우리나라에서는 김동희(Ⅰ), 585면.

(나) 객관설     이 견해는 이때의 하자를 '객관적으로 보아 국가나 지방자치단체가 관리가능한 범위에 있는 영조물이 통상 갖추고 있어야 할 안전성을 흠결하여 타인에게 위해를 발생할 가능성이 있는 상태'라고 이해한다. 이때에는 관리자의 과실의 존재는 필요하지 않은 것으로 본다. 따라서 하자의 존부는 당해 영조물의 구조·용법·장소적 환경 및 이용상황 등의 여러 사정을 종합적으로 고려하여 구체적·개별적으로 판단하게 된다. 물론 이때에 불가항력은 면책사유로 인정된다.65) 우리나라와 일본에서의 통설이다.

(다) 절충설     이 견해에서는 영조물 자체의 물적 결함 이외에 관리자의 안전관리의무 위반을 포함하여 하자를 이해한다. 이에 따르면 영조물의 설치·관리상의 하자란 '영조물관리자의 안전확보의무에 위반한 관리행위에 의하여 영조물에 물적 결함이 발생한 상태'를 의미하는 것으로 본다. 이에 따르면 물적 결함에 기인한 손해가 발생하여도 관리자측에 어떠한 의미의 안전확보의무 위반이 인정되지 않으면 배상책임을 묻지 않게 된다.

이에 따른 일본의 판례를 보면 도로관리자가 도로공사현장에 설치한 야간의 적색주의표식기둥이 넘어짐에 따라 발생한 교통사고에 대해서, 사고 직전에 당해 표지기둥이 다른 차의 잘못에 의해 넘어진 경우라면 이때에는 지체 없이 행정기관이 이를 복구하여 도로의 안전양호한 상태를 확보한다는 것을 기대한다는 것이 불가능하므로, 도로관리에 하자가 있다고 할 수 없다고 보고 있다.66) 또한 눈이 쌓여 도로의 동결로 인해 생긴 자동차의 사고에 대해서도 도로노면의 동결에 기인한 위험의 제거는 즉시 행해질 수 없는 것이므로 도로관리상의 하자를 부정하고 있다.67) 이에 반하여, 편도 1차선으로 도로교통법상 주차금지구역인 도로의 대부분을 차지한 채 불법주차되어 있던 차량을 5일간이나 방치한 경우에는 도로관리상의 하자가 있다고 결정하고 있다.68)

---

65) 100년 발생빈도의 강우량을 기준으로 책정된 계획홍수위를 초과하여 600년 또는 1,000년 발생빈도의 강우량에 의한 하천의 범람은 예측가능성 및 회피가능성이 없는 불가항력적인 재해로서 그 영조물의 관리청에게 책임을 물을 수 없다(대판 2003. 10. 23, 2001다48057).
66) 일본 최고재판소 1975년 6월 26일 판결.
67) 일본 최고재판소 1976년 6월 24일 판결.
68) 같은 취지의 우리 대법원 판례: 도로의 설치 또는 관리·보존상의 하자는 도로의 위치 등 장소적인 조건, 도로의 구조, 교통량, 사고시에 있어서의 교통 사정 등 도로의 이용 상황과 그 본래의 이용 목적 등 제반 사정과 물적 결함의 위치, 형상 등을 종합적으로 고려하여 사회통념에 따라 구체적으로 판단하여야 하는바, 도로의 설치 후 제3자의 행위에 의하여 그 본래의 목적인 통행상의 안전에 결함이 발생한 경우에는 도로에 그와 같은 결함이 있다는 것만으로 성급하게 도로의 보존상 하자를 인정하여서는 안되고, 당해 도로의 구조, 장소적 환경과 이용 상황 등 제반 사정을 종합하여 그와 같은 결함을 제거하여 원상으로 복구할 수 있는데도 이를 방치한 것인지 여부를 개별적·구체적으로 심리하여 하자의 유무를 판단하여야 한다. 편도 1차선으로 도로교통법상 주차금지구역인 도로의 75% 정도를 차지한 채 불법주차되어 있던 차량을 5일간이나 방치한 경우 도로관리상의 하자가 있다(대판 2002. 9. 27, 2002다15917).

2) 판례의 입장

대법원은 기본적으로 객관설을 따르고 있다고 볼 수 있다. 아래의 판례들은 그 대표적인 예이다.

[1] 국가배상법 제 5 조 제 1 항에서 정하여진 '영조물의 설치 또는 관리의 하자'라 함은 공공의 목적에 공여된 영조물이 그 용도에 따라 갖추어야 할 안전성을 갖추지 못한 상태에 있음을 말하고, 안전성을 갖추지 못한 상태, 즉 타인에게 위해를 끼칠 위험성이 있는 상태라 함은 당해 영조물을 구성하는 물적 시설 그 자체에 있는 물리적·외형적 흠결이나 불비로 인하여 그 이용자에게 위해를 끼칠 위험성이 있는 경우뿐만 아니라, 그 영조물이 공공의 목적에 이용됨에 있어 그 이용상태 및 정도가 일정한 한도를 초과하여 제 3 자에게 사회통념상 수인할 것이 기대되는 한도를 넘는 피해를 입히는 경우까지 포함된다고 보아야 한다(대판 2005.1.27, 2003다49566).

[2] 국가배상법 제 5 조 제 1 항에 정하여진 '영조물의 설치 또는 관리의 하자'라 함은 공공의 목적에 공여된 영조물이 그 용도에 따라 갖추어야 할 안전성을 갖추지 못한 상태에 있음을 말하고, 여기서 안전성을 갖추지 못한 상태, 즉 타인에게 위해를 끼칠 위험성이 있는 상태라 함은 당해 영조물을 구성하는 물적 시설 그 자체에 있는 물리적·외형적 흠결이나 불비로 인하여 그 이용자에게 위해를 끼칠 위험성이 있는 경우뿐만 아니라 그 영조물이 공공의 목적에 이용됨에 있어 그 이용상태 및 정도가 일정한 한도를 초과하여 제 3 자에게 사회통념상 참을 수 없는 피해를 입히는 경우까지 포함된다고 보아야 할 것이고, 사회통념상 참을 수 있는 피해인지의 여부는 그 영조물의 공공성, 피해의 내용과 정도, 이를 방지하기 위하여 노력한 정도 등을 종합적으로 고려하여 판단하여야 한다(대판 2004.3.12, 2002다14242).

그러나 판례는 기본적으로는 객관설에 따르고 있다고 볼 수 있지만 아래와 같이 주관설적 요소를 많이 가미한 판시들을 하고 있다는 점에서 변형된(수정된) 객관설로 평가되고 있다.

도로의 설치 또는 관리의 하자는 도로의 위치 등 장소적인 조건, 도로의 구조, 교통량, 사고시에 있어서의 교통사정 등 도로의 이용상황과 그 본래의 이용목적 등 제반 사정과 물적 결함의 위치, 형상 등을 종합적으로 고려하여 사회통념에 따라 구체적으로 판단하여야 할 것인바, 도로의 설치 후 제 3 자의 행위에 의하여 그 본래 목적인 통행상의 안전에 결함이 발생한 경우에는 도로에 그와 같은 결함이 있다는 것만으로 성급하게 도로의 보존상 하자를 인정하여서는 안 되고, 당해 도로의 구조, 장소적 환경과 이용상황 등 제반 사정을 종합하여 그와 같은 결함을 제거하여 원상으로 복구할 수 있는데도 이를 방치한 것인지 여부를 개별적, 구체적으로 심리하여 하자의 유무를 판단하여야 한다. 국도상에 U자형 쇠파이프가 번호미상 승용차 뒷타이어에 튕기어 피해자의 승용차 앞유리창을 뚫고 들어오는 바람에 사망한 경우에도, 그와 같은 쇠파이프가 위 도로에 떨어져 있었다면 일단 도로의 관리에 하자가 있는 것으로 볼 수 있으나, 사고 당일 09 : 57부터 10 : 08 사이($\binom{\text{사고 발생 33분}}{\text{내지 22분 전}}$)에 국가 운영의 과적차량 검문소 근무자 교대차량이 사고장소를 통과하였으나 위 쇠파이프를 발견하지 못하였고, 국가가 관리하는 넓은 국도상을 더 짧은 간격으로 일일이 순찰하면서 낙하물을 제거하는 것은 현실적으로 불가능하므로 국가에게 국가배상법 제 5 조 1항이 정하는 손해배상책임을 인정할 수 없다($\binom{\text{대판 1997.4.22.}}{\text{97다3194}}$).

### 3) 사  견

생각건대 이 학설대립의 논의에서 중요하게 검토되어야 하는 것은, 영조물의 하자이해와 관련되는 배상책임의 인정에서 갈등관계에 있을 수밖에 없는 '피해자의 권리구제의 확대'와 '국가의 배상책임의 적정한 한정'이라는 두 관점이 여하히 조화될 수 있는가 하는 것이다. 어느 한쪽의 이해관계만을 강조하는 입장은 따라서 타당성을 가질 수 없을 것이다.

(가) 주관설의 문제점    이 견해는 「국가배상법」 제 5 조의 해석에 있어서 관리자의 주관적 요소를 포함시킴으로써, 영조물로 인한 하자책임을 과실책임의 구조하에서 이해하려고 하므로 제 5 조의 기반이 되고 있는 무과실책임원리에 반하는 결과를 야기하게 된다. 물론 이러한 비판에 대해서는, 주관설에서 이야기하는 관리자의 안전확보의무를 객관화하여 높은 수준의 주의의무를 요구하게 되면, 제 5 조를 통한 당사자의 권리구제가능성을 방해하지 않으면서도 배상책임의 범위를 공정하게 한정하는 가능성이 생기게 된다고 보며, 이러한 입장에서 설치관리상의 하자의 의미를 '관리자의 객관화된 안전확보의무 위반에서 유래하는 공물의 물적 위험상태의 방치'라고 이해된다는 반론이 제기되기도 한다.[69] 그러나 이러한 주장을 따르더라도 생기는 문제는, 주관적인($\binom{\text{객관}}{\text{화된}}$) 관리의무를 요구함으로써 피해자의 권리구제의 범위가 다른 입장의 경우보다 제한하게 되어 당사자에게 불리하게 작용한다는 사실이다.

(나) 절충설의 문제점    절충설은 그 논거에 비추어 보아, 피해자의 권리구제의 측면보다는 국가배상책임의 범위가 지나치게 확장되는 것을 방지하기 위한 점에 그 특색이 있는 것으로 보인다. 이를 위하여 관리자로부터 통상적으로 기대불가능한 상황은 그 의무위반이 인정되지 않는 것이라는 주관적인 측면을 고려하게 된다. 따라서 이 견해가 자연재해로 인한 손해발생의 경우까지 포함하므로 국가책임의 범위를 무한정하게 확대할 수 있다는 비판은[70] 절충설의 내용에 대한 오해에 기인한 것으로 보인다. 그러나 이 견해에서 고려되고 있는 주관적인 사정은 사실상 배상책임을 배제하기 위한 논리로서 기대불가능성이 인정되는 경우에 해당하므로, 그 내용에 비추어 보아 넓은 의

---

69) 原田尙彥, 앞의 책, 259면.
70) 박윤흔(상), 711면.

미에서 불가항력에 해당하는 경우로 볼 수 있을 것이다.[71] 따라서 이러한 사정이 주관적 사유로 같이 고려되는 것이라면 이를 영조물의 하자기준에 관련되는 것으로서 포함하기보다는 일반적인 불가항력의 문제로서 고찰하는 것이 타당할 것이며, 결론적으로 주관적인 사유를 하자기준의 내용으로서 별도로 고찰할 필요성이 없게 될 것이다.

(다) 객관설의 검토    일반적 견해인 객관설은 그 방향에 있어서 가급적 피해자의 권리구제를 넓히려는 목적을 가지는 것이며, 이를 위해 관리자의 과실유무와 무관하게 배상책임을 인정하려는 것이다. 그러나 이때에도 국가의 배상책임의 범위가 무한정으로 확대되어서는 안 되며 적정한 범위에서 한정될 필요가 있게 된다. 이 문제는 이 학설에서 주장하는 '통상적으로 갖추어야 할 안전성'의 의미를 어떻게 이해하여야 하는가와 밀접한 관련을 갖게 된다. 일본에서의 판례에 의하면 이때의 안전성의 의미는, 넓게 인정하려는 입장과 평균적으로 이해하려는 두 가지 경향으로 그 내용이 이해되고 있다고 한다.

① 안전성의 의미를 넓게 인정하는 입장    이는 도로사고나 어린이 유희시설 등의 사고에 관한 일본 하급심판례와 도로피해에 관한 최고재판소의 판례에서 많이 나타나는 것으로서, 그 의미를 사고를 야기한 영조물 자체에 본래 구비하고 있어야 할 안전성을 의미하는 것으로 이해하는 것이다. 이에 따르면 특정 영조물로부터 피해가 발생한 경우에, 당해 사고의 회피를 위해서 필요한 물적 시설대책과 관리의 현실적인 가능성을, 당해 사고를 야기한 영조물을 대상으로 하여 비판적으로 검토한다고 한다. 따라서 이러한 입장에서는 영조물의 물적 결함을 인정하기 위하여 사고발생이 그 당시에 예측가능하였는지, 그리고 이를 위해 물적 회피조치를 취하였어야 하는지를 피해자구제의 입장에서 검토하게 된다. 이 입장은 이로 인해 비교적 높은 수준의 안전기준을 행정기관에게 요구하게 되며, 배상책임의 인정을 통해 영조물관리상황의 개선을 유도하는 측면도 갖게 된다고 한다. 오늘날 영조물의 물적 결함의 의미를 다소 확장하여 영조물의 사회적·기능적 하자도 이에 포함하여 이해하는 경향도 이에 해당한

[71] 이를 일본에서는 시간적·장소적 불가항력의 개념으로 이해한다(이동원, "고속도로상의 장애물과 도로보존의 하자", 형평과 정의, 제11집, 1997, 120면 참조). 같은 취지의 판례 : 국가배상법 제5조 1항에 정해진 영조물의 설치 또는 관리의 하자라 함은 영조물이 그 용도에 따라 통상 갖추어야 할 안전성을 갖추지 못한 상태에 있음을 말하는 것이며, 다만 영조물이 완전무결한 상태에 있지 아니하고 그 기능상 어떠한 결함이 있다는 것만으로 영조물의 설치 또는 관리에 하자가 있다고 할 수 없는 것이고, 위와 같은 안전성의 구비 여부를 판단함에 있어서는 당해 영조물의 용도, 그 설치장소의 현황 및 이용 상황 등 제반 사정을 종합적으로 고려하여 설치·관리자가 그 영조물의 위험성에 비례하여 사회통념상 일반적으로 요구되는 정도의 방호조치의무를 다하였는지 여부를 그 기준으로 삼아야 하며, 만일 객관적으로 보아 시간적·장소적으로 영조물의 기능상 결함으로 인한 손해발생의 예견가능성과 회피가능성이 없는 경우 즉 그 영조물의 결함이 영조물의 설치·관리자의 관리행위가 미칠 수 없는 상황 아래에 있는 경우임이 입증되는 경우라면 영조물의 설치·관리상의 하자를 인정할 수 없다(대판 2001. 7. 27, 2000다56822).

다고 볼 수 있는데, 이에 따르면 영조물이 평상의 상태로 작동하고 있는 경우에 이로 인해 주변 거주자 등에게 피해를 야기한 경우에도 배상책임을 인정하고 있다.

일본의 판례에 의하면, 국영공장의 불완전한 배수시설로 인해 공장폐수가 방출되어 하천 하류의 논에 피해를 준 경우나,72) 공항에 이착륙하는 비행기 소음으로 인해 주변 주민에게 생긴 손해에 대해서 이를 공항시설의 흠결에 기인한 것으로 이해하여 배상책임을 인정하고 있다.73)

우리나라의 판례도 최근 비행기 소음으로 인한 국가배상책임을 넓게 인정하는 경향을 보이고 있다.

> 원심이 설령 피고가 김포공항을 설치·관리함에 있어 항공법령에 따른 항공기 소음기준 및 소음대책을 준수하려는 노력을 경주하였다고 하더라도, 김포공항이 항공기 운항이라는 공공의 목적에 이용됨에 있어 그와 관련하여 배출하는 소음 등의 침해가 인근 주민인 선정자들에게 통상의 수인한도를 넘는 피해를 발생하게 하였다면 김포공항의 설치·관리상에 하자가 있다고 보아야 할 것이라고 전제한 다음, 그 판시와 같은 여러 사정을 종합적으로 고려하면 이 사건 김포공항 주변지역의 소음과 관련하여서는 항공법시행규칙 제271조상의 공항소음피해예상지역(제3종구역)으로 분류되는 지역 중 85 WECPNL 이상의 소음이 발생하는 경우에는 사회생활상 통상의 수인한도를 넘는 것으로서 위법성을 띠는 것으로 봄이 상당하다고 할 것인데, 이 사건 선정자들의 거주지역이 이에 해당하므로 김포공항을 설치·관리하는 국가는 이에 대하여 손해를 배상할 책임이 있다고 한 결정은 타당하다(대판 2005.1.27, 2003다49566).

② 안전성의 의미를 평균적으로 이해하는 입장  이에 반해 다른 입장에서는 '통상적으로 갖추어야 할 안전성'의 개념을 도로이면 도로, 하천이면 하천 등 당해 종류의 영조물에 대하여 현상에 있어서 갖추고 있다고 인정되는 정도의 평균적 안전성을 말하는 것으로 이해한다. 이 입장에 따르게 되면 당해 종류의 영조물의 안전관리를 현실적으로 제약하는 여러 요인들(예컨대 사회적·재정적·토목기술적 제약 등)도 중시하여 반영하게 된다. 이로 인해 피해자의 구제에 불이익하게 작용하게 되고, 도시생활 환경정비에 대한 행정의 적극적인 작위책임의 범위를 좁게 이해하는 결과를 가져오게 된다.

이에 따른 대표적인 일본의 최고재판소 판례로서는 1984년 1월 26일의 大東水害訴訟판결을 들 수 있다. 이에 따르면 하천관리의 하자 유무는 일본의 하천관리의 특질에서 유래하는 재정적·기술적·사회적 제약하에서 보아, 동종·동규모인 다른 하천의 일반적 수준 및 사회적 통념에 비추어 시인되는 정도의 안전성을 갖추고 있는가를 기준으로 하여 판단하게 된다고 한다. 판례는 일본의 하천관리의 일반적 수준은 '통상예

---

72) 일본 최고재판소 1968년 4월 23일 판결.
73) 일본 최고재판소 1981년 12월 16일 판결.

측되는 재해'에 대해서 충분히 대비하는 정도를 갖추면 되는 '과도적 안전성'을 갖추고 있는 정도로 이해되고 있다고 보며, 따라서 이러한 과도적 안전성에 못미치는 하천관리상황에서 수해가 발생한 경우에는 영조물책임이 성립하지만, 과도적 안전성을 갖추고 있다고 인정되는 하천관리 상황에서 수해가 발생한 경우에는 하자의 존재가 부정된다고 본다. 동 재판소는 판결을 통해 문제가 된 大東水害사건에서의 하천인 谷細川이 이러한 정도의 수준의 안전성을 갖추고 있는 것이기에 영조물책임을 부정하였다.

우리 대법원도 같은 입장에서 하천의 관리상 하자에 대해 다른 영조물과는 다른 하천관리행위의 특성을 반영한 논리를 전개하고 있다.

> 자연영조물로서의 하천은 원래 이를 설치할 것인지 여부에 대한 선택의 여지가 없고, 위험을 내포한 상태에서 자연적으로 존재하고 있으며, 간단한 방법으로 위험상태를 제거할 수 없는 경우가 많고, 유수라고 하는 자연현상을 대상으로 하면서도 그 유수의 원천인 강우의 규모, 범위, 발생시기 등의 예측이나 홍수의 발생 작용 등의 예측이 곤란하고, 실제로 홍수가 어떤 작용을 하는지는 실험에 의한 파악이 거의 불가능하고 실제 홍수에 의하여 파악할 수밖에 없어 결국 과거의 홍수 경험을 토대로 하천관리를 할 수밖에 없는 특질이 있고, 또 국가나 하천관리청이 목표로 하는 하천의 개수작업을 완성함에 있어서는 막대한 예산을 필요로 하고, 대규모 공사가 되어 이를 완공하는 데 장기간이 소요되며, 치수의 수단은 강우의 특성과 하천 유역의 특성에 의하여 정해지는 것이므로 그 특성에 맞는 방법을 찾아내는 것은 오랜 경험이 필요하고 또 기상의 변화에 따라 최신의 과학기술에 의한 방법이 효용이 없을 수도 있는 등 그 관리상의 특수성도 있으므로 이와 같은 관리상의 특질과 특수성을 감안한다면, 하천의 관리청이 관계 규정에 따라 설정한 계획홍수위를 변경시켜야 할 사정이 생기는 등 특별한 사정이 없는 한, 이미 존재하는 하천의 제방이 계획홍수위를 넘고 있다면 그 하천은 용도에 따라 통상 갖추어야 할 안전성을 갖추고 있다고 보아야 하고, 그와 같은 하천이 그 후 새로운 하천시설을 설치할 때 기준으로 삼기 위하여 제정한 '하천시설기준'이 정한 여유고를 확보하지 못하고 있다는 사정만으로 바로 안전성이 결여된 하자가 있다고 볼 수는 없다. 따라서 100년 발생빈도의 강우량을 기준으로 책정된 계획홍수위를 초과하여 600년 또는 1,000년 발생빈도의 강우량에 의한 하천의 범람은 예측가능성 및 회피가능성이 없는 불가항력적인 재해로서, 그 영조물의 관리청에게 책임을 물을 수 없다(대판 2003.10.23,<br>2001다48057,).

③ 소 결 결국 객관설은 영조물 자체의 물적 결함상태의 존재여부에서만 그 하자유무를 찾는 것이지만, 배상책임의 인정에 있어서는 개별적인 사정에 따라 물적 결함인정의 내용이 상이하게 나타나게 된다. 이는 경우에 따라서는 배상책임의 인정을 통해 국가의 영조물관리상태를 강화하려는 정책적인 측면도 고려되는 양상으로 나타나게 된다. 그러나 다양한 이해관계를 적절하게 조정하는 기능을 하는 불법행위책

임의 한 유형으로서의 국가배상책임의 인정을 통해 영조물관리의 강화라는 행정목적을 추구하는 것은 바람직하지 않다고 생각한다. 이러한 행정목적은 다른 방법을 통해 정치적으로 해결되는 것이 바람직하며, 손해배상법 체계의 과제나 기능차원에서 논의될 수 없다고 본다. 따라서 객관설을 따라 영조물의 설치나 관리상의 하자의 의미를 '통상적으로 영조물이 갖추어야 할 안전성'을 그 기준으로 한다고 하더라도 국가배상책임의 확장을 적정한 선에서 제한하기 위해서는, 그 의미를 문제가 되는 영조물의 평균적인 안전성의 경우로 이해하는 것이 타당하다고 본다. 이러한 의미에서 대법원도 '상대적 안전성'의 용어를 사용하고 있는 것으로 보인다.

> 국가배상법 제 5 조 제 1 항에 정하여진 '영조물 설치·관리상의 하자'라 함은 공공의 목적에 공여된 영조물이 그 용도에 따라 통상 갖추어야 할 안전성을 갖추지 못한 상태에 있음을 말하는바, 영조물의 설치 및 관리에 있어서 항상 완전무결한 상태를 유지할 정도의 고도의 안전성을 갖추지 아니하였다고 하여 영조물의 설치 또는 관리에 하자가 있다고 단정할 수 없는 것이고, 영조물의 설치자 또는 관리자에게 부과되는 방호조치의무는 영조물의 위험성에 비례하여 사회통념상 일반적으로 요구되는 정도의 것을 의미하므로 영조물인 도로의 경우도 다른 생활필수시설과의 관계나 그것을 설치하고 관리하는 주체의 재정적·인적·물적 제약 등을 고려하여 그것을 이용하는 자의 상식적이고 질서 있는 이용방법을 기대한 '상대적인 안전성'을 갖추는 것으로 족하다. 따라서 고속도로가 사고지점에 이르러 다소 굽어져 있으나, 사고 지점의 차선 밖에 폭 3m의 갓길이 있을 뿐 아니라, 사고 지점 도로변에 야간에 도로의 형태를 식별할 수 있게 하는 시설물들이 기준에 따라 설치되어 있는 경우, 도로의 관리자로서는 야간에 차량의 운전자가 사고 지점의 도로에 이르러 차선을 따라 회전하지 못하고 차선을 벗어난 후 갓길마저 지나쳐 도로변에 설치되어 있는 방음벽을 들이받은 사고를 일으킨다고 하는 것은 통상 예측하기 어려우므로, 도로의 관리자가 그러한 사고에 대비하여 도로변에 야간에 도로의 형태를 식별할 수 있는 시설물들을 더 많이 설치하지 않고, 방음벽에 충격방지시설을 갖추지 아니하였다고 하여 사고 지점 도로의 설치 또는 관리에 하자가 있다고 볼 수 없다(대판 2002.8.23., 2002다9158.).

이때에는 일반적으로 인정되는 바와 같이 결과회피가능성이나 예측가능성이 없는 천재에 의한 불가항력일 경우에는 당연히 면책되나, 국가의 재정적 제약상황과 관련되는 경우에는 이것이 비록 면책사유로서는 인정될 수 없다고 하더라도 배상책임의 범위에 있어서 고려되어야 할 사유에 해당한다고 보아야 할 것이다. 후자의 경우까지 엄격한 내용으로 국가의 배상책임을 인정함으로써 국가예산에 의한 재정지원강화를 도모하거나 압력을 행사하는 것은 손해배상책임의 체계하에서는 바람직하지 않으며, 반대로 이를 일본의 판례의 내용대로 면책된다고 보는 것은 현재 불충분하게 되어 있는 영조물 개수예산(改修豫算)을 법적으로 추인하게 되며 그로 인한 모든 법적 결과

에서 면책하게 되는 결과를 야기하게 되어 바람직하지 않을 것이다.[74]

### (3) 하자의 입증책임

이에 대해서는 불법행위책임의 일반적 이론에 의해 원고가 부담하는 것이 원칙이나, 피해자의 권리구제차원에서 일응추정의 이론의 적용하에 피해자는 개연성만 입증하도록 하고, 국가측에서 영조물관리자로서의 하자가 존재하지 않음을 입증하도록 하는 것이 타당할 것이라는 주장이 다수 견해로서 제기되고 있다.[75]

## 3. 타인에게 손해를 발생하게 하였을 것

### (1) 타인의 범위

이에는 공무원도 피해자의 범위에 포함되나, 군인 등의 일정한 공무원에 대해서는 「국가배상법」 제 2 조의 경우와 마찬가지로 특례가 인정되고 있다(국가배상법 제5조 1항 후단, 제2조 1항 단서).

### (2) 손해의 발생

영조물의 설치, 관리상의 하자와 손해발생 사이에는 상당인과관계의 존재가 필요하며, 이에 대한 입증책임은 원고인 피해자가 부담한다.

## 4. 「국가배상법」 제 2 조와 제 5 조의 경합의 경우

제2조와 제5조에 따른 책임이 서로 경합하여 피해가 발생한 경우에 피해자에게는 선택적 청구권이 인정될 수 있는지에 대해서 의견이 갈리고 있다.

제2조에 의한 직무행위의 범위에 관하여 다수설 및 판례는 앞서 본 바와 같이 광의설을 취하여 권력작용뿐 아니라 비권력작용도 포함된다고 보면서도, 그러한 직무행위 중 영조물의 설치·관리작용은 제5조에 별도의 규정이 있으므로 제외된다고 보아 영조물의 설치·관리작용과 관련해서는 제2조와 제5조의 경합을 인정하지 않는다.

그러나 제5조는 직무행위로서의 영조물의 설치·관리작용으로 인한 손해를 전보하려는 것이 아니라 그러한 작용으로 인하여 생긴 영조물의 물적 결함에 기인한 손해를 전보하려는 것이다. 따라서 관리자의 주관적 귀책사유를 요구하지 않는 객관설의

---

74) 객관설을 따르는 경우에 예산부족의 사유가 국가의 배상책임을 당연히 면책하는 것이 아니고 참작의 사유에 해당한다는 논리는 우리의 판례에서도 나타나고 있으며(대판 1967. 2. 21, 66다1723), 앞에서 설명한 일본 판례인 大東水害사건에 대한 비판이 적지 않다는 것에 비추어도(兼子 仁외, 앞의 책, 215면; 高田 敏(編著), 행정법, 322면) 인정될 수 있다. 또한 특히 도로피해에 관련한 일본 최고재판소의 판례는(1970년 8월 20일 판결) 도로의 설치나 관리상의 하자의 인정기준과 관련하여 '통상 갖추어야 할 안전성'·'무과실책임'·'예산항변의 배척'의 3원칙을 제시하고 있다.

75) 김도창(상), 642면; 김남진·김연태(Ⅰ), 634면; 박윤흔(상), 714면; 석종현·송동수(상), 672면; 한견우(Ⅰ), 665면.

입장에 서는 한, 관리자의 관리의무위반으로 인한 손해가 발생한 경우에는 별도로 제2조의 요건충족 여부도 검토하는 것이 수미일관한 결론에 이르는 것이 될 것이다. 이에 해당하는 예로서는 운전사의 과실과 영조물 자체의($^{예:관용차,}_{항공기 등}$) 물적 결함이 결합하여 손해가 발생한 경우를 들 수 있다.

　　**국가의 철도운행사업과 관련하여 발생한 사고로 인한 손해배상청구에 관하여 적용될 법규(공무원의 직무상 과실을 원인으로 한 경우=민법, 영조물 설치·관리의 하자를 원인으로 한 경우=국가배상법)**　　국가 또는 지방자치단체라 할지라도 공권력의 행사가 아니고 단순한 사경제의 주체로 활동하였을 경우에는 그 손해배상책임에 국가배상법이 적용될 수 없고 민법상의 사용자책임 등이 인정되는 것이고 국가의 철도운행사업은 국가가 공권력의 행사로서 하는 것이 아니고 사경제적 작용이라 할 것이므로, 이로 인한 사고에 공무원이 간여하였다고 하더라도 국가배상법을 적용할 것이 아니고 일반 민법의 규정에 따라야 하므로, 국가배상법상의 배상전치절차를 거칠 필요가 없으나, 공공의 영조물인 철도시설물의 설치 또는 관리의 하자로 인한 불법행위를 원인으로 하여 국가에 대하여 손해배상청구를 하는 경우에는 국가배상법이 적용되므로 배상전치절차를 거쳐야 한다(철도청 소속 공무원의 직무상 과실에 의한 불법행위 및 국가가 설치·관리하는 수원역 대합실과 승강장의 설치·관리상의 하자로 인한 손해배상을 구하는 원고들의 청구에 대하여 공무원의 직무상 과실에 의한 불법행위를 원인으로 한 손해배상청구에 관한 부분은 민법에 따라야 할 것으로서 국가배상법의 적용범위에 관한 법리를 오해하여 판결 결과에 영향을 미친 위법이 있다고 보았고, 영조물 설치·관리의 하자를 원인으로 한 손해배상청구에 관한 부분은 국가배상법의 법리상 정당하다고 보아 원심의 논지가 일부 이유 있다고 본 사례)($^{대판\ 1999.6.22,}_{99다7008}$).

## Ⅲ. 배상책임

### 1. 배상책임의 성질

이때의 배상책임은 민법 제758조의 경우와는 달리 그 대상에 있어서 공작물에 한정되지 않으며, 국가 등의 면책주장이 인정되지 않는다는 점에서 차이를 나타낸다. 이는 다수견해에 따르면 무과실책임으로서 인정되므로 관리자인 국가나 지방자치단체의 고의나 과실을 필요로 하지 않게 되나, 다른 견해에 의하면76) 과실책임의 구조하에서 이해되고 있다.

### 2. 배상책임자

원칙적으로 국가 또는 지방자치단체가 배상책임자가 되며($^{법\ 제5조}_{1항}$), 설치·관리를

---

76) 김동희(Ⅰ), 582면.

맡은 자와 그 비용을 부담하는 자가 서로 다른 때에는 비용부담자도 배상책임자에 해당한다(법 제6조). 따라서 피해자는 선택적 청구권을 행사할 수 있게 된다. 그 배상액에 대해서는 「국가배상법」 제 5 조에 의해 제 3 조가 준용되고 있다.

### 3. 구 상 권

설치·관리자와 비용부담자가 다른 경우에 피해자에게 손해를 배상한 자는 내부관계에서 손해를 배상할 책임이 있는 자(주로 설치 관리자)에게도 구상이 가능하다. 또한 손해의 원인을 제공한 자가 따로 있는 경우(도로의 파손자 부실공사자 등)에는 배상을 행한 국가 등은 이에 대해서 구상할 수 있다(법 제5조 2항).

### Ⅳ. 손해배상의 청구절차

이때의 손해배상 청구절차는 공무원의 직무상 불법행위로 인한 경우와 동일한 절차에 의하여 행해진다. 따라서 배상소송제기는 배상심의회를 거칠 필요 없이 바로 법원에 제기할 수 있다.

## 제 4 절  「국가배상법」 제 6 조의 법적 문제

### Ⅰ. 의    의

공무원이 직무를 수행하거나 영조물의 설치 또는 관리상의 하자로 제 3 자에게 피해가 발생한 때에는, 원칙적으로 국가 또는 지방자치단체가 배상책임자가 된다(국가배상법 제2조 1항, 제5조 1항). 그러나 공무원이 위임받은 사무를 처리하는 과정에서 제 3 자에게 피해가 발생하게 된 때에는, 피해자는 당해 공무원을 선임·감독하는 자와 위임사무의 위임주체라는 두 당사자와 법률관계에 있게 된다. 따라서 누구를 상대방으로 하여 손해배상을 청구할 수 있는가가 문제로 된다.

「국가배상법」 제 6 조 제 1 항은 이와 관련하여, 국가 또는 지방자치단체의 배상책임이 인정될 때에, "공무원의 선임·감독 또는 영조물의 설치·관리를 맡은 자와 공무원의 봉급·급여 기타의 비용 또는 영조물의 설치·관리의 비용을 부담하는 자가 동일하지 아니하는 경우에는 그 비용을 부담하는 자도 손해를 배상하여야 한다"고 규정하고 있다. 이 규정을 통하여 피해자는 가해자를 확정하는 어려움을 피하고 용이하게 손해배상을 청구할 수 있게 된다. 그러나 이때의 '선임·감독자'의 의미와 '공무원의 봉급·급여 기타의 비용부담자'의 의미는 매우 불명확한 개념이다. 따라서 이때에 제 6 조 제 1 항에서 말하고 있는 이른바 '비용부담자'의 개념이 무엇을 의미하는가에 대한 검토가 필요하게 된다.

또한 「국가배상법」 제 6 조 제 2 항은, "동법 제 6 조 제 1 항에 의하여 손해를 배상한 자는 그 내부관계에서 손해배상의 책임이 있는 자에게 구상할 수 있다"고 규정함으로써 궁극적인 배상책임자에 대한 구상문제를 규정하고 있다. 그러나 이때에 구상의 상대방이 누구인지를 입법적으로 명시하고 있지 않아, '내부관계에서 손해배상의 책임이 있는 자'가 누구를 의미하는가에 대하여도 검토가 필요하게 된다.

## II. 「국가배상법」 제 6 조 제 1 항의 비용부담자

### 1. 문제의 소재

동법 제 6 조 제 1 항상의 '비용부담자' 개념의 범위를 어떻게 이해할 것인가를 파악하기 위하여는 제 6 조 제 1 항에서 대상이 되고 있는 상황을 우선 염두에 둘 필요가 있다. 즉 동 규정은 입법연혁적으로 일본의 국가배상법 제 3 조를 계수한 것이고, 이 규정은 일본에서는 지방자치단체가 수행하는 국가의 위임사무 과정에서 손해가 발생한 경우에 피해자의 권리구제상의 편의를 위하여 제정된 것이라고 한다. 따라서 우리나라에서의 논의를 제대로 이해하기 위하여는 일본법의 제정배경과 문제점을 검토하는 것도 필요하게 된다.

#### (1) 일본에서의 입법배경[77]

일본의 국가배상법 제 3 조 제 1 항은 2차대전 전의 관영공비사업(官營公費事業)[78] 수행중의 손해배상문제에 관한 일본의 판례와 학설의 불일치의 혼란을 입법적으로 해결하기 위한 입법목적을 갖는 것으로 평가되고 있다. 즉 지방자치단체의 비용부담으로 지방자치단체 소속 공무원이 국가 등의 사무를 수행하는 과정에서 발생한 제 3 자에 대한 손해배상을 누가 하여야 하는가 또는 피해자는 누구를 대상으로 하여 손해배상을 청구할 것인가의 문제에 대해, 종전의 입장은 통일적이지 못하였다고 한다. 일본에서는 이 문제에 대해 이른바 학설상으로 관리자설과 비용부담자설이 대립하고, 판례도 통일적이지 못하여 원고가 피고를 특정하는 문제가 용이하지 않았다고 한다.

---

77) 宇賀克也, 費用者負擔, ジュリスト, 993호, 165면 이하.

78) 이는 국가의 재산을 국가 스스로 또는 (기관위임의 형식으로)지방자치단체의 장이 관리하고, 그 소요비용의 전부나 일부를 당해 지방자치단체의 비용부담으로 하는 사업을 말한다. 일본에서는 주로 개별적인 인·허가사무 외에 小學校, 道路나 河川의 관리사무가 그 대상이 되고 있다(鹽野 宏, 行政法(II), 1994, 270면 참조).

이른바 관리자설은 그 논거로서, 손해배상청구는 사람의 행위에 대한 책임을 묻는 것이므로, 비용을 부담하고 있다는 것과 발생한 하자 사이에는 직접적인 관계가 없다고 보아야 하며, 따라서 관리자가 그 배상책임을 부담하여야 한다는 것이다. 이 견해는 일본에서는 실무가들 사이에서 많은 지지를 얻고 있었다고 한다.

이에 반해 비용부담자설은 그 논거로서, 공기업주체와 경제적 사업주체를 구분하여 손해배상책임을 부담하는 자는 당해 사업의 주체인 경제적 사업주체라고 보며, 따라서 사업수행의 비용을 부담하는 경제적 사업주체가 배상책임자라고 보는 것이다. 이 견해가 일본 학계의 다수견해이었다고 한다.

### (2) 입법취지 및 주요내용

#### 1) 입법취지

일본에서의 국가배상법 제3조 제1항은 의회에서의 논란을 거듭한 후에[79] 오늘날과 같은 표현으로 정착되었는데, 그 취지로는 기존의 관리자설과 비용부담자설의 대립으로 인한 피해자 권리구제의 어려움을 제거하기 위하여 관리자와 비용부담자 누구든지 대상으로 할 수 있도록 하였다고 한다.[80] 이때에 최종적인 비용부담자가 누구인가라는 내부관계의 문제는 제3조 제2항(우리나라의 경우는 제6조 2항)에 의하여 해결되는 것으로 처리하였다.

#### 2) 일본 국가배상법 제3조의 배상책임자

이 규정에 따른 배상책임자는 공무원의 행위로 인한 경우와 영조물의 하자로 인한 경우로 나누어 고찰할 수 있다.

㈎ 공무원의 행위로 인한 경우　　이때에는 공무원의 선임·감독을 맡은 자와 봉급·급여 기타의 비용을 부담하는 자가 모두 배상책임자가 된다. 이때의 선임·감독자의 개념은 그 내용을 확정하는 것이 용이하지 않으며, 매우 다의적이다. 예컨대 시장 또는 군수가 국가의 기관위임사무를 수행하고 있다면, 시장 또는 군수에 대한 검토가능한 선임·감독자는 당해 시장 또는 군수의 신분상의 선임주체인 시 또는 군인가 아니면, 직무상의 감독권자인 도지사 또는 주무부장관(축가)인가가 논의될 수 있다. 일본에서의 견해는, 이때의 공무원의 선임·감독자는 공무원의 신분상의 선임·감독자 뿐 아니라 직무상의 지휘·감독권자도 포함하는 개념으로 이해하고 있다. 따라서 그 범위가 매우 넓게 인정되고 있다. 그러나 국가의 기관위임사무를 수행하는 과정에서 지방자치단체의 공무원이 가해자가 되는 경우에는 당해 공무원의 선임·감독자는 당해 지방자치단체가 된다.[81]

---

79) 이에 대한 상세는 宇賀克也, 費用者負擔, ヅュリスト, 993호, 166면 참조.

80) 그러나 이 규정에 따르면, 피해자가 청구할 수 있는 배상청구의 상대방이 다양하게 나타나기 때문에 손해배상의 상대방을 명확하게 한다는 원래의 입법의도는 달성하지 못하고 있다고 평가되고 있다. 이에 대해서는 芝池義一, 行政救濟法講義, 1995, 269면 참조.

(내) 영조물의 하자로 인한 경우    이때에는 영조물의 설치·관리를 맡은 자 외에도 영조물의 설치·관리의 비용을 부담하는 자도 손해배상책임을 진다. 이때의 '영조물의 설치·관리를 맡은 자'의 개념에는 당해 영조물을 법률규정 등에 근거하여 관리를 맡은 자 외에도, 이러한 규정이 존재하지 않고 사실상 관리하는 자도 포함하는 것으로 이해된다.[82]

### (3) 관련문제

#### 1) 비용부담자의 개념

법률표현상의 '비용부담자'의 범위에, 외부에 대해서 실제로 비용을 지불하는 자에 한정하는가 또는 내부적으로 비용을 부담하는 자를 포함하는가의 문제가 제기되고 있다. 이른바 비용부담자설에 의하면 비용부담자란 비용을 실제로 지불하는 자로 이해하는 견해에 가깝게 된다. 그러나 일본에서의 일반해석은, 입법과정상의 입법자의 의사를 추측하여 비용부담자를 비용지불자에 한정하지 않고 내부적 비용부담자도 포함하는 것으로 이해하고 있다. 즉 비용부담의 정도와 범위는 매우 다양하여 피해자가 이를 인식하고 구별한다는 것은 매우 어려우므로, 피해자 권리구제차원에서 그 범위를 확대하려는 것이다.[83]

#### 2) 보조금지출자의 포함문제

이때의 비용부담자의 개념에 대해서는 또한 비용의 내용과 관련하여 다른 문제가 제기되고 있다. 즉 이때의 비용에 일본 지방재정법 제10조에서 제10조의 4에 규정되고 있는 부담금의 지출자가 포함된다는 데에는 이론이 없다. 그러나 일본 지방재정법 제16조의 보조금의 지출자가[84] 포함될 것인가에 대해서는 여러 가지 입장이 제기되고 있다. 이에 대해서는 ㉠ 부담금과 보조금을 같이 취급하여 보조금 지출자도 포함시키는 견해, ㉡ 외형상 보아 부담금과의 구별이 곤란한 보조금인 때에 한정하여 보조금 지출자에 포함시키는 견해, ㉢ 외형보다는 실질적 내용을 중시하여 실질적으로 부담금과 동시할 수 있는 보조금의 지급자만을 비용부담자에 포함시키는 견해, ㉣ 보조금과 부담금의 근본적인 성격상의 차이를 중시하여 보조금의 지출자를 비용부담자에서 제외하는 견해가 주장되고 있다.[85]

---

81) 芝池義一, 行政救濟法講義, 1995, 269면.
82) 芝池義一, 行政救濟法講義, 1995, 270면.
83) 宇賀克也, 費用者負擔, ヅュリスト, 993호, 166면 이하.
84) 일본 지방재정법 제16조 : 국은 그 시책을 행하기 위한 특별한 필요가 있다고 인정될 때 또는 지방공공단체의 재정상 특별한 필요가 있다고 인정될 때에 한하여, 당해 지방공공단체에 대해서 보조금을 교부할 수 있다.

　우리나라 「지방재정법」 제23조 1항 : 국가는 시책상 필요하다고 인정될 때 또는 지방자치단체의 재정사정상 특히 필요하다고 인정될 때에는 예산의 범위 안에서 지방자치단체에 보조금을 교부할 수 있다.

생각건대 각 학설은 나름대로의 장점을 갖고 있으나, 세 번째의 입장, 즉 외형이나 형식에 국한되지 않고 실질적으로 보조금의 내용을 검토하여 비용부담자 해당여부를 검토하는 견해가 타당하다고 생각한다. 그러나 이때에는 무엇을 기준으로 하여 실질적인 부담금에 해당한다고 판정할 것인가가 문제로 될 수 있다. 이에 관해 일본 판례는 영조물의 하자에 기인한 손해배상책임과 관련하여, 세 가지 검토기준을 제시하고 있다.86) 즉 ㉠ 법률상의 설치비용부담의무자와 동등한 또는 이러한 지위와 가깝게 설치비용을 부담하고 있을 것, ㉡ 실질적으로 법률상의 설치비용부담자와 당해 영조물에 의한 사업을 공동으로 집행하고 있다고 인정될 것, ㉢ 당해 영조물의 하자에 의한 위험을 효과적으로 방지하는 지위에 있을 것이 이러한 요건에 해당한다. 이 가운데에서 특히 중시되는 요건은 두 번째이다.87)

### 3) 제 3 조 제 2 항의 문제

일본 국가배상법 제 3 조 제 2 항(우리나라의 국가배상법 제6조 2항)에서 의미하는 최종적인 배상책임의 주체로서의 "내부관계에서 손해를 배상할 책임이 있는 자"가 무엇을 의미하는지에 대해서도 논의가 제기되고 있다. 아직 이에 대해서는 일본에서도 구체적인 판례가 전무한 상황이며, 학설상으로만 논의가 진행 중이다.

이른바 관리자설에 의하면, ㉠ 손해가 직접적으로는 관리상의 과실에 의한 하자에 기인하여 발생하고 있다는 점과 ㉡ 관리자에게 책임을 부담시키는 것이 장래의 손해회피를 위한 인센티브를 부여하는 효과가 있다는 점을 논거로, 내부관계에서 손해를 배상할 책임이 있는 자를 관리자로 본다(따라서 공무원의 선임·감독자 또는 영조물의 설치·관리자가 내부적 배상책임자로 된다). 그러나 이 견해에 의하면, 예컨대 공무원의 행위로 인한 배상책임의 경우에는 공무원의 선임상의 과실과 감독상의 과실의 기여도에 따라 배상비용을 분배하게 되는바, 이러한 배상비용의 비율을 확정한다는 것은 용이한 일이 아니라는 문제가 제기된다.

이에 반해 비용부담자설에 의하면, 과실의 기여도가 아니라 비용부담비율에 근거하여 내부적 배상비용을 분담하게 된다. 이 견해는 배상비용부담의 비율을 확정하는 복잡한 절차를 생략할 수 있어서 제도운영의 비용을 경감할 수 있는 장점이 있다고 한다. 이때의 비용부담비율에 대해서는 「지방재정법」, 「도로법」, 「하천법」 등 실정법에서 명확하게 규정하고 있으므로 특별한 문제는 발생하지 않는다고 한다. 일본에서의 다수견해인88) 이 견해에 대해서는, 비용부담자가 법률상의 관리권한을 갖고 있는가의 여부와 무관하게 최종적인 배상비용을 부담하는 근거가 무엇인가에 대한 의문이 제기되고 있다. 이러한 의문에 대해서는, 법률상 관리권한이 없는 자에게 비용부담의

---

85) 宇賀克也, 費用者負擔, ヅュリスト, 993호, 167면 이하.
86) 일본 최고재판소 1975. 11. 28. 판결.
87) 鹽野 宏, 行政法(Ⅱ), 1994, 272면 참조.
88) 鹽野 宏, 行政法(Ⅱ), 1994, 273면 참조.

의무를 지우는 것은, 당해 사무가 실질적으로는 국가와 공공단체 쌍방, 또는 복수의 공공단체 쌍방의 이해에 밀접하게 관련되는 사무이어서 본래 공동으로 관리하여야 할 실체가 존재하고 있기 때문이라고 설명한다. 따라서 법령에 의하여 분배되고 있는 의무적인 경비의 비율은 실체적·잠재적인 책임의 비율을 반영하고 있는 것으로 이해한다. 이러한 이유로 법률상으로는 국가 단독으로 또는 공공단체의 기관에게 관리권한이 집중되어 있어도, 최종적인 손해배상비용의 분담에 있어서는 비용부담비율에 상응하여 하는 것이 합리성이 있다고 설명한다.[89]

## 2. 개념의 이해

### (1) 논의내용

이 논의는 그 연혁에 비추어 일본 학설에서 많이 검토되어 왔으며, 이의 영향을 받아 우리나라에서도 이른바 형식적 비용부담자설, 실질적 비용부담자설, 병합설이라는 이름으로 논의되고 있다. 이러한 논의는 특히 기관위임사무의 사무수행비용의 실제 지출과정을 반영한 논의이다. 즉 이때에는 사무수행을 위한 비용은 위임한 주체, 즉 국가 등이 부담하게 되지만,[90] 그 비용이 지출되는 과정을 보면, 국가가 사무수행주체인(국가기관으로서의 지위를 갖는) 지방자치단체장에게 바로 교부하는 것이 아니라, 지방자치단체장이 속한 당해 지방자치단체에게 교부하고, 지방자치단체가 이를 다시 지방자치단체장의 사무수행비용으로 지출하고 있다. 이때에 당해 지방자치단체는 결국 내부적으로는 위임한 주체로부터 사무수행비용을 교부받아 이를 사무수행주체에게 지출하고 있으므로, 이를 비용부담자의 개념 속에 포함시켜 이해할 수 있으며, 이를 형식적 비용부담자라고 이해하는 것이다.

### (2) 판  례

판례는 전체적으로 보아 실질적 비용부담자 외에 형식적 비용부담자도 포함하는 것으로 이해한다.

### 1) 실질적 비용부담자의 경우

[ 1 ] 도지사가 그 권한 사무를 소속 시장 또는 군수에게 위임하는 기관위임사무의 경우에는 지방자치단체의 장인 시장, 군수는 도 산하 행정기관의 지위에서 그 사무를 처리하는 것이므로, 시장, 군수 또는 그들을 보조하는 시, 군 소속 공무원이 그 위임 받은 사무를 집행함에 있어서 고의 또는 과실로 타인에게 손해를 가하였다면 그 사

---

89) 宇賀克也, 費用者負擔, ジュリスト, 993호, 170면 참조.

90) 실질적 비용부담자의 개념: 물론 이때에도 법률규정 등에 의하여 위임한 주체가 아니라 사무수행주체가 비용을 부담하도록 하고 있으면 이러한 사무수행주체가 실질적 비용부담자가 된다.

무의 귀속주체인 도가 손해배상책임을 진다. 군수가 도지사로부터 사무를 기관위임받은 경우 사무를 처리하는 담당공무원이 군 소속이라고 하여도 군에게는 원칙적으로 국가배상책임이 없지만, 위 담당공무원이 군 소속 지방공무원으로서 군이 이들에 대한 봉급을 부담한다면 군도 국가배상법 제 6 조 소정의 비용부담자로서 국가배상책임이 있다(대판 1994.1.11, 92다29528 ).

[ 2 ] 행정권한이 기관위임된 경우 권한을 위임받은 기관은 권한을 위임한 기관이 속하는 지방자치단체의 산하 행정기관의 지위에서 그 사무를 처리하는 것이므로 사무귀속의 주체가 달라진다고 할 수 없고, 따라서 권한을 위임받은 기관 소속의 공무원이 위임사무처리에 있어 고의 또는 과실로 타인에게 손해를 가하였거나 위임사무로 설치·관리하는 영조물의 하자로 타인에게 손해를 발생하게 한 경우에는 권한을 위임한 관청이 소속된 지방자치단체가 국가배상법 제 2 조 또는 제 5 조에 의한 배상책임을 부담하고, 권한을 위임받은 관청이 속하는 지방자치단체 또는 국가가 국가배상법 제 2 조 또는 제 5 조에 의한 배상책임을 부담하는 것이 아니므로, 지방자치단체장이 교통신호기를 설치하여 그 관리권한이 도로교통법 제71조의 2 제 1 항의 규정에 의하여 관할 지방경찰청장에게 위임되어 지방자치단체 소속 공무원과 지방경찰청 소속 공무원이 합동근무하는 교통종합관제센터에서 그 관리업무를 담당하던 중 위 신호기가 고장난 채 방치되어 교통사고가 발생한 경우, 국가배상법 제 2 조 또는 제 5 조에 의한 배상책임을 부담하는 것은 지방경찰청장이 소속된 국가가 아니라, 그 권한을 위임한 지방자치단체장이 소속된 지방자치단체라고 할 것이나, 한편 국가배상법 제 6 조 제 1 항은 같은 법 제 2 조, 제 3 조 및 제 5 조의 규정에 의하여 국가 또는 지방자치단체가 손해를 배상할 책임이 있는 경우에 공무원의 선임·감독 또는 영조물의 설치·관리를 맡은 자와 공무원의 봉급·급여 기타의 비용 또는 영조물의 설치·관리의 비용을 부담하는 자가 동일하지 아니한 경우에는 그 비용을 부담하는 자도 손해를 배상하여야 한다고 규정하고 있으므로 교통신호기를 관리하는 지방경찰청장 산하 경찰관들에 대한 봉급을 부담하는 국가도 국가배상법 제 6 조 제 1 항에 의한 배상책임을 부담한다(대판 1999.6.25, 99다11120 ).

[ 3 ] 여의도광장의 관리는 광장의 관리에 관한 별도의 법령이나 규정은 없으므로 서울특별시는 여의도광장을 도로법 제 2 조 제 2 항에 의해 관리하고 있는 것이며, 그 관리사무 중 일부를 영등포구청장에게 권한위임하고 있으므로, 위임된 여의도광장의 관리청은 영등포구청장이 된다. 또한 도로법 제56조에 의하면 도로에 관한 비용은 건설부장관이 관리하는 도로 이외의 도로에 관한 것은 관리청이 속하는 지방자치단체의 부담으로 하도록 되어 있어, 여의도광장의 관리비용부담자는 그 위임된 관리사무에 관한 한 관리를 위임받은 영등포구청장이 속하는 영등포구가 되므로, 여의도광장에서 차량진입으로 일어난 인신사고에 관하여 영등포구는 국가배상법 제 6 조 소정의 비용부담자로서 손해배상책임이 있다(대판 1995.2.24, 94다57671 ).

[ 4 ] 도로법 제22조 제 2 항에 의하여 지방자치단체의 장인 시장이 국도의 관리청이 되었다 하더라도 이는 시장이 국가로부터 관리업무를 위임받아 국가행정기관의

지위에서 집행하는 것이므로 국가는 도로관리상 하자로 인한 손해배상책임을 면할 수 없다. 시가 국도의 관리상 비용부담자로서 책임을 지는 것은 국가배상법이 정한 자신의 고유한 배상책임이므로 도로의 하자로 인한 손해에 대하여서는 부진정연대채무자인 공동불법행위자와의 내부관계에서 배상책임을 분담하는 관계에 있으며, 국가배상법 제 6 조 제 2 항의 규정은 도로의 관리주체인 국가와 그 비용을 부담하는 경제주체인시 상호간에 내부적으로 구상의 범위를 정하는 데 적용될 뿐 이를 들어 구상권자인 공동불법행위자에게 대항할 수 없다(대판 1993.1.26, 92다2684 ).

2) 형식적 비용부담자의 경우

국가배상법 제 6 조 제 1 항 소정의 '공무원의 봉급, 급여 기타의 비용'이란 공무원의 인건비만을 가리키는 것이 아니라, 당해 사무에 필요한 일체의 경비를 의미한다고 할 것이고, 적어도 대외적으로 그러한 경비를 지출하는 자는 경비의 실질적, 궁극적 부담자가 아니더라도 그러한 경비를 부담하는 자에 포함된다. 구 지방자치법 제131조, 구 지방재정법 제16조 제 2 항(현행 제18조 2항)의 규정상, 지방자치단체의 장이 기관위임된 국가행정사무를 처리하는 경우 그에 소요되는 경비의 실질적, 궁극적 부담자는 국가라고 하더라도 당해 지방자치단체는 국가로부터 내부적으로 교부된 금원으로 그 사무에 필요한 경비를 대외적으로 지출하는 자이므로, 이러한 경우 지방자치단체는 국가배상법 제 6 조 제 1 항 소정의 비용부담자로서 공무원의 불법행위로 인한 같은 법에 의한 손해를 배상할 책임이 있다(대판 1994.12.9, 94다38137 ).

(3) 검    토

비용부담자의 개념에 실질적 비용부담자 외에 형식적 비용부담자도 포함하는 견해가 피해자의 권리보호의 측면에서 타당하다고 평가된다. 즉 사무수행비용 등이 어떻게 내부적으로 조달되는가의 문제는 사실 외부에 있는 피해자의 입장에서는 잘 알 수 없는 것이 통상적이다. 따라서 이러한 내부적인 우연한 사정에 의하여 피해자의 권리구제가 어려워진다면 이는 바람직하지 않다고 보아야 한다. 물론 이러한 결론에 의하게 되면, 행정실무상 기관위임사무를 수행하는 당해 지방자치단체는 예상외의 피해를 부담하게 된다. 그러나 이는 내부적으로 위임한 주체에게 구상권의 행사에 의하여 해결되어야 한다고 본다.

## Ⅲ. 「국가배상법」 제 6 조 제 2 항의 문제

「국가배상법」 제 6 조 제 2 항은, "동법 제 6 조 제 1 항에 의하여 손해를 배상한 자는 그 내부관계에서 손해배상의 책임이 있는 자에게 구상할 수 있다"고 규정함으로써 궁극적인 배상책임자에 대한 구상문제를 규정하고 있다. 그러나 이때에 구상의 상대

방이 누구인지를 입법적으로 명시하고 있지 않아, '내부관계에서 손해배상의 책임이
있는 자'가 누구를 의미하는가에 대하여 논란이 있다.

## 1. 일본에서의 견해

이 조항도 일본의 국가배상법 제3조 제2항을 그대로 받아들인 것이므로, 그 내용
의 체계적 이해를 위하여는 일본에서의 논의를 참고하는 것이 의미가 있다. 일본의 다
수견해는 비용부담자설에 따라, 사무수행에 소요되는 비용의 부담비율에 근거하여 내부
적 배상비용을 분담하게 된다고 본다. 이 견해는 배상비용부담의 비율을 확정하는 복잡
한 절차를 생략할 수 있어서 제도운영의 비용을 경감할 수 있는 장점이 있다고 한다.

## 2. 우리나라의 견해

우리나라에서는 "내부관계에서 손해를 배상할 책임이 있는 자"의 의미에 대해 많
은 논의가 있는 편은 아니며, 이에 대해서는 '공무원의 선임·감독자'를 의미하는 것
으로 이해하고 있다. 이는 일본에서의 관리자설에 따른 것으로 보인다. 판례는 손해를
야기한 사고발생의 경위, 사무수행에 소요된 비용의 부담비율 등 구체적인 상황에 따
라 해결하는 입장을 취하고 있다.

> 원래 광역시가 점유 관리하던 일반국도 중 일부 구간의 포장공사를 국가가 대행하
> 여 광역시에 도로의 관리를 이관하기 전에 교통사고가 발생한 경우, 광역시는 그 도
> 로의 점유자 및 관리자, 도로법 제56조·제55조, 도로법 시행령 제30조에 의한 도로
> 관리비용 등의 부담자로서의 책임이 있고, 국가는 그 도로의 점유자 및 관리자, 관리
> 사무귀속자, 포장공사비용 부담자로서의 책임이 있다고 할 것이며, 이와 같이 광역시
> 와 국가 모두가 도로의 점유자 및 관리자, 비용부담자로서의 책임을 중첩적으로 지는
> 경우에는, 광역시와 국가 모두가 국가배상법 제6조 제2항 소정의 궁극적으로 손해
> 를 배상할 책임이 있는 자라고 할 것이고, 결국 광역시와 국가의 내부적인 부담부분
> 은, 그 도로의 인계·인수 경위, 사고의 발생 경위, 광역시와 국가의 그 도로에 관한
> 분담비용 등 제반 사정을 종합하여 결정함이 상당하다(대판 1998.7.10, 96다42819.).

구상권이란 원래 외부적으로 책임을 부담하여야 할(또는 병행하여 책임을 부담하여야 할) 당사자 대신에
(또는 자신의 책임의 비율을 초과하여) 책임을 이행한 경우에, 다른 책임주체에게 그 비용의 전부 또는 일부를
청구하는 것을 말한다. 따라서 이러한 관계가 성립하기 위하여 피해자가 구상권청구
의 상대방에게 처음부터 배상책임을 주장할 수 있는 관계이면 족하다고 보아야 할 것
이다. 이미 앞에서 본 바와 같이 「국가배상법」 제6조 제1항은 피해자가 관리자에
대해서뿐 아니라 비용부담자에 대해서도 그 배상책임의 청구가 가능하도록 하고 있으
므로, 법 제6조 제2항상의 종국적 비용부담자의 개념을 관리자 또는 비용부담자의

어느 한 유형으로 한정할 필요는 없다고 본다. 따라서 판례의 입장대로 개별적인 사
정을 반영하여(<sup>이때에는 손해발생의 기여도, 비</sup>) 구체적인 타당성을 확보한 해결을 도모하는 것이 타
당하다고 본다.

---

**기본사례 풀이**

## 1. 사례 1의 풀이
### (1) 문제의 소재
### (2) 행정작용
문제의 행정작용은 인감발급행위이며, 준법률행위적 행정행위로서 공증행위로
서의 성질을 갖는다.
### (3) 행정작용의 위법성
丙은 정당한 확인절차도 없이 乙명의의 인감증명을 甲에게 발급하였으므로 과
실로 위법하게 행정작용을 행한 것이 인정된다. 이러한 과실은 인감증명 발급절
차에 비추어 중과실로 인정된다고 본다.
### (4) 권리구제
#### 1) 행정쟁송의 제기
당해 인감증명발급행위는 정당한 권한 있는 행정공무원에 의해 발령된 것
으로서, 내용상도 아무런 하자가 없는 것이기에 중대하고 명백한 하자에는
해당하지 않는다고 본다. 그러나 발령과정에서 하자가 존재하고 있으므로
취소사유에 해당한다고 보인다. 당해 사안에 비추어보면 이미 甲은 乙 명의
의 부동산을 처분하고 있는 상태이므로, 뒤늦게 乙이 인감증명 발급행위를
취소하여야 할 권리보호이익이 존재하고 있는 것으로 보이지는 않는다.
#### 2) 행정상의 손해배상
따라서 현실적인 乙의 권리구제방법은 행정상의 손해배상청구가 된다. 당
해 사안에서는 직무행위와 관련한 과실에 기인한 위법한 행위가 존재하고,
이로 인해 손해가 발생하고 있으므로 일반적인 손해배상청구요건을 충족하
고 있다. 이때의 문제로는 행정상 손해배상청구의 상대방을 정하는 것
(<sup>또는 공무원 개인의 책임</sup>)이 된다. 이는 다시 행정상 손해배상책임의 성질의 이해와
관련되며, 이에는 대위책임설, 자기책임설 및 중간설의 견해가 대립한다.
물론 다수견해는 대위책임설이나, 논리상으로는 자기책임설이 타당하다고
보인다. 이에 따르면 乙은 가해 공무원인 丙 자신의 책임 뿐 아니라, 丙이
속하고 있으면서 인감증명의 증명청인(<sup>인감증명법</sup>) 지방자치단체인 노원구청을

556 제 4 편 행정구제론

상대로 선택적으로 손해배상청구권을 행사할 수 있게 된다. 판례에 의하면 공무원이 고의나 중과실이 있는 때에만 피해자에 대한 손해배상책임이 인정되므로, 당해 사안에서는 乙은 丙과 지방자치단체에 대해서 선택적 청구권을 행사할 수 있게 된다.

## 2. 사례 2의 풀이

### (1) 문제의 소재

### (2) 문제가 되는 행정작용

당해 사안에서 문제되는 행정작용은 도로의 관리작용이다.

### (3) 권리구제방법

당사자의 피해에 대한 구제로서 검토가능한 방법은 행정상의 손해배상이다. 이는 영조물인 도로로 인한 손해가 대상이므로 「국가배상법」 제 5 조가 관련된다. 이는 무과실책임의 성질을 가지며, 영조물의 설치 또는 관리상의 하자의 존재여부에 의하여 배상책임여부가 결정된다. 그러나 이러한 하자의 인정에 관하여는 견해가 대립하며, 다수설인 객관설에 의하면 당해 영조물이 평균적으로 갖추어야 할 안전성을 결한 상태가 하자의 상태로서 인정된다. 그러나 이때에도 불가항력에 해당하는 경우까지 국가 등의 손해배상책임이 인정되는 것은 아니다. 당해 사안에서는 도로의 관리청인 충청북도가 평소에 도로에 대해 통상적인 관리를 해왔으나, 밤사이의 강풍에 의하여 도로의 안전성에 문제가 발생한 경우이다. 따라서 이러한 경우는 불가항력적인 경우라고 보아야 하며, 당해 도로가 갖추어야 할 평균적인 안전성을 흠결한 경우라고 보기는 어렵다고 본다. 따라서 피해자인 甲은 행정상 손해배상을 주장하기 어렵다고 보인다.

# 제 **3** 장  행정상의 손실보상제도

**기본
사례**

　甲은 자신의 토지가 최근 국토교통부장관에 의하여 개발제한구역으로 지정되었다는 사실을 알게 되었다. 이로 인해 甲은 더 이상 당해 토지를 종래의 목적대로 이용할 수 없게 되어, 자신의 주택을 매매하고 새로운 곳으로 이전하려는 계획이 피해를 보게 되었다. 甲은 어떠한 법적 구제방법을 강구할 수 있는가?

(풀이는 596면)

# 제 1 절 행정상 손실보상의 의의

## I. 개 념

행정상 손실보상이란 행정기관의 적법한 공권력행사로 인하여 개인에게 발생한 특별한 희생에 대하여 사유재산권의 보장과 전체적인 평등부담의 차원에서 행해지는 재산적 보상을 말한다. 이는 공익사업의 시행이 원인이 되어 발생한 사인의 재산권행사제약에 대해 그 재산권의 가치를 보상하는 것을 말한다. 이 제도는 다음의 특징을 갖는다.

### 1. '적법한 행위'로 인한 손실의 보상

이 제도는 법률에 근거를 둔 공익사업의 시행이 그 원인이 되어 인정되는 것으로서 적법한 공권력행사라는 점에서 위법(=직무의무위반)한 공권력행사의 경우인 행정상 손해배상제도와 구별된다. 학자에 따라서는 행정상의 손해배상제도와 손실보상제도를 통일적으로 고찰하여 양 제도의 차이를 상대화하려고 하나, 그럼에도 불구하고 원인행위의 적법성 유무는 여전히 중요성을 갖는다고 본다.

### 2. 적법한 '공권력행사'로 인한 손실보상

그 원인이 공권력행사이므로 이를 근거로 한 손실보상청구권은 공법적 성질을 갖게 된다. 구체적으로는 공권력 행사로서의 '법적 행위'에 의한 경우만 대상이 되므로 비권력적 행정작용이나 통상적인 사실행위는 손실보상의 원인행위에서 제외된다. 이러한 적법한 공권력행사는 그 성질상 타인의 재산권행사에 제약을 가하는 것이 처음부터 예정되고 있는 것이므로 당연히 그 손실이 보상되어야 하는 것이다. 따라서 예정되지 않은 손실이 발생하는 경우에는 뒤에 보는 바와 같이 다른 방법, 즉 수용적 침해의 문제로서 검토하게 된다.

### 3. 사인의 '재산권 행사의 제약에 대한 손실보상

손실보상을 위해서는 공권력행사로 인해 사인의 재산권행사에 제약을 가하는 결과가 나타나야 한다. 헌법은 제23조 제 3 항에서 재산권의 수용·사용 또는 제한행위를 재산권제약행위의 유형으로서 명시하고 있다. 학자에 따라서는 이러한 유형을 총괄하여 공용침해라고 부르고 있으며1) 이러한 용어가 많은 학자들에 의해 지지되고 있으나, 이때의 '침해'의 용어는 위법적인 성질을 갖는 경우에 사용되는 법적 용어임

---

1) 김남진·김연태(Ⅰ), 646면.

에 비추어 문제가 지적될 수 있을 것이다.[2]

## 4. '특별한 희생'에 대한 보상

손실보상은 당해 재산권제약행위가 재산권 자체에 내재하는 사회적인 제약에 해당하여 일반적으로 감수하여야 할 경우에는 인정되지 않는다. 그러나 특정될 수 있는 사인이 입은 재산적인 손실로서 재산권의 사회적 제약을 넘는 손실은 '특별한 희생'으로 인정되어, 공평부담의 관점에서 국민전체의 부담에 의해(즉 국민 세금에 의한 재원에 의해) 보상된다. 따라서 '특별한 희생'에 해당하는가의 문제는 중요한 의미를 갖게 된다.

## Ⅱ. 행정상 손실보상의 근거

### 1. 이론적 근거

행정상 손실보상이 인정되는 이론적 근거에 대해서는 과거에 기득권설, 은혜설 등이 주장되었으나 오늘날의 일반적 견해는 특별희생에 대한 조절적 보상에서 찾고 있다(특별희생설). 즉 공익의 실현을 위한 행정작용을 통해 불가피하게 발생하는 사인의 재산권에 대한 손실에 대해, 공익과 사익의 조절의 차원에서 개인의 손실을 전체의 부담으로 전가하여 보상하여 줌으로써 공적 부담에 관한 평등원칙을 실현하고 법률생활의 안정성을 보장하고자 하는데 그 존재이유를 찾을 수 있다.

### 2. 실정법적 근거

#### (1) 개    관

손실보상에 관한 실정법적 근거로는 헌법 제23조 제3항을 들 수 있다. 헌법 제23조 제3항의 의미는 제23조 제1항과의 관련하에서 이해되어야 하는데, 우리 헌법 제23조 제1항은 재산권보장에 관한 기본적인 태도를 규정하고 있다. 즉 제23조 제1항은 국민의 재산권을 외부로부터, 특히 위법적인 행정작용으로부터 보호하는 기능을 하며, 이는 위법한 재산권 침해에 대해 방해를 배제할 수 있는 권리를 당사자에게 제공하여 재산권 그 자체의 존속을 보장하는 의미를 갖는 것이다. 그러나 재산권 자체가 존속할 수 없게 되는 정도의 손실이 발생하는 행정작용이 합헌적으로 행해지는 경우에는 당사자의 재산권보장은 더 이상 존속보장으로 나타날 수 없고, 그 내용에 있어서 재산권의 가치를 보장하는 손실보상으로 주어지게 된다. 이때에 관련되는 규정

[2] 개인적으로는 '공용침해' 대신에 '공용제약'이라는 용어를 제안한다. 이는 헌법 제23조 제3항에서 논의되는 손실보상은 적법한 행정작용을 배경으로 하는 것이므로 위법적인 행정작용을 전제로 하는 '침해'의 용어를 사용하기 어렵다는 이유와, 이때의 재산권의 수용·사용 또는 제한은 그것이 모두 적법한 것으로서 당사자의 재산권행사를 제약하는 것이라는 점에 착안한 것이다.

이 제23조 제3항이며, 이러한 경우에는 재산권보장의 내용은 존속보장에서 가치보장으로 바뀌게 된다. 따라서 손실보상에 관해서는 헌법 제23조 제3항이 가장 주요한 의미를 갖게 되며, 이러한 헌법규정을 기초로 하여 각 개별법에서 손실보상의 기준이나 방법에 관한 규정을 두고 있다(「공익사업을 위한 토지의 취득 및 보상에 관한 법률」, 「도로법」, 「국토의 계획 및 이용에 관한 법률」 등).

### (2) 헌법 제23조 제3항의 의미

#### 1) 불가분조항의 규정

헌법 제23조 제3항은 "공공필요에 의한 재산권의 수용·사용 또는 제한 및 그에 대한 보상은 법률로써 하되, 정당한 보상을 지급하여야 한다"라고 규정하고 있다. 따라서 이 조항에 따르면 공공필요에 의한 사인의 재산권행사를 제약하는 공권력행사의 허용여부에 관한 규정과, 이에 대한 손실보상의 기준·방법·범위에 관한 규정은 모두 하나의 법률로 규정되어야 한다. 이때에 양 규정은 하나의 법률 속에서 함께 규정되고 있어야 하며, 서로 불가분의 관계를 형성하고 있어야 하는데, 이를 불가분조항의 원칙(또는 동시조항; Junktimklausel)이라고 한다.[3] 이는 독일 기본법 제14조 제3항 2문에서 처음으로 도입되어 인정된 것으로서 우리 헌법 제23조 제3항에서도 그 해석상 많은 견해가 인정되고 있다.[4] 따라서 손실보상규정을 공권력행사의 허용법률에 규정하고 있지 않거나, 손실보상규정은 존재하나 그 내용이 헌법상 요구되는 보상의 기준이나 방법 등의 요건을 충족하고 있지 않은 경우에는 불가분조항원칙에 위반하는 것이 된다.

#### 2) 불가분조항원칙의 의의

헌법 제23조 제3항이 불가분조항원칙을 규정하고 있는 의의는, 우선 헌법 제23조 제1항에서 규정되고 있는 국민의 재산권보장의 실효성확보를 위한 의미를 갖는 것이다. 즉, 이러한 불가분조항원칙이 존재할 때에만 재산권의 가치보장이 실현될 수 있는 것이다. 또한 불가분조항원칙은 손실보상의 기준과 범위·내용 등을 행정기관이나 법원에 위임하는 것이 아니라, 입법자에 의하도록 하고 있어 법률유보원칙을 관철하는 의미도 갖는다. 즉 이때의 손실보상문제는 재산권 행사를 제약하는 행위의 허용에 있어서 본질적인 사항에 해당하는 것이므로, 본질성이론에 의해 반드시 입법자가 스스로 규율하여야 하는 것이다.

#### 3) 불가분조항원칙의 기능

이 원칙이 실현하는 기능은 다음과 같다. 우선 ㉠ 개인의 권리를 보호하는 기능을 수행한다. 즉, 당사자는 손실보상에 관한 사항을 규정하고 있는 법률에 따른 적법

---

3) 허영, 한국헌법론, 1994, 468면.
4) 이에 대해서는 허영, 앞의 책 463면; 정연주, "손실보상", 한국공법의 이론(김도창박사고희기념논문집), 1993, 415면; 물론 이러한 견해에 대해서는 헌법 제23조 제3항의 표현과 독일 기본법 제14조 제3항의 차이를 근거로 하여, 부정적인 입장도 존재한다.

한 행정작용에 의한 재산권제약에 대해서만, 이를 수인해야 할 의무가 발생하게 된다. 또한 이 원칙은 ⓛ 입법자에 대한 경고기능도 수행하는데, 이는 공공필요에 의한 공권력행사를 허용하는 법률제정시에는 항상 국가의 재정적 부담이 되는 손실보상조항이 규정되게 되므로, 입법자로 하여금 이러한 법률제정에 신중하게 하고, 보상규정이 없는 법률이 제정되지 않도록 경고하는 기능을 수행하는 것이다. 마지막으로 이 원칙은 의회가 예정한 손실보상에 의한 재정지출 이외에 다른 국가기관, 특히 법원에 의한 손실보상허용으로 인한 추가적인 재정적 부담을 저지함으로써 ⓒ 국가재정을 보호하는 기능을 수행하게 된다.

### (3) 손실보상청구권의 성질

이러한 손실보상을 주장할 수 있는 청구권의 성질에 대해서는 공권설과 사권설이 주장된다. 전자는 원인행위가 공권력에 의한 것이므로 공법적인 성질을 갖는다고 보는 것이며, 학설의 주된 입장이다. 이에 따르면 공법상의 당사자소송에 의해 주장할 수 있게 된다. 이에 대해 사권설은 손실보상청구권을 당사자의 의사 또는 직접 법률의 규정에 의거한 사법상의 채권·채무관계로 이해하며, 따라서 민사소송에 의한다고 본다. 판례의 입장이다.

## 제 2 절 행정상 손실보상의 요건

### Ⅰ. 공공필요에 의한 재산권의 수용, 사용 또는 제한

#### 1. 공공필요의 의미

손실보상의 원인이 되는 공권력행사는 공공필요에 의한 경우에만 인정된다. 이는 공익의 실현을 보장하는 측면 이외에 사인의 재산권보장도 고려하기 위한 것이다.「공익사업을 위한 토지등의 취득 및 보상에 관한 법률」은 이와 관련하여 토지 등을 취득 또는 사용할 수 있는 공익사업을 규정하고 있으나(헬), 공공필요가 인정되는지의 여부는 신중하게 검토되어야 할 것이다. 따라서 공공필요의 존재의 검토는 공익과 사익과의 관련하에서 이익형량을 통해서 결정되어야 하며, 이때에는 비례성의 원칙이 주요한 의미를 갖게 된다. 오늘날 공공필요의 개념은 점차 확대되고 있는 현상에 있으나, 그럼에도 불구하고 헌법상 보장되고 있는 기본권으로서의 개인의 재산권보장에 비추어 그 인정은 신중하게 결정되어야 할 것이다.

## 2. 주체의 문제

공공필요를 이유로 하는 재산권의 수용 등은 원칙적으로 행정기관이 주체가 되나, 행정기관 이외에도 사인을 위한 공용수용 등도 가능하다. 예컨대 행정주체가 사인을 위하여 이를 행하거나 사기업이 사업시행자로서 직접 행하는 경우가 그것이다. 이러한 유형은 구체적으로는 개별법에 의하여 규율되고 있다(사회기반시설에 대한 민간투자법 제20조). 사기업을 위해 재산권의 제약행위를 행하는 경우에는 당해 사업의 공익성을 지속적으로 확보하기 위한 제도적 보장장치가 필요하게 된다. 이는 영리추구를 그 목적으로 하는 사기업으로 하여금 공익사업이 갖는 공익성을 지속적으로 확보하게 하기 위한 것이다. 이를 위해서는 당해 사기업이 행하는 공익사업의 이용조건이나 사업의 계속적인 수행의무 등을 법적으로 규정하는 것이 필요하다.

## 3. 재산권행사의 제약

### (1) 재산권의 의미

이때의 재산권은 소유권에 한정되지 않고 법에 의해 보호되고 있는 일체의 재산적인 가치 있는 권리를 의미하는 것으로 본다. 사법상의 권리 이외에 공법상의 권리도 포함되나, 기대이익은 포함되지 않는다.[5] 손실보상의 대상이 되는 재산권의 예시로서 「공익사업을 위한 토지등의 취득 및 보상에 관한 법률」은 ㉠ 토지에 관한 소유권 이외의 권리, ㉡ 토지와 함께 공익사업을 위하여 필요로 하는 입목·건물 기타 토지에 정착한 물건 및 이에 관한 소유권 이외의 권리, ㉢ 광업권·어업권 또는 물의 사용에 관한 권리, ㉣ 토지에 속한 흙·돌·모래 또는 자갈에 관한 권리 등을 규정하고 있다(제3조).

### (2) 재산권행사의 제약

공공필요에 의한 행정작용에 의해 사인의 재산권행사가 제약되어야 한다. 헌법 제23조 제 3 항은 수용(재산권의 소유권의 이전을 야기하는 박탈행위)·사용(수용에 이르지 않는 일시적 사용행위) 또는 제한(소유권자나 이용권자의 사용이나 수익의 제한행위)을 규정하고 있으나 이외에도 재산권이 제약되는 양상은 다양하게 나타날 수 있다. 예컨대 도시개발사업으로 행해지는 환지나 도시재개발사업으로 행해지는 환권 등에 의해 재산적 가치가 감소되는 경우에도 이에 해당하는 것으로 본다.

---

5) 김남진·김연태(Ⅰ), 656면.

## Ⅱ. 특별한 희생의 존재

### 1. 개    관

손실보상은 사인에게 발생한 재산권행사의 제약정도가 특별한 희생에 해당하는 경우에만 인정된다. 이는 행정상 손실보상이 사인의 재산권에 발생한 특별한 희생을 재산권 보장과 사회적 공평부담의 관점에서 조절적으로 행하는 보상을 의미하기 때문이다. 따라서 재산권행사의 제약정도가 재산권의 사회적 제약에 해당하는 경우(예컨대 식품위생법 제22조 1항에 따라 식품의 검사를 위하여 검사에 필요한 최소량의 식품을 수거하는 경우 등)에는 손실보상을 요하지 않으므로, 특별한 희생의 기준을 어떻게 정하는가 하는 것은 중요한 의미를 갖게 된다. 그러나 이때에 특별한 희생이 논의되는 대상은, 재산권의 박탈을 의미하는 수용에 해당하지 않고 재산권의 제한에 해당하는 경우로 한정된다. 재산권의 박탈의 경우에는 언제나 손실보상을 필요로 하는 것이므로 별도로 재산권의 사회적 구속성여부를 논의할 필요가 없기 때문이다.

### 2. 기준에 관한 논의

이에 대해서는 다음의 견해가 주장되고 있는데, 그 방향은 재산권행사가 제약되는 인적 범위를 기준으로 하는 입장(형식적 기준설)과, 재산권이 제약되는 개별적인 정도를 기준으로 하는 입장(실질적 기준설)이 주장된다. 이는 독일의 판례와 학설에 의해 주장되고 있는 것으로서 우리의 경우에도 논의되는 것이다.

#### (1) 형식적 기준설

이에는 개별행위설과 특별희생설이 주장된다.

##### 1) 개별행위설

이는 독일의 제국법원(Reichsgericht)이 따르고 있던 견해로서, 행정기관의 개별적인 행위에 의해 특정인의 재산권이 제약되었는가의 여부를 기준으로 하여 논의하는 것이다. 이에 의하면 동일한 상황에 있는 모든 사람이 동일한 방식으로 재산권이 제약되는 경우에는 특별희생의 존재를 부정한다.

##### 2) 특별희생설

이는 개별행위설을 발전시켜 주장되는 것으로서 독일 연방통상법원(BGH)이 택하고 있는 이론이다. 이에 따르면 특정 개인이나 집단을 다른 개인이나 집단과 비교하여 그들만에 대하여 특별히 관련되고, 특별한 희생을 강요하는 재산권제약행위가 행해질 때에 특별희생의 존재를 인정한다. 이러한 경우에는 특정개인이나 집단에 대해서만 불평등하게 취급하고 있는 것이므로 평등원칙에 따라 손실보상이 행해져야 한다고 보는 것이다.

### (2) 실질적 기준설

이는 재산권의 제약정도와 강도라는 실질적 기준을 가지고 특별희생 유무를 나누는 견해로서 독일 바이마르 시대부터 부분적으로 주장되어 온 것이며 다음의 견해가 주장되고 있다.

#### 1) 보호가치설

재산권을 분류하여 보호할 만한 가치가 있는 재산권에 대한 제약만을 손실보상을 요하는 특별한 희생으로 보는 견해로서 옐리네크(W. Jellinek)의 주장이다.

#### 2) 수인한도설

재산권의 본질인 배타적인 지배가능성을 기준으로 하여 논하는 것으로서, 재산권의 제약행위를 통하여 당사자의 배타적 지배가능성을 불가능하게 하는 경우에 특별한 희생을 인정한다. 슈퇴터(Stödter)와 마운쯔(Maunz)의 견해이다.

#### 3) 사적 효용설

당사자가 갖는 재산권의 주관적인 이용목적(効用)을 불가능하게 하는 것인가의 여부를 기준으로 하는 견해로서 라인하르트(Reinhardt)의 주장이다.

#### 4) 목적위배설

재산권의 객관적인 이용목적에 위배하는 것인가의 여부를 기준으로 한다. 예컨대 농지를 도로로 만드는 것은 원래 농지 이용목적에 위배되므로 특별한 희생으로 보게 된다. 포르스트호프(Forsthoff)의 주장이다.

#### 5) 중대성설

행정기관의 행위가 재산권에 미치는 중요성과 범위를 기준으로 하는 것으로서 독일 연방행정법원의 견해이다.

#### 6) 상황구속성설

당해 재산권이 놓여있는 지리적 여건을 기준으로 하는 견해로서, 지리적 위치로 인한 재산권이용의 제약은 사회적 제약에 지나지 않는 것이어서 손실보상을 요하지 않는다고 한다. 예컨대 자연보호구역에 있는 토지나 문화재보호구역안에 있는 건물의 이용제약은 이 견해에 따르면 재산권의 사회적 제약으로 이해된다.

### (3) 소  결

특별한 희생에 관한 이러한 견해들은 각각의 타당성을 갖는 것이다. 따라서 어느 하나의 입장을 취하기보다는 가급적 모든 입장이 고려되도록 하는 것이 좋을 것이다. 독일의 판례와 마찬가지로 우리나라에서의 일반적 견해는 이러한 형식적 기준과 실질적 기준을 모두 고려하여 손실보상을 요하는 특별한 희생해당여부를 판정하고 있다. 특히 이때의 실질적 기준으로서는 목적위배설과 상황구속성설이 많이 참조되고 있다.

## Ⅲ. 손실보상규정의 존재

행정상 손실보상을 위해서는 또한 법률에 의해 손실보상의 기준·방법·내용 등에 관한 사항이 규정되고 있어야 한다. 이는 앞에서 설명한 바와 같이 헌법 제23조 제3항에 규정되고 있는 불가분조항원칙의 요구에 따른 것이다. 그러나 이때에 재산권 제약을 허용하는 공권력행사의 근거법률에서 손실보상에 관한 규정이 존재하지 않는 경우에 어떠한 방법에 의해 당사자의 권리구제가 가능한지가 문제된다. 이는 현실적으로는 이때에 헌법 제23조 제3항이 어떠한 효력을 갖는가의 문제와 관련되는 것이며, 이에 대해서는 견해가 대립하고 있다.

### 1. 직접효력규정설

#### (1) 논  거

이 견해는 법률에 손실보상규정이 없다는 것이 바로 손실보상을 배제하는 취지로 이해되어서는 안 되며, 이때에는 헌법 제23조 제3항을 직접적인 근거로 하여 손실보상을 주장할 수 있다고 한다.6)

#### (2) 비  판

그러나 이 견해는 헌법 제23조 제3항의 해석상 타당할 수 없다고 생각한다. 즉 현행 헌법은 "… 재산권의 수용·사용 또는 제한 및 그에 대한 보상은 법률로써 하되, 정당한 보상을 지급하여야 한다"라고 하여 1962년의 제3공화국 헌법 제20조 제3항과는7) 다른 표현을 두고 있다. 따라서 현행 헌법은 손실보상에 관한 사항을 입법자에게 일임하고 있으며, 입법자는 이에 따라 손실보상에 관한 문제를 스스로 규율하여야 한다고 해석된다. 이때에 헌법 제23조 제3항을 직접적인 근거로 하여 손실보상을 청구할 수 있다면 현실적으로 헌법에 반하여 입법자가 아니라 법원이 손실보상여부를 결정하게 되는 바, 이는 권력분립원리에 비추어 타당할 수 없게 될 것이다.

이 견해를 따르는 입장에서는, 헌법 제23조 제3항은 보상의 구체적 내용이나 방법만을 법률에 유보한 것이지 보상여부까지를 법률에 유보한 것은 아니며,8) 따라서 법률에 의해 보상 자체를 배제할 수는 없는 것이라는 주장을 전개한다.9) 그러나 헌법규정의 해석에 있어서 해석자가 넘을 수 없는 한계인 헌법규정의 표현에 따르면, 명백하

---

6) 박균성(상), 866면.
7) 이 조문은 "공공필요에 의한 재산권의 수용·사용 또는 제한은 법률로써 하되 정당한 보상을 지급하여야 한다"라고 규정하고 있다.
8) 김동희(Ⅰ), 613면.
9) 홍준형(구제법), 103면.

게 헌법제정권자는 손실보상에 관한 일체의 사항을 법률에 유보하고 있다고 이해되어야 하므로 이러한 주장에는 따를 수 없다. 이와 같이 손실보상에 관한 모든 사항을 법률에 일임하고 있는 것은 재산권제약행위에 관한 규율과 함께 이를 법률에 규정하도록 함으로써 헌법상의 재산권을 실효성 있게 보장하려는 의미와, 재산권에 대한 제약행위에 손실보상을 연계함으로써 공권력행사를 용이하게 하지 않으려는 의미가 포함되어 있는 것이다. 물론 이때에 입법자는 자의적으로 입법내용을 정할 수는 없으며 이러한 헌법규정의 취지에 따른 구속을 받게 된다. 따라서 입법자가 헌법규정의 취지에 반하여 손실보상에 관한 사항을 규율하지 않았을 때에는 위헌적인 법률로서 평가되어야 하는 것이다. 또한 이때에 헌법 제23조 제 3 항의 문리해석에 어려움이 있으므로 목적론적으로 해석하여 제23조 제 3 항을 손실보상의 직접적인 근거로 삼으려는 시도도,[10] 결국은 당사자의 권리구제라는 목적을 위하여 임의적으로 헌법조문이 담고 있는 명백한 내용을 초월하는 오류를 범하는 것이어서 따를 수 없을 것이다.

## 2. 유추적용설

### (1) 논    거

이 견해는 법률에 손실보상규정이 없는 경우에는 헌법 제23조 제 1 항과 제11조를 직접적인 근거로 하고, 제23조 제 3 항 및 관계규정의 유추적용을 통하여 손실보상을 청구할 수 있다고 한다. 이는 독일에서 발전된 수용유사침해이론을 도입하여 이를 손실보상의 문제로 해결하려는 것이다.[11]

### (2) 비    판

① 이 주장은 우선 헌법 제23조 제 1 항을 근거로 하고 있는 점에서 문제가 지적되어야 한다. 즉 헌법 제23조 제 1 항은 앞에서도 이미 검토한 바와 같이 재산권의 존속보장에 관한 규정으로서 위법한 재산권침해행위에 대한 방어적 권리를 당사자에게 인정하는 것이며, 재산권의 가치보장의 문제인 손실보상에 관한 근거규정으로 될 수 없다. 손실보상의 인정여부는 현행법체계상 헌법 제23조 제 3 항에만 관련되는 것이다. 또한 평등원칙을 규정하고 있는 헌법 제11조를 근거로 하는 논거도 문제가 있어 보인다. 즉 이 규정은 그 의미상 소극적으로 불평등대우를 받지 않을 것을 요구할 수 있는 내용만을 포함하는 것이며, 이를 근거로 하여 적극적으로 손실보상을 청구할 수 있는 권리가 도출된다고 보는 것은 어려울 것이다.

② 이 논의에서는 헌법 제23조 제 3 항을 유추적용하여 해결할 수 있다고 하지만,

---

10) 김동희( I ), 614면.
11) 김남진 · 김연태( I ), 649면; 석종현 · 송동수(상), 682면; 홍정선(상), 822면; 한견우( I ), 692면.

이러한 유추적용의 시도는 법률해석의 한 방법으로서의 유추적용을 위한 요건을 충족하지 못하기에 타당할 수 없는 문제를 내포한다. 즉 유추적용은 이미 법률에 의해 규율되어 있는 대상의 근거규정을 그와 성질이 유사하면서도 법률로 규정되고 있지 않은 대상의 근거규정으로 하여 법률흠결의 공백을 메우기 위한 것이다. 따라서 유추적용이 허용되기 위한 전제로서는 그 대상이 서로 유사성을 가지고 있을 것과, 법률로 규정되고 있지 않은 것이 입법자의 의도에 의하지 않는 것이어야 한다는 점이 요구된다. 이 주장에서의 논의의 대상은 헌법 제23조 제3항이다. 헌법 제23조 제3항은 재산권제약행위의 요건과 손실보상이 법률에 의해 규정되고 있는 경우에만 당해 공권력행사를 허용하는 것으로서, 이는 행정기관의 행위의 적법성을 그 기초로 하는 것이다. 그러나 손실보상을 규정하고 있지 않은 법률에 근거한 공권력행사는 불가분조항원칙에 반하는 것으로서 위법한 행정작용의 성질을 갖게 된다. 따라서 양자는 서로 그 성질에 있어서 유사성을 갖지 못하는 것이며, 이러한 점에서 헌법 제23조 제3항은 손실보상규정이 흠결된 법률의 경우에 손실보상청구권의 근거규정으로서 유추적용될 수 없다고 보아야 할 것이다.

③ 또한 이 주장처럼 독일의 수용유사침해이론을 도입하여 이를 손실보상의 문제로서 해결하려는 시도는, 독일에서도 연방헌법재판소의 자갈채취사건의 판결 이후 이러한 경우에 수용유사침해이론에 따른 손실보상을 부정하고 당사자는 바로 취소쟁송을 제기할 수밖에 없다는 결론에 비추어,12) 당사자의 권리보호에 전혀 도움이 되지 못할 것이다.

④ 이 주장에서는 논거로서, 또한 이미 손실보상규정을 두고 있는 다른 실정법률규정을 손실보상청구권의 근거로서 유추적용하고 있는 판례를 제시하며, 판례의 입장과 이 견해가 일치하고 있음을 강조하고 있다. 따라서 이러한 판례들을 검토하는 것이 필요할 것이다. 이 학설에서 인용하고 있는 판례를 보면 대표적으로 다음과 같다.

[1] 하천법 제2조 제1항 2호, 제3조에 의하면, 제외지는 하천구역에 속하는 토지로서 법률의 규정에 의하여 당연히 그 소유권이 국가에 귀속된다고 할 것인바, 한편 동법에서는 이 법의 시행으로 인하여 국유화된 제외지의 소유자에 대하여 그 손실을 보상한다는 직접적인 보상규정을 둔 바 없으나, 동법 제74조의 손실보상요건에 관한 규정은 보상사유를 제한적으로 열거한 것이라기보다는 예시적으로 열거하고 있으므로 국유로 된 제외지의 소유자에 대하여는 위 법의를 유추적용하여 관리청은 그 손실을 보상하여야 한다(대판 1987. 7. 21, 87누126).

[2] 구 공공용지의 취득 및 손실보상에 관한 특례법 시행규칙 제24조는 영업폐지에 대한 손실평가에 관하여 규정하는 외에 낙농업과 같은 경우에 대하여는 따로 규

---

12) 이에 대한 상세한 설명은 '수용유사침해이론'에 관한 논의를 참조.

정하는 바가 없는데, 그 성질상 어업의 폐지에 따른 손실의 평가를 규정한 위 시행규칙 제25조의2 제3항을 토지수용으로 인한 낙농업의 폐지에 대한 손실보상의 경우에 유추적용할 수 있다($^{대판\ 1992.\ 5.}_{22,\ 91누2356}$).

그러나 이러한 판례들은 법률규정 상호간의 유추해석의 문제이며, 다른 학설에서 검토하고 있는 헌법 제23조 제3항의 원용가능성문제와는 차원이 다른 문제이다. 즉, 이는 통상적인 법률규정의 흠결을 보충하는 해석론의 문제로서, 헌법 제23조 제3항과는 무관한 논의가 된다. 따라서 판례상 나타나고 있는 기존 법률조항의 유추적용의 경우를 헌법 제23조 제3항의 유추적용($_{간접적용}^{또는}$)의 내용으로 연계하려는 시도는[13] 타당하지 못하다. 물론 이러한 논의는 독일의 경우에도 일부 주장되고 있다. 그러나 이러한 주장은 궁극적으로 불가분조항원칙을 우회적으로 침해하는 문제점이 지적되어야 하며, 또한 그나마 이러한 유추적용할 수 있는 기존 보상규정이 없는 때에는 별로 실효성이 없는 방법이 되고 말 것이다.

### 3. 위헌무효설

#### (1) 논　　거

이 견해에 따르면 손실보상 여부는 법률에 근거하여야 하므로, 이러한 규정을 포함하지 않고 재산권제약을 허용하는 법률은 헌법 제23조 제3항에 반하는 위헌·무효의 법률이 된다고 본다. 따라서 이에 근거한 행정작용은 위법이 되므로 이에 대해 당사자는 행정소송의 제기와, 위법한 행정작용을 이유로 하여 재산상 손해를 받은 경우에는 국가배상청구를 제기할 수 있다고 한다.[14] 물론 이러한 손해배상청구를 위하여 구체적 규범통제의 방법, 즉 행정행위의 위법성을 주장하면서 근거법률의 위헌성을 주장하여 헌법재판소를 통한 위헌결정이 필요하게 될 것이다. 이를 입법자에 대한 직접효력설이라고도 한다.

#### (2) 비　　판

이 견해에 대해서는 이와 같이 행정상의 손해배상의 문제로 보게 되면, 가해행위의 위법성이 존재해야 하고 이는 다시 과실요건의 충족을 필요로 하는데, 이때에 공무원의 과실의 존재를 인정하기 어려워 결국은 당사자의 배상이 부정된다는 비판이 제기된다.[15] 특히 현재 우리나라의 판례가 과실의 요건을 엄격한 주관적 관념으로 이해하고 있기에, 이 주장에 의하면 결국 당해 행정작용은 위법하기는 하나 무과실

---

13) 예컨대 한견우(Ⅰ), 693면 등.
14) 김도창(상), 600면; 이상규(상), 643면; 박윤흔(상), 731면; 장태주(개론), 583면.
15) 김동희(Ⅰ), 613면.

한 행위가 되어 국가 등의 배상책임은 인정되지 못한다고 한다.16) 또한 손실보상규정이 없다는 이유만으로 불법행위와 동일시되는 것은 불합리하다는 비판도 제기된다.17)

## 4. 소  결

### (1) 위헌무효설의 타당성

생각건대 손실보상의 근거규정을 법률에 의하여 두고 있지 않은 경우에 대한 해결책으로서는 아직 어느 견해도 만족할만한 결론에 이르고 있지는 못하다. 위의 학설 중에서 직접효력설이나 유추적용설은 당사자의 권리보호를 위하여 헌법규정의 융통성 있는 적용과정을 통하여 손실보상을 도모할 수 있는 장점이 있어 보인다. 그러나 이러한 견해들은 당사자의 권리보호를 실현한다는 실용적인 명분하에 논리전개상 실정헌법내용을 뛰어넘는 등 해석론상 적지 않은 문제점을 내포하고 있다. 따라서 학설로서는 위헌무효설이 타당하다고 본다. 이러한 입장이 재산권보장을 위하여 입법자로 하여금 공권력행사에 있어서 반드시 손실보상규정을 두도록 하고 있는 헌법 제23조 제3항의 취지에 비추어 올바른 해석이라고 생각된다. 이때에 이를 행정상 손해배상의 전제가 되는 위법행위와 동일시할 수 없다는 비판은, 헌법 제23조 제3항의 불가분조항원칙의 의미를 체계적으로 이해하는 한 타당할 수 없다고 본다. 또한 이때에 당사자의 현실적인 손해배상주장이 엄격한 과실요건의 요구로 인해 사실상 불가능하다는 비판에 대해서는, 물론 아직 판례가 과실요건의 문제를 엄격하게 주관적 요건으로 해석하고 있어 이 요건의 충족을 입증한다는 것이 그다지 용이하지는 않을 것이다. 그러나 판례가 점차적으로 과실요건의 요구를 완화하여 적용한다면 해결될 수 있는 문제라고 생각된다. 그러나 이러한 문제점이 존재한다고 하여 헌법 제23조 제3항의 범위를 넘는 무리한 다른 해석방법론을 통해 손실보상체계를 확대하려고 하기보다는, 오히려 국가배상책임의 요건문제를 정비함으로써 해결을 시도하는 것이 체계적으로 타당하리라고 생각한다. 다른 한편 판례는 수용유사침해이론의 도입에 대해 소극적인 입장을 취하고 있고, 그 밖에도 헌법 제23조 제3항을 직접적인 효력규정으로 인정하는 입장도 나타내고 있지 않다.

### (2) 관련판례의 검토 : 헌재 1998. 12. 24, 89헌마214, 90헌바16, 97헌바78 병합사건

#### 1) 결정내용

헌법재판소는 구 「도시계획법」 제21조 제1항의 위헌여부에 대하여 법일반원칙

---

16) 김동희, "손실보상", 고시계, 1995년 11월호, 168면.
17) 홍정선(상), 822면.

인 비례성원칙에 비추어 이를 판단하고 있다. 이에 따라 「도시계획법」 규정이 당사자의 토지재산권 등을 제한하는 경우에 이러한 원칙을 제대로 준수하고 있는지의 여부를 개별적인 경우로 나누어서 검토하고 있다.

㈎ 구역지정 후 토지를 종래의 목적으로 사용할 수 있는 원칙적인 경우

개발제한구역의 지정에도 불구하고, 구역 내 토지 중 이미 개발된 토지의 경우에는 「도시계획법시행령」이 구역지정 당시부터 있던 기존 건축물의 증·개축을 허용하고 있으므로, 「도시계획법」 규정이 개발제한구역으로 지정된 토지소유자에게 부과하는 현상태의 유지의무나 변경금지의무는, 토지소유자가 자신의 토지를 원칙적으로 종래의 용도대로 사용할 수 있는 한, 재산권의 내용과 한계를 비례의 원칙에 부합하게 합헌적으로 규율한 규정이라고 보고 있다. 구체적으로 헌법재판소는 당해 결정을 통하여, 개발제한구역의 지정으로 인한 개발가능성의 소멸과 그에 따른 지가의 하락이나 지가상승률의 상대적 감소는 토지소유자가 감수해야 하는 사회적 제약의 범주에 속하는 것으로 보고 있다. 따라서 토지소유자가 종래의 목적대로 토지를 이용할 수 있는 한, 구역의 지정으로 인하여 토지재산권의 내재적 제약의 한계를 넘는 가혹한 부담이 발생했다고 볼 수 없다고 한다.

㈏ 구역지정 후 토지를 종래의 목적으로도 사용할 수 없거나 또는 토지를 전혀 이용할 수 있는 방법이 없는 예외적인 경우

그러나 이에 반하여 개발제한구역 지정으로 말미암아 예외적으로 토지를 종래의 목적으로도 사용할 수 없거나, 또는 법률상으로 허용된 토지이용의 방법이 없기 때문에 실질적으로 토지의 사용·수익권이 폐지된 경우는 이와 구별하고 있다. 이러한 경우에는 재산권의 사회적 기속성으로도 정당화될 수 없는 가혹한 부담을 토지소유자에게 부과하는 것이므로, 입법자가 그 부담을 완화하는 보상규정을 두어야만 비로소 헌법상으로 허용될 수 있는 것으로 평가하고 있다. 따라서 이와 같이 토지소유자가 수인해야 할 사회적 제약의 정도를 넘는 경우에도 아무런 보상 없이 재산권의 과도한 제한을 감수해야 하는 의무를 부과하는 법률은 위헌으로 보고 있다. 이러한 경우 입법자는 비례성의 원칙을 충족시키고, 법률의 위헌성을 제거하기 위하여 예외적으로 발생한 특별한 부담에 대하여 보상규정을 두어야 한다고 본다.

헌법재판소는 위와 같은 기준에 따라 구 「도시계획법」 제21조를 일정한 경우에 위헌으로 보고 있으나 최종적으로는 위헌결정이 아니라, 헌법불합치결정을 내리고 있다.

2) 헌법재판소 결정의 의의

위의 헌법재판소 결정은 입법자에게 일정시점까지 입법조치를 취하도록 만드는 구체적인 법적 효과를 발생시키고 있다. 따라서 일정한 경우에 당사자는 개정될 법률규정에 따른 손실보상을 청구할 수 있게 되었다. 이번 결정은 법이론적으로는 다음과

같은 두 가지 점에서 평가해 볼 수 있다고 생각된다.

㈎ 분리이론에 따른 손실보상청구 인정

헌법재판소는 일정한 제한적인 경우의 손실보상 인정의 필요성을 헌법 제23조 제3항이 아니라, 제23조 제1항 및 제2항의 규정으로부터 도출하고 있다.[18] 이는 헌법 재산권규정 중 재산권 제한규정과 공용수용규정을 별도의 형식에 따른 별개의 내용으로 검토하는(즉 일반적·추상적인 재산권제한규정과 개별적·구체적인 공용수용규정) 이른바 독일 헌법상 이론인 '분리이론'에 따른 것으로 보인다.[19] 즉, 개발제한구역의 지정은 그 자체가 적법한 재산권 제한행위이지만, 일정한 경우에는 비례성원칙을 위반하여 손실보상을 필요로 하게 되며, 이때에 손실보상규정을 법률에 규정하지 않는 경우에는 손실보상을 필요로 하는 재산권제한규정의 위반으로 위헌의 판정을 받게 된다고 본다. 재산권의 가치보장보다 존속보장을 원칙으로 강조하는 이 이론은 이른바 자갈채취판결을 계기로 독일 헌법재판소의 이론으로 발전한 것으로 평가되고 있다.

그러나 이 견해는 독일 기본법 제14조 제3항의 수용개념이 자갈채취판결을 계기로 하여, 기존의 넓은 의미의 수용개념, 즉 재산권의 사회적 제약을 넘는 제한행위로 이해하는 태도로부터(따라서 재산권의 수용, 사용 및 제한행위 유형이 모두 수용개념으로 포함됨), 좁은 의미의 수용개념, 즉 강제적으로 재산권을 박탈·이전하는 의미로 변경됨에 따라(따라서 이 개념이해에 따르면 재산권의 사용 및 제한은 수용개념에서 배제된다) 성립된 이론으로 평가되므로, 우리나라의 현행 헌법과 같이 제23조 제3항에서 재산권의 수용뿐 아니라 사용 및 제한도 포함하는 입법례에서는 그대로 받아들이기 어려운 점이 존재한다.

---

18) 이러한 경향의 헌재 결정은 다음의 판례로 확인할 수 있다 : 청구인에 대한 건축후퇴선의 지정을 가능케 한 근거 법령인 주거환경개선법 제6조 제1항 제2호, 동법 시행령 제5조 제1항 제2호 등은 이 사건과 같은 경우에 행정청의 보상의무를 필수적으로 정하고 있지 않다. 그리고 토지에 대한 재산권은 그 토지가 위치한 지역의 사회적 제반조건 및 이웃 토지의 이용과 서로 조화되어야 하는 제약이 있는 것이며, 광범위한 입법형성권하에 놓여 있는바, 이 사건에서 위 근거법령들은 좁은 도로의 주거밀집지역의 주거환경을 개선하기 위하여 대지위에 건축을 함에 있어서 필요한 통행로를 최소한 확보하고자 토지소유자가 준수하여야 할 재산권의 내용 혹은 한계 내지 재산권행사의 공공복리성을 구체화한 합헌적인 규정으로 이해함이 상당하며, 국가에 의한 보상을 반드시 필요로 하는 헌법 제23조 제3항의 공공필요에 의한 재산권의 수용, 사용, 제한에 관련된 규정이라고 할 수 없고, 달리 헌법상 이 사건에서 보상을 해 주어야 하는 직접적인 근거를 찾아볼 수 없다. 그러므로 이 사건에서는 행정청이 청구인의 건축후퇴선 부분에 대한 보상을 해주어야 할 헌법상의 작위의무를 인정할 수 없다(헌재 2001. 1. 18, 99헌마636 전원재판부).

19) 이에 대립되는 이론이 이른바 경계이론이다. 이는 재산권의 제한규정과 공용수용규정은 엄격히 분리되는 것이 아니라, 재산권의 제한행위에 해당하는 경우라도 일정한 경우에는 특별한 희생요건을 구비하게 되어 공용수용규정에 포섭되어 손실보상을 필요로 하게 된다고 본다. 즉 분리이론과는 달리 이 이론은 재산권의 가치보장도 중시하며, 헌법 제23조 제3항으로부터만 손실보상의 가능성을 도출하게 된다. 독일 연방통상법원의 판례이론에 근거하는 이러한 이론에 대해서는 '제5절 새로운 행정상 손실보상 논의' 부분 참조.

⑷ 손실보상규정 없는 경우의 해결책 제시

또한 헌법재판소 결정은 위에서 논의한 특별한 희생성의 기준에 비추어, 손실보상이 필요한 재산권 제한행위에 대하여 손실보상규정을 두고 있지 않은 법률규정에 대하여 위헌이라는 기본입장을 밝히고 있다. 이에 따라서 입법자로 하여금 조속히 이에 관한 입법적 조치를 강구하도록 하고 있는 것이다. 따라서 결과적으로 이러한 결론은 손실보상이 필요한 재산권 제한행위에 대해 손실보상규정이 없는 경우에 당해 법률을 위헌으로 보는 입장으로 되며, 이는 학설상 그간 논란이 되어 온 '손실보상규정 없는 경우의 해결방법' 논의와 밀접한 관련을 갖고 있는 것이다. 주지하는 바와 같이 학설상으로는 이에 대해 그 동안 직접효력규정설, 유추적용설, 위헌무효설이 주장되어 왔다. ㉠ 직접효력규정설에 따르면, 손실보상규정이 없는 경우에는 헌법 제23조 제3항을 직접적인 근거로 하여 손실보상을 주장할 수 있다고 하므로, 이번 헌법재판소 결정의 대상이 된 법률근거규정을 위헌으로 볼 수 없게 된다. 또한 ㉡ 유추적용설에 의하더라도, 「도시계획법」에 손실보상규정이 없는 경우에는 헌법 제23조 제1항과 제11조를 직접적인 근거로 하고, 제23조 제3항 및 관계규정의 유추적용을 통하여 손실보상을 청구할 수 있다고 하므로, 문제의 「도시계획법」 규정을 위헌으로 보는 견해에 이르지 못하게 된다.

그러나 반면에 ㉢ 위헌무효설에 의하면, 손실보상 규정을 포함하지 않고 재산권 제약을 허용하는 법률은 헌법 제23조 제3항에 반하는 위헌·무효의 법률이 되므로, 문제의 도시계획법 규정을 위헌으로 보는 결론에 이르게 된다.

물론 헌법재판소는 바로 위헌의 결정을 내리지 않고 입법적으로 조치를 취하도록 하고 있는바, 이는 위헌·무효에 따른 효과를 바로 주장하게 된다면, 이러한 경우에 발생할 수 있는 재정적·법적 혼란을 방지하기 위한 일종의 정책적 배려라고 이해할 수 있을 것이다.


# 제 3 절  행정상 손실보상의 기준과 내용


## Ⅰ. 손실보상의 기준

일반적으로 이에 대해서는 두 가지의 대립적인 입장이 주장되고 있다.

### 1. 완전보상설

이는 손실보상의 기준을 제약받는 재산권 자체에 대한 완전한 보상이어야 한다고 보는 입장이다. 이는 그 내용에 있어서 다시 ㉠ 제약되는 재산권이 가지는 객관적 시장가치만을 보상한다고 보는 견해와 ㉡ 행정작용을 원인으로 하여 발생한 손실의 전부를 보상하여야 한다는 견해로 나뉜다. 양자의 차이는 후자의 경우에는 행정작용으로 인한 부대적 성질의 손실(영업상의 손실이나 이전비용 등)도 보상의 대상으로 된다고 보는 데에 있다. 미국헌법 수정 제 5 조의 "정당한 보상"의 해석을 중심으로 발전한 이론이라고 한다.[20]

## 2. 상당보상설

이는 손실보상의 기준을 사회국가원리에 따른 적정한 보상에서 찾는 입장이다. 이 입장도 그 내용에 있어서 ㉠ 사회통념에 비추어 객관적으로 공정하고 타당한 것이면 된다는 견해와 ㉡ 완전한 보상이 원칙이나 합리적인 이유가 있으면 그 이하의 보상도 허용된다는 견해로 나뉜다. 이는 바이마르 헌법상의 손실보상원칙을 계승한 독일 기본법 제14조 제 3 항에서의 표현인 '공익과 관계당사자의 이익의 정당한 형량하에서 보상을 하여야 한다'의 해석을 중심으로 발전한 이론이다.

## 3. 소    결

헌법 제23조 제 3 항이 규정하는 '정당한 보상'이란 원칙적으로 피수용재산의 객관적인 재산가치를 완전하게 보상하는 완전보상을 의미하며, 완전보상액을 하회할 수 있는 내용의 상당보상을 의미할 수는 없다고 본다.

> 헌법 제23조 제 3 항이 규정하는 정당한 보상이란 원칙적으로 피수용재산의 객관적인 재산가치를 완전하게 보상하는 완전보상을 의미하며, 토지의 경우에는 그 특성상 인근 유사토지의 거래가격을 기준으로 하여 토지의 가격형성에 미치는 제 요소를 종합적으로 고려한 합리적 조정을 거쳐서 객관적인 가치를 평가할 수밖에 없는데 이때, 소유자가 갖는 주관적인 가치, 투기적 성격을 띠고 우연히 결정된 거래가격 또는 흔히 불리우는 호가, 객관적 가치의 증가에 기여하지 못한 투자비용이나 그 토지 등을 특별한 용도에 사용할 것을 전제로 한 가격 등에 좌우되어서는 안 되며, 개발이익은 그 성질상 완전보상의 범위에 포함되지 아니한다(헌재 2001.4.26, 2000 헌바31 전원재판부 ).

따라서 개별 입법자는 이러한 헌법상의 완전보상의 의미에 따라서 손실보상 내용을 구체화하여야 한다. 현재 손실보상에 관한 일반법인 「공익사업을 위한 토지 등의 취득 및 보상에 관한 법률」은 공시지가에 의한 손실보상을 원칙으로 하고 있으며(제70조 1항), 공공사업의 시행에 의하여 발생하는 개발이익은 피수용토지가 수용 당시 갖는

---

20) 석종현 · 송동수(상), 703면.

객관적 가치에 포함된다고 볼 수 없다는 이유로 보상액에서 배제하고 있다($^{제67조}_{2항}$).

공시지가는 그 평가의 기준이나 절차로 미루어 대상토지가 대상지역공고일 당시 갖는 객관적 가치를 평가하기 위한 것으로서 적정성을 갖고 있으며, 표준지와 지가선정 대상토지 사이에 가격의 유사성을 인정할 수 있도록 표준지 선정의 적정성이 보장되므로 위 조항이 헌법 제23조 제 3 항이 규정한 정당보상의 원칙에 위배되거나 과잉금지의 원칙에 위배된다고 볼 수 없고, 토지수용시 개별공시지가에 따라 손실보상액을 산정하지 아니하였다고 하여 위헌이 되는 것은 아니다($^{헌재\ 2001.4.26,}_{2000헌바31\ 전원재판부}$).

그러나 공시지가에 의한 손실보상은 시장거래가격에 의하여 형성된 가격과 많은 차이를 갖게 되므로, 보상금으로 피수용대상자가 종전 토지와 유사한 다른 토지 등을 구입하기 어려운 것이 현실이다. 이러한 결과는 헌법상의 완전보상의 취지에 부합하지 않는다고 보인다. 따라서 손실보상액은 공시지가에 의할 것이 아니라, 미국의 경우처럼 시장거래가격으로 하거나, 일본의 경우처럼 종전의 토지와 유사한 토지를 구입할 수 있는 가격으로 변경되어야 할 것이다. 또한 개발이익도 현재와 같이 피수용자의 일방적 희생하에 인근 주민들이나 개발사업자 등에게 귀속시킬 것이 아니라, 피수용자에게도 일정 부분 배분하는 내용을 보상액에 포함시킬 필요가 있을 것이다.

## Ⅱ. 손실보상의 개별적 내용

### 1. 개  관

오늘날의 손실보상은 그 유형과 내용에 있어서 점차 확장되는 경향을 보이고 있다. 전통적인 대상으로 인식되고 있는 재산권보상에 있어서는 그 내용이 이와 관련되는 부대적인 손실까지 포함하여 확대되고 있다. 또한 재산권보상을 통해서도 남게 되는 손실, 즉 공익사업의 시행 이전상태로의 생활을 보장하기 위한 생활권보상과 공공사업의 실시나 완성후의 시설이 사업지 외에 미치는 손실인 사업손실보상도 주요한 내용으로 부각되고 있다. 이에 관련되는 법률로서는 「공익사업을 위한 토지등의 취득 및 보상에 관한 법률」($^{이하에서는}_{'·보상법'으로\ 약함}$) 및 「부동산 가격공시에 관한 법률」($^{이하에서는\ '부동산}_{공시법'으로\ 약함}$)을 들 수 있다.

### 2. 재산권 보상

이는 토지와 토지 이외의 기타 재산권에 대한 손실보상을 그 내용으로 한다.

(1) 토지의 경우

1) 일반적 보상기준

　협의에 의한 경우에는 협의 성립당시의 가격을, 재결에 의한 경우에는 수용 또는 사용의 재결당시를 산정시기로 하여 당해 토지의 거래가격이 산정기준이 된다($^{보상법\ 제67}_{조\ 1항}$). 보상액의 산정에 있어서는 공공사업의 시행으로 인해 발생하는 개발이익을 배제한 토지가격으로 하기 위하여 지가공시제에 따른 공시지가를 기준으로 하여 결정하게 된다($^{제70조}_{1항}$).

　지가공시제는 그 연혁에 있어서 구 「국토이용관리법」상의 기준지가고시제의 형태로 도입된 제도이다.21) 그러나 동법이 몇 차례의 개정 끝에 폐지됨에 따라 기준지가 개념을 대체하는 새로운 개념으로서 채택된 것이 공시지가 개념이다.

　공시지가는 토지의 가격을 일반적으로 공개함으로써 행정기관이나 이해관계인이 당해 지가수준을 정확하게 파악할 수 있게 하는 것을 말하는 것으로서, 그 유형에 있어서 표준지 공시지가와 개별공시지가로 나뉜다. 전자는 「부동산공시법」의 규정에 의한 절차에 따라 국토교통부장관이 조사·평가하여 중앙부동산가격공시위원회의 심의를 거쳐 공시한 표준지의 단위면적당 가격을 말하는 것으로서($^{부동산공시법}_{제3조\ 1항}$), 일반적인 토지거래의 지표가 되며 국가·지방자치단체 등의 기관이 그 업무와 관련하여 지가를 산정하거나 감정평가업자가 개별적으로 토지를 감정평가하는 경우에 그 기준이 되는 것이다($^{부동산공시}_{법\ 제9조}$). 현실적으로 표준지 공시지가는 국토교통부장관이 둘 이상의 감정평가업자에게 의뢰하여 이를 기초로 산정하게 된다($^{부동산공시법}_{제3조\ 5항}$). 표준지 공시지가에 대해서는 법률과 시행령에 자세한 내용들이 규정되어 있으며 공시지가에 대한 이의신청제도도 법률에 의해 마련되고 있다. 이에 반해 개별공시지가는 시장, 군수 및 구청장이 산정한 개별필지의 가격으로서($^{부동산공시법}_{제10조}$), 이때에는 당해 토지와 유사한 이용가치를 지닌다고 인정되는 하나 또는 둘 이상의 표준지의 공시지가를 기준으로 하여 당해 토지의 가격과 표준지의 공시지가가 균형을 유지하도록 하고 있다. 이때의 개별공시지가 결정에 있어서는 또한 그 이용목적에 따라 표준공시지가를 개별적인 상황을 고려하여 가감조정하여 적용할 수 있는 가능성이 열려 있다($^{부동산공시법}_{제8조}$). 개별공시지가는 표준지 공시지가와는 달리 이를 산정의 기준으로 하는 다른 세액 등의 결정에 가감조정 없이 그대로 적용되는 특성을 보이고 있다.

2) 구체적 보상기준

　그러나 구체적으로 당해 토지에 대한 공법상 제한이 있거나 공공사업의 시행으로 지가가 상승하는 등의 사정이 존재하는 경우에는 보상금액의 산정에 있어서 이러한 사정이 배려되어 결정되어야 한다.

---

21) 이하의 내용은 류지태, "공시지가의 법적 성질", 토지연구, 1994년 1월·2월호 참조.

㉠ 당해 공공사업의 시행이 사업용지의 지가에 영향을 미치지 아니하는 경우에는 보상법 제67조 제 1 항의 규정에 의한 일반적 기준으로 결정하게 된다.

㉡ 당해 공공사업의 시행으로 인해 사업용지의 지가가 영향을 받는 경우에는 공시지가를 기준으로 하되, 지가의 변동이 없는 인근토지의 지가변동률, 생산자물가상승률 등을 고려하여 평가한 금액으로 한다(보상법 제70조 1항).

㉢ 당해 토지에 공법상 제한이 있는 경우에는 공법상의 제한 등이 당해 공공사업의 시행을 직접적인 목적으로 하여 행해진 경우에는 공법상 제한이 없는 것으로 보고 평가하고, 공법상 제한 등이 당해 공공사업의 시행과 관련이 없는 경우에는 공법상 제한 등을 받아 상승 또는 하락된 상태에서 평가하여야 한다(보상법 시행규칙 제23조 1항).

### 3) 개발이익의 환수

공익사업을 위하여 토지를 수용당한 토지소유자에게 개발로 인한 손실을 보상하는 한편으로, 이러한 토지소유자와 수용당하지 않은 토지소유자나 개발사업자 등과의 불균형을 막기 위하여 공익사업의 시행을 이유로 한 개발이익을 환수하고 있다. 이에 관한 사항에 대해서는 「개발이익환수에 관한 법률」이 규정하고 있다. 동법에 따르면 개발이익은 개발사업시행자 또는 토지소유자가 공익사업을 시행함을 통하여 얻게 되는 토지가격의 증가분에서 정상지가상승분이나 개발비용 등을 공제한 개발부담금의 형태로 환수하게 된다(제3조).22)

### (2) 토지 이외의 재산권 보상

이에 관해서는 주로 「공익사업을 위한 토지등의 취득 및 보상에 관한 법률」과 그 시행령이 규정을 두고 있다. 그 주요 내용으로는 토지 이외에 지상물건, 농업, 토지에 관한 소유권 이외의 권리, 영업, 잔여지 등에 관한 손실보상이 규정되고 있다.

## 3. 간접손실보상

### (1) 의   의

이는 대규모 공공사업의 시행 또는 완성 후의 시설이 간접적으로 사업지범위 밖에 위치한 타인의 토지 등의 재산에 손실을 가하는 경우의 보상을 말한다. 사업손실보상이라고도 한다. 이 손실보상은 학자에 따라서는 생활권보상의 내용으로 설명하기도 하나, 손실보상의 당사자나 보상대상이 생활권보상의 경우와는 달리 간접적이라는 점에서 구별되는 것이 타당하다고 본다.

---

22) 종전에는 개발이익은 토지초과이득세의 형태로도 환수하였으나, 토지초과이득세법이 폐지되어 더 이상 존재하지 않는다.

## (2) 유    형

공공사업의 시행이나 완성 후의 시설이 사업지 범위 밖에 미치는 손실의 양태는 크게 보아, 물리적·기술적 손실과 경제적·사회적 손실로 나눌 수 있다. 전자는 공사 중의 소음진동이나 완성된 시설에 의한 일조 또는 전파에 대한 장해 등을 의미하며 통상적으로 공해로서 이해된다. 후자는 댐건설 등으로 인해 대부분의 주민이 이전함으로써 생기는 지역경제에의 영향이나, 어업권의 소멸에 따라 어업활동이 쇠퇴하여 생기는 경제활동에의 영향 등 지역사회의 변동을 통하여 개인에게 미치는 간접적 영향을 말한다.[23]

## (3) 인정근거
### 1) 이론적 근거

간접손실은 공익사업으로 인하여 발생되는 부수적인 재산적 손실로서의 의미를 갖는 것이다. 따라서 이에 대한 보상은 헌법상의 손실보상인 재산권 보상의 유형으로 볼 수 있다.
### 2) 규범적 근거

㈎ 법률근거규정의 필요    간접손실보상도 손실보상의 유형에 해당하므로, 구체적 청구를 위하여는 개별 법률의 근거규정이 필요하다. 특히 헌법 제23조 제3항은 기본권형성적 법률유보의 형식을 취하고 있으므로, 손실보상의 가부, 절차 및 방법이 개별 법률 근거규정에 의하도록 하고 있다. 이는 청구권적 기본권의 성격에서 비롯된 것으로 이해될 수 있다. 그러나 이때에는 직접적인 재산권보상과 그 성격이 다른 것이므로, 이와는 다른 별도의 근거가 필요하며, 직접적 보상규정의 근거규정을 원용할 수는 없다.

이에 관해 현행법은 물리적·기술적 손실에 대해서 공익사업의 시행으로 인하여 공익사업시행지구 인근에 있는 어업권자의 어업에 발생하는 피해를 보상하는 규정만을 두고 있고(보상법 시행규칙 제63조), 그 밖의 경우에 대해서는 규정을 두고 있지 않다. 실정법이 규정하고 있는 간접손실보상은 주로 경제적·사회적 손실이다. 이에 관해 「공익사업을 위한 토지등의 취득 및 보상에 관한 법률」은 사업시행으로 인해 잔여지에 발생한 손실 또는 잔여지에 통로나 울타리, 도랑 등의 신설이 필요하게 되는 경우의 비용보상(제73조), 잔여지 등의 매수, 수용청구(제74조), 잔여지 이외의 토지에 대한 손실보상(제79조)을 규정하고 있다. 또한 「공익사업을 위한 토지등의 취득 및 보상에 관한 법률 시행규칙」도 공익사업의 시행으로 인해 교통이 두절되거나 경작이 불가능하게 된 경우의 대지, 건물, 농경지에 대한 간접보상(제59조), 소유농지의 대부분이 공익사업 시행지구에 편입되고 남은 건물에 대한 간접보상(제60조), 공익사업의 시행으로 인해 1개 마을의 가옥의 대

---
23) 박윤흔(상), 762면.

부분이 사업시행지구에 편입되고 남은 잔여가옥에 대한 소수잔존자보상($^{제61}_{조}$), 공익사업시행지구 밖에서 적법하게 해온 영업의 간접보상($^{제64}_{조}$), 공익사업의 시행으로 인해 더 이상 본래의 기능을 다할 수 없게 된 사업시행지구 밖에 위치한 공작물의 간접보상($^{제62}_{조}$)에 대해 규정하고 있다.

(나) 간접손실보상의 성립요건  간접손실보상은 그 유형을 정형화하기 어려운 점이 있으므로, 모든 경우를 대비한 규정을 두기 어려운 실무상의 난점이 존재한다. 따라서 어떠한 요건을 충족하면 간접보상의 대상이 되는가에 대한 의문이 제기된다. 그러나 간접보상이 헌법상의 손실보상내용에 포함되어야 한다면, 손실보상의 일반적 요건을 충족할 필요가 있어 보인다. 이 문제에 대한 우리나라의 논의내용은 상세하지 못한 실정이다. 그러나 독일법의 이론에 의하면, 간접보상은 ㉠ 피해가 강제적이고 직접적인 수용행위의 결과로서 나타난 것이어야 하고, ㉡ 당사자에게 공공복리를 위하여 마찬가지로 특별희생의 의미를 부여하는 것일 필요가 있다고 한다.

즉 공권력 행사로 인한 특별희생의 발생이라는 요건은 간접보상의 경우에도 충족되어야 한다. 따라서 개별적으로 검토하여 이러한 요건을 충족하고 있다면, 이를 간접손실보상의 한 유형으로 인정하는 것이 필요하다고 생각된다.24) 이러한 성립요건을 충족하는 한, 개별법에서 간접손실보상의 근거규정을 두고 있지 않더라도, 일반법의 성격을 갖고 비교적 간접손실보상의 유형을 상세히 규정하고 있는 토지보상법 시행규칙의 근거규정을 적용할 수 있다고 생각된다.

### (4) 청구절차

간접손실보상을 청구하는 절차에 대해서는 토지보상법이 근거규정을 세부적으로 두고 있지 않다. 다만, 토지보상법은 간접손실보상의 근거규정 중 하나인 토지보상법 제79조 제2항의 규정(공익사업이 시행되는 지역 밖에 있는 토지등이 공익사업의 시행으로 인하여 본래의 기능을 다할 수 없게 되는 경우)에 의한 손실보상에 대해 사업시행자와 손실을 입은 자가 협의하여 결정하도록 하고, 협의가 성립되지 아니하였을 때에는 사업시행자나 손실을 입은 자가 대통령령으로 정하는 바에 따라 관할 토지수용위원회에 재결을 신청할 수 있도록 규정하고 있을 뿐이다($^{토지보상법}_{제80조}$). 따라서 그 밖의 간접손실보상에 관한 청구절차는 통상적인 민사소송절차에 의할 수밖에 없을 것이다.

---

24) 이러한 판례로는 대판 2002. 11. 26, 2001다44352.

### 4. 관련 문제 : 이른바 생활보상의 법적 근거[25]

#### (1) 생활보상의 개념

생활보상은 대규모 공익사업으로 인한 개인의 생활기반의 침해에 대해서 종전의 생활상태의 재건을 목적으로 생존권 보장의 이념에 기초하여 행하여지는 일련의 대책으로서, 일반적으로는 손실보상의 한 유형으로 파악되고 있다.[26] 구체적으로는 댐건설사업이나 대규모 택지개발사업 등과 같이 공익사업으로 인하여 기존 거주지로부터 다른 지역으로 이주하여야 하는 경우에, 종전 거주지에서의 생활생태를 재건할 목적으로 이루어지는 일련의 보장대책을 의미한다. 일본 행정법 이론내용으로 처음으로 논의되기 시작된 것이다.

이 개념에서는 여러 가지 유형의 보상이 포함되고 있는 것으로 설명되고 있으나, 공익사업 시행 전에 누리고 있던 생활이익 상실에 대한 보장대책을 의미하는 것이므로, 재산권적 보상의 내용을 갖는 것은 제외하는 것이 타당하며(따라서 간접손 실보상은 제외), 공익사업의 직접적인 당사자에 대한 불이익을 대상으로 하는 것이므로 잔존자 보상도 제외하는 것이 타당하다. 구체적 내용으로는 생활재건조치(이주대책, 대체지 알선, 정착자금지 원, 직업훈련실시, 고용알선조치 등) 이주 영세농 등에 대한 대책, 주거대책비보상 등이 포함된다. 이때에는 공공용지의 강제적 취득이든 매수에 의한 취득이든 어느 경우에나 모두 강제적 계기가 개입하는 점에서, 종전의 생활재건을 가능하게 하려는 의도에서 본다면 생활보상의 원인행위 면에서는 차이가 크지 않은 것으로 평가될 수 있다.

#### (2) 실정법 규정

생활보상의 개별 유형은 다양할 수 있으나, 실무상 가장 문제로 되고 있는 것은 주로 이주대책이라고 볼 수 있다. 이러한 이주대책에 대한 실정법적 근거는 「공익사업을 위한 토지등의 취득 및 보상에 관한 법률」 제78조(이주대책 또는 이 주정착금 등 규정), 「댐건설 및 주변지역지원등에 관한 법률」 제11조(토지보상법 준용규정), 제40조(수몰이주민에 대한 지원규정) 등을 들 수 있다.

#### (3) 생활보상의 법적 성격

이러한 생활보상의 법적 성격에 대해서는, 일반적으로 헌법 제23조 제 3 항에서 보장되고 있는 손실보상의 한 유형으로 이해하고 있다. 그러나 이에 대해서는 비판적 검토가 필요하다고 생각한다.

---

25) 이하의 내용에 대해서는 류지태, "생활보상논의의 비판적 검토", 감정평가연구, 제15집 제 2 호, 2005. 12. 참조.

26) 우리나라 행정법 학계의 일반적 견해이다.

## 1) 손실보상의 성격으로 이해하는 입장

생활보상을 헌법상의 손실보상의 한 유형으로 이해하는 다수견해는 그 법적 근거로서 헌법 제23조 제 3 항과 제34조를 들고 있다. 즉 헌법상의 재산권 보상에 관한 공평부담의 관점과, 국민의 생활유지를 위한 목적의 생존권보장 이념을 서로 결합하여, 생활보상에 대한 추상적인 헌법적 근거가 존재하는 것으로 이해한다.27)

그러나 이러한 입장은, 헌법 제23조에서 재산권 보상의 내용을 넘는 유형의 보상과 연계하려는 점에서 근본적인 문제가 있어 보인다. 즉 이러한 복합적 기본권 논리가 가능하기 위하여는 생활보상을 구성하는 요소 중에 헌법 제23조 제 3 항과 관련되는 부분을 찾을 수 있어야 하는바, 단순히 손실보상의 이념인 공평부담의 관점만으로 생활보상적 요소와 연계할 수 있는 것인가에 대해서는 비판이 제기될 수 있을 것이다. 또한 이 논의는 생활보상의 개별적 내용문제와 연계되는 경우에 불명확성을 노출하게 된다. 즉 개별적 생활보상유형의 구체적 내용을 확정하는 과정에서 헌법 제23조 제 3 항을 연계하는 경우에는, 헌법상 정당보상의 기준이 완전보상의 취지로 이해되고 있으므로, 생활보상적 내용도 완전보상적 기준에 따른 비교적 높은 수준의 내용을 요구하게 되지만, 헌법 제34조의 생존권적 기본권의 내용과 연계되는 경우에는 최저 생활수준의 보장을 그 기준으로 삼게 되므로, 서로 조화하기 어려운 내용확정의 어려움이 예상되게 된다. 따라서 이 주장은 생활보상 내용의 구체화 과정에서 불확실성을 야기하는 논거라고 평가할 수 있다.

## 2) 사견 : 사회보장수단의 성격

이른바 생활보상은 그 제도의 취지상, 문제의 공권력적 개입이 없었더라면 누릴 수 있었던 당사자의 기존 생활상의 지위를 회복시키는 데 그 목적이 있으므로, 손실보상의 차원을 넘는 내용을 포함하고 있으며, 따라서 다른 차원의 문제, 즉 사회보장적 측면에서 고찰되는 개념으로 이해하는 것이 타당하다고 생각한다. 헌법 제23조 제 3 항의 내용은 재산권 보상을 염두에 둔 규정으로서 제한적인 내용으로 이해되어야 하며, 재산권 보상으로 메워지지 않는 내용의 보장대책은 헌법 제34조의 규정에 의하여 해결가능한 것으로 이해되어야 하는 것이므로, 생활보상은 헌법 제34조로부터만 도출가능한 것으로 이해되어야 할 것이다. 따라서 생활보상의 내용인, 대규모 공익사업으로 인한 이주대책이나 생활재건조치 등은 사회보장적 측면에서 정책적으로 접근하여야 할 문제이며, 손실보상의 측면에서 해결되어야 하는 것으로 볼 수 없다고 생각된다. 헌법재판소도 같은 입장에 있는 것으로 보인다. 헌법재판소는 생활보상의 한 유형인 이주대책의 법적 성격에 대해, 생활보호차원의 제도로서 헌법상 재산권 보상

---

27) 塩野 宏, 行政法 Ⅱ, 2005, 341면; 이러한 견해가 우리나라의 일반적 입장에 영향을 준 것으로 보인다.

과 무관한 제도이며, 따라서 정당보상의 논의를 이주대책 논의에 원용할 수 없다고
판결하고 있다.

> 이주대책의 실시는, 공공필요에 의하여 재산권을 수용당한 국민이 당연히 국가에
> 대하여 갖는 공법상의 권리인 손실보상청구권과는 전혀 다른 개념으로서, 택지개발사
> 업 등 공공사업의 시행으로 생활근거를 잃게 된 철거민들에 대하여 생활보호의 차원
> 에서 공공용지의취득및손실보상에관한특례법 제 8 조에 따라 이루어지는 시혜적인 조
> 치에 불과하여, 헌법 제23조 제 3 항에서 말하는 정당한 보상에 해당하지 아니 한다
> $\binom{\text{헌법재판소 1993.7.29.}}{\text{92헌마30 전원재판부}}$.

### 3) 생활보상의 구체적 내용 확정

이른바 생활보상은 손실보상차원이 아니라, 사회보장적 차원의 제도로 이해되어
야 하므로, 그 구체적 내용을 형성함에 있어서는 사회권적 기본권의 일반적 법리에
따라서 검토될 필요가 있을 것이다. 그러므로 개별적 내용의 구성에서는, 개인의 생존
권과 국가의 재정상황이나 다른 공익적 사정 등을 형량하여 그 우월적 지위인정문제
를 검토하여야 하는 것으로 보게 된다. 따라서 생존권적 기본권에 관한 헌법적 요구
내용대로 국가는 최소한의 보장실현의 의무가 주어져 있으나, 그 이상의 내용을 구체
화함에 있어서는 다른 공익적 사정을 고려하여 형량의 결과에 의하여 확정되는 것으
로 이해하여야 할 것이다.28)

### (4) 보론 : 소수잔존자 보상의 개념

이는 개념상의 이해에 있어서 통일적이지 못한 내용으로 검토되고 있다. ㉠ 일부
견해는 이를 공공사업의 시행의 결과로 인하여 종전의 생활공동체로부터 분리되어 남
게 되는 당사자들이 주위 생활환경의 변화로 더 이상 그 지역에서 생활하지 못하고
이주가 불가피하게 되는 경우에 그 비용을 보상하는 것을 말한다고 본다. 그 내용으
로는 이전비·이사비·이농비·이어비 등을 포함하며, 이는 전형적인 생활권보상에
해당하는 것으로 본다.29) 이러한 입장은 체계적으로 보아 사업손실($\binom{\text{또는}}{\text{간접손실}}$)보상의 유형
을 별도로 인정하지 않고 생활권보상으로 이해하는 것과 관련되는 듯이 보인다. 이러
한 입장에서 볼 때에 이에 관한 현행법으로는 이농비와 이어비에 관한 규정을 들 수
있다($\binom{\text{보상법 시행}}{\text{규칙 제56조}}$). ㉡ 그러나 소수 잔존자보상의 개념을 이와는 다소 다르게 잔존자의 생
활상의 불편, 소득의 감소, 재산의 사실상 감가 등으로 파악하는 입장에서는 이를 재
산권보상의 내용으로 포함하고 생활권보상에서 제외하게 된다.30) 생각건대 소수잔존

---

28) 이와 관련된 상세한 내용에 대해서는 류지태, 앞의 논문, 감정평가연구, 139면 이하 참조.
29) 석종현·송동수(상), 714면; 한견우(Ⅰ), 708면.
30) 박윤흔(상), 756면.

자보상의 개념을 명문화하고 있는 보상법 시행규칙 제61조 규정에 표현되고 있는 내용에 비추어,[31] 그 개념의 내용은 전자의 입장으로 이해하는 것이 타당하리라고 본다. 그러나 이때의 손실은 행정작용의 직접적인 효과라기보다는 간접적인 것이므로, 직접적인 수용목적물이나 당사자와는 구별되어야 한다. 따라서 그 체계적 지위에 있어서는 생활권보상으로 보기보다는, 별도로 간접손실보상의 개념하에 이해하는 것이 타당하다고 본다.

# 제 4 절  행정상 손실보상의 방법과 불복절차

## I. 손실보상의 방법

이에 대해서는 헌법 제23조 제 3 항에 따라 법률에 의해서 규정된다. 개별적으로는 「공익사업을 위한 토지등의 취득 및 보상에 관한 법률」과 「도시개발법」 등이 규정하고 있다.

### 1. 금전보상의 원칙

손실보상의 원칙적인 방법은 금전보상이다(보상법 제63조). 이는 금전이 자유로운 유통이 보장되고 객관적 가치의 변동이 적어 재산권의 가치보장수단으로서 안정적이기 때문이다. 금전의 지급방법은 사업시행 전에 지급하는 선급, 개인별로 지급하는 개별급, 일시에 전액을 지급하는 전액급을 원칙으로 한다.

### 2. 그 밖의 방법

손실보상은 예외적으로 이외에도 다양한 방법으로 행해진다.

#### (1) 현물보상

이는 수용할 물건에 대신하여 일정한 시설물이나 다른 토지를 제공하는 보상방법이다. 현행법으로는 재개발사업의 경우에 시행자에게 관리처분계획에서 정한 대지나 건축시설을 분양하거나(도시및주거환경 정비법 제79조) 도시개발사업의 경우에 시행후에 환지계획에 따라 환지교부를 하는 것이(도시개발 법 제40조) 이에 해당한다.

---

31) 동 조문은 다음과 같다 : 공익사업의 시행으로 인하여 1개 마을의 주거용건축물이 대부분 공익사업시행지구에 편입됨으로써 잔여주거용건축물의 생활환경이 현저히 불편하게 되어 이주가 부득이한 경우에는 당해 건축물 소유자의 청구에 의하여 그 소유자의 토지등을 공익사업시행지구 안에 편입되는 것으로 보아 보상하여야 한다.

학자에 따라서는 매수보상의 개념을 인정한다. 이에 따르면 이의 예로는 토지의 일부가 수용됨으로 인해 잔여지를 종래의 목적에 사용하는 것이 현저히 곤란하거나, 토지를 장기적으로 사용함으로 인해 토지의 형질이 변경되거나 토지 위에 존재하는 건물사용이 곤란한 경우에 상대방에게 당해 물건의 매수청구권을 인정하고, 이에 따라 물건을 매수함으로써 실질적으로 보상을 행하는 방법을 말한다고 한다($^{보상법}_{제74조}$). 또한 수용 또는 사용할 토지에 정착하고 있는 물건의 이전이 곤란하거나 이전으로 인해 종래의 목적에 사용될 수 없을 때에 물건의 소유자가 수용을 청구하는 경우도 이에 해당한다고 본다($^{보상법}_{제75조}$).32) 그러나 이는 별도의 손실보상의 방법이라기보다는 통상적인 수용의 범위를 개별적인 사정에 따라 확대한 것으로서, 금전보상의 유형하에서 고찰하는 것이 타당하리라고 본다.33)

### (2) 채권보상
### 1) 개      념
채권보상이란 사업시행자가 국가·지방자치단체 그 밖에 대통령령으로 정하는 「공공기관의 운영에 관한 법률」에 따라 지정·고시된 공공기관 및 공공단체인 경우로서, ① 토지소유자 또는 관계인이 원하는 경우 또는 ② 사업인정을 받은 사업에 있어서 대통령령이 정하는 부재부동산소유자(不在不動産所有者)의 토지에 대한 보상금이 대통령령이 정하는 일정금액을 초과하는 경우로서 그 초과하는 금액에 대하여 보상하는 경우에 해당 사업시행자가 발행하는 채권으로 지급할 수 있도록 하는 방법이다 ($^{보상법}_{제63조7항}$). 또한 토지투기가 우려되는 지역으로서 대통령령이 정하는 지역 안에서 택지개발사업, 산업단지개발사업 또는 그 밖에 대규모 공익사업을 시행하는 자 중 「공공기관의 운영에 관한 법률」의 규정에 따라 지정·고시된 공공기관으로서 대통령령으로 정하는 공공기관 및 공공단체는 부재부동산소유자의 토지에 대한 보상금 중 대통령령이 정하는 1억 원 이상의 일정 금액을 초과하는 부분에 대하여는 당해 사업시행자가 발행하는 채권으로 지급하여야 한다($^{보상법}_{제63조8항}$).34)
이렇게 채권으로 지급하는 경우 채권의 상환기한은 5년을 넘지 아니하는 범위 안에서 정하여야 하며, 그 이율은 다음과 같다($^{보상법}_{제63조9항}$).

---

32) 김남진·김연태(Ⅰ), 677면; 석종현·송동수(상), 718면.
33) 같은 견해 : 장태주(개론), 611면.
34) 현재 공익사업을 위한 토지 등의 취득 및 보상에 관한 법률 시행령 제27조 제1항에 의하면 "대통령령이 정하는 일정금액" 및 "대통령령이 정하는 1억원 이상의 일정금액"이란 각각 1억원을 말한다.

| 부재부동산소유자에게 채권으로 지급하는 경우 | 상환기한이 3년 이하인 채권 | 3년 만기 정기예금 이자율35) |
|---|---|---|
| | 상환기한이 3년 초과 5년 이하인 채권 | 5년 만기 국고채 금리36) |
| 부재부동산소유자가 아닌 자가 원하여 채권으로 지급하는 경우 | 상환기한이 3년 이하인 채권 | 3년 만기 국고채 금리37) |
| | 상환기한이 3년 초과 5년 이하인 채권 | 5년 만기 국고채 금리38) |

### 2) 문제점

이러한 채권보상방법에 대해서는 그 합헌성 여부에 관하여 논의가 제기되고 있다.

㈎ 위헌론   위헌으로 보는 견해는 현금보상과는 달리 채권은 그 환가면에서 물가나 기타의 사정에 의해 그 수익률이 영향을 받게 되므로 정당한 보상으로 볼 수 없다는 논거와,39) 부재부동산소유자의 토지에 대해서는 강제적으로 채권보상을 하도록 하는 것은 평등원칙에 반하는 것이라는 논거40)가 주장되고 있다.

㈏ 합헌론   이에 반해 합헌으로 보는 견해는 채권의 방식으로 하더라도 당사자에게 통상적인 수익이 보장되는 이상 후급으로 할 수도 있는 것이며, 부재부동산소유자의 토지는 거주자의 재산과는 달리 재산증식수단으로 토지가 이용되고 있는 것이어서 통상적인 수익만 보장되면 되므로 양자를 달리 취급할 합리적인 사유가 있는 것으로 볼 수 있다고 한다.41)

㈐ 사 견   생각건대 현행 제도의 가장 큰 문제는 채권보상의 강제성이라고 보인다. 즉, 현금보상이 아닌 다른 유형의 보상을 규정하고 있는 경우에 외국의 입법례에서 공통적으로 발견되는 모습은 당사자의 임의적 신청에 의하여서만 대토보상이나 다른 권리의 부여를 통한 보상이 허용되고 있으며, 국가에 의하여 강제적으로 현금보상 이외의 다른 보상유형이 허용되지 않는 것으로 나타나고 있다. 그런데 현행 토지보상법은 부재부동산소유자의 토지를 대상으로 하여 일정 금액 이상의 경우에는 본인의 의사에 반하여도 채권보상이 허용되는 것으로 규정하고 있는 것이다(보상법 제63조 제7항 2호).

그러나 본인의 의사에 반하여 채권보상을 강제하는 방법은 신중한 검토가 필요한

---

35) 채권발행일 전월의 「은행법」에 따라 설립된 은행 중 전국을 영업구역으로 하는 은행이 적용하는 이자율을 평균한 이자율로 한다.
36) 채권발행일 전월의 국고채 평균 유통금리로 한다.
37) 채권발행일 전월의 국고채 평균 유통금리로 하되, 3년 만기 정기예금 이자율이 3년 만기 국고채 금리보다 높은 경우에는 3년 만기 정기예금 이자율을 적용한다.
38) 채권발행일 전월의 국고채 평균 유통금리로 한다.
39) 정연주, "정당보상과 채권보상", 법률신문 제2103호(1992. 3. 2), 14면.
40) 이상규, "개정 토지수용법의 문제점", 판례월보, 1992. 3, 11면 이하.
41) 박윤흔(상), 746면.

것으로 보인다. 현행 제도상 다른 경우의 채권의 강제구입제도는 당사자에 대한 수익적 급부와 연계되어(예: 주택구입, 자동차 등록 등) 요구된다는 점에서 별 문제를 야기하지 않지만, 수용취득시의 보상에서는 재산권의 박탈에 대한 대가라는 점에서 문제를 야기할 수 있을 것이다. 또한 부재부동산소유자의 토지를 다른 거주하는 당사자의 토지와 차별을 두어야 할 합리적인 이유도 설명하기 어려운 점으로 보인다. 부재부동산소유자의 토지도 재산권의 대상이라는 점에서는 다른 토지와 차등을 두어 취급하기는 쉽지 않을 것이기 때문이다.

합헌론의 입장에서는 부재부동산소유자의 이해관계는 당해 토지를 통한 투자이익의 회수에 있다고 보아야 하므로 이에 상응하는 정도의 이율을 보장한 채권으로의 보상도 문제없는 것으로 이해하려고 한다. 그러나 국가가 부재부동산소유자의 개별적인 이해관계를 투자이익의 회수에 있다고 단정하는 논리방식도 문제이고, 토지소유를 위한 다양한 이해관계를 전혀 고려의 대상으로 하고 있지 않다는 점에서 이러한 논리는 문제가 있다고 보인다. 이외에 새로이 신설된 토지투기우려지역 내의 택지개발사업 등에서의 부재부동산소유자에 대한 채권보상의 의무화는(보상법 제63조 8항) 현금보상의 경우에 발생할 수 있는 대체토지 수요증가로 인한 인근지역의 지가상승을 억제하기 위한 취지에서 도입된 것이나, 이러한 정책적 목적을 위하여 당사자의 재산권을 제한하는 이유로는 헌법적 정당성을 주장하기 어렵다고 보인다.

현행 채권보상제도의 취약점은 결국 보상의 임의성이 결여되고 있다는 점에 있다. 따라서 보상의 임의성을 회복하는 방안 마련이 필요하며, 이를 위하여 당사자의 신청에 의하여만 채권보상이 이루어지도록 하는 내용으로의 개선안이 필요하고, 또한 (최근 법개정을 통해 개선되고는 있으나) 채권보상이 선택가능한 대안이 될 수 있도록 그 상한금액을 높이거나 이율을 현실화하는 방안의 개선도 필요하다고 본다.

### (3) 대토보상

토지소유자가 원하는 경우로서 사업시행자가 해당 공익사업의 합리적인 토지이용계획과 사업계획 등을 고려하여 토지로 보상이 가능한 경우에는 토지소유자가 받을 보상금 중 현금 또는 채권으로 보상받는 금액을 제외한 부분에 대하여 그 공익사업의 시행으로 조성한 토지로 보상할 수 있다(보상법 제63조 1항 단서). 이때 토지소유자에 대하여 토지로 보상하는 면적은 사업시행자가 그 공익사업의 토지이용계획과 사업계획 등을 고려하여 정하며(보상법 제63조 2항),42) 토지로 보상받기로 결정된 권리는 그 보상계약의 체결일부터 소유권이전등기를 완료할 때까지 전매할 수 없고,43) 이를 위반하는 때에는 사업시행자

---

42) 이 경우 그 보상면적은 주택용지는 330㎡, 상업용지는 1,100㎡를 초과할 수 없도록 하고 있다.
43) 매매, 증여, 그 밖의 권리의 변동을 수반하는 일체의 행위를 포함하되, 상속 및 「부동산투자

는 토지로 보상하기로 한 보상금을 현금으로 보상할 수 있다(보상법 제63조 3항). 또한 토지소유자가 토지로 보상받기로 한 경우 그 보상계약 체결일부터 1년이 경과하면 이를 현금으로 전환하여 보상하여 줄 것을 요청할 수 있다(보상법 제63조 4항). 한편 사업시행자는 해당 사업계획의 변경 등 국토교통부령으로 정하는 사유로 인하여 보상하기로 한 토지의 전부 또는 일부를 토지로 보상할 수 없는 경우에는 이를 현금으로 보상할 수 있고 (보상법 제63조 5항), 토지소유자가 ① 국세 및 지방세의 체납처분 또는 강제집행을 받는 경우, ② 세대원 전원이 해외로 이주하거나 2년 이상 해외에 체류하려는 경우, ③ 기타 이에 유사한 경우 등에 해당하여 토지로 보상받기로 한 보상금에 대하여 현금보상을 요청한 경우에는 이를 현금으로 보상하여야 한다(보상법 제63조 6항).

이러한 대토보상제도는 현금보상주의를 보완하여 손실보상 자금을 효율적으로 관리하고 토지소유자가 개발혜택을 공유할 수 있도록 하기 위하여 도입된 것으로, 토지소유자의 손실보상 관련 불만을 상당부분 해소할 수 있고, 토지구입 수요를 줄임으로써 인근지역 부동산 가격의 상승을 억제할 수 있을 것으로 기대된다.

## Ⅱ. 손실보상액의 결정

손실보상액의 결정유형은 다음의 경우로 나누어 볼 수 있다.

### 1. 당사자의 협의에 의하는 경우

이는 가장 원칙적인 결정유형으로서 행정기관에 의한 일방적인 손실보상액 결정의 전단계로서의 의미를 갖는 것이다(보상법 제26조 1항). 협의가 성립하였을 때에 사업시행자는 수용재결신청기간내에 당해 토지소유자 및 관계인의 동의를 얻어 대통령령이 정하는 바에 의하여 관할토지수용위원회에 협의성립의 확인을 신청할 수 있다(보상법 제29조 1항). 이때의 확인은 「공익사업을 위한 토지등의 취득 및 보상에 관한 법률」에 의한 재결로 보며, 사업시행자·토지소유자 및 관계인은 확인된 협의의 성립이나 내용을 다툴 수 없다(보상법 제29조 4항).

### 2. 행정청의 재결 또는 결정에 의하는 경우

이때의 행정청의 결정유형에는 ㉠ 재산권의 제약행위(대표적으로 수용여부)의 허용여부와 그 손실보상액을 함께 결정하는 경우(예컨대 토지수용위원회의 토지수용에 관한 재결)와 ㉡ 손실보상액만을 결정하는 경우로 나눌 수 있다(예컨대 징발법에 의한 징발보상금 결정, 도로법, 하천법 등에 의한 토지수용위원회의 재결).

---

회사법」에 따른 개발전문 부동산투자회사에 현물출자를 하는 경우를 제외한다.

### 3. 소송에 의한 경우

당해 법률이 손실보상 자체에 관해서는 규정하고 있으나 보상액결정방법에 대해 규정을 두고 있지 않은 예외적인 경우에는 당사자는 보상금지급소송을 제기할 수 있으며, 이때에는 소송에 의해 보상액이 결정되게 된다.

## Ⅲ. 손실보상금 결정에 대한 불복절차

행정청의 일방적인 보상금결정형태인 재결이나 결정에 의한 경우에는 불복절차가 논의될 수 있다. 이때의 불복절차는 재결의 내용에 따라 다르게 행해진다.

### 1. 재결의 내용이 보상금 결정만을 내용으로 하는 경우

보상금의 결정을 내용으로 하는 재결에 대해서는 처분성을 인정할 수 없으므로 보상액 결정의 취소쟁송을 제기할 수 없고, 법원에 보상금지급청구소송을 공법상의 당사자소송으로 제기하여야 할 것이다. 물론 이때에 실무상으로는 민사소송으로 제기하여야 할 것이다.

### 2. 재결의 내용이 보상금 결정과 재산권의 수용 등을 포함하는 경우

이에 해당하는 토지수용위원회의 재결은 그 처분성이 인정되므로 행정심판인 이의신청과 행정소송을 제기할 수 있다.

#### (1) 행정심판에 의한 절차

손실보상금 결정에 대해서 불복하는 자는 당해 재결에 대해서 행정심판으로서의 이의신청을 할 수 있다. 지방토지수용위원회의 재결에 대해서는 당해 지방토지수용위원회를 거쳐서 중앙토지수용위원회에, 중앙토지수용위원회의 재결에 대해서는 중앙토지수용위원회에 이의신청을 할 수 있다(보상법제83조). 이때에 중앙토지수용위원회는 원재결을 취소하지 않고도 손실보상액의 증액 또는 감액결정을 할 수 있다(보상법제84조 1항).

#### (2) 행정소송에 의한 절차
#### 1) 개    관

당사자는 이의신청을 제기하지 않고 바로 행정소송을 제기하거나 또는 이의신청을 제기한 경우에는 이의신청을 인용하지 않는 재결이 행해지는 경우에 행정소송을 제기할 수 있다. 이때의 행정소송의 양태는 재결의 내용을 형성하는 수용결정부분을

588  제 4 편  행정구제론

대상으로 하는 경우와 손실보상액을 대상으로 하는 경우로 나눌 수 있다. 따라서 수용결정부분을 대상으로 하는 경우에는 취소소송을 제기하여야 한다. 이때에는 재결의 전부 또는 일부의 취소가 행해지게 된다.

### 2) 행정소송에 의한 절차

그러나 재결의 내용 중 손실보상액 결정에 대해 불복하는 경우에는 보상금만의 증액 또는 감액을 행정소송을 통하여 청구할 수 있다. 이때에 토지소유자나 또는 관계인이 보상금의 증감에 관한 행정소송을 제기하는 경우에는 사업시행자를, 사업시행자가 제기하는 경우에는 토지소유자 또는 관계인을 각각 피고로 하여야 한다(보상법 제 85조 2항). 이때의 소송유형은 형식적 당사자소송으로 보아야 할 것이다. 즉, 형식적 당사자소송의 개념이 실질적으로는 행정청의 처분 등을 다투는 것이면서도 그 형식에 있어서는 처분 등의 행정청을 당사자로 하지 않고 구체적 법률관계의 한쪽 당사자를 피고로 하는 것이므로, 처분의 행정청인 재결청을 소송의 당사자로 하지 않는 이러한 소송유형은 형식적 당사자소송에 해당하는 것으로 볼 수밖에 없을 것이다.


# 제 5 절  새로운 행정상 손실보상 논의


## I. 개    관

지금까지 살펴본 전통적인 손실보상이론 이외에도 오늘날은 새로운 내용에 대한 손실보상논의가 제기되고 있다. 이는 손실보상에 관한 규범적 기초인 헌법 제23조 제 3 항의 해석과 관련하여 제기되는 것으로서, 주로 독일의 판례와 학설에서 발전해 온 수용유사침해이론 및 수용적 침해이론의 문제로서 논의되고 있다. 이에 대한 이해를 위해서는 독일에서의 손실보상이론의 발전과정을 일괄해볼 필요가 있다.

### 1. 희생보상사상의 발전

독일에서의 손실보상이론은 연혁적으로 희생보상청구권에 근거하여 발전하였다. 즉 오늘날과 같은 실정법체계가 마련되지 못한 18세기 절대국가시기에 자연법사상을 근거로 하여, 영주에 의해 행해지는, 공동체의 이익을 위한 재산권박탈행위에 대해 희생보상청구권에 근거하여 손실보상이 주장되었다.

이러한 관습법적 내용은 18세기말인 1794년의 프로이센 일반주법에 의해 수용되어 실정화되었다(제74조와 제75조). 그 후 각주의 헌법에 의해 재산권보장이 명문화되고, 이를 바탕으로 19세기 중엽 무렵 희생보상사상과 각주의 헌법규정에 근거하여 좁은 의미의 고전적 수용개념이 법제도로서 정착하였다. 20세기에 들어와 1919년 바이마르 헌법도 제153조에서 손실보상하에서만 재산권의 박탈이나 제한을 허용하는 내용을 규정하게 되었고, 이때부터 제국법원에 의해 수용개념은 점차 확대되기 시작한다. 현행 연방헌법인 기본법(GG)이 제정되면서 제14조는 새로이 재산권의 박탈 및 제한행위는 법률에 의해서만 가능하도록 하고, 이때의 법률은 손실보상에 관한 규정을 포함하고 있어야 한다는 내용을 규정하게 되었다(이른바 불가분조항).

## 2. 판례이론의 발전

이 시기 이후의 두드러진 특색은 손실보상이론이 독일법원의 판례, 특히 민형사 사건을 다루는 연방통상법원과 연방헌법재판소의 판례를 통하여 발전하여 왔다는 사실에 있다.

### (1) 독일 연방통상법원의 판례이론

독일 연방통상법원은 제국법원에 의해 확장된 수용개념을 받아들여, 수용에는 재산권의 박탈뿐 아니라 제한도 포함됨을 인정하였고, 동시에 판례를 통하여 특히 손실보상의 대상행위영역을 점차 확대시켜 나갔다.

우선 통상적인 적법한 재산권박탈 및 제한행위뿐 아니라 이러한 행위가 위법[44]한 경우에도 손실보상의 대상이 됨을 인정하였다. 이는 위법·유책한 재산권제약에 대해서는 행정상 손해배상이 주어지지만, 위법·무책한 재산권제약에 대해서는 행정상 손해배상도 손실보상도 주어지지 않는 흠결을 해결하기 위함이었다. 그 논거로서는 적법한 재산권 제약행위가 손실보상의 대상이 된다면 당연히 위법한 재산권 제약행위도 손실보상의 대상이 된다고 인정하였다. 그러나 이전의 제국법원의 판례와는 달리 희생보상청구권에 근거하지 않고 실정법적 근거로서 손실보상에 관한 기본법 규정인 제14조 제3항의 유추적용과 후에 제14조 제1항의 근거하에 인정하였다. 이를 당사자에 대한 사실상의 효과면에서 수용의 경우와 유사하다는 의미에서 수용유사침해(enteignungsgleicher Eingriff)라고 하였는바, 초기에는 위법하지만 무책의 행위유형에 인정되던 것이 점차 위법·유책의 행위에 대해서도 인정되게 되었다.

또한 그 외에도 대상영역으로서, 적법한 행정작용의 비정형적이고 예상하지 않은 부수적 효과로서 나타나는 재산권제약행위에 대해서도 손실보상을 인정하였다. 이를 수용적 침해(enteignender Eingriff)라고 하는바, 이는 그 행위의 유형, 범위 및 정도에

---

44) 이때의 위법이란 재산권제약을 규정한 근거법에 보상규정의 흠결되어 불가분조항원칙 위반으로 당해 근거법이 위헌이 되고, 이 위헌인 법률에 근거한 재산권제약행위도 그에 따라 위법인 경우를 말한다.

비추어 통상적인 재산권의 사회적 제약행위를 넘는 것으로서 특별희생을 의미하기에 손실보상의 대상이 되는 것이라고 보았다. 이처럼 연방통상법원은 손실보상을 요하는 수용을 좁은 의미의 수용외에도 수용유사침해 및 수용적 침해를 포함하는 넓은 개념으로 파악하였고, 보상을 요하지 않는 재산권의 사회적 구속과 보상을 요하는 이러한 넓은 의미의 수용 사이의 경계는 실질적 기준설인 특별희생설에 따라 개별적·유동적으로 정해진다는 입장을 정립하였다(경계이론).

독일 연방통상법원의 판례에 의하면 이러한 대상행위들에 있어서 당사자는 위법한 행위에 대해 취소소송을 제기하거나, 또는 이를 수인하고 민사법원에 손실보상을 청구할 수 있는 가능성을 선택할 권리를 갖는다고 보았다.

### (2) 독일 연방헌법재판소에 의한 수정

한편 독일 연방헌법재판소는 비교적 늦게 이 문제에 관한 판례를 형성하고 있는데, 특히 독일 연방통상법원에 의해 일찍이 정립된 수용유사침해이론과 수용적 침해이론에 관해서는 1981년 7월 15일의 자갈채취사건의 판결(Naßauskiesungsbeschluß)을 통하여 입장을 표명하고 있다. 이 판결이 내린 주요 결정내용은 다음과 같은데, ㉠ 기본법 제14조 제3항 2문에 따른 손실보상이 인정되기 위해서는 당해 행정작용이 법률에 의해 근거되어 있어야 하며, 이때 이 법률은 동시에 손실보상의 유형과 정도에 대한 규정을 두고 있어야 한다. 따라서 재산권의 박탈이나 제한을 할 수 있는 권한을 주는 법률이 손실보상에 관한 규정을 결하는 경우에는 위헌이며, 이에 따른 행정작용도 위법이 된다. ㉡ 이때에 당사자는 손실보상규정이 없으므로 손실보상을 청구할 수 없고, 당해 행위의 취소소송만을 제기할 수 있다. ㉢ 따라서 당사자가 손실보상과 취소소송을 선택할 수 있는 권리는 인정되지 않는다.

이에 대한 논거로서 독일 연방헌법재판소는 수용이란 기본법 제14조 제1항의 의미에서의 모든 재산적 가치가 있는 법적 지위의 전부 또는 일부를 특정한 공익사업의 수행을 위해 의도된 고권적인 법적 행위로써 박탈하는 것만을 의미한다고 보아야 하고(수용개념의 축소), 제14조 제3항의 수용은 제14조 제1항의 재산권의 내용규정과는 엄격하게 분리하여야 한다고 보았다(분리이론). 헌법상의 재산권은 법률에 의한 구체적 형성을 요하는 바, 입법자는 재산권의 내용형성을 함에 있어서 비례성원칙·평등원칙·신뢰보호원칙 등을 준수하여 재산권의 본질을 침해하지 않도록 일반적·추상적으로 규율하여야 하며, 재산권의 내용규정이 이러한 한계를 넘는 경우에는 수용규범으로 변화하는 것이 아니라 그 자체 위헌이자 무효이며, 이에 근거한 조치들도 위법이 되므로, 당사자는 이러한 조치에 대해서 1차적 권리구제수단(취소소송 등)으로 다투어야 한다고 보았다.

### (3) 자갈채취사건판결 이후 학설과 판례의 반응

독일 연방헌법재판소의 이러한 판결에 대해서는 이 판결로 인해 수용유사침해와 수용적 침해의 법리가 더 이상 인정될 수 없다는 의견도 지적되었으나, 오늘날은 이러한 견해보다는 약간의 변화는 있지만 이러한 제도 자체가 부정되는 것은 아니라는 견해가 지배적이다. 이 판결의 내용은 곧 연방통상법원의 판결을 통하여 수용되었는데, 동 법원은 수용유사침해 등의 제도를 인정하면서도 그 인정근거에 대해서는 독일 연방헌법재판소의 판결을 수용하여 새로운 논리를 전개하고 있다. 즉 수용유사침해나 수용적 침해를 이유로 하는 손실보상은 더 이상 기본법 제14조에 근거하지 못하고, 제국법원의 판례법으로 나타나 있는 형태인 프로이센 일반주법 제74조와 제75조에 규정된 희생보상청구권에 근거하는 것으로 보고 있다. 이로 인해 독일 연방통상법원은 손실보상에 관한 역사적인 출발점으로 다시 복귀하고 있는 셈인데, 그러나 이때의 논리인 희생보상청구권은 초창기에는 적법한 행위만을 대상으로 한 것이었으나, 이 경우에는 위법한 행위도 대상으로 하고 있는 점에서 차이를 가지는 것이다. 또한 독일 연방통상법원은 위법한 행정작용에 대해서 당사자가 취소소송제기와 손실보상 사이에 선택할 수 있는 권리를 가지지 못함을 인정하고 있다. 독일 연방헌법재판소도 최근의 판결을 통하여, 비록 부수적으로 언급하고 있기는 하지만, 수용유사침해의 제도를 민사판례에 의해 실정법적인 불법행위의 책임구성요건을 보충하는 제도로서 인정하고 있다.

## Ⅱ. 수용유사침해이론

### 1. 의   의

#### (1) 개   념

이는 헌법상의 요건이 충족된 적법한 재산권제약행위는 아니지만, 결과적으로 그 내용과 효과에 있어서 적법한 재산권제약행위와 유사한 특별한 희생이 당사자에게 발생하는 경우에 인정되는 손실보상이론을 말한다. 이는 적법한 재산권제약행위에 대해 손실보상을 해야 한다면 당연히 위법한 재산권제약행위의 경우에 대해서도 손실보상이 인정되어야 한다는 논리로서 주장되는 것이다.

#### (2) 논의의 배경

이는 헌법상의 손실보상에 관한 근거규정(우리의 경우에는 헌법 제23조 3항)에서 표현되고 있는 불가분조항원칙의 위반에 대한 권리구제이론으로서 발전된 것이다. 통상적으로 입법자는 재산권제약행위의 근거법률에 손실보상에 관한 사항도 함께 규정하게 된다. 그러나 입법자가 입법당시에는 재산권의 사회적 제약에 해당한다고 평가한 행위가 법원에 의해 사후적으로 특별한 희생을 야기하는 재산권제약행위에 해당한다고 평가되는 경우가 발생할 수 있고, 특별한 희생에 관련된 구별기준이 아직도 일반적으로 정립되고 있지 않은 사정으로 인해 법률제정 후에 특별희생이 인정되어 불가분조항원칙 위반의 위헌 법률이 되는 사례가 발생할 수 있게 된다. 따라서 이와 같은 상황에서 사후적으로 권리구제방법으로서 손실보상문제가 제기되는 것이다.

## 2. 이론의 발전

주지하는 바와 같이 이 이론은 독일의 행정상 손해전보체계의 공백을 메우기 위한 제도로서 성립한 것이다. 즉 행정작용이 과실이 있는 위법한 행위인 경우에는 행정상 손해배상에 의해 해결되고, 적법한 행정작용에 의한 때에는 손실보상의 대상이 되지만 그 한계영역에 존재하는 과실 없는 위법한 행정작용에 대해서는 권리구제제도가 공백으로 남고 있었으므로, 실정법에 존재하는 이러한 책임체계에서의 공백문제를 해결하기 위하여 독일의 판례, 특히 독일 연방통상법원(BGH)이 개발한 새로운 법제도가 '수용유사침해'라는 새 이론이다.

### (1) 초기의 발전

이 제도는 초기에는 그 적용영역과 법적 근거에서 비교적 많은 내용을 포함하고 있었다. 즉 독일 연방통상법원은 초기에는 이때의 '위법한 과실 없는 행정작용'[45]의 범위를 매우 넓게 인정하였다. 따라서 헌법상 재산권조항에 의해 보장되는 당사자의 법적 지위를 제약하는 행위이고, 그것이 직접적으로 제약하는 행위이면 이 범주에 포함되었다. 구체적으로는 ㉠ 손실보상규정을 포함하고 있는 공용제약 근거법률을 위법하게 집행하는 경우(예컨대 공용제약행위의 법정요건을 충족하고 있지 않음에도 불구하고 공용제약행위를 행하는 경우)와, ㉡ 적법하게 발령되었더라면 단지 재산권에 내재하는 사회적 제약의 구체화로서, 손실보상 없이 수인하여야 했을 행정작용을 위법하게 발령하는 경우가 포함된다고 한다(예컨대 원칙적으로 재산권의 사회적 제약행위범주에 포함되는 행위인, 특정지역을 잠정적으로 자연보호구역으로 지정하는 행위를 이러한 지정행위의 법정요건이 충족되지 않음에도 불구하고 발령하는 행위). 이때에 전자의 경우는 적법한 재산권제약행위에 대해 손실보상이 필요한 것이라면, 위법한 제약행위에 대해서도 당연히 손실보상이 필요하게 되는 것이라는 논리에 의해 정당화된다고 한다. 후자의 경우는 위법한 행위에 의하여는 사회적 제약행위가 결코 구체화할 수 없는 것이라는 논리에 의해 손실보상의 필요성을 정당화한다. 이외에도 ㉢ 손실보상규정을 두고 있지 않거나 불충분하게 두고 있는 공용제약 근거규정에 의해 제약행위가 행해지는 경우, ㉣ 행정주체에 의한 사실행위를 통하여 재산권제약행위가 야기되는 경우(예컨대 군용차량의 긴 통신안테나가 고압선을 접촉 하여 이로 인해 발전소에 피해가 발생하는 경우),[46] ㉤ 재산권보장

---

45) 그러나 후에는 점차 과실 있는 경우도 포함하게 된다.

과 관련한 허가행위를 행정주체가 위법하게 장기간 행하지 않음으로써 불가피하게 지연손해가 발생하는 경우(<sup>예컨대 건축허가가 장기간에 걸친 행정법적 분쟁끝에 발령된 경우에, 토지소유주가</sup><sup>이러한 건축허가 절차기간 동안의 손실로서 지대(Bodenrente)를 청구하는 경우</sup>) 등이 이에 해당하는 것으로 인정되었다.

이러한 다양한 유형의 위법한 행정작용에 대해, 당사자가 그 위법성을 수인하고 재산상의 권리구제인 손실보상을 청구하는 것을 허용하려는 것('dulde und liquidiere') 이 수용유사침해이론의 중요내용이었다. 그리고 이때의 실정법적 근거로서는 초기에는 기본법 제14조 제 3 항의 유추적용하에서 청구권의 주장이 성립가능한 것으로 보았다.

### (2) 논의의 전개

그러나 이러한 초기의 내용은 독일 연방헌법재판소의 자갈채취사건의 결정에 의해 많은 변모를 겪게 되었다. 당해 판결의 주요내용으로는 ㉠ 우선 수용유사침해제도를 법적 근거에 있어서 기본법 제14조 제 3 항으로부터 단절하는 것이었다. 이로 인해 수용유사침해제도는 기본법 제14조 제 3 항이 예정하고 있는 공용수용(Enteignung)의 구성요건과 더 이상 연계되지 못하고 서로 분리되게 되었다. 따라서 이 판결 이후부터는 기본법상의 공용수용에 대한 손실보상의 형태로서가 아니라, 기본법에 의해 규율되는 재산권보장과 완전히 독립된, 과거의 프로이센 일반주법 제74조와 제75조에 의해 규정되고 있던 희생보상적 사고에 근거하여 일정한 조건하에서 손실보상청구권이 인정되게 되었다. ㉡ 또한 위법한 공용수용행위에 대해 취소소송제기가 가능한 경우이면, 당사자는 우선 취소소송을 제기하여야 하며, 종전과 같이 위법행위를 수인하고 그 대신 손실보상청구를 제기할 수는 없다고 한다. 즉 당사자에게는 손실보상청구와 취소소송제기를 선택할 수 있는 권리가 보장되는 것이 아니라고 한다. 이는 기본법상의 재산권보장에서는 존속보장이 가치보장보다 우선하기 때문인 것으로 본다. 이때에 취소소송제기를 제때에 하지 않아 불가쟁력이 발생한 경우에는 손실보상청구가 인정되지 못한다고 한다. 따라서 당해 위법한 공용수용행위에 대하여 여러 가지 이유로 인하여 취소소송을 제기할 수 없는 경우에만 희생보상청구권에 의해 손실보상청구를 주장할 수 있게 된다고 하며, 이러한 경우에만 수용유사침해이론에 따른 손실보상이 인정된다고 본다.

결국 연방헌법재판소의 이러한 판결 이후부터는 수용유사침해이론에 따른 손실보상이 성립하기 위하여는 단순하게 위법한 공용수용행위의 존재만으로는 부족하고, 개별적인 경우에 비추어 위법한 공용수용행위에 대하여 취소소송을 제기하기가 불가능한 경우에 한하여, 독일 기본법상의 수용행위에는 해당하지 않지만 관습법상 인정되고 있는 희생보상청구권에 기하여 손실보상청구가 가능하게 된다고 볼 수 있다. 이

---

46) 이 유형은 특히 다시 세분화된 개념인 수용적 침해이론에 의하여 설명되는 내용이다.

때에 위법한 공용수용행위이지만 직접적으로 바로 취소소송을 제기할 수 없고 이러한 행위를 수인하고 수용유사침해이론에 따라 손실보상을 청구할 수밖에 없는 경우로서는, 앞서 논한 수용유사침해의 유형 중에서 네 번째와 다섯 번째(즉 고권적인 사실행위에 기인한 경우와 위법하게 지연된 허가행위로 인한 피해발생의 경우)가 해당한다고 본다. 그러나 손실보상규정을 흠결하거나 불충분한 내용의 보상규정 때문에 무효인 법률에 근거하여 공용수용이 행해진 경우에는, 당사자는 기본법 제14조에 의해 보장되는 재산권지위에 미치는 불이익을 우선적으로 취소소송의 제기를 통하여서만 방어할 수 있다고 한다. 따라서 이 경우에는 더 이상 수용유사침해이론에 따른 손실보상청구권의 주장은 인정되지 않는다고 본다.

### 3. 이론의 수용가능성과 그 결론

우리나라의 학자들 중에는 행정상 손실보상의 근거법률규정이 없을 때의 해결방법으로서 이러한 수용유사침해이론의 수용의 주장을 제기하기도 한다. 이는 이른바 유추적용설을 취하는 입장에서 주장된다. 그러나 이 경우에도 헌법 제23조 제 3 항의 직접적 적용을 인정하려는 직접효력규정설이나, 이때에는 손해배상의 문제로서 해결하여야 한다는 위헌무효설의 입장에서는 이 이론의 도입을 부정하게 된다.

그러나 수용유사침해이론에 관한 독일의 논의내용을 제대로 이해하는 한, 우리나라에서의 논의대상인 손실보상규정이 없는 법률에 근거한 행정작용에 대해서는 우선적으로 위법한 행정작용의 취소쟁송을 제기하여야 할 것이며, 그 행위를 수인하고 바로 수용유사침해이론에 근거하여 손실보상을 주장할 수는 없게 된다. 따라서 손실보상규정이 없는 법률에 근거한 행정작용에 대해 수용유사침해이론을 우리나라에 도입하여 손실보상을 인정하려는 견해는, 독일에서의 논의내용에 비추어 손실보상보다는 취소쟁송제기가 우선임에 비추어, 당사자가 이 경우에 취소쟁송을 제기하지 않는 때에는 이 주장의 원래의 의도와는 달리 손실보상의 인정이 아니라, 손실보상이 배제되는 결론에 이르게 될 것이다.

우리의 판례는 이 이론에 대하여 그 수용여부에 대해서는 직접적인 언급을 자제하고 있다. 그러나 관련 판결문의 내용을 보면, "원심이 들고 있는 위와 같은 수용유사적 침해이론은 국가 기타 공권력의 주체가 위법하게 공권력을 행사하여 국민의 재산권을 침해하였고, 그 효과가 실제에 있어서는 수용과 다를 바 없을 때에는 수용이 있는 것과 마찬가지로 국민이 그로 인한 손실의 보상을 청구할 수 있다는 내용으로 이해되는 데, … 과연 우리 법제하에서 그와 같은 이론을 채택할 수 있는 것인가는 별론으로 하더라도…"47)라고 하여, 그 표현상 소극적 입장을 암시하고 있다.

---

47) 대판 1993. 10. 26, 93다6409.

## Ⅲ. 수용적 침해이론

### 1. 의    의

이는 입법자에 의해서 법률에 미리 보상규정을 마련한다는 것이 불가능한 비의도적, 비목적지향적인 재산권제약행위에 대한 손실보상 인정논의이다. 통상적으로 국가공권력에 의한 법적 행위는 이를 통해 당사자의 재산권을 제약하게 된다는 사실이 미리 예정되어 있는 것이므로, 이를 대비하는 의미에서 재산권제약행위의 근거규정과 손실보상규정을 마련하게 된다. 그러나 국가공권력에 의한 적법한 사실행위의 경우에는 이를 통해 당사자의 재산권을 제약한다는 사실이 예정될 수 없는 것이므로, 당해 재산권제약행위에 대한 근거규정 마련은 물론 손실보상에 관한 규정마련도 생각할 수 없게 된다. 이러한 경우에 당해 행위로 인하여 의도되지 않았던 손실이 발생하는 때에 이에 대해 손실보상을 인정하려는 이론이 수용적 침해이론이다. 예컨대 도로공사나 지하철공사의 장기화로 인해 주민의 재산권에 생존권적인 피해가 발생하는 경우 등이 이에 해당한다. 이는 독일의 연방통상법원의 판례를 통하여 발전된 이론으로서, 앞에서 설명한 수용유사침해이론을 의도되지 않은 재산권제약행위의 경우까지 확장한 이론이다.

### 2. 우리나라에서의 인정문제

이 이론에 대해서도 우리나라에서의 도입가능성과 관련하여 견해가 대립하고 있다.

㉠ 이를 인정하려는 입장은 의도되지 않은 재산권제약행위에 대해서도 헌법 제23조 제 3 항을 유추적용하여 헌법규정에 의한 손실보상이 인정된다고 보는 견해이다. 그러나 헌법 제23조 제 3 항은 통상적인 손실보상의 경우, 즉 법적 행위에 의한 경우로서 이를 통해 당사자의 재산권제약행위가 예정되는 경우에 관한 규정이므로, 사실행위를 주된 대상으로 하고 처음부터 당사자의 재산권제약의 결과를 예상할 수 없는 본 경우에는 적용될 수 없는 한계를 갖는 것이라고 보아야 할 것이다.

이에 반해 우리나라에의 도입을 부정하는 입장은 ㉡ 헌법 제23조 제 3 항을 확대적용하여 이를 직접적인 근거로 하여 이 경우에도 손실보상의 청구가 가능하다는 견해와 ㉢ 헌법 제23조 제 3 항의 해석상 법률에 규정이 없으면 손실보상이 불가능하므로 입법적으로 해결해야 한다는 견해로 나뉜다.

생각건대 수용적 침해가 논의되는 상황은 당해 행정작용에 의해 사전에 예정되고 의도된 손실발생이 아닌 경우이므로, 처음부터 헌법 제23조 제 3 항이 규정하고 있는 불가분조항원칙이 적용될 수 없는 경우에 해당하게 된다. 따라서 이러한 경우는 헌법 제23조 제 3 항의 적용범위밖에 존재하는 것이라고 보아야 한다. 그러므로 헌법 제23

조 제 3 항을 직접적용 또는 유추적용하여 논리를 구성하는 입장에는 따를 수 없게 된다. 입법적으로 이에 관한 별도의 손실보상규정을 마련하는 것이 이론상 옳다고 생각한다.

---

**기본사례 풀이**

### 1. 문제의 소재

### 2. 행정작용의 성질

개발제한구역의 지정행위는 행정계획으로서 「개발제한구역의 지정 및 관리에 관한 특별조치법」 제 3 조에 의해 행해지며, 동법 제11조 등에 의해 일정한 법적 효과가 당사자에게 직접적으로 발생하게 되므로, 행정행위로서의 성질이 인정된다.

### 3. 권리구제방법

이때에 甲은 이러한 지정행위로 인하여 재산상의 손실을 보게 되었다. 따라서 손실보상청구의 방법이 우선적인 권리구제수단이 된다.

손실보상청구를 위하여는 일반적인 성립요건을 충족하여야 한다. 당해 사안에서 문제되는 것은 이러한 요건 중에서 특히 특별한 희생에 해당하는가의 문제와 손실보상의 근거규정을 요한다는 점이다. 헌법재판소는, 구역지정 후 토지를 종래의 목적으로 사용할 수 없거나 또는 토지를 전혀 이용할 수 있는 방법이 없는 경우에 한해, 특별한 희생성을 인정하고 있다. 또한 헌법 제23조 제 3 항에 따르면 불가분조항의 원칙상, 법률에 의한 손실보상의 근거규정을 요하게 된다. 당해 경우의 근거법인 「개발제한구역의 지정 및 관리에 관한 특별조치법」에는 손실보상의 한 유형이라고 볼 수 있는 매수청구권을 규정하고 있다(제17조). 따라서 甲은 이러한 규정에 의하여 매수청구권을 주장할 수 있게 될 것이다.

# 제 **4** 장  그 밖의 행정상 손해전보제도

종래의 행정상 손해전보제도는 손해배상제도와 손실보상제도에 의하여 이원적으로 구성되어 왔으나, 현대의 다양한 국가활동으로 말미암아 종래의 손해배상이나 손실보상의 어느 하나만으로 처리할 수 없는 경우가 발생하게 되었다. 기존 제도로서는 당사자의 권리구제가 불충분한 경우에 이를 대비하는 의미를 갖는 새로운 제도로서 논의되고 있는 유형으로는, 공법상의 위험책임제도, 희생보상제도와 결과제거청구권을 들 수 있다.

## 제 1 절  공법상의 위험책임

### I. 의    의

#### 1. 개    념

공법상 위험책임이란, 행정주체의 행정작용으로 인하여 가해 원인이 되는 손실발생의 위험상태가 형성되고, 그로 말미암아 특정인에게 발생한 손실에 대해 당해 손실발생의 위험상태의 형성자인 국가 등이 그 손실을 보상하는 책임을 의미한다. 공법상 위험책임은 행정주체의 고의나 과실의 존재를 불문하고, 행정주체가 야기한 위험상태로부터 발생한 손실에 대한 보상책임을 의미하는 점에서 기존의 행정상 손해배상제도와 차이를 나타내며, 행정주체의 정형적인(의도적인<sup>또는</sup>) 손해발생을 대상으로 하는 제도가 아니라 비정형적인(비의도적인<sup>또는</sup>) 손해발생을 대상으로 하는 점에서 행정상 손실보상제도와 차이를 나타내게 된다. 특히 이 제도는 특정의 위험한 물건의 관리나 유지와 관련되는 책임제도로서의 특징을 갖는다. 공법상 위험책임의 제도의 존재이유로서는, 형성된 위험 및 초래된 손해의 중대성 그리고 과실의 입증의 곤란성을 고려하여 피해자에게 과실의 입증을 요구하는 것이 형평의 관념에 부합하지 않을 때, 피해자의 권리구제를 용이하게 하고 국가의 책임을 객관화하여 책임의 근거를 명확하게 하기 위해 인정되는 것으로 보고 있다. 이 제도는 연혁적으로는 프랑스의 제도에서 기원한다.

## 2. 무과실책임과의 구별

양자는 모두 책임의 인정에 있어서 과실 등의 귀책요건을 묻지 않는 점에서 공통점을 갖는다. 그러나 무과실책임은 당해 행위가 객관적으로 위법하다는 사실에 기초하는 점에서, 그 행위의 적법성 또는 위법성과 무관하게 인정되는 위험책임과 구별된다. 다른 한편으로 무과실책임은 위험책임 외에도 법률에 의하여 과실의 존재를 요건으로 하지 않고 책임이 인정되는 유형 등을 포함하는 보다 넓은 개념이므로, 공법상 위험책임은 무과실책임의 한 경우에 불과하다고 볼 수 있다.

## Ⅱ. 위험책임의 성립요건

공법상 위험책임이 논의되기 위하여는 그 개념상 다음의 요건의 존재를 필요로 한다고 볼 수 있다.

### 1. 특별한 위험상태의 존재

위험책임 성립의 가장 중요한 특성은 손실의 발생이 국가 등에 의하여 형성된 공법상의 특별한 위험상태로부터 야기된 것이어야 한다는 점이다. 이때의 위험상태란 개별적으로 특이한 경우로서, 통상적인 위험상태를 명백히 능가하는 비정형적인 경우를 의미한다. 물론 그 판단은 문제가 되고 있는 위험원을 기준으로 검토하게 된다. 이때의 위험상태의 인정문제는 당사자의 권리구제의 의미뿐 아니라 국가 등의 책임한계를 적정히 설정하는 의미도 갖는 것이므로, 신중하게 검토되어야 한다.

## 2. 행정기관의 직접적인 권익제약행위의 부존재

위험책임은 다른 책임유형과는 달리 국가 등의 의도적인 가해행위의 존재를 필요로 하지 않는다. 즉 이 책임은 국가 등이 특정한 행정목적을 수행하기 위하여 특정인에게 의도적인 불이익 발생행위를 가하였기 때문에 인정되는 것이 아니라, 국가 등의 직접적 의도적인 원인작용 없이 발생한 손실에 대해 그 책임을 인정하려는 것이다. 따라서 공법상 위험책임은 행정기관의 고의나 과실의 존재를 요건으로 하지 않으며, 이러한 점에서 행정상 손해배상책임의 경우와 구별되는 것이다.

## 3. 손실의 발생

국가 등이 조성한 위험상태로부터 특정인에게 불이익이 발생하여야 한다. 물론 이때에는 다른 책임유형의 경우와 마찬가지로 인과관계가 존재하여야 한다. 그러나 이러한 손실은 비정상적인 사고에 의해 우연히 발생한 것이라는 점에서 의도적인 피해발생의 경우와 구별된다.

# Ⅲ. 공법상 위험책임의 인정여부

공법상의 위험책임을 인정할 것인가의 여부에 대해서 우리나라의 견해는 부정설과 긍정설의 입장으로 나뉘고 있다.[1]

## 1. 부정설의 견해

### (1) 논   거

이 입장은 공법상 위험책임을 별도로 인정하기보다는, 기존 제도인 행정상 손해배상제도 또는 행정상 손실보상제도의 성립요건의 확장해석에 의하여 위험책임이 논의되는 경우를 해결할 수 있다고 본다. 전자의 방법으로는, 손해의 발생이 특별히 위험한 국가활동에 연유하는 경우에는 형평의 고려상 '과실을 추정'하여 위험을 형성한 행정기관에 과실의 입증책임을 부담시켜 국가배상책임을 인정하는 방안이나, 위험물의 사용 등 위험한 국가활동에 있어서는 그러한 직무를 수행하는 공무원에게 손해방지를 위한 보다 강한 주의의무를 갖는다고 보아 과실책임을 인정하여 국가배상책임을 보다 용이하게 인정하는 방법이 주장되고 있다.[2]

---

1) 독일에서의 주된 논의는 위험책임이 검토되고 있는 영역을 전통적인 권리구제영역인 손실보상제도나 수용유사침해제도 등에 의하여 해결할 수 있는 것으로 보며, 별도로 공법상의 위험책임제도를 인정하지 않으려고 한다. 이 개념의 우리나라에서의 수용가능성에 대해서는 서보국, "공법상 위험책임 -한국에의 수용가능성에 대해-", 고려대학교 석사학위논문, 1997 참고.

후자의 방법인 공법상 위험책임의 논의를 행정상 손실보상요건의 확장에 의해 보충하는 문제에 대해서는 아직 충분한 논의가 행해지고 있지 않다. 그러나 일부 주장에 의하면,3) 공법상 위험책임을 행정상 손실보상과 구별되는 제도로서의 독자성을 인정하면서도, 공법상 위험책임의 근거로서 헌법상의 재산권 보장원칙 및 평등의 원칙 또는 수용보상규정의 유추적용 등 손실보상에 관한 근거를 들고 있다.4) 이와 같이 공법상 위험책임을 실질적으로 행정상 손실보상의 확장된 개념유형으로 포함하여 이해하는 견해의 논거에 따르면, 특별한 위험상태의 형성은 공익목적을 달성하기 위한 것이므로 적법한 것이고, 발생한 피해는 적법한 위험상태의 실현의 직접적인 결과이므로 공익목적을 위한 특별한 희생으로 볼 수 있으므로, 위험책임에 관한 실정법상의 규정이 없는 경우에도 수용보상규정의 유추적용 내지 평등조항을 적용하여 위험책임을 인정할 수 있다고 한다.

### (2) 평   가

그러나 이러한 논리들은 전체적으로 보아 문제가 있다고 보인다. 공법상 위험책임논의에서의 갈등은 한편으로는 위험상태로부터 발생된 손해에 대해 당사자의 권리구제를 강구하여야 하지만, 다른 한편으로는 매우 불명확한 개념인 위험상태를 근거로 하여 국가책임이 너무 넓게 인정되어서는 안 된다는 점이다. 이에 따라서 양자의 갈등을 어떻게 조정할 것인가 하는 점이 중요한 문제로 된다.

공법상 위험책임의 문제를 행정상 손해배상의 영역에서 처리하려는 견해는, 무리하게 과실개념의 존재를 인정하는 이론구성을 하기 때문에 공법상 위험책임이 논의되는 상황을 제대로 인식하지 못하는 문제를 안고 있다고 보인다. 즉 공법상 위험책임이 등장하게 된 배경은, 행정주체의 과실의 존재를 논의하기 어려운 경우에 이를 해결하기 위한 새로운 제도로서 검토되는 것이므로, 과실의 존재를 책임성립의 기본전제로 하여 이를 추정하거나 높은 주의의무의 부과를 통하여 과실을 인정하려는 시도에 대해서는 논의의 의미를 제대로 반영하지 못하고 있는 문제가 지적될 수 있다.

또한 행정상 손실보상의 요건을 확장해석하여 해결된다는 입장은, 공법상 위험책임에서의 대상이 되고 있는 위험의 실현에 의한 손해는 비정상적인 사건발생에 의해 우연히 발생된 손해이므로, 이를 통상적인 손실보상의 경우처럼 적법행위에 의해 이미 예상되었다거나 적법행위에 의한 직접적 손해라고 볼 수 없는 점에서 문제라고 평가된다. 즉 위험책임이 논의되는 손해는 공익을 위해 필요한 특별한 희생이라고 볼

---

2) 대법원의 판례에도 이러한 경향이 엿보인다; 대판 1967. 3. 21, 66다2660; 1975. 1. 14, 74다1683 등.
3) 맹장섭, "공법상 위험책임", 고시계, 1989. 2, 87면.
4) 위험책임과 행정상 손실보상의 근거에 관해서는 박균성, "프랑스 행정법상의 행정상 손해전보의 근거", 월간고시(1990. 4, 96면 이하) 참조.

수는 없는 것이다.

## 2. 긍정설의 견해

긍정설의 입장은 현행 제도의 문제점을 해결하는 수단으로서의 공법상 위험책임
의 효용성을 강조한다. 즉, 과실의 존재를 논의하기 어렵거나 의도적이 아닌 행정주체
의 행위로 인한 손실발생에 대한 권리구제책으로서 위험책임을 인정하고자 한다.

## 3. 소   결

생각건대 공법상 위험책임은 기존의 다른 손해전보제도와 구별되는 특성을 갖는
것이므로, 그 자체로서 별도로 인정될 필요성은 존재한다고 본다. 그러나 실정법상의
규정과 무관하게 이를 일반적인 제도로서 인정하기에는 적지 않은 이론적인 문제점들
이 존재한다고 생각한다. 우선 지적할 수 있는 사실은 공법상 위험책임은 그 인정근
거에 관한 논의가 아직 정리되고 있지 못하다는 점이다. 즉 이에 대해 사법상의 위험
책임에 관한 이론을 그대로 적용하기에는 공법의 특성상 문제가 따르며, 독일의 일부
견해처럼 헌법상의 평등의 원칙을 근거로 하기에는 위험책임의 의미가 제대로 반영되
지 못하는 문제가 지적될 수 있다. 또한 위험책임의 가장 두드러진 특성인 위험상태
의 요건은 위험의 개념이 불명확하고 그 한계를 확정하는 것이 용이하지 않으므로,
위험책임을 일반적인 제도로서 인정하는 데에 적지 않은 어려움을 내포하게 된다. 그
밖에도 현실적인 문제로서 국가재정상의 어려움도 문제로서 지적될 수 있다. 즉 공법
상의 위험책임에 관한 논의를 수용할 수 있다고 하여도 실질적으로 보상해 줄 재정이
부족한 경우에는 이 논의는 공허한 것이 되고 만다.

따라서 우리나라에서는 공법상 위험책임의 인정은 별도의 입법에 의하는 경우에
만 가능하다고 생각된다. 이러한 입법에 있어서는 위험책임의 일반적 인정보다는 위
험책임을 그 대표적인 유형별로 구분하여 입법하는 것이 바람직하다고 본다. 실정법
상의 이러한 예로서는 원자력사업자가 원자력사고로 인한 피해에 대해 그 손해를 배
상하도록 하고 있는 「원자력손해배상법」규정을 들 수 있다.5)

---

5) 그러나 「국가배상법」 제 5 조의 해석과 관련하여 동조상의 요건인 '영조물의 설치·관리상의 하자'
   의 의미를 공법상의 위험책임의 입장에서 설명하려는 시도는, 영조물의 설치나 관리상의 하자를 공
   권력에 의하여 형성된 '특별한 위험상태'의 실현으로 보기 어려운 점에서 타당하지 못하다고 본다.

# 제 2 절 희생보상청구제도

## Ⅰ. 희생보상청구제도의 의의

### 1. 개 념

희생보상청구제도란 행정기관에 의한 고권작용으로 인하여 발생한 비재산적인 법익의 손실에 대한 보상제도를 의미한다. 이 제도는 기존의 손실보상제도가 재산적인 법익의 보상만을 그 대상으로 한 데 반하여, 비재산적인 법익의 보상을 그 대상으로 하는 점에서 차이를 갖는 것이다.

이 제도는 독일에서 연유하며, 독일에서는 그 성격상 관습법상의 제도로서 평가되고 있다. 즉 이는 일반적으로 공익과 사익의 갈등관계의 존재시에 공익의 관철을 위하여 발생하는 사익의 손실에 대하여는 실정법상의 규정이 없는 경우에도 보상되어야 한다는 근본이념에 기초하는 것이다.

### 2. 다른 개념과의 구별

이 제도는 그 대상이 되는 손실보상의 대상이 비재산적인 법익에 한정된다는 점에서 재산적인 법익을 대상으로 하는 행정상 손실보상제도와 구별된다. 그러나 이 제도는 독일에서의 발전에 의하면 위법·과실있는 공권력 작용도 그 대상으로 포함하므로,[6] 공권력 작용의 위법성여부를 기준으로 하는 행정상 손해배상제도와 구별되지 못한다.[7] 그 밖에도 공법상 위험책임제도와의 관계는 위험책임제도를 별도로 인정하는가의 여부에 따라 설명이 달라지게 된다. 즉 이를 별도로 인정하지 않는 입장에 따르면 희생보상청구제도의 요건을 확장해석하면 위험책임제도의 논의영역이 포함되므로 양자의 관계는 차이를 갖지 못하게 된다. 그러나 위험책임제도를 실정법이 명문으로 규정하고 있는 때에만 인정하는 입장에 따르게 되면, 양자의 관계는 실정법상의 근거를 요하는가의 여부에 따라 차이를 갖게 된다. 이때에 손해발생이 위험

---

6) 독일의 논의에서 희생보상청구제도의 대상을 처음의 적법한 행정작용에서 위법한 경우까지 확대하는 결론은, 마치 수용유사침해이론의 적용대상이 처음의 적법한 행정작용에서 위법한 경우로 확장된 논리와 유사한 논거에 근거하고 있다. 즉 적법한 행정작용에 대해서 희생보상청구가 인정된다면, 당연히 위법한 행정작용의 경우도 그러한 청구가 인정된다는 것이다. 이와 같이 위법한 행정작용에 대해서 인정되는 희생보상청구를 독일에서는 특히 희생유사침해(aufopferungsgleicher Eingriff)라고 한다.

7) 이러한 이유로 하여 독일에서는 위법·과실 있는 행정작용에 의하여 발생된 비재산적 법익의 손해에 대하여, 희생보상청구제도와 행정상 손해배상제도가 병존하여 경합적으로 청구가능한 것으로 보고 있다.

상태의 실현에 의한다는 공법상의 위험책임제도의 특성은 희생보상청구제도에 의한 경우에도 해당되므로, 양자를 구별 짓는 기준으로는 의미가 없게 된다.

## 3. 유　형

독일에서의 논의에 따르면, 희생보상청구제도는 그 유형으로서 일반적인 희생보상청구권과 개별적인(<sup>또는</sup><sub>특별한</sub>) 희생보상청구권으로 구분된다. 전자는 공익과 사익의 갈등관계의 존재시에 이를 해결하기 위한 목적으로 일반적으로 통용되는 제도로서 의미를 갖는 경우를 말하며, 후자는 전자가 구체화된 경우로서 비재산적인 권리가 제약되는 특수한 경우를 규율대상으로 한다. 구체적으로 일반적인 희생보상청구권행사의 경우는 공익과 사익의 갈등존재시에 공익을 위하여 희생되는 사익에 대해 보상하는 것을 그 내용으로 하며, 헌법규정(<sup>즉 우리 헌법</sup><sub>제23조 3항</sub>)에 따른 손실보상규정이나, 독일에서 논의되고 있는 이른바 수용유사침해이론이나 수용적 침해이론에 따른 손실보상논의도 이러한 일반적인 희생보상청구권 제도의 구현의 모습으로 볼 수 있다. 따라서 일반적인 희생보상청구권 제도는 이와 같은 실정법상의 규정이나 다른 별도의 보상제도가 존재하지 않는 경우에 일반적으로 통용되는 제도로서 독자적인 의미를 갖게 된다. 그러나 이러한 유형의 희생보상청구제도는 기존의 다른 손실보상청구제도와 실질적으로 차별성을 갖기 어려우므로, 희생보상청구제도에서 의미를 갖게 되는 것은 후자인 비재산적 법익에 대한 손실보상을 내용으로 하는 개별적인 희생보상청구권의 경우이며, 이하에서도 이를 중심으로 검토하기로 한다.

## Ⅱ. 성립요건 및 보상내용

### 1. 성립요건

독일에서의 논의에 의하면 (<sup>개별적인</sup><sub>또는 특별한</sub>)희생보상청구권을 행사하기 위하여는 다음의 요건을 충족하여야 한다.

### (1) 고권적인 제약행위의 존재
#### 1) 제약행위의 직접성

대상이 되는 고권적 제약행위는 공공복리를 목적으로 하는 것이어야 한다. 또한 이러한 행정기관의 고권적인 행위를 통하여 당사자의 권리가 직접적으로 제약될 것을 필요로 한다. 따라서 부작위의 경우는 희생보상청구의 대상행위에 포함되지 못하게 된다.

그러나 당사자의 권리를 제약하는 고권적 행위는 특정한 불이익발생의 결과를 반드시 의도할 필요는 없다고 한다. 그리고 이러한 제약행위는 당사자의 의사와 무관한 강제성을 가져야 하므로, 당사자가 자발적으로 특정 위험상황에 참여함으로써 불이익을 입게 되는 경우, 예컨대 자발적으로 경찰관의 업무를 돕다가 입은 손실 또는 공립의사의 진료에 자발적으로 응하여 입은 손실 등의 경우는 이러한 제약행위의 범주에서 제외된다.

그러나 이때에 간접적인 수단을 통하여(예컨대 행정기관의 의도적인 홍보, 불이익발생의 경고 등) 당사자의 행위가 유도된 경우에도, 이를 근거로 행한 행정기관의 행위는 이러한 제약행위의 범주에 포함된다. 예컨대 행정기관의 홍보로 인하여 당사자에게 심리적인 부담을 주어 그 참여가 유도되는 예방접종행위도 이 범주에 포함된다.8)

2) 제약행위의 적법성문제

이때의 고권적인 제약행위는 독일에서의 논의 초기에는 적법한 제약행위만을 그 대상으로 하였다. 그러나 논의가 발전되면서 위법·과실 있는 행위로까지 확대되었다. 따라서 오늘날은 그 행위의 적법성문제는 이 개념의 요건논의에서는 특별한 의미를 갖지 못하게 된다.

(2) 비재산적인 법익의 제약

희생보상청구제도의 특색은 통상적인 손실보상제도와는 달리 비재산적 법익의 제약을 그 대상으로 한다는 점이다. 이러한 비재산적 법익의 유형에는 생명, 신체의 건강, 신체의 자유가 포함된다.9)

(3) 특별희생의 존재

이는 당사자의 손실이 일반인이 통상적으로 감수하여야 할 희생의 한계를 넘어서는 특별한 부담을 의미하는 경우를 말한다.10) 이때의 특별희생은 일반적으로는 행정주체의 제약행위의 정도와 그로 인해 직접적으로 나타나게 되는 결과인 법익의 제약정도를 기준으로 하여 판정하게 된다. 따라서 일상적인 위험상태가 실현된 경우에 불

---

8) 그러나 물론 예방접종사고에 대한 손실보상의 경우는 현실적으로 개별법에 그 근거규정이 있으므로 이러한 실정법상의 근거로 인하여 결과적으로 희생보상청구는 인정되지 못하게 된다. 이러한 이유로 예방접종사고를 대상으로 하는 희생보상청구는 현실적인 논의의 의미를 상실하고 있다고 볼 수 있다.

9) 독일에서는 연방통상법원(BGH)의 판례상 해석과 관련하여, 법원이 희생보상청구제도의 적용영역인 비재산적 법익의 목록을 생명, 신체의 건강, 자유에 한정하지 않고, 그 밖의 경우에도 개방하고 있다고 보는 해석과, 법원이 이러한 범위를 넘어서서 인정하는 것은 아니라는 해석이 대립하고 있다. 이는 특히 인격권이나 명예의 법익도 이에 포함되는가와 관련된다. 이때에 이러한 유형의 법익의 제약으로 인해 재산상의 손실이 발생한다면 희생보상청구권의 대상이 될 것이나, 이러한 인격권 등의 제약이 위자료의 청구와 연계되는 경우에는 그 대상에서 제외된다.

10) 독일의 연방통상법원(BGH)의 판례에 의하면, 군인의 사망이나 부상은 병역의무수행의 통상의 결과라고 보고 이에 따라 전쟁수행중의 사망에 대해 희생보상청구를 부정하고 있다.

과한 경우에는 특별희생이 부정된다.11) 그러나 이러한 기준으로도 불명확한 경우에는 최종적인 기준으로서, 발생된 결과가 행정주체의 원인행위를 정당화하는 법률의 규범목적에 의해 예상된 경우인가 아니면 이를 넘어서는 경우인가에 의해 판단하여, 후자인 경우에만 특별희생이 인정된다.12)

### (4) 개별법 규정의 부존재

실정법상 이러한 희생보상청구제도의 이념에 기초하여 이를 구체화하여 손실보상의 청구권을 보장하는 규정들이 존재하는 경우에는 이와는 별도의 희생보상청구권 행사는 배제된다. 즉 이러한 청구권은 독일에서의 논의대로 관습법상의 제도이므로, 별도의 개별 실정법규정이 없는 경우에 한하여 그 행사가 가능하게 된다.13) 또한 발생된 손실에 대해서 사회보장제도에 의하여 보상이 되는 경우는, 이미 피해자는 희생보상청구제도의 이념인 일반인에 의하여 보상을 받게 되는 경우에 해당하므로 별도로 희생보상청구권이 발생하지 않게 된다.

## 2. 보상내용

희생보상청구권 행사에 의하여 주장할 수 있는 보상내용은 비재산적 법익의 제약을 통하여 발생한 재산적 손실이다. 그 내용으로서는 치료비용, 요양비용, 일실이익 등이 되며, 이때에 정신적 피해를 이유로 한 위자료청구는 인정되지 않는다. 따라서 희생보상청구제도의 대상으로서의 '비재산적'이라는 개념의 의미는 불이익을 받게 되는 법익을 의미하는 것이며, 보상내용을 말하는 것은 아니다. 이때에 피해자의 과실이 존재하는 경우에는 보상액의 산정시 고려사유가 된다.

---

11) 독일의 판례에 의하면, 학교체육시간에 주의의무를 다하였음에도 불구하고 발생한 체조연습 도중의 부상사고에 대해 희생보상청구를 부정하고 있다.

12) 예컨대 예방접종에 관하여는 관련법률(예컨대 우리나라의 경우는 전염병예방법)이 예방접종을 받을 일반적인 의무를 규정하고 있다. 공립병원이나 보건소에서의 이러한 예방접종행위로 인하여 경미하거나 단기간의 고통이 수반되기도 하지만, 경우에 따라서는 중대하고 장기적인 건강상의 피해를 입게 된다. 그리고 이때의 행정주체에 의한 예방접종행위는 일반인을 대상으로 한다. 따라서 이때에 예방접종으로 인한 심각한 이례적인 건강상의 피해발생을 단순하게 예방접종행위가 일반인을 대상으로 하는 것이라는 사실만을 기준으로 하게 된다면, 이러한 예방접종으로 인한 부작용에 대해서는 희생보상청구가 불가능하게 될 것이다. 그러나 이때에는 예방접종행위와 그로 인한 장기간의 중대한 건강상의 불이익발생을 전체적으로 고찰하여야 하며, 궁극적으로는 이러한 결과발생이 행정주체에 의한 예방접종행위의 근거법률에 의하여 예상되는 경우인가를 검토하여 희생보상청구가 가능한가의 여부가 검토되어야 한다. 그러나 예방접종의 부작용으로 인한 이례적인 부작용에 대한 손실보상문제는 독일이나 우리나라 모두 실정법에서 규율하고 있으므로, 희생보상청구권 행사문제는 제기되지 않는다.

13) 이러한 독일에서의 논의내용에 비추어, 우리나라에서도 개별 법령상의 명문규정에 의하여 일정한 내용의 손실보상을 청구할 수 있을 때에는 희생보상청구권은 별도로 인정되지 않는다고 보는 것이 타당하다.

희생보상청구권 행사의 대상인 손실보상의 주체는 통상적인 손실보상의 경우처럼, 당해 고권적 행위를 통하여 수익적인 효과가 귀속될 행정주체가 된다. 그러나 당사자의 건강의 법익이 제약받는 경우에는 이를 통하여 수익적 효과가 귀속될 행정주체를 상정할 수 없으므로, 이러한 결과를 발생시킨 원인행위의 업무가 귀속되는 행정주체가 보상의 주체가 된다.

## Ⅲ. 우리나라에서의 인정여부 논의

우리나라에서 희생보상청구제도가 인정될 수 있는가의 문제는 아직은 활발한 논의상태에 있지 않다. 그러나 이를 검토하는 학자들의 견해를 보면 이 제도를 인정하는 견해가 우세하다.[14)]

생각건대 독일에서의 논의를 검토한 바와 같이, 희생보상청구제도의 가장 중요한 특성은 그 대상이 비재산적 법익에 대한 손실보상이라는 점과 실정법상의 명문규정의 근거 없이 청구할 수 있다는 점이다.[15)] 따라서 우리나라 개별법의 실정법상 손실보상 규정이 존재하고 있음을 근거로 하여 희생보상청구권이 개별적 제도로서 인정되고 있다고 주장하는 견해는 이러한 논의내용에 비추어 따를 수 없을 것이다. 오히려 논의의 중점은 실정법적 규정이 없는 경우에도 공익을 위하여 발생한 비재산적 법익에 대한 손실보상청구를 희생보상청구권이라는 이름하에 허용할 수 있는가에 관한 것이 된다고 본다.

이 제도는 독일에서 관습법적 근거를 갖는 제도로서 인정되는 것이므로, 우리나라에서도 이러한 논리에 의하여 희생보상청구권을 인정하기에는 무리가 있다고 생각한다. 또한 헌법 제23조 제 3 항의 의미를 중시하는 한, 법률의 규정 없이 바로 희생보상청구권에 의하여 손실보상청구를 허용할 수는 없다고 보아야 한다. 「전염병의 예방 및 관리에 관한 법률」 등과 같이 별도의 법률이 존재하는 때에는, 이는 법률의 규정에 따른 손실보상청구로 이해하면 족하며, 이를 희생보상청구권의 문제로 볼 필요는 없다고 생각한다. 이러한 근거로 우리나라에서는 희생보상청구권은 인정될 수 없다고 본다.

---

14) 석종현·송동수(상), 735면; 홍정선(상), 836면.
15) 따라서 독일에서의 논의를 따른다면, 개별 실정법에 (희생보상청구제도의 취지에 상응한) 손실보상에 관한 명문규정이 있는 경우에는 희생보상청구권은 행사되지 못하게 된다.

# 제 3 절  행정상의 결과제거청구권

## I. 의    의

### 1. 개    념

결과제거청구권은 위법한 행정작용의 결과로서 남아 있는 상태로 인하여 자기의 법률상의 이익을 침해받고 있는 자가 행정주체를 상대로 하여 그 위법한 상태를 제거하여 침해 이전의 상태로 회복하여 줄 것을 청구하는 실체법상의 권리를 말한다. 이 권리는 처음의, 위법적인 행정작용이 행해지기 전의 상태로 회복하는 것에 그 목적이 있다. 이 청구권은 독일의 학설·판례에 의하여 발전한 것으로서 독일 특유의 행정상 손해배상제도의 결함을 보완하기 위하여 나타난 제도라고 볼 수 있다.

독일에서 이러한 청구권이 발전하게 된 배경에는 독일의 국가배상책임의 특색이 작용하고 있다. 국가배상책임의 성질을 간접적인 대위책임으로 보는 독일에서는 국가는 가해 공무원의 책임을 면책하면서 채무를 대신 인수하는 구조를 취하고 있으며, 이로 인해 국가가 배상해야 할 책임의 내용은 가해 공무원이 원래 피해자에게 배상하여야 할 내용으로 한정된다. 가해자가 일반 손해배상책임으로 배상해야 할 내용은 독일 민법에 의하면($\frac{249}{3}$) 원상회복이고, 이는 통상적으로 금전배상으로 나타나게 된다. 그러나 공무원의 직무행위로 인한 위법적인 결과가 아직 제거되지 않은 경우에는 이러한 위법상태가 제거되는 것이 민법 제249조에 따른 원상회복의 내용이 되어야 하나, 이때에 국가가 지는 책임의 내용은 공무원이 그의 직무상의 지위를 떠나서 사인으로서 부담하여야 할 책임의 내용을 대신 인수하는 것이므로 그 내용이 금전배상에 한정되게 되며, 이로 인해 피해자의 권리구제에 한계를 가져오게 된다. 이러한 공백을 메우기 위해 학설과 판례를 중심으로 하여 발전하게 된 것이 결과제거청구권이다. 특히 바호프(Bachof)의 이론에 의해 논리적 기초가 마련되었다고 평가되고 있다.[16)]

### 2. 필 요 성

이 청구권은 기존의 권리구제제도인 행정상의 손해전보제도나 행정쟁송제도를 통하여도 당사자의 권익구제가 충분하게 되기 어렵거나 그 목적을 달성하기 어려운 경우에, 기존의 행정구제제도를 보완하기 위하여 인정되는 제도이다. 예컨대 취소소송의 제기를 통해 위법적인 압류처분을 취소하더라도 행정기관이 압류한 물건을 반환하지 않는 상황에서는 당사자의 권리구제는 불완전한 것이 된다. 이때에 결과제거청구

16) 이에 대해서는 류지태, "한국과 독일의 행정상 손해배상제도", 고시계, 1992년 4월호, 53면 참조.

608 제 4 편  행정구제론

권은 원상회복을 가능하게 하여 당사자의 권리구제의 목적을 달성하게 한다.

## 3. 성   질

(1) 이 청구권은 원상회복을 목적으로 하는 것이나, 그 성질이 물권적 청구권인 지의 여부에 대해서는 다툼이 있다.[17] 동 청구권에 의해서는 통상적으로 물권적인 것이 대상이 되나 위법한 정보제공의 결과제거나 명예훼손의 결과제거의 경우와 같이 물권적인 내용을 갖지 않는 경우도 포함하므로 다수견해에 따라 물권적 청구권에 한 정하지 않는다고 본다.[18]

(2) 공권의 성질을 갖는 것으로 보는 것이 다수 견해이나, 일부견해에 의하면[19] 사권이라고 본다. 공법과 사법의 이원적 체계의 분류가 우리나라에서 그 의미를 유지 하고 있는 이상 공권으로 보는 것이 타당할 것이다.

(3) 손해배상청구권과는 청구의 요건과 내용에 있어서 차이가 있으므로 양자는 독자적으로 성립할 수 있고, 병존할 수 있다고 보아야 한다.

## 4. 인정근거

독일에서는 이 청구권을 인정하는 실정법상의 명문규정은 존재하지 않으며, 기본 법상의 법치국가원리, 행정의 법률적합성원칙, 자유권규정, 기본법 제19조 4항의 포괄 적인 권리보호규정, 민법상의 방해배제청구권규정 등을 근거로 하여 인정되고 있다. 우리의 경우에도 독일의 경우와 유사하게 헌법상의 법률에 의한 행정의 원리($^{제107}_{조}$), 기 본권규정($^{제10조}_{제23조 등}$) 및 민법 제213조, 제214조의 유추적 적용, 행정소송법상의 취소판결 의 기속력규정($^{제30}_{조}$), 관련청구의 이송 및 병합에 관한 규정($^{제10}_{조}$), 당사자소송에 관한 규 정($^{제39조}_{이하}$) 등도 근거가 된다고 본다.

## Ⅱ. 성립요건

### 1. 행정주체의 고권적 행위의 존재

#### (1) 고권적 행위의 유형

이때의 고권적 행위의 의미는 넓게 인정된다. 따라서 행정행위뿐 아니라 사실행 위(비권력적·권력적 사실행위 포함)도 그 대상이 된다. 고권적 행위만이 대상이 되므로 행정기관의 사법적 활동으로 인한 경우는 제외된다. 이는 민법상의 소유권에 기한 소

---

17) 물권적 청구권으로 한정하는 견해로는 이상규(상), 557면; 석종현·송동수(상), 740면.
18) 김남진·김연태(Ⅰ), 691면; 홍준형(구제법), 119면.
19) 이상규(상), 558면.

유물방해제거청구권($^{제214}_{조}$)의 대상이 될 뿐이다.

### (2) 고권적 행위의 범위

고권적 행위의 유형도 넓게 인정된다. 따라서 행정기관의 적법한 행위에 의한 경우뿐 아니라 행정기관의 위법적인 행정작용에 의한 경우에도 인정된다. 그러나 이때에 작위에 의한 경우 이외에 위법적인 부작위에 의한 경우도 포함되는지에 대해서는 논의가 대립하고 있다. 부작위를 단순하게 아무런 행위도 존재하지 않는 것으로 이해하는 경우에는 원상회복되어야 할 대상이 없으므로 적용대상에서 제외하여야 할 것이다. 그러나 독일 연방행정법원은 판례를 통해 행정기관에 의한 작위나 부작위에 의한 위법적인 결과가 발생한 경우에 동 청구권의 성립을 인정한다고 하고 있다. 그러나 이때에 부작위가 무엇을 의미하는지, 언제 부작위가 동 청구권의 성립을 위하여 중요한 의미를 갖게 되는지에 대해서는 명확한 설명을 하고 있지 않다. 따라서 부작위의 의미와 관련하여 견해가 나뉘고 있다. 이때의 부작위의 상황을 수익적 행정행위의 위법한 거부($^{예컨대\ 영업허가}_{신청의\ 위법한\ 거부}$)로 이해하는 입장에서는, 당사자는 이때에 행정소송으로서 자신의 권리를 실현할 수 있으므로 부작위로 인한 동 청구권의 성립을 인정할 필요가 제기되지 않는다.[20] 그러나 이에 대해 당초에는 적법했던 행위가 사후에 기간경과, 해제조건의 성취 등으로 위법하게 된 경우에 예컨대 행정기관이 압류한 물건을 반환하지 않게 되면 부작위가 존재하는 것이 되며, 이때에도 동 청구권이 성립할 수 있다고 보는 견해도 주장된다.[21] 그러나 동 청구권은 처음에 적법한 행위이었으나 사후에 위법하게 되는 경우에도 인정되는 것이므로 이때에도 성립가능하며, 이때의 고권적 행위의 존재는 행정기관의 부작위와 관련하여 인정되는 것이 아니라 이러한 부작위 이전에 행한 선행 작위행위와 연계하여 인정되는 것으로 볼 수 있을 것이다. 따라서 부작위의 의미를 위와 같이 이해하는 한 부작위로 인한 경우에는 결과제거청구권은 별도로 인정될 필요가 없을 것이다.

## 2. 타인의 주관적 권익이 대상일 것

타인의 주관적인 권리나 법률상 이익이 대상이 되어야 한다. 고권적 행위를 통해 타인의 주관적 권익이 제약($^{또는}_{침해}$)되는 경우에 주로 논의되는 것은 재산권이지만 반드시 이에 한정되는 것은 아니며, 명예, 정보의 정확성 등도 대상이 된다.

---

20) 정하중, "독일에 있어서 결과제거청구권의 발전과 한국에의 동 청구권의 도입가능성", 한국공법학회 제17회 학술발표회 인쇄물, 35면.
21) 홍준형(구제법), 122면; 이 입장이 다수견해로 보인다.

## 3. 위법한 상태의 존재 및 계속

이러한 위법상태는 고권적 행위 자체가 위법한 경우에 발생하는 경우가 보통이나, 적법한 공권력행사로 인한 경우에도 존재할 수 있다. 즉 행정기관이나 법원에 의한 취소나 행정행위의 철회로 인한 경우에도 그 결과가 제거되지 않고 있는 경우에는 위법적인 상태가 존재할 수 있다. 또한 행정기관에 의해 형성된 상태가 사후적으로 위법한 것으로 되는 경우에도 이에 해당한다. 예컨대 부관으로서 기한이 설정되어 있을 때에 기한이 도래한 후에도 일정한 의무를 이행하지 않거나, 전제조건의 흠결로 인해 행정주체가 물건을 점유할 권리가 더 이상 존재하지 않는 경우에도 물건을 반환하지 않는 경우 등이 이에 해당한다. 따라서 위법적이라는 징표는 행정작용이 위법적이라는 측면보다는 그로 인한 결과적인 측면이 위법적이라는 의미를 갖는 것으로 이해되어야 한다고 본다. 그리고 이러한 위법한 상태로서의 결과가 아직도 계속하여 존재하고 있어야 한다.

## Ⅲ. 내용 및 한계

### 1. 내    용

#### (1) 원상회복의 청구

청구권의 내용은 행정작용으로 인하여 야기된 결과적인 위법상태를 제거하여 위법적인 침해가 없는 원래의 상태나 이와 동가치적인 상태로 회복시켜 줄 것을 청구하는 것이다. 이 의미는 제한적으로 해석되지 않으며 넓게 이해된다. 따라서 위법적인 정보제공의 결과제거는 정보수령자에게 당해 정보가 위법하다는 것을 알려줌으로써 행해질 수 있게 된다. 그러나 이 청구권의 행사를 통해서는 원상회복을 통해서도 남게 되는 손해의 배상은 주장될 수 없다. 이를 위해서는 손해배상청구권과 같은 다른 방법이 사용되어야 한다.

#### (2) 직접적인 결과의 제거

이 청구권에 의해서는 행정작용으로 발생한 직접적인 위법적 결과의 제거만이 대상이 된다. 당해 행정작용으로 인한 부수적인 불이익의 제거는 다른 청구권의 대상이 될 뿐이다. 그러나 '직접적'인 결과의 의미를 특정하는 것은 용이하지 않다.

#### (3) 제 3 자에 대한 청구

이 청구권은 그 내용에 따라서는, 위법적인 행정작용을 통하여 수익을 얻은 제 3

자에 대하여 행정기관이 행정행위의 발령이나 그 밖의 방법을 통하여 결과제거를 명함으로써 행해질 수도 있다. 예컨대 위법적으로 타인의 가옥을 점거하고 있는 제 3 자에 대해 행정기관이 퇴거를 명하는 경우나 이웃사람에게 위법하게 불이익을 주고 있는 건축물의 철거를 명하는 경우 등이 이에 해당한다. 이때에 행정기관이 제 3 자에게 이러한 행위를 명할 수 있는 권한의 법적 근거에 대해서는, 별도의 법적 근거를 필요로 하지 않고 행정기관의 결과제거의무에서 이미 이러한 권한이 도출된다고 보는 견해와, 결과제거청구권의 근거규범 이외의 별도의 법적 근거를 필요로 한다고 보는 견해로 대립하고 있다.22) 그러나 이러한 견해대립은 별도의 법적 근거를 요한다는 견해들이, 실제에 있어서 경찰법상의 일반조항 등을 근거로 하여 법적 근거가 거의 존재하는 것으로 보고 있으므로 현실적인 차이는 없는 것으로 보인다.

## 2. 한   계

(1) 결과제거로 인하여 원래의 상태나 이와 같은 가치를 갖는 상태의 회복이 사실상 가능하고, 법률상으로 허용되어야 하며, 그것이 의무자에게 기대가능하여야 한다. 예컨대 예술품이 파손된 경우에는 사실상의 이유에 의해 원상회복이 불가능한 경우이며, 건물의 철거 후에 그 사이에 건축계획이 변경되어 원상복구가 허용되지 않는 경우는 법적으로 원상회복이 허용되지 않는 경우이고, 원상회복이 비례성원칙에 반할 정도의 과다한 비용에 의해서만 가능하거나 우월한 공익에 반하는 경우는 기대불가능한 경우에 해당한다고 볼 수 있다.23) 동 청구권행사가 불가능한 경우에는 손해배상이나 손실보상만이 고려될 수 있다.

(2) 동 청구권은 위법적인 상태가 그 사이에 적법하게 된 경우에는 더 이상 주장되지 못한다. 예컨대 위법한 것으로서 취소된 행정행위가 새로운 적법한 행정행위로 대체되거나 위법적으로 편입된 토지가 그 사이에 적법하게 수용된 경우 등이 이에 해당한다.

(3) 위법한 상태발생에 대해 피해자에게도 과실이 있는 경우에는 민법상의 과실상계에 관한 규정(제396조)이 유추적용될 수 있다. 따라서 피해자의 과실의 정도에 따라

---

22) 우리나라의 견해로는 부정적인 견해가 주장되고 있다(홍준형(구제법), 125면).
23) 대법원 판례에 의하면, 서울시가 타인의 토지 일부를 적법한 권원없이 점유하여 상수도관을 매설하고 식수를 공급하고 있는 경우에 당사자가 주장한 철거에 대해, 상수도공급이라는 공익사업의 성격이나 매설한 수도관의 이설을 위한 적당한 장소가 없다는 사정만으로는 동 청구권의 행사를 방해하지 않는다고 보고 있다(대판 1987. 7. 7, 85다카1383). 이 판결에 대해서는 공익적이라는 이유나 과다한 비용의 소요가 동 청구권의 한계로 작용하지 않는다는 논평도 주장되고 있으나(이상규, "행정상의 방해배제청구", 월간고시, 1987. 11, 17면), 이보다는 사례의 구체적인 경우에 비추어 결과제거의 기대가능성이 인정되고 있는 경우로 보아야 할 것이다(박윤흔(상), 724면).

결과제거청구권의 내용이 그 적용에 있어서 한계를 갖게 된다. 이때에 불가분적인 급부를 대상으로 하는 경우에는 피해자에게도 그 비용의 일부가 부담되어진다.

## Ⅳ. 쟁송절차

결과제거청구권의 성질을 공권으로 보는 한, 그 쟁송절차는 행정소송, 즉 공법상의 당사자 소송의 형태로 제기하여야 한다. 당사자소송은 독자적으로 제기하거나 처분 등의 취소소송에 관련 청구소송으로 병합하여 제기할 수 있다. 그러나 소송실무상은 민사소송에 의하고 있다.

# 제 5 장  행정심판

## 제 1 절  행정쟁송제도 개관

### 1. 행정쟁송의 기능

　　행정법의 가장 중요한 이념인 법치주의원칙은 사전적으로 행정기관의 행정작용
이 법에 따라 행해지는 것을 요구하는 것이지만, 또한 동시에 행정기관의 잘못된 행
정작용이 존재하는 경우에는 사후적으로 이를 바로잡아 올바른 행정작용을 보장하고
국민의 권리구제를 도모하는 것을 그 내용으로 한다. 행정쟁송은 이와 같이 행정작용
이 위법하거나 부당한 경우에 행정작용을 통제하여 사후적으로 법치주의 원칙에 따른

행정작용의 적법성을 회복하고, 이를 통해 국민의 권리보호를 도모하기 위한 제도이다. 따라서 행정쟁송이 갖는 주된 기능은 통상적으로 행정에 대한 통제기능과 국민의 권리보호기능의 두 가지 측면에서 이해되고 있다.

## 2. 행정쟁송의 분류

이러한 행정쟁송은 그 기준에 따라 여러 가지로 분류된다.

### (1) 정식쟁송과 약식쟁송

정식쟁송은 심리절차에 있어서 당사자에게 구술변론의 권리가 보장되고, 그 판정기관이 쟁송당사자와 이해관계 없는 제 3 자의 지위에 있는 등, 분쟁의 공정한 해결을 위해 절차적인 측면에서 보장되고 있는 쟁송유형을 말하며 행정소송이 이에 해당한다.

이에 반해 약식쟁송은 이러한 요건을 갖추고 있지 못한 쟁송을 말하며 행정심판이 이에 해당한다.

### (2) 항고쟁송과 당사자쟁송

항고쟁송은 이미 행하여진 처분의 위법이나 부당을 다투어서 그 취소나 변경을 구하는 쟁송을 말한다. 「국세기본법」상의 이의신청과 심판청구, 「행정심판법」상의 행정심판 및 「행정소송법」상의 항고소송이 이에 해당한다.

이에 대해 당사자쟁송은 서로 대립하는 대등한 당사자 상호간의 법률관계의 형성이나 존부를 다투는 쟁송을 말하며, 「공익사업을 위한 토지등의 취득 및 보상에 관한 법률」상의 재결이나 「행정소송법」상의 당사자소송이 이에 해당한다.

### (3) 시심적 쟁송과 복심적 쟁송

시심적(始審的) 쟁송은 행정법관계의 형성이나 존부에 관한 1차적 행정작용 자체가 쟁송의 형식을 거쳐 행하여지는 경우의 절차를 말하며, 당사자쟁송이 이에 해당한다.

이에 반해 복심적(覆審的) 쟁송은 이미 행하여진 행정기관의 처분의 위법이나 부당을 다투어서 이의 재심사를 구하는 쟁송을 말한다. 항고쟁송이 이에 해당한다.

### (4) 주관적 쟁송과 객관적 쟁송

주관적 쟁송은 쟁송당사자의 개인적 권익의 구제를 목적으로 하는 행정쟁송을 말한다. 이를 위해서는 당사자가 행정쟁송의 제기를 통하여 다툴 만한 개별적·직접적인 이해관계를 가질 것을 필요로 한다. 통상적인 행정쟁송의 경우가 이에 해당한다.

객관적 쟁송은 공익의 보호를 주된 목적으로 하는 것으로서, 행정법규의 객관적인 적정성의 확보나 타당성 확보를 이유로 하여 인정되는 쟁송유형을 말한다. 이는 개인의 권리나 이익의 보호를 위한 쟁송이 아니기 때문에, 이의 제기를 위해서는 개별적·직접적인 이해관계를 갖는 당사자일 필요는 없으나 법률에 의하여 이러한 쟁송유형이 마련되고 있는 경우에만 그 제기가 인정된다. 민중쟁송과 기관쟁송이 이에 해당한다.

### (5) 행정심판과 행정소송

행정심판은 행정법상의 분쟁에 대하여 행정기관이 스스로 심리하고 판정하는 쟁송절차를 말하며, 행정소송은 법원이 주체가 되어 행정법상의 분쟁을 해결하는 절차를 말한다. 양 제도의 관계에 대해서 현행법은 임의적(또는 선택적) 행정심판전치주의를 규정하고 있으므로, 원칙적으로 행정심판을 거치지 않고 바로 행정소송을 제기할 수 있도록 하고 있다(행정소송법 제18조 1항).

# 제 2 절  행정심판제도 개관

## Ⅰ. 행정심판의 의의

## 1. 개    념

행정심판은 일반적으로 행정기관이 행하는 행정법상의 분쟁해결절차를 말한다. 즉 행정청의 위법·부당한 행정처분이나 기타 공권력의 행사·불행사로 인하여 권리나 이익을 침해당한 자가 행정기관에 대하여 그 시정을 구하는 절차를 말한다.

이러한 내용의 행정쟁송절차는 실정법상으로는 '행정심판'이라는 명칭 이외에 '이의신청', '심사청구', '심판청구', '재심청구' 등으로 나타나고 있다.1) 그러나 행정심판에 대해서는 일반법으로서 헌법 제107조 제 3 항에 근거한 「행정심판법」이 제정되어 있으므로 원칙적으로는 이러한 명칭에 관계없이 「행정심판법」의 적용대상이 되나, 다른 법률에 의해 별도의 특칙이 존재하는 경우(예컨대 국가공무원법 제9조, 국세기본법 제56조 등)에는 이러한 법률이 특별법으로서 우선적으로 적용되고 이 한도에 있어서 「행정심판법」은 그 적용이 배제된다. 「행정심판법」은

---

1) 개정된 「행정심판법」에 의하면, 특별행정심판의 남설을 방지하고자 하는 목적으로, 사안의 전문성과 특수성을 살리기 위하여 특히 필요한 경우 외에는 이 법에 따른 행정심판을 갈음하는 특별한 행정불복절차(특별행정심판)나 이 법에 따른 행정심판절차에 대한 특례를 다른 법률로 정할 수 없고, 관계 행정기관의 장이 특별행정심판 또는 이 법에 따른 행정심판절차에 대한 특례를 신설하거나 변경하는 법령을 제정·개정할 때에는 미리 중앙행정심판위원회와 협의하도록 의무화하고 있다(동법 제 4 조 제 1 항, 제 3 항).

"다른 법률에서 특별행정심판이나 이 법에 따른 행정심판절차에 대한 특례를 정한 경우에도 그 법률에서 규정하지 아니한 사항에 관하여는 이 법에서 정하는 바에 따른다"고 규정하여 행정심판에 관한 일반법으로서의 성격을 분명히 하였다(행정심판법 제4조 2항).

## 2. 다른 개념과의 구별

### (1) 이의신청과의 구별

#### 1) 차 이 점

양자는 ㉠ 우선 그 심판기관 면에서 차이를 가져온다. 즉 행정심판은 원칙적으로 직근 상급행정청에 대해 제기하는 데 반하여, 이의신청은 처분청 자체에 대해서 제기되는 점에서 차이를 가진다. 그러나 행정심판도 예외적으로 경우에 따라서는 처분청 자체에 대한 제기가 허용되므로 이러한 점에서는 상대적인 면을 갖게 된다. ㉡ 또한 그 대상에 있어서도 이의신청은 개별법에서 정하고 있는 처분 등에 대해서만 인정되는 데 반하여(예컨대 국세기본법 제55조 3항이나 공익사업을위한토지등의취득및보상에관한법률 제83조, 제84조에 의한 이의신청), 행정심판은 원칙적으로 모든 위법 또는 부당한 처분 등에 대하여 인정되는 차이를 나타낸다.

#### 2) 관련문제

양자의 관계에서 문제되는 것은 이의신청에 대해 처분청이 결정을 내리는 경우에 이에 대한 불복절차는 어떻게 될 것인가에 있다. 즉 당사자가 행정심판을 제기하려는 경우에 이의신청에 대한 결정에 대해서 당사자는 별도로 행정심판을 제기하여야 하는가 또는 이의신청의 제기 자체를 행정심판청구로 볼 수 있는가가 문제로 된다. 이러한 문제는 이의신청이라는 명칭의 절차가 경우에 따라서는 실질적인 행정심판으로 인정되는 경우가 존재하기 때문이다.[2]

이때에 법률로 이의신청에 대해 상급관청에 대한 별도의 불복절차를 규정하고 있는 경우(예컨대 국세기본법이나 지방세법에 따른 이의신청에 대한 심사청구절차)에는 이의신청의 법적 성질을 행정심판으로 볼 수 없다. 그러나 이의신청에 대한 재결에 대해 행정소송을 제기할 수 있음을 규정하고 있는 경우(예컨대 공익사업을위한토지등의취득 및보상에관한법률 제85조 1항)에는 이러한 상급관청에 대한 불복절차나 이의신청절차 자체를 행정심판으로 볼 수 있을 것이다.

그러나 이러한 별도의 불복절차에 관한 규정이나 행정소송과의 관계에 관한 규정이 존재하지 않는 경우는 문제가 된다. 이에 대해서는 이의신청을 「행정소송법」 제18조에서 말하는 행정심판에 해당하는 것으로 보는 견해도 주장된다.[3] 그러나 이의신청이 기본적으로 행정심판과 앞에서 본 바와 같은 차이를 갖는 것이라면 이를 행정심판

---

2) 토지수용위원회의 수용재결에 대한 이의절차는 실질적으로 행정심판의 성질을 갖는 것이므로 토지수용법에 특별한 규정이 있는 것을 제외하고는 행정심판법의 규정이 적용된다고 할 것이다 (대판 1992. 6. 9, 92누565).

3) 홍정선(상), 869면.

에 해당하는 것으로 볼 수는 없다고 하여야 하며, 또한 법률규정에 의해서만 「행정심판법」의 적용을 배제하도록 하고 있는 「행정심판법」 제 4 조의 취지에 비추어 법률규정이 없는 경우에는 반대로 원칙적인 경우에 따라 이의신청의 결정에 대해서 별도로 행정심판을 거치도록 한다고 해석하는 것이 타당할 것이다.

### (2) 청원과의 구별

양자는 그 본질적인 기능 면에서 차이를 갖는다. 권리구제수단으로서의 기능을 하는 행정심판에 대하여 청원은 국민이 국정에 참여하고 국정을 통제하는 기회를 보장하는 수단으로서 헌법상의 기본권으로서의 성질을 갖는 것이다(헌법<sub>제26조</sub>).

이러한 본질적인 차이에서 여러 가지 개별적인 차이가 나타나는데, 우선 ㉠ 행정심판은 권리구제수단으로서의 성질상 그 대상·제기권자·제기기간 등에서 제한이 있으나 청원은 일정한 대상의 한계를 제외하고는 제한을 받지 않는다. ㉡ 제기가 있은 후의 심리절차에 있어서 행정심판은 법적인 제약하에 있으나, 청원은 이러한 구속을 받지 않는다. ㉢ 심리가 종결된 후의 결정에 있어서 행정심판의 재결은 행정행위의 성질을 갖기에 불가변력이나 불가쟁력의 효력을 발생하나, 청원은 그러하지 아니하다.[4]

### (3) 진정과의 구별

진정은 일정한 형식이나 절차에 의하지 아니하고 행정기관에 대하여 일정한 희망을 표시하는 사실행위인 점에서, 일정한 법적 절차인 행정심판과 구별된다. 따라서 진정은 행정기관에 대해 어떤 행위를 하게 하는 법적 효력을 갖지 않으나, 그 내용에 있어서 행정심판의 실질을 가지면 행정심판으로 처리되는 경우도 존재하게 된다.

### (4) 행정소송과의 구별

행정소송은 행정심판과 여러 가지 면에서 관련을 갖는 제도이다. 우선 양자는 모두 ㉠ 권리구제수단으로서의 성질을 갖는 점, ㉡ 일정한 요건을 갖춘 당사자의 신청을 전제로 하여 절차가 개시되는 점, ㉢ 그 제기에 의하여도 집행부정지의 원칙이 적용되는 점과 최종결정인 재결이나 판결에 있어서 사정재결 또는 사정판결이 인정되는 점, ㉣ 심리절차에 있어서 직권심리주의, 불고불리의 원칙 및 불이익변경금지원칙이 적용되는 점 등에서 공통점을 갖는다.

그러나 이에 반하여 양자는 ㉠ 행정심판은 행정소송과는 달리 행정통제적 성질을 갖고 있다는 점, ㉡ 판정기관이 서로 다르다는 점, ㉢ 대상에 있어서 행정심판은 위법한 처분뿐 아니라 부당한 처분도 포함하고 있는 점, ㉣ 심리절차에 있어서 행정소송

---

4) 박윤흔(상), 790면.

은 정식쟁송절차로서 구술변론주의 등의 절차적 보장이 체계화되어 있는 데 반하여, 행정심판은 약식쟁송절차로서 서면심리주의를 기본으로 하고 있는 등의 차이를 나타낸다.5)

## II. 행정심판의 기능

행정심판이 수행하는 기능은 다음의 두 가지 측면에서 찾을 수 있다.

### 1. 행정의 자기통제기능

행정심판은 행정기관이 판정기관이 됨으로써 스스로 행정작용에 대해 자율적인 통제작용을 하게 됨에 그 존재의미를 갖는다. 즉 행정심판위원회가 처분청의 감독기관으로서 감독기능의 차원에서 원처분의 잘못된 내용을 (사법절차에 있어서보다는) 쉬운 절차를 통하여 바로잡을 수 있게 된다. 이러한 특성으로 인해 행정심판은 그 대상으로 법적인 문제를 야기하는 위법한 처분뿐 아니라 합목적성의 문제만을 야기하는 부당한 처분도 그 대상에 포함하게 된다.

### 2. 권리구제수단으로서의 기능

또한 행정심판은 국민의 권리구제수단으로서의 역할도 수행하게 된다. 오늘날의 행정소송절차는 그 대상인 행정작용의 전문성과 기술성 등으로 인해 법원에 의한 해결에 있어 많은 어려움을 나타내고 있으며, 특수한 행정작용에서는 사법심사의 범위가 제한됨으로써 권리구제의 공백을 낳고 있고, 또한 소송절차의 시간적인 장기화로 인해 권리보호가 늦어지는 현상을 낳고 있다. 이러한 문제점을 보완하여 행정기관이 갖는 전문지식을 활용하고 신속한 권리구제를 도모하기 위하여 행정심판은 많은 역할을 수행할 수 있게 된다. 이를 위해 행정심판에 있어서도 권리구제가 체계적으로 행해지도록 하기 위해 사법절차가 준용될 필요가 있게 된다(헌법 제107조 3항). 이를 통해 소송절차의 전단계로서 행정심판절차와 사법절차가 서로 유기적인 협조체제를 구축할 수 있게 되며, 당사자의 권리를 행정의 영역에서 구제함으로써 법원에 의한 사법적 권리구제절차의 부담을 경감하게 하는 효과도 기대할 수 있게 된다.

## III. 현행 행정심판제도의 문제점

이와 같은 행정심판의 기능에 비추어 볼 때, 현행 제도는 권리구제기능의 수행

---

5) 석종현·송동수(상), 763면.

측면에 있어서 다음과 같은 문제점을 안고 있다.

## 1. 심판기관의 객관적 지위확보의 문제

권리구제를 효과적으로 하기 위해서는 결정하는 주체가 객관적인 공정한 제 3 자적 지위에 있을 것이 필요하다. 이를 위해 현행 제도는 국민권익위원회에 두는 중앙행정심판위원회를 신설하고 행정심판위원회의 위원 구성에 있어서도 외부위원들의 참여를 확대하도록 배려함으로써 심리절차에 있어서의 객관성을 도모하고 있으나,6) 여전히 부분적으로 행정심판위원회를 피청구인에 해당하는 처분청의 직근 상급감독기관에 설치된 행정심판위원회로 하고 있어 객관적인 지위확보에 있어서 문제를 안고 있다.

## 2. 집행부정지원칙의 문제

행정심판의 청구가 있어도 현행 제도에 의하면 문제가 되는 처분의 효력에 아무런 영향을 주지 않게 된다($\substack{행정심판법\\제30조 1항}$). 이는 행정의 능률적 수행을 도모하고 행정심판의 남용으로 인해 행정작용의 계속성이 중단되는 것을 막기 위한 것으로 보인다. 그러나 이는 행정기관의 공익적 측면에서만 고찰된 것이고 당사자의 권리보호측면에 대해서는 배려되고 있지 못한 문제를 안고 있다. 물론 집행정지를 인정하는가의 여부는 각국의 입법정책의 문제에 해당한다. 그러나 행정심판제도가 권리구제수단으로서 기능하기 위해서는 집행정지를 원칙으로 하고, 예외적으로 집행부정지를 인정하는 것이 올바른 방법이라고 생각한다.

## 3. 심리절차의 문제

행정심판에는 헌법적인 요청에 따라($\substack{제107\\조 3항}$) 사법절차가 준용되도록 하고 있다. 그러나 행정심판의 실제에 있어서는 이러한 사법절차에 준하는 내용들이 시간부족 등의 여러 가지 이유로 거의 행해지고 있지 않으며, 간편하게 서면심리주의에 의해서 행정심판위원회 위원들의 가부의사만을 물어 결정되고 있다. 이로 인해 현실적으로 청구인은 자신의 입장을 구술로 주장할 수 있는 기회조차 갖지 못하고 행정심판의 재결서를 받고 있는 실정에 있다. 따라서 심리절차를 법률에 규정된 대로 가능한한 대심구

6) 종전에는 재결기관과 심리기관을 분리함으로써 심리절차상의 객관성을 배려하려 했으나, 행정심판 관련기관의 구조가 복잡해서 혼선이 발생하고, 처분청의 답변서가 행정심판위원회에 접수되기 전에 반드시 재결청을 경유하여야 하고 행정심판위원회에서 의결결과를 청구인에게 직접 통보하지 못함에 따라 행정심판사건의 처리기간만 늘어나 신속한 권리구제라는 행정심판제도의 취지에 부합하지 못하는 문제가 제기되어, 2008. 2. 29. 「행정심판법」이 일부개정되면서 재결청 개념을 없애고 행정심판위원회에 재결권을 부여하여 행정심판위원회에서 행정심판사건의 심리를 마치면 직접 재결을 하도록 절차를 간소화하였다.

조를 이루어 진행하는 것이 필요하며, 당사자 쌍방의 무기대등의 원칙을 실현하기 위해 청구인에게 피청구인인 처분청이 갖고 있는 자료의 제출요구권을 인정하는 것도 필요하리라고 본다.

## 4. 사정재결의 문제

「행정심판법」은 청구인의 주장이 이유가 있더라도 이를 인용하는 것이 현저히 공공복리에 반하는 경우에는 행정심판위원회의 의결에 의하여 그 심판청구를 기각하는 재결을 할 수 있도록 하고 있다($_{1항}^{제44조}$). 이를 사정재결이라고 하는바, 이에 의해 당사자의 권리구제는 공공복리라는 공익을 이유로 하여 후퇴하게 된다. 권리구제를 위한 행정심판제도에서 여전히 행정의 이해관계를 강조하는 이러한 재결유형을 두는 것은 지나치게 공익만을 강조하는 조치라고 보아야 할 것이다.

# 제 3 절  행정심판의 종류

「행정심판법」상 인정되는 행정심판의 유형은 취소심판을 기본적인 형태로 하여, 무효등확인심판, 의무이행심판의 세 가지로 구분하고 있다($_{조}^{제5}$).

## I. 취소심판

### 1. 의    의

이는 행정청의 위법 또는 부당한 처분의 취소나 변경을 신청하는 심판을 말한다($_{1호}^{제5조}$). 행정심판의 가장 중심적인 유형을 이루고 있으며, 이에 대해서는 그 성질과 관련하여 형성적 쟁송으로 보는 견해와 확인적 쟁송으로 보는 견해가 주장된다. 처분의 효력을 다투어 처분을 통하여 형성된 일정한 법률관계를 소멸 또는 변경하게 하는 점에서 형성적 쟁송으로 보는 것이 타당하다.

### 2. 재결의 내용

취소심판은 재결의 내용에 있어서 일정한 특성이 인정되고 있다. 즉 심판청구가 이유있다고 인정하는 경우에 행정심판위원회가 스스로 청구의 대상이 된 처분을 취소·변경할 수 있을 뿐 아니라($_{재결}^{형성적}$), 처분청에 대하여 처분을 다른 처분으로 변경할 것을 명할 수도 있게 된다($_{재결}^{이행적}$)($_{3항}^{제43조}$).

또한 청구내용이 이유가 있는 경우에도 이를 인용하는 것이 현저히 공공복리에 적합하지 아니하다고 인정될 때에는 심판청구를 기각하는 사정재결도 인정되고 있다 ($\frac{제44조}{1항}$). 취소심판에 대한 재결에 불복하는 경우에는 취소소송을 제기하게 된다.

## II. 무효등확인심판

### 1. 의   의

이는 행정청의 처분의 효력유무 또는 존재여부에 대한 확인을 신청하는 심판을 말한다($\frac{제5조}{2호}$). 처분이 무효인 경우에는 통상적으로 이를 다투지 않더라도 효력을 갖지 못하는 것이나, 무효인 처분도 행정행위로서의 외부적인 형태는 갖기 때문에 이로 인해 당사자가 불이익을 받을 우려가 있으므로 이를 공식적으로 확인할 필요가 존재하게 된다. 또한 처분의 존재 또는 부존재는 일반인의 관점에서 보아 그 구별이 용이하지는 않은 것이므로, 이에 대해서도 공식적인 유권적 확인의 필요성이 존재하게 된다.

### 2. 성   질

이 심판유형의 성질에 대해서는 확인적 쟁송설, 형성적 쟁송설, 준형성적 쟁송설로 견해가 나누어진다. 일반적인 견해는 준형성적 쟁송설에 따라 무효등확인심판은 실질적으로는 확인적 쟁송이나, 형식적으로는 처분의 효력유무 등을 직접 쟁송의 대상으로 한다는 점에서 형성적 쟁송으로서의 성격을 함께 가지는 것으로 본다.7) 또한 이 경우에는 취소심판과는 달리 심판청구기간의 제한이 없고($\frac{제27조}{7항}$), 사정재결이 적용되지 않는($\frac{제44조}{3항}$) 특성이 인정되고 있다.

### 3. 재결의 내용

심판청구가 이유있다고 인정되는 때에는 처분의 유효·무효 또는 존재·부존재를 확인하는 재결을 하게 된다($\frac{제43조}{4항}$). 이 재결에 불복하는 경우에는 무효등확인소송을 제기하게 된다.

## III. 의무이행심판

### 1. 의   의

행정청의 위법 또는 부당한 거부처분이나 부작위에 대하여 일정한 처분을 하도록 신청하는 심판을 말한다($\frac{제5조}{3호}$). 이는 소극적인 행정작용으로 인한 당사자의 불이익을 구제하기 위하여 인정되는 것으로서, 특히 부작위를 대상으로 하고 있다는 점에서 큰

---

7) 박윤흔(상), 793면.

의미를 갖는다. 즉 부작위를 대상으로 한 행정소송유형인 의무이행소송이 인정되고 있지 못한 현실에서 행정심판으로서 인정되고 있는 것은 의의가 크다고 할 수 있다.

## 2. 성    질

의무이행심판은 행정청에 대하여 일정한 내용의 처분을 할 것을 명하는 점에서 이행쟁송으로서의 성질을 갖는다. 또한 항고쟁송으로서의 성질에 비추어 현재의 이행 쟁송, 즉 행정기관이 일정한 처분을 하여야 할 이행기가 도래하고 있으나 이행의무를 이행하고 있지 않은 경우에 대해서만 심판청구가 가능하고, 장래의 이행쟁송은 인정 되지 않는다. 부작위를 대상으로 하는 의무이행심판인 경우에는 부작위가 존재하는 한 언제든지 심판을 청구할 수 있다고 보아야 하므로 심판청구기간의 제한을 받지 않 는다($^{제27조}_{7항}$).

## 3. 재결의 내용

심판청구가 이유있다고 인정하는 경우에는 지체 없이 행정심판위원회 스스로가 신청에 따른 처분을 하거나($^{형성적}_{재결}$), 처분청으로 하여금 처분을 할 것을 명하는 재결을 하게 된다($^{이행적}_{재결}$)($^{제43조}_{5항}$). 후자의 경우에 행정청은 지체 없이 그 재결의 취지에 따라 다시 이전의 신청에 대한 처분을 하여야 한다($^{제49조}_{2항}$). 이에 따라 처분청은 청구인의 신청내 용대로 특정한 처분을 하여야 하는 경우도 존재하게 된다. 재결에 대해 불복하는 경 우에는 현행법상 의무이행소송이 인정되고 있지 않으므로, 부작위위법확인소송이나 거부처분취소소송을 제기하여야 한다.

# 제 4 절   행정심판의 제기

행정심판은 심판을 청구할 자격을 가진 당사자가, 행정청의 행위를 대상으로 하 여, 일정한 기간내에 행정청 또는 행정심판위원회에 대하여 심판을 청구함으로써 개 시된다($^{제23조}_{1항}$). 행정심판은 행정쟁송의 수단으로서의 성질을 갖는 것이므로 당사자의 신청을 전제로 하여 절차가 개시되며, 직권에 의해서는 개시되지 못한다. 따라서 심판 청구인과 피청구인, 심판청구의 기간, 심판청구의 방식 및 행정심판의 대상 등이 논의 의 중심이 된다.

# I. 행정심판의 당사자와 관계인

## 1. 청 구 인

### (1) 개     념

청구인이란 행정심판의 대상인 처분이나 부작위에 불복하여 그의 취소나 변경 등을 위하여 심판청구를 제기하는 자를 말한다.

청구인은 자연인뿐만 아니라 법인도 가능하며, 법인격 없는 사단 또는 재단으로서 대표자나 관리인이 있을 때에는 그 이름으로 청구인이 될 수 있다(제14조).

다수의 청구인이 공동으로 심판청구를 하는 때에는 그 중 3인 이하의 대표자를 선정할 수 있고, 행정심판위원회도 대표자의 선정을 청구인에게 권고할 수 있다(제15조 1항, 2항). 이때에 선정된 대표자는 다른 청구인들을 위하여 청구의 취하를 제외하고는 당해 사건에 관한 모든 행위를 할 수 있으며, 청구인들은 선정된 대표자를 통하여서만 당해 사건에 관한 행위를 할 수 있다(제15조 3항, 4항).

### (2) 청구인적격

#### 1) 의     의

행정심판의 청구인이 되기 위한 자격을 청구인적격이라고 한다. 청구인적격은 모든 사람에 의한 행정심판 제기를 제한함으로써 행정심판의 남용을 방지하고, 권리보호가 필요한 당사자를 한정하여 권리구제의 실효성을 기하기 위해 인정되는 것이다. 이는 마치 행정소송에서의 원고적격에 상응하는 것으로 볼 수 있다. 행정심판법은 행정소송에서의 원고적격에서와 동일하게 청구인적격을 위하여 '법률상 이익이 있는 자'일 것을 요구함으로써(제13조) 청구인을 일정한 범위로 한정하고 있다.

#### 2) 심판유형과 청구인적격

청구인적격은 행정심판의 유형에 따라 다르게 나타난다.

㈎ 취소심판의 경우

취소심판청구는 처분의 취소나 변경을 구할 법률상 이익이 있는 자가 청구인적격을 갖는다(제13조 1항).

① 법률상 이익의 의미    이때의 '법률상 이익'의 의미에 대해서는 행정소송에서와 마찬가지로 견해가 대립하고 있다. 권리구제설, 법률상 이익구제설(또는 법률상 보호이익설), 보호가치이익구제설, 적법성보장설 등이 주장되며, 다수의 견해는 법률상 이익구제설에 따르고 있다.[8] 이에 의하면 '법률상 이익'이란 청구인이 주장하는 이익이 처분의 근거가 된 실체법규에 의해 보호되고 있는 것을 의미하는 것으로 보게 되며, 이때에 권리개

---

8) 이러한 학설에 대한 상세한 논의는 뒤의 '행정소송' 부분에서 하기로 한다.

념을 넓게 이해하는 한, 실질에 있어서 권리와 같은 것이 된다. 따라서 청구인적격을 법률상 이익을 가지는 자에 한정한다는 의미는 법률상 이익이 침해된 자만이 행정심판의 청구인이 될 수 있다는 것이며, 이는 법률상 이익의 내용에 비추어 권리가 침해되어 그 회복을 필요로 하는 자를 의미한다고 볼 수 있다.

② **부당한 처분과 법률상 이익**  이때에 취소심판의 청구인적격요건으로서 '법률상 이익'을 요하는 것은 취소심판의 대상과 관련하여 문제를 제기한다.

즉, 취소심판은 행정청의 위법한 처분뿐 아니라 부당한 처분도 그 대상으로서 인정된다. 위법한 처분이 대상인 경우에는 이로 인해 당사자의 법률상 이익, 즉 권리가 침해되는 경우에 취소심판을 제기할 수 있게 되며 이에 대해서는 특별한 문제가 제기되지 않는다. 그러나 부당한 처분은 위법한 처분과 그 성질을 달리하는 것이며 따라서 다른 취급을 필요로 한다.

주지하는 바와 같이 처분의 부당성은 재량행위에서 논의되는 개념이며, 이는 문제된 처분이 재량권행사의 한계 안에 있기 때문에 위법의 효과가 인정되는 것은 아니나, 재량을 수권하고 있는 당해 법규상의 수권목적에 비추어 보아 가장 합목적적이라고 할 수 없는 행위를 말한다. 따라서 부당한 처분에 대한 취소심판이 제기되기 위해서는 부당한 처분의 취소나 변경을 구할 법률상 이익이 있는 자로 한정되며, 이는 위에서 논한 법률상 이익의 내용에 비추어 부당한 처분으로 인해 권리가 침해되는 자를 의미하게 된다. 그러나 권리의 침해가 존재하는 경우는 위법차원의 문제에 해당하는 것이며, 위법이 아닌 부당한 처분에 의해 권리가 침해되는 경우는 존재할 수 없다. 따라서 이로 인해 부당한 처분이 대상이 되는 경우에는 행정심판의 제기가 불가능하게 되는 결과를 야기하게 된다. 이는 취소심판에 있어서 청구인적격으로서 법률상 이익을 요하도록 규정하고 있는「행정심판법」제13조 제1항 1문이 취소심판의 대상을 부당한 처분에 대해서도 확장하고 있는 제5조 제1호의 취지를 반영하고 있지 못한 결과이며, 따라서 이러한 문제를 해결하기 위해서는 행정심판의 대상이 부당한 처분인 때에는 청구인적격을 위법인 경우보다 그 범위를 확대하는 내용으로 변경하여야 한다고 생각한다.9)

⑷ 무효등확인심판의 경우

이 심판에 있어서는 처분의 효력유무 또는 존재여부에 대한 확인을 구할 법률상 이익이 있는 자가 청구인적격을 가진다($\frac{제13조}{2항}$).

여기에서의 법률상 이익의 내용은 확인의 이익을 말하며, 구체적으로는 당해 행

---

9) 이에 대한 상세한 논의는 류지태, "행정심판의 대상으로서의 부당한 처분", 사법행정 1992. 2, 60면 이하; 김남진, "법률상 이익의 개념적 혼란과 대책", 고시연구 1990. 11, 112면; 김남진, "행정쟁송과 법률상 이익", 서원우교수화갑기념논문집, 1991, 575면 참조.

정쟁송의 목적인 처분이나 법률관계의 효력유무나 존재여부에 관하여 당사자 사이에 분쟁이 존재하여 재결에 의하여 확정하는 것이 당사자의 법적 지위의 불안이나 위험을 제거하기 위하여 필요한 경우를 말한다. 학자에 따라서는 이때의 법률상 이익의 내용을 판단함에 있어서는 당해 심판유형이 항고쟁송으로서의 성질을 가짐에 비추어, 재결의 결과에 의해 얻어지는 법적 이익까지 포괄하여 종합적·입체적으로 검토하여야 한다는 견해도 주장되고 있다.10)

   ㈐ 의무이행심판의 경우

   이 심판에 있어서는 행정청의 거부처분이나 부작위에 대하여 일정한 처분을 구할 법률상 이익이 있는 자가 청구인적격을 갖게 된다($\frac{제13조}{3항}$).

   이때의 법률상 이익이 인정되기 위해서는 청구인이 권리로서, 일정한 내용의 행정작용을 행정청에 신청할 수 있는 것이 당해 법규에 의해 보장되고 있을 것이 필요하다. 이를 위해서는 앞에서 논한 공권의 성립요건의 존재여부가 검토되어야 하며, 특히 당해 법규에서 일정한 처분을 명하고 있는 것이 공익 뿐 아니라 개인의 이익도 동시에 보호법익으로 하고 있을 것이 필요하다.

   이때에 청구인은 그 신청의 대상행위가 기속행위인 때에는 특정한 행위에 대한 처분을 구할 권리가 인정되나, 재량행위가 대상인 때에는 예외적으로 행정기관의 재량이 영으로 축소되는 경우를 제외하고는 특정한 재량행위 발령에 대해 신청할 수 있는 권리를 갖지 못하며, 단지 어떠한 내용이든 재량행위를 행할 것을 청구할 수 있을 뿐이다.


   **(3) 청구인의 지위승계**

   행정심판을 제기한 후에 청구인의 신분상 변동이 생긴 경우에는 「행정심판법」에 의해 그 지위가 승계된다.

   이에 해당하는 사유로는 ㉠ 자연인인 심판청구인이 심판을 제기한 뒤 사망한 경우에, 상속인이나 그 밖의 법령에 의하여 심판청구의 대상인 처분에 관계되는 권리 또는 이익을 승계한 자가 당연히 청구인의 지위를 승계하는 경우($\frac{제16조}{1항}$), ㉡ 법인 또는 법인격 없는 사단이나 재단인 청구인이 다른 법인 등과 합병한 경우에, 합병에 의하여 존속하거나 설립된 법인 등이 당연히 청구인의 지위를 승계하는 경우($\frac{제16조}{2항}$), ㉢ 심판청구의 대상인 처분에 관계되는 권리 또는 이익을 양수한 자가 행정심판위원회의 허가를 받아 그 지위를 승계하는 경우($\frac{제16조}{5항}$)를 들 수 있다.

   지위승계신청의 경우 행정심판위원회가 그 신청을 받으면 기간을 정하여 당사자와 참가인에게 의견을 제출할 수 있도록 할 수 있으며, 당사자와 참가인이 그 기간에

---

10) 김도창(상), 700면; 이상규(상), 634면.

의견을 제출하지 아니하면 의견이 없는 것으로 본다($\frac{제16조}{6항}$). 위원회는 지위승계신청에 대하여 허가 여부를 결정하고, 지체 없이 신청인에게는 결정서 정본을, 당사자와 참가인에게는 결정서 등본을 송달하여야 한다($\frac{제16조}{7항}$). 신청인은 위원회가 지위승계를 허가하지 아니하면 결정서 정본을 받은 날부터 7일 이내에 위원회에 이의신청을 할 수 있다($\frac{제16조}{8항}$).

### 2. 피청구인

#### (1) 피청구인적격

행정심판의 청구인과 대립하게 되는 상대방 당사자인 피청구인은 원칙적으로 심판청구의 대상인 처분이나 부작위를 한 행정청(의무이행심판의 경우에는 청구인의 신청을 받은 행정청)이 된다. 그러나 당해 처분이나 부작위에 관계되는 권한이 다른 행정청에 승계된 때에는 이를 승계한 행정청이 피청구인이 된다($\frac{제17조}{1항}$). 이때에 피청구인을 권리주체인 국가나 지방자치단체 등이 아니라 행정청으로 한 것은 행정심판에 있어서의 공격·방어방법상의 편리함이나 기타 절차진행상의 편의성을 고려한 것으로 볼 수 있다.[11]

#### (2) 피청구인의 경정

청구인이 피청구인의 지정을 잘못하거나 행정심판이 제기된 후에 처분이나 부작위에 관한 권한이 다른 행정청에 승계된 때에는, 행정심판위원회는 당사자의 신청이나 직권에 의한 결정으로써 피청구인을 경정할 수 있다($\frac{제17조}{2항. 5항}$). 이러한 위원회의 결정에 대해서 당사자는 결정서 정본을 받은 날부터 7일 이내에 위원회에 이의신청을 할 수 있다($\frac{제17조}{6항}$). 행정심판위원회가 피청구인의 경정결정을 한 때에는 결정서 정본을 당사자와 새로운 피청구인에게 송달하여야 하며($\frac{제17조}{3항}$), 이러한 경정결정의 효력에 의하여 종전의 피청구인에 대한 심판청구는 취하되고 새로운 피청구인에 대한 심판청구가 처음에 심판청구를 한 때에 소급하여 제기된 것으로 인정된다($\frac{제17조}{4항}$).

### 3. 참 가 인

행정심판의 결과에 이해관계가 있는 제3자나 행정청은 해당 심판청구에 대한 위원회나 소위원회의 의결이 있기 전까지 그 사건에 대하여 심판참가를 할 수 있다($\frac{제20조}{1항}$).

---

11) 박윤흔(상), 812면.

## (1) 참가절차

### 1) 신청에 의한 참가

심판참가를 하려는 자는 참가의 취지와 이유를 적은 참가신청서를 위원회에 제출하여야 한다($^{제20조}_{2항}$). 이 경우 당사자의 수만큼 참가신청서 부본을 함께 제출하여야 하며, 위원회는 참가신청서를 받으면 참가신청서 부본을 당사자에게 송달하여야 한다($^{제20조}_{3항}$). 위원회는 기간을 정하여 당사자와 다른 참가인에게 제3자의 참가신청에 대한 의견을 제출하도록 할 수 있으며, 당사자와 다른 참가인이 그 기간에 의견을 제출하지 아니하면 의견이 없는 것으로 본다($^{제20조}_{4항}$). 위원회는 참가신청에 대하여 허가 여부를 결정하고, 지체 없이 신청인에게는 결정서 정본을, 당사자와 다른 참가인에게는 결정서 등본을 송달하여야 한다($^{제20조}_{5항}$). 신청인은 이 송달을 받은 날부터 7일 이내에 위원회에 이의신청을 할 수 있다($^{제20조}_{6항}$).

### 2) 위원회의 요구에 의한 참가

위원회는 필요하다고 인정하면 그 행정심판 결과에 이해관계가 있는 제3자나 행정청에 그 사건 심판에 참가할 것을 요구할 수 있다($^{제21조}_{1항}$). 이러한 요구를 받은 제3자나 행정청은 지체 없이 그 사건 심판에 참가할 것인지 여부를 위원회에 통지하여야 한다($^{제21조}_{2항}$).

## (2) 참가인의 지위

참가인은 행정심판절차에서 당사자가 할 수 있는 심판절차상의 행위를 할 수 있다($^{제22조}_{1항}$). 「행정심판법」에 따라 당사자가 위원회에 서류를 제출할 때에는 참가인의 수만큼 부본을 제출하여야 하고, 위원회가 당사자에게 통지를 하거나 서류를 송달할 때에는 참가인에게도 통지하거나 송달하여야 한다($^{제22조}_{2항}$).

# Ⅱ. 심판청구의 기간

## 1. 개　　설

행정심판은 일정한 법정기간내에 제기되어야 한다. 이는 행정법관계의 법적 안정성을 조속히 확정하려는 의의를 갖는 것이며, 이러한 기간을 경과하면 당해 처분에 대하여 불가쟁력이 발생하여 당사자는 더 이상 다투지 못하는 효력이 발생하게 된다.

「행정심판법」상 심판청구기간에 의한 제약은 취소심판과 거부처분에 대한 의무이행심판의 경우에만 적용되고, 무효등확인심판과 부작위에 대한 의무이행심판에 대해서는 적용되지 않는다.

## 2. 원칙적인 기간

행정심판은 원칙적으로 처분이 있음을 안 날로부터 90일 이내, 정당한 사유가 없는 한 처분이 있었던 날로부터 180일 이내에 제기하여야 한다($\frac{제27조}{1항, 3항}$). 각각의 기간은 불변기간으로 한다($\frac{제27조}{4항}$).

'처분이 있음을 안 날'이라 함은 현실적으로 처분이 있었음을 안 날을 의미하며, 구체적으로는 통지를 요하는 서면처분에서는 그 서면이 상대방에 도달한 날, 공시송달인 경우에는 서면이 도달한 것으로 간주된 날을 말한다. 통상 고시 또는 공고에 의하여 행정처분을 하는 경우에는 그 처분의 상대방이 불특정 다수인이고 그 처분의 효력이 불특정 다수인에게 일률적으로 적용되는 것이므로, 행정처분에 이해관계를 갖는 자가 고시 또는 공고가 있었다는 사실을 현실적으로 알았는지 여부에 관계없이 고시가 효력을 발생하는 날에 행정처분이 있음을 알았다고 보게 된다.12)

　　국세기본법의 적용을 받는 처분과 달리 행정심판법의 적용을 받는 처분인 과징금 부과처분에 대한 심판청구기간의 기산점인 행정심판법 제18조 제 1 항 소정의 '처분이 있음을 안 날'이라 함은 당사자가 통지·공고 기타의 방법에 의하여 당해 처분이 있었다는 사실을 현실적으로 안 날을 의미하고, 추상적으로 알 수 있었던 날을 의미하는 것은 아니라 할 것이며, 다만 처분을 기재한 서류가 당사자의 주소에 송달되는 등으로 사회통념상 처분이 있음을 당사자가 알 수 있는 상태에 놓여진 때에는 반증이 없는 한 그 처분이 있음을 알았다고 추정할 수는 있다($\frac{대판 2002.8.27,}{2002두3850}$).

'처분이 있었던 날로부터 180일'의 기준은 처분이 고지에 의하여 외부에 표시되고 그 효력이 발생한 날을 의미하며, 이러한 기준을 인정하는 것은 행정법관계의 법적 안정성을 도모하기 위한 것으로 보인다. 그러나 특별법에 의한 행정심판에 있어서는 「행정심판법」에 의한 이러한 기간보다 짧게 규정되고 있는 경우도 존재한다. 예컨대 「국가공무원법」 제76조 제 1 항에 의한 소청심사의 경우에는 처분이 있은 것을 안 날로부터 30일 이내에 심사를 청구하도록 하고 있다. 이때에는 특별법 우선의 원칙에 의해 이러한 규정이 우선적으로 적용된다.

## 3. 예외적인 기간

### (1) 불가항력에 의한 경우

청구인이 천재지변·전쟁·사변 그 밖의 불가항력으로 인하여 처분이 있음을 안 날로부터 90일 이내에 행정심판청구를 할 수 없었을 때에는 그 사유가 소멸한 날로부

---

12) 대판 2001. 7. 27, 99두9490.

터 14일 이내에 심판청구를 할 수 있다. 이때에 국외에서 제기하는 경우에는 30일 이내에 심판청구를 할 수 있다($\frac{제27조}{2항}$).

### (2) 정당한 사유가 있는 경우

처분이 있었던 날로부터 180일 이내에 심판청구를 제기하지 못한 정당한 사유가 있는 경우에는 180일의 기간이 경과한 뒤에도 행정심판을 제기할 수 있다($\frac{제27조}{3항 단서}$). 이때의 '정당한 사유'의 의미는 심판청구를 하지 못할 객관적인 사유를 말하며, 이 개념은 앞의 불가항력의 개념보다 넓게 이해되고 있다.

### 4. 복효적 행정행위의 경우

복효적 행정행위(또는 이중효과적 행정행위)에 있어서 처분의 직접 상대방이 아닌 제 3 자는 당해 처분으로 인해 불이익을 받게 되는 경우에 행정심판을 제기하여야 할 필요가 존재하게 된다. 이때의 행정심판 제기기간도 원칙적인 경우에 따라 처분이 있음을 안 날로부터 90일 이내, 처분이 있었던 날로부터 180일 이내가 기준이 된다. 따라서 제 3 자가 어떠한 사유에 의하든간에 처분이 있었음을 안 경우에는 그로부터 90일의 기간이 기산되나, 통상적인 경우에는 제 3 자가 처분이 있었음을 알 수 없는 것이 보통이므로 '처분이 있었던 날로부터 180일 이내'가 기준이 된다. 이때에 제 3 자가 180일 이내에 행정심판을 제기하지 못하였던 경우에도 이 기간내에 심판청구제기가 가능하였다는 특별한 사정이 없는 한, 제18조 제 3 항 단서에서 말하는 '정당한 사유'에 해당하는 경우로 보아야 하므로 그 후의 행정심판 제기도 가능하다고 볼 것이다.

## Ⅲ. 심판청구의 절차

### 1. 서면형식

행정심판의 청구는 서면형식을 갖추어야 한다. 즉 청구인은 일정한 사항을 기재한 행정심판청구서를 제출하여야 한다($\frac{제28조}{1항}$). 이때에 기재하여야 할 사항에 대해서는 제28조 제 2 항이 규정하고 있다. 서면형식의 요구는 청구인을 위해서는 내용의 명확성 확보의 이점이, 재결청의 입장에서는 사무처리의 통일성을 확보하는 이점을 가져오게 된다. 이때의 심판청구서는 행정심판위원회 또는 피청구인인 행정청에 제출하여야 한다($\frac{제23조}{1항}$).

### 2. 처리절차

피청구인이 심판청구서를 접수하거나 송부받으면, 청구인이 심판청구를 취하한 경우가 아닌 한, 10일 이내에 심판청구서와 답변서를 행정심판위원회에 보내야 한다($\frac{제24조}{1항}$).

또한 행정심판이 제기되는 경우에 심판청구서를 받은 피청구인은 그 심판청구가 이유 있다고 인정하면 심판청구의 취지에 따라 직권으로 처분을 취소·변경하거나 확인을 하거나 신청에 따른 처분을 할 수 있고, 이 경우 서면으로 청구인에게 알려야 한다(제25조 1항). 피청구인이 이처럼 직권취소 등을 하였을 때에는 청구인이 심판청구를 취하한 경우가 아니면 위 심판청구서·답변서를 보낼 때 직권취소 등의 사실을 증명하는 서류를 행정심판위원회에 함께 제출하여야 한다(제25조 2항). 행정심판위원회는 심판청구서를 받으면 지체 없이 피청구인에게 심판청구서 부본을 보내야 하며, 피청구인으로부터 답변서가 제출되면 답변서 부본을 청구인에게 송달하여야 한다(제26조 1항, 2항).

## Ⅳ. 심판청구의 대상

### 1. 개  설

행정심판의 청구대상과 관련하여 「행정심판법」은 "행정청의 처분 또는 부작위에 대하여는 다른 법률에 특별한 규정이 있는 경우 외에는 이 법에 따라 행정심판을 청구할 수 있다"고 규정하여, 행정청의 처분이나 부작위에 대해 넓게 인정하는 개괄주의를 채택하고 있다(제3조 1항).

개괄주의는 행정심판을 제기할 수 있는 대상을 한정하지 않고 모든 행정작용에 대해 인정하는 입법형태로서, 현행 「행정심판법」은 행정소송에서와 마찬가지로 행정심판에 있어서 처분과 부작위에 한정하여 넓게 인정하는 태도를 취하고 있다. 이에 대립하는 입법형태로는 그 대상을 한정하여 법률에 열거하는 열기주의를 들 수 있으나, 오늘날의 법치주의하에서는 개괄주의가 보편화되고 있다.

현행법은 개괄주의를 택하면서도 대통령의 처분과 부작위에 대하여는 다른 법률에서 행정심판을 청구할 수 있도록 정한 경우 외에는(예컨대 국가공무원법 상의 소청제도) 행정심판을 청구할 수 없도록 하고 있다(제3조 2항). 이러한 경우에는 행정심판을 거치지 않고 바로 행정소송을 제기할 수 있게 된다.

### 2. 심판청구의 대상

#### (1) 행정청의 행위

행정심판의 청구대상은 '행정청'이 행하는 처분이나 부작위이다. 이때의 행정청이란 국가 또는 지방자치단체의 의사나 판단을 결정하여 외부에 표시할 수 있는 권한을 가지는 행정기관을 말한다. 이 개념에는 국가 또는 지방자치단체의 기관, 그 밖에 법령 또는 자치법규에 따라 행정권한을 가지고 있거나 위탁을 받은 공공단체나 그 기관 또는 사인이 포함된다(제2조 4호). 처분이나 부작위가 있고 난 후에 이에 관련된 권한이 다른 행정청에 승계된 때에는 권한을 승계한 행정청이 여기에서의 행정청에 해당한다(제17조 1항 단서).

## (2) 처분행위

이때의 '처분'이라 함은 행정청이 행하는 구체적 사실에 관한 법집행으로서의 공권력의 행사 또는 그 거부와 그 밖에 이에 준하는 행정작용을 말한다(제2조 1호).

'공권력의 행사'의 의미는 행정청의 일방적인 의사에 기인하고 강제력을 동반하는 행정작용을 말하며, 통상적으로는 행정행위를 의미하는 것이나 사실행위인 때에도 권력적 사실행위는 이에 포함하는 것으로 본다.

'거부행위'도 당사자의 신청내용에 대해 행정청이 부정적인 의사판단을 하여 외부적으로 행위를 행하는 것이므로 소극적 형태의 공권력행사에 해당하며, 이러한 점에서 외부적 행위가 존재하지 않는 부작위와는 구별되는 처분으로 인정된다.

또한 '그 밖에 이에 준하는 행정작용'은 공권력의 행사나 거부에 해당하는 것은 아니지만 당사자의 권리구제의 필요성이 인정되는 행위를 말한다. 그러나 그 구체적인 유형에 대해서는 견해가 대립하여 행정소송에서의 처분개념논의와 유사하게 이른바 '형식적 행정행위' 개념도 이에 포함된다고 보는 견해도 주장되나,[13] '이에 준하는 행정작용'은 법문의 내용에 비추어 공권력의 행사나 그 거부에 준하는 성질을 갖는 것임에 비추어 권력적 성질을 갖는 행정작용에 한정된다고 보는 것이 타당하다. 따라서 이에 해당하는 행정작용의 구체적인 모습은 앞으로의 판례와 학설에 의해 밝혀지겠지만 현재로서는 일반처분이 이에 해당한다고 본다.[14]

## (3) 부 작 위

행정청이 외부적으로 아무런 행위도 하지 않는 부작위도 일정한 요건이 충족되면 행정심판의 대상이 된다. 행정심판의 대상으로서의 부작위에 대해서 「행정심판법」은 행정청이 당사자의 신청에 대하여 상당한 기간내에 일정한 처분을 하여야 할 법률상 의무가 있음에도 불구하고 이를 하지 아니하는 것을 의미하는 것으로 규정하고 있다(제2조 2호). 이에 따라서 부작위가 성립하기 위해서는 다음의 요건을 갖추어야 한다.

### 1) 당사자의 신청의 존재

부작위가 성립하기 위해서는 당사자의 신청행위가 있어야 한다. 이때의 신청은 법령에서 명시적으로 인정되고 있는 경우 뿐 아니라 당해 법령의 해석상 특정인의 신청을 전제로 하고 있음이 인정되는 경우를 포함한다고 본다.

---

13) 김도창(상), 756면.
14) 이에 대한 논의는 이미 앞부분의 '행정행위개념논쟁' 부분에서 설명된 바 있다.

### 2) 상당한 기간의 경과

이러한 당사자의 신청에 대하여 행정청이 처분을 할 수 있는 상당한 기간이 경과한 후에도 아무런 처분을 하지 않아야 한다.

'상당한 기간'이란 사회통념을 기준으로 하여 당해 신청에 대한 처분을 하는 데에 행정청이 소요되는 것으로 판단되는 기간을 말한다. 이 기간의 판단에 있어서는 실정법령에 사무처리기간의 규정이 있는 경우에는 이를 기준으로 하여 인정할 수 있으나, 이러한 규정이 없는 경우에는 다른 동종의 신청에 대해 처리되는 기간을 경험칙을 기준으로 하여 판단하게 된다.

실정법령에 이러한 처리기간이 규정되는 대표적인 경우로서는「민원 처리에 관한 법률」을 들 수 있다. 동법 제36조 제 1 항에 의하면 민원사무의 신청에 필요한 제출기관·처리기간·구비서류·처리기준·처리절차 등에 관한 사항을 종합한 민원사무처리기준표를 작성하여 관보에 고시하도록 하고 있다. 또한 이외에도「행정절차법」제19조는 처분의 처리기간을 종류별로 미리 공표하도록 하고 있다. 이때에 이러한 기간을 판단함에 있어서는 행정청에 처분이 지연될 수밖에 없는 객관적인 정당화 사유가 존재하는 경우에는 이러한 사정도 반영하여야 할 것이나, 행정청 내부의 사정과 같은 주관적인 사유는 반영될 수 없을 것이다.

### 3) 처분을 할 법률상 의무의 존재

이때에 행정청은 당사자의 신청에 대해 처분을 하여야 할 법률상 의무가 존재하여야 한다. 특정인에게 처분을 신청할 수 있는 권리가 인정된다고 하여 바로 이에 대응하여 행정청에게 처분을 하여야 할 의무가 발생하는 것은 아니다. 이러한 의무가 인정되기 위해서는 당해 법령에서 명문으로 인정되고 있거나, 법령의 취지나 당해 처분의 성질에 비추어 처분의무가 존재하여야 한다. 따라서 통상적으로는 당해 처분이 기속행위인 경우에 이러한 의무가 존재하며, 재량행위인 때에는 예외적으로 재량이 영으로 수축되는 경우와 하자 없는 재량행사청구권이 인정되는 경우에만 법률상 의무가 존재한다고 볼 수 있다.

### 4) 처분의 부존재

이는 처분으로 볼 수 있는 행정작용이 없는 경우를 의미하며, 행정청에 의한 인용처분도 거부처분도 존재하지 아니하는 경우를 말한다. 따라서 처분으로서의 외관을 갖는 무효인 처분의 경우와, 법령이 일정한 경우의 부작위를 거부처분으로 의제하는 경우(예컨대 2013.8.6. 일부개정시 삭제된 구 공공기관의 정보공개에 관한 법률 제11조 5항)는 처분이 외형상 존재하는 것으로 인정되므로 이에 해당하지 않는다.

## 3. 불복고지제도

### (1) 개    관

행정심판의 청구대상과 관련하여 당사자에게 중요한 의미를 갖는 것으로는 행정청이 처분을 행하는 경우에 당해 처분에 대한 행정심판의 청구가능성 여부와 개별적인 절차 등에 관해 당사자에게 알려주는 고지제도를 들 수 있다. 일반인의 입장에서 행정청으로부터 처분을 받는 경우에는 법률상의 불복제도에 대한 무지로 인해 권리구제를 신청하지 못하거나, 심판청구기간을 도과하여 늦게 제기함으로써 불이익을 입게 되는 경우가 발생할 수 있다. 이를 대비하기 위하여는 행정심판의 제기가 가능함을 알려주도록 처분청으로 하여금 법적으로 의무지울 필요가 있으며, 이를 통해 행정심판제도가 활용될 수 있게 되는 것이다. 따라서 행정심판의 청구가능성 여부는 이러한 고지제도의 활성화와 밀접한 관련을 갖게 된다. 현행법상 행정심판의 청구가능성 등에 대한 고지의무를 규정하고 있는 법령으로는 「행정심판법」 제58조 외에도 「행정절차법」 제26조를 들 수 있다.

### (2) 의    의

불복고지제도는 일반적으로 행정심판청구의 기회보장과 행정작용의 적정화를 위한 제도로서의 의의를 갖는다.[15] 즉, 행정기관 자체에 의한 자율적인 통제를 통한 권리구제의 가능성을 실효성 있게 제공하는 기회를 보장하며, 다른 한편으로는 행정기관으로 하여금 당사자의 불복신청가능성을 예상하도록 함으로써 신중하게 행정작용을 행하도록 하여 행정작용이 올바르게 행해지도록 영향을 미치게 된다.

### (3) 성    질

고지행위는 행정기관이 행정심판청구와 관련된 사항들을 당사자에게 알려주는 행위로서, 그 자체에 의해서는 법적 효과의 발생을 직접 의욕하지 않는 비권력적 사실행위로서의 성질을 갖는다. 따라서 당사자에 대한 고지행위는 행정행위로서 인정되지 않으며, 이러한 점에서 외부적으로 행하여진 고지행위에 불복하는 경우에도 행정쟁송의 대상이 되지 못한다.

그러나 당사자로부터 행정심판과 관련된 사항에 대한 고지를 요청받은 때에 (예컨대 행정심판법 제58조 2항) 이를 거부하는 행위는, 즉 고지의 거부는 사실행위가 아니라 거부처분으로서 행정행위로서의 성질을 갖는다고 보아야 한다. 따라서 이 경우에 고지의 거부행위에 대해서는 행정쟁송을 제기할 수 있다고 보아야 한다.[16]

---

15) 박윤흔(상), 843면; 석종현·송동수(상), 823면.
16) 같은 의견 : 홍준형(구제법), 162면. 같은 이유에서 정보제공행위는 그 자체로서는 사실행위의

그러나 고지를 요청받은 때에 행정기관이 부작위로 대응하는 때에는, 이때에 행정기관에게 의무지어져 있는 행정작용이 처분성을 갖지 못하는 고지이기에 행정쟁송의 대상이 되는 부작위로 인정될 수는 없을 것이다.

그 밖에 「행정심판법」 제58조의 고지제도의 규정에 대해서는 강행규정이나 의무규정의 성질을 갖는다고 보는 것이 일반적이다.

### (4) 고지의 종류

현행법상 고지는 직권에 의한 경우와 청구에 의한 경우로 나눌 수 있다.

#### 1) 직권에 의한 고지

법령에 의하여 행정청이 당사자의 신청을 전제로 하지 않고 행정심판의 청구가능성 등에 대해 당사자에게 고지해야 하는 경우가 존재한다. 이에는 「행정심판법」 제58조 제 1 항에 의한 경우와 「행정절차법」 제26조가 해당한다.

(개) 고지의 대상

① 「행정심판법」에 의한 경우　이때에는 서면의 형식에 의한 처분만이 대상이 되고, 구두에 의한 처분은 대상에서 제외된다.

그러나 처분은 「행정심판법」상의 행정심판청구의 대상이 되는 경우 뿐 아니라 특별법에 의한 행정심판의 대상이 되는 경우도 포함하는 것으로 본다. 따라서 특별법에서 「행정심판법」상의 고지에 관한 규정의 적용을 배제하지 않는 한 이 경우에도 고지의 대상이 된다.[17]

또한 처분의 내용이 당사자에게 수익적인 경우에는 불복제기의 필요성이 인정되지 않으므로 고지의 대상이 되지 않으나, 수익적 처분에 부관이 붙어있거나 복효적 행정행위(또는 이중효과적 행정행위)로서 부담적 효과가 수반되는 경우에는 고지의 대상이 된다고 보아야 할 것이다.

② 「행정절차법」에 의한 경우　이때에는 원칙적으로 서면에 의한 경우가 대상이 되지만 구두에 의한 경우도 대상이 될 수 있다(행정절차법 제24조 1항). 처분의 내용은 당사자 등이 신청한 처분이거나 직권적 처분이 된다(행정절차 법 제26조).

(내) 고지의 내용　고지되어야 할 내용으로는 행정심판을 제기할 수 있는지의 여부, 행정심판을 신청할 기관, 행정심판 청구기간 및 기타 필요한 절차적 사항이 된다. 다만 「행정절차법」 제26조에 의한 고지의 경우에는 행정심판뿐 아니라 행정소송을 제기할 수 있는지 여부도 그 내용으로 포함된다.

---

성질을 가지나, 정보제공의 거부행위는 행정행위로서 인정되게 된다.

17) 대법원 판례에 의하면, 국세기본법 제56조 제 1 항은 동법 제55조에서 규정하는 처분에 대하여 행정심판법의 적용을 배제하고 있으므로 불복고지에 관한 행정심판법 제42조 제 1 항의 규정도 적용되지 않는다고 보고 있다(대판 1992. 3. 31, 91누6016).

(다) 고지의 주체 및 상대방    고지는 행정청이 주체가 되어 처분의 상대방에게 행한다. 제 3 자에 대해서도 효력을 미치는 처분이 대상이 되는 경우에는 법적 분쟁의 신속한 해결을 위해 제 3 자에 대해서도 고지하도록 하는 것이 필요하다.

(라) 고지의 방법 및 시기    고지의 방법에 대해서는 법령에 규정을 두고 있지 않다. 따라서 서면에 의하든 구두에 의하든 자유롭다고 볼 것이다. 그러나 「행정심판법」은 처분형식이 서면인 경우에 고지하도록 하고 있으므로 처분서에 함께 기재하여 고지하는 것이 편리성과 법적 명확성 측면에서 유리할 것이며, 「행정절차법」에 의한 경우에도 법적 명확성 측면에서 서면형식이 바람직할 것이다.

고지의 시기에 대해서는 처분시에 행하여야 하나, 처분시에 하지 못하고 그 후에 고지하더라도 이로 인해 행정심판청구에 있어서 당사자에게 현실적으로 불이익이 발생하지 않는 한, 이러한 하자는 치유된다고 봄이 타당할 것이다.

2) 청구에 의한 고지

고지는 이해관계인의 요청에 의하여도 행하여진다. 이 경우는 「행정심판법」제58조 제 2 항에서 규율되고 있다.

(가) 고지의 청구권자    고지의 청구권자는 당해 처분의 이해관계인이다. 이해관계인이란 당해 처분에 의해 자기의 법률상 이익에 불이익을 받게 되는 자를 의미하며, 당해 조문의 취지에 비추어 원칙적으로 제 3 자효 행정행위에서의 제 3 자가 해당하나, 경우에 따라서는 직권고지의무를 행정청이 이행하지 않는 경우에 처분의 직접 상대방이 신청하는 경우도 포함된다.

(나) 고지의 대상 및 내용    청구에 의한 고지의 경우에는 직권에 의한 고지와는 달리 서면형식의 처분에 한정되지 않는다. 따라서 형식에 관계없이 청구권자에게 불이익하게 작용하는 처분이 대상이 된다.

이때의 고지의 내용으로는 청구권자의 청구내용에 상응하는 것이 될 것이나, ㉠ 당해 처분이 행정심판의 대상이 되는 처분인지의 여부와 ㉡ 행정심판의 대상이 되는 경우에는 소관 행정심판위원회, 청구기간에 관한 사항이 된다.

(다) 고지의 방법 및 시기    고지의 방식은 법률상의 제한이 없으므로 자유로우나, 청구권자가 서면에 의한 고지를 요구한 경우에는 반드시 서면으로 고지하도록 하고 있다.

시기에 대해서는 청구권자로부터 요청받은 경우에 '지체 없이' 하도록 하고 있으며, 그 의미는 행정청이 청구권자의 요청에 상응한 내용의 고지에 필요한 시간 등을 고려하여 판단되어야 할 것이다. 특히 서면의 형식으로 해야 하는 경우에는 이러한 사정도 반영되어야 할 것이다.

### (5) 고지의무위반의 효과

행정청이 고지를 하지 않거나 잘못 고지하는 경우에는 고지의무를 위반하는 것이 되며, 이에 대해서는「행정심판법」상 일정한 효과가 발생하게 된다. 그러나 이에 반해「행정절차법」에 따른 고지의 경우에는 위반에 대한 효과규정을 두고 있지 않다. 물론 행정청이 처분을 발령하면서 고지의무를 이행하지 않아도 당해 처분의 효력 자체에는 영향을 미치지 않는다.[18] 그러나 당사자가 이로 인해 행정심판청구에 있어서 불이익을 받으면 안 되므로 이에 관해「행정심판법」은 특별규정을 마련하고 있다.

#### 1) 행정청이 고지를 그르친 경우

행정청이 행정심판청구에 관한 사항을 고지하지 않거나 잘못 고지하여 청구인이 다른 행정기관에 심판청구서를 제출한 때에는 당해 행정기관은 심판청구서를 지체 없이 정당한 권한있는 피청구인에게 이송하고, 그 사실을 청구인에게 통지하여야 한다($^{제23조}_{2항, 3항}$). 이때에 심판청구기간의 계산에 있어서는 잘못된 행정기관에 심판청구서가 제출된 때에 심판청구가 제기된 것으로 본다($^{제23조}_{4항}$).

#### 2) 청구기간의 고지를 그르친 경우

행정청이 심판청구기간을 알리지 않은 경우에는 처분이 있었던 날로부터 180일 이내에 심판을 청구할 수 있으며($^{제27조}_{6항}$), 처분이 있음을 안 날로부터 90일 이내에 제기하도록 되어 있는 것을 이러한 기간보다 긴 기간으로 잘못 고지한 때에는, 그 고지된 청구기간내에 심판청구가 있으면 법정기간내에 적법한 심판청구가 제기된 것으로 보게 된다($^{제27조}_{5항}$).

> 행정청이 법정 심판청구기간보다 긴 기간으로 잘못 알린 경우에 그 잘못 알린 기간 내에 심판청구가 있으면 그 심판청구는 법정 심판청구기간 내에 제기된 것으로 본다는 취지의 행정심판법 제18조 제5항의 규정은 행정심판 제기에 관하여 적용되는 규정이지, 행정소송 제기에도 당연히 적용되는 규정이라고 할 수는 없다($^{대판\ 2001.5.8,}_{2000두6916}$).

## V. 심판청구의 효과

청구인이 행정심판을 제기하면 행정심판위원회 등의 행정기관과 당해 처분에 대해 일정한 효과가 발생한다.

### 1. 행정심판위원회 등에 대한 효과

행정심판이 제기되면 심판청구서를 받은 행정청은 이를 행정심판위원회에 송부

---

18) 석종현·송동수(상), 827면; 대판 1987. 11. 24, 87누529.

하여야 하고, 위원회는 이를 심리·의결·재결해야 할 의무가 발생하게 된다. 이에 대해 청구인은 행정심판위원회에 의해 자신의 심판청구가 받아들여진 경우에는 「행정심판법」에 의해 보장되고 있는 절차적 권리를 갖게 된다.

## 2. 처분에 대한 효과

행정심판청구의 주된 효과는 당해 처분의 효력과의 관계에서 나타난다.

### (1) 집행부정지의 원칙

현행 「행정심판법」은 「행정소송법」의 경우와 마찬가지로 행정심판청구가 문제된 처분의 효력이나 그 집행 또는 절차의 속행에 영향을 주지 않는다고 규정하고 있다(제30조 1항). 이를 집행부정지의 원칙이라고 한다.

일반적으로 당사자가 처분을 다투기 위하여 행정쟁송을 제기하는 경우에, 쟁송제기로 문제된 처분의 효력에 영향을 미친다고 볼 것인가에 있어서는, 당사자의 권리구제라는 측면과 다른 한편으로 행정의 계속적인 수행보장이라는 대립되는 이해관계가 존재하게 된다. 따라서 이는 이론상의 문제라기보다는 각국의 입법정책적인 문제로서 평가되고 있다. 우리나라나 일본에서는 국민의 권리구제의 측면보다는 행정작용의 지속적인 보장이나 남소의 방지 등을 근거로 하여, 쟁송제기가 원칙적으로 처분의 효력에 영향을 미치지 않는다는 입장을 취하고 있다. 이에 반해 독일에서는 쟁송제기로 인해 원칙적으로 처분의 효력이 정지되는 입법태도를 택하고 있다. 행정심판제도가 권리구제제도로서 기능하기 위해서는 우리나라에서도 집행정지의 원칙을 채택하는 것이 바람직하리라고 생각한다.

### (2) 예외적인 집행정지

그러나 당해 처분이나 그 집행 또는 절차의 속행으로 인하여 당사자에게 생길 수 있는 중대한 손해를 예방하기 위하여 긴급한 필요가 있다고 인정되는 경우에는, 예외적으로 재결청의 결정에 의해 처분의 효력이 정지된다(제30조 2항).

#### 1) 집행정지결정의 요건

집행정지결정을 위해서는 다음의 요건이 존재해야 한다.

⑺ **집행정지대상인 처분의 존재**　　집행이 정지될 처분이 현재 존재하여야 한다. 따라서 이미 집행이 완료되거나 처분의 목적이 달성된 경우에는 인정되지 않는다. 또한 처분으로서의 외관이 존재해야 하므로 부작위의 경우는 대상에서 제외된다. 그러나 무효사유인 처분인 경우는 외형상 처분이 존재하여 그 효력에 대해 다툼이 있을 수 있으므로 처분이 있는 것으로 인정된다.

집행정지는 그 기능에 있어서 당해 처분의 효력을 정지하여 소극적으로 처분이 없었던 것과 같은 상태를 실현하기 위한 것이므로, 일반적인 견해는 거부처분도 대상에서 제외한다. 이는 집행정지를 통해 거부처분의 효력을 정지하더라도 신청된 처분이 행하여진 것과 같은 상태를 실현할 수는 없기 때문이다.[19) 그러나 사안에 따라서는 거부처분의 효력을 정지함으로써 거부처분이 없었던 것과 같은 상태를 실현하는 것만으로도 당사자의 권리가 보호되는 경우가 존재할 수 있으므로, 거부처분을 일반적으로 대상에서 제외할 수는 없다고 본다.[20)

(나) 심판청구의 계속  또한 그 전제가 되는 심판청구가 계속되어 있어야 한다. 이는 심판청구가 적법하게 제기되어 있을 것을 요구하는 것이며, 행정심판청구의 형식적 요건을 그르친 경우에는 심판청구가 계속된 것으로 보지 않는다.

(다) 중대한 손해발생의 가능성  집행부정지의 원칙은 행정작용의 계속성보장을 위하여 인정되는 것이나, 이를 일관하는 때에는 경우에 따라 당사자 권리보호의 측면에서 심각한 불이익을 야기할 수 있다. 따라서 사후의 조치를 통하여서는 회복하기 어려운 중대한 손해발생의 우려가 있는 경우에는 예외적으로 집행정지를 인정하게 되는 것이다.

문제는 이때의 '중대한 손해'의 의미를 어떻게 이해할 것인가에 있으며, 이에 대해서 판례는 금전배상이 불가능한 경우와, 사회통념상 원상회복이나 금전배상이 가능하더라도 금전배상만으로는 수인할 수 없거나 수인하기 어려운 유형·무형의 손해를 의미한다고 본다. 그러나 그 손해의 규모는 현저하게 큰 것임을 요구하지는 않는 것으로 본다.[21)

(라) 긴급한 필요의 존재  이는 시간적으로 재결을 기다릴 여유가 없는 경우를 말한다. 시간적인 긴급성의 판단은 앞의 요건인 '중대한 손해발생의 가능성'과 연계하여 판단되어야 하며, 이 요건이 충족되면 시간적으로 긴급한 것으로 인정되어야 할 것이다.[22)

(마) 공공복리에 중대한 영향을 미칠 우려가 없을 것  집행정지는 위의 요건이 충족되어도 공공복리에 중대한 영향을 미칠 우려가 있을 때에는 허용되지 아니한다(제30조3항). 이는 당사자의 권리보호보다 공익을 우선하는 것으로서, 이 요건의 인정에 있어서는 공익을 우선해야 할 사정과 당사자의 권리보호 필요성 정도를 엄격히 비교형량하여야 할 것이다.

---

19) 박윤흔(상), 823면; 석종현·송동수(상), 805면.
20) 김남진·김연태(Ⅰ), 852면.
21) 대판 1986. 3. 21, 86두5.
22) 김남진·김연태(Ⅰ), 849면; 정하중(총론), 637면.

### 2) 집행정지결정의 내용

집행정지결정은 ㉠ 처분의·효력, ㉡ 처분의 집행 및 ㉢ 절차의 속행정지를 내용
으로 하며, 그 전부에 대해서 또는 일부에 대해서 행할 수 있다($\frac{제30조}{2항}$).

(가) **처분의 효력정지**　이는 처분의 내용에 따르는 구속력·공정력·집행력 등을
정지함으로써 당사자에 대한 효과에 있어서 당해 처분이 잠정적으로 존재하지 아니하
는 상태로 두는 것을 말한다. 주로 영업허가의 취소나 정지처분 등이 현실적인 대상
이 되며, 이러한 처분의 효력이 정지됨으로써 당사자는 잠정적으로 처분 이전의 상태
하에 놓이게 된다.

처분의 효력정지는 집행정지 결정내용 중에서 가장 강력한 것이고, 행정기관의
행정작용수행에 많은 영향을 미치므로 이러한 결정내용을 필요로 하는지에 관해 신중
한 검토를 필요로 한다. 따라서 개별적인 사정에 비추어 다른 완화된 내용에 의해서,
즉 처분의 집행정지나 절차의 속행정지를 통하여 그 목적을 달성할 수 있는 경우에는
허용되지 않는다($\frac{제30조}{2항 단서}$). 이에 따라 토지수용절차에서와 같이 일련의 계속적인 절차로
행해지는 행정작용에 있어서는 그 절차의 속행을 정지함으로써 그 목적을 달성할 수
있으므로, 사업인정 등의 개별 처분의 효력을 정지할 필요성이 인정되지 않게 된다.

(나) **처분의 집행정지**　이는 처분이 가지는 효력은 유지하면서 이를 실현하기 위한
집행력의 행사만을 정지하는 것을 말한다. 강제출국명령을 받은 당사자에 대해 잠정
적으로 강제출국하지 않도록 하는 경우를 들 수 있다.

(다) **절차의 속행정지**　이는 심판의 대상인 처분의 효력은 유지하면서 당해 처분의
후속절차를 잠정적으로 정지하게 하는 것을 말한다. 일련의 여러 행위에 의해 하나의
행정작용이 행해지는 경우에는 그 과정의 어느 하나의 처분을 다투어 인용되더라도,
그 후속조치가 이미 행하여져 행정작용이 완료되어 사후의 권리구제가 무의미하게 되
는 경우가 발생할 수 있다. 따라서 이를 방지하기 위해서는 당해 처분의 후속조치를
정지시킬 필요가 인정된다. 예컨대 토지수용절차나 행정대집행절차의 경우가 이에 해
당한다.

### 3) 집행정지결정의 절차

집행정지결정은 행정심판위원회가 당사자의 신청이나 직권에 의하여 행한다
($\frac{제30조}{2항}$). 집행정지신청은 심판청구와 동시에 또는 심판청구에 대한 행정심판위원회나
소위원회의 의결이 있기 전까지 신청의 취지와 원인을 적은 서면을 행정심판위원회에
제출하여야 한다. 다만, 심판청구서를 피청구인에게 제출한 경우로서 심판청구와 동시
에 집행정지신청을 할 때에는 심판청구서 사본과 접수증명서를 함께 제출하여야 한다
($\frac{제30조}{5항}$).

이때에 행정심판위원회의 심리·결정을 거치면 중대한 손해가 발생할 우려가 있

다고 인정될 때에는 행정심판위원회의 위원장은 직권으로 심리·결정에 갈음하는 결정을 할 수 있다. 이 경우 행정심판위원회의 위원장은 위원회에 그 사실을 보고하고 추인을 받아야 하며, 위원회의 추인을 받지 못한 때에는 위원장은 집행정지 또는 집행정지 취소에 관한 결정을 취소하여야 한다($^{제30조}_{6항}$).

행정심판위원회는 집행정지에 관하여 심리·결정하면 지체 없이 당사자에게 결정서 정본을 송달하여야 한다($^{제30조}_{7항}$).

#### 4) 집행정지결정의 효력

행정심판위원회에 의해 집행정지결정이 행해지면 당해 처분의 당사자와 관계 행정기관에 대해서 처분이 존재하지 않는 효력을 발생하게 된다. 이러한 효력은 별도로 시간적인 범위에 대해 특별히 정하고 있지 않는 한 당해 심판의 재결이 확정될 때까지 발생한다.

#### 5) 집행정지결정의 취소

집행정지결정이 행해지고 난 후에 이러한 결정이 공공복리에 중대한 영향을 미친다고 인정되거나 원래의 정지사유가 없어진 때에는, 행정심판위원회는 당사자의 신청이나 직권에 의한 결정으로써 집행정지의 결정을 취소할 수 있다($^{제30조}_{4항}$).

당사자가 집행정지취소의 신청을 하고자 하는 때에는 집행정지결정 후 심판청구에 대한 행정심판위원회나 소위원회의 의결이 있기 전까지 신청의 취지와 원인을 기재한 서면을 행정심판위원회에 제출하여야 한다($^{제30조}_{5항}$).

이때에도 위원회의 심리·결정을 거치면 중대한 손해가 발생할 우려가 인정될 때에는 위원장의 직권으로 심리·결정에 갈음하는 결정을 할 수 있고, 그 사실에 대해 위원회의 사후추인을 받지 못하면 집행정지의 취소에 관한 결정을 취소하여야 한다($^{제30조}_{6항}$).

### 3. 임시처분

#### (1) 의    의

임시처분이란 처분 또는 부작위 때문에 당사자가 받을 우려가 있는 중대한 불이익이나 당사자에게 생길 급박한 위험을 막기 위하여 임시지위를 정해야 할 필요가 있는 경우 행정심판위원회가 발하는 가구제 수단이다.

위에서 살펴본 기존의 가구제 수단인 집행정지제도는 소극적인 현상유지적 기능만 있을 뿐이므로 원칙적으로 거부처분이나 부작위의 경우에는 집행정지대상의 되지 않는 다고 보는 것이 그간의 다수설과 판례의 입장이었다.

임시처분제도의 도입은 이러한 거부처분이나 부작위에 대한 임시적 구제의 제도적 공백을 입법적으로 해소하고 이로써 청구인의 권리를 더욱 두텁게 보호하려는 데 그 취지가 있다.

### (2) 요  건

임시처분을 위해서는 다음의 요건이 존재하여야 한다.

#### 1) 심판청구의 계속

법문에는 명시되어 있지 않지만, 집행정지의 경우와 마찬가지로 임시처분은 그 전제가 되는 심판청구가 계속되어 있어야 한다고 해석된다.

#### 2) 처분 또는 부작위가 위법·부당하다고 상당히 의심되는 경우일 것

이때의 처분에는 적극적인 처분뿐 아니라 신청에 대한 거부처분도 포함된다. 또한 집행정지와는 달리 처분으로서의 외관이 존재하지 않는 부작위의 경우도 포함된다. 이처럼 집행정지와 달리 거부처분이나 부작위의 경우에 당사자의 임시적 권리구제를 도모할 수 있다는 것이 임시처분제도의 장점이다.

또한 처분이나 부작위는 위법 또는 부당하다고 상당히 의심되는 경우이어야 한다. 부당의 개념은 특히 재량처분의 경우에 의미가 있다. 위법이나 부당 여부의 판단은 본안심리사항이지만 임시처분을 위해서는 위법 또는 부당이 상당히 의심되는 정도로도 족하다. 다만 상당히 의심되는 정도인지의 판단은 다음 요건인 당사자에 미치는 불이익이 중대한지 여부 및 급박한 위험이 발생할 우려가 있는지의 판단과 밀접하게 연관될 것이다.

#### 3) 당사자에게 중대한 불이익이나 급박한 위험이 생길 우려가 있을 것

여기서 말하는 중대한 불이익이나 급박한 위험의 개념은 집행정지의 요건인 "중대한 손해가 생기는 것을 예방할 필요성이 긴급하다고 인정할 때"와 유사하게 판단할 수 있을 것이다. 따라서 금전배상이 불가능한 경우, 사회통념상 원상회복이나 금전배상이 가능하더라도 금전배상만으로는 수인할 수 없거나 수인하기 어려운 유형·무형의 손해 발생의 우려가 그 예가 될 것이다. 다만 이러한 경우 대부분은 집행정지의 대상이 될 것이고 그러한 한에서는 임시조치의 대상까지 되지는 못할 것이다. 임시조치는 앞서 본 바와 같이 거부처분이나 부작위의 경우에 중요한 의미가 있음을 상기할 필요가 있다.

#### 4) 공공복리에 중대한 영향을 미칠 우려가 없을 것

「행정심판법」 제30조 제 3 항이 준용되는 결과(제31조 2항) 임시조치의 경우도 비록 처분 또는 부작위가 위법·부당하다고 상당히 의심되고 당사자가 받을 중대한 불이익이나 긴급한 위험을 인정할 수 있더라도 당사자의 임시지위를 정하는 것이 공공복리에 중대한 영향을 미칠 우려가 있을 때에는 허용되지 아니한다.

### (3) 절    차

임시조치는 당사자의 신청 또는 행정심판위원회의 직권으로 결정할 수 있으며 ($^{제31조}_{1항}$), 행정심판위원회는 임시조치를 결정한 후에 임시조치가 공공복리에 중대한 영향을 미치거나 그 조치사유가 없어진 경우에는 직권으로 또는 당사자의 신청에 의하여 임시조치 결정을 취소할 수 있다.

임시조치의 신청은 심판청구와 동시에 또는 심판청구에 대한 위원회나 소위원회의 의결이 있기 전까지, 임시조치 결정의 취소신청은 심판청구에 대한 위원회나 소위원회의 의결이 있기 전까지 신청의 취지와 원인을 적은 서면을 위원회에 제출하여야 한다. 다만 심판청구서를 피청구인에게 제출한 경우로서 심판청구와 동시에 임시조치 신청을 할 때에는 심판청구서 사본과 접수증명서를 함께 제출하여야 한다.

위원회의 심리·결정을 기다릴 경우 중대한 불이익이나 급박한 위험이 생길 우려가 있다고 인정되면 위원장은 직권으로 위원회의 심리·결정을 갈음하는 결정을 할 수 있다. 다만, 이 경우 위원장은 지체 없이 위원회에 그 사실을 보고하고 추인을 받아야 하며, 위원회의 추인을 받지 못하면 위원장은 임시조치 또는 임시조치 취소에 관한 결정을 취소하여야 한다.

위원회는 임시조치 또는 임시조치의 취소에 관하여 심리·의결하면 지체 없이 당사자에게 결정서 정본을 송달하여야 한다( $^{이상 제31조 2항 및}_{제30조 4항 내지 7항}$ ).

### (4) 집행정지와의 관계

임시처분은 집행정지로 목적을 달성할 수 있는 경우에는 허용되지 않는다( $^{제31조}_{3항}$ ).

## Ⅵ. 심판청구의 변경과 취하

행정심판청구는 행정소송의 경우와 마찬가지로 일정한 사유가 발생한 경우에 법정절차에 따른 심판청구의 변경과 심판청구의 취하가 허용된다.

### 1. 심판청구의 변경

#### (1) 변경의 사유

심판청구인은 청구의 기초에 변경이 없는 범위 안에서 청구의 취지나 청구이유를 변경할 수 있다( $^{제29조}_{1항}$ ). 이는 행정심판을 청구하게 된 사실관계에 변동이 없는 한 새로운 행정심판을 제기함이 없이, 기존 심판청구의 청구취지나 청구이유의 변경을 허용하는 것이다. 이를 통해 청구인의 시간이나 절차적 측면에서의 번거로움을 덜 수 있게 되며, 행정심판위원회로서도 신속한 재결이 가능하게 되는 이점이 주어지게 된다.

이러한 청구인측 사유에 의한 심판청구의 변경은 시간적으로 행정심판위원회의 의결이 있기 전까지만 허용된다.

한편 청구변경은 피청구인측의 사유에 의해서도 허용된다. 즉 행정심판이 청구된 후에 피청구인인 행정청이 새로운 처분을 하거나 심판청구의 대상인 처분을 변경한 경우에는 청구인은 새로운 처분이나 변경된 처분에 맞추어 청구의 취지나 이유를 변경할 수 있다(제29조 2항). 이는 피청구인이 새로운 처분을 하거나 심판청구의 대상인 처분이 변경된 경우에는 심판청구가 더 이상 이유가 없게 되므로 새로운 심판청구를 통하여 이를 다투어야 하나, 청구인의 이해관계를 고려하고 신속한 행정심판의 심리를 위하여 그 변경이 허용되는 것이다.

### (2) 변경의 절차

행정심판청구의 변경은 서면의 형식을 갖추어 신청하여야 한다. 이 경우 피청구인과 참가인의 수만큼 청구변경신청 부본을 함께 제출하여야 하며, 위원회는 청구변경신청서 부본을 피청구인과 참가인에게 송달하여야 한다(제29조 3항, 4항). 이때 행정심판위원회는 기간을 정하여 피청구인과 참가인에게 청구변경 신청에 대한 의견을 제출하도록 할 수 있으며, 피청구인과 참가인이 그 기간에 의견을 제출하지 아니하면 의견이 없는 것으로 간주한다(제29조 5항).

행정심판위원회는 이러한 청구변경의 신청에 대하여 허가할 것인지 여부를 결정하고, 지체 없이 신청인에게는 결정서 정본을, 당사자 및 참가인에게는 결정서 등본을 송달하여야 한다(제29조 6항). 신청인은 이러한 송달을 받은 날부터 7일 이내에 행정심판위원회에 이의신청을 할 수 있다(제29조 7항).

### (3) 변경의 효과

청구의 변경결정이 있으면 처음 행정심판이 청구되었을 때부터 변경된 청구의 취지나 이유로 행정심판이 청구된 것으로 간주된다(제29조 8항).

## 2. 심판청구의 취하

심판청구도 소송의 청구와 마찬가지로 취하할 수 있다. 이에 따라 행정심판의 청구인이나 참가인은 심판청구에 대하여 행정심판위원회나 소위원회의 의결이 있을 때까지 서면(취하서)으로 심판청구나 참가신청을 취하할 수 있다(제42조 1항, 2항). 취하서에는 청구인이나 참가인이 서명하거나 날인하여야 하며, 청구인 또는 참가인은 취하서를 피청구인 또는 행정심판위원회에 제출하여야 한다(제42조 3항, 4항). 피청구인 또는 행정심판위원회는 계속 중인 사건에 대하여 취하서를 받으면 지체 없이 다른 관계기관·청구인·참가인에게 취하 사실을 알려야 한다($^{제42조}_{5항}$).

<h1 style="text-align:center">제 5 절 행정심판의 심리</h1>

청구인에 의해 행정심판이 청구되면 심판을 담당하는 기관에 의하여 일정한 절차에 따라 심리·의결이 행해지고, 최종적으로는 청구내용에 대한 재결이 행해진다.

## Ⅰ. 행정심판기관

행정심판기관은 청구인이 제기한 행정심판을 수리하여 이를 심리·의결하고 재결하는 기관을 말한다. 심판기관의 구성에 있어서 종전 「행정심판법」은 행정심판의 객관적인 공정성을 보장하기 위하여, 심리·의결기능과 재결기능을 구분하여 각각 전자는 행정심판위원회의 권한으로, 후자는 재결청의 권한으로 인정하고 있었다. 그러나 현행법은 이를 일원화하여 행정심판위원회가 심판사건의 심리를 마치면 직접 재결을 할 수 있도록 하여 절차구조의 복잡성을 제거하고 절차의 신속성을 기하였다. 현행법상의 행정심판기관인 행정심판위원회에 관하여 정리하면 다음과 같다.

### 1. 행정심판위원회의 설치

행정심판위원회는 제기된 행정심판을 심리·재결하는 기능을 하는 합의제 행정기관이다($^{제6조}_{1항}$). 현행법상 행정심판위원회는 행정기관의 종류에 따라 다양하게 설치되도록 하고 있다.

#### (1) 해당 행정청 소속으로 설치하는 경우

㉠ 감사원·국가정보원장·그 밖에 대통령령으로 정하는 대통령 소속기관의 장, ㉡ 국회사무총장·법원행정처장·헌법재판소사무처장 및 중앙선거관리위원회사무총장, ㉢ 국가인권위원회, 그 밖에 지위·성격의 독립성과 특수성 등이 인정되어 대통령령으로 정하는 행정청 등 또는 그 소속 행정청(행정기관의 계층구조와 관계없이 그 감독을 받거나 위탁을 받은 모든 행정청을 말하되, 위탁을 받은 행정청은 그 위탁받은 사무에 관하여는 위탁한 행정청의 소속 행정청으로 본다)의 처분 또는 부작위에 대한 행정심판의 청구에 대하여는 해당 행정청에 두는 행정심판위원회에서 심리·재결한다($^{제6조}_{1항}$).

## (2) 중앙행정심판위원회의 설치

㉠ 위 해당 행정청 소속으로 설치하는 경우 외의 국가행정기관의 장 또는 그 소속 행정청, ㉡ 특별시장·광역시장·도지사·특별자치도지사(특별시·광역시·도 또는 특별자치도의 교육감을 포함한다) 또는 특별시·광역시·도·특별자치도의 의회(의장, 위원회의 위원장, 사무처장 등 의회 소속 모든 행정청을 포함한다), ㉢「지방자치법」에 따른 지방자치단체조합 등 관계 법률에 따라 국가·지방자치단체·공공법인 등이 공동으로 설립한 행정청 등의 처분 또는 부작위에 대한 심판청구에 대하여는「부패방지 및 국민권익위원회의 설치와 운영에 관한 법률」에 따른 국민권익위원회에 두는 중앙행정심판위원회에서 심리·재결한다(제6조2항).

## (3) 시·도지사 소속으로 설치하는 경우

㉠ 시·도 소속 행정청, ㉡ 시·도의 관할구역에 있는 시·군·자치구의 장, 소속 행정청 또는 시·군·자치구의 의회(의장, 위원회의 위원장, 사무국장, 사무과장 등 의회 소속 모든 행정청을 포함한다), ㉢ 시·도의 관할구역에 있는 둘 이상의 지방자치단체(시·군·자치구를 말한다)·공공법인 등이 공동으로 설립한 행정청 등의 처분 또는 부작위에 대한 심판청구에 대하여는 시·도지사 소속으로 두는 행정심판위원회에서 심리·재결한다(제6조3항).

## (4) 그 밖의 경우

그 밖에 대통령령으로 정하는 국가행정기관 소속 특별지방행정기관의 장의 처분 또는 부작위에 대한 심판청구에 대하여는 해당 행정청의 직근 상급행정기관에 두는 행정심판위원회에서 심리·재결한다(제6조4항).

## 2. 행정심판위원회의 구성

### (1) 각급 행정심판위원회

중앙행정심판위원회를 제외한 행정심판위원회는 위원장 1명을 포함한 50명 이내의 위원으로 구성된다(제7조1항).

### 1) 위 원 장

행정심판위원회의 위원장은 해당 행정심판위원회가 소속된 행정청이 되며, 위원장이 없거나 부득이한 사유로 직무를 수행할 수 없거나 위원장이 필요하다고 인정하는 경우에는 ㉠ 위원장이 사전에 지명한 위원, ㉡ 지명된 공무원인 위원(2명 이상인 경우에는 직급 또는 고위공무원단에 속하는 공무원의 직무등급이 높은 위원 순으로, 직급 또는 직무등급도 같은 경우에는 위원 재직기간이 긴 위원 순서로, 재직기간도 같은 경우에는 연장자 순서로 한다)의 순서에 따라 위원이 위원장의 직무를 대행한다($^{제7조}_{2항}$). 다만 시·도지사 소속으로 두는 행정심판위원회의 경우에는 해당 지방자치단체의 조례로 정하는 바에 따라 공무원이 아닌 위원을 위원장(비상임)으로 정할 수 있다($^{제7조}_{3항}$).

2) 위    원

행정심판위원회의 위원은 해당 행정심판위원회가 소속된 행정청이 ㉠ 변호사 자격을 취득한 후 5년 이상의 실무 경험이 있는 사람, ㉡ 학교에서 조교수 이상으로 재직하거나 재직하였던 사람, ㉢ 행정기관의 4급 이상 공무원이었거나 고위공무원단에 속하는 공무원이었던 사람, ㉣ 박사학위를 취득한 후 해당 분야에서 5년 이상 근무한 경험이 있는 사람, ㉤ 그 밖에 행정심판과 관련된 분야의 지식과 경험이 풍부한 사람 중 어느 하나에 해당하는 사람 중에서 성별을 고려하여 위촉하거나 그 소속 공무원 중에서 지명한다($^{제7조}_{4항}$).

위원은 그 직에 재직하는 동안 재임한다($^{제9조}_{1항}$). 위촉된 위원의 임기는 2년으로 하되 2차에 한하여 연임할 수 있으며($^{제9조}_{3항}$), 금고 이상의 형을 선고받거나 부득이한 사유로 장기간 직무를 수행할 수 없게 되는 경우 외에는 임기 중 그의 의사와 다르게 해촉되지 아니한다($^{제9조}_{5항}$).

3) 회    의

행정심판위원회의 회의는 위원장과 위원장이 회의마다 지정하는 8명의 위원(그 중 소속 행정청이 위촉한 위원은 6명 이상으로 하되, 시·도지사 소속으로 두는 행정심판위원회로서 위원장이 공무원이 아닌 경우에는 5명 이상으로 한다)으로 구성한다. 다만, 국회규칙, 대법원규칙, 헌법재판소규칙, 중앙선거관리위원회규칙 또는 대통령령(시·도지사 소속으로 두는 행정심판위원회의 경우는 해당 지방자치단체의 조례)으로 정하는 바에 따라 위원장과 위원장이 회의마다 지정하는 6명의 위원(그 중 소속 행정청이 위촉한 위원은 5명 이상으로 하되, 시·도지사 소속으로 두는 행정심판위원회로서 위원장이 공무원이 아닌 경우에는 4명 이상으로 한다)으로 구성할 수 있다($^{제7조}_{5항}$). 행정심판위원회는 구성원 과반수의 출석과 출석위원 과반수의 찬성으로 의결한다($^{제7조}_{6항}$).

이와 같이 행정심판위원회의 위원 중에 민간인 위원을 과반수 이상으로 한 것은 행정심판기관의 객관성을 제고하기 위한 것으로 보인다.

### (2) 중앙행정심판위원회

이에 반해 국민권익위원회에 설치되는 중앙행정심판위원회는 위원장 1명을 포함한 70명 이내의 위원으로 구성하되, 위원 중 상임위원은 4명 이내로 한다($^{제8조}_{1항}$).

1) 위 원 장

중앙행정심판위원회의 위원장은 원칙적으로 국민권익위원회의 부위원장 중 1명

이 되며, 위원장이 없거나 부득이한 사유로 직무를 수행할 수 없거나 위원장이 필요
하다고 인정하는 경우에는 상임위원(상임으로 재직한 기간이 긴 위원 순서로, 재직기간도
같은 경우에는 연장자 순서로 한다)이 위원장의 직무를 대행한다($^{제8조}_{2항}$).

### 2) 상임위원 및 비상임위원

중앙행정심판위원회의 상임위원은 일반직 국가공무원으로 임명하되, 3급 이상 공
무원 또는 고위공무원단에 속하는 일반직 공무원으로 3년 이상 근무한 사람이나 그
밖에 행정심판에 관한 지식과 경험이 풍부한 사람 중에서 중앙행정심판위원회 위원장
의 제청으로 국무총리를 거쳐 대통령이 임명한다($^{제8조}_{3항}$). 상임위원의 임기는 3년으로 하
며, 1차에 한하여 연임할 수 있다($^{제9조}_{2항}$).

중앙행정심판위원회의 비상임위원은 행정심판위원회 위원이 될 수 있는 사람 중
에서 중앙행정심판위원회 위원장의 제청으로 국무총리가 성별을 고려하여 위촉한다
($^{제8조}_{4항}$). 위촉된 위원의 임기는 2년으로 하되 2차에 한하여 연임할 수 있으며($^{제9조}_{3항}$), 금
고 이상의 형을 선고받거나 부득이한 사유로 장기간 직무를 수행할 수 없게 되는 경
우 외에는 임기 중 그의 의사와 다르게 해촉되지 아니한다($^{제9조}_{5항}$).

### 3) 회    의

중앙행정심판위원회의 회의(소위원회 회의를 제외한다)는 위원장, 상임위원 및 위
원장이 회의마다 지정하는 비상임위원을 포함하여 총 9명으로 구성한다($^{제8조}_{5항}$). 중앙행
정심판위원회는 심판청구사건 중 「도로교통법」에 따른 자동차운전면허행정처분에
관한 사건(소위원회가 중앙행정심판위원회에서 심리·의결하도록 결정한 사건은 제외한다)
을 심리·의결하게 하기 위하여 4명의 위원으로 구성하는 소위원회를 둘 수 있다
($^{제8조}_{6항}$). 중앙행정심판위원회 및 소위원회는 각각 그 구성원의 과반수의 출석과 출석위
원 과반수의 찬성으로 의결한다($^{제8조}_{7항}$).

## 3. 행정심판위원회의 권한

행정심판위원회는 심판청구사건에 대하여 심리하고 재결할 권한을 가진다. 그 밖
에 집행정지·임시처분의 결정 및 그 결정의 취소권한 및 행정심판위원회 위원의 임
명 또는 위촉권한을 가지며, 사정재결에 관한 권한을 행사할 수 있다.

당사자의 심판청구 후 위원회가 법령의 개정·폐지 또는 피청구인의 경정결정에
따라 그 심판청구에 대하여 재결할 권한을 잃게 된 경우에는 해당 위원회는 심판청구
서와 관계서류, 그 밖의 자료를 새로 재결할 권한을 갖게 된 위원회에 보내야 한다
($^{제12조}_{1항}$). 송부를 받은 위원회는 지체 없이 그 사실을 청구인, 피청구인 및 참가인에게
알려야 한다($^{제12조}_{2항}$).

## Ⅱ. 심판의 심리절차

### 1. 개 관

행정심판위원회의 심리절차는 재결의 기초가 되는 사실관계나 법률관계를 명확히 하기 위하여 당사자와 관계인의 주장과 반박을 듣고, 증거 기타의 자료를 수집하고 조사하는 일련의 절차를 의미한다. 현행법은 행정심판이 가지는 권리구제기능을 확보하기 위하여 가능한 한 사법절차를 준용하도록 하고 있으며($\frac{헌법 제}{107조 3항}$), 특히 대심구조하에서 행해지도록 배려하고 있다.

### 2. 심리의 내용 및 범위

#### (1) 심리의 내용

행정심판청구의 심리는 요건심리와 본안심리로 나누어진다.

##### 1) 요건심리

이는 행정심판이 형식적 요건을 충족하고 있는지의 여부에 대한 심리를 말한다. 그 심리사항으로는 행정심판의 대상이 되는 처분인가, 올바른 행정심판위원회에 제기되고 있는가, 심판청구기간 내에 제기된 것인가 등이 된다. 요건심리의 결과 적법하지 않은 심판청구는 각하되어야 하나($\frac{제43조}{1항}$), 그 하자가 사후 정정이 가능하다고 인정되는 경우에는 행정심판위원회는 상당한 기간을 정하여 청구인에게 그 보정을 요구할 수 있으며, 하자가 경미한 때에는 직권으로 보정할 수 있다($\frac{제32조}{1항}$).

##### 2) 본안심리

이는 청구인의 청구내용에 대해 실체적으로 심리하는 것을 말한다. 심리의 결과는 청구취지를 인용하거나 기각하는 내용으로 나타나게 된다. 본안심리과정 중에 형식적 요건의 흠결이 발견되면 소송에서와 같이 당해 심판청구는 각하된다.

#### (2) 심리의 범위

행정심판의 심리에 있어서는 심판이 청구된 처분이나 부작위 이외의 사항에 대해서는 심리하지 못하며($\frac{불고불리}{의 원칙}$), 심판청구의 대상이 되는 처분보다 청구인에게 불이익하게 심리하지 못한다($\frac{불이익변경}{금지의 원칙}$). 이러한 원칙들은 원래 행정심판의 재결의 범위내용으로서 인정되는 것이나($\frac{제47조}{1항, 2항}$), 재결이 심리의 결과로서 의결된 내용에 따른 기계적인 행위의 의미를 갖는 것이므로, 심리에 있어서도 적용되는 것으로 본다. 심리는 당해 처분이나 부작위의 위법여부에 대한 판단인 법률문제뿐 아니라, 처분의 부당여부에 대한 판단인 사실문제도 그 범위에 포함된다.

## 3. 심리의 절차

### (1) 심리절차의 주요원칙

「행정심판법」상 인정되고 있는 심리절차의 주요원칙으로서는 대심주의, 직권심리주의, 서면심리주의, 비공개주의를 들 수 있다.

#### 1) 대심주의

대심주의는 심리를 위한 전체적인 구조를, 분쟁당사자의 공격과 방어에 의하여 심리를 진행시키고, 이를 중립적인 지위에 있는 기관으로 하여금 주재하게 하는 것을 말한다. 현행 행정심판은 사법절차를 준용하여 청구인과 피청구인을 서로 대등한 당사자로 인정하고, 이들간에 자신의 주장에 대한 공격과 방어방법을 제출할 수 있는 기회를 제공하고 있으며, 이를 기초로 하여 행정심판위원회가 심리·의결하도록 하고 있다.

#### 2) 직권심리주의

직권심리주의는 변론주의에 대한 대립적인 개념으로서, 변론주의는 당사자의 공격과 방어방법에만 의존하고 심판기관은 이들 당사자가 제출한 자료에 의해서만 심리하며, 심판기관의 직권에 의해 사실관계 등을 조사하는 것은 허용되지 않는 원칙을 말한다. 이에 반해 직권심리주의는 심판을 위하여 필요한 경우에는 당사자가 주장하지 않은 증거자료 등을 수집할 수 있고, 이에 기초하여 결정할 수 있는 원칙을 말한다.

「행정심판법」은 변론주의를 원칙으로 하면서도, 심판청구의 심리를 위하여 필요하다고 인정되는 경우에는 행정심판위원회로 하여금 당사자가 주장하지 아니한 사실에 대하여도 심리할 수 있도록 하고($_{조}^{제39}$), 증거조사를 할 수 있도록 하고 있다($_{1항}^{제36조}$). 이는 행정심판이 당사자의 권리구제기능 이외에도 행정작용의 자율적 통제를 통한 적법성확보의 기능을 갖고 있음에 비추어, 공익적인 측면에서 실체적 진실확보에 필요한 경우에는 예외적으로 이를 인정하려는 것이라고 볼 수 있다.

그러나 직권심리주의는 행정심판의 심리에 있어서도 적용되는 불고불리의 원칙으로 인해, 행정심판 청구대상인 처분이나 부작위 이외의 사항에 대해서는 인정되지 않는다.

#### 3) 서면심리주의 또는 구술심리주의

행정심판은 구술심리 또는 서면심리로 하되, 당사자가 구술심리를 신청한 때에는 서면심리만으로 결정할 수 있다고 인정되는 경우 외에는 구술심리를 하여야 한다($_{1항}^{제40조}$).

서면심리주의는 일반적으로 심리의 진행을 신속하게 할 수 있는 장점은 있으나, 당사자주장이 서면에서 불명확하게 나타나고 있는 경우에 당사자의 진의파악이나 쟁점정리면에서 단점을 나타낸다. 따라서 구술심리를 적극적으로 활용할 필요성이 제기되며, 현행법은 이에 따라 행정심판위원회가 당사자 신청의 경우에 원칙적으로 구술심리를 하도록 하고 있다.

### 4) 비공개주의

권리구제절차는 일반적으로 공개절차를 택하는 것이 결정과정의 공정성을 확보하기 위하여 필요하다. 따라서 심리과정에 일반인의 방청을 배제하는 비공개심리는 예외적으로만 인정되어야 한다.

그러나 현행 「행정심판법」은 행정심판위원회의 심리·의결의 공정성과 객관성을 보장하기 위하여 위원회에서 위원이 발언한 내용 기타 공개할 경우에 위원회의 심리·재결의 공정성을 해할 우려가 있는 사항에 대해서는 공개하지 않도록 하고 있다($^{제41}_{조}$).

그러나 공개주의의 요구가 권리구제의 공정성을 확보하는 기능을 함에 비추어 공개주의를 원칙으로 하여 운영하는 것이 바람직하리라고 본다.


### (2) 당사자의 절차적 권리

행정심판의 당사자인 청구인과 피청구인은 심리절차에 있어서 다음과 같은 권리를 갖는다.

### 1) 위원과 직원에 대한 기피신청권

당사자는 행정심판위원회의 위원이나 직원이 심리와 의결에 있어서 공정을 기대하기 어려운 사정이 있다고 생각되는 때에는, 행정심판위원회에 대해 기피신청을 할수 있다($^{제10조}_{2항, 7항}$). 이러한 신청에 대해 위원장은 위원회의 의결을 거치지 않고 스스로 기피여부를 결정하게 된다($^{제10조}_{5항}$).

### 2) 구술심리신청권

당사자는 행정심판위원회에 구술심리를 신청할 수 있다($^{제40조}_{1항 단서}$). 이는 서면심리주의원칙에 대한 예외로서 인정되는 것이므로 서면심리원칙을 따르는 경우에 나타날 수 있는 문제점, 즉 서면의 제출만으로는 쟁점정리가 불충분하거나 공격, 방어방법을 위해 구술심리가 필요하다고 인정되는 경우 등이 그 신청사유가 될 것이다.

### 3) 보충서면제출권

당사자는 행정심판청구서·보정서·답변서 또는 참가신청서에서 주장된 사실을 보충하고, 다른 당사자의 주장을 반박하기 위하여 필요하면 위원회에 보충서면을 제출할 수 있다($^{제33조}_{1항}$). 이때에 행정심판위원회가 보충서면의 제출기한을 정한 때에는 그 기한내에 이를 제출하여야 한다($^{제33조}_{2항}$).

### 4) 물적증거제출권

이때의 물적증거란 증거서류와 증거물을 의미하며, 당사자는 필요한 경우에는 심판청구서·보정서·답변서·참가신청서·보충서면 등에 덧붙여 그 주장을 뒷받침하는 증거서류 또는 증거물을 제출할 수 있다($^{제34조}_{1항}$). 이러한 증거서류에는 다른 당사자의 수만큼 증거서류 부본을 함께 제출하여야 한다($^{제34조}_{2항}$).

### 5) 증거조사신청권

당사자는 자신의 주장을 뒷받침하기 위하여 필요하다고 인정할 때에는 행정심판위원회에 증거조사를 신청할 수 있다($^{제36조}_{1항}$). 그 방법으로는 ㉠ 당사자나 관계인(관계 행정기관 소속 공무원을 포함한다)을 위원회의 회의에 출석하게 하여 신문하는 방법, ㉡ 당사자나 관계인이 가지고 있는 문서·장부·물건 또는 그 밖의 증거자료의 제출을 요구하고 이를 영치하는 방법, ㉢ 특별한 학식과 경험을 가진 제3자에게 감정을 요구하는 방법, ㉣ 당사자 또는 관계인의 주소·거소·사업장이나 그 밖의 필요한 장소에 출입하여 당사자 또는 관계인에게 질문하거나 서류·물건 등을 조사·검증하는 방법 등이 인정되고 있다.

### 6) 현행법상의 문제점

이러한 절차적 권리가 인정되고 있음에도 불구하고 현행법은 아직도 당사자인 청구인의 권리에 있어서 취약점을 나타내고 있다. 특히 피청구인인 행정청이 보유하고 있는 자료의 제공요구권이나 자료열람청구권이 아직 인정되고 있지 않아 실질적인 대등한 당사자로서의 지위가 보장되고 있지 못하다.

### (3) 심리의 병합과 분리

행정심판위원회는 필요하다고 인정할 때에는 관련되는 심판청구를 병합하여 심리하거나 병합된 관련 청구를 분리하여 심리할 수 있다($^{제37}_{조}$).

이는 심판사건의 신속하고 효율적인 심리를 위하여 인정되는 것이므로, 재결의 경우에는 적용되지 않는다. 따라서 재결은 각각의 심판청구에 대하여 개별적으로 행해져야 한다.

# 제 6 절  행정심판의 재결

행정심판청구에 대하여 행정심판위원회의 심리가 종료하면 의결한 사항에 대하여 재결을 한다.

## Ⅰ. 재결의 의의

재결은 청구인의 심판청구에 대하여 행정심판위원회의 심리와 의결을 거쳐서, 최종적으로 행정심판위원회가 청구내용에 대하여 판단하는 행위이다. 이는 그 성질에 있어서 행정법상 법률관계의 존부(存否) 또는 정부(正否)에 관한 분쟁에 대하여 재결청이 일정한 절차를 거쳐서 판단·확정하는 행위로서의 의미를 가지므로 강학상의 행정행위에 해당하며, 특히 확인행위의 성질을 갖는 것이다. 따라서 재결은 확인행위로서의 성질상 기속행위로서 인정된다.

　　행정심판에 있어서 행정처분의 위법·부당 여부는 원칙적으로 처분시를 기준으로 판단하여야 할 것이나, 재결청은 처분 당시 존재하였거나 행정청에 제출되었던 자료 뿐만 아니라, 재결 당시까지 제출된 모든 자료를 종합하여 처분 당시 존재하였던 객관적 사실을 확정하고 그 사실에 기초하여 처분의 위법·부당 여부를 판단할 수 있다($^{대판\ 2001.7.27.}_{99두5092}$).

## Ⅱ. 재결의 절차

### 1. 재결기간

행정심판위원회의 재결은 원칙적으로 피청구인인 행정청 또는 위원회가 심판청구서를 받은 날로부터 60일 이내에 하여야 하나, 예외적으로 부득이한 사정이 있는 때에는 위원장이 직권으로 30일을 연장할 수 있다($^{제45조}_{1항}$). 이러한 기간계산에 있어서 심판청구서의 보정기간은 산입되지 않는다($^{제32조}_{5항}$). 그러나 이러한 재결기간은 시간적 기준을 제시한 훈시규정으로 보므로,23) 이 기간이 경과한 후에 재결되어도 효력을 갖는 것으로 본다. 재결기간을 연장한 때에는 재결기간이 만료되기 7일전까지 당사자에게 알려야 한다($^{제45조}_{2항}$).

### 2. 재결의 방식

재결은 행정행위로서의 성질을 가짐에도 불구하고 엄격한 형식성을 요구한다. 즉, 재결서라는 서면에 의하여야 하며($^{제46조}_{1항}$), 이 재결서에는 주문, 청구취지, 이유 등의 법정사항이 기재되어야 한다($^{제46조}_{2항}$). 재결서에 적는 이유에는 주문 내용이 정당하다는 것을 인정할 수 있는 정도의 판단을 표시하여야 한다($^{제46조}_{3항}$).

---

23) 석종현·송동수(상), 816면.

## 3. 재결의 송달

재결을 한 때에 행정심판위원회는 재결서의 정본을 행정심판청구의 당사자에게 지체 없이 송달하여야 하며($^{제48조}_{1항}$), 재결은 청구인에게 송달되었을 때에 그 효력이 생긴다($^{제48조}_{2항}$). 행정심판청구에 대해 참가인이 있는 경우에는 위원회는 그 참가인에 대하여도 지체 없이 재결서의 등본을 송달하여야 하며($^{제48조}_{3항}$), 처분의 상대방이 아닌 제 3 자가 심판청구를 한 경우 위원회는 재결서의 등본을 지체 없이 피청구인을 거쳐 처분의 상대방에게 송달하여야 한다($^{제48조}_{4항}$).

## 4. 조정

종래 행정심판은 행정심판위원회가 심리·의결한 사항에 대하여 재결이 있음으로써 그 절차가 종료되었다. 그런데 2017. 10. 31. 「행정심판법」이 일부개정되면서 당사자간의 합의가 가능한 사건의 경우 행정심판위원회가 개입하는 절차를 마련하여 갈등을 조기에 해결하도록 하는 조정제도가 도입되었다.

이에 따르면 위원회는 당사자의 권리 및 권한의 범위에서 당사자의 동의를 받아 심판청구의 신속하고 공정한 해결을 위하여 조정을 할 수 있다. 다만, 그 조정이 공공복리에 적합하지 아니하거나 해당 처분의 성질에 반하는 경우에는 그러하지 아니하다. 위원회는 조정을 함에 있어서 심판청구된 사건의 법적·사실적 상태와 당사자 및 이해관계자의 이익 등 모든 사정을 참작하고 조정의 이유와 취지를 설명하여야 한다. 조정은 당사자가 합의한 사항을 조정서에 기재한 후 당사자가 서명 또는 날인하고 위원회가 이를 확인함으로써 성립한다.

조정에 대해서는 재결의 송달과 효력발생에 관한 제48조, 재결의 기속력에 관한 제49조, 위원회의 직접처분에 관한 제50조, 위원회의 간접강제에 관한 제50조의2, 행정심판 재청구의 금지에 관한 제51조가 준용된다.

## Ⅲ. 재결의 내용

### 1. 재결의 범위

재결을 함에 있어서 행정심판위원회는 기본적으로 일정한 범위에서만 재결을 할 수 있다. 이러한 제약으로는 우선 행정심판청구의 대상인 처분이나 부작위 외의 사항에 대하여는 재결하지 못한다는 것과($^{제47조}_{1항}$), 심판청구의 대상이 되는 처분보다 청구인에게 불이익한 재결을 하지 못하게 된다는 것을 들 수 있다($^{제47조}_{2항}$). 전자를 불고불리의 원칙, 후자를 불이익변경금지원칙이라고 한다.

## 2. 재결의 유형

### (1) 각하재결

이는 심판청구의 형식요건을 심사하여, 이 요건을 결여한 행정심판에 대해 본안심리를 거절하는 내용의 재결이다(제43조 1항).

### (2) 기각재결

이는 심판청구의 본안심리의 결과 청구인의 청구취지를 받아들이지 않는 내용의 재결을 말한다. 이에는 보통의 기각재결과 예외적인 사정재결이 있다.

#### 1) 보통의 기각재결

이는 본안심리의 결과 심판청구가 이유없음을 인정하여 원래 처분의 효력을 인정하는 내용의 재결을 말한다(제43조 2항). 기각재결이 있는 경우에도 처분청은 원처분을 직권으로 취소나 변경할 수 있다.

#### 2) 사정재결

㈎ 의 의    이는 심리의 결과 청구인의 청구이유가 타당함에도 불구하고 청구취지에 따르는 내용의 재결을 하지 않고, 공공복리를 이유로 하여 심판청구를 기각하는 내용의 재결을 말한다(제44조 1항 1문).

이는 행정심판이 갖는 사익보호라는 권리구제기능보다는 공익보호의 차원에서 인정되는 것으로서, 행정소송에서의 사정판결에 대응하는 제도이다. 행정법상의 기본원리인 법치행정의 원칙에서 보아 위법한 행정작용을 공공복리라는 이름하에 유지하려는 이러한 제도는 쟁송제도의 존재이유를 퇴색시키는 것으로서 비판되어야 할 것이다.

현행법상 이 재결유형은 취소심판과 의무이행심판에서만 인정되고 무효등확인심판의 경우는 인정되지 않는다(제44조 3항).

㈏ 요 건    이 재결은 심판청구가 이유 있다고 인정됨에도 불구하고, 당해 행정심판청구를 인용하는 것이 '공공복리에 크게 위배된다고 인정되는 경우'일 것을 요건으로 한다. 따라서 심판청구를 인용함으로써 발생될 공익의 피해와, 심판청구를 기각함으로써 발생할 사익의 피해를 비교형량하여 전자가 후자보다 월등히 큰 경우에만 인정된다고 볼 수 있다. 물론 이때의 공공복리의 인정은 엄격하게 적용되어야 하며 예외적으로만 운영될 필요가 있다.

㈐ 절 차    이 재결은 다른 재결과 마찬가지로 행정심판위원회가 그 의결에 따라 행한다. 행정심판위원회는 이 재결을 행하는 재결서의 주문에서 그 처분이나 부작위가 위법 또는 부당함을 명시하여야 한다(제44조 1항 2문). 이는 당사자가 심판청구대상인 처분이나 부작위에 대해서 행정소송을 제기하거나 국가배상청구소송을 제기하는 경우에

의미를 갖게 된다.

㈜ **구제방법**    이 재결에 의해서도 심판청구대상인 처분이나 부작위가 적법한 것으로 인정되거나 그 하자가 치유되는 것은 아니므로, 이 재결에 따른 당사자의 불이익은 배려되어야 한다. 이에 따라 행정심판위원회가 사정재결을 함에 있어서는 청구인에 대하여 상당한 구제방법을 취하거나 상당한 취할 것을 피청구인에게 명할 수 있다($^{제44조}_{2항}$).24) 이러한 구제방법에 대해 청구인이 불복하는 경우에는 통상적인 행정소송을 제기할 수 있음은 물론이다.

### (3) 인용재결

이는 본안심리의 결과 심판청구가 이유있다고 인정하여 청구의 취지에 따르는 내용으로 재결하는 것을 말한다. 그 유형에는 내용에 따라 취소재결·무효등확인재결·의무이행재결이 있다.

취소재결에는 행정심판위원회가 스스로 처분을 취소·변경하는 형성재결과, 처분청에 처분을 다른 처분으로 변경할 것을 명하는 이행재결의 유형이 있다($^{제43조}_{3항}$).

위원회는 무효등확인심판의 청구가 이유 있다고 인정하면 처분의 효력 유무 또는 처분의 존재여부를 확인한다($^{제43조}_{4항}$).

의무이행재결에도 행정심판위원회가 스스로 신청에 따른 처분을 하는 처분재결과, 행정청에 처분할 것을 명하는 처분명령재결이 있다($^{제43조}_{5항}$). 처분명령재결의 경우에는 청구인의 신청대로 처분할 것을 명하는 경우뿐 아니라 그 외에도 신청내용에 따르지 않더라도 지체 없이 어떤 처분을 할 것을 명하는 내용이 가능하다.

## Ⅳ. 재결의 효력

재결은 행정심판위원회가 청구인에게 재결서의 정본을 송달한 때에 그 효력이 발생하며($^{제48조}_{2항}$), 그 내용에 따라 여러 효력이 발생한다.

### 1. 형 성 력

처분의 취소·변경재결의 경우에 인정되는 효력으로서, 재결의 내용에 따라 기존의 법률관계에 변동을 가져오는 효력을 말한다.

---

24) "명할 수 있다"를 "명하여야 한다"는 취지로 보는 견해로는 김남진·김연태(Ⅰ), 748면; 정하중(총론), 649면.

## 2. 불가쟁력

재결은 행정행위로서의 성질을 가지므로, 통상적인 경우와 마찬가지로 그 자체에 위법성사유가 존재하면 행정소송 제기가 가능하게 된다. 그러나 제소기간이 경과하면 더 이상 그 효력을 다투지 못하게 된다.

## 3. 불가변력

재결은 준사법절차인 쟁송절차를 거쳐서 행해진 판단행위로서의 성격을 갖기 때문에, 통상의 행정행위와는 달리 행정심판위원회가 스스로 자신의 결정을 취소나 변경할 수 없는 효력이 발생한다. 이를 불가변력이라고 한다.

## 4. 기 속 력

심판청구를 인용하는 재결은 피청구인과 그 밖의 관계 행정청을 기속(羈束)한다(제49조 1항). 이처럼 기속력이란 피청구인인 행정청이나 관계 행정청으로 하여금 재결의 취지에 따라 행동해야 하는 의무를 발생시키는 효력을 말한다. 이러한 기속력은 재결의 내용에 따라 다음과 같은 개별적 내용을 갖게 된다.

### (1) 부작위의무

관계 행정청들은 당해 재결의 내용을 준수하여야 하며, 이에 모순되는 내용의 동일한 처분을 동일한 사실관계하에서 반복할 수 없게 된다.

> 행정심판법 제37조가 정하고 있는 재결은 당해 처분에 관하여 재결주문 및 그 전제가 된 요건사실의 인정과 판단에 대하여 처분청을 기속하므로, 당해 처분에 관하여 위법한 것으로 재결에서 판단된 사유와 기본적 사실관계에 있어 동일성이 인정되는 사유를 내세워 다시 동일한 내용의 처분을 하는 것은 허용되지 않는다(대판 2003.4.25. 2002두3201).

### (2) 재처분의무

재결에 의하여 취소되거나 무효 또는 부존재로 확인되는 처분이 당사자의 신청을 거부하는 것을 내용으로 하는 경우에는 그 처분을 한 행정청은 재결의 취지에 따라 다시 이전의 신청에 대한 처분을 하여야 한다(제49조 2항).

당사자의 신청을 거부하거나 부작위로 방치한 처분의 이행을 명하는 재결이 있는 경우에는 행정청은 지체 없이 이전의 신청에 대하여 재결의 취지에 따라 처분을 하여야 한다(제49조 3항). 이 경우 위원회는 피청구인이 이행재결에 의한 재처분의무에도 불구하고 처분을 하지 아니하는 경우에는 당사자가 신청하면 기간을 정하여 서면으로 시정을 명하고, 그 기간에 이행하지 아니하면 직접 처분을 할 수 있다. 다만, 그 처분의 성질이나 그 밖의 불가피한 사유로 위원회가 직접 처분할 수 없는 경우에는 그러하지 아니하다(제50조). 위원회가 직접 처분을 하였을 때에는 그 사실을 해당 행정청에 통보하여야 하며, 그 통보를 받은 행정청은 위원회가 한 처분을 자기가 한 처분으로 보아 관계 법령에 따라 관리·감독 등 필요한 조치를 하여야 한다(제50조).

또한 신청에 따른 처분이 절차의 위법 또는 부당을 이유로 재결로써 취소된 경우에도 행정청은 지체 없이 이전의 신청에 대하여 재결의 취지에 따라 처분을 하여야 한다(제49조).

법 제49조에서 말하는 '재처분'의 의미는 그 대상이 기속행위인 경우에는 신청된 내용에 따른 처분이 되나, 대상이 재량행위인 경우에는 재량행위의 특성상 원칙적인 때에는 청구인이 신청한 대로 처분할 필요는 없으며 다시 하자없는 내용으로 재량행위를 발령하는 것이 그 내용이 된다. 그러나 예외적으로 재량이 영으로 축소되는 경우에는 사실상 기속행위와 다를 바 없으므로, 신청한 내용에 따른 처분이 재처분이 된다.

### (3) 결과제거의무

법령의 명문규정은 없으나 결과제거청구권의 법리에 따라, 재결에 의해 처분이 취소되거나 무효로 확인된 경우에는 원래의 처분에 의하여 만들어진 위법상태를 제거하여야 할 의무를 행정청은 지게 된다고 볼 수 있다.[25]

## V. 재결에 대한 불복

### 1. 재심판청구금지

심판청구에 대한 재결이 있으면 그 재결 및 같은 처분 또는 부작위에 대하여 다시 행정심판을 청구할 수 없다(제51조). 따라서 행정소송에 의해 다툴 수밖에 없다.

### 2. 재결에 대한 행정소송

재결도 행정행위로서의 성질을 가지는 이상 기각재결이나 사정재결이 존재하는 경우에는 행정소송제기가 가능하다.

그러나 이때 청구인에게는 원처분과 재결처분의 두 가지가 소송의 대상으로 주어지게 되나, 「행정소송법」은 기본적으로 '원처분주의'를 채택하고 있다. 즉, 원칙적으로는 원처분 자체의 위법을 이유로 해서만 행정소송의 제기가 가능하나, 예외적으로 재결

---

25) 김남진·김연태(Ⅰ), 752면.

자체의 고유한 위법을 이유로 하는 경우에는 재결을 행정소송의 대상으로 할 수 있도록 하고 있다(행정소송법제19조 단서). 이러한 예외적인 경우는 재결이 심리과정상의 절차상의 하자에 기인한 것이거나, 제 3 자에 대해서도 효력을 미치는 행정행위인 경우에 재결에 의하여 원래의 처분이 취소되어 비로소 제 3 자의 권익이 침해되는 경우를 들 수 있다.

   [ 1 ] 행정소송법 제19조에서 말하는 '재결 자체에 고유한 위법'이란 원처분에는 없고 재결에만 있는 재결청의 권한 또는 구성의 위법, 재결의 절차나 형식의 위법, 내용의 위법 등을 뜻하고, 그 중 내용의 위법에는 위법·부당하게 인용재결을 한 경우가 해당한다(대판 1997.9.12. 96누14661).
   [ 2 ] 행정소송법 제19조에 의하면 행정심판에 대한 재결에 대하여도 그 재결 자체에 고유한 위법이 있음을 이유로 하는 경우에는 항고소송을 제기하여 그 취소를 구할 수 있고, 여기에서 말하는 '재결 자체에 고유한 위법'이란 그 재결자체에 주체, 절차, 형식 또는 내용상의 위법이 있는 경우를 의미하는데, 행정심판청구가 부적법하지 않음에도 각하한 재결은 심판청구인의 실체심리를 받을 권리를 박탈한 것으로서 원처분에 없는 고유한 하자가 있는 경우에 해당하고, 따라서 위 재결은 취소소송의 대상이 된다(대판 2001.7.27. 99두2970).
   [ 3 ] 행정청이 골프장 사업계획승인을 얻은 자의 사업시설 착공계획서를 수리한 것에 대하여 인근 주민들이 그 수리처분의 취소를 구하는 행정심판을 청구하자 재결청이 그 청구를 인용하여 수리처분을 취소하는 형성적 재결을 한 경우, 그 수리처분 취소 심판청구는 행정심판의 대상이 되지 아니하여 부적법 각하하여야 함에도 위 재결은 그 청구를 인용하여 수리처분을 취소하였으므로 재결 자체에 고유한 하자가 있다 (대판 2001.5.29. 99두10292).

# 제 6 장  행정소송

# 제 1 절  행정소송 일반론

## Ⅰ. 행정소송의 의의

### 1. 행정소송의 개념

  행정소송은 행정작용으로 인해 위법하게 권리나 이익을 침해받은 자의 권리보호 신청을 전제로 하여, 중립적인 지위에 있는 사법기관인 법원에 의해서 행해지는 쟁송절차를 말한다. 이는 쟁송절차의 방식이 대심구조에 입각하여 엄격한 형식절차에 의하는 정식절차에 의한 쟁송이라는 점과, 이에 따라 제 3 자로서 객관적인 지위를 갖는 법원에 의한 쟁송이라는 점 및 그 대상에 있어서 위법한 행정작용만이 대상이 되고 부당한 경우는 제외하는 점에서 행정심판과 구분된다. 또한 행정법상의 분쟁을 대상으로 하고 있는 점과 심리절차에 있어서 직권심리주의원칙 등이 인정되는 특색을 보이는 점에서 민사소송과도 구별된다.

## 2. 행정소송의 법원

행정소송에 대해서는 일반법으로서의 지위를 갖는 「행정소송법」이 중심적인 법원이 되고, 「법원조직법」, 「상고심절차에 관한 특례법」, 「민사소송법」, 「민사집행법」, 「각급 법원의 설치와 관할구역에 관한 법률」 등이 부수적인 법원이 된다. 부수적인 법원 중에서는 「민사소송법」과 「민사집행법」이 중요한 의미를 갖는다. 이는 행정소송은 그 성질에 있어서 민사소송과 많은 유사점을 가지고 있으며, 이로 인해 민사소송에서의 논의가 상당부분 행정소송에서도 수용되고 있기 때문이다. 따라서 「행정소송법」이 가지는 성문법상의 한계로 인한 흠결의 경우에는, 「법원조직법」과 아울러 「민사소송법」의 규정이 성질이 허용하는 한 준용되게 되는 것이다(행정소송법 제8조 2항).

## 3. 행정소송제도의 유형

### (1) 일반적 유형

제도적으로 보아 행정소송제도는 대륙법계와 영미법계의 경우로 나누어진다. 대륙법계는 프랑스와 독일의 경우 등을 중심으로 발달한 유형으로서, 공·사법 이원론에 기초하며 통상적인 법원과 계통을 달리하는 행정사건만을 전담하는 법원을 두고 있는 특색을 보이고 있다. 이에 반해 영미법계는 공·사법을 구별하지 않는 체계하에서 통상 법원이 행정사건도 함께 재판하는 체제를 갖추고 있다. 이는 국가의 행정작용에 대해 별도의 법원에 의해 심판하는 행정법원제도가, 그 연혁에 있어서 국민의 권리보장보다는 권위주의적으로 행정작용의 특성을 강조하여 만들어진 제도라는 점에 대한 반발이 그 배경이 되는 것이다.

### (2) 우리나라의 경우

우리나라의 경우는 헌법 제107조 제 2 항에 의해 행정사건의 경우도 다른 사건의 경우와 마찬가지로 대법원이 최종적인 재판권을 행사하도록 하고 있다. 그리고 행정소송의 심급을 종전까지의 고등법원과 대법원의 2심제의 구성에서 1994년도의 사법제도개혁을 통해, 행정소송을 제 1 심으로 심판하는 별도의 행정법원을 지방법원급으로 새로 설치(법원조직법 제3조 1항 6호, 제40조의4; 행정소송법 제9조 1항)하여, 「행정법원-고등법원-대법원」의 3심제로 운영하게 되었다. 따라서 일반법원과는 다른 별도의 행정법원을 두고 있는 점에서는 대륙법계의 제도유형에 따르고 있지만, 행정사건의 최종심을 일반사건의 경우와 마찬가지로 대법원에게 주고 있는 점에서는 영미법계의 그것과 유사하다고 볼 수 있다. 이에 비추어 볼 때에 굳이 어느 제도유형에 해당하는가를 논한다면, 우리나라는 양 제도의 절충형 또는 혼합형이라고 볼 수 있을 것이다.

## II. 행정소송의 기능과 특성

### 1. 행정소송의 기능

행정소송이 수행하는 기능에 대해서는 크게 보아 권리구제기능과 행정의 적법성보장기능의 두 가지로 나누어 볼 수 있다. 즉 행정소송은 쟁송절차로서 당사자의 권리구제신청을 전제로 하여 기능하는 제도이고, 이는 궁극적으로는 헌법상 기본권으로서 보장되고 있는 재판청구권($^{제27조}_{1항}$)을 구체적으로 실현하는 제도로서의 의미를 갖는 것이다. 따라서 행정소송은 기본적으로 행정작용에 의해 위법하게 권익을 침해받은 당사자의 권리보호기능을 행한다고 보아야 한다. 그러나 다른 한편 행정소송은 권력분립원칙에 따라 사법부에 의한 행정부의 통제수단으로서도 기능한다. 즉 위법한 행정작용에 대해 그 시정을 요구함으로써 법치행정원칙에 따른 행정의 적법성보장기능을 수행하게 되는 것이다. 그러나 이 기능은 그 자체로서의 독자적인 의미를 갖는다기보다는 당사자의 권리보호를 위한 심사과정에서 인정되는 부수적인 기능으로서 이해되어야 한다.

### 2. 행정소송의 특성

행정소송은 소송의 기본구조에서 민사소송과 많은 점에 있어서 유사하나, 다음과 같은 점에서 민사소송에 비교하여 그 특수성이 인정된다.

#### (1) 행정심판전치주의의 인정

행정소송의 제기를 위해서는 민사소송에서와는 달리 별도의 사전절차를 거치지 않고 바로 제기할 수 있는 것이 아니라, 개별 법률에 의해 행정심판을 먼저 거치도록 요구되고 있는 경우에는 행정심판을 거친 후에야만 비로소 제기할 수 있도록 하고 있다($^{제18조}_{1항 단서}$). 이는 행정조직 내부에서 자율적으로 통제하는 절차를 거침으로써 신속한 권리구제를 하려는 의미와 이를 통해 법원의 부담을 경감하려는 의미가 포함되는 것이다. 그러나 이러한 내용의 행정심판전치주의는 개별법률이 특히 이를 요구하는 경우에 한하여 인정되는 예외적인 것이며, 원칙적으로는 행정심판을 거치지 아니하고도 바로 행정소송을 제기할 수 있다($^{제18조}_{1항 본문}$).

## (2) 제소기간의 제한

민사소송이 소멸시효의 중단 등을 위한 사유로서 소송의 제기기간이 계산되는 경우와는 달리, 행정소송에서는 법적 관계의 조속한 안정을 위하여 일정한 제소기간의 제한을 두고 있다. 이에 따르면 특히 취소소송에 대해서는 원칙적으로 처분 등이 있음을 안 날로부터 90일 이내에 제기하여야 하며($^{제20조}_{1항}$), 또한 원칙적으로 처분 등이 있은 날로부터 1년을 경과하면 소송을 제기하지 못하도록 하고 있다($^{제20조}_{2항}$). 이러한 기간을 경과하는 경우에는 소송의 형식요건을 흠결한 것이 되어 당해 소송은 각하되며, 대상이 되는 처분은 불가쟁력을 발생하여 그 효과가 확정되게 된다.

## (3) 직권심리주의의 인정

민사소송은 그 소송구조에 있어서 변론주의가 지배한다. 변론주의는 당사자의 공격과 방어에만 의존하고, 법원은 이들 당사자가 제출한 자료에 의해서만 심리하며, 법원의 직권에 의해 사실관계 등을 조사하는 것은 허용되지 않는 원칙을 말한다. 이에 반해 직권심리주의는 심리를 위하여 필요한 경우에는 당사자가 주장하지 않은 증거자료를 수집할 수 있고, 이에 기초하여 결정할 수 있는 원칙을 말한다. 행정소송에서는 원칙적으로 변론주의가 지배하면서도, 법률관계의 실체적 진실의 규명을 위하여 필요하다고 인정하는 경우에는 보충적으로 법원의 직권에 의한 심리가 가능하도록 하고 있다. 이에 따라 법원은 직권에 의한 증거조사를 할 수 있고, 당사자가 주장하지 아니한 사실에 대해서도 판단할 수 있게 된다($^{제26}_{조}$). 이는 행정소송이 당사자의 권리구제기능 이외에도 행정작용의 자율적 통제를 통한 적법성 확보의 기능을 갖고 있음에 비추어, 공익적인 측면에서 실체적 진실확보에 필요한 경우에는 예외적으로 이를 인정하려는 것이라고 볼 수 있다.

## (4) 집행부정지의 원칙

민사소송에서는 소송의 제기로 인해 청구대상물에 대한 시효진행이 중단되는 등의 효과가 인정되나, 행정소송에서는 소송의 제기가 그 대상이 되는 당해 처분의 효력에 아무런 영향을 미치지 않는 것을 원칙으로 하고 있다($^{제23조}_{1항}$). 이는 당사자의 권리보호보다는 행정작용의 계속성보장에 그 중점이 있는 것으로 보여진다.

## (5) 사정판결의 인정

행정소송에서는 당사자의 소송을 통한 주장이 이유가 있는 경우에도, 이를 받아들이는 것이 공공복리에 현저히 반하는 경우에는 당사자의 청구를 인용하지 않는 내용의 판결이 허용된다. 이를 사정판결이라고 하는바($^{제28}_{조}$), 이는 공익을 사익보다 강조하는 것으로서 민사소송에서는 인정되지 않는 것이다.

## Ⅲ. 행정소송의 한계

현행 「행정소송법」은 그 대상에 있어서 개괄주의를 택하고 있다. 즉 행정청의 처분이나 부작위를 중심으로 한 위법한 행정작용 전반에 대해서 행정소송제기가 허용되고 있으며, 행정소송의 제기가 가능한 행정작용유형을 한정하여 개별적으로 명시하는 체제(즉열기)는 채택하고 있지 않다(제1조, 제2조). 그러나 행정소송의 범위에 대해서는 실정법상의 규정유무를 불문하고, 이론상 다음과 같은 한계가 인정되고 있다. 이러한 한계의 내용들은 체계적으로 볼 때에 행정부와 사법부 사이의 적절한 권한분배 또는 책임분배의 문제로서 고찰될 수 있다.

### 1. 사법권의 본질에서 나오는 한계

행정소송도 사법작용의 일환인 이상 사법권행사의 본질에서 나오는 기본적 한계하에 있게 된다. 사법작용은 그 대상에 있어서 법률상의 쟁송만을 대상으로 하는 특성을 갖는다(법원조직법 제2조 1항). 이때의 법률상의 쟁송이란 당사자 사이의 구체적인 권리・의무에 관한 법률적용상의 분쟁을 의미하며, 이는 구체적 사건성과 법률적용상의 분쟁을 요소로 한다. 따라서 이러한 법률상의 쟁송에 대해서만 사법작용은 행해질 수 있으며, 그 외의 경우에는 행정소송의 한계로서 사법작용이 행해질 수 없게 된다.

#### (1) 구체적 사건성을 결여한 사건

행정소송은 당사자 사이의 구체적인 권리・의무에 관한 분쟁이 존재하는 경우에만 행해질 수 있다. 따라서 이러한 분쟁이 아닌 경우는 구체적 사건성을 결여한 것으로서 행정소송의 대상이 되지 못한다. 구체적 사건성을 결여하는 대표적인 경우를 들면 다음과 같다.

##### 1) 추상적인 법령의 효력 또는 해석에 관한 분쟁(추상적 규범통제)

하위법령이 그 내용에 있어서 상위법령에 위반하는지의 소송을 통한 심사문제는 규범통제의 문제이다. 규범통제의 유형에는 추상적 규범통제와 구체적 규범통제가 있는데, 현행법은 헌법 제107조 제 1 항과 제 2 항을 통하여 구체적 규범통제만을 인정하고 있다. 즉 헌법은 법령의 해석이나 효력에 관한 분쟁은 그 위법성이나 위헌성 여부가 재판의 전제가 되는 경우에 한하여, 소송제기에 의하여 다툴 수 있도록 하고 있다. 따라서 법령의 효력이나 해석에 관한 분쟁은 구체적인 처분의 존재를 전제로 하여, 개인의 권리나 의무에 관련되는 경우에만 소송제기가 가능하며, 이러한 처분의 존재를 전제로 하지 않는 추상적인 경우는 소송제기가 인정되지 않게 된다. 후자의 경우에는 아직 개인과 행정청간의 구체적인 권리나 의무에 관한 분쟁이 존재한다고 볼 수 없기 때문이다. 그러나 예외적으로 법령 그 자체에 의하여 국민의 권리나 의무에 영향을 미치게 되는 이른바 처분적 법령인 경우에는 그 자체로서 소송의 대상이 인정된다.

### 2) 반사적 이익에 관한 분쟁

이에 대해서는 두 가지의 경우로 나누어서 고찰되어야 한다고 본다.

㈎ 당해 법규가 공익만을 보호법익으로 하는 경우  구체적인 사건성은 행정법상의 법률관계에 있어서 개인의 권리나 이익의 침해의 존재를 전제로 한다. 따라서 단순한 반사적 이익이 관련되는 경우에는 행정소송의 대상이 되지 못한다. 반사적 이익은 당해 법규가 공익을 보호법익으로 하여 적용되는 결과로 반사적인 효과에서 개인이 얻는 지위에 불과하므로, 이를 근거로 하여 반사적 이익의 침해로서 소송을 제기할 수는 없다. 개인이 소송으로 주장할 수 있기 위해서는 개인이 자신에게 침해되었다고 주장하는 내용이 법률상 보호되는 이익일 것을 필요로 하는 것이다($\frac{행정소송법}{제12조, 35조, 36조}$). 그러나 오늘날 반사적 이익은 법규의 보호법익의 확대로 인해 점차로 공권화되고 있으며, 이로 인해 양자의 구별이 용이하지 않은 상황이다.

㈏ 훈시규정의 위반행위  행정법규 중에서 행정청에게 행정작용을 위한 기준을 제시하는 의미를 지니는 데 불과하고, 개인의 권리나 이익의 보호를 직접적인 목적으로 하지 않는 규정을 훈시규정 또는 방침규정이라고 한다. 이는 이 규정을 위반한 경우에도 위법의 효과가 발생하지 않는 점에 특색이 있으며, 그 내용이 기간을 정하고 있는 것이면 그 기간이 경과한 후의 행정작용도 유효한 것으로 인정된다. 따라서 훈시규정의 위반행위는 행정청 내부에서 징계책임 등의 법적 문제가 발생하게 됨은 별론으로 하고, 외부적으로 시민의 권리나 의무에 대해 법적 분쟁을 발생하지는 않게 된다. 그러므로 이때에 행정청이 훈시규정을 준수하여 행정작용을 함으로써 당사자가 받게 되는 이해관계는 반사적 이익으로 평가되어야 하며, 훈시규정의 위반에 의한 이의 침해에 대해서는 행정소송을 제기할 수 없게 된다.

### 3) 객관적 소송

객관적 소송은 개인의 권리보호보다는 행정작용의 적법성 보장을 주된 목적으로 하는 것이며, 개별적인 당사자의 권리나 의무에 관한 분쟁에 해당하지 않는다. 따라서 원칙적으로는 소송제기가 인정되지 않으며, 민중소송·기관소송과 같이 법률이 특별히 인정하고 있는 경우에만 소송제기가 허용된다($\frac{제45}{조}$).

### 4) 사실행위

사실행위는 그 개념상 법률적 효과의 발생을 직접적으로 의욕하지 않는 행위이므로, 이로 인해 당사자의 권리나 의무에 직접적인 영향을 발생하지 않는다. 따라서 단순한 사실행위에 의해서는 개별 당사자의 권리나 의무관계에 관한 분쟁이 발생하지 않는다. 그러나 권력적 사실행위의 경우는 그 권력적인 성질로 인하여 당사자 사이의 권리나 의무에 관한 분쟁의 존재를 인정할 수 있고, 이로 인해 그에 대해서는 소송제기가 가능하게 된다.

### (2) 법률적용상의 분쟁이 아닌 사건

행정소송의 대상이 되기 위해서는 법률적용에 의해 해결될 수 있는 분쟁일 것을 필요로 한다. 따라서 법률적용의 문제가 아닌 정치적 문제, 행정의 공익목적상의 문제 등이 관련되는 경우에는 행정소송의 대상이 될 수 없게 된다. 한편으로 법률적용상의 분쟁에 해당하지 않는 경우는 법원이 권력분립의 원칙상 스스로 해결하기에 부적절한 것이라고 볼 수 있으므로, 이러한 관점에서는 후에 설명되는 권력분립상의 한계에 해당한다고도 볼 수 있다.

#### 1) 통치행위

통치행위는 고도의 정치적 행위로 인해 사법심사의 대상이 되지 않거나, 판결이 존재하더라도 그 집행이 어려운 행위를 말한다. 따라서 어떠한 행위가 그 정치적 의미에 비추어 보아 정치적 해결이 바람직한 때에는 통치행위에 해당하는 것으로 보며, 이러한 행위는 법적 분쟁의 대상에서 제외하게 된다. 그러나 현실적으로 어떠한 행위가 통치행위인지는 논의의 여지가 있으며, 통치행위성 인정여부에 대해서는 법적 분쟁으로서의 성질이 인정되게 된다. 통치행위의 대상을 넓게 인정하게 되면 반대로 국민의 권리보호가능성이 좁아지게 되므로, 통치행위는 가급적 그 대상범위를 좁게 인정하는 것이 타당하다. 이때에 통치행위가 사법심사의 대상에서 제외되는 논거에 대해서는 사법권의 내재적 한계로 보는 견해가 다수견해이다.

#### 2) 부당한 재량행위

행정청이 행사한 재량행위가 입법자에 의해 수권된 범위 안에 있는 경우에는, 위법의 문제는 발생하지 않으며 그것이 행정목적을 그르친 경우에 부당의 문제만이 발생하게 될 뿐이다. 이때의 부당은 재량행위가 이를 통해 달성하고자 하는 행정목적과의 관계에서 합목적적이지 못하여, 다른 내용의 결정에 의해 대체가능한 경우를 말한다. 따라서 부당한 재량행위는, 위법성의 문제만을 심사하는 행정소송의 대상이 되지 못하며 행정심판의 대상이 될 뿐이다. 학자에 따라서는 판단여지의 개념을 인정하여 이에 해당하는 경우에는 사법심사 밖에 놓인다고 보고 있으나,[1] 판단여지가 인정되더라도 사법심사의 대상은 되는 것이며 단지 그 심사의 범위 면에서만 제한되는 것에 불과하므로, 이를 사법심사의 범위 밖에 있는 것으로 볼 수는 없을 것이다.

---

1) 홍정선(상), 949면.

## 2. 권력분립원리에서 나오는 한계

행정소송은 권력분립원리로부터 나오는 일정한 한계를 갖게 된다. 즉 사법부에 의한 해결보다는 다른 국가기관, 특히 행정기관에 의한 해결이 바람직한 경우에는 행정소송의 대상이 되지 못하게 된다. 앞에서 논한 통치행위나 일정한 경우의 재량행위가 사법심사의 대상에서 제외되는 것도 이러한 권력분립원리와의 관계에서도 고찰될 수 있다. 그러나 우리 학자들이 특히 이와 관련하여 논하고 있는 것은 행정청의 부작위에 대하여 사법부인 법원이 일정한 의무를 명할 수 있는가의 문제이다. 이는 의무이행소송과 부작위청구소송의 인정여부 문제로서 나타난다.

### (1) 의무이행소송의 인정문제
#### 1) 의무이행소송의 의의

의무이행소송이란 당사자의 행정행위의 신청에 대하여 행정청이 거부하거나 부작위로 대응하는 경우에, 법원의 판결에 의하여 행정청으로 하여금 일정한 행위를 하도록 청구하는 소송을 말한다. 따라서 이는 법원의 판결에 의해 행정기관에 대해 적극적인 행위를 하도록 강제하는 성질을 갖게 되며, 특히 행정청의 부작위에 대한 가장 강력한 권리구제수단으로서의 의미를 갖게 된다. 입법례로서는 독일과 일본의 행정소송법에서 인정되고 있다.

#### 2) 인정문제

그러나 현행 「행정소송법」은 의무이행소송에 대한 명문규정을 두고 있지 않다. 따라서 현행법의 해석과 관련하여 이러한 유형의 소송이 인정되는가에 대하여 견해가 대립하고 있다.

(가) 부정설　　이 견해는 행정작용에 대한 제 1 차적 판단권은 행정기관에게 있으므로, 법원이 행정청에 대해 어떠한 처분을 명하는 것은 이러한 1차적 판단권을 침해하는 것으로서 권력분립원리에 반하는 것으로 본다. 따라서 법원은 행정청이 갖는 이러한 1차적 판단권의 행사가 있고 난 후에, 사후적으로 이를 평가하여 위법인 행위에 대해 취소판결을 명할 수 있을 뿐이고, 적극적으로 처분을 명하는 것은 허용될 수 없다고 본다. 실정법적 근거로는 「행정소송법」 제 4 조 제 1 호에서의 '변경'의 의미를 소극적 변경인 일부취소를 의미하는 것으로 해석하고, 제 4 조에서 규정되고 있는 항고소송의 유형을 제한적으로 이해한다.2) 이에 따라 의무이행소송은 현행법상 인정될 수 없다고 본다.

---

2) 김도창(상), 738면; 항고소송의 유형을 예시적 규정으로 이해하지만 의무이행소송의 인정은 입법자의 의사에 반하므로 부정설을 취하는 견해로는 김남진·김연태(Ⅰ), 769면.

(내) **긍정설**　　이 견해는 권력분립원리를 당사자의 권리보호 측면에서 이해하여, 의무이행소송의 인정은 이 원리에 반하지 않는 것으로 본다. 현행법상으로는 「행정소송법」 제 4 조 제 1 호의 취소소송의 개념에 관한 규정에서 표현되고 있는 "행정청의 위법한 처분 등을 취소 또는 변경하는 소송"에서의 변경의 의미를 일부변경이 아니라, 적극적인 변경의 의미로 해석하여 이를 근거지우려고 한다.3) 또한 항고소송의 유형을 규정한 「행정소송법」 제 4 조를 예시적으로 해석하여, 규정되고 있지 않은 유형의 항고소송도 무명항고소송으로 볼 수 있다고 보며, 의무이행소송이 이러한 무명항고소송의 예에 해당하는 것으로 본다.4)

(대) **절충설**　　이 견해는 원칙적으로는 행정소송법에 의한 법정항고소송만을 인정하고 이에 따라 「행정소송법」 제 4 조의 해석에 있어서 항고소송의 규정을 제한적으로 이해하나, 법정항고소송에 의해서는 국민의 권리구제를 받을 수 없는 경우가 생기면 예외적으로 법정외항고소송을 인정하여 의무이행소송이 인정될 수 있다고 본다. 이 견해에 따르면 의무이행소송은 예외적으로 일정한 조건하에서만 인정되는데, 그 내용으로는 ㉠ 행정청에게 제 1 차적 판단권을 행사하게 할 것도 없을 정도로 처분요건이 일의적으로 정하여져 있는 경우, ㉡ 사전에 구제하지 않으면 회복할 수 없는 손해가 존재하는 경우, ㉢ 다른 구제방법이 없는 경우일 것이 요구된다고 한다.5)

(라) **소 결**　　㉠ 우선 이 소송유형을 반대하는 논거로서 제시하는 권력분립원리의 논거는 설득력을 갖지 못한다고 보아야 한다. 권력분립원리는 단순히 국가권력을 분산한다는 데에 의미를 갖는 것이 아니라, 국가권력의 집중에 의해 야기될 수 있는 위험인 권력의 남용을 방지하고, 이를 통해 국민의 기본권을 보장하려는 데에 그 본래의 의미가 있는 것이다. 따라서 법원이 행정청에게 일정한 의무를 명하더라도 그것이 국민의 권리구제를 위해 효율적인 것이라면, 의무이행소송을 인정하더라도 권력분립원리와 모순되는 것이라고 볼 수는 없는 것이다.

㉡ 의무이행소송은 행정기관이 처분을 하여야 할 일정한 의무가 있음에도 불구하고 거부나 부작위로 대응하는 경우에, 당사자의 권리보호를 위한 가장 실효적인 소송유형이다. 이 경우에 현행법에 따라 소극적으로 거부처분취소소송이나 부작위위법확인소송의 제기만으로는 당사자의 권리구제는 간접적(또는 우회적)인 것이 되므로, 직접적인 권리구제를 위하여 의무이행소송이 필요하게 된다. 그러나 이러한 소송유형이 필요하다는 사실과 그러하기에 현행법상 인정될 수 있다는 결론은 서로 필연적인 것은 아니다. 즉 이를 위해서는 실정법의 해석이 필요로 된다.

---

3) 홍정선(상), 951면.
4) 홍준형(구제법), 237면.
5) 박윤흔(상), 876면 이하; 박균성(상), 1066면.

ⓒ 행정소송은 사법권의 한 작용이며, 이는 그 기능에 있어서 헌법 제27조 제 1 항에 의해 보장된 국민의 기본권인 재판청구권을 구체화하는 역할을 하는 것이다. 따라서 행정소송을 규율하는 법률은 재판청구권의 내용이 실질적으로 실현될 수 있도록 하여야 하며, 이는 구체적으로 행정작용의 유형에 상응하는 다양한 소송유형을 마련하여야 하는 규범적 요청하에 있게 된다. 그러나 현행법은 아직도 행정소송의 유형을 취소소송 위주의 체계로서 구성하고 있으며, 이로 인해 다양한 행정작용의 형태에 대응하지 못하는 문제점을 안고 있다. 그러나 다른 한편으로 이러한 국민의 기본권인 재판청구권의 보장을 이유로 하여 실정법에 규정되고 있지 않은 소송유형을 해석에 의하여 인정하려는 것은 매우 위험한 사고이다. 국민의 권리구제를 위한다는 목적만으로 실정법의 명시적인 내용을 넘어서는 것은, 해석의 차원이 아닌, 해석이라는 이름하에 새로운 입법을 행하는 것이 되며, 이는 허용될 수 없다.

ⓓ 이러한 시각에서 볼 때 「행정소송법」 제 4 조의 항고소송유형의 규정은 제한적으로 이해되어야 하며, 예시적인 것으로 볼 수는 없다고 본다. 이는 소송유형은 국민의 권리구제를 위한 중요한 수단이므로, 법적 안정성을 위하여 미리 명확히 규정될 필요가 있으며, 필요성을 이유로 하여 해석에 의하여 새로이 소송유형이 창설되는 것은 인정되어서는 안 되기 때문이다. 따라서 해석에 의해 무명항고소송으로서 의무이행소송을 주장하는 것은 타당하지 않다. 이는 특히 의무이행소송이 그 성질에 비추어 「행정소송법」이 명문으로 인정하고 있는 기존의 통상적인 행정소송유형과 <sup>(특히 취소소송과 비교하여)</sup> 많은 차이를 가지는 것이므로, 해석차원으로서 용이하게 인정될 수는 없기 때문이다.6) 이러한 관점에서 이른바 절충설이 주장하는 예외적인 경우의 법정외 항고소송의 논거도 따를 수 없다고 본다. 특히 절충설의 문제는, 이 견해가 주장하는 바와 같이, 원칙적인 경우와 예외적인 경우로 나누는 것이 실정법의 해석상 근거를 찾을 수 있는 것인가와 관련하여 회의적이라고 비판되어야 한다는 점에 있다.

그 밖에도 또한 「행정소송법」 제 4 조 제 1 호에서의 '변경'의 의미는 적극적인 변경, 즉 법원이 행정청에게 일정한 적극적인 의무를 명하는 것으로 이해되기보다는, 그 체계적 내용에 비추어 소극적인 일부취소라고 이해되어야 한다고 본다. 이는 법원이 행정청에게 일정한 적극적인 의무를 명할 때에는 그 행위의 의미에 비추어 보아 명시적인 규정을 두어 이를 명확히 하는 것이 순서라고 보기 때문이다. 즉 같은 행정부 소속 기관이 심판기관이 되어 행하는 취소심판의 재결내용으로서, 심판기관이 당해 처분을 취소, 변경하거나 이를 처분청에 명하는 경우에도 이에 관해 명문규정을 두고 분명히

---

6) 이러한 점에서 독일의 경우에는 부작위청구소송이 법률로 인정되어 있는 의무이행소송을 확대하여 해석함으로써 인정되더라도 별 문제가 없지만, 우리의 경우에는 해석상 인정하려는 소송유형과 비슷한 성질을 갖는 소송유형이 존재하지 않기에 차이가 나타나게 된다.

하고 있음에 비추어(행정심판법 제43조 3항), 사법부의 법원이 행정청의 처분을 적극적으로 변경하라고 행정청에게 명령하는 것이 인정된다면, 이는 더욱 분명히 명문규정으로 규정되어야 할 필요가 있다고 보아야 할 것이다. 따라서 의무이행소송은 국민의 권리보호를 위하여 필요하며 이는 권력분립원리와도 모순되는 것은 아니나, 현행법의 해석에 비추어 이를 아직 인정하고 있다고 볼 수 없으므로, 해석에 의해서가 아니라 입법자에 의해 법률개정의 방법을 통하여 인정하는 것이 타당하다고 할 것이다.7) 따라서 논거는 다르지만 결론적으로 현행법상은 의무이행소송이 부정된다는 부정설에 따른다. 판례도 같은 입장이다.

### (2) 부작위청구소송의 인정문제

부작위청구소송이란 행정청이 특정 행정행위나 그 밖의 행정작용을 하지 않을 것을 법원에 대하여 요구하는 내용의 소송을 말한다. 이는 특히 행정청의 행정작용으로 인하여 장래에 회복하기 어려운 손해를 입을 것이 예상되는 경우에, 사전에 이를 예방하기 위하여 사용되는 소송유형이다. 이는 법원이 행정청에게 일정한 의무를 명하는 점에서는 의무이행소송과 유사하나, 그 내용이 소극적인 점에서 일종의 소극적 형태의 의무이행소송으로 논할 수 있다. 따라서 의무이행소송을 명문으로 인정하고 있는 독일에서는 이보다 완화된 형태인 이러한 소송유형을 학설과 판례에 의하여 인정하고 있다.

우리나라에서 이러한 소송이 인정될 수 있는가에 대해서 판례는 부정적이나,8) 학설은 긍정설이 다수이다.9) 그러나 이러한 다수의 주장은 현행 「행정소송법」 제4조를 예시적인 규정으로 이해하는 논거에 기초하는 것이나, 제4조의 항고소송의 유형을 제한적인 것으로 보는 입장에서는 용이하게 부작위청구소송을 인정할 수 없을 것이다. 물론 이러한 소송유형이 존재하여야 할 필요성은 권리구제제도의 공백으로 인해 충분히 인정될 수 있다. 그러나 독일과는 달리 이를 인정할 만한 간접적인 실정법 규정도 존재하지 않는 우리나라에서는, 입법적인 해결이 있을 때까지는 허용될 수 없다고 보아야 할 것이다.

## 제 2 절　행정소송의 유형

행정소송은 여러 가지 기준에 의하여 다음과 같이 분류할 수 있다.

---

7) 이러한 입장에서 대법원은 의무이행소송 등의 도입을 주요내용으로 하는 행정소송법 개정의견을 2006년 9월 국회에 제출한 바 있다.
8) 대판 1987. 3. 24, 86누1182.
9) 김남진·김연태(Ⅰ), 771면; 박윤흔(상), 876면; 석종현·송동수(상), 840면; 홍준형(구제법), 238면.

## I. 성질에 의한 분류

행정소송을 일반적인 민사소송의 경우와 같이 그 성질에 따라 분류하면 형성의 소, 이행의 소, 확인의 소로 나눌 수 있다.

### 1. 형성의 소

판결 그 자체에 의하여 법률관계의 형성적 효과, 즉 행정법상 법률관계의 발생·변경·소멸을 가져오는 소송을 말한다. 따라서 이 소송에서는 피고인 행정청의 판결내용에 따른 집행행위를 필요로 하지 않으며, 피고인 행정청의 의사에 관계없이 법적 효과가 발생한다. 현행법상 취소소송이 이에 해당한다.

### 2. 이행의 소

이는 피고에 대하여 특정한 작위·부작위·급부제공·수인의 행위를 요구하는 내용의 판결을 구하는 소송을 말한다. 이는 형성의 소에서와는 달리 집행행위, 즉 피고의 현실적인 일정한 행위가 행해지는 경우에 판결의 내용이 실현되게 된다. 의무이행소송이나 부작위청구소송 등이 그 예에 포함된다. 현행법상은 당사자소송으로서 피고의 이행을 그 내용으로 하는 경우가 이에 해당한다고 볼 수 있다.

### 3. 확인의 소

이는 특정한 권리나 법률관계의 존재 또는 부존재를 확인하는 내용의 판결을 구하는 소송을 말한다. 확인의 소는 다른 소송유형에 비하여 가장 소극적인 성질의 소송형태이며, 실정법상으로는 무효등확인소송이나 부작위위법확인소송이 이에 해당한다.

## II. 내용에 의한 분류

행정소송은 그 내용에 따라서 분류할 수 있으며, 구체적인 유형은 각국의 실정법에 따라 상이하게 나타나게 된다. 행정소송유형은 국민의 기본권인 재판청구권을 구체적으로 실현하는 수단이라는 점에서, 가급적 공백 없는 내용의 소송유형이 마련되는 것이 바람직하며, 특히 다양한 행정작용유형에 상응한 소송유형이 존재할 필요가 있다. 그러나 현행 「행정소송법」은 제 3 조에서 다음과 같은 유형만을 인정하고 있다. 각 소송유형에 대하여 설명하면 다음과 같다.

## 1. 항고소송

행정청의 처분 등이나 부작위에 대하여 제기하는 소송으로서, 행정청의 적극적 또는 소극적인 공권력행사에 의하여 생긴 행정법상의 위법한 법상태를 제거하여 권리나 이익의 보호를 목적으로 하는 소송을 총칭한다(제3조 1호). 이에 해당하는 종류에는 다음의 유형이 있다(제4조).

### (1) 취소소송
#### 1) 취소소송의 의의

이는 행정청의 위법한 처분이나 재결에 대해 그 취소나 변경을 구하는 소송을 말한다. 항고소송 중에서 가장 대표적인 소송유형으로서, 현행 「행정소송법」은 취소소송에 관한 규정을 다른 소송유형에 준용하고 있다.

#### 2) 취소소송의 성질

취소소송의 성질에 대해서는 ㉠ 형성소송설, ㉡ 확인소송설 및 ㉢ 형성소송적 성질과 확인소송적 성질을 모두 갖는다고 보는 구제소송설이 주장되나, 일반적인 견해는 형성소송설에 따르고 있다. 즉 취소소송은 행정처분에 의해 발생한 위법한 법률관계를 판결에 의해 직접적으로 변경 또는 소멸시키는 성질의 소송이라고 본다. 취소판결이 갖는 형성적 효력에 대해서는 제29조 제1항이 확인하고 있다.

#### 3) 취소소송의 대상

취소소송의 대상은 '위법한 처분 등'이다(제4조 1호 참조). 이때의 '처분 등'의 개념에 대해서는 「행정소송법」 스스로 정의규정을 두고 있는바, 이에 따르면 "행정청이 행하는 구체적 사실에 관한 법집행으로서의 공권력의 행사 또는 그 거부와 그 밖에 이에 준하는 행정작용 및 행정심판에 관한 재결"(제2조 1항 1호)을 의미하는 것으로 보고 있다. 그러나 이 정의규정을 둘러싸고 해석상 논의가 대립하고 있으며, 이에 관해서는 다음 절에서 상세히 검토하기로 한다.

취소소송의 대상인 처분의 개념에는 단순위법인 처분뿐만 아니라 무효인 처분도 포함된다고 보는데, 무효인 처분은 무효선언을 구하는 의미로 취소소송이 제기되는 경우에 대상이 된다. 물론 무효인 처분은 어느 누구도 구속하지 않는 것이나, 처분 자체의 외관은 존재하게 되므로 이로 인해 일정한 효력이 존재하는 듯한 인상을 줄 수 있게 된다. 따라서 처분 자체의 외관을 제거하기 위한 목적으로 취소소송의 형식을 빌려 소송이 제기될 필요성이 존재하게 되는 것이다. 물론 또한 다른 측면에서는 무효인 처분의 경우에는 무효확인소송이 별도로 존재하고 있다. 그러나 처분의 취소사유와 무효사유가 개별적인 경우에 있어서 명확하게 구별되는 것은 아니므로, 당사자로서는 무효확인소송을 바로 제기하지 못하고 취소소송을 제기할 필요가 존재하게 될 것이다. 이 밖에도 또한 예외적으로 행정심판의 재결도 재결 자체에 고유한 위법이 있는 경우에는 취소소송의 대상이 된다(제19조<sub>단서</sub>).

### 4) 취소소송의 기능

⑺ **주관소송과 객관소송**    취소소송의 체제는 크게 주관소송구조인 독일식의 경우와 객관소송구조인 프랑스식의 경우로 대별하여 볼 수 있다.

독일식의 취소소송은 사실 다른 소송유형인 민사소송등과 비교하여 큰 차이를 갖지 않는다. 즉 소송제도의 근간에 시민이 존재하고 있고, 시민이 자신의 권리보호를 위하여 소송을 제기하고 이에 따라 소송절차가 진행되는 과정을 거치게 되는 것이다. 이 과정에서 민사소송은 주로 다른 사인의 행위로 인하여 자신의 권리보호가 필요로 되는 상태를 맞게 되고, 행정소송에서는 주로 국가행위로 인하여 권리보호가 필요로 되는 상황을 맞게 되는 것이 차이일 뿐이다. 독일 행정소송법 제42조 제 2 항(취소소송의 원고적격 규정) 및 제113조(취소판결 의 내용)규정은 이러한 내용을 담고 있는 것이며, 따라서 독일 취소소송은 철저히 주관소송의 성격을 갖게 된다.

이에 반하여 프랑스 취소소송의 근간에는 시민이 아니라, 국가, 특히 (국가의)행정이 자리잡고 있다고 평가된다. 따라서 취소소송의 목적은 시민의 권리보호가 아니라, 행정의 적법성보장과 정당성 확보에 주어지고 있다. 이러한 프랑스의 행정소송제도 운영은 역사적인 전통에서 많은 영향을 받고 있는 것으로 평가된다. 즉 초기 행정소송이 사법부가 아닌 행정내부조직 형태를 통하여, 주로 상급관청의 지위에서 행정활동의 적법성여부를 통제하였던 것이었고, 이러한 전통에 의하여 아직도 행정소송의 기능은 객관적인 적법성보장에 중점을 두고 있는 것이다. 따라서 취소소송 과정에서 당사자의 지위는 행정의 적법성통제절차를 시작하게 하는 원인제공자 정도의 역할을 수행할 뿐이다. 물론 취소소송의 결과 위법한 행정처분이 취소되면 원고도 자신의 권리를 보호받게 되지만, 이는 취소소송에서 중심적인 관심사는 아니며, 부수적인 지위만을 갖는 것으로 평가되고 있다.

이러한 취소소송이 수행하는 기능상의 차이에 따라, 독일에서는 취소소송의 원고적격이 (보호규범이론을 매개로 하여) 비교적 엄격한 반면에, 프랑스에서는 매우 완화적인 현상을 보이는 차이를 나타내고 있는 것이다.

⑻ **현행법의 해석**    현행 취소소송에 대한 입법자의 태도는 취소소송의 원고적격을 규정하고 있는 제12조에서 가장 뚜렷하게 나타난다. 이른바 주관소송과 객관소송의 구조차이는 취소소송의 기능 및 이를 구체화하는 징표, 즉 취소소송을 제기하는 당사자의 범위인 원고적격문제에서 나타나는 것이므로, 현행「행정소송법」상 취소소송의 원고적격을 규정하고 있는 표현형식에 대한 검토가 필요하게 된다.「행정소송법」제12조

는 체계적으로 보아, 헌법 제27조 제 1 항에서 규정되고 있는 재판청구권을 행정소송인 취소소송의 경우에 구체화한 조항으로 이해된다. 「행정소송법」 제12조 1문은 이에 대해 "…처분 등의 취소를 구할 법률상 이익이 있는 자가 제기할 수 있다"라고 규정하고 있다. 이때의 '법률상 이익'의 개념에 대해서는 권리 또는 법률상 보호되는 이익으로 보는 입장이 일반적이므로, 현행 취소소송은 법률상(또는 기본 권적으로) 보호되는 자신의 권리 침해를 주장하는 자가 그 원고적격을 갖고 있다고 해석된다. 따라서 이러한 원고적격에 대한 규정을 통하여, 입법자는 현행 취소소송을 주관소송 구조로 운영하고 있다는 사실인 것이 명백하여진다.

### 5) 취소소송의 소송물

소송물은 일반적으로 원고가 당해 소송을 통하여 주장하는 내용을 말한다. 이러한 소송물을 소장에 기재함으로써 원고청구의 내용이 특정되며, 법원도 당사자 주장의 법적 내용을 개별화하게 된다. 이는 소의 변경이나 기판력의 범위 등과 관련하여 의미를 갖게 된다.

취소소송의 소송물에 대해서 우리나라에서는 별다른 학설대립은 보이지 않으며, 대체로 처분의 위법성 자체를 소송물로 보고 있다.[10]

그러나 이러한 내용은 소송물의 개념을 이해하는 데 있어서, 당사자청구의 실체법적 근거와 연계하는 것으로서 타당하지 않다고 본다. 소송물은 원고가 주관적인 입장에서 일정한 법적 주장을 하는 것으로서, 이는 실체법적 내용과는 독립된 소송법적 관점에서 고찰되어야 한다. 당사자주장의 실체법적 근거문제는 소송물의 실체인 당사자의 법적 주장 자체와는 관계없는 것으로서, 소송 자체의 이유유무를 판정하는 단계에서만 의미를 가질 뿐이다. 따라서 취소소송의 소송물은 처분자체의 객관적 위법성만으로 보는 것은 충분하지 못하다. 처분의 객관적 위법성은 소의 이유유무 단계에서 권리침해의 확인시 당연히 포함되므로[11] 소송물 논의의 중점은 오히려 대상이 되는 처분을 통하여 자신의 권리가 침해되었다는 원고의 법적 권리주장(Rechtsbehauptung)에 있다고 보아야 할 것이다.

주관적인 권리침해 가능성의 주장에서 취소소송의 원고적격 내용이 구성된다면, 당사자에 의하여 주장된 당해 처분에 의한 권리침해문제를 —처분의 객관적 위법성문제를 포함하는 가에 관계없이— 소송물의 중심적 내용, 즉 법원의 심사내용으로 삼아야 하는 것은 어느 정도 상관관계가 있어 보인다.

그간 우리의 통설과 판례는 일본의 영향을 받아 취소소송의 소송물을 당해 처분의 전체적인 위법성문제로 한정하고, 이에 따라 —독일의 경우와는(독일 행정소송법 제113조 1항) 달리 취

10) 박윤흔(상), 882면; 김동희(Ⅰ), 724면.
11) Schenke, Verwaltungsrozessrecht, 10. Aufl., 2005, Rn. 610.

소판결에 대한 「행정소송법」 규정은 존재하지 않지만— 처분의 위법성여부를 기준으로 소송의 인용여부를 결정하여 왔다. 학설에서는 이에 따라 판례가 당해 처분으로 인한 당사자의 주관적 권리침해여부가 아니라 처분의 위법성여부를 기준으로 취소판결이 발령되고 있다는 현상에 착안하여, 취소소송이 우리나라에서는 그간 객관소송으로 운영되어 왔다는 주장도 제기되고 있는 실정이다.

일본에서 취소소송의 소송물이 실무상 처분의 위법성으로 운영되고 있는 것은 일본 행정소송의 특성에서 연유한 것으로 보인다. 즉 일본은 행정소송이 별도의 행정법원 체제에 의하여 운영되지 않고 일반법원의 행정사건부에서 처리되는 체제를 취하고 있고, 이에 따라서 민사사건과 행정사건의 구분이 그렇게 명확한 입장이 아니다. 또한 일본에서는 실체법적으로 공법과 사법의 구별을 상대화하는 주장이 강한 경향을 갖고 있다. 이러한 사정으로 인하여 민사소송에서의 소송물에 관한 논의가 —주로 법률관계론에 따른 입장12)— 행정소송인 취소소송에 반영되어, 처분의 위법성일반을 소송물로 보는 입장을 나타내는 것이다. 이러한 경향은 독일에서의 취소소송 소송물논쟁에서도 발견된다. 즉 소송물을, 다투어지는 행정행위의 위법성으로 보는 주장은 주로 민사소송학자들과 민사법원을 중심으로 하여 전개되고 있는 실정이다.

따라서 우리나라 취소소송의 소송물이 판례상 처분의 위법성 일반으로 이해되고 있는 것은, 한편으로는 일본의 영향을 받은 것이지만, 다른 면에서는 아직도 행정소송에 대한 인식이 —행정법원이 독립하여 존재하는 체제를 도입한 후에도— 체계적이지 못한 태도를 반영하고 있는 것으로 보인다. 특히 민사소송의 소송물논의에서도 이미 법률관계론에 입각한 내용을 극복한 새로운 논의가 일반화되고 있음에 비추어 볼 때, 취소소송의 소송물을 기존 판례상의 논의내용으로 이해하는 것은 문제가 있으며,13) 취소소송의 특성에 비추어 새로이 정립될 필요가 있을 것이다.14) 따라서 판례상 운영되어 온 취소소송의 소송물내용에 기초하여 취소소송의 구조를 설명하려는 시도는, 판례가 취소소송 구조의 차원에서 처분의 위법성을 소송물로 검토하여 온 것이 아니라는 점에서, 서로 연계하는 것이 다소 무리한 설명시도라고 생각된다.

---

12) 이에 따르면, 원고가 존재한다고 또는 부존재한다고 주장하는 법률관계를 소송물의 본질로 보게 되며, 이에 따라 취소소송에서는 처분의 위법성의 존재 또는 부존재가 소송물로 이해되는 것이다.

13) 그러나 다른 주장에 따르면, 취소소송의 소송물을 처분의 위법성으로 이해하는 판례의 태도는 대법원이 민사소송에서 이른바 구실체법설에 따라 소송물을 검토하고 있는 태도에 비추어 일관된 것이라는 지적도 제기되고 있다. 이에 대해서는 장석조, "우리 헌법상 절차적 기본권", 헌법논총 제9집, 1998, 477면 참조.

14) 이러한 새로운 방향으로는, 대상이 되는 처분을 통하여 자신의 권리가 침해되었다는 원고의 법적 권리주장, 행정행위의 취소청구, 행정행위의 취소청구 및 원고의 권리침해확인 등의 여러 가지 입장을 생각하여 볼 수 있다.

## (2) 무효등확인소송

### 1) 의    의

이는 행정청의 처분이나 재결의 효력유무 또는 존재여부의 확인을 구하는 소송을 말한다($\frac{제4조}{2호}$). 처분이 무효인 경우에는 처음부터 효력이 없는 것이므로 당연히 아무런 외부적 효력을 갖지 못하여 소송상 다툴 이익이 없을 것 같으나, 무효인 처분도 처분으로서의 외관이 존재하므로 이로 인해 당사자가 불이익을 받게 되는 경우가 발생할 수 있다. 또한 처분의 부존재의 경우는 존재와의 구별이 용이한 것이 아니므로 외형상 처분이 존재하는 것으로 오인될 우려가 존재하게 된다. 이러한 경우에 대비하여 법원의 판결에 의해 그 무효나 부존재를 확인받을 필요성으로 인해 확인소송이 제기되는 것이다.

무효등확인소송의 소송물은 처분이나 재결의 무효·유효 여부 또는 존재·부존재의 확인을 구하는 원고의 법적 권리주장이 된다고 볼 수 있다.

**과거의 법률관계가 확인의 소의 대상이 될 수 있는지 여부(한정 적극)** 확인의 소는 현재의 권리 또는 법률상 지위에 관한 위험이나 불안을 제거하기 위하여 허용되는 것이지만, 과거의 법률관계라 할지라도 현재의 권리 또는 법률상 지위에 영향을 미치고 있고 현재의 권리 또는 법률상 지위에 대한 위험이나 불안을 제거하기 위하여 그 법률관계에 관한 확인판결을 받는 것이 유효 적절한 수단이라고 인정될 때에는 확인의 이익이 있다($\frac{대판\ 2010.10.14.}{2010다36407}$).

### 2) 성    질

이 소송의 성질에 대해서는 당사자소송설, 항고소송설, 준항고소송설이 주장되고 있다. 이에 관해 「행정소송법」은 이를 항고소송의 일종으로 규정하고 있으나, 일반적인 학설은 준항고소송으로 보고 있다. 즉 이 소송은 처분 등의 무효나 부존재를 확인하는 점에서는 확인소송으로서의 실질을 가지는 것이나, 형식적으로는 행정처분 등의 효력유무나 존재유무를 다투는 모습으로 행해지므로 항고소송으로서의 성질도 갖는다고 본다.

### 3) 특    성

이 소송은 취소소송과 비교하여 다음과 같은 특성이 인정되고 있다. 즉 취소소송과는 달리 행정심판전치주의, 제소기간의 제한, 사정판결에 관한 규정 등이 적용되지 않는다. 그러나 이때에도 취소소송을 통하여 무효인 처분을 다투어 무효선언을 구하는 경우에는 행정심판전치주의나 제소기간의 제한규정이 적용된다고 본다.

### (3) 부작위위법확인소송

#### 1) 의    의

이는 행정청의 부작위가 위법인 것을 확인하는 소송유형을 말한다(제4조3호). 이때의 부작위의 의미는 "행정청이 당사자의 신청에 대하여 상당한 기간 내에 일정한 처분을 하여야 할 법률상 의무가 있음에도 불구하고 이를 하지 아니하는 것"을 말한다(제2조1항2호). 이 소송유형은 특히 급부행정영역에서의 일정한 행위신청에 대하여 행정청이 작위의무에 반하여 아무런 행위를 하지 않는 경우에, 현행법상 인정되고 있는 유일한 권리구제수단이다. 그러나 이 소송은 부작위에 대해 위법하다는 사실만을 확인할 뿐, 적극적으로 일정한 행위를 명하는 것은 아니므로 부작위에 대한 권리구제수단으로서는 가장 소극적인 형태이다. 행정심판에서는 이와는 달리 부작위에 대해서 행정청에게 적극적으로 일정한 행위를 명하는 의무이행심판이 허용되고 있는 점에서, 이러한 현행법의 태도는 비판되고 있다. 부작위위법확인소송에서의 소송물은 부작위의 위법의 확인을 구하는 원고의 법적 권리주장이 된다.

#### 2) 성    질

이 소송은 당사자의 적법한 신청에 대하여 상당한 기간 내에 일정한 처분을 하여야 할 법률상 의무가 있음에도 불구하고, 행정청이 이를 행하지 아니하여 발생한 위법한 법률상태에 대하여 그 위법성을 확인하기 위한 소송이므로 기본적으로는 확인소송의 성질을 갖는다. 그러나 이러한 부작위는 그 성질상 행정청의 소극적인 공권력발동에 기인한 것이라고 볼 수 있으므로, 공권력발동에 대한 소송으로서 항고소송으로 분류되는 것이다. 따라서 확인소송과 항고소송의 성질을 모두 갖는 것으로 볼 수 있다.

#### 3) 특    성

이 소송은 취소소송과 비교하여 그 성질상 집행정지결정, 사정판결에 관한 규정이 적용되지 않는다.

## 2. 당사자소송

### (1) 의    의

이 소송은 행정청의 처분 등을 원인으로 하는 법률관계에 관한 소송과 그 밖에 공법상의 법률관계에 관한 소송으로서 그 법률관계의 한쪽 당사자를 피고로 하는 소송을 말한다(제3조2호). 즉 이는 공권력 발동 자체의 위법성문제를 판단하는 것이 아니라, 이러한 공권력행사인 작위·부작위로 인하여 새로이 생긴 파생된 법률관계를 해결하거나, 공법적인 법률관계에 관한 소송이다. 예컨대 공권력의 위법한 행정작용으로 인한 손해배상청구소송이나 공법상의 금전지급을 청구하는 소송 등이 이에 해당한다. 이 소송의 소송물은 공법상의 법률관계나 권리관계에 관한 당사자의 일정한 법적 권리주장이 된다. 당사자소송은 공법상의 법률관계나 권리관계를 대상으로 하는 것이고, 아직 이에 관한 행정청의 유권적 결정이 없는 상황에서 행해지는 쟁송이므로 시심적 (始審的) 쟁송의 성질을 갖는다.

### (2) 다른 소송유형과의 구별

#### 1) 항고소송과의 구별

항고소송은 행정청의 적극적 또는 소극적 공권력행사에 대한 불복수단으로서, 그 기본구조에 있어서 행정청의 우월적인 지위의 존재를 전제로 하는 소송유형이다. 이에 반해 당사자소송은 행정청의 공권력행사를 원인으로 하여 발생되거나 이를 원인으로 하지 않는 공법상의 법률관계를 그 대상으로 하며, 여기에서는 원고와 피고의 관계가 대등한 지위를 가짐을 전제로 하는 소송이다.

#### 2) 민사소송과의 구별

공법상 당사자소송은 민사소송과의 구별이 문제로 된다. 양자 모두 대등한 당사자의 존재를 전제로 하고, 공권력행사 자체를 다투는 것이 아니라는 점에서는 동일한데, 과연 이를 민사소송절차에 의하지 아니하고 행정소송절차에 의하여야 할 이유가 어디에 있는가 하는 문제가 제기되는 것이다. 결국은 두 유형의 소송을 구별하여야 할 실체법적 이유에 관한 문제로 귀착된다. 이와 관련하여 일응 당사자소송은 그 대상인 법률관계가 공법상의 법률관계인 데 반하여, 민사소송은 사법상의 법률관계를 그 대상으로 하는 점에서 차이를 갖는다고 말할 수 있을 것이다. 그러나 구체적인 경우 그 구별은 쉽지 않다.

㈎ 학설의 입장    이에 대해서는 일찍이 일본에서도 논의가 제기된 바 있는데, 민사소송법 학자들은 주로 소송물의 차이를 전제로 하여 양자를 구별하는 입장을 보이고 있다.[15] 즉 소송물이 공법적이면 당사자소송이고, 소송물이 사법상의 것이면 민사소송으로 보게 된다. 이에 따르면, 공무원의 지위확인이나 공무원의 봉급청구소송 등은 소송상 주장하는 권리나 법률관계내용이 공법적이어서 당사자소송이 되지만, 소유권확인소송이나 부당이득반환청구소송 등은 민사소송으로 보게 된다. 즉 원인행위의 구별보다는 구체적인 권리나 법률관계의 실질을 고려하여 고찰하려는 태도이다.

이에 반하여 행정법학자들은 소송물 자체가 아니라 소송물의 전제되는 법률관계의 내용에 의하여 구별하려는 입장을 보이고 있다. 따라서 소송물이 사법상의 것이라 하더라도 그 전제가 되는 법률관계가 공법적인 것이라면 당사자소송이 되고, 사법상의 것이라면 민사소송이 된다고 본다. 예컨대 소유권확인이나 부당이득반환청구 그 자체는 내용상 사법적일 수 있지만, 그 원인행위가 공법적이라면 당사자소송의 대상이 되는 것으로 이해되는 것이다. 즉 공법과 사법이 구별되는 것이라면 원인행위의

---

15) 이에 대한 상세는 김학세, 행정소송의 체계, 1998, 267면 이하 참조.

공법적인 것과 사법적인 것의 구별은 의미가 있으며, 이에 따라서 공법적 원인행위에 기인한 법률관계는 공법적으로 해결하는 것이 통일적인 해결방식인 것으로 이해하는 것이다.

　　(내) 판례의 태도　　우리 실무상 판례는 소송물 내용에 입각한 구별태도를 강하게 보이고 있다. 즉 그 원인이 공법적이라고 하더라도 소송물이 사법상의 권리 또는 법률관계에 해당하면 이를 민사소송에 의하는 태도로 유지하고 있다. 따라서 무효인 조세부과처분행위($\frac{즉 공법적}{원인행위}$)에 의하여 납부한 세금을 반환하라는 청구,16) 과오납 세금에 대한 부당이득반환청구소송,17) 공법인과 그 직원과의 복무관계는 공법적이라고 하더라도 퇴직금을 포함한 급여금 청구관계의 소송,18) 「징발법」에 의한 피징발자의 손실보상소송19) 등은 민사소송으로 처리되고 있다. 즉 판례는 청구권의 공법적 또는 사법적 성질의 구별을 전제로 하고 있는 것으로 평가된다.

　　… 국토이용관리법상의 토지거래허가구역 안에 있는 토지에 관한 매매계약 등 거래계약은 관할 관청의 허가를 받아야만 효력이 발생하며 허가를 받기 전에는 물권적 효력은 물론 채권적 효력도 발생하지 아니하여 무효라고 할 것이며, 토지에 대한 거래허가를 받지 아니하여 무효의 상태에 있다면 매수인이 매매대금을 전액 지급했다 하더라도 매수인이 토지를 취득했다고 할 수는 없다고 할 것이므로 매수인이 토지거래허가구역 안에 있는 토지에 관한 매매계약을 체결하고 매도인에게 그 매매대금을 모두 지급하였다고 하더라도, 그 취득세 신고 당시 관할 관청으로부터 토지거래허가를 받지 못하였다면 그 토지를 취득하였다고 할 수 없고, 매수인이 자진 신고 납부 해태에 따른 부가세의 부담 등을 염려하여 취득세의 자진 신고 납부를 하고 시장으로부터 토지의 위 거래에 관한 토지거래허가신청에 대하여 불허가처분을 받자 토지의 매도인들과 매매관계를 청산한 다음 당시의 지방세법상 납세의무자에 대한 과오납금환부신청권 등 구제수단이 마련되어 있지 않아 부득이 민사소송에 의하여 위 취득세액의 반환을 청구한 것이고…($\frac{대판 1997.11.11,}{97다8427}$).

　　(다) 평　가　　일본의 일반적 견해와 판례의 태도인 이른바 소송물에 의하여 민사소송과 공법상 당사자소송을 구별하는 논의에 따르면, 공권의 주장을 소송물로 하는 소송, 즉 다투고자 하는 권리나 법률관계가 공법에 속하는 소송은 공법상 당사자소송으로 보게 된다. 이러한 입장이 우리의 실무계의 태도와도 연계되고 있다. 그러나 이와 같이 소송물이 공권인가 사권인가의 구별을 전제로 구분하는 경우에도 문제는 여전히 남게 된다. 즉, 이러한 공권과 사권의 구별을 어떻게 구분지을 수 있는가 하는 점이다. 또

---

16) 대판 1969. 12. 9, 69다1700.
17) 대판 2001. 10. 26, 2000두7520.
18) 대판 1967. 3. 21, 65다1834.
19) 대판 1970. 3. 10, 69다1886.

한 다른 입장에 서서 그 원인행위가 공법적인가 아니면 사법적인가에 따라서 구분하는 경우에도 여전히 공법적인 것과 사법적인 것의 구별은 만만치 않아 보인다. 이는 모두 궁극적으로 공법과 사법의 구별기준 자체에 의하여 해결될 수밖에 없는 한계에 부딪히게 된다. 즉, 공법과 사법의 구별에 의하여 그 법률관계나 권리의 내용이 파악되면, 이에 따라서 공권과 사권을 나누고, 이에 따라서 공법상 당사자소송의 소송물과 민사소송의 소송물이 다시 구별될 수 있을 것이다. 또한 공법과 사법의 구별이 행하여지면 이러한 원인행위를 기초로 한 소송유형의 구별도 가능하게 될 것이다.

그러나 문제는 이러한 공법과 사법의 구별 그 자체가 통일적인 기준에 의하여 쉽게 해결될 수 있는 것이 아니라는 점에 있다. 즉 이에 대해서는 민법학자를 중심으로 여러 논의가 제기되어 왔고, 행정법에서도 여러 학설이 주장되고 있는 실정이다. 물론 실용적 측면에서는 적용법규의 차이를 전제로 하여 양자를 구별하자는 논의가 의미를 가질 수도 있다. 즉, 실정법의 태도를 종합적으로 검토하여 어떠한 권리를 공권 또는 사권으로 구분하는 것이다. 이는 선험적으로 공법과 사법의 구별이 어려운 점을 피하기 위한 장점은 갖는 것이지만, 이러한 적용법규상의 차이는 반대로 해석하면 공법과 사법의 차이에 상응하여 후발적으로 만들어진 것이라는 해석도 가능하기에, 실용적인 장점에도 불구하고 쉽게 채택하기 어려운 점을 갖게 된다. 따라서 이에 대한 우리 행정법학계의 일반적 견해는 다소 모호하게도, 하나의 특정 이론에 의하기보다는 여러 학설이 갖고 있는 장점에 좇아 구체적·개별적으로 검토하자는 입장을 취하고 있다.

이러한 탄력적이고 유연한 해결태도, 즉 구체적인 해결기준을 제시한 것처럼 보이지만 최종적으로는 해석자의 의사에 의하여 영향을 받을 수밖에 없는 태도가 결국은 실무상에서 적지 않은 혼란을 야기하고 있다고 볼 수 있다. 이러한 상황이 지금까지 우리 판례와 이론계의 괴리를 야기한 것으로 진단할 수 있다. 입법례를 볼 때 공법과 사법의 엄격한 구별을 취하는 독일에서는 공법상 당사자소송은 존재하지 않으며, 국가배상소송이나 손실보상청구소송이 모두 민사소송의 대상이 되고 있는 실정이다. 그러나 우리나라는 프랑스나 일본의 경우와 같이 행정소송으로서의 공법상 당사자소송이 인정되고 있으므로, 독일과 달리 이에 기초한 논의를 하여야 한다고 본다. 따라서 행정소송의 특성을 반영하지 않는 민사소송식의 소송물에 의한 논의보다는, 공법적 원인행위에 기한 법률관계는 그 대상에 포함시키는 논의하에서 문제를 해결하여야 할 것이다. 물론 이때에 공법과 사법의 구별문제는 구체적인 경우의 법률관계의 내용에 비추어 개별적 검토가 이루어져야 할 것이다.

## (3) 유   형

### 1) 실질적 당사자소송

이는 본래 의미에서의 당사자소송으로서 대등한 당사자 사이의 공법상의 법률관계 또는 권리관계에 관한 소송을 말한다. 이에는 다시 이러한 법률관계의 발생원인을 기준으로 하여 ㉠ 행정청의 처분 등이 원인이 되어 발생한 법률관계에 관한 당사자소송과, ㉡ 이러한 원인 없이 존재하는 법률관계에 관한 당사자소송으로 나뉜다. 전자에 해당하는 것으로는 적법 또는 위법한 처분을 원인으로 하는 행정상 손실보상청구소송이나(판례 1, 판례 2) 손해배상청구소송을 들 수 있고, 후자에 해당하는 것으로는 공법상의 신분·지위 등의 확인소송, 공법상의 금전지급청구소송(판례 3), 공법상의 계약에 관한 소송 등을 들 수 있다.

[ 1 ] 광주민주화운동관련자보상등에관한법률에 근거하여 관련자 및 유족들이 갖게 되는 보상 등에 관한 권리는 … 법률이 특별히 인정하고 있는 공법상의 권리라고 해야 할 것이므로, 그에 관한 소송은 행정소송법 제 3 조 2호 소정의 당사자소송에 의하여야 할 것이며 …( 대판 1992.12.24. 92누3335 ).

[ 2 ] 법률 제3782호 하천법 중 개정 법률(이하 '개정 하천법'이라 한다)은 그 부칙 제 2 조 제 1 항에서 개정 하천법의 시행일인 1984. 12. 31. 전에 유수지에 해당되어 하천구역으로 된 토지 및 구 하천법(1971. 1. 19. 법률 제2292호로 전문 개정된 것)의 시행으로 국유로 된 제외지 안의 토지에 대하여는 관리청이 그 손실을 보상하도록 규정하였고, '법률 제3782호 하천법 중 개정 법률 부칙 제 2 조의 규정에 의한 보상청구권의 소멸시효가 만료된 하천구역 편입토지 보상에 관한 특별조치법' 제 2 조는 구 하천법(1989. 12. 30. 법률 제4161호로 개정되기 전의 것) 부칙 제 2 조 제 1 항에 해당하는 토지로서 개정 하천법 부칙 제 2 조 제 2 항에서 규정하고 있는 소멸시효의 만료로 보상청구권이 소멸되어 보상을 받지 못한 토지에 대하여는 시·도지사가 그 손실을 보상하도록 규정하고 있는바, 위 각 규정들에 의한 손실보상청구권은 모두 종전의 하천법 규정 자체에 의하여 하천구역으로 편입되어 국유로 되었으나 그에 대한 보상규정이 없었거나 보상청구권이 시효로 소멸되어 보상을 받지 못한 토지들에 대하여, 국가가 반성적 고려와 국민의 권리구제 차원에서 그 손실을 보상하기 위하여 규정한 것으로서, 그 법적 성질은 하천법 본칙(本則)이 원래부터 규정하고 있던 하천구역에의 편입에 의한 손실보상청구권과 하등 다를 바가 없는 것이어서 공법상의 권리임이 분명하므로 그에 관한 쟁송도 행정소송절차에 의하여야 한다. 따라서 하천법 부칙(1989. 12. 30.) 제 2 조와 '법률 제3782호 하천법 중 개정법률 부칙 제 2 조의 규정에 의한 보상청구권의 소멸시효가 만료된 하천구역 편입토지 보상에 관한 특별조치법' 제 2 조, 제 6 조의 각 규정들을 종합하면, 위 규정들에 의한 손실보상청구권은 1984. 12. 31. 전에 토지가 하천구역으로 된 경우에는 당연히 발생되는 것이지, 관리청의 보상금지급결정에 의하여 비로소 발생하는 것은 아니므로, 위 규정들에 의한 손실보상

금의 지급을 구하거나 손실보상청구권의 확인을 구하는 소송은 행정소송법 제 3 조 제 2 호 소정의 당사자소송에 의하여야 한다(대판 2006.5.18, 2004다6207(전합)).

[3] 구 공무원연금법 소정의 퇴직연금 등의 급여는 급여를 받을 권리를 가진 자가 당해 공무원이 소속하였던 기관장의 확인을 얻어 신청하는 바에 따라 공무원연금관리공단이 그 지급결정을 함으로써 그 구체적인 권리가 발생하는 것이므로, 공무원연금관리공단의 급여에 관한 결정은 국민의 권리에 직접 영향을 미치는 것이어서 행정처분에 해당할 것이지만, 공무원연금관리공단의 인정에 의하여 퇴직연금을 지급받아 오던 중 구 공무원연금법령의 개정 등으로 퇴직연금 중 일부 금액의 지급이 정지된 경우에는 당연히 개정된 법령에 따라 퇴직연금이 확정되는 것이지 같은 법 제26조 제 1 항에 정해진 공무원연금관리공단의 퇴직연금 결정과 통지에 의하여 비로소 그 금액이 확정되는 것이 아니므로, 공무원연금관리공단이 퇴직연금 중 일부 금액에 대하여 지급거부의 의사표시를 하였다고 하더라도 그 의사표시는 퇴직연금 청구권을 형성·확정하는 행정처분이 아니라 공법상의 법률관계의 한쪽 당사자로서 그 지급의무의 존부 및 범위에 관하여 나름대로의 사실상·법률상 의견을 밝힌 것일 뿐이어서, 이를 행정처분이라고 볼 수는 없고, 이 경우 미지급퇴직연금에 대한 지급청구권은 공법상 권리로서 그의 지급을 구하는 소송은 공법상의 법률관계에 관한 소송인 공법상 당사자소송에 해당한다(대판 2004.7.8, 2004두244).

[4] 부가가치세 환급세액 지급청구가 당사자소송의 대상인지 여부(적극)   [다수의견] 부가가치세법령이 환급세액의 정의 규정, 그 지급시기와 산출방법에 관한 구체적인 규정과 함께 부가가치세 납세의무를 부담하는 사업자(이하 '납세의무자'라 한다)에 대한 국가의 환급세액 지급의무를 규정한 이유는, 입법자가 과세 및 징수의 편의를 도모하고 중복과세를 방지하는 등의 조세 정책적 목적을 달성하기 위한 입법적 결단을 통하여, 최종 소비자에 이르기 전의 각 거래단계에서 재화 또는 용역을 공급하는 사업자가 그 공급을 받는 사업자로부터 매출세액을 징수하여 국가에 납부하고, 그 세액을 징수당한 사업자는 이를 국가로부터 매입세액으로 공제·환급받는 과정을 통하여 그 세액의 부담을 다음 단계의 사업자에게 차례로 전가하여 궁극적으로 최종 소비자에게 이를 부담시키는 것을 근간으로 하는 전단계세액공제 제도를 채택한 결과, 어느 과세기간에 거래징수된 세액이 거래징수를 한 세액보다 많은 경우에는 그 납세의무자가 창출한 부가가치에 상응하는 세액보다 많은 세액이 거래징수되게 되므로 이를 조정하기 위한 과세기술상, 조세 정책적인 요청에 따라 특별히 인정한 것이라고 할 수 있다. 따라서 이와 같은 부가가치세법령의 내용, 형식 및 입법 취지 등에 비추어 보면, 납세의무자에 대한 국가의 부가가치세 환급세액 지급의무는 그 납세의무자로부터 어느 과세기간에 과다하게 거래징수된 세액 상당을 국가가 실제로 납부받았는지와 관계없이 부가가치세법령의 규정에 의하여 직접 발생하는 것으로서, 그 법적 성질은 정의와 공평의 관념에서 수익자와 손실자 사이의 재산상태 조정을 위해 인정되는 부당이득 반환의무가 아니라 부가가치세법령에 의하여 그 존부나 범위가 구체적으로 확정되고 조세 정책적 관점에서 특별히 인정되는 공법상 의무라고 봄이 타당하다. 그

렇다면 납세의무자에 대한 국가의 부가가치세 환급세액 지급의무에 대응하는 국가에 대한 납세의무자의 부가가치세 환급세액 지급청구는 민사소송이 아니라 행정소송법 제3조 제2호에 규정된 당사자소송의 절차에 따라야 한다.

[대법관 박보영의 반대의견] 현행 행정소송법 제3조 제2호는 당사자소송의 정의를 "행정청의 처분 등을 원인으로 하는 법률관계에 관한 소송 그 밖에 공법상의 법률관계에 관한 소송으로서 그 법률관계의 한쪽 당사자를 피고로 하는 소송"이라고 추상적으로 규정함으로써 구체적인 소송의 형식과 재판관할의 분배를 법원의 해석에 맡기고 있다. 따라서 그 권리의 법적 성질에 공법적인 요소가 있다는 이유만으로 반드시 당사자소송의 대상으로 삼아야 할 논리필연적 당위성이 존재한다고는 볼 수 없다. 오히려 부가가치세 환급세액은, 사업자가 매입 시 지급한 부가가치세(매입세액)가 매출 시 받은 부가가치세(매출세액)보다 많을 때, 국가는 사업자가 더 낸 부가가치세를 보유할 정당한 이유가 없어 반환하는 것으로서 그 지급청구의 법적 성질을 민법상 부당이득반환청구로 구성하는 것도 가능하다. 또한 어느 사업자로부터 과다하게 거래징수된 세액 상당을 국가가 실제로 납부받지 않았다고 하더라도, 그 사업자의 출연행위를 직접적인 원인으로 하여 국가가 그 거래징수를 한 사업자에 대한 조세채권을 취득하기 때문에 손실과 이득 사이의 직접적 연관성 및 인과관계가 존재한다고 규범적으로 평가하고, 부가가치세법 제24조 제1항, 부가가치세법 시행령 제72조 제1항 등의 규정을 부당이득의 성립요건 중 국가의 이득 발생이라는 요건을 완화시키는 부당이득의 특칙으로 이해할 수도 있다. 결국 본래 부당이득으로서 국가가 이를 즉시 반환하는 것이 정의와 공평에 합당한 부가가치세 환급세액에 관하여 부가가치세법령에 요건과 절차, 지급시기 등이 규정되어 있고 그 지급의무에 공법적인 의무로서의 성질이 있다는 이유로, 그 환급세액 지급청구를 반드시 행정법원의 전속관할로 되어 있는 행정소송법상 당사자소송으로 하여야 한다고 볼 것은 아니다(대판 2013.3.21, 2011다95564(전합)).

## 2) 형식적 당사자소송

㈎ 의 의　　이는 실질적으로는 행정청의 처분 등을 다투는 소송이면서 항고소송에서와 같이 행정청을 피고로 하지 않고, 당해 처분 등을 원인으로 하는 법률관계의 한쪽 당사자를 피고로 하여 제기하는 소송을 말한다. 이 소송은 현실적으로 당사자가 다투고자 하는 분쟁의 내용을 중시하여, 이러한 분쟁의 실질적인 이해관계자만을 소송당사자로 하고 행정청을 배제함으로써, 신속한 권리구제를 도모하고 소송절차를 간소화하려는 데에 그 필요성이 있다고 할 수 있다.

㈏ 인정여부　　이러한 다소 복잡한 당사자소송의 유형을 현행법상 인정할 수 있는가에 대해서는 견해가 대립하고 있다.

㉠ 부정설은 원인이 되는 처분 등에 대해서는 소송을 제기하지 않은 채, 처분의 결과에 의해 형성된 법률관계에 대하여서만 소송을 제기하여 법원이 판단하는 것은 행정행위의 공정력이나 구성요건적 효력에 반한다는 것과,20) 이를 인정하는 개별법의

규정이 없는 경우에는 원고적격 등의 소송요건이 불분명하게 된다는 문제점이 존재한다는 점 등을 근거로 한다. 다수의 견해이다.[21]

ⓛ 이에 반해 긍정설은 「행정소송법」 제 3 조 제 2 호가 규정하는 당사자소송에는 당연히 형식적 당사자소송도 포함되고 있는 것으로 본다.[22]

ⓒ 생각건대 우선 형식적 당사자소송은 통상적인 당사자소송과는 다른 특성이 인정되는 것이므로, 단순히 「행정소송법」 제 3 조 제 2 호의 해석을 통해 인정하려는 것은 문제가 있다고 본다. 물론 이러한 유형의 당사자소송은 통상적인 항고소송을 거치는 것이 당사자의 권리구제에 있어서 우회적인 경우에는, 권리구제의 신속성을 위하여 그 필요성이 인정될 수도 있다. 그러나 이때에는 당사자로 하여금 어떠한 소송요건을 갖추고, 어떠한 절차에 따라 소송을 제기하여야 하는지에 관해 미리 알려줄 필요가 있다. 따라서 개별법에 의한 이를 인정하는 규정과 이에 따른 절차적 규정이 존재하지 않는 한, 이 소송유형은 인정할 수 없다고 보아야 할 것이다.

(다) 실정법규정    이 소송유형은 개별 실정법에서 그 예를 찾을 수 있다. 예컨대 「특허법」 제187조 및 제191조, 「실용신안법」 제33조[23] 및 관할 토지수용위원회가 행한 재결의 불복으로 제기하는 손실보상금의 증감청구소송(공익사업을위한토지등의취득 및보상에관한법률 제85조 2항) 등이 대표적으로 이에 해당하는 것으로 볼 수 있다.

### (4) 특    성

이에 대해서는 처분의 존재를 전제로 하는 취소소송에 관한 규정들, 예컨대 소송의 제기기간, 행정심판전치주의, 집행정지 등에 관한 규정은 그 성질상 준용되지 않으며, 주로 소송의 절차적 사항에 관한 「행정소송법」 규정이 적용되며, 그 외에는 민사소송에 관한 규정이 준용된다.

### (5) 현실적인 운용문제

공법상의 당사자소송은 실무에 있어서는 거의 활용되고 있지 못한 실정에 있다. 이는 법원이 이에 해당하는 사건들을 모두 민사소송으로서 처리하고 있기 때문이다. 물론 당사자소송의 적용법규에 있어서 특수한 절차가 마련되고 있지 못하므로 현실적으로 민사소송의 경우가 많은 점에서 준용되어, 당사자에게는 어떠한 소송형태에 의

---

20) 김남진·김연태(Ⅰ), 916면.
21) 박윤흔(상), 1030면; 김동희(Ⅰ), 834면; 석종현·송동수(상), 968면; 홍정선(상), 1150면; 홍준형(구제법), 377면.
22) 이상규(상), 720면.
23) 구 「상표법」 제86조, 구 「디자인보호법」 제75조의 2 등도 이에 해당하는 규정이었으나 현재는 삭제되었다.

하든 차이는 많지 않으리라고 본다. 그러나 행정법원이 신설되고 있으므로, 이러한 당사자소송을 적극적으로 활용하고 이에 상응하는 특수한 절차내용이 마련되는 경우에는, 항고소송 위주로 되어 있는 현행 행정소송법제의 공백을 보충할 수 있으리라고 생각한다. 공법상의 당사자소송이 정상화되는 것이 매우 시급하다고 본다.

### 3. 민중소송

#### (1) 의    의

이는 국가 또는 공공단체의 기관이 법률에 위반되는 행위를 한 때에 직접 자기의 법률상의 이익과 관계없이 그 시정을 구하기 위하여 제기하는 소송을 말한다($\frac{제3조}{3호}$). 민중소송은 당사자 사이의 개별적인 권리나 의무에 관한 분쟁을 해결하기 위한 주관적 소송이 아니고, 행정법규의 적절한 운영을 도모하고 일반공공의 이익을 보호하며, 행정기관의 위법행위에 대한 사법통제의 수단으로서 작용하는 객관적 소송으로서의 성질을 갖는다.

#### (2) 유    형

이 소송은 법률이 허용하고 있는 경우에만 예외적으로 인정된다($\frac{제4}{조}$). 현행법상 인정되고 있는 경우는 일반적인 선거소송과 국민투표에 관한 소송에서 선거인이나 후보자, 또는 정당이 제기하는 소송등을 들 수 있다. 즉 대통령선거나 국회의원선거에 있어서 선거의 효력에 관하여 이의가 있는 선거인·정당($^{후보자를\ 추천한}_{정당에\ 한정}$) 또는 후보자는 선거일로부터 30일 이내에 당해 선거구 선거관리위원회 위원장을 피고로 하여 대법원에 제소할 수 있다($\frac{공직선거법}{제222조\ 1항}$).

또한 지방의회의원 및 지방자치단체의 장의 선거에 있어서 선거의 효력에 관한 결정에 불복이 있는 소청인(당선인을 포함한다)은 해당 소청에 대하여 기각 또는 각하 결정이 있는 경우에는 해당 선거구 선거관리위원회 위원장을, 인용결정이 있는 경우에는 그 인용결정을 한 선거관리위원회 위원장을 피고로 하여 그 결정서를 받은 날부터 10일 이내에 비례대표시·도의원선거 및 시·도지사선거에 있어서는 대법원에, 지역구시·도의원선거, 자치구·시·군의원선거 및 자치구·시·군의 장 선거에 있어서는 그 선거구를 관할하는 고등법원에 소를 제기할 수 있다($\frac{공직선거법}{제222조\ 2항}$).

또한 국민투표의 효력에 관하여 이의가 있는 투표인은 중앙선거관리위원회 위원장을 피고로 하여 대법원에 제소할 수 있다($\frac{국민투표}{법\ 제92조}$).

이외에도 「지방자치법」상 주민이 지방자치단체의 장을 상대로 하여 행정법원에 제기하는 주민소송도($^{지방자치법}_{제17조}$) 민중소송에 해당하는 것으로 볼 수 있다.

### (3) 적용법규

이에 대해서는 소송제기를 허용하는 각 개별법에서 관련규정을 두는 경우가 보통이다. 이러한 규정이 없는 경우에는 개개의 소송내용에 따라 그에 상응하는 「행정소송법」 규정이 적용된다(공직선거법 제227조 참조).

## 4. 기관소송

### (1) 의  의

기관소송은 국가 또는 공공단체의 기관상호간에 권한의 존부 또는 그 행사에 관한 다툼이 있는 경우에 이에 대하여 제기하는 소송을 말한다(제3조 4호). 이는 공법상의 법인내부에서의 법적 분쟁해결의 수단으로서 제기하는 소송을 말하며, 객관적 소송으로서의 성질을 가지므로 법률이 인정하는 경우에만 허용된다. 이는 국가나 공공단체 등 공법상의 법인 내부에 대해서도 법치주의와 사법심사의 적용을 관철하기 위한 것으로, 이를 통해 행정기관의 올바른 행정법규적용이 보장되게 된다.

### (2) 권한쟁의심판과의 구별

이 소송은 특히 권한쟁의심판과 구별된다. 즉 자연인이 아닌 공법상의 법인인 국가 또는 지방자치단체의 법적 분쟁을 규율대상으로 하고 있다는 점에서는 양자는 유사한 성질을 가지나, 다음과 같은 점에서 서로 구별된다. ㉠ 우선 형식에 있어서 기관소송은 행정소송이나, 권한쟁의심판은 헌법재판의 성질을 갖는다. 따라서 그 구체적인 제기절차 등에서 차이를 가져오게 된다. ㉡ 또한 그 대상에 있어서 기관소송은 공법상의 법인내부에서의 법적 분쟁을 대상으로 하는 데 반해, 권한쟁의심판은 공법상의 법인 상호간의 외부적인 분쟁을 대상으로 하는 점에서 차이를 가진다. 따라서 구체적으로 전자는 국가기관 상호간의 법적 분쟁과 지방자치단체의 기관 상호간의 법적 분쟁을 대상으로 하며, 후자는 국가기관과 지방자치단체 상호간의 법적 분쟁, 지방자치단체 상호간의 법적 분쟁을 그 본래의 대상으로 하게 된다. 그러나 현행 「헌법재판소법」은 법률규정으로 본래적 의미에서의 기관소송에 해당하는 대상의 일부를 권한쟁의심판으로 규정하고 있으며(즉 헌법 제111조 1항 4호와 헌법재판소법 제62조에 의해 국가기관 상호간의 법적 분쟁을 권한쟁의심판사항으로 규정하고 있다), 이로 인해 현행 「행정소송법」상의 기관소송은 헌법재판소의 권한쟁의심판의 관장사항이 아닌 것에만 한정하게 된다(행정소송법 제3조 4호).

### (3) 유  형

기관소송도 객관적 소송이므로 법률이 인정하는 경우에 한하여 허용된다. 현행법상 기관소송이 인정되고 있는 경우는 ㉠ 「지방자치법」 제172조 제 3 항에 의해, 지방의회의 의결이 법령에 위반되는 경우에 지방자치단체의 장이 대법원에 제소하는 경우와, ⓛ「지방교육자치에 관한 법률」제28조 제 3 항에 의해, 시·도의회 또는 교육위원회에서 재의결된 사항이 법령에 위반된다고 판단될 때에 교육감이 대법원에 제소하는 경우를 들 수 있다.

### (4) 적용법규

기관소송에 대해서는 이를 허용하는 개별법률이 그 절차적 규정을 두고 있는 경우를 제외하고는, 성질이 허용하는 한 「행정소송법」상의 규정이 준용된다.

### (5) 기관소송의 법적 문제
#### 1) 규범체계의 특성

현행 기관소송제도는 일본의 그것과 다소 다른 규범환경을 갖고 있다. 즉 일본은 공법상 분쟁해결의 특성인 행정법원조직뿐 아니라 헌법재판제도를 갖고 있지 않다. 또한 기관소송에 대해 이를 사법재판소가 당연히 심리하지 않으면 안 되는 '법률상의 쟁송'에 해당하지 않는 것으로 보아, 법률상 규정되고 있는 명백한 경우에만 이를 인정하는 태도를 보이고 있으며, 법률에 규정되고 있는 것은 기관소송의 개념에 충실하게 해석하고 있다.

그러나 우리나라의 경우는 헌법소송의 하나로서 권한쟁의심판이 인정됨으로써, 「헌법재판소법」상의 권한쟁의심판과 「행정소송법」상의 기관소송이 모두 존재하는 특이한 규범체계를 갖게 되었다. 즉 공법상 법인상호간의 분쟁뿐 아니라 공법상 법인 내부기관 상호간에서도 권한쟁의심판과 기관소송이, 헌법규정 및 법률규정을 통하여 적정하게 그 권한을 나누어 갖고 있는 체제를 마련하고 있다. 또한 이론상으로도 권한쟁의심판을 허용하고 있는 독일의 경우와도 달라, 특별한 법적 규정이 없으므로, 헌법적 분쟁의 성격인가 비헌법적 분쟁의 성격인가에 따라서 권한쟁의심판과 기관소송을 구별하는 논의도 주장하기 어려운 사정에 있다. 따라서 우리나라의 경우는 공법상 법인 기관 상호간의 분쟁이라고 하더라도, 이론에 의하여 해결하기보다는 그 대상이 현행법상 권한쟁의심판의 대상으로 규율되고 있는가 또는 기관소송의 대상으로 규율되고 있는가에 따라서 해결할 수밖에 없게 된다.

#### 2) 실무상 문제점

헌법재판인 권한쟁의심판에 대해 헌법재판소는 그 규율대상을 적극적으로 해석하여 「헌법재판소법」에 의한 대상을 예시적인 것으로 이해하고 있다.[24] 따라서 법률

---

24) 헌법재판소법 제62조 제 1 항 제 1 호가 국가기관 상호간의 권한쟁의심판을 "국회, 정부, 법원 및 중앙선거관리위원회 상호간의 권한쟁의심판"이라고 규정하고 있더라도 이는 한정적, 열거적

에 규정되고 있지 않은 분쟁도 공법상 법인상호간의 분쟁이거나 국가기관 상호간의 분쟁의 성질인 이상 모두 헌법재판소의 권한쟁의심판의 규율대상이 되고 있다. 이에 반하여 행정소송으로서의 기관소송은 일본식 법제에 영향을 받아 법률에 명문규정이 있는 경우에만 이를 허용하는 매우 제한적인 운영을 할 수밖에 없었다.25) 이로 인하여 기관소송은 점차 그 대상이 축소되는 반면에, 권한쟁의심판은 그 대상이 점차 확대되는 양극화 현상이 나타나게 되었다.

따라서 이러한 규범체제상의 차이를 직시한다면 현행 기관소송을 일본식으로 제한적으로 운영하여야 할 필요성은 존재한다고 말할 수 없다. 오히려 어느 분쟁이라도 그것이 헌법적인 권한쟁의심판의 규율대상이 아닌 한, 일본에서의 해석과는 반대로 공법인 기관 상호관계에 관한 것이면 적극적으로 이를 기관소송의 대상으로 삼는 태도가 필요하다고 생각된다. 그러나 현행법은 기관소송에 대해, 명시적으로 법률로 규정되어 있는 매우 제한적인 경우에만 허용하고 있어(제45조 표현 참조), 이를 넘는 해석 자체를 불가능하게 하고 있다. 이에 반하여 「헌법재판소법」은 권한쟁의심판의 종류에 대한 규정만 두고 있을 뿐, 법률표현으로 그 유형을 제한하는 규정을 두고 있지 않다. 따라서 「헌법재판소법」상의 권한쟁의에 관한 규율방식을 참고하여 해석의 여지를 남겨둘 필요가 있게 된다. 이를 위하여는 이러한 제한적 운영을 할 수밖에 없었던 규범적 기초를 개정하는 것이 그 개선방법으로 제기될 수 있다.

### 3) 개선 방향

㈎ 개괄주의로의 전환문제　이러한 기관소송 대상의 확대필요성에 비추어, 입법의 개정안으로서 생각하여 볼 수 있는 것은 기관소송의 대상을 현재의 열거주의에서 개괄주의로 전환하는 것이다. 즉 기관소송의 대상을 지금과 같이 개별법률에서 규정되어 있는 것에 한정하여 인정하는 열거주의체제를 취하지 않고(행정소송법 제45조 참조), 제 3 조 제 4 호 본문에 따라 포섭되는 모든 유형의 분쟁을 개별 법률의 규정유무에 무관하게 허용하여 그 적용대상을 확대하려는 것이다.

㈏ 「행정소송법」제45조 개정의 문제　기관소송의 제기필요성은 지방자치제의 활성

인 조항이 아니라 예시적인 조항이라고 해석하는 것이 헌법에 합치되므로 이들 기관 외에는 권한쟁의심판의 당사자가 될 수 없다고 단정할 수 없다(헌재 1997. 7. 16, 96헌라2 전원재판부).
25) 행정소송법 제 3 조 제 4 호와 제45조에 의하면 국가 또는 공공단체의 기관 상호간에 권한의 존부 또는 그 행사에 관한 다툼이 있을 때에 이에 대하여 제기하는 기관소송은 법률이 정한 경우에 법률이 정한 자에 한하여 제기할 수 있다고 규정하여 이른바 기관소송 법정주의를 취하고 있는 바, 지방자치법 제159조는 시·도지사가 자치구의 장에게 그 자치구의 지방의회 의결에 대한 재의 요구를 지시하였음에도 자치구의 장이 그에 따르지 아니하였다 하여, 바로 지방의회의 의결이나 그에 의한 조례의 효력을 다투는 소를 자치구의 장을 상대로 제기할 수 있는 것으로 규정하고 있지는 아니하고, 달리 지방자치법상 이러한 소의 제기를 허용하고 있는 근거 규정을 찾아볼 수 없으므로, 시·도지사가 바로 자치구의 장을 상대로 조례안 의결의 효력 혹은 그에 의한 조례의 존재나 효력을 다투는 소를 제기하는 것은 지방자치법상 허용되지 아니하는 것이라고 볼 수밖에 없다(대판 1999. 10. 22, 99추54).

화와 더불어 점차 증대할 것이 예상된다. 특히 지방자치단체의 기관상호간의 분쟁은 지금과 같은 규정체제에서는 (<sup>행정소송법</sup> 제45조의 규정 참조) 개별법에서 규정되고 있는 매우 제한적인 경우만 적용대상이 되므로, 개별법의 규정에 상관없이 그 적용대상을 확대하기 위하여 현행 「행정소송법」 제45조에서 기관소송의 부분을 삭제하는 것이 필요하다고 생각한다. 즉 「행정소송법」 제45조의 규정상 표현내용으로 인하여, 현행법상의 기관소송의 해석은 법률로 인정되는 경우에만 허용되는 제한적 소송일 수밖에 없는 한계를 가지게 되므로, 이 조항을 개정하여 기관소송적 성질을 갖는 분쟁에 대해서는 널리 행정소송의 제기가능성이 보장될 필요가 있다고 생각한다.

# 제 3 절  행정소송의 제기

행정소송은 원고가 분쟁의 대상인 법률관계의 다른 당사자를 상대로 하여 법원에 소장을 제출함으로써 시작된다. 행정소송의 제기가 유효하기 위해서는 일정한 내용의 적법요건을 갖추어야 한다. 이를 나누어 설명하면 다음과 같다.

## I. 소송의 당사자

행정소송의 제기가 유효하기 위해서는 소송을 제기할 수 있는 자격을 갖추어야 한다. 이는 넓은 의미로 이해되며, 따라서 원고나 피고가 될 수 있는 자격뿐 아니라 소송에 참가하는 경우에는 참가인이 될 수 있는 자격을 갖추어야 한다. 이는 자연인과 법인 모두에 해당한다.

### 1. 원    고

(1) 원고적격

1) 의    의

이는 당사자가 소송상의 청구를 함에 있어서 정당한 이익을 가지고 있는가에 관한 문제를 말한다. 행정소송도 민사소송에서와 같이 소송을 제기할 이익이 있는 자만이 원고가 될 수 있다. 이에 반해 당사자의 청구가 법원의 실체적인 판단을 받을 구체적인 실익이 인정되는가에 관한 요건은 권리보호의 필요문제라고 하며, 이 경우에는 당해 소송제기 이외에 다른 용이한 권리구제방법이 존재하는가의 여부 등이 검토된다.

## 2) 소송유형에 따른 원고적격

### ㈎ 취소소송의 원고적격

① 원고적격　취소소송은 행정청의 위법한 처분이나 재결의 취소 또는 변경을 구할 "법률상의 이익"이 있는 자가 원고적격을 갖는다($\frac{제12}{조}$). 따라서 당해 처분의 직접적인 당사자가 아니더라도 처분 등의 취소를 구할 법률상 이익이 인정되는 자는 $\left(\substack{\text{예컨대 제3자효}\\\text{행정행위에서의 제3자}}\right)$ 취소소송을 제기할 수 있게 된다.

> 행정처분에 대한 취소소송에서의 원고적격이 있는지 여부는 당해 처분의 상대방인지 여부에 따라 결정되는 것이 아니라 그 취소를 구할 법률상의 이익이 있는지 여부에 따라 결정되는 것이고, 여기서 말하는 법률상 이익이라 함은 당해 처분의 근거 법률에 의하여 보호되는 직접적이고 구체적인 이익이 있는 경우를 가리키며, 간접적이거나 사실적·경제적 이해관계를 가지는 데 불과한 경우는 포함되지 아니한다 ($\substack{\text{대판 2001.9.28,}\\\text{99두8565}}$).

② 법률상 이익의 의미　이때의 법률상 이익이 무엇을 의미하는가에 대해서는 견해의 대립이 있다. 이러한 견해대립은 취소소송의 목적이나 기능의 이해와 관련되어 주장된다.[26)]

㉠ 권리구제설($\substack{\text{또는}\\\text{권리회복설}}$)　취소소송의 기능을 위법한 처분에 의하여 침해된 권리의 회복에 있다고 보는 견해로서, 이에 따르면 권리가 침해된 자만이 취소소송을 제기할 법률상 이익을 갖는다고 본다.

㉡ 법률상 보호이익설($\substack{\text{또는 법률상}\\\text{이익구제설}}$)　취소소송의 기능을 법률이 개인을 위하여 보호하고 있는 이익을 침해한 위법한 처분에 대하여 이를 방위하기 위한 수단으로 보는 견해로서, 이에 의하면 전통적인 의미의 권리 뿐 아니라 관련법에 의하여 보호되고 있는 이익이 침해된 자도 취소소송을 제기할 수 있다고 본다.

㉢ 보호가치이익구제설　취소소송의 기능을 법의 해석·적용을 통하여 개인의 실생활상의 이익에 관한 개별적·구체적 분쟁을 해결하는 절차에서 찾으며, 이에 따라 처분의 위법을 주장하는 자가 갖는 이익이 소송법상으로 보호할 가치가 있는 이익이면 그 침해에 대해 취소소송을 제기할 수 있다고 본다.

㉣ 적법성보장설　취소소송의 기능을 주관적인 권리보호보다는 객관적으로 행정처분의 적법성유지기능에서 찾는 견해이다. 따라서 당해 처분을 다투는 데 가장 적합한 이해관계를 갖는 자에게 원고적격을 인정하게 된다.

㉤ 소 결　이러한 견해 중에서 우선 적법성보장설은 취소소송의 기능을 객관적으로 보는 점에서, 취소소송에 대해 주관적 소송의 입장을 견지하고 있는 우리나라에

---

26) 이러한 견해대립은 일본에서의 논의를 우리나라에서 재현하는 것이며, 이에 대해서는 박윤흔(상), 905면 이하 참조.

서는 타당할 수 없다고 볼 것이다. 또한 권리구제설은 실체법상의 권리가 침해된 경우에만 원고적격을 인정하는 점에서 그 범위가 좁다는 비판이 가해진다.27) 보호가치이익구제설에 대해서는 보호할 가치가 있는 이익인가의 여부가 법원에 의해 판단된다는 점에서, 법원에 원래 주어지고 있는, 법이 보호하고 있는 이익만을 보호하는 권한을 넘어서서, 스스로 이익의 보호가치성 여부를 결정하는 법창조적 기능을 인정하게 된다는 비판이 제기된다.28) 따라서 법률상보호이익설이 타당하리라고 본다. 물론 이 때에 권리의 개념을 넓게 이해하여, 좁은 의미의 권리 이외에 공권개념의 확대와 실체법상의 보호법익의 확장으로 인해 실체법에 의해 보호되고 있는 이익도 권리로 포함하는 경우에는 권리구제설과 법률상 이익구제설은 같은 내용으로 볼 수도 있을 것이다.29) 이러한 법률상 이익에는 반사적 이익은 포함되지 않으며, 법률상 이익의 존재 여부는 실정법의 취지나 목적을 기준으로 하여 판단하려는 것이 학설과 판례의 입장이다. 그러나 구체적으로 법률상 이익과 반사적 이익의 구별은 용이하지 않다. 취소소송에서의 법률상 이익개념은 다른 소송유형에 대해서도 적용된다.

[1] 원고적격에서의 법률상의 이익이라 함은 당해 처분의 근거가 되는 법규에 의하여 보호되는 직접적이고 구체적인 이익을 말하고 단지 간접적이거나 사실적, 경제적 이해관계를 가지는 데 불과한 경우에는 여기에 포함되지 아니한다. … 원고들은 서울시립대학교 세무학과에 재학중인 학생들로서 조세정책 과목을 수강하고 있는데, 피고(서울시립대학교 총장)가 경제학적으로 접근하여야 하는 조세정책과목의 담당교수를 행정학을 전공한 교수로 임용함으로써 원고들의 학습권을 침해하였다고 하나, 이로 인한 불이익은 간접적이거나 사실적인 불이익에 지나지 아니한 것이어서 임용처분의 취소를 구할 소의 이익이 없다고 할 것이다(대판 1993.7.27, 93누8139).

[2] 산림법 제90조의2 제1항, 제118조 제1항, 같은 법 시행규칙 제95조의2 등 산림법령이 수허가자의 명의변경제도를 두고 있는 취지는, 채석허가가 일반적·상대적 금지를 해제하여 줌으로써 채석행위를 자유롭게 할 수 있는 자유를 회복시켜 주는 것일 뿐 권리를 설정하는 것이 아니어서 관할 행정청과의 관계에서 수허가자의 지위의 승계를 직접 주장할 수는 없다 하더라도, 채석허가가 대물적 허가의 성질을 아울러 가지고 있고 수허가자의 지위가 사실상 양도·양수되는 점을 고려하여 수허가자의 지위를 사실상 양수한 양수인의 이익을 보호하고자 하는 데 있는 것으로 해석되므로, 수허가자의 지위를 양수받아 명의변경신고를 할 수 있는 양수인의 지위는 단순한 반사적 이익이나 사실상의 이익이 아니라 산림법령에 의하여 보호되는 직접적이고 구체적인 이익으로서 법률상 이익이라고 할 것이고, 채석허가가 유효하게 존속하고 있다는 것이 양수인의 명의변경신고의 전제가 된다는 의미에서 관

27) 박윤흔(상), 908면.
28) 김남진·김연태(Ⅰ), 786면.
29) 김남진·김연태(Ⅰ), 786면.

할 행정청이 양도인에 대하여 채석허가를 취소하는 처분을 하였다면 이는 양수인의 지위에 대한 직접적 침해가 된다고 할 것이므로 양수인은 채석허가를 취소하는 처분의 취소를 구할 법률상 이익을 가진다($\frac{대판\ 2003.7.11,}{2001두6289}$).

(내) **무효등확인소송의 원고적격**　무효등확인소송의 원고적격은 처분 등의 효력유무 또는 존재여부의 확인을 구할 법률상 이익이 있는 자가 갖는다($\frac{제35}{조}$).

> [ 1 ] 체납처분에 기한 압류처분은 행정처분으로서 이에 기하여 이루어진 집행방법인 압류등기와는 구별되므로 압류등기의 말소를 구하는 것을 압류처분 자체의 무효를 구하는 것으로 볼 수 없고, 또한 압류등기가 말소된다고 하여도 압류처분이 외형적으로 효력이 있는 것처럼 존재하는 이상 그 불안과 위험을 제거할 필요가 있다고 할 것이므로, 압류처분에 기한 압류등기가 경료되어 있는 경우에도 압류처분의 무효확인을 구할 이익이 있다($\frac{대판\ 2003.5.16,}{2002두3669}$).
>
> [ 2 ] 행정처분이 취소되면 그 처분은 효력을 상실하여 더 이상 존재하지 않는 것이고, 존재하지 않는 행정처분을 대상으로 한 취소소송은 소의 이익이 없어 부적법하다. 또한 절차상 또는 형식상 하자로 무효인 행정처분에 대하여 행정청이 적법한 절차 또는 형식을 갖추어 다시 동일한 행정처분을 하였다면, 종전의 무효인 행정처분에 대한 무효확인 청구는 과거의 법률관계의 효력을 다투는 것에 불과하므로 무효확인을 구할 법률상 이익이 없다($\frac{대판\ 2010.4.29,}{2009두16879}$).

다만, 여기서 '확인을 구할 법률상 이익'의 의미에 대해서는 견해의 대립이 있다.

① **즉시확정이익설**　이는 '확인을 구할 법률상의 이익'을 민사소송상 확인소송의 소의 이익과 마찬가지로 원고의 권리나 법률상 지위에 현존하는 불안이나 위험을 제거하기 위하여 확인판결을 받는 것이 유효·적절한 때와 같은 즉시확정의 이익 및 보충성으로 이해하는 입장이다.

② **법적 보호이익설**　이는 민사소송에서와 같은 즉시확정의 이익을 요구할 것이 아니라 처분등의 효력유무나 존재여부의 확인을 구할 법률상 이익이 있는 경우 소의 이익을 인정하여 원고적격을 확대하여야 한다는 입장이다. 학설의 다수를 점하는 견해이다.

③ **사 견**　생각건대 이 문제는 무효등확인소송의 성격과 관련하여 명문의 규정이 없는 가운데 확인소송으로서의 성격과 항고소송으로서의 성격을 어떻게 조화시킬 수 있는가에 있다고 본다. 무효등확인소송이 민사소송상 확인소송과 다른 점은 그 확인의 대상이 권리나 법률관계가 아니라 '처분 등'이라는 데에 있다. 즉, 확인소송임을 전제하면서도 이러한 처분 등을 다투는 항고소송으로서의 성격이 반영되어야 할 것이다. 그러한 점에서 볼 때 이때의 소의 이익 문제는 즉시확정의 이익과 확인소송의 보충성문제를 나누어 고찰할 필요가 있다.

먼저 무효등확인소송의 확인의 이익은 독일30)이나 일본31)처럼 명문의 규정이 없는 이상 좁게 볼 필요가 없다. 따라서 이때의 확인의 이익은 가급적 넓게 '즉시확정의 정당한 이익'으로 보아야 할 것이다. 이때 정당한 이익이란 주관적 요소로서 확인을 받고자 하는 원고의 '법적으로 보호되는 이익'이라는 의미로 민사소송의 경우보다 넓게 보아야 한다. 또 여기서 '즉시확정'이란 시간적 요소로서 현재 즉 판결시를 기준으로 처분 등의 효력유무·존재여부를 확정한다는 의미이다.

다음으로 보충성과 관련해서는 확인소송의 보충성이 논의되는 이유부터 출발하여야 한다. 주지하는 바와 같이 민사소송상 확인소송에 보충성을 인정하는 본질은 확인판결에는 이행명령이 결여되기 때문에 궁극적 해결이라는 의미에서의 권리구제의 실효성에 난점이 있음을 반영한 결과이다. 그러나 「행정소송법」 제38조 제 1 항은 취소판결의 기속력을 무효등확인소송에 준용하도록 하여 권리구제의 실효성을 확보하고 있기 때문에 민사소송에서와 같은 보충성 논의를 「행정소송법」상 무효등확인소송에도 적용할 이유는 없게 된다. 이러한 점에서 다수설의 입장에 찬동한다.

④ 판례의 입장  대법원은 종래 즉시확정이익설에 따라 무효등확인소송의 법률상 이익을 제한적으로 해석하고 있었다.

> 행정처분의 부존재확인소송은 행정처분의 부존재확인을 구할 법률상 이익이 있는 자만이 제기할 수 있고, 여기에서의 법률상 이익은 원고의 권리 또는 법률상 지위에 현존하는 불안·위험이 있고 이를 제거함에는 확인판결을 받는 것이 가장 유효적절한 수단일 때 인정되는 것이다(대판 2000.7.7. 99두66).

이에 따라 판례는 "수시분 갑종근로소득세 부과처분에 따라 부과된 세액을 이미 납부한 납세의무자는 위 부과처분에 따른 현재의 조세채무를 부담하고 있지 아니하므로 그 처분이 무효라는 이유로 납부세금에 의한 부당이득반환청구를 함은 별론으로 하고 부과처분의 무효확인을 독립한 소송으로 구함은 확인의 이익이 없는 것이다32)"라고 하여 각하하여 왔다. 그리고 이러한 결론은 무효를 선언하는 의미의 취소소송도 무효확인소송과 동일하게 보아 이미 부담금 등을 이후에는 당해 부과처분의 무효확인소송을 제기하는 것은 소의 이익이 없어 부적법하다고 보았다.

---

30) 독일 연방행정법원법 제43조 제 2 항은 행정소송상 확인소송은 법률관계의 존부와 행정행위의 무효를 그 대상으로 하고, 그 중 법률관계의 존부를 대상으로 하는 확인소송에 대해서만 보충성을 요구한다.
31) 일본 행정사건소송법 제36조 : 무효등확인의 소는 당해 처분 또는 재결에 뒤따르는 처분에 의하여 손해를 받을 우려가 있는 자, 기타 당해 처분 또는 재결의 무효등의 확인을 구함에 관하여 법률상 이익이 있는 자로서 당해 재결의 존부 또는 그 효력의 유무를 전제로 하는 현재의 법률관계에 관한 소로써 목적을 달성할 수 없는 경우에 한하여 제기할 수 있다.
32) 대판 1976. 2. 10, 74누159(전합).

그러나 대법원은 2008. 3. 20. 전원합의체판결로 이러한 종전 판례를 변경하여 보충성을 부인하고 소의 이익을 긍정하기에 이르렀다. 이는 무효등확인소송의 항고소송으로서의 특성을 반영한 취지이며 환영할 만하다 할 것이다.

> 행정소송은 행정청의 위법한 처분 등을 취소·변경하거나 그 효력 유무 또는 존재 여부를 확인함으로써 국민의 권리 또는 이익의 침해를 구제하고 공법상의 권리관계 또는 법 적용에 관한 다툼을 적정하게 해결함을 목적으로 하므로, 대등한 주체 사이의 사법상 생활관계에 관한 분쟁을 심판대상으로 하는 민사소송과는 목적, 취지 및 기능 등을 달리한다. 또한 행정소송법 제4조에서는 무효확인소송을 항고소송의 일종으로 규정하고 있고, 행정소송법 제38조 제1항에서는 처분 등을 취소하는 확정판결의 기속력 및 행정청의 재처분 의무에 관한 행정소송법 제30조를 무효확인소송에도 준용하고 있으므로 무효확인판결 자체만으로도 실효성을 확보할 수 있다. 그리고 무효확인소송의 보충성을 규정하고 있는 외국의 일부 입법례와는 달리 우리나라 행정소송법에는 명문의 규정이 없어 이로 인한 명시적 제한이 존재하지 않는다. 이와 같은 사정을 비롯하여 행정에 대한 사법통제, 권익구제의 확대와 같은 행정소송의 기능 등을 종합하여 보면, 행정처분의 근거 법률에 의하여 보호되는 직접적이고 구체적인 이익이 있는 경우에는 행정소송법 제35조에 규정된 '무효확인을 구할 법률상 이익'이 있다고 보아야 하고, 이와 별도로 무효확인소송의 보충성이 요구되는 것은 아니므로 행정처분의 무효를 전제로 한 이행소송 등과 같은 직접적인 구제수단이 있는지 여부를 따질 필요가 없다고 해석함이 상당하다($^{대판\ 2008.3.20,}_{2007두6342(전합)}$).[33]

(다) 부작위위법확인소송의 원고적격　　부작위위법확인소송의 원고적격은 처분의 신청을 한 자로서 부작위의 위법을 구할 법률상 이익이 있는 자가 갖는다($^{제36}_{조}$).

부작위위법확인소송의 원고적격에 있어서는 일정한 처분을 신청할 법령상의 권리를 가지는 자일 것을 요하는가와 관련하여 견해가 대립하고 있다. 즉 이때에 원고적격을 갖기 위하여는 처분의 신청을 한 사실만으로 충분하다는 견해와,[34] 이러한 사실만으로는 부족하며 신청권을 갖는 자일 것을 요한다는 견해가 대립하고 있다.[35] 생각건대 전자의 입장에 의하는 경우에는 원고적격은 그 범위에 사실상의 제한이 없게 되어 남소의 문제를 발생하게 될 것이며, 처분의 신청을 한 사실만으로 바로 부작위의 위법을 구할 법률상의 이익이 인정된다고 보기 어렵다는 점에 비추어 보아 후자의

---

33) 이 판결 보충의견에서는 다음과 같이 판시취지를 뒷받침하고 있다 : "무효확인소송의 보충성 인정의 문제는 행정소송법 제35조에 규정된 '무효확인을 구할 법률상 이익'의 해석론에 관한 것으로서 행정소송의 특수성, 무효확인소송의 법적 성질 및 무효확인판결의 실효성, 외국의 입법례, 무효확인소송의 남소가능성 및 권익구제강화 등의 측면에서 볼 때, 무효확인소송의 보충성을 요구하지 않는 것이 행정소송의 목적을 달성할 수 있고 소송경제 등의 측면에서도 타당하며 항고소송에서 소의 이익을 확대하고 있는 대법원 판례의 경향에도 부합한다."
34) 이상규(상), 740면; 홍준형(구제법), 361면.
35) 박윤흔(상), 1014면; 김동희(Ⅰ), 829면; 홍정선(상), 1123면.

입장에 따른다. 판례도 같은 입장이다.

> 부작위위법확인소송은 처분의 신청을 한 자로서 부작위의 위법의 확인을 구할 법률
> 상의 이익이 있는 자만이 제기할 수 있다 할 것이며, 이를 통하여 구하는 행정청의 응
> 답행위는 행정소송법 제 2 조 제 1 항 제 1 호 소정의 처분에 관한 것이라야 하므로, 당
> 사자가 행정청에 대하여 어떠한 행정행위를 하여 줄 것을 신청하지 아니하거나 그러
> 한 신청을 하였더라도 당사자가 행정청에 대하여 그러한 행정행위를 하여 줄 것을 요
> 구할 수 있는 법규상 또는 조리상의 권리를 갖고 있지 아니하든지 또는 행정청이 당
> 사자의 신청에 대하여 거부처분을 한 경우에는 원고적격이 없거나 항고소송의 대상인
> 위법한 부작위가 있다고 볼 수 없어 그 부작위위법확인의 소는 부적법하다( 대판 1995.9.15. 95누7345 ).

㈐ 당사자소송의 원고적격　　이 소송에서는 항고소송과 달리 소송당사자가 대등한
지위에 있게 되므로, 「행정소송법」은 이 소송의 원고적격에 관한 규정을 두고 있지
않다. 따라서 일반적인 논의에 따라 민사소송상의 원고적격이 이에 준용되게 될 것이
다( 제8조 2항 ).

㈑ 민중소송과 기관소송의 원고적격　　이러한 객관적 소송은 법률의 명문규정에 의해
서만 인정되는 것이므로 원고적격도 개별법규정의 내용에 따라 결정된다. 이에 따라
민중소송의 경우는 선거인, 후보자, 정당( 후보자를 추천한 정당에 한정 )이 원고적격을 가지며, 기관소송의
경우에는 지방자치단체의 장과 교육감이 원고적격을 갖게 된다.

### 3) 원고적격의 확장문제

그러나 오늘날 행정소송의 원고적격은 종래 반사적 이익으로 논의되어 온 내용들
이 점차로 법률상 보호되는 이익으로 인정됨으로써 확장되는 추세에 있다. 특히 현실
적으로 의미를 갖는 문제는 이른바 경업자소송·인인소송·환경소송 등에 있어서의
원고적격의 인정문제이며, 이는 취소소송의 경우를 중심으로 논의되고 있다.

> 행정처분의 직접 상대방이 아닌 제3자가 행정처분의 취소를 구할 수 있는 요건으로서
> '법률상 보호되는 이익'의 의미 및 당해 처분의 근거 법규 및 관련 법규에 의하여 보호되
> 는 법률상 이익의 의미　　행정처분의 직접 상대방이 아닌 제3자라 하더라도 당해 행
> 정처분으로 법률상 보호되는 이익을 침해당한 경우에는 취소소송을 제기하여 당부의
> 판단을 받을 자격이 있다. 여기에서 말하는 법률상 보호되는 이익은 당해 처분의 근
> 거 법규 및 관련 법규에 의하여 보호되는 개별적·직접적·구체적 이익이 있는 경우
> 를 말하고, 공익보호의 결과로 국민 일반이 공통적으로 가지는 일반적·간접적·추상
> 적 이익과 같이 사실적·경제적 이해관계를 갖는 데 불과한 경우는 여기에 포함되지
> 아니한다. 또 당해 처분의 근거 법규 및 관련 법규에 의하여 보호되는 법률상 이익은
> 당해 처분의 근거 법규의 명문 규정에 의하여 보호받는 법률상 이익, 당해 처분의 근
> 거 법규에 의하여 보호되지는 아니하나 당해 처분의 행정목적을 달성하기 위한 일련

의 단계적인 관련 처분들의 근거 법규에 의하여 명시적으로 보호받는 법률상 이익, 당해 처분의 근거 법규 또는 관련 법규에서 명시적으로 당해 이익을 보호하는 명문의 규정이 없더라도 근거 법규 및 관련 법규의 합리적 해석상 그 법규에서 행정청을 제약하는 이유가 순수한 공익의 보호만이 아닌 개별적·직접적·구체적 이익을 보호하는 취지가 포함되어 있다고 해석되는 경우까지를 말한다(대판 2015.7.23, 2012두19496).

(가) 경업자소송과 인인소송    이러한 소송에서는 당해 위법한 행정작용으로 인하여 행정작용의 상대방이 아닌 기존업자나 인근거주자들이 받게 되는 불이익은 단순한 반사적 이익이 아니라 법에 의하여 보호되는 이익으로 인정되고 있다. 이는 당해 행정작용의 근거법령의 보호법익이 공익만을 대상으로 하는 것이 아니라, 기존업자나 인근주민들의 이해관계도 그 대상으로 하고 있다고 확장되어 이해되고 있기 때문이다. 일반적으로 면허나 인·허가 등의 수익적 행정처분의 근거가 되는 법률이 해당 업자들 사이의 과당경쟁으로 인한 경영의 불합리를 방지하는 것도 그 목적으로 하고 있는 경우에는, 다른 업자에 대한 면허나 인·허가 등의 수익적 행정처분에 대하여, 미리 같은 종류의 면허나 인·허가 등의 수익적 행정처분을 받아 영업을 하고 있는 기존의 업자는 경업자에 대하여 이루어진 면허나 인·허가 등 행정처분의 상대방이 아니라 하더라도, 당해 행정처분의 취소를 구할 원고적격을 갖게 된다.36) 따라서 약종상영업의 영업소이전 허가행위에 대한 당해 지역내의 약종상 영업자,37) 시외버스 운송사업계획변경인가로 인한 기존의 시내버스 운송사업자와 시외버스 운송사업자들간의 관계,38) 어업권이전인가행위에 대한 기존 어업권자의 지위39) 등은 경업자소송의 원고적격이 인정되는 것으로 보고 있다. 그리고 인인소송으로는 석유액화가스(LPG) 충전소 설치허가가 위법인 경우에 설치장소에 인접하여 거주하는 주민들에게 처분의 취소를 구할 원고적격이 인정되고 있다.40)

**제3자에게 경원자(경원자)에 대한 수익적 행정처분의 취소를 구할 당사자 적격이 있는 경우**    인·허가 등의 수익적 행정처분을 신청한 수인이 서로 경쟁관계에 있어서 일방에 대한 허가 등의 처분이 타방에 대한 불허가 등으로 귀결될 수밖에 없는 때 허가 등의 처분을 받지 못한 자는 비록 경원자에 대하여 이루어진 허가 등 처분의 상대방이 아니라 하더라도 당해 처분의 취소를 구할 원고 적격이 있다. 다만, 명백한 법적 장애로 인하여 원고 자신의 신청이 인용될 가능성이 처음부터 배제되어 있는 경우에는 당해 처분의 취소를 구할 정당한 이익이 없다(대판 2009.12.10, 2009두8359).

---

36) 대판 2002. 10. 25, 2001두4450.
37) 대판 1988. 6. 14, 87누873.
38) 대판 2002. 10. 25, 2001두4450.
39) 대판 2004. 5. 14, 2002두12465.
40) 대판 1983. 7. 12, 83누59.

(나) 환경소송 41)

① 논의의 배경  환경이용시설이나 설비가 주변의 주민에게 권리침해를 가져오거나, 개별적인 피해자는 발생시키지 않으나 행정기관에 의한 당해 이용계획이나 결정이 환경보호에 심각한 영향을 미칠 수 있는 경우에는 권리보호를 위하여 이를 소송의 방법에 의하여 다툴 필요가 생기게 된다. 이를 환경소송이라고 하는바, 전자의 경우에는 특정 시설의 인근 주민들이 환경상 이익을 침해되는 법률상 이익의 내용으로서 주장할 수 있는가의 문제가 제기되며, 판례는 관련 법령의 보호법익 속에 인근 주민들의 환경상 이익도 포함되어 있는 것으로 해석하고 있다.

[1] 환경영향평가에 관한 자연공원법령 및 환경영향평가법령상의 관련 규정의 취지는 집단시설지구개발사업으로 인하여 직접적이고 중대한 환경피해를 입으리라고 예상되는 환경영향평가대상지역 안의 주민들이 개발 전과 비교하여 수인한도를 넘는 환경침해를 받지 아니하고 쾌적한 환경에서 생활할 수 있는 개별적 이익까지도 이를 보호하려는 데에 있다 할 것이므로, 위 주민들이 위 변경승인처분과 관련하여 갖고 있는 위와 같은 환경상의 이익은 주민 개개인에 대하여 개별적으로 보호되는 직접적 · 구체적인 이익이라고 보아야 할 것이어서, 국립공원 집단시설지구개발사업으로 인하여 직접적이고 중대한 환경피해를 입으리라고 예상되는 환경영향평가대상지역 안의 주민들이 누리고 있는 환경상의 이익이 위 변경승인처분으로 인하여 침해되거나 침해될 우려가 있는 경우에는 그 주민들에게 위 변경승인처분과 그 변경승인처분의 취소를 구하는 행정심판청구를 각하한 재결의 취소를 구할 원고적격이 있다고 보아야 한다(대판 2001.7.27, 99두2970).

[2] **행정처분의 직접 상대방이 아닌 자로서 그 처분에 의하여 환경상 침해를 받으리라고 예상되는 영향권 범위 내의 주민 및 그 영향권 밖의 주민이 처분의 취소를 구할 원고적격을 인정받기 위한 요건**  행정처분의 직접 상대방이 아닌 자로서 그 처분에 의하여 자신의 환경상 이익이 침해받거나 침해받을 우려가 있다는 이유로 취소소송을 제기하는 제3자는, 자신의 환경상 이익이 그 처분의 근거 법규 또는 관련 법규에 의하여 개별적 · 직접적 · 구체적으로 보호되는 이익, 즉 법률상 보호되는 이익임을 입증하여야 원고적격이 인정되고, 다만 그 행정처분의 근거 법규 또는 관련 법규에 그 처분으로써 이루어지는 행위 등 사업으로 인하여 환경상 침해를 받으리라고 예상되는 영향권의 범위가 구체적으로 규정되어 있는 경우에는, 그 영향권 내의 주민들에 대하여는 당해 처분으로 인하여 직접적이고 중대한 환경피해를 입으리라고 예상할 수 있고, 이와 같은 환경상의 이익은 주민 개개인에 대하여 개별적으로 보호되는 직접적 · 구체적 이익으로서 그들에 대하여는 특단의 사정이 없는 한 환경상 이익에 대한 침해 또는 침해 우려가 있는 것으로 사실상 추정되어 법률상 보호되는 이익으로 인정됨으

---

41) 이하의 내용은 류지태, "환경이용과 국민의 권리보호", 저스티스 제25권 제 2 호(1992), 241면 이하 참조.

로써 원고적격이 인정되며, 그 영향권 밖의 주민들은 당해 처분으로 인하여 그 처분 전과 비교하여 수인한도를 넘는 환경피해를 받거나 받을 우려가 있다는 자신의 환경 상 이익에 대한 침해 또는 침해 우려가 있음을 증명하여야만 법률상 보호되는 이익 으로 인정되어 원고적격이 인정된다(대판 2006.12.22., 2006두14001).

그러나 인근 주민들이 아닌 다른 주민이나 환경보호단체 등의 환경상 이익주장에 대해서는 원고적격을 부정하고 있다. 이로 인해 행정기관의 환경법규 위반행위는 존 재하지만, 이를 자신의 법률상 이익침해로서 주장할 수 있는 당사자가 없는 경우에는 환경상 이익을 어떻게 보호할 것인가의 문제가 제기된다. 즉, 환경보호라는 공익적 목 적을 위하여 행정소송을 제기하는 것이 가능한가 하는 문제이며, 이는 특히 개인적인 권리보호의 체계로 형성되어 있는 행정소송체계에 비추어, 그 필요성은 인정된다고 하더라도 여하히 이를 관철할 수 있는가 하는 문제와 관련되는 것이다.

환경영향평가대상지역 밖의 주민·일반 국민·산악인·사진가·학자·환경보호단체 등의 환경상 이익이나 전원(電源)개발사업구역 밖의 주민 등의 재산상 이익에 대하여 는 근거 법률에 이를 그들의 개별적·직접적·구체적 이익으로 보호하려는 내용 및 취지를 가지는 규정을 두고 있지 아니하므로, 이들에게는 위와 같은 이익 침해를 이유 로 전원(電源)개발사업실시계획승인처분의 취소를 구할 원고적격이 없다(대판 1998.9.22., 97누19571).

② **해결방안**    이러한 필요성으로 인해 행정기관의 환경법규 위반행위에 대한 실효성 있는 소송상의 대책이 문제로 된다. 이를 위해서는 환경보호가 갖는 공익적 이해관계를 주장할 수 있는 원고적격의 확대가 필요하게 되며, 그 방법으로서는 미국 식의 시민소송의 방법과 독일식의 단체소송의 방법을 생각할 수 있다.

시민소송을 통한 방법은 1970년 개정된 미국의 대기정화법 제304조에 의해 처음 으로 등장하여 인정된 것으로서, 현재 미국 환경법의 실효성을 극대화한 제도로서 평 가되고 있다. 이는 시민들에게 직접적으로 환경규제법령상의 의무를 이행하지 않는 행정기관을 상대로 소송을 제기할 수 있게 하는 제도로서, 환경법령위반에 대한 시정 을 요구함으로써 환경법령이 정하는 실체적 요건과 절차적 요건을 준수하도록 강제하 려는 것이다. 소송의 근거가 되는 실체적 권리내용은, 환경에 대한 공공신탁을 법적인 권리로 인정하여 환경권을 실정법상의 실체적 권리로 이론구성하려는 데에 기초하는 듯하다.[42]

한편 단체소송에 의한 방법은 독일의 제도로서, 미국과는 달리 개인인 시민에게 소송제기권을 주는 것이 아니라 일정한 공익단체, 즉 환경보호단체에게 원고적격을

---

42) 이에 대한 상세한 내용은 손동원, "미국 환경법상의 시민소송제도", 환경법연구 10권(1988), 33면 이하 참조.

인정하는 제도이다. 이는 특히 자연보호법 위반행위와 관련하여 환경보호단체에게 원고적격을 인정하고 있다( 그러나 독일에서도 브레멘, 헤센, 함부르크, 베를린, 자알란트의 5개 주에서만 인정되고 있다 ). 이러한 원고적격 인정의 전제요건으로서는, 행정기관의 적극적인 처분행위나 부작위에 의하여 자연보호법규정 위반이 존재하고, 이러한 위반된 규정에 의하여 당해 단체의 정관에 따른 업무영역과 관련을 갖게 되고, 당해 소송제기 이전에 행해진 행정절차에서 당해 단체가 일정한 참여권을 행사하였을 것을 전제로 요구하고 있다.

### (2) 권리보호의 필요
#### 1) 의    의

행정소송을 제기하는 원고에게는 원고적격 이외에도 또한 권리보호의 필요성( 또는 협의의 소의 이익 )이 인정되어야 한다. 이는 원고에게 행정소송제기를 통하여 당해 분쟁을 해결할 현실적인 필요성이 인정되는가에 관한 문제이다. 원고적격의 요건이 원고와 다투고자 하는 행정작용과의 실질적인 관련성을 요구하며, 이를 통하여 피고의 이해관계를 배려하는 요건이라면, 이 요건은 원고적격이 인정되더라도 소송제도의 존재목적에 비추어 행정소송제기의 필요성이 인정될 수 있는가의 여부를 검토하여, 법원의 이해관계를 배려하는 요건이다.

이 요건에 대해서는 일반적으로 「행정소송법」에서 직접적인 규정을 두고 있지 않은 것이 보통이다. 그러나 불필요하거나 남용의 의미만을 갖는 소송을 허용하지 않아야 하는 것은 소송제도의 목적상 최소한도로 요구되는 것으로 이해되고 있다. 따라서 이 요건은 주로 권리보호 필요성 요건이 부정되는 경우를 중심으로 하여 설명되고 있다. 이 요건은 판례에 의하면 다른 소송요건과는 달리, 상고심 종결시까지 검토되는 것으로 보고 있다.[43]

기록과 피고 소송대리인이 이 법원에 제출한 자료에 의하면, 원고들은 피고로부터 이 사건 건물에 대하여 철거 및 이주하라는 등의 내용으로 대집행계고처분을 받게 되자 원심법원에 위 처분의 취소를 구하는 본안소송을 제기하여 1994. 7. 12. 원고들의 청구를 인용하는 승소판결이 선고되었으나, 소외 행당 제2구역 재개발조합은 이 사건 건물에 대하여 중앙토지수용위원회에 수용재결을 신청하여 수용재결이 이루어짐으로써 그 재결된 보상금 전액을 공탁한 후 1995. 6. 16. 이 사건 건물에 대한 철거를 완료한 사실을 알 수 있으므로, 원고들은 이미 철거된 대상건물에 대한 이 사건 대집행계고처분의 효력을 다툴 법률상의 이익이 없게 되었다고 할 것이다. 그렇다면 이 사건은 상고심에 계속 중 대상건물의 철거로 소의 이익이 없게 되어 부적법하게 되었다고 할 것이고, 따라서 원심판결은 이 점에서 그대로 유지될 수 없으므로 이를

[43] 대판 1989. 1. 17, 87누1045; 1995. 7. 14, 95누4087.

파기하고, 이 법원이 직접 판결하기로 하여 이 사건 소를 위와 같이 소의 이익이 없다는 이유로 각하한다(대판 1995.11.21, 94누11293).

## 2) 권리보호 필요성이 부정되는 경우

㈎ 소송목적이 다른 방법에 의하여 달성될 수 있는 경우　이는 당해 소송제기의 목적을 보다 간편하고 신속한 다른 방법을 통하여 달성할 수 있는 경우를 말한다. 이는 불필요한 소송제기를 방지하자는 의미를 갖는다. 예컨대 단지 다른 소송제기를 준비할 목적으로 행정소송을 제기하는 경우에는 양 소송의 목적이 한 번의 소송으로 달성 가능하므로, 이러한 소송은 불필요한 소송이 된다.

㈏ 소송제기가 원고에게 도움이 되지 못하는 경우　이는 당해 소송을 제기하여 원고가 승소하더라도 원고의 법적 지위를 개선하지 못하는 경우를 말한다. 예컨대 이미 집행되거나 종료한 행정행위의 취소를 구하는 소송제기가 이에 해당한다.

> 위법한 행정처분의 취소를 구하는 소는 위법한 처분에 의하여 발생한 위법상태를 배제하여 원상으로 회복시키고, 그 처분으로 침해되거나 방해받은 권리와 이익을 보호, 구제하고자 하는 소송이므로 비록 그 위법한 처분을 취소한다고 하더라도 원상회복이 불가능한 경우에는 그 취소를 구할 이익이 없다. 광업권 취소처분의 취소를 구하는 소송 계속중에 당해 광업권에 대한 존속기간의 연장허가신청을 하였으나 반려된 상태에서 존속기간이 만료된 경우에는 그 광업권 취소처분이 취소되더라도 원상회복이 불가능하기 때문에 광업권 취소처분의 취소를 구할 소의 이익이 없게 되고, 이는 상고심 계속중에 그 존속기간이 만료된 경우에도 마찬가지이다(대판 1997.1.24, 95누17403).

㈐ 소송제기가 소의 남용으로서 평가될 수 있는 경우　이는 원고가 소송제기를 통하여 자신의 권리를 관철하려는 데 이해관계가 있는 것이 아니라, 권리보호와는 전혀 다른 목적을 추구하려는 경우라고 평가되는 것을 말한다. 즉 피고에게 불이익을 주거나 법원에게 부담을 주려는 목적으로 소송을 제기하고 있다고 평가되는 경우가 이에 해당한다. 예컨대 국가에 대한 청구금액을 한 번에 다 청구하지 않고 작은 금액으로 나누어서 청구하는 경우, 또는 행정계획을 대상으로 취소소송을 제기하고 있지만 단순히 자신이 못마땅하게 생각하는 행정계획의 취소를 청구하는 경우, 또는 단지 경제적인 목적으로 체류를 연장하기 위하여 정치적 망명청구를 제기하는 경우 등이 이에 해당한다.

## 3) 「행정소송법」 제12조 2문의 경우

㈎ 개　관　「행정소송법」 제12조 2문은, "처분 등의 효과가 기간의 경과, 처분 등의 집행 그 밖의 사유로 인하여 소멸된 뒤에도 그 처분 등의 취소로 인하여 회복되는 법률상 이익이 있는 자는 취소소송을 제기할 수 있다"고 규정하고 있다. 이는 원칙적

으로 처분 등이 소멸한 경우에는 취소소송의 제기를 통한 권리보호의 필요성이 부정되는 경우라고 평가하고 있는 것으로 이해된다. 이는 위에서 설명한 사유 중 두 번째의 경우를 규정하고 있는 것으로 해석된다.

(나) 판례의 태도  당해 조문의 사유에 해당하는 경우에 권리보호의 필요가 인정되는가에 대해서 판례입장을 살펴보면 다음과 같다.

① 부정하고 있는 경우  처분에서 정한 처분기한이 소송도중 도과한 경우, 처분의 집행이 완료되어 원상회복이 불가능하게 된 경우, 처분 후에 법령이나 제도의 개폐로 처분이 근거법령이 실효된 경우 등이 해당한다.

[ 1 ] 건축사 업무정지처분의 취소를 구하는 본안소송을 제기하면서 그 효력정지신청을 하여 '본안판결 선고시'까지 그 처분의 효력을 정지한다는 효력정지결정을 받은 후 당해 처분을 취소한다는 원고 승소판결이 선고되었으나 피고가 이에 불복하여 상고한 경우, 그 효력정지결정은 본안판결 선고일에 당연히 실효되고 일시 정지된 위 처분의 효력이 되살아나 그 때부터 효력정지결정 전에 이미 집행된 일부 기간을 공제한 나머지 업무정지기간이 진행되는 결과, 다시 효력정지결정을 받지 않은 상태에서 상고심 계속중 업무정지기간이 전부 경과하면 그로써 당해 처분의 효력이 상실되므로, 그 처분이 외형상 잔존함으로 인하여 어떠한 법률상의 이익이 침해되었다는 별다른 사정이 없는 한 그 처분의 취소를 구할 법률상의 이익이 없어지게 되어 그 처분의 취소를 구하는 소송은 부적법하게 된다( 대판 1997.2.14, 96누6233 ).

[ 2 ] 상고심 계속중 대상건물이 철거된 경우에는 건물철거대집행계고처분의 취소소송은 그 소의 이익을 상실한다( 대판 1995.11.21, 94누11293 ).

[ 3 ] 행정청이 공무원에 대하여 새로운 직위해제사유에 기한 직위해제처분을 한 경우 그 이전에 한 직위해제처분은 이를 묵시적으로 철회하였다고 봄이 상당하므로, 그 이전 처분의 취소를 구하는 부분은 존재하지 않는 행정처분을 대상으로 한 것으로서 그 소의 이익이 없어 부적법하다( 대판 2003.10.10, 2003두5945 ).

[ 4 ] 구 주택건설촉진법은 제32조의 4에서 주택건설사업계획의 사전결정제도에 관하여 규정하고 있었으나 위 법률이 1999. 2. 8. 법률 제5908호로 개정되면서 위 제32조의 4가 삭제되었고, 그 부칙 규정에 의하면 개정후 법은 1999. 3. 1.부터 시행되며( 부칙 제1조 ), 개정 후 법의 시행당시 종전의 제32조의 4의 규정에 의하여 사전결정을 한 주택건설사업은 종전의 규정에 따라 주택건설사업을 시행할 수 있다고 규정되어 있을 뿐( 부칙 제2조 ), 개정후 법의 시행전에 사전결정의 신청이 있었으나 그 시행당시 아직 사전결정이 되지 않은 경우에도 종전의 규정에 의한다는 취지의 규정을 두지 아니하고 있고, 따라서 개정전의 법에 기한 주택건설사업계획 사전결정반려처분의 취소를 구하는 소송에서 승소한다고 하더라도 위 반려처분이 취소됨으로써 사전결정신청을 한 상태로 돌아갈 뿐이므로, 개정후 법이 시행된 1999. 3. 1. 이후에는 사전결정신청에 기하여 행정청으로부터 개정전 법 제32조의 4 소정의 사전결정을 받을 여지가 없게 되

었다고 할 것이어서 더 이상 소를 유지할 법률상의 이익이 없게 되었다고 할 것이다
( 대판 1999.6.11., 97누379 ).

② **인정하는 경우**　　예외적으로 판례가 인정하고 있는 경우로는, 파면처분 후 당연퇴직한 경우, 파면처분 후 일반사면된 경우, 건축사 업무정지 기간경과 후에도 「건축사법」상 가중처벌의 위험이 존재하는 경우 등이 해당한다.

[1] 파면처분취소소송의 사실심변론종결전에 동 원고가 허위공문서작성 등 죄로 징역 8월에 2년간 집행유예의 형을 선고받아 확정되었다면, 원고는 지방공무원법 제61조의 규정에 따라 위 판결이 확정된 날 당연퇴직되어 그 공무원의 신분을 상실하고, 당연퇴직이나 파면이 퇴직급여에 관한 불이익의 점에 있어 동일하다 하더라도 최소한도 이 사건 파면처분일자까지의 기간에 있어서는 파면처분의 취소를 구하여 그로 인해 박탈당한 이익의 회복을 구할 소의 이익이 있다할 것이다( 대판 1985.6.25., 85누39 ).

[2] 공무원이었던 원고가 1980. 1. 25.자로 이 사건 파면처분을 받은 후 1981. 1. 31. 대통령령 제10194호로 징계에 관한 일반사면령이 공포시행되었으나, 사면법 제 5 조 2 항, 제 4 조의 규정에 의하면 징계처분에 의한 기성의 효과는 사면으로 인하여 변경되지 않는다고 되어 있고 이는 사면의 효과가 소급하지 않았음을 의미하는 것이므로, 이와 같은 일반사면이 있었다고 할지라도 파면처분으로 이미 상실된 원고의 공무원 지위가 회복될 수는 없는 것이니 원고로서는 이 사건 파면처분의 위법을 주장하여 그 취소를 구할 소송상 이익이 있다 할 것이다( 대판 1983.2.8., 81누121 ).

[3] 건축사법 제28조 1항이 건축사 업무정지처분을 연 2회 이상 받고 그 정지기간이 통산하여 12월 이상이 될 경우에는 가중된 제재처분인 건축사사무소 등록취소처분을 받게 되도록 규정하여 건축사에 대한 제재적인 행정처분인 업무정지명령을 보다 무거운 제재처분인 사무소등록취소처분을 받은 건축사로서는 위 처분에서 정한 기간이 도과되었다 하더라도 위 처분을 그대로 방치하여 둠으로써 장래 건축사사무소 등록취소라는 가중된 제재처분을 받게 될 우려가 있는 것이므로 건축사로서의 업무를 행할 수 있는 법률상 지위에 대한 위험이나 불안을 제거하기 위하여 건축사 업무정지처분의 취소를 구할 이익이 있다( 대판 1991.8.27., 91누3512 ).

㈐ **소송의 유형**　　이 경우는 원고가 취소소송 제기 후에 발생된 사정과 관련하여 소송을 계속 수행하는 경우를 그 대상으로 하므로, 그 소송유형은 취소소송의 형식을 갖는 것이지만, 실질적으로는 확인소송으로 이해된다. 이때의 확인의 대상은 처분의 무효가 아니라 단순위법의 확인을 구하는 것으로 보아야 한다. 즉 처분의 종료 등에 의하여도 장래에 발생할 수 있는 불이익을 방지하기 위한 목적으로 제기하는 예방적 목적의 확인소송이라고 보아야 한다.

㈑ **관련문제(가중처벌의 위험을 이유로 한 법률상 이익의 인정문제)**　　판례는 소송대상인 (일정한 기간을 정하여 발령되는) 제재적 행정처분이( 예컨대 일정한 기간 동안의 업무정지처분 ) 그 기간을 경과하였더

라도, 그러한 처분을 받은 사실이 장래 위반행위시 가중적 제재요건이 되는 경우에 제12조 2문에서 정하고 있는 법률상 이익의 인정여부에 대하여 규범형식에 따라 그 해결을 달리하여 왔었다. 즉, 법률 또는 대통령령으로 가중적 제재요건이 정하여진 경우는 이를 인정하였다.

　　[1] 행정처분의 효력기간이 경과하였다고 하더라도 그 처분을 받은 전력이 장래에 불이익하게 취급되는 것으로 법정의 가중요건으로 되어 있고, 이후 그 법정가중요건에 따라 새로운 제재적인 행정처분이 가해지고 있다면 선행행정처분의 잔존으로 인하여 법률상의 이익이 침해되고 있다고 볼 만한 특별한 사정이 있는 경우에 해당한다고 볼 것인바, 연 2회 이상 건축사의 업무정지명령을 받은 경우 그 정지기간이 통산하여 12월 이상이 된 때를 건축사사무소의 등록을 취소할 경우의 하나로 규정하고 있는 건축사법 제28조 1항 5호의 규정은 제재적인 행정처분의 법정가중요건을 규정해 놓은 것으로 보아야 하고, 원고가 변론재개신청과 함께 이 사건 건축사업 업무정지명령이 전제가 되어 원고의 건축사사무소등록이 취소되었음을 알 수 있는 소명자료까지 제출하고 있다면, 이 사건 건축사업무정지명령에서 정한 정지기간이 도과되었다고 하더라도 그 처분으로 인하여 원고에게는 건축사사무소등록취소라는 법률상의 이익이 침해되고 있다는 사정을 나타내 보인 것이라고 할 것이므로, 원심으로서는 이 사건 건축사업무정지명령 취소소송에 있어서 소의 이익 유무를 판단하기 위하여 변론의 재개를 허용하는 방법 등으로 충분한 심리를 다했어야 한다(대판 1990.10.23, 90누3119).

　　[2] 건설기술관리법 시행령에서 감리원에 대한 제재적인 업무정지처분을 일반정지처분과 가중정지처분의 2단계 조치로 규정하면서 전자의 제재처분을 좀더 무거운 후자의 제재처분의 요건으로 규정하고 있는 이상, 감리원 업무정지처분에서 정한 업무정지기간이 도과되었다 하더라도 위 처분을 그대로 방치하여 둠으로써 장래 가중된 감리원 업무정지의 행정처분을 받게 될 우려가 있다는 점에서 감리원으로서 업무를 행할 수 있는 법률상 지위에 대한 위험이나 불안을 제거하기 위하여 위 처분의 취소를 구할 법률상 이익이 있다고 보아야 할 것이다(대판 1999.2.5, 98두13997).

반면에 부령형식인 경우는 이를 부정하고 있었다.

　　행정처분에 효력기간이 정하여져 있는 경우, 그 처분의 효력 또는 집행이 정지된 바 없다면 위 기간의 경과로 그 행정처분의 효력은 상실되므로 그 기간 경과후에는 그 처분이 외형상 잔존함으로 인하여 어떠한 법률상 이익이 침해되고 있다고 볼 만한 별다른 사정이 없는 한 그 처분의 취소를 구할 법률상의 이익이 없고, 행정명령에 불과한 각종 규칙상의 행정처분 기준에 관한 규정에서 위반 횟수에 따라 가중처분하게 되어 있다 하여 법률상의 이익이 있는 것으로 볼 수는 없다(대판 1995.10.17, 94누14148 전원합의체).44)

---

44) 그러나 이러한 다수의견에 대하여는 다음과 같은 반대의견이 개진되었다 : "과거에 제재적 행정처분을 받은 전력이 장래 동종의 행정처분을 받게 될 경우에 정상관계의 한 요소로 참작되는 것에 불과하다면 그 장래 받게 될 행정처분에 미치는 영향의 유무 및 정도가 명확하다고 할 수

이러한 그간의 판례입장은 ㉠ 제재적 행정처분의 기준을 정한 대통령령과 부령의 법적 성질을 자의적으로 달리 봄으로써 처분기준이 어느 형식으로 규정되어 있느냐의 우연에 따라 당사자의 권리구제의 결론이 달라지는 점, ㉡ 규범형식보다는 당해 제재처분의 존재사실로 인하여 당사자에게 직접적으로 발생하는 현실적인 불이익의 가능성 존재여부에 따라서 검토하는 것이 타당한 점 등에서 문제점을 안고 있었다.

이러한 문제점을 인식한 듯 대법원은 2006. 6. 22, 2003두1684 전원합의체판결로 위 94누14148 전원합의체판결을 다시 변경하여, 제재적 행정처분이 그 처분에서 정한 제재기간의 경과로 인하여 그 효과가 소멸되었으나, 부령인 시행규칙 또는 지방자치단체의 규칙의 형식으로 정한 처분기준에서 제재적 행정처분을 받은 것을 가중사유나 전제요건으로 삼아 장래의 제재적 행정처분을 하도록 정하고 있는 경우, 선행처분인 제재적 행정처분을 받은 상대방이 그 처분에서 정한 제재기간이 경과하였다 하더라도 그 처분의 취소를 구할 법률상 이익이 있다고 판시하였다(다수의견).

이러한 결론에 있어서는 환영할 만하다 할 것이다. 다만, 이 판결에서 대법원 다수의견은 "⋯그러한 규칙이 법령에 근거를 두고 있는 이상 그 법적 성질이 대외적ㆍ일반적 구속력을 갖는 법규명령인지 여부와는 상관없이⋯"라고 하여 대통령령 형식의 처분기준은 법규명령으로, 부령형식의 처분기준은 단순한 행정규칙으로 보아온 종전의 입장을 계속 유지하여 아쉬움을 기록하였다. 논리적으로는 부령형식의 처분기준도 우리 헌법이 인정하는 법규명령의 형식에 해당함을 정면으로 인정하는 전제하에 이와 같은 결론을 도출하는 것이 수미일관한 해결이라고 본다.[45)]

---

는 없으므로 이는 단순한 사실상의 불이익을 받는 것에 불과할 뿐 이를 법률상의 불이익이라고 할 수는 없으나, 제재적 행정처분을 받은 전력이 장래 동종의 처분을 받을 경우에 가중요건으로 법령에 규정된 것은 아니더라도 부령인 시행규칙 또는 지방자치단체의 규칙 등으로 되어 있어 그러한 규칙의 규정에 따라 실제로 가중된 제재처분을 받은 경우는 물론 그 가중요건의 존재로 인하여 장래 가중된 제재처분을 받을 위험이 있는 경우 선행의 제재처분을 받은 당사자가 그 처분의 존재로 인하여 받았거나 장래에 받을 불이익은 직접적이고 구체적이며 현실적인 것으로서 결코 간접적이거나 사실적인 것이라고 할 수는 없으므로 그 처분을 당한 국민에게는 그 처분의 취소소송을 통하여 불이익을 제거할 현실적 필요성이 존재한다. 또한, 행정소송법 제12조 후문이 규정하는 '처분의 취소로 인하여 회복되는 법률상 이익'의 유무는 원래 항고소송의 목적ㆍ기능을 어떻게 이해하며 국민의 권익신장을 위하여 어느 범위에서 재판청구권의 행사를 허용할 것인가의 문제와 관련된 것으로서 이를 위 조항에 대한 일의적ㆍ문리적ㆍ형식적 해석에 의하여 판별할 수는 없고, 구체적인 사안별로 관계 법령의 규정 및 그 취지를 살펴서 현실적으로 권리보호의 실익이 있느냐를 기준으로 판단되어야 할 것인바, 제재기간이 정하여져 있는 제재적 행정처분에 있어서는 그 처분의 전력을 내용으로 한 가중요건이 규칙으로 규정되어 있는 경우에도 제재기간이 지난 후에 그 처분의 취소를 구할 실질적 이익이 있다."

45) 이 판결의 다수의견에 대한 이강국 대법관의 별개의견에서도 그러한 취지가 잘 나타나고 있다: "다수의견은, 제재적 행정처분의 기준을 정한 부령인 시행규칙의 법적 성질에 대하여는 구체적인 논급을 하지 않은 채, 시행규칙에서 선행처분을 받은 것을 가중사유나 전제요건으로 하여 장래 후행처분을 하도록 규정하고 있는 경우, 선행처분의 상대방이 그 처분의 존재로 인하여 장래에 받을 불이익은 구체적이고 현실적이라는 이유로, 선행처분에서 정한 제재기간이 경

## 2. 상대방(피고)

### (1) 피고적격

행정소송은 올바른 피고를 상대방으로 하여 제기되어야 한다. 따라서 피고가 잘 못 지정된 경우에는 소송이 각하되나,46) 예외적으로 피고경정의 절차를 통하여 바로 잡을 수 있다. 피고경정은 당사자의 신청에 의한 경우와 법원의 직권에 의한 경우로 나눌 수 있다. 전자에 의한 경우에는 법원의 결정에 의해 그 허가가 행해지며($^{제14조}_{1항}$), 결정이 있는 때에는 그 효력은 처음에 소를 제기한 때에 제기된 것으로 보며($^{제14조}_{4항}$), 종 전의 피고에 대한 소송은 취하된 것으로 본다($^{제14조}_{5항}$). 피고로 지정된 행정청의 권한이 다른 행정청에 승계되거나 행정청이 폐지된 때에는, 당사자의 신청에 의한 경우뿐 아 니라 법원의 직권에 의하여도 피고를 경정한다($^{제14조}_{6항}$).

**「행정소송법」 제13조 제1항 소정의 '그 처분 등에 관계되는 권한이 다른 행정청에 승 계된 때'의 의미**    무효등확인소송에 준용되는 행정소송법 제13조 제1항은 "취소소 송은 다른 법률에 특별한 규정이 없는 한 그 처분 등을 행한 행정청을 피고로 한다. 다만, 처분 등이 있은 뒤에 그 처분 등에 관계되는 권한이 다른 행정청에 승계된 때 에는 이를 승계한 행정청을 피고로 한다."고 규정하고 있고, 여기서 '그 처분 등에 관 계되는 권한이 다른 행정청에 승계된 때'라고 함은 처분 등이 있은 뒤에 행정기구의 개혁, 행정주체의 합병·분리 등에 의하여 처분청의 당해 권한이 타 행정청에 승계된 경우뿐만 아니라 처분 등의 상대방인 사인의 지위나 주소의 변경 등에 의하여 변경 전의 처분 등에 관한 행정청의 관할이 이전된 경우 등을 말한다(공무원보수규정에 의 하면 호봉획정 및 승급은 법령의 규정에 의한 임용권자(임용에 관한 권한이 법령의 규정에 의하여 위임 또는 위탁된 경우에는 위임 또는 위탁을 받은 자를 말한다) 또는 임용제청권자가 이를 시행하도록 되어 있고(위 규정 제7조), 호봉의 획정 또는 승급 이 잘못된 때에는 당해 공무원의 현재의 호봉획정 및 승급시행권자가 그 잘못된 호 봉발령일자로 소급하여 호봉을 정정하도록 규정하고 있으므로(위 규정 제18조 제1항, 제2항), 종전 임용권자가 행한 호봉획정처분 및 각 승급처분에 대한 정정권한은 현재 의 임용권자에게 승계되었다고 본 사례)($^{대판 2000.11.14,}_{99두5481}$).

---

과한 후에도 그 처분의 취소를 구할 법률상 이익이 있다고 보고 있는바, 다수의견이 위와 같은 경우 선행처분의 취소를 구할 법률상 이익을 긍정하는 결론에는 찬성하지만, 그 이유에 있어서 는 부령인 제재적 처분기준의 법규성을 인정하는 이론적 기초 위에서 그 법률상 이익을 긍정하 는 것이 법리적으로는 더욱 합당하다고 생각한다. 상위법령의 위임에 따라 제재적 처분기준을 정한 부령인 시행규칙은 헌법 제95조에서 규정하고 있는 위임명령에 해당하고, 그 내용도 실질 적으로 국민의 권리의무에 직접 영향을 미치는 사항에 관한 것이므로, 단순히 행정기관 내부의 사무처리준칙에 지나지 않는 것이 아니라 대외적으로 국민이나 법원을 구속하는 법규명령에 해 당한다고 보아야 한다."

**46)** 구청장이 서울특별시장의 이름으로 한 직위해제 및 파면의 처분청은 서울특별시장이므로, 구 청장을 피고로 한 소를 각하한 원심의 판단은 정당하다(대판 1991. 10. 8, 91누520).

### (2) 소송유형에 따른 피고적격

1) 취소소송의 경우에는 다른 법률에 특별한 규정이 없는 한 당해 처분 등을 행한 행정청, 즉 처분청이나 재결청이 피고가 된다. 다만 처분 등이 있은 뒤에 그 처분 등에 관계되는 권한이 다른 행정청에 승계된 때에는 이를 승계한 행정청을 피고로 하며($^{제13조}_{제1항}$), 피고로 지정된 행정청이 폐지된 때에는 그 처분 등에 관한 사무가 귀속되는 국가 또는 공공단체를 피고로 한다($^{제13조}_{2항}$). 취소소송에 관한 피고적격규정은 무효등확인소송($^{제38조}_{1항}$)과 부작위위법확인소송의 경우에 준용되고 있다($^{제38조}_{2항}$).

2) 당사자소송의 경우에는 국가·공공단체 그 밖의 권리주체를 피고로 한다($^{제39}_{조}$). 국가가 피고인 때에는 법무부장관이 국가를 대표($^{국가를당사자로하는}_{소송에관한법률 제2조}$)하며, 지방자치단체가 피고인 때에는 지방자치단체의 장이 소송을 수행하게 된다($^{지방자치법}_{제101조}$).

3) 민중소송이나 기관소송은 객관적 소송으로서 법률에 의하여 인정되는 것이므로, 피고적격에 관하여도 개별법이 정하고 있는 피고에 따르게 된다.

## 3. 참 가 인

### (1) 소송참가

소송참가란 일반적으로 자신의 법률상의 지위를 보호하기 위하여 계속중인 타인 간의 소송에 참가하는 것을 말한다. 그 유형에는 제 3 자가 소송상의 당사자로서의 지위를 가지고 참가하는 독립당사자참가 및 공동소송참가와, 일방 당사자를 보조하기 위하여 당사자에 종된 지위로 참가하는 보조참가가 있다. 그러나 독립당사자참가는 소송실무상 대법원이 그 요건을 엄격하게 인정하는 탓에 별로 이용되지 못하고 있으며, 보조참가가 주종을 이루고 있다. 행정소송에서도 소송참가가 인정되고 있으며, 법적 분쟁의 통일적 해결과 제 3 자의 이해관계의 보호에 그 목적이 있는 것으로 볼 수 있다. 행정소송에서의 소송참가도 민사소송에서와 같이 보조참가가 주종을 이루고 있으나($^{제16}_{조}$), 제 3 자 이외에도 행정청의 소송참가도 인정되고 있는 점($^{제17}_{조}$)에 그 특색이 있다. 취소소송에 관한 소송참가규정은 다른 행정소송유형에서도 명문($^{제38조,}_{제44조 1항}$)으로 또는 그 성질에 비추어 준용되어 적용되고 있다($^{제46}_{조}$).

### (2) 제 3 자의 소송참가

#### 1) 의    의

행정소송의 판결의 결과에 의하여 권리나 이익의 침해를 받을 제3자가 있는 경우에는 법원은 일정한 절차를 거쳐 제 3 자를 소송에 참가시킬 수 있다($^{제16조}_{1항}$). 이는 특히 행정행위의 효력이 제 3 자에게도 미치는 이른바 제 3 자효 행정행위에 있어서 제 3 자의 이해관계를 보호하기 위하여 인정되는 것이다. 이를 통하여 제 3 자는 소송판결의 효력이 자신에게 미치기 전에($^{제29조}_{1항 참조}$), 그리고 사후적으로 재심청구의 방법에 의하지 않고($^{제31조}_{1항 참조}$) 소송계속중에 자신의 이해관계를 주장하여 자신의 권익을 보호할 수 있게 된다.

### 2) 소송참가의 요건

㈎ 소송이 계속 중일 것   우선 소송이 당사자 사이에 계속 중이어야 한다. 이때에 소송이 어느 심급에 계속 중인가는 관계없으며, 상고심에서도 가능한 것으로 인정된다.

㈏ 소송의 결과에 대해 이해관계를 가질 것   이는 소송당사자 일방의 패소에 의하여 제 3 자의 실체법상의 지위에 불리한 영향을 미치는 것을 의미하며, 그 이해관계는 법률상의 이해관계, 즉 권리 또는 이익의 침해를 의미한다.

### 3) 소송참가의 절차 및 효과

절차로서는 소송의 당사자나 제 3 자의 신청에 의한 경우 외에도 법원의 직권에 의하여 결정의 형식으로 참가시킬 수 있다($^{제16조}_{1항}$). 이러한 결정을 하고자 할 때에는 미리 당사자 및 제 3 자의 의견을 들어야 한다($^{제16조}_{2항}$). 소송참가에 대해서는 「민사소송법」 제67조의 규정이 준용되고 있으나($^{제16조}_{4항}$), 이때의 제 3 자는 피참가인과 동일한 이해관계를 갖는 당사자가 아니므로 그 성격상 공동소송적 보조참가인에 해당한다고 보아야 한다.

**행정소송 사건에서 참가인이 한 보조참가가 「행정소송법」 제16조가 규정한 제3자의 소송참가에 해당하지 않는 경우에도 민사소송법 제78조에 규정된 공동소송적 보조참가인지 여부(적극)**   행정소송 사건에서 참가인이 한 보조참가가 행정소송법 제16조가 규정한 제3자의 소송참가에 해당하지 않는 경우에도, 판결의 효력이 참가인에게까지 미치는 점 등 행정소송의 성질에 비추어 보면 그 참가는 민사소송법 제78조에 규정된 공동소송적 보조참가이다. 공동소송적 보조참가는 그 성질상 필수적 공동소송 중에서는 이른바 유사필수적 공동소송에 준한다 할 것인데, 유사필수적 공동소송에서는 원고들 중 일부가 소를 취하하는 경우에 다른 공동소송인의 동의를 받을 필요가 없다. 또한 소취하는 판결이 확정될 때까지 할 수 있고 취하된 부분에 대해서는 소가 처음부터 계속되지 아니한 것으로 간주되며(민사소송법 제267조), 본안에 관한 종국판결이 선고된 경우에도 그 판결 역시 처음부터 존재하지 아니한 것으로 간주되므로, 이는 재판의 효력과는 직접적인 관련이 없는 소송행위로서 공동소송적 보조참가인에게 불이익이 된다고 할 것도 아니다. 따라서 피참가인이 공동소송적 보조참가인의 동의 없이 소를 취하하였다 하더라도 이는 유효하다. 그리고 이러한 법리는 행정소송법 제16조에 의한 제3자 참가가 아니라 민사소송법의 준용에 의하여 보조참가를 한 경우에도 마찬가지로 적용된다($^{대판\ 2013.3.28,}_{2011두13729}$).

## (3) 행정청의 소송참가

### 1) 의    의

법원은 당해 소송의 당사자가 아닌 다른 행정청을 소송에 참가시킬 필요가 있다고 인정할 때에는 일정한 절차를 거쳐 그 행정청을 소송에 참가시킬 수 있다($^{제17조}_{1항}$). 이는 소송참가유형으로서는 이례적인 것이나, 행정작용의 결정과정에 다른 행정청의 관여가 인정되는 때에는 당해 소송의 결과에 의해 직접적인 영향을 받게 되므로($^{제30조}_{1항}$) 미리 소송과정에 참여시켜 이해관계를 반영할 수 있도록 하는 것이다.

### 2) 요건 등

소송참가의 요건으로는 우선 소송이 계속중이어야 하고, 당해 소송의 결과에 법적인 이해관계를 가져야 한다. 그 절차로서는 소송당사자나 당해 행정청의 신청 또는 법원의 직권에 의하여 결정의 형식으로 행하며($^{제17조}_{1항}$), 결정을 하기 전에 소송당사자 및 당해 행정청의 의견을 들어야 한다($^{제17조}_{2항}$). 소송참가의 효과로서는 「민사소송법」 제76조의 보조참가인에 준하는 효과가 인정된다($^{제17조}_{3항}$). 따라서 참가인인 행정청은 참가하는 때의 소송정도에 따라 할 수 없는 것을 제외하고는 공격·방어·이의·상소 기타 일체의 소송행위를 할 수 있으나($^{민소법 제76조}_{1항 참조}$), 이러한 소송행위가 피참가인의 소송행위와 저촉되는 때에는 효력을 상실하게 된다($^{동법 제76조}_{2항 참조}$).

# Ⅱ. 행정소송의 대상

## 1. 일반적인 대상

행정소송의 대상은 위법한 처분·부작위·그 밖의 행정작용이 된다. 이는 행정소송의 유형에 따라 검토되는 것이지만, 당사자소송·민중소송·기관소송의 대상행위는 행정주체의 우월적인 지위를 전제로 하지 않거나($^{당사자}_{소송}$), 법률에서 그 대상 행정작용을 규정하고 있으므로($^{민중소송과}_{기관소송}$) 별도로 고찰할 필요가 없게 된다. 따라서 검토의 주된 대상행위는 항고소송의 경우가 된다.

## 2. 항고소송의 대상

항고소송은 현행법상 취소소송, 무효등확인소송, 부작위위법확인소송으로 나누어지며, 그 대상행위는 취소소송과 무효등확인소송은 처분 등이 되고, 부작위위법확인소송은 부작위가 된다. 이때 부작위에 대해서는 「행정소송법」 제 2 조 제 1 항 제 2 호가 개념정의를 하고 있으며 그 내용은 앞에서 설명한 '행정심판의 대상'으로서의 부작위와 동일한 것이 된다. 또한 '처분 등'이란 처분과 행정심판의 재결을 의미하는 것이며, 후자는 재결 자체에 고유한 위법이 있는 경우를 예정한 것이다($^{행정소송법}_{제19조 단서}$). 그러나 처분의 개념에 대해서는 논의의 대립이 있다.

## 3. 항고소송의 대상인 처분

「행정소송법」은 항고소송의 대상으로서 처분을 전제로 하고 있다. 이러한 처분개념의 의미에 대해서 「행정소송법」은 "행정청이 행하는 구체적 사실에 관한 법집행으로서의 공권력의 행사 또는 그 거부와 그 밖에 이에 준하는 행정작용"으로 스스로 정의하고 있다(제2조). 입법례로 보아도 매우 드문 이러한 항고소송의 대상에 관한 정의규정은 한편으로는 명확성을 담보하는 면도 있지만, 다른 면으로는 그 표현내용의 불확실성으로 인하여 많은 해석의 여지를 남기고 있다. 논의의 중점은 주지하는 바와 같이, 이러한 「행정소송법」상의 처분개념에 형식적 행정행위개념이 포함되는가 하는 것이며, 이에 관한 결론은 항고소송의 대상인 처분개념의 범위확정에도 영향을 미치게 된다.

**항고소송의 대상인 처분 개념을 규정한 행정소송법 제2조 제1항 제1호 중 "행정청이 행하는 구체적 사실에 관한 법집행으로서의 공권력의 행사 또는 그 거부와 그 밖에 이에 준하는 행정작용" 부분이 국민의 재판을 받을 권리를 침해하는지 여부(소극) 및 '구체적 사실에 대한 법집행으로서의 공권력의 행사'에 의하여 권리 또는 이익을 침해당한 자와 '그 밖의 공권력의 행사'에 의하여 권리 또는 이익이 침해당한 자를 자의적으로 차별하여 평등권을 침해하는지 여부(소극)** 이 사건 법률조항에 따라 항고소송의 대상에 해당되지 않아 행정재판을 받지 못하게 되는 제약 내지 불이익이 발생하는데, 이는 불필요한 소송을 억제하여 법원과 당사자의 부담을 경감시킴으로써 효율적인 재판제도를 구현하기 위한 취지에서 비롯된 것으로 구 행정소송법(1984. 12. 15. 법률 3754호로 전부 개정되기 이전의 것)과 달리 이 사건 법률조항에서 처분 개념을 규정한 것은 현대행정의 다양화 등에 따른 권리구제 확대의 필요성을 반영한 것으로서 그 목적의 정당성이 인정된다. 항고소송에서 처분성이 인정되지 않는 '공권력의 행사'라고 하더라도 헌법재판소법 제68조 제1항 소정의 헌법소원이나 행정소송법상 당사자소송에 의한 구제수단에 의하여 권리구제가 확대될 수 있음을 감안할 때, 처분 개념을 규정한 이 사건 법률조항은 국민의 효율적인 권리구제를 어렵게 할 정도로 입법재량권의 한계를 벗어났다고 할 수 없고, 항고소송의 대상이 되는 처분 개념을 위와 같이 규정한 데에는 충분한 합리적인 이유가 있으므로 재판을 받을 권리를 침해한다고 할 수 없다. 또한 항고소송의 대상이 되는 처분 개념을 제한한 이 사건 법률조항에 의하여 처분성이 인정되지 아니할 경우 항고소송절차를 통한 권리구제를 받을 수 없는 차별이 발생하나 항고소송의 대상적격을 결정짓는 이 사건 법률조항은 기본적으로 입법자의 광범위한 입법형성권이 인정되는 영역에 속하는 것으로서 사법본질상의 한계를 반영하여 '구체적 사실에 관한 법집행으로서의 공권력의 행사'로 처분 개념을 규정한 데에는 합리적인 이유가 인정되므로 평등권을 침해하지 않는다(헌재 2009.4.30, 2006헌바66 )

(1) 입법례의 검토

1) 독일의 경우

항고소송의 대상을 무엇으로 할 것인가에 대해 각국의 입법은 다양한 태도를 보이고 있다. 입법례로서는 특히 독일과 일본의 태도가 서로 대조를 이룬다. 독일의 경우는 항고소송의 대상으로 행정행위를 전제로 하고 있으며, 이에 따라 취소소송을 행정행위의 효력상실(Aufhebung)을 주장하는 소송으로서 규정하고 있다(행정법원법 제42조 1항). 이때의 취소소송의 대상인 행정행위에 대해서 행정소송법에는 아무런 개념정의규정을 두고 있지 않으며, 행정절차법에 행정행위에 관한 상세한 개념정의 규정을 두고 이러한 내용을 취소소송의 대상인 행정행위의 내용으로 보고 있다. 이에 따라 행정절차법에 의해 행정절차의 대상이 된 행정행위가 바로 취소소송의 대상인 행정행위로 이해된다. 이로 인해 독일에서는 취소소송의 대상인 행정행위와 실체법적 개념인 행정행위가 서로 동일하게 된다.

2) 일본의 경우

이에 반해 일본의 경우는 항고소송을 '행정청의 공권력의 행사에 관해 불복하는 소송'으로 정의하고 있으며(행정사건소송법 제3조), 그 대상인 공권력의 행사의 개념에 대해서는 정의규정을 두고 있지 않다. 그러나 대표적인 항고소송인 취소소송에 대한 설명에서 '처분의 취소소송이란 행정청의 처분 그 밖의 다른 공권력의 행사에 해당하는 행위의 취소를 구하는 소송을 말한다'라고 하고(동법 제3조 2호), 이때의 대상인 '처분 그 밖의 다른 공권력의 행사에 해당하는 행위'의 범위에는 재결, 결정, 그 밖의 행위를 제외하는 것으로 보고 있으며, 이를 법령전체에서 단순하게 처분으로 보고 있다. 따라서 일본의 행정사건소송법상의 처분이란 넓은 의미로 이해되는 개념이며, 이에는 협의의 개념으로서의 행정청의 처분과 그 밖의 다른 공권력의 행사에 해당하는 행위로 나누어지게 된다. 이때의 중심개념인 처분에 관한 명문의 정의규정을 행정사건소송법은 두고 있지 않으나,47) 1994년에 제정된 행정절차법인 일본의 행정수속법은 제 2 조 제 2 호에서 행정절차의 대상이 되는 '처분'을 취소소송의 대상과 동일하게 "행정청의 처분 그 밖의 다른 공권력의 행사에 해당하는 행위"로 정의하고 있다. 이에 따라 일본에서도 외형적으로는 독일식의 입법과 유사하게, 행정절차의 대상이 된 처분개념이 바로 취소소송의 대상인 처분이 되는 것처럼 보인다.

그러나 당연한 논리이지만 행정절차의 대상인 처분개념은 쟁송법적 개념이 아니라 실체법적 관점에서의 개념이며, 이에 따라 일본에서도 이러한 행정절차의 대상으

---

47) 일본에서는 취소소송의 대상으로서의 처분개념에 대해 정의규정을 두고 있지 않은 사실에 대해, 어떤 의미에서는 긍정적인 평가도 내려지고 있다. 즉 정의규정을 두지 않음으로써 새로운 행정현상에 상응하여 변화할 수 있는 유동적 개념이 될 수 있으며, 그 구체적 내용을 판례의 전개에 따라 기대할 수도 있는 것으로 본다(南 博方, 紛爭の行政解決手法, 1993, 59면).

로서의 처분개념에 관한 정의규정이 처음에는 행정절차에 관한 규정에 반드시 포함되어야 하는 것으로 보지는 않았다고 한다.48) 그러나 행정수속법의 최종단계에서 불이익처분에 관한 정의규정을 통하여 사실행위를 행정수속법의 적용대상으로부터 제외되는 규정을 둠으로써(동법 제2조 4호), 실질적으로는 취소소송의 대상인 처분개념내용인 이른바 '그 밖의 공권력행사에 해당하는 행정작용'의 가장 대표적인 것으로 논의되는 (권력적) 사실행위가 행정절차의 대상으로부터 제외되게 되었다. 또한 일본의 행정수속법은 행정절차의 대상을 처분에만 한정하지 않고, 행정지도, 신고도 포함하고 있고, 이중에서 특히 행정지도에 대해서는 명문으로 처분으로서의 성질을 갖지 않는 것으로 규정하고 있으므로(동법 제2조 6호 참조), 독일의 경우와는 달리 행정절차의 대상이 된 처분이 바로 취소소송의 대상인 처분과 완전하게 동일한 것으로 이해될 수는 없게 된다. 따라서 일본에서는 행정수속법의 적용대상인 처분개념정의는 이러한 불이익처분과 행정지도에 관한 정의규정의 내용을 고려해 볼 때에, 서로 그 표현은 동일하지만 취소소송의 대상인 처분개념과는 그 범위 면에서 서로 다른 것으로 이해될 수 있다.

### (2) 실체법상의 행정행위와의 관계

우리나라에서의 항고소송은 「행정소송법」에 의하면 '행정청의 처분 등이나 부작위에 대하여 제기하는 소송'(제3조 1항)으로서, 행정청의 적극적 또는 소극적인 공권력행사에 의하여 생긴 행정법상의 위법한 법상태를 제거하여 권리나 이익의 보호를 목적으로 하는 소송을 총칭하는 것으로 이해되고 있다. 이때에 이에 해당하는 대표적인 소송유형인 취소소송의 대상은 '위법한 처분 등'이다(제4조 1호 참조). 이때의 '처분 등'의 개념에 대해서는 「행정소송법」 스스로 정의규정을 두고 있는바, 이에 따르면 "행정청이 행하는 구체적 사실에 관한 법집행으로서의 공권력의 행사 또는 그 거부와 그 밖에 이에 준하는 행정작용(이를 처분으로 로 이해한다) 및 행정심판에 관한 재결"(제2조 1항1호)을 의미하는 것으로 보고 있다. 이러한 항고소송의 대상으로서의 처분개념이 실체법상의 행정행위개념과 일치하는가에 대해서 그간 우리나라에서는 해석상의 문제로서 검토되었다. 이때의 실체법상의 행정행위에 대해서는 그간 실정법상의 정의규정이 없었으므로 강학상의 개념으로 이해되었고, 통설은 "행정주체가 공법적 영역에서 개별적·구체적인 경우를 대상으로 하여 법적 규율성을 가지고, 외부적인 효력을 발생하게 하는 권력적 단독행위"로 이해하고 있다. 즉 이는 행정작용이 실체적으로 개인의 권리·의무관계에 어떠한 영향을 미치는가를 기준으로 하여 만들어진 개념이다.

이와 관련하여 새로이 제정된 「행정절차법」은 행정절차의 대상인 처분에 대해 명

---

48) 佐藤英善 編著, 行政手續法, 1994, 10면 참조; 같은 입장의 독일의 견해로는 Haueisen, DÖV 1973, 653.

문의 정의규정을 두어 새로운 해석상의 문제를 제기하고 있다. 이때의 처분개념은 행정절차의 대상으로서의 의미를 갖는 것이므로 이론의 여지 없이 실체법적 개념이며, 쟁송법적인 개념으로 이해될 수는 없게 된다. 그럼에도 불구하고 「행정절차법」은 항고소송의 대상인 처분개념과 동일한 내용의 개념정의규정을 두고 있어(제2조), 행정절차법의 대상인 처분개념이 그 내용에 있어서 실체법적인 행정행위와 동일한 것인지 아니면, 표현내용 그대로 쟁송법상의 처분개념과 동일한 것인가 등이 문제된다. 이는 물론 이미 위에서 검토한 바와 같이 일본법의 태도를 거의 그대로 수용하고 있는 것에 기인한다. 그러나 행정절차의 대상으로서의 처분개념은 실체법적 개념이므로 실체적인 효과면에서 착안한 것이며, 따라서 권리구제의 측면을 반영하고 있는 쟁송법상의 처분개념과 서로 동일할 수는 없을 것이다.

　　이때에 특히 논란의 여지가 있는 것은 처분개념의 정의규정 부분에서 '그 밖에 이에 준하는 행정작용'의 범위에 사실행위도 포함하는가 하는 것이며, 쟁송법적 처분개념의 해석논의에서는 이를 포함하려는 주장도 제기되고 있으나, 「행정절차법」상의 개념으로는 포함될 수 없을 것이다. 이에 대해 우리나라 「행정절차법」의 실질적인 근거법이라고도 할 수 있는 일본법에서는 행정지도에 관한 규정이나 불이익처분에 관한 규정을 통하여 이 부분에 관해 비교적 명확하게 정리하고 있으나, 우리나라에서는 행정지도에 관한 정의규정을 별도로 두고 있다는 점에 비추어(제3조),49) 비록 사실행위 자체를 적용대상으로부터 배제하는 규정은 두고 있지 않아도 일본법의 경우와 동일한 해석을 할 수 있다고 생각한다. 따라서 취소소송에 관한 처분개념규정은 쟁송법적 측면을 반영한 개념이므로, 실체법적 개념에 기초한 행정절차의 처분개념과 같은 내용으로 이해할 수 없을 것이다.

## (3) 행정소송의 유형과의 관계

　　항고소송(특히 취소소송)의 대상에 관한 이러한 입법방식은 다른 면에서는 행정소송제도의 완비와도 관련된다고 생각한다. 행정소송의 입법방식으로서 이른바 열기주의(또는 열거주의)를 채택하던 과거에는 행정작용 중에서 중심을 이루는 행정행위가 행정소송의 대상이었고, 따라서 항고소송의 대상은 실체법적인 행정행위로서 이해되었다. 그러나 개괄주의가 지배하는 오늘날에는 원칙적으로 모든 행정작용이 행정소송의 대상이 되며, 이에 따라 다양한 행정소송의 유형에 따라 행정소송도 다양화하고 있다. 이로 인해 각국의 행정소송의 실태에 따라 취소소송의 대상에 관한 규정도 상이하게 된다. 즉 행정소송

---

49) 입법예고된 행정절차법안의 내용에 따르면, 행정지도의 개념정의에 대해서 처분이 아님을 규정하고 있었다. 이는 일본법의 표현을 그대로 번역한 것이었고, 이 부분은 국회의 심의과정에서 삭제되었다.

이 비교적 다양하고 체계화된 나라에서는 취소소송이 갖는 의미는 행정작용 중에서 (실체법적)행정행위를 대상으로 하는 소송으로서의 의미를 갖게 된다. 따라서 행정행위 이외의 다른 행정작용을 대상으로 하는 행정소송을 제기하려는 경우에는 이러한 경우를 대비한 소송유형을 선택하면 된다. 이러한 예로서는 대표적으로 독일의 경우를 들 수 있다. 즉 독일에서는 실체법적인 행정행위가 아닌 다른 행정작용에 대해서는 그에 상응하는 다양한 행정소송 유형이 마련되고 있으므로, 취소소송의 의미를 다른 소송유형에 비하여 특히 강조할 필요가 없으며, 이에 따라 취소소송의 대상에 관한 별도의 특별한 규정을 마련할 필요성이 존재하지 않는다고 볼 수 있다.

그러나 이에 반해서 행정소송이 취소소송중심으로 운영되고 있으며, 실질적으로 소송유형이 다양화하지 못하여 이른바 '소송형식의 포괄주의'50)가 실현되지 못하는 나라에서는, 현실적으로 국민의 권리구제를 위하여 취소소송의 대상범위를 확대하여야 할 필요성이 제기된다. 이에 따라 취소소송의 대상에 관한 입법에 있어서 좀 더 포괄적인 규정을 선택하려고 하게 된다. 일본에서 취소소송의 대상에 관하여 별도의 규정을 두고, 취소소송의 대상으로서의 (광의의)처분개념을 협의의 처분 이외에 그 밖의 다른 공권력행사에 해당하는 행정작용으로 규정하고 있는 것은, 주지하는 바와 같이 일본에서의 행정소송이 그 유형에서 다양하지 못하고, 취소소송을 중심으로 운영되고 있는 데 주로 기인하는 것이다.51) 따라서 취소소송의 대상으로 포함되는 대상 행정작용의 범위를 넓히기 위하여 실체법적인 행정행위 이외의 경우를 포섭할 수 있는 표현을 사용하고 있는 것이다. 이러한 사정에 있어서는 우리나라의 경우도 차이가 없으며, 일본의 경우와 거의 동일한 표현을 두고 있는 것도 취소소송 중심의 행정소송이 운영되고 있는 현실적 배경이 주된 이유로 되는 것으로 볼 수 있다.

### (4) 처분개념의 분석

따라서 우리나라에서의 항고소송의 대상인 처분은 통상적인 실체법적 행정행위와는 서로 동일하다고 보기 어렵다. 그러나 소송의 대상인 처분개념이 구체적으로 어떠한 내용을 포함하고 있는가에 대해서는, 표현내용의 불확실성으로 인해 해석의 여지를 남겨놓고 있다. 구체적으로 항고소송의 대상인 처분의 개념은 ㉠ 행정청이 행하는 구체적 사실에 관한 법집행으로서의 공권력의 행사 또는 그 거부와 ㉡ 그 밖에 이에 준하는 행정작용으로 나누어 검토할 수 있다. 이러한 처분개념정의는 일본법을 모방한 것이지만, 일본법의 표현은 "행정청의 처분 그 밖의 다른 공권력의 행사에 해당하는 행위"로 되어 있어 그 표현상 약간의 차이를 나타내고 있다. 따라서 일본법상의

---

50) 이러한 용어에 대해서는 南 博方, 紛爭の行政解決手法, 1993, 59면 참조.
51) 南 博方, 紛爭の行政解決手法, 1993, 58면 이하.

(광의의)처분은 ㉠ 행정청의 처분과 ㉡ 그 밖의 다른 공권력의 행사에 해당하는 행위로 나누어 설명할 수 있다. 이러한 표현상의 약간의 차이로 인하여 우리나라와 일본에서의 처분개념 해석상, 서로 개념해석에 있어서 동일한 것으로 볼 것인가 아니면 별도로 서로 다른 해석을 시도할 것인가도 문제로서 제기된다.

### 1) 구체적 사실에 관한 법집행으로서의 공권력의 행사

이때의 '구체적 사실에 관한 법집행'이라는 것은 행정작용이 일반적·추상적인 경우를 대상으로 하는 것이 아니라는 의미와, 따라서 이는 행정주체의 행위를 통하여 직접적으로 국민의 권리나 의무에 대하여 영향을 미치거나 그 범위를 확정하게 되는 경우를 의미한다고 본다. 이에는 기본적으로 실체법적인 행정행위가 해당하며, 법률행위적 행정행위 외에도 준법률행위적 행정행위가 포함된다. 또한 강학상의(또는 실체법상의) 행정행위 형식이 아니더라도 이를 통하여 시민에게 직접적인 법적 효력을 발생하면, 이에 해당하는 것으로 볼 수 있다. 예컨대 법률이나 행정입법의 형식으로 발령되더라도 집행행위를 매개하지 않고 바로 직접적인 외부적 효력이 발생하거나, 행정규칙의 형식이라도 외부적으로 시민에게 직접적인 구속력이 미치는 경우이면 이러한 처분개념에 포함되게 된다.

> 항고소송의 대상이 되는 행정처분이라 함은 원칙적으로 행정청의 공법상 행위로서 특정 사항에 대하여 법규에 의한 권리의 설정 또는 의무의 부담을 명하거나 기타 법률상 효과를 발생하게 하는 등으로 일반 국민의 권리의무에 직접 영향을 미치는 행위를 가리키는 것이지만, 어떠한 처분의 근거가 행정규칙에 규정되어 있다고 하더라도, 그 처분이 상대방에게 권리의 설정 또는 의무의 부담을 명하거나 기타 법적인 효과를 발생하게 하는 등으로 그 상대방의 권리의무에 직접 영향을 미치는 행위라면, 이 경우에도 항고소송의 대상이 되는 행정처분에 해당한다(대판 2004.11.26, 2003두10251·10268).

반면에 통상적인 사실행위는 이러한 외부적 효력이 발생하지 않으므로 그 처분성이 부정된다. 따라서 이러한 내용에 비추어 실체법상의 행정행위와 쟁송법상의 처분개념이 일치하지는 못하게 된다. 그러나 그 밖에도 권력적 사실행위가 이 경우에 해당하는지 또는 다음에 검토할 '그 밖에 이에 준하는 행정작용'에 해당한다고 볼 것인가는 논의의 대상이 되고 있다. 물론 이러한 행정작용의 당사자로서는 당해 행정작용이 어느 하나의 경우에 포함되어 항고소송의 대상이 될 것이므로,52) 별 이해관계를 갖는 문제가 되지 못하지만, 이 문제에 대한 결론여하에 따라 다음 유형인 '그 밖에

---

52) 이때에 권력적 사실행위가 취소소송의 대상이 될 때의 논리로서는, 이러한 행위에 공정력이 존재하고 있다는 전제하에 이를 통하여 부과되는 수인의무를 해제하기 위한 수단으로서 고찰하는 입장과, 이 행위의 사실행위로서의 성질상 공정력이 존재할 수 없으므로 이때의 취소소송은 적법한 사실행위라고 하는 관념의 취소를 의미하는 것이고, 이때의 취소판결은 당해 행위의 위법선언을 의미하는 것으로 보는 입장이 존재한다(이에 대해서는 藤田宙靖, 行政法(Ⅰ), 1993, 354면 참조).

이에 준하는 행정작용'의 범위가 구체화되므로 이론상으로는 중요한 의미를 갖는다고 볼 수 있다.

생각건대 권력적 사실행위에도 통상적인 행정행위가 갖는 성질인 법적 규율성으로서의 수인의무를 당사자에게 부과하는 측면이 있으므로, 설령 통상적인 행정행위와는 달리 사실행위로서의 측면인 물리적인 집행행위가 포함되어 있다고 하더라도 공권력 행사로서의 성질을 갖는다고 보아야 할 것이다. 즉, 이때에 권력적 사실행위가 이 유형에 포함되는 것은 통상적인 행정행위와 거의 유사한 특성을 갖추고 있다는 점, 구체적으로는 행정주체가 일방적·우월적 지위에서 공권력을 행사하는 것이고, 그것이 개별적·구체적인 경우에 관한 법적 규율로서의 성질을 갖추고 있기 때문으로 보아야 할 것이다. 따라서 '그 밖에 이에 준하는 행정작용'의 범위에는 공권력 행사행위이지만 구체적인 법집행행위로서의 정형적인 공권력행사로서는 볼 수 없는 것으로서, 그 효력면에서 공권력의 행사 또는 거부와 유사한 효력을 당사자에게 미치는 경우로 볼 수 있을 것이다.

> 공무원연금관리공단의 지급정지처분 여부에 관계없이 개정된 구 공무원연금법시행규칙이 시행된 때로부터 그 법 규정에 의하여 당연히 퇴직연금 중 일부 금액의 지급이 정지되는 것이므로, 공무원연금관리공단이 위와 같은 법령의 개정사실과 퇴직연금 수급자가 퇴직연금 중 일부 금액의 지급정지대상자가 되었다는 사실을 통보한 것은 단지 위와 같이 법령에서 정한 사유의 발생으로 퇴직연금 중 일부 금액의 지급이 정지된다는 점을 알려주는 관념의 통지에 불과하고, 그로 인하여 비로소 지급이 정지되는 것은 아니므로 항고소송의 대상이 되는 행정처분으로 볼 수 없다(대판 2004.7.8, 2004두244).

### 2) 구체적 사실에 관한 법집행으로서의 공권력 행사의 거부

이때의 거부는 당사자의 신청에 대하여 이를 거절하는 의사를 대외적으로 명백히 표시한 행정청의 행위를 말한다.[53) 판례에 의하면, 행정청이 국민의 신청에 대하여 한 거부행위가 항고소송의 대상이 되는 행정처분에 해당하려면, 행정청의 행위를 요구할 법규상 또는 조리상의 신청권이 신청인에게 있어야 하고, 이러한 신청권의 근거 없이 한 국민의 신청을 행정청이 받아들이지 아니한 경우에는, 그 거부로 인하여 신청인의 권리나 법적 이익에 어떤 영향을 주는 것이 아니므로 이를 항고소송의 대상이 되는 행정처분이라고 할 수 없다고 한다.[54) 실무상은 이러한 신청권이 인정되는 대상 행정작용의 범위를 점차 확대하는 경향을 보이고 있다.

[ 1 ] 문화재보호구역 내에 있는 토지소유자 등으로서는 위 보호구역의 지정해제를

---

53) 대판 2004. 11. 26, 2004두4482.
54) 대판 2003. 10. 23, 2002두12489.

요구할 수 있는 법규상 또는 조리상의 신청권이 있다고 할 것이고, 이러한 신청에 대한 거부행위는 항고소송의 대상이 되는 행정처분에 해당한다(대판 2004.4.27, 2003두8821).

[2] 도시계획구역 내 토지 등을 소유하고 있는 주민으로서는 입안권자에게 도시계획입안을 요구할 수 있는 법규상 또는 조리상의 신청권이 있다고 할 것이고, 이러한 신청에 대한 거부행위는 항고소송의 대상이 되는 행정처분에 해당한다(대판 2004.4.28, 2003두1806).

[3] 기간제로 임용되어 임용기간이 만료된 국·공립대학의 조교수는 교원으로서의 능력과 자질에 관하여 합리적인 기준에 의한 공정한 심사를 받아 위 기준에 부합되면 특별한 사정이 없는 한 재임용되리라는 기대를 가지고 재임용 여부에 관하여 합리적인 기준에 의한 공정한 심사를 요구할 법규상 또는 조리상 신청권을 가진다고 할 것이니, 임용권자가 임용기간이 만료된 조교수에 대하여 재임용을 거부하는 취지로 한 임용기간만료의 통지는 위와 같은 대학교원의 법률관계에 영향을 주는 것으로서 행정소송의 대상이 되는 처분에 해당한다(대판 2004.4.22, 2000두7735 전원합의체).

[4] 구 지적법 제20조, 제38조 제2항의 규정은 토지소유자에게 지목변경신청권과 지목정정신청권을 부여한 것이고, 한편 지목은 토지에 대한 공법상의 규제, 개발부담금의 부과대상, 지방세의 과세대상, 공시지가의 산정, 손실보상가액의 산정 등 토지행정의 기초로서 공법상의 법률관계에 영향을 미치고, 토지소유자는 지목을 토대로 토지의 사용·수익·처분에 일정한 제한을 받게 되는 점 등을 고려하면, 지목은 토지소유권을 제대로 행사하기 위한 전제요건으로서 토지소유자의 실체적 권리관계에 밀접하게 관련되어 있으므로 지적공부 소관청의 지목변경신청 반려행위는 국민의 권리관계에 영향을 미치는 것으로서 항고소송의 대상이 되는 행정처분에 해당한다고 할 것이다(대판 2004.4.22, 2003두9015 전원합의체).

[5] 장래 일정한 기간 내에 관계 법령이 규정하는 시설 등을 갖추어 일정한 행정처분을 구하는 신청을 할 수 있는 법률상 지위에 있는 자의 국토이용계획변경신청을 거부하는 것이 실질적으로 당해 행정처분 자체를 거부하는 결과가 되는 경우에는 예외적으로 그 신청인에게 국토이용계획변경을 신청할 권리가 인정된다고 봄이 상당하므로, 이러한 신청에 대한 거부행위는 항고소송의 대상이 되는 행정처분에 해당한다(대판 2003.9.23, 2001두10936).

그러나 신청권의 존부문제는 거부처분취소소송의 원고적격의 문제로 검토하는 것이 타당하며, 소의 대상면에서 논하는 것은 소송요건체계상 적합하지 않다고 평가하여야 할 것이다.[55] 여기서는 신청된 행위가 구체적 사실에 관한 공권력의 행사에 해당한다는 것이 소의 대상적격과 관련해 중요한 의미를 갖는다.

3) 그 밖에 이에 준하는 행정작용

이 표현은 많은 해석의 여지를 남기고 있는 내용으로 보인다. 특히 문제로 되는 부분은 '이에 준하는'의 의미의 해석부분이다. 통상적으로 '…에 준한다'라고 할 때의

---

55) 이에 대해서는 박종수, "건축계획심의신청에 대한 반려행위의 처분성", 고시계 2009년 10월 22면 참조.

의미란, 서로 유사성이 존재하면서도 다른 면에서는 차이가 존재하는 경우를 의미하게 된다. 따라서 문제는 그 유사성을 어디에서 찾아야 하는가 하는 점이다.

(개) 일반처분으로 보는 견해    이는 '이에 준하는'의 의미를 문제의 행정작용이 공권력행사로서의 성질을 갖는 것이지만, 구체적인 사실에 관한 법집행행위로서의 정형적인 공권력행사의 경우와는 차이가 존재하는 경우로 이해하는 해석이다. 이에 따르면, 정형적인 공권력행사의 경우인 개별적·구체적 경우에 관한 법적 규율이 아니면서도, 공권력행위로서 외부적인 법적 구속력을 갖는 일반처분56)의 경우가 이에 해당하게 된다.

(내) 형식적 행정행위로 보는 견해    그러나 이에 반해 '이에 준하는'의 의미를, 공권력행사로서의 실체를 갖는 것은 아니지만 이를 통하여 당사자의 권리·의무에 지속적인 영향을 미치는 경우로 이해하는 해석을 하게 되면, 이른바 형식적 행정행위가 이에 포함되는 것으로 보게 된다.57)

(대) 사 견    생각건대 법률규정 표현의 불확실성으로 인하여 양자의 해석이 일응 모두 다 가능한 것으로도 볼 수 있다. 그러나 양자의 해석상의 가장 큰 차이는 이른바 형식적 행정행위도 처분개념에 포함할 수 있는가 하는 것이다.

이 개념은 주지하는 바와 같이 일본에서 탄생한 개념이며, 그 의미가 다소 통일적이지 못하지만,58) '법적 효과를 직접적으로 발생하지 않는 행위 및 공권력의 행사는 아니지만, 이것에 의하여 국민이 일방적으로 실질적인 불이익을 받는 경우에, 권리구제적 측면에서 취소소송 이외의 방법으로는 적절한 권리구제방법이 없는 경우에 그 처분성을 인정하여 취소소송의 제기를 허용하는 행위'를 말한다.59) 따라서 논의의 중점은 공권력행사로서의 실체를 인정할 수 없는 비권력적 행사도 취소소송을 통하여서

---

56) 이때의 일반처분의 의미는, 일반적인 특징에 의하여 확정되어지거나 확정되어질 수 있는 인적 범위를 대상으로 하는 행정작용 또는 물건의 공법적인 이용이나 일반인에 의한 물건의 이용에 관련된 행위(즉 물적 행정행위)를 그 내용으로 하는 개념이다(독일 연방행정절차법 제35조 2문 참조). 이러한 의미에서의 일반처분은 행정행위의 한 유형으로서 파악되고 있다. 따라서 개별공시지가를 일반처분으로 보는 것은 물적 행정행위로서의 성질을 갖기 때문이며, 그 인적 대상이 불특정·다수인이라는 사실에 기초한 성질파악이 아니다.

57) 이러한 견해는 일본에서의 학설논의를 참고한 것이다. 참고로 일본법상의 표현인 '그 밖의 다른 공권력의 행사에 해당하는 행위' 유형이란, 기본적으로는 협의의 처분에는 해당하지 않으나, 행정청의 공권력행사로서의 성질을 갖는 경우를 의미하는 것으로 이해된다. 따라서 행정주체가 사인에 대하여 법적인 우월적 지위에서 행하는 행위이지만, 그 우월성이 행정행위의 경우와 유사한 경우로서 설명된다. 이에 관한 대표적인 예로서 설명되는 것은 이른바 권력적 사실행위이다(藤田宙靖, 行政法(Ⅰ), 1995, 353면 이하; 鹽野 宏, 行政法(Ⅱ), 제2판, 1994, 89면 참조). 그러나 이와 같이 그 표현상 비교적 명확하게 '공권력의 행사에 해당하는 행위'만이 대상이 될 듯한 이 표현의 의미를, 일부 학자들은 권리구제의 필요성이라는 기능적 측면에서 그 성질상 공권력의 행사라고 볼 수 없는 비권력적 성질의 행위까지로 확대하려고 한다. 이러한 주장이 형식적 행정행위론이다.

58) 이에 대해서는 鹽野 宏, 행정법(Ⅱ), 제2판, 1994, 94면 이하 참조.

59) 原田尙彦, 행정법요론, 제3판, 1996, 330면.

권리구제를 받을 수 있는 경우로 이해할 수 있는가 하는 점이 된다.

이때에 형식적 행정행위의 개념을 인정하여 '그 밖에 이에 준하는 행정작용'의 의미를 공권력 행사도 아닌 경우까지 확대하려는 논의는 권리구제라는 실용적 측면을 강조하는 것이지만, 이 논의는 많은 문제점으로 인해 채택하기 어렵다고 보인다. 특히 문제되는 점으로는 취소소송의 의미 또는 기능의 문제, 권력적 행정작용과 비권력적 행정작용의 체계의 혼란문제 등이 지적될 수 있다. 즉 취소소송의 기능을 권력적 성질을 갖는 행위의 효력을 배제하기 위한 것으로 이해하려는 입장을 여전히 고수하는 한,[60] 권력적 성질을 결여한 행위에 대해서까지 항고소송의 제기를 허용하게 되면, 우선 행정주체의 권력적 활동과 비권력적 활동의 경계가 불명확하게 되는 체계적인 문제를 야기하게 된다. 이러한 행위유형에 대한 권리구제는 현행법상으로는 공법상의 당사자소송이나 민사소송의 수단에 의해서 가능하다고 볼 수 있다.[61] 물론 이에 대해서는 현행법상 행정소송 유형이 다양화되지 못하고 있고, 앞으로도 행정소송형식의 다양화를 기대하기는 쉽지 않으므로, 이러한 점에서는 취소소송의 기능을 독일의 경우보다는 오히려 프랑스의 월권소송과 유사하게 이해하여야 하며, 따라서 취소소송의 탄력적 운영을 통하여 국민의 권리구제를 도모하는 것이 타당하다는 주장도 제기된다.[62] 또한 권력적 성질의 행위가 항고소송의 배타적 관할사항이라고 하여서, 반대로 항고소송의 대상을 권력적 성질의 행위로만 국한할 수는 없다는 반론도 제기된다.[63] 그러나 절차법적 성질을 갖는 행정소송의 유형이란 그 논의체계상 실체법인 성질을 갖는 행정작용의 유형에 상응하여 존재하는 수단적 개념이므로, 행정작용의 성질상 비권력적인 행위에까지 항고소송의 대상성을 확대하는 것은, 이러한 유형에 상응하는 소송수단으로서 공법상의 당사자소송이 존재하는 이상, 절차법과 실체법의 관계에 비추어 타당하지 못할 것이다.

또한 취소소송을 월권소송식으로 이해하게 되면 모든 행정작용에 대한 적법성통제수단으로서의 기능을 취소소송이 수행하여야 하는바, 이는 우리나라와 일본에서 주관적 소송으로서의 성질을 갖는 취소소송제도의 원래의 기능을 넘는 결과를 초래하게 될 것이다. 또한 이른바 비권력적 행정작용도 형식적 행정행위로 이해하게 되면, 통상적인 행정행위에 존재하는 실체법적 효력인 공정력이나 불가쟁력과의 관계를 여하히 정리할 것인가도 문제로 제기된다. 이에 대해서 일본에서는 이러한 효력을 부정하는 입장도 주장되지만, 반대로 이러한 효력을 인정하는 입장도[64] 주장되고 있다. 전자의

60) 芝池義一, 행정구제법강의, 1995, 24면.
61) 原田尙彦, 행정법요론, 제 3 판, 1996, 331면.
62) 原田尙彦, 행정법요론, 제 3 판, 1996, 331면; 박윤흔(상), 1996, 866면.
63) 原田尙彦, 행정법요론, 제 3 판, 1996, 328면.
64) 原田尙彦, 행정법요론, 제 3 판, 1996, 328면.

입장에 따르게 되면 취소소송에 인정되고 있는 공정력 배제기능과의 관계에 어려움이 따르게 될 것이다. 즉 동일하게 취소소송의 대상이 되더라도 공정력의 배제기능은 통상적인 실체법적 행정행위에 대해서만 인정되고, 이른바 형식적 행정행위에 대해서는 부정되는 통일성을 결여한 설명이 되고 만다. 반대로 후자의 입장에 따르게 되면 직접적인 외부적·법적 효력을 결여하는 비권력적 행정작용에 대해서 ─단순한 권리구제의 목적이라는 실용적인 이유만으로는 불충분하고─ 어떠한 논거로 공정력이나 불가쟁력이 발생할 수 있는가에 대한 설명이 추가로 필요하게 될 것이다.

따라서 형식적 행정행위의 개념을 인정하여 '그 밖에 이에 준하는 행정작용'의 의미를 공권력행사가 아닌 경우까지 확대하려는 논의는 입법정책론으로는 주장가능할 수 있으나, 해석론의 차원에서는 한계를 넘는 것으로 보인다.65) 또한 다른 측면에서는 국민의 구체적인 권리·의무에 대해 직접적인 외부적 효력도 발생하지 않는 비권력적 행정작용에 대해 취소소송의 대상성을 인정하게 되면(예컨대 단순한 행정지도를 대상으로 한 취소소송의 제기), 구체적인 법률관계에 관한 법률상의 쟁송만을 대상으로 하고 있는 현행법상의 체계와 조화하기 어려운 문제도 야기하게 된다.66) 이러한 이유 등으로 인하여 이러한 논의를 제기하고 있는 일본에서도 통설과 판례는, 이러한 주장의 수용에 소극적인 입장을 취하고 있는 것이다.67)

### 4) 소    결

위에서 본 바와 같이 항고소송의 대상인 처분개념은 실체법적 의미에서의 행정행위만이 아니라, 그 효력면에서 이러한 행정행위와 동일한 효력을 발생시키는 다른 행정작용형식에 의한 경우도 포함하는 개념이다. 그러나 이 개념의 해석에 있어서는 지나치게 권리구제의 필요성이라는 실용적 사정만을 강조해서는 안 되며, 항고소송이 갖는 절차법적 성격에 비추어 실체법적 논의와의 관련성이 중요한 고려의 대상이 되어야 한다. 따라서 이른바 형식적 행정행위는 항고소송의 처분개념 속에 포함시킬 수 없을 것이다.

## Ⅲ. 법    원

행정소송의 제기가 유효하기 위하여는 또한 당해 사건에 대해 관할권을 갖는 법원에 제기될 것을 필요로 한다.

---

65) 藤田宙靖, 행정법(Ⅰ), 1993, 359면.
66) 鹽野 宏, 행정법(Ⅱ), 제 2 판, 1994, 93면 참조.
67) 芝池義一, 행정구제법강의, 1995, 34면; 南 博方, 紛爭の行政解決手法, 1993, 60면.

## 1. 재판관할

　일반적으로 관할이란 특정한 사건의 입장에서 보아 당해 사건을 재판할 수 있는 법원은 어느 법원인가를 정하는 것을 말하며, 이때 결정되는 법원을 관할법원이라고 한다. 관할은 여러 가지 기준에 의하여 분류될 수 있으나 관할의 발생사유에 의하여 나누면, 법률의 규정에 의하여 직접 발생하는 법정관할과, 당사자의 합의나 응소 등의 당사자의 거동에 의한 관할 및 법원의 재판인 결정에 의하여 발생하는 지정관할로 분류될 수 있다. 그러나 지정관할은 현실적으로 거의 존재하지 않으므로, 법정관할과 당사자의 거동에 의한 관할이 중요한 의미를 갖게 된다. 법정관할에는 직무관할, 사물관할 및 토지관할이 있고, 당사자의 거동에 의한 관할에는 합의관할과 응소관할이 있다.

## 2. 소송유형에 따른 고찰

　행정소송의 관할에 대해서도 법정관할과 당사자의 거동에 의한 관할로 나눌 수 있다.

### (1) 취소소송의 경우

　「행정소송법」은 1심 관할법원을 원칙적으로 피고의 소재지를 관할하는 행정법원으로 하고, 예외적으로 중앙행정기관 또는 그 장이 피고인 경우의 관할은 대법원소재지의 행정법원으로 규정하고 있다(제9조 1항). 또한 토지의 수용 기타 부동산 또는 특정의 장소에 관계되는 처분 등에 관한 취소소송은 그 부동산 또는 장소의 소재지를 관할하는 행정법원에 제기할 수 있도록 하고 있다(제9조 2항). 이는 우선 법정관할에 속하는 직무관할의 일종인 심급관할을 규정하는 것으로서, 우리나라의 행정소송도 종전과는 달리 다른 소송유형과 마찬가지로 3심제로 구성되어 있는 것을 보여주는 것이다(법원조직법 제3조 1항 6호, 제40조의 4). 또한 제 9 조 제 1 항 단서와 제 9 조 제 2 항의 규정은, 법률관계의 당사자나 소송물이 법원의 관할구역과 일정한 관계에 있는가의 여부에 따라 관할을 결정하는 토지관할에 관해 규정하고 있는 것으로 이해할 수 있다. 그러나 제 9 조의 규정은 전속관할을 규정하고 있는 것이 아니므로, 당사자가 합의에 의하여 정하는 합의관할이나 당사자의 응소에 의해 관할이 결정되는 응소관할도 인정될 수 있다.

### (2) 다른 소송유형의 경우

　취소소송의 관할에 관한 제 9 조의 규정은 무효등확인소송과 부작위위법확인소송의 경우에도 준용되며(제38조), 당사자소송에도 적용된다(제40조). 그리고 민중소송과 기관소송은 법률에 의해 구체적으로 관할문제가 규정되므로 개별규정의 내용에 따르게 된다.

## Ⅳ. 행정심판의 청구

행정소송의 제기를 위해서는 또한 법률의 특별규정에 의하여 먼저 행정심판을 거칠 것을 요구하고 있는 경우에는, 행정심판을 청구한 후에야 제기할 수 있게 된다.

### 1. 개    관

「행정소송법」은 행정소송과 행정심판과의 관계에 관하여, "취소소송은 법령의 규정에 의하여 당해 처분에 대한 행정심판을 제기할 수 있는 경우에도 이를 거치지 아니하고 제기할 수 있다. 다만, 다른 법률에 당해 처분에 대한 행정심판의 재결을 거치지 아니하면 취소소송을 제기할 수 없다는 규정이 있는 때에는 그러하지 아니하다"라고 규정하고 있다(제18조 1항). 이는 종전과는 달리 행정심판전치주의를 원칙으로 하지 않고, 예외적으로만 이를 인정하고 있는 것으로 이해된다. 따라서 이러한 예외적인 경우에 행정심판을 거치지 않고 바로 행정소송을 제기하는 때에는 당해 소송은 각하된다.

「행정소송법」 제18조 제 1 항은 행정심판과 취소소송과의 관계에 관하여 규정하면서, 1994. 7. 27. 법률 제4770호로 개정되기 이전에는 법령의 규정에 의하여 당해 처분에 대한 행정심판을 제기할 수 있는 경우에는 그에 대한 재결을 거치지 아니하면 취소소송을 제기할 수 없다고 규정하여 이른바 재결전치주의를 택하고 있었으나, 위 개정 후에는 그와 같은 행정심판의 제기에 관한 근거 규정이 있는 경우에도 달리 그 행정심판의 재결을 거치지 아니하면 취소소송을 제기할 수 없다는 규정을 두고 있지 아니하는 한 그러한 행정심판의 재결을 거치지 아니하고도 취소소송을 제기할 수 있는 것으로 규정함으로써 이른바 자유선택주의로 전환하였으므로, 위 개정 조항이 같은 법 부칙(1994. 7.27.) 제 1 조에 의하여 1998. 3. 1.자로 시행된 이후에는 법령의 규정에서 단지 행정심판의 제기에 관한 근거 규정만을 두고 있는 처분에 있어서는 위 개정 조항에 따라 그에 대한 행정심판절차는 당연히 임의적 절차로 전환되었다.

독점규제 및 공정거래에 관한 법률은 1999. 2. 5. 법률 제5813호로 개정되기 이전은 물론 그 이후에 있어서도 같은 법 제53조에서 공정거래위원회의 처분에 대하여 불복이 있는 자는 그 처분의 고지 또는 통지를 받은 날부터 30일 이내에 공정거래위원회에 이의신청을 할 수 있다고 규정하고 있을 뿐, 달리 그에 대한 재결을 거치지 아니하면 취소소송을 제기할 수 없다는 규정을 두고 있지 아니하므로, 행정소송법 제18조 1항 개정 조항이 같은 법 부칙(1994. 7.27.) 제 1 조에 의하여 1998. 3. 1.자로 시행된 이후에는 공정거래위원회의 처분에 대하여도 이의신청을 제기함이 없이 바로 취소소송을 제기할 수 있다(대판 1999.12.20. 99두42).

## 2. 현행법상의 내용

### (1) 원칙적인 경우

현행법은 원칙적으로 행정심판의 제기를 행정소송제기를 위한 임의적인 절차로 규정하고 있다. 따라서 당사자는 행정심판을 제기할 것인가의 여부를 스스로 결정할 수 있게 되며, 행정심판을 제기하지 않았다고 하여 소송이 각하되지 않는다. 이는 행정심판제기를 행정소송제기를 위한 필수적인 절차로 규정하고 있었던 종전의 경우의 문제점에 대한 개선책으로서, 새로이 개정내용으로서 규정되고 있는 것이다. 즉 그간의 행정심판제도는 그 긍정적인 취지에도 불구하고, ㉠ 심판기관의 객관적 지위확보의 문제68)와 ㉡ 심리절차의 문제69) 등으로 인해 실질적으로 당사자의 권리구제에 도움이 되지 못하고, 불필요한 절차로 인식되는 문제를 안고 있었다. 이러한 문제에 대해 현행법은 행정심판제도를 일부 개선하는 방법을 채택하는 한편,70) 당사자로 하여금 현행제도의 내용을 임의적으로 따르도록 하는 방향으로 그 개선책을 마련하고 있는 것이다.

### (2) 예외적인 경우 : 행정심판전치주의

그러나 예외적으로 법률의 명문규정에 의하여 행정심판을 반드시 거치도록 규정되어 있는 경우에는 종전과 같이 행정심판전치주의가 적용된다(제18조 1항 단서).71)

#### 1) 행정심판전치주의의 의의

이는 법률규정에 의하여 당해 처분에 대한 행정심판의 제기가 인정되고 있는 경우에, 행정소송을 제기하기 전에 반드시 먼저 행정심판을 거치도록 하는 원칙을 말한다. 이에 따라 행정심판제기는 행정소송의 필수적인 전치절차가 되며, 이를 거치지 않으면 부적법한 소송제기가 된다. 헌법 제107조 제 3 항이 그 헌법적 근거로서 인정되고 있다. 이 원칙은 행정심판이 갖는 기능을 활용하려는 것을 그 존재근거로 하며, 구체적으로는 ㉠ 행정기관에 의한 자율적인 시정기회의 제공, ㉡ 행정기관이 갖는 전문지식을 활용하여 분쟁을 효율적으로 해결하려는 목적, ㉢ 비교적 간편한 절차에 의해 시간과 비용을 절약하며 권리구제를 받도록 보장하는 기능, ㉣ 이를 통하여 법원의

---

68) 즉, 심판기관인 행정심판위원회를 원칙적으로 피청구인에 해당하는 처분청의 직근 상급행정기관으로 하고 있고, 행정심판위원회의구성에 있어서 재결청소속의 공무원을 과반수이상 차지할 수 있도록 하고 있어 객관성과 중립성의 보장에 문제를 야기하고 있었다.

69) 즉, 행정심판에는 헌법적인 요청에 따라(제107조 제 3 항) 사법절차가 준용되도록 하고 있으나, 행정심판의 실제에 있어서는 이러한 사법절차에 준하는 내용들이 시간부족 등의 여러 가지 이유로 거의 행해지고 있지 않으며, 간편하게 서면심리주의에 의해서 행정심판위원회 위원들의 가부의사만을 물어 결정되고 있었다.

70) 즉, 행정심판위원회의 구성에서 민간인위원을 과반수로 하고(제 6 조, 제 6 조의 2), 심리절차의 내용으로 구술심리를 강화하고 있다(제40조).

71) 박종수, "지방세불복과 조세행정심판전치주의", 계간 세무사 통권 125호(2010. 8), 41면 이하.

부담을 경감하려는 목적 등이 그 근거가 되고 있다.

### 2) 행정심판전치주의의 내용

⑺ **행정심판의 제기**    이 원칙은 행정심판이 제기될 것을 그 주된 내용으로 한다. 이때의 행정심판은 형식적인 명칭에 관계없이 처분 등에 대한 불복절차를 모두 포함하는 개념으로 이해된다. 따라서 이의신청이나 심사청구 등도 여기에서의 행정심판에 해당할 수 있다. 그러나 이러한 명칭의 행정심판은「행정심판법」제4조와의 관계에 비추어 법률에 근거한 경우에만 인정된다고 보아야 하며, 조례나 행정규칙의 형식으로 되어 있는 경우에는 행정심판전치주의에서 말하는 행정심판에는 해당한다고 볼 수 없을 것이다.72) 행정심판의 성질을 갖는 불복절차가 하나의 처분에 대해 여러 절차로 마련되고 있는 경우에는, 법률의 특별한 규정이 있는 경우를 제외하고는 모든 절차를 다 거칠 필요는 없고, 그 중 하나의 절차만으로 충분하다고 본다.

⑷ **행정심판전치주의의 적용범위**

① **적용되는 소송유형**    이 원칙은 기본적으로 취소소송에 관해 규정되고 있으며($\frac{제18조}{1항}$), 부작위위법확인소송에 대해서도 준용되고 있다($\frac{제38조}{2항}$). 그러나 당사자소송은 그 성질상 처분 등에 대한 불복의 의미를 갖는 것이 아니므로 이 원칙이 적용되지 않는다. 또한 무효등확인소송도 무효의 성질상 이를 일정한 기간 내에 다투도록 요구하는 것은 무리이므로 이 원칙이 적용되지 않는다. 그러나 무효인 처분에 대하여 예외적으로 무효선언을 구하는 취지에서 취소소송의 형식으로 다투는 경우에는, 소송형식에 따른 요건으로서 이 원칙이 적용된다고 보아야 할 것이다.73)

② **제3자에 의한 소송제기**    처분에 대해 직접 이해관계를 갖게 되는 제3자가 취소소송을 제기하는 경우에도, 취소소송제기를 위한 일반적 요건으로서 이 원칙이 적용된다고 보아야 할 것이다. 이는 특히 제3자효 행정행위에서 의미를 갖는 것이다.

⑸ **행정심판전치주의의 적용예외**    이 원칙은 그러나 일정한 경우에는 그 적용의 예외를 인정하고 있다. 이는 그 유형에 있어서 행정심판의 제기 자체를 배제하도록 하는 경우와, 행정심판은 제기해야 하나 재결을 거칠 필요가 없도록 하는 경우로 나뉜다.

① **행정심판을 제기하지 않을 수 있는 경우**    이때에는 행정심판을 거치지 않고 바로 행정소송을 제기하게 된다. 법률상 인정되고 있는 사유로는, ㉠ 동종사건에 관하여 이미 행정심판의 기각재결이 있는 때, ㉡ 서로 내용상 관련되는 처분 또는 같은 목적을 위하여 단계적으로 진행되는 처분 중 어느 하나가 이미 행정심판의 재결을 거친

---

72) 그러나 판례는 행정규칙의 형식인 국무총리 훈령인 개별토지가격 합동조사지침 제12조의 2에 규정되고 있는 지가재조사청구를 행정심판으로 보며, 이에 따라 이를 거친 경우에는 행정심판전치주의의 요건을 충족한 것으로 보고 있다(대판 1993. 12. 24, 92누17204). 이에 관한 비판으로는 류지태, "개별공시지가의 법적 성질과 그 하자", 고시계, 1994. 7, 223면 이하 참조.

73) 대판 1990. 8. 28, 90누1892.

때, ㉢ 행정청이 사실심의 변론종결 후 소송의 대상인 처분을 변경하여 당해 변경된 처분에 관하여 소를 제기하는 때, ㉣ 처분을 행한 행정청이 행정심판을 거칠 필요가 없다고 잘못 알린 때(제18조 3항) 및 ㉤ 행정청이 소송계속 중에 처분을 변경함에 따라 소가 변경된 경우(제22조 1항, 3항)가 이에 해당한다.

② **행정심판의 재결을 거칠 필요가 없도록 하는 경우**  이때에는 행정심판 자체는 제기하여야 하나, 그 결과인 재결을 기다리지 않고 행정소송을 제기할 수 있게 된다. 법률상 인정되는 사유로는 ㉠ 행정심판청구가 있는 날로부터 60일이 지나도 재결이 없는 때, ㉡ 처분의 집행 또는 절차의 속행으로 생길 중대한 손해를 예방하여야 할 긴급한 필요가 있는 때, ㉢ 법령의 규정에 의한 행정심판기관이 의결 또는 재결을 하지 못할 사유가 있는 때, ㉣ 그 밖의 정당한 사유가 있는 때(제18조 2항)가 해당된다.

## V. 소송제기기간

행정소송은 법정된 기간 내에 제출되어야 한다. 이는 당해 처분 등에 대한 법적 관계의 안정성을 확보한다는 측면으로 요구되는 요건이며, 이 기간을 경과한 경우에는 형식요건을 흠결한 소제기로서 각하된다.

### 1. 취소소송의 경우

#### (1) 행정심판의 재결을 거치지 않는 경우

이때의 취소소송은 당사자가 처분 등이 있음을 안 날로부터 90일 이내에(제20조 1항), 객관적으로 처분 등이 있은 날로부터 1년 이내에 제기하여야 한다(제20조 2항). 다만 정당한 사유가 있는 경우에는 예외가 인정된다.

[ 1 ] **「행정소송법」 제20조 제1항에서 말하는 '행정심판'의 의미**  행정소송법 제20조 제1항에 따르면, 취소소송은 처분 등이 있음을 안 날부터 90일 이내에 제기하여야 하는데, 행정심판청구를 할 수 있는 경우에 행정심판청구가 있은 때의 기간은 재결서의 정본을 송달받은 날부터 기산한다. 이처럼 취소소송의 제소기간을 제한함으로써 처분 등을 둘러싼 법률관계의 안정과 신속한 확정을 도모하려는 입법 취지에 비추어 볼 때, 여기서 말하는 '행정심판'은 행정심판법에 따른 일반행정심판과 이에 대한 특례로서 다른 법률에서 사안의 전문성과 특수성을 살리기 위하여 특히 필요하여 일반행정심판을 갈음하는 특별한 행정불복절차를 정한 경우의 특별행정심판(행정심판법 제4조)을 뜻한다(대판 2014.4.24, 2013두10809).

[ 2 ] **「행정소송법」 제20조 제1항이 정한 제소기간의 기산점인 '처분 등이 있음을 안 날'의 의미**  행정소송법 제20조 제1항이 정한 제소기간의 기산점인 '처분 등이 있음을 안 날'이란 통지, 공고 기타의 방법에 의하여 당해 처분 등이 있었다는 사실을

현실적으로 안 날을 의미한다. 상대방이 있는 행정처분의 경우에는 특별한 규정이 없는 한 의사표시의 일반적 법리에 따라 행정처분이 상대방에게 고지되어야 효력을 발생하게 되므로, 행정처분이 상대방에게 고지되어 상대방이 이러한 사실을 인식함으로써 행정처분이 있다는 사실을 현실적으로 알았을 때 행정소송법 제20조 제1항이 정한 제소기간이 진행한다고 보아야 한다(대판 2014.9.25, 2014두8254).

[3] 행정소송법 제20조 제2항 소정의 제소기간이 적용되는 "재결을 거치지 아니하는 사건"의 의미 행정소송법 제20조 제2항 소정의 제소기간이 적용되는 "재결을 거치지 아니하는 사건"이라 함은, 같은 법 제18조 제2항 각호의 1에 해당하는 사유가 있는 모든 사건을 가리키는 것이 아니라, 그 가운데 재결을 거치는 것이 불가능하여 재결을 기다리는 것이 전혀 의미가 없는 사건(주로 제3호에 해당하는 사유가 있는 경우)만을 가리키고, 재결을 거칠 수는 있으나 행정심판청구가 있는 날로부터 60일이 지나도 재결이 없다든가, 중대한 손해를 예방하여야 할 긴급할 필요가 있다든가, 그밖의 정당한 사유가 있어 재결을 기다리지 아니하고 미리 취소소송을 제기할 수 있는 사건은 여기에 해당하지 아니하고, 이와 같은 사건에는 같은 법 제20조 제1항 소정의 제소기간만이 적용된다(대판 1992.3.10, 91누5273).

[4] 고시 또는 공고에 의하여 행정처분을 하는 경우, 그에 대한 취소소송 제소기간의 기산일(=고시 또는 공고의 효력발생일) 통상 고시 또는 공고에 의하여 행정처분을 하는 경우에는 그 처분의 상대방이 불특정 다수인이고 그 처분의 효력이 불특정 다수인에게 일률적으로 적용되는 것이므로, 그 행정처분에 이해관계를 갖는 자가 고시 또는 공고가 있었다는 사실을 현실적으로 알았는지 여부에 관계없이 고시가 효력을 발생하는 날 행정처분이 있음을 알았다고 보아야 한다(대판 2007.6.14, 2004두619).

[5] 처분 당시에는 취소소송의 제기가 법제상 허용되지 않아 소송을 제기할 수 없다가 위헌결정으로 인하여 비로소 취소소송을 제기할 수 있게 된 경우 제소기간의 기산점 행정소송법 제20조가 제소기간을 규정하면서 '처분 등이 있은 날' 또는 '처분 등이 있음을 안 날'을 각 제소기간의 기산점으로 삼은 것은 그때 비로소 적법한 취소소송을 제기할 객관적 또는 주관적 여지가 발생하기 때문이므로, 처분 당시에는 취소소송의 제기가 법제상 허용되지 않아 소송을 제기할 수 없다가 위헌결정으로 인하여 비로소 취소소송을 제기할 수 있게 된 경우, 객관적으로는 '위헌결정이 있은 날', 주관적으로는 '위헌결정이 있음을 안 날' 비로소 취소소송을 제기할 수 있게 되어 이때를 제소기간의 기산점으로 삼아야 한다(대판 2008.2.1, 2007두20997).

## (2) 행정심판의 재결을 거치는 경우

행정심판전치주의가 적용되는 경우(제18조 1항 단서)와 그 밖에 행정심판청구를 할 수 있는 경우 또는 행정청이 행정심판청구를 할 수 있다고 잘못 알린 경우에 행정심판청구가 있은 때에는, 재결서의 정본을 송달받은 날로부터 90일 이내에 제기하여야 한다(제20조 1항 단서). 또한 객관적으로 재결이 있은 날로부터 1년 이내에 제기하여야 한다(제20조 2항).

[ 1 ] 개별공시지가에 대하여 이의가 있는 자가 행정심판을 거쳐 행정소송을 제기하는 경우 제소기간의 기산점    부동산 가격공시 및 감정평가에 관한 법률 제12조, 행정소송법 제20조 제1항, 행정심판법 제3조 제1항의 규정 내용 및 취지와 아울러 부동산 가격공시 및 감정평가에 관한 법률에 행정심판의 제기를 배제하는 명시적인 규정이 없고 부동산 가격공시 및 감정평가에 관한 법률에 따른 이의신청과 행정심판은 그 절차 및 담당 기관에 차이가 있는 점을 종합하면, 부동산 가격공시 및 감정평가에 관한 법률이 이의신청에 관하여 규정하고 있다고 하여 이를 행정심판법 제3조 제1항에서 행정심판의 제기를 배제하는 '다른 법률에 특별한 규정이 있는 경우'에 해당한다고 볼 수 없으므로, 개별공시지가에 대하여 이의가 있는 자는 곧바로 행정소송을 제기하거나 부동산 가격공시 및 감정평가에 관한 법률에 따른 이의신청과 행정심판법에 따른 행정심판청구 중 어느 하나만을 거쳐 행정소송을 제기할 수 있을 뿐 아니라, 이의신청을 하여 그 결과 통지를 받은 후 다시 행정심판을 거쳐 행정소송을 제기할 수도 있다고 보아야 하고, 이 경우 행정소송의 제소기간은 그 행정심판 재결서 정본을 송달받은 날부터 기산한다(대판 2010.1.28, 2008두19987).

[ 2 ] 취소소송은 처분 등이 있음을 안 날부터 90일 이내에 제기하여야 하고(행정소송법 제20조 제1항 본문), 그 제소기간은 불변기간이며(같은 조 제3항), 다만 당사자가 책임질 수 없는 사유로 인하여 이를 준수할 수 없었던 경우에는 같은 법 제8조에 의하여 준용되는 민사소송법 제173조 제1항에 의하여 그 사유가 없어진 후 2주일 내에 해태된 제소행위를 추완할 수 있다고 할 것이며, 여기서 당사자가 책임질 수 없는 사유란 당사자가 그 소송행위를 하기 위하여 일반적으로 하여야 할 주의를 다하였음에도 불구하고, 그 기간을 준수할 수 없었던 사유를 말한다고 할 것이다. 한편, 행정심판법 제18조 제6항에 의하면 행정청이 심판청구기간을 알리지 아니한 때에는 같은 조 제3항의 기간, 즉 처분이 있은 날로부터 180일 이내에 심판청구를 할 수 있다고 규정되어 있지만, 이러한 규정은 행정심판 제기에 관하여 적용되는 규정이지, 행정소송의 제기에도 당연히 유추적용되는 규정이라고 할 수는 없다(대판 2008.6.12, 2007두16875).

(3) 이러한 제소기간은 무효인 처분을 취소소송의 형식으로 다투는 경우에도 적용된다.

## 2. 그 밖의 소송의 경우

무효등확인소송에 대해서는 그 성질상 제소기간의 제한이 인정될 수 없으며, 부작위위법확인소송의 경우는 제소기간의 제한이 취소소송의 경우와 동일하게 인정된다(제38조 2항).74) 당사자소송에 대해서는 법령에 별도로 규정되게 되며(제41조), 민중소송과 기

---

74) 1994년 7월 개정된 제38조 2항은 종전과는 달리 부작위위법확인소송에 준용되는 취소소송에 관한 규정을 제20조 제 1 항과 제 3 항에서 제20조로 변경함으로써, 제20조 제 2 항도 개정 이후에는 준용된다. 이는 제20조 제 2 항의 내용 중 특히 부작위에 대해 행정심판을 제기하여 재결

관소송도 제소기간에 관해 개별적인 법률규정이 규율하게 된다.

[ 1 ] 동일한 행정처분에 대하여 무효확인소송을 제기하였다가 그 후 그 처분의 취소를 구하는 소송을 추가적으로 병합한 경우, 주된 청구인 무효확인소송이 적법한 제소기간 내에 제기되었다면 추가로 병합된 취소소송도 적법하게 제기된 것으로 보아야 한다(대판 2012.11.29, 2012두3743).

[ 2 ] **부작위위법확인의 소의 제소기간**  부작위위법확인의 소는 부작위상태가 계속되는 한 그 위법의 확인을 구할 이익이 있다고 보아야 하므로 원칙적으로 제소기간의 제한을 받지 않는다. 그러나 행정소송법 제38조 제 2 항이 제소기간을 규정한 같은 법 제20조를 부작위위법확인소송에 준용하고 있는 점에 비추어 보면, 행정심판 등 전심절차를 거친 경우에는 행정소송법 제20조가 정한 제소기간 내에 부작위위법확인의 소를 제기하여야 한다(대판 2009.7.23, 2008두10560).

## Ⅵ. 행정소송제기의 효과

### 1. 일반적 효과

행정소송이 적법하게 법원에 제기되면, 관할법원에 사건이 계속되며 법원은 이를 심리하고 판결할 의무가 발생하게 된다. 그리고 당사자는 동일사건에 대하여 다시 소를 제기하지 못하는 효과도 발생한다.

### 2. 당해 처분에 대한 효과

행정소송, 특히 취소소송이 제기되면 당해 처분이나 재결은 그 효력에 있어서 아무런 영향을 받지 않는다. 이를 집행부정지의 원칙이라고 한다. 이는 행정작용의 계속적인 수행보장과 소송남용을 방지하기 위해 입법정책적으로 인정되는 것으로 이해되고 있다. 그러나 예외적으로는 당사자의 신청이나 법원의 직권에 의하여 집행정지가 인정된다. 이에 관한 상세한 내용은 항을 바꾸어 설명하기로 한다.

## 제 4 절  행정소송에서의 가구제

## Ⅰ. 가구제의 의의

일반적으로 잠정적인 권리구제수단으로서의 가구제는 행정소송에서의 가구제와

이 있는 경우에 이로부터 1년이 경과하면 소송을 제기하지 못한다는 의미로 해석된다.

민사소송에서의 가구제로 나눌 수 있다. 행정소송상의 권리보호수단으로서의 가구제
는 행정소송에 있어서 본안판결의 실효성을 확보하기 위하여, 분쟁 있는 행정작용이
나 공법상의 권리관계에 관하여 임시적인 효력을 확보하여 본안판결이 확정될 때까지
잠정적으로 권리구제를 도모하는 것을 말한다.[75] 이러한 가구제는 주지하는 바와 같
이 민사소송에서 연유하는 것이며, 현행 「행정소송법」은 가구제의 내용으로서, 본안소
송이 취소소송과 무효등확인소송인 경우에 본안소송이 종결될 때까지 잠정적으로 처
분 등의 효력이나 그 집행 또는 절차의 속행을 정지하게 하는 이른바 집행정지를 예
외적으로 인정하고 있다(제23조 2항,). 그러나 현행법상의 이러한 내용은 적극적인 내용의
집행정지(즉 예컨대 신청행위에 대한 거부처분의 경우에 잠정적으로 당해 신청행위에 근거한 처분을 허용하는 내용)가 아니라, 소극적으로 다투어지고 있는 처분
등의 효력이나 집행을 정지하는 데 불과한 특색을 갖고 있다. 입법례로서 독일의 경
우에는 비교적 행정소송상의 가구제제도가 잘 정비되어, 우리와는 달리 국민의 권리
구제를 위하여 원칙적으로 집행정지가 인정되고 있고, 그 유형으로서는 수익적 행정
작용의 신청에 대한 거부처분 등을 대상으로 하는 가명령제도도 인정되고 있다.

## Ⅱ. 행정소송상의 가구제 내용

행정소송상 가구제의 내용으로서는 집행정지와 가처분제도를 생각할 수 있다.

### 1. 집행정지

#### (1) 집행부정지의 원칙

행정소송이 제기된 경우에 그 대상인 처분의 효력이 정지되는가에 대해서는 이론
적인 차원에서가 아니라 입법정책적인 차원에서 서로 다른 결론이 도출된다. 국민의
권리보호를 우선적인 정책적 목적으로 보는 입장에서는 집행정지를 원칙으로 하게 되
나(독일의 경우), 행정적인 이해관계를 우선으로 하는 입장에서는 집행부정지를 원칙으로 하
게 된다. 우리나라는 집행부정지를 원칙으로 하고 예외적으로 집행정지를 인정하여
(제23조 1항), 행정작용의 계속적인 수행에 보다 많은 중점을 두고 있다. 일반적으로 국민의
사법적인 권리보호는 가급적 공백 없이 효율적으로 행해져야 하며, 행정기관의 처분
이 이미 집행되어 완성된 사실로 나타나서 그 이후의 권리구제가 무의미하게 되기 전
에 이루어져야 한다. 따라서 행정기관의 처분에 대한 소송이 제기되면 이에 대해 잠
정적인 집행정지의 효력을 인정하는 것이 권리보호의 가장 기본적인 요소로서 인정되
어야 하며, 이를 통해서 비로소 소송제도도 그 효율성이 보장될 수 있는 것이다. 따라

---

75) 이상규, "행정소송에 있어서의 가구제", 현대공법학의 제문제(윤세창교수정년기념논문집), 1983, 147면.

서 이러한 집행부정지의 원칙은 비판되어야 한다고 본다.

### (2) 집행정지의 요건

우리나라에서는 예외적으로만 집행정지가 인정되고 있고, 이러한 범위에서 행정소송에서의 가구제의 기능을 수행하게 되므로 집행정지의 적용요건은 중요한 의미를 갖게 된다. 실무에 있어서 이 요건인정을 완화하게 되면 사실상 집행정지의 적용폭이 넓어지게 되나, 반면에 그 요건인정을 어렵게 하는 경우에는 집행정지의 가능성은 제한될 수밖에 없게 된다. 「행정소송법」은 그 요건으로서, '당해 처분이나 그 집행 또는 절차의 속행으로 인하여 당사자에게 생길 수 있는 회복하기 어려운 손해를 예방하기 위하여 긴급한 필요가 있다고 인정되는 경우에' 법원의 결정에 의해 처분의 효력을 정지할 수 있도록 하고 있다(제23조2항).76)

### 1) 집행정지대상인 처분 등의 존재

집행정지를 위하여는 우선 집행이 정지될 처분 등이 현재 존재하여야 한다. 이는 이 제도가 행정소송제도와 연계하여 잠정적으로 행정기관의 처분(그또효는과)으로부터 당사자를 보호하기 위해서 존재하는 것이기 때문이다. 따라서 이미 집행이 완료되거나 처분의 목적이 달성된 경우에는 집행정지는 인정되지 않는다. 또한 처분으로서의 외관이 존재해야 하므로 부작위의 경우는 대상에서 제외된다. 따라서 부작위위법확인소송의 경우에는 집행정지에 관한 규정이 적용되지 않게 된다(제38조2항 참조). 그러나 무효사유인 처분인 경우는 외형상 처분이 존재하여 그 효력에 대해 다툼이 있을 수 있으므로 처분이 있는 것으로 인정된다.

### 2) 본안소송의 계속

또한 그 전제가 되는 본안소송이 계속되어 있어야 한다. 이는 행정소송제기가 적법하게 이루어져 있을 것을 요구하는 것이며, 행정소송제기의 형식적 요건을 그르친 경우에는 본안소송이 계속된 것으로 보지 않는다.

**행정처분의 효력정지나 집행정지를 구하는 신청사건에서 집행정지사건 자체에 의하여도 신청인의 본안청구가 적법한 것이어야 한다는 것을 집행정지의 요건에 포함시켜야 하는지 여부(적극)**  행정처분의 효력정지나 집행정지를 구하는 신청사건에서는 행정처분 자체의 적법 여부는 원칙적으로 판단의 대상이 아니고, 그 행정처분의 효력이나 집행을 정지할 것인가에 관한 행정소송법 제23조 제2항에서 정한 요건의 존부만이 판단의 대상이 되는 것이다. 다만, 집행정지는 행정처분의 집행부정지원칙의 예외로서 인정되는 것이고, 또 본안에서 원고가 승소할 수 있는 가능성을 전제로 한 권리보호수

---

76) 행정소송에서의 집행정지의 요건은 행정심판의 경우와 거의 유사하다. 따라서 행정심판의 경우에 대한 설명이 많은 부분에 있어 행정소송에도 그대로 타당하게 된다.

단이라는 점에 비추어 보면, 집행정지사건 자체에 의하여도 신청인의 본안청구가 적법한 것이어야 한다는 것을 집행정지의 요건에 포함시키는 것이 옳다(대결 2010.11.26, 2010무137.)

그러나 이때의 본안소송이 실질적인 점에서 이유가 있음을 요하는가에 대해서는 검토를 필요로 한다. 집행정지는 그 성질상 본안소송과는 별개의 절차로서 인정되는 것이므로, 본안소송제기가 이유가 있어 승소할 가능성이 명백하다는 사실은 집행정지의 인정요건에는 영향을 미칠 수 없으며, 서로 무관하다고 보아야 할 것이다. 즉, 이때에는 집행정지절차의 요건존재여부만이 중요한 기준이 된다고 보아야 한다. 따라서 집행정지결정신청을 법원이 기각하더라도, 이에 대해 당사자는 당해 취소처분의 위법성을 이유로 집행정지 기각결정을 다툴 수 없게 된다.77) 그러나 반면에 본안청구가 인용되지 않을 것이 명백한 경우에는, 본안심리단계에서 최종적으로 권리구제를 받기 위해 임시적인 권리보호를 얻고자 하는 집행정지제도의 존재목적이 달성되지 않을 것이 명백하게 되는 것이므로, 이러한 때에는 집행정지는 인정되지 않는다고 보는 것이 타당할 것이다.78)

> 행정처분의 효력정지나 집행정지를 구하는 신청사건에 있어서는 행정처분 자체의 적법 여부는 궁극적으로 본안재판에서 심리를 거쳐 판단할 성질의 것이므로 원칙적으로 판단할 것이 아니고, 그 행정처분의 효력이나 집행을 정지할 것인가에 관한 행정소송법 제23조 제2항 소정의 요건의 존부만이 판단의 대상이 된다고 할 것이다 (대결 1995.2.28, 94두36.)

### 3) 회복하기 어려운 손해발생의 가능성

집행부정지의 원칙은 행정작용의 계속성보장을 위하여 인정되는 것이나, 이를 일관하는 경우에는 경우에 따라서는 당사자 권리보호의 측면에서 심각한 불이익을 야기할 수 있다. 따라서 사후의 조치를 통하여서는 회복하기 어려운 손해발생의 우려가 있는 경우에는 예외적으로 집행정지를 인정하게 되는 것이다. 문제는 이때의 '회복하기 어려운 손해'의 의미를 어떻게 이해할 것인가에 있으며, 이에 대해서 판례는 금전배상이 불가능한 경우와, 사회통념상 원상회복이나 금전배상이 가능하더라도 금전배상만으로는 수인할 수 없거나 수인하기 어려운 유형·무형의 손해를 의미한다고 본다. 그러나 그 손해의 규모는 현저하게 큰 것임을 요구하지는 않는 것으로 본다.

> [ 1 ] 행정소송법 제23조 제 2 항에서 행정청의 처분에 대한 집행정지의 요건으로 들고 있는 '회복하기 어려운 손해'라고 하는 것은 원상회복 또는 금전배상이 불가능한 손해는 물론 종국적으로 금전배상이 가능하다고 하더라도 그 손해의 성질이나 태

---

77) 대판 1989. 1. 16, 88두15; 1990. 7. 19, 90두12.
78) 대판 1992. 6. 8, 92두14; 홍정선(상), 1055면; 홍준형(구제법), 301면.

양 등에 비추어 사회통념상 그러한 금전배상만으로는 전보되지 아니할 것으로 인정 되는 현저한 손해를 가리키는 것으로서 이러한 집행정지의 적극적 요건에 관한 주장·소명책임은 원칙적으로 신청인측에 있다(대판 1999.12.20, 99무42).

[ 2 ] 사업여건의 악화 및 막대한 부채비율로 인하여 외부자금의 신규차입이 사실상 중단된 상황에서 285억원 규모의 과징금을 납부하기 위하여 무리하게 외부자금을 신규차입하게 되면 주거래은행과의 재무구조개선약정을 지키지 못하게 되어 사업자가 중대한 경영상의 위기를 맞게 될 것으로 보이는 경우, 그 과징금납부명령의 처분으로 인한 손해는 효력정지 내지 집행정지의 적극적 요건인 '회복하기 어려운 손해'에 해당한다(대판 2001.10.10, 자 2001무29).

[ 3 ] 행정소송법 제23조 제2항에서 정하고 있는 효력정지 요건인 '회복하기 어려운 손해'란, 특별한 사정이 없는 한 금전으로 보상할 수 없는 손해로서 금전보상이 불가능한 경우 내지는 금전보상으로는 사회관념상 행정처분을 받은 당사자가 참고 견딜 수 없거나 참고 견디기가 현저히 곤란한 경우의 유형, 무형의 손해를 일컫는다. 그리고 '처분 등이나 그 집행 또는 절차의 속행으로 인하여 생길 회복하기 어려운 손해를 예방하기 위하여 긴급한 필요'가 있는지는 처분의 성질과 태양 및 내용, 처분상대방이 입는 손해의 성질·내용 및 정도, 원상회복·금전배상의 방법 및 난이 등은 물론 본안청구의 승소가능성 정도 등을 종합적으로 고려하여 구체적·개별적으로 판단하여야 한다(대판 2011.4.21, 2010무111).

### 4) 긴급한 필요의 존재

이는 시간적으로 판결을 기다릴 여유가 없는 경우를 말한다. 시간적인 긴급성의 판단은 앞의 요건인 '회복하기 어려운 손해발생의 가능성'과 연계하여 판단되어야 하며, 이 요건이 충족되면 시간적으로도 긴급한 것으로 인정되어야 할 것이다.

행정소송법 제23조 제2항에서 정하고 있는 집행정지 요건인 '처분 등이나 그 집행 또는 절차의 속행으로 인하여 생길 회복하기 어려운 손해를 예방하기 위하여 긴급한 필요'가 있는지 여부는 처분의 성질과 태양 및 내용, 처분상대방이 입는 손해의 성질·내용 및 정도, 원상회복·금전배상의 방법 및 난이 등은 물론 본안청구의 승소가능성의 정도 등을 종합적으로 고려하여 구체적·개별적으로 판단하여야 한다(대판 2010.5.14, 2010무481).

### 5) 공공복리에 중대한 영향을 미칠 우려가 없을 것

집행정지는 위의 요건이 충족되어도 공공복리에 중대한 영향을 미칠 우려가 있을 때에는 허용되지 아니 한다(제23조 3항). 이는 당사자의 권리보호보다 공익을 우선하는 것으로서, 이 요건의 인정에 있어서는 공익을 우선해야 할 사정과 당사자의 권리보호 필요성의 정도를 서로 엄격히 비교형량하여야 할 것이다.

행정소송법 제23조 제3항이 집행정지의 요건으로 '공공복리에 중대한 영향을 미칠

우려가 없을 것'을 규정하고 있는 취지는, 집행정지 여부를 결정하는 경우 신청인의
손해뿐만 아니라 공공복리에 미칠 영향을 아울러 고려하여야 한다는데 있고, 따라서
공공복리에 미칠 영향이 중대한지의 여부는 절대적 기준에 의하여 판단할 것이 아니
라, 신청인의 '회복하기 어려운 손해'와 '공공복리' 양자를 비교·교량하여, 전자를
희생하더라도 후자를 옹호하여야 할 필요가 있는지 여부에 따라 상대적·개별적으로
판단하여야 한다(대판 2010.5.14, 2010무481.).

### (3) 집행정지결정의 내용

집행정지결정은 처분의 효력, 처분의 집행 및 절차의 속행정지를 내용으로 하며,
그 전부에 대해서 또는 일부에 대해서 행할 수 있다(제23조 2항).

#### 1) 처분의 효력정지

이는 처분의 내용에 따르는 구속력·공정력·집행력 등을 정지함으로써, 당사자에
대한 효과에 있어서 당해 처분이 잠정적으로 존재하지 아니하는 상태로 두는 것을 말
한다. 주로 영업허가의 취소나 정지처분 등이 현실적인 대상이 되며, 이러한 처분의 효
력이 정지됨으로써 당사자는 잠정적으로 처분 이전의 상태하에 놓이게 된다. 처분의
효력정지는 집행정지 결정내용 중에서 가장 강력한 것이고, 행정기관의 행정작용수행
에 많은 영향을 미치므로 이러한 결정내용을 필요로 하는지에 관해 신중한 검토를 필
요로 한다. 따라서 개별적인 사정에 비추어 다른 완화적인 내용에 의해서, 즉 처분의
집행정지나 절차의 속행정지를 통하여 그 목적을 달성할 수 있는 경우에는 허용되지
않는다(제23조 2항단서). 이에 따라 토지수용절차에서와 같이 일련의 계속적인 절차로 행해지는
행정작용에 있어서는 그 절차의 속행을 정지함으로써 그 목적을 달성할 수 있으므로,
사업인정 등의 개별 처분의 효력을 정지할 필요성이 인정되지 않게 된다.

#### 2) 처분의 집행정지

이는 처분이 가지는 효력은 유지하면서 이를 실현하기 위한 집행력의 행사만을
정지하는 것을 말한다. 강제출국명령을 받은 당사자에 대해 잠정적으로 강제출국하지
않도록 하는 경우를 들 수 있다.

#### 3) 절차의 속행정지

이는 소송의 대상인 처분의 효력은 유지하면서 당해 처분의 후속절차를 잠정적으
로 정지하게 하는 것을 말한다. 일련의 여러 행위에 의해 하나의 행정작용이 행해지
는 경우에는 그 과정의 어느 하나의 처분을 다투어 인용되더라도, 그 후속조치가 이
미 행하여져 행정작용이 완료되어 사후의 권리구제가 무의미하게 되는 경우가 발생할
수 있다. 따라서 이를 방지하기 위해서는 당해 처분의 후속조치를 정지시킬 필요가
인정된다. 예컨대 토지수용절차나 행정대집행절차의 경우에 후속적인 절차를 정지하

는 행위가 이에 해당한다.

### (4) 집행정지결정의 절차

집행정지결정은 법원이 당사자의 신청이나 직권에 의하여 행한다. 이때에 당사자의 신청시에는 그 이유에 대한 소명이 있어야 한다($^{제23조}_{4항}$). 법원의 집행정지결정이나 그 기각결정에 대해서 당사자는 즉시항고할 수 있으며, 이러한 즉시항고에 대해서는 결정의 집행을 정지하는 효력이 인정되지 않는다($^{제23조}_{5항}$).

### (5) 집행정지결정의 효력

법원에 의해 집행정지결정이 행해지면 당해 처분의 당사자와 관계 행정기관은 이에 구속을 받게 되어, 기속력이 발생하게 된다($^{제23조 6항,}_{제30조 1항}$). 또한 영업허가의 취소나 정지처분 등을 대상으로 하는 집행정지결정은 이러한 처분의 효력이 정지됨으로써, 당사자는 잠정적으로 처분 이전의 상태하에 놓이게 되므로 형성력도 발생하게 된다. 이러한 효력은 별도로 시간적인 범위에 대해 특별히 정하고 있지 않는 한 당해 소송의 판결이 확정될 때까지 발생하게 된다.

> 일정한 납부기한을 정한 과징금부과처분에 대하여 '회복하기 어려운 손해'를 예방하기 위하여 긴급한 필요가 있고 달리 공공복리에 중대한 영향을 미치지 아니한다는 이유로 집행정지결정이 내려졌다면 그 집행정지기간 동안은 과징금부과처분에서 정한 과징금의 납부기간은 더 이상 진행되지 아니하고 집행정지결정이 당해 결정의 주문에 표시된 시기의 도래로 인하여 실효되면 그 때부터 당초의 과징금부과처분에서 정한 기간($^{집행정지결정 당시 이미 일부}_{진행되었다면 그 나머지 기간}$)이 다시 진행하는 것으로 보아야 한다($^{대판 2003.7.11,}_{2002다48023}$).

### (6) 집행정지결정의 취소

집행정지결정이 행해지고 난 후에 이러한 결정이 공공복리에 중대한 영향을 미친다고 인정되거나 원래의 정지사유가 없어진 때에는, 법원은 당사자의 신청이나 직권에 의하여 결정으로써 집행정지의 결정을 취소할 수 있다($^{제24조}_{1항}$). 이때에도 당사자신청시에는 그 이유를 소명하여야 하며, 법원의 취소결정에 대해서는 즉시항고할 수 있다($^{제24조}_{2항}$).

## 2. 가처분의 인정문제

### (1) 개    관

행정소송에서의 가구제의 내용으로서는 「행정소송법」에 명문의 규정은 없으나 그 밖에도 가처분제도를 생각할 수 있다. 가처분이란 민사소송에서 금전 이외의 급부를 목적으로 하는 청구권의 집행을 보전하거나, 다툼이 있는 법률관계에 관하여 당사자의 임시적인 지위를 보전하는 것을 목적으로 하는 제도를 말한다. 그러나 민사소송상의 가처분제도가 행정소송에서도 허용될 수 있는가에 대해서는 논의가 대립하고 있다. 이는 「행정소송법」 제 8 조 제 2 항이 "행정소송에 관하여 이 법에 특별한 규정이 없는 사항에 대하여는 법원조직법과 민사소송법 및 민사집행법의 규정을 준용한다"라고 규정하고 있고, 일본의 경우처럼 「민사집행법」상의 가처분준용을 배제하는 명문규정이 없기 때문에 행정소송에도 민사소송에서 통용되는 가처분제도($^{\text{민사집행법}}_{\text{제300조}}$)가 이론상 준용될 수 있는가 여부가 논의되게 되는 것이다.

### (2) 견해의 대립

이에 대해서 판례는 대체적으로 부정적이나, 학설은 소극설과 적극설이 대립하고 있다.

#### 1) 소극설(또는 부정설)

이 견해는 그 논거로서, ㉠ 가처분이 인정되면 법원이 일정한 행위를 행정기관에 명하게 되는바, 이는 권력분립의 원리에 따른 사법권의 범위를 벗어나는 것이라는 사실과, ㉡ 「행정소송법」 제23조 제 2 항을 「민사집행법」상의 가처분에 대한 특별규정 또는 민사집행법상의 가처분에 대한 대상제도로 해석하여 행정소송에의 준용을 부정한다.

#### 2) 적극설(또는 긍정설)

이 견해는 그 논거로서, ㉠ 현행법상 「민사집행법」상의 가처분규정 준용을 배제하는 규정이 없는 이상 이 문제는 「행정소송법」 제 8 조 제 2 항에 의해 해결될 수밖에 없으며 이에 따라 준용가능하다는 사실과, ㉡ 이를 인정함으로써 국민의 권리구제가 사법권에 의해 실효성 있게 보장되는 것이므로 사법의 본질에 반하는 것이 아니라는 사실을 주장한다.

#### 3) 소　결

생각건대 현행법은 그 내용상 민사소송상의 가처분 준용을 배제하지도, 적극적으로 인용하고 있지도 않다. 그러나 「행정소송법」이 「민사집행법」과는 달리 실질적인 의미의 소극적인 가처분인 집행정지를 채택하고 있는 이상, 이러한 제도를 통하여 권리구제목적이 달성될 수 있는 상황에서는 「민사집행법」상의 가처분규정은 준용될 수 없다고 보아야 할 것이다. 그러나 이러한 집행정지를 통하여서는 실효적인 권리구제가 되지 못하는 경우에는($^{\text{예컨대 거부처분의 효력을 잠정적}}_{\text{으로 배제할 필요가 있는 경우}}$)[79] 「민사소송법」상의 가처분제도는 행정작용에 따른 불이익을 잠정적으로 배제하기 위해 활용될 수 있을 것이다.[80] 그러나

---

79) 전입학자에 대한 등교거부처분을 가처분에 의해 정지시킴으로써 학생들의 등교를 계속할 수 있게 할 필요가 있는 경우에 판례는 이를 인정하고 있다(서울고법 1964. 11. 9, 64부90 판결 참조).

이러한 논의는 당해 행정작용이 행정소송의 대상이 되는 처분성을 갖는 경우에 적용되는 것이며, 이에 해당할 수 없는 경우에는 통상적인 민사소송의 제기를 통한 가처분의 적용하에 둘 수밖에 없을 것이다. 따라서 행정기관에 의한 환경위해시설의 건설(예컨대 폐기물 소각장건설 등)이나 육교의 건설 등의 공익사업과 같은 단순한 비권력적인 사실행위로 인해 불이익을 받는 당사자는, 잠정적인 권리구제를 위해서 민사소송을 제기하고 이에 따른 가처분을 신청할 수밖에 없을 것이다.

> **도시 및 주거환경정비법상 주택재건축정비사업조합을 상대로 관리처분계획안에 대한 조합 총회결의의 효력을 다투는 소송이 행정소송법상 당사자소송인지 여부(적극) 및 이를 본안으로 하는 가처분에 대하여 민사집행법상 가처분에 관한 규정이 준용되는지 여부(적극)**
>
> 도시 및 주거환경정비법(이하 '도시정비법'이라 한다)상 행정주체인 주택재건축정비사업조합을 상대로 관리처분계획안에 대한 조합 총회결의의 효력을 다투는 소송은 행정처분에 이르는 절차적 요건의 존부나 효력 유무에 관한 소송으로서 소송결과에 따라 행정처분의 위법 여부에 직접 영향을 미치는 공법상 법률관계에 관한 것이므로, 이는 행정소송법상 당사자소송에 해당한다. 그리고 이러한 당사자소송에 대하여는 행정소송법 제23조 제2항의 집행정지에 관한 규정이 준용되지 아니하므로(행정소송법 제44조 제1항 참조), 이를 본안으로 하는 가처분에 대하여는 행정소송법 제8조 제2항에 따라 민사집행법상 가처분에 관한 규정이 준용되어야 한다(대판 2015.8.21, 2015무26).

## 제 5 절 행정소송의 심리

행정소송이 제기되면 법원은 이를 심리할 의무가 발생한다. 이때의 심리에 있어서는 원칙적으로 민사소송의 경우와 같이 변론주의와 처분권주의가 적용되고, 예외적으로 직권심리주의가 적용되고 있다.

### I. 심리의 내용

#### 1. 요건심리

이는 당해 소송의 형식적 측면의 심리로서, 소송제기요건을 그 대상으로 한다. 요건심리에서 부적합한 소송으로 인정되면 법원은 각하판결을 하게 된다.

소송제기요건으로는 적극적 요건으로서 관할권·제소기간·전심절차·당사자적격 등과, 소극적 요건으로서 중복소송이 아닐 것과 기판력에 저촉되지 않을 것 등이 요구

---

80) 김도창(상), 794면; 찬성하는 견해로는 김남진·김연태(I), 855면; 장태주(개론), 720면. 반대하는 견해로는 박균성(상), 1246면.

된다. 이 요건은 사실심의 변론종결 이전까지 갖추어지면 충족하는 것으로 인정된다.

## 2. 본안심리

이는 소송사건의 본안에 대하여 이유유무를 중심으로 실체적으로 심사하는 것이다. 따라서 청구의 인용이나 기각 여부가 결정된다.

# II. 심리의 범위

## 1. 심리의 대상

행정소송에서도 법원은 원고가 소송에 의해서 주장하는 특정된 내용의 청구, 즉 소송물만을 그 심리의 대상으로 한다. 따라서 행정소송에서의 심리에도 명문규정은 없으나 불고불리의 원칙이 적용된다.[81]

> 과세처분이란 당해 과세요건의 충족으로 객관적, 추상적으로 이미 성립하고 있는 조세채권을 구체적으로 현실화하여 확정하는 절차이고, 과세처분의 취소소송은 위와 같은 과세처분의 실체적, 절차적 위법을 그 취소원인으로 하는 것으로서 그 심리의 대상은 과세관청의 과세처분에 의하여 인정된 조세채무인 관세표준 및 세액의 객관적 존부 즉 당해 과세처분의 적부가 심리의 대상이 되는 것이고 납세자의 실제의 과세표준이나 세액자체는 심리의 대상이 되는 것은 아니다(대판 1987.11.10, 86누491).

## 2. 개별적인 경우

법원은 통상적으로 법률문제를 심사하며, 이때에는 전면적인 범위에서 사법심사가 행해지고, 법률우위의 원칙과 법률유보의 원칙이 주된 심사대상이 된다. 재량문제가 대상이 되는 때에는 법원의 심리범위는 남용이나 일탈 여부에 한정된다(제27조). 사실관계의 법률요건에의 해당 여부를 심사하는 사실문제에 관한 법원의 심리에 있어서는, 행정기관의 전문성 등을 고려하여 제한적인 범위에서만 인정되는 경우도 존재한다. 이에 관련되는 이론으로서는 실질적 증거의 법칙(미국의 판례에 의해 형성)과 판단여지이론(독일의 학설과 판례에 의해서 발전)을 들 수 있다.[82] 각 항고소송의 각 유형별로 고찰하면 다음과 같다.

### (1) 취소소송의 심리범위

취소소송의 심리는 소송물을 그 대상으로 하며, 처분이 있을 때의 법령과 사실상

---

81) "행정소송에 있어서도 원고가 청구하는 범위를 초월하여 판결할 수 없다"(대판 1956. 3. 30, 4289 행상18).
82) 물론 이는 별도로 판단여지이론을 인정하는 입장에 서는 경우에만 해당한다.

태를 기준으로 위법·적법 여부를 판단한다. 기본적 사실관계의 동일성이 인정되는 한도 내에서 추가하거나 변경된 처분사유·위법사유 등은 심판의 범위에 속하며, 공익을 고려하여 사정판결을 할 것인지의 여부도 심리범위에 속한다. 판례는 무효를 선언하는 의미의 취소소송을 허용하므로, 취소소송내에서 처분의 무효여부도 심리의 대상이 될 수 있다.

### (2) 무효등확인소송의 심리범위

무효등확인소송은 처분등의 효력유무 또는 존재여부가 심판의 대상이 되며, 통상 처분의 무효확인청구에는 취소청구가 포함되어 있다고 보는 것이 판례의 태도이며, 무효등확인소송에는 사정판결여부의 판단은 심리범위에 속하지 않으며, 청구취지만으로 소송물의 동일성이 특정되므로 당사자가 청구원인에서 무효사유로 내세운 개개의 주장은 공격방어방법의 의미를 갖는다.

### (3) 부작위위법확인소송의 심리범위

부작위위법확인소송은 거부처분취소소송과 더불어 수익적 처분의 신청에 대한 권리구제수단으로서의 의미를 갖는다. 다만 이 경우 법원의 심리범위가 어디까지 미치는가에 대해서는 견해의 대립이 있다.

#### 1) 절차적 심리설

이는 부작위법확인소송에서의 법원의 심리는 처분청의 부작위의 위법 여부에만 한정된다고 보는 견해이다.[83] ①「행정소송법」제2조 제1항 소정의 부작위의 정의 규정의 해석상 '일정한 처분을 할 법률상의 의무'란 신청에 대한 응답의무라고 해석하여야 한다는 점, ② 의무이행소송을 도입하지 않고 부작위위법확인소송만을 도입한 입법취지 등을 논거로 한다.

#### 2) 실체적 심리설

이는 부작위위법확인소송에서의 법원의 심리는 처분청의 부작위의 위법여부뿐 아니라 신청의 실체적 내용이 이유 있는가도 심리하여야 한다는 견해이다.[84] ①「행정소송법」제2조 제1항 소정의 '일정한 처분을 할 법률상의 의무'를 '신청에 따른 처분을 하여 줄 의무'로 보아야 하는 점, ② 부작위위법확인소송이 의무이행소송을 도입한 것과 같은 기능을 수행할 수 있도록 권리구제의 실효성을 도모할 필요성 등을 논거로 한다.

---

83) 박윤흔(상), 1033면; 김동희(Ⅰ), 831면; 홍준형(총론), 721면.
84) 김도창(상), 836면; 홍정선(상), 1131면; 정하중(총론), 803면.

3) 판례의 입장

판례가 어느 입장을 취하는지에 대해서는 명확한 표현이 없지만, 학설에서는 판례가 부작위위법확인소송의 목적을 행정청의 응답을 신속하게 하여 무응답의 소극적 위법상태를 제거하는 데 있다고 보는 점에서 절차적 심리설을 취하고 있다고 해석하고 있다.

> 부작위위법확인의 소는 행정청이 국민의 법규상 또는 조리상의 권리에 기한 신청에 대하여 상당한 기간내에 그 신청을 인용하는 적극적 처분 또는 각하하거나 기각하는 등의 소극적 처분을 하여야 할 법률상의 응답의무가 있음에도 불구하고 이를 하지 아니하는 경우, 판결(사실심의 구두변론 종결)시를 기준으로 그 부작위의 위법을 확인함으로써 행정청의 응답을 신속하게 하여 부작위 내지 무응답이라고 하는 소극적인 위법상태를 제거하는 것을 목적으로 하는 것이고, 나아가 당해 판결의 구속력에 의하여 행정청에게 처분 등을 하게하고 다시 당해 처분 등에 대하여 불복이 있는 때에는 그 처분 등을 다투게 함으로써 최종적으로는 국민의 권리이익을 보호하려는 제도이므로, 소제기의 전후를 통하여 판결시까지 행정청이 그 신청에 대하여 적극 또는 소극의 처분을 함으로써 부작위상태가 해소된 때에는 소의 이익을 상실하게 되어 당해 소는 각하를 면할 수가 없는 것이다(대판 1990.9.25. 89누4758).

4) 사 견

생각건대 위 학설대립의 본질은 행정청이 특정행위를 하여야 할 의무가 있는지 여부가 법원의 심리범위에 속하는가에 있다. 따라서 '절차적 심리'라는 표현은 행정청이 특정행위를 하여야 할 의무를 지는 때가 아닌 경우를 지칭하기 위해 '실체적 심리'와 대립구도에서 만들어진 용어이므로 이를 액면 그대로 이해하여서는 안 될 것이다.[85]

여하튼 이 문제는 행정처분의 구체적 유형에 따라 검토할 필요가 있다. 행정청이 특정한 행위를 하여야 할 의무를 지는 경우는 대표적으로 당해 행정처분이 기속행위인 경우이다. 그리고 당해 행정처분이 재량행위라면 재량수축 여부가 중요하다. 재량이 영으로 수축하게 되면 행정청에게는 그와 같은 의무가 발생하기 때문이다. 결국 기속행위에서는 당연히 실체적 심리가 행해져야 하고, 재량행위에서는 재량하자 및 나아가 재량수축 여부가 확인되어야 행정청이 지는 의무가 어느 정도의 의무인지가 판명된다. 그리고 「행정소송법」 제38조 제2항에 의해 동법 제30조 제2항이 부작위위법확인소송에 준용되므로, 행정청이 지는 의무의 내용이 단순히 무응답의 상태를 제거하면 되는 것인지 아니면 신청된 당해 특정행위를 하여야 하는 것인지에 대하여 법원은 그 취지를 피고행정청이 알 수 있도록 판결하여야 한다. 이처럼 재량행위의 경우 재량수축여부에까지 법원의 심리가 미쳐야 하는 점을 감안한다면 학설명칭은 불

---

85) 따라서 학설명칭으로서는 타당하지 않다고 보인다.

만족스럽지만 실체적 심리설이 타당하다고 본다.

## Ⅲ. 심리의 절차

### 1. 심리에 관한 일반원칙

이에 관하여는 「행정소송법」이 명문규정을 두고 있지 않으므로, 제 8 조 제 2 항에 의하여 「민사소송법」과 「법원조직법」이 준용된다.

#### (1) 공개심리주의와 구술심리주의

공개심리주의는 재판의 심리와 판결의 선고를 공개로 행하는 것을 의미하며, 심리과정의 공정성을 확보하기 위한 의미를 갖는다(헌법 제109조; 법원조직법 제57조 1항). 그러나 예외적으로 일정한 경우에는 비공개도 인정된다(헌법 제109조 단서; 법원조직법 제57조 1항 단서). 구술심리주의는 변론 및 증거조사를 구술로 행하는 원칙을 말한다(민사소송법 제134조 1항).

#### (2) 처분권주의

이는 소송절차의 개시와 종료여부와 소송절차의 개별적인 사항의 결정에 관하여 당사자에게 맡겨지는 원칙을 말한다. 따라서 이에 따르면 당사자는 소송물과 소송절차에 관하여 지배적인 지위에 있게 되며, 행정소송에서도 인정된다. 원고에 의한 소송제기, 당사자합의에 의한 소송물의 처분행위인 소의 변경이나 소의 취하 등에서 나타난다. 이에 대립되는 원칙으로는 소송절차에 관하여 당사자가 아니라 법원이 주도적 지위를 갖는 직권주의(Offizialgrundsatz)를 들 수 있다. 이는 형사소송에서 인정된다.

#### (3) 변론주의

이는 법원의 판결의 기초가 되는 사실관계와 증거의 수집 및 제출책임을 당사자에게 일임하고, 당사자가 수집·제출한 소송자료만을 재판의 기초로 삼는 원칙을 말한다. 따라서 이에 따르면 판결의 기초가 되는 사실관계의 제출은 당사자에게, 이에 기초한 법적용은 법관에게 맡겨진다. 행정소송에서도 원칙적으로 이 원칙이 지배한다. 이에 대립되는 원칙은 아래에서 설명될 직권심리주의(Untersuchungsgrundsatz)이다.

### 2. 행정소송의 심리에 특수한 절차

#### (1) 직권심리주의(또는 직권탐지주의)

##### 1) 개     념

이는 소송절차에서의 사실관계의 조사에 관한 책임을 전적으로 법원만이 부담하는 원칙을 말한다. 따라서 사실관계의 수집과 평가에 관하여 법원은 독점적이며 다른 주체로부터 영향을 받지 않으며 책임을 수행하게 된다. 이를 위해 법원은 당사자의 제출자료에 구속받음이 없이, 직권으로 사실관계와 증거를 조사하며, 사실관계의 해명을 행정기관에게 맡기지 않고 스스로 행하여야 한다. 변론주의에 대립하는 원칙이다.

### 2) 기  능

이 원칙은 법원이 실체적으로 정확한 결정을 내리도록 하는 공적인 기능과, 원고인 시민을 보호하여 소송상의 무기대등의 원칙을 구현하는 기능을 수행한다. 즉 이는 원고인 시민이 법적 지식이나 정보, 전문성 등에 있어서 행정기관에 비해 열세적인 지위에 있으므로, 법원이 직권으로 사실관계를 조사함으로써 실체적으로 올바른 판결을 내릴 수 있게 함과 동시에 무기대등의 원칙을 구현하게 하는 것이다. 그러나 이때에 법원이 직권으로 조사하게 되는 사실관계는 반드시 원고에게 유리한 사실자료만에 국한되는 것은 아니므로, 이 양 기능 중에서 주도적인 것은 전자, 즉 실체적으로 정확한 결정(또는 실체적인 적법성의 보장)을 담보하는 기능에 주어지게 된다.

### 3) 현행법상의 직권심리주의

「행정소송법」은 제26조에서, 법원이 필요하다고 인정하는 경우에는 직권으로 증거를 조사할 수 있고, 당사자가 주장하지 아니한 사실에 대하여도 판단할 수 있도록 하여 직권심리주의를 채택하고 있다. 그러나 이 조항의 의미는 행정소송에서 변론주의를 배제하는 의미로 이해되어서는 안 된다. 행정소송도 기본구조에 있어서는 민사소송과 마찬가지로 당사자의 사실관계주장과 증거제출에 기초한다. 그러나 행정소송이 수행하는 기능인 행정의 적법성보장과 당사자의 권리보호를 위하여 불명확한 사실관계가 있는 경우에는, 보충적인 차원에서 직권에 의한 사실조사나 증거조사의 필요성이 인정되며, 이를 위해 직권심리주의가 적용되는 것이다.

> 행정소송에서 쟁송의 대상이 되는 행정처분의 존부는 소송요건으로서 직권조사사항이고, 자백의 대상이 될 수 없는 것이므로, 설사 그 존재를 당사자들이 다투지 아니한다 하더라도 그 존부에 관하여 의심이 있는 경우에는 이를 직권으로 밝혀 보아야 한다(대판 2001.11.9, 98두892).

따라서 제26조의 의미는 변론주의를 보충하는 의미로서 이해되어야 할 것이다. 이러한 내용의 직권심리주의는 취소소송 외에도 무효등확인소송(제38조 1항), 부작위위법확인소송(제38조 2항), 당사자소송(제44조 1항)에도 적용된다.

### (2) 행정심판의 기록제출명령

심리절차의 원칙에는 해당하지 않으나, 행정소송에서 특이한 것으로는 행정심판기록제출명령이 있다. 이는 원고가 소송에서 피고인 행정기관과 대등한 지위에서 다툴 수 있기 위해 필요로 되는 행정심판에 관한 기록의 제출을 법원에 신청하고, 법원이 이를 인정하여 재결청에 대하여 기록의 제출을 명하는 것이다($^{제25조}_{1항}$). 이때에 제출명령을 받은 행정청은 지체 없이 당해 행정심판에 관한 기록을 법원에 제출하여야 한다($^{제25조}_{2항}$). 이는 취소소송 외에도 무효등확인소송($^{제38조}_{1항}$)과 부작위위법확인소송($^{제38조}_{2항}$) 및 당사자소송($^{제44조}_{1항}$)에도 준용되고 있다.

## Ⅳ. 입증책임의 문제

### 1. 의    의

입증책임이란 소송상 일정한 사실의 존부가 확정되지 아니하는 경우에 불리한 법적 판단을 받게 되는 일방 당사자의 법적 부담을 말한다. 이는 법원은 사실관계가 밝혀지지 않는 경우에도 판결을 거부함이 없이 결정을 내려야 한다는 현실적 필요성과 관련을 갖는 것이다. 행정소송에서의 직권심리주의는 변론주의를 배제하는 것이 아니므로 이 원칙의 적용하에서도 여전히 민사소송에서와 같이 입증책임문제가 제기된다. 이에 있어서의 주된 논의의 대상은 입증책임의 분배문제이며, 이에 대해서는 실정법 규정이 없으므로 견해가 대립하고 있다.

### 2. 입증책임의 분배

이 문제는 항고소송, 특히 취소소송에서 논의의 중심을 이루고 있다.

#### (1) 취소소송의 경우
#### 1) 원고책임설

이 견해는 행정행위에는 공정력이 있어 처분의 적법성이 추정되므로, 이에 대해 처분의 위법성의 반증을 제시할 책임은 원고만이 부담한다는 것이다. 그러나 이에 대해서는 행정행위의 공정력은 절차상, 사실상의 통용력에 불과한 것이며 소송법적으로는 아무런 영향이 없다는 비판이 주장된다.

#### 2) 피고책임설

이는 법치행정의 원리상 행정기관은 스스로 자신의 행위의 적법성을 보장하여야 하므로, 피고인 행정기관에게 행정작용의 적법성에 대한 입증책임이 있다는 주장이다. 그러나 이 견해는 법치행정의 원리가 바로 원고의 입증책임을 면책한다고 볼 수 없다는 점에서 비판되어야 할 것이다.

### 3) 입증책임분배설(또는 법률요건분류설)

이는 행정소송에서도 민사소송상의 입증책임에 관한 원칙이 그대로 적용된다는 견해이다. 따라서 자신에게 유리한 법률효과를 주장하는 사람은 그 요건이 되는 사실의 존재를 스스로 입증할 책임이 있다고 한다. 이에 의하면 행정행위의 위법성에 관한 요건사실의 입증책임은 원고가, 행정행위의 적법성에 관해서는 피고인 행정기관이 그 입증책임을 각각 부담하게 된다. 다수의 견해이다.

### 4) 행정소송법 독자분배설(또는 특수성인정설)

이 견해는 행정소송의 특수성을 반영하여 입증책임의 분배를 결정하여야 한다는 주장이다. 이에 따르면 당사자의 권리제한이나 의무부과를 하는 행위에 대하여는 행정기관이 그 적법성에 관한 입증책임을 지고, 당사자가 자신의 권리나 이익의 확장을 구하는 소송에서는 원고가 그 입증책임을 지며, 재량행위의 일탈이나 남용을 이유로 하는 취소소송의 경우는 재량행위의 예외적인 경우이므로 원고가 그 입증책임을 진다고 한다. 이 견해는 그러나 그 내용에 비추어보면 위의 법률요건분류설과 실질적인 점에서 차이를 가져오지 않으므로 별도로 논의할 실익은 없을 것이다.

### 5) 소　결

따라서 취소소송에 관한 입증책임분배에 대하여는 법률요건분류설에 따르는 것이 타당하다고 본다. 판례도 같은 입장이다.

> **국민에게 일정한 이익과 권리를 취득하게 한 종전 행정처분을 직권으로 취소할 수 있는 경우 및 취소해야 할 필요성에 관한 증명책임의 소재(=행정청)**　　일정한 행정처분으로 국민이 일정한 이익과 권리를 취득하였을 경우에 종전 행정처분에 하자가 있음을 전제로 직권으로 이를 취소하는 행정처분은 이미 취득한 국민의 기존 이익과 권리를 박탈하는 별개의 행정처분으로, 취소될 행정처분에 하자가 있어야 하고, 나아가 행정처분에 하자가 있다고 하더라도 취소해야 할 공익상 필요와 취소로 당사자가 입게 될 기득권과 신뢰보호 및 법률생활안정의 침해 등 불이익을 비교·교량한 후 공익상 필요가 당사자가 입을 불이익을 정당화할 만큼 강한 경우에 한하여 취소할 수 있는 것이며, 하자나 취소해야 할 필요성에 관한 증명책임은 기존 이익과 권리를 침해하는 처분을 한 행정청에 있다(대판 2014.11.27, 2014두9226).

### (2) 무효등확인소송

이 경우에는 입증책임분배를 취소소송의 경우와 동일하게 볼 것인가와 관련하여 견해가 대립하고 있다.

### 1) 피고책임설

이는 그 논거로서, 이 소송에서는 행정행위의 적법성여부가 취소소송의 경우보다 더 의심되는 경우라는 점과, 항고소송의 형태로서 처분의 위법성이 다투어지는 것이므로 피고인 행정기관이 당해 처분의 유효요건에 대한 입증책임이 있다고 한다.

### 2) 원고책임설

무효의 원인인 중대하고 명백한 하자는 통상의 위법사유와는 달리 극히 예외적인 경우이므로, 원고가 무효원인에 대한 입증책임이 있다고 한다(<sup>판례의</sup><sub>입장</sub>).

### 3) 취소소송과 동일하게 보는 견해

이 소송에서도 취소소송에서와 같이 법률요건분류설에 따라 그 입증책임을 분배할 수 있다고 보는 견해이다. 이에 따르면 당사자가 법률관계의 부존재나 무효의 확인을 구하는 경우에는 원고는 부존재나 무효주장을 위한 요건사실에 대한 입증책임을 부담하고, 반대로 피고는 그 존재나 적법성(<sup>유효</sup><sub>성</sub>)에 대한 요건사실에 대해 입증책임을 부담한다고 본다. 그러나 법률관계의 존재나 유효성의 확인을 구하는 소송에서는 원고는 존재나 유효성에 대해, 피고는 반대로 부존재나 무효에 대해 입증책임을 진다고 본다.

### 4) 소  결

무효등확인소송에서도 취소소송과 구별되어야 할 특수성은 인정될 수 없으므로, 동일한 분배기준에 따라 논의하는 것이 타당하다고 본다.

## (3) 그 밖의 소송의 경우

그 밖의 소송에서도 취소소송에서의 논의가 그대로 타당하다고 볼 수 있다. 따라서 부작위위법확인소송에서는 원고는 자신이 일정한 내용의 처분의 신청을 했다는 사실과 처분의 신청권이 있다는 사실을 입증하고, 피고는 부작위를 정당화할 만한 합리적인 이유가 있었음을 입증해야 한다고 본다. 당사자소송을 비롯한 그 밖의 경우에도 별도의 논의가 필요 없이 법률요건분류설의 입장에서 논의될 수 있을 것이다.

# Ⅴ. 관련청구의 이송·병합

## 1. 의  의

행정소송이 제기된 여러 청구가 서로 실질적인 관련성을 갖는 경우에, 심리의 중복과 판결의 모순을 회피하고 재판을 신속하게 진행하게 하기 위하여 하나의 절차에서 심리하도록 하는 제도가 관련청구의 이송 및 병합이다. 「행정소송법」은 관련청구로서, 당해 처분 등과 관련되는 손해배상·부당이득반환·원상회복 등의 청구소송과, 당해 처분 등과 관련되는 취소소송을 규정하고 있다(<sup>제10조</sup><sub>1항</sub>).

## 2. 관련청구의 이송

### (1) 의    의

이는 취소소송과 관련청구소송이 서로 다른 법원에 계속되어 있는 경우에, 법원의 결정에 의하여 관련청구소송을 취소소송이 계속된 법원으로 옮기는 것을 말한다 ($\frac{제10조}{1항}$).

### (2) 요건 · 절차 · 효과

#### 1) 요    건

이송을 위하여는 취소소송과 관련청구소송이 서로 다른 법원에 계속되고 있어야 하며, 관련청구소송이 계속된 법원에서 이송이 상당하다고 인정하여야 한다.

#### 2) 절    차

절차로서는 당사자의 신청이나 법원의 직권에 의하여, 법원의 결정의 형식으로 이송결정이 행해지게 된다.

#### 3) 효    과

이송의 효과에 대하여는 「행정소송법」의 명문규정이 없으므로 「민사소송법」의 규정을 준용하게 된다. 이에 따르면 이송결정이 확정되면 이송되는 관련청구소송은 처음부터 이송받은 법원에 계속된 것으로 간주되며($\frac{민소법}{제40조 1항}$), 소송기록도 송부되어야 한다 ($\frac{민소법}{제40 조 2항}$). 이때에 이송받은 법원은 다시 다른 법원에 재이송하지 못하게 된다($\frac{민소법}{제38조}$).

## 3. 관련청구의 병합

### (1) 의    의

동일한 당사자에 의한 복수청구나 복수당사자에 의한 복수청구가 있는 경우에, 취소소송이 제기된 법원에서 관련청구소송을 합하여 심리하는 것을 말한다($\frac{제10조}{2항}$).

### (2) 요건 · 대상 · 효과

#### 1) 요    건

병합을 위하여는 청구를 병합할 취소소송이 적법한 소송요건을 갖추고 있어야 하며, 병합하여 심리할 필요성이 존재하여야 하며, 취소소송의 사실심의 변론종결시 이전에 행해야 한다($\frac{제10조}{2항}$). 병합을 위한 특별한 절차는 존재하지 않는다.

[ 1 ] 행정소송법 제10조 소정의 관련 청구소송의 병합은 본래의 항고소송이 적법할 것을 요건으로 하는 것인데, 직권면직처분부존재 · 무효확인 등의 본래의 항고소송이

행정처분이 아닌 것을 대상으로 한 부적법한 것이어서 각하되어야 하는 이상 금원지
급청구의 소 역시 각하를 면할 수 없다(대판 1997.11.11., 97누1990).

[2] **본래의 당사자소송이 부적법하여 각하되는 경우, 행정소송법 제44조, 제10조에 따
라 병합된 관련청구소송도 소송요건 흠결로 부적합하여 각하되어야 하는지 여부(적극)**

행정소송법 제44조, 제10조에 의한 관련청구소송 병합은 본래의 당사자소송이 적법
할 것을 요건으로 하는 것이어서 본래의 당사자소송이 부적법하여 각하되면 그에 병
합된 관련청구소송도 소송요건을 흠결하여 부적합하므로 각하되어야 한다(택지개발사
업지구 내 비닐하우스에서 화훼소매업을 하던 갑과 을이 재결절차를 거치지 않고 사
업시행자를 상대로 주된 청구인 영업손실보상금 청구에 생활대책대상자 선정 관련청
구소송을 병합하여 제기한 사안에서, 영업손실보상금청구의 소가 재결절차를 거치지
않아 부적법하여 각하되는 이상, 이에 병합된 생활대책대상자 선정 관련청구소송 역
시 소송요건을 흠결하여 부적법하므로 각하되어야 한다고 한 사례)(대판 2011.9.29., 2009두10963).

### 2) 대 상

병합의 대상은 동일한 당사자 사이에 복수의 청구가 있는 경우(객관적병합)와, 피고 이
외의 자를 상대로 한 관련청구소송이 있는 경우(주관적병합)가 된다.

행정처분에 대한 무효확인과 취소청구는 서로 양립할 수 없는 청구로서 주위적·
예비적 청구로서만 병합이 가능하고, 선택적 청구로서의 병합이나 단순 병합은 허
용되지 아니한다(대판 1999.8.20., 97누6889).

### 3) 효 과

취소소송에 병합되는 다른 소송이 민사소송인 경우에는 병합 후에도 민사소송으
로서의 성질을 갖는 것이므로 이에 대해서는 「민사소송법」이 적용된다.

**행정처분의 취소를 구하는 취소소송에 당해 처분의 취소를 선결문제로 하는 부당이득반
환청구가 병합된 경우, 그 청구가 인용되려면 소송절차에서 당해 처분의 취소가 확정되어
야 하는지 여부(소극)** 행정소송법 제10조는 처분의 취소를 구하는 취소소송에 당해
처분과 관련되는 부당이득반환소송을 관련 청구로 병합할 수 있다고 규정하고 있는
바, 이 조항을 둔 취지에 비추어 보면, 취소소송에 병합할 수 있는 당해 처분과 관련
되는 부당이득반환소송에는 당해 처분의 취소를 선결문제로 하는 부당이득반환청구
가 포함되고, 이러한 부당이득반환청구가 인용되기 위해서는 그 소송절차에서 판결에
의해 당해 처분이 취소되면 충분하고 그 처분의 취소가 확정되어야 하는 것은 아니
라고 보아야 한다(보험료부과처분에 대한 취소소송에서 90,946,000원의 보험료부과처
분 중 67,194,980원의 보험료부과처분을 취소하면서도, 관련 청구로 병합된 부당이득
반환소송에서는 그 처분의 취소를 전제로 인용 여부를 판단하지 않고 처분의 취소가
확정되지 않았다는 이유로 기각한 것은 위법하다고 한 사례)(대판 2009.4.9., 2008두23153).

## VI. 소의 변경

### 1. 의  의

소의 변경이란 소송이 계속된 후에 사정의 변경으로 인하여, 소송제기당시의 당사자(<sup>피</sup><sub>고</sub>), 청구원인, 청구취지 등에 관하여 전부 또는 일부를 변경하는 소송행위를 말한다. 이는 당사자 쌍방 사이의 분쟁의 합리적 해결을 도모하고, 소송경제에 적합하도록 하는 데에 그 존재의의를 갖는다. 소의 변경의 형태에는 소송유형의 변경, 처분변경으로 인한 소의 변경 및 그 밖의 경우로 나눌 수 있다.

### 2. 소송유형의 변경

이는 특정소송이 계속된 후에 원고의 권리구제의 실효성을 위하여 다른 유형의 소송으로 변경하는 것을 말한다. 「행정소송법」은 취소소송에서 다른 소송유형으로 변경하는 경우를 규정하고 있으나(<sup>제21조</sup><sub>1항</sub>), 이는 다른 소송유형 사이에도 적용된다고 본다.

#### (1) 요  건
「행정소송법」 제21조 제1항은 다음을 그 요건으로 한다.
㉠ 취소소송이 계속되고 있을 것
㉡ 청구의 기초에 변경이 없을 것
이는 소송유형의 변경으로 인하여 당사자가 취소소송을 통하여 달성하고자 하는 권리구제의 이익이 변동하지 않는 것을 말한다. 이의 인정여부는 개별적으로 검토되어야 한다.

> 청구취지상으로는 거부처분 취소판결의 집행력 배제를 구하고 있지만 그 청구원인에서는 거부처분 취소판결의 취지에 따른 처분을 하였음을 이유로 거부처분 취소판결의 간접강제결정의 집행력 배제를 구하고 있는 소송에서 청구원인은 그대로 둔 채 청구취지만을 예비적으로 간접강제결정의 집행력 배제를 구하는 소로 변경한 경우, 청구의 기초에 변경이 없다(<sup>대판 2001.11.13,</sup><sub>99두2017</sub>).

㉢ 소송유형의 변경신청이유가 상당하다고 인정될 것
㉣ 취소소송을 당해 처분 등에 관계되는 사무가 귀속하는 국가 또는 공공단체에 대한 당사자소송으로, 또는 취소소송 이외의 다른 항고소송으로 변경하는 것일 것
이때의 '사무가 귀속하는 국가 또는 공공단체'란 사무의 수행주체가 아니라 사무의 수행효과가 귀속되는 국가 또는 공공단체를 의미하는 것으로 본다. 따라서 지방자치단체가 수행하는 국가의 기관위임사무인 경우에는 사무의 귀속주체는 국가가 된다.

ⓜ 사실심의 변론종결시까지 원고의 신청이 있을 것

### (2) 절    차

위 요건이 존재하면 법원은 결정으로써 소송유형의 변경을 허가할 수 있다. 이때 소송변경으로 인해 피고가 변경될 때에는 새로이 피고가 될 자의 의견도 들어야 하며 ($\binom{제21조}{2항}$), 결정의 정본을 새로운 피고에게 송달하여야 한다($\binom{제21조\ 4항,}{제14조\ 2항}$).

### (3) 효    과

소송유형이 변경되면 종전의 소제기는 취하한 것으로 보며, 새로운 소송은 종전 소송이 제기된 때에 이미 제기된 것으로 인정된다($\binom{제21조\ 4항,}{제14조\ 4항·5항}$).

## 3. 처분변경으로 인한 소의 변경

소송의 계속 도중에 행정기관이 소송대상인 처분을 새로운 처분으로 변경하게 되면, 당해 소송은 소송목적물의 변경으로 인해 더 이상 유지될 수 없게 된다. 이때에 원고는 종전의 소를 새로운 처분에 맞도록 변경하는 것이 시간이나 절차면에서 유리하고 소송경제에도 도움이 된다. 이러한 이유에서 원고는 소의 변경을 법원에 신청할 수 있고, 이에 대해 법원은 결정으로써 청구의 취지나 원인의 변경을 허가할 수 있게 된다($\binom{제22조}{1항}$). 이때에 원고의 신청은 처분의 변경이 있음을 안 날로부터 60일 이내에 하여야 하며, 이에 대해 새로운 행정심판은 제기하지 않아도 된다($\binom{제22조}{3항}$).

## 4. 그 밖의 경우

소의 변경은 그 밖에도 「민사소송법」 규정에 따른 경우에도 인정된다고 본다 ($\binom{제8조\ 2항;\ 민소법}{제262조,\ 제263조}$). 따라서 소송절차를 현저하게 지연하게 하는 경우가 아닌 한, 원고는 청구의 기초에 변경이 없는 한도 안에서 변론의 종결시까지 청구의 취지나 원인을 변경할 수 있게 된다.

## Ⅶ. 처분의 근거변경

### 1. 의    의

#### (1) 개    념

이는 소송계속 중에 그 대상이 된 처분을 실체적으로 지지하기 위하여, 처분의 이유로서 잘못 제시된 사실상의 근거나 법률적 근거를 변경하는 것을 말한다(Nach-schieben von Gründen). 행정기관은 자신의 처분을 정당화하는 모든 근거를 제시할 필요는 없으므로, 경우에 따라서는 처분당시에 이미 객관적으로 존재하고 있었으나 알지 못했거나, 알고는 있었으나 당해 처분의 기초로 삼지 않았던 근거로 사후에 새로이 변경하여야 할 필요가 생기게 된다. 예컨대 공무원에 대한 징계처분의 근거로서 법령준수의무위반을 제시하였다가 소송도중에 이러한 근거가 법원에 의해 받아들여질 것 같지 않자, 다시 성실의무위반으로 그 근거를 변경하려는 경우가[86] 이에 해당한다.

### (2) 처분의 근거와 이유의 구별

이때에 처분의 이유(Begründung)와 근거(Gründe)는 서로 구별되어야 한다. 이유는 행정결정의 일부분으로서 행정기관이 당해 결정을 내리기 위하여 고려하였던 중요한 사실적 및 법적 근거를 나타내는 것을 말한다. 이에 반해 근거란 행정기관이 자신의 결정을 발령하기 위하여 그 원인으로 작용하였던 주관적인 고려내용을 말한다. 따라서 하나의 행정결정에는 이를 정당화하는 여러 개의 주관적인 근거가 존재할 수 있으나, 이러한 근거 중의 일부가 행정결정의 이유로서 외부에 표시되는 것이다. 이로 인해 사후에 당해 처분을 잘못 지지하는 근거라는 것이 밝혀지는 경우에는 이를 정정할 필요가 생기게 되며, 이로 인해 처분의 근거변경문제가 발생하는 것이다. 그러나 처분의 이유는 일단 외형적으로 처분에 부기되는 이상, 그 형식적 요건을 충족하는 것이 되어 더 이상 법적 문제를 야기하지 않으며, 그 내용을 구성하는 근거만이 변경의 필요성이 인정되는 대상이 될 뿐이다. 따라서 처분이유는 이것이 흠결된 경우에 후에 다시 보충하는 절차적 하자의 치유로서 사후추완의 문제가 생길 뿐이며,[87] 변경의 문제는 생기지 않는다. 따라서 이러한 관점에서 '처분이유의 변경'이라는 표현은[88] 적절하지 못하다.

### 2. 구별개념

이 개념은 그와 유사한 개념들과의 구별을 전제로 한다.

### (1) 처분이유의 사후추완

이는 법령상 요구되는 행정행위의 이유부기의무를 발령 당시 이행하지 않은 경우에, 사후에 이유부기행위를 행함으로써 그 형식적 하자를 치유하는 것을 말한다(Nachholen der Begründung). 이에 반해 처분의 근거변경은 법령상 요구되는 이유부기의무는 이행하고 있는 상태이나, 이유로서 제시된 처분의 근거가 내용적으로 당해 처분을 지지하지 못하는 경우에 이를 변경하고자 하는 것이다.

---

86) 대판 1983. 10. 25, 83누396.
87) 이에 대해서는 류지태, "행정행위의 이유부기하자의 치유문제", 한국공법학회 제 1 회 월례발표회(1989. 9. 30) 참조.
88) 홍정선(상), 1070면; 홍준형(구제법), 330면.

## (2) 행정행위의 전환

이는 취소나 무효의 하자있는 행정행위를 다른 하자없는 행정행위에 의해 대체하여, 이 새로운 행정행위가 소급효를 가짐으로써 종전과는 다른 새로운 법적 규율(Regelung)이 행해지는 것을 말한다. 예컨대 사자(死者)에 대한 양도소득세 부과처분을 상속인에 대한 처분으로 변경하는 것이 이에 해당한다. 이에 반해 처분근거의 변경은 당해 처분의 효과인 법적 규율은 변경하지 않은 채, 당해 법적 규율을 다른 근거에 의하여 지지하고자 하는 행위이다.

## (3) 위법판단의 기준시점 문제

이는 법원이 당해 소송의 이유유무를 판단하는 데 있어서, 어느 시점의 사실관계와 법률관계를 그 판단의 기초로 삼아야 하는가에 관한 문제이다. 구체적으로는 처분의 발령 이후에 발생한 사실관계나 또는 법률관계의 변화를 법원이 자신의 판결에 있어서 고려할 수 있는가의 여부가 중요한 문제로 논의된다. 따라서 이 문제는 행정절차의 종료 이후에 발생한 새로운 사실관계나 법률관계가 그 논의의 대상이 된다. 이에 반해 처분의 근거변경문제는 그 근거가 이미 처분당시에 객관적으로 존재하고 있었으나, 행정기관이 알지 못하였거나 알았지만 중요하지 않다고 인정하여, 처분의 기초로 삼지 않았던 사실관계나 법률관계가 그 대상이라는 점에서 서로 구별된다.

**항고소송에서 행정처분의 위법 여부 판단 기준** 항고소송에서 행정처분의 위법 여부는 행정처분이 있을 때의 법령과 사실 상태를 기준으로 판단하여야 하며, 법원은 행정처분 당시 행정청이 알고 있었던 자료뿐만 아니라 사실심 변론종결 당시까지 제출된 모든 자료를 종합하여 처분 당시 존재하였던 객관적 사실을 확정하고 그 사실에 기초하여 처분의 위법 여부를 판단할 수 있다(대판 2010.1.14, 2009두11843).

## 3. 허용여부

### (1) 일 반 론

소송계속 중에 처분의 근거변경을 허용할 것인가에 관하여는 일률적으로 대답될 수 없다. 이는 소송유형별로, 그 주체별(즉 법원이 하는 경우와 행정기관이 하는 경우)로, 대상행위의 유형별(즉 재량행위 또는 기속행위)로 그리고 변경되는 근거의 유형별(즉 사실적 근거 또는 법률적 근거)로 나누어서 고찰되어야 한다. 또한 처분의 근거변경허용으로 인해 원고인 당사자가 별도의 불이익을 받아서는 안 된다는 기본적인 한계가 준수되어야 한다. 이러한 관점에서 보아 원칙적으로 처분의 근거변경은 허용된다고 본다. 이는 변경을 불허하는 경우에는, 법원에 의해 당해 처분이 취소되고 행정기관은 새로운 행정절차를 거쳐 변경이 불허된 근거에 기초하여 결국 동일한 처분을 발령하게 되는바, 이는 불필요하게 분쟁해결과정을 장기화하게 되어 소송경제에 반하는 문제를 야기하기 때문이다. 그러나 반면에 이를 제한 없이 허용하는 경우에는 소송경제의 이름하에 원고인 당사자의 권리가 침해되는 문제가 발생하게 된다. 따라서 일정한 한계하에서만 이를 허용하려는 것이 일반적인 입장이다.

### (2) 허용의 한계

이에 관한 우리의 대법원 판례는 일관되게 "당초의 처분사유와 기본적 사실관계에 있어서 동일성이 인정되는 한도 내에서만" 새로운 처분사유의 추가나 변경을 허용하고 있다.

> 과세관청은 과세처분 이후는 물론 소송 도중이라도 사실심 변론종결시까지 처분의 동일성이 유지되는 범위 내에서 처분사유를 추가·변경할 수 있다(대판 2001.10.30, 2000두5616).

판례가 기본적 사실관계와 동일성이 인정되지 않는 별개의 사실을 들어 처분사유로 주장하는 것이 허용되지 않는다고 해석하는 이유는, 행정처분의 상대방의 방어권을 보장함으로써 실질적 법치주의를 구현하고 행정처분의 상대방에 대한 신뢰를 보호하고자 함에 그 취지가 있다고 한다. 그리고 추가 또는 변경된 사유가 당초의 처분시 그 사유를 명기하지 않았을 뿐 처분시에 이미 존재하고 있었고 당사자도 그 사실을 알고 있었다 하여도, 당초의 처분사유와 동일성이 있는 것이라 할 수 없다고 한다.[89] 또한 이때의 '기본적 사실관계의 동일성' 유무는, 처분사유를 법률적으로 평가하기 이전의 구체적인 사실에 착안하여 그 기초가 되는 사회적 사실관계가 기본적인 점에서 동일한지 여부에 따라 결정되는 것으로 보고 있다.

> [1] 토지형질변경 불허가처분의 당초의 처분사유인 국립공원에 인접한 미개발지의 합리적인 이용대책 수립시까지 그 허가를 유보한다는 사유와 그 처분의 취소소송에서 추가하여 주장한 처분사유인 국립공원 주변의 환경·풍치·미관 등을 크게 손상시킬 우려가 있으므로 공공목적상 원형유지의 필요가 있는 곳으로서 형질변경허가 금지 대상이라는 사유는 기본적 사실관계에 있어서 동일성이 인정된다(대판 2001.9.28, 2000두8684).
> [2] 주택신축을 위한 산림형질변경허가신청에 대하여 행정청이 거부처분을 하면서 당초 거부처분의 근거로 삼은 준농림지역에서의 행위제한이라는 사유와 나중에 거부처분의 근거로 추가한 자연경관 및 생태계의 교란, 국토 및 자연의 유지와 환경보전 등 중대한 공익상의 필요라는 사유는 기본적 사실관계에 있어서 동일성이 인정된다(대판 2004.11.26, 2004두4482).
> [3] 피고가 정보공개거부처분사유로 추가한 공공기관의정보공개에관한법률 제7조 제1항 제5호의 사유와 당초의 처분사유인 같은 항 제4호 및 제6호의 사유는 기

---

89) 대법원 2003. 12. 11. 선고 2001두8827 판결.

본적 사실관계가 동일하다고 할 수 없다고 할 것이며, 추가로 주장하는 제 5 호에서 규정하고 있는 사유가 이 사건 처분 후에 새로 발생한 사실을 토대로 한 것이 아니라 당초의 처분 당시에 이미 존재한 사실에 기초한 것이라 하여 달리 볼 것은 아니다 (대판 2003.12.11, 2001두8827).

[ 4 ] 행정처분의 취소를 구하는 항고소송에서 처분청은 당초 처분의 근거로 삼은 사유와 기본적 사실관계가 동일성이 있다고 인정되는 한도 내에서는 다른 사유를 추가하거나 변경할 수도 있으나, 기본적 사실관계가 동일하다는 것은 처분사유를 법률적으로 평가하기 이전의 구체적인 사실에 착안하여 그 기초적인 사회적 사실관계가 기본적인 점에서 동일한 것을 말하며, 처분청이 처분 당시에 적시한 구체적 사실을 변경하지 아니하는 범위 내에서 단지 그 처분의 근거 법령만을 추가·변경하거나 당초의 처분사유를 구체적으로 표시하는 것에 불과한 경우에는 새로운 처분사유를 추가하거나 변경하는 것이라고 볼 수 없다 (대판 2008.2.28, 2007두13791).

[ 5 ] 행정처분의 취소를 구하는 항고소송에서 처분청은 당초 처분의 근거로 삼은 사유와 기본적 사실관계가 동일성이 있다고 인정되는 한도 내에서만 다른 사유를 추가 또는 변경할 수 있고, 이러한 기본적 사실관계의 동일성 유무는 처분사유를 법률적으로 평가하기 이전의 구체적 사실에 착안하여 그 기초인 사회적 사실관계가 기본적인 점에서 동일한지에 따라 결정되므로, 추가 또는 변경된 사유가 처분 당시에 이미 존재하고 있었다거나 당사자가 그 사실을 알고 있었다고 하여 당초의 처분사유와 동일성이 있다고 할 수 없다. 그리고 이러한 법리는 행정심판 단계에서도 그대로 적용된다 (대판 2014.5.16, 2013두26118).

그러나 이 기준은 형사소송에서 논의되는 공소사실의 동일성 판단기준을 차용하여 행정소송에 적용한 개념이다.90) 기본적 사실관계는 행정행위의 발령의 기초가 되는 사정의 동일성을 판단하는 데는 유익하지만, 이러한 기초사정을 전제로 하여 발령되는 행정행위 유형간의 차이, 특히 기속행위와 재량행위의 구별 등의 사정은 제대로 반영하지 못하는 한계를 갖는다.91) 특히 이 기준은 소송상 처분청의 새로운 처분사유 주장을 통하여 불이익을 받게 될 원고의 방어권 보호를 위한 목적을 갖는 것이므로, 새로운 처분사유가 종전 행정행위를 대상으로 한 원고의 방어권 주장에 비하여 불리하지 않도록, 이를 배려한 기준으로 정립될 필요가 있다. 따라서 '기본적 사실관계'라는 구

90) 공소사실이나 범죄사실의 동일성 여부는 사실의 동일성이 갖는 법률적 기능을 염두에 두고 피고인의 행위와 그 사회적인 사실관계를 기본으로 하되 그 규범적 요소도 고려에 넣어 판단하여야 한다. 경범죄처벌법위반죄로 범칙금 통고처분을 받아 범칙금을 납부한 범칙행위인 소란행위와 상해죄의 공소사실은 범행장소가 동일하고 범행일시도 거의 같으며, 모두 피고인과 피해자의 시비에서 발단한 일련의 행위임이 분명하므로, 양 사실은 그 기본적 사실관계가 동일한 것이라고 할 것이어서 위 경범죄처벌법위반에 대한 범칙금납부로 인한 확정재판에 준하는 효력이 상해의 공소사실에도 미친다(대판 2003. 7. 11, 2002도2642).
91) 판례의 문제점에 대하여는 류지태, "행정소송에서의 행정행위 근거변경에 관한 대법원판례분석", 사법행정, 1993. 6, 63면 이하 참조.

별기준보다는 오히려 '행정행위의 본질변경 여부'를 기준으로 하는 것이, 개별 행정행위의 특성을 반영하면서, 원고의 소송상 방어권을 보호하는 기준으로 타당하리라고 생각한다.

이 문제를 비교적 체계적으로 연구해 온 독일의 예를 참조하면, 일찍이 프로이센 시대부터 그 판례가 축적되어 왔다. 이에 따르면 처분의 근거변경의 한계로서, ㉠ 이로 인해 당해 행정행위의 본질이 변경되지 않을 것과, ㉡ 이로 인해 원고의 소송상의 권리방어에 있어서 불리하게 되지 않을 것을 그 기준으로 제시하고 있다. 전자의 한계인 '본질변경'이라는 기준은 매우 불명확한 개념이라는 점에서 많은 비판이 행해지고 있으며, 판례도 그 구체적인 내용에 관해 통일적이지 못한 입장을 나타내고 있다. 그러나 판례의 주된 입장에 따르면, 행정행위의 본질변경은 행정행위발령의 전제요건·내용·효과면에서 변경되는 경우를 의미하는 것으로 보고 있다. 이에 따라 그 대상이 재량행위인 경우(<sup>통상적인 재량행위뿐 아니라</sup><br><sup>계획재량행위도 포함</sup>)에는 처분의 근거변경은 언제나 바로 재량행위의 동일성을 변경하게 되어, 허용될 수 없게 된다. 후자의 한계인 '권리방어에서의 불이익'의 기준에 대해서도 판례는 일정하지 못한 내용을 판시하고 있다. 이에 따르면 소송 중에 변경되는 근거에 대해 원고가 충분하게 대비할 수 있는 가능성이 주어지는가(<sup>즉 법적 청문이</sup><br><sup>주어지는가</sup>) 또는 기존의 처분근거에 대한 것과 같은 반대논거로써 새로운 근거를 다툴 수 있는가 등이 그 내용으로서 지적되고 있다. 이러한 한계에서 보아도 재량행위의 경우는, 새로운 근거에 대해 행정심판과정을 통하여 그 합목적성에 관하여 검토할 수 있는 가능성이 배제되고 있으므로 그 근거변경이 불허된다고 한다.[92] 허용한계에 관한 우리의 논의에 참고할 수 있을 것이다.

## 제 6 절   행정소송의 종료

법원의 심리가 종료하여 판결을 내림으로써 행정소송은 종료하게 된다. 그러나 행정소송은 통상적인 판결의 선고 이외에도 다른 사유, 즉 소의 취하, 청구의 포기·인낙 등에 의하여도 종료될 수 있다.

---

92) 이에 대한 상세는 Jee-Tai Ryu, Nachholen der Begründung, Nachschieben von Gründen und Konversion von Verwaltungsakten, Diss. Regensburg 1989, S. 12 ff. 참조.

## Ⅰ. 판결에 의한 종료

### 1. 취소소송의 판결

#### (1) 판결의 유형

#### 1) 종국판결과 중간판결

종국판결은 당해 소송의 전부 또는 일부에 관해 종국적인 효력을 갖는 판결을 말하며, 중간판결은 소송과정에 발생하는 문제들을 해결하기 위해 내려지는 판결을 말한다.

#### 2) 소송판결과 본안판결

소송판결은 소송의 형식적 요건을 대상으로 하며, 소송요건을 충족하지 못한 소제기에 대해 각하판결을 내리는 경우가 이에 해당한다. 본안판결은 소송의 이유유무에 관한 판결로서 청구내용을 인용하거나 기각하는 판결이 이에 해당한다.

#### 3) 통상적인 판결의 개별적인 유형은 다음과 같다.

```
┌ 소송판결 : 각하판결
└ 본안판결 ──┬─ 기각판결 ──┬─ 통상의 기각판결
            │             └─ 사정판결
            │
            └─ 인용판결 ──┬─ 형성판결 – 취소소송의 판결
                          ├─ 확인판결 – 무효, 부존재확인판결
                          └─ 급부판결 – 당사자소송의 판결
```

#### (2) 사정판결

본안판결의 내용 중 기각판결의 특수한 형태로서 사정판결이 인정되고 있다.

#### 1) 의    의

이는 원고의 취소청구가 이유있는 경우에도 청구를 인용하지 않고, 처분 등을 취소하는 것이 현저히 공공복리에 반한다는 이유로 원고의 청구를 기각하는 판결을 말한다($\frac{제28}{조}$). 이는 그 성질상 기각판결의 일종으로서 분류된다. 이는 취소소송이 당사자의 권리구제에 우선적인 기능을 가짐에도 불구하고, 공익보호를 사익보다 우선한다는 입장에서 그 기능을 후퇴시키는 예외적인 제도이다. 따라서 이 제도는 당연히 법치주의에 반한다는 비판으로부터 벗어날 수 없게 된다. 그러나 이에 관한 실정법 규정이 개정되지 않는 한, 이 제도의 운영에 있어서는 그 적용을 가급적 자제하는 것이 바람직하며, 사정판결시에는 엄격한 비교형량하에서만 인정되어야 할 것이다.

#### 2) 요    건

① 대상이 되는 처분의 위법성이 본안심리를 통하여 인정되어야 한다.

② 처분 등의 취소가 공공복리에 현저히 반하는 경우이어야 한다.

사정판결의 핵심적 요건은 이러한 공공복리의 보호에 있는 것이나, 그 개념은 불확정개념이고 이로 인해 사익이 지나치게 제약된다는 문제가 발생하므로, 이 요건은 엄격한 비교형량하에서만 인정되어야 한다.

> 위법한 행정처분을 존치시키는 것은 그 자체가 공공복리에 반하는 것이므로 행정처분이 위법함에도 이를 취소하는 것이 현저히 공공복리에 적합하지 아니하다고 인정하여 사정판결을 함에 있어서는 극히 엄격한 요건 아래 제한적으로 하여야 할 것이고, 그 요건이 현저히 공공복리에 적합하지 아니한가의 여부를 판단함에 있어서는 위법·부당한 행정처분을 취소·변경하여야 할 필요성과 그로 인하여 발생할 수 있는 공공복리에 반하는 사태 등을 비교·교량하여 그 적용 여부를 판단하여야 한다(대판 2001.8.24, 2000두7704).

③ 피고인 행정기관의 신청이 있어야 한다.

이에 관하여는 명문규정은 없으나, 공익과 사익의 신중한 형량을 위하여 행정기관의 신청을 기다려 그 허용여부가 결정되도록 하는 것이 타당할 것이다. 판례는 직권심리주의를 규정하고 있는 제26조를 논거로 하여 당사자의 신청 없이도 법원이 직권으로 사정판결여부를 결정할 수 있다고 한다.

> 행정소송법 제26조, 제28조 제 1 항 전단의 각 규정에 비추어 보면, 법원은 행정소송에 있어서 행정처분이 위법하여 원고의 청구가 이유 있다고 인정하는 경우에도 그 처분 등을 취소하는 것이 현저히 공공복리에 적합하지 아니하다고 인정하는 때에는 원고의 청구를 기각하는 사정판결을 할 수 있고, 이러한 사정판결을 할 필요가 있다고 인정하는 때에는 당사자의 명백한 주장이 없는 경우에도 일건 기록에 나타난 사실을 기초로 하여 직권으로 사정판결을 할 수 있다. 재개발조합설립 및 사업시행인가 처분이 처분 당시 법정요건인 토지 및 건축물 소유자 총수의 각 3분의 2 이상의 동의를 얻지 못하여 위법하나, 그 후 90% 이상의 소유자가 재개발사업의 속행을 바라고 있어 재개발사업의 공익목적에 비추어 그 처분을 취소하는 것은 현저히 공공복리에 적합하지 아니하여 사정판결을 할 수 있다(대판 1995.7.28, 95누4629).

그러나 직권심리주의는 앞에서 본 바와 같이 실체적인 적법성을 보장하기 위한 차원에서 인정되는 것이므로, 제26조를 논거로 하여 법원이 직권으로 사정판결을 할 수 있다는 주장은 타당할 수 없다.

3) **효　　과**

㈎ 처분의 위법성인정　　사정판결은 당해 처분의 위법성을 치유하는 것이 아니며, 처분 자체의 위법성 인정에는 아무런 영향을 미치지 않는다. 따라서 판결의 주문에 당해 처분 등이 위법임을 명시하게 된다(제28조 1항 후단). 이는 처분의 위법성을 이유로 하여 손해배상을 청구할 때에 의미를 갖게 된다.

(ㄴ) 소송비용의 피고부담   사정판결은 원고의 주장이 이유 있음에도 불구하고 공공 복리를 이유로 청구를 배척하는 것이므로, 소송비용은 피고가 부담하게 된다.

(ㄷ) 적당한 구제방법의 인정   원고가 사정판결로 인해 입게 되는 불이익은 손해배 상, 제해시설의 설치, 그 밖의 적당한 구제방법을 통하여 배려된다. 따라서 법원은 사 정판결을 하기 전에 원고가 그로 인하여 입게 될 손해의 정도와 배상방법 그 밖의 사 정을 미리 조사하여야 하며(제28조 2항), 원고는 피고인 행정기관이 속하는 국가나 지방자치 단체를 상대로 적당한 구제방법의 청구를 취소소송이 계속된 법원에 병합하여 제기할 수 있다(제28조 3항).

### 4) 적용되는 유형

사정판결은 취소소송에서만 인정되며, 다른 소송유형에서는 인정되지 않는다. 따 라서 무효를 대상으로 하는 무효등확인소송도 그 적용영역에서 제외된다. 그러나 무효 인 경우에 이를 취소소송의 형식으로 제기하는 경우에, 그 적용이 있는가에 대해서는 부정적으로 보는 것이 타당하다. 이는 무효인 처분에 대해서까지 사정판결을 허용하는 것은 당사자의 권리보호라는 관점에서 볼 때 너무 지나친 결과이기 때문이다.

## (3) 위법판단의 기준시점

처분 등이 행해진 후에 근거가 된 법령이 개폐되거나 법령상의 처분요건인 사실 상태에 변동이 있는 경우에, 법원의 판결을 위한 기준시점은 어느 시점이 기준이 되 는가가 문제된다.

### 1) 처분시설

행위시(처분 시)의 법령 및 사실상태를 기준으로 한다는 견해로서 일반적 견해이며 판 례이다. 그 논거로서는 판결시를 기준으로 하게 되면 법원이 행정기관의 행정감독적 인 기능을 수행하게 되는 문제가 발생하고, 취소소송은 처분 등에 대한 사후적 사법 통제수단이라는 점을 든다.

### 2) 판결시설

사실심의 최종 구두변론종결 당시의 법령 및 사실상태를 기준으로 한다는 견해이 다. 논거로서는 취소소송은 당해 처분이 현행 법규에 비추어 유지될 수 있는가 하는 것을 판단, 심사하는 것이라고 한다.

### 3) 평   가

판결시설에 의하면 행위시에는 위법인 행위가 법령개폐 등으로 적법한 행위가 되 는 문제가 발생하고, 법원의 판결의 지연 등에 따른 당사자간의 불균형적 결과도 발 생할 수 있게 된다. 따라서 처분시를 기준으로 하는 것이 타당하며, 이것이 다수와 판 례의 입장이다.

행정처분은 그 근거 법령이 개정된 경우에도 경과 규정에서 달리 정함이 없는 한 처분 당시 시행되는 개정 법령과 그에서 정한 기준에 의하는 것이 원칙이고, 그 개정 법령이 기존의 사실 또는 법률관계를 적용대상으로 하면서 국민의 재산권과 관련하여 종전보다 불리한 법률효과를 규정하고 있는 경우에도 그러한 사실 또는 법률관계가 개정 법률이 시행되기 이전에 이미 완성 또는 종결된 것이 아니라면 이를 헌법상 금지되는 소급입법에 의한 재산권 침해라고 할 수는 없으며, 그러한 개정 법률의 적용과 관련하여서는 개정 전 법령의 존속에 대한 국민의 신뢰가 개정 법령의 적용에 관한 공익상의 요구보다 더 보호가치가 있다고 인정되는 경우에 그러한 국민의 신뢰보호를 보호하기 위하여 그 적용이 제한될 수 있는 여지가 있을 따름이다(대판 2000.3.10, 97누13818).

### (4) 판결의 효력
#### 1) 일 반 론
행정소송의 판결이 갖는 효력은 그 근본내용에 있어서 행정소송의 모델이 되어 있는 민사소송에서의 그것과 큰 차이를 나타내지 않는다(제8조 2항 참조). 그러나 행정소송이 민사소송과 비교하여 인정되는 특성으로 인하여, 판결의 효력내용 중 일정내용에 있어서는 행정소송에 특유한 효력이 인정될 수 있으며 논의의 중점도 이 부분에 집중되게 된다. 주지하는 바와 같이 현행 「행정소송법」은 판결의 효력에 관하여 취소판결의 경우 제29조와 제30조의 두 조문을 통하여 규정하고 있고, 이를 다른 행정소송유형에 대하여 준용하는 형태를 취하고 있다. 따라서 행정소송판결의 효력문제 논의의 출발점은 이 두 조문에서부터 시작되어야 할 것이다. 행정소송의 판결효력의 내용은 여러 가지 기준에 의하여 분류할 수 있으나, 본서에서는 효력이 미치는 대상과 관련하여 논의하기로 한다.

#### 2) 선고법원에 대한 효력
법원이 내린 판결은 당해 문제된 법률관계의 분쟁에 관한 공권적 판단으로서의 성질을 갖는 것이므로, 법원 스스로도 판결이 선고된 후에는 자신이 내린 판결에 구속되도록 할 필요가 있게 된다. 이에 따라서 법원은 자신의 결정내용을 임의로 변경하거나 그 효력을 상실하게 하는 행동을 원칙적으로 하지 못하게 된다. 이를 판결의 구속력(Bindungswirkung) 또는 자박력(自縛力)93)이라고 한다. 이는 행정소송에 특유한 것이 아니라 판결이 갖는 일반적인 효력으로서 인정되는 것이므로, 「행정소송법」에 명문규정이 없더라도 인정될 수 있는 것이다.

---

93) 우리 행정법학자들은 다수견해에 있어서 자박력이라는 표현을 사용하고 있다(김도창(상), 814면; 홍정선(상), 1084면 참조). 그러나 개인적인 생각으로는 이러한 자박력이라는 표현은 용어 자체가 다소 일본색이 짙은 느낌이 있어 다른 표현을 사용하고자 한다. 또한 민사소송법 학자들은 이에 대하여 기속력이라는 표현을 사용하나 행정소송에서는 행정소송법 제30조 내용과 관련하여 혼동의 여지가 있으므로, 같은 표현보다는 서로 구별되는 다른 표현이 필요하리라고 생각한다.

그러나 이러한 구속력의 효력은 절대적인 것이 아니라 상대적인 것으로서 일정한 사유에 해당하는 때에는 이 효력이 배제될 수 있다. 즉 법원 스스로가 구속을 받기에는 판결 자체에 명백한, 객관적인 잘못이 존재한다고 인정되어 문제가 있다고 인정되는 때에는 이 효력은 배제될 수 있게 된다. 이러한 사유에 해당하는 대표적인 경우로서는 판결에 잘못 기재하거나, 잘못 계산한 경우, 그리고 이와 유사한 명백한 오류가 존재하는 경우를 들 수 있다.「민사소송법」($^{제211조}_{1항}$)은 이러한 사유가 존재하는 경우에는 이러한 잘못된 판결을 한 법원 스스로가 판결의 내용을 실질적으로 변경하지 않고, 판결서에 나타나 있는 객관적인 오류를 정정하거나 보충하는 것을 허용하고 있으며 이를 간편하게 결정의 형식으로 경정하도록 하고 있다.

> 판결의 위산, 오기 기타 이에 유사한 오류가 있는 것이 명백한 때 행하여지는 판결의 경정은, 일단 선고된 판결에 대하여 그 내용을 실질적으로 변경하지 않는 범위 내에서 판결의 표현상의 기재 잘못이나 계산의 착오 또는 이와 유사한 오류를 법원 스스로가 결정으로써 정정 또는 보충하여 강제집행이나 호적의 정정 또는 등기의 기재 등 이른바 광의의 집행에 지장이 없도록 하자는 데 그 취지가 있다($^{대판\ 1999.12.23,}_{자\ 99그74}$).

이러한 내용은 행정소송에서의 판결에도 그대로 타당할 수 있는 것이므로 이러한 경정결정이 허용되는 한도에서는 판결의 구속력은 배제되는 것이다. 따라서 그 절차는 민사소송에서와 같이 당사자의 신청뿐 아니라 법원의 직권에 의해서도 가능하며 ($^{민사소송법}_{제211조\ 1항}$) 그 시기는 상소제기 후나 판결확정 후에도 가능한 것으로 보고 있다. 이러한 법원의 경정결정에 대해서는 즉시항고를 제기할 수 있으나, 판결에 대하여 적법한 상소가 있는 때에는 경정결정에 대한 독립적인 즉시항고는 허용되지 않게 된다($^{민사소송법}_{제211조\ 3항}$).

### 3) 당사자에 대한 효력(판결의 형식적 확정력)

(가) 의 의    행정소송의 판결은 당사자에 대해서는 일정한 조건하에서 불가쟁력을 발생한다. 이를 판결의 형식적 확정력이라고 하는데, 이는 당해 판결에 대하여 동일한 소송절차 내에서 상소의 수단으로써 다툴 수 있는가에 관련되는 문제이다. 즉 더 이상 당해 판결에 대하여 상소를 할 수 없는 경우($^{상고심판결}_{의\ 경우\ 등}$) 또는 상소는 허용되나 여러 가지 이유에 의해 그 권한을 행사하지 않은 경우($^{상소기간의\ 경과나}_{상소권을\ 포기한\ 경우\ 등}$)에는 판결내용과 관련함이 없이 형식적인 이유로 판결이 확정력을 갖게 된다. 이에 관하여 「행정소송법」은 명문규정을 두고 있지 않으나 소송제기기간에 관한 소송법규정, 즉 행정소송 제기기간에 관한 규정($^{제20조}_{1항}$)이나 행정소송에도 준용되는 상소제기기간에 관한 「민사소송법」규정($^{제396조\ 1항,}_{제425조}$)과 재심제도에 관한 규정($^{민사소송법}_{제451조\ 이하}$)이 그 의미를 갖기 위해서는 판결의 형식적 확정력의 존재를 전제로 하므로 이 효력이 일반적으로 행정소송에도 인정된다고 본다. 그러나 이러한 형식적 확정력은 당사자가 책임질 수 없는 사유로 인하

여 상소기간을 도과한 때에 상소의 추완이 인정되는 경우(민사소송법 제173조 1항)와 재심사유에 해당하여 재심이 인정되는 경우(민사소송법 제451조)에는 배제된다.

(나) 헌법소원제기와의 관계  우리나라와 같이 법원의 판결이 헌법소원의 대상이 되지 않는 경우(헌법재판소법 제68조 1항)에는 법원의 판결에 대해서 헌법소원이 제기된 때에 판결의 형식적 확정력이 배제되는가가 논의의 대상이 될 수 없다. 그러나 이를 허용하고 있는 독일의 경우(독일헌법재판 소법 제90조)에는 이에 대해 헌법소원은 상소수단으로서 인정되는 것이 아니고, 이로 인해 판결효력이 정지되는 것도 아니라는 이유로 헌법소원 제기로 판결의 형식적 확정력은 영향을 받지 않는다고 한다.

4) 법원과 양당사자에 대한 효력(판결의 실질적 확정력 또는 기판력)

(가) 의 의  행정소송의 대상인 소송물에 관한 법원의 판단이 내려져서 이 판단이 형식적 확정력을 갖게 된 경우에는, 법원은 동일한 소송물을 대상으로 하는 후소에 있어서 종전의 판단에 모순되는 결정을 할 수 없으며, 소송의 당사자와 이들의 승계인들도 종전의 판단에 반하는 주장을 할 수 없는 효력을 판결의 기판력이라고 한다. 이 효력은 앞에서 설명한 판결의 구속력이나 형식적 확정력의 주된 논의의 대상이 판결의 형식적 측면이었던 데에 반하여, 판결의 내용이 갖는 효력인 점에 특색이 있다. 따라서 판결의 형식적 확정력의 존재를 항상 전제로 한다. 판결이 갖는 이러한 기판력에 대해서도 현행 「행정소송법」은 명문규정이 없으나 판결이 갖는 일반적 효력으로서 민사소송에서와 같이 인정된다고 본다. 이 효력은 헌법적으로는 법치국가원리, 특히 법적 안정성의 보장의 측면에서 도출하기도 한다.

(나) 기판력과 구별되는 개념  기판력의 개념과 구별되어야 하는 것으로는 판결의 구성요건적 효력(Tatbestandswirkung)을 들 수 있다. 이는 민사소송, 형사소송, 행정소송 등 동일하거나 상이한 소송형태에 있어서 동일한 법원 또는 다른 법원 및 모든 행정기관이 '다른 당사자 사이의' 법적 분쟁에 있어서 기존 판결에 기속되는가에 관련된 문제이다. 예컨대 법원이 취소소송이 제기된 행정행위를 확정력 있는 판결로서 취소한 경우에, 모든 다른 법원 및 행정기관이 이러한 판결의 내용이 갖는 효력에 의하여 기속되어, 기존 판결에 있어서와 '다른 당사자'들을 상대방으로 하는 판결이나 처분결정에 있어서 행정행위가 취소되었음을 전제로 하여 결정해야 하는가에 관련된 문제이다. 이러한 효력은 형성판결에 있어서 인정되는 효력이며, 그 내용은 형성적 행정행위가 갖는 구성요건적 효력과 같은 것으로 이해되고 있다. 따라서 취소소송에서 행정행위가 취소된 경우에는 이 효력이 인정된다. 그러나 법원이 이와 반대로 당해 행정행위의 적법성을 이유로 소송을 기각한 경우에, 당해 행정행위를 무효라고 판단할 수 있는 사유가 있는 한도에 있어서는 '다른 당사자 사이'의 법적 분쟁에 있어서 동일한 법원이나 다른 법원은 이러한 판결내용에 기속되지 않게 된다. 따라서 판결의 기판력

과 구성요건적 효력은 전자가 주로 원래 소송의 소송당사자를 그 대상으로 하는 데 반하여, 후자는 원래 소송의 당사자 이외의 '다른 당사자'를 그 대상으로 하는 점에서 차이가 있다. 후자에 있어서 또한 선고법원 이외에도 다른 법원이나 다른 행정기관에 대해서 효력을 갖는 점에서 구별될 수 있다.

(대) 기판력의 범위　판결이 갖는 기판력은 주관적 범위, 객관적 범위 및 시간적 범위면에서 그 내용을 고찰할 수 있다.

① 주관적 범위　판결의 기판력이 미치는 인적 범위는 소송의 당사자와 그 승계인에 한정된다. 이때의 소송당사자는 원고와 피고가 원칙인바, 이외에도 당해 소송의 보조참가인에게도 그 효력이 미치는가가 문제가 될 수 있다. 민사소송에서는 이 문제에 대하여 견해가 대립하여 과거에는 보조참가인에 대해서도 기판력 자체가 미치거나 기판력이 확장되어 미친다는 견해도 있었으나, 오늘날의 통설과 판례는 패소의 경우에 기판력과는 다른 보조참가소송에 특유한 효력인 참가적 효력이 인정된다고 한다. 즉 참가인이 피참가인과 협동하여 소송을 수행한 이상 패소의 경우에는 그 책임을 공평하게 분담해야 한다는 금반언의 사상에 근거한 효력이 참가적 효력이라고 한다. 이에 반하여 행정소송에서의 보조참가인은 본 소송의 판결의 효력이 제3자에게 미치기에 제3자가 보조참가를 하는 경우($^{행정소송법}_{제16조 참조}$)이므로, 그 참가의 유형이 통상의 보조참가가 아니라 공동소송적 보조참가의 성격을 갖게 되어 보조참가인에게도 기판력이 미친다고 보아야 할 것이다.[94] 판례도 같은 입장을 나타내고 있다.[95] 또한 승계인은 기판력의 기준이 되는 시점 이후에 당사자로부터 소송물인 권리나 의무를 승계한 자를 의미하며, 「민사소송법」은 이에 관해 변론종결후의 승계인이라는 표현을 사용하고 있다($^{제218조}_{1항}$).

② 객관적 범위　판결의 기판력은 그 물적 범위에 있어서 소송물에 한정하여 인정되며, 구체적으로는 판결의 주문에 포함된 것에 한하여 인정된다($^{민사소송법}_{제216조 1항 참조}$).

　과세처분의 취소소송은 과세처분의 실체적, 절차적 위법을 그 취소원인으로 하는 것으로서 그 심리의 대상은 과세관청의 과세처분에 의하여 인정된 조세채무인 과세표준 및 세액의 객관적 존부, 즉 당해 과세처분의 적부가 심리의 대상이 되는 것이며, 과세처분 취소청구를 기각하는 판결이 확정되면 그 처분이 적법하다는 점에 관하여 기판력이 생기고, 그 후 원고가 이를 무효라 하여 무효확인을 소구할 수 없는 것이어서, 과세처분의 취소소송에서 청구가 기각된 확정판결의 기판력은 그 과세처분의 무효확인을 구하는 소송에도 미친다($^{대판 1998.7.24.}_{98다10854}$).

㉠ 당해 소송의 소송물　기판력의 객관적인 범위를 확정하기 위해서는 우선 소송

---

94) 이석선, 판례행정소송법(하), 1991, 266면.
95) 대판 1962. 5. 17, 4294행상172; 1966. 12. 6, 66다1880.

물을 확정하는 것이 의미를 가진다. 소송물을 확정하는 소송물이론은 민사소송에서 주요 쟁점의 하나로 부각되어 있으며, 민사소송의 영향으로 행정소송에서도 특히 취소소송의 소송물을 중심으로 독일에서는 활발한 논의가 있으나, 우리나라에서는 별다른 견해대립 없이 일반적으로 행정처분의 위법성을 취소소송의 소송물로 인정하고 있으나, 이러한 내용은 소송물의 개념을 이해하는 데 있어서, 당사자청구의 실체법적 근거와 연계하는 것으로서 타당하지 않다고 본다. 소송물은 원고가 주관적인 입장에서 일정한 법적 주장을 하는 것으로서, 이는 실체법적 내용과는 독립된 소송법적 관점에서 고찰되어야 한다. 당사자주장의 실체법적 근거문제는 소송물의 실체인 당사자의 법적 주장 자체와는 관계없는 것으로서, 소송 자체의 이유유무를 판정하는 단계에서만 의미를 가질 뿐이다. 따라서 취소소송의 소송물은, 대상이 되는 처분을 통하여 자신의 권리가 침해되었다는 원고의 법적 권리주장(Rechtsbehauptung)에서 찾아야 한다고 본다. 소송물의 확정은 민사소송에서 뿐 아니라 행정소송에서도 논란이 있는 문제의 해결에 있어서 중요한 역할을 한다. 따라서 취소소송의 소송물을 어떻게 파악할 것인가는 현실적인 문제와도 관련된다.

ⓒ 판결의 주문에 기재된 사항　판결주문은 통상적으로 신청된 사건의 결론인 청구의 인용이나 기각 여부만을 간단하게 기재하게 되므로 그 내용을 파악하기 위해서는 주문에 이르게 된 이유를 고려하지 않을 수 없지만 이러한 이유부분은 민사소송에서와 같이 행정소송에서도 판결주문을 해석하기 위한 수단으로서의 의미를 가질 뿐, 기판력에 있어서는 의미를 갖지 못한다. 따라서 소송판결인 각하판결의 경우에는 소송요건의 부존재만을 판단하는 것이고 본안에 관한 판결은 아니므로 소송요건의 존부에 관한 판단에 기판력이 생기고, 사정판결의 경우에는 비록 당해 처분이 위법하다고 하더라도 공익을 이유로 처분의 효력을 유지하는 것이고 판결주문에는 당해 처분의 위법성이 명시되어지므로(행정소송법 제28조 1항) 처분의 적법성이 아닌 처분의 위법성에 대하여 기판력이 생기게 된다.

　과세처분의 취소소송은 과세처분의 실체적, 절차적 위법을 그 취소원인으로 하는 것으로서 그 심리의 대상은 과세관청의 과세처분에 의하여 인정된 조세채무인 과세표준 및 세액의 객관적 존부, 즉 당해 과세처분의 적부가 심리의 대상이 되는 것이며, 과세처분 취소청구를 기각하는 판결이 확정되면 그 처분이 적법하다는 점에 관하여 기판력이 생기고 그 후 원고가 이를 무효라 하여 무효확인을 소구할 수 없는 것이어서 과세처분의 취소소송에서 청구가 기각된 확정판결의 기판력은 그 과세처분의 무효확인을 구하는 소송에도 미친다(대판 2003.5.16, 2002두3669).

③ 시간적 범위　판결의 기판력에서의 시간적 범위의 문제는 기판력이 어느 시

점에서 확정된 사실 및 법률관계에 관하여 효력을 발생하는가에 관한 것이다. 이에 대해서는 민사소송(민사집행법제44조 2항 참조)이나 행정소송이나 모두 법원이 판결을 내리는 데에 근거가 되는 자료의 제출시한이 사실심 변론의 종결시까지이므로 이 시점을 기준으로 하여 발생한다고 본다. 따라서 변론종결 이전에 존재했던 사실관계나 법률관계에 기인한 주장은 기판력에 의하여 더 이상 허용되지 않는다. 반대로 변론종결 이후에 사실관계나 법률관계가 변화한 경우에는 행정기관은 종전과는 다른 새로운 사유에 근거하여 그러나 동일한 내용의 행정행위도 발령할 수 있게 된다.

(라) 근거법률이 위헌결정되는 경우의 문제 판결이 확정된 후에 당해 판결의 근거규범이었던 법률이 헌법재판소에 의해 위헌으로 결정된 때에 이러한 위헌결정이 판결의 기판력에 어떠한 영향력을 미치는가에 대하여 독일의 헌법재판소법(제79조2항)이나 행정소송법(제183조)은 명문규정을 두어 기판력 자체에는 영향이 없으나 당해 판결의 집행력은 허용되지 않는다고 인정하고 있다. 우리나라에서도 비록 법원의 판결 자체가 헌법소원의 대상은 되지 않으나 판결의 기초가 된 법률의 위헌심사가 다른 사정을 이유로 제기되는 경우가 존재할 수 있다. 이때에 당해 법률이 위헌으로 결정된 경우에는 그 효력이 장래에 향하여 발생하고(헌법재판소법제47조 2항) 법원뿐 아니라 국가기관이나 지방자치기관도 기속하므로(동법 제47조 1항) 독일과 달리 이에 관한 직접적인 명문규정은 없다고 하더라도 위헌인 법률에 근거한 판결의 집행력은 인정될 수 없을 것이다. 이때에 종전 판결의 기판력은 그 기준시점이 앞에서 논한 바와 같이 사실심의 변론종결시이므로 이 시점까지 유효했던 법률에 기인한 이상 법률의 위헌결정은 기판력 자체에는 영향을 미칠 수 없다고 보아야 할 것이다.

5) 행정기관에 대한 효력(판결의 기속력)

(가) 의 의 판결의 기속력96)이란 소송당사자인 행정청과 그 밖의 관계 행정청이 판결의 취지에 따라 행동해야 할 실체법상의 의무를 발생시키는 판결의 효력을 말한다. 「행정소송법」은 제30조 제 1 항에서 취소판결의 경우에 이를 인정하고 있고 이 규정을 그 밖의 행정소송인 무효등확인소송(제38조1항), 부작위위법확인소송(제38조2항), 당사자소송(제44조1항)에도 인정하고 있다. 이 효력은 통상의 판결이 일정한 법률관계를 단순히 확정함에 그치고 행정청에게 적극적인 의무를 부과하지 않음에 반하여 판결의 실효성을 보장하기 위하여 행정청을 판결의 취지에 의하여 기속하도록 하기 위한 것이다.

---

96) 이러한 용어와는 달리 구속력이라는 용어를 사용하는 견해도 있으나(이상규, 신행정쟁송법, 1990, 435면; 석종현·송동수, 앞의 책, 939면; 이석선, 앞의 책, 251면; 한견우(Ⅰ), 904면), 「행정소송법」이 제30조에서 표제로서 기속력이라는 용어를 사용하고 있는 이상 통일적인 용어사용이 바람직할 것이다. 물론 법령의 표제가 항상 당해 조문의 내용을 정확히 반영하고 있어 이것이 당해 조문의 해석상 절대적 구속력을 갖는다고 주장하기는 어려우나 적어도 본 조문의 경우에는 기속력이라는 표현이 개념상 오해를 야기하지 않으므로 그대로 따르는 것이 타당하다고 본다.

⑷ 다른 개념과의 구별

① 기판력과의 관계    이러한 기속력이 전술한 기판력과 어떠한 관계인가에 대해서는 견해가 대립되고 있다. 일본에서의 논쟁을 바탕으로 한 이 논의는 기속력을 기판력의 내용으로 이해하려는 견해(<sub>기판</sub><sub>력설</sub>)와, 기판력과 구별되는 효력으로 이해하는 견해(<sub>특수</sub><sub>효력설</sub>)로 나뉘고 있다. 생각건대 확정판결의 기판력은 후소에 있어서 법원의 판단을 기속하는 효력을 가질 뿐 실체적으로 행정청에게 판결의 취지에 따른 의무를 과하는 것은 아니므로 현실적으로 취소소송에서 행정처분이 취소된 뒤에도 행정청이 동일한 사정에서 동일한 이유에 기하여 다시 동일한 내용의 처분을 발령하는 것 자체를 막을 수 없는 한계를 가지게 된다. 따라서 행정청에게 판결에 나타난 판단내용의 전체적 취지에 기속되고 다시는 동일한 당사자에게 동일한 내용의 처분을 하지 못하도록 하기 위해서는 기판력과는 별도로 이와 구별되는 효력을 인정할 필요가 있게 된다.97) 따라서 일반적인 견해와 같이 특수효력설이 타당하리라고 본다.

② 구성요건적 효력과의 관계    기속력의 내용을 후술하는 바와 같이 행정청이 '동일한 당사자'에 대하여 확정판결의 취지에 따른 작위나 부작위 등의 의무를 지는 것이라고 파악하는 한, 이 효력은 확정판결과 '동일한 당사자'를 대상으로 하는 점에서 특색이 있다. 이에 반하여 판결의 구성요건적 효력은 앞에서 논한 바와 같이 법원이든 행정청이든 확정판결의 당사자와는 '다른 당사자'(<sub>물론 이때의 당사자는 확정판결</sub> <sub>당사자의 승계인이 아닌 경우이다</sub>)를 대상으로 하고 있는 경우에 논의되는 개념이다. 따라서 두 개념은 행정청이 주체인 경우에도 이러한 점에서 서로 구별되어야 한다.98)

⑷ 기속력의 내용

① 행정청의 동일내용의 처분금지의무    취소판결이 확정되면 처분행정청을 포함한 모든 행정청은 사실관계가 변화하지 않은 전제에서는 동일한 당사자를 대상으로 하여 종전과 동일한 내용의 처분을 할 수 없다. 물론 사실관계가 다르다고 볼 수 있는 경우(<sub>예컨대 종전판결이 당해 처분의 절차나 형식상의 위법을</sub> <sub>이유로 한 경우에 이러한 위법사유를 제거한 경우</sub>)에는 다시 동일한 내용의 처분발령도 가능할 것이다. 이러한 효력내용은 통상적으로 취소소송의 인용판결의 경우에 인정되는 것이며 (<sub>행정소송법</sub> <sub>제30조 1항</sub>) 기각판결의 경우에는 행정청이 직권으로 동일한 처분을 취소할 수 있으나, 이는 종전판결의 효력문제와는 무관하며 독자적인 직권취소사유 충족여부만을 기준으로 하는 것이다. 이러한 내용에서 문제되는 것은, 취소판결로 인해 취소된 처분과 동일한 사실관계에 있는데도 행정청이 종전과 동일한 내용의 처분을 다시 발령한 경우에 이 처분의 효력에 관한 것이다.

물론 이때에는 당해 처분이 당연히 하자있는 처분이 되나 그 내용이 취소의 사유

---

97) 이석선, 앞의 책, 252면 참조.
98) 이에 대해서는 행정청에 대한 판결의 기속력을 구성요건적 효력으로 파악하는 견해도 존재한다.

인지 무효의 사유인지에 대해서는 논란이 있다. 이에 대한 학설의 견해는 무효라고 보는 견해99)와 경우에 따라서 무효 또는 취소에 해당한다고 보는 견해100)로 나뉘고 있다. 판례는 전자의 입장을 취하고 있다.101) 생각건대 이를 단순히 취소할 수 있는 사유에 해당한다고 보는 경우에는 당해 처분이 제소기간의 경과 등으로 확정력을 발휘할 수도 있어 이러한 경우에는 행정소송법이 기속력을 인정한 취지에 반하는 결과가 초래될 수도 있으므로 당해 처분은 취소사유가 아니라 당연무효라고 보는 것이 타당할 것이다.

② 행정청의 재처분의무

㉠ 내 용　　거부처분의 취소를 내용으로 하는 판결이 확정된 경우에는 처분 행정청은 판결의 취지에 따라 다시 이전의 신청에 대한 처분을 하여야 한다(행정소송법 제30조 2항).102) 그러나 이러한 의무는 재처분의 구체적 내용까지 기속하는 것은 아니다. 또한 신청에 따른 처분(즉 인용처분의 경우)이 제 3 자의 제소에 의하여 절차에 위법이 있음을 이유로 취소되는 경우에는 행정청은 판결의 취지에 따른 적법한 절차에 의하여 신청에 대한 재처분을 하여야 하나(행정소송법 제30조 3항) 이때에도 재처분의 구체적 내용을 기속할 수는 없다.

[1] 주택건설사업 승인신청 거부처분의 취소를 명하는 판결이 확정되었음에도 행정청이 그에 따른 재처분을 하지 않은 채 위 취소소송 계속중에 도시계획법령이 개정되었다는 이유를 들어 다시 거부처분을 한 사안에서, 개정된 도시계획법령에 그 시행 당시 이미 개발행위허가를 신청중인 경우에는 종전 규정에 따른다는 경과규정을 두고 있으므로 위 사업승인신청에 대하여는 종전 규정에 따른 재처분을 하여야 함에도 불구하고 개정 법령을 적용하여 새로운 거부처분을 한 것은 확정된 종전 거부처분 취소판결의 기속력에 저촉되어 당연무효이다(대판 2002.12.11, 2002무22).

[2] 행정소송법 제30조 제 2 항에 의하면, 행정청의 거부처분을 취소하는 판결이 확정된 경우에는 그 처분을 행한 행정청은 판결의 취지에 따라 이전의 신청에 대하여 재처분할 의무가 있고, 이 경우 확정판결의 당사자인 처분 행정청은 그 행정소송의 사실심 변론종결 이후 발생한 새로운 사유를 내세워 다시 이전의 신청에 대하여 거부처분을 할 수 있으며, 그러한 처분도 이 조항에 규정된 재처분에 해당된다(대판 1999.12.28, 98두1895).

[3] 행정소송법 제30조 제 1 항에 의하여 인정되는 취소소송에서 처분 등을 취소하는 확정판결의 기속력은 주로 판결의 실효성 확보를 위하여 인정되는 효력으로서 판결의 주문뿐만 아니라 그 전제가 되는 처분 등의 구체적 위법사유에 관한 이유 중의 판단에 대하여도 인정되고, 같은 조 제 2 항의 규정상 특히 거부처분에 대한 취소

---

99) 김남진·김연태(Ⅰ), 884면; 박윤흔(상), 993면; 김동희(Ⅰ), 813면; 한견우(Ⅰ), 904면.
　100) 김도창(상), 818면.
101) 대판 1989. 9. 12, 89누985.
102) 원심판결의 이유는 위법하지만 결론이 정당하다는 이유로 상고기각판결이 선고되어 원심판결이 확정된 경우 행정소송법 제30조 제 2 항에서 규정하고 있는 '판결의 취지'는 상고심판결의 이유와 원심판결의 결론을 의미한다(대판 2004. 1. 15, 2002두2444).

판결이 확정된 경우에는 그 처분을 행한 행정청은 판결의 취지에 따라 다시 처분을 하여야 할 의무를 부담하게 되므로, 취소소송에서 소송의 대상이 된 거부처분을 실체법상의 위법사유에 기하여 취소하는 판결이 확정된 경우에는 당해 거부처분을 한 행정청은 원칙적으로 신청을 인용하는 처분을 하여야 하고, 사실심 변론종결 이전의 사유를 내세워 다시 거부처분을 하는 것은 확정판결의 기속력에 저촉되어 허용되지 아니한다(대판 2001.3.23,
99두5238).

ⓛ 간접강제    이러한 의무 중 거부처분의 취소판결에 따른 재처분의무의 경우에는 행정청이 의무를 이행하지 않는 경우에 제1심 수소법원이 일정기간을 정하여 의무이행을 명하고, 이 기간내에도 이행하지 않는 때에 손해배상을 명함으로써 간접적으로 강제할 수 있는 제도가 마련되어 있다(제34조
1항). 이때의 간접강제결정에 기한 배상금은 거부처분취소판결이 확정된 경우 그 처분을 행한 행정청으로 하여금 확정판결의 취지에 따른 재처분의무의 이행을 확실히 담보하기 위한 것이 목적이므로, 특별한 사정이 없는 한 간접강제결정에서 정한 의무이행기한이 경과한 후에라도 확정판결의 취지에 따른 재처분의 이행이 있으면 배상금을 추심함으로써 심리적 강제를 부여할 목적이 상실된다고 보아야 하며, 따라서 처분상대방이 더 이상 배상금을 추심하는 것은 허용되지 않는다고 보아야 할 것이다. 이 제도는 부작위위법확인소송에도 준용되고 있다(제38조
2항).

[ 1 ] 행정소송법 제34조 소정의 간접강제결정에 기한 배상금은 거부처분취소판결이 확정된 경우 그 처분을 행한 행정청으로 하여금 확정판결의 취지에 따른 재처분의무의 이행을 확실히 담보하기 위한 것으로서, 확정판결의 취지에 따른 재처분의무내용의 불확정성과 그에 따른 재처분에의 해당 여부에 관한 쟁송으로 인하여 간접강제결정에서 정한 재처분의무의 기한 경과에 따른 배상금이 증가될 가능성이 자칫 행정청으로 하여금 인용처분을 강제하여 행정청의 재량권을 박탈하는 결과를 초래할 위험성이 있는 점 등을 감안하면, 이는 확정판결의 취지에 따른 재처분의 지연에 대한 제재나 손해배상이 아니고 재처분의 이행에 관한 심리적 강제수단에 불과한 것으로 보아야 하므로, 특별한 사정이 없는 한 간접강제결정에서 정한 의무이행기한이 경과한 후에라도 확정판결의 취지에 따른 재처분의 이행이 있으면 배상금을 추심함으로써 심리적 강제를 꾀할 목적이 상실되어 처분상대방이 더 이상 배상금을 추심하는 것은 허용되지 않는다(대판 2004.1.15,
2002두2444).

[ 2 ] 행정소송법 제34조는 취소판결의 간접강제에 관하여 규정하면서 제1항에서 행정청이 같은 법 제30조 제2항의 규정에 의한 처분을 하지 아니한 때에 간접강제를 할 수 있도록 규정하고 있고, 같은 법 제30조 제2항은 "판결에 의하여 취소되는 처분이 당사자의 신청을 거부하는 것을 내용으로 하는 경우에는 그 처분을 행한 행정청은 판결의 취지에 따라 다시 이전의 신청에 대한 처분을 하여야 한다"라고 규정함으로써 취소판결에 따라 취소된 행정처분이 거부처분인 경우에 행정청에 다시 처분을

할 의무가 있음을 명시하고 있으므로, 결국 같은 법상 간접강제가 허용되는 것은 취소판결에 의하여 취소된 행정처분이 거부처분인 경우라야 할 것이다. 행정소송법 제38조 제 1 항이 무효확인 판결에 관하여 취소판결에 관한 규정을 준용함에 있어서 같은 법 제30조 제 2 항을 준용한다고 규정하면서도 같은 법 제34조는 이를 준용한다는 규정을 두지 않고 있으므로, 행정처분에 대하여 무효확인 판결이 내려진 경우에는 그 행정처분이 거부처분인 경우에도 행정청에 판결의 취지에 따른 재처분의무가 인정될 뿐 그에 대하여 간접강제까지 허용되는 것은 아니라고 할 것이다(대판 1998.12.24, 98무37).

[ 3 ] 「행정소송법」 제34조에 정한 간접강제결정에 기한 배상금의 성질 및 확정판결의 취지에 따른 재처분이 간접강제결정에서 정한 의무이행기한이 경과한 후에 이루어진 경우, 간접강제결정에 기한 배상금의 추심이 허용되는지 여부(소극)  행정소송법 제34조 소정의 간접강제결정에 기한 배상금은 확정판결의 취지에 따른 재처분의 지연에 대한 제재나 손해배상이 아니고 재처분의 이행에 관한 심리적 강제수단에 불과한 것으로 보아야 하므로, 간접강제결정에서 정한 의무이행기한이 경과한 후에라도 확정판결의 취지에 따른 재처분이 행하여지면 배상금을 추심함으로써 심리적 강제를 꾀한다는 당초의 목적이 소멸하여 처분상대방이 더 이상 배상금을 추심하는 것이 허용되지 않는다(대판 2010.12.23, 2009다37725).

### 6) 제 3 자에 대한 효력(판결의 형성력)

㈎ 개 념  확정판결이 갖는 형성력이란 처분청의 별도의 행위를 매개하지 않고 판결 그 자체의 내용에 따라 기존 법률관계를 발생·변경·소멸시키는 효력을 말한다. 행정행위의 형성력에 대응하는 개념으로서 형성적 행정행위에만 형성력이 인정되듯 형성판결의 경우, 특히 청구인용판결의 경우에 인정된다.

㈏ 판결의 제 3 자효

① 내 용  판결의 형성력은 당해 소송의 당사자 뿐 아니라 제 3 자에 대해서도 효력을 미친다. 이는 형성판결의 내용에 따르는 법률관계나 권리관계 등을 통일적으로 확보할 필요로 인하여 인정되는 것이다. 「행정소송법」은 이러한 내용의 형성력을 취소소송의 인용판결의 경우에 규정(행정소송법 제29조 1항)하고 이를 무효등확인소송과 부작위위법확인소송의 인용판결의 경우에 준용하고 있다(제38조 1항, 2항).

② 제 3 자의 범위  그러나 이때의 제 3 자의 범위를 어떻게 확정할 것인가에 대해서는 아직 명확한 기준이 제시되고 있지 않다. 따라서 이 범위에 관하여는 해석에 의하여 논의하여야 하는바, 판결의 효력은 소송당사자를 대상으로 하는 상대효만을 갖는 것이 원칙이므로, 그 범위를 넓혀서 모든 일반인까지 제 3 자의 범위에 포함할 수는 없으며 일정한 범위 내로 한정해야 한다. 이에 따라 제 3 자의 범위는 당해 판결에 의하여 권리 또는 이익이 영향을 받게 되는 범위에 있는 이해관계인에 한정하는 것이 타당하다고 본다. 그러나 이때에 고려해야 할 것은 앞에서 논한 바와 같이 소송

에 보조참가를 한 경우($\frac{M16}{Z}$)에는 공동소송적 보조참가가 되어 이들에 대해서는 판결의 형성력이 아닌 기판력이 미치는 것이므로, 판결의 기판력을 형성력과 구별하는 입장에 있는 한103) 이들은 제 3 자의 범위에서는 제외하여야 한다는 점이다. 따라서 소송에 보조참가를 한 이해관계인을 제외한 나머지 당해 형성판결의 이해관계인이 이러한 제 3 자의 범위에 해당한다고 생각한다. 이러한 결론은 다른 측면에서 볼 때 제 3 자의 재심청구를 자기에게 책임 없는 사유로 인하여 당해소송에 참가하지 못한 제 3 자의 경우에만 한정하여 인정하고 있는 현행법규정($\frac{M31}{Z}$)과의 체계적 해석에 의해서도 뒷받침될 수 있으리라고 생각한다.

## 2. 무효등확인소송의 판결

이 소송의 판결에 대해서는「행정소송법」제38조에 의해 취소소송에 관한 규정이 원칙적으로 준용된다. 이미 앞에서 설명한 바와 같이 판결의 내용으로서 사정판결은 인정되지 않으나, 효력으로서 판결의 제 3 자효와 판결의 기속력은 인정된다. 또한 행정행위의 무효나 부존재의 확인은 행정소송의 판결에 의하지 않고도, 처분 등의 무효 또는 존재 여부가 민사법원이나 형사법원의 선결문제로 되는 경우에, 민사나 형사소송의 수소법원이 이를 심리, 판단할 수 있게 된다($\frac{법 M11조}{1항}$).

## 3. 부작위위법확인소송의 판결

이때에도 성질이 허용하는 한 취소소송의 판결에 관한 규정이 준용된다($\frac{M38조}{2항}$). 따라서 사정판결의 적용은 배제되나, 판결의 제 3 자효 등은 인정된다. 인용판결의 효력으로서는, 이전의 신청에 대해서 어떠한 형식으로든 처분을 행할 의무를 발생시키며, 위반의 경우에 대한 간접강제의 효력도 발생한다. 그러나 법원은 처분의 개별적인 내용에 대해서는 판결로써 판단할 수 없다고 본다.

이 소송에서 판결을 위한 위법판단의 기준시점으로는 취소소송에서와는 달리 판결시점이 기준이 된다고 보아야 한다. 이는 부작위의 위법성을 다투는 것이므로, 사실심의 변론종결시까지 작위의무가 이행되는 한, 위법성이 없다고 보아야 하기 때문이다.

## 4. 당사자소송의 판결

이 소송의 판결에서도 성질이 허용하는 한 취소소송의 판결에 관한 내용이 그대로 적용된다. 그러나 이는 처분이나 부작위를 직접적인 대상으로 하는 것이 아니므로, 사정판결이나 제 3 자효, 간접강제 등에 관한 규정은 준용되지 못하게 된다.

---

103) 이에 대해서는 취소판결의 제 3 자효를 형성력이 아니라 기판력의 주관적 범위를 확장한 것으로 볼 여지도 있다는 견해도 있다.

## Ⅱ. 그 밖의 원인에 의한 소송의 종료

행정소송은 법원의 종국판결 이외에도 소송상의 화해, 청구의 포기·인락 등에 의하여도 종료될 수 있다.

### 1. 개관 : 개념의 이해

소송상의 화해란, 소송의 계속중에 당사자 쌍방이 소송물인 법률관계에 관한 주장을 서로 양보하여 해결하도록 한 합의를 변론기일에 쌍방이 모두 일치하게 진술하고, 법원이 이를 확인하는 행위를 말한다. 화해조서의 형식으로 확인된 화해는 확정판결과 같은 효력을 갖게 된다(민사소송법 제220조). 청구포기란 소송에서 원고가 자신의 소송상의 청구가 이유 없음을 자인하는 법원에 대한 일방적 의사표시를 말하며, 청구인락이란 소송에서 피고가 원고의 소송상 청구가 이유 있음을 자인하는 법원에 대한 일방적 의사표시이다. 이러한 행위들은 모두 조서에 기재함으로써 화해의 경우와 동일하게 확정판결과 동일한 효력이 발생하게 된다(민사소송법 제220조).

### 2. 허용여부의 논리 : 처분권주의와 직권심리주의

문제의 대상 행위인 소송상 화해, 청구인락, 청구포기의 허용여부를 검토하기 위하여는 그 논리를 살펴볼 필요가 있다. 이러한 소송행위의 허용여부에 대해서는 그동안 처분권주의와 직권심리주의의 논리가 중요한 논거를 형성하여왔다.

즉 행정소송에서는 민사소송의 경우와는 달리 처분권주의가 그대로 적용되지 못한다는 논리를 강조하는 입장에서는, 소송상 화해·청구포기·청구인락을 모두 허용하지 않는 결론을 주장하여 왔다. 또한 행정소송에서 직권심리주의가 적용된다는 점을 강조하여 민사소송의 경우와는 달리, 직권심리주의가 인정되는 행정소송절차에서는 소송상 화해는 인정되지 않는다거나,[104] 청구의 포기나 인락도 같은 이유에서 허용될 수 없다고 한다.[105] 따라서 이에 대한 논거에 대한 상세한 검토가 필요하다고 생각된다.

#### (1) 처분권주의

이는 소송의 제기, 유지, 소송물의 확정, 소송의 종료 등을 소송절차의 당사자들이 결정하는 원리를 말한다. 이는 사적 자치원칙을 소송영역으로 확대한 것으로 평가되고 있다.

---

104) 이시윤, 민사소송법, 2001, 585면.
105) 이시윤, 민사소송법, 2001, 577면.

## (2) 직권심리주의

소송의 심리를 법원이 무엇에 근거하여 할 것인가와 관련되는 심리원칙에는 변론주의와 직권심리주의가 존재한다. ㉠ 변론주의는 법원이 소송당사자들의 주장내용과 증거신청에 구속받아 심리하는 원칙을 말하며, 이는 민사소송에서의 기본심리원칙으로 평가되고 있다. 변론주의는 사적 자치원칙을 소송상 확장한 것으로 평가되고 있으며, 당사자들이 스스로 법원에 결정상 중대한 사실관계를 제출하여야 하는 내용으로 이해되고 있다. 이에 반하여 ㉡ 직권심리주의는 그 대상이 사익상의 이해관계 외에 공익과도 관련되는 경우에 적용되는 심리원칙으로 평가되며, 형사소송절차에서 전형적으로 인정되고 있는 심리원칙이며, 행정소송에서도 변론주의를 보충하는 의미에서 인정되고 있다. 행정소송에서의 이 원칙은 피고인 국가 등에 비하여 열세의 위치에 있는 원고를 보호하기 위한 목적으로 인정되는 것이며, 국가의 사법적 권리보호의무 및 법치행정원칙의 소송상 실현모습으로 평가되고 있다. 직권심리주의에 따르면, 법원은 처분권주의에 의하여 특정되는 당사자의 소송상 이해관계의 범위에서 사실관계의 확정을 당사자가 주장하지 않은 관점에까지 확대하여 반영하게 된다. 따라서 법원은 행정소송에서 사실관계에 대한 평가에서 당사자들과 다른 평가에 도달할 수도 있게 된다.

## (3) 논의와의 관련

처분권주의는 그 대상행위가 소송의 제기부터 소송의 종료까지 포함하는 개념이며, 문제가 되고 있는 소송상 화해, 청구포기나 청구인락은 그 성격이 소송물 자체에 대한 처분행위로서, 소송종료행위로서의 의미를 갖는 것이다. 따라서 처분권주의는 이들 소송행위와 관련을 갖게 된다. 그러나 직권심리주의는 소송상 심리절차에 관한 원칙이므로, 소송물의 처분행위인 이들 행위에 대한 허용여부에는 직접적인 관련성을 갖지 못하게 된다. 따라서 직권심리주의를 허용여부의 논거로 하는 주장은 타당하지 못할 것이다.

행정소송은 당사자의 분쟁해결에만 그 목적이 있는 것이 아니라, 분쟁해결을 통한 국민의 권리보호와 행정의 객관적 적정성을 보장하는 것을 그 목적으로 한다. 이로 인하여 민사소송에 비하여 실체적 진실을 탐구하는 데 더 많은 중점이 주어지지만, 기본적으로는 권리구제수단으로서 당사자에 의한 소송제기로부터 비롯하는 것이므로, 처분권주의는 민사소송에서뿐 아니라 행정소송에서도 원칙적으로 통용되는 것으로 인정되고 있다.

## 3. 허용여부의 판단: 권리구제와 법치행정의 원리

### (1) 개 관

행정소송에서의 화해, 청구포기 또는 청구인락의 허용여부의 판단에서는, 행정소송에서 고려되어야 할 이념인 권리구제의 논리와 법치행정의 원리가 중요한 판단자료가 된다. 즉 민사소송에서는 당사자의 이해관계만 반영하면 되므로, 당사자의 의사표시에 의하여(단독이든 또는 합의에 의하든) 소송상의 법률관계가 해결될 수 있다.

그러나 행정소송에서는 당사자의 의사표시에만 맡길 수 없는, 행정법의 기본전제인 법치행정의 원리와의 관계가 배려되어야 한다. 따라서 법치행정의 원리가 침해되지 않는다는 전제조건하에서만 소송 당사자들의 의사표시가 그 효력을 갖게 되며, 이러한 전제조건하에서만 처분권주의는 행정소송에서 그 효력을 유지하게 될 것이다.

### (2) 허용여부에 대한 입장

#### 1) 논의의 시각

이 문제에 대한 다수 견해의 입장은, 법치행정의 이념을 소송상의 문제해결에서 바로 적용되어야 하는 규칙(rule; Regel)차원으로[106] 이해하는 것 같다. 즉, 이러한 입장에 따르면, 행정소송에서는 법치행정의 이념이 적용됨으로 인하여 당사자의 사적자치를 전제로 하는 개념인 처분권주의가 바로 배제되어, 이러한 소송행위들이 허용될 수 없다는 결과가 도출되게 된다. 그러나 법치행정의 이념은 규칙이 아니라, 원리(priciple; Prinzip) 차원으로 이해되어야 하며, 개별 논의에서 대립되는 이해관계와 형량이나 조정의 과정을 거쳐서 그 적용범위가 확정될 필요가 있다고 생각한다. 따라서 법치행정의 원리와 처분권주의는 개별적인 경우에 구체적인 조정이나 형량의 과정을 거칠 필요가 있으며, 이러한 전제하에서 문제가 해결되어야 한다고 본다.

---

106) 이러한 규칙/원리 차원의 고찰방식은 미국의 드워킨(Dworkin)의 법이론에 근거한 것이다. 드워킨의 이론에 의하면, 법의 효력을 설명하기 위하여 비실정적인 규범을 규칙과 원리의 두 유형으로 구분하고, 규칙과 원리 사이에는 구조적인 차이가 존재하는 것으로 본다(드워킨의 이론은 영미법의 법이론상의 논쟁내용으로 유명하다. 그는 종전까지 법이론을 주도하였던 하트(Hart)의 이론을 비판하고 그 대안을 제시하였다고 평가된다. 즉 하트의 이론에 의하면 법은 단순한 규칙들의 집합체로 이해되며, 이 규칙들이 법으로 인지될 수 있는 것은 도덕성과 같은 실질적 기준이 아니라 특별한 형식적 기준인 승인률에 의한 것이라고 하여, 법과 도덕을 구별하고 있다. 드워킨은 이에 반하여 하트가 주장한 이러한 법실증주의적인 규칙과 승인률을 비판하고 규칙과 구별되는 규범으로서의 원리를 주장하고 있다. 이러한 내용의 상세에 대해서는 장연민, "드워킨의 권리와 원리의 법철학", 현대법철학의 흐름, 48면 이하 참조). 즉 규칙은 그 적용방식에 있어서 양자택일적으로(all-or-nothing fashion; Alles oder Nichts) 적용되는 데 반하여, 원리는 그렇지 않다는 점, 원리는 비중이나 중요성의 차원의 문제인 데 반하여(dimension of weight or importance; Dimension des Gewichts oder der Bedeutung) 규칙은 그렇지 않다는 점이 지적되고 있다(Dworkin, The model of Rules, in: University of Chicago Law Review 35(1967), 14(26), Jeong Hoon Park, Rechtsfindung im Verwaltungsrecht, 1997, S. 248 f.에서 재인용; Habermas, Faktizität und Geltung, 1998, S. 266 참조). 이 이론은 독일에서 알렉시(Alexy)에 의하여 기본권 충돌시의 원리형량의 이론으로 변형·수용되고, 드라이어(Dreier)에 의하여 비실정적인 법개념을 설명하는 데 원용되고 있다.

## 2) 구체적인 검토

이러한 전제에 따라, 문제의 소송행위에 대한 허용여부에 있어서는 개별 구체적인 이해관계의 대립을 검토할 필요가 있다.

㈎ 소송상 화해    우선 소송상 화해는 항고소송의 경우와 그 이외의 소송유형의 경우로 나누어서 고찰할 필요가 있다.

항고소송의 경우에 대해서는, 피고인 행정청은 소송상 화해를 할 수 없다고 보는 견해가 일반적 견해이다. 그 논거로서는, 행정처분의 내용은 법에 의하여 객관적으로 정하여지는 것이므로, 행정청이 자신의 의사에 의하여 임의로 변경할 수는 없다고 보아야 한다는 점, 그리고 재량이 허용되어 있는 범위내의 경우라도 행정청은 객관적으로 공익에 따른 수단만을 선택하여야 하는 것이므로, 임의로 양보할 수는 없다고 보아야 한다는 점이 논거로 제시되고 있다.[107]

그러나 이에 대한 비판론에 의하면, 행정소송상 화해는 소송행위로서의 성질외에 공법적 부분에 관련한 공법상 계약의 성질을 갖는 것이고, 공법상 계약으로서의 소송상 화해의 근거는, 「행정소송법」에 규정이 없는 경우에 해당하여 민사소송의 규정을 준용한다는 규정에 의하여 허용가능한 것으로 볼 수 있다고 한다. 즉 행정소송에서 화해를 인정하는 것이 반드시 행정소송의 특질에 반하는 것이라고 볼 수는 없다고 한다. 이외에 행정청의 재량이 인정되는 범위내에 있으면 소송상 화해가 인정될 여지가 있는 것으로 보기도 한다.[108]

우리나라의 판례도 일찍이 소송상 화해를 인정한 사례가 있으며,[109] 일본에서의 하급심 판례에 의하면, 면직처분의 취소소송에서 의원퇴직으로 변경하기로 하는 합의를 내용으로 하는 소송상 화해를 유효하다고 본 판례와, 당사자가 소송물 및 이에 관련하는 법률관계를 처분할 권능을 갖는 한 자유재량이 인정된 범위에 속하는 사항에 대해서는 소송상 화해를 할 수 있다고 보는 판례가 존재한다.[110]

항고소송 이외에 당사자소송의 경우는, 그 실질에 있어서 민사소송과 유사하기 때문에 소송상 화해가 인정될 수 있다고 보는 견해가 다수 견해이다. 그러나 민중소송과 기관소송의 경우는 공익성이 강하기 때문에 소송상 화해를 인정할 필요성이 없으며, 인정하는 것도 곤란하다고 본다.[111]

㈏ 청구포기    청구포기의 경우는 사인뿐만 아니라 행정청이 원고이더라도, 법치행정의 원리와 충돌되지 않으므로 일반적으로 인정되는 것으로 평가되고 있다.[112]

---

107) 南 博方 編, 행정사건소송법, 232면.
108) 南 博方 編, 앞의 책, 233면.
109) 대판 1955. 9. 2, 4297행상59.
110) 南 博方 編, 행정사건소송법, 233면 이하.
111) 南 博方 編, 앞의 책, 234면.

㈐ **청구인락** 청구인락에 대해서는 소송행위이지만, 사법상 처분행위로서의 성질
도 갖고 있기에 항고소송에서는 허용되지 않는다는 견해가 일반적이다. 즉 행정소송
에서는 실체법상 당사자인, 국가 또는 지방자치단체의 기관은 처분권을 갖지 못하기
에, 청구인락은 당연히 허용되지 않는 것으로 본다. 특히 항고소송에서는 인락에 의하
여 처분취소의 확정판결이 있는 것과 같은 효력이 발생하므로, 피고인 처분청의 소송
행위에 의하여 그 효과가 인정될 수는 없다고 한다. 그러나 소송상 화해를 인정하는
견해는, 같은 논리에 의하여 청구인락도 허용될 수 있다고 본다.113)

㈑ **검 토** 원칙적으로 원고의 일방적 의사표시행위인 청구포기는 허용된다고
보아야 한다. 이는 원고가 자신의 주장이 이유 없음을 인정하거나 그 밖의 여러 가지
사유로 법원의 최종 판결을 기다리지 않고 일찍이 소송절차에서 탈퇴하는 경우에 해
당하므로, 이를 인정하더라도 법치행정의 원리에 반하는 결과가 도출되지 않기 때문
이다. 오히려 소송경제의 측면에서 보아 이러한 행위는 허용되는 것이 여러 가지 면
에서 유용하게 된다.

반면에 소송상 화해는 피고인 처분청과 사인의 의사표시행위이고, 이때 처분청인
행정기관은 법치행정의 원리에 의하여 구속을 받는 지위에 있으므로, 임의로 원고의
청구주장을 인정하는 의사표시를 함으로써 실체법적 위반행위가 인정되는 결과가 발
생되어서는 안 될 것이다. 따라서 신중하게 검토될 필요가 있다고 생각한다. 이때에는
대상 행정행위의 유형에 따른 고찰이 의미가 있다고 생각한다. 즉 기속행위가 문제가
되어 소송이 제기된 때에는 피고인 처분청과 사인의 합의행위는 이러한 합의의 결과가
실체법내용에 반하지 않는 경우에만 허용될 수 있을 것이다. 그러나 재량행위가 대상
인 경우에는 재량이 인정된 수권범위에서는 소송상 화해가 허용될 수 있을 것이다. 또
한 소송상 화해의 인정논리는 청구인락의 경우에도 타당할 수 있을 것이다.

결론적으로 소송상 화해, 청구포기와 청구인락은 민사소송에서뿐 아니라 기본적
으로 행정소송에서도 허용되는 것으로 이해된다. 그러나 이때에는 대상 소송물이 당
사자의 처분권에 의존하여도 법치행정의 원리와 모순되는 경우가 아닐 것이 요구된
다. 따라서 이러한 소송행위들로 인하여 발생하는 결과가 강행적인 실체법 내용과 모
순되는 경우가 아닐 것을 요구하게 된다.

### 4. 입법론적 고찰

소송상 화해, 청구포기, 청구인락의 허용여부에 대해 답을 하여야 할(그러나 아무런
답도 주지 못하는) 우리 「행정소송법」 제8조의 제정배경은 일본 행정사건소송법 제7조를 그대로 계수

---

112) 南 博方 編, 앞의 책, 235면.
113) 南 博方 編, 앞의 책, 235면.

한 데서 연유한 것으로 평가된다. 일본 행정사건소송법 제 7 조는 우리의 실정법의 표현과 유사하게, "행정사건소송에 관하여는 이 법률에서 정하지 않은 사항에 대해서는 민사소송의 예에 의한다"라고 규정하고 있다. 따라서 현행 「행정소송법」 제 8 조를 제대로 이해하기 위하여는 일본에서 이러한 조문이 등장하기까지의 과정을 검토하여 볼 필요가 있다고 생각한다. 일본은 종전까지 행정재판소제도를 운영하다가, 2차대전 후의 헌법에 의하여(일본 헌법 제76조 2항) 행정재판소를 폐지하고, 미국식의 제도를 운영하면서, 행정소송의 심리기관을 민사소송의 경우와 같은 일반법원에 의하여 운영하게 되어, 행정소송에서 무용한 절차를 반복하지 않기 위하여 '민사소송의 예에 의한다'는 입법기술적 견지에서 제 7 조와 같은 규정을 둔 것으로 평가되고 있다.[114] 그러나 일본과 달리 행정법원이라는 별도의 체제를 갖춘 우리나라의 실정은 일본의 경우와는 서로 다른 차이를 갖는다고 평가되어야 한다. 따라서 연혁적으로 일본의 행정사건소송법을 계수한 배경은 이제 더 이상 우리나라에서는 그 정당성을 갖지 못한다고 보아야 한다. 이에 따라서 현재의 내용보다는 좀더 자족적인 내용의 「행정소송법」의 입법이 필요하다고 생각된다. 따라서 현행 「행정소송법」 제 8 조는 개정되어야 하며, 문제가 되는 소송행위들에 대한 개별적인 조문화작업이 필요하다고 생각한다.

---

114) 南 博方 編, 행정사건소송법, 225면.

# 제 5 편

# 행정조직법

行　政　法　新　論

# 제 1 장 일반론(행정조직법의 기본구조)

## 제 1 절 행정조직법 개관

### Ⅰ. 행정조직법의 의의

행정조직법이란 행정조직, 그중에서 특히 행정주체의 조직에 관한 법이라 할 수 있다. 일반적으로 행정주체가 그의 과제를 수행함에 있어서는 법기술적으로 그의 기관(Organ)을 설치하여, 각 기관에게 특정범위의 행정사무를 관장할 권한을 부여하고, 그들 기관 상호간의 관계를 법적으로 규율하는 형태를 취함이 보통이다. 행정조직법의 주된 관심대상은 여기에 있으며, 이는 행정의 모든 영역(국가행정·지방자치행정 등)에서 공통적으로 찾아볼 수 있는 현상이다. 한편 행정기관은 그 구성형태에 있어서 인적 요소(공무원)와 물적 요소(공물) 및 인적·물적 종합요소(영조)로 구성되어 있으므로, 행정조직의 논의에 있어서는 이에 대한 고찰도 필요하지만 이에 관하여는 각각 공무원법·공물법·영조물법의 고찰대상이 되므로 체계논리상 후술하기로 하고, 이하에서는 행정기관의 설치·변경·폐지, 행정기관의 권한, 행정기관 상호간의 관계 등을 중심으로 설명하기로 한다($^{이른바 협의의}_{행정조직법}$).

## Ⅱ. 행정조직법의 법원

행정조직법의 법원으로는 성문법과 불문법이 포함되며 법규명령이나 행정규칙 등도 해당된다. 이 중에서 중요한 것들을 살펴보면 다음과 같다.

### 1. 헌  법

헌법은 행정조직에 관하여 행정권의 근거와 소재 및 입법권·사법권과의 관계를 정하고, 기타 세부적 사항에 있어서는 행정조직을 법률로써 정하도록 하여 행정조직 법정주의를 채택하고 있다($^{헌법}_{제96조}$). 법률에서 구체적인 범위를 정하여 위임한 경우에는 행정입법을 통해서도 세부적 사항을 규율할 수 있게 된다($^{헌법 제75조,}_{제95조}$). 행정조직법은 행정의 조직을 구체적·세부적으로 정하기 때문에 일응 기술적·비정치적 성격을 가진다고 볼 수 있으나, 이들 규정들도 근본적으로는 헌법전에 나타나고 또 헌법에 의해 요청되어 있는 정치적·역사적 원리에 의해 강하게 영향받고 있다고 볼 수 있다.

### 2. 법  률

국가 및 지방자치단체의 주요기관은 헌법에 근거한 법률에 의해 설치된다. 이에 관해서는 대표적으로 「정부조직법」을 들 수 있으며, 그 밖에 「지방자치법」·「감사원법」·「선거관리위원회법」·「검찰청법」·「국가정보원법」·「국가안전보장회의법」·「민주평화통일자문회의법」·「국군조직법」·「의무경찰대 설치 및 운영에 관한 법률」등을 들 수 있다.

### 3. 법규명령 및 행정규칙

법률에 의해 직접 설치되는 것을 제외한 중앙행정기관의 보조기관, 부속기관 등은 대통령령에 의해 설치할 수 있다($^{정부조직법}_{제2조, 제4조}$). 이에 해당하는 것으로는 「감사원사무처직제」, 「기획재정부와 그 소속기관직제」, 「산림청과 그 소속기관직제」, 「국세청과 그 소속기관직제」 등을 들 수 있다.

### 4. 조례 및 규칙

지방자치단체의 기관 중에는 조례 또는 규칙에 의해 설치될 수 있는 것이 상당수 있다($^{지방자치법 제112조,}_{제113조 등}$).1)

---

1) 이에 관한 내용은 '지방자치법'의 설명부분 참조.

## Ⅲ. 행정조직

### 1. 행정조직의 의의

국가와 공공단체는 행정권의 담당자로서 자기 이름과 책임으로 주어진 임무를 계속적으로 수행함에 있어 개개의 기관을 구성하여 활동하는데, 이들 다수 기관의 체계적 기구를 행정조직이라 한다. 행정조직법은 바로 이러한 행정조직을 대상으로 한다. 행정조직은 시대와 장소에 따라 각기 상이하기 마련인데, 현대 행정조직의 공통적인 특색으로는 관료성·계층성·전문성·책임의 명확성 등이 지적되고 있다. 행정조직에 관해서는 오늘날 다른 사회과학분야, 특히 행정학에서 상세히 고찰되고 있다.

### 2. 행정조직의 구성원리

#### (1) 분배의 원리

행정은 조직 및 조직구성원간의 협동과 조정을 부단히 필요로 하며, 행정의 통일성 확보와 효율적 목적달성을 위해 계층제를 형성하고 있다. 이때에 최상위 단위로부터 최하위 단위에 이르기까지 행정기관들에는 각각 고유한 소관사무가 분배되어지게 된다. 이러한 분배의 원리에 따른 조직구성이 사법권의 조직이나 입법권의 조직과 근본적으로 다른 점이다. 물론 행정조직 가운데에도 감사원·소청심사위원회 같은 합의제관청은 그 계층제의 계열 밖에 위치하고 있으나, 이러한 것은 그의 기능의 특수성에 따른 예외적 현상으로 볼 수 있다.

#### (2) 결합의 원리

행정조직의 구성은 위에서 본 분배의 과정으로 그치는 것이 아니라, 분배된 사무를 하나의 체계로 결합하는 과정이 존재하게 된다. 이때 수많은 개개의 관직을 결합시키는 것은 각각의 사무에 따르는 내부적 지휘·감독권이다. 즉 최상부에서 최하위에 이르기까지 하급단위의 사무를 상급단위의 지휘감독에 맡김으로써 전체 행정의 통일을 기할 수 있게 된다.

#### (3) 조정의 원리

위에서 설명한 분배와 결합의 원리에 의하여 행정조직은 그 내부에 있어서 각 행정단위간에 사무의 중복이 없고, 지휘감독계통의 단일성을 갖추어 일단 완성된다고 말할 수 있다. 그러나 실제에 있어서는 하나의 계층제 내부에 있어서 그것을 구성하는 각 행정단위간에 사무의 중복이 있고, 또한 지휘감독의 계통이 일원화되지 못하고 몇 개의 계통이 충돌하는 경우가 생길 수 있다. 따라서 이 양자의 원리를 보충하는 제

3의 원리로서 조정의 원리를 필요로 하게 된다. 조정의 기능은 크게 통합화와 독립화($^{독립}_{화}$)를 들 수 있는데, 대등한 기관 사이의 업무의 조정과 통합($^{예컨대 국무회의,}_{경제장관회의}$)의 경우나, 업무의 성질에 따라 다른 기관으로부터 독립을 요구하는 경우($^{예컨대}_{감사업무}$)가 이에 해당한다.

## Ⅳ. 행정조직의 유형

위에서 본 조직의 구성원리에 입각할 때에 현실적인 행정조직은 다음과 같은 기본 형식으로 구별해 볼 수 있다.

### 1. 집권형과 분권형

이는 행정권이 하나의 행정주체에 귀속되는지, 아니면 다수의 독립적인 행정주체에 귀속되는 것인가에 따른 구분이다. 현실적으로는 중앙에 행정권력을 집중하는 중앙집권형과 지방자치단체에 행정권력을 분산시키는 지방분권형의 분류가 이에 해당한다. 지방자치제의 실시는 후자의 행정조직을 강화하는 의미를 갖게 된다.

### 2. 집중형과 분산형

이는 하나의 행정주체 내부에서 권한을 대통령 등과 같은 상급기관에만 귀속시키는지, 아니면 행정주체 내부에서 여러 행정청에 수직적으로 또는 수평적으로 권한을 분배하는지에 따른 구분이다.

### 3. 통합형과 독립형

이는 각각 대등기관 사이에서의 업무의 조정과 통합이 요청되는 경우와($^{국무회}_{의 등}$), 타 기관으로부터의 독립을 요하는 경우($^{감사원이나}_{국가정보원 등}$)를 의미한다.

## Ⅴ. 행정조직법의 근본원칙

### 1. 법률유보의 원칙

과거에는 행정내부의 조직은 인격주체 내부의 관계이기 때문에 인격주체간의 관계에 대해서만 적용되는 법률유보의 원칙이 행정조직에는 적용되지 않는다고 보는 견해가 지배적이었다. 그러나 법치주의를 헌법상의 주된 원칙으로 인정하는 오늘날에서는 이러한 내용의 과거의 법률유보이론은 더 이상 타당하지 못하게 된다. 이러한 입장에서 우리 헌법도 "행정각부의 설치·조직과 직무범위는 법률로 정한다($^{제96}_{조}$)"라고 규정하여 행정조직의 법정성을 명문화하고 있다. 이에 근거하여 「정부조직법」을 비롯한 많은 개별 조직법들이 존재하고 있다.

## 2. 민주주의원칙

행정조직은 민주주의원리에 입각하여 설치·운영되어야 한다. 헌법은 행정부의 수반인 대통령을 국민이 직접 선출하도록 하여 행정권력행사의 민주적 정당성을 부여받도록 규정하는 한편, 국민의 의사가 제대로 반영된 공정한 행정임무의 수행이 이루어지도록 요청하고 있어, 민주주의원리는 행정조직 전반을 흐르는 대원칙이라 할 수 있다.

## 3. 능률성의 원칙

행정의 역할이 점차 증대하고 있고, 방대한 양의 인적·물적 조직과 비용을 감당해야 하는 현대행정은, 그의 임무를 성공적으로 완수하기 위해서 그에 적합한 조직을 갖추고 효율적이며 체계적으로 운영되어질 필요성이 제기된다. 따라서 행정조직의 기본원리로서 능률성의 원칙은 중요한 의미를 갖게 된다.

# 제 2 절  행정주체

일반적으로 행정권력의 담당자로서 나타나는 행정 또는 국가는 행정과제의 수행을 위탁받은 매우 다양한 조직과 주체들을 총칭하는 의미로 이해되고 있다. 따라서 행정조직법을 행정주체의 조직에 관한 법이라고 이해할 때, 먼저 그 출발점으로서 행정주체의 관념을 고찰하는 것은 중요한 의미를 갖게 된다.

## Ⅰ. 행정주체의 의의

행정주체 개념에 대한 기본적인 출발점은 권리주체로서의 지위이다. 즉 행정작용이 법적으로 파악되고 실효성 있게 행해지기 위해서는, 우선 이를 수행하는 주체에 대해 권리를 부여하거나 의무를 지우는 법규가 존재하여야 할 뿐 아니라, 또한 이러한 권리·의무의 정당한 주체가 존재할 것이 필요하게 된다. 이러한 요청은 법이론적으로 특정 조직이 권리능력을 취득하고, 그에 따라 행정법상의 권리와 의무의 귀속주체가 되도록 함으로써 충족되어질 수 있게 된다. 이러한 의미에서 행정주체는 원칙적으로 법인의 지위에서 권리능력을 갖는 당사자로서 의미를 갖는다. 따라서 행정주체는 원칙적으로 법인으로서 스스로 권리·의무의 주체가 되어 법률관계의 당사자가 되기도 하며, 재산권을 취득하며 소를 제기하거나 소의 대상이 될 수도 있는 것이다.

## Ⅱ. 행정주체의 유형 개관

### 1. 국　가

국가는 본원적인 행정주체이다. 이는 국가는 시원적인 지배권을 가지며, 그의 존립과 권한이 어떠한 다른 기관으로부터도 도출되지 않기 때문이다.

### 2. 그 밖의 공법적인 행정주체

#### (1) 의　의

국가는 그에게 주어진 행정과업을 일부는 자신의 행정관청을 통해 직접 수행하기도 하지만, 일부는 어느 정도 독립한 행정단일체($\substack{\text{Verwaltungsein-}\\ \text{heiten; 공공단체}}$)를 통해 수행하기도 한다. 이러한 공공단체가 조직상은 물론 법적으로도 독립한 때에는 그 자체 법인의 성격을 띰과 동시에 행정주체가 된다. 공공단체는 통상적으로 공법상의 사단·공법상의 영조물($\substack{\text{법}\\ \text{인}}$)·공법상의 재단으로 세분할 수 있으며, 구체적인 경우에 따라 매우 다양한 모습으로 나타나게 된다.

#### (2) 공공단체의 특성

법적 독립성을 갖기 때문에 공공단체는 자기책임하에 독자적으로 행정을 운영할수 있는 한편, 국가에 기속되는 측면도 갖게 된다. 이는 공공단체의 존립과 그의 임무는 국가로부터 도출되어지는 것이며, 국가가 제정한 법률에 구속되어지고 국가의 감독하에 놓이기 때문이다. 따라서 본원적 행정주체인 국가와는 반대로 파생적 행정주체라고 표현할 수 있다. 지방자치단체도 본원적이 아닌 파생적 지배권($\substack{\text{궙}\\ \text{}}$)을 가지므로 공공단체, 특히 공법상의 사단에 속한다고 볼 수 있다. 그러나 지방자치단체는 공법상 사단 중에서도 특별한 지위를 갖는 것이라고 보아야 한다. 이는 다른 공법상의 법인과는 달리 그 지위가 헌법적인 제도적 보장의 대상이 되어 포괄적인 임무범위와 영토고권을 가지며, 직접선출된 주민대표기관($\substack{\text{지방}\\ \text{의회}}$)을 통해 고유의 민주적 의사형성권한을 갖는 등 독자적인 지위를 누리기 때문이다.

#### (3) 공무수탁사인

국가는 특정된 경미한 범위에 있어서는, 특정 행정과제를 자신이 직접 수행하거나 국가로부터 창출된 공법상의 조직을 통해 관철하지 않고, 대신 이를 사인에게 위탁하고 그 한도에서 그에게 고권적 권한을 부여할 수 있다. 이때에 이러한 권한을 수탁받은 당사자를 공무수탁사인이라고 하며, 이는 특정 행정과제를 독립하여 고권적으로 수행할 것을 위탁받은 사법상의 주체로서 자연인과 법인을 포함하는 것이다. 공무수탁사인은 법적으로 독립하여 자기책임하에 활동할 수 있기 때문에 넓은 의미에 있어서 행정주체라고 할 수 있다.

### (4) 이른바 '사법적으로 조직된 행정주체'의 문제

행정은 그의 임무를 수행함에 있어 경우에 따라서는 사법의 형식을 취할 수 있다. 즉 자신의 행정활동에 대하여 사법상의 '행위형식'을 선택할 수 있을 뿐 아니라, 사법상의 '조직형식', 예컨대 주식회사와 같은 사법상의 법인을 창설하여 특정 행정과제의 수행을 위탁할 수도 있는 것이다. 후자의 경우에 이러한 기업들은 법적으로 독립하여 있으며, 외형상으로는 마치 행정주체처럼 활동하는 것이 특징이다. 따라서 이러한 사법적 조직에 대해서도 행정주체라 부를 수 있는지가 문제될 수 있다.

생각건대 실제에 있어서 이러한 사법적 조직은 이른바 '조직민영화'의 일환으로, 통상적으로 국가나 지방자치단체 등 행정주체가 그 주식지분의 전부 또는 다수를 소유함으로써 기업경영에 중대한 영향을 행사하고 있는 것이 특징이며, 과연 이러한 사법상의 조직이 행정주체에 해당하는가의 문제는 일종의 개념구성의 문제라 할 수 있다. 즉 행정주체라는 개념을 공법적으로 창설된 조직과 주체(공권)에만 한정할 것인가, 아니면 법적으로 독립하여 행정과제의 수행을 위탁받은 모든 조직과 주체에까지 확장할 것인가에 달려 있다. 개인적으로는 공법상의 행정주체에 대해서는 특별한 취급이 예정되어 있다는 점에서 전자의 입장이 타당하고, 따라서 행정주체에 의하여 사법의 규정에 따라 창설된 기업조직에 대해서까지 행정주체로 파악할 수는 없다고 본다.

그러한 점에서 '사법적으로 조직된 행정주체'의 문제는 일반적으로 행정주체성을 인정할 수 있는 공무수탁사인과는 엄격히 구별되어야 한다. 공무수탁사인은 이미 행정과는 관련 없이 존립하는 사법상의 주체로서, 고권적으로 수행되어야 할 특정 행정과제를 맡아 수행하도록 법률에 의하여 공행정영역에 끌어들여진 결과, 그 사무의 수행에 있어서만큼은 공법적으로 행위하는 것인 반면, 행정주체가 창설하여 지배하고 있는 주식회사 등은 공행정주체에 의해 창설되었을 뿐 스스로는 사법적으로만 행위할 수밖에 없기 때문이다. 물론 이러한 주식회사 등도 별도로 공무수탁사인으로서의 요건을 충족하게 됨으로써 그 한도 내에서 공무수탁사인의 지위를 획득하는 것은 이론적으로 가능하다 할 것이다.

## Ⅲ. 국민의 지위

헌법 제 1 조 제 2 항에 따르면, 행정을 포함한 모든 국가권력은 국민으로부터 나온다. 그러나 이러한 정치적·헌법적 의미에 있어서의 국민의 행정주체성은 여기서 논하고 있는 행정조직상의 행정주체 개념과는 구별되어야 한다. 그렇더라도 양 개념이 전혀 무관한 것은 아니며 일정한 관련성은 유지하게 된다. 즉 국민은 주된 행정주체($^{국가와\ 지방}_{자치단체}$)를 헌법에 따라 민주적으로 형성하게 하며, 그 밖의 행정주체인 공법상의 사단 등은 그에게 요청되는 민주적 정당성을 이와 같이 형성된 국가와의 관계에서 도출하게 된다.

## 제 3 절  행정주체 내부의 조직

### Ⅰ. 행정기관

#### 1. 행정기관의 의의

#### (1) 행정기관의 개념

행정주체는 자연인이 수탁인이 되어 행정주체로 나타나는 드문 경우를 제외하고는, 그 자체로서 권리능력은 가지나 행위능력은 갖지 못한다. 의사와 행동은 자연인에게만 가능한 것이기 때문이다. 따라서 국가나 공공단체가 구체적으로 그의 행정과제를 수행함에 있어서는, 그를 대신해 활동하며 행위능력을 갖도록 만들어줄 수 있는 당사자를 필요로 하게 된다. 이는 법기술적으로 행정기관이라는 관념의 도움으로 가능하게 된다. 이러한 행정기관은 법적으로 창설된 행정주체의 기구로서, 부여받은 권한을 행정주체를 위하여 행사하는 행정주체 내부의 조직을 뜻한다. 구체적으로 당해 행정기관에 부여된 권한은 그의 인적 구성원($^{Organwalter;}_{공무원}$)에 의해 행사되며, 그 효과는 법적으로 그의 기관에, 나아가서는 행정주체에게 귀속된다. 이러한 기관 개념은 행정조직법만의 특징은 아니며, 모든 법인 및 여타 권리능력 있는 조직의 본질적 구성부분에 해당하는 것이다. 따라서 모든 법영역에서 찾아볼 수 있으며, 사법상의 권리능력 있는 단체도 그의 기관을 가지고 있다. 예컨대 주식회사는 그의 기관으로서 이사·감사·주주총회를 가지며, 이들을 통해서야 비로소 주식회사는 행위능력을 갖게 된다.

#### (2) 행정기관의 개념표지

행정기관은 제도적 및 기능적 징표를 통해 결정되어진다.

### 1) 제도적 징표

행정기관은 행정주체에 편입되어져 있기는 하나, 조직상으로는 독립한 기구이다. 비록 그 구성원인 공무원의 변경 및 일시적 부재시라도 그와 관계없이 여전히 계속 존재하게 된다. 그러나 이러한 점은 행정기관이 법적으로 독립한 것임을 뜻하는 것은 아니다. 행정기관은 법적 주체가 아니며, 단지 법적 주체의 일부분일 뿐이다.

### 2) 기능적 징표

행정기관은 특정한 권한을 갖는다. 그러나 그것은 자신의 고유한 권한이 아니라 타인의 권한인 것이다. 왜냐하면 행정기관은 그가 속한 행정주체의 권한을 대표하는 것이기 때문이다. 따라서 행정기관은 자신을 위해서가 아니라 그의 행정주체를 위해서 행위하며, 권리와 의무를 자신이 아닌 그의 행정주체에게 귀속시키게 된다. 행정주체는 직접적인 고유한 권한을 가지고 법규의 귀속주체가 되나, 행정기관은 단지 일시적인 대표권한($^{행상}_{권한}$)을 가지는 것이며 행정주체에게 권리・의무의 귀속을 매개할 뿐이다.

## 2. 행정기관의 법인격성

국가 또는 공공단체의 기관은 권한은 가지나 권리는 가지지 않으며, 법률효과의 직접적 귀속주체도 아니기 때문에 법인격을 가지지 않는다고 보는 것이 종래의 통설이다. 물론 예외적으로 행정기관 내지 행정관청이 일종의 법인격을 갖는 것처럼 보이는 경우가 있을 수 있다. 즉 「행정소송법」 제13조 제 1 항이나 「행정심판법」 제17조 제 1 항에서 행정기관에게 법률관계의 당사자($^{피고적격 및}_{피청구인적격}$)로서의 지위를 부여한 경우라든지, 권한의 위임에서처럼 행정기관간의 관계에 있어서 한 기관이 자기의 이름과 책임으로 행위하고 거기에 법률상의 효과가 귀속되는 경우 등이 바로 그것이다. 그러나 이러한 예외적인 경우는 행정쟁송에서의 현실적인 수행의 편의 등을 고려한 정책적인 견지에서의 배려에 불과하며, 법인격 인정문제와 직접 관련되는 것은 아니다. 일반적으로 행정기관이 인격을 가지지 않는다는 것은 그의 권한의 범위 내에서 행한 행위의 효과가 직접 행정주체에게 귀속되고, 당해 행위자에게 귀속되지는 않는다는 것을 뜻하는 것이다. 따라서 행정기관에게 별도의 인격성을 부여하지 않는 통설의 견해는 타당하다고 볼 수 있다. 다만 실제에 있어서 행정기관의 행위는 행정기관의 구성원인 인격자로서의 자연인의 행위($^{예컨대 세무서장이 조세를}_{부과・징수하는 것}$)로서 나타나게 되고, 그것이 구체적인 경우에 당해 자연인 자체에게 이익이 되는 행위($^{예컨대 승진의}_{사유 등}$)인가 또는 불리한 행위($^{예컨대 징계의}_{사유 등}$)에 해당하는가가 문제될 때도 있지만, 이러한 문제는 행정기관의 법인격성의 문제와는 차원을 달리하는 것이라고 보아야 할 것이다.

## 3. 행정기관의 구성방식

### (1) 독임제와 합의제

독임제란 1인의 기관구성원이 우두머리로서 결정을 내리고 책임을 지는 제도를 말하며, 합의제란 다수의 기관구성자가 그들의 동 가치적인 의사의 합치에 의해 결정을 내리고 책임을 지는 제도를 뜻한다. 독임제는 행정사무를 통일적이고 신속하게 처리토록 할 뿐만 아니라 책임의 소재가 명백하다는 장점이 있는 반면, 합의제는 신중하고 공정한 사무처리의 장점을 갖는다. 현대행정에서는 독임제가 원칙이다.

### (2) 전무직제와 명예직제

전무직제란 일정한 자격과 능력을 갖춘 자를 기관구성원으로 선임하는 제도를 뜻하며, 명예직제란 자격이나 능력에 무관하게 기관구성원을 선임하는 제도를 말한다. 복잡다기한 현대행정에 있어서는 고도의 전문지식을 요하는 경우가 허다하여 전무직제가 원칙이다.

### (3) 임명제와 선거제

임명제란 기관구성원의 선임이 일정기관의 일방적인 임명행위에 의하는 제도를 말하며, 선거제란 기관구성원의 선임이 국민 또는 그 대표에 의한 선거에 의해 이루어지는 제도를 말한다. 임명제는 다시 엽관제와 성적제로 세분되는데, 엽관제는 정치권력을 장악한 정당이 정당활동의 대가로서 특정인을 기관구성원으로 임명하는 제도를 말하며, 성적제는 객관적인 평가성적에 따라 기관구성원을 임명하는 제도를 뜻한다. 현대행정에서는 성적제가 일반적인 원칙이다.

## 4. 행정기관의 설치

행정기관 가운데에는 헌법에 의해 직접 설치되는 것도 있지만(대통령, 국무총리, 감사원 등), 행정조직법의 법원이 되는 각종 법령들에 의하여도 행정기관의 설치를 규정하는 사례를 상당수 찾아볼 수 있다(예컨대 정부조직법, 지방자치법, 대통령령, 각종 직제, 조례와 규칙 등). 다만 「정부조직법」 제 9 조에 따라 행정기관 또는 소속기관을 설치한 때에는 반드시 예산상의 조치가 병행되어야 한다. 한편 지방행정기관의 설치는 특히 법률로 정한 경우를 제외하고는 대통령령으로 정할 수 있으나, 합의제 행정기관을 포함한 중앙행정기관의 설치는 법률로 정해야 한다. 왜냐하면 중앙행정기관을 대통령령으로 설치하는 것은 기관설정법률주의에 대한 중대한 예외가 되는 것이기 때문이다(정부조직법 제2조, 제5조 참조).

## 5. 행정기관의 분류

각기 수행하는 행정과제의 전문성·다양성을 반영하여, 행정주체의 조직을 구성하는 개개의 행정기관은 개별적인 경우에 매우 다양하게 분류해 볼 수 있다. 소관사무의 종류·권한·법률상의 지위·기능 등 다양한 기준으로 분류가 가능한데, 주요한 것을 들어보면 다음과 같다.

### (1) 권한에 따른 분류

#### 1) 행정관청(또는 행정청)

앞서 행정기관 및 그 기관구성원이라는 개념구도는 행정조직의 기능적 연관관계를 체계적으로 이해하기 위해 학설상 발전된 개념이며, 입법과 실무상에는 드물게 사용되는 용어이다. 오히려 실무상으로는 행정관청 내지 행정청이라는 용어가 사용되고 있으며, 통일적으로 사용되고 있지는 못한 상황이다.2) 행정(관)청은 행정조직법의 중심개념에 해당하나 이에 대해서는 독일에서도 학설상 논란이 있으며, 실무상으로도 다의적으로 사용되고 있다.

(가) 행정관청의 의의    행정관청(Behörde)은 국가 또는 다른 행정주체의 기관이라 할 수 있다. 따라서 개념적으로는 행정기관 개념에 속하는 것으로 볼 수 있다. 그에 따라 행정관청은 스스로 법인격을 갖는 것이 아니며, 행정주체를 위해 자기의 책임과 이름으로 부여된 권한을 행사하는 지위에 있게 된다. 따라서 행정관청이 갖는 권한이 중요한 문제로서 부각되게 되며 이에 대해서는 아래에서 후술하기로 한다. 행정관청의 개념은 조직적 측면을 강조하느냐 아니면 기능적 측면을 강조하느냐에 따라 다음과 같이 고찰해 볼 수 있다.

① 조직적 의미의 행정관청    피라미드구조의 국가적 행정계층제 속으로 편입된 행정기관을 조직적 의미의 행정관청이라 할 수 있다. 통상적으로 우리 학설에 따르면 국가의 의사를 결정하여 외부에 표시하는 권한을 갖는 행정기관을 행정관청이라고 하는 반면, 지방자치단체의 의사를 결정하여 외부에 표시할 권한을 가진 행정기관을 행정청이라 부른다. 나아가 행정관청과 행정청을 통틀어 행정청이라고도 한다(행정소송법 제2조 2항, 제3조, 제13조 및 행정심판법 제2조 4호, 제17조, 제23조). 행정관청이라는 용어는 실정법상의 용어가 아닌 학문상의 용어로서, 실정법상으로는 '행정기관의 장'이라고 표현되고 있다(정부조직법 제7조).

② 기능적 의미의 행정관청    반면 모든 행정기관은 외부적 관계 즉 대국민관계에 있어서 구체적인 행정조치를 고권적으로 수행 또는 관철시킬 권한을 갖는 한, 기

---

2) 양자는 그 실제사용에 있어서 엄격히 구별하기보다는 같은 의미로 사용되고 있다고 보여지므로, 이하에서는 행정관청으로 통일적으로 사용하고자 한다.

능적 의미의 행정관청이라 할 수 있다. 물론 이러한 외부적 권한은 일차적으로는 조직적 의미의 행정관청이 갖는다. 그러나 나아가 그 밖의 국가기관(예컨대 법원, 대통령,·)도 대외적(맨국) 관계에 있어서 행정행위를 발하거나 기타 고권적 개별조치를 취할 수 있는 한 외부적 권한을 갖는다고 보아야 한다.

### (나) 행정관청의 종류

① **단독관청과 합의제관청**   이는 행정관청의 기관구성원의 수에 따른 구분이다.

② **중앙관청과 지방관청**   행정관청의 권한이 미치는 지역적 범위에 따른 구분으로서, 권한이 전국적으로 미치는 행정관청을 중앙관청이라 하며 권한이 일정한 지역에 한정되는 행정관청을 지방관청이라 한다.

③ **보통관청과 특별관청**   행정관청의 권한이 미치는 사물적 관할범위에 따라 그 관할에 속하는 사무의 범위가 일반적이고 광범위한 관청을 보통관청이라 하며, 그 관할에 속하는 사무의 범위가 제한적으로 특별한 범위에 한정되는 행정관청을 특별관청이라 한다.

④ **상급관청과 하급관청**   행정관청 상호간의 감독권에 따라 조직법상의 감독권을 갖는 관청을 상급관청이라 하며, 다른 행정관청의 감독하에 놓이는 행정관청을 하급관청이라 한다.

### 2) 보조기관과 보좌기관

행정청에 소속되어 의사의 결정과 표시를 보조함을 임무로 하는 기관을 보조기관이라고 하며(국장, 부장, 과장 등), 이러한 보조기관 가운데 특히 정책의 기획·연구·조사 등 참모적 기능을 담당하는 기관을 보좌기관이라고 부른다(차관보, 담당관 등).

### 3) 의결기관

의결기관이란 행정주체 내부에서 행정에 관한 의사를 결정할 수 있는 권한만을 가지고, 대외적으로 표시할 권한은 없는 합의제 행정기관을 말한다. 합의제 행정관청과는 외부적 표시권한의 유무에 의해 서로 구별되어진다. 그러나 「지방공무원법」상의 인사위원회처럼 하나의 기관이 의결기관과 합의제 행정관청의 두 가지 성격을 아울러 갖는 경우도 있다. 의결기관은 국가의사결정기관이므로 그것이 중앙행정기관인 경우에는 그 설치에 있어서 법률에 근거가 있어야 한다.

### 4) 집행기관

이는 행정기관의 명을 받아 실력을 행사하여 국가의사를 사실상 실현시키는 강제집행기관이다(경찰공무원, 경찰기동대, 소방공무원, 세무공무원 등).

---

3) 예컨대 국회의장이 자신의 경찰권에 근거해 의사진행을 방해하는 방청인을 회의장 밖으로 나가도록 지시하는 경우 등.

### 5) 자문기관

이는 행정청의 자문요청에 따라 또는 스스로, 행정청의 권한행사에 대하여 의견을 제시하는 기관이다. 그러나 이러한 의견제시는 법률상의 구속력을 갖지 않는다. 자문기관은 행정의 전문성·민주성·공평성·신중성에 기여하는 면도 가지나, 경우에 따라서는 책임소재의 불분명·정책노선의 혼란을 빚을 위험도 내포할 수 있다.

### (2) 기능에 따른 분류

### 1) 공기업기관과 영조물기관

공기업의 경영 또는 영조물(국립대학, 국립도서관, 국립병원 등)의 관리를 임무로 하는 기관을 의미한다.

### 2) 감사기관

행정기관의 행정과제 수행을 감찰하는 기관(감사원 등)이다.

### 3) 부속기관

행정조직에 있어서 행정권의 직접적인 행사를 임무로 하는 기관에 부속하여 그 기관을 지원하는 기관을 말한다. 참고로 「정부조직법」 제4조는 시험연구기관·교육훈련기관·의료기관·문화기관·제조기관 및 자문기관을 총칭하여 부속기관이라 부르고 있다.

## Ⅱ. 행정관청의 권한

### 1. 권한의 의의

### (1) 개 념

어떤 행정주체 또는 어떤 행정기관이 다양한 행정과제를 수행할 자격이 있는가 하는 문제와 관련되는 것이 권한의 문제이다. 여기서는 주로 행정관청의 권한문제가 전면에 나서게 되는데, 그 이유는 행정이 외부에 대하여 나타나는 형태는 바로 행정관청의 모습이기 때문이다. 학설상으로는 보통 행정관청이 행정주체를 위하여 또 행정주체의 행위로서 유효하게 사무를 처리할 수 있는 능력 또는 사무의 범위를 권한으로 정의하고 있다. 「정부조직법」에서는 '직무범위', '직무권한' 등의 용어가 사용되고 있다. 오늘날 매우 많은 수의 행정관청이 존재함을 감안할 때, 권한에 대한 명확한 규정은 불가피하다고 보아야 한다. 이는 행정 자체의 이익에도 부응하는 것인데, 왜냐하면 그러한 명확한 규정은 이중작업·마찰손실·권한분쟁 등을 미연에 방지하며 관청간 활동영역의 조정을 통해 행정의 통일성을 담보하기 때문이다. 다른 한편으로는 그와 같은 명확한 권한규정은, 어떤 행정관청이 자신의 용무를 처리·결정해야 하는가를 알고자 하며 또 알아야 하는 시민의 이익에도 부응하는 일면도 갖는 것이라고 볼 수 있다. 그러나 여기서 주의할 것은 권한에 대한 고려가 단순한 형식주의적 의미 (즉 어떤 행정관청에 의해서도 일률적으로, 객관적으로 정당한 결정이 내려져야 한다는 의미)에만 그치는 것은 아니라는 점이다. 왜냐하면 당해 권한 있는 행정관청은 전문적 교육을 쌓아 그 분야의 해당 전문지식을 갖춘 인적 자원과 그에 필요한 물적 자원을 보유하고 있으며, 이것들은 객관적으로 정당한 결정이 내려지도록 보증하고 있기 때문이다.

### (2) 구별개념

권한은 권리와 구별하여야 한다. 행정관청은 권한은 가지나 권리를 갖는 것은 아닌 것이다. 법의 일반개념으로서의 권리란 자신의 이익을 위하여 타인에 대하여 일정한 주장을 할 수 있는 법률상 주어진 힘을 말하는바, 인격주체만이 가질 수 있기 때문이다. 즉 권리는 인격주체인 행정주체에게 귀속하는 것이지 행정주체의 기관에 불과한 행정관청에 귀속하지는 않는 것이다. 행정관청은 단지 행정주체의 권리를 행사할 권한을 가질 뿐이며, 권한행사의 효과도 행정주체에게만 귀속하는 것이다.

## 2. 권한의 획정

행정관청의 권한의 범위는 일반적으로 그 행정청을 설치하는 근거법규에 의해 정해지며, 이렇게 해서 정해진 행정관청의 직무의 범위는 권한의 사항적 한계를 이루게 된다. 이때의 행정관청의 권한획정의 목적은 대체로 다음과 같다.
1) 행정의 중복과 모순 제거 및 명확한 책임소재의 규명
2) 행정의 전문화 도모
3) 행정임무 수행에서의 외부적 영향력 배제
4) 사인의 권리구제의 확충

## 3. 권한의 종류

구체적인 사안의 해결에 임해서는 통상적으로 이하의 권한의 분류가 의미를 갖게 된다.

### (1) 사항적 권한

이는 당해 행정관청에 분배되어진 고유의 임무에 관련되는 것으로서, 어떤 행정관청이 특정사무에 대해 결정을 내려야 하는가를 규율하게 된다. 하나의 행정청은 타 행정청의 권한에 속하는 사항을 처리할 수 없다. 또한 상급관청은 하급관청을 지휘·감독할 수는 있으나, 특별한 규정이 없는 한 하급관청의 권한을 스스로 행할 수 없다. 그것은 법이 정한 사항을 변경하는 것이 되기 때문이다.

## (2) 장소적 권한

이는 행정관청의 공간적인 활동영역과 관련하는 것으로서, 예컨대 특정 사무가 甲소재의 행정청의 소관인가 乙소재의 행정청의 소관인가에 대해 규율하는 것이다.

## (3) 계층적 권한

이는 상하행정관청간의 다층적인 구조와 관련하는 것으로서, 상급관청이 과연 특정 사안에 대해 결정권한을 갖는가, 또 갖는다면 어떠한 전제조건하에서 가능한가의 문제를 규율한다.

## (4) 기능적 권한

통상적으로 권한규정은 단지 행정관청 그 자체에만 관련하는 것이지 행정관청 내부의 업무분배에까지 관련하는 것은 아니다. 따라서 예컨대 특정사무가 행정관청내부의 예정된 바에 따라 구성원 甲에 의하지 않고 그의 동료 乙에 의해 처리된 때에는 행정관청의 권한이 문제되는 것은 아닌 것이다. 그러나 기능적 권한이란 이러한 경우의 예외를 인정하는 것으로서, 행정관청 내부영역에 관여하여 특정 행정과제가 특정 기관구성원 자신에 의해 수행될 것을 규율하는 경우를 뜻하는 것이다.

## 4. 권한의 구속성

행정관청은 그에게 분배된 과제를 수행해야 할 법적 의무가 있다. 그러나 동시에 그의 권한영역의 한계를 고려해야 하는 의무도 진다. 따라서 권한은 행정관청의 행위의 근거이자 한계를 이룬다. 그러나 이때의 권한은 행정과제 수행을 위해 필요하거나 합목적적이라고 보이는 모든 수단을 동원할 권한을 포함하지는 않는다. 시민의 권리에 대한 개입행위나 제한행위는 부가적으로 법률상의 수권을 요하는 것이다.

## 5. 권한행사의 효과

### (1) 적극적 효과

행정관청이 그의 소관사무에 관하여 권한을 행사한 경우에는 그 행위의 효과는 시민에 대한 관계에 있어서 행정관청이 아닌 행정주체의 행위로서 귀속되어진다. 이때 행정관청의 행위를 법률요건으로 하여 발생한 법률효과는 그 행정주체가 존속하는 한은, 당해 행정관청의 구성원의 변경에 의하여도 영향을 받지 않는다.

### (2) 소극적 효과

반면 행정관청이 그의 권한을 초과하는 등 법령을 위반하게 되면 그 권한행사는 위법하게 된다. 다만 위법한 권한행사의 효과는 권한행사의 형식에 따라 상이하게 나타난다. 즉 행정행위의 형식인 경우에는 그 위법성·하자의 정도에 따라 취소할 수 있는 행위 또는 무효인 행위로 구분되지만, 법규명령이 위법한 경우에는 그것이 무효가 될 뿐 취소할 수 있는 행위란 존재하지 않는다.

## 6. 권한의 대행

원칙적으로 행정관청은 자신에게 주어진 권한을 스스로 법이 정한 바에 따라 행사한다. 그러나 예외적으로는 업무처리의 효율이나 기타의 사유로 인해 다른 관청으로 하여금 권한을 행사하도록 하는 경우도 존재한다. 이를 권한의 대행이라 하는데, 이에는 권한의 대리와 권한의 위임이 있다.

### (1) 권한의 대리
#### 1) 대리의 의의
㈎ 개 념  행정청의 권한의 대리라 함은 행정관청의 권한의 전부나 일부를 타행정관청이 피대리청을 위한 것임을 표시하여 자기의 이름으로 행하고, 그 행위의 효과는 피대리청의 행위로서 효과를 발생하는 것을 의미한다.「정부조직법」제7조 제2항 및 제19조에서는 직무대행이라고 표현하고 있다.

㈏ 구별개념

① 대 표  대표는 대리처럼 대리·피대리와 같은 대립관계에 있는 것이 아니라, 대표자인 행정청의 행위가 직접 국가 또는 공공단체의 행위가 되는 점에서 대리와 구분된다.「국가를 당사자로 하는 소송에 관한 법률」제2조에서 말하는 '법무부장관이 국가를 대표한다'의 규정이 이에 해당하는 경우로 볼 수 있다.

② 보 조  행정청의 보조기관은 행정청을 보조하는 것을 임무로 하는데, 보조에는 행정청을 대리하는 권한이 포함되지 않는다. 다만 보조행위의 일환으로서 차관·국장이 장관을 대독하는 경우와 같이 행정청의 비권력적인 사실행위를 대행하는 경우는 있을 수 있다.

③ 위 임  위임은 행정청의 권한의 일부를 타행정청에 위양하는 것이다. 위임청의 권한이 소멸하는 점에서 대리와 현격한 차이가 있다.

④ 서 리  이는 피대리청의 구성원이 궐위되어 있는 경우의 대리이나, 행정청의 지위에 있는 자에게 사고가 있는 경우의 대리와는 달리 대리되는 자가 없는 점에 특징이 있다.

⑤ 전결·내부위임·위임전결  행정청이 하급관청에 소관사무의 처리를 위임하면서도, 그 업무에 관한 대외적인 권한행사는 행정청 자신의 이름으로 하는 경우를

전결 또는 내부위임 또는 위임전결이라고 한다.

⑥ **대결·후열**　대결은 행정청 기타 결재권자의 부재시 및 사고가 있는 경우 등에 보조기관이 대신 결재한 다음, 중요한 사항에 관하여는 사후에 원래의 결재권자의 후열을 받는 것을 말한다.

**2) 대리의 종류**

대리는 대리권의 발생원인을 기준으로 임의대리와 법정대리로 나눌 수 있는바, 이하에서는 양자를 나누어 구체적으로 살펴보고자 한다.

**㈎ 임의대리**

① **의　의**　대리권을 부여하는 일방적 수권행위에 의해 이루어지는 대리를 말한다. 위임대리·수권대리라고도 한다. 피대리청의 보조기관이 대리자가 되는 것이 통례이다. 그러나 임의대리가 활용되는 경우는 실무상 드물다.

② **법적 근거**　임의대리를 인정하는 명문의 법적 근거가 없는 경우에도 허용되는가 여부에 대해서는 견해가 대립하고 있다.

㉠ **적극설**　대리는 권한의 이전을 가져오는 것이 아니므로 위임과는 달리 특별한 법적 근거 없이도 가능하다고 본다. 즉 명문규정의 유무를 막론하고 임의대리는 원칙적으로 가능하다고 보는 견해이다. 이것이 행정작용의 수요에 부합하며 타당하다고 본다. 다수의 견해이다.

㉡ **소극설**　이는 행정의 법률적합성과 관련하여, 권한의 대리라 하더라도 법이 정한 권한분배에 변경을 가져오므로 법의 명시적인 근거 없이는 불가능하다는 견해이다.

③ **대리권의 범위**　대리권의 범위는 수권행위에서 정해진다. 그러나 법령에서 특별히 정한 바가 없는 한, 다음과 같은 한계가 있다.

㉠ 성질상 또는 법령이 반드시 특정의 기관만이 수행하도록 규정한 행위는 수권의 대상이 될 수 없다.

㉡ 수권은 권한의 전부를 대상으로 하지 못하며 일부에 한정한다.

④ **대리행위의 효과**　대리관청의 행위는 실체법상 및 쟁송법상 피대리청의 행위로 귀속되어진다. 권한을 넘은 대리행위에 대해서는 민법상의 표현대리규정(민법 제126조)이 유추적용될 수 있다.

⑤ **대리관청과 피대리관청의 지위**　대리관청은 피대리관청의 권한을 피대리관청의 책임하에 자기이름으로 행사하게 된다. 피대리관청을 점하는 자는 대리자의 대리행위에 대해서는 직접 책임을 지지 않으나, 대리자의 선임 및 지휘·감독상의 책임은 면할 수 없다. 대리자가 행한 대리행위에 대해서는 대리자 자신이 공무원법상·사법상·형사상의 모든 책임을 지게 된다.

⑥ **복대리**　　임의대리에서는 수권행위를 통한 신뢰관계가 기초가 되므로 대리관청이 다시 대리권을 다른 기관으로 하여금 행사하게 할 수 없다고 보아야 할 것이다.

⑦ **대리의 종료**　　수권행위의 철회 또는 수권행위에서 정한 기한의 경과, 조건의 성취 등으로 종료한다.

⒩ **법정대리**

① **의　의**　　법령의 규정에 의하여 법정된 사실의 발생과 더불어 당연히 또는 일정한 자의 지정에 의하여 성립하는 대리이다. 수권행위에 의하여 성립하는 임의대리와 구별된다.

② **법적 근거**　　법정대리에 대해서는 헌법 제71조를 비롯하여, 「정부조직법」 제7조 제2항, 제12조 제2항 및 「직무대리규정」 제3조 등이 규정하고 있다.

③ **종　류**　　법정대리는 대리자의 결정방식에 따라 다시 협의의 법정대리와 지정대리로 세분할 수 있다.

㉠ **협의의 법정대리**　　헌법 제71조나 「정부조직법」 제7조 제2항에서 보듯이, 법령에 대리자가 명시되어 있음으로 인해 법정사실의 발생과 더불어 당연히 대리관계가 형성되는 경우를 뜻한다. 지정대리와는 대리자에 대한 별도의 지정이 필요 없다는 점에서 구별된다.

㉡ **지정대리**　　법정사실의 발생시에 일정한 자가 다른 일정한 자를 대리관청으로 지정함으로써 대리관계가 발생하는 경우를 말한다. 지정은 '대리명령서'에 의한다 ( $\binom{직무대리규정}{제4조, 제6조 2항}$ ).

④ **대리권의 범위와 효과**　　대리관청의 행위의 효과는 당연히 피대리관청에 귀속되며, 대리권은 협의의 법정대리인가 지정대리인가에 불문하고 피대리관청의 권한의 전부에 미친다.

⑤ **대리관청과 피대리관청의 지위**　　대리관청은 피대리관청의 권한을 자기 책임하에 행사한다. 그러나 임의대리와는 달리 피대리관청은 대리관청의 선임·지휘·감독에 대해 책임을 지지 않는다. 왜냐하면 법정대리에는 신뢰관계에 근거한 수권행위가 없기 때문이다.

⑥ **복대리**　　법정대리의 경우에는 신뢰관계와는 무관하게 일정한 법정사실의 발생에 따라 성립하므로, 임의대리와는 달리 복대리가 가능하다고 볼 것이다.

⑦ **대리의 종료**　　대리관계의 발생원인이 소멸한 때에 대리관계는 당연히 소멸한다.

(2) 권한의 위임

1) 위임의 의의

㈎ 개 념　　권한의 위임이란 광의로는 행정관청이 법령에 근거하여 자기에게 주어진 권한을 자기의 의사로써 사무처리권한의 일부를 하급관청 또는 보조기관에 실질적으로 이전하여, 수임기관이 위임받은 권한 내지 특정사무를 자기의 이름과 책임으로 처리하게 하는 것을 의미한다. 경우에 따라서는 지휘·감독관계에 있는 관청간에는 협의의 위임이라 부르며, 대등관계에 있는 관청간에서는 위탁이라고 부르는 수도 있으나, 양자간에는 성질상의 차이가 없으므로 합하여 그냥 위임이라고 한다.

㈏ 구별개념

① 권한의 대리　　권한의 위임이 행정청의 권한을 실질적으로 수임기관에게 이전하는 것인데 대해, 권한의 대리는 제3자가 행정청의 권한을 단지 대행할 뿐 행정청의 권한 이전을 초래하지는 않는다.

② 내부위임　　이는 행정청이 그의 특정 사항에 관한 권한을 실질적으로 하급관청 또는 보조기관에게 위임하면서, 대외적으로는 위임자의 명의로 행사토록 하는 경우를 지칭한다. 여기서는 권한이 위임자의 명의로 행사되어야 하며, 수임자의 명의로 권한행사가 이루어지면 위법이 된다. 이 경우의 위법에 대해서는 무효원인이 되는가 아니면 취소원인이 되는가에 대해 다툼이 있을 수 있다. 그러나 그 하자가 내부적인 사정을 이유로 하는 것이므로, 법적 안정성을 위해서는 무효라기보다는 취소할 수 있는 경우로 보는 것이 타당할 것이다. 내부위임의 일종으로 볼 수 있는 것으로서는 (위임)전결이 있다.

③ 민간위탁　　행정청의 소관사무 중 조사·검사·관리업무 등 국민의 권리·의무와 직접 관계되지 않는 사무를 지방자치단체가 아닌 법인·단체 또는 그 기관이나 개인에게 맡겨, 그의 이름과 책임하에 행하게 하는 것을 뜻한다. 이때 수탁자는 공무수탁사인의 지위를 누리게 됨이 특징이다.

2) 위임의 법적 근거

위임은 법령에 의해 정해진 행정관청의 권한을 타기관에게 이전하는 효과가 있는 바, 이를 위해서는 반드시 법적 근거를 요한다. 구체적으로는 「정부조직법」 제6조 및 이에 근거한 「행정권한의 위임 및 위탁에 관한 규정」과 「지방자치법」 제104조가 일반적 근거로서 거론되고 있으며, 그 밖에 많은 개별법상의 규정들이 존재한다.

「정부조직법」 제6조에 대해서는 법령에 특별한 규정이 없는 경우에 이 규정에 근거하여 권한을 위임할 수 있는 것인가가 문제된다. 이에 대해서는 동조는 위임가능성에 대한 일반원칙을 선언함에 그친다는 견해와, 동조는 직접 위임의 근거가 된다는 견해가 대립하고 있다. 판례는 「정부조직법」 제6조를 위임과 재위임의 일반적 근거규정이라고 보고 있으며,4) 이에 따르기로 한다.

### 3) 위임의 상대방

상대방에 따른 위임의 유형을 살펴보면 다음을 열거할 수 있다. 우선 ㉠ 하급관청에 대한 위임으로서는 상급관청인 국세청장이 하급관청인 세무서장에게 권한을 위임하는 경우가 이에 해당한다. ㉡ 보조기관에 대한 위임으로서는 장관이 차관에게 권한을 위임하는 경우를 들 수 있다. ㉢ 대등행정관청 또는 타행정청에 대한 위임은 위탁이라고도 하며, 행정자치부장관이 외교부장관에게 또는 세무서장에게 위임·위탁하는 경우 등을 들 수 있다. 이때에 등기나 소송에 관한 사무를 이양하는 경우를 특히 촉탁이라고 칭하기도 한다. ㉣ 지방자치단체에 대한 위임은 단체위임이라고 하는데, 국토교통부장관이 지방자치단체에 권한을 위임하는 경우를 들 수 있다. ㉤ 지방자치단체의 기관에 대한 위임은 기관위임이라고 하는데, 행정자치부장관이나 도지사가 법령에 의하여 지방자치단체의 장에게 그 사무를 위임하는 경우를 들 수 있다. ㉥ 비행정기관에 대한 위임은 사인을 대상으로 하는 경우이며, 이는 앞에서 본 민간위탁에 해당하는 것이다.

### 4) 위임의 방식

위임을 위하여는 상대방(수임)에의 통지 뿐 아니라, 경우에 따라서는 관보를 통한 일반에의 공시가 필요하게 된다. 공시사항으로는 위임청, 수임청, 위임기간 등이 포함된다.

### 5) 위임의 효과

권한의 위임에 의해 위임청은 당해 위임사항을 처리할 수 있는 권한을 상실하는 동시에, 그 사항은 수임기관 자체의 권한으로 된다. 그러나 위임기관은 본래 수임기관을 지휘·감독할 수 있는 지위에 있는 것이므로, 수임기관의 사무처리가 위법·부당하다고 인정할 때에는 이를 취소하거나 중지시킬 수 있으며, 경우에 따라서는 권한을 위임한 것 자체에 대한 책임을 면할 수 없다. 한편 수임기관은 위임기관의 사전승인이나 협의를 필요로 하지 않으며, 자기 이름과 책임으로 권한을 수행하고 그 효과도 수임기관 자신에게 귀속된다. 쟁송법상으로도 수임기관이 직접 피고·청구인이 된다.

### 6) 일부위임과 재위임

위임되는 사항에 관해 법률은 위임청의 권한의 일정사항을 명시하는 경우도 있지만, 「지방자치법」 제104조에서처럼 단순히 '권한에 속하는 사무의 일부'라고만 규정하는 경우가 많다. 학설에서는 그와 같은 명문의 규정이 없더라도 위임청의 권한의 일부에 한해서도 위임할 수 있다고 함이 통설이다. 물론 사물의 본성상 위임과 친하지 않은 것도 있을 수 있다. 한편 「정부조직법」 제6조 제1항 및 「행정권한의 위임 및

---

4) 대판 1990. 6. 26, 88누12158.

위탁에 관한 규정」제 4 조에 따라 행정청 기타 권한을 위임받은 기관은 권한의 일부를 하급기관 또는 보조기관에 재위임할 수 있다.

### 7) 위임의 종료

법령 또는 위임관청의 의사표시에 의한 해제, 위임근거의 소멸, 조건의 성취, 기간의 경과 등으로 위임은 종료되며, 동시에 위임된 권한은 당연히 위임청으로 복귀하게 된다.


## Ⅲ. 조직권력

### 1. 조직권력의 개념

조직권력이란 일반적으로 행정주체($^{특히 공법상의 사단}_{영조물, 공법상 재단}$)와 행정기관 특히 행정관청의 설치·변경·폐지에 관한 권능을 의미한다. 여기서 설치란 행정주체나 행정관청의 창설에 관한 결정뿐만 아니라 그 대강이나마 최소한의 조직 및 권한의 획정을 포함하는 개념으로서, 현실적으로 인적·물적 수단을 갖추게 해주는 구체적인 행위와는 구분되어야 한다.

### 2. 조직권력의 담당자

누가 조직권력의 주체인가, 즉 누가 행정주체와 행정기관의 설치·변경·폐지의 권능을 갖는가 하는 문제는 아직 분명하게 논의가 정리되어 있지 않다. 이 문제는 일차적으로 헌법 차원에서 판단되어야 할 것이며, 그 경우에 있어서는 법치국가적·권력분립적 관점이 중요한 역할을 하게 된다. 이에 따를 때에는 조직권력이 과연 입법자에게 속하는가 아니면 행정부에 속하는가가 중심문제로서 나타나게 된다. 즉 어느 정도나 행정주체와 행정관청의 설치가 법률을 통해 또는 법률에 근거해야 하는가 아니면 행정내부의 규율을 통해서도 가능한가가 문제되는 것이다.

이 문제는 독일에 있어서 오래전부터 논란의 대상이 되었고, 이미 입헌주의시대의 전통적인 논쟁거리에 속하는 것이었다. 19세기에는 이 논의가 행정부에 유리하게 전개되었다. 즉 조직권력은 행정부의 고유권한으로 보았으며, 바이마르시대에 와서도 이러한 상황은 변화가 없었다. 독일기본법이 제정된 후에는 비록 입법자에 유리한 목소리들이 점점 증가하고 있긴 하지만, 원칙적으로는 아직도 개별적인 경우에 있어서 여전히 논란되고 있다. 생각건대 헌법상의 규정이 흠결이 있거나 완전하지 못한 한은 이 문제는 의회와 정부 사이의 관계에 관한 일반헌법원칙에 의해 해결되어야 할 것이다. 이에 따를 때에 분명한 것은 행정부가 아니라 입법자에게 언제나 기본적으로 조직법적 규율을 제정할 권한이 있다는 것이다($^{법률우위}_{의 원칙}$). 그러나 문제되는 것은 이때에 과연 어느 정도나 조직권력이 입법자에게 전속적·배타적으로 유보되어져 있는가 하는 점이다(법률유보의 원칙). 물론 이러한 문제는 행정실무에 있어서 행정조직이 널리 법률에 의해 규율되고 있다는 사실을 감안한다면, 그렇게 현실적인 의미를 갖는 것은 아닐 것이다. 그러나 이 문제는 이론적으로 명확히 논의될 필요를 갖는 것이다. 왜냐하면 논쟁의 여지가 있는 개별 사례들이 아직도 해결될 필요성을 제기하고 있을 뿐 아니라, 명확히 해야 할 이론적인 이익이 여전히 존재하기 때문이다. 현행 헌법에 따르면 입법자는 스스로 국가제도와 공동체에 관한 원칙적인 결정 및 국가와 시민 사이의 법률관계를 규율하여야 한다. 조직분야에 있어서는 전체 행정을 구축하고 구조화하는 것, 시민과의 관계에서의 행정관청의 권한 등이 이에 해당할 것이다. 이에 따르게 되면 결국 이 문제는 다음과 같이 정리할 수 있을 것이다.

1) 행정주체(공법상의 사단, 영조물, 재단)의 설치는 어느 경우에나 법률에 의해 또는 법률에 근거해야 한다. 왜냐하면 이러한 사항은 전체 국가적 행정조직으로부터 떨어져 나온다는 의미와, 동시에 국가제도에 대한 중요한 결정이라는 의미도 갖기 때문이다.

2) 행정관청의 설치도 마찬가지로 법률적으로 규율되어야 한다. 이 점은 이미 통상적으로 행정관청의 설치와 더불어 권한이 확정되어지며, 또한 확정되어야 한다는 점 때문에 요청되는 것이다. 또한 권한규정도 법률상의 근거를 필요로 한다.

3) 반면 행정내부영역에서의 조직에 관한 조치들은 법률상의 규정이나 근거를 필요로 하지 않는다. 예컨대 행정관청의 하부조직 구성, 행정관청 내부의 사무분담 등이 이에 해당한다.

4) 행정주체와 행정관청의 설치의 실제적인 행위는 행정부가 할 일이며, 이때는 경우에 따라서 법률상의 규정 그리고 무엇보다도 예산에 기속되어진다.

## 3. 조직행위의 법적 성질

법적 규율로서의 성격을 갖지 않는 조직에 관한 조치들은 사실행위로 분류될 수 있다. 그러나 법적 규율로서의 성격을 갖는 조직에 관한 조치(이른바 조직행위)들이 문제되는 경우에는, 우선 과연 특정한 법적 형식이 법률상 규정되어 있는가, 그리고 과연 조직행위를 발하는 기관이 이러한 법적 형식을 규정하는 법률상의 규정을 준수했는가 하는 문제들이 제기된다. 그러한 규정들은 실정법상으로 찾아볼 수 있는데, 예컨대 형식적 법률이나 법규명령을 통한 지방자치단체 구역의 폐치·분합이나 구역변경 등이 그것이다(지방자치법 제4조 1항 참조).

그러나 만약 이때에 법적 형식에 관하여 법률상 규정의 흠결이 존재하는 경우에는 조직행위의 법적 형식 문제는 구체적인 경우에 따라 검토되어져야 하며, 이때에는 조직권력의 주체(담당자), 규율관계 및 개개 행위의 내용과 범위 등이 기준이 되어야 한다.

일반적으로 행정부의 조직행위는 행정내부의 규율(<sup>행정</sup>규칙), 법규명령, 행정행위 등의 형식에 의해 모두 가능하다. 따라서 이때에는 우선 과연 당해 구체적인 조직행위가 단지 행정내부에서만 작용하는 것인가 또는 외부에 대하여(시민과의 관계)도 작용하는가를 심사해 보는 것이 합목적적이다. 만약 외부적 효력이 인정된다면 이에서 더 나아가 과연 구체적인 규율이 존재하는가(그러한 경우에는 행정행위) 일반적·추상적 규율이 존재하는가(그러한 경우에는 법규명령)가 검토되어야 한다.

그러나 조직행위의 법적 성질분류에 있어서 특별한 문제점은, 이러한 조직행위는 일차적으로는 행정의 조직 그 자체만을 목표로 하고 있다는 점에 있다. 따라서 개별적인 조직행위에 대해 외부적 효과와 이에 따른 행정행위로서의 성격이 인정되기 위해서는, 최소한 직접적으로 시민에 대한 법적 규율을 포함하고 있고, 그 결과 행정조직의 영역을 넘어서서 법적 효과를 창설하여 작용할 때에만 인정될 수 있을 것이다.

## Ⅳ. 행정관청 상호간의 관계

피라미드구조의 국가적 행정계층제는 국가의 사무를 담당하는 수많은 행정관청들로 구성되어 있는데, 행정과제의 통일적인 수행을 위해서는 이들 행정관청 상호간 상하 또는 대등관계에 있어서 합리적·합목적적인 관계정립이 요청되어진다. 이때의 그 중심내용은 이하에 설명하는 바와 같이 상하관계간에 있어서의 지휘·감독과 대등관계간에 있어서의 협의이다.

### 1. 상하행정청간의 관계

이에 대해서는 권한감독관계·권한위임관계·권한대리관계가 논의되어야 하나, 위임관계와 대리관계는 이미 앞에서 논한 바 있으므로 여기서는 권한행사의 감독을 중심으로 설명하기로 한다.

### (1) 권한감독의 의의

이는 상급관청이 하급관청의 권한행사의 적법성과 합목적성을 보장하고 아울러 국가의사의 통일적 실현을 도모하기 위해 하급관청의 권한행사를 감시하고, 필요에 따라 이에 대하여 일정한 통제를 가하는 작용을 뜻한다. 권한감독은 다시 사전감독·사후감독, 적극감독·소극감독, 직계감독·방계감독 등으로 세분할 수 있다.

## (2) 권한감독의 수단

### 1) 감 시 권

이는 다른 감독권 행사의 전제가 되는 감독수단으로서, 상급관청이 하급관청의 권한행사의 상황을 알기 위해 보고를 받고 서류·장부를 검사하며, 실제로 사무감사를 행하는 등의 권한이다. 감시권의 발동에는 개별적인 법적 근거를 요하지 않으나, 대통령령인 행정감사규정에 의한 일정한 제한을 받는다.

### 2) 인가권(승인권)

이는 사전예방적 감독수단으로서, 하급관청의 일정한 권한행사에 대해 미리 인가를 부여하여 적법·유효하게 행정조치를 행할 수 있게 하여 주는 감독권이다. 인가권은 법령에서 명시적으로 규정될 수도 있지만, 법령에 근거가 없는 경우에도 상급관청은 감독권의 당연한 결과로서 하급관청의 일정한 권한행사에 대하여 미리 인가를 받게 할 수 있다. 하급관청이 인가를 받아서 행하여야 할 행위를 인가를 받지 않고 행한 경우에는, 그 인가가 법령에 근거한 것인 때에는 하급관청의 행위는 위법·무효가 되나, 법령에 근거한 것이 아닌 경우에는 인가는 단순히 행정주체의 내부관계에 있어서 행하여지는 행위에 불과하므로 하급관청의 행위는 위법·무효로 되지 아니한다. 한편 인가를 받아서 행한 행위라도 그 행위가 무효 또는 취소원인이 되는 흠을 가지고 있는 때에는, 무효로 되거나 취소할 수 있게 할 수 있다. 왜냐하면 인가는 그 효력이 하급관청의 권한행사에 대한 승인에만 그치는 것이기 때문이다.

### 3) 주관쟁의결정권

이는 상급관청이 그 소속 하급관청들 사이에 주관쟁의에 대한 다툼이 있는 경우에 이를 결정할 수 있는 권한이다. 행정관청간에 권한에 대한 다툼이 있는 경우에는 쌍방의 공통의 상급관청이 없는 경우에는 각각의 상급관청의 협의에 의해 결정되고, 협의가 이루어지지 않을 때에는 결국에는 행정각부간의 주관쟁의가 되어, 국무회의의 심의를 거쳐 대통령이 결정하게 된다(헌법 제89조 10호). 한편 행정관청간의 권한쟁의는 행정조직내부의 문제로서 권리에 관한 다툼이 아니므로 법률상 쟁송이 아니며, 따라서 행정권 스스로에 의하여 해결되어야 하며 법원에 제소할 성질의 것은 아니다. 나아가 헌법 제111조 제 1 항 4호는 국가기관간의 권한쟁의를 헌법재판소의 심판대상으로 하고 있으나, 여기서의 국가기관간의 권한쟁의는 국회·정부·법원·중앙선거관리위원회 상호간의 권한쟁의를 말하므로(헌법재판소법 제62조 1항), 행정청 상호간의 주관쟁의는 헌법재판소의 심판대상이 아니다.

### 4) 취소 · 정지권

이는 상급관청이 직권에 의하여 또는 행정심판의 청구에 의하여 하급관청의 위법 또는 부당한 행위를 취소하거나 정지할 수 있는 권한이다. 여기서 취소란 그 행위의 효과를 행위시에 소급하여 또는 단순히 장래에 향하여 영구적으로 소멸시키는 것을 말하며, 정지란 그 행위의 효과를 일시적으로 소멸시키는 것을 뜻한다. 이는 원칙적으로 사후적·교정적 감독수단에 속한다. 이는 법령에 근거가 있는 경우에는 당연히 행할 수 있으나, 그러한 근거규정이 없는 경우에도 상급관청의 감독권의 당연한 내용으로서 이를 행사할 수 있는가에 대해서는 의견대립이 있다.

(개) **적극설**    하급관청의 행위가 위법·부당하다고 인정되는 경우에 이를 교정하는 것은 감독의 목적달성을 위한 불가결의 수단으로서 감독권에 당연히 내포되므로 명문의 규정이 없는 경우에도 행사가 가능하다고 본다. 또한 교정적 감독수단은 행정이 위법·부당한 것이 명백한 경우에 한하므로 비례성의 원칙상 예방적 감독보다 용이하게 인정될 수 있다고 하는 견해이다.

(나) **소극설**    상급관청(<sup>감독</sup><sub>청</sub>)은 법령에 특별한 규정이 없는 한 하급관청의 행위를 취소·정지할 수 없고, 오직 하급관청에 대해 취소 또는 정지를 명할 수 있다고 하는 견해이다.

(다) **소 결**    생각건대 감독청은 법령에 명문의 규정이 있는 경우를 제외하고는 피감독청에 대한 취소·정지의 명령권만을 가진다고 봄이 타당하다. 왜냐하면 취소·정지의 효과는 행정조직의 내부에 그치지 않고 당연히 국민에게 미치게 되며, 또한 하급관청이 행한 행위를 감독청이 취소·정지한다는 것은 하급관청의 권한을 감독청이 대행한다는 대집행적 성질을 가진다고 보기 때문이다.[5]

**5) 훈 령 권**

(개) **의 의**    상급관청이 하급관청 또는 보조기관의 권한행사를 지휘하는 권한을 훈령권이라고 하며, 지휘를 위하여 발하는 명령을 훈령이라 한다. 훈령권은 감독권에 당연히 내포된 것으로서 특별한 법령의 근거를 요하지 않고 행할 수 있다. 예방적 감독수단의 대표적인 것이나, 교정적 감독수단으로서도 행해질 수 있다. 훈령권은 오직 하급관청의 권한행사를 지휘·감독할 수 있음에 그치며, 법령에 특별한 규정이 없는 한 하급관청이 훈령에 위반하더라도 상급관청이 권한을 대행(<sup>대집</sup><sub>행</sub>)할 수 없다.

(나) **법적 성질**

① **직무명령과의 구별**    훈령은 행정기관에 대한 명령으로서 공무원 개인에 대한 명령이 아닌 점에서, 공무원의 직무에 관해 공무원 개인에 대해 발해지는 직무명령과는 구별된다. 또한 훈령은 행정기관의 기관의사를 구속하는 것인데 대해, 직무명령은 공무원 개인을 구속하게 된다. 따라서 훈령은 어떤 행정기관의 구성원이 변경·교체되더라도 여전히 유효한 데 대해, 특정한 공무원에게 발해진 직무명령은 그 공무원의 변경·교체에 의해 당연히 효력을 상실하게 된다. 한편 훈령은 하급기관의 권한

---

5) 김남진·김연태(Ⅱ), 38면; 한견우(Ⅱ), 244면.

행사에 대한 명령인데 대해, 직무명령은 공무원의 직무에 관해 발하여지는 것으로서 본래의 직무사항에 대해서 뿐 아니라 객관적으로 직무수행에 필요하다고 인정되는 한 공무원의 일상생활상의 행위에 대해서도 관여할 수 있다. 이처럼 훈령과 직무명령은 그 성질을 달리하나, 훈령은 동시에 직무명령으로서의 성질을 갖게 된다. 왜냐하면 공무원이 행정기관의 지위에 있는 한, 그의 권한을 좇아 행사하는 것은 공무원 개인의 의무도 되기 때문이다. 그러나 직무명령은 훈령으로서의 성질을 당연히 갖는 것은 아니다.6)

② **이른바 법규성 논의**    앞서 본 바와 같이 우리나라에서는 훈령을 비롯한 행정규칙의 시민에 대한 법적 외부효의 문제를 법규성 인정문제로서 다루고 있으며, 이 때 법규개념을 좁게 해석하는 결과 행정규칙은 시민에 대한 외부적 효력이 인정될 수 없으므로 법규성이 부정된다고 보는 것이 다수의 견해이다. 즉, 다수설은 법규개념을 시민에 대한 구속력과 관련되는 것으로 이해하고 있는 것이다. 그러나 법규개념을 법이론적으로 이해하는 입장에서는 행정규칙이 시민에 대한 직접적인 외부적 효력을 갖지 않는다고 하더라도 그 법규성을 인정할 수 있게 된다.7)

㈐ **종 류**    「행정 효율과 협업 촉진에 관한 규정」제 4 조에 따르면 훈령은 다음과 같은 분류가 가능하다.

① **협의의 훈령**    상급관청이 하급관청에 대해 상당히 장기간에 걸쳐 그 권한의 행사를 일반적으로 지시하기 위하여 발하는 명령이다.

② **지 시**    상급관청이 하급관청에 대해 개별적·구체적으로 발하는 명령이다. 종래에는 상급관청이 직권에 의해 발하는 것을 지시라 하고, 하급관청의 신청에 의해 발하는 것을 지령이라고 하였는데, 현행법은 양자를 포괄하여 지시라고 하고 있다.

③ **예 규**    반복적으로 행정사무의 기준을 제시하기 위해 발하는 명령이다.

④ **일일명령**    당직·출장·특근·휴가 등 일일업무에 관하여 발하는 명령이다.

㈑ **요 건**

① **훈령의 요건**    훈령이 유효하기 위해서는 우선 그 내용이 확정될 수 있어야 하고 그의 실현이 가능해야 한다. 그 외에 기타 형식적 요건과 실질적 요건을 모두 갖추어야 하는데 그 주요내용으로는 ㉠ 지휘권을 가지는 상급관청으로부터 발하여질 것, ㉡ 하급관청의 권한사항에 관한 것일 것, ㉢ 내용이 적법하고 공익에 적합할 것, ㉣ 하급관청의 권한에 관한 것일지라도 권한행사의 독립성이 보장되어 있는 사항에 관한 것이 아닐 것 등이다.

② **요건의 심사**    훈령의 요건과 관련하여 문제되는 것은 하급관청이 훈령의 하

---

6) 김남진·김연태(Ⅱ), 35면.
7) 이에 대한 상세한 설명은 제 3 편 '행정규칙의 법적 성질'에 관한 부분을 참조.

자에 대해 어느 정도의 심사권을 갖느냐 하는 점이다. 이에 대해서는 하급관청은 훈령의 형식적 요건은 심사할 수 있으나, 실질적 요건에 대해서는 원칙적으로 심사권을 갖지 못하고 훈령의 내용이 비록 위법하더라도 그에 복종하지 않으면 안 된다고 보는 견해가 주장되고 있다. 그러나 실질적 요건에 대해서도 하급관청이 심사권을 가지고 검토할 수 있으며, 이에 따라서 훈령에 객관적으로 명백한 위법사유가 있거나 범죄행위를 구성하는 훈령인 때에는 그에 대한 복종을 거부할 수 있다고 보아야 할 것이다. 이때 법령에 위반되는 행위를 명하는 위법한 훈령에 복종하여 당해 행위를 한 공무원의 책임은, 구체적인 경우에 있어서 위법한 행위를 하지 않을 수 있는 기대가능성이 있었느냐에 따라 결정되어야 할 것이다.[8]

(마) 형　식　　훈령은 본래 특별한 형식을 요하지 않고 구두나 문서 등 어느 형식으로도 가능한 것이나, 「행정 효율과 협업 촉진에 관한 규정」에는 일정한 제한이 정해지는 경우도 있다($\frac{제6}{조}$). 훈령은 구두 또는 문서에 의해 상대방에게 통지함으로써 효력을 발생하게 되는데, 관보로 공고하는 경우에는 법령에 특별한 규정이 없는 한, 그 공고가 있은 후 5일이 지난 후부터 효력을 발하게 된다. 한편 훈령은 지휘권을 가지는 상급관청이 스스로, 즉 자기의 명의로 발하는 것이 원칙이며, 예외적으로 보조기관에게 대리권을 부여하여 발하게 할 수도 있다.

(바) 경　합　　내용이 서로 모순되는 둘 이상의 상급관청의 훈령이 경합하는 때에는 주관상급관청의 훈령에 따라야 한다. 서로 상하관계에 있는 상급관청의 훈령이 경합하는 때에는 행정조직의 계층제적 성격상 직근상급관청의 훈령에 따라야 할 것이다.

(사) 훈령에 위반한 행정행위의 효력　　훈령은 하급관청의 권한, 즉 소관사무에 관한 명령이므로 하급관청의 소관사무에 속하는 행위는 그 전부가 규율의 대상이 된다. 따라서 훈령의 규율대상에는 법률적 행위·사실적 행위가 모두 있을 수 있다. 이 중 하급관청의 법률적 행위가 훈령에 위반하여 행해진 경우가 문제되는데, 단순한 훈령위반만으로는 그 효력에 하등의 영향이 없다는 것이 다수의 견해이다. 생각건대 이 문제는 행정규칙이 시민에 대해 법적 구속력을 갖는다고 볼 것인가의 여부에 달려있다고 할 수 있다. 즉 이러한 구속력이 인정될 때에는 당사자인 시민은 행정규칙 위반의 행정행위에 대해 위법성을 주장할 수 있게 되며, 법원 또한 행정규칙의 내용에 구속을 받게 되어 당해 행정규칙위반의 행정행위에 대해 위법성을 인정하게 된다. 그러나 다수의 견해는 이러한 시민에 대한 법적 구속력을 인정하지 않으므로, 훈령위반의 법률행위는 위법성이 인정되지 않게 된다.

---

8) 김남진·김연태(Ⅱ), 36면.

## 2. 대등행정청간의 관계

### (1) 권한의 상호존중

대등관청들 사이에서는 상호 다른 관청의 권한을 존중할 것이 요구되어지며, 자기의 권한이 다른 기관에 의해 침해되는 것을 배제하는 동시에 다른 관청의 권한을 침범하지 않는 것이 원칙이다. 만약 대등관청간에 그 주관권한에 대하여 다툼이 있는 경우에는 위에서 살펴본 상급관청의 주관쟁의결정권에 의해 해결된다. 또한 행정관청이 그의 권한범위 내에서 행한 행위는 구성요건적 효력($^{또는 이 개념을 부정하는}_{입장에서는 공정력}$)을 갖는 까닭에 그것이 무효가 아닌 한, 다른 관청들은 그 존재를 존중하여 그 내용에 구속되어 스스로의 판단의 기초로 인정해야 한다.

### (2) 상호협력관계

#### 1) 협    의

하나의 사항이 둘 이상의 행정청의 권한과 관련되는 경우에는 행정관청간의 협의에 의해 이를 해결한다. 이에는 구체적으로 다음의 경우가 있을 수 있다.

① 주관행정청이 관계행정청과 협의하는 경우($^{공익사업을위한토지등의취}_{득및보상에관한법률 제21조}$)    이때에는 관계행정청의 의사는 행위의 요소를 이루지 않으므로, 협의를 거치지 않고 주관행정청이 특정행위를 한 경우에도 그 행위는 무효로 되지 않으며 또한 외부에 대해서도 주관행정청의 명의로써 표시된다.

② 둘 이상의 행정청이 공동주관행정청으로서 대등하게 협의하는 경우    이때에는 대등행정청의 협의에 의해 공동의 결정에 도달하게 되고, 또한 공동명의로 외부에 표시된다.

③ 행정청이 사업행정청의 지위에서 그 사업의 주관행정청과 협의하거나 그의 승인을 받는 경우($^{공익사업을위한토지등의취득}_{및보상에관한법률 제20조}$)    이때에는 행정의 내부관계로서의 성질을 가진다.

#### 2) 사무의 위탁·촉탁

이는 대등행정관청간에 있어서 어느 행정청의 직무상 필요한 사무가 타행정청의 관할에 속하는 경우, 그 행정청에 위탁하여 처리시키는 것을 말한다.

#### 3) 행정응원

㈎ 행정응원의 의의    행정응원이란 「소방기본법」 제11조 등에서 보는 바와 같이 재해·사변 기타 비상시에 처하여 어떤 행정청의 단일의 기능만으로는 행정목적을 달성할 수 없는 때에, 다른 행정청의 청구에 의해 또는 자발적으로 그 기능의 전부 또는 일부로써 타행정청을 원조하는 법제도를 말한다. 이것을 협의의 행정응원이라 하며 통상적인 행정응원은 이를 뜻한다. 그 밖에 이와 함께 평상시에 있을 수 있는 대등행

정청간에 있어서의 서류제출, 의견진술, 보고 및 파견근무 등을 통틀어 광의의 행정응원이라고 한다.

(나) **행정응원의 절차** 행정응원에 관하여는 「행정절차법」이 규정하고 있다($\frac{제8조}{참조}$).

① **행정응원의 요건** 행정청은 ㉠ 법령 등의 이유로 독자적인 직무수행이 어려운 경우, ㉡ 인원·장비의 부족 등 사실상의 이유로 독자적인 직무수행이 어려운 경우, ㉢ 다른 행정청에 소속되어 있는 전문기관의 협조가 필요한 경우, ㉣ 다른 행정청이 관리하고 있는 문서·통계 등 행정자료가 직무수행을 위하여 필요한 경우, ㉤ 다른 행정청의 응원을 받아 처리하는 것이 보다 능률적이고 경제적인 경우 등에 해당하는 때에는 다른 행정청에 행정응원을 요청할 수 있다($\frac{동법}{제8조 1항}$).

② **행정응원의 절차** 행정응원은 당해 직무를 직접 응원할 수 있는 행정청에 요청하여야 하며($\frac{동법}{제8조 3항}$), 행정응원을 요청받은 행정청은 ㉠ 다른 행정청이 보다 능률적이거나 경제적으로 응원할 수 있는 명백한 이유가 있는 경우, ㉡ 행정응원으로 인하여 고유의 직무수행이 현저히 지장 받을 것으로 인정되는 명백한 이유가 있는 경우 등에는 이를 거부할 수 있다($\frac{동법}{제8조 2항}$). 행정응원을 요청받은 행정청이 응원을 거부하는 경우에는 그 사유를 응원요청한 행정청에 통지하여야 한다($\frac{동법}{제8조 4항}$).

③ **행정응원의 법률관계** 행정응원을 위하여 파견된 직원은 응원을 요청한 행정청의 지휘·감독을 받는다. 다만, 당해 직원의 복무에 관하여 다른 법령 등에 특별한 규정이 있는 경우에는 그에 의한다($\frac{제8조}{5항}$). 행정응원에 소요되는 비용은 응원을 요청한 행정청이 부담하며, 그 부담금액 및 부담방법은 응원을 요청한 행정청과 응원을 행하는 행정청이 협의하여 결정한다($\frac{제8조}{6항}$).

# 제 2 장 국가행정조직

이하에서는 앞서 본 행정조직법의 일반론이 구체적으로 적용되어지는 대상으로서의 현실적 국가행정조직을 논의의 대상으로 한다.

# 제 1 절 개 관

행정조직법은 이미 앞에서 설명한 바와 같이 행정조직에 관한 법, 다시 말하면 행정주체의 조직에 관한 법이라고 정의내릴 수 있다. 일반적으로 국가행정은 행정주체를 기준으로 하여 크게 직접국가행정과 간접국가행정으로 구분할 수 있는데, 직접국가행정이라 함은 국가의 행정관청을 통한 행정을 의미하며, 간접국가행정이라 함은 자치행정단체와 그 밖의 법적으로 독립한 공공단체(Verwaltungseinheiten), 경우에 따라서는 공무수탁사인을 통한 행정을 의미한다. 현행헌법은 행정조직에 관하여 대통령제를 원칙으로 거기에 내각책임제적 요소를 가미한다는 기조하에 대통령·국무회의·국무총리·행정각부의 장 등에 대하여 규정하고 있으며, 기타 자세한 사항에 관하여는 법률로 정하도록 하고 있다. 이에 근거하여 행정조직법의 일반 법원으로서의 역할을 하고 있는 것이 바로 「정부조직법」이다. 동법 제 1 조에서는 국가행정사무의 통일적이고도 능률적인 수행을 위하여 국가행정기관의 설치·조직과 직무범위의 대강을 정함을 목적으로 하고 있음을 규정함으로써 이 점을 명확히 하고 있다. 그러나 동법은 국가행정조직의 전 범위를 망라하여 규율하고 있지는 못하고, 단지 직접국가행정조직에 대해서만 규정하고 있다. 그것도 행정기관의 설치·조직의 대강만을 규정할 뿐이고, 많은 경우에 있어서 더 구체적인 사항에 관해서는 하위규범인 대통령령에 위임하고 있음을 볼 수 있다.

현행 우리나라의 행정조직은 이상과 같은 기본구도하에 직접국가행정조직과 간접국가행정조직으로 나누어 설명될 수 있다. 행정주체의 분류와 그에 상응한 국가행정조직을 도식화하면 다음과 같다.

| 人 | 법 인 | 공법상의 법인 | 국    가 | | 직접국가행정 |
|---|---|---|---|---|---|
| | | | 그 밖의 공법상의 법인 | 사    단 | 간접국가행정 |
| | | | | 영조물 | |
| | | | | 재    단 | |
| | | 사법상의 법인(공무수탁사인) | | | |
| | 자연인(공무수탁사인) | | | | |

# 제 2 절  직접국가행정조직

## Ⅰ. 중앙행정조직

### 1. 대 통 령

우리의 역대 헌법들은 국가의 원수이자 국가의 대표자인 기관을 대통령이라 불러왔는데, 대통령의 궐위 등의 경우에 대통령의 권한을 대행하는 자와는 개념상 구별되어야 한다. 대통령권한대행자는 법리상 대통령이 갖는 모든 지위와 권한을 갖는다고 보기는 어려울 것이며, 기능적인 점에서 본다면 대통령 권한대행자는 국가의 원수 내지 대표자에 준하는 지위를 갖는다고 할 수 있을 것이다.

#### (1) 대통령의 법적 지위

대통령의 법적 지위에 대해서는 헌법 제66조가 정하고 있다. 제66조에 의하면 대통령은 국가의 원수로서의 지위($\frac{1}{8}$), 국가수호자로서의 지위($\frac{2}{8}$), 국가의 한 주권행사기관으로서의 지위($\frac{2할}{8}$), 행정권의 수반으로서의 지위($\frac{4}{8}$)를 갖게 된다.

##### 1) 국가원수로서의 지위

대통령은 국가원수로서 외국에 대해 국가를 대표하며, 조약을 체결·비준하며, 선

전포고와 강화를 맺고, 외교사절을 신임·접수하며, 헌법재판소장·헌법재판관·선거
관리위원회위원에 대한 임명권과 대법원장·대법관에 대한 임명권을 갖는다.

### 2) 행정부의 수반으로서의 지위

대통령은 행정부의 수반으로서 행정부를 조직·형성하며, 행정에 대한 최고이자
최종적인 지휘감독권을 가지고서 행정에 관한 모든 권한을 관장한다. 여기서 말하는
행정권이 무엇을 뜻하는가에 관해서는 헌법이론상 실질적 행정개념과 형식적 행정개
념의 견해대립이 있으나, 그에 대한 자세한 내용은 여기에서는 생략하기로 한다.

### 3) 국가수호자로서의 지위

대통령은 헌법의 수호자로서 국가의 독립·영토보전·계속성을 유지해야 한다.

### 4) 주권행사기관으로서의 지위

대통령은 국민의 대표자로서 헌법개정안제안권·국민투표회부권·위헌정당해산
제소권 등을 갖는다.

### (2) 대통령의 권한

이에 대해서는 입법상의 권한, 사법상의 권한, 행정상의 권한, 헌법개정과 국민투
표에 관한 권한, 헌법기관구성에 관한 권한 등으로 나누어 설명할 수 있으나, 여기서
는 대통령의 행정에 관한 권한에 한정하여 설명하기로 한다.

### 1) 국무총리임명권(헌법 제86조 1항)

대통령은 국회의 동의를 얻어 국무총리를 임명할 권한을 갖는다.

### 2) 국무위원임명권(헌법 제87조 1항)

대통령은 국무총리의 제청으로 국무위원을 임명할 권한을 갖는다.

### 3) 행정각부의 장의 임명권(헌법 제94조)

대통령은 국무총리의 제청으로 국무위원 중에서 행정각부의 장을 임명할 권한을
갖는다.

### 4) 행정각부의 통할권(헌법 제86조 2항, 정부조직법 제11조)

대통령은 직접 또는 국무총리를 통하여 행정각부를 통할하며 지휘감독할 권한을
갖는다.

### 5) 공무원임면권(헌법 제78조, 국가공무원법 제32조 1항)

대통령은 헌법과 법률이 정하는 바에 의하여 5급 이상의 공무원을 임면할 권한을
갖는다.

### 6) 위임명령·집행명령제정권(헌법 제75조)

대통령은 법률에서 구체적으로 범위를 정하여 위임받은 사항과 법률을 집행하기
위하여 필요한 사항에 관하여 대통령령을 발할 권한을 갖는다.

### 7) 긴급재정경제처분·명령권 및 긴급명령권(헌법 제76조)

대통령은 내우·외환·천재·지변 또는 중대한 재정·경제상의 위기에 있어서 국가의 안전보장 또는 공공의 안녕·질서를 유지하기 위해 긴급한 조치가 필요하고 국회의 집회를 기다릴 여유가 없을 때에 한하여 최소한으로 필요한 재정·경제상의 처분을 하거나 이에 관하여 법률의 효력을 발하는 명령을 발할 수 있으며, 국가의 안위에 관계되는 중대한 교전상태에 있어서 국가를 보위하기 위해 긴급한 조치가 필요하고 국회의 집회가 불가능한 때에 한하여 법률의 효력을 가지는 명령을 발할 수 있다. 대통령은 위의 처분 또는 명령을 한 때에는 지체 없이 국회에 보고하여 그 승인을 얻어야 하며, 국회의 승인을 얻지 못한 때에는 그 처분 또는 명령은 그때부터 효력을 상실한다.

### 8) 국군통수권(헌법 제74조)

대통령은 헌법과 법률이 정하는 바에 의하여 국군을 통수할 권한을 갖는다.

### 9) 계엄선포권(헌법 제77조)

대통령은 전시·사변 또는 이에 준하는 국가비상사태에 있어서 병력으로써 군사상의 필요에 응하거나 공공의 안녕·질서를 유지할 필요가 있을 때에는 법률이 정하는 바에 의하여 계엄을 선포할 권한을 갖는다.

## (3) 대통령직속기관

### 1) 감 사 원

감사원은 국가의 세입·세출의 결산, 국가 및 법률이 정한 단체의 회계검사와 행정기관 및 공무원의 직무에 관한 감찰을 하기 위하여 설치된 대통령 소속하의 중앙행정관청인 헌법기관이다(헌관 제97조, 감사원법 제1조와 제20조).

(가) **감사원의 지위**　이에 대해서는 여러 견해가 주장되고 있다. ㉠ 우선 감사원을 행정부에 귀속시키면서도 감사원은 행정각부·국무총리·국무회의로부터 자유로운 특수한 최고행정기관이라고 보는 견해, ㉡ 감사원이 행정부의 수반으로서의 대통령에 속하는 행정관청이지만 직무상으로는 대통령으로부터 독립되어 있다는 견해, ㉢ 감사원이 국가원수로서의 대통령에 소속되어 있을 뿐 입법부와 행정부 그 어느 편에도 속하지 아니하는 독립기관이라는 견해 등이 있다. 생각건대 감사원의 존재의의가 중립적인 입장에서 회계검사와 행정감찰을 행하는 것이어야 한다고 볼 때, 마지막 견해가 타당하다고 본다. 이러한 취지에서 감사원은 세입·세출의 결산을 매년 검사하여 대통령과 차년도 국회에 그 결과를 보고해야 하는 점(헌법 제99조)도 감사원이 독립적 지위에 놓임을 나타내는 것이라 할 수 있다.

(나) **감사원의 구성**　헌법은 감사원에 대하여 감사위원인 원장을 포함한 5인 이상

11인 이하의 감사위원으로 구성한다고 규정하고 있다($^{헌법}_{제98조}$). 이에 따라 「감사원법」은 현재 감사원장을 포함하여 감사위원 7인으로 구성되는 합의제기관으로서 규정하고 있다. 한편 감사원은 감사원장과 감사위원으로 구성되는 감사위원회의 외에 사무처를 두고 있다. 사무처는 감사원장의 지휘·감독하에 서무·회계검사·감찰 및 심사결정에 관한 사무를 관장한다. 사무처에는 사무총장 1인과 사무차장 2인을 두며, 사무총장과 사무차장은 감사위원회의 의결을 거쳐 감사원장의 제청으로 대통령이 임명한다($^{감사원법 제3조, 제16}_{조, 제17조, 제18조}$).

① **감사원장**    감사원장은 국회의 동의를 얻어 대통령이 임명하고, 그 임기는 4년으로 하되, 1차에 한하여 중임할 수 있다($^{헌법 제98}_{조 3항}$). 감사원장은 감사원을 대표하며, 소속 공무원을 지휘·감독한다. 감사원장이 사고로 인하여 직무를 수행할 수 없을 때에는 감사위원으로 최장기간 재직한 감사위원이 그 직무를 대행한다. 이때 재직기간이 동일한 자가 2인 이상이면 연장자가 대행한다($^{감사원법}_{제4조}$).

② **감사위원**    감사위원은 감사원장의 제청으로 대통령이 임명하고, 그 임기는 마찬가지로 4년으로 하여 1차에 한하여 중임할 수 있다($^{헌법}_{제98조}$). 감사위원의 정년은 65세이다. 감사위원의 신분은 보장되나 일정직의 겸직과 정치운동이 금지된다($^{감사원법 제6조,}_{제8조, 제9조, 제10조}$).

③ **감사위원회의**    이는 의결기관으로서 감사원장이 의장이 되며, 재적감사위원 과반수의 찬성으로 결정한다. 공정성의 확보를 위해 감사위원의 제척제도가 마련되어 있다($^{감사원법}_{제11조, 제15조}$).

(다) 감사원의 권한

① **결산 및 회계검사권**    감사원은 국가·지방자치단체 기타 「감사원법」이 정한 단체에 대한 결산 및 회계검사권을 갖는다($^{헌법 제99조, 감사원법}_{제21조 이하}$).

② **직무감찰권**    감사원은 국가 및 지방자치단체의 행정기관 및 소속공무원 등에 대한 직무를 감찰하는 권한을 갖는다($^{감사원법}_{제24조}$).

③ **회계관계법령의 제정, 개폐 및 해석적용에 관한 의견제시권**($^{감사원법}_{제49조}$).

④ **감사대상기관 이외의 자에 대한 협조요구권**($^{감사원법}_{제50조}$).

⑤ **감사결과에 따르는 권한**    감사원은 감사결과에 문제가 있는 경우에 사안에 따라, 변상책임의 유무의 판정($^{감사원법}_{제31조}$)·징계 등 요구권($^{감사원법}_{제32조}$)·시정 등 요구권($^{감사원법}_{제33조}$)·개선 등 요구권($^{감사원법}_{제34조}$)·고발권($^{감사원법}_{제35조}$)·재심의($^{감사원법}_{제36조 이하}$) 등의 권한을 갖는다.

⑥ **규칙제정권**    감사원은 감사에 관한 절차, 감사원의 내부규율과 감사사무처리에 관하여 필요한 규칙을 제정할 수 있다($^{감사원법}_{제52조}$). 이때 감사원규칙의 법적 성질에 대해서는 법규명령이라는 설과, 헌법에 근거가 없으며 법률은 입법형식 자체를 창설하지 못한다는 이유로 그것을 부인하는 설이 대립하고 있다. 이에 앞에서 본 바와 같이 감사원규칙은 법규명령의 성질을 부정하는 견해가 타당하다.

### 2) 국가정보원

㈎ 법적 지위    국가정보원은 「정부조직법」에서 그 법적 근거가 주어지며, 조직과 직무범위 등은 「국가정보원법」에서 규정하고 있다. 국가정보원은 국가안전보장업무에 관계되는 정보·보안 및 범죄수사에 관한 사무를 담당하는 대통령 소속의 특별한 중앙행정기관이다.

㈏ 조 직    국가정보원의 조직은 국가정보원장이 정하되, 국가안전보장을 위하여 필요한 경우에는 이를 공개하지 않을 수 있다($^{국가정보원}_{법\ 제6조}$). 국가정보원은 국가정보원장·차장 및 기획조정실장과 기타 필요한 직원으로 구성하되, 필요한 경우 2인 이상의 차장을 둔다($^{국가정보원}_{법\ 제5조}$).

① 국가정보원장    국가정보원장은 대통령이 임명하며, 국정원의 업무를 통할하고 소속직원을 지휘·감독한다. 국가정보원장은 겸직과 정치적 활동이 금지되며, 그 책임하에 소관업무에 관해 회계검사와 사무 및 직원의 직무에 대한 감찰을 행하고 그 결과를 대통령에게 보고한다($^{국가정보원법\ 제7조,}_{제8조,\ 제14조}$).

② 차장 및 기획조정실장    국가정보원장의 제청에 따라 대통령이 임명하며, 겸직과 정치적 활동이 금지된다. 차장은 국가정보원장을 보좌하며 국가정보원장이 사고가 있을 때에는 그 직무를 대행한다. 기획조정실장은 국가정보원장과 차장을 보좌하며 위임된 사무를 처리한다.

### 3) 자문기관

대통령의 자문기관으로서는 국가안전보장회의, 민주평화통일자문회의, 국민경제자문회의, 국가과학기술자문회의가 있다($^{헌법\ 제90조}_{에서\ 제93조}$).

### 4) 대통령비서실 등

대통령비서실은 대통령의 직무보좌를 위한 대통령직속의 보좌기관이다. 대통령비서실의 설치근거는 「정부조직법」 제14조이다. 대통령비서실에는 실장 1명을 두되, 실장은 정무직으로 하며, 그 밖에 대통령비서실 조직의 구체적인 사항은 「대통령비서실 직제」가 규정하고 있다.

한편 국가안보에 관한 대통령의 직무를 보좌하기 위하여 대통령비서실과 별도로 국가안보실을 둔다. 국가안보실에는 실장 1명을 두되, 실장은 정무직으로 한다. 또한 2017. 7. 26. 「정부조직법」이 개정되면서 종래 대통령비서실 소속으로 되어 있던 대통령경호처를 분리하여 별도의 대통령 직속 보좌기관으로 만들었다. 대통령경호처에는 처장 1명을 두되, 처장은 정무직으로 하며, 대통령경호처의 조직 및 직무범위 등에 관해서는 「대통령 등의 경호에 관한 법률」 및 「대통령경호처와 그 소속기관 직제」에서 따로 정하고 있다.

## 2. 국무회의

### (1) 법적 지위

#### 1) 심의기관으로서의 지위

현행 헌법상의 정부형태가 대통령중심제임을 강조한다면 국무회의는 자문기관으로서의 지위를 갖게 되고, 국무회의의 존재의의가 대통령의 권한행사를 견제하기 위한 것이라고만 새긴다면 국무회의를 의결기관이라고도 볼 수 있으며, 헌법의 표현방식에 치중한다면 심의기관이라고 볼 수도 있다. 그러나 헌법은 신중한 정책결정·대통령의 독선방지 등을 위해 일정사항을 반드시 국무회의에서 심의토록 규정하고 있다고 해석되므로, 헌법상 국무회의는 단순히 자문기관이라고는 할 수 없고, 또한 국무회의의 심의결과는 대통령을 구속하는 것이라고 볼 근거가 보이지 않으므로 국무회의를 의결기관이라고 할 수도 없게 된다. 따라서 국무회의는 심의기관으로 해석하는 것이 타당할 것이다.

#### 2) 필수적 심의기관으로서의 지위

헌법규정에 따르면 일정사항은 반드시 국무회의의 심의를 거쳐야 한다. 이러한 점에서 국무회의는 의원내각제의 내각과 유사하나, 심의결과에 대통령이 구속되지 않는 점에서 의원내각제의 경우와는 다른 지위를 갖게 된다.

#### 3) 최고정책심의기관으로서의 지위

정부에는 여러 종류의 심의기관이 있으나 국무회의의 심의가 최고·최종적인 점에 특징이 있다.

#### 4) 대통령이 주재하는 독립의 합의제기관으로서의 지위

국무회의의 구성원으로서 대통령·국무총리·국무위원간에는 법상 우열이 없이 국무회의에 참여하게 된다.

### (2) 구    성

국무회의는 대통령·국무총리와 15인 이상 30인 이하의 국무위원으로 구성된다. 대통령이 국무회의의 의장이 되고 국무총리는 부의장이 된다(헌법제88조). 헌법이 국무위원의 수에 상한과 하한을 규정하고 있는 이유는 국무위원의 수가 매우 적으면 전제화의 우려가 있고, 매우 많으면 사무처리의 지연과 불통일 및 예산남용의 우려가 있기 때문이라고 한다.

### (3) 심의사항

국무회의의 심의사항에 관해서는 헌법 제89조에 상세히 열거되어 있다.1) 이 조문

에는 국무회의가 정부의 권한에 속하는 중요한 정책을 심의한다고 규정한 헌법 제88
조 제1항에 근거하여 국무회의가 심의해야 할 정부의 권한에 속하는 중요한 정책을
예시하고 있다. 헌법은 '…거쳐야 한다'고 규정하고 있으므로 제89조에 규정된 사항이
법상 어떠한 기관의 권한에 속한 것인가를 불문하고 반드시 국무회의의 심의를 거쳐
야 하는 것으로 이해된다.

### (4) 소집 및 주재

국무회의는 국무회의 의장인 대통령이 소집하고 또한 대통령이 주재하며(<sup>정부조직법</sup><sub>제12조 1항</sub>),
국무위원은 의장에게 의안을 제출하고 국무회의의 소집을 요구할 수 있다(<sup>정부조직법</sup><sub>제12조 3항</sub>). 한
편 국무회의의 운영에 관한 사항은 대통령령으로 정하게 되어 있고(<sup>정부조직법</sup><sub>제12조 4항</sub>), 이에 의해
제정된 대통령령이 「국무회의규정」이다. 동 규정은 회의를 매주 1회 소집되는 정례국
무회의와 임시국무회의로 구분하고 있고, 또한 국무회의는 구성원 과반수의 출석으로
개의하고, 출석원 3분의 2 이상의 찬성으로 의결하도록 규정하고 있다.

## 3. 국무총리

### (1) 지    위

현행 헌법은 미국의 정부형태에 유사한 일종의 대통령제 정부형태를 취하면서도,
한편으로는 미국의 경우와는 달리 국무총리제도를 두고 있다. 헌법상 국무총리는 독
자적으로 정부의 일반지침을 결정할 권한을 갖지 못하며 대통령의 보좌기관의 역할을
하는 정부의 제2인자이다. 그러나 국무총리는 행정각부의 통할적 성질의 행정사무를
스스로 관장·처리하는 중앙행정기관의 지위도 아울러 가지고 있다. 국무총리는 국무
회의의 부의장으로서, 의장인 대통령이 사고로 인하여 직무를 수행할 수 없을 때에는
그 직무를 대행한다(<sup>정부조직법</sup><sub>제12조 2항</sub>).

---

1) 다음 사항은 국무회의의 심의를 거쳐야 한다. ① 국정의 기본계획과 정부의 일반정책, ② 선
   전·강화 기타 중요한 대외정책, ③ 헌법개정안·국민투표안·조약안·법률안 및 대통령령안,
   ④ 예산안·결산·국유재산처분의 기본계획·국가의 부담이 될 계약 기타 재정에 관한 중요사
   항, ⑤ 대통령의 긴급명령·긴급재정경제처분 및 명령 또는 계엄과 그 해제, ⑥ 군사에 관한 중
   요사항, ⑦ 국회의 임시회 집회의 요구, ⑧ 영전수여, ⑨ 사면·감형과 복권, ⑩ 행정각부간의
   권한의 획정, ⑪ 정부안의 권한의 위임 또는 배정에 관한 기본계획, ⑫ 국정처리상황의 평가·
   분석, ⑬ 행정각부의 중요한 정책의 수립과 조정, ⑭ 정당해산의 제소, ⑮ 정부에 제출 또는 회
   부된 정부의 정책에 관계되는 청원의 심사, ⑯ 검찰총장·합동참모의장·각군참모총장·국립대
   학교총장·대사 기타 법률이 정한 공무원과 국영기업체 관리자의 임명, ⑰ 기타 대통령·국무
   총리 또는 국무위원이 제출한 사항.

## (2) 권    한

국무위원과 행정각부의 장은 국무총리의 제청에 의해 임명되며, 국무총리는 국무위원의 해임을 대통령에게 건의할 수 있으며( 헌법 제86조 1항, 제87조 3항, 제94조), 중앙행정기관의 장의 명령이나 처분이 위법·부당하다고 인정할 때에는 대통령의 승인을 얻어 이를 중지 또는 취소할 수 있다( 정부조직법 제16조 2항). 행정안전부장관이 서울특별시의 자치사무에 관한 감사를 하고자 할 때에는 국무총리의 조정을 거쳐야 하며, 또한 수도권지역에서 서울특별시와 관련된 도로·교통·환경 등에 관한 계획수립과 그 집행에 있어서 관계중앙행정기관의 장과 서울특별시장이 의견을 달리하는 경우에는 국무총리가 이를 조정하게 된다( 서울특별시행정특례에관한 법률 제4조 2항, 제5조 1항). 한편 국무총리는 행정사무에 관해 법률이나 대통령령의 위임 또는 직권으로 총리령을 발할 수 있다( 헌법 제95조). 이러한 총리령은 법규명령의 성질을 가지는 것( 위임 명령)과 행정규칙의 성질을 갖는 것으로 구분될 수 있다. 또한 총리령은 내용에 따라 부령에 상위하는 명령( 행정각부를 통할 하기 위한 명령)과 부령과 동등한 효력을 가지는 명령( 소관사무에 관한 명령)으로 구분될 수 있다.

## (3) 국무총리직속기관

종전에는 국무총리직속하에 재정경제원, 통일원, 총무처, 과학기술처, 공보처, 법제처, 국가보훈처 등이 있었다. 그러나 1998년과 2000년의 「정부조직법」개정으로 재정경제원은 재정경제부, 통일원은 통일부, 총무처는 행정자치부, 과학기술처는 과학기술부로 변경되었다. 또한 공보처는 국정홍보처로 변경되었다. 「정부조직법」개정으로 기획예산처가 기획재정부로 통합되고, 최근 국민안전처와 인사혁신처가 신설되었으며, 식품의약품안전청이 식품의약품안전처로 승격됨에 따라, 현재로는 국무총리직속으로 국민안전처, 인사혁신처, 법제처, 국가보훈처 및 식품의약품안전처가 존재한다.

이와 같이 국무총리소속하에 처를 두는 조직형태는, 우리나라의 정부형태가 대통령중심제를 기본으로 하면서도 내각책임제적 요소를 혼합하고 있는 특성에 기인하는 것이다. 이들 처의 중앙행정기관은 행정각부가 아니므로 처령을 발할 수 없다는 것이 일반적인 견해이다. 따라서 처가 소관사무에 관하여 명령을 제정할 필요가 있을 때에는 총리령을 발하도록 하고 있다. 그러나 그들 기관에 법률로써 명령제정권을 부여하는 것은 가능한 일이다. 이러한 처는 다수의 중앙행정기관이 관련된 정책을 조정하는 기능이 강조되는 점에서 정책집행기능이 강조되는 부와 구별되고 있다.

## 4. 행정각부

### (1) 의    의

이는 행정권의 수반인 대통령과 그의 명을 받는 국무총리의 통할하에 정부의 권한에 속하는 사무를 부문별로 처리하기 위해 설치되는 중앙행정기관을 지칭한다. 이들 행정각부의 설치·조직과 직무범위는 법률로 정하도록 되어 있는 바(헌법제96조), 그에 관한 기본법이 「정부조직법」이다. 행정각부의 장은 국무위원 중에서 임명되어야 하고 (제26조제2항), 국무회의는 15인 이상 30인 이하의 국무위원으로 구성되므로, 행정각부는 이러한 범위 내에서 설치가 가능하다.2)

## (2) 행정각부장관의 지위와 권한

### 1) 지 위

행정각부의 장은 장관의 지위를 갖는다. 종전에는 2000년 12월의 「정부조직법」개정으로 부총리제가 신설되어, 기획재정부장관 및 교육부장관이 부총리의 지위를 겸임하도록 되어 있고, 2004년 9월의 「정부조직법」개정으로 과학기술부장관이 과학기술부총리의 지위를 겸임하도록 되어 있었으나, 2008년 「정부조직법」개정에서 부총리제가 폐지되고 장관지위로 복귀하였다.

행정각부의 장관은 국무위원 중에서 국무총리의 제청으로 대통령이 임명한다. 따라서 장관은 국무위원의 신분과 행정각부의 장의 신분을 동시에 갖는다. 국무위원으로서 장관은 국무회의의 구성원이 된다. 이러한 지위에서 그는 대통령이나 국무총리와 신분상의 차이가 없다. 이러한 지위에서 그는 국무회의에서 심의할 안건을 제출하고, 심의에 참여하고 표결에 참여한다. 행정각부의 장으로서 그는 자신이 장으로 되어 있는 행정각부의 소관사무에 관해 스스로 의사결정을 하고, 그것을 외부에 표시할 수 있는 지위에 서는 중앙행정관청이 된다.

### 2) 권 한

중앙행정관청으로서 행정각부의 장관은 소관사무통할권·소속공무원지휘감독권·소속공무원임면·인허가의 각종 행정처분권·부령을 발하는 권한·예산의 편성 및 집행권 등을 가진다. 또한 지방자치제하에서는 국가의 중앙행정관청으로서 국가의 위임사무에 대해 지방자치단체나 지방자치단체의 장에 대하여 감독권을 갖는다. 그 밖에도 국무위원으로서 법률안이나 대통령령안 기타 의안을 국무회의에 제출할 권한을 갖는다.

## (3) 각부장관소속의 행정기관

행정각부에 장관 1명과 차관 1명을 두되, 장관은 국무위원으로 보하고, 차관은 정무직으로 한다. 다만, 기획재정부·과학기술정보통신부·외교부·문화체육관광부·국

---

2) 「정부조직법」제26조 제1항은 행정각부로서 기획재정부, 교육부, 과학기술정보통신부, 외교부, 통일부, 법무부, 국방부, 행정안전부, 문화체육관광부, 농림축산식품부, 산업통상자원부, 보건복지부, 환경부, 고용노동부, 여성가족부, 국토교통부, 해양수산부 및 중소벤처기업부의 18개 부를 설치하고 있다.

토교통부에는 차관 2명을 둔다.($^{정부조직법}_{제26조 2항}$). 행정각부에는 차관 이외에도 많은 수의 보조기관, 자문기관, 의결기관, 집행기관, 부속기관이 설치되어 있다.

한편 행정각부나 처에 소속하면서 그의 소관사무의 일부를 독립적으로 관장하는 행정관청으로서 외청3)이 있다. 이들 청의 특색은 청장이 자신의 이름으로 대외적으로 법적 효과를 발생하는 의사표시를 할 수 있는 행정청($^{행정기관}_{의장}$)의 지위를 갖는다는 점에 있다. 이러한 청은 보조기관인 한 개의 국의 사무로 하기에는 업무량이 방대하고, 그 집행과정에 어느 정도의 독립성을 인정할 필요가 있는 사무를 관장하도록 하기 위해 설치되는 것이다. 장관소속의 기관으로는 상기의 행정관청 외에도 각종의 시험연구기관, 교육기관 등 여러 종류의 기관이 있다.

### 5. 합의제행정기관(행정위원회)

#### (1) 개  관

행정각부 등에 소속되면서도 어느 정도 독립적인 지위에서 특히 공정성이 요구되는 특정사무를 관장하는 위원회($^{이른바}_{행정위원회}$)는 그 성질상 「정부조직법」에서 일괄하여 규정하지 않고, 당해 사무에 관하여 정한 각 개별법에서 정하고 있다.4) 이들 법률로는 「독점규제 및 공정거래에 관한 법률」($^{공정거래위원회: 종전까지는 경제기획원소속하에 있었으나,}_{1994년 12월의 정부조직개편으로 국무총리소속기관으로 되었다}$), 「국가공무원법」($^{소청심사}_{위원회}$), 「노동위원회법」($^{중앙노동}_{위원회}$), 「선원법」($^{선원노동}_{위원회}$), 「공익사업을 위한 토지 등의 취득 및 보상에 관한 법률」($^{토지수용}_{위원회}$), 「방송통신위원회의 설치 및 운영에 관한 법률」($^{방송통신}_{위원회}$) 등이 있다. 이들 행정위원회의 특징으로는 합의제기관인 점, 직무의 독립성이 인정되는 점, 행정기관의 소관사무의 일부를 관장하는 점, 행정청의 지위를 갖는 점 등을 지적할 수 있다.

행정위원회에 대해서는 2008. 12. 31. 「행정기관 소속 위원회의 설치·운영에 관한 법률('행정위원회법'이라 한다)」이 제정·공포되었다. 그 주요내용을 보면 다음과 같다.

#### (2) 행정위원회법의 주요내용
##### 1) 기본원칙

행정기관의 장은 위원회를 공정하고 적정하게 운영함으로써 주요 정책에 관한 이해를 원활하게 조정하고, 관계 행정기관 간의 합의 및 협의가 체계적으로 이루어지도록 하며, 민주적이고 효율적인 행정이 되도록 하여야 한다($^{제2조}_{1항}$). 위원회는 법령에 규정된 기능과 권한을 넘어서 국민의 권리를 제한하거나 의무를 부과하는 내용 등의 자

---

3) 현행 「정부조직법」상 외청에는 경찰청, 국세청, 관세청, 조달청, 통계청, 검찰청, 병무청, 농촌진흥청, 산림청, 중소기업청, 특허청, 기상청, 문화재청, 방위사업청이 있다.
4) 「정부조직법」 제5조는 "행정기관에는 그 소관사무의 일부를 독립하여 수행할 필요가 있는 때에는 법률이 정하는 바에 의하여 행정위원회 등 합의제행정기관을 둘 수 있다"고 규정하고 있다.

문에 응하거나 조정·협의·심의·의결 등을 하여서는 아니 된다($^{제2조}_{2항}$).

2) 위원회의 설치

⑺ **설치요건**　「정부조직법」제 5 조에 따라 합의제행정기관(행정위원회)을 설치할 경우에는 ① 업무의 내용이 전문적인 지식이나 경험이 있는 사람의 의견을 들어 결정할 필요가 있을 것, ② 업무의 성질상 특히 신중한 절차를 거쳐 처리할 필요가 있을 것, ③ 기존 행정기관의 업무와 중복되지 아니하고 독자성이 있을 것, ④ 업무가 계속성·상시성이 있을 것 등의 요건을 갖추어야 한다($^{제5조}_{1항}$).

⑻ **설치절차**　행정기관의 장은 위원회를 설치하려면 미리 행정자치부장관과 협의하여야 한다($^{제6조}_{1항}$). 행정기관의 장은 위원회를 설치할 경우 ㉠ 설치목적·기능 및 성격, ㉡ 위원의 구성 및 임기, ㉢ 존속기한(존속기한이 있는 경우에 한함), ㉣ 위원의 결격사유, 제척·기피·회피,5) ㉤ 회의의 소집 및 의결정족수 등 대통령령이 정하는 사항 등을 법령에 명시하여야 한다($^{제6조}_{2항}$).

⑼ **중복설치의 제한**　행정기관의 장은 그 기관 또는 관련 기관 내에 설치되어 있는 위원회와 성격과 기능이 중복되는 위원회를 설치·운영하여서는 아니 된다($^{제7조}_{1항}$). 행정기관의 장은 불필요한 자문위원회 등이 설치되지 아니하도록 소관 정책에 관한 각계 전문가의 의견을 종합적으로 반영하기 위하여 위원회를 통합하여 설치·운영하도록 노력하여야 한다($^{제7조 3항<2015.}_{8.11 개정>}$).

⑽ **존속기한**　「정부조직법」제 5 조에 따라 한시적으로 운영할 필요가 있는 행정위원회를 설치할 경우 목적 달성을 위하여 필요한 최소한의 기한 내에서 존속기한을 정하여 법률에 명시하여야 한다($^{제11조}_{1항}$). 행정기관의 장은 자문위원회 등을 설치할 때에 계속하여 존치시켜야 할 명백한 사유가 없는 경우에는 존속기한을 정하여 법령에 명시하여야 한다. 이 경우 존속기한은 자문위원회 등의 목적달성을 위하여 필요한 최소한의 기한 내에서 설정하여야 하며, 원칙적으로 5년을 초과할 수 없다($^{제11조}_{2항}$). 행정기관의 장은 2년마다 소관 자문위원회 등의 존속 여부를 점검하여 행정안전부장관에게 제출하여야 하며($^{제11조}_{3항}$), 행정안전부장관은 제출된 점검결과에 대하여 폐지 등이 필요하다고 인정하면 그 결과를 위원회정비계획에 포함하여야 한다($^{제11조}_{4항}$).

3) 위원회의 구성

위원회는 설치목적을 효율적으로 달성하기 위하여 필요한 적정 인원의 비상임위원으로 구성한다. 다만, 행정위원회 등 대통령령으로 정하는 특별한 경우에는 목적달성에 필요한 최소한의 상임위원을 둘 수 있다($^{제8조}_{1항}$). 공무원이 아닌 위원의 임기는 대통령령으로 정하는 특별한 경우를 제외하고는 3년을 넘지 아니하도록 하여야 한다

---

5) 국민의 권리·의무와 관련되는 인·허가, 분쟁조정 등 특히 공정하고 객관적인 심의·의결이 필요한 경우에 한한다.

($^{제8조}_{2항}$). 위원회의 효율적 운영을 위하여 필요하면 위원회에 분과위원회 등을 둘 수 있다($^{제8조}_{3항}$). 행정기관의 장은 위원회의 설치·운영에 관한 법령이 시행된 날부터 최소한의 기간 내에 관련 분야의 전문지식 또는 실무경험이 풍부한 사람 등을 위원으로 임명하거나 위촉하여야 한다($^{제8조}_{4항}$).

행정위원회에는 필요한 최소한도의 사무기구를 둘 수 있으며, 그 사무기구의 구성 및 정원에 관한 사항은 행정기관의 조직과 정원을 규정하는 대통령령으로 정한다($^{제10조}_{1항}$).

### 4) 위원회의 운영

㈎ 회　의　　행정기관의 장은 회의 개최 7일 전까지 회의일정과 안건 등을 위원에게 통보하여야 한다. 다만, 긴급한 사유로 위원회를 개최할 필요가 있거나 보안과 관련된 사항 등 대통령령으로 정하는 경우에는 그러하지 아니하다($^{제9조}_{1항}$). 위원회는 안건의 내용이 경미한 경우 등 대통령령으로 정하는 경우를 제외하고는 위원이 출석하는 회의(화상회의를 포함한다)로 개최하여야 한다($^{제9조}_{2항}$). 위원회는 특정한 위원에 의하여 부당하게 심의·의결이 되지 아니하도록 공정하게 운영하여야 한다($^{제9조}_{4항}$).

㈏ 수　당　　행정기관의 장은 위원회에 출석한 위원에게 예산의 범위에서 수당을 지급할 수 있다. 다만, 공무원인 위원이 그 소관 업무와 직접적으로 관련되는 위원회에 출석하는 경우에는 그러하지 아니하다($^{제12}_{조}$).

㈐ 현황과 활동내역 통보　　행정기관의 장은 위원회가 설치된 경우 위원회 설치 후 지체 없이 ㉠ 위원회의 구성 및 기능, ㉡ 위원회 회의 개최 등 운영계획, ㉢ 위원회 운영인력, 예산현황 등 대통령령으로 정하는 사항 등 위원회 현황을 행정안전부장관에게 통보하여야 하며($^{제13조}_{1항}$), 매년 소관 위원회의 예산집행내용, 운영실적 등의 활동내역서를 행정안전부장관에게 통보하여야 한다($^{제13조}_{2항}$). 행정안전부장관은 통보된 위원회 현황과 활동내역서를 점검하여 위원회운영의 시정·보완 및 통폐합 등에 관한 정비계획을 수립하여야 한다($^{제14조}_{1항}$). 행정기관의 장은 위원회 현황과 활동내역서 등을 인터넷 홈페이지 등에 공개하고, 이를 국회 소관 상임위원회에 보고하여야 한다($^{제15조}_{1항}$).

## Ⅱ. 지방행정조직

### 1. 개　　설

일정한 지역 내의 국가행정을 관장하는 국가행정기관을 국가의 지방행정조직이라고 한다. 지방행정기관 중에서도 특정한 중앙행정기관에 소속되지 아니하고, 특별행정기관이 관장하는 사무를 제외하고는 그 관할구역 내에서 시행되는 모든 국가의 행정사무를 일반적으로 관장하는 지방행정기관을 보통지방행정기관이라 하고, 특정한 중앙행정기관에 소속되어 그의 소관사무만을 특히 관장하는 지방행정기관을 특별지방행정기관이라고 한다.

## 2. 보통지방행정기관

지방자치제의 실시로 인해 현재로는 국가행정사무만을 담당하기 위하여 설치된 보통지방행정기관은 없다. 다만 「지방자치법」상 특별시·광역시·도 및 자치구·시·군에서 시행하는 국가사무는 법령에 다른 규정이 없는 한, 특별시장·광역시장·도지사 및 자치구의 구청장·시장·군수에게 위임하여 행하게 되어 있는바($\binom{지방자치법}{제102조}$), 이러한 수임기관들은 기능상의 측면에서 보아 보통지방행정기관에 해당할 수 있을 것이다.

## 3. 특별지방행정기관

「정부조직법」제 3 조 제 1 항에서는 "중앙행정기관은 소관사무를 수행하게 하기 위하여 필요한 때에는 특히 법률로 정한 경우를 제외하고는 대통령령이 정하는 바에 의하여 지방행정기관을 둘 수 있다"고 규정함으로써 국가의 지방행정기관을 설치할 수 있는 근거를 마련하고 있다. 한편 국가의 지방행정기관은 특정한 중앙행정기관에 속하는 사무를 분장함이 원칙이나,「정부조직법」제 3 조 제 2 항에 따라 특히 업무의 관련성이나 지역적 특수성에 비추어 두 개 이상의 중앙행정기관에 속하는 업무를 통합하여 수행하는 것이 효율적이라고 인정되는 경우에는 대통령령이 정하는 바에 의하여 다른 중앙행정기관의 소관사무까지를 통합하여 분장할 수 있다.「정부조직법」제 3 조 제 1 항에 따라 대통령령으로 설치되는 특별지방행정기관으로는, 기획재정부의 경우 국세청장 소속의 지방국세청·세무서, 행정안전부의 경우 경찰청장 소속의 지방경찰청·경찰서, 법무부의 경우 법무부장관 소속의 출입국·외국인청 및 출입국·외국인사무소·외국인보호소 등 여러 부처에 산재해 있다.

# 제 3 절  간접국가행정조직

간접국가행정이란 국가가 그의 행정과제를 스스로 또는 자신의 행정관청을 통해서 수행하는 것이 아니라, 법적으로 독립한 조직에게 위탁하여 대신 수행토록 맡기는 경우를 지칭한다. 이 경우에 고려할 수 있는 공법상 조직유형의 범위는 사단·영조물·재단 및 고유한 법적 관념으로서의 공무수탁사인에 제한되어진다. 물론 지방자치단체도 공법상의 사단에 해당한다. 그러나 통상의 공법상 사단과는 다른 특별한 지위를 지니므로 이하에서는 간략하게 서술하고, 상세한 것은 「지방자치법」을 설명할 때에 논하기로 한다.

## Ⅰ. 지방자치단체

지방자치단체는 일정한 지역 및 그 주민을 구성요소로 하는 공공단체를 의미한다. 주민이라는 인적 구성원을 불가결의 요소로 하는 점에서 인적 결합체로서의 공법상 사단의 일종이라 할 수 있으나, 여타의 공법상 사단과 동일시 할 수는 없는 특별한 지위를 누리고 있음을 인정하여야 함은 전술한 바와 같다. 지방자치단체는 주민의 복리에 관한 사무를 처리하고, 재산을 관리하며, 자치에 관한 규정을 제정하는 등 그 지방의 공공사무의 전반에 걸쳐 일반적 권한을 가진다 할 수 있다. 그 지위와 구체적인 사무수행에 대해서는 헌법상 제도적 보장으로 배려되고 있다(헌법 제117조, 제118조 참조).

## Ⅱ. 그 밖의 공법상 사단

공법상 사단이란 특정한 공행정목적을 위하여 결합된 인적 단체에 법인격이 부여된 경우를 지칭한다. 통상적으로 공공조합이라 불리고 있다. 국가행정사무 중 직업이나 신분 등과 관련하여 일부의 국민들만이 상호 이해관계를 갖는 사무는 국가가 직접 관장하기보다는 그들 이해관계자들로 하여금 단체를 만들게 하고, 그 단체로 하여금 사무를 수행케 하는 것이 보다 효율적이라는 데에 공법상 사단의 존재의의가 있다. 그 구성원은 일정한 지역 내에서 일정한 자격을 가진 자인 것이 보통인데, 여기서의 '지역'은 사단의 구성원이 될 자격요건이 되며 사업의 실시구역을 의미할 뿐이라는 점에서 지방자치단체의 구역과는 구별된다. 또한 그 구성원의 변화에 관계없이 독립적으로 존재하며, 지방자치단체와는 달리 도시재개발사업에 관한 사업(도시재개발조합), 동업자 공동의 이익증진(상공회의소), 국민건강보험사업(국민건강보험공단) 등 특정의 한정된 임무만을 수행하게 된다. 구성원자격의 강제성 여부에 따라 강제사단·임의사단, 구성원의 자격요건에 따라 지역적 사단·인적 사단·물적 사단·조합사단으로 구분할 수 있다. 한편 공법상 사단은 그 설립과 가입이 강제되는 경우가 많으며, 장의 선출 등 임원의 선출에 주무부장관의 승인을 받게 하는 경우가 있다.

## Ⅲ. 공법상 영조물(법인)

이는 특정한 공행정목적의 영속적인 수행을 위해 설치되는 인적·물적 수단의 종합체로서 권리능력 있는 행정단일체를 의미한다. 영조물법인은 법률에 의해 직접 설립되는 것이 일반적이며, 국가의 보호와 특별한 감독하에 놓이게 된다. 여기에는 구성원은 없고 이용자만이 있을 뿐이다. 전통적인 용어례에 따르면 공법상 영조물에는 권리능력 있는 영조물과 권리능력 없는 영조물이 있는바, 후자는 직접국가행정조직의 일부분이며 간접국가행정을 구성하는 것은 아니다. 영조물법인은 공기업의 합리적인 운영과 책임경영 등 공기업의 합리화를 위해 점차 증가하는 추세에 있지만, 우리나라에서는 국가 또는 지방자치단체에 의해 직영되는 영조물이 다수이며, 법인체로서의 영조물은 드물게 존재한다. 현행법상 영조물법인에 해당하는 것으로는 서울대학병원, 적십자병원, 과학기술원, 한국기술검정공단 등이 지적되고 있다.

## Ⅳ. 공법상의 재단

이는 일정한 공적 목적을 실현하기 위해 공법에 따라 설립된 것으로서, 법적으로 독립한 권리능력을 갖는 재산의 결합체로서의 행정단일체를 말한다. 여기에는 공공조합에서와 같은 구성원이나 영조물법인에서와 같은 이용자는 있을 수 없고, 단지 수혜자만이 존재할 뿐이다. 예로서는 한국연구재단, 한국정신문화연구원 등이 열거되어진다.

# 제 6 편
# 공무원법

行　政　法　新　論

국방부 1급 공무원 甲은 차세대 전투기 채택과 관련한 의혹사건에 대한 국회
의 감사 중에 의원 乙의 질의에 대하여, 국방부가 대외적인 발표와는 달리, 공군
이 그 기종을 추천하기 전부터 내부적으로 특정기종을 선택하기로 이미 결정하고
있었다는 사실과, 자체조사에 의한 성능비교에서도 발표된 기종은 성능이 낙후된
것임을 시인하였다. 甲의 이러한 시인행위가 있은 후 국방부장관 丙으로부터 이
를 번복하라는 압력을 받았음에도 甲이 계속 언론에 자신이 주장한 사실이 옳은
것임을 주장하자, 丙은 甲을 파면처분하고 동시에 서울지방검찰청에 공무상 기밀
누설의 혐의로 고발하였다.
 1) 甲의 행위에 대한 법적 평가는?
 2) 甲은 이 경우에 丙의 파면행위가 자신의 의사에 반한 것임을 이유로 하여
  어떠한 법적 구제를 강구할 수 있는가?

(풀이는 881면)

# 제 1 장  공무원법 일반론

## 제 1 절  공무원법의 법원

공무원법의 법원에는 최고 근본법으로서의 헌법 제 7 조가 있고 이에 근거한 개별적인 일반법이 존재한다.

### 1. 일 반 법

공무원의 법률관계를 규율하는 법령에는 공무원의 유형에 따라 다양한 법원이 존재한다. 특히 의미 있는 분류로서는 공무원에 관한 기본법 또는 일반법의 성격을 갖는 법령과 구체적인 공무원의 유형에 따라 특수한 규율을 하고 있는 특별법으로서 나눌 수 있다. 일반법에 해당하는 법령으로서는 국가공무원을 대상으로 하는 것으로서 「국가공무원법」, 「공무원임용령」, 「공무원임용시험령」, 「공무원징계령」 등이 있고, 지방공무원을 대상으로 하는 것으로서 「지방공무원법」, 「지방공무원임용령」, 「지방공무원징계및소청규정」 등이 있다.

### 2. 특 별 법

특수한 공무원을 대상으로 하는 법령에는 「국회법」, 「정부조직법」, 「법원조직법」, 「검찰청법」, 「감사원법」, 「외무공무원법」, 「경찰공무원법」, 「소방공무원법」, 「군인사법」, 「교육공무원법」 등이 있다. 이러한 법률에 일반법인 「국가공무원법」과 그 내용에 있어서 충돌하는 규정이 있을 때에는, 특별법우선의 원칙에 의하여 이러한 법률의 규정이 우선적으로 적용된다.

# 제 2 절  헌법상의 공무원관계규율

헌법은 공무원관계에 관한 최고의 법원으로서, 공무원관계를 제도적 보장으로서 규정하고 있다. 이에 따라서 입법자는 법률의 규정을 통하여 제도적 보장에 따른 공무원관계내용을 구체화하게 된다.

## Ⅰ. 직업공무원제도의 보장

### 1. 제도적 보장이론

주지하는 바와 같이 일반적인 견해는 직업공무원제도를 헌법상의 제도적 보장으로 이해하고 있다. 이러한 제도보장이론은 이 이론을 체계화한 칼 슈미트(C. Schmitt)에 기초한 것으로서[1] 그에 의하면 기본권과 제도는 그 성질이 서로 상이한 것으로서 상호간의 내적 관련이 없는 것으로 보고 있다. 즉 기본권은 칼 슈미트에 의하면 前국가적이고 초국가적인, 원칙적으로 무제한적인 자유의 영역으로서 인정되는 것이나, 헌법상의 제도는 입법에 의하여 제도 자체가 폐지되는 것을 막기 위하여 헌법률적 규정을 통하여 특별한 보호의 대상이 될 뿐이어서 그 본질상 제한적인 성질을 갖게 된다고 한다. 따라서 그에 의하면 기본권적 자유는 제한이 가능하고 내용이 한정적인 제도일 수가 없게 된다. 이에 반해 제도적으로 보장되어 있는 것은 입법자가 당해 제도의 내용을 구체적으로 형성하는 것은 가능하지만, 제도 자체를 폐지하는 것과 제도내용을 공허하게 하는 것에 그 한계를 갖는 특성을 갖게 된다고 한다. 그러나 헌법상의 기본권이론으로서 기본권의 이중적 성격을 주장하는 견해에 의하면 칼 슈미트에 의한 이러한 제도적 보장을 별도로 인정할 필요성에 소극적이며, 제도적 보장으로 설명되는 사항들이 국민의 기본권과 어떠한 관련을 갖게 되는지에 중점을 두게 된다.

### 2. 헌법상의 직업공무원제도 보장

헌법 제7조는 제1항에서 "공무원은 국민전체에 대한 봉사자이며 국민에 대하여 책임을 진다"라고 규정하고 제2항에서는 "공무원의 신분과 정치적 중립성은 법률이

---

1) C. Schmitt의 제도적 보장이론에 대한 보다 상세한 설명은 류지태, "지방자치의 제도적 보장론 소고", 고시연구, 1993. 10월호 참조.

정하는 바에 의하여 보장된다"라고 규정하고 있다. 이러한 규정을 통하여 현행 헌법은 공무원관계를 제도적으로 보장하고 있다고 평가되고 있다. 이때의 제도적 보장의 내용은 우리의 다수견해에 따르면 칼 슈미트의 이론에 근거한 것으로 보고 있다. 이에 따라서 그 내용은 입법권자는 직업공무원제도에 관한 헌법규정들을 구체화시켜야 할 의무를 지게 되나, 직업공무원제도의 내용에 반하는 입법을 할 수 없으며, 직업공무원제도 자체를 폐지할 수 없는 구속을 받게 되는 것이라고 보고 있다.

## Ⅱ. 직업공무원제도의 내용

### 1. 직업공무원제도의 의의

직업공무원제도는 정권교체에도 불구하고 행정의 일관성과 계속성을 유지하기 위하여, 헌법과 법률에 의하여 공무원의 신분과 정치적 중립성 등을 보장하는 제도로서 이해된다.

### 2. 직업공무원제도의 내용

이 제도의 내용에 대해서는 우선 직업공무원제도의 기원지인 독일에서의 논의를 살펴보고, 이에 따라 우리나라에서의 내용을 살펴보도록 한다.

#### (1) 독일에서의 논의

독일에서의 이 제도는 독일의 바이마르공화국 헌법에서부터 연유하는 역사성을 가지며, 그 내용도 바이마르공화국시대부터 형성되어 내려온 사항을 내용으로 한다. 이에 따르면 직업공무원제의 내용은 최소한 바이마르제국 헌법하에서부터 구속력 있는 것으로서 인정되고 보장되어 온, 구조원리의 핵심적인 사항들을 포함하게 되는 것으로 본다.

이러한 구조원리에 해당하는 것으로서 오늘날도 여전히 타당하다고 볼 수 있는 것으로는,
· 실적주의와 적성에 따른 공직임용원리
· 공무원관계를 공법적인 직무관계로 형성하는 것
· 적절한 보수의 제공
· 직무수행에 있어서의 정치적 중립성
· 주어진 직무에 대한 헌신적 봉사의무
· 원칙적인 정년제의 보장
· 공무원관계의 자의적 종료로부터의 보호

- 사법적인 권리보호의 가능성
- 직무상 상관의 공무원에 대한 배려의무의 원칙
- 노동쟁의의 금지
- 직무상 지득한 비밀의 엄수의무

등이 해당한다고 본다.

독일에서는 이러한 직업공무원제도가 위와 같이 제도적으로 보장되고 이에 따라 입법자가 공무원법관계를 입법으로 규율할 때에 한편으로는 넓은 범위의 재량여지가 인정되면서, 다른 한편으로는 전래된 직업공무원제도의 내용을 고려하도록 헌법 스스로가 요청하고 있다(독일 기본법<br>제33조 5항 참조). 그러나 절차법적 측면에서는 단순한 제도적 보장차원으로 그치지 않고, 독일 기본법 제33조 제 5 항을, 당해 공무원에 대하여 기본권과 동일한 내용은 아니지만 기본권과 유사한 내용으로서 헌법소원에 의하여 그 침해를 주장할 수 있는(예컨대 직무상 상관의 공무원에 대한 배려의무위반행위나<br>직무에 상응하는 적절한 보수청구권의 침해의 경우) 주관적 공권을 보장하는 규정으로 이해하며, 이는 행정소송을 제기하는 경우(독일 행정소송법<br>제42조 2항 참조)에도 그 근거로 주장할 수 있는 규정으로 파악하고 있다.

### (2) 우리나라에서의 내용

위에서 논한 내용들을 우리나라에도 그대로 적용할 수 있는가에 대해서는, 제도적인 역사성이 존재하지 않아 직업공무원제도가 스스로 형성되어 오지 못하고 다른 나라의 영향 하에 도입되어 있는 우리의 현실에 비추어 전적으로 모두 수용하기에는 문제가 있을 것이다. 그러나 그 역사성의 차이에도 불구하고 직업공무원제도가 수행하는 현대적인 기능에 비추어 주요한 내용에 있어서는 우리나라에서도 그 적용을 인정해야 할 것이다. 물론 그 개별적인 사항은 제도적 보장의 성질에 비추어 입법자의 입법형성권의 구체적 내용에 의하여 파악할 수밖에 없을 것이다. 이에 해당하는 것으로서는 헌법 제 7 조가 스스로 표현하고 있는 공무원의 신분과 정치적 중립성의 보장을 들 수 있고, 이를 구체화하고 있는 공무원법의 개별적인 규정들을(후술하는 공무원의 권리·<br>의무 및 책임부분 참조) 검토하여 논의되어야 할 것이다.2)

**지방자치단체의 직제가 폐지된 경우에 해당 공무원을 직권면직할 수 있도록 규정하고 있는 지방공무원법 제62조 제 1 항 제 3 호가 직업공무원제도를 위반하는 것인지 여부(소극)**
지방공무원법 제62조 제 1 항 제 3 호에서 지방자치단체의 직제가 폐지된 경우에 행할 수 있도록 하고 있는 직권면직은 행정조직의 효율성을 높이기 위한 제도로서 행정수요가 소멸하거나 조직의 비대화로 효율성이 저하되는 경우 불가피하게 이루어지게

---

2) 그러나 독일에서와는 달리 헌법규정을 직접적인 근거로 하여 헌법소원이나 행정소송을 제기할 수는 없을 것이다.

된다. 한편, 우리 헌법 제7조가 정하고 있는 직업공무원제도는 공무원이 집권세력의 논공행상의 제물이 되는 엽관제도를 지양하며 정권교체에 따른 국가작용의 중단과 혼란을 예방하고 일관성 있는 공무수행의 독자성을 유지하기 위하여 헌법과 법률에 의하여 공무원의 신분이 보장되도록 하는 공직구조에 관한 제도로 공무원의 정치적 중립과 신분보장을 그 중추적 요소로 한다. 이러한 직업공무원제도하에서 입법자는 직제폐지로 생기는 유휴인력을 직권면직하여 행정의 효율성 이념을 달성하고자 할 경우에도 직업공무원제도에 따른 공무원의 권익이 손상되지 않도록 조화로운 입법을 하여야 하는데, 직제가 폐지되면 해당 공무원은 그 신분을 잃게 되므로 직제폐지를 이유로 공무원을 직권면직할 때는 합리적인 근거를 요하며, 직권면직이 시행되는 과정에서 합리성과 공정성이 담보될 수 있는 절차적 장치가 요구된다.

그런데 국가와 공공단체의 공직에 관한 인력수급계획에 관해서 입법자는 국가와 공공단체가 해결해야 할 공적과제의 양, 예산규모, 인력수급정책 등을 종합적으로 고려하여 폭넓은 재량권을 가지고 입법을 할 수 있는바, 지방자치법 제102조, 제103조, 제8조 제2항 등에 의하면 행정조직의 개폐는 지방자치법에서 정하고 있는 사무범위와 사무배분기준 등에 따라 다른 지방자치단체와 균형을 해치지 않고 행정조직의 운영이 합리적으로 이루어질 수 있는 적정 정원의 규모를 보장하는 범위 내에서 이루어져야 할 것이므로 이 사건 직제폐지는 최소한의 합리성을 담보할 수 있는 근거를 가지고 행해진다 할 것이다.

한편, 행정조직의 개폐에 관한 문제에 있어 입법자가 광범위한 입법형성권을 가진다 하더라도 행정조직의 개폐로 인해 행해지는 직권면직은 보다 직접적으로 해당 공무원들의 신분에 중대한 위협을 주게 되므로 직제폐지 후 실시되는 면직절차에 있어서는 보다 엄격한 요건이 필요한데, 이와 관련하여 지방공무원법 제62조는 직제의 폐지로 인해 직권면직이 이루어지는 경우 임용권자는 인사위원회의 의견을 듣도록 하고 있고, 면직기준으로 임용형태·업무실적·직무수행능력·징계처분사실 등을 고려하도록 하고 있으며, 면직기준을 정하거나 면직대상을 결정함에 있어서 반드시 인사위원회의 의결을 거치도록 하고 있는바, 이는 합리적인 면직기준을 구체적으로 정함과 동시에 그 공정성을 담보할 수 있는 절차를 마련하고 있는 것이라 볼 수 있다. 그렇다면 이 사건 규정이 직제가 폐지된 경우 직권면직을 할 수 있도록 규정하고 있다고 하더라도 이것이 직업공무원제도를 위반하고 있다고는 볼 수 없다(헌재 2004.11.25, 2002헌바8.).

# 제 2 장  공무원법의 기본개념

# 제 1 절  공무원의 개념

## Ⅰ. 일반적 의미

공무원이라 함은 일반적으로 국가나 지방자치단체에 대하여 공법적인 직무관계 (또는 근무관계)에 있는 사람을 총칭하는 개념으로 사용된다. 따라서 공무원은 국가나 지방자치단체의 행정목적을 달성하는 인적 수단으로서 기능하게 된다. 이러한 공무원개념은 기본적으로는 그 소속법인에 따라 국가공무원과 지방공무원으로 구별되나, 구속하는 법의 성격에 상응하여 형법상의 공무원, 「국가배상법」상의 공무원 등으로도 구별될 수 있다.

## Ⅱ. 공무원의 분류

### 1. 국가공무원과 지방공무원

#### (1) 국가공무원

국가공무원이란 「국가공무원법」상에 규정된 공무원을 말한다. 따라서 이에는 「국가공무원법」 규정에 따라 경력직 공무원과 특수경력직 공무원으로 나뉘게 된다(국가공무원법 제2조 1항).

### 1) 경력직 공무원

경력직 공무원은 그 특성상 실적과 자격에 의하여 임명되고 그 신분이 보장되며, 원칙적으로 정년이 보장될 것이 예정되는 공무원을 말한다. 이에는 일반직 공무원 및 특정직 공무원이 해당한다($\frac{동법}{제2조 2항}$). 전자는 기술·연구 또는 행정 일반에 대한 업무를 담당하는 공무원을, 후자는 법관, 검사, 외무공무원, 경찰공무원, 소방공무원, 교육공무원, 군인, 군무원, 헌법재판소 헌법연구관, 국가정보원의 직원과 특수 분야의 업무를 담당하는 공무원으로서 다른 법률에서 특정직 공무원으로 지정하는 공무원을 말한다.

### 2) 특수경력직 공무원

이에 반해 특수경력직 공무원은 경력직 공무원 이외의 공무원을 말하며, 앞에서 논한 경력직 공무원의 특성을 갖지 않는 공무원을 말한다. 따라서 특수경력직 공무원은 공개경쟁 이외의 방법에 의해서도 임용될 수 있으며, 신분보장이 경력직 공무원에 비해 불완전한 특성을 갖게 된다. 이에는 정무직 공무원과 별정직 공무원이 해당한다($\frac{동법}{제2조 3항}$). 전자는 선거로 취임하거나 임명할 때 국회의 동의가 필요한 공무원과 고도의 정책결정 업무를 담당하거나 이러한 업무를 보조하는 공무원으로서 법률이나 대통령령(대통령비서실 및 국가안보실의 조직에 관한 대통령령만 해당한다)에서 정무직으로 지정하는 공무원을 말하고, 후자는 비서관·비서 등 보좌업무 등을 수행하거나 특정한 업무 수행을 위하여 법령에서 별정직으로 지정하는 공무원을 말한다.

이러한 특수경력직 공무원에 대해서 「국가공무원법」은 동법이나 다른 법률에 특별한 규정이 없는 한, 보수에 관한 제 5 장 규정과 복무에 관한 제 7 장 규정을 제외하고는 다른 규정이 적용되지 않음을 규정하고 있다($\frac{동법}{제3조}$). 또한 수행해야 할 직무의 성격상 정치적 행위가 전제되지 않을 수 없는, 대통령령으로 정하는 특수경력직 공무원에 대해서는 정치활동금지규정($\frac{제}{조}$65)과 집단행동금지규정($\frac{제}{조}$66)이 적용되지 않는다. 이에 대해서는 '「국가공무원법」 제 3 조 단서의 공무원의 범위에 관한 규정'이 규정하고 있으며, 이에 해당하는 공무원으로는 대통령, 국무총리, 국무위원, 국회의원, 처의 장, 부·처의 차관 등이 포함된다.

### 3) 고위공무원단 제도

2006년부터 고위공무원단 제도가 시행되고 있다. 고위공무원단이란 1~3급 고위공무원을 중·하위직 공무원과 분리하여 체계적이고 집중적으로 관리·육성하기 위한 제도이다. 즉, 정부 정책의 핵심적 역할을 수행하는 고위직을 범정부적 차원에서 활용하기 위한 것이다. 고위공무원단은 ① 중앙행정기관 실장·국장 및 이에 상당하는 보좌기관, ② 행정부 각급 기관(감사원은 제외)의 직위 중 ①의 직위에 상당하는 직위, ③ 지방자치법 제110조 제2항, 제112조 제 5 항 및 지방교육자치에 관한 법률 제33조 제2항에 따라 국가공무원으로 보하는 지방자치단체 및 지방교육행정기관의 직위 중 ①의 직위에 상당하는 직위에 임용되어 재직중이거나 파견·휴직 등으로 인사관리되고 있는 일반직·별정직·특정직 공무원(특정직 공무원은 다른 법률에서 고위공무원단에 속하는 공무원으로 임용할 수 있도록 규정하고 있는 경우만 해당한다)을 대상으로 한다(제2조의2 2항).

고위공무원단 소속 공무원에 대해서는 현행 1급~3급의 계급구분(관리관, 이사관, 부이사관)이 폐지되어 신분적 계급이 아닌 담당하는 업무와 직위 중심으로 관리된다. 따라서 담당하는 업무의 책임도와 난이도에 따라 부여되는 직무등급을 기준으로 보수지급과 인사관리가 이루어지게 된다.

### (2) 지방공무원

지방공무원이란 지방자치단체의 경비로써 부담되는 공무원으로서 「지방공무원법」상에 규정된 공무원을 말한다. 그 구체적 내용에 있어서는 대체로 국가공무원의 그것과 유사하다. 따라서 지방공무원에도 경력직 공무원과 특수경력직 공무원이 있으며, 전자는 다시 일반직 공무원, 특정직 공무원, 기능직 공무원으로 나뉘고, 후자는 정무직 공무원, 별정직 공무원으로 나뉜다(지방공무원 법 제2조). 또한 특수경력직 공무원에 대해서는 「지방공무원법」상의 보수 및 복무의 규정을 제외하고는 「지방공무원법」 규정이 적용되지 아니하며, 대통령령으로 정하는 공무원에 대해서는 정치운동의 금지규정(제57조)이 적용되지 아니한다(제3조).

## 2. 공무원개념의 확장적용

통상적인 공무원개념은 위에서 언급한 공무원법의 적용을 받는 공무원, 즉 공무원의 신분을 갖는 대상을 의미한다. 그러나 실정법규정이나 규율대상의 특성에 상응하여 공무원개념은 확장되기도 한다.

### (1) 준공무원 개념

공무원신분을 보유하지는 않지만 그 수행행위의 공공적 성격에 비추어 업무집행의 공적 성격을 보장하기 위하여 공무원에 준하는 처벌을 예정하는 경우에는 공무원개념이 확대적용된다. 이를 준공무원이라고 하는바, 이에는 공기업·준정부기관의 임직원·운영위원회의 위원과 임원추천위원회의 위원·개인정보의 보유기관 및 개인정보를 위탁받아 처리하는 기관의 종사자 등이 해당한다. 이들에 대해서는 형법 제129조 내지 제132조의 적용에 있어서(즉 형법상의 수뢰죄 적용) 처벌대상으로서의 공무원으로 보게 된다(공공기관의운영에관한법률 제53조; 공공기관의개인정보보호에 관한법률 제69조; 부동산가격 공시및감정평가에관한법률 제45조). 이에 따라 관련법령에도 이에 관한 규정을 두어, 예컨대 한국산업은행의 경우에는 임원을 형법 기타 법률에 의한 벌칙의 적용에 있어서 공무원으로

보고 있다(한국산업은행법 제17조와<br>한국은행법 제106조 참조).1)

그러나 이러한 처벌규정에도 불구하고 공법인 임직원의 근무관계는 공법관계가 되는 것은 아니고, 기본적으로 사법관계에 의하여 형성되는 것이며 따라서 그 파면행위도 사법상의 행위로 취급되어진다.

> **한국조폐공사의 임원과 직원의 근무관계가 공법관계인지 여부**  피고공사가 공법인이며, 위 법 17조에 피고공사의 임원과 직원의 신분에 관하여는 공무원에 준한다는 규정이 있다고 하여 바로 피고공사 직원의 근무관계가 공법관계이며 그 임면이 행정행위라는 결론이 나오는 것은 아니고 법률의 규정에 따라서 공법관계인지 또는 사법관계일지가 결정된다할 것인 바, 피고공사법의 제 2 장 임원과 직원에 관한 전 규정에 의하면 피고공사 직원의 근무관계는 사법관계에 속함이 분명하고 따라서 그 직원의 파면행위도 사법상의 행위라고 보아야 할 것이다(대판 1978.4.25, 78다414).

### (2) 사실상의 공무원 개념

공무원은 그 자격요건을 갖추어 적법하게 선임된 경우에만 임명에 따른 효과를 주장할 수 있게 된다. 그러나 임명에 있어서 요구되는 능력요건이나 성적요건 등을 결한 경우에는 당해 공무원임명행위는 무효이거나 취소할 수 있는 행위가 된다. 이때 임명이 무효 또는 취소되는 경우에는 당사자가 행한 행위도 효력을 발휘하지 못하는 것이 원칙이나, 이와 같이 외관상 공무원으로서 행동한 사람을 신뢰하여 법적 관계가 형성되어 있는 때에는 상대방의 신뢰보호와 법적 안정성 등을 이유로 하여 공무원으로서 사실상 유효하게 행위를 해온 것으로 인정하거나, 이러한 사람이 지급받은 보수를 부당이득이 아닌 유효한 보수로서 인정해야 할 필요가 생기게 된다. 이때의 공무원개념을 사실상의 공무원이라고 하며 따라서 이때에도 공무원개념은 확장되게 된다. 다만 사실상 공무원 개념의 인정으로 임용행위의 하자의 치유까지 인정하는 것은 아님을 유의하여야 한다.

> [1] 금고 이상의 형에 대한 집행유예로 임용결격사유가 있음에도 이를 간과한 채 임용되어 사실상 공무원으로 계속 근무하였더라도 공무원으로서의 품위손상이나 사회적비난가능성이 소멸되는 것은 아니다. 또한 동 임용이 당연무효인지 여부 및 그 후 사실상 공무원으로 근무하였다면 임용의 하자가 치유되는지 여부는 일반법규의 해석과 적용의 문제로서 원칙적으로 헌법재판소의 심판대상이 될 수 없다(헌재 1997.11.27, 95헌바14).2)

---

1) 참고로 헌법재판소는 공무원으로 의제되어 가중처벌하도록 하고 있는 형사처벌규정인 「특정범죄가중처벌등에관한법률」 제 4 조를 위헌으로 결정하고 있다. 이는 동법 제 4 조 제 2 항이, 공무원으로 의제되는 정부관리기업체 및 간부직원의 범위를 포괄적으로 대통령령으로 위임하여 규율할 수 있도록 하고 있어, 죄형법정주의와 위임입법의 한계를 위반하고 있기 때문이다(헌재 1995. 9. 28, 93헌바50).

2) 이 결정의 보충의견으로 다음과 같은 견해가 피력된 바 있다 : "범죄의 종류나 내용을 불문하

[2] 경찰공무원으로 임용된 후 70일 만에 선고받은 형이 사면 등으로 실효되어 결격사유가 소멸된 후 30년 3개월 동안 사실상 공무원으로 계속 근무를 하였다고 하더라도 그것만으로는 임용권자가 묵시적으로 새로운 임용처분을 한 것으로 볼 수 없고, 임용 당시 결격자였다는 사실이 밝혀졌는데도 서울특별시 경찰국장이 일반사면령 등의 공포로 현재 결격사유에 해당하지 아니한다는 이유로 당연퇴직은 불가하다는 조치를 내려서 그 후 정년퇴직시까지 계속 사실상 근무하도록 한 것이 임용권자가 일반사면령의 시행으로 공무원자격을 구비한 후의 근무행위를 유효한 것으로 추인하였다거나 장래에 향하여 그를 공무원으로 새로 임용하는 효력이 있다고 볼 수 없을 뿐만 아니라, 1982. 당시 경장이었던 그의 임용권자는 당시 시행된 경찰공무원법 및 경찰공무원임용령의 규정상 서울특별시장이지 경찰국장이 아니었음이 분명하여, 무효인 임용행위를 임용권자가 추인하였다거나 장래에 향하여 공무원으로 임용하는 새로운 처분이 있었던 것으로 볼 수 없다(공무원임용 결격사유가 소멸된 후 계속 근무하였다고 하더라도 묵시적 임용처분 내지 무효행위를 추인하였다거나 새로운 임용을 한 것으로 볼 수 없다고 한 사례)( 대판 1996.2.27, 95누9617 ).

### (3) 「국가배상법」상의 공무원 개념

공무원이 직무집행과 관련하여 타인에게 손해를 가한 때에는 국가나 지방자치단체가 그 배상책임을 지게 된다. 이때의 기본개념인 '공무원'은 공무원의 신분을 갖는 경우 및 공무를 위탁받은 사인(이른바 '공무수탁사인') 외에도(국가배상법 제2조 1항) 외관상 공무를 수행하는 것으로 보이기에 공무원으로서 인식될 수 있는 모든 사람을 포함하는 넓은 개념으로 이해되고 있다. 따라서 사실상의 공무원에 해당하는 경우는 물론이고, 공무를 사실상 보조하는 입장에 있는 집행관, 조세의 원천징수의무자, 동원훈련 중에 있는 향토예비군, 국가나 지방자치단체에 근무하는 청원경찰 등이 이에 해당한다.

국가나 지방자치단체에 근무하는 청원경찰은 국가공무원법이나 지방공무원법상의 공무원은 아니지만 다른 청원경찰과는 달리 임용권자가 행정기관의 장이고, 국가나 지방자치단체로부터 보수를 받으며 산업재해보상보험법이나 근로기준법이 아닌 공무원연금법에 따른 재해보상과 퇴직급여를 지급받고, 직무상의 불법행위에 대하여도 민법이 아닌 국가배상법이 적용되는 등의 특질이 있으며 그외 임용자격, 직무, 복무의무 내용 등을 종합해 볼 때 그 근무관계를 사법상의 고용계약관계로 보기는 어렵다. 따라서 이들에 대한 징계처분의 시정을 구하는 소송은 민사소송이 아니라 행정소송의 대상이 된다( 대판 1993.7.13, 92다47564 ).

---

고 금고 이상의 형을 선고받게 되면 당연히 공직에서 퇴직하도록 하고 있는 이 사건 법률조항은 국가가 공무원의 생활과 신분을 보장하는 직업공무원제도의 목적에 어긋나고 공무원의 기본권을 중대하게 제한하는 것인 만큼 신중하게 공무원신분관계를 종료토록 할 필요가 있으며, 가급적 법원의 판결만이 아니라 다른 요소를 감안할 수 있는 별도의 징계절차를 마련하는 방향으로 동 법률조항을 개정함이 바람직하다."

판례는 의용소방대원을 「국가배상법」상의 공무원개념에서 제외하고 있으나,3) 의용소방대원도 소방상 필요에 의하여 소집된 때에는 소방본부장이나 소방서장의 소방업무를 보조하는 기능을 수행하는 것이므로(의용소방대 설치 및<br>운영에 관한 법률 제7조) 동원훈련 중의 향토예비군의 경우와 실질적으로 구별할 필요가 없으리라고 본다. 따라서 이를 배제하고 있는 판례의 태도는 수정되어야 하리라고 본다.

## 제 2 절   공무원의 근무관계

공무원의 개념이 확정되고 그 신분상의 특성이 파악되면, 이제는 이러한 공무원이 국가 등 행정주체에 대한 관계에서 근무하는 관계를 어떻게 파악할 것인가의 문제가 제기된다. 논의의 실익은 공무원 근무관계에의 적용법규의 선택, 그리고 공무원의 권리제한 문제에 있다. 이에 대해서는 다음과 같은 학설의 대립이 있다.

### Ⅰ. 공무원근무관계의 법적 성질

#### 1. 학설대립

이에 대해서는 크게 사법상 근로계약관계설과 공법상 근로고용관계설 및 공법상 법정근무관계설이 있다.

#### (1) 사법상 근로계약관계설

이 견해는 공무원을 일반 근로자와 동일시하고 공무원근무관계를 사법상 계약에 의한 근로계약관계로 이해하는 입장이다. 따라서 이 견해에서는 공무원관계법령상 별도의 규정이 없다면 근로계약관계에 관한 사법원리가 그대로 공무원근무관계에도 적용된다고 본다.

그러나 이 설에 대해서는 헌법 제33조 제 1 항이 '공무원인 근로자'는 법률이 정하는 자에 한하여 단결권·단체교섭권 및 단체행동권을 가진다고 하여 사법상의 근로자 개념과 다른 분명한 선을 긋고 있다는 점에서 타당하지 않다는 비판이 제기된다. 오늘날은 이 입장을 주장하는 견해는 보이지 않는다.

#### (2) 공법상 근로고용관계설

이 견해는 공무원근무관계를 행정주체와 공무원간의 공법상 계약에 의해 형성되

---

3) 대판 1957. 6. 15, 63다467.

는 근로고용관계로 보는 입장이다.4) 이는 공법과 사법의 엄정한 구별을 전제로 하는 대륙법계의 전통에 따라 공무원근무관계는 공법적 성질의 것이고 사법상 근로계약관계의 법리는 이러한 공무원근무관계의 특성에 반하지 않는 한도 내에서만 예외적으로 적용될 수 있다고 본다.

그러나 이 설에 대해서는 공무원의 보수, 근로조건 등은 일반적으로 계약에 의해서가 아니라 법률에 의해서 정해지고 있다는 점에서 비판이 제기된다.

### (3) 공법상 법정근무관계설

이 견해는 공무원관계를 어떻게 구성할 것인가는 입법정책의 문제라고 전제하면서 공무원관계법령은 공무원의 신분보장, 권리의무 및 근로조건 등을 비교적 상세하게 규정하고 있어 계약에 의한 근로관계 설정의 여지를 남겨놓지 않는다는 점에서 공무원근무관계를 법령에 의해 규정되는 공법상의 법정된 법률관계로 파악한다.5) 다만 이 견해에서도 공무원의 근무관계는 사법상 근로관계와 전혀 성질이 다른 것은 아니라는 점에서 공무원관계법이 명시적으로 배제하거나 공무원관계의 성질에 반하지 않는 이상 「근로기준법」 등 근로관계법이 공무원근무관계에도 적용될 수 있다고 본다.

### 2. 판 례

판례는 기본적으로 공무원근무관계를 공법관계로 보지만, 국가공무원 또는 지방공무원도 「근로기준법」 제14조에 정한 근로자이므로 원칙적으로 「근로기준법」 제28조의 적용대상이 되며, 「공무원연금법」상의 퇴직금제도는 위 규정의 취지를 구체화한 것이라고 하였고,6) 같은 취지에서 지방공무원에 대한 임면 등의 인사와 복무 등에 관하여는 「지방공무원법」과 그 위임에 따라 제정된 「지방공무원임용령」 등 지방공무원에게 적용되는 특별한 규정이 있다고 할 것이어서 지방공무원의 직권면직에 대하여 근로기준법이 적용될 수 없을 뿐 아니라, 지방자치단체와 지방공무원 간의 공법상의 근무관계에 대하여 사인간의 근로관계에서의 해고에 관한 「근로기준법」 제30조, 제31조를 그대로 적용하거나 유추적용하는 것은 지방공무원의 근무관계의 성질에 반하는 것이어서 허용될 수 없다고 판시하였다.7)

---

4) 이상규(하), 202면.
5) 박균성(하), 230면.
6) 대판 1979. 3. 27, 78다163.
7) 대판 2005. 4. 15, 2004두14915. 이들 판례는 구법상의 규정을 따른 것으로 현재는 관련 법조항들이 개정되었음을 유의.

## 3. 사    견

생각건대 위 학설대립은 전통적으로 공무원근무관계를 특별권력관계로 파악하던 주류적 입장과 이 특별권력관계이론이 비판받고 수정되는 과정에서 공무원근무관계를 새로이 해석하려는 노력이 반영된 결과라고 보여진다. 즉, 사법상 근로계약관계설은 특별권력관계론 자체를 부정하는 견해로 볼 수 있고, 공법상 근로고용관계설은 특별권력관계론에 대한 개별적 부정설의 입장이 반영된 결과로 볼 수 있다.

즉, 입헌군주제하의 독일의 상황을 배경으로 하여 국가권력으로 대표되는 내부영역에서는 시민영역에서 통용되는 법치주의, 기본권보호, 사법심사에 의한 권리보호 등이 배제되는 영역으로 인정되어 왔다. 그러나 국가영역 내에도 법치주의이념이 적용되고 그 구성원인 공무원에 대해서도 기본권보호가 실현되어야 한다는 주장으로 인해, 전통적인 특별권력관계이론은 큰 수정을 하지 않을 수 없게 되었다. 이러한 변화로 인하여 구성원의 기본권제한을 법률의 근거 없이도 가능하도록 하는 내용의 전통적인 특별권력관계이론은 헌법상으로는 더 이상 인정될 수 없으며, 단지 특별한 행정목적달성을 위하여 헌법 등에 의하여 인정된 제도의 존립목적 달성을 위한 최소한도의 내용으로서 특별행정법관계가 존재한다고 보는 견해가 다수이다.

이처럼 특별권력관계이론이 비판받은 것은 사실이지만 법치국가적으로 수정되어 여전히 그 존재를 제한적으로 긍정하는 것이 다수설이라는 점을 감안하면, 공무원근무관계는 공법적 성격을 갖는 특별행정법관계로 파악하는 종래의 전통적인 입장이 여전히 타당하다고 본다. 특히 특별행정법관계로서의 공무원근무관계의 발생은 선거·행정행위·공법상 계약(계약직 공무원의 경우)·사무위임 등 다양한 형태로 가능하다는 점을 감안하면, 공법상 계약에만 의해야 한다든가(공법상 근로고용관계설) 법률이 정한 대로 발생한다든가(공법상 법정근무관계설) 등의 입장은 일면의 타당성은 가질지언정 일반적인 공무원근무관계의 성질론으로 보기는 어렵다고 본다.

그리고 사법규정인 근로관계법의 적용문제는 공법관계에의 사법규정 적용의 일반론에 따라 해결하여야 할 것이다. 즉, 공무원관계법령에 명문의 규정이 있는 때에는 그에 의하여야 하고, 규정이 흠결된 경우에는 공무원근무관계의 성질상 허용되지 않는 것이 아닌 이상 사법규정인 근로관계법을 공무원근무관계에 직접 또는 유추하여 적용할 수 있다고 본다. 판례의 입장도 같은 취지라고 이해된다.

## Ⅱ. 특별행정법관계와 공무원의 권리제한

이러한 특별행정법관계는 공무원제도의 존립목적을 달성하기 위한 필요한 한도

내에서만 인정되는 것이므로, 그 구성원인 공무원의 권리제한의 경우에 있어서도 일정한 한계가 주어지게 된다. 즉 구성원의 기본권제한은 반드시 법률의 근거 하에서 행해져야 하고 특별행정법관계라는 이름 하에서 행해질 수 없으며, 그 내용도 필요한 최소한도에 그쳐야 한다. 따라서 공무원의 기본권제한에 관한 한, 일반권력관계와 차이를 인정할 수 없게 된다. 그러나 공무원의 근무와 관련하여 공무원관계 존립을 위해 불가피한 약간의 제약은 그 합리성이 인정되는 이상 인정될 수 있다고 보아야 할 것이다. 이러한 내용들에 관한 상세한 설명은 뒤에서 설명하기로 한다.

# 제 3 장  공무원관계의 설정, 변경 및 종료

## 제 1 절  공무원관계의 설정(임명)

공무원관계는 여러 원인에 의하여 설정된다. ㉠ 대표적으로는 임명행위에 의하는 경우, ㉡ 법률규정에 의해 강제적으로 설정되는 경우(예컨대 병역법에 의한 징집이나 예비군소집 등), ㉢ 선거에 의하는 경우(예컨대 정치적 공무원인 대통령이나 국회의원 등), ㉣ 계약에 의한 경우(예컨대 국가공무원법이나 지방공무원법 규정에 의한 특수경력직 공무원으로서의 계약직 공무원) 등을 들 수 있다. 그러나 통상적인 공무원관계의 설정원인은 임명행위이므로 이하에서는 이를 중심으로 고찰한다.

### I. 임명의 의의

공무원관계는 임명행위에 의하여 비로소 설정된다. 따라서 임명은 특정인에게 공무원의 신분을 부여하여 공무원관계를 발생하게 하는 행위를 말한다.

임명은 원칙적으로 임용과 구별된다. 임용은 실정법상의 용어로서 공무원관계를 발생, 변경 및 소멸하게 하는 일체의 행위를 말한다. 즉 임용의 개념은 신규채용·전직·전보·겸임·파견·강임·휴직·직위해제·정직·복직·면직·해임 및 파면을 포함하는 넓은 개념으로 사용된다(공무원임용령 제2조 1호). 따라서 임용은 임명에 해당하는 신규채용을 포함하는 개념이다. 그러나 학자들은 임용을 좁은 의미로 사용할 때에는 임명을 의미하는 것으로 해석한다.

임명은 또한 보직과도 구별된다. 보직은 일정한 직위를 부여하여 직위에 해당하는 직무를 수행할 수 있도록 하는 행위를 말한다. 따라서 통상적으로 보직은 공무원신분을 가진 자에게 행해지는 것이 일반적이나(즉 임명행위가 있음을 그 전제로 하나), 임명과 동시에 행해지는 경우도 존재한다. 직위를 부여받지 않고서는 구체적인 공무담임행위는 성립하지 못하게 된다.

## Ⅱ. 임명의 법적 성질

이에 관해서는 현재 쌍방적 행정행위로 보는 견해와 공법상 계약으로 보는 견해로 나뉘고 있다.

후자의 견해는 임명행위는 양당사자의 의사의 합치에 의하여 성립하는 행위라는 점에서 사법상의 계약과 같으나, 그 설정목적이 공법상의 근무관계의 설정인 점에서 공법적 효과의 발생을 목적으로 하는 것이어서 공법상 계약이라고 한다.1) 이 견해는 임명행위에 있어서의 행정주체의 행위에 불필요하게 권력적 요소를 인정하지 않으려 하나, 임명행위에 있어서는 행정주체와 당사자가 그 내용을 구체적으로 합의하여 결정하기보다는 행정주체가 일방적으로 미리 결정하고 사인이 이를 포괄적으로 수락함으로써 성립하는 것이므로, 통상적인 공법상 계약과는 다른 특성이 인정되어야 할 것이다. 다수의 견해2)대로 쌍방적 행정행위로 보는 견해가 타당하리라고 생각한다.

다만 쌍방적 행정행위로 보더라도 동의의 결여가 당해 행정행위의 무효사유로 되는지 아니면 취소사유에 해당하는지에 대해서는 견해가 갈리며, 다수견해는 동의의 결여를 당해 임명행위의 무효사유로 보고 있다.

[ 1 ] **임명행위의 법적 성질(행정처분)**　공무원에 대한 임명 또는 해임행위는 임명권자의 의사표시를 내용으로 하는 하나의 행정처분으로 보아야 할 것이므로 이 임명 또는 해임의 의사표시가 상대방에게 도달되지 아니하면 그 효력을 발생할 수 없다 할 것이요, 임명권자가 일방적으로 어떠한 공무원을 해임하고, 그 후임 공무원을 임명하는 의사를 경정하였다 하여도 아직 그 의사표시가 그 공무원에게 도달되기까지에는 그 공무원은 그 권한에 속하는 직무를 수행할 권한이 있다 할 것이다(대판 1962.11.8, 62누163).

[ 2 ] **공중보건의사 채용계약의 법적 성질과 채용계약 해지에 관한 쟁송방법**　전문직 공무원인 공중보건의사의 채용계약의 해지가 관할 도지사의 일방적인 의사표시에 의

---

1) 이상규(하), 181면 참조.
2) 김동희(Ⅱ), 144면.

하여 그 신분을 박탈하는 불이익처분이라고 하여 곧바로 그 의사표시가 관할 도지사가 행정청으로서 공권력을 행사하여 행하는 행정처분이라고 단정할 수는 없고, 공무원 및 공중보건의사에 관한 현행 실정법이 공중보건의사의 근무관계에 관하여 구체적으로 어떻게 규정하고 있는가에 따라 그 의사표시가 항고소송의 대상이 되는 처분 등에 해당하는 것인지의 여부를 개별적으로 판단하여야 할 것인바, 농어촌등보건의료를위한특별조치법 제 2 조, 제 3 조, 제 5 조, 제 9 조, 제26조와 같은법 시행령 제 3 조, 제 17조, 전문직공무원규정 제 5 조 제 1 항, 제 7 조 및 국가공무원법 제 2 조 제 3 항 제 3 호, 제 4 항 등 관계 법령의 규정내용에 미루어 보면 현행 실정법이 전문직공무원인 공중보건의사의 채용계약 해지의 의사표시는 일반공무원에 대한 징계처분과는 달라서 항고소송의 대상이 되는 처분 등의 성격을 가진 것으로 인정되지 아니하고, 일정한 사유가 있을 때에 관할 도지사가 채용계약 관계의 한쪽 당사자로서 대등한 지위에서 행하는 의사표시로 취급하고 있는 것으로 이해되므로, 공중보건의사 채용계약 해지의 의사표시에 대하여는 대등한 당사자간의 소송형식인 공법상의 당사자소송으로 그 의사표시의 무효확인을 청구할 수 있는 것이지, 이를 항고소송의 대상이 되는 행정처분이라는 전제하에서 그 취소를 구하는 항고소송을 제기할 수는 없다($\frac{대판 1996.5.31.}{95누10617}$).


## Ⅲ. 임명의 적법요건

### 1. 적법한 주체에 의한 임명일 것

임명행위는 적법한 주체에 의하여 행해지는 경우에 비로소 유효하게 된다. 주요 공무원에 대한 임명권은 헌법과 법률이 정하는 바에 의하여 대통령이 행사하도록 되어 있으나($\frac{헌법}{제78조}$), 행정기관소속 5급 이상 공무원과 고위공무원단에 속하는 일반직공무원은 소속장관의 제청($\frac{고위공무원단에 속하는 일반직공무원의 경우에는 소속장관은 당해}{기관에 소속되지 아니한 공무원에 대하여도 임용제청을 할 수 있다}$)으로 행정안전부장관과 협의를 거쳐 국무총리를 경유하여 대통령이 임명권을 행사하도록 하고 있다($\frac{국가공무원법}{제32조 1항}$). 5급 이상 공무원과 고위공무원단 소속 공무원을 제외한 행정기관 공무원에 대한 일체의 임용권은 소속장관이 가지며($\frac{동법 제}{32조 2항}$), 이때 대통령령이 정하는 바에 의하여 임용권의 일부를 소속기관의 장에게 위임할 수 있는바($\frac{동법 제}{32조 3항}$), 이때의 임용권의 위임에 관해서는 「공무원임용령」 제 5 조가 규정하고 있다.

### 2. 결격사유에 해당하지 않을 것

일정한 결격사유에 해당하는 자는 공무원에 임용될 수 없다. 이는 절대적인 사유에 해당하므로 이러한 요건에 해당하는 경우의 임명행위는 설령 국가의 과실에 의해 임명 당시 알지 못했다 하더라도 당연무효가 되며, 재직중에 이러한 요건에 해당하게 되는 때에는 당연퇴직하도록 되어 있다($\frac{국가공무원}{법 제69조}$). 이러한 결격사유의 개별적인 내용에 대해서는 「국가공무원법」 제33조와 「지방공무원법」 제31조 등이 규정하고 있다.

판례에 따르면 사후에 이러한 결격사유가 발견되어 공무원임용행위가 취소되더라도 이는 당사자에게 원래의 임용행위가 당초부터 무효이었음을 확인시켜 주는 의미만을 갖는 것이므로, 이에 대해 당사자는 신의칙이나 신뢰보호원칙을 주장할 수 없고 이때의 취소권 또한 시효로 소멸하지 않는다고 한다.3)

[ 1 ] **공무원관계설정시점 및 공무원임용결격사유가 있는지 여부의 판단시점**　국가공무원법에 규정되어 있는 공무원임용 결격사유는 공무원으로 임용되기 위한 절대적인 소극적 요건으로서 공무원 관계는 국가공무원법 제38조, 공무원임용령 제11조의 규정에 의한 채용후보자 명부에 등록한 때가 아니라 국가의 임용이 있는 때에 설정되는 것이므로 공무원임용결격사유가 있는지의 여부는 채용후보자 명부에 등록한 때가 아닌 임용당시에 시행되던 법률을 기준으로 하여 판단하여야 한다($\frac{대판\ 1987.4.14,}{86누459}$).

[ 2 ] **임용결격사유에 관한 국가공무원법 규정이 교육공무원에게도 적용되는지 여부**　교육공무원은 국가공무원법 제 2 조 제 2 항 제 2 호 소정의 특정직공무원이고, 교육공무원법은 교육을 통하여 국민 전체에 봉사하는 교육공무원의 직무와 책임의 특수성에 비추어 그 자격·임용·보수·연수 및 신분보장 등에 관하여 교육공무원에 적용할 국가공무원법에 대한 특례를 규정함을 목적으로 하는 것이므로(교육공무원법 제 1 조 참조), 교육공무원에 대하여는 교육공무원법에 특별한 규정이 없으면 일반법인 국가공무원법이 적용되는 것은 당연한 법리라 할 것인데, 교육공무원법에 공무원임용결격사유에 관한 국가공무원법 제33조에 대한 배제규정이 없으므로(교육공무원법 제53조 참조) 교육공무원에 대하여 공무원임용결격사유에 관한 국가공무원법 제33조 제 1 항의 규정은 당연히 적용된다($\frac{대판\ 1995.9.29,}{95누7833}$).

[ 3 ] **임용권자의 과실에 의한 임용결격자에 대한 공무원 임용행위의 효력**　경찰공무원법에 규정되어 있는 경찰관임용 결격사유는 경찰관으로 임용되기 위한 절대적인 소극적 요건으로서 임용 당시 경찰관임용 결격사유가 있었다면 비록 임용권자의 과실에 의하여 임용결격자임을 밝혀내지 못하였다 하더라도 그 임용행위는 당연무효로 보아야 한다($\frac{대판\ 2005.7.28,}{2003두469}$).


## 3. 성적요건을 충족할 것

임명행위가 유효하기 위해서는 소극적으로 결격사유가 없는 외에도, 적극적으로 일정한 채용시험에 의한 성적에 의해 능력을 인정받을 것이 요구된다($\frac{국가공무원법\ 제26조,}{지방공무원법\ 제25조}$). 이는 공무원 중에서 특히 경력직 공무원의 경우에 해당되는 것이며 특수경력직 공무원에 대해서는 요구되지 않는다. 다만, 국가기관의 장은 「국회규칙」, 「대법원규칙」, 「헌법재판소규칙」, 「중앙선거관리위원회규칙」 또는 대통령령으로 정하는 바에 따라 장애인·

---

3) 대판 1987. 4. 14, 86누459; 2005. 7. 28, 2003두469.

이공계전공자·저소득층 등에 대한 채용·승진·전보 등 인사관리상의 우대와 실질적인 양성 평등을 구현하기 위한 적극적인 정책을 실시할 수 있다(국가공무원법 제26조 단서). 시험의 방법은 원칙적으로 공개경쟁시험이며, 예외적으로 특별채용시험에 의하도록 하고 있다(국가공무원 법 제28조). 이러한 공개경쟁채용시험에 합격한 자는 임용이나 임용제청에 있어서 다른 사람보다 우선적인 임용이 배려되도록 하고 있다(공무원임용 령 제10조).

## 4. 임명의 적법요건을 충족하지 못하는 경우의 효과

위에서 논한 임명의 결격요건에 해당하는 행위는 무효이고, 성적요건을 결한 자의 임명은 취소할 수 있는 행위로 된다. 이때 임명행위가 무효이더라도 선의의 상대방을 보호하기 위하여 이러한 자가 행한 행위의 법적 효과는 유효한 것으로 인정해야 할 때가 있으며, 이때 인정되는 개념이 사실상의 공무원개념이다. 또한 이러한 자에게 지급된 급여에 대해서는, 이러한 자도 실제상 노무를 제공한 측면이 인정되므로 이미 지급된 급여를 제공된 노무에 대한 대가로서 볼 수 있다. 따라서 이러한 관점에서 이러한 자를 대상으로 한 부당이득반환청구권은 인정되지 않는다고 본다. 다만 판례는 사실상 공무원의 「공무원연금법」상 퇴직급여청구는 부인하고 있다.4)

> **임용 결격자가 공무원으로 임용되어 사실상 근무하여 온 경우, 공무원연금법 소정의 퇴직급여 등을 청구할 수 있는지 여부**  공무원연금법에 의한 퇴직급여 등은 적법한 공무원으로서의 신분을 취득하여 근무하다가 퇴직하는 경우에 지급되는 것이고, 임용 당시 공무원임용결격사유가 있었다면 그 임용행위는 당연무효이며, 당연무효인 임용행위에 의하여 공무원의 신분을 취득할 수는 없으므로 임용결격자가 공무원으로 임용되어 사실상 근무하여 왔다고 하더라도 적법한 공무원으로서의 신분을 취득하지 못한 자로서는 공무원연금법 소정의 퇴직급여 등을 청구할 수 없고, 또 당연퇴직사유에 해당되어 공무원으로서의 신분을 상실한 자가 그 이후 사실상 공무원으로 계속 근무하여 왔다고 하더라도 당연퇴직후의 사실상의 근무기간은 공무원연금법상의 재직기간에 합산될 수 없다(대판 2003.5.16, 2001다61012).

## Ⅳ. 임명의 절차

### 1. 채용후보자명부에 등록

시험실시기관의 장은 채용시험에 합격한 자를 「국회규칙」, 「대법원규칙」, 「헌법

---

4) 대판 1987. 4. 14, 86누459; 1996. 2. 27, 95누9617. 이처럼 판례가 임용결격 공무원의 퇴직급여청구를 일관되게 부인해오자 정부는 1999. 8. 31. 법률 제6008호로 「임용결격공무원 등에 대한 퇴직보상금지급 등에 관한 특례법」을 제정하여 '퇴직보상금'의 형태로 이 문제를 해결하고 있다.

재판소규칙」, 「중앙선거관리위원회규칙」 또는 대통령령이 정하는 바에 따라 채용후보자명부에 등재하여야 한다(국가공무원법 제38조 1항). 이에 따라 공개경쟁채용시험 합격자는 시험실시기관의 장이 정하는 바에 따라 채용후보자등록을 하여야 하며, 이때 등록을 하지 아니하는 경우에는 임용될 의사가 없는 것으로 본다(공무원임용령 제11조). 명부작성은 직급별로 시험성적순에 의하여 작성하되 훈련성적, 전공분야 기타 필요한 사항을 기재하여야 한다(공무원임용령 제12조). 공무원 공개경쟁 채용시험에 합격한 사람의 채용후보자 명부의 유효기간은 2년의 범위에서 대통령령등으로 정한다. 다만, 시험 실시기관의 장은 필요에 따라 1년의 범위에서 그 기간을 연장할 수 있다(국가공무원법 제38조 2항).

### 2. 채용후보자의 추천

시험실시기관의 장은 채용시험에 합격한 자를 「국회규칙」, 「대법원규칙」, 「헌법재판소규칙」, 「중앙선거관리위원회규칙」 또는 대통령령이 정하는 바에 따라 임용권 또는 임용제청권을 갖는 기관에 추천하여야 한다(국가공무원법 제39조 1항). 채용후보자가 추천받은 기관의 임용 또는 임용제청에 불응하면 채용후보자로서의 자격을 상실한다(동법 제39조 3항).

### 3. 시보임명

5급공무원을 신규채용하는 경우에는 1년, 6급 이하 공무원 및 기능직공무원을 신규채용하는 경우에는 6월의 기간 시보로 임용하고 그 기간 중에 근무성적이 좋으면 경우에는 정규공무원으로 임용한다(동법 제29조 1항). 시보임용기간 중에는 공무원으로서의 신분보장이 되지 않으므로 이 기간 동안의 근무성적이나 교육훈련성적이 나쁜 경우에는 면직시키거나 면직을 제청할 수 있다(동법 제29조 3항).

## V. 임명의 형식

임명행위가 쌍방적 행정행위로서의 성질을 갖는 이상 임명은 상대방의 동의를 요하게 되며, 이러한 동의 의사는 명시적인 의사 이외에도 통상적으로는 임용장 또는 임용통지서의 교부 및 수령에 의하여 묵시적으로도 가능하다. 그러나 당사자의 동의는 반드시 이러한 형식적인 행위를 요하는 것은 아니고 임명행위가 요식행위로서만 행해져야 하는 것은 아니므로, 임용장교부는 임명행위의 유효요건에는 해당하지 않는다고 보는 것이 타당하다. 오히려 임용장교부는 행정기관의 임명행위를 증명하는 의미가 크다고 볼 수 있다.

## Ⅵ. 임명의 효력발생

임명행위는 임용장이나 임용통지서에 기재된 일자에 임용된 것으로 본다($\frac{공무원임용령}{제6조 1항}$). 그러나 이때에 임용장이나 임용통지서는 임용될 자에게 도달될 수 있도록 발령하여야 하므로($\frac{공무원임용령}{제6조 2항}$), 이러한 임용의 의사표시가 상대방에게 도달하지 아니하면 효력이 발생되지 않는다고 보아야 한다.5) 따라서 임용장 등에 기재된 일자보다 늦게 도달한 경우에는 사실상 교부받은 날에 효력을 발생한다고 보아야 할 것이다($\frac{지방공무원임용령}{제5조 1항 단서 참조}$). 이는 당사자로서는 임용장을 받기 전까지는 자신이 공무원에 임명되었는지의 여부를 확인할 수 없으며 임용장 등을 받은 후에야 비로소 자신의 공무원으로서의 권리를 주장할 수 있다고 보아야 할 것이기 때문이다.

임용일자는 정실인사의 방지와 법적 안정성 등을 위하여 소급하지 않는 것이 원칙이다($\frac{공무원임용령}{제7조}$). 그러나 일정한 사유가 있는 때6)에는 예외적으로 소급할 수도 있다.

# 제 2 절   공무원관계의 변경

공무원으로서의 신분은 유지하면서 공무원관계 내용의 전부 또는 일부를 일시적이나 영구적으로 변경하는 것을 공무원관계의 변경이라고 한다. 이러한 변경의 모습에는 다음의 유형들이 인정되고 있다.

## Ⅰ. 승진 · 전직 · 전보 · 복직

이들 행위들은 이미 공무원의 신분을 가진 자에 대한 국가의 일방적인 단독행위로서의 성질을 갖는다.

### 1. 승     진

승진이란 동일한 직렬7) 안에서 하위직급에 재직 중인 공무원을 상위직급에 임용하는 것을 말한다($\frac{예컨대 일반행정직의 사무관을}{서기관으로 임용하는 경우}$). 계급간의 승진임용은 근무성적평정, 경력평정 기타 능력의 실증에 의하도록 하고 있다. 이때에 1급 내지 3급공무원에의 승진임용 및 고위

---

5) 대판 1962. 11. 15, 62누165.

6) 예컨대 재직중 공적이 특히 현저한 자가 공무로 사망한 때 그 사망전일을 임용일자로 하여 추서하는 경우; 동 임용령 제 7 조 1호 참조.

7) 직렬이란 직무의 종류가 유사하고 그 책임과 곤란성의 정도가 상이한 직급의 군을 말한다(「국가공무원법」 제 5 조 8호).

공무원단 직위로의 승진임용에 있어서는 능력과 경력 등을 고려하여 임용하며, 5급공무원에의 승진임용은 승진시험을 거치도록 하되, 필요하다고 인정되는 때에는 「국회규칙」, 「대법원규칙」, 「헌법재판소규칙」, 「중앙선거관리위원회규칙」 또는 대통령령이 정하는 바에 따라 승진심사위원회의 심사를 거쳐 임용할 수 있다(<sup>국가공무원법</sup> 제40조 1항 단서). 또한 근무성적이 우수한 공무원에 대하여는 특별승급 할 수 있는 제도도 마련되고 있으며 (<sup>제51조</sup> 2항), 이에 관한 사항은 「국회규칙」, 「대법원규칙」, 「헌법재판소규칙」, 「중앙선거관리위원회규칙」 또는 대통령령으로 정하도록 하고 있다(<sup>제47조</sup> 2항). 그 밖의 승진에 관한 세부적 사항은 「국가공무원법」 제40조 이하와 「공무원임용령」 제31조 이하에 규정되어 있다.

**신규임용 행위가 당연무효이면 승진임용 행위도 당연무효인지 여부** 공무원에 대한 승진 임용행위란 그 공무원이 적법하게 신규 임용되어 공무원의 신분을 취득하고 있음을 전제로 하는 것이고, 그 공무원을 새로이 채용 하는 신규 임용행위가 아니므로, 어느 사람에 대한 공무원 신규 임용행위가 당연무효이어서 그 사람이 적법한 공무원의 신분을 가지고 있지 못하였다면, 그러한 사람에 대한 승진 임용행위 또한 당연무효라고 할 것이다(<sup>대판 1996.7.12.</sup> 96누3333).

## 2. 전 직

전직이란 직렬을 달리하는 임명을 말한다(<sup>국가공무원법</sup> 제5조 5호). 예컨대 행정사무관을 외무사무관으로 임용하는 경우가 이에 해당하게 된다. 전직은 예외적인 임용의 경우이므로 일정한 요건을 충족하여야 하는바, ㉠ 전직 예정직에 관련 있는 직무에 6월 이상 근무 또는 교육훈련경력이 있는 자와 담당직무와 관련된 전문적인 학교교육을 받은 자와 국가에서 인정하는 자격증을 가진 자를 그 현재의 계급과 동일한 계급의 직위에 전직시키고자 하는 경우, ㉡ 직제 또는 정원의 개폐로 인하여 당해직의 인원을 조정할 필요가 있는 경우, ㉢ 당해 직렬의 최상위 직급에 재직하거나 그 기관에 동일직렬의 상위직급의 직위가 없는 직위에 근무하고 있는 자를 승진임용하는 경우, ㉣ 전에 재직한 직렬로 전직하는 경우가 그 요건에 해당한다(<sup>공무원임용령</sup> 제29조). 이와 같은 전직을 위해서는 특별한 전직시험을 거쳐야 한다(<sup>국가공무원법</sup> 제28조의3).

## 3. 전 보

전보는 동일한 직급 내에서의 보직변경을 말한다(<sup>국가공무원법</sup> 제5조 6호). 사무관 甲을 총무과장에서 서무과장으로 임용하는 것이 그 예이다. 임용권자 또는 임용제청권자는 소속 공무원을 해당 직위에 임용된 날부터 필수보직기간(휴직기간, 직위해제처분기간, 강등 및 정직 처분으로 인하여 직무에 종사하지 아니한 기간은 포함하지 아니한다)이 지나야 다른 직위에 전보할 수 있다. 이 경우 필수보직기간은 3년으로 하되 고위공무원단 직위에 재직 중인 공무원의 필수보직기간은 2년으로 한다. 따라서 공무원은 원칙적으로 당해 직위에 임용된 날로부터 3년 이내($^{고위공무원단\ 직위에\ 재직하고}_{있는\ 공무원은\ 2년\ 이내}$)에 다른 직위로 전보될 수 없다 ($^{공무원임용령}_{제45조\ 1항}$).

그러나 이러한 기간 외에는 동일직위에서의 장기근무로 인한 침체를 방지하여 창의적인 직무수행을 기하고, 과다하게 빈번한 전보로 인한 전문성 및 능률의 저하를 방지하여 안정적인 직무수행을 기할 수 있도록 하기 위하여 정기적인 전보를 실시하도록 하고 있다($^{공무원임용령}_{제44조\ 1항}$).

### 4. 복　　직

복직이라 함은 휴직, 직위해제 및 정직 중이거나 강등으로 직무에 종사하지 못한 공무원을 직위에 복귀시키는 것을 말한다($^{공무원임용령}_{제2조\ 2호}$).

## Ⅱ. 휴직 · 직위해제 · 강임

이들 행위들은 공무원관계의 내용을 당사자에게 불이익하게 변경하는 것이므로 법정된 사유에 한하여 행해진다($^{국가공무원법}_{제68조}$).

### 1. 휴　　직

공무원으로서의 신분은 보유하면서 직무담임으로부터 일정기간 동안 해제하는 행위를 휴직이라고 한다. 휴직에는 임용권자의 직권에 의한 직권휴직과 해당 공무원의 의사에 기한 의원휴직이 인정 된다($^{국가공무원법}_{제71조}$). 휴직기간이 만료된 경우에 30일 이내에 복귀신고를 하면 당연복직된다($^{동법}_{제73조\ 3항}$).

### 2. 직위해제

이는 공무원 자신에게 당해 직무수행을 계속하게 할 수 없는 사유가 발생한 경우에, 사후제재적인 성격을 가지고 그 보직을 해제하여 직무담임을 하지 못하게 하는 것을 말한다. 이러한 사유에 해당하는 것으로서는 ㉠ 직무수행능력이 부족하거나 근무성적이 극히 나쁜 자, ㉡ 파면·해임·강등 또는 정직에 해당하는 징계의결이 요구중인 자, ㉢ 형사사건으로 기소된 자($^{약식명령이\ 청구}_{중인\ 자\ 제외}$)가 대상이 된다($^{국가공무원법}_{제73조의3\ 제1항}$). 이 경우의 직위해제여부는 임용권자의 재량사항으로 맡겨진다. 직위가 해제된 때에는 직무에 종사하지 못하며 봉급의 8할만이 지급된다.

[ 1 ] 구 국가공무원법상 직위해제처분의 법적 성질    구 국가공무원법상 직위해제는 일반적으로 공무원이 직무수행능력이 부족하거나 근무성적이 극히 불량한 경우, 공무원에 대한 징계절차가 진행중인 경우, 공무원이 형사사건으로 기소된 경우 등에 있어서 당해 공무원이 장래에 있어서 계속 직무를 담당하게 될 경우 예상되는 업무상의 장애 등을 예방하기 위하여 일시적으로 당해 공무원에게 직위를 부여하지 아니함으로써 직무에 종사하지 못하도록 하는 잠정적인 조치로서의 보직의 해제를 의미하므로 과거의 공무원의 비위행위에 대하여 기업질서 유지를 목적으로 행하여지는 징벌적 제재로서의 징계와는 그 성질이 다르다(대판 2003.10.10, 2003두5945).

[ 2 ] 구 국가공무원법 제73조의2 제 1 항 제 4 호에 의한 직위해제처분의 위법여부의 판단기준    헌법 제27조 제4항은 형사피고인은 유죄의 판결이 확정될 때까지는 무죄로 추정된다고 규정하고 있고, 구 국가공무원법(1994. 12. 22. 법률 제4829호로 개정되기 전의 것) 제73조의2 제 1 항 제 4 호에 의한 직위해제제도는 유죄의 확정판결을 받아 당연퇴직되기 전단계에서 형사소추를 받은 공무원이 계속 직위를 보유하고 직무를 수행한다면 공무집행의 공정성과 그에 대한 국민의 신뢰를 저해할 구체적인 위험이 생길 우려가 있으므로 이를 사전에 방지하고자 하는 데 그 목적이 있는바, 헌법상의 무죄추정의 원칙이나 위와 같은 직위해제제도의 목적에 비추어 볼 때, 형사사건으로 기소되었다는 이유만으로 직위해제처분을 하는 것은 정당화될 수 없고, 당사자가 당연퇴직 사유인 국가공무원법 제33조 제 1 항 제 3 호 내지 제 6 호에 해당하는 유죄판결을 받을 고도의 개연성이 있는지 여부, 당사자가 계속 직무를 수행함으로 인하여 공정한 공무집행에 위험을 초래하는지 여부 등 구체적인 사정을 고려하여 그 위법여부를 판단하여야 할 것이다(단순히 일반 형사사건이 아닌 국가보안법위반으로 기소되었다는 사유만으로 구 국가공무원법 제73조의2 제 1 항 제 4 호에 의하여 직위해제처분을 한 것이 재량권의 범위를 일탈·남용하였다고 본 사례)(대판 1999.9.17, 98두15412).

[ 3 ] 직위해제 중인 자에 대한 징계처분의 적부    직위해제에 관한 규정은 징계절차 및 그 진행과는 관계가 없는 규정이므로 비위사건에 관하여 현재 형사사건으로 기소되어 직위해제 중에 있는 자에 대하여 한 징계처분이라 하더라도 위법사유가 될 수 없다(대판 1982.9.14, 82누46).

[ 4 ] 「국가공무원법」상 직위해제처분에 처분의 사전통지 및 의견청취 등에 관한 행정절차법 규정이 적용되는지 여부(소극)    국가공무원법상 직위해제처분은 구 행정절차법(2012. 10. 22. 법률 제11498호로 개정되기 전의 것) 제3조 제2항 제9호, 구 행정절차법 시행령(2011. 12. 21. 대통령령 제23383호로 개정되기 전의 것) 제2조 제3호에 의하여 당해 행정작용의 성질상 행정절차를 거치기 곤란하거나 불필요하다고 인정되는 사항 또는 행정절차에 준하는 절차를 거친 사항에 해당하므로, 처분의 사전통지 및 의견청취 등에 관한 행정절차법의 규정이 별도로 적용되지 않는다(대판 2014.5.16, 2012두26180).

## 3. 강    임

강임이란 동일한 직렬 내에서의 하위의 직급에 임명되거나 하위직급이 없어 다른 직렬의 하위직급으로 임명하거나 고위공무원단에 속하는 일반직공무원(계급 구분을 적용하지 아니하는 공무원은 제외)을 고위공무원단 직위가 아닌 하위직위에 임명하는 것을 말한다(<sup>국가공무원법</sup><sub>제5조 4호</sub>). 임용권자는 직제 또는 정원의 변경이나 예산의 감소 등으로 인하여 직위가 폐직되거나 강등되어 과원이 된 때나 본인이 동의한 경우에 소속공무원을 강임할 수 있다(<sup>동법 제73</sup><sub>조의4 1항</sub>). 이렇게 강임된 공무원은 상급직급 또는 고위공무원단 직위에 결원이 생기면 「국가공무원법」상의 승진관련규정에도 불구하고 우선 임용된다. 다만, 본인이 동의하여 강임된 공무원은 본인의 경력과 해당기관의 인력사정 등을 고려하여 우선 임용될 수 있다(<sup>동법 제73</sup><sub>조의4 2항</sub>).

# 제 3 절  공무원관계의 소멸

공무원 신분을 상실하여 공무원으로서의 법적 지위를 벗어나게 되는 경우를 말하며, 이에는 크게 보아 당연퇴직과 면직의 유형이 존재한다.

## I. 당연퇴직

일정한 사유의 발생으로 인하여 법률의 규정에 의하여 공무원관계가 소멸되는 것이 당연퇴직이다. 이때의 이러한 퇴직을 위한 별도의 행정처분은 필요로 되지 않으며 일정한 사유의 발생으로 인하여 당연히 공무원관계가 소멸하게 된다. 따라서 관행에 의하여 당연퇴직의 인사발령이 있었다 하여도 이는 퇴직의 사실을 알리는 이른바 관념의 통지에 불과하며 행정소송의 대상이 되지 않게 된다.8)

[ 1 ] **당연퇴직처분이 행정소송의 대상인 행정처분인지 여부**　　국가공무원법 제69조에 의하면 공무원이 제33조 각 호의 1에 해당할 때에는 당연히 퇴직한다고 규정하고 있으므로, 국가공무원법상 당연퇴직은 결격사유가 있을 때 법률상 당연히 퇴직하는 것이지, 공무원관계를 소멸시키기 위한 별도의 행정처분을 요하는 것이 아니며, 당연퇴직의 인사발령은 법률상 당연히 발생하는 퇴직사유를 공적으로 확인하여 알려주는 이른바 관념의 통지에 불과하고 공무원의 신분을 상실시키는 새로운 형성적 행위가 아니므로 행정소송의 대상이 되는 독립한 행정처분이라고 할 수 없다(<sup>대판 1995.11.14,</sup><sub>95누2036</sub>).

---

8) 대판 1992. 1. 21, 91누2687.

[ 2 ] 과거에 법률에 의하여 당연퇴직된 공무원의 복직 또는 재임용신청에 대한 행정청의 거부행위가 항고소송의 대상이 되는 행정처분에 해당하는지 여부   과거에 법률에 의하여 당연퇴직된 공무원이 자신을 복직 또는 재임용시켜 줄 것을 요구하는 신청에 대하여 그와 같은 조치가 불가능하다는 행정청의 거부행위는 당연퇴직의 효과가 계속하여 존재한다는 것을 알려주는 일종의 안내에 불과하므로 원고의 실체상의 권리관계에 직접적인 변동을 일으키는 것으로 볼 수 없고, 당연퇴직의 근거 법률이 헌법재판소의 위헌결정으로 효력을 잃게 되었다고 하더라도 당연퇴직된 이후 헌법소원 등의 청구기간이 도과한 경우에는 당연퇴직의 내용과 상반되는 처분을 요구할 수 있는 조리상의 신청권을 인정할 수도 없다고 할 것이어서, 이와 같은 경우 행정청의 복직 또는 재임용거부행위는 항고소송의 대상이 되는 행정처분에 해당한다고 할 수 없으므로 그 취소를 구하는 소는 부적법하다고 할 것이다(대판 2006.3.10, 2005두562).

[ 3 ] 당연퇴직 처분과 징계처분과의 관계(이중처벌 여부)   판결에 의하여 집행유예 이상의 형이 확정되었음을 이유로 한 이 사건 당연퇴직 처분과 징벌적 제재인 이 사건 징계 정직처분은 그 성질을 달리하므로 위 당연퇴직 처분이 일사부재리 또는 이중처벌금지원칙을 위반한 것이라 할 수 없다(대판 2005.4.15, 2003두12639).

당연퇴직의 사유로는 ㉠ 공무원임용에 있어서의 결격사유(국가공무원법 제33조 참조)의 하나에 해당하는 경우, ㉡ 사망·임기만료·정년에 해당하는 경우, ㉢ 국적상실의 경우를 들 수 있다. 다만, 헌법재판소의 위헌결정에 따라 임용결격사유 중 "금고 이상의 형의 선고유예를 받은 경우에 그 선고유예기간중에 있는 자"는 더 이상 당연퇴직사유가 아니라는 점을 유의하여야 한다(국가공무원법 제69조 1호 단서).

구 「국가공무원법」 제69조 중 제33조 제1항 제5호 부분의 위헌 여부   이 사건 법률조항은 범죄의 종류와 내용을 가리지 않고 모두 당연퇴직사유로 규정함으로써 입법목적을 달성하기 위하여 필요한 최소한의 정도를 넘어 청구인들의 기본권을 과도하게 제한하였고, 공직제도의 신뢰성이라는 공익과 공무원의 기본권이라는 사익을 적절하게 조화시키지 못하고 과도하게 공무담임권을 침해하였다고 할 것이다(구 국가공무원법 제69조가 동법 제33조 제1항 제5호 소정의 금고 이상의 형의 선고유예를 받은 경우에 그 선고유예기간 중에 있는 자를 당연퇴직사유로 규정한 것이 위헌이라고 본 사례)(헌재 2003.10.30, 2002헌마735).

## Ⅱ. 면  직

공무원관계의 소멸이 법정사유에 의해서가 아니고 공무원 본인이나 임용권자의 의사에 의하여 행해지는 것을 말한다. 이에는 의원면직과 일방적 면직이 인정된다.

## 1. 의원면직

의원면직이란 공무원 자신의 의사표시에 기초하여 임용권자가 이를 수리함으로써 공무원관계가 소멸하는 것을 말한다. 따라서 의원면직행위는 공무원의 신청행위를 전제로 하는 쌍방적 행정행위로서의 성질을 갖게 된다. 이때의 공무원 자신의 사의표시행위는 사인의 공법행위로서의 의미를 갖게 되므로, 의사표시로서의 완전한 효과가 인정되기 위해서는 하자가 없을 것이 필요로 된다. 판례상 의원면직이 문제되는 경우는 주로 이러한 의사표시가 사실상 강요에 의해서 행해지는 경우이다.9) 또한 공무원의 사의표시만으로 공무원관계가 소멸되는 것은 아니므로 임용권자의 수리행위가 있기 전까지는 공무원관계는 계속하여 존속하게 된다. 의원면직의 특별한 경우로서는 명예퇴직제가 인정되고 있는바, 이는 20년 이상 근속한 공무원이 정년 전에 자진하여 퇴직하는 것을 말한다(국가공무원법 제74조의2). 이때에는 예산의 범위 안에서 명예퇴직수당을 지급하게 된다.

[ 1 ] **일괄사표 제출에 기한 의원면직처분의 적법성**   임용권자가 일괄사표제출을 명하였다고 하여도 그 사표제출이 원고의 자유의사에 반하지 아니한 이상 이에 기한 의원면직처분은 적법하다(대판 1981.11.24, 81누120).

[ 2 ] **본인의 진정한 의사에 의하여 작성되지 아니한 사직원에 의한 면직처분의 적법여부**   조사기관에 소환당하여 구타당하리라는 공포심에서 조사관의 요구를 거절치 못하고 작성교부한 사직서이라면 이를 본인의 진정한 의사에 의하여 작성한 것이라 할 수 없으므로 그 사직원에 따른 면직처분은 위법이다(대판 1968.3.19, 67누164).

[ 3 ] **비진의 의사표시 무효법리의 적용 여부**   이른바 1980년의 공직자숙정계획의 입안과 실행이 전두환 등이 한 내란행위를 구성하는 폭동의 일환에 해당한다는 점만으로 원고의 사직원 제출행위가 강압에 의하여 의사결정의 자유를 박탈당한 상태에서 이루어진 것이라고 할 수는 없고, 원고가 제출한 모든 증거에 의하여도 이를 인정하기에 부족하며, 원고가 그 주장과 같이 일괄사표를 제출하였다가 선별수리하는 형식으로 의원면직되었다고 하더라도 공무원들이 임용권자 앞으로 일괄사표를 제출한 경우 그 사직원의 제출은 제출 당시 임용권자에 의하여 수리 또는 반려 중 어느 하나의 방법으로 처리되리라는 예측이 가능한 상태에서 이루어 진 것으로서 그 사직원에 따른 의원면직은 그 의사에 반하지 아니하고, 비록 사직원제출자의 내심의 의사가 사직할 뜻이 아니었다 하더라도 그 의사가 외부에 객관적으로 표시된 이상 그 의사는 표시된 대로 효력을 발하는 것이며, 민법 제107조 제1항 단서의 비진의 의사표시의 무효에 관한 규정은 그 성질상 사인의 공법행위에 적용되지 아니하므로 원고의 사직원을 받아들여 원고를 의원면직처분한 것을 당연무효라고 할 수 없다(대판 2000.11.14, 99두5481).

[ 4 ] **사직의 의사표시 후 의원면직처분 전에 이를 철회할 수 있는지 여부**   공무원이 한 사직의 의사표시는 그에 터잡은 의원면직처분이 있을 때까지는 원칙적으로 이를

---

9) 대판 1968. 3. 19, 67누164; 1968. 4. 30, 68누8 등.

철회할 수 있는 것이지만, 다만 의원면직처분이 있기 전이라도 사직의 의사표시를 철회하는 것이 신의칙에 반한다고 인정되는 특별한 사정이 있는 경우에는 그 철회는 허용되지 아니한다(대판 1993.7.27, 92누16942).

[5] **권한을 유월한 의원면직처분의 효력**　행정청의 권한에는 사무의 성질 및 내용에 따르는 제약이 있고, 지역적·대인적으로 한계가 있으므로 이러한 권한의 범위를 넘어서는 권한유월의 행위는 무권한 행위로서 원칙적으로 무효라고 할 것이나, 행정청의 공무원에 대한 의원면직처분은 공무원의 사직의사를 수리하는 소극적 행정행위에 불과하고, 당해 공무원의 사직의사를 확인하는 확인적 행정행위의 성격이 강하며 재량의 여지가 거의 없기 때문에 의원면직처분에서의 행정청의 권한유월 행위를 다른 일반적인 행정행위에서의 그것과 반드시 같이 보아야 할 것은 아니다(5급 이상의 국가정보원직원에 대한 의원면직처분이 임면권자인 대통령이 아닌 국가정보원장에 의해 행해진 것으로 위법하고, 나아가 국가정보원직원의 명예퇴직원 내지 사직서 제출이 직위해제 후 1년여에 걸친 국가정보원장 측의 종용에 의한 것이었다는 사정을 감안한다 하더라도 그러한 하자가 중대한 것이라고 볼 수는 없으므로, 대통령의 내부결재가 있었는지에 관계없이 당연무효는 아니라고 한 사례)(대판 2007.7.26, 2005두15784).

## 2. 일방적 면직

이는 임용권자의 일방적 의사에 의하여 공무원관계를 소멸시키는 것으로서 그 법적 성질은 단독행위이다. 이에는 징계의 일종으로서의 의미를 갖는 징계면직과, 이러한 성질을 갖지 않는 직권면직이 있다.

### (1) 징계면직

이는 공무원이 공무원법상 요구되는 의무를 위반한 때에 사후적인 징계의 차원에서 임용권자가 당해 공무원의 신분을 박탈하는 행위를 말한다. 이에는 파면과 해임이 있다(국가공무원법 제79조).

### (2) 직권면직

이는 일정한 법정된 사유가 존재하는 경우에 본인의 의사에도 불구하고 임용권자가 직권으로 행하는 면직처분을 말한다.

#### 1) 재량행위

직권면직처분은 공법상 근무관계를 소멸하게 하는 임용권자의 재량처분으로 규정되고 있다.

**청원경찰 직권면직처분의 법적 성질(재량행위)**　청원경찰법 제 5 조 제 1 항, 제 3 항, 제11조, 구 청원경찰법시행령 제16조 제 1 항 등의 규정을 종합하면, 청원주는 청원경찰이 인원의 감축으로 과원이 되었을 때에는 직권으로 면직시킬 수 있는바, 지방자치단체의 장이 청원주인 경우 그 면직처분은 재량행위라 할 것이므로, 지방자치단체의 장이 합리적이고 공정한 기준에 의하여 면직대상자를 선정하고 그에 따라 면직처분을 하였다면 일응 적법한 재량행사라 할 것이나, 그 기준이 평등의 원칙에 위배되는 등 비합리적이고 불공정하다면 그에 따른 면직처분은 재량권의 일탈·남용으로서 위법하다(대판 2002.2.8, 2000두4057).

### 2) 직권면직사유

직권면직처분의 사유는 ㉠ 직제와 정원의 개폐 또는 예산의 감소 등에 따라 폐직(廢職) 또는 과원(過員)이 되었을 때, ㉡ 휴직 기간이 끝나거나 휴직 사유가 소멸된 후에도 직무에 복귀하지 아니하거나 직무를 감당할 수 없을 때, ㉢ 직위해제에 따라 대기명령을 받은 자가 그 기간에 능력 또는 근무성적의 향상을 기대하기 어렵다고 인정된 때, ㉣ 전직시험에서 세 번 이상 불합격한 자로서 직무수행 능력이 부족하다고 인정된 때, ㉤ 징병검사·입영 또는 소집의 명령을 받고 정당한 사유 없이 이를 기피하거나 군복무를 위하여 휴직 중에 있는 자가 군복무 중 군무를 이탈하였을 때, ㉥ 해당 직급에서 직무를 수행하는데 필요한 자격증의 효력이 없어지거나 면허가 취소되어 담당 직무를 수행할 수 없게 된 때, ㉦ 고위공무원단에 속하는 공무원이 적격심사 결과 부적격 결정을 받은 때 등이다(국가공무원법 제70조 1항).

임용권자는 직권면직을 위해서 미리 관할 징계위원회의 의견을 들어야 하며, 그 사유가 "대기명령을 받은 자가 그 기간중 능력 또는 근무성적의 향상을 기대하기 어렵다고 인정된 때"에 해당하는 경우에는 징계위원회의 동의를 얻어야 한다(국가공무원법 제70조 2항).

임용권자나 임용제청권자는 "직제와 정원의 개폐 또는 예산의 감소 등에 따라 폐직 또는 과원이 되었음"을 이유로 소속 공무원을 면직시킬 때에는 임용 형태, 업무 실적, 직무수행 능력, 징계처분 사실 등을 고려하여 면직 기준을 정하여야 하며(국가공무원법 제70조 3항), 이때 면직 기준을 정하거나 면직 대상자를 결정할 때에는 임용권자 또는 임용제청권자별로 심사위원회를 구성하여 그 심사위원회의 심의·의결을 거쳐야 한다(국가공무원법 제70조 4항).

**[1] 지방자치단체의 직제가 폐지된 경우에 해당 공무원을 직권면직할 수 있도록 규정하고 있는 지방공무원법 제62조 제1항 제3호가 직업공무원제도를 위반하는 것인지 여부**
행정조직의 개폐에 관한 문제에 있어 입법자가 광범위한 입법형성권을 가진다 하더라도 행정조직의 개폐로 인해 행해지는 직권면직은 보다 직접적으로 해당 공무원들의 신분에 중대한 위협을 주게 되므로 직제 폐지 후 실시되는 면직절차에 있어서는 보다 엄격한 요건이 필요한데, 이와 관련하여 지방공무원법 제62조는 직제의 폐지로 인해 직권면직이 이루어지는 경우 임용권자는 인사위원회의 의견을 듣도록 하고 있고, 면직기준으로 임용형태·업무실적·직무수행능력·징계처분사실 등을 고려하도록

하고 있으며, 면직기준을 정하거나 면직대상을 결정함에 있어서 반드시 인사위원회의 의결을 거치도록 하고 있는바, 이는 합리적인 면직기준을 구체적으로 정함과 동시에 그 공정성을 담보할 수 있는 절차를 마련하고 있는 것이라 볼 수 있다. 그렇다면 이 사건 규정이 직제가 폐지된 경우 직권면직을 할 수 있도록 규정하고 있다고 하더라도 이것이 직업공무원제도를 위반하고 있다고는 볼 수 없다(헌재 2004.11.25, 2002헌바8).

[2] 국가공무원법 제70조 제1항 제3호는 직제와 정원의 개폐 또는 예산의 감소 등에 의하여 폐직 또는 과원이 되었을 때에는 임용권자는 공무원을 직권에 의하여 면직시킬 수 있다고 규정하는 한편, 1998. 2. 24. 법률 제5527호로 신설된 같은 조 제3항에서 임용권자는 임용형태·업무실적·직무수행능력·징계처분사실 등을 고려하여 면직기준을 정하도록 규정하고 있는바, 이는 합리적인 면직기준을 구체적으로 법률로 규정하여 객관적이고 공정한 기준에 의하지 아니한 자의적인 직권면직을 제한함으로써 직업공무원의 신분을 두텁게 보장하려는 데 그 취지가 있다고 할 것이므로, 위 법조항에 정해진 기준인 '임용형태·업무실적·직무수행능력·징계처분사실'을 고려하지 아니한 채 이와는 다른 기준을 정하여 한 면직처분은 이를 정당화할 만한 특별한 사정이 없는 한 위법하다고 보아야 한다(국립대학교총장이 기능직공무원을 단지 '휴직자와 정년이 가까운 자'를 면직 우선 대상자로 한다는 기준만을 정하여 면직처분을 한 경우, 이는 국가공무원법 제70조 제3항의 규정에 반하는 위법한 처분이라고 한 사례)(대판 2002.9.27, 2002두3775).

[3] 지방공무원법 제62조(직권면직) 제1항 제3호의 규정에 의한 임용권자의 직권면직은 기본적으로 재량행위라고 할 것이므로 임용권자가 같은 법조 제3항의 규정에 따라 임용형태, 업무실적, 직무수행능력, 징계처분사실 등을 고려한 합리적이고 공정한 기준에 의하여 면직대상자를 선정하고 그에 따라 면직처분을 하였다면 그 면직처분은 적법한 재량권의 행사에 해당한다고 할 것인바, 서울특별시의회가 서울특별시정원조례를 개정하여 검침인력에 대한 직제와 정원을 폐지함에 따라 행해진 직권면직처분에 있어서 이러한 조례개정이 정당한 입법재량의 한계 내에서 이루어진 이상, 서울특별시장이 상수도 검침인력에 대한 직권면직처분을 함에 있어서 초과근무실적과 병가사용을 직권면직기준으로 설정한 것을 재량권의 일탈·남용이라고 할 수 없다(대판 2005.4.15, 2004두14915).

[4] **별정직 지방공무원을 직권면직함에 있어 객관적이고도 합리적인 근거를 갖추었는지 여부의 판단 기준**     임용권자가 별정직 공무원을 직권면직함에 있어서도 자의는 허용되지 않고 객관적이고도 합리적인 근거를 갖추어야 할 것이지만, 별정직 공무원은 특정한 업무를 담당하기 위하여 경력직 공무원과는 별도의 자격 기준에 의하여 임용되는 공무원으로 지방공무원법 제7장의 '신분보장', 제8장의 '권익의 보장'의 규정이 적용되지 아니하고, 지방자치단체의 지방별정직 공무원의 임용 등에 관한 조례에서 '임용권자가 필요하다고 인정할 때'를 직권면직사유로 정하여 임용권자에게 광범한 재량권이 부여되고 있는 점에 비추어 보면, 별정직 공무원을 직권면직함에 있어 객관적이고도 합리적인 근거를 갖추었는지의 여부는 당해 직무를 별정직 공무원

에게 담당하게 한 제도의 취지, 직무의 내용과 성격, 당해 별정직 공무원을 임용하게 된 임용조건과 임용과정, 직권면직에 이르게 된 사정 등을 종합적으로 고려해서 판단하여야 한다( 대판 2007.8.24, 2005두16598 ).

### 3) 하자승계의 문제

직권면직처분에 대해서는 그에 앞선 직위해제처분과의 관계에 있어서 하자승계의 문제가 논의되고 있다. 즉, 직위해제처분을 받은 자가 직권면직처분을 받은 경우 이미 불가쟁력이 발생한 직위해제처분의 위법을 이유로 직권면직처분의 위법을 다툴 수 있겠는가가 문제된다.

이에 대해서는 ㉠ 행정행위 하자승계론의 입장에서 양 처분이 각각 별개의 법효과를 목적으로 하는 처분이라는 점에서 부정하는 견해와 ㉡ 현실적으로 직위해제처분에 대한 쟁송제기의 기대가능성이 적다는 점, 소청제기기간이 30일로서 일반적인 경우에 비해 짧다는 점을 들어 긍정하는 견해가 대립하고 있다.

판례는 기본적으로 양 처분간의 하자승계를 부인하는 입장에 서있다. 다만 판례의 최근 경향은 선행처분과 후행처분이 서로 독립하여 별개의 효과를 목적으로 하는 경우에도 선행처분의 불가쟁력이나 구속력이 그로 인하여 불이익을 입게 되는 자에게 수인한도를 넘는 가혹함을 가져오며, 그 결과가 당사자에게 예측가능한 것이 아닌 경우에는 국민의 재판받을 권리를 보장하고 있는 헌법의 이념에 비추어 선행처분의 후행처분에 대한 구속력은 인정될 수 없다고 보아 예외적으로 선행처분의 하자를 이유로 후행처분의 효력을 다툴 수 있는 경우를 인정하고 있다는 점에 유의할 필요가 있다.[10]

**직위해제처분과 직권면직처분간의 하자승계 여부**   원심은 직위해제처분이 있은 후 다시 면직처분이 있은 본건과 같은 경우에 있어서 원고가 그 의사에 반한 불리한 직위해제처분을 받고 그 처분에 대하여 불복이 있을 때에는 국가공무원법 제76조 제1항에 의하여 소청심사위원회에 심사를 청구하여야 되고, 만약 심사청구도 하지 않고 그 소정 청구기간을 도과하였을 때에는 그 처분이 당연 무효인 경우를 제외하고는 다시 위법 부당을 다툴 수 없게 된다고 판단한 다음, 본건에 있어서 원고는 직위해제처분에 대하여 소정기간 내에 소청심사청구나 행정소송을 제기한 바 없고, 그 후의 면직처분에 대한 불복의 행정소송에서(설사 본건 직위해제처분이 원고주장대로 사실조사도 없이 행한 것이라 하더라도 이것만으로 당연무효의 처분이라고 볼 수 없고 취소사유에 불과하다) 직위해제처분의 취소사유를 들어 다시 위법을 주장할 수 없다고 판단하였음은 정당하다( 대판 1970.1.27, 68누10 ).

---

10) 대판 1994. 1. 25, 93누8542; 1998. 3. 13, 96누6059 등. 행정행위의 하자승계론에 대해서는 '행정작용론' 해당 부분 참조.

## 3. 면직의 효력발생

면직은 공무원 본인이나 임용권자의 의사에 의하여 공무원관계가 소멸하는 효력을 발하며, 그 시기는 「공무원임용령」 제 6 조 제 1 항 본문의 규정에 의하면 공무원의 임용시기에 관하여 공무원은 임용장 또는 임용통지서에 기재된 일자에 임용된 것으로 본다고 되어 있고 이는 임용장 또는 임용통지서에 기재된 일자에 임용의 효과가 발생함을 말하는 것이므로, 임용중 면직의 경우에는 면직발령장 또는 면직통지서에 기재된 일자에 면직의 효과가 발생하여 그날 영시(00 : 00)부터 공무원의 신분을 상실한다고 해석하여야 할 것이다.11)

## Ⅲ. 그 밖의 소멸사유

공무원관계는 당연퇴직이나 면직 이외에도 임명의 취소, 계약해지, 탄핵결정 등에 의해서도 소멸한다.

임명의 취소란 임용권자가 쌍방적 행정행위로서의 임용행위에 하자가 있음을 인정하여 임용처분을 직권으로 취소하는 것을 말한다.

계약해지는 계약직 공무원의 경우처럼 공법상 계약에 의해 공무원관계가 성립한 경우 계약기간이 종료하거나 기간중 공무를 계속하여 수행하기 곤란한 경우 일방 당사자의 계약해지의 의사표시에 의하여 공무원관계가 소멸하는 경우를 말한다.

**계약직공무원에 대한 채용계약해지의 의사표시의 유효 여부를 판단함에 있어서 이를 일반직 공무원에 대한 징계처분과 같이 보아야 하는지 여부**    계약직공무원에 관한 현행 법령의 규정에 비추어 볼 때, 계약직공무원 채용계약해지의 의사표시는 일반공무원에 대한 징계처분과는 달라서 항고소송의 대상이 되는 처분 등의 성격을 가진 것으로 인정되지 아니하고, 일정한 사유가 있을 때에 국가 또는 지방자치단체가 채용계약 관계의 한쪽 당사자로서 대등한 지위에서 행하는 의사표시로 취급되는 것으로 이해되므로, 이를 징계해고 등에서와 같이 그 징계사유에 한하여 효력 유무를 판단하여야 하거나, 행정처분과 같이 행정절차법에 의하여 근거와 이유를 제시하여야 하는 것은 아니다( 대판 2002.11.26, 2002두5948 ).

그 밖에 대통령, 국무총리 등 일부 정무직공무원은 탄핵이 결정됨으로써 그 공무원 근무관계가 소멸할 수 있다. 다만 이때에는 국회에 의한 탄핵소추의결과 헌법재판소에 의한 탄핵결정 등의 절차가 충족되어야 함을 유의하여야 한다.

---

11) 대판 1985. 12. 24, 85누531.

# 제 **4** 장  공무원법관계의 내용

제1절  공무원의 권리
 I. 신분상의 권리
 II. 재산상의 권리

제2절  공무원의 의무
 I. 공무원의 의무의 근거

II. 공무원 의무의 개별적 내용

제3절  공무원의 책임
 I. 공무원책임의 의의
 II. 국가에 대한 책임
 III. 다른 타인에 대한 책임

공무원법관계를 구성하는 내용에는 일반적인 법률관계가 그러하듯이 권리와 의무가 포함된다. 그러나 공무원법관계의 주요한 특색은 권리보다 특별한 내용의 의무가 강조되어 있는 점에 있다. 즉 특별행정법관계의 존립목적 달성을 위한 공무원 자신에 대한 여러 가지 제약이 다른 법관계와 구별되는 특색을 가져오게 한다. 따라서 공무원법관계에서는 공무원에게 부과되는 특별한 내용의 의무가 중요한 의미를 갖게 된다.

# 제1절  공무원의 권리

## I. 신분상의 권리

이는 공무원으로서의 신분을 가짐으로써 인정되는 권리들을 말한다.

### 1. 신분보장과 관련되는 권리

#### (1) 직업공무원제도의 내용으로서의 보장

공무원의 신분보장은 앞에서 논한 직업공무원제도의 주요내용으로서 현행 헌법 제7조 제2항에서도 확인되고 있다. 이에 따라 공무원의 신분은 법률이 정하는 바에 의하여 보장되며, 이에 관한 법률인 「국가공무원법」은 "형의 선고, 징계처분 또는 이 법으로 정하는 사유에 따르지 아니하고는 본인의 의사에 반하여 휴직·강임 또는 면직을 당하지 아니한다"(제68조)라고 규정하고 있다. 이러한 보장은 정치적인 정권교체에도 불구하고 공무원의 직무수행의 영속성을 확보하고 책임 있는 행정수행을 보장하기 위한 것으로 인정된다고 볼 수 있다.

### (2) 개별적 내용

신분보장에 관한 권리의 개별적 내용으로서는 공무원의 신분보장에 영향을 주는 처분에 대해서 공무원에게 인정되는 권리를 들 수 있다.

#### 1) 법정된 사유에 의한 처분

공무원의 신분변동에 관한 처분은 법정된 사유에 의해서만 가능하다. 이에 관해서는 「국가공무원법」 제68조가 규정하고 있다. 그러나 이때에 입법자가 신분변동에 영향을 주는 일정한 사유를 법률로 정하는 경우에도 제한 없이 자유롭게 이러한 사유를 정할 수 있는 것은 아니며, 직업공무원제도가 갖는 제도적 보장의 성질에 비추어, 그 내용이 직업공무원제도의 본질적 내용침해의 금지에 해당하지 않을 것이 요구된다.

헌법재판소의 1989년 12월 18일 결정(89헌마32, 33 결정)에 의하면, 구 「국가보위입법회의법」 부칙 제 4 항(내용 : "이 법 시행당시의 국회사무처와 국회도서관은 이 법에 의한 사무처 및 도서관으로 보며, 그 소속공무원은 이 법에 의한 후임자가 임명될 때까지 그 직을 갖는다")은 직업공무원제도의 본질적 내용을 침해한 것이라고 인정하고 있다.

한편 판례는 동장의 지위 및 그 공무의 특수성, 정치적 중립성 및 신분보장의 필요성 등에 비추어 볼 때 구 「지방공무원법」(1994.12.22. 법률 제4797 호로 개정되기 전의 것) 제 2 조 제 3 항 제 2 호 (나)목(이 규정은 1994.12.12. 법률 개정으로 삭제되었음), 제 4 항 제 3 호가 동장을 특수경력직공무원(별정직공무원)으로 분류하고 그에 대하여 경력직공무원에 대한 신분보장과는 달리 구 지방자치법령 및 자치법규(규칙)에 의하여 별도의 신분보장을 받을 수 있도록 한 것은, 입법재량의 범위 내에 있는 것으로서 직업공무원제도의 본질적 내용을 침해하는 것이라고 볼 수 없다고 한다.

> 헌법 제 7 조 제 2 항이 직업공무원제도가 정치적 중립성과 신분보장을 중추적 요소로 하는 민주적이고 법치주의적인 공직제도임을 천명하고 그 구체적 내용을 법률로 정하도록 위임하고 있으므로, 이와 같은 헌법의 위임 및 기속적 방향제시에 따라 지방공무원법이 지방공무원의 종류 및 신분보장에 관하여 구체적 내용을 정하거나 변경하는 것은 직업공무원제도의 본질적 내용을 침해하거나 비례의 원칙(과잉금지의 원칙) 또는 신뢰보호의 원칙에 위반되지 아니하는 한 입법재량의 범위 내에 있는 것으로서 이를 위헌·무효의 규정이라고 할 수 없다(정년제이던 동장의 신분보장에 관하여 근무상한기간제를 추가한 서울특별시 자치구의 동장임용등에관한규칙이 위헌·

무효의 규정이 아니라고 본 사례)($\frac{대판\ 1997.3.14,}{95누17625}$).

## 2) 처분사유설명서의 교부에 의한 처분

징계처분·강임·휴직·직위해제 또는 면직처분을 행할 때에는 당해 공무원에게 처분의 사유를 기재한 설명서를 교부하여야 한다($\frac{국가공무원}{법\ 제75조}$). 이러한 요건은 당해 공무원으로 하여금 적절하게 자신의 권리를 방어할 수 있도록 하기 위한 것이므로, 당해 처분의 효력발생요건으로 보아야 할 것이다. 그러나 판례는 이러한 처분사유설명서의 교부를 처분의 효력발생요건으로 인정하지 않으며, 당해 처분의 통지가 피처분자가 볼 수 있는 상태에 놓여있을 때에는 처분사유설명서의 교부가 없다고 하더라도 행정처분 자체가 유효하다고 보고 있다.

[1] 공무원의 대하여 징계처분 또는 면직 등 처분을 할 때 그 처분통지를 하는 것은 그 행정처분이 정당한 이유에 의하여 한 것이라는 것을 분명히 하고 또 피처분자로 하여금 불복있는 경우에 제소의 기회를 부여하는데 그 취지가 있다 할 것이고 그 처분사유설명서의 교부를 처분의 효력발생요건이라 할 수 없고 그 처분의 통지가 피처분자의 볼 수 있는 상태에 놓여질 때에는 처분설명서의 교부가 없다 하더라도 그 행정처분은 유효하다($\frac{대판\ 1970.1.27,}{68누10}$).

[2] 지방공무원법 제67조 제1항의 규정은 징계처분이 정당한 이유에 의하여 한 것이라는 것을 분명히 하고 또 피처분자로 하여금 불복이 있는 경우에 출소의 기회를 부여하는 데 그 법의가 있다고 할 것이므로 그 처분사유설명서의 교부를 처분의 효력발생요건이라고 할 수 없을 뿐만 아니라 직권에 의한 면직처분을 한 경우 그 인사발령통지서에 처분사유에 대한 구체적인 적시 없이 단순히 당해 처분의 법적 근거를 제시하는 내용을 기재한 데 그친 것이더라도 그러한 기재는 위 법조 소정의 처분사유설명서로 볼 수 있다($\frac{대판\ 1991.12.24,}{90누100}$).

[3] **의원면직처분을 하는 경우에도 사유설명서를 교부하여야 하는지 여부**  구 국가공무원법 제75조, 구 경찰공무원법 제58조 규정에서 징계처분 등을 행할 때 그 상대방에게 사유설명서를 교부토록 한 것은 상대방에게 그 처분을 받게 된 경위를 알도록 함으로써 그에 대한 불복의 기회를 보장함과 아울러 임용권자의 자의를 배제하여 처분의 적법성을 보장하기 위한데 있는 것이므로 상대방의 의사에 기한 의원면직처분과 같은 경우에는 위 법에 따른 처분사유설명서가 요구되는 것은 아니다($\frac{대판\ 1986.7.22,}{86누43}$).

[4] 본조는 징계의결이 된 때에는 임용권자가 징계처분사유설명서를 징계의결이 된 자에게 교부하여 그 행정처분이 정당한 이유에 의하여 한 것이라는 것을 분명히 하고 또 피처분자로 하여금 불복이 있는 경우에 출소의 기회를 부여하는데 그 법의가 있으므로, 징계처분사유설명서의 교부권자(임용권자)가 아닌 경찰서장이 징계처분사유설명서를 교부하였다고 하더라도 그 징계처분사유설명서가 피처분자에게 교부된 이상 동인에 대한 징계처분은 유효하다($\frac{대판\ 1980.12.9,}{80누353}$).

### 3) 소청을 제기할 수 있는 권리

징계처분이나 공무원의 신분에 관해 본인의 의사에 반한 불이익처분이 행해지는 경우에는, 해당 공무원은 소청심사위원회에 심사를 청구할 수 있는 소청제기권을 갖게 된다(국가공무원법 제76조 1항). 이는 특별법상의 행정심판으로서의 성질을 가지며, 행정소송을 제기하기 위한 필수적인 전치절차로서의 의미를 갖는 것이다(국가공무원법 제16조 1항). 따라서 이를 거치지 않고 행정소송을 제기하면 당해 소송은 각하된다.

직위해제처분을 받은 지방공무원이 그 처분에 위법이 있다 하여 행정소송으로 다퉈려면 먼저 소청심사위원회에 그 심사를 청구하여야 하고 이는 구 행정소송법(51. 8. 24. 법률 제213호) 제 2 조 제 1 항 단서로서도 구제될 여지가 없다(대판 1970.11.30, 70누132).

### 4) 소송제기권

공무원의 신분에 관한 위법한 처분이 행해지는 때에 행정소송을 제기할 수 있는 권리를 갖게 된다. 그러나 이는 통상적인 권리구제제도이므로 공무원신분보장을 위한 독립적인 제도로서의 의미를 갖는 것은 아니라고 보아야 할 것이다.

## (3) 적용의 배제

그러나 이와 같은 내용의 신분보장이 인정되는 공무원은 주로 경력직 공무원이며, 특수경력직 공무원은 이에서 제외된다. 또한 경력직 공무원 중에서 1급공무원(및 직무등급이 가장 높은 등급의 직위에 임용된 고위공무원단에 속하는 국가공무원)에 대해서는 특정한 사유나 절차에 구애받지 않고 직권면직이 가능하도록 함으로써, 임용권자인 대통령의 정치적 판단에 의해 본인의 의사에 반하여 신분이 변동되는 가능성을 인정하고 있다(국가공무원법 제68조 단서; 지방공무원법 제60조 단서 ; 경찰공무원법 제30조 1항 ).1) 고위공무원단에 속하는 공무원에 대해서는 적격심사결과 부적격 결정을 받은 경우도 직권면직할 수 있도록 함으로써 고위공무원단의 특수성을 인정하고 있다(국가공무원법 제70조의2). 시보임용 중에 있는 공무원에 대해서도 이러한 신분보장이 인정되지 않는다(국가공무원법 제29조 3항). 그러나 이때에도 특별법의 성질을 갖는 다른 공무원법의 규정에서 이와 다른 내용을 두고 있는 경우에는, 1급공무원에 대해서도 신분보장이 인정된다고 본다(외무공무원법 제23조 참조).

## 2. 직무집행과 관련되는 권리

### (1) 직무수행권

공무원으로서의 신분을 가지고 직무를 수행하는 경우에는 그 공익적 성격으로 인

---

1) 그러나 이 조항에 대해서는 공무원의 신분을 보장한 헌법정신을 훼손할 소지가 있다는 이유로, 전 국립중앙과학관장이 제기한 위헌법률심판제청을 서울고법 특별 8 부가 1993년 8월 26일 받아들임으로써 헌법재판소에 사건이 계류중이었으나, 1995. 10. 16. 제청이 취소되었다.

해 직무를 집행할 정당한 권리를 갖게 된다. 따라서 당해 직무집행을 방해하는 경우에는 형법적으로 공무집행방해죄를 구성하게 된다(형법 제136조, 제137조 참조). 또한 이때에 직무내용의 특수한 성격상 무기사용이 필요로 되는 공무원에 대해서는, 무기를 휴대하여 사용할 수 있는 권리가 인정된다(경찰공무원법 제20조 2항).

### (2) 제복착용권의 인정여부

학자들은 제복이 있는 공무원은 제복을 착용할 권리가 존재하며, 이러한 제복착용권을 직무집행과 관련되는 권리로 보고 있다.[2] 그러나 제복을 입는다는 것은 오늘날의 의미에서는 공무원 개인이 갖는 기본권에 비추어 특권이라기보다는 제약으로서의 성질이 강하므로, 이는 권리로서 파악하기보다는 의무로서의 성질을 강조하는 것이 타당하리라고 본다. 또한 이에 관한 사항을 규율하고 있는 실정법상의 표현에 비추어 보더라도[3] 의무로서의 성질을 인정하여야 할 것이다.

### (3) 직위보유권의 인정여부

또한 학자에 따라서는 직위보유권의 개념을 인정하여 그 내용을 "자신에게 적합한 일정한 직위를 부여받을 권리와, 자기에게 부여된 직위가 법이 정한 일정한 이유와 절차에 의하지 아니하고는 박탈당하지 않을 권리"로서 파악하고 있다.[4]

그러나 과연 공무원에게 '자신에게 적합한 일정한 직위를 부여받을' 내용의 권리가 인정될 수 있을지에 대해서는 회의적이다. 직위부여는 물론 당해 공무원의 능력과 적성에 맞게 부여되는 것이 바람직하나, 각 부서의 인적 사정이나 국가전체의 공무원 수급계획 등에 의해 현실적으로 제약받게 되는 것이므로, 설령 자신에게 적합하지 못한 직위가 부여되었다고 하여 공무원이 이에 대해 공권으로서 소송을 제기하여 다툴 수 있는지는 지극히 회의적이다. 그리고 '자기에게 부여된 직위를 법정사유와 절차에 의하지 아니하고는 박탈당하지 않을 권리'는 이미 앞에서 논한 신분보장과 관련된 권리의 내용으로 파악될 수 있으므로, 이를 직위보유권이라는 별도의 새로운 권리의 내용으로 이해할 필요는 없을 것이다. 따라서 직위보유권이라는 별도의 권리는 인정될 수 없다고 본다.

---

2) 박윤흔(하), 236면.
3) 예컨대 「경찰공무원법」 제20조 제 1 항 : 경찰공무원은 제복을 착용하여야 한다.
4) 예컨대 홍정선(하), 326면.

## Ⅱ. 재산상의 권리

공무원은 다음과 같은 경제적 의미를 갖는 권리를 갖는다.

### 1. 보수청구권

#### (1) 관련규정

공무원의 보수에 관해서는 「국가공무원법」 제47조에 규정된 내용 이외에 「대통령령」에 의하여 규율되고 있다. 이에 근거하여 제정된 것이 「공무원보수규정」과 「지방공무원보수규정」이다. 따라서 구체적인 내용은 이러한 대통령령이 정하고 있다.

#### (2) 보수의 의의

공무원이 국가나 지방자치단체에 대해서 청구할 수 있는 보수는 봉급과 기타 각종수당을 합산한 액을 말한다. 이때의 보수는 일반적인 근로자의 봉급과 마찬가지로 제공된 노무(또는 직무수행)의 대가로서의 성질과 생활보장적인 성질[5] 모두를 포함하고 있다고본다. 따라서 보수를 결정함에 있어서는 일반의 표준생계비, 물가 수준, 그 밖의 사정을 고려하여 정하되, 민간부문의 임금수준과 적절한 균형을 유지하도록 노력하여야 한다(국가공무원법 제46조 2항). 그러나 공무원의 보수는 다른 한편으로 현실에 있어서 직무집행의 공정성과 성실한 직무수행을 보장하는 기능을 하게 됨도 간과할 수 없다. 앞에서 논한 독일에서의 직업공무원제도의 핵심적인 내용속에 '적절한 보수의 보장'이 포함되어 있다는사실은 직업공무원제도의 보장을 위한 현실적 요건으로서의 보수가 갖는 의미나 중요성을 반영한 것으로 볼 수 있다. 따라서 공무원보수는 직무수행의 대가, 생활보장의 수단 및 공무수행의 공정성확보의 차원에서 현실화될 필요가 있으며, 현실화되지 못하는보수여건 속에서 공무원의 의무만을 강조하는 것은 무의미할 것이다.

#### (3) 보수의 종류

공무원의 보수는 봉급과 수당으로 나누어진다.

##### 1) 봉  급

공무원에게 지급되는 기본급여로서 직무의 곤란성, 책임의 정도 및 재직기간 등에 따라 계급별, 호봉별로 지급된다.

##### 2) 수  당

예산의 범위 안에서 공무원에게 지급되는 봉급 이외의 보수로서, 이에는 직무수

---

5) 학자들은 생활보장적인 성격대신에 '생활자료'라는 표현을 사용하기도 한다(예컨대 김도창 (하), 260면; 홍정선(하), 331면).

당, 상여수당, 특수근무지수당, 특수근무수당, 명예퇴직수당 등이 있다. 또한 이러한 통상적인 수당 이외에도 근무성적이 우수한 공무원에 대하여는 상여금을 지급할 수 있도록 하고 있다($\frac{제51조}{2항}$). 이는 공무원사회에 경쟁을 도입하고 생산성과 효율을 증진할 목적으로 도입된 제도로서, 이에 관한 사항은 「국회규칙」, 「대법원규칙」, 「헌법재판소규칙」, 「중앙선거관리위원회규칙」 또는 대통령령으로 정하게 된다($\frac{제47조}{2항}$).

**공무원에게도 근로기준법 제38조의 휴업수당 규정이 적용되는지 여부**   공무원도 임금을 목적으로 근로를 제공하는 근로기준법 제14조 소정의 근로자이므로, 공무원연금법, 공무원보수규정, 공무원수당규정 등에 특별한 규정이 없는 경우에는 공무원에 대하여도 성질에 반하지 아니하는 한 원칙적으로 근로기준법이 적용되므로, 국가의 부당한 면직처분으로 인하여 공무원이 그 의사에 반하여 근로를 제공할 수 없는 경우 공무원의 최저생활을 보장할 필요성은 사기업의 근로자와 동일하므로 근로기준법 제38조는 공무원에게도 적용된다($\frac{대판\ 1996.4.23.}{94다446}$).

### (4) 보수청구권의 성질

보수청구권은 공무원법관계에서 발생하는 공권이므로 이에 관한 소송유형은 행정소송으로서 공법상의 당사자소송에 의하여야 할 것이다. 그러나 소송실무상은 민사소송에 의하고 있다.

보수청구권은 생활보장적인 성격을 가지므로 민사소송상의 압류에 있어서 2분의 1을 넘는 액수는 압류가 제한된다($\frac{민사소송법}{제579조 4호}$). 그러나 이는 공무원의 보수청구권만이 갖는 특색은 아니며, 일반적인 급여채권이 갖는 생활보장적인 특색으로 인해 인정되는 것으로 보아야 할 것이다. 보수청구권은 국가에 대한 권리로서 금전의 급부를 목적으로 하는 것이므로 그 소멸시효는 「국가재정법」 규정에 의하여 5년의 소멸시효에 해당한다($\frac{제96조}{2항}$).

## 2. 연금청구권

### (1) 의    의

연금이란 원래의 의미에 있어서 퇴직한 공무원에 대하여 과거의 근무를 고려하여 이를 배려하기 위하여 본인이나 그 가족의 생활보장을 위하여 지급하는 급여를 말한다.6) 그러나 이에 관한 관련법인 「공무원연금법」에 의하면, 이러한 퇴직의 경우 이외에도 공무상의 질병·부상·폐질 또는 사망에 의한 경우도 일정한 급여를 지급하도록 하고 이를 연금청구권의 내용으로 포함하고 있다.

---

6) 박윤흔(하), 239면.

### (2) 내    용

「공무원연금법」에 의하여 지급되는 급여는 공무원의 퇴직·사망 및 비공무상 장해에 대하여 각각 퇴직급여, 퇴직유족급여, 비공무상 장해급여 및 퇴직수당으로 나뉜다. 이 경우 퇴직급여는 퇴직연금, 퇴직연금일시금, 퇴직연금공제일시금 및 퇴직일시금이 있으며, 퇴직유족급여는 퇴직유족연금, 퇴직유족연금부가금, 퇴직유족연금특별부가금, 퇴직유족연금일시금 및 퇴직유족일시금이 있으며, 비공무상 장해급여에는 비공무상 장해연금과 비공무상 장해일시금이 있다(동법 제28조). 퇴직수당은 공무원이 1년 이상 재직하고 퇴직하거나 사망한 경우에 지급한다(동법 제62조 1항).

### (3) 연금청구권의 성질

연금인 급여를 받을 권리는 이를 대통령령이 정하는 금융기관에 담보로 제공할 수 있고, 「국세징수법」·「지방세기본법」 기타 법률에 의한 체납처분의 대상으로 할 수 있다(공무원연금법 제39조).

## 3. 실비변상을 받을 권리

공무원은 보수를 받는 이외에 「국회규칙」, 「대법원규칙」, 「헌법재판소규칙」, 「중앙선거관리위원회규칙」 또는 대통령령이 정하는 바에 따라 직무수행에 필요한 실비변상을 받을 수 있다(국가공무원법 제48조 1항). 이러한 실비로는 「공무원여비규정」에 의한 운임, 일비, 숙박료, 식비 등을 지급받는 경우를 들 수 있다.


# 제 2 절   공무원의 의무


## I. 공무원의 의무의 근거

공무원의 법관계를 지배하는 주된 특색은 다른 법관계에서 볼 수 없는 특유한 의무가 강조된다는 점이다. 이러한 의무는 종전에는 이른바 특별권력관계라는 이름하에 법률의 근거 없이도 부과되고 정당화되었으나, 오늘날은 법률의 근거하에서만 인정되고 있다(주로 국가공무원법이나 지방공무원법에서 규율되고 있다). 또한 이러한 공무원의 의무는 현실적으로는 헌법상의 요청인 국민전체에 대한 봉사자로서의 지위와 정치적 중립성의 실현을 위하여 인정된다는 점에서 그 존재의의가 논의될 수도 있다.

## Ⅱ. 공무원 의무의 개별적 내용

### 1. 일반적 의무

#### (1) 선서의무

공무원은 취임할 때에 소속기관장 앞에서 「국회규칙」, 「대법원규칙」, 「헌법재판소 규칙」, 「중앙선거관리위원회규칙」 또는 대통령령이 정하는 바에 따라 선서를 하여야 한다. 다만 불가피한 사유가 있을 때에는 취임 후에 선서를 하게 할 수 있다($^{국가공무원법}_{제55조}$).

#### (2) 성실의무

공무원은 성실히 직무를 수행하여야 한다($^{제56}_{조}$). 이 의무는 그 내용에 있어서 윤리적 성격이 강하기는 하나, 최대한으로 공공의 이익을 도모하고 그 불이익을 방지하기 위하여 자신의 전인격과 양심을 바쳐서 성실히 직무를 수행하여야 하는 것을 의미한다.7) 따라서 이는 단순한 윤리적 의무가 아니라 구체적인 법적 의무로서의 성격을 갖는다고 보아야 할 것이다. 따라서 성실의무를 위반하면 징계의 사유가 된다. 그러나 현실적으로는 '성실한 행위'의 기준이 불명확하기에 어느 정도의 행위가 이러한 성실의무의 위반에 해당하는가는 그 판단이 용이하지 않다. 따라서 판례상으로는 이 의무의 위반은 조금 더 구체적인 의무위반($^{예컨대}_{청렴의무\ 등}$)과 연계하여 인정되고 있다.8)

#### (3) 품위유지의무

공무원은 직무의 내외를 불문하고 그 품위를 손상하는 행위를 하여서는 안 된다($^{제63}_{조}$). 이때의 품위는 주권자인 국민의 수임자로서 직책을 맡아 수행해나가기에 손색이 없는 인품을 말하는 것으로서,9) 이러한 내용의 품위에 위반되는 행위를 금지하고자 하는 것이다. 따라서 공무원의 축첩행위, 도박행위, 아편이나 알코올중독행위, 교육공무원의 남의 논문표절행위, 자신의 파면처분취소청구를 부질없이 수회 반복하는 행위 등은 품위유지의무위반이 된다. 이 의무를 위반하면 징계사유가 된다.

　　**지방공무원법 제55조 소정의 품위유지 의무의 의미 내용**　　지방공무원법 제55조의 품위유지의 의무는 공직의 체면, 신용을 유지하고 주권자인 국민의 수임자로서 국민 전체의 봉사자로서의 직책을 다함에 손색이 없는 몸가짐을 뜻하고 직무 내외를 불문한다($^{대판\ 1982.9.14,}_{82누46}$).

---

7) 대판 1989. 5. 23, 88누3161.
8) 대판 1983. 9. 27, 83누356; 1990. 3. 13, 89누5034.
9) 대판 1987. 12. 8, 87누657.

#### (4) 청렴의무

공무원은 직무와 관련하여 직접 또는 간접을 불문하고 사례, 증여 또는 향응을 수수할 수 없으며, 직무상의 관계여하를 불문하고 그 소속상관에게 증여하거나 소속 공무원으로부터 증여를 받아서는 아니 된다($\frac{제61}{조}$). 이 의무는 실질적인 관계에 있어서는 앞에서 논한 품위유지의무를 경제적 측면에서 강조한 것으로 볼 수 있다.

현실적으로 이 의무의 준수를 담보하기 위해,「공직자윤리법」은 공직자의 재산등록의무($\frac{제3조}{이하}$), 선물신고의무($\frac{제15조}{이하}$) 및 퇴직공무원의 취업제한($\frac{제17조}{이하}$) 등을 규정하고 있다. 이러한「공직자윤리법」상의 의무를 이행하지 않는 경우에는 징계책임을 지는 외에($\frac{제22}{조}$) 재산등록거부의 죄($\frac{제24}{조}$), 거짓자료 제출 등의 죄($\frac{제25}{조}$), 출석거부의 죄($\frac{제26}{조}$) 및 취업제한위반의 죄($\frac{제29}{조}$)의 형벌의 책임을 지게 된다.

그 밖에도 형법상의 증수뢰죄의 존재도 이러한 청렴의무와 그 관련성을 갖는 것으로 볼 수 있다. 물론 이 의무위반시에도 징계책임을 지게 되며, 이때의 징계책임과 형사책임은 일사부재리원칙에 반하는 것이 아님은 물론이다.

> **공무원의 청렴의무를 규정한 지방공무원법 제53조 제 1 항의 규정취지**　　지방공무원법 제53조 제 1 항은 공무원은 직무에 관련하여 직접 또는 간접을 불문하고 사례, 증여 또는 향응을 수수할 수 없다고 규정하였는바, 그 취지는 공무원이 직무에 관하여 사전에 부정한 청탁을 받고 직무상 부정행위를 하는 것을 방지하려는 데에 그치는 것이 아니고, 사전에 부정한 청탁이 있었는지의 여부나 금품수수의 시기 등을 가릴 것 없이 공무원의 직무와 관련한 금품수수행위를 방지하여 공무원의 순결성과 직무행위불가매수성을 보호하고 공무원의 직무집행의 적정을 보장하려는 데에 있다($\frac{대판\ 1992.11.27.}{92누3366}$).

### 2. 직무상 의무

#### (1) 법령준수의무

모든 공무원은 직무집행에 있어서 법령을 준수하여야 한다($\frac{제56}{조}$). 이는 공무원의 직무수행에 있어서 가장 기본적인 의무로서, 위반의 경우에는 내부적으로 징계의 사유가 됨은 물론이고 외부적으로 손해배상이나 형벌의 효과를 야기하게 된다.

#### (2) 복종의무

공무원은 직무를 수행함에 있어서 소속상관의 직무상 명령에 복종하여야 한다($\frac{제57}{조}$).

##### 1) 소속상관의 명령

이때의 소속상관이란 공무원의 직무를 지휘·감독할 권한이 있는 사람을 말하는 것으로서, 직무상의 소속상관을 의미한다. 이때에 둘 이상의 상관으로부터 서로 모순되는 직무명령이 발령되는 때에는, 당해 직무와 공무원과의 관련성에 비추어 바로 직근 상관의 직무명령에 복종하여야 할 것이다.

### 2) 직무명령

(개) 의 의    직무명령이란 소속상관이 직무와 관련하여 당해 공무원에 대하여 발하는 명령을 말한다. 이는 상급공무원의 하급공무원에 대한 명령이라는 점에서, 상급관청이 하급관청에 대하여 발하는 훈령과 구별된다.

(내) 요 건    직무명령은 형식적 요건으로서 직무상의 소속상관이 발하고, 당해 하급 공무원의 직무범위에 속하는 사항에 관한 것이며, 일정한 절차나 형식이 요구되는 때에 이를 갖추고 발령될 것이 필요로 된다. 다른 한편으로 실질적 요건으로서는 그 내용이 적법하고 공익에 적합할 것이 요구된다.

### 3) 복종의무의 한계

공무원의 복종의무는 상관의 직무상 명령의 적부에 대해 스스로 심사할 수 있는 권한을 인정할 것인가와 관련하여 그 한계가 논의된다.

① 직무명령의 형식적 요건에 대해서는 그 충족여부가 외관상 명백하게 나타난다고 볼 수 있으므로 그 요건이 결여된 때에는, 당해 공무원 스스로 심사하여 복종을 거부할 수 있다고 보아야 할 것이다.

② 직무명령의 실질적 요건은 그 내용에 관한 것으로서, 특히 위법한 직무명령에도 복종할 의무가 존재하는가와 관련하여 문제가 제기된다. 이때에는 현실적으로 법령준수의무와 복종의무가 서로 충돌되는 문제가 발생하나, 이 경우에는 법치주의원칙에 비추어 전자인 법령준수의무가 강조되지 않을 수 없을 것이다. 따라서 공무원은 직무명령 내용이 중대하고 명백한 하자가 있어서 무효이거나 범죄행위를 구성하는 경우와, 무효에는 이르지 않더라도 위법하다는 것이 명백한 때에는, 법령준수의무로 인하여 당해 직무명령에 대한 복종을 거부할 수 있을 뿐 아니라 거부할 의무도 인정된다. 이러한 내용의 직무명령에 복종하는 경우에는 그로 인한 민사상 책임, 형사상 책임 및 징계책임을 지게 된다. 그러나 직무명령의 내용상의 하자가 이러한 정도에 이르지 않는 경우, 즉 법령해석상의 견해차이에 불과하거나 부당하다고 인정되는 데 그치는 때에는 복종을 거부할 수 없으며, 단지 상관에게 자신의 의견을 진술할 수 있을 뿐이다(지방공무원법<br>제49조 단서 참조).

상관의 적법한 직무상 명령에 따른 행위는 정당행위로서 형법 제20조에 의하여 그 위법성이 조각된다고 할 것이나, 상관의 위법한 명령에 따라 범죄행위를 한 경우에는 상관의 명령에 따랐다고 하여 부하가 한 범죄행위의 위법성이 조각될 수는 없다

$\left(\begin{smallmatrix} \text{대판 } 1997.4.17, \\ 96도3376 \end{smallmatrix}\right)$.

#### 4) 복종의무위반의 효과

직무명령은 통상적으로 하급공무원만을 구속대상자로 하므로 시민에 대한 외부적 효력이 인정되지 않는다. 따라서 복종의무를 위반하더라도 당해 공무원의 행위가 위법이 되지는 않으며, 내부적으로 공무원의 징계사유가 될 뿐이다.

### (3) 친절공정의무

공무원은 국민전체에 대한 봉사자로서 친절하고 공정하게 직무를 수행하여야 한다($\begin{smallmatrix}\text{제59} \\ \text{조}\end{smallmatrix}$).

### (4) 직무에의 전념을 보장하기 위한 의무들

「국가공무원법」은 공무원의 직무에의 전념을 보장하기 위해 일정한 의무를 부과하는 규정을 두고 있다. 직장이탈금지의무, 영리업무 및 겸직금지의무, 정치활동의 금지의무, 집단행위의 금지의무 및 비밀준수의무 등이 그것이다.

> 이 사건 조례안 제13조의 규정내용은 협의회 위원의 경우 협의회의 결정 또는 자신의 판단에 따라 근무시간 중 협의회의 운영에 필요한 업무를 할 수 있다는 취지로 해석되는바, 이를 위 관련 규정 및 법의 취지에 비추어 보건대 공무원의 직무전념의무는 법률 또는 조례가 특별히 정하는 경우에 일정한 절차에 따라 기관장의 승인 등의 절차를 거쳐 감면될 수 있을 뿐 공무원 자신이 임의로 결정할 수 없는 것이며 법이 규정한 협의회의 기능 등에 비추어 협의회의 활동은 원칙적으로 근무시간 외에서의 수시활동의 범위 내에서 이를 보장하려는 것이라고 해석됨에도, 이 사건 조례안 제13조는 직무전념의무의 감면권한을 공무원 자신에게 부여한 것으로 협의회 위원인 공무원이 자신의 직무수행보다도 협의회 활동에 필요한 업무를 우선하여 처리할 수 있는 것으로도 해석될 수 있는데다가 결과적으로 법이 예정하지 아니한 상시활동까지 가능하게 할 여지를 남기고 있는 점에서 지방공무원법 제48조, 제56조 제1항에 위반되고 법의 규정의 취지에도 반하는 것이라 아니할 수 없다($\begin{smallmatrix}\text{대판 } 2000.5.12, \\ 99추78\end{smallmatrix}$).

#### 1) 직장이탈금지의무

공무원은 소속상관의 허가나 정당한 사유 없이 직장을 이탈하지 못한다($\begin{smallmatrix}\text{제58조} \\ \text{1항}\end{smallmatrix}$). 이 의무는 통상적으로 근무시간 중에 존재하는 것이나, 시간 외의 근무를 명한 경우에 이러한 근무를 하지 않는 경우에도 인정된다. 그러나 본인의 의사에 반한 직무이탈의 경우, 예컨대 형사사건 등으로 구속되기에 부득이하게 직장을 이탈하게 되는 경우는, 이 의무위반에 해당하지 않는다. 이때에 수사기관은 현행범의 경우를 제외하고는 미리 그 소속기관의 장에게 통보하여야 한다($\begin{smallmatrix}\text{제58조} \\ \text{2항}\end{smallmatrix}$).

## 2) 영리업무 및 겸직금지의무

공무원은 공무 이외의 영리를 목적으로 하는 업무에 종사하지 못하며, 소속기관
장의 허가 없이 다른 직무를 겸하지 못한다(제64조). 이는 당해 직위에 의하여 부여된 공
무수행에 영향을 줄 수 있는 영리업무나 다른 겸직을 금지하고자 하는 것이다. 따라
서 이때 허용되는 겸직은 그 내용상 영리업무에 해당하지 않는 것으로서, 담당직무수
행에 지장이 없는 것이어야 한다. 금지되는 영리업무의 범위는 공무원이 시민으로서
갖는 재산권행사 등의 기본권에 비추어 확장될 수 없고, 제한적으로 규정될 필요가
있다. 또한 지방의회의원의 경우는 그 성질상 겸직금지되는 업무의 범위가 다소 완화
되고 있다(지방자치법 제35조 참조).

「국가공무원복무규정」 제25조는 스스로 영리적인 업무를 경영하는 행위, 영리를
목적으로 하는 사기업의 임원이 되는 행위, 자신의 직무와 관련이 있는 타인의 기업
에 투자하는 행위 및 계속적으로 재산상의 이득을 목적으로 하는 업무로서, 이를 통
하여 집무능률저하, 공무에의 부당영향, 국가이익침해, 정부의 불명예초래의 우려가
있는 경우를 금지되는 업무로 규정하고 있다. 현실적으로 이 의무는 공무원의 보수가
현실화되지 못하고 있는 상황에서는 그 실효성을 기대하기 어려우며, 실업자문제와
연결될 때에는 이를 해소하기 위한 방안으로서의 파트타임 근무제의 도입과 관련하여
충돌의 문제가 나타날 수 있다.

**공무원이 여관을 매수하여 임대한 행위가 공무원으로서 겸직이 금지되는 영리업무에 해
당하는지 여부**    지방공무원법 제56조 및 영리업무의 한계 및 사실상 노무에 종사하
는 지방공무원의 범위에 관한 건 제2조 제1호에 의하면 공무원으로서 겸직이 금지
되는 영리업무는 영리적인 업무를 공무원이 스스로 경영하여 영리를 추구함이 현저
한 업무를 의미하고 공무원이 여관을 매수하여 임대하는 행위는 영리업무에 종사하
는 경우라고 할 수 없다(대판 1982.9.14, 82누46).

## 3) 정치활동의 금지의무

(개) 내 용    공무원의 정치적 중립성을 보장하기 위하여(헌법 제7조 2항 참조) 공무원에게는 일
정한 내용의 정치운동이 금지된다. 그 내용으로서는 ㉠ 정당이나 정치단체의 결성에
관여하거나 가입할 수 없고(정당법 제22조 1항 1호 참조), ㉡ 선거에 있어서 특정정당이나 특정인의 지지
나 반대를 하기 위하여 일정한 행위를 하지 못하며, ㉢ 다른 공무원에게 ㉠과 ㉡의 행
위를 하도록 요구하거나 정치적 행위의 보상 또는 보복으로서 이익이나 불이익을 약
속할 수 없는 것이다(국가공무원법 제65조). 이러한 의무의 위반에 대해서는 3년 이하의 징역과 3년 이
하의 자격정지에 처하게 된다(동법 제84조). 이러한 의무는 물론 정치성을 강하게 갖는 공무원인
특수경력직 공무원에 대해서는 적용되지 않는다(국가공무원법 제3조 3항). 이러한 공무원의 범위에 대해

서는 「국가공무원법 제3조 제3항의 공무원의 범위에 관한 규정」이 정하고 있다.

(내) 문제점  이러한 정치운동금지의무에 있어서 문제되는 것은 정당이나 정치단체결성에 관여하거나 가입하지 못하도록 하는 것이, 정치적 중립성보장을 위해서 필수불가결한 요건인가 하는 것이다. 공무원의 정치적 중립성요구는 직무집행에 있어서 국민전체의 봉사자로서 특정집단의 이해관계를 대변하는 것을 방지하고자 하는 취지이므로, 이러한 목적을 넘어서서 공무원개인이 시민의 입장에서 가질 수 있는 정치적 기본권을 제한하는 것은 비례성의 원칙($^{과잉금지}_{의 원칙}$)에 비추어 문제시될 수 있을 것이다. 직업공무원제도의 전통과 역사를 갖고 있는 독일에서도 획일적인 방식에 의한 정당이나 정치단체결성 또는 가입을 금지하고 있지 않고, 그 주요방향을 "직무수행에 있어서의" 정치적 중립성확보에 두고 있음에 비추어 재고의 여지가 있을 것이다.

### 4) 집단행위의 금지의무

(개) 내 용  집단행동은 통상적으로 집단의 이익을 대변하게 되며 이로 인해 국민전체의 이익추구에 장애가 될 수 있다. 이에 따라 헌법은 법률로 별도로 정하는 공무원 이외에는 단결권, 단체교섭권 및 단체행동권을 행사하지 못하도록 하고 있으며 ($^{제33조}_{2항}$), 이에 좇아 「국가공무원법」은 원칙적으로 공무원의 노동운동 기타 공무 이외의 일을 위한 집단행위를 금지하고 있다($^{제66조}_{1항}$). 그러나 예외적으로 '사실상 노무에 종사하는 공무원'($^{국가공무원법}_{제66조 1항 단서}$)과 대통령령으로 정하는 특수경력직공무원($^{동법 제3조}_{3항}$)에 대해서는 집단행위가 인정된다.

이때의 집단행위는 공무원으로서 직무에 관한 기강을 저해하거나 기타 그 본분에 배치되는 등 공무의 본질을 해치는 특정목적을 위한 다수인의 행위로서, 단체의 결성단계에는 이르지 아니하는 상태에서의 행위를 의미한다.[10] 또한 '사실상 노무에 종사하는 공무원'은 (구)정보통신부 및 철도청소속의 현업기관과 국립의료원의 작업현장에서 노무에 종사하는 기능직공무원 및 고용직공무원으로서 「국가공무원복무규정」에서 정하는 일정업무에 종사하지 않는 자를 말한다. 이 의무위반시에는 다른 법률에 특별히 규정된 경우 외에는 1년 이하의 징역 또는 1천만원 이하의 벌금에 처한다($^{제84조}_{의2}$).

(내) 문제점  이 의무에 대해서도 집단행위 자체를 전면적으로 금지하는 것은 정책적으로는 의미가 있을지 모르지만, 공무원이 갖는 기본권인 근로자로서의 단결권 ($^{헌법}_{제33조}$)의 중요성에 비추어 지나친 제한이라는 지적이 가능하다. 최소한 노동조합결성권은 인정되는 것이 바람직하리라고 본다. 그러나 우리의 헌법재판소결정과 대법원판례는 이 의무를 규정하고 있는 제66조가 위헌이 아니라는 입장을 보이고 있다.[11]

---

10) 대판 1992. 3. 27, 91누9145.

11) 대판 1990. 12. 26, 90다8916; 헌재 1992. 4. 28, 90헌바27~46(35와 43은 제외), 92헌바15 병합(국가공무원법 제66조에 대한 헌법소원).

㈐ 최근의 경향   최근에는 공무원들의 권리보장차원에서 노동조합 설립이 허용되고 있다. 이미 공무원인 교원의 경우에는 「교원의 노동조합설립 및 운영등에 관한 법률」이 제정되어 노동조합결성이 허용되어 있고, 일반공무원의 경우에도 「공무원의 노동조합설립 및 운영 등에 관한 법률」에 의하여 노동조합결성이 인정되고 있다. 그러나 공무원 노동조합은 단체협약을 체결할 권한인 '협약체결권'과 파업·태업·쟁의행위 등의 '단체행동권'은 인정되지 않고 있다.

**노동조합 전임자인 공무원에게 국가공무원법상의 성실의무, 복종의무, 직장이탈금지의무가 면제되는지 여부(소극)**   공무원은 누구나 국가공무원법 제56조의 성실의무, 제57조의 복종의무, 제58조의 직장이탈금지의무가 있으므로, 노동조합 전임자가 되어 근로제공의무가 면제된다고 하여 위 의무까지 면제된다고 할 수 없으므로, 노동조합의 전임자가 목적과 절차상 정당성이 인정되지 않는 파업을 주동하고, 파업에 참가하며, 다른 조합원의 파업 참가를 선동한 행위는 정당한 노동조합의 활동을 벗어난 것이어서 국가공무원법 제56조의 성실의무, 제58조 제1항의 직장이탈 금지의무에 위반되고, 직장 복귀명령에도 불구하고 복귀시한까지 노조사무실 등 지정된 장소에 복귀하지 아니한 것은 국가공무원법 제57조 소정의 복종의무를 위반한 것이다(대판 2008.10.9, 2006두13626).

## (5) 비밀준수의무
### 1) 의무의 의의
㈎ 의무의 내용   공무원은 재직 중은 물론 퇴직 후에도 직무상 알게 된 비밀을 엄수하여야 한다(제60조). 이때의 비밀의 내용은, 공무원 본인이 취급한 직무에 관한 비밀뿐 아니라 직무에 관련하여 알게 된 비밀도 포함된다. 또한 비밀의 대상은 개인이나 사기업에 관한 것도 포함될 수 있으며, 반드시 공적인 것에 한정되지 않는다.

㈏ 의무의 체계적 지위   「국가공무원법」상의 비밀엄수의무는 일반법으로서의 「국가공무원법」의 성격상, 다른 개별법령에 의해 개별 공무원의 비밀엄수의무에 관한 규정이 존재하는 경우에는 이러한 특별법규정이 우선하기에 이에 대해서는 적용되지 않는다. 반면에 다른 개별법의 내용에 비추어 공무원의 비밀엄수의무에 관한 규정이 존재하여야 함에도 불구하고 이에 관한 규정이 존재하지 않는 경우에는, 「국가공무원법」상의 이 의무가 일반적으로 적용되게 된다.

전자, 즉 다른 개별법에서 비밀엄수의무를 규정하고 있는 경우로서는 대표적으로 「개인정보보호법」 등 개인정보의 보호를 목적으로 하는 법률을 들 수 있으며, 그 밖에도 각급 선거관리위원회 위원 및 직원을 대상으로 하는 「정당법」 제43조도 이에 해당한다. 따라서 이러한 규정들은 「국가공무원법」상의 비밀엄수의무규정보다 우선적으로 적용되게 된다.

이에 반해 후자의 경우, 즉 개별법에서 공무원의 비밀엄수의 필요성이 존재함에도 불구하고 이에 관한 규정이 없는 경우로서는 주로 그 대상이 사기업의 영업비밀인 경우가 이에 해당한다. 예컨대 환경행정에 있어서는 유독물질의 피해로부터 국민의 건강을 보호하기 위해 국내기업이든 외국기업이든 화학물질을 제조 또는 수입하고자 하는 경우에는, 당해 화학물질에 대한 유해성심사에 필요한 자료를 환경부장관에게 제출하여야 하는 바($\binom{화학물질관리법}{제9조\ 1항}$), 이러한 자료는 당해 기업의 영업비밀에 속하는 것이므로, 당해 관련법률에 당해 공무원의 비밀엄수의무에 관한 규정이 없다고 하더라도 「국가공무원법」상의 의무규정이 적용된다고 하여야 할 것이다.

### 2) 의무의 보장

이 의무를 보장하기 위하여 「형사소송법」은 공무원이나 공무원이었던 자가 법원 기타 법률상 권한을 가진 관청의 증인이나 감정인이 되어 직무상 비밀에 대하여 심문을 받을 때에는 소속기관의 장의 허가를 받은 사항에 관하여서만 진술할 수 있도록 하고 있다($\binom{제147}{조}$).

### 3) 의무의 한계

이 의무의 한계는 비밀의 공개, 즉 정보공개와 관련하여 나타난다. 정보공개가 국민의 기본권인 알권리를 충족하는 중요한 수단임에 비추어, 비밀엄수의무와 비밀공개($\binom{정보}{공개}$)요청 사이의 적절한 선에서의 조화는 중요한 의미를 갖는다. 종래에는 이러한 조화문제가 판례에 의하여 그 대상인 비밀의 기준과 관련하여 개별적 사건마다 그때그때 해결되어왔으나, 앞으로는 정보공개가 갖는 일반적인 중요성에 비추어 법령의 체계하에서 통일적으로 규율되고 해결될 필요가 있다. 이에 관한 현행 개별법령으로서는 정보공개에 관한 일반법의 성격을 갖는 「공공기관의 정보공개에 관한 법률」, 「국회에서의 증언·감정 등에 관한 법률」($\binom{제4조}{1항}$)과 지방자치단체의 조례로서 정보공개조례 등이 존재한다. 이러한 법령에 의한 규율에 있어서는, 정보공개의 대상인 사항과 정보공개가 제한되는 비밀의 기준을 비교적 명확하게 객관적, 실질적으로 규정하는 것이 필요할 것이다.

### 4) 의무위반의 효과

이 의무를 위반한 때에는 징계사유가 될 뿐 아니라, 형사상의 피의사실공표죄($\binom{형법}{제126조}$)나 공무상 비밀누설죄($\binom{형법}{제127조}$)의 처벌을 받는다.

### (6) 종교중립의 의무

공무원은 종교에 따른 차별 없이 직무를 수행하여야 한다. 공무원은 소속 상관이 종교중립의무에 위배되는 직무상 명령을 한 경우에는 이에 따르지 아니할 수 있다($\binom{제59조}{의2}$).

# 제 3 절  공무원의 책임

## Ⅰ. 공무원책임의 의의

공무원이 공무원의 신분에서 의무를 위반함으로 인해 받게 되는 불이익이나 법적 제재를 공무원의 책임이라고 한다. 책임의 유형은 공무원과 국가와의 관계에서 지는 책임내용과, 공무원과 다른 타인과의 관계에서 지는 책임내용으로 나눌 수 있다.

## Ⅱ. 국가에 대한 책임

공무원이 자신의 의무를 위반함으로써 국가에 대하여 지는 책임은 징계책임과 변상책임 및 형사책임을 그 내용으로 한다.

### 1. 징계책임

#### (1) 징계책임의 의의

공무원이 공무원관계법상의 의무를 위반한 경우에 공무원관계의 질서유지를 위하여 처벌을 받게 되는 지위를 징계책임이라고 하고, 그 내용인 제재를 징계벌이라고 한다.

전통적인 내용의 특별권력관계를 인정하는 견해는, 징계벌은 법률의 규정 없이도 특별권력관계에서의 포괄적 권력의 발동에 의하여 부과 가능한 것으로 보았다. 그러나 이러한 견해는 오늘날 더 이상 타당할 수 없으며 징계벌에도 당연히 법치주의원칙이 적용되어야 한다. 따라서 징계의 종류·사유·절차·불복절차 등에 대해서는 「국가공무원법」, 「지방공무원법」, 「검사징계법」, 「공무원징계령」, 「지방공무원징계및소청규정」, 「교육공무원징계령」, 「법관징계법」 등이 규율하고 있다.

#### (2) 형벌과의 관계

공무원의 의무위반행위는 징계벌의 대상이 됨과 동시에 형벌의 대상이 될 수 있다. 따라서 양자의 관계가 문제될 수 있다.

1) 양자의 차이

㈎ 권력적 기초  징계벌은 특별행정법관계에 입각한 권력행사이나, 형벌은 일반통치권인 형벌권에 기초한다.

㈏ 행사목적  징계벌은 공무원관계의 내부질서유지를 목적으로 하나, 형벌은 국

가의 일반적 법질서유지를 목적으로 한다.

㈐ 내 용　 징계벌은 공무원신분의 전부나 일부를 박탈함에 관련되나, 형벌은 신체적 자유 또는 재산적 이익의 제한을 내용으로 한다.

㈑ 대 상　 징계벌은 공무원법상의 의무위반을 대상으로 하고 공무원의 신분을 전제로 하나, 형벌은 형법상의 의무위반을 대상으로 한다.

### 2) 양자의 병과

양자는 그 성질과 목적 등을 달리하므로 병과될 수 있으며, 병과하더라도 일사부재리의 원칙에 저촉되지 아니한다. 그러나 검찰, 경찰 기타 수사기관에서 수사 중인 사건에 대해서는 수사개시의 통지를 받은 날로부터 징계의결의 요구 기타 징계절차를 진행하지 아니할 수 있으므로($^{국가공무원법}_{제83조 2항}$), 징계절차를 동시에 진행할 수도 있게 된다. 따라서 형사소추를 선행적인 것으로 인정하고 있지는 않다.

### (3) 징계의 사유
### 1) 징계사유의 내용

「국가공무원법」 및 동법에 의한 명령에 위반하였을 때, 직무상의 의무12)에 위반하거나 직무를 태만한 때 및 직무의 내외를 불문하고 그 체면이나 위신을 손상하는 행위를 한 때가 징계의 원인이다($^{국가공무원법}_{제78조 1항}$). 이러한 사유가 있는 때에는 징계권자는 징계의결의 요구를 하여야 하며, 징계의결의 결과에 따라 징계처분을 하여야 한다. 징계사유가 있으면 공무원 자신의 고의나 과실이 없더라도 징계를 행할 수 있다.

　[1] 의원면직처분을 함에도 소정의 징계절차를 거쳐야 하는지 여부　 의원면직처분에 공무원 숙청이라는 불명예와 1년간 취업금지라는 불이익한 조치가 수반된다 하더라도 이는 의원면직처분에서 발생하는 법률적 효과라고는 볼 수 없으므로 위 의원면직처분은 징계처분이 아님이 명백하고 따라서 의원면직처분을 함에는 징계처분을 함에서와 같은 소정의 징계절차를 거칠 필요가 없다($^{대판 1986.}_{7.22, 86누43}$).

　[2] 지방계약직공무원에 대하여 지방공무원법 등에 정한 징계절차에 의하지 않고 보수를 삭감할 수 있는지 여부(원칙적 소극)　 지방공무원법 제73조의3과 지방공무원징계및소청규정 제13조 제4항에 의하여 지방계약직공무원에게도 지방공무원법 제69조 제1항 각 호의 징계사유가 있는 때에는 징계처분을 할 수 있다. 근로기준법 등의 입법 취지, 지방공무원법과 지방공무원징계및소청규정의 여러 규정에 비추어 볼 때, 채용계약상 특별한 약정이 없는 한, 지방계약직공무원에 대하여 지방공무원법, 지방공무원징계및소청규정에 정한 징계절차에 의하지 않고서는 보수를 삭감할 수 없다고 봄이 상당하다($^{대판 2008.6.12,}_{2006두16328}$).

---

12) 다른 법령에서 공무원의 신분으로 인하여 부과된 의무를 포함한다.

2) 징계사유의 시점

징계사유는 공무원의 재직 중에 발생하여야 한다. 그리고 징계에 관해 다른 법률의 적용을 받는 공무원이 「국가공무원법」의 징계에 관한 규정의 적용을 받는 공무원으로 임용된 경우에, 임용 이전의 다른 법률에 의한 징계사유가 존재하는 때에는 그 사유가 발생한 때부터 「국가공무원법」에 의한 징계사유가 존재하는 것으로 본다(동법 제78조 2항).

따라서 임용 전의 행위로서 그 행위가 계속적인 임용을 허용하지 못할 만한 정도로 중대한 것인 때에는, 징계의 문제가 아니라 임용행위 자체의 취소나 철회의 문제가 된다.13)

3) 징계사유의 시효

징계의결의 요구는 징계사유가 발생한 때부터 3년(금품 및 향응수수, 공금의 횡령, 유용의 경우는 5년)을 경과한 때에는 행하지 못 한다(동법 제83조의2 1항).

(4) 징계의 종류

1) 개 관

공무원에 대한 징계는 공무원의 신분보장과 직접 관련되는 내용이므로, 법률에 의한 직접적인 규율을 필요로 한다. 현행법은 일반직 공무원에 대한 징계유형으로서 파면, 해임, 정직, 감봉, 견책, 강등의 여섯 종류를 규정하고 있다(국가공무원법 제79조). 이 밖의 서면경고나 주의는 원칙적으로 공무원의 신분에 영향을 주는 징계에 해당하지 않는다. 다만 불문경고의 법적 성질은 개별적으로 고찰할 필요가 있다. 판례는 "행정규칙에 의한 '불문경고조치'가 비록 법률상의 징계처분은 아니지만 위 처분을 받지 아니하였다면 차후 다른 징계처분이나 경고를 받게 될 경우 징계감경사유로 사용될 수 있었던 표창공적의 사용가능성을 소멸시키는 효과와 1년 동안 인사기록카드에 등재됨으로써 그 동안은 장관표창이나 도지사표창 대상자에서 제외시키는 효과 등이 있다는 이유로 항고소송의 대상이 되는 행정처분에 해당한다"고 보고 있다.14)

그러나 일정한 사유로 직위해제된 자가 직권면직되는 경우(제73조의2, 제3항과 제70조 1항 5호 참조)에는, 이러한 행위는 징계와 사실상의 효과에 있어서 다름이 없다고 볼 수 있다. 따라서 국가공무원법은 직위해제로 인한 직권면직의 경우에 대해 여러 가지로 당사자의 절차적 권리를 배려하고 있다. 즉 이때에는 징계위원회의 동의를 반드시 필요로 하도록 하고 있고(제70조 2항 단서), 그 절차에 있어서는 「공무원징계령」에 의한 징계절차가 준용되고 있다(공무원징계령 제23조). 또한 직위해제로 인한 직권면직에 대해서는 징계처분인 파면과 해임의 경우와 동일하게 일정기간 동안 후임자발령이 유보되고(제76조 2항), 이에 대해 소청심사를 제기

---

13) 박윤흔(하), 257면.
14) 대판 2002. 7. 26, 2001두3532.

하는 경우에는 파면이나 해임처분에 대한 소청심사제기와 동일하게 후임자의 보충발령을 유예하는 가결정의 일정한 효과가 인정되고 있다(제76조 3항).

이와 관련하여 직위해제처분을 받은 후에 직권면직을 당한 공무원이 직권면직처분의 위법성사유로서, 이미 불가쟁력이 발생한 직위해제처분의 위법성을 주장할 수 있는지가 문제될 수 있다. 이는 행정행위의 하자승계의 문제로서, 판례는 두 행정행위가 서로 독립적인 법적 효과를 지향하는 것이므로 직위해제처분의 하자는 직권면직처분에 대해 승계되지 못한다고 본다. 따라서 당사자의 취소청구를 인용하지 않고 있다.15)

### 2) 개별유형

㈎ 파 면　　이는 공무원의 신분을 박탈하여 공무원관계를 소멸시키는 징계벌이다. 효과로서는 파면처분을 받은 후 5년이 경과하지 않으면 다시 공무원에 임용될 수 없고, 퇴직급여와 퇴직수당이 감액된다.

㈏ 해 임　　이는 공무원신분이 박탈되는 점은 파면과 같으나, 3년간 공무원에 임용될 수 없는 점과 퇴직급여의 감액이 없는 점이 파면과 다르다.

㈐ 정 직　　이는 공무원의 신분은 보유하나 일정기간 직무에 종사하지 못하는 징계벌이다. 정직기간은 1월 이상 3월 이하이며, 이 기간중 보수는 전액 감해진다.

㈑ 감 봉　　이는 1월 이상 3월 이하의 기간 동안 보수의 3분의 1을 감하는 징계벌이다. 감봉기간이 종료한 후에는 12개월까지 보수에 있어서 승급이 제한된다.

㈒ 견 책　　이는 전과에 대하여 훈계하고 회개하게 하는 징계벌이며, 견책의 집행종료 후 6개월까지 보수에 있어서 승급이 제한되는 불이익을 받게 된다(공무원보수규정 제14조 1항).

㈓ 강 등　　1계급 아래로 직급을 내리는 징계벌이며(고위공무원단에 속하는 공무원은 3급으로 임용하고, 연구관 및 지도관은 연구사 및 지도사로 한다), 공무원신분은 보유하나 3개월간 직무에 종사하지 못하며 그 기간 중 보수는 전액 감한다.

### 3) 징계부가금의 부과 등

공무원의 징계 의결을 요구하는 경우 그 징계 사유가 금품 및 향응 수수(授受), 공금의 횡령(橫領)·유용(流用)인 경우에는 해당 징계 외에 금품 및 향응 수수액, 공금의 횡령액·유용액의 5배 내의 징계부가금 부과 의결을 징계위원회에 요구하여야 한다(국가공무원법 제78조의2 1항).

징계위원회는 징계부가금 부과 의결을 하기 전에 징계부가금 부과 대상자가 다른 법률에 따라 형사처벌을 받거나 변상책임 등을 이행한 경우(몰수나 추징을 당한 경우를 포함한다) 또는 다른 법령에 따른 환수나 가산징수 절차에 따라 환수금이나 가산징수금을 납부한 경우에는 대통령령으로 정하는 바에 따라 조정된 범위에서 징계부가금

---

15) 대판 1984. 9. 11, 84누191.

부과를 의결하여야 한다(국가공무원법 제78조의2 2항).

　징계위원회는 징계부가금 부과 의결을 한 후에 징계부가금 부과 대상자가 형사처벌을 받거나 변상책임 등을 이행한 경우(몰수나 추징을 당한 경우를 포함한다) 또는 환수금이나 가산징수금을 납부한 경우에는 대통령령으로 정하는 바에 따라 이미 의결된 징계부가금의 감면 등의 조치를 하여야 한다(국가공무원법 제78조의2 3항).

　징계부가금 부과처분을 받은 사람이 납부기간 내에 그 부가금을 납부하지 아니한 때에는 처분권자(대통령이 처분권자인 경우에는 처분 제청권자)는 국세 체납처분의 예에 따라 징수할 수 있다. 다만, 체납액 징수가 사실상 곤란하다고 판단되는 경우에는 징수를 관할 세무서장에게 의뢰하여야 한다(국가공무원법 제78조의2 4항).

### (5) 징계권의 행사
　징계권은 징계의결 요구권자의 징계요구가 있는 경우에, 징계위원회의 의결을 거쳐서, 징계처분권자의 징계행위가 행하여지는 절차를 거치게 된다.

#### 1) 징계요구절차
　현행법상 징계를 요구할 수 있는 주체로서는 ㉠ 소속장관, 소속기관의 장, 소속상급기관의 장(제78조 4항), ㉡ 국무총리(공무원징계령 제8조), ㉢ 감사원(감사원법 제32조)이 있다. 이때에 징계의결 요구권자는 징계의결요구와 동시에 징계혐의자에게 공무원 징계의결요구서 사본을 송부하여야 한다(공무원징계령 제7조 7항). 징계사유에 대한 시효는 앞에서도 언급한 바와 같이 3년 또는 5년(국가공무원법 제83조의2 1항)이고, 징계사유의 통보를 받은 행정기관의 장은 상당한 이유가 없는 한 1월 이내에 관할 징계위원회에 징계의결을 요구하여야 한다(공무원징계령 제7조 3항). 이때에 징계의결요구권자가 당해 공무원에게 징계사유가 존재하는지를 판정함에 있어서는 재량이 인정된다고 볼 수 있다.[16]

#### 2) 징계위원회의 의결
　공무원의 징계는 관할 징계위원회의 의결을 거쳐서 행해진다.
　㈎ 징계위원회의 설치　징계위원회에는 중앙징계위원회와 보통징계위원회가 있다. 중앙징계위원회는 국무총리 소속으로 설치하며(공무원징계령 제3조 1항), 보통징계위원회는 원칙적으로 중앙중계위원회에 두며, 예외적으로 중앙행정기관의 장이 필요하다고 인정할 때에는 그 소속기관에도 설치할 수 있다(공무원징계령 제3조 2항). 이 경우 중앙행정기관의 장이 그 소속기관에 보통징계위원회를 설치하는 경우에는 그 운영 등에 필요한 사항을 미리 정하여야 한다(공무원징계령 제3조 3항). 보통징계위원회는 징계 등 대상자보다 상위계급의 공무원(고위공무원단에 속하는 공무원을 포함한다)이 징계위원회의 위원이 될 수 있도록 관할권을 조정할 수 있다(공무원징계령 제3조 4항).

---
16) 물론 이에 대해서는 판단여지가 인정된다고 보는 견해도 있다.

(나) 의결절차　징계위원회는 징계의결요구서를 접수한 날로부터 30일 이내에 징계에 관한 의결을 하여야 한다. 부득이한 사유가 있는 때에는 30일(중앙징계위원회의 경우는 60일)에 한하여 연장할 수 있다(공무원징계령 제9조 1항). 이때에 징계혐의자에게는 진술권, 증거제출권, 증인신청권 등의 절차적 권리가 인정된다(同令 제11조 1항 참조).

> 행정소송법상 행정소송으로서 취소와 변경을 청구할 수 있는 행정청의 처분은 이미 그 효력을 발생함으로써 개인의 권리를 침해하는 처분에 한하는 것임이 구 행정소송법 제1조에 의하여 명백하므로 감찰위원회의 징계의결은 그 의결만으로서는 그 내용에 관한 효력을 발생하지 못하고 각 그 임명자가 그 의결을 실시함으로써 비로소 그 효력을 발생하는 것으로서 행정소송의 대상이 되지 아니한다(대판 1952.9.23, 4285행상3).

### 3) 징계처분권자의 징계행위

(가) 징계처분권자　징계는 소속기관의 장이 행하며, 국무총리 소속하의 중앙징계위원회에서 의결한 징계는 각 중앙행정기관의 장이 행한다. 다만 파면과 해임은 임용권자나 임용권을 위임한 상급감독기관의 장이 행한다(국가공무원법 제82조 1항). 지방공무원의 경우는 인사위원회의 의결을 거쳐 임용권자가 행한다(지방공무원법 제72조 1항). 징계위원회의 징계의결이 존재하는 이상은 처분권자는 반드시 징계를 행해야 하며, 이때에 개별적으로 어떠한 징계벌의 내용을 선택하는가에 대해서는 재량이 인정된다.

> **공무원에 대한 징계처분에 있어서 재량권의 한계 및 재량권남용 여부의 판단 기준**
> 공무원인 피징계자에게 징계사유가 있어서 징계처분을 하는 경우 어떠한 처분을 할 것인가는 징계권자의 재량에 맡겨진 것이므로, 그 징계처분이 위법하다고 하기 위해서는 징계권자가 재량권의 행사로서 한 징계처분이 사회통념상 현저하게 타당성을 잃어 징계권자에게 맡겨진 재량권을 남용한 것이라고 인정되는 경우에 한한다. 그리고 공무원에 대한 징계처분이 사회통념상 현저하게 타당성을 잃었는지 여부는 구체적인 사례에 따라 직무의 특성, 징계의 원인이 된 비위사실의 내용과 성질, 징계에 의하여 달성하려고 하는 행정목적, 징계 양정의 기준 등 여러 요소를 종합하여 판단하여야 하고, 특히 금품수수의 경우는 수수액수, 수수경위, 수수시기, 수수 이후 직무에 영향을 미쳤는지 여부 등이 고려되어야 한다(경찰공무원이 그 단속의 대상이 되는 신호위반자에게 먼저 적극적으로 돈을 요구하고 다른 사람이 볼 수 없도록 돈을 접어 건네주도록 전달방법을 구체적으로 알려주었으며 동승자에게 신고시 범칙금 처분을 받게 된다는 등 비위신고를 막기 위한 말까지 하고 금품을 수수한 경우, 비록 그 받은 돈이 1만 원에 불과하더라도 위 금품수수행위를 징계사유로 하여 당해 경찰공무원을 해임처분한 것은 징계재량권의 일탈·남용이 아니라고 한 사례)(대판 2006.12.21, 2006두16274).

(나) 징계의 집행　징계처분권자는 징계의결서를 받은 날로부터 15일 이내에 이를 집행하여야 하며, 이때에는 징계처분사유설명서를 징계의결서의 사본을 첨부하여 징

계처분권자가 교부하여야 한다(공무원징계령 제19조, 국가공무원법 제75조 참조).

### (6) 징계에 대한 구제
#### 1) 소청의 의의
소청은 징계처분 기타 그의 의사에 반하는 불이익한 처분을 받은 공무원이 그 처분에 불복이 있는 경우에, 관할 소청심사위원회에 심사를 청구하는 행정심판이다. 따라서 이는 「행정심판법」에 의한 행정심판에 대해서 특별한 예외로서의 지위를 갖게 되므로(행정심판법 제4조 참조), 이에 관한 「국가공무원법」이나 「지방공무원법」 규정은 「행정심판법」보다 우선적으로 적용되게 된다.

「행정소송법」 제18조 제1항의 개정으로 행정심판은 원칙적으로 행정소송을 제기하기 위한 필수절차가 아니라 당사자의 임의적인 선택에 의한 절차로 변하게 되었으나, 소청에 대해서는 「국가공무원법」 스스로가 행정소송을 제기하기 위한 필수적인 절차로 규정함으로써(제16조 1항), 소청을 거치지 않은 행정소송제기는 각하되게 된다.

#### 2) 소청절차
㈎ 제 기  징계처분에 대한 소청은 처분사유설명서를 받은 날로부터 30일 이내에 제기하여야 한다. 이러한 제기의 효과로서 소청심사위원회는 소청을 접수한 날로부터 5일 이내에 당해 사건의 최종결정이 있을 때까지 후임자의 보충발령을 유예하는 임시결정을 할 수 있게 된다(동법 제76조 3항).

㈏ 심 사  소청사항의 심사는 소청심사위원회가 행한다. 따라서 그 결정의 공정성을 보장하기 위하여 소청심사위원회는 독립성을 유지할 필요가 있고, 그 위원은 신분보장이 이루어져야 한다. 현행 제도상 행정기관소속 공무원이 대상인 때에는 중앙인사위원회에 상설기관으로서 소청심사위원회를 두고 있으며, 국회·법원·헌법재판소 및 선거관리위원회 소속 공무원이 대상인 때에는 국회사무처·법원행정처·헌법재판소 사무처 및 중앙선거관리위원회 사무처에 소청심사위원회를 둔다(국가공무원법 제9조).

㈐ 심사절차  소청심사위원회는 심사에 있어서 필요한 경우에 검정, 감정 기타의 사실조사 또는 증인을 소환·질문 하거나 관계서류의 제출을 명할 수 있다(동법 제12조 2항). 이때에 소청인 또는 그 대리인에게는 진술의 기회가 부여되어야 하며, 이를 결한 결정은 무효가 된다(동법 제13조 2항).

㈑ 결 정  소청심사위원회는 소청심사청구를 접수한 날로부터 60일 이내에 이에 대한 결정을 하여야 한다(동법 제76조 5항). 결정시에는 그 이유를 명시한 결정서의 형식으로 하여야 하며, 그 내용에 있어서는 원래의 징계처분에서 과한 징계보다 중한 징계를 과하는 결정을 하지 못 한다(동법 제14조 6항 및 7항).

**국가공무원법 제14조 제 6 항 소정의 불이익변경금지 원칙의 적용범위**　　국가공무원법 제14조 제 6 항은 "소청심사위원회가 징계처분을 받은 자의 청구에 의하여 소청을 심사할 경우에는 원징계처분에서 부과한 징계보다 무거운 징계를 부과하는 결정을 하지 못 한다"고 규정하고 있는 바, 이는 소청심사결정에서 당초의 원처분청의 징계처분보다 청구인에게 불리한 결정을 할 수 없다는 의미라고 할 것인데, 의원면직처분에 대하여 소청심사청구를 한 결과, 소청심사위원회가 의원면직처분의 전제가 된 사의표시에 절차상 하자가 있다는 이유로 의원면직처분을 취소하는 결정을 하였다고 하더라도, 그 효력은 의원면직처분을 취소하여 당해 공무원으로 하여금 공무원으로서의 신분을 유지하게 하는 것에 그치는 것이고, 이때 당해 공무원이 국가공무원법 제78조 제 1 항 각 호 소정의 징계사유에 해당하는 이상 같은 항에 따라 징계권자로서는 반드시 징계절차를 열어 징계처분을 하여야 하는 것이므로, 이러한 징계절차는 소청심사위원회의 의원면직처분 취소결정과는 별개의 절차로서, 여기에 국가공무원법 제14조 제 6 항 소정의 불이익변경금지의 원칙이 적용될 여지는 없다(대판 2008.10.9, 2008 두11853, 11860(병합)).

### 3) 행정소송

소청심사위원회의 결정은 행정행위로서의 성질을 갖는 것이므로, 이것이 위법이라고 주장하는 자는 행정소송을 제기할 수 있다. 이때의 행정소송의 대상은 통상적으로는 원래의 징계처분이 되며, 예외적으로 소청심사위원회의 결정에 고유한 위법이 인정되는 때에 한하여 소청심사위원회의 결정이 그 대상으로 된다(행정소송법 제19조 단서).

## 2. 변상책임

### (1) 변상책임의 의의

공무원의 의무위반으로 인하여 국가나 지방자치단체에 재산상의 손해를 발생하게 한 경우에, 이에 대하여 공무원이 부담하는 재산상의 책임을 변상책임이라고 한다. 이에는 「국가배상법」에 의한 변상책임과 회계관계직원 등이 대상이 되는 변상책임이 있다.

### (2) 「국가배상법」에 의한 변상책임

### 1) 「국가배상법」 제 2 조에 의한 경우

공무원이 직무를 집행함에 당하여 고의나 과실로 법령에 위반하여 타인에게 손해를 가한 경우에는 국가나 지방자치단체가 그 배상책임을 진다. 이때에 공무원에게 고의나 중과실이 있었던 경우에는, 그 공무원은 국가나 지방자치단체의 구상권에 응하여 변상책임을 지게 된다(국가배상법 제2조 2항).

### 2)「국가배상법」제 5 조에 의한 경우

영조물의 설치나 관리상의 하자로 인해 타인에게 발생한 손해를 국가나 지방자치단체가 배상한 경우에 공무원에게 그 원인에 대한 책임이 있을 때에는, 그 공무원은 국가나 지방자치단체의 구상권에 응하여 변상책임을 진다(<sup>국가배상법</sup>제5조 2항).

### (3) 회계관계직원 등의 변상책임
#### 1) 의    의

회계관계직원이란 국가나 지방자치단체 또는 감사원의 감사를 받는 단체의 회계사무를 직접 집행하거나 이의 보조자로서 그 회계사무의 일부를 처리하는 자를 말하며(회계관계직원등의책임에관한법률 제2조), 이들에 대해서는 그 책임의 명확성과 회계집행의 적정성을 도모하기 위하여 그 변상책임을 일반적으로 인정하고 있다.

> 회계관계직원 등의 책임을 물음에 있어서 그 전제되는 요건의 하나로 구 회계관계직원등의책임에관한법률 제4조 제1항에서 규정하고 있는 중대한 과실을 범한 경우에 해당되는지의 여부는 같은 법 제1조에 규정된 목적 및 제3조에 규정된 회계관계직원의 성실의무 등에 비추어, 회계관계직원이 그 업무를 수행함에 있어 따라야 할 법령 기타 관계 규정 및 예산에 정하여진 바에 따르지 않음으로써 성실의무에 위배한 정도가 그 업무내용에 비추어 중대한 것으로 평가될 수 있는지에 따라 결정되어야 하고, 단순히 그 업무내용이 고도의 기능적, 관리적 성격을 가지느냐 아니면 기계적, 사실적 성격을 가지느냐에 의해 결정될 것은 아니다(대판 2003.6.27, 2001두9660).

#### 2) 변상책임의 유형

이에 대해서는 두 가지 유형이 인정된다.

① 회계관계직원이 고의나 중과실로 인하여 법령 기타 관계규정 및 예산에 정하여진 바에 위반하여, 국가 또는 단체 등의 재산에 대하여 손해를 발생하게 한 때에는 변상책임을 진다(동법 제4조 1항).

② 현금 또는 물품을 출납·보관하는 자가 그 보관에 속하는 현금 또는 물품을 망실이나 훼손하였을 경우에, 선량한 관리자의 주의를 태만히 하지 아니함을 증명하지 못한 때에는 변상책임을 진다(동법 제4조 2항). 이때에 회계관계직원은 스스로 사무를 집행하지 아니한 것을 이유로 하여 그 책임을 면할 수 없다(동법 제4조 3항).

#### 3) 변상책임의 판정

변상책임의 유무 및 변상액은 감사원이 판정하며(감사원법 제31조 1항),17) 판정을 한 때에는 소속장관, 감독기관의 장 또는 당해 기관의 장에게 변상판정서를 송부하여 일정기간 내

---

17) 우리의 감사원은 이러한 회계감사 이외에도 직무감찰도 그 권한으로 하고 직무감찰에서의 권한의 행사는 그 대상이 사실상 무제한적임(「감사원법」제50조 참조)에 특징이 있다.

에 변상하게 하여야 한다. 그러나 감사원의 이러한 판정이 있기 전에라도 소속장관 또는 감독기관의 장은 회계관계직원에게 책임이 있다고 인정하는 때에는 그 변상을 명할 수 있다(<sup>회계관계직원등의책임에</sup><br><sub>관한법률 제6조 1항</sub>).

### 3. 형사책임

#### (1) 형사책임의 의의

공무원이 국가에 대하여 지는 형사책임은 널리 공무원의 의무위반행위가 형사적인 제재의 대상이 되는 경우를 말한다. 이에는 형법규정 자체가 그 구성요건을 규정하여 예정하고 있는 처벌을 받는 경우와, 행정법규 자체에 의하여 그 구성요건이 규정되어 있는 경우로 나눌 수 있다.

#### (2) 형법규정이 구성요건을 규정하는 경우

형법이 정하는 구성요건은 형법 제7장의 '공무원의 직무에 관한 죄' 부분에 규정되고 있다. 이에는 공무원의 일정행위 자체가 바로 형사책임을 발생하는 경우(<sup>직무유기죄, 직</sup><br><sup>권남용죄, 폭행,</sup><br><sub>가혹행위죄, 공무</sub><br><sub>상비밀누설죄 등</sub>)와, 공무원의 직무와의 관련성을 이유로 또는 공무원의 신분 그 자체가 당해 행위의 형사책임을 발생하게 하는 경우(<sup>예컨대 수뢰죄, 사후</sup><br><sub>수뢰죄, 알선수뢰죄 등</sub>)로 나눌 수 있다.

#### (3) 행정법규정이 구성요건을 규정하는 경우

공무원의 의무위반행위에 대해 행정법규 스스로가 구성요건을 마련하고 형법상의 처벌을 규정하는 경우이다. 「국가공무원법」 제84조에서 규정하고 있는 정치운동금지 의무위반이나 집단행위의 금지의무위반에 대한 처벌이 대표적인 예이다. 이는 전형적인 행정벌의 문제이므로 행정벌에 관한 이론이 적용된다.

## Ⅲ. 다른 타인에 대한 책임

이 책임은 공무원이 직무를 집행하면서 타인에게 재산상의 손해를 가한 경우에 공무원 스스로 다른 타인에게 손해를 배상해야 할 책임을 지는가에 관련된 문제로서, 헌법 제29조 단서의 해석과도 관련된다. 우리의 행정법학계의 다수견해는 국가배상책임의 성질을 대위책임으로 보는 입장에 있기 때문에, 국가나 지방자치단체만이 피해자에 대한 책임을 부담하고 가해 공무원 개인은 피해자에 대해서 책임을 지지 않고, 내부적으로 고의나 중과실의 경우에 구상권에 응할 책임이 있을 뿐이라고 한다. 그러나 일부견해와 같이 국가 등의 책임을 자기책임으로 보는 입장에 서는 때에는 국가 등의 책임과 별개로 가해 공무원 자신의 책임이 인정될 수 있게 된다.[18] 판례는 가해 공무원의 고의나 중과실이 인정되는 때에만 공무원 자신의 배상책임을 인정하고 있다. 이 문제에 관한 상세한 설명은 이미 앞부분의 행정상의 손해배상부분에 언급한 바 있다.

**기본사례 풀이**

### 1. 문제의 소재
당해 사안에서는 공무원의 비밀엄수의무의 한계문제와 불이익한 처분에 대한 권리구제문제가 중요한 논점이 된다.

### 2. 문제되는 행정작용
사안에서는 파면처분행위와 직무명령행위가 대상이 되어있다. 전자는 공무원관계의 행위로서 외부적 행위이며, 행정행위 중에서 재량행위로서의 성질을 갖는다. 후자는 공무원관계의 행위로서 내부적 행위에 해당하며 행정행위성을 갖지 못한다. 따라서 파면처분행위가 주된 검토의 대상이 된다.

### 3. 행정작용의 위법성
(1) 행정작용의 근거
파면행위는 공무원의 비밀엄수의무 위반(국가공무원법 제60조)과 복종의무 위반(국가공무원법 제57조)에 근거하고 있다. 따라서 비밀엄수의무의 내용 및 한계와 복종의무의 내용 및 한계에 관한 설명이 필요하다.

(2) 위법성의 검토

1) 비밀엄수의무의 한계
국민의 알권리와의 관계측면에서의 검토가 필요하다. 당해 사안에서는 국회에서의 증언행위이므로 「국회에서의증언·감정등에관한법률」 제2조, 제4조 1항, 제9조 3항 등에 비추어 적법행위로서의 성질을 갖는다.

2) 복종의무의 한계
이는 법령준수의무와의 관계가 문제되며, 당해 사안의 경우에는 위법한 내용의 직무명령이므로 복종의무의 대상에 해당하지 않는다.

(3) 소    결
따라서 당해 파면처분은 재량행위의 남용으로서 위법하게 된다.

---

18) 그러나 이때에 국가 등의 책임을 자기책임으로 보면서도 가해 공무원의 피해자에 대한 책임을 부정하는 견해도 있다. 이는 헌법학자들의 일반적인 견해이다.

## 4. 당사자의 권리구제방법

### (1) 통상적인 권리구제방법

이는 공무원의 신분보장과 관련되며, 헌법 제 7 조 제 2 항 및 「국가공무원법」 제68조에 기초하며, 소청심사의 제기 및 취소소송의 제기가 그 개별적 방법이 된다.

### (2) 당해 사안의 경우

갑은 1급공무원이다. 따라서 「국가공무원법」 제68조 단서에 해당하게 되며, 소청심사 및 소송제기를 통한 권리구제는 실효성이 없게 된다. 결국 실질적으로는 「국가공무원법」 제68조 단서의 위헌법률심사신청만이 방법이 된다.

## 5. 결  론

(1) 갑의 행위는 결과적으로 적법행위로서 평가할 수 있다.

(2) 갑은 권리구제방법에서 법원에 대해 위헌법률심사신청을 제기하거나 헌법소원을 제기하여야 한다.

# 제 7 편

# 지방자치법

行 政 法 新 論

1. 서울시 의회는 의회발전에 많은 기여를 한다는 이유로 의원회식 때마다 식비를 제공하고 있는 甲기업이 운영하는 지하상가의 도로점용료를 면제하는 조례를 제정하였다. 서울시는 이의 잘못됨을 알고 있으나 시의회와의 관계를 고려하여 이를 방관하고 있던 중, 언론의 보도로 공개화 되자 이를 법적으로 다투고자 한다. 관련된 모든 법적 방법을 검토하시오.

2. 춘천시 의회는 다음과 같은 내용의 조례들을 제정하였다. 그 법적 문제점과 법적 해결방법을 검토하시오.

   1) '춘천시에서 시행되는 모든 도시관리계획의 결정권은 춘천시가 행사한다'는 내용의 조례

   2) '주차에 관한 사항을 규율하는 춘천시 조례를 위반하여 주차위반의 과태료를 연체하면 2개월의 금고형에 처한다'는 내용의 조례

(풀이는 1005면)

# 제 1 장 지방자치법 일반론

## 제 1 절  지방자치법의 의의

### Ⅰ. 지방자치와 지방자치법

지방자치법은 특별행정법의 한 영역으로서 고찰할 때에는 지방자치에 관한 법적 문제연구를 그 대상으로 하는 개별 행정법을 의미하며, 법의 내용에 따라서 고찰할 때에는 지방자치단체의 법적 지위, 조직과 기관의 구성, 그 의사결정과정, 자치권행사의 범위와 그 형식 등에 관하여 규율하는 공법 법규의 총체를 말한다. 또한 그 의미를 가장 좁은 의미로 파악할 때에는 「지방자치법」이라는 이름을 가진 단행 법률을 의미하게 된다. 통상적으로 지방자치법은 그 내용에 따라서 이해한다. 이러한 지방자치법의 규율대상은 지방자치 또는 지방행정을 의미하며, 이때의 지방행정은 지방자치단체의 고유한 업무를 그의 기관을 통하여 처리하는 행정을 말하는 것이므로 통상적으로는 자치사무가 대상이 된다.[1)]

---

1) 그러나 지방자치법은 이러한 자치사무 외에도 위임사무도 그 규율대상으로 하고 있다.

## Ⅱ. 지방자치법의 법원

### 1. 헌　법

지방자치법의 법원으로서 최고규범은 헌법이다. 헌법은 제117조에서 지방자치를 헌법상의 제도로서 제도적으로 보장하고(제1항) 지방자치단체의 종류를 법률로 정하도록 하고 있으며(제2항), 제118조에서는 지방의회에 관한 사항을 규율하고 있다.

### 2. 법　률

이는 헌법조항에 의한 법률유보에 따라 이를 구체화하는 것으로서 가장 기본적인 지방자치법의 법원이다. 이에는 지방자치에 관한 일반법으로서 「지방자치법」과 지방자치에 관한 개별적인 영역들을 규율하는 개별법률들인 「지방공무원법」, 「지방재정법」, 「지방세법」, 「지방교부세법」, 「지방공기업법」, 「지방교육자치에관한법률」 등과 지방의회의원 및 지방자치단체장의 선거에 관한 「공직선거법」을 들 수 있다.

### 3. 법규명령

법률에서 구체적으로 범위를 정하여 위임받은 사항에 대하여 행정기관이 정립하는 법규인 법규명령도 지방자치법의 법원에 해당하는바, 이에는 「지방자치법시행령」, 「지방재정법시행령」, 「지방공기업법시행령」 등이 있다.

### 4. 자치법규

헌법상 보장되어 있는 자치입법권에 근거하여 제정되는 자치법규에는 조례와 규칙이 있다. 조례는 그 규율대상이 주민의 권리제한이나 벌칙 등에 관한 경우를 제외하고는 법률의 위임 없이 제정할 수 있으며(지방자치법 제22조 단서), 규칙은 법령이나 조례의 위임에 근거하여 정립된다(동법 제23조). 자치법규는 그 규율대상이 주로 자치사무에 관한 것이라는 점에서 주요한 의미를 갖게 된다.

### 5. 불 문 법

불문법에는 관습법, 판례법, 조리가 인정되며 지방자치법의 법원으로서는 특히 관습법과 조리가 의미를 갖는다. 관습법에는 특히 지역적으로 의미를 갖는 지역적 관습법과 행정선례법이 중요하며, 법의 흠결을 보충하는 최후의 법원으로서의 조리도 중요하다.

# 제 2 절   지방자치의 의의

## Ⅰ. 지방자치의 기본이념

지방자치법의 대상이 되는 지방자치에는 다음과 같은 세 가지 기본이념이 내재해 있다.

### 1. 민주주의이념

지방자치는 지방주민으로 하여금 지방자치단체의 대표기관을 선출하도록 하여, 국민에 가장 근접한 풀뿌리 민주주의를 실현하는 것을 기본이념으로 한다. 아울러 지방자치단체의 여러 가지 권한행사에 대하여 직접적인 민주적 정당성을 부여하는 기능을 수행한다.

### 2. 지방분권주의

지방자치의 실현은 중앙의 지시에 의한 획일적인 행정을 지양하고(특히 자치사무의 경우), 그 범위 내에서 지역행정단위를 중앙과 병존하는 독립된 의사결정체로서 형성하게 한다는 점에서 지방분권주의를 기본이념으로 한다.

### 3. 자기책임성

지방자치는 행정주체인 지방자치단체가 그 대표기관을 통해 활동하는 경우 외부로부터의 간섭을 받음이 없이 스스로 합목적적이라고 판단되는 바에 따라 활동하는 것이 보장된다는 점에서 자기책임성을 기본이념으로 한다.

## Ⅱ. 지방자치제의 요소

지방자치는 앞서 본 바와 같이 민주주의의 이념과 지방분권주의 및 자기책임성을 기초로 하여 성립한 역사적 산물로서, 통상적으로 그 개념요소에는 주민자치의 요소와 단체자치의 요소로 성립되어 있다고 본다.

### 1. 주민자치

주민자치는 정치적인 의미에서 고찰된 자치라고도 하며, 이는 직업관료공무원에 의해서가 아니고 지방주민에 의하여 행정업무가 수행되는 것을 그 특징으로 한다. 주민자치는 영미의 특유한 제도로서 성립, 발전되어 온 것이며, 주민참여를 기본으로 하는 것이다. 따라서 주민자치에 의하면 지방행정업무는 지역주민인 명예직 공무원에 의하여 처리되게 되며, 의사기관과 집행기관의 동일성과 제한된 국가감독(일법적; 사법적 감독이 중심)이 특징이 된다.

## 2. 단체자치

법적인 의미에서 고찰된 자치라고도 하며 국가내의 일정한 지역을 기초로 하는 지역단체에 의하여 행정업무가 처리되는 것을 주된 특징으로 한다. 독일이나 프랑스에서의 역사적 발전에 의하여 성립된 제도이다. 이의 제도적 특징으로서는 의사기관과 집행기관의 분리, 자치사무와 위임사무의 이원성, 엄격한 국가의 감독(행정적 감독이 중심)을 들 수 있다.2)

## 3. 우리나라의 경우

주민자치와 단체자치는 서로 대립적인 제도가 아니고 오늘날 많은 나라에서 서로 보완적인 성격을 갖는 제도로서 이해되고 있으며, 그 결합의 정도와 내용은 각 나라의 사정에 따라 다소 상이하게 나타나고 있다. 우리나라의 지방자치는 종전에는 지방의회의원의 명예직 채택으로 주민자치적 요소가 일부 가미되어 있는 모습을 보였으나, 2003년 법률개정으로 지방의회의원의 명예직이 폐지됨에 따라 단체자치적 요소가 강하게 나타나는 구조를 보이고 있다.

## Ⅲ. 지방자치권의 본질

지방자치권의 본질에 관하여서는 자치위임설(또는 전래설)과 고유권설(또는 독립설)이 서로 대립하고 있다. ㉠ 자치위임설은 국가만이 통치권을 갖는다는 전제하에서, 지방자치권은 국가의 이러한 통치권으로부터 전래된 것으로서 국가통치권의 일부가 지방자치단체에게 이양된 것이라고 보는 것이다. 이에 반해 ㉡ 고유권설은 국가존립 이전부터 지역단체가 갖는 자연법적인 선국가적(또는 전국가적)인 권리를 지방자치권으로 파악하는 것이다. 일반적 견해는 자치위임설을 따르고 있다. 이러한 본질에 관한 논쟁은 역사적으로는 연혁적 의미를 갖기는 하는 것이나, 오늘날은 별로 큰 의미를 갖지 못한다고 본다. 주지하는 바와 같이 이러한 논쟁의 배경에는 헌법상의 국가와 사회의 이원론논쟁이 관련된다.3)

---

2) 이기우, 지방자치행정법, 1991, 23면 이하 참조.
3) 허영, 한국헌법론, 1994, 767면 참조.

지방자치단체를 국가와는 대립되는 영역의 사회영역에 속하는 별개의 것으로 보는 입장은 고유권설을 따르게 될 것이나, 이러한 대립적 이원론이 오늘날 지양되고 있는 상황에서는 국가와 사회의 기능적 관련성이 중요한 의미를 갖게 되며, 이에 비추어 국가와 지방자치단체의 관련성을 어느 정도 강조한다고 볼 수 있는 자치위임설이 타당하리라고 본다.

## Ⅳ. 지방자치의 기능

### 1. 정치형성적 기능

지방자치는 지방행정에 지역주민의 자발적인 참여를 가능하게 함으로써 민주주의원리에 입각한 정치형성을 가능하게 한다. 지역의 문제해결에 지역의 대표들에 의한 주도권이 보장되는 경우에만 지방자치에 대한 지역주민의 관심이 집중되게 되며, 이러한 과정을 통하여 자치능력이 향상되어 민주정치의 균형적인 발전도 가능해지게 되는 것이다.

### 2. 지역발전적 기능

지방자치는 지역적인 문제에 대해 중앙에 의한 획일적인 해결시도가 아니라, 정책개발이나 그 수행에 있어서 현실적인 지역사정을 우선적으로 배려하여 지방자치단체 주도의 해결을 모색하려는 데에도 기능적 의미가 있다. 특히 지역적 문화의 개발육성이나 지역적인 특성을 반영한 도시계획의 수립 및 추진, 지역적 단위를 기초로 하는 환경정책의 수립(특히 지역권으로 구분한 폐기물처리계획의 수립 등) 및 지방공무원이나 지방경찰의 자체적인 육성 및 채용 등으로 지방자치의 효과가 지역발전에 연계될 수 있도록 하는 데에 도움을 줄 수 있는 면을 갖는다. 그러나 다른 한편으로 이러한 지역발전적 기능은 국가정책의 통일성과 지방자치단체 상호간의 연계사업의 필요성이 점증되고 있는 현실에서는 그 한계를 갖게 되는 면도 없지 않으며, 지방자치단체의 재정자립도가 미약한 우리의 현실에서는 재정적인 한계하에 있음도 간과할 수 없다.

### 3. 권력분립적 기능

지방자치는 권력분립의 이념을 기능적인 차원에서 수행하게 하는 기능을 수행한다. 즉 종전까지의 국가권력을 조직적 또는 구조적으로 분화하여 입법권, 사법권, 행정권 등으로 분리하는 수평적인 권력분립이 아니라, 중앙의 국가권력과 지방의 자치권력으로 권력을 분산하여 국가권력의 행사를 지방자치권력의 차원에서 견제하고 통제할 수 있는 이른바 수직적 권력분립을 실현하게 된다. 이와 같이 지방자치단체가 중앙권력을 통제하는 실질적인 정치권력이 되기 위해서는 자체적인 민주적 정당성에 의하여 담보될 필요가 있으며, 이를 위해서는 지방자치단체 구성방법 자체가 민주적이어야 한다. 따라서 지방의회구성이나 지방자치단체 장이 지역주민의 선거에 의한 직접적인 방식에 의해서 구성될 필요가 있게 된다.4)

## 4. 보충성 원리의 실현기능

보충성의 원리는 개인과 사회, 국가의 관계에 있어서 문제해결에 가장 가까이에 있는 당사자가 우선적으로 해결하고자 하는 것이다. 따라서 사회는 개인에 대해 보충적이고, 국가는 사회의 기능에 대해 보충적으로 작용하게 된다. 지방자치에서도 이러한 원리에 따라 지방자치단체 스스로 할 수 있는 업무에 대해 국가가 개입해서는 안되고, 지방자치단체가 주도적 지위에서 스스로 해결하는 것이 보장되어야 한다. 이에 따라 보충적으로만 국가의 개입이 인정되는 것이다. 따라서 지방자치제의 구체적인 운영에 있어서 국가의 개입문제, 지방자치단체의 업무범위문제 등이 이 기능의 관점에서 고찰되게 된다.5)

## 5. 지방자치의 기본권 실현기능

지방자치는 후술하는 바와 같이 다수의 견해에 의하면 헌법상으로 제도적으로 보장되어 있는 것으로 이해되고 있다. 이러한 칼 슈미트(C. Schmitt)에 따른 제도보장이론은 그 내용상 지방자치제 제도 자체의 폐지와 본질내용침해금지와 관련되며, 지역주민의 기본권실현과의 관련성은 언급되지 않는다. 이러한 이유로 인하여 기본권의 이중적 성격을 강조하는 견해에서는 제도적 보장을 별도로 논할 필요성에 소극적이며,6) 이에 따라 지방자치제에서도 지역주민의 기본권관련성이 논의되어야 하며, 이러한 관점에서 볼 때에 지역주민의 기본권을 실현하는 기능도 인정되어야 한다는 주장이 제기된다. 특히 지방자치에 의하여 선거권과 공무담임권이 지역적인 차원에서 실현되어지게 되며, 다른 한편으로 지방자치에 의해 어느 지역이나 거의 비슷하게 동질적인 생활환경이 조성되도록 함으로써 헌법상의 거주이전의 자유가 실질적인 의미에서 보장되도록 하는 기능도 수행하게 된다는 점을 강조한다.7)

---

4) 허영, 앞의 책, 772면 참조.
5) 허영, 앞의 책, 1994, 773면.
6) 예컨대 허영, 앞의 책, 770면.
7) 허영, 앞의 책, 771면 참조.

## 제 3 절  지방자치제도의 헌법적 보장

## I. 지방자치의 제도적 보장 일반론

### 1. 제도적 보장의 의의

헌법상의 제도적 보장은 칼 슈미트(C. Schmitt)의 이론에 입각할 때에는, 한 나라에서 전통적으로 인정되고 있는 제도를 헌법적으로 규정하여, 이 제도의 개별적 내용에 대해 입법자가 구체화하는 입법권행사를 할 수는 있으나, 이러한 입법권행사는 당해 제도 자체를 폐지할 수 없는 한계와, 본질적 내용이라고 파악되는 부분은 침해할 수 없는 한계를 갖는 것으로 이해하게 된다. 따라서 이러한 의미에 비추어 볼 때에 지방자치의 제도적 보장논의에서는 무엇이 지방자치제의 본질적 내용에 해당하는 것이며, 어떠한 때에 무슨 기준에 의하여 본질적 내용의 침해여부를 판정할 것인가가 주요한 의미를 갖게 된다. 우리의 일반적인 견해도 지방자치를 이러한 의미의 칼 슈미트에 의해 체계화된 내용의 제도적 보장으로 이해하고 있다.

### 2. 제도적 보장의 내용

오늘날의 지방자치에 관한 법적 성질파악에 있어서 학설의 입장은, 지방자치를 제도적 보장으로 이해하여 그 내용을 논함에 있어서 다음과 같이 대체로 세 가지 면에서 고찰하고 있다.

#### (1) 권리주체성의 제도적 보장

이는 우선 지방자치단체의 권리주체성을 제도적으로 보장하는 것으로서 지방자치단체를 개별적으로서가 아니라, 제도적인 측면에서 보장하는 것을 의미한다.8) 즉 지방자치가 지방자치단체를 중심으로 하여 행해지는 것인 만큼 지방자치단체라는 조직형태를 입법권의 행사를 통하여 폐지하는 것은 금지된다는 것이다. 따라서 이러한 내용으로부터는 전체로서의 지방자치단체라는 조직형태의 존립은 보장되나, 전체로서의 지방자치단체를 구성하는 개별적 유형의 지방자치단체가 모든 해체로부터 보호된다는 결론은 도출되지 않는다. 이로 인해 지방자치단체의 경계변경, 통·폐합 등은 제도적 보장에도 불구하고 허용되게 된다.

자치제도의 보장은 지방자치단체에 의한 자치행정을 일반적으로 보장한다는 것뿐

---

8) 이를 지방자치단체존립의 보장으로 보는 견해도 있다(이기우, 지방자치행정법, 1991, 36면 참조).

이고 특정자치단체의 존속을 보장한다는 것은 아니며 지방자치단체의 폐치·분합에 있어 지방자치권의 존중은 위에서 본 법정절차의 준수로(지방의회의 의견 청취절차; 저자 주) 족한 것이다. 그러므로 군 및 도의회의 결의에 반하여 법률로 군을 폐지하고 타시에 병합하여 시를 설치한다 하여 주민들의 자치권을 침해하는 결과가 된다거나 헌법 제8장에서 보장하는 지방자치제도의 본질을 침해하는 것이라고 할 수 없다(헌재 1995.3.23, 94 헌마175 전원재판부).

그러나 이때에 개별적인 지방자치단체의 영역이나 지위변경이 아무런 보호 없이 허용되는 것은 아니며, 이러한 영역변경이나 지위변경의 전제조건으로 공공복리라는 공익적 근거가 있어야 하며 구체적인 행위에 있어서는 절차적 내용들이 준수되어야 한다고 본다. 그러나 이러한 의미의 보장내용은 지방자치의 제도적 보장내용으로서는 소극적인 의미를 갖는 것이기에, 큰 비중을 갖지는 못한다고 평가되고 있다.

### (2) 객관적인 법제도 보장

이는 지방자치를 객관적인 법제도로서 보장하는 것으로서, 지방자치단체가 자신의 책임하에 지역적 사무를 스스로 해결하는 것을 보장하는 것을 의미한다. 이는 제도적 보장의 내용으로서는 가장 큰 비중을 갖는 내용으로 평가되고 있다. 이 내용은 비교적 많은 세부항목을 갖고 있는바, 다음의 사항을 그 세부적 내용으로 한다.

#### 1) 작용영역의 전권한성

우선 지방자치단체의 작용영역의 전권한성(이를 지방자치사무의 전권한성으로 설명하기도 한다9))이 보장된다. 따라서 지방자치단체는 그 사무의 범위에 있어서 규범적으로 열거될 수 없는 정도의 넓은 범위에서의 포괄적인 권한을 갖게 되며, 이때의 사무범위는 당해 지방자치단체의 지역적인 범위에 의해서 한정되므로 자치사무(또는 고유사무)가 대상이 된다. 이때에 지역적인 범위를 넘는 사무는 보호의 대상이 되지 못하는 것이나, 현실적으로 지역적인 사무와 이를 넘는 사무의 한계를 정확히 설정하는 것은 용이한 일이 아니다.

#### 2) 자기책임성

다음의 내용으로는 자치사무의 해결이 지방자치단체 "자신의 책임하에서" 행해지는 것이 보장된다. 이러한 자기책임성의 보장으로 인해 지방자치단체에게는 여러 종류의 고권(Hoheitsrecht)이 주어지는바, 이에는 지역고권(지방자치단체의 영역 안에서 공권력을 행사할 수 있는 권한), 인사고권(지방자치단체의 인사, 특히 공무원을 자체적으로 선발, 채용, 승진, 해임할 수 있는 권한), 재정고권(법률로 규율된 예산범위 안에서 재정적 수입과 지출을 자기책임하에서 영위할 수 있는 권한), 계획고권(건축적인 또는 그 밖의 용도에 의한 토지이용과 관련하여 구속력 있는 계획을 통한),10) 조직고권(내부적 기관의 자율적인 조직 및 형성권한), 조세고권(지역주민에게 자치사무수행을 위해 필요로 되는 재원의 조달을 목적으로 하는 경제적 부담의 부과권한), 법규제정고권(조례제정권한 및 법률의 위임 하에 법규명령을 발할 권한)11) 등이 포함된다.

---

9) 김남진·김연태(Ⅱ), 76면; 이기우, 지방자치행정법, 1991, 37면 참조.
10) 그러나 오늘날 지방자치단체의 계획고권은 지역적 한계를 넘는 광범위한 계획의 필요성으로 인해 그 내용이 수정되어, 이러한 유형의 계획에 있어서는 그 결정과정에 참여할 수 있는 권리나 청문권 정도의 권리로서 그 의미가 변경되고 있음에 유의할 필요가 있다.

### 3) 핵심적 영역의 보장

지방자치의 객관적인 법제도보장은 또한 입법자에 의한 제도내용의 구체화에 있어서 법률에 의한 지나친 침해로부터 지방자치의 핵심적인 영역을 보호하는 것을 내용으로 한다. 즉 입법자는 입법권행사를 통해 지방자치의 구체적 내용을 형성할 수는 있어도(따라서 그 내용을 제한할 수는 있어도), 제도 자체를 폐지하거나 그 본질적 내용을 공허하게 하는 내용의 입법권행사는 행할 수 없다. 이미 위에서 논한 바와 같이 제도적 보장이론의 본질에서부터 파생되는(따라서 칼 슈미트의 제도적 보장이론의 내용에 가장 충실한) 이 내용은 그러나 자치사무의 범위와 자기책임성의 내용과 관련하여,12) 그 본질영역(또는 핵심영역)의 내용을 여하히 결정할 것인가에 있어서 어려움을 나타낸다. 이러한 논의는 현실적으로 지방자치의 제도적 내용을 구체화하는 입법권행사의 한계설정에 있어서 중요한 의미를 갖는 것인데, 어느 경우에 입법권행사가 지방자치의 단순한 내용형성(또는 제한적 내용형성)의 의미를 갖는 것이고, 어느 경우에 지방자치를 폐지하거나 본질내용을 침해하는 정도에 이르는 것인가의 판정은 용이하지 않은 것이다.

이에 관한 오늘날의 주장내용을 보면 대표적으로 슈테른(Stern)은 "본질내용이란 당해 제도의 구조와 형태를 변경하지 않고서는 그 제도로부터 제거할 수 없을 정도의 당해 제도의 필수적 부분(Essentiale einer Einrichtung)"이라고 정의하고 있다. 따라서 지방자치를 필수적이고 실질적으로 특징지우는 유형결정적 구성부분이 본질내용으로서 보호되는 것이라고 한다. 이로 인해 지방자치의 전형적인 외형적 형태가 보장의 대상이 되는 것이나, 이러한 전형적인 외형적 형태를 개별적으로 조사하여 확정하는 것은 또 다른 방법론을 필요로 하게 되며 이에 관해서 독일판례는 다음의 방법론을 적용하고 있다.

첫째는, 비교적 소극적 방법론으로서 입법자에 의한 지방자치의 내용에 관한 구체화 행위가 있은 후에 남아 있는 지방자치단체의 사무범위나 자기책임성의 보장내용에 비추어 판단하는 방법이다. 이를 공제의 방법(Substraktionsmethode)이라고 하는바, 그 방법이 너무 정적인 측면에 치우쳐 있다는 비판을 받는다.13)

두 번째로는, 지방자치의 역사적인 발전과정과 역사적으로 생성되어 온 여러 가

---

11) 이러한 지방자치단체의 권한도 오늘날 과다한 법률제정의 경향과 이른바 본질성이론의 등장 등으로 인해 그 의미가 제약되고 있다.
12) 지방자치내용의 본질영역(또는 핵심영역) 논의는 자치사무범위와 자기책임성보장과 관련해서 논의하는 것이 통상적이며, 지방자치단체 자체의 존립보장과의 관련성은 논의되지 않는다. 이 경우에는 그 보장내용의 인정여부가 비교적 용이하기 때문이다. 그러나 이에 대해서는 이러한 경우까지 본질영역의 논의의 대상으로 보는 견해도 존재한다(예컨대 허영, 헌법이론과 헌법(하), 1989, 350면).
13) 이 방법론에 대해서는 독일의 경우 이러한 공제의 방법론에 의해서 어떤 법률이 무효화된 사례가 존재하지 않는다는 실증적 경험을 제시하며 이 방법론에 대해 비판하는 견해도 있다.

지의 외형적 형태를 기준으로 하여 판단하는 방법이다. 이를 역사적 고찰방법(histori-sche Methode)이라고 하는바, 이는 그 기준이 너무 정적이고 역사적인 데 치중하고 있다는 비판을 받는다.

따라서 무난한 방법론으로서는 양자의 요소가 모두 고려되도록 하는 것, 즉 지방자치가 갖는 역사적 성격과, 입법권행사가 있고 난 후에 남아 있는(지방자치단체 스스로에 의한) 고유한 형성영역을 모두 기준으로 하는 것이 될 것이다. 이에 따르는 경우에는 입법권행사로 인해, 지방자치를 특징 지우고 그 유형결정적인 구성요소가 당해 영역에서 상실되는가의 여부에 따라서, 역사적으로 생성되고 발전되어 온 지방자치의 본질 침해여부가 검토되어지게 된다.14) 이러한 방법론논의를 통하여 알 수 있는 것은 칼 슈미트(C. Schmitt)가 일찍이 지적한 대로 지방자치제의 본질적 내용논의에서는 그 역사적 성격이 중심적 요소를 이룬다는 사실이며, 구체적으로는 각국에서 다양하게 발전해 온 역사적 내용이 큰 의미를 가진다는 점이다. 그러나 물론 이때의 역사적 성격의 고찰에 있어서는 과거의 내용에 따른 정적인 고찰 뿐 아니라 오늘날의 변화된 사정도 고려의 대상이 되는 동적인 고찰이 되어야 한다는 점이 간과되어서는 안 될 것이다.

### (3) 주관적인 법적 지위의 보장

마지막 내용으로는 위에서 이미 논한 지방자치단체의 권리주체성의 제도적 보장이나 객관적인 법제도보장의 내용을 침해하는 행위가 있는 경우에, 이를 법적으로 보호하기 위한 지방자치단체의 주관적인 법적 지위의 보장도 이에 포함된다. 오늘날의 견해에 의하면 지방자치가 제도적 보장의 성질을 갖는다고 하더라도 지방자치단체에는 주관적인 법적 지위도 제도적 보장의 내용으로서 함께 보장되어 있는 것으로 보고 있다. 즉 제도적 보장의 의미를 당해 제도를 통해서 종합되어지고 보호되어지는 권리주체의 주관적인 지위나 자격과는 단절된, 단순히 일반이익을 위해 존재하는 객관적인 권리보장으로 고찰하는 것은 오늘날 너무 형식적인 측면만이 강조되는 잘못된 것으로 비판되고 있다.

따라서 지방자치단체의 주관적인 권리는, 제도적 보장에 의해 파악되는 내용의 온전한 보호를 그 내용으로 하는 소극적인 방어권으로서, 객관적인 법적 제도보장 자체로부터 파생되는 권리로서 이해될 수 있다고 한다. 이에 따라 독일에서는 지방자치단체에게 헌법소원을 제기할 수 있는 권리와 행정소송을 제기할 수 있는 권리가 인정

---

14) 그러나 이러한 본질영역(또는 핵심영역) 이외의 영역에 있어서도 입법자는 전적으로 자유로운 것은 아니며, 헌법에 의해서 지방자치단체에게 부여된 특별한 기능들이 고려되어야 한다. 특히 지방자치단체사무의 전권한성의 원칙과 헌법에 의해서 의도되어 있는 국가와 지방자치단체 사이의 사무분배의 원칙이 고려되어야 한다. 이에 대해서는 독일연방헌법재판소 판례(BVerfGE 79, 127(143); Rastede-Beschluβ) 참조.

되고 있으며, 우리나라에서도 권한쟁의심판 제기권과 행정소송제기권이 인정된다.

## II. 우리나라의 지방자치의 제도적 보장

주지하는 바와 같이 우리나라에서도 지방자치는 그 법적 성질에 있어서 제도적 보장으로 인정되고 있다는 것이 일반적인 견해이다. 즉 헌법 제117조 제 1 항의 규정에 의해 지방자치가 헌법차원에서 제도적으로 보장되어 있는 것으로 해석된다. 물론 지방자치를 제도적 보장으로 이해하는 입장에 대해서는 다른 견해가 주장될 수 있다. 즉 지방자치의 제도적 보장을 논하면서 설명한 바와 같이 독일에서 지방자치를 제도적 보장으로 설명하는 주요한 이유는 독일에서의 지방자치가 갖는 역사성이다. 비교적 오랜 기간 동안의 지방자치의 전통과 그 내용의 축적으로 인해 이를 헌법적 차원에서 제도로서 보장하려는 것이므로, 이러한 독일에서의 제도적 보장론의 경험에 비추어 이러한 사정이 우리의 경우에도 그대로 타당할 수 있는 것인지에 대해 의문이 제기될 수 있을 것이다. 즉 우리의 지방자치는 역사성에서 일천하기에 내용을 축적하지 못하고 있는 것이 현실이므로, 독일에서의 논의를 그대로 우리의 지방자치의 법적 성질논의에 대해 적용하는 것을 비판하는 것도 가능하게 된다.

그러나 우리의 기본권성질 논의에 있어서도 그러하듯이 오늘날 우리가 다른 나라에서와 같은 역사적 경험을 축적하지 못하고 있다는 점에서 따르고 있는 주요 제도나 내용들은 더 이상 역사성에만 매달리지 않고, 그 기능적인 측면에서 평가할 필요가 있다고 생각한다. 이러한 시각에서 볼 때에 지방자치가 수행하는 현대적인 기능 등은 우리의 경우에도 충분히 수용가능한 내용으로 파악할 수 있으리라고 본다. 따라서 지방자치가 수행하는 기능을 비교적 체계적으로 설명하고 있고, 이에 관련된 헌법규정에 비추어 우리의 경우에도 지방자치를 제도적 보장으로 보는 것은 충분한 이유가 있는 것이라고 보아야 할 것이다.

우리의 경우에도 또한 지방자치의 제도적 보장의 개별적 내용은 전술한 독일의 경우와 유사하게 파악할 수 있다고 보나, 그 내용 중의 주관적인 법적 지위의 보장수단으로는 현실적으로 지방자치단체에게 헌법소원제기권은 인정되고 있지 않으며, 권한쟁의심판 제기권과 행정소송의 방법이 인정되고 있다고 볼 것이다.

지방자치의 본질상 자치행정에 대한 국가의 관여는 가능한 한 배제하는 것이 바람직하지만, 지방자치도 국가적 법질서의 테두리 안에서만 인정되는 것이고, 지방행정도 중앙행정과 마찬가지로 국가행정의 일부이므로 지방자치단체가 어느 정도 국가적 감독, 통제를 받는 것은 불가피하다. 즉, 지방자치단체의 존재 자체를 부인하거나 각종 권한을 말살하는 것과 같이 그 본질적 내용을 침해하지 않는 한 법률에 의한 통

제는 가능하다. 이 사건 법률조항이 건설교통부장관으로 하여금 수도권지역에서의 공
장의 신설 등에 관하여 총량을 정하도록 하고 지방자치단체의 장 등 관계 행정기관
으로 하여금 이를 초과하는 허가 등을 하지 못하도록 하였다 하더라도, 지방자치단체
는 총량을 초과하는 경우의 허가권 행사만이 제한될 뿐 그 밖에는 여전히 주민의 복
리에 관한 사무를 처리할 수 있는 것이므로, 이 사건 법률조항이 지방자치의 본질적
내용을 침해한다고 볼 수 없다. 그러므로 이 사건 법률조항이 지방자치에 관한 헌법
제117조 제 1 항에 위반된다고 할 수 없다(헌재 2001.11.29, 2000 헌바78 전원재판부).

# 제 2 장 　 지방자치단체 일반론

## 제 1 절　지방자치단체의 의의

## Ⅰ. 지방자치단체의 개념

지방자치단체란 국가영토의 일부를 그 구역으로 하고 구역 안의 모든 주민을 구성원으로 하는 사단으로서 법률의 범위 내에서 고권적 지배권을 행사하는 공법상의 법인이다. 「지방자치법」 제 3 조 제 1 항은 지방자치단체가 법인의 성격을 갖고 있음을 확인하고 있으며, 법인격을 갖기 때문에 또 다른 공법상의 법인인 국가와의 분쟁은 동일한 법인 내부의 분쟁을 대상으로 하는 기관소송(<sup>행정소송법</sup> <sub>제3조 4호</sub>)에 의해서 해결되지 못하고, 권한쟁의(<sup>헌법재판소법 제62조</sup> <sub>1항 2호 참조</sub>)의 대상이 될 뿐이다.

## Ⅱ. 지방자치단체의 법적 지위

### 1. 권리능력

지방자치단체는 공법상의 법인으로서 권리와 의무의 주체가 될 수 있는 권리능력을 갖는다. 따라서 대외적인 권리의 행사주체와 의무의 귀속주체는 지방자치단체가 되며 그 내부기관이 아니다. 지방자치단체는 사법인과 비교할 때 다음과 같은 특징을 지닌다.

첫째, 단체의 목적이 법률에 의하여 일정하게 규정되어 있고 이를 스스로 변경할 수 없다.

둘째, 단체의 설립이 직접·간접으로 국가의 의사(법률)에 근거한다.

셋째, 단체의 목적을 달성하기 위하여 필요한 공권력의 행사가 인정되고, 재정상의 특전이 부여됨과 아울러 국가의 특별한 관여가 인정된다.

넷째, 단체의 목적수행에 의무가 부과되고 사법인과 같이 임의해산의 자유가 용인되지 않는다.

다섯째, 법인등기부에의 등재를 필요로 하지 않는다.

## 2. 행위능력

권리능력을 갖는 당사자가 통상적으로 행위능력, 즉 권리주체 단독의 행위에 의하여 완전한 법률효과를 발생할 수 있는 능력도 갖게 되는 것이므로 지방자치단체도 행위능력을 갖는다. 구체적으로 지방자치단체는 자신의 기관을 통하여 외부적으로 행위를 하게 된다.

그러나 법률의 규정 자체에 의하여 지방자치단체의 행위능력이 제한되는 경우도 존재한다. 예컨대 구「지방재정법」상 지방자치단체가 복권을 발행하는 경우에 행정자치부장관의 승인을 얻어야 하는 경우(구 지방재정법 제11조의2 제1항) 등이 그것인바, 이때에 지방자치단체의 행위능력은 제한된다고 본다.[1]

## 3. 배상법상의 책임능력

지방자치단체는 자신의 기관의 행위에 대하여 배상할 책임을 진다. 직무와 관련되는 공법적인 행위인 경우에는 「국가배상법」 제 2 조 제 1 항에 의하여 책임을 지게 되고, 영조물의 설치나 관리상의 하자인 경우에는 「국가배상법」 제 5 조에 의한 배상책임을 지게 된다. 그리고 사법적인 행위가 원인인 때에는 민법 제756조의 사용자책임을 지게 된다.

## 4. 기본권의 행사문제

오늘날의 일반적인 견해에 의하면 사법인이 기본권의 주체가 됨을 인정하고 있다.[2] 우리의 헌법재판소 결정도 이를 확인하고 있다.

---

1) 2004. 1. 29. 지방재정법이 전면개정되면서 지방자치단체는 더 이상 복권을 발행하지 않고 관련업무는 복권위원회로 일원화 되었다.

우리 헌법에 법인의 기본권 향유능력을 인정하는 규정은 없지만, 성질상 법인이 누릴 수 있는 기본권은 당연히 법인에게도 적용된다(「영화법」 제12조 등에 관한 헌법소원)( 헌재 1991.6.3. 90헌마56 )

또한 공법인이 대상인 경우에도 기본권의 성질이 허용하는 한 그 주체가 되는 점은 인정되고 있다.3) 이러한 공법인의 기본권주체성이 인정되는 경우에도 다른 공법인에 대한 기본권행사 가능성 문제는 신중한 검토를 요한다. 특히 문제되는 것은 서로 다른 공법인인 국가와 지방자치단체간의 관계이다. 그러나 공법인은 공적 임무를 수행하고 있는 점에서 특색을 가지며, 따라서 이때에 국가라는 공법인에 의한 고권행사를 받는 다른 공법인(지방자치단체)에게 이를 방어할 수 있는 기본권의 행사가능성이 인정될 수 있다면, 국가권력은 행정목적달성을 위해 필요한 행동의 자유가 부정되게 되며, 이는 곧 국가권력의 마비현상으로 이어지게 될 것이다.4) 또한 지방자치를 제도적 보장으로 이해하는 한, 그 내용에는 순수한 기본권이 내포되어 있지 않은 것이므로, 지방자치단체에게는 국가에 의한 지방자치권의 침해행위에 대해 기본권침해로서 주장할 수 있는 가능성이 부정될 수밖에 없게 된다. 물론 앞에서 설명한 바와 같이 독일에서는 이러한 경우에 지방자치단체에게 헌법소원을 제기할 수 있는 권리가 실정법상 인정되어 있으나, 우리나라의 경우에는 이를 인정하고 있지 않은 사정도 고려되어야 한다. 따라서 지방자치단체에게는 국가를 상대로 하는 기본권행사 가능성이 부정되어야 할 것이다.5)

**지방자치단체가 재산권 등의 주체가 될 수 있는지 여부**    기본권 보장규정인 헌법 제 2 장의 제목이 "국민의 권리와 의무"이고 그 제10조 내지 제39조에서 "모든 국민은 …권리를 가진다"고 규정하고 있으므로 이러한 기본권의 보장에 관한 각 헌법규정의 해석상 국민만이 기본권의 주체라 할 것이고, 공권력의 행사자인 국가, 지방자치단체나 그 기관 또는 국가조직의 일부나 공법인은 기본권의 "수범자"이지 기본권의 주체가 아니고 오히려 국민의 기본권을 보호 내지 실현해야 할 '책임'과 '의무'를 지니고 있을 뿐이다. 그렇다면 이 사건에서 지방자치단체인 청구인은 기본권의 주체가 될 수 없고 따라서 청구인의 재산권 침해 여부는 더 나아가 살펴볼 필요가 없다( 헌재 2006.2.23, 2004헌바50 ).

2) 계희열, "공법인의 기본권주체성", 구병삭박사정년기념논문집, 1991, 3면 이하.
3) 이에 대해서는 국립대학교에 대해 기본권주체성을 인정한 헌법재판소 결정(1992. 10. 1, 92헌마68, 76 병합) 참조.
4) 계희열, 앞의 논문, 22면.
5) 같은 입장 : 홍정선, 행정법원론(하), 81면. 반대입장 : 이기우, 지방자치행정법, 44면; 허영, 한국헌법론, 242면.

## Ⅲ. 지방자치단체의 종류

### 1. 일 반 론

지방자치단체의 종류는 헌법 자체에 명시되어 있지 않고 법률로 구체화하도록 하고 있다(헌법 제117조 제2항). 따라서 입법자는 지방자치단체의 종류를 법률로 정할 수 있으며, 지방자치법은 이를 구체화하고 있다. 이에 따르면 현행법상 지방자치단체는 크게 보아 보통지방자치단체와 특별지방자치단체로 나뉘게 되며, 이는 당해 지방자치단체가 수행하는 기능이 일반적 업무의 수행인가, 또는 특별한 업무의 수행인가에 따른 구별이다. 통상적으로 지방자치단체는 보통지방자치단체를 의미한다. 그러나 지방자치단체의 종류는 제도적 보장의 대상이 아니므로, 법률로 구체화하는 경우에도 입법자의 의사에 의해 변경 가능한 것으로 평가된다.

### 2. 보통지방자치단체

#### (1) 개   념

보통지방자치단체란 조직과 수행업무가 일반적이고 보편적인 지방자치단체를 의미하며, 실정법상의 개념인 특별지방자치단체(지방자치법 제2조 3항, 4항)에 대비되는 강학상의 개념이다.

#### (2) 종   류

이는 다시 기초지방자치단체와 광역지방자치단체로 나누어진다(제2조 1항).

#### 1) 기초지방자치단체

이에는 시·군·구가 해당한다. 시는 그 대부분이 도시의 형태를 갖추고 인구 5만 이상이 되어야 하는 것이 원칙(제10조 1항)이나, 경우에 따라서는 시와 군을 통합한 지역이나 인구 5만 이상의 도시형태를 갖춘 지역이 있는 군 등을 도농복합형태의 시로 할수 있다(제10조 2항). 구는 자치구라고도 하며 특별시나 광역시의 관할구역 안에 있는 구만을 의미하는 것이며, 자치구의 자치권의 범위는 법령이 정하는 바에 따라 시·군과 다르게 정할 수 있다(제2조 2항).

이러한 분류에 대해서는 농촌지역에서의 실제적인 생활권이 읍이나 면인 점에서 군은 문제가 있다는 비판과, 대도시에서의 구는 대도시에서의 종합적인 행정의 필요성에 비추어 그 독자적인 지방자치단체성을 인정하기에 타당하지 못하다는 비판이 제기되고 있다.

#### 2) 광역지방자치단체

이에는 특별시, 광역시, 특별자치시, 도 및 특별자치도가 해당한다(제2조 1항). 광역지방자치단체는 그 구역과 주민에 있어서 여러 개의 기초지방자치단체가 속하게 되며, 그 사무에 있어서 기초지방자치단체가 수행하지 못하거나 수행하기 곤란한 업무를 수행하게 된다. 서울특별시에 대해서는 법률로 정하는 바에 따라 다른 광역시나 도와 다르게 규정할 수 있으며($^{제197}_{조}$), 이에 따라 「서울특별시 행정특례에 관한 법률」이 제정되어 있다. 세종특별자치시와 제주특별자치도의 지위·조직 및 행정·재정 등의 운영에 대하여도 행정체제의 특수성을 고려하여 법률로 정하는 바에 따라 특례를 둘 수 있다. 이러한 광역자치단체의 분류에 대해서도 특히 광역시는 도와의 관계에 있어서 사실상 특별하게 독립적으로 취급하여야 할 이유가 없다는 점에서 비판되고 있다.

### 3) 양자의 관계

양자는 모두 독립의 법인으로서의 지위를 가지므로 상하관계나 감독관계에 있지 아니하며, 각자의 업무를 처리함에 있어서 독자적이고 독립적인 결정을 하게 된다. 따라서 기초지방자치단체는 보다 주민과 근접한 업무를 처리하고, 광역지방자치단체는 광역적이고 보완적·조정적인 업무를 처리하게 된다. 따라서 양자의 사무는 서로 경합하지 않도록 조정될 필요가 있으며, 그 사무가 경합되는 경우에는 시·군 및 자치구에서 우선적으로 처리하게 된다($^{제14조}_{3항}$).

## 3. 특별지방자치단체

특별지방자치단체란 보통지방자치단체 이외에 특정한 목적을 수행하기 위하여 「지방자치법」 제 2 조 제 3 항 및 제199조부터 제211조의 규정에 의하여 설립되는 지방자치단체를 말한다.

### (1) 법적 근거

구법하에서는 특별지방자치단체의 설치나 운영에 관한 사항을 대통령령으로 정하도록만하고 이에 관한 대통령령이 제정되어 있지 않아 이의 구체적인 예에 대해서는 불명확한 상황이었다. 그리하여 특별지방자치단체의 예에 대해서는 지방자치단체조합($^{제176조}_{이하 참조}$)을 드는 다수견해와,[6] 지방자치단체조합은 법률인 「지방자치법」 스스로가 규정하고 있는 단체인 데 반해, 구법 제 2 조 제 4 항에서는 특별지방자치단체를 대통령령으로 정하도록 예정하고 있음에 비추어 그러한 주장은 타당하지 않다고 보는 견해가 대립하고 있었다.[7] 그런데 입법자는 「지방자치법」을 전부개정[8]하면서 제12장에서 특별지방자치단체에 대하여 별도로 규정함으로써 이러한 논란을 입법적으로 해결하였다.

---

6) 김남진·김연태(Ⅱ), 79면; 홍정선(하), 86면.
7) 이기우, 지방자치행정법, 50면.
8) 법률 제17893호, 2021년 1월 12일(시행 2022. 1. 13.).

한편 구법이 제2조 제4항에서 특별지방자치단체에 관한 사항을 대통령령으로 규정하고 있는 점에 대해서도 논란이 빚어졌었다. 즉, 특별지방자치단체의 인정으로 인해 그 권한행사의 범위에서는 기존의 보통지방자치단체의 권한이 제한되게 되므로, 그 근거가 대통령령인 특별지방자치단체가 법률을 근거로 하는 보통지방자치단체의 권한을 제한하는 것은, 행정입법(대통령령)이 결과적으로 「지방자치법」의 규정을 제한하여 하위법이 상위법에 배치되는 결과가 야기되며, 그리고 이러한 결과는 헌법 제117조 제2항과 제118조 제2항의 법률유보조항에 모순되는 것이므로, 특별지방자치단체에 관한 사항도 법률로써 규정되어야 한다는 비판이 주장되었다.9) 본서에서는 이에 대하여 이미 「지방자치법」 제2조 제3항에 의해 특별지방자치단체에 관한 근거규정을 두고 있으므로 헌법 제117조 제2항의 요구는 충족하고 있는 것이며, 보통지방자치단체의 경우에도 설치나 운영에 관해 필요한 사항은 대통령령(지방자치법시행령)으로 규정되고 있음에 비추어 특별지방자치단체의 설치 및 운영에 관한 사항을 대통령령에 위임하더라도 위헌의 문제는 야기되지 않는다고 보았고, 오히려 구법 제2조 제4항이 설치나 운영과 관련하여 대통령령에 의하도록 하는 것은, 지방자치제 실시경험의 부족에 비추어 앞으로 점차적으로 늘어 갈 행정수요에 대비하기 위한 입법적 대응이라는 차원에서 이해될 수 있다고 보았다. 결과적으로 입법자는 1988년 4월 6일 「지방자치법」 전부개정시 처음 도입된 특별지방자치단체의 설치 및 운영에 관한 사항을 2021년 1월 12일 전부개정에 와서 제199조부터 제211조에 걸쳐 직접 법률에 규정을 둠으로써 이러한 논란에 대해서도 입법적 해결을 한 셈이 되었다. 이는 1949년 7월 4일 「지방자치법」 제정 이후 그간의 지방자치제 실시경험을 바탕으로 장래의 새로운 행정수요에 대비할 수 있기 위한 장치를 구체적으로 마련하였다는 점에서 그 중요한 의미를 새길 수 있을 것이다.

### (2) 설치

2개 이상의 지방자치단체가 공동으로 특정한 목적을 위하여 광역적으로 사무를 처리할 필요가 있을 때에는 특별지방자치단체를 설치할 수 있다. 이 경우 특별지방자치단체를 구성하는 지방자치단체(구성 지방자치단체)는 상호 협의에 따른 규약을 정하여 구성 지방자치단체의 지방의회 의결을 거쳐 행정안전부장관의 승인을 받아야 한다(제199조제1항). 행정안전부장관이 규약에 대하여 승인하는 경우 관계 중앙행정기관의 장 또는 시·도지사에게 그 사실을 알려야 하며(제199조제2항), 행정안전부장관의 승인을 받으면 구성 지방자치단체의 장은 규약의 내용을 지체 없이 고시하여야 한다. 이 경우 구성 자방자치단체의 장이 시장·군수 및 자치구의 구청장일 때에는 그 승인사항을 시·도지사

---

9) 이기우, 지방자치행정법, 50면 참조.

에게 알려야 한다($^{제199조}_{6항}$). 특별지방자치단체를 설치하기 위하여 국가 또는 시·도 사무의 위임이 필요할 때에는 구성 지방자치단체의 장이 중앙행정기관의 장 또는 시·도지사에게 그 사무의 위임을 요청할 수 있으며($^{제199조}_{4항}$), 행정안전부장관이 국가 또는 시·도 사무의 위임이 포함된 규약에 대하여 승인할 때에는 사전에 관계 중앙행정기관의 장 또는 시·도지사와 협의하여야 한다($^{제199조}_{5항}$). 이렇게 설치된 특별지방자치단체는 그 자체 법인격을 가진다($^{제199조}_{3항}$). 행정안전부장관은 공익상 필요하다고 인정할 때에는 관계 지방자치단체에 대하여 특별지방자치단체의 설치, 해산 또는 규약 변경을 권고할 수 있으며($^{제200}_{조}$),10) 특별지방자치단체의 구역은 구성 지방자치단체의 구역을 합한 것으로 한다($^{제201}_{조}$).11)

## (3) 규약과 기관 구성

특별지방자치단체의 규약에는 특별지방자치단체의 목적, 명칭, 관할 구역, 사무소 위치, 사무, 지방의회와 집행기관의 조직과 운영, 경비부담 및 지출방법, 구성 지방자치단체, 그 밖에 특별지방자치단체의 구성 및 운영에 필요한 사항이 포함되어야 하며($^{제202조}_{1항}$), 이를 변경하려면 구성 지방자치단체의 지방의회 의결을 거쳐 행정안전부장관의 승인을 받아야 한다($^{제202조}_{2항}$).12) 구성 지방자치단체의 장은 행정안전부장관의 승인을 받았을 때에는 지체 없이 그 사실을 고시하여야 한다($^{제202조}_{3항}$).13)

특별지방자치단체의 의회는 규약으로 정하는 바에 따라 구성 지방자치단체의 의회 의원으로 구성하며($^{제204조}_{1항}$), 특별지방자치단체의 장은 규약으로 정하는 바에 따라 특별지방자치단체의 의회에서 선출한다($^{제205조}_{1항}$). 지방의회의원은 특별지방자치단체의 의회 의원을 겸할 수 있으며($^{제204조}_{2항}$), 구성 지방자치단체의 장은 특별지방자치단체의 장을 겸할 수 있다($^{제205조}_{2항}$). 특별지방자치단체의 의회 및 집행기관의 직원은 규약으로 정하는 바에 따라 특별지방자치단체 소속인 지방공무원과 구성 지방자치단체의 지방공무원 중에서 파견된 사람으로 구성한다($^{제205조}_{3항}$).

## (4) 운영

특별지방자치단체의 운영 및 사무처리에 필요한 경비는 구성 지방자치단체의 인구, 사무처리의 수혜범위 등을 고려하여 규약으로 정하는 바에 따라 구성 지방자치단

10) 이 경우 행정안전부장관의 권고가 국가 또는 시·도 사무의 위임을 포함하고 있을 때에는 사전에 관계 중앙행정기관의 장 또는 시·도지사와 협의하여야 한다.
11) 다만, 특별지방자치단체의 사무가 구성 지방자치단체 구역의 일부에만 관계되는 등 특별한 사정이 있을 때에는 해당 지방자치단체 구역의 일부만을 구역으로 할 수 있다(단서).
12) 이 경우 국가 또는 시·도 사무의 위임에 관하여는 제199조 4항과 5항을 준용한다.
13) 이 경우 구성 지방자치단체의 장이 시장·군수 및 자치구의 구청장일 때에는 그 승인사항을 시·도지사에게 알려야 한다.

체가 분담한다($_{1항}^{제206조}$). 구성 지방자치단체는 이러한 경비에 대하여 특별회계를 설치하여 운영하여야 한다($_{2항}^{제206조}$).

특별지방자치단체의 장은 대통령령으로 정하는 바에 따라 사무처리 상황 등을 구성 지방자치단체의 장 및 행정안전부장관(시·군 및 자치구만으로 구성하는 경우에는 시·도지사를 포함한다)에게 통지하여야 한다($_{조}^{제207}$).

특별지방자치단체에 가입하거나 특별지방자치단체에서 탈퇴하려는 지방자치단체의 장은 해당 지방의회의 의결을 거쳐 특별지방자치단체의 장에게 가입 또는 탈퇴를 신청하여야 하며($_{1항}^{제208조}$), 구성 지방자치단체는 특별지방자치단체가 그 설치 목적을 달성하는 등 해산의 사유가 있을 때에는 해당 지방의회의 의결을 거쳐 행정안전부장관의 승인을 받아 특별지방자치단체를 해산하여야 한다($_{1항}^{제209조}$).

# 제 2 절    지방자치단체의 구성요소

지방자치단체는 일정한 지역을 단위로 하는 공적인 법인으로서 사단법인의 성격을 가지므로, 그 구성요소로서 구역과 주민 및 자치고권을 내용으로 한다. 이는 마치 국가라는 공법인이 그 구성요소로서 영토와 국민 및 주권을 내용으로 하는 것에 비유될 수 있을 것이다.

## Ⅰ. 지방자치단체의 구역

### 1. 구역의 의의

구역이란 지방자치단체의 관할권이 미치는 일정한 범위의 행정구역을 말한다. 구역이 갖는 법적 의미는 지방자치단체의 지배권이 미치는 지리적인 범위를 한정하는 데 있다.

수산업법 제 8 조 및 제41조 제 2 항, 공유수면 관리법 제 4 조 및 제 5 조, 연안관리법 제 8 조 등의 개별법률 규정들, 학계의 통설, 대법원의 판례 및 법제처의 의견을 종합하건대, 지방자치단체의 구역은 주민·자치권과 함께 자치단체의 구성요소이며, 자치권이 미치는 관할 구역의 범위에는 육지는 물론 바다도 포함되므로, 공유수면에 대한 지방자치단체의 자치권한이 존재한다(공유수면에 대한 지방자치단체의 자치권한이 존재하기 때문에, 해역에 관한 관할구역과 그 해역 위에 매립된 토지에 관한 관할구역이 일치하여야 하므로, 지방자치단체가 관할하는 공유수면에 매립된 토지에 대한 관할권한은 당연히 당해 공유수면을 관할하는 지방자치단체에 귀속된다. 위에서 본 바와 같이, 이 사건 해역에 대한 관할권한은 청구인에게 귀속되기 때문에, 이 사건 해역에 건설된 이 사건 제방에 대한 관할권한도 청구인에게 귀속된다고 한 사례)($\binom{헌재\ 2004.9.23,}{2000헌라2}$).

## 2. 구역의 설정

지방자치단체 구역의 설정은 종전의 예에 의하여 정한다($\binom{제5조}{1항}$). 따라서 「지방자치법」 시행 이전의 구역이 이 법에 의한 지방자치단체의 구역으로 인정된다. 지방자치단체는 그 하부기관으로서 자치구가 아닌 구·읍·면·동·리를 둘 수 있는데($\binom{제3조}{3항,\ 4항}$), 이들의 구역도 종전의 예에 의하여 정해지게 된다($\binom{제7조}{1항}$).

## 3. 구역의 변경 등

### (1) 구역변경의 의의

구역변경은 넓은 의미에서는 관할 구역의 경계를 변경("경계변경")하거나 지방자치단체를 폐지하거나 설치하거나 나누거나 합치는 것("폐·치·분·합")을 포함해 지방자치단체의 구역에 변경을 가하는 일체의 조치를 의미한다.14) 지방자치의 제도적 보장의 내용에는 앞에서 본 바와 같이 그 권리주체성이 보장되어 전체로서의 지방자치단체라는 조직형태의 존립자체는 보장되나, 이러한 조직적인 측면에서의 지방자치단체를 구성하는 개개의 지방자치단체가 모든 해체로부터 보호된다는 결론은 도출되지 않는다. 따라서 지방자치단체의 경계변경이나 통·폐합 등은 제도적 보장에도 불구하고 허용된다고 본다. 그러나 이때에 개별적인 지방자치단체의 영역이나 지위변경이 아무런 보호 없이 허용되는 것은 아니며, 이러한 영역변경이나 지위변경의 전제조건으로 공공복리라는 공익적 근거가 있어야 하며 구체적인 행위에 있어서는 절차적 내용들이 준수되어야 한다.

구역변경과 구별되어야 할 개념으로는 지방자치단체 사무소의 소재지를 변경·설정하는 경우를 들 수 있다. 이는 지방자치단체의 구역의 동일성은 유지하면서, 행정의 주된 수행지를 변경하는 것을 말한다. 이를 위하여는 지방의회의 재적의원 과반수의 찬성을 그 요건으로 한다($\binom{제9조}{2항}$).

---

14) 구역변경에는 경계변경과 폐치분합이 그 대종을 이루는 것이긴 하지만, 제5조 제3항에서는 지방의회의 의견을 들어야 하는 경우로서 폐치분합(1호) 외에 "지방자치단체의 구역을 변경할 때(경계변경을 할 때는 제외한다)(2호)"라고 규정함으로써 구역변경에는 경계변경과 폐치분합 외에 또 그 무엇이 존재할 수 있는 가능성을 열어두도록 하고 있다.

## (2) 구역변경시 고려될 사항

### 1) 구역변경의 필요성

구역의 변경은 ㉠ 당해 지방자치단체에 있어서의 실제적 생활관계가 행정적인 구역단위와 일치하지 못하여 이를 조정할 필요가 있는 경우에 행해진다. 예컨대 기존 하천의 정비로 인하여 지형이 변화하여 생활관계와 행정구역이 서로 일치하지 못하는 경우,15) 새로 대규모 아파트단지가 들어섬으로 인해 기존 행정구역이 변경되어 생활권과 괴리된 새로운 행정구역으로 조정된 경우,16) 불량주택의 재개발사업으로 인해 들어선 아파트단지가 두 지방자치단체의 구역으로 분할되어 있는 경우17) 등이 구역변경의 필요성이 제기되는 대표적인 경우이다. ㉡ 또한 해당 행정구역의 인구가 증가하여 행정의 효율이나 민원해결의 장기화 등의 문제가 발생하는 경우에도 구역변경이 고려될 수 있게 된다(예컨대 도봉구에서 강북구가, 성동구에서 광진구가 분구하는 것 등).

그러나 다른 한편 잦은 구역변경 등은 기존 구역을 중심으로 하여 형성된 공동체의식과 지역주민과의 유대성면에서 문제를 야기할 수 있으므로 신중히 해야 할 필요성이 제기된다. 따라서 구역변경 등에 있어서도 비례성의 원칙의 준수가 요구된다고 볼 수 있다.18) 즉, 구역변경 등의 필요성과 그 개별적인 내용은 달성하고자 하는 목적수행에 적합해야 하고, 구역변경 등으로 인한 손실을 최소한으로 가져오는 것이어야 하며, 구역변경 등으로 인한 손실이 그로 인한 이익보다 현저히 큰 것이 아닐 것이 요구된다.

### 2) 절차적 사항

경계변경이나 폐·치·분·합은 일정한 형식과 절차를 요구한다.19)

㈎ 구역변경의 형식  지방자치단체의 구역을 바꾸거나 지방자치단체를 폐지하거나 설치하거나 나누거나 합칠 때에는 법률로 정한다(제5조1항). 다만, 지방자치단체의 구역변경 중 관할 구역 경계변경은 대통령령으로 정하여야 한다(제5조2항). 그러나 자치구 아닌

---

15) 예컨대 경기도 안양시의 안양천의 직선화공사로 지형이 변화하여 광명시 철산동 318과 319 일대는 서울시 구로구 구로동과 가리봉동에 붙어 철산동과는 안양천을 사이에 두게 되어, 이 지역주민 1300여명이 생활권은 구로구에 속해 있으면서도 행정구역은 광명시에 속하게 되는 문제가 발생한 바 있다(동아일보 1993. 9. 25일자, 27면 참조).

16) 예컨대 강서구 화곡 3동 화곡 시범아파트단지는 재건축에 의해 다시 지어진 아파트단지가 들어섬으로 인해 일부가 양천구 신월 5동 780으로 변경되었다(동아일보 1993. 9. 25일자, 27면 참조).

17) 예컨대 동작구 상도 1동 407에 불량주택 재개발사업으로 들어선 아파트단지가 관악구 봉천 3 동까지 걸쳐 있어 행정구역상 이 아파트는 동작구와 관악구로 분할되어 있다고 한다(동아일보 1993. 9. 25일자, 27면 참조).

18) 이기우, 앞의 책, 53면 참조.

19) 최근 제정된 「지방자치분권 및 지방행정체제개편에 관한 특별법」에서도 지방자치단체의 통합에 관한 절차적 사항을 규정하고 있으나 이하의 설명은 「지방자치법」을 중심으로 설명하기로 한다.

구와 읍·면·동을 폐지하거나 설치하거나 나누거나 합칠 때에는 행정안전부장관의 승인을 얻어 당해 지방자치단체의 조례로 정한다. 다만, 구역의 변경은 당해 지방자치단체의 조례로 정하고, 그 결과를 특별시장·광역시장·도지사에게 보고하여야 한다($^{제7조}_{1항}$). 리의 구역을 변경하거나 리를 폐지하거나 설치하거나 나누거나 합칠 때에는 그 지방자치단체의 조례로 정한다($^{제7조}_{2항}$). 인구 감소 등 행정여건 변화로 인하여 필요한 경우 그 지방자치단체의의 조례로 정하는 바에 따라 2개 이상의 면을 하나의 면으로 운영하는 등 행정 운영상 면("행정면")을 따로 둘 수 있다($^{제7조}_{3항}$). 동·리에서는 행정 능률과 주민의 편의를 위하여 그 지방자치단체의 조례로 정하는 바에 따라 하나의 동·리를 2개 이상의 동·리로 운영하거나 2개 이상의 동·리를 하나의 동·리로 운영하는 등 행정 운영상 동·리("행정동·리")를 따로 둘 수 있다($^{제7조}_{4항}$). 행정동·리에 그 지방자치단체의 조례로 정하는 바에 따라 하부 조직을 둘 수 있다($^{제7조}_{5항}$).

이러한 형식의 요구는 구역변경행위의 의미와 관련을 갖는다. 즉 구역변경행위가 행정기관에 의한 집행행위로서가 아니라, 실질적으로 국가의 조직고권의 발동에 의한 조직행위로서의 의미를 갖는 것이므로, 이를 위하여는 법률이나 대통령령과 같은 입법행위를 요구하게 되는 것이다.

(내) **지방의회의 의견청취**    지방자치단체의 구역변경 문제는 국가의 조직고권에 해당하는 사항이다. 따라서 구역의 경계변경이나 폐·치·분·합 자체가 지방자치단체의 자치고권에 의해 보장되는 것은 아니다. 이른바 지방자치의 제도적 보장에 의해 보장되는 지방자치단체의 존립보장은 지방자치단체 자체를 폐지하는 것으로부터 보호하는 것을 의미할 뿐이기 때문이다.

그러나 이때의 국가의 권한행사는 무제한적인 내용을 가질 수는 없으며, 또한 지방자치단체의 이해관계가 반영되어야 한다. 따라서 통상적으로 각국의 지방자치법규는 이때에 지방의회의 의견을 거치도록 하고 있으며, 현행 「지방자치법」 제 5 조 제 3 항도 ㉠ 지방자치단체를 폐지하거나 설치하거나 나누거나 합칠 때(1호), ㉡ 지방자치단체의 구역을 변경할 때(경계변경을 할 때는 제외한다)(2호)[20]는 관계 지방의회의 의견을 들어야 한다고 함으로써 이를 규정하고 있다. 이는 법률이나 대통령령의 형식을 통하여 당해 지방자치단체의 이해관계가 무시되는 것을 방지하기 위한 것이므로, 이를 거치지 않은 구역변경이나 폐·치·분·합 행위는 위법이며 무효로 보아야 할 것이다. 그러나 이때의 지방의회의 의견 내용이 국가의 권한행사에 대해 구속력을 갖지는 않는다고 보아야 할 것이다. 이는 법문의 표현 형태에 비추어($^{즉 의견을 들도록만 하고 있으며, 다른 나라의}_{경우처럼 동의를 얻어야 한다라고 되어 있지 않다}$), 그리고 국가의 조직권한에 해당하는 사항임에 비추어 달리 해석될 수 없다고 본다.[21]

---

20) 그 밖에 지방자치단체의 명칭을 변경할 때(한자 명칭을 변경할 때를 포함한다)도 지방의회의 의견을 들어야 한다(3호).

그러나 구역변경 등에 관해 「주민투표법」 제8조에 따라 주민투표가 실시된 경우에는 지방의회의 의견청취절차가 배제된다(제5조 3항단서).

> 지방의회의 의견개진의 기회부여는 헌법적 의미 있는 절차이지만 청문절차이므로 영일군과 포항시 통합의 본질적 내용에 관한 사항과 그 근거에 관하여 이해관계인에게 고지하고 그에 관한 의견의 진술기회를 부여하는 것으로 족하고 그 진술된 의견은 국회에 입법자료를 제공하여 주는 기능은 하되, 입법자가 그 의견에 반드시 구속되는 것은 아니다. 그러므로 지방자치단체의 의회의 의견청취절차를 밟은 것 자체로 헌법적 의미의 적법절차는 준수되었다고 보아야 하고, 단지 그 결과는 국회가 입법할 때 판단의 자료로 기능하는 데 불과하다고 해석된다. 그러하지 아니하고 국회가 지방자치단체의 의회의 의견에 구속된다면 지방자치단체의 폐지·분합은 법률의 규정에 의하도록 한 지방자치법 제4조 제1항의 입법취지가 몰각될 뿐만 아니라 국회에 대한 지방자치단체의 의회의 우위를 초래하는 결과가 될 것이다(헌재 1995.3.23. 94헌마175 전원재판부).

(다) **주민투표의 절차**　　주민투표는 구역변경을 위한 필수적인 절차는 아니나, 지방자치단체의 장에 의해 주민투표가 실시되는 경우에는 그 결과가 고려되어야 한다. 그러나 이러한 주민투표의 결과도 국가의 구역변경행위에 대해 법적 구속력을 갖는다고 볼 수는 없을 것이다. 이는 주민투표절차가 갖는 임의적인 절차로서의 성격과, 구역변경이 갖는 국가의 조직권한의 행사로서의 성질이 근거가 될 것이다. 「주민투표법」은 중앙행정기관의 장이 지방자치단체의 폐치·분합 또는 구역변경과 관련하여 주민의 의견을 듣기 위하여 필요하다고 인정하는 때에는 주민투표의 실시구역을 정하여 관계 지방자치단체의 장에게 주민투표의 실시를 요구할 수 있도록 하고 있다. 이 경우 중앙행정기관의 장은 미리 행정안전부장관과 협의하여야 한다(주민투표법 제8조 1항).

(라) **매립지 및 지적공부 누락토지의 귀속 결정**　　㉠ 「공유수면 관리 및 매립에 관한 법률」에 따른 매립지 또는 ㉡ 「공간정보의 구축 및 관리 등에 관한 법률」 제2조 제19호의 지적공부에 등록이 누락된 토지가 속할 지방자치단체는 행정안전부장관이 결정한다(제5조 4항).

㉠의 경우에는 「공유수면 관리 및 매립에 관한 법률」 제28조에 따른 매립면허관청 또는 관련 지방자치단체의 장이 같은 법 제45조에 따른 준공검사를 하기 전에, ㉡의 경우에는 「공간정보의 구축 및 관리 등에 관한 법률」 제2조 제18호에 따른 지적소관청이 지적공부에 등록하기 전에 각각 해당 지역의 위치, 귀속희망 지방자치단체(복수인 경우를 포함한다) 등을 명시하여 행정안전부장관에게 그 지역이 속할 지방자치단체의 결정을 신청하여야 한다. 이 경우 ㉠에 따른 매립지의 매립면허를 받은 자는 매

---

21) 류지태, "지방자치법 제4조 2항에 의한 의회의견과 주민여론조사결과가 서로 다른 때의 법적 문제", 자치행정, 1994. 7, 58면.

립면허관청에 해당 매립지가 속할 지방자치단체의 결정 신청을 요구할 수 있다($\frac{제5조}{5항}$).

행정안전부장관은 이러한 신청을 받은 후 지체 없이 그 신청내용을 20일 이상 관보나 인터넷 홈페이지에 게재하는 등의 방법으로 널리 알려야 하며($\frac{제5조}{6항}$), 이 기간이 끝나면 ① 이 기간 내에 신청내용에 대하여 이의가 제기된 경우에는 지방자치단체중 앙분쟁조정위원회의 심의·의결에 따라 ㉠ 또는 ㉡의 지역이 속할 지방자치단체를 결정하고,22) ② 이 기간 내에 신청내용에 대하여 이의가 제기되지 아니한 경우에는 지 방자치단체중앙분쟁조정위원회의 심의·의결을 거치지 아니하고 신청내용에 따라 ㉠ 또는 ㉡의 지역이 속할 지방자치단체를 결정하고 그 결과를 매립면허관청 또는 지적 소관청, 관계 지방자치단체의 장 등에게 통보하고 공고하여야 한다($\frac{제5조}{7항}$).

관계 지방자치단체의 장은 행정안전부장관의 결정에 이의가 있으면 그 결과를 통 받은 날부터 15일 이내에 대법원에 소송을 제기할 수 있다($\frac{제5조}{9항}$). 소송의 결과 대법원 의 인용결정이 있으면 행정안전부장관은 그 취지에 따라 다시 결정하여야 한다($\frac{제5조}{10항}$).

㈒ **경계변경의 절차**　　지방자치단체의 장은 관할 구역과 생활권과의 불일치 등으 로 인하여 주민생활에 불편이 큰 경우 등 대통령령으로 정하는 사유가 있는 경우에는 행정안전부장관에게 경계변경이 필요한 지역 등을 명시하여 경계변경에 대한 조정을 신청할 수 있다. 이 경우 지방자치단체의 장은 지방의회 재적의원 과반수의 출석과 출석의원 3분의 2 이상의 동의를 받아야 한다($\frac{제6조}{1항}$). 관계 중앙행정기관의 장 또는 둘 이상의 지방자치단체에 걸친 개발사업 등의 시행자는 대통령령으로 정하는 바에 따라 관계 지방자치단체의 장에게 경계변경에 대한 조정을 신청하여 줄 것을 요구할 수 있 다($\frac{제6조}{2항}$).

행정안전부장관은 경계변경에 대한 조정 신청을 받으면 지체 없이 그 신청 내용 을 관계 지방자치단체의 장에게 통지하고, 20일 이상 관보나 인터넷 홈페이지에 게재 하는 등의 방법으로 널리 알려야 한다($\frac{제6조}{3항}$). 행정안전부장관은 이 기간이 끝난 후 지 체 없이 대통령령으로 정하는 바에 따라 관계 지방자치단체 등 당사자 간 경계변경에 관한 사항을 효율적으로 협의할 수 있도록 경계변경자율협의체를 구성·운영할 것을 관계 지방자치단체의 장에게 요청하여야 한다($\frac{제6조}{4항}$). 관계 지방자치단체는 협의체 구성· 운영 요청을 받은 후 지체 없이 이를 구성하고, 경계변경 여부 및 대상 등에 대하여 행정안전부장관의 요청을 받은 날부터 120일(협의 기간) 이내에 협의를 하여야 하며 ($\frac{제6조}{5항}$), 협의체를 구성한 지방자치단체의 장은 협의 기간 이내에 협의체의 협의 결과를 행정안전부장관에게 알려야 한다($\frac{제6조}{6항}$). 행정안전부장관은 ㉠ 관계 지방자치단체가 행

---

22) 지방자치단체중앙분쟁조정위원회의 위원장은 ①의 심의과정에서 필요하다고 인정되면 관계 중앙행정기관 및 지방자치단체의 공무원 또는 관련 전문가를 출석시켜 의견을 듣거나 관계 기 관이나 단체에 자료 및 의견 제출 등을 요구할 수 있다. 이 경우 관계 지방자치단체의 장에게 는 의견을 진술할 기회를 주어야 한다(제5조 제8항).

정안전부장관의 요청을 받은 날부터 120일 이내에 협의체를 구성하지 못한 경우 또는 ㉡ 관계 지방자치단체가 협의 기간 이내에 경계변경 여부 및 대상 등에 대하여 합의를 하지 못한 경우에는 지방자치단체중앙분쟁조정위원회의 심의·의결을 거쳐 경계변경에 대하여 조정할 수 있다(제6조 제7항).

행정안전부장관은 협의체의 협의 결과 관계 지방자치단체 간 경계변경에 합의를 하고 관계 지방자치단체의 장이 그 내용을 알려온 경우 또는 지방자치단체중앙분쟁조정위원회가 심의 결과 경계변경이 필요하다고 의결한 경우에는 지체 없이 그 내용을 검토한 후 이를 반영하여 경계변경에 관한 대통령령안을 입안하여야 한다(제6조 제9항).

### (3) 구역변경의 효과

### 1) 사무와 재산의 승계

지방자치단체의 구역이 변경되거나 폐·치·분·합이 있는 때에는 새로 그 지역을 관할하게 된 지방자치단체가 그 사무와 재산을 승계하게 된다(제8조 제1항). 이때의 재산의 개념은 「지방자치법」 제159조 제1항에 의하며, 판례에 의하면 채무는 재산에 포함되지 않는 것으로 이해되고 있다.23) 지역으로 지방자치단체의 사무 및 재산을 구분하기 어려운 경우에는 시·도에서는 행정안전부장관이, 시·군 및 자치구에 있어서는 특별시장·광역시장·특별자치시장·도지사·특별자치도지사(시·도지사)가 그 사무와 재산의 한계 및 승계할 지방자치단체를 지정한다(제8조 제2항).

[1] 지방자치법 제5조 제1항 소정의 '구역변경으로 새로 그 지역을 관할하게 된 지방자치단체가 승계하게 되는 사무와 재산'은 당해 지방자치단체 고유의 재산이나 사무를 지칭하는 것이라 할 것이고, 하천부속물 관리사무와 같이 하천법 등 별개의 법률규정에 의하여 국가로부터 관할 지방자치 단체의 장에게 기관위임된 국가사무까지 관할구역의 변경에 따라 당연히 이전된다고 볼 수 없다(대판 1991.10.22, 91다5594 ).

[2] 구 지방자치법 제5조 제1항에 의하여 지방자치단체의 구역변경이나 폐치·분합에 따라 새로 그 지역을 관할하게 된 지방자치단체가 승계하게 되는 '재산'의 의미 및 채무가 이에 포함되는지 여부(소극) 구 지방자치법(2007. 5. 11. 법률 제8423호로 전문 개정되기 전의 것) 제5조 제1항은 지방자치단체의 구역변경이나 폐치·분합이 있는 때에는 새로 그 지역을 관할하게 된 지방자치단체가 그 사무와 재산을 승계하도록 규정하고 있는 바, 같은 법 제133조 제1항 및 제3항의 규정 내용에 비추어 볼 때 위 법률조항에 규정된 '재산'이라 함은 현금 외의 모든 재산적 가치가 있는 물건 및 권리만을 의미하고, 채무는 이에 포함되지 않는다(대판 2008.2.1, 2007다8914 ).

[3] 지방자치법 제5조 제1, 2항, 제133조 제3항 등의 각 규정취지에 비추어 보면 경기도 광주군 서부면 소재 공작물의 설치 보존상의 하자로 인한 위 광주군의 손해배상채무가 지방자치단체의 구역변경 등으로 인하여 새로이 위 서부면을 관할하게

---

23) 대판 1993. 2. 26, 92다425292.

된 경기도 하남시에 당연히 승계되는 것은 아니다(대판 1991.9.24.).

[4] 부동산 소유권의 취득시효기간이 만료된 후 등기를 하지 아니하고 있는 사이에 당해 부동산을 취득하여 등기를 마치거나 법률의 규정에 의하여 당해 부동산을 취득하여, 점유자가 그에 대하여 취득시효 완성을 주장할 수 없는 제 3 자는, 취득시효기간 만료 후에 새로운 이해관계를 가지게 된 제 3 자로서, 부동산에 관한 거래의 안전과, 등기제도의 기능을 해하지 아니하기 위하여 보호하여야 할 가치가 있는 자에 국한되어야 할 것인바, 어느 부동산에 관하여 취득시효가 완성된 이후에 지방자치단체의 구역변경이나 폐치·분합으로 인하여 지방자치법 제 5 조 제 1 항의 규정에 의하여 새로운 지방자치단체가 종전 지방자치단체의 사무와 재산을 승계함으로 인하여 당해 부동산을 취득하게 된 경우에 그 부동산의 취득은 부동산에 관한 거래의 안전이나 등기제도의 기능과는 무관한 것이라 하겠으므로, 그 새로운 지방자치단체를 취득시효기간 만료 후에 새로운 이해관계를 가지게 된 제 3 자로서, 위에서 본 법익을 해하지 아니하기 위하여 보호하여야 할 가치가 있는 자에 해당한다고 보기는 어렵다(대판 2002.3.15.).

### 2) 조례와 규칙의 시행문제
지방자치단체를 나누거나 합하여 새로운 지방자치단체가 설치되거나 지방자치단체의 격이 변경되면 그 지방자치단체의 장은 필요한 사항에 관하여 새로운 조례나 규칙이 제정·시행될 때까지 종래 그 지역에 시행되던 조례나 규칙을 계속 시행할 수 있다(제31조).

### 3) 지방자치단체의 장의 지위문제
지방자치단체를 폐지하거나 설치하거나 나누거나 합쳐 새로 지방자치단체의 장을 선출하여야 하는 경우에는 그 지방자치단체의 장이 선출될 때까지 시·도지사는 행정안전부장관이, 시장·군수 및 자치구의 구청장은 시·도지사가 각각 그 직무를 대행할 사람을 지정하여야 한다. 다만, 둘 이상의 동격의 지방자치단체를 통폐합하여 새로운 지방자치단체를 설치하는 경우에는 종전의 지방자치단체의 장 중에서 해당 지방자치단체의 장의 직무를 대행할 사람을 지정한다(법제110조).

### 4) 예산 및 결산의 문제
지방자치단체 및 자치구가 아닌 구와 읍·면·동·리의 구역을 변경하거나 폐지하거나 설치하거나 나누거나 합치는 데에 따른 사무의 인계에 관하여는 지방자치단체의 장의 퇴직에 따른 사무인계에 관한 규정(시행령 제66조부터 제70조까지의 규정)을 준용한다(시행령제3조). 예산과 결산은 지방자치단체의 장이 집행하는 사무에 따른 것이므로 구역변경에 따른 사무(와 재산)의 승계에 준하여 처리하게 된다.

## (4) 구역변경과 지방자치단체의 권리구제

### 1) 법적 하자의 존재

국가가 조직고권을 발동하여 지방자치단체의 통·폐합이라는 재량권을 행사함에 있어서는 결정과정상의 하자가 없어야 한다. 그러나 그 권한행사 내용이 공공복리적 합성 또는 비례성의 원칙 등을 위반하거나 이질적인 고려 등에 기초한 경우에는 그 결정의 위법성을 다툴 수 있다고 보아야 할 것이다.

### 2) 주장방법

(개 행정소송의 제기   대통령령의 형식에 의하여 행하여진 시·군·자치구의 구역 변경행위에 하자가 존재하는 경우에는, 당해 대통령령에 직접적인 처분성을 인정하여 지방자치단체는 취소소송 등을 제기할 수 있다고 본다. 이때에는 이른바 '처분적 명령'에 해당하게 된다. 구체적인 소송제기는 지방자치단체의 대외적인 대표기관성을 갖는 지방자치단체의 장이 하여야 할 것이다.

(나 헌법소원의 제기   법률의 형식에 의하여 구역변경행위가 이루어진 경우에는 지방자치단체는 자치단체 통합의 행위형식인 법률 자체를 대상으로 하여 행정소송을 제기하는 것이 가능한가 하는 문제가 제기된다. 통합이 법률 자체에 의하여 구체적인 집행행위를 기다리지 않고 이루어지므로, 당해 법률은 이른바 '처분적 법률(Einzelfall-gesetze)'에 해당하는 것이지만 법률의 형식을 갖추고 있는 이상 당해 법률을 대상으로 한 행정소송 제기는 불가능하다고 보아야 한다. 이때에는 지방자치단체의 자치권 침해를 이유로 한 헌법소원이나, 지역주민들의 기본권침해를 이유로 한 헌법소원이 가능한 방법이 될 것이다.

[1] **서울시의회가 헌법소원을 제기할 수 있는 청구인적격을 보유하는지 여부**   기본권의 보장에 관한 각 헌법규정의 해석상 국민(또는 국민과 유사한 지위에 있는 외국인과 사법인)만이 기본권의 주체라 할 것이고, 국가나 국가기관 또는 국가조직의 일부나 공법인은 기본권의 '수범자'이지 기본권의 주체로서 그 '소지자'가 아니고 오히려 국민의 기본권을 보호 내지 실현해야 할 책임과 의무를 지니고 있는 지위에 있을 뿐이므로, 공법인인 지방자치단체의 의결기관인 청구인 의회는 기본권의 주체가 될 수 없고 따라서 헌법소원을 제기할 수 있는 적격이 없다(헌재 1998.3.26, 96헌마345).

[2] 법률조항의 규정에 의하여 자치단체가 폐지되는 경우 이러한 주민의 기본권들의 침해는 별도의 집행행위의 매개를 거치지 않고 직접 그 법률조항의 시행에 의하여 발생할 수 있다. 이 사건 법률조항의 실시에 의하여 청구인들이 거주하여 온 영일군이 직접 폐지되고 포항시에 병합된다. 그러므로 이 사건 법률조항에 의하여 그 주민인 청구인들의 위와 같은 기본권의 침해가 별도의 집행행위의 매개를 거치지 않고 직접 발생할 수 있다(헌재 1995.3.23, 94헌마175 전원재판부).

[3] **지방자치단체의 폐치·분합에 관한 사항이 헌법소원의 대상이 되는지 여부**   지

방자치단체의 폐치·분합에 관한 것은 지방자치단체의 자치행정권 중 지역고권의 보장문제이나, 대상지역 주민들은 그로 인하여 인간다운 생활공간에서 살 권리, 평등권, 정당한 청문권, 거주이전의 자유, 선거권, 공무담임권, 인간다운 생활을 할 권리, 사회보장·사회복지수급권 및 환경권 등을 침해받게 될 수도 있다는 점에서 기본권과도 관련이 있어 헌법소원의 대상이 될 수 있다(<sub>헌재 1994.12.29.</sub> <sub>96헌마201</sub>).

(다) 권한쟁의심판의 제기    이외에 지방자치단체는 「헌법재판소법」에 따른 권한쟁의심판도 제기할 수 있다. 권한쟁의심판은 국가나 지방자치단체 사이의 권한의 존부나 그 범위에 관한 다툼을 그 대상으로 하는 것이므로, 구역변경의 경우와 같이 국가의 권한행사의 범위에 속하는가의 여부가 문제되는 경우에는 그 대상으로 볼 수 있기 때문이다.

# Ⅱ. 지방자치단체의 주민

## 1. 주민의 의의

### (1) 주민의 개념

주민이란 지방자치단체의 본질적인 구성요소로서 지방자치단체의 구역 안에 주소를 가진 자를 말한다(<sub>제16</sub><sub>조</sub>). 이때의 주소판정은 공법관계에서의 주소를 말하는 것이므로 「주민등록법」에 의한 주민등록지를 의미하는 것으로 본다(<sub>주민등록법</sub><sub>제23조 1항</sub>). 주민의 개념에 있어서는 성별·행위능력·국적·자연인·법인 등을 불문하며, 본인의 의사에 무관하게 법률규정에 의하여 그 구성요건이 충족된 때에 주민의 지위를 당연히 취득한다. 기초지방자치단체인 시·군·자치구의 주민은 동시에 그 구역을 관할하는 광역지방자치단체인 시·도의 주민이 된다. 지방자치단체 안의 법인도 주민의 개념에 포함되며, 이들에 대해서는 자연인인 경우에 적용되는 권리·의무에 관한 규정들이 성질이 허용하는 한 준용된다.

### (2) 시민(또는 공민)과의 구별

주민 중에서 지방자치단체의 선거에서 선거권을 가진 자를 시민 또는 공민(公民)[24]이라고 한다. 따라서 이는 국적요건을 필요로 하므로, 외국인이나 법인은 주민에는 해당하나 시민에는 해당하지 않는다. 현행 「지방자치법」은 '주민'이라는 용어를 통일적으로 사용하고 있지만(<sub>제17조</sub><sub>3항</sub>), 구 「지방자치법」 제13조 제2항에서는 '국민인 주민'이라 하여 이러한 차이를 표시한 바 있다. 다만 「공직선거법」에서는 아래에서 보는 바와 같이 영주의 체류자격 취득일 후 3년이 경과한 외국인으로서 해당 지방자치단체

---

24) 김남진·김연태(Ⅱ), 84면.

의 외국인등록대장에 올라 있는 사람에게도 지방자치단체 지방의회 의원 및 장의 선거권을 부여하고 있다.

## 2. 주민의 법적 지위

### (1) 주민의 권리

지방자치단체의 주민이 갖는 권리는 크게 보아 정치적 의미를 갖는 권리와 공공시설이용권으로 나눌 수 있다.

#### 1) 정치적 권리

(개) 선거에 참여할 권리

① 의 의　주민은 법령이 정하는 바에 따라 지방의회 의원 및 지방자치단체의 장 선거에 참여할 권리를 갖는다($^{제17조}_{3항}$). 따라서 선거권과 피선거권이 인정된다. 이는 지방자치단체의 구성에 주민의 참여를 보장함으로써 민주적 정당성을 부여하는 의미를 가지며, 기본권인 선거권과 피선거권이 지역적 단위에서도 실시되는 의미를 갖는 것이다.

② 선거권　주민이 선거권을 갖기 위해서는 18세 이상으로서 선거인명부작성기준일 현재 ㉠ 해당 지방자치단체의 관할구역에 주민등록이 되어 있는 사람, ㉡ 재외국민으로서 주민등록표에 3개월 이상 계속하여 올라 있고 해당 지방자치단체의 관할구역에 주민등록이 되어 있는 사람 또는 ㉢ 영주의 체류자격 취득일 후 3년이 경과한 외국인으로서 해당 지방자치단체의 외국인등록대장에 올라 있는 사람($^{공직선거법}_{제15조 2항}$)에 해당하여야 한다. 또한 이 밖에도 「공직선거법」이 규정하고 있는 일정한 결격사유에($^{동법 제}_{18조 1항}$) 해당하지 않아야 한다.

③ 피선거권　주민이 피선거권을 갖기 위해서는 선거권의 자격보다 강화된 내용의 자격이 요구된다. 즉, 지방의회 의원과 지방자치단체의 장의 피선거권은 선거일 현재 25세 이상에 달해야 하며, 선거일 현재 계속하여 60일 이상 당해 지방자치단체의 관할구역 안에 주민등록이 되어 있어야 한다. 이때의 60일의 기간은 그 지방자치단체의 설치·폐지·분할·합병 또는 구역변경의 사유에 의하여 중단되지 아니한다($^{공직선거법}_{제16조 3항}$). 그 밖에도 「공직선거법」에 규정된 결격사유($^{제19}_{조}$)에 해당하지 않아야 한다.

(나) 조례와 규칙의 제정과 개정·폐지청구권

이는 주민으로 하여금 조례와 규칙의 제정 및 개정, 폐지를 청구할 수 있도록 함으로써 지방자치단체의 행정에 관여할 수 있는 가능성을 제공하는 의미를 갖는다. 이로 인하여 직접민주정적인 요소가 지방자치단체영역에 도입되는 중요한 의미를 갖게 된다. 구체적인 내용은 다음과 같다.

① 조 례　조례의 제정·개정 또는 폐지청구의 청구권자·청구대상·청구요건

및 절차 등에 관한 사항은 따로 법률로 정한다($^{제19조}_{2항}$). 아직 이에 관한 법률은 제정되어 있지 않다. 다만 구법상 조례제정개폐청구권의 행사와 관련하여 규정하였던 바를 참조하면 다음과 같다.

조례제정개폐청구권은 19세 이상의 주민으로서 ㉠ 해당 지방자치단체의 관할 구역에 주민등록이 되어 있는 사람, ㉡ 해당 지방자치단체의 국내거소신고인명부에 올라 있는 재외동포인 국민 또는 ㉢ 영주의 체류자격 취득일 후 3년이 경과한 외국인으로서 해당 지방자치단체의 외국인등록대장에 올라 있는 사람은 시·도와 인구 50만 이상 대도시에서는 19세 이상 주민 총수의 100분의 1 이상 70분의 1 이하, 시·군 및 자치구에서는 19세 이상 주민 총수의 50분의 1 이상 20분의 1 이하의 범위에서 지방자치단체의 조례로 정하는 19세 이상의 주민 수 이상의 연서(連署)로 해당 지방자치단체의 장에게 조례를 제정하거나 개정하거나 폐지할 것을 청구할 수 있다($^{구법}_{제15조 1항}$).[25] 이러한 청구가 있는 때에는 지방자치단체의 장은 청구를 받은 날부터 5일 이내에 그 내용을 공표하여야 하며, 청구를 공표한 날부터 10일간 청구인명부나 그 사본을 공개된 장소에 갖추어 두어 열람할 수 있도록 하여야 한다($^{동조}_{제4항}$). 청구인명부의 서명에 관하여 이의가 있는 자는 위 열람기간에 해당 지방자치단체의 장에게 이의를 신청할 수 있다($^{동조}_{제5항}$). 지방자치단체의 장은 이의신청을 받으면 위 열람기간이 끝난 날부터 14일 이내에 심사·결정하되, 그 신청이 이유 있다고 결정한 때에는 청구인명부를 수정하고, 이를 이의신청을 한 자와 청구인의 대표자에게 알려야 하며, 그 이의신청이 이유 없다고 결정한 때에는 그 뜻을 즉시 이의신청을 한 자에게 알려야 한다($^{동조}_{제6항}$). 지방자치단체의 장은 이의신청이 없는 경우 또는 모든 이의신청에 대하여 결정이 끝난 경우 모든 요건을 갖춘 때에는 청구를 수리하고, 그러하지 아니한 때에는 청구를 각하하되,[26] 수리 또는 각하 사실을 청구인의 대표자에게 알려야 한다($^{동조}_{제7항}$). 지방자치단체의 장은 청구를 수리한 날부터 60일 이내에 조례의 제정안·개정안 또는 폐지안을 지방의회에 부의하여야 하며, 그 결과를 청구인의 대표자에게 알려야 한다($^{동조}_{제9항}$). 이 경우 청구된 주민청구조례안에 대하여 의견이 있으면 주민청구조례안을 지방의회에 부의할 때 그 의견을 첨부할 수 있다. 지방의회는 심사 안건으로 부쳐진 주민청구조례안을 의결하기 전에 청구인의 대표자를 회의에 참석시켜 그 청구취지(청구인의 대표자와의 질의·답변을 포함한다)를 들을 수 있다($^{구법}_{제15조의2}$).

이러한 구법상의 조례제정개폐청구권에 대해서는 몇 가지 문제점이 지적되었다. 우선 조례제정개폐청구권 행사를 위한 정족수가 시·군 및 자치구의 경우에는 유권자

---

25) 다만 ㉠ 법령을 위반하는 사항, ㉡ 지방세·사용료·수수료·부담금의 부과·징수 또는 감면에 관한 사항 및 ㉢ 행정기구를 설치하거나 변경하는 것에 관한 사항이나 공공시설의 설치를 반대하는 사항은 청구대상에서 제외된다(동조 제 2 항).

26) 청구를 각하하려면 청구인의 대표자에게 의견을 제출할 기회를 주어야 한다(동조 제 8 항).

인 주민총수의 50분의 1 이상, 20분의 1 이하의 범위 안에서 정하도록 되어 있어, 청구권 행사의 제약요건으로 될 수 있다고 지적되었다. 특히 조례에 의하여 정족수 요건이 상한선인 주민총수의 20분의 1 정도로 강화되어 규정되는 때에는, 대도시의 경우와 같이 지방자치단체의 규모가 비교적 크고 인구수도 많은 경우에는 이러한 요건은 실현하기 어려운 면을 갖게 되기 때문이다. 오히려 지방자치단체의 유권자인 인구수에 비례하여 각 지방자치단체마다 비교적 탄력적으로 규정할 수 있는 가능성을 마련하는 것이 필요하다고 지적되었다(일본의 경우는 유권자 총수의 50분의 1의 범위로 하고 있음). 또한 지방의회가 주민들의 조례제정개폐청구권의 행사에 대해 무성의한 태도를 보일 경우를 대비하여 이 권리의 실효성을 확보할 수 있는 담보수단을 마련하는 것도 필요하다는 점에서 일정한 요건 하에 주민투표의 대상으로 규정하는 것도 제시되었다. 이외에도 주민들이 발의한 조례안을 지방자치단체가 임의로 고칠 수 없는 점도 문제로 되었다. 이로 인하여 위법하거나 다른 법령과 상충된 조례안이 지방의회를 통과하면 지방자치단체는 지방의회에 재의를 요구하거나 법원에 소송을 제기할 수밖에 없는 실정이어서 조례안의 내용을 통제하는 제도적 장치가 필요하다고 지적되었다. 향후 제정될 법률에서는 이러한 점들을 참조하여야 할 것이다.

② 규　칙　　조례의 경우에 상응하여 주민은 지방자치단체의 장이 제정하는 규칙(권리·의무와 관련되는 사항으로 한정한다)에 대해서도 그 제정, 개정 또는 폐지와 관련된 의견을 해당 지방자치단체의 장에게 제출할 수 있다(제20조 1항). 법령이나 조례를 위반하거나 법령이나 조례에서 위임한 범위를 벗어나는 사항은 이러한 의견제출 대상에서 제외된다(제20조 2항). 지방자치단체의 장은 제출된 의견에 대하여 의견이 제출된 날부터 30일 이내에 검토 결과를 그 의견을 제출한 주민에게 통보하여야 한다. 의견제출, 의견의 검토와 결과통보의 방법 및 절차에 대해서는 해당 지방자치단체의 조례로 정한다(제20조 3항).

㈐ 주민감사청구권

① 내　용　　이는 지방자치단체의 잘못된 행정을 통제하기 위하여 주민이 일정한 견제수단을 행사하는 권한이다. 지방자치단체의 18세 이상의 주민으로서 ㉠ 해당 지방자치단체의 관할 구역에 주민등록이 되어 있는 사람 또는 ㉡「출입국관리법」 제10조에 따른 영주(永住)할 수 있는 체류자격 취득일 후 3년이 경과한 외국인으로서 같은 법 제34조에 따라 해당 지방자치단체의 외국인등록대장에 올라 있는 사람(「공직선거법」 제18조에 따른 선거권이 없는 사람은 제외한다. 이하 "18세 이상의 주민")은 시·도는 300명, 인구 50만 이상 대도시는 200명, 그 밖의 시·군 및 자치구는 150명 이내에서 그 지방자치단체의 조례로 정하는 수 이상의 18세 이상의 주민이 연대 서명하여 그 지방자치단체와 그 장의 권한에 속하는 사무의 처리가 법령에 위반되거나 공익을 현저히 해친다고 인정되면 시·도의 경우에는 주무부장관에게, 시·군 및 자치구의 경

우에는 시·도지사에게 감사를 청구할 수 있다($^{제21조}_{1항}$). 청구시효는 3년이다($^{제21조}_{3항}$).

다만, 수사나 재판에 관여하게 되는 사항, 개인의 사생활을 침해할 우려가 있는 사항, 다른 기관에서 감사하였거나 감사 중인 사항(다만, 다른 기관에서 감사한 사항이라도 새로운 사항이 발견되거나 중요 사항이 감사에서 누락된 경우와 주민소송의 대상이 되는 경우에는 그러하지 아니하다), 동일한 사항에 대하여 주민소송이 진행 중이거나 그 판결이 확정된 사항 등은 감사 청구의 대상에서 제외된다($^{제21조}_{2항}$).

지방자치단체의 18세 이상의 주민이 감사를 청구하려면 청구인의 대표자를 선정하여 청구인명부에 적어야 하며, 청구인의 대표자는 감사청구서를 작성하여 주무부장관 또는 시·도지사에게 제출하여야 한다($^{제21조}_{4항}$). 주무부장관이나 시·도지사는 청구를 받으면 청구를 받은 날부터 5일 이내에 그 내용을 공표하여야 하며, 청구를 공표한 날부터 10일간 청구인명부나 그 사본을 공개된 장소에 갖추어 두어 열람할 수 있도록 하여야 한다($^{제21조}_{5항}$). 청구인명부의 서명에 관하여 이의가 있는 사람은 위 열람기간에 해당 주무부장관이나 시·도지사에게 이의를 신청할 수 있다($^{제21조}_{6항}$). 주무부장관이나 시·도지사는 이의신청을 받으면 위 열람기간이 끝난 날부터 14일 이내에 심사·결정하되, 그 신청이 이유 있다고 결정한 경우에는 청구인명부를 수정하고, 그 사실을 이의신청을 한 사람과 청구인의 대표자에게 알려야 하며, 그 이의신청이 이유 없다고 결정한 경우에는 그 사실을 즉시 이의신청을 한 사람에게 알려야 한다($^{제21조}_{7항}$). 주무부장관이나 시·도지사는 이의신청이 없는 경우 또는 제기된 모든 이의신청에 대하여 결정이 끝난 경우로서 감사청구의 요건을 갖춘 경우에는 청구를 수리하고, 그러하지 아니한 경우에는 청구를 각하하되, 수리 또는 각하 사실을 청구인의 대표자에게 알려야 한다($^{제21조}_{8항}$). 주무부장관이나 시·도지사는 감사 청구를 수리한 날부터 60일 이내에 감사 청구된 사항에 대하여 감사를 끝내야 하며, 감사 결과를 청구인의 대표자와 해당 지방자치단체의 장에게 서면으로 알리고, 공표하여야 한다. 다만, 그 기간에 감사를 끝내기가 어려운 정당한 사유가 있으면 그 기간을 연장할 수 있으며, 기간을 연장할 때에는 미리 청구인의 대표자와 해당 지방자치단체의 장에게 알리고, 공표하여야 한다($^{제21조}_{9항}$). 주무부장관이나 시·도지사는 주민이 감사를 청구한 사항이 다른 기관에서 이미 감사한 사항이거나 감사 중인 사항이면 그 기관에서 한 감사 결과 또는 감사 중인 사실과 감사가 끝난 후 그 결과를 알리겠다는 사실을 청구인의 대표자와 해당 기관에 지체 없이 알려야 한다($^{제21조}_{10항}$). 주무부장관이나 시·도지사는 주민 감사 청구를 처리(각하를 포함한다)할 때 청구인의 대표자에게 반드시 증거 제출 및 의견 진술의 기회를 주어야 한다($^{제21조}_{11항}$). 주무부장관이나 시·도지사는 감사 결과에 따라 기간을 정하여 해당 지방자치단체의 장에게 필요한 조치를 요구할 수 있다. 이 경우 그 지방자치단체의 장은 이를 성실히 이행하여야 하고, 그 조치 결과를 지방의회와 주무부장관 또는 시·도지사에게 보고하여야 한다(제21조12항). 주무부장관이나 시·도지사는 조치 요구 내용과 지방자치단체의 장의 조치 결과를 청구인의 대표자에게 서면으로 알리고, 공표하여야 한다(제21조13항).

② 문제점　　이 권리는 주민의 감사청구라고 되어 있어 시민감사청구제도를 연상하게 하지만 그 내용과 절차면에서 본래의 시민감사청구제도와 본질적으로 다르다는 점에 문제가 있다. 즉 이 청구권은 지방자치의 본질에 상응하게 지방자치단체 내에서의 자율적인 감사실시를 청구하는 제도가 아니라, 감독기관에 의한 타율적인 감사를 청구할 수 있는 내용으로 구성되고 있다. 그러나 이러한 감사청구권행사의 내용은, 현재에도 주무부장관이나 시·도지사에게 「지방자치법」상 인정되고 있는 다른 감독권행사권을 통하여도 충분히 실현가능한 것이며(제188조의 내용 참조), 전혀 새로운 내용으로 평가할 수는 없을 것이다. 물론 이는 제188조의 경우와는 달리 주민들의 청구에 의한 것이라는 점에서 차이를 갖는 것이지만, 실질적으로는 감독기관에 의한 지방자치행정에 대한 개입의 가능성을 보다 더 확대하고 있음에 불과하며, 주민의 참여보장이라는 원래의 취지와는 전혀 거리가 먼 것으로 평가할 수밖에 없을 것이다. 오히려 시민감사청구권이 주민참여라는 본래의 의미를 살리기 위하여는 지방자치단체 내에서 자율적으로 수행하는 제도로서 그 내용을 변경하는 것이 바람직하다고 보인다.

㈑ 주민소송제기권

① 의　의　　이는 주민참여를 통한 지방행정의 책임성 강화를 위해, 지방자치단체의 위법한 재무회계행위에 대해, 지역주민이 자신의 개인적 권리·이익의 침해와 관계없이 위법한 행위의 시정을 법원에 청구할 수 있는 제도이다. 이 제도는 지방자치제 실시 이후 많은 문제점으로 지적되어온, 지방재정의 방만한 운영이나 각종 예산사업의 추진과 관련하여 야기되는 문제점을 해결할 수 있는 효과적 통제장치로 도입된 것으로 평가된다. 이는 주민의 직접적인 정치적 참여를 보장하는 제도로서의 의미를 갖는 것이며, 특히 소송의 원고적격에서 자신의 권리 또는 이익의 침해주장을 요구하지 않아 객관소송으로서의 성격을 갖는 것으로 이해된다.

② 내　용

㉠ 소송의 원고와 피고　　공금의 지출에 관한 사항, 재산의 취득·관리·처분에 관한 사항, 해당 지방자치단체를 당사자로 하는 매매·임차·도급 계약이나 그 밖의 계약의 체결·이행에 관한 사항 또는 지방세·사용료·수수료·과태료 등 공금의 부과·징수를 게을리한 사항을 감사 청구한 주민은 ⅰ) 주무부장관이나 시·도지사가 감사청구를 수리한 날부터 60일(감사기간이 연장된 경우에는 연장된 기간이 끝난 날을 말한다)이 지나도 감사를 끝내지 아니한 경우, ⅱ) 감사 결과 또는 조치 요구에 불복하는 경우, ⅲ) 주무부장관이나 시·도지사의 조치 요구를 지방자치단체의 장이 이행하지 아

니한 경우 또는 iv) 지방자치단체의 장의 이행 조치에 불복하는 경우에 그 감사 청구한 사항과 관련이 있는 위법한 행위나 업무를 게을리한 사실에 대하여 해당 지방자치단체의 장(해당 사항의 사무처리에 관한 권한을 소속 기관의 장에게 위임한 경우에는 그 소속 기관의 장을 말한다)을 상대방으로 하여 소송을 제기할 수 있다($\frac{제22조}{1항}$).

ⓛ 소송유형   주민이 청구할 수 있는 소송유형은 무분별한 소송형태의 난립을 방지하기 위해 다음과 같은 4가지 유형으로 법정화하고 있다($\frac{제22조}{2항}$).

– 해당 행위를 계속하면 회복하기 어려운 손해를 발생시킬 우려가 있는 경우에는 그 행위의 전부나 일부를 중지할 것을 요구하는 소송

– 행정처분인 해당 행위의 취소 또는 변경을 요구하거나 그 행위의 효력 유무 또는 존재 여부의 확인을 요구하는 소송

– 게을리한 사실의 위법 확인을 요구하는 소송

– 해당 지방자치단체의 장 및 직원, 지방의회의원, 해당 행위와 관련이 있는 상대방에게 손해배상청구 또는 부당이득반환청구를 할 것을 요구하는 소송. 다만, 그 지방자치단체의 직원이 「회계관계직원 등의 책임에 관한 법률」 제4조에 따른 변상책임을 져야 하는 경우에는 변상명령을 할 것을 요구하는 소송을 말한다.

ⓒ 제기절차   주민이 이러한 대상에 대해 주민소송을 제기하기 위해서는, 우선 선행절차로서 일정 수 이상의 주민이 연서하여 상급기관에 주민감사청구를 제기하여야 하며, 감사청구결과에 불복이 있는 경우에는 감사청구에 연서한 주민은, 지방자치단체의 장을 상대로 하여 누구나 주민소송을 제기할 수 있다. 다만, 이러한 소송은 주민감사청구에 대한 불복사유가 발생한 날로부터 90일 이내에 제기하여야 한다($\frac{제22조}{4항}$). 이는 행정이 지속적으로 불안정한 상태에 놓이지 않도록 배려하기 위한 것으로 보인다. 소송은 당해 지방자치단체의 사무소 소재지를 관할하는 행정법원(행정법원이 설치되지 아니한 지역의 경우에는 행정법원의 권한에 속하는 사건을 관할하는 지방법원 본원을 말한다)의 관할로 한다($\frac{제22조}{9항}$).

③ 소송의 효과

㉠ 소송비용 및 실비보상청구   소송을 제기한 주민이 승소한 경우에는 당해 지방자치단체에 대해 변호사보수 등의 소송비용과 감사청구절차의 진행 등을 위해 소요된 비용을 청구할 수 있는 실비보상청구권이 인정된다($\frac{제22조}{17항}$).

ⓛ 손해배상금의 청구   지방자치단체의 장은 손해배상청구 또는 부당이득반환청구를 할 것을 요구하는 주민소송의 확정판결에 따라 손해배상 등의 책임을 지게 되는 당사자에게 판결이 확정된 날부터 60일 이내를 기한으로 손해배상금 등의 지불을 청구하여야 한다($\frac{제23조}{1항}$). 다만, 동 기간 내에 손해배상금 등이 지불이 되지 않을 경우에는 지방자치단체가 손해배상금을 지불할 당사자를 피고로 민사소송을 제기하여 배상금 지불의 이행을 담보하도록 하고 있다($\frac{제23조}{2항}$).

ⓒ 변상명령    지방자치단체의 장은 소송에 대하여 변상명령을 명하는 판결이 확정된 때에는 당해 판결이 확정된 날부터 60일 이내를 기한으로 하여 해당 당사자에게 그 판결에 의하여 결정된 금액의 변상명령을 하여야 한다(제24조). 변상명령을 받은 자가 동항의 기한 내에 변상금을 지불하지 아니한 때에는 지방세체납처분의 예에 따라 징수할 수 있다(제24조). 변상할 것을 명령받은 자는 그 명령에 불복하는 경우 행정소송을 제기할 수 있다. 다만, 행정심판법에 따른 행정심판청구는 제기할 수 없다(제24조).

㈅ 청원권

주민은 지방의회에 청원을 할 수 있다. 이는 지방자치단체의 의사결정과정에 주민이 참여할 수 있는 권리로서 의미를 갖는 것이며, 특히 다수 주민에 의한 청원은 주민공동의 관심사로서 처리되어야 할 사무의 성질을 갖는다고 볼 수 있다. 이때의 청원대상에는 원칙적으로 제한이 없으나 예외적으로 재판에 간섭하거나 법령에 위배되는 내용의 청원은 허용되지 않는다(제86조).

청원의 절차는 지방의회 의원의 소개를 얻어 청원서의 제출로 하며(제85조), 소관위원회나 본회의에서 심사를 하여야 하는바(제87조), 위원회의 심사에서 본회의에 부의할 필요가 없다고 결정한 때에는 그 처리결과를 의장을 통해 청원인에게 통지하여야 한다(제87조). 또한 지방의회가 채택한 청원으로서 지방자치단체의 장이 처리함이 타당하다고 인정되는 청원은 이를 지방자치단체의 장에게 송부하고, 이에 대해 지방자치단체의 장은 그 처리결과를 지체 없이 지방의회에 보고하여야 한다(제88조).

㈆ 주민투표권

① 의 의    지방자치단체의 장은 주민에게 과도한 부담을 주거나 중대한 영향을 미치는 지방자치단체의 주요 결정사항 등에 대하여 주민투표에 부칠 수 있다(제18조). 주민투표권은 「주민투표법」상(이하 '법'으로 약함) 지방자치단체의 주민에게 인정된 참정권으로서, 주민으로 하여금 지방자치단체의 주요사항에 대한 직접적인 결정권을 보장하는 권리이다. 따라서 국민의 지위에서 갖는 국민투표권에 대응하는 권리로서, 지역주민의 자치행정에의 직접참여를 통하여 대의민주제를 보완하는 직접민주정적인 요소를 갖는 제도로 볼 수 있다. 현행 「주민투표법」은 보충성의 원칙을 적용하여, 대의민주제의 흠결을 보완하는 차원에서 최후의 해결수단으로 활용토록 법률내용이 구성되어 있다.

[ 1 ] 지방자치법 제13조의 2의 규정 취지    지방자치법 제13조의 2의 규정에 의하면, 지방자치단체의 장은 어떠한 사항이나 모두 주민투표에 붙일 수 있는 것은 아니고, 지방자치단체의 폐치·분합 또는 주민에게 과도한 부담을 주거나 중대한 영향을 미치는 지방자치단체의 주요 결정사항 등에 한하여 주민투표를 붙일 수 있도록 하여 그 대상을 한정하고 있음을 알 수 있는바, 위 규정의 취지는 지방자치단체의 장이 권

한을 가지고 결정할 수 있는 사항에 대하여 주민투표에 붙여 주민의 의사를 물어 행정에 반영하려는 데에 있다(대판 2002.4.26,/2002추23).

　[2] **주민투표권의 성격**　지방자치법이 주민에게 주민투표권(제13조의 2), 조례의 제정 및 개폐청구권(제13조의 3), 감사청구권(제13조의 4) 등을 부여함으로써 주민이 지방자치사무에 직접 참여할 수 있는 길을 일부 열어 놓고 있지만 이러한 제도는 어디까지나 입법에 의하여 채택된 것일 뿐 헌법에 의하여 보장되고 있는 것은 아니므로 주민투표권은 법률이 보장하는 권리일 뿐 헌법이 보장하는 기본권 또는 헌법상 제도적으로 보장되는 주관적 공권으로 볼 수 없다(헌재 2005.12.22,/2004헌마530).

　[3] 지방자치단체의 폐치·분합에 관련한 지방자치법 제4조 제2항 및 제13조의 2 제1항 소정절차는 이른바 청문절차로서 자치단체와 그 주민은 그 자신의 이해관계와 관련하여 의견을 표명할 기회를 주어야 한다는 것이다. 그러나 그러한 의견개진의 기회부여는 지방자치단체간 통합의 본질적 내용에 관한 사항과 그 근거에 관하여 이해관계인에게 고지하고 그에 관한 의견의 진술기회를 부여하는 것으로 족하고 그 진술된 의견은 국회에 입법자료를 제공하여 주는 기능은 하되, 입법자가 그 의견에 반드시 구속되는 것은 아니다. 또한 지방자치단체의 폐치·분합을 규정한 법률의 제정과정에서 주민투표를 실시하지 아니하였다 하여 적법절차원칙을 위반하였다고 할 수 없다(헌재 1995.3.23,/94헌마175).

② **내　용**

㉠ **투표권자**　19세 이상의 주민으로서 투표인명부 작성기준일 현재 ⓐ 그 지방자치단체의 관할 구역에 주민등록이 되어 있는 사람, ⓑ 국내거소신고가 되어 있는 재외국민 또는 ⓒ 출입국관리 관계 법령에 따라 대한민국에 계속 거주할 수 있는 자격(체류자격변경허가 또는 체류기간연장허가를 통하여 계속 거주할 수 있는 경우를 포함한다)을 갖춘 외국인으로서 지방자치단체의 조례로 정한 사람에게는 주민투표권이 있다. 다만 「공직선거법」상 선거권이 없는 사람에게는 주민투표권이 없다(주민투표법 제5조 1항).

㉡ **주민투표의 대상**　주민투표의 대상은 주민에게 과도한 부담을 주거나 중대한 영향을 미치는 지방자치단체의 주요 결정사항으로서 조례로 정하는 사항이며(법 제7조 1항), 예외적으로 예산·결산 등 재무관련 사항과 공무원의 신분 등 주민투표에 회부하기에 부적당한 사항 등은 금지대상으로 법에 명시규정을 마련하였다(법 제7조 2항). 대상이 되지 않는 사항은 다음과 같다.

　－법령에 위반되거나 재판중인 사항

　－국가 또는 다른 지방자치단체의 권한 또는 사무에 속하는 사항

　－지방자치단체의 예산·회계·계약 및 재산관리에 관한 사항과 지방세·사용료·수수료·분담금 등 각종 공과금의 부과 또는 감면에 관한 사항

　－행정기구의 설치·변경에 관한 사항과 공무원의 인사·정원 등 신분과 보수에

관한 사항

- 다른 법률에 의하여 주민대표가 직접 의사결정주체로서 참여할 수 있는 공공시설의 설치에 관한 사항. 다만 지방의회가 주민투표의 실시를 청구하는 경우에는 그러하지 아니하다.
- 동일한 사항에 대하여 주민투표가 실시된 후 2년이 경과되지 아니한 사항

**지방의회가 조례로 정한 특정한 사항에 관하여 지방자치단체의 장이 일정한 기간 내에 반드시 주민투표를 실시하도록 규정한 조례안이 지방자치단체의 장의 고유권한을 침해하는 것으로서 법령에 위반되는지 여부** 지방자치법은 지방의회와 지방자치단체의 장에게 독자적 권한을 부여하고 상호 견제와 균형을 이루도록 하고 있으므로, 법률에 특별한 규정이 없는 한 조례로써 견제의 범위를 넘어서 고유권한을 침해하는 규정을 둘 수 없다 할 것인바, 위 지방자치법 제13조의 2 제 1 항에 의하면, 주민투표의 대상이 되는 사항이라 하더라도 주민투표의 시행 여부는 지방자치단체의 장의 임의적 재량에 맡겨져 있음이 분명하므로, 지방자치단체의 장의 재량으로서 투표실시 여부를 결정할 수 있도록 한 법규정에 반하여 지방의회가 조례로 정한 특정한 사항에 관하여는 일정한 기간 내에 반드시 투표를 실시하도록 규정한 조례안은 지방자치단체의 장의 고유권한을 침해하는 규정이다(대판 2002.4.26, 2002추23).

ⓒ **주민투표 청구 및 발의요건** 지방자치단체의 장은 주민 또는 지방의회의 청구에 의하거나 직권에 의하여 주민투표를 실시할 수 있다(법 제9조 1항). 따라서 「주민투표법」상 주민투표의 실시여부는 지방자치단체장의 재량사항으로 되어 있다. 주민의 경우는 19세 이상 주민 중 주민투표권이 있는 사람은 주민투표청구권자 총수의 20분의 1 이상 5분의 1 이하의 범위안에서 지방자치단체의 조례로 정하는 수 이상의 서명으로 그 지방자치단체의 장에게 주민투표의 실시를 청구할 수 있다(법 제9조 2항). 지방의회는 재적의원 과반수의 출석과 출석의원 3분의 2 이상의 찬성으로 그 지방자치단체의 장에게 주민투표의 실시를 청구할 수 있다(법 제9조 5항). 지방자치단체의 장은 직권에 의하여 주민투표를 실시하고자 하는 때에는 그 지방의회 재적의원 과반수의 출석과 출석의원 과반수의 동의를 얻어야 한다(법 제9조 6항).

ⓓ **주민투표의 요구** 「주민투표법」은 국가정책에 관한 자문형 주민투표제를 도입하고 있으며, 이에 따라 관계 중앙행정기관의 장이 지방자치단체의 폐치·분합 또는 구역변경, 주요시설의 입지 등 국가중요정책 결정사항에 대한 주민의견을 수렴하기 위해 필요한 경우에는, 행정안전부장관과 사전 협의후 지방자치단체장에게 주민투표 실시를 요구할 수 있도록 하였다(법 제8조 1항).

ⓔ **주민투표 실시단위** 원칙적으로 당해 자치단체 관할구역 전체를 단위로 주민투표를 실시하여야 하나, 특정지역 또는 특정주민에게만 직접 이해관계가 있는 경우에

는 자치단체장이 지방의회의 동의를 얻어 일부지역만의 투표실시도 가능토록 하였다 ($\substack{법 제 \\ 16조}$).

ⓗ **주민투표운동**　지역현안에 대한 정책선택이라는 주민투표제의 특성을 감안하여 제한규정을 최소화하였다. 다만 투표운동은 주민투표발의일부터 주민투표일의 전일까지에 한하여 이를 할 수 있다($\substack{법 제21조 \\ 1항}$)

ⓐ **투표결과의 확정**　1/3 이상의 투표와 유효투표수 과반수 찬성으로 결과가 확정되도록 하였으며, 지방자치단체는 투표결과에 따라 확정된 내용대로 행정·재정상의 필요한 조치를 시행하여야 한다($\substack{법 제24 \\ 조 5항}$).

ⓞ **불복절차**　주민투표의 효력에 대하여 이의가 있는 투표권자는 주민투표권자 총수의 100분의 1 이상의 서명으로, 주민투표 결과가 공표된 날로부터 14일 이내에 관할 선거관리위원회 위원장을 피소청인으로 하여, 시·군 및 자치구에 있어서는 특별시·광역시·도 선거관리위원회에, 특별시·광역시·도에 있어서는 중앙선거관리위원회에 소청할 수 있다($\substack{법 제25 \\ 조 1항}$).

소청결정에 대하여 불복이 있는 소청인은 관할 선거관리위원회 위원장을 피고로 하여, 결정서를 받은 날로부터 10일 이내에 특별시·광역시·도에 있어서는 대법원에, 시·군 및 자치구에 있어서는 관할 고등법원에 소를 제기할 수 있다($\substack{법 제25 \\ 조 2항}$).

ⓢ **주민소환투표권**

① **주민소환제도의 의의**

ⓐ **주민에 의한 직접적 통제의 필요성**　지방자치제의 특색은 여러 가지 면에서 찾을 수 있지만, 주민직선에 의하여 주민대표를 선출할 수 있다는 점도 주요한 특색에 해당한다. 주민직선제도는 주민으로부터 직접 정당성을 획득하는 절차를 거치기 때문에, 직선에 의하여 선출된 대표를 통제하는 제도가 상대적으로 소홀하게 되는 것이 보통이다. 사실 주민이 직접 선출한 대표를 다시 주민 스스로 소환한다는 것은 그 자체로서 자신의 의사에 반하는 행위일 수 있으며, 법률상 보장되어 있는 임기제와 서로 모순되는 결과를 발생할 수도 있게 되는 것이다. 그러나 다른 한편으로 법치행정의 원칙은 지방자치의 영역에서도 포기되어서는 안 된다. 따라서 이때에는 원칙적으로 지방의회의원이나 지방자치단체의 장이 갖는 주민대표성과 임기제의 취지와 조화할 수 있는 통제방법을 택하여야 할 것이다.

이러한 이유로 주민대표들의 행위에 대한 법적 통제방법은 일반적으로 직접적인 방법보다는 간접적인 방법을 취하는 것이 보통이다. 이러한 유형에 해당하는 것으로는, 선거를 통한 통제 또는 「지방자치법」상의 시정요구, 취소·정지권($\substack{지방자치법 \\ 제188조}$), 직무이행 명령, 대집행($\substack{지방자치법 \\ 제189조}$) 등을 들 수 있다. 그러나 이러한 제도는 주민이 자신들의 대표들을 직접 통제하는 성격을 갖는 것은 아니며, 주민대표들이 행하는($\substack{또는 하지 \\ 않는}$) 개별 행위의 효력에 영향을 미치는 데 불과하여, 주민대표들의 신분상의 구체적인 불이익을 그 내용으로 하지 못하는 것이다. 따라서 주민대표들이 반복적으로 실정법 위반행위를 하는 경우에 대한 근본적인 해결책이 되지 못하게 된다. 이러한 상황에서는 주민대표들의 행위로 야기될 수 있는 법치행정의 공백을 해결할 수 있는 직접적인 대책마련이 필요하게 된다.

그러나 이러한 법치행정원칙의 회복을 위한 직접적인 방법을 모색하는 데에는 그 주체면에서 신중할 필요가 있다고 본다. 즉 주민대표들의 위법한 행위에 대한 직접적인 통제수단을 국가 등이 행사할 때에는 그 구체적인 행사내용에 따라서는, 지방자치단체에 대한 지나친 개입의 부작용 또는 남용의 소지가 발생하게 된다. 따라서 국가에 의한 주민대표들에 대한 통제방법보다는 주민에 의한 통제방법이 바람직하여 보인다. 이는 다른 한편으로 주민의 직선에 의하여 주민대표들에 대하여 정당성을 부여하고 있는 것이므로, 그 부여한 정당성을 철회하는 통제수단의 마련도 주민에 의하도록 하는 것이 타당할 수 있기 때문이다. 이를 위하여 「지방자치법」은 주민의 권리로서 주민소환권을 인정하고 있으며($^{제25}_{조}$), 그 구체적 내용에 대해서는 「주민소환에 관한 법률」($^{이하\ '법'}_{으로\ 약함}$)이 제정되어 있다.

ⓛ 외국의 입법례($^{일본의}_{경우}$)  지방자치제를 도입한 역사가 오래된 일본에서는 미국식 제도의 영향을 받아 지방행정에 대한 주민의 통제권을 보장하기 위한 다양한 제도를 갖추고 있다. 일본에서는 주요 공직자에 대한 해직청구($^{일본\ 지방}_{자치법\ 제86조}$)제도와27) 별도로 지방자치단체 장에 대한 해직 청구제도가 마련되어 있다($^{동법}_{제81조}$). 동 제도는 선거권자 총수의 3분의 1 이상의 연서에 의하여 그 대표자가 당해 지방공공단체의 선거관리위원회에 대하여 당해 보통지방공공단체의 장의 해직을 청구하는 권리이다. 이러한 청구에 대하여 선거관리위원회는 당해 선거구의 투표에 붙여야 하며, 이때에 유효투표수의 과반수의 동의가 있을 때에는 그 직을 상실하게 된다($^{동법}_{제83조}$). 그러나 본 청구권의 남용을 방지하기 위하여 지방자치단체 장이 취임한 날로부터 1년간 그리고 해직투표일로부터 1년간은 제기할 수 없도록 하고 있다. 단 무투표당선된 지방자치단체 장에 대해서는 취임일로부터 1년 이내에도 본 청구권의 행사가 가능하도록 예외로 하고 있다($^{동법}_{제84조}$).

② 주민소환제도의 내용  「주민소환에 관한 법률」은 일정수 이상의 주민들의 투표의 방식으로 주민대표들을 소환할 수 있는 제도를 채택하고 있다.

㉠ 주민소환투표권자  주민소환투표권은 ⓐ 19세 이상의 주민으로서 당해 지방자치단체 관할구역에 주민등록이 되어 있는 자, 또는 ⓑ 19세 이상의 외국인으로서 「출입국관리법」 제10조의 규정에 따른 영주의 체류자격 취득일 후 3년이 경과한 자 중 당해 지

---

27) 이는 부지사, 선거관리위원 등 주요 공직자의 해직을 선거권자 총수의 3분의 1 이상의 연서를 통하여 지방자치단체의 장에게 청구하는 권리이다.

방자치단체 관할구역의 외국인등록대장에 등재된 자가 행사할 수 있다(법 제3조 1항).

ⓛ **주민소환투표권의 대상** 선출직 지방공무원인 지방자치단체의 장 및 지방의회 의원이 그 대상이다. 그러나 이때에 비례대표선거구 시·도의회의원 및 비례대표선거 구 자치구·시·군의회의원은 제외된다(법 제7조 1항).

ⓒ **주민소환투표의 청구요건** 일정수 이상의 주민의 서명을 받아, 그 소환사유를 서 면에 구체적으로 명시하여, 관할 선거관리위원회에 청구하여야 한다. 이때의 발의 정족 수는 ⓐ 특별시장·광역시장·도지사의 경우는 당해 지방자치단체의 주민소환투표청 구권자 총수의 100분의 10 이상, ⓑ 시장·군수·자치구의 구청장의 경우는 당해 지방 자치단체의 주민소환투표청구권자 총수의 100분의 15 이상, ⓒ 지역 선거구 시·도의 회의원 및 지역선거구 자치구·시·군의회의원의 경우는 당해 지방의회의원의 선거구 안의 주민소환투표청구권자 총수의 100분의 20 이상의 서명을 요한다(법 제7조 1항).

ⓔ **주민소환투표의 청구제한기간** 외국의 입법례와 마찬가지로 일정한 기간내에는 주민소환투표의 실시를 청구할 수 없다. 이는 제도의 남용을 방지하기 위한 것이며, 이러한 기간으로는 ⓐ 선출직 지방공직자의 임기개시일부터 1년이 경과하지 아니한 때, ⓑ 선출직 지방공직자의 임기만료일부터 1년 미만일 때, ⓒ 해당선출직 지방공직 자에 대한 주민소환투표를 실시한 날부터 1년 이내인 때가 해당한다(법 제8조).

ⓜ **주민소환투표의 발의 및 실시** 관할선거관리위원회는 주민소환투표청구가 적법 하다고 인정하는 경우에는 지체 없이 그 요지를 공표하고, 소환청구인 대표자 및 해 당 선출직 지방공직자에게 그 사실을 통지하여야 한다. 관할선거관리위원회는 통지를 받은 선출직 지방공직자에 대한 주민소환투표를 발의하고자 하는 때에는, 주민소환투 표 대상자의 소명요지 또는 소명서 제출기간이 경과한 날부터 7일 이내에 주민소환투 표일과 주민소환투표안을 공고하여 주민소환투표를 발의하여야 한다(법 제12조). 주민소환투 표일은 공고일부터 20일 이상 30일 이하의 범위 안에서 관할선거관리위원회가 정한 다. 다만, 주민소환투표대상자가 자진사퇴, 피선거권 상실 또는 사망 등으로 궐위된 때에는 주민소환투표를 실시하지 아니 한다(법 제13조). 주민소환투표는 찬성 또는 반대를 선택하는 형식으로 실시한다(법 제15조).

ⓗ **주민소환투표운동** 주민소환투표를 위하여는 선거운동을 할 수 있으며, 주민소 환투표운동은 주민소환투표에 부쳐지거나 부쳐질 사항에 관하여 찬성 또는 반대하는 행위를 말한다(법 제17조). 주민소환투표운동의 방법은 해당 주민소환투표대상자의 선거에 관한 규정에 한하여 「공직선거법」의 관련 규정을 준용한다(법 제19조).

ⓢ **주민소환투표의 효력** 주민소환투표대상자는 관할 선거관리위원회가 주민소환 투표안을 공고한 때부터 주민소환투표결과를 공표할 때까지 그 권한행사가 정지된다 (법 제21조). 주민소환은 주민소환투표권자 총수의 3분의 1 이상의 투표와 유효투표 총수

과반수의 찬성으로 확정된다($^{법}_{제22조}$). 주민소환이 확정된 때에는 주민소환투표대상자는 그 결과가 공표된 시점부터 그 직을 상실하며, 직을 상실한 자는 그로 인하여 실시하는 해당 보궐선거에 후보자로 등록할 수 없다($^{법}_{제23조}$).

◎ 주민소환투표소송   주민소환투표의 효력에 관하여 이의가 있는 해당 주민소환투표대상자 또는 주민소환투표권자는, 주민소환 투표결과가 공표된 날부터 14일 이내에 관할선거관리위원회 위원장을 피소청인으로 하여, ⓐ 지역구 시·도의원, 지역구 자치구·시·군의원 또는 시장·군수·자치구의 구청장을 대상으로 한 주민소환투표에 있어서는 특별시·광역시·도 선거관리위원회에, ⓑ 시·도지사를 대상으로 한 주민소환투표에 있어서는 중앙선거관리위원회에 소청할 수 있다. 이러한 소청에 대한 결정에 관하여 불복이 있는 소청인은 관할선거관리위원회 위원장을 피고로 하여 그 결정서를 받은 날로부터 10일 이내에 ⓐ 지역구 시·도의원, 지역구 자치구·시·군의원 또는 시장·군수·자치구의 구청장을 대상으로 한 주민소환투표에 있어서는 그 선거구를 관할하는 고등법원에, ⓑ 시·도지사를 대상으로 한 주민소환투표에 있어서는 대법원에 소를 제기할 수 있다($^{법}_{제24조}$).

### 2) 공공시설이용권

㈎ 의 의   주민은 법령이 정하는 바에 의하여 소속 지방자치단체의 재산과 공공시설을 이용할 권리를 갖는다($^{지방자치법}_{제17조 2항}$). 이는 주민의 생존배려와 관련되는 것으로서 지방자치제의 전통적인 내용으로서 그 역사성을 갖는 것으로 평가되고 있다. 또한 지방자치단체가 주민의 수요를 충족하는 의미를 갖는 공공시설을 주민들이 납부하는 세금이나 부담금 등으로 설립하고 운영하는 것이므로, 이들 시설에 대해 반대급부로서 주민의 이용청구권이 인정되는 것이다. 주민의 권리 중에서 현실적으로 주요한 비중을 갖고 가장 많이 논의되고 있는 것이라고 평가된다.

㈏ 이용권의 대상

① 재 산   이용권의 목적물($^{또는}_{대상}$)은 지방자치단체의 재산 또는 공공시설이다. 이때의 재산의 개념은 지방자치단체가 보유하고 있는 것으로서 현금 이외의 모든 재산적 가치가 있는 물건 및 권리의 총체를 말하는 것이며($^{제159조}_{1항}$), 주민의 이용에 제공되는 것을 의미한다.

재산이 공공시설과 어떻게 구별되는가의 문제에 대해서는 같은 의미로 보는 견해와28) 재산의 개념을 공공시설을 포함하는 넓은 의미로 파악하는 견해가29) 주장되고

---

28) 예컨대 김남진·김연태(Ⅱ), 85면; 이상규(하), 145면; 홍정선(하), 90면. 이 견해에 의하면 지방자치법 제13조 제1항의 '재산'이라는 표현은 '공공시설'과 같은 의미이므로 삭제하는 것이 바람직하다고 본다.

29) 이기우, 앞의 책, 63면 : 이 견해는 종전의 지방재정법 제10장이 '재산'이라는 표제하에서 공공시설까지 같이 규율하고 있음에 기초한 것으로 보인다. 그러나 지방자치법 제133조 이하에서는

있다. 그러나 입법자의 입법의도를 나타내고 있는 법률의 표현내용과,30) 현실적인 구분의 필요성에 비추어 양자는 서로 구별되어야 한다고 본다. 즉 현행 「지방자치법」은 그 규정방식에 있어서 재산과 공공시설을 서로 구분하여 사용하고 있고(제17조 2항 이외에 제155조 및 제159조 이하의 규정 참조), 또한 현실적으로 지방자치단체의 재산을 주민이 사용할 수 있는 경우도 존재할 수 있다. 이때의 이용권의 대상인 재산은 주민의 사용과 관련되는 것이므로 공용의 행정목적만으로 사용되는 경우는 배제된다. 그러나 행정재산으로서 그 용도 또는 목적에 장해가 없는 한도 내에서 사용이나 수익이 허가되는 경우(공유재산 및 물품관리법 제20조) 또는 지방자치단체 소유의 일반재산을 주민에 대해 대부하여 사용하도록 하는 경우(공유재산 및 물품관리법 제31조, 지방자치법 제160조 참조)에는 재산도 주민의 이용의 대상이 될 수 있다. 따라서 재산도 공공시설과 구별되어 주민의 이용권의 대상이 될 수 있으므로 양자의 개념은 구별되어야 한다고 본다.31)

② 공공시설　공공시설은 주민의 복리에 관한 급부행정을 수행하기 위하여 설치, 운영되는 것으로서(제161조 1항) 주민의 이용에 제공되는 것을 말한다. 이는 법적으로 다양한 이질적인 현상을 포함하는 개념으로서, 그 존재목적인 주민의 생존배려와 복리증진을 위한 모든 시설이 이에 해당하게 되며, 지방자치단체의 공물, 영조물, 공기업 기타 급부를 제공하는 시설이 포함된다. 이의 예로서는 상수도, 하수도시설, 공원, 공동묘지, 학교, 극장, 강당, 박물관, 운동시설, 주차시설, 병원, 양로원, 유치원 등을 들 수 있다. 이때의 공공시설의 조직형태는 공공시설 개념의 본질요소에 해당하지 않으므로, 공법상의 형태(공기업이나 영조물 등)나 사법상의 형태(재단법인 등), 민간위탁에 의한 관리 등도 모두 가능하다. 그러나 공공시설이 주민의 이용에 제공되기 위해서는 공용지정(또는 공용개시)을 필요로 한다.

㈐ 이용관계의 내용

① 이용관계의 법적 구조　주민의 이용관계의 주된 대상은 현실적으로는 재산보다는 공공시설이 되고 있다. 따라서 이용관계의 내용면에서도 주로 공공시설의 이용관계가 논의되며, 그 법적 구성에 대해서는 이단계의 절차로 구성된다고 볼 수 있다. 즉 공공시설 이용의 청구에 관한 절차와 개별적인 이용관계의 형성에 관한 절차로 나눌 수 있다. 이는 지방자치단체에게 공공시설의 설립이나 운영에 있어서 법적 형태 선택의 자유가 인정되고 있기 때문이다. 이때에 지방자치단체가 공법적인 조직

지방재정법에서와는 달리 공공시설과 기금을 재산과 분리하여 설명하고 있다. 따라서 지방재정법상의 재산개념을 지방자치법에 그대로 사용하는 것은 어렵다고 볼 것이다.
30) 우리나라의 지방자치법은, 독일의 경우에 그 대상으로서 공공시설에 한정하고 있는 것과는 달리(이에 대해서는 류지태, "주민의 법적 지위", 자치연구 제4권 1호, 1994, 57면 이하 참조) 재산도 명문으로 그 대상에 규정하고 있으므로, 이러한 점에서 입법자의 의도와 다른 해석은 우선 어렵다고 보아야 할 것이다.
31) 같은 견해 : 박균성(하), 86면.

형태를 택하는 경우에는 양 절차에 관해서 공법적인 규율을 받게 되므로 별도의 법적 문제가 야기되지 않는다. 그러나 지방자치단체가 사법적인 형태로 이용관계를 규율하는 경우에는 공법적인 성질을 갖는 공공시설 이용청구권이 인정될 수 있는지에 관해 의문이 제기될 수 있다. 이때에는 이단계이론(Zweistufen-Lehre)이 적용된다고 본다. 즉 공공시설 이용허가의 측면에서만(즉 이용의 허가여부) 공법적인 성질이 인정되고, 이용관계의 형성 자체에 대해서는 사법적인 성질이 인정될 수 있으므로 그 법률관계는 사법적으로 처리될 수 있다고 본다.

② **공공시설이용허가의 법률관계**   이는 어떠한 당사자를 공공시설이용 청구권자로 인정할 것인가에 관한 것이다.

㉠ **주 민**   이용권자는 원칙적으로 주민에 한정된다. 이때의 주민의 개념에는 자연인 뿐 아니라 법인·외국인·내국인 모두가 해당한다. 그러나 주민이 아닌 경우에도 공공시설을 이용하는 것이 전적으로 배제되는 것은 아니며, 당해 이용목적물인 공공시설의 성격에 따라 개별적으로 검토되어야 하리라고 생각한다. 예컨대 병원·공공건물·극장의 이용 등에는 현실적으로 지역주민과의 차등대우를 인정하기 어려울 것이나, 공동묘지의 이용·학교시설의 이용·양로원과 유치원 이용 등에는 현실적인 수용여건 등에 비추어 지역주민과의 차등적인 취급이 인정될 수 있을 것이다.

㉡ **법 인**   법인이나 단체도 주소를 지방자치단체 안에 두고 있는 이상 자연인과 동일한 방식으로 청구권을 갖게 된다. 또한 영업소를 지방자치단체에 두고 있는 경우에도 동일하다. 그러나 지방자치단체 영역 안에 주소를 두고 있지 않은 법인이나 단체가 주체인 때에는 문제가 될 수 있다. 예컨대 지구당조직을 당해 지방자치단체에 두고 있지 않은 정당에서 시민회관을 이용하고자 할 때에는, 「지방자치법」에 의해서는 주장불가능하고, 일반적인 법률인 「정당법」에 의하여서만 가능하게 된다고 보아야 할 것이다(정당법 제37조 참조).

㉢ **행사참가자**   주민이 아니면서 당해 지방자치단체 안에서 개최되는 행사에 참여하여 전시관이나 전시무대를 설치하기 위해 공공시설의 이용을 청구할 수 있는가도 문제로 제기된다. 이에 대해서는 당해 행사를 규율하는 개별법에서 규정되고 있는 일정한 요건을 갖춘 행사인 경우에는, 참여자들에 대해서 당해 관련규정에 의해 그 주체성이 인정된다고 볼 것이다.

③ **개별적 이용관계**   지방자치단체에게 허용되어 있는 법적 형식선택의 자유로 인해 이용관계형성에 관해서는 공법적으로 규율되고 있는지 또는 사법적으로 규율되고 있는지가 우선 규명되어야 한다.

이때에 분명하지 않은 때에는 일정한 외관을 기준으로 하게 되는데, 사법적으로 형성되는 이용료가 아니고 수수료가 부과되거나, 이용관계를 형성하는 의무의 불이행시에 공법적인 강제수단 등이 존재할 때에는 공법적인 이용관계로 보아야 할 것이다. 이때에 사법적인 이용관계로 형성하는 경우는 이른바 행정사법이 존재하는 경우이며, 따라서 그 급부제공관계는 단순히 사적 자치에 의해서만 이루어지는 것은 아니며, 공적 과업의 수행목적으로부터 나오는 제약을 받게 된다. 이와 같은 기준에 의해서도 명백하지 않을 때에는 공법적인 이용관계로 추정하게 된다.

개별적 이용관계의 상세한 내용에 관해서는 지방자치단체에게 넓은 형성여지가 인정된다. 즉 당사자의 이용청구권이 보장되는 한, 합목적적이라고 생각되는 규정을 만들 수 있으며, 이때에는 이러한 규정들이 공공시설의 목적범위 안에 있는 것이고, 모든 당사자의 기본권이 보장되도록 하는 것인 한 허용된다고 볼 수 있다.

㈃ 이용권의 한계    공공시설의 이용권은 법적인 한계와 사실상의 한계를 갖는다.

① 법적인 한계    우선 법령에 의한 제한을 받게 된다. 이는 「지방자치법」 제17조 제 2 항에 따라 "법령으로 정하는 바에 따라" 주민이 공공시설을 이용할 권리를 갖기 때문이다. 이때의 법령은 당해 공공시설을 직접적인 규율대상으로 하는 법률뿐 아니라(예컨대 하수도법, 자연공원법, 장사 등에 관한 법률 등) 이를 구체화하는 내용을 담고 있는 당해 지방자치단체의 조례나 규칙도 포함된다.

② 공용지정목적에 의한 한계    주민의 이용청구권은 또한 당해 시설에 대한 공용지정에 의해 정해진 목적에 따른 제한을 받는다. 따라서 주민은 공공시설의 목적에 적합한 범위 내에서만 이용권을 갖는다. 예컨대 주차목적의 이용대상시설은 원칙적으로 이를 집회의 목적에 사용할 수 없는 한계를 갖는 것이다. 이러한 목적에 의해서 공공시설이용허가 뿐 아니라 개별적인 이용관계내용에 있어서도 제한이 따르게 된다.

③ 사실상의 한계    공공시설이용은 수용능력의 한계로 인하여도 제한될 수 있다. 따라서 당해 지방자치단체에 주소를 두고 있지 않은 사람인 방문객, 행사의 지원자나 전시자들은 공공시설 이용으로부터 합리적인 근거하에서 그 이용이 배제될 수 있다. 또한 주민에 대해서도 공공시설의 수용능력의 한계로 인해 지방자치단체의 양로원이나 유치원, 체육시설 및 묘지시설이용 등이 제한될 수 있다. 이때에는 가급적 많은 주민들의 합리적인 이용이 가능하도록 그 방법으로서 선착순이나 이용시간 또는 이용횟수의 제한 등이 고려될 수 있다.[32)]

그 밖에도 위해를 야기하거나 손해발생의 가능성이 인정되는 행사를 위한 공공시설이용에 대해서도 제한이 가해질 수 있다(예컨대 팝음악공연이나 문화행사집회 등). 이는 특히 당해 행사개최자가 예상되는 공공시설에 대한 손해발생에 대해 적절한 예방조치를 강구할 수 없거나,

---

32) 참고로 서울시에서는 「서울특별시 장사등에 관한 조례」를 제정, 운영하고 있으며, 시립묘지 사용기간을 종전의 영구사용에서 15년 단위로 사용허가를 내주기로 하고 이에 따라 장묘시설 허가증을 발급하고 있다.

지방자치단체로서는 시설이용을 거부하는 방법 이외에 다른 방법이 없다고 판단되는 경우에 행해지게 된다.

그리고 공공시설이용권은 그 내용에 있어서 원칙적으로 종전의 공공시설 이용을 앞으로도 계속하여 유지하도록 하는 청구권이나 새로운 공공시설이용의 청구권을 포함하지 않는다. 그러나 당해 공공시설이 기본권적으로 보장되는 자유를 보호하기 위해 불가결한 급부제공과 관련되는 것일 때에는 예외가 인정된다고 보아야 할 것이다.

㈐ 이용수수료  일반사용의 대상이 아닌 공공시설의 이용에 대해서 지방자치단체는 사법적인 이용료나 공법적인 수수료를 부과할 수 있다. 후자의 경우에는 공공시설을 공법에 기초하여 이용하는 경우에만 가능하며 그 이용이 당해 공공시설의 목적에 상응하는 경우에만 부과된다. 이때의 수수료책정에 있어서는 주민과 비주민 사이에 차등이 인정되어서는 안 된다.

㈑ 지방자치단체의 책임  공공시설이용과 관련하여 이용자가 손해를 입은 때에는 지방자치단체는 이에 대한 배상책임을 부담한다. 이때의 책임내용은 그 이용관계의 법적 성질에 따라 상이하게 나타난다.

㉠ 이용관계가 공법적으로 구성되는 경우에는 지방자치단체는 고권적으로 활동하는 것이 되어, 이때에 지방자치단체는 행정상의 손해배상책임을 진다. 이때의 책임은 법률에 의한 것이므로 법률의 위임이 없는 한, 지방자치단체의 조례에 의해서 그 책임을 완화할 수 없다.

㉡ 그러나 사법적으로 이용관계가 구성되는 경우에는 민사상의 손해배상책임을 지게 된다. 따라서 그 책임의 내용은 민사상의 일반적인 원칙에 따라 구성되어진다. 이에 의해 지방자치단체는 민사상의 사용자책임이나 공작물의 소유자책임에 의해서도 손해배상책임을 지게 되며, 이때에는 손해예방을 위해 요구되는 주의의무위반이 주요한 의미를 갖게 된다. 특히 이와 관련해서는 공공시설로서의 놀이시설과 놀이기구가 주된 대상이 된다. 또한 지방자치단체가 사법적인 계약을 맺어 운영하는 공공시설인 때에는 경우에 따라서는 이행보조자의 행위에 대한 책임도 지게 된다.

㈒ 관련문제

① 지방자치단체의 장애예방권리  지방자치단체는 공공시설의 이용과 관련하여 발생할 수 있는 장애의 예방을 위한 조치를 취할 수 있다. 이를 위해 공공시설의 출입금지를 명할 수 있으며, 이의 법적 근거로서는 사법적인 점유권이나 소유권뿐 아니라 공법적인 영조물권력도 작용한다. 독일의 경우 판례는 이때에 공공시설의 방문목적에 따라 출입금지여부를 결정하고자 하나, 학설은 이에 반대하며 이 대신에 오히려 출입금지의 목적에 따라, 즉 공적 과업수행의 보장을 기준으로 하여 결정하고자 하여 이 문제를 공법적인 사항으로 논하려고 한다. 학설이 주장하는 이러한 논거의 타당성은,

출입금지를 명함으로써 사실상 공공시설이용 자체가 불가능하게 되므로 이러한 처분의 성격을 공법적으로 논하여야 한다는 데에서 찾는 것이다.

② **권리구제방법**   공공시설이용과 관련한 법적 분쟁은, 공공시설 이용허가와 관련해서는 행정소송에 의한 방법으로 제기되어야 한다. 그러나 개별적인 이용관계내용과 관련한 법적 분쟁은 그 법적 형태에 따라 개별적으로 검토되어야 한다.

### 3) 그 밖의 권리

(가) **균등한 행정혜택을 받을 권리**   주민은 지방자치단체로부터 균등하게 행정의 혜택을 받을 권리를 갖는다($^{제17조}_{2항}$). 행정의 혜택은 앞에서 설명한 공공시설의 이용권을 제외한 그 밖의 행정작용을 통한 급부에서의 혜택을 의미하며($^{예컨대 \ 영세민지}_{원자금의 \ 지급 \ 등}$), 이때의 균등한 혜택은 평등원칙에 따른 혜택을 의미하는 것으로 해석된다. 따라서 합리적 기준이 없는 행정혜택의 배제는 금지된다.

(나) **개별 법령상의 권리**   주민은 이 밖에도 일반법령 등에 따른 여러 권리를 갖는다. 예컨대「국가배상법」에 따른 손해배상청구권,「공익사업을 위한 토지등의 취득 및 보상에 관한 법률」에 따른 손실보상청구권 등이 그것이다. 또한 각종 조례에 의한 개별적 권리의 인정도 주요한 의미를 갖는다($^{특히 \ 정보공개조례에}_{의한 \ 정보제공청구권 \ 등}$).

(다) **다른 나라의 입법례**   그 밖에 주민참여권을 보장하기 위하여 참고할 수 있는 제도로는 독일의 지방자치법상 운영되고 있는 여러 제도를 들 수 있다.

이에는 우선 ㉠ 주민이 지방자치행정의 운영에 참여할 수 있도록 지방자치기관이 청문회를 개최하거나 주민에게 정보제공을 위한 목적으로 행사를 개최하는 것을 들 수 있다. 구체적인 형태로서는 지방의회가 개최하는 '질문시간(Fragestunde)'이나 '청문'을 들 수 있으며, 그 밖에도 독일 각주의 지방자치법에서 규정되고 있는 행정기관과 주민 사이에 의견교환을 위한 '시민집회(Bürgerversammlung)'도 들 수 있다. 특히 시민집회제도는 일정수의 주민에 의해 소집가능하며, 경우에 따라서는 법원의 판결로써 그 소집이 강제될 수 있게 하고 있다. 또한 시민집회가 제안한 사항에 대해 지방자치단체는 일정기간 내에 문서로써 검토하여 회신하도록 하고 있다.

㉡ 그 밖에 독일의 일부 주에서는 이외에도 시민이 직접 특정사항에 대해 결정을 행할 수 있는 '시민결정(Bürgerentscheid)'제도를 인정하고 있다. 이는 법률이나 조례를 통하여 규정된 사항을 대상으로 하는 것이며($^{예컨대 특정 공공}_{시설의 건설이나 폐지}$) 위임사무나 예산문제, 기관조직문제 및 기속행위 등은 그 대상에서 제외된다. 이를 위해서는 지방의회가 제안하거나 일정수 이상의 시민이 제안하여 시민이 결정하는 절차를 거치게 된다. '시민결정'을 통하여 확정된 내용에 대해서는 이의절차를 인정하고 있지 않다.33)

---

33) 그러나 학자에 따라서는 지방의회가 갖는 대표성의 지위에 비추어 이러한 제도의 합헌성에 대해 의문을 제기하는 주장도 존재하고 있다.

### (2) 주민의 의무

#### 1) 비용분담의무

주민은 법령으로 정하는 바에 따라 소속 지방자치단체의 비용을 분담하는 의무를 진다($_{조}^{제27}$). 주민이 공공시설의 이용이나 행정혜택을 받을 수 있는 권리를 가지므로, 이에 대한 반대급부로서 이러한 공공시설이나 행정제공에 소요되는 비용을 분담함은 당연하다고 볼 수 있다.

구체적으로 주민이 분담해야 할 비용의 내용은 개별 법령에 의해서 규정되어진다. 이에는 지방세($_{지방세법}^{제152조 및}$), 사용료($_{조}^{제153}$), 수수료($_{조}^{제154}$), 분담금($_{조}^{제155}$) 등이 있다. 지방세를 제외한 사용료, 수수료, 분담금의 징수에 관한 사항은 조례로 정하게 되며($_{1항}^{제156조}$), 이의 부과 및 징수는 공평한 방법으로 하여야 하고($_{1항}^{제157조}$), 그 부과나 징수에 이의가 있는 자는 그 처분을 통지받은 날부터 90일 이내에 지방자치단체의 장에게 이의신청을 제기할 수 있다($_{2항}^{제157조}$). 지방자치단체의 장은 이의신청을 받은 날부터 60일 이내에 결정을 하여 알려야 한다($_{3항}^{제157조}$). 사용료, 수수료, 분담금의 부과나 징수에 대하여 행정소송을 제기하려면 이의신청의 결정을 통지받은 날부터 90일 이내에 처분청을 당사자로 하여 소를 제기하여야 하는바($_{4항}^{제157조}$), 이때의 이의신청은 행정심판으로서의 성질을 갖는다고 볼 수 있다.34)

㈎ 세  금     세금은 지방자치단체의 반대급부를 요건으로 하지 않고 재정고권에 의해 부과하는 금전지급의무를 말한다. 주로 재정수입확보를 목적으로 부과된다. 지방자치단체가 부과하는 세금은 지방세가 주요한 의미를 가지며, 취득세·등록세·재산세·주민세 등이 주요한 세금원으로 작용한다. 그 밖에도 지방자치단체는 지역에 특유한 세원을 발굴할 수 있는 권리를 갖는데, 이를 위해서는 물론 법률의 수권을 필요로 하게 된다.

㈏ 분담금     분담금은 지방자치단체가 공공시설의 공사를 하는 경우에 이 시설로부터 특히 혜택을 받을 당사자들에게 비용보전을 목적으로 부과하는 금액이다. 이때의 당해 시설로부터의 혜택은 실제로 귀속될 필요는 없고 혜택이 돌아갈 가능성만으로도 충분하다고 본다. 이때에도 분담금의 부과를 위해서는 법률의 수권을 필요로 한다.

㈐ 사용료와 수수료     사용료와 수수료는 행정기관의 급부제공에 대한 반대급부로서 부과되는 금액을 말한다. 따라서 이의 부과에 있어서는 행정급부를 받을 가능성이 있는 것만으로는 불충분하게 된다. 사용료와 수수료의 액수는 행정급부제공에 소요되는 비용, 급부의 객관적인 가치, 수령자의 경제적 또는 그 밖의 이해관계 및 부담자의 경제적 사정 등이 기준이 되어 정해진다. 이때에는 또한 비용보전의 원리(Kostendeckungsprinzip)

---

34) 대판 1994. 6. 24, 94누2497.

가 적용되는데, 이는 사용료와 수수료총액은 행정비용을 보전해야 하고 이를 넘어서는 안 된다는 것을 의미한다.

### 2) 노역 및 물품제공의무

주민은 지방자치법상의 의무로서가 아니라 개별법에서 정한 의무의 내용으로서 노역이나 물품을 제공할 의무를 지게 된다. 현행법에서는 일종의 공용부담에 해당하는 노역·물품 제공의무에 관한 규정을 찾아보기 힘들지만,「도로법」제83조 제1항 3호에 따라 도로관리청이 재해로 인한 도로구조나 교통에 대한 위험을 방지하기 위하여 특히 필요하다고 인정할 경우 '도로 인근에 거주하는 사람에게 노무의 제공을 요청하는 행위'가 이에 해당한다고 볼 수 있다.

### 3) 이용강제의무[35]

공공시설이 주민의 임의적인 이용관계에 일임될 수 없는 성질을 갖는 경우에는 주민들에게 그 시설이용과 관련하여 강제적 의무가 부과될 수 있다. 예컨대 지방자치단체는 공적인 필요가 있을 때에 조례에 의해[36] 지방자치단체 구역 안의 토지를 상수도시설, 하수도시설, 도로청소나 주민의 건강과 관련된 시설과 연결할 것을 강제할 수 있으며, 필요한 경우에는 이러한 시설이나 일정한 경우의 공설화장장 등의 이용이 강제될 수 있다. 이러한 의무부과의 근거로는 그 기원에 있어서는 주민의 건강이나 전염병예방의 이해관계가 제시되었으나, 오늘날은 이외에도 경제적 이해관계가 지적되고 있다. 즉 비용이 많이 소요되어 건설되는 시설은 관련되는 사람들이 이 시설에 연결되거나 이용하는 경우에만 저렴한 가격에 사용가능하기 때문이다. 이러한 의무부과의 특색은 이 의무가 부과되는 한은 지방자치단체의 독점적인 지위가 인정되게 되어, 이 의무내용과 경합되는 일반사인에 의한 행위가 인정되지 않는다는 점에 있다. 예컨대 상수도시설을 지방자치단체가 설치하고 연결강제와 이용강제의무가 부과되고 있는 한도에 있어서는 사인에 의해 수돗물 공급행위는 허용되지 않게 된다.

### 4) 기타의 의무

(개) 과태료납부의무　　조례위반행위에 대하여 주민은 조례에 의하여 1천만 원 이하의 범위에서 과태료를 납부하여야 할 의무를 부담한다(제34조 1항). 이러한 과태료는 해당 지방자치단체의 장이나 그 관할구역 안의 지방자치단체의 장이 부과·징수하며(제34조 2항), 과태료부과처분에 대한 불복절차는 「질서위반행위규제법」이 정하는 바에 따른다.

(내) 임의적 의무　　지방자치단체의 주민은 또한 경우에 따라서는 임의적 의무로서, 명예직의 사무를 수행할 의무를 진다고 볼 수 있다. 이에 대해 독일의 각주의 지방자

---

35) 이 의무의 상세에 대해서는 류지태, "주민의 법적 지위", 자치연구, 1994년(제13호), 67면 이하 참조.
36) 물론 이때에는 당해 행위로 인해 주민의 기본권이 제한될 가능성이 인정되므로, 당해 의무부과행위는 의회법률에 근거를 두고 있어야 한다.

치법은 상세한 규정을 두고 있어 이 의무가 법적 의무로서의 성질을 갖게 되나, 우리의 경우에는 이러한 규정을 두고 있지 않아 법적 의무로서 인정될 수는 없을 것이다. 그러나 지방자치사무의 원활한 운영을 위하여 자발적으로 이 의무를 수행하는 것은 인정될 것이다. 이러한 사무내용으로는 단기적으로 수행하는 경우도 있고(예:선거보조원<br>이나 선거개표원) 장기적으로 행해야 하는 경우도 있다(예:지방자치단체에 소속된 전문<br>위원회의 전문가로서 참가 등). 이러한 의무요청에 대해 당사자는 임의적으로 거절할 수 있다고 보며, 업무수행에 있어서는 비밀유지의무와 충실의무가 인정되며 적절한 금전적 보수청구권이 인정된다고 본다.

## Ⅲ. 지방자치단체의 자치고권

### 1. 자치고권의 의의

지방자치단체가 자신의 사무를 자신의 책임하에 행할 수 있는 권한을 지방자치단체의 자치고권이라고 한다. 이는 지방자치의 제도적 보장의 한 내용으로서 인정되는 것이기에, 입법자가 입법권행사를 통하여 지방자치의 구체적 내용을 형성하는 경우에 그 한계로 나타나는 지방자치의 본질내용 침해금지여부를 판단하는 대상이 되는 의미를 갖게 된다. 자치고권의 범위는 원칙적으로 제한이 없으나 주요한 고권으로 인정되는 내용에는 다음과 같은 것들이 있다.

### 2. 자치고권의 종류

#### (1) 지역고권

지역고권이란 지방자치단체가 당해 구역 안에서 공권력을 행사할 수 있는 권한을 말한다. 따라서 지역고권은 지방자치단체의 구역에 있는 모든 사람과 물건에 대해서 미치게 된다. 지방자치단체의 특정영역이 국가 등의 다른 행정주체에 의해 독점적으로 사용되고 있지 않는 한, 지역고권이 제한되는 경우는 사실상 거의 존재하지 않는다.

#### (2) 인사고권

#### 1) 내    용

인사고권이란 지방자치단체가 소속 공무원의 임명·승진·징계·해임 등의 인사를 결정할 수 있는 권한을 말한다. 또한 이와 관련된 내용인 공무원의 보수·징계 등에 관한 구체적인 개별적 내용을 형성할 수 있는 권한도 이에 포함된다. 「지방자치법」제104조 제 2 항(지방의<br>회 직원)이나 제118조(지방자치단체<br>소속 직원) 및 제125조 제 1 항에서 제 3 항(지방자치단<br>체의 공무원)은 이를 확인하고 있다.

## 2) 제    한

헌법 제118조 제 2 항에 의해 입법자의 법률에 의한 제한은 가능하나, 일정한 한계하에서만 가능하다고 보아야 한다. 이에 비추어 볼 때에 「지방자치법」 제125조 제 5 항과 제123조 제 2 항은 문제라고 본다. 즉 이에 따르면 지방자치단체에는 법률이 정하는 바에 따라 국가공무원으로 지방자치단체의 공무원을 임명할 수 있으며($_{5항}^{제125조}$), 특별시·광역시의 부시장과 도와 특별자치도의 부지사는 정무직 또는 일반직 국가공무원으로 대통령이 임명하도록 하고 있다($_{2항}^{제123조}$). 그러나 이러한 내용은 지방자치의 정착을 위한 정책적 배려를 고려한다고 하더라도, 그 실질에 있어서 지방자치단체의 인사고권을 침해하는 행위이므로 헌법상의 제도적 보장에 반하는 것으로 보아야 한다.

### (3) 재정고권

#### 1) 내    용

재정고권이란 지방자치단체가 법정된 예산의 범위 내에서 그 수입과 지출을 자신의 책임하에 운영할 수 있는 권한을 말한다. 이러한 권한에 의하여 지방자치단체는 법령을 통해 자신의 재정적 수입으로 정해진 사항에 대해 지방세·분담금 등의 공과금을 부과, 징수할 수 있으며($_{이하 참조}^{제152조}$), 자치단체의 업무수행을 위한 재원으로서 지출·사용할 수 있게 된다($_{조}^{제158}$). 또한 지방자치단체의 재정운영을 종합적으로 운영하기 위한 예산 및 결산에 관한 권한도 이에 포함된다($_{이하 참조}^{제140조}$).

#### 2) 제    한

지방자치단체의 재원은 원칙적으로 지방채 이외의 세입을 주된 것으로 하는 것이나($_{제7조 1항}^{지방재정법}$), 부득이한 경우에는 지방채로 충당할 수 있는바($_{지방재정법 제11조 1항}^{지방자치법 제139조 1항;}$), 지방자치단체의 장은 재정상황 및 채무규모 등을 고려하여 지방채발행한도액의 범위 안에서 지방의회의 의결을 얻어 지방채를 발행할 수 있다. 다만, 지방채발행한도액의 범위 안이라도 외채를 발행하는 경우에는 지방의회의 의결을 거치기 전에 행정안전부장관의 승인을 얻어야 한다($_{제11조 2항}^{지방재정법}$). 또한 지방세의 내용인 보통세와 목적세의 항목에 대해서는 「지방세법」에 의해 규율된다($_{제5조}^{지방세법}$).

### (4) 계획고권

#### 1) 내    용

계획고권이란 지방자치단체 구역 내에서 건축적인 용도나 그 밖의 용도에 의한 토지이용과 관련하여 구속력 있는 계획을 자율적으로 자기의 책임하에 규율하고 형성할 수 있는 권한을 말한다. 따라서 지방자치단체는 도시·군기본계획 및 도시·군관리계획을 스스로 입안할 수 있는 권한을 갖게 된다($_{제18조 1항, 제24조 1항}^{국토의 계획 및 이용에 관한 법률}$). 이 고권은 전통적인 내용의 범주에는 포함되지 않는 것이나, 지방자치의 발전과정에서 새로이 주요 내용으로 추가된 것으로 평가되고 있다.

### 2) 제　　한

계획고권은 오늘날 가장 많은 제한을 경험하고 있는 고권으로 인정되고 있다. 특히 토지이용과 관련한 계획은 종합적인 측면에서의 조정을 필요로 하는 특성을 갖는 것이므로, 지방자치단체의 계획고권이 주도적인 기능을 갖지 못하는 한계를 나타낸다. 우리의 경우에도 도시관리계획 입안의 지침이 되는 도시기본계획의 수립이나 광역도시계획의 수립은 국토교통부장관의 승인을 필요로 하고 있다(동법 제16조 1항, 제22조 1항). 또한 국가계획과 관련되는 경우에는 지방자치단체의 장이 아니라 국토교통부장관이 광역도시계획을 입안하고(동법 제11조 1항 4호), 결정할 수 있도록 하고 있다(동법 제16조 2항). 또한 국토종합계획의 일환으로서의 도종합계획은 국토교통부장관의 승인을 받도록 하고 있고(국토기본법 제15조), 시군종합계획은 도지사의 승인을 얻도록 하고 있다(국토의 계획 및 이용에 관한 법률 제22조의2 1항). 따라서 현실적으로 지방자치단체의 계획고권은 ⑦ 지역적인 한계를 넘는 광범위한, 종합적인 성격을 갖는 계획에 있어서는 이러한 계획의 수립과정에 당해 지방자치단체의 이해관계가 반영될 수 있도록 그 결정과정에 참여하거나 의견을 진술할 수 있는 권리로 수정되고 있다고 볼 수 있다(국토의 계획 및 이용에 관한 법률 제15조 등). 따라서 이러한 내용의 절차적 참여권이 보장되지 않는 계획의 수립이나 결정은 계획고권의 침해문제로 논의되어야 할 것이다. 그러나 ⑥ 당해 지방자치단체의 영역에 국한된 의미를 갖는 행정계획, 예컨대 도시계획에 있어서 계획고권의 의미는 계획의 수립 및 결정에 관한 그 주도적 결정권한이 당해 지방자치단체에게 주어져야 하는 것으로 된다. 이러한 점에서 현행 「국토의 계획 및 이용에 관한 법률」이 도시기본계획 및 도시관리계획의 입안이나 결정권의 주도적 지위를 당해 지역을 관할하는 지방자치단체의 장에게 부여하고 있는 것은 타당한 것으로 평가되어야 할 것이다.

### (5) 법규제정고권

### 1) 내　　용

지방자치단체는 자치업무에 관하여 법규를 제정할 수 있는 권한을 갖는다(헌법 제117조 1항 참조). 이를 '자치입법고권'이라고도 하는바, 이에 의하여 지방자치단체는 조례와 규칙을 제정할 수 있게 된다. 통상적으로 조례는 그 제정에 있어서 법률의 구체적인 위임이 없이도 제정가능하다(지방자치법 제22조 본문).

### 2) 제　　한

조례는 성문법상의 효력순위에 관한 법률우위의 원칙에 의해 그 내용이 법령에 반할 수 없는 한계를 갖는다. 또한 법률유보원칙에 의해 그 대상이 주민의 권리제한이나 의무부과 또는 벌칙을 정하는 것일 때에는 구체적인 법률의 위임을 요하게 된다 (지방자치법 제28조 단서). 특히 오늘날의 경향인 과다한 법률제정의 경향과 이른바 본질성이론의 주장으로 인해 조례가 차지하는 지위는 현실적으로 많이 줄고 있다. 그러나 개별 지방자치단체의 조례는 그 규율범위와 내용이 다른 것이므로 효력상호간에 우열이 인정될 수 없다고 보아야 하며, 다른 지방자치단체의 조례가 조례의 한계로서 인정되어서는 안 될 것이다. 다만, 현행 「지방자치법」 제30조는 '시·군 및 자치구의 조례나 규칙은 시·도의 조례나 규칙을 위반하여서는 아니 된다'고 규정하고 있는데, 이는 상급자치단체 조례·규칙의 하급자치단체 조례·규칙에 대한 우선권을 규정한 취지이고, 그와 달리 대등한 개별 지방자치단체간의 조례·규칙의 우열을 규정한 취지는 아닌 것으로 하여 제한적으로 해석하여야 할 것이다.

# 제 3 절   지방자치단체의 사무

지방자치단체는 제도적 보장의 내용으로서 작용영역이나 그 사무의 범위에 있어서 제약되지 않는 내용의 사무처리 권한을 갖는다. 이는 지방자치단체의 영역에 의해 제한되는 범위에서의 사무를 의미하는 것이나, 오늘날의 사무범위는 이에 한정되지 않고 이른바 법령에 의해 위임되는 사무도 지방자치단체의 사무로서 인정되고 있다. 그 구체적인 유형과 개별적인 내용들을 보면 다음과 같다.

## I. 지방자치단체의 사무유형

### 1. 기본유형

우리나라에서의 지방자치단체의 사무는 자치사무와 위임사무로 구분되어 있다. 「지방자치법」 제13조 제1항은 사무범위에 관해 이를 확인하고 있고, 이에 기초하여 국가의 감독권행사의 내용을 서로 달리 규정하고 있다(동법 제185조, 190조).

### 2. 자치사무

#### (1) 개    념

지방자치단체가 자신의 고유한 업무로서 자기책임하에 처리하는 사무를 자치사무 또는 고유사무라고 한다. 자치사무의 범위에 있어서의 전권한성은 지방자치의 제도적 보장의 내용으로서 인정되고 있다. 헌법 제117조 제1항은 자치사무를 '주민의 복리에 관한 사무'라고 표현하고 있다. 자치사무의 처리에 있어서 국가와 지방자치단체는 서로 대등한 법적 지위를 가지며 그 법률관계는 외부관계를 형성하게 된다. 따라서 자치사무에 대한 침해는 행정소송을 통한 권리구제의 대상이 된다. 또한 국가의 감독권행사에 있어서도 자치사무에 대해서는 독자적인 책임수행을 보장하기 위하여, 그 적법성의 통제만을 허용하며 합목적성의 통제는 인정되지 않는다. 이러한 점에서 지방자치단체의 자치사무에 대한 행정안전부장관이나 시·도지사의 감사권행사는 적법성확보를 위해서만 제한적으로 인정되는 의미를 갖게 되며($\frac{제190조}{제1항 후단}$), 자치사무에 대한 명령이나 처분의 취소·정지처분도 법령위반사항에 한정된다($\frac{제188조}{5항}$).

### (2) 유    형

자치사무는 다음의 두 가지 유형으로 나뉜다.

#### 1) 임의적 자치사무

이는 지방자치단체 사무의 전권한성으로부터 직접 유래하는 사무유형으로서, 지방자치단체가 그 사무를 수행할 것인지의 여부와 그 수행방법에 관하여 자기책임하에 결정할 수 있는 사무를 말한다. 이를 수의사무(隨意事務)라고도 한다. 예컨대 문화지원, 지역경제지원, 도서관이나 연극장의 설치 등이 이에 해당한다고 볼 수 있다. 이러한 사무에 대해서는 법령에 규정될 수도 있으나 이는 예시적인 것이며, 이때에도 지방자치단체에게 수행의무가 부과되고 있지는 않은 것이다. 지방자치단체가 어느 정도로 임의적 자치사무를 수행할 수 있는가는 지방자치단체의 의사여하와 재정적·행정적 능력에 관련된다. 이에 대해 국가는 지방자치단체가 법령의 범위 안에서 사무를 처리하는지의 여부인 합법성의 통제만을 행할 수 있다.

#### 2) 의무적 자치사무

임의적 자치사무와는 달리 지방자치단체가 그 사무를 수행할 의무가 법률로 규정되어 있는 사무를 말하며 필요사무라고도 한다. 이 사무에 대해서는 지방자치단체에게 사무수행여부에 대한 결정권이 없고, 단지 그 사무수행 방법에 대해서만 자기책임하에 결정할 수 있을 뿐이다. 이의 예로는 초등학교의 설치·운영($\frac{초·중등교육법}{제12조 2항}$), 상수도의 설치와 관리($\frac{수도법}{제2조 2항}$), 하수도의 설치와 관리($\frac{하수도법}{제11조 1항}$), 폐기물처리시설의 설치 및 관리($\frac{폐기물관리법}{제4조 1항}$) 등을 들 수 있다. 이 사무에 대해서도 국가의 감독은 합법성의 통제에 한정된다.

### 3. 위임사무

#### (1) 개    념

위임사무란 그 성질상 국가에 속하는 사무나 다른 광역지방자치단체의 사무이지만, 법령에 의하여 다른 지방자치단체 또는 지방자치단체의 기관에게 그 수행이 위임된 사무를 말한다. 이는 일반적으로 단체위임사무와 기관위임사무로 나뉘고 있으나, 현실적으로 양자가 어떠한 기준에 의해 구분될 수 있는지는 분명하지 않다.

### (2) 단체위임사무
#### 1) 의    의

단체위임사무란 법령에 의하여 지방자치단체에게 그 수행이 위임된 국가사무나 광역지방자치단체의 사무를 말한다(제13조 1항 참조). 따라서 위임되더라도 여전히 당해 사무의 성질은 국가 또는 광역지방자치단체의 사무가 되며, 이에 대한 감독권도 국가 또는 광역지방자치단체가 행사하게 된다(동법 제185조 1항, 2항). 이에 해당하는 사무의 예로는 시·군의 도세징수의무(지방세법 제53조 1항)를 들 수 있다.

이러한 위임사무(특히 국가사무)를 처리함에 있어서 지방자치단체는 사실상의 국가기관(또는 준 국가기관)의 지위를 갖게 되며, 이로 인해 국가의 지시와 감독을 받게 되지만 그 사무수행에 있어서는 어느 정도의 자율성과 독자성을 갖게 된다. 즉 위임사무의 처리에 있어서 어느 것이 보다 지역적인 여건에 적합하고 구체적 타당성이 있는 것인지에 대해 자율적으로 결정할 수 있게 된다.

#### 2) 법적 관계

이 사무수행에 소요되는 비용은 이를 위임한 국가나 지방자치단체에서 그 비용을 부담하도록 하고 있다(지방자치법 제158조 단서). 즉 국가사무를 위임받아 수행하는 경우의 소요비용은 국가가 전부 부담하여야 하며(지방재정법 제21조 2항), 광역지방자치단체의 사무를 위임받은 경우의 소요비용도 사실상 위임자가 부담하도록 하고 있다(지방재정법 제28조 참조). 위임사무의 수행시에 제3자에 대해 직무상 불법행위가 있는 경우에는 지방자치단체가 자신의 이름과 책임으로 수행하는 사무이므로 원칙적으로 지방자치단체가 책임을 지게 되나, 경우에 따라서는 비용을 부담하는 위임자도 배상책임을 지게 된다(국가배상법 제6조 1항 참조). 위임사무에 대한 국가 등의 감독은 적법성의 심사 뿐 아니라 합목적성에 대한 심사도 그 내용으로 하는 점에서 특색이 있다.

### (3) 기관위임사무
#### 1) 의    의

기관위임사무란 국가나 광역지방자치단체가 법령에 의하여 지방자치단체의 기관에게 그 사무를 위임하는 것을 말한다.

이러한 사무를 처리함에 있어서 지방자치단체의 기관은 당해 지방자치단체의 기관으로서가 아니라 위임한 주체의 행정기관으로서의 지위를 갖게 되며, 그 사무는 위임한 주체의 직접적인 행정에 속하게 된다.[37] 따라서 행정상 손해배상이 문제될 때에는 이론적으로는 당해 기관이 소속된 지방자치단체는 국가 또는 광역지방자치단체의 기관의 지위를 가지므로 배상책임이 없고, 국가 또는 광역지방자치단체가 이에 대한 책임의 주체가 된다고 보아야 할 것이다. 그러나 이 경우에도 판례는 지방자치단체에 대해「국가배상법」제 6 조의 '비용부담자'에 해당함을 인정하여 국가배상책임을 인정하고 있다.38) 이의 예로서는 도지사의 국가하천의 보수와 유지사무(하천법 제28조 1항) 및 하천점용료나 사용료 징수의무(하천법 제37조 2항), 도지사의 국도유지·수선사무(도로법 제23조 1항), 서울특별시장·광역시장·도지사의 공유수면매립에 관한 처분(공유수면매립법 제40조 및 동법 시행령 제40조) 등을 들 수 있다.

현실적으로 우리나라에서 지방자치단체가 수행하는 사무의 주종은 기관위임사무이며, 그 비율은 70%에 달하고 있다고 한다. 따라서 이러한 사무의 수행으로 인해 지방자치단체의 자치권이 제약되고 있다는 비판도 제기되고 있다.

이러한 사무유형의 존재이유에 대해서는 ㉠ 주민의 저항이 예상되는 업무를 중앙기관이 하기보다는 자치단체에게 맡기는 것이 수월하다는 점 ㉡ 국가가 사무수행을 위해 인원을 증원하기보다는 기관에게 위임하는 것이 비용부담 면에서 유리하다는 점이 지적되고 있다.39)

[ 1 ] **법령상 지방자치단체의 장이 처리하도록 규정하고 있는 사무가 자치사무 또는 기관위임사무에 해당하는지 여부의 판단 방법** 법령상 지방자치단체의 장이 처리하도록 규정하고 있는 사무가 자치사무인지 아니면 기관위임사무인지를 판단함에 있어서는 그에 관한 법령의 규정 형식과 취지를 우선 고려하여야 하지만 그 외에도 그 사무의 성질이 전국적으로 통일적인 처리가 요구되는 사무인지 여부나 그에 관한 경비부담과 최종적인 책임귀속의 주체 등도 아울러 고려하여야 한다(서울신용보증재단의 사무 중 특히, 업무감독과 감독상 필요한 명령에 관한 사무는 중소기업청장의 위임에 의하여 국가사무가 지방자치단체의 장에게 위임된 기관위임사무에 해당한다고 한 사례)(대판 2003.4.22, 2002두10483).

[ 2 ] **기관위임사무와 국가배상책임의 귀속 주체** 구 농지확대개발촉진법(1994. 2. 22. 법률 제4823호 농어촌정비법 부칙 제 2 조로 폐지) 제24조와 제27조에 의하여 농수산부장관 소관의 국가사무로 규정되어 있는 개간허가와 개간허가의 취소사무는 같은 법 제61조 제 1 항, 같은법시행령 제37조 제 1 항에 의하여 도지사에게 위임되고, 같은 법 제61조 제 2 항에 근거하여 도지사로부터 하위 지방자치단체장인 군수에게

---

37) 따라서 기관위임사무를 수행하는 기관이 소속된 지방자치단체는 권한쟁의심판을 청구할 수 없다(헌재 1999. 7. 22, 98헌라4).
38) 판례에 의하면, 지방자치단체의 장이 기관위임된 국가행정사무를 처리하는 경우 그에 소요되는 경비의 실질적·궁극적 부담자는 국가라고 하더라도, 당해 지방자치단체는 국가로부터 내부적으로 교부된 금원으로 그 사무에 필요한 경비를 대외적으로 지출하는 자이므로, 이러한 경우 지방자치단체는 국가배상법 제 6 조 제 1 항 소정의 비용부담자로서 공무원의 불법행위로 인한 같은 법에 의한 손해를 배상할 책임이 있다고 한다(대판 1994. 12. 9, 94다38137).
39) 서원우, "기관위임사무의 법적 제문제", 월간고시, 1993. 8, 165면.

재위임되었으므로 이른바 기관위임사무라 할 것이고, 이러한 경우 군수는 그 사무의 귀속 주체인 국가 산하 행정기관의 지위에서 그 사무를 처리하는 것에 불과하므로, 군수 또는 군수를 보조하는 공무원이 위임사무처리에 있어 고의 또는 과실로 타인에게 손해를 가하였다 하더라도 원칙적으로 군에는 국가배상책임이 없고 그 사무의 귀속 주체인 국가가 손해배상책임을 지는 것이며, 다만 국가배상법 제 6 조에 의하여 군이 비용을 부담한다고 볼 수 있는 경우에 한하여 국가와 함께 손해배상책임을 부담한다(대판 2000.5.12, 99다70600 ).

[ 3 ] **국가가 국토이용계획과 관련한 기관위임사무의 처리에 관하여 지방자치단체의 장을 상대로 취소소송을 제기할 수 있는지 여부(소극)**　　건설교통부장관은 지방자치단체의 장이 기관위임사무인 국토이용계획 사무를 처리함에 있어 자신과 의견이 다를 경우 행정협의조정위원회에 협의·조정 신청을 하여 그 협의·조정 결정에 따라 의견 불일치를 해소할 수 있고, 법원에 의한 판결을 받지 않고서도 행정권한의 위임 및 위탁에 관한 규정이나 구 지방자치법에서 정하고 있는 지도·감독을 통하여 직접 지방자치단체의 장의 사무처리에 대하여 시정명령을 발하고 그 사무처리를 취소 또는 정지할 수 있으며, 지방자치단체의 장에게 기간을 정하여 직무이행명령을 하고 지방자치단체의 장이 이를 이행하지 아니할 때에는 직접 필요한 조치를 할 수도 있으므로, 국가가 국토이용계획과 관련한 지방자치단체의 장의 기관위임사무의 처리에 관하여 지방자치단체의 장을 상대로 취소소송을 제기하는 것은 허용되지 않는다(원고 충북대학교 총장이 지방자치단체의 장인 피고에게 축산기술연구소 설립을 위해 용도지역이 농림지역 또는 준농림지역인 이 사건 신청지의 용도지역을 준도시지역 중 시설용지지구로 변경하는 내용의 국토이용계획 변경을 신청하여 피고가 그 내용으로 국토이용계획 입안을 하고 공람 공고를 하였다가 변경하지 않기로 결정하자 원고 대한민국과 원고 충북대학교 총장이 예비적 공동소송의 형태로 위 결정에 대한 취소를 구한 사안에서, 원심은 원고 대한민국에게 지방자치단체장에 대하여 국토이용계획 변경을 신청할 권리가 있거나 이를 신청할 법률상 지위에 있고, 피고의 거부행위는 재량권 일탈, 남용의 위법이 있다는 이유로 원고 대한민국의 청구를 인용하였으나, 국토이용계획 변경에 관한 사무는 국가사무이므로 국가가 기관에 위임된 기관위임사무의 처리에 관하여 지방자치단체의 장을 상대로 취소소송을 제기하는 것은 허용되지 않는다는 이유로 원심판결을 파기한 사례)( 대판 2007.9.20, 2005두6935 ).

### 2) 근거규정의 문제

기관위임사무의 근거규정으로서는 학자들은 특히 「지방자치법」 제115조를 들고 있다.40) 그러나 당해 조문은 그 내용상 국가사무가 지방자치단체에게(단체위임 사무로서) 위임된 경우에, 구체적인 사무의 집행이 자치단체 스스로가 아니라 통상적으로 자치단체의 장에게 다시 위임되어 행해진다는 의미로 해석되어야 하며, '법령 그 자체에 의해' 지

---

40) 홍정선(하), 231면; 이기우, 앞의 책, 80면 등.

방자치단체 기관에게 사무가 위임되는 기관위임사무의 내용과는 무관한 것으로 보는 것이 타당할 것이다. 오히려 제115조보다는 제116조가 그 근거가 된다고 봄이 타당하다. 제115조를 근거로 보는 경우에는 국가사무 이외의 시·도지사의 기관위임사무의 근거조항은 어디에서 찾는가 하는 문제가 발생하게 될 것이다.

### 4. 사무유형분류의 실제적 의미

위와 같은 지방자치단체의 사무유형분류가 갖는 실제적 의미를 정리하면 다음과 같다.

#### (1) 사무수행에 있어서의 자율성

자치사무 중에서 임의적 자치사무는 지방자치단체에게 넓은 범위에서의 자율적 수행권한이 인정된다. 즉 사무의 수행여부와 그 수행방법이 자율적으로 행해질 수 있다. 그러나 의무적 자치사무는 법령에서 이미 그 수행여부가 결정되어 있는 것이므로 그 수행방법에 있어서만 자율성이 보장된다.

위임사무에서는 단체위임사무는 완전히 국가나 상위 지방자치단체에게 종속하는 것이 아니고 어느 정도 자율성을 가지고 사무를 수행할 수 있으나, 기관위임사무는 국가의 행정기관으로서 행하는 것이므로 그 자율적 수행이 미약하다고 할 수 있다.

#### (2) 비용부담

자치사무는 그 비용을 스스로 부담하게 되나, 위임사무는 단체위임사무나 기관위임사무나 모두 위임하는 측에서 그 비용을 부담하게 된다.

#### (3) 국가 등의 감독권 행사내용

자치사무는 사무수행의 자율성을 보장하기 위하여 감독권행사의 내용이 소극적으로 인정되어, 그 사무의 적법성여부만이 감독권의 내용이 된다(제188조 5항; 제190조 1항 후단).

그러나 위임사무에 대해서는 국가사무수행 등의 성질상 감독권행사의 범위가 비교적 넓게 인정되고 있다. 즉 적법성 여부의 심사 뿐 아니라 합목적성의 심사도 그 내용이 된다(제188조 1항).

#### (4) 지방의회의 관여

지방자치단체의 집행기관이 수행하는 자치사무에 대해서 지방의회는 감사하거나 조사할 수 있다(제49조 1항).

또한 위임사무는 원래 지방자치단체의 고유한 사무는 아니나 지방자치단체가 수행하는 사무이고 이를 통하여 지방자치단체에 영향을 미치게 되므로, 자치사무와 마찬가지로 지방의회가 관여할 수 있다($_{3항\ 1문}^{제49조}$). 이때에는 단체위임사무와 기관위임사무를 구분하지 않으며, 지방의회가 감사를 수행한 경우에는 국회와 시·도의회는 그 감사결과에 대하여 당해 지방의회에 대해 필요한 자료를 요구할 수 있다($_{3항\ 후단}^{제49조}$).

### (5) 조례의 대상

자치사무나 단체위임사무에 속하는 사항에 대하여는 지방의회가 조례를 제정할 수 있으나, 기관위임사무에 관한 사항은 당해 지방자치단체와 무관하므로 지방의회가 조례의 대상으로 할 수 없다. 만일 지방의회가 기관위임사무를 대상으로 하는 조례를 제정하는 경우에는, 이러한 조례는 법령에 의하여 당해 지방자치단체의 장에게 인정된 권한을 근거 없이 제한하는 위법한 조례가 된다.

> **지방자치단체의 조례제정권의 범위와 한계**   헌법 제117조 제 1 항과 지방자치법 제22조에 의하면 지방자치단체는 법령의 범위 안에서 그 사무에 관하여 자치조례를 제정할 수 있으나 이때 사무란 지방자치법 제 9 조 제 1 항에서 말하는 지방자치단체의 자치사무와 법령에 의하여 지방자치단체에 속하게 된 단체위임사무를 가리키므로, 지방자치단체가 자치조례를 제정할 수 있는 것은 원칙적으로 이러한 자치사무와 단체위임사무에 한하므로, 국가사무가 지방자치단체의 장에게 위임된 기관위임사무와 같이 지방자치단체의 장이 국가기관의 지위에서 수행하는 사무일 뿐 지방자치단체 자체의 사무라고 할 수 없는 것은 원칙적으로 자치조례의 제정 범위에 속하지 않는다 ($_{2001추57}^{대판\ 2001.11.27,}$).

### (6) 배상책임

자치사무에 대해서는 지방자치단체가 스스로 책임의 주체가 된다. 단체위임사무는 일정한 경우에 위임자도 배상책임의 주체가 될 수 있다($_{한\ 배상책임의\ 경우}^{영조물의\ 하자로\ 인}$).

기관위임사무는 국가사무이고 당해 지방자치단체와는 무관한 것이므로 이론상으로는 국가만이 배상책임의 주체가 된다고 보아야 하지만, 판례에 의하면 이 경우에도 당해 지방자치단체의 비용부담자로서의 배상책임을 인정하고 있다.

> **농수산부장관으로부터 도지사를 거쳐 군수에게 재위임된 국가사무인 개간허가 및 그 취소사무의 처리에 있어 고의 또는 과실로 타인에게 손해를 가한 경우, 국가배상책임의 귀속주체**   구 농지확대개발촉진법 제24조와 제27조에 의하여 농수산부장관 소관의 국가사무로 규정되어 있는 개간허가와 개간허가의 취소사무는 같은 법 제61조 제 1 항, 같은 법 시행령 제37조 제 1 항에 의하여 도지사에게 위임되고, 같은 법 제61조 제 2 항에 근거하여 도지사로부터 하위 지방자치단체장인 군수에게 재위임되었으므로 이

른바 기관위임사무라 할 것이고, 이러한 경우 군수는 그 사무의 귀속 주체인 국가 산하 행정기관의 지위에서 그 사무를 처리하는 것에 불과하므로, 군수 또는 군수를 보조하는 공무원이 위임사무처리에 있어 고의 또는 과실로 타인에게 손해를 가하였다 하더라도 원칙적으로 군에는 국가배상책임이 없고 그 사무의 귀속 주체인 국가가 손해배상책임을 지는 것이며, 다만 국가배상법 제 6 조에 의하여 군이 비용을 부담한다고 볼 수 있는 경우에 한하여 국가와 함께 손해배상책임을 부담한다(<sup>대판 2000.5.12,</sup><sub>99다70600</sub>).

## Ⅱ. 지방자치단체 사무의 배분

### 1. 국가와 지방자치단체 사이의 사무배분

#### (1) 지방자치단체의 사무

##### 1)「지방자치법」제13조 제 2 항의 의미

「지방자치법」제13조 제 2 항은 지방자치단체의 사무를 예시하고 있다. 이는 동법 제13조 제 1 항에 규정된 사무를 구체화하는 규정이므로, 그 내용은 자치사무 뿐 아니라 위임사무(<sup>이때의 의미는</sup><sub>단체위임사무</sub>)도 포함하게 된다.

그러나 제 2 항에 규정된 내용은 한정적인 것이 아니라 예시적인 것으로 보아야 한다. 이는 지방자치의 제도적 보장에 비추어 그 사무가 자치사무인 경우에는 법률로 그 내용을 제한할 수 없는 성질을 갖는 것이므로, 법률규정 내용 이외의 사무도 '주민의 복리에 관한 사무'(<sup>헌법 제117</sup><sub>조 1항</sub>)의 성질을 갖는 한 스스로 수행할 수 있는 권한을 갖는다고 보아야 하기 때문이다. 또한 위임사무인 경우에는「지방자치법」제13조 제 1 항의 표현대로 '법령에 따라 지방자치단체의 사무에 속하는 사무'를 의미하는 것이므로 법률의 규정에 의하여 그 내용이 추가될 수 있다고 해석되어야 하기 때문이다.

또한 제13조 제 2 항에 규정된 사무는 지방자치단체의 구분 없이 지방자치단체가 처리할 수 있는 사무를 규율한 것으로 해석된다.

##### 2) 지방자치단체 사무의 예시

제13조 제 2 항은 그 사무의 범위를 다음과 같이 예시하고 있다.

㉠ 지방자치단체의 구역, 조직 및 행정관리에 관한 사무
㉡ 주민의 복지증진에 관한 사무
㉢ 농림, 상공업 등 산업진흥에 관한 사무
㉣ 지역개발 및 주민의 생활환경시설의 설치·관리에 관한 사무
㉤ 교육, 체육, 문화, 예술의 진흥에 관한 사무
㉥ 지역민방위 및 지방소방에 관한 사무

(2) 국가사무

「지방자치법」 제15조는 지방자치단체가 처리할 수 없는 사무를 규정하고 있다. 따라서 이에 해당하는 사무는 지방자치단체가 자치사무로서는 물론 단체위임사무로 서도 처리할 수 없게 된다. 이러한 사무는 국가가 스스로의 국가기관에 의하여 처리 하거나 지방자치단체의 기관을 이용하여 기관위임사무로서만 처리할 수 있게 된다. 그러나 법률 스스로의 명시적인 규정에 의해 이를 지방자치단체의 자치사무나 단체위 임사무로 귀속시킬 수 있는 예외적인 가능성도 존재할 수 있다(<sup>제15조 단서 및</sup><sub>제13조 2항 단서</sub>). 「지방자치 법」 제15조는 이러한 사무로서 일곱 가지 사무에 관해 규정하고 있다.

## 2. 지방자치단체의 사무배분

### (1) 사무배분의 원칙 41)

#### 1) 불경합성의 원칙

시·도(여기서 "시·도"란 특별시, 광역시, 특별자치시, 도, 특별자치도를 포함하는 개념 이다(<sup>제3조</sup><sub>2항</sub>)) 및 시·군·자치구는 그 사무를 처리함에 있어서 서로 경합하지 않아야 한 다(<sup>제14조</sup><sub>3항</sub>). 이는 사무의 귀속과 권한, 책임의 소재 등을 명확하게 하고 이중행정, 중복 행정을 피하기 위한 것이다. 따라서 시·도와 시·군·자치구가 공동으로 관할권을 갖는 사무는 인정되지 않는다. 그러나 동일한 성질의 사무라도 개별적·구체적 내용 이 동일한 경우가 아니면, 양 지방자치단체에 동시에 귀속할 수 있다고 볼 것이다. 예 컨대 일정규모 이상의 건축허가는 도에, 그 이하 규모의 건축허가는 시·군에 귀속하 게 할 수 있는 것이다.

#### 2) 보충성의 원칙

시·도와 시·군·자치구의 사무가 서로 경합되는 경우에는 시·군 및 자치구의 관할이 시·도의 관할보다 우선하게 된다(<sup>제14조</sup><sub>3항</sub>). 이는 기초지방자치단체가 사무의 처리 에 있어서 가장 가까운 지위에 있으므로 그 우선적인 해결권을 인정하려는 것이다.

### (2) 시·도와 시·군·자치구 사이의 사무배분의 기준

#### 1) 공통사무

기초나 광역의 지방자치단체는 그 사무내용에 따라 서로 다른 사무의 범위를 갖게 되는 것이나, 일정한 사무는 공통된 사무로서 기초나 광역의 지방자치단체가 공통적으 로 수행할 수 있는 경우가 있다. 「지방자치법」은 이러한 사무로서, 지방자치단체의 구 역, 조직 및 행정관리 등에 관한 사무를 규정하고 있다(<sup>제14조 1항 단서,</sup><sub>제13조 2항 1호</sub>). 이러한 사무는 지방 자치단체가 하나의 행정주체로서 존립하고 활동할 수 있도록 조직하고 의사결정과정

---

41) 이하의 내용은 이기우, 앞의 책, 93면 참조.

을 마련하며 필요한 재정적·인적 수단을 갖추기 위한 행정사무로서 존립사무라고 말한다. 「지방자치법」 제13조 제2항 1호에 규정된 사무는 이와 같은 '존립사무'를 예시한 것이므로, 이에 예시되지 않은 사무라도 그것이 지방자치단체의 존립과 활동 등의 기초를 제공하기 위한 것이면 공통사무로서 각 지방자치단체에 속하게 된다.42)

### 2) 시·도의 사무

시·도의 사무는 기초지방자치단체인 시·군·구가 처리하기 부적합한 사무를 그 사무로서 수행한다. 「지방자치법」 제14조 제1항 1호는 이를 예시하고 있다. 그 내용을 살펴보면 광역적 사무($\substack{제14조 1항 \\ 1호의 가}$), 조정적 사무($\substack{제14조 1항 1호의 \\ 나, 다, 라}$), 보충적 사무($\substack{제14조 1항 \\ 1호의 마, 바}$)로서 성질을 파악할 수 있다.

### 3) 시·군 및 자치구의 사무

시·군·자치구는 시·도에 속하지 아니하는 사무를 처리한다($\substack{제14조 \\ 1항 2호}$). 따라서 「지방자치법」 제14조 제1항 1호에 의해 시·도에 속하지 아니하는 사무가 그 대상이 된다. 그러나 인구 50만 이상의 시에 대해서는 도가 처리하는 사무의 일부를 직접 처리하게 할 수 있으며($\substack{제14조 1항 \\ 2호 단서}$), 자치구의 자치권은 법령으로 시·군과 다르게 할 수 있으므로($\substack{제2조 \\ 2항}$) 이에 따른 특례가 인정될 수 있다.

### (3) 시·군·자치구 및 시·도의 사무내용

이러한 지방자치단체의 종류별 사무의 구체적인 내용은 대통령령으로 정하도록 하고 있다($\substack{제14조 \\ 2항}$). 이에 따라 「지방자치법시행령」 제8조는 [별표 1]에서 그 내용을 예시적으로 구체화하고 있다.

그러나 이 경우에 시·군·자치구의 사무내용은 예시적인 성질을 갖는 것이며 한정적으로 해석될 수 없으므로, 예시되지 아니한 사무라도 그것이 시·도의 사무에 해당하지 않는 한, 시·군·자치구의 사무로 된다.

또한 자치구 사무처리에 대한 특례에 의해 자치구에서 처리하지 아니하고 특별시·광역시에서 처리하는 사무의 예시는 「지방자치법시행령」 제9조에 의한 [별표 2]가 규정하고 있고, 인구 50만 이상의 시($\substack{이는 자치구가 아닌 구가 설치된 \\ 시를 의미한다: 시행령 제10조 1항}$)가 직접 처리할 수 있는 도의 사무는 시행령 제10조 제2항에 의한 별표 3에 예시되어 있다.

**학교급식시설의 지원에 관한 사무가 기초단체의 사무인지 여부** 학교급식의 실시에 관한 사항은 고등학교 이하 각급 학교의 설립·경영·지휘·감독에 관한 사무로서 지방자치단체 중 특별시·광역시·도의 사무에 해당하나, 학교급식시설의 지원에 관한 사무는 고등학교 이하 각급 학교에서 학교급식의 실시에 필요한 경비의 일부를 보조하는 것이어서 그것이 곧 학교급식의 실시에 관한 사무에 해당한다고 보기 어려

---

42) 이기우, 앞의 책, 94면.

울 뿐만 아니라, 지방교육재정교부금법 제11조 제 5 항은 시·군·자치구가 관할구역 안에 있는 고등학교 이하 각급 학교의 교육에 소요되는 경비의 일부를 보조할 수 있 다고 규정하고 있으므로, 학교급식시설의 지원에 관한 사무는 시·군·자치구의 자치 사무에 해당한다(대판 1996.11.29, 96추84).

# 제 3 장  지방자치단체의 기관

공법상의 법인인 지방자치단체가 기능하기 위해서는 일정한 기관을 필요로 하게 된다. 이러한 지방자치단체 기관의 조직과 구성에 관한 문제는 헌법 제118조 제 2 항에 의해 법률로 정하게 되며, 이에 따라 「지방자치법」은 그 기관으로서 지방의회와 지방자치단체장을 규정하고 있다.

## 제 1 절  지방의회

### Ⅰ. 지방의회의 법적 지위

#### 1. 지방자치단체의 대표기관으로서의 지위

지방의회는 주민에 의해 선출되는 의원으로 구성되는 지방자치단체의 대표기관으로서의 지위를 갖는다. 그러나 대표기관은 지방자치단체의 장도 해당하므로 전속적인 지위에 해당하는 것은 아니다. 대표기관으로서의 성격상 그 대표성을 획득하기 위한 절차인 의원선거의 방식도 중요하게 되며, 이에 따라 직접선거에 의해서만 구성될 수 있다.

## 2. 의사결정기관으로서의 지위

지방자치단체의 의사결정에 있어서 최고기관으로서의 지위를 갖는다. 따라서 지방자치단체에서 행해지는 사무의 주요내용은 지방의회의 의결을 거치게 된다.「지방자치법」제47조 제1항은 이를 예시적으로 규정하고 있으며 이외에도 조례가 정하는 바에 의하여 의결사항을 정할 수 있다($^{제47조}_{2항}$).

## 3. 집행기관의 통제기관으로서의 지위

「지방자치법」이 채택하고 있는 기관구성형태인 기관대립형에 의해 지방의회와 지방자치단체의 장은 서로 분리되어 조직되고, 양자간에 견제와 균형을 취하도록 하고 있다. 이러한 구조에 따라 지방의회는 집행기관에 대한 서류제출요구($^{제48}_{조}$), 사무감사 및 조사($^{제49}_{조}$), 행정사무처리상황의 보고($^{제50}_{조}$) 등을 행할 수 있다.

> **지방자치단체의 집행기관과 지방의회의 관계**　　지방자치법 제9조 제1항, 제2항 제2호 (가)목, (나)목, 제117조 등 규정의 취지와 주민자치센터설치·운영조례안 중 관련 규정의 취지를 종합하여 보면, 주민자치센터의 설치와 운영은 지역주민의 복리증진을 위한 지방자치단체 고유의 자치사무에 속하고, 주민자치센터운영위원회는 하부 행정기관인 동장의 주민자치센터의 설치와 운영에 관한 집행사무를 심의하기 위한 보조기관에 해당한다고 해석되고, 지방자치법상 지방자치단체의 집행기관과 지방의회는 서로 분립되어 각기 그 고유 권한을 행사하되 상호 견제의 범위 내에서 상대방의 권한 행사에 대한 관여가 허용되나, 지방의회는 집행기관의 고유 권한에 속하는 사항의 행사에 관하여는 견제의 범위 내에서 소극적·사후적으로 개입할 수 있을 뿐 사전에 적극적으로 개입하는 것은 허용되지 아니하고, 또 집행기관을 비판·감시·견제하기 위한 의결권·승인권·동의권 등의 권한도 법상 의결기관인 지방의회에 있는 것이지 의원 개인에게 있는 것이 아닌바, 주민자치센터설치·운영조례안에서 당해 동 구의원 개인이 그 운영위원회의 당연직 위원장이 된다고 규정하고 있는 것은 지방의회 의원 개인이 하부 행정기관인 동장의 권한에 속하는 주민자치센터의 설치와 운영을 심의하는 보조기관인 운영위원회의 구성과 운영에 적극적·실질적으로 사전에 개입하여 관여할 수 있게 함을 내용으로 하는 것으로서 지방의회 의원의 법령상 권한 범위를 넘어 법령에 위반된다(주민자치센터운영위원회의 법적 성격 및 당해 동 구의원 개인이 주민자치센터운영위원회의 당연직 위원장이 된다고 규정한 조례안이 법령에 위반된다고 본 사례)($^{대판\ 2001.12.11,}_{2001추64}$).

## 4. 행정기관으로서의 지위

지방의회는 지방자치단체의 장과 마찬가지로 지방자치단체의 행정기관으로서의 지위를 차지한다. 따라서 입법기관으로서의 지위를 갖는 국회와는 다른 지위를 갖는다.

그러나 지방의회는 통상적인 행정기관과는 달리 민주적 정당성을 갖는 기관이므로 그 특성이 인정되어야 하며, 이로 인해 지방의회가 제정하는 조례는 행정기관의 통상적인 행정입법과는 달리 그 성질에 있어서 법령의 위임을 필요로 하지 않는 점이 인정되는 것이다.

## Ⅱ. 지방의회의 구성 및 조직

### 1. 지방의회의 구성

지방의회는 지방의회 의원에 의해 구성되며, 모든 지방자치단체에 설치된다($^{제37}_{조}$). 지방의회 의원은 주민의 보통·평등·직접·비밀선거에 의해 선출된다($^{제38}_{조}$). 지방의회 의원의 선거구와 의원정수 등에 관하여는 「공직선거법」 제20조 이하에서 규정하고 있다.

### 2. 지방의회 의원의 법적 지위

#### (1) 의원의 권리

#### 1) 재산상의 권리

현행법상 인정되는 의원의 재산상의 권리로서는, ㉠ 의정활동과 관련된 비용을 지급받는 권리와, ㉡ 상해나 사망시에 보상을 받을 권리가 인정된다.

전자의 내용으로서는 의정활동비·여비·월정수당이 포함되며($^{제40조}_{1항}$), 그 구체적인 지급기준은 대통령령이 정하는 바에 따라 당해 지방자치단체의 의정비심의위원회에서 결정하는 범위 안에서 당해 지방자치단체의 조례로 정하게 된다($^{제40조}_{2항}$).

후자는 지방의회 의원이 회기중에 직무로 인하여 신체에 상해를 입거나 사망한 때와, 그 상해 또는 직무로 인한 질병으로 사망한 때에 보상금을 받는 것을 말한다($^{제42조}_{1항}$). 그 지급기준도 대통령령이 정하는 바에 의하여 조례로 정하게 된다($^{동조}_{2항}$).

#### 2) 선거권과 피선거권

의원은 의장과 부의장($^{제57조}_{1항}$) 및 위원회 위원의 선거권 및 피선거권을 갖는다($^{제64조}_{3항}$).

#### 3) 의사활동과 관련된 권리

의원은 지방의회에서의 의사활동과 관련하여, 의안을 발의하고 질문·발언 및 표결할 수 있는 권리를 갖는다.

**지방의회가 의결한 조례안에 대하여 지방의회 의원이 원고가 되어 대법원을 제 1 심으로 하여 그 무효확인을 구하는 소송 형태가 허용되는지 여부**   지방자치법상 지방의회 의원이 지방의회나 그 의장을 상대로 대법원을 제 1 심으로 하여 바로 지방의회의 의결이나 그에 의한 조례의 효력을 다투는 소를 제기할 수 있는 규정은 존재하지 아니하고, 달리 현행 법률상 이러한 소의 제기를 허용하고 있는 근거 규정을 찾아볼 수 없다. 따라서 지방의회 의원인 원고가 지방의회나 그 의장을 상대로 이 사건 조례안 의결의 효력 혹은 그에 의한 조례의 존재나 효력을 다투는 소를 제기하는 것은 법률상 허용되지 아니하는 것이라고 볼 수밖에 없으므로, 위와 같은 내용의 소는 결국 법률상 근거가 없는 소로서 부적법하다(대판 2008.2.28, 2007추35).

## (2) 의원의 의무

지방의회 의원에게는 「국가공무원법」상의 의무에 준하는 내용의 의무가 부과되고 있다. 주요 내용으로는 겸직금지의무(제43조), 성실의무(제44조 1항), 청렴의무와 품위유지의무(제44조 2항), 지위남용금지의무(제44조 3항)가 이에 해당한다.

## (3) 의원의 신분보장

지방의회 의원은 국회의원과는 달리 면책특권이나 불체포특권을 향유하지 못하며, 체포나 구금된 의원이 있는 경우에 관계수사기관의 장은 지체 없이 의장에게 영장의 사본을 첨부하여 통지하고, 형사사건으로 판결이 확정된 때에는 법원장이 의장에게 통지하도록 하고 있다(제45조). 의원이 「지방자치법」이나 자치법규에 위배되는 행위를 한 경우에 지방의회는 의결로써 징계할 수 있다(제98조). 징계의 종류로서는 공개회의에서의 경고, 공개회의에서의 사과, 30일 이내의 출석정지, 제명이 있다(제100조 1항). 제명을 위해서는 재적의원 3분의 2 이상의 찬성을 요한다(제100조 2항).

[1] **지방의회 의원제명의결을 다투는 소송**  지방자치법 제78조 내지 제81조의 규정에 의거한 지방의회의 의원징계의결은 그로 인해 의원의 권리에 직접 법률효과를 미치는 행정처분의 일종으로서 행정소송의 대상이 되고, 그와 같은 의원징계의결의 당부를 다투는 소송의 관할법원에 관하여는 동법에 특별한 규정이 없으므로 일반법인 행정소송법의 규정에 따라 지방의회의 소재지를 관할하는 고등법원이 그 소송의 제1심 관할법원이 된다(대판 1993.11.26, 93누7341).

[2] **지방의회의 소속의원에 대한 제명처분이 행정처분인지 여부 및 사법심사의 대상이 되는지 여부**  지방의회의 소속의원에 대한 제명처분은 집행기관의 처분을 기다리지 아니하고 바로 의원으로서의 지위를 상실시키는 법률효과를 가져와 지방주민에 의한 선거의 효과를 부정하는 결과를 낳게 되는 것이기 때문에 단순한 의회 내부규율의 문제를 떠나 일반시민법질서에 속하는 법률적 쟁송으로서 행정처분의 일종에 속하고, 지방의회의원의 제명에 관하여 국회의원의 경우와 같이 사법심사를 배제하는 특별한 규정이 없으므로 사법심판의 대상으로 보는 것이 국민의 재판청구권을 보장하고 있는 헌법 제27조의 해석에도 맞는다(서울고법 1993.2.18, 92구3672).

[3] **지방의회 의원에 대한 제명의결처분 취소소송 계속 중 그 의원의 임기가 만료된 경우 소의 이익이 소멸하는지 여부(소극)**    지방자치법(2007. 5. 11. 법률 제8423호로 전부 개정되기 전의 것) 제32조 제1항(현행 지방자치법 제33조 제1항 참조)은 지방 의회 의원에게 지급하는 비용으로 의정활동비(제1호)와 여비(제2호) 외에 월정수당 (제3호)을 규정하고 있는 바, 이 규정의 입법연혁과 함께 특히 월정수당(제3호)은 지방의회 의원의 직무활동에 대하여 매월 지급되는 것으로서, 지방의회 의원이 전문 성을 가지고 의정활동에 전념할 수 있도록 하는 기틀을 마련하고자 하는 데에 그 입 법취지가 있다는 점을 고려해 보면, 지방의회 의원에게 지급되는 비용 중 적어도 월 정수당(제3호)은 지방의회 의원의 직무활동에 대한 대가로 지급되는 보수의 일종으 로 봄이 상당하다. 따라서 원고가 이 사건 제명의결 취소소송 계속 중 임기가 만료되 어 제명의결의 취소로 지방의회 의원으로서의 지위를 회복할 수는 없다 할지라도, 그 취소로 인하여 최소한 제명의결시부터 임기만료일까지의 기간에 대해 월정수당의 지 급을 구할 수 있는 등 여전히 그 제명의결의 취소를 구할 법률상 이익은 남아 있다 고 보아야 한다( 대판 2009.1.30, 2007두13487 ).

## 3. 지방의회의 조직

### (1) 의장과 부의장

지방의회에는 시·도의 경우 의장 1인과 부의장 2인을, 시·군 및 자치구의 경우 의장과 부의장 각 1인을 선출하게 된다. 그 임기는 2년으로 한다(제57조). 의장은 의회를 대표하고 의사를 정리하며, 회의장 내의 질서를 유지하고 의회의 사무를 감독한다 (제58조). 부의장은 의장이 사고가 있을 때에 그 직무를 대리한다(제59조).

**지방의회 의장에 대한 불신임의결이 행정처분의 일종인지 여부**    지방의회를 대표하 고 의사를 정리하며 회의장 내의 질서를 유지하고 의회의 사무를 감독하며 위원회에 출석하여 발언할 수 있는 등의 직무권한을 가지는 지방의회 의장에 대한 불신임의결 은 의장으로서의 권한을 박탈하는 행정처분의 일종으로서 항고소송의 대상이 된다 ( 대판 1994.10.11, 94두23 ).

### (2) 위 원 회

지방의회에는 조례가 정하는 바에 따라 위원회를 둘 수 있다(제64조 1항). 그 종류에는 소관 의안과 청원 등을 심사·처리하는 상임위원회[1]와, 특정한 안건을 일시적으로 심 사·처리하기 위한 특별위원회의 두 종류가 있으며(제64조 2항), 의원의 윤리심사 및 징계에

---

1) 2007년도부터는 교육위원회가 시·도의회의 상임위원회로 전환되었다. 교육위원회는 시·도 의회의원과 교육경력 또는 교육행정경력을 가진 자로서 별도로 선출된 의원(교육의원)으로 구 성하되, 교육의원이 과반수가 되도록 구성한다.

관한 사항을 심사하기 위하여 윤리특별위원회를 둘 수 있도록 하고 있다($\frac{제65}{조}$). 위원회는 그 소관에 속하는 의안과 청원 등 또는 지방의회가 위임한 특정한 안건을 심사하는 권한을 갖는다($\frac{제67}{조}$).

### (3) 사무조직

지방의회에는 임의적인 사무조직을 설치할 수 있다. 시·도의회에는 조례가 정하는 바에 의하여 사무처를 둘 수 있으며($\frac{제102}{조 1항}$), 시·군 및 자치구의회에는 조례로 정하는 바에 의하여 사무국 또는 사무과를 둘 수 있다($\frac{제102}{조 2항}$). 소속직원은 모두 지방공무원으로 임용한다($\frac{제102}{조 3항}$). 사무직원은 지방의회 의장의 추천에 의하여 당해 지방자치단체의 장이 임명한다($\frac{제103}{조 2항}$).

## 4. 지방의회의 회의운영

지방의회의 회의운영에 대하여는 「지방자치법」과 회의규칙이 규율된다($\frac{제83}{조}$).

### (1) 지방의회의 소집

지방의회의 회의는 정례회와 임시회로 나뉘며, 정례회는 매년 2회 개최한다($\frac{제53조}{1항}$). 임시회는 지방자치단체의 장이나 재적의원 3분의 1 이상의 요구가 있는 때에 15일 이내에 소집된다($\frac{제54조}{2항}$). 의사정족수는 재적의원 3분의 1 이상의 출석으로 한다($\frac{제72조}{1항}$).

### (2) 회    기

지방의회의 회기는 지방의회가 의결로 정한다($\frac{제56조}{1항}$). 연간 회의총일수와 정례회 및 임시회의 회기는 당해 지방자치단체의 조례로 정한다($\frac{제56조}{2항}$).

### (3) 의안의 발의

지방의회에서 의결할 의안은 지방자치단체의 장이나 재적의원 5분의 1 이상 또는 의원 10인 이상의 연서 또는 위원회가 발의할 수 있다($\frac{제76}{조}$). 의사의 의결정족수는 「지방자치법」에 특별히 규정된 경우를 제외하고는 재적의원 과반수의 출석과 출석의원 과반수의 찬성으로 한다($\frac{제73조}{1항}$). 의장은 의결에 있어서 표결권을 가지며 가부동수인 때에는 부결된 것으로 본다($\frac{제73조}{2항}$).

### (4) 회의의 원칙
#### 1) 회의공개의 원칙

지방의회의 회의는 원칙적으로 공개한다. 이는 일반주민의 방청과 회의의 보도를 허용하는 것을 말한다. 그러나 예외적으로 의원 3인 이상의 발의로 출석의원 3분의 2 이상의 찬성이 있거나, 의장이 사회의 안녕질서 유지를 위하여 필요하다고 인정하는 경우에는 공개하지 아니할 수 있다(제75조).

### 2) 회기계속의 원칙

지방의회에 제출된 의안은 회기중에 의결되지 못한 이유로 폐기되지 아니한다. 다만 지방의회 의원의 임기가 만료되는 경우에는 그러하지 아니하다(제79조).

### 3) 일사부재의의 원칙

지방의회에서 부결된 의안은 같은 회기중에 다시 발의 또는 제출할 수 없다(제80조).

## Ⅲ. 지방의회의 권한

### 1. 의 결 권

지방의회는 지방자치단체의 주요사항에 대한 의결권을 갖는다. 의결권행사의 내용은 법령에 의한 경우(제47조1항)와, 조례에 의한 경우(제47조2항)로 나눌 수 있다. 조례에 의한 경우는 지방의회의 조례제정권의 문제로서 뒤에서 다시 상세히 논하기로 한다.

> **[ 1 ] 중요재산인지 여부의 판단**   지방의회의 의결을 요하는 지방자치단체의 기본 재산 기타 중요재산의 처분에 관한 사항은 지방의회가 성립할 때까지는 면에 있어서 는 도지사의 승인을 얻어 실시하도록 되어 있는 바, 중요재산인지 여부는 처분당시 지방자치단체의 재정상태를 위시한 기타 지방자치단체의 모든 사정과 처분재산에 대 한 그 종별, 수량, 가격 기타 모든 사정들을 종합해서 결정하여야 한다(대판 1978.10.10, 78다1024).
> **[ 2 ] 서울특별시장이 본조 소정의 시의회의 의결이나 본조 부칙 제 4 조 소정의 내무부 장관 승인 없이 한 중요재산처분 행위의 효력**   서울특별시장은 상행위에 대하여도 동 시를 대표할 수 있을 것이나 지방자치법 제19조 제 5 호의 소위 중요재산을 처분함에 있어서는 동 시의회의 의결을 얻어야 하는 것이므로 여사한 의결 없이 한 중요재산 의 처분행위는 법률상 그 효력이 없는 것이다(대판 1957.5.16, 4290민상72).

### 2. 집행기관에 대한 통제권

#### (1) 행정사무감사와 조사권

지방의회는 지방자치단체의 사무를 시·도에서는 14일, 시·군 및 자치구에서는 9일의 범위 내에서 감사하거나, 특정사안에 대하여 지방의회의 의결로써 조사할 수 있다(제49조1항). 행정사무의 조사를 하고자 할 때에는 재적의원 3분의 1 이상의 연서로, 이 유를 명시한 서면으로 발의하여야 한다(제49조2항). 대상인 사무가 국가나 시·도의 위임사 무인 때에는 국회와 시·도의회가 직접 감사하기로 한 사무를 제외하고는, 당해 시·

도의회와 시·군 및 자치구의회가 감사를 행할 수 있다. 이때에 국회와 시·도의회는 그 감사결과에 대하여 당해 지방의회에 필요한 자료를 요구할 수 있다($^{제49조}_{3항}$). 감사나 조사를 위해 필요한 때에는, 현지확인을 하거나 서류의 제출과 지방자치단체의 장 또는 관계공무원 등을 출석하게 하여 증인으로서 선서한 후 증언하게 하거나 참고인으로서 의견의 진술을 요구할 수 있다($^{제49조}_{4항}$). 이때 증언에서 거짓증언을 한 자에 대하여는 고발할 수 있으며, 출석요구를 받은 자가 정당한 이유 없이 출석하지 아니하거나 증언 또는 진술을 거부하는 때에는 500만원 이하의 과태료를 부과할 수 있다($^{제49조}_{5항}$).

### (2) 출석 · 답변요구권

지방의회는 지방자치단체의 장 또는 관계공무원에 대하여 지방의회나 위원회에 출석을 요구하고 답변하게 할 수 있다. 이 경우 지방자치단체의 장은 특별한 사유가 있는 경우에 한하여 관계공무원으로 하여금 출석, 답변하게 할 수 있다($^{제42조}_{2항}$).

### (3) 서류제출요구권

지방의회의 본회의나 위원회는 그 의결로 안건의 심의 또는 행정사무감사나 조사와 직접 관련된 서류의 제출을 지방자치단체의 장에게 요구할 수 있다($^{제48조}_{1항}$). 위원회가 요구할 때에는 의장을 경유하여야 한다($^{제48조}_{2항}$).

## 3. 의견제출권

지방의회는 집행기관의 사무처리와 관련하여 비구속적인 성질의 의견을 제시할 수 있고, 당해 지방자치단체에 이해관계를 갖는 주요사무와 관련하여 국가의 행정기관에 대하여 의견을 진술할 수 있다. 후자의 예로는 국토교통부장관 등에 의한 도시관리계획의 입안에 앞서서 지방의회의 의견을 듣는 경우($^{국토의\ 계획\ 및\ 이용에}_{관한\ 법률\ 제28조\ 5항}$)와 지방자치단체의 구역변경의 경우($^{제5조}_{3항}$)를 들 수 있다.

## 4. 조직과 운영에 관한 자율권

### (1) 운영의 자율권

지방의회의 운영은 「지방자치법」이 정한 사항을 제외하고는 회의규칙으로 정할 수 있다($^{제83}_{조}$). 「지방자치법」이 정하고 있는 지방의회 운영의 주요사항으로는 임시회소집권($^{제54조}_{2항}$), 개회, 휴회, 폐회 및 회의일수의 결정($^{제56조}_{2항}$), 운영에 관한 회의규칙의 제정($^{제71}_{조}$) 등을 들 수 있다.

### (2) 조직의 자율권

지방의회는 의장과 부의장을 선출할 수 있고($^{제57조}_{1항}$), 이들에 대한 불신임을 의결할 수 있으며($^{제62조}_{1항}$), 임시의장을 선출할 수 있다($^{제60}_{조}$). 또한 위원회를 둘 수 있고($^{제64조}_{1항}$) 위원회의 위원을 선임하며($^{제64조}_{3항}$), 조례가 정하는 바에 따라 사무기구를 설치하고 사무직원을 둘 수 있다($^{제102조}_{이하}$). 물론 이때의 사무직원의 임명은 지방의회 의장의 추천에 의하여 지방자치단체장이 행한다($^{제103}_{조 2항}$).

### (3) 질서유지의 자율권

지방의회 의장이나 위원장은 회의장의 내부적 질서를 유지하기 위하여 자율적인 통제권한을 갖는다. 그 대상은 의원이 되는 경우($^{제94조~}_{제96조}$)와 방청인이 되는 경우가 있다($^{제97}_{조}$).

### (4) 의원신분과 관련된 자율권

지방의회는 소속의원의 자격을 심사할 수 있고($^{제91}_{조}$), 이에 따른 의원의 자격상실을 의결할 수 있다($^{제92}_{조}$). 또한 의원의 징계에 관해 의결할 수 있고($^{제98}_{조}$), 의원의 사직을 의결로써 허가할 수 있다($^{제89}_{조}$).

## 5. 청원수리 및 처리권

지방의회는 주민이 갖는 청원권에 상응하여 이를 수리하고 처리하여야 할 권한을 갖는다($^{제87}_{조}$). 지방의회에서 이송된 청원은 지방자치단체의 장이 처리하게 되며, 그 결과는 지방의회에 보고하여야 한다($^{제88}_{조}$).

## Ⅳ. 지방의회의 조례제정권

지방의회의 권한 중에서 가장 주요한 의미를 갖게 되는 것은 조례제정권이다.

## 1. 조례의 의의

### (1) 조례의 개념

지방자치단체가 자신의 사무를 규율하기 위하여 자율적으로 제정하는 규범을 조례라고 한다. 그 내용은 자치사무의 수행과 관련된 모든 분야뿐 아니라 위임사무도 포함하는 것이나, 후자의 경우에는 통상적으로 법규가 상세히 규정하게 되므로 조례가 차지하는 비중은 많지 않게 된다. 또한 외부적인 효력을 갖고 일반적·추상적인 성질을 갖는 것뿐 아니라, 내부적인 관계의 규율, 구체적인 사항에 관한 규율(이른바 '처분적 조례')도 그 내용으로 할 수 있다.

**[ 1 ] 지방자치단체가 이른바 기관위임사무에 관하여 조례를 제정할 수 있는지 여부**
지방자치법 제15조, 제 9 조에 의하면, 지방자치단체가 자치조례를 제정할 수 있는 사항은 지방자치단체의 고유사무인 자치사무와 개별법령에 의하여 지방자치단체에 위임된 단체위임사무에 한하는 것이고, 국가사무가 지방자치단체의 장에게 위임된 기관위임사무는 원칙적으로 자치조례의 제정범위에 속하지 않는다 할 것이고, 다만 기관위임사무에 있어서도 그에 관한 개별법령에서 일정한 사항을 조례로 정하도록 위임하고 있는 경우에는 위임받은 사항에 관하여 개별법령의 취지에 부합하는 범위 내에서 이른바 ‘위임조례’를 정할 수 있다(대판 2000.5.30, 99추85).
**[ 2 ] 조례가 항고소송의 대상이 되는 행정처분에 해당되는 경우 및 그 경우 조례무효확인 소송의 피고적격**  조례가 집행행위의 개입 없이도 그 자체로서 직접 국민의 구체적인 권리의무나 법적 이익에 영향을 미치는 등의 법률상 효과를 발생하는 경우 그 조례는 항고소송의 대상이 되는 행정처분에 해당하고, 이러한 조례에 대한 무효확인 소송을 제기함에 있어서 행정소송법 제38조 제 1 항, 제13조에 의하여 피고적격이 있는 처분 등을 행한 행정청은, 행정주체인 지방자치단체 또는 지방자치단체의 내부적 의결기관으로서 지방자치단체의 의사를 외부에 표시한 권한이 없는 지방의회가 아니라, 구 지방자치법 제19조 제 2 항, 제92조에 의하여 지방자치단체의 집행기관으로서 조례로서의 효력을 발생시키는 공포권이 있는 지방자치단체의 장이다(대판 1996.9.20, 95누8003).

### (2) 통상적인 법규명령과의 구별
양자 모두 행정기관에 의해 정립되는 규범인 행정입법으로서의 성질을 가지나, 법규명령은 타율적인 성질을 갖는 행정기관에 의한 것이고, 조례는 자율적인 성질을 갖고 통상적인 행정기관보다 많은 민주적인 정당성을 갖는 지방의회에 의해 정립되는 규범이다. 이러한 차이로 인해 법규명령은 언제나 법률의 개별적인 수권을 필요로 하나, 조례는 통상적인 경우에 수권을 필요로 하지 않게 된다. 즉 조례제정행위는 지방자치단체에게 인정되는 자기책임성의 내용으로서의 자치고권의 행사이므로, 법률의 개별적인 수권은 원칙적으로 불필요하게 된다.

### (3) 조례의 종류
조례는 크게 자치조례와 위임조례로 나누는 것이 학설과 판례의 일반적 입장이다.
자치조례는 지방자치단체가 헌법 제117조 및 「지방자치법」 제28조 제1항의 일반적 수권에 직접 근거하여 제정하는 조례를 말하며, 그 규율범위는 각각 "법령의 범위 안에서" 또는 "그 사무에 관하여"로 비교적 포괄적으로 되어 있는 것이 특징이다.
반면에 위임조례는 법률, 대통령령 또는 부령 등 법령에서 직접 개별위임을 받아(예컨대 「건축법」 제57조 제 1 항) 제정하는 조례로서 그 실질은 국가의 행정입법(위임입법)의 일부를 이루며, 따라서 그 규율범위도 "위임의 범위 안에서"라는 위임입법의 한계원리가 그대로 적용된다.

## 2. 조례제정권의 성질

조례제정권이 원시적인 권리(즉 법률의 위임을 필요로 하지 않고 자주적<br>으로 규율할 수 있는 권리로 보는 입장)인지 또는 파생적인 권리(즉 법률의 위임을 필요로<br>하는 권리로 보는 입장)인지에 대해서는 별다른 견해 대립 없이,2) 전자의 입장이 일반적인 견해이다.

이와 같이 조례제정권을 원시적인 권리로서 위임을 필요로 하지 않는 법규제정권한으로 보는 견해는 다음을 논거로 하는데, 그 주요 내용으로는 지역주민의 대표단체가 갖는 자주적 지위와, 헌법규정의 표현방식(즉 독일기본법 제28조 2항이나 우리 헌법 제117조<br>1항에서의 표현인 "법령의 범위 안에서"의 표현)이 '법령의 근거하에서'라고 되어 있지 않은 점 등이 논거로서 제시된다.

생각건대 만일 조례제정권을 파생적인 권리로 파악하게 되면 (자치적<br>으로)규율한다는 의미가 인정될 수 없으며, 지방자치단체에게 (국가를<br>상대로 하는)개별적인 조례제정권 위임의 청구권을 인정해야 하는 모순이 존재하게 될 것이다. 따라서 지방자치단체의 조례제정권은 그 성질에 있어서 원시적인 권리로서 국가의 위임을 요하지 않는 권리로 이해되어야 한다. 헌법 제117조 제 1 항의 내용은 이러한 사항, 즉 지방자치단체의 조례제정권이 지방자치제의 제도적 보장의 한 내용으로서, 원시적인 권리로서 보장된다는 것을 규정한 것으로 이해되어야 한다. 다수견해에 찬동한다.

## 3. 조례제정권의 한계

조례는 그 성질상 원칙적으로 자율적인 규범이지만, 무제한적인 내용의 규범은 아니며 일정한 한계를 갖는 규범이다. 이는 특히 지방자치단체의 조례제정권의 근거인 헌법 제117조 제 1 항과 「지방자치법」 제28조 제1항의 해석에 관한 것이 된다. 조례의 한계로서 논의되는 사항은 다음과 같다.

### (1) 법률우위원칙에 의한 한계

조례는 우선 법령에 위배되어서는 안 된다. 이는 성문법규로서의 조례가 갖는 가장 기본적인 한계로서 실정법의 명문규정에 관계없이 인정되는 것이다. 헌법 제117조 1항 후단과 「지방자치법」 제28조 제1항 본문의 "법령의 범위 안에서"의 표현은 이를

---

2) 조례제정권의 성질을 논하면서, 조례제정권이 그 연원에 있어서 국가의 통치권으로부터 나오는 권리인가 또는 이와 구별되는 독자적인 단체적 법원으로부터 나오는 권리인가의 문제와, 조례제정권이 법률과의 관계에서 위임을 요하는 권리인지 또는 개별적 위임 없이도 제정 가능한 권리인지의 문제는 서로 구별되어야 한다. 전자의 문제에 대해서는 조례제정권은 국가의 통치권으로부터 나오는 것이므로 별도의 논의가 필요 없으며, 이하에서는 후자의 문제에 대해서만 논하기로 한다.

확인하는 의미를 갖는 것이다.

### 1) '법령의 범위 안에서'의 의미

이 의미를 제대로 파악하기 위해서는 조례제정권의 성질로부터 출발하여야 한다. 조례제정권은 일찍이 중세의 도시법으로부터 비롯되는 지방자치단체의 권한으로서, 그 성질에 대해서는 이미 앞에서도 본 바와 같이 원시적인 권리, 즉 법률의 위임을 필요로 하지 않고 자주적으로 규율할 수 있는 권리로 보는 것이 타당하다. 헌법 제117조 제1항 후단의 내용은 바로 이러한 사항, 즉 지방자치단체의 조례제정권이 지방자치제의 제도적 보장의 한 내용으로서, 원시적인 권리로 보장된다는 것을 규정한 것으로 이해되어야 한다.

그러나 이때의 '법령의 범위 안에서'라는 표현은 그 해석상 성문법으로서의 조례의 지위에 상응한 법률우위를 확인하는 의미를 갖는 데 불과하며, 그 밖에 법령의 위임에 의한 경우도 동시에 포함하는 것으로 확대해석할 수는 없다고 본다. 이는 동일한 표현을 사용하고 있는 「지방자치법」제28조 제1항이 본문과 단서로 나누어서 서로 상이한 표현을 사용하고 있는 예에 비추어 볼 때에도, 이와 서로 상이한 해석을 해야할 필연적인 이유가 달리 인정될 수 없기 때문이다.

그러나 다른 한편으로 조례제정권은 무제한적인 권리는 아니며 일정한 한계를 갖는 권리이다. 우선 조례는 그 내용에 있어서 상위규범을 위반해서는 안 된다. 이는 성문법 상호간의 위계질서와 법률우위원칙으로부터 도출되는 것이므로, 법령에 이와 같은 내용이 규정되어 있는지의 유무에 상관없이 인정되는 것으로 보아야 할 것이다. 따라서 지방자치단체는 기존의 법령에 저촉되지 아니하면 법령의 위임이 없더라도 그 권한에 속하는 사항에 대하여 조례를 제정할 수 있다고 보아야 한다. 즉, 조례제정사항은 자치사무와 단체위임사무라고 보므로, 자치사무나 단체위임사무에 관한 것인 한 조례에는 법령의 범위 안이라는 사항적 한계만 적용될 뿐, 법규명령 일반에 대하여 적용되는 바와 같은 위임입법의 한계가 적용되는 것은 아니다. 그러한 의미에서 이때의 '법령의 범위 안에서'란 '법령에 위반되지 아니하는 범위 안에서'라고 해석된다. 판례 또한 마찬가지로 보고 있다.

[1] **구 지방자치법 제15조 소정의 '법령의 범위 안'의 의미** 지방자치단체는 자치사무에 관하여 이른바 자치조례를 제정할 수 있고, 이러한 자치조례에 대해서는 지방자치법 제15조가 정하는 '법령의 범위 안'이라는 사항적 한계가 적용될 뿐, 일반적인 위임입법의 한계가 적용될 여지가 없으며, 여기서 말하는 '법령의 범위 안'이라는 의미는 '법령에 위반되지 아니하는 범위 안'으로 풀이된다(대판 2003.5.27, 2002두7135).

[2] **지방자치단체에 의해 제정된 조례가 법령을 위반하는 경우의 효력(무효) 및 그 위반 여부의 판단 기준** 구 지방자치법(2007. 5. 11. 법률 제8423호로 전문 개정되기

전의 것) 제15조 본문은 "지방자치단체는 법령의 범위 안에서 그 사무에 관하여 조
례를 제정할 수 있다"고 규정하고 있으므로, 지방자치단체가 제정한 조례가 법령을
위반하는 경우에는 효력이 없고, 조례가 법령을 위반하는지 여부는 법령과 조례 각각
의 규정 취지, 규정의 목적과 내용 및 효과 등을 비교하여 둘 사이에 모순·저촉이
있는지의 여부에 따라서 개별적·구체적으로 결정하여야 한다('인천광역시 공항고속
도로 통행료지원 조례안'은 그 내용이 현저하게 합리성을 결여하여 자의적인 기준을
설정한 것이라고 볼 수 없으므로 헌법의 평등원칙에 위배된다고 할 수 없고, 구 지방
자치법(2007. 5. 11. 법률 제8423호로 전문 개정되기 전의 것) 제13조 제 1 항 등에도
위배되지 않는다고 한 사례)( 대판 2008.6.12, 2007추42 ).

[ 3 ] **지방자치단체의 자치사무나 단체위임사무에 관한 자치조례의 제정 한계**   지방자
치법 제 9 조 제 1 항과 제15조 등의 관련 규정에 의하면 지방자치단체는 원칙적으로
그 고유사무인 자치사무와 법령에 의하여 위임된 단체위임사무에 관하여 이른바 자치
조례를 제정할 수 있는 외에, 개별 법령에서 특별히 위임하고 있을 경우에는 그러한
사무에 속하지 아니하는 기관위임사무에 관하여도 그 위임의 범위 내에서 이른바 위
임조례를 제정할 수 있지만, 조례가 규정하고 있는 사항이 그 근거 법령 등에 비추어
볼 때 자치사무나 단체위임사무에 관한 것이라면 이는 자치조례로서 지방자치법 제15
조가 규정하고 있는 '법령의 범위 안'이라는 사항적 한계가 적용될 뿐, 위임조례와 같
이 국가법에 적용되는 일반적인 위임입법의 한계가 적용될 여지는 없다( 대판 2000.11.24, 2000추29 ).

## 2) 입법자에 의한 제도적 보장 내용의 구체화 권한에 의한 제한

또한 조례제정권은 지방자치의 제도적 보장의 내용으로서 입법자가 갖는 제도내
용의 구체화 권한에 의해서 제한될 수 있다.

이때 입법자가 제도적 보장의 내용을 제한하는 형식은 원칙적으로 법률이 되겠지
만 그에 국한하지 않고 법률의 위임에 의한 법규명령(대통령령, 총리령, 부령)도 포함된
다고 보아야 하며, 명문의 표현은 없지만 조례도 헌법의 하위법이고 조례의 내용이 헌법
에 배치될 수는 없는 것이므로 헌법도 여기서의 '법령'에 포함된다고 보아야 한다. 나아
가 이른바 행정규칙 형식의 법규명령을 인정하는 학설과 판례에 의하면 법령의 명시적
위임에 의하여 제정된 훈령·예규·고시 등도 이때의 '법령'에 포함되며,3) 그 밖에 국내
법적 효력을 가지는 조약 또는 일반적으로 승인된 국제법규도 포함된다고 보게 된다.4)

다만 이와 관련하여 「지방자치법」 제30조는 기초지방자치단체의 조례는 광역지
방자치단체의 조례에 위반되어서는 안 되도록 하고 있으나, 양 지방자치단체는 그 규
율대상과 사무범위가 구별되는 독립된 지위의 관계이고, 상하관계일 수 없음에 비추
어 그 내용의 위헌성이 검토되어야 하리라고 본다. 따라서 광역지방자치단체의 조례

---

3) 대판 1987. 9. 29, 86누484; 1994. 3. 8, 92누1728; 2002. 9. 27, 2000두7933; 헌재 2002. 10. 31, 2001
헌라1·2002헌라2.
4) 대판 2005. 9. 9, 2004추10.

가 기초지방자치단체의 조례의 한계로서 인정될 수는 없다고 본다.

그러나 이미 전술한 바와 같이 입법권행사는 지방자치의 제도적 보장의 본질적 내용을 침해할 수 없는 것이므로 개개의 입법권행사의 내용이 본질내용을 침해하는 것인지의 여부가 엄격히 검토되어야 할 것이다.

### 3) 구체적인 경우

(개) **국가의 법령에 의한 규율과의 관계**  조례의 법률우위원칙에 의한 한계와 관련하여 조례가 정하는 특정사항에 관하여 이미 그것을 규율하는 국가의 법령이 존재하는 경우 당해 조례가 법령의 범위 안에서 제정된 것이라고 볼 수 있는지가 문제된다.

과거에는 조례의 법령위반에 관한 판단이 매우 엄격하여 이른바 '국가법률선점론'이 지배하였다. 즉, 당해 사항에 관하여 국가 법령에 이미 규율하는 바가 있다면 그 사항에 관하여 조례로 규율할 수 없다고 보았다.

그러나 오늘날에는 조례제정권의 범위가 확대되고 있는 추세이고 조례의 법령위반 여부의 판단도 완화되는 경향에 있다. 따라서 조례의 법령저촉 여부는 헌법상의 제도적 보장의 의미, 국법질서의 통일성, 지방의회의 입법능력 등을 종합적으로 고려하여 구체적 사안에 따라 판단할 것으로서, 국민의 권리를 제한하거나 의무를 부과하는 것이 아닌 한,[5] 당해 조례규율사항에 대해 이미 국가 법령에 의한 규율이 존재한다고 하여 무조건 법령위반의 조례라고 판단할 것은 아니다. 판례도 같은 입장이다.

> **조례로 정하고자 하는 특정사항에 관하여 이미 법령이 존재하는 경우, 조례의 적법 요건**
> 지방자치단체는 법령에 위반되지 아니하는 범위 내에서 그 사무에 관하여 조례를 제정할 수 있는 것이고, 조례가 규율하는 특정사항에 관하여 그것을 규율하는 국가의 법령이 이미 존재하는 경우에도 조례가 법령과 별도의 목적에 기하여 규율함을 의도하는 것으로서 그 적용에 의하여 법령의 규정이 의도하는 목적과 효과를 전혀 저해하는 바가 없는 때, 또는 양자가 동일한 목적에서 출발한 것이라고 할지라도 국가의 법령이 반드시 그 규정에 의하여 전국에 걸쳐 일률적으로 동일한 내용을 규율하려는 취지가 아니고 각 지방자치단체가 그 지방의 실정에 맞게 별도로 규율하는 것을 용인하는 취지라고 해석되는 때에는 그 조례가 국가의 법령에 위반되는 것은 아니다(일정한 자활보호대상자에 대한 생계비 지원을 규정한 조례가 생활보호법상의 자활보호대상자 보호제도와 모순·저촉되지 않는다고 본 사례)(대판 1997.4.25, 96추244.).

(내) **집행기관의 전속적 고유권한과의 관계**  조례가 규율하는 사항 중에 국민의 권익에 직접 관련되는 것은 아니지만 법령이 지방자치단체의 집행기관인 장에게 전속적으로 부여한 고유권한 사항을 제약하는 내용이 담긴 경우 당해 조례는 법령의 범위를

---

5) 이는 「지방자치법」 제22조 단서에 해당하여 조례의 법률유보원칙에 의한 한계가 문제되는 경우가 될 것이다.

벗어난 위법한 조례라고 보는 것이 다수견해 및 판례의 입장이다.

[ 1 ] **지방의회의 조례제정권의 범위와 한계**　　지방자치법은 지방의회와 지방자치단체의 장에게 독자적 권한을 부여하고 상호견제와 균형을 이루도록 하고 있으므로, 지방의회는 법률에 특별한 규정이 없는 한 견제의 범위를 넘어서 상대방의 고유권한을 침해하는 내용의 조례를 제정할 수 없다(정부업무평가기본법 제18조에서 지방자치단체의 장의 권한으로 정하고 있는 자체평가업무에 관한 사항에 대하여 지방의회가 견제의 범위 내에서 소극적·사후적으로 개입한 정도가 아니라 사전에 적극적으로 개입하는 내용을 지방자치단체의 조례로 정하는 것은 허용되지 않는다고 본 사례) ( 대판 2007.2.9, 2006추45 ).

[ 2 ] 지방자치법시행령 제19조 제 2 항에서 '관계자의 문책 등을 포함한다'라는 문구를 규정하지 않은 것은 지방자치법 제96조에서 지방자치단체의 장이 소속직원에 대한 임면·징계권을 가지도록 하고, 지방공무원법 제69조 및 제72조에서 지방공무원에 대한 징계는 인사위원회의 징계의결을 거쳐 임용권자가 행하도록 하고 있기 때문에 집행기관의 소속직원에 대한 인사나 징계에 관한 고유권한을 침해하지 않도록 하기 위하여 의도적으로 배제한 것이지 단순히 착오로 이를 누락한 것이 아니라 할 것이므로, 지방의회로 하여금 시정뿐만 아니라 관계자의 문책 등까지 요구할 수 있도록 한 개정조례안은 지방의회가 법령에 의하여 주어진 권한의 범위를 넘어 집행기관의 행정작용에 대하여 직접 간섭하는 것으로서 법령에 없는 새로운 견제장치를 만드는 것이 되어 결국 상위법령인 지방자치법시행령 제19조 제 2 항에 위반된다(조례안이 지방의회로 하여금 집행기관의 행정작용에 대하여 그 시정뿐만 아니라 관계자의 문책 등까지 요구할 수 있도록 규정한 경우 법령에 위반된다고 본 사례) ( 대판 2003.9.23, 2003추13 ).

[ 3 ] 지방자치법령은 지방자치단체의 장으로 하여금 지방자치단체의 대표자로서 당해 지방자치단체의 사무와 법령에 의하여 위임된 사무를 관리·집행하는 데 필요한 행정기구를 설치할 고유한 권한과 이를 위한 조례안의 제안권을 가지도록 하는 반면 지방의회로 하여금 지방자치단체의 장의 행정기구의 설치권한을 견제하도록 하기 위하여 지방자치단체의 장이 조례안으로서 제안한 행정기구의 축소, 통폐합의 권한을 가지는 것으로 하고 있으므로, 지방의회의원이 지방자치단체의 장이 조례안으로서 제안한 행정기구를 종류 및 업무가 다른 행정기구로 전환하는 수정안을 발의하여 지방의회가 의결 및 재의결하는 것은 지방자치단체의 장의 고유 권한에 속하는 사항의 행사에 관하여 사전에 적극적으로 개입하는 것으로서 허용되지 아니한다( 대판 2005.8.19, 2005추48 ).

[ 4 ] **지방의회가 집행기관의 인사권을 독자적으로 행사하거나 동등한 지위에서 합의하여 행사할 수 있는지 및 그에 관하여 사전에 적극적으로 개입하는 것이 허용되는지 여부 (소극)**　　지방자치법상 지방자치단체의 집행기관과 지방의회는 서로 분립되어 각기 그 고유권한을 행사하되 상호 견제의 범위 내에서 상대방의 권한 행사에 대한 관여가 허용되나, 지방의회는 집행기관의 고유권한에 속하는 사항의 행사에 관하여는 견제의 범위 내에서 소극적·사후적으로 개입할 수 있을 뿐 사전에 적극적으로 개입하

는 것은 허용되지 않는다. 이에 더하여, 지방자치법 제116조에 그 설치의 근거가 마련된 합의제 행정기관은 지방자치단체의 장이 통할하여 관리·집행하는 지방자치단체의 사무를 일부 분담하여 수행하는 기관으로서 그 사무를 독립하여 수행한다 할지라도 이는 어디까지나 집행기관에 속하는 것이지 지방의회에 속한다거나 집행기관이나 지방의회 어디에도 속하지 않는 독립된 제3의 기관에 해당하지 않는 점, 지방자치단체의 행정기구와 정원기준 등에 관한 규정 제3조 제1항의 규정에 비추어 지방자치단체의 장은 집행기관에 속하는 행정기관 전반에 대하여 조직편성권을 가진다고 해석되는 점을 종합해 보면, 지방자치단체의 장은 합의제 행정기관을 설치할 고유의 권한을 가지며 이러한 고유권한에는 그 설치를 위한 조례안의 제안권이 포함된다고 봄이 상당하므로, 지방의회가 합의제 행정기관의 설치에 관한 조례안을 발의하여 이를 그대로 의결, 재의결하는 것은 지방자치단체장의 고유권한에 속하는 사항의 행사에 관하여 지방의회가 사전에 적극적으로 개입하는 것으로서 관련 법령에 위반되어 허용되지 않는다(제주특별자치도의회가 발의하여 의결 및 재의결한 '제주특별자치도 연구위원회 설치 및 운영에 관한 조례안'은, 제주특별자치도지사의 고유권한에 속하는 사항과 인사권에 관하여 제주특별자치도의회가 사전에 적극적으로 개입한 것으로서 그 일부가 법령에 위배되어 위법하므로, 그 조례안에 대한 재의결은 효력이 없다고 한 사례)(대판 2009.9.24, 2009추53).

⒟ 처분권한의 재위임과의 관계　　판례는 법령에 권한의 위임규정이 있을 뿐 그 권한을 재차 위임(재위임)하는 것에 관한 개별법령상 근거규정이 없더라도, 「정부조직법」제6조 제1항과 이에 기한 「행정권한의 위임 및 위탁에 관한 규정」제4조에 재위임에 관한 일반적인 근거규정이 있으므로, 예컨대 시·도지사는 그 재위임에 관한 일반적인 규정에 따라 위임받은 위 처분권한을 구청장 등에게 재위임할 수 있다고 본다.

그런데 당해 위임사무가 국가사무로서 지방자치단체의 장에게 위임된 이른바 기관위임사무에 해당하는 때에는 시·도지사가 지방자치단체의 조례에 의하여 이를 구청장 등에게 재위임할 수는 없고, 「행정권한의 위임 및 위탁에 관한 규정」제4조에 의하여 위임기관의 장의 승인을 얻은 후 지방자치단체의 장이 제정한 규칙이 정하는 바에 따라 재위임하는 것만이 가능하다고 본다. 따라서 기관위임사무인 처분권한을 조례의 규정에 의하여 재위임 하였다면 당해 조례중 처분권한의 재위임에 관한 부분은 조례제정권의 범위를 벗어난 것이어서 무효라고 한다.[6]

### (2) 법률유보원칙에 의한 한계

조례의 한계로서 또한 중요한 의미를 갖는 것은 조례제정작용에 있어서 법치행정의 원칙인 법률유보가 어느 정도로 적용되는가 하는 것이다. 이 문제에 있어서는 다

---

6) 대판 1995. 8. 22, 94누5694.

음의 두 가지가 특히 논의의 대상이 되고 있다.

### 1) 「지방자치법」 제28조 제1항 단서의 해석문제

「지방자치법」은 지방의회의 조례제정과 관련하여 제28조 제1항 본문에서, 지방자치단체가 '법령의 범위 안'에서 그 사무에 관하여 조례를 제정할 수 있도록 하고 있으나, 단서에서는 그 대상이 주민의 권리제한 또는 의무부과에 관한 사항이거나 벌칙을 정할 때에는 법률의 위임이 있도록 규정하고 있다. 이러한 제28조 제1항 단서조항의 해석과 관련하여 학자들의 견해가 대립하고 있는바, 크게 볼 때에 위헌론과 합헌론의 견해로 대립하고 있다.

(개) **위헌론의 논거**    「지방자치법」 제28조 제1항 단서조항을 위헌으로 보는 입장의 주요논거는 다음과 같다.

첫째, 헌법 제117조 제 1 항과 「지방자치법」 제28조 제1항 단서의 관계에 있어서, 헌법 제117조 제 1 항은 "지방자치단체는 … 법령의 범위 안에서 자치에 관한 규정을 제정할 수 있다"라고 하여 "법령의 범위 안에서"를 강조하는 반면, 「지방자치법」 제28조 제1항 단서는 "… 법률의 위임이 있어야 한다"라고 규정하고 있다. 따라서 헌법규정에서의 표현인 "법령의 범위 안에서"가 하위법인 「지방자치법」에서는 "법령의 위임 하에서"로 변경되어 표현되고 있으므로, 「지방자치법」 규정은 헌법의 취지를 제약하는 것이며, 만일 그 대상이 고유사무인 경우에도 이를 그대로 적용한다면 조례제정권이 침해되는 것으로 해석되어 문제가 된다고 한다.7)

둘째, 지방자치단체의 포괄적인 자치권과 전권한성의 원칙에 비추어 보더라도 이러한 원칙내용과 그 취지를 제약하는 「지방자치법」 제28조 제1항 단서규정에는 문제가 있다고 한다.8)

셋째, 조례가 갖는 민주적 정당성과 관련해서 조례의 경우에는 법률유보의 원칙이 수정될 수 있다고 보아야 하므로9) 「지방자치법」 제28조 제1항 단서는 문제가 있다고 한다. 즉 이 견해에서는 지방자치단체의 조례는 자치사무에 관한 한 법률과 동등한 효력을 지닐 수 있으며, 국가사무에 관한 한 법령의 범위 내에서 효력을 지닐 수 있는 것이라고 한다.10)

(내) **합헌론의 논거**    한편 합헌론에서는 다음과 같은 논거로 「지방자치법」 제28조 제1항 단서가 위헌이 아니라고 한다.

첫째, 헌법 제117조 제 1 항은 확장해석할 수 있다고 본다. 즉, 이 주장에 따르면 헌법 제117조 제 1 항은 지방자치제의 제도적 보장에 관한 규정으로서 그 본질적 내용

---

7) 박윤흔, "법령과 조례와의 관계", 고시계, 1992. 11, 44면 참조.
8) 김남진, "조례와 법률유보원칙과의 관계", 고시연구, 1993. 5, 161면 참조.
9) 김명길, "조례제정권의 범위", 한국공법학회 제32회 학술발표회(1992. 11. 21) 발표문, 20면 참조.
10) 김명길, 앞의 글, 23면.

으로 자치입법권의 보장을 규정한 것으로 보아야 한다고 한다. 그러나 이때의 헌법규정상 표현인 "법령의 범위 내"라는 것은 두 가지의 의미가 있는바, 우선 법령에 적극적으로 반할 수 없다는 것뿐 아니라 경우에 따라서는 법령의 근거를 필요로 한다는 의미로 해석되어야 한다고 본다. 따라서 지역주민의 기본권제한의 경우에는 「지방자치법」 제22조 단서의 표현대로 법률유보에 의해 법령의 근거나 위임이 필요로 한다는 의미로 해석된다고 본다.[11] 따라서 이렇게 해석하는 한 「지방자치법」 제28조 제1항 단서는 합헌인 규정이 된다고 본다.

둘째, 「지방자치법」 제28조 제1항 단서는 침해유보를 제한적으로 적용하는 취지라고 본다. 이는 조례의 내용이 침해적인 조례인 때에는 법률유보가 적용되기에 「지방자치법」 제28조 제1항 단서를 당연한 규정으로 보는 견해이다.[12] 「지방자치법」 제28조 제1항 단서를 전통적인 침해유보 내지는 헌법 제37조 제2항을 단지 확인하고 선언한 것으로 보는 견해[13]도 동일한 입장에 있는 것으로 보인다.

⑷ 사 견 　생각건대 조례의 대상영역이 국민의 권리제한이나 의무부과에 관한 경우나 또는 국민의 기본권행사와 관련되거나 중요한 근본적인 결정에 관한 경우에, 법률이 직접 규율하거나 법률의 위임하에서만 규율이 가능하도록 하는 이 원칙내용을 조례의 경우에도 관철하게 되면, 조례제정권의 범위는 사실상 상당한 범위로 축소되게 된다. 이러한 이유로 하여 조례제정권의 경우에 법률유보의 원칙을 적용하는 것이 조례제정권을 침해하는 성질을 갖는다고 판단할 것인지에 관해 논의가 행해지게 되는 것이다. 이 문제는 결국 법률유보의 원칙을 관철하는 경우에 달성되는 이익과 조례제정권의 보장에 의해서 실현되는 이익의 조화에 의하여 해결하는 수밖에 없는 것이라고 본다.

법률유보원칙은 전통적으로는 법치국가원리에 의해 국민의 권리보호를 위해 인정되는 것이고, 민주주의원리에 의해 기관구성의 민주적 정당성이나 결정절차의 정당성에 의해 그 근거를 갖는 것이므로[14] 지방자치의 영역에 있어서도 당연히 적용되어야 한다. 그러나 법률유보원칙이나 이의 특별한 형태인 의회유보원칙에는 또한 권한법적인 내용이 포함되어 있다고 인정되는데, 수평적인 차원에서는 행정부와 의회 중 의회가 기본권적으로 주요한 본질적인 결정을 내릴 수 있다는 의미를 갖는 것이며, 수직적인 차원에서는 지방자치단체의 주민인 부분적인 국민의 대표가 정립하는 조례가 아니고, 전체국민의 대표적 의사로서 나타나는 국가의 법률만이 기본권에 관한 규율을 할 수 있는 정당성을 갖는다는 사실을 확정하는 의미가 있는 것이다. 따라서 입법자는 자신의 고유한 권한인 법제정권한을 완전히 포기하거나 국가조직의 내부이든 외부이든

---

11) 홍정선, "조례와 침해유보", 고시계, 1993. 4, 108면 이하.
12) 이기우, 지방자치행정법, 227면 참조.
13) 고영훈, "법률유보원칙의 이론과 실제(하)", 판례월보 제273호, 54면 참조.
14) 이에 대한 상세는 고영훈, "법률유보원칙의 이론과 실제(상)", 판례월보 271호, 14면 이하 참조.

다른 기관에게 자유로이 위임할 수 없으며, 특히 기본권영역을 제한하는 내용일 때에는 좀 더 고양된 책임을 지게 된다. 이로 인해 기본권상 주요한 의미를 갖는 본질적인 문제들은 의회법률에서 스스로 직접 규율하고 지방자치단체의 대표기관의 재량에 위임할 수 없게 되는 것이다. 만일 이와 다른 결론을 주장하는 경우에는 의회의 입법권을 대신하는 지방자치단체의 권한을 인정하게 되는바, 이는 인정될 수 없을 것이다.

그러나 다른 한편 지방자치단체가 갖는 조례제정권도 제도적 보장의 내용인 이상 입법권행사를 통한 법률유보원칙의 적용에 있어서 배려되어야 한다. 입법자가 법률을 통하여 조례제정권을 제한하게 되는 경우에는 법의 일반원칙인 과잉금지의 원칙(또는 비례성의 원칙)이 적용되어야 한다. 따라서 이에 따라 입법자는 이러한 자신의 행동에 대한 정당화의 부담을 지게 되며, 또한 입법자가 행하는 규율이 지방자치제의 핵심적 내용에 접근할수록 이러한 영역에 대한 개입을 정당화할 수 있는 좀 더 중요한 공익일 것을 필요로 하게 되는 것이다. 따라서 이러한 과잉금지원칙의 적용하에 특별히 입법자가 법령규정을 통하여 특정 영역에 대한 규율을 직접 행한 경우에는(예컨대 주민의 권리 제한이나 의무부과에 관해 법령에 의해 규율한 경우), 당해 영역에 대한 별도의 조례에 의한 규율은 불가능하며 이러한 법령의 위임이 있는 경우에만 가능하다고 보아야 할 것이다. 그러나 입법자가 직접 규율하지 않아 법령에 의해 규정되지 않은 영역에 대해서는, 조례제정권이 원시적인 자주적 권리의 성질을 갖는 것이므로 법령의 위임이 없더라도 직접 스스로 규정할 수 있다고 보아야 할 것이다. 이는 당해 권리제한이나 의무부과가 지역적 관련성을 강하게 갖는 경우에 특히 해당한다고 볼 수 있다.

따라서 「지방자치법」 제28조 제1항 단서의 의미는, 지방자치단체가 갖는 조례제정권의 한계와 관련되는 규정으로서, 지방자치단체의 사무가 위임사무이든, 자치사무(고유사무)이든 특정영역에 대하여 법률유보의 원칙적용에 의해 법령이 직접 규율하고 있는 때에는, 조례가 독자적으로 규정하여 법령과 충돌되거나 경합되는 내용을 마련할 수 없다는 의미로 이해되어야 한다. 따라서 이때에는 이러한 법령의 위임을 받아서 대상영역에 대해 조례가 규율할 수 있으며, 법령에 의한 규율이 없는 때에만 지방자치단체가 법령의 위임이 없이도 직접 규율할 수 있다고 해석하여야 할 것이다. 다만 조례제정시에 상위 법령의 근거를 필요로 하는 경우에도 그 위임의 정도는 통상적인 행정입법의 경우와는 달리 개별적·구체적일 필요는 없고, 포괄적인 위임으로도 충분하다 할 것이다.15) 그리고 제28조 제1항 단서는 대상영역이 국민의 권리를 제한하거나 의무를 부과하는 내용인 때에 법률유보원칙의 의미를 가미해주는 의미를 가지지만, 여전히 제28조 제1항본문의 법률우위원칙의 적용을 기본전제로 하고 있음을 간과해서는 아니 된다. 판례도 차고지확보제도 조례안은 국민의 권리를 제한하고 주민에게 의무

---

15) 헌재 1995. 4. 20, 92헌마264, 279 병합(부천시 담배자동판매기 설치금지조례사건).

를 부과하는 것을 내용으로 한다는 점에서 법률의 위임이 있어야 하고, 이때의 위임
은 포괄적·일반적이어도 되지만, 차고지확보 대상을 자가용자동차 중 승차정원 16인
미만의 승합자동차와 적재정량 2.5t 미만의 화물자동차까지로 정하여 자동차운수사업
법령이 정한 기준보다 확대하고, 차고지확보 입증서류의 미제출을 자동차등록 거부사
유로 정하여 자동차관리법령이 정한 자동차 등록기준보다 더 높은 수준의 기준을 부
가하고 있는 차고지확보제도에 관한 조례안은 비록 그 법률적 위임근거는 있지만 그
내용이 차고지 확보기준 및 자동차등록기준에 관한 상위법령의 제한범위를 초과하여
무효라고 판시하였다.[16]

　이렇게 해석하는 경우에만 「지방자치법」 제28조 제1항 단서는 지방자치제의 제도
적 보장의 의미와 헌법 제117조 제1항 규정과의 관계에 있어서 합목적적인 결과를
가져오게 될 것이다. 따라서 「지방자치법」 제28조 제1항 단서는 이러한 해석에 의하
는 경우에 헌법합치적 해석이 가능하게 되므로 위헌의 문제는 제기되지 않는다고 보
아야 할 것이다. 판례도 같은 입장이다.

　[1] 헌법 제117조 제1항은 "지방자치단체는 주민의 복리에 관한 사무를 처리하고
재산을 관리하며, 법령의 범위 안에서 자치에 관한 규정을 제정할 수 있다"고 규정하
고 있고, 지방자치법 제15조는 이를 구체화하여 "지방자치단체는 법령의 범위 안에서
그 사무에 관하여 조례를 제정할 수 있다. 다만, 주민의 권리제한 또는 의무부과에
관한 사항이나 벌칙을 정할 때에는 법률의 위임이 있어야 한다"고 규정하고 있다. 이
사건 조례들은 담배소매업을 영위하는 주민들에게 자판기 설치를 제한하는 것을 내
용으로 하고 있으므로 주민의 직업선택의 자유 특히 직업수행의 자유를 제한하는 것
이 되어 지방자치법 제15조 단서 소정의 주민의 권리의무에 관한 사항을 규율하는
조례라고 할 수 있으므로 지방자치단체가 이러한 조례를 제정함에 있어서는 법률의
위임을 필요로 한다(헌재 1995.4.20, 92헌마264).

　[2] **구 지방자치법 제15조 단서의 위헌 여부**　지방자치법 제15조는 원칙적으로
헌법 제117조 제1항의 규정과 같이 지방자치단체의 자치입법권을 보장하면서, 그
단서에서 국민의 권리제한·의무부과에 관한 사항을 규정하는 조례의 중대성에 비추
어 입법정책적 고려에서 법률의 위임을 요구한다고 규정하고 있는바, 이는 기본권 제
한에 대하여 법률유보원칙을 선언한 헌법 제37조 제2항의 취지에 부합하므로 조례제
정에 있어서 위와 같은 경우에 법률의 위임근거를 요구하는 것이 위헌성이 있다고 할
수 없다(대판 1995.5.12, 94추28).

### 2) 조례에 의한 벌칙제정권의 문제

　㈎ **제34조 제1항의 의미**　「지방자치법」 제34조는 제1항에서 "지방자치단체는
조례를 위반한 행위에 대하여 조례로써 1천만원 이하의 과태료를 정할 수 있다"라고

---

16) 대판 1997.4.24, 96추251.

규정하고 있다. 이 조문은 1994년 3월 개정 이전의「지방자치법」제34조가 시·도가 아닌 기초지방자치단체인 시·군·자치구의 경우에는 조례에 의해 벌칙을 정할 수 없도록 하고 있었던 문제와, 벌칙의 한도만을 규정하고 있고 그 구성요건에 대해서는 규정하고 있지 않던 문제를 해결한 조문으로 평가되고 있다. 따라서 이제는 기초지방자치단체도 조례에 의해 과태료를 부과할 수 있게 된다.

(나) 과태료 이외의 벌칙제정권 문제    그러나 이 조문에 의해서 지방자치단체에게 조례위반행위에 대해 조례에 의해 과태료 이외의 벌칙을 제정할 수 있는 권리가 부정되는 것으로 이해하여야 하는가에 대해서는 검토가 필요하다. 생각건대「지방자치법」제34조 제 1 항의 규정은「지방자치법」제28조 제1항 단서와의 관계에서 고찰되어야 한다. 즉 제28조 제1항 단서가 "… 벌칙을 정할 때에는 법률의 위임이 있어야 한다"고 규정하고 있으므로, 앞에서 논한 바와 같이 지방자치단체는 법률이 규율하고 있는 사항에 대해서는 조례에 의하여 벌칙을 규정하지 못하고 법률의 위임을 받아야 한다. 이러한 점에서 조례는, 언제나 법률의 구체적인 범위를 정한 위임을 필요로 하는 행정입법의 경우와 다른 면을 갖는다고 볼 수 있다. 즉 지방자치단체의 조례가 통상적인 행정기관과는 달리 민주적 정당성을 갖는 지방의회에 의해서 제정되는 점에서 행정입법과의 차이가 인정될 수 있는 것이다. 따라서「지방자치법」제27조 제 1 항 규정에 관계없이 지방자치단체는 과태료 이외의 벌칙제정권을 갖는다고 본다. 이는 구성요건과 형벌의 한도에 대해서 모두 해당하므로, 법률이 이미 특정 구성요건에 관한 규정을 두고 있는 때에는 조례에 의한 규율에 있어서도 법률에 의한 수권조항이 필요하다고 보아야 할 것이다.

**조례 위반에 형벌을 가할 수 있도록 규정한 조례안이 지방자치법 및 헌법에 위반되는지 여부**    지방자치법 제15조 단서는 지방자치단체가 법령의 범위 안에서 그 사무에 관하여 조례를 제정하는 경우에 벌칙을 정할 때에는 법률의 위임이 있어야 한다고 규정하고 있는데, 불출석 등의 죄, 의회모욕죄, 위증 등의 죄에 관하여 형벌을 규정한 조례안에 관하여 법률에 의한 위임이 없었을 뿐만 아니라, 구 지방자치법(1994. 3. 16. 법률 제4741호로 개정되기 전의 것) 제20조가 조례에 의하여 3월 이하의 징역 등 형벌을 가할 수 있도록 규정하였으나 개정된 지방자치법 제20조는 형벌권을 삭제하여 지방자치단체는 조례로써 조례 위반에 대하여 1,000만원 이하의 과태료만을 부과할 수 있도록 규정하고 있으므로, 조례 위반에 형벌을 가할 수 있도록 규정한 조례안 규정들은 현행 지방자치법 제20조에 위반되고, 적법한 법률의 위임 없이 제정된 것이 되어 지방자치법 제15조 단서에 위반되고, 나아가 죄형법정주의를 선언한 헌법 제12조 제 1 항에도 위반된다(<sup>대판 1995.6.30.</sup><sub>93추83</sub>).

## 4. 조례의 제정절차

### (1) 조례안의 발의

조례안은 지방자치단체의 장 또는 재적의원 5분의 1 이상이나 10인 이상의 연서로 발의하여 의장에게 제출하여야 한다($^{제76}_{조}$). 시·도의회의 교육위원회에서 심사·의결할 조례안은 교육감도 제출할 수 있다($^{지방교육자치에관}_{한법률 제13조 1항}$).

### (2) 심의 및 의결

본회의나 위원회에서의 심의를 거쳐 본회의에서 의결된다. 의결정족수는 특별한 경우를 제외하고는 재적의원 과반수의 출석과 출석의원 과반수의 찬성이다($^{제73조}_{1항}$). 이때 새로운 재정부담을 수반하는 조례인 때에는 의결 전에 미리 지방자치단체장의 의견을 들어야 한다($^{제148}_{조}$).

### (3) 이송, 재의요구 및 공포

조례안이 의결된 경우에는 5일 이내 지방자치단체의 장에게 이송하여야 하며 ($^{제32조}_{1항}$) 이송받은 20일 이내에 지방자치단체장은 이를 공포하여야 한다($^{제32조}_{2항}$). 이송 받은 조례안에 이의가 있는 자치단체장은 이송받은 20일 이내에 이유를 붙여 지방의회로 환부하고 재의를 요구할 수 있다. 이때에는 일부환부나 수정환부는 인정되지 않는다($^{제32조}_{3항}$). 이때에 지방의회는 재의에 붙여야 하며 재적의원 과반수의 출석과 출석의원 3분의 2 이상의 찬성을 얻으면 그 조례안은 조례로서 확정된다($^{제32조}_{4항}$). 지방자치단체의 장이 이송받은 20일 이내에 공포하지 아니하거나 재의요구를 하지 아니할 때에도 그 조례안은 조례로서 확정된다($^{제32조}_{5항}$). 확정된 조례는 지방자치단체의 장이 지체 없이 공포하여야 한다. 조례가 확정된 후 또는 재의요구에 따른 확정조례가 지방자치단체의 장에게 이송된 후 5일 이내에 지방자치단체의 장이 공포하지 아니하면 지방의회의 의장이 이를 공포한다($^{제32조}_{6항}$). 이처럼 조례의 공포는 지방자치단체의 장이 원칙적으로 하나 예외적으로 지방의회의 의장이 공포할 수도 있으며, 지방자치단체의 장이 조례를 공포한 때에는 즉시 해당 지방의회의 의장에게 통지하여야 하고, 지방의회의 의장이 조례를 공포한 때에는 이를 즉시 해당 지방자치단체의 장에게 통지하여야 한다($^{제32조}_{7항}$). 조례는 특별한 규정이 없는 한 공포한 날로부터 20일이 경과하면 효력을 발생한다 ($^{제32조}_{8항}$). 조례의 공포는 조례의 효력발생요건으로서 지방자치단체의 공보나 일간신문에 게재 또는 게시판의 게시로써 한다($^{지방자치법 시행령}_{제30조 1항}$). 공포일의 기산은 조례를 게재한 공보나 신문이 발행된 날 또는 게시판에 게시된 날부터 한다($^{시행령}_{제31조}$).

### (4) 보고 및 승인

조례의 제정 또는 개폐안이 의결된 후 이송된 날로부터 5일 이내에 시·도지사는 행정자치부장관에게, 시장·군수 및 자치구의 구청장은 시·도지사에게 그 전문을 첨부하여 통보하여야 하고, 보고를 받은 행정자치부장관은 이를 관계 중앙행정기관의 장에게 통보하여야 한다($^{제35}_{조}$). 이는 감독기관의 조사활동을 돕는 작용을 하는 것이며 조례의 효력발생과는 무관하다.

그러나 법률의 규정에 의하여 승인이 유보된 일정한 조례안($^{예컨대\ 제7조\ 1항\ 및}_{지방세법\ 제9조의\ 경우}$)에 대해서는 사전에 승인이 있을 때까지는 효력을 발생하지 아니한다. 따라서 이때의 승인은 조례효력발생의 유효요건으로 인정된다.

> **지방자치단체가 과세면제조례를 제정할 때 내무부장관의 허가를 얻도록 한 지방세법 제 9 조의 규정이 헌법 제117조 제 1 항, 제118조에 위반되는지 여부(소극) 및 지방자치단체가 내무부장관의 허가를 얻지 아니하고 제정한 지방세 과세면제 등에 관한 조례의 효력(위법)**
>
> 지방세법 제 9 조에서 지방자치단체가 과세면제·불균일과세 또는 일부과세를 하고자 할 경우에 내무부장관의 허가를 받도록 한 취지는, 과세면제 등 제도의 무분별한 남용으로 국민의 조세부담의 불균형 또는 지방자치단체간의 지방세 과세체계에 혼란을 초래할 우려가 있을 뿐만 아니라 지방세법 본래의 취지에도 맞지 않는 결과가 발생할 수가 있고, 나아가 과세면제 등으로 인한 지방자치단체의 세수입의 손실을 지방교부세법에 의한 지방교부세의 배분에서 그 보충을 꾀하려 할 것이고 이 경우 과세면제 등으로 인한 세수입 손실의 결과는 결국 다른 지방자치단체의 지방교부세 감소라는 결과를 가져올 가능성도 있으므로, 이러한 불합리한 결과를 피하기 위하여 내무부장관이 지방자치단체의 과세면제 등 일정한 사항에 관한 조례제정에 한하여 사전 허가제도를 통하여 전국적으로 이를 통제·조정함으로써 건전한 지방세제를 확립하기 위하여 마련한 제도인 것으로 이해되고, 따라서 위 규정이 지방자치단체의 조례제정권의 본질적 내용을 침해하는 규정으로서 지방자치단체의 조례제정권을 규정한 헌법 제117조 제 1 항, 제118조에 위반되거나 지방자치법 제 9 조, 제35조 제 1 항 제 1 호와 저촉되는 규정이라고 할 수 없고 지방자치법 제15조의 규정에 의하면 지방자치단체는 법령의 범위 안에서 그 사무에 관하여 조례를 제정할 수 있는 것이므로, 지방자치단체가 내무부장관의 허가를 얻지 아니하고 지방세 과세면제 등에 관한 조례를 제정한 경우에는 지방자치법 제15조, 지방세법 제 9 조 위반으로 위법하여 그 효력이 없다($^{대판\ 1996.7.12,}_{96추22}$).

## 5. 조례의 효력과 하자

### (1) 조례의 효력

조례는 전술한 바와 같이 특별한 규정이 없는 한 공포일로부터 20일을 경과하면 효력을 발생한다($^{제32조}_{7항}$). 조례는 소급효가 통상적으로 인정되지 않으며, 그 효력은 법규적 효력을 갖는 경우에는 지역주민 및 법원까지 구속하는 효력을 가지나, 내부적 효력에 그치는 때에는 지방자치단체 내부에서만 효력을 갖게 된다.

### (2) 조례의 하자

조례는 내용상의 하자가 있을 때 뿐 아니라 절차상의 하자가 있을 때에도 위법으로서 무효가 된다. 내용상의 하자있는 조례로서는 그 대상이 기관위임사무인 경우를 들 수 있다. 이러한 조례는 지방자치단체 사무의 범위를 넘는 것을 그 규율대상으로 하므로($\frac{제13조}{1항 잘조}$) 무효가 된다.17)

그러나 절차상의 하자있는 조례에 입각하여 법률관계가 형성되어 있는 경우에 이를 전부 무효라고 하는 것은, 당사자가 잘 알 수 없는 내부적인 사유에 기인하여 무효를 인정하는 것으로서 법적 안정성에 반하는 문제를 내재하게 된다. 따라서 독일의 경우처럼 절차상의 하자가 있는 조례는 일정한 시간이 경과하면 더 이상 다투지 못하도록 하는 방안의 도입도 필요할 것이다.

## 6. 조례에 대한 통제

### (1) 지방자치단체의 장에 의한 통제

지방의회의 조례에 대해서는 지방자치단체장의 일반적인 통제수단이 인정된다. 따라서 조례의 내용이 법령에 위반되는 등의 사유가 있는 경우에는 지방자치단체의 장은 조례안에 대해 재의를 요구할 수 있고 재의를 통해 전과 같이 의결되면 조례안은 확정된다($\frac{제32조}{3항, 4항}$). 재의결된 조례안이 법령에 위반된다고 인정되는 때에는 지방자치단체의 장은 대법원에 소를 제기할 수 있다($\frac{제120조}{3항}$).

> 「지방자치법」제19조 제3항은 지방의회의 의결사항 중 하나인 조례안에 대하여 지방자치단체의 장에게 재의요구권을 폭넓게 인정한 것으로서 지방자치단체의 장의 재의요구권을 일반적으로 인정한 「지방자치법」제98조 제1항에 대한 특별규정이라고 할 것이므로, 지방자치단체의 장의 재의요구에도 불구하고 조례안이 원안대로 재의결되었을 때에는 지방자치단체의 장은 「지방자치법」제98조 제3항에 따라 그 재의결에 법령위반이 있음을 내세워 대법원에 제소할 수 있는 것이다($\frac{대판 1999.4.27,}{99추23}$).

### (2) 국가 또는 광역지방자치단체에 의한 통제

이는 국가 등의 행정기관에 의한 통제로서 조례가 법령에 위반되거나 공익에 현저히 반하는 경우에, 해당 지방자치단체의 장으로 하여금 이유를 붙여 지방의회에 대하여 재의를 요구하도록 하는 행위이다($\frac{제192조}{1항}$). 이때에 다시 동일한 내용이 의결되면

---

17) 대판 1992. 7. 28, 92추31.

종국적으로 조례가 확정되며, 이에 대해서는 지방자치단체의 장이나 주무부장관 등에 의한 대법원에의 소송제기가 인정되고 있다($\frac{제192조}{3항, 6항}$). 또한 조례가 법령에 위반된다고 판단하여 주무부장관 또는 시·도지사로부터 재의요구지시를 받은 지방자치단체의 장이 재의를 요구하지 않는 경우에는, 주무부장관 또는 시·도지사는 대법원에 직접 제소하는 방법으로 이를 통제할 수 있다($\frac{제192조}{7항}$).

### (3) 법원에 의한 통제

위법한 조례에 의한 권리침해를 받은 경우에 주민은 조례의 효력여부를 직접적으로 다투는 소송을 제기할 수는 없다. 이는 추상적인 규범통제 유형으로서 현행제도상 허용되고 있지 않기 때문이다. 이때에 당사자는 위법한 조례에 근거하여 발령된 처분의 취소나 무효를 주장함으로써 간접적으로 조례의 효력을 다툴 수밖에 없다.

[ 1 ] 무효인 서울특별시행정권한위임조례의 규정에 근거한 관리처분계획의 인가 등 처분은 결과적으로 적법한 위임 없이 권한 없는 자에 의하여 행하여진 것과 마찬가지가 되어 그 하자가 중대하나, 지방자치단체의 사무에 관한 조례와 규칙은 조례가 보다 상위규범이라고 할 수 있고, 또한 헌법 제107조 2항의 "규칙"에는 지방자치단체의 조례와 규칙이 모두 포함되는 등 이른바 규칙의 개념이 경우에 따라 상이하게 해석되는 점 등에 비추어 보면, 위 처분의 위임과정의 하자가 객관적으로 명백한 것이라고 할 수 없으므로 결국 당연무효 사유는 아니라고 봄이 상당하다 ($\frac{대판\ 1995.8.22,}{94누5694}$).

[ 2 ] **조례가 법률 등 상위법령에 위배된다고 하여 그 조례에 근거한 행정처분의 하자가 당연무효 사유에 해당하는지 여부(원칙적 소극)** 하자 있는 행정처분이 당연무효로 되려면 그 하자가 법규의 중요한 부분을 위반한 중대한 것이어야 할 뿐 아니라 객관적으로 명백한 것이어야 하므로, 행정청이 위법하여 무효인 조례를 적용하여 한 행정처분이 당연무효로 되려면 그 규정이 행정처분의 중요한 부분에 관한 것이어서 결과적으로 그에 따른 행정처분의 중요한 부분에 하자가 있는 것으로 귀착되고, 또한 그 규정의 위법성이 객관적으로 명백하여 그에 따른 행정처분의 하자가 객관적으로 명백한 것으로 귀착되어야 하는 바, 일반적으로 조례가 법률 등 상위법령에 위배된다는 사정은 그 조례의 규정을 위법하여 무효라고 선언한 대법원의 판결이 선고되지 아니한 상태에서는 그 조례 규정의 위법 여부가 해석상 다툼의 여지가 없을 정도로 명백하였다고 인정되지 아니하는 이상 객관적으로 명백한 것이라 할 수 없으므로, 이러한 조례에 근거한 행정처분의 하자는 취소사유에 해당할 뿐 무효사유가 된다고 볼 수는 없다(변상금연체료 부과처분의 근거인 '서울특별시 공유재산 관리 조례'의 관련 규정이 지방재정법 등 상위법령의 위임이 없어 효력이 없는지 여부가 해석상 다툼의 여지가 없을 정도로 객관적으로 명백하다고 할 수 없으므로, 위 부과처분이 당연무효에 해당한다고 판단한 원심판결을 파기한 사례)($\frac{대판\ 2009.10.29,}{2007두26285}$).

따라서 위법인 조례는 당해 사건에 한하여 적용이 배제되는 것이며, 당해 조례의 일반적 효력을 부인하는 무효를 선언할 수는 없게 된다. 판례에 의하면 조례의 일부 내용에 위법성이 존재하더라도 일부무효는 인정되지 않으며, 조례 전체의 무효가 인정되고 있다.[18]

# 제 2 절   지방자치단체의 집행기관

지방자치단체의 주요한 집행기관으로는 지방자치단체의 장과 그 소속기관 이외에 교육감이 있다.

## Ⅰ. 지방자치단체의 장

지방자치단체의 장은 주민의 직접선거에 의하여 선출되며, 그 임기는 4년으로 하되, 계속 재임은 3기에 한하여 허용된다($^{제108}_{조 1항}$).

### 1. 법적 지위 및 권한

#### (1) 지방자치단체의 대표기관

지방자치단체의 장은 당해 지방자치단체를 대표한다($^{제114}_{조}$). 대표기관으로서의 지위는 지방의회도 갖는 것이나, 지방의회는 지역주민의 대표로서 내부적인 의사형성을 위한 대표성에 관련되는 것인 데 반하여, 자치단체의 장은 외부적으로 대표하기 위한 것이다. 따라서 법률행위에 있어서 지방자치단체를 위하여 의사표시를 할 수 있는 권한을 갖게 된다. 이로 인해 지방자치단체의 장이 지방자치단체의 이익을 보호하기 위하여 외부적 행위를 하여야 함에 불구하고 하지 않는 경우에도, 지방의회는 스스로 이를 대신하여 외부적 행위를 할 수 없게 된다.

대표행위의 효과는 지방자치단체에게 이익이 되는 경우뿐 아니라 손실이 되는 경우도 포함하게 된다. 지방자치단체의 장이 당해 지방자치단체의 사무범위를 넘는 법률행위를 한 경우에는 권한 외의 의사표시를 한 것이므로, 그 효과는 당해 지방자치단체에게 귀속하지 아니하고 무효라고 보아야 한다. 그러나 내부적인 의결기관의 의사와 외부적인 지방자치단체장의 대표행위가 서로 일치하지 않는 경우에는 법적 안정성을 위하여 그 의사표시는 유효한 것으로 보게 되며, 이에 따라 그 법률효과도 지방자치단체에게 귀속한다고 보아야 한다.[19]

---

18) 대판 2001. 11. 27, 2001추57.

### (2) 자치행정사무의 통할기관

지방자치단체장은 지방자치단체의 사무를 통할한다($^{제114}_{조}$). 따라서 자치단체장은 자치행정에 있어서 최고의 행정관청이 된다. 이러한 지위에서 다음의 권한을 갖는다.

#### 1) 사무의 관리집행권

지방자치단체의 장은 당해 지방자치단체의 사무($^{즉,자치}_{사무}$)와 법령에 의하여 그 지방자치단체의 장에게 위임된 사무($^{즉,위임}_{사무}$)를 관리하고 집행한다($^{제116}_{조}$).

#### 2) 소속직원에 대한 감독권 및 임면권

지방자치단체의 장은 소속 직원을 지휘·감독하고 법령과 조례·규칙이 정하는 바에 따라 그 임면·교육훈련·복무·징계에 관한 사항을 처리한다($^{제118}_{조}$). 또한 지방의회의 사무직원에 대한 임명권도 갖는다($^{제103}_{조 2항}$).

#### 3) 하부 행정기관에 대한 권한

당해 지방자치단체에 속하는 하부행정기관에 대해서 임명권($^{제132}_{조}$)과 감독권을 행사할 수 있다($^{제133}_{조}$).

#### 4) 재정에 관한 권한

지방자치단체장은 채권발행과 채무부담 등의 행위를 할 수 있고($^{제139}_{조}$), 예산 및 결산에 관한 권한을 행사한다($^{제142조}_{이하}$).

#### 5) 규칙제정권

(개 의 의　　지방자치단체의 장은 법령이나 조례가 위임한 범위 안에서 그 권한에 속하는 사무에 관하여 규칙을 제정할 수 있다($^{제29}_{조}$). 따라서 규칙제정권은 법령이나 조례의 개별적·구체적 위임이 있는 경우에 한정된다. 이때의 위임에 있어서는 내용·목적·범위를 명확히 정하여 위임하여야 하며, 일반적인 위임은 인정되지 않는다.

(내 규칙의 규율대상　　규칙의 규율대상은 법령이나 조례위임내용에 따른다. 따라서 자치사무와 위임사무 모두 가능하며, 벌칙에 관한 사항도 가능하다. 따라서 동일한 사항에 대하여 조례와 규칙이 병립할 수 있으며, 내용상 서로 모순되지 않으면 모두 유효하나 서로 충돌되는 경우에는 조례가 우선한다고 보아야 할 것이다.

(다 규칙제정절차　　지방자치단체의 장이 제정권한을 가지며, 그 대상이 교육규칙인 때에는 교육감이 제정한다($^{지방교육자치에관한}_{법률 제25조 1항}$). 규칙은 공포예정 15일 전에 감독관청에 보고를 하여야 하며($^{제35}_{조}$), 규칙의 공포절차와 효력발생은 조례의 경우와 같다($^{제32조}_{7항}$). 따라서 특별한 규정이 없는 한, 공포한 날로부터 20일을 경과함으로써 그 효력을 발생하게 된다.

(라 한 계　　규칙도 그 내용에 있어서 상위법령에 위반될 수 없다. 따라서 법률과 시행령에 위반해서는 안 된다. 그러나 시·군·구의 규칙을 시·도의 조례나 규칙에 위반할 수 없도록 하는 「지방자치법」 제30조는 기초지방자치단체가 갖는 독립적인 지

---

19) 이기우, 앞의 책, 193면.

위에 비추어 지나치게 행정적인 감독의 편의를 위해 기초지방자치단체의 규칙제정권을 제한하는 것으로서 문제가 있다고 보여진다.

### 6) 주민투표부의권

지방자치단체의 장은 주민에게 과도한 부담을 주거나 중대한 영향을 미치는 지방자치단체의 주요 결정사항 등에 대하여 주민투표에 붙일 수 있다. 이에 관한 구체적인 사항은 「주민투표법」으로 정한다($\frac{제18}{조}$).

### (3) 기초지방자치단체에 대한 감독기관

시・도지사는 시・도에서 위임한 사무의 처리와 관련하여 시・군・자치구를 지도・감독한다($\frac{제185}{조}$). 또한 자치사무의 적법성통제와 위임사무처리를 감독하기 위해 시・군・자치구에 대해 시정명령권, 취소・정지권의 행사($\frac{제188조}{1항}$), 자치사무에 대한 감사($\frac{제190}{조}$), 지방의회의결에 대한 재의요구 및 제소권행사 등의 통제권을 행사한다($\frac{제192}{조}$). 또한 시・군・자치구의 장이 위임사무의 관리나 집행을 명백히 해태하고 있는 경우에 직무이행명령을 발하고($\frac{제189조}{1항}$), 불이행시에 대집행을 할 수 있다($\frac{제189조}{2항}$).

### (4) 국가행정기관

지방자치단체의 장은 통상적으로는 지방자치단체의 기관이지만, 예외적으로 자치단체의 장이 법령의 위임에 의하여 국가사무를 수행하게 되는 경우에는 이러한 사무수행에 관한 한 국가행정기관으로서의 지위를 갖게 된다. 따라서 기관위임사무의 처리에 있어서는($\frac{예컨대 공유수면매립법 제40조와 동법 시행령 제40}{조에 근거한 도지사가 행하는 공유수면매립처분}$) 자치단체장은 국가기관이 된다. 또한 시・군・자치구에서 수행하는 국가사무인 단체위임사무나 기관위임사무에 대하여 시・도지사는 국가기관으로서의 지위에서 지도・감독권을 행사한다($\frac{제185조}{1항}$).

### (5) 지방의회의 견제기관

지방자치단체의 장은 지방의회의 견제기관으로서 다음의 견제권한을 행사한다.
### 1) 재의요구권

지방자치단체의 장은 지방의회의 의결에 대하여 법령위반 등을 이유로 하여 다시 심의하여 줄 것을 요구할 수 있다. 이는 그 대상에 따라 조례안($\frac{제32조}{3항}$), 조례안을 포함하는 지방의회의 의결($\frac{제120조}{1항}$)과, 예산상 집행불가능한 의결($\frac{제121}{조}$)로 나눌 수 있다. 이와는 달리 국가 등의 감독기관의 지시에 따른 재의요구($\frac{제192조}{1항}$)는 실질에 있어서 지방자치단체장에 의한 견제권행사가 아니라, 감독기관이 행하는 통제권행사로 파악되어야 할 것이다.

### 2) 선결처분권

지방자치단체의 장은 예외적인 긴급상황에서는 지방의회의 의결을 거치지 않고 스스로 처분권을 행사할 수 있다(제122조 1항).20) 이러한 긴급상황은 엄격하게 판단되어야 하며, ㉠ 지방의회가 성립되지 아니한 때(즉 의원의 구속 등의 사유로 제64조의 규정에 의한 의결정족수에 미달하게 된 때를 의미), ㉡ 지방의회의 의결사항에 속하는 것으로서 주민의 생명과 재산보호를 위하여 긴급하게 필요한 사항일 것, ㉢ 지방의회를 소집할 시간적 여유가 없거나 또는 지방의회에서 의결이 지체되어 의결되지 않을 것의 요건이 요구된다. 이러한 선결처분은 지체 없이 지방의회에 보고하여 승인을 얻어야 하며(제122조 2항), 승인을 얻지 못하면 선결처분은 그때부터 효력을 상실하게 된다(제122조 3항). 지방자치단체의 장은 지체 없이 이러한 사항을 공고하여야 한다(제122조 4항).

## Ⅱ. 보조기관

### 1. 부지방자치단체의 장

#### (1) 선임절차

지방자치단체에는 특별시·광역시 및 특별자치시에 부시장, 도와 특별자치도에 부지사, 시에 부시장, 군에 부군수, 자치구에 부구청장을 둔다(제123조 1항). 부지방자치단체의 장은 지방자치단체마다 그 정수에 있어서 차이를 나타낸다. 즉 ㉠ 특별시의 부시장은 3인을 초과하지 않는 범위 안에서 대통령령으로 정하고, ㉡ 광역시와 특별자치시의 부시장 및 도와 특별자치도의 부지사는 2인을 초과하지 않는 범위 안에서 대통령령으로 정하며(이때 인구가 800만 이상인 경우는 3인까지 둘 수 있음), ㉢ 시의 부시장, 군의 부군수 및 자치구의 부구청장은 1인으로 한다(제123조 1항 1호에서 3호).21)

이때에 광역지방자치단체의 부시장이나 부지사는 원칙적으로 대통령령이 정하는 바에 따라 정무직 또는 일반직 국가공무원으로 보하며, 예외적으로 2인 이상을 두는 경우에는 그 중 1인은 대통령령으로 정하는 바에 의하여 정무직, 일반직 또는 별정직 지방공무원으로 보하게 된다(제123조 2항). 이때에 국가공무원으로 보하는 부시장이나 부지사는 시·도지사의 제청으로 행정자치부장관을 거쳐 대통령이 임명한다(동조 제3항). 기초지방자치단체의 경우에는 일반직 지방공무원으로 보하되, 시장·군수·구청장이 임명한다(제4항).

---

20) 교육과 학예에 관한 사항에 대해서는 교육감이 「지방교육자치에 관한 법률」 제29조에 따라 선결처분권을 행사한다.

21) 「지방자치법 시행령」 제73조 제 1 항에 의하면, 특별시는 3인, 광역시·도는 2인으로(인구 800만 이상인 광역시 및 도의 경우는 3인) 규정하고 있다.

### (2) 권　　한

부지방자치단체의 장은 지방자치단체의 장을 보좌하여 사무를 총괄하고, 소속직원을 지휘·감독한다($^{제123조}_{5항}$). 또한 부단체장은 지방자치단체의 장이 궐위 또는 공소제기후 구금상태 등에 있는 경우, 의료기관에 60일 이상 계속하여 입원한 경우, 지방자치단체의 장 선거시 입후보하는 경우에는 권한을 대행하고, 일시적인 사유로 직무를 수행할 수 없는 사정이 발생한 때에는 그 직무를 대리하게 된다($^{제124}_{조}$).

### (3) 문 제 점

제123조 제 3 항의 경우에 광역지방자치단체의 부지방자치단체의 장을 국가공무원으로 하고, 그 선임을 대통령에 맡겨두는 것은 지방자치단체의 인사고권에 대한 중대한 침해로서 평가되어야 한다. 특히 부지방자치단체의 장은 지방자치단체의 장이 유고시에 그 직무를 대리하는 권한을 갖는다는 점에서 볼 때에, 지방주민으로부터 정당성을 부여받지 못한 방법으로 임명되는 기관이 대표기관으로서 역할을 한다는 것은 인용되기 어려울 것이다.

## 2. 행정기구 및 공무원

### (1) 행정기구

지방자치단체는 그 사무를 분장하기 위하여 필요한 행정기구와 지방공무원을 두며, 행정기구의 설치와 지방공무원의 정원은 인건비 등 대통령령이 정하는 기준에 따라 당해 지방자치단체의 조례로 정한다($^{제125조}_{2항}$).

### (2) 지방공무원 및 국가공무원

지방자치제의 취지에 따라 지방자치단체에는 국가공무원이 아닌 지방공무원이 행정사무를 처리하게 되며, 이러한 지방공무원의 임용과 시험·자격·보수·복무·신분보장·징계·교육훈련 등에 관하여는 따로 법률로 정한다($^{제125조}_{4항}$). 그러나 「지방자치법」은 지방자치단체에 법률이 정하는 바에 의하여 국가공무원을 둘 수 있으며($^{제125조}_{5항}$), 이러한 국가공무원은 「국가공무원법」의 규정에도 불구하고, 5급 이상의 국가공무원은 당해 지방자치단체의 장의 제청으로 소속장관을 거쳐 대통령이 임명하고, 6급 이하의 국가공무원은 당해 지방자치단체의 장의 제청으로 소속장관이 임명한다($^{제125조}_{6항}$). 지방자치단체에 지방자치단체 장의 제청권이 인정된다고 하여도 실질적 임용권이 국가에 존재하는 국가공무원이 업무를 처리하는 것은 지방자치제의 취지에 부합하지 않는다고 할 것이다.

# 제 3 절 교육과 학예를 위한 기관

## Ⅰ. 개 관

지방자치단체는 일반적인 행정사무를 수행하기 위한 기관 이외에도 교육, 과학 및 체육에 관한 사무를 수행하기 위하여 별도의 기관을 두게 된다. 이에 관한 사무는 행정사무와는 구별되는 특성을 가지게 되므로 교육자치라고 하며, 이에 관해서는 독자적으로 이를 규율하는 별도의 법률을 필요로 하게 된다(제135조 제2항). 이에 따라 제정된 법률이 「지방교육자치에 관한 법률」이다(이하에서의 조문 표기는 동법에 의한 것임). 동 법률에 따르면 우리나라에서의 교육자치는 광역지방자치단체에서만 인정되고 있으며(제2조), 이를 수행하기 위한 집행기관으로서 교육감을 두고 있다.

## Ⅱ. 의결기관의 변화

역사적으로 우리나라에서는 교육자치제도와 지방자치제도가 분리해서 시작되어 시행되어 옴에 따라 교육·학예사무에 관한 의결기관으로서 지방의회와 구별하여 '교육위원회'를 두고 교육위원을 지방의원과 분리해서 선출해 왔다.

그러나 2014년 6월을 기점으로 「지방교육자치에 관한 법률」 부칙에 따라 별도 의결기관으로서의 교육위원회 관련 규정은 사문화되어 효력을 상실하게 되었고, 실무상 교육위원회는 지방의회의 상임위 차원으로만 운영되게 되었다. 다만, 「제주특별자치도 설치 및 국제자유도시 조성을 위한 특별법」에 의해 제주도에서만 교육의원을 선출하고 있다.

그러나 교육위원회 관련 본문규정이 계속 남아 있음에 따라, 해당 조항을 부칙과 함께 보지 않으면 교육위원회 및 교육위원이 계속 존재하는 것처럼 보여 국민들이 혼란스러울 수 있으므로, 2016년 12월 13일 「지방교육자치에 관한 법률」 일부개정을 통해 해당 규정들을 삭제하여 법체계와 실무를 명확히 일치시켰다. 그에 따라 교육자치에 관한 의결기관은 지방의회가 수행하는 것으로 되었고, 종래의 '교육위원'이라는 명칭도 '교육의원'으로 변경되었음을 유의하여야 한다.

## Ⅲ. 교 육 감

### 1. 법적 지위

교육감은 지방자치단체의 교육·학예사무에 관한 외부적 대표기관 및 집행기관으로서의 지위를 갖는다. 교육감은 시·도에 둔다($_{조}^{제18}$).

### 2. 선임절차

교육감은 주민의 보통·평등·직접·비밀선거에 따라 선출하며, 정당은 교육감선거에 후보자를 추천할 수 없다($_{46조}^{제43·}$). 교육감은 교육경력 또는 교육공무원으로서의 교육행정경력이 3년 이상 있거나 양 경력을 합하여 3년 이상 있는 자이어야 한다($_{제2항}^{제24조}$). 교육감의 임기는 4년으로 하며, 계속 재임은 3기에 한한다($_{조}^{제21}$).

### 3. 권      한

#### (1) 교육·학예사무의 집행권

교육감은 교육·학예사무에 관한 포괄적인 사무집행권을 갖는다. 제20조는 사무의 내용에 관해 규정하고 있으나, 이는 포괄적인 사무집행권에 비추어 예시적인 것으로 이해되어야 한다. 이러한 사무집행을 위해 교육감은 법령이나 조례의 범위 안에서 교육규칙을 제정할 수 있는 권한을 가지며($_{제1항}^{제25조}$), 소속공무원에 대한 인사 및 감독권($_{조}^{제27}$), 교육기관을 설치할 수 있는 권한 등을 갖는다($_{조}^{제32}$).

#### (2) 위임사무처리권한

국가행정사무 중 시·도에 위임하여 시행하는 사무로서 교육·학예에 관한 사무는, 법령에 다른 규정이 없는 한 교육감에게 위임하여 처리하게 된다($_{조}^{제19}$). 이때에 교육감은 국가의 행정기관으로서의 지위를 갖게 된다.

#### (3) 시·도의회와 교육위원회에 대한 견제권한

교육감은 교육·학예에 관한 집행기관으로서의 지위를 가지므로, 이에 관한 사무를 의결하는 기관의 잘못된 결정에 대한 견제기관으로서의 권한을 행사할 수 있다.

##### 1) 재의요구권

교육감은 교육·학예에 관한 시·도의회의 의결이 법령에 위반되거나 공익을 저해한다고 판단될 때에는, 이송받은 날로부터 20일 이내에 이유를 붙여 스스로 또는 교육부장관의 요청에 의하여 재의를 요구하게 된다($_{1항}^{제28조}$). 이러한 재의요구에 대해 재의결된 경우에는 스스로 또는 교육부장관의 요청에 의하여 대법원에 제소하게 된다

$\binom{제28조}{3항, 5항}$.

## 2) 선결처분권

교육감은 ㉠ 시·도의회가 성립되지 아니한 때 또는 ㉡ 시·도의회 의결사항 중학생의 안전과 교육기관 등의 재산보호를 위하여 긴급하게 필요한 사항으로서, 시·도의회가 소집될 시간적 여유가 없는 때 또는 의결이 지체되어 의결되지 아니한 때에는 스스로 선결처분할 수 있다($\binom{제29조}{1항}$).

# Ⅳ. 그 밖의 교육행정기관

## 1. 보조기관

교육감을 보조하는 기관으로서 부교육감이 있다. 이는 국가공무원으로 하고 있으며, 시·도교육감의 추천, 교육부장관의 제청과 국무총리를 거쳐 대통령이 임명하고 있다($\binom{제30조}{2항}$). 그 밖의 필요한 보조기관에 대해서는 대통령이 정하는 범위 안에서 시·도의 조례로 정하도록 하고 있다($\binom{제30조}{5항}$).

## 2. 교육기관

교육감은 소관사무의 범위 안에서 필요한 때에는 대통령령 또는 당해 시·도의 조례가 정하는 바에 의하여 교육기관을 설치할 수 있다($\binom{제32}{조}$).

## 3. 하급교육행정기관

시·도의 교육과 학예에 관한 사무를 분장하게 하기 위하여, 1개 또는 2개 이상의 시·군 및 자치구를 관할구역으로 하는 하급교육행정기관으로서 지역 교육청을 둔다($\binom{제34조}{1항}$). 지역 교육청에는 교육장을 두고 장학관으로 보한다($\binom{제34조}{3항}$).

# 제 **4** 장   지방자치단체 상호간의 관계

지방자치단체는 서로 대등한 지위를 갖는 독립한 법인으로서의 지위를 갖는다. 따라서 입법자는 이러한 독립된 지위를 보장하는 내용으로 「지방자치법」을 구체화하여야 한다. 그러나 다른 한편 지방자치단체는 이러한 독립성으로 인해 서로 갈등관계에 놓일 수 있으며, 분쟁이 생길 수 있게 된다. 따라서 이러한 지방자치단체 상호간의 법적 분쟁을 해결하고, 협력관계를 유지할 수 있도록 제도적 장치를 마련할 필요가 존재하게 된다.

## 제 1 절   협력관계의 보장

## I. 개    관

지방자치단체는 다른 지방자치단체로부터 사무의 공동처리에 관한 요청이나, 사무처리에 관한 협의·조정·승인 또는 지원의 요청이 있는 경우에 법령의 범위 안에서 이에 협력하여야 한다(제164조 1항). 협력관계의 구체적 유형은 다양하게 나타날 수 있으나, 지방자치법은 사무의 위탁, 행정협의회, 지방자치단체조합의 방법을 규정하고 있다.

## 1. 협력에 의한 사무처리제도의 필요성

오늘날 지방자치가 수행하여야 하는 사무는 행정수요의 증대에 따라 점점 증가하고 있다. 이에 따라 지방자치단체는 행정사무능력이나 재정능력을 점차 강화할 필요를 느끼게 된다. 그러나 오늘날 중요시되고 있는 급부행정이나 생존배려를 위한 사무는 그 내용이나 소요비용에 비추어 보아, 개별 지방자치단체가 혼자서 수행하기에는 재정능력이나 경제성면에서 적절하지 않으며, 오히려 공통된 이해관계를 갖는 지방자치단체와 협력하여 처리할 필요성을 제기하게 한다. 특히 상수원공급이나 폐기물처리·하수도처리·학교건설 등의 사무는 지방자치단체가 혼자 수행하기에는 재정적으로 큰 부담이 되는 것이 사실이다. 이때에 지방자치단체가 이러한 사무를 혼자 수행하려고 한다면 경우에 따라서는 재정적으로 채무를 부담하게 되어 재정상 문제가 발생하게 되고, 이러한 비용지출로 인하여 지방자치단체의 다른 재정적 수요를 충족하지 못하게 되는 문제도 발생하게 된다. 설령 지방자치단체가 재정능력이 되어 이러한 사무를 수행한다고 하더라도 이는 경우에 따라서는 매우 비경제적인 운영이 될 수도 있게 된다. 따라서 이러한 재정적·행정적 규모가 큰 사무는 관련된 지방자치단체들이 공동으로 수행하게 되면 재정능력이나 행정력의 결함이 보완될 수 있게 될 것이다. 지방자치단체의 공동협력제도는 이러한 필요성에 기인한 것이다.

## 2. 협력에 의한 사무처리제도의 법리

### (1) 제도의 헌법적 기초

지방자치단체의 공동협력제도가 헌법적으로 보장되고 있는가의 문제는 중요한 문제로서 평가된다. 우선 이 제도가 헌법적으로 평가되기 위하여는 협력제도에 의하여 만들어지는 새로운 단체에게 헌법 제117조 제1항에 의하여 보장된 자치행정권이 부여될 것이 필요로 된다. 이는 주로 독립한 법인성을 갖는 지방자치단체조합의 경우가 논의의 대상이 될 수 있다. 이에 대해서는 논란이 있을 수 있으나, 헌법적으로 보장되고 있는 지방자치단체의 자치행정수행의 제도적 보장은 오늘날 역사적으로 전해 내려 온 정적인 내용만으로는 이해되지 않으며, 시대의 변화에 따라서 추가된 목록까지 확장하여 이해하는 동적 고찰방법이 일반적인 추세이다. 따라서 지방자치단체에게 주어진 자치행정권이 실질적으로 재정능력이나 행정력에 비추어 다른 지방자치단체 간의 공동협력제도에 의하여만 구현할 수 있는 경우에는 이러한 사무수행을 위한 공동협력제도도 실질적으로는 자치행정권 행사의 한 유형으로 포섭할 필요가 있다고 본인다. 이와 같이 보장되는 지방자치단체간의 공동협력체의 헌법적 보장범위는 소수의 지방자치단체가 참여한 작은 규모의 경우일 수도 있고, 여러 지방자치단체가 참여하고 규모가 큰 경우도 존재하게 된다. 최근의 경향은 개별적인 특별한 사무를 규모가 큰 지방자치단체 조합들이 수행하는 것이 일반적인 현상이다(이에 해당하는 것으로서는 수자원조달, 에너지조달사무 등이 있다.).

### (2) 다른 헌법적 원리와의 관계

지방자치단체의 협력제도가 헌법에 의하여 보장되는 것으로 이해된다면, 다음에는 이러한 공동협력체에 대해 보장되는 헌법적 보장의 한계가 문제로 제기된다. 이때에도 유의할 사실은 공동협력체는 기존 헌법적 원리에 반하여서는 안 된다는 점이다.

이때에는 특히 민주주의원리와의 조화가 문제로 된다. 따라서 민주주의원리와 조화되기 위하여 공동협력체에 대한 개개 지방자치단체의 사무의 위임은 주민이 선출한 지방자치단체의 대표기관에 의한 통제가 배제될 정도로 행해져서는 안 된다.

또한 지방자치단체의 협력제도는 개별적인 사무에 한정되어야 하며, 이러한 형태는 예외적인 형태로서만 허용되어야 할 것이다. 따라서 이러한 공동협력제도는 지방자치단체에 의한 사무수행에 있어서 통상적인 형태가 되어서는 안 될 것이다. 이러한 시각에서 볼 때에 다양한 지방자치단체간의 협력제도에 대해 사전적으로 감독관청에 의한 허가나 인가를 받도록 요구하는 것은 법적으로 문제될 것이 없다고 평가된다.

## Ⅱ. 협력관계의 방식

### 1. 사무의 위탁

지방자치단체 또는 그 장은 소관사무의 일부를 다른 지방자치단체 또는 그 장에게 위탁하여 처리하게 할 수 있다(제168조 1항). 사무를 위탁하고자 하는 경우에는 관계 지방자치단체와의 협의에 따라 규약을 정하여 이를 고시하여야 한다(동조 제2항). 이때에 위탁된 사무의 관리 및 처리에 관한 조례 또는 규칙은 규약에 달리 정하여진 경우를 제외하고는 사무를 위탁받은 지방자치단체에 대하여도 적용된다(제5항). 사무위탁의 변경이나 해지시에는 관계 지방자치단체 또는 그 장과의 협의를 거쳐 이를 고시하여야 한다(제4항).

### 2. 행정협의회

#### (1) 법적 지위

지방자치단체가 수행하고자 하는 사무가 두 개 이상의 지방자치단체에 관련되는 경우에 공동으로 사무를 처리하기 위하여 설립하는 임의적 기구가 행정협의회이다(제169조 1항). 따라서 그 설립은 지방자치단체 상호간의 협의에 의해 결정되는 임의적인 것이지만, 공동적인 사무처리를 위한 기구이므로 협의회에서 결정한 사항에 대해서는 이를 처리하여야 할 법적 의무가 발생하고, 협의회가 수행하는 사무의 효력은 관련되는 지방자치단체에게 귀속되게 된다. 예외적으로 공익상 필요한 경우에는 행정안전부장관 또는 시·도지사는 관계 지방자치단체에 대하여 협의회의 구성을 권고할 수 있다(제169조 3항).

### (2) 구성절차

구성을 위해서는 관계 지방자치단체 사이에 협의를 거쳐 규약을 정하고, 이에 관한 지방의회의 의결을 거친 다음 고시하는 절차를 거치게 된다(제169조 2항). 협의회가 구성된 경우에 시·도가 구성원인 경우에는 행정안전부장관과 관계 중앙행정기관의 장에게, 구성원이 시·군·자치구인 경우에는 시·도지사에게 이를 보고하여야 한다(제169조 1항).

### (3) 업무수행방식

협의회는 회장과 위원으로 구성되고(제170조 1항), 업무수행은 합의에 의해 결정되며, 사무를 처리하기 위하여 필요한 경우에 관계 지방자치단체의 장에 대하여 자료의 제출, 의견의 개진 기타 필요한 협조를 요구할 수 있다(제172조). 협의회가 처리하는 사무, 업무수행에 관해 필요한 경비, 운영에 관한 사항 등은 협의회의 규약에서 정하게 된다(제171조). 예외적으로 협의회에서 합의가 이루어지지 아니하는 경우에는 관계 지방자치단체의 장은 행정안전부장관이나 시·도지사에게 조정을 요청할 수 있다(제173조 1항). 이러한 조정의 요청을 받은 행정안전부장관이나 시·도지사는 자신의 소속하에 설치된 지방자치단체분쟁조정위원회의 심의를 거쳐(제166조 1항) 조정하게 된다.

### (4) 법적 효력

협의회를 구성한 관계 지방자치단체는 협의회가 결정한 사항이 있는 경우에는 이에 따라 사무를 처리하여야 한다(제174조 1항). 그리고 행정안전부장관이나 시·도지사가 조정한 사항에 대하여 통보를 받은 지방자치단체의 장은 그 조정결정사항을 이행할 의무를 지게 된다(제174조 2항; 제165조 4항). 협의회가 관계 지방자치단체 또는 그 장의 명의로 행한 사무의 처리는 관계 지방자치단체 또는 그 장에게 그 효과가 귀속된다(제174조 3항).

## 3. 지방자치단체조합

### (1) 법적 지위

두 개 이상의 지방자치단체가 사무를 공동으로 처리하기 위하여 임의로 설립하는 조합을 지방자치단체조합이라고 한다. 지방자치단체간의 협력기구라는 점에서는 행정협의회와 동일하나, 지방자치단체조합은 법인의 지위를 가지는 점에서(제176조 2항) 행정협의회와 서로 구별된다. 그러나 일반적인 지방자치단체와는 달리 그 구성원은 주민이 아니라 지방자치단체가 된다.

### (2) 설립절차

조합의 설립여부는 원칙적으로 임의적이다. 이때에 두 개 이상의 지방자치단체가 규약을 정하여 지방의회의 의결을 거쳐, 시·도는 행정안전부장관의, 시·군 및 자치구는 시·도지사의 승인을 얻어, 조합의 구성원인 시·군 및 자치구가 두 개 이상의 시·도에 걸치는 조합은 행정안전부장관의 승인을 얻어 설립할 수 있다($^{제176조}_{1항}$).

### (3) 조합의 운영

지방자치단체조합은 내부적 의결기관으로서 조합회의를 두고, 외부적 대표기관으로서 조합장을 둔다. 조합회의는 조합의 중요사무를 심의·의결하는 권한($^{제178조}_{1항}$)과, 조합이 제공하는 역무 등에 대한 사용료·수수료 또는 분담금을 결정할 수 있는 권한($^{제178조}_{2항}$)을 갖는다. 조합장은 조합을 대표하며, 조합의 사무를 통할하는 권한을 갖는다($^{제178조}_{3항}$). 조합의 운영에 관해 필요한 사항은 조합의 규약에 의해 정하게 된다($^{제179}_{조}$).

### (4) 조합에 대한 감독

행정안전부장관은 시·도가 구성원인 조합이나, 구성원인 시·군 및 자치구가 2개 이상의 시·도에 걸치는 조합에 대하여 지도·감독할 수 있는 권한을 가지며, 시·군 및 자치구가 구성원인 조합에 대해서는 1차로 시·도지사가, 2차로 행정안전부장관이 지도·감독권을 행사한다($^{제180조}_{1항}$). 또한 행정안전부장관은 공익상 필요한 경우에는 조합의 해산이나 규약의 변경을 명할 수 있다($^{제180조}_{2항}$).

## Ⅲ. 독일의 입법례

독일법제상 인정되고 있는 공동협력제도의 유형으로서는, 사무협의회(Arbeitsgemeinschaft), 목적합의체(Zweckvereinbarung), 목적조합(Zweckverband), 행정협의회(Verwaltungsgemeinschaft)의 네 가지 유형을 들 수 있다.

이 가운데서 행정협의회는 다른 유형과는 달리 원칙적으로 구성원들의 의사에도 불구하고 법률에 의하여 설립이 강제되는 반면에, 다른 유형들은 원칙적으로 자유로운 의사에 의하여 설립되는 차이를 갖게 된다. 또한 행정협의회는 법률에 의하여 위임된 모든 사무에 대하여 권한을 갖는 반면에, 다른 유형들은 공법적인 계약에 의하여 합의된 특정된 사무에 대해서만 수행권한을 갖게 되는 점도 차이라고 지적된다. 이외에도 행정협의회와 목적조합만이 공법인의 성질을 갖게 되는 점도 다른 유형의 경우와 차이를 갖는 점이다. 그러나 어느 유형이나 공통적인 점은 이러한 공동협력제도는 개개의 지방자치단체의 존속에 영향을 미치지 않고 기능한다는 점에 있다.

독일의 행정실무상으로는 이러한 유형 중에서 행정협의회의 비중이 가장 큰 것으로 평가받고 있다. 그러나 이러한 공동협력제도의 유형에 대해서는 민주주의적 통제요소들이 무시되고 있다는 점에서 비판도 제기되고 있다. 예컨대 공동협력체의 사무에 대해서는 주민발안이나 주민결정의 대상이 되지 못하고 있으며, 목적조합의 개별적인 조직들은 직접적으로 그 대표기관이 선출되는 것이 아니라, 간접적인 정당성을 받고 있을 뿐이다.

# 제 2 절 분쟁조정제도

## I. 분쟁조정의 의의

지방자치단체 상호간에 분쟁이 있는 경우에 이를 해결하는 법적 수단은 헌법재판으로서의 권한쟁의심판이다. 그러나 이는 법적 절차로서 그 요건의 엄격성이나 시간, 경비면에서 부담이 되므로 신속하게 해결할 필요성에 부응하지 못하는 문제가 있다. 이러한 문제해결을 위하여 당사자의 임의적인 신청을 요건으로 하여 신속하게 분쟁을 해결하고자 하는 제도가 분쟁조정제도이다.

## II. 분쟁조정의 절차

지방자치단체 상호간 또는 지방자치단체의 장 상호간에 분쟁이 있는 때에는, 감독기관이(행정안전부장관이나 시·도지사) 당사자의 신청에 의하여 이를 조정할 수 있다. 다만 분쟁이 공익을 현저히 저해하여 신속한 조정이 필요하다고 인정되는 경우에는 직권으로 조정할 수도 있다(제165조 1항). 분쟁조정을 위하여는 행정안전부장관이나 시·도지사가 관계 중앙행정기관의 장과의 협의를 거쳐 지방자치단체 중앙분쟁조정위원회 또는 지방자치단체 지방분쟁조정위원회의 의결에 따라 조정하여야 한다(제165조 3항). 분쟁조정의 결정을 한 때에는 감독기관은 이를 서면으로 관계 지방자치단체의 장에게 지체 없이 통보하여야 한다(제165조 4항).

## Ⅲ. 분쟁조정의 효력

분쟁조정결정은 당해 지방자치단체에 대해 강한 법적 구속력을 갖는다. 따라서 그 조정결정사항을 이행할 법적 의무를 지게 되며($\frac{제165조}{4항}$), 이때에 이러한 의무이행을 위하여 예산이 수반되는 경우에는 관계 지방자치단체는 이에 필요한 예산을 우선적으로 편성하여야 한다($\frac{제165조}{5항}$). 조정결정에 의한 시설의 설치나 역무의 제공으로 인하여 이익을 받거나 그 원인을 야기하였다고 인정되는 지방자치단체에 대하여는, 감독기관은 그 시설비 또는 운영비 등의 전부 또는 일부를 행정안전부장관이 정하는 기준에 따라 부담하게 할 수 있다($\frac{제165조}{6항}$). 이러한 조정결정사항을 성실히 이행하지 않는 경우에는 감독기관은 직무이행명령이나 대집행의 수단을 사용하여($\frac{제189}{조}$) 이를 이행하게 할 수 있다($\frac{제165조}{7항}$).

# 제 5 장 지방자치단체에 대한 국가의 관여

# 제 1 절  일 반 론

## I. 국가에 의한 관여의 의미

지방자치단체는 그 법적인 독립성에도 불구하고 계층적으로 구성된 국가전체의 한 부분이다. 따라서 지방자치단체는 국가로부터 완전히 분리하여 생각할 수 없고 전체국가를 이루는, 하나의 구성부분으로 생각되어야 한다. 지방자치단체를 통한 사무의 수행은 전체로서의 국가이익에도 관련되므로 국가는 지방자치제도를 구체화하는 한편, 각종의 지도 및 통제수단을 통하여 국가질서의 준수를 담보하고 지방자치의 원활한 수행을 보장할 것을 요구하게 되는 것이다. 따라서 이때의 관여는 지도적 성질과 규제적 성질을 모두 포괄하는 개념으로 이해되어야 한다.

## II. 국가에 의한 관여의 유형

국가에 의한 관여는 넓게 이해하는 입장에서는 입법부에 의한 관여와 사법부에 의한 관여를 포함하는 개념으로 이해하나, 좁은 의미에서는 행정부의 지방자치단체에 대한 활동에만 제한하는 개념으로 파악한다. 「지방자치법」은 제 9 장에서 행정부에 의한 관여수단인 지도와 통제를 규정하고 있다.

## 1. 입법기관에 의한 관여

의회의 지방자치단체에 대한 관여의 형태는, 법률의 제정을 통하여 지방자치단체 활동의 규범적 기초를 형성하는 내용과 예산의 편성을 통한 방법 및 사후적으로 국정감사나 국정조사를 통한 통제를 그 내용으로 한다.[1]

## 2. 사법기관에 의한 관여

지방자치단체 활동의 적법성을 보장하는 것을 그 내용으로 하며, 개별내용으로서는 항고소송과 기관소송이 의미를 갖는다.

## 3. 행정기관에 의한 관여

이는 개별적이고 구체적인 사안에 대하여 지방자치행정의 적법성과 원활한 수행을 보장하기 위하여, 국가의 행정기관이 지방자치단체에 대하여 행하는 활동을 의미한다. 통상적인 국가의 관여는 이를 의미하는 것으로 이해된다.

# 제 2 절  행정기관에 의한 관여

## I. 관여의 기능

### 1. 적법성의 보장기능

국가의 행정기관에 의한 관여는 지방자치단체가 헌법과 법률에 의하여 활동하는 것을 보장해준다. 이는 전통적으로 국가에 의한 통제의 기능으로 이해되는 것이며, 특히 지방자치단체의 자치사무 감독과 관련하여 의미를 갖는다.

### 2. 지방자치단체의 보호기능

행정기관의 관여는 또한 지방자치단체가 인적·물적·기술적인 행정능력이 부족한 경우에 이를 지원하여 지방자치단체가 그 업무수행을 원활하게 하도록 도와주는

---

1) 「국정감사 및 조사에 관한 법률」 제 7 조 제 2 호에 의하면, 국회는 지방자치단체의 자치사무에 대해서는 지방의회가 구성되어 감사업무를 스스로 수행하는 한, 국정감사의 대상으로 할 수 없음을 규정하고 있다.

기능을 수행한다. 이로 인해 지방자치단체가 효율적으로 기능하게 되며 이를 통해 국가전체에 이익을 가져오게 된다.

## Ⅱ. 관여의 한계

### 1. 법령에 의한 한계

행정기관에 의한 관여는 법률과 이에 근거한 시행령에 의해서만 가능하다. 이러한 법령으로서는 대표적으로 「지방자치법」의 규정을 들 수 있으며 이외에도 「감사원법」(제22조 1항 2호 등, 제24조 1항 2호 등), 「지방교육자치에 관한 법률」(제5장) 등이 이에 해당한다. 그러나 이때의 법령은 그 내용이 지방자치의 제도적 보장의 구성요소인 자기책임성의 본질을 침해하지 않아야 한다. 만일 이를 위반하는 경우에는 위헌의 문제를 내포하게 된다.

### 2. 수행하는 사무의 성격에 따른 한계

자치사무가 그 대상인 경우에는 지방자치단체의 자기책임성 보장을 위하여 국가의 관여는 소극적인 범위에 그쳐야 한다. 따라서 적법성확보가 그 목적이 되며 이를 위한 수단이 선택되어야 한다. 그러나 위임사무인 경우에는 국가사무의 적정수행을 감독하기 위하여 적법성확보와 동시에 합목적성의 확보도 그 내용이 되며, 통제권의 범위도 이에 따라 확장된다.

## Ⅲ. 관여의 여러 수단

현행법상 인정되고 있는 국가나 다른 행정기관에 의한 관여수단은 여러 가지 유형이 있다. 이를 그 대상인 사무의 유형에 따라 구분하면 다음과 같다.

### 1. 모든 사무유형에 대해 인정되는 수단

지방자치단체가 수행하는 자치사무와 위임사무를 모두 대상으로 하는 관여수단은 다음과 같다.

#### 1) 조    언

㈎ 의 의    감독관청이 지방자치단체에게 행하는 비구속적인 성질의 권고, 알선, 장려, 지식이나 정보의 제공 등을 조언이라고 한다. 조언은 비구속적인 성질을 갖는 것이므로 지방자치단체는 이에 따를 것인지의 여부를 결정할 수 있다. 조언은 통상적으로 장래에 향하여 지방자치단체의 위법한 행정작용을 방지하고 원활한 자치행정을 보장하는 기능을 하는 사전적인 관여수단의 성격을 갖는 것이나, 경우에 따라서는 과

거의 위법한 행정작용에 대하여 사후적인 시정을 유도하기 위해 사후적인 감독수단으로서도 작용한다. 조언을 행할 수 있는 국가의 권리와 의무는 국가가 지방자치단체를 보호하거나 후원하는 관계에서 나오는 당연한 것이므로, 법률의 규정여하를 불문하고 인정된다. 따라서「지방자치법」제184조 제 1 항은 이를 확인하는 규정으로서의 의미를 가질 뿐이다.2)

(내) 기 능  조언은 지방자치단체의 행정능력을 보강하는 기능, 융통성 있고 탄력적인 통제권행사의 기능, 비례성원칙에 적합한 통제권 행사의 기능 등의 긍정적인 기능이 있는 반면에, 조언이 사실상의 구속력을 갖게 되는 경우에는 자기책임성의 내용에 영향을 줄 수 있으며 지방자치단체가 국가기관 등의 조언에 의존하는 정도가 높으면 높을수록 국가기관 등의 후견상태에 놓이는 문제도 존재한다.

(대) 내 용  조언은 자치사무와 위임사무의 구분 없이 지방자치단체의 모든 사무범위에 대해서 가능하다. 또한 합법성의 문제 뿐 아니라 합목적성의 문제에 대해서도 가능하다. 그 형식에 있어서는 특별한 형식에 구애받지 않으며 형식의 자유를 갖는다.

(라) 한 계  조언은 사실행위로서의 성질을 갖는다. 이는 자치고권을 직접 침해하는 내용을 갖는 것이 아니고 비구속적인 성격을 가지므로, 법률의 명문 수권규정을 필요로 하지는 않는다. 그러나 조언에 있어서는 관할규정을 위반할 수 없고, 헌법상의 원칙인 평등원칙을 준수해야 하고, 조언의 내용에 따르지 않는 경우에 당해 사안과 관련 없이 불이익이 주어져서는 안 된다.

**2) 지 원**

(가) 의 의  지방자치단체가 충분한 행정능력이나 재정능력을 갖지 못하는 경우에 국가의 보호적인 자원에서 행해지는 수단이 지원이다. 앞에서 설명한 조언이 주로 대화나 정보의 전달 등으로 무형적인 형태로 이루어지는 반면에, 지원은 물적, 인적인 형태로 행해지는 점에 특색이 있다.「지방자치법」제184조 제 2 항은 국가와 광역지방자치단체가 재정지원과 기술지원을 할 수 있음을 규정하고 있다.

(내) 기 능  지방자치단체가 업무를 처리하기에 충분한 재정능력이나 기술능력을 갖고 있지 않은 경우에 그 자치행정능력을 보강하기 위한 기능을 수행한다.

(대) 한 계  재정적인 지원이 행해질 때에는 지방자치단체의 행위가 중앙국가기관의 의사에 지나치게 영향을 받지 않도록 목적에 구속되는 국고보조금($\binom{지방재정}{법 제23조}$)보다는 지방교부금3)에 의한 지원형태가 행해질 필요가 있으며, 지역간의 균형발전의 도모에 노력하여야 하므로 지방자치단체의 재정능력에 따라 배분의 비율을 조정하여야 한다.

---

2) 이기우, 앞의 책, 113면.
3) 이는 국가가 재정적 결함이 생기는 지방자치단체에게 교부하는 금액을 말하며,「지방교부세법」이 규정하고 있다.

### 3) 협의 · 조정

중앙행정기관의 장과 지방자치단체의 장이 사무를 처리할 때 의견을 달리하는 경우 이를 협의·조정하기 위하여 국무총리 소속으로 행정협의조정위원회를 둔다. 행정협의조정위원회는 위원장 1명을 포함하여 13명 이내의 위원으로 구성하는바, 위원은 ① 기획재정부장관, 행정안전부장관, 국무조정실장 및 법제처장, ② 안건과 관련된 중앙행정기관의 장과 시·도지사 중 위원장이 지명하는 사람, ③ 그 밖에 지방자치에 관한 학식과 경험이 풍부한 사람 중에서 국무총리가 위촉하는 사람 4명으로 하고, 위원장은 위촉위원 중에서 국무총리가 위촉한다($^{제187}_{조}$).

### 4) 시정명령 및 취소 · 정지

#### ㈎ 시정명령

#### ① 의  의

이는 지방자치단체의 사무에 관한 그 장의 명령이나 처분이 법령에 위반되거나 부당한 경우에 감독기관(시·도에 대해서는 주무부장관이, 시·군 및 자치구에 대해서는 시·도지사가)이 기간을 정하여 시정을 명하는 사후적이며 부담적인 감독수단이다($^{제188조}_{1항}$). 이는 지방자치단체의 장이 행한 위법 또는 부당한 행위를 사후적으로 교정하는 기능을 수행한다.

#### ② 요  건

지방자치단체장의 명령이나 처분이 그 대상이다. 즉 적극적인 작위만이 그 대상이 된다. 명령과 처분은 각각 일반적 규율과 개별적 규율의 차이를 가지는 것으로 볼 수 있으며, 자치입법으로서의 규칙과 행정행위가 각각의 예에 해당한다. 이때의 사무의 범위에 대해서는 자치사무에 관한 것이든, 위임사무에 관한 것이든 구별하지 않는다. 시정명령은 권한 있는 감독기관이 서면으로 하여야 하며, 시정명령을 이행하기에 적합한 기간을 정하여서 하여야 한다. 그러나 그 내용은 시정해야 할 개별적 내용을 포함하는 것은 아니다.

#### ③ 효  과

지방자치단체는 그 명령이나 처분을 시정할 법적 의무를 지며, 시정명령을 받은 명령이나 처분을 집행하여서는 안 된다. 이미 집행된 처분이나 명령은 시정명령에도 불구하고 유효하다.

#### ㈏ 취소 · 정지

#### ① 의  의

취소·정지권이란 감독기관의 시정명령을 정해진 기간 내에 이행하지 않을 때에 당해 명령이나 처분을 취소나 정지할 수 있는 권한을 말한다($^{제188조}_{1항}$). 이는 형성적인 행정행위로서 당해 지방자치단체의 기관의 별도의 취소나 정지처분이 없이도 위법한 명령이나 처분의 효력을 직접 상실하게 한다.

② 행　사

대상은 자치사무와 위임사무 모두 해당한다. 이를 위한 요건으로는 명령이나 처분이 위법하거나 부당한 것이고, 감독기관이 행한 시정명령이 미리 설정된 기간을 경과하였을 것이 필요하다. 그 효과는 직접적으로 당해 명령이나 처분이 효력을 상실하는 것이며, 감독관청은 당해 권한행사로서 다른 처분으로 대체할 것을 명할 수는 없다.4)

㈐ 주무부장관에 의한 통제

주무부장관은 지방자치단체의 사무에 관한 시장·군수 및 자치구의 구청장의 명령이나 처분이 법령에 위반되거나 현저히 부당하여 공익을 해침에도 불구하고 시·도지사가 시정명령을 하지 아니하면 시·도지사에게 기간을 정하여 시정명령을 하도록 명할 수 있다(제188조<br>2항). 주무부장관은 시·도지사가 이 기간에 시정명령을 하지 아니하면 이 기간이 지난 날부터 7일 이내에 직접 시장·군수 및 자치구의 구청장에게 기간을 정하여 서면으로 시정할 것을 명하고, 그 기간에 이행하지 아니하면 주무부장관이 시장·군수 및 자치구의 구청장의 명령이나 처분을 취소하거나 정지할 수 있다(제188조<br>3항). 주무부장관은 시·도지사가 시장·군수 및 자치구의 구청장에게 시정명령을 하였으나 이를 이행하지 아니한 데 따른 취소·정지를 하지 아니하는 경우에는 시·도지사에게 기간을 정하여 시장·군수 및 자치구의 구청장의 명령이나 처분을 취소하거나 정지할 것을 명하고, 그 기간에 이행하지 아니하면 주무부장관이 이를 직접 취소하거나 정지할 수 있다(제188조<br>4항).

㈑ 자치사무의 취급과 불복방법의 허용범위

시정명령과 취소·정지의 대상은 앞서 본 바와 같이 자치사무와 위임사무가 모두 해당하지만, 지방자치단체의 장의 자치사무에 관한 명령이나 처분에 대한 주무부장관 또는 시·도지사의 시정명령, 취소 또는 정지는 법령을 위반한 것에 한정한다(제188조<br>5항). 따라서 위임사무에 관한 명령이나 처분은 부당에 그치는 경우도 시정명령이나 취소·정지의 대상이 될 수 있다.

현행법은 감독조치를 받은 지방자치단체의 장에게 이의를 제기할 수단을 제한적인 범위에서 허용하고 있다. 즉, 지방자치단체의 장은 자치사무에 관한 명령이나 처분의 취소·정지에 대하여 이의가 있으면 그 취소처분 또는 정지처분을 통보받은 날부터 15일 이내에 대법원에 소를 제기할 수 있다(제188조<br>6항). 따라서 시정명령을 제외한 취소·정지만이 (법령위반임을 전제로) 이의제기의 대상이며 그것도 위임사무에 관한 것은 이의제기 대상에서 제외된다.

---

4) 이기우, 앞의 책, 130면.

구 **지방자치법 제157조 제 1 항에서 정한 지방자치단체장의 명령·처분의 취소 요건인 '법령위반'에 '재량권의 일탈·남용'이 포함되는지 여부**     지방자치법 제157조 제 1 항 전문은 "지방자치단체의 사무에 관한 그 장의 명령이나 처분이 법령에 위반되거나 현저히 부당하여 공익을 해한다고 인정될 때에는 시·도에 대하여는 주무부장관이, 시·군 및 자치구에 대하여는 시·도지사가 기간을 정하여 서면으로 시정을 명하고 그 기간 내에 이행하지 아니할 때에는 이를 취소하거나 정지할 수 있다"고 규정하고 있고, 같은 항 후문은 "이 경우 자치사무에 관한 명령이나 처분에 있어서는 법령에 위반하는 것에 한한다"고 규정하고 있는바, 지방자치법 제157조 제 1 항 전문 및 후문에서 규정하고 있는 지방자치단체의 사무에 관한 그 장의 명령이나 처분이 법령에 위반되는 경우라 함은 명령이나 처분이 현저히 부당하여 공익을 해하는 경우, 즉 합목적성을 현저히 결하는 경우와 대비되는 개념으로, 시·군·구의 장의 사무의 집행이 명시적인 법령의 규정을 구체적으로 위반한 경우뿐만 아니라 그러한 사무의 집행이 재량권을 일탈·남용하여 위법하게 되는 경우를 포함한다고 할 것이므로, 시·군·구의 장의 자치사무의 일종인 당해 지방자치단체 소속 공무원에 대한 승진처분이 재량권을 일탈·남용하여 위법하게 된 경우 시·도지사는 지방자치법 제157조 제 1 항 후문에 따라 그에 대한 시정명령이나 취소 또는 정지를 할 수 있다(하급 지방자치단체장이 전국공무원노동조합의 불법 총파업에 참가한 소속 지방공무원들에 대하여 징계의결을 요구하지 않은 채 승진임용하는 처분을 한 것이 재량권의 범위를 현저히 일탈한 것으로서 위법한 처분이라고 본 사례)($\binom{\text{대판 2007.3.22,}}{\text{2005추62 전원합의체}}$).5)

(바) **평가 및 사견**     앞서 본 것처럼 현행법은 감독기관의 시정명령에 대해 지방자치단체가 다툴 수 있는 가능성을 인정하지 않고, 시정명령위반에 대한 취소·정지에

―――――――――――

5) 이에 대해서는 다음과 같은 반대의견이 제시되었다 : "헌법이 보장하는 지방자치제도의 본질상 재량판단의 영역에서는 국가나 상급 지방자치단체가 하급 지방자치단체의 자치사무 처리에 개입하는 것을 엄격히 금지하여야 할 필요성이 있으므로, 지방자치법 제157조 제 1 항 후문은 지방자치제도의 본질적 내용이 침해되지 않도록 헌법합치적으로 조화롭게 해석하여야 하는바, 일반적으로 '법령위반'의 개념에 '재량권의 일탈·남용'도 포함된다고 보고 있기는 하나, 지방자치법 제157조 제 1 항에서 정한 취소권의 행사요건은 위임사무에 관하여는 '법령에 위반되거나 현저히 부당하여 공익을 해한다고 인정될 때', 자치사무에 관하여는 '법령에 위반하는 때'라고 규정되어 있어, 여기에서의 '법령위반'이라는 문구는 '현저히 부당하여 공익을 해한다고 인정될 때'와 대비적으로 쓰이고 있고, 재량권의 한계 위반 여부를 판단할 때에 통상적으로는 '현저히 부당하여 공익을 해하는' 경우를 바로 '재량권이 일탈·남용된 경우'로 보는 견해가 일반적이므로, 위 법조항에서 '현저히 부당하여 공익을 해하는 경우'와 대비되어 규정된 '법령에 위반하는 때'의 개념 속에는 일반적인 '법령위반'의 개념과는 다르게 '재량권의 일탈·남용'은 포함되지 않는 것으로 해석하여야 한다. 가사 이론적으로는 합목적성과 합법성의 심사가 명확히 구분된다고 하더라도 '현저히 부당하여 공익을 해한다는 것'과 '재량권의 한계를 일탈하였다는 것'을 실무적으로 구별하기 매우 어렵다는 점까지 보태어 보면, 지방자치법 제157조 제 1 항 후문의 '법령위반'에 '재량권의 일탈·남용'이 포함된다고 보는 다수의견의 해석은 잘못된 것이다."

대해서만 행정소송제기를 가능하도록 하고 있다($^{제188조}_{6항}$). 그러나 이러한 내용은 지방자치단체의 이해관계보다는 감독기관의 이해관계만을 반영한 규정으로서 비판되어야 할 것이다. 시정명령에 대해 지방자치단체가 이의가 있을 때에는 감독기관은 취소·정지권을 행사할 수 없고, 법원에 소송을 제기하여 그 판결에 의하여 당해 명령이나 처분의 효력을 취소·정지하게 하는 것이 타당할 것이다.

### 5) 재의요구

(가) 의 의    재의요구란 지방의회의 의결이 법령에 위반되거나 공익에 반하는 경우에 감독관청(시·도에 대해서는 주무부장관이, 시·군 및 자치구에 대해서는 시·도지사)이 해당 지방자치단체의 장으로 하여금 지방의회에게 의결사항을 이송받은 날부터 20일 이내에 재의를 요구하게 하는 것을 말한다($^{제192조}_{1항}$).

이러한 재의요구를 받은 지방자치단체의 장은 재의의 요구를 하여야 한다. 따라서 실질에 있어서는 감독관청이 직접 재의요구를 하는 것과 동일하지만, 형식적으로는 지방자치단체의 내부적인 자기통제의 형식을 빌린 감독권의 행사가 된다. 이와 구별될 개념은 지방자치단체의 장이 위법한 지방의회의 의결에 대하여 직접 재의를 요구하는 경우인 바($^{제32조 3항, 제120조}_{1항, 제121조 1항}$), 이 경우는 감독관청에 의한 감독의 수단이 아니라 지방자치단체의 자기통제수단으로서의 의미를 갖는 것이다.

(나) 요 건    지방의회의 의결이 법령에 위반하거나 공익을 현저히 저해할 것을 요건으로 한다. 따라서 그 사무의 대상은 의결내용에 따라 결정되어지며, 자치사무와 위임사무 모두 포함된다고 본다. 이는 시정명령의 요건으로서 위법한 경우 외에 현저히 공익을 해하는 경우도 포함하는 것과 그 구성요건에서 유사하다고 볼 수 있다($^{제188조}_{1항 참조}$). 따라서 현저히 공익에 반하는 경우는 위임사무가 대상인 경우에 한정된다. 그러나 이때에 공익에의 적합성 여부는 우선적으로 지방의회가 스스로 판단할 성질의 문제이므로, 공익을 저해하는 이유로 재의요구를 함에 있어서는 엄격한 고려를 거쳐서만 행할 필요가 있다.[6] 시·군 및 자치구의회의 의결에 대하여 시·도지사가 재의를 요구하게 하지 아니한 경우에도 주무부장관이 직접 시장·군수 및 자치구의 구청장에게 재의를 요구하게 할 수 있는데, 이때에는 시·군 및 자치구의회의 의결이 법령에 위반된다고 판단되는 경우에 한한다($^{제192조}_{2항}$).

또한 감독관청이 하는 재의요구 지시에는 별도 기간의 규정이 없으나, 재의요구를 받은 지방자치단체의 장은 의결사항을 이송받은 날부터 20일 이내에 재의요구를 하여야 하므로($^{제192조}_{1항, 2항}$), 실질적으로는 이러한 기간의 제약을 받는다고 보아야 할 것이다.

(다) **지방자치단체장의 행위**    재의요구 지시를 받은 지방자치단체의 장은 의결사항을 이송받은 날부터 20일 이내에 지방의회에 이유를 붙여 재의를 요구하여야 한다

---

6) 김남진·김연태(Ⅱ), 192면.

($\frac{제192조}{1항, 2항}$). 이러한 재의요구에 대해 지방의회는 다시 심의할 법적 의무를 부담한다. 이 때에 재적의원 과반수의 출석과 출석의원 3분의 2 이상의 찬성으로 재의결되면 의결사항은 확정된다($\frac{제192조}{3항}$).

㈜ 제소 및 제소명령

지방자치단체의 장은 재의결된 사항이 법령에 위반된다고 판단되면 재의결된 날로부터 20일 이내에 대법원에 소송을 제기할 수 있으며, 이 경우 필요하다고 인정하는 때에는 그 의결의 집행을 정지하게 하는 집행정지결정을 신청할 수 있다($\frac{제192조}{4항}$).

주무부장관이나 시·도지사는 재의결된 사항이 법령에 위반된다고 판단됨에도 불구하고 해당 지방자치단체의 장이 소를 제기하지 아니하면 시·도에 대해서는 주무부장관이, 시·군 및 자치구에 대해서는 시·도지사($\frac{주무부장관이 직접 재의 요구 지시를}{한 경우에는 주무부장관을 말한다}$)가 그 지방자치단체의 장에게 제소를 지시하거나 직접 제소 및 집행정지결정을 신청할 수 있다($\frac{제192조}{5항}$). 이때의 제소지시는 제192조 제4항의 기간이 지난 날부터 7일 이내에 하고($\frac{제192조}{6항}$), 직접제소 및 집행정지결정신청은 제192조 제6항의 기간이 지난 날부터 7일 이내에 각각 할 수 있다($\frac{제192조}{7항}$).

지방의회의 의결이 법령에 위반된다고 판단되어 주무부장관이나 시·도지사로부터 재의 요구 지시를 받은 해당 지방자치단체의 장이 재의를 요구하지 아니하는 경우($\frac{법령에 위반되는 지방의회의 의결사항이 조례안인 경우로서 재의}{요구 지시를 받기 전에 그 조례안을 공포한 경우를 포함한다}$)에는 주무부장관이나 시·도지사는 제192조 제1항 또는 제2항에 따른 기간이 지난 날부터 7일 이내에 대법원에 직접 제소 및 집행정지결정을 신청할 수 있다($\frac{제192조}{7항}$).

구 지방자치법 제172조 제4항은, 행정자치부장관 또는 시·도지사($\frac{이하 '시·도지사}{등'이라 한다}$)는 재의결된 사항이 법령에 위반된다고 판단됨에도 당해 지방자치단체의 장이 소를 제기하지 아니하는 때에는 당해 지방자치단체의 장에게 제소를 지시하거나 직접 제소할 수 있도록 규정하고 있는바, 지방자치단체의 장이 재의결된 사항이 법령에 위반된다고 판단됨에도 재의결된 날부터 20일 이내에 대법원에 소를 제기하지 아니하던 중 시·도지사 등의 제소지시를 받고 제소를 하였다가 시·도지사 등의 동의 없이 이를 취하하였다면 소취하의 소급효에 의하여 처음부터 소가 제기되지 아니한 셈이므로, 이는 결국 구 지방자치법 제172조 제4항의 '당해 지방자치단체의 장이 소를 제기하지 아니하는 때'에 준하는 경우로 볼 수 있고, 따라서 시·도지사 등은 직접 제소할 수 있다 할 것인데, 이 경우의 제소기간은 구 지방자치법 제172조 제6항에서 시·도지사 등의 독자적인 제소기간을 당해 지방자치단체의 장의 제소기간 경과일부터 7일로 규정한 취지에 비추어 지방자치단체의 장에 의한 소취하의 효력 발생을 안 날로부터 7일 이내로 봄이 상당하다($\frac{대판 2002.5.31,}{2001추88}$).

이때에 지방의회의 의결 또는 재의결된 사항이 2 이상의 부처와 관련되거나 주무부장관이 불분명한 때에는 행정안전부장관이 재의요구 또는 제소를 지시하거나 직접 제소 및 집행정지결정을 신청할 수 있다($^{제192조}_{9항}$).

이러한 규정들은 재의요구지시를 받은 지방자치단체장이 이를 이행하지 않고 그대로 시행하는 경우에는 적당한 제재방안이 없어, 위법한 조례가 양산될 수 있는 모순이 있어 이를 시정하기 위한 제도로 보인다.

### 6) 승    인

㈎ 의  의    승인이란 지방자치단체의 행위가 국가의 승인을 받음으로써 비로소 유효하게 되도록 하는 지방자치단체의 자치권행사에 대한 법적인 제한을 말한다.7) 따라서 승인을 요하는 경우에 이를 받지 않으면 법적인 효력을 발생하지 않게 되며, 이로 인해 지방자치단체 행위의 유효요건으로 볼 수 있다.

㈏ 법적 근거    지방자치단체의 행위는 원칙적으로 승인으로부터 자유로운 행위에 속한다. 따라서 국가의 승인을 받을 의무는 법률유보원칙에 따라 법률에 명시적인 규정이 있는 경우에 한한다. 법적 근거 없이 국가감독청은 지방자치단체에게 승인의무를 부과할 수 없다. 「지방자치법」상의 규정으로는 제 7 조 제 1 항($^{자치구가 아닌 구와 읍·면·}_{동의 폐치·분합의 경우}$)을 들 수 있다.

㈐ 법적 효력    승인을 받지 않으면 그 행위는 무효가 된다. 승인은 유효요건에 불과하므로 그 행위에 요구되는 다른 형식적·절차적인 요건의 하자에 영향을 주지 아니한다. 따라서 승인을 받더라도 다른 하자가 치유되는 것은 아니다. 하자의 효과문제는 승인과는 별도로 하자에 관한 일반적인 규율에 따르게 된다. 따라서 조례가 상위법령에 위반되어 무효가 되는 경우에 그 조례에 대한 승인은 아무런 의미를 갖지 못하게 된다.

㈑ 승인거부의 효력    승인을 거부하면 그 행위는 무효가 되나, 승인행정청은 이 거부처분을 취소하고 새로이 승인을 할 수 있다. 이때에 법률행위가 효력을 발생하는 것은 승인이 있는 시점이며 소급하지 아니한다.

## 2. 자치사무만을 대상으로 하는 수단

### 1) 조 사 권

㈎ 의  의    이는 지방자치단체의 활동과 작용에 대하여 정보를 수집하는 감독청의 포괄적인 권한을 말한다.8) 조사권은 자치사무 전반에 대해 인정되는 것이며, 「지방자치법」 제190조 제1항 1문 전단의 내용은 이러한 조사권행사의 예시로서 이해된

---

7) 이기우, 앞의 책, 136면.
8) 이기우, 앞의 책, 124면.

다. 이는 학자에 따라서는 보고수령권9) 또는 정보권10)이라고도 한다.

조사권의 행사는 그 기능에 있어서 다른 감독수단의 필요성판단과 그 적절한 행사를 위한 전제조건으로 작용한다. 예컨대 시정명령을 하기 위해서는(제188조 1항 참조), 이를 위한 전제로서 위법한 행정작용이 행해졌음을 알 수 있어야 한다.

(내) 조사권의 행사   이는 그 범위에서 자치사무에 한정되며, 이에 해당하는 모든 업무에 대하여 조사할 수 있다. 외부적 효력을 갖는 행정작용 뿐 아니라 내부적인 효력을 갖는 조직, 인사, 재정작용 등도 그 대상이 된다. 조사의 방법은 비권력적인 사실행위로서 협조의뢰 등을 통하여 행할 수 있으며, 또는 일정한 의무를 명하는 행정행위의 형식으로도 가능하다(예컨대 문서나 자료의 제출요구 등). 따라서 보고를 요구할 수 있는 내용도 이에 포함된다.11) 그러나 이때에 지방자치단체가 보고에 응하여야 하는 법적 의무는 법령에 규정되고 있는 경우에 한정된다고 본다.

(대) 조사권의 한계

① 조사권의 발동여부와 조사권의 행사방법에 있어서는 모두 비례성의 원칙이 적용된다. 특히 그 목적은 자치사무가 대상인 만큼 적법성보장을 위해서만 가능하다.

② 원칙적으로 개별적인 사안에 대하여 특별한 동기가 있는 경우에만 행사되어야 한다. 특별한 이유 없이 지방자치단체의 사무전반에 대하여 정기적으로 조사하거나 보고를 요구하는 것은 자치사무에 대한 지나친 개입의 문제를 야기할 수 있다.12)

2) 감 사 권

(개) 의 의   이는 지방자치단체의 사무에 대하여 사후적으로 법령위반사항을 시정하기 위한 목적으로 행해지는 감독수단을 말한다(법 제190조 1항 1문 후단). 자치사무에 대한 감독기관의 감사권 행사는 그 범위에 따라서는 실질적으로 자치행정권을 침해하는 문제를 야기할 수 있으므로 위법성의 현실적인 존재나 존재가능성이 있는 경우에 한정하여 인정된다. 이 권한은 지방자치단체의 위법한 활동에 대한 감사에 대해 지방자치단체가 위법한 작용을 자발적으로 시정하게 되는 경우에는 다른 부담적인 통제수단의 행사를 불필요하게 만드는 기능을 수행할 수 있게 된다. 물론 지방자치단체가 감사결과에 따르지 않는 경우에는 시정명령의 수단이 행해지게 된다. 행정안전부장관 또는 시·도지사는 감사를 실시하기 전에 해당 사무의 처리가 법령에 위반되는지 여부 등을 확인하여야 한다(법 제190조 2항).

(내) 절 차   주무부장관, 행정안전부장관 또는 시·도지사는 이미 감사원 감사 등

---

9) 김남진·김연태(Ⅱ), 181면.

10) 홍정선(하), 192면.

11) 당해 권리의 내용에 보고수령 뿐 아니라 보고요구의 권한도 포함되는 것이라면, 이를 포괄하는 권리로서 조사권의 용어가 의미있으리라고 생각한다.

12) 이기우, 지방자치행정법, 126면 참조.

이 실시된 사안에 대하여는 새로운 사실이 발견되거나 중요한 사항이 누락된 경우 등 대통령령으로 정하는 경우를 제외하고는 감사대상에서 제외하고 종전의 감사결과를 활용하여야 한다($^{법 제191조}_{1항}$).

행정안전부장관은 자치사무에 대한 감사를 실시하고자 하는 때에는 지방자치단체의 수감부담을 줄이고 감사의 효율성을 높이기 위하여 같은 기간 동안 함께 감사를 실시할 수 있다($^{법 제191조}_{2항}$).

### 3. 위임사무만을 대상으로 하는 수단

#### 1) 일반적 수단

단체위임사무와 기관위임사무에 대해서는 당해 사무를 위임한 행정기관으로부터 넓은 범위의 지도·감독의 관여수단이 인정된다($^{제185}_{조}$). 이는 당해 사무가 당해 지방자치단체의 자치사무가 아니므로 지도나 감독수단이 자치행정권의 침해를 야기하지 않고, 그 적정한 수행에 대해서는 위임한 행정기관이 이해관계를 갖기 때문이다. 따라서 국가사무는 시·도에서는 주무부장관이, 시·군 및 자치구에서는 1차로 시·도지사가, 2차로 주무부장관이 지도·감독권을 행사한다($^{제185조}_{1항}$). 또한 시·군 및 자치구 또는 그 장이 위임받아 처리하는 시·도의 사무에 대해서는 시·도지사가 지도·감독권을 행사한다($^{제185조}_{2항}$).

#### 2) 개별적 수단

##### (개) 이행명령

① 의 의   이는 지방자치단체의 장이 법령의 규정에 의하여 그 의무에 속하는 국가위임사무나 시·도위임사무의 관리 및 집행을 명백히 해태하고 있다고 인정되는 때에, 시·도에 대해서는 주무부장관이, 시·군 및 자치구에 대해서는 시·도지사가 그 이행을 명령하는 수단이다($^{제189조}_{1항}$). 이는 앞에서 설명한 시정명령이 지방자치단체장의 위법한 적극적인 행위의 존재를 전제로 하는 데 반하여, 위법한 부작위에 대한 통제수단으로서의 의미를 갖는 것이다.

② 행 사   이는 당해 규정의 표현상 기관위임사무를 대상으로 하며, 그 내용은 이미 법령에 규정되어 있는 의무를 이행하도록 명령하는 것이다. 따라서 구체적인 작위의무가 부과되는 것이나, 이행명령에 의해 바로 당해 위임사무의 법률관계가 직접 변경되는 형성적 효력은 생기지 않는다.13) 그 행사요건으로는 ㉠ 의무불이행이라는 부작위상태가 있고 이것이 위법으로 인정될 것과 ㉡ 지방자치단체의 장이 의무를 불이행하고 있는 것이 명백하다고 인정되는 경우, 즉 고의적인 의무불이행일 것이 요구된다. 따라서 지방자치단체의 장에게 제공되고 있는 재정능력이나 인력의 부족 등이 이유가

---

13) 이기우, 앞의 책, 151면.

되어 불이행되고 있는 상태는 이에서 제외되어야 할 것이다. ⓒ 의무를 수행하기에 적합한 이행기간이 설정되어, 서면의 형식을 갖추어 부과되어야 한다.

(나) 대집행  지방자치단체의 장이 설정된 기간 내에 이러한 이행명령을 따르지 않는 경우에는, 감독기관인 주무부장관이나 시·도지사는 직접 또는 제3자에 위임하여 지방자치단체의 비용부담으로 위법한 부작위의 상태를 제거하는 대집행을 하거나, 행정·재정상 필요한 조치를 행할 수 있다(제189조 2항). 이러한 감독기관의 조치내용은 원래 지방자치단체의 장이 법령에 의해 수행하여야 할 내용에 한정된다. 대집행에 대해서는「행정대집행법」이 준용된다.

(다) 주무부장관에 의한 관여  주무부장관은 시장·군수 및 자치구의 구청장이 법령에 따라 그 의무에 속하는 국가위임사무의 관리와 집행을 명백히 게을리하고 있다고 인정됨에도 불구하고 시·도지사가 이행명령을 하지 아니하는 경우 시·도지사에게 기간을 정하여 이행명령을 하도록 명할 수 있다(제189조 3항). 주무부장관은 시·도지사가 이 기간에 이행명령을 하지 아니하면 이 기간이 지난 날부터 7일 이내에 직접 시장·군수 및 자치구의 구청장에게 기간을 정하여 이행명령을 하고, 그 기간에 이행하지 아니하면 주무부장관이 직접 대집행 등을 할 수 있다(제189조 4항). 주무부장관은 시·도지사가 시장·군수 및 자치구의 구청장에게 이행명령을 하였으나 이를 이행하지 아니한 데 따른 대집행 등을 하지 아니하는 경우에는 시·도지사에게 기간을 정하여 대집행등을 하도록 명하고, 그 기간에 대집행 등을 하지 아니하면 주무부장관이 직접 대집행 등을 할 수 있다(제189조 5항).

(라) 이의제기  이행명령내용에 이의가 있는 때에는 지방자치단체의 장은 이행명령서를 접수한 날로부터 15일 이내에 대법원에 소를 제기할 수 있다. 이 경우 지방자치단체의 장은 이행명령의 집행을 정지하게 하는 집행정지결정을 신청할 수 있다(제189조 6항).

국가가 국토이용계획과 관련한 기관위임사무의 처리에 관하여 지방자치단체의 장을 상대로 취소소송을 제기할 수 있는지 여부(소극)  건설교통부장관은 지방자치단체의 장이 기관위임사무인 국토이용계획 사무를 처리함에 있어 자신과 의견이 다를 경우 행정협의조정위원회에 협의·조정 신청을 하여 그 협의·조정 결정에 따라 의견불일치를 해소할 수 있고, 법원에 의한 판결을 받지 않고서도 행정권한의 위임 및 위탁에 관한 규정이나 구 지방자치법에서 정하고 있는 지도·감독을 통하여 직접 지방자치단체의 장의 사무처리에 대하여 시정명령을 발하고 그 사무처리를 취소 또는 정지할 수 있으며, 지방자치단체의 장에게 기간을 정하여 직무이행명령을 하고 지방자치단체의 장이 이를 이행하지 아니할 때에는 직접 필요한 조치를 할 수도 있으므로, 국가가 국토이용계획과 관련한 지방자치단체의 장의 기관위임사무의 처리에 관하여 지방자치단체의 장을 상대로 취소소송을 제기하는 것은 허용되지 않는다(대판 2007.9.20, 2005두6935).

## Ⅳ. 현행법상 행정기관에 의한 관여수단의 문제점

### (1) 일 반 론

행정기관이 지방자치단체에 관여하는 것은 앞에서 논한 바와 같이 그 적법성의 보장과 경우에 따라서는 합목적성을 보장하기 위한 것이다. 그러나 현행법은 지방자치단체나 그 기관이 극한적인 위법행위를 강행하거나, 기관이 구성되지 못해 적법하게 지방자치단체의 사무를 수행할 수 없는 경우의 해결수단에 대해서는 공백을 낳고 있다.

### (2) 입법론적 제안

외국, 특히 독일의 입법례를 참조하면 다음의 방안이 고려될 수 있다.[14]

#### 1) 직무대행자의 지정

이는 지방자치단체의 위법행위로 인해 정상적인 업무수행이 불가능한 경우에, 감독기관이 직무대행자를 지정하여 그 기관의 직무수행을 대신하게 하는 제도를 말한다. 그러나 이는 다른 한편 지방자치단체의 자기책임성에 대한 중대한 제한이 될 수 있으므로 엄격한 요건하에서 예외적으로만 인정되는 수단이다. 따라서 다른 감독수단(통제)으로는 지방자치단체의 위법상태를 제거할 수 없는 경우에 한하여 인정된다. 이때의 직무대행자의 행위는 잠정적인 것이므로, 일상적인 사무의 처리나 긴급한 사무의 처리에 한하여 인정된다.

#### 2) 지방의회의 해산제도

① 의  의     이는 지방의회의 기능장애로 합법적인 지방행정수행이 정상적으로 불가능한 경우에, 국가의 감독기관이 이를 해산하고 새로운 의회를 구성하도록 함으로써 적법한 지방사무수행을 가능하도록 하는 해결방법이다. 예컨대 지방의회가 장기간 사무수행을 거부하는 경우, 의원들의 장기간 출석거부로 개회가 불가능한 경우 등이 이에 해당하는 사유이다.

② 요  건     이는 지방자치에 대한 중대한 제한이므로 엄격한 요건하에서만 허용되는 최후의 법적 통제수단이다. 따라서 요건으로서, 지방의회가 지속적으로 의결능력이 없거나 그 사무처리의 적법성이 보장되지 않을 것과, 다른 통제수단으로는 이와 같은 장애가 극복하기 어려운 것일 것의 요건이 필요로 된다.

③ 효  과     감독기관의 해산처분으로 지방의회는 해산되고 의원의 임기는 종료

---

14) 이기우, 앞의 책, 153면 이하 참조.

된다. 의회해산이 있는 경우에는 가급적 빠른 시간 내에 새로운 지방의회가 구성되도록 하여야 하며, 이를 위한 새로운 선거가 실시되어야 한다. 독일의 경우에는 의회해산일로부터 3개월 이내에 실시하도록 하고 있다.

## V. 행정기관에 의한 관여에 대한 분쟁

### (1) 지방자치단체의 주관적인 공권보장

지방자치의 제도적 보장 내용에는 주관적인 법적 지위의 보장도 포함된다. 따라서 제도적 보장내용에 대한 침해행위가 있는 경우에 지방자치단체는 주관적인 공권으로써 이에 대응할 수 있게 된다. 이에 따라 국가의 행정기관의 위법적인 통제행위에 대하여 자신의 자치행정권을 보호하기 위하여 지방자치단체에게는 권리구제방법이 인정되는 것이다.

### (2) 권리구제의 유형
### 1) 취소소송

취소소송의 제기를 통하여 자신의 권리보호를 주장하게 되는 대상은 자치사무에 한정된다. 이는 위임사무의 경우에는 위임자의 의사에 따른 사무수행이 통상적인 경우라고 볼 수 있으며, 이에 따라 지방자치단체의 권리침해문제는 현실적으로 인정되기 어렵기 때문이다. 따라서 자치사무에 대한 국가의 통제권(<sup>갈등</sup>)행사가 위법한 경우에는 그 처분성이 인정되는 한, 개별법의 명문규정 유무에 관계없이 일반적인 내용에 따라 취소소송 제기가 인정된다.

이와 관련하여 특이한 점은, 자치사무에 대한 명령이나 처분의 취소 또는 그 정지에 관하여 이의가 있는 경우에 그 취소나 정지처분을 통보받은 날로부터 15일 이내에 대법원에 소를 제기할 수 있도록 규정하고 있는 「지방자치법」 제188조 제6항이다. 이러한 내용은 그 관할법원을 대법원으로 하고 있는 점에서 「행정소송법」 제9조 제1항(<sup>취소소송의</sup><sub>1심관할법원</sub>)에 대한 특칙으로서 의미를 갖는 것이나, 이에 대해서는 심급의 이익을 박탈하고 있다는 문제와 현실적으로 소송제기를 서울에서만 해야 하는 소송수행상의 어려움이 존재한다는 비판이 제기된다.[15]

### 2) 부작위위법확인소송

국가기관이나 다른 기관의 승인이 필요로 되는 자치행정사항에 대하여 부작위가 있을 때에는 일반적인 원칙에 따라 부작위위법확인소송이 제기될 수 있다.

---

15) 이기우, 지방자치행정법, 164면 참조.

### 3) 권한쟁의심판 16)

이러한 행정소송 외에 헌법재판소에 대한 권한쟁의심판도 제기될 수 있다(헌법 제111조 1항 4호 와 헌법재판소법 제62조 1항 2호). 그러나 여기에서의 문제는 권한쟁의심판과 행정소송의 관계가 여하한가 하는 점이다.17) 이에 대해서는 권한쟁의심판을 행정소송에 대해 보충적인 관계에 있는 것으로 보는 입장과, 권한쟁의심판의 독자성을 인정하려는 입장으로 나뉘고 있다. 전자의 주장에 따르면 일반법원에 의한 행정소송제기에 의해 권리구제목적을 달성할 수 없는 경우에만 권한쟁의심판을 제기할 수 있다고 보며, 이는「헌법재판소법」제68조 제1항에 의한 보충성의 원칙적용을 권한쟁의의 경우에도 인정하려는 것이다.18)

그러나 보충성의 원칙은 우리「헌법재판소법」의 전체체계에 비추어 기본권침해를 이유로 하는 헌법소원의 경우에만 제한적으로 인정된다고 보는 것이 입법의 취지에 상응하는 것이며, 권한쟁의심판이 갖는 의미에도 부합한다고 생각된다. 따라서 지방자치단체는 국가의 위법적인 감독권행사에 대해 행정소송을 거치지 않고 바로 권한쟁의심판을 제기할 수 있다고 보는 것이 타당하리라고 본다.19)

### (3)「지방자치법」상 행정소송 규정의 평가
### 1) 제188조 제6항의 행정소송

「지방자치법」제188조 제6항의 행정소송은 그 분쟁의 실질내용에 비추어, 국가나 광역지방자치단체의 감독권이라는 권한행사와 지방자치단체의 자치권의 충돌을 그 내용으로 하는 것이므로, 이러한 점에서는 헌법재판인 권한쟁의심판의 대상과 중복되는 문제를 발생하게 된다.

즉, 제188조 제6항에서 당해 지방자치단체의 장이 이러한 소송을 제기하는 이유는, 국가기관인 주무부장관이나 시·도지사가 주어진 권한의 범위를 초월하여 행위를 하였다는 사실에 근거하고 있는 것이므로 권한쟁의심판의 대상이 되는 행위이며, 따라서 이를 행정소송으로 제기할 수 있다는「지방자치법」제188조 제6항은 권한쟁의심판규정과의 충돌을 야기하는 것처럼 평가할 수 있다. 이때에 헌법재판인 권한쟁의심판의 적용영역인 '권한의 범위'에 관한 다툼은 권한행사로 발생된 분쟁의 경우도

---

16) 현재까지 제기된 지방자치단체의 권한쟁의심판은 1994년 5월에 경북 영일군이 해운항만청을 대상으로 제기한 사건과, 1996년 4월에 경기도 시흥시가 통상산업부를 대상으로 제기한 사건, 강남구가 행정자치부를 상대로 한 사건 등이 있다(헌재 1998. 8. 27, 96헌라1; 2001. 10. 25, 2000헌라3; 2002. 10. 31, 2002헌라2 등).

17) 이에 대해서는 류지태, "지방자치의 제도적 보장론 소고(하)", 고시연구, 1993. 11, 98면 이하 참조.

18) 이러한 입장으로는 이기우, 앞의 책, 165면; 동인, "기관소송", 고시계, 1992. 11, 55면 참조.

19) 같은 의견 : 신봉기, "권한쟁의심판제도에 관한 비교법적 고찰", 헌법논총 제2집(1991), 헌법재판소, 638면; 장태주(개론), 957면.

그 대상으로 하는 것이므로, 제188조 제6항상의 감독권행사도 이에 포함된다. 물론「지방자치법」제188조 제6항은 그 대상으로 처분이나 명령에 한정하고 있으나, 이러한 대상행위유형은 권한쟁의심판의 대상을 표현하고 있는「헌법재판소법」제61조 제2항의 '피청구인의 처분 또는 부작위' 중에서 앞부분의 '처분'과 겹치게 된다. 따라서 대상의 차이를 구별기준으로 설정하는 것은 어렵게 된다.

따라서 이 규정은 국가와 지방자치단체 사이의 권한의 범위에 관한 다툼으로 이해하여 이른바 헌법상의 (적극적) 권한쟁의의 모습으로 이해할 수 있어 보인다. 이는 입법자가 제188조 제6항을 제정할 때에, 이 규정의 규율대상이 실질적으로 국가와 지방자치단체, 또는 지방자치단체와 다른 지방자치단체 사이의 권한행사와 관련된 분쟁에 해당한다는 사실을 간과하고(또는 헌법재판소법상의 권한쟁<br>의심판제도의 존재를 간과하고) 경솔하게 제정한 것으로 평가할 수 있다. 따라서 이 규정은 삭제되는 것이 필요하다고 보이며, 이를 통해 자연스럽게 제188조 제6항의 법적 분쟁이 권한쟁의심판의 대상으로 될 수 있도록 만드는 것이 필요하리라고 본다.

### 2) 제189조 제6항의 행정소송

이 소송에 대해서도 그 성질과 관련하여 논의가 제기될 수 있다. 즉 위임사무를 수행하는 경우의 지방자치단체의 장은 위임하는 주체의 기관으로서의 법적 지위를 갖는 것이므로, 이때의 분쟁은 국가위임사무의 경우를 본다면, 실질적으로는 국가기관인 주무부장관과 국가기관인 지방자치단체의 장 사이의 법적 분쟁이 된다. 따라서 이를 행정소송으로 이해할 것인가 또는 헌법재판인 권한쟁의심판으로 이해할 것인가의 문제가 제기되는 것이다.

전자의 입장에 따르면, 국가기관과 국가의 위임사무를 수행하는 지방자치단체의 장 사이의 법률관계는 이른바 내부관계에 해당하므로, 기관소송으로 이해하여야 한다고 본다. 이는 일본 지방자치법 제150조 및 이에 관한 일본의 해석을 참고하고 있는 것으로 보인다. 그러나 이러한 입장에는 동조하기 어려울 것이다. 즉 일본에서는 우리나라식의 헌법재판인 권한쟁의심판이 존재하지 않으므로, 이러한 분쟁도 행정소송의 형태로 최고재판소에 의하여 해결되는 형태를 취하고 있으며, 이에 따라 기관소송의 문제로 이해하는 데 거의 일치하고 있다.

그러나 일본과 달리 통상적인 사법제도와 구별되는 별도의 헌법재판제도가 존재하고 있고, 이에 따라 헌법재판으로서의 권한쟁의심판을 운영하고 있는 우리나라로서는 국가기관 상호간의 권한행사의 범위나 존부에 관한 법적 분쟁은 행정소송으로서의 기관소송이 아니라, 헌법재판인 권한쟁의심판의 대상이 된다고 보는 것이 논리적일 것이다(행정소송법 제3조 4호 단서 및<br>헌법재판소법 제2조 4호 참조). 따라서 제189조 제6항에 의한 소송은 행정소송의 문제로 이해하기보다는, 오히려 헌법재판인 권한쟁의심판의 문제로 이해하는 것이 헌법규정상으로도 타당한 해석이라고 본다(<sup>헌법 제111조 1항</sup><sub>제4호 참조</sub>). 이에 비추어 제189조 제 6 항 소정의 행정소송도 헌법재판인 권한쟁의심판과의 조정이 필요하다고 생각한다.

**기본사례 풀이**

## I. 설문 1의 풀이

### 1. 문제의 소재

사안은 조례의 범위 및 한계에 관한 문제를 그 대상으로 한다.

### 2. 행정작용의 법적 성질

문제되는 행정작용은 조례제정작용이다. 따라서 조례의 개념이나 한계에 관한 일반적인 설명이 필요하다.

### 3. 행정작용의 위법성

도로점용료의 면제에 관한 규정은 「도로법」 제42조이다. 이에 따르면 일정한 사유(<sup>제1호에서</sup><sub>제3호</sub>)에 해당하는 때에만 점용료가 면제될 수 있다. 당해 사안에서는 이러한 사유에 해당하지 않는다. 따라서 당해 조례의 내용은 법률인 「도로법」 제42조의 위반이 되며, 법률우위원칙에 위반된다. 결국 위법한 조례가 된다.

### 4. 권리구제

위법한 조례를 대상으로 하는 권리구제논의가 그 대상이 된다. 이때의 방법으로는 행정적 방법과 사법적 방법이 있다.

(1) 행정적 수단 : 재의요구

재의요구의 유형으로는 자율적인 통제와 국가 등의 지시에 의한 타율적 통제가 존재한다.

1) 자율적인 통제의 경우

이때에 다투고자 하는 시점이 조례가 의결되어 이송된 지 이미 20일이 경과한 경우라면 더 이상 불복수단의 제기가 불가능하게 된다(<sup>지방자치법 제107</sup><sub>조 1항 참조</sub>). 그러나 20일의 기간이 경과되지 않은 때에는 서울특별시장은 제107조 제 1 항에 의해 이유를 붙여 재의를 요구할 수 있다.

2) 국가 등의 지시에 의한 통제

이때에 서울특별시장이 자율적으로 재의요구를 하지 않으면, 적법성의 회복 차원에서 제192조 제 1 항에 따라 주무부장관인 국토교통부장관이 재의를 요구할 수 있다.

(2) 사법적인 수단

1) 자율적인 사법심사제기

서울특별시장에 의한 재의요구에 대해 서울시 의회의 재적의원 과반수의 찬성과 출석의원 3분의 2 이상의 찬성으로 재의결되고, 이러한 재의결된 내용이 법령에 위반되는 때에는 서울시장은 대법원에 소송을 제기할 수 있다. 이러한 소송은 기관소송이다($^{제107조}_{3항}$).

2) 국가 등의 지시에 의한 경우

서울특별시장이 사법심사를 제기하지 않으면 국토교통부장관은 서울특별시장에게 소송을 제기할 것을 지시할 수 있으며, 이에 따라 소송을 제기할 수 있다($^{제192조}_{5항}$).

3) 국가 등의 직접적인 제소

서울특별시장이 재의를 요구하지 않거나 또는 재의결 후 사법심사를 제기하지 않으면 국토교통부장관은 직접 제소할 수 있다.

4) 집행정지의 신청

국토교통부장관의 이러한 제소지시나 직접적인 제소시에는 조례의 효력을 정지하게 하는 집행정지를 신청할 수 있다.


## Ⅱ. 설문 2의 풀이

### 1. 문제의 소재

사안에서는 조례의 범위 및 한계에 관한 사항이 논점이 된다.

### 2. 행정작용의 성질

설문 1)의 경우에는 행정계획에 관련된 조례제정작용이, 설문 2)의 경우에는 벌칙제정을 내용으로 하는 조례제정작용이 대상이 된다.

### 3. 위법성의 사유

(1) 설문 1)의 경우

이때의 조례는 행정계획을 대상으로 한다. 따라서 행정계획을 내용으로 하는 조례의 수립권한에 관한 계획고권에 관한 설명이 필요하다. 이는 지방자치의 제도적 보장의 핵심적 내용으로서의 성질을 갖는다.

당해 사안에서의 조례는 실정법내용에 비추어 「국토의 계획 및 이용에 관한 법률」 제11조, 제22조, 제24조, 제29조 제 2 항 등의 위반문제가 제기된다. 이는 법률우위의 원칙위반으로서 그 자체로서 위법인 조례가 된다.

(2) 설문 2)의 경우

이때의 조례는 조례위반에 대한 벌칙제정권의 규정가능성 문제가 검토의 대상이다. 이는 「지방자치법」 제34조 제 1 항의 해석문제와 관련된다. 제34조 제 1 항의 의미를 조례위반행위에 대해서는 조례로써 과태료 이외의 벌칙을 부과할 수 없다고 해석하는 경우에는, 문제의 조례는 「지방자치법」 제34조 제 1 항 위반으로 법률우위원칙에 반하는 위법한 조례가 된다. 그러나 제34조 제 1 항의 의미를 제28조 제1항 단서와 연계하여 해석하는 때에는 과태료 이외의 벌칙은 법률의 규정여부에 따라서 규정가능성여부가 인정된다. 예컨대 실정법규정이 이에 관한 명문규정을 두고 있다면 당연히 규정할 수 없게 되나, 법률에 명문규정이 없다면 법률유보원칙과 조례에 의한 독자적 규율필요성의 형량하에 개별적으로 검토되어야 한다. 주차위반과 이에 대한 벌칙부과의 근거법은 도로교통법이다. 이에 따르면 「도로교통법」 제156조 1호에 의해 「도로교통법」 위반행위에 대해서는 원칙적으로 20만원 이하의 벌금, 구류 또는 과료의 형으로 벌하도록 하고 있으나, 현실적으로는 제163조 이하의 특례에 의해 통고처분이 행해지고 있다. 따라서 이러한 제163조 이하의 특례규정의 취지에 비추어 「도로교통법」에서는 벌금형 이상은 부과하지 않으려는 취지임이 분명하다. 따라서 주차요금의 연체에 대해 금고형을 부과하는 조례는 법률유보원칙의 위반으로 위법하다고 보아야 할 것이다.

### 4. 해결방법

설문 1)이나 설문 2)에서 각 조례는 결국 위법한 조례로서 평가될 수 있다. 따라서 위법한 조례에 대한 통상적인 해결방법에 의해 해결되어야 한다.

(1) 행정적 방법

재의요구의 방법으로 해결된다. 그 주체로는 춘천시장 뿐 아니라(<sup>지방자치법</sup><sub>제120조 1항</sub>) 강원도지사가 될 수 있다(<sup>동법 제</sup><sub>192조 1항</sub>).

(2) 사법적 방법

재의요구에 대해 춘천시 의회가 동일한 내용으로 재의결하게 되면 춘천시장이나 강원도지사는 직접 소를 대법원에 제기할 수 있으며(<sup>제120조 3항,</sup><sub>제192조 5항</sub>), 강원도지사의 지시에 따라 춘천시장이 소를 제기할 수도 있다(<sup>제192조</sup><sub>5항</sub>).

# 제 8 편

# 경찰행정법

行　政　法　新　論

농림축산식품부가 개최한 우리 쌀 소비운동을 권장하는 집회 도중에, 甲을 비롯한 농민 20여명은 정부의 그간의 쌀 수입개방조치에 대한 이의표시로 농림부의 건물진입로를 막고 정부의 대책을 촉구하는 행위를 하고 있다.

　1) 이때의 경찰권 행사문제를 검토하시오.

　2) 이를 진압하는 과정에서 서울시경 소속 경찰 乙은 甲 등에 대해 소란행위를 중지할 것을 요구하였으나 이에 따르지 않고 바리케이드를 치고 대항하자, 甲 등에 대해 최루탄으로 위협사격을 하던 중, 부모를 따라 집회장에 나왔던 초등학생 丙과 丁의 상반신에 중상을 입히게 되었다. 이때의 행정법상의 법적 문제를 검토하시오.

(풀이는 1068면)

# 제 **1** 장　경찰행정법 일반론

| | |
|---|---|
| 제1절　경찰의 개념 | 제3절　경찰의 조직 |
| 제2절　경찰의 종류 | 제4절　경찰법의 규범적 기초 |

## 제 1 절　경찰의 개념

경찰개념은 여러 가지 의미로 사용될 수 있다. 이에는 제도적 의미(또는 조직적 의미)의 경찰, 형식적 의미의 경찰 및 실질적 의미의 경찰 등이 논의된다.

### 1. 제도적 의미의 경찰

제도적 의미의 경찰이란 구체적으로 수행하는 국가활동의 행위주체가 경찰기관에 속하는가의 여부를 기준으로 논하는 경찰개념이다. 이는 조직체로서의 경찰을 의미하며, 실정법상 조직되어 있는 경찰의 조직 내에 속하는 모든 기관을 말한다. 우리의 경우에는 「경찰법」 제2조가 경찰의 조직에 관하여 규율하고 있다.

### 2. 형식적 의미의 경찰

이는 제도적 의미의 경찰에 의해서 행해지는 모든 활동을 그 활동내용에 상관없이 경찰개념으로 이해하는 견해이다. 따라서 이에 따르면 위해방지 이외에도 조직체로서의 경찰이 행하는 형사소추활동, 질서위반자에 대한 과벌행위 등도 이에 포함된다. 우리의 경우에는 「경찰법」 제3조와 「경찰관직무집행법」 제2조가 경찰의 직무에 관하여 규율하고 있다.

### 3. 실질적 의미의 경찰

이는 수행되는 국가활동의 목적을 기준으로 경찰개념을 파악하는 것이며, 이때에 어느 기관이 이를 수행하는가는 문제삼지 않는다. 따라서 통상의 경찰기관에 의한 것은 물론이고, 다른 행정기관의 소관에 의한 경우도 이에 포함된다. 이에 의하면 경찰은 '공공의 안녕과 질서에 대한 위해(Gefahr)를 방지하기 위한 목적으로 행해지는 모든 활동'을 의미하게 된다. 따라서 이 개념에서의 경찰은 소극적인 목적을 위해서만 활동하는 것이며, 적극적으로 공공복리의 배려는 그 목적에 해당하지 않는다. 이 개념은 경찰활동의 역사적인 발전과정과 관련을 갖는 것으로서, 독일에 있어서는 1882년 6월 14일의 프로이센 고등행정법원의 크로이쯔 판결(Kreuz-Urteil)을 계기로 정착된 개념인바, 이 판결 이전까지 포함되었던 경찰의 권한인 공공복리의 배려(Wohlfahrtspflege) 개념은 이 판결을 계기로 하여 배제되어 법치국가적인 경찰개념으로 제한되게 되었다.

경찰행정법의 주된 대상으로서의 경찰개념은 이러한 실질적 의미의 경찰이 되며, 이하에서는 이 개념에 따른 개별적인 사항을 논하기로 한다.

## 제 2 절   경찰의 종류

우리나라에서는 경찰을 그 종류에 있어서 다음과 같은 유형으로 나누어서 설명하고 있다.

### 1. 행정경찰과 사법경찰

행정경찰은 사회공공의 안녕과 질서를 유지하는 목적을 수행하는 경찰을 말하며, 사법경찰은 형사소추의 목적을 수행하는 경찰을 말한다. 전자는 경찰법규가, 후자는 「형사소송법」이 적용된다는 점에서 구별될 수 있다. 그러나 우리나라에서는 조직상으로 이러한 구별을 하고 있지 않으며, 일반경찰기관이 양자를 모두 관장하고 있다.

### 2. 보안경찰과 협의의 행정경찰

앞에서 논한 행정경찰은, 다시 경찰작용수행에 있어서 이를 주된 행정작용으로서 수행하는지 또는 부수적으로 수행하는지에 따라 전자는 보안경찰(예컨대 교통경찰이나 소방경찰 등)로, 후자는 협의의 행정경찰(예컨대 위생경찰이나 건축경찰 등)로 나누기도 한다. 그러나 이러한 분류에 대해서는 비판적 견해도 제기되고 있다.[1]

---

1) 박윤흔(하), 303면.

## 3. 예방경찰과 진압경찰

경찰권발동의 시기를 기준으로 하는 분류로서, 범죄의 발생을 예방하기 위하여 행해지는 경찰을 예방경찰, 범죄가 발생한 후에 범죄를 수사하고 피의자를 체포하기 위하여 행하는 경찰을 진압경찰이라고 한다. 대체로 앞에서 논한 행정경찰과 사법경찰의 분류에 상응하는 것으로 평가되고 있다.

## 4. 평시경찰과 비상경찰

일반경찰기관이 일반경찰법규에 의하여 행하는 경찰작용을 평시경찰이라고 하고, 군대에 의해 전시·사변 또는 국가비상사태시에 행하여지는 경찰작용을 비상경찰이라고 한다.

## 5. 국가경찰과 지방자치단체경찰

조직, 인사 및 경비부담 등에서 국가가 경찰유지의 권한을 행사하는 경우를 국가경찰, 지방자치단체가 행사하는 경우를 지방자치단체경찰 또는 자치경찰이라고 한다. 국가경찰은 행정자치부장관 소속하에 경찰청의 조직을 둔다(경찰법 제2조). 자치경찰은 그동안 도입여부와 관련하여 많은 논의가 있었으나, 경찰의 수사권 독립과 맞물려 아직 정치적 해결이 나지 못하고 있다. 현재는 제주특별자치도의 경우에만 인정되고 있는 실정이다. 「경찰법」에서는 제25조에서 비상사태시 국가경찰의 자치경찰에 대한 지휘·명령만 규정하고 있으며, 그 외 자치경찰에 대한 내용은 「제주특별자치도 설치 및 국제자유도시 조성을 위한 특별법」에서 규정하고 있다(제103조에서 제139조까지). 이하의 설명은 국가경찰의 경우를 중심으로 서술하기로 한다.

# 제 3 절  경찰의 조직

현행법상 경찰조직은 보통경찰기관과 비상경찰기관으로 나눌 수 있다.

## 1. 보통경찰기관

경찰작용을 주된 행정작용으로서 수행하는 행정기관을 말하며, 권한에 따라 다음의 기관으로 나눌 수 있다.

### (1) 보통경찰관청

이는 경찰사무에 관하여 직접 대외적 구속력 있는 의사를 결정·표시할 수 있는 권한을 갖는 경찰기관을 말한다. 현행법은 국가의 경찰조직만을 인정하고 있으므로, 경찰관청은 중앙에 의한 통일적인 계층구조로서 구성되고 있다. 즉, 경찰청장을 최고의 기관으로 하고, 지방경찰청장과 경찰서장으로 조직되고 있다. 그러나 현실적으로 경찰청이 행정안전부장관의 소속하에 있고($^{경찰법}_{제2조}$), 행정안전부장관이 이러한 경찰조직의 주요 구성원인 경찰위원회 위원과 경찰청장의 인사에 대한 영향력을 행사할 수 있으므로($^{경찰법 제6조}_{1항, 제11조 2항}$), 행정안전부장관도 넓은 의미에서는 경찰행정을 수행하는 기관으로서 볼 수 있을 것이다.

#### 1) 경찰청장

경찰청은 치안에 관한 사무를 관장하는 기관으로서 행정안전부장관의 소속하에 두며($^{경찰법}_{제2조 1항}$), 그 최고기관은 경찰청장이다. 경찰청장은 경찰위원회의 동의를 얻어 행정안전부장관의 제청으로 국무총리를 거쳐 대통령이 임명한다. 이 경우 국회의 인사청문을 거쳐야 한다($^{제11조}_{2항}$). 경찰청장은 국가경찰에 관한 사무를 통할하고 청무를 관장하며, 소속공무원 및 각급 국가경찰기관의 장을 지휘·감독하는 권한을 갖는다($^{제11조}_{3항}$).

#### 2) 지방경찰청장

경찰청의 사무를 지역적으로 수행하는 기관은 서울특별시장·광역시장 및 도지사의 소속하에 두는 지방경찰청이다($^{제2조}_{2항}$). 이에는 최고기관으로서 지방경찰청장을 두는바, 지방경찰청장은 경찰청장의 지휘와 감독을 받아 관할구역 안의 국가경찰사무를 관장하고 소속공무원 및 소속 국가경찰기관의 장을 지휘·감독하는 권한을 갖는다($^{제14조}_{2항}$).

#### 3) 경찰서장

지방경찰청 소속하에 경찰서를 두며($^{제2조}_{2항}$), 경찰서에는 경찰서장을 둔다($^{제17조}_{1항}$). 경찰서장은 지방경찰청장의 지휘와 감독을 받아 관할구역 안의 소관사무를 관장하고, 소속공무원을 지휘·감독한다($^{제17조}_{2항}$).

### (2) 경찰의결기관 및 협의기관

#### 1) 경찰위원회

경찰행정에 관한 심의·의결기관은 행정안전부 소속하에 두는 경찰위원회이다($^{제5조}_{1항}$). 위원회는 위원장을 포함하여 7인으로 구성되고($^{제5조}_{2항}$), 위원은 행정안전부장관의 제청으로 국무총리를 거쳐 대통령이 임명하며($^{제6조}_{1항}$), 행정안전부장관은 위원을 제청함에 있어서 국가경찰의 정치적 중립성이 보장되도록 하여야 한다($^{제6조}_{2항}$). 임기는 3년이며($^{제7조}_{1항}$), 그 권한으로는 경찰청장의 임명동의권 외에($^{제11조}_{2항}$), ㉠ 국가경찰의 인사·예산·장비·통신

등에 관한 주요정책 및 국가경찰업무발전에 관한 사항, ⓛ 인권보호에 관련되는 국가경찰의 운영·개선에 관한 사항, ⓒ 국가경찰임무 외의 다른 국가기관으로부터의 업무협조요청에 관한 사항, ⓔ 제주특별자치도의 자치경찰에 대한 국가경찰의 지원·협조 및 협약체결의 조정 등에 관한 주요 정책사항, ⓜ 기타 행정안전부장관 및 경찰청장이 중요하다고 인정하여 위원회에 부의한 사항을 심의·의결한다($^{제9조}_{1항}$).

### 2) 치안행정협의회

지방행정과 치안행정의 업무협조 기타 필요한 사항을 협의·조정하기 위하여 시·도지사 소속하에 치안행정협의회를 둔다($^{제16조}_{1항}$).

### (3) 보통경찰집행기관

경찰관청에 의하여 결정된 의사는 집행기관에 의하여 구체적으로 집행되어 실현된다. 이에는 다음의 기관이 있다.

### 1) 일반경찰집행기관

이는 일반적인 경찰업무를 집행하는 기관을 말하며, 「경찰공무원법」 제2조에서 구분되고 있는 경찰공무원이 이에 해당한다. 이들은 검사의 지휘를 받아 사법경찰에 관한 사무도 수행하는바, 이때의 경찰공무원을 사법경찰관리라고 한다.

### 2) 특별경찰집행기관

특별한 분야의 경찰작용을 집행하는 기관을 말하며, 이에는 헌병을 들 수 있다.

## 2. 비상경찰기관

이는 비상사태의 발생시에 군사기관에 의해 경찰작용을 수행하는 것을 말한다. 이때의 기관으로서는 계엄사령관이 있다.

국가비상사태시에 대통령에 의해 헌법규정($^{제77조}_{1항}$)과 「계엄법」에 따라 계엄이 선포되는 경우에는, 계엄사령관이 군대의 병력에 의해 경찰작용을 수행한다. 계엄은 비상계엄과 경비계엄으로 구분되는데($^{헌법 제77조 2항,}_{계엄법 제2조 1항}$), 경비계엄시에는 계엄사령관이 계엄지역 안의 군사에 관한 행정사무와 사법사무를 관장하는 데 반해, 비상계엄시는 모든 행정사무와 사법사무를 관장하는 차이를 갖는다($^{계엄법}_{제7조}$).

계엄과 유사한 것으로서 '위수'라는 것이 1950년부터 존재했었다. 이에 관한 근거법령인 구 「위수령」($^{대통}_{령}$) 제1조에 의하면, 육군군대가 영구히 특정 지구에 주둔하여 당해 지구의 경비, 육군의 질서 및 군기의 감시와 육군에 속하는 건축물 기타 시설물의 보호를 위한 사무를 담당하도록 하였다. 이러한 위수근무를 위한 위수지역에는 위수사령관을 두고($^{구 위수령}_{제2조 1항}$), 위수사령관이 재해 또는 비상시에 서울특별시장·부산광역시장 또는 도지사로부터 병력출동의 요청을 받아 이에 응하게 함으로써($^{구 위수령}_{제12조 1항}$), 위수사령관이 경찰기관으로서의 기능을 수행하도록 한 것이었다.

그러나 이러한 군대출동에 의한 경찰작용수행은 국민의 기본권보호와의 관계에 비추어 보아 문제가 있는 것이었다. 즉 그 근거법령인 「위수령」은 근거법률이 매우 모호할 뿐 아니라,2) 이때의 병력출동을 단순히 행정응원 차원으로 이해할 수 있는지도 지극히 회의적이었기 때문이다. 이는 특히 응원 요청을 받아 이에 응하는 기관이 군대라는 특성으로 인해, 일반적인 행정기관 사이의 행정응원과는 다른 차이가 인정되어야 했기 때문이다. 이러한 점이 받아들여져 마침내 국방부는 2018. 7.「위수령」 폐지를 입법예고했고, 제정된 지 68년만인 2018. 9. 18. 대통령령 제29164호로 「위수령」은 폐지되어 역사 속으로 사라지게 되었다.

# 제 4 절  경찰법의 규범적 기초

## 1. 경찰행정법의 개념 및 유형

경찰행정법이란 실질적 의미의 경찰개념에 따르는 한, 위해방지에 관한 국가작용의 내용·범위 및 형식에 관한 성문 및 불문의 법체계를 의미한다. 이는 그 유형에 있어서 일반경찰행정법과 특별경찰행정법으로 나눌 수 있는바, 후자는 특별법상으로 규정된 실질적 경찰관련법으로서 건축법상의 경찰규정, 영업법상의 경찰규정, 환경행정법상의 경찰규정 등을 들 수 있다. 따라서 이 경우에는 원래의 행정목적은 경찰작용이 아닌 것이나, 당해 행정의 수행에 수반되는 위해방지의 필요성에 의해서 인정되는 법규정을 의미하게 된다. 이에 반해 일반경찰행정법은 원래의 행정목적 그 자체가 독자적으로 위해방지의 임무를 내용으로 하는 경찰작용에 관한 법으로서, 이에는 「경찰법」과 「경찰관직무집행법」이 기본법으로서 작용한다. 통상적으로 경찰행정법에서의 경찰법은 일반경찰행정법을 의미하는 것으로 본다.

## 2. 경찰행정법의 법원

### (1) 헌  법

직접적인 명시규정은 없지만 학자들은 헌법 제37조 제 2 항에서 질서유지를 위하

---

2) 대통령령인 「위수령」의 위임의 근거법률을 「국군조직법」 제15조 제 1 항에서 찾는 견해도 있으나(박윤흔(하), 312면), 동 조항은 부대의 설치에 관한 사항을 대통령령에 위임한 것이며, 설치되는 부대의 일반적인 권한행사에 관한 위임의 근거규정으로 볼 수는 없다. 이를 이러한 부대의 권한행사에 대한 위임의 근거규정으로 본다면, 이는 결과적으로 국민의 기본권을 제한하는 행정작용을 대통령령에 포괄적으로 위임하는 것이 되며, 따라서 위헌의 문제를 야기하게 될 것이다.

여 법률에 의하여 기본권을 제한할 수 있음을 규정하고 있으므로, 질서유지를 위한 법, 즉 경찰행정법의 존재를 예정하고 있다고 본다.

### (2) 법     률

#### 1) 일반경찰행정법

경찰의 조직에 관해서는 「경찰법」, 「경찰공무원법」, 「의무경찰대 설치 및 운영에 관한 법률」 등이 있고, 경찰의 작용에 대해서는 「경찰관직무집행법」과 「경찰직무응원법」 등이 있다.

#### 2) 특별경찰행정법

이에는 「건축법」, 「공중위생관리법」, 「식품위생법」, 「폐기물관리법」, 「청소년보호법」 등이 있다. 이외에 현재 제주특별자치도의 경우에만 인정되고 있는 지방자치경찰의 근거법률로서 「제주특별자치도 설치 및 국제자유도시 조성을 위한 특별법」이 있다.

# 제 2 장   경찰권의 발동근거와 한계

## 제 1 절   경찰권의 발동근거

### Ⅰ. 일 반 론

#### 1. 직무규범과 권한규범의 원칙적 분리

경찰권의 행사와 관련되는 규범은 그 직무에 관한 규범과 구체적인 행위에 관한 권한규범으로 나뉜다. 오늘날의 일반적인 법치국가적 원칙은 양자를 명확하게 구별한다. 즉 위해방지의 목적이 경찰의 직무(관할)로 인정된다고 하여, 이러한 직무규범으로부터 위해방지를 위한 개별적인 행위인 당사자의 권리제한이나 불이익을 야기할 수 있는 경찰수단 발동권한이 당연히 인정되는 것은 아니다. 이는 위해방지를 위한 행위가 언제나 당사자에게 부담적인 수단행사를 전제하는 것은 아니므로, 원칙적으로 직무규범으로부터는 당사자의 권리영역에 직접적인 불이익이나 부담을 주지 않는 수단만이 인정된다고 보아야 하기 때문이다(예컨대 행정기관에 의한 빙판길 주의표지판이나 도로 공사중이라는 주의표지판 설치행위, 청소년선도행위 등).

## 2. 법률유보의 원칙과 권한규범

법률유보의 원칙상 부담적 성질의 경찰처분을 위해서는 직무규범 외에도 구체적인 행위를 행할 수 있는 권한을 부여하는 수권규정이 존재하여야 한다. 이때의 수권규정에는 그러나 ㉠ 일반경찰행정법상의 일반조항(또는개괄조항)에 의한 수권, ㉡ 일반경찰행정법상의 개별조항에 의한 수권, ㉢ 특별경찰행정법상의 개별조항에 의한 수권이 존재한다.

## Ⅱ. 일반경찰행정법상의 일반조항에 의한 경찰권발동

### 1. 일반조항의 인정문제

#### (1) 개　념

일반조항(또는개괄조항)이란 경찰권의 권한을 규정한 조항으로서 그 내용이 개별적인 권한내용을 구체화하고 있는 것이 아니라, 일반적인 위해방지를 위한 추상적인 내용으로 규정되어 있는 것을 말한다.

#### (2) 필 요 성

경찰수단은 그 부담적 성격으로 인해 법률유보원칙에 따라 개별적이고 직접적인 권한규정을 필요로 한다. 그러나 기술수준의 변화, 사회적 사정의 변화 등으로 인해 입법자가 예상할 수 없는 경찰상의 위해가 발생하는 경우에는, 미리 규정된 개별적인 수권규정에 의하여 해결되지 못하는 경우가 존재한다. 이러한 경우에 대비하고자 하여 인정되는 것이 일반조항(또는개괄조항)이다.

#### (3) 인정문제

##### 1) 학설대립

경찰법상의 일반조항에 근거한 경찰처분을 인정할 수 있는가에 대해서 독일에서는, 헌법상의 법치국가원리에 따른 명확성의 원칙(Bestimmtheitsgebot)에 근거하여 부정적인 입장을 취하는 견해도 없지 않으나, 오늘날의 경찰법상의 일반조항은 그 수권의 내용·목적·범위를 충분히 특정하여 규정되고 있으므로 문제가 되지 않는다고 한다.

이에 반해 우리나라에서는 이러한 일반조항의 필요성에 대해서는 인정되고 있으나, 현실적으로 이러한 일반조항이 우리의 법에 존재하는지에 대해서는 견해가 일치하지 못하고 있다. 특히 논의의 대상이 되고 있는 조문으로 제시되는 것은 「경찰관직무집행법」 제 2 조이다. 즉 이 조문의 제 7 호에 규정되어 있는 "그 밖에 공공의 안녕과 질서 유지"를 경찰법상의 일반조항으로 보는 견해가 있는 반면,1) 이 내용을 일반조항의 예로 볼 수 없다는 견해도 존재한다.2)

### 2) 사 견

생각건대 이러한 논의에 있어서 관련되는 이해관계는, 경찰행정은 개별적인 수권조항만에 의해서는 현실적으로 위해방지의 목적을 수행할 수 없다는 것과, 일반조항이 용이하게 인정되는 경우에는 경찰권발동으로 인해 관련되는 당사자의 기본권보호에 있어서 문제가 야기될 수 있다는 사실이다. 따라서 한편으로 일반조항에 의한 경찰권발동의 필요성을 인정하면서도, 이의 적용으로 인해 당사자의 기본권보호가 개별수권에 의하는 경우보다 지나치게 불리하게 작용해서는 안될 것이 필요하게 된다.

독일의 경우에 일반조항이라고 인정되는 내용을 보면, 직무규범이 아니라 권한규범에서 규정하고 있고,3) 그 내용이 비교적 남용되지 않도록 상당히 구체화되고 있다는 점에서 우리의 「경찰관직무집행법」 제 2 조 7호의 경우와는 그 입법구조에서 다른 면이 있음은 인정되어야 할 것이다. 「경찰관직무집행법」 제 2 조 7호의 예를 일반조항으로 인정하지 않으려는 견해는, 직무규범에 규정되고 있는 우리의 이러한 입법구조의 차이에 비추어 보아 좀 더 명확한 일반적 처분권한을 요구하려는 것이다. 그러나 독일의 경우에도 프로이센 경찰법 당시에는 우리의 경우처럼 직무의 범위 속에 규정되어 있던 '공공의 안녕과 질서유지'를 일반조항으로 인정하여 이를 근거로 하는 경찰권발동을 인정하고 있었으며, 그후 이러한 표현에 대한 문제의 제기로 인해 각주의 경찰법규가 비교적 상세한 표현으로 이를 직무규범이 아닌 권한규범의 체계 속에 별도의 조항으로 규정하여 오늘에 이른 것이다. 따라서 오늘날의 우리나라와 독일의 입법구조상의 차이는, 독일의 비교적 오래된 경찰법규의 연혁과 우리의 짧은 경찰법규의 연혁상의 차이에 비추어 같은 차원에서 바로 비교할 수는 없다고 보아야 할 것이다. 아직 우리의 경찰법규가 앞에서 논한 바와 같은 법치국가적 원칙에 따라 철저하게 직무규범과 권한규범을 서로 구별하고 있지 못한 문제는 인정하여야 할 것이다.

따라서 앞으로의 경찰법규는 직무규범과 권한규범을 서로 구별하는 방향으로 개선되어야 하며, 그때까지는 직무규범 속에 포함되어 있는 제 2 조 7호를 권한규범으로서의 일반조항으로 인정하여 경찰권발동을 가능하게 하여야 한다고 본다. 또한 이와

---

1) 김남진·김연태(Ⅱ), 287면; 석종현(하), 311면; 강구철, "경찰권의 근거와 한계", 고시연구, 1991. 9, 80면.
2) 박윤흔(하), 316면; 김동희(Ⅱ), 219면; 홍정선(하), 450면; 박균성(하), 585면; 정하중, "독일 경찰법의 체계와 한국경찰관직무집행법의 개선방향(하)", 사법행정, 1994. 3, 10면.
3) 바이에른 주 경찰관직무집행법 제 2 조(경찰의 직무) ① 경찰은 일반적으로 또는 개별적으로 존재하는 공공안녕 및 질서에 대한 위해를 방지함을 그 임무로 한다.
  제11조(일반적 권한) ① 경찰은 개별적 경우에 공공안녕과 질서에 대한 위해를 방지하는 조치를 취할 수 있다.

같이 이를 일반조항으로 보고 이에 따른 경찰작용을 인정하더라도, 경찰권행사의 일반적 한계인 비례성의 원칙 등이 인정되고 있으므로(경찰관직무집행법 제1조 2항 참조), 개별적인 수권에 의한 경우보다 남용될 소지는 적다고 보아야 할 것이다. 따라서 「경찰관직무집행법」 제 2 조 7호는 일반조항으로 인정될 수 있다고 본다. 판례도 같은 입장이다.

> 청원경찰법 제 3 조는 청원경찰은 청원주와 배치된 기관, 시설 또는 사업장 등의 구역을 관할하는 경찰서장의 감독을 받아 그 경비구역 내에 한하여 경찰관직무집행법에 의한 직무를 행한다고 정하고 있고, 한편 경찰관직무집행법 제 2 조에 의하면 경찰관은 범죄의 예방, 진압 및 수사, 경비요인, 경호 및 대간첩작전 수행, 치안정보의 수집 작성 및 배포, 교통의 단속과 위해의 방지, 기타 공공의 안녕과 질서유지 등을 그 직무로 하고 있는 터이므로, 경상남도 양산군 도시과 단속계 요원으로 근무하고 있는 청원경찰관인 공소외 김차성 및 이성주가 원심판시와 같이 1984. 12. 29. 경상남도 양산군 장안면 임랑리 115에 있는 피고인의 집에서 피고인의 형 공소외 박무수가 허가 없이 창고를 주택으로 개축하는 것을 단속한 것은 그들의 정당한 공무집행에 속한다고 할 것이므로, 이를 폭력으로 방해한 피고인의 판시 행위를 공무집행방해죄로 다스린 원심조치는 정당하고 이에 소론과 같은 위법이 있다고 할 수 없다(대판 1986.1.28, 85도2448).

## (4) 적용상의 한계

따라서 경찰권은 개별적인 수권조항에 의한 구성요건의 충족이 없는 경우에도, 그것이 공공의 안녕과 질서유지를 위해(즉 위해 방지를 위해) 필요로 되는 경우에는 일반조항에 근거하여 행해질 수 있게 된다. 그러나 일반조항의 적용은 그 내용상 경찰법상의 개별적인 권한규정이 없는 경우에 보충적으로만 적용되어야 하며, 또한 이에 따른 경찰권의 행사에 있어서도 일반적인 경찰권행사의 한계가 적용되어야 한다.

## 2. 일반조항에 의한 경찰권발동요건

따라서 경찰권은 일반조항에 의해서도 발동될 수 있다. 이 경우에는 구체적인 경우에 있어서 다음과 같은 일정한 요건이 충족될 것이 필요하다. 즉 공공의 안녕 또는 공공의 질서에 대한 위해가 존재하거나, 경찰상의 장애가 존재하여 이를 예방하거나 제거할 필요가 있을 것을 요건으로 하게 된다. 이러한 개별적인 요건을 검토하면 다음과 같다. 이때의 공공의 안녕과 공공의 질서에 대한 위해는 어느 하나의 요건이 충족되면 족하며, 동시에 요구되지는 않는다고 본다.

## (1) 공공의 안녕이 관련될 것

공공의 안녕이란 개인의 생명·건강·자유 및 재산의 불가침성과 국가와 그 기관들의 존속 및 기능의 온전성을 의미한다. 따라서 이 개념에는 공익 뿐 아니라 사익도 보호의 대상으로 포함된다.

### 1) 개인적 법익의 보호

경찰권발동은 개인적 법익의 보호를 위해서 발동될 수 있으나, 이때에는 다음의 제한이 수반된다.

우선 당해 개인적 법익이 사법에 의하여 보호될 수 있는 경우에는 사법적인 해결 수단, 즉 민사법원의 권한이 우선적으로 적용되며 경찰기관의 행위는 보충적으로만 적용될 수 있다.

또한 경찰권에 의한 사익의 보호는 공공의 안녕을 위한 것이므로, 개별적인 경우에 있어서 사익을 보호하기 위한 공익이 존재하는 경우에 한정된다. 이는 통상적으로 불특정 다수인의 개인적 법익이 위협받고 있는 경우에 인정되나, 특정개인의 법익이 위협받고 있는 경우에도 인정된다.

그러나 이때에 주의할 것은 문제되는 행위가 개인의 자유로운 인격발현권이나 신체의 자유의 범주에 포함되는 때에는($\binom{\text{예컨대 재산의 낭비행위나}}{\text{지나친 과음행위 등}}$) 경찰권행위의 대상에서 제외된다는 것이다. 하지만 이때에도 자신의 신체에 위해를 가하는 자가 자유로운 의사결정 상태에 있지 못하는 경우에 그 행위가 생명의 법익과 같은 중요한 법익에 위해를 가져오게 되는 경우에는, 강제적인 경찰수단이 행해질 필요가 인정된다. 그러나 이러한 경우는 현실적으로 「경찰관직무집행법」 제4조 제1항 1호의 요건에 해당하게 되므로 일반조항에 의한 경찰권발동은 인정되기 어려울 것이다.

### 2) 공동체 법익의 보호

공동체 법익의 보호는 국가와 그 기관들의 존속과 기능의 온전성을 보장하는 것을 목적으로 하며, 이를 위해서는 우선 공법적 규정들의 준수가 보장되어야 한다. 따라서 이러한 규정들의 위반은 항상 공공안녕에 위해가 된다. 그러나 공법규정에 의한 명령이나 금지규범들 중에는 그 의무위반시에 행정행위에 의하여 의무이행을 강제할 수 있는 권한의 수권이 포함되고 있지 않은 경우가 존재하게 된다. 이때에 경찰법상의 일반조항은 집행능력 있는 행정행위의 수단에 의하여 법률상의 의무이행을 강제할 수 있는 법적 근거를 제공하는 기능을 수행하게 되며, 특히 범죄행위의 예방과 억제에 있어서 의미를 갖게 된다.

국가기관들의 존속과 기능의 온전성의 침해양태는 다양하게 나타난다. 예컨대 이들 기관들 앞에서의 시위행위로 통로를 차단하거나 허락을 받지 않고 무단으로 침입하는 행위 등은 침해행위로 인정될 수 있다. 따라서 이에 대해서는 경찰권발동이 행해지게 된다.

그러나 국가와 그 기관들의 존속과 기능의 온전성에 대한 위해의 인정은 매우 신중해야 한다. 우선 이들 기관의 행위에 대한 공적인 심한 비판이라도 언론의 자유와 집회의 자유에 포함되는 한, 공공안녕에 대한 위해가 인정되지 않는 것이나, 이러한 과정에서 국가기관들에 대해 폭력적인 수단을 사용한 경우에는 사정이 다르게 된다. 또한 경찰이 시위군중을 폭력으로 해산하는 과정을 사진으로 촬영한 언론사의 기자에 게 이러한 촬영으로 인해 경찰의 활동이 침해되었으므로 사진의 교부를 요구하는 행 위는 허용될 수 없다. 이는 보도의 자유와 국민의 알권리 차원에서 사진을 촬영할 정 당한 이익이 있기 때문이다. 또한 이때에 경찰공무원의 초상권을 이유로 하는 것도 허용될 수 없는데, 경찰공무원은 공적 지위를 갖는 사람으로서 초상권에 의한 보호로 부터 배제되기 때문이다. 그러나 이러한 촬영으로 인해 경찰정보원이 누설되는 경우 와 같은 특별한 공적인 이해관계가 존재하는 경우에는 국가기관활동의 기능보호를 위 하여 촬영금지가 인정될 수 있다.

## (2) 공공의 질서가 관련될 것
### 1) 개    념
공공의 질서란 이를 따르는 것이 그때그때의 지배적인 사회적 인식 및 윤리의식 에 비추어 공동생활을 위한 불가결한 전제로서 인식되는 규율들의 총체적 개념을 말 한다. 이 개념에서는 법규범이 포함되지 않고, 공동체의 가치개념으로 인식되는 윤리 와 도덕이 이의 대상이다. 법규범은 공공의 안녕 개념에 포함된다.

그러나 윤리나 도덕은 시간과 장소에서 보아 그 내용이 변화하는 특성을 가지며, 이로 인해 경우에 따라서는 주요한 내용들은 실정법의 차원에서 규율되기도 한다 (예컨대 경범죄처벌법의 개별적인 내용들이나 대마관리법에 의한 대마흡연행위처벌 등). 이때의 이러한 내용위반은 공공의 안녕에 대한 위해로서 처리된다.

### 2) 논의되는 예시적인 경우
타인의 종교적 감정을 해하는 특정종교 모독행위, 타인의 무지나 미신을 이용하 는 행위, 미성년자의 동거행위 등은 아직 우리나라의 윤리나 도덕수준에 비추어 공공 질서에 대한 위해로서 인정되어야 할 것이다.

## (3) 공공의 안녕이나 공공의 질서에 대한 구체적인 위해가 존재할 것
### 1) 구체적 위해 개념의 의의
개별적인 경우에 있어서 행정기관의 사전적 입장에서 상황을 합리적으로 평가한 결과, 가까운 장래에 손해가 발생할 가능성이 존재할 때에 '구체적 위해'를 인정한다. 이때의 손해는 경찰법상의 일반조항에 의해서 보호되는 법익(공공안녕 개념에 의해서 보호되는 개인적 또는 공동체의 법익의 경우)이나 가치(공공질서 개념에 의해서 보호되는 가치)가 외부적인 영향에 의하여 정상적인 상태로부터 객관적으로 감소하는 것을 의미한다. 이에 반하여 이에 대립되는 개념인 '추상적 위해'는 특정태도나 상황을 일반적 또는 추상적으로 고찰한 결과, 손해발생이 충분한 개연성으로 예상되는 경우를 말한다. 경찰상의 개별처분을 위해서는 구체적 위해의 존재가 필요하지만, 경찰상의 법규명령(경찰명령)을 위해서는 추상적인 위해의 존재로 충분하다.

구체적인 위해의 존재는 경찰권발동을 위한 기본적인 전제조건으로서의 의미를 갖는다. 이는 개별적인 수권조항에 의한 경우에도 필요할 뿐 아니라, 개별적인 수권조항이 없는 경우에는 비례성원칙의 적용을 통하여 인정되는 요건이다. 따라서 개별적인 경우의 상황이 손해를 발생하는 데 적합하지 않은 경우에는 구체적인 위해의 결여로 경찰권발동이 인정되지 않는다.

그러나 이러한 구체적 위해성의 존재의 필요성은 이를 근거로 개인의 주관적 권리의 제한을 내용으로 하는 처분을 행하기 위한 것이므로, 시민의 주관적 권리제한을 내용으로 하지 않는 경찰활동을 위해서는 요구되지 않는다. 이에 해당하는 것으로서는 대표적으로 '위해의 사전배려조치(Gefahrenvorsorge)'를 들 수 있다. 이는 위해방지조치와 불가분의 관계에 있는 것으로서 위해방지를 실효적으로 행하기 위해 필수적으로 요구되는 것이며 순찰행위·정보수집행위·경찰상의 관찰행위 등이 해당한다. 이는 단순히 경찰상의 일반적인 직무권한에 근거하여 행해질 수 있다.

### 2) 구체적 위해성의 존재인정 문제

그러나 개별적인 경우에 있어서 구체적 위해가 존재한다고 인정할 수 있는가는 그 판정이 용이하지 않다.

⑺ 법규위반　　통상적으로 법규정의 위반은 당해 규범에 의해 보호되는 법익의 침해가 존재하지 않아도 그 자체로서 이미 구체적 위해성의 존재가 인정된다. 따라서 야간에 사람이 없는 도로에서 신호등을 준수하지 않는 행위나 주차금지의무를 위반하는 경우에는 이로 인해 교통상 장애가 오지 않더라도 구체적 위해성이 인정된다.

⑻ 법익·가치의 감소　　구체적 위해성 인정을 위해서는 법익과 가치에 대한 감소가 요구되는 것이므로 법익이나 가치의 증대를 위해서는 (예컨대 공공복리의 배려를 위한 행위) 경찰기관은 권한을 갖지 못한다.

이때에 단순한 불이익·부담 또는 불편함은 법익이나 가치의 감소에 포함되지 않는 것이나, 시간과 장소에 따라서는 단순한 부담이나 불편함도 법익의 감소로 인정될 수 있다. 예컨대 단순한 소음도 낮시간이 아닌 밤에는 건강의 법익에 대한 감소로 인정될 수 있다.[4] 그러나 그 판단은 통상적인 경우를 기준으로 할 것이므로, 특히 민감한 성격의 사람에게나 나타나는 법익감소의 방지를 위해 구체적 위해성이 인정되지는 않는다고 볼 것이다.

---

4) 그러나 현행법은 「소음·진동규제법」에 의해 이를 법규정으로 규율하고 있다.

⒟ **외부적 영향에 의한 발생**   구체적 위해성은 외부적인 영향에 의해 발생할 것이 요구된다. 따라서 고유한 성질에 근거하여 또는 일정한 시간의 경과로 인해 자연적으로 법익이 감소한 경우는 제외되는 것(예컨대 물건이 유통기간의 경과로 변질된 경우)이나, 이로 인해 타인의 법익을 감소시킬 때에는 이에 대해서는 외부적인 원인으로 작용하게 되는 것이므로 위해성이 인정될 수 있게 된다(예컨대 변질된 물품이 유통되어 타인의 건강을 해칠 수 있게 되는 경우).

⒠ **손해발생의 가능성**   구체적 위해는 손해발생의 가능성을 전제로 한다. 이를 위해서는 실제로 또는 적어도 행정기관의 행위의 시점에서 사실관계나 법적 관계를 합리적으로 평가한 결과, 손해발생의 충분한 개연성이 인정되는 것이 필요하다. 따라서 이때에는 행정기관의 판단이 개입하게 되나 이는 재량도 판단여지도 인정될 수 없다고 보아야 하며, 법적 개념으로서 전면적인 사법심사의 대상이 된다. 이러한 요건이 충족된 후의 경찰기관의 행위는 물론 재량행위의 성질을 갖게 된다. 이러한 가능성의 인정여부판단에 있어서는 구체적으로 위협받고 있는 법익의 중요성이 의미를 갖는다. 따라서 중요하고 가치성에서 높은 법익이 관련될 때에는(예컨대 생명이나 신체에 대한 법익) 손해발생의 개연성에 대한 요구는 좀더 낮은 요건으로 충분하게 된다. 또한 가능성 판단에서는 시간적인 관점도 중요하게 작용하는데, 직접적으로 목전에 둔 손해발생으로 인해 사후적인 조치가 불가능하거나 무의미할 정도의 완성된 사실발생의 우려가 존재하는 경우에는 손해발생 가능성의 작은 개연성만으로도 구체적 위해성의 존재를 인정해야 할 것이다. 예컨대 화학물질에 의한 토양오염의 혐의만으로도 이미 위해의 존재를 인정하게 될 수 있다.

⒡ **잠재적 장애상황**   구체적 위해성을 인정하기 위해서는 시간적으로는 손해발생의 가능성이 가까운 장래에 일어날 것이 요구된다. 언젠가 발생할 것이라는 정도의 시간적 간격은 위해성 인정에 기초가 될 수 없다. 따라서 돼지양돈업이나 기타의 공해를 배출하는 시설이 현재는 그 주위에 아무런 거주전용건물이 없어서 손해를 야기할 가능성은 없으나, 장래에 그 주위가 주거지역으로 변경되는 경우에는 주거지역의 주민들에 대한 건강 등의 법익의 감소를 야기하게 될 것이라는 상황은 경찰권 개입을 정당화하는 요건으로서의 위해성 인정과는 무관한 것이다. 이러한 상황을 '잠재적 장애상황(latente Störung)'이라고 하는바, 이때에는 위해도 장애(Störung)도 존재하지 않는 것이다.

⒢ **위해의 외관 문제**   위해성 인정과 관련하여 문제되는 것은 위해의 외관만이 존재하는 경우에도 경찰법상의 일반조항에 근거하여 행위가 허용되는가 하는 것이다.

물론 이때에 논의에서 배제되어야 할 것은 행정기관이 충분한 객관적인 상황평가 없이 단지 주관적으로 위해상황의 존재를 인정하여 개입하는 행위이다(예컨대 영화촬영을 위한 장면 연출로 강도장면을 하고 있는 현장 주위에 '촬영중'이라는 표지판이 있거나 영화카메라가 존재하는 것을 충분히 알 수 있는 상황에서 경찰이 이에 개입하는 행위). 이는 비례성원칙에 어긋나는 것이며, 경찰법상의 일반조항에 의해 정당화될 수 없다.

그러나 상황을 합리적으로 평가한 결과 위해가 존재한다는 인식에서 출발하여 행위했으나, 사후에 손해발생의 가능성이 존재하지 않은 것으로 밝혀지는 경우는 위해성이 인정되어야 할 것이다. 행정기관은 위해의 존재에 관하여 현실적으로 가설적인 판단을 할 수밖에 없기 때문에, 개별적인 경우에 있어서 행위당시에 있어서는 당해 기관이 인식할 수 없었던 사정에 의해 위해가 현실화되지 못하거나, 객관적인 외관과는 달리 처음부터 손해발생을 배제하는 상황이 존재하고 있었다는 사실은 결정적인 중요성을 가질 수 없다고 보아야 할 것이다. 효율적인 위해방지를 위해서는 경찰상의 위해의 존재여부의 판단에 있어서, 행정기관의 관점에서 보아 구체적인 행위결정의 시점에 있어서 상황을 합리적으로 평가한 결과 위해상황이 존재하고 있었다는 사실만이 결정적 의미를 갖는다고 보아야 할 것이다. 결국 위해성 인정에 있어서는 위해의 외관이 존재하는 경우도 포함하게 된다.

### (4) 경찰상의 장애가 존재할 것

경찰권의 발동은 위해가 존재하는 경우 뿐 아니라, 이것이 구체적으로 실현되어 법익이나 가치의 정상적인 상태로부터의 직접적인 객관적 감소상태가 존재하고 이것이 지속되는 경우에도 인정된다. 이를 '**장애**(Störung)'라고 하는바, 위해방지를 위한 행위가 주로 사전적인 예방적 성격을 갖는 데 반해, 이는 사후적으로 발생한 손해를 제거하는 의미를 갖는 것이다.

이 요건은 명문으로 규정되고 있지 않은 경우에도 위해방지를 위한 경찰권이 인정된다면, 이보다 당사자에게 더 적은 불이익을 주는 경찰처분도 당연히 가능하다는 해석방법에 의해(argumentum a minori ad maius) 인정되는 것이다.

이때에 이러한 장애가 형벌법규위반으로 야기된 경우에는 경찰기관은 질서행정기관으로서가 아니라 형사소추를 위해서 활동하게 되는 것이다. 질서행정기관은 형사적 가벌적 행위의 예방에 목적이 있는 반면에, 형사소추수단은 사법적인 형사소송절차의 준비를 위해서 그 의미를 갖게 되는 것이다.

## 3. 경찰권의 행사

### (1) 경찰권행사의 기본원칙

위에서 언급한 요건이 충족되었다고 하여 경찰기관이 바로 구체적인 행위를 하여야 할 의무를 갖는 것은 아니다. 위해방지를 위한 경찰권의 행사에 있어서는 그것이 개별적인 수권조항에 의한 것이든, 일반조항에 의한 것이든 모두 편의주의원칙(Opportunitätsprinzip)이 적용된다. 이 원칙은 위해방지를 위한 경찰권행사가 기속적인 것이 아니라, 개별적 상황을 고려한 재량행위라는 것을 의미한다.

### (2) 경찰권의 재량행사

경찰권의 재량행사는 주지하는 바와 같이 두 가지 단계, 즉 경찰권의 발동여부단계와 개별적인 내용행사단계에서 인정된다. 전자를 결정재량이라 하고, 후자를 선택재량이라고 한다.

#### 1) 결정재량

공공안녕이나 공공질서에 대한 위해가 존재하는 경우에 행정기관은 경찰권을 발동할 것인지의 여부에 관해 재량권을 행사할 수 있다. 그러나 이때에는 발동여부에 관하여 하자 없는 내용의 재량권이 행사되어야 한다. 경우에 따라서는 경찰권발동만이 합법적인 재량권행사일 수 있고, 또한 발동하지 않아도 적법인 경우가 존재하게 된다.

결정재량에 있어서 주요한 것은 구체적인 경우에 경찰권이 발동되어야만 하는 의무적인 경우, 즉 재량이 영으로 수축되는 경우이다. 이때의 경찰권발동의 의무가 인정되는 기준으로는[5] 개별적인 내용에 의하여 논의되는바, 위협받고 있는 법익의 가치성, 위해의 정도 및 개입으로 인해 입게 되는 경찰기관의 위험(Risiko; risk) 등을 고려하여 결정된다고 본다. 따라서 사인의 생명이나 건강의 법익이 목전에 위협받고 있는 때, 경찰기관이 갖추고 있는 인적·물적 수단에 비추어 이에 개입하여도 특별한 위험에 직면하지 않게 되는 경우에는 경찰권발동 의무가 인정될 수 있게 된다. 재량이 영으로 수축되는 경우는 또한 그 밖에도 평등의 원칙에서 도출되는 행정의 자기구속원리가 적용되는 경우를 들 수 있다.

#### 2) 선택재량

경찰권을 발동하는 경우에 구체적으로 행할 수 있는 위해방지를 위한 수단은 여러 가지가 고려될 수 있다. 이때에 행정기관은 수단의 선택과 관련하여 재량권을 행사할 수 있으며, 그 재량권은 비례성원칙에 위반할 수 없다는 한계에서만 가능하게 된다. 선택재량에 있어서는(물론 결정재량에 있어서도 해당한다) 당사자는 행정기관에 대해 재량행사에서 지켜야 할 일반 법원칙을 준수하여 행해지도록 요구할 수 있는 무하자재량행사청구권을 갖는다. 이러한 권리는 특히 공공안녕이나 공공질서에 대한 위해가 개인적인 법익보호와 관련하여 인정될 때에 주어지게 되는 것이며, 경찰법규가 종전과는 달리 공익뿐 아니라 사익도 보호법익으로 하고 있으므로 인정되게 되는 것이다.

---

5) 이에 대해서는 앞부분의 '재량행위론'의 행정개입청구권과 관련하여 이미 설명한 바 있다.

## Ⅲ. 일반경찰행정법상의 개별적 수권에 의한 경찰권발동

### 1. 개별적 수권조항의 의미

이는 경찰행정법상 규정되어 있는 개별적인 경찰권발동요건 및 내용에 관한 규정으로서 경찰행정법에서는 통상적인 권한규정이다. 개별조항에 규정되어 있는 요건은 제한적인 성질을 갖는 것이므로, 이 요건을 충족하는 사안에 대하여 일반조항에 근거한 경찰권발동은 인정되지 않는다. 우리 실정법상으로는 「경찰관직무집행법」 제 3 조 이하가 이를 규정하고 있다.

### 2. 개별적 수권조항에 의한 수단들

#### (1) 수단들의 성질

개별적 수권조항에 의한 수단들은 당사자에 대한 전형적인 형태의 기본권제한을 의미하는 것이므로 독일의 예에 따라 표준처분(또는 표준적 직무집행6))이라고 한다. 이러한 수단에 의해서는 당사자에게 구체적 행위의무뿐 아니라 수인의 의무가 명해지게 되므로, 구체적인 경우에 있어서 이러한 행위의 현실적인 집행인 사실행위와 구별되어야 한다.

#### (2) 개별적 수단들

#### 1) 불심검문

(개) 불심검문의 의의　　불심검문이란 경찰관이 거동이 수상한 자를 발견한 때에 이를 정지시켜 조사하는 행위를 말한다. 현행법상 인정되어 있는 방법에는 질문(경찰관직무집행법 제3조 1항), 임의동행(동법 제3조 2항), 흉기소지조사(제3조 3항)가 있다.

「경찰관직무집행법」상의 불심검문에 관한 내용은 매우 복잡한, 서로 이질적인 사항들로 구성되어 있다. 즉 어떠한 죄를 범하려 하고 있다고 의심할 만한 경우 뿐 아니라, 이미 범하였다고 의심할 만한 경우도 모두 불심검문의 대상으로 하고 있다. 그러나 전자의 불심검문은 위해방지의 차원에서 행해지는 일반보안경찰작용의 성질을 가지나, 후자의 불심검문은 범죄수사의 차원에서 행해지는 수사작용으로서의 사법경찰작용의 성질을 갖는 것이다. 이러한 법률내용은 입법연혁에 있어서 경찰의 수사권이 독립되어 일반보안경찰작용과 사법경찰작용이 서로 유기적으로 연결되도록 제도화되어 있는 미국과 일본의 입법론적 구상에 기초한 것이라고 한다.7) 그러나 우리나라에서는 범죄예방의 과업은 일반경찰이 전담하고, 범죄수사는 검사가 주재자가 되어 수사활동이 이루어지고 있다. 이로 인해 범죄행위가 있고 난 후의 수사문제는 경찰행정

---

6) 김남진·김연태(Ⅱ), 305면 참조.
7) 신동운, 형사소송법, 1993, 53면 참조.

법이 아니라 별도로 「형사소송법」에 의해서 규율하고 있다. 따라서 「경찰관직무집행법」 제 3 조의 불심검문 대상 중 후자의 경우는 「형사소송법」이 예정하고 있는 수사의 한 형태로 파악하지 않을 수 없게 된다. 「경찰관직무집행법」이 형사소송에 관한 법률에 의하지 아니하고는 강제수사의 전형인 신체구속을 할 수 없도록 규정한 것도 $\binom{\text{제3조 7항; 형사소송법}}{\text{제199조 1항 단서 참조}}$ 이러한 관점에서 이해되어야 할 것이다.8) 따라서 후자의 경우에 대해 「경찰관직무집행법」이 규정을 두고 있는 것은 초동수사의 긴급성에 비추어 경찰관이 수사작용의 일환으로 불심검문을 할 수 있도록 하고, 사후에 검사의 수사지휘를 받도록 하는 특례를 인정하고 있는 것으로 이해된다고 본다.9) 이렇게 이해하는 한 「경찰관직무집행법」 제 3 조의 불심검문은 그 해석과 개별문제의 검토에 있어서 위해방지 목적으로만 이해되어서는 안 되는 기본한계를 갖게 된다.

⑷ 불심검문의 방법

① 질 문   경찰관은 전체 정황을 합리적으로 평가한 결과 어떠한 죄를 이미 범했거나 범하려고 하고 있다고 의심할 만한 상당한 이유가 있는 자나, 이러한 범죄행위에 대하여 그 사실을 안다고 인정되는 자를 정지시켜 질문할 수 있다$\binom{\text{법 제3조}}{\text{1항}}$. 질문은 거동수상자에게 행선지나 용건 또는 성명·주소·연령 등을 묻고 소지품 등의 내용을 물어보는 조사방법이다.10)

어떠한 죄를 범하려고 하고 있다고 의심되는 경우의 질문과정에서도 비례성의 원칙은 적용되어야 하므로, 명백히 경찰상의 위해와 무관한 사람을 정지하여 질문하거나 조사활동을 하는 것은 인정될 수 없다고 본다. 이때에 상대방이 정지에 응하지 않거나 질문 도중 현장을 떠나는 경우에, 어느 정도의 물리력을 행사하여 이를 저지할 수 있는가가 문제될 수 있다. 수사작용으로서 범죄혐의를 전제로 한 경우는 앞으로 진행될 본격적인 수사와 관련성을 갖는 것이므로 상대방의 의사를 제압하지 않는 정도의 물리력의 행사$\binom{\text{예컨대 정지를 위하여 길을 막거나}}{\text{추적하거나 신체에 접촉하는 정도}}$는 허용된다고 본다.11) 그러나 위해방지 차원에서의 질문인 때에도 다른 방법에 의해 위해방지의 목적달성이 어려운 경우에는 동일한 내용의 물리력 행사가 허용된다고 보아야 할 것이다.

② 임의동행   당해 장소에서 당사자에게 질문하는 것이 당해인에게 불리하거나 교통의 방해가 된다고 인정할 때에는 질문하기 위하여 경찰관서에 동행할 것을 요구할 수 있다$\binom{\text{제3조}}{\text{2항}}$.

이때의 경찰관서로의 동행요구 목적은 질문을 행하기 위한 것이므로 그 요건이 엄격하게 인정되어야 한다. 즉 위해방지의 목적에서 행해지는 임의동행요구는 다른

---

8) 신동운, 앞의 책, 54면 참조.
9) 신동운, 앞의 책, 55면 참조.
10) 배종대·이상돈, 형사소송법 1997, 191면 참조.
11) 신동운, 앞의 책, 56면; 강구진, 형사소송법원론, 1982, 174면.

방법에 의해서는 현장에서 당사자의 신원 등을 확인할 수 없거나 매우 어려운 경우에 한하여 인정될 것이 요구된다. 단순히 교통의 방해를 이유로 동행을 요구하는 것은 설령 당사자의 동의를 요한다 하더라도 경찰기관의 편의만이 강조된 규정이라는 비판을 받아야 할 것이다. 이때의 동행형식은 임의동행이므로 당사자의 의사에 반해서는 안 되며, 따라서 당사자의 동의를 필요로 한다. 이때에 당사자는 당연히 이를 거절할 수 있다(제3조<br>2항).

　　**임의동행에 있어서 임의성의 판단기준**　　이른바 임의동행에 있어서의 임의성의 판단은 동행의 시간과 장소, 동행의 방법과 동행거부의사의 유무, 동행 이후의 조사방법과 퇴거의사의 유무 등 여러 사정을 종합하여 객관적인 상황을 기준으로 하여야 한다(대판 1993.11.23,<br>93다35155).

　③ **흉기소지조사**　　이는 거동수상자의 의복이나 휴대품을 가볍게 손으로 만지면서 혐의물품의 존부를 확인하고 흉기소지의 혐의가 있는 경우에 상대방으로 하여금 이를 제출하게 하거나 경찰관이 직접 이를 꺼내는 조사방법이다.[12]

　흉기의 소지여부 조사는 그 동기에 있어서 이원적으로 검토되어야 한다. 이는 일면에 있어서 질문의 목적과의 관련성에서 논해져야 한다. 따라서 사전적으로 위해방지(범죄<br>예방)의 차원에서 행해질 때에는, 다른 방법에 의해서는 당사자의 위해성 여부가 확인될 수 없거나 매우 어려운 경우에 인정되는 것으로 평가되어야 한다. 그러나 범죄혐의를 전제로 하는 사후적인 경우에는 증거물의 발견도 그 목적으로 하게 된다. 또한 다른 한편으로 흉기소지조사는 질문의 과정에서 경찰관의 피해의 위험으로부터의 보호의 이유도 무시할 수 없다.

　흉기소지조사는 현실적으로 사람의 신체나 소지품에 대해 행해지게 되므로 신체의 자유에 대한 제한의 성질을 가지게 된다. 이로 인해 흉기소지조사에 대해서 실질적인 수색의 성질을 인정하여 통상적인 수색에서 요구되는 영장이 제시되지 않음을 비판하는 견해가 주장되기도 하나,[13] 이에 대해서는 이때에는 형사소추보다는 범죄예방이라는 위해방지 차원에서 행해지는 것이므로 영장이 불필요한 강제조사의 의미를 갖는다고 보는 견해도 주장된다.[14] 생각건대 흉기의 소지여부조사는 이미 논한 바와 같이 사전적으로는 장래의 범죄행위방지의 측면이 있으나, 범죄행위가 행해지고 난 후에 이러한 불심검문이 행해지고 이 과정에서 흉기의 소지여부가 조사되는 것은 증거물발견목적 이외에도 흉기의 사용으로 다시 범죄가 행해지는 것을 방지하는 의미, 그리고 현실적으로 시간적으로 급박한 정황을 고려한 의미에서의(즉 경찰상의<br>즉시강제로서의) 위해방지

---

12) 배종대·이상돈, 앞의 책, 193면 참조.
13) 이상규(하), 92면 참조.
14) 박윤흔(하), 353면; 홍정선(하), 353면.

의 차원으로도 설명할 수 있을 것이다. 따라서 이러한 관점에서 보아 수색의 경우에 적용되는 영장의 요구(<sup>헌법 제12조 3항,</sup><sub>형사소송법 제215조</sub>)를 이 경우에 배제하는 것은 근거가 있는 것으로 평가할 수 있을 것이다.

(대) **당사자의 절차적 권리**   이러한 불심검문과 관련하여 당사자는 다음과 같은 절차적 권리를 갖는다.

① **사전적 절차**   당사자는 불심검문하는 경찰관의 신분과 그 목적 및 이유를 알 권리가 있다(<sup>제3조</sup><sub>4항</sub>). 동행의 요구시에는 또한 동행장소를 알 수 있어야 한다. 또한 질문에 대하여 그 의사에 반하여 답변을 강요당하지 아니 한다(<sup>제3조</sup><sub>7항</sub>).

② **사후적 절차**   임의동행에 의해 경찰관서에 동행한 경우에는 경찰관에 의해, 당해인의 가족 또는 친지 등에게 동행한 경찰관의 신분, 동행장소, 동행목적과 이유가 고지되거나 당사자 스스로가 즉시 연락할 수 있는 기회와 변호인의 조력을 받을 권리가 있음이 고지되어야 한다(<sup>제3조</sup><sub>5항</sub>). 또한 당사자는 형사소송에 관한 법률에 의하지 아니하고는 구속되지 아니하며(<sup>제3조</sup><sub>7항</sub>), 6시간을 초과하여 경찰관서에서 질문받지 않는다(<sup>제3조</sup><sub>6항</sub>). 또한 경찰관서의 질문과정에서도 의사에 반하여 답변을 강요받지 아니 한다(<sup>제3조</sup><sub>7항</sub>).

(라) **불심검문과 관련되는 문제**   이와 관련되어 새로이 문제되는 사항은 자동차검문이다. 이는 경찰관이 통행중인 자동차를 정지하게 하여 운전자 또는 동승자에게 질문하는 것을 말한다. 자동차검문의 유형으로서 특히 문제되는 것은 경계검문과 긴급수배검문이다.[15]

① **경계검문**   이는 불특정한 일반범죄의 예방과 검거를 목적으로 하는 자동차검문이다. 이는 일반보안경찰작용에 해당하는 것이므로 현행법상으로는 「경찰관직무집행법」 제 3 조의 불심검문의 대상으로서, 어떠한 죄를 범하려고 하고 있다고 의심할 만한 상당한 이유가 있는 자나 행해지려고 하는 범죄행위에 관하여 그 사실을 안다고 인정되는 자에 대한 질문행위로 인정해야 할 것이다.

② **긴급수배검문**   이는 특정범죄가 발생한 때에 범인의 검거와 수사정보의 수집을 목적으로 하는 검문을 말한다. 따라서 이는 전형적인 수사활동으로서 사법경찰작용에 해당하여 「형사소송법」의 규율대상이 되어야 할 것이나, 아직 이에 관한 규정이 없으므로 그 근거는 「경찰관직무집행법」 제 3 조의 범죄혐의를 전제로 한 수사활동으로서의 불심검문 규정에서 찾을 수밖에 없을 것이다. 그러나 이 경우에도 자동차 자체에 대한 압수나 수색은 법관의 영장을 필요로 하는 것이며 긴급한 경우에는 사후에라도 영장을 받아야 할 것이다(<sup>형사소송법</sup><sub>제216조 3항 참조</sub>).

2) **보호조치**

(가) **보호조치의 개념**   보호조치는 정상적인 의사결정상태나 신체상태에 있지 못하

---

15) 이하의 내용은 배종대·이상돈, 앞의 책, 194면 참조.

여 자기나 타인의 생명과 신체 등에 위해를 야기할 수 있는 당사자에 대해, 위해방지의 필요성으로 인해 잠정적으로 신체의 자유를 일정한 장소에 제한하는 행위를 말한다(법제4조).

(나) 요 건　　현행법상의 보호조치를 위해서는 정황을 합리적으로 평가한 결과, 위해방지의 필요성이 인정되는 상황일 것이 필요하다. 구체적으로 자유로운 의사결정상태가 배제되어 있거나(예컨대 정신착란이나 술취한 상태; 제4조 1항 1호) 그 밖의 긴급한 보호를 필요로 하는 상황에 있는 당사자의 생명이나 신체보호를 위한 경우(예컨대 자살기도행위나, 제4조 1항 1호; 미아, 병자, 부양자 등으로서 적당한 보호자가 없는 경우, 제4조 1항 2호), 또는 이러한 당사자로 인해 제 3 자의 생명·신체 및 재산법익에 위해를 야기할 우려가 있는 경우일 것이 필요하다. 이때에는 당사자의 의사에 의해서 비로소 가능한 경우(제4조 1항 2호)와 당사자의 의사에 반하거나 의사 없이도 가능한 경우(제4조 1항 1호)로 나뉜다.

(다) 개별적 내용　　보호조치는 일정한 장소에 잠정적으로 당사자의 신체의 자유를 제한하는 행위이므로 특정장소로의 이전행위와 임시영치를 그 내용으로 한다.

이때의 장소에는 가까운 경찰관서가 해당하나 경우에 따라서는 보건의료기관이나 공공구호기관도 포함된다. 이러한 기관들은 「아동복지법」이나 「국민기초생활보장법」 등에 의해 보호의무가 있으므로 정당한 이유 없이 경찰관에 의한 긴급구호요구를 거절할 수 없다(제4조 2항).

임시영치는 당사자인 피구호자가 휴대하고 있는 무기나 흉기 등 위험을 야기할 수 있는 물건을 경찰관서에 잠정적으로 영치하는 것을 말한다(제4조 3항). 통상적으로 영치란 상대방의 의사에 반하여 목적물의 점유를 취득하지 않는다는 점에서 압수와 구별되며, 이로 인해 영치에 대해서는 압수영장이 요구되지 않고 있다(형사소송법 제218조).16) 그러나 임시영치에서는 당사자의 자유로운 의사결정상태를 인정하기 어렵거나 긴급한 상황을 전제로 하므로, 현실적인 당사자의 의사에 기하지 않은 영치도 인정될 수 있게 된다. 이때 소속 경찰관서의 장은 그 물건을 소지하였던 자에게 일정서식에 의한 임시영치증명서를 교부하여야 한다(경찰관직무집행 법 시행령 제2조).

(라) 보호조치의 한계

① 보호조치에 있어서는 우선 기본적으로 보호조치의 요건에 해당하여야 한다. 따라서 이러한 요건을 충족하지 않은 상태에서 당사자를 보호조치하는 것은 위법이며, 이에 대한 당사자의 항거는 공무집행방해죄를 구성하지 않게 된다.

　　피고인이 경찰서 보호실에 유치될 당시에 긴급구호를 요한다고 믿을 만한 상당한 이유가 있었다든지 보호실에 유치된 후 가족에게 통지하였다고 볼 아무런 자료가 없는 경우에는, 당사자를 적법하게 보호조치한 것이 아니므로 보호실에 유치한 것은 적

---

16) 신동운, 앞의 책, 146면 참조.

법한 공무로 볼 수 없으며 이에 대해 항의하여 나오려는 것을 순경이 제지할 권한도 없으므로 이에 대해서 공무집행방해죄가 성립하지 않는다(대판 1994.3.11, 93도958).

② 또한 경찰관서에 보호된 자의 신체의 자유가 개별적으로 어느 정도 제한될 수 있는지가 문제될 수 있다. 우선 논의될 수 있는 것은 특히 제 4 조 제 1 항 1호의 경우에는 보호조치에 의해 아직도 경찰상의 위해가 제거되지 않는 것이 통상적이므로 경찰관서에서의 구체적 보호조치내용이 문제될 수 있다. 이때에는 계속적인 경찰상의 위해방지를 위하여 필요한 경우에는 엄격한 요건하에서 신체의 결박행위도 인정된다고 보아야 할 것이다. 이러한 요건에는 ㉠ 당사자가 정신착란이나 술취한 상태에서 경찰관 또는 제 3 자를 공격하거나 계속적인 저항을 하는 경우 및 물건을 손상시키는 행위를 하는 때, ㉡ 당사자가 도주하려고 하는 때, ㉢ 계속하여 자살을 기도하거나 자신의 신체에 대한 상해를 입히고자 하는 때 등을 들 수 있을 것이다. 그러나 이러한 행위는 보호조치를 넘어서는 신체의 자유에 대한 제한행위이므로, 보호조치의 내용에 의해 포함되는 것으로 해석해서는 안 되며, 별도의 수권조항을 필요로 한다고 보아야 한다. 우리의 경우에는 「경찰관직무집행법」 제10조가 적용될 수 있을 것이다.

③ 그 밖에도 보호조치는 시간적 한계에 있어서 경찰관서에서 24시간을 초과할 수 없고, 임시영치는 그 잠정적인 성격상 10일을 초과할 수 없다(제4조 7항).

㈐ 경찰기관의 절차적 의무    이러한 보호조치에 있어서는 일정한 절차적 의무가 당사자의 기본권보호차원에서 인정되고 있다. 보호조치를 한 경찰관은 연고자에게 그 사실을 통지하여야 하며, 연고자를 발견할 수 없을 때에는 적당한 공중보건의료기관이나 공공구호기관에 즉시 인계하여야 한다(제4조 4항). 이때에는 즉시 그 사실을 소속 경찰서장에게 보고하여야 한다(제4조 5항). 이때에 소속 경찰서장은 보고를 받은 후 피구호자를 인계한 사실을 지체 없이 당해 공중보건의료기관, 공공구호기관의 장 및 그 감독행정청에 통보하여야 한다(제4조 6항). 통보의 방식은 피구호자인계서라는 서식에 의한다(경찰관직무집행법 시행령 제3조).

**경찰관의 긴급구호권 불행사로 인한 국가배상책임 성립 요건**   긴급구호권한과 같은 경찰관의 조치권한은 일반적으로 경찰관의 전문적 판단에 기한 합리적인 재량에 위임되어 있는 것이나, 그렇다고 하더라도 구체적 상황하에서 경찰관에게 그러한 조치권한을 부여한 취지와 목적에 비추어 볼 때 그 불행사가 현저하게 불합리하다고 인정되는 경우에는, 그러한 불행사는 법령에 위반하는 행위에 해당하게 되어 국가배상법상의 다른 요건이 충족되는 한, 국가는 그로 인하여 피해를 입은 자에 대하여 국가배상책임을 부담한다(대판 1996.10.25, 95다45927).

### 3) 위험발생의 방지조치
㈎ 의 의    이는 인명 또는 신체에 위해를 미치거나 재산에 중대한 손해를 끼칠

우려가 있는 위험한 사태가 발생할 때에 이를 방지하는 특정조치를 취하는 것을 말한다(제5조). 「경찰관직무집행법」은 위험한 사태로서 천재·사변·공작물의 손괴·교통사고·위험물의 폭발 등을 규정하고 있으나 이는 예시적인 경우로서 그 밖의 경우에도 존재할 수 있으며(예컨대 동물원에 보관중인 맹수의 탈출의 경우 등), 구체적인 위험사태의 인정은 경찰기관이 판단하게 된다. 실정법상 논의되는 구체적인 위험발생 방지조치 내용으로는 경고(제5조 1항1호), 억류조치나 피난조치(제5조 1항2호) 및 개별적인 위해방지조치(제5조 1항3호)를 들 수 있다.

### (나) 개별적 내용

① **경 고**    이는 당해 장소에 집합한 자, 사물의 관리자 기타 관계인에게 주의를 환기시키는 행위를 말한다. 예컨대 교통사고나 화재, 건물붕괴현장을 구경하고 있는 시민에게 접근을 금지하는 명령을 발하는 경우를 들 수 있다.

② **억류조치나 피난조치**    이는 긴급을 요하는 상황에서 위해를 받을 우려가 있는 자를 필요한 한도 내에서 신체의 자유를 제한하는 것을 말한다. 예컨대 화재나 건물붕괴시에 현장에 있는 예상 피해자를 다른 장소로 대피시키거나 현장에 억류하는 행위를 들 수 있다. 이때에는 비록 강제적인 성질은 있더라도 긴급한 상황과 당사자의 더 중한 법익보호를 위한 행위이므로, 거주이전의 자유에 대한 침해성은 인정할 수 없을 것이다.

③ **개별적인 위해방지조치**    이는 당해 장소에 있는 자, 사물의 관리자 기타 관계인에게 위해방지상 필요하다고 인정되는 조치를 하게 하거나 경찰관 스스로 그 조치를 하는 것을 의미한다. 예컨대 광견이나 맹수의 출몰의 경우 사육주에게 그 사살을 명하거나 경찰관이 직접 사살하는 행위 등을 들 수 있다.

④ **특별한 목적을 수행하는 경우**    간첩작전을 수행하거나 소요사태의 진압작용을 하는 경우에는 이의 실효성과 국가중요시설의 보호를 위해 경찰관서의 장이 간첩작전지역이나 경찰관서·무기고 등의 중요시설에 대한 접근이나 통행을 금지 또는 제한할 수 있다(제5조 2항).

### (다) 절차적 의무    경찰관이 경고, 억류나 피난조치 및 개별적인 위해방지조치를 행한 경우에는 지체 없이 이를 소속 경찰관서의 장에게 보고하여야 한다(제5조 3항). 경찰관서의 장이 이러한 보고를 받거나 제 2 항의 조치를 행한 때에는 관계기관의 협조를 구하는 등 적당한 조치를 하여야 한다(제5조 4항).

### 4) 범죄의 예방 및 제지조치

이는 범죄행위의 예방과 관련한 경찰권의 행사를 그 내용으로 한다(제6조). 구체적인 내용은 범죄예방을 위한 관계인에 대한 경고조치와 범죄행위 저지에 필요한 행위로 나뉜다. 따라서 이 요건에 해당할 때에는 이러한 개별조항에 의해서만 경찰권발동이 가능하고, 경찰법상의 일반조항에 의한 경찰권발동은 인정되지 않는다고 보아야 한다.

**경찰관에게 부여된 권한의 불행사가 직무상의 의무를 위반하여 위법하게 되는 경우**
경찰은 범죄의 예방, 진압 및 수사와 함께 국민의 생명, 신체 및 재산의 보호 등과
기타 공공의 안녕과 질서유지도 직무로 하고 있고, 그 직무의 원활한 수행을 위하여
경찰관직무집행법, 형사소송법 등 관계 법령에 의하여 여러 가지 권한이 부여되어 있
으므로, 구체적인 직무를 수행하는 경찰관으로서는 제반 상황에 대응하여 자신에게
부여된 여러 가지 권한을 적절하게 행사하여 필요한 조치를 취할 수 있는 것이고, 그
러한 권한은 일반적으로 경찰관의 전문적 판단에 기한 합리적인 재량에 위임되어 있
는 것이나, 경찰관에게 권한을 부여한 취지와 목적에 비추어 볼 때 구체적인 사정에
따라 경찰관이 그 권한을 행사하여 필요한 조치를 취하지 아니하는 것이 현저하게
불합리하다고 인정되는 경우에는 그러한 권한의 불행사는 직무상의 의무를 위반한
것이 되어 위법하게 된다(군산 윤락업소 화재 사건으로 사망한 윤락녀의 유족들이
국가를 상대로 제기한 손해배상청구 사건에서, 경찰관의 직무상 의무위반행위를 이유
로 국가에게 위자료의 지급책임을 인정한 사례)$\binom{\text{대판 2004.9.23,}}{\text{2003다49009}}$.

### 5) 위험방지를 위한 출입

⑺ 의 의     경찰관은 위험한 사태가 발생$\binom{\text{제5조 1항}}{\text{의 경우}}$하거나 범죄예방을 위한 경우
$\binom{\text{제6조 1항}}{\text{의 경우}}$에 인명, 신체 또는 재산에 대한 위해가 절박하여 그 위해를 방지하기 위하여
부득이하다고 인정할 때에 타인의 토지, 건물 등에 출입할 수 있다$\binom{\text{제7}}{\text{조}}$. 이는 헌법상
보장되어 있는 주거의 자유$\binom{\text{헌법}}{\text{제16조}}$를 제한하는 성질을 갖는 것이다. 실정법상 인정된
개별적 내용은 크게 보아 출입행위$\binom{\text{제7조}}{\text{1항,2항}}$와 검색행위$\binom{\text{제7조}}{\text{3항}}$로 나눌 수 있다.

⑻ 내 용

① 출입행위     위해방지의 목적하에 소유자나 관계인의 동의 없이도 타인의 토
지나 건물 등에 들어가고, 잠시 체류하고 대상물의 내부를 둘러보는 행위를 말한다.
그 대상에는 다수인의 출입을 전제로 하지 않는 장소$\binom{\text{제7조}}{\text{1항}}$와 다수인이 출입하는 장소
$\binom{\text{제7조}}{\text{2항}}$로 나뉜다. 후자의 장소에의 출입에 있어서는 일반 공중의 이용에 제공되는 공공
성의 성격이 강하고 그 시간이 영업 또는 공개시간 내이므로 그 요건에 있어서 전자
의 경우보다 다소 완화된 내용으로 인정될 수 있다. 따라서 다수인이 출입하는 장소
의 관리자나 이에 준하는 관계인은 정당한 이유 없이 이를 거절할 수 없게 된다$\binom{\text{제7조}}{\text{2항}}$.
이때에 다수인이 출입하는 장소라 하더라도 그 시간이 영업시간이나 공개시간이 경과
한 시간$\binom{\text{예컨대}}{\text{야간}}$에 출입하고자 할 때에는, 그 근거규정은 제 7 조 제 2 항에 의해서는 불
가능하고 제 7 조 제 1 항에 의하여야 할 것이다. 따라서 제 7 조 제 1 항의 경우에 준하
는 정도의 엄격한 요건하에서만 인정된다고 보아야 할 것이다.

② 검색행위     이는 당해 목적물 내부에서 특정인이나 특정물건을 찾는 목적지
향적 행위를 말한다. 따라서 검색은 그 실질에 있어서 수색과 다를 바 없으므로 영장

을 그 요건으로 하여야 할 것이나($^{헌법}_{제16조}$), 현행법은 간첩작전수행이라는 특수한 목적의 필요시에 작전지역 안에 있는 다수인이 출입하는 장소에 대해 영장 없이 행해질 수 있도록 규정하고 있다. 그러나 이때의 요건은 간첩대책작전이라는 이유만으로 정당화되고 있으며, 출입행위시에 요구되는 엄격함을 전제로 하지 않고 있음에 문제가 있다.

㈐ 절차적 의무　경찰관이 필요한 장소에 출입하거나 검색할 때에는 그 신분을 표시하는 증표를 제시하여야 하며, 관계인이 행하는 정당한 업무를 방해하여서는 안 된다($^{제7조}_{4항}$).

㈑ 관련문제　이 조항과 관련하여 논의되는 문제는 도청이 있다. 즉 위해방지나 범죄예방을 위해 타인의 건물 등에 출입하는 행위 속에 도청기설치도 포함되는가 하는 것이 문제된다.

생각건대 이는 출입행위에 의한 주거의 자유제한행위와는 성질을 달리하는 사생활의 비밀과 자유($^{헌법}_{제17조}$)에 대한 제한행위이고 그 성질상 강제수사에 해당하므로, 법원의 허가를 전제로 하여서만 인정될 수 있으며, 「경찰관직무집행법」 규정에 의해서는 절대로 인정될 수 없다고 보아야 한다. 현행법상 이에 대해서는 「통신비밀보호법」이 엄격한 요건을 요하고 있으며($^{제5}_{조}$), 원칙적으로 사전의 법원의 허가서를 필요로 한다($^{제6조}_{5항}$). 그러나 예외적으로 긴급한 경우에는 사후에 법원의 허가를 받도록 하고 있다($^{제8조}_{1항}$).

### 6) 출석요구

㈎ 의 의　출석요구는 경찰의 특정직무를 수행하는 데 필요로 되는 사실관계를 확인하기 위해 이에 대한 진술을 할 수 있는 당사자에게 경찰관서에의 출석을 요구하는 것을 말한다($^{제8조}_{2항}$). 현행법은 이에 해당하는 직무로서 미아를 인수할 보호자의 여부확인, 유실물을 인수할 권리자의 여부확인, 사고로 인한 사상자를 확인하기 위하거나 행정처분을 위한 교통사고 조사상의 사실을 확인하기 위한 경우를 들고 있다.

㈏ 절 차　출석요구는 서면으로 하여야 하며($^{출석}_{요구서}$) 여기에는 출석을 요하는 사유, 일시 및 장소가 기재되어야 한다. 시간의 확정에 있어서는 경찰관의 편의가 아니라 관계인의 사정이 배려되어야 하므로, 관계인의 직업 및 그 밖의 생활사정이 고려되어 결정되어야 한다.

### 7) 장구의 사용

㈎ 의 의　경찰관은 ㉠ 현행범 또는 사형·무기 또는 장기 3년 이상의 징역이나 금고에 해당하는 죄를 범한 범인의 체포, 도주의 방지와 ㉡ 자기 또는 타인의 생명·신체에 대한 방호, 공무집행에 대한 항거의 억제를 위하여 필요하다고 인정되는 상당한 이유가 있을 때에는 수갑·포승·경찰봉·방패 등 일정한 경찰장구를 사용할 수 있다($^{제10조}_{의2}$). 후자의 요건에 해당하는 경우로서는 이미 앞에서 논한 보호조치($^{제4조 1항}_{1호의 경우}$)를 통하여 경찰관서에 이전된 당사자가 계속하여 위해 행위를 하거나 공무집행에 항거하

는 경우를 예상할 수 있다. 이러한 경찰장구 사용의 요건상의 특징은 전자의 경우, 즉 현행범과 사형, 무기징역 또는 3년 이상의 징역이나 금고에 해당하는 죄를 범한 범인의 체포, 도주의 방지를 위한 경우에도 인정된다는 점이다. 이러한 작용은 범죄발생 후의 범인검거작용, 즉 수사작용과 관련되는 것으로서 「형사소송법」의 적용을 받게 된다. 이에 따라 현행범을 체포하는 것은 누구나 영장 없이 가능한 것이므로(<sup>형사소송법</sup><sub>제212조 참조</sub>), 경찰관이 체포영장 없이 체포하고 이 과정에서 장구를 사용하는 것은 별 문제가 되지 않을 것이다. 그러나 사형, 무기징역 또는 3년 이상의 징역이나 금고에 해당하는 죄를 범한 범인의 체포나 도주의 방지를 위한 경우의 장구 사용시에는 사후에라도 체포영장이 제시되어야 한다(<sup>헌법 제12조</sup><sub>3항 단서</sub>).

(내) 한 계    이러한 장구 사용은 필요적으로 신체의 자유를 제한하는 행위이나 남용되어서는 안 될 것이다. 따라서 비례성원칙의 적용을 통하여 인정되는 한계 내에서만, 즉 필요하다고 인정되는 상당한 이유가 있는 경우에 그 사태를 합리적으로 판단하여 필요한 한도 내에서만 사용이 가능할 것이다(<sup>제10조의2</sup><sub>제1항 참조</sub>).

8) 분사기 등의 사용

(개) 의 의    경찰관은 범인의 체포·도주의 방지 또는 불법집회·시위로 인하여 자기 또는 타인의 생명·신체와 재산 및 공공시설안전에 대한 현저한 위해발생을 억제하기 위하여 부득이한 경우에, 현장책임자의 판단하에 필요한 최소한의 범위 안에서 분사기 또는 최루탄을 사용할 수 있다(<sup>제10조</sup><sub>의3</sub>). 불법집회와 시위에 대해서 경찰관은 상당한 시간 이내에 자진해산할 것을 요청하고 이에 응하지 아니할 때에는 해산을 명할 수 있으며(<sup>집회및시위에관한</sup><sub>법률 제20조 1항</sub>), 이 과정에서 위해방지의 목적을 위해 분사기 등의 사용이 허용되고 있다.

(내) 한 계    이때에도 비례성원칙은 가장 기본적인 한계로서 작용한다. 따라서 신체에 직접 위해를 가하지 아니하는 범위 안에서 필요한 양만 사용되어야 한다. 이를 규율하기 위해 책임자로 하여금 분사기 등 사용의 일시, 장소, 대상, 현장책임자, 종류, 수량 등을 기록하여 보관하도록 하고 있다(<sup>제11</sup><sub>조</sub>).

9) 무기의 사용

(개) 의 의    경찰관은 범인의 체포·도주의 방지, 자기 또는 타인의 생명·신체에 대한 방호, 공무집행에 대한 항거의 억제를 위하여 필요하다고 인정되는 상당한 이유가 있을 때에는 그 사태를 합리적으로 판단하여 필요한 한도 내에서 무기를 사용할 수 있다(<sup>제10조</sup><sub>의4</sub>). 「경찰관직무집행법」상의 무기사용은 원칙적으로 사람에게 직접적인 위해를 주지 않는 사용을 기본으로 한다. 따라서 공포의 사용 또는 위협용도로 사용하거나 사람이 아니라 물건을 상대로 총기사용할 것을 예정한다고 볼 수 있다.

(내) 사람을 위해하는 용도의 무기사용    그러나 예외적인 경우에 경찰관은 사람에게

위해를 주는 용도로 무기를 사용할 수 있다. 제10조의4는 이러한 경우로서 형법상의 정당방위와 긴급피난에 해당하는 때(형법 제21조 와 제22조) 및 일정한 요건을 충족하는 경우 (제10조의4 제1항 1호에서 4호)에 다른 수단이 없다고 인정되는 최후의 수단으로서 무기사용을 허용하고 있다. 그러나 해석상 형법상의 정당방위와 긴급피난의 의미는 우선적으로는 이러한 행위에 대한 형사책임의 배제가 주목적이기는 하나, 이때에도 무기사용에서 요구되는 비례성의 원칙은 동일하게 적용되어야 할 것이다.

(다) 한 계  사람을 위해하는 용도의 무기사용은 이로 인해 당사자의 생명이나 신체에 대한 중대한 손상행위를 발생하게 되므로, 다른 경찰장비의 사용과는 달리 매우 엄격한 요건하에서만 인정되어야 할 것이다. 이때에는 비례성원칙이 매우 중요한 의미를 갖는다. 무기사용의 개별적 한계는 다음과 같다.

① 일반적인 한계  일반적으로 무기사용을 위해서는 우선 이보다 당사자에게 덜 불이익을 주는 경찰상의 다른 강제수단을 사용하였으나(예컨대 총기의 직접적인 사용 이전에 가스총이나 경찰봉의 사용) 경찰상의 목적이 달성되지 못하거나, 구체적인 경우에 비추어 목적을 달성하지 못할 것이 충분히 예견되는 경우이어야 한다. 또한 사람에 대한 무기사용은 물건에 대한 무기사용을 통하여는 경찰상의 목적이 달성될 수 없는 경우에만 허용된다고 볼 것이다.

② 목적상의 한계  무기사용은 당사자의 공격행위나 도주행위를 불가능하게 하는 목적으로만 사용되어야 한다. 따라서 신체를 겨냥한 경우에도 상체가 아니라 하체를 향하여 사용되어야 한다.17) 사망이 개연적으로 가능하거나 살해를 목적으로 하는 무기사용은 현재의 생명에 대한 위해를 방지하거나 신체에 대한 심각한 손상의 위해를 방지하기 위한 유일한 방법인 때에만 인정될 수 있다(비례성의 원칙 중 보충성의 원칙 적용).

③ 대상의 한계  무기사용은 외관상 형사책임 연령에 달하지 아니한 당사자에 대해서는18) 사용될 수 없다. 그러나 이때에 생명이나 신체에 대한 현재의 위해방지를 위해 무기사용이 유일한 수단인 때에는 인정되지 않을 수 없을 것이다.

④ 상황상의 한계  무기사용은 경찰관의 입장에서 평가하여 명백하게 개별적 행위와 무관한 사람들이 높은 개연성을 가지고 위태롭게 될 경우에는 사용될 수 없다. 그러나 이때에도 현재의 생명에 대한 위해를 방지하기 위한 유일한 수단인 때에는 인정되어야 할 것이다. 따라서 행위자가 다수의 군중 속에 있는 경우에는 그 자로부터 중대한 범죄행위가 행하여졌거나 목전에 이러한 행위가 행해질 것이 예상되고, 다른 수단은 효과를 갖지 못하는 경우에 인정된다고 보아야 한다.

**경찰관의 무기 사용 요건 충족 여부의 판단 기준**  경찰관은 범인의 체포, 도주의 방지, 자기 또는 타인의 생명·신체에 대한 방호, 공무집행에 대한 항거의 억제를 위

---

17) 대판 1991. 9. 10, 91다19913.
18) 우리의 경우 14세가 되지 아니한 자(형법 제 9 조).

하여 무기를 사용할 수 있으나, 이 경우에도 무기는 목적 달성에 필요하다고 인정되는 상당한 이유가 있을 때 그 사태를 합리적으로 판단하여 필요한 한도 내에서 사용하여야 하는바[구 경찰관직무집행법(1999. 5. 24. 법률 제5988호로 개정되기 전의 것) 제11조], 경찰관의 무기 사용이 이러한 요건을 충족하는지 여부는 범죄의 종류, 죄질, 피해법익의 경중, 위해의 급박성, 저항의 강약, 범인과 경찰관의 수, 무기의 종류, 무기 사용의 태양, 주변의 상황 등을 고려하여 사회통념상 상당하다고 평가되는지 여부에 따라 판단하여야 하고, 특히 사람에게 위해를 가할 위험성이 큰 권총의 사용에 있어서는 그 요건을 더욱 엄격하게 판단하여야 한다(50cc 소형 오토바이 1대를 절취하여 운전중인 15~16세의 절도 혐의자 3인이 경찰관의 검문에 불응하며 도주하자, 경찰관이 체포 목적으로 오토바이의 바퀴를 조준하여 실탄을 발사하였으나 오토바이에 타고 있던 1인이 총상을 입게 된 경우, 제반 사정에 비추어 경찰관의 총기 사용이 사회통념상 허용범위를 벗어나 위법하다고 한 사례)(대판 2004.5.13, 2003다57956).

(라) 관련문제  경찰이 무기로서 자동화기나 수류탄을 사용할 수 있는가도 문제될 수 있다. 특히 테러범이나 간첩작전의 수행시에는 상대방이 중화기를 사용하는 경우가 많으므로 문제가 될 수 있다(제10조의4 제3항 참조).

이때의 무기는 그 살상효과나 범위가 막대하므로 통상적인 권총의 사용보다는 신중하게 그 허용이 결정되어야 할 것이다. 따라서 상대방이 권총이나 자동화기 또는 그 밖의 폭발물을 사용하고 있고, 다른 무기의 사용이 아무런 효과를 가져오지 못한 경우에 행정안전부장관이나 경찰청장의 동의하에 또는 시간적 여유가 없을 때에는 현장책임자의 합리적인 판단하에 사용될 수 있을 것이다. 그러나 자동화기와 수류탄은 당사자의 도주를 불가능하게 하는 수단으로는 사용될 수 없으며, 수류탄은 다수 군중 속에 있는 상대방에게 사용되어서는 안 된다. 그 밖에도 폭발물(예컨대 다이너마이트 등)은 원칙적으로 사람에게 사용될 수 없다.

## Ⅳ. 특별경찰행정법상의 개별적 수권에 의한 경찰권발동

### 1. 의  의

경찰권의 발동은 일반경찰행정법인 「경찰관직무집행법」에 의한 경우 이외에 개별 행정법 규정에 의해서도 가능하다. 이들 법규정은 물론 이미 앞에서 언급한 바와 같이 그 존재목적이 위해방지가 주된 것은 아니나, 당해 행정작용의 수행과정에서 나타나는 부수적인 위해방지의 필요성으로 인해 인정되는 경찰규정들이다. 이들 법규정은 일반경찰행정법에 비해 특별법적 성격을 갖는 것이므로, 이들 법규정에 의해 포섭되는 구성요건에 대해서는 일반경찰행정법상의 근거규정은 적용되지 않는다. 이러한 법규정에는 그 대상별로 나누어 볼 때에 영업법영역, 건축법영역, 환경행정법영역, 건강에 관한 법영역, 교통에 관한 법영역 등을 주요한 영역으로 고찰할 수 있다.

## 2. 영업법상의 경찰규정

### (1) 의    의

이는 영업행위와 관련하여 발생할 수 있는 위해방지에 관한 규정들로서, 주요내용으로서는 크게 보아 ㉠ 영업허가에 관련된 규정과 ㉡ 영업질서유지를 위한 개별적 제한·의무규정 및 그 위반행위에 관한 제재규정 등으로 나눌 수 있다.19) 대표적인 규정을 보면 다음과 같다.

### (2) 「식품위생법」

여기에서는 식품으로 인해 발생가능한 건강상의 위해를 방지하는 규정들이 주요한 의미를 갖는다.

#### 1) 허가에 관한 규정

영업의 허가제($\frac{제37}{조}$), 허가 등의 제한($\frac{제38}{조}$) 규정 등이 있다.

#### 2) 영업질서유지를 위한 개별적 제한규정

유해식품이나 첨가물의 판매 등 금지($\frac{제6}{조}$), 질병에 걸린 동물의 고기판매 등 금지($\frac{제5}{조}$), 일정한 화학적 합성품의 판매 등 금지($\frac{제6}{조}$), 유독기구 등의 판매·사용금지($\frac{제8}{조}$), 영업의 질서유지 또는 선량한 풍속을 유지하기 위한 목적의 영업시간 및 영업행위의 제한($\frac{제43}{조}$), 시정명령($\frac{제71}{조}$), 폐기처분($\frac{제72}{조}$) 등의 규정이 존재한다.

### (3) 「공중위생관리법」

여기에서는 공중이 이용하는 위생접객업으로 인해 야기될 수 있는 공익상의 위해를 방지하는 규정들이 의미를 갖는다.

#### 1) 허가에 관한 규정

미용업자의 면허($\frac{제6조}{1항}$) 및 면허의 제한($\frac{제6조}{2항}$) 규정 등이 있다.

#### 2) 영업질서유지를 위한 개별적 제한규정

공중위생영업자에 대한 위생관리의무($\frac{제4}{조}$), 위생지도 및 개선명령($\frac{제10}{조}$), 영업소의 폐쇄조치 규정 등이 있다.

---

19) 그러나 영업신고의무는 위해방지 차원보다는 행정편의상의 목적이 강한 것이므로 이에 관한 규정은 포함되기 어려울 것이다. 반대입장: 홍정선(하), 425면.

## 3. 「건축법」상의 경찰규정

### 1) 허가에 관한 규정

건축물로 인한 경찰상의 위해방지를 위한 허가제($^{제11}_{조}$), 건축물의 사용승인($^{제22}_{조}$) 규정 등이 있다.

### 2) 건축질서유지를 위한 개별적 제한규정

공사현장의 위해방지조치($^{제28}_{조}$), 토지굴착부분에 대한 위해방지조치($^{제41}_{조}$), 기존 건축물에 대한 시정명령($^{제81}_{조}$) 규정 등이 있다.

구 건축법 제54조 내지 제56조의 벌칙규정에서 그 적용대상자를 건축주, 공사감리자, 공사시공자 등 일정한 업무주로 한정한 경우에 있어서, 같은 법 제57조의 양벌규정은 업무주가 아니면서 당해 업무를 실제로 집행하는 자가 있는 때에 위 벌칙규정의 실효성을 확보하기 위하여 그 적용대상자를 당해 업무를 실제로 집행하는 자에게까지 확장함으로써 그러한 자가 당해 업무집행과 관련하여 위 벌칙규정의 위반행위를 한 경우 위 양벌규정에 의하여 처벌할 수 있도록 한 행위자의 처벌규정임과 동시에 그 위반행위의 이익귀속주체인 업무주에 대한 처벌규정이라고 할 것이다($^{대판 1999.7.15,}_{95도2870 전원합의체}$).

## 4. 환경행정법상의 경찰규정

이에는 포함되는 법률들이 매우 다양하므로, 대표적으로 「폐기물관리법」의 예를 보기로 한다.[20]

### 1) 제도적 규정

특정폐기물처리업의 허가제($^{폐기물관리}_{법 제25조}$), 기술관리인의 임명($^{동법}_{제34조}$), 폐기물처리시설의 사후관리 이행보증금제도($^{제51}_{조}$) 규정 등이 있다.

### 2) 환경상의 위해방지를 위한 개별적 제한규정

폐기물의 투기금지($^{폐기물관리}_{법 제8조}$), 폐기물처리에 관한 조치명령($^{제48}_{조}$), 사용종료 또는 폐쇄 후의 토지이용제한($^{제54}_{조}$) 규정 등이 있다.

## 5. 건강에 관한 법상의 경찰규정

### 1) 면허에 관한 규정

국민의 건강보호를 위한 사전적 수단으로서 의사, 치과의사, 한의사의 면허제($^{의료법}_{제5조}$), 조산사의 면허제($^{동법}_{제6조}$), 간호사의 면허제($^{동법}_{제7조}$), 약사의 면허제($^{약사법}_{제3조}$), 의약품제조업의 허가제($^{약사법}_{제31조}$) 규정 등이 있다.

---

20) 이하의 내용 외에도 「대기환경보전법」이나 「수질환경보전법」상의 시설개선명령 또는 조업정지조치도 이러한 내용에 해당한다.

### 2) 전염병방지를 위한 개별적 제한

강제적 건강진단($^{감염병의 예방 및}_{관리에 관한 법률 제19조}$), 환자의 격리조치($^{동법}_{제47조}$), 감염병예방조치($^{동법}_{제49조}$), 감염병에 관한 강제처분($^{동법}_{제42조}$) 규정 등이 있다.

## 6. 교통에 관한 법영역

이에도 도로교통, 해상교통, 항공교통, 철도교통 등이 있으나 대표적으로 도로교통에 한정하여 고찰하기로 한다.

### 1) 허가 및 제도에 관한 규정

운전면허제($^{도로교통법}_{제80조}$), 자동차임시운행의 허가($^{자동차관리}_{법 제27조}$) 규정 등이 있다.

### 2) 교통상의 위해방지를 위한 개별적 제한규정

음주측정에 응할 의무($^{도로교통법}_{제44조 2항}$), 도로상의 위험방지 조치행위($^{동법}_{제58조}$), 지상공작물 등에 대한 위험방지조치($^{동법}_{제72조}$) 규정, 자동차에 대한 운행제한($^{자동차관리}_{법 제25조}$) 규정 등이 있다.

[1] 도로교통법 제41조 2항에서 규정하는 경찰관의 음주측정은 동법 제1조의 취지에 비추어 볼 때, 교통안전과 위험방지의 필요성이 있을 때에 한하여 운전자에게 요구할 수 있는 예방적 행정행위일 뿐, 그 조항에 의하여 경찰관에게 이미 발생한 도로교통상의 범죄행위에 대한 수사를 위한 음주측정권한이 부여되는 것이라고는 볼 수 없다($^{대판 1993.5.27.}_{92도3407}$).

[2] … 따라서 6시간 전에 사고를 내고 더 이상 운전을 안한 운전자가 음주측정을 거부했다는 이유로 불이익을 주어서는 안 된다. 따라서 음주측정을 거부하였다는 이유로 운전면허를 취소하는 것은 잘못이다($^{서울고법 1994.9.29.}_{94구12236}$).

7. 그 밖에도 「집회 및 시위에 관한 법률」 제20조 1항에 따른 해산명령조치도 이에 해당한다.

# 제 2 절   경찰권의 한계

## Ⅰ. 법규상의 한계

경찰권은 법률유보의 원칙상 일정한 법적 근거하에서만 발동될 수 있다. 이것은 경찰권발동을 위한 가장 기본적인 한계에 해당하는 것이다. 따라서 경찰행정법 규정 중 권한규정에 의해서만 경찰권은 발동가능하며 직무규정에 의해서는 원칙적으로 불가능하게 된다. 이에 관한 사항은 이미 앞에서 경찰권의 근거를 논하면서 설명하였다.

## Ⅱ. 비례성원칙에 의한 한계

### 1. 의    의

경찰권행사의 가장 중요한 법적 한계는 비례성의 원칙(<sup>또는 과잉</sup><sub>금지원칙</sub>)이다. 이는 경찰권행사에 있어서 공공안녕이나 공공질서에 대한 위해를 방지할 필요성과 이를 통하여 관련되는 당사자의 기본권제한 사이에 비례관계가 유지되어야 한다는 것을 그 내용으로 한다. 이는 경찰권발동여부와 구체적인 경찰권행사에 있어서, 또한 경찰법상의 근거규정 유형에 상관없이 모두 요구되는 것이다. 오늘날의 경우에는 이러한 내용들이 실정법으로 규정되는 경향을 보이고 있으나(<sup>예컨대 경찰관직무</sup><sub>집행법 제1조 2항</sub>), 이는 확인적인 성질만을 가지며 이에 관계없이 법치국가원리의 구성부분으로서 인정되는 것으로 평가된다. 이 원칙에 따른 경찰권발동인가의 여부는 경찰기관이 행사하는 예측적 성격에도 불구하고 전면적인 사법심사의 대상이 된다. 이 원칙은 개별적으로는 수단의 적합성의 원칙, 필요성의 원칙 및 협의의 비례성의 원칙(<sup>또는 상당성의</sup><sub>원칙</sub>)으로 대별된다.

### 2. 경찰권 발동여부의 경우

경찰권 발동여부에 있어서의 비례성원칙은 발동요건충족의 문제로 고찰되는 것이 통상적이며, 구체적으로는 당해 행위에 대해 경찰권을 발동하는 것이 위해방지의 측면에서 필요한가 등의 검토로 나타나게 된다.

#### (1) 공법관계가 대상인 경우

경찰권발동은 그 구체적인 내용이 공공안녕과 공공질서로 나타나는 공법적인 법률관계가 그 대상이다. 따라서 경찰권발동에 있어서는 당사자의 행위가 공익상의 위해를 야기하는 경우에만 고려될 수 있다. 그러나 공익의 보호에 있어서는 관련되는 당사자의 기본권인 개인의 알 권리 또는 표현의 자유와의 조화가 중요한 의미를 갖는다(<sup>예컨대 공공집회에서 특정 국가기관의 위법적인 직무행</sup><sub>위를 비판하는 행위에 대한 경찰권발동의 결정문제 등</sub>).

#### (2) 사법관계가 대상인 경우

경찰권발동은 또한 사법상의 법률관계도 그 규율대상으로 한다. 그러나 이때에는 예외적인 경우에만 인정되는 한계가 존재한다. 이는 원칙적으로 사법관계는 사법 질서 스스로에 의하여 해결되는 것이 바람직하기 때문이다.

##### 1) 사생활에의 개입

경찰권발동은 공공안녕과 공공질서에 관계없는 개인의 생활이나 행동의 경우에는 인정되지 않는다. 경찰권발동에 의해 달성되는 법익 못지않게 개인의 사생활의 자유(<sup>헌법</sup><sub>제17조</sub>)도 보장되어야 하기 때문이다. 그러나 사생활이 공공안녕이나 공공질서에 영향을 주는 경우에는 경찰권발동이 인정된다(<sub>예컨대 경찰관직무집행법 제4조 1항 1호의 경우, 만취상태에서의 운전<br>금지의무(도로교통법제44조 1항), 전염병환자에 대한 격리수용조치 등</sub>).

### 2) 사주소에의 개입

사주소(私住所)는 직접적인 공중의 이용으로부터 차단된 장소를 의미하며 이에는 주택 뿐 아니라 비거주용건물인 경우(<sup>예컨대 연구실,</sup><sub>사무실, 공장 등</sub>)에도 이를 인정할 수 있다. 따라서 공중의 이용에 제공되는 흥행장이나 극장, 여관 등은 그 공개된 시간 또는 영업시간 중에는 사주소에 해당하지 않는다(<sup>경찰관직무집행법</sup><sub>제7조 2항 참조</sub>). 그러나 물론 이러한 장소도 영업시간경과 후에는 사주소로 인정해야 할 경우가 있을 것이다. 이러한 사주소에서의 행위는 주거의 자유(<sup>헌법</sup><sub>제16조</sub>)에 의해 보호되는 것이므로 사주소에 대한 개입도 위해방지의 필요성이 인정되는 경우에 한하게 된다(<sup>예컨대 사주소 내에서의 지나친 소음이나</sup><sub>공공질서에 반하는 행위의 존재 등</sub>).

### 3) 민사관계에의 개입

개인의 재산권행사나 기타 민사상의 법률행위 등은 당사자 사이의 이해관계에만 관련되는 것이므로, 경찰권발동의 공익적 필요성은 원칙적으로 인정되지 않는다. 그러나 이러한 행위가 공공안녕이나 공공질서에 위해를 가져올 수 있을 때에는 이에 대한 개입이 인정될 수 있다(<sup>예컨대 암표매매행위(경범죄처벌법 1조</sup><sub>47호), 자릿세징수행위(동법 1조 43호) 등</sub>).

## 3. 경찰권 수단선택의 경우

비례성원칙의 현실적인 주된 논의영역은 그 구체적인 경찰권수단의 선택에 있어서 나타난다.

### (1) 수단의 적합성의 원칙

#### 1) 개    념

이는 경찰권행사의 수단이 위해방지를 위해 적합할 것을 요구하는 것이다.

그러나 개별적인 수단은 행정기관이 사전적인 시점에서 상황을 합리적으로 평가하여 선택되는 것이므로, 그 수단의 적합성 평가에 있어서는 현실적인 위해방지 필요성이 객관적으로 존재할 것을 요구하는 것은 아니다. 따라서 현실적으로 당해 수단이 적합하지 않은 수단으로 사후에 밝혀진다 하더라도 상황을 합리적으로 평가하여 수단을 선택한 이상 당해 행위의 적법성은 영향을 받지 않는다고 볼 것이다. 이는 경찰권발동이 갖는 예측적인 성격과도 관련되는 것이다.

#### 2) 한    계

그러나 물론 당해 수단이 개별적인 경우에 비추어 위해방지와는 무관하게 경찰기관의 주관적인 동기로 사용된 경우에는 이에 위반됨은 당연하다. 또한 사후에 당해 수단의 부적합성이 판정된 경우에 당해 수단으로 인해 당사자의 기본권제한행위가 계속 존재하게 되면, 이를 원상회복해야 할 행정기관의 의무가 존재하게 된다.

### (2) 수단의 필요성의 원칙
#### 1) 개　　념
이는 경찰상의 위해방지나 장애의 제거를 위한 수단의 선택에 있어서, 이로 인한 효과가 일반인과 당해 수단의 상대방인 당사자에게 사전적 예측에 있어서 최소한의 불이익이 주어지는 수단이 선택되어져야 한다는 원칙을 말한다.

따라서 영업활동으로 인한 경찰상의 위해방지가 부관의 부가로 해결 가능할 때에는 이보다 더한 수단인 영업정지나 영업허가취소는 인정될 수 없게 된다. 이 원칙적용에 있어서는 다른 면에 있어서 시간적인 긴급성도 주요한 기준으로 작용한다 ( 예컨대 경찰관직무<br>집행법 제6조 1항 참조 ).

#### 2) 구체적인 판정
그러나 어느 수단이 당사자 등에게 최소한의 불이익이 되는 수단인가의 판정은 쉬운 일이 아니다. 대부분의 경우에 있어서는 객관적인 고찰방법을 기준으로 하게 될 것이다( 예컨대 경찰관직무집행법 제7조 1항의 '합리적<br>으로 판단하여 필요한 한도 내에서'의 기준 ).

그러나 독일의 경찰법 규정에서는 행정기관이 일정한 수단을 명하더라도, 당사자가 그 구체적인 효과에 있어서 동일하게 적합한 다른 수단을 희망하는 경우에는, 행정기관에게 선택의 여지가 허용되는 한, 이러한 수단이 외형상 객관적으로 당사자에게 더 불이익이 된다고 하더라도 이를 인정하도록 하고 있다( 예컨대 경찰상의 위해방지를 위해 노후한<br>건물의 보수명령을 내린 경우에 당사자가<br>철거할 것을<br>희망하는 경우 ). 이는 당해 수단으로 인한 불이익의 판정을 획일적인 외형상의 판정에 의할 것이 아니라, 구체적인 사정에 따른 개별적인 판정에 의하도록 하려는 것으로 보인다.

### (3) 협의의 비례성의 원칙(또는 상당성의 원칙)
#### 1) 개　　념
당해 경찰수단의 행사로 인해 달성되는 행정목적상의 효과와 이로 인한 당사자의 기본권제한 사이에는 비례관계, 즉 후자가 전자보다 지나치게 크지 않은 수단이 선택되어야 한다는 원칙을 말한다.

#### 2) 기　　준
이 원칙의 평가기준도 행정기관의 경찰권 발동시점의 상황이 된다. 따라서 경미한 건축법규상의 의무위반에 대해 철거처분이 내려지는 경우나, 경찰관의 무기사용시점에서 생명의 위협이 없는 경우에 당사자에 대해 상체를 향해 무기를 사용하는 행위 등은 이 원칙위반이 될 것이다.

그러나 이 원칙위반은 개별적인 위반행위의 유형에 따라 상이한 고찰이 필요하다.

따라서 주차금지의무에 위반한 차의 견인은 당해 주차금지로 인해 다른 운전자나 보행자 등에게 구체적으로 아무런 교통상의 위해가 되지 않는다고 하더라도(예컨대 장애인전용 주차구역 내의 비장애인의 주차, 보도구역 안에서의 주차, 주차허용시간을 경과한 금지시간대의 주차행위 등), 교통시설의 정상적인 기능을 장애하였다는 이유만으로도 당해 행위의 비례관계를 인정하게 된다.

## Ⅲ. 경찰책임의 원칙에 의한 한계

### 1. 경찰책임원칙의 의의

#### 1) 경찰책임의 개념

경찰책임이란 경찰상의 목적달성을 위해 법률이나 법률에 근거한 경찰상의 명령 및 행정행위에 의하여 개인에게 부과되는 의무를 말한다. 이는 경찰의무라고도 하며 구체적으로는 공공안녕과 공공질서에 위해를 야기하지 않도록 하는 것과, 장애가 생긴 경우에는 이를 제거해야 할 의무를 의미한다.

이는 의무의 차원이기 때문에 통상적인 책임의 경우와는 달리 사후적인 처벌을 내용으로 하지 않는다. 이러한 경찰책임은 그 대상에 있어서 경찰상의 구체적인 위해를 직접 야기하거나 실현한 자뿐 아니라, 경우에 따라서는 당해 위해발생과 무관하면서 그 제거의무를 지게 되는 자에게도 인정된다.

#### 2) 경찰책임원칙의 개념

경찰책임원칙이란 공공안녕이나 공공질서에 대한 위해방지를 위한 경찰권발동은 우선적으로 이러한 사태의 발생에 대하여 직접적인 책임이 있는 자에 대해서만 행하여져야 한다는 원칙을 말한다. 따라서 경찰권발동은 경찰상의 위해방지나 장애제거의 의무가 주어지는 당사자에게 우선 행해지게 된다.

이는 일반경찰행정법의 적용의 경우 뿐 아니라 특별경찰행정법의 적용에서도 인정되는 것이다. 그러나 후자의 경우에는 개별 법률에서 경찰권행사의 대상에 대해 규율하고 있는 것이 통상적이므로, 당사자가 경찰책임자인가의 여부는 별도로 논의될 필요성이 제기되지 않게 된다.

### 2. 경찰책임의 주체

경찰책임을 지는 당사자를 경찰책임자라고 하며, 다음의 경우가 그 주체가 된다.

#### (1) 자 연 인

경찰책임은 당사자의 책임요건인 고의나 과실과 무관한 것이므로, 당사자가 행위능력이나 불법행위능력이 있는가의 여부는 관계하지 않는다.

그러나 행위무능력자는 행정절차상의 행위능력이 없기 때문에 행정행위에 의한 의무부과는 원칙적으로 법정대리인에게 도달되어야 한다.

## (2) 법    인

사법인의 경우에는 통상적인 사단법인 이외에 권리능력 없는 사단도 그 주체가 된다. 그러나 공법인인 경우에는 별도의 고찰을 필요로 한다.

### 1) 공법인의 실질적 경찰책임

공법인도 당연히 경찰책임의 주체가 될 수 있으며, 따라서 경찰법규를 준수할 의무가 주어진다.[21]

그러나 공법인에 속하는 국가기관은 수행하는 공적 임무의 특수성으로 인해 경우에 따라서는 경찰상 의무이행에서 면제되어야 할 경우가 존재한다. 이는 특히 법률에 의하여 인정되는 경우도 있지만(예컨대 도로교통법 제2조 20호에 의해 인정되는 긴급자동차의 경우에 배제되는 경찰상의 의무규정들인 동법 제29조, 제30조의 경우) 이러한 규정이 없는 때에도 '공공안녕' 개념에 의해 포함되는 영역인 국가기관 기능의 온전성의 관점에서 보아 이를 위해 필요한 경우에는 인정될 수 있다고 보여진다. 법률의 명문규정이 없는 경우에는 물론 위해방지라는 목적과 국가기관에 의한 공적 임무수행이라는 목적이 서로 비교형량되어 그 경찰의무로부터의 배제여부가 결정되어야 할 것이다.

### 2) 공법인의 형식적 경찰책임

이는 공공안녕이나 공공질서에 대한 위해를 야기한 행정기관에 대해 경찰행정기관이 경찰권을 발동할 수 있는가에 관한 문제이다. 이에 대해서 견해는 대립하고 있다.[22]

㈎ **부정설**    우선 부정적인 견해는 국가기관 상호간의 권한규정을 근거로 한다. 즉 이러한 행정기관은 제 3 자에 의해 야기되는 자신의 행위에 대한 장애를 제거할 권한이 있는 것과 마찬가지로, 자신의 영역범위 안에서의 활동과 관련한 위해방지를 위한 행위권한을 스스로 갖는다고 인정되어야 한다고 본다.

이와 다른 결론을 인정하게 되면 경찰기관의 개입을 정당화하게 되고, 이로 인해 경찰행정기관이 다른 국가기관의 업무수행에 개입하게 되는 문제를 발생하게 되며, 다른 한편으로는 이러한 한도에서 경찰행정기관의 다른 국가기관에 대한 우위를 인정하는 결과에 도달하게 된다고 본다. 따라서 국가기관의 활동과 관련한 경찰상의 위해에 대해서는 원칙적으로 경찰행정기관의 경찰권발동은 인정되지 않는다고 한다.

이러한 견해에 따르게 되면 공립학교 주위에 사는 주민은 학교운영과 관련하여 발생하는 건강을 해하는 소음에 대해서, 그리고 우체국 주위에 사는 주민은 집배과정에서 발생하는 소음에 대해서, 소방서 주위에 사는 사람은 불자동차 사이렌 소음에 대해

---

21) 김남진·김연태(Ⅱ), 295면; 홍정선(하), 460면.
22) 독일의 다수의 입장은 부정설이며 우리나라에서 부정적 견해는 홍정선(하), 377면.

서, 군대의 사격장 주위에 사는 주민은 신체상의 위협에 대해 경찰행정기관의 개입을 요구할 수 없다고 한다.23)

(내) 긍정설　　이에 대해 국가기관의 형식적 경찰책임을 긍정하는 견해는 모든 국가기관의 활동이 다 동일한 것은 아니므로, 개별적인 경우에 있어서 무엇을 우선해야 할 것인가에 대해서는 비교형량의 필요성이 존재하게 되는 것이며, 이에 따라 경찰행정기관에 의한 목적수행이 우선시 되어야 할 필요가 인정될 수 있다고 본다. 이때에는 다른 국가기관에 대해서도 경찰상의 목적수행을 위한 개입이 인정될 수 있다고 본다.

(대) 소 결　　생각건대 원칙적으로 경찰행정기관에 의한 위해방지를 위한 정당한 권한행사는 다른 국가기관에 대해서도 인정되어야 할 것이다. 그러나 그 구체적 행사는 다른 국가기관의 고권적 임무수행에 영향을 주는 방식으로 행해져서는 안될 것이다.

따라서 다른 국가기관에 의해서 행해지는 적법한 임무수행을 방해하지 않는 범위 안에서만 위해방지를 위한 경찰행정기관의 처분은 허용되는 것이라고 보아야 한다. 따라서 경찰기관이 이러한 기준에 따라 개입권한을 갖고 위해방지를 위한 행위를 스스로 행한 때에는, 이로 인해 소요된 비용은 사인이 야기한 경우와 마찬가지로 당해 국가기관에 대해서도 청구할 수 있다고 보아야 할 것이다. 그러나 경찰행정기관이 개별적인 경우에 비추어 다른 국가기관의 고권적인 임무수행을 방해할 가능성으로 인해 개입할 권한을 갖지 못하게 되는 경우에는, 이에 대한 위해방지 책임은 당해 국가기관이 스스로 지게 된다. 따라서 국가기관 스스로 이러한 경찰책임을 이행하지 않는 경우에는 경찰행정기관은 당해 기관의 상급기관에 대해 협조를 구할 수밖에 없을 것이다. 우리의 경우에도 항공기소음이 환경기준을 초과하는 경우에, 환경부장관이 관계기관의 장에게 항공기소음의 감소 및 피해방지를 위하여 필요한 조치를 요청할 수 있도록 하고 직접 개입하지 못하는 규정($\binom{소음 \cdot 진동관리법}{제39조 1항}$)은 이러한 관점에서 이해할 수 있을 것이다.

이러한 입장을 따르게 되면 국가기관의 형식적 경찰책임은 고권적인 행위 뿐 아니라 행정사법의 영역에서도 원칙적으로 인정된다. 따라서 사법적 수단을 통한 공법적인 행정목적 달성에 있어서도($\binom{예컨대 용역에 의한}{쓰레기처리의 경우}$) 경찰상의 위해를 야기하는 경우($\binom{예컨대 쓰레기}{처리시의 소음}$)에는 이에 대한 책임을 지고 있는 지방자치단체에게 개입할 수 있으나, 이때에도 이러한 행위로 인해 정당한 행정목적 수행이 직접적으로 영향을 받지 않는 방법으로 행사되어야 할 것이다.

그러나 국가기관이 국고작용을 수행하는 과정에서 위해를 야기한 경우에는 이때

---

23) 독일에서는 이에 따라 공법인의 성격을 갖는 교회의 종소리 소음이 연방공해방지법상 허용된 한계를 초과하는 경우에도 경찰기관이 이에 개입하지 못하고, 당사자는 행정소송상의 부작위청구권만을 갖는다고 본다.

제 2 장 경찰권의 발동근거와 한계 **1049**

는 행정목적 달성과 무관한 행위이므로 당연히 당해 국가기관에 대한 경찰권발동이 인정된다. 따라서 구청 청사를 신축하는 공사에서 나오는 소음이나 악취, 행인에 대한 위해에 대해서는 일반사인의 경우와 동일하게 경찰권이 발동되어야 할 것이다.

## 3. 경찰책임의 유형

경찰상의 위해방지나 장애제거를 위한 의무로서의 경찰책임에는 행위책임, 상태 책임 및 이 두 책임유형이 복합적으로 나타나는 경우가 존재한다.

### (1) 행위책임
#### 1) 개 념

행위책임이란 스스로의 행위나 자신의 보호·감독하에 있는(또는 지배 관계에 있는) 사람의 행위 로 인해 공공안녕이나 공공질서에 대한 위해나 장애를 야기한 경우에 발생되는 경찰 의무를 말한다. 따라서 이는 경찰상의 위해나 장애를 야기한 사람의 행위와 연계되는 것이다.

그러나 이때의 행위는 적극적인 작위뿐 아니라, 경우에 따라서는 공법적으로 위 해방지를 위한 작위의무가 인정되는 경우에 행하지 않는 부작위도 포함된다(예컨대 건축공사의 시공자가 공사현장의 위해방지를 위한 필요한 조치를 하지 않는 경우; 건축법 제28조 참조). 이때에는 당사자의 고의나 과실은 묻지 않으며 단지 객관적인 위해의 발생만이 의미를 갖는다.

#### 2) 행위책임의 인정문제

행위책임에서는 행위자의 행위로 인한 객관적인 위해발생을 여하히 인정할 것인 가가 문제가 된다.

(가) 일반적인 인과관계이론의 적용가능성　　물론 이때에는 자연과학적인 의미에서의 인과관계론에 근거하는 주장(예컨대 조건설 이나 등가설)은 타당할 수 없다. 이에 따르면 자동차가 야기 하는 모든 경찰상의 위해에 대해 자동차제작회사가 그 제작에 하자가 없더라도 경찰책 임을 지게 되는 불합리한 결과가 발생된다. 형법에서의 이 이론은 고의나 과실의 책임 요건의 존재를 통하여 그 책임이 확산되지 않도록 하게 되나, 경찰책임에서는 이러한 요건을 요구하지 않으므로 책임의 확산을 제한할 수 없게 되어 인정될 수 없을 것이 다. 따라서 모든 행위가 다 경찰상 의미에서의 원인으로 인정될 수는 없을 것이다.

다른 한편 민법에서 통용되는 인과관계론인 상당인과관계설도 경찰책임에 타당할 수 없다. 이는 일반경험칙에 비추어 사후적으로 일반인의 관점에서 그 인과관계여부를 결정하게 되나, 이에 따르면 전혀 예상할 수 없는 사태의 발전에 의한 경우는 그 인과 관계를 인정할 수 없게 된다. 그러나 경찰법 영역에서는 종종 비정형적이고 예외적인 경찰상의 위해가 발생하게 되며(예컨대 대규모 집회에서 전혀 예상 밖의 소요사태가 일어나거나 관중들의 난동이 일어난 경우 등) 일반적으로 경험칙에 비추어 예상할 수 없는 위해도 방지해야 할 필요가 있는 것이다.

(나) 경찰책임에 특유한 인과관계 논의　　사회적으로 상당하다고 인정할 수 없는 예외적인 경우도 고려하고 다른 한편 책임을 무한정으로 확산시키지 않기 위해서는, 행위책임의 인과관계 논의에서 경찰책임에 특유한 인과관계 논의가 필요할 것이다.

이에 따라서 경찰책임에서는 원칙적으로는 등가설이나 조건설의 입장에 서고, 그 조건을 일정한 경우로 제한하는 방법이 주장되고 있다. 이에 따르게 되면 결과발생(이것이 비정형적이어서 사회적으로 상당하지 못하다고 하더라도)에 대해서는 당해 행위가 위해나 장애를 직접적으로 야기한 경우에 한하여 그 인과관계의 원인으로서의 조건성을 인정하게 된다. 이를 직접원인설(Theorie der unmittelbaren Verursachung)이라고 하며, 이 견해가 타당하다고 생각한다.

(다) 개별적인 적용　　이러한 인과관계 주장에 따르면 적법하게 권리의 행사로서 행하는 한, 이는 행위책임의 원인행위로서 평가되지 않는다. 따라서 임대인의 정당한 임대차 계약해지로 인해 당사자가 거리에서 방황하는 상태가 되더라도 임대인의 행위는 원인으로 인정되지 않으며, 행정기관으로부터 적법하게 건축허가를 받아서 건축행위를 하는 경우에는 사후에 별도의 부관에 의해 그 일정행위가 제한되는 경우를 제외하고는 그로 인한 행위는 다른 결과발생에 원인으로서 평가되지 않는다.

그러나 현실적인 문제는 간접적인 원인제공자가 존재하는 경우이다. 이때에 간접적인 원인제공행위와 구체적인 위해행위나 장애발생 사이에 내부적인 밀접한 관계가 인정될 수 없거나, 간접적 원인제공행위가 목적지향적이 아닐 때에는 그 직접적인 인과관계를 인정할 수는 없을 것이다. 예컨대 정치목적 집회가 개최된 경우에 이 모임을 반대하는 집단이 있었다고 하더라도 다른 사람들의 구체적 실력행사로 모임이 저지되는 경우에, 그로 인한 경찰상의 장애의 원인은 이에 참여한 개개인의 행위이고 그 모임을 반대하는 집단은 통상적으로 원인행위자가 되지 않는다.

그러나 원인제공행위와 구체적인 위해 발생행위 사이에 객관적인 상황에 비추어 긴밀한 내적인 관련성을 인정할 수 있거나, 목적지향성이 인정될 수 있는 경우에는 이 사람에게도 경찰책임을 인정할 수 있을 것이다. 따라서 쇼윈도(show window)에 통행인의 흥미를 자극할 만한 내용의 전시행위를 하여 통행인을 구경하게끔 하여 교통의 장애를 일으킨 경우에는 전시자에게도 행위책임을 인정할 수 있게 된다. 또한 음악연주를 하면서 특정집단을 모독하는 노래를 부르는 행위에 있어서 이로 인해 다수 군중이 같은 노래를 따라 부르게 유도된 경우에는 노래 부른 사람뿐 아니라 음악연주단의 단원도 행위책임을 지게 된다.

그러나 대규모의 행사(예컨대 국제적인 축구시합이나 팝음악연주회 등)에서 흔히 일어나는 관중들의 난동행위나 소요사태는 행사주최자가 일정한 법적 의무를 다한 경우에는 그에게까지 행위책임을 지울 수는 없을 것이다. 이와 반대되는 결론은 이러한 대규모 집회를 항상 경찰상의 장애원인행위로 평가하게 되는바, 이는 집회의 자유의 기본권이 갖는 중요성에 비추어 타당할 수 없을 것이다. 이는 마치 정당집회에서 반대파들이 난동을 부려 방해하는 경우에도 당해 정당집회 개최자체를 경찰상의 장애원인행위로 볼 수 없는 것과 마찬가지이다. 또한 적법한 허가를 받아 영업을 하는 주유소 주위의 도로가 허가 당시와는 달리 점차 시간의 경과에 따라 교통량이 많아지게 되어 주유소로 진입하는 차로 인해 교통상 장애가 생기더라도, 주유소 소유권자에게 행위책임을 인정할 수는 없을 것이다.

### 3) 타인의 행위에 대한 책임

(가) 의  의    형사책임무능력자인 행위자 및 심신장애나 심신상실의 상태에 있는 사람에 의한 행위에 대해서는 이러한 사람에 대한 보호의무나 감독의무를 지는 당사자(즉 친권자, 후견인, 보호자 등)도 행위책임을 진다.

또한 고용인(또는 피용자)이 직무수행과정에서 야기한 위해에 대해서도 그를 감독하고 지시할 수 있는 관계에 있는 사용자도 행위책임을 진다. 이때에 당사자의 과실여부는 묻지 않으므로, 민법의 경우(제756조의 사용자책임)처럼 사용자가 선임이나 감독상의 주의의무를 다하였음을 입증하여 면책되는 것은 인정되지 않는다.

(나) 책임의 성질    이때의 행위책임은 구체적 행위자의 책임을 대신하는 것이 아니라, 개별적 행위자의 책임과 병존하는 책임의 성질을 갖는다. 따라서 경찰기관은 어느 당사자에 대해 경찰권을 발동할 것인가에 대해 재량권을 행사할 수 있다.

### 4) 행위책임의 승계문제

행위책임은 그 성질상 인적 성질이 강하므로 일신전속적 의무라고 평가되어 법률에 다른 규정이 없는 한, 법적 승계인에게 승계되지 않는다.


### (2) 상태책임

### 1) 개    념

상태책임이란 물건이나 동물의 소유자·점유자 또는 사실상의 지배권을 행사하는 사람이 당해 물건의 상태나 동물의 행위로부터 야기된 경찰상의 위해에 대해서 지는 경찰책임을 말한다. 물건의 상태란 물건 자체의 성질이나 공간적인 위치 등(예컨대 도로에서 교통을 방해하고 있는 차의 위치 등)을 의미한다. 여기에서는 경찰법규에 위반되는 물건의 상태가 바로 위해를 형성하게 되며, 위해 인정을 위한 별도의 행위에 의한 매개를 필수적으로 요구하지는 않는다.

### 2) 상태책임의 주체

책임의 주체는 당해 물건의 소유자 뿐 아니라 사실상의 지배권을 행사하는 모든 사람이 대상이 된다.

⑺ **사실상의 지배권자**　　이때 지배권의 권원의 적법성 여부는 묻지 않는다. 또한 점유자 뿐 아니라 점유보조자, 임차인 등도 이에 포함된다. 따라서 경찰기관은 당해 물건의 소유관계를 조사함이 없이도 바로 당해 물건을 현실적으로 지배하고 있는 당사자에게 경찰권을 발동할 수 있게 된다.

⑻ **소유권자**　　통상적으로 당해 물건의 소유권자는 2차적으로라도 경찰책임의 대상이 된다. 그러나 사실상의 지배권자가 소유자의 의사에 반하여 지배권을 행사하는 경우(예컨대 도난이나 국가 등에 의한 압류의 경우 등)에는 소유권자는 이러한 상태책임으로부터 면제된다. 또한 소유권자가 소유권을 타인에게 양도하거나 포기한 때에는 지금까지의 상태책임에서 배제된다. 따라서 그 후에는 계속하여 당해 물건으로부터의 상태로 인한 위해가 존재하는 한, 양수인이 이에 대한 상태책임을 지게 된다. 그러나 소유권의 포기의 경우에도 그것이 경찰책임을 면하기 위한 목적이고 이때에 여전히 위해가 존재하게 되는 경우에는 소유권자의 상태책임은 배제되지 않는다. 예컨대 자동차사고를 낸 운전자가 당해 자동차로 인해 교통장애가 형성되고 있는 때에, 자신의 소유권을 포기한다고 하여 이러한 상태책임으로부터 배제될 수는 없는 것이다.

### 3) 상태책임의 인정

⑺ **원칙적인 경우**　　원칙적으로 상태책임이 인정되는 범위는 제한이 없다. 따라서 원칙적으로는 원인에 상관없이 당해 물건의 상태로부터 발생한 위해에 대해 소유권자는 전적인 책임이 있게 된다. 이는 당해 물건의 이용으로부터 일정한 이익을 얻는 때에는 이러한 이용과 연계되어 있는 불이익에 대해서도 책임을 져야 하기 때문이다.

⑻ **배제되는 경우**　　그러나 소유권자가 감당해야 할 위험영역을 넘는(위험영역 밖의), 비정형적인 사건에 의하여 당해 물건이 위해를 야기하는 상태를 만든 때에는 소유권자의 상태책임은 배제되는 것으로 보는 것이 합리적일 것이다. 여기에는 자연재해현상, 불가항력적 경우, 사회적으로 상당하지 않은 우연의 경우에 기인한 때가 해당한다. 따라서 유조차가 차도에서 전복되어 기름이 유출된 때에 이로 인해 교통상의 위해나 수질오염의 위해가 존재할 경우에는, 당해 기름이 유출되어 있는 토지의 소유권자는 상태책임을 지지 않게 된다.

그러나 이 경우에 대해서는 토지 소유권자에게 상태책임을 인정하되 경찰기관의 대집행의 경우에 소유권자에 대한 그 비용청구를 금액에서 제한해 주려는 시도도 있으나, 이는 경찰책임을 인정하면서 이 내용에 상응하지 않는 액수의 비용부담의무를 인정하는 모순이 나타나게 되며, 다른 한편 경찰책임을 인정하여 스스로 그에 상응하는 비용부담이 드는 행위를 한 당사자와 비교하여 형평에 맞지 않는 결과를 가져오게 된다.

또한 이 경우에 경찰책임을 이원화하여 경찰기관에 의한 자신의 토지에 대한 오염제거작업에 대해서는 상태책임자로서 수인해야 할 의무를 갖게 되는 것이나, 직접

제2장 경찰권의 발동근거와 한계  1053

적으로 토지에 대한 오염을 제거해야 할 의무 면에서는 상태책임이 없다는 주장도 제기된다. 그러나 당해 토지의 소유권자가 직접적인 상태책임이 없는 제3자(Nichtstörer)로서 경찰권의 대상이 되더라도 이는 자신의 이익을 위하여 행하여지는 것이므로, 경찰기관에 의한 토지에 대한 오염제거행위를 수인하는 것에 근거한 손실보상청구는 부정되게 된다. 따라서 이러한 시도도 실용적이지 못하다. 이러한 사정은 자연재해(홍수나 태풍의 경우)로 인한 경우도 마찬가지로 보아야 할 것이다.

### 4) 상태책임의 승계문제

상태책임은 법률상의 특별한 규정이 없는 경우에는 경찰상의 위해상태가 존재하는 한, 당사자의 법적 승계인에게 승계된다고 본다. 따라서 위해상태를 야기하고 있는 건축물의 소유자에게 발령된 경찰상의 철거처분은 그 후에 당해 건축물을 취득한 당사자나 상속받은 당사자에게도 효력을 갖게 된다. 그러나 이때의 논거에 대해서는 다툼이 있다.

### (3) 복합적 경찰책임

#### 1) 의    의

경찰상의 위해는 경우에 따라서는 다수인의 행위에 의해 발생하거나 행위책임자와 상태책임자에 의해 경합하여 발생되기도 한다. 이와 같이 경찰책임이 복합적으로 나타나게 되는 경우에는 경찰권발동을 여하히 행사할 것인가가 문제된다.

#### 2) 경찰권발동

이 경우의 경찰권발동에 대해서는 정형적인 원칙은 존재할 수 없다. 오히려 개별적인 경우의 구체적인 사정을 항상 고려해야 하며, 단지 비례성원칙에 따라 당사자에게 최소한의 불이익이 되는 방법으로 행하여질 것이 요구될 뿐이다. 따라서 다수인의 행위에 기인한 위해발생의 경우에 경찰권발동을 누구에게 할 것인가에 대해서는 원칙적으로 경찰기관의 재량에 일임된다.

그러나 이러한 재량권행사는 경찰상의 위해방지의 효율성을 위해서 구체적인 경우에 일정한 내용으로 제한될 수 있는바, 예컨대 시간적으로 최후에 행한 자나 당해 결과에 대해 가장 가치평가적으로 중대한 비중을 갖는 원인행위를 한 자, 또한 위해나 장애를 가장 신속하게 그리고 효율적으로 제거할 위치에 있는 자에 대하여 우선적으로 행하여지게 될 것이다.

또한 행위책임과 상태책임이 복합적으로 나타나는 경우에는 우선적으로 행위책임자에 대해 경찰권이 발동되는 것이 효율적이며,24) 그 밖에도 동일인이 복합적인 경찰책임을 지는 경우(예컨대 행위책임과 상태책임을 소유권자가 부담하는 경우)에는 하나의 경찰책임을 부담하는 당사자에 비

---

24) 이에 대해서는 반대의 견해도 있다.

해 우선적으로 경찰권발동의 대상이 된다고 보아야 할 것이다.

### 3) 비용상환청구권 문제

(개) 원  칙   복합적인 경찰책임이 존재하는 경우에 경찰기관이 특정인에게만 경찰권을 발동하였다고 하더라도, 당해 원인행위의 중대성에 비추어 당사자에 대한 경찰권발동만이 위해방지를 위한 하자 없는 내용의 재량권행사인 경우에는, 당사자의 다른 경찰책임자에 대한 민법상의 사무관리규정이나 연대채무에 기한 비용상환청구권은 인정될 수 없다고 본다. 이때의 상황은 이러한 민법상의 상황과는 다르기 때문이다. 즉 이 경우에는 타인의 사무를 당사자가 대신 수행하는 것도 아니고, 구체적인 경우에 비추어 모든 당사자가 동일한 정도로 경찰책임의 대상이 되어 있는 것이 아니라 특정인만이 현실적으로 경찰책임의 대상이 되고 있다고 평가되어야 하기 때문이다.

(내) 예  외   그러나 경찰기관에게 어느 당사자에 대한 경찰권발동을 인정할 것인가에 대해 개별적인 경우에 비추어 재량이 인정되고 각 행위자들에게 부과되어 있는 의무내용들이 서로 동일한 경우에는, 민법상의 연대채무자간의 내부구상권은 이 경우에도 유추적용될 수 있다고 본다. 이와 다른 결론을 인정하게 되면 경찰기관이 선택하는 우연적인 경우에 따라 경찰권 발동으로 인한 비용부담문제가 결정되는 불합리한 결과가 야기되기 때문이다.

### (4) 제 3 자의 경찰책임

### 1) 의     의

제 3 자의 경찰책임이란 경찰상의 위해방지나 장애제거를 위하여 당해 위해나 장애 발생에 관계없는 제 3 자에 대해 경찰권을 발동하는 것을 말한다. 이는 예외적인 경우의 경찰권발동으로서 이를 경찰상의 긴급상태라고도 한다. 이때에는 직접적으로 원인을 제공한 당사자에 대한 경찰권발동보다 그 요건에 있어서 더 엄격하여야 하며, 그 행위의 범위도 제한되어야 할 뿐 아니라 이로 인한 손실이 또한 보상되어야 한다.

이러한 예외적인 경찰권발동은 실정법이 인정하고 있는 경우도 있으나 이러한 규정이 없더라도 구체적인 경우에 비추어 개별적으로 인정될 수 있을 것이다. 우리의 경우에는 이에 관한 직접적인 일반적 법률은 찾을 수 없고 개별법의 경우에 예외적으로 찾을 수 있을 뿐이다(예컨대 농어업재해대책법 제7조와 제8조, 도로법 제47조, 수난구호법 제7조, 소방기본법 제24조 등). 개별법 규정이 없을 때의 근거규정은 경찰법상의 일반조항(또는 개괄조항)에 의하여야 할 것이다.25)

### 2) 인정요건

① 이미 장애가 존재하거나 위해발생이 목전에 예상되는 경우일 것이 필요하다. 또한 이때에는 비례성의 원칙상 이러한 장애나 위해가 중대할 것을 필요로 한다.

---

25) 김남진·김연태(Ⅱ), 296면; 그러나 이에 대해서는 반대의견도 있다. 박윤흔(하), 325면.

② 이러한 위해방지나 장애제거가 직접적인 원인행위를 한 자에 대한 경찰권발동으로는 불가능할 경우일 것이 필요하다. 이러한 요건인정은 경찰권발동의 시점에서 행정기관의 관점에서 합리적으로 평가하여 결정될 것이다. 따라서 사후의 평가를 통해 직접적인 원인행위자에 대한 경찰권발동으로도 충분하였다고 인정되더라도 당해 경찰권발동행위의 적법성에는 아무런 영향을 주지 않는다. 또한 경찰기관이 사전에 적절한 조치를 취하였다면 이러한 경찰상의 긴급상태가 발생하지 않았을 것이라고 인정되더라도 아무런 영향이 없다. 직접적인 원인행위자에 대한 경찰권발동에 의한 위해방지 불가능의 상황은, 직접적인 경찰책임자가 동원 불가능하거나 이에 대한 경찰상의 처분이 시간적으로 늦게 행해질 경우 및 비례성원칙에 비추어 법적인 이유에서 배제될 경우 등이 포함된다.

③ 경찰기관은 이러한 위해방지나 장애제거를 위해 스스로 또는 그 권한의 위임을 통하여 해결할 수 있는 상황에 있지 못할 것이 필요하다. 이때에 단순히 소요되는 비용을 절약하기 위해 직접적인 원인행위와 무관한 제3자를 대상으로 하는 것은 물론 인정되지 않는다.

④ 이때 그 대상이 되는 당사자는 이로 인해 현저한 불이익을 받게 되거나 더 중요한 의무를 위반하지 않을 것이 요구된다. 비상재해라고 하더라도 노약자나 병자를 동원할 수는 없을 것이며, 긴급환자 치료를 위한 준비를 하고 있는 의사의 자동차를 강제사용할 수는 없을 것이다.

### 3) 경찰책임의 범위

이때의 경찰권 발동형식은 행정행위나 사실행위를 통하여 행하여지게 될 것이다. 그 범위는 비례성원칙에 비추어 대상이나 시간적인 관점에서 필요한 범위에 한정될 필요가 있다. 따라서 시간적으로 무제한적인 경찰권 행사내용은 인정될 수 없을 것이다. 이러한 한정된 시간 안에 경찰기관은 당해 위해방지를 위한 다른 수단을 강구하여야 하는 것이다.

### 4) 당사자의 권리

경찰기관은 이러한 예외적인 경찰권발동을 위한 요건이 더 이상 존재하지 않게 된 때에는 스스로 당해 처분을 중지하여야 한다. 그러나 이때에 위법하게 이를 중지하지 않을 때에는 당사자는 처음부터 위법인 행정행위와 마찬가지로 경찰권발동으로 인한 사실상의 결과제거를 청구할 수 있다(결과제거청구권의 인정). 이 밖에도 이때의 경찰권발동행위가 직접적으로 제3자의 이익보호와는 무관한 경우에는 이러한 행위로 인한 손실에 대해서 보상청구권을 갖는다. 따라서 제3자 자신이나 그에 속하는 사람의 보호 및 재산보호를 위해 행해지는 경우에는 손실보상청구권은 배제되거나 그 범위가 감액될 수 있다.

# 제 3 장  경찰작용의 행위형식

경찰기관이 행정목적달성을 위하여 행하는 행위형식은 다양하나, 주된 형식으로 는 경찰명령, 경찰처분 및 경찰허가를 들 수 있다.[1]

# 제 1 절  경찰명령

## I. 경찰명령의 개념

이는 법규명령의 발령을 통하여 당사자에게 일정한 의무를 명함으로써 경찰목적 을 달성하는 것을 말한다. 예컨대 「식품위생법」 제44조에 의해 대통령령 또는 총리령

---

[1] 우리 학자들은 종래부터 경찰하명이라는 표현하에, "경찰목적달성을 위하여 국가의 일반통치권에 근거하여 개인에게 특정한 작위·부작위·수인 또는 급부 의무를 명하는 행정행위를 경찰하명"이라 고 명하고 있다. 그러나 이때의 하명의 형식으로서는 행정행위에 의한 경우뿐 아니라 법규명령에 의한 경우도 포함하고 있다. 이러한 개념이해는 행정행위와 행정입법을 구분하는 입장에서 보아 논 리적이지 못하다고 본다. 따라서 이러한 개념이해에 따르지 않고, 개별적으로 경찰명령과 경찰처분 으로 나누어서 설명하는 입장에 따른다(김남진·김연태(II), 306면 이하; 홍정선(하), 481면).

이 정하는 사항을 준수하여야 하는 경우가 이에 해당한다. 이는 행정행위에 의한 경우와는 달리 그 인적 대상이 불특정·다수인 경우에 발령되는 것이다.

## II. 경찰명령의 요건

경찰명령의 발령은 통상적인 법규명령의 경우와 마찬가지로 수권규정을 필요로 하며, 그 내용은 상위법령의 내용에 반하여서는 안 된다. 또한 일정한 형식이나 절차가 요구되는 경우에는 이에 따라야 한다. 그 밖에도 경찰상의 위해존재의 요건에 있어서 구체적 위해의 존재를 전제로 하지 않고, 추상적 위해의 존재로 충분한 것으로 된다.

## III. 경찰명령의 효력

경찰명령은 구체적으로는 개별적인 처분을 통하여 그 효과를 발동하게 된다. 따라서 경찰명령에 하자가 있는 경우에는 개별처분에 대한 위법성 심사를 통하여 간접적으로 위법성 여부가 심사된다($\binom{구체적}{규범통제}$). 이는 일반적이고 추상적인 규범형식이므로 하자의 유형은 무효 여부만이 논의되며, 취소가능성 여부는 논의되지 않는다.

# 제 2 절  경찰처분(또는 경찰하명)

## I. 경찰처분의 의의

경찰목적달성을 위하여 특정된 범위의 당사자에게 작위·부작위·급부·수인의 의무를 명하는 행정행위를 말한다. 경찰하명[2])이라고도 한다. 이는 그 대상인 인적 범위가 특정된다는 점과 발령형식이 행정행위에 의한다는 점에서 경찰명령과 구별된다.

## II. 경찰처분의 유형

### 1. 내용에 의한 분류

처분을 통하여 명하여지는 의무의 내용에 따라 작위처분($\binom{적극적으로 \; 특정행위를 \; 하여}{야 \; 할 \; 의무가 \; 내용인 \; 경우}$), 부작위처분($\binom{특정행위를 \; 하지 \; 아니}{하도록 \; 명하는 \; 경우}$), 수인처분($\binom{경찰기관의 \; 일정행위에 \; 대해}{저항하지 \; 않고 \; 참아야 \; 할 \; 의무}$), 급부처분($\binom{금전납부나 \; 물품의}{제공을 \; 명하는 \; 의무}$)으로 나뉜다.

---

2) 박윤흔(하), 330면; 김동희(II), 156면; 석종현(하), 320면.

## 2. 근거규정에 따른 분류

경찰처분의 근거규정이 경찰법상의 일반조항(<sup>또는</sup><sub>개괄조항</sub>)에 의한 경우는 독립처분이라고 하고, 개별적 수권조항에 의한 경우는 비독립처분이라고 한다.3)

## 3. 대상에 따른 분류

경찰처분의 대상이 직접 사람을 대상으로 하는 것인가 또는 직접적으로는 물건의 성질이나 상태를 규율하고 이를 통하여 간접적으로 사람을 대상으로 하는 것인가에 따라 인적 처분과 물적 처분(<sup>또는 물적</sup><sub>행정행위</sub>)으로 나눌 수 있다. 후자의 대표적인 예로서는 교통표지판을 들 수 있다. 이와 관련하여 논의되는 개념으로는 일반처분이 있다. 이는 인적 범위가 처분당시에 특정되지는 않으나 일반적인 기준에 따라서 비로소 특정 가능한 범위의 사람을 대상으로 하거나, 물건의 공법적인 성질이나 일반에 의한 물건의 이용을 대상으로 하는 처분을 말한다. 이 개념의 두 번째 유형에 해당하는 것이 물적 처분이다.

## Ⅲ. 경찰처분의 효과

### 1. 일반적 효과

경찰처분은 행정행위로서의 성질을 갖는 이상, 행정행위 일반의 효력인 구속력, 공정력, 구성요건적 효력, 존속력 및 강제력을 갖게 된다.

### 2. 경찰의무의 발생

경찰처분은 그 발령을 통하여 처분의 내용을 이행하게 하는 의무를 발생하게 한다. 이러한 의무의 불이행에 대해서는 경찰상의 강제집행이나 경찰벌의 제재가 따르게 된다.

#### (1) 의무위반과 법률행위의 효력

경찰의무는 그 자체로서 상대방이 행하는 법률행위의 효력 발생·변경·소멸 등에 관하여 아무런 영향을 미치지 않으므로, 의무위반이 존재하는 경우에도 당사자가 행한 사법적인 법률행위의 효력은 변함이 없게 된다. 따라서 무허가영업행위 또는 영업정지기간 동안의 영업행위 자체가 무효가 되는 것은 아니다.

---

3) 김남진·김연태(Ⅱ), 311면; 장태주(개론), 1030면.

## (2) 의무의 범위

### 1) 인적 범위

경찰의무는 그 중점이 되는 사항에 따라 그 의무가 승계되는 인적 범위가 결정된다. 법령에 특별한 규정이 없는 한, 우선 당사자의 인적 사정이 중점이 되는 처분에서는 처분의 상대방에 대해서만 그 효과가 미치게 된다(예컨대 식품위생법 위반을 이유로 한 영업정지처분). 그러나 특정인을 대상으로 하더라도 당해 물건의 상태에 중점을 두고 처분이 발령되는 경우(예컨대 위법건축 물의 철거처분)는, 당해 의무는 물건의 양수인에게도 승계된다고 본다. 그리고 인적 사정과 물건의 상태가 모두 고려되어 발령되는 처분의 경우에는(이를 혼합처분 또는 혼합적 하명이라고 한다) 개별적인 경우에 있어서 양자의 요소 중에 어느 것이 더 강조되고 있는가에 따라 의무승계여부가 결정되나, 일반적으로는 제한된다고 본다.4)

### 2) 지역적 범위

경찰처분에 의해 부과되는 의무가 미치는 지역적 범위는 원칙적으로 행정행위 일반의 경우와 마찬가지로 당해 경찰행정관청의 관할구역 안으로 한정된다. 그러나 그 성질에 따라서는 관할구역 밖에도 미친다고 보아야 할 경우도 존재한다(예컨대 운전면허 취소나 정지처분).

## Ⅳ. 경찰처분의 하자

경찰처분도 일반적인 행정행위와 마찬가지 기준에 의해 취소 또는 무효의 하자가 인정될 수 있다. 따라서 이에 대해서 당사자는 하자의 유형에 상응하는 행정심판과 행정소송을 제기할 수 있으며, 행정상의 손해배상과 결과제거청구도 주장할 수 있게 된다.

# 제 3 절  경찰허가

## Ⅰ. 경찰허가의 의의

### 1. 개  념

경찰허가는 경찰행정상의 위해방지의 목적을 위하여 상대적으로 금지되어 있는 행위를 특정한 경우에 해제해 줌으로써 적법하게 행위를 할 수 있게 하여 주는 행정행위를 말한다. 따라서 이는 통상적인 허가와 마찬가지로 상대적 금지의 해제행위인 점에서 특정인에게 권리를 설정하여 주는 특허와 구별되며, 개별적인 경우에 대한 규

---

4) 김도창(하), 324면; 박윤흔(하), 335면; 김동희(Ⅱ), 235면.

율이라는 점에서 일반적인 경우에 대한 규율인 경찰명령과도 구별된다.

## 2. 법적 성질

### (1) 원칙적으로 기속행위

경찰허가는 원칙적으로 기속행위라고 보아야 한다. 물론 경찰허가가 기속행위인가 또는 재량행위인가는 입법자의 의사에 의해 결정되며, 구체적으로는 법문상의 표현방식이 주요한 결정기준이 된다. 그러나 법률규정이 이에 관해 직접적으로 규정하고 있지 않는 때에는 해석에 의하여 결정할 수밖에 없으며, 이때에 당사자가 일정한 법정요건을 갖추어 신청한 허가는 당사자의 기본권($^{특히\ 신체의\ 자유나}_{영업의\ 자유\ 등}$)을 실현하는 의미를 갖는 것이므로 행정기관은 허가를 발령하여야 할 의무를 갖는다고 보아야 한다. 따라서 기속행위가 원칙이라고 본다. 그러나 법문상의 표현으로 인해 재량행위로 이해되어야 할 경우도 존재할 수 있다.

### (2) 원칙적으로 협력을 요하는 행정행위

경찰허가는 통상적으로 당사자의 협력을 요하며, 이에 따라 신청을 요건으로 하는 행위로서의 성질을 갖는다. 이는 경찰허가가 상대적 금지를 해제하는 행위로서의 성질을 가지므로, 개별적으로 그 요건을 검토하여 해제여부를 결정하도록 하기 위함이다. 그러나 예외적으로 통행금지해제와 같은 경우에는 신청을 요하지 않는 경우도 존재한다.

## 3. 경찰허가의 유형

경찰허가의 종류에서 특히 의미를 갖는 것은 대인적 허가, 대물적 허가, 혼합적 허가이다. 이는 허가의 발령에 있어서 중점으로 인정되는 사항과 관련한 분류로서, 각각 인적 요소($^{신청자의\ 능력이나\ 자격}_{등을\ 심사\ :\ 운전면허\ 등}$), 물적 요소($^{물건이나\ 시설물의\ 적합성\cdot}_{안전상태\ 등을\ 심사\ :\ 건축허가\ 등}$) 및 인적·물적 요소($^{신청자의\ 자격}_{등과\ 동시에}$ $^{시설물의\ 적합성\cdot}_{안전성\ 등도\ 심사}$)가 중심으로 되는 허가이다. 이러한 분류는 경찰허가효과의 인적 범위와 관련하여 의미를 갖는다.

## Ⅱ. 경찰허가의 적법요건

경찰허가가 적법한 행위로서 효력을 발생하기 위해서는 행정행위 일반적인 경우에 요구되는 요건 이외에 다음의 요건을 갖추어야 한다.

## 1. 신    청

경찰허가는 인적 사항이나 물적 특성 등을 개별적으로 심사하여 결정하기 위하여 당사자의 신청을 요건으로 하는 것이 통상적이다. 따라서 이러한 신청을 결하는 경우에 발령되는 허가는 원칙적으로 무효의 효과를 갖게 되나, 상대방이 이에 대하여 동의하는 경우에는 효력을 발생한다고 볼 수 있다.5) 이는 경찰허가의 주된 이해관계가 인적 자격이나 물적 특성 등을 행정기관이 심사하여 개별적으로 상대적 금지를 해제하여 주는 데 있는 것이므로, 경찰기관이 (<sup>신청</sup><sub>없이도</sub>) 허가를 발령하는 때에는 이러한 관점에서 심사되어 반영되는 것이라고 볼 수 있고, 다른 한편으로 아무리 수익적 행정행위라도 당사자가 원하지 않는 행위를 강요할 수는 없는 것이므로 당사자의 동의는 사후적으로라도 요구된다고 보아야 하기 때문이다.

## 2. 시험 등

특정한 경우에는 경찰허가를 위하여 시험의 합격(<sup>공인중개</sup><sub>사시험 등</sub>) 또는 물건에 대한 검사(<sup>식품위생법상</sup><sub>의 제품검사</sub>) 등이 요구되기도 한다. 이는 허가를 위하여 심사하여야 할 인적 자격이나 물적 안전성의 보장을 위하여 필요로 되는 것이다.

## 3. 다른 행정기관의 협력

일정한 경찰허가의 경우에는 다른 행정기관의 동의를 요구하기도 한다. 이에 해당하는 것으로서는 대표적으로 「화재예방, 소방시설 설치·유지 및 안전관리에 관한 법률」 제 7 조 1 항을 들 수 있다. 이에 따르면 건축물의 증축, 개축 등의 허가시에는 관할 소방본부장이나 소방서장의 동의를 받지 아니하고는 허가 등을 할 수 없도록 하고 있다.

## 4. 그 밖의 요건

그 밖에 인근주민의 동의 또는 거리제한의 요건이 실무상 행정편의나 민원해소의 차원에서 요구되고 있기도 하나, 이러한 요건은 법령상 규정되고 있는 경우에 한하여 그 적법요건으로 인정된다고 보아야 할 것이다. 또한 수수료나 조세의 납부 등을 법령상 요구하는 경우(<sup>예컨대 도로교통법 제139조 5호 및 6호에서의 운전면허시험이나 면허증교부를 위한</sup><sub>수수료납부의무나 지방세법 제161조 1항에 따른 건축허가에 대한 면허세의 부과 등</sub>)에도 이러한 납부의무는 당해 경찰허가와는 직접 관계없이 다른 목적으로 부과되는 것이므로, 경찰허가의 적법요건으로 분류할 수는 없을 것이다.6)

---

5) 김남진·김연태(Ⅱ), 323면; 장태주(개론), 1034면.
6) 이상규(하), 330면.

## Ⅲ. 경찰허가의 부관 및 하자 문제

경찰허가에도 행정행위 일반의 경우와 동일한 원칙에 따라 부관이 부가될 수 있다. 그러나 경찰허가는 통상적으로 기속행위이므로 다수의 견해와 판례에 따르면 법정부관만이 부가될 수 있으며, 재량행위로 행해지는 때에만 일반적인 부관을 붙여서 발령할 수 있게 된다. 물론 기속행위의 경우에도 부관의 부가를 인정하는 일부 견해도 주장되고 있다. 또한 경찰허가에서도 하자가 발생할 수 있으며, 이에 따라 무효나 취소의 문제가 발생할 수 있다.

## Ⅳ. 경찰허가의 효과

### 1. 경찰금지의 해제

#### (1) 해제효과의 법적 성질

경찰허가는 상대적 금지를 해제하는 것이며, 이러한 경찰금지의 해제가 당사자에게 주는 의미는 통상적으로 반사적 이익을 주는 데 그치며, 권리를 부여하는 것은 아니다.[7] 그러나 경찰허가가 갖는 성질의 이해는 일률적으로 논할 수는 없으며, 경찰허가를 규정하고 있는 개별법규의 보호법익과 관련하여 논의되어야 한다. 이에 따라 당해법규의 보호법익이 공익만을 대상으로 하고 있는 것이면 경찰허가로 인한 효과의 성질을 반사적 이익으로 볼 수 있으나, 사익도 그 보호법익에 포함한다고 이해되는 경우에는 관련당사자는 그 효과를 권리로서 주장할 수 있을 것이다.

#### (2) 해제효과와 다른 법률관계와의 관계

경찰허가는 경찰목적을 위하여 상대적으로 금지하고 있던 사항을 해제하여 기본권행사를 할 수 있도록 하는 행위이므로, 그 효과는 금지되고 있던 사항에 한정하여 발생하며, 다른 법규정에 의하여 제한되고 있던 사항도 해제되는 것은 아니다. 이러한 예로서는 공무원에 대한 영업허가가 「국가공무원법」상의 영리활동금지의무를 해제하는 것이 아니라는 사실을 들 수 있다.

### 2. 법률행위의 효력 문제

경찰허가는 사법상 법률행위의 효력을 규율하는 것이 아니므로, 허가를 받지 않고 행한 법률행위도 그 효력이 무효로 되는 것은 아니다.

---

7) 대판 1985. 2. 8, 84누369.

## 3. 경찰허가 효과의 범위

### (1) 인적 범위

이는 경찰허가의 효과가 승계되는가에 관한 문제이다. 이에 대해서는 앞에서 설명된 경찰처분의 경우와 동일한 논리가 적용된다. 따라서 대인적 허가는 개인적인 사정이 중점으로 고려되는 것이므로 당사자 이외의 타인에게 승계되지 않으나, 대물적 허가는 대상 물건이나 시설의 특성이 허가 당시의 상황에 있는 한, 타인에게 승계된다고 보아야 한다. 혼합적 허가의 경우에는 인적 사정이 중심적인 요소로서 고려되므로 통상적으로 타인에게 승계되지 않는다고 본다.

### (2) 지역적 범위

경찰허가는 경찰관청의 관할구역 안에서만 효력을 미치는 것이 원칙이나, 그 성질상 관할구역 밖에서도 인정되는 경우도 있다(예컨대 운전면<br>허의 효력 등).

## 4. 경찰허가의 갱신

경찰허가는 통상적으로 기속행위임에도 부관으로서의 기한, 특히 종기가 부가되는 경우가 많다. 그러나 경찰허가의 대상인 행위가 계속적인 성질을 갖는 점에 비추어, 이때의 종기는 경찰목적달성을 위하여 일정한 기간마다 재심사하기 위해 갱신하라는 의미로 이해되며 당해 행위의 소멸을 목적하는 것은 아니다. 따라서 경찰허가는 일정한 기간마다 갱신되어야 한다. 이러한 신청에 대해 경찰관청은 새로운 입장에서 판단하여야 하며, 그 결과 당해 경찰허가가 갱신되지 않는다고 하여 당사자가 신뢰보호 등을 주장하여 다툴 수는 없다고 보아야 한다.

[1] 허가에 붙은 당초의 기한이 상당 기간 연장되어 허가된 사업의 성질상 부당하게 짧은 경우에 해당하지 아니하게 된 경우, 관계 법령의 규정에 따라 허가 여부의 재량권을 가진 행정청이 기간연장을 불허가하는 것이 가능한지 여부    일반적으로 행정처분에 효력기간이 정하여져 있는 경우에는 그 기간의 경과로 그 행정처분의 효력은 상실되며, 다만 허가에 붙은 기한이 그 허가된 사업의 성질상 부당하게 짧은 경우에는 이를 그 허가 자체의 존속기간이 아니라 그 허가조건의 존속기간으로 보아 그 기한이 도래함으로써 그 조건의 개정을 고려한다는 뜻으로 해석할 수 있지만, 이와 같이 당초에 붙은 기한을 허가 자체의 존속기간이 아니라 허가조건의 존속기간으로 보더라도 그 후 당초의 기한이 상당 기간 연장되어 연장된 기간을 포함한 존속기간 전체를 기준으로 볼 경우 더 이상 허가된 사업의 성질상 부당하게 짧은 경우에 해당하지 않게 된 때에는 관계 법령의 규정에 따라 허가 여부의 재량권을 가진 행정청으로서는 그 때에

도 허가조건의 개정만을 고려하여야 하는 것은 아니고 재량권의 행사로서 더 이상의 기간연장을 불허가할 수도 있는 것이며, 이로써 허가의 효력은 상실된다(개발제한구역 내 개발행위 허가에 대한 재량권을 가진 행정청이 그 허가기간 연장 신청을 불허가하였다고 하여 재량권을 일탈·남용한 것이라고 볼 수 없다고 한 사례)( 대판 2003.3.25. 2003두12837 ).

  [ 2 ] 사행행위의 허가(사안에서는 투전기업 허가)는 그것이 비록 갱신허가라고 하더라도 종전의 허가처분을 전제로 하여 그 유효기간을 연장하여 주거나 기간연장신청을 거부하는 행정처분이라기보다는 종전의 허가처분과는 별도의 새로운 행정처분이라고 보아야 할 것이므로, 허가관청은 기존 허가받은 자에 대해서 다시 허가를 할 때에는 신법 소정의 허가요건 및 허가를 제한하고 있는 경우에 해당하고 있는지 여부를 새로이 판단하여 허가여부를 결정하여야 하며, 재허가를 불허하더라도 기득권박탈이나 신뢰보호원칙에 어긋난다고 할 수 없다( 대판 1993.5.25. 93구4177 ).

  또한 허가의 종기가 도래하기 전에 갱신의 신청이 있었으나 갱신의 허가가 없는 경우에는, 적시에 갱신여부가 결정되지 못한 원인이 행정관청에 있는 이상, 당사자는 잠정적으로 허가된 행위를 할 수 있다고 보아야 하며, 후에 갱신이 거부된 경우에는 장래에 행하여서만 그 효력이 소멸된다고 봄이 타당할 것이다.8)

---

8) 박윤흔(하), 344면.

# 제4장 경찰작용의 실효성 확보수단

<table>
<tr><td>

**제1절 경찰강제**
Ⅰ. 경찰상의 강제집행
Ⅱ. 경찰상의 즉시강제
Ⅲ. 경찰조사의 문제

</td><td>

**제2절 경찰벌**
Ⅰ. 경찰벌의 의의
Ⅱ. 경찰벌의 종류

</td></tr>
</table>

경찰기관에 의한 의무명령이 이행되지 않는 경우에는 일반적인 행정행위에 의한 경우와 마찬가지로 여러 가지 유형의 의무이행 확보수단이 인정되고 있다.[1]

## 제1절 경찰강제

경찰강제는 경찰상의 의무불이행에 대하여 경찰목적달성을 위하여 개인의 신체 또는 재산에 실력을 가하여, 경찰상 필요한 상태를 실현하는 작용을 말한다. 경찰강제에는 경찰상의 강제집행과 경찰상 즉시강제가 인정되고 있다.

## Ⅰ. 경찰상의 강제집행

이는 경찰의무의 존재를 전제로 하여 행해지는 점에서, 이를 전제로 하지 않는 경찰상의 즉시강제와 구별된다. 그 유형에는 대집행, 직접강제, 집행벌(강제) 및 강제징수의 방법이 인정되고 있다. 대집행은 경찰상의 대체적 작위의무의 불이행을 대상으로 하며, 「행정대집행법」이 일반법으로서 적용된다. 직접강제는 개별법에서 예외적으로 인정되고 있는바, 「식품위생법」이나 「공중위생관리법」상의 폐쇄조치를 들 수 있다. 비

---

1) 따라서 이하의 설명에 대한 상세한 내용은 앞부분의 '행정강제'의 내용을 참조 바람.

대체적 의무를 강제하는 수단인 집행벌은 실무상 거의 행해지지 않는 수단이나, 예외적으로 「건축법」상($_{조}^{제80}$) 시정명령 불이행에 대해 부과하는 이행강제금은 이에 해당하는 것으로 보고 있다. 금전급부의무를 대상으로 하는 강제징수는 경찰행정에서도 금전납부의무가 명해지므로 많이 이용되는 수단에 해당하며, 이에 대해서는 「국세징수법」이 일반법으로 적용된다.

## Ⅱ. 경찰상의 즉시강제

### 1. 개  관

경찰상의 즉시강제는, 의무를 부과할 수 없을 정도의 시간의 긴급성이나 목적달성의 불가능 등을 이유로, 경찰기관에 의한 의무부과를 전제로 하지 않고 경찰기관이 당사자의 신체나 재산에 직접 실력을 행사하여 경찰상 필요한 상태를 실현하는 행위를 말한다. 이에 대해서는 일반법으로서의 「경찰관직무집행법」 이외에 개별법이 규정을 두고 있다. 경찰상 즉시강제는 행정상 즉시강제의 경우와 마찬가지로 영장제도의 적용문제가 제기되며, 이에 대해서는 행정상 즉시강제에서 논의된 내용이 그대로 타당하게 된다.

### 2. 경찰상 즉시강제의 수단

경찰상 즉시강제는 그 법적 근거에 있어서 「경찰관직무집행법」상의 개별조항과 개별법($_{경찰행정법}^{또는 특별}$)에 의한 수단이 우선적으로 적용되고, 보충적으로 경찰법상의 일반조항($_{개괄조항}^{또는}$)에 의한 수단이 적용된다. 이와 관련하여 「경찰관직무집행법」상 개별조항에 의한 즉시강제 수단의 상세한 내용에 관하여는, 이미 앞에서 경찰권의 발동근거의 문제로서 고찰하였으므로 이하에서는 그 분류를 중심으로 간단하게 설명하기로 한다. 경찰상 즉시강제의 수단은 그 대상에 따라 대인적 강제, 대물적 강제 및 대가택 강제로 분류된다.

#### (1) 「경찰관직무집행법」상의 수단

「경찰관직무집행법」은 대인적 강제수단으로서 불심검문($_{조}^{제3}$), 보호조치($_{1항}^{제4조}$), 위험발생방지조치($_{조}^{제5}$), 범죄의 예방·제지조치($_{1항}^{제6조}$), 사실의 확인($_{조}^{제8}$), 경찰장비의 사용($_{조}^{제10}$), 경찰장구사용($_{의2}^{제10조}$), 분사기 등의 사용($_{의3}^{제10조}$), 무기사용($_{의4}^{제10조}$)을 규정하고 있다. 대물적 강제수단으로는 임시영치($_{3항}^{제4조}$)와 위험발생방지조치($_{조}^{제5}$)를 들 수 있고, 대가택 강제수단으로는 가택출입($_{조}^{제7}$)이 해당한다.

## (2) 개별법에 의한 수단

개별법에 따른 대인적 강제수단으로서는 「감염병의 예방 및 관리에 관한 법률」상의 강제격리와 강제건강진단, 「마약류관리에 관한 법률」상의 치료보호, 「수난구호법」상의 원조강제 등을 들 수 있다. 대물적 강제수단으로는 「식품위생법」상의 폐기조치와 「총포·도검·화약류 등의 안전관리에 관한 법률」상의 임시영치 등이 있고, 대가택 강제수단으로는 「식품위생법」상의 음식물저장품의 검사를 위한 가택수색 등을 들수 있다.

## Ⅲ. 경찰조사의 문제

경찰강제와 관련되는 것으로는 경찰조사가 있다. 이 개념의 내용에 대해서는 오늘날 경찰상 즉시강제와의 구별을 인정하려는 견해와,[2] 이러한 구별을 상대적인 것으로 보려는 견해로 나뉘고 있다. 경찰조사에 관하여는 행정조사에 대한 설명이 적용될수 있으며, 특히 그 한계문제가 주요한 논점으로 작용하고 있다.

# 제 2 절 경 찰 벌

## Ⅰ. 경찰벌의 의의

경찰벌은 경찰법상의 의무위반에 대하여 일반통치권에 근거하여 상대방에게 부과하는 제재를 말한다. 이는 그 성질상 행정벌이 경찰작용에서 적용되어 나타나는 것이므로, 행정벌에 관한 설명이 경찰벌에도 적용된다. 따라서 의무위반에 대해 의무를 강제하는 수단이 아니라는 점에서 경찰강제와 구별되고, 행정벌이므로 형벌법규위반을 전제로 하는 형사벌이나 내부질서유지를 목적으로 하는 징계벌과도 구별된다.

## Ⅱ. 경찰벌의 종류

경찰벌에는 행정형벌로서의 경찰형벌과 행정질서벌로서의 경찰질서벌이 있다. 이러한 경찰벌도 그 부과를 위해서는 법률의 근거를 필요로 하며, 구체적인 범위를 정한 위임의 경우에는 행정입법에 의해서도 부과할 수 있다. 또한 지방자치단체의 조례에 의해서도 필요한 경우에는 조례위반행위에 대해 경찰질서벌로서 1천만원 이하의

---

2) 이상규(하), 302면; 박윤흔(하), 361면; 김남진·김연태(Ⅱ), 341면.

과태료를 부과할 수 있으며($_{제27조 1항}^{지방자치법}$), 법률의 개별적인 위임이 있는 경우에는 조례에 의해 경찰형벌을 부과할 수 있다($_{단서}^{동법 제22조}$). 과벌절차로서는 경찰형벌에는 원칙적으로 「형사소송법」에 의한 절차와 예외적으로 통고처분과 즉결심판의 절차가 인정되며, 경찰질서벌에는 「질서위반행위규제법」에 의한 절차가 적용된다.

## 기본사례 풀이

### 1. 설문 1)의 풀이

#### (1) 문제의 소재

이는 경찰권의 발동에 관한 재량의 근거와 그 한계에 대한 논점을 그 대상으로 한다.

#### (2) 경찰권의 발동가능성

##### 1) 발동요건의 검토

농림축산식품부 건물의 진입로봉쇄행위는 공공안녕에 의해 보호되는 공동체 법익침해($_{기능상의 온전성을 침해}^{즉 농림축산식품부의}$)의 구체적 위해성이 인정되는 행위이다. 이때 당사자는 집회결사의 자유의 기본권을 행사하는 것이나, 당해 사안에서의 행위는 집단적인 협박행위에 해당하여, 기본권에 의해 보호되는 영역을 넘고 있다. 따라서 공익의 보호를 위한 경찰권발동의 요건을 충족한다. 이때의 경찰권행사는 「집회 및 시위에 관한 법률」 제20조 제 1 항 1호에 의하여 근거 지을 수 있다.

##### 2) 행위책임의 인정문제

문제의 행위는 농림축산식품부가 주최한 집회행사과정에서 발생한 것이다. 따라서 행위책임문제가 검토될 필요가 있다. 이는 경찰권발동의 대상을 확정하는 데에 그 의미를 갖게 된다. 이때에 공법인에 속하는 국가기관인 농림부도 경찰책임을 진다는 점에서는 이론의 여지가 없다($_{경찰책임}^{공법인의 실질적}$). 그러나 그 인과관계문제에 있어서는 고찰을 필요로 한다. 이때에는 집회개최행위가 당해 경찰상의 위해발생행위에 대하여 인과관계가 있는지의 여부가 검토되어야 한다. 그러나 집회개최행위 자체는 위해발생행위에 대하여 직접적인 원인성을 제공하지 않으며, 간접적인 원인제공행위이기는 하나 내부적인 밀접한 관련성이 없거나 목적지향적이 아니다. 따라서 경찰책임의 대상이 되지 못한다.

#### (3) 소　결

따라서 당해 사안에서의 경찰권은 직접적인 행위자인 甲 등에 대하여 발동가능하다.

## 2. 설문 2)의 풀이

### (1) 문제의 소재

이는 경찰권이 발동된 경우에 구체적인 수단선택의 재량권행사의 한계에 관한 논의를 그 대상으로 한다

### (2) 경찰권행사의 위법성검토

이때에는 비례성원칙에 따른 경찰권행사의 한계문제가 검토되어야 한다. 따라서 적합성원칙, 필요성의 원칙 및 상당성의 원칙 충족여부를 검토하여야 한다. 특히 이때에는 근거규정인 「경찰관 직무집행법」 제10조의 3의 요건충족여부를 검토하여야 한다. 당해 사안에서는 필요성의 요건이나 상당성의 원칙 충족여부를 검토하여야 한다. 특히 이때에는 근거규정인 「경찰관 직무집행법」 제10조의 3의 요건충족여부를 검토하여야 한다. 당해 사안에서는 필요성의 요건이나 상당성의 요건을 충족하지 못하므로, 비례성원칙위반이 인정되어 위법성이 인정된다.

### (3) 권리구제방법

乙의 위법행위에 대하여 丙과 丁의 법정대리인(친권자)은 행정상의 손해배상청구를 제기할 수 있다.

# 제 9 편

# 급부행정법

行　政　法　新　論

# 제 1 장  공물법

**기본 사례**

　서울에 거주하는 甲은 최근에 청주에 소재한 자신의 토지가 자신이 알지 못하는 사이에 7개월 전에 청주시장에 의하여 도로구역으로 지정되어, 현재 지방도로로 이용되고 있는 사실을 알게 되었다. 이때에 甲이 취할 수 있는 법적 권리구제방법을 모두 검토하시오.

(풀이는 1103면)

공물법은 행정기관의 행정목적달성 물적 수단인 공물의 이용관계를 중심으로 하여, 이와 관련된 법률관계를 내용으로 하는 법체계를 말한다. 이에 관한 법원으로서는 통상적으로 「도로법」, 「하천법」, 「국유재산법」, 「공유재산 및 물품관리법」, 「공유수면관리법」 등이 있다.

# 제 1 절  공물의 개념

## Ⅰ. 공물개념의 논의

### 1. 개념에 관한 견해대립

공물개념에 대해서는 광의·협의·최협의로 견해대립이 있었으나, 오늘날의 일반적인 견해는 협의로 이해한다. 이에 따르면 공물이란 직접적으로 행정목적달성에 제공되는 물건만을 의미하며, 이는 공용물과 공공용물 및 보존공물을 그 대상으로 하게 된다. 한편 이러한 전통적인 개념에 대해서는 새로운 입장에서, 행정주체에 의하여 직접 행정목적에 제공되는 유체물과 관리할 수 있는 무체물 및 집합물을 공물로 정의하는 견해도 주장된다.[1]

### 2. 검  토

현실적으로 직접적으로 행정목적에 제공되고 있는 것은 개개의 유체물에 한정되지 않고, 자연공물과 에너지 및 개개의 유체물의 집합체인 공공시설도 포함되므로 새로운 입장이 공물의 현실적인 설명에 비추어 타당하리라고 본다.

## Ⅱ. 공물의 개념요소

### 1. 물  건

공물도 법적인 의미에서의 물건의 의미를 갖는다. 그러나 이때의 물건 개념에는 민법상의 개념(제98조)인 '유체물 및 전기 기타 관리할 수 있는 자연력'이 그대로 적용될 수 없는 한계를 인정해야 한다. 예컨대 대기는 관리할 수 없는 자연력이면서도 환경법에 있어서 공물로서의 중요성이 인정되고 있다. 또한 통상적으로는 유체성을 전제로 하므로 무체재산권은 공물로서 인정되지 않으며, 물적 요소 외에 인적 요소도 고

---

1) 김남진·김연태(Ⅱ), 382면.

려의 대상이 되는 영조물도 공물의 개념에서 배제된다.

## 2. 직접적인 행정목적달성의 용도

공물은 행정주체가 자신의 직접적인 행정목적달성을 위하여 스스로 이용하거나 (예컨대 공용물의 경우), 일반인의 이용에 제공하는(예컨대 공공용물의 경우) 목적상의 특성이 있다. 따라서 이러한 행정목적을 달성하기 위하여 당해 물건은 공법인 행정법의 규율을 받게 되는 특색을 갖게 된다.

그러나 이때의 공물이 수행하는 행정목적은 직접적인 경우에 한정되는 것이므로, 간접적인 행정목적달성에 관련될 때에는 공물개념에서 제외하는 것이 타당하다. 따라서 구 「국유재산법」상 잡종재산(일반재산)은 공물에 해당하지 않는다고 보았으며 통상적인 사법의 적용대상이 될 뿐이라고 보았다.

## 3. 공용지정의 존재

공물로서 인정되기 위해서는(공용물의 경우는 제외) 일정한 형식적 요건이 필요로 된다. 이는 당해 물건에 대해 공법적 지위를 부여하여 공법적 규율하에 두고자 하는 목적으로 행해지는 것으로서 공용지정이라고 한다. 공용지정의 형식에 대해서는 견해대립이 있으나, 법률·관습법·자치법규 및 행정행위로 다양하게 나타날 수 있다고 본다.

## 4. 소유권의 귀속문제

공물로서 성립하기 위해 당해 물건의 소유권이 국가나 지방자치단체의 소유일 필요는 존재하지 않는다. 공물의 특색은 당해 물건이 공적인 목적달성을 위해 특별한 공법적 규율을 받는다는 점에 있는 것이므로, 사인의 소유권하에 있는 물건이라도 그 성립에 영향을 주지 않는다.

## Ⅲ. 공물의 유형

공물은 다음과 같은 기준에 의해 분류할 수 있다.

### 1. 소유권자에 따른 분류

이에 따르면 소유권자가 국가인 국유공물, 지방자치단체가 소유권자인 공유공물 및 사인이 소유권자인 사유공물(예컨대 사인소유의 문화재나 도로, 용지로 지정된 사인소유의 토지 등)로 나뉜다.

## 2. 공물의 성립과정에 따른 분류

공물로서의 성립이 자연적 상태 자체에 의하여 되는 경우는 자연공물이라고 하며 ( ᵄᵃᵗᵉᵍ₍해변, 갯벌 등₎), 인위적인 가공을 통하여 비로소 공물이 되는 경우를 인공공물이라고 한다 (₍관청이나 공원 등₎).

## 3. 용도에 따른 분류

공물은 그 용도에 따라서는 공공용물, 공용물, 보존공물로 나뉜다. 공공용물은 직접적으로 일반공중의 사용을 위하여 제공되는 공물을 말하며, 도로, 하천 등이 해당한다. 공용물은 국가나 지방자치단체의 공적 용도를 위하여 제공되는 공물로서 관청의 건물 등이 해당한다. 보존공물은 물건의 보존에 그 목적이 있는 공물로서 문화재가 이에 해당한다.

## 4. 효력발생시기에 따른 분류

공물은 또한 공물로서 지정됨으로써 바로 그 효력을 갖는 경우와, 장래에 공물로서 사용할 것을 미리 예정하여 두고 공물로서의 효력은 장래에 발생하는 경우로 나눌 수 있다. 전자의 경우가 통상적이며, 후자의 경우를 특히 예정공물이라고 한다. 예정공물은 현재로서는 공물은 아니나, 공물에 준하여 취급된다.


# 제 2 절  공물의 성립과 변경 및 소멸


## Ⅰ. 공물의 성립

공물로서 성립하기 위하여는 의사적 요소로서의 공용지정과 형태적 요소로서의 사실상의 제공이 요구된다.

### 1. 공용지정

(1) 공용지정의 의의

공용지정이란 특정 물건이 특정한 공적 목적에 제공되며, 이로 인해 공법상의 특별한 규율하에 놓이게 된다는 것을 선언하는 법적 행위를 말한다. 학자에 따라서는 공용개시행위라고도 한다. 이러한 행위를 통하여 사인 소유의 물건도 공법적인 제한 하에 놓이게 되어, 공물로서의 요건을 갖추게 된다.

## (2) 공용지정의 형식

공용지정의 법적 성질문제는 그 형식과 관련된다. 형식여하에 따라서 공용지정의 성질도 다르게 나타나게 된다.

### 1) 법령에 의한 공용지정

이는 법령이 정하고 있는 요건을 사실상 충족함에 의하여 당연히 공법상의 특별한 지위를 충족하게 되는 경우를 말한다. 이때의 법령에는 법률·법규명령·조례 및 관습법이 있다.

㈎ **법　률**　법률에 의한 공용지정의 예로서는 구 「하천법」2)($\frac{제2조}{1항 2호}$)에 의한 하천구역의 지정을 들 수 있다.3) 동법 제 2 조 제 1 항 2호에서는 하천구역에 대하여 가목 내지 다목에서는 관리청의 별도 행위를 요하지 않고 법률규정 자체에 의하여 하천구역으로 되는 사항을 규정하였고, 동호 라목에서는 관리청이 지정행위를 함으로써 하천구역이 되는 사항을 규정하였었다. 바로 전자의 부분이 법률에 의한 공용지정으로 해석되었던 것이다.

그러나 다수견해는 이러한 경우를 공용지정 없이 자연공물로서 공공용물이 성립하는 예로 보고 있었다. 판례는 하천에 대해 법률규정에 의한 공용지정을 필요로 한다는 입장을 보이고 있었다.

[1] 준용하천의 관리청이 신설한 제방의 부지는 하천부속물의 부지인 토지의 구역으로서 관리청에 의한 지정처분이 없어도 법률규정에 의하여 당연히 하천구역이 국유로 된다($\frac{대판 1998.3.10,}{97누20175}$).

[2] 구 하천법($\frac{1961.12.30,}{법률 제892호}$) 제 2 조, 제12조, 제13조 및 현행 하천법($\frac{1971.1.19. 법률 제2292}{호로 전면 개정된 것}$) 제 2 조 1항 2호 등 관련 규정의 취지에 비추어 볼 때, 하천이 통상 자연적 상태에 의하여 공물로서의 성질을 가진다고 하더라도, 그 종적 구간과 횡적 구역에 관하여 행정행위나 법규에 의한 공용지정이 이루어져야 비로소 국가가 공공성의 목적과 기능을 수행하기 위하여 필요한 행정재산이 된다고 할 것이고, 이것은 이러한 법 규정들이 준용되는 준용하천의 경우에도 마찬가지이다($\frac{대판 1999.5.25,}{98다62046}$).

그러나 구 「하천법」 제 2 조는 2008. 3. 21. 개정되면서 하천구역을 모두 관리청이 지정행위를 하는 형식으로 통일하여 규정하게 되었다. 따라서 현행 「하천법」에서는 법률규정에 의한 공용지정은 그 예를 찾기가 어렵게 되었음을 유의하여야 한다.

㈏ **법규명령**　법규명령에 의한 예로는 구 「하천법」 제 7 조에 따라 대통령령으로 하천의 명칭과 구간을 정하는 경우를 들 수 있었다.

그러나 이때의 하천지정에 대한 법적 성질에 관하여는, 확인적 행위로서 보는 견

---

2) 2008. 3. 21. 법률 제8974호로 개정되기 전의 것.
3) 김남진·김연태(Ⅱ), 355면; 홍정선(하), 421면.

해와 창설적 행위로서 보는 견해의 대립이 있었다. 전자의 입장에 의하면 구간지정은 특정지점으로부터 다른 특정지점까지의 길이를 지정함에 불과한 확인행위로 보는 것이며,4) 후자의 입장에 의하면 대통령령에 의한 지정행위가 있음으로써 공물로서의 하천이 성립한다고 보는 것이다.

생각건대 대통령령에 의한 구간지정행위가 없는 경우에는 공물의 범위가 불확정되므로, 구 하천법 제7조의 해석에 있어서만큼은 법규명령에 의하여 비로소 공물로서 확정된다고 보는 것이 타당했다고 본다.5)

그러나 동 규정도 2008. 3. 21. 개정되면서 국가하천은 국토보전상 또는 국민경제상 중요한 하천으로서 다음 각 호의 어느 하나에 해당하여 국토교통부장관이 그 명칭과 구간을 지정하는 하천을 말한다고 규정하고, 지방하천은 지방의 공공이해와 밀접한 관계가 있는 하천으로서 시·도지사가 그 명칭과 구간을 지정하는 하천을 말한다고 규정함으로써, 행정행위로써 지정되는 형식으로 전환되었다.

⒟ 조 례    조례에 의한 예로는 지방자치단체가 공공시설의 이용을 조례에 의하여 가능하게 하는 경우가 해당한다.

⒠ 관습법    관습법에 의한 예로는 해변과 같은 공공용물의 사용을 들 수 있다.6) 그러나 이에 대해서도 다수견해는, 해변은 자연공물이므로 공용지정을 요하지 않는다고 본다.

2) 행정행위에 의한 공용지정

이는 공용지정의 일반적인 형식으로서 현실적으로 가장 중요한 의미를 갖는 경우이다. 그 예로는 「하천법」($^{제7}_{조}$)에 의한 하천구역의 지정과 「도로법」($^{제24}_{조}$)에 의한 도로구역의 지정을 들 수 있다.

[ 1 ] 도로가 행정재산이 되기 위한 요건 및 토지에 대하여 도로로서의 도시계획시설결정 및 지적승인이 있다는 사정만으로 그 토지가 행정재산이 되는지 여부    도로와 같은 인공적 공공용 재산은 법령에 의하여 지정되거나 행정처분으로 공공용으로 사용하기로 결정한 경우 또는 행정재산으로 실제 사용하는 경우의 어느 하나에 해당하여야 행정재산이 되는 것이며, 도로는 도로로서의 형태를 갖추어야 하고, 도로법에 따른 노선의 지정 또는 인정의 공고 및 도로구역의 결정·고시가 있는 때부터 또는 도시계획법 소정의 절차를 거쳐 도로를 설치하였을 때부터 공공용물로서 공용개시행위가 있는 것이며, 토지에 대하여 도로로서의 도시계획시설결정 및 지적승인만 있었을 뿐 그 도시계획사업이 실시되었거나 그 토지가 자연공로로 이용된 적이 없는 경우에는 도시계획결정 및 지적승인의 고시만으로는 아직 공용개시행위가 있었다고 할 수 없

---

4) 박윤흔(하), 1996, 432면.
5) 홍정선(하), 520면.
6) 같은 견해 : 김남진·김연태(Ⅱ), 391면 ; 장태주(개론), 1053면.

어 그 토지가 행정재산이 되었다고 할 수 없다($\binom{\text{대판 2000.4.25,}}{\text{2000다348}}$).

[ 2 ] **토지가 공부상 하천으로 등재되어 있다는 사정만으로 그 토지를 하천구역이라고 단정할 수 있는지 여부(소극) 및 구 하천법상 제방이 하천구역이 되기 위한 요건**  1961. 12. 30. 법률 제892호로 제정되어 1962. 1. 1.부터 시행된 제정 하천법에 의하면 준용하천의 하천구역은 그 명칭과 구간이 지정, 공고되더라도 이로써 하천의 종적인 구역인 하천의 구간만이 결정될 뿐이고, 하천의 횡적인 구역인 하천구역은 별도로 제정 하천법 제12조에 따라 관리청이 이를 결정·고시함으로써 비로소 정하여지고, 1971. 1. 19. 법률 제2292호로 전문 개정되어 1971. 7. 19.부터 시행된 구 하천법 및 1999. 2. 8. 법률 제5893호로 전문 개정되어 1999. 8. 9.부터 시행된 구 하천법(이하 위 2개의 법률을 통틀어 '구 하천법'이라 한다)은 하천구간 내의 토지 중에서 일정한 구역을 하천구역으로 규정하고 있어 이에 해당하는 구역은 당연히 하천구역이 되며, 2007. 4. 6. 법률 제8338호로 전문 개정되어 2008. 4. 7.부터 시행된 현행 하천법에 의하면 국가하천 및 지방하천의 명칭과 구간이 지정, 고시된 때에 별도로 관리청이 하천법 제10조에 따라 하천구역을 결정·고시함으로써 하천구역이 정하여진다. 따라서 토지가 그 공부상 하천이라는 지목으로 등재되어 있다는 사정만으로는 그 토지를 하천구역이라고 단정할 수 없다. 구 하천법은 스스로 각 제2조 제1항 제2호 (가)목 내지 (다)목에서 유수지, 하천부속물의 부지인 토지, 제외지 등을 하천구역으로 규정하고, 같은 항 제3호에서 구 하천법에 의하여 설치된 제방 기타의 시설 또는 공작물을 하천부속물이라고 규정하면서 다만 관리청 이외의 자가 설치한 시설 등에 관하여는 관리청이 당해 시설 등을 하천부속물로 관리하기 위하여 당해 시설 등의 설치자의 동의를 얻은 것에 한한다고 규정하고 있으므로, 관리청이 제방 설치자의 동의를 얻지 않았을 때에는 위 (나)목 소정의 하천구역에 해당한다고 볼 수 없으며, 그 제방이 자연적으로 형성된 것인 경우에는 하천관리청이 그 제방을 하천부속물로서 관리하는 것임을 요한다고 할 것이다($\binom{\text{대판 2010.3.29,}}{\text{2009다97062}}$).

이때의 행정행위는 그 이용대상자인 사람을 규율대상으로 하고 있는 것이 아니라, 당해 물건의 성질에 관하여 특별한 규율을 행하는 것이므로 통상적인 행정행위와는 달리 '물적 행정행위'라고 부른다. 즉 이러한 행위를 통하여 도로나 하천은 직접적으로 공법적인 규율을 받게 되며, 그 이용자는 이러한 공법적인 제한으로 인해 간접적으로 영향을 받게 되는 것이다.

### (3) 공용지정과 권원 문제

공용지정을 위하여는 행정주체가 당해 물건에 대해 일정행위를 할 수 있는 권원을 취득하여야 한다. 이때의 권원으로는 소유권을 취득해야 하는 경우가 통상적이나, 사인의 소유권은 인정하면서 임차권·지상권 등의 권리취득에 의하여도 가능하다. 권원 없는 공용지정 행위에 대해 당사자는 손해배상청구와 원상회복, 부당이득반환청구

등을 주장할 수 있다.

[1] 국가 또는 지방자치단체가 사유지를 권원없이 도로부지로 점유·사용하고 있는 경우, 그 부당이득액 산정의 기준　　국가 또는 지방자치단체가 도로로 점유·사용하고 있는 토지에 대한 임료 상당의 부당이득액을 산정하기 위한 토지의 기초가격은 국가 또는 지방자치단체가 종전부터 일반공중의 교통에 사실상 공용되던 토지에 대하여 도로법 등에 의한 도로설정을 하여 도로관리청으로서 점유하거나 또는 사실상 필요한 공사를 하여 도로로서의 형태를 갖춘 다음 사실상 지배주체로서 도로를 점유하게 된 경우에는 도로로 제한된 상태, 즉 도로인 현황대로 감정평가하여야 하고, 국가 또는 지방자치단체가 종전에는 일반공중의 교통에 사실상 공용되지 않던 토지를 비로소 도로로 점유하게 된 경우에는 토지가 도로로 편입된 사정은 고려하지 않고 그 편입될 당시의 현실적 이용상황에 따라 감정평가하여야 한다(대판 1999.4.27, 98다56232).

[2] 원소유자에 의하여 도로부지로 무상 제공된 토지를 특정승계한 자의 배타적 사용수익권 행사 및 부당이득반환청구의 가부　　토지의 원소유자가 토지의 일부를 도로부지로 무상 제공함으로써 이에 대한 독점적이고 배타적인 사용수익권을 포기하고 이에 따라 주민들이 그 토지를 무상으로 통행하게 된 이후에 그 토지의 소유권을 경매, 매매, 대물변제 등에 의하여 특정승계한 자는 그와 같은 사용·수익의 제한이라는 부담이 있다는 사정을 용인하거나 적어도 그러한 사정이 있음을 알고서 그 토지의 소유권을 취득하였다고 봄이 상당하므로 도로로 제공된 토지 부분에 대하여 독점적이고 배타적인 사용수익권을 행사할 수 없고, 따라서 지방자치단체가 그 토지의 일부를 도로로서 점유·관리하고 있다고 하더라도 그 자에게 어떠한 손해가 생긴다고 할 수 없으며 지방자치단체도 아무런 이익을 얻은 바가 없으므로 이를 전제로 부당이득반환청구를 할 수 없다(대판 1998.5.8, 97다52844).

## (4) 공용지정의 하자

공용지정의 요건에 하자가 있는 때에는 무효 또는 취소의 효과가 발생한다.

무효는 공용지정의 형식이 법령에 의한 경우나 행정행위의 형식에 의한 때에 그 하자가 중대하고 명백한 경우에 인정되며, 이로 인해 당사자는 원상회복·손해배상 등을 주장할 수 있게 된다.

취소는 행정행위에 의한 공용지정의 경우에 인정되나, 이미 당해 공물이 공공사용에 제공되고 있는 때에는 그 효과로서 원상회복을 요구하지 못하고 사정재결이나 사정판결의 대상이 될 가능성이 많게 된다.

## (5) 적용대상

이러한 공용지정은 공공용물과 보존공물에서 적용되며, 공용물의 경우에는 사실상 필요하지 않게 된다. 공용물은 행정기관 스스로의 용도에 의해 사용되는 공물이므로, 일반인에게 당해 물건의 공법적인 특성을 알리는 행위가 별도로 필요하지 않기 때문이다.

## 2. 사실상의 제공

공물로서 성립하기 위하여는 또한 형태적 요소로서 사실상 실제 이용에 제공될 것을 필요로 한다. 하천이나 해변 등과 같은 자연공물의 경우는 이 요건의 충족을 위한 별도의 행위가 필요 없으나 인공공물인 경우에는 일정한 시설을 갖추고, 이러한 시설을 갖춘 공물을 실제 이용에 제공하는 행위가 필요하게 된다. 따라서 이러한 행위들은 사실행위로서의 성질을 갖게 된다.

> **토지의 지목이 도로이고 국유재산대장에 등재되어 있다는 사정만으로 바로 그 토지가 도로로서 행정재산에 해당하는지 여부(소극)**    국유재산법상의 행정재산이란 국가가 소유하는 재산으로서 직접 공용, 공공용, 또는 기업용으로 사용하거나 사용하기로 결정한 재산을 말하는 것이고(국유재산법 제 4 조 제 2 항 참조), 그 중 도로와 같은 인공적 공공용 재산은 법령에 의하여 지정되거나 행정처분으로써 공공용으로 사용하기로 결정한 경우, 또는 행정재산으로 실제로 사용하는 경우의 어느 하나에 해당하여야 비로소 행정재산이 되는 것인데, 특히 도로는 도로로서의 형태를 갖추고, 도로법에 따른 노선의 지정 또는 인정의 공고 및 도로구역 결정·고시를 한 때 또는 도시계획법 또는 도시재개발법 소정의 절차를 거쳐 도로를 설치하였을 때에 공공용물로서 공용개시행위가 있다고 할 것이므로, 토지의 지목이 도로이고 국유재산대장에 등재되어 있다는 사정만으로 바로 그 토지가 도로로서 행정재산에 해당한다고 할 수는 없다 $\left(\begin{smallmatrix} \text{대판 2009.10.15,} \\ \text{2009다41533} \end{smallmatrix}\right)$.

## Ⅱ. 공물의 소멸

공물은 그 성립요건이 더 이상 존속하지 않는 경우에 소멸하게 된다. 따라서 공용폐지와 형태소멸에 의해 공물로서의 지위를 상실하게 된다.

## 1. 공용폐지

### (1) 의    의

공용폐지란 이는 특정물건이 갖는 공물로서의 성질을 상실하게 하는 행위를 말하며, 이로 인해 공용지정으로 인한 공법적인 제한이 해제된다. 공용폐지로 인해 종전에 공물을 이용하였던 당사자는 불이익을 받게 되므로 자유롭게 공용폐지가 인정되어서는 안 되며, 중대한 공익상의 존재와 같은 엄격한 요건 하에서만 인정될 필요가 있다. 공용폐지의 절차나 형식은 공용지정의 경우와 같은 방식으로 행해지게 된다.

## (2) 적용대상

공용폐지는 주로 공공용물과 보존공물에 적용되지만, 공용지정의 경우와는 달리 공용물의 경우에도 공용폐지가 필요로 된다고 본다. 공용물의 경우에 공물로서의 지위를 상실하게 되면 시효취득이 가능하게 되는 등 사인에 의한 취득 또는 이용이 자유롭게 되므로, 공용폐지의 형식이 필요로 된다고 보아야 할 것이다. 판례도 공공용물뿐 아니라 공용물에 대하여도 공용폐지가 필요하다고 보고 있다.

[1] **국유 하천부지가 사실상 대지화되어 그 본래의 용도에 공여되지 않은 상태에 놓인 것만으로 당연히 잡종재산이 되는지 여부**    국유 하천부지는 공공용 재산이므로 그 일부가 사실상 대지화되어 그 본래의 용도에 공여되지 않는 상태에 놓여 있더라도, 국유재산법령에 의한 용도폐지를 하지 않은 이상 당연히 잡종재산으로 된다고는 할 수 없다($\binom{대판\ 1997.8.22,}{96다10737}$).

[2] **공공용재산인 갯벌이 간척에 의하여 사실상 갯벌로서의 성질을 상실한 경우 당연히 잡종재산이 되는지 여부**    공유수면인 갯벌은 자연의 상태 그대로 공공용에 제공될 수 있는 실체를 갖추고 있는 이른바 자연공물로서, 간척에 의하여 사실상 갯벌로서의 성질을 상실하였더라도 당시 시행되던 국유재산법령에 의한 용도폐지를 하지 않은 이상 당연히 잡종재산으로 된다고는 할 수 없다($\binom{대판\ 1995.11.14,}{94다42877}$).

[3] **종전에 지방국도사무소 소장관사로 사용되던 국유의 부동산이 지방국도사무소가 폐지됨으로써 공용으로 사용되지 않게 된 경우 시효취득의 대상이 되는지 여부**    대한민국정부 수립 후 1948.11.4. 미군정청 토목부 사무가 내무부에 인계되고, 1949.6.4. 내무부에 부산지방건설국이 설치되어 경상남북도의 건설사업을 관장하게 되면서, 그 산하 대구국도사무소가 폐지되고, 그 아래 위 국도사무소 소장관사로 사용되던 위 부동산이 달리 공용으로 사용된 바 없다면, 그 부동산은 이로 인하여 묵시적으로 공용이 폐지되어 시효취득의 대상이 되었다 할 것이다($\binom{대판\ 1990.11.27,}{90다5948}$).

[4] **자연공물인 바다의 일부가 매립에 의해 토지로 변경된 경우 공용폐지가 가능한지 여부(적극), 그 의사표시를 묵시적으로 할 수 있는지 여부(적극) 및 공물의 공용폐지에 관하여 국가의 묵시적 의사표시가 있는지 여부의 판단 기준**    공유수면으로서 자연공물인 바다의 일부가 매립에 의하여 토지로 변경된 경우에 다른 공물과 마찬가지로 공용폐지가 가능하다고 할 것이며, 이 경우 공용폐지의 의사표시는 명시적 의사표시뿐만 아니라 묵시적 의사표시도 무방한 바, 공물의 공용폐지에 관하여 국가의 묵시적인 의사표시가 있다고 인정되려면 공물이 사실상 본래의 용도에 사용되고 있지 않다거나 행정주체가 점유를 상실하였다는 정도의 사정만으로는 부족하고, 주위의 사정을 종합하여 객관적으로 공용폐지 의사의 존재가 추단될 수 있어야 한다(토지가 해면에 포락됨으로써 사권이 소멸하여 해면 아래의 지반이 되었다가 매립면허를 초과한 매립으로 새로 생성된 사안에서, 국가가 그 토지에 대하여 자연공물임을 전제로 한 아무런 조치를 취하지 않았다거나 새로 형성된 지형이 기재된 지적도에 그 토지를 포함시켜 지목을 답 또는 잡종지로 기재하고 토지대장상 지목을 답으로 변경하였다 하

더라도, 그러한 사정만으로는 공용폐지에 관한 국가의 의사가 객관적으로 추단된다고 보기에 부족하다고 한 사례)( 대판 2009.12.10, 2006다87538 ).

## 2. 형태의 소멸

공물이 그 실체를 상실하면 공물로서의 지위를 상실하게 된다. 이는 인공공물 · 자연공물 · 공공용물 · 공용물 · 보존공물 모두의 경우에 해당한다.

## Ⅲ. 공물의 변경

공물의 변경이란 공물로서의 사용 자체에는 변함이 없으나 공물의 지위나 등급에 변경이 생기는 것을 말한다. 통상적으로 도로의 경우에 논의되며, 도로의 종류나 등급 이 상승하는 변경과 내려가는 변경이 있다( 예컨대 국도에서 지방도로의 변경이나 그 반대의 경우 : 도로법 제11조 참조 ).

> **도로구역변경고시가 행정절차법 제21조 제 1 항의 사전통지나 제22조 제 3 항의 의견청취의 대상이 되는 처분에 해당하는지 여부(소극)**　행정절차법 제 2 조 제 4 호가 행정절차법의 당사자를 행정청의 처분에 대하여 직접 그 상대가 되는 당사자로 규정하고, 도로법 제25조 제 3 항이 도로구역을 결정하거나 변경할 경우 이를 고시에 의하도록 하면서, 그 도면을 일반인이 열람할 수 있도록 한 점 등을 종합하여 보면, 도로구역을 변경한 이 사건 처분은 행정절차법 제21조 제 1 항의 사전통지나 제22조 제 3 항의 의견청취의 대상이 되는 처분은 아니라 할 것이다( 대판 2008.6.12, 2007다1767 ).

## Ⅳ. 공물법 체계의 재검토[7]

급부행정법의 한 유형으로서의 공물법의 통일적 체계를 유지하기 위하여는 사물법(私物法)상의 물건에 대해 공법적 특성을 부여하거나 또는 다시 환원하는 의미를 갖는 공용지정 및 공용폐지라는 요건이 개개의 공물인 물건에서 통일적으로 인정될 필요가 있으며, 이에 따른 공통된 법적 효과를 발생시킬 필요가 있다고 생각한다.

그러나 이미 앞에서 본 바와 같이 공용물이나 자연공물의 경우에는 이러한 공용지정 및 공용폐지 개념을 통일적으로 인정하는 것이 현실적으로 어려우며, 이때에는 공용지정 없이 공물이 성립하는 것으로 논리를 구성할 수밖에 없어 보인다. 따라서 이러한 개개의 공물간의 현실적 차이를 받아들인다면 결론적으로 공물법 체제는 어떤 통일적인 원칙에 의하여 규율되는 법체제라기 보다는 서로 일정한 관련성을 갖지 못하는 개별 대상들에 대한 내용들을 그 규율대상으로 하는 법이라고 보는 것이 타당할

---

7) 이에 대해서는 류지태, "공물법체계의 재검토", 공법연구 제30집 제 1 호, 2001, 403면 이하 참조.

것이다.

이러한 입장에 서는 한, 기존의 공물법은 개별적 유형, 즉 공용물과 공공용물을 별도의 대상으로 하여 재구성될 필요가 있다고 보인다. 즉 현행 공물법 체제하에 있는 개개유형들의 현실적 모습을 제대로 반영하려면, 공물법 전체에 통용되는 통일적인 개념(<sup>공용지정 및</sup><sub>공용폐지 등</sub>) 및 통일적 이용관계(<sub>이용관계</sub><sup>급부적</sup>)의 징표를 포기하고 ―따라서 급부행정법의 영역에서 배제하고― 개개의 공물을 독자적인 규율대상으로 하는 법체계로 ―예컨대 도로법, 하천법 등― 재편되는 것이 타당할 것이다.

이러한 점에서 독일의 일부 문헌들이 공물법의 별도의 체제를 취하지 않고, 공공용물의 대표적인 「도로법」, 「하천법」 등으로 개별화하여 고찰하는 태도를 취하는 것은 시사하는 바가 크다고 할 수 있다. 이때 공용물은 그 실체적 성격에 비추어 일반인에 의한 이용관계가 중심이 아니므로, 급부행정법이 아니라 행정조직법의 체제하에서 이해하는 것이 더 타당하리라고 생각한다.8)

# 제 3 절  공물의 법적 특색

## Ⅰ. 사소유권의 인정

공물에 대해 행정주체에 의한 소유권만을 인정하고 있던 과거의 견해와는 달리, 오늘날에는 공물에 대한 사인의 소유권성립을 배제하지 않는다(이른바 '수정된 사소유권설'). 즉 공물의 목적달성을 위해 필요한 최소의 한도에서만 공물에 대해 공법적 규율이 행해지는 것이므로, 공물의 개념적 징표로서 반드시 공소유권이 전제되는 것은 아니다.

현행법상으로도 도로나 문화재의 경우 사소유권의 성립을 인정하고 있다(<sub>제3조</sub><sup>도로법</sup>).

## Ⅱ. 융통성의 제한

공물은 그 기능인 공적 목적달성을 위한 한도에서, 그 대상의 특성에 상응하여 사법상의 융통성이 제한된다. 따라서 사소유권의 성립을 배제하는 공물(<sub>댐 등</sub><sup>공유수</sup>), 사소유권의 설정은 금지되나 사용·수익은 허용하는 공물(<sub>의 행정재산</sub><sup>국유·공유</sup>), 물건에 대한 소유권의 설정과 그 처분은 인정되나 일정한 신고를 요하도록 하는 공물(<sub>소유권 이전</sub><sup>지정문화재의</sup>) 등으로 그 양태가 다양하게 나타나게 된다.

---

8) 다만 이하에서는 불필요한 혼란의 소지를 없애기 위해 종전 체계에 따라 서술하기로 한다.

## Ⅲ. 강제집행의 제한

공물에 대한 압류와 경매의 강제집행은 공물에 의해 달성하고자 하는 행정목적에 비추어 원칙적으로 인정되지 않는다. 따라서 국유공물의 강제집행은 인정되지 않는다. 그리고 현실적으로 국가나 지방자치단체에 대한 강제집행은 국고금의 압류나 공고금의 압류에 의해 행해지므로(민사집행법 제192조), 국유공물이나 공유공물에 대한 강제집행은 불필요하다고 보아야 할 것이다. 그러나 융통성이 인정되는 사유공물인 경우에는 강제집행은 가능하나, 새로이 소유권을 취득하는 자는 당해 물건에 대한 공법적인 제한을 받게 된다고 본다.

## Ⅳ. 시효취득의 제한

공물이 현실적으로 공적 목적을 위해 제공되는 한, 또는 사실상 공물로서의 성질을 상실하였더라도 공용폐지가 없는 한 이는 시효취득의 대상이 될 수 없다고 보아야 한다. 그러나 이때의 공용폐지의 의사표시는 명시적인 경우 뿐 아니라 묵시적인 경우도 인정된다고 보아야 할 것이다. 판례도 묵시적인 공용폐지를 인정하지만, 일정한 의사표시의 존재를 필요로 한다고 보고 있으며, 이때에는 공공용물 뿐 아니라 공용물의 경우도 그 대상으로 인정하고 있다.

[1] 공용폐지의 의사표시는 명시적 의사표시뿐만 아니라 묵시적 의사표시이어도 무방하나 적법한 의사표시이어야 하고, 행정재산이 본래의 용도에 제공되지 않는 상태에 놓여 있다는 사실만으로 관리청의 이에 대한 공용폐지의 의사표시가 있었다고 볼 수 없고, 원래의 행정재산이 공용폐지되어 취득시효의 대상이 된다는 입증책임은 시효취득을 주장하는 자에게 있다(대판 1999.1.15, 98다49548).

[2] 공용폐지의 의사표시는 묵시적인 방법으로도 가능하나 행정재산이 본래의 용도에 제공되지 않는 상태에 있다는 사정만으로는 묵시적인 공용폐지의 의사표시가 있다고 볼 수 없으며, 또한 공용폐지의 의사표시는 적법한 것이어야 하는바, 행정재산은 공용폐지가 되지 아니한 상태에서는 사법상 거래의 대상이 될 수 없으므로 관재당국이 착오로 행정재산을 다른 재산과 교환하였다 하여 그러한 사정만으로 적법한 공용폐지의 의사표시가 있다고 볼 수도 없다(대판 1998.11.10, 98다42974).

[3] 행정재산에 대한 공용폐지의 의사표시는 명시적이든 묵시적이든 상관이 없으나 적법한 의사표시가 있어야 하고, 행정재산이 사실상 본래의 용도에 사용되지 않고 있다는 사실만으로 용도폐지의 의사표시가 있었다고 볼 수는 없으므로 행정청이 행정재산에 속하는 1필지 토지 중 일부를 그 필지에 속하는 토지인줄 모르고 본래의 용도에 사용하지 않는다는 사실만으로 묵시적으로나마 그 부분에 대한 용도폐지의

의사표시가 있었다고 할 수 없다($\text{대판 1997.3.14,}\atop\text{96다43508}$).

[4] 공유수면은 소위 자연공물로서 그 자체가 직접 공공의 사용에 제공되는 것이고, 공유수면의 일부가 사실상 매립되었다 하더라도 국가가 공유수면으로서의 공용폐지를 하지 아니하는 이상 법률상으로는 여전히 공유수면으로서의 성질을 보유하고 있다. 또한 행정재산은 공용폐지가 되지 아니하는 한 사법상 거래의 대상이 될 수 없으므로 시효취득의 대상이 되지 아니하고, 관재당국이 이를 모르고 행정재산을 매각하였다 하더라도 그 매매는 당연무효이다. 한편 공용폐지의 의사표시는 명시적 의사표시뿐 아니라 묵시적 의사표시이어도 무방하나 적법한 의사표시이어야 하고, 행정재산이 본래의 용도에 제공되지 않는 상태에 놓여 있다는 사실만으로 관리청의 이에 대한 공용폐지의 의사표시가 있었다고 볼 수 없으며, 행정재산에 관하여 체결된 것이기 때문에 무효인 매매계약을 가지고 적법한 공용폐지의 의사표시가 있었다고 볼 수도 없다(국가가 착오에 의하여 공유수면 매립지를 귀속재산으로 매각하여 그 대금까지 완납받았으며 그 불하계약 체결 후 약 40년이 경과한 후 그 토지가 공용폐지에 의하여 잡종재산으로 되었다 하더라도, 국가가 그 토지가 취득시효의 대상이 되지 아니하는 국유 행정재산이라고 주장하는 것이 신의칙에 반한다고 볼 수 없다는 이유로, 취득시효를 인정한 원심판결을 파기한 사례)($\text{대판 1996.5.28,}\atop\text{95다52383}$).

[5] 국유하천부지는 공공용 재산이므로 그 일부가 사실상 대지화되어 그 본래의 용도에 공여되지 않는 상태에 놓여 있더라도 국유재산법령에 의한 용도폐지를 하지 않은 이상 당연히 잡종재산으로 된다고는 할 수 없다. 공용폐지의 의사표시는 명시적이든 묵시적이든 상관없으나 적법한 의사표시가 있어야 하며, 행정재산이 사실상 본래의 용도에 사용되고 있지 않다는 사실만으로 공용폐지의 의사표시가 있었다고 볼 수 없고, 원래의 행정재산이 공용폐지되어 취득시효의 대상이 된다는 입증책임은 시효취득을 주장하는 자에게 있다($\text{대판 1997.8.22,}\atop\text{96다10737}$).

다른 한편 종래 국유재산이나 공유재산 중의 이른바 '잡종재산'은 직접적인 행정목적 달성과 무관한 재산으로서, 공물에 해당하지 않으므로 일반적인 부동산과 다를 바 없으며, 따라서 시효취득의 대상이 된다고 보았다($\text{구 국유재산법}\atop\text{제5조 2항 단서}$). 헌법재판소도 국유재산 전반에 관해 시효취득을 배제하는 종전의 「국유재산법」제5조 제2항과, 공유재산에 관해 같은 취지의 규정을 두고 있는 종전의 「지방재정법」제74조 제2항을 위헌으로 결정한 바 있다.9)

그러나 2009. 1. 8. 「국유재산법」이 전부개정되면서 국유재산의 분류를 종전 행정·보존·잡종재산의 3분류체계에서 행정재산·일반재산의 2분류체계로 전환하였다($\text{국유재산}\atop\text{법 제6조}$). 그러면서 국유재산에 대해서는 사권을 설정하지 못한다고 선언하고, 다만 일반재산에 대하여 대통령령으로 정하는 경우에는 그러하지 않도록 규정하고 있다($\text{국유재산법}\atop\text{제11조 2항}$).

---

9) 헌재 1991. 5. 13, 89헌가97; 1992. 10. 1, 92헌가6, 7.

## V. 수용의 제한

공물은 공물로서의 지위를 유지하고 있는 상태에서 다른 공익사업의 필요를 위하여 수용될 수 없다. 따라서 공용폐지를 전제로 하여서만 수용이 가능하게 된다. 그러나 공물의 수용은 쉽게 인정되어서는 안 되며, 더 큰 공익적인 목적을 위하여 필요한 경우에 한정하여 제한적으로 인정되어야 할 것이다. 「공익사업을 위한 토지등의 취득 및 보상에 관한 법률」 제19조 제 2 항도 이를 확인하고 있다.

## VI. 그 밖의 특색

### 1. 공물의 상린관계

이에 관하여는 실정법에 특별한 규정이 없는 한 민법상의 일반내용이 그대로 적용된다. 그러나 「도로법」($^{제49}_{조}$)은 도로가 갖는 공물적인 특성으로 인해 인접구역 내에서의 일정한 행위를 제한하는 규정을 두고 있다. 따라서 이러한 규정이 적용되는 범위에서는 상린관계에 관한 민법규정은 적용되지 않는다.

### 2. 공물의 등기

부동산인 공물도 물권관계의 변동을 위하여는 등기하여야 한다. 국유인 부동산에 대해서는 권리자의 명의를 국(國)으로 하고, 관리청의 명칭을 첨기하도록 하고 있다($^{국유재산법}_{제14조 2항}$).

### 3. 공물과 손해배상 문제

공물의 설치나 관리상의 하자로 타인에게 손해가 발생한 때에는 민법상의 공작물 점유책임이 아니라($^{제758}_{조}$), 국가 또는 지방자치단체가 「국가배상법」에 의해 배상책임을 부담한다($^{제5}_{조}$).

# 제 4 절  공물의 관리와 공물경찰

## I. 공물의 관리

### 1. 공물관리권의 의의

공물의 관리란 공물의 기능인 공적 목적을 달성하도록 하기 위하여 행하는 공물

주체의 일체의 행위를 말한다. 이때에 이를 수행하는 공물주체의 작용은 공물관리권
이라고 하며, 공행정작용으로서의 성질을 갖게 된다. 공물관리권은 공물의 소유권에
근거한 권리로서가 아니라, 이와는 독립한 공법상의 물권적 지배권으로 보는 것이 일
반적 입장이다.

## 2. 공물관리권의 행사

### (1) 주    체
공물관리권의 주체는 공물주체가 스스로 행하는 것이 원칙이다. 따라서 국가의
공물은 국가가, 지방자치단체의 공물은 지방자치단체가 그 관리권을 행사하게 된다.
그러나 법령에 의하여 관리권의 행사를 다른 행정기관($^{국도나\ 하천의}_{관리사무}$)이나 소유권자($^{문화재의}_{관리사무}$)
에게 위임하는 것도 가능하다.

### (2) 근거와 형식
공물관리권은 공용지정의 근거법령에서 도출된다고 볼 수 있다. 구체적인 관리권
행사의 형식은 행정작용으로서의 성질상 다양하게 나타날 수 있다. 따라서 법령($^{조례}_{포함}$),
행정행위, 공법상 계약, 사실행위 등의 형식으로 발령되게 된다.

### (3) 관리권의 내용
공물관리권의 내용에는 공물의 기능을 달성하기 위한 모든 행정작용이 포함된다.
따라서 ㉠ 적극적으로 공물의 범위를 결정하는 행위($^{도로구역이나\ 하천구역의}_{범위를\ 결정하는\ 행위}$), 공용부담을 명할
수 있는 작용($^{도로법\ 제}_{46조\ 1항}$), 공물의 사용·수익허가 등을 행할 수 있다. ㉡ 또한 소극적인
측면의 내용으로는 공물의 유지·수선·보수 등의 행위, 공물에 대한 장애의 방지나
제거행위 등을 행할 수 있다.

[1] **공유재산인 잡종재산 대부행위의 법적 성질(=사법상 계약) 및 지방자치단체를 당
사자로 하는 계약에 관한 법률에 정한 요건과 절차를 거치지 아니하고 체결한 지방자치단
체와 사인 간의 사법상 계약의 효력(=무효)** 구 공유재산 및 물품관리법(2008. 12. 26.
법률 제9174호로 개정되기 전의 것) 제14조 제 1 항, 제28조 제 1 항 등의 규정에 의
하여 특별시장·광역시장 또는 도지사로부터 공유재산 관리의 권한을 위임받은 시장·
군수 또는 구청장이 공유재산인 잡종재산을 대부하는 행위는 지방자치단체가 사경제
주체로서 상대방과 대등한 위치에서 행하는 사법상의 계약이다. 지방자치단체를 당사
자로 하는 계약에 관한 법률 제14조 제 1 항, 제 2 항은 지방자치단체의 장 또는 계약
담당자가 계약을 체결하고자 하는 경우에는 계약의 목적·계약금액·이행기간·계약
보증금·위험부담·지체상금 그 밖에 필요한 사항을 명백히 기재한 계약서를 작성하

여야 하며, 그 지방자치단체의 장 또는 계약담당자와 계약상대자가 계약서에 기명·날인 또는 서명함으로써 계약이 확정된다고 규정하고 있다. 그러므로 지방자치단체가 사경제의 주체로서 사인과 사법상의 계약을 체결함에 있어서는 위 규정에 따른 계약서를 따로 작성하는 등 그 요건과 절차를 이행하여야 하고, 설사 지방자치단체와 사인 간에 사법상의 계약이 체결되었다 하더라도 위 규정상의 요건과 절차를 거치지 아니한 계약은 그 효력이 없다(대판 2010.11.11, 2010다59646).

[2] 국유재산법 제51조 제1항, 구 지방재정법 제87조 제1항에서 변상금을 부과하도록 하는 취지 및 법률상 권원 없이 국유재산에 대한 점유를 개시한 후 관리청의 사용승낙에 의하여 법률상 권원을 취득하였다가 다시 그 권원을 상실한 경우, 변상금 징수에 관한 구 국유재산법 제51조 제1항이 적용되는지 여부(소극)  국유재산법 제51조 제1항 및 구 지방재정법(2005.8.4. 법률 제7663호로 전문 개정되기 전의 것) 제87조 제1항에서 변상금을 부과하도록 하고 있는 것은, 국·공유재산에 대한 점유나 사용·수익 그 자체가 법률상 아무런 권원 없이 이루어진 경우에는 정상적인 대부료나 사용료를 징수할 수 없기 때문에 그 대부료나 사용료 대신에 변상금을 징수하는 취지이므로, 점유나 사용·수익을 정당화할 법적 지위에 있는 자가 아니라면 위 규정이 적용되어야 한다. 1994.1.5. 법률 제4698호로 개정되기 전의 구 국유재산법 제51조 제1항이 국유재산의 무단점유자에 대하여 대부 등을 받은 경우에 납부하여야 할 대부료 상당액 이외에 2할을 가산하여 변상금을 징수토록 규정하고 있는 것은 무단점유에 대한 징벌적 의미가 있으므로, 위 규정은 국유재산에 대한 점유개시가 법률상 권원 없이 이루어진 경우에 한하여 적용되고 당초 국유재산에 대한 대부 등을 받아 점유·사용하다가 계약기간 만료 후 새로운 계약을 체결하지 아니한 채 계속 점유·사용한 경우에는 적용되지 않는 바, 법률상 권원 없이 국유재산에 대한 점유를 개시한 후 비로소 관리청의 사용승낙에 의하여 법률상 권원을 취득하였다가 그 후 다시 그 권원을 상실한 경우에도 위 규정은 적용되지 않는다고 보아야 한다(대판 2007.11.29, 2005두8375).

[3] 지방재정법 제87조 제1항에 의한 변상금부과처분이 기속행위인지 여부 및 위 처분에 대한 항고소송의 제1심 관할 법원  다른 법률에 항고소송 관할에 대한 특별규정이 없는 한 그 제1심 소송관할은 피고의 소재지를 관할하는 행정법원인바(행정소송법 제9조 제1항, 제38조), 지방재정법 제87조 제1항에 의한 변상금부과처분은 법률에 의한 대부 또는 사용·수익허가 등을 받지 아니하고 공유재산을 점유하거나 사용·수익한 자에 대하여는 정상적인 대부료 또는 사용료를 징수할 수 없으므로 그 대신에 대부 등을 받은 경우에 납부하여야 할 대부료 상당액 이외에 2할을 가산한 금원을 변상금으로 부과하는 행정처분으로 이는 무단점유에 대한 징벌적인 의미가 있는 것으로 법규의 규정형식으로 보아 처분청의 재량이 허용되지 않은 기속행위로서, 지방자치법 제136조 소정의 사용료 징수처분과는 그 근거 법령, 성립요건 등을 달리하는 것이므로 다른 특별한 명문의 준용규정이 없는 한 위 사용료징수처분에 대한 불복절차를 규정한 지방자치법 제140조의 각 규정은 변상금징수처분에 대한 불복절차에 준용 또는 적용될 수 없다 할 것이어서 위 변상금부과처분에 대한 항고소송의 제1심 관할 법원은

피고의 소재지를 관할하는 행정법원이 된다($\frac{대판\ 2000.1.14.}{99두9735}$).

### (4) 관리비용

#### 1) 원칙적인 경우

공물관리에 소요되는 비용은 공물주체가 부담하는 것이 원칙이다. 이는 그 관리권을 다른 행정기관에게 위임사무로서 위임한 경우에도 동일하다. 따라서 사무수행에 소요되는 비용은 이를 위임한 국가나 지방자치단체가 부담하여야 한다($\frac{지방자치법}{제141조\ 단서}$). 즉 국가사무를 위임받아 수행하는 경우의 소요비용은 국가가 전부 부담하여야 하며 ($\frac{지방재정법}{제21조\ 2항}$), 광역지방자치단체의 사무를 위임받은 경우의 소요비용도 위임자가 부담하도록 하고 있다($\frac{지방재정법}{제28조}$).

#### 2) 예외적인 경우

그러나 법률규정에 의하여 이와는 다른 내용을 둘 수 있다. 즉 국가가 관리주체인 공물의 관리비용을 지방자치단체($\frac{도로법}{제67·69조}$)나 사인이 부담하도록 할 수 있고($\frac{도로법}{제76조}$), 지방자치단체가 관리주체인 공물의 관리비용을 다른 지방자치단체에게 부담하도록 할 수도 있다($\frac{도로법}{제73조}$).

> **서울특별시 영등포구가 여의도광장에서 차량진입으로 일어난 인신사고에 관하여 국가배상법 제 6 조 소정 비용부담자로서의 손해배상책임이 있는지 여부**     도로법 제56조에 의하면 도로에 관한 비용은 건설부장관이 관리하는 도로 이외의 도로에 관한 것은 관리청이 속하는 지방자치단체의 부담으로 하도록 되어 있어, 여의도광장의 관리비용 부담자는 그 위임된 관리사무에 관한 한 관리를 위임받은 영등포구청장이 속한 영등포구가 되므로, 영등포구는 여의도광장에서 차량진입으로 일어난 인신사고에 관하여 국가배상법 제 6 조 소정의 비용부담자로서의 손해배상책임이 있다($\frac{대판\ 1995.2.24.}{94다57671}$).

## 3. 공물관리권과 권리구제

### (1) 하자 있는 관리권행사

공물의 설치나 관리상의 하자로 인해 타인에게 손해가 발생한 때에는, 그 공물주체인 국가나 지방자치단체가 「국가배상법」제 5 조 제 1 항에 따른 손해배상책임을 부담하게 된다. 이때에 공물주체의 관리권이 다른 기관에게 위임되어 공물의 관리자와 비용부담자가 서로 다른 경우에는 양자 모두 배상책임을 부담하게 된다($\frac{국가배상법}{제6조\ 1항}$). 따라서 피해자는 양자에게 선택적인 청구권을 행사할 수 있게 된다.

> **도로의 설치·관리상의 하자 유무에 관한 판단 기준, 고속도로의 관리자가 강설에 대처하기 위하여 부담하는 관리의무의 내용 및 고속도로의 점유관리자가 도로의 관리상 하자**

**로 인한 손해배상책임을 면하기 위한 요건**  공작물인 도로의 설치·관리상의 하자는 도로의 위치 등 장소적인 조건, 도로의 구조, 교통량, 사고시에 있어서의 교통 사정 등 도로의 이용 상황과 그 본래의 이용 목적 등 여러 사정과 물적 결함의 위치, 형상 등을 종합적으로 고려하여 사회통념에 따라 구체적으로 판단하여야 한다. 강설에 대처하기 위하여 완벽한 방법으로 도로 자체에 융설 설비를 갖추는 것이 현대의 과학기술 수준이나 재정사정에 비추어 사실상 불가능하다고 하더라도, 최저 속도의 제한이 있는 고속도로의 경우에 있어서는 도로관리자가 도로의 구조, 기상예보 등을 고려하여 사전에 충분한 인적·물적 설비를 갖추어 강설시 신속한 제설작업을 하고 나아가 필요한 경우 제때에 교통통제 조치를 취함으로써 고속도로로서의 기본적인 기능을 유지하거나 신속히 회복할 수 있도록 하는 관리의무가 있다. 고속도로의 관리상 하자가 인정되는 이상 고속도로의 점유관리자는 그 하자가 불가항력에 의한 것이거나 손해의 방지에 필요한 주의를 해태하지 아니하였다는 점을 주장·입증하여야 비로소 그 책임을 면할 수 있다(폭설로 차량 운전자 등이 고속도로에서 장시간 고립된 사안에서, 고속도로의 관리자가 고립구간의 교통정체를 충분히 예견할 수 있었음에도 교통제한 및 운행정지 등 필요한 조치를 충실히 이행하지 아니하였으므로 고속도로의 관리상 하자가 있다고 한 사례)(대판 2008.3.13, 2007다 29287, 29294(병합)).

**(2) 적법한 관리권행사**

공물의 적법한 관리권행사를 하는 과정에서 타인의 재산권을 제약하는 행위를 한 경우에는 손실보상이 행해져야 한다. 헌법 제23조 제3항은 손실보상에 관한 사항을 법률에 일임하고 있으므로, 개별법이 이를 규정하고 있는 경우에만 청구가 가능하게 된다.「도로법」(제92조, 제93조)과「하천법」(제76조, 제77조)은 손실보상에 관한 규정을 두고 있다.

## Ⅱ. 공물경찰

### 1. 공물경찰권의 의의

공물 그 자체나 이용관계로 인해 발생할 수 있는 위해방지를 위한 행정작용을 공물경찰이라고 한다. 이를 위한 권한은 경찰권의 일종으로서 공물경찰권이라고 하며, 공물 자체의 목적달성을 위한 공물주체의 관리권과 서로 구별된다.

### 2. 공물관리권과 공물경찰권의 관계

두 행정작용은 공물을 대상으로 하는 공통점 이외에는, 다음의 관점에서 서로 구별되고 있다.

## (1) 목    적

공물관리권은 공물이 갖는 기능을 달성하도록 하기 위한 적극적인 목적을 갖는데 반하여, 공물경찰권은 당해 공물로 인하여 발생할 수 있는 경찰상의 위해방지를 위한 소극적인 목적을 갖는다.

## (2) 법적 근거

이러한 목적상의 차이로 인해 공물관리권은 당해 공물에 관한 법규를 근거로 발동될 수 있으나, 공물경찰권은 경찰법을 근거로 하여서만 발동된다.

## (3) 작용의 범위

목적의 차이는 또한 양자의 권한행사의 범위에서도 서로 차이를 가져온다. 공물관리권은 공물이 갖는 목적에 반하지 않는 한 포괄적인 범위에서 독점적인 사용권을 일반인에게 허용할 수 있게 하는 반면, 공물경찰권은 경찰상의 위해방지 차원에서 소극적으로 일시적인 공물이용의 허가만을 할 수 있게 된다.

## (4) 강제수단

공물관리권에 근거한 의무를 위반한 행위에 대하여는 공물의 이용관계로부터의 배제가 최고의 제재 수단이 되나, 공물경찰권에 근거한 의무를 위반한 경우에는 행정벌과 행정상의 강제집행이 가능하게 된다.

## (5) 경합되는 경우

공물관리권의 행사와 공물경찰권의 행사가 서로 내용에 있어서 경합하는 경우에는, 양자는 각각의 목적을 위하여 의미를 갖는 것이므로 그 독자적인 효력이 인정되어야 한다. 예컨대 교량의 보수를 위한 목적으로 통행을 금지하는 경우(도로법 제76조)와 교량의 붕괴를 우려하여 경찰상의 위해방지를 위해 통행을 금지하는 경우(도로교통법 제6조)는 그 외형상의 행위는 동일하나, 그 목적이 서로 상이한 경우에 해당한다. 현실적으로 이때에는 그 효력의 조정을 위하여 상호협의를 필요로 하도록 하고 있다(도로교통법 제69조 제2항).

# 제 5 절  공물의 사용관계

공물은 그 개념의 성립요소에서도 보았듯이 주로 일반인의 이용에 제공되는 것을 전제로 한다. 따라서 공물의 사용관계는 현실적으로 중요한 의미를 갖는다. 공물의 사용관계는 크게 보아 보통사용과 특별사용으로 나뉘며, 후자는 다시 허가사용, 특허사용, 관습법상 사용, 계약에 의한 사용으로 나뉜다.

## Ⅰ. 공물의 보통사용(자유사용 또는 일반사용)

### 1. 개    념

공물의 보통사용이란 공물주체의 특별한 행위(특허 허가 나 특허 등) 없이 모든 사인이 공물의 제공목적에 따라 자유롭게 공물을 사용하는 것을 말한다. 현실적으로는 특히 도로와 같은 공공용물의 보통사용이 논의의 대상이 되며, 공용물이 대상인 경우에는 예외적으로 당해 공물의 본래 목적을 방해받지 않는 범위 안에서 보통사용이 가능하게 된다(예컨대 공립학교운동장의 방학기 간 동안의 일반인에게의 개방 등).

### 2. 성    질

공물의 보통사용으로 인해 당사자가 받는 이익의 성질에 관하여는 종전에는 반사적 이익설과 공권설이 대립되었으나, 오늘날은 공권으로 보는 것이 일반적이다. 그러나 이때의 공권의 내용은, 적극적으로 행정주체에 대하여 기존의 공물을 계속하여 이용할 수 있도록 청구하거나, 이용을 목적으로 새로운 공물을 제공하여 줄 것을 청구하는 내용으로 파악되지 않는다. 이때의 공권으로서의 내용은 주로 자신의 공물이용에 있어서 행정기관이나 제 3 자가 이를 수인할 것과 위법하게 방해하는 경우에 이를 배제할 수 있는 권리로서 이해된다.

> 도로는 일반국민이 이를 자유로이 이용할 수 있는 것이기는 하나, 그 이용관계로부터 당연히 그 도로에 관하여 특정한 권리가 법령에 의하여 보호되는 이익으로서 개인에게 부여된 것이라고까지는 말할 수 없다. 따라서 일반적인 시민생활에 있어서 도로를 이용하는 사람은 도로의 용도폐지를 다툴 법률상의 이익이 있다고 말할 수 없다(대판 1992.9.22, 91누13212).

### 3. 보통사용의 범위

보통사용은 각 개별 공물의 특성에 따라 그 내용이 정해지게 된다. 따라서 현실적으로 중요한 것은 보통사용의 한계이다. 이에 해당하는 것으로는 공물을 이용하는 일반인의 이해관계를 서로 조정하고 당해 공물을 이용목적에 맞게 적절하게 관리하기 위한 공물관리권에 따른 한계와, 당해 공물의 이용과정에서 발생할 수 있는 경찰상의 공익에 대한 위해를 방지하기 위한 공물경찰권에 따른 한계를 들 수 있다.

## 4. 사 용 료

보통사용은 그 성질상 자유로운 이용을 위하여 무료로 제공되는 것이 원칙이다. 그러나 보통사용에 있어서도 재정적인 목적이나 관리상의 목적을 위하여 사용료를 부과·징수할 수 있으며, 이때의 사용료의 존재는 보통사용의 성질과 모순되는 것은 아니다.

## 5. 인접주민의 보통사용

도로와 같은 공물의 부근에 거주하는 사람들은 당해 도로를 단순히 통행하는 사람들의 이용관계보다 더 밀접한 이해관계를 갖는다. 따라서 이들에게는 통상적인 이용관계를 넘는 공물의 사용권한이 인정된다. 이를 '인접주민의 고양된 보통사용'이라고 한다. 이러한 예로서는 인접주민이 일시적으로 도로에 이삿짐을 쌓아놓는 행위, 공사를 위한 건축자재의 설치, 쓰레기통의 설치행위, 도로부근에서 계속적으로 영업하는 사람이 도로공간에 돌출하게 간판을 설치하는 행위 등을 들 수 있다.

이를 인정하기 위해서는 일정한 요건을 필요로 한다. 그 요건으로서는 ㉠ 인접주민이 자신의 토지 등의 적절한 이용을 위하여 당해 도로사용에 불가결하게 의존하고 있을 것과, ㉡ 이를 인정하더라도 타인의 보통사용을 중대하게 제약하지 않을 것 등이 요구된다. 따라서 영업을 목적으로 도로에 자판기를 설치하거나, 보도 앞에 탁자나 의자를 설치하여 영업행위를 하는 행위, 보도를 자신의 상점의 진입로로 확보하는 경우, 도로의 공간을 자신의 주차장으로 이용하는 행위 등은 이에 해당하지 않는다.

인접주민의 보통사용은 그 내용에 있어서 공권으로서 제3자에 대한 방해배제청구권, 공물의 변경이나 폐지의 경우의 취소청구권이나 손실보상청구권 등의 인정과 도로로부터 발생하는 소음 등과 공사를 수인해야 하는 의무를 주된 내용으로 한다.

> **공물의 인접주민이 공물에 대한 고양된 일반사용권을 가지는지 여부의 판단 방법**  공물의 인접주민은 다른 일반인보다 인접공물의 일반사용에 있어 특별한 이해관계를 가지는 경우가 있고, 그러한 의미에서 다른 사람에게 인정되지 아니하는 이른바 '고양된 일반사용권'이 보장될 수 있으며, 이러한 고양된 일반사용권이 침해된 경우 다른 개인과의 관계에서 민법상으로도 보호될 수 있으나, 그 권리도 공물의 일반사용의 범위 안에서 인정되는 것이므로, 특정인에게 어느 범위에서 이른바 고양된 일반사용권으로서의 권리가 인정될 수 있는지의 여부는 당해 공물의 목적과 효용, 일반사용관계, 고양된 일반사용권을 주장하는 사람의 법률상의 지위와 당해 공물의 사용관계의 인접성, 특수성 등을 종합적으로 고려하여 판단하여야 한다. 따라서 구체적으로 공물을 사용하지 않고 있는 이상 그 공물의 인접주민이라는 사정만으로는 공물에 대

한 고양된 일반사용권이 인정될 수 없다(재래시장 내 점포의 소유자가 점포 앞의 도로에 대하여 일반사용을 넘어 특별한 이해관계를 인정할 만한 사용을 하고 있었다는 사정을 인정할 수 없다는 이유로 위 소유자는 도로에 좌판을 설치·이용할 수 있는 권리가 없다고 본 사례)($^{대판\ 2006.12.22,}_{2004다68311}$).

## II. 공물의 허가사용

### 1. 의  의

공물의 허가사용이란 이는 당해 공물의 사용이 일반적으로 공물관리나 공물경찰의 목적에 의해 금지되고 있는 경우에, 행정기관의 개별적인 허가에 의해 공물사용을 허용하는 것을 말한다. 이러한 허가사용은 행정행위로서의 허가에 기초한 개념이며 그 사용관계가 일시적인 특성을 갖는 점에서, 계속적인 성질을 갖는 특허사용과 차이를 나타낸다. 그 대상은 주로 공공용물이며, 공용물의 경우에는 공물주체의 행정목적 달성에 장애가 되지 않는 범위에서 예외적으로 허용된다.

### 2. 성  질

허가사용에 의해 당사자가 누리는 이해관계는 단순한 반사적 이익이 아니라, 공권으로서의 성질을 갖는다고 본다. 즉 공물의 사용을 통하여 당사자는 자신의 기본권을 실현하게 되는 측면이 인정되므로, 법률이 정한 허가요건을 충족한 경우에 당사자는 일정한 이용관계에서 배제되지 않아야 한다. 따라서 근거 없이 배제되는 경우에는 법적으로 이를 다툴 수 있는 지위에 있다는 점에서 공권성이 인정된다.

### 3. 형  태

허가사용은 허가행위의 목적과 관련하여 공물관리권에 의한 허가와 공물경찰권에 의한 허가로 분류된다. ㉠ 공물관리권에 의한 허가사용은, 공물의 다수인의 사용관계를 조정하기 위하여 또는 공물관리의 이유에서 금지하였던 것을 개별적인 경우에 해제하여 허가하는 경우를 말한다($^{예컨대\ 공유수면으로부터의\ 인수행위의\ 허가\ 등:}_{공유수면관리\ 및\ 매립에\ 관한\ 법률\ 제8조}$). ㉡ 공물경찰권에 의한 허가사용은, 경찰목적을 위하여 금지하였던 공물의 사용을 개별적인 경우에 일시적으로 허가하는 경우를 말한다($^{예컨대\ 위해방지를\ 위하여\ 도로의\ 통행을\ 금지하였}_{으나\ 예외적으로\ 특정한\ 경우에\ 해제하는\ 경우\ 등}$).

### 4. 내  용

허가사용의 내용도 당해 공물의 특성에 따라 상이하게 나타나며, 개별적 내용과 범위, 허가기간 등에 대해서는 법령이나 부관에 의해 규정된다. 특히 공물의 유지를 위하여 공물주체에 의해 필요한 각종 의무가 부과될 수 있으며, 주된 것으로는 위해 방지시설의무, 사용종료후 원상회복의무(공유수면관리 및<br>매립에 관한 법률 제21조) 등을 들 수 있다.

## 5. 사 용 료

공물관리목적의 허가사용은 이용자에게 수익을 제공하는 것이기 때문에 그 사용료를 징수하는 것이 일반적이다(공유수면관리 및<br>매립에 관한 법률 제13조). 이때에 사용료를 납부하지 않는 경우에는 행정상 강제징수절차에 따라 강제집행하게 되며, 부과에 대한 불복은 행정쟁송의 제기를 통하여 해결된다.

## 6. 허가사용의 종료

공물의 허가사용은 이용대상인 공물의 소멸, 이용목적의 달성이나 포기로 인한 경우, 종기의 도래나 해제조건의 성취, 사용의 허가시에 존재한 위법적인 사유를 원인으로 한 허가의 취소나 공익이나 의무불이행 등의 사정을 이유로 한 허가의 철회로 인해 종료할 수 있다.

## Ⅲ. 공물의 특허사용

## 1. 의    의

공물의 특허사용이란 이는 공물주체가 특정인에게 일정한 내용의 공물사용권을 설정하여 줌으로써, 당해 공물을 독점적으로 이용하는 관계를 말한다. 실정법상으로는 허가의 용어로써 규정되고 있으며, 도로의 점용허가(도로법<br>제61조)나 하천의 점용허가(하천법<br>제33조) 등이 이에 해당한다. 공물의 특허사용은 허가사용과는 달리 계속적인 사용관계인 점에 특색이 있다.

## 2. 성    질

### (1) 동의에 의한 행정행위(또는 쌍방적 행정행위)

공물의 특허사용은 공법상 계약이 아니라 행정행위, 특히 이용자의 동의(또는 협력)를 요하는 행정행위로서의 성질을 갖는다. 이는 이때의 공물사용관계의 내용이 법령 등에 의해 사전에 공물주체에 의해 일방적으로 정형화되어 있는 것이 통상적이므로, 당사자 사이의 대등한 의사의 존재를 전제로 하는 공법상 계약으로 볼 수 없기 때문이다.

## (2) 권리의 설정행위

특허사용은 특허로서의 성질, 즉 당사자에게 당해 공물을 독점적인 지위에서 사용할 수 있는 권리를 설정하는 의미를 갖는다.

[ 1 ] 도로의 특별사용은 반드시 독립·배타적인 것이 아니라, 그 사용목적에 따라서는 도로의 일반사용과 병존이 가능한 경우도 있고, 이러한 경우에는 도로점용부분이 동시에 일반공중의 교통에 공용되고 있다고 하여 도로점용이 아니라고 말할 수는 없다(대판 1993.5.11, 92누13325).

[ 2 ] 차도와 인도 사이의 경계턱을 없애고 인도 부분을 차도에서부터 완만한 오르막 경사를 이루도록 시공하는 방법으로 건물 앞 인도 부분에 차량 진출입통로를 개설하여 건물에 드나드는 차량들의 편익에 제공함으로써, 일반의 보행자들이 인도 부분을 불편을 감수하면서 통행하고 있는 경우, 인도 부분이 일반공중의 통행에 공용되고 있다고 하여도 도로의 특별사용에 해당한다(대판 1999.5.14, 98두17906).

[ 3 ] 도로법 제40조, 제43조, 제80조의2에 규정된 도로의 점용이라 함은, 일반공중의 교통에 공용되는 도로에 대하여 이러한 일반사용과는 별도로 도로의 특정부분을 유형적, 고정적으로 사용하는 이른바 특별사용을 뜻하는 것이고, 그와 같은 도로의 특별사용은 반드시 독점적, 배타적인 것이 아니라 그 사용목적에 따라서는 도로의 일반사용과 병존이 가능한 경우도 있고, 이러한 경우에는 도로점용부분이 동시에 일반공중의 교통에 공용되고 있다고 하여 도로점용이 아니라고 말할 수 없는 것이며, 한편 당해 도로의 점용을 위와 같은 특별사용으로 볼 것인지 아니면 일반사용으로 볼 것인지는 그 도로점용의 주된 용도와 기능이 무엇인지에 따라 가려져야 한다. 지하연결통로의 설치 당시 건물소유자가 예상한 것과는 달리 그 건물에 출입하는 사람들보다 훨씬 많은 일반 통행인들이 그 지하연결통로를 이용하고 있다는 사정만으로는 구 서울특별시도로점용료징수조례(1993.11.30. 서울특별시조례 제3046호로 개정되기 전의 것) 제4조에서 규정하고 있는 도로점용료 감면요건인 "특별한 사정"에 해당한다고 보기 어렵다(대판 1995.2.14, 94누5830).

## (3) 재량행위성 문제

일반적인 특허행위의 성질논의에서와 마찬가지로, 공물의 특허사용이 재량행위인가 또는 기속행위인가의 문제는 우선 당해 근거법규의 해석에 의해 해결된다. 따라서 법률규정이 실질적으로 기속행위를 전제로 하여 특허사용관계를 인정하는 경우에는 기속행위로 보아야 할 것이다(도로법 제61조의 공익사업을 위한 도로점용허가). 그러나 법률규정이 불명확한 경우에는 특허로서의 성질상 재량행위로 보아야 할 것이다.

공유수면관리법에 따른 공유수면의 점·사용허가는 특정인에게 공유수면 이용권이라는 독점적 권리를 설정하여 주는 처분으로서 그 처분의 여부 및 내용의 결정은 원칙적으로 행정청의 재량에 속한다고 할 것이고, 이와 같은 재량처분에 있어서는 그 재량권 행사의 기초가 되는 사실인정에 오류가 있거나 그에 대한 법령적용에 잘못이 없는 한 그 처분이 위법하다고 할 수 없다고 할 것이다($\frac{\text{대판 } 2004.5.28,}{2002\text{두}5016}$).

## 3. 내　　용

특허사용의 내용은 특허사용자가 일정한 내용의 권리와 의무를 갖는다는 점에 있다.

### (1) 특허사용자의 권리(공물사용권)

① 사용자가 갖는 특허사용권은 공법적인 원인행위를 전제로 하므로, 그 성질에 있어서 공권으로 인정된다. 따라서 공익목적을 위한 제한이 수반될 수 있으며($\frac{\text{도로법}}{\text{제}75\text{조}}$), 사용권과 관련한 법적 분쟁은 행정쟁송에 의하게 된다.

② 재산권적인 성질을 가지므로 공권력에 의해 위법적인 침해를 받은 때에는 행정상의 손해배상청구가 가능하게 된다.

③ 그 내용에 있어서는 공물주체에 대해서만 권리를 주장할 수 있는 채권적인 성질을 갖는 경우도 있고, 제 3 자에 대해서도 배타적인 권리를 주장할 수 있는 물권적인 성질을 갖는 경우도 있다. 후자의 경우로서는 대표적으로 「수산업법」 제18조 제 2 항을 들 수 있다.

④ 사용권의 범위는 개별 공물의 특성에 따라서 정해진다. 예컨대 도로의 점용허가의 경우에는 당해 도로의 지하부분의 이용도 그 범위에 포함된다.

　　도로법상의 도로점용에는 도로의 지표뿐만 아니라 지하점용도 포함되는 것으로 해석되고 이와 달리 도로법상의 도로점용의 대상을 도로의 지표 또는 이와 동일시 할 수 있는 것으로 한정할 수 없다($\frac{\text{대판 } 1993.11.12,}{93\text{누}16208}$).

### (2) 특허사용자의 의무

공물사용자는 이러한 권리에 상응하여 일정한 의무를 부담한다. 이는 법령이나 특허사용시에 부관 등에 의해 그 내용이 결정된다.

#### 1) 사용료납부의무

특허사용은 타인의 이용을 배제한 독점적인 이용이므로 그 사용료($\frac{\text{또는}}{\text{점용료}}$)를 납부하는 것이 일반적이다. 따라서 허가 없이 도로를 점용하는 행위가 특허사용에 해당하는 경우에는 점용료 상당의 부당이득금을 변상하여야 한다($\frac{\text{도로법 제}}{72\text{조 참조}}$).

　　허가 없는 도로의 점용부분이 동시에 일반공중의 교통에 공용되고 있는 경우 도로점용료 상당 부당이득금 징수의 대상이 될 수 있는지 여부　　도로법 제40조에 규정된 도로의 점용이라 함은 일반공중의 교통에 공용되는 도로에 대하여 이러한 일반사용과는 별도로 도로의 특정부분을 유형적, 고정적으로 특정한 목적을 위하여 사용하는 이른바 특별사용을 뜻하는 것이므로, 허가 없이 도로를 점용하는 행위의 내용이 위와 같은 특별사용에 해당할 경우에 한하여 도로법 제80조의 2의 규정에 따라 도로점용료상당의 부당이득금을 징수할 수 있는 것인바, 도로의 특별사용은 반드시 독점적, 배타적인 것이 아니라 그 사용목적에 따라서는 도로의 일반사용과 병존이 가능한 경우도 있고 이러한 경우에는 도로점용부분이 동시에 일반공중의 교통에 공용되고 있다고 하여 도로점용이 아니라고 말할 수 없는 것이다($\binom{대판 1990.11.27,}{90누5221}$).

이는 특별한 이익에 대한 대가로서의 성질을 가지므로 법률의 별도근거 없이도 가능한 것으로 보고 있다. 이 의무는 공법적인 성질을 가지므로 의무불이행에 대해서 행정상 강제징수될 수 있다. 그러나 공익사업이나 비영리사업을 위한 공물의 특허사용에 있어서는 그 사용료가 감면될 수 있다($\binom{도로법}{제68조}$ 등).

### 2) 원상회복의무

특허사용으로 인해 공물의 관리에 영향을 가져오지 않도록 하기 위하여 원상회복의무가 부과된다($\binom{도로법 제73조,}{하천법 제48조}$).

## 4. 종    료

특허사용은 공물의 소멸, 공물사용권의 포기, 특허당시에 부가되었던 종기의 도래나 해제조건의 성취, 특허행위의 철회 등에 의해 종료한다. 특히 철회의 경우에는 특허의 존속 자체가 사정변경으로 인해 공익을 해하는 경우뿐 아니라, 특허의 존속 자체는 공익을 해하지 않으나 다른 더 큰 공익상의 필요에 의한 경우($\binom{도로법}{제97조}$)도 그 원인이 된다. 이러한 철회의 경우에는 손실보상이 행해져야 한다($\binom{도로법 제99조, 국유}{재산법 제36조 3항}$).

## 5. 이른바 '행정재산의 목적외 사용'

### (1) 개    념

행정재산은 직접 행정목적에 제공된 재산이므로 원칙적으로 그것을 대부·매각·교환·양여 또는 출자의 목적으로 하거나 그것에 사권을 설정하지 못하고, 다만, 그 용도 또는 목적에 장해가 없는 한도 내에서 그 사용 또는 수익을 허가할 수 있다. 이러한 사용을 '행정재산의 목적외 사용'이라 한다. 또한 보존재산은 보존목적의 수행에 필요한 범위 안에서 그 사용 또는 수익을 허가할 수 있다. 행정재산이 사용허가되는 경우에는 특허사용의 성질을 갖게 된다.

## (2) 허가의 법적 성질

이러한 사용허가의 법적 성질에 대해서는 판례상 그간 사법상 계약설로 보는 입장과 행정행위설로 보는 입장으로 나누어져 있었다. 그러나 최근 판례는 행정행위설의 입장, 즉 특허로서의 성질을 인정하고 있다.

> **행정재산의 사용·수익에 대한 허가의 성질**  공유재산의 관리청이 행정재산의 사용·수익에 대한 허가는 순전히 사경제주체로서 행하는 사법상의 행위가 아니라, 관리청이 공권력을 가진 우월적 지위에서 행하는 행정처분으로서 특정인에게 행정재산을 사용할 수 있는 권리를 설정하여 주는 강학상 특허에 해당한다. 행정재산의 사용·수익허가처분의 성질에 비추어 국민에게는 행정재산의 사용·수익허가를 신청할 법규상 또는 조리상의 권리가 있다고 할 것이므로 공유재산의 관리청이 행정재산의 사용·수익에 대한 허가 신청을 거부한 행위 역시 행정처분에 해당한다 ( 대판 1998.2.27, 97누1105 ).

생각건대 「국유재산법」상 사용허가에 대하여 행정기관에 의한 취소나 철회가 가능하도록 하고 있음에 비추어, 그 성질은 공법적 사용관계로 봄이 타당하다. 그리고 동법 제31조에서 규정한 사용허가의 방법은 허가를 받을 자를 결정하는 방법에 불과하다고 보아야 한다. 따라서 사용허가는 행정행위로 봄이 타당하다.

## (3) 관련문제 : 기부채납받은 국유재산의 사용허가의 법적 성질

이와 관련하여 기부채납받은 국유재산을 기부자에게 일정기간 동안 다시 사용하도록 허가하는 행위의 법적 성질이 문제된다. 견해로서는 사법상 계약설과 행정행위설로 나눌 수 있다.

### 1) 사법상 계약설

이는 기부채납의 법적 성질이 사법상 증여계약이라는 점을 강조하여, 이에 기초한 사용허가행위도 같은 성질을 갖는 것으로 보는 견해이다. 즉 기부채납 및 이에 따른 사용허가는 일련의 과정에서 이루어지는 것인바, 기부채납을 사법상의 계약으로 보는 이상 기부채납에 대한 반대급부로서의 성격을 갖는데다가 그 기부채납과 밀접불가분한 관계에 있는 사용허가 또한 그와 마찬가지로 보아야 한다고 주장한다.

이외에도 기부자의 입장에서는 기부목적물에 대한 사용허가의 기간이 자신의 투자비용을 회수하기에 충분한지 여부가 절대적으로 중요한데, 사용허가를 행정처분이라고 볼 경우 기부자의 입장이 충분히 고려되지 않은 채 행정청의 일방적 의사에 의하여 그 기간이 결정될 수가 있어 부당하다고 한다.

## 2) 행정행위설

이는 기부채납행위의 성질과 기부채납된 재산의 법적 성질을 구분하여, 일단 행정재산으로서의 국유재산이 된 이상, 다음 단계의 행위에서는 행정행위로서의 성질이 인정되어야 한다고 본다. 즉 기부채납에 의하여 일단 행정재산이 되었다면 그 재산에 대해서는 행정재산에 관한 규율이 적용되는 것이 당연하며, 「국유재산법」의 규정은 해당 재산이 행정재산인지 아니면 일반재산인지에 따라 그 규율을 달리하고 있을 뿐이고, 행정재산을 그 재산의 취득경위에 따라서 달리 취급하고 있는 것은 아니므로 기부채납되었다 하여 다른 행정재산과는 달리 일반재산으로서의 성격을 여전히 가지고 있다고 할 수 없고, 이에 대하여 사법상의 법리가 적용된다고 할 근거도 없다고 본다. 따라서 기부채납이 사법상의 계약이라 하여 그 기부자에 대한 사용허가를 사법상의 계약으로 보아야 하는 것도 아니라고 주장한다.

## 3) 판례의 태도

판례는 행정행위설을 취하고 있다.

**구 지방재정법 제75조의 규정에 따라 기부채납받은 행정재산에 대한 공유재산 관리청의 사용·수익허가의 법적 성질** 공유재산의 관리청이 하는 행정재산의 사용·수익에 대한 허가는 순전히 사경제주체로서 행하는 사법상의 행위가 아니라 관리청이 공권력을 가진 우월적 지위에서 행하는 행정처분이라고 보아야 할 것인바, 행정재산을 보호하고 그 유지·보존 및 운용 등의 적정을 기하고자 하는 지방재정법 및 그 시행령 등 관련 규정의 입법취지와 더불어 잡종재산에 대해서는 대부·매각 등의 처분을 할 수 있게 하면서도 행정재산에 대해서는 그 용도 또는 목적에 장해가 없는 한도 내에서 사용 또는 수익의 허가를 받은 경우가 아니면 이러한 처분을 하지 못하도록 하고 있는 구 지방재정법 제82조 제1항, 제83조 제2항 등 규정의 내용에 비추어 볼 때 그 행정재산이 구 지방재정법 제75조의 규정에 따라 기부채납받은 재산이라 하여 그에 대한 사용·수익허가의 성질이 달라진다고 할 수는 없다고 보고 있다. 따라서 특허로서의 성질이 인정된다(대판 2001.6.15, 99두509).

## 4) 소 결

기부채납행위의 법적 성질과 채납된 재산의 법적 성질을 연계하는 태도는 타당하지 못하다고 본다. 즉 기부채납되는 과정이 종료하면 이제는 당해 재산은 기부자의 의사에 의한 것이 아니라, 법률의 의사(즉 법률규정의 내용)에 따라서 그 법적 성질이 규율된다. 즉 기부채납행위에서는 사적 자치의 원칙이 지배하지만, 채납된 재산에 대해서는 법치행정원칙이 지배하므로, 일반적인 행정재산의 사용허가의 법적 성질과 같은 차원에서 다루어져야 한다. 따라서 기부채납된 행정재산의 사용허가는 판례의 취지대로 특허로서의 행정행위성이 인정되어야 한다.

## Ⅳ. 관습법상의 공물사용

### 1. 의  의

관습법상의 공물사용이란 공물의 사용이 지방의 관습에 의해 인정되는 것을 말한다. 「수산업법」상 인정되고 있는 관습상의 입어권($\frac{제40조}{1항}$), 하천유수의 관개용수나 음용수로의 사용, 「수산업법」상의 허가나 신고를 요함이 없이 조개채취 등을 위한 어민에 의한 공유수면사용권의 인정 등이 이에 해당한다.

### 2. 성립요건

이러한 사용권이 성립하기 위하여는 ㉠ 특정지역의 사람들이 당해 공물을 평온, 공연하게 장기간 사용하고 있고($\frac{관행의}{존재}$), ㉡ 이러한 사용관계가 특정범위의 사람에게 한정되고 있으며, ㉢ 사용관계의 내용이 보통사용에 해당하지 않는 특별한 사용에 해당할 것을 요한다.

### 3. 내  용

관습법상 사용권의 구체적 내용은 관습법에 의해 정해지며, 성문법 규정에 의해 그 내용이 제한될 수도 있다($\frac{수산업법}{제40조 3항}$). 사용권의 성질은 공법적인 사용권으로 인정되므로, 이 권리를 공익사업의 시행 등을 이유로 하여 박탈하게 되는 경우에는 손실보상이 인정되어야 한다.

## Ⅴ. 계약에 의한 공물사용

이는 공물주체와 사인 사이의 공법상의 계약이나 사법상의 계약에 의하여 공물을 사용하는 것을 말한다. 현실적으로는 많지 않으나, 공물의 목적달성에 장애가 되지 않는 범위에서 이러한 형식의 공물사용이 인정될 수 있다. 예컨대 관공청사 내에서 사인이 경영하는 은행이나 매점 등의 사용이 이에 해당할 것이다. 공법상의 계약은 행정행위의 형식에 의한 공물사용허가를 대신하는 의미를 갖는 것이며, 사법상의 계약은 행정기관에게 법적 형태의 선택의 자유가 인정됨으로써 허용되는 것이다. 그러나 실정법의 명문규정에 반하는 경우에는 이러한 계약형식의 공물사용이 인정될 수 없다.

**기본사례 풀이**

### 1. 문제의 소재

사안에서는 위법한 도로구역 지정행위에 대한 권리구제방법이 주된 논의의 대상이 된다.

### 2. 행정작용의 법적 성질

도로구역의 지정행위는 「도로법」 제24조에 의한 행위로서 공용지정행위에 해당한다. 이는 행정행위 중에서 물적 행정행위로서의 성질을 갖는다.

### 3. 행정작용의 위법성 검토

당해 도로구역 지정행위는 甲으로부터 적법하게 권원을 취득하지 않은 것이므로 위법성이 인정된다.

### 4. 권리구제방법

(1) 행정쟁송의 제기

이때에 제기되는 행정소송은 그 제기기간면에서의 검토를 필요로 한다. 즉 사안에서는 처분이 개별적으로 통지되는 것이 아니라 고시되므로(도로법 제24조 3항), 처분이 존재한 날을 기산점으로 하여 취소소송 제기기간을 계산하여야 한다. 따라서 甲은 처분이 존재한 날로부터의 1년의 기간을 원용하여(행정소송법 제20조 2항) 행정소송을 제기할 수 있게 된다. 그러나 이때에는 당해 토지가 현재 지방도로로 이용되고 있다는 사정으로 인하여 사정판결의 가능성이 많을 것이므로, 권리구제방법으로서의 실효성은 없을 것으로 보인다.

(2) 손해배상의 청구

따라서 甲은 도로구역 지정행위가 위법성을 가지므로 이에 근거하여 행정상 손해배상을 청구하는 것이 실효적인 방법이 된다.

# 제 2 장   영조물법

# 제 1 절   영조물의 의의

## Ⅰ. 영조물의 개념

영조물의 개념에 대해서는 다양한 견해가 주장되고 있으나, 행정목적을 달성하기 위하여 행정주체가 지속적으로 제공하는 인적 수단과 물적 시설의 종합체를 말한다고 볼 수 있다. 영조물은 행정목적, 즉 일반공공의 이익을 위하여 사인의 이용에 제공되는 측면을 가지며, 공행정조직의 일부분으로서의 성질을 갖는다. 이때 영조물이 수행하는 행정목적은 다양하게 인정될 수 있으나, 현실적인 의미를 갖는 것으로는 정신·문화적인 목적을 수행하는 경우를 들 수 있다.

## Ⅱ. 구별개념

### 1. 공    물

영조물은 인적 수단과 물적 시설의 결합체인 점에서 물적 요소로서만 구성되는 공물과 구별된다. 또한 영조물은 계속적인 존속을 필요로 하므로 행정조직의 일부라는 점에서도 공물과 구별된다.

## 2. 공 기 업

양자 모두 공적 목적달성에 관련되는 것이나, 공기업은 공적 목적 외에도 영리추구라는 특성을 가지는 점에서 영조물과 구별된다. 그러나 현실적으로 양자의 구별은 용이하지 않다.

## 3. 공공시설

공공시설은 개념상 물적 시설의 집합체로서의 의미를 갖는 것이므로, 이외에도 인적 수단이 그 개념적 요소를 이루는 영조물과 일응 구별된다. 그러나 실정법상으로는 양자의 구별이 혼용되는 경우도 나타난다. 예컨대 「지방자치법」 제13조 제 1 항이 규정하는 주민의 이용권의 대상으로서의 공공시설은, 주민의 이용에 제공되는 시설이라는 점에서 넓은 의미로 사용되고 있으며, 이 점에서 영조물도 포함하는 개념으로 이해된다.[1]

## Ⅲ. 영조물의 유형

### 1. 주체에 따른 유형

영조물은 그 관리주체에 따라 주체가 국가인 국영영조물(국립대학교, 국립도서관 등), 지방자치단체가 주체인 공영영조물(시립도서관, 시립대학교 등), 별도의 독립법인인 특수법인영조물(정신문화연구원, 적십자병원 등)로 분류된다.

### 2. 목적에 따른 유형

영조물은 그 수행하는 행정목적에 따라 문화영조물(도서관 등), 교육영조물(국립학교 등), 교도영조물(교도소 등), 의료영조물(국립병원 등) 등으로 나눌 수 있다.

### 3. 법인성 유무에 따른 유형

영조물이 국가 또는 지방자치단체의 관리하에 있는 것인가 또는 독립한 법인격을 갖는가(서울대학교가 국립대학법인으로 전환되있음(국립대학법인 서울대학교 설립·운영에 관한 법률))에 따라 분류될 수 있다.

---

1) 이에 대해서는 '지방자치법'의 설명부분 참조.

# 제 2 절  영조물의 이용관계

## I. 영조물이용관계의 의의

### 1. 성    질

영조물은 행정조직으로서 이를 통하여 행정목적을 달성하는 데에 그 특성이 있다. 이때의 영조물 주체와 이용자 사이에는 영조물이용관계라는 법적 관계가 형성되며, 이는 특별행정법관계로서의 성질을 갖게 된다. 따라서 이에 대해서는 법률유보원칙이 적용되며, 영조물의 목적달성을 위한 영조물주체의 권력행사를 위해서는 법적 근거를 요하게 된다. 또한 그 이용자에 대해서도 기본권보장과 사법적 권리구제의 가능성이 제공된다.

### 2. 법적 형태

영조물이용관계의 법적 형식은 이원적으로 구성된다. 즉 이용관계에의 가입단계와 개별적인 이용관계의 내용형성단계로 이원화된다. 전자의 문제는 공법적인 성질을 갖게 되며, 그 원인은 당사자의 임의에 의하는 경우(<sup>국립학교에의 입학이나</sup><br/>국립병원에의 입원 등)와 강제에 의하는 경우(<sup>교도소에 입소, 전염병환자의</sup><br/>국립병원에의 강제입원 등)로 나눌 수 있다. 이에 반해 후자의 단계에서는 영조물주체의 법적 형태 선택의 자유가 인정된다. 따라서 그 이용관계를 공법적인 경우로 구성할 수 있고, 사법적인 형태로 구성할 수도 있게 된다. 사법적인 이용관계로 구성하는 때에는 그 이용목적의 공익성으로 인하여 많은 점에서 공법적인 규율하에 있게 되는 점이 특색으로 작용한다. 그러나 현실적으로는 공법적인 이용관계로 구성되고 있는 것이 일반적이다.

## II. 이용관계의 설정·종료

영조물이용관계가 특별행정법관계로서의 성질을 갖는 이상, 그 설정이나 종료 문제는 특별행정법관계에 관한 일반적 설명에 따르게 된다. 따라서 설정은 영조물 주체와 이용자 사이의 임의적 합의와 법률규정에 따른 강제에 의해 행해진다. 이용관계의 종료는 이용목적의 달성(<sup>전염병의 완치나</sup><br/>학교의 졸업), 이용자에 의한 임의적 탈퇴(<sup>국립학교 학</sup><br/>생의 자퇴), 이용관계로부터의 강제적 배제(<sup>학생의</sup><br/>퇴학), 영조물로서의 지위상실(<sup>학교의</sup><br/>폐교 등) 등이 원인이 된다.

## Ⅲ. 이용관계의 내용

### 1. 이용자의 권리

#### (1) 영조물이용권

영조물 이용자의 주된 권리는 영조물이용권이다. 그 개별적인 내용은 이용관계를 규율하는 근거법규에 의해 정해진다. 영조물이용관계의 법적 형태는 앞에서 본 바와 같이 공법적 형태와 사법적 형태 모두 가능하므로, 이에 따라 그 이용권은 법적 성질에 있어서 공권 또는 사권으로서의 성질을 갖게 된다. 그러나 이 권리는 영조물주체에 대해서만 인정된다는 점에서 채권적인 성질을 갖는다.

#### (2) 행정쟁송권

영조물의 이용관계에 있어서 영조물주체의 위법한 처분으로 권리가 침해된 이용자는 일반적인 내용에 따라 행정쟁송을 제기하여 권리구제를 받을 수 있다.

#### (3) 손해배상청구권
#### 1) 행정상 손해배상청구권

영조물의 이용관계가 공법적인 경우에 영조물주체의 고의나 과실로 인해 영조물이용자에게 발생한 손해나, 영조물 자체의 물적 시설상의 객관적인 하자로 인해 발생한 손해에 대해 이용자는 행정상의 손해배상책임을 청구할 수 있다. 예컨대 국립학교에서의 수업 중에 안전관리의무위반으로 인해 일어난 사고나 국립병원에서의 의료사고로 인한 손해발생, 교도소에서의 관리의무위반으로 인한 사고에 의해 발생한 손해, 학교시설·병원시설·교도소시설의 붕괴로 인해 발생한 손해 등에 대해 영조물주체인 국가나 지방자치단체는 행정상 손해배상책임을 지게 된다. 따라서 이때의 근거규정은 각각의 경우에 따라「국가배상법」제 2 조나 제 5 조가 된다고 보아야 한다. 따라서「국가배상법」제 5 조만을 그 근거규정으로 보는 우리의 다수견해에는[2] 따르지 않는다.「국가배상법」제 5 조가 규정하는 영조물의 개념이 실질에 있어서 인적 수단과 물적 시설의 결합체의 개념으로서 이해되는 것이 아니라 단순히 물적 시설로서의 공물만을 의미하는 것에 비추어 볼 때에,「국가배상법」제 5 조는 영조물의 요소인 물적 시설상의 하자로 인한 손해발생에 대해서만 적용된다고 봄이 타당하다. 따라서 영조물의 다른 구성요소로서의 영조물주체의 고의나 과실로 인한 손해발생의 경우에는「국가배상법」제 2 조가 적용되어야 할 것이다.

---

2) 홍정선(하), 565면; 한견우(Ⅱ), 151면.

### 2) 민사상 손해배상청구권

실제로는 드물지만 사법적으로 그 이용관계가 구성되고 있는 경우에는, 이용자에게 발생한 손해에 대해 민사상의 손해배상청구가 인정될 수 있다. 따라서 그 책임의 내용은 민사상의 일반적인 원칙에 따라 구성된다. 이에 의해 국가나 지방자치단체는 민사상의 사용자책임이나 공작물의 소유자책임에 의해서 손해배상책임을 지게 되며, 이때에는 손해예방을 위해 요구되는 주의의무위반이 주요한 의미를 갖게 된다.

## 2. 이용자의 의무

### (1) 이용료납부의무

영조물이용자의 가장 주된 의무는 영조물의 이용에 대한 대가로서의 이용료납부의무이다. 이 의무의 불이행에 대해서는 이용관계의 법적 형태에 따라, 공법적인 때에는 행정상 강제징수절차가, 사법적인 때에는 민사상의 강제집행절차가 적용된다. 따라서 영조물 이용관계의 법적 형태를 파악하는 하나의 기준으로서 행정상의 강제징수절차가 인정되는가의 여부가 작용할 수 있게 된다.

### (2) 이용질서유지의무

이용자는 영조물을 그 이용목적에 맞게 이용하여야 할 의무를 부담한다. 이 의무의 부과는 당해 영조물주체의 영조물권력에서 도출될 수 있으며, 이에 대해서는 통상적으로 영조물규칙이 규정하게 된다.

# 제 3 장  공기업법

공기업은 행정주체가 행정목적달성을 위한 수단으로서 기업의 형식을 갖는 경우를 말하는 것이다. 기업의 형식을 이용하기 때문에 행정주체는 신속하게 시민에게 급부를 제공할 수 있는 장점과 이윤을 추구하며 독립적으로 경영할 수 있는 장점을 갖게 된다. 그러나 기업의 형식으로 운영됨으로 인해 행정목적달성의 원래의 취지가 퇴색되는 문제가 발생할 수 있으므로, 이에 대비하기 위한 특별한 법적 규율이 필요하게 된다. 공기업법은 공기업의 이러한 특성에 상응하여 공기업이 추구하는 공적 목적달성을 적정하게 보장하기 위한 일련의 법적 수단들을 그 주된 대상으로 한다. 법원으로는 「한국산업은행법」, 「한국조폐공사법」, 「공공기관의 운영에 관한 법률」, 「전기사업법」, 「지방공기업법」, 「지방자치법」 등이 해당한다.

# 제 1 절  공기업의 의의

## I. 공기업의 개념

공기업의 개념에 대해서는 공기업이 갖는 여러 특성 중에서 무엇을 강조하는가에 따라 다양한 견해들이 주장된다.

(1) 그 운영주체를 기준으로 하는 광의의 개념에 따르면 "국가나 공공단체가 경영하는 모든 사업"이 공기업이라고 본다. 그러나 이 개념은 국가 등이 순수하게 재정적 수입만을 목적으로 경영하는 사업까지 포함하는 문제를 안고 있다.

(2) 이에 반해 사업의 주체 외에 목적, 수단을 기준으로 하는 협의의 개념에 따르면 "급부의 주체가 직접 국민에 대한 생활배려를 위하여 인적·물적 종합시설을 갖추어 경영하는 비권력적 사업"을 공기업이라고 본다. 이 견해에 대해서는 공기업의 속성인 수익성을 배제함으로써, 사회적 사업이나 문화적 사업까지 공기업에 포함하는 문제점이 지적되고 있다.1)

(3) 다수의 견해인 최협의의 개념에 따르면 공기업은 "국가 또는 공공단체가 직접 사회공공의 이익을 위하여 경영하는 기업과 특허기업"이라고 본다. 이는 주체와 목적 및 수익성을 그 기준으로 하는 견해이다. 이 견해에 따르면 특허기업을 넓게 이해하여, 국가나 지방자치단체가 경영에 참가하고 법인의 형태로서 운영하는 경우 뿐 아니라, 사기업 형태로 공익사업을 수행하는 경우도 특허기업으로 이해하고, 이를 공기업의 개념에 포함하게 된다.

(4) 새로운 견해는 공기업과 특허기업의 차이를 구별하면서, "국가나 지방자치단체가 직접 경영하거나 그에 의해 설립된 법인이 사회공공의 이익을 위하여 경영에 참가하는 기업"을 공기업으로 이해한다.2)

생각건대 공기업은 국가 등의 직접 또는 간접적 참여하에 운영되는 기업이라는 점에서, 사기업의 특성을 가지며 공익목적을 수행하는 특허기업과 서로 구별되어야 한다고 본다. 따라서 마지막 입장에 따르기로 한다. 이에 따르는 경우에 공기업의 예로는 한국철도공사, 한국수자원공사, 한국토지공사, 서울지하철공사 등이 있다.

---

1) 김남진·김연태(Ⅱ), 441면.
2) 김남진·김연태(Ⅱ), 442면; 홍정선(하), 567면.

## Ⅱ. 공기업의 개념요소

### 1. 공기업의 주체

공기업을 위와 같이 이해하는 한, 공기업의 주체는 국가 또는 지방자치단체가 직접 경영주체가 되거나, 이들에 의해 설립된 법인이 된다. 따라서 사기업이 특정 행정목적 수행의 특허를 받아 운영하는 특허기업과 이러한 주체면에서 구별된다.

### 2. 공기업의 수행목적

공기업은 일반사회의 공익실현을 그 수행목적으로 한다. 이를 위하여 국민에게 생존배려를 위하여 불가결한 재화나 역무의 제공을 그 내용으로 하게 된다. 따라서 재정적인 수입만을 그 목적으로 하는 경우는 제외된다.

### 3. 공기업의 수익성

공기업은 기업적인 속성인 수익성, 즉 영리추구도 그 목적으로 한다. 따라서 수익성을 배제하고 단순히 정신적, 문화적 사업을 그 주된 특성으로 하는 영조물의 경우와 구별된다. 그러나 이러한 수익성 추구로 인해 행정목적 달성의 원래의 취지가 상실되어서는 안 되므로, 이를 적정하게 감독하는 법적 필요성이 제기된다.

## Ⅲ. 공기업의 유형

공기업은 크게 보아 다음의 두 유형으로 분류할 수 있다.

### 1. 경영주체에 의한 분류

#### (1) 국영공기업과 공영공기업

국가가 자신의 경제적 부담하에 스스로 관리·경영하는 기업을 국영공기업이라고 하며, 우리나라에서는 대표적으로 우편사업이 이에 해당한다. 이에 반해 지방자치단체가 자신의 경제적 부담하에 스스로 관리·경영하는 기업을 공영공기업이라고 한다. 양 유형의 중간유형에 해당하는 것으로는 국영공비기업이 있는데, 이는 지방자치단체의 경비부담으로 국가가 관리·경영하는 공기업을 말한다.

#### (2) 특수법인기업

이는 국가나 지방자치단체에 의해 별도로 설립된 법인이 경영주체인 공기업을 말한다. 일반적으로 이러한 법인 설립을 위하여는 국가의 법인은 별도의 법률을, 지방자치단체의 법인은 조례의 제정을 필요로 한다. 그 예로서는 정부투자기관과 지방공사($\binom{\text{예컨대 서울특별시 지하철}}{\text{공사, 서울특별시 서울의료원}}$) 및 지방공단($\binom{\text{예컨대 서울시}}{\text{시설관리공단 등}}$)이 있다.

## 2. 독점권의 유무에 따른 분류

### (1) 독점기업

이는 공기업의 경영주체가 당해 기업경영에 있어서 법률상의 독점권을 가지고 있는 공기업을 말한다. 국가에게 독점권이 인정되고 있는 공기업으로는 우편사업을 들수 있고, 지방자치단체의 경우는 수도사업이 해당한다. 국가 등의 독점권이 인정되는 사업에 대해서는 일반사인은 경쟁적인 경제활동을 할 수 없으며, 이로 인해 개인의 기본권인 직업선택·행사의 자유가 제한되는 문제를 발생하게 된다. 따라서 독점기업은 공익을 위한 예외적인 경우에, 필요한 최소한의 범위 안에서 엄격한 법적 근거하에서만 인정되어야 할 것이다.

### (2) 비독점기업

이는 시민에 대한 재화나 역무를 제공하는 공기업이지만, 법률상의 독점권은 허용되어 있지 않은 공기업을 말한다. 그러나 사업의 규모나 소요자본, 시설투자액에 비추어 일반 사기업에 의한 경쟁이 현실적으로 제한됨으로써, 사실상의 독점권을 갖는 것이 보통이다.

## 3. 「공공기관의 운영에 관한 법률」에 의한 분류

「정부투자기관관리기본법」을 폐지하고 새로이 제정된 「공공기관의 운영에 관한 법률」에서는 이른바 '공공기관'을 공기업, 준정부기관 및 기타 공공기관으로 나누고 공기업은 다시 시장형 공기업과 준시장형 공기업으로 나누고 있다. 전자는 자산규모가 2조원 이상이고, 총수입액 중 자체수입액이 대통령령이 정하는 기준 이상인 공기업을 말하고, 후자는 시장형 공기업이 아닌 공기업을 말한다($\binom{\text{공공기관법}}{\text{제5조}}$).

# 제 2 절 공기업에 대한 법적 규율

## I. 개 관

공기업은 이를 통하여 저렴하고 신속한 재화나 용역의 제공이라는 공적인 행정목적을 달성하고, 한편으로 수익성을 추구하는 특성을 갖는다. 따라서 공기업에 대해서는 이러한 목적을 보장하기 위하여, 법적으로 여러 가지 면에서 배려하는 한편 법적인 통제가 필요하게 된다. 또한 공기업은 이용자와의 관계에서 적절한 이용관계가 보장되어야 할 필요성도 제기된다. 따라서 이러한 내용도 법적인 규율하에 있게 된다.

## Ⅱ. 공적 목적의 달성을 보장하기 위한 법적 규율

### 1. 공기업설립의 보장

공기업을 통한 행정작용은 그 성질에 있어서 비권력적인 급부작용이다. 따라서 법률유보원칙이 엄격하게 적용되지 않으며, 이에 따라 공기업의 설립도 비교적 자유롭게 인정된다. 국가가 직접 경영의 주체가 되는 국영공기업은 「정부조직법」의 규정에 따라($^{제4}_{조}$) 대통령령에 의하여 비교적 자유롭게 설립할 수 있으며, 이는 행정조직의 일부로서의 성질을 갖게 된다. 또한 지방자치단체가 직접 경영의 주체가 되는 공영공기업은 조례에 의해 설립할 수 있도록 되어 있다($^{지방공기업}_{법 제5조}$). 그러나 국영공비기업의 설립은 지방자치단체에게 그 비용을 부담하게 하는 점에서 부담적 성질을 가지므로 법률의 근거를 요한다고 본다. 또한 특수법인기업의 설립은 국가 등이 법인의 조직을 새로이 설립하여 운영하는 것이고, 이때에 자본의 일정부분을 출자하는 형태이기 때문에 신중한 설립이 요청된다. 따라서 국가의 법인인 경우에는 별도의 특별법률에 의해 설립된다($^{한국산업은행법, 한}_{국수자원공사법 등}$).

### 2. 공기업활동의 보장

#### (1) 독점권의 법적 보장

공기업의 활동을 보호하기 위해 주요사업에 대해서는 법적으로 그 독점권이 보장되고 있다. 국가의 우편사업의 독점($^{우편법}_{제2조}$)은 전형적인 예에 해당한다. 이는 제공되는 급부의 성질상 행정조직상의 이점이 필요하거나, 사기업에 의해 수행하는 경우에는 이용의 비용을 저렴하게 유지할 수 없기 때문이다.

#### (2) 공용부담의 특권보장

공기업은 공적 목적의 원활한 수행을 위하여 여러 가지 내용의 공용부담의 특권이 인정되고 있다. 이에 따라 「공익사업을 위한 토지등의 취득 및 보상에 관한 법률」에 따른 토지수용의 권한이 인정되고($^{제4}_{조}$), 타인의 토지에의 출입·사용의 권한이 인정된다($^{전기사업법}_{제87조, 제88조}$).

### (3) 경제행정상의 특권보장

공기업에 대해서는 경제적으로 혜택이 주어지는데, 주요내용으로는 세제상의 특별대우($^{세금의}_{감면}$), 보조금의 지급, 공물의 사용료의 감면($^{예 : 도로법}_{제68조}$), 국공유재산의 무상사용, 손해배상책임의 일정범위로의 제한 등이 해당한다.

### (4) 행정적·사법적 수단에 의한 보호

공기업활동을 위하여 필요한 경우에는 행정적인 강제수단이 법적으로 제공된다. 사용료의 행정상 강제징수권의 인정과 공용부담특권의 실현을 위한 대집행권의 인정 등이 이에 해당한다. 또한 공기업활동에 대한 침해나 이용자의 의무위반, 기업자 자신의 의무위반($^{공기업경영상의 의무}_{위반이나 이용거부 등}$) 등에 대한 형사적 제재로서의 행정벌인 공기업벌도 인정되고 있다.

## 3. 공기업활동의 감독

공기업의 본래의 목적인 행정목적의 적절한 수행을 보장하기 위하여는 법적인 감독수단이 필요하게 된다. 이때에 공기업이 국가나 지방자치단체의 행정조직의 한 부분으로서 구성되어 있는 경우에는, 행정조직의 상하관계에서의 감독체계가 작용하게 되므로 별도의 논의를 필요로 하지 않는다. 그러나 특수법인의 형태로 기능하는 공기업은 엄격한 외부적인 감독을 필요로 하며, 그 주요내용은 다음과 같다.

### (1) 감독기관에 의한 감독

특수한 법인인 공기업에 대해서는 주무부장관이 우선적인 감독기관이 된다. 다만 기획재정부장관과 주무기관의 장은 공기업·준정부기관의 자율적 운영이 침해되지 아니하도록 「공공기관의 운영에 관한 법률」이나 다른 법령에서 그 내용과 범위를 구체적으로 명시한 경우에 한하여 감독한다. 감독권의 내용은 공기업의 경영지침 이행에 관한 사항을 감독하는 경우에는 기획재정부장관이 행사하며, 주무기관의 장이 감독하는 경우에는 ① 법령에 따라 주무기관의 장이 공기업·준정부기관에 위탁한 사업이나 소관 업무와 직접 관련되는 사업의 적정한 수행에 관한 사항과 그 밖에 관계 법령에서 정하는 사항, ② 준정부기관의 경영지침 이행에 관한 사항에 관하여 감독한다($^{공공기관의 운영에}_{관한 법률 제51조}$).

### (2) 감사원에 의한 감독

감사원은 국가 또는 지방자치단체가 자본금의 2분의 1 이상을 출자한 법인의 회계감사를 필요적인 검사사항으로 하고 있다($^{감사원법 제22}_{조 1항 3호}$). 따라서 이러한 공기업에 대해서 감사권을 행사할 수 있다.

(3) 국회에 의한 감독

국회는 법인인 공기업의 활동에 대해 예산심의와 결산, 국정감사 및 조사권의 발동, 관련법령의 개정 등을 통하여 감독권을 행사할 수 있다.

## Ⅲ. 공기업의 수익성 보장을 위한 법적 규율

공기업은 행정목적달성 이외에 기업으로서 수익성의 추구도 그 부수적인 활동으로 한다. 이를 위하여 통상적인 행정조직과는 달리 비교적 자율적인 조직운영과 경영활동을 보장하고 있다.

### 1. 인사관리의 자율성

법인인 공기업은 행정조직으로서의 공기업과는 달리 구성원의 신분이 원칙적으로 공무원이 아니며, 그 직원의 임면도 정관이 정하는 바에 따라 사장이 행한다. 그러나 사장 등의 임원의 임면권은 대통령이나 지방자치단체의 장이 행사함으로써 인사에 대한 간접적인 감독권을 행사하고 있다.[3]

서울특별시지하철공사의 임원과 직원의 근무관계의 성질은 지방공기업법의 모든 규정을 살펴보아도 공법상의 특별권력관계라고는 볼 수 없고 사법관계에 속할 뿐만 아니라, 위 지하철공사의 사장이 그 이사회의 결의를 거쳐 제정된 인사규정에 의거하여 소속직원에 대한 징계처분을 한 경우 위 사장은 행정소송법 제13조 1항 본문과 제2조 2항 소정의 행정청에 해당되지 않으므로 공권력발동 주체로서 위 징계처분을 행한 것으로 볼 수 없고, 따라서 이에 대한 불복절차는 민사소송에 의할 것이지 행정소송에 의할 수는 없다(대판 1989.9.12, 89누2103).

### 2. 경영의 자율성

법인인 공기업은 경영에 있어서 경제성도 목적으로 하며, 이를 위하여 경영실적을 평가하는 제도적 장치를 마련하여 경영합리화를 도모하고 있다. 경영자율화를 위해 정부투자기관의 경영은 개별적인 책임경영원칙을 지향하고 있으며, 예산편성과 확정에 있어서도 어느 정도의 자율성을 보장하고 있다.

---

3) 우리나라에서는 정부투자기관이나 지방공사 등의 임원에 그간 정치적인 인사를 임명함으로써, 전문경영인에 의한 공기업의 경영관리에 장애를 가져오는 점이 문제로서 지적되고 있다.

# 제 3 절  공기업의 이용관계

## Ⅰ. 공기업이용관계의 의의

공기업이용관계는 공기업주체로서는 비권력작용으로서 급부작용을 하는 관계를 말하고, 이용자의 입장에서는 공기업으로부터 생존배려를 위하여 필요로 되는 재화나 역무를 제공받는 법관계를 말한다. 그 유형은 일시적인 이용관계와 계속적인 이용관계로 구분할 수 있는데, 현실적으로 중요한 것은 계속적인 성질을 갖는 이용관계이다 (예컨대 수도나 가스, 전기 등의 공급).

## Ⅱ. 공기업이용관계의 성질

### 1. 논의의 배경

공기업이용관계는 사업의 성질 등에 따라서 공법적 관계로의 구성과 사법적 관계로의 구성이 모두 가능하다. 이로 인해 개별적인 경우에 그 이용관계의 성질이 어떠한 것인가를 판단해야 할 현실적인 필요성이 제기된다. 이는 특히 적용법규의 차이, 재판관할 및 재판절차상의 차이 등으로 인해 중요한 의미를 갖게 된다.

### 2. 이용관계의 성질결정

#### (1) 원칙적 사법관계

공기업이용관계는 법률의 특별한 규정이 없는 한, 원칙적으로 사법관계로 본다. 이는 기업의 형식으로 급부가 제공된다는 특성에 비추어, 사인이 경영하는 사업과 그 본질적 성격을 달리하지 않는다는 점에서 사법관계와 실질적으로 동일하다고 보아야 한다는 논거가 배경이 된다. 따라서 이때에는 사법규정과 사법원리가 적용되고, 민사소송에 의해 분쟁이 해결된다. 그러나 순수한 사법관계와 완전히 동일시할 수는 없으며, 이때에도 최소한의 공법적인 제한, 예컨대 평등원칙이나 비례성원칙 등의 적용을 받게 된다.

전기사업법은 다수의 일반 수요자에게 생활에 필수적인 전기를 공급하는 공익사업인 전기사업의 합리적 운용과 사용자의 이익보호를 위하여 계약자유의 원칙을 일부 배제하여 일반 전기사업자와 일반 수요자 사이의 공급계약조건을 당사자가 개별적으로 협정하는 것을 금지하고 오로지 공급규정의 정함에 따를 것을 규정하고 있는 바, 이러한 공급규정은 일반 전기사업자와 그 공급구역 내의 현재 및 장래의 불특정 다수의 수요자 사이에 이루어지는 모든 전기공급계약에 적용되는 보통계약약관으로서의 성질을 가진다($\frac{대판\ 2002.4.12,}{98다57099}$).

## (2) 공법관계로 인정되는 경우

그러나 일정한 경우에는 공법적인 관계로서 인정되어야 한다. 그 판정기준으로서는 우선 ㉠ 근거법규에 명문규정이 있는 경우를 들 수 있다. 예컨대 이용대가를 징수하는 절차로서의 행정상 강제징수의 규정, 분쟁해결을 위한 절차로서 행정쟁송제기권의 규정, 제재수단으로서 행정벌의 규정 등은 이러한 경우에 해당한다. 또한 ㉡ 명문규정은 없으나 근거법 전체를 합리적으로 해석한 결과, 당해 법률관계가 공공성이나 공익성을 강하게 갖는다고 인정되는 경우에는 공법적인 관계로 볼 수 있다.

수도법에 의하여 지방자치단체인 수도사업자가 수도물의 공급을 받는 자에 대하여 하는 수도료의 부과징수와 이에 따른 수도료의 납부관계는 공법상의 권리의무관계라 할 것이므로 이에 관한 소송은 행정소송절차에 의하여야 한다($\frac{대판\ 1977.2.22,}{76다2517}$).

# Ⅲ. 공기업이용관계의 성립

## 1. 성립유형

공기업이용관계는 공기업 주체와 이용자 사이의 합의, 즉 계약에 의한 성립이 원칙이다. 이때의 합의는 명시적인 합의에 한정되지 않고($\frac{전기사업법상의\ 전기공급계약,}{수도법상의\ 물의\ 공급계약}$), 묵시적인 합의에 의해서도 가능하게 된다($\frac{우체통에의\ 우편물투입,}{공중전화의\ 이용\ 등}$). 이러한 합의 이외에도 법률에 의해 이용이 강제되어 성립할 수도 있다. 학자에 따라서는 이 밖에도 감염병환자의 국공립병원에의 강제입원($\frac{감염병의\ 예방\ 및}{관리에\ 관한\ 법률\ 제42조}$)을 행정처분에 의한 강제이용의 예로 드는 경우도 있으나, 이는 영조물의 이용관계로 성질을 분류하는 것이 타당할 것이다.

## 2. 이용관계의 성립상의 특색

### (1) 정 형 성

공기업이용관계는 그 계약내용이 공기업주체에 의하여 약관 등의 형식으로 일방적으로 미리 결정되어, 이용자는 그 내용을 전부 수용하거나 또는 거절하는 선택의 자유만이 허용되는 특성을 갖는다. 즉 일반적인 계약관계에서처럼 당사자 사이의 자유로운 의사의 합치에 의해 이용관계의 내용이 결정되지 못하는 점에 그 특색이 있다. 이러한 계약을 부합계약이라고 한다. 이는 공기업이용관계는 그 이용자가 불특정다수이고, 급부의 제공이 대량적으로 신속하게 이루어지며, 비교적 이용가격이 저렴하기 때문에, 개별적인 사정을 고려한 계약내용의 체결이 어렵기 때문이다.

### (2) 외 형 성

계약의 성립에 있어서는 외형적인 모습에 의해 획일적으로 신속하게 처리되는 특성을 나타낸다. 이로 인해 무능력자의 행위를 일정한 경우에는 능력자의 행위로 인정하고, 법규가 정한 절차를 거쳐 교부한 때에는 정당한 교부가 있는 것으로 인정하며, 공기업주체의 손해상책임을 일정한 한도로 제한하게 된다.

### (3) 사실상의 강제성

공기업의 이용관계는 또한 그 공기업의 독점권이 법률상 보장되고 있지 않더라도, 현실적인 여건에 비추어 사실상 독점적 지위에 있는 때에는 그 이용이 사실상 강제되는 특성을 갖는다. 학자에 따라서는 이를 '간접계약강제'라고도 한다.

## Ⅳ. 공기업이용관계의 개별적 내용

공기업의 이용관계는 이용자와 공기업주체 사이의 법률관계, 즉 권리와 의무를 그 내용으로 한다. 이때의 이용자와 공기업주체 사이의 권리와 의무는 서로 대응하는 내용을 형성하게 된다.

### 1. 이용자의 권리·의무

#### (1) 이용자의 권리
#### 1) 공기업이용권

가장 기본적인 이용자의 권리는 공기업으로부터 일정한 내용의 급부를 제공받을 수 있는 것이다. 그 개별적인 내용은 법령, 조례, 정관 등에 의해 정해진다. 권리의 법적 성질은 ㉠ 공기업주체에 대한 권리로서 채권적 성질을 가지며, ㉡ 법령의 명문규정이나 실정법규의 전체적 해석에 비추어 공권으로 보아야 할 경우를 제외하고는 원칙적으로 사권의 성질을 갖는다. 이때에 이용자는 또한 평등한 급부를 제공할 것을 요구할 수 있다.

#### 2) 행정쟁송제기권

이용관계의 성질이 예외적으로 공법관계인 경우에, 법적 분쟁의 해결이나 공기업주체의 위법한 처분을 다투고자 할 때에는 행정소송으로서 당사자소송이나 취소소송 등을 제기할 수 있다. 물론 사법관계로서의 성질을 갖는 이용관계인 경우에는 민사소송을 제기하여야 할 것이다.

### 3) 손해배상청구권

공기업의 이용관계로부터 공기업주체나 공기업시설에 의해 손해를 입은 당사자는 손해배상청구권을 갖는다. 이때에 이용관계가 공법관계로 구성되는 경우에는 「국가배상법」제 2 조나 제 5 조에 의해 배상청구권을 행사할 수 있다. 그러나 사법관계로 구성되는 경우에는 민사상의 불법행위책임에 의해 배상청구권을 행사할 수 있다 (민법 제750조, 제756조, 제758조). 경우에 따라서는 특별법에 의해 공기업주체의 손해배상책임을 제한하는 규정도 존재한다(우편법 제38조 이하).

### (2) 이용자의 의무

이용자의 가장 주된 의무는 이용료납부의무이다. 이 의무의 불이행에 대해서는 이용관계의 성질에 따라 행정상 강제징수절차(공법적인 이용관계)와 민사상 강제집행절차(사법적인 이용관계)가 인정된다.

## 2. 공기업주체의 권리·의무

### (1) 공기업주체의 권리
### 1) 이용조건제정권

공기업주체는 이용자와의 협의 없이 일방적으로 이용조건을 제정할 수 있다. 그러나 적절한 이용관계의 내용을 보장하기 위하여 중요한 사항에 대해서는 법령이나 조례의 형식에 의하여 정하여야 하고, 그 밖의 사항에 대해서는 법령, 조례의 범위 안에서 공기업규칙의 형식에 의하여 정할 수 있다. 그러나 이때에는 감독기관의 인가를 요하는 경우가 많다(전기사업법 제16조 1항 등).

### 2) 이용료징수권

공기업주체는 급부제공의 대가로서 이용료를 징수할 수 있다. 공기업의 이용이 자발적인 의사에 기한 경우에는 사용료징수를 위한 법적 근거를 별도로 요하지 않으나, 이용이 강제되고 있는 경우에는 법적 근거가 필요하다고 본다.

실제로 주무부장관은 다른 법률이 정하는 바에 따라 결정·승인·인가 또는 허가하는 사업이나 물품의 가격 또는 요금("공공요금")을 정하거나 변경하고자 할 때에는 미리 기획재정부장관과 협의하여야 하며, 국가 또는 국가로부터 위탁받은 기관이 다른 법률이 정하는 바에 따라 제공하는 행정서비스, 시설이용 및 특정한 권리부여 등에 대한 보상으로 징수하는 대가("수수료")를 정하거나 변경하고자 할 때에는 주무부장관은 미리 기획재정부장관과 협의하여야 한다. 또한 공공요금 및 수수료의 협의에 있어 원가산정의 적절성, 소비자 부담, 국민경제적 효과 등에 대하여 전문가에게 자문할 수 있다(물가안정에 관한 법률 제4조).

### 3) 제 재 권

이용자가 관계법령에 위반되는 행위를 하거나 이용조건 등을 위반하는 경우에는, 공기업주체는 이용관계로부터 배제시킬 수 있다(수도법 제39조, 전기, ). 학자에 따라서는 이를 취소·정지권이라고도 한다.

### (2) 공기업주체의 의무

공기업주체는 공기업의 이용제공의무를 부담한다. 제공되는 급부의 성질이 생존 배려적 의미가 있고 독점적인 지위에 있는 공기업인 때에는, 관계법령에 의하여 이용 관계의 설정을 거절하지 못하며, 임의로 이용자를 이용관계로부터 배제하지 못하는 구속을 받게 된다.

## Ⅴ. 공기업이용관계의 종료

공기업의 이용관계는 이용목적의 종료, 이용관계로부터의 임의적인 탈퇴, 공기업 주체에 의한 강제적 배제, 공기업 자체의 폐지에 의하여 종료한다.

# 제 4 절 특허기업

## Ⅰ. 특허기업의 개념

특허기업의 개념에 대해서는 광의와 협의의 견해대립이 주장된다.

### 1. 광의의 특허기업

이 견해에 의하면 특허기업이란 국가 또는 지방자치단체가 법령이나 조례에 의하여 설립한 특수법인기업(또는 법규)과, 사인이 행정주체로부터 특허를 받아 공익사업을 경영하는 기업인 특허처분기업을 모두 포함하는 개념으로 이해한다. 이에 따르면 법 규특허와 특허처분에 의하여 인정되는 공기업의 특허를 특허기업으로 보게 된다. 이러한 입장에 따르면 특허기업도 공기업의 개념에 포함된다.

### 2. 협의의 특허기업

이 견해는 광의의 개념 중에서 특수법인기업은 공기업으로 분류하고, 특허처분기업, 즉 사인이 행정주체로부터 특허를 받아 공익사업을 경영하는 기업만을 특허기업

으로 본다. 이에 따르면 특허기업은 사기업으로서의 성질을 가지는 점에서, 공기업과 구별된다고 본다.4)

## 3. 평　가

생각건대 광의의 개념에 따르면 서로 법적 성질을 달리하는 두 유형이 하나의 개념에 의하여 설명되는 문제를 안게 된다. 즉 특수법인기업은 공적 성격이 강하게 나타나고, 국가 등의 행정주체가 간접적으로라도 참여하는 반면에, 특허처분기업은 사법적 성격을 그 기본적인 특성으로 하고, 행정주체의 참여는 간접적인 경우에도 존재하지 않는 것이다. 특허기업은 그 자체가 공익적 성격을 갖기는 하나, 공기업은 아니라는 점에서 특성을 갖는 것이다. 이러한 점에서 특허기업 논의는 공공성이 강한 사기업에 대한 법적 규제의 필요성에서 제기되는 것이다. 따라서 협의의 개념으로 이해하는 것이 타당할 것이다. 이의 예로서는 「전기통신사업법」상의 기간통신사업의 허가(전기통신사업법 제6조 1항), 「도시가스사업법」상의 도시가스도매사업의 허가(제3조 1항), 「전기사업법」상의 전기사업허가(제7조 1항) 및 「여객자동차운수사업법」상의 자동차운수사업면허(제4조 1항)를 들 수 있다.

## Ⅱ. 특허기업의 특허

### 1. 특허기업의 특허의 의의

특허기업의 개념을 위에서와 같이 협의로 이해하는 한, 특허기업의 특허란 국가나 지방자치단체가 사인에게 공익사업의 경영권을 설정하여 주는 형성적 행정행위라고 보게 된다. 다음의 요소를 그 특징으로 한다.

#### (1) 독점적 경영권의 설정

특허기업의 특허는 공익목적을 위하여 원칙적으로 국가 등에게만 인정되는 사업의 수행권을 사인에게 부여하는 행위이다. 따라서 대상이 되는 사업은 공익사업에 한정된다. 이때에 특허행위에 의하여 설정되는 내용에 대해서는 ㉠ 공익사업경영에 관한 각종의 권리와 의무를 포괄적으로 설정하는 행위로 보는 견해(포괄적 법률관계설정설), ㉡ 공익사업의 경영에 관한 독점권을 부여하는 행위로 보는 견해(독점적 경영권설정설), ㉢ 허가의 일종으로 보아 상대적인 영업금지행위의 해제로 보는 견해(허가설)가 주장된다. 공기업 특허행위의 내용이나 범위를 구체적으로 확정하는 설명으로서는 독점적 경영권의 설정행위로 보는 것이 타당할 것이다.

---

4) 김남진·김연태(Ⅱ), 442면; 홍정선(하), 580면.

### (2) 신청을 전제로 하는 행정행위

특허기업의 특허는 특정인에게 공익사업의 사실상의 독점적 경영권을 설정하여 주는 행위이므로, 상대방의 신청을 전제로 하는 협력을 요하는 행정행위(<sup>또는 쌍방적</sup><sub>행정행위</sub>)로서의 성질을 갖는다. 이러한 신청에 대하여 행정주체는 근거법규의 내용에 따라 기속 또는 재량으로 특허를 발령하게 된다. 근거법령이 이에 관해 명확하게 규정하고 있지 않은 때에는 일반적으로 재량행위로서의 성질을 갖게 된다.

### (3) 특허기업의 특허형식

특허기업의 개념을 협의로 이해하는 한, 특허의 법적 형식은 법률에 의한 법규특허는 제외하며, 행정행위에 의한 특허의 형식만이 가능한 것으로 보게 된다. 그러나 광의로 특허기업의 개념을 이해하는 입장에서는 법규특허도 그 형식에 포함되며, 이 때에는 「공공기관의 운영에 관한 법률」이나 「지방공기업법」 등이 근거법으로서 적용된다.

## 2. 허가기업의 허가와의 구별

실무상이나 실정법은 특허와 허가를 명확히 구별하지 않고, 통상적으로 허가의 표현을 사용하고 있다. 그러나 양자는 서로 구별되어야 한다. 학자들은 특허기업의 특성을 명확히 하기 위하여, 허가기업의 허가와 그 성질을 다음과 같은 점에서 구별하는 것이 일반적이다.

### (1) 공통적 사항

양자는 모두 ㉠ 법률행위적 행정행위라는 점, ㉡ 내용이 수익적 행정행위이고, ㉢ 당사자의 신청을 전제로 하는 행정행위라는 점, ㉣ 사인의 영업행위의 적법요건으로서 작용하는 점 등에서 서로 유사한 점을 갖는다.

### (2) 구별되는 사항

그러나 양자는 다음의 점에서 서로 구별된다.

#### 1) 대상사업의 성격

특허행위의 특허는 그 대상을 공익사업으로 한다. 즉 일반인의 생활에 필수불가결한 중요사업은 국가 등이 원칙적으로 직접 수행하여야 하지만 재정적인 이유나 경영상의 이유 등 기타 여러 사정을 이유로 하여 직접 수행하지 않고, 사인에게 그 행위를 특허하는 것이다. 이에 반해 허가기업의 허가는 원래부터 사인에게 가능한 사업을 상대적으로 금지한 후에 다시 그 금지를 해제하는 것이므로, 사익사업이 주로 그 대상이 된다.

### 2) 규율의 목적

따라서 특허와 허가를 요하는 규율목적은 서로 다르게 나타난다. 즉 특허는 사인의 사업행위를 통하여 적극적으로 공공복리를 실현하기 위한 목적을 갖는 데 반하여, 허가는 소극적으로 경찰상의 목적인 위해방지를 위한 목적을 갖는 것이다.

### 3) 행위의 성질

(가) **형성적 행위와 명령적 행위**　특허기업의 특허는 본래 행정주체가 갖는 사업수행권을 당사자에게 권리로서 설정하여 주는 형성적 성질을 갖는다. 이에 반해 허가기업의 허가는 본래 사인이 갖는 사업수행권을 상대적으로 금지하였다가 개별적인 경우에 해제하여 자유를 회복시켜주는 명령적 성질을 갖는다.

(나) **재량행위와 기속행위**　특허나 허가나 모두 우선적으로 그 관련법규의 해석을 통하여 재량행위성 여부가 결정된다. 이는 입법자의 의사가 이 경우에 결정적인 기준으로 되기 때문이다. 그러나 관련법규의 표현이 불확실한 경우에는, 특허의 형성적 성질이나 허가가 갖는 명령적 성질에 비추어 해석될 필요가 있다. 이에 따르면 특허는 재량행위로서의, 허가는 기속행위로서의 성질을 갖게 된다.

### 4) 사법적 권리보호의 가능성

특허에 의해서 당사자가 갖는 이익은 권리로서 평가되고, 허가에 의한 경우는 반사적 이익으로 보는 것이 전통적인 구분내용이었다. 따라서 특허로 인한 이익의 침해에 대해서만 사법적 권리보호를 신청할 수 있게 되었었다. 그러나 오늘날은 관련법규의 보호법익이 넓게 인정됨으로써, 종래 반사적 이익으로 평가되던 내용들이 상당부분 권리로서 인식되고 있다. 따라서 이 문제는 상대화의 경향을 보이고 있다고 일응 말할 수 있다.

### 5) 국가의 관여유형

특허기업은 공익목적의 수행을 특성으로 하므로 이를 보장하기 위한 여러 가지 특권과 보호조치가 부여되는 한편, 사기업의 속성상 나타날 수 있는 영리추구의 문제에 대처하기 위해 국가에 의한 여러 가지 의무부여와 제재 등의 통제수단행사가 인정되고 있다. 그러나 허가기업은 국가의 간섭이 없는 것이 원칙이며, 예외적으로 사업행위를 통하여 공공의 안녕과 질서에 대한 경찰상의 위해를 발생하는 경우에, 경찰행정상의 소극적인 목적을 위하여 개입할 수 있을 뿐이다.

## Ⅲ. 특허기업의 법률관계

특허기업의 법률관계는 공기업의 경우와는 달리, 일반인의 이용관계보다 우선적으로 행정주체와의 관계가 중요한 의미를 갖는다. 이는 특허기업이 수행하는 공익사업으로서의 성질을 유지하기 위한 특별한 규율의 필요성이 인정되기 때문이다.

## 1. 특허기업자의 권리

### (1) 기업경영권

특허기업자가 특허를 받음으로써 행사할 수 있는 기본적인 권리는 공익사업을 수행할 수 있는 기업경영권이다. 그 내용은 법률적인 독점경영권을 의미하지는 않으나, 당해 사업자의 기업경영권을 보장하기 위하여 사실상의 독점적 지위가 인정되는 것이 보통이다. 따라서 행정주체가 특허기업의 특허를 다수업자에게 행함으로써 종전의 특허기업자의 기업경영이 어렵게 되는 경우에는, 권리의 침해로써 행정쟁송의 제기를 통하여 다툴 수 있다고 보아야 할 것이다.

### (2) 부수적인 특권
#### 1) 공용부담권

특허기업의 공익목적달성을 위하여 필요한 경우에는 사기업이라고 하더라도 공용부담을 명할 수 있는 특권이 인정된다. 그 내용으로는 타인의 토지의 사용 및 출입을 할 수 있는 권한 등이 해당한다(전기통신사업법 제73조, 제74조).

#### 2) 공물사용권

특허기업의 경영을 위하여 필요한 경우에는 공물을 사용할 수 있는 권리가 인정된다(전기통신사업법 제73조 1항). 따라서 특허기업의 사업자에 의한 공물사용의 신청에 대해서 공물주체는 원칙적으로 정당한 사유 없이 이를 거절하지 못하며, 공물의 특허사용을 인정하여야 한다(도로법 제81조, 제82조).

#### 3) 경제상의 보호

특허기업자에게는 사업수행을 위한 여러 가지 경제적 특별보호조치가 행해진다. 세금의 감면, 보조금의 교부, 국공유재산의 무상대부나 양여조치 등이 이에 해당한다.

#### 4) 행정벌에 의한 보호

제 3 자가 특허기업의 사업행위를 방해하거나, 특허 기업의 시설을 파괴하는 경우에는 행정적인 수단에 의해 제재를 가하여 특허기업의 사업활동을 보호하기도 한다(전기통신사업법 제94조 3호).

## 2. 특허기업자의 의무

### (1) 기업경영의 의무

특허기업자의 기본적인 의무는 당해 공익사업을 현실적으로 수행하여야 한다는 것이다. 이러한 의무이행을 확보하기 위하여 실정법은 ⊙ 특허를 받은 후 특별한 사유가 없는 한, 일정한 기간 내에 사업을 개시하여야 할 의무를 명하고(사업실<br>작의무)(전기통신사업법<br>제15조 1항), ⓛ 이용자의 신청에 대해 정당한 사유 없이 거절하지 못하고 평등하게 급부를 제공하도록 규정하고 있다(이용제<br>공의무)(전기통신사업법<br>제3조 1항). 이러한 의무위반은 특허의 철회사유가 된다.

### (2) 감독기관의 감독을 받을 의무

감독기관은 특허기업자의 공익사업수행을 지속적으로 감독하여야 할 권리와 의무를 진다. 이는 특히 사기업의 형태로 공익사업이 수행되는 관계로, 일반기업의 경우와는 다른 특별한 감독과 통제를 필요로 하기 때문이다. 이때의 법률관계는 특별행정법관계의 법적 성질을 갖는 것으로 이해되고 있다. 따라서 특허기업자는 이러한 감독내용에 따라야 할 의무를 부담하게 된다.

주요내용으로는 ⊙ 감독기관에게 사업의 실태에 관한 보고의무나 서류제출의무, ⓛ 사업의 양도·양수·합병시의 인가를 받을 의무, ⓒ 사업계획의 변경, 특허기업의 이용조건의 설정·변경시의 인가를 받을 의무 등을 들 수 있다. 특히 이용조건의 설정과 관련하여 특허기업자에게는 이용료를 자유로이 설정하지 못하고, 감독기관의 인가하에 저렴하게 유지하여야 하는 구속을 받게 된다.

### (3) 그 밖의 부수적인 의무

특허기업자는 근거법률이나 특허처분시 교부되는 특허명령서에 따라 특허기업의 특허의 대가를 지불하여야 할 의무가 명해지기도 한다. 학자에 따라서는 특허기업을 국가가 매수하려는 경우에 이에 응할 의무도 그 밖의 내용으로 논하기도 하나, 헌법상의 제한(제126<br>조)에 비추어 이는 극히 예외적인 경우에만 인정되는 것이라고 보아야 할 것이다.

## Ⅳ. 특허기업의 이용관계

특허기업은 사기업으로서의 성질을 가지므로, 이용자와 특허기업자와의 관계는 기본적으로 전형적인 사법관계로서 인정된다. 따라서 이용관계에 관한 법적 분쟁은 민사소송에 의해 해결된다. 그러나 공익목적 수행을 위하여 필요로 되어 예외적으로 요금의 강제징수절차 등이 법률에 의해 규정되고 있는 때에는, 그 한도에서 공법적인 면을 가지며, 분쟁의 해결은 행정쟁송에 의한 절차에 따르게 된다.

## V. 특허기업의 이전·위탁·종료

### 1. 특허기업의 이전

특허기업도 사기업의 일반적인 경우와 마찬가지로 경영권을 타인에게 이전하는 경우가 발생하게 된다. 그 유형으로는 양도·합병·상속이 해당한다. 그러나 특허기업이 갖는 공익적 성격으로 인하여 원칙적으로 그 경영권의 이전은 자유롭지 못하며, 감독관청의 통제하에서만 가능하도록 하고 있다. 즉 특허기업의 특허시에 확보하였던 공익성이 그 인적·물적상태의 변경으로 영향을 받지 않도록 하기 위하여, 인적·물적 요건의 심사하에 경영권의 이전이 가능하도록 할 필요성이 제기되는 것이다. 이로 인해 양도나 합병의 경우는 감독관청의 인가를 필요로 하는 경우도 존재한다($^{전기통신사업법}_{제18조 1항}$).

### 2. 특허기업의 위탁

특허기업의 위탁 또는 위임이란 특허기업의 경영권은 특허를 받은 기업자가 가지나, 실제적인 경영과 관리를 타인에게 맡기는 것을 말한다. 이는 특허기업자를 대상으로 하여 확보하였던 사업의 공익성이 실제 경영주체의 변경으로 인하여 변동이 발생하는 경우이므로, 원칙적으로 허용되지 않으며 예외적으로만 법률규정에 의하여 주무관청의 인가하에 허용되는 것으로 본다. 학자에 따라서는 위의 경우를 위탁의 유형으로서 임의위탁으로 정의하고, 이외에 이와 구별되는 유형으로서 강제관리($^{또는}_{강제위탁}$)를 구분하기도 한다.[5] 이때의 강제관리란 일정한 의무위반 등이 있는 경우에 특허기업자의 의사에 관계없이, 법원의 결정이나 감독기관의 결정에 의하여 법률의 근거하에서 타인에게 기업의 경영권을 위임하는 것을 말한다.

### 3. 특허기업의 종료

특허기업은 공익사업의 수행으로 인해 통상적인 사기업과는 달리 그 사업의 폐지가 자유롭지 못하다. 따라서 특허기업자의 임의적인 의사에 기하여 사업을 폐지하고자 할 때에는 주무관청의 인가를 필요로 한다. 그러나 사업자의 의무위반으로 인해 사업의 공익성과 계속성이 보장되지 못하는 경우에 행하는 특허의 철회와, 특허시에 부관으로 명하였던 기한이 종료한 경우에 특허기간의 만료 등의 사유에 의하여 사업자의 의사에 무관하게 특허기업이 종료될 수 있다.

---

5) 이상규(하), 386면; 한견우(Ⅱ), 144면.

# 제10편

# 개별
# 행정작용법

行　政　法　新　論

# 제 1 장  공용부담법

 기본
사례

　　甲은 청주시에 있는 자신의 토지가 도로구역으로 편입됨에 따라 청주시와 손실보상액에 관한 협의를 하였으나 보상액을 너무 적게 산정한다는 이유로 협의가 결렬되었다. 이에 따라 충청북도 토지수용위원회가 당해 토지수용에 관하여 재결을 하게 되었다. 甲은 이에 대해 불복하고자 한다.

　1) 만일 이때에 甲이 도로구역의 편입에 관한 결정을 다투고자 하는 경우에는 어떠한 방법이 있는가?
　2) 이때에 甲이 손실보상금액이 적기 때문에 증액을 요구하고자 하는 경우에는 어떠한 방법이 존재하는가?　　　　　　　　　　　　　　　　(풀이는 1214면)

# 제 1 절 공용부담의 의의

## I. 공용부담의 개념

공용부담의 개념에 대해서는 다소의 견해대립이 있으나 일반적으로, "특정한 공익사업, 기타의 공익목적을 위하여 또는 일정한 물건의 효용을 확보하기 위하여 개인에게 강제적으로 부과되는 공법상의 경제적 부담"을 의미하는 것으로 이해된다. 주요 개념요소를 보면 다음과 같다.

### 1. 공용부담의 목적

공용부담의 목적은 적극적으로 공공복리의 실현을 위한 것이다. 구체적으로는 공익사업의 수행을 위한 경우나 일정한 물건의 효용을 확보하기 위한 것이 목적이 된다. 따라서 재정목적을 위한 조세의 부담 등은 이 개념에서 제외된다. 개별적인 경우에 공공복리의 실현을 위한 것으로서 공익사업으로서 인정될 것인가의 여부는 사익과의 구체적인 비교형량을 통하여 결정할 수밖에 없게 된다. 현실적으로 공익사업의 범위는 공공복리에 대한 수요의 증대와 더불어 점차 넓게 인정되고 있다.

### 2. 공용부담의 당사자

공용부담의 주체는 원칙적으로 행정주체, 즉 국가나 지방자치단체이며, 예외적으로 공기업이나 특허기업도 법률에 근거하여 행정주체로부터 공용부담을 명할 수 있는 특권을 부여받기도 한다. 공용부담의 상대방은 사인이 된다. 따라서 국가나 지방자치단체 상호간의 부담은 이 개념에서 제외된다.

### 3. 공용부담의 내용

공용부담은 강제적인 수단에 의해 경제적인 부담을 부과하는 것을 그 내용으로 한다. 따라서 당사자의 의사에 관계없이 법률의 직접 규정이나 법률에 근거한 행정행위에 의하여 부담이 부과된다. 또한 금전적 가치 있는 경제적 부담만이 내용이 되므로 비경제적인 내용인 윤리의무는 이 개념에서 제외된다.

## II. 공용부담의 유형

공용부담의 유형으로서 주된 것은 다음과 같다.

## 1. 내용에 따른 유형

내용에 따라 분류하면 공용부담은 인적 공용부담과 물적 공용부담으로 나눌 수 있다.

### (1) 인적 공용부담

이는 특정인에게 일정한 의무, 즉 작위·부작위·급부의 의무를 부과하는 것을 말한다. 이 의무는 대인적 성질이 강하며, 내용에 따라 부담금, 부역·현품, 노역·물품, 시설부담, 부작위부담으로 분류된다.

### (2) 물적 공용부담

이는 특정한 재산권에 대하여 일정한 제한, 수용 또는 교환의 제약을 과하는 부담을 말한다. 이는 재산권 자체에 부착되는 대물적 성질이 강하므로 재산권의 이전과 더불어 타인에게 이전된다. 내용적으로는 공용제한·공용수용·공용환지·공용환권이 이에 해당한다.

## 2. 그 밖의 분류

공용부담은 이외에도 ㉠ 공용부담의 목적에 따라 도로부담·하천부담·철도부담 등으로 나뉘고, ㉡ 공용부담의 주체(또는 권리자)에 따라 국가에 의한 부담·지방자치단체에 의한 부담·사인에 의한 부담으로 분류된다.

## Ⅲ. 공용부담의 법적 근거

공용부담은 공공복리를 위한 목적을 갖는 것이지만 그 내용은 당사자에게 부담적인 의무를 부과하는 것이다. 따라서 법률유보의 원칙이 적용되어진다. 법적 근거로서는 헌법적인 차원에서는 헌법 제23조 제 3 항의 규정에 따라 법률의 근거하에 손실보상하에서 공용부담이 명해질 수 있는 가능성이 규정되어 있으며, 이러한 헌법규정에 따라 개별법이 구체적 내용을 규율하고 있다. 「공익사업을 위한 토지등의 취득 및 보상에 관한 법률」, 「국토의 계획 및 이용에 관한 법률」, 「도로법」, 「하천법」, 「철도사업법」, 「도시 및 주거환경정비법」 등이 이에 해당하는 개별법이다.

# 제 2 절  인적 공용부담

## Ⅰ. 인적 공용부담의 의의

### 1. 개    념

인적 공용부담이란 특정한 공익사업의 수행을 위하여 법률에 근거하여 특정한 사인에게 작위·부작위·급부의 의무를 부과하는 부담을 말한다. 사인을 대상으로 하는 점에서 재산권을 대상으로 하는 물적 공용부담과 구별된다.

### 2. 유    형

인적 공용부담은 그 기준에 따라 여러 유형으로 분류할 수 있다.

(1) 우선 부과방법을 기준으로 하는 때에는, 각 개인에게 개별적으로 부과하는 개별부담과 개인의 총합체에 대하여 공동의 부담으로 과하는 연합부담으로 나눌 수 있다. 연합부담의 경우에는 전체의 이행이 있는 때에 비로소 공용부담이 이행된 것으로 보며, 각 부담의무자는 공용부담의 전체에 대하여 책임을 지게 된다.

(2) 부담의 근거를 기준으로 하는 때에는, 일정 범위의 대상 일반에 대하여 공익사업의 수요를 충족하기 위하여 과하는 일반부담, 특정공익사업과 특별한 관계가 있는 자에 대하여 부과되는 특별부담(이는 다시 수익자부담·원인자부담; 손상자(또는 손괴자)부담으로 나눈다) 및 우연히 당해 사업의 수요를 충족할 수 있는 위치에 있는 자에게 부과하는 우발부담으로 분류된다.

(3) 내용을 기준으로 하는 때에는 부담금, 부역·현품, 노역·물품, 시설부담, 부작위부담 등으로 분류된다.

## Ⅱ. 인적 공용부담의 내용

### 1. 부 담 금

#### (1) 개    념

부담금이란 국가나 지방자치단체 등의 행정주체가 특정의 공익사업과 관련이 있는 당사자에게, 그 사업에 필요한 경비의 전부 또는 일부를 부담하게 하는 공법상의 금전납부의무를 말한다. 따라서 부담금은 특정의 공익사업과 이해관계 있는 자에게 그 사업비용의 전부나 일부의 충당을 위해 부과되는 특색을 갖는다. 이러한 점에서 다른 유형의 금전납부의무와 구별된다. 예컨대 조세는 특정사업과 관계없이 재정상의 수입목적을 위해 일반인에게 부과되는 것인 점에서 부담금과 구별되며, 수수료는 행

정주체가 제공한 서비스의 대가인 점에서 사업비용의 부담인 부담금과 차이를 갖는다.[1]

### (2) 유   형
#### 1) 의무부과의 원인에 따른 분류
㈎ **수익자부담금**    수익자부담금이란 특정의 공익사업의 시행으로 인하여 특별한 이익을 받는 자가 그 이익의 범위 내에서 사업의 경비를 부담하게 되는 부담금을 말한다(댐건설 및 주변지역지원에 관한 법률 제23조).

㈏ **원인자부담금**    원인자부담금이란 특정의 공익사업을 필요로 하도록 만든 원인을 제공한 자에게 부과하는 부담금을 말한다(도로법 제91조, 수도법 제71조).

> 구 도로법 제 2 조, 제 3 조, 제24조 제 1 항, 제31조, 제56조, 제64조 등 관련 규정의 취지를 종합하면, 도로관리청이 아닌 자의 타공사 또는 타행위로 인하여 도로의 신설·개축 및 수선에 관한 공사, 즉 도로공사가 필요하게 된 경우에는, 도로관리청이 그 원인자에게 그 도로공사의 이행을 명하는 것이 원칙이나 그것이 도로의 관리에 지장을 초래하는 경우에는 직접 도로공사를 시행하고 그 비용을 원인자에게 청구할 수 있다(대판 2001.11.27, 2000두697).

㈐ **손괴자부담금**    손괴자부담금이란 특정의 공익시설을 손상하게 하는 사업이나 행위를 한 자에게 사업이나 행위로 인해 필요하게 된 공익시설의 유지나 수선비 등의 경비충당을 위해 부과하는 부담금을 말한다. 종래 구 「농어촌도로정비법」 제21조, 구 「항만법」 제58조 등에서 규정한 바 있다.[2]

#### 2) 사업내용에 따른 분류
사업내용에 따라 부담금은 도로부담금(도로법 제91조), 상하수도부담금 등으로 나누어 볼 수 있다.

### (3) 법적 근거
부담금의 부과와 징수는 일반적으로 법률의 근거를 요한다. 부담금부과의 근거로서는 실정법상 「도로법」(제91조), 「수도법」(제71조 등) 등을 들 수 있다. 이때에 부담금의 불이

---

1) 부담금에 관한 기본법인 「부담금관리기본법」에서는 부담금을 다음과 같이 정의하고 있다. 이 법에서 "부담금"이라 함은 중앙행정기관의 장, 지방자치단체의 장, 행정권한을 위탁받은 공공단체 또는 법인의 장 등 법률에 의하여 금전적 부담의 부과권한이 부여된 자가 분담금, 부과금, 예치금, 기여금 그 밖의 명칭에 불구하고 재화 또는 용역의 제공과 관계없이 특정 공익사업과 관련하여 법률이 정하는 바에 따라 부과하는 조세 외의 금전지급의무(특정한 의무이행을 담보하기 위한 예치금 또는 보증금의 성격을 가진 것을 제외한다)를 말한다(제 2 조).
2) 이러한 부담금들은 지금까지 부과실적이 없다는 이유로 각각 해당법에서 삭제되었다. 따라서 현행법상으로는 손괴자부담금의 예를 찾아볼 수 없게 되었다.

행시에는 행정상 강제징수제도에 의하여 징수하게 된다. 그러나 부담금부과의 근거법은 동시에 불이행시에 강제징수의 근거를 규정함이 일반적이다.

## 2. 부역·현품

### (1) 개 념

부역·현품이란 특정 공익사업의 수요를 충족하기 위하여 노역, 물품 또는 금전 중에서 선택적으로 납부할 의무를 부담시키는 것을 말한다. 부역은 노역과 금전을 대상으로 하는 선택적인 것이며, 현품은 물품과 금전을 대상으로 하는 선택적인 것이다. 따라서 노역이나 물품의 공용부담이 노역이나 물품 그 자체가 납부의무의 대상인 점과 구별된다.

### (2) 법적 근거

부역·현품은 그 부과와 징수에 있어서 법률의 근거를 요한다. 이에 관하여 구 「지방자치법」은 일반적인 규정을 두고 있었으나, 현행법상으로는 규정되어 있지 않다. 따라서 부역·현품 중에서 현행법상으로는 그 부담능력을 표준으로 하여 일반적으로 부과하는 일반부담으로서의 부역·현품은 존재하지 않는다. 또한 종전에는 당해 특정 사업과 이해관계를 갖는 사람에게만 부과하는 개별법상의 특별한 제도인 특별부담으로서 부역·현품이 인정되고 있었으나(<sup>폐지된 농지개량</sup><sub>조합법 제43조</sub>), 현재로는 거의 없는 실정이다.

## 3. 노역·물품

### (1) 개 념

노역 또는 물품 부담이란 특정 공익사업을 위해 특정의 사인이 노동력 또는 물품을 납부하여야 하는 인적 공용부담을 말한다. 이때에 노동력의 납부의무를 노역부담이라 하고, 물품의 납부의무를 물품부담이라고 한다. 노역·물품부담은 앞에서 설명한 부역·현품과는 달리 금전으로 대납이 되지 않는다.

### (2) 내 용

#### 1) 노역부담

이는 천재지변 등의 긴급한 사정이 발생한 경우에 법률에 근거하여 사인에게 노동력의 제공을 명하는 인적 공용부담을 말한다(<sup>도로법 제75조, 소방기본법 제24조, 수상에서의</sup><sub>수색·구조 등에 관한 법률 제18조, 제29조 등</sub>). 이러한 의무는 대체적 성질이 인정될 수 없으므로 불이행시에는 대집행의 방법이 적용될 수 없고, 행정벌이나 집행벌 등의 방법으로 강제되어야 할 것이다.

### 2) 물품부담

이는 긴급한 필요가 있는 경우에 법률에 근거하여 물품의 제공을 명거나, 타인에 의한 물품사용을 수인하게 하는 부담을 말한다. 예외적으로만 인정되며, 그 예는 많지 않다고 본다.「수상에서의 수색·구조 등에 관한 법률」제29조 제 1 항이 전형적인 예로서 지적되고 있다.

### (3) 법적 근거

노역·물품 부담의 부과를 위하여도 역시 법률의 근거를 요한다. 특히 노역·물품 부담은 금전으로 대납이 가능하지 아니하기 때문에, 천재지변 등의 재난이 있는 경우에 불가피한 사정이 존재하는 경우가 아니면 인정될 수 없다고 보아야 한다. 그러나 이에 관한 일반법은 존재하지 않으며, 단행법에서 일부 존재하고 있다(도로법 제75조, 수상에서의 수색·구조 등에 관한 법률 제29조 1항 등). 이러한 부담의 부과로 인한 손실에 대하여는 보상되어야 한다.

## 4. 시설부담

### (1) 개　념

시설부담은 공익사업의 수요를 충족하기 위하여 또는 공물의 효용증대를 위하여, 당해 사업과 관계를 갖는 특별한 당사자나 우발적으로 이러한 수요를 충족할 수 있는 지위에 있는 자에게 일정한 시설을 완성하게 하는 의무를 부과하는 인적 부담을 말한다. 사인으로 하여금 하천시설에 관한 공사나 시설을 완성하도록 명하는 경우가 이에 해당한다. 이는 다른 인적 부담과는 달리 시설의 공사 그 자체를 목적으로 하는 점에서 차이를 갖는다. 이때의 의무는 공법적 성질을 가지며, 일정한 경우에는 무상으로의 부담을 명하는 경우도 존재한다. 시설부담은 내용에 따라 도로부담(도로법 제40조 4항), 하천부담(하천법 제29조 1항) 등으로 구분될 수 있다.

### (2) 법적 문제

이에 관한 일반법은 존재하지 않으며, 일부 개별법률에서 이에 관해 규율하고 있다(도로법 제40조 등). 의무의 불이행에 대해서는 시설부담 중에서도 대체성이 있는 경우에는 대집행이 가능할 것이나, 대체성이 없는 경우는 행정벌이나 집행벌로써 이행을 확보할 수밖에 없을 것이다. 이때에 이로 인해 손실을 입게 되는 당사자에게는 그 특별한 희생에 대해서 손실보상이 행해져야 한다.

## 5. 부작위부담

### (1) 개    념

이는 사인에게 특정한 공익사업을 위하여 부작위의무를 부과하는 인적 부담을 말한다. 부작위부담은 특정한 공익사업을 위한 것인 점에서, 경찰상 금지 또는 재정상 금지와 그 목적이 구별된다.

### (2) 유    형

유형으로는 국가의 독점사업의 독점권확보를 위하여 사인에게 동종의 사업을 금지하는 경우(우편법 제2 조, 제46조)와, 특정한 공익사업 자체의 보호를 위하여 일정한 행위를 금하는 경우(우편법 제48조 등)가 있다.

### (3) 법적 문제

의무의 위반의 경우에는 비대체적 의무의 성질상 행정벌의 제재가 가해진다.

# 제 3 절   공용제한

## I. 공용제한의 의의

### 1. 공용제한의 개념

공용제한이란 공익사업의 수요충족이나 공익목적의 달성을 위하여 국가 또는 지방자치단체 등이 사인의 재산권에 가하는 공법상의 제한을 말한다. 주요 특징을 설명하면 다음과 같다.

(1) 공용제한은 원칙적으로는 국가나 지방자치단체 등의 행정주체가, 예외적으로는 국가나 지방자치단체로부터 공익사업의 수행을 위탁받은 사인이 행하는 행정작용이다. 이때의 목적은 공익사업 수행이나 특정 공익목적의 수행이다. 따라서 경찰목적이나 재정상의 목적을 위한 경우는 제외된다.

(2) 공용제한은 개인의 재산권에 가해지는 공법적인 제한인 점에서, 물적 공용부담에 해당한다. 따라서 사람을 대상으로 하는 인적 공용부담과 구별된다. 또한 공법적인 성질을 갖는 점에서 재산권에 대한 사법적인 제한과도 구별된다.

(3) 공용제한의 대상이 되는 재산권은 동산·부동산·무체재산권 등이며, 이 중에서 중심적인 것은 부동산으로서의 토지이다.

## 2. 법적 근거

공용제한은 그 성질상 기본권인 재산권에 대한 제약행위이므로, 이를 위하여는 법률상의 근거가 요구된다. 공용제한에 관한 일반법은 없으며, 개개의 단행법률에서 공용제한에 관한 규정이 존재하고 있다(<sup>국토의 계획 및 이용에 관한 법률 제63조,</sup><br><sup>제64조, 도로법 제4조, 철도안전법 제45조 등</sup>).

## Ⅱ. 공용제한의 유형

공용제한은 그 제한하는 내용을 기준으로 하는 경우에는 작위의 공용제한과 부작위의 공용제한 및 수인의 공용제한으로 나눌 수 있으나, 현실적으로 중요한 분류는 행위형태에 따른 구분인 공물제한 · 부담제한 · 사용제한이다.

### 1. 공물제한

#### (1) 개    념

사인소유인 토지나 물건이 공물로서 특정의 공적 목적에 제공되고 있는 경우에, 공적 목적달성을 위하여 필요한 한도 내에서 받게 되는 공법상의 제한을 말한다. 따라서 공물제한은 사유공물에서 주로 문제된다.

#### (2) 유    형

공물제한의 유형으로는 사유재산이 공용이나 공공용에 제공되어 있기 때문에 소유권행사에 대하여 가해지는 공법상의 제한(<sup>도로법</sup><br><sup>제4조</sup>)과, 사유재산의 보존 그 자체가 공적 목적을 수행하는 경우(<sup>보존공물</sup><br><sup>의 경우</sup>)에 가해지는 공법상의 제한의 경우(<sup>문화재의 수출이나 반출금지의</sup><br><sup>제한, 문화재보호법 제35조</sup>)를 들 수 있다.

### 2. 부담제한

#### (1) 개    념

부담제한은 직접적으로 공적 목적에 제공되고 있지 않은 재산권의 주체에게 공익사업의 수행을 위하여 공법상의 작위 · 부작위 · 수인의 의무를 부과하는 것을 말한다.

#### (2) 유    형

##### 1) 내용에 따른 분류

㈎ 작위부담    이는 적극적인 일정한 행위의 의무를 부과하는 것으로서, 그 예로서는 도로, 하천의 접도구역 또는 연안구역의 토지 등이나 그 밖의 공작물의 소유자

나 점유자에게, 도로나 하천에 해가 되는 토지, 그 밖의 공작물의 형상을 변경하도록 하거나 예방시설을 설치하도록 할 의무를 부과하는 경우가 해당한다($^{도로법 제}_{40조 4항}$).

(나) 부작위부담  이는 일정한 행위를 금지하는 부담으로서, 도로나 하천의 접도구역, 연안구역에 존재하는 토지에서의 공작물의 신설 등의 금지($^{도로법 제40조 3항,}_{철도안전법 제45조 등}$)와 시가화조정구역에서 허가 없이 토지의 형질변경행위를 하지 못하도록 하는 경우($^{국토의 계획 및 이용에}_{관한 법률 제81조 1항 등}$) 등이 해당한다.

(다) 수인부담  이는 공익적 목적을 위한 일정한 행위를 수인할 의무를 부과하는 것이다. 이의 예로서는 문화재발굴의 경우에 발굴을 수인할 의무($^{문화재보호}_{법 제44조}$), 철도사업으로 인한 소음·동요 등을 수인할 의무($^{철도안전법}_{제45조}$)가 해당한다. 이러한 수인의무는 법률로 정해지기도 하고($^{도로법 제81}_{조 1항 등}$), 행정행위에 의하여 정해지기도 한다($^{철도안전법}_{제45조}$).

### 2) 목적에 따른 분류

(가) 계획제한  이는 행정계획의 목적달성을 위하여 가해지는 제한을 말한다($^{국토의 계획 및 이용에}_{관한 법률 제76조 등}$).

(나) 사업제한  이는 공익사업의 수행을 위해 타인의 재산권에 가하는 제한이다. 해당하는 예로서는 사업시행에 장애가 될 건축행위 등의 제한이나 금지($^{도로법}_{제40조}$), 토지출입 등의 행위시 수인의무의 부과($^{국토의 계획 및 이용에}_{관한 법률 제130조 1항}$) 등이 해당한다.

### (3) 법적 문제

부담제한에 의해 부과되는 의무불이행이나 위반의 경우에는 행정벌과 강제집행이 가해질 수 있다. 이러한 의무의 이행으로 입게 되는 불이익은 통상적으로 재산권의 사회적 구속내용으로 이해할 수 있으므로 손실보상이 행해지지 않지만, 예외적으로 특별한 희생에 해당하는 때에는 손실보상이 행해진다($^{예컨대 국토의 계획 및 이용에}_{관한 법률 제131조 1항 등}$).

## 3. 사용제한(공용사용)

### (1) 사용제한의 의의

사용제한이란 공익사업을 수행하기 위하여 필요로 되는 타인소유의 물건이나 재산권에 대하여 공법상의 사용권을 설정하여 당사자로 하여금 이러한 사용을 수인하게 하는 것을 말한다. 사용제한은 공적 목적을 위한 것이므로 공법적인 성질을 갖는 행위이다. 사용제한은 대상물건의 소유권자의 재산권에 대한 제한행위이므로 법률의 근거를 요한다. 그러나 이에 관한 일반법은 없으며, 개별적인 단행법에서 규율되고 있을 뿐이다($^{예컨대 도로}_{법 제81조}$).

## (2) 사용제한의 유형

### 1) 일시적 사용

일시적 사용이란 공익사업의 주체가 타인의 토지나 재산권을 일시적으로 사용하는 경우를 말한다. 공익사업을 위해 타인의 토지에 일시적으로 출입하는 경우가 이의 대표적인 경우에 해당한다(도로법 제81조, 전기사업법 제88조).

### 2) 계속적 사용

계속적 사용이란 공익사업의 주체에 의한 사용이 장기간에 걸쳐 행해지는 경우를 말한다. 계속적 사용은 사인의 재산권에 대한 중대한 제한행위를 의미하므로, 법적 근거를 요할 뿐만 아니라 손실의 보상도 요건으로 한다. 이에 관하여는 「공익사업을 위한 토지등의 취득 및 보상에 관한 법률」이 대표적으로 규정하고 있다.

## (3) 법적 문제

다른 제한행위와 마찬가지로 이러한 의무의 불이행이나 의무위반이 있는 경우에는 행정벌 또는 행정상 강제가 가해질 수 있다(도로법 제115조). 또한 사용제한으로 인하여 사인에게 특별한 희생이 존재하게 되면 손실보상이 필요하게 된다(도로법 제99조).

# Ⅲ. 공용제한과 손실보상

공용제한으로 인하여 발생한 관련 당사자에 대한 손해가 특별한 희생을 의미하는 때에는, 이에 대해서 손실보상이 주어져야 한다. 일반적으로는 공용제한을 규정하고 있는 법률들이 동시에 손실보상에 관한 규정을 두고 있다. 그러나 손실보상에 관한 법률규정이 존재하지 않는 경우에는 청구권의 법적 근거와 관련하여 문제가 제기된다. 특히 이 문제는 손실보상에 관한 헌법 규정인 제23조 제 3 항의 해석과 관련하는 것이며, 그 해결방법에 대해서 견해가 대립하고 있다. 이러한 논쟁에 대해서는 이미 앞의 행정상의 손실보상 부분에서 언급한 바 있다.

# 제 4 절 공용수용

# Ⅰ. 공용수용의 의의

# 1. 공용수용의 개념

공용수용이란 특정 주체가 특정의 공익사업을 위하여 법령이 정하는 바에 의하여 타인의 재산권을 강제적으로 취득하는 물적 공용부담을 의미한다. 이는 다른 물적 공용부담과는 달리 타인의 재산권 자체의 이전을 가져오는 점에 특색이 있으며, 이로 인해 언제나 손실보상을 필요로 하게 된다. 그 개념의 주요특색은 다음과 같다.

### (1) 공용수용의 대상사업

공용수용의 대상이 되는 사업은 공익사업이다. 따라서 직접적으로 공공의 이익을 증대하기 위한 목적의 사업이 이에 해당한다. 「공익사업을 위한 토지등의 취득 및 보상에 관한 법률」은 이에 관해 비교적 상세한 대상사업을 예시적으로 규정하고 있으며(<sup>제4</sup><sub>조</sub>), 다른 개별법에 의해서도 규율되고 있다(<sup>도시 및 주거환경</sup><sub>정비법 등</sub>). 그러나 공용수용은 타인의 재산권 자체의 효용을 박탈하는 것이므로, 공익사업의 인정 여부에 있어서는 매우 신중하여야 한다.

### (2) 공용수용의 주체

공용수용은 당해 공익사업의 주체에 의해 행해진다. 일반적으로는 국가나 지방자치단체가 공용수용의 주체가 되나, 사인도 예외적으로 공익사업의 주체로서 국가나 지방자치단체로부터 공용수용을 할 수 있는 권한을 부여받을 수 있다(<sup>공익사업을 위한 토지</sup><sub>등의 취득 및 보상에 관한</sub> <sub>법률 제4조 5호, 도시철도법 제10조 1항; 사회기</sub> <sub>반시설에 대한 민간투자법 제20조 1항 등 참조</sub>).

### (3) 공용수용의 목적물

공용수용의 대상은 타인의 재산권이다. 이때의 사인의 재산권은 토지소유권을 중심으로 하는 것이나, 그 밖에도 소유권 이외의 권리인 지상권·전세권·임차권 등의 물권과 입목·건물 기타 토지에 정착한 물건 및 이에 관한 권리, 광업권·어업권이나 물의 사용에 관한 권리 등도 대상이 될 수 있다(<sup>공익사업을 위한 토지등의 취득</sup><sub>및 보상에 관한 법률 제3조 참조</sub>).

### (4) 공용수용의 수단

공용수용은 사인의 재산권을 법령에 근거하여 강제적으로 취득하는 것이다. 따라서 공용수용의 수단은 임의적인 수단이 아니라, 피수용자의 의사여하를 불문하고 재산권의 이전을 가져오는 강제적인 수단이다. 이때에는 피수용자의 사실상의 제공을 기다리지 않고 바로 재산권 자체의 이전의 효과가 발생한다.

### (5) 손실보상

공용수용은 그 효과로서 피수용자에게 특별한 희생이 발생하도록 한다. 따라서 손실보상의 일반 법리에 따라 피수용자에게는 정당한 보상이 주어져야 한다(<sup>헌법 제23</sup><sub>조 3항</sub>). 「공익사업을 위한 토지등의 취득 및 보상에 관한 법률」은 공용수용으로 인한 경우의 손실 보상의 개별적 내용에 대해 비교적 상세한 규정을 두고 있다.

## 2. 공용수용의 법적 근거

### (1) 개 관

공용수용은 재산권 자체에 대한 중대한 제한행위이므로 법률유보원칙의 적용을 받게 된다. 헌법적 근거로서는 제23조 제 3 항을 들 수 있으며, 제23조 제 3 항은 입법 자로 하여금 개별 법률에 의하여 공용수용과 손실보상에 관한 사항을 규율하도록 하고 있다. 이에 따라서 개별 법률이 제정되어 있는데, 토지의 수용에 관하여는 일반법 적인 성격을 갖는 「공익사업을 위한 토지등의 취득 및 보상에 관한 법률」이 있고, 그밖의 법률로서는 「도로법」($^{제82}_{조}$), 「하천법」($^{제8}_{조}$), 「광업법」($^{제73}_{조}$), 「국토의 계획 및 이용에 관한 법률」($^{제95}_{조}$), 「수산업법」($^{제81}_{조}$) 등이 있다.

### (2)「공익사업을 위한 토지등의 취득 및 보상에 관한 법률」의 체제

#### 1) 법률의 성격

국가 등이 공익사업 등을 하기 위하여 토지가 필요한 경우에 당해 토지를 취득하거나 사용하기 위한 절차는, 사법적인 절차와 공법적인 절차로 나누어 볼 수 있다. 사법적인 토지취득절차는 협의취득절차를 거치게 되며, 공법적인 토지취득절차는 공용수용절차를 거치게 된다.

이러한 절차에 대해서는 과거에는 전자는 구 「공공용지의 취득 및 손실보상에 관한 특례법」($^{공특}_{법}$)이, 후자는 구 「토지수용법」이 규율하였으나, 2003년 1월부터 단일법인 「공익사업을 위한 토지등의 취득 및 보상에 관한 법률」에 의하여 통합되었다. 따라서 동 법은 공법적 성격과 사법적 성격을 모두 갖고 있는 법률로 볼 수 있으며, 물적 공용부담에서 논의의 중심인 공용수용에 관한 일반법의 지위를 갖게 된다.3)

#### 2) 법률의 주요내용

㈎ 토지취득절차

① 공익사업의 범위조정($^{공익사업을 위한 토지 등의 취득 및 보상에}_{관한 법률(이하 '법'이라 한다.) 제 4조 2호}$) 종전 구 「토지수용법」은 공익

---

3)「공익사업을 위한 토지등의 취득 및 보상에 관한 법률」 제정의 필요성은 토지취득절차의 공통 성 및 중복의 문제를 해결하는 데서 찾을 수 있다. 즉 구 「토지수용법」과 공특법은 모두 공익사 업을 위하여 토지를 취득하기 위하여 제정된 것이라는 공통적인 특성을 가지므로, 이러한 관점에 서 통합될 필요성이 제기되어진다. 특히 종전에는 공특법상의 협의가 성립되지 아니하는 경우에 는 사업시행자는 다시 구 「토지수용법」의 관계규정에 의한 토지수용절차를 거쳐야 하였으며, 이 때 조서작성, 협의 등의 토지취득절차를 중복하게 되어, 공익사업시행의 지연과 공익사업의 조기 착공을 곤란하게 하고, 그 결과 보상예산의 증가를 초래하는 문제가 발생하였다. 따라서 이러한 절차의 중복을 막고, 토지취득절차를 간소화하기 위한 새로운 절차의 마련이 필요하게 된 것이다.

사업의 범위를 과거의 행정수요에 따라 규정하고 있었으므로, 그 동안 변화한 행정수요에 맞추어 새로운 범위의 조정이 필요하게 되었다. 이에 따라 「공익사업을 위한 토지등의 취득 및 보상에 관한 법률」은 종전 구 「토지수용법」 제3조 6호에서 규정하고 있었던 제철, 비료 등 중화학공업을 공익사업의 범주에서 제외하고 있다. 이는 이러한 사업의 분야가 더 이상 공익사업으로 보기가 어려우며, 오히려 사인간 토지매수로도 가능하기 때문이라고 한다. 반면, 새로이 공익성을 취득하게 된 공영차고지, 화물터미널, 하수종말처리장, 폐수처리시설 등을 새로이 추가하였다.

② 공익사업 준비절차의 대상사업 확대(<sub>법 제</sub><sup>9조</sup>) 종전에는 구 「토지수용법」상으로만 사업준비절차가 규정되고, 공특법상 협의취득의 경우에는 타인의 토지출입에 관한 규정이 존재하지 않아, 사업의 준비 및 정확한 토지・물건조서의 작성을 위한 토지출입권한이 존재하는가에 대해 논란이 많았다. 이에 따라 「공익사업을 위한 토지등의 취득 및 보상에 관한 법률」은 모든 공익사업에 대하여 사업준비절차를 거치도록 규정하여 토지출입권한을 명문화하고 실질적으로 조서작성 등 원활한 공익사업의 준비가 가능하도록 하였다.

③ 토지보존의무의 강화(<sup>법 제25</sup><sub>조 3항</sub>) 구 「토지수용법」에서는 사업인정 고시 후에는 토지를 보전하여야 하고, 이를 위반하여 공작물의 신축 등을 한 경우에는 손실보상의 청구를 할 수 없도록 규정하고 있었다. 새로운 「공익사업을 위한 토지등의 취득 및 보상에 관한 법률」에서는 이러한 토지보전의무 위반행위에 대해 토지소유자 및 관계인의 원상회복의 의무를 명문으로 규정하였다. 이는 그동안 이러한 의무위반행위에 대한 원상회복의무를 부과할 수 있는가에 대해 제기되었던 논의를 입법적으로 해결한 것으로 평가된다.

④ 절차의 중복방지(<sup>법 제26</sup><sub>조 2항</sub>) 구 공특법상의 협의취득절차를 거쳤으나 협의가 성립되지 않은 경우에는 다시 구 「토지수용법」상의 사업인정절차를 거치게 되는 바, 이때에는 이미 협의취득절차 당시에 거쳤던 절차를 다시 반복하여야 하는 절차중복의 문제가 발생하고 있었다. 따라서 이러한 경우에는 이미 거친 절차는 다시 거치지 않도록 하여야만 절차의 중복을 방지할 수 있을 것이다. 이러한 취지에서 사업인정 이전에 작성된 토지・물건조서의 내용에 변동이 없는 때에는 토지・물건조서의 작성, 보상계획의 열람, 보상협의회에 관한 절차규정들을 생략할 수 있으며, 다만 토지・물건조서의 내용변동 등 여러 가지 사유로 사업시행자, 토지소유자 또는 관계인이 협의를 요구하는 때에는 협의절차를 거치도록 하였다.

(나) 보상절차

「공익사업을 위한 토지등의 취득 및 보상에 관한 법률」은 종전 양법에 규정되어 있던 손실보상에 관한 규정을 모두 포함하고 있다. 특히 종전의 공특법은 손실보상에 관한 주요 내용을 시행규칙에서 규정하고 있어서, 그 규범적인 체계에 있어서 많은 문제점이 지적되어 왔다. 「공익사업을 위한 토지등의 취득 및 보상에 관한 법률」은 이러한 문제점을 해결하여 법률 및 시행령 차원에서 손실보상의 주요내용을 해결하고 있다.

① 보상협의회 설치(법제82조)    공특법은 일정규모 이상의 사업을 시행하는 경우에는 시·군·구에 '보상심의위원회'를 반드시 설치하도록 하였으며, 보상심의위원회는 보상업무에 관하여 중요한 기능을 수행하여 왔다. 그러나 지방자치단체의 장이 그 위원장이 되도록 하고 있어 지방자치제하에서 주민들과 마찰을 기피하는 현상으로 인하여 보상심의위원회가 개최되지 못하거나 지연되는 사례가 적지 않았다.

「공익사업을 위한 토지등의 취득 및 보상에 관한 법률」은 이를 개선하기 위해 보상심의위원회를 '보상협의회'로 개칭하고, 공익사업이 시행되는 해당 지방자치단체의 장이 필요한 경우에 임의적으로 보상협의회를 둘 수 있도록 하는 등 그 지위를 낮추어 자문기관화하고 협의사항도 잔여지범위, 이주대책 등으로 한정하는 등 그 업무범위를 조정하였다.

② 손실보상원칙 개선(대토보상의 도입)    손실보상은 현금보상을 원칙으로 하되, 토지소유자가 원하는 경우에는 해당 공익사업의 토지이용계획 및 사업계획 등을 고려하여 공익사업의 시행으로 조성된 토지로 보상할 수 있도록 하였다(법제63조1항단서).

③ 이주대책의 법적 근거규정(법제78조)    이주대책에 대해서는 공특법에서 규정하고 구 「토지수용법」에서 준용규정을 두었던 것을, 「공익사업을 위한 토지등의 취득 및 보상에 관한 법률」은 명문의 규정을 두어 법적 근거를 마련하였으며, 용어의 통일을 위해서 종전 '토지 등'을 '주거용건물'로 '이주자'를 '이주대책대상자'로 변경하였다.

④ 보상전문기관 지정제도 도입(법제81조)    종전에는 사업시행자가 보상업무에 대한 전문성을 결여하고 있거나 전문인력이 부족한 경우에도 그에 대처하기 위한 적절한 장치가 존재하지 않았다. 이를 해결하기 위해 사업시행자는 지방자치단체 또는 보상실적이 있거나 보상업무에 관한 전문성이 있는 공공기관 또는 지방공사로서 대통령령이 정하는 기관에게 보상업무를 위탁할 수 있도록 하였다.

㈐ 권리구제절차

① 행정심판 및 행정소송의 명확화(법제85조)    「공익사업을 위한 토지등의 취득 및 보상에 관한 법률」은 피보상자의 신속한 권리구제 및 행정쟁송을 통한 조속한 분쟁해결을 위하여 수용재결 이후 이의신청을 거치지 아니하고도 행정소송이 가능하도록 하여, 「행정소송법상」의 행정심판임의주의의 입법취지를 반영하였다(법제85조1항). 또한 행정소송의 대상과 관련하여서도 「행정소송법」의 원칙인 '원처분주의' 입장을 재확인하였다. 또한 종전 구 「토지수용법」은 보상금증감청구소송의 당사자에서 기업자 또는 피수용자 외에 '재결청'을 피고에 포함하였으나, 이는 소송유형에 관한 불필요한 논쟁을 야

기시켰는 바, 「공익사업을 위한 토지등의 취득 및 보상에 관한 법률」은 피고에서 '재결청'을 제외하여 실질적인 소송당사자가 분쟁의 해결을 하도록 하였다(법 제85조 2항).

　② 행정대집행 절차 간소화(법 제89조 2항)　　종전에는 사업시행자가 국가 또는 지방자치단체인 경우에도 행정대집행을 하고자 할 경우에는 시·도지사나 시장·군수·구청장에게 의뢰하도록 하였으나, 「공익사업을 위한 토지등의 취득 및 보상에 관한 법률」에서는 사업시행자가 직접 대집행을 할 수 있도록 하였다.

　③ 환매권제도의 개선(법 제91조 이하)　　종전 구 「토지수용법」과 공특법에서 이원적인 환매권제도를 두고 있었으나, 「공익사업을 위한 토지등의 취득 및 보상에 관한 법률」에서는 환매금액에 대하여 다툼이 있을 경우 그 금액의 증감을 법원에 청구하도록 하는 등 통일적 규정을 두었다(법 제91조 4항).

## Ⅱ. 공용수용의 당사자

### 1. 공용수용의 주체(수용권자)

이는 공용수용을 할 수 있는 공익사업의 주체를 말하는 것으로서,[4] 수용권자는 그 권리로서 공익사업의 수행을 위하여 필요로 되는 재산권의 취득 및 이와 관련되는 여러 가지의 부수적인 권리를 갖게 된다. 이때에 수용권자가 누구인가에 대해서는 견해가 대립하고 있다. 이는 공익사업의 주체인 사업시행자도 수용을 할 수 있으나, 수용재결은 국가가 하고 있는 절차상의 특색에 기인하는 것이다. 따라서 이는 특히 사업시행자가 사인인 경우에 문제된다.

### (1) 국가수용권설

이는 수용권자를 자기의 행위로 인하여 수용의 효과를 발생시킬 수 있는 능력을 가진 주체로 이해하고, 이러한 능력을 가진 자는 국가뿐이기 때문에 국가만이 수용권자이며 공익사업의 주체는 수용청구권만을 갖는다고 본다.

### (2) 사업시행자수용권설

이는 수용권자는 자기를 위하여 원인행위를 요구할 수 있고 그 행위에 의하여 발생하는 수용의 효과를 향유할 수 있는 능력을 가진 자로 이해되어야 하며, 이러한 능력을 가진 자는 바로 사업주체인 사업시행자라는 입장이다. 이 견해가 다수설이다.[5]

---

4) 「공익사업을 위한 토지등의 취득 및 보상에 관한 법률」은 이러한 공익사업의 주체를 사업시행자라고 한다(제 2 조 제 3 항).
5) 김남진·김연태(Ⅱ), 580면; 이상규(하), 584면; 박윤흔(하), 655면; 홍정선(하), 616면.

### (3) 국가위탁권설

이는 수용권은 국가에 귀속되는 국가적 공권이며, 국가는 사업인정(<sup>수용권</sup><sub>설정</sub>)을 통하여 이를 사업시행자에게 위탁한 것이라는 견해이다.[6]

### (4) 평    가

수용행위의 실체를 그 효과로서의 재산권취득에 있다고 본다면, 이러한 효과를 얻을 수 있는 지위에 있는 자만을 수용권의 주체로 보는 것이 타당할 것이다. 따라서 사업시행자만을 수용권자로 보는 것이 타당하다.

## 2. 공용수용의 상대방(피수용자)

공용수용의 상대방은 수용되는 재산권의 주체인 토지나 물건의 소유자 및 당해 토지나 물건에 대한 기타의 권리를 가진 자가 된다. 피수용자가 될 수 있는 자격에는 제한이 없으며, 공법인이나 사법인뿐 아니라 경우에 따라서는 국가도 피수용자가 될 수 있다(<sup>지방자치단체가 국가의 일반재산을 수용</sup><sub>하여 공익사업을 경영하고자 하는 경우</sub>). 그러나 국토교통부장관의 사업인정의 고시가 있은 후에 당해 토지나 물건에 대하여 새로운 권리를 취득한 자는, 기존권리를 승계한 자를 제외하고는 피수용자에 포함되지 않는다(<sup>법 제2조</sup><sub>5호 단서</sub>).

## Ⅲ. 공용수용의 목적물

### 1. 목적물의 종류

이에 대해서는 「공익사업을 위한 토지등의 취득 및 보상에 관한 법률」과 그 밖의 개별법에서 규정하고 있다. 토지수용의 경우의 주된 목적물은 토지소유권이다. 「공익사업을 위한 토지등의 취득 및 보상에 관한 법률」은 토지소유권 이외에 다음의 물건이나 권리의 수용에도 동법이 준용됨을 규정하고 있다(<sup>보상법</sup><sub>제3조</sub>). 즉, ㉠ 토지에 관한 소유권 이외의 권리(<sup>이러한 권리로는 지상권, 지역권,</sup><sub>전세권, 저당권, 임차권 등이 있다</sub>), ㉡ 토지와 함께 공익사업을 위하여 필요로 하는 입목, 건물 기타 토지에 정착한 물건 및 이에 관한 소유권 이외의 권리, ㉢ 광업권, 어업권 또는 물의 사용에 관한 권리, ㉣ 토지에 속하는 흙·돌·모래 또는 자갈에 관한 권리가 이에 해당한다.

### 2. 목적물의 제한

물건 자체의 성질로 인해 공용수용이 불가능하거나 제한되는 경우도 존재한다. 이와 같이 공용수용의 목적물로서 제한을 받는 대상으로는, ㉠ 국가의 행정재산, ㉡

---

6) 김도창(하), 659면.

토지를 수용 또는 사용할 수 있는 사업에 현재 이용되고 있는 토지,7) ㉢ 치외법권의 특권이 인정되는 외국대사관의 부지나 건물 등이 해당한다.

## 3. 목적물의 범위

공용수용은 공익사업의 수요충족을 위하여 개인의 재산권을 제한하는 것이므로 이때에도 비례성원칙이 적용되어야 한다. 따라서 그 대상이 되는 목적물의 범위는 당해 공익사업을 위하여 필요한 최소한도에 그쳐야 한다.

## 4. 목적물의 확장

공용수용의 목적물은 공익사업에 필요한 범위 내에 한정되는 것이 원칙이지만, 예외적으로 피수용자의 권리보호나 사업의 효과적인 목적달성을 위하여 그 목적물이 확장되는 경우도 존재한다.

### (1) 전부수용(잔지수용)

이는 동일한 토지소유자에 속하는 일단의 토지의 일부를 수용함으로 인하여 잔여지를 종래의 목적에 사용하는 것이 현저히 곤란할 때에, 토지소유자의 청구에 의하여 그 잔여지도 포함하여 전부를 수용하는 것을 말한다($\frac{법}{1항}$ 제74조).

> **구 「공익사업을 위한 토지등의 취득 및 보상에 관한 법률」 제74조 제1항의 잔여지 수용청구권 행사기간의 법적 성질(=제척기간) 및 잔여지 수용청구 의사표시의 상대방(=관할 토지수용위원회)**   구 「공익사업을 위한 토지등의 취득 및 보상에 관한 법률」(2007. 10. 17. 법률 제8665호로 개정되기 전의 것) 제74조 제1항에 의하면, 잔여지 수용청구는 사업시행자와 사이에 매수에 관한 협의가 성립되지 아니한 경우 일단의 토지의 일부에 대한 관할 토지수용위원회의 수용재결이 있기 전까지 관할 토지수용위원회에 하여야 하고, 잔여지 수용청구권의 행사기간은 제척기간으로서, 토지소유자가 그 행사기간 내에 잔여지 수용청구권을 행사하지 아니하면 그 권리가 소멸한다. 또한 위 조항의 문언 내용 등에 비추어 볼 때, 잔여지 수용청구의 의사표시는 관할 토지수용위원회에 하여야 하는 것으로서, 관할 토지수용위원회가 사업시행자에게 잔여지 수용청구의 의사표시를 수령할 권한을 부여하였다고 인정할 만한 사정이 없는 한, 사업시행자에게 한 잔여지 매수청구의 의사표시를 관할 토지수용위원회에 한 잔여지 수용청구의 의사표시로 볼 수는 없다($\frac{대판 2010.8.19.}{2008두822}$).

### (2) 완전수용

이는 토지를 사용하는 경우에 ㉠ 그 사용기간이 3년 이상일 때, ㉡ 토지의 사용

---

7) 이때에는 특별한 필요가 있는 경우가 아니면 이를 수용할 수 없다(법 제19조 제2항).

으로 인하여 토지의 형질이 변경될 때, ㉢ 또는 사용하고자 하는 토지에 그 소유자가 소유하는 건물이 있을 때에, 토지소유자의 청구에 의하여 당해 토지를 수용하는 것을 말한다(법 제72조).

### (3) 이전시의 확대취득(법 제75조)

건축물 등 물건에 대한 보상은 이전에 필요한 비용으로 보상함이 원칙이나(법 제75조 1항), ㉠ 건축물 등의 이전이 어렵거나 그 이전으로 인하여 건축물 등을 종래의 목적대로 사용할 수 없게 된 경우, ㉡ 건축물 등의 이전비가 물건의 가격을 넘는 경우, ㉢ 사업시행자가 공익사업에 직접 사용할 목적으로 취득하는 경우에는 물건의 가격으로 보상하게 된다. 이때 ㉠과 ㉡을 이전갈음확대취득(또는 이전갈음 확대보상)이라고 하며 ㉢은 당해 물건이 취득의 직접적인 대상이 된 경우에 해당한다.[8]

## IV. 공용수용의 절차

공용수용은 행해지는 유형에 있어서 ① 우선 공용수용권이 직접 법률에 의하여 설정되고 법률에 의해 직접 수용이 이루어지므로 절차에 있어서 별다른 절차를 요하지 않는 수용과 ② 공용수용권이 법률이 정하는 일련의 절차를 거쳐 별도의 행정처분에 의하여 설정되는 수용으로 구분할 수 있다. 전자의 방식에 의한 수용은 비상재해 등의 긴박한 경우 등에 예외적으로 나타나는 것이며, 후자에 의한 경우가 일반적으로 나타난다. 후자의 대표적인 경우는 「공익사업을 위한 토지등의 취득 및 보상에 관한 법률」에서 정하는 공용수용이며, 이는 그 절차에 있어서 보통절차와 약식절차로 나누어진다.

### 1. 공용수용의 보통절차

보통절차로는 사업준비, 사업인정, 토지·물건조서작성, 협의, 재결·화해의 절차가 존재한다.

### (1) 사업준비

사업시행자는 공익사업 수행에 필요한 준비를 하기 위하여 구체적인 수용절차에

---

8) 종전 구 「토지수용법」제49조 제3항 및 제4항에서는 이전이 현저히 곤란하거나 이전으로 인하여 종래의 목적에 사용할 수 없게 될 때에는 소유자가 그 물건의 수용을 청구할 수 있다고 하고, 이전비가 그 물건의 가격을 초과하는 경우에는 기업자가 그 물건의 수용을 청구할 수 있다고 규정하였으나, 새로이 제정된 「공익사업을 위한 토지등의 취득 및 보상에 관한 법률」에서는 소유자 또는 사업시행자의 청구가 없다고 하더라도 요건에 해당하면, 취득가격으로 보상하도록 하였다. 이전갈음확대취득도 잔여지확대취득과 같이 사업인정 전·후를 불문하고 적용된다.

1148 제10편  개별 행정작용법

들어가기 전에도 타인의 토지에 들어가 측량·조사를 하거나($\frac{법}{제9조}$) 장해물의 제거행위, 토지시굴 등을 할 수 있다($\frac{법}{제12조}$).

### (2) 사업인정

#### 1) 사업인정의 의의

공용수용의 절차는 본격적으로 사업인정 절차의 개시부터 시작된다. 즉 공익사업의 시행자가 토지를 수용($\frac{또는}{사용}$)하고자 할 때에는 대통령령이 정하는 바에 의하여 국토해양부장관의 사업인정을 받아야 한다($\frac{법}{제20조}$). 이때의 사업인정이란 특정사업이 공용수용을 할 수 있도록 「공익사업을 위한 토지등의 취득 및 보상에 관한 법률」이 예정하고 있는 공익사업에 해당함을 인정하는 국가의 행위이다. 이는 특정한 재산권의 수용권을 설정하여 주는 행위이며, 사업인정권은 원칙적으로 국토교통부장관이 행사한다.

#### 2) 사업인정의 성질

사업인정은 사업시행자와 토지소유자 사이에 구체적인 권리·의무관계를 발생하게 하는 행정행위로서의 성질을 갖는다. 그러나 이러한 행정행위의 내용과 관련해서는 확인행위설과 형성행위설로 견해가 나뉜다.

(가) 확인행위설　　이는 사업인정이란 특정사업이 「공익사업을 위한 토지등의 취득 및 보상에 관한 법률」이 규정하는 공익사업에 해당함을 확인하는 데 불과하며, 사업시행자에게 직접 수용권을 설정해 주는 행위가 아니라고 본다. 이 견해는 수용에 관한 권리와 의무는 사업의 확인 등의 절차를 거친 후에, 협의 또는 토지수용위원회의 재결에 의하여 비로소 직접 발생되는 것이라고 보는 입장이다.

(나) 형성행위설　　이는 사업인정을 특정한 사업이 공용수용을 할 만한 공익사업에 해당함을 인정하여, 사업시행자에게 일정한 절차를 거침을 조건으로 특정한 재산권의 수용권을 부여하는 형성적 행정행위라고 보는 입장이다. 판례와 다수의 입장이다. 다수의 견해에 따른다.

> 광업법 제87조 내지 제89조, 토지수용법 제14조에 의한 토지수용을 위한 사업인정은 단순한 확인행위가 아니라 형성행위이고, 당해 사업이 비록 토지를 수용할 수 있는 사업에 해당된다 하더라도 행정청으로서는 그 사업이 공용수용을 할 만한 공익성이 있는지의 여부를 모든 사정을 참작하여 구체적으로 판단하여야 하는 것이므로 사업인정의 여부는 행정청의 재량에 속한다($\frac{대판\ 1992.11.13.}{92누596}$).

#### 3) 사업인정의 절차

(가) 협의 및 의견청취　　국토교통부장관은 사업인정을 하려면 관계 중앙행정기관의 장 및 특별시장·광역시장·도지사·특별자치도지사(이하 "시·도지사"라 한다) 및 중

앙토지수용위원회와 협의하여야 하며, 대통령령이 정하는 바에 의하여 미리 사업인정에 이해관계가 있는 자의 의견을 들어야 한다(법 제21조 1항). 또한 별표에 규정된 법률에 따라 사업인정이 있는 것으로 의제되는 공익사업의 허가·인가·승인권자 등도 사업인정이 의제되는 지구지정·사업계획승인 등을 하려는 경우 중앙토지수용위원회와 협의하여야 하며, 대통령령으로 정하는 바에 따라 사업인정에 이해관계가 있는 자의 의견을 들어야 한다(법 제21조 2항).

중앙토지수용위원회는 이러한 협의를 요청받은 경우 사업인정에 이해관계가 있는 자에 대한 의견 수렴 절차 이행 여부, 허가·인가·승인대상 사업의 공공성, 수용의 필요성, 그 밖에 대통령령으로 정하는 사항을 검토하여야 한다(법 제21조 3항). 이러한 검토를 위하여 필요한 경우 관계 전문기관이나 전문가에게 현지조사를 의뢰하거나 그 의견을 들을 수 있고, 관계 행정기관의 장에게 관련 자료의 제출을 요구할 수도 있으며(법 제21조 4항). 14일 이내의 기간을 정하여 관련 자료 등의 보완을 요구할 수도 있다(법 제21조 6항). 중앙토지수용위원회는 위 협의를 요청받은 날부터 30일 이내에 의견을 제시하여야 하며(법 제21조 5항). 이 기간 내에 의견을 제시하지 아니하는 경우에는 협의가 완료된 것으로 본다(법 제21조 7항).

(나) 사업인정의 고시    국토교통부장관은 사업인정을 하였는 때에는 지체 없이 그 뜻을 사업시행자, 토지소유자 및 관계인, 관계 시·도지사에게 통지하고 사업시행자의 성명이나 명칭, 사업의 종류, 사업지역 및 수용하거나 사용할 토지의 세목을 관보에 고시하여야 한다(법 제22조 1항). 사업인정의 사실을 통지받은 시·도지사(특별자치도지사는 제외한다)는 관계 시장·군수 및 구청장에게 이를 통지하여야 한다(법 제22조 2항). 고시는 사업인정의 효력발생요건이므로, 사업인정은 그 고시한 날로부터 효력이 발생하게 된다(법 제22조 3항).

통상 고시 또는 공고에 의하여 행정처분을 하는 경우에는 그 처분의 상대방이 불특정 다수인이고 그 처분의 효력이 불특정 다수인에게 일률적으로 적용되는 것이므로, 행정처분에 이해관계를 갖는 자가 고시 또는 공고가 있었다는 사실을 현실적으로 알았는지 여부에 관계없이 고시가 효력을 발생하는 날에 행정처분이 있음을 알았다고 보아야 한다(대판 2001.7.27. 99두9490).

### 4) 사업인정의 효과

국토교통부장관의 사업인정의 고시가 있으면, 고시한 날로부터 사업인정의 효과와 수용목적물 확정의 효과가 발생한다. 또한 ㉠ 사업인정의 고시가 있은 후에는 그 후에 새로운 권리를 취득한 자는 기존권리를 승계한 자를 제외하고는 피수용자로서의 권리가 인정되지 않으며(법 제2조 5호 단서), ㉡ 고시된 토지에 대하여는 피수용자를 포함하여 누구도 사업에 지장이 될 우려가 있는 형질변경 등의 행위가 금지되고, 고시된 토지에 공작물의 신축·개축·증축 등을 하고자 할 때에는 미리 시장·군수 또는 구청장의 허가를 얻어야 한다($\frac{법 제}{25조}$).

### 5) 사업인정의 실효

사업인정은 일정한 사유가 존재하는 다음의 경우에는 그 효력이 상실된다. 이때에 사업시행자는 실효로 인하여 토지소유자나 관계인이 입은 손실을 보상하여야 한다($\frac{법 제23조 2항,}{제24조 6항}$). 이때의 손실보상은 손실이 있은 것을 안 날로부터 1년이 경과하거나 손실이 발생한 날부터 3년이 지난 후에는 청구하지 못한다($\frac{법 제23조 3항,}{제9조 4항}$).

(개) **재결의 신청을 하지 않는 경우**    사업시행자가 사업인정의 고시가 있은 날로부터 1년 이내에 토지수용위원회에 재결을 신청하지 아니한 때에는, 당해 사업인정은 그 기간만료일의 다음날부터 그 효력을 상실한다($\frac{법 제23}{조 1항}$).

또한 재결을 거쳤다고 하더라도 사업시행자가 수용의 시기까지 관할토지수용위원회가 재결한 보상금을 지불 또는 공탁하지 아니하였을 때에는 당해 토지수용위원회의 재결은 그 효력을 상실하게 되며($\frac{법}{제65조}$), 이때에 판례는 그 효과로서 재결의 전제가 되는 재결신청도 그 효력을 상실하게 되는 것이라고 본다. 따라서 이로 인하여 사업인정의 고시가 있은 날로부터 1년 이내에 재결신청을 하지 않는 것으로 되었다면 사업인정도 역시 효력을 상실하게 된다고 본다($\frac{대판 1987.3.10,}{84누158}$).

(내) **사업의 폐지와 변경의 경우**    사업인정의 고시가 있은 후 사업시행자가 사업의 전부나 일부를 폐지하거나 변경함으로써 토지수용의 필요가 없게 되는 경우에는, 시·도지사는 일정한 절차를 거쳐 이를 고시하여야 하며 그 고시일로부터 사업인정의 전부 또는 일부는 그 효력을 상실한다($\frac{법 제24조}{1항, 5항}$).

### 6) 사업인정절차상의 하자의 승계 문제

판례에 의하면 사업인정절차상에 하자가 존재하는 경우라도 불가쟁력이 발생한 때에는, 수용재결을 다투면서 사업인정행위의 위법성을 주장할 수 없다고 한다. 즉 하자의 승계를 부정하고 있다.9)

### 7) 사업인정의제의 문제

그러나 이와 같이 「공익사업을 위한 토지등의 취득 및 보상에 관한 법률」에서 규정되고 있는 사업인정절차의 취지를 무색하게 하는 개별법 규정들은 많이 존재한다. 이러한 규정에 따르면, 국토교통부장관의 사업인정이 없어도 개별 사업의 승인권자에 의한 승인행위가 존재하면 바로 「공익사업을 위한 토지등의 취득 및 보상에 관한 법률」상의 사업인정행위가 존재하는 것으로 보고 있다($\frac{국방·군사시설 사업에 관한 법률 제5조 3항, 사}{회기반시설에 대한 민간투자법 제20조 2항 등}$). 이러한 개별법 규정들은 형식적으로는 개별 공익사업의 특성을 반영하여 「공익사업을 위한 토지등의 취득 및 보상에 관한 법률」상의 사업인정절차의 예외를 인정하자는 취지로

---

9) 대판 1987. 9. 8, 87누395; 1993. 6. 29, 91누2342.

마련된 것이지만, 사업인정과정에 이해관계인 등의 참여를 배제하여 실제로는 이해관계인들이 알지 못하는 사이에 사업이 확정되는 등의 공익사업 주체의 편의만을 도모하는 편법적인 제도라고 평가된다. 따라서 이러한 사업인정의제제도에 따라 실무상「공익사업을 위한 토지등의 취득 및 보상에 관한 법률」상의 사업인정제도는 주요 공익사업에 있어서는 전혀 그 기능을 하지 못하는 문제점을 안고 있다. 사업인정의제제도를 계속 존치시키는 것이 바람직한 것인가는 재고할 필요가 있다고 본다.

### (3) 토지조서 및 물건조서의 작성
#### 1) 조서의 작성
사업시행자는 사업인정의 고시가 있은 후 토지조서 및 물건조서를 작성하여 이에 서명날인하고, 또한 토지소유자와 관계인을 입회시켜서 이에 서명날인을 하도록 하여야 한다(법 제26조 1항, 제14조). 이러한 조서작성의 이유는 토지수용위원회에서 심리해야 할 전제사실을 명확하게 하고, 이에 따라 그 심리를 신속, 원활하게 하려는 데에 있다.

조서작성을 위해 필요한 경우에는 사업시행자는 토지 또는 공작물 등에 출입하여 측량 또는 조사할 수 있다(법 제27조 1항). 조서의 기재사항에 이의가 있는 토지소유자 또는 관계인은 그 내용을 당해 조서에 부기하고 서명날인할 수 있으나(법 제27조 2항), 토지소유자 등이 서명날인을 거부하는 경우에는 그 사유를 기재하면 된다(법 제14조 1항 단서).

그러나 사업인정 이전에 협의취득절차를 거쳤으나 협의가 성립되지 아니하여 사업인정을 받은 사업으로서, 토지조서 및 물건조서의 내용에 변동이 없는 때에는 조서작성의 절차를 거치지 아니할 수 있다(법 제26조 2항).
#### 2) 조서작성의 효력
사업시행자, 토지소유자 및 관계인은 미리 이의를 부기한 경우를 제외하고는,「공익사업을 위한 토지등의 취득 및 보상에 관한 법률」이 정한 바에 따라 작성된 토지조서 및 물건조서의 내용에 대하여 이의를 진술할 수 없다. 따라서 당해 조서는 진실한 것으로 추정된다. 그러나 토지조서 및 물건조서의 기재가 진실에 반하는 것을 입증한 때에는 예외로 한다(법 제27조 2항).

### (4) 협  의
사업시행자는 사업인정의 고시가 있은 후 그 토지에 관하여 권리를 취득하거나 소멸시키기 위하여 대통령령이 정하는 바에 의하여 토지소유자 및 관계인과 협의하여야 한다(법 제26조 1항, 제16조). 협의절차는 의무적인 것이어서, 원칙적으로 이를 거치지 않고 재결을 신청할 수는 없다. 그러나 사업인정 이전에 협의취득절차를 거쳤으나 협의가 성립되지 아니하여 사업인정을 받은 사업으로서, 토지조서 및 물건조서의 내용에 변동이 없는 때에는 협의절차를 거치지 아니할 수 있다. 이때에 사업시행자 또는 토지소유자 및 관계인이 협의를 요구하는 때에는 협의하여야 한다($\frac{법 \, 제26}{조 \, 2항}$).

### 1) 협의의 성질

협의는 사업시행자와 피수용자와의 행위로서 그 성질에 관하여는 사법상 계약설과 공법상 계약설의 대립이 있다. 전자의 입장은 협의를 수용권의 행사가 아니라 사법상의 매매계약과 성질상 같은 것으로 보는 입장이고, 후자의 주장은 협의를 수용권의 실행방법에 해당한다고 보는 입장이다. 통설은 협의의 법적 성질을 공법상 계약으로 보나, 실무상으로는 사법상 계약으로 보고 있다.

### 2) 협의성립의 확인

사업시행자와 토지소유자 및 관계인 사이에 협의가 성립되었을 때에는, 사업시행자는 수용재결 신청기간 내에 당해 토지소유자 및 관계인의 동의를 얻어 대통령령이 정하는 바에 의하여 관할 토지수용위원회에 협의성립의 확인을 신청할 수 있다($\frac{법 \, 제29}{조 \, 1항}$). 이때 사업시행자가 대통령령이 정하는 사항에 대하여 공증인에 의한 공증을 받아 관할 토지수용위원회에 협의성립의 확인을 신청한 때에는, 관할 토지수용위원회가 이를 수리함으로써 협의성립이 확인된 것으로 본다($\frac{법 \, 제29}{조 \, 3항}$). 협의확인은 그 효과로서 「공익사업을 위한 토지등의 취득 및 보상에 관한 법률」의 규정에 의한 재결로 보며, 사업시행자, 토지소유자 및 관계인은 확인된 협의의 성립이나 내용을 다툴 수 없게 된다($\frac{법 \, 제29}{조 \, 4항}$).

### 3) 협의의 효과

협의가 성립되면 공용수용절차는 종료되고 수용의 효과가 발생하게 된다. 따라서 사업시행자는 수용의 시기까지 보상금을 지급 또는 공탁하고($\frac{법 \, 제}{40조}$), 피수용자는 그 시기까지 토지나 물건을 사업시행자에게 인도 또는 이전함으로써($\frac{법 \, 제}{43조}$), 사업시행자는 목적물에 관한 권리를 취득하고 피수용자는 권리를 상실하게 된다.

### (5) 재결 · 화해

재결은 사업시행자가 보상금을 지급할 것을 조건으로 하여 토지 등에 대한 권리를 취득하고, 피수용자는 그 권리를 상실하게 되는 것을 결정하는 형성적 행정행위를 말한다. 이는 사업시행자에게 주어진 수용권의 실행을 완성시키는 행위이다.

### 1) 재결기관

토지의 수용과 사용에 관한 재결을 행하기 위하여 재결기관으로서 토지수용위원회가 존재하며, 그 유형으로는 국토교통부에 중앙토지수용위원회가, 서울특별시·광역시 및 도에 지방토지수용위원회가 설치되어 있다($\frac{법 \, 제}{49조}$). 토지수용위원회는 일반적으로 ㉠ 수용 또는 사용할 토지의 구역 및 사용방법, ㉡ 손실의 보상, ㉢ 수용 또는 사용할 시기와 기간, ㉣ 기타 법률이 정한 사항을 의결한다($\frac{법 \, 제}{50조}$). 또한 중앙토지수용위원회는 ㉠ 국가 또는 시·도가 사업시행자인 사업, ㉡ 수용 또는 사용할 토지가 둘 이상의 시·도의 구역에 걸치는 사업을 관장하며($^{법 제51}_{조 1항}$), 지방토지수용위원회는 그 외의 사업을 관할한다($^{법 제51}_{조 2항}$).

### 2) 재결의 신청

협의가 성립되지 아니하거나 협의를 할 수 없을 때에는, 사업시행자는 사업인정의 고시가 있은 날로부터 1년 이내에 대통령령이 정하는 바에 의하여 관할 토지수용위원회에 재결을 신청할 수 있다($^{법 제28}_{조 2항}$).

### 3) 재결신청의 청구

협의가 성립되지 아니한 때에는 토지소유자 및 관계인은 대통령령으로 정하는 바에 의하여 사업시행자에 대하여 서면으로 재결신청을 조속히 할 것을 청구할 수 있다($^{법 제30}_{조 1항}$). 사업시행자가 이러한 청구를 받은 때에는 청구가 있은 날로부터 60일 이내에 관할 토지수용위원회에 재결을 신청하여야 한다($^{법 제30}_{조 2항}$).

### 4) 재결절차

관할 토지수용위원회는 재결신청이 있는 경우에 다음의 절차에 따라 재결하여야 한다($^{법 제31}_{조 이하}$).

㈎ **열 람** 재결신청을 접수한 때에 토지수용위원회는 대통령령이 정하는 바에 의하여 지체 없이 이를 공고하고, 공고한 날로부터 14일 이상 관계서류의 사본을 일반에게 열람하게 하여야 한다($^{법 제31}_{조 1항}$). 이러한 관계서류의 열람기간 중에 토지소유자 또는 관계인은 의견을 제시할 수 있다($^{법 제31}_{조 2항}$).

㈏ **심리의 진행** 이러한 열람기간이 경과한 후에는 토지수용위원회는 지체 없이 조사 및 심리를 하여야 한다($^{법 제32}_{조 1항}$). 심리를 위하여 토지수용위원회는 사업시행자, 토지소유자 및 관계인에게 미리 그 심리의 기일 및 장소를 통지하여야 한다($^{법 제32}_{조 2항}$). 토지수용위원회의 회의는 위원장이 소집하며($^{법 제52조 6항,}_{제53조 4항}$), 의사는 위원장을 포함한 위원과반수의 출석으로 개의하고 출석자의 과반수로써 의결한다($^{법 제52조 7항,}_{제53조 4항}$). 토지수용위원회는 심리를 개시한 날로부터 14일 내에 재결을 하여야 한다. 다만 특별한 사유가 있을 때에는 의결로써 1차에 한하여 14일을 연장할 수 있다($^{법 제}_{35조}$).

㈐ **재결의 형식 및 내용** 토지수용위원회의 재결은 서면(재결서)으로 하여야 한다($^{법 제34}_{조 1항}$). 이 재결서에는 주문 및 그 이유와 재결의 일자를 기입하고, 위원회의 위원장 및 회의에 참석한 위원이 이에 서명날인한 후 이를 사업시행자, 토지소유자 및 관계인에게 송달하여야 한다($^{법 제34}_{조 2항}$). 재결의 내용은 수용할 토지의 구역, 손실보상, 수용시기·기간 등이며($^{법 제50}_{조 1항}$), 신청한 범위 안에서만 재결할 수 있다($^{법 제50}_{조 2항}$). 물론 손실보상의 증감청구에 대한 재결은 신청에 구애받지 않는다($^{법 제50조}_{2항 단서}$).

㈑ **재결의 효과** 토지수용위원회의 재결이 있으면 공용수용의 절차는 종료되고,

일정한 조건하에서 수용의 효과가 발생한다. 그러나 사업시행자가 보상금을 수용의 시기까지 지급하거나 공탁하지 않으면 재결의 효력은 상실한다(법 제42조 1항).

5) 화해의 권고

토지수용위원회는 그 재결이 있기 전에는 언제든지 그 위원 3인으로써 구성되는 소위원회로 하여금 사업시행자, 토지소유자 및 관계인에게 화해를 권고할 수 있다(법 제33조 1항). 화해가 성립되면 토지수용위원회는 화해조서를 작성하며, 화해에 참여한 위원, 사업시행자, 토지소유자 및 관계자는 이에 서명 또는 날인하여야 한다(법 제33조 2항). 화해조서에 서명날인한 자는 화해조서의 성립이나 그 내용을 다툴 수 없다(법 제33조 3항). 화해는 당사자 쌍방에 의한 임의적 합의이며, 협의의 성립이나 재결과 같은 효력을 발생하게 된다.

## 2. 공용수용의 약식절차

「공익사업을 위한 토지등의 취득 및 보상에 관한 법률」은 예외적으로 상기의 보통절차 외에 토지와 물건의 사용에 관하여 다음의 두 가지의 특별절차를 규정하고 있다.

### (1) 천재·사변시의 토지사용

천재지변 기타 사변시에 있어서 공공의 안전을 위한 공익사업을 긴급히 시행할 필요가 있을 때에는, 사업시행자는 대통령령이 정하는 바에 따라 시장·군수 또는 구청장의 허가를 받아 즉시 타인의 토지를 사용할 수 있다. 그러나 사업시행자가 국가 또는 시·도일 때에는 당해 사업의 시행에 관하여 권한 있는 행정기관의 장이 시장·군수 또는 구청장에게 통지하여 이를 사용한다(법 제38조 1항). 이때의 토지사용기간은 6개월을 초과하지 못한다(법 제38조 3항).

### (2) 시급을 요하는 토지사용

사업시행자로부터 재결의 신청을 받은 토지수용위원회가 그 재결의 절차의 지연으로 인하여 재해를 방지하기가 곤란하거나 기타 공공의 이익에 현저한 지장을 초래할 우려가 있다고 인정할 때에는, 사업시행자의 신청에 의하여 담보를 제공하게 한후 즉시 당해 토지의 사용을 허가할 수 있다. 다만 국가 또는 지방자치단체가 사업시행자인 경우에는 담보를 제공하지 아니할 수 있다(법 제39조 1항). 토지소유자 등에 대한 통지와 사용기간의 제한은 천재·사변시의 토지사용의 경우와 같다(법 제39조 2항, 3항).

# V. 공용수용의 효과

## 1. 공용수용효과의 발생시기

사업시행자가 공용수용에 의거하여 수용목적물에 대한 권리를 취득하고 이와 양립할 수 없는 다른 권리가 소멸하는 것은, 사업시행자가 소유자 등에 대하여 손실보상금을 지급 또는 공탁할 것을 조건으로 하여 행한 협의의 시점 또는 재결시점에서 정한 수용개시일 시점에 발생한다(법 제40조). 수용개시일까지 보상금을 지급 또는 공탁하지 아니하면 공용수용의 재결은 효력을 상실한다(법 제42조 1항).

## 2. 공용수용의 대물적 효과

### (1) 권리의 취득 또는 제한

사업시행자는 보상금을 지급하거나 공탁을 하면 수용개시일에 토지 또는 물건의 그 소유권을 취득하며 그 토지나 물건에 관한 다른 권리는 소멸한다(법 제45조 1항). 또한 사업시행자는 사용개시일에 토지 또는 물건의 사용권을 취득하며, 그 토지나 물건에 관한 다른 권리는 사용의 기간 중에 이를 행사하지 못한다(법 제45조 2항). 그러나 토지수용위원회의 재결로써 인정된 권리는 이러한 경우에도 소멸되거나 그 행사가 정지되지 아니한다(법 제45조 3항). 이때의 사업시행자의 권리취득은 법률행위에 의한 것이 아니라 법률의 규정에 의한 것으로서, 원시취득으로서의 성질을 갖는다. 따라서 등기 없이도 수용 또는 사용개시일에 권리의 취득이 이루어진다(민법 제187조 본문). 그러나 처분을 위해서는 등기가 필요하다(민법 제187조 단서).

### (2) 위험부담의 이전

토지수용위원회의 재결이 있은 후 수용 또는 사용할 토지나 물건이 토지소유자 또는 관계인의 고의나 과실 없이 멸실 또는 훼손되었을 때에는 그로 인한 손실은 사업시행자의 부담으로 한다(법 제46조). 이때의 위험부담의 이전의 시점은 재결시이다.

### (3) 토지 · 물건의 인도 등

#### 1) 인도 · 이전의무

토지소유자 및 관계인 기타 수용 또는 사용할 토지나 그 토지에 있는 물건에 관하여 권리를 가진 자는 수용 또는 사용의 개시일까지 사업시행자에게 토지나 물건을 인도하거나 이전하여야 한다(법 제43조).

#### 2) 대 집 행

「공익사업을 위한 토지등의 취득 및 보상에 관한 법률」 또는 동법에 의한 처분으로 인한 의무를 이행하지 않거나 기간 내에 완료할 가망이 없는 경우, 또는 의무자로 하여금 이를 이행케 함이 현저히 공익을 해한다고 인정되는 사유가 있을 때에는 시·도지사, 시장, 군수 또는 자치구의 구청장은 사업시행자의 신청에 의하여 행정대집행법이 정하는 바에 의하여 이를 대집행할 수 있다(법 제89조).

구 토지수용법 제77조는 이 법 또는 이 법에 의한 처분으로 인한 의무를 이행하지 아니하거나 기간 내에 완료할 가망이 없는 경우 또는 의무자로 하여금 이를 이행하게 함이 현저히 공익을 해한다고 인정되는 사유가 있을 때에는 행정대집행법이 정하는 바에 의하여 이를 대집행할 수 있다고 규정하고 있는 바, 여기에서 '기간 내에 완료할 가망이 없는 경우'라고 함은 그 의무의 내용과 이미 이루어진 이행의 정도 및 이행의 의사 등에 비추어 해당 의무자가 그 기한 내에 의무이행을 완료하지 못할 것이 명백하다고 인정되는 경우를 말한다(대판 2002.11.13, 2002도4582).

### 3) 인도·이전의 대행

그러나 토지나 물건을 인도 또는 이전할 자가 고의나 과실 없이 그 의무를 이행할 수 없거나, 사업시행자가 과실 없이 토지나 물건을 인도 또는 이전할 자를 알 수 없을 때에는 시장·군수 또는 구청장은 사업시행자의 청구에 의하여 토지 또는 물건의 인도나 이전을 대행하여야 한다(법 제44조).

## 3. 손실보상

토지 등의 공공의 필요를 위한 수용이나 제한에 대해서는 헌법 제23조 3항의 명령에 따라 개별 법률에 의하여 손실보상이 주어져야 한다. 이에 따라「공익사업을 위한 토지등의 취득 및 보상에 관한 법률」도 다음과 같은 보상에 관한 규정을 두고 있다.10)

### (1) 손실보상의 원칙

손실보상은 사업시행자가 행하는 사업시행자보상의 원칙(법 제61조), 금전보상의 원칙(법 제63조 1항 본문; 그러나 일정한 경우에는 예외적으로 채권보상도 가능하며(법 제63조 7항), 토지 소유자가 원하는 때에는 공익사업의 시행으로 조성한 토지로 보상할 수 있다(법 제63조 1항 단서)), 사전보상의 원칙(법 제62조), 개인별 보상의 원칙(법 제64조), 사업시행이익과의 상계금지의 원칙(법 제66조) 등에 의해 행해진다.

### (2) 손실보상의 내용

### 1) 원칙적인 보상

㈎ **수용보상**　협의취득 또는 재결에 의하여 취득하는 토지에 대하여는 「부동산

---

10) 이하에서 설명되고 있는 사항 이외의 내용에 대해서는 앞부분의 '행정상의 손실보상'에서 기술된 내용을 참조할 것.

가격공시 및 감정평가에 관한 법률」에 의한 공시지가를 기준으로 하되, 그 공시기준 일로부터 가격시점까지의 관계법령에 의한 당해 토지의 이용계획, 당해 공익사업으로 인한 지가의 변동이 없는 지역의 대통령령이 정하는 지가변동률, 생산자물가상승률 기타 당해 토지의 위치·형상·환경, 이용상황 등을 참작하여 평가한 적정가격으로 보상액을 정한다(법 제70 조 1항).

(내) **사용보상** 사용할 토지에 대하여는 그 토지 및 인근토지의 지료, 임대료 등을 참작한 적정가격으로 보상액을 정한다(법 제71 조 1항).

## 2) 부가적인 보상

(개) **잔여지보상** 동일한 토지소유자에 속하는 일단의 토지의 일부를 수용함으로 인하여 잔여지를 종래의 목적에 사용하는 것이 현저히 곤란할 때에는 토지소유자는 사업시행자에게 일단의 토지의 전부를 매수청구할 수 있다(법 제74 조 1항). 또한 동일한 토지소유자에 속하는 일단의 토지의 일부를 수용 또는 사용함으로 인하여, 잔여지의 가격이 감소되거나 기타의 손실이 있을 때 또는 잔여지에 통로, 도랑, 울타리 등의 신설 기타의 공사가 필요한 때에는 그 손실이나 공사의 비용을 보상하여야 한다(법 제73 조).

(내) **사용토지의 수용청구** 토지를 사용하는 경우에 토지의 사용이 3년 이상일 때, 토지의 사용으로 인하여 토지의 형질이 변경되는 때 또는 사용하고자 할 토지에 그 소유자가 소유하는 건물이 있을 때에는 토지소유자는 그 토지의 수용을 청구할 수 있다(법 제72 조).

(대) **이전비보상** 건축물·입목·공작물 기타 토지에 정착한 물건에 대하여는 이전비를 보상하여야 한다(법 제75 조 1항). ㉠ 그러나 건축물 등의 이전이 어렵거나 그 이전으로 인하여 종래의 목적에 사용할 수 없게 될 때에, ㉡ 건축물 등의 이전비가 그 물건의 가격을 넘는 경우, ㉢ 사업시행자가 공익사업에 직접 사용할 목적으로 취득하는 경우에는 그 물건의 가격으로 보상하여야 한다(법 제75 조 1항).

> 「공익사업을 위한 토지등의 취득 및 보상에 관한 법률」상 보상대상이 되는 '기타 토지에 정착한 물건에 대한 소유권 그 밖의 권리를 가진 관계인'의 범위 「공익사업을 위한 토지등의 취득 및 보상에 관한 법률」(이하 '공익사업법'이라고만 한다)은 '토지와 함께 공익사업을 위하여 필요로 하는 입목, 건물 기타 토지에 정착한 물건 및 이에 관한 소유권외의 권리'도 수용 및 보상의 대상으로 하고(제3 조 제2 호), 토지에 있는 물건에 관하여 소유권 그 밖의 권리를 가진 자는 관계인(제2 조 제5 호)으로서 사업시행자로부터 이전비 또는 일정한 경우 당해 물건의 가격을 손실로서 보상받는다고 규정하고 있으며(제61조, 제75조), 공익사업법상 입목, 건물을 제외한 '기타 토지에 정착한 물건(이하 정착물이라고 한다)'은 토지의 부합물임을 원칙으로 하는데(대법원 2007. 1. 25. 선고 2005두9583 판결 참조), 그 정착물에 대하여도 공익사업법

제75조 제 1 항에 따라 이전비로 보상하여야 하고, 그 정착물의 이전이 어렵거나 그 이전으로 인하여 정착물을 종래의 목적대로 사용할 수 없게 되거나 정착물의 이전비가 그 물건의 가격을 넘는 경우에는 당해 물건의 가격으로 보상하여야 하므로, 공익사업법상 보상대상이 되는 '기타 토지에 정착한 물건에 대한 소유권 그 밖의 권리를 가진 관계인'에는 독립하여 거래의 객체가 되는 정착물에 대한 소유권 등을 가진 자 뿐 아니라 당해 토지와 일체를 이루는 토지의 구성부분이 되었다고 보기 어렵고 거래관념상 토지와 별도로 취득 또는 사용의 대상이 되는 정착물에 대한 소유권이나 수거·철거권 등 실질적 처분권을 가진 자도 포함된다(대판 2009.2.12.<br>2008다76112).

㈘ **기타 손실의 보상**　　영업상의 손실, 기타 토지를 수용 또는 사용함으로 인하여 토지소유자 또는 관계인이 받은 손실도 보상하여야 한다(법 제77조,<br>제79조).

㈙ **측량·조사로 인한 손실보상**　　사업시행자는 사업준비를 위한 출입 또는 장해물의 제거과정에서, 그리고 토지·물건의 조사를 위해 토지에 출입하여 측량, 조사하고 장해물을 제거하거나 토지의 시굴 등을 함으로 인한 손실을 보상하여야 한다(법 제9조 4항,<br>제12조 4항). 그러나 이 경우에 보상은 손실이 있는 것을 안 날로부터 1년이 지나거나 손실이 발생한 날부터 3년이 지난 후에는 청구하지 못한다(법 제9조 5항,<br>제12조 5항).

㈚ **사업의 폐지·변경으로 인한 손실보상**　　사업시행자가 사업인정의 고시 후 사업의 전부 또는 일부를 폐지·변경하거나, 사업인정의 고시 후 1년 내에 재결신청을 하지 아니하여 사업이 실효됨으로 인하여 토지소유자 또는 관계인이 입은 손실을 사업시행자는 보상하여야 한다(법 제23조 2항,<br>제24조 6항). 보상금을 지급 또는 공탁하지 아니하여 재결이 실효된 경우에도 또한 같다(법 제42<br>조 2항).

㈛ **잔여건축물에 대한 손실보상**　　사업시행자는 동일한 건축물소유자에 속하는 일단의 건축물의 일부가 취득 또는 사용됨으로 인하여 잔여 건축물의 가격이 감소되거나 그 밖의 손실이 있는 때에는 국토교통부령으로 정하는 바에 따라 그 손실을 보상하여야 한다. 다만, 잔여 건축물의 가격 감소분과 보수비(건축물의 잔여부분을 종래의 목적대로 사용할 수 있도록 그 유용성을 동일하게 유지하는 데 통상 필요하다고 볼 수 있는 공사에 사용되는 비용을 말한다. 다만, 「건축법」 등 관계 법령에 의하여 요구되는 시설의 개선에 필요한 비용은 포함하지 아니한다)를 합한 금액이 잔여 건축물의 가격보다 큰 경우에는 사업시행자는 그 잔여 건축물을 매수할 수 있다(법 제75조<br>의2 1항). 동일한 건축물소유자에 속하는 일단의 건축물의 일부가 협의에 의하여 매수되거나 수용됨으로 인하여 잔여 건축물을 종래의 목적에 사용하는 것이 현저히 곤란한 때에는 그 건축물소유자는 사업시행자에게 잔여 건축물을 매수하여 줄 것을 청구할 수 있으며, 사업인정 이후에는 관할 토지수용위원회에 수용을 청구할 수 있다. 이 경우 수용의 청구는 매수에 관한 협의가 성립되지 아니한 경우에 한하되, 그 사업의 공사완료일까지 하여야 한다(법 제75조<br>의2 2항).

⑷ **기타 토지에 관한 비용보상**　토지를 취득 또는 사용하여 그 토지를 사업에 공용함으로 인하여 취득 또는 사용할 토지(잔여지 포함) 이외의 토지에 통로·도랑·담장 등의 신설이나 기타의 공사가 필요한 경우에는, 사업시행자는 그 비용의 전부 또는 일부를 보상하여야 한다(법 제79조 1항). 그러나 이러한 비용보상은 당해 사업의 공사완료일로부터 1년을 경과한 때에는 청구할 수 없다(법 제79조 3항).

### (3) 보상금의 지급 또는 공탁

사업시행자는 천재·사변시의 토지의 사용(법 제38조) 또는 시급을 요하는 토지의 사용(법 제39조)의 경우가 아닌 한, 수용 또는 사용의 개시일까지 관할 토지수용위원회가 재결한 보상금을 지급하여야 한다(법 제40조 1항). 그러나 ㉠ 보상금을 받을 자가 그 수령을 거부하거나 보상금을 수령할 수 없을 때, ㉡ 사업시행자의 과실 없이 보상금을 받을 자를 알 수 없을 때, ㉢ 사업시행자가 관할 토지수용위원회가 재결한 보상금액에 대하여 불복이 있을 때, ㉣ 압류 또는 가압류에 의하여 보상금의 지불이 금지되었을 때에는 수용 또는 사용의 개시일까지 보상금을 공탁할 수 있다(법 제40조 2항). 다만 ㉢의 경우에는 사업시행자는 보상금을 받을 자에게 자기의 예정금액을 지급하고 재결에 의한 보상금액과의 차액을 공탁하여야 한다(법 제40조 4항).

## Ⅵ. 환 매 권

### 1. 환매권의 의의

환매권이란 공용수용의 목적물이 사업의 폐지 등의 사유로 공익사업에 불필요하게 된 경우에, 그 목적물의 피수용자가 일정한 대가를 지급하고 그 목적물의 소유권을 다시 취득할 수 있는 권리를 말한다. 이는 피수용자의 감정의 존중이나 공평의 견지에서 인정되는 것으로 볼 수 있다.[11)]

환매권의 성질에 대해서는 사권설과 공권설이 주장된다. 사권설에 따르면 환매는 환매권자의 의사표시에 의존하므로 단순히 수용의 해제로 볼 수 없고, 환매권자가 자기의 이익을 위해 일방적으로 수용물을 회복하는 것으로 보아 환매권을 사법상의 권리라고 한다.[12)] 이에 반해 공권설에 따르면 환매제도는 공법적 수단에 의해 상실된 권리를 회복하는 제도이므로, 환매권은 공법상 주체에 대하여 사인이 가지는 공법상 권리라고 한다.[13)] 환매제도는 공법적 원인에 기하여 야기된 법적 상태를 원상으로 회

---

11) 김동희(Ⅱ), 414면.
12) 박윤흔(하), 689면.
13) 김남진, "토지 및 토지 등에 대한 환매권", 월간고시, 1992. 11, 81면 참조.

복하는 수단이므로 공법적인 것으로 새기는 것이 타당하다고 볼 수 있다.14)

## 2. 환매의 요건

### (1) 환매권자

환매권자는 협의취득일 또는 수용당시의 토지소유자 또는 그의 포괄승계인(즉 잠열인의 상속인 또는 법인인 경우에는 합병후의 새로운 법인)이다(법 제91조 1항). 따라서 지상권자나 기타 소유권자가 아닌 다른 권리자는 환매권자가 될 수 없다. 환매권자가 행사하는 환매권은 수용개시일에 법률상 당연히 성립하고 취득되는 것으로 볼 수 있다.

### (2) 환매의 목적물

환매의 목적물은 토지에 한정되며, 주된 대상은 그 소유권이다(법 제91조 1항). 따라서 토지 이외의 물건(건물, 입목, 토석)이나 토지소유권 이외의 권리는 환매의 대상이 되지 아니한다. 그러나 수용된 토지의 일부도 환매의 목적물이 될 수 있다.

### (3) 환매권의 행사요건

환매권을 행사하기 위한 요건으로는 ㉠ 협의취득일 또는 수용의 개시일부터 10년 이내에 사업의 폐지·변경 기타의 사유로 인하여 취득한 토지의 전부 또는 일부가 필요 없게 되거나(법 제91조 1항), ㉡ 취득일로부터 5년 이내에 취득한 토지의 전부를 사업에 이용하지 아니하였을 경우의 존재이다(법 제91조 2항). 이때의 환매권의 행사기간은 제척기간의 제한을 받는다. 즉 ㉠의 경우에는 토지가 필요 없게 된 때로부터 1년 또는 취득일로부터 10년 이내에, ㉡의 경우에는 취득일로부터 6년 이내에 행사하여야 한다(법 제91조 1항, 2항).

[1] **구 공공용지의 취득 및 손실보상에 관한 특례법 제9조 제1항에 정한 환매권의 행사 요건 및 그 판단 기준** 구 '공공용지의 취득 및 손실보상에 관한 특례법'(2002. 2. 4. 법률 제6656호로 폐지되기 전의 것)상 환매권은 당해 공공사업의 폐지·변경 기타의 사유로 인하여 취득한 토지 등의 전부 또는 일부가 필요 없게 된 때에 행사할 수 있다. 여기서 '당해 공공사업'이란 협의취득의 목적이 된 구체적인 특정 공공사업을 가리키는 것으로, '취득한 토지가 필요 없게 되었을 때'라 함은 사업시행자가 위 특례법 소정의 절차에 따라 취득한 토지 등이 일정한 기간 내에 그 취득의 목적이 된 사업인 공공사업의 폐지·변경 등의 사유로 공공사업에 이용할 필요가 없어진 경우를 의미하고, 협의취득된 토지가 필요 없게 되었는지의 여부는 당해 도시계획사업의 목적, 도시계획과 사업실시계획의 내용, 협의취득의 경위와 범위, 당해 토지와 도시계획 및 실시계획과의 관계, 용도 등 제반 사정에 비추어 객관적 사정에 따라 합리적으로 판단하

---

14) 홍정선(하), 659면.

여야 한다(한국농어촌공사가 영산강 유역 농업개발사업을 위하여 협의취득한 토지 중 일부 토지에 관하여 환매가 청구된 사안에서, 그 일부 토지에 설치하기로 예정하였던 시설물이 다른 곳에 설치되었다고 하여 그와 같은 구체적인 토지이용계획의 변경이 그 토지가 위 사업에 이용될 필요가 없어지게 하는 공공사업의 변경에 해당한다고 단정할 수 없고, 그 토지의 일부를 일시적으로 다른 사람에게 임대하였다는 사정만으로 그 토지가 위 사업에 필요 없게 되었다고 보기도 어렵다고 한 사례)(대판 2009.10.15, 2009다43041).

  [2] **'공익사업을 위한 토지등의 취득 및 보상에 관한 법률' 제91조 제1항에 정한 환매권 행사기간의 의미**   '공익사업을 위한 토지등의 취득 및 보상에 관한 법률' 제91조 제1항에서 환매권의 행사요건으로 정한 "당해 토지의 전부 또는 일부가 필요 없게 된 때로부터 1년 또는 그 취득일로부터 10년 이내에 그 토지를 환매할 수 있다"라는 규정의 의미는 취득일로부터 10년 이내에 그 토지가 필요 없게 된 경우에는 그 때로부터 1년 이내에 환매권을 행사할 수 있으며, 또 필요 없게 된 때로부터 1년이 지났더라도 취득일로부터 10년이 지나지 않았다면 환매권자는 적법하게 환매권을 행사할 수 있다는 의미로 해석함이 옳다(대판 2010.9.30, 2010다30782).

## (4) 환매가격

환매가격은 원칙적으로 토지 및 토지에 관한 소유권 이외의 권리에 대하여 지급받은 보상금에 상당한 금액이다(법 제91조 1항). 다만 토지의 가격이 취득일 당시에 비하여 현저히 변경되었을 때에는 사업시행자 및 환매권자는 환매금액에 대하여 서로 협의하되, 협의가 성립되지 아니한 때에는 그 금액의 증감을 법원에 청구할 수 있다(법 제91조 4항).

## (5) 환매권의 대항력

환매권은 부동산등기법이 정하는 바에 의하여 수용의 등기가 되었을 때에는 제3자에게 대항할 수 있다(법 제91조 5항).

## 3. 환매의 절차

환매할 토지가 생겼을 때에는 사업시행자는 지체 없이 이를 환매권자에게 통지하여야 한다. 다만 사업시행자가 과실 없이 환매권자를 알 수 없을 때에는 대통령령이 정하는 바에 의하여 이를 공고한다(법 제92조 1항). 환매권자는 이러한 통지를 받은 날 또는 공고의 날로부터 6월을 경과한 후에는 더 이상 환매권을 행사하지 못 한다(법 제92조 2항).

## 4. 환매권에 관한 쟁송

환매권에 관해서는 환매권의 성립요건의 인정과 관련하여 현실적으로 자주 분쟁이 발생한다. 이때에 선택되어야 할 소송유형에 대하여는 행정소송 또는 민사소송의 주장이 제기되며, 이는 다시 환매권의 성질논의와 관련되는 것이다. 따라서 환매권을 사권으로 이해하는 때에는 민사소송의 대상으로, 공권으로 이해하게 되면 행정소송, 특히 당사자소송의 사항으로 보게 될 것이다.

> **공익사업을 위한 토지등의 취득 및 보상에 관한 법률 제91조에서 정한 환매권의 행사방법 및 그 환매권 행사로 인한 소유권이전등기 청구소송에서 사업시행자가 환매대금 증액청구권을 내세워 선이행 또는 동시이행의 항변을 할 수 있는지 여부(소극)** 공익사업을 위한 토지등의 취득 및 보상에 관한 법률 제91조에 의한 환매는 환매기간 내에 환매의 요건이 발생하면 환매권자가 지급받은 보상금에 상당한 금액을 사업시행자에게 미리 지급하고 일방적으로 의사표시를 함으로써 사업시행자의 의사와 관계없이 환매가 성립하고, 토지등의 가격이 취득 당시에 비하여 현저히 변경되었더라도 같은 법 제91조 제4항에 의하여 당사자간에 금액에 관하여 협의가 성립하거나 사업시행자 또는 환매권자가 그 금액의 증감을 법원에 청구하여 법원에서 그 금액이 확정되지 않는 한, 그 가격이 현저히 등귀한 경우이거나 하락한 경우이거나를 묻지 않고 환매권을 행사하기 위하여는 지급받은 보상금 상당액을 미리 지급하여야 하고 또한 이로써 족한 것이며, 사업시행자는 소로써 법원에 환매대금의 증액을 청구할 수 있을 뿐 환매권 행사로 인한 소유권이전등기 청구소송에서 환매대금 증액청구권을 내세워 증액된 환매대금과 보상금 상당액의 차액을 지급할 것을 선이행 또는 동시이행의 항변으로 주장할 수 없다(대판 2006.12.21, 2006다49277).

## 5. 환매권행사의 제한 : 공익사업변환제도

### (1) 의 의

이는 국가·지방자치단체·정부투자기관이 그 사업주체로서 사업을 인정받은 공익사업이,「공익사업을 위한 토지등의 취득 및 보상에 관한 법률」제4조 제1호에서 제4호의 다른 공익사업으로 변경된 경우에, 환매권의 행사기간을 공익사업의 변경이 관보에 고시된 날부터 기산하는 제도를 말한다(제91조6항). 이에 따라 환매권행사기간은 다시 기산되며, 이 제도로 인해 실질적으로 환매권행사가 제한된다. 이 제도는 입법취지 상으로는, 공익사업이 변환된 경우에도 환매권행사를 인정하게 되면, 당사자의 환매와 사업주체의 수용절차라는 불필요한 절차가 반복되는 문제가 발생하므로, 이러한 문제를 해결하기 위하여 도입된 것으로 주장된다. 그러나 이 제도는 공익사업주체가 수용한 토지를 원래의 용도대로 사용하지 않게 된 경우에도 다른 공익사업의 명목을 빌려 계속하여 토지를 사용하는 것을 가능하게 하여, 환매권제도를 무용하게 만드는 제도라고 평가되어야 할 것이다.

> **'공익사업을 위한 토지등의 취득 및 보상에 관한 법률' 제91조 제6항에 정한 공익사업의 변환이 인정되는 경우, 환매권 행사가 제한되는지 여부(적극)** 공익사업의 변환을

인정한 입법 취지 등에 비추어 볼 때, '공익사업을 위한 토지등의 취득 및 보상에 관한 법률' 제91조 제6항은 사업인정을 받은 당해 공익사업의 폐지·변경으로 인하여 협의취득하거나 수용한 토지가 필요 없게 된 때라도 위 규정에 의하여 공익사업의 변환이 허용되는 다른 공익사업으로 변경되는 경우에는 당해 토지의 원소유자 또는 그 포괄승계인에게 환매권이 발생하지 않는다는 취지를 규정한 것이라고 보아야 하고, 위 조항에서 정한 "제1항 및 제2항의 규정에 의한 환매권 행사기간은 관보에 당해 공익사업의 변경을 고시한 날로부터 기산한다"는 의미는 새로 변경된 공익사업을 기준으로 다시 환매권 행사의 요건을 갖추지 못하는 한 환매권을 행사할 수 없고 환매권 행사 요건을 갖추어 제1항 및 제2항에 정한 환매권을 행사할 수 있는 경우에 그 환매권 행사기간은 당해 공익사업의 변경을 관보에 고시한 날로부터 기산한다는 의미로 해석해야 한다(대판 2010.9.30, 2010다30782).

## (2) 요 건
### 1) 주 체
이는 국가·지방자치단체·정부투자기관이 그 사업주체로서 사업인정을 받은 공익사업이 그 대상이다. 이때에는 공익사업의 변환주체가 변환되기 전의 사업주체와 동일한 것이어야 하는가가 문제로 된다. 판례는 사업주체가 동일하지 않은 경우에도 공익사업의 변환에 따른 환매권행사제한을 인정하고 있다.

[1] 이른바 '공익사업의 변환'이 국가·지방자치단체 또는 정부투자기관이 사업인정을 받아 토지를 협의취득 또는 수용한 경우에 한하여, 그것도 사업인정을 받은 공익사업이 공익성의 정도가 높은 토지수용법 제3조 제1호 내지 제4호에 규정된 다른 공익사업으로 변경된 경우에만 허용되도록 규정하고 있는 공익사업을위한토지등의취득및보상에관한법률 제71조 제7항 등 관계법령의 규정내용이나 그 입법이유 등으로 미루어 볼 때, 같은 법 제71조 제7항 소정의 '공익사업의 변환'이 국가·지방자치단체 또는 정부투자기관 등 사업시행자(또는 사업시행자)가 동일한 경우에만 허용되는 것으로 해석되지는 않는다(대판 1994.1.25, 93다11760).
[2] **공익사업을 위한 토지 등의 취득 및 보상에 관한 법률 제91조 제6항에서 정한 '공익사업의 변환'은 변경된 공익사업의 시행자가 '국가·지방자치단체 또는 공공기관의 운영에 관한 법률 제4조에 따른 공공기관 중 대통령령으로 정하는 공공기관'이어야 인정되는지 여부(소극)** 공익사업을 위한 토지 등의 취득 및 보상에 관한 법률(이하 '토지보상법'이라고 한다) 제91조 제6항 전문은 당초의 공익사업이 공익성의 정도가 높은 다른 공익사업으로 변경되고 그 다른 공익사업을 위하여 토지를 계속 이용할 필요가 있을 경우에는, 환매권의 행사를 인정한 다음 다시 협의취득이나 수용 등의 방법으로 그 토지를 취득하는 번거로운 절차를 되풀이하지 않게 하기 위하여 이른바 '공익사업의 변환'을 인정함으로써 환매권의 행사를 제한하려는 것이다. 토지보상법 제91조 제

6항 전문 중 '해당 공익사업이 제4조 제1호부터 제5호까지에 규정된 다른 공익사업으로 변경된 경우' 부분에는 별도의 사업주체에 관한 규정이 없음에도 그 앞부분의 사업시행 주체에 관한 규정이 뒷부분에도 그대로 적용된다고 해석하는 것은 문리해석에 부합하지 않는다. 토지보상법 제91조 제6항의 입법 취지와 문언, 1981. 12. 31. 구 토지수용법(2002. 2. 4. 법률 제6656호로 제정된 토지보상법 부칙 제2조에 의하여 폐지)의 개정을 통해 처음 마련된 공익사업 변환 제도는 기존에 공익사업을 위해 수용된 토지를 그 후의 사정변경으로 다른 공익사업을 위해 전용할 필요가 있는 경우에는 환매권을 제한함으로써 무용한 수용절차의 반복을 피하자는 데 주안점을 두었을 뿐 변경된 공익사업의 사업주체에 관하여는 큰 의미를 두지 않았던 점, 민간기업이 관계 법률에 따라 허가·인가·승인·지정 등을 받아 시행하는 도로, 철도, 항만, 공항 등의 건설사업의 경우 공익성이 매우 높은 사업임에도 사업시행자가 민간기업이라는 이유만으로 공익사업의 변환을 인정하지 않는다면 공익사업 변환 제도를 마련한 취지가 무색해지는 점, 공익사업의 변환이 일단 토지보상법 제91조 제6항에 정한 '국가·지방자치단체 또는 공공기관의 운영에 관한 법률 제4조에 따른 공공기관 중 대통령령으로 정하는 공공기관'(이하 '국가·지방자치단체 또는 일정한 공공기관'이라고 한다)이 협의취득 또는 수용한 토지를 대상으로 하고, 변경된 공익사업이 공익성이 높은 토지보상법 제4조 제1~5호에 규정된 사업인 경우에 한하여 허용되므로 공익사업 변환 제도의 남용을 막을 수 있는 점을 종합해 보면, 변경된 공익사업이 토지보상법 제4조 제1~5호에 정한 공익사업에 해당하면 공익사업의 변환이 인정되는 것이지, 변경된 공익사업의 시행자가 국가·지방자치단체 또는 일정한 공공기관일 필요까지는 없다(<sup>대판 2015.8.19,</sup> <sup>2014다201391</sup>).

### 2) 대상사업

이는 처음에 사업인정을 받은 공익사업에서(<sup>이때에는 법 제4조에 규정된 사</sup> <sup>업이면 어느 사업이든 포함된다</sup>) 「공익사업을 위한 토지등의 취득 및 보상에 관한 법률」 제 4 조 제 1 호에서 제 4 호의 다른 공익사업으로 변경된 경우일 것이 필요하다.

[ 1 ] '공익사업을 위한 토지등의 취득 및 보상에 관한 법률' 제91조 제 6 항에 정한 공익사업의 변환은 새로운 공익사업에 관해서도 같은 법 제20조 제 1 항의 규정에 의해 사업인정을 받거나 위 규정에 따른 사업인정을 받은 것으로 의제되는 경우에만 인정할 수 있는지 여부(적극)  '공익사업을 위한 토지등의 취득 및 보상에 관한 법률' 제91조 제 6 항에 정한 공익사업의 변환은 같은 법 제20조 제 1 항의 규정에 의한 사업인정을 받은 공익사업이 일정한 범위 내의 공익성이 높은 다른 공익사업으로 변경된 경우에 한하여 환매권의 행사를 제한하는 것이므로, 적어도 새로운 공익사업에 관해서도 같은 법 제20조 제 1 항의 규정에 의해 사업인정을 받거나 또는 위 규정에 따른 사업인정을 받은 것으로 의제하는 다른 법률의 규정에 의해 사업인정을 받은 것으로 볼 수 있는 경우에만 공익사업의 변환에 의한 환매권 행사의 제한을 인정할 수 있다

( 대판 2010.9.30, 2010다30782 ).

[2] **공익사업을 위해 협의취득하거나 수용한 토지가 변경된 사업의 사업시행자 아닌 제3자에게 처분된 경우에도 '공익사업의 변환'을 인정할 수 있는지 여부(소극)** 공익사업의 원활한 시행을 위한 무익한 절차의 반복 방지라는 '공익사업의 변환'을 인정한 입법 취지에 비추어 볼 때, 만약 사업시행자가 협의취득하거나 수용한 당해 토지를 제3자에게 처분해 버린 경우에는 어차피 변경된 사업시행자는 그 사업의 시행을 위하여 제3자로부터 토지를 재취득해야 하는 절차를 새로 거쳐야 하는 관계로 위와 같은 공익사업의 변환을 인정할 필요성도 없게 되므로, 공익사업의 변환을 인정하기 위해서는 적어도 변경된 사업의 사업시행자가 당해 토지를 소유하고 있어야 한다. 나아가 공익사업을 위해 협의취득하거나 수용한 토지가 제3자에게 처분된 경우에는 특별한 사정이 없는 한 그 토지는 당해 공익사업에는 필요 없게 된 것이라고 보아야 하고, 변경된 공익사업에 관해서도 마찬가지이므로, 그 토지가 변경된 사업의 사업시행자 아닌 제3자에게 처분된 경우에는 공익사업의 변환을 인정할 여지도 없다(지방자치단체가 도시관리계획상 초등학교 건립사업을 위하여 학교용지를 협의취득하였으나 위 학교용지 인근에서 아파트 건설사업을 하던 주택건설사업 시행자와 그 아파트 단지 내에 들어설 새 초등학교 부지와 위 학교용지를 교환하고 위 학교용지에 중학교를 건립하는 것으로 도시관리계획을 변경한 사안에서, 위 학교용지에 대한 협의취득의 목적이 된 당해 사업인 '초등학교 건립사업'의 폐지·변경으로 위 토지는 당해 사업에 필요 없게 되었고, 나아가 '중학교 건립사업'에 관하여 사업인정을 받지 않았을 뿐만 아니라 위 학교용지가 중학교 건립사업의 시행자 아닌 제3자에게 처분되었으므로 공익사업의 변환도 인정할 수 없다는 이유로 위 학교용지에 관한 환매권 행사를 인정한 사례)( 대판 2010.9.30, 2010다30782 ).

### (3) 효 과

이러한 요건을 충족하면, 새로이 변환된 공익사업에 이용되는 토지에 대한 환매권의 행사기간은 공익사업의 변경을 관보에 고시한 날부터 새로이 기산하게 된다. 따라서 당해 토지에 대한 환매권행사기간은 다시 연장되는 효과가 발생하게 된다. 이로 인하여 실질적으로는 당해 토지에 대하여 환매권행사가 불가능하게 된다.

### (4) 제도의 평가 : 위헌성의 문제

이 제도는 결국 환매권제도를 실효시키는 효과를 발생하게 하므로, 헌법상 보장된 재산권행사의 침해문제를 야기하게 된다. 또한 공익사업이 법 제4조 제1호에서 제4호에 해당하는 사업으로 변환된 경우와, 제4조 제5호 이하로 변환되는 경우 사이의 형평의 문제도 평등권 침해문제를 야기하게 된다. 즉 후자의 경우에는 환매 후 다시 수용절차를 진행하여야 하므로, 이러한 경우의 토지소유자들은 수용된 후 형성된 지가상승으로 인해 불로소득이 발생될 수도 있게 된다. 그러나 헌법재판소는 이 제도로 인한 환매권행사제한이 합헌이라고 결정하고 있다.

> 환매권도 헌법에 의하여 보장되는 재산권의 일종이라는 것이 우리 재판소의 확립된 판례(헌재 1994.2.24, 92헌가15 내지 17·20 내지 24; 1996.4.25, 95헌바9 등 참조)이므로, 위와 같은 법률에 의한 환매권의 제한에는 소급입법에 의한 재산권 박탈금지원칙(헌법 제13 조 2항)이나 재산권의 과잉제한금지원칙(헌법 제23조 1항, 제37조 2항) 등 헌법상의 원칙이 준수될 것이 요구된다. … (공익사업을 위한 토지등의 취득 및 보상에 관한 법률 제71조 7항에 의해) 환매권행사를 제한하고 있다 하더라도 그것이 재산권의 본질적인 내용의 침해라거나 기본권제한에 있어서의 과잉금지의 원칙에 위배되는 제한이라고 볼 수도 없으므로 헌법 제23조 제1항, 제37조 제2항에 위반되지 아니한다 할 것이다(헌재 1997.6.26, 96헌바94).

## VII. 재결에 대한 권리구제

토지수용위원회의 재결도 행정행위로서의 성질을 갖는 것이므로, 이에 대해 불복이 있는 당사자는 일반적인 행정행위의 경우와 마찬가지로 행정심판과 행정소송을 제기할 수 있다. 그러나 「공익사업을 위한 토지등의 취득 및 보상에 관한 법률」은 이와 관련하여 분쟁해결의 1회적 결과를 도모하기 위하여 약간의 특별한 규정들을 두고 있다.

### 1. 이의신청의 제기

#### (1) 이의신청

중앙토지수용위원회의 재결에 대하여 이의가 있는 자는 중앙토지수용위원회에, 지방토지수용위원회의 재결에 대하여 불복이 있는 자는 당해 지방토지수용위원회를 거쳐 중앙토지수용위원회에 이의를 신청할 수 있다(법 제83조). 이러한 이의신청은 특별법에 의한 행정심판으로서의 성질을 갖는 것이며, 「공익사업을 위한 토지등의 취득 및 보상에 관한 법률」에서 정한 특별한 규정을 제외하고는 「행정심판법」 규정들이 준용된다.

그러나 「공익사업을 위한 토지등의 취득 및 보상에 관한 법률」상 이의신청은 필수적인 전치절차가 아니므로, 당사자는 이의신청을 제기하지 않고 바로 행정소송을 제기할 수 있다.

#### (2) 이의신청에 대한 재결
#### 1) 재결의 내용

중앙토지수용위원회는 이의신청의 심리를 통하여 원재결이 위법 또는 부당하다고 인정할 때에는 그 원재결의 전부 또는 일부를 취소하거나, 손실보상액을 직접 변경할 수 있다($\frac{법 제84}{조 1항}$).

### 2) 재결의 효력

법정기간 내에 소송을 제기하지 아니하거나 그 밖의 사유로 이의신청에 대한 재결이 확정되었을 때에는 「민사소송법」상의 확정판결이 있는 것으로 보며, 이때의 재결정본은 집행력 있는 판결정본과 동일한 효력을 가진다($\frac{법 제86}{조 1항}$). 한편 이의신청에 대한 재결이 확정된 때에는 토지소유자, 관계인 또는 사업시행자는 관할 토지수용위원회에 대하여 재결확정증명서를 청구할 수 있다($\frac{법 제86}{조 2항}$).

## 2. 행정소송

관할 토지수용위원회의 재결에 대하여 불복이 있을 때에는 재결서를 받은 날부터 60일 이내에, 이의신청을 거친 때에는 이의신청에 대한 재결서를 받은 날부터 30일 이내에 각각 행정소송을 제기할 수 있다($\frac{법 제85}{조 1항}$). 그러나 이때의 행정소송의 대상에 대해서는 주의를 요한다. 즉 「행정소송법」상의 소송대상에 관한 규정에 의하면($\frac{제19}{조}$) 원칙적으로 원처분주의가 적용되므로, 이의신청을 거친 경우에도 이의재결이 아니라 수용재결 자체가 대상이 되어야 할 것이다. 따라서 종전 판례상의 재결주의는 더 이상 주장될 수 없게 된다.

이때에 제기하고자 하는 행정소송이 보상금의 증감에 관한 것일 때에는, 토지소유자나 관계인은 사업시행자를, 사업시행자가 제기하는 경우에는 토지소유자나 관계인을 각각 피고로 하여야 한다($\frac{법 제85}{조 2항}$). 이러한 소송의 유형은 실질적으로는 재결을 다투는 것이지만, 재결청을 피고로 하지 않는다는 점에서 형식적 당사자소송으로 이해되어야 한다.

[ 1 ] **토지소유자 등이 수용재결에 불복하여 이의신청을 거친 후 취소소송을 제기하는 경우 피고적격(=수용재결을 한 토지수용위원회) 및 소송대상(=수용재결)** 공익사업을 위한 토지등의 취득 및 보상에 관한 법률 제85조 제 1 항 전문의 문언 내용과 같은 법 제83조, 제85조가 중앙토지수용위원회에 대한 이의신청을 임의적 절차로 규정하고 있는 점, 행정소송법 제19조 단서가 행정심판에 대한 재결은 재결 자체에 고유한 위법이 있음을 이유로 하는 경우에 한하여 취소소송의 대상으로 삼을 수 있도록 규정하고 있는 점 등을 종합하여 보면, 수용재결에 불복하여 취소소송을 제기하는 때에는 이의신청을 거친 경우에도 수용재결을 한 중앙토지수용위원회 또는 지방토지수용위원회를 피고로 하여 수용재결의 취소를 구하여야 하고, 다만 이의신청에 대한 재결 자체에 고유한 위법이 있음을 이유로 하는 경우에는 그 이의재결을 한 중앙토지수용위원회를 피고로 하여 이의재결의 취소를 구할 수 있다고 보아야 한다($\frac{대판 2010.1.28,}{2008두1504}$).

[ 2 ] **사업시행자가 재결에 불복하여 이의신청을 거쳐 행정소송을 제기하는 경우 이의재결에서 증액된 보상금을 공탁하여야 할 시기** 공익사업을 위한 토지 등의 취득 및 보

상에 관한 법률 제85조 제1항의 규정 및 관련 규정들의 내용, 사업시행자가 행정소송 제기시 증액된 보상금을 공탁하도록 한 위 제85조 제1항 단서 규정의 입법 취지, 그 규정에 의해 보호되는 보상금을 받을 자의 이익과 그로 인해 제한받게 되는 사업시행자의 재판청구권과의 균형 등을 종합적으로 고려하여 보면, 사업시행자가 재결에 불복하여 이의신청을 거쳐 행정소송을 제기하는 경우에는 원칙적으로 행정소송 제기 전에 이의재결에서 증액된 보상금을 공탁하여야 하지만, 제소 당시 그와 같은 요건을 구비하지 못하였다 하여도 사실심 변론종결 당시까지 그 요건을 갖추었다면 그 흠결의 하자는 치유되었다고 본다.

[3] 사업시행기간 내에 수용재결 신청이 있었다면 사업시행기간 경과 후에도 수용재결을 할 수 있는지 여부(적극) 및 이의재결의 취소를 구할 소의 이익(적극)　도시계획시설사업의 시행자는 늦어도 인가·고시된 도시계획시설사업 실시계획에서 정한 사업시행기간 내에 사법상의 계약에 의하여 도시계획시설사업에 필요한 타인 소유의 토지를 양수하거나 수용재결의 신청을 하여야 하고, 도시계획시설사업의 시행자가 그 사업시행기간 내에 토지에 대한 수용재결 신청을 하였다면 그 신청은 사업시행기간이 경과하였다 하더라도 여전히 유효하므로, 토지수용위원회는 사업시행기간이 경과한 이후에도 위 신청에 따른 수용재결을 할 수 있고, 그 신청을 기각하는 내용의 이 사건 이의재결의 취소를 구하던 중 그 사업시행기간이 경과하였다 하더라도, 이 사건 이의재결이 취소되면 원고의 신청에 따른 수용재결이 이루어질 수 있어 원상회복이 가능하므로, 원고로서는 이 사건 이의재결의 취소를 구할 소의 이익이 있다 ( 대판 2007.1.11. 2004두8538 ).

[4] 수용보상금의 증액을 구하는 소송에서 선행처분으로서 그 수용대상 토지 가격 산정의 기초가 된 비교표준지공시지가결정의 위법을 독립한 사유로 주장할 수 있는지 여부(적극)　표준지공시지가결정은 이를 기초로 한 수용재결 등과는 별개의 독립된 처분으로서 서로 독립하여 별개의 법률효과를 목적으로 하지만, 표준지공시지가는 이를 인근 토지의 소유자나 기타 이해관계인에게 개별적으로 고지하도록 되어 있는 것이 아니어서 인근 토지의 소유자 등이 표준지공시지가결정 내용을 알고 있었다고 전제하기가 곤란할 뿐만 아니라, 결정된 표준지공시지가가 공시될 당시 보상금 산정의 기준이 되는 표준지의 인근 토지를 함께 공시하는 것이 아니어서 인근 토지 소유자는 보상금 산정의 기준이 되는 표준지가 어느 토지인지를 알 수 없으므로, 인근 토지 소유자가 표준지의 공시지가가 확정되기 전에 이를 다투는 것은 불가능하다. 더욱이 장차 어떠한 수용재결 등 구체적인 불이익이 현실적으로 나타나게 되었을 경우에 비로소 권리구제의 길을 찾는 것이 우리 국민의 권리의식임을 감안하여 볼 때, 인근 토지 소유자 등으로 하여금 결정된 표준지공시지가를 기초로 하여 장차 토지보상 등이 이루어질 것에 대비하여 항상 토지의 가격을 주시하고 표준지공시지가결정이 잘못된 경우 정해진 시정절차를 통하여 이를 시정하도록 요구하는 것은 부당하게 높은 주의의무를 지우는 것이고, 위법한 표준지공시지가결정에 대하여 그 정해진 시정절차를 통하여 시정하도록 요구하지 않았다는 이유로 위법한 표준지공시지가를 기초로 한

수용재결 등 후행 행정처분에서 표준지공시지가결정의 위법을 주장할 수 없도록 하는 것은 수인한도를 넘는 불이익을 강요하는 것으로서 국민의 재산권과 재판받을 권리를 보장한 헌법의 이념에도 부합하는 것이 아니다. 따라서 표준지공시지가결정이 위법한 경우에는 그 자체를 행정소송의 대상이 되는 행정처분으로 보아 그 위법 여부를 다툴 수 있음은 물론, 수용보상금의 증액을 구하는 소송에서도 선행처분으로서 그 수용대상 토지 가격 산정의 기초가 된 비교표준지공시지가결정의 위법을 독립한 사유로 주장할 수 있다(대판 2008.8.21, 2007두13845).

**[5] 구 '공익사업을 위한 토지 등의 취득 및 보상에 관한 법률' 제74조 제1항에 의한 잔여지 수용청구를 받아들이지 않은 토지수용위원회의 재결에 대하여 토지소유자가 불복하여 제기하는 소송의 성질 및 그 상대방**   구 '공익사업을 위한 토지 등의 취득 및 보상에 관한 법률'(2007. 10. 17. 법률 제8665호로 개정되기 전의 것) 제74조 제1항에 규정되어 있는 잔여지 수용청구권은 손실보상의 일환으로 토지소유자에게 부여되는 권리로서 그 요건을 구비한 때에는 잔여지를 수용하는 토지수용위원회의 재결이 없더라도 그 청구에 의하여 수용의 효과가 발생하는 형성권적 성질을 가지므로, 잔여지 수용청구를 받아들이지 않은 토지수용위원회의 재결에 대하여 토지소유자가 불복하여 제기하는 소송은 위 법 제85조 제2항에 규정되어 있는 '보상금의 증감에 관한 소송'에 해당하여 사업시행자를 피고로 하여야 한다(대판 2010.8.19, 2008두822).

# 제 5 절   공용환지와 공용환권

## Ⅰ. 제도의 의의

공용환지와 공용환권은 행정계획에 의하여 토지의 합리적인 이용을 증진하기 위하여 일정지구 내의 토지의 구획이나 형질을 변경하고, 권리자의 의사를 불문하고 토지 등의 소유권 등을 강제적으로 교환·분합하는 것을 말한다. 이는 물적 공용부담으로서의 성질을 갖는다. 그 내용이 평면적인 토지정리에 그치고 토지와 토지를 교환·분합하는 것을 공용환지라고 하고, 토지·건물에 관한 권리를 토지정리 후에 새로이 건축된 건축물과 그 부지에 관한 권리로 변환·이행하게 하는 입체적 환지의 수법을 공용환권이라고 한다. 실정법상으로 도시개발사업과 농업기반 등 정비사업은 공용환지의 방식에 의하고, 도심지재개발사업 및 주택개량재개발사업은 공용환권의 방식에 의하여 시행되고 있다.

## Ⅱ. 공용환지

### 1. 의 의

일정구역 토지의 구획이나 형질을 변경하거나 공공시설의 정비 등에 의해 토지의 이용가치를 증진시키기 위하여, 특정토지에 대한 소유권 기타의 권리를 권리자의 의사여하를 불문하고 교환·분합하는 것을 공용환지라고 한다. 그 주된 유형에는 도시개발사업과 농업기반 등 정비사업이 있으며, 그 근거법으로는 각각 「도시개발법」과 「농어촌정비법」이 있다.

### 2. 도시개발사업

도시개발사업에 관하여는 「도시개발법」(이하 '법'이라 한다)이 규율하고 있다.

#### (1) 도시개발사업의 의의
#### 1) 도시개발사업의 내용 및 그 방식

도시개발사업이라 함은 도시개발구역 안에서 주거·상업·산업·유통·정보통신·생태·문화·보건 및 복지 등의 기능을 가지는 단지 또는 시가지를 조성하기 위하여 시행하는 사업을 말한다($\frac{법 \, 제2}{조 \, 1항}$). 도시개발사업은 시행자가 도시개발구역 안의 토지 등을 수용 또는 사용하는 방식이나, 환지방식 또는 이를 혼용하는 방식으로 시행할 수 있다($\frac{법 \, 제21}{조 \, 1항}$).

#### 2) 도시개발구역의 지정

㈎ 지정권자   도시개발구역은 특별시장·광역시장 또는 도지사가 계획적인 도시개발이 필요하다고 인정되는 때에 지정하며, 지정하고자 하는 도시개발구역의 면적이 대통령령이 정하는 규모 이상인 때에는 국토교통부장관의 승인을 얻어야 한다($\frac{법 \, 제3}{조 \, 1항}$). 그러나 국가가 도시개발사업을 실시할 필요가 있는 경우 또는 관계 중앙행정기관의 장이 요청하는 경우 및 기타 대통령령이 정하는 경우 등에는 국토교통부장관이 도시개발구역을 지정할 수 있다($\frac{법 \, 제3}{조 \, 3항}$).

㈏ 지정절차   국토교통부장관 또는 시·도지사가 도시개발구역을 지정하고자 하거나, 시장·군수 또는 구청장이 도시개발구역의 지정을 요청하고자 하는 때에는 공람 또는 공청회를 통하여 주민 및 관계 전문가 등으로부터 의견을 청취하여야 하며, 공람 또는 공청회에서 제시된 의견이 타당하다고 인정되는 때에는 이를 반영하여야 한다($\frac{법 \, 제}{7조}$).

지정권자는 도시개발구역을 지정하거나 개발계획을 변경하고자 하는 때에는 관계 행정기관의 장과 협의한 후 중앙도시계획위원회 또는 시·도의 도시계획위원회의 심의를 거쳐야 한다(법제<br>8조).

지정권자는 도시개발구역을 지정하거나 개발계획을 변경하고자 하는 때에는 대통령령이 정하는 바에 따라 이를 관보 또는 공보에 고시하고, 당해 도시개발구역을 관할하는 시장·군수 또는 구청장에게 관계서류의 사본을 송부하여야 한다(법제<br>9조).

### 3) 도시개발구역 지정의 해제

도시개발구역의 지정은, ㉠ 도시개발구역이 지정·고시된 날부터 3년이 되는 날까지 도시개발사업에 관한 실시계획의 인가를 신청하지 아니하는 경우에는 그 3년이 되는 날, ㉡ 도시개발사업의 공사완료(환지방식에 의한 사업인 경우에는 그 환지처분)의 공고일의 다음 날에 해제된 것으로 본다(법제<br>10조).

### (2) 사업의 시행자 및 시행인가절차

### 1) 시 행 자

지정권자는 ㉠ 국가 또는 지방자치단체, ㉡ 대통령령이 정하는 공공기관 및 정부출연기관, ㉢ 「지방공기업법」에 의하여 설립된 지방공사, ㉣ ㉠ 또는 ㉡에 해당하는 자가 ㉾에 해당하는 자와 도시개발사업의 시행을 위하여 공동으로 출자하여 설립한 법인, ㉤ 도시개발구역 안의 토지소유자 또는 이들이 도시개발사업을 위하여 설립한 조합, ㉥ 「수도권정비계획법」에 의한 과밀억제권역에서 수도권 외의 지역으로 이전하는 법인 중 과밀억제권역 안의 사업기관 등 대통령령이 정하는 요건에 해당하는 법인, ㉾ 「건설산업기본법」에 의한 토목공사업 또는 토목건축공사업의 면허를 받는 등 개발계획에 적합하게 도시개발사업을 시행할 능력이 있다고 인정되는 자로서 대통령령이 정하는 요건에 해당하는 자, ㉿ 「부동산투자회사법」에 따라 설립된 자기관리 부동산투자회사 또는 위탁관리 부동산투자회사로서 대통령령으로 정하는 요건에 해당하는 자 중에서 사업의 시행자를 지정한다. 다만, 도시개발구역의 전부를 환지방식으로 시행하는 경우에는 토지소유자 또는 조합을 시행자로 지정한다(법제11<br>조1항).

### 2) 도시개발사업시행의 위탁

시행자는 항만·철도 기타 대통령령이 정하는 공공시설의 건설과 공유수면의 매립에 관한 업무를 대통령령이 정하는 바에 따라 국가·지방자치단체 또는 정부투자기관에 위탁하여 시행할 수 있다(법제12<br>조1항).

### 3) 도시개발사업조합의 인가

조합을 설립하고자 하는 때에는 도시개발구역 안의 토지소유자 7인 이상이 대통령령이 정하는 사항을 기재한 정관을 작성하여 지정권자에게 조합설립의 인가를 받아야 한다(법제13<br>조1항). 조합설립의 인가를 신청하고자 하는 때에는 당해 도시개발구역 안의 토지면적의 3분의 2 이상에 해당하는 토지소유자와 그 구역 안의 토지소유자 총수의

2분의 1 이상의 동의를 얻어야 한다($^{법 제13}_{조 3항}$). 조합은 법인으로 하며($^{법 제15}_{조 1항}$), 그 주된 사무소의 소재지에서 등기함으로써 성립한다.

### (3) 도시개발사업의 시행

#### 1) 시행의 준비행위

시행자는 도시개발구역의 지정, 도시개발사업에 관한 조사·측량 또는 사업의 시행을 위하여 필요한 때에는 타인이 점유하는 토지에 출입하거나 타인의 토지를 재료적치장 또는 임시도로로 일시 사용할 수 있으며, 특히 필요한 경우에는 장애물 등을 변경하거나 제거할 수 있다($^{법 제64}_{조 1항}$). 타인의 토지에 출입하고자 하는 때에는 시장·군수 또는 구청장의 허가를 받아야 하며($^{법 제64}_{조 2항}$), 타인의 토지를 재료적치장 또는 임시도로로 일시 사용하거나 장애물 등을 변경 또는 제거하고자 하는 때에는 미리 당해 토지의 소유자·점유자 또는 관리인의 동의를 얻어야 한다($^{법 제64}_{조 3항}$).

#### 2) 환지계획

⑺ **환지계획의 내용**  시행자는 도시개발사업의 전부 또는 일부를 환지방식에 의하여 시행하고자 하는 경우에는 도시개발구역 내의 토지에 관한 환지처분을 행하기 위하여 환지계획을 작성하여야 한다($^{법 제28}_{조 1항}$). 환지계획에는 환지설계, 필별로 된 환지명세, 필별과 권리별로 된 청산대상토지명세, 체비지 또는 보류지의 명세, 기타 국토교통부령이 정하는 사항을 정하여야 한다($^{법 제28}_{조 1항}$).

> **환지계획이 항고소송의 대상인지 여부**  토지구획정리사업법 제57조, 제62조 등의 규정상 환지예정지 지정이나 환지처분은 그에 의하여 직접 토지소유자 등의 권리의무가 변동되므로 이를 항고소송의 대상이 되는 처분이라고 볼 수 있으나, 환지계획은 위와 같은 환지예정지 지정이나 환지처분의 근거가 될 뿐 그 자체가 직접 토지소유자 등의 법률상의 지위를 변동시키거나 또는 환지예정지 지정이나 환지처분과는 다른 고유한 법률효과를 수반하는 것이 아니어서 이를 항고소송의 대상이 되는 처분에 해당한다고 할 수가 없다($^{대판 1999.8.20.}_{97누6889}$).

⑴ **환지계획의 인가**  행정청이 아닌 시행자가 환지계획을 작성한 때에는 시장·군수 또는 구청장의 인가를 받아야 한다($^{법 제29}_{조 1항}$).

⑴ **청산금**  환지를 정하거나 그 대상에서 제외한 경우에 그 과부족분에 대하여는 종전의 토지 및 환지의 위치·지목·지적·토질·수리·이용상황·환경 기타의 사항을 종합적으로 고려하여 금전으로 이를 청산하여야 한다($^{법 제41}_{조 1항}$).

⑴ **체비지와 보류지**  체비지는 도시개발사업에 필요한 경비에 충당하기 위하여 매각할 목적으로 환지에서 제외하는 토지를 말하고, 보류지는 시행자가 그 규약·정

관·시행규정 또는 실시계획으로 정한 목적에 공용하기 위하여 환지로 정하지 아니한 토지를 말한다. 시행자는 환지계획을 정함에 있어서 일정한 토지를 환지로 하지 아니하고 보류하여 두고, 그 토지를 매각하여 사업비용의 일부로 쓰거나 일정한 목적에 공용할 수 있다(법 제34조 제1항).

(마) 입체환지    시행자는 도시개발사업을 원활히 시행하기 위하여 특히 필요한 경우에는 토지 또는 건축물 소유자의 신청을 받아 건축물의 일부와 그 건축물이 있는 토지의 공유지분을 부여할 수 있다. 다만, 토지 또는 건축물이 대통령령으로 정하는 기준 이하인 경우에는 시행자가 규약·정관 또는 시행규정으로 신청대상에서 제외할 수 있다(법 제32조 제1항). 이러한 입체환지의 경우 시행자는 환지계획 작성 전에 실시계획의 내용, 환지계획 기준, 환지 대상 필지 및 건축물의 명세, 환지신청 기간 등 대통령령으로 정하는 사항을 토지소유자(건축물 소유자를 포함한다)에게 통지하고 해당 지역에서 발행되는 일간신문에 공고하여야 한다(법 제32조 제3항). 입체환지의 신청기간은 이 통지한 날부터 30일 이상 60일 이하로 하여야 한다. 다만, 시행자는 환지계획의 작성에 지장이 없다고 판단하는 경우에는 20일의 범위에서 그 신청기간을 연장할 수 있다(법 제32조 제4항). 입체환지를 받으려는 토지소유자는 환지신청 기간 이내에 시행자에게 환지신청을 하여야 한다(법 제32조 제5항). 시행자는 입체환지로 건설된 주택 등 건축물을 인가된 환지계획에 따라 환지신청자에게 공급하여야 한다(법 제32조의3 제1항).

3) 환지예정지의 지정

(가) 개념과 의의    시행자는 도시개발사업의 시행을 위하여 필요하면 도시개발구역의 토지에 대하여 환지예정지를 지정할 수 있다(법 제35조 제1항). 이 경우 종전의 토지에 대한 임차권자 등이 있으면 해당 환지예정지에 대하여 해당 권리의 목적인 토지 또는 그 부분을 아울러 지정하여야 한다. 이는 도시개발사업이 비교적 장기간이 소요되므로 종전의 토지와 환지에 관하여 그 사이에 생길 수 있는 법률적 분쟁을 예방하고, 토지 상의 권리관계를 조속하게 안정시키려는 취지에서 인정되는 것이다. 시행자가 환지예정지를 지정하려면 관계 토지소유자와 임차권자 등에게 환지예정지의 위치·면적과 환지예정지 지정의 효력발생 시기를 알려야 한다(법 제35조 제3항).

(나) 지정의 효과    환지예정지가 지정되면 종전의 토지의 소유자와 임차권자 등은 환지예정지 지정의 효력발생일부터 환지처분이 공고되는 날까지 환지예정지나 해당 부분에 대하여 종전과 같은 내용의 권리를 행사할 수 있으며 종전의 토지는 사용하거나 수익할 수 없다(법 제36조 제1항). 시행자는 환지예정지를 지정한 경우에 해당 토지를 사용하거나 수익하는 데에 장애가 될 물건이 그 토지에 있거나 그 밖에 특별한 사유가 있으면 그 토지의 사용 또는 수익을 시작할 날을 따로 정할 수 있다(법 제36조 제2항). 시행자는 체비지의 용도로 환지예정지가 지정된 경우에는 도시개발사업에 드는 비용을 충당하기 위

하여 이를 사용 또는 수익하게 하거나 처분할 수 있다(법 제36 조 4항).

환지예정지 지정처분은 환지처분의 공고일까지만 효력이 있으므로 그에 대한 항고소송은 환지처분이 유효하게 공고되면 그 소의 이익이 소멸된다(대판 1999.8.20, 97누6889).

㈐ 지정 전 토지 사용　　시행자는 ① 순환개발을 위한 순환용주택을 건설하려는 경우, ②「국방·군사시설 사업에 관한 법률」에 따른 국방·군사시설을 설치하려는 경우, ③ 주민 등의 의견청취를 위한 공고일 이전부터「주택법」제9조에 따라 등록한 주택건설사업자가 주택건설을 목적으로 토지를 소유하고 있는 경우, ④ 그 밖에 기반시설의 설치나 개발사업의 촉진에 필요한 경우 등 대통령령으로 정하는 경우에는 환지예정지를 지정하기 전이라도 실시계획 인가 사항의 범위에서 토지 사용을 하게 할 수 있다(법 제36 조의2 1항). ③과 ④의 경우에는 ㉠ 사용하려는 토지의 면적이 구역 면적의 100분의 5 이상(최소 1만제곱미터 이상)이고 소유자가 동일할 것(이 경우 국유지·공유지는 관리청과 상관없이 같은 소유자로 본다), ㉡ 사용하려는 종전 토지가 실시계획 인가로 정한 하나 이상의 획지(劃地) 또는 가구(街區)의 경계를 모두 포함할 것, ㉢ 사용하려는 토지의 면적 또는 평가액이 구역 내 동일소유자가 소유하고 있는 전체 토지의 면적 또는 평가액의 100분의 60 이하이거나 대통령령으로 정하는 바에 따라 보증금을 예치할 것, ㉣ 사용하려는 토지에 임차권자 등이 있는 경우 임차권자 등의 동의가 있을 것의 요건이 모두 충족되는 경우에만 환지예정지를 지정하기 전에 토지를 사용할 수 있다(법 제36 조의2 2항). 토지를 사용하는 자는 환지예정지를 지정하기 전까지 새로 조성되는 토지 또는 그 위에 건축되는 건축물을 공급 또는 분양하여서는 아니 된다(법 제36 조의2 3항).

㈑ 사용·수익의 정지　　시행자는 환지를 정하지 아니하기로 결정된 토지소유자나 임차권자 등에게 날짜를 정하여 그날부터 해당 토지 또는 해당 부분의 사용 또는 수익을 정지시킬 수 있다(법 제37 조 1항). 시행자가 이에 따라 사용 또는 수익을 정지하게 하려면 30일 이상의 기간을 두고 미리 해당 토지소유자 또는 임차권자 등에게 알려야 한다(법 제37 조 2항).

㈒ 장애물 등의 이전과 제거　　시행자는 환지예정지를 지정하거나 종전의 토지에 관한 사용 또는 수익을 정지시키는 경우나 대통령령으로 정하는 시설의 변경·폐지에 관한 공사를 시행하는 경우 필요하면 도시개발구역에 있는 건축물과 그 밖의 공작물이나 물건 및 죽목(竹木), 토석, 울타리 등의 장애물을 이전하거나 제거할 수 있다. 이 경우 시행자(행정청이 아닌 시행자만 해당한다)는 미리 관할 특별자치도지사·시장·군수 또는 구청장의 허가를 받아야 한다(법 제38 조 1항).

㈓ 토지의 관리　　환지예정지의 지정이나 사용 또는 수익의 정지처분으로 이를 사용하거나 수익할 수 있는 자가 없게 된 토지 또는 해당 부분은 환지예정지의 지정일

이나 사용 또는 수익의 정지처분이 있은 날부터 환지처분을 공고한 날까지 시행자가 관리한다(<sup>법 제39</sup><sub>조 1항</sub>).

### 4) 환지처분

㈎ **법적 성질**   환지처분은 종전의 토지에 대하여 소유권을 가진 자에게 종전의 토지에 갈음하여 환지계획에서 정하여진 토지를 할당하여 종국적으로 이를 귀속하게 하는 처분으로서 형성적 행정행위의 성질을 갖는다.

구 토지구획정리사업법에 있어서 환지계획의 내용에 의하지 아니하거나 환지계획에 없는 사항을 그 내용으로 하는 환지처분은 무효이다(<sup>대판 2000.2.25,</sup><sub>97누5534</sub>).

㈏ **환지처분의 절차**

① **공사의 완료 및 준공검사의 신청**   시행자는 환지방식에 의하여 도시개발사업에 관한 공사를 완료한 때에는 지체 없이 대통령령이 정하는 바에 의하여 이를 공고하고, 공사관계서류를 일반에 14일 이상 공람시켜야 한다(<sup>법 제40</sup><sub>조 1항</sub>). 도시개발구역의 토지소유자나 이해관계인은 공람 기간에 시행자에게 의견서를 제출할 수 있으며, 의견서를 받은 시행자는 공사 결과와 실시계획 내용에 맞는지를 확인하여 필요한 조치를 하여야 한다(<sup>법 제40</sup><sub>조 2항</sub>). 시행자는 공람 기간에 의견서의 제출이 없거나 제출된 의견서에 따라 필요한 조치를 한 경우에는 지정권자에 의한 준공검사를 신청하거나 도시개발사업의 공사를 끝내야 한다(<sup>법 제40</sup><sub>조 3항</sub>).

② **준공검사**   시행자(지정권자가 시행자인 경우는 제외한다)가 도시개발사업의 공사를 끝낸 때에는 국토교통부령으로 정하는 바에 따라 공사완료 보고서를 작성하여 지정권자의 준공검사를 받아야 한다(<sup>법 제50</sup><sub>조 1항</sub>). 지정권자는 공사완료 보고서를 받으면 지체 없이 준공검사를 하여야 한다. 이 경우 지정권자는 효율적인 준공검사를 위하여 필요하면 관계 행정기관·공공기관·연구기관, 그 밖의 전문기관 등에 의뢰하여 준공검사를 할 수 있다(<sup>법 제50</sup><sub>조 2항</sub>). 시행자는 도시개발사업을 효율적으로 시행하기 위하여 필요하면 해당 도시개발사업에 관한 공사가 전부 끝나기 전이라도 공사가 끝난 부분에 관하여 준공검사(지정권자가 시행자인 경우에는 시행자에 의한 공사 완료 공고를 말한다)를 받을 수 있다(<sup>법 제50</sup><sub>조 4항</sub>).

③ **환지처분**   시행자는 지정권자에 의한 준공검사를 받은 때에는 60일 이내에 환지처분을 하여야 한다(<sup>법 제40</sup><sub>조 4항</sub>). 환지처분을 하고자 할 때에는 환지계획에서 정한 사항을 토지소유자에게 통지하고 이를 공고하여야 한다(<sup>법 제40</sup><sub>조 5항</sub>).

④ **청산금의 결정**   환지를 정하거나 그 대상에서 제외한 경우 그 과부족분(過不足分)은 종전의 토지(입체환지 방식으로 사업을 시행하는 경우에는 환지 대상 건축물을 포함한다) 및 환지의 위치·지목·면적·토질·수리·이용 상황·환경, 그 밖의

사항을 종합적으로 고려하여 금전으로 청산하여야 한다(법 제41조 1항). 청산금은 환지처분을 하는 때에 결정하여야 한다. 다만, 환지 대상에서 제외한 토지등에 대하여는 청산금을 교부하는 때에 청산금을 결정할 수 있다(법 제41조 2항).

⑤ **등기**  시행자는 환지처분의 공고가 있는 때에는 공고 후 14일 이내에 이를 관할등기소에 통지하고, 토지와 건축물에 관한 등기를 신청 또는 촉탁하여야 한다(법 제43조 1항).

⑥ **체비지의 처분**  시행자는 체비지나 보류지를 규약·정관·시행규정 또는 실시계획으로 정하는 목적 및 방법에 따라 합리적으로 처분하거나 관리하여야 한다(법 제44조 1항).

⑦ **감가보상금의 지급**  행정청인 시행자는 도시개발사업의 시행으로 인하여 그 후의 토지가액의 총액이 시행 전의 토지가액의 총액보다 감소한 때에는, 그 차액에 상당하는 금액을 대통령령이 정하는 기준에 의하여 종전의 토지에 관한 소유자 또는 임차권자 등에게 감가보상금으로 지급하여야 한다(법 제45조).

⑧ **청산금의 징수 및 교부**  시행자는 환지처분의 공고가 있은 후에 확정된 청산금을 징수하거나 교부하여야 한다. 다만 환지를 정하지 아니하는 토지에 대하여는 환지처분 이전이라도 청산금을 교부할 수 있다(법 제46조 1항). 행정청인 시행자는 청산금을 내야 할 자가 이를 내지 아니하면 국세 또는 지방세 체납처분의 예에 따라 징수할 수 있으며, 행정청이 아닌 시행자는 특별자치도지사·시장·군수 또는 구청장에게 청산금의 징수를 위탁할 수 있다(법 제46조 3항). 청산금을 받을 권리 또는 징수할 권리는 5년간 이를 행사하지 아니할 때에는 시효로 인하여 소멸한다(법 제47조).

(다) 환지처분의 효과

① **환지의 취급**  환지처분의 공고가 있는 경우에는 환지계획에서 정하여진 환지는 그 환지처분의 공고가 있은 날의 다음날로부터 종전의 토지로 보며, 환지계획에서 환지를 정하지 아니한 종전의 토지상에 존재하던 권리는 그 환지처분의 공고일이 종료한 때에 소멸한다(법 제42조 1항). 그러나 행정상 또는 재판상의 처분으로서 종전의 토지에 전속하는 것에 대하여는 영향을 미치지 아니하며(법 제42조 2항), 지역권도 그 성질상 종전의 토지에 존속한다(법 제42조 3항).

② **임대료 등의 증가청구**  도시개발사업으로 임차권등의 목적인 토지 또는 지역권에 관한 승역지(承役地)의 이용이 증진되거나 방해를 받아 종전의 임대료·지료, 그 밖의 사용료 등이 불합리하게 되면 당사자는 계약 조건에도 불구하고 장래에 관하여 그 증감을 청구할 수 있다(도시개발사업으로 건축물이 이전된 경우 그 임대료에 관하여도 또한 같다)(법 제48조 1항). 다만, 환지처분이 공고된 날부터 60일이 지나면 임대료·지료, 그 밖의 사용료 등의 증감을 청구할 수 없다(법 제48조 3항).

③ 권리의 포기 등    도시개발사업의 시행으로 지역권 또는 임차권등을 설정한 목적을 달성할 수 없게 되면 당사자는 해당 권리를 포기하거나 계약을 해지할 수 있다. 도시개발사업으로 건축물이 이전되어 그 임대의 목적을 달성할 수 없게 된 경우에도 또한 같다(법 제49조 제1항). 이에 따라 권리를 포기하거나 계약을 해지한 자는 그로 인한 손실을 보상하여 줄 것을 시행자에게 청구할 수 있으며, 손실을 보상한 시행자는 해당 토지 또는 건축물의 소유자 또는 그로 인하여 이익을 얻는 자에게 이를 구상(求償)할 수 있다(법 제49조 2, 3항). 환지처분이 공고된 날부터 60일이 지나면 권리를 포기하거나 계약을 해지할 수 없다(법 제49조 4항).

**환지확정처분의 일부에 대한 취소를 구할 법률상 이익의 유무**    토지구획정리사업법에 의한 환지처분이 일단 공고되어 그 효력을 발생한 이상 환지전체의 절차를 처음부터 다시 밟지 않는 한 그 일부만을 따로 떼어 환지처분을 변경할 길이 없으므로 그 환지처분 중 일부 토지에 관하여 환지도 지정하지 아니하고 또 정산금도 지급하지 아니한 위법이 있다 하여도 이를 이유로 민법상의 불법행위로 인한 손해배상을 구할 수 있으므로 그 환지확정처분의 일부에 대하여 취소를 구할 법률상 이익은 없다(대판 1985.4.23, 84누446).

## 3. 농어촌정비사업

농어촌정비사업과 관련한 공용환지에 대해서는 「농어촌정비법」(이하 '법'이라 한다)이 규율하고 있다.

### (1) 농어촌정비사업의 의의

「농어촌정비법」은 농업생산기반, 농어촌 생활환경, 농어촌 관광휴양자원 및 한계농지 등을 종합적·체계적으로 정비·개발하여 농수산업의 경쟁력을 높이고 농어촌 생활환경 개선을 촉진함으로써 현대적인 농어촌 건설과 국가의 균형발전에 이바지하는 것을 목적으로 한다. 동법에 따른 공용환지의 전제가 되는 사업으로서의 농어촌정비사업에는 농업생산기반정비사업과 농어촌생활환경정비사업이 있다. 종래 토지구획정리사업과 더불어 공용환지의 대표적 사례로 들었던 구 「농촌근대화촉진법」상의 농지개량사업과는 달리, 농어촌정비사업은 토지의 효용을 증진시키기 위하여 토지에 대한 권리를 강제로 교환·분합하는 경지정리사업에 국한되지 않고, 농수산업의 경쟁력 향상과 농어촌생활환경개선을 위한 여타 정비사업에까지 대상범위를 확대하고 있다는 점에 그 의의가 있다(법 제2조 제2조). 이 법에 의한 "농어촌정비사업"이란 농업생산기반을 조성·확충하기 위한 농업생산기반 정비사업, 생활환경을 개선하기 위한 농어촌 생활환경 정비사업, 농어촌산업 육성사업, 농어촌 관광휴양자원 개발사업 및 한계농지등의 정비사업이 포함되는데($^{법\ 제2조}_{4호}$), 이들 중 공용환지는 농업기반정비사업과 생활환경정비사업의 시행을 위하여 필요한 경우에 시행할 수 있도록 하고 있다($^{법\ 제25조}_{이하,\ 제62조}$).

### (2) 정비사업의 시행

#### 1) 농업생산기반 정비사업의 시행절차

농업생산기반 정비사업이란 농어촌용수개발사업($^{농촌지역의}_{농업용수\ 등}$), 농업생산기반개량사업($^{경지\ 정리,\ 배수\ 개선,}_{시설\ 개보수\ 등}$), 농지확대개발사업($^{간척·매립}_{·개간\ 등}$), 농업주산단지조성 및 영농시설확충사업, 저수지나 담수호 등 호수와 늪의 수질오염방지사업과 수질개선사업, 농지의 토양개선사업 및 그 밖에 농지를 개발하거나 이용하는데 필요한 사업을 말한다($^{법\ 제}_{2조\ 5호}$).

㈎ 시행자　농업생산기반 정비사업의 시행자는 국가, 지방자치단체, 한국농어촌공사 또는 토지소유자가 될 수 있다. 다만, 농업주산단지조성 및 영농시설확충사업에 있어서는 농업협동조합도 시행자가 될 수 있다($^{법\ 제}_{10조}$).

㈏ 농업생산기반 정비계획 수립과 예정지의 조사　농림축산식품부장관 또는 해양수산부장관은 농어촌 정비를 위하여 토지·마을 및 연안해면의 이용과 개발에 필요한 자원 조사를 할 수 있고($^{법\ 제}_{3조}$), 자원 조사 결과를 바탕으로 농업생산기반, 농어촌 생활환경, 농어촌산업, 농어촌 관광휴양자원, 한계농지 등을 개발하고 정비하기 위하여 관계 부처의 장과 협의하여 농어촌 정비 종합계획을 세워야 하는바, 이러한 자원조사결과와 농어촌 정비 종합계획의 결과를 바탕으로 논농사, 밭농사, 시설농업 등 지역별·유형별 농업생산기반 정비계획을 세우고 추진하여야 하고($^{법\ 제7}_{조\ 1항}$), 농업생산기반 정비사업을 하려는 자가 신청하는 경우나 농림축산식품부장관이 농업생산기반 정비사업의 필요성을 인정하는 경우에는 농업생산기반 정비계획에 따라 해당 지역에 대한 예정지 조사를 하여야 한다($^{법\ 제7}_{조\ 2항}$).

㈐ 농업기반정비사업 기본계획 및 시행계획　농림축산식품부장관은 예정지 조사 결과 농업생산기반 정비사업 중 타당성이 있다고 인정되는 사업은 그 지역에 대한 기본조사를 하고 농업생산기반 정비사업 기본계획을 세워야 한다. 다만, 경지 정리, 농업생산기반시설의 개수·보수 및 준설 사업은 ㉠ 사업지역이 1개 광역시·도 또는 특별자치도(시·도)인 경우는 관할 광역시장·도지사 또는 특별자치도지사(시·도지사)가, ㉡ 사업지역이 2개 이상의 시·도에 걸쳐 있는 경우는 농림축산식품부장관이 관할 시·도지사와 협의하여 지정하는 시·도지사가 기본조사를 하고 농업생산기반 정비사업 기본계획을 세워야 한다($^{법\ 제}_{8조}$).

① 사업시행자의 지정 및 시행계획의 수립　농림축산식품부장관 또는 시·도지사는 농업생산기반 정비사업 기본계획 중 타당성이 있는 농업생산기반 정비사업에 대

하여는 농업생산기반 정비사업 시행자를 지정하여야 한다($\frac{법 제9}{조 1항}$). 농업생산기반 정비사업 시행자는 농업생산기반 정비사업 기본계획에 따라 사업을 하려면 해당 지역에 대한 세부 설계를 하고, 농업생산기반 정비사업 시행계획을 세워야 한다($\frac{법 제9}{조 2항}$).

② **시행계획의 공고와 동의**  농업생산기반 정비사업 시행자는 농업생산기반 정비사업(저수지의 개수·보수 등 농림축산식품부령으로 정하는 농업생산기반 개량사업은 제외한다) 시행계획을 공고하고, 토지에 대한 권리를 가지고 있는 자[15]에게 열람하도록 한 후 3분의 2 이상의 동의를 받아야 한다. 농업생산기반 정비사업 시행자는 농림축산식품부령으로 정하는 특수한 사유로 인하여 토지에 대한 권리를 가지는 자의 동의를 받을 수 없는 경우에는 그 지역 수혜면적(受惠面積)의 3분의 2 이상에 해당하는 토지소유자의 동의를 받아야 한다($\frac{법 제9}{조 4항}$).

③ **이의신청**  토지 등에 대한 권리를 가지고 있는 자는 공고된 농업생산기반 정비사업 시행계획에 이의가 있으면 공고일부터 30일 이내에 농업생산기반 정비사업 시행자에게 이의신청을 할 수 있다. 이 경우 농업생산기반 정비사업 시행자는 이의신청일부터 30일 이내에 이의신청에 대한 검토의견을 이의신청인에게 알려야 하고, 이의신청 내용이 타당하면 농업생산기반 정비사업 시행계획에 그 내용을 반영하여야 한다($\frac{법 제9}{조 5항}$).

④ **시행계획의 승인 및 변경**  농업생산기반 정비사업 시행자가 농업생산기반 정비사업 시행계획을 수립하면 농림축산식품부령으로 정하는 서류를 첨부하여 농림축산식품부장관에게 승인을 신청하여야 한다. 다만, 경지 정리, 농업생산기반시설의 개수·보수 및 준설 사업은 시·도지사에게 승인을 신청하여야 한다($\frac{법 제9}{조 6항}$). 농림축산식품부장관 또는 시·도지사는 농업생산기반 정비사업 시행계획을 승인한 경우에는 그 내용을 고시하여야 한다($\frac{법 제9}{조 7항}$). 농업생산기반 정비사업 시행자는 승인받은 농업생산기반 정비사업 시행계획을 변경하려는 경우에는 농림축산식품부장관 또는 시·도지사의 승인을 받아야 한다($\frac{법 제9}{조 8항}$). 농림축산식품부장관 또는 시·도지사는 농업생산기반 정비사업 시행계획 변경을 승인한 경우에는 그 내용을 고시하여야 한다. 다만, 대통령령으로 정하는 경미한 사항은 그러하지 아니하다($\frac{법 제9}{조 9항}$).

**2) 농어촌생활환경정비사업의 시행절차**

"생활환경정비사업"이란 농어촌지역과 준농어촌지역의 생활환경, 생활기반 및 편익시설·복지시설 등을 종합적으로 정비하고 확충하며 농어업인 등의 복지를 향상하

---

15) 여기서 '토지에 대한 권리를 가지는 자'란 ㉠ 농업의 목적으로 사용·수익하는 토지의 소유자, ㉡ 농업의 목적으로 사용·수익하기 위하여 토지에 소유권 외의 물권(등기된 임차권을 포함한다)을 가지고 있는 자, ㉢ 농업 외의 목적으로 사용·수익하는 토지의 소유자, ㉣ 농업 외의 목적으로 사용·수익하기 위하여 토지에 소유권 외의 물권을 가지고 있는 자, ㉤ 그 밖에 대통령령으로 정하는 자 등을 말한다(법 제11조).

기 위한 사업으로서 ㉠ 집단화된 농어촌 주택, 공동이용시설 등을 갖춘 새로운 농어촌마을 건설사업, ㉡ 기존 마을의 토지와 주택 등을 합리적으로 재배치하기 위한 농어촌마을 재개발사업, ㉢ 분산된 마을의 정비사업, ㉣ 간이 상수도, 마을하수도(「하수도법」 제2조제4호에 따른 공공하수도 중 농어촌지역에 마을 단위로 설치하는 공공하수도를 말한다) 및 오수·폐수 정화시설의 설치 등 농어촌 수질오염 방지를 위한 사업, ㉤ 주민 생활의 거점이 되는 지역을 중점적으로 개발하는 정주생활권(定住生活圈) 개발사업, ㉥ 빈집의 정비, ㉦ 농어촌 임대주택의 공급 및 관리를 위한 사업, ㉧ 치산녹화(治山綠化) 등 국토보전시설의 정비·확충, ㉨ 농어촌 주택의 개량(신축·증축·개축 및 대수선을 말한다)사업, ㉩ 슬레이트(석면이 함유된 슬레이트를 말한다)가 사용된 농어촌 주택·공동이용시설 등 시설물에 대한 슬레이트의 해체·제거 및 처리 사업 및 ㉪ 그 밖에 농어촌지역과 준농어촌지역의 생활환경을 개선하기 위하여 필요한 사업을 말한다(법 제2조 10호).

(가) 시행자　생활환경정비사업은 시장·군수·구청장이 시행한다. 다만, 시장·군수·구청장은 생활환경정비사업을 효율적으로 추진하기 위하여 사업의 전부 또는 일부에 대하여 ㉠ 한국농어촌공사, ㉡ 지방공기업, ㉢ 마을정비조합, ㉣ 시장·군수·구청장, 지방공기업, 또는 마을정비조합이 한국토지주택공사 또는 주택건설 사업자와 공동으로 출자하여 설립한 법인을 사업시행자로 지정할 수 있다(법 제56조 1항).

(나) 생활환경정비계획의 수립 및 고시　시장·군수·구청장은 생활환경정비사업을 시행할 필요가 있으면 5년마다 생활환경정비계획을 세워 시·군·구 농어업·농어촌및식품산업정책심의회의 심의를 거쳐 시·도지사의 승인을 받아야 한다(법 제54조 1항). 시장·군수·구청장은 시·도지사로부터 생활환경정비계획의 승인을 받은 경우에는 대통령령으로 정하는 사항을 고시하고 일반인에게 열람하도록 하여야 한다(법 제54조 2항).

(다) 생활환경정비 기본계획의 수립　시장·군수·구청장은 생활환경정비계획에 포함된 사항을 추진하기 위하여 필요한 경우 세부 사업별로 생활환경정비사업 기본계획을 수립할 수 있다(법 제58조 1항). 시장·군수·구청장은 생활환경정비사업 기본계획을 수립하거나 변경하려는 경우에는 미리 해당 사업지역 주민의 의견을 듣고 시·도지사 및 관계 기관과 협의하여야 한다(법 제58조 2항).

(라) 생활환경정비 시행계획의 수립 및 변경　생활환경정비사업 시행자가 생활환경정비사업을 추진하려면 생활환경정비계획, 생활환경정비사업 기본계획, 농어촌마을정비계획에 따라 생활환경정비사업 시행계획을 수립하여야 한다. 다만, 생활환경정비사업 시행계획을 세울 때 「국토의 계획 및 이용에 관한 법률」에 따른 도시·군관리계획이 수립되어 있는 지역에 대하여는 해당 도시·군관리계획에 따라 생활환경정비사업 시행계획을 수립할 수 있다(법 제59조 1항). 생활환경정비사업 시행자가 시장·군수·구청장인

경우 생활환경정비사업 시행계획을 세워 사업을 시행하고, 시장·군수·구청장 이외의 생활환경정비사업 시행자는 생활환경정비사업 시행계획을 세워 시장·군수·구청장에게 승인을 받아야 한다($\frac{법}{조}\frac{제59}{2항}$). 시장·군수·구청장은 생활환경정비사업 시행계획을 세우거나 이를 승인하는 경우 또는 시·도지사의 승인을 받은 경우에는 대통령령으로 정하는 바에 따라 고시하고 일반인에게 열람하도록 하여야 한다($\frac{법}{조}\frac{제59}{4항}$). 지방자치단체의 장은 생활환경정비사업 시행계획을 승인한 경우에는 그 사실을 시·도지사 또는 농림축산식품부장관에게 보고하여야 한다($\frac{법}{조}\frac{제59}{5항}$). 생활환경정비사업 시행자는 여건의 변경 등으로 인하여 생활환경정비사업 시행계획의 내용을 변경하려면 위 수립시의 절차를 따라야 한다. 다만, 농림축산식품부령으로 정하는 경미한 사항은 시장·군수·구청장에게 보고하고 변경할 수 있다($\frac{법}{61조}\frac{제}{}$).

### (3) 환지계획

농업생산기반 정비사업 시행자는 농업생산기반 정비사업 시행을 위하여 필요하면 사업시행 전의 토지를 대신하여 사업시행 후의 토지를 정하고, 이로 인하여 생긴 이해관계의 불균형을 금전으로 청산하게 하기 위한 환지계획을 세워야 한다($\frac{법}{조}\frac{제25}{1항}$). 이 환지계획은 이후에 있을 환지처분의 기초가 된다. 생활환경 정비사업 시행자가 ㉠ 집단화된 농어촌 주택, 공동이용시설 등을 갖춘 새로운 농어촌마을 건설사업, ㉡ 기존 마을의 토지와 주택 등을 합리적으로 재배치하기 위한 농어촌마을 재개발사업을 시행하기 위하여 환지를 하려면 「도시개발법」상의 환지 규정을 준용한다($\frac{법}{62조}\frac{제}{}$). 이하에서는 주로 「농어촌정비법」이 규정하는 농업생산기반 정비사업의 경우를 위주로 환지절차를 살펴보기로 한다.

#### 1) 환지계획의 내용

환지계획은 ㉠ 토지 소유자별 환지계획 및 청산금 내용, ㉡ 종전 토지 및 시행 후 토지의 필지별 내용, ㉢ 환지를 지정하지 아니하는 토지 및 그 밖에 특별한 취급을 하는 토지의 내용, ㉣ 그 밖에 농림축산식품부령으로 정하는 사항 등을 정하는 것을 내용으로 한다($\frac{법}{조}\frac{제25}{4항}$).

환지계획에서 환지는 종전의 토지와 상응하여야 하되, 농업생산기반 정비사업 시행에 따른 환지는 농업경영의 합리화에 기여할 수 있도록 집단 지정하여야 하며($\frac{법}{조}\frac{제25}{2항}$), 농경지 지정을 원칙으로 한다. 다만, 생활환경정비사업 병행시 토지소유자가 신청하거나 동의할 경우에는 비농경지로 지정할 수 있다($\frac{법}{조}\frac{제25}{5항}$).

환지를 받을 수 있는 자는 토지등기부상의 토지소유자여야 한다($\frac{법}{조}\frac{제25}{3항}$). 환지로 지정되는 면적은 대통령령으로 정하는 바에 따라 산정한 면적과 비교하여 토지소유자별로 증감폭이 100분의 20 이내가 되도록 하여야 한다. 다만, 그 산정한 면적의 100분의 20에 해당하는 면적이 1천제곱미터 미만이면 1천제곱미터까지 늘리거나 줄일 수 있다(법제25조6항).

환지계획을 정할 때 종전 토지 소유자가 신청하거나 동의하는 경우에는 그 신청하거나 동의한 종전 토지에 대하여는 이러한 범위를 초과하여 환지를 지정하거나 환지를 지정하지 아니하고 금전으로 청산할 수 있다. 이 경우 금액을 지급하고 징수하는 방법 및 시기를 그 환지계획에서 정하여야 한다(법제35조1항). 그런데 만약 국공유지나 한국농어촌공사 소유가 아닌 토지 중 지목이 구거(溝渠 : 도랑), 도로, 하천, 제방(둑) 또는 유지(웅덩이)인 토지로서 실제 경작하지 아니한 경우와 환지계획구역에 1천제곱미터 이하의 토지소유자가 있는 경우에는 환지를 지정하지 아니하고 금전으로 청산한다. 다만, 제40조에 따른 수혜자총회의 의결(대의원회의 의결로 수혜자총회의 의결을 갈음하는 경우를 포함한다)이 있을 경우에는 1천제곱미터 이하의 토지소유자에게도 환지를 지정할 수 있다(법제25조7항).

한편 예외적으로 농업생산기반 정비사업 시행자는 종전 토지에 대신하여 정하는 것이 아니라 창설적으로 그 사업계획에서 정하여진 ㉠ 그 사업 시행상 필요하여 새로 조성된 농업생산기반시설의 용지, ㉡ 미곡종합처리장, 공동집하장 등 농업경영을 합리화하고 농업의 구조를 개선하기 위한 시설의 용지, ㉢ 그 밖에 농어촌 발전과 농어민 복지 향상을 위한 시설로서 대통령령으로 정하는 시설의 용지 등 특정용도에 필요한 토지를 환지로 지정할 수 있고(법제34조1항),16) 토지소유자가 신청하거나 동의할 경우에는 종전 토지를 대신하여 사업 시행으로 조성된 부지를 포함하는 건축물의 전부 또는 일부를 환지로 지정할 수 있다(법제34조6항).17)

농업생산기반 정비사업 시행자는 환지계획을 수립할 때에 종전 토지의 전부 또는 일부에 소유권 외의 권리 또는 처분 제한이 있는 경우 종전 토지와 교환될 토지에 그 소유권 외의 권리 또는 처분 제한의 목적이 되는 부분을 지정하여야 한다(법제25조8항).

### 2) 환지계획의 인가

농업생산기반 정비사업 시행자는 농업생산기반 정비사업의 공사를 준공한 후 그 사업의 성질상 필요한 경우에는 지체 없이 그 농업생산기반 정비사업을 시행하는 지역에 대한 환지계획을 세워 시·도지사의 인가를 받아야 한다. 다만, 수혜면적이 3천만제곱미터 이상인 사업은 농림축산식품부장관의 인가를 받아야 한다(법제26조1항). 농업생산기반 정비사업 시행자가 인가를 받으려면 환지계획의 개요와 그 밖에 필요한 사항을 14일 이상 공고하고 그 구역의 토지등 소유자에게 개별 통지하여야 하며, 토지등 소유자의 3분의 2 이상의 동의를 받아야 한다(법제26조2항). 공고된 환지계획에 이해관계가

---

16) 이를 '창설환지'라 한다.
17) 이를 '입체환지'라 한다.

있는 자가 그 환지계획에 대하여 이의가 있을 때에는 그 공고가 끝난 날부터 15일 이내에 농업생산기반 정비사업 시행자에게 이의신청을 할 수 있다($\frac{법}{조}\frac{제26}{3항}$). 농업생산기반 정비사업 시행자가 이의신청을 받으면 이의신청기간이 끝나는 날부터 15일 이내에 그 적합성에 관한 의견을 첨부하여 시·도지사에게 재정(裁定)을 신청하여야 한다. 다만, 국가 또는 시·도지사가 시행하거나 농림축산식품부장관이 인가하는 농업생산기반 정비사업은 농림축산식품부장관에게 신청하여야 한다($\frac{법}{조}\frac{제26}{4항}$). 농업생산기반 정비사업 시행자는 이의신청이 없거나 이의신청에 대한 재정을 받은 경우에는 농림축산식품부령으로 정하는 필요한 서류를 첨부하여 농림축산식품부장관 또는 시·도지사에게 환지계획 인가신청을 하여야 한다($\frac{법}{조}\frac{제26}{5항}$). 농림축산식품부장관 또는 시·도지사는 인가를 한 경우에는 지체 없이 그 사실을 고시하고 시장·군수·구청장과 등기소에 알려야 한다($\frac{법}{조}\frac{제26}{6항}$).

### 3) 일시이용지의 지정

도시개발사업에 있어서의 환지예정지 지정과 유사하게, 농업생산기반 정비사업 시행자는 사업의 공사가 준공되기 전이라도 필요하면 농림축산식품부령으로 정하는 바에 따라 해당 사업 시행지역의 토지에 대하여 종전의 토지를 대신할 일시 이용지를 지정할 수 있다. 이 경우에는 환지계획에서 정할 사항을 고려하여야 한다($\frac{법}{조}\frac{제38}{1항}$). 농업생산기반 정비사업 시행자는 일시이용지를 지정하면 일시이용지와 종전의 토지에 대하여 소유권·지상권·임차권 또는 사용대차에 의한 권리를 가진 자에게 일시이용지, 종전의 토지 및 사용 개시일 등을 알려야 한다($\frac{법}{조}\frac{제38}{2항}$). 일시이용지가 지정된 경우 종전의 토지에 대하여 이러한 권리를 가진 자는 일시이용지의 전부 또는 일부를 그 통지된 사용 개시일부터 환지계획의 인가고시($\frac{법}{조}\frac{제26}{6항}$)가 있을 때까지 법률이나 계약으로 정한 해당 권리의 내용에 따라 종전의 토지와 같은 조건으로 사용·수익할 수 있다 ($\frac{법}{조}\frac{제38}{3항}$). 농업생산기반 정비사업 시행자는 일시이용지를 지정함으로써 통상적으로 생길 수 있는 손실을 보상하여야 하며($\frac{법}{조}\frac{제38}{6항}$), 일시이용지의 지정으로 이익을 얻는 자에게는 그 이익에 상당하는 금액을 징수할 수 있다($\frac{법}{조}\frac{제38}{7항}$).

### (4) 환지처분

농업생산기반 정비사업이 완료된 후에 종전의 토지에 갈음하여 새로운 토지를 교부하는 형성적 행정행위를 환지처분이라고 한다. 이때 종전의 토지와 환지와의 과부족분이 생긴 때에는 청산금을 지불하거나 징수하게 된다. 환지처분은 환지계획 내용의 실행행위로서의 성질을 갖는바, 농림축산식품부장관이 행하는 환지계획인가의 고시가 바로 환지처분에 해당한다.

환지처분의 고시가 있는 경우에는 환지계획에 의하여 교부될 환지는 환지계획을 고시한 날의 다음날로부터 이를 종전토지로 보며, 그 환지계획에 의하여 환지를 정하지 아니할 종전토지에 존재하는 권리는 그 고시가 있은 날에 소멸된 것으로 본다(법 제37조 1항). 그러나 행정상 또는 재판상의 원본에 의하여 종전의 토지에 전속하는 권리에 대하여는 영향을 미치지 아니한다(법 제37조 4항).

### (5) 교환·분할 및 합병

#### 1) 교환·분할·합병의 의의

이때의 교환·분할·합병이란 정비사업의 공사와 관계없이 농지에 관한 권리, 그 농지의 이용에 필요한 토지에 관한 권리 및 농업생산기반시설과 농어촌용수의 사용에 관한 권리를 교환·분할·합병하는 것을 말한다. 이는 당해 정비사업의 공사와 관련 없이 행해진다는 점에서 환지처분과 구분된다. 이하의 설명은 주로 농지의 소유권에 대한 교환·분할 및 합병을 대상으로 하지만 농지에 관한 소유권 외의 지상권·임차권 또는 사용차권에 대한 교환·분할 및 합병에 대하여도 준용된다(법 제46조).

#### 2) 교환·분할·합병의 종류

교환·분할·합병은 그 시행자를 기준으로 다음과 같이 두 가지로 나누어 볼 수 있다.

㈎ 시장·군수·구청장 또는 한국농어촌공사의 교환·분할·합병   시장·군수·구청장 또는 한국농어촌공사는 농지소유자 2명 이상이 신청하거나 농지소유자가 신청하지 아니하더라도 토지소유자가 동의를 한 경우에는 농지에 관한 권리, 그 농지의 이용에 필요한 토지에 관한 권리 및 농업생산기반시설과 농어촌용수의 사용에 관한 권리의 교환·분할·합병을 시행할 수 있다(법 제43조 1항).

㈏ 토지소유자의 교환·분할·합병   2명 이상의 토지 소유자는 농지의 집단화를 위하여 필요한 경우 상호 협의에 의하여 교환·분할·합병을 시행할 수 있다(법 제43조 4항).

#### 3) 교환·분할·합병의 절차

시장·군수·구청장 또는 한국농어촌공사가 교환·분할·합병을 시행하는 때에는 교환·분할·합병계획을 세워 시·도지사의 인가를 받아 그 개요를 고시하고 시장·군수·구청장과 등기소에 알려야 한다(법 제43조 2항). 이때 교환·분할·합병계획을 작성함에 있어서는 농지소유자가 새로 취득할 농지의 면적 및 가격은 그가 상실한 농지의 면적 및 가격에 비하여 큰 차이가 나지 아니하도록 하여야 한다(법 제44조 1항). 다만 처분에 제한이 있는 농지로서 농림축산식품부령으로 정하는 것과 지상권 또는 임차권이 설정된 농지로서 그 권리가 압류·가압류 또는 가처분의 목적으로 되어 있는 것에 대하여는 교환·분할·합병계획을 정하지 못한다(법 제44조 2항). 농지 소유권의 교환·분할·합병계획에는 교환·분할·합병으로 소유권자가 취득할 농지와 상실할 농지 및 소유권의 이전시기를 정하여야 한다(법제44조 3항).

### 4) 교환·분할·합병의 효과

교환·분할·합병계획의 인가고시가 있으면 그 고시된 교환·분할·합병계획에 따라 소유권은 이전되고 저당권·지상권·임차권 또는 사용차권이 설정되며 이에 대응하는 종전의 권리는 소멸되고, 지역권은 설정되거나 소멸된다(법제45조). 시장·군수·구청장 또는 한국농어촌공사는 교환·분할·합병계획의 인가고시가 있으면 그 고시된 교환·분할·합병계획에 따라 청산금을 지급하거나 징수하여야 한다(법제47조 1항). 시장·군수·구청장 또는 한국농어촌공사는 교환·분할·합병계획의 인가를 받으면 해당 교환·분할·합병계획에 관한 등기를 촉탁하여야 한다(법제47조 3항).

## Ⅲ. 공용환권

공용환권은 토지의 효용을 증진하기 위하여 일정한 지구 내의 토지의 구획·형질을 변경하여, 권리자의 의사를 불문하고 종전의 토지나 건축물에 관한 권리를 토지정리 후에 새로 건축된 건축물 및 토지에 관한 권리로 강제로 변환시키는 토지의 입체적 변환방식을 말한다. 주택재개발사업 등이 이의 대표적인 사례로서 인정되고 있으며, 이에 관하여는 「도시 및 주거환경정비법」(이하 '법'으로 약함)이 제정되어 있다.[18]

### 1. 정비사업의 의의

"정비사업"이란 이 법에서 정한 절차에 따라 도시기능을 회복하기 위하여 정비구역에서 정비기반시설을 정비하거나 주택 등 건축물을 개량 또는 건설하는 사업을 말하며, 여기에는 주거환경개선사업, 재개발사업 및 재건축사업 등 세 가지 사업이 포함된다(법제2조 2호).

① '주거환경개선사업'이란 도시저소득 주민이 집단거주하는 지역으로서 정비기반시설이 극히 열악하고 노후·불량건축물이 과도하게 밀집한 지역의 주거환경을 개선하거나 단독주택 및 다세대주택이 밀집한 지역에서 정비기반시설과 공동이용시설 확충을 통하여 주거환경을 보전·정비·개량하기 위한 사업을 말한다.

② '재개발사업'이란 정비기반시설이 열악하고 노후·불량건축물이 밀집한 지역에서 주거환경을 개선하거나 상업지역·공업지역 등에서 도시기능의 회복 및 상권활

---

18) 이 법은 개별법으로 운영되는 주택재정비사업의 통합 및 종합관리로 사업의 일관성과 '선계획·후개발'에 입각한 도시관리를 도모하고, 재개발·재건축 등 주택재정비사업과 관련한 각종 비리 등 제도운영상 나타난 문제점을 보완하기 위하여 제정된 것이다. 이 법이 제정됨으로써 종래 「도시재개발법」에 의한 재개발사업, 「도시저소득주민의 주거환경개선을 위한 임시조치법」에 의한 주거환경개선사업, 「주택건설촉진법」에 의한 재건축사업이 정비사업으로 통일되어 관리하게 되었다.

성화 등을 위하여 도시환경을 개선하기 위한 사업을 말한다.

③ '재건축사업'이란 정비기반시설은 양호하나 노후·불량건축물에 해당하는 공동주택이 밀집한 지역에서 주거환경을 개선하기 위한 사업을 말한다.

이러한 정비사업은 다음의 절차에 따라 진행된다.

> 도시·주거환경정비기본계획의 수립 및 승인 → 정비구역의 지정 및 정비계획 수립 → 조합설립추진위원회 승인 → 조합설립 인가 → 사업시행계획 인가 → 관리처분계획 인가 → 준공인가 → 이전고시 → 청산

## 2. 사업의 준비

### (1) 도시·주거환경정비기본계획(이하 '기본계획'으로 약함)의 수립 등

#### 1) 기본계획의 수립

특별시장·광역시장·특별자치시장·특별자치도지사 또는 시장(기본계획의 수립권자)은 정비사업의 기본방향, 정비사업의 계획기간, 주거지관리계획, 토지이용계획·정비기반시설계획·공동이용시설설치계획 및 교통계획 등이 포함된 도시·주거환경정비기본계획을 10년 단위로 수립하여야 한다. 다만, 대도시가 아닌 시로서 도지사가 기본계획을 수립할 필요가 없다고 인정하는 시에 대해서는 기본계획을 수립하지 아니할 수 있다(법 제4조 1항). 특별시장·광역시장·특별자치시장·특별자치도지사 또는 시장은 기본계획에 대하여 5년마다 타당성 여부를 검토하여 그 결과를 기본계획에 반영하여야 한다(법 제4조 2항).

#### 2) 주민공람 및 지방의회 의견청취

기본계획의 수립권자는 기본계획을 수립하거나 변경하려는 경우에는 14일 이상 주민에게 공람하여 의견을 들어야 하며, 제시된 의견이 타당하다고 인정되면 이를 기본계획에 반영하여야 한다(법 제6조 1항). 기본계획의 수립권자는 이러한 주민공람과 함께 지방의회의 의견을 들어야 하는바, 이 경우 지방의회는 기본계획의 수립권자가 기본계획을 통지한 날부터 60일 이내에 의견을 제시하여야 하며, 의견제시 없이 60일이 지난 경우 이의가 없는 것으로 본다(법 제6조 2항). 다만, 대통령령이 정하는 경미한 사항을 변경하는 경우에는 주민공람과 지방의회의 의견청취 절차를 거치지 아니할 수 있다(법 제6조 3항).

#### 3) 기본계획의 확정 및 고시 등

기본계획의 수립권자(대도시의 시장이 아닌 시장은 제외한다)는 기본계획을 수립하거나 변경하려면 관계 행정기관의 장과 협의한 후 지방도시계획위원회의 심의를 거쳐야 한다. 다만, 대통령령으로 정하는 경미한 사항을 변경하는 경우에는 관계 행정기관의

장과의 협의 및 지방도시계획위원회의 심의를 거치지 아니한다(법 제7조 1항).

대도시의 시장이 아닌 시장은 기본계획을 수립하거나 변경하려면 도지사의 승인을 받아야 하며, 도지사가 이를 승인하려면 관계 행정기관의 장과 협의한 후 지방도시계획위원회의 심의를 거쳐야 한다. 다만, 위와 같은 경미한 사항을 변경하는 경우에는 도지사의 승인을 받지 아니할 수 있다(법 제7조 2항).

기본계획의 수립권자는 기본계획을 수립하거나 변경한 때에는 지체 없이 이를 해당 지방자치단체의 공보에 고시하고 일반인이 열람할 수 있도록 하여야 하며, 고시한 사항을 국토교통부장관에게 보고하여야 한다(법 제7조 3항, 4항).

### 4) 기본계획의 수립에 따른 행위제한

국토교통부장관, 시·도지사, 시장, 군수 또는 구청장(자치구의 구청장을 말함)은 비경제적인 건축행위 및 투기 수요의 유입을 막기 위해 기본계획을 공람중인 정비예정구역 또는 정비계획을 수립중인 지역에 대하여 3년 이내의 기간(1년의 범위에서 한 차례만 연장가능함)을 정해 건축물의 건축과 토지의 분할을 제한할 수 있다(법 제19조 7항).

### (2) 정비계획의 수립 등

### 1) 정비계획의 입안 및 정비구역 지정

특별시장·광역시장·특별자치시장·특별자치도지사·시장 또는 군수(광역시의 군수는 제외하며, 이하 "정비구역의 지정권자"라 한다)는 기본계획에 적합한 범위에서 노후·불량건축물이 밀집하는 등 대통령령으로 정하는 요건에 해당하는 구역에 대하여 정비계획을 결정하여 정비구역을 지정(변경지정을 포함한다)할 수 있다(법 제8조 1항). 정비구역의 지정권자는 정비구역 지정을 위하여 직접 정비계획을 입안할 수 있다(법 제8조 4항).

자치구의 구청장 또는 광역시의 군수(구청장 등)는 정비계획을 입안하여 특별시장·광역시장에게 정비구역 지정을 신청하여야 한다. 이 경우 지방의회의 의견을 첨부하여야 한다(법 제8조 5항).

정비계획을 입안하는 특별자치시장, 특별자치도지사, 시장, 군수 또는 구청장등(정비계획의 입안권자)이 ㉠ 생활권의 설정, 생활권별 기반시설 설치계획 및 주택수급계획, ㉡ 생활권별 주거지의 정비·보전·관리의 방향을 포함하여 기본계획을 수립한 지역에서 정비계획을 입안하는 경우에는 그 정비구역을 포함한 해당 생활권에 대하여 그러한 사항에 대한 세부 계획을 입안할 수 있다(법 제9조 3항).

### 2) 정비계획의 입안제안

토지등소유자는 ① 단계별 정비사업 추진계획상 정비예정구역별 정비계획의 입안시기가 지났음에도 불구하고 정비계획이 입안되지 않거나 정비예정구역별 정비계획의 수립시기를 정하고 있지 않은 경우, ② 토지등소유자가 토지주택공사 등을 사업시행자로 지정 요청하려는 경우, ③ 대도시가 아닌 시 또는 군으로서 시·도조례로 정하는 경우, ④ 정비사업을 통하여 기업형임대주택을 공급하거나 임대할 목적으로 주택을 주택임대관리업자에게 위탁하려는 경우로서 법 제9조 제1항 제10호의 각 목19) 을 포함하는 정비계획의 입안을 요청하려는 경우, ⑤ 시장·군수등이 재개발사업 및 재건축사업을 직접 시행하거나 토지주택공사를 사업시행자로 지정하여 시행하는 경우(재개발사업·재건축사업의 공공시행자) 또는 토지등소유자, 민관합동법인, 신탁업자 등 일정한 지정개발자를 사업시행자로 지정하여 정비사업을 시행하려는 경우, ⑥ 토지등소유자(조합이 설립된 경우에는 조합원을 말함)가 3분의 2 이상의 동의로 정비계획의 변경을 요청하는 경우(다만, 경미한 사항을 변경하는 경우에는 토지등소유자의 동의절차를 거치지 않음) 정비계획의 입안권자에게 정비계획의 입안을 제안할 수 있다(법 제14조 제1항).

### 3) 정비계획 입안을 위한 주민의견청취 등

정비계획의 입안권자는 정비계획을 입안하거나 변경하려면 주민에게 서면으로 통보한 후 주민설명회 및 30일 이상 주민에게 공람하여 의견을 들어야 하며, 제시된 의견이 타당하다고 인정되면 이를 정비계획에 반영하여야 한다(법 제15조 제1항). 정비계획의 입안권자는 이러한 주민공람과 함께 지방의회의 의견을 들어야 하며, 이 경우 지방의회는 정비계획의 입안권자가 정비계획을 통지한 날부터 60일 이내에 의견을 제시하여야 하고, 의견제시 없이 60일이 지난 경우 이의가 없는 것으로 본다(법 제15조 제2항). 다만, 대통령령으로 정하는 경미한 사항을 변경하는 경우에는 주민에 대한 서면통보, 주민설명회, 주민공람 및 지방의회의 의견청취 절차를 거치지 아니할 수 있다(법 제15조 제3항).

### 4) 정비계획의 결정 및 정비구역의 지정 고시 등

정비구역의 지정권자는 정비구역을 지정하거나 변경지정하려면 지방도시계획위원회의 심의를 거쳐야 하며(법 제16조 제1항),20) 정비구역의 지정권자가 정비구역을 지정(변경지정을 포함)하거나 정비계획을 결정(변경결정을 포함)한 때에는 정비계획을 포함한 정비구역 지정의 내용을 해당 지방자치단체의 공보에 고시하여야 한다(법 제16조 제2항).21) 정비구역의 지정권자는 정비계획을 포함한 정비구역을 지정·고시한 때에는 국토교통부령으로 정하는 방법 및 절차에 따라 국토교통부장관에게 그 지정의 내용을 보고하여야 하

---

19) 여기서 법 제9조 제1항 10호 각 목이란, '가. 공공지원민간임대주택 또는 임대관리 위탁주택에 관한 획지별 토지이용 계획, 나. 주거·상업·업무 등의 기능을 결합하는 등 복합적인 토지이용을 증진시키기 위하여 필요한 건축물의 용도에 관한 계획, 다. 「국토의 계획 및 이용에 관한 법률」 제36조 제1항 제1호 가목에 따른 주거지역을 세분 또는 변경하는 계획과 용적률에 관한 사항, 라. 그 밖에 공공지원민간임대주택 또는 임대관리 위탁주택의 원활한 공급 등을 위하여 대통령령으로 정하는 사항'을 말한다.
20) 다만, 제15조 제3항에 따른 경미한 사항을 변경하는 경우에는 지방도시계획위원회의 심의를 거치지 아니할 수 있다.
21) 이 경우 지형도면 고시 등에 있어서는 「토지이용규제 기본법」 제8조에 따른다.

며, 관계 서류를 일반인이 열람할 수 있도록 하여야 한다(법 제16 조 3항).

이 법에 따라 정비구역의 지정·고시가 있는 경우 해당 정비구역 및 정비계획 중 「국토의 계획 및 이용에 관한 법률」에 따른 지구단위계획의 내용(국토의 계획 및 이용에 관한 법률 제52 조 1항)에 해당하는 사항은 같은 법에 따라 지구단위계획구역 및 지구단위계획으로 결정·고시된 것으로 본다(법 제17 조 1항). 또한 「국토의 계획 및 이용에 관한 법률」에 따른 지구단위계획구역에 대하여 이 법에 따른 정비계획의 내용(법 제9 조 1항)에 해당하는 사항을 모두 포함한 지구단위계획을 결정·고시(변경 결정·고시하는 경우를 포함)하는 경우 해당 지구단위계획구역은 정비구역으로 지정·고시된 것으로 본다(법 제17 조 2항).

### 5) 정비구역 내 행위제한

정비구역에서 ㉠ 건축물의 건축, ㉡ 공작물의 설치, ㉢ 토지의 형질변경, ㉣ 토석의 채취, ㉤ 토지분할, ㉥ 물건을 쌓아 놓는 행위, ㉦ 그 밖에 대통령령으로 정하는 행위를 하려는 자는 시장·군수등의 허가를 받아야 한다. 허가받은 사항을 변경하려는 때에도 또한 같다(법 제19 조 1항). 그러나 재해복구 또는 재난수습에 필요한 응급조치를 위한 행위나 그 밖에 대통령령으로 정하는 행위는 허가를 받지 아니하고 할 수 있다(법 제19 조 2항). 허가를 받아야 하는 행위로서 정비구역의 지정 및 고시 당시 이미 관계 법령에 따라 행위허가를 받았거나 허가를 받을 필요가 없는 행위에 관하여 그 공사 또는 사업에 착수한 자는 대통령령으로 정하는 바에 따라 시장·군수 등에게 신고한 후 이를 계속 시행할 수 있다(법 제19 조 3항). 정비구역에서 이러한 행위허가를 받은 경우에는 「국토의 계획 및 이용에 관한 법률」 제56조에 따른 개발행위허가를 받은 것으로 본다(법 제19 조 6항). 이러한 정비구역내 행위제한에 위반한 자에 대해서 시장·군수등은 원상회복을 명할 수 있으며, 명령을 받은 자가 그 의무를 이행하지 아니하는 때에는 「행정대집행법」에 따라 대집행할 수 있다(법 제19 조 4항).

한편 국토교통부장관, 시·도지사, 시장, 군수 또는 구청장(자치구의 구청장을 말함)은 비경제적인 건축행위 및 투기 수요의 유입을 막기 위해 기본계획을 공람중인 정비예정구역 또는 정비계획을 수립중인 지역에 대하여 3년 이내의 기간(1년의 범위에서 한 차례만 연장가능)을 정해 건축물의 건축과 토지의 분할을 제한할 수 있다(법 제19 조 7항). 또한 정비예정구역 또는 정비구역("정비구역등")에서는 「주택법」에 따른 지역주택조합의 조합원을 모집하는 것이 금지된다(법 제19 조 8항).

### (3) 정비구역등 해제
### 1) 해제 사유

정비구역의 지정권자는 다음의 어느 하나에 해당하는 경우에는 정비구역등을 해제하여야 한다(법 제20 조 1항 및 5항 본문). 구청장등은 다음의 어느 하나에 해당하는 경우 특별시장·

광역시장에게 정비구역등의 해제를 요청하여야 한다(법제20 조2항).

① 정비예정구역에 대하여 기본계획에서 정한 정비구역 지정 예정일부터 3년이 되는 날까지 특별자치시장, 특별자치도지사, 시장 또는 군수가 정비구역을 지정하지 아니하거나 구청장등이 정비구역의 지정을 신청하지 아니하는 경우

② 조합이 재개발사업·재건축사업을 시행하는 경우로서 다음의 어느 하나에 해당하는 경우

㉮ 토지등소유자가 정비구역으로 지정·고시된 날부터 2년이 되는 날까지 조합설립추진위원회(이하 "추진위원회"라 함)의 승인을 신청하지 않는 경우

㉯ 토지등소유자가 정비구역으로 지정·고시된 날부터 3년이 되는 날까지 조합설립인가를 신청하지 않는 경우(추진위원회를 구성하지 않은 경우만 해당)

㉰ 추진위원회가 추진위원회 승인일부터 2년이 되는 날까지 조합설립인가를 신청하지 않는 경우

㉱ 조합이 조합설립인가를 받은 날부터 3년이 되는 날까지 사업시행계획인가를 신청하지 않는 경우

③ 토지등소유자가 시행하는 재개발사업으로서 토지등소유자가 정비구역으로 지정·고시된 날부터 5년이 되는 날까지 사업시행계획인가를 신청하지 않는 경우

**2) 해제 예외**

정비구역의 지정권자는 다음의 어느 하나에 해당하는 경우에는 위 ①~③까지의 규정에 따른 해당 기간을 2년의 범위에서 연장하여 정비구역등을 해제하지 아니할 수 있다.

㉮ 정비구역등의 토지등소유자(조합을 설립한 경우에는 조합원을 말한다)가 100분의 30 이상의 동의로 위 ①~③까지의 규정에 따른 해당 기간이 도래하기 전까지 연장을 요청하는 경우

㉯ 정비사업의 추진 상황으로 보아 주거환경의 계획적 정비 등을 위하여 정비구역등의 존치가 필요하다고 인정하는 경우

**3) 해제 절차**

① **주민공람** 특별자치시장, 특별자치도지사, 시장, 군수 또는 구청장등이 정비구역등을 해제하거나 정비구역등의 해제를 요청하는 경우에는 30일 이상 주민에게 공람하여 의견을 들어야 한다(법제20 조3항).

② **지방의회 의견청취** 특별자치시장, 특별자치도지사, 시장, 군수 또는 구청장등은 주민공람을 하는 경우에는 지방의회의 의견을 들어야 한다. 이 경우 지방의회는 특별자치시장, 특별자치도지사, 시장, 군수 또는 구청장등이 정비구역등의 해제에 관한 계획을 통지한 날부터 60일 이내에 의견을 제시하여야 하며, 의견제시 없이 60일

이 지난 경우 이의가 없는 것으로 본다($\frac{법\ 제20}{조\ 4항}$).

③ **지방도시계획위원회의 심의**  정비구역의 지정권자는 정비구역등의 해제를 요청받거나 정비구역등을 해제하려면 지방도시계획위원회의 심의를 거쳐야 한다. 다만, 「도시재정비 촉진을 위한 특별법」에 따른 재정비촉진지구에서는 도시재정비위원회의 심의를 거쳐 정비구역등을 해제하여야 한다($\frac{법\ 제20}{조\ 5항}$).

④ **고시 및 통보**  정비구역의 지정권자는 정비구역등을 해제하는 경우(해제하지 아니하는 경우를 포함한다)에는 그 사실을 해당 지방자치단체의 공보에 고시하고 국토교통부장관에게 통보하여야 하며, 관계 서류를 일반인이 열람할 수 있도록 하여야 한다($\frac{법\ 제20}{조\ 7항}$).

**4) 정비구역등의 직권해제**

정비구역의 지정권자는 다음의 어느 하나에 해당하는 경우 지방도시계획위원회의 심의를 거쳐 정비구역등을 해제할 수 있다($\frac{법\ 제21\ 조}{1항\ 전단}$).

㉮ 정비사업의 시행으로 토지등소유자에게 과도한 부담이 발생할 것으로 예상되는 경우

㉯ 정비구역등의 추진 상황으로 보아 지정 목적을 달성할 수 없다고 인정되는 경우

㉰ 토지등소유자의 100분의 30 이상이 정비구역등(추진위원회가 구성되지 아니한 구역으로 한정한다)의 해제를 요청하는 경우

㉱ 시장·군수등이 직접 시행하되 토지주택공사등을 사업시행자로 지정하여 공람공고일 현재 토지등소유자의 과반수의 동의를 받아($\frac{법\ 제23조}{1항1호}$) 시행중인 주거환경개선사업의 정비구역이 지정·고시된 날부터 10년 이상 경과하고, 추진 상황으로 보아 지정 목적을 달성할 수 없다고 인정되는 경우로서 토지등소유자의 3분의 2 이상이 정비구역의 해제에 동의하는 경우

이처럼 앞서 설명한 원칙적인 정비구역 해제는 해제 사유가 발생하면 무조건 해제하여야 하는 기속행위인 반면, 직권해제는 이처럼 그 법적 성질이 정비구역 지정권자의 재량행위이다. 이와 관련하여 위 직권해제 사유 중 '정비사업의 시행으로 토지등소유자에게 과도한 부담이 발생할 것으로 예상되는 경우'와 '정비구역등의 추진 상황으로 보아 지정 목적을 달성할 수 없다고 인정되는 경우'에 대해서는 과도한 부담인지 여부와 지정목적이 달성할 수 없는지 여부에 관하여 관련 당사자간에 다툼이 있을 소지가 많은데, 이를 보완하기 위하여 그 구체적인 기준 등에 필요한 사항을 시·도조례로 정하도록 하였다($\frac{법\ 제21\ 조}{1항\ 후단}$). 또한 정비구역등의 직권해제시 발생하는 매몰비용을 누가 부담하여야 하는지의 문제에 대해서도 정비구역등을 직권해제하여 추진위원회 구성승인 또는 조합설립인가가 취소되는 경우 정비구역의 지정권자는 해당 추진위원회 또는 조합이 사용한 비용의 일부를 대통령령이 정하는 범위에서 시·도조례로 정

하는 바에 따라 보조할 수 있도록 하였다(법제21조제3항).

그 밖에 정비구역등의 직권해제의 절차에 관하여는 정비구역등 해제에 관한 주민 공람, 지방의회 의견청취 및 고시·통보의 절차를 준용한다(법제21조제2항).

### 5) 정비구역등 해제의 효력

정비구역등이 해제된 경우에는 정비계획으로 변경된 용도지역, 정비기반시설 등은 정비구역 지정 이전의 상태로 환원된 것으로 본다(법제22조제1항본문). 다만, 시장·군수등이 직접 시행하되 토지주택공사등을 사업시행자로 지정하여 시행중인 주거환경개선사업의 정비구역이 지정·고시된 날부터 10년 이상 경과하고, 추진 상황으로 보아 지정 목적을 달성할 수 없다고 인정되는 경우로서 토지등소유자의 3분의 2 이상이 정비구역의 해제에 동의하는 경우에 해당하여 정비구역등이 직권해제되는 경우 정비구역의 지정권자는 정비기반시설의 설치 등 해당 정비사업의 추진 상황에 따라 환원되는 범위를 제한할 수 있다(법제22조제1항단서).

정비구역등(재개발사업 및 재건축사업을 시행하려는 경우로 한정한다)이 해제된 경우 정비구역의 지정권자는 해제된 정비구역등을 시장·군수등이 직접 시행하되 토지주택공사등을 사업시행자로 지정하여 공람공고일 현재 토지등소유자의 과반수의 동의를 받아(법제23조제1항제1호) 시행하는 주거환경개선구역(주거환경개선사업을 시행하는 정비구역을 말한다)으로 지정할 수 있다. 이 경우 주거환경개선구역으로 지정된 구역은 기본계획에 반영된 것으로 본다(법제22조제2항).

정비구역등이 해제·고시된 경우 추진위원회 구성승인 또는 조합설립인가는 취소된 것으로 보고, 시장·군수등은 해당 지방자치단체의 공보에 그 내용을 고시하여야 한다(법제22조제3항).

## 3. 정비사업의 시행

정비사업은 사업유형별로 나누어서 시행된다. 각각에 대하여 사업시행방법과 사업시행자를 규정하고 있다.

### (1) 주거환경개선사업의 시행

⑺ **주거환경개선사업의 시행방법**　　주거환경개선사업은 다음의 어느 하나에 해당하는 방법 또는 이를 혼용하는 방법으로 한다(법제23조제1항).

① 주거환경 개선사업의 시행자가 정비구역 안에서 정비기반시설 및 공동이용시설을 새로 설치하거나 확대하고 토지등소유자가 스스로 주택을 보전·정비하거나 개량하는 방법

② 주거환경개선사업의 시행자가 정비구역의 전부 또는 일부를 수용하여 주택을 건설한 후 토지등소유자에게 우선 공급하거나 대지를 토지등소유자 또는 토지

등소유자 외의 자에게 공급하는 방법

③ 주거환경개선사업의 시행자가 환지로 공급하는 방법

④ 주거환경개선사업의 시행자가 정비구역에서 인가받은 관리처분계획에 따라 주택 및 부대시설·복리시설을 건설하여 공급하는 방법

㈏ **주거환경개선사업의 시행자**    위의 시행방법 중 ①에 따른 방법으로 시행하는 주거환경개선사업은 시장·군수등이 직접 시행하되, 토지주택공사등을 사업시행자로 지정하여 시행하게 하려는 경우에는 정비계획의 공람공고일 현재 토지등소유자의 과반수의 동의를 받아야 한다($\frac{법 제24}{조 1항}$).

반면 위의 시행방법 중 ②~④에 따른 방법으로 시행하는 주거환경개선사업은 시장·군수등이 직접 시행하거나 토지주택공사등 또는 주거환경개선사업을 시행하기 위하여 국가, 지방자치단체, 토지주택공사등 또는 「공공기관의 운영에 관한 법률」 제4조에 따른 공공기관이 총지분의 100분의 50을 초과하는 출자로 설립한 법인을 사업시행자로 지정하여 시행하게 할 수 있고, 또는 이들과 「건설산업기본법」 제9조에 따른 건설업자(이하 '건설업자')나 「주택법」 제7조 제1항에 따라 건설업자로 보는 등록사업자(이하 '등록사업자')를 공동시행자로 지정하여 시행하게 할 수 있다($\frac{법 제24}{조 2항}$). 이때에는 정비계획의 공람공고일 현재 해당 정비예정구역의 토지 또는 건축물의 소유자 또는 지상권자의 3분의 2 이상의 동의와 세입자(정비계획의 공람공고일 3개월 전부터 해당 정비예정구역에 3개월 이상 거주하고 있는 자를 말한다) 세대수의 과반수의 동의를 각각 받아야 한다. 다만, 세입자의 세대수가 토지등소유자의 2분의 1 이하인 경우 등 대통령령으로 정하는 사유가 있는 경우에는 세입자의 동의절차를 거치지 아니할 수 있다($\frac{법 제24}{조 3항}$).

주거환경개선사업이 어떤 시행방법에 따라 시행되든지 시장·군수등은 천재지변, 그 밖의 불가피한 사유로 건축물이 붕괴할 우려가 있어 긴급히 정비사업을 시행할 필요가 있다고 인정하는 경우에는 토지등소유자 및 세입자의 동의 없이 자신이 직접 시행하거나 토지주택공사등을 사업시행자로 지정하여 시행하게 할 수 있다. 이 경우 시장·군수등은 지체 없이 토지등소유자에게 긴급한 정비사업의 시행 사유·방법 및 시기 등을 통보하여야 한다($\frac{법 제24}{조 4항}$).

### (2) 재개발사업·재건축사업의 시행

㈐ **재개발사업·재건축사업의 시행방법**    재개발사업은 정비구역에서 인가받은 관리처분계획에 따라 건축물을 건설하여 공급하거나 환지로 공급하는 방법으로 한다($\frac{법 제23}{조 2항}$).

재건축사업은 정비구역에서 인가받은 관리처분계획에 따라 주택, 부대시설·복리시설 및 오피스텔(「건축법」 제2조 제2항에 따른 오피스텔을 말한다)을 건설하여 공급하는

방법에 의한다. 다만, 주택단지에 있지 아니하는 건축물의 경우에는 지형여건·주변의 환경으로 보아 사업시행상 불가피한 경우로서 정비구역으로 보는 사업에 한정한다 (법 제23 조 3항). 오피스텔을 건설하여 공급하는 경우에는 「국토의 계획 및 이용에 관한 법률」에 따른 준주거지역 및 상업지역에서만 건설할 수 있으며, 이 경우 오피스텔의 연면적은 전체 건축물 연면적의 100분의 30 이하이어야 한다(법 제23 조 4항).

(나) 재개발사업·재건축사업의 시행자　재개발사업은 ① 조합이 시행하거나 조합이 조합원의 과반수의 동의를 받아 시장·군수등, 토지주택공사등, 건설업자, 등록사업자 또는 대통령령으로 정하는 요건을 갖춘 자와 공동으로 시행하는 방법 또는 ② 토지등소유자가 20인 미만인 경우에는 토지등소유자가 시행하거나 토지등소유자가 토지등소유자의 과반수의 동의를 받아 시장·군수등, 토지주택공사등, 건설업자, 등록사업자 또는 대통령령으로 정하는 요건을 갖춘 자와 공동으로 시행하는 방법으로 시행할 수 있다(법 제25 조 1항).

재건축사업은 조합이 시행하거나 조합이 조합원의 과반수의 동의를 받아 시장·군수등, 토지주택공사등, 건설업자 또는 등록사업자와 공동으로 시행할 수 있다(법 제25 조 2항).

(다) 재개발사업·재건축사업의 공공시행자　시장·군수등은 재개발사업 및 재건축사업이 다음의 어느 하나에 해당하는 때에는 직접 정비사업을 시행하거나 토지주택공사등(토지주택공사등이 건설업자 또는 등록사업자와 공동으로 시행하는 경우를 포함한다)을 사업시행자로 지정하여 정비사업을 시행하게 할 수 있다(법 제26 조 1항).

① 천재지변, 「재난 및 안전관리 기본법」 또는 「시설물의 안전 및 유지관리에 관한 특별법」에 따른 사용제한·사용금지, 그 밖의 불가피한 사유로 긴급하게 정비사업을 시행할 필요가 있다고 인정하는 때.

② 고시된 정비계획에서 정한 정비사업시행 예정일부터 2년 이내에 사업시행계획인가를 신청하지 아니하거나 사업시행계획인가를 신청한 내용이 위법 또는 부당하다고 인정하는 때(재건축사업의 경우는 제외한다).

③ 추진위원회가 시장·군수등의 구성승인을 받은 날부터 3년 이내에 조합설립인가를 신청하지 아니하거나 조합이 조합설립인가를 받은 날부터 3년 이내에 사업시행계획인가를 신청하지 아니한 때.

④ 지방자치단체의 장이 시행하는 「국토의 계획 및 이용에 관한 법률」에 따른 도시·군계획사업과 병행하여 정비사업을 시행할 필요가 있다고 인정하는 때.

⑤ 순환정비방식으로 정비사업을 시행할 필요가 있다고 인정하는 때.

⑥ 사업시행계획인가가 취소된 때.

⑦ 해당 정비구역의 국·공유지 면적 또는 국·공유지와 토지주택공사등이 소유한 토지를 합한 면적이 전체 토지면적의 2분의 1 이상으로서 토지등소유자의

과반수가 시장·군수등 또는 토지주택공사등을 사업시행자로 지정하는 것에 동의하는 때.

⑧ 해당 정비구역의 토지면적 2분의 1 이상의 토지소유자와 토지등소유자의 3분의 2 이상에 해당하는 자가 시장·군수등 또는 토지주택공사등을 사업시행자로 지정할 것을 요청하는 때(이 경우 토지등소유자가 정비계획의 입안을 제안한 경우 입안제안에 동의한 토지등소유자는 토지주택공사등의 사업시행자 지정에 동의한 것으로 본다. 다만, 사업시행자의 지정 요청 전에 시장·군수등 및 주민대표회의에 사업시행자의 지정에 대한 반대의 의사표시를 한 토지등소유자의 경우에는 그러하지 아니하다.).

위와 같은 경우들에 있어 시장·군수등이 직접 정비사업을 시행하거나 토지주택공사등을 사업시행자로 지정하는 때에는 정비사업 시행구역 등 토지등소유자에게 알릴 필요가 있는 사항으로서 대통령령으로 정하는 사항을 해당 지방자치단체의 공보에 고시하여야 한다. 다만, 천재지변이나 개별법령에 따른 사용제한·사용금지 또는 그 밖의 불가피한 사유로 긴급하게 정비사업을 시행할 필요가 있다고 인정하는 때에 해당하는 경우에는 토지등소유자에게 지체 없이 정비사업의 시행 사유·시기 및 방법 등을 통보하여야 한다($\frac{법}{조} \frac{제26}{2항}$).

시장·군수등이 직접 정비사업을 시행하거나 토지주택공사등을 사업시행자로 지정·고시한 때에는 그 고시일 다음 날에 추진위원회의 구성승인 또는 조합설립인가가 취소된 것으로 본다. 이 경우 시장·군수등은 해당 지방자치단체의 공보에 해당 내용을 고시하여야 한다($\frac{법}{조} \frac{제26}{3항}$).

    ㈔ **재개발사업·재건축사업의 지정개발자**　　시장·군수등은 재개발사업 및 재건축사업이 다음의 어느 하나에 해당하는 때에는 토지등소유자, 「사회기반시설에 대한 민간투자법」에 따른 민관합동법인 또는 신탁업자로서 대통령령으로 정하는 요건을 갖춘 자(이하 '지정개발자')를 사업시행자로 지정하여 정비사업을 시행하게 할 수 있다($\frac{법}{조} \frac{제27}{1항}$).

① 천재지변, 「재난 및 안전관리 기본법」 또는 「시설물의 안전 및 유지관리에 관한 특별법」에 따른 사용제한·사용금지, 그 밖의 불가피한 사유로 긴급하게 정비사업을 시행할 필요가 있다고 인정하는 때.

② 고시된 정비계획에서 정한 정비사업시행 예정일부터 2년 이내에 사업시행계획인가를 신청하지 아니하거나 사업시행계획인가를 신청한 내용이 위법 또는 부당하다고 인정하는 때(재건축사업의 경우는 제외한다).

③ 재개발사업 및 재건축사업의 조합설립을 위한 동의요건 이상에 해당하는 자가 신탁업자를 사업시행자로 지정하는 것에 동의하는 때.

시장·군수등이 지정개발자를 사업시행자로 지정하는 때에는 정비사업 시행구역

등 토지등소유자에게 알릴 필요가 있는 사항으로서 대통령령으로 정하는 사항을 해당 지방자치단체의 공보에 고시하여야 한다. 다만, 다만, 천재지변이나 개별법령에 따른 사용제한·사용금지 또는 그 밖의 불가피한 사유로 긴급하게 정비사업을 시행할 필요가 있다고 인정하는 때에 해당하는 경우에는 토지등소유자에게 지체 없이 정비사업의 시행 사유·시기 및 방법 등을 통보하여야 한다(법제27조 2항).

시장·군수등이 지정개발자를 사업시행자로 지정·고시한 때에는 그 고시일 다음 날에 추진위원회의 구성승인 또는 조합설립인가가 취소된 것으로 본다. 이 경우 시장·군수등은 해당 지방자치단체의 공보에 해당 내용을 고시하여야 한다(법제27조 5항).

㈓ 재개발사업·재건축사업의 사업대행자   시장·군수등은 다음의 어느 하나에 해당하는 경우에는 해당 조합 또는 토지등소유자를 대신하여 직접 정비사업을 시행하거나 토지주택공사등 또는 지정개발자에게 해당 조합 또는 토지등소유자를 대신하여 정비사업을 시행하게 할 수 있다(법제28조 1항).

① 장기간 정비사업이 지연되거나 권리관계에 관한 분쟁 등으로 해당 조합 또는 토지등소유자가 시행하는 정비사업을 계속 추진하기 어렵다고 인정하는 경우
② 토지등소유자(조합을 설립한 경우에는 조합원을 말한다)의 과반수 동의로 요청하는 경우

이에 따라 정비사업을 대행하는 시장·군수등, 토지주택공사등 또는 지정개발자(이하 '사업대행자')는 사업시행자에게 청구할 수 있는 보수 또는 비용의 상환에 대한 권리로써 사업시행자에게 귀속될 대지 또는 건축물을 압류할 수 있다(법제28조 2항).

## (3) 조합의 설립 및 인가

시장·군수등, 토지주택공사등 또는 지정개발자가 아닌 자가 정비사업을 시행하려는 경우에는 토지등소유자로 구성된 조합을 설립하여야 한다(법제35조 1항).22)

㈎ 조합설립추진위원회의 구성   조합을 설립하려는 경우에는 정비구역 지정·고시 후 ① 추진위원회 위원장(이하 '추진위원장')을 포함한 5명 이상의 추진위원회 위원(이하 '추진위원'), ② 운영규정에 대하여 토지등소유자 과반수의 동의를 받아 조합설립을 위한 추진위원회를 구성하여 국토교통부령으로 정하는 방법과 절차에 따라 시장·군수등의 승인을 받아야 한다(법제31조 1항). 추진위원회의 구성에 동의한 토지등소유자(이하 '추진위원회 동의자')는 조합의 설립에 동의한 것으로 본다. 다만, 조합설립인가를 신청하기 전에 시장·군수등 및 추진위원회에 조합설립에 대한 반대의 의사표시를 한 추진

---

22) 다만, 제25조 제1항 제2호의 방법(토지등소유자가 20인 미만인 경우에는 토지등소유자가 시행하거나 토지등소유자가 토지등소유자의 과반수의 동의를 받아 시장·군수등, 토지주택공사등, 건설업자, 등록사업자 또는 대통령령으로 정하는 요건을 갖춘 자와 공동으로 시행하는 방법)에 따라 토지등소유자가 재개발사업을 시행하려는 경우에는 그러하지 아니하다.

위원회 동의자의 경우에는 그러하지 아니하다(법 제31조 2항). 정비사업에 대하여 공공지원을 하려는 경우에는 추진위원회를 구성하지 아니할 수 있다. 이 경우의 조합설립 방법 및 절차 등에 필요한 사항은 대통령령으로 정한다(법 제31조 3항).

(나) **조합설립의 인가**    추진위원회(정비사업에 대하여 공공지원을 하려는 경우로서 추진위원회를 구성하지 아니하는 경우에는 토지등소유자를 말한다)가 조합을 설립하려면 다음의 구분에 따른 동의요건을 갖추어 ㉠ 정관, ㉡ 정비사업비와 관련된 자료 등 국토교통부령으로 정하는 서류, ㉢ 그 밖에 시·도조례로 정하는 서류를 첨부하여 시장·군수등의 인가를 받아야 한다(법 제35조 2항, 3항).

① 재개발사업의 경우: 토지등소유자의 4분의 3 이상 및 토지면적의 2분의 1 이상의 토지소유자의 동의

② 재건축사업의 경우: 주택단지의 공동주택의 각 동(복리시설의 경우에는 주택단지의 복리시설 전체를 하나의 동으로 본다)별 구분소유자의 과반수 동의(공동주택의 각 동별 구분소유자가 5 이하인 경우는 제외한다)와 주택단지의 전체 구분소유자의 4분의 3 이상 및 토지면적의 4분의 3 이상의 토지소유자의 동의(이 경우 주택단지가 아닌 지역이 정비구역에 포함된 때에는 주택단지가 아닌 지역의 토지 또는 건축물 소유자의 4분의 3 이상 및 토지면적의 3분의 2 이상의 토지소유자의 동의를 받아야 한다. 인가받은 사항을 변경하려는 때에도 또한 같다(법 제31조 4항).)

설립된 조합이 인가받은 사항을 변경하고자 하는 때에는 총회에서 조합원의 3분의 2 이상의 찬성으로 의결하고, ㉠ 정관, ㉡ 정비사업비와 관련된 자료 등 국토교통부령으로 정하는 서류, ㉢ 그 밖에 시·도조례로 정하는 서류를 첨부하여 시장·군수등의 인가를 받아야 한다. 다만, 대통령령으로 정하는 경미한 사항을 변경하려는 때에는 총회의 의결 없이 시장·군수등에게 신고하고 변경할 수 있다(법 제31조 5항).

(다) **조합설립인가의 법적 성질과 권리구제방법**    과거 대법원은 조합설립행위를 민사관계로 보고 조합설립결의의 하자를 다투는 소송을 민사소송으로 보았으며, 조합설립인가는 기본행위인 조합설립행위를 보충하여 그 법률상 효력을 완성시키는 보충행위로만 보고, 조합설립인가처분 후에도 조합설립결의의 하자를 다투는 민사소송을 허용하는 입장이었고, 기본행위인 조합설립에 하자가 있는 경우에는 민사쟁송으로써 그 기본행위의 취소 또는 무효확인 등을 구하는 것은 별론으로 하고, 기본행위의 불성립 또는 무효를 내세워 그에 대한 행정청의 인가처분의 취소 또는 무효확인을 구할 법률상 이익은 없다고 보았다(판례).

**재건축조합설립인가의 법적 성질 및 기본행위인 재건축조합설립행위에 하자가 있는 경우, 기본행위의 불성립 또는 무효를 내세워 그에 대한 감독청의 인가처분의 취소 또는 무**

**효확인을 소구할 법률상 이익이 있는지 여부**(소극)    주택건설촉진법에서 규정한 바에 따른 관할시장 등의 재건축조합설립인가는 불량·노후한 주택의 소유자들이 재건축을 위하여 한 재건축조합설립행위를 보충하여 그 법률상 효력을 완성시키는 보충행위일 뿐이므로 그 기본되는 조합설립행위에 하자가 있을 때에는 그에 대한 인가가 있다 하더라도 기본행위인 조합설립이 유효한 것으로 될 수 없고, 따라서 그 기본행위는 적법유효하나 보충행위인 인가처분에만 하자가 있는 경우에는 그 인가처분의 취소나 무효확인을 구할 수 있을 것이지만 기본행위인 조합설립에 하자가 있는 경우에는 민사쟁송으로써 따로 그 기본행위의 취소 또는 무효확인 등을 구하는 것은 별론으로 하고 기본행위의 불성립 또는 무효를 내세워 바로 그에 대한 감독청의 인가처분의 취소 또는 무효확인을 소구할 법률상 이익이 있다고 할 수 없다(대판 2000.9.5, 99두1854).

그러나 대법원은 그 후 입장을 변경하여 조합설립인가는 단순히 사인들의 조합설립행위에 대한 보충행위(인가)로서의 성격을 갖는 것에 그치는 것이 아니라 조합에게 정비사업을 시행할 수 있는 권한을 갖는 행정주체(공법인)로서의 지위를 부여하는 설권적 성격을 가지는 것이며, 따라서 조합설립결의는 공법상 합동행위의 성질을 가지므로 조합설립결의의 하자를 다투어 그 취소나 무효확인을 구하는 소송은 「행정소송법」상 당사자소송에 해당하고, 다만 조합설립인가처분이 있은 후에는 조합설립결의는 조합설립인가처분이라는 행정처분을 하는 데 필요한 요건 중 하나에 불과한 것이어서, 조합설립인하 후에는 조합설립결의에 하자가 있다면 그 하자를 이유로 직접 항고소송의 방법으로 조합설립인가처분의 취소 또는 무효확인을 구하여야 하고, 이와는 별도로 조합설립결의 부분만을 따로 떼어내어 그 효력 유무를 다투는 확인의 소를 제기하는 것은 특별한 사정이 없는 한 확인의 이익이 없다고 보고 있다(판례).

**[1] 행정청이 도시 및 주거환경정비법 등 관련 법령에 의하여 행하는 조합설립인가처분의 법적 성격 및 조합설립인가처분이 있은 후에 조합설립결의의 하자를 이유로 그 결의 부분만을 따로 떼어내어 무효 등 확인의 소를 제기하는 것이 허용되는지 여부**(소극)
행정청이 도시 및 주거환경정비법 등 관련 법령에 근거하여 행하는 조합설립인가처분은 단순히 사인들의 조합설립행위에 대한 보충행위로서의 성질을 갖는 것에 그치는 것이 아니라 법령상 요건을 갖출 경우 도시 및 주거환경정비법상 주택재건축사업을 시행할 수 있는 권한을 갖는 행정주체(공법인)로서의 지위를 부여하는 일종의 설권적 처분의 성격을 갖는다고 보아야 한다. 그리고 그와 같이 보는 이상 조합설립결의는 조합설립인가처분이라는 행정처분을 하는 데 필요한 요건 중 하나에 불과한 것이어서, 조합설립결의에 하자가 있다면 그 하자를 이유로 직접 항고소송의 방법으로 조합설립인가처분의 취소 또는 무효확인을 구하여야 하고, 이와는 별도로 조합설립결의 부분만을 따로 떼어내어 그 효력 유무를 다투는 확인의 소를 제기하는 것은 원고의 권리 또는 법률상의 지위에 현존하는 불안·위험을 제거하는 데 가장 유효·적절

한 수단이라 할 수 없어 특별한 사정이 없는 한 확인의 이익은 인정되지 아니한다(도시 및 주거환경정비법상 주택재건축정비사업조합에 대한 행정청의 조합설립인가처분이 있은 후에 조합설립결의의 하자를 이유로 민사소송으로 그 결의의 무효 등 확인을 구한 사안에서, 그 소가 확인의 이익이 없는 부적법한 소에 해당하다고 볼 여지가 있으나, 재건축조합에 관한 설립인가처분을 보충행위로 보았던 종래의 실무관행 등에 비추어 그 소의 실질이 조합설립인가처분의 효력을 다투는 취지라고 못 볼 바 아니고, 여기에 소의 상대방이 행정주체로서의 지위를 갖는 재건축조합이라는 점을 고려하면, 그 소가 공법상 법률행위에 관한 것으로서 행정소송의 일종인 당사자소송으로 제기된 것으로 봄이 상당하고, 그 소는 이송 후 관할법원의 허가를 얻어 조합설립인가처분에 대한 항고소송으로 변경될 수 있어 관할법원인 행정법원으로 이송함이 마땅하다고 한 사례)($\frac{대판\ 2009.9.24,}{2008다60568}$).

[2] **구 도시 및 주거환경정비법상 재개발조합설립인가신청에 대하여 행정청의 재개발조합설립인가처분이 있은 후 조합설립동의에 하자가 있음을 이유로 재개발조합 설립의 효력을 다투기 위한 소송(=항고소송)**    재개발조합설립인가신청에 대한 행정청의 조합설립인가처분은 단순히 사인(私人)들의 조합설립행위에 대한 보충행위로서의 성질을 가지는 것이 아니라 법령상 일정한 요건을 갖추는 경우 행정주체(공법인)의 지위를 부여하는 일종의 설권적 처분의 성질을 가진다고 보아야 한다. 그러므로 구 도시 및 주거환경정비법(2007. 12. 21. 법률 제8785호로 개정되기 전의 것)상 재개발조합설립인가신청에 대하여 행정청의 조합설립인가처분이 있은 이후에는, 조합설립동의에 하자가 있음을 이유로 재개발조합 설립의 효력을 부정하려면 항고소송으로 조합설립인가처분의 효력을 다투어야 한다(재개발조합의 설립추진위원회가 토지등소유자로부터 받아 행정청에 제출한 동의서에 구 도시 및 주거환경정비법 시행령 제26조 제1항 제1호와 제2호에 정한 '건설되는 건축물의 설계의 개요'와 '건축물의 철거 및 신축에 소요되는 비용의 개략적인 금액'에 관하여 그 내용의 기재가 누락되어 있음에도 이를 유효한 동의로 처리하여 재개발조합의 설립인가를 한 처분은 위법하고 그 하자가 중대하고 명백하여 무효라고 한 사례)($\frac{대판\ 2010.1.28,}{2009두4845}$).

㈔ **조합의 법률관계의 성질과 소송형식**    조합의 법률관계는 조합이 재개발사업이나 재건축사업 등 정비사업의 시행자로서 행정주체의 지위에 설 때에는 공법관계로서 조합과 조합원의 관계에서 조합원의 수분양권 확인과 같은 다툼은 행정소송법상 당사자소송의 대상이 된다. 그러나 행정주체의 지위가 아닌 일반 사단법인의 지위에서의 조합에 대해서는 민법 중 사단법인에 관한 규정이 준용되므로($\frac{법}{제49조}$), 그러한 한에서는 조합과 조합원간의 분쟁은 민사소송의 대상이 될 것이다. 대법원도 그러한 점에서 조합과 조합임원의 관계와 관련하여 구 도시 및 주거환경정비법(2007. 12. 21. 법률 제8785호로 개정되기 전의 것)상 재개발조합이 공법인이라는 사정만으로 재개발조합과 조합장 또는 조합임원 사이의 선임·해임 등을 둘러싼 법률관계가 공법상의 법률관계에

해당한다거나 그 조합장 또는 조합임원의 지위를 다투는 소송이 당연히 공법상 당사자소송에 해당한다고 볼 수는 없고, 구 도시 및 주거환경정비법의 규정들이 재개발조합과 조합장 및 조합임원과의 관계를 특별히 공법상의 근무관계로 설정하고 있다고 볼 수도 없으므로, 재개발조합과 조합장 또는 조합임원 사이의 선임·해임 등을 둘러싼 법률관계는 사법상의 법률관계로서 그 조합장 또는 조합임원의 지위를 다투는 소송은 민사소송에 의하여야 할 것이라고 판시하였다.23)

　　㈐ 조합설립인가처분의 취소 또는 무효확인 판결의 효과　　이처럼 조합의 법률관계는 민사관계와 공법관계가 공존하고 있지만, 조합설립인가처분이 판결에 의하여 취소되거나 무효로 확인된 경우에는 조합설립인가처분은 처분당시로 소급하여 효력을 상실하고, 이에 따라 당해 조합 역시 조합설립인가처분 당시로 소급하여 정비사업을 시행할 수 있는 행정주체인 공법인으로서의 지위를 상실한다. 그 결과 당해 조합이 조합설립인가처분 취소 전에 도시정비법상 적법한 행정주체 또는 사업시행자로서 한 결의 등 처분도 달리 특별한 사정이 없는 한 소급하여 효력을 상실한다.24) 다만, 그 효력 상실로 인한 잔존사무의 처리와 같은 업무는 여전히 수행되어야 하므로 조합은 청산사무가 종료될 때까지 청산의 목적범위 내에서 권리·의무의 주체가 되고, 조합원 역시 청산의 목적범위 내에서 종전 지위를 유지하며, 정관 등도 그 범위 내에서 효력을 가진다.25)

　　또한 조합에 관한 조합설립변경인가처분은 당초 조합설립인가처분에서 이미 인가받은 사항의 일부를 수정 또는 취소·철회하거나 새로운 사항을 추가하는 것으로서 유효한 당초 조합설립인가처분에 근거하여 설권적 효력의 내용이나 범위를 변경하는 성질을 가지므로, 당초 조합설립인가처분이 쟁송에 의하여 취소되거나 무효로 확정된 경우에는 이에 기초하여 이루어진 조합설립변경인가처분도 원칙적으로 그 효력을 상실하거나 무효라고 해석함이 타당하다. 마찬가지로 당초 조합설립인가처분 이후 여러 차례 조합설립변경인가처분이 있었다가 중간에 행하여진 선행 조합설립변경인가처분이 쟁송에 의하여 취소되거나 무효로 확정된 경우에 후행 조합설립변경인가처분도 그 효력을 상실하거나 무효라고 새겨야 한다. 다만, 조합설립변경인가처분도 조합에 정비사업 시행에 관한 권한을 설정하여 주는 처분인 점에서는 당초 조합설립인가처분과 다를 바 없으므로, 선행 조합설립변경인가처분이 쟁송에 의하여 취소되거나 무효로 확정된 경우라도 후행 조합설립변경인가처분이 선행 조합설립변경인가처분에 의해 변경된 사항을 포함하여 새로운 조합설립변경인가처분의 요건을 갖춘 경우에는 그에

---

23) 대법원 2009. 9. 24. 자 2009마168,169 결정.
24) 대법원 2012. 3. 29. 선고 2008다95885 판결.
25) 대법원 2012. 11. 29. 선고 2011두518 판결.

따른 효력이 인정될 수 있다. 이러한 경우 조합은 당초 조합설립인가처분과 새로운 조합설립변경인가처분의 요건을 갖춘 후행 조합설립변경인가처분의 효력에 의하여 정비사업을 계속 진행할 수 있으므로, 그 후행 조합설립변경인가처분을 무효라고 할 수는 없다.[26]

### (4) 사업시행계획 등

㈎ **사업시행계획의 인가**    사업시행자는 정비계획에 따라 사업시행계획서를 작성하여야 하는바(법 제52조 1항), 사업시행자(공동시행의 경우를 포함하되, 사업시행자가 시장·군수인 경우를 제외한다)가 정비사업을 시행하고자 하는 경우에는 사업시행계획서에 정관등과 그 밖에 국토교통부령이 정하는 서류를 첨부하여 시장·군수에게 제출하고 사업시행계획인가를 받아야 한다. 인가받은 사항을 변경하거나 정비사업을 중지 또는 폐지하고자 하는 경우에도 또한 같다. 다만, 대통령령이 정하는 경미한 사항을 변경하고자 하는 때에는 시장·군수에게 이를 신고하여야 한다(법 제50조 1항).

㈏ **사업시행계획인가의 절차**    시장·군수등은 특별한 사유가 없으면 사업시행계획서의 제출이 있는 날부터 60일 이내에 인가 여부를 결정하여 사업시행자에게 통보하여야 한다(법 제50조 2항).

사업시행자(시장·군수등 또는 토지주택공사등은 제외한다)는 사업시행계획인가를 신청하기 전에 미리 총회의 의결을 거쳐야 하며, 인가받은 사항을 변경하거나 정비사업을 중지 또는 폐지하려는 경우에도 또한 같다. 다만, 대통령령으로 정하는 경미한 사항의 변경은 총회의 의결을 필요로 하지 아니한다(법 제50조 3항).

토지등소유자가 법 제25조 제1항 제2호(토지등소유자가 20인 미만인 경우로서 토지등소유자가 시행하거나 토지등소유자가 토지등소유자의 과반수의 동의를 받아 시장·군수등, 토지주택공사등, 건설업자, 등록사업자 또는 대통령령으로 정하는 요건을 갖춘 자와 공동으로 시행하는 방법)에 따라 재개발사업을 시행하려는 경우에는 사업시행계획인가를 신청하기 전에 사업시행계획서에 대하여 토지등소유자의 4분의 3 이상 및 토지면적의 2분의 1 이상의 토지소유자의 동의를 받아야 한다. 다만, 인가받은 사항을 변경하려는 경우에는 규약으로 정하는 바에 따라 토지등소유자의 과반수의 동의를 받아야 하며, 대통령령으로 정하는 경미한 사항의 변경인 경우에는 토지등소유자의 동의를 필요로 하지 아니한다(법 제50조 4항).

지정개발자가 정비사업을 시행하려는 경우에는 사업시행계획인가를 신청하기 전에 토지등소유자의 과반수의 동의 및 토지면적의 2분의 1 이상의 토지소유자의 동의를 받아야 한다. 다만, 대통령령으로 정하는 경미한 사항의 변경인 경우에는 토지등소

---

26) 대법원 2014. 5. 29. 선고 2011두25876 판결.

유자의 동의를 필요로 하지 아니한다($\frac{법}{조}\frac{제50}{5항}$).

시장·군수등은 사업시행계획인가를 하거나 사업시행계획서를 작성하려는 경우에는 대통령령으로 정하는 방법 및 절차에 따라 관계 서류의 사본을 14일 이상 일반인이 공람할 수 있게 하여야 한다. 다만, 대통령령으로 정하는 경미한 사항을 변경하려는 경우에는 그러하지 아니하다($\frac{법}{조}\frac{제56}{1항}$). 토지등소유자 또는 조합원, 그 밖에 정비사업과 관련하여 이해관계를 가지는 자는 공람기간 이내에 시장·군수등에게 서면으로 의견을 제출할 수 있다($\frac{법}{조}\frac{제56}{2항}$).

시장·군수등은 사업시행계획인가(시장·군수등이 사업시행계획서를 작성한 경우를 포함한다)를 하거나 정비사업을 변경·중지 또는 폐지하는 경우에는 국토교통부령으로 정하는 방법 및 절차에 따라 그 내용을 해당 지방자치단체의 공보에 고시하여야 한다. 다만, 대통령령으로 정하는 경미한 사항을 변경하려는 경우에는 그러하지 아니하다($\frac{법}{조}\frac{제50}{7항}$).

**[1] 도시환경정비사업조합이 수립한 사업시행계획을 인가하는 행정청의 행위의 법적 성질(=보충행위) 및 인가처분에 흠이 없는 경우 기본행위의 무효를 내세워 인가처분의 취소 또는 무효확인을 구할 수 있는지 여부(소극)** 구「도시 및 주거환경정비법」(2007. 12. 21. 법률 제8785호로 개정되기 전의 것)에 기초하여 도시환경정비사업조합이 수립한 사업시행계획은 그것이 인가·고시를 통해 확정되면 이해관계인에 대한 구속적 행정계획으로서 독립된 행정처분에 해당하므로, 사업시행계획을 인가하는 행정청의 행위는 도시환경정비사업조합의 사업시행계획에 대한 법률상의 효력을 완성시키는 보충행위에 해당한다. 따라서 기본행위가 적법·유효하고 보충행위인 인가처분 자체에만 하자가 있다면 그 인가처분의 무효나 취소를 주장할 수 있다고 할 것이지만, 인가처분에 하자가 없다면 기본행위에 하자가 있다 하더라도 따로 그 기본행위의 하자를 다투는 것은 별론으로 하고 기본행위의 무효를 내세워 바로 그에 대한 인가처분의 취소 또는 무효확인을 구할 수 없다($\frac{대판\ 2010.12.9,}{2010두1248}$).

**[2] 토지등소유자들이 조합을 따로 설립하지 않고 직접 시행하는 도시환경정비사업에서 사업시행인가처분의 법적 성격** 도시환경정비사업을 직접 시행하려는 토지등소유자들은 시장·군수로부터 사업시행인가를 받기 전에는 행정주체로서의 지위를 가지지 못한다. 따라서 그가 작성한 사업시행계획은 인가처분의 요건 중 하나에 불과하고 항고소송의 대상이 되는 독립된 행정처분에 해당하지 아니한다고 할 것이며, 구 도시 및 주거환경정비법(2012. 2. 1. 법률 제11293호로 개정되기 전의 것) 제8조 제3항, 제28조 제1항에 의하면, 토지등소유자들이 그 사업을 위한 조합을 따로 설립하지 아니하고 직접 도시환경정비사업을 시행하고자 하는 경우에는 사업시행계획서에 정관 등과 그 밖에 국토해양부령이 정하는 서류를 첨부하여 시장·군수에게 제출하고 사업시행인가를 받아야 하고, 이러한 절차를 거쳐 사업시행인가를 받은 토지등소유자들은 관할 행정청의 감독 아래 정비구역 안에서 구 도시정비법상의 도시환경정비사업을

시행하는 목적 범위 내에서 법령이 정하는 바에 따라 일정한 행정작용을 행하는 행정주체로서의 지위를 가진다. 그렇다면 토지등소유자들이 직접 시행하는 도시환경정비사업에서 토지등소유자에 대한 사업시행인가처분은 단순히 사업시행계획에 대한 보충행위로서의 성질을 가지는 것이 아니라 구 도시정비법상 정비사업을 시행할 수 있는 권한을 가지는 행정주체로서의 지위를 부여하는 일종의 설권적 처분의 성격을 가진다(대판 2013.6.13, 2011두19994).

　　**[3] 주택재건축사업시행 인가의 법적 성질(=재량행위) 및 이에 대하여 법령상의 제한에 근거하지 않은 조건(부담)을 부과할 수 있는지 여부(적극)**　　주택재건축사업시행의 인가는 상대방에게 권리나 이익을 부여하는 효과를 가진 이른바 수익적 행정처분으로서 법령에 행정처분의 요건에 관하여 일의적으로 규정되어 있지 아니한 이상 행정청의 재량행위에 속하므로, 처분청으로서는 법령상의 제한에 근거한 것이 아니라 하더라도 공익상 필요 등에 의하여 필요한 범위 내에서 여러 조건(부담)을 부과할 수 있다(대판 2013.6.13, 2011두19994).

　　**[4] 구 도시 및 주거환경정비법에 따른 주택재건축정비사업조합이 수립한 사업시행계획이 인가 · 고시를 통해 확정된 후의 쟁송 방법(=인가된 사업시행계획에 대한 항고소송) 및 이러한 항고소송의 대상이 되는 행정처분의 효력이나 집행 혹은 절차속행 등의 정지를 구하는 방법(=행정소송법상 집행정지신청)**　　구 도시 및 주거환경정비법(2007. 12. 21. 법률 제8785호로 개정되기 전의 것)에 따른 주택재건축정비사업조합은 관할 행정청의 감독 아래 위 법상 주택재건축사업을 시행하는 공법인으로서, 그 목적 범위 내에서 법령이 정하는 바에 따라 일정한 행정작용을 행하는 행정주체의 지위를 가진다 할 것인데, 재건축정비사업조합이 이러한 행정주체의 지위에서 위 법에 기초하여 수립한 사업시행계획은 인가 · 고시를 통해 확정되면 이해관계인에 대한 구속적 행정계획으로서 독립된 행정처분에 해당하고, 이와 같은 사업시행계획안에 대한 조합 총회결의는 그 행정처분에 이르는 절차적 요건 중 하나에 불과한 것으로서, 그 계획이 확정된 후에는 항고소송의 방법으로 계획의 취소 또는 무효확인을 구할 수 있을 뿐, 절차적 요건에 불과한 총회결의 부분만을 대상으로 그 효력 유무를 다투는 확인의 소를 제기하는 것은 허용되지 아니하고, 한편 이러한 항고소송의 대상이 되는 행정처분의 효력이나 집행 혹은 절차속행 등의 정지를 구하는 신청은 행정소송법상 집행정지신청의 방법으로서만 가능할 뿐 민사소송법상 가처분의 방법으로는 허용될 수 없다(대결 2009.11.2, 2009마596).

　　㈐ **인 · 허가등의 의제**　　사업시행자가 사업시행계획인가를 받은 때(시장 · 군수등이 직접 정비사업을 시행하는 경우에는 사업시행계획서를 작성한 때를 말한다)에는 「주택법」, 「건축법」, 「도로법」, 「국토의 계획 및 이용에 관한 법률」, 「산업집적활성화 및 공장설립에 관한 법률」, 「폐기물관리법」 등 관계 법률에 의한 각종 인가 · 허가 · 승인 · 신고 · 등록 · 협의 · 동의 · 심사 · 지정 또는 해제(이하 '인 · 허가등')가 있은 것으로 보며, 사업시행계획인가의 고시가 있은 때에는 해당 관계 법률에 따른 인 · 허가등의 고시 · 공고

등이 있은 것으로 본다(법 제57조 1항, 2항).

시장·군수등은 사업시행계획인가를 하거나 사업시행계획서를 작성하려는 경우 의제되는 인·허가등에 해당하는 사항이 있는 때에는 미리 관계 행정기관의 장과 협의하여야 하고, 협의를 요청받은 관계 행정기관의 장은 요청받은 날부터 30일 이내에 의견을 제출하여야 한다. 이 경우 관계 행정기관의 장이 30일 이내에 의견을 제출하지 아니하면 협의된 것으로 본다(법 제57조 4항). 시장·군수등은 사업시행계획인가(시장·군수등이 사업시행계획서를 작성한 경우를 포함한다)를 하려는 경우 정비구역부터 200미터 이내에 교육시설이 설치되어 있는 때에는 해당 지방자치단체의 교육감 또는 교육장과 협의하여야 하며, 인가받은 사항을 변경하는 경우에도 또한 같다(법 제57조 5항).

사업시행자는 정비사업에 대하여 인·허가등의 의제를 받으려는 경우에는 사업시행계획인가를 신청하는 때에 해당 법률이 정하는 관계 서류를 함께 제출하여야 한다. 다만, 사업시행계획인가를 신청한 때에 시공자가 선정되어 있지 아니하여 관계 서류를 제출할 수 없거나 천재지변이나 그 밖의 불가피한 사유로 관계 행정기관의 장 및 교육감 또는 교육장과 협의를 마치기 전에 사업시행계획인가를 하는 경우에는 시장·군수등이 정하는 기한까지 인·허가등의 의제 관련 서류를 제출할 수 있다(법 제57조 3항, 6항).

(라) 사업시행계획인가의 특례　　사업시행자는 일부 건축물의 존치 또는 리모델링에 관한 내용이 포함된 사업시행계획서를 작성하여 사업시행계획인가를 신청할 수 있다(법 제58조 1항). 시장·군수등은 존치 또는 리모델링하는 건축물 및 건축물이 있는 토지가「주택법」및「건축법」에 따른 주택단지의 범위, 부대시설 및 복리시설의 설치기준, 대지와 도로의 관계, 건축선의 지정, 일조 등의 확보를 위한 건축물의 높이 제한 등 건축 관련 기준에 적합하지 아니하더라도 대통령령으로 정하는 기준에 따라 사업시행계획인가를 할 수 있다(법 제58조 2항). 사업시행자가 일부 건축물의 존치 또는 리모델링에 관한 내용이 포함된 사업시행계획서를 작성하려는 경우에는 존치 또는 리모델링하는 건축물 소유자의 동의(「집합건물의 소유 및 관리에 관한 법률」제2조 제2호에 따른 구분소유자가 있는 경우에는 구분소유자의 3분의 2 이상의 동의와 해당 건축물 연면적의 3분의 2 이상의 구분소유자의 동의로 한다)를 받아야 한다. 다만, 정비계획에서 존치 또는 리모델링하는 것으로 계획된 경우에는 그러하지 아니한다(법 제58조 3항).

### (5) 정비사업시행을 위한 조치

(가) 임시거주시설·임시상가의 설치 등　　사업시행자는 주거환경개선사업 및 재개발사업의 시행으로 철거되는 주택의 소유자 또는 세입자에게 해당 정비구역 안과 밖에 위치한 임대주택 등의 시설에 임시로 거주하게 하거나 주택자금의 융자를 알선하는 등 임시거주에 상응하는 조치를 하여야 한다(법 제61조 1항). 사업시행자는 임시거주시설의 설치 등을 위하여 필요한 때에는 국가·지방자치단체, 그 밖의 공공단체 또는 개인의

시설이나 토지를 일시 사용할 수 있다($^{법~제61}_{조~2항}$). 국가 또는 지방자치단체는 사업시행자로부터 임시거주시설에 필요한 건축물이나 토지의 사용신청을 받은 때에는 대통령령으로 정하는 사유가 없으면 이를 거절하지 못한다. 이 경우 사용료 또는 대부료는 면제한다($^{법~제61}_{조~3항}$). 사업시행자는 정비사업의 공사를 완료한 때에는 완료한 날부터 30일 이내에 임시거주시설을 철거하고, 사용한 건축물이나 토지를 원상회복하여야 한다($^{법~제61}_{조~4항}$). 재개발사업의 사업시행자는 사업시행으로 이주하는 상가세입자가 사용할 수 있도록 정비구역 또는 정비구역 인근에 임시상가를 설치할 수 있다($^{법~제61}_{조~5항}$).

사업시행자는 공공단체(지방자치단체는 제외한다) 또는 개인의 시설이나 토지를 일시 사용함으로써 손실을 입은 자가 있는 경우에는 손실을 보상하여야 하며, 손실을 보상하는 경우에는 손실을 입은 자와 협의하여야 한다($^{법~제62}_{조~1항}$). 사업시행자 또는 손실을 입은 자는 손실보상에 관한 협의가 성립되지 아니하거나 협의할 수 없는 경우에는 관할 토지수용위원회에 재결을 신청할 수 있다($^{법~제62}_{조~2항}$).

(나) **토지 등의 수용 또는 사용**    사업시행자는 정비구역에서 정비사업[27]을 시행하기 위하여 「공익사업을 위한 토지등의 취득 및 보상에 관한 법률」 제3조에 따른 토지·물건 또는 그 밖의 권리를 취득하거나 사용할 수 있다($^{법~제}_{63조}$).

(다) **재건축사업에서의 매도청구**    재건축사업의 사업시행자는 사업시행계획인가의 고시가 있은 날부터 30일 이내에 ① 조합설립에 동의하지 아니한 자, ② 시장·군수 등, 토지주택공사등 또는 신탁업자의 사업시행자 지정에 동의하지 아니한 자에게 조합설립 또는 사업시행자의 지정에 관한 동의 여부를 회답할 것을 서면으로 촉구하여야 한다($^{법~제64}_{조~1항}$). 촉구를 받은 토지등소유자는 촉구를 받은 날부터 2개월 이내에 회답하여야 하고($^{법~제64}_{조~2항}$), 이 기간 내에 회답하지 아니한 경우 그 토지등소유자는 조합설립 또는 사업시행자의 지정에 동의하지 아니하겠다는 뜻을 회답한 것으로 보며($^{법~제64}_{조~3항}$), 이 기간이 지나면 사업시행자는 그 기간이 만료된 때부터 2개월 이내에 조합설립 또는 사업시행자 지정에 동의하지 아니하겠다는 뜻을 회답한 토지등소유자와 건축물 또는 토지만 소유한 자에게 건축물 또는 토지의 소유권과 그 밖의 권리를 매도할 것을 청구할 수 있다($^{법~제64}_{조~4항}$).

### 4. 관리처분계획

### (1) 개    념

관리처분계획이란 정비사업의 시행으로 조성되는 대지 및 설치되는 건축시설에 대한 사업완료 후의 분양처분을 미리 정하는 계획을 말한다. 정비사업의 시행으로 조

---

27) 재건축사업의 경우에는 제26조 제1항 제1호 및 제27조 제1항 제1호에 해당하는 사업으로 한정한다.

성된 대지 및 건축물은 관리처분계획에 의하여 이를 처분 또는 관리하여야 한다 (법 제79조 1항). 관리처분계획은 토지등소유자의 재산권에 구체적이고 직접적인 영향을 미치는 것으로서 항고소송의 대상인 처분성이 인정된다(판례).

> 도시재개발법에 의한 재개발조합은 조합원에 대한 법률관계에서 적어도 특수한 존립목적을 부여받은 특수한 행정주체로서 국가의 감독하에 그 존립 목적인 특정한 공공사무를 행하고 있다고 볼 수 있는 범위 내에서는 공법상의 권리의무 관계에 서 있는 것이므로 분양신청 후에 정하여진 관리처분계획의 내용에 관하여 다툼이 있는 경우에는 그 관리처분계획은 토지 등의 소유자에게 구체적이고 결정적인 영향을 미치는 것으로서 조합이 행한 처분에 해당하므로 항고소송의 방법으로 그 무효확인이나 취소를 구할 수 있다(대판 2002.12.10, 2001두6333).

## (2) 분양공고 및 분양신청

⑺ 분양공고    사업시행자는 사업시행인가의 고시가 있은 날(사업시행인가 이후 시공자를 선정한 경우에는 시공자와 계약을 체결한 날)부터 120일 이내에 ① 분양대상자별 종전의 토지 또는 건축물의 명세 및 사업시행계획인가의 고시가 있은 날을 기준으로 한 가격(사업시행계획인가 전에 철거된 건축물은 시장·군수등에게 허가를 받은 날을 기준으로 한 가격), ② 분양대상자별 분담금의 추산액, ③ 분양신청기간, ④ 그 밖에 대통령령으로 정하는 사항을 토지등소유자에게 통지하고, 분양의 대상이 되는 대지 또는 건축물의 내역 등 대통령령이 정하는 사항을 해당 지역에서 발간되는 일간신문에 공고하여야 한다. 다만, 토지등소유자 1인이 시행하는 재개발사업의 경우에는 그러하지 아니하다(법 제72조 1항). 이 경우 분양신청기간은 통지한 날부터 30일 이상 60일 이내로 하여야 한다. 다만, 사업시행자는 관리처분계획의 수립에 지장이 없다고 판단하는 경우에는 분양신청기간을 20일의 범위에서 한 차례만 연장할 수 있다(법 제72조 2항).

⑴ 분양신청    대지 또는 건축물에 대한 분양을 받으려는 토지등소유자는 분양신청기간에 대통령령으로 정하는 방법 및 절차에 따라 사업시행자에게 대지 또는 건축물에 대한 분양신청을 하여야 한다(법 제72조 3항). 사업시행자는 분양신청기간 종료후 사업시행인가의 변경(경미한 사항의 변경은 제외한다)으로 세대수 또는 주택규모가 달라지는 경우 분양공고 등의 절차를 다시 거칠 수 있다(법 제72조 4항). 이렇게 분양공고 등의 절차를 다시 거치는 경우 사업시행자는 정관등으로 정하고 있거나 총회의 의결을 거친 경우 분양신청을 하지 아니한 자 또는 분양신청기간 종료 이전에 분양신청을 철회한 자에 해당하는 토지등소유자에게 분양신청을 다시 하게 할 수 있다(법 제72조 5항).

> 재개발조합이 조합원들에게 정해진 기한까지 분양계약에 응해 줄 것을 안내하는 '조합원 분양계약에 대한 안내서'를 보낸 행위는 항고소송의 대상이 되는 행정처분에

해당하지 아니하고 그 부존재확인을 구할 법률상 이익도 없다($\frac{대판\ 2002.12.27,}{2001두2799}$).

## (3) 관리처분계획의 수립 및 인가 등

사업시행자는 분양신청기간이 종료된 때에는 분양신청의 현황을 기초로 관리처분계획을 수립하여 시장·군수등의 인가를 받아야 하며, 관리처분계획을 변경·중지 또는 폐지하려는 경우에도 또한 같다. 다만, 대통령령으로 정하는 경미한 사항을 변경하려는 경우에는 시장·군수등에게 신고하여야 한다($\frac{법\ 제74}{조\ 1항}$).

(개) **관리처분계획의 내용**　사업시행자가 작성하는 관리처분계획에는 다음의 사항이 포함된다.

① 분양설계

② 분양대상자의 주소 및 성명

③ 분양대상자별 분양예정인 대지 또는 건축물의 추산액(임대관리 위탁주택에 관한 내용을 포함한다)

④ 다음 각 목에 해당하는 보류지 등의 명세와 추산액 및 처분방법. 다만, 나목의 경우에는 선정된 임대사업자의 성명 및 주소(법인인 경우에는 법인의 명칭 및 소재지와 대표자의 성명 및 주소)를 포함한다.

　가. 일반 분양분

　나. 공공지원민간임대주택

　다. 임대주택

　라. 그 밖에 부대시설·복리시설 등

⑤ 분양대상자별 종전의 토지 또는 건축물 명세 및 사업시행계획인가 고시가 있은 날을 기준으로 한 가격(사업시행계획인가 전에 철거된 건축물은 시장·군수등에게 허가를 받은 날을 기준으로 한 가격)

⑥ 정비사업비의 추산액(재건축사업의 경우에는 「재건축초과이익 환수에 관한 법률」에 따른 재건축부담금에 관한 사항을 포함한다) 및 그에 따른 조합원 분담규모 및 분담시기

⑦ 분양대상자의 종전 토지 또는 건축물에 관한 소유권 외의 권리명세

⑧ 세입자별 손실보상을 위한 권리명세 및 그 평가액

⑨ 그 밖에 정비사업과 관련한 권리 등에 관하여 대통령령으로 정하는 사항

도시 및 주거환경정비법 관련 규정의 내용, 형식 및 취지 등에 비추어 보면, 당초 관리처분계획의 경미한 사항을 변경하는 경우와 달리 관리처분계획의 주요 부분을 실질적으로 변경하는 내용으로 새로운 관리처분계획을 수립하여 시장·군수의 인가를 받은 경우에는, 당초 관리처분계획은 달리 특별한 사정이 없는 한 효력을 상실한

다( 대판 2012.3.22, 2011두6400(전합) ).

(나) **조합총회의 의결** 사업시행자가 조합인 경우 관리처분계획은 조합 총회의 의결을 거쳐야 하므로(법 제45조 1항 10호), 조합은 관리처분계획의 수립 및 변경에 관한 사항을 의결하기 위한 총회의 개최일부터 1개월 전에 위 ③~⑥까지의 규정에 해당하는 사항을 각 조합원에게 문서로 통지하여야 한다(법 제74조 3항). 관리처분계획의 수립 및 변경은 조합원 과반수의 찬성으로 의결한다(법 제45조 4항).

(다) **관리처분계획의 공람 및 인가절차 등** 사업시행자는 관리처분계획인가를 신청하기 전에 관계서류의 사본을 30일 이상 토지등소유자에게 공람하게 하고 의견을 들어야 한다. 다만, 대통령령으로 정하는 경미한 사항을 변경하고자 하는 경우에는 토지등소유자의 공람 및 의견청취절차를 거치지 아니할 수 있다(법 제78조 1항).

시장·군수등은 사업시행자의 관리처분계획인가의 신청이 있은 날부터 30일 이내에 인가 여부를 결정하여 사업시행자에게 통보하여야 한다. 다만, 시장·군수등은 대통령령으로 정하는 공공기관에 인가 신청된 관리처분계획의 타당성 검증을 요청하는 경우에는 관리처분계획인가의 신청을 받은 날부터 60일 이내에 인가 여부를 결정하여 사업시행자에게 통지하여야 한다(법 제78조 2항). 시장·군수등이 관리처분계획을 인가하는 때에는 그 내용을 해당 지방자치단체의 공보에 고시하여야 한다(법 제78조 4항).

사업시행자는 관리처분계획의 공람을 실시하려거나 시장·군수등이 관리처분계획인가의 고시가 있은 때에는 대통령령으로 정하는 방법과 절차에 따라 토지등소유자에게는 공람계획을 통지하고, 분양신청을 한 자에게는 관리처분계획인가의 내용 등을 통지하여야 한다(법 제78조 5항).

이러한 공람, 고시 및 통지 등에 관한 절차는 시장·군수등이 직접 관리처분계획을 수립하는 경우에도 준용한다(법 제78조 6항).

**[1] 주택재개발정비사업조합이 수립한 관리처분계획을 인가하는 행정청의 행위의 법적성질(=보충행위) / 인가처분에 흠이 없는 경우 기본행위의 흠을 내세워 그에 대한 인가처분의 무효확인 또는 취소를 구할 수 있는지 여부(소극) 및 해당 부분 청구에 대하여 법원이 취할 조치** 「도시 및 주거환경정비법」에 기초하여 주택재개발정비사업조합(이하 '조합')이 수립한 관리처분계획은 그것이 인가·고시를 통해 확정되면 이해관계인에 대한 구속적 행정계획으로서 독립적인 행정처분에 해당한다. 이러한 관리처분계획을 인가하는 행정청의 행위는 조합의 관리처분계획에 대한 법률상의 효력을 완성시키는 보충행위이다. 따라서 기본행위가 적법·유효하고 보충행위인 인가처분 자체에 흠이 있다면 그 인가처분의 무효나 취소를 주장할 수 있다. 그러나 인가처분에 흠이 없다면 기본행위에 흠이 있다고 하더라도 따로 기본행위의 흠을 다투는 것은 별론으로 하고 기본행위의 흠을 내세워 바로 그에 대한 인가처분의 무효확인 또는 취소를 구

할 수는 없으므로, 그 당부에 관하여 판단할 필요 없이 해당 부분 청구를 기각하여야 한다(대판 2016.12.15, 2015두51347).

[2] 무효인 서울특별시행정권한위임조례의 규정에 근거한 관리처분계획의 인가 등 처분은 결과적으로 적법한 위임 없이 권한 없는 자에 의하여 행하여진 것과 마찬가지가 되어 그 하자가 중대하나, 지방자치단체의 사무에 관한 조례와 규칙은 조례가 보다 상위규범이라고 할 수 있고, 또한 헌법 제107조 제2항의 "규칙"에는 지방자치단체의 조례와 규칙이 모두 포함되는 등 이른바 규칙의 개념이 경우에 따라 상이하게 해석되는 점 등에 비추어 보면, 위 처분의 위임과정의 하자가 객관적으로 명백한 것이라고 할 수 없으므로 결국 당연무효 사유는 아니라고 봄이 상당하다(대판 1995.8.22, 94누5694).

[3] 재개발사업이 완료되어 분양처분이 이루어지기 전에 있어서는 관리처분계획의 일부 변경 등이 가능한 것이므로 관리처분계획의 인가처분에 대하여는 분양처분의 경우와는 달리 그 일부의 취소 청구라도 허용된다(대판 1995.7.14, 93누9118).

### (4) 관리처분계획에 따른 처분 등

사업시행자는 정비사업의 시행으로 건설된 건축물을 인가받은 관리처분계획에 따라 토지등소유자에게 공급하여야 한다(법 제79조 2항). 사업시행자(대지를 공급받아 주택을 건설하는 자를 포함한다)는 정비구역에 주택을 건설하는 경우에는 입주자 모집 조건·방법·절차, 입주금(계약금·중도금 및 잔금을 말한다)의 납부 방법·시기·절차, 주택공급 방법·절차 등에 관하여 「주택법」의 주택공급에 관한 규정(주택법 제54조)에도 불구하고 대통령령으로 정하는 범위에서 시장·군수등의 승인을 받아 따로 정할 수 있다(법 제79조 3항). 사업시행자는 분양신청을 받은 후 잔여분이 있는 경우에는 정관등 또는 사업시행계획으로 정하는 목적을 위하여 그 잔여분을 보류지(건축물을 포함한다)로 정하거나 조합원 또는 토지등소유자 이외의 자에게 분양할 수 있다. 이 경우 분양공고와 분양신청절차 등에 필요한 사항은 대통령령으로 정한다(법 제79조 4항).

### (5) 관리처분계획을 둘러싼 분쟁과 권리구제 방법

도시정비법상의 조합은 법인격을 갖추고 있으며(법 제38조 1항) 관할 행정청의 감독 아래 도시정비법상의 정비사업을 시행하는 공법인으로서, 그 목적 범위 내에서 법령이 정하는 바에 따라 일정한 행정작용을 행하는 행정주체의 지위를 갖는다.

그리고 조합이 행정주체의 지위에서 도시정비법에 따라 수립하는 관리처분계획은 정비사업의 시행 결과 조성되는 대지 또는 건축물의 권리귀속에 관한 사항과 조합원의 비용 분담에 관한 사항 등을 정함으로써 조합원의 재산상 권리·의무 등에 구체적이고 직접적인 영향을 미치게 되므로, 이는 구속적 행정계획으로서 조합이 행하는 독립된 행정처분에 해당한다.28)

그런데 관리처분계획은 재건축조합이 조합원의 분양신청 현황을 기초로 관리처분계획안을 마련하여 그에 대한 조합 총회결의와 토지등소유자의 공람절차를 거친 후 관할 행정청의 인가·고시를 통해 비로소 그 효력이 발생하게 되므로, 관리처분계획안에 대한 조합 총회결의는 관리처분계획이라는 행정처분에 이르는 절차적 요건 중 하나로, 그것이 위법하여 효력이 없다면 관리처분계획은 하자가 있는 것으로 된다. 따라서 행정주체인 조합을 상대로 관리처분계획안에 대한 조합 총회결의의 효력 등을 다투는 소송은 행정처분에 이르는 절차적 요건의 존부나 효력 유무에 관한 소송으로서 그 소송결과에 따라 행정처분의 위법 여부에 직접 영향을 미치는 공법상 법률관계에 관한 것이므로, 이는 「행정소송법」상의 당사자소송에 의하여야 한다.29)

그리고 이러한 소송은, 관리처분계획이 인가·고시되기 전이라면 위법한 총회결의에 대해 무효확인 판결을 받아 이를 관할 행정청에 자료로 제출하거나 재건축조합으로 하여금 새로이 적법한 관리처분계획안을 마련하여 다시 총회결의를 거치도록 함으로써 하자 있는 관리처분계획이 인가·고시되어 행정처분으로서 효력이 발생하는 단계에까지 나아가지 못하도록 저지할 수 있고, 또 총회결의에 대한 무효확인판결에도 불구하고 관리처분계획이 인가·고시되는 경우에도 관리처분계획의 효력을 다투는 항고소송에서 총회결의 무효확인소송의 판결과 증거들을 소송자료로 활용함으로써 신속하게 분쟁을 해결할 수 있으므로, 관리처분계획에 대한 인가·고시가 있기 전에는 허용할 필요가 있다.30)

그러나 나아가 관리처분계획에 대한 관할 행정청의 인가·고시까지 있게 되면 관리처분계획은 행정처분으로서 효력이 발생하게 되므로, 총회결의의 하자를 이유로 하여 행정처분의 효력을 다투는 항고소송의 방법으로 관리처분계획의 취소 또는 무효확인을 구하여야 하고, 그와 별도로 행정처분에 이르는 절차적 요건 중 하나에 불과한 총회결의 부분만을 따로 떼어내어 효력 유무를 다투는 확인의 소를 제기하는 것은 특별한 사정이 없는 한 허용되지 않는다.31)

한편 관리처분계획에 대한 행정청의 인가는 조합의 관리처분계획에 대한 법률상의 효력을 완성시키는 보충행위로서 그 기본 되는 관리처분계획에 하자가 있을 때에는 그에 대한 인가가 있었다 하여도 기본행위인 관리처분계획이 유효한 것으로 될 수 없으며, 다만 그 기본행위가 적법·유효하고 보충행위인 인가처분 자체에만 하자가 있다면 그 인가처분의 무효나 취소를 주장할 수 있다고 할 것이지만, 인가처분에 하

---

28) 대법원 1996. 2. 15. 선고 94다31235 전원합의체 판결, 대법원 2007. 9. 6. 선고 2005두11951 판결 등 참조.
29) 대법원 2009. 9. 17. 선고 2007다2428 전원합의체 판결.
30) 대법원 2009. 9. 17. 선고 2007다2428 전원합의체 판결.
31) 대법원 2009. 9. 17. 선고 2007다2428 전원합의체 판결.

자가 없다면 기본행위에 하자가 있다 하더라도 따로 그 기본행위의 하자를 다투는 것은 별론으로 하고 기본행위의 무효를 내세워 바로 그에 대한 행정청의 인가처분의 취소 또는 무효확인을 소구할 법률상의 이익이 있다고 할 수 없다.[32]

## 5. 관리처분(또는 환권처분)

### (1) 의    의

관리처분이란 사업시행자가 일정한 계획에 따라 정비사업의 시행으로 조성되는 대지 및 설치되는 건축시설을 사업이 완료된 후에 종전의 토지와 건축물에 갈음하여 새로운 토지와 건축물을 교부하고 이에 종전의 권리를 이전시키거나 일반인에게 분양 등의 방법에 의하여 처분하는 것을 말한다. 환지방식과는 달리 이 법에 따른 정비사업의 경우에는 토지와 건축물이 함께 처분된다는 점에서 특색이 있다. 그 법적 성질은 형성적 행정행위로 보는 것이 일반적이다.

### (2) 정비사업의 준공인가

#### 1) 준공검사와 준공인가

시장·군수등이 아닌 사업시행자가 정비사업 공사를 완료한 때에는 대통령령으로 정하는 방법 및 절차에 따라 시장·군수등의 준공인가를 받아야 한다(법 제83조 제1항). 준공인가의 신청을 받은 시장·군수등은 지체 없이 준공검사를 실시하여야 하며, 이 경우 시장·군수등은 효율적인 준공검사를 위하여 필요한 때에는 관계 행정기관·공공기관·연구기관, 그 밖의 전문기관 또는 단체에게 준공검사의 실시를 의뢰할 수 있다(법 제83조 제2항). 시장·군수등은 준공검사를 실시한 결과 정비사업이 인가받은 사업시행계획대로 완료되었다고 인정되는 때에는 준공인가를 하고 공사의 완료를 해당 지방자치단체의 공보에 고시하여야 한다(법 제83조 제3항).

#### 2) 준공인가의 효과

시장·군수등은 준공인가를 하기 전이라도 완공된 건축물이 사용에 지장이 없는 등 대통령령으로 정하는 기준에 적합한 경우에는 입주예정자가 완공된 건축물을 사용할 수 있도록 사업시행자에게 허가할 수 있다. 다만, 시장·군수등이 사업시행자인 경우에는 허가를 받지 아니하고 입주예정자가 완공된 건축물을 사용하게 할 수 있다(법 제83조 제5항).

또한 정비구역의 지정은 준공인가의 고시가 있은 날(관리처분계획을 수립하는 경우에는 이전고시가 있은 때를 말함)의 다음 날에 해제된 것으로 본다(법 제84조 제1항). 그러나 정비구역이 해제되더라도 조합의 존속에는 영향을 주지 아니한다(법 제84조 제2항).

---

32) 대법원 2001. 12. 11. 선고 2001두7541 판결.

준공인가를 하거나 공사완료를 고시하는 경우 시장·군수등이 의제되는 인·허가등에 따른 준공검사·준공인가·사용검사·사용승인 등(준공검사·인가등)에 관하여 관계 행정기관의 장과 협의한 사항은 해당 준공검사·인가등을 받은 것으로 본다(법 제85조 1항).

### (3) 이전고시
### 1) 이전고시의 의의 및 성질

사업시행자는 준공인가의 고시가 있은 때에는 지체 없이 대지확정측량을 하고 토지의 분할절차를 거쳐 관리처분계획에서 정한 사항을 분양받을 자에게 통지하고 대지 또는 건축물의 소유권을 이전하여야 한다. 다만, 정비사업의 효율적인 추진을 위하여 필요한 경우에는 해당 정비사업에 관한 공사가 전부 완료되기 전이라도 완공된 부분은 준공인가를 받아 대지 또는 건축물별로 분양받을 자에게 소유권을 이전할 수 있다(법 제86조 1항). 사업시행자는 대지 및 건축물의 소유권을 이전하려는 때에는 그 내용을 해당 지방자치단체의 공보에 고시한 후 시장·군수등에게 보고하여야 한다. 도시정비법상의 이전고시는 구 도시재개발법상의 분양처분에 해당하는 것으로서, 구 법상의 분양처분은 물론 현행 도시정비법상의 이전고시는 관리처분계획에서 정한 바에 따라 토지등소유자에게 대지 또는 건축물의 소유권을 귀속시키는 형성적 행위로서 항고소송의 대상인 처분성이 인정된다(판례).

> [1] 도시재개발법에 규정된 분양처분 역시 재개발구역 안의 종전의 토지 또는 건축물에 대하여 재개발사업에 의하여 조성되거나 축조되는 대지 또는 건축 시설의 위치 및 범위 등을 정하고 그 가격의 차액에 상당하는 금액을 청산하거나 대지 또는 건축 시설을 정하지 않고 금전으로 청산하는 공법상 처분으로서, 일단 공고되어 효력을 발생하게 된 이후에는 그 전체의 절차를 처음부터 다시 밟지 않는 한 그 일부만을 따로 떼어 분양처분을 변경할 길이 없으며, 설령 그 분양처분에 위법이 있다 하여 취소 또는 무효확인을 하더라도 다른 토지에 대한 분양처분까지 무효라고는 할 수 없다(대판 2012.3.22., 2011두6400(전합)).
>
> [2] 도시재개발법에 의한 도시재개발사업에서 분양처분이 일단 고시되어 효력을 발생하게 된 이후에는 그 전체의 절차를 처음부터 다시 밟지 아니하는 한 그 일부만을 따로 떼어 분양처분을 변경할 길이 없고 분양처분의 일부 변경을 위한 관리처분계획의 변경도 분양처분이 이루어지기 전에만 가능하므로, 분양처분이 효력을 발생한 이후에는 조합원은 관리처분계획의 변경 또는 분양거부처분의 취소를 구할 수 없고 재개발조합으로서도 분양처분의 내용을 일부 변경하는 취지로 관리처분계획을 변경할 수 없다(대판 1999.10.8., 97누12105).
>
> **[3] 도시재개발법에 따른 분양처분의 일부에 대하여 취소나 무효확인을 구할 법률상의**

**이익이 있는지 여부(소극)**    도시재개발법에 의한 도시재개발사업에 있어서의 분양처분은 일단 공고되어 효력을 발생하게 된 이후에는 그 전체의 절차를 처음부터 다시 밟지 않는 한 그 일부만을 따로 떼어 분양처분을 변경할 길이 없으며 다만 그 위법을 이유로 하여 민사상의 절차에 따라 권리관계의 존부를 확정하거나 손해의 배상을 구하는 길이 있을 뿐이므로 그 분양처분의 일부에 대하여 취소 또는 무효확인을 구할 법률상의 이익이 없다($^{대판\ 1991.10.8,}_{90누10032}$).

## 2) 이전고시의 효과

이전고시가 있으면 대지 또는 건축물을 분양받을 자는 이전고시가 있은 날의 다음 날에 그 대지 또는 건축물의 소유권을 취득한다($^{법\ 제86}_{조\ 2항}$). 대지 또는 건축물을 분양받을 자에게 소유권을 이전한 경우 종전의 토지 또는 건축물에 설정된 지상권·전세권·저당권·임차권·가등기담보권·가압류 등 등기된 권리 및 「주택임대차보호법」 제3조 제1항의 요건을 갖춘 임차권은 소유권을 이전받은 대지 또는 건축물에 설정된 것으로 본다($^{법\ 제87}_{조\ 1항}$). 사업시행자는 이전고시가 있은 때에는 지체 없이 대지 및 건축물에 관한 등기를 지방법원지원 또는 등기소에 촉탁 또는 신청하여야 한다($^{법\ 제88}_{조\ 1항}$).

  [1] **도시재개발법에 의한 재개발사업에 있어 분양처분의 법적 성질 및 효력**    도시재개발법에 의한 재개발사업에 있어서의 분양처분은 재개발구역 안의 종전의 토지 또는 건축물에 대하여 재개발사업에 의하여 조성되거나 축조되는 대지 또는 건축 시설의 위치 및 범위 등을 정하고 그 가격의 차액에 상당하는 금액을 청산하거나, 대지 또는 건축 시설을 정하지 않고 금전으로 청산하는 공법상 처분으로서, 그 처분으로 종전의 토지 또는 건축물에 관한 소유권 등의 권리를 강제적으로 변환시키는 이른바 공용환권에 해당하나, 분양처분 그 자체로는 권리의 귀속에 관하여 아무런 득상·변동을 생기게 하는 것이 아니고, 한편 종전의 토지 또는 건축물에 대신하여 대지 또는 건축 시설이 정하여진 경우에는 분양처분의 고시가 있은 다음날에 종전의 토지 또는 건축물에 관하여 존재하던 권리관계는 분양받는 대지 또는 건축 시설에 그 동일성을 유지하면서 이행되는바, 이와 같은 경우의 분양처분은 대인적 처분이 아닌 대물적 처분이라 할 것이므로, 재개발사업 시행자가 소유자를 오인하여 종전의 토지 또는 건축물의 소유자가 아닌 다른 사람에게 분양처분을 한 경우 그러한 분양처분이 있었다고 하여 그 다른 사람이 권리를 취득하게 되는 것은 아니며, 종전의 토지 또는 건축물의 진정한 소유자가 분양된 대지 또는 건축 시설의 소유권을 취득하고 이를 행사할 수 있다($^{대판\ 1995.6.30.,}_{95다10570}$).
  [2] **도시 및 주거환경정비법상 이전고시가 효력을 발생한 이후에도 조합원 등이 관리처분계획의 취소 또는 무효확인을 구할 법률상 이익이 있는지 여부(소극)**    [다수의견] 이전고시의 효력 발생으로 이미 대다수 조합원 등에 대하여 획일적·일률적으로 처리된 권리귀속 관계를 모두 무효화하고 다시 처음부터 관리처분계획을 수립하여 이전고시 절차를 거치도록 하는 것은 정비사업의 공익적·단체법적 성격에 배치되므로,

이전고시가 효력을 발생하게 된 이후에는 조합원 등이 관리처분계획의 취소 또는 무효확인을 구할 법률상 이익이 없다고 봄이 타당하다(대판 2012.3.22., 2011두6400(전합), ).[33]

### (4) 청산

대지 또는 건축물을 분양받은 자가 종전에 소유하고 있던 토지 또는 건축물의 가격과 분양받은 대지 또는 건축물의 가격 사이에 차이가 있는 경우에는 사업시행자는 이전고시가 있은 후에 그 차액에 상당하는 금액("청산금"이라 한다)을 분양받은 자로부터 징수하거나 분양받은 자에게 지급하여야 한다(법 제89조 제1항).

사업시행자는 청산금을 지급받을 자가 받을 수 없거나 받기를 거부한 때에는 그 청산금을 공탁할 수 있고, 청산금을 지급받을 권리 또는 이를 징수할 권리는 이전고시일의 다음날부터 5년간 행사하지 않으면 소멸한다(법 제90조 제3항).

정비구역에 있는 토지 또는 건축물에 저당권을 설정한 권리자는 사업시행자가 저당권이 설정된 토지 또는 건축물의 소유자에게 청산금을 지급하기 전에 압류절차를 거쳐 저당권을 행사할 수 있다(법 제91조).

---

**기본사례 풀이**

### I. 설문 1)의 풀이

#### 1. 문제의 소재

사안은 토지수용행위에 대한 위법성 통제를 위한 권리구제문제가 논의대상이다.

#### 2. 행정작용의 성질

토지수용위원회의 재결행위는 형성적 행정행위로서 행정행위성을 가지며, 그 내용에는 토지수용행위의 적법성 여부와 손실보상금액에 관한 사항을 포함한다. 따라서 당사자는 두 내용 중 어느 하나를 다투고자 하는 때에 재결행위 전체를 다투어야 한다.

---

33) [대법관 김능환, 대법관 이인복, 대법관 김용덕, 대법관 박보영의 별개의견] 관리처분계획의 무효확인이나 취소를 구하는 소송이 적법하게 제기되어 계속 중인 상태에서 이전고시가 효력을 발생하였다고 하더라도, 이전고시에서 정하고 있는 대지 또는 건축물의 소유권 이전에 관한 사항 외에 관리처분계획에서 정하고 있는 다른 사항들에 관하여서는 물론이고, 이전고시에서 정하고 있는 사항에 관하여서도 여전히 관리처분계획의 취소 또는 무효확인을 구할 법률상 이익이 있다고 보는 것이 이전고시의 기본적인 성격 및 효력에 들어맞을 뿐 아니라, 행정처분의 적법성을 확보하고 이해관계인의 권리·이익을 보호하려는 행정소송의 목적 달성 및 소송경제 등의 측면에서도 타당하며, 항고소송에서 소의 이익을 확대하고 있는 종전의 대법원판례에도 들어맞는 합리적인 해석이다.

3. 권리구제방법

(1) 행정심판

「공익사업을 위한 토지등의 취득 및 보상에 관한 법률」상의 이의신청은 특별법상의 행정심판으로서의 성질을 가지며, 이 절차는 임의적인 절차에 해당하므로, 甲은 충청북도 토지수용위원회를 거쳐 중앙토지수용위원회에 이의신청을 제기할 수 있다($^{제83}_{조 2항}$). 중앙토지수용위원회는 이의신청에 대해 이의재결을 하게 된다($^{제84조}_{1항}$). 이의신청을 제기한 경우에도 토지의 수용절차에는 아무런 영향을 미치지 않게 된다($^{제88}_{조}$). 이는 토지수용절차의 신속한 진행을 위한 특별규정으로 보인다. 따라서 甲은 예외적인 집행정지를 신청할 수 없다고 해석된다.

(2) 행정소송

甲은 충청북도토지수용위원회의 재결에 대해 60일 이내에 이의신청을 제기하지 않고 바로 또는 이의신청을 거쳐 중앙토지수용위원회의 이의신청의 재결에 대해 불복이 있을 때에 30일 이내에 취소소송을 제기할 수 있다.


Ⅱ. 설문 2)의 풀이

1. 문제의 소재

사안은 수용재결의 내용 중에서 손실보상결정에 대한 권리구제방법의 논의가 검토대상이 된다. 물론 손실보상결정 그 자체가 행정행위성을 갖는 것은 아니다. 그러나 이러한 결정이 행정행위성을 갖는 재결의 내용 속에 포함되고 있으므로, 재결을 다툼으로써 손실보상결정에 대한 이의를 제기하여야 한다.

2. 권리구제방법

(1) 행정심판

「공익사업을 위한 토지 등의 취득 및 보상에 관한 법률」상의 이의신청의 제기가 행정심판이 된다($^{제83}_{조}$). 이때에 중앙토지수용위원회는 이의재결의 내용으로서 손실보상액을 직접 변경할 수 있다($^{제84조}_{1항}$). 이러한 이의신청제기도 토지수용절차에 영향이 없음은 앞 설문의 경우와 같다($^{제88}_{조}$).

(2) 행정소송

손실보상액 결정을 대상으로 하는 행정소송에 대해서는 「공익사업을 위한 토지등의 취득 및 보상에 관한 법률」 제85조의 2 제 2 항이 특별한 규정을 두고 있다. 이때의 행정소송의 법적 성질은, 형식적 당사자 소송으로 보아야 하며, 甲은 피고로서 청주시를 대상으로 하여 제기하여야 한다.

# 제 2 장  토지행정법

**기본 사례**

　甲은 중랑구 신내동에 있는 자신의 토지에 대한 2007년도의 개별토지가격으로 2006년도보다 50%나 인상된 가격이 결정되자, 이는 산정절차상의 하자가 있는 것으로 생각하고 이에 대해 법적으로 다투고자 한다.

1) 어떠한 권리구제방법을 강구할 수 있는가?
2) 甲이 자신의 토지에 결정된 개별토지가격을 모르고 있었던 경우에, 이에 근거하여 부과된 양도소득세를 다투면서 개별토지가격 결정을 법적으로 다툴 수 있는가?

(풀이는 1292면)

## 제 1 절  토지행정법 일반론

## Ⅰ. 토지행정법의 의의

### 1. 토지행정법의 개념

국토의 균형 있는 개발 또는 합리적인 토지의 이용질서를 도모하기 위하여 종합적인 측면에서의 계획작용과 개별적 내용의 규제작용을 그 대상으로 하는 행정작용을 토지행정작용 또는 지역개발행정작용이라고 하며, 이에 관한 법체계를 토지행정법 또는 지역개발행정법이라고 한다. 따라서 이는 주로 토지의 소유·이용·개발·거래관계 등에 관한 공법적 계획과 개별적 규율을 내용으로 하는 법규를 의미하게 된다.

### 2. 토지행정법의 법원

이에 관한 현행 법제로는 우선 헌법적 차원에서는 제120조 제 2 항과 제122조에 따라 국토의 개발과 이용에 관한 계획의 수립과 이에 필요한 개별적인 제한, 의무부과의 근거가 규정되고 있다. 또한 헌법 제23조 제 2 항의 재산권행사의 공공복리 적합의무에 의하여도 개별적인 제한작용의 근거가 마련되고 있다.

개별법의 차원에서는 여러 종류의 법률이 규율하고 있다. 국토개발과 관련하여서는 「국토기본법」, 「국토의 계획 및 이용에 관한 법률」, 「수도권정비계획법」 등이 있다. 도시계획과 관련하여서는 「국토의 계획 및 이용에 관한 법률」을 볼 수 있다. 이밖에도 특정목적과 관련하여 「택지개발촉진법」, 「산업입지 및 개발에 관한 법률」, 「농지법」, 「자연공원법」 등을 들 수 있다. 또한 최근에는 토지이용과 관련된 지역·지구등의 지정과 관리에 관한 기본적인 사항을 규정하고, 토지이용규제의 투명성을 확보하기 위한 입법으로서 「토지이용규제기본법」이 제정되어 있다.

## Ⅱ. 토지행정작용의 형식 및 내용

### 1. 토지행정작용의 주요형식

토지행정법에 있어서도 일반행정법상의 행정의 작용형식이 동일하게 적용된다. 따라서 행정입법, 행정계획, 행정행위 및 행정지도 등이 그 형식으로 나타날 수 있다. 그러나 토지행정작용의 특성상 행정계획과 개별적 제한행위인 행정행위가 그 형식으로서 주된 의미를 갖게 된다.

### 2. 토지행정작용의 주요내용

토지행정작용의 내용은 일응 이론적으로 그 주요형식인 행정계획과 행정행위가 개별법에 의하여 구체화되는 것이라고 볼 수 있다. 그러나 다른 한편 토지행정작용은 그 실제적 내용면에서 토지의 계획적 이용(Bauplanungsrecht)과 그 토지 위에 구축되는 각종 건축물에 대한 규제(Bauordnungsrecht)의 내용으로 압축할 수 있다. 현행 토지행정법를 구성하는 개별법들도 그러한 내용으로 법제화되어 있다. 우선 ① 토지의 이용에 관한 행정계획작용에 대해서는 「국토기본법」 및 「국토의 계획 및 이용에 관한 법률」

에서 국토계획과 도시·군계획에 관하여 규율하고 있으며, ② 토지 위에서의 건축물의 규제에 대해서는 일반법으로 「건축법」이 규율하고 있다. 그 밖의 개별적인 행정작용에 의한 규율로서는, ③ 토지의 이용과 관련하여 「농지법」이나 구「산림법」에 의한 토지이용강제제도, ④ 토지를 이용한 수익에 관하여는 개발이익의 환수제도로서 「개발이익환수에 관한 법률」에 의한 개발부담금의 제도, ⑤ 토지의 거래와 관련하여서는 「국토의 계획 및 이용에 관한 법률」에 의한 토지거래허가제와 구「산림법」에 의한 매매증명제도 등이 있다.1) 이하에서는 계획법제와 건축규제법제의 틀 속에서 토지행정법의 체계를 살펴보고 여기에 개별 토지이용 및 거래 규제에 관한 개별 내용들을 정리해보기로 한다.

## 제 2 절  토지행정작용의 개별적 내용들

### I. 행정계획에 의한 규제

토지행정작용의 기본적인 방식으로는 행정계획을 들 수 있다. 이는 다시 그 대상에 따라 다양하게 나타날 수 있으나, 토지행정법상 중요한 행정계획에 의한 규제로는 크게 국토계획과 도시·군계획으로 대별할 수 있다. 이에 대해서는 「국토기본법」과 「국토의 계획 및 이용에 관한 법률」에서 상세히 규정하고 있다.

#### 1. 국토계획

국토계획에 관하여는 「국토기본법」이 규율하고 있다.

---

1) 그 밖에 종전에는 택지소유상한제가 있었다. 이는 택지를 소유할 수 있는 면적의 최고한계를 정하여 제한된 택지면적의 균형 있는 소유와 이용을 도모하고, 이를 통하여 택지의 공급을 촉진함으로써 국민의 주거생활의 안정을 도모하기 위한 제도이다. 이에 관하여는 「택지소유상한에 관한 법률」이 제정되어 있었다. 그러나 택지소유상한제는 택지의 과다보유를 억제하는 효과는 달성하였지만, 택지소유상한의 설정에 대해서는 시장경제원리에 위반된다는 비판이 제기되었고, 또한 그 동안의 시장경험에 따르면 이 제도의 도입취지와는 달리 택지초과소유부담금은 개인보다는 기업에게 과중한 부담으로 작용하는 부작용도 발생하게 되었다. 실제로 택지초과소유부담금의 실제적 납부자는 개인이 아니라 기업이 절대다수를 점하고 있다(예를 들어 1997년 서울의 강남구와 중구의 경우에는 개인은 6%이고 기업이 94%를 납부). 이에 따라 정부는 규모와 용도의 제한 없이 택지를 자유롭게 취득할 수 있도록 하기 위하여 1998년 「택지소유상한에 관한 법률」을 폐지하였다. 따라서 이제는 택지소유상한의 규제가 없어지게 되었으며, 택지취득의 사전허가 및 사후신고가 필요하지 않게 되었다.

### (1) 국토계획의 의의

「국토기본법」에 의하면 '국토계획'이란 국토를 이용·개발 및 보전함에 있어서 미래의 경제적·사회적 변동에 대응하여 국토가 지향하여야 할 발전방향을 설정하고 이를 달성하기 위한 계획을 말한다(동법 제6조 1항). 이러한 국토계획은 국토관리의 가장 중요한 수단으로서, 국토는 모든 국민의 삶의 터전이며 후세에 물려줄 민족의 자산이므로, 국토에 관한 계획 및 정책은 개발과 환경의 조화를 바탕으로(동법 제5조) 국토를 균형 있게 발전시키고(동법 제3조) 국가의 경쟁력을 높이며(동법 제4조) 국민의 삶의 질을 개선함으로써 국토의 지속가능한 발전을 도모할 수 있도록 수립·집행하여야 한다(동법 제2조). 이처럼 최근에는 국토계획에 '지속가능성'의 개념이 도입되고 있다(동법 제5조의2 참조). 국토의 면적이 상대적으로 협소한 우리나라의 경우에는 경제가 성장하고 삶의 질이 향상됨에 따라 향후 계속적으로 토지수요의 증가와 토지이용으로 인한 국토환경변화의 가능성이 클 전망이므로, 국토발전에 있어서 지속가능성은 우선적으로 달성되어야 할 중요한 명제에 해당한다.

### (2) 국토계획의 종류

국토계획은 국토종합계획, 도종합계획, 시·군종합계획, 지역계획 및 부문별계획으로 구분한다(동법 제6조 2항).

#### 1) 국토종합계획

이는 국토 전역을 대상으로 하여 국토의 장기적인 발전 방향을 제시하는 종합계획으로서, 국토교통부장관이 수립하여야 한다(동법 제9조 1항).

① 국토종합계획의 수립절차  국토교통부장관이 국토종합계획을 수립하려는 경우에는 중앙행정기관의 장 및 특별시장·광역시장·도지사 또는 특별자치도지사("시·도지사")에게 대통령령으로 정하는 바에 따라 국토종합계획에 반영되어야 할 정책 및 사업에 관한 소관별 계획안의 제출을 요청할 수 있다. 이 경우 중앙행정기관의 장 및 시·도지사는 특별한 사유가 없으면 요청에 따라야 한다(동법 제9조 2항). 국토교통부장관은 제출받은 소관별 계획안을 기초로 대통령령으로 정하는 바에 따라 이를 조정·총괄하여 국토종합계획안을 작성하며, 제출된 소관별 계획안의 내용 외에 국토종합계획에 포함되는 것이 타당하다고 인정하는 사항은 관계 행정기관의 장과 협의하여 국토종합계획안에 반영할 수 있다(동법 제9조 3항).2) 국토교통부장관이 국토종합계획안을 작성하였을 때에는 공청회를 열어 일반 국민과 관계 전문가 등으로부터 의견을 들어야 하며, 공청회에서 제시된 의견이 타당하다고 인정하면 국토종합계획에 반영하여야 한다. 다만,

---

2) 이미 수립된 국토종합계획을 변경하는 경우에도 이상의 절차를 준용한다(동법 제9조 4항).

국방상 기밀을 유지하여야 하는 사항으로서 국방부장관이 요청한 사항은 그러하지 아니하다(동법 제11조 2항).

② **국토종합계획의 내용**  국토종합계획에는 ㉠ 국토의 현황 및 여건 변화 전망에 관한 사항, ㉡ 국토발전의 기본 이념 및 바람직한 국토 미래상의 정립에 관한 사항 및 교통, 물류, 공간정보 등에 관한 신기술의 개발과 활용을 통한 국토의 효율적인 발전 방향과 혁신 기반 조성에 관한 사항,3) ㉢ 국토의 공간구조의 정비 및 지역별 기능 분담 방향에 관한 사항, ㉣ 국토의 균형발전을 위한 시책 및 지역산업 육성에 관한 사항, ㉤ 국가경쟁력 향상 및 국민생활의 기반이 되는 국토 기간 시설의 확충에 관한 사항, ㉥ 토지, 수자원, 산림자원, 해양자원 등 국토자원의 효율적 이용 및 관리에 관한 사항, ㉦ 주택, 상하수도 등 생활 여건의 조성 및 삶의 질 개선에 관한 사항, ㉧ 수해, 풍해(風害), 그 밖의 재해의 방제(防除)에 관한 사항, ㉨ 지하 공간의 합리적 이용 및 관리에 관한 사항, ㉩ 지속가능한 국토 발전을 위한 국토 환경의 보전 및 개선에 관한 사항, ㉪ 그 밖에 ㉠~㉩까지에 부수되는 사항에 대한 기본적이고 장기적인 정책방향이 포함되어야 한다(동법 제10조).

③ **국토종합계획의 승인**  국토교통부장관은 국토종합계획을 수립하거나 확정된 계획을 변경하려면 미리 국토정책위원회와 국무회의의 심의를 거친 후 대통령의 승인을 받아야 한다(동법 제12조 1항). 국토교통부장관이 국토정책위원회의 심의를 받으려는 경우에는 미리 심의안에 대하여 관계 중앙행정기관의 장과 협의하여야 하며 시·도지사의 의견을 들어야 한다(동법 제12조 2항). 이러한 심의안을 받은 관계 중앙행정기관의 장 및 시·도지사는 특별한 사유가 없으면 심의안을 받은 날부터 30일 이내에 국토교통부장관에게 의견을 제시하여야 한다(동법 제12조 3항). 국토교통부장관은 국토종합계획을 승인받았을 때에는 지체 없이 그 주요 내용을 관보에 공고하고, 관계 중앙행정기관의 장, 시·도지사, 시장 및 군수(광역시의 군수는 제외한다)에게 국토종합계획을 보내야 한다(동법 제12조 4항).

**2) 도종합계획**

이는 도 또는 특별자치도의 관할구역을 대상으로 하여 해당 지역의 장기적인 발전 방향을 제시하는 종합계획으로서, 도지사(특별자치도의 경우에는 특별자치도지사를 말한다)가 수립하여야 한다(동법 제13조).

---

3) IoT, 자율주행, 인공지능 등으로 대표되는 4차 산업혁명의 핵심기술 개발과 활용에 관한 국토 분야의 내용은 현행법상 국토종합계획에 명시적으로 반영하지 못하고 있다는 비판이 제기되자, 최근 개정된 국토기본법은 인공지능, 빅데이터, 증강현실 등 첨단 기술과 융합하여 교통·물류 산업을 육성하고, 공간정보의 체계적인 연계와 활용을 강화하는 한편, 국토 관련 R&D 투자 확대를 유도하여 혁신 기반을 조성하는 내용 등을 국토종합계획에 반영되도록 함으로써 국토분야에서 4차 산업혁명에 대응하기 위한 경쟁력 있는 여건을 조성하고자 하였다.

① **도종합계획의 수립절차**    도지사가 도종합계획을 수립하는 때에는 「국토의 계획 및 이용에 관한 법률」에 의하여 도에 설치된 도시계획위원회의 심의를 거쳐야 하며(동법 제13조 2항), 국토종합계획의 경우를 준용하여 도지사가 도종합계획안을 작성하였을 때에는 공청회를 열어 일반 국민과 관계 전문가 등으로부터 의견을 들어야 하며, 공청회에서 제시된 의견이 타당하다고 인정하면 도종합계획에 반영하여야 한다. 다만, 국방상 기밀을 유지하여야 하는 사항으로서 국방부장관이 요청한 사항은 그러하지 아니하다(동법 제14조).

② **도종합계획의 내용**    도종합계획에는 ㉠ 지역 현황·특성의 분석 및 대내외적 여건 변화의 전망에 관한 사항, ㉡ 지역발전의 목표와 전략에 관한 사항, ㉢ 지역 공간구조의 정비 및 지역 내 기능 분담 방향에 관한 사항, ㉣ 교통, 물류, 정보통신망 등 기반시설의 구축에 관한 사항, ㉤ 지역의 자원 및 환경 개발과 보전·관리에 관한 사항, ㉥ 토지의 용도별 이용 및 계획적 관리에 관한 사항, ㉦ 그 밖에 도의 지속가능한 발전에 필요한 사항으로서 대통령령으로 정하는 사항이 포함되어야 한다(동법 제13조 1항).

③ **도종합계획의 승인**    도지사는 도종합계획을 수립하였을 때에는 국토교통부장관의 승인을 받아야 한다. 승인받은 도종합계획을 변경할 때에도 또한 같다(동법 제15조 1항). 국토교통부장관은 도종합계획을 승인하려면 미리 관계 중앙행정기관의 장과 협의한 후 국토정책위원회의 심의를 거쳐야 한다(동법 제15조 2항). 이때 협의 요청을 받은 관계 중앙행정기관의 장은 특별한 사유가 없으면 그 요청을 받은 날부터 30일 이내에 국토교통부장관에게 의견을 제시하여야 한다(동법 제15조 3항). 도지사는 승인을 받으면 지체 없이 그 주요 내용을 공보에 공고하고, 관할구역에 있는 시장 및 군수에게 도종합계획을 보내야 한다(동법 제15조 4항).

**3) 시·군종합계획**

이는 특별시·광역시·시 또는 군(광역시의 군은 제외한다)의 관할구역을 대상으로 하여 해당 지역의 기본적인 공간구조와 장기 발전 방향을 제시하고, 토지이용, 교통, 환경, 안전, 산업, 정보통신, 보건, 후생, 문화 등에 관하여 수립하는 계획으로서 「국토의 계획 및 이용에 관한 법률」에 따라 수립되는 도시·군계획을 말한다(동법 제6조 2항).

**4) 지역계획**

이는 특정 지역을 대상으로 특별한 정책목적을 달성하기 위하여 수립하는 계획으로서(동법 제6조 2항), 중앙행정기관의 장 또는 지방자치단체의 장은 지역 특성에 맞는 정비나 개발을 위하여 필요하다고 인정하면 관계 중앙행정기관의 장과 협의하여 관계 법률에서 정하는 바에 따라 다음의 구분에 따른 지역계획을 수립할 수 있다(동법 제16조 1항).

① **수도권 발전계획**    수도권에 과도하게 집중된 인구와 산업의 분산 및 적정배치를 유도하기 위하여 수립하는 계획

② **광역권 개발계획**    광역시와 그 주변지역, 산업단지와 그 배후지역 또는 여러 도시가 서로 인접하여 같은 생활권을 이루고 있는 지역 등을 광역적·체계적으로 개발하기 위한 계획

③ **특정지역 개발계획**    특정지역을 대상으로 경제, 사회, 문화, 관광 등을 전략적으로 발전시키기 위하여 수립하는 개발계획

④ **개발촉진지구 개발계획**    다른 지역에 비하여 개발 수준이나 소득 기반이 현저히 열악한 낙후지역의 개발을 촉진하기 위하여 수립하는 계획

⑤ 그 밖에 다른 법률에 따라 수립하는 지역계획

중앙행정기관의 장 또는 지방자치단체의 장은 지역계획을 수립하거나 변경한 때에는 이를 지체 없이 국토교통부장관에게 알려야 한다($_{제16조 2항}^{동법}$).

**5) 부문별계획**

이는 국토 전역을 대상으로 하여 특정 부문에 대한 장기적인 발전 방향을 제시하는 계획으로서($_{제6조 2항}^{동법}$), 중앙행정기관의 장이 국토 전역을 대상으로 하여 소관 업무에 관한 부문별계획을 수립할 수 있다($_{제17조 1항}^{동법}$). 중앙행정기관의 장이 부문별계획을 수립할 때에는 국토종합계획의 내용을 반영하여야 하며, 이와 상충되지 아니하도록 하여야 하며($_{제17조 2항}^{동법}$), 부문별계획을 수립하거나 변경한 때에는 지체 없이 국토교통부장관에게 알려야 한다($_{제17조 3항}^{동법}$).

### (3) 국토계획의 상호관계와 조정

국토종합계획은 도종합계획 및 시·군종합계획의 기본이 되며, 부문별계획과 지역계획은 국토종합계획과 조화를 이루어야 한다. 도종합계획은 해당 도의 관할구역에서 수립되는 시·군종합계획의 기본이 된다. 국토종합계획은 20년을 단위로 하여 수립하며, 도종합계획, 시·군종합계획, 지역계획 및 부문별계획의 수립권자는 국토종합계획의 수립 주기를 고려하여 그 수립 주기를 정하여야 한다($_{제7조}^{동법}$).

국토교통부장관은 도종합계획, 시·군종합계획, 지역계획 및 부문별계획이 ① 서로 상충되거나 국토종합계획에 부합하지 아니한다고 판단되거나 ② 국토계획평가 실시 결과 해당 국토계획을 보완·조정할 필요가 있다고 인정되는 경우에는 중앙행정기관의 장 또는 지방자치단체의 장에게 해당 계획을 조정할 것을 요청할 수 있다($_{제20조 1항}^{동법}$). 이에 따라 계획을 조정할 것을 요청받은 중앙행정기관의 장 또는 지방자치단체의 장이 특별한 사유 없이 이를 반영하지 아니하는 경우에는 국토교통부장관이 국토정책위원회의 심의를 거쳐 이를 조정할 수 있다($_{제20조 2항}^{동법}$). 국토교통부장관이 이러한 조정을 하려면 미리 관계 중앙행정기관의 장 또는 해당 지방자치단체의 장의 의견을 들어야 한다($_{제20조 3항}^{동법}$).

마찬가지로 국토교통부장관은 중앙행정기관의 장 또는 지방자치단체의 장이 국토계획의 시행을 위하여 하는 처분이나 사업이 상충되어 국토계획의 원활한 실시에 지장을 줄 우려가 있다고 인정하는 경우에는 국토정책위원회의 심의를 거쳐 그 처분이나 사업도 조정할 수 있다.4) 국토교통부장관이 이러한 조정을 하려면 미리 관계 중앙행정기관의 장 또는 해당 지방자치단체의 장의 의견을 들어야 한다(동법 제21조).

한편 「국토기본법」에 따른 국토종합계획은 다른 법령에 따라 수립되는 국토에 관한 계획에 우선하며 그 기본이 된다. 다만, 군사에 관한 계획에 대하여는 그러하지 아니하다( 동법 제8조 ).

### (4) 국토조사

국토교통부장관은 국토에 관한 계획 또는 정책의 수립, 「국가공간정보 기본법」 제32조 제2항에 따른 공간정보의 제작, 연차보고서의 작성 등을 위하여 필요할 때에는 미리 인구, 경제, 사회, 문화, 교통, 환경, 토지이용, 그 밖에 대통령령으로 정하는 사항에 대하여 조사할 수 있으며, 중앙행정기관의 장 또는 지방자치단체의 장에게 조사에 필요한 자료의 제출을 요청하거나 조사 사항 중 일부를 직접 조사하도록 요청할 수 있다. 이 경우 요청을 받은 중앙행정기관의 장 또는 지방자치단체의 장은 특별한 사유가 없으면 요청에 따라야 한다(동법 제25조).

## 2. 도시계획

종전에는 국토를 도시지역과 비도시지역으로 구분하여, 도시지역에서는 구「도시계획법」으로, 비도시지역에서는 구「국토이용관리법」으로 이원화하여 규율하였었다. 그러나 국토의 난개발 문제가 대두됨에 따라 구「도시계획법」과 구「국토이용관리법」을 통합하여, 비도시지역에도 구「도시계획법」에 의한 도시계획기법을 도입할 수 있도록 함으로써, 국토의 계획적·체계적인 이용을 통한 난개발의 방지와 환경친화적인 국토이용체계를 구축하기 위하여 「국토의 계획 및 이용에 관한 법률」(이하 '법' 으로 약함)이 제정되었다. 이에 따라 종전의 구「국토이용관리법」의 적용대상이었던 비도시지역에 대하여도 종합적인 도시계획인 도시·군기본계획 및 도시·군관리계획을 수립하도록 함으로써, 전체적으로 보아 도시계획에 따라 개발이 이루어지는 "선계획 후개발"의 국토이용체계가 구축되었다.

최근에는 도시계획에 지속가능성의 개념이 도입되고 있다( 법 제3조 의2 참조 ). 이는 상대적으로 좁은 국토를 효율적이고 균형적으로 이용·개발해야 하는 우리나라의 경우에 국토

---

4) 관계 중앙행정기관의 장 또는 지방자치단체의 장은 국토교통부장관에게 국토계획의 시행을 위하여 하는 처분이나 사업의 조정을 요청할 수 있다.

의 계획, 특히 도시계획에 있어서 지속가능성은 우선적으로 달성되어야 할 중요한 명제이므로, 환경적·경제적·사회적 지속가능성 측면에서 도시의 지속가능성을 평가하도록 하고, 그 결과를 국토의 이용·개발 및 보전을 위한 도시계획의 수립 및 집행의 방향과 내용을 결정하는 준거로 활용하도록 하려는 것이다.

### (1) 도시계획 일반론
#### 1) 도시계획의 의의

도시계획이란 현대생활의 중심인 도시의 바람직한 미래상을 정립해 가며 이를 시행하려는 일련의 과정으로 정의할 수 있고, 동시에 그러한 과정의 산물로서의 행정계획을 의미한다고 일응 말할 수 있다. 이처럼 강학상 개념으로서의 도시계획은 앞서 살펴본 국토계획과 개별건축계획을 연결하는 중간자의 역할을 수행하며, 상위계획인 국토계획에서 정하는 방침을 수용하여 하위계획인 개별건축계획의 지침을 제시하는 기능을 수행한다. 이에 관한 일반법인 「국토의 계획 및 이용에 관한 법률」에서는 이러한 계획의 수립 및 집행 등에 필요한 사항을 정하여 공공복리를 증진시키고 국민의 삶의 질을 향상시키는 것을 이 법 및 도시계획의 목적으로 규정하고 있다.

#### 2) 도시계획의 유형

도시계획은 크게 광역도시계획, 도시·군계획 및 지구단위계획으로 유형화할 수 있다. 광역도시계획이란 광역계획권의 장기발전방향을 제시하는 계획을 말하며(법 제2 조 1호), 도시·군계획이란 특별시·광역시·특별자치시·특별자치도·시 또는 군(광역시의 관할 구역에 있는 군은 제외한다)의 관할 구역에 대하여 수립하는 공간구조와 발전방향에 대한 계획으로서 도시·군기본계획과 도시·군관리계획으로 구분한다(법 제2 조 2호). 여기서 다시 도시·군기본계획이란 특별시·광역시·특별자치시·특별자치도·시 또는 군의 관할 구역에 대하여 기본적인 공간구조와 장기발전방향을 제시하는 종합계획으로서 도시·군관리계획 수립의 지침이 되는 계획을 말하고(법 제2 조 3호), 도시·군관리계획이란 특별시·광역시·특별자치시·특별자치도·시 또는 군의 개발·정비 및 보전을 위하여 수립하는 토지 이용, 교통, 환경, 경관, 안전, 산업, 정보통신, 보건, 복지, 안보, 문화 등에 관한 다음의 계획을 말한다.

① 용도지역·용도지구의 지정 또는 변경에 관한 계획
② 개발제한구역, 도시자연공원구역, 시가화조정구역(市街化調整區域), 수산자원보호구역의 지정 또는 변경에 관한 계획
③ 기반시설의 설치·정비 또는 개량에 관한 계획
④ 도시개발사업이나 정비사업에 관한 계획
⑤ 지구단위계획구역의 지정 또는 변경에 관한 계획과 지구단위계획

⑥ 입지규제최소구역의 지정 또는 변경에 관한 계획과 입지규제최소구역계획 (법 제2조 4호)

이 가운데 지구단위계획이란 도시·군계획 수립 대상지역의 일부에 대하여 토지이용을 합리화하고 그 기능을 증진시키며 미관을 개선하고 양호한 환경을 확보하며, 그 지역을 체계적·계획적으로 관리하기 위하여 수립하는 도시·군관리계획을 말하고(법 제2조 5호), 입지규제최소구역계획이란 입지규제최소구역에서의 토지의 이용 및 건축물의 용도·건폐율·용적률·높이 등의 제한에 관한 사항 등 입지규제최소구역의 관리에 필요한 사항을 정하기 위하여 수립하는 도시·군관리계획을 말한다(법 제2조 5호의2).

### 3) 도시계획의 지위

도시·군계획은 특별시·광역시·특별자치시·특별자치도·시 또는 군의 관할 구역에서 수립되는 다른 법률에 따른 토지의 이용·개발 및 보전에 관한 계획의 기본이 된다(법 제4조 1항). 광역도시계획 및 도시·군계획은 국가계획에 부합되어야 하며, 광역도시계획 또는 도시·군계획의 내용이 국가계획의 내용과 다를 때에는 국가계획의 내용이 우선한다. 이 경우 국가계획을 수립하려는 중앙행정기관의 장은 미리 지방자치단체의 장의 의견을 듣고 충분히 협의하여야 한다(법 제4조 2항). 광역도시계획이 수립되어 있는 지역에 대하여 수립하는 도시·군기본계획은 그 광역도시계획에 부합되어야 하며, 도시·군기본계획의 내용이 광역도시계획의 내용과 다를 때에는 광역도시계획의 내용이 우선한다(법 제4조 3항). 특별시장·광역시장·특별자치시장·특별자치도지사·시장 또는 군수(광역시의 관할 구역에 있는 군의 군수는 제외한다5))가 관할 구역에 대하여 다른 법률에 따른 환경·교통·수도·하수도·주택 등에 관한 부문별 계획을 수립할 때에는 도시·군기본계획의 내용에 부합되게 하여야 한다(법 제4조 4항).

### (2) 광역도시계획

### 1) 광역도시계획의 의의

국토교통부장관 또는 도지사는 둘 이상의 특별시·광역시·특별자치시·특별자치도·시 또는 군의 공간구조 및 기능을 상호 연계시키고 환경을 보전하며 광역시설을 체계적으로 정비하기 위하여 필요한 경우에는 인접한 둘 이상의 특별시·광역시·특별자치시·특별자치도·시 또는 군의 관할 구역 전부 또는 일부를 대통령령이 정하는 바에 따라 '광역계획권'으로 지정할 수 있는바(법 제10조 1항), 광역도시계획이란 이러한 광역계획권의 장기발전방향을 제시하는 계획을 말한다(법 제2조 1호).

---

5) 다만, 제113조, 제117조부터 제124조까지, 제124조의2, 제125조, 제126조, 제133조, 제136조, 제138조제1항, 제139조제1항·제2항에서는 광역시의 관할 구역에 있는 군의 군수를 포함한다.

### 2) 광역도시계획의 내용

광역도시계획에는 ① 광역계획권의 공간 구조와 기능 분담에 관한 사항, ② 광역계획권의 녹지관리체계와 환경 보전에 관한 사항, ③ 광역시설의 배치·규모·설치에 관한 사항, ④ 경관계획에 관한 사항, ⑤ 그 밖에 광역계획권에 속하는 특별시·광역시·특별자치시·특별자치도·시 또는 군 상호 간의 기능 연계에 관한 사항으로서 대통령령으로 정하는 사항 중 그 광역계획권의 지정목적을 이루는 데 필요한 사항에 대한 정책 방향이 포함되어야 한다(법 제12조 1항).

### 3) 광역도시계획의 수립절차

㈎ 광역계획권의 지정    광역계획권이 둘 이상의 특별시·광역시·특별자치시·도 또는 특별자치도(시·도)의 관할 구역에 걸쳐 있는 경우에는 국토교통부장관이 지정하며, 광역계획권이 도의 관할 구역에 속하여 있는 경우에는 도지사가 지정한다. 중앙행정기관의 장, 시·도지사, 시장 또는 군수는 국토교통부장관이나 도지사에게 광역계획권의 지정 또는 변경을 요청할 수 있다. 국토교통부장관이 광역계획권을 지정하거나 변경하려면 관계 시·도지사, 시장 또는 군수의 의견을 들은 후 중앙도시계획위원회의 심의를 거쳐야 하며, 도지사가 광역계획권을 지정하거나 변경하려면 국토교통부장관과의 협의와 관계 시·도지사, 시장 또는 군수의 의견을 들은 후 지방도시계획위원회의 심의를 거쳐야 한다. 국토교통부장관 또는 도지사는 광역계획권을 지정하거나 변경하면 지체 없이 관계 시·도지사, 시장 또는 군수에게 그 사실을 통보하여야 한다(법 제10조).

㈏ 광역도시계획의 수립권자    광역도시계획은 국토교통부장관, 시·도지사, 시장 또는 군수가 수립하여야 하는바, ① 광역계획권이 같은 도의 관할 구역에 속하여 있는 경우에는 관할 시장 또는 군수가 공동으로 수립하고, ② 광역계획권이 둘 이상의 시·도의 관할 구역에 걸쳐 있는 경우에는 관할 시·도지사가 공동으로 수립하며, ③ 광역계획권을 지정한 날부터 3년이 지날 때까지 관할 시장 또는 군수로부터 광역도시계획의 승인 신청이 없는 경우에는 관할 도지사가 수립하고, ④ 국가계획과 관련된 광역도시계획의 수립이 필요한 경우나 광역계획권을 지정한 날부터 3년이 지날 때까지 관할 시·도지사로부터 광역도시계획의 승인 신청이 없는 경우에는 국토교통부장관이 수립하여야 한다.

이러한 원칙에도 불구하고, 국토교통부장관은 시·도지사가 요청하는 경우와 그 밖에 필요하다고 인정되는 경우에는 관할 시·도지사와 공동으로 광역도시계획을 수립할 수 있으며, 도지사는 시장 또는 군수가 요청하는 경우와 그 밖에 필요하다고 인정하는 경우에는 관할 시장 또는 군수와 공동으로 광역도시계획을 수립할 수 있고, 시장 또는 군수가 협의를 거쳐 요청하는 경우에는 단독으로 광역도시계획을 수립할 수 있다(법 제11조).

⒟ **광역도시계획의 수립을 위한 기초조사**    국토교통부장관, 시·도지사, 시장 또는 군수는 광역도시계획을 수립하거나 변경하려면 미리 인구, 경제, 사회, 문화, 토지 이용, 환경, 교통, 주택, 그 밖에 대통령령으로 정하는 사항 중 그 광역도시계획의 수립 또는 변경에 필요한 사항을 대통령령으로 정하는 바에 따라 조사하거나 측량하여야 한다. 국토교통부장관, 시·도지사, 시장 또는 군수는 관계 행정기관의 장에게 위 조사 또는 측량에 필요한 자료를 제출하도록 요청할 수 있다. 이 경우 요청을 받은 관계 행정기관의 장은 특별한 사유가 없으면 그 요청에 따라야 한다(법제13조).6)

⒠ **공청회 및 의견청취**    국토교통부장관, 시·도지사, 시장 또는 군수는 광역도시계획을 수립하거나 변경하려면 미리 공청회를 열어 주민과 관계 전문가 등으로부터 의견을 들어야 하며, 공청회에서 제시된 의견이 타당하다고 인정하면 광역도시계획에 반영하여야 한다(법제14조).

시·도지사, 시장 또는 군수는 광역도시계획을 수립하거나 변경하려면 미리 관계 시·도, 시 또는 군의 의회와 관계 시장 또는 군수의 의견을 들어야 한다. 국토교통부장관은 광역도시계획을 수립하거나 변경하려면 관계 시·도지사에게 광역도시계획안을 송부하여야 하며, 관계 시·도지사는 그 광역도시계획안에 대하여 그 시·도의 의회와 관계 시장 또는 군수의 의견을 들은 후 그 결과를 국토교통부장관에게 제출하여야 한다. 시·도, 시 또는 군의 의회와 관계 시장 또는 군수는 특별한 사유가 없으면 30일 이내에 시·도지사, 시장 또는 군수에게 의견을 제시하여야 한다(법제15조).

⒡ **광역도시계획의 승인**    시·도지사는 광역도시계획을 수립하거나 변경하려면 국토교통부장관의 승인을 받아야 한다.7) 국토교통부장관은 광역도시계획을 승인하거나 직접 광역도시계획을 수립 또는 변경(시·도지사와 공동으로 수립하거나 변경하는 경우를 포함한다)하려면 관계 중앙행정기관과 협의한 후 중앙도시계획위원회의 심의를 거쳐야 한다. 이때 협의 요청을 받은 관계 중앙행정기관의 장은 특별한 사유가 없는 한 그 요청을 받은 날부터 30일 이내에 국토교통부장관에게 의견을 제시하여야 한다. 국토교통부장관은 직접 광역도시계획을 수립 또는 변경하거나 승인하였을 때에는 관계 중앙행정기관의 장과 시·도지사에게 관계 서류를 송부하여야 하며, 관계 서류를 받은 시·도지사는 그 내용을 공고하고 일반이 열람할 수 있도록 하여야 한다.

시장 또는 군수는 광역도시계획을 수립하거나 변경하려면 도지사의 승인을 받아야 한다. 이때 도지사가 광역도시계획을 승인하거나 직접 광역도시계획을 수립 또는

---

6) 1980년대 이후 확장위주의 도시정책을 추진하는 과정에서 형식적인 조사와 부실한 자료관리·운영으로 도시정책과 관련된 합리적 의사결정 지원 역할을 다 하지 못하는 실정이라는 점이 지적되어, 최근 개정시에는 국토교통부장관, 시·도지사, 시장 또는 군수에게 기초조사정보체계를 구축하여 5년마다 기초조사 자료를 갱신하도록 하는 규정이 추가되었다(2019. 2. 22. 시행).
7) 다만, 제11조 제3항에 따라 도지사가 수립하는 광역도시계획은 그러하지 아니하다.

변경(시장·군수와 공동으로 수립하거나 변경하는 경우를 포함한다)하는 경우($^{법 제11조}_{3항}$)에는 위 국토교통부장관의 경우를 준용한다($^{법}_{제16조}$).

### 4) 광역도시계획의 조정

광역도시계획을 공동으로 수립하는 시·도지사는 그 내용에 관하여 서로 협의가 되지 아니하면 공동이나 단독으로 국토교통부장관에게 조정(調停)을 신청할 수 있다. 국토교통부장관은 단독으로 조정신청을 받은 경우에는 기한을 정하여 당사자 간에 다시 협의를 하도록 권고할 수 있으며, 기한 내에 협의가 이루어지지 아니하는 경우에는 직접 조정할 수 있다. 국토교통부장관은 위 조정의 신청을 받거나 또는 직접 조정하려는 경우에는 중앙도시계획위원회의 심의를 거쳐 광역도시계획의 내용을 조정하여야 한다. 이 경우 이해관계를 가진 지방자치단체의 장은 중앙도시계획위원회의 회의에 출석하여 의견을 진술할 수 있다. 광역도시계획을 수립하는 자는 이러한 조정결과를 광역도시계획에 반영하여야 한다.

한편 광역도시계획을 공동으로 수립하는 시장 또는 군수는 그 내용에 관하여 서로 협의가 되지 아니하면 공동이나 단독으로 도지사에게 조정을 신청할 수 있다. 이때 도지사가 광역도시계획을 조정하는 경우에는 위 국토교통부장관의 경우를 준용한다($^{법}_{제17조}$).

### (3) 도시·군기본계획

#### 1) 도시·군기본계획의 의의

도시·군기본계획은 특별시·광역시·특별자치시·특별자치도·시 또는 군의 관할 구역에 대하여 기본적인 공간구조와 장기발전방향을 제시하는 종합계획으로서 도시·군관리계획 수립의 지침이 되는 계획을 말한다($^{법 제2}_{조 3호}$).

#### 2) 도시·군기본계획의 내용

도시·군기본계획에는 ① 지역적 특성 및 계획의 방향·목표에 관한 사항, ② 공간구조, 생활권의 설정 및 인구의 배분에 관한 사항, ③ 토지의 이용 및 개발에 관한 사항, ④ 토지의 용도별 수요 및 공급에 관한 사항, ⑤ 환경의 보전 및 관리에 관한 사항, ⑥ 기반시설에 관한 사항, ⑦ 공원·녹지에 관한 사항, ⑧ 경관에 관한 사항, ⑨ 기후변화 대응 및 에너지절약에 관한 사항, ⑩ 방재 및 안전에 관한 사항, ⑪ 위 ②~⑩의 사항의 단계별 추진에 관한 사항, ⑫ 그 밖에 대통령령으로 정하는 사항에 대한 정책 방향이 포함되어야 한다($^{법}_{제19조}$).

#### 3) 도시·군기본계획의 수립 등

㈎ 수립권자와 대상지역　특별시장·광역시장·특별자치시장·특별자치도지사·시장 또는 군수는 관할 구역에 대하여 도시·군기본계획을 수립하여야 한다. 다만, 시

또는 군의 위치, 인구의 규모, 인구감소율 등을 고려하여 대통령령으로 정하는 시 또는 군은 도시·군기본계획을 수립하지 아니할 수 있다. 특별시장·광역시장·특별자치시장·특별자치도지사·시장 또는 군수는 지역여건상 필요하다고 인정되면 인접한 특별시·광역시·특별자치시·특별자치도·시 또는 군의 관할 구역 전부 또는 일부를 포함하여 도시·군기본계획을 수립할 수 있다. 이처럼 특별시장·광역시장·특별자치시장·특별자치도지사·시장 또는 군수가 인접한 특별시·광역시·특별자치시·특별자치도·시 또는 군의 관할 구역을 포함하여 도시·군기본계획을 수립하려면 미리 그 특별시장·광역시장·특별자치시장·특별자치도지사·시장 또는 군수와 협의하여야 한다(법 제18조).

(나) **기초조사, 공청회 및 의견청취**   도시·군기본계획을 수립하거나 변경하는 경우에는 위 광역도시계획에 관한 기초조사 및 공청회에 관한 내용이 그대로 준용된다(법 제20조). 즉, 특별시장·광역시장·특별자치시장·특별자치도지사·시장 또는 군수는 도시·군기본계획을 수립하거나 변경하려면 미리 인구, 경제, 사회, 문화, 토지 이용, 환경, 교통, 주택, 그 밖에 대통령령으로 정하는 사항 중 그 도시·군기본계획의 수립 또는 변경에 필요한 사항을 대통령령으로 정하는 바에 따라 조사하거나 측량하여야 하며, 미리 공청회를 열어 주민과 관계 전문가 등으로부터 의견을 듣고, 공청회에서 제시된 의견이 타당하다고 인정하면 도시·군기본계획에 반영하여야 한다.

한편 특별시장·광역시장·특별자치시장·특별자치도지사·시장 또는 군수는 도시·군기본계획을 수립하거나 변경하려면 미리 그 특별시·광역시·특별자치시·특별자치도·시 또는 군 의회의 의견을 들어야 한다. 이때 특별시·광역시·특별자치시·특별자치도·시 또는 군의 의회는 특별한 사유가 없으면 30일 이내에 특별시장·광역시장·특별자치시장·특별자치도지사·시장 또는 군수에게 의견을 제시하여야 한다(법 제21조).

(다) **도시·군기본계획의 확정**   특별시장·광역시장·특별자치시장 또는 특별자치도지사는 도시·군기본계획을 수립하거나 변경하려면 관계 행정기관의 장(국토교통부장관을 포함한다)과 협의한 후 지방도시계획위원회의 심의를 거쳐야 한다. 이때 협의 요청을 받은 관계 행정기관의 장은 특별한 사유가 없으면 그 요청을 받은 날부터 30일 이내에 특별시장·광역시장·특별자치시장 또는 특별자치도지사에게 의견을 제시하여야 한다. 특별시장·광역시장·특별자치시장 또는 특별자치도지사는 도시·군기본계획을 수립하거나 변경한 경우에는 관계 행정기관의 장에게 관계 서류를 송부하여야 하며, 대통령령으로 정하는 바에 따라 그 계획을 공고하고 일반인이 열람할 수 있도록 하여야 한다(법 제22조).

(라) **도시·군기본계획의 승인**   시장 또는 군수는 도시·군기본계획을 수립하거나

변경하려면 대통령령으로 정하는 바에 따라 도지사의 승인을 받아야 한다. 도지사는 도시·군기본계획을 승인하려면 관계 행정기관의 장과 협의한 후 지방도시계획위원회의 심의를 거쳐야 한다. 도지사는 도시·군기본계획을 승인하면 관계 행정기관의 장과 시장 또는 군수에게 관계 서류를 송부하여야 하며, 관계 서류를 받은 시장 또는 군수는 대통령령으로 정하는 바에 따라 그 계획을 공고하고 일반인이 열람할 수 있도록 하여야 한다(제22조의2).

㈑ 도시·군기본계획의 정비  특별시장·광역시장·특별자치시장·특별자치도지사·시장 또는 군수는 5년마다 관할 구역의 도시·군기본계획에 대하여 그 타당성 여부를 전반적으로 재검토하여 정비하여야 한다. 특별시장·광역시장·특별자치시장·특별자치도지사·시장 또는 군수는 도시·군기본계획의 내용에 우선하는 광역도시계획의 내용 및 도시·군기본계획에 우선하는 국가계획의 내용을 도시·군기본계획에 반영하여야 한다(제23조).

4) 도시·군기본계획의 효력

도시·군기본계획은 그 성질상 후술하는 도시·군관리계획 입안의 지침이 되는 데 그치므로, 대외적 구속력은 발생하지 않는다.

구 도시계획법 제19조 제1항 및 지방자치단체의 도시계획조례에서 말하는 도시기본계획이 행정청에 대한 직접적 구속력을 가지는지 여부(소극)  구 도시계획법(2002. 2. 4. 법률 제6655호 국토의 계획 및 이용에 관한 법률 부칙 제2조로 폐지) 제19조 제1항 및 도시계획시설결정 당시의 지방자치단체의 도시계획조례에서는, 도시계획이 도시기본계획에 부합되어야 한다고 규정하고 있으나, 도시기본계획은 도시의 장기적 개발방향과 미래상을 제시하는 도시계획 입안의 지침이 되는 장기적·종합적인 개발계획으로서 행정청에 대한 직접적인 구속력은 없다(대판 2007.4.12, 2005두1893).

(4) 도시·군관리계획

1) 도시·군관리계획의 의의

도시·군관리계획은 특별시·광역시·특별자치시·특별자치도·시 또는 군의 개발·정비 및 보전을 위하여 수립하는 토지 이용, 교통, 환경, 경관, 안전, 산업, 정보통신, 보건, 복지, 안보, 문화 등에 관한 다음의 계획을 말한다(법제2조 4호).

① 용도지역·용도지구의 지정 또는 변경에 관한 계획
② 개발제한구역, 도시자연공원구역, 시가화조정구역, 수산자원보호구역의 지정 또는 변경에 관한 계획
③ 기반시설의 설치·정비 또는 개량에 관한 계획
④ 도시개발사업이나 정비사업에 관한 계획

⑤ 지구단위계획구역의 지정 또는 변경에 관한 계획과 지구단위계획

⑥ 입지규제최소구역의 지정 또는 변경에 관한 계획과 입지규제최소구역계획

**도시정비법과 국토계획법상 도시관리계획의 관계**　구 도시 및 주거환경정비법 제65조 제2항은 "시장·군수 또는 주택공사 등이 아닌 사업시행자가 정비사업의 시행으로 새로이 설치한 정비기반시설은 그 시설을 관리할 국가 또는 지방자치단체에 무상으로 귀속되고, 정비사업의 시행으로 인하여 용도가 폐지되는 국가 또는 지방자치단체 소유의 정비기반시설은 그가 새로이 설치한 정비기반시설의 설치비용에 상당하는 범위 안에서 사업시행자에게 무상으로 양도된다"고 규정하고 있다. 그런데 구 국토의 계획 및 이용에 관한 법률 제2조 제4호 (다)목 및 (라)목 그리고 제11호에 의하면, 국토계획법상의 기반시설의 설치·정비 또는 개량에 관한 계획과 도시개발사업 또는 정비사업에 관한 계획은 같은 법상의 도시관리계획에 해당하고, 도시관리계획을 시행하기 위한 도시계획사업에 도시계획시설사업과 도시정비법에 의한 정비사업이 포함되는 점 등에 비추어 보면, 도시정비법은 국토계획법상의 도시관리계획에 의거하여 도시기능의 회복이 필요하거나 주거환경이 불량한 지역을 계획적으로 정비하고 노후·불량건축물을 효율적으로 개량하기 위하여 필요한 사항을 규정하기 위한 목적으로 제정된 법률이라고 할 것이므로, 도시정비법 제65조 제2항에서 정하는 '사업시행자에게 무상으로 양도되는 국가 또는 지방자치단체 소유의 정비기반시설'은 정비사업 시행인가 이전에 이미 국토계획법에 의하여 도시관리계획으로 결정되어 설치된 국가 또는 지방자치단체 소유의 기반시설을 의미한다고 봄이 상당하다(대판 2013.7.12, 2012두20571).

**2) 도시·군관리계획의 수립 및 결정 절차**

㈎ **도시·군관리계획의 입안**　특별시장·광역시장·특별자치시장·특별자치도지사·시장 또는 군수는 그 관할 구역에 대하여 도시·군관리계획을 입안하여야 한다(법 제24조 1항). 다만, ① 지역여건상 필요하다고 인정하여 미리 인접한 특별시장·광역시장·특별자치시장·특별자치도지사·시장 또는 군수와 협의한 경우 또는 ② 인접한 특별시·광역시·특별자치시·특별자치도·시 또는 군의 관할 구역을 포함하여 도시·군기본계획을 수립한 경우에 해당하면 인접한 특별시·광역시·특별자치시·특별자치도·시 또는 군의 관할 구역 전부 또는 일부를 포함하여 도시·군관리계획을 입안할 수 있다(법 제24조 2항). 이러한 인접한 특별시·광역시·특별자치시·특별자치도·시 또는 군의 관할 구역에 대한 도시·군관리계획은 관계 특별시장·광역시장·특별자치시장·특별자치도지사·시장 또는 군수가 협의하여 공동으로 입안하거나 입안할 자를 정한다(법 제24조 3항). 이때 협의가 성립되지 아니하는 경우 도시·군관리계획을 입안하려는 구역이 같은 도의 관할 구역에 속할 때에는 관할 도지사가, 둘 이상의 시·도의 관할 구역에 걸쳐 있을 때에는 국토교통부장관(수산자원보호구역의 경우는 해양수산부장관을 말한다)이 입안할 자를 지정하고 그 사실을 고시하여야 한다(법 제24조 4항).

그러나 이러한 원칙에도 불구하고 국토교통부장관은 ① 국가계획과 관련된 경우, ② 둘 이상의 시·도에 걸쳐 지정되는 용도지역·용도지구 또는 용도구역과 둘 이상의 시·도에 걸쳐 이루어지는 사업의 계획 중 도시·군관리계획으로 결정하여야 할 사항이 있는 경우, ③ 특별시장·광역시장·특별자치시장·특별자치도지사·시장 또는 군수가 조정 기한까지 국토교통부장관의 도시·군관리계획 조정 요구에 따라 도시·군관리계획을 정비하지 아니하는 경우 중 어느 하나에 해당하는 경우에는 직접 또는 관계 중앙행정기관의 장의 요청에 의하여 도시·군관리계획을 입안할 수 있다. 이 경우 국토교통부장관은 관할 시·도지사 및 시장·군수의 의견을 들어야 한다(법 제24조).

또한 도지사도 위 원칙에 불구하고 ① 둘 이상의 시·군에 걸쳐 지정되는 용도지역·용도지구 또는 용도구역과 둘 이상의 시·군에 걸쳐 이루어지는 사업의 계획 중 도시·군관리계획으로 결정하여야 할 사항이 포함되어 있는 경우, ② 도지사가 직접 수립하는 사업의 계획으로서 도시·군관리계획으로 결정하여야 할 사항이 포함되어 있는 경우의 어느 하나에 해당하는 경우에는 직접 또는 시장이나 군수의 요청에 의하여 도시·군관리계획을 입안할 수 있다. 이 경우 도지사는 관계 시장 또는 군수의 의견을 들어야 한다(법 제24조 6항).

**행정주체가 구체적인 행정계획을 입안·결정할 때 가지는 형성의 자유의 한계**  용도지역은 토지의 이용 및 건축물의 용도·건폐율·용적률·높이 등을 제한함으로써 토지를 경제적·효율적으로 이용하고 공공복리의 증진을 도모하기 위하여 서로 중복되지 아니하게 도시관리계획으로 결정하는 지역으로서, 이러한 용도지역의 지정은 시·도지사가 행정계획의 일종인 도시관리계획으로 결정하도록 되어 있다. 그런데 관계 법령에는 추상적인 행정목표와 절차만이 규정되어 있을 뿐 행정계획의 내용에 관하여는 별다른 규정을 두고 있지 아니하므로 행정주체는 구체적인 행정계획을 입안·결정함에 있어서 비교적 광범위한 형성의 자유를 가진다. 다만 행정주체가 가지는 이와 같은 형성의 자유는 무제한적인 것이 아니라 그 행정계획에 관련되는 자들의 이익을 공익과 사익 사이에서는 물론이고 공익 상호간과 사익 상호간에도 정당하게 비교교량하여야 한다는 제한이 있다. 따라서 행정주체가 행정계획을 입안·결정함에 있어서 이익형량을 전혀 행하지 아니하거나 이익형량의 고려 대상에 마땅히 포함시켜야 할 사항을 누락한 경우 또는 이익형량을 하였으나 정당성과 객관성이 결여된 경우에는 그 행정계획결정은 형량에 하자가 있어 위법하게 된다(대판 2012.5.10, 2011두31093).

한편 입안권자는 아니지만 주민(이해관계자를 포함한다)은 ① 기반시설의 설치·정비 또는 개량에 관한 사항, ② 지구단위계획구역의 지정 및 변경과 지구단위계획의 수립 및 변경에 관한 사항, ③ 대통령령으로 정하는 일정한 내용의 용도지구의 지정 및 변경에 관한 사항에 대하여 위 도시·군관리계획을 입안할 수 있는 자에게 도시·군관리계획의 입안을 제안할 수 있다. 이 경우 제안서에는 도시·군관리계획도서와 계획설명서를 첨부하여야 한다(법 제26조 1항). 이때 도시·군관리계획의 입안을 제안받은 자는 그 처리 결과를 제안자에게 알려야 한다(법 제26조 2항). 이처럼 도시·군관리계획의 입안을 제안받은 자는 제안자와 협의하여 제안된 도시·군관리계획의 입안 및 결정에 필요한 비용의 전부 또는 일부를 제안자에게 부담시킬 수 있다(법 제26조 3항).

[1] **도시관리계획의 입안제안을 반려한 행위가 항고소송의 대상인 행정처분에 해당하는지 여부(적극)**    구 국토의 계획 및 이용에 관한 법률(2009. 2. 6. 법률 제9442호로 개정되기 전의 것) 중 관련 조항들과 헌법상 개인의 재산권 보장의 취지에 비추어 보면, 피고는 관할구역인 이 사건 신청부지에 대한 도시관리계획의 입안권자이고, 원고는 도시관리계획구역 내 토지 등을 소유하고 있는 주민으로서 이 사건 납골시설에 관한 도시관리계획의 입안을 요구할 수 있는 법규상 또는 조리상의 신청권이 있다고 할 것이어서, 이러한 원고의 입안제안을 반려한 피고의 이 사건 처분은 항고소송의 대상이 되는 행정처분에 해당한다(대판 2010.7.22, 2010두5745).

[2] **행정주체가 구체적인 행정계획을 입안·결정할 때 가지는 형성의 자유의 한계에 관한 법리가 주민의 입안 제안 또는 변경신청을 받아들여 도시관리계획결정을 하거나 도시계획시설을 변경할 것인지를 결정할 때에도 동일하게 적용되는지 여부(적극)**    행정주체가 구체적인 행정계획을 입안·결정할 때에 가지는 비교적 광범위한 형성의 자유는 무제한적인 것이 아니라 행정계획에 관련되는 자들의 이익을 공익과 사익 사이에서는 물론이고 공익 상호 간과 사익 상호 간에도 정당하게 비교교량하여야 한다는 제한이 있는 것이므로, 행정주체가 행정계획을 입안·결정하면서 이익형량을 전혀 행하지 않거나 이익형량의 고려 대상에 마땅히 포함시켜야 할 사항을 빠뜨린 경우 또는 이익형량을 하였으나 정당성과 객관성이 결여된 경우에는 행정계획결정은 형량에 하자가 있어 위법하게 된다. 이러한 법리는 행정주체가 구 국토의 계획 및 이용에 관한 법률(2009. 2. 6. 법률 제9442호로 개정되기 전의 것) 제26조에 의한 주민의 도시관리계획 입안 제안을 받아들여 도시관리계획결정을 할 것인지를 결정할 때에도 마찬가지이고, 나아가 도시계획시설구역 내 토지 등을 소유하고 있는 주민이 장기간 집행되지 아니한 도시계획시설의 결정권자에게 도시계획시설의 변경을 신청하고, 결정권자가 이러한 신청을 받아들여 도시계획시설을 변경할 것인지를 결정하는 경우에도 동일하게 적용된다고 보아야 한다(갑 등이 자신들의 토지를 도시계획시설인 완충녹지에서 해제하여 달라는 신청을 하였으나 관할 구청장이 이를 거부하는 처분을 한 사안에서, 위 처분은 행정계획을 입안·결정하면서 이익형량을 전혀 하지 않았거나 이익형량의 정당성·객관성이 결여된 경우에 해당한다고 본 원심판단을 정당하다고 한 사례)(대판 2012.1.12, 2010두5806).

(나) **입안을 위한 기초조사 등**    도시·군관리계획을 입안하는 경우에는 위 광역도시

계획의 경우를 준용하여 도시·군관리계획의 수립을 위한 기초조사를 하여야 한다. 다만, 대통령령으로 정하는 경미한 사항을 입안하는 경우에는 그러하지 아니하다 (법 제27조 1항). 국토교통부장관(수산자원보호구역의 경우 해양수산부장관을 말한다), 시·도지사, 시장 또는 군수는 이러한 기초조사의 내용에 도시·군관리계획이 환경에 미치는 영향 등에 대한 환경성 검토 및 국토교통부장관이 정하는 바에 따라 실시하는 토지의 토양, 입지, 활용가능성 등 토지의 적성에 대한 평가를 포함하여야 한다(법 제27조 2항). 국토교통부장관, 시·도지사, 시장 또는 군수는 기초조사의 내용에 토지적성평가와 재해취약성분석을 포함하여야 하며(법 제27조 3항), 도시·군관리계획으로 입안하려는 지역이 도심지에 위치하거나 개발이 끝나 나대지가 없는 등 대통령령으로 정하는 요건에 해당하면 기초조사, 환경성 검토, 토지적성평가 또는 재해취약성분석을 하지 아니할 수 있다 (법 제27조 4항).

　　(다) 주민과 지방의회의 의견청취　　국토교통부장관(수산자원보호구역의 경우 해양수산부장관을 말한다), 시·도지사, 시장 또는 군수는 도시·군관리계획을 입안할 때에는 주민의 의견을 들어야 하며, 그 의견이 타당하다고 인정되면 도시·군관리계획안에 반영하여야 한다. 다만, 국방상 또는 국가안전보장상 기밀을 지켜야 할 필요가 있는 사항(관계 중앙행정기관의 장이 요청하는 것만 해당한다)이거나 대통령령으로 정하는 경미한 사항인 경우에는 그러하지 아니하다(법 제28조 1항). 국토교통부장관이나 도지사가 직접 또는 요청에 의하여 도시·군관리계획을 입안하려면 주민의 의견 청취 기한을 밝혀 도시·군관리계획안을 관계 특별시장·광역시장·특별자치시장·특별자치도지사·시장 또는 군수에게 송부하여야 한다(법 제28조 2항). 이에 따라 도시·군관리계획안을 받은 특별시장·광역시장·특별자치시장·특별자치도지사·시장 또는 군수는 명시된 기한까지 그 도시·군관리계획안에 대한 주민의 의견을 들어 그 결과를 국토교통부장관이나 도지사에게 제출하여야 한다(법 제28조 3항). 이러한 주민의 의견 청취에 필요한 사항은 대통령령으로 정하는 기준에 따라 해당 지방자치단체의 조례로 정한다(법 제28조 4항).

　　구 국토의 계획 및 이용에 관한 법률(2009. 3. 25. 법률 제9552호로 개정되기 전의 것, 이하 '법'이라 한다) 제28조 제1항, 제2항, 제3항, 제4항, 구 국토의 계획 및 이용에 관한 법률 시행령(2010. 4. 20. 대통령령 제22128호로 개정되기 전의 것, 이하 '시행령'이라 한다) 제22조 제5항이 관할 행정청으로 하여금 도시관리계획을 입안할 때 해당 도시관리계획안의 내용을 주민에게 공고·열람하도록 한 것은 다수 이해관계자의 이익을 합리적으로 조정하여 국민의 권리에 대한 부당한 침해를 방지하고 행정의 민주화와 신뢰를 확보하기 위하여 국민의 의사를 그 과정에 반영시키는 데 그 취지가 있다. 이러한 주민의견청취 절차의 의의와 필요성은 시장 또는 군수가 도시관리계획을 입안하는 과정에서뿐만 아니라 도시관리계획안이 도지사에게 신청된 이후에 내용이 관계 행정기관의 협의 및 도시계획위원회의 심의 등을 거치면서 변경되는 경우에도 마찬가지이고, 도지사가 도시관리계획의 결정 과정에서 신청받은 도시관리계획안의 중요한 사항을 변경하는 것은 그 범위에서 시장 또는 군수에 의하여 신청된 도시관리계획안을 배제하고 도지사가 직접 도시관리계획안을 입안하는 것과 다르지 않다. 그러므로 도지사가 관계 행정기관의 협의 등을 반영하여 신청받은 당초의 도시관리계획안을 변경하고자 하는 경우 내용이 해당 시 또는 군의 도시계획조례가 정하는 중요한 사항인 때에는 다른 특별한 사정이 없는 한 법 제28조 제2항, 시행령 제22조 제5항을 준용하여 그 내용을 관계 시장 또는 군수에게 송부하여 주민의 의견을 청취하는 절차를 거쳐야 한다(대판 2015.1.29, 2012두11164).

한편 국토교통부장관, 시·도지사, 시장 또는 군수는 도시·군관리계획을 입안하려면 대통령령으로 정하는 사항에 대하여 해당 지방의회의 의견을 들어야 한다. 이때는 위에서 언급한 주민에 대한 의견청취 절차를 준용하도록 하며, 이에 따라 특별시장·광역시장·특별자치시장·특별자치도지사·시장 또는 군수가 지방의회의 의견을 들으려면 의견 제시 기한을 밝혀 도시·군관리계획안을 송부하여야 한다. 이 경우 해당 지방의회는 명시된 기한까지 특별시장·광역시장·특별자치시장·특별자치도지사·시장 또는 군수에게 의견을 제시하여야 한다(법 제28조 7항).

㈐ **도시·군관리계획의 결정** 도시·군관리계획은 시·도지사가 직접 또는 시장·군수의 신청에 따라 결정한다(법 제29조 1항).8) 다만, 이러한 원칙에도 불구하고 ㉠ 국토교통부장관이 입안한 도시·군관리계획, ㉡ 개발제한구역의 지정 및 변경에 관한 도시·군관리계획, ㉢ 시가화조정구역의 지정 및 변경에 관한 도시·군관리계획, ㉣ 수산자원보호구역의 지정 및 변경에 관한 도시·군관리계획, ㉤ 입지규제최소구역의 지정 및 변경과 입지규제최소구역계획에 관한 도시·군관리계획은 국토교통부장관(다만, ㉣의 도시·군관리계획은 해양수산부장관)이 결정한다(법 제29조 2항).

① **결정절차** 시·도지사는 도시·군관리계획을 결정하려면 관계 행정기관의 장과 미리 협의하여야 하며, 국토교통부장관(수산자원보호구역의 경우 해양수산부장관을 말한다)이 도시·군관리계획을 결정하려면 관계 중앙행정기관의 장과 미리 협의하여야 한다. 이 경우 협의 요청을 받은 기관의 장은 특별한 사유가 없으면 그 요청을 받은 날부터 30일 이내에 의견을 제시하여야 한다(법 제30조 1항). 시·도지사는 국토교통부장관이 입안하여 결정한 도시·군관리계획을 변경하거나 그 밖에 대통령령으로 정하는 중

---

8) 다만, 「지방자치법」 제198조에 따른 서울특별시와 광역시 및 특별자치시를 제외한 인구 50만 이상의 대도시의 경우에는 해당 시장(대도시 시장)이 직접 결정하고, 시장 또는 군수가 입안한 지구단위계획구역의 지정·변경과 지구단위계획의 수립·변경에 관한 도시·군관리계획, 제52조 제1항 제1호의2에 따라 지구단위계획으로 대체하는 용도지구 폐지에 관한 도시·군관리계획[해당 시장(대도시 시장은 제외한다) 또는 군수가 도지사와 미리 협의한 경우에 한정한다]은 시장 또는 군수가 직접 결정한다.

요한 사항에 관한 도시·군관리계획을 결정하려면 미리 국토교통부장관과 협의하여
야 한다(법 제30조 2항).

　국토교통부장관은 도시·군관리계획을 결정하려면 중앙도시계획위원회의 심의를
거쳐야 하며, 시·도지사가 도시·군관리계획을 결정하려면 시·도도시계획위원회의
심의를 거쳐야 한다. 다만, 시·도지사가 지구단위계획(지구단위계획과 지구단위계획구역
을 동시에 결정할 때에는 지구단위계획구역의 지정 또는 변경에 관한 사항을 포함할 수 있다)
이나 제52조 제1항 제1호의2에 따라 지구단위계획으로 대체하는 용도지구 폐지에 관
한 사항을 결정하려면 대통령령으로 정하는 바에 따라「건축법」제4조에 따라 시·도
에 두는 건축위원회와 도시계획위원회가 공동으로 하는 심의를 거쳐야 한다(법 제30조 3항).

　다만, 국토교통부장관이나 시·도지사는 국방상 또는 국가안전보장상 기밀을 지
켜야 할 필요가 있다고 인정되면(관계 중앙행정기관의 장이 요청할 때만 해당된다) 그 도
시·군관리계획의 전부 또는 일부에 대하여 이러한 절차들을 생략할 수 있다.9)

　국토교통부장관이나 시·도지사는 도시·군관리계획을 결정하면 대통령령으로
정하는 바에 따라 그 결정을 고시하고, 국토교통부장관이나 도지사는 관계 서류를 관
계 특별시장·광역시장·특별자치시장·특별자치도지사·시장 또는 군수에게 송부하
여 일반이 열람할 수 있도록 하여야 하며, 특별시장·광역시장·특별자치시장·특별
자치도지사는 관계 서류를 일반이 열람할 수 있도록 하여야 한다(법 제30조 6항).

　② **결정의 효력**　　도시·군관리계획 결정의 효력은 지형도면을 고시한 날부터
발생한다(법 제31조 1항). 도시·군관리계획 결정 당시 이미 사업이나 공사에 착수한 자(이 법
또는 다른 법률에 따라 허가·인가·승인 등을 받아야 하는 경우에는 그 허가·인가·승인 등
을 받아 사업이나 공사에 착수한 자를 말한다)는 그 도시·군관리계획 결정에 관계없이
그 사업이나 공사를 계속할 수 있다. 다만, 시가화조정구역이나 수산자원보호구역의
지정에 관한 도시·군관리계획 결정이 있는 경우에는 대통령령으로 정하는 바에 따라
특별시장·광역시장·특별자치시장·특별자치도지사·시장 또는 군수에게 신고하고
그 사업이나 공사를 계속할 수 있다(법 제31조 2항).

　　원고 소유의 토지가 속한 취락 부분이 개발제한구역으로 지정되어 있다가 원고 소
　유 토지를 제외한 나머지 취락 지역을 개발제한구역에서 해제하기로 하는 도시관리
　계획변경결정이 이루어지자, 원고가 그 도시관리계획변경결정이 위법하다며 취소를
　구하는 사안에서, 원고 소유 토지는 도시관리계획변경결정 전후를 통하여 개발제한구
　역으로 지정된 상태에 있으므로 이 사건 도시관리계획변경결정으로 인하여 그 소유
　자인 원고가 위 토지를 사용·수익·처분하는 데 새로운 공법상의 제한을 받거나 종

---

9) 결정된 도시·군관리계획을 변경하려는 경우에는 이상의 내용을 준용한다. 다만, 대통령령으
　로 정하는 경미한 사항을 변경하는 경우에는 그러하지 아니하다(법 제30조 5항).

전과 비교하여 더 불이익한 지위에 있게 되는 것은 아니고, 원고의 청구취지와 같이 이 사건 도시관리계획변경결정 중 원고 소유 토지가 속한 취락 부분이 취소된다 하더라도 그 결과 이 사건 도시관리계획변경결정으로 개발제한구역에서 해제된 제 3 자 소유의 토지들이 종전과 같이 개발제한구역으로 남게 되는 결과가 될 뿐, 원고 소유의 이 사건 토지가 개발제한구역에서 해제되는 것도 아니므로, 원고에게는 제 3 자 소유의 토지에 관한 이 사건 도시관리계획변경결정의 취소를 구할 직접적이고 구체적인 이익이 있다고 할 수 없다(<sup>대판 2008.7.10,</sup><sub>2007두10242</sub>).

③ **지형도면의 고시**     특별시장·광역시장·특별자치시장·특별자치도지사·시장 또는 군수는 도시·군관리계획결정이 고시되면 지적(地籍)이 표시된 지형도에 도시·군관리계획에 관한 사항을 자세히 밝힌 도면을 작성하여야 한다(<sup>법 제32조</sup><sub>1항</sub>). 시장(대도시 시장은 제외한다)이나 군수는 위 지형도에 도시·군관리계획(지구단위계획구역의 지정·변경과 지구단위계획의 수립·변경에 관한 도시·군관리계획은 제외한다)에 관한 사항을 자세히 밝힌 도면(지형도면)을 작성하면 도지사의 승인을 받아야 한다. 이 경우 지형도면의 승인 신청을 받은 도지사는 그 지형도면과 결정·고시된 도시·군관리계획을 대조하여 착오가 없다고 인정되면 대통령령으로 정하는 기간에 그 지형도면을 승인하여야 한다(<sup>법 제32조</sup><sub>2항</sub>). 다만, 국토교통부장관(수산자원보호구역의 경우 해양수산부장관을 말한다)이나 도지사는 도시·군관리계획을 직접 입안한 경우에는 관계 특별시장·광역시장·특별자치시장·특별자치도지사·시장 또는 군수의 의견을 들어 직접 지형도면을 작성할 수 있다(<sup>법 제32조</sup><sub>3항</sub>). 국토교통부장관, 시·도지사, 시장 또는 군수는 직접 지형도면을 작성하거나 지형도면을 승인한 경우에는 이를 고시하여야 한다(<sup>법 제32조</sup><sub>4항</sub>).

④ **결정의 실효**     도시·군관리계획결정의 실효에 대해서는「토지이용규제 기본법」제8조에 의하도록 하고 있는바(<sup>법 제31조</sup><sub>3항</sub>), 이에 의하면 도시·군관리계획결정의 고시일부터 2년이 되는 날까지 지형도면등을 고시하여야 하며, 지형도면등의 고시가 없는 경우에는 그 2년이 되는 날의 다음날부터 그 도시·군관리계획결정은 효력을 잃는다. 도시·군관리계획결정이 효력을 잃은 때에는 국토교통부장관(수산자원보호구역의 경우 해양수산부장관을 말한다), 시·도지사 또는 대도시 시장은 지체 없이 그 사실을 관보 또는 공보에 고시하고, 이를 관계 특별자치도지사·시장·군수(광역시의 관할 구역에 있는 군의 군수를 포함한다) 또는 구청장(구청장은 자치구의 구청장을 말하며, 이하 "시장·군수 또는 구청장"이라 한다)에게 통보하여야 한다. 이 경우 시장·군수 또는 구청장은 그 내용을 국토이용정보체계(이하 "국토이용정보체계"라 한다)에 등재(登載)하여 일반 국민이 볼 수 있도록 하여야 한다(「토지이용규제 기본법」제8조 제3항 내지 제5항).

㈑ **도시·군관리계획의 정비**     특별시장·광역시장·특별자치시장·특별자치도지사·시장 또는 군수는 5년마다 관할 구역의 도시·군관리계획에 대하여 대통령령으로 정

하는 바에 따라 그 타당성 여부를 전반적으로 재검토하여 정비하여야 한다(법 제34조).

3) 용도지역 · 용도지구 · 용도구역

도시 · 군관리계획에 의한 규제의 대표적인 내용은 토지의 용도규제 및 그에 따른 행위제한이다. 토지의 용도구분은 도시 · 군관리계획으로 정하도록 하고 있으며 이러한 도시 · 군관리계획에 의한 용도구분은 토지이용규제의 핵심적인 사항으로 자리잡고 있다. 현행법은 토지의 용도구분을 용도지역, 용도지구 및 용도구역으로 세분화하여 정하고 있다. 여기서는 이러한 용도구분의 내용과 각 구분의 지정절차 등에 대해서 살펴보기로 한다.

(개) 용도지역

① 용도지역의 의의    용도지역이란 토지의 이용 및 건축물의 용도, 건폐율,10) 용적률,11) 높이 등을 제한함으로써 토지를 경제적 · 효율적으로 이용하고 공공복리의 증진을 도모하기 위하여 서로 중복되지 아니하게 도시 · 군관리계획으로 결정하는 지역을 말한다(법 제2조 15호).

② 용도지역의 종류    국토는 토지의 이용실태 및 특성, 장래의 토지 이용 방향, 지역 간 균형발전 등을 고려하여 다음과 같은 용도지역으로 구분한다(법 제6조).

(ㄱ) 도시지역    인구와 산업이 밀집되어 있거나 밀집이 예상되어 그 지역에 대하여 체계적인 개발 · 정비 · 관리 · 보전 등이 필요한 지역으로서, 국가나 지방자치단체는 이 법 또는 관계 법률에서 정하는 바에 따라 그 지역이 체계적이고 효율적으로 개발 · 정비 · 보전될 수 있도록 미리 계획을 수립하고 그 계획을 시행하여야 한다(법 제7조 1호).

(ㄴ) 관리지역    도시지역의 인구와 산업을 수용하기 위하여 도시지역에 준하여 체계적으로 관리하거나 농림업의 진흥, 자연환경 또는 산림의 보전을 위하여 농림지역 또는 자연환경보전지역에 준하여 관리할 필요가 있는 지역으로서, 국가나 지방자치단체는 이 법 또는 관계 법률에서 정하는 바에 따라 필요한 보전조치를 취하고 개발이 필요한 지역에 대하여는 계획적인 이용과 개발을 도모하여야 한다(법 제7조 2호).

(ㄷ) 농림지역    도시지역에 속하지 아니하는 「농지법」에 따른 농업진흥지역 또는 「산지관리법」에 따른 보전산지 등으로서 농림업을 진흥시키고 산림을 보전하기 위하여 필요한 지역으로서, 국가나 지방자치단체는 이 법 또는 관계 법률에서 정하는 바에 따라 농림업의 진흥과 산림의 보전 · 육성에 필요한 조사와 대책을 마련하여야 한다(법 제7조 3호).

(ㄹ) 자연환경보전지역    자연환경 · 수자원 · 해안 · 생태계 · 상수원 및 문화재의 보

---

10) 「건축법」 제55조가 규정하는 것으로서, 건폐율이란 대지면적에 대한 건축면적(대지에 건축물이 둘 이상 있는 경우에는 이들 건축면적의 합계로 한다)의 비율을 말한다.

11) 「건축법」 제56조의 규정하는 것으로서, 용적률이란 대지면적에 대한 연면적(대지에 건축물이 둘 이상 있는 경우에는 이들 연면적의 합계로 한다)의 비율을 말한다.

전과 수산자원의 보호·육성 등을 위하여 필요한 지역으로서, 국가나 지방자치단체는 이 법 또는 관계 법률에서 정하는 바에 따라 환경오염 방지, 자연환경·수질·수자원·해안·생태계 및 문화재의 보전과 수산자원의 보호·육성을 위하여 필요한 조사와 대책을 마련하여야 한다(<sub>법 제7</sub><sub>조 4호</sub>).

③ 용도지역의 지정    위와 같이 구분된 용도지역의 지정 또는 변경은 국토교통부장관, 시·도지사 또는 대도시 시장이 도시·군관리계획으로 결정한다(<sub>법 제36</sub><sub>조 1항</sub>).

다만 이러한 원칙에 대하여 일정한 경우에는 도시·군관리계획의 결정 없이 특정 용도지역으로 지정되거나 결정·고시된 것으로 의제되는 예외가 규정되고 있다.

㈀ 용도지역으로 지정된 것으로 보는 경우    먼저 공유수면(바다만 해당한다)의 매립 목적이 그 매립구역과 이웃하고 있는 용도지역의 내용과 같으면 도시·군관리계획의 입안 및 결정 절차 없이 그 매립준공구역은 그 매립의 준공인가일부터 이와 이웃하고 있는 용도지역으로 지정된 것으로 본다. 이 경우 관계 특별시장·광역시장·특별자치시장·특별자치도지사·시장 또는 군수는 그 사실을 지체 없이 고시하여야 하며 (<sub>법 제41</sub><sub>조 1항</sub>), 관계 행정기관의 장은 공유수면 매립의 준공검사를 하면 지체 없이 관계 특별시장·광역시장·특별자치시장·특별자치도지사·시장 또는 군수에게 통보하여야 한다.(<sub>법 제41</sub><sub>조 3항</sub>) 다만, 공유수면의 매립 목적이 그 매립구역과 이웃하고 있는 용도지역의 내용과 다른 경우 및 그 매립구역이 둘 이상의 용도지역에 걸쳐 있거나 이웃하고 있는 경우 그 매립구역이 속할 용도지역은 도시·군관리계획결정으로 지정하여야 한다 (<sub>법 제41</sub><sub>조 2항</sub>)

㈁ 도시지역 또는 농림지역 등으로 결정·고시된 것으로 보는 경우    한편 ㉠「항만법」에 따른 항만구역으로서 도시지역에 연접한 공유수면, ㉡「어촌·어항법」에 따른 어항구역으로서 도시지역에 연접한 공유수면, ㉢「산업입지 및 개발에 관한 법률」에 따른 국가산업단지, 일반산업단지 및 도시첨단산업단지, ㉣「택지개발촉진법」에 따른 택지개발지구 및 ㉤「전원개발촉진법」에 따른 전원개발사업구역 및 예정구역(수력발전소 또는 송·변전설비만을 설치하기 위한 전원개발사업구역 및 예정구역은 제외한다)으로 지정·고시된 구역은 이 법에 따른 도시지역으로 결정·고시된 것으로 본다(<sub>법 제42</sub><sub>조 1항</sub>). 또한 관리지역에서 「농지법」에 따른 농업진흥지역으로 지정·고시된 지역은 이 법에 따른 농림지역으로, 관리지역의 산림 중 「산지관리법」에 따라 보전산지로 지정·고시된 지역은 그 고시에서 구분하는 바에 따라 이 법에 따른 농림지역 또는 자연환경보전지역으로 결정·고시된 것으로 본다(<sub>법 제42</sub><sub>조 2항</sub>). 관계 행정기관의 장은 이상과 같은 항만구역, 어항구역, 산업단지, 택지개발지구, 전원개발사업구역 및 예정구역, 농업진흥지역 또는 보전산지를 지정한 경우에는 고시된 지형도면 또는 지형도에 그 지정 사실을 표시하여 그 지역을 관할하는 특별시장·광역시장·특별자치시장·특별자치도지사·시장

또는 군수에게 통보하여야 한다($\frac{법}{조}\frac{제42}{3항}$).

ⓒ 구역 등 해제시 용도지역의 환원 등    만약 위와 같은 구역·단지·지구·지역 등이 해제되는 경우(개발사업의 완료로 해제되는 경우는 제외한다) 이 법 또는 다른 법률에서 그 구역 등이 어떤 용도지역에 해당되는지를 따로 정하고 있지 아니한 경우에는 이를 지정하기 이전의 용도지역으로 환원된 것으로 본다. 이 경우 지정권자는 용도지역이 환원된 사실을 대통령령으로 정하는 바에 따라 고시하고, 그 지역을 관할하는 특별시장·광역시장·특별자치시장·특별자치도지사·시장 또는 군수에게 통보하여야 한다($\frac{법}{조}\frac{제42}{4항}$). 이 경우 용도지역이 환원되는 당시 이미 사업이나 공사에 착수한 자(이 법 또는 다른 법률에 따라 허가·인가·승인 등을 받아야 하는 경우에는 그 허가·인가·승인 등을 받아 사업이나 공사에 착수한 자를 말한다)는 그 용도지역의 환원에 관계없이 그 사업이나 공사를 계속할 수 있다($\frac{법}{조}\frac{제42}{5항}$).

ⓔ 다른 법률에 따른 용도지역 등의 지정의제    중앙행정기관의 장이나 지방자치단체의 장은 다른 법률에서 이 법에 따른 용도지역 등의 지정 또는 변경에 관한 도시·군관리계획의 결정을 의제하는 내용이 포함되어 있는 계획을 허가·인가·승인 또는 결정하려면 중앙도시계획위원회 또는 지방도시계획위원회의 심의를 받아야 한다. 다만, ㉠ 국토교통부장관의 협의 또는 승인을 받은 경우, ㉡ 다른 법률에 따라 중앙도시계획위원회나 지방도시계획위원회의 심의를 받은 경우, ㉢ 그 밖에 대통령령으로 정하는 경우 등에는 그러하지 아니하다($\frac{법}{조}\frac{제9}{}$).

④ 용도지역에서의 행위제한    용도지역 지정의 가장 대표적인 법적 효과는 당해 용도지역에서의 건축 등의 행위제한에 있다.

㉠ 건축물의 건축 제한    용도지역에서의 건축물이나 그 밖의 시설의 용도·종류 및 규모 등의 제한에 관한 사항은 대통령령으로 정한다($\frac{법}{조}\frac{제76}{1항}$). 이러한 제한은 용도지역의 지정목적에 적합하여야 하며($\frac{법}{조}\frac{제76}{3항}$), 건축물이나 그 밖의 시설의 용도·종류 및 규모 등을 변경하는 경우 변경 후의 건축물이나 그 밖의 시설의 용도·종류 및 규모 등은 이러한 제한에 맞아야 한다($\frac{법}{조}\frac{제76}{4항}$). 이에 따라 「국토의 계획 및 이용에 관한 법률 시행령」에서는 21개 용도지역마다 건축할 수 있는 건축물을 제한적으로 열거하고 있으며 열거되지 아니한 건축물은 건축할 수 없도록 제한하고 있다. 그 밖에 보전관리지역이나 생산관리지역에 대하여 농림축산식품부장관·해양수산부장관·환경부장관 또는 산림청장이 농지 보전, 자연환경 보전, 해양환경 보전 또는 산림 보전에 필요하다고 인정하는 경우에는 해당 관계 법률에 따라 건축물이나 그 밖의 시설의 용도·종류 및 규모 등을 제한할 수 있다. 이 경우 이 법에 따른 제한의 취지와 형평을 이루도록 하여야 한다($\frac{법}{조}\frac{제76}{6항}$).

㉡ 건폐율 제한    용도지역에서 건폐율의 최대한도는 관할 구역의 면적과 인구규

모, 용도지역의 특성 등을 고려하여 도시지역(주거지역: 70% 이하, 상업지역: 90% 이하, 공업지역: 70% 이하, 녹지지역: 20% 이하), 관리지역(보전관리지역: 20% 이하, 생산관리지역: 20% 이하, 계획관리지역: 40% 이하), 농림지역(20% 이하) 및 자연환경보전지역(20% 이하) 별로 해당 범위에서 대통령령으로 정하는 기준에 따라 특별시·광역시·특별자치시·특별자치도·시 또는 군의 조례로 정한다( 법 제77조 1항 ).

이러한 일반적인 건폐율 제한에도 불구하고 ㉠ 취락지구, ㉡ 개발진흥지구(도시지역 외의 지역으로 한정한다), ㉢ 수산자원보호구역, ㉣ 「자연공원법」에 따른 자연공원, ㉤ 「산업입지 및 개발에 관한 법률」에 따른 농공단지, ㉥ 공업지역에 있는 「산업입지 및 개발에 관한 법률」에 따른 국가산업단지, 일반산업단지, 도시첨단산업단지 및 준산업단지 등 특정지역에서의 건폐율에 관한 기준은 80% 이하의 범위에서 대통령령으로 정하는 기준에 따라 특별시·광역시·특별자치시·특별자치도·시 또는 군의 조례로 따로 정한다( 법 제77조 3항 ).

또한 위 일반적인 견폐율 제한에도 불구하고 ㉠ 토지이용의 과밀화를 방지하기 위하여 건폐율을 강화할 필요가 있는 경우, ㉡ 주변 여건을 고려하여 토지의 이용도를 높이기 위하여 건폐율을 완화할 필요가 있는 경우, ㉢ 녹지지역, 보전관리지역, 생산관리지역, 농림지역 또는 자연환경보전지역에서 농업용·임업용·어업용 건축물을 건축하려는 경우, ㉣ 보전관리지역, 생산관리지역, 농림지역 또는 자연환경보전지역에서 주민생활의 편익을 증진시키기 위한 건축물을 건축하려는 경우 등 어느 하나에 해당하는 경우로서 일정한 경우에는 대통령령으로 정하는 기준에 따라 특별시·광역시·특별자치시·특별자치도·시 또는 군의 조례로 건폐율을 따로 정할 수 있다( 법 제77조 4항 ).

계획관리지역·생산관리지역 및 대통령령으로 정하는 녹지지역에서 성장관리방안을 수립한 경우에는 위 일반적인 건폐율 제한에도 불구하고 50퍼센트 이하의 범위에서 대통령령으로 정하는 기준에 따라 특별시·광역시·특별자치시·특별자치도·시 또는 군의 조례로 건폐율을 따로 정할 수 있다( 법 제77조 5항 ).

㉢ **용적률 제한**   용도지역에서 용적률의 최대한도는 관할 구역의 면적과 인구 규모, 용도지역의 특성 등을 고려하여 도시지역(주거지역: 500% 이하, 상업지역: 1,500% 이하, 공업지역: 400% 이하, 녹지지역: 100% 이하), 관리지역(보전관리지역: 80% 이하, 생산관리지역: 80% 이하, 계획관리지역: 100% 이하12)), 농림지역: 80% 이하 및 자연환경보전지역: 80% 별로 해당 범위에서 대통령령으로 정하는 기준에 따라 특별시·광역시·특별자치시·특별자치도·시 또는 군의 조례로 정한다( 법 제78조 1항 ).13)

---

12) 다만, 성장관리방안을 수립한 지역의 경우 해당 지방자치단체의 조례로 125% 이내에서 완화하여 적용할 수 있다.

13) 그러나 건축물을 건축하려는 자가 그 대지의 일부에 「사회복지사업법」 제2조제4호에 따른 사회복지시설 중 대통령령으로 정하는 시설을 설치하여 국가 또는 지방자치단체에 기부채납하는

이러한 일반적인 용적률 제한에도 불구하고 ㉠ 개발진흥지구(도시지역 외의 지역으로 한정한다), ㉡ 수산자원보호구역, ㉢ 「자연공원법」에 따른 자연공원, ㉣ 「산업입지 및 개발에 관한 법률」에 따른 농공단지 등 특정지역에서의 용적률에 관한 기준은 200% 이하의 범위에서 대통령령으로 정하는 기준에 따라 특별시·광역시·특별자치시·특별자치도·시 또는 군의 조례로 따로 정한다( 법 제78 조 3항 ).

한편 이러한 제한에도 불구하고 도시지역(녹지지역만 해당한다), 관리지역에서는 창고 등 대통령령으로 정하는 용도의 건축물 또는 시설물은 특별시·광역시·특별자치시·특별자치도·시 또는 군의 조례로 정하는 높이로 규모 등을 제한할 수 있다( 법 제78 조 5항 ).

(ㄹ) 미지정 또는 미세분 지역에서의 행위제한    도시지역, 관리지역, 농림지역 또는 자연환경보전지역으로 용도가 지정되지 아니한 지역에 대하여는 용도지역에 관한 위 건축제한, 건폐율 제한, 용적률제한의 규정을 적용할 때에는 자연환경보전지역에 관한 규정을 적용한다( 법 제79 조 1항 ).

용도지역 중 도시지역은 총 16개의, 관리지역은 총 3개의 용도지역으로 다시 세분되는바, 도시지역 또는 관리지역으로서 이렇게 세부 용도지역이 지정되지 아니한 경우에는 위 건축제한, 건폐율제한, 용적률제한의 규정을 적용할 때에 해당 용도지역이 도시지역인 경우에는 녹지지역 중 대통령령으로 정하는 지역에 관한 규정을 적용하고, 관리지역인 경우에는 보전관리지역에 관한 규정을 적용한다( 법 제79 조 2항 ).

(나) 용도지구

① 용도지구의 의의    용도지구란 토지의 이용 및 건축물의 용도·건폐율·용적률·높이 등에 대한 용도지역의 제한을 강화하거나 완화하여 적용함으로써 용도지역의 기능을 증진시키고 미관·경관·안전 등을 도모하기 위하여 도시·군관리계획으로 결정하는 지역을 말한다( 법 제2 조 16호 ).

② 용도지구의 종류 및 지정    국토교통부장관, 시·도지사 또는 대도시 시장은 다음의 어느 하나에 해당하는 용도지구의 지정 또는 변경을 도시·군관리계획으로 결정한다( 법 제37 조 1항 ).

(ㄱ) 경관지구    경관의 보전·관리 및 형성을 위하여 필요한 지구

(ㄴ) 고도지구    쾌적한 환경 조성 및 토지의 효율적 이용을 위하여 건축물 높이의 최고한도를 규제할 필요가 있는 지구

(ㄷ) 방화지구    화재의 위험을 예방하기 위하여 필요한 지구

---

경우에는 특별시·광역시·특별자치시·특별자치도·시 또는 군의 조례로 해당 용도지역에 적용되는 용적률을 완화할 수 있다. 이 경우 용적률 완화의 허용범위, 기부채납의 기준 및 절차 등에 필요한 사항은 대통령령으로 정한다( 법 제78 조 6항 ).

(ㄹ) 방재지구    풍수해, 산사태, 지반의 붕괴, 그 밖의 재해를 예방하기 위하여 필요한 지구

(ㅁ) 보호지구    문화재, 중요 시설물(항만, 공항 등 대통령령으로 정하는 시설물을 말한다) 및 문화적·생태적으로 보존가치가 큰 지역의 보호와 보존을 위하여 필요한 지구

(ㅂ) 취락지구    녹지지역·관리지역·농림지역·자연환경보전지역·개발제한구역 또는 도시자연공원구역의 취락을 정비하기 위한 지구

(ㅅ) 개발진흥지구    주거기능·상업기능·공업기능·유통물류기능·관광기능·휴양기능 등을 집중적으로 개발·정비할 필요가 있는 지구

(ㅇ) 특정용도제한지구    주거 및 교육 환경 보호나 청소년 보호 등의 목적으로 오염물질 배출시설, 청소년 유해시설 등 특정시설의 입지를 제한할 필요가 있는 지구

(ㅈ) 복합용도지구    지역의 토지이용 상황, 개발 수요 및 주변 여건 등을 고려하여 효율적이고 복합적인 토지이용을 도모하기 위하여 특정시설의 입지를 완화할 필요가 있는 지구

(ㅊ) 그 밖에 대통령령으로 정하는 지구

국토교통부장관, 시·도지사 또는 대도시 시장은 필요하다고 인정되면 대통령령으로 정하는 바에 따라 위의 용도지구를 도시·군관리계획결정으로 다시 세분하여 지정하거나 변경할 수 있다($^{법 제37}_{조 2항}$).

또한 시·도지사 또는 대도시 시장은 지역여건상 필요하면 대통령령으로 정하는 기준에 따라 그 시·도 또는 대도시의 조례로 용도지구의 명칭 및 지정목적, 건축이나 그 밖의 행위의 금지 및 제한에 관한 사항 등을 정하여 위의 각 용도지구 외의 용도지구의 지정 또는 변경을 도시·군관리계획으로 결정할 수 있으며($^{법 제37}_{조 3항}$), 연안침식이 진행 중이거나 우려되는 지역 등 대통령령으로 정하는 지역에 대해서는 제1항제5호의 방재지구의 지정 또는 변경을 도시·군관리계획으로 결정하여야 한다. 이 경우 도시·군관리계획의 내용에는 해당 방재지구의 재해저감대책을 포함하여야 한다($^{법 제37}_{조 4항}$).

③ **용도지구에서의 행위제한**    용도지구에서의 건축물이나 그 밖의 시설의 용도·종류 및 규모 등의 제한에 관한 사항은 이 법 또는 다른 법률에 특별한 규정이 있는 경우 외에는 대통령령으로 정하는 기준에 따라 특별시·광역시·특별자치시·특별자치도·시 또는 군의 조례로 정할 수 있다($^{법 제76}_{조 2항}$). 이러한 건축물이나 그 밖의 시설의 용도·종류 및 규모 등의 제한은 해당 용도지역과 용도지구의 지정목적에 적합하여야 하며($^{법 제76}_{조 3항}$), 건축물이나 그 밖의 시설의 용도·종류 및 규모 등을 변경하는 경우 변

경 후의 건축물이나 그 밖의 시설의 용도·종류 및 규모 등은 이러한 제한에 맞아야
한다($\frac{법}{조}\frac{제76}{4항}$).

㈀ 경관지구     경관지구안에서는 그 지구의 경관의 보호·형성에 장애가 된다고
인정하여 도시·군계획조례가 정하는 건축물을 건축할 수 없다. 다만, 특별시
장·광역시장·특별자치시장·특별자치도지사·시장 또는 군수가 지구의 지
정목적에 위배되지 아니하는 범위안에서 도시·군계획조례가 정하는 기준에
적합하다고 인정하여 당해 지방자치단체에 설치된 도시계획위원회의 심의를
거친 경우에는 그러하지 아니하다($\frac{영}{조}\frac{제72}{1항}$).

㈁ 고도지구     고도지구안에서는 도시·군관리계획으로 정하는 높이를 초과하거
나 미달하는 건축물을 건축할 수 없다($\frac{영}{조}$제74).

㈂ 방재지구     방재지구안에서는 풍수해·산사태·지반붕괴·지진 그 밖에 재해
예방에 장애가 된다고 인정하여 도시·군계획조례가 정하는 건축물을 건축할
수 없다. 다만, 특별시장·광역시장·특별자치시장·특별자치도지사·시장 또
는 군수가 지구의 지정목적에 위배되지 아니하는 범위안에서 도시·군계획조
례가 정하는 기준에 적합하다고 인정하여 당해 지방자치단체에 설치된 도시계
획위원회의 심의를 거친 경우에는 그러하지 아니하다($\frac{영}{조}$제75).

㈃ 보호지구     보호지구안에서는 다음 각호의 구분에 따른 건축물에 한하여 건축
할 수 있다. 다만, 특별시장·광역시장·특별자치시장·특별자치도지사·시장
또는 군수가 지구의 지정목적에 위배되지 아니하는 범위안에서 도시·군계획
조례가 정하는 기준에 적합하다고 인정하여 관계 행정기관의 장과의 협의 및
당해 지방자치단체에 설치된 도시계획위원회의 심의를 거친 경우에는 그러하
지 아니하다($\frac{영}{조}$제76).

㈀ 역사문화환경보호지구 :「문화재보호법」의 적용을 받는 문화재를 직접 관리·
보호하기 위한 건축물과 문화적으로 보존가치가 큰 지역의 보호 및 보존을
저해하지 아니하는 건축물로서 도시·군계획조례가 정하는 것

㈁ 중요시설물보호지구 : 중요시설물의 보호와 기능 수행에 장애가 되지 아니하는
건축물로서 도시·군계획조례가 정하는 것. 이 경우 제31조 제3항에 따라
공항시설에 관한 보호지구를 세분하여 지정하려는 경우에는 공항시설을 보
호하고 항공기의 이·착륙에 장애가 되지 아니하는 범위에서 건축물의 용
도 및 형태 등에 관한 건축제한을 포함하여 정할 수 있다.

㈂ 생태계보호지구 : 생태적으로 보존가치가 큰 지역의 보호 및 보존을 저해하지
아니하는 건축물로서 도시·군계획조례가 정하는 것

㈄ 취락지구     취락지구의 경우 자연취락지구의 경우는 국토의 계획 및 이용에 관

한 법률시행령으로 정하며, 집단취락지구의 경우는 개발제한구역의 지정 및 관리에 관한 특별조치법령이 정하는 바에 의한다($^{영 \, 제78}_{조}$).

(ㅂ) **개발진흥지구**   개발진흥지구안에서는 지구단위계획 또는 관계 법률에 의한 개발계획에 위반하여 건축물을 건축할 수 없으며, 지구단위계획 또는 개발계획이 수립되기 전에는 개발진흥지구의 계획적 개발에 위배되지 아니하는 범위안에서 도시·군계획조례가 정하는 건축물을 건축할 수 있다($^{영 \, 제79}_{조}$).

(ㅅ) **특정용도제한지구**   특정용도제한지구안에서는 주거기능 및 교육환경을 훼손하거나 청소년 정서에 유해하다고 인정하여 도시·군계획조례가 정하는 건축물을 건축할 수 없다($^{영 \, 제80}_{조}$).

(ㅇ) **복합용도지구**   복합용도지구에서는 해당 용도지역에서 허용되는 건축물 외에 국토의 계획 및 이용에 관한 법률 시행령에 따른 건축물 중 도시·군계획조례가 정하는 건축물을 건축할 수 있다($^{영 \, 제81}_{조}$).

(다) **용도구역**

① **용도구역의 의의**   용도구역이란 토지의 이용 및 건축물의 용도·건폐율·용적률·높이 등에 대한 용도지역 및 용도지구의 제한을 강화하거나 완화하여 따로 정함으로써 시가지의 무질서한 확산방지, 계획적이고 단계적인 토지이용의 도모, 토지이용의 종합적 조정·관리 등을 위하여 도시·군관리계획으로 결정하는 지역을 말한다($^{법 \, 제2}_{조 \, 17호}$).

② **용도구역의 종류 및 지정**   용도구역에는 개발제한구역, 시가화조정구역, 수산자원보호구역, 도시자연공원구역 등이 있으며, 각각 「개발제한구역의 지정 및 관리에 관한 특별조치법」, 「국토의 계획 및 이용에 관한 법률」, 「수산자원관리법」, 「도시공원 및 녹지 등에 관한 법률」에서 규율하고 있다.

(ㄱ) **개발제한구역**   개발제한구역은 도시의 무질서한 확산을 방지하고 도시 주변의 자연환경을 보전하여 도시민의 건전한 생활환경을 확보하기 위해 도시의 개발을 제한할 필요가 있거나 국방부장관의 요청으로 보안상 도시의 개발을 제한할 필요가 있는 경우에 지정되는 구역을 말한다.
국토교통부장관은 개발제한구역의 지정목적에 맞게 개발제한구역의 지정 또는 변경을 도시·군관리계획으로 결정할 수 있다($^{법 \, 제38}_{조 \, 1항}$). 개발제한구역의 지정 또는 변경에 필요한 사항은 따로 법률로 정한다($^{법 \, 제38}_{조 \, 2항}$).

(ㄴ) **시가화조정구역**   시가화조정구역은 도시지역과 그 주변지역의 무질서한 시가화를 방지하고 계획적·단계적인 개발을 도모하기 위하여 5년 이상 20년 이내의 기간 동안 시가화를 유보할 필요가 있다고 인정되는 경우에 지정되는 지역을 말한다.

시·도지사는 직접 또는 관계 행정기관의 장의 요청을 받아 도시지역과 그 주변지역의 무질서한 시가화를 방지하고 계획적·단계적인 개발을 도모하기 위하여 5년 이상 20년 이내의 기간 동안 시가화를 유보할 필요가 있다고 인정되면 시가화조정구역의 지정 또는 변경을 도시·군관리계획으로 결정할 수 있다. 다만, 국가계획과 연계하여 시가화조정구역의 지정 또는 변경이 필요한 경우에는 국토교통부장관이 직접 시가화조정구역의 지정 또는 변경을 도시·군관리계획으로 결정할 수 있다(법 제39조 제1항). 시가화조정구역의 지정에 관한 도시·군관리계획의 결정은 시가화 유보기간이 끝난 날의 다음날부터 그 효력을 잃는다. 이 경우 국토교통부장관 또는 시·도지사는 대통령령으로 정하는 바에 따라 그 사실을 고시하여야 한다(법 제39조 제2항).

㉢ 수산자원보호구역  수산자원보호구역은 수산자원의 보호·육성을 위해 지정된 공유수면이나 그에 인접된 토지를 말한다.

해양수산부장관은 직접 또는 관계 행정기관의 장의 요청을 받아 수산자원을 보호·육성하기 위하여 필요한 공유수면이나 그에 인접한 토지에 대한 수산자원보호구역의 지정 또는 변경을 도시·군관리계획으로 결정할 수 있다(법 제40조).

㉣ 입지규제최소구역  입지규제최소구역은 도시지역에서 복합적인 토지이용을 증진시켜 도시 정비를 촉진하고 지역 거점을 육성할 필요가 있다고 인정될 때 지정되는 구역을 말한다.

국토교통부장관은 이러한 필요가 있을 때 ㉠ 도시·군기본계획에 따른 도심·부도심 또는 생활권의 중심지역, ㉡ 철도역사, 터미널, 항만, 공공청사, 문화시설 등의 기반시설 중 지역의 거점 역할을 수행하는 시설을 중심으로 주변지역을 집중적으로 정비할 필요가 있는 지역, ㉢ 세 개 이상의 노선이 교차하는 대중교통 결절지로부터 1킬로미터 이내에 위치한 지역, ㉣ 「도시 및 주거환경정비법」 제2조제3호에 따른 노후·불량건축물이 밀집한 주거지역 또는 공업지역으로 정비가 시급한 지역, 또는 ㉤ 「도시재생 활성화 및 지원에 관한 특별법」 제2조제1항제5호에 따른 도시재생활성화지역 중 같은 법 제2조제1항제6호에 따른 도시경제기반형 활성화계획을 수립하는 지역과 그 주변지역의 전부 또는 일부를 입지규제최소구역으로 지정할 수 있다(법 제40조의2 제1항).

이러한 입지규제최소구역의 지정 목적을 이루기 위하여 건축물의 용도·종류 및 규모 등에 관한 사항, 건축물의 건폐율·용적률·높이에 관한 사항 등이 담긴 입지규제최소구역계획14)이 수립되며(법 제40조의2 제2항), 입지규제최소구역의 지정

---

14) 입지규제최소구역계획 수립 시 용도, 건폐율, 용적률 등의 건축제한 완화는 기반시설의 확보 현황 등을 고려하여 적용할 수 있도록 계획하고, 시·도지사, 시장, 군수 또는 구청장은 입지규

및 변경과 입지규제최소구역계획은 입지규제최소구역의 지정 목적, 해당 지역의 용도지역·기반시설 등 토지이용 현황, 도시·군기본계획과의 부합성 등을 종합적으로 고려하여 도시·군관리계획으로 결정한다(법 제40조의2 3항).

⒨ **도시자연공원구역**  도시자연공원구역은 도시의 자연환경 및 경관을 보호하고 도시민에게 건전한 여가·휴식공간을 제공하기 위해 도시지역 안에서 식생(植生)이 양호한 산지의 개발을 제한할 필요가 있다고 인정되어 지정된 지역을 말한다.

시·도지사 또는 대도시 시장은 도시의 자연환경 및 경관을 보호하고 도시민에게 건전한 여가·휴식공간을 제공하기 위하여 도시지역 안에서 식생(植生)이 양호한 산지(山地)의 개발을 제한할 필요가 있다고 인정하면 도시자연공원구역의 지정 또는 변경을 도시·군관리계획으로 결정할 수 있다(법 제38조의2 1항). 도시자연공원구역의 지정 또는 변경에 필요한 사항은 따로 법률로 정한다(법 제38조의2 2항).

③ **용도구역에서의 행위제한**  용도지역 및 용도지구에 이어 개발제한구역, 시가화조정구역 등 용도구역에 대해서도 일정한 행위제한이 규정되고 있다.

㈀ **개발제한구역에서의 행위제한**  개발제한구역에서의 행위제한이나 그 밖에 개발제한구역의 관리에 필요한 사항은 「국토의 계획 및 이용에 관한 법률」에서 직접 규율하지 않고 개별 법률인 「개발제한구역의 지정 및 관리에 관한 특별조치법」에서 상세히 규정하고 있다(법 제80조).

㈁ **시가화조정구역에서의 행위제한**  도시·군계획사업과 관련하여 시가화조정구역에서는 도시·군계획사업이 원칙적으로 허용되지 않는다. 그러나 예외적으로 대통령령으로 정하는 사업(국방상 또는 공익상 시가화조정구역안에서의 사업시행이 불가피한 것으로서 관계 중앙행정기관의 장의 요청에 의하여 국토교통부장관이 시가화조정구역의 지정목적달성에 지장이 없다고 인정하는 도시·군계획사업15))만은 시행할 수 있다(법 제81조 1항). 한편 개발행위와 관련하여 시가화조정구역에서는 위 도시·군계획사업에 의하는 경우 외에는 ⓐ 농업·임업 또는 어업용의 건축물 중 대통령령으로 정하는 종류와 규모의 건축물이나 그 밖의 시설을 건축하는 행위, ⓑ 마을공동시설, 공익시설·공공시설, 광공업 등 주민의 생활을 영위하는 데에 필요한 행위로서 대통령령으로 정하는 행위, ⓒ 입목의 벌채, 조림,

---

제최소구역에서의 개발사업 또는 개발행위에 대하여 입지규제최소구역계획에 따른 기반시설 확보를 위하여 필요한 부지 또는 설치비용의 전부 또는 일부를 부담시킬 수 있다. 이 경우 기반시설의 부지 또는 설치비용의 부담은 건축제한의 완화에 따른 토지가치상승분(「감정평가 및 감정평가사에 관한 법률」에 따른 감정평가업자가 건축제한 완화 전·후에 대하여 각각 감정평가한 토지가액의 차이를 말한다)을 초과하지 아니하도록 한다(법 제40조의2 4항).
15) 「국토의 계획 및 이용에 관한 법률 시행령」 제87조.

육림, 토석의 채취, 그 밖에 대통령령으로 정하는 경미한 행위 중 어느 하나의 행위에 한정하여 특별시장·광역시장·특별자치시장·특별자치도지사·시장 또는 군수의 허가를 받아 그 행위를 할 수 있다(<sup>법 제81</sup><sub>조 2항</sub>). 특별시장·광역시장· 특별자치시장·특별자치도지사·시장 또는 군수가 이러한 허가를 하려면 미리 ⓐ 개별법상 산지전용허가·신고, 산지일시사용허가·신고, 입목벌채 등의 허가·신고 등의 권한이 있는 자, ⓑ 허가대상행위와 관련이 있는 공공시설의 관리자 또는 ⓒ 허가대상행위에 따라 설치되는 공공시설을 관리하게 될 자와 협의하여야 한다(<sup>법 제81</sup><sub>조 3항</sub>). 또한 시가화조정구역 안에서 이러한 개발행위허가가 있는 때에는 ⓐ「산지관리법」제14조·제15조에 따른 산지전용허가 및 산지전용신고, 같은 법 제15조의2에 따른 산지일시사용허가·신고 또는 ⓑ「산림자원의 조성 및 관리에 관한 법률」제36조제1항·제4항에 따른 입목벌채 등의 허가·신고가 있는 것으로 본다(<sup>법 제81</sup><sub>조 5항</sub>).

ⓒ 도시자연공원구역에서의 행위제한    도시자연공원구역에서의 행위제한 등 도시자연공원구역의 관리에 필요한 사항은「국토의 계획 및 이용에 관한 법률」에서 직접 규율하지 않고 개별 법률인「도시공원 및 녹지 등에 관한 법률」에서 따로 상세히 규정하고 있다(<sup>법 제80</sup><sub>조의2</sub>).

ⓓ 입지규제최소구역에서의 행위제한    입지규제최소구역에서의 행위 제한은 용도지역 및 용도지구에서의 토지의 이용 및 건축물의 용도·건폐율·용적률·높이 등에 대한 제한을 강화하거나 완화하여 따로 입지규제최소구역계획으로 정한다(<sup>법 제80</sup><sub>조의3</sub>).

ⓔ 수산자원보호구역에서의 행위제한    자연환경보전지역 중에서 수산자원보호구역의 경우에는「수산자원관리법」으로 정하는 바에 따른다(<sup>법 제76</sup><sub>조 5항 5호</sub>).

㈑ 용도규제의 실효성 확보

① 다른 법률에 따른 토지 이용에 관한 구역 등의 지정 제한    중앙행정기관의 장이나 지방자치단체의 장은 다른 법률에 따라 토지 이용에 관한 지역·지구·구역 또는 구획 등을 지정하려면 그 구역 등의 지정목적이 이 법에 따른 용도지역·용도지구 및 용도구역의 지정목적에 부합되도록 하여야 한다(<sup>법 8</sup><sub>조 1항</sub>). 중앙행정기관의 장이나 지방자치단체의 장은 다른 법률에 따라 지정되는 구역 등 중 1㎢(「도시개발법」에 의한 도시개발구역의 경우에는 5㎢) 이상의 구역 등을 지정하거나 변경하려면 중앙행정기관의 장은 국토교통부장관과 협의하여야 하며 지방자치단체의 장은 국토교통부장관의 승인을 받아야 한다(<sup>법 8</sup><sub>조 2항</sub>). 다만, 다른 법률에 따라 지정하거나 변경하려는 구역등이 도시·군기본계획에 반영된 경우 또는 군사상 기밀을 지켜야 할 필요가 있는 구역등을 지정하려는 경우 등 몇 가지 예외적인 경우에는 협의나 승인을 거치지 않아도 되

도록 예외를 인정하고 있다(법제8조 3, 4항). 국토교통부장관 또는 시·도지사가 협의 또는 승인을 하려면 중앙도시계획위원회 또는 시·도도시계획위원회의 심의를 거쳐야 한다(법제8조 5항). 중앙행정기관의 장이나 지방자치단체의 장은 다른 법률에 따라 지정된 토지이용에 관한 구역 등을 변경하거나 해제하려면 도시·군관리계획의 입안권자의 의견을 들어야 한다. 이 경우 의견 요청을 받은 도시·군관리계획의 입안권자는 이 법에 따른 용도지역·용도지구·용도구역의 변경이 필요하면 도시·군관리계획에 반영하여야 한다(법제8조 6항).

② 둘 이상의 용도지역·용도지구·용도구역에 걸치는 경우    하나의 대지가 둘 이상의 용도지역·용도지구 또는 용도구역에 걸치는 경우로서 각 용도지역 등에 걸치는 부분 중 가장 작은 부분의 규모가 330제곱미터(다만, 도로변에 띠 모양으로 지정된 상업지역에 걸쳐 있는 토지의 경우에는 660제곱미터) 이하인 경우에는 전체 대지의 건폐율 및 용적률은 각 부분이 전체 대지 면적에서 차지하는 비율을 고려하여 각 용도지역등별 건폐율 및 용적률을 가중평균한 값을 적용하고, 그 밖의 건축 제한 등에 관한 사항은 그 대지 중 가장 넓은 면적이 속하는 용도지역등에 관한 규정을 적용한다. 다만, 건축물이 고도지구에 걸쳐 있는 경우에는 그 건축물 및 대지의 전부에 대하여 고도지구의 건축물 및 대지에 관한 규정을 적용한다(법제84조 1항).

### 4) 도시·군계획시설

(가) 도시·군계획시설의 설치 및 관리

① 도시·군계획시설의 의의    도시·군계획시설이란 기반시설 중 도시·군관리계획으로 결정된 시설을 말한다(법제2조 7호). 지상·수상·공중·수중 또는 지하에 기반시설을 설치하려면 그 시설의 종류·명칭·위치·규모 등을 미리 도시·군관리계획으로 결정하여야 한다(법제43조 1항).

도시·군계획시설의 결정·구조 및 설치의 기준 등에 필요한 사항은 국토교통부령으로 정하고, 그 세부사항은 국토교통부령으로 정하는 범위에서 시·도의 조례로 정할 수 있다. 다만, 다른 법률에 특별한 규정이 있는 경우에는 그 법률에 따른다(법제43조 2항). 설치한 도시·군계획시설의 관리에 관하여 이 법 또는 다른 법률에 특별한 규정이 있는 경우 외에는 국가가 관리하는 경우에는 대통령령으로, 지방자치단체가 관리하는 경우에는 그 지방자치단체의 조례로 도시·군계획시설의 관리에 관한 사항을 정한다(법제43조 3항).

**도시계획시설의 설치에 관한 도시관리계획 대상 지역 내 토지소유자에게 도시관리계획 변경결정의 효력을 다툴 법률상 이익이 있는지 여부(적극)**    구 국토의 계획 및 이용에 관한 법률(2011. 4. 14. 법률 제10599호로 개정되기 전의 것) 제58조 제1항 제2호, 제

64조 제1항, 구 국토의 계획 및 이용에 관한 법률 시행령(2012. 4. 10. 대통령령 제 23718호로 개정되기 전의 것) 제61조 제1호는, 관할 관청은 도시관리계획의 내용에 어긋나지 아니한 범위 내에서 개발행위허가를 하여야 하고, 도시계획시설 부지에 그 도시계획시설이 아닌 건축물의 건축이나 공작물의 설치를 허가하여서는 아니 되나, 다만 도시계획시설 부지에 일정한 공간적 범위를 정하여 도시계획시설이 결정되어 있고, 그 도시계획시설의 설치·이용 및 장래의 확장 가능성에 지장이 없는 범위에서 는 그 도시계획시설이 아닌 건축물의 건축이나 공작물의 설치를 허가할 수 있다고 규정하고 있다. 이러한 도시관리계획 관련 법령의 내용 및 취지 등에 비추어 보면, 도시계획시설의 설치에 관한 도시관리계획 대상 지역 내 토지의 소유자는 도시관리 계획 변경결정에 따라 도시계획시설의 종류, 내용, 범위 등이 변경됨에 따라 토지의 개발 등 이용관계가 달라질 수 있으므로 도시관리계획 변경결정의 효력을 다툴 법률 상 이익이 있다고 보아야 할 것이다(대판 2012.12.26, 2012두19311).

도시·군계획시설의 특별한 경우로서 국토계획법에서는 공동구와 광역시설에 대 하여 규정하고 있다.

② 공동구의 설치 및 관리

㈀ 공동구의 의의    공동구란 전기·가스·수도 등의 공급설비, 통신시설, 하수도 시설 등 지하매설물을 공동 수용함으로써 미관의 개선, 도로구조의 보전 및 교통의 원활한 소통을 위하여 지하에 설치하는 시설물을 말한다(법 제2 조 9호).

㈁ 공동구의 설치 및 비용    도시개발구역(「도시개발법」 제2조 1항), 택지개발지구(「택 지개발촉진법」 제2조 3호), 경제자유구역(「경제자유구역의 지정 및 운영에 관한 특별 법」 제2조 1호), 정비구역(「도시 및 주거환경정비법」 제2조 1호) 또는 그 밖에 대통 령령으로 정하는 지역·지구·구역 등(지역등)이 대통령령으로 정하는 규모(200 만㎡)를 초과하는 경우에는 해당 지역등에서 개발사업을 시행하는 자(사업시행 자)는 공동구를 설치하여야 한다(법 제44 조 1항).

공동구의 설치(개량하는 경우를 포함한다)에 필요한 비용은 이 법 또는 다른 법률에 특별한 규정이 있는 경우를 제외하고는 공동구 점용예정자와 사업시행자가 부담한다. 이 경우 공동구 점용예정자는 해당 시설을 개별적으로 매설할 때 필요한 비용의 범위 에서 대통령령으로 정하는 바에 따라 부담한다(법 제44 조 5항). 공동구 점용예정자와 사업시행 자가 공동구 설치비용을 부담하는 경우 국가, 특별시장·광역시장·특별자치시장·특 별자치도지사·시장 또는 군수는 공동구의 원활한 설치를 위하여 그 비용의 일부를 보조 또는 융자할 수 있다(법 제44 조 6항).

㈂ 공동구의 관리·운영 및 비용    공동구는 특별시장·광역시장·특별자치시장·특 별자치도지사·시장 또는 군수(공동구관리자)가 관리한다. 다만, 공동구의 효율

적인 관리·운영을 위하여 필요하다고 인정하는 경우에는 대통령령으로 정하는 기관에 그 관리·운영을 위탁할 수 있다($^{법 제44}_{조의2 1항}$). 공동구관리자는 5년마다 해당 공동구의 안전 및 유지관리계획을 수립·시행하여야 하며($^{법 제44}_{조의2 2항}$), 1년에 1회 이상 공동구의 안전점검을 실시하여야 하고, 안전점검결과 이상이 있다고 인정되는 때에는 지체 없이 정밀안전진단·보수·보강 등 필요한 조치를 하여야 한다($^{법 제44}_{조의2 3항}$).

공동구의 관리에 소요되는 비용은 그 공동구를 점용하는 자가 함께 부담하되, 부담비율은 점용면적을 고려하여 공동구관리자가 정한다($^{법 제44}_{조의3 1항}$). 공동구 설치비용을 부담하지 아니한 자(부담액을 완납하지 아니한 자를 포함한다)가 공동구를 점용하거나 사용하려면 그 공동구를 관리하는 공동구관리자의 허가를 받아야 한다($^{법 제44}_{조의3 2항}$). 공동구를 점용하거나 사용하는 자는 그 공동구를 관리하는 특별시·광역시·특별자치시·특별자치도·시 또는 군의 조례로 정하는 바에 따라 점용료 또는 사용료를 납부하여야 한다($^{법 제44}_{조의3 3항}$).

③ 광역시설의 설치 및 관리  광역시설이란 기반시설 중 광역적인 정비체계가 필요한 시설로서 대통령령으로 정하는 ㉠ 둘 이상의 특별시·광역시·특별자치시·특별자치도·시 또는 군의 관할 구역에 걸쳐 있는 시설, ㉡ 둘 이상의 특별시·광역시·특별자치시·특별자치도·시 또는 군이 공동으로 이용하는 시설을 말한다($^{법 제2}_{조 8호}$).

광역시설의 설치 및 관리는 일반 도시·군계획시설의 예에 따른다($^{법 제45}_{조 1항}$). 관계 특별시장·광역시장·특별자치시장·특별자치도지사·시장 또는 군수는 협약을 체결하거나 협의회 등을 구성하여 광역시설을 설치·관리할 수 있다. 다만, 협약의 체결이나 협의회 등의 구성이 이루어지지 아니하는 경우 그 시 또는 군이 같은 도에 속할 때에는 관할 도지사가 광역시설을 설치·관리할 수 있다($^{법 제45}_{조 2항}$). 국가계획으로 설치하는 광역시설은 그 광역시설의 설치·관리를 사업목적 또는 사업종목으로 하여 다른 법률에 따라 설립된 법인이 설치·관리할 수 있다($^{법 제45}_{조 3항}$). 지방자치단체는 환경오염이 심하게 발생하거나 해당 지역의 개발이 현저하게 위축될 우려가 있는 광역시설을 다른 지방자치단체의 관할 구역에 설치할 때에는 대통령령으로 정하는 바에 따라 환경오염 방지를 위한 사업이나 해당 지역 주민의 편익을 증진시키기 위한 사업을 해당 지방자치단체와 함께 시행하거나 이에 필요한 자금을 해당 지방자치단체에 지원하여야 한다. 다만, 다른 법률에 특별한 규정이 있는 경우에는 그 법률에 따른다($^{법 제45}_{조 4항}$).

㈏ 도시·군계획시설결정에 따른 손실보상 등

① 매수 청구  도시·군계획시설에 대한 도시·군관리계획의 결정(도시·군계획시설결정)의 고시일부터 10년 이내에 그 도시·군계획시설의 설치에 관한 도시·군계획시설사업이 시행되지 아니하는 경우(도시·군계획시설사업에 관한 실시계획의 인가나

그에 상당하는 절차가 진행된 경우는 제외한다) 그 도시·군계획시설의 부지로 되어 있는 토지 중 지목(地目)이 대(垈)인 토지(그 토지에 있는 건축물 및 정착물을 포함한다)의 소유자는 대통령령으로 정하는 바에 따라 특별시장·광역시장·특별자치시장·특별자치도지사·시장 또는 군수에게 그 토지의 매수를 청구할 수 있다(법 제47조 1항). 다만, ㉠ 이 법에 따라 해당 도시·군계획시설사업의 시행자가 정하여진 경우에는 그 시행자에게, ㉡ 이 법 또는 다른 법률에 따라 도시·군계획시설을 설치하거나 관리하여야 할 의무가 있는 자가 있으면 그 의무가 있는 자16)에게 그 토지의 매수를 청구할 수 있다(법 제47조 1항). 매수의무자는 매수 청구를 받은 날부터 6개월 이내에 매수 여부를 결정하여 토지 소유자와 특별시장·광역시장·특별자치시장·특별자치도지사·시장 또는 군수(매수의무자가 특별시장·광역시장·특별자치시장·특별자치도지사·시장 또는 군수인 경우는 제외한다)에게 알려야 하며, 매수하기로 결정한 토지는 매수 결정을 알린 날부터 2년 이내에 매수하여야 한다(법 제47조 6항).

② **매수대금의 지급** 매수의무자는 매수 청구를 받은 토지를 매수할 때에는 현금으로 그 대금을 지급한다. 다만, ㉠ 토지 소유자가 원하는 경우, 또는 ㉡ 대통령령으로 정하는 부재부동산 소유자의 토지 또는 비업무용 토지로서 매수대금이 대통령령으로 정하는 금액(3천만원)을 초과하여 그 초과하는 금액을 지급하는 경우로서 매수의무자가 지방자치단체인 경우에는 채권(도시·군계획시설채권)을 발행하여 지급할 수 있다(법 제47조 2항). 도시·군계획시설채권의 상환기간은 10년 이내로 하고, 그 이율은 채권 발행 당시 「은행법」에 따른 인가를 받은 은행 중 전국을 영업으로 하는 은행이 적용하는 1년 만기 정기예금금리의 평균 이상이어야 하며, 구체적인 상환기간과 이율은 특별시·광역시·특별자치시·특별자치도·시 또는 군의 조례로 정한다(법 제47조 3항).

③ **그 밖의 손실보상** 도시·군계획시설을 공중·수중·수상 또는 지하에 설치하는 경우 그 높이나 깊이의 기준과 그 설치로 인하여 토지나 건물의 소유권 행사에 제한을 받는 자에 대한 보상 등에 관하여는 따로 법률로 정한다(법 제46조).

㈐ **도시·군계획시설결정의 실효** 도시·군계획시설결정이 고시된 도시·군계획시설에 대하여 그 고시일부터 20년이 지날 때까지 그 시설의 설치에 관한 도시·군계획시설사업이 시행되지 아니하는 경우 그 도시·군계획시설결정은 그 고시일부터 20년이 되는 날의 다음날에 그 효력을 잃는다(법 제48조 1항). 시·도지사 또는 대도시 시장은 도시·군계획시설결정이 효력을 잃으면 대통령령으로 정하는 바에 따라 지체 없이 그 사실을 고시하여야 한다(법 제48조 2항). 특별시장·광역시장·특별자치시장·특별자치도지

---

16) "매수의무자"라 하며 특별시장·광역시장·특별자치시장·특별자치도지사·시장 또는 군수를 포함한다. 이 경우 도시·군계획시설을 설치하거나 관리하여야 할 의무가 있는 자가 서로 다른 경우에는 설치하여야 할 의무가 있는 자에게 매수 청구하여야 한다.

사·시장 또는 군수는 도시·군계획시설결정이 고시된 도시·군계획시설(국토교통부장
관이 결정·고시한 도시·군계획시설 중 관계 중앙행정기관의 장이 직접 설치하기로 한 시설
은 제외한다)을 설치할 필요성이 없어진 경우 또는 그 고시일부터 10년이 지날 때까지
해당 시설의 설치에 관한 도시·군계획시설사업이 시행되지 아니하는 경우에는 대통
령령으로 정하는 바에 따라 그 현황과 단계별 집행계획을 해당 지방의회에 보고하여
야 한다(법 제48조 3항). 보고를 받은 지방의회는 대통령령으로 정하는 바에 따라 해당 특별시
장·광역시장·특별자치시장·특별자치도지사·시장 또는 군수에게 도시·군계획시
설결정의 해제를 권고할 수 있으며(법 제48조 4항), 도시·군계획시설결정의 해제를 권고받은
특별시장·광역시장·특별자치시장·특별자치도지사·시장 또는 군수는 특별한 사유
가 없으면 대통령령으로 정하는 바에 따라 그 도시·군계획시설결정의 해제를 위한 도
시·군관리계획을 결정하거나 도지사에게 그 결정을 신청하여야 한다. 이 경우 신청
을 받은 도지사는 특별한 사유가 없으면 그 도시·군계획시설결정의 해제를 위한 도
시·군관리계획을 결정하여야 한다(법 제48조 5항).

⠀⠀㈃ 도시·군계획시설결정의 해제 신청 등

⠀⠀① 도시·군계획시설결정의 해제를 위한 도시·군관리계획의 입안 신청⠀⠀도시·
군계획시설결정의 고시일부터 10년 이내에 그 도시·군계획시설의 설치에 관한 도시·
군계획시설사업이 시행되지 아니한 경우로서 단계별 집행계획상 해당 도시·군계획
시설의 실효 시까지 집행계획이 없는 경우에는 그 도시·군계획시설 부지로 되어 있
는 토지의 소유자는 대통령령으로 정하는 바에 따라 해당 도시·군계획시설에 대한
도시·군관리계획 입안권자에게 그 토지의 도시·군계획시설결정 해제를 위한 도시·
군관리계획 입안을 신청할 수 있다(법 제48조의2 1항). 도시·군관리계획 입안권자는 신청을 받
은 날부터 3개월 이내에 입안 여부를 결정하여 토지 소유자에게 알려야 하며, 해당
도시·군계획시설결정의 실효 시까지 설치하기로 집행계획을 수립하는 등 대통령령
으로 정하는 특별한 사유가 없으면 그 도시·군계획시설결정의 해제를 위한 도시·군
관리계획을 입안하여야 한다(법 제48조의2 2항).

⠀⠀② 도시·군계획시설결정의 해제 신청⠀⠀위 입안 신청을 한 토지 소유자는 해당
도시·군계획시설결정의 해제를 위한 도시·군관리계획이 입안되지 아니하는 등 대
통령령으로 정하는 사항에 해당하는 경우에는 해당 도시·군계획시설에 대한 도시·
군관리계획 결정권자에게 그 도시·군계획시설결정의 해제를 신청할 수 있다(법 제48조의2 3항).
도시·군관리계획 결정권자는 해제 신청을 받은 날부터 2개월 이내에 결정 여부를 정
하여 토지 소유자에게 알려야 하며, 특별한 사유가 없으면 그 도시·군계획시설결정
을 해제하여야 한다(법 제48조의2 4항).

⠀⠀③ 도시계획시설결정의 해제 심사의 신청⠀⠀해제 신청을 한 토지 소유자는 해당

도시·군계획시설결정이 해제되지 아니하는 등 대통령령으로 정하는 사항에 해당하는 경우에는 국토교통부장관에게 그 도시·군계획시설결정의 해제 심사를 신청할 수 있다(<sup>법 제48</sup><sub>조의2 5항</sub>). 해제 심사 신청을 받은 국토교통부장관은 대통령령으로 정하는 바에 따라 해당 도시·군계획시설에 대한 도시·군관리계획 결정권자에게 도시·군계획시설결정의 해제를 권고할 수 있다(<sup>법 제48</sup><sub>조의2 6항</sub>). 해제를 권고받은 도시·군관리계획 결정권자는 특별한 사유가 없으면 그 도시·군계획시설결정을 해제하여야 한다(<sup>법 제48</sup><sub>조의2 7항</sub>).

### 5) 지구단위계획

㈎ **지구단위계획의 의의**　지구단위계획이란 도시·군계획 수립 대상지역의 일부(지구단위계획구역)에 대하여 토지 이용을 합리화하고 그 기능을 증진시키며 미관을 개선하고 양호한 환경을 확보하며, 그 지역을 체계적·계획적으로 관리하기 위하여 수립하는 도시·군관리계획을 말한다(<sup>법 제2</sup><sub>조 5호</sub>). 지구단위계획은 용도지역제의 문제점을 보완하는 의미를 가지며 그 자체 도시·군관리계획의 일종이라는 점에서 도시·군관리계획의 한 유형으로 논의할 수 있다. 지구단위계획구역에서 건축물을 건축 또는 용도변경하거나 공작물을 설치하려면 그 지구단위계획에 맞게 하여야 한다. 다만, 지구단위계획이 수립되어 있지 아니한 경우에는 그러하지 아니하다(<sup>법</sup><sub>제54조</sub>).

㈏ **지구단위계획의 수립**　지구단위계획은 ① 도시의 정비·관리·보전·개발 등 지구단위계획구역의 지정 목적, ② 주거·산업·유통·관광휴양·복합 등 지구단위계획구역의 중심기능, ③ 해당 용도지역의 특성, ④ 그 밖에 대통령령으로 정하는 사항을 고려하여 수립한다(<sup>법 제49</sup><sub>조 1항</sub>).

지구단위계획구역의 지정목적을 이루기 위하여 지구단위계획에는 아래의 사항 중 ㉢과 ㉤의 사항을 포함한 둘 이상의 사항이 포함되어야 한다. 다만, ㉡을 내용으로 하는 지구단위계획의 경우에는 그러하지 아니하다(<sup>법 제52</sup><sub>조 1항</sub>).

　㉠ 용도지역이나 용도지구를 대통령령으로 정하는 범위에서 세분하거나 변경하는 사항

　㉡ 기존의 용도지구를 폐지하고 그 용도지구에서의 건축물이나 그 밖의 시설의 용도·종류 및 규모 등의 제한을 대체하는 사항

　㉢ 대통령령으로 정하는 기반시설의 배치와 규모

　㉣ 도로로 둘러싸인 일단의 지역 또는 계획적인 개발·정비를 위하여 구획된 일단의 토지의 규모와 조성계획

　㉤ 건축물의 용도제한, 건축물의 건폐율 또는 용적률, 건축물 높이의 최고한도 또는 최저한도

　㉥ 건축물의 배치·형태·색채 또는 건축선에 관한 계획

　㉦ 환경관리계획 또는 경관계획

◎ 교통처리계획

ⓩ 그 밖에 토지 이용의 합리화, 도시나 농·산·어촌의 기능 증진 등에 필요한 사항으로서 대통령령으로 정하는 사항

지구단위계획은 도로, 상하수도 등 대통령령으로 정하는 도시·군계획시설의 처리·공급 및 수용능력이 지구단위계획구역에 있는 건축물의 연면적, 수용인구 등 개발밀도와 적절한 조화를 이룰 수 있도록 하여야 한다(법제52조 2항).

㈐ 지구단위계획구역의 지정

① 임의적 지정　국토교통부장관, 시·도지사, 시장 또는 군수는 다음 각 호의 어느 하나에 해당하는 지역의 전부 또는 일부에 대하여 지구단위계획구역을 지정할 수 있다(법제51조 1항).

㉠ 국토계획법에 따라 지정된 용도지구

㉡ 「도시개발법」에 따라 지정된 도시개발구역

㉢ 「도시 및 주거환경정비법」에 따라 지정된 정비구역

㉣ 「택지개발촉진법」에 따라 지정된 택지개발지구

㉤ 「주택법」에 따른 대지조성사업지구

㉥ 「산업입지 및 개발에 관한 법률」에 의한 산업단지와 준산업단지

㉦ 「관광진흥법」에 따라 지정된 관광단지와 관광특구

◎ 개발제한구역·도시자연공원구역·시가화조정구역 또는 공원에서 해제되는 구역, 녹지지역에서 주거·상업·공업지역으로 변경되는 구역과 새로 도시지역으로 편입되는 구역 중 계획적인 개발 또는 관리가 필요한 지역

ⓩ 도시지역 내 주거·상업·업무 등의 기능을 결합하는 등 복합적인 토지 이용을 증진시킬 필요가 있는 지역으로서 대통령령으로 정하는 요건에 해당하는 지역

ⓩ 도시지역 내 유휴토지를 효율적으로 개발하거나 교정시설, 군사시설, 그 밖에 대통령령으로 정하는 시설을 이전 또는 재배치하여 토지 이용을 합리화하고, 그 기능을 증진시키기 위하여 집중적으로 정비가 필요한 지역으로서 대통령령으로 정하는 요건에 해당하는 지역

㉠ 도시지역의 체계적·계획적인 관리 또는 개발이 필요한 지역

㉢ 그 밖에 양호한 환경의 확보나 기능 및 미관의 증진 등을 위하여 필요한 지역으로서 대통령령으로 정하는 지역

② 의무적 지정　국토교통부장관, 시·도지사, 시장 또는 군수는 ㉠ 위 임의적 지정 지역 중 택지개발지구와 대지조성사업지구에서 시행되는 사업이 끝난 후 10년 지난 지역, 또는 ㉡ 위 임의적 지정 지역 중 체계적·계획적인 개발 또는 관리가 필요

한 지역으로서 대통령령으로 정하는 지역은 지구단위계획구역으로 지정하여야 한다. 다만, 관계 법률에 따라 그 지역에 토지 이용과 건축에 관한 계획이 수립되어 있는 경우에는 그러하지 아니하다($\frac{법 제51}{조 2항}$).

③ **도시지역 외의 지역을 대상으로 하는 경우** 도시지역 외의 지역을 지구단위계획구역으로 지정하려는 경우에는 해당 지역이 ㉠ 지정하려는 구역 면적의 100분의 50 이상이 계획관리지역으로서 대통령령으로 정하는 요건에 해당하는 지역, ㉡ 개발진흥지구로서 대통령령으로 정하는 요건에 해당하는 지역, 또는 ㉢ 용도지구를 폐지하고 그 용도지구에서의 행위 제한 등을 지구단위계획으로 대체하려는 지역 중 어느 하나에 해당하여야 한다($\frac{법 제51}{조 3항}$).

㈃ **지구단위계획구역 및 지구단위계획의 결정** 지구단위계획구역 및 지구단위계획은 도시·군관리계획으로 결정한다($\frac{법 제50}{조}$).

그러나 지구단위계획구역의 지정에 관한 도시·군관리계획결정의 고시일부터 3년 이내에 그 지구단위계획구역에 관한 지구단위계획이 결정·고시되지 아니하면 그 3년이 되는 날의 다음날에 그 지구단위계획구역의 지정에 관한 도시·군관리계획결정은 효력을 잃는다. 다만, 다른 법률에서 지구단위계획의 결정(결정된 것으로 보는 경우를 포함한다)에 관하여 따로 정한 경우에는 그 법률에 따라 지구단위계획을 결정할 때까지 지구단위계획구역의 지정은 그 효력을 유지한다($\frac{법 제53}{조 1항}$).

또한 지구단위계획(주민이 입안을 제안한 것에 한정한다)에 관한 도시·군관리계획결정의 고시일부터 5년 이내에 이 법 또는 다른 법률에 따라 허가·인가·승인 등을 받아 사업이나 공사에 착수하지 아니한 때에도 그 5년이 된 날의 다음날에 그 지구단위계획에 관한 도시·군관리계획결정은 효력을 잃는다. 이 경우 지구단위계획과 관련한 도시·군관리계획결정에 관한 사항은 해당 지구단위계획구역 지정 당시의 도시·군관리계획으로 환원된 것으로 본다($\frac{법 제53}{조 2항}$).

국토교통부장관, 시·도지사, 시장 또는 군수는 위와 같이 지구단위계획구역 지정 및 지구단위계획 결정이 효력을 잃으면 대통령령으로 정하는 바에 따라 지체 없이 그 사실을 고시하여야 한다($\frac{법 제53}{조 3항}$).

## 3. 도시·군계획사업의 시행

### (1) 도시·군계획사업의 의의

국토계획법은 앞서 살펴본 도시·군관리계획 등 계획법제를 규율하는 외에도 그러한 도시·군관리계획으로 결정된 사항을 시행하기 위해 필요한 별도의 사업법체계를 규율하고 있다. 이러한 도시·군관리계획의 시행을 위한 사업을 도시·군계획사업이라고 하며 이에는 ㉠ 도시·군계획시설사업, ㉡「도시개발법」에 따른 도시개발사업 및 ⓒ 「도시 및 주거환경정비법」에 따른 정비사업이 속한다(법 제2조 11호). 이 중 ⓒ과 ⓒ에 대해서는 해당 법률에서 상세히 규정하고 있으므로 이하에서는 국토계획법이 규율하고 있는 도시·군계획시설사업에 대해서만 간약히 살펴보기로 한다.

### (2) 도시·군계획시설사업의 시행

기반시설 중 도시·군관리계획으로 결정된 시설을 도시·군계획시설이라고 하는데(법 제2조 7호), 도시·군계획시설사업이란 이러한 도시·군계획시설을 설치·정비 또는 개량하는 사업을 말한다(법 제2조 10호). 도시·군계획시설사업의 시행자는 도시·군계획시설사업을 효율적으로 추진하기 위하여 필요하다고 인정되면 사업시행대상지역 또는 대상시설을 둘 이상으로 분할하여 도시·군계획시설사업을 시행할 수 있다(법 제87조). 도시·군계획시설사업은 대체로 다음과 같은 단계로 절차가 진행된다.

> 단계별 집행계획의 수립 → 사업시행자의 지정 → 실시계획의 인가 및 고시 → 준공검사

### 1) 단계별 집행계획의 수립

㈎ 수립 주체   특별시장·광역시장·특별자치시장·특별자치도지사·시장 또는 군수는 도시·군계획시설에 대하여 도시·군계획시설결정의 고시일부터 2년 이내에 대통령령으로 정하는 바에 따라 재원조달계획, 보상계획 등을 포함하는 단계별 집행계획을 수립하여야 한다(법 제85조 1항).[17] 국토교통부장관이나 도지사가 직접 입안한 도시·군관리계획인 경우 국토교통부장관이나 도지사는 단계별 집행계획을 수립하여 해당 특별시장·광역시장·특별자치시장·특별자치도지사·시장 또는 군수에게 송부할 수 있다(법 제85조 2항).

㈏ 단계별 집행계획의 공고   단계별 집행계획은 제1단계 집행계획과 제2단계 집행계획으로 구분하여 수립하되, 3년 이내에 시행하는 도시·군계획시설사업은 제1단계 집행계획에, 3년 후에 시행하는 도시·군계획시설사업은 제2단계 집행계획에 포함되도록 하여야 한다(법 제85조 3항). 특별시장·광역시장·특별자치시장·특별자치도지사·시장 또는 군수는 단계별 집행계획을 수립하거나 받은 때에는 대통령령으로 정하는 바에 따라 지체 없이 그 사실을 공고하여야 한다(법 제85조 4항).

---

17) 최근 개정된 「국토의 계획 및 이용에 관한 법률」에 따르면, 단계별 집행계획의 수립 시한은 원칙적으로 도시·군계획시설 결정의 고시일부터 3개월 이내로 단축되고, 다만 대통령령으로 정하는 법률에 따라 도시·군관리계획의 결정이 의제되는 경우에는 해당 도시·군계획시설결정의 고시일부터 2년 이내에 단계별 집행계획을 수립할 수 있다(2018. 12. 27. 시행).

(다) 단계별 집행계획의 변경    공고된 단계별 집행계획을 변경하는 경우에도 수립시와 동일한 절차를 준용한다. 다만, 대통령령으로 정하는 경미한 사항을 변경하는 경우에는 그러하지 아니하다($\frac{법}{조}\frac{제85}{5항}$).

2) 사업시행자의 지정

(가) 관할 구역에서의 사업시행    특별시장·광역시장·특별자치시장·특별자치도지사·시장 또는 군수는 국토계획법 또는 다른 법률에 특별한 규정이 있는 경우 외에는 관할 구역의 도시·군계획시설사업을 시행한다($\frac{법}{조}\frac{제86}{1항}$).

도시·군계획시설사업이 둘 이상의 특별시·광역시·특별자치시·특별자치도·시 또는 군의 관할 구역에 걸쳐 시행되게 되는 경우에는 관계 특별시장·광역시장·특별자치시장·특별자치도지사·시장 또는 군수가 서로 협의하여 시행자를 정한다($\frac{법}{조}\frac{제86}{2항}$). 만약 협의가 성립되지 아니하는 경우 도시·군계획시설사업을 시행하려는 구역이 같은 도의 관할 구역에 속하는 경우에는 관할 도지사가 시행자를 지정하고, 둘 이상의 시·도의 관할 구역에 걸치는 경우에는 국토교통부장관이 시행자를 지정한다($\frac{법}{조}\frac{제86}{3항}$).

그러나 국토교통부장관은 국가계획과 관련되거나 그 밖에 특히 필요하다고 인정되는 경우에는 관계 특별시장·광역시장·특별자치시장·특별자치도지사·시장 또는 군수의 의견을 들어 직접 도시·군계획시설사업을 시행할 수 있으며, 도지사는 광역도시계획과 관련되거나 특히 필요하다고 인정되는 경우에는 관계 시장 또는 군수의 의견을 들어 직접 도시·군계획시설사업을 시행할 수 있다($\frac{법}{조}\frac{제86}{4항}$).

(나) 사업시행자의 지정    이상의 시행자가 될 수 있는 자 외의 자는 대통령령으로 정하는 바에 따라 국토교통부장관, 시·도지사, 시장 또는 군수로부터 시행자로 지정을 받아 도시·군계획시설사업을 시행할 수 있다($\frac{법}{조}\frac{제86}{5항}$). 이 경우 국가 또는 지방자치단체나 공공기관 또는 그 밖에 대통령령으로 정하는 자에 해당하지 아니하는 자가 도시·군계획시설사업의 시행자로 지정을 받으려면 도시·군계획시설사업의 대상인 토지(국공유지는 제외한다)의 소유 면적 및 토지 소유자의 동의 비율에 관하여 대통령령으로 정하는 요건을 갖추어야 한다($\frac{법}{조}\frac{제86}{7항}$).

(다) 지정 내용의 고시    국토교통부장관, 시·도지사, 시장 또는 군수는 협의하여 시행자를 지정하거나 시행자가 될 수 있는 자 외의 자를 시행자로 지정한 지정한 경우에는 국토교통부령으로 정하는 바에 따라 그 지정 내용을 고시하여야 한다($\frac{법}{조}\frac{제86}{6항}$).

(라) 토지의 수용 및 사용    도시·군계획시설사업의 시행자는 도시·군계획시설사업에 필요한 ① 토지·건축물 또는 그 토지에 정착된 물건, 또는 ② 토지·건축물 또는 그 토지에 정착된 물건에 관한 소유권 외의 권리를 수용하거나 사용할 수 있다($\frac{법}{조}\frac{제95}{1항}$). 또한 도시·군계획시설사업의 시행자는 사업시행을 위하여 특히 필요하다고

인정되면 도시·군계획시설에 인접한 ① 토지·건축물 또는 그 토지에 정착된 물건, 또는 ② 토지·건축물 또는 그 토지에 정착된 물건에 관한 소유권 외의 권리를 일시 사용할 수 있다($^{법 제95}_{조 2항}$). 수용 및 사용에 관하여는 국토계획법에 특별한 규정이 있는 경우 외에는 「공익사업을 위한 토지 등의 취득 및 보상에 관한 법률」을 준용한다($^{법 제96}_{조 1항}$). 이때 「공익사업을 위한 토지 등의 취득 및 보상에 관한 법률」을 준용할 때에는 도시·군계획시설사업에 관한 실시계획을 고시한 경우에는 같은 법 제20조제1항과 제22조에 따른 사업인정 및 그 고시가 있었던 것으로 본다. 다만, 재결 신청은 같은 법 제23조제1항과 제28조제1항에도 불구하고 실시계획에서 정한 도시·군계획시설사업의 시행기간에 하여야 한다($^{법 제96}_{조 2항}$).

### 3) 실시계획의 작성 및 인가

㈎ **실시계획의 작성**　　도시·군계획시설사업의 시행자는 대통령령으로 정하는 바에 따라 그 도시·군계획시설사업에 관한 실시계획을 작성하여야 한다($^{법 제88}_{조 1항}$). 실시계획에는 사업시행에 필요한 설계도서, 자금계획, 시행기간, 그 밖에 대통령령으로 정하는 사항(제4항에 따라 실시계획을 변경하는 경우에는 변경되는 사항에 한정한다)을 자세히 밝히거나 첨부하여야 한다($^{법 제88}_{조 5항}$).

㈏ **실시계획의 인가**　　도시·군계획시설사업의 시행자(국토교통부장관, 시·도지사와 대도시 시장은 제외한다)는 실시계획을 작성하면 대통령령으로 정하는 바에 따라 국토교통부장관, 시·도지사 또는 대도시 시장의 인가를 받아야 한다. 다만, 준공검사를 받은 후에 해당 도시·군계획시설사업에 대하여 국토교통부령으로 정하는 경미한 사항을 변경하기 위하여 실시계획을 작성하는 경우에는 국토교통부장관, 시·도지사 또는 대도시 시장의 인가를 받지 아니한다($^{법 제88}_{조 2항}$). 국토교통부장관, 시·도지사 또는 대도시 시장은 도시·군계획시설사업의 시행자가 작성한 실시계획이 도시·군계획시설의 결정·구조 및 설치의 기준 등에 맞다고 인정하는 경우에는 실시계획을 인가하여야 한다. 이 경우 국토교통부장관, 시·도지사 또는 대도시 시장은 기반시설의 설치나 그에 필요한 용지의 확보, 위해 방지, 환경오염 방지, 경관 조성, 조경 등의 조치를 할 것을 조건으로 실시계획을 인가할 수 있다($^{법 제88}_{조 3항}$).

　　**도시계획시설사업에 관한 실시계획의 인가 요건을 갖추지 못한 인가처분의 경우, 그 하자가 중대한지 여부(적극)**　　국토계획법에 따르면, 도시계획시설사업의 시행자는 도시계획시설사업에 관한 실시계획을 작성하여 행정청의 인가를 받아야 하고, 실시계획의 인가 고시가 있으면 도시계획시설사업의 시행자는 사업에 필요한 토지 등을 수용 및 사용할 수 있다. 위와 같은 국토계획법의 규정 내용에다가 도시계획시설사업은 도시 형성이나 주민 생활에 필수적인 기반시설 중 도시관리계획으로 체계적인 배치가 결정된 시설을 설치하는 사업으로서 공공복리와 밀접한 관련이 있는 점, 도시계획시설사업에 관한 실시계획의 인가처분은 특정 도시계획시설사업을 현실적으로 실현하기 위한 것으로서 사업에 필요한 토지 등의 수용 및 사용권 부여의 요건이 되는 점 등을 종합하면, 실시계획의 인가 요건을 갖추지 못한 인가처분은 공공성을 가지는 도시계획시설사업의 시행을 위하여 필요한 수용 등의 특별한 권한을 부여하는 데 정당성을 갖추지 못한 것으로서 법규의 중요한 부분을 위반한 중대한 하자가 있다고 할 것이다(대판 2015.3.20, 2011두3746).

(대) **실시계획의 고시**    국토교통부장관, 시·도지사 또는 대도시 시장은 실시계획을 작성 또는 변경작성하거나 인가 또는 변경인가한 경우에는 대통령령으로 정하는 바에 따라 그 내용을 고시하여야 한다(법 제91조).

(라) **작성, 인가 및 고시의 효력**    실시계획이 작성(도시·군계획시설사업의 시행자가 국토교통부장관, 시·도지사 또는 대도시 시장인 경우를 말한다) 또는 인가(또는 변경인가)된 때에는 그 실시계획에 반영된 경미한 사항의 범위에서 도시·군관리계획이 변경된 것으로 본다. 이 경우 도시·군관리계획의 변경사항 및 이를 반영한 지형도면을 고시하여야 한다(법 제88조 6항).

국토교통부장관, 시·도지사 또는 대도시 시장이 실시계획을 작성 또는 변경작성하거나 인가 또는 변경인가를 할 때에 그 실시계획에 대한 다음 각 호의 인·허가등에 관하여 관계 행정기관의 장과 협의한 사항에 대하여는 해당 인·허가등을 받은 것으로 보며, 실시계획을 고시한 경우에는 관계 법률에 따른 인·허가등의 고시·공고 등이 있은 것으로 본다(법 제92조 1항).

**4) 준공검사**

도시·군계획시설사업의 시행자(국토교통부장관, 시·도지사와 대도시 시장은 제외한다)는 도시·군계획시설사업의 공사를 마친 때에는 국토교통부령으로 정하는 바에 따라 공사완료보고서를 작성하여 시·도지사나 대도시 시장의 준공검사를 받아야 한다(법 제98조 1항). 시·도지사나 대도시 시장은 공사완료보고서를 받으면 지체 없이 준공검사를 하여야 한다(법 제98조 2항). 시·도지사나 대도시 시장은 준공검사를 한 결과 실시계획대로 완료되었다고 인정되는 경우에는 도시·군계획시설사업의 시행자에게 준공검사증명서를 발급하고 공사완료 공고를 하여야 한다(법 제98조 3항). 국토교통부장관, 시·도지사 또는 대도시 시장인 도시·군계획시설사업의 시행자는 도시·군계획시설사업의 공사를 마친 때에는 공사완료 공고를 하여야 한다(법 제98조 4항).

국토교통부장관, 시·도지사 또는 대도시 시장은 준공검사를 하거나 공사완료 공고를 할 때에 그 내용에 의제되는 인·허가등에 따른 준공검사·준공인가 등에 해당하는 사항이 있으면 미리 관계 행정기관의 장과 협의하여야 한다(법 제98조 7항). 이렇게 협의한 사항에 대하여는 그 준공검사·준공인가 등을 받은 것으로 본다(법 제98조 5항). 도시·군계획시설사업의 시행자(국토교통부장관, 시·도지사와 대도시 시장은 제외한다)는 준공검사·준공인가 등의 의제를 받으려면 준공검사를 신청할 때에 해당 법률에서 정하는 관련 서류를 함께 제출하여야 한다(법 제98조 6항). 국토교통부장관은 의제되는 준공검사·준공인가 등의 처리기준을 관계 중앙행정기관으로부터 받아 통합하여 고시하여야 한다(법 제98조 8항).

## Ⅱ. 개발행위허가

### 1. 개발행위의 허가

개발행위허가제는 개발과 보전이 조화되게 유도하여 국토관리의 지속가능성을 제고시키고, 토지에 대한 정당한 재산권 행사를 보장하여 토지의 경제적 이용과 환경적 보전의 조화를 도모하며, 계획의 적정성, 기반시설의 확보여부, 주변 경관 및 환경과의 조화 등을 고려하여 허가여부를 결정함으로써 난개발을 방지하고 국토의 계획적 관리를 도모하는 제도이다.[18]

#### (1) 개발행위허가를 받아야 하는 행위

다음 각 호의 어느 하나에 해당하는 행위(개발행위)를 하려는 자는 특별시장·광역시장·특별자치시장·특별자치도지사·시장 또는 군수의 허가를 받아야 한다. 다만, 도시·군계획사업(다른 법률에 따라 도시·군계획사업을 의제한 사업을 포함한다)에 의한 행위는 그러하지 아니하다(법 제56조 1항).

① 건축물의 건축  「건축법」제2조제1항제2호에 따른 건축물의 건축
② 공작물의 설치  인공을 가하여 제작한 시설물(「건축법」제2조제1항제2호에 따른 건축물을 제외한다)의 설치
③ 토지의 형질변경  절토·성토·정지·포장 등의 방법으로 토지의 형상을 변경하는 행위와 공유수면의 매립(경작을 위한 토지의 형질변경을 제외한다)
④ 토석채취  흙·모래·자갈·바위 등의 토석을 채취하는 행위. 다만, 토지의 형질변경을 목적으로 하는 것을 제외한다.
⑤ 토지분할  다음 각 목의 어느 하나에 해당하는 토지의 분할(「건축법」제57조에 따른 건축물이 있는 대지는 제외한다)
가. 녹지지역·관리지역·농림지역 및 자연환경보전지역 안에서 관계법령에 따른 허가·인가 등을 받지 아니하고 행하는 토지의 분할
나. 「건축법」제57조제1항에 따른 분할제한면적 미만으로의 토지의 분할

---

18) 개발행위허가운영지침 1-2-1.

다. 관계 법령에 의한 허가·인가 등을 받지 아니하고 행하는 너비 5미터 이하로의 토지의 분할

⑥ 물건을 쌓아놓는 행위   녹지지역·관리지역 또는 자연환경보전지역안에서 건축물의 울타리안(적법한 절차에 의하여 조성된 대지에 한한다)에 위치하지 아니한 토지에 물건을 1개월 이상 쌓아놓는 행위

> **「국토의 계획 및 이용에 관한 법률」에 의하여 지정된 도시지역 안에서 토지의 형질변경 행위를 수반하는 건축허가의 법적 성질(=재량행위)**   국토계획법에서 정한 도시지역 안에서 토지의 형질변경행위를 수반하는 건축허가는 건축법 제8조 제1항의 규정에 의한 건축허가와 국토계획법 제56조 제1항 제2호의 규정에 의한 토지의 형질변경허가의 성질을 아울러 갖는 것으로 보아야 할 것이고, 국토계획법 제58조 제1항 제4호, 제3항, 국토계획법 시행령 제56조 제1항 [별표 1의2] 제1호 (가)목 (3), (라)목 (1), (마)목 (1)의 각 규정을 종합하면, 국토계획법 제56조 제1항 제2호의 규정에 의한 토지의 형질변경허가는 그 금지요건이 불확정개념으로 규정되어 있어 그 금지요건에 해당하는지 여부를 판단함에 있어서 행정청에게 재량권이 부여되어 있다고 할 것이므로, 국토계획법에 의하여 지정된 도시지역 안에서 토지의 형질변경행위를 수반하는 건축허가는 결국 재량행위에 속한다(대판 2010.2.25, 2009두19960).

### (2) 개발행위허가를 받지 않아도 되는 행위

다음 각 호의 어느 하나에 해당하는 행위는 개발행위허가를 받지 아니하고 이를 할 수 있다. 다만, ①의 응급조치를 한 경우에는 1개월 이내에 특별시장·광역시장·특별자치시장·특별자치도지사·시장 또는 군수에게 신고하여야 한다(법 제56조 4항).

① 재해복구나 재난수습을 위한 응급조치
② 「건축법」에 따라 신고하고 설치할 수 있는 건축물의 개축·증축 또는 재축과 이에 필요한 범위에서의 토지의 형질 변경(도시·군계획시설사업이 시행되지 아니하고 있는 도시·군계획시설의 부지인 경우만 가능하다)
③ 그 밖에 대통령령으로 정하는 경미한 행위

## 2. 개발행위의 절차

국토계획법에 의한 개발행위는 다음의 절차를 거쳐 진행된다.

### (1) 개발행위허가의 신청

개발행위를 하려는 자는 그 개발행위에 따른 기반시설의 설치나 그에 필요한 용지의 확보, 위해(危害) 방지, 환경오염 방지, 경관, 조경 등에 관한 계획서를 첨부한 신

청서를 개발행위허가권자에게 제출하여야 한다. 이 경우 개발밀도관리구역 안에서는 기반시설의 설치나 그에 필요한 용지의 확보에 관한 계획서를 제출하지 아니한다. 다만, 개발행위허가 대상인 건축물의 건축 중 「건축법」의 적용을 받는 건축물의 건축 또는 공작물의 설치를 하려는 자는 「건축법」에서 정하는 절차에 따라 신청서류를 제출하여야 한다(법 제57조 제1항).

### (2) 개발행위허가 기준검토

특별시장·광역시장·특별자치시장·특별자치도지사·시장 또는 군수는 개발행위허가의 신청 내용이 다음 각 호의 개발행위허가 기준에 맞는 경우에만 개발행위허가 또는 변경허가를 하여야 한다(법 제58조 제1항).

① 용도지역별 특성을 고려하여 대통령령으로 정하는 개발행위의 규모에 적합할 것. 다만, 개발행위가 「농어촌정비법」 제2조제4호에 따른 농어촌정비사업으로 이루어지는 경우 등 대통령령으로 정하는 경우에는 개발행위 규모의 제한을 받지 아니한다.

② 도시·군관리계획 및 제4항에 따른 성장관리방안의 내용에 어긋나지 아니할 것

③ 도시·군계획사업의 시행에 지장이 없을 것

④ 주변지역의 토지이용실태 또는 토지이용계획, 건축물의 높이, 토지의 경사도, 수목의 상태, 물의 배수, 하천·호소·습지의 배수 등 주변환경이나 경관과 조화를 이룰 것

⑤ 해당 개발행위에 따른 기반시설의 설치나 그에 필요한 용지의 확보계획이 적절할 것

**「국토의 계획 및 이용에 관한 법률」상의 개발행위허가로 의제되는 건축신고가 개발행위허가의 기준을 갖추지 못한 경우, 행정청이 수리를 거부할 수 있는지 여부(적극)** [다수의견] 일정한 건축물에 관한 건축신고는 건축법 제14조 제2항, 제11조 제5항 제3호에 의하여 국토의 계획 및 이용에 관한 법률 제56조에 따른 개발행위허가를 받은 것으로 의제되는데, 국토의 계획 및 이용에 관한 법률 제58조 제1항 제4호에서는 개발행위허가의 기준으로 주변 지역의 토지이용실태 또는 토지이용계획, 건축물의 높이, 토지의 경사도, 수목의 상태, 물의 배수, 하천·호소·습지의 배수 등 주변 환경이나 경관과 조화를 이룰 것을 규정하고 있으므로, 국토의 계획 및 이용에 관한 법률상의 개발행위허가로 의제되는 건축신고가 위와 같은 기준을 갖추지 못한 경우 행정청으로서는 이를 이유로 그 수리를 거부할 수 있다고 보아야 한다( 대판 2011.1.20, 2010두14954(전합) ).

### (3) 의견청취 및 관련 인·허가 등 의제 협의

특별시장·광역시장·특별자치시장·특별자치도지사·시장 또는 군수는 개발행위허가 또는 변경허가를 하려면 그 개발행위가 도시·군계획사업의 시행에 지장을 주는지에 관하여 해당 지역에서 시행되는 도시·군계획사업의 시행자의 의견을 들어야 한다($\frac{법 제58}{조 2항}$).

한편 개발행위허가 또는 변경허가를 할 때에 특별시장·광역시장·특별자치시장·특별자치도지사·시장 또는 군수가 그 개발행위에 대한 공유수면점용허가, 채굴계획인가, 도로점용허가 등 인·허가에 관하여 미리 관계 행정기관의 장과 협의한 사항에 대하여는 그 인·허가 등을 받은 것으로 본다($\frac{법 제61}{조 1항}$). 이에 따라 인·허가등의 의제를 받으려는 자는 개발행위허가 또는 변경허가를 신청할 때에 해당 법률에서 정하는 관련 서류를 함께 제출하여야 하며($\frac{법 제61}{조 2항}$), 특별시장·광역시장·특별자치시장·특별자치도지사·시장 또는 군수는 개발행위허가 또는 변경허가를 할 때에 그 내용에 인·허가등 의제사항이 있으면 미리 관계 행정기관의 장과 협의하여야 한다($\frac{법 제61}{조 3항}$). 이러한 협의 요청을 받은 관계 행정기관의 장은 요청을 받은 날부터 20일 이내에 의견을 제출하여야 하며, 그 기간 내에 의견을 제출하지 아니하면 협의가 이루어진 것으로 본다($\frac{법 제61}{조 4항}$).

### (4) 개발행위의 허가 또는 불허가

개발행위허가의 신청에 대하여 특별시장·광역시장·특별자치시장·특별자치도지사·시장 또는 군수는 특별한 사유가 없으면 15일(도시계획위원회의 심의를 거쳐야 하거나 관계 행정기관의 장과 협의를 하여야 하는 경우에는 심의 또는 협의기간을 제외한다) 이내에 허가 또는 불허가의 처분을 하여야 한다($\frac{법 제57}{조 2항}$). 특별시장·광역시장·특별자치시장·특별자치도지사·시장 또는 군수는 개발행위허가를 하는 경우에는 대통령령으로 정하는 바에 따라 그 개발행위에 따른 기반시설의 설치 또는 그에 필요한 용지의 확보, 위해 방지, 환경오염 방지, 경관, 조경 등에 관한 조치를 할 것을 조건으로 개발행위허가를 할 수 있다($\frac{법 제57}{조 4항}$).19)

### (5) 의제사항 준공협의 및 준공검사

개발행위허가를 받은 자는 그 개발행위를 마치면 국토교통부령으로 정하는 바에 따라 특별시장·광역시장·특별자치시장·특별자치도지사·시장 또는 군수의 준공검

---

19) 특별시장·광역시장·특별자치시장·특별자치도지사·시장 또는 군수는 법 제57조제4항에 따라 개발행위허가에 조건을 붙이려는 때에는 미리 개발행위허가를 신청한 자의 의견을 들어야 한다(영 제54조 2항).

사를 받아야 한다($\substack{법 제62 \\ 조 1항}$).20) 특별시장·광역시장·특별자치시장·특별자치도지사·시장 또는 군수는 준공검사를 할 때에 그 내용에 의제되는 인·허가등에 따른 준공검사·준공인가 등에 해당하는 사항이 있으면 미리 관계 행정기관의 장과 협의하여야 한다($\substack{법 제62 \\ 조 4항}$). 특별시장·광역시장·특별자치시장·특별자치도지사·시장 또는 군수가 개발행위허가에 따라 의제되는 인·허가등에 따른 준공검사·준공인가 등에 관하여 관계 행정기관의 장과 협의한 사항에 대하여는 그 준공검사·준공인가 등을 받은 것으로 본다($\substack{법 제62 \\ 조 2항}$). 이러한 준공검사·준공인가 등의 의제를 받으려는 자는 준공검사를 신청할 때에 해당 법률에서 정하는 관련 서류를 함께 제출하여야 한다($\substack{법 제62 \\ 조 3항}$).

### 3. 개발행위허가의 제한

국토교통부장관, 시·도지사, 시장 또는 군수는 ① 녹지지역이나 계획관리지역으로서 수목이 집단적으로 자라고 있거나 조수류 등이 집단적으로 서식하고 있는 지역 또는 우량 농지 등으로 보전할 필요가 있는 지역, ② 개발행위로 인하여 주변의 환경·경관·미관·문화재 등이 크게 오염되거나 손상될 우려가 있는 지역, ③ 도시·군기본계획이나 도시·군관리계획을 수립하고 있는 지역으로서 그 도시·군기본계획이나 도시·군관리계획이 결정될 경우 용도지역·용도지구 또는 용도구역의 변경이 예상되고 그에 따라 개발행위허가의 기준이 크게 달라질 것으로 예상되는 지역, ④지구단위계획구역으로 지정된 지역 또는 ⑤ 기반시설부담구역으로 지정된 지역으로서 도시·군관리계획상 특히 필요하다고 인정되는 지역에 대해서는 대통령령으로 정하는 바에 따라 중앙도시계획위원회나 지방도시계획위원회의 심의를 거쳐 한 차례만 3년 이내의 기간 동안 개발행위허가를 제한할 수 있다. 다만, ③부터 ⑤까지에 해당하는 지역에 대해서는 중앙도시계획위원회나 지방도시계획위원회의 심의를 거치지 아니하고 한 차례만 2년 이내의 기간 동안 개발행위허가의 제한을 연장할 수 있다($\substack{법 제63 \\ 조 1항}$).

한편 특별시장·광역시장·특별자치시장·특별자치도지사·시장 또는 군수는 도시·군계획시설의 설치 장소로 결정된 지상·수상·공중·수중 또는 지하는 그 도시·군계획시설이 아닌 건축물의 건축이나 공작물의 설치를 허가하여서는 아니 된다($\substack{법 제64 \\ 조 1항}$). 그러나 도시·군계획시설결정의 고시일부터 2년이 지날 때까지 그 시설의 설치에 관한 사업이 시행되지 아니한 도시·군계획시설 중 단계별 집행계획이 수립되지 아니하거나 단계별 집행계획에서 제1단계 집행계획(단계별 집행계획을 변경한 경우에는 최초의 단계별 집행계획을 말한다)에 포함되지 아니한 도시·군계획시설의 부지에 대하여는 ① 가설건축물의 건축과 이에 필요한 범위에서의 토지의 형질 변경, ② 도시·

---

20) 다만, 「건축법」 제2조제1항제2호에 따른 건축물의 건축에 대하여 「건축법」 제22조에 따른 건축물의 사용승인을 받은 경우에는 그러하지 아니하다.

군계획시설의 설치에 지장이 없는 공작물의 설치와 이에 필요한 범위에서의 토지의 형질 변경, 또는 ③ 건축물의 개축 또는 재축과 이에 필요한 범위에서의 토지의 형질 변경(「건축법」에 따라 신고하고 설치할 수 있는 건축물의 개축·증축 또는 재축과 이에 필요한 범위에서의 토지의 형질 변경에 해당하는 경우는 제외한다) 등의 개발행위는 이를 허가할 수 있다(법 제64조 2항).

## 4. 개발행위에 따른 기반시설의 설치

### (1) 개발밀도관리구역의 지정

특별시장·광역시장·특별자치시장·특별자치도지사·시장 또는 군수는 주거·상업 또는 공업지역에서의 개발행위로 기반시설(도시·군계획시설을 포함한다)의 처리·공급 또는 수용능력이 부족할 것으로 예상되는 지역 중 기반시설의 설치가 곤란한 지역을 개발밀도관리구역으로 지정할 수 있다(법 제66조 1항). 이렇게 지정된 개발밀도관리구역에서는 대통령령으로 정하는 범위에서 건폐율 또는 용적률을 강화하여 적용한다(법 제66조 2항). 특별시장·광역시장·특별자치시장·특별자치도지사·시장 또는 군수는 개발밀도관리구역을 지정하거나 변경하려면 해당 지방자치단체에 설치된 지방도시계획위원회의 심의를 거쳐야 하며(법 제66조 3항), 개발밀도관리구역을 지정하거나 변경한 경우에는 그 사실을 대통령령으로 정하는 바에 따라 고시하여야 한다(법 제66조 4항).

### (2) 기반시설부담구역의 지정

특별시장·광역시장·특별자치시장·특별자치도지사·시장 또는 군수는 ① 국토계획법 또는 다른 법령의 제정·개정으로 인하여 행위 제한이 완화되거나 해제되는 지역, ② 국토계획법 또는 다른 법령에 따라 지정된 용도지역 등이 변경되거나 해제되어 행위 제한이 완화되는 지역 또는 ③ 개발행위허가 현황 및 인구증가율 등을 고려하여 대통령령으로 정하는 지역에 대하여는 기반시설부담구역으로 지정하여야 한다. 다만, 개발행위가 집중되어 특별시장·광역시장·특별자치시장·특별자치도지사·시장 또는 군수가 해당 지역의 계획적 관리를 위하여 필요하다고 인정하면 이에 해당하지 아니하는 경우라도 기반시설부담구역으로 지정할 수 있다(법 제67조 1항).

특별시장·광역시장·특별자치시장·특별자치도지사·시장 또는 군수는 기반시설부담구역을 지정 또는 변경하려면 주민의 의견을 들어야 하며, 해당 지방자치단체에 설치된 지방도시계획위원회의 심의를 거쳐 대통령령으로 정하는 바에 따라 이를 고시하여야 한다(법 제67조 2항).

특별시장·광역시장·특별자치시장·특별자치도지사·시장 또는 군수는 기반시설부담구역이 지정되면 대통령령으로 정하는 바에 따라 기반시설설치계획을 수립하여야 하며, 이를 도시·군관리계획에 반영하여야 한다($\substack{법 \ 제67 \\ 조 \ 4항}$).

### (3) 기반시설실치비용의 부과·징수 및 사용

기반시설부담구역에서 기반시설설치비용의 부과대상인 건축행위는 200제곱미터 (기존 건축물의 연면적을 포함한다)를 초과하는 건축물의 신축·증축 행위로 한다. 다만, 기존 건축물을 철거하고 신축하는 경우에는 기존 건축물의 건축연면적을 초과하는 건축행위만 부과대상으로 한다($\substack{법 \ 제68 \\ 조 \ 1항}$).

기반시설설치비용은 기반시설을 설치하는 데 필요한 기반시설 표준시설비용과 용지비용을 합산한 금액에 부과대상 건축연면적과 기반시설 설치를 위하여 사용되는 총 비용 중 국가·지방자치단체의 부담분을 제외하고 민간 개발사업자가 부담하는 부담률을 곱한 금액으로 한다. 다만, 특별시장·광역시장·특별자치시장·특별자치도지사·시장 또는 군수가 해당 지역의 기반시설 소요량 등을 고려하여 대통령령으로 정하는 바에 따라 기반시설부담계획을 수립한 경우에는 그 부담계획에 따른다($\substack{법 \ 제68 \\ 조 \ 2항}$).

특별시장·광역시장·특별자치시장·특별자치도지사·시장 또는 군수는 기반시설설치부용의 납부의무자가 국가 또는 지방자치단체로부터 건축허가(다른 법률에 따른 사업승인 등 건축허가가 의제되는 경우에는 그 사업승인)를 받은 날부터 2개월 이내에 기반시설설치비용을 부과하여야 하고, 납부의무자는 사용승인(다른 법률에 따라 준공검사 등 사용승인이 의제되는 경우에는 그 준공검사) 신청 시까지 이를 내야 한다($\substack{법 \ 제69 \\ 조 \ 2항}$).

특별시장·광역시장·특별자치시장·특별자치도지사·시장 또는 군수는 납부의무자가 위 납부기한까지 기반시설설치비용을 내지 아니하는 경우에는 「지방세외수입금의 징수 등에 관한 법률」에 따라 징수할 수 있다($\substack{법 \ 제69 \\ 조 \ 3항}$).

특별시장·광역시장·특별자치시장·특별자치도지사·시장 또는 군수는 기반시설설치비용의 관리 및 운용을 위하여 기반시설부담구역별로 특별회계를 설치하여야 하며($\substack{법 \ 제70 \\ 조 \ 1항}$), 납부된 기반시설설치비용은 해당 기반시설부담구역에서 기반시설의 설치 또는 그에 필요한 용지의 확보 등을 위하여 사용하여야 한다. 다만, 해당 기반시설부담구역에 사용하기가 곤란한 경우로서 대통령령으로 정하는 경우에는 해당 기반시설부담구역의 기반시설과 연계된 기반시설의 설치 또는 그에 필요한 용지의 확보 등에 사용할 수 있다($\substack{법 \ 제70 \\ 조 \ 2항}$).

## Ⅲ. 부동산가격 공시제도

### 1. 개    관

한정된 토지의 이용이라는 우리의 현실에 있어서 부동산에 관련한 행정작용의 방향은 부동산의 적정한 이용질서확립이다. 이를 위해 그간 이른바 토지공개념에 근거한 여러 제도들이 만들어졌으며 이의 기초적인 개념으로서 작용하는 것이 공시지가제도이다. 즉 그간의 지가의 비정상적인 상승과 부동산, 특히 토지의 왜곡된 이용현상으로 인해 분배의 불평등현상이 심화되어 왔기 때문에 이를 시정하기 위한 노력으로서 지가에 대한 직접적인 행정적 개입의 형태로서 나타난 것이 공시지가제도인 것이다. 현실적으로 공시지가는 이를 근거로 한 세금의 산정에 직접적으로 반영되고 있으므로 그 결정은 당사자의 이해관계에 많은 영향을 미치게 된다. 그러나 이 개념의 역사가 그렇게 길지 않은 탓에 이 개념에 대한 법적 성질논의는 그간 체계적으로 이루어지지 못하고 있었으며, 최근의 대법원 판례를 계기로 그 논의가 새롭게 진행되고 있다. 물론 이러한 법적 성질논의의 중점대상은 주지하는 바와 같이 공시지가의 한 유형인 개별공시지가(또는 개별 토지가격)에 대해 행정소송의 대상인 처분성이 인정되는가 여부에 있다.

## 2. 지가의 공시

지가공시제는 그 연혁에 있어서 「국토이용관리법」상의 기준지가고시제의 형태로 도입된 제도이다. 그러나 동법이 몇 차례의 개정 끝에 1989년 4월 1일 제정된 새로운 법률인 「지가공시 및 토지등의 평가에 관한 법률」에 의해 폐지됨에 따라 기준지가 개념을 대체하는 새로운 개념으로서 채택된 것이 공시지가 개념이다. 공시지가는 토지의 가격을 일반적으로 공개함으로써 행정기관이나 이해관계인이 당해 지가 수준을 정확하게 파악할 수 있게 하는 것을 말하는 것으로서, 그 유형에 있어서 표준지 공시지가와 개별공시지가로 나뉜다. 현재 이러한 공시지가제도의 근거법령은 종전의 「지가공시 및 토지등의 평가에 관한 법률」을 폐지하고 2004년 새로이 제정된 「부동산가격공시 및 감정평가에 관한 법률」이다. 그러나 이 법은 2016년 종래 부동산가격 공시와 감정평가사에 관한 부분이 혼재되어 있어 생기는 문제점을 시정하기 위하여 「부동산가격공시에 관한 법률」로 전부개정되었다. 이하에서는 이 개정된 법(이하에서는 '법'으로 약함)에 따라 부동산가격 공시제도에 대하여 개관해보기로 한다.

### (1) 표준지공시지가

국토교통부장관은 토지이용상황이나 주변 환경, 그 밖의 자연적·사회적 조건이 일반적으로 유사하다고 인정되는 일단의 토지 중에서 선정한 표준지에 대하여 매년 공시기준일 현재의 단위면적당 적정가격(이하 "표준지공시지가"라 한다)을 조사·평가하고, 중앙부동산가격공시위원회의의 심의를 거쳐 이를 공시하여야 한다(법제3조제1항).

#### 1) 조사 및 평가

국토교통부장관은 표준지공시지가를 공시하기 위하여 표준지의 가격을 조사·평가할 때에는 대통령령으로 정하는 바에 따라 해당 토지 소유자의 의견을 들어야 하며 (법제3조2항), 인근 유사토지의 거래가격·임대료 및 해당 토지와 유사한 이용가치를 지닌 다고 인정되는 토지의 조성에 필요한 비용추정액 등을 종합적으로 참작하여야 한다 (법제3조4항). 국토교통부장관이 구체적으로 표준지공시지가를 조사·평가할 때에는 업무실 적, 신인도(信認度) 등을 고려하여 둘 이상의 「감정평가 및 감정평가사에 관한 법률」 에 따른 감정평가업자에게 이를 의뢰하여야 한다. 다만, 지가 변동이 작은 경우 등 대 통령령으로 정하는 기준에 해당하는 표준지에 대해서는 하나의 감정평가업자에게 의 뢰할 수 있다(법제3조5항).

### 2) 공시사항

국토교통부장관이 표준지공시지가를 공시할 때에는 ① 표준지의 지번, ② 표준지 의 단위면적당 가격, ③ 표준지의 면적 및 형상, ④ 표준지 및 주변토지의 이용상황 및 ⑤ 그 밖에 대통령령으로 정하는 사항이 포함되어야 한다(법제5조).

### 3) 열람 및 이의신청

국토교통부장관은 표준지공시지가를 공시한 때에는 그 내용을 특별시장·광역시 장 또는 도지사를 거쳐 시장·군수 또는 구청장(지방자치단체인 구의 구청장에 한정한다) 에게 송부하여 일반인이 열람할 수 있게 하고, 대통령령으로 정하는 바에 따라 이를 도서·도표 등으로 작성하여 관계 행정기관 등에 공급하여야 한다(법제6조).

표준지공시지가에 이의가 있는 자는 그 공시일부터 30일 이내에 서면(전자문서를 포함한다)으로 국토교통부장관에게 이의를 신청할 수 있다(법제7조1항). 국토교통부장관은 이의신청 기간이 만료된 날부터 30일 이내에 이의신청을 심사하여 그 결과를 신청인 에게 서면으로 통지하여야 한다. 이 경우 국토교통부장관은 이의신청의 내용이 타당 하다고 인정될 때에는 해당 표준지공시지가를 조정하여 다시 공시하여야 한다(법제7조2항).

### 4) 적용과 효력

국토교통부장관은 개별공시지가의 산정을 위하여 필요하다고 인정하는 경우에는 표준지와 산정대상 개별 토지의 가격형성요인에 관한 표준적인 비교표(토지가격비준표) 를 작성하여 시장·군수 또는 구청장에게 제공하여야 하는바(법제7조7항), 국가·지방자치 단체나 공공기관 등 지가 산정의 주체가 ① 공공용지의 매수 및 토지의 수용·사용에 대한 보상 또는 ② 국유지·공유지의 취득 또는 처분 등 소정의 목적을 위하여 지가 를 산정할 때에는 그 토지와 이용가치가 비슷하다고 인정되는 하나 또는 둘 이상의 표준지의 공시지가를 기준으로 토지가격비준표를 사용하여 지가를 직접 산정하거나 감정평가업자에게 감정평가를 의뢰하여 산정할 수 있다. 다만, 필요하다고 인정할 때 에는 산정된 지가를 지가 산정의 목적에 따라 가감(加減) 조정하여 적용할 수 있다 (법제8조). 표준지공시지가는 토지시장에 지가정보를 제공하고 일반적인 토지거래의 지표가 되며, 국가·지방자치단체 등이 그 업무와 관련하여 지가를 산정하거나 감정평가업자가 개별적으로 토지를 감정평가하는 경우에 기준이 된다(법²²⁹).

**표준지공시지가의 결정절차와 그 효력**  구「부동산 가격공시 및 감정평가에 관한 법률」(2008. 2. 29. 법률 제8852호로 개정되기 전의 것) 제2조 제5호, 제6호, 제3조 제1항, 제5조, 제10조와 같은 법 시행령(2008. 2. 29. 대통령령 제20722호로 개정되기 전의 것) 제8조 등을 종합하여 보면, 건설교통부장관은 토지이용상황이나 주변환경 그 밖의 자연적·사회적 조건이 일반적으로 유사하다고 인정되는 일단의 토지 중에서 표준지를 선정하고, 그에 관하여 매년 공시기준일 현재의 적정가격을 조사·평가한 후 중앙부동산평가위원회의 심의를 거쳐 이를 공시하여야 한다. 표준지의 적정가격을 조사·평가할 때에는 인근 유사토지의 거래가격, 임대료, 당해 토지와 유사한 이용가치를 지닌다고 인정되는 토지의 조성에 필요한 비용추정액 등을 종합적으로 참작하되, 둘 이상의 감정평가업자에게 이를 의뢰하여 평가한 금액의 산술평균치를 기준으로 하고, 감정평가업자가 행한 평가액이 관계 법령을 위반하거나 부당하게 평가되었다고 인정되는 경우 등에는 당해 감정평가업자 혹은 다른 감정평가업자로 하여금 다시 조사·평가하도록 할 수 있으며, 여기서 '적정가격'이란 당해 토지에 대하여 통상적인 시장에서 정상적인 거래가 이루어지는 경우 성립될 가능성이 가장 높다고 인정되는 가격을 말하고, 한편 이러한 절차를 거쳐 결정·공시된 표준지공시지가는 토지시장의 지가정보를 제공하고 일반적인 토지거래의 지표가 되며, 국가·지방자치단체 등의 기관이 그 업무와 관련하여 지가를 산정하거나 감정평가업자가 개별적으로 토지를 감정평가하는 경우에 기준이 되는 효력을 갖는다. 표준지공시지가의 결정절차 및 그 효력과 기능 등에 비추어 보면, 표준지공시지가는 당해 토지뿐 아니라 인근 유사토지의 가격을 결정하는 데에 전제적·표준적 기능을 수행하는 것이어서 특히 그 가격의 적정성이 엄격하게 요구된다. 이를 위해서는 무엇보다도 적정가격 결정의 근거가 되는 감정평가업자의 평가액 산정이 적정하게 이루어졌음이 담보될 수 있어야 하므로, 그 감정평가서에는 평가원인을 구체적으로 특정하여 명시함과 아울러 각 요인별 참작 내용과 정도가 객관적으로 납득이 갈 수 있을 정도로 설명됨으로써, 그 평가액이 당해 토지의 적정가격을 평가한 것임을 인정할 수 있어야 한다 (대판 2009.12.10, 2007두20140).

### (2) 개별공시지가의 결정 및 공시

시장·군수 또는 구청장은 국세·지방세 등 각종 세금의 부과, 그 밖의 다른 법령에서 정하는 목적을 위한 지가산정에 사용되도록 하기 위하여 시·군·구부동산가격공시위원회의 심의를 거쳐 매년 공시지가의 공시기준일 현재 관할 구역 안의 개별토지의 단위면적당 가격(개별공시지가)을 결정·공시하고, 이를 관계 행정기관 등에 제공하여야 한다(법¹⁰₁항).

### 1) 산정의 원칙

시장·군수 또는 구청장이 개별공시지가를 결정·공시하는 경우에는 해당 토지와 유사한 이용가치를 지닌다고 인정되는 하나 또는 둘 이상의 표준지의 공시지가를 기준으로 토지가격비준표를 사용하여 지가를 산정하되, 해당 토지의 가격과 표준지공시지가가 균형을 유지하도록 하여야 한다(법 제10조 4항). 국토교통부장관은 지가공시 행정의 합리적인 발전을 도모하고 표준지공시지가와 개별공시지가와의 균형유지 등 적정한 지가형성을 위하여 필요하다고 인정하는 경우에는 개별공시지가의 결정·공시 등에 관하여 시장·군수 또는 구청장을 지도·감독할 수 있다(법 제10조 7항).

### 2) 표준지로 선정된 토지 등의 예외

표준지로 선정된 토지, 조세 또는 부담금 등의 부과대상이 아닌 토지, 그 밖에 대통령령으로 정하는 토지에 대하여는 개별공시지가를 결정·공시하지 아니할 수 있다. 이 경우 표준지로 선정된 토지에 대하여는 해당 토지의 표준지공시지가를 개별공시지가로 본다(법 제10조 2항). 또한 시장·군수 또는 구청장은 공시기준일 이후에 분할·합병 등이 발생한 토지에 대하여는 대통령령으로 정하는 날을 기준으로 하여 개별공시지가를 결정·공시하여야 한다(법 제10조 3항).

### 3) 검증 및 의견청취

시장·군수 또는 구청장은 개별공시지가를 결정·공시하기 위하여 개별토지의 가격을 산정할 때에는 그 타당성에 대하여 감정평가업자의 검증을 받고 토지소유자, 그 밖의 이해관계인의 의견을 들어야 한다. 다만, 시장·군수 또는 구청장은 감정평가업자의 검증이 필요 없다고 인정되는 때에는 지가의 변동상황 등 대통령령으로 정하는 사항을 고려하여 감정평가업자의 검증을 생략할 수 있다(법 제10조 5항). 시장·군수 또는 구청장이 이러한 검증을 받으려는 때에는 해당 지역의 표준지의 공시지가를 조사·평가한 감정평가업자 또는 대통령령으로 정하는 감정평가실적 등이 우수한 감정평가업자에게 의뢰하여야 한다(법 제10조 6항).

### 4) 이의신청

개별공시지가에 이의가 있는 자는 그 결정·공시일부터 30일 이내에 서면으로 시장·군수 또는 구청장에게 이의를 신청할 수 있다(법 제11조 1항). 시장·군수 또는 구청장은 이의신청 기간이 만료된 날부터 30일 이내에 이의신청을 심사하여 그 결과를 신청인에게 서면으로 통지하여야 한다. 이 경우 시장·군수 또는 구청장은 이의신청의 내용이 타당하다고 인정될 때에는 해당 개별공시지가를 조정하여 다시 결정·공시하여야 한다(법 제11조 2항).

## 3. 공시지가의 법적 성질

공시지가의 법적 성질은 그 개념에 포함되는 두 가지 유형, 즉 표준지공시지가와

개별공시지가에 따라 나누어서 고찰될 필요가 있다.[21]

### (1) 표준지공시지가의 법적 성질
#### 1) 처분성 여부

표준지공시지가의 법적 성질에 관해서는 행정계획으로 보는 견해와 행정행위로 보는 견해로 나뉘고 있다.[22]

(가) **행정계획설**　행정계획으로 보는 견해의 주장에 의하면 표준지공시지가는 종전의 구「국토이용관리법」에서의 기준지가와 마찬가지로 능률적인 지가정책의 집행을 위해 설정되는 활동기준이라고 볼 수 있어 일종의 행정계획으로 그 성격이 부여된다고 볼 수 있으며 내부구속적 계획이 된다고 한다.[23]

(나) **행정행위설**　이에 반하여 그 성질로서 행정행위성을 주장하는 견해는,[24] 그 논거로서 구「지가공시 및 토지 등의 평가에 관한 법률」('지가공시법')이 표준지공시지가에 대하여 이의가 있는 자는 공시일로부터 30일 이내에 서면으로 건설교통부장관(현 국토교통부장관)에게 이의를 신청할 수 있도록 규정하고 있음을 지적한다. 즉 이의신청절차가 존재한다는 사실은 당해 행위가 행정행위의 성질을 갖는다는 것을 의미하는 것이라고 보는 것이다.

판례도 표준지공시지가 결정에 대하여 불복하기 위하여는 구 지가공시법 제8조 1항에 의한 이의절차를 거쳐 처분청을 상대로 취소소송을 제기하여야 한다고 하여 행정행위로 보는 입장에 입각하고 있다(대판 1994.3.8, 93누10828; 1995.3.28, 94누12920). 같은 취지에서 건설교통부장관이 표준지공시지가를 결정·공시하는 절차에서 감정평가서에 토지의 전년도 공시지가와 세평가격 및 인근 표준지의 감정가격만을 참고가격으로 삼고 평가의견을 추상적으로만 기재한 사안에서, 평가요인별 참작 내용과 정도가 평가액 산정의 적정성을 알아볼 수 있을 만큼 객관적으로 설명되어 있다고 보기 어려워, 이를 근거로 한 표준지 공시지가 결정은 토지의 적정가격을 반영한 것이라고 인정하기 어려워 위법하다고 판시하였다(대판 2009.12.10, 2007두20140).

(다) **사 견**　생각건대 표준지공시지가는 현실적으로 이를 기준으로 하여 개별공

---

21) 공시지가의 유형에 포함되는 표준지 공시지가와 개별공시지가는 그 개념이 서로 명확히 구별되므로 법적 성질논의에 있어서도 통일적으로 설명하는 것(예컨대 조용호, "개별토지가격결정의 행정처분성과 이에 관한 쟁송", 인권과 정의, 1993. 11, 80면 이하 참조)은 타당치 않으며, 서로 나누어서 설명되어야 한다.

22) 이러한 법적 성질논의는 표준지 공시지가에 근거하여 개별공시지가가 산정되는 통상적인 경우에 관한 논의이며, 예외적으로 표준지 공시지가 그 자체가 개별공시지가로 인정되는 경우에는(제10조의2 제1항 단서) 개별공시지가의 문제로서 고찰되어야 한다.

23) 이창석, "개별지가의 문제점과 그 개선방향에 관한 소고", 감정평가논문집, 1993. 2, 92면.

24) 조용호, 앞의 논문, 84면.

시지가(<sup>또는개별</sup><sub>토지가격</sub>)가 산정된다는 점에서 그 의의를 갖는 것이다. 그러나 전술한 바와 같이 표준지공시지가는 개별공시지가 결정에 있어서 그대로 적용되는 것이 아니라 그 목적에 따라 가감하여 적용가능한 것이므로 그 구속적 효력을 인정할 수는 없을 것이다. 즉 표준지공시지가 결정이 특정 토지에 여하히 작용하게 될 것인가는 아직 불확실하다고 보아야 한다. 따라서 이 표준지공시지가에 의해 바로 당사자의 권리·의무에 영향을 미치는 것은 인정될 수 없을 것이다. 또한 어떤 행정작용에 대해 이의신청 절차가 허용되어 있다는 사실이 바로 당해 행위의 처분성을 반증한다는 논리는 일면적 사고에 불과하다. 이의신청 절차는 통상적으로 당해 행위가 행정행위임을 전제로 하는 경우가 많으나, 반드시 행정행위를 전제로 할 필요는 없는 것이므로 이 제도의 존재여부를 행정행위의 결정적 징표로 인정할 필요는 없을 것이다. 따라서 표준지공시지가는 그 법적 성질에 있어서 내부적 효력만을 갖는, 구속력 없는 행정계획에 불과하다고 볼 것이다.

### 2) 표준지공시지가 공시의 효력발생시기

표준지공시지가는 국토교통부장관의 결정 및 공시에 의하여 그 효력이 발생한다. 표준지공시지가의 법적 성질에 대해 행정행위설을 취하는 경우에는 언제 공시행위의 효력이 발생하는가가 문제로 될 수 있다. 일반적으로 공시행위의 효력에 대해서는 법률로 그 효력발생시기를 정하는 경우도 있으나, 현행 부동산공시법은 이러한 효력발생시점에 대한 명문 규정을 마련하고 있지 않다. 그러나 판례는 구 지가공시법상의 표준지공시지가에 대한 이의신청 행위를 행정심판으로 해석한 바 있고,[25] 이때의 이의신청은 공시일을 기준으로 하고 있음에 비추어, 표준지공시지가에 대해 행정행위로서의 효력을 인정하는 입장에서는 표준지공시지가의 공시일을 그 효력발생일로 해석할 가능성이 있을 것이다. 이러한 해석문제는 취소소송의 제기기간의 산정에 있어서, 처분등이 있음을 안 날로부터 90일 이내(<sup>행정소송법</sup><sub>제20조 1항</sub>), 또는 처분등이 있은 날로부터 1년 이내(<sub>2항</sub><sup>제20조</sup>)의 기간을 기준으로 하고 있어, 어느 기간을 기산점으로 하는가의 이해관계가 존재하기 때문이다. 그러나 표준지공시지가는 국토교통부장관의 공시에 의하여 효력을 갖는 것이어서, 일반인이 제때에 이를 알기가 매우 어려운 상황이다. 따라서 공시일을 기준으로 처분이 있음을 안 날로 간주하여 90일의 기간을 적용하는 경우에는, 당사자가 표준지공시지가에 대해 취소소송을 제기하는 기간을 도과하는 경우가 빈번하게 발생할 수 있을 것이다. 이러한 해석은 법적 안정성을 해치는 결과를 야기하게 되므로 받아들이기 어려울 것이다. 따라서 처분청이 당사자의 개별적 사정을 입증하여 표준지공시지가를 알고 있었다는 사정을 입증하지 못하는 한, 표준지공시지가의 공시일을 처분이 존재한 날로 기산하여 소송제기기간을 산정할 수밖에 없을 것이다.

25) 대판 1994. 3. 8, 93누10828.

그러나 표준지공시지가에 대해 행정행위설을 취하지 않는 경우에는 이러한 해석을 할 필요가 없을 것이다.

### (2) 개별공시지가의 법적 성질 26)

공시지가와 관련된 논의의 중점은 표준지공시지가의 경우보다는 개별공시지가가 그 대상이 되고 있으며, 특히 그 처분성의 인정여부에 관하여 논의가 대립되고 있다. 다수의 견해와 일관된 대법원 판례는 행정행위성을 인정하나, 이에 대해서는 그 처분성을 부정하고 행정규칙으로 보는 견해도 주장된다.27)

#### 1) 견해의 대립

⑺ 처분성을 인정하는 견해    개별공시지가에 취소소송의 대상으로서의 처분성을 인정하는 견해의 논거는 매우 다양하나, 주된 논거는 당해 결정의 직접적인 효과성에서 찾을 수 있다. 즉, 이 논거에 의하면 개별토지가격결정은 이에 근거한 조세부과 등의 부담과의 사이에 별도의 행정처분이 개입하기는 하나 당해 처분행정기관은 개별토지가격에 절대적 또는 상당한 정도로 기속을 받는 것이므로, 개별토지가격은 이미 그 자체로서 국민의 권리의무에 직접적인 영향을 미치게 된다고 본다. 따라서 이를 미리 다투어 법률관계의 조기확정을 기함으로써 법적 안정성 확보를 위해 그 처분성을 인정하여야 한다고 본다.28) 이 논거는 특히 법원의 일련의 판례를 통하여 강조되고 있다.

⑼ 행정규칙으로 보는 견해    이 견해는 그 논거로서 우선 개별공시지가가 당사자의 권리, 의무와 무관하다는 사실을 지적한다. 즉 개별공시지가는 토지초과이득세 등의 산정기준이 되는 것이므로 일반적이고 추상적인 규율을 의미하는 것이 되며, 따라서 행정행위의 개념적 요소인 개별성과 구체성을 결여하고 있다고 한다. 이 논거에 의하면 국민의 구체적인 권리나 의무에 직접적인 변동을 초래하는 의미의 법적 효과는 개별공시지가 결정에 의해서가 아니라, 이를 기준으로 산정된 토지초과이득세나 개발부담금의 부과처분이 고지됨으로써 발생된다고 본다.29)

#### 2) 학설에 대한 평가

생각건대 이 문제의 해결은 개별공시지가가 행정처분의 개별 징표들을 갖추고 있다고 볼 것인지의 여부의 판단에 달려있다. 특히 개별공시지가를 행정규칙으로 보는

---

26) 이하의 내용은 류지태, "공시지가의 법적 성질", 토지연구, 1994. 1~2, 1면 이하 참조.
27) 그 밖에 사실행위로 보는 입장도 주장되나, 행정규칙으로 보는 견해와 그 실질적 내용이 동일하므로 별도로 검토하지는 않는다.
28) 김철용, "개별공시지가공시처분의 법적 성질", 감정평가논문집, 1993. 2, 52면; 조용호, 앞의 논문, 84면.
29) 김남진, "개별지가결정의 법적 성질", 법률신문, 1993. 4. 5, 15면; 동인, "개별지가결정의 법적 성질", 부동산감정평가, 1993. 4, 24면; 석종현, "공시지가의 공시절차 및 법적 성질", 월간고시, 1993. 8, 54면.

견해의 주된 논거는 개별공시지가에 의해서는 국민의 권리나 의무에 대한 직접적인 관련성이 인정될 수 없다는 것에 있는 바, 이 부분에 대한 이론적 검토가 필요하다.

㈎ 직접적인 법적 규율성의 존재여부　물론 개별공시지가는 공시 그 자체에 의하여서가 아니라 이를 근거로 하여 다른 행정기관에 의해서 행해지는 개별적 처분에 있어서 주요한 역할을 하게 된다. 따라서 여기에서 중요한 의미를 갖는 것은 특정 행위에 대해 어떠한 경우에 당사자의 법률관계에 직접적인 효과를 발생하는 것이 인정되는가 하는 것이다. 이는 일반적으로 행정행위의 개념적 특성으로서 인정되는 법적 규율성(rechtliche Regelung)에 관련되는 것으로서 개별적, 구체적 행위에서 직접적인 법적 규율성이 인정되는 경우에만 행정행위로서 평가될 수 있는 것이다. 그러나 개별공시지가에 있어서 특이한 것은 전술한 바와 같이 개별토지가격 결정행위가 다른 행정기관에 의한 후속행위의 기준 또는 근거가 되고 있다는 점이며, 따라서 이러한 경우에 법적 규율성은 어떻게 정해지는가 하는 것이 문제로 제기된다. 이에 대해서는 당해 기준이 되는 행위나 근거행위가 이를 기초로 하는 다른 행정기관의 후속행위에 대해 어느 정도 구속력이 있는가에 의해 결정하는 것이 타당하다고 본다. 즉 당해 행위가 다른 행정기관에 의해 행해지는 후속행위에 대해 단순하게 비구속적인 기준으로 작용될 때에는 직접적인 법적 규율성이 인정될 수 없으나, 구속력이 인정되는 경우에는 직접적인 법적 규율성이 인정될 수 있다고 본다.[30] 따라서 문제는 시장·군수·구청장등에 의해 결정되는 개별공시지가가 다른 행정기관에 의한 행정처분 발령에 있어서 어느 정도 구속력이 있는가에 존재한다고 볼 수 있다. 생각건대 판례가 이에 관해 적절하게 기술하고 있듯이 시장·군수 또는 구청장에 의해 결정되는 개별공시지가가 이에 기초하여 세무기관이 산정하는 토지 관련 세금에 있어서(즉 토지초과이득세, 택지초과소유부담금, 개발부담금) 구속력을 가지고 적용된다는 점은 부정할 수 없으므로, 이에 따라 개별공시지가에 대해서는 직접적인 법적 규율성이 인정된다고 보아야 할 것이다.

판례에 의하면[31] 개별공시지가는 관련 법률인 「토지초과이득세법」, 「택지소유상한에 관한 법률」, 「개발이익환수에 관한 법률」 및 각 그 시행령에 의해 토지초과이득세, 택지초과소유부담금 또는 개발부담금 산정의 직접적인 기준이 되는 바, 개별토지가격(개별공시지가)이 이용되는 형태를 보면 우선 토지초과이득세의 경우는 구「토지초과이득세법」 제 4 조 제 1 항, 제11조 제 1 항, 제 2 항, 동법 시행령 제33조 및 제24조 1호에 의해 그 과세표준으로서 직접 작용하고 있고, 초과소유부담금의 경우도 「택지소유상한에 관한 법률」 제19조, 제22조 제 2 항, 제23조에 의해 이를 기준으로 하여 금액이 산

---

30) 이에 따라서 독일의 경우에는 토지가격평가의견(Gutachten über den Wert von Grundstücken)은 구속력 있는 효과가 인정되지 않으므로 행정행위성이 부정되고 있다.
31) 대판 1993. 1. 15, 92누12407; 대판 1993. 1. 15, 92누12414; 대판 1993. 6. 11, 92누16706; 대판 1994. 2. 8, 93누111; 서울고법 1992. 6. 11, 91구25538.

정되고 있으며, 또한 개발부담금의 경우도 「개발이익환수에 관한 법률」 제3조 제2항, 제8조, 제10조 제1항에 의해 개별공시지가가 기준이 되어 산정되고 있어서, 과세처분기관으로서는 그 처분에 있어서 시장·군수 또는 구청장이 산정한 개별공시지가에 의해 구속을 받고 있다고 평가할 수 있으며, 이로 인해 개별공시지가 단계에서 이미 국민의 권리, 의무 내지 법률상 이익에 직접적인 영향을 미치고 있다고 인정해야 하는 점에서 개별공시지가 내용 속에는 직접적인 법적인 규율이 존재한다고 보아야 하며 이에 기초하여 처분성이 인정된다고 볼 수 있다고 한다.

(내) **개별성과 구체성의 논거 문제**    개별공시지가가 그 성질상 단순한 기준으로서 작용하는 것이므로 일반적이고 추상적인 규율을 의미하게 되고, 이에 따라서 개별성과 구체성을 결여한다는 논거에 대해서는 다음과 같은 평가가 가능하다. 주지하는 바와 같이 행정행위 개념의 특징으로 인정되는 개별성과 구체성은 그 대상의 인적 범위의 특정성과 관련되는 것이며, 문제되는 행정작용의 인적 범위가 작용시점에 있어서 특정가능한지의 여부에 따라 행정행위와 행정입법이 구분되는 것이다. 따라서 이러한 개별성과 구체성의 논거는 그 전제로서 당해 행위가 인적 범위를 대상으로 하는 경우에 의미를 갖는 것이다. 그러나 문제되고 있는 개별공시지가는 사람을 대상으로 하는 것이 아니라 개별토지의 성질이나 상태에 대한(즉의 평가) 규율의 성질을 띠고 있는 것이므로, 이때에는 인적 범위의 특정성 유무는 의미를 갖지 못하게 된다. 따라서 이러한 행위는 다른 측면에서의 고찰을 필요로 한다. 이러한 유형의 행위를 물적 행정행위라고 하는바, 이때에도 이론적으로 그 처분성이 인정되고 있다. 물적 행정행위는 직접적으로는 물건의 성질이나 상태에 관한 규율을 내용으로 하는 것이고 간접적으로 이와 관련되는 당사자의 권리·의무관계에 영향을 미치는 행위로서, 그 체계상 일반처분에 속하는 것으로 이해되고 있으므로(독일 연방행정절차법 제35조 2문), 개별공시지가도 일반처분의 성질을 갖는 것으로 볼 수 있을 것이다. 우리의 판례에서도 결론에 있어서 이와 유사한 논리전개를 발견할 수 있다.32) 따라서 개별공시지가가 물적 행정행위로서 일반처분으로 이해되는 한, 개별성과 구체성의 결여논거는 타당하지 않게 된다.

3) 소    결

위에서 논한 사항을 정리하면 다음과 같은 결론을 내릴 수 있다. 개별공시지가는 행정행위로서 취소소송의 대상으로서의 처분성이 인정된다. 이는 그 특성상 물적 행

---

32) 물론 관련판례의 논거를 보면 개별공시지가를 일반처분으로서 보면서도 그 내용을 물적 행정행위로서보다는 그 인적 대상범위가 일반적 기준에 의해 특정할 수 있는 행위의 의미로서 파악하고 있는 듯이 보인다. "…이는 위 결정이 일반처분적 성격을 가지고 있어 다수인을 상대로 하여 일일이 통지하지 아니하고 공고로 통지를 갈음하는 취지라고 해석 못할 바 아니므로, … 항고소송의 대상이 되는 "처분 등"의 범주에 포함시키지 아니할 수 없다고 할 것이다…"(서울고법 1992. 10. 6, 92구857).

정행위로서 일반처분에 해당한다고 볼 수 있는 것이다. 이에 따라 개별공시지가는 그 자체로서는 당해 토지의 가격평가에 대한 규율효과가 인정되는 것이고 관련 당사자는 이를 통해 간접적으로 그 규율효과가 미칠 뿐이다. 그러나 관련 당사자에게는 개별공시지가에 법률상 구속되어 산정되는 관련 세금부과가 필연적으로 예정되어 있는 것이므로 그 자체에 의해 자신의 권리나 의무에 직접적인 효과가 발생하는 것이라고 인정되어야 한다.

## 4. 공시지가결정에 대한 권리구제

### (1) 표준지공시지가가 대상인 경우

#### 1) 불가쟁력이 발생하고 있지 않은 경우

이때에는 표준지공시지가의 법적 성질을 어떻게 이해하는가에 따라 권리구제 논의내용이 달라지게 된다.

행정행위로 보는 입장(<sup>판례동 같은</sup><sub>입장</sub>)에 따르면, 당사자는 부동산공시법 제 7 조 제 1 항에 따른 이의신청을 행정심판으로서 제기하거나 또는 이의신청을 거치지 않고 바로 국토교통부장관을 상대방으로 하는 취소소송을 제기할 수 있게 된다.

그러나 비구속적인 행정계획으로 보는 입장에 따르면, 당사자는 표준지공시지가를 대상으로 취소쟁송을 구할 필요성이 인정되지 않기 때문에 취소쟁송 제기가 부정된다.

#### 2) 불가쟁력이 발생하고 있는 경우

행정행위성을 인정하더라도 제소기간이 경과한 때에는 불가쟁력이 발생하여 더 이상 표준지공시지가 결정을 대상으로 행정소송을 제기하지 못하며, 단지 이에 근거한 후속 행정작용의 위법성사유로서 표준지공시지가 결정의 하자를 주장할 수 있는가의 여부만이 문제된다. 이는 하자승계 허용여부의 문제가 되며 판례는 표준지로 선정된 토지의 공시지가의 위법성을 조세소송에서 다툴 수 있는지 여부에 대하여 양처분이 서로 독립하여 별개의 법률효과를 목적으로 하는 것이라는 취지에서 이를 부인한 바 있다.

> **표준지로 선정된 토지의 공시지가의 위법성을 조세소송에서 다툴 수 있는지 여부(소극)**
> 표준지로 선정된 토지의 공시지가에 대하여는 지가공시및토지등의평가에관한법률 (1995. 12. 29. 법률 제5108호로 개정되기 전의 것) 제 8 조 제 1 항 소정의 이의절차를 거쳐 처분청을 상대로 그 공시지가결정의 위법성을 다툴 수 있을 뿐 그러한 절차를 밟지 아니한 채 조세소송에서 그 공시지가결정의 위법성을 다툴 수는 없다(<sup>대판 1997.4.11.</sup><sub>96누8895</sub>).

그러나 판례는 수용보상금의 증액을 구하는 소송에서 선행처분인 표준지공시지가 결정의 위법을 독립한 사유로 주장할 수 있는지가 문제된 사안에서 표준지공시지가 결정의 위법을 주장하지 못하도록 하는 것은 수인한도를 넘는 불이익을 강요하는 결과가 야기되는 점에서 예외적으로 하자의 승계를 인정한 바가 있음을 유의할 필요가 있다.

**수용보상금의 증액을 구하는 소송에서 선행처분으로서 그 수용대상 토지 가격 산정의 기초가 된 비교표준지공시지가결정의 위법을 독립한 사유로 주장할 수 있는지 여부(적극)**

표준지공시지가결정은 이를 기초로 한 수용재결 등과는 별개의 독립된 처분으로서 서로 독립하여 별개의 법률효과를 목적으로 하지만, 표준지공시지가는 이를 인근 토지의 소유자나 기타 이해관계인에게 개별적으로 고지하도록 되어 있는 것이 아니어서 인근 토지의 소유자 등이 표준지공시지가결정 내용을 알고 있었다고 전제하기가 곤란할 뿐만 아니라, 결정된 표준지공시지가가 공시될 당시 보상금 산정의 기준이 되는 표준지의 인근 토지를 함께 공시하는 것이 아니어서 인근 토지 소유자는 보상금 산정의 기준이 되는 표준지가 어느 토지인지를 알 수 없으므로, 인근 토지 소유자가 표준지의 공시지가가 확정되기 전에 이를 다투는 것은 불가능하다. 더욱이 장차 어떠한 수용재결 등 구체적인 불이익이 현실적으로 나타나게 되었을 경우에 비로소 권리구제의 길을 찾는 것이 우리 국민의 권리의식임을 감안하여 볼 때, 인근 토지소유자 등으로 하여금 결정된 표준지공시지가를 기초로 하여 장차 토지보상 등이 이루어질 것에 대비하여 항상 토지의 가격을 주시하고 표준지공시지가결정이 잘못된 경우 정해진 시정절차를 통하여 이를 시정하도록 요구하는 것은 부당하게 높은 주의의무를 지우는 것이고, 위법한 표준지공시지가결정에 대하여 그 정해진 시정절차를 통하여 시정하도록 요구하지 않았다는 이유로 위법한 표준지공시지가를 기초로 한 수용재결 등 후행 행정처분에서 표준지공시지가결정의 위법을 주장할 수 없도록 하는 것은 수인한도를 넘는 불이익을 강요하는 것으로서 국민의 재산권과 재판받을 권리를 보장한 헌법의 이념에도 부합하는 것이 아니다. 따라서 표준지공시지가결정이 위법한 경우에는 그 자체를 행정소송의 대상이 되는 행정처분으로 보아 그 위법 여부를 다툴 수 있음은 물론, 수용보상금의 증액을 구하는 소송에서도 선행처분으로서 그 수용대상 토지 가격 산정의 기초가 된 비교표준지공시지가결정의 위법을 독립한 사유로 주장할 수 있다(대판 2008.8.21, 2007두13845).

### (2) 개별공시지가가 대상인 경우
#### 1) 논의의 전제
이때에도 개별공시지가의 법적 성질을 이해하는 입장에 따라 권리구제 논의내용이 달라진다. 행정행위성을 인정하는 다수와 판례 입장에 따르면 이를 대상으로 바로 취소쟁송을 제기할 수 있게 되는 반면, 행정규칙이나 사실행위로 보는 입장에 따르면 개별공시지가에 근거한 개별행정작용을 대상으로 하여서만 취소쟁송을 제기할 수 있게 된다. 이하에서는 행정행위성을 인정하는 견해에 따라 설명하기로 한다.

## 2) 개별공시지가의 위법성 인정문제

개별공시지가결정에 대한 권리구제문제는 주로 개별공시지가 산정절차상의 하자를 대상으로 한다. 이와 관련하여 종전까지는 구 지가공시법 제10조가 제1항과 제2항에서 개별토지가격의 산정방법에 관해 개괄적이고 추상적인 규정만을 두고 있었고, 구체적인 산정방법이나 절차 등에 관하여는 이를 위한 통일적인 사무지침으로서 국무총리 훈령인 「개별토지가격 합동조사지침」(이하 지침으로 약함)이 적용되어 왔다. 이 지침 제6조는 개별토지가격의 결정절차를 규정하고 있었으며, 이러한 절차에 의해 결정된 개별토지가격은 읍·면·동의 게시판에 이에 대해 재조사청구를 할 수 있다는 내용과 그 방법 등을 함께 공고하도록 하고 있었다(지침 제12조). 결국 개별토지가격결정은 구 지가공시법 제10조의 일반규정과 훈령인 지침에 의거한 구체적 규정에 의해 그 법적 근거를 갖는다고 볼 수 있었다. 따라서 이때에 지가산정절차상의 하자를 개별공시지가결정의 위법성 사유로 주장할 수 있기 위해서는, 지가산정절차를 규정하고 있는 근거규범인 「개별토지가격 합동조사지침」의 법적 성질이 검토되어야 하였으며, 이를 여하히 이해하느냐에 따라 개별공시지가의 구체적 결정과정에서의 하자를 위법성의 사유로서 주장할 수 있는가가 결정된다고 볼 수 있었다. 이에 대해서는 법규명령으로 보는 견해와, 행정규칙으로 보는 견해가 대립하고 있었다.[33]

**개별토지가격합동조사지침 제12조의3 소정의 개별공시지가 경정결정신청에 대한 행정청의 정정불가 결정 통지가 항고소송의 대상이 되는 처분인지 여부**   개별토지가격합동조사지침(국무총리훈령) 제12조의3은 행정청이 개별토지가격결정에 위산·오기 등 명백한 오류가 있음을 발견한 경우 직권으로 이를 경정하도록 한 규정으로서 토지소유자 등 이해관계인이 그 경정결정을 신청할 수 있는 권리를 인정하고 있지 아니하므로, 토지소유자 등의 토지에 대한 개별공시지가 조정신청을 재조사청구가 아닌 경정결정신청으로 본다고 할지라도, 이는 행정청에 대하여 직권발동을 촉구하는 의미밖에 없으므로, 행정청이 위 조정신청에 대하여 정정불가 결정 통지를 한 것은 이른바 관념의 통지에 불과할 뿐 항고소송의 대상이 되는 처분이 아니다(대판 2002.2.5, 2000두5043).

그러나 1995년 12월 개정된 내용에 의하면, 종전과는 달리 개별공시지가의 산정방법, 결정 및 고시절차, 이의신청 등에 관한 사항이 법률에서 직접 규율되도록 하고 있다. 따라서 개별공시지가는 현재 법률인 부동산공시법에서 직접 규율하고 있으므로 개별공시지가 산정절차상의 하자는 법률위반으로서 바로 위법성이 인정된다고 볼 수 있다.

---

33) 이에 대한 설명은 류지태, "개별공시지가의 법적 성질과 그 하자"(고시계, 1994. 7, 220면 이하) 참조.

**[ 1 ] 개별토지가격 결정의 위법 여부를 다툴 수 있는 경우 및 개별 토지가격이 현저하게 불합리한 것인지 여부의 판단기준**  개별토지가격 결정 과정에 있어 개별토지가격합동조사지침(국무총리훈령 제248호)이 정하는 주요절차를 위반한 하자가 있거나 비교표준지의 선정 또는 토지가격비준표에 의한 표준지와 당해 토지의 토지특성의 조사·비교, 가격조정률의 적용이 잘못되었거나, 기타 위산·오기로 인하여 지가 산정에 명백한 잘못이 있는 경우 그 개별토지가격 결정의 위법 여부를 다툴 수 있음은 물론, 표준지의 공시지가에 가격조정률을 적용하여 산출된 산정지가를 처분청이 지방토지 평가위원회 등의 심의를 거쳐 가감 조정한 결과 그 결정된 개별토지가격이 현저 하게 불합리한 경우에는 그 가격결정의 당부에 대하여도 다툴 수 있고, 이 때 개별토지가격이 현저하게 불합리한 것인지 여부는 그 가격으로 결정되게 된 경위, 개별토지가격을 결정함에 있어서 토지 특성이 동일 또는 유사한 인근 토지들에 대하여 적용된 가감조정비율, 표준지 및 토지 특성이 동일 또는 유사한 인근 토지들의 지가상승률, 당해 토지에 대한 기준연도를 전후한 개별토지가격의 증감 등 여러 사정을 종합적으로 참작하여 판단하여야 한다(대판 1996.12.6, 96누1832).

**[ 2 ] 개별토지가격이 시가를 초과하거나 미달한다는 사유만으로 그 가격결정이 위법한지 여부**  개별토지가격은 당해 토지의 시가나 실제 거래가격과 직접적인 관련이 있는 것은 아니므로 단지 그 가격이 시가나 실제 거래가격을 초과하거나 미달한다는 사유만으로 그것이 현저하게 불합리한 가격이어서 그 가격 결정이 위법하다고 단정할 것은 아니고 당해 토지의 실제 취득가격이 당해 연도에 이루어진 공매에 의한 가격이라고 해서 달리 볼 것은 아니다(대판 1996.9.20, 95누11931).

## 3) 행정쟁송의 제기

(가) 행정심판의 제기  개별공시지가 결정의 위법성이 인정되면 통상적인 방법에 의한 권리구제가 가능하게 된다. 따라서 우선 행정소송을 제기하기 전에 당사자는 선택적으로 행정심판을 제기할 수 있다(행정소송법 제18조 1항). 그러나 이와 관련하여 종전의 판례는 국무총리 훈령인 「개별토지가격 합동조사지침」 제12조의2 제 1 항에서 규정하고 있는 지가재조사청구절차를 행정심판에 해당하는 것으로 보아, 별도로 「행정심판법」에 의한 행정심판제기를 요하지 않는 것으로 보고 있었다.[34] 그러나 훈령의 형식으로 행정심판의 제기를 인정하는 것은 「행정심판법」과의 관계에 비추어 보아 타당하지 못하다고 보아야 한다. 따라서 이러한 판례의 내용은 옳지 못하며, 판례와는 달리 지가재조사청구 절차는 행정심판이 아니며, 단순한 내부적인 절차로 보아야 한다고 생각한다. 이에 따라 당사자는 「행정심판법」에 의한 행정심판제기와 취소소송 등을 제기하여 권리구제를 받을 수 있다고 보아야 할 것이다. 그러나 1995년 12월 개정된 내용에 의하면, 지금까지와는 달리 법률 자체에서 개별공시지가결정에 대한 이의신청 제도를 규

---

34) 대판 1993. 12. 24, 92누17204; 1994. 3. 8, 93누10828.

정하고 있다. 이에 따르면 개별공시지가에 대해 이의가 있는 토지소유자 등의 권리자는 공시일로부터 30일 이내에 서면으로 시장·군수·구청장에게 이의를 신청할 수 있도록 하고 있다(법제 12조). 따라서 이러한 새로운 이의신청 제도는 법률의 형식인 부동산공시법에 규정되고 있는 이상, 그 실질적 내용에 비추어 행정심판으로서의 성질을 갖는다고 볼 수 있다.

(내) 행정소송의 제기    이때에는 개별공시지가 결정에 불가쟁력이 발생하고 있는가에 따라 나누어서 고찰되어야 한다.

① 불가쟁력이 발생하고 있지 않은 경우    이때에는 당사자가 개별공시지가에 대해 제소기간내에 행정소송을 제기할 수 있는 경우이므로, 통상적인 절차에 따라 시장·군수·구청장을 상대로 하는 취소소송을 제기하면 될 것이다.

② 불가쟁력이 발생하고 있는 경우    제소기간이 경과한 때에는 불가쟁력이 발생하여 더 이상 개별공시지가 결정을 대상으로 행정소송을 제기하지 못하며, 이에 근거한 후속 행정작용(예컨대 양도소득세 부과처분 등)의 위법성사유로서 개별공시지가 결정의 하자를 주장할 수 있는가의 여부만이 문제가 된다. 이는 이른바 행정행위 하자의 승계 문제가 되며, 이에 대해 판례는 양처분이 서로 독립하여 별개의 법률효과를 목적으로 하는 것이지만 당사자의 예측가능성과 기대가능성을 이유로 예외적으로 하자의 승계를 인정하고 있다.35)

(다) 개별공시지가 공시의 효력발생시기    개별공시지가는 시장·군수 또는 구청장의 결정 및 공시에 의하여 그 효력이 발생한다. 물론 개별공시지가에 대해서는 부동산공시법 시행령상 공시의 방법 외에 개별 통지의 가능성도 열려 있으므로, 통지된 경우에는 통지일을 기준으로 90일의 기간을 계산하면 해결될 것이다. 그러나 개별 통지되지 않은 경우에는 개별공시지가 공시행위의 효력발생시기가 문제로 되는바, 특히 개별공시지가에 대해서는 일반적 학설과 판례가 행정행위로 보고 있으므로, 소송제기기간의 기산점 산정을 위하여 중요한 의미가 있게 된다. 이때에도 해석의 가능성은, 취소소송의 제기기간의 산정에서 있어서, 개별공시지가의 공시일을 처분이 있음을 안 날로 계산하여 공시일로부터 90일 이내로 해석하는 방법과, 개별공시지가의 공시일을 처분이 있은 날로 계산하여 공시일로부터 1년 이내의 기간을 계산하는 방법의 두 가지가 존재하게 된다. 일반적으로 공시일을 당사자가 처분이 있음을 안 날로 해석하기 위하여는 개별법에서 명문으로 공시행위의 효력발생일을 규정할 필요가 있을 것이다. 이는 특히 공익사업의 신속하고 안정적 수행을 필요로 하는 경우에 채택되는 입법방식이다. 그러나 현행 부동산공시법은 공시행위의 효력발생일에 대한 명문 규정이 별

35) 이 판례에 관한 검토는 앞부분인 '행정행위의 하자' 부분을 참조할 것(대판 1994. 1. 25, 93누 8542).

도로 없으므로, 일반적인 해석의 방법을 채택할 수밖에 없을 것이다. 따라서 개별공시지가의 공시일을 처분이 있은 날로 계산하여 공시일로부터 1년 이내의 기간을 계산하는 해석을 채택하는 것이 타당할 것이다. 이는 일반적으로 공시행위가 당사자에게 제대로 전달되지 못하는 실정을 반영한 해석이며, 다른 한편으로 당사자의 법적 안정성을 위하여 타당할 것이다.

### (3) 표준지공시지가와 개별공시지가 사이의 하자승계 문제

공시지가결정에 대한 권리구제문제의 일환으로서, 특히 표준지공시지가의 법적 성질을 행정행위로 보는 학설과 판례의 입장에 따르면, 불가쟁력이 발생한 표준지공시지가의 하자를 개별공시지가의 위법사유로 주장할 수 있는지 여부(즉, 하자승계)가 문제될 수 있다. 판례에 의하면 표준지 공시지가 결정과 이에 근거한 개별공시지가 결정 사이에는 이른바 하자의 승계가 부정된다고 한다.

**개별토지 가격결정의 효력을 다투는 소송에서 표준지의 공시지가를 다툴 수 있는지 여부** 표준지로 선정된 토지의 공시지가에 대하여 불복하기 위하여는 지가공시및토지등의평가에관한법률 제8조 제1항 소정의 이의절차를 거쳐 처분청을 상대로 그 공시지가결정의 취소를 구하는 행정소송을 제기하여야 하는 것이지, 그러한 절차를 밟지 아니한 채 개별토지가격결정을 다투는 소송에서 그 개별토지가격 산정의 기초가 된 표준지 공시지가의 위법성을 다툴 수는 없다(대판 1995.3.28, 94누12920).

## Ⅳ. 주택가격 공시제도

### 1. 제도의 의의

토지에 대해서는 표준지공시지가와 개별공시지가 체계에 의하여 비교적 통일적 기준이 마련되어 있으나, 그동안 주택에 대해서는 통일적인 기준이 없어 개별 행정기관별로 업무수행의 필요에 의하여 주택가격이 조사·산정되어 왔다. 이로 인하여 토지와 주택에 대한 세부담의 형평성이 문제로 제기되었다. 이에 따라 각 중앙행정기관별로 분산되어 있는 부동산가격의 평가체계를 일원화하고 조세부담의 형평성을 제고하기 위하여, 현행 토지에 대한 공시지가 제도 외에 토지와 건물의 적정가격을 통합평가하여 공시하는 주택가격공시제도가 구「부동산가격공시 및 감정평가에 관한 법률」에 의하여 새로이 도입되었다. 이 제도는 단독주택 및 공동주택의 적정가격을 공시하는 것을 그 내용으로 하며, 개별내용으로서 단독주택의 경우는 지가공시제와 유사하게 표준주택가격공시와 개별주택가격공시의 내용으로 구성되고, 공동주택의 경우는 공동주택가격공시로 구성되어 있다. 주택가격공시제의 구체적인 법률내용은 지가공시제의 체계와 유사한 내용으로 되어 있다. 이하에서는 현행법인 「부동산 가격공시에 관한 법률」에 따라 관련 내용을 개관해보기로 한다.

## 2. 단독주택가격의 공시

### (1) 표준주택가격의 공시

#### 1) 공시절차

국토교통부장관은 용도지역, 건물구조 등이 일반적으로 유사하다고 인정되는 일단의 단독주택 중에서 선정한 표준주택에 대하여 매년 공시기준일 현재의 적정가격(표준주택가격)을 조사·산정하고, 중앙부동산가격공시위원회의 심의를 거쳐 이를 공시하여야 한다($^{법\ 제16조}_{1항}$).36) 국토교통부장관이 표준주택가격을 조사·산정하는 경우에는 인근 유사 단독주택의 거래가격·임대료 및 해당 단독주택과 유사한 이용가치를 지닌다고 인정되는 단독주택의 건설에 필요한 비용추정액 등을 종합적으로 참작하여야 하며($^{법\ 제16조}_{5항}$), 개별주택가격의 산정을 위하여 필요하다고 인정하는 경우에는 표준주택과 산정대상 개별주택의 가격형성요인에 관한 표준적인 비교표(주택가격비준표)를 작성하여 시장·군수 또는 구청장에게 제공하여야 한다($^{법\ 제16조}_{6항}$).

#### 2) 공시사항

표준주택가격의 공시에는 다음 각 호의 사항이 포함되어야 한다($^{법\ 제16조}_{2항}$).

ⓐ 표준주택의 지번
ⓑ 표준주택가격
ⓒ 표준주택의 대지면적 및 형상
ⓓ 표준주택의 용도, 연면적, 구조 및 사용승인일($^{임시사용승}_{인일을 포함}$)
ⓔ 그 밖에 대통령령이 정하는 사항

#### 3) 효력 및 법적 성질

표준주택가격은 국가·지방자치단체 등이 그 업무와 관련하여 개별주택가격을 산정하는 경우에 그 기준이 된다($^{법\ 제19조}_{1항}$). 따라서 표준주택가격의 효력에 대해서는 표준지공시지가의 효력논의가 그대로 적용될 수 있다고 본다. 이에 따라 그 법적 성질은 비구속적인 행정계획으로 볼 수 있으며, 행정행위성이 인정될 수 없을 것이다.

#### 4) 이의신청

표준주택가격에 대해서 이의가 있는 자는 공시일부터 30일 이내에 서면으로 국토교통부장관에게 이의를 신청할 수 있다($^{법\ 제16}_{조\ 7항}$).

---

36) 이 제도에 의하여 전국 단독주택 중 표준주택 13만 5천가구에 대한 표준주택가격이 2005. 1. 14. 사상 처음으로 공시됐다.

### (2) 개별주택가격의 공시

#### 1) 공시절차

시장·군수 또는 구청장은 제25조에 따른 시·군·구부동산가격공시위원회의 심의를 거쳐 매년 표준주택가격의 공시기준일 현재 관할 구역 안의 개별주택의 가격(개별주택가격)을 결정·공시하고, 이를 관계 행정기관 등에 제공하여야 한다($^{법 제17조}_{1항}$).

그러나 표준주택으로 선정된 단독주택, 그 밖에 대통령령으로 정하는 단독주택에 대하여는 개별주택가격을 결정·공시하지 아니할 수 있다. 이 경우 표준주택으로 선정된 주택에 대하여는 해당 주택의 표준주택가격을 개별주택가격으로 본다($^{법 제17조}_{2항}$).

시장·군수 또는 구청장은 공시기준일 이후에 토지의 분할·합병이나 건축물의 신축 등이 발생한 경우에는 대통령령으로 정하는 날을 기준으로 하여 개별주택가격을 결정·공시하여야 하며($^{법 제17조}_{4항}$), 시장·군수 또는 구청장이 개별주택가격을 결정·공시하는 경우에는 해당 주택과 유사한 이용가치를 지닌다고 인정되는 표준주택가격을 기준으로 주택가격비준표를 사용하여 가격을 산정하되, 해당 주택의 가격과 표준주택가격이 균형을 유지하도록 하여야 한다($^{법 제17조}_{5항}$).

시장·군수 또는 구청장은 개별주택가격을 결정·공시하기 위하여 개별주택의 가격을 산정할 때에는 표준주택가격과의 균형 등 그 타당성에 대하여 대통령령으로 정하는 바에 따라 감정원의 검증을 받고 토지소유자, 그 밖의 이해관계인의 의견을 들어야 한다. 다만, 시장·군수 또는 구청장은 감정원의 검증이 필요 없다고 인정되는 때에는 주택가격의 변동상황 등 대통령령으로 정하는 사항을 고려하여 감정원의 검증을 생략할 수 있다($^{법 제17조}_{6항}$).

국토교통부장관은 공시행정의 합리적인 발전을 도모하고 표준주택가격과 개별주택가격과의 균형유지 등 적정한 가격형성을 위하여 필요하다고 인정하는 경우에는 개별주택가격의 결정·공시 등에 관하여 시장·군수 또는 구청장을 지도·감독할 수 있다($^{법 제17조}_{7항}$).

#### 2) 공시사항

개별주택가격의 공시에는 다음 각호의 사항이 포함되어야 한다($^{법 제17}_{조 3항}$).

㉠ 개별주택의 지번

㉡ 개별주택가격

㉢ 그 밖에 대통령령이 정하는 사항

#### 3) 효력 및 법적 성질

공시된 개별주택의 가격은 주택시장의 가격정보를 제공하고, 국가·지방자치단체 등의 기관이 과세 등의 업무와 관련하여 주택의 가격을 산정하는 경우에 그 기준으로 활용될 수 있다($^{법 제19}_{조 2항}$). 공시된 개별주택가격의 법적 성질에 대해서는 입법취지에 비추어 개별공시지가의 법적 성질논의가 그대로 적용되어야 한다고 본다. 따라서 행정행위로서의 성질이 인정될 수 있다.

### 4) 이의신청

개별주택가격공시에 대하여는 개별공시지가에 대한 이의신청절차가 준용된다($^{\text{법 제17}}_{\text{조 8항}}$).

## 3. 공동주택가격의 공시

### (1) 의    의

국토교통부장관은 공동주택에 대하여 매년 공시기준일 현재의 적정가격인 공동주택가격을 조사·산정하고, 중앙부동산평가위원회의 심의를 거쳐 이를 공시하여야 한다. 다만, 대통령령이 정하는 바에 따라 국세청장이 국토교통부장관과 협의하여 공동주택가격을 별도로 결정·고시하는 경우를 제외한다($^{\text{법 제18}}_{\text{조 1항}}$). 국토교통부장관은 공동주택가격을 산정·공시하기 위하여 공동주택의 가격을 산정한 때에는 대통령령이 정하는 바에 따라 토지소유자 기타 이해관계인의 의견을 들어야 한다($^{\text{법 제18}}_{\text{조 2항}}$). 국토교통부장관은 공시기준일 이후에 토지의 분할·합병이나 건물의 신축 등이 발생한 경우에는 대통령령이 정하는 날을 기준으로 하여 공동주택가격을 결정·공시하여야 한다($^{\text{법 제18}}_{\text{조 4항}}$).

국토교통부장관이 공동주택의 적정가격을 조사·산정하는 경우에는 인근 유사 공동주택의 거래가격·임대료 및 당해 공동주택과 유사한 이용가치를 지닌다고 인정되는 공동주택의 건설에 필요한 비용추정액 등을 종합적으로 참작하여야 한다($^{\text{법 제18}}_{\text{조 5항}}$).

### (2) 효    력

공동주택의 가격은 주택시장의 가격정보를 제공하고, 국가·지방자치단체 등의 기관이 과세 등의 업무와 관련하여 주택의 가격을 산정하는 경우에 그 기준으로 활용될 수 있다($^{\text{법 제19}}_{\text{조 2항}}$).

### (3) 공동주택가격의 법적 성질

공동주택가격은 개별주택가격과는 달리 국토교통부장관 또는 국세청장이 결정주체이며, 공시나 고시의 절차를 거치게 된다. 따라서 공동주택가격의 법적 성질에 대해서는 개별주택가격의 법적 성질에 대한 논의를 차용할 수는 없으며, 오히려 표준주택가격에서의 논의가 더 유사성을 갖는다고 생각된다. 따라서 그 법적 성질에 대해서는 행정행위성을 인정할 수 없으며, 그 공시나 고시의 효력발생시기에 대해서도 별도의 명문 규정이 없으므로, 공시나 고시일을 기준으로 1년 안에 소송을 통하여 다툴 수 있다고 보아야 할 것이다.

## V. 개발이익의 환수

### 1. 일 반 론

공익적인 수요를 충족하기 위하여 시행하는 개발사업은 사업의 결과로 인하여 형성된 주위여건으로 인해 개발사업과 직접 또는 간접으로 관련을 갖는 토지가격의 상승을 가져오게 된다. 그러나 이러한 개발사업의 시행을 위하여 재산권을 수용 또는 사용당한 권리자에게 손실보상이 주어지듯, 이러한 개발사업의 시행으로 인해 특별한 이익을 얻게 되는 당사자로부터 그 이익을 환수하는 것이 공평에 맞게 된다. 즉 국민의 부담하에 이루어지는 개발사업을 시행한 결과로 인하여 발생하는 이익은 특정의 당사자가 독점할 수 없으며, 사회에 환원하는 것이 요구된다. 이러한 요구에 의해 존재하는 제도가 개발이익의 환수제도이다. 이는 토지로부터 발생하는 개발이익을 환수하여 이를 적정하게 배분함으로써, 토지에 대한 투기를 방지하고 토지의 효율적인 이용을 촉진하여 국민경제의 발전을 도모하기 위한 목적을 갖는 것이며, 이에 대해서는 「개발이익 환수에 관한 법률」($\text{이하에서} \atop \text{'법'이라 약함}$)이 규율하고 있다. 이때의 개발이익이란 개발사업의 시행 또는 토지이용계획의 변경 기타 사회·경제적 요인에 의하여 정상지가상승분을 초과하여 개발사업을 시행하는 자 또는 토지소유자에게 귀속되는 토지가액의 증가분을 말한다($\text{법} \atop \text{1호}$ $\text{제2조}$).

### 2. 개발부담금

#### (1) 의　　의

개발사업시행자에게 정상지가상승분을 초과하여 귀속되는 토지가액의 증가분인 개발이익 중에서 「개발이익환수에 관한 법률」에 의해 국가가 부과·징수하는 금액을 개발부담금이라고 한다($\text{법} \atop \text{1호}$ $\text{제2조}$). 그 성질은 공법상의 금전급부의무의 일종이다. 그러나 개발부담금은 그 명칭에도 불구하고 일정한 공익사업과 이해관계가 있는 자가 그 사업에 필요한 비용의 전부나 일부를 납부하는 경우의 통상적인 부담금과는 그 목적이 다르다. 그렇다고 「국세기본법」과 개별 세법의 적용을 받는 조세라고 볼 수는 없는 점에서 일반적으로는 그 경제학적 효과에 중점을 두어 '토지개발에 따르는 부당한 토지가격증가분에 대한 준조세적 성질을 갖는 공법상 금전급부의무'로 파악하고 있다.

#### (2) 대상사업

개발부담금의 부과 대상인 개발사업은 다음 각 호의 어느 하나에 해당하는 사업으로 한다.

① 택지개발사업(주택단지조성사업을 포함한다)

② 산업단지개발사업

③ 관광단지조성사업(온천 개발사업을 포함한다)

④ 도시개발사업, 지역개발사업 및 도시환경정비사업

⑤ 교통시설 및 물류시설 용지조성사업

⑥ 체육시설 부지조성사업(골프장 건설사업 및 경륜장 · 경정장 설치사업을 포함한다)

⑦ 지목 변경이 수반되는 사업으로서 대통령령으로 정하는 사업

⑧ 그 밖에 ①부터 ⑥까지의 사업과 유사한 사업으로서 대통령령으로 정하는 사업

### (3) 부과기준과 부담률

개발부담금의 부과기준은 부과종료시점의 부과대상토지의 가액에서 부과개시시점의 부과대상토지의 가액과 부과기간 동안의 정상지가상승분, 그리고 개발비용을 공제한 금액으로 한다(법 제8조). 이때에 납부의무자가 납부하여야 할 개발부담금은 앞의 부과기준에 따라 산정된 개발이익에 개발사업의 종류별로 100분의 20(위 대상사업 ①~⑥) 또는 100분의 25(위 대상사업 ⑦, ⑧)를 곱한 금액으로 한다. 다만, ⑦, ⑧의 경우라도 「국토의 계획 및 이용에 관한 법률」에 따른 개발제한구역에서 ⑦, ⑧의 개발사업을 시행하는 경우로서 납부의무자가 개발제한구역으로 지정될 당시부터 토지소유자인 경우에는 100분의 20으로 한다(법 제13조).

### (4) 부과 및 징수

개발부담금은 국토교통부장관이 부과 종료 시점부터 5개월 이내에 결정 · 부과하여야 하고(법 제14조), 개발부담금의 납부의무자는 부과일로부터 6월 이내에 개발부담금을 납부하여야 한다(법 제18조 1항).37) 납부의무자가 납부의무를 이행하지 아니하는 경우에는 국토교통부장관은 국세체납처분의 예 또는「지방세외수입금의 징수 등에 관한 법률」에 의하여 개발부담금 및 가산금을 강제징수할 수 있다(법 제22조 1항).

### (5) 부담금의 배분

징수된 개발부담금의 100분의 50에 상당하는 금액은 개발이익이 발생한 토지가 속하는 지방자치단체에 귀속되고, 이를 제외한 나머지 개발부담금은 따로 법률이 정하는 지역발전특별회계에 귀속된다(법 제4조 1항).

---

37) 종래 개발부담금의 납부방법에 대하여 현금 및 물납만 인정되었으나, 최근 개정된 「개발이익 환수에 관한 법률」은 신용카드·직불카드 등을 통한 납부 방법을 도입하였다.

## Ⅵ. 토지거래의 허가

### 1. 제도의 의의

이는 사인간의 토지거래행위에 대하여 국가가 직접적으로 개입하여, 사법상의 법률행위의 효력발생을 국가의 허가행위에 의존하게 하는 제도를 말한다. 종전에는 토지의 투기적인 거래가 성행할 우려가 있고 지가가 급격히 상승할 우려가 있는 구역을 5년 이내의 기간을 정하여 토지거래계약의 신고구역으로 지정할 수 있었으나, 1999년부터 폐지되어서 이제는 허가제만 존재한다. 다만, 토지거래허가제의 법적 근거는 종래 「국토의 계획 및 이용에 관한 법률」이 이를 규율하고 있었으나, 「부동산 거래신고에 관한 법률」상 부동산 거래신고, 「외국인토지법」상 외국인의 토지취득 신고·허가, 「국토의 계획 및 이용에 관한 법률」상 토지거래허가 등 부동산거래 관련 인·허가 제도의 근거 법률을 일원화하기 위해 2016. 1. 19. 새로이 「부동산 거래신고 등에 관한 법률」이 제정되어 토지거래허가제를 이 법으로 이관하게 되었고, 종전 국토계획법상의 근거규정들은 삭제되었다. 이하에서는 「부동산 거래신고 등에 관한 법률」(이하에서 '법'이라 약함)상의 관련 규정을 중심으로 토지거래허가제를 개관해보기로 한다.

### 2. 토지거래계약의 허가

일정한 허가구역에 있는 토지에 관한 소유권·지상권(소유권·지상권의 취득을 목적으로 하는 권리를 포함한다)을 이전하거나 설정(대가를 받고 이전하거나 설정하는 경우만 해당한다)하는 계약(예약을 포함한다. 이하 "토지거래계약"이라 한다)을 체결하려는 당사자는 공동으로 대통령령으로 정하는 바에 따라 시장·군수 또는 구청장의 허가를 받아야 한다. 허가받은 사항을 변경하려는 경우에도 또한 같다(법제11조 1항).

이 제도에 의하여 허가구역 내의 토지거래는 당해 허가의 존재 여부에 의하여 그 가능성이 영향을 받게 되므로, 이때의 허가는 실질적으로는 사법상의 법률행위의 효력을 완성시켜 주는 인가의 성질을 갖는다고 보는 것이 타당할 것이다.[38]

이러한 토지거래허가제도에 대해서는 그 인정 여부와 위반행위에 대한 처벌규정과 관련하여 헌법적으로 위헌 여부에 대해 논란이 있었으나, 헌법재판소는 이를 합헌으로 보고 있다.

> 구 「국토이용관리법」 제21조의3 제1항의 토지거래허가제는 사유재산제도의 부정이 아니라 그 제한의 한 형태이고 토지의 투기적 거래의 억제를 위하여 그 처분을 제한함은 부득이한 것이므로 재산권의 본질적인 침해가 아니며, 헌법상의 경제조항에도

---

38) 대판 1991. 12. 24, 90다12243.

위배되지 아니하고 현재의 상황에서 이러한 제한수단의 선택이 헌법상의 비례의 원칙이나 과잉금지의 원칙에 위배된다고 할 수도 없다. 아울러 같은 법률 제31조의2가 벌금형과 선택적으로 징역형을 정함은 부득이 한 것으로서 입법재량의 문제이고 과잉금지의 원칙에 반하지 않으며, 그 구성요건은 건전한 법관의 양식이나 조리에 따른 보충적인 해석으로 법문의 의미가 구체화될 수 있으므로 죄형법정주의의 명확성의 원칙에도 위배되지 아니한다(헌재 1989.12.22., 88헌가13(전원) ).

## 3. 허가구역의 지정

국토교통부장관 또는 시·도지사는 국토의 이용 및 관리에 관한 계획의 원활한 수립과 집행, 합리적인 토지 이용 등을 위하여 토지의 투기적인 거래가 성행하거나 지가(地價)가 급격히 상승하는 지역과 그러한 우려가 있는 지역으로서 대통령령으로 정하는 지역에 대해서는 다음 각 호의 구분에 따라 5년 이내의 기간을 정하여 토지거래계약에 관한 허가구역으로 지정할 수 있다(법 제10조 1항).

① 허가구역이 둘 이상의 시·도의 관할 구역에 걸쳐 있는 경우: 국토교통부장관이 지정

② 허가구역이 동일한 시·도 안의 일부지역인 경우: 시·도지사가 지정. 다만, 국가가 시행하는 개발사업 등에 따라 투기적인 거래가 성행하거나 지가가 급격히 상승하는 지역과 그러한 우려가 있는 지역 등 대통령령으로 정하는 경우에는 국토교통부장관이 지정할 수 있다.

국토교통부장관 또는 시·도지사는 허가구역을 지정하려면 중앙도시계획위원회 또는 시·도도시계획위원회의 심의를 거쳐야 한다. 다만, 지정기간이 끝나는 허가구역을 계속하여 다시 허가구역으로 지정하려면 중앙도시계획위원회 또는 시·도도시계획위원회의 심의 전에 미리 시·도지사(국토교통부장관이 허가구역을 지정하는 경우만 해당한다) 및 시장·군수 또는 구청장의 의견을 들어야 한다(법 제10조 2항).

국토교통부장관 또는 시·도지사는 허가구역으로 지정한 때에는 지체 없이 대통령령으로 정하는 사항을 공고하고, 그 공고 내용을 국토교통부장관은 시·도지사를 거쳐 시장·군수 또는 구청장에게 통지하고, 시·도지사는 국토교통부장관, 시장·군수 또는 구청장에게 통지하여야 한다(법 제10조 3항).

허가구역의 지정은 제3항에 따라 허가구역의 지정을 공고한 날부터 5일 후에 그 효력이 발생하며(법 제10조 5항), 국토교통부장관 또는 시·도지사는 허가구역의 지정 사유가 없어졌다고 인정되거나 관계 시·도지사, 시장·군수 또는 구청장으로부터 받은 허가구역의 지정 해제 또는 축소 요청이 이유 있다고 인정되면 지체 없이 허가구역의 지정을 해제하거나 지정된 허가구역의 일부를 축소하여야 한다(법 제10조 6항).

「국토의 계획 및 이용에 관한 법률」 소정의 토지거래허가구역 지정이 행정처분에 해당하는지 여부(적극)   항고소송의 대상이 되는 행정처분이란 특정 사항에 대하여 법규에 의한 권리의 설정 또는 의무의 부담을 명하거나 기타 법률상 효과를 발생하게 하는 등 국민의 권리의무에 직접 관계가 있는 행위를 가리키는 것인 바, 국토의 계획 및 이용에 관한 법률(이하 '법'이라 한다)의 규정에 의하면, 법에 따라 토지거래계약에 관한 허가구역으로 지정되는 경우, 허가구역 안에 있는 토지에 대하여 소유권이전 등을 목적으로 하는 거래계약을 체결하고자 하는 당사자는 공동으로 행정관청으로부터 허가를 받아야 하는 등 일정한 제한을 받게 되고, 허가를 받지 아니하고 체결한 토지거래계약은 그 효력이 발생하지 아니하며, 토지거래계약허가를 받은 자는 5년의 범위 이내에서 대통령령이 정하는 기간 동안 그 토지를 허가받은 목적대로 이용하여야 하는 의무도 부담하며, 법에 따른 토지이용의무를 이행하지 아니하는 경우 이행강제금을 부과당하게 되는 등 토지거래계약에 관한 허가구역의 지정은 개인의 권리 내지 법률상의 이익을 구체적으로 규제하는 효과를 가져오게 하는 행정청의 처분에 해당한다고 할 것이고, 따라서 이에 대하여는 원칙적으로 항고소송을 제기할 수 있다고 할 것이다(토지거래허가구역의 지정에 대하여는 행정소송을 제기할 수 없음이 원칙이라는 답항도 틀린 설명임이 명백하므로 이 답항을 선택한 원고들의 경우 추가점수를 부여하면 합격기준을 넘어선다는 이유로, 원고들에 대한 불합격처분이 위법하다고 본 사례)( <sup>대판 2006.12.22,</sup><br><sub>2006두12883</sub> ).

## 4. 선매협의

시장·군수 또는 구청장은 토지거래계약에 관한 허가신청이 있는 경우 ① 공익사업용 토지 또는 ② 토지거래계약허가를 받아 취득한 토지를 그 이용목적대로 이용하고 있지 아니한 토지에 대하여 국가, 지방자치단체, 한국토지주택공사, 그 밖에 대통령령으로 정하는 공공기관 또는 공공단체가 그 매수를 원하는 경우에는 이들 중에서 해당 토지를 매수할 자(선매자(先買者)라 한다)를 지정하여 그 토지를 협의 매수하게 할 수 있다( <sup>법 제</sup><br><sub>15조 1항</sub> ).

시장·군수 또는 구청장은 위 선매 대상 토지에 대하여 토지거래계약 허가신청이 있는 경우에는 그 신청이 있는 날부터 1개월 이내에 선매자를 지정하여 토지소유자에게 알려야 하며, 선매자는 지정 통지를 받은 날부터 1개월 이내에 그 토지소유자와 대통령령으로 정하는 바에 따라 선매협의를 끝내야 한다( <sup>법 제</sup><br><sub>15조 2항</sub> ). 시장·군수 또는 구청장은 선매협의가 이루어지지 아니한 경우에는 지체 없이 허가 또는 불허가의 여부를 결정하여 통보하여야 한다( <sup>법 제</sup><br><sub>15조 4항</sub> ).

선매자가 토지를 매수할 때의 가격은 「부동산 가격공시 및 감정평가에 관한 법률」에 따라 감정평가업자가 감정평가한 감정가격을 기준으로 하되, 토지거래계약 허가신청서에 적힌 가격이 감정가격보다 낮은 경우에는 허가신청서에 적힌 가격으로 할 수 있다( $_{15조 3항}^{법 제}$ ).

## 5. 허가의 위반

허가를 받지 아니하고 체결한 토지거래계약은 그 효력이 발생하지 아니한다 ( $_{11조 6항}^{법 제}$ ). 판례는 이 경우의 무효를 유동적 무효라고 본다. 즉 허가를 받을 때까지는 거래의 효력이 발생하지 않으나, 허가를 받으면 그 계약은 소급하여 유효한 계약이 되고 불허가가 된 때에는 무효로 확정되므로 허가를 받을 때까지는 유동적 무효의 상태에 있다고 본다.39)

토지거래계약허가제에 위반하여 허가 또는 변경허가를 받지 아니하고 토지거래계약을 체결하거나, 속임수나 그 밖의 부정한 방법으로 토지거래계약 허가를 받은 자는 2년 이하의 징역 또는 계약 체결 당시의 개별공시지가에 따른 해당 토지가격의 100분의 30에 해당하는 금액 이하의 벌금에 처한다( $_{26조 2항}^{법 제}$ ).

> **국토의 계획 및 이용에 관한 법률상 토지거래계약 허가구역 내의 토지에 관하여 허가를 배제하거나 잠탈하는 내용으로 체결된 매매계약의 효력(=확정적 무효) 및 이러한 허가의 배제·잠탈행위에 정상적으로는 토지거래허가를 받을 수 없는 계약을 허가를 받을 수 있도록 계약서를 허위로 작성하는 행위가 포함되는지 여부(적극)**  국토의 계획 및 이용에 관한 법률상 토지거래계약 허가구역 내의 토지에 관하여 허가를 배제하거나 잠탈하는 내용으로 매매계약이 체결된 경우에는 같은 법 제118조 제 6 항에 따라 그 계약은 체결된 때부터 확정적으로 무효라고 할 것이고, 이러한 허가의 배제·잠탈행위에는 토지거래허가가 필요한 계약을 허가가 필요하지 않은 것에 해당하도록 계약서를 허위로 작성하는 행위뿐만 아니라, 정상적으로는 토지거래허가를 받을 수 없는 계약을 허가를 받을 수 있도록 계약서를 허위로 작성하는 행위도 포함된다고 할 것이다 (국토의 계획 및 이용에 관한 법률상 토지매매를 위한 거주요건을 갖추지 못한 반소원고가 허가요건을 갖춘 소외인 명의를 도용하여 매매계약을 체결한 행위는 이 사건 각 토지에 관하여 매매계약을 체결하면서 처음부터 토지거래허가를 잠탈한 경우에 해당하는 것으로 봄이 상당하다고 보아, 그와 달리 판단한 원심판결을 파기한 사례) ( $_{2009다96328}^{대판 2010.6.10,}$ ).

## 6. 권리구제

허가의 신청에 대한 처분에 이의가 있는 자는 그 처분을 받은 날부터 1개월 이내에 시장·군수 또는 구청장에게 이의를 신청할 수 있다( $_{13조 1항}^{법 제}$ ). 이의신청을 받은 시

---

39) 대판 1991. 12. 24, 90다12243.

장·군수 또는 구청장은 시·군·구도시계획위원회의 심의를 거쳐 그 결과를 이의신청인에게 알려야 한다($_{13조 2항}^{법 제}$).

한편 허가신청에 대하여 불허가처분을 받은 자는 그 통지를 받은 날부터 1개월 이내에 시장·군수 또는 구청장에게 해당 토지에 관한 권리의 매수를 청구할 수 있다($_{16조 1항}^{법 제}$). 이때 매수 청구를 받은 시장·군수 또는 구청장은 국가, 지방자치단체, 한국토지주택공사, 그 밖에 대통령령으로 정하는 공공기관 또는 공공단체 중에서 매수할 자를 지정하여, 매수할 자로 하여금 예산의 범위에서 공시지가를 기준으로 하여 해당 토지를 매수하게 하여야 한다. 다만, 토지거래계약 허가신청서에 적힌 가격이 공시지가보다 낮은 경우에는 허가신청서에 적힌 가격으로 매수할 수 있다($_{16조 2항}^{법 제}$).

## 7. 허가제에 대한 특례

토지거래계약의 당사자의 한쪽 또는 양쪽이 국가, 지방자치단체, 한국토지주택공사, 그 밖에 대통령령으로 정하는 공공기관 또는 공공단체인 경우에는 그 기관의 장이 시장·군수 또는 구청장과 협의할 수 있고, 그 협의가 성립된 때에는 그 토지거래계약에 관한 허가를 받은 것으로 본다($_{14조 1항}^{법 제}$).

또한 「공익사업을 위한 토지 등의 취득 및 보상에 관한 법률」에 따른 토지의 수용 및 「민사집행법」에 따른 경매, 기타 대통령령이 정하는 경우에는 토지거래허가제가 적용되지 않는다($_{14조 2항}^{법 제}$).

**기본사례 풀이**

### 1. 문제의 소재

사안은 개별공시지가결정에 대한 권리구제방법과, 이에 근거한 후속 행정행위의 위법성을 다투면서 선행 행정행위의 하자를 주장할 수 있는가의 논의가 주된 검토의 대상이 된다.

### 2. 개별공시지가의 법적 성질

행정행위성 논의에 대한 학설과 판례의 입장을 정리하며, 행정행위성을 인정한다.

### 3. 개별공시지가의 위법성

사안에서는 산정절차상의 하자를 주장한다. 산정절차는 부동산공시법에 규정되고 있는 것이므로, 이러한 절차의 위반은 위법성을 구성하게 된다.

## 4. 甲의 권리구제방법 : 설문 1)의 경우

### (1) 행정심판의 제기

이에 대해서는 특별법상의 행정심판인 이의신청을 임의절차로서 제기할 수 있다(<sub>부동산공시법</sub><br>제12조).

### (2) 행정소송의 제기

행정소송으로는 이론적으로 무효확인소송과 취소소송의 경우를 생각할 수 있으나, 사안의 내용에 비추어 취소소송의 제기가 타당하다.

## 5. 개별공시지가의 취소소송 : 설문 2)의 경우

개별공시지가의 위법성을 주장하는 가능성으로는 이에 근거한 후속 행정행위를 다투면서 그 위법성을 주장하는 방법도 검토할 수 있다. 물론 이때에는 개별공시지가결정에 불가쟁력이 발생한 것을 그 전제로 하게 된다.

### (1) 하자승계논의

하자승계논의의 개념과, 해결방법에 관한 학설과 판례의 입장을 정리하고, 자신의 입장을 정리한다.

### (2) 사안의 경우

이에 관한 대법원판례에 입각하여 그 해결책을 모색한다. 결론으로는 하자가 승계되므로, 양도소득세의 결정을 다투면서 개별공시지가의 위법성을 주장할 수 있다.

**기본
사례**

　甲기업은 서울시로부터 공사를 발주받아 노원구 중계동에 폐기물소각시설을 건설하고자 한다. 甲기업은 이를 위하여 영향평가서를 전문업체인 乙연구소로부터 작성받아 서울시에 제출하여 건설허가를 받았다. 그러나 건설공사가 진행되면서 영향평가서의 내용과는 다른 방식으로 소각배출물의 유해물질처리시설공사가 행해지자, 인근주민인 丙 이하 천여 세대의 주민들은 이를 시정하고자 한다. 어떠한 법적 방법을 강구할 수 있는가?

(풀이는 1339면)

# 제 1 절  환경행정법 일반론

## I. 환경과 법

환경은 인류가 존재한 이래로 직접·간접으로 인류문명의 발전을 위한 주요 수단으로서 기여해 왔다. 산업혁명 이후 추진된 급격한 공업화와 산업발전은 환경의 희생을 대가로 한 인류복지의 발전이었고, 환경이 스스로의 자정능력을 유지하고 있는 한은 사실 현실적인 문제로 인식되지 못하였다. 그러나 오늘날 인류가 직면하고 있는 사실은 우리의 환경이 스스로의 자주적인 해결능력을 상실한 지 오래라는 것과, 이로 인해 이제는 인류의 적극적인 개입을 통한 환경보호를 필요로 하고 있다는 점이다. 그러나 환경보호는 그 자체만을 절대적인 가치로 하여 추진될 수 없다는 점에 궁극적인 어려움이 존재한다. 즉 각국마다의 사정이 다소 다르겠지만, 국민의 생활수준 향상이나 빈곤문제를 또한 해결하여야 하는 국가의 입장에서는 이러한 환경을 여전히 이용의 대상 또는 개발의 대상으로 인정할 수밖에 없는 갈등관계에 있게 된다. 따라서 환경보호는 다른 대립되는 이해관계들과의 조화 속에 조정적으로 고려되는 한계를 갖게 되는 것이다.

그러나 이러한 조정이나 조화는 행정기관이나 사법기관의 임의적인 결정에 일임할 수는 없으며, 근본적으로 국민 대표기관으로서의 정당성을 갖는 의회의 결정에 의할 수밖에 없게 된다. 여기에 오늘날 환경과 법의 관계가 놓여 있는 것이다. 따라서 법치국가를 지향하는 나라에서의 환경보호문제는 불가피하게 이에 상응하는 법제정과 법적용을 필요로 하게 된다. 물론 환경보호가 단지 국가의 과제로서만 인식되고 이러한 법규제정만에 의해 해결될 수 있다고 볼 수는 없는 것이지만, 효과적인 환경보호는 좋은 내용의 환경입법에 의한 결과라는 사실은 간과할 수 없을 것이다. 따라서 잘 마련된 환경입법은 효과적인 환경보호를 위한 필수적인 전제조건이라고 보아야 할 것이며, 여기에 환경관계법령이 갖는 주요한 기능을 찾을 수 있는 것이다.

## II. 환경관련법령 일반론

### 1. 환경법의 과제

이러한 환경입법이 달성해야 할 과제는 크게 보아 두 가지 방향으로 고찰할 수 있다. 하나는 다양한 환경문제들을 효율적으로 해결하기 위한 규범적인 틀을 마련하는 것이고, 다른 하나는 환경보호와 경합하거나 대립하는 환경이용의 이해관계를 서로 적절하게 조화하도록 하는 과제를 수행하는 것이다. 물론 이 양 과제는 통상적으로 긴장관계 없이 실현되는 것이 아니며 상호간의 타협을 요구하게 된다. 따라서 환경입법에서는 개인이 가지는 가능한 한 최대의 행동의 자유 및 인격발현의 자유와, 한정된 자원과 공간을 고려하여 모든 사람들의 자연적인 생활토대의 보호필요성을 조화시키는 것이 과제라고 정리될 수 있을 것이다.

환경입법은 그 체계에 있어서, 규율대상의 성격상 사전적·배려적인 내용, 사후적·배제적인 내용 및 복구적·회복적인 내용을 갖게 된다. 따라서 환경입법은 장래에 나타날 수 있는 환경에의 부담을 가능한 범위에서 예방해야 하고, 현재 나타나고 있는 환경에의 부담을 줄이도록 해야 하며, 이미 나타난 환경피해를 제거할 수 있는 내용 등으로 나타나게 된다.

그러나 환경입법제정의 어려움은 특히 그 규율대상인 환경위해의 특성과 관련되어 나타난다. 많은 환경위해는 입법자에 의해 미리 충분한 확정성을 가지고 예측할 수 없는 성질을 갖는 것이며, 특히 그 위해가 시기적으로 늦게 나타나는 특색을 갖고 있다(<sup>예컨대 대기오염, 수질</sup> <sub>오염, 산림에의 피해 등</sub>). 따라서 입법과정에서는 이러한 사정이 비교적 장기적으로 그리고 체계적으로 준비되어야 할 필요가 있게 된다.

## 2. 환경법의 연혁

환경입법은 그 연혁에 있어서, 다른 유형의 입법과 달리 비교적 늦게 시작된 낙후성에 비해 오늘날 가장 빨리 그 내용을 늘려왔고 체계화를 이루고 있는 입법으로 평가할 수 있다. 환경입법의 현대적인 모습은 미국의 입법례에서 비롯한다고 볼 수 있으며(<sup>예컨대 1963년의 대기정화법(Clean Air Act), 1963년의 자동</sup> <sub>차대기오염방지법(Motor Vehicle Air Pollution Control Act)</sub>), 독일의 경우도 1971년의 연방정부의 환경프로그램(Umweltprogramm)에 의해서 제정된 많은 법률들에 의해 비로소 체계적으로 나타나고 있다. 우리의 경우도 경제성장 위주의 사고에 의해 환경입법이 그 비중을 갖지 못하다가 1980년대에 들어서서 환경청의 발족과 더불어 체계적으로 정비되고 추진되어 왔으며, 1990년대 초에 들어서서는 나름대로의 환경법체계를 갖추고 있다고 평가할 수 있다.

## 3. 환경법의 체제문제

환경입법의 입법방식으로서는 통상적으로 모든 환경문제를 하나의 법안에서 규율하는 단일법주의, 환경매개인자별로 개별화하여 별도의 입법을 두는 복수법주의, 단일법을 기본으로 하되 단일법에 넣을 수 없는 입법은 독립하여 마련하는 절충주의로 나뉜다.

우리나라는 초기에 공해방지법의 제정당시에는 단일법주의에서 출발하였으나, 환경보전법의 제정으로 절충주의로 전환하고 1988년 이후에는 개별법이 양산됨으로써 복수법주의 체제로 구성되고 있다. 이에 따라 현행법제는 수환경, 대기환경, 자연환경, 유해화학물질, 폐기물처리, 원자력 등의 대상별로 독립한 입법체제를 갖추고 있다.

그러나 이러한 복수법주의는 현실적 운영에 있어서 동일한 대상에 대해 여러 관련법률이 서로 조정되지 못하고 중복적용되는 문제와, 경우에 따라서는 서로 모순되는 결과를 낳는 문제가 발생한다. 또한 통합적인 환경규제행정의 계획수립이나 관리수행이 어렵게 되는 문제도 발생하고 있다. 이는 환경매체만을 고려하여 규율한 탓에, 이러한 매개인자들이 관련을 갖는 다른 관련법률과의 관계는 전혀 고려하지 못하기 때문이다. 따라서 이러한 복수법체계는 앞으로 지양하는 것이 바람직하다고 보며, 그 대상에 따라서 서로 상이한 구조를 가지고 규율되어 있는 환경법률들을 통일화시키는 작업이 향후 주요한 입법과제에 포함된다고 볼 수 있다.

이를 위해서는 우리나라에서도 환경법적용의 통일성을 담보할 수 있는 내용의 통일환경법 제정작업이 필요하게 되며,1) 그 기초작업으로서 다양한 환경법률 중에서 일반화가 가능한 규정들을 추출, 정비하여 일반환경법적 체계를 준비하는 것이 선행되어야 할 것이다.

이미 1976년에 연방정부의 환경보고서(Umweltbericht, 1976)를 통해 이러한 통일환경법 작업의 필요성을 인식한 독일에서는, 1987년 이래로 연방정부의 주도하에 그간 준비작업을 거쳐 많은 학자들과 실무가들이 참여하여, 1991년 통일환경법의 총론부분(Allgemeiner Teil eines Umweltgesetzbuches)의 시안(총 11편으로 구성되고 약 170여 개의 조문으로 구성)2)이 공개되고 있다. 이 작업은 환경행정에 관련된 통일적인 행정절차까지도 포함하는 내용으로 추진되고 있다. 물론 규율대상의 다양성으로 인해 통일법전의 제정에 반대하는 견해도 있고, 독일의 경우에는 시기적으로 충분하지 못한 준비작업에 대한 반대논거와 기존 행정절차법과의 연계를 강조하는 입장에서의 반대논거도 제기되지만, 복잡다양한 환경법률의 상호관계를 고려하여 실효성을 제고하기 위해서는 어느 정도의 개관가능한 입법체계를 유지할 필요가 있다고 생각한다. 따라서 향후의 환경입법의 과제 중 하나는 복잡다양한 환경개별법의 상호관계를 적절하게 규율할 입법체계를 마련하는 것이라고 할 수 있다. 또한 우리나라의 많은 환경법의 모델이 되어 왔던 일본에서도 통일적인 환경기본법의 제정 움직임이 있음도 참고가 되어야 할 것이다.

---

1) 이러한 주장에 대해서는 오석낙, "한국환경규제의 현황과 과제", 현대산업사회와 환경문제(아산사회복지사업재단 출간), 1994, 218면, 224면, 253면 참조.

2) 그 주요내용으로는 제 1 편에 법률의 목적, 개념정의 규정 및 환경법의 기본원칙의 규정, 제 2 편에서 제 4 편까지에 환경의무와 환경에 관한 권리, 계획규정 및 환경영향평가에 관한 규정, 제 5, 6 편에 환경보호의 수단으로서의 직접적, 간접적인 유도수단들에 관한 규정, 환경정보에 관한 규정, 환경책임, 단체의 참가규정 그리고 절차의 공개규정, 마지막에는 이 법을 근거로 한 하위 법규 정립에 관한 규정과 조직 및 관할에 관한 규정이 마련되어 있다.

## 4. 환경법의 분류

환경법은 그 유형에 있어서 규율하는 목적에 따라, 환경행정법, 환경형법, 환경사법, 국제환경법 등으로 나눌 수 있다.

환경행정법은 그 규율목적에 있어서 사전적인 측면에서 환경보호와 환경이용의 이해관계를 조정하기 위한 특성을 갖는다. 이는 그 실효적 보장을 위하여 공법적인 규제작용의 수단을 사용하며, 위반에 대한 행정법적 제재수단도 그 내용으로 한다. 사전적인 측면에서의 이러한 환경행정법적 명령을 위반하는 경우에는 사후적인 제재나 복구수단이 사용된다.

환경형법은 환경행정법의 실효성을 보장하기 위한 형사적인 처벌을 그 내용으로 한다. 따라서 이 경우에는 '환경형법의 행정종속성'이 중요한 의미를 갖는다. 그러나 환경형법은 환경 자체를 보호법익으로 하는 경우에만 체계적으로 보장될 수 있다.[3]

환경행정법적 요구의 위반이나 환경행정법적 기준 안에서의 행위라고 하더라도 외부적으로 환경적인 피해를 야기한 경우에는 민사상의 손해배상책임이 인정된다. 이를 환경책임이라고 하며, 이에 대해서는 환경사법이 규율한다. 그러나 환경책임의 문제는 전통적인 민사상의 손해배상책임이론만에 의하여 해결할 수 없는 특수성이 인정되므로, 민법 이외에 별도의 독자적인 법률인 '환경책임법'이 존재할 필요가 있게 된다.[4]

환경법은 또한 오늘날 국제적인 협조체제하에서 규율되는 국제화의 경향을 보이고 있으며, 주요조약이나 협약은 국내법적으로도 반영되고 있다. 생물다양성협약이나 기후변화협약, 환경과 개발에 관한 리우선언 등은 이러한 중요내용에 해당한다. 이들 문제들은 국제법적인 측면에서의 고찰을 필요로 하며, 이에 관한 법체계의 내용은 국제환경법에 의해 규율된다.[5]

## III. 환경행정법의 법원

환경행정법은 공법적인 성질을 갖는 환경보호 및 환경이용에 관한 법으로서, 우리나라에서는 그 법원으로서 다음을 들 수 있다.

---

3) 이에 대해서는 류지태, "환경행정법과 환경형법의 관계", 환경법연구, 1992 참조.
4) 이에 대해서는 류지태, "환경책임법입법론", 공법연구 제20집, 1992 참조.
5) 이에 대한 상세한 내용은 류지태, 환경법, 고려대학교 출판부, 2000, 10면 이하 참조.

## 1. 헌　법

환경행정법은 헌법상의 명령을 구체화하는 체계로서 의미를 갖는다. 따라서 가장 기본적인 법원은 헌법이다. 우리 헌법은 기본권으로서 환경권을 제35조 제 1 항에서 규정하고 있다. 즉 헌법은 "모든 국민은 건강하고 쾌적한 환경에서 생활할 권리를 가지며, 국가와 국민은 환경보전을 위하여 노력하여야 한다"라고 하여 국민의 권리와 동시에 이에 대응하는 국가와 국민의 의무를 규정하고 있다.

이러한 헌법규정의 표현이 어떠한 효력을 갖는가에 대해서는 아직은 논의가 정리되어 있지 못하다.6) 학자에 따라서는 환경분야에 관한 입법자의 입법부작위를 바로 이 규정의 위반으로서 위헌으로 보려는 주장도 제기되나, 이는 기본권으로서의 환경권이 갖는 의미에 비추어 채택하기 어려울 것이다. 위헌의 주장은 환경권을 직접적인 효력을 갖는 기본권으로 인정하여, 이에 근거하여 시민이 직접적인 소송제기가 가능한 것으로 보는 경우에만 가능한 것이다.

그러나 어느 정도가 국민들이 만족할 만한 환경의 질(Umweltqualität)이라고 볼 수 있는지는 특정할 수 없는 한계가 있고, 환경보호에 있어서 관련되는 것은 집단적인 이익의 보호이지, 개별적인 개개인의 보호법익이 아니라는 점에 비추어 보아, 이 기본권의 성질을 바로 소송제기 가능한 권리로 해석하는 것은 무리가 따른다고 생각한다. 따라서 우리 헌법상의 환경권을 구체적 효력을 갖는 기본권으로 이해할 수는 없다고 보는 것이 현실적인 해석일 것이다.

## 2. 법　　률

환경행정법의 주요 법원은 다양한 법률이다. 현행법제는 「환경정책기본법」을 중심으로 하여, 이에 근거한 개별적인 환경매체에 따른 개별법의 체제로 형성되어 있다. 이는 앞에서 언급한 바와 같이 복수법체제로 구성되어 있는 것을 의미하는 것이다. 이러한 주요법률로는 「대기환경보전법」, 「물환경보전법」, 「자연환경보전법」, 「폐기물관리법」, 「화학물질관리법」, 「소음·진동관리법」, 「원자력진흥법」 등이 있다. 이와 관련되는 부수적인 법률로는 「환경영향평가법」, 「환경분쟁조정법」, 「자원의 절약과 재활용촉진에 관한 법률」 등도 있다.

## 3. 그 밖의 법원

그 밖의 법원으로서는 이들 법률들의 시행령과 시행규칙 외에 지방자치단체의 조

---

6) 현행 헌법상의 환경권의 해석에 대하여는 계희열, 헌법학(중), 2000, 704면 이하 및 김연태, 환경보전작용연구, 고려대학교 출판부, 1999, 22면 이하 참조.

례를 들 수 있다. 특히 조례는 앞으로 지방자치가 본격화함에 따라 지방자치단체의 권역 안에서는 가장 중요하고 실제적인 법원으로서 작용하리라고 본다.

## Ⅳ. 환경행정법의 기본원칙

환경행정법을 포함하는 전체 환경법 및 환경정책에는 일정한 원칙이 그 규범적인 기초로서 작용한다. 이 원칙의 개별적 내용에 관하여는 학자에 따라서 다소 상이한 입장을 보이고 있으나 그 주요한 사항으로는 다음을 들 수 있다. 이러한 원칙들은 현실적으로 법률의 규정을 통하여 법적 근거를 갖고 있어 직접적으로 구속력을 가지거나 적용할 수 있는 법원칙으로 강화되지 않는 한, 환경정책적 또는 법정책적 행위원칙의 성격을 가지는 것에 불과하게 된다.

### 1. 사전배려의 원칙

#### (1) 개　념

행위주체들이 환경보전에 적합한 행동을 함으로써, 발생우려가 있는 환경오염을 예방하고, 구체적인 결정에 있어서 가능한 한 환경영향을 고려하도록 함으로써 생태계보존에 적합하게 부존자원이 활용되도록 하는 원칙을 말한다. 일반적인 위해에 대비한 사전배려와, 자원의 관리·보전을 위한 사전배려를 그 개별내용으로 한다.

#### (2) 구체적 규정

이 원칙을 구체화하고 있는 현행법의 규정으로는, ㉠ 헌법 제35조 제 1 항 2문($^{국가의보전을 위해 노력}_{환경 해야 할 의무}$), ㉡ 「환경정책기본법」 제 2 조($^{환경이용에 있어서의}_{환경보전의 우선적 고려}$), ㉢ 동법 제 4 조($^{국가 및 지방자}_{치단체의 책무}$), ㉣ 동법 제 5 조($^{사업자}_{의 책무}$), ㉤ 동법 제 6 조($^{국민의 권리와}_{의무규정}$), ㉥ 동법 제13조 3호($^{새로운 과학기술의 사용으}_{로 인한 환경위해의 예방}$), ㉦ 「환경영향평가법」($^{영향평가제도에}_{관한 규정}$) 및 환경계획($^{환경정책기본법}_{제14조 이하}$) 등을 들 수 있다.

### 2. 존속보장의 원칙

#### (1) 개　념

환경보호의 목표를 현상의 유지·보호에 두는 것으로서, 악화금지의 원칙이라고도 한다. 이는 환경상태의 개선을 그 내용으로 하는 것이 아니라 환경상태의 악화를 금지한다는 점에서, 보호적인 환경관리 및 자원배분을 통해 결국 추가적인 환경에의 부담을 허용하게 되는 사전배려의 원칙보다 엄격한 원칙이라고 할 수 있다.

#### (2) 구체적 규정

이 원칙을 구체화하는 규정으로는 ㉠ 「환경정책기본법」 제13조 제 1 항 1호($^{환경악화의 예방 및}_{그 원인의 제거}$),

ⓛ 동법 제13조 제 1 항 2호(환경오염지역의 / 원상회복), ⓒ 「자연환경보전법」 제 3 조(자연환경보전의 / 기본원칙)를 들 수 있다.

### 3. 원인자부담의 원칙(또는 원인자책임의 원칙)

#### (1) 개　념

이는 환경오염의 발생에 원인을 제공한 자가 그 환경오염의 방지·제거 및 손해보전에 관하여 책임을 진다는 원칙을 말한다. 이는 단순한 비용산정(또는 / 비용부담)의 원칙으로만 이해되지 않고, 실질적 책임에 관한 원칙으로 이해된다. 이 원칙은 경찰행정법상의 원칙으로서도 인정되고 있다. 따라서 비용부담에 대한 규범적 모델로서 원인자부담원칙은 중요한 역할을 수행하게 된다. 환경이용으로 야기된 환경의 침해라는 국민경제학상의 비용이 그 원인자에게 전가되어지지 않는다면, 이와 같은 외부효과(외부 / 비경제)는 결국 국가전체의 후생손실로 이끌어지게 될 것이다. 따라서 환경의 침해로 인해 야기된 비용은 각자가 부담하여야 하는 것이다. 그러나 현실적으로 이 원칙의 구체적 규율은 용이하지 않은 문제이며, 결국 입법자가 이 원칙을 개별적인 대상에 상응하여 세부적으로 구체화하여, 원인자부담의 원리가 적용되어야 할지의 여부, 원인자로서 청구의 대상이 될 자의 범위, 청구의 방법, 산정기준 등을 정하게 된다.

#### (2) 구체적 규정

이 원칙은 ⓐ 「환경정책기본법」 제 7 조(오염원인자의 / 비용부담원칙), ⓛ 동법 제32조(경제적 유인 / 수단의 강구), ⓒ 「대기환경보전법」 제35조와 「물환경보전법」 제41조에 의한 배출부과금제도, ⓔ 「환경개선비용부담법」 제 9 조에 의한 환경개선부담금제도 등에 의하여 구체화되고 있다.

#### (3) 관련문제

원인자부담원칙은 현실적으로 많은 문제와 관련되어 논의되고 있다. 특히 이 원칙을 실질적으로 보충하는 다른 원칙과의 관계가 문제로 제기된다.

##### 1) 공동부담의 원칙

㈎ 개　념　　실제로 원인자부담원칙과 밀접한 관련을 갖는 원칙으로는 공동부담의 원칙이 있다. 공동부담원칙이란 국가·공공단체·생산자·소비자 등이 환경오염의 방지·감소 및 제거를 위한 비용을 공동으로 부담하도록 하는 원칙이다. 이 원칙은 특히 위험영역에 있어서 관련된다. 즉 환경오염 등이 발생한 경우에 원인자부담의 원칙이 적용되지 못하는 경우와, 국가 등의 행정주체가 스스로 그에 대한 부담을 지지 않는 경우에는 공동부담의 원칙에 의하여 문제를 해결할 수밖에 없게 된다. 환경세나 탄소세의 부과 등이 이에 해당한다. 물론 일반적으로는 원인자부담원칙이 공동부담원칙에 우선하지 않으면 안 된다.

(나) 우리나라에서의 환경세 문제    환경세 문제는 원인자부담원칙의 내용과 관련하여서는 많은 갈등을 야기하게 된다. 이 제도는 일단 모든 사람의 행위를 환경오염적 행위로 보고 있다. 그러나 원인자부담원칙에 따르면 먼저 문제로 되는 환경오염의 원인별 순위를 매기고, 이에 따라 이러한 오염의 공평분담이 논의되는 것이 순서이다. 또한 현실적으로 소비자들이 물품값에 포함된 환경세의 부담으로 인해 세제 등의 환경오염을 야기할 물건의 사용을 줄일 가능성은 희박하다고 보아야 한다. 따라서 이러한 제도는 단지 환경재원을 간접세 형태로 쉽게 마련하겠다는 목적만 이루게 할 것이다. 현실적으로 우리나라 환경예산이 GNP와 일반회계에서 차지하는 비중이 아직까지는 매우 미미하다는 점을 보면, 먼저 특별세 형태로 국민에게 환경비용을 다시 전가하기보다는 GNP에서의 환경예산을 늘리는 것이 오히려 선행되어야 하리라고 생각한다.

2) 집단적 원인자부담원칙

앞에서 설명한 공동부담원칙보다 그 내용에 있어서 원인자부담원칙에 가까운 것으로서 집단적 원인자부담원칙이 존재한다. 이는 전형적인 방법으로 환경오염을 발생하게 하는 집단에 대하여, 행정주체에 의하여 집단전체의 부담으로 그 제거비용을 부과하도록 하는 것을 말한다. 예컨대 화학산업으로 인한 환경오염에 대해 화학산업에 참여하는 기업전체에 대해 환경개선(획)비용의 부과, 또는 에너지이용 등으로 인한 환경오염발생에 대해 환경개선비용을 부담하도록 하는 방법 등이 이에 해당한다. 집단적 원인자부담원칙은 현실적으로는 재정적 기금의 형성을 통해서 시행되고 있으며, 이를 구체화하고 있는 제도로서는 미국의 슈퍼펀드(superfund) 제도를 들 수 있다.

### 4. 협동의 원칙(또는 협력의 원칙)

(1) 개    념

이는 환경보호의 과제수행에 있어서 국가, 국민, 사업자 등이 서로 협력하여야 한다는 원칙(Kooperationsprinzip)을 말한다. 환경보호가 원칙적으로 국가의 과제이기는 하지만 효과적인 수행을 위해서는 다른 환경이용주체인 사업자나 소비자 및 시민의 협력을 필수적으로 요하게 된다. 이 원칙에 의하여 시민 등의 환경정책의 형성과정에 대한 참여보장과, 환경에 관한 정보를 자유롭게 취득할 수 있고, 환경에 관한 전문지식의 보급이 보장되어야 한다는 내용이 나오게 된다. 또한 오늘날 환경문제의 국제화현상으로 인해 국가와 다른 국가와의 협력의 요청도 이 원칙에 의해 파생된다.

(2) 구체적 규정

이 원칙은 ㉠「환경정책기본법」제 5 조(사업자의 협력의무), ㉡ 동법 제 6 조(국민의 협력의무), ㉢ 동법 제24조(환경보전지식 및 정보의 보급), ㉣ 동법 제27조(환경의 국제협력), ㉤ 동법 제55조에서 제57조(지방자치단체나 사업자 등에 대한 재정지원) 등에 의하여 구체화되고 있다.

# 제 2 절 환경행정작용의 수단들

## I. 일 반 론

환경행정작용의 구체적 수단으로서는 ㉠ 일반적인 수단으로서 행정계획, 환경기준의 설정, 환경영향평가제도와 ㉡ 권력적 수단으로서의 개별적인 규제적 조치들, ㉢ 행정지도 등의 비권력적 행정작용들 및 ㉣ 환경보호로 유도하기 위한 간접적인 수단들을 들 수 있다. 이들 중에서 행정계획의 수단인 환경계획은 환경에 대한 사전배려, 다른 이해관계와의 조정, 환경자원의 효율적인 이용과 관리에 기여하며, 이에는 직접적인 행위규제수단은 물론 간접적인 행위규제수단도 포함된다. 또한 개별적인 직접적 행위규제수단은 전통적인 행정수단인 명령·금지 등을 통하여 작위·부작위·수인의무를 부과함으로써, 직접적으로 관련자의 행위를 규제하고 조종하는 행정적 수단을 의미하는 것이다. 그 밖에 간접적인 행위규제수단은 상대방에게 직접적인 강제력을 행사함이 없이, 주로 경제적·재정적인 이익이나 불이익을 부과함으로써 원하는 행위를 유도하는 정책을 의미한다. 예컨대 보조금의 지급이나 조세감면 등이 이에 해당한다.

## II. 일반적 수단들

### 1. 행정계획

#### (1) 행정계획의 중요성

환경보호행정은 다른 행정작용 영역과 비교하여 미래예측적이고 계획적·형성적인 활동에 더 많은 비중을 두고 있으며, 또한 종래 경찰행정법상의 질서유지목적을 초월하는 적극적 복리목적을 추구하는 영역이라고 할 수 있다. 따라서 환경보호행정은 효율적이며 수인가능한 환경이용과의 이해관계를 조정하고, 이를 통하여 건강하고 쾌적한 환경의 보호라는 정책목표를 달성하기 위하여 공공시설의 정비·규제·보존·조성 등의 수단을 총합하여 체계적으로 목적을 달성하고자 하는 계획행정에 크게 의존하게 되는 것이다. 이는 일단 파괴된 환경은 다시 복구하기가 어렵다는 사실에 기초하는 것이며, 이러한 점에서 환경계획이야말로 앞에서 논한 사전배려원칙을 실현하는 데 가장 적합한 수단인 것이다. 이러한 요구는 우리나라의 환경행정법에도 반영되고 있으며, 환경계획의 증가로 인해 환경계획에 대한 내용상의 정비와 효율적 운영, 그리고 그 실효성을 확보할 필요성이 제기되고 있다.

## (2) 환경계획의 유형

환경계획이란 행정계획이 환경법의 분야에 적용된 개념으로서, 행정계획이 환경 문제의 사전적 대책수단으로 이용되는 것을 의미한다. 이러한 환경계획 또는 환경보 호계획은 기본적으로 세 가지의 유형으로 구분될 수 있다.

첫째는 전체규제환경계획(Globalsteurende Umweltschutzplanung)으로서 환경문제에 관하여 환경정책적인 목표설정하에 전체의 국가·사회적인 대응책으로 세우는 계획을 말한다. 주로 중·장기적인 기간을 두고 수립되며, 그 대상은 여러 환경매체에 영향을 미치는 계획이 된다.

둘째는 개별환경계획(Eigenstandige Umweltschutzplanung)인데, 이는 다른 법적·정치 적 영역의 종합환경계획에서 분리되어서 특정계획을 위한 구속력을 갖는 것을 말한다. 따라서 이는 환경매체별로 특화하여 환경매체나 개별작용에 전문적인 환경계획이 대 상이 된다.

셋째는 통합환경계획(Integrierte Umweltschutzplanung)인데, 이는 환경정책적인 목표 와 다른 갈등관계에 있는 이해관계충돌의 조정을 목적으로 하는 것이다.

## (3) 현행법상의 환경계획 내용

현행법에 의해 인정되고 있는 환경계획은 다음의 경우를 들 수 있다.

### 1) 전체적인 규제를 목적으로 하는 환경계획

㈎ 「환경정책기본법」　　동법은 제 4 조에서 국가에게 환경오염과 그 위해를 예방하 고 환경을 적정하게 관리·보전하기 위한 환경보전계획을 수립·시행할 책무를, 지방 자치단체에는 관할구역의 지역적 특성을 고려하여 국가의 환경보전계획에 따라 당해 지방자치단체의 계획을 수립·시행할 책무를 부여하고 있다. 이에 의하여 제14조 내 지 제19조는 국가환경종합계획, 환경보전중기종합계획, 시·도환경보전계획 및 시· 군·구환경보전계획에 관하여 규정하고 있다. 또한 동법 시행령은 영향권별 관리를 위한 환경관리계획을 수립할 수 있도록 하고 있다.

① 국가환경종합계획 및 환경보전중기종합계획　　국가환경종합계획 및 환경보전 중기종합계획은 다른 개별적인 환경계획에 구속적인 지침을 제공하기 위하여 수립되 는 종합계획이다. 그러나 그 구속력은 국민관계에 대해서는 인정되지 않는 행정구속 적 계획이라고 할 수 있다.

㉠ 국가환경종합계획　　환경부장관은 관계 중앙행정기관의 장과 협의하여 국가 차 원의 환경보전을 위한 종합계획(국가환경종합계획)을 20년마다 수립하여야 한다(법제14조). 환경부장관은 국가환경종합계획을 수립하거나 변경하려면 그 초안을 마련하여 공청

회 등을 열어 국민, 관계 전문가 등의 의견을 수렴한 후 국무회의의 심의를 거쳐 확정한다(법제14조 2항). 관계중앙행정기관과 협의를 거치게 하는 것은 환경문제가 다른 부서의 업무와 관련성을 갖는 경우가 많아, 그들의 입장을 반영시키고 계획의 실현에 협조를 얻고 전체 업무의 통일성을 기하려는 것이다. 국가환경종합계획에는 최소한 환경변화여건, 환경질의 변화전망, 자연환경의 현황 및 전망, 단계별 사업계획, 재원조달방법 등에 관한 내용이 포함되어야 한다(법제15조). 환경부장관은 확정된 국가환경종합계획을 관계중앙행정기관의 장에게 통보하고, 관계중앙행정기관의 장은 국가환경종합계획의 시행을 위하여 필요한 조치를 하여야 한다(법제16조). 환경부장관은 환경적·사회적 여건 변화 등을 고려하여 5년마다 국가환경종합계획의 타당성을 재검토하고 필요한 경우 이를 정비하여야 한다(법제16조의2).

　　ⓛ 환경보전중기종합계획　　환경부장관은 확정된 국가환경종합계획의 종합적·체계적 추진을 위하여 5년마다 환경보전중기종합계획(이하 '중기계획'이라 한다)을 수립하여야 한다(법제17조 1항). 환경부장관은 중기계획을 수립하거나 변경하려면 그 초안을 마련하여 공청회 등을 열어 국민, 관계 전문가 등의 의견을 수렴한 후 관계 중앙행정기관의 장과의 협의를 거쳐 확정한다(법제17조 2항). 환경부장관은 수립 또는 변경된 중기계획을 관계 중앙행정기관의 장 및 시·도지사에게 통보하여야 하며, 통보를 받은 관계 중앙행정기관의 장 및 시·도지사는 이를 소관 업무계획에 반영하여야 한다(법제17조 4항). 환경부장관, 관계 중앙행정기관의 장 및 시·도지사는 수립 또는 변경된 중기계획의 연도별 시행계획을 대통령령으로 정하는 바에 따라 수립·추진하여야 하며, 관계 중앙행정기관의 장 및 시·도지사는 연도별 시행계획의 추진실적을 매년 환경부장관에게 제출하여야 한다(법제17조 5항).

　　② 시·도 및 시·군·구환경보전계획　　지방자치제가 시행되면서, 환경행정작용도 중앙의 행정기관이 아닌 지방자치단체 차원에서 수행되는 변화를 맞고 있다. 따라서 중앙에 의하여 수립된 획일적인 환경계획이 아니라 개별 지방자치단체의 특성을 반영한 환경계획의 수립이 필요하게 된다. 이를 반영하기 위하여 「환경정책기본법」은 시·도별 및 시·군·구별로 환경보전계획을 수립할 수 있도록 하고 있다.

　　구체적으로 시·도지사는 국가환경종합계획 및 중기계획에 따라 관할 구역의 지역적 특성을 고려하여 해당 시·도의 환경보전계획(시·도 환경계획)을 수립·시행하여야 한다(법제18조 1항). 시·도지사는 시·도 환경계획을 수립하거나 변경하려면 그 초안을 마련하여 공청회 등을 열어 주민, 관계 전문가 등의 의견을 수렴한 후 그 계획을 확정하며(법제18조 2항), 시·도 환경계획을 수립하거나 변경하였을 때에는 지체 없이 이를 환경부장관에게 보고하여야 한다(법제18조 3항). 환경부장관은 영향권별 환경관리를 위하여 필요한 경우에는 해당 시·도지사에게 시·도 환경계획의 변경을 요청할 수 있다(법제18조 4항).

한편 시장·군수·구청장(자치구의 구청장을 말한다)은 국가환경종합계획, 중기계획 및 시·도 환경계획에 따라 관할 구역의 지역적 특성을 고려하여 해당 시·군·구의 환경보전계획(시·군·구 환경계획)을 수립·시행하여야 한다(법 제19조 1항). 시장·군수·구청장은 시·군·구 환경계획을 수립하거나 변경하려면 관할 시·도지사를 거쳐 지방환경관서의 장과 협의한 후 그 계획을 확정하고 환경부장관에게 보고하여야 한다. 다만, 대통령령으로 정하는 경미한 사항을 변경하려는 경우에는 지방환경관서의 장과의 협의를 생략할 수 있다(법 제19조 2항). 지방환경관서의 장 또는 시·도지사는 영향권별 환경관리를 위하여 필요한 경우에는 해당 시장·군수·구청장에게 시·군·구 환경계획의 변경을 요청할 수 있다(법 제19조 3항).

③ **영향권별 환경관리계획**　환경부장관은 환경오염의 상황을 파악하고 그 방지대책을 마련하기 위하여 대기오염의 영향권별 지역, 수질오염의 수계별 지역 및 생태계 권역 등에 대한 환경의 영향권별 관리를 하여야 하고(법 제39조 1항), 지방자치단체의 장은 관할 구역의 대기오염, 수질오염 또는 생태계를 효과적으로 관리하기 위하여 지역의 실정에 따라 환경의 영향권별 관리를 할 수 있는바(법 제39조 2항), 환경부장관은 환경의 영향권별 관리를 위하여 필요한 경우에는 대기오염의 영향권, 수질오염의 수계 및 생태계 권역 등에 따라 각각 영향권별 환경관리지역(이하 "관리지역"이라 한다)을 지정할 수 있다. 이 경우 관리지역은 중권역(中圈域) 및 대권역(大圈域)으로 구분하여 지정할 수 있고(영 제14조), 이에 따라 유역환경청장 또는 지방환경청장은 중권역의 관리지역이 지정되었을 때에는 유역환경청장 또는 지방환경청장이 관할하는 중권역의 특성에 맞는 환경관리계획 및 대책(중권역관리계획)을 수립하여 중권역환경관리위원회의 심의·조정을 거치고 환경부장관의 승인을 받아 확정한다(영 제15조 1항). 환경부장관은 대권역의 관리지역이 지정되었을 때에는 승인 요청된 중권역관리계획을 기초로 하여 대권역의 환경관리계획 및 대책(대권역관리계획)을 수립하여야 한다(영 제15조 2항). 환경부장관, 유역환경청장 또는 지방환경청장은 중권역관리계획 또는 대권역관리계획을 수립할 때에는 미리 각각 관계 기관 및 단체의 장과 협의하여야 하며(영 제15조 3항), 중권역관리계획이 확정되거나 대권역관리계획이 수립되었을 때에는 관계 기관 및 단체의 장에게 이를 통보하여야 하고, 통보를 받은 관계 기관 및 단체의 장은 필요한 조치 또는 협조를 하여야 한다(영 제15조 4항).

⑷ 「**자연환경보전법**」　환경부장관은 전국의 자연환경보전을 위한 기본계획(자연환경보전기본계획)을 10년마다 수립하여야 하고(법 제8조 1항) 중앙환경정책위원회의 심의를 거쳐 확정한다(법 제8조 2항). 환경부장관은 자연환경보전기본계획을 수립함에 있어서 미리 관계중앙행정기관의 장과 협의를 거쳐야 하며, 이 경우 자연환경보전기본방침과 관계중앙행정기관의 장 및 시·도지사가 통보하는 추진방침 또는 실천계획을 고려하여야 한다(법 제8조 3항). 환경부장관은 관계중앙행정기관의 장 및 시·도지사에게 자연환경보전기본계

획에 반영하여야 할 정책 및 사업에 관한 소관별 계획안을 제출하도록 요청할 수 있다($\frac{법 제8}{조 4항}$).

### 2) 개별환경계획

우리나라의 개별 환경법에는 일련의 환경계획이 규정되어 있다. 그 내용으로는 「소음·진동관리법」에서는 측정망설치계획을, 「물환경보전법」에서는 오염총량관리기본계획, 측정망설치계획과 폐수종말처리시설기본계획을, 「대기환경보전법」은 측정망설치계획을, 「자원의 절약과 재활용촉진에 관한 법률」은 자원순환기본계획·시행계획을, 「하수도법」은 국가하수도종합계획을 수립하도록 하고 있다.

이러한 환경계획의 법적 성질은 통일적이지 않으며, 행정내부적 구속력만이 인정되는 계획과 국민에 대해서도 구속력을 갖는 계획 모두가 존재하게 된다. 그러나 대체로 보아 「폐기물관리법」에서 정하는 환경계획에 대한 논의가 대표적인 경우로 지적할 수 있으므로, 아래에서는 이 법을 중심으로 설명하고자 한다. 또한 그 밖에도 개별 환경분야의 이해관계를 반영한 지역이나 지구의 지정행위도 이에 해당하는 것으로 볼 수 있다. 현행법상으로는 대표적으로 「자연환경보전법」이 생태경관보전지역으로서 생태경관핵심보전구역, 생태경관완충보전구역 및 생태경관전이보전구역을 지정하고($\frac{법 제}{12조}$), 자연유보지역을 지정하는 경우를 들 수 있다($\frac{법 제}{22조}$).

「폐기물관리법」과 「폐기물처리시설 설치촉진 및 주변지역지원 등에 관한 법률」은 폐기물처리 자체와 그 처리시설 설치절차와 관련하여 환경계획을 수립할 수 있도록 규정하고 있다.

(가) **폐기물처리종합계획**  「폐기물관리법」 제 9 조는 시장·군수·구청장이 관할구역 내의 일반폐기물처리에 관한 기본계획을 수립하여 시·도지사에게 제출하도록 하고, 이를 바탕으로 시·도지사는 환경부장관이 정하는 지침에 따라 관할구역 안의 폐기물처리에 관한 기본계획을 수립하여 환경부장관의 승인을 얻도록 하고 있다.

폐기물처리기본계획은 환경부장관이 수립하는 폐기물관리종합계획의 기초자료가 되는 준비계획적 성격을 갖는 비구속적 계획이다. 이에 따라 환경부장관은 관계중앙행정기관의 장과 협의를 거치고, 시·도의 폐기물처리기본계획과 특정폐기물의 발생량, 발생지역 및 처리시설설치의 타당성 검토자료 등을 기초로 하여 국가의 폐기물관리에 관한 종합계획을 세우게 된다. 이러한 폐기물관리종합계획은 용어 그대로 일종의 종합계획에 속하며, 대국민적 관계에 있어서 구속력을 갖지 못하는 것이다.

(나) **폐기물처리시설 설치계획**  이러한 종합계획을 바탕으로 「폐기물처리시설 설치촉진 및 주변지역지원 등에 관한 법률」은 제11조의3에서 폐기물처리시설 설치계획의 결정 및 고시에 관하여 규정하고 있다. 이에 의하면 폐기물처리시설 설치기관($\frac{환경부장관 또는}{지방자치단체의 장}$)은 폐기물처리시설을 위한 입지가 선정된 경우에는 폐기물처리시설 설치

계획을 수립하여야 한다($\substack{\text{동법, 제11조}\\\text{의 3, 제1항}}$). 지방자치단체의 장이 당해 계획을 수립한 때에는 환경부장관의 승인을 받아야 하며($\substack{\text{동법, 제11조}\\\text{의 3, 제2항}}$), 환경부장관은 이를 공고하여야 한다($\substack{\text{동조}\\\text{제3항}}$). 폐기물처리시설 설치계획은 그 법적 성질에 있어서 개별사업을 대상으로 하는 일종의 전문계획에 해당한다. 또한 계획이 결정되고 고시되면 동법 제11조의 2에 따라 일정한 행위가 금지되고, 제14조에 따라 토지수용 등이 가능하게 되기 때문에, 일종의 구속적 계획으로서 처분성을 갖는다고 할 수 있다.

### 3) 통합적 환경계획

환경보호를 위한 행정계획은 다른 행정목적을 수행하는 행정계획의 수립과정에서 환경보호의 이해관계가 조정되어 반영됨으로써 나타날 수도 있다. 이는 특히 국토의 이용계획과 관련하여 의미를 갖는다. 현행법으로는 우선 「국토기본법」에 의한 국토종합계획에서 환경보전의 요인이 고려되고 있다($\substack{\text{동법}\\\text{제10조}}$). 또한 「국토의 계획 및 이용에 관한 법률」에 의한 국토계획은 그 내용으로서, 자연환경보전지역과 같은 용도지역의 지정에 관한 내용을 포함하고 있다($\substack{\text{제6}\\\text{조}}$). 「국토의 계획 및 이용에 관한 법률」은 도시·군관리계획에서 지역 및 지구지정에 의하여 환경보전의 목적을 고려하고 있다. 도시·군관리계획에서의 주거지역, 녹지지역, 경관지구 등의 지정 등이 그 예라고 할 수 있다($\substack{\text{제36조,}\\\text{제37조,}}$).

여기서 문제될 수 있는 것은 이러한 전체적인 국토이용계획과 그 속에 포함되어 있는 환경계획이 충돌하는 경우이다. 이에 관하여는 「환경정책기본법」이 제11조에서 행정계획의 수립시 환경요인을 고려하도록 하고 있을 뿐 아니라, 「환경영향평가법」에 의해 환경영향평가제도가 시행되고 있는 점, 여러 환경관계법령에서 환경계획수립시 관계행정기관의 장과의 협의 등 나름의 계획확정절차를 거치도록 하고 있으며, 폐기물처리시설의 입지를 「국토의 계획 및 이용에 관한 법률」상의 자연환경보전지역 등에는 금지하는 것들을 감안한다면, 이러한 충돌의 가능성은 행정내부적으로 배제되어야 할 것이다. 그러나 더욱 실효성 있는 것은 이러한 계획간의 조정을 명문으로 입법화하여 현실적 충돌의 가능성을 배제하도록 하는 것일 것이다.

## 2. 환경기준

### (1) 환경기준의 의의

환경기준은 한 나라에서의 환경보호정책의 실효성을 보장하기 위하여 개별 환경매체별로 작성되는 통일적인 기준을 말한다. 이는 일면에 있어서 과학기술적인 수준을 반영하여 국민의 건강보호를 위한 목적을 가지며, 타면에서는 그 나라의 경제적, 산업적 수준을 반영하여 그 나라에서의 수인가능한 환경오염허용치를 제시하는 기능을 수행한다. 따라서 환경기준은 그 기준하에서의 환경오염행위이면 국민에 대한 신체적 피해나 환경에의 피해가 방지된다는 의미를 갖는 것이 아니라, 한 나라에서의 경제적 이해관계 등을 반영하여 그 나라에서의 수인가능한 환경오염허용치를 제시하는 정치타협적인 산물로서의 기준을 의미한다고 봄이 타당하다. 이는 행정법적 측면에서의 규제수단으로서 환경행정정책이나 집행에 있어서 하나의 규범적 기준이 되는 것이다.「환경정책기본법」은 정부가 환경기준을 설정하고, 환경여건의 변화에 따라 그 적정성이 유지되도록 노력하여야 한다고 의무지우고 있다($^{제12조}_{1항}$).

### (2) 환경기준의 구체화

「환경정책기본법」이 예정하고 있는 환경기준은 대통령령으로 정하도록 되어 있고($^{동법 제12}_{조 2항}$), 그에 따라 동법 시행령 제 2 조는 [별표 1]에서 대기, 수질, 소음의 3개 분야에 있어서의 기준을 구체적 수치로 설정하여 놓고 있다. 또한 현실적으로 적정한 환경기준을 설정하고 유지하도록 하기 위하여 실제적인 환경상태를 측정할 수 있는 제도로서 환경오염의 상시측정망의 제도를 운영하고 있다. 즉「환경정책기본법」은 정부로 하여금 환경오염상황을 상시 조사하고, 이를 위하여 환경오염의 감시, 측정체제를 유지하여야 한다고 규정하고 있으며($^{제22조}_{2항}$), 이에 따라 개별법에서 관련규정을 두고 있다($^{대기환경보전}_{법 제3조 등}$).

### (3) 환경기준과 구체적 허용기준과의 관계

환경기준은 그 자체로서는 추상적인 내용만을 의미하므로, 현실적으로 실효성을 갖도록 하기 위하여는 이를 개별적인 환경매체에 따라서 구체적인 허용기준으로서 수치화할 필요가 있다. 이러한 기준으로서는 대기허용기준, 수질허용기준 및 소음·진동허용기준이 있다. 이때의 환경기준과 이러한 구체적 허용기준 사이의 관계에 대해서는, 양자를 구별하여 전자는 추상적 기준으로서 법적 구속력을 갖지 않는 것이며 따라서 위반에 대해서도 처벌의 대상이 되지 않는 데 반하여, 후자는 법적 구속력을 가지며 따라서 위반의 경우에 처벌의 대상이 된다고 봄이 타당하다.7)

즉 현실적으로 환경기준 위반의 경우란, 국가의 환경정책목표의 수정을 필요로 하는 상황의 존재를 의미하는 것이라고 보아야 하며 따라서 이때에는 그 위반에 대한 제재여부를 논하는 것은 무의미하다고 보아야 할 것이다. 따라서 양자의 관계는 추상적인 기준과 구체적인 기준의 형식적 차이밖에 없다고 보아야 할 것이다. 그 위반여부가 논의되는 대상은 추상적인 환경기준이 아니라 구체적인 허용기준에 국한하여 검토될 뿐이다.

---

7) 전병성, 앞의 논문, 98면; 홍준형(환경법), 58면.

### (4) 환경기준의 법적 효과

환경기준은 그 추상적인 성격으로 인하여 자체로서는 행정의 목표에 지나지 않으며 외부적인 법적 효과가 인정되지 않는다. 따라서 구체적인 행정작용에 있어서 행정청이 반영하여야 할 준거기준 정도의 의미를 갖게 된다($\binom{환경정책기본법}{제13조}$). 학자에 따라서는 환경기준이 일정한 경우에는 규범적 의미를 갖는다고 주장한다. 이에 따르면 환경기준은 개별법상의 허가기준에 있어 환경배려조항이 있는 경우에는 그 허가기준으로 고려될 수 있다고 본다. 또한 환경기준은 총량규제의 기준 또는 근거가 될 수 있으며, 환경오염으로 인한 민사상의 손해배상청구나 유지청구소송에 있어 수인한도의 판단기준이 된다고 본다.8) 그러나 이러한 규범적 의미를 갖는다고 지적되는 경우들은 추상적인 환경기준이 대상이 되고 있다고 보기보다는, 이를 구체화한 개별허용기준이 대상이라고 보는 것이 옳을 것이다. 따라서 법적 효과로서 의미를 갖는 것은 환경기준을 구체화한 개별허용기준이며, 이의 위반시에는 배출시설의 개선, 대체 등의 개선명령을 발하거나($\binom{수질 및 수생태계 보전에}{관한 법률 제39조 등}$), 배출부과금을 부과하는 등의 규제조치를 취할 수 있게 되는 것이다. 그러나 현실적인 민사상의 손해배상에서는 이러한 기준들은 특별한 의미를 갖지 못한다. 즉 사업자가 개별적 허용기준을 준수하였다고 하더라도, 이는 사업자의 정상적인 가동을 추정하게 하는 자료로서는 의미를 가지나, 손해배상책임을 면책하게 하는 이유로서는 성립하지 못한다.

### (5) 조례에 의한 환경기준의 설정

환경기준은 대통령령으로 정하지만, 특별시·광역시·도($\binom{이하 '시'}{도라 한다}$)는 지역환경의 특수성을 고려하여 필요하다고 인정하는 때에는 당해 시·도의 조례로 확대·강화된 별도의 환경기준($\binom{이를 '지역환경}{기준'이라 한다}$)을 설정할 수 있다. 특별시장·광역시장·도지사는 지역환경기준이 설정되거나 변경된 때에는 이를 지체 없이 환경부장관에게 보고하여야 한다($\binom{환경정책기본법}{제12조 3항·4항}$). 이러한 점에서 「환경정책기본법」상의 환경기준이나 개별법상의 허용기준은 전국적인 차원에서 통일적인 환경행정목표를 수행하기 위한 최소한의 기준으로서의 성질만을 가지는 것이며, 지방자치단체가 그 지역적 특수성에 따라 보다 엄격한 기준을 설정하는 것을 배제하는 것은 아닌 것으로 보아야 할 것이다.

## 3. 환경영향평가

### (1) 제도의 의의

환경영향평가란 환경에 영향을 미치는 실시계획·시행계획 등의 허가·인가·승인·면허 또는 결정 등(이하에서 '승인등'이라 한다)을 할 때에 해당 사업이 환경에 미치

---

8) 김동희(Ⅱ), 518면; 홍준형(환경법), 61면 이하.

는 영향을 미리 조사·예측·평가하여 해로운 환경영향을 피하거나 제거 또는 감소시킬 수 있는 방안을 마련하는 것을 말한다(환경영향평가법 제2조 2호 참조).

이 제도는 환경이용의 필요성에 직면하여 환경보호와의 이해관계를 조정하기 위한 목적을 수행하는 제도이며, 그 규범적 기초에 있어서는 사전배려의 원칙과 관련을 갖는다. 연혁적으로는 1969년 미국의 국가환경정책법에서 처음 도입된 제도이며, 미국에서의 본래의 의미는 단순한 행정절차적 의미를 갖는 제도로서 발전한 것이라고 한다.

우리나라에서는 이를 위한 법률로서 「환경영향평가법」이 제정되었다가 동법이 폐지되고 이를 대체하는 법률로서 「환경·교통·재해 등에 관한 영향평가법」이 제정되었으나, 이러한 통합영향평가법은 평가제도 상호간의 중복, 각종 영향평가서 작성의 부담 등 운영과정에서 많은 문제점이 드러나, 2008. 3. 28. 전부개정을 통해 다시 「환경영향평가법」(이하에서 '법'이라 약함)으로 그 제명을 바꾸고 환경영향평가만을 분리하여 이 법에서 규율하게 되었으며, 그 내용은 미국식 제도보다는 강화된 내용으로 마련되고 있다. 이하에서는 이 법의 내용을 중심으로 개관해보기로 한다.

### (2) 제도의 내용
#### 1) 대상사업

동법이 정하고 있는 영향평가 대상사업은, ① 도시의 개발, ② 산업입지·산업단지의 조성, ③ 에너지개발, ④ 항만건설, ⑤ 도로건설, ⑥ 수자원개발, ⑦ 철도(도시철도 포함)의 건설, ⑧ 공항의 건설, ⑨ 하천의 이용·개발, ⑩ 개간 및 공유수면의 매립, ⑪ 관광단지의 개발, ⑫ 산지의 개발, ⑬ 특정지역의 개발, ⑭ 체육시설·폐기물처리시설·국방군사시설 및 토석·모래·광물 등의 채취, ⑮ 기타 환경에 영향을 미치는 사업으로서 대통령령이 정하는 사업이 포함된다(법 제22조 1항).

#### 2) 영향평가서의 작성주체

영향평가서는 원칙적으로 영향평가의 대상이 되는 사업의 주체(사업자)가 사업계획의 승인 이전에 작성하여야 한다(제24조 1항). 그러나 이 경우 사업자는 영향평가대행자로 하여금 영향평가의 실시를 대행하게 할 수 있다(제53조 1항). 다른 나라에서는 그 유례를 찾아보기 어려운 이러한 대행제도의 채택으로 인해 현실적으로는 평가대행자가 대행하는 것이 대부분의 경우이며, 이 제도의 형식화 내지는 부실화의 위험요인으로 지적되고 있다.

### (3) 작성절차
#### 1) 평가 항목·범위 등의 결정

승인등을 받지 아니하여도 되는 사업자는 환경영향평가를 실시하기 전에 평가준비서를 작성하여 대통령령으로 정하는 기간 내에 환경영향평가협의회의 심의를 거쳐 ① 환경영향평가 대상지역, ② 환경보전방안의 대안, ③ 평가 항목·범위·방법 등의 사항(환경영향평가항목등)을 결정하여야 한다($\frac{제24조}{1항}$). 한편 승인등을 받아야 하는 사업자는 환경영향평가를 실시하기 전에 평가준비서를 작성하여 승인기관의 장에게 환경영향평가항목등을 정하여 줄 것을 요청하여야 한다($\frac{제24조}{2항}$). 환경부장관은 ㉠ 승인등을 받지 아니하여도 되는 사업자가 필요하다고 인정하여 환경영향평가항목등을 정하여 줄 것을 요청한 경우 또는 ㉡ 승인등을 받아야 하는 사업자가 승인기관의 장과 협의한 후 승인기관을 거쳐 환경영향평가항목등을 정하여 줄 것을 요청한 경우에는 환경영향평가항목등을 결정할 수 있다($\frac{제24조}{3항}$). 승인기관의 장이나 환경부장관은 대통령령으로 정하는 기간 내에 환경영향평가협의회의 심의를 거쳐 환경영향평가항목등을 결정하여 사업자에게 통보하여야 한다($\frac{제24조}{4항}$). 승인기관장등이나 환경부장관은 결정된 환경영향평가항목등을 대통령령으로 정하는 방법에 따라 공개하고 주민 등의 의견을 들어야 한다($\frac{제24조}{7항}$).

### 2) 주민의견의 수렴절차

사업자는 이렇게 결정된 환경영향평가항목등에 따라 환경영향평가서 초안을 작성하여 주민 등의 의견을 수렴하여야 한다($\frac{제25조}{1항}$). 다만, 이를 위한 주민에 대한 공고 및 공람은 환경영향평가 대상사업의 사업지역을 관할하는 시장(「제주특별자치도 설치 및 국제자유도시 조성을 위한 특별법」에 따른 행정시장을 포함한다)·군수·구청장(자치구의 구청장을 말한다)이 하여야 한다($\frac{제25조}{2항}$). 사업자는 주민 등의 의견 수렴 결과와 반영 여부를 대통령령으로 정하는 방법에 따라 공개하여야 한다($\frac{제25조}{4항}$). 사업자는 환경영향평가 대상사업에 대한 개발기본계획을 수립할 때에 전략환경영향평가서 초안의 작성 및 의견 수렴 절차를 거친 경우(의견 수렴 절차를 생략한 경우는 제외한다)로서 일정한 요건을 모두 충족한 경우에는 협의기관의 장과의 협의를 거쳐 환경영향평가서 초안의 작성 및 의견 수렴 절차를 거치지 아니할 수 있다($\frac{제25조}{5항}$). 이러한 절차는 영향평가서 작성과정에 주민들을 참여시켜 그 내용의 적정성을 보장하는 기능과, 절차적 정당성을 확보하는 기능을 수행하기 위한 것이다.

### 3) 영향평가서에 대한 협의 및 검토

㈎ **영향평가서에 대한 협의** 승인기관장등은 환경영향평가 대상사업에 대한 승인등을 하거나 환경영향평가 대상사업을 확정하기 전에 환경부장관에게 협의를 요청하여야 한다. 이 경우 승인기관의 장은 환경영향평가서에 대한 의견을 첨부할 수 있다($\frac{제27조}{1항}$). 승인등을 받지 아니하여도 되는 사업자는 환경부장관에게 협의를 요청할 경우 환경영향평가서를 작성하여야 하며, 승인등을 받아야 하는 사업자는 환경영향평가서를 작성하여 승인기관의 장에게 제출하여야 한다($\frac{제27조}{2항}$).

(나) **영향평가서의 검토**    환경부장관은 협의를 요청받은 경우에는 주민의견 수렴 절차 등의 이행 여부 및 환경영향평가서의 내용 등을 검토하여야 한다($^{제28조}_{1항}$). 환경부장관은 환경영향평가서를 검토할 때에 필요하면 관계 전문가의 의견을 듣거나 그에게 현지조사를 의뢰할 수 있고, 사업자 또는 승인기관의 장에게 관련 자료의 제출을 요청할 수 있다($^{제28조}_{2항}$). 다만 이때 의견은 한국환경정책·평가연구원으로부터, 해양환경에 영향을 미치는 환경영향평가대상사업 중 대통령령으로 정하는 사업의 경우에는 추가로 해양수산부장관으로부터 들어야 한다. 환경부장관은 환경영향평가서를 검토한 결과 환경영향평가서 또는 사업계획 등을 보완·조정할 필요가 있는 등 대통령령으로 정하는 사유가 있는 경우에는 승인기관장등에게 환경영향평가서 또는 사업계획 등의 보완·조정을 요청하거나 보완·조정을 사업자 등에게 요구할 것을 요청할 수 있다. 이 경우 승인기관장등은 특별한 사유가 없으면 이에 따라야 한다($^{제28조}_{3항}$).

**4) 협의내용의 통보**

(가) **통보절차**    환경부장관은 협의를 요청받은 날부터 대통령령으로 정하는 기간 이내에 승인기관장등에게 협의 내용을 통보하여야 한다. 다만, 부득이한 사정이 있을 때에는 그 기간을 연장할 수 있다($^{제29조}_{1항}$). 환경부장관은 협의 내용 통보기간을 연장할 때에는 협의기간이 끝나기 전까지 승인기관장등에게 그 사유와 연장한 기간을 통보하여야 한다($^{제29조}_{2항}$). 협의 내용을 통보받은 승인기관의 장은 이를 지체 없이 사업자에게 통보하여야 한다($^{제29조}_{3항}$). 환경부장관은 ① 보완·조정하여야 할 사항이 경미한 경우 또는 ② 해당 사업계획 등에 대한 승인등을 하거나 해당 사업을 시행하기 전에 보완·조정이 가능한 경우에는 해당 사업계획 등에 관련 내용을 반영할 것을 조건으로 승인기관장등에게 협의 내용을 통보할 수 있다($^{제29조}_{4항}$).

(나) **협의내용의 반영 등**    사업자나 승인기관의 장은 협의 내용을 통보받았을 때에는 그 내용을 해당 사업계획 등에 반영하기 위하여 필요한 조치를 하여야 한다($^{제30조}_{1항}$). 승인기관의 장은 사업계획 등에 대하여 승인등을 하려면 협의 내용이 사업계획 등에 반영되었는지를 확인하여야 한다. 이 경우 협의 내용이 사업계획 등에 반영되지 아니한 경우에는 이를 반영하게 하여야 한다($^{제30조}_{2항}$). 승인기관장등은 사업계획 등에 대하여 승인등을 하거나 확정을 하였을 때에는 협의 내용의 반영 결과를 환경부장관에게 통보하여야 한다($^{제30조}_{3항}$). 환경부장관은 통보받은 결과에 협의 내용이 반영되지 아니한 경우 승인기관장등에게 협의 내용을 반영하도록 요청할 수 있다. 이 경우 승인기관장등은 특별한 사유가 없으면 이에 따라야 한다($^{제30조}_{4항}$).

(다) **협의내용에 대한 조정요청 등**    사업자나 승인기관의 장은 통보받은 협의 내용에 대하여 이의가 있으면 환경부장관에게 협의 내용을 조정하여 줄 것을 요청할 수 있다. 이 경우 승인등을 받아야 하는 사업자는 승인기관의 장을 거쳐 조정을 요청하여

야 한다($\frac{제31조}{1항}$). 환경부장관은 조정 요청을 받았을 때에는 대통령령으로 정하는 기간 이내에 환경영향평가협의회의 심의를 거쳐 조정 여부를 결정하고 그 결과를 사업자나 승인기관의 장에게 통보하여야 한다($\frac{제31조}{2항}$). 승인기관장등은 협의 내용의 조정을 요청 하였을 때에는 통보를 받기 전에 그 사업계획 등에 대하여 승인등을 하거나 확정을 하여서는 아니 된다. 다만, 조정 요청과 관련된 내용을 사업계획 등에서 제외시키는 경우에는 그러하지 아니하다($\frac{제31조}{3항}$).

⒟ **재협의와 변경협의**    승인기관장등은 협의한 사업계획 등을 변경하는 경우로서 ㉠ 사업계획 등을 승인하거나 사업계획 등을 확정한 후 대통령령으로 정하는 기간 내 에 사업을 착공하지 아니한 경우,9) ㉡ 환경영향평가 대상사업의 면적·길이 등을 대 통령령으로 정하는 규모 이상으로 증가시키는 경우, ㉢ 통보받은 협의 내용에서 원형 대로 보전하거나 제외하도록 한 지역을 대통령령으로 정하는 규모 이상으로 개발하거 나 그 위치를 변경하는 경우 또는 ㉣ 대통령령으로 정하는 사유가 발생하여 협의 내 용에 따라 사업계획 등을 시행하는 것이 맞지 아니하는 경우에는 환경부장관에게 재 협의를 요청하여야 한다($\frac{제32조}{1항}$).

한편 사업자는 협의한 사업계획 등을 변경하는 경우로서 위 재협의 사유에 해당 하지 아니하는 경우에는 사업계획 등의 변경에 따른 환경보전방안을 마련하여 이를 변경되는 사업계획 등에 반영하여야 한다($\frac{제33조}{1항}$). 승인등을 받아야 하는 사업자는 이러 한 환경보전방안에 대하여 미리 승인기관의 장의 검토를 받아야 한다. 다만, 환경부령 으로 정하는 경미한 변경사항에 대하여는 그러하지 아니하다($\frac{제33조}{2항}$). 승인기관장등은 환경보전방안을 마련하거나 검토할 때에 대통령령으로 정하는 사유에 해당하면 환경 부장관의 의견을 들어야 한다($\frac{제33조}{3항}$).

⒠ **사전공사의 금지**    사업자는 협의·재협의 또는 변경협의의 절차가 끝나기 전 에 환경영향평가 대상사업의 공사를 하여서는 아니 된다($\frac{제34조}{1항}$). 다만, ㉠ 협의를 거쳐 승인등을 받은 지역으로서 재협의나 변경협의의 대상에 포함되지 아니한 지역에서 시 행되는 공사 또는 ㉡ 전략환경영향평가를 거쳐 그 입지가 결정된 사업에 관한 공사로 서 환경부령으로 정하는 경미한 사항에 대한 공사의 경우에는 그러하지 아니하다. 승 인기관의 장은 협의·재협의 또는 변경협의의 절차가 끝나기 전에 사업계획 등에 대 한 승인등을 하여서는 아니 되며($\frac{제34조}{2항}$), 승인등을 받아야 하는 사업자가 사전공사 금 지를 위반하여 공사를 시행하였을 때에는 해당 사업의 전부 또는 일부에 대하여 공사 중지를 명하여야 한다($\frac{제34조}{3항}$). 환경부장관은 사업자가 사전공사 금지를 위반하여 공사 를 시행하였을 때에는 승인등을 받지 아니하여도 되는 사업자에게 공사중지나 그 밖

---

9) 다만, 사업을 착공하지 아니한 기간 동안 주변 여건이 경미하게 변한 경우로서 승인기관장등 이 환경부장관과 협의한 경우는 그러하지 아니하다.

에 필요한 조치를 할 것을 명령하거나 승인기관의 장에게 공사중지나 그 밖에 필요한 조치를 명할 것을 요청할 수 있다. 이 경우 승인기관장등은 특별한 사유가 없으면 이에 따라야 한다(제34조/4항).

### (4) 협의 내용의 이행, 관리 및 재평가 등
#### 1) 협의 내용의 이행의무

사업자는 사업계획 등을 시행할 때에 사업계획 등에 반영된 협의 내용을 이행하여야 하는바(제35조/1항), 협의 내용을 성실히 이행하기 위하여 환경부령으로 정하는 바에 따라 협의 내용을 적은 관리대장에 그 이행 상황을 기록하여 공사현장에 갖추어 두어야 한다(제35조/2항). 또한 사업자는 협의 내용이 적정하게 이행되는지를 관리하기 위하여 협의 내용 관리책임자를 지정하여 환경부령으로 정하는 바에 따라 환경부장관 또는 승인기관의 장(승인등을 받아야 하는 환경영향평가 대상사업만 해당한다)에게 통보하여야 한다(제35조/3항). 사업자가 사업을 양도하거나 사망한 경우 또는 법인이 합병한 경우에는 그 양수인이나 상속인 또는 합병 후 존속하는 법인이나 합병에 따라 설립되는 법인이 이행 의무를 승계한다. 다만, 양도·상속 또는 합병으로 이전되는 시설의 운영자가 따로 있는 경우에는 그 시설의 운영자가 그 의무를 승계한다(제38조/1항). 이때 종전 사업자의 의무를 승계한 사업자는 협의 내용의 이행 상황과 승계 사유 등 환경부령으로 정하는 사항을 30일 이내에 승인기관의 장과 환경부장관에게 통보하여야 한다(제38조/2항).

#### 2) 사업의 착공

사업자는 해당 사업을 착공한 후에 그 사업이 주변 환경에 미치는 영향을 조사(사후환경영향조사)하고, 그 결과를 환경부장관 또는 승인기관의 장(승인등을 받아야 하는 환경영향평가 대상사업만 해당한다)에게 통보하여야 한다(제36조/1항). 만약 그 결과 주변 환경의 피해를 방지하기 위하여 조치가 필요한 경우에는 지체 없이 그 사실을 환경부장관 또는 승인기관의 장에게 통보하고 필요한 조치를 하여야 한다(제36조/2항). 환경부장관은 통보받은 사후환경영향조사의 결과 및 조치의 내용 등을 검토하여야 하며(제36조/3항), 필요하면 관계 전문가 또는 대통령령으로 정하는 기관의 의견을 듣거나 현지조사를 의뢰할 수 있고, 사업자 또는 승인기관의 장에게 관련 자료의 제출을 요청할 수 있다(제36조/4항). 사업자는 사업을 착공 또는 준공하거나 3개월 이상 공사를 중지하려는 경우에는 환경부령으로 정하는 바에 따라 환경부장관 또는 승인기관의 장(승인등을 받아야 하는 환경영향평가 대상사업만 해당한다)에게 그 내용을 통보하여야 한다(제37조).

#### 3) 협의 내용의 관리·감독 등

승인기관의 장은 승인등을 받아야 하는 사업자가 협의 내용을 이행하였는지를 확인하여야 한다(제39조/1항). 환경부장관 또는 승인기관의 장은 사업자에게 협의 내용의 이행에 관련된 자료를 제출하게 하거나 소속 공무원으로 하여금 사업장에 출입하여 조사하게 할 수 있다($\frac{제39조}{2항}$). 승인기관장등은 해당 사업의 준공검사를 하려는 경우에는 협의 내용의 이행 여부를 확인하고 그 결과를 환경부장관에게 통보하여야 한다. 이 경우 승인기관장등은 필요하면 환경부장관에게 공동으로 협의 내용의 이행 여부를 확인하여 줄 것을 요청할 수 있다($\frac{제39조}{3항}$).

승인기관의 장은 승인등을 받아야 하는 사업자가 협의 내용을 이행하지 아니하였을 때에는 그 이행에 필요한 조치를 명하여야 하며($\frac{제40조}{1항}$), 승인등을 받아야 하는 사업자가 이러한 조치명령을 이행하지 아니하여 해당 사업이 환경에 중대한 영향을 미친다고 판단하는 경우에는 그 사업의 전부 또는 일부에 대한 공사중지명령을 하여야 한다($\frac{제40조}{2항}$). 환경부장관은 협의 내용에 협의기준에 대한 내용이 포함되어 있으면 협의기준의 준수 여부를 확인하여야 하며, 협의 내용의 이행을 관리하기 위하여 필요하다고 인정하는 경우에는 승인등을 받지 아니하여도 되는 사업자에게 공사중지나 그 밖에 필요한 조치를 할 것을 명령하거나, 승인기관의 장에게 공사중지명령이나 그 밖에 필요한 조치명령을 할 것을 요청할 수 있다. 이 경우 승인기관장등은 특별한 사유가 없으면 이에 따라야 한다($\frac{제40조}{3항}$). 승인기관의 장이 조치명령 또는 공사중지명령을 하거나 사업자가 조치를 하였을 때에는 지체 없이 그 내용을 환경부장관에게 통보하여야 한다($\frac{제40조}{4항}$).

## 4) 재 평 가

환경부장관은 해당 사업을 착공한 후에 환경영향평가 협의 당시 예측하지 못한 사정이 발생하여 주변 환경에 중대한 영향을 미치는 경우로서 위 조치나 조치명령으로는 환경보전방안을 마련하기 곤란한 경우에는 승인기관장등과의 협의를 거쳐 한국환경정책·평가연구원의 장 또는 관계 전문기관 등의 장에게 재평가를 하도록 요청할 수 있다($\frac{제41조}{1항}$). 한국환경정책·평가연구원의 장 또는 관계 전문기관 등의 장은 이러한 요청을 받았을 때에는 해당 사업계획 등에 대하여 재평가를 실시하고 그 결과를 대통령령으로 정하는 기간 이내에 환경부장관과 승인기관장등에게 통보하여야 한다($\frac{제41조}{2항}$). 환경부장관이나 승인기관장등은 재평가 결과를 통보받았을 때에는 재평가 결과에 따라 환경보전을 위하여 사업자에게 필요한 조치를 하게 하거나 다른 행정기관의 장 등에게 필요한 조치명령을 하도록 요청할 수 있다($\frac{제41조}{3항}$).

## 4. 전략환경영향평가와 소규모 환경영향평가

### (1) 제도의 의의

전략환경영향평가란 환경에 영향을 미치는 상위계획을 수립할 때에 환경보전계획과의 부합 여부 확인 및 대안의 설정·분석 등을 통하여 환경적 측면에서 해당 계획의 적정성 및 입지의 타당성 등을 검토하여 국토의 지속가능한 발전을 도모하는 것을 말한다(<sup>제2조</sup><sub>1항</sub>).

「환경영향평가법」에 의한 전략환경영향평가 제도의 모태는 구 「환경정책기본법」 상의 사전환경성검토 제도이다. 사전환경성검토란 중앙행정기관의 장 등이 환경에 영향을 미치는 행정계획의 수립 또는 환경민감지역내 소규모 개발사업의 인허가를 함에 있어서 해당 행정계획 또는 개발사업10)에 대한 대안의 설정·분석 등 평가를 통하여 미리 환경측면의 적정성 및 입지의 타당성 등을 검토하도록 하는 것이었다 (<sup>구 환경정책기본법</sup><sub>제3조 7호</sub>). 이는 환경영향평가제도와 함께 사전배려의 원칙에 근거한 환경정책수단으로서, 대규모사업을 대상으로 계획 확정 후 개별 프로젝트 수준에서 이루어지는 환경영향평가제도가 갖는 한계를 보완하여, 개발사업의 전제가 되는 행정계획 등 상위 단계에서 환경적인 영향을 고려하여 친환경적이고 지속가능한 개발을 유도하기 위한 목적에서 도입된 것이었다.11)

그리하여 종전에는 환경에 영향을 미치는 행정계획과 소규모 개발사업에 대하여는 「환경정책기본법」에 따른 사전환경성검토를 실시하고, 대규모 개발사업에 대하여는 「환경영향평가법」에 따른 환경영향평가를 실시하고 있었으나, 같은 목적의 평가제도가 각각 다른 법률에 규정되어 있어 평가절차가 복잡하고 일부 절차의 중복으로 협의기간이 장기화되는 등의 문제점이 나타남에 따라, 이원화되어 있는 환경영향평가제도를 하나의 법률에 규정하여 평가절차를 합리적으로 개선할 필요성이 제기되었다.

이에 따라 2012년 「환경영향평가법」을 전면개정하면서 환경평가제도를 전략환경영향평가, 환경영향평가 및 소규모 환경영향평가로 구분하고, 종전의 「환경정책기본법」에 따른 사전환경성검토 대상 중 행정계획은 전략환경영향평가를 받도록 하고, 개발사업은 소규모 환경영향평가를 받도록 하여 전체적으로 환경영향평가 제도의 체계성과 효율성을 높였다.

### (2) 전략환경영향평가

종전 사전환경성검토 대상 중 환경에 영향을 미치는 각종 행정계획을 수립하는 관계 행정기관의 장은 환경기준의 적정성 유지 및 자연환경의 보전을 위하여 해당 행정계획이 환경적으로 지속가능하게 수립·시행될 수 있도록 전략환경영향평가를 실시하여 환경부 또는 지방환경관서에 협의를 요청하여야 한다.

---

10) 행정계획의 수립이 요구되지 아니하는 개발사업을 말한다.
11) 사전환경성검토 제도는 1993년부터 국무총리훈령(「행정계획 및 사업의 환경성검토에 관한 규정」, 국무총리훈령 제270호)에 도입 실시되어 오다가, 2000년 8월 「환경정책기본법」에 처음 법제화되었고, 2006년 6월 검토대상의 확대와 대안분석 및 의견수렴 등을 의무화한 전략환경평가 시스템으로 체계화된 바 있다.

### 1) 전략환경영향평가의 대상

환경에 밀접한 영향을 미치는 ① 도시의 개발에 관한 계획, ② 산업입지 및 산업단지의 조성에 관한 계획, ③ 에너지 개발에 관한 계획, ④ 항만의 건설에 관한 계획, ⑤ 도로의 건설에 관한 계획, ⑥ 수자원의 개발에 관한 계획, ⑦ 철도(도시철도를 포함한다)의 건설에 관한 계획, ⑧ 공항의 건설에 관한 계획, ⑨ 하천의 이용 및 개발에 관한 계획, ⑩ 개간 및 공유수면의 매립에 관한 계획, ⑪ 관광단지의 개발에 관한 계획, ⑫ 산지의 개발에 관한 계획, ⑬ 특정 지역의 개발에 관한 계획, ⑭ 체육시설의 설치에 관한 계획, ⑮ 폐기물 처리시설의 설치에 관한 계획, ⑯ 국방·군사 시설의 설치에 관한 계획, ⑰ 토석·모래·자갈·광물 등의 채취에 관한 계획 및 ⑱ 그 밖에 환경에 영향을 미치는 시설로서 대통령령으로 정하는 시설의 설치에 관한 각종 계획을 수립하려는 행정기관의 장은 전략환경영향평가를 실시하여야 한다(제9조 1항).

이러한 전략환경영향평가 대상계획은 그 계획의 성격 등을 고려하여 다시 ㉠ 정책계획(국토의 전 지역이나 일부 지역을 대상으로 개발 및 보전 등에 관한 기본방향이나 지침 등을 일반적으로 제시하는 계획)과 ㉡ 개발기본계획(국토의 일부 지역을 대상으로 하는 계획으로서 구체적인 개발구역의 지정에 관한 계획 또는 개별 법령에서 실시계획 등을 수립하기 전에 수립하도록 하는 계획으로서 실시계획 등의 기준이 되는 계획)으로 구분한다(제9조 2항).

### 2) 평가 항목·범위 등의 결정

위와 같은 전략환경영향평가 대상계획을 수립하려는 행정기관의 장은 전략환경영향평가를 실시하기 전에 평가준비서를 작성하여 환경영향평가협의회의 심의를 거쳐 ① 전략환경영향평가 대상지역, ② 토지이용구상안, ③ 대안, ④ 평가 항목·범위·방법 등 전략환경영향평가항목등을 결정하여야 한다(제11조 1항). 행정기관 외의 자가 제안하여 수립되는 전략환경영향평가 대상계획의 경우에는 전략환경영향평가 대상계획을 제안하는 자가 평가준비서를 작성하여 전략환경영향평가 대상계획을 수립하는 행정기관의 장에게 전략환경영향평가항목등을 결정하여 줄 것을 요청하여야 한다(제11조 2항). 이러한 요청을 받은 행정기관의 장은 대통령령으로 정하는 기간 내에 환경영향평가협의회의 심의를 거쳐 전략환경영향평가 대상계획을 제안하는 자에게 그 결과를 통보하여야 한다(제11조 3항). 전략환경영향평가 대상계획을 수립하려는 행정기관의 장은 이렇게 결정된 전략환경영향평가항목등을 대통령령으로 정하는 방법에 따라 공개하고 주민 등의 의견을 들어야 한다(제11조 4항).

### 3) 전략환경영향평가서 초안에 대한 의견수렴

㈎ 전략환경영향평가서 초안의 작성　개발기본계획을 수립하는 행정기관의 장은 결정된 전략환경영향평가항목등에 맞추어 전략환경영향평가서 초안을 작성한 후 주민 등의 의견을 수렴하여야 한다. 다만, 행정기관 외의 자가 제안하여 수립되는 개발기본

계획의 경우에는 개발기본계획을 제안하는 자가 전략환경영향평가서 초안을 작성하여 개발기본계획을 수립하는 행정기관의 장에게 제출하여야 한다($\frac{제12조}{1항}$). 개발기본계획을 수립하는 행정기관의 장은 전략환경영향평가서 초안을 ① 환경부장관, ② 승인기관의 장(승인등을 받아야 하는 계획만 해당한다), ③ 그 밖에 대통령령으로 정하는 관계 행정기관의 장에게 제출하여 의견을 들어야 한다($\frac{제12조}{2항}$).

(내) **주민등의 의견수렴**  개발기본계획을 수립하려는 행정기관의 장은 개발기본계획에 대한 전략환경영향평가서 초안을 공고·공람하고 설명회를 개최하여 해당 평가 대상지역 주민의 의견을 들어야 한다. 다만, 대통령령으로 정하는 범위의 주민이 공청회의 개최를 요구하면 공청회를 개최하여야 한다($\frac{제13조}{1항}$). 개발기본계획을 수립하려는 행정기관의 장은 개발기본계획이 생태계의 보전가치가 큰 지역으로서 대통령령으로 정하는 지역을 포함하는 경우에는 관계 전문가 등 평가 대상지역의 주민이 아닌 자의 의견도 들어야 한다($\frac{제13조}{2항}$). 개발기본계획을 수립하려는 행정기관의 장이 책임질 수 없는 사유로 설명회나 공청회가 정상적으로 진행되지 못하는 등 대통령령으로 정하는 사유가 있는 경우에는 설명회나 공청회를 개최하지 아니할 수 있다. 이 경우 대통령령으로 정하는 바에 따라 설명회 또는 공청회에 준하는 방법으로 주민 등의 의견을 들어야 한다($\frac{제13조}{3항}$). 주민등의 의견 수렴 결과와 반영 여부를 대통령령으로 정하는 방법에 따라 공개하여야 한다($\frac{제13조}{4항}$).

개발기본계획을 수립하려는 행정기관의 장은 다른 법령에 따른 의견 수렴 절차에서 전략환경영향평가서 초안에 대한 의견을 수렴한 경우에는 의견 수렴 절차를 거치지 아니할 수 있으며($\frac{제14}{조}$), 의견 수렴 절차를 거친 후 협의 내용을 통보받기 전에 개발기본계획 대상지역 등 대통령령으로 정하는 중요한 사항을 변경하려는 경우에는 이상의 절차에 따라 전략환경영향평가서 초안을 다시 작성하여 주민 등의 의견을 재수렴하여야 한다($\frac{제15}{조}$).

### 4) 전략환경영향평가서의 협의 등

(개) **전략환경영향평가서의 작성 및 협의 요청**  승인등을 받지 아니하여도 되는 전략환경영향평가 대상계획을 수립하려는 행정기관의 장은 해당 계획을 확정하기 전에 전략환경영향평가서를 작성하여 환경부장관에게 협의를 요청하여야 한다($\frac{제16조}{1항}$). 승인등을 받아야 하는 전략환경영향평가 대상계획을 수립하는 행정기관의 장은 전략환경영향평가서를 작성하여 승인기관의 장에게 제출하여야 하며, 승인기관의 장은 해당 계획에 대하여 승인등을 하기 전에 환경부장관에게 협의를 요청하여야 한다($\frac{제16조}{2항}$). 전략환경영향평가서를 작성하는 자는 의견수렵시 제시된 의견이 타당하다고 인정할 때에는 그 의견을 전략환경영향평가서에 반영하여야 한다.($\frac{제16조}{3항}$)

(내) **전략환경영향평가서의 검토**  환경부장관은 협의를 요청받은 경우에는 주민의견

수렴 절차 등의 이행 여부 및 전략환경영향평가서의 내용 등을 검토하여야 하며($^{제17조}_{1항}$), 검토를 위하여 필요하면 한국환경정책·평가연구원이나 관계 전문가에게 현지조사를 의뢰하거나 그 의견을 들을 수 있고, 관계 행정기관의 장에게 관련 자료의 제출을 요청할 수 있다. 다만, 해양수산부장관 외의 자가 수립하는 계획으로서 계획의 대상지역에 「연안관리법」 제2조제3호에 따른 연안육역(沿岸陸域)이 포함되어 있는 전략환경영향평가서의 경우에는 해양수산부장관의 의견을 들어야 한다($^{제17조}_{2항}$). 환경부장관은 전략환경영향평가서를 검토한 결과 전략환경영향평가서 또는 계획 등을 보완·조정할 필요가 있는 등 대통령령으로 정하는 사유가 있는 경우에는 전략환경영향평가 대상계획을 수립하려는 행정기관의 장(승인등을 받아야 하는 계획의 경우에는 승인기관의 장을 말한다. 이하 "주관 행정기관의 장"이라 한다)에게 전략환경영향평가서 또는 해당 계획의 보완·조정을 요청하거나 보완·조정을 전략환경영향평가 대상계획을 제안하는 자 등에게 요구할 것을 요청할 수 있다. 이 경우 보완·조정을 요청받은 자는 특별한 사유가 없으면 이에 따라야 한다($^{제17조}_{3항}$). 환경부장관은 협의를 요청받은 날부터 대통령령으로 정하는 기간 이내에 주관 행정기관의 장에게 협의 내용을 통보하여야 한다. 다만, 부득이한 사정이 있을 때에는 그 기간을 연장할 수 있다($^{제18조}_{1항}$).

　　㈐ 협의내용의 이행　　주관 행정기관의 장은 통보받은 협의 내용을 해당 계획에 반영하기 위하여 필요한 조치를 하거나 전략환경영향평가 대상계획을 제안하는 자 등에게 필요한 조치를 할 것을 요구하여야 하며, 그 조치결과 또는 조치계획을 환경부장관에게 통보하여야 하며($^{제19조}_{1항}$), 협의 내용을 해당 계획에 반영하기 곤란한 특별한 사유가 있을 때에는 대통령령으로 정하는 바에 따라 환경부장관과 협의한 후 해당 계획을 승인하거나 확정하여야 한다($^{제19조}_{2항}$). 전략환경영향평가 대상계획을 수립하는 자는 조치결과 및 조치계획을 성실히 이행하여야 한다($^{제19조}_{3항}$).

　　㈑ 재협의 및 변경협의　　개발기본계획을 수립하는 행정기관의 장은 협의한 개발기본계획을 변경하는 경우로서 ① 개발기본계획 대상지역을 대통령령으로 정하는 일정 규모 이상으로 증가시키는 경우 또는 ② 협의 내용에서 원형대로 보전하거나 제외하도록 한 지역을 대통령령으로 정하는 규모 이상으로 개발하거나 그 위치를 변경하는 경우에는 위의 절차에 따라 전략환경영향평가를 다시 하여야 한다($^{제20}_{조}$). 주관 행정기관의 장은 협의한 개발기본계획에 대하여 이러한 사유에 해당하지 아니하는 변경을 하려는 경우로서 대통령령으로 정하는 사항을 변경하려는 경우에는 미리 환경부장관과 변경 내용에 대하여 협의를 하여야 하며($^{제21조}_{1항}$), 협의한 정책계획을 변경하려는 경우로서 대통령령으로 정하는 사항을 변경하려는 경우에는 환경부장관과 변경 내용에 대하여 협의를 하여야 한다($^{제21조}_{2항}$).

### (3) 소규모 환경영향평가

#### 1) 소규모 환경영향평가의 대상사업

개발사업으로서 ① 보전이 필요한 지역과 난개발이 우려되어 환경보전을 고려한 계획적 개발이 필요한 지역으로서 대통령령으로 정하는 지역(보전용도지역)에서 시행되는 것이며, ② 환경영향평가 대상사업의 종류 및 범위에 해당하지 아니하는 개발사업 중 대통령령으로 정하는 개발사업을 하려는 자(사업자)는 소규모 환경영향평가를 실시하여야 한다($\frac{제43조}{1항}$).

#### 2) 소규모 환경영향평가서의 작성 및 협의 요청

승인등을 받아야 하는 사업자는 소규모 환경영향평가 대상사업에 대한 승인등을 받기 전에 소규모 환경영향평가서를 작성하여 승인기관의 장에게 제출하여야 한다($\frac{제44조}{1항}$). 승인기관장등은 소규모 환경영향평가 대상사업에 대한 승인등을 하거나 대상사업을 확정하기 전에 환경부장관에게 소규모 환경영향평가서를 제출하고 소규모 환경영향평가에 대한 협의를 요청하여야 한다($\frac{제44조}{2항}$).

#### 3) 소규모 환경영향평가서의 검토 및 통보

환경부장관은 협의를 요청받은 경우에는 협의 요청 절차의 적합성과 소규모 환경영향평가서의 내용 등을 검토한 후 협의를 요청받은 날부터 대통령령으로 정하는 기간 이내에 협의 내용을 승인기관장등에게 통보하여야 하며($\frac{제45조}{1항}$), 검토한 결과 소규모 환경영향평가서 또는 사업계획 등을 보완·조정할 필요가 있는 등 대통령령으로 정하는 사유가 있는 경우에는 승인기관장등에게 소규모 환경영향평가서 또는 해당 사업계획의 보완·조정을 요청하거나 보완·조정을 사업자 등에게 요구할 것을 요청할 수 있다. 이 경우 승인기관장등은 특별한 사유가 없으면 이에 따라야 한다($\frac{제45조}{3항}$).

#### 4) 협의 내용의 통보 및 반영

사업자나 승인기관의 장은 협의 내용을 통보받았을 때에는 이를 해당 사업계획에 반영하기 위하여 필요한 조치를 하여야 한다($\frac{제46조}{1항}$).

#### 5) 사업의 착공 및 협의 내용의 이행

사업자는 협의 절차가 끝나기 전에 소규모 환경영향평가 대상사업에 관한 공사를 착공하여서는 아니 되며($\frac{제47조}{1항}$), 승인기관의 장은 협의 절차가 끝나기 전에 소규모 환경영향평가 대상사업에 대한 승인등을 하여서는 아니 된다($\frac{제47조}{2항}$). 사업자는 사업을 착공 또는 준공하거나 3개월 이상 공사를 중지하려는 경우에는 환경부령으로 정하는 바에 따라 환경부장관 또는 승인기관의 장(승인등을 받아야 하는 환경영향평가 대상사업만 해당한다)에게 그 내용을 통보하여야 한다($\frac{제48}{조}$). 사업자는 개발사업을 시행할 때에 그 사업계획에 반영된 협의 내용을 이행하여야 한다($\frac{제49조}{1항}$).

### (4) 현행 제도의 평가

현행 전략환경영향평가와 소규모 환경영향평가는 대규모개발사업에 대하여 계획이 확정된 후 사업구체화단계에서 주로 오염저감방안의 검토에 그치는 환경영향평가 제도와 달리, 입지의 타당성 등 근본적인 친환경적 개발의 유도라는 긍정적인 면에서의 평가가 가능하지만, 최근 법개정을 통해 의견수렴절차를 마련하는 등 체계화하는 노력에도 불구하고 여전히 몇 가지 문제점을 지적할 수 있다.

우선 이 제도가 사업실시단계보다 앞서 계획단계에서 사전적으로 환경영향을 검토하도록 하여 환경영향평가 제도가 갖는 한계를 보완한다는 기본 취지를 가짐에도 불구하고, 전략환경영향평가 대상범위가 사전환경성검토 대상범위보다 점차 확대되고는 있지만 여전히 본래 취지보다 협소한 점, 환경영향 검토기준이 모호하거나 해당분야별 특성을 제대로 반영하지 못하여 부실한 검토서가 작성될 가능성이 있는 점, 협의 자체의 법적 성질이 행정청간에 이루어지는 행정절차에 불과하고 실효성 확보 규정에도 불구하고 협의를 거치지 않거나 협의의견 위반행위가 여전히 나타날 수 있는 점, 행정소송상 원고적격 등 해당 지역의 주민이 직접 권리구제를 강구하는 것이 사실상 제약되는 점,「국토기본법」에 따른 국토계획평가제도 등 개별 다른 법령상의 유사제도와의 관계가 모호한 점 등의 문제들이 지적될 수 있다.

단순한 행정절차의 나열에 그치는 것이 아니라 사전배려적 환경행정작용으로서의 실효성을 담보할 수 있는 방향으로의 보완책이 계속 요구된다.

## Ⅲ. 개별적 수단들

위와 같은 일반적인 수단으로서의 환경계획이나 환경기준 및 환경영향평가 제도 외에 환경행정법은 구체적인 효과 달성을 위하여 개별적인 수단들을 규정하고 있다. 이러한 개별적 수단에는 규제적인 의미를 갖는 수단, 비권력적 수단 및 간접적 수단이 포함된다.

### 1. 규제적 수단

이러한 직접적 규제수단은 환경행정 영역에서 발생하는 위해방지의 목적을 달성하기 위하여 인정되는 수단으로서, 경찰행정법적 수단이 환경행정영역에 나타나는 것으로 볼 수 있다. 그 유형으로는 크게 보아 ㉠ 행정기관의 인·허가를 요하는 제도내용과 ㉡ 개별적인 행위제한이나 제재규정을 들 수 있다.

(1) 인 · 허가제

### 1) 의　의

인 · 허가제는 환경보전을 위한 행정규제수단 중에서 사전적인 측면에서 가장 큰 중요성을 갖는 내용이다. 즉 환경이용행위의 신청에 대해 환경보호의 관점에서 양 이해관계를 조정하는 과정을 거쳐 허가여부를 결정하도록 함으로써, 체계적인 환경보호행정이 가능하도록 하는 것이다. 실정법상의 예로는, 환경에 영향을 미치는 일정규모 이상의 배출시설의 설치 또는 변경시에 환경부장관의 허가를 받도록 하는 경우(대기환경보전법 제23조 1항, 물환경보전법 제33조 등)와 폐기물처리업의 허가제(폐기물관리법 제25조) 등을 들 수 있다. 이러한 경우에 인가나 허가를 받지 않은 행위에 대해서는 행정법적 효력이 부정됨은 물론, 일정한 제재가 따르게 된다.

### 2) 신고제 또는 등록제

인 · 허가제보다 다소 완화된 규제수단으로서는 신고 또는 등록의무의 부과를 들 수 있다. 통상적으로 신고나 등록의무는 환경보전을 위한 규제의 목적보다는, 환경행정작용을 수행하기 위한 자료나 정보를 수집하기 위한 목적으로 부과되는 것이다. 따라서 환경에 대한 위해 영향이 비교적 적은 행위나 사업 등에 대한 규제수단으로서 이용되고 있다. 예컨대 「대기환경보전법」상의 배출시설 등의 가동개시 신고(제30조), 「소음 · 진동관리법」상의 특정공사의 사전신고(제22조), 「폐기물관리법」상의 전용용기 제조업의 등록(제25조의2) 등이 이에 해당한다.

(2) 개별적인 행위의 제한이나 제재

### 1) 개별적인 행위의 제한

규제수단으로서는 또한 환경을 위해하는 개별적인 행위에 대해 위해방지의 목적을 달성하기 위하여 일정한 의무를 부과하는 경우를 들 수 있다. 그 내용으로는 작위의무와 부작위의무의 부과가 주로 대상이 된다. 이러한 예로는 「폐기물관리법」의 경우에는 폐기물의 투기금지(제8조), 폐기물처리에 관한 조치명령(제48조), 사용종료 또는 폐쇄 후의 토지이용제한(제54조) 규정 등이 있다. 또한 사업자에게 당해 사업의 배출시설에서 나오는 오염원이 배출허용기준에 적합하도록 배출시설이나 방지시설을 운영할 의무를 부과하고, 배출허용기준을 초과하는 때에 개선명령을 발할 수 있는 규정도 이에 해당한다(대기환경보전법 제33조 1항, 제57조; 물환경보전법 제39조; 소음진동관리법 제15조 등).

### 2) 제재수단

일반적으로 환경행정작용상의 규제조치나 명령의 위반 또는 의무의 불이행에 대하여는 그 실효성의 확보를 위하여 일정한 제재조치가 규정되고 있다. 이는 사후적인 차원에서의 규제수단으로서, 이를 통하여 직접적인 사전적 규제수단의 이행이 담보될 수 있는 것이다.

이러한 예로서는 「물환경 보전법」이 사전적인 규제조치나 의무위반에 대하여 부과하는 조업정지명령($^{제40}_{조}$), 허가취소($^{제42}_{조}$), 배출시설의 사용중지나 폐쇄조치($^{제44}_{조}$) 등을 규정하고 있다. 이러한 예로는 그 밖에도 「소음·진동관리법」($^{제16조}_{이하}$) 등에서도 유사한 조치들이 규정되고 있다. 또한 환경행정상의 의무위반에 대한 제재로서 행정벌에 의한 수단도 이에 해당할 수 있다. 이에는 행정형벌($^{징역형과}_{벌금형}$)과 행정질서벌($^{과태}_{료}$)이 해당하며, 이에 대해서는 행정벌 일반에 관한 설명이 그대로 적용된다.

## 2. 비권력적 수단

### (1) 의　의

환경행정작용을 위한 비권력적 수단은, 환경보호의 목적을 달성하기 위하여 사업주체나 개인의 협력하에 행해지는 사실행위를 말한다. 이는 규제적인 수단들이 직접적인 효과는 기대할 수 있으나, 강제성을 갖기 때문에 지속적인 효과를 발휘하지 못하는 문제를 해결하기 위한 수단으로서 의미를 갖는 것이다.

### (2) 유　형

유형으로서는 행정주체가 개인이나 사업자와의 관계에서 정보제공, 상담, 협상, 협의 등을 통하여 행하거나, 행정지도 등을 통하여 행해지게 된다. 예컨대 냉매로 사용하던 프레온가스를 특정시점까지 환경에 유해하지 않은 다른 냉매로 대체할 것을 기업과 정부가 합의하는 경우와, 사업자가 일회용 용품을 사용하지 않을 것을 행정주체가 행정지도하는 경우 등을 들 수 있다. 이는 경제적인 파급효의 문제로 인하여 급속한 환경보호정책보다는 점진적인 대책이 요망되는 분야나, 강제적인 조치에 의해서는 당사자의 지속적인 임의적 협력을 기대할 수 없는 경우에 있어서 특히 그 효력을 발휘하게 된다.

## 3. 간접적 수단

이는 행정주체가 기업이나 시민으로 하여금 환경보호에 유익한 행동을 유도하기 위하여 당사자가 이해관계를 갖는 간접적인 수단을 사용하는 것을 말한다. 「환경정책기본법」은 자원의 효율적인 이용을 도모하고 환경오염의 원인을 야기한 자 스스로 오염물질의 배출을 줄이도록 유도하기 위하여 필요한 경제적 유인수단을 강구하도록 하고 있다($^{제32}_{조}$). 이에는 경제적 유인효를 주기 위하여 일정한 경제적 혜택이나 부담을 과하는 경우가 해당된다.

(1) 경제적 수단

1) 부담적 수단

㈎ 공과금의 부과

① 의 의　　일정한 금전납부의무의 부과를 통하여 당사자로 하여금 특정 환경보호행위로 유인하는 행정작용을 말한다. 공과금은 그 자체로서 환경보호목적을 지향하며, 그 수납한 재원 역시 환경보호에 사용된다는 점에서 다른 공과금인 세금과 구별된다.

　　그러나 이러한 공과금은 당사자에게 경제적 부담을 줌으로써 일정한 행위를 유도하는 것이므로, 그 액수가 상당한 부담이 되어야 하고, 그 대상에 있어서 이러한 부담과 관련되는 사람일 것 등이 요구된다. 그 근거에 대해서는 기본적으로 「환경정책기본법」 제 7 조(자기의 행위 또는 사업활동으로 인하여 환경오염의 원인을 야기한 자는 그 오염의 방지와 오염된 환경의 회복 및 피해규제에 소요되는 비용을 부담함을 원칙으로 한다)를 드는 것이 보통이다. 현행법으로서는 「환경개선비용부담법」에 따른 환경개선부담금 등이 이에 해당하며,12) 중심적 의미를 갖는 것은 배출부과금을 들 수 있다.

② 배출부과금제도

㉠ 제도의 의의　　배출부과금이란 일정한 환경기준을 초과하는 오염원의 배출량이나 그 잔류량에 대하여 과하여지는 부과금을 말한다. 이는 현실적으로는 배출허용기준의 위반행위시에 사후적으로 그 제재수단으로서 부과하는 금전적 부담이지만, 사후적인 제재 자체보다는 이러한 금전적 부담제도의 존재로 인하여 당사자로 하여금 일정한 환경보호행위로 유인하는 수단으로써 이해하는 것이 실질적이라고 본다.

　　특히 이는 기존의 법적 규제방법을 보완하기 위하여 도입되어진 것으로서, 경제적 유인을 제공하여 오염을 규제하는 방법을 사용한다는 점에서 그간의 행정수단과는 구별되는 제도이다. 실정법으로는 「대기환경보전법」(제35조), 「물환경 보전법」(제41조) 등이 이를 규율하고 있다.

㉡ 현행 제도의 특성　　종전까지는 배출부과금의 규제기준이 최대허용농도를 규제하는 농도규제방식으로 되어 있어, 배출농도가 기준치 이하이기만 하면 얼마든지 오염물질을 배출할 수 있는 한계가 지적되었다. 그러나 관련 법률개정으로 폐수배출이나 대기배출의 농도에 관계없이 특정구역 안의 사업장에 대하여 배출되는 오염물질을 총량으로 규제하여 부과금을 부담하는 총량규제방식이 채택되고 있다(물환경 보전법 제4조).

㉢ 현행 제도의 문제점　　우리나라에서 시행되고 있는 배출부과금제도는 그러나 다음의 원인으로 인해 기능을 제대로 발휘하지 못하는 문제점을 안고 있다.13)

---

12) 이는 연료와 물의 사용량에 따라 매년 2회 부과된다.

13) 이에 대해서는 정하중, "배출부과금의 제도적 근거와 법적 개선방안", 환경법연구, 1993; 윤서성, "배출부과금제도의 운용과 문제점", 환경법연구, 1983; 이선용, "한국의 배출부과금에 대한 고찰", 환경법연구, 1988; 정재길, "배출부과금의 의의와 비교법적 고찰", 환경법연구, 1983 참조.

( i ) 배출부과금의 액수 : 현실적으로 부과되는 부과금의 액수가 환경보호행동으로 유인하기에는 너무 적기 때문에, 당사자로서는 막대한 자금을 들여 공해방지시설을 갖추어 가동하는 것보다는 부과금을 내는 편이 훨씬 경제적이라는 점이 지적된다. 따라서 부과금의 액수를 현실화하여야 한다는 비판이 제기되고 있다.

( ii ) 부과금의 대상 : 현행 「물환경 보전법」, 「대기환경보전법」 등에 규정되어 있는 배출부과금제도에서는 국가・지방자치단체・수혜자집단 기타 사회공공단체가 제외되어 있다. 그러나 비용부담이 요구되는 오염방지사업을 그 대상에서 제한하고 있고, 국가・지방자치단체・수혜자집단을 원인자의 범주에서 제외하는 것은 문제라고 지적된다.

(iii) 부과금의 산정절차상의 문제점 : 부과금의 산정절차에는 국민재산권 보호와 관련하여 비용부담계획 결정시에 계획결정절차에의 이해관계인의 참여가 필요하며, 절차상의 모든 자료가 객관화되고 공개되어질 것이 요구되어진다.

⑷ 세금의 부과

세금은 적극적으로 환경보호적인 시설이나 사업을 조장하기 위한 수단뿐 아니라, 반대로 환경오염을 야기하는 공사나 사업의 억제적 수단으로서도 활용될 수 있다. 그러나 현재로서는 이러한 목적을 위한 세제는 없으며, 환경세나 탄소세 등의 제도는 앞에서 논한 바와 같이 이론적 근거나 현실적인 실효성 면에서 문제점이 지적되고 있다.

2) 혜택적 수단

당사자에 대한 자금지원이나 재정적 혜택($^{세금감}_{면 등}$)을 통하여 환경보호를 위한 행위로 유인하는 것을 말한다. 실정법으로는 환경보전을 위한 시책이나 사업 등에 대한 재정적 지원을 규정하고 있는 「환경정책기본법」($^{제54조}_{이하}$), 폐기물처리시설 또는 재활용시설을 설치하고자 하는 자에 대한 재정적 지원을 정하고 있는 「폐기물관리법」($^{제57}_{조}$), 자연환경사업에 대한 국고보조를 규정하는 「자연환경보전법」($^{제55}_{조}$), 수질환경개선에 기여하는 사업장을 환경친화기업으로 지정하여 배출부과금의 감면 등의 혜택을 주는 제도 ($^{물환경 보전법}_{제41조}$) 등을 들 수 있다.

(2) 그 밖의 수단

이외에도 간접적 강제수단에는 공급거부를 들 수 있다. 공급거부는 행정법상의 의무위반에 대하여, 의무이행을 간접적으로 강제하기 위하여 행정상의 역무나 재화의 공급을 거부하는 내용의 새로운 행정상의 의무이행확보수단이다.

종전에는 「물환경 보전법」이나 「대기환경보전법」($^{구법 제21}_{조 2항}$)이 환경부장관에게 오염물질 배출시설의 사용금지 또는 폐쇄명령에 불응하는 사업장에 대하여 전기나 수도의 설치나 공급을 중단하도록 관계기관의 장에게 요청할 수 있도록 하고, 당해 기관의 장은 특별한 사유가 없는 한 이에 응하도록 정하고 있었다. 그러나 이 제도는 행정법의 일반원칙인 부당결부금지원칙과 관련하여 문제점이 지적되어, 폐지되었다. 따라서 현행 환경행정법상 공급거부제도는 인정되지 않는다.

## 제 3 절  환경행정작용과 권리구제

### Ⅰ. 권리구제수단 개관

환경행정작용은 사전적인 측면에서의 환경보호의 이해관계를 관철하고자 하는 것이며, 적법한 환경이용으로 인해 외부적인 환경피해가 발생하지 않는 경우에만 그 실효성이 보장된다고 볼 수 있다. 그러나 환경오염행위로 인해 외부적인 피해가 발생한 경우에는 당사자에 대한 권리구제가 체계적으로 보장되어야 한다. 이러한 제도로서는 우선 사전적인 권리구제제도로서 행정절차적 내용과 환경분쟁조정제도를, 사후적인 권리구제제도로서는 행정쟁송, 행정상 손해배상·손실보상 외에 민사상의 손해배상문제를 논할 수 있다.

### Ⅱ. 사전적 권리구제수단

#### 1. 행정절차의 문제

환경오염으로 인한 피해발생시의 권리구제보다는 이러한 피해가 발생하지 않도록 행정작용과정에서 통제하는 것이 현실적인 의미를 갖는다. 이러한 측면에서 인정되는 것이 사전적 권리구제제도로서의 행정절차이다. 이를 위하여는 환경계획이나 환경보호를 위해 주요한 의미를 갖는 개별적 행정작용에 있어서 당사자의 참여를 보장하는 절차가 마련될 필요가 있게 된다. 이는 행정작용의 적정성을 보장하는 외에 민주적 정당성의 측면에서도 중요한 의미를 갖는 것이다. 한편 다른 측면에서는 이러한 절차적 참여가 실효성 있게 보장되기 위하여는 환경관계행정의 정보가 공개될 수 있는 제도도 마련되어야 한다.

##### (1) 주민의 참여절차의 보장
이는 일정한 법적 절차에 의해 공익과 시민의 이해관계가 조정되는 과정을 의미하며, 이를 위하여는 구체적인 참여절차의 규정이 필요하다. 개별 실정법으로는 「폐기물처리시설 설치촉진 및 주변지역지원 등에 관한 법률」제9조 제3항(<sup>폐기물처리시설 설치를 위한</sup><br><sup>입지선정시의 주민참여절차</sup>), 「환경영향평가법」제13조 제1항(<sup>영향평가서 작성시의 주민의</sup><br><sup>의견수렴 및 공청회 개최</sup>) 등을 들 수 있다.

이외에도 주민의 참여절차의 체계적 보장을 위하여 일반적인 법률로서 「행정절차법」이 제정되어 있으므로, 개별법의 명문 규정이 없는 경우에는 이론상으로는 행정절차법에 따른 절차적 참여가 가능하게 된다. 그러나 현행 「행정절차법」은 공청회나 청문절차를 법률규정에 의하여 인정되는 경우 등으로 한정하고 있어 실효적인 절차적 참여가 미흡한 현실이다.

### (2) 환경행정정보의 공개

행정절차과정에서 시민의 이해관계가 제대로 반영되기 위해서는 행정기관의 보유정보나 또는 사업자의 정보가 시민들에게 공개될 필요가 있다. 이에 관한 실정법으로는 「화학물질관리법」제12조 제1항에서, 환경부장관은 화학물질 통계조사와 화학물질 배출량조사를 완료한 때에는 사업장별로 그 결과를 지체 없이 공개하도록 하는 규정과, 「폐기물처리시설 설치촉진 및 주변지역지원 등에 관한 법률」제26조에서 폐기물처리시설의 설치 및 운영으로 인하여 주변영향지역에 미치는 환경상 영향을 공개하도록 하는 규정 등을 들 수 있다. 이외에도 「환경정책기본법」은 국가 및 지방자치단체로 하여금 민간환경단체의 자발적인 환경보전활동을 촉진하기 위하여 정보의 제공 등 필요한 시책을 강구하도록 하고 있다(<sup>제26조</sup><br><sup>1항</sup>). 이러한 규정외에는 개별환경법에서 정보공개를 의무화하고 있는 규정은 거의 없는 실정이지만, 일반법으로서 「공공기관의 정보공개에 관한 법률」이 제정되어 있으므로 정보공개의 제외대상이 아닌 한 환경정보도 그 공개를 청구할 수 있게 될 것이다.

## 2. 환경오염피해분쟁조정제도[14]

### (1) 제도의 의의

환경오염피해분쟁조정제도는 주지하는 바와 같이 환경오염으로 인한 손해발생에 대하여 신속하게 분쟁을 해결하기 위한 제도로서 기능하는 것이다. 환경분쟁 해결의 필요성은 오늘날 어느 나라에서나 제기되고 있다. 그러나 이를 해결하는 구체적인 방법은 각 나라의 실정에 따라서 그리고 입법적인 대응내용에 있어서 차이를 나타내고 있다.

우리나라에서 운영되고 있는 환경오염피해분쟁조정제도는 일본식 제도이며, 이 제도의 기원을 창시한 일본의 모형에 비추어 보면 기본적으로 민사분쟁을 민사재판

---

14) 이하의 내용에 대해서는 류지태, "환경오염피해분쟁조정제도의 비교법적 고찰", 인권과 정의, 1994. 11. 참조.

이전에, 행정기관에 의해 당사자의 합의에 기초하여 행정적으로 처리하는 성질을 갖게 된다. 환경오염으로 인한 피해구제문제는 민사사건이며, 이는 통상적으로 민사재판의 대상이 되어 왔다. 그러나 모든 민사사건이 반드시 다 민사재판에 의해서만 해결될 필요는 없으며, 이러한 기능을 수행하는 다른 방법에 의한 해결을 근본적으로 방해하는 것도 아니다. 그러나 통상적인 제도 이외의 방법에 의해 법적 분쟁을 해결하려는 경우에는, 법적 분쟁의 수단으로서 법치주의하에서 인정되고 있는 사법제도와의 관련성이 간과되어서는 안 된다. 즉 개별적 내용의 형성에 있어서 국민의 기본권인 법률로 정한 법관에 의한 재판을 받을 권리를 실질적으로 박탈하는 내용의 분쟁조정제도는 법치주의하에서는 절대로 인정될 수 없다. 따라서 이 제도는 근본적으로 임의적인 성격을 가질 수밖에 없으며, 그 구속력에 있어서도 강제성을 가질 수 없는 한계하에 있게 된다. 이러한 기본적인 한계로 인해 이 제도의 채택여부는 다시 각국에서의 소송제도의 정비문제와도 밀접한 관련을 갖게 된다. 즉 사법제도가 비교적 잘 정비되어 이러한 법원에 의한 권리구제에 익숙한 나라에서는 사법적인 재판제도를 실질적으로 대신하거나 보충하는 제도로서의 환경분쟁조정제도의 도입에 소극적이게 되는 반면에, 소송제도가 잘 정비되지 못하거나 소송에 의한 권리구제에 익숙하지 못한 나라에서는 소송 이외의 방법을 선호하게 되어 이로 인해 이러한 형태의 분쟁조정제도에 적극적이게 된다.

또한 민사사건을 행정기관의 주재하에 해결하도록 하는 것도 이를 해석하는 입장에 따라 그 평가가 상이할 수 있게 된다. 즉 일면에서는 행정기관의 주재하에서만 직권주의의 도입하에 적극적으로 증거조사나 사실조사가 가능하게 되고, 경우에 따라서는 관련 행정기관과 협조하여 환경분쟁의 실질적인 해결을 도모할 수 있다고 보는 입장이 가능하게 된다. 그러나 반면에 행정기관이 민사사건에 개입하는 것은 자율적인 해결을 기본으로 하는 민사분쟁의 성질에 비추어 바람직하지 않으며, 분쟁해결과정에서의 행정기관의 역할에 따라서는 사실상의 강제성이 배경이 되어 해결되는 부작용도 나타날 수 있어 신중을 기해야 된다는 입장도 가능하게 된다. 이러한 평가여하에 따라 환경분쟁조정제도에 대한 평가도 상이하게 될 수 있다고 생각된다.

### (2) 환경분쟁조정제도의 장점

환경분쟁조정제도는 다음과 같은 장점을 갖는다. 즉 환경분쟁을 해결하는 통상적인 수단인 민사재판이 갖는 여러 가지 한계를 극복하여 신속하게 분쟁해결을 모색하려는 데에 그 장점이 있다고 평가되고 있다. 구체적으로는 ㉠ 민사소송절차에 의한 해결은 당사자 사이의 권리관계에 관한 최종적인 판단의 성질을 가지므로, 그 절차를 엄격하게 하고 있으며 이로 인해 과다한 비용과 장기적인 기간이 소요되는 문제점을 갖는 데 반해, 환경분쟁조정제도는 절차의 엄격성을 완화하여 절차를 신속하고 능률적으로 진행할 수 있도록 하는 장점이 있다. ㉡ 민사재판에서 지배하고 있는 변론주의로 인해 환경분쟁에서도 인과관계, 피해범위 및 피해액의 입증은 피해자가 부담하게 되나, 환경분쟁의 특성상 이러한 입증은 용이하지 않아 어려움이 존재하게 된다. 그러나 환경분쟁조정제도에서는 직권주의가 인정되어 직권적인 증거조사나 자료수집이 가능하며, 이를 위해 전문지식이 활용될 수 있도록 할 수 있다. ㉢ 민사재판에서는 권리·의무관계는 확정할 수 있어도 환경분쟁의 실질적 해결을 위한 행정적 조치와 연계하는 것이 어려우나, 환경분쟁조정은 행정기관이 행하는 것이어서 행정상의 조치와 연계하여 분쟁을 해결할 수 있게 된다.15)

### (3) 현행제도의 내용
#### 1) 분쟁조정기관

우리나라에서는 중앙에는 환경부에 중앙환경분쟁조정위원회를 두고, 서울특별시·광역시·도에 각각 지방환경분쟁조정위원회를 두고 있다(환경분쟁조<br>정법 제4조). 중앙환경분쟁조정위원회는 위원장을 포함하여 30인의 위원으로 구성하며, 환경부장관의 제청으로 대통령이 임명 또는 위촉하도록 하고 있다(동법 제7<br>조, 제8조). 그러나 우리나라의 중앙환경분쟁조정위원회는 일본의 이에 상응하는 기구인 공해등조정위원회(이하 '공조위'<br>로 약함)와 비교하여, 관계행정기관에 대해 공해방지에 관한 시책의 개선에 관한 의견을 진술할 권리를 갖지 못하고 있다(일본공해방지처리<br>법 제48조 참조).

#### 2) 분쟁해결의 유형

분쟁해결의 유형은 알선, 조정, 책임재정의 세 가지만 인정되고 있다. 중재와 원인재정의 유형은 일본에서 현실적으로 활용되고 있지 않는 점을 반영하여 우리나라에서는 인정되고 있지 않다. 그러나 우리나라에서는 일본과는 달리 현실적으로 재정에 의한 해결신청이 주류를 이루고 있다. 이에 대해서는 여러 가지로 그 원인분석이 가능하겠지만, 당사자들이 서로 합의하는 데 익숙하지 않거나, 책임재정의 신청을 통하여 당사자 사이의 해결을 기대하기보다는 다음 단계인 법원에의 소송제기시에 법원에서 검토하게 될 주요 사실관계 인정과 관련하여, 그 승소 가능성을 미리 점검하는 수단의 차원으로 이 제도가 활용되고 있는 점도 적지 않게 작용하고 있다고 평가될 수 있다.

한편 최근 법개정을 통하여 사전합의 권고제도가 도입되었다. 즉, 위원회는 조정의 신청이 있으면 당사자에게 피해배상에 관한 합의를 권고할 수 있는바(동법 제<br>16조의2), 조정

---

15) 深山卓也, 公害等調停委員會, 判例タイムス, 728호(1990. 8. 10), 37면 이하: 溝口喜久, 公害紛爭<br>處理制度の理念と實踐そして課題, ジュリスト, 1008호(1992. 9. 15) 34면 이하.

신청사건의 절반 정도가 환경분쟁조정위원회 상정 전에 당사자 간의 합의로 해결되고 있는 실정을 고려하여 당사자 모두가 만족한 결과를 이끌어 내기 위한 환경분쟁조정위원회의 합의노력을 법률적으로 뒷받침할 수 있는 근거를 마련할 필요성이 있었고, 조정신청시 환경분쟁조정위원회가 당사자에게 피해배상에 관한 합의를 권고할 수 있도록 하되, 합의권고는 조정절차의 진행에 영향을 미치지 아니하도록 함으로써 당사자 간의 합의에 의한 분쟁해결을 촉진함으로써 당사자의 만족도를 높일 수 있을 것으로 기대된다.

### 3) 제도의 실효성 확보수단

환경분쟁조정제도는 그 효력면에서 권리·의무에 관한 유권적 결정이 아니므로, 민사상의 조정과 달리 확정판결과 동일한 효력을 갖지 못한다. 이에 따라 조정에서 정해진 의무의 이행을 확보하는 것이 문제로 된다. 이를 위하여 일본에서는 공조위가 조정, 중재, 책임재정에 의해 의무를 부담하는 자에 대해 의무이행을 권고할 수 있는 권한을 갖도록 하고 있다(<sup>공해분쟁처리법</sup><sub>제43조의2</sub>). 이는 권리자의 신청을 전제로 하는 것이며, 이에 따라 피신청인의 이행상황을 감시하는 조항, 정보제공의 의무를 정하는 조항도 작성될 수 있게 된다. 그러나 지금까지 의무이행권고가 신청된 사건은 1건에 불과하며, 따라서 의무이행권고사건은 제도의 존재에 비해 활용되고 있지 못한 상황이다. 우리나라에서는 이러한 의무이행권고제도를 두고 있지 않다. 이에 대해서는 우리나라에서도 이를 도입하여야 한다는 의견도 가능하겠지만, 일본의 예에 비추어 보더라도 이는 실효성이 없는 제도이므로, 사회적인 영향력 행사를 기대하는 방법이 오히려 효율적이라고 생각된다. 예컨대 대기업의 환경오염행위로 인한 피해발생시에 언론에 조정내용을 보도하는 것은, 소비자의 소비행태에 영향을 줄 수 있으므로 제도적인 내용보다 의무이행확보를 위해 더 큰 영향력을 갖는다고 본다.

### 4) 사법제도와의 관계

환경분쟁조정제도는 사법제도로 들어가기 전의 제도이나, 사법적 해결을 대신할 수 없는 한계를 가진다. 이 제도는 특히 민사재판을 통한 구제제도가 갖는 결함을 메워주고 이를 통해 피해자의 권리보호를 확대하는 수단으로 작용하는 점에서 의미가 있는 것이므로, 민사재판과의 보충적 역할분담을 여하히 할 것인가가 주요한 제도의 내용으로 이해되어야 한다.[16] 이와 관련하여 일본에서는 공해사건의 수소법원이 필요하다고 인정할 때에는 공조위에 원인재정을 촉탁하는 제도를 두고 있다(<sup>제42조</sup><sub>의32</sub>). 따라서 이를 통하여 재판의 심리도 용이하게 되고 당사자 사이의 화해를 도모하는 계기도 되고 있다.

그러나 우리나라에서는 원인재정이 인정되고 있지 않은 이유도 있겠지만 법원이

---

16) 深山卓也, 公害等調停委員會, 判例タイムス, 728호, 1990. 8. 10, 46면.

분쟁조정위원회에 재정을 촉탁하는 규정은 두고 있지 않다. 그러나 일본과 마찬가지로 책임재정의 신청이 있는 사건에 한하여, 소송이 진행중인 때에 수소법원이 재정이 있을 때까지 소송절차를 중지할 수 있도록 하거나, 이때에 소송절차가 중지되지 않는 경우에 재정위원회로 하여금 반드시 재정절차를 중지하도록 하는 규정은 두고 있다(일본 공해분쟁처리법 제42조의26; 우리법 제45조). 그러나 환경분쟁조정제도는 그 자체로서 사법적인 권리구제제도를 대신할 수도, 대신하여서도 안 되므로, 그 조정 등의 결과에 확정판결과 동일한 효력을 부여하는 것은 인정되어서는 안 된다고 본다. 이는 실용적 해결을 명분으로 하여, 법률이 정한 법관에 의한 재판을 받을 권리를 사실상 박탈하는 문제를 야기하므로 위헌의 소지를 낳을 수 있다고 본다. 따라서 입법론으로서 조정이나 재정의 결과에 대해 화해조서의 효력과 동일한 효력을 인정하자는 주장은[17] 환경분쟁조정제도의 성격에 비추어 타당하지 않다고 생각한다.[18]

## Ⅲ. 사후적 권리구제수단

사후적 권리구제는 환경오염으로 인해 외부적인 피해가 발생한 경우에 사법적인 수단에 의해 해결하는 것을 말하는 것이다. 이에는 행정쟁송과 행정상의 손해배상·손실보상 및 민사상의 손해배상을 들 수 있다.

### 1. 행정쟁송의 가능성 문제

#### (1) 문제의 배경

행정기관에 의한 환경이용계획이나 개별적인 결정이 환경보호에 심각한 영향을 미칠 수 있는 경우에는, 권리보호를 위하여 이를 소송의 방법에 의하여 다툴 필요가 생기게 된다. 이때에 당사자는 이른바 제3자로서의 지위에서 자신의 이익을 보호하기 위하여 당해 행정처분을 다투기도 하고, 경우에 따라서는 일반시민의 입장에서 환경보호라는 공익보호를 위하여 다툴 필요가 인정된다.

#### (2) 제3자의 지위에서의 행정쟁송

이때에 시민이 제3자로서 자신의 이익을 보호하기 위하여 행정처분을 다투는 경우에는, 적극적인 행정작용에 대해 취소쟁송을 제기하는 상황과 행정기관의 소극적인 부작위에 대하여 행정기관의 적극적인 개입을 쟁송을 통하여 주장하는 상황이 존재할 수 있다.

---

17) 이경환, "환경오염피해분쟁조정제도", 저스티스 제25권 2호(1992), 270면.
18) 같은 의견 : 전병성, "환경오염피해분쟁조정법", 사법행정, 1992. 3, 48면.

## 1) 취소쟁송의 제기

이때에 제3자가 자신의 이익을 보호하기 위하여 당해 처분을 다투기 위하여는 소송의 경우라면 원고적격이 인정되어야 한다. 그러나 이는 문제가 되는 처분의 근거법규의 보호법익이 공익만을 대상으로 하는 것인가 또는 사익도 동시에 최소한 부수적인 보호법익으로 하고 있는가에 따라 그 결과가 달라지게 된다. 후자의 경우에만 제3자는 자신의 이익을 보호하기 위하여 취소소송을 제기할 수 있는 것이다.

우리의 판례는 이러한 경우와 관련하여 제3자의 지위를 반사적 이익의 차원에서 해방하여, 법적 이익의 차원으로 인정하고 있으며, 이에 따라 제3자의 원고적격도 확대하여 인정하는 경향을 보이고 있다.

## 2) 행정개입청구권의 행사문제

행정기관이 환경행정법규상 자신의 권한으로 주어지고 있는 특정행정작용을 행하지 않고 있는 때에(예컨대 허용기준을 초과하는 배출시설에 대한 물환경 보전법 제39조에 따른 개선명령을 행하고 있지 않은 때), 제3자가 자신의 이익의 보호를 위하여 소송제기를 통하여 특정환경규제조치를 발동할 것을 요청할 수 있는가의 문제는 어려운 문제에 해당한다. 이는 재량행위에 대한 행정개입청구권의 문제로서 논의되는 것이며, 그 기본적인 사항에 대하여는 개인적 공권에서 논의되는 내용들이 적용된다(앞부분의 재량 행위부분 참조). 따라서 부작위로 남아 있는 행정작용이 재량행위인 때에는, 근거법규의 보호법익이 제3자의 이익도 보호하는 것으로 인정된다고 하더라도, 실제적으로 행정기관의 재량이 영으로 수축되는 경우를 제외하고는, 이러한 행정개입의 청구는 인정될 수 없다고 보아야 할 것이다. 따라서 현실적으로는 이러한 권리는 많은 경우에 인정되기 어려울 것이다.

## (3) 일반시민의 지위에서의 행정쟁송

또한 시민의 지위에서 행정기관의 환경법규 위반행위에 대해, 환경보호라는 공익적 목적을 위하여 행정소송을 제기하는 것이 가능한가 하는 문제도 제기된다. 이때에는 원고적격과 관련하여 문제를 제기하며, 특히 개인적인 권리보호의 체계로 형성되어 있는 행정소송체계에 비추어 현행법상으로는 인정될 수 없는 한계에 부딪히게 된다. 이로 인해 행정기관의 환경법규 위반행위에 대한 실효성 있는 소송상의 대책이 강구될 필요가 제기된다. 물론 이에 대해서는 여러 가지 가능한 방법이 고려될 수 있다. 우선 환경권이라는 헌법상의 기본권을 소송상 주장 가능한 권리로서 이론구성할 수 있다면 환경의 침해 자체를 당해 행위의 위법성의 근거로 주장할 수 있겠으나, 아직 이러한 정도의 성격으로 환경권을 파악하고 있지 않으므로 이론구성에 어려움이 존재한다. 따라서 이보다는 다른 방법이 고려되어야 할 것이며, 이에 생각될 수 있는 방법은 미국식의 시민소송제도(citizen suits)와 독일식의 단체소송(Verbandsklage)을 들 수 있다.

### 1) 입법론적 대책

(가) 시민소송제도에 의한 보장방법　　전자의 방법인 시민소송제도는 주지하는 바와 같이 미국의 제도이며 1970년에 개정된 미국의 대기정화법 제304조에 처음으로 등장하여 인정된 것으로서 그후의 모든 연방환경법들과 기존의 연방환경법들에 대한 개정을 통하여 채택됨으로써, 오늘날 미국 환경법의 실효성을 극대화한 제도로 평가되고 있다.[19] 이는 시민들에게 환경규제법령상의 의무를 이행하지 않는 환경보호 행정기관을 상대로 소송을 제기할 수 있게 하거나, 환경규제법을 위반하고 있는 환경오염자를 상대로 직접 소송을 제기할 수 있게 하는 것이다. 다만 시민들은 이때에 반드시 먼저 관계되는 규제행정기관에게 그 위반사실을 알려서 그 기관으로 하여금 먼저 소송을 제기할 수 있는 기회를 제공한 후에만 소송을 제기할 수 있다. 이때에 시민들은 시민소송을 통하여 환경법령 위반에 대한 시정을 요구함으로써 환경법령이 정하는 실체적 기준과 절차적 요건을 준수하도록 강제할 수 있지만, 과거의 환경법령 위반에 대한 처벌을 의미하는 금전벌의 청구를 위한 소송제기는 수질정화법의 경우를 제외하고는 인정되지 않는다. 소송의 근거가 되는 실체적 권리내용은, 환경에 대한 공공신탁(public trust)을 법적인 권리로 인정하여 환경권을 실정법상의 실체적 권리로 이론구성하려는 데에 기초하는 듯하다(예컨대 1970년의 미시간주<br>환경보호법 제2조 참조).[20]

(나) 단체소송제도에 의한 보장방법　　이에 반해 후자의 방법인 단체소송은 독일의 제도로서, 이는 미국과는 달리 개인인 시민에게 소송제기권을 주는 것이 아니라 일정한 공익단체, 즉 환경보호단체에게 원고적격을 인정하는 제도이다.[21] 즉 행정기관이 환경이용과 관련한 허가행위나 금지의 해제행위를 하면서 관련법규를 위반한 때에, 당해 조항이 개인적인 이익의 보호를(주된 것이든 부수<br>적인 내용이든간에) 그 보호대상으로 하지 않는 성격을 갖는 경우에는 이를 다툴 수 있는 원고적격을 갖는 개인은 존재할 수 없으며, 이로 인해 환경에 대한 침해행위에 대해서 아무런 법적 대응책이 없게 된다. 따라서 이러한 문제를 해결하기 위해서 공익을 대변하는 일정한 단체에게 제한된 범위에서나마 원고적격을 인정하는 것이, 국민의 환경과 관련된 권리보호를 간접적으로 보호하기 위해서도 필요하게 된다.

이러한 내용의 단체소송은 특히 자연보호법과 관련하여 독일의 다섯 개의 주(Bremen, Hessen, Ham-<br>burg, Berlin, Saarland)에서 인정되고 있는데, 그 전제요건으로서 행정기관의 적극적인 처분행위나 부작위에 의하여 자연보호법의 규정의 침해가 존재하고, 이러한 위반된 규정에 의하

---

19) 이에 대한 상세한 내용은 손동원, "미국환경법상의 시민소송제도", 환경법연구, 10권(1988), 33면 이하 참조.

20) 손동원, 앞의 논문, 44면 참조.

21) 이에 대해서는 류지태, "환경이용과 국민의 권리보호", 저스티스, 제25권 제2호(1992), 242면 참조.

여 당해 단체의 정관에 따른 업무영역과 관련을 갖게 되고, 당해 소송 이전에 행해진 행정절차에서 당해 단체가 일정한 참여권을 행사했을 것을 전제로 요구하고 있다.

2) 평 가

위에서 논한 방법 중 독일식의 단체소송제도는 우리의 경우, 그 대상을 자연보호에 한정한다고 하더라도 이러한 기능을 제대로 수행할 수 있다고 인정될 만한 단체가 존재하는가의 문제, 어떠한 환경보호단체에게 이러한 원고적격을 인정할 것인가의 문제, 소송남용의 문제 및 현실적인 독일에서의 실효성 경험 등에 비추어 어려움이 있다고 생각한다. 따라서 미국식의 시민소송제도가 우리에게도 마련되어 시민에 의한 강제장치와 행정기관에 의한 공적인 강제장치가 병합하여 효율적인 환경보호의 장치가 마련되는 것이 필요하리라고 본다. 특히 이러한 제도의 필요성은 현재의 환경행정에서의 심각한 문제인 시민들의 환경행정에 대한 불신감 해소를 위해서도 간과할 수 없는 기능을 수행하는 데서도 찾을 수 있는 것이라고 본다.

행정기관이 행하는 환경보호시설, 특히 폐기물처리시설이나 오수정화시설 등에서 오히려 환경침해가 발생하는 경우에는 현실적으로 이를 규제하고 감독해야 하는 기관이 제대로 기능하지 않는 문제가 나타나고 있으며, 이러한 과정이 반복됨으로써 행정기관에 대한 신뢰는 상실되고 있는 실정이다. 따라서 행정기관이 행하는 환경침해행위에 대한 대책은 앞으로의 환경입법에서 반드시 고려되어야 하며, 향후 환경분야 입법에 있어서 충분히 준비하여 실효적인 대책이 논의되어야 하리라고 본다.

## 2. 행정상의 손해배상

행정주체에 의한 환경행정작용의 수행과정에서 그 작위나 부작위로 인하여 시민에게 손해가 발생한 때에는, 행정상의 손해배상의 일반이론에 의하여 배상이 인정되어야 한다.

이때에 배상청구를 주장할 수 있는 이론적인 유형으로서는 ㉠ 행정주체에 속한 공무원이 위법으로 환경이용허가를 함으로써(<sup>예컨대 위법적인</sup><sub>배출시설의 허가</sub>) 손해가 발생한 경우에 그 위법적인 행정작용을 이유로 하여 배상을 청구하는 경우와, ㉡ 행정주체가 일정한 환경규제조치를 취하지 않음으로써(<sup>예컨대 개선</sup><sub>명령의 해태</sub>) 이를 이유로 피해가 발생하였다고 주장하는 경우 및 ㉢ 행정주체가 스스로 운영하는 환경시설로부터 환경오염이 발생하여 이로부터 손해를 입은 자가 배상청구를 하는 경우로 나누어 볼 수 있다.

㉠과 ㉡의 경우는 「국가배상법」 제 2 조의 적용에 관한 문제이며, ㉢의 경우는 「국가배상법」 제 5 조의 적용에 관한 문제이다. ㉠의 경우에는 현실적으로 행정공무원의 위법적인 허가행위과정에서의 고의나 과실을 입증하는 문제가 중요시된다. 그러나 오늘날 과실의 요건은 엄격하게 요구되지 않으며 객관화되어 인정되고 있으므로 그 입증

은 어렵지 않으며, 따라서 행정주체의 손해배상책임이 인정되게 된다. ⓛ의 경우는 행정기관의 일정한 부작위와 손해발생 사이의 인과관계를 인정하는 것이 문제로 제기된다. 이때에 부작위로 남은 행위가 재량행위인 때에는 재량이 영으로 축소되는 예외적인 경우를 제외하고는 부작위가 바로 위법으로 연결되지 못하므로, 현실적으로는 배상책임의 인정이 어렵다고 본다. ⓒ의 경우는 영조물의 설치나 관리상의 하자에 대한 책임문제이므로, 이러한 하자가 존재하는 이상 예외적인 불가항력의 경우를 제외하고는 바로 배상책임이 인정될 수 있을 것이다.

### 3. 행정상의 손실보상

#### (1) 일반적 논의

환경보호행정을 적법하게 수행하는 과정에서 타인의 재산권에 대해 특별한 희생을 가하는 손실이 발생한 때에는, 일반적인 논의에 따라 손실보상이 인정되어야 한다. 개별 환경행정법은 개별적인 경우에 대해 명문의 규정에 의하여 이를 인정하고 있다. 그러나 특별한 희생으로 평가되는 경우에도 손실보상에 관해 법률의 인정규정이 없는 때에는, 헌법 제23조 제3항의 효력과 관련하여 논의가 제기될 수 있다. 이에 대해서는 이미 '행정상의 손실보상제도' 부분에서 언급한 바 있다.

#### (2) 지역주민을 위한 지원 제공 문제

행정상의 손실보상과 관련하여 언급할 문제는 폐기물처리시설이나 발전소 등의 환경위해시설이 설치되는 지역의 주민에 대한 지원문제이다. 이들 시설이 위치함으로써 주변지역의 주민들은 특별한 정도의 불이익을 입는다고 볼 수 있으며, 따라서 이들에 대해서는 국민전체의 차원에서 손실이 보상될 필요성이 제기된다. 그러나 그 구체적 방법에 있어서는 특별한 고려가 필요하게 된다.

##### 1) 지원 제공의 방법

이때에 그 피해를 보상하는 방안으로는 이론상 직접적인 보상과 간접적인 보상의 방법을 생각할 수 있다. 직접적인 보상은 피해의 정도에 따라 그에 상응하는 대가를 금전형태로 직접 피해자에게 보상하는 것이다. 피해에 대한 보상금을 지불하거나 직업을 알선하는 것 등이 이에 해당한다. 그러나 이 방법은 피해자들의 피해정도를 정확히 측정하는 것이 불가능하고, 미래에 대한 피해를 현재 가격으로 일시불로 보상을 받은 자가 이주한 후에, 새로운 이주자가 피해에 대한 보상을 요구할 소지가 크기 때문에 지속적인 문제를 낳을 수 있다. 따라서 이는 특별하고도 현저한 피해가 있는 경우에만 적용될 수 있으며, 기술적으로 시행하기에는 어려움이 많게 된다.

이에 반해 간접적인 보상의 방법은 고용을 창출할 수 있는 공단 등의 산업시설,

학교 등의 문화체육시설, 사회간접자본시설 등을 설치하여 지역주민들에게 혜택을 제공하는 것이다. 이 제도의 단점은 개인적으로 볼 때에는 피해의 정도와 보상의 크기가 일치되지 않는다는 경우가 많다는 점이며, 장점으로는 여러 가지 방안을 적절하게 조합함으로써 지역사회의 발전에 도움을 줄 수 있다는 것이다.22)

### 2) 실정법의 체계

현행법은 이러한 위의 피해보상방법 중에서 후자를 채택하고 있다.

⑺ 폐기물처리시설 설치의 경우   이에 관한 규범으로서는 「폐기물처리시설 설치촉진 및 주변지역지원 등에 관한 법률」 제20조 이하를 들 수 있다. 이는 폐기물처리시설 설치기관으로 하여금 폐기물처리시설을 설치하려고 하는 경우에, 당해 폐기물처리시설의 설치나 운영으로 인하여 환경상 영향을 받게 되는 주변지역의 주민에 대하여 주민편익시설의 설치 또는$\binom{\text{주민편익시설의 설치를}}{\text{원하지 않는 경우에는}}$ 주민지원기금에의 출연을 하도록 하고 있다$\binom{\text{제}20}{\text{조}}$. 이때에 필요한 재원은 폐기물처리시설 설치자의 출연금과 폐기물처리에 있어서 부과되는 수수료 등으로 충당하도록 하고 있다$\binom{\text{동법 제}21}{\text{조 }2\text{항}}$.

⑷ 발전소 건설의 경우   또한 일반적인 발전소 건설로 인한 지역주민의 환경피해와 지역개발저해 등의 문제로 인한 주민들의 발전소건설반대를 해소하기 위하여 「발전소주변지역지원에 관한 법률」이 제정되어 시행하고 있다. 이에 따르면 지원사업의 시행을 위한 재원은 전력산업기반기금에서 부담하도록 하고 있다$\binom{\text{제}13}{\text{조}}$. 이때의 지원사업의 내용은 ㉠ 기본지원사업$\binom{\text{주변지역의 개발과 주민의 복리증진을 위하여 시행하는 소득증대사업·공공시설사업}}{\text{·주민복지지원사업·기업유치지원사업·사회복지사업·전기요금보조사업 및 육영사업}}$, ㉡ 특별지원사업$\binom{\text{발전소가 건건설이 예정된 주변지역 및 당해 시·군 및}}{\text{설중이거나 자치구지역에 대하여 시행하는 지원사업}}$, ㉢ 홍보사업$\binom{\text{전력사업에 대한 국민의}}{\text{이해를 증진하기 위한 사업}}$ 등으로 구성되고 있다$\binom{\text{제}10}{\text{조}}$.

## 4. 민사상의 손해배상문제(환경책임 문제)

### (1) 문제의 배경

환경오염으로 사인에게 손해가 발생한 경우에 이의 배상에 관한 문제는 환경책임이라고 하며, 이 문제는 사법적으로 해결되게 된다. 그러나 환경책임을 규율하는 우리의 환경사법은 적지 않은 문제를 안고 있다. 특히 환경피해의 배상문제는 민법상의 전통적인 불법행위법리에 의해 해결하려는 기본적인 시각에 있으며, 이로 인해 환경피해가 갖는 특성이 제대로 반영되지 못하는 근본적인 한계를 나타내고 있다. 환경오염으로 인한 피해구제에 대해 불법행위이론이 갖는 한계는 그 주요 요소인 인과관계, 위법성, 과실의 요건과 관련하여 나타난다. 환경오염으로 인한 피해의 경우에 인과관계는 통상적인 개별행위에서의 단순한 경우와는 다르게 행위자체의 내부적인 복합성

---

22) 김상대, "혐오시설입지에 따른 피해 및 보상에 관한 연구", 서울대 환경대학원 석사논문(1993년 8월), 83면 이하 참조.

과 누적적 손해, 격지손해 등 특이한 인과관계 확정의 필요성이 제기되고, 위법성의 문제는 유해한 물질을 배출하는 시설이 통상적으로 공법상의 허가를 받고서 가동하는 것이고 따라서 배출행위 자체는 적법하다는 평가가 내려지므로 위법성의 요건충족이 곤란해지는 문제를 나타낸다. 또한 과실의 요건은 기술적인 설비를 통한 환경오염사고의 경우에는 인간적인 과실에 귀속할 수 없고 당해 시설자체에 내재하는 잠재적 위해가 실현된 것으로 이해되어야 하므로 전통적인 과실논리에 의해서는 해결하기 어려운 문제를 나타내는 것이다. 따라서 환경책임의 문제해결을 위해서는 이러한 불법행위이론의 한계를 넘어서는 새로운 해결책이 필요하게 된다고 볼 수 있다.

### (2) 실정법의 경우

환경책임에 관한 실정법 규정으로서는 민법상의 불법행위책임에 관한 규정 외에, 현행 「환경정책기본법」을 들 수 있다. 동법 제44조는 환경오염 또는 환경훼손으로 피해가 발생한 경우에는 해당 환경오염 또는 환경훼손의 원인자가 그 피해를 배상하여야 하여야 하고($\text{제1}_{\text{항}}$), 환경오염 또는 환경훼손의 원인자가 둘 이상인 경우에 어느 원인자에 의하여 피해가 발생한 것인지를 알 수 없을 때에는 각 원인자가 연대하여 배상하도록 하고 있다($\text{제2}_{\text{항}}$). 동법 제1항은 환경책임의 기본적인 책임유형으로서의 무과실책임을 규정한 것으로서 피해자의 권리구제를 용이하게 하고자 하는 의도에서 만들어진 것이다. 그러나 이러한 제44조 제1항은 기본전제로서 이른바 무과실 위험책임주의에 기초하고 있으나, 동법 제7조는 오염원인자의 비용부담원칙을 규정하면서 그 기본에 있어서 과실책임을 전제로 하고 있어, 양 조문이 여하히 조화될 수 있는지가 의문시된다. 또한 무과실책임으로서의 환경책임의 실효성을 보장하기 위한 여러 제도에 관한 규정들도 불충분하여 현실적으로 그대로 적용하기 어려운 점들도 내재한다. 입법론적으로는 우리나라에서도 환경책임과 관련한 문제를 독립적인 입법의 체계하에서 고찰하는 환경책임법의 제정이 필요하다고 본다.[23]

---

23) 이에 대한 상세한 논의에 대해서는 오석락, 독일환경책임법의 연구, 1993; 류지태, "환경책임법입법론", 공법연구(한국공법학회) 제20집, 1992, 295면 이하 참조.

**기본사례 풀이**

## 1. 문제의 소재

사안에서는 영향평가서 작성내용의 위반의 경우에 대한 대책문제가 논점이 된다. 이를 위하여는 관련법령의 해석이 문제된다.

## 2. 영향평가서 작성행위

### (1) 의  의

제도의 개념과 연혁 및 제도의 이론적 근거와 실정법적 근거를 논의한다. 또한 이는 행정기관이 행하는 것이 아니므로 행정절차가 아니고, 행정작용의 성질을 갖는 것도 아니다.

### (2) 제도의 내용

제도의 개괄적인 내용을 설명한다.

## 3. 영향평가서내용의 위반시 대책문제

위반시에도 이는 위법한 행정작용의 문제가 아니다. 따라서 위법성차원이 아니라, 행정기관의 적극적인 개입을 통하여 위반내용을 시정하도록 하여야 한다.

### (1) 실정법규정

평가서내용의 이행을 확보하는 방법으로서 「환경영향평가법」은 다음의 방법을 예정하고 있다. 이행을 위한 필요한 조치의 부과($^{제26조}_{3항}$), 사업의 공사중지명령($^{제26조}_{4항}$) 및 필요한 조치나 공사중지 등의 요청($^{제26조}_{5항}$)이 그것이다. 이러한 규정 중에서 제26조 제3항, 제26조 제4항은 기속행위로, 이에 반해 제26조 제5항은 재량행위로 규정되고 있다. 이러한 내용들은 결국 시민이 직접적으로 환경영향평가서 위반내용에 대하여 개입하지 못하고 행정기관의 개입을 통하여서만 위반내용을 시정할 수 있다는 사실을 보여주는 것이다.

### (2) 인근주민들의 권리

따라서 인근주민들은 행정개입청구권의 행사의 방법을 통하여서만 권리보호를 강구할 수 있게 된다.

#### 1) 행정개입청구권의 요건충족여부

일반적 성립요건을 검토하고, 당해 사안의 경우를 검토한다. 결론적으로 요건이 충족된다고 본다.

#### 2) 권리구제의 방법

행정기관으로 하여금 개입을 요청하고, 개입의 요청에 대해서 행정기관이 부작위로 대응하는 경우에는 행정개입청구권의 침해로서 의무이행심판 또는 부작위위법확인소송을 제기한다.

## 4. 여  론

현행 영향평가제도의 문제점을 지적해본다.

# 제 4 장 　경제행정법

## 제 1 절 　경제행정법의 규범적 기초

### Ⅰ. 경제행정법의 체계적 지위

#### 1. 경제법의 연혁

공동체 사회구성원의 물질적 욕구의 충족을 위한 생산과 분배, 재화 및 역무의 제공이라는 공동체 시스템은, 일반적으로 특정한 방향으로 규율된 법규범과 그것에 의해 지도되는 일정한 행동양식에 의해 유지된다. 이에 따라 입법기관의 정치적 결정이 실재화된 법률은 이러한 목적을 달성하기 위한 행정권의 임무와 권한을 규율하게 되고, 경제주체의 경제과정에서의 행위에 관한 규율을 정하게 된다. 이러한 법규범들이 결국은 한 나라에서의 경제질서에 대한 관념의 표현이 되는 것이다.

역사적으로 보면 과거의 자유경제사상에 의해 기초한 법규범은 정치과정에 대한 경제의 자치를 강하게 요구했다. 특히 국가와 시민사회의 분리 이론은 이러한 경제자치론을 뒷받침하였다. 따라서 경제의 틀(Rahmen)로서의 법이라는 용어의 사용은 자유경제사상의 이데올로기적 산물에 해당하는 것이다. 이에 따라 자유로운 경제의 법은 재산권과 계약, 그리고 영업의 개별자유의 틀이 될 수 있었다. 이러한 사상적 경향에 따라 사법의 영역에서는 상인지위의 특별법으로서의 상법 및 유가증권법 등이 생기고, 공법의 영역에서는 특별경찰법으로서 영업을 규율하는 법이 생기게 되었다. 따라서 엄격히 말해서 경제법은 사적·자치적인 경제적 자유의 법적 테두리로서, 자유로운 경제사상의 전제하에서 생겨난 것이라고 볼 수 있다.

그러나 자유국가는 원칙 면에서 다르긴 하지만, 현대복지국가와 마찬가지로 경제를 법을 통하여 규율했고, 이러한 규율을 통하여 경제영역이라는 사물영역을 규율하는 하나의 경제에 관한 특별법이 존재하게 되었다. 그럼에도 불구하고 자유로운 경제사상에 일치하는 자유로운 경제법은 실질적으로 사법과 경찰법과의 관계 속에서 발전했기 때문에, 그것은 '경제법'으로서의 하나의 특별한 법학적 연구영역과 학문영역의 형성에까지는 이르지 못했다.

그러나 비약적인 산업의 발전은 그 결과로서 모든 법영역에 미치는 독특한 법원칙과 법적 문제를 새로이 많이 발생시켰다. 특히 자본주의적 기업, 그의 수요자에 대한 관계, 경쟁, 기업연합 그리고 노동자, 근로관계, 근로보호 등의 필요에 대한 새로운 법적 규율이 하나의 특별한 법영역, 즉 산업관계법의 대상으로서 생기게 되었다. 그리하여 노동법과 마찬가지로 독립된, 특별한 연구·학문분야로서의 '경제법'의 탄생은, 새로운 분류를 필요로 하는 이론적인 이해관계에서라기보다는 제1차 세계대전의 수행을 위해 촉진된 국가목적의 새로운 방향설정에 힘입은 바 크다고 볼 수 있다.

이에 따라 독일의 바이마르 공화국 헌법에서 도입한 '경제생활'편($^{제151조}_{제165조}$)은 자유로운 경제사상으로부터, 사적 자치적인 경제자유이론이 사회정의를 위한 국가의 책무에 의해 제한되는 하나의 새로운 국가관념으로의 변화를 보여주는 것이라고 할 수 있는 것이다.

## 2. 경제법의 개념

경제법은 60년이 넘는 그의 전통에도 불구하고 아직도 그 대상을 찾고 있는 새로운 분야이다. 경제법의 개념과 한계는 사법적 측면에서도 공법적 측면에서와 같이 불명확하고 일정하지 않다. 물론 특히 그 대상의 측면에서 보아 경제법은 경제를 대상으로 하는 법이다. 그러나 그 대상인 '경제'를 정의하는 데 문제가 있기 때문에, 경제법을 완전히 독립적이고 통일적인 개념으로 표현하는 것은 용이하지 않다. 그럼에도 불구하고 경제법은 "자율적인 영업행위의 지도, 촉진, 또는 한계설정을 위한 법 및 이에 근거한 국가적 결정의 체계"라고 일응 말할 수 있다. 이러한 경제법에는 법적 조건과 경제정책적 규율이 합쳐져 있으며, 그 점에 있어서 경제정책과 법 자체의 결합이라고도 말할 수 있다.

### 3. 공경제법으로서의 경제행정법

공경제법은 경제법의 공법적 측면을 말한다. 일반적으로 공법은 그것에 국가가 관여하는 것이 필요한 법관계를 형성하는 모든 법규범의 총체이다. 따라서 공법은 국가를 필수 참가주체로 하고, 국가에게 배타적인 권리를 부여하거나 또한 전적으로 의무를 부과하는 규범이라고 볼 수 있다. 이에 따라 공경제법에서는 생산과정, 재화와 용역의 생산·분배과정에 있어서 국가의 규율권한과 국가의 참여가 중요한 문제가 된다.

공경제법에는 경제헌법과 경제행정법이 포함된다. 경제헌법은 형식적으로 보아 일반경제의 영역에 대한 헌법규정의 총체라고 말할 수 있다. 이에 반하여 경제행정법은 "국가가 경제과정상의 위해방지, 지도 및 촉진의 목표 아래 규율·형성·집행하기 위하여, 행정기관의 의무와 권한 및 경제과정에 참가하는 자의 공법상 권리와 의무의 토대를 마련하는 법규"를 말한다고 볼 수 있다.

경제행정법의 법원으로서는 다양한 영역에서의 경제관계법률을 들 수 있다. 이에 해당하는 주요법률로서는 「물가안정에 관한 법률」, 「독점규제 및 공정거래에 관한 법률」, 「대외무역법」, 「한국은행법」, 「국가재정법」, 「상공회의소법」, 「식품위생법」, 「공인중개사법」 등을 들 수 있다.

## II. 경제행정법과 헌법

경제정책적 입법과 경제행정을 통한 권리실현은 헌법상의 경제질서에 대한 구조와, 기본권 구조 및 내용의 범위 안에서 그 규범적인 한계를 갖는다.

### 1. 경제헌법

경제헌법은 실질적 측면에서는 헌법과 그 하위법률에 의하여 구체화되는, 경제에 관한 최고의 법적 원칙을 말한다. 이에 반해 형식적 측면에서의 경제헌법은 한 나라의 전체적인 경제질서에 관한 법적 규율이 헌법전에 나타나 있는 것을 말한다. 실질적 측면의 경제헌법개념은 그 실질내용의 파악에 있어서 경계획정에 문제를 야기하므로 실용적이지 못한 개념으로 평가되고 있다. 따라서 오히려 경제헌법논의에 있어서는 형식적인 측면에서의 경제헌법을 대상으로 하게 된다. 이에 따르는 경우에 우리 현행헌법은 독일의 경우와는 달리 경제질서에 관한 중립적인 입장이 아니라, 비교적 분명한 입장을 보이고 있다고 말할 수 있다. 특히 헌법 제23조에 의해 사유재산권을 보장하면서도, 제119조 제 2 항에 의해 국가에 의한 경제작용에 대한 통제권한을 비교적 넓게 인정하고 있다. 따라서 우리나라의 헌법상의 경제체제는 사회적 시장경제질서를 표방하고 있다고 볼 수 있다. 이에 근거하여 경제행정법의 개별적 내용이 형성되어지며, 특히 경제행정작용의 계획적인 측면과 국가의 독점가능성 등이 이로부터 도출되어진다.

## 2. 경제적 활동의 기본권적 보호

헌법상 개인이나 기업의 경제적 활동을 보장하고 있는 주요 기본권으로는 기업의 자유(헌법 제15조), 기업활동 일반의 자유로서의 기업의 자유(헌법 제10조) 및 재산권보장의 자유(헌법 제23조)를 들 수 있다.

### (1) 일반적 한계

경제영역에 대한 입법활동과 행정작용은 기본권에 의해 직접적으로 기속되며, 규범적 한계를 갖게 된다. 따라서 경제영역에서의 개인적 활동에 대한 국가의 규제는 기본권보장을 위하여 평등원칙과 비례성의 원칙의 준수하에서만 가능하게 된다. 물론 경제적 활동만을 위한 개인의 기본권은 별도로 존재하는 것은 아니며, 통상적인 다른 기본권의 한 내용으로서 포함되는 것이다.

헌법원칙으로서의 평등의 원칙은 경제행정법에서는 특히 입법활동에 있어서 의미를 갖게 되며, 특정사안이나 특정 인적 범위를 다른 경우와 자의적으로 차별하여 규율하는 경우에 문제가 된다. 이때에 자의적인가의 여부의 판정은, 그 입증이 곤란한 입법활동에 참여한 당사자의 주관적인 동기가 기준이 되는 것이 아니라, 당해 규율이 그 대상이 되고 있는 사안에 비추어 명백히 객관적으로 부적절한가 여부에 따라 결정하게 된다. 따라서 입법자에 의한 특정규율이 충분한 중요성을 갖는 공익이라는 실질적 근거에 의하여 정당화되는 한, 그 자의성은 인정되지 않는다. 다른 한편, 개인의 경제활동에 관련되는 기본권을 제한하는 것이 허용되는 경우에도, 이러한 작용은 비례성원칙에 의해 다시 제한을 받게 된다. 따라서 개인의 기본권제한행위는 경제정책적 목적이라는 공익을 달성하기에 적합하고 필요하여야 한다. 예컨대 특정행위의 허가요건으로서 당해 행위와 무관한 지식과 능력을 요구하는 규율은 비례성원칙의 위반이 된다.

그러나 입법자에게는 경제질서형성을 위한 상당히 넓은 형성의 여지가 인정되고 있다(헌법 제119조 2항, 제126조). 따라서 특정법률이 경제정책적 목적을 위하여 유용한 것인가의 여부는 입법자의 판단에 일임된다. 그러므로 일정한 경제목적 달성에 전적으로 유용하지 않

는 법률만이 법치국가적 원칙을 위반하는 것으로 평가될 수 있다. 또한 경제질서에
대한 규율행위는 넓은 범위에 있어서의 예측적 평가행위로서의 성질을 갖게 된다. 따
라서 설령 법률제정이나 이에 근거한 행정작용이 사후평가에 의하여, 그 행위가 잘못
된 예측에 근거하였다는 것이 밝혀졌다고 하더라도 바로 위헌이 되는 것이 아니다.
이때에 중요한 의미를 갖는 것은 그 예측이 객관적으로 대상행위에 적합하고, 합리적
인 판단에 기초하여 결정되었는가 하는 것이다.

### (2) 개별적 기본권

#### 1) 기업의 자유

일반적인 경제적 활동의 자유의 특별한 구체화의 형태로서, 기업에는 계약의 자
유 이외에 자기책임하에 기업적인 처분행위를 할 수 있는 기업의 자유(Unternehmens-
freiheit)가 보장되고 있다.

기업의 자유는 기업의 성공을 목표로 하는 기업가의 여러 수단과 방법, 경영과
투자행위, 시장경제적 경쟁하에서의 행위 및 가격형성과 광고행위에 관련한 기업의
결정을, 행정기관에 의한 경제행정법적인 명령·금지와 의무의 부과로부터 하나의 독
자적인 기본권으로서 보호하는 것을 말한다. 이 기본권은 그 체계적 지위에 있어서
정형적인 기본권인 직업의 자유 또는 재산권 보장의 특별한 보호영역에 해당되지 않
는 한, 일반적 행위의 자유(allgemeine Handlungsfreiheit)라는 한층 더 약화된 기본권에
포함되는 것으로 본다. 이는 우리 헌법상으로는 제10조의 행복추구권의 한 내용으로
이해할 수 있을 것이다. 물론 이러한 기업의 자유와 다른 정형적인 기본권(특히 직업의 자유
나 재산권보장 등)
들과의 경계획정은 용이하지 않은 문제이다. 이는 그 내용이 비교적 명확하게 이해될
수 있는 개별 기본권 규정의 보호영역과, 문제가 되고 있는 법률규정의 목적 및 효과
에 비추어 검토되어야 한다. 이에 비추어 볼 때에 통상적으로 기업의 영리추구를 위
한 경쟁행위는, 그것이 직업적으로 관련되는 한, 즉 기업목적의 추구와 관련되어 규율
되고 제한되는 한, 현존하는 경제질서의 범위 안에서는 기업이 갖는 기본권인 직업행
사의 대상이라고 보아야 하며, 그에 따라 헌법 제15조의 효력이 미친다고 보아야 한
다. 또한 재산의 기업적 이용행위는, 문제가 되는 국가작용에 의한 규율행위로 인해
기업목적의 용도로 사용되는 재산적 가치 있는 권리나 영업권의 축소 또는 제약의 효
과가 발생하는 한, 헌법 제23조의 보호를 향유한다고 보아야 한다. 따라서 결국 일반
적 행동의 자유로서의 기업의 자유는 예외적으로만 인정되며, 현실적으로 인정되는
영역은 좁다고 보아야 할 것이다.

#### 2) 직업의 자유

헌법 제15조는 생계유지와 생존형성의 토대를 위한 경제적 활동을 자유로이 선택

하고 행사할 수 있는 직업의 자유의 기본권을 보장하고 있다. 이 기본권은 공권력에 의한, 직업활동에 대한 비례성원칙에 반하고, 정당화의 근거를 갖지 못하는 침해행위로부터 보호하는 것을 주된 내용으로 한다. 직업의 자유는 이로 인해 기업목적을 달성하기 위한 기업행위와 법인의 경제적인 활동을 보장하게 된다. 따라서 이에 의하여 기업의 자유로운 설립과 운영이 보장된다. 이에 대한 입법자의 규율권한의 범위는 그 대상인 직업활동이나 기업행위가 개인적인 영역에 한정된 것인가 또는 다소간 큰 사회적 관련성을 갖는 활동에 관련되는가에 따라 영향을 받게 된다.

직업의 자유는 직업선택의 자유와, 선택한 직업의 행사의 자유를 그 대상으로 한다. 이때에 입법자는 공익의 목적을 위하여 제한적 내용의 규율을 할 수 있으며, 그 내용은 직업행사에 대한 단순한 규율에서부터, 주관적인 또는 객관적인 허가요건을 통한 사실상의 직업선택행위의 제한에 이르기까지 다양하게 나타날 수 있다.

따라서 직업선택의 자유는 특별한 공익목적 달성을 위하여 필요로 되는 경우에 한하여 제한될 수 있다. 이때에는 우선적으로 당사자의 사정을 반영한 주관적인 허가요건의 요구를 통한 방법에 의해 제한할 수 있으며, 이에 의해 공익목적 달성이 불가능한 경우에 한하여 당사자의 주관적인 사정 이외의 객관적인 사항을 요건으로 하는 객관적인 허가요건을 요구함으로써 제한할 수 있다. 이에 따라 경우에 따라서는 공익목적을 위하여 특정사업에 대하여는 국가 등의 행정주체에게만 그 독점적 수행권이 보장되게 되는 것이다.

직업행사의 자유도 공공복리를 위한 합리적 이유가 있는 한, 법률에 의하여 제한될 수 있다. 그러나 이때의 제한을 위한 요건은 직업선택의 경우보다 비교적 완화되어 인정된다고 본다. 헌법은 입법자에게 직업행사 제한의 근거로서의 사회정책적인 목적이나 경제정책적인 목적의 확정을 위한 넓은 범위의 형성여지를 인정하고 있기 때문이다. 따라서 국가의 계획이나 자금지원뿐 아니라 경우에 따라서는 경제지도적인 부수효과를 지닌 세법규정에 의하여도 직업행사에 대한 규제가 행해질 수 있다.

### 3) 재산권보장

헌법 제23조는 경제활동의 물적 토대로서의 재산권을 기본권으로서 보장하고 있다. 재산권 보장의 기본권에 의하여 입법자는 재화분배의 규율과 재산적 가치 있는 권리의 형성·이용과 처분을 위한 법적 질서의 형성에 있어서, 헌법상의 구속하에 있게 된다. 따라서 재산권보호의 유형과 정도 및 재산권의 사경제적 이용에 관한 법적 규율은 한 나라의 경제질서의 식별을 위한 경제헌법적인 기본을 구성하게 된다.

재산권은 우선 그것이 개인의 생존유지와 생존형성을 위한 물적 토대에 관한 법적 분배결정이기 때문에 보호되어야 한다. 또한 다른 한편으로 기본권으로서의 재산권은 시장경제적인 생산과 분배의 경제질서의 틀 안에서, 재화의 사용과 유통에 관한 사적

자치에 의한 결정을 가능하게 해야 하는 임무도 수행하게 된다. 이 기본권의 대상으로서의 재산은 이미 획득되어 현존하는 모든 재산적 가치있는 권리를 의미한다. 이에는 사법상의 물권, 채권 뿐 아니라 획득된 공법적 청구권도 포함한다. 그러나 이 기본권은 새롭게 국가 등으로부터 자금지원 등을 통해 이러한 재산적 권리를 얻게 되는 것을 보장하지는 않는다. 경제행정법에서 현실적으로 중요한 의미를 갖는 재산권 보장의 구체화유형은, 재산적 가치있는 권리로서 인정되고 있는, 설립되어 있고 행사되고 있는 영업을 행정작용을 통한 위법적인 침해행위로부터 보호하는 것이다. 그러나 이러한 재산권보장의 원칙으로부터는 국가경제계획의 변함없는 존속에 대한 일반적인 신뢰를 보장하는 개인의 청구권은 인정되지 못한다.[1] 그 밖에도 재산권보장은 공적 목적을 위하여 필요한 경우에는 법률에 근거하여 제한될 수 있고, 이때에 그 행위가 특별한 희생을 의미하는 경우에는 손실보상이 행해져야 한다(헌법 제23조 3항).

## 제 2 절  경제행정조직

경제행정의 담당자는 기본적으로 국가와 지방자치단체라고 할 수 있다. 이러한 경제행정 담당자의 조직은 헌법과 정부조직법 및 기타 경제관계 법률에서 규정하고 있다(헌법 제117조, 제96조, 정부조직법 제23조·제32조, 한국은행법 등). 이하에서는 경제행정의 주체를 기준으로 국가의 경제행정조직, 지방자치단체의 경제행정조직, 그리고 기타의 경우로 나누어 살펴보기로 한다.

### Ⅰ. 국가의 경제행정조직

이는 직접적인 경제행정조직과 간접적인 경제행정조직으로 나뉜다.

### 1. 직접적인 국가경제행정조직

이는 국가가 다른 공법상의 법인을 통하지 않고 직접 수행하는 경제행정을 말한다. 이를 구성하는 기관으로는 대통령, 국무회의, 기획재정부, 농림축산식품부, 산업통상자원부, 중소벤처기업부, 국토교통부, 고용노동부 등의 경제관련 장관 등을 들 수 있다. 직접적 경제행정과 관련하여서 특기할 조직형태로서는 공기업이 있다. 공기업은 경영주체에 따라 국영공기업·공영공기업 및 특수법인기업으로 분류할 수 있으며, 이 중 국영공기업만이 직접적인 국가경제행정조직에 포함된다. 이러한 공기업은 국가행정조직의 일부로서 운영되며, 독립된 법인격을 갖지 않는 것이기에, 공기업의 경영이나 조

---

1) 홍정선(하), 743면.

직이 일반 행정조직의 일부로서 인정되는 경우이다. 이러한 공기업을 관장하는 행정기관을 현업관서 또는 현업기관이라고 부른다. 우편사업 등의 국영기업이 이에 속하는 대표적 예이다.[2]

## 2. 간접적인 국가경제행정조직

이는 국가가 직접 수행하는 것이 아니라, 국가의 감독하에서 행정목적을 수행하는 공법상의 법인에 의해 수행되는 경제행정을 말한다. 우리나라에서 이러한 행정조직에 해당하는 것으로서는 공공조합(공법상의 사단법인), 공법상 영조물법인을 들 수 있다.

## Ⅱ. 지방자치단체의 경제행정조직

### 1. 직접 경제행정조직

지방자치단체도 스스로 경제행정에 관한 권한을 행사할 수 있다. 이는 헌법적으로는 지방자치의 제도적 보장의 내용인 자치고권의 하나로서의 재정고권의 행사를 통하여 보장되는 것이며, 구체적으로는 「지방자치법」과 「지방재정법」 및 조례에 의해 규율되고 있다. 또한 지방자치단체가 스스로 경영하는 공영공기업도 이에 해당한다. 이에 해당하는 경우로는 수도사업을 지방자치단체가 직접 설치, 경영하는 경우를 들 수 있다(지방공기업법 제2조, 제5조).

### 2. 간접 경제행정조직

이에 해당하는 경우로서는 공법상 독립된 법인의 형태로 운영되는 지방공기업을 들 수 있다. 「지방공기업법」상의 지방공사나 지방공단이 그 예이며, 서울특별시 농수산물도매시장 관리공사와 시설관리공단 등이 이에 해당한다.

## Ⅲ. 기타의 경제행정조직

### 1. 동업단체에 의한 경제자치행정

국가는 경제활동을 행하는 주요 동업단체에 대하여 일정한 법률에 의한 자치권을 부여하여 공적 임무를 수행하게 할 수 있다. 이를 경제의 자치라고 한다. 이것은 국가가 경제를 보호·육성하는 데 있어서, 이들 동업단체의 전문지식을 활용하여 합리적인, 올바른 결정을 내리는 데 도움을 얻기 위한 것이다.[3] 즉, 국가가 직접 수행하기에

---

2) 김남진·김연태(Ⅱ), 667면.
3) 김남진·김연태(Ⅱ), 668면.

는 전문성이나 효율성에서 문제가 있는 전문직업분야에 대한 규율이나 보호정책을, 일정한 자격을 갖춘 단체에게 자치적으로 이를 수행하도록 위임하고, 국가는 감독이나 간접적인 규제를 행하는 것을 말한다.

이와 같은 공법상의 동업단체에 속하는 것으로는 의사회, 치과의사회, 한의사회, 약사회, 변호사회 등이 있다. 이러한 단체는 그 목적에 있어서 사적 이익의 추구를 목적으로 하는 전국경제인연합회나 중소기업연합회와 구별된다. 이들 동업단체는 공법상 사단으로서 법인의 형태를 가지며, 법령상 일반적으로 단체의 구성원의 가입이 강제되고 있다(변호사법 제7조, 의료법 제28조 등). 이들의 권한으로는 ㉠ 국가의 감독을 받으며 동업단체의 자치법규라고 볼 수 있는 정관이나 직업규칙을 제정하고, ㉡ 단체에 따라서는 그 구성원에 대해 자율적으로 교육·감독·징계를 하기도 한다. 이러한 권한행사의 내용에는 공적인 성격이 주어진다.

## 2. 공무수탁사인

### (1) 의    의

### 1) 개    념

국가나 지방자치단체로부터 공권을 부여받아 자신의 이름으로 공권력을 행사하는 사인이나 사법인을 공무수탁사인이라고 한다. 이는 사인이 보유하고 있는 전문성에 착안하여 국가가 스스로 행하여야 하는 임무를 일정한 자격을 갖춘 사인(개인, 법인)에게 위임하는 것을 말한다. 「국가배상법」 제 2 조에서는 '공무를 위탁받은 사인'이라는 표현을 사용하고 있다.

그 법적 근거로서는 현행법은 「정부조직법」(제6조 3항)과 「지방자치법」(제104조 3항) 및 개별법률(공익사업을위한토지등의취득 및보상에관한법률 제4조 5호) 등을 들 수 있다. 즉, 「정부조직법」(제6조 3항)은 "행정기관은 법령이 정하는 바에 의하여 그 소관사무 중 조사·검사·검정·관리업무 등 국민의 권리·의무와 직접 관계되지 아니하는 사무를 지방자치단체가 아닌 법인·단체 또는 그 기관이나 개인에게 위탁할 수 있다"고 규정하고 있다. 또한 「지방자치법」(제104조 3항)도 "지방자치단체의 장은 조례 또는 규칙이 정하는 바에 의하여 그 권한에 속하는 사무중 조사·검사·검정·관리업무 등 주민의 권리·의무와 직접 관련되지 아니하는 사무를 법인·단체 또는 그 기관이나 개인에게 위탁할 수 있다"고 규정하여 사인에 대한 행정임무위임의 가능성을 예정하고 있다. 이 밖에 「공익사업을 위한 토지등의 취득 및 보상에 관한 법률」 제 4 조 5호는 사인이나 사기업이 사업시행자로서 수용권을 행사하는 가능성에 대해 규정하고 있다.

### 2) 다른 개념과의 구별

공무수탁사인은 앞에서 논한 동업단체에 의한 경제자치행정의 경우와 구별된다.

동업단체의 경우는 단체와 그 구성원간의 관계의 규율을 스스로 행하는 것에 중점이 주어지는 데 반하여, 공무수탁사인은 제3자와의 관계를 규율대상으로 하는 점에 중점이 있다. 또한 공의무담당자(Inpflichtnahme Privater)와는 이러한 사인에게는 제3자에 대한 고권을 행사할 수 있는 권한이 주어지고 있지 않다는 점에서 차이를 갖는다. 즉 공의무담당자는 국가와의 관계에서만 법적 관계를 가지고, 제3자와는 관계를 갖지 못하며, 따라서 고권을 행사하지 못한다.

공무수탁사인의 예로서 우리 학자들은 세금의 원천징수의무자를 드는 견해도 있으나, 원천징수의무자가 세법상 원천납세의무자로부터 조세를 징수하여 과세관청에 납부할 의무는 공법상의 협력의무의 이행으로 보아야 하고 그것이 법상 징수권한이 사인에게 위탁된 것으로는 볼 수 없다는 점에서 공무수탁사인으로 볼 수 없고, 오히려 공의무담당자의 예로 보아야 할 것이다.4) 판례 또한 마찬가지이다.

> **원천징수의무자인 행정청의 원천징수행위가 행정처분인지 여부**　　원천징수하는 소득세에 있어서는 납세의무자의 신고나 과세관청의 부과결정이 없이 법령이 정하는 바에 따라 그 세액이 자동적으로 확정되고, 원천징수의무자는 소득세법 제142조 및 제143조의 규정에 의하여 이와 같이 자동적으로 확정되는 세액을 수급자로부터 징수하여 과세관청에 납부하여야 할 의무를 부담하고 있으므로, 원천징수의무자가 비록 과세관청과 같은 행정청이더라도 그의 원천징수행위는 법령에서 규정된 징수 및 납부의무를 이행하기 위한 것에 불과한 것이지, 공권력의 행사로서의 행정처분을 한 경우에 해당되지 아니한다(대판 1990.3.23, 89누4789).5)

공의무담당자로서는 그 밖에 특정기업에게 비상시를 대비한 석유비축의무를 부여하는 경우에, 이러한 공적 의무를 수행하는 기업을 들 수 있으며, 공무수탁사인의 예로서는 사인이나 사기업이 사업시행자로서 수용권을 행사하는 경우를 들 수 있다.

### (2) 공무수탁사인의 법률관계

공무수탁사인은 고권을 부여한 국가와의 관계와 제3자와의 관계라는 이원적인 법률관계를 형성한다.

---

4) 동지: 김남진·김연태(Ⅱ), 669면; 정하중(총론), 86면; 홍정선(하), 748면.
5) 판례는 나아가 법인세의 원천징수제도에 있어서 조세법률관계는 원칙적으로 원천징수의무자와 과징권자인 세무관서와의 사이에만 존재하게 되고, 납세의무자와 세무관서와의 사이에 있어서는 원천징수된 법인세를 원천징수의무자가 세무관서에 납부한 때에 납세의무자로부터 납부가 있는 것으로 되는 것 이외에는 원칙적으로 양자간에는 조세법률관계가 존재하지 아니한다고 하고, 원천징수의무자가 징수금을 납부하여야 할 의무는 세법상 원천징수의무자의 과세관서에 대한 납부의무를 근거로 하여 성립하므로 과세관서가 원천징수세금을 수납하는 행위는 단순한 사무적 행위에 지나지 아니하므로 그 수납행위는 공권력 행사로서의 행정처분이 아니라고 보고 있다(대판 1983. 12. 13, 82누174; 1984. 2. 14, 82누177).

### 1) 국가와의 관계

(가) 의 무    공무수탁사인은 국가와 공법적인 관계를 형성한다. 이때의 법률관계의 내용은 특별한 의무를 부담한다는 점에서 특색을 가지며, 주로 사업수행의무(Be-triebspflicht)를 든다. 즉 공무수탁사인은 공권을 수탁받은 동안은 부작위로 사업수행의 불이행상태에 있어서는 안 되며, 수권한 행정기관의 동의 없이는 임의로 업무수행을 중단하여서도 안 된다.

(나) 감 독    공무수탁사인의 행위는 고권을 위임한 국가의 감독 대상이 된다. 따라서 권한행사의 내용에 따라 그 적법성과 합목적성에 대하여 감독이 행해지게 된다. 이때의 법률관계는 특별행정법관계의 한 유형인 공법상의 특별감독관계에 해당한다고 볼 수 있다.

### 2) 제 3 자와의 관계

공무수탁사인과 제 3 자와의 법률관계는 공법적인 성질을 갖는다. 이때의 법률관계의 내용으로서 공무수탁사인은 일정한 의무를 부담하게 된다. ㉠ 공무수탁사인은 사업수행의무를 진다. 즉, 제 3 자에 대해서도 사업수행을 임의로 중단할 수 없다. ㉡ 공무수탁사인은 또한 공법규정의 준수의무도 부담한다. 즉, 자신이 수권받은 공권을 규율하는 근거법에 구속되는데, 이때에는 특히 기본권준수의무가 중요시된다. 따라서 공무수탁사인은 자신의 고권행사시에 제 3 자의 기본권을 제한하는 경우에는 법률의 명시적인 근거를 필요로 한다. 또한 일반적인 원칙으로서 비례성의 원칙도 준수하여야 한다. ㉢ 따라서 공무수탁사인이 고권수행과정에서 위법행위를 행한 때에는 행정상의 손해배상책임을 지게 된다(국가배상법 제2조 1항).

### (3) 고권수행의 비용문제

이때 공무수탁사인이 수행하는 고권행사의 소요비용의 조달방법은 스스로의 비용으로 하거나, 국가의 비용으로 하거나 또는 이용자의 수수료에 의하여 조달하는 방법 등 다양하게 나타날 수 있다.

### (4) 공무수탁사인으로서의 지위상실

공무수탁사인으로서의 지위는 법률이 예정하는 상실요건에 해당하는 경우나 (예컨대 사망이나 미리 예정된 고권행사의 기간경과, 당사자의 유죄선고 등) 또는 고권의 위임근거인 법률의 폐지, 행정행위의 취소나 철회 등에 의하여 상실된다. 이때에 국가의 일방적 의사표시에 의하여 지위를 상실한데 대해 당사자는 기본권의 침해로서 다툴 수 없다고 본다. 이는 국가의 권한을 사인이 스스로 행할 기본권은 인정되지 않기 때문이다.

# 제 3 절  경제행정의 목적

경제행정의 목적 또는 임무는 적극적 목적의 경제지도와 소극적 목적의 경제감독으로 나눌 수 있다.

## I. 경제지도

### 1. 의  의

경제지도(Wirtschaftslenkung)란 경제정책상 또는 사회정책적으로 희망하는 경제생활의 상태나 결과를 만들거나 유지하기 위하여, 처분의 법 형식에 상관없이 경제과정상에 영향력을 행사하려는 국가처분의 총체를 말한다. 이를 광의의 경제지도라고 말할 수 있다. 따라서 경제지도는 전체적인 경제조종행위로서, 거시경제적으로 투자나 생산, 소비에 대하여 영향을 미쳐서 국민경제상 생활관계의 개선이 이루어지도록 하기 위하여 예측적·형성적 영향력의 발휘행위로 나타나게 된다. 이때에는 그 행위의 형식을 묻지 않는다. 따라서 행정상의 법규명령, 행정행위 또는 사법상의 법률행위 모두 가능한 형식이 된다. 이러한 광의의 경제지도는 그 내용에 비추어 다시 협의의 경제지도와 경제촉진으로 구분된다. 따라서 경제지도는 국가의 일정한 상태의 사회·경제형성을 목적으로 하는 점에서 사적 자치의 기준에 따른 사법관계의 법률질서와 구별되고, 다른 한편으로 공공의 안녕과 질서에 대한 위해를 방지하기 위한 경찰의 임무와도 그 내용에서 구별되는 국가작용이다. 경제지도의 양상은 직접적 또는 간접적으로 나타난다. 경제과정상에 행해지는 경우에는 금융정책이나 예산정책을 통하여 간접적으로 영향력을 행사하게 되고, 생산관계나 개별적인 경제행위에 있어서는 직접적으로 명령·금지 또는 형성작용을 통하여 개입할 수 있게 된다. 경제지도의 헌법상 근거로는 '경제에 관한 규제와 조정'을 규율하고 있는 헌법 제119조 제 1 항과 '대외무역의 규제와 조정'을 규율하는 헌법 제125조 등을 들 수 있다.

### 2. 협의의 경제지도

협의의 경제지도는 광의의 경제지도의 개념에서 경제촉진을 제외한 개념이다. 이는 주로 직접 또는 간접으로 경제생활에 국가가 규제적인 영향력을 행사하기 위하여 개입하는 것을 말한다. 그 주요한 경제지도의 수단은 다음과 같다.

### (1) 시장규제

개별 생산물유통에 대한 경제지도적 규율에 관한 대표적인 예는 시장규제이다. 이는 경제적 경쟁의 자유로운 상태에서는, 관련되는 영역의 구조적 여건으로 인해 생산자와 소비자를 위하여 경제정책적으로 바람직하지 않은 결과가 발생하기 때문에 이를 해결하기 위해 행해지는 직접적인 개입수단이다. 따라서 시장규제적 조치에 의하여 자유로운 경쟁하에서 형성되는 가격과 교환관계, 상품유통의 종류와 방법, 그리고 생산구조에 대한 사항은 공법적 규율로 대체된다. 그 구체적인 양상은 시장에서의 최고가격, 최저가격, 기준가격 등의 확정을 통해서, 또는 공급방법과 판매방법의 규율을 통해 나타나게 된다.

### 1) 가격통제

이는 정부에 의해 재화나 용역의 최고 또는 최저가격이 지정되거나 가격결정과정에 직접적으로 개입함으로써 행하는(가격의 승인이나 인가제도; 물가안정에관한법률 제2조, 제4조 1항) 경제지도수단을 말한다. 가격통제제도는 물가수준의 유지와 경제안정을 목적으로 한다(물가안정에 관한 법률 제2조 1항). 그 방식은 법규명령과 행정행위 모두 가능하다. 가격통제를 위반하는 경우에는 과태료나 행정형벌 등 경제행정벌에 의한 제재가 행해진다.6)

### 2) 유통에 관한 통제

이는 재화의 긴급한 유통을 위하여 자유로운 유통과정에 개입하는 것이다. 따라서 이는 예외적으로만 인정되며 대표적으로 공급명령제도를 들 수 있다. 현행법으로는 비료나 양곡이 주로 그 대상이 된다.

### (2) 경기조종수단

이는 거시적으로 경제에 개입하여 경제현상에 간접적으로 영향을 주고자 하는 경제지도수단이다. 그 수단으로는 예산정책(예산의 규모나 배분정책 등), 조세정책(조세의 징수나 감면정책 등) 및 통화정책(통화량이나 이 자율정책 등)이 있다.

## 3. 경제촉진

### (1) 의   의

경제촉진이란 급부행정작용을 통한 경제행위자에 대한 지원작용을 말한다. 이는 급

---

6) 이밖에도 종전에는 국세청장이 정하는 가액을 초과하여 거래를 함으로써 부당한 이득을 얻은 자에 대하여 부당이득세를 납부하도록 하였었다(부당이득세법 제 1 조 제 1 항). 그러나 이 법은 부당한 거래 행위에 의한 이득을 조세로 흡수하여 물가의 안정을 기하고 공정한 상거래를 촉진하여 국민생활의 안정에 기여하려는 목적으로 제정되었으나, 부당이득세는 그 성격상 조세로 보기 어렵고 1975년 이 법이 시행된 이래 현재까지 그 징수실적이 총 22억2천500만원에 불과하고 1996년 이래 징수실적은 전무하여 법으로서의 실효성을 상실하였다고 보아 2007. 7. 19. 폐지하였다.

부적인 수단을 통하여 사회공동체 구성원의 경제적 이익추구를 직접적으로 촉진하는 모든 행정활동을 의미한다. 협의의 경제지도가 규제적 성격에서 특성을 나타내는 반면, 경제촉진은 수익적인 성격을 갖는 점에서 서로 구별될 수 있다. 그 주체는 국가나 지방자치단체가 된다.

경제촉진의 양태는 다양하게 나타날 수 있다. 국영기업이 사기업에 대해 원자재나 에너지를 공급하는 행위, 직업의 알선행위, 자금을 지원하는 행위 등이 여기에 해당하나, 기업에 대해 가장 중요한 의미를 갖는 것은 자금지원작용이다.

### (2) 자금지원(또는 교부지원, 자금조성)

#### 1) 의　　의

자금지원(Subvention)이란 공행정의 주체에 의해 공적 수요충족을 목적으로 사인이나 사기업에게 주어지는 재산적 가치 있는 급부를 말한다. 여기에서는 제공되는 지원목적이 주요한 의미를 갖는다. 자금지원의 예로서는 농업경제적 생산과 판매의 조종을 목적으로, 탄광업의 에너지정책적 그리고 사회정책적 촉진을 목적으로, 그리고 지역의 경제적 구조의 개선을 목적으로 행해지는 경우를 들 수 있다. 이를 통하여 기업들은 자유로운 시장경제원리하에서는 얻을 수 없는 수단들을 제공받게 된다. 그 유형은 넓은 의미에서는 직접적인 지원과 간접적인 지원으로 나눌 수 있다. 전자는 일정한 전제조건이 충족되는 경우에 당사자에게 자금을 지원하는 것이고(<sup>보조금의</sup><sub>지원 등</sub>), 후자는 공과금납부의무의 전제조건이 충족된 경우에도 당사자에 대한 행정주체가 청구권행사를 전부 또는 일부 포기함으로써 간접적으로 경제적인 혜택을 제공하는 것을 말한다(<sup>세금의 감면조치나</sup><sub>수수료 등의 감면 등</sub>). 그러나 자금지원법의 주된 논의의 대상은 직접적인 지원에 한정된다. 따라서 이하에서도 직접적인 지원형태만을 논하기로 한다.

#### 2) 법적 근거

㈎ 일 반 론　　자금지원행정에서는 우선 그 법적 근거가 문제로 된다. 이는 법률유보원칙의 적용영역과 관련되는 문제이며 이에 대해서는 앞에서 논한 본질성이론에 의한 검토가 필요하다. 따라서 모든 중요한 본질적 결정들은 입법자에 의해 스스로 법률에 의해 직접 규율되어야 한다.

문제는 자금지원 행정작용에 있어서 무엇이 본질적인 사항에 해당하는가 하는 것이며, 이는 개별적으로 검토할 수밖에 없게 된다. 이에 따르면 자금을 지원하게 되는 구성요건의 확정이나 지원액수에 관한 사항이 법률에 의해 모두 상세히 규율될 필요는 없으나, 자금지원에 있어서 부가되는 조건이나 부담에 대해, 그리고 지원된 자금의 반환청구에 있어서 그 요건과 형태에 대해서 아무런 법적 근거가 없는 것은 문제로서 평가할 수 있을 것이다. 따라서 입법정책적으로는 자금지원에 관한 구성요건이나 액수, 그리고 부관의 부가나 반환의무의 규율에 관한 일반적인 요건을 규정하는 자금지원에 관한 일반법이 필요하리라고 본다. 그러나 실무상으로는 법률의 근거 없이도 주로 예산에 의해 행정주체에 의한 자금지원이 행해지며, 이는 그것이 의회에 의해 승인된 것이고, 일정한 지원목적에 구속되는 것이므로 허용되는 것으로 보고 있다.

(내) **실정법**　　이에 관한 현행법으로서는 「보조금 관리에 관한 법률」, 「유통산업발전법」, 「중소기업제품구매촉진 및 판로지원에 관한 법률」 등을 들 수 있다.

(대) **행정규칙**　　국가나 지방자치단체는 현실적으로 행정규칙에 의해 자금지원을 행하게 된다. 이때에 국가 등은 이론상 어떠한 목적을 위하여서도 경제촉진을 위한 자금지원을 할 수 있다. 그러나 이때에 행정주체는 지원대상의 선정에 있어서 우선 헌법상의 평등원칙에 구속된다. 따라서 지원을 필요로 하는 기업과 필요로 하지 않는 기업과의 실질적으로 합리적 근거 있는 차별하에서만 지원을 행하여야 한다. 또한 자유권의 구속도 받게 되는데, 이는 자금지원이 특정분야의 기업에게만 편중되는 경우에 다른 분야의 기업은 직업행사의 자유나 재산권행사의 자유에서 제약을 받을 수 있게 된다.

### 3) 자금지원작용의 법률관계

자금지원의 허가와 교부는 국가와 수혜자 사이에 공법적인 법률관계를 발생하게 한다.

(개) **자금지원청구권**

① **일반론**　　이러한 내용의 개인적 공권이 인정되기 위하여서는 그 청구요건과 지원액수 등에 관해 규율하고 있는 근거법률의 존재를 전제로 하게 된다. 이러한 법률이 존재하지 않는 한 이러한 공권은 인정되지 않는다. 이때에 당사자는 예산을 근거로 하여서는 주장하지 못하는데, 예산은 시민에 대한 외부적 효력을 갖지 못하기 때문이다.

실무상으로는 그러나 앞에서 본바와 같이 예산을 집행하기 위한 행정규칙의 형식으로 자금지원이 규율되고 있다. 이때에 당사자는 행정규칙을 근거로 하여서도 자금지원을 청구할 수 없는데, 이는 행정규칙은 다수견해에 의하는 한 내부적 효력만이 인정되기 때문이다.

② **예외적인 인정**　　그러나 예외적으로는 자금지원청구권이 인정될 수 있다. 이는 평등원칙을 매개로 하는 것이며, 특히 행정의 자기구속의 원칙을 통하여 인정되는 것이다. 즉 행정기관이 유사한 사안에 있어서 이미 자금지원을 행한 선례가 있고, 당해 사안에 있어서 행정기관이 행정규칙에 의하여 자금지원을 할 수 있는 때에는 청구권이 인정된다. 이때에는 행정선례나 행정규칙의 발령이 행정기관의 장래의 자금지원을 기속하게 하는 것이다. 물론 이때의 청구권도 일정한 한계하에서만 인정되는데, 자금지원의 선례

가 법적으로 위법하지 않은 방법으로 행하여진 것이어야 하고(<sup>위법의 평등적용은</sup><sub>인정되지 않는다</sub>), 아직 예산에 의해 허용되는 금액이 남아 있는 경우에 한한다(<sup>금액이 다 지출된 경</sup><sub>우에는 불가능하다</sub>).

(나) **법률관계의 법적 성질**  자금지원은 일정한 의사표시에 의해 성립되고 형성된다. 이때의 법률관계는 공법적인 형식이나 사법적인 형식 모두 가능하다고 본다. 이는 근거법규가 통상적으로 자금지원의 법적 형식을 특정하지 않고 있으며, 이에 따라 행정주체에게는 형식선택의 자유가 허용되고 있기 때문이다.

그러나 개별적으로 당해 법적 관계의 성질이 어떠한 것인가의 여부는 현실적으로 소송유형의 결정에 주요한 의미를 갖게 된다. 이때에 당해 법률관계의 성질이 명확하지 않은 경우에는 공법적인 관계로 추정한다. 이는 자금지원이 수행하는 공적 목적에 비추어 순수하게 사법적으로 구성되는 경우는 현실적으로 존재하지 않기 때문이다. 이때의 공법적인 관계는 언제나 당사자의 신청행위를 전제로 하며, 이에 대해 행정주체는 두 가지의 방법으로 대응하게 된다.

① **행정행위**  행정주체가 일방적으로 구속력 있는 형성적 의사표시를 신청자에게 행하는 경우에는 행정행위의 형식을 선택하게 된다. 따라서 이때에는 당사자의 신청에 대한 합의가 아니라, 신청내용에 대한 수리여부에 대한 통지가 행해지게 된다. 따라서 이러한 행정행위에 의하여 신청자는 지급되는 지원액의 범위 안에서, 청구권을 갖게 되는 것이다. 그러나 이와 같이 행정행위에 의해 성립된 청구권의 행사에 있어서는 사법적인 성질을 갖게 된다고 본다. 즉 이때의 청구권은 국가나 지급기관(<sup>예컨대</sup><sub>은행 등</sub>)을 상대로 하는 민사적인 성질을 갖는 것으로 본다.

이로 인해 이때의 전체적인 자금지원의 법률관계는 두 단계로 구성되게 된다. 즉 자금지원의 결정여부에 대해서는 행정행위를 통한 공법적인 관계가 성립하고, 이러한 행정행위에 의해 성립된 청구권의 실현과정에서는 사법적인 관계가 성립하게 되는 것이다. 이를 이단계이론(Zweistufentheorie)이라고 한다. 그러나 이러한 이중적인 법률관계의 구성은 구체적인 법적 분쟁이 있을 때마다 그 소송유형 등에서 혼잡을 가져오게 되는 문제점이 지적되고 있다.

② **공법상 계약**  당사자의 신청에 대하여 행정주체가 동의의 의사표시를 하는 경우에는 공법상 계약이 성립하게 된다. 이때에는 신청자의 청구권의 성립과 그 실현과정에 있어서 모두 공법적인 규정에 의해 해결하게 된다. 이러한 법적 형식은 소송유형에서 통일성을 도모할 수 있고, 구체적인 법률관계의 내용을 변경하려는 경우에 행정행위에 의하는 경우보다 신속한 유연성을 발휘할 수 있는 장점이 있다.

③ **부관의 문제**  이때에 행정주체가 어떠한 내용의 부관을 어떠한 요건하에서 부가할 수 있는가는 법률유보원칙의 적용문제이다. 따라서 이때에는 법률의 근거를 요하며, 또한 그 밖에도 비례성원칙의 구속을 받게 된다. 부관으로서 가장 중요한 의

미를 갖는 것은 물론 지원금의 반환을 규정하는 것이다. 이러한 부관은 수혜자가 자금지원의 목적에 반하는 행위를 하거나 자금을 다른 목적으로 사용하는 경우를 대비하기 위한 것이다.

④ 실정법 규정    현행법으로는 자금지원의 교부신청, 교부결정 및 사후관리 등에 대하여 「보조금 관리에 관한 법률」이 적용된다. 그러나 이 법에 따른 자금지원의 교부관계의 법적 성질에 관해서는 견해가 대립하고 있다. 즉 이를 공법상의 증여계약으로 보는 견해와,[7] 협력을 요하는 행정행위($\frac{쌍방적}{행정행위}$)로 보는 견해가 주장된다.[8] 그러나 동법이 규정하고 있는 내용에 비추어 행정행위로 보는 입장이 타당하리라고 본다. 즉 행정청이 보조금의 교부여부를 일방적으로 결정할 수 있고($\frac{동법}{제17조}$), 일정한 요건하에서는 행정청이 자금지원결정을 취소할 수 있는 내용($\frac{동법}{제30조}$)에 비추어 행정행위로 보아야 할 것이다.[9] 또한 동법은 자금지원목적에 반하는 행위가 존재하는 경우 등에 자금지원교부결정의 전부 또는 일부를 취소할 수 있음을 규정하고 있고($\frac{제30조}{1항}$), 취소시에는 이미 지급된 지원금을 기한을 정하여 반환을 명할 수 있음을 규정하고 있다($\frac{제31조}{1항}$).

### 4) 자금지원작용의 통제

이 경우에는 법원을 통한 사법적 통제와 의회를 통한 정치적 통제의 두 유형으로 나눌 수 있다.

#### ㈎ 사법적 통제

① 지원금수혜자의 권리보호    행정주체와 지원금 수혜자 사이에 법적 분쟁이 발생하는 경우에는 사법적으로 해결된다. 그러나 이때의 소송유형은 자금지원의 법률관계의 성질에 따라 상이하게 나타난다. 따라서 자금지원청구권 또는 자금지원결정과정을 다투고자 하는 경우에는 행정행위나 공법상 계약이든 모두 행정소송에 의하게 된다. 이때에는 특히 자금지원 결정시에 부가되는 불리한 내용의 부관이 대상이 된다. 그러나 청구권의 실현과정에 대해 분쟁이 발생하는 경우에는 그 법적 형태에 따라 행정소송 또는 민사소송에 의하게 될 것이다.

② 제 3 자의 권리보호    행정주체와 수혜자간의 자금지원으로 인하여 수혜자의 경쟁자에 대하여도 일정한 효과가 발생할 수 있다. 즉, 자금지원결정이 경쟁자의 기회균등 또는 경쟁자의 경쟁의 자유 및 법적으로 보호되는 제 3 자의 이익에 관계되는 한, 그것은 하나의 3자효 있는 행정작용으로서의 의미를 갖게 된다. 따라서 경우에 따라서는 지원을 받는 기업과 경쟁관계에 있는 제 3 자는 자금지원결정 자체가 위법임을 이유로 이를 금지할 것을 소송으로 주장할 수 있다. 이를 경쟁자소송이라고 한다. 이

---

7) 이상규(하), 460면.
8) 김도창(하), 486면.
9) 홍정선(하), 780면.

때의 법적 근거로서는 자금지원의 근거법률이나 평등원칙, 또는 자유로운 기업경쟁을 보장하고 있는 직업선택의 자유나 영업의 자유가 그 근거로 주장될 수 있다.

(내) 정치적 통제    정치적 통제는 의회에 의하여 행하며, 지원된 자금이 원래의 예정된 목적에 맞게 사용되고 있는지를 통제하려는 것이다. 따라서 그 내용은 적법성의 차원뿐만 아니라 합목적성의 통제도 그 내용이 된다. 현실적으로는 주로 국정감사나 국정조사의 방법으로 행해진다.

## Ⅱ. 경제감독

### 1. 의    의

앞에서 논한 바와 같이 경제가 법에 의해 규율된다면, 이러한 목적은 이를 효율적으로 수행할 수 있는 수단들이 존재하는 경우에만 달성될 수 있다. 경제감독(Wirtschaftsaufsicht)이란 이러한 수단들을 마련하는 일련의 작용을 말한다. 즉 경제감독은 경제생활의 참여자들의 개별적 행위를 현존하는 법적 규율의 내용과 일치하도록 하여, 원칙적으로 자기책임하에 경제질서를 유지하도록 만드는 일체의 수단들을 말한다.

그 유형으로는 사전적인 수단과 사후적인 수단으로 나눌 수 있다. 전자는 경제질서에 장애가 발생하지 않도록 사전적으로 일정한 요건들을 요구함으로써 경제질서유지의 목적을 달성하는 것이며, 후자는 경제상의 장애가 발생하는 경우에 이를 사후에 일정한 제재나 처벌을 가함으로써 일정한 경제질서로 유도하는 것을 말한다. 경제감독수단으로는 사전적인 수단이 더 중요한 의미를 갖는다.

### 2. 사전적인 감독수단

이에는 다음과 같은 수단들이 존재한다.

#### (1) 신고의무의 부과
#### 1) 의    의

감독수단으로서 가장 경미한 부담을 주는 수단으로는 신고의무의 부과를 들 수 있다. 이는 영업행위의 개시나 영업소의 설치 등에 있어서 주무관청에 신고를 요하도록 하는 것이다(식품위생법 제 22조 5항 등). 신고의무의 부과도 당사자의 일정한 경제활동에 대한 제약의 의미를 가지므로 법적 근거를 요한다. 신고의무는 행정주체의 개별적 요구에 의해 발생하는 것이 아니라, 법률적으로 규정되어 있는 구성요건의 충족으로 바로 발생하게 된다. 따라서 행정주체가 경제감독의 목적을 위하여 자료나 정보의 제출을 명함으로써 이에 따라 일정한 사항을 신고하는 경우와 구별된다.

2) 법적 성질

당사자의 신고행위는 그 자체로서 권리나 의무를 발생하게 하는 구속력을 발생하지 않으므로 공법상의 의사표시가 아니다. 또한 이러한 신고행위에 대해 행정기관은 일정한 행위를 할 의무를 지지 않는다. 신고의무의 기능은 단지 행정기관에 대해 일정한 정보를 제공하기 위한 목적만을 갖는다. 따라서 의무자는 법률이 예정하는 시점에 적시에, 그리고 예정되어 있는 모든 사항에 대해 정확하게 신고하여야 한다. 신고의무를 이행하지 않거나 정확하게 신고하지 않은 경우에는, 행정질서벌의 대상이 되는 것이 통상적이다.

### (2) 인·허가의 요구

1) 의    의

경제행정에 있어서 인·허가는 특정한 영업행위의 개시를 위하여(식품위생법 상의 허가제) 또는 특정 기술적 시설의 가동을 위하여(원자력진흥법이나 폐기물관리 법상의 인·허가의 요건) 요구된다. 인·허가제의 요건은 가장 전형적인 사전적 경제감독수단으로써 인정되고 있다. 즉 일정한 대상행위나 시설의 가동의 잘못으로 인하여 발생하는 경제상 또는 일반공공이익의 장애를 사후에 제거하는 것만으로는 충분하지 못하거나 실효성을 갖지 못하는 경우에, 이러한 수단은 실효성을 갖게 된다. 따라서 이 제도는 제 3 자나 일반 공공의 이익은 보호하나, 이러한 요건이 요구되는 당사자의 경제적인 자유는 제한하는 속성을 갖게 된다.

2) 기본권과의 관계

인·허가제도는 당사자의 기본권으로서의 자유로운 경제적 행위의 수행을 제한하는 속성을 가지므로 용이하게 인정되어서는 안 되며, 이를 정당화할 정도의 공익의 존재를 그 요건으로 한다. 그러나 다른 한편 이러한 당사자의 기본권이 갖는 중요성은 비례성원칙의 요구를 통하여, 인·허가제도의 구체적 내용의 형성에 대하여도 영향을 미치게 된다. 따라서 ㉠ 인·허가절차는 그 기간에 있어서 당사자가 수행하려는 영업행위 등을 사실상 불가능하게 할 정도로 장기간 진행되어서는 안 된다. ㉡ 또한 행정기관의 인·허가를 위한 절차에 있어서 당사자에게 법적으로 또는 사실상 불가능할 정도의 증거자료의 제출을 명하여서는 안 된다. 이러한 증거자료의 제출은 인·허가의 대상에 따라 상이하게 요구되어야 하며 경우에 따라서는 그 정도가 완화되어야 한다. ㉢ 인·허가절차에서 제출된 정보는 법률의 근거 없이는 다른 행정기관이나 제 3 자에게 유출되어서는 안 된다.

3) 유    형

인·허가제도는 법적인 규율의 형태에 있어서 두 가지 유형으로 나타나게 된다. 즉 인·허가제도는 일반적으로 금지되어있는 특정행위를 개별적인 경우에 일정한 요건이 충족되면 해제하는 제도이지만, 그 해제의 목적이 사익의 보호가 주된 경우인 때와 공익의 보호를 목적으로 하는 경우로 나뉘어진다. 전자를 허가유보부 금지라고 하며, 후자를 예외유보부 금지라고 할 수 있다. 일반적으로는 전자의 경우가 보통이다. 허가유보부 금지에서는 근거법률의 구성요건이 허가의 발령이나 거부의 요건에 관해 일의적으로 분명히 규정하고 있는 때에는 당해 허가가 기속행위로서의 성질을 가지나, 법문의 표현이나 당해 법규의 전체적 해석상 재량행위로 보아야 할 경우도 존재한다.

### 4) 인·허가의 전제요건

허가의 발령을 위한 전제요건에 대해서는 관련법령들이 다양하게 규율하고 있다. 그러나 일반적으로 고려되는 요건으로서는 ㉠ 위해를 야기하지 않을 것, ㉡ 신뢰할 수 있을 것 및 ㉢ 전문성을 갖추고 있을 것이 요구된다. ㉠의 요건은 기술적 설비의 특성이나 대상행위의 성질에 비추어 허가를 발령하더라도, 가까운 장래에 법익의 감소상태를 야기하게 될 가능성인 위해가 존재하지 않을 것을 검토의 요건으로 하는 것이다(예: 원자력발전소의 설립허가 등). ㉡의 요건은 허가 신청자의 인적 특성에 관련되는 것이다. 이는 허가 의무사항인 당해 행위를 신청자가 법적 요건에 맞게 수행할 수 있을 것인가를 검토의 요건으로 하는 것이다. 이러한 요건은 영업행위의 개시시점에 존재하고 있어야 한다. 따라서 신청자의 과거의 전력은 결정적일 수는 없으나, 중요한 참고기준으로 인정될 수 있을 것이다(예: 식품위생법 등의 허가의 결격요건 참조). ㉢의 요건은 신청자가 허가대상인 행위를 실정법이 요구하는 전문지식을 가지고 수행할 수 있을 것인가를 검토의 요건으로 하는 것이다. 이를 위하여는 실무적 경험과 이론적 지식이 필요로 되며, 경우에 따라서는 자격시험의 합격도 필요로 된다.

### (3) 부관의 부과

경제감독적 수단으로서 실무상 자주 이용되는 수단은 또한 부관의 부과이다. 이는 그 대상이 행정행위인 경우에 한정되며, 특히 앞에서 설명한 인·허가의 부여나 자금지원의 경우에 특히 많이 나타난다. 특히 경제감독수단과 관련한 주요유형으로서는 조건(이는 신청자의 장래의 일정한 태도를 유도하기 위하여 부과된다), 부담(이는 당해 행정행위와 독립하여 개별적으로 그 이행을 관철하기 위하여 부과된다) 및 철회권(또는 부담)의 유보(이는 당초의 행정행위를 사후의 일정한 사정의 발생을 이유로 하여 변경하거나 보충하기 위하여 부과된다)이다.

### (4) 그 밖의 수단

경제감독의 그 밖의 중요한 수단으로서는 정보의 수집행위, 검사행위 및 기술적 시설의 점검행위를 들 수 있다. 이때의 정보수집은 행정기관이 당해 경제행위자에 대해 교정적 조치나 제재를 가하기 위하여 행하는 것이다. 따라서 행정기관은 법률의 근거하에서 또는 임의적인 협력을 기대하며 자료제출을 명할 수 있다. 검사행위는 영업장소나 시설가동장소를 둘러보거나 영업서류를 검색하는 것을 말한다(식품위생법 제17조 등). 점검행위는 특정한 기술적 시설을 전문가를 통하여 그 안전성 등에 관하여 검사를 받는 것을 말한다. 이는 특히 환경위해시설이 그 대상이 된다.

### 3. 사후적인 감독수단

이는 위법적인 행위를 행정주체가 확인한 때에 이를 정정하도록 하거나 일정한 제재를 가하는 수단들을 말한다. 이러한 수단으로서 가장 경미한 것으로는 법적 효과를 발생하지 않는 조언(Beratung)이 있고, 가장 중한 수단으로는 인·허가의 철회나 취소를 들 수 있다.


## 제 4 절  경제행정의 행위형식

경제행정을 수행하는 행정기관의 행위형식은 다양하다. 일반적으로 행정기관에게는 경제행정에 의하여 달성하고자 하는 수행 목적을 기준으로 하여 넓은 범위의 형식선택의 자유가 인정된다고 본다. 그러나 다양한 행위형식들은 당사자에 대한 미치는 효과에 있어서 다양하므로, 비례성원칙에 따라 개별영역에 따라 그리고 당사자에 대한 효과에 따라 그 행위형식 선택이 제약될 수 있을 것이다. 경제행정의 영역에서도 일반행정작용의 경우와 마찬가지의 설명이 그대로 타당하며, 그 주요형식을 보면 다음과 같다.


### Ⅰ. 행정계획(경제계획)

#### 1. 의    의

경제계획이란 경제정책과 경제행정집행의 영역에 있어서의 장래의 일정행위를 위한 틀을 제공하고, 이를 통하여 일정한 경제행위를 유도하기 위한 목표지향적인 전체적 행위기준을 말한다. 경제행정법은 다른 법과 마찬가지로 그 규율대상과의 관계하에서 그 수단의 선택이나 내용형성이 이루어진다.

경제행정법의 대상인 경제는 그 개념정의에서도 다의적이지만, 그 여건에 있어서도 매우 복잡한 현상으로 이해되고 있다. 예컨대 한 나라의 경제는 국제적으로는 다른 나라와의 관계, 국내적으로는 통화, 고용수준, 물가 등에 의하여 매우 많은 영향을 받고 있다. 따라서 경제적 현상을 예측·지도 및 촉진하기 위하여는 여러 여건들과 변수들을 반영하여 이를 종합화한 전제하에서 경제행정작용이 행해지도록 할 필요가 있다. 이를 위한 수단이 행정계획으로서의 경제계획이다.

경제계획은 우리 헌법상으로는 제119조 제 2 항과 제120조 제 2 항 등을 근거로 하여 가능한 것으로 인정되고 있다. 경제계획은 그 기능에 비추어 보아 자유로운 시장경제질서와 반드시 대립적인 것으로 볼 필요는 없다. 오히려 이를 통하여 국민개개인의 지위의 강화를 도모할 수도 있기 때문이다. 경제계획상의 목표설정은 장래의 일정한 사실상태를 전제로 하는 것이므로, 행정기관의 예측적 판단을 전제로 하는 성질을 띠게 된다.

### 2. 법적 문제

경제계획도 행정계획으로서의 성질을 가지므로 행정계획에 관한 설명은 이 경우에도 대부분 타당하다. 따라서 그 유형이나 계획확정절차와 관련된 문제는 거의 동일한 설명이 가능할 것이다. 행정계획에 있어서도 마찬가지이지만 경제계획과 관련된 현실적인 법적 문제는 경제계획의 변경과 관련한 당사자의 신뢰보호문제이다. 경제계획은 그 성격상 미래에 대한 예측적 기준제시이므로, 계획수립과정에서의 오류나 예측가능성의 한계 등으로 인하여 사후에 변경을 필요로 하는 경우가 많다. 이러한 경우에 국가의 계획을 개인이 신뢰하고 어떤 처분을 하였으나, 그 후의 계획변경으로 인해 불이익을 보게 되었다면, 개인의 처분이 법적으로 보호되는가의 문제가 생기게 된다. 이때에 특히 논의되는 경제적인 이해관계는 그 유형에 있어서 존속보호(Bestandsschutz), 수익보호(Erwerbsschutz), 재산보호(Vermögensschutz)로 구분할 수 있다. 존속보호는 허가나 확약 등의 처분이 더 이상 인정되지 않거나 그 내용이 중대하게 제약되는 경우에 처분 자체의 존속을, 수익보호는 행정기관의 처분으로 인해 이미 얻은 수익이 제약되는 경우에 수익의 보호를, 그리고 재산보호는 처분의 변경으로 인해 손실을 입은 경우에 손실의 보상을 주장하는 것이다. 이러한 내용들의 신뢰보호가 인정될 수 있는가에 대해서는 행정계획과 신뢰보호의 문제에 대한 앞부분의 설명이 그대로 적용될 수 있을 것이다.

## II. 행정행위

경제지도나 경제촉진을 목적으로 행정주체는 많은 행정행위를 발령하게 된다. 현실적으로 가장 빈번한 행정작용수단은 행정행위라고 볼 수 있다. 그 주요내용으로는 명령이나 금지행위, 인·허가행위 등이다. 이때의 행정행위는 행정기관과 그 수범자간의 양면적인 법률관계 이외에 경우에 따라서는 제 3 자에 대해서도 그 효력을 발생하는 경우가 존재하게 된다. 그 외에 행정행위의 부관의 문제나 자금지원이 행정행위의 형식에 의하여 이루어지는 경우에 관한 법적 문제 등은 이미 앞에서 설명한 바 있다.

## Ⅲ. 사법형식에 의한 행정작용

### 1. 행정사법

행정기관이 대부를 하거나 또는 보증을 제공함으로써 경제활동에 개입하는 경우에는 행정기관은 사법적인 법률형식으로 그 임무를 수행하게 된다. 이러한 경우를 행정사법이라고 하며, 이는 행정목적의 완수를 위해서 사법을 이용하고 있으나, 그 사법적인 행위의 성격에도 불구하고 공적 목적에 기속되는 점에서 그 특색을 나타낸다. 따라서 이때에도 평등의 원칙과 행정법상의 기본원칙인 비례성원칙 등에 구속을 받게 된다.

### 2. 국고행위

또한 행정사법적이 아니라 국고적으로 행해지는 행위로도 행정기관은 활동할 수 있다. 이의 예로서는 행정기관에 의한 대규모 조달행위나 공사발주행위뿐 아니라 특정분야에 대한 광범위한 투자활동의 모습으로도 나타난다. 특히 불경기를 맞아 정부가 경기회복을 위한 노력의 일환으로 이러한 활동을 일시적으로 증가시키게 되면 경제정책의 중요수단으로서 영향력을 행사할 수 있게 된다. 이러한 국고행위의 모습은 공공복지를 위한 급부행정에서 시장유통과정에서의 기업가적인 행위에 이르기까지 그 대상과 법형식에 있어서 매우 다양하고 풍부하다. 그러나 국가나 지방자치단체가 임무와 무관하게 이를 오직 영리목적으로 하는 영업활동을 할 수는 없다고 보는 것이 독일에서의 지배적 견해이다. 공적인 경제행위는 경제정책적 또는 사회정책적으로 조종되는 가격 또는 조건의 변화를 통해서 일정한 수준에 이르기까지는 경제지도적으로 영향력을 미친다고 볼 수 있다. 이러한 행정기관의 기업적 활동에 관한 규범적 규율은 단지 예산의 범위 안에서만 가능하다.

## Ⅳ. 행정입법

경제행정기관은 법규명령이나 자치법규 등의 발령을 통해서도 경제과정에 개입할 수 있다. 특히 경제행정이 대상으로 하는 경제여건의 신속한 변화와 가변성으로 인하여 행정입법, 특히 위임입법은 중요성을 갖게 된다. 이러한 법규명령의 제정에 있어서는 의회입법주의 이념을 관철하기 위하여, 당해 수권법률에 수권의 내용, 목적 및 범위 등을 명확히 규정할 것을 요구하게 된다. 그러나 오늘날은 경제행정영역에서 이러한 내용의 엄격한 수권요구는 경제현실의 다양성 등으로 인하여 관철하기에 많은 어려움을 나타내고 있다. 그 밖에 행정규칙은 경제행정분야에서는 특히 경제촉진적 목적을 수행하는 수단으로서 주요한 의미를 갖는다. 예컨대 자금지원교부에 관한 행정규칙이 그 전형적인 예에 해당한다. 또한 자치법규는 지방자치단체나 경제자치행정을 수행하는 동업단체들이 법령상 자신에게 주어진 자치권의 범위 내에서 자신의 사무의 규율을 위해 그 구성원에게 발하는 규범으로서, 이에는 조례, 규칙, 정관 등이 있다.

## V. 공법상 계약

경제행정분야에서는 경제촉진의 목적으로 기업체 등에 대해 자금지원(Subvention)이 많이 행해진다. 이의 법적 성질에 대해서는 과거에는 그것을 공법적 관계로서의 행정행위와 지원청구권의 실현관계로서의 사법계약이 합해진 복합적인 이단계적인 행정작용으로 보았으나, 그 법적 관철방법의 복잡성으로 인하여 오늘날에는 공법계약으로 보려는 경향이 우세하다. 따라서 경제행정법 영역 중에서 특히 경제촉진행정작용에서 공법상 계약의 활용이 효율적인 수단이 된다.

## VI. 그 밖의 경우

경제행정분야에서는 법에 근거한 법의 집행작용이 아닌 비공식적 행정작용(informales Verwaltungshandeln)이 많이 행해진다. 독일에서도 주로 경제행정과 관련하여 조언, 협의, 합의, 상담 등의 비공식적 행정작용이 많이 연구되고 있다. 이와 비슷한 성격의 행정작용형태로서는 일본식의 행정지도도 들 수 있다. 또한 경제행정법에서는 확언도 중요한 역할을 한다. 확언은 행정청이 장래의 일정한 작위나 부작위에 관한 구속적인 의사표시를 행하는 것이며, 그 대상은 행정행위와 공법상 계약이 모두 가능한 것으로 이해되고 있다.

# 제 5 절   경제행정작용의 실효성 확보와 권리구제

## I. 의무이행의 확보수단들

일반행정작용상의 행정작용의 의무이행 확보수단은 경제행정작용의 영역에서도 그대로 타당하다. 특히 경제행정은 경제활동에 대한 직접적인 규제와 간접적인 감독수단을 통하여 많은 의무가 부과되므로, 그 실효성 확보의 필요성은 더욱 현실적이라고 할 수 있다. 이때의 의무이행확보수단으로는 크게 보아 행정상의 강제집행의 방법과 행정벌의 방법을 들 수 있다. 전자의 유형으로는 대집행과 강제징수가 의미를 가지며, 후자의 경우에는 행정형벌이나 행정질서벌의 부과가 해당한다. 그외에도 영업허가 또는 인가의 취소나 철회, 위반행위에 대해 사법상의 법률행위의 효과를 부정하거나 세제적인 수단으로 제재를 가하는 경우 등도 이에 해당할 것이다.

## II. 권리보호문제

### 1. 행정쟁송

경제행정작용이 행정행위, 행정입법, 행정계획으로 발령되는 경우에는 일반적인 기준에 따라 그 위법한 행정작용에 대해 행정쟁송이 가능하다. 그러나 이때에 행정입법이나 행정계획이 대상인 때에는, 그 예측적 성격으로 인해 행정소송에 있어서 그 발령주체의 고유한 결정여지나 형성권이 존중되어야 할 경우가 많을 것이다. 또한 행정행위가 대상인 때에는 그 행위로 인해 불이익을 받게 되는 제 3 자의 법적 지위의 보장이 현실적인 문제로 된다. 이를 경쟁자소송이라고 함은 이미 앞에서 설명한 바 있다.

### 2. 그 밖의 권리구제문제

그 밖에도 행정상의 손해배상이나 손실보상 문제가 발생함은 다른 행정작용의 경우와 다르지 않다. 경제행정작용을 통하여 기본권이 침해된 경우에는 헌법소원도 가능할 것이다.

# 제5장　재무행정법

# 제1절 개　　설

## Ⅰ. 재정의 의의

### 1. 재정의 개념

재정(Finanz)이란 국가 또는 지방자치단체가 그 존립과 활동을 유지하기 위하여 필요한 재력을 취득하고, 이를 관리하는 작용을 말한다. 재정을 재무행정이라 부르기도 한다. 재정의 직접적·1차적 목적은 국가 또는 지방자치단체의 존립과 활동에 필요한 재원을 취득하려는 것이다. 따라서 국가 또는 지방자치단체가 수수료와 같은 수입을 얻더라도 그것이 다른 특정한 목적을 위해서 행한 작용(경찰행정·경제 규제행정 등)에 수반하여 부수적으로 결과하였다면, 그러한 수입취득은 재정작용에 속하지 않는다. 다만 이들 수입이 국고금 등으로 관리되는 것은 재정작용에 해당한다.

재정 가운데 재력의 취득은 국민에게 명령·강제하는 권력적 작용인 데 반해서, 그것의 관리는 재산과 수입·지출을 관리하는 비권력적 작용이다. 전자를 재정권력작용이라 하고, 후자를 재정관리작용이라고 한다. 재정권력작용을 재정권이라고도 한다.

재정 가운데 재정권력작용은 재정목적을 위하여 일반통치권에 의거하여 국민에게 명령·강제하는 작용이므로, 국가 또는 그로부터 통치권의 일부를 부여받은 지방자치단체만이 행할 수 있는 반면에, 재정관리작용은 일반재산관리권의 작용으로서 주로 행정조직 내부에서 행해질 뿐이다.

## 2. 재정의 종류

### (1) 국가재정과 지방재정

이는 주체를 기준으로 나눈 것인데, 국가재정이란 국가의 존립과 활동에 필요한 재력을 국가가 취득하고 관리하는 작용을 말하고, 지방재정이란 지방자치단체의 존립과 활동에 필요한 재력을 지방자치단체가 취득하고 관리하는 작용을 말한다. 국가재정과 지방재정은 재정작용이라는 성질에서는 본질상 다를 바 없다. 다만, 국가재정은 국가의 통치권이라는 그 자체의 고유한 권한에 의거하여 행해지는 데 대해서, 지방재정은 국가로부터 부여받은 전래적 권한에 의거하여 행해지는 점이 다르다. 국가재정에 관한 기본법으로서는 「국가재정법」·「국세기본법」·「국유재산법」 등이 있고, 지방재정에 관한 기본법으로서는 「지방재정법」·「지방세기본법」 등이 있다.

### (2) 재정권력작용과 재정관리작용

이는 수단을 기준으로 나눈 것이다. 재정권력작용은 국가 또는 지방자치단체의 재력을 취득하기 위하여 국민에 대하여 명령·강제하는 작용을 말하며, 조세의 부과·징수 및 전매가 있다. 다만 전매에는 그것이 사법상 매매를 통해서 행해진다는 점에서 비권력적 요소도 있다. 재정권력작용은 수단의 면에서는 경찰·규제작용과 다를 바 없으며 그 목적에서 다를 뿐이다. 재정관리작용이란 취득한 재력(원)을 유지·관리하기 위하여 그 재산 및 수입·지출을 관리하는 작용을 말한다. 재정관리작용을 회계라고도 하는데, 이 경우의 재산관리는 물품회계(<sup>부동산·동산</sup><sub>·채권회계</sub>)라고 하고, 수입·지출의 관리는 현금회계라고 한다. 재정관리 작용은 사인의 재산관리행위와 본질적으로 차이는 없으며, 다만 그 재산과 수입·지출이 공적인 성격을 띠며 국민의 이해와 밀접하게 관련이 있으므로 공정성을 확보하기 위하여 특별히 법적 규율을 가한 것이다. 따라서 재정관리작용에 관한 법규정은 행정내규적 성질과 아울러 사법에 대한 특칙으로서의 성질을 갖는다.

## Ⅱ. 재정법의 기본원리

민주주의·법치주의 등 행정법의 기본원리는 재무행정법에도 적용되며, 특히 일반적으로 이들 원리에 바탕을 둔 재정의회주의·엄정관리주의·건전재정주의가 재정법의 기본원리로서 논의되고 있다.[1]

### 1. 재정의회주의

재정의회주의란 국가의 재정작용 역시 국민의 대표기관인 국회의 감독과 통제 아래서 행해져야 함을 의미한다. 민주주의와 법치주의에 바탕을 둔 재정의회주의는 조세법률주의, 예산심의·확정의 원칙 및 결산심사의 원칙을 통해서 구현되고 있다.

#### (1) 조세법률주의

조세법률주의란 법률에 근거함이 없이는 조세를 부과할 수 없음을 말한다. 조세법률주의의 본지는 「대표 없으면 과세 없다(No taxation, without representation)」에 잘 나타나 있다. 우리 헌법 역시 "조세의 종목과 세율은 법률로 정한다"($^{제59}_조$)라고 하여 조세법률주의를 명시하고 있다.

#### (2) 예산심의·확정의 원칙

한 회계연도의 국가의 세입·세출의 예정표인 예산은 국민의 경제적 부담을 전제로 하기 때문에 국민적 동의·통제 아래 두어야 한다. 예산심의·확정의 원칙이란, 예산은 국민의 대표기관인 국회의 심의와 의결을 거쳐서 성립함을 의미하는데, 조세법률주의와 마찬가지로 민주주의에 바탕을 둔 것이다. 우리 헌법은 "국회는 국가의 예산을 심의·확정한다"($^{제54조}_{1항}$)라고 하여 이 원칙을 명시하고 있다.

#### (3) 결산심사의 원칙

결산심사의 원칙이란 국회가 예산집행결과인 결산을 심사하여야 함을 말하는데, 이는 세입·세출이 예산에서 정한대로 되었는지를 국회가 감독함을 의미한다. 헌법은 "감사원은 세입·세출의 결산을 매년 검사하여 대통령과 차년도 국회에 그 결과를 보고하여야 한다"($^{제99}_조$)라고 하여 이 원칙이 명시되고 있다. 「지방자치법」 역

---

1) 김도창(하), 689면 이하; 박윤흔(하), 765면 이하; 김동희(Ⅱ), 622면 이하; 홍정선(하), 905면 이하; 한견우(Ⅱ), 435면 이하.

시 지방자치단체의 결산승인을 지방의회의 의결사항으로 규정하고 있다(동법 제134조 1항).

## 2. 엄정관리주의(재정관리의 엄정주의)

국가의 재산은 국가의 존립과 활동을 위하여 필요할 뿐만 아니라 모든 국민의 재산이다. 따라서 국가의 재산이 멸실·훼손되지 않도록 엄정하게 관리하여야 한다는 것이 엄정관리주의이다. 「국가재정법」상의 채권면제 등의 제한과 국유재산 무단사용의 제한은 이러한 엄정관리주의를 구체화한 것이다. 즉, 국가의 채권의 전부 또는 일부를 면제하거나 효력을 변경함에는 법률에 의하여야 하고(동법 제12조 1항), 국가의 재산은 법률에 의하지 아니하고는 교환·양여·대부·출자 또는 지급의 수단으로 사용할 수 없다(동법 제13조 1항). 국유재산 무단사용의 제한은 적정대가의 원칙이라고도 한다.

## 3. 건전재정주의

건전재정주의란 국가의 수입과 지출간에 균형을 이루어 적자재정이 되지 않도록 해야 함을 말한다. 건전재정주의를 구체화하기 위하여 예산회계법은 기채금지의 원칙과 감채의 원칙을 규정하고 있다.

### (1) 기채금지의 원칙

국가의 세출은 국채 또는 차입금 이외의 수입을 그 재원으로 하여야 한다(국가재정법 제18조). 그리고 국채를 모집하거나 예산 외에 국가의 부담이 될 계약을 체결하려 할 때에는, 정부는 미리 국회의 의결을 얻어야 한다(헌법 제58조).

### (2) 감채의 원칙

매회계연도 세입세출의 결산상 생긴 잉여금은 지방교부세의 정산, 공적자금상환기금 출연 금액 등을 제외한 100분의 30 이상을 국채 또는 차입금의 원리금, 국가배상법에 따라 확정된 국가배상금, 「공공자금관리기금법」에 따른 공공자금관리기금의 융자계정의 차입금 등 국가채무의 상환에 사용하여야 한다(국가재정법 제90조).

# 제 2 절  재정작용의 내용(형태)

재정작용은 그 수단에 따라 재정권력작용과 재정관리작용으로 나뉜다. 그리고 재정권력작용은 재정명령·재정처분(가. 재정하명·재정허가·재정면제 등)·재정조사·실효성 확보수단(재정강제·재정벌)으로 나눌 수 있으며, 재정관리작용은 재산관리(동산회계·부동산회계·채권회계)와 수입·지출관리(현금회계)로 나눌 수 있다.

## Ⅰ. 재정권력작용

### 1. 재정명령(재정상 행정입법)

재정명령이란 재무행정기관이 재정목적을 위하여 발한 명령(일반·추<br>상적 규율)을 말한다. 재정명령은 재정목적이라는 점을 제외하고는 일반적인 행정입법과 다를 바가 없다. 따라서 그것은 내용상 법규명령과 행정규칙으로 나눌 수 있으며, 행정입법에 관한 여러 법리가 그대로 통용될 수 있다.

한편 학자에 따라서는 재정상 법규하명과 재정처분으로서의 하명을 포괄하여 '재정하명' 개념을 사용하기도 한다.2) 그러나 이와 같은 입장은 양자가 권한의 소재·형식·효력범위·쟁송형태 등에 있어서 차이가 있다는 점을 간과하고 있다고 지적할 수 있다. 이러한 사실은 이러한 입장의 학자들이 재정하명을 원칙적으로 재정처분을 지칭하는 의미로 사용하려는 태도에서도 잘 나타나고 있다.

법규명령으로서의 재정명령은 원칙적으로 그것을 구체화하는 재정처분을 통해서 개인에 대하여 구체적인 법적 효과를 발생시킨다. 다만 예외적으로 재정처분을 매개함이 없이 법규정에 의하여 직접 국민에게 재정상의 의무가 과해지기도 한다. 세법상의 신고의무가 그 예에 해당한다. 한편 대통령이 중대한 재정·경제상의 위기에 있어서 발하는 긴급재정명령(헌법<br>제76조)은, 그것의 요건·효력·통제 등에서 일반적인 재정명령과는 구별된다.

### 2. 재정처분

재정처분이란 재무행정기관이 재정목적을 위하여 발한 처분, 즉 행정행위를 말한다. 재정처분은 일반적인 행정행위의 예에 따라서 분류할 수 있다. 즉 ① 그 내용에 따라서 재정하명(작위하명·부작위하명<br>급부하명·수인하명), 재정허가·재정면제·재정특허·재정인가·재정대리·재정확인·재정공증·재정통지·재정수리 등으로 분류할 수 있고, ② 행위선택의 자유 여부에 따라서 재정상 재량처분과 재정상 기속처분으로 분류할 수 있으며, ③ 효과의 성질에 따라서 재정상 수익처분·부담(또는<br>침익)처분·복효적 처분으로 분류할 수 있다.

이러한 재정처분에 대해서는 행정행위(칠)에 관한 여러 법리가 그대로 통용될 수 있다. 예컨대 재정목적상 부과되어 있는 일반적 금지를 해제시켜 주는 재정허가(예컨대 주세법에 의한<br>주조업의 허가 등)는 적법하게 일정한 행위를 할 수 있게 하는 데 그치고, 재정특허처럼 새로운 권리를 설정해 주지는 않는다. 그리고 재정허가를 받아야 할 행위를 재정허가

---

2) 김도창(하) 631면; 김동희(Ⅱ), 495면.

없이 행한 경우 원칙적으로 그 행위 자체의 법률적 효력은 부인되지 않고, 강제집행
이나 재정벌의 대상이 될 뿐이다. 한편 대통령이 중대한 재정·경제상의 위기에 있어
서 발하는 긴급재정처분($^{헌법}_{제76조}$) 역시 긴급재정명령과 마찬가지로 일반적인 행정처분과
는 구별된다.

## 3. 재정상 실효성 확보수단

### (1) 재정상 강제집행

재정상 강제집행이란 재정상의 의무불이행의 경우 재무행정기관이 의무자의 신
체 또는 재산에 실력을 가하여 장래에 향하여 그것을 이행하거나 이행한 것과 동일한
상태를 실현하는 작용을 말한다. 행정상 강제집행처럼 재정상 강제집행의 수단은 집
행되는 재정의무의 내용에 따라 대집행, 직접강제, 집행벌, 강제징수로 구분할 수 있
는데, 이 가운데 재정법상 일반적으로 널리 활용되는 것은 강제징수이다. 이에 관한
일반법은 「국세징수법」이다. 행정상 강제징수에 대해서는 이미 앞서 그 대강을 설명
하였으므로 이하에서는 중복되지 않는 범위 내에서 「국세징수법」상의 체납처분절차
를 살펴보기로 한다. 「국세징수법」상의 강제징수절차는 독촉·재산의 압류·압류재산
의 매각 및 청산의 4단계로 행해지는데, 재산의 압류·압류재산의 매각 및 청산을 합
하여 '체납처분'이라고 부른다.

#### 1) 독    촉

관할 세무서장은 납세자가 국세를 지정납부기한까지 완납하지 아니한 경우 지정
납부기한이 지난 후 10일 이내에 체납된 국세에 대한 독촉장을 발급하여야 한다. 다
만, 국세를 납부기한 전에 징수하거나($^{동법 제9}_{조}$) 체납된 국세가 일정한 금액 미만인 경우
등 대통령으로 정하는 경우에는 독촉장을 발급하지 아니할 수 있다($^{동법 제10}_{조 1항}$).

관할 세무서장은 독촉장을 발급하는 경우 독촉을 하는 날부터 20일 이내의 범위
에서 기한을 정하여 발급한다($^{동법 제10}_{조 2항}$).

독촉의 법적 성질에 대해서는 재정상의 지급의무의 이행을 최고하고 일정한 기한
까지 그 의무를 이행하지 아니하면 강제징수하겠다는 준법률행위적 행정행위로서의
통지행위로 보는 것이 일반적이나, 급부하명으로 보는 견해도 있다.[3]

#### 2) 재산의 압류

관할 세무서장은 납세자가 독촉을 받고 독촉장에서 정한 기한까지 국세를 완납하
지 아니하거나 납세자가 납부고지를 받고 단축된 기한까지 국세를 완납하지 아니한
경우에는 납세자의 재산을 압류한다($^{동법 제31조}_{1항}$). 이때에 관할 세무서장은 국세를 징수하
기 위하여 필요한 재산 외의 재산을 압류할 수 없으며($^{동법}_{제32조}$),[4] 독촉절차를 밟지 아니

---

3) 김남진·김연태(Ⅰ), 536면.

하고 또는 과세처분과 동시에 재산의 압류를 할 수는 없다. 관할 세무서장은 재산을 압류하려는 경우 미리 지방국세청장의 승인을 받아야 하고, 압류 후에는 납세자에게 문서로 그 압류 사실을 통지하여야 한다($\frac{제31조}{3항}$). 세무공무원이 체납처분을 하기 위하여 재산을 압류할 때에는, 그 신분을 표시하는 증표를 휴대하고 이를 제시하여야 하며 ($\frac{제38}{조}$), 아울러 압류조서를 작성하여야 한다($\frac{제34}{조}$).

체납자의 재산은 동산·부동산 또는 무체재산권을 가리지 않고 모두가 압류대상이 되나, 다만 압류재산을 선택함에 있어서는 비례성의 원칙이 고려되어야 한다. 따라서 체납액의 한도내에서 체납자에게 가장 적은 불이익을 주는 것을 택해야 할 것이다. 그러나 체납자와 그 동거가족의 생활상 없어서는 아니 될 의류·침구·주방구·3개월간의 식료와 연료 등과 급료·임금·봉급·세비·퇴직연금 기타 이와 비슷한 급여액의 2분의 1을 초과하는 금액 등은 압류할 수 없다($\frac{제41조·}{제42조}$).

세무서장은 체납처분으로 압류하고자 하는 재산이 이미 다른 기관의 체납처분에 의하여 압류되어 있는 재산인 때에는, 교부청구에 갈음하여 참가압류통지서를 그 재산에 대한 기압류기관에 보냄으로써 그 압류에 참가할 수 있다($\frac{제61}{조}$). 세무서장은 납부, 공매의 중지, 부과의 취소 기타의 사유로 인하여 압류의 필요가 없어진 때 등 일정한 사유가 발생한 경우에는 압류재산의 전부 또는 일부에 대한 압류를 해제하여야 한다($\frac{제57}{조}$).

### 3) 압류재산의 매각

압류재산의 매각은 원칙적으로 공매의 방법에 의하되($\frac{제65}{조}$), 다만 압류재산이 부패·변질 또는 감량되기 쉬운 것으로서 신속한 매각을 요하는 것이거나, 압류재산의 추산가격이 1,000만원 미만의 것 등일 때에는 수의계약에 의하여 매각할 수 있다($\frac{제67}{조}$). 공매는 입찰이나 경매의 방법에 의하여 공매 공고일로부터 10일이 경과한 후에 행한다 ($\frac{제68조}{이하}$). 관할 세무서장은 공매등에 전문지식이 필요하거나 그 밖에 직접 공매 등을 하기에 적당하지 아니하다고 인정되는 경우 대통령령으로 정하는 바에 따라 한국자산관리공사에 공매 등을 대행하게 할 수 있다. 이 경우 공매등은 관할 세무서장이 한 것으로 본다($\frac{제103조}{1항}$).

### 4) 청    산

압류재산의 매각이 끝난 때에는 압류한 금전, 채권·유가증권 또는 무체재산권 등의 압류로 인하여 체납자나 제 3 채무자로부터 받은 금전, 압류재산의 매각대금 및 교부청구에 의하여 교부받은 금전을 압류에 관계된 국세액 및 체납처분비와 가산금 등에 배분하고, 잔여액이 있을 때에는 체납자에게 지급하여야 한다. 세무서장 등은 금전의 배분을 할 때에는 배분계산서를 작성하여 체납자에게 교부하여야 하며, 이로써 체납처분은 종결된다($\frac{제94조·}{제102조}$).

---

4) 다만, 불가분물(不可分物) 등 부득이한 경우에는 압류할 수 있다(단서).

5) 압류·매각의 유예

관할 세무서장은 체납자가 ① 국세청장이 성실납세자로 인정하는 기준에 해당하는 경우 또는 ② 재산의 압류나 압류재산의 매각을 유예함으로써 체납자가 사업을 정상적으로 운영할 수 있게 되어 체납액의 징수가 가능하게 될 것이라고 관할 세무서장이 인정하는 경우에는 체납자의 신청 또는 직권으로 그 체납액에 대하여 강제징수에 따른 재산의 압류 또는 압류재산의 매각을 대통령령으로 정하는 바에 따라 유예할 수 있다($\frac{제105}{조 1항}$). 관할 세무서장은 유예를 하는 경우 필요하다고 인정하면 이미 압류한 재산의 압류를 해제할 수 있다($\frac{제105}{조 2항}$). 관할 세무서장은 재산의 압류를 유예하거나 압류를 해제하는 경우 그에 상당하는 납세담보의 제공을 요구할 수 있다. 다만, 성실납세자가 체납세액 납부계획서를 제출하고 국세체납정리위원회가 체납세액 납부계획의 타당성을 인정하는 경우에는 그러하지 아니하다($\frac{제105}{조 3항}$).

(2) 재정상 즉시강제와 재정상 조사

1) 재정상 즉시강제

재정상 즉시강제란 조세 또는 관세의 포탈을 방지하기 위하여 급박한 필요가 있거나, 미리 의무를 명하여서는 목적을 달성할 수 없는 경우에, 직접 사인의 신체 또는 재산에 실력을 가하여 재정목적을 실현하는 작용을 말한다($\frac{다수}{설}$).5) 재정상 즉시강제는 사인의 신체나 재산에 대한 실력행사인 점에서 단순한 비권력적 사실행위가 아니라, 권력적 성질을 갖는 사실행위로서 평가되고 있다. 따라서 행정쟁송의 대상이 된다. 재정상 즉시강제의 수단은 행정상 즉시강제의 경우와 마찬가지로 대인적 강제($\frac{범칙혐의자의}{심문·수색 등}$), 대물적 강제($\frac{물건의 압수·}{수색·영치 등}$), 대가택강제($\frac{가옥·창고의}{임검·수색 등}$)로 나눌 수 있다.

재정상 즉시강제는 실체적 한계로서 법적 근거의 존재와 비례성원칙의 한계 내에서 행해져야 하며, 절차적 한계로서는 영장주의의 적용이 문제된다. 「조세범처벌절차법」에 따르면, 세무공무원이 범칙사건을 조사하기 위하여 압수 또는 수색을 할 때에는 법관이 발부한 압수·수색영장이 있어야 한다($\frac{조세범처벌절차}{법 제9조 1항 본문}$).6) 다만 ㉠ 범칙행위가 진행 중인 경우, ㉡ 범칙혐의자가 도주 또는 증거를 인멸할 염려가 있어 압수·수색영장을 발부받을 시간적 여유가 없는 경우에는 사유를 알리고 영장 없이 압수·수색할 수 있다($\frac{조세범처벌절차}{법 제9조 1항 단서}$). 이처럼 세무공무원이 영장 없이 압수·수색한 경우에는 압수·수색한 날부터 48시간 이내에 관할지방법원판사로부터 압수·수색영장을 청구하여야 한다($\frac{조세범처벌절차}{법 제9조 2항}$). 이 경우 세무공무원이 압수·수색영장을 발부받지 못한 경우에는 즉시 압수한 물건을 압수당한 본인에게 반환하여야 한다($\frac{조세범처벌절차}{법 제9조 3항}$).

---

5) 한편, 협의의 즉시강제 개념을 취하는 입장에서는 행정상 즉시강제에서처럼 다수설의 정의에 대해서 검토의 필요가 있음을 지적하고 있다.

6) 세무공무원은 근무지의 관할 검사에게 신청하여 검사의 청구로 관할지방법원판사로부터 영장을 발부받아야 한다(제 3 조 제 2 항).

## 2) 재정상 조사

재정상 조사란 재무행정기관이 재정목적을 위하여 정보·자료를 수집하는 작용을 말한다. 재정상 조사는 종래에는 재정상 즉시강제의 일종으로 다루어졌으나, 오늘날에는 그 중요성이 부각되면서 재정상 즉시강제와 별도로 논하고 있다. 이러한 점에서 다수견해[7]가 재정상 조사가 즉시강제의 일종인 것처럼 권력적 조사만을 재정상 조사로 보는 것은 문제가 있다.[8] 다만 권력적인 재정상 조사에 대해서는 재정상 즉시강제에 관한 논의, 특히 영장주의 문제가 그대로 통용될 것이다. 한편 근래에는 행정조사가 광의의 행정절차의 일요소로 다루어지고 있으며, 아울러 행정조사활동과 관련하여 개인정보보호와 국민의 알권리의 문제가 심각히 제기되고 있다.

> **세무조사결정이 항고소송의 대상이 되는 행정처분에 해당하는지 여부(적극)** 부과처분을 위한 과세관청의 질문조사권이 행해지는 세무조사결정이 있는 경우 납세의무자는 세무공무원의 과세자료 수집을 위한 질문에 대답하고 검사를 수인하여야 할 법적 의무를 부담하게 되는 점, 세무조사는 기본적으로 적정하고 공평한 과세의 실현을 위하여 필요한 최소한의 범위 안에서 행하여져야 하고, 더욱이 동일한 세목 및 과세기간에 대한 재조사는 납세자의 영업의 자유 등 권익을 심각하게 침해할 뿐만 아니라 과세관청에 의한 자의적인 세무조사의 위험마저 있으므로 조세공평의 원칙에 현저히 반하는 예외적인 경우를 제외하고는 금지될 필요가 있는 점, 납세의무자로 하여금 개개의 과태료 처분에 대하여 불복하거나 조사 종료 후의 과세처분에 대하여만 다툴 수 있도록 하는 것보다는 그에 앞서 세무조사결정에 대하여 다툼으로써 분쟁을 조기에 근본적으로 해결할 수 있는 점 등을 종합하면, 세무조사결정은 납세의무자의 권리·의무에 직접 영향을 미치는 공권력의 행사에 따른 행정작용으로서 항고소송의 대상이 된다(대판 2000.3.16, 2009두23617).

## (3) 재 정 벌

### 1) 재정벌의 의의

재정벌이란 재정목적을 위하여 재정의무위반에 대한 제재로서 일반통치권에 근거하여 과하는 벌을 말한다. 재정벌의 직접적 목적은 과거의 재정의무위반에 대한 사후적 제재를 과함으로써 당해 재정법규의 실효성을 보장하기 위함이지만, 그러함으로써 의무자에게 심리적 압박을 가하여 재정의무를 이행하도록 하는 간접적 기능도 있다. 재정벌은 행정벌의 일종이므로, 재정벌에 대해서는 행정벌에 관한 법리가 그대로 적용된다고 할 것이다.

---

7) 김도창(하), 648면; 이상규(하), 673면; 김동희(Ⅱ), 629면.
8) 동지: 김남진·김연태(Ⅱ), 721면; 홍정선(하), 911면.

2) 재정벌·재정범의 종류

재정벌은 행정벌의 경우처럼 재정형벌과 재정질서벌로 나눌 수 있지만, 현행의 재정벌은 대개가 재정형벌로 되어 있다. 재정벌이 과해지는 위반행위를 재정범이라 하며, 이는 보통 포탈범과 재정질서범으로 나눈다. 양자의 차이는 전자가 사위 기타 부정한 방법에 의하여 재정의무를 면탈 또는 위반함으로써 국가 등에 대하여 현실적으로 재산상의 손해를 가하는 행위인 데(예컨대 탈세, 밀수, 술·담배 의무허가제조·판매 등)에 대하여, 후자는 재정하명에 위반하여 국가 등에 대하여 재정상의 손해를 발생시킬 우려가 있는 행위를 말한다(예컨대 장부기재의 해태, 허위신고 등).

3) 재정벌의 특수성

재정벌은 국가 또는 지방자치단체의 재정수입의 확보를 주된 목적으로 하므로 벌금·과료와 같은 재산형을 과하는 것이 보통이나, 근자에는 재정의무의 이행을 확보하기 위하여 자유형을 병과하기도 한다. 과태료를 과하는 경우를 제외하고는 재정형벌에 해당하는 재정벌에 대하여는 법령에 특별한 규정이 없으면 형법총칙이 적용된다(형법 제8조). 다만 「조세범처벌법」·「관세법」·「인삼산업법」 등은 재정벌에 대해서 책임능력·공범 등에 있어 형법총칙에 대한 특별규정을 두고 있다.

4) 재정벌의 과벌절차

재정벌로 과태료를 과하는 경우에는 「질서위반행위규제법」상의 재판절차에 따라 과하고, 그 밖의 재정(형)벌은 「형사소송법」상의 재판절차에 따라 과하는 것이 원칙이다. 다만 재정관계법(조세범처벌절차법·관세법·인삼산업법 등)은 재정범의 신속한 처리·비용의 절감 및 처벌의 편의 등을 고려하여 형사소추에 선행하여 간이과벌절차를 규정하고 있다. 이러한 간이과벌절차는 조사·통고처분 및 고발로 이루어진다.

㈎ 조　사　세무공무원 등은 조세 등의 범칙사건을 조사할 수 있으며, 조사를 위하여 필요한 때에는 범칙혐의자나 참고인을 심문, 압수 또는 수색할 수 있다(조세범처벌절차법 제2조 등). 다만 범칙사건을 조사하기 위하여 압수 또는 수색을 할 때에는 법관이 발부한 영장이 있어야 한다(동법 제9조).

㈏ 통고처분　지방국세청장 또는 세무서장은 조세범칙행위의 확증을 얻었을 때에는 대통령령으로 정하는 바에 따라 그 대상이 되는 자에게 그 이유를 구체적으로 밝히고 ① 벌금에 해당하는 금액(벌금상당액), ② 몰수 또는 몰취에 해당하는 물품, ③ 추징금에 해당하는 금액을 납부할 것을 통고하여야 한다. 다만, 몰수 또는 몰취(沒取)에 해당하는 물품에 대해서는 그 물품을 납부하겠다는 의사표시(납부신청)를 하도록 통고할 수 있다(동법 제15조, 1항). 이에 따라 통고를 받은 자가 그 통고에 따라 납부신청을 하고 몰수 또는 몰취에 해당하는 물품을 가지고 있는 경우에는 공매나 그 밖에 필요한 처분을 할 때까지 그 물품을 보관하여야 한다(동법 제15조, 2항). 통고처분을 받은 범칙자가 통고된 내용을 이행할 것인지 여부는 그의 자유이다. 통고된 내용을 이행한 때에는 통고처분

은 확정판결과 동일한 효력을 발생하고 일사부재리의 원칙이 적용되어, 동일사건에 대하여 형사소추를 받지 않는다(<sup>동별,제15</sup><sub>조,3항</sub>). 범칙자가 통고처분에 이의가 있다 하더라도 통고된 내용을 이행하지 않으면 통고처분은 당연히 그 효력을 상실하고, 그 범칙자는 관계공무원의 고발에 의하여 일반법원의 재판을 받을 수 있다. 이러한 점에서 비록 통고처분이 행정처분적 성질을 가질지라도 행정소송의 대상이 될 수는 없게 된다.9)

(다) 고 발  조세범에 대해서는 원칙적으로 관계기관의 고발이 없으면 검사는 공소를 제기하지 못한다(<sup>조세범처벌법 제21조,</sup><sub>관세법 제284조 등</sub>). 따라서 범칙자가 통고를 받은 날로부터 15일 이내에 그 내용을 이행하지 아니할 때에는 국세청장 등은 고발절차를 밟아야 한다. 그러나 통고처분의 이행기간이 경과하여도 고발절차를 취하기 전에 이행하면, 고발을 하지 못한다(<sup>조세범처벌절차</sup><sub>법 제17조 2항</sub>). 한편 지방국세청장 또는 세무서장은 ① 정상(情狀)에 따라 징역형에 처할 것으로 판단되는 경우, ② 통고대로 이행할 자금이나 납부 능력이 없다고 인정되는 경우, ③ 거소가 분명하지 아니하거나 서류의 수령을 거부하여 통고처분을 할 수 없는 경우, ④ 도주하거나 증거를 인멸할 우려가 있는 경우의 어느 하나에 해당하는 경우에는 통고처분을 거치지 아니하고 그 대상자를 즉시 고발하여야 한다(<sup>동법 제17</sup><sub>조,1항</sub>). 즉시고발을 하는 경우에는 그 사유를 명시하여야 하며, 그 사유의 명시가 없는 즉시고발은 부적법한 것으로 인정된다.

**(4) 그 밖의 수단**

이상에서 언급한 전통적인 실효성 확보수단 이외에도, 가산금·명단 등의 공표·국외여행 제한·관허사업의 제한·수익적 재정처분의 정지 및 철회 등이 재정목적을 실현하기 위하여 활용되고 있다. 다만 재정의무를 이행하게 할 목적이라고 하여 어떠한 수단이라도 동원할 수 있는 것은 아니며, 재정(행정)목적과 수단 간에 실질적 관련성이 있어야 한다. 이때에는 행정작용의 부당결부금지의 원칙(Koppelungsverbot)이 중요한 의미를 갖는다.

## Ⅱ. 재정관리작용

재정관리작용이란 국가 또는 지방자치단체가 그의 재산 및 수입·지출을 관리하는 작용을 말하며, 회계라고도 한다. 재정관리작용은 본질적으로 사인의 재산관리행위와 다를 바 없으나, 그것의 공정성을 확보하기 위하여 특별히 법적 규율이 가해지고 있다. 재정관리작용은 그 내용에 따라서 재산관리인 물품회계와 수입·지출관리인 현금회계로 나눌 수 있으며, 물품회계는 대상에 따라 다시금 채권회계·동산회계·부동

9) 대판 1962. 1. 31, 1961행상40.

산회계로 나눌 수 있다. 재정관리작용에 관해서는 「국가재정법」・「국유재산법」・「물품관리법」・「국가채권관리법」 등이 적용되며, 이들 법규정은 행정내규적 성질과 사법에 대한 특칙으로서의 성질을 갖는다.

# 제 3 절 조　　세

## Ⅰ. 서　　설

### 1. 조세의 개념

오늘날 국가는 질서유지뿐만 아니라 국민의 인간다운 생활을 보장해 주기 위하여 많은 과제를 수행하고 있으며, 여기에 소요되는 재원의 대부분을 조세를 통하여 조달하고 있다. 아울러 조세는 국민 개인의 경제활동 등을 일정한 방향으로 조종하기 위한 수단이 되기도 한다.[10] 이러한 점에서 오늘날의 법치국가는 필연적으로 사회국가인 동시에 조세국가(Steuerstaat)[11]라고 할 수 있다. 현행 헌법과 조세 관련법령 등이 조세에 관한 정의규정을 두고 있지는 않지만, 일반적인 논의를 바탕으로 하여 조세는 다음과 같이 정의내릴 수 있다.[12] 즉 조세란 "국가 또는 지방자치단체가 그의 재력을 취득하기 위하여, 과세요건이 충족되어 납세의무가 발생한 모든 자에게 과세권에 의하여 일방적으로 과하는 무상의 금전급부"이다. 참고로 독일의 조세기본법(AO)은 "조세란 특별급부에 대한 반대급부가 아니며, 공법상의 단체가 수입을 얻기 위하여 급부의무에 관해 법률이 정한 요건에 해당하는 모든 사람에게 과하는 금전급부를 말한다. 수입획득은 부수적 목적일 수 있다(제3조제1항)"라고 정의내리고 있으며, 우리의 헌법재판소는 "조세는 국가 또는 지방자치단체가 재정수요를 충족시키거나 경제적・사회적 특수정책의 실현을 위하여, 국민 또는 주민에 대하여 아무런 특별한 반대급부 없이 강제적으로 부과・징수하는 과징금을 의미한다"고 정의내리고 있다.[13]

이상에서 조세의 개념정의를 분석하면 다음과 같다.

① 조세는 금전급부를 내용으로 한다. 과거에는 금전이 아닌 현물이 납부되기도

---

10) 조세규범을 재정목적규범(Fiskalzwecknorm)과 조종 내지 유도규범(Lenkungsnorm)으로 구분하는 입장에 대해서는 Birk, *Steuerrecht* Ⅰ, 2. Aufl., 1994, Rdnr. 6 f. 참조.

11) 조세국가에 대해서는 Isensee, Steuerstaat als Staatsform, in: Festschrift für H. P. Ipsen, 1977, S. 409; K. Vogel, Der Finanz- und Steuerstaat, in : Isensee/Kirchhof(Hrsg.), *Handbuch des Staatsrechts*, Bd. Ⅰ, 1987, S. 1173 ff. ; Sacksofsky, Umweltschutz durch nicht-steuerliche Abgaben, 2000, S. 153 f. 참조.

12) 학자들마다 조세의 정의가 표현상 조금씩 다르지만 기본적으로는 동일하다.

13) 헌재 1990. 9. 3, 89헌가95.

하였으나, 오늘날 화폐경제 아래에서는 금전급부가 원칙이고, 다만 예외적으로 법률이 정하는 경우에 한하여 납세자의 편의를 위해 물납이 허용된다(예컨대 상중세법 제73조).

② 조세는 국가 또는 지방자치단체가 통치권에 바탕을 둔 과세권에 의하여 일방적으로 과한다. 이러한 점에서 조세는 권력적 과징금의 성질을 갖는다. 따라서 공공조합의 조합비, 행정주체의 사업수입·재산수입·전매수입은 조세와 구별된다.

③ 조세는 특별한 급부에 대한 반대급부가 아니라 국가 등의 경비에 소요되는 재원을 조달하기 위하여 과해지는 것이다. 이러한 조세의 무상성(빕봄상성)의 특성에 의하여, 특별한 역무 또는 이익에 대한 반대급부로서의 성질을 갖는 사용료·수수료가 조세와 구별된다.

④ 조세는 과세요건이 충족되어 납세의무가 발생한 모든 자에게 일률적으로 과해지므로, 특정한 사업목적을 위하여 그 사업과 특별한 관계에 있는 자에게 과하는 부담금과는 구별된다.

⑤ 조세는 국가 등의 재력을 취득하기 위한 목적으로 과한다. 따라서 제재목적인 벌금·과료·과태료와 구별되며, 특정한 사업목적에서 과하는 분담금·부담금과도 다르다. 다만 목적세에서 보듯이 조세가 언제나 재력취득만을 목적으로 하지는 않으며, 경제적·사회적 특수정책을 실현하기 위해서도 과해지고 있다.

## 2. 조세의 분류

조세는 여러 가지 관점에서 그 분류가 가능하다.

### (1) 국세와 지방세

국세는 국가가 통치권의 한 내용으로서 갖는 과세권에 기하여 부과·징수하는 조세로서, 내국세와 관세가 이에 속한다. 지방세는 지방자치단체가 국가로부터 전래된 과세권에 기하여 부과·징수하는 조세이다.

### (2) 내국세와 관세

관세는 국세 가운데 외국으로부터 국경을 통과하여 수입되는 물품에 과세되는 조세인데, 여기에는 조세수입만을 주로 목적으로 하는 재정관세와 국내산업의 보호가 주된 목적인 보호관세가 있다. 관세에 관해서는 「국세기본법」·「국세징수법」·「조세범처벌법」 등이 적용되지 않고, 「관세법」이 적용된다. 내국세는 관세를 제외한 모든 국세를 의미한다.

### (3) 직접세와 간접세

일반적으로 법률상의 납세의무자와 실질상의 담세자가 일치할 것이 법률상 예정되어 있는 조세를 직접세라 하고, 조세부담의 전가가 행하여져 법률상의 납세의무자와 실질상의 담세자가 일치하지 않을 것이 법률상 예정되어 있는 조세를 간접세라 한다. 한편 담세력을 직접적으로 나타내는 소득·재산을 과세대상으로 하는 조세를 직접세라 하고, 담세력을 간접적으로 추정케 하는 소비·거래 등을 과세대상으로 하는 조세를 간접세로 보는 견해도 있다. 일반적으로 소득세·법인세·상속세는 직접세로 보고, 주세·부가가치세·인지세·개별소비세는 간접세로 본다. 한편 직접세와 간접세의 분류는 조세의 소득재분배 정도의 측정과 관련하여 경제학적·재정학적으로는 중요성이 있으나, 법학적으로는 사실상 크게 실익이 없다. 더욱이 오늘날의 재정학·경제학에서의 이해에 따르면 종래 간접세로 분류되던 세목만이 상품가격에 전가될 수 있는 비용세(Kostensteuer)라는 기본전제는 더 이상 유지될 수 없다고 한다. 시장상황이 유지된다고 할 때 현실적으로 모든 조세는 상품가격에 전가될 수 있는 비용적 성격을 가짐이 인정되기 때문이다.[14)]

### (4) 인세와 물세

소득·재산 등이 귀속하는 사람을 중심으로 인적 측면에 주안점을 두어 과세하는 조세를 인세 또는 주체세라 하고, 소득·재산 그 자체로서의 물적 측면에 주안점을 두어 과세하는 조세를 물세 또는 객체세라 한다. 양자의 차이점은 전자에서는 납세자의 인적 사정이 고려되고 있는 데 대하여, 후자에서는 인적 사정이 일반적으로 고려되지 않는 점에 있다. 소득세나 상속세 등은 전자에 해당하며, 부가가치세나 특별소비세 등은 후자에 해당한다.

### (5) 보통세와 목적세

조세수입의 용도를 특정하지 아니하고 국가·지방자치단체의 일반경비에 충당하기 위한 목적에서 과하는 조세를 보통세라 하고, 처음부터 특정한 경비에만 충당할 목적으로 과하는 조세를 목적세라 한다. 조세는 보통세가 원칙이며, 특정사업의 재원을 확보하는 의미를 갖는 목적세는 예외적으로 인정된다. 현재 국세 중 교육세와 지방세 가운데 지역자원시설세, 지방교육세 등이 목적세에 속한다.

### (6) 수익세 · 재산세 · 소비세 · 유통세

개인의 담세력(Leistungsfähigkeit)은 일반적으로 재산증가·재산사용·재산존속이

---

14) 이에 대한 상세는 U. Döring, *Kostensteuern*, 1984, S. 7 f. 참조.

라는 세 가지 형식으로 발현된다.[15] 이러한 구분은 담세력을 나타내는 과세물건을 기준으로 하는바, 과세요건을 체계화하는 데 유익하다. 수익세는 사람이 수입을 얻고 있다는 사실에 착안하여 과하는 조세이며(소득세·법 인세 등), 재산세는 자산을 보유한다는 사실에 착안하여 과하는 조세이고(재산세·종합 부동산세 등), 소비세는 사람이 상품이나 서비스를 구입·소비하는 사실에 착안하여 과하는 조세이다(개별소비세·주세·부가가치세 등). 그리고 유통세(거래세)는 권리의 취득·변경 또는 재화의 이전 등의 사실에 간접적으로 담세력을 인정하여 과하는 조세이다(등록세·인지세·취득세 등).

### (7) 정기세와 수시세

정기세는 일정한 기한을 단위로 정기적으로 과하는 조세이며(소득세·법인세·재산세·부가가치세 등), 수시세는 과세물건이 발생할 때마다 수시로 과하는 조세이다(상속세 및 증여세·취득세·증권거래세 등).

### (8) 비례세와 누진세

비례세는 과세표준의 크기와 관계없이 일정률의 같은 세율이 적용되는 조세로서, 납세자의 개인적 사정은 고려되지 않는다(부가가치세·개별소비세·주세 등). 누진세는 적용세율이 과세표준금액의 증가와 함께 증가하는 조세인데, 납세자의 개인적 사정이 고려된다(소득세·법인세·상속세 및 증여세).

| 국 세 | 소득세, 법인세, 상속세및증여세, 부가가치세, 개별소비세, 주세, 인지세, 증권거래세, 교육세, 교통·에너지·환경세, 농어촌특별세, 종합부동산세, 재평가세, 관세, 임시수입부가세 | | |
|---|---|---|---|
| 지방세 | 주체에 따라 | 서울특별시세, 광역시세, 도세와 시·군·구세 | |
| | 내용에 따라 | 보통세 | 취득세, 등록면허세, 레저세, 주민세, 재산세, 자동차세, 담배소비세, 지방소득세, 지방소비세 |
| | | 목적세 | 지방교육세, 지역자원시설세 |

## Ⅱ. 조세법의 일반원칙

어떠한 것이 조세법의 일반원칙에 해당하는지에 대해서는 문헌상으로 다양하게 전개되고 있다.[16] 이하에서는 조세법질서가 정의질서[17]인 점에 바탕을 두고서 조세법

---

15) Lang, in: Tipke/Lang, *Steuerrecht,* 17. Aufl., 2002, § 4 Rdnr. 95 f.
16) 여기에는 크게 두 가지 입장이 있다. 즉, ① 조세법률주의, 조세평등주의, 법적 안정성의 원칙(명확성의 원칙·소급금지의 원칙, 유추금지의 원칙, 신뢰보호의 원칙)을 드는 입장(김남진·김연태(Ⅱ), 724면 이하)과, ② 형식상의 기본원칙(조세법률주의·영구세주의), 실질상의 기본원칙(공평부담의 원칙, 수입확보·능률의 원칙), 과세기술상의 원칙(신의성실의 원칙·소급과세금

률주의와 조세평등주의를 중심으로 살펴보기로 한다.[18]

## 1. 조세법률주의

### (1) 의의 및 근거

　　조세법률주의란 일반적으로 조세의 부과·징수가 반드시 국회에서 제정한 법률에 근거하여야 행해져야 하는 것을 의미한다. 그러나 이는 법률유보의 측면만이 고려된 것이므로, 법률우위의 측면에서도 조세관련법령이 헌법 및 상위법령에 위배되어서는 안 된다. 조세법률주의는 법치국가원리가 조세법에 통용된 것이지만, 연혁적으로 보건대 조세행정이 경찰행정과 더불어 가장 오래된 부담적 행정인 점에서[19] 오히려 법치국가원리, 특히 법률유보의 원칙은 조세법률주의에서 유래하였다고 볼 수 있다. "대표 없는 조세 없다(No taxation, without representation)", "법률 없이는 조세 없다(Keine Steuer ohne Gesetz)"는 표현은 조세법률주의를 함축적으로 표현한 것이다.

　　　헌법 제38조는 "모든 국민은 법률이 정하는 바에 의하여 납세의 의무를 진다"고 규정하고, 제59조는 "조세의 종목과 세율은 법률로 정한다"고 규정함으로써 조세법률주의를 채택하고 있는바, 이러한 조세법률주의 원칙은 과세요건 등은 국민의 대표기관인 국회가 제정한 법률로써 규정하여야 하고, 그 법률의 집행에 있어서도 이를 엄격하게 해석·적용하여야 하며, 행정편의적인 확장해석이나 유추적용은 허용되지 않음을 의미하므로, 법률의 위임이 없이 명령 또는 규칙 등의 행정입법으로 과세요건 등에 관한 사항을 규정하거나 법률에 규정된 내용을 함부로 유추, 확장하는 내용의 해석규정을 마련하는 것은 조세법률주의 원칙에 위배된다(대판 2000.3.16, 98두11731 전원합의체).

　　조세법률주의는 법치국가의 원리와 민주주의원리를 조세행정에 실현하려는 것인바, 헌법재판소는 조세법률주의의 이념이 과세요건을 법률로 규정하여 국민의 재산권을 보장하고, 과세요건을 명확하게 규정하여 국민생활의 법적 안정성과 예측가능성을 보장하기 위한 것임을 지적하고 있다.[20] 헌법은 법치국가원리와는 달리 조세법률주의에 대해서는 직접적으로 명시하고 있다. 즉, 모든 국민은 법률이 정하는 바에 의하여 납세의 의무를 지며(제38조), 조세의 종목과 세율은 법률로 정한다(제59조). 한편 오늘날에는 실질적 법치주의가 보편화되었으므로 조세법률주의 또한 실질적 조세법률주의일 수

지의 원칙·실질과세의 원칙·근거과세의 원칙)을 드는 입장(김도창(하), 720면 이하; 이상규(하), 736면)이 있다.

17) 이에 대해서는 Tipke, Steuergerechtigkeit in Thorie und Praxis, 1981, S. 3 ff. 참조.
18) 최근 이에 관한 문헌으로는 김성수, "조세법의 일반원칙", 한국공법의 이론(김도창박사고희논문집), 1993, 867면 이하 참조.
19) Lang, in: Tipke/Lang, *Steuerrecht*, 17. Aufl., 2002, § 1 Rdnr. 11.
20) 헌재 1994. 6. 30, 93헌바9.

밖에 없다.21) 그러므로 비록 과세요건이 법률로 명확히 규정되어 있을지라도 그것만으로는 충분하다고 볼 수 없으며, 조세법규의 목적이나 내용이 기본권 보장의 헌법이념과 이를 뒷받침하는 헌법상 요구되는 여러 원칙에 합치하여야 한다. 여기에 과세권의 헌법적 한계가 있으며, 특히 재산권보장이 문제된다.22)

### (2) 조세법률주의를 구현하는 제 원칙

조세법률주의의 이념에서 보았듯이 그것을 구현하는 핵심적 내용은 과세요건법정주의와 과세요건명확주의이다. 그 밖에 법치국가원리의 일요소인 법적 안정성의 원칙과 관련하여 제시되는 신뢰보호의 원칙·과세불소급의 원칙·유추금지의 원칙 등도 들 수 있다.

#### 1) 과세요건법정주의

헌법 제59조는 세목과 세율만을 규정하고 있으나, 과세요건법정주의는 납세의무를 발생시키는 일체의 과세요건 뿐만 아니라 조세의 부과·징수절차 등에 관한 모든 사항을 법률로 규정해야 한다는 것을 말한다. 한편 과세요건의 충족으로 납세의무가(추상적으로) 성립하면 과세권자는, 예외규정이 없는 한, 그 납세의무를 확정·징수할 권능이 있는 동시에 그렇게 할 의무가 있다. 따라서 과세요건을 법률로 규정함에 있어서는 조세확정이 과세관청의 재량에 속하지 않도록 법률효과까지도 법률로 규정하여야 할 것이다.23) 이러한 점에서 세법상 합의과세(Steuervereinbarung)는 원칙적으로 부인된다.

과세요건법률주의(조세법률주의)와 관련하여 조세행정입법의 한계가 문제되는바, 법률의 위임 없이 과세요건과 부과·징수절차에 관한 사항을 규정하는 조세행정입법은 그의 수권범위를 넘은 것으로서 위법·무효가 된다. 한편 조세법규는 국민의 기본권을 직접적으로 제한하거나 침해할 소지가 많으므로 일반적인 급부행정법규에서와는 달리 그 위임의 요건·범위가 더 엄격하고 제한적으로 규정되어야 한다.

조세법률주의의 원칙은 과세요건과 부과·징수절차를 국민의 대표기관인 국회가 제정한 법률로 이를 규정하여야 하고, 그 법률의 집행에 있어서도 이를 엄격하게 해석·적용하여야 하며, 행정편의적인 확장해석이나 유추적용은 허용되지 않음을 의미하는 것이다. 그러므로 법률의 위임 없이 명령 또는 규칙 등의 행정입법으로 과세요건과 부과·징수절차에 관한 사항을 규정하거나 또는 법률에 규정된 내용을 유추·확장하는 내용의 행정규정을 마련하는 것은 조세법률주의의 원칙에 위반된다고 할

---

21) Lang, in: Tipke/Lang, *Steuerrecht*, 17. Aufl., 2002, § 4 Rdnr. 56 ff.
22) 이에 관한 상세한 논의는 김성수, "국가의 과세권과 국민의 재산권보장과의 관계", 고시계, 1991. 2월호, 68면 이하; P. Kirchhof/v. Arnim, *Besteuerung und Eigentum*, VVDStRL 39(1981), S. 217 ff.; Arndt, *Grundzüge des allgemeinen Steuerrechts*, 1988, S. 65 ff. 참조.
23) Lang, in: Tipke/Lang, *Steuerrecht*, 17. Aufl., 2002, § 4 Rdnr. 50 f.

것이다($\substack{\text{대판 1987.10.26,}\\ \text{86누426}}$).

### 2) 과세요건명확주의

과세요건명확주의란 과세요건을 법률로 규정하되, 납세의무자가 조세부담을 사전에 예측할 수 있을 정도로 일의적이고 명확하도록 해야한다는 것을 말한다. 과세처분의 적법성 여부는 과세요건이 법률에 명확하고 자세히 규정되어 있을 때에만 비로소 사전적으로 심사될 수 있다. 이러한 점에서 과세요건명확주의는 과세요건법정주의를 보충한다고 할 것이다. 과세요건명확주의와 관련하여서는 불확정법개념의 사용이 문제된다. 과세요건명확주의를 고수하기 위해선 조세법규에 불확정법개념이 사용되어서는 안 되지만, 입법기술상의 제약을 고려할 때 그것의 사용은 다른 한편 불가피하다. 그러나 물론 이때에는 과세요건명확주의를 배척할 정도를 넘어서는 안 된다. 그러나 불확정법개념을 어느 정도로 사용할 수 있는가의 물음에 대해서는 아직 분명한 기준이 제시되어 있지 않으며, 독일의 경우에도 조세법규가 심히 불확정함을 이유로 위헌결정이 내려진 예가 존재하지 않는다.[24)]

### 3) 신뢰보호의 원칙

신뢰보호의 원칙이란 행정기관의 어떠한 언동(결정)에 대하여 국민이 그것의 정당성·존속성을 신뢰한 경우에, 그 신뢰가 보호할 가치가 있으면 그 신뢰를 보호해 주어야 한다는 것이다. 신뢰보호의 원칙은 행정법의 일반원칙의 하나로 받아들여지며,「국세기본법」역시 "세법의 해석 또는 국세행정의 관행이 일반적으로 납세자에게 받아들여진 후에는 그 해석 또는 관행에 의한 행위 또는 계산은 정당한 것으로 보며, 새로운 해석 또는 관행에 의하여 소급하여 과세하지 아니한다($\substack{\text{동법 제}\\ \text{18조 3항}}$)"고 규정하여 이 원칙을 명시하고 있다.

일반적으로 조세법률관계에 있어서 과세관청의 행위에 대하여 신의성실의 원칙이 적용되는 요건으로는, 첫째, 과세관청이 납세자에게 신뢰의 대상이 되는 견해표명을 하여야 하고, 둘째, 과세관청의 견해표명이 정당하다고 신뢰한 데 대하여 납세자에게 귀책사유가 없어야 하며, 셋째, 납세자가 그 견해표명을 신뢰하고 이에 따라 무엇인가 행위를 하여야 하고, 넷째, 과세관청이 위 견해표명에 반하는 처분을 함으로써 납세자의 이익이 침해되는 결과가 초래되어야 한다는 점을 들 수 있다.[25)]

신의성실의 원칙은 과세관청에 대해서는 물론 조세법률관계상 납세의무자에 대해서도 적용된다($\substack{\text{국세기본법}\\ \text{제15조}}$). 그러나 대법원은 납세의무자에 대하여 신의성실원칙을 적용하는 것에 대하여 제한적인 입장을 견지하고 있다.

---

24) Lang, in: Tipke/Lang, *Steuerrecht*, 17. Aufl., 2002, § 4 Rdnr. 167 f.
25) 대판 1988. 3. 8, 87누156; 이에 대해서는 본서 행정법의 법원 해당부분 참조.

조세법률주의에 의하여 합법성의 원칙이 강하게 작용하는 조세실체법과 관련한 신의성실의 원칙의 적용은 합법성을 희생해서라도 구체적 신뢰를 보호할 필요성이 있다고 인정되는 경우에 한하여 비로소 적용된다고 할 것이고, 특히 납세의무자가 과세관청에 대하여 자기의 과거의 언동에 반하는 행위를 하였을 경우에는 세법상 조세감면 등 혜택의 박탈, 각종 가산세에 의한 제재, 세법상의 벌칙 등 불이익처분을 받게 될 것이며, 과세관청은 납세자에 대한 우월적 지위에서 실지조사권 등을 가지고 있고, 과세처분의 적법성에 대한 입증책임은 원칙적으로 과세관청에 있다는 점 등을 고려한다면, 납세의무자에 대한 신의성실의 원칙의 적용은 극히 제한적으로 인정하여야 하고 이를 확대해석하여서는 안 되며, 납세의무자에게 신의성실의 원칙을 적용하기 위해서는 객관적으로 모순되는 행태가 존재하고, 그 행태가 납세의무자의 심한 배신행위에 기인하였으며, 그에 기하여 야기된 과세관청의 신뢰가 보호받을 가치가 있는 것이어야 할 것이다(대판 2007.6.28. 2005두2087).26)

### 4) 소급과세금지의 원칙27)

소급과세금지의 원칙이란 조세법규의 효력발생 전에 종결된 사실을 소급하여 과세요건으로 삼아 과세하지 못함을 말하며, 과세불소급의 원칙이라고도 한다. 다만 법령의 개정으로 과거의 조세를 경감하는 경우처럼 국민에게 이익을 주는 소급효는 허용된다.

헌법은 "모든 국민은 소급입법에 의하여 … 재산권을 박탈당하지 아니한다(제13조 2항)"라고 규정하여 소급금지의 원칙을 명시하고 있으며, 「국세기본법」 역시 "국세를 납부할 의무(세법에 징수의무자가 따로 규정되어 있는 국세의 경우에는 이를 징수하여 납부할 의무)가 성립한 소득·수익·재산·행위 또는 거래에 대하여는 그 성립 후의 새로운 세법에 의하여 소급하여 과세하지 아니 한다(제18조 2항)"라고 규정하여 동 원칙을 명시하고 있다. 소급금지의 원칙은 진정소급효(echte Rückwirkung)의 경우에만 인정되므로, 아직 종료하지 않은 사실 내지 법률관계에 신법을 적용하는 경우인 부진정소급효(unechte Rückwirkung)는 허용된다고 보는 것이 일반적이다.28) 그러나 부진정소급효 역시 신뢰보호의 원칙에 위배되어서는 안 된다는 한계가 인정된다.29) 다른 한편으로 소급효를 이와 같이 진정소급효와 부진정소급효로 구분하는 것은 현실적으로 유용하지 않으며, 자의적인 결과를 초래하기도 한다. 왜냐하면 이는 실질적으로 법규정이 이미 완성된 사실에 관계하는지 아니면 현재 진행 중인 사실에 관계하는지 여부와 같은 입법기술에 전적으로 좌우되는 것과 다름없기 때문이다. 그리

---

26) 그 밖에 대판 1999. 11. 26, 98두17968; 2006. 1. 26, 2005두6300 등 참조.
27) 이에 대한 상에는 박종수, "조세법률의 소급효와 신뢰보호", 세무학연구 제24권 제 2 호(2007. 6), 65면 이하.
28) 대판 1964. 7. 14, 63누202 등.
29) BVerfGE 36, 73; 40, 65.

하여 독일 연방헌법재판소는 용어상으로 기존의 진정소급효와 부진정소급효의 구분을 폐기하려는 태도를 취하기도 하였었다. 결론적으로 소급효의 허용여부 즉, 납세의무자에게 유리한 법상태를 소급하여 제거하는 법규정의 합헌성 여부는 개인의 신뢰보호와 조세입법자가 당해 법규정을 통해서 공익을 위하여 추구하는 목적 등을 형량하여 판단내려야 할 것이다.[30)]

### 5) 유추금지의 원칙[31)]

유추금지의 원칙(Analogieverbot)이란 납세의무자에게 불리하게 세법을 확대해석하거나 유추해석하여 적용해서는 안 된다는 것을 말한다. 다만 납세자에게 유리하게 유추해석하는 것은 무방하다. 조세행정이 전형적인 부담행정이므로 증세적 유추가 금지됨에 대해선 종래 별다른 의문 없이 받아들여졌다. 그러나 확대해석과는 달리 유추해석의 경우에는 조세정의인 조세평등을 실현하기 위하여 허용될 여지가 있다고 본다. 독일의 경우 팁케(Tipke) 교수 등은 실질적 법치주의에 바탕을 두고서 납세의무자에게 불리한 유추의 가능성을 긍정하며,[32)] 연방조세법원(BFH) 역시 그와 같은 내용의 판결을 내리곤 하였지만,[33)] 아직은 의견의 일치를 보고 있지 못한 실정이다.

### (3) 지방세법률주의와 지방세조례주의

조세법률주의와 관련하여 구「지방세법」(1998년 12월 31일 개정 전의 것) 제 3 조 제 1 항은 "지방자치단체는 지방세의 세목, 과세객체, 과세표준, 세율 기타 부과징수에 관하여 필요한 사항을 정함에 있어서는 조례로써 하여야 한다"라고 규정함으로써 지방세조례주의를 천명한 것이고 헌법 제59조의 조세법률주의에 대한 예외를 인정한 것이 아닌가에 관한 논란이 제기되었었다. 그러나 입법자는 1998년 12월 31일 구「지방세법」제 3 조 제 1 항을 "지방자치단체는 지방세의 세목, 과세객체, 과세표준, 세율 기타 부과·징수에 관하여 필요한 사항을 정함에 있어서는 '이 법이 정하는 범위 안에서' 조례로써 하여야 한다"라고 개정함으로써 지방세와 관련하여서도 조세법률주의가 지배함을 명확히 하였다. 2010년 3월 31일 분법되어 새로 제정된 현행「지방세기본법」제5조 제1항에서도 "지방자치단체는 지방세의 세목(稅目), 과세대상, 과세표준, 세율, 그 밖에 부과·징수에 필요한 사항을 정할 때에는 이 법 또는 지방세관계법에서 정하는 범위에서 조례로 정하여야 한다"고 하여 같은 기조를 유지하고 있다.

---

30) Arndt, *Grundzüge des allgemeinen Steuerrechts*, 1988, S. 86.
31) 조세법률주의의 원칙상 과세요건이거나 비과세요건 또는 조세감면요건을 막론하고 조세법규의 해석은 특별한 사정이 없는 한 법문대로 하여야 하고 합리적 이유 없이 확장해석하거나 유추해석하는 것은 허용되지 아니 한다(대판 2002. 7. 26, 2000두4378).
32) Lang, in: Tipke/Lang, *Steuerrecht*, 17. Aufl., 2002, § 4 Rdnr. 184 f.
33) BFH, BStBl. Ⅱ, 1984, 221.

## 2. 조세평등주의

### (1) 의의 및 근거

조세평등주의 또는 공평부담의 원칙이란 조세부담이 모든 국민에게 각자의 담세 능력에 따라서 공평하게 부과되어야 한다는 것을 말한다. 조세법질서는 정의질서이어 야 하듯이, 조세정의는 조세평등 없이는 달성될 수 없다. 따라서 오늘날 조세평등주의 가 심도있게 논의되고 있으며, 이는 궁극적으로 실질적 조세법률주의의 실현과도 관 련이 있다.34) 우리 헌법은 조세평등주의를 직접 규정하고 있지는 않지만, 헌법 제11조 상의 일반적인 평등의 원칙에서 조세평등주의를 근거지울 수 있다. 그리고 「국세기본 법」역시 "세법의 해석과 적용에 있어서는 과세의 형평과 당해 조항의 합목적성에 비 추어 납세자의 재산권이 부당히 침해되지 아니하도록 하여야 한다($\frac{제18조}{1항}$)", "세무공무 원이 그 재량에 의하여 직무를 수행함에 있어서는 과세의 형평과 당해 세법의 합목적 성에 비추어 일반적으로 적당하다고 인정되는 한계를 엄수하여야 한다($\frac{제19}{조}$)"라고 규정 하여 세무행정상의 평등원칙을 명시하고 있다.

### (2) 구체적 내용

평등의 원칙이란 법집행상의 평등뿐만 아니라 입법상의 평등까지 의미하는데, 조 세정의를 실현함에 있어 강조되는 것은 후자이다. 평등원칙의 중심내용은 자의의 금 지(Willkürverbot)이며, 여기서의 평등은 상대적 평등을 의미한다. 따라서 모든 납세의 무자에 대해 조세부담을 평등하게 부과하되, 정당한 이유가 있거나 합리적 근거가 있 으면 차별적·불평등하게 부과하는 것이 허용된다. 따라서 어떠한 차별적 과세($\frac{비과세}{감면}$등) 가 있는 경우에 정당한 이유나 합리적 근거가 존재하는지 여부가 문제의 관건이 된 다. 헌법재판소는 구 「토지초과이득세법」상 토지초과이득세의 세율을 50%의 단일세 율로 정한 것은 누진세인 양도소득세와 비교해서 합리적 이유가 없으며, 소득이 많은 납세자와 소득이 적은 납세자 사이의 실질적 평등을 저해한다는 논거로 「토지초과이 득세법」 제12조가 헌법상의 평등조항에 위배된다고 판시하였다.35) 독일의 경우 국회 의원의 일당을 소득세의 과세대상에서 제외한 소득세법 규정이 위헌판결을 받았으며, 부부소득을 합산하여 과세하는 것은 소득세의 세율이 누진세임을 감안할 때 부부에 대해 동일한 소득의 독신자 2인보다 더 가중한 조세부담을 과한다는 점에서 위헌이라 고 판시하였다.36) 후자의 사안은 혼인·가족제도에 관한 헌법상의 보장과도 관련이

---

34) 이에 관한 상세는 김남진, "조세평등의 원칙", 고시연구, 1989. 6, 37면 이하; 김원주, "조세공평주 의", 고시계, 1993. 7, 74면 이하; Lang, in: Tipke/Lang, *Steuerrecht*, 17. Aufl., 2002, § 4 Rdnr. 56 ff.

35) 헌재 1994. 7. 29, 92헌바49.

36) BVerfGE 6, 55; 9, 20.

있다. 같은 이유에서 우리 헌법재판소는 부부의 자산소득($\frac{\text{이자소득·배당소득}}{\text{·부동산임대소득}}$)을 단순합산하도록 하는 부부자산소득합산과세제도($\frac{\text{구 소득세법}}{\text{제61조 1항}}$)는 누진세율하에서 합산대상 자산소득을 가진 혼인한 부부를 혼인하지 아니한 자산소득자에 비해서 불리하게 차별취급하는 바, 이는 혼인한 자의 차별을 금지하고 있는 헌법 제36조 제 1 항에 위반되어 헌법상 정당화될 수 없는 차별취급에 해당한다고 판단하였다.[37)]

### (3) 조세평등주의와 관련한 실질과세의 원칙

오늘날 일반적으로 받아들여지는 바에 의하면, 조세평등주의는 납세자의 경제적 급부능력($\frac{\text{담세}}{\text{력}}$)에 상응한 공평과세를 지향하는 것이 조세정의에 부합함을 의미한다. 세법은 이러한 조세평등주의를 실현하기 위하여 실질과세의 원칙을 조세부과의 일반원칙으로 채용하고 있는바, 실질과세의 원칙이란 납세자의 경제적 급부능력의 유무와 정도는 과세원인행위나 과세물건의 귀속 등의 사법상 법형식보다 실질적인 소득 또는 권리관계에 따라 판단되어야 한다는 원칙을 의미한다. 이와는 달리 과세원인행위와 과세물건의 귀속 등에 대해서 사법상의 법형식·명목상의 귀속을 기준으로 판단하는 것을 명목과세의 원칙이라고 한다. 독일의 조세기본법상의 경제적 고찰방법(wirtschaftliche Betrachtungsweise)과 영미법상의 형식에 대한 실질의 우위의 원칙(substance over form) 역시 이러한 실질과세의 원칙과 다름없다.

「국세기본법」은 "과세의 대상이 되는 소득·수익·재산·행위 또는 거래의 귀속이 명의일 뿐이고, 사실상 귀속되는 자가 따로 있는 때에는 사실상 귀속되는 자를 납세의무자로 하여 세법을 적용한다($\frac{\text{제14조}}{\text{1항}}$)"고 하고, 다른 한편 "세법 중 과세표준의 계산에 관한 규정은 소득·수익·재산·행위 또는 거래의 명칭이나 형식에 불구하고 그 실질내용에 따라 적용한다($\frac{\text{제14조}}{\text{2항}}$)"고 하여 실질과세의 원칙을 명시하고 있다. 전자는 '귀속에 관한 실질주의'라 하고 후자는 '거래내용에 관한 실질주의'라 한다. 이에 더하여 "제3자를 통한 간접적인 방법이나 둘 이상의 행위 또는 거래를 거치는 방법으로 이 법 또는 세법의 혜택을 부당하게 받기 위한 것으로 인정되는 경우에는 그 경제적 실질 내용에 따라 당사자가 직접 거래를 한 것으로 보거나 연속된 하나의 행위 또는 거래를 한 것으로 보아 이 법 또는 세법을 적용한다($\frac{\text{제14조}}{\text{3항}}$)"고 하여 이른바 우회거래를 통한 조세회피행위에 대처하고자 실질과세의 원칙의 적용 태양 중 하나를 구체적으로 규정하고 있다.

국세기본법 제14조 제1항에서 규정하는 실질과세의 원칙은 소득이나 수익, 재산, 거래 등의 과세대상에 관하여 그 귀속 명의와 달리 실질적으로 귀속되는 자가 따로

---

37) 헌재 2002. 8. 29, 2001헌바82.

있는 경우에는 형식이나 외관을 이유로 그 귀속 명의자를 납세의무자로삼을 것이 아니라 실질적으로 귀속되는 자를 납세의무자로 삼겠다는 것이므로, 재산의 귀속 명의자는 이를 지배·관리할 능력이 없고, 그 명의자에 대한 지배권 등을 통하여 실질적으로 이를 지배·관리하는 자가 따로 있으며, 그와 같은 명의와 실질의 괴리가 조세를 회피할 목적에서 비롯된 경우에는 재산에 관한 소득은 그 재산을 실질적으로 지배·관리하는 자에게 귀속된 것으로 보아 그를 납세의무자로 삼아야 한다. 이러한 원칙은 법률과 같은 효력을 가지는 조세조약의 해석과 적용에서도 이를 배제하는 특별한 규정이 없는 한 그대로 적용된다(대판 2017.12.28,<br>2017두59253).

국세기본법에서 제14조 제3항을 둔 취지는 과세대상이 되는 행위 또는 거래를 우회하거나 변형하여 여러 단계의 거래를 거침으로써 부당하게 조세를 감소시키는 조세회피행위에 대처하기 위하여 그와 같은 여러 단계의 거래 형식을 부인하고 실질에 따라 과세대상인 하나의 행위 또는 거래로 보아 과세할 수 있도록 한 것으로서, 실질과세의 원칙의 적용 태양 중 하나를 규정하여 조세공평을 도모하고자 한 것이다. 그렇지만 한편 납세의무자는 경제활동을 할 때에 동일한 경제적 목적을 달성하기 위하여 여러 가지의 법률관계 중의 하나를 선택할 수 있고 과세관청으로서는 특별한 사정이 없는 한 당사자들이 선택한 법률관계를 존중하여야 하며, 또한 여러 단계의 거래를 거친 후의 결과에는 손실 등의 위험 부담에 대한 보상뿐 아니라 외부적인 요인이나 행위 등이 개입되어 있을 수 있으므로, 여러 단계의 거래를 거친 후의 결과만을 가지고 그 실질이 하나의 행위 또는 거래라고 쉽게 단정하여 과세대상으로 삼아서는 아니 된다(대판 2017.12.22,<br>2017두57516).

실질적으로 과세원인행위나 과세대상이 동일함에도 불구하고 당사자가 선택한 법형식(명목·<br>외관)에 따라서 조세부담이 과해지거나 면제된다면, 이는 조세정의를 지향하는 조세평등주의에 반하는 셈이 된다. 여기에 실질과세원칙의 인정이유가 있으므로, 이 원칙은 명문규정여부에 관계없이 인정되는 법의 일반원칙이라 하겠다. 따라서 비록 독일의 경우처럼 불법소득의 과세에 관한 법규정이 현행법상 없을지라도 이 원칙에 의거하여 불법소득이라도 과세할 수 있다고 본다. 대법원의 판례 역시 불법소득의 과세를 인정하고 있다.38)

조세평등주의와 관련하여서는 오늘날 응능부담의 원칙 내지 경제적 급부능력의 원칙(Leistungsfähigkeitsprinzip)이 활발히 논의되고 있다.39) 이 원칙은 각 납세의무자의

---

38) 「…과세소득은 이를 경제적인 측면에서 보아 현실로 이득을 지배·관리하면서 이를 향수하고 있어서 담세력이 있는 것으로 판단되면 족하고 그 소득을 얻게 된 원인관계에 대한 법률적 평가가 반드시 적법하고 유효한 것이어야 하는 것은 아니라고 할 것이다」(대판 1979. 8. 28, 79누188; 1983. 10. 25, 81누136).

39) 이에 대해서는 Birk, *Das Leistungsfähigkeitsprinzip als Maßstab der Steuernormen*, 1983, S. 21 f.; Lang, *Die Bemessungsgrundlage der Einkommensteuer*, 1988, S. 34 f.; R. Goode, *The Individual In-*

경제적 부담능력의 정도에 따라서 조세부담이 분배되어야 한다는 것으로서, 조세분야에서 평등원칙을 적용함에 있어 판단의 척도(tertium comparationis)로서의 의미를 부여받고 있다. 다만 이 원칙 자체에 대해서는 형식원리에 불과하다는 점에서 비판적인 입장도 있지만,40) 실질적 평등을 지향하는 조세정의를 실현하기 위하여, 앞으로 그 내용을 구체화하는 데 관심이 두어져야 하리라고 본다.

## Ⅲ. 과세요건

법률이 납세의무를 결부시킨 구성요건이 실현·충족될 때 비로소 국가 등의 조세채권은 성립하게 된다. 과세요건(Steuertatbestand)이란 조세채권·채무를 실체적으로 성립시키는 요건을 의미한다. 즉, 과세가 행해질 여러 가지 상이한 생활사실을 법규형식적으로 표현한 것이다. 과세요건은 납세의무를 발생·증가시키는 것과 같은 적극적 요소와 납세의무를 감소시키는 것과 같은 소극적 요소가 결합되어 이루어지는데, 세목마다 그것의 구체적 내용이 다를 수 있다. 이하에서는 일반적 과세요건으로서 과세권자, 납세의무자, 과세물건, 과세표준, 세율 등을 살펴보기로 한다.

### 1. 과세권자

과세권자란 조세고권(Steuerhoheit)이 인정되며, 세법이 정하는 바에 따라 조세를 부과·징수할 수 있는 자를 말한다. 국세의 경우에는 국가가, 지방세의 경우에는 지방자치단체가 과세권자가 된다. 과세권자는 조세실체법이 정하는 바에 따라 조세채권이 귀속된다고 하여 조세채권자라고도 한다. 과세권자의 조세고권은 구체적으로 부과권과 징수권으로 나타나며, 각각 확정절차와 징수절차에 있어서 부과처분과 징수처분의 기초가 된다. 조세의 부과·징수권의 구체적 행사는 국가·지방자치단체의 기관인 세무관서가 담당한다. 이때에 국세의 경우는 원칙적으로 세무서장·세관장이 담당하되, 대통령령이 정하는 일정한 국세($\binom{\text{소득세·부}}{\text{가가치세}}$)에 대해서는 시장·군수에게 위탁하여 징수할 수 있다($\binom{\text{국세징수법}}{\text{제8조 1항}}$).

### 2. 납 세 자

납세자라 함은 납세의무자($\binom{\text{연대납세의무자와 납세자에 갈음하여 납부할 의무가}}{\text{생긴 경우의 제2차납세의무자 및 보증인을 포함한다}}$)와 세법에 의하여 국세를 징수하여 납부할 의무를 지는 자를 말한다($\binom{\text{국세기본법}}{\text{제2조 10호}}$). 납세의무자는 조세법률관계에 있어서 조세채무를 부담한다는 의미에서 조세채무자라고도 한다.

---

come Tax, 1976, S. 21; Klein/Bankman, *Federal Income Taxation*, 9th Edition, 1993, S. 5 참조.

40) 대표적으로 Kruse, StuW 1990, 322(327); Arndt, in: *Festschrift für Mühl*, 1981, S. 17 ff.

### (1) 납세의무자

납세의무자란 세법에 의하여 국세를 납부할 의무가 있는 자를 말하며, 국세를 징수하여 납부할 의무가 있는 자는 제외한다(국세기본법 제2조 9호). 자연인이든 법인이든 불문하며, 권리능력 없는 단체도 일정한 경우에는 법인으로 의제되어 납세의무자가 될 수 있다(국세기본법 제13조). 법률상의 조세부담자인 납세의무자와 경제상의 조세부담자인 담세자는 개념상 구분된다. 직접세에서는 양자가 일치하는 것이 원칙인 데 반해서, 간접세에서는 양자가 일치하지 않는 것이 원칙이다. 즉, 간접세의 경우는 조세의 전가(Steuerüberwälzung)가 일어난다. 한편 직접세에서는 국내에 주소·거소 또는 본점을 가지고 있는지 여부에 따라서 무제한 납세의무자41)와 제한 납세의무자42)로 구별할 수 있다.

### (2) 연대납세의무자

하나의 동일한 납세의무를 2인 이상이 연대하여 부담하는 경우 그들은 연대납세의무자가 된다. 세법상 연대납세의무를 지는 경우는 공유자 또는 공동사업자가 공유물, 공동사업 또는 공동사업에 속하는 재산에 관한 조세를 부담하는 경우, 공동상속인이 상속재산에 관하여 상속세를 부담하는 경우 등이다. 연대납세의무에 대해서는 민법의 연대채무에 관한 대부분의 규정이 준용된다(국세기본법 제25조의 2).

### (3) 제 2 차납세의무자 · 물적 납세의무자 · 납세보증인

제 2 차납세의무는 본래의 납세의무자가 조세를 체납하여 그의 재산에 대해 체납처분을 집행하여도 징수하여야 할 국세 등에 충당하기에 부족한 경우에 본래의 납세의무자와 일정한 관계에 있는 제 3 자가 그를 대신하여 납세의무를 부담하는 제도를 말하며, 그러한 제 3 자를 '제 2 차납세의무자'라 한다. 「국세기본법」상 제 2 차납세의무를 지는 자로는 법인해산시의 청산인과 잔여재산을 분배·인도받은 자(제38조), 비상장법인의 무한책임사원 또는 일정한 과점주주(제39조), 법인(제40조), 사업양수인(제41조) 등이 규정되고 있으며 동일한 내용은 「지방세법」에도 규정되고 있다(지방세법 제19조 내지 제24조). 제 2 차납세의무는 본래의 납세의무의 존재를 전제로 하여 성립하기 때문에 납세의무의 소멸 등 본래의 납세의무에 관하여 생긴 사유는 제 2 차납세의무에 대하여도 효력을 가지며(부종성), 제 2 차납세의무자는 본래의 납세의무자의 재산에 체납처분을 집행하여도 징수할 금액에 부족한 경우에 그 부족액을 한도로 납부할 책임을 진다(보충성). 제 2 차납세의무제도는 조세징수절차의 합리화를 도모하려는 데 제도적 취지가 있다기보다는 납세의무의 확장을 통하여 조세채권의 보전을 꾀하려는 조세징수절차상의 예외적인 제도로서 평가

---

41) 국내외원천소득에 대하여 납세의무를 부담한다.
42) 국내원천소득에 한하여 납세의무를 부담한다.

할 수 있다.

한편 「국세기본법」은 양도담보권자의 물적 납세의무를 규정하고 있는데, 본래의 납세의무자(양도담보권설정자)가 국세 등을 체납한 경우에, 그의 다른 재산에 대하여 체납처분을 집행하여도 징수할 금액에 부족이 있는 경우에 한하여, 그 국세의 법정기일 후에 설정된 양도담보재산으로서 당해 부족액을 징수할 수 있도록 하고 있다. 납부하는 주체의 인적 요소를 고려하지 아니하고 조세징수의 확보를 위하여 양도담보재산이라는 물적 요소만에 의하여 납부책임을 지우는데 그 취지가 있다.

또한 납세보증인은 납세의무자의 국세·가산금 또는 체납처분비의 납부를 보증한 자를 말한다. 납세보증은 주된 납세자가 납세의무를 이행하지 않는 경우에 그것의 이행을 담보하는 인적 담보제도이므로, 제2차납세의무와 마찬가지로 부종성과 보충성을 특징으로 한다. 그러나 제2차납세의무와는 달리 납세보증은 납세보증계약에 의하여 성립하며, 제2차납세의무자에게는 최고의 항변권이나 검색의 항변권이 발생할 여지가 없다는 점에서 양자는 차이를 나타낸다.

### (4) 징수의무자

징수의무자는 국세를 징수하여 납부할 의무를 지는 자이다. 소득세법과 법인세법상의 원천징수의무자나 지방세법상의 특별징수의무자가 이에 속한다.

징수의무자의 법적 지위에 대해서는 이를 공무수탁사인에 해당한다고 보는 견해도 있으나, 징수의무는 세법이 부여한 협력의무의 이행에 불과하며 법률상 징수사무가 위탁되었다고 볼 수도 없어 단순한 공의무담당자에 불과하다고 보아야 할 것이다. 판례 또한 원천징수의무자가 행하는 징수행위에 대하여 항고소송의 대상성을 부인하고 있다.[43]

## 3. 과세물건

### (1) 과세물건의 의의

과세물권(Steuerobjekt)이란 세법이 과세대상(과세목적물)으로 정하고 있는 물건·행위 또는 사실을 말한다. 과세물건은 납세의무를 성립시키기 위한 물적 기초가 되므로, 개인의 담세력(경제적 급부능력)을 나타내는 것이어야 한다. 따라서 과세물건을 정하는 것은 경제적 급부능력에 따른 공평한 조세부담의 원칙에 합치해야 할 것이다.[44]

---

43) 대판 1990. 3. 23, 89누4789.
44) 판례에 의하면, "과세여부는 소득의 원천이 적법한지를 따지는 법률적 판단보다 실제로 이득이 발생했는지를 따지는 경제적 판단에 따라야 한다"고 판시하고 있다. 당해 사안에서는 불법 매입한 밀수금괴를 판매하여 이득을 남긴 경우이며 이 경우에도 법인세, 과세대상에 해당한다고 보고 있다(대법원 1995. 1. 4. 판결; 동아일보 1995년 1월 5일자 참조).

### (2) 과세물건의 종류

과세물건은 크게 소득, 소비, 재산, 유통($\frac{겨}{래}$)으로 나눌 수 있으며, 그들에 대해서 각각 과세되고 있다($\frac{복세}{주의}$). 수익세는 소득을 과세물건으로 하여 경제가치의 흐름(flow)에 과세하는 것이다. 소득과세는 누진세율과 인적 공제제도 등을 갖추고 있는 등 경제적 급부능력의 원칙에 가장 적합할 뿐만 아니라, 소득재분배에도 크게 기여하고 있다. 재산세는 재산(Vermögen)을 과세물건으로 하여 경제가치의 저량(stock)에 과세하는 것이다. 소비세는 소비행위를 과세물건으로 하여 소비지출에 과세하는 것이며, 유통세는 경제적 거래행위를 과세물건으로 한다.

### (3) 과세물건의 귀속

납세의무가 성립하려면 과세물건이 귀속되는 납세의무자가 확인되어야 하는데, 여기서 과세물건의 귀속이란 과세물건과 납세의무를 부담할 자와의 결합관계를 말한다. 우리 세법은 실질과세의 원칙을 취하고 있으므로($\frac{국세기본법}{제14조}$), 세법상의 귀속은 사법상의 취득과는 달리 정당한 법적 권원의 수반은 묻지 않고 경제적 이익의 사실적 지배·결합관계를 의미한다.

## 4. 과세표준

과세물건은 일정한 가치척도에 의하여 측정하여야만 과세금액이 산출될 수 있다. 과세표준이란 세법에 의하여 직접적으로 세액산출의 기초가 되는 과세물건의 수량 또는 가액을 말한다($\frac{국세기본법}{제2조\ 14호}$). 다시 말해, 과세물건($\frac{소득·재산}{소비·거래}$)의 담세능력을 금액·용량·건수·인원 등의 척도로 계량화·금액화한 것이 과세표준이다. 과세표준이 금액으로 나타나는 경우를 종가세라 하고($\frac{소득}{세 등}$), 과세표준이 수량으로 나타나는 경우를 종량세라 한다($\frac{주세에서}{의 주정}$).

과세표준은 부과과세방식의 경우에는 부과처분에 의하여 확정되어야 하는데 반해서, 신고납세방식의 경우에는 납세의무자가 스스로 계산하여 정부에 신고함으로써 구체적으로 확정되어 진다. 부과과세방식이지만 납세의무자에게 과세표준의 신고의무를 지우는 세목도 있으나($\frac{상속세및증여세법}{제64조\ 1항}$), 이 경우의 과세표준신고는 신고납세방식에서와 같이 과세표준과 세액을 확정하는 효과는 갖지 못하고, 부과처분과 관련한 참고자료를 제출한다는 의미에서의 협력의무를 이행하는데 불과하다.[45] 과세표준의 확정은, 수시세는 과세물건이 생길 때마다 수시로 행하여지나, 정기세의 경우는 원칙적으로 매년 일정한 시기에 행해진다.

---

45) 대판 1987. 3. 10, 86누566.

## 5. 세    율

### (1) 세율의 의의

세율이란 세액산정을 위하여 과세표준에 곱해야 할 비율을 말한다. 종가세에 적용되는 세율은 100분비 또는 1,000분비로 표시되고, 종량세에 적용되는 세율은 금액으로 표시된다.

세율의 크기와 종류를 정하는 것은 조세법률주의에 따라서 입법사항이지만 아직일정한 원칙이나 구체적 기준이 제시되고 있지는 않으며, 다만 자본축적도·소득분배도·경기에 대한 영향 등과 같은 사회적·경제적·정치적 요소에 의하여 좌우된다.

### (2) 세율의 종류

세율은 그 유형에 있어서 비례세율·누진세율·역진세율로 나눌 수 있다.46) 첫째로, 비례세율은 과세표준의 증가에 관계없이 동일하게 적용되는 세율을 말한다. 비례세율은 적용되는 세율이 재화·용역의 종류에 관계없이 모두 동일한 단순비례세율($_{치세 등}^{부가가}$)과 과세대상이 되는 물품 또는 과세장소의 종류에 따라 적용되는 비례세율이 다른 차등비례세율($_{비세 등}^{개별}$)로 다시 나눌 수 있다. 둘째로 누진세율은 과세표준이 증가함에 따라 증가되어 적용되는 세율을 말한다. 누진세율은 과세표준이 증가함에 따라 단순히 고율의 세율이 적용되는 단순누진세율과, 각 초과단계마다 보다 높은 세율이 적용되는 초과누진세율($_{세등}^{소득}$)로 다시 나눌 수 있다. 역진세율은 과세표준이 증가함에 따라 낮게 적용되는 세율을 말하는데, 현행법상 이러한 세율이 적용되는 세목은 존재하지 않는다.

한편 일정한 범위 내에서 신축적으로 적용되는 세율을 탄력세율이라 하는데, 이는 조세의 경기조절적 기능을 수행하기 위하여 채용되고 있다($_{증권거래세법 제8조 2항 등}^{개별소비세법 제1조 6항,}$). 「지방세법」에서 채용하고 있는 표준세율47) 역시 탄력세율의 일종이다. 그러나 탄력세율을 채택함에 있어서는 조세법률주의, 특히 과세요건명확주의의 요청에 위반되어서는 안 된다.

---

46) 한편 금액으로 표시되는 세율의 경우 비례세율에 해당하는 것을 단순정액세율로, 누진세율에 해당하는 것을 계급정액세율로 표현하기도 한다.

47) 이는 지방자치단체가 지방세를 부과하는 경우 통상 적용하여야 할 세율로서, 재정상 기타 특별한 사유가 있다고 인정할 경우에는 이에 따르지 아니할 수 있는 세율을 의미한다(지방세법 제1조 제1항 제4호의2). 예컨대 취득세·등록세(부동산등기)·균등할 주민세·재산세·지역개발세 등의 세율은 지방자치단체가 50%의 범위 내에서 조례로써 가감조정할 수 있도록 하고 있다.

## Ⅳ. 납세의무의 성립·확정·승계

### 1. 납세의무의 성립

납세의무(조세채무)는 개별 세법이 규정하고 있는 과세요건이 충족됨으로써 당연히 성립하며, 그것의 성립을 위하여 과세관청이나 납세의무자의 특별한 행위가 필요하지는 않다. "국세를 납부할 의무는 다음 각 호의 구분에 따른 시기에 성립한다"는 「국세기본법」 규정(제21조 제1항)은, 일정한 시점에 과세요건이 충족됨으로써 납세의무가 당연히 성립함을 전제하고 있다. 독일의 조세기본법(AO) 역시 "조세채무관계로부터의 청구권은 법률이 납부의무를 결합시킨 구성요건이 충족될 때 바로 성립한다"고 규정하고 있다(동법 제38조).

### 2. 납세의무의 확정

#### (1) 납세의무확정의 의의

과세요건의 충족으로 법률상 성립한 납세의무는 아직 추상적이기 때문에 일정한 확정절차를 거쳐야만 비로소 그 이행을 구체적으로 청구할 수 있다. 납세의무의 확정(Steuerfestsetzung)이란 납세의무를 실현시키기 위하여 조세법률관계의 일방 당사자가 납세의무의 내용을 구체적으로 확인하는 것을 말한다. 「국세기본법」 역시 "국세는 당해 세법에 의한 절차에 따라 그 세액이 확정된다"고 규정하고 있다(동법 제22조 1항). 이에 따라 강학상으로는 확정절차 이전의 납세의무를 추상적 납세의무라 하고, 확정절차 이후의 납세의무를 구체적 납세의무라 구분하고 있다.

#### (2) 납세의무확정의 방법

납세의무확정의 방법에는 그 확정을 부과처분에 의하여 행하도록 과세관청에게 맡긴 부과과세방식과, 제1차적으로 납세의무자에게 맡긴 신고납세방식 및 일정한 절차를 필요로 하지 아니하고 법률상 납세의무의 성립과 동시에 확정되도록 하는 자동확정방식이 있다.

우리나라의 경우 종래 모든 세목에 대해서 부과과세방식을 채용하고 있었으나, 현재는 소득세·법인세·부가가치세·개별소비세·주세 등의 세목에 대해서는 신고납세방식을 채택하고 있는 반면, 상속세·증여세에 대해서는 여전히 부과과세방식을 유지하고 있다.48) 자동확정방식을 채택하고 있는 세목은 인지세, 원천징수하는 소득

---

48) 그러나 세정의 민주화와 징수의 편의를 도모하기 위하여 모든 세목에 신고납세방식을 채택하는 것이 바람직하다고 판단된다.

세 또는 법인세, 납세조합이 징수하는 소득세, 중간예납하는 법인세[49] 등에 한정된다 (국세기본법 제22조 2항). 자동확정방식의 경우를 제외하면 일반적으로 조세채무의 확정을 위해서는 신고·부과처분(결정)·경정처분의 전부 또는 일부의 단계를 거치게 된다.

신고납세방식의 세목에 있어서 '제1차적으로' 납세의무자에게 확정권이 주어진 다함은 신고납세방식하에서도 과세관청의 확정권이 전면적으로 배제되는 것은 아니고, 납세의무자가 신고를 하지 않거나 신고를 성실히 하지 않는 경우에는 과세관청이 '제2차적으로' 납세의무를 확정하거나(결정) 납세의무자의 신고에 대한 경정결정을 내릴 수 있다는 것을 의미한다. 신고납세방식하에서의 납세의무자의 신고행위는 전형적인 사인의 공법행위에 해당한다.

부과과세방식하에서의 부과처분은 과세요건의 충족으로 객관적·추상적으로 이미 성립되어 있는 조세채권을 구체적으로 현실화하여 확정하는 것으로,[50] 일반적으로 그것의 법적 성질은 준법률행위적 행정행위로서의 확인행위로 보고 있다.[51] 부과과세방식하에서도 납세의무자에게 과세표준의 신고의무를 과할 수 있음은 이미 앞에서 보았다. 한편 과세표준과 세액을 확정하는 부과처분은 실지조사결정·확정신고결정, 서면조사결정 또는 추계조사결정 등의 방식으로 행해질 수 있다.

### (3) 경정결정

세법은 신고 또는 결정으로 납세의무가 확정된 후에 오류 또는 탈루가 발견된 때에는 즉시 이를 다시 경정하도록 규정하고 있다(소득세법 제80조 2항; 법인세법 제66조 2항 등). 경정결정제도는 부과과세방식의 경우뿐만 아니라 신고납세방식의 경우에도 인정된다.

경정결정(실)이 행해진 경우 그것의 효력이 과세표준 및 세액 전체에 대해 미치는지 아니면 경정으로 증가 또는 감소되는 부분에만 미치는지가 문제되는데, 이는 당초의 부과처분 및 신고에 의한 확정과 경정처분과의 관계에 관한 것이다. 이에 대해「국세기본법」은 증액시와 감액시로 나누어, 당초 확정된 세액을 증가시키는 경정은 당초 확정된 세액에 관한 이 법 또는 세법에서 규정하는 권리·의무관계에 영향을 미치지 아니하는 것으로 규정하고, 당초 확정된 세액을 감소시키는 경정은 그 경정에 의하여 감소되는 세액외의 세액에 관한 이 법 또는 세법에서 규정하는 권리·의무관계에 영향을 미치지 않는 것으로 하고 있다(국세기본법 제22조의 2).

한편 경정결정제도는 과세권자는 물론 납세의무자의 이익을 위해서도 활용되는 것이 마땅하다. 그런데 종래 1994. 12. 22.「국세기본법」이 개정되기 이전까지는 과세표

---

49) 세법에 의하여 정부가 조사결정하는 경우는 제외한다.
50) 대판 1980. 10. 14, 78누345.
51) 광주고판 1967. 8. 3, 66구17; 최명근, 세법학총론, 2001, 349면; 임승순, 조세법, 2001, 169면.

준신고서 작성과정에서의 누락·오류는 물론 과세표준신고서 작성 전에 이미 발생한 오류·누락에 대해서 증액 또는 감액의 수정신고를 하도록 하였었다. 수정신고란 법정신고기한 내에 과세표준신고서를 제출한 자가 이미 신고한 과세표준 및 세액에 누락·오류 등 법정사항이 있는 경우 과세관청이 과세표준과 세액을 결정·경정하여 통지하기 전까지 수정·보완하여 신고할 수 있도록 한 제도이다(<sup>국세기본법</sup><sub>제45조</sub>). 그러나 구「국세기본법」제45조는 수정신고기한이 너무 짧고 부당이득반환의 법리에 의한 민사상의 구제에 의존하는 등 구제범위가 좁은 문제가 제기되었다. 이를 보완하기 위하여 1994. 12. 22. 개정된「국세기본법」은 제45조의2를 신설하여 경정청구제도를 마련하였다. 이는 일본의 국세통칙법 제23조에서처럼 과세관청의 경정결정권에 대응하여 경정청구권을 납세의무자에게 부여하는 것으로서 납세의무자가 법의 무지 등으로 말미암아 과세표준과 세액을 과대하게 신고한 경우에 실효적으로[52] 이를 구제할 수 있게 되었다. 경정청구제도가 신설됨으로써 증액수정을 위해서는 종전대로 수정신고제도를 사용하지만, 감액수정을 위해서는 수정신고가 아닌 경정청구제도에 의하게 되었다. 다만 경정청구 자체로서 과세표준과 세액을 감액하는 효과가 발생하는 것은 아니며, 경정청구를 받은 세무서장은 그 청구를 받은 날로부터 2월 이내에 과세표준과 세액을 경정 또는 경정하여야 할 이유가 없다는 뜻을 그 청구를 한 자에게 통지하여야 한다. 납세의무자는 이 통지에 대하여 조세소송으로써 다툴 수 있을 뿐이다. 경우에 따라서는 경정청구를 거부한 처분에 대한 조세소송이 의미를 가질 수 있다.

### 3. 납세의무의 승계

법인이 합병한 때에 합병 후 존속하는 법인 또는 합병으로 인하여 설립된 법인은, 합병으로 인하여 소멸된 법인에게 부과되거나 그 법인이 납부할 국세 등을 납부할 의무를 진다(<sup>국세기본법</sup><sub>제23조</sub>). 또한 상속이 개시된 때에 그 상속인 또는 상속재산관리인은 피상속인에게 부과되거나 그 피상속인이 납부할 국세 등을 상속으로 인하여 얻은 재산을 한도로 하여 납부할 의무를 진다(<sup>국세기본법</sup><sub>제24조 1항</sub>).

### 4. 납세의무가 불성립하거나 미정인 경우

#### (1) 과세제외

과세제외에는 물적 과세제외와 인적 과세제외가 있다. 먼저 물적 과세제외란 일반적으로 과세대상이 되는 물건을 특별한 사유에서 과세물건으로부터 제외하는 것을 말하는데,「소득세법」·「법인세법」상의 비과세소득,「인지세법」상의 비과세문서,「개

---

52) 특히 소제기기간의 도과 등으로 부과처분에 대한 취소소송의 제기가 차단된 경우에 그 의미가 있다 하겠다.

별소비세법」상의 비과세물품 등이 이에 해당한다. 한편 과세요건상 납세의무자가 되는 자를 특별한 사유에서 납세의무자로부터 제외하는 것을 인적 과세제외라고 말하지만, 과세제외라고 할 때에는 물적 과세제외를 의미함이 보통이다.

한편 과세제외는 과세면제와 구별해야 한다. 전자는 법령이 처음부터 일정한 물건을 과세대상에서 제외함으로써 납세의무가 전혀 발생하지 않는데 대하여, 후자는 일단 발생한 납세의무를 법령에 의하여 사후에 소멸시키는 것을 말하는 것이다(대표적으로 부가가치<br>세법 제12조의 면세).

### (2) 납세의무의 미정상태

납세의무의 미정상태란 과세원인이 발생하였음에도 불구하고 특별한 사정(국내에서의<br>소비여부의 미정)에 의하여 납세의무의 성립이 불확정한 상태에 있는 것을 말한다. 납세의무의 미정상태는 현행법상 관세에 대해서만 인정되고 있으며, 보세구역 안의 화물 및 통과화물이 그 대상이 된다.

## Ⅴ. 조세징수

법률에 의하여(자동확<br>정방식) 또는 납세자의 신고행위나 과세관청의 부과처분에 의해 확정된 납세의무는 납세자의 임의의 이행행위인 납부가 있으면 소멸한다. 그러나 납부가 없으면 과세권자는 조세채무의 이행을 명하고 이를 수납 또는 불이행시 강제징수하는 광의의 징수절차를 실행하게 된다. 이러한 조세징수의 방법은 크게 보통징수 · 특별징수 · 예외(법<br>때)징수 및 강제징수의 네 가지로 나누어 고찰할 수 있다. 또한 광의의 징수절차에는 조세채권의 만족을 확보하기 위한 여러 가지 제도도 마련되어 있다.

### 1. 보통징수

부과과세방식의 조세의 경우 세무서장이나 시장 · 군수가 부과처분에 의하여 세액을 확정하는 것과 함께 납세고지에 의하여 납세의무자의 납부를 청구하고 임의의 납부가 없는 때에는 독촉이 행해진다. 납세의무자가 스스로 납세의무를 확정 · 이행할 수 있는 신고납세방식의 조세의 경우에는 원칙적으로 납세고지란 필요하지 않으나, 예외적으로 과세관청이 불신고로 확정결정을 한다든지 신고에 오류 · 탈루가 있어서 경정결정을 한다든지 하는 경우에는 납세고지가 필요하게 된다. 이렇게 확정된 세액이 납부기한까지 납부되지 않을 때에는 독촉이 행해진다. 납세고지는 확정된 구체적 납세의무에 대하여 납부기한 · 장소를 지정하여 그것의 이행을 명하는 징수처분이므로, 부과처분이 확인행위로서의 준법률행위적 행정행위인 데 반해서 재정상의 급부하명(재정<br>하명)인 법률행위적 행정행위에 속한다고 할 것이다. 다만 과세관청이 부과처분을 별도로 통지함이 없이 납세고지서에 의하여 함께 고지한 때에는, 그 납세고지는 부과처분과 징수처분의 성질을 아울러 갖게 된다.53) 납세고지서에는 과세연도, 세목, 세액, 세액산출의 근거, 납부기한 및 납부장소가 기재되어야 하며($\substack{국세기본법\\제9조}$), 세액의 산출근거를 기재하지 않은 납세고지($\substack{징수\\처분}$)는 위법하게 된다.54)

## 2. 특별징수

조세징수는 세무관서 또는 세무공무원이 납세고지하여 징수하는 통상의 징수절차와는 다른 방법으로 행해지기도 한다.

### (1) 관세의 경우

관세를 부과할 수출입우편물에 대해서는 세관장이 결정·통지한 세액을 통관우체국장이 납세자로부터 징수한다($\substack{관세법 제259조,\\제260조}$).

### (2) 이른바 '인지납부'

인지세의 경우 과세문서에 인지를 붙여 납부한다. 다만, 대통령령이 정하는 바에 따라 인지세액에 상당하는 금액을 납부하고 과세문서에 인지세를 납부한 사실을 표시함으로써 인지를 붙이는 것에 갈음할 수 있다($\substack{인지세법\\제8조 1항}$).

### (3) 원천징수

납세의무자 이외의 제3자($\substack{징수\\의무자}$)가 조세를 징수하여 과세권자인 국가·지방자치단체에 납부하는 것을 말한다($\substack{예컨대 소득세법\\제127조 1항}$). 원천징수제도는 납세의무자로부터 직접 조세를 징수하는 것이 곤란한 경우에 조세를 용이하면서도 확실하게 징수할 수 있게 한다. 한편 징수의무자가 지는 징수납부의무는 본래의 납세의무는 아니지만 그에 유사하므로, 징수의무자를 납세의무자와 더불어 납세자에 포함시킨다($\substack{국세기본법\\제2조 10호}$).

## 3. 예외징수(변태징수)

조세는 납기에 징수·납부되어야 한다는 원칙에 대한 예외로서 납기전징수와 징수유예가 있다.

---

53) 대판 1985. 1. 29, 84누111.
54) 대판 1988. 2. 9, 83누404. 동 판례에 대한 비판적 평석으로는 김남진, 행정법의 기본문제, 1018면 이하 참조.

### (1) 납기전징수

납기전징수란 특별한 사유가 있는 경우에 납부기한의 이익을 박탈하여 이미 확정된 조세를 납기전이라도 징수하는 것을 말한다. 납기전징수는 ㉠ 다른 국세의 체납으로 체납처분을 받은 때, ㉡ 지방세 또는 공과금에 대하여 체납처분을 받은 때, ㉢ 강제집행을 받은 때, ㉣ 어음법 및 수표법에 의한 어음교환소에서 거래정지처분을 받은 때, ㉤ 경매가 개시되었을 때, ㉥ 법인이 해산할 때, ㉦ 납세자가 국세를 포탈하고자 하는 행위가 있다고 인정될 때, ㉧ 납세자가 납세관리인을 정하지 아니하고 국내에 주소 또는 거소를 두지 아니하게 된 때 등의 경우에 행해진다(국세징수법 제9조).

### (2) 징수유예

징수유예란 납기전징수와는 반대로 특별한 사유가 있는 경우에 납기가 도래한 납세의무의 이행을 직권 또는 납세의무자의 신청에 의하여 일정기간 유예하는 것을 말한다. 징수유예는 ㉠ 납세자가 재해 또는 도난으로 재산에 심한 손실을 받은 때, ㉡ 사업에 현저하게 손실을 받았을 때, ㉢ 사업이 중대한 위기에 처하여 있을 때, ㉣ 납세자 또는 그 동거가족의 질병이나 중상해로 장기치료를 요할 때, ㉤ 「국제조세조정에 관한 법률」에 따른 상호합의절차가 진행 중인 경우, ㉥ 그리고 위에 준하는 사유가 있을 때의 경우에 행해질 수 있다(국세징수법 제15조, 제16조).

## 4. 강제징수

납세의무자가 납부기한까지 납세의무를 이행하지 않아서 조세의 체납이 있게 되면, 과세관청은 독촉을 한 후에 납세의무자의 재산을 압류·매각·충당함으로써 조세채권을 강제적으로 만족시키게 된다. 조세채권의 강제적 실현을 위한 이러한 절차를 강제징수라 한다. 종래 이에 속하는 「국세징수법」상의 개별 행정처분을 '체납처분'이라 하였는데 2020.12.29. 국세징수법이 전부개정되면서 '강제징수'라는 용어로 통일되었다.

## 5. 조세채권의 확보

앞에서 본 강제징수절차, 연대납세의무, 제 2 차납세의무, 납기전징수와 같은 제도는 납세의무의 이행을 확실히 보장하는 기능을 수행한다. 이들 외에도 세법은 그와 같은 목적을 달성하기 위하여 조세의 우선징수·납세담보·사해행위취소·납세증명·관허사업제한 등의 제도를 두고 있다.

### (1) 조세의 우선징수

국세·가산금·체납처분비는 다른 공과금과 채권에 우선하여 징수되며(국세기본법 제35조 1항), 지방세·가산금 및 체납처분비는 국세 다음으로 우선권을 갖는다(지방세기본법 제71조 1항). 이를 조세 우선징수의 원칙이라 하며, 그 이론적 근거는 현대국가에서 조세가 모든 국가활동의 근원이 되므로 조세징수의 편의를 도모하기 위함이라고 할 수 있다.55) 다만 동 원칙은 세법질서 내지 재산권의 본질적 내용을 침해하지 않으며, 비례성의 원칙을 위반하지 않는 범위 내에서 통용된다고 할 수 있다.56) 「국세기본법」상으로도 국세는 ㉠ 지방세 또는 공과금의 체납처분에 있어서의 그 가산금 또는 체납처분비, ㉡ 강제집행·경매 또는 파산절차에 소요된 비용, ㉢ 국세의 법정기일 전에 설정한 전세권·질권 또는 저당권의 목적물인 재산의 매각시에 그 전세권·채권 또는 저당권에 의하여 담보된 채권, ㉣ 「주택임대차보호법」 또는 「상가건물인대차보호법」상의 소액보증금채권, ㉤ 임금 등 근로관계로 인한 채권 등에는 우선하지 못한다(제35조 1항 1호 내지 5호).

### (2) 납세담보

납세담보란 조세징수를 확보하기 위하여 납세자 또는 제3자로부터 제공받은 인적·물적 담보를 말한다. 인적 납세담보는 세무서장이 확실하다고 인정하는 보증인의 납세보증서를 제출케 하여 납세를 담보하는 것을 말하며, 물적 납세담보는 납세자 또는 제3담보제공자가 제공하는 금전 등과 같은 특정재산인 담보목적물에 대하여 조세의 우선징수순위를 확보함으로써 납세를 담보하는 것을 말한다(국세징수법 제18조~제23조). 현행법상 납세담보는 재산의 압류를 유예하거나 압류를 해제하는 경우 관할 세무서장이 요구할 수 있다(국세징수법 제105조 3항).

### (3) 사해행위의 취소

세무서장은 체납처분을 집행함에 있어서 체납자가 압류를 면하고자 고의로 그의 재산을 양도하고, 양수인은 그 정을 알고 그 재산을 양수한 때에는 그 양도행위의 취소를 요구할 수 있다(국세징수법 제25조). 이와 같은 사해행위의 취소제도는 민법상 인정되는 채권자취소권과 그 본질·취지가 동일하므로, 조세채권의 대외적 효력이라고도 한다. 그러나 「국세징수법」상의 사해행위의 취소는 민법상의 채권자취소권과는 권리의 행사주체·행사상대방, 사해사실의 존재 등에서 다른 점도 있다. 한편 「국세기본법」 제35조 제6항에 규정된 통정허위표시에 의한 담보설정계약의 취소제도 역시 사해행위취소에 포함시킬 수 있다.

---

55) 대판 1983. 11. 22, 83다카1105.
56) 헌재 1990. 9. 3, 89헌가95.

### (4) 납세증명

납세자는 ㉠ 국가, 지방자치단체 또는 대통령령으로 정하는 정부 관리기관으로부터 대금을 지급받을 경우, ㉡ 외국인등록 또는 국내거소신고를 한 외국인이 체류기간 연장허가 등 대통령령으로 정하는 체류 관련 허가를 법무부장관에게 신청하는 경우, ㉢ 내국인이 해외이주 목적으로 외교부장관에게 해외이주신고를 하는 경우에는 납세증명서를 제출하여야 한다(국세징수법 제107조 1항). 이러한 납세증명서제도는 조세징수의 원활을 기하고 체납을 방지하는 데 목적과 취지가 있으므로, 간접적인 납세보전제도에 해당한다 할 것이다.

### (5) 사업에 관한 허가등의 제한

관할 세무서장은 납세자가 허가·인가·면허 및 등록 등(허가등)을 받은 사업과 관련된 소득세, 법인세 및 부가가치세를 체납한 경우 해당 사업의 주무관청에 그 납세자에 대하여 허가등의 갱신과 그 허가등의 근거 법률에 따른 신규 허가등을 하지 아니할 것을 요구할 수 있다. 다만, 재난, 질병 또는 사업의 현저한 손실, 그 밖에 대통령령으로 정하는 사유가 있는 경우에는 그러하지 아니하다(국세징수법 제112조 1항). 관할 세무서장은 허가등을 받아 사업을 경영하는 자가 해당 사업과 관련된 소득세, 법인세 및 부가가치세를 3회 이상 체납하고 그 체납된 금액의 합계액이 500만 원 이상인 경우 해당 주무관청에 사업의 정지 또는 허가등의 취소를 요구할 수 있다. 다만, 재난, 질병 또는 사업의 현저한 손실, 그 밖에 대통령령으로 정하는 사유가 있는 경우에는 그러하지 아니하다(국세징수법 제112조 2항). 해당 주무관청은 관할 세무서장의 요구가 있는 경우 정당한 사유가 없으면 요구에 따라야 하며, 그 조치 결과를 즉시 관할 세무서장에게 알려야 한다(국세징수법 제112조 4항). 이러한 제도는 납세자의 조세납부를 간접적으로 강제하므로 납세보전제도에 해당한다 할 것이나, 행정권한의 부당결부금지원칙(Koppelungsverbot)의 측면에서 재검토가 필요하다고 볼 수 있다.

## VI. 납세의무의 소멸

법률상 과세요건의 충족으로 일단 성립한 납세의무는 여러 가지 원인에 의하여 소멸하고 조세법률관계를 종료하게 된다. 「국세기본법」은 ㉠ 납부·충당 또는 부과의 취소가 있은 때, ㉡ 부과권의 제척기간이 만료한 때, ㉢ 국세징수권의 소멸시효가 완성한 때 등에 납세의무가 소멸한다고 규정하고 있다(제26조). 이하에서는 납세의무의 주요 소멸원인을 간략히 살펴보기로 한다.57)

57) 구 「국세기본법」(1996. 12. 30. 개정 전의 것)은 종래 결손처분을 납세의무의 소멸사유의 하나

## 1. 납부(납세의무의 이행)

납세의무는 대부분 납세의무(<sup>조세</sup><sub>채무</sub>)의 이행에 해당하는 납부에 의해서 소멸한다. 조세의 납부는 신고납세방식하에서는 납세의무를 확정시키는 절차인 신고와 동시에 행함이 원칙이며(<sup>작성실</sup><sub>고납부</sub>), 부과과세방식하에서는 납세의무를 확정시키는 부과처분에 의한 납세고지에 기하여 행함이 원칙이다(<sup>고납</sup><sub>부</sub>). 조세의 납부는 본래의 납세의무자(연대납세의무자 포함)가 행하는 것이 보통이나, 본래의 납세의무자에 갈음하여 제2차 납세의무자, 양도담보권자, 납세보증인 및 그 밖의 제3자에 의해서도 행해질 수 있다. 그리고 납세의무의 승계가 이루어진 경우에는, 합병 후 존속하는 법인 또는 합병으로 인하여 설립된 법인이나 상속인 또는 재산관리인이 조세를 납부함으로써 납세의무가 소멸하기도 한다. 납부는 금전으로 하는 것이 원칙이나, 예외적으로 인지납부(<sup>인지세법</sup><sub>제8조</sub>)와 물납도 인정되고 있다.

## 2. 환급금의 충당

충당이란 납세자의 납부할 조세와 과세관청이 환급할 국세환급금이 서로 대립하고 있는 경우에 과세관청이 행정처분에 의해 그 대등액에 있어서 서로 동시에 소멸시키는 것을 말한다. 이는 납세의무에 특수한 소멸원인으로서 과세권자의 일방적인 조치에 의해 법정된 요건에 따라 조세채무를 소멸시킨다는 점에서 사법상의 상계와 다르다.

## 3. 부과권의 제척기간과 징수권의 소멸시효

국가·지방자치단체의 과세권은 각각 조세확정절차와 조세징수절차에서 부과권과 징수권의 행사로 실현되는데, 세법에서는 이러한 권리의 행사를 무한정 허용하지 아니하고 각각 일정한 기한까지만 존속 또는 행사를 인정하고 있는데, 이를 각각 부과권의 제척기간과 징수권의 소멸시효라 한다. 부과권과 징수권을 각각 제척기간과 소멸시효의 대상으로 한 연유는 각각의 법적 성격으로부터 설명된다.[58] 즉, 부과권은 조세채권의 구체적 내용을 확인하여 상대방인 납세의무자의 협력여부에 상관없이 조세채권을 확정시키므로 일종의 형성권에 속하고, 징수권은 조세채무자에게 그 이행을 청구하는 것이므로 청구권에 속하기 때문이다. 국세 중 상속세 또는 증여세 외의 세목은 사기 기타 부정한 행위가 있는 경우에는 부과할 수 있는 날로부터 10년이, 무신고의 경우에는 부과할 수 있는 날로부터 7년, 그 밖의 경우에는 부과할 수 있는 날로

---

로 규정하였으나, 법개정을 통해 삭제되었다.

58) 최명근, 세법학총론, 2001, 417면 이하; 임승순, 조세법, 2001, 117면 이하.

부터 5년이 경과하면 부과할 수 없고, 상속세 또는 증여세의 경우는 사기 기타 부정한 행위가 있는 경우와 무신고·허위신고 또는 누락신고의 경우에는 부과할 수 있는 날로부터 15년, 그 밖의 경우에는 부과할 수 있는 날로부터 10년이 경과하면 부과할수 없다(국세기본법). 그리고 국세징수권은 그것을 행사할 수 있는 때로부터 5억원 이상의 국세의 경우에는 10년간, 그 외의 국세의 경우에는 5년간 행사하지 아니하면 소멸시효가 완성된다(국세기본법 제27조 1항). 지방세의 경우에도 국세와 동일하며, 관세의 경우에는 원칙적으로는 2년이나 관세포탈·미납시에는 5년이 된다. 소멸시효는 납세고지·독촉 또는 납부최고·교부청구·압류 등의 사유로 중단되며(국세기본법 제28조 1항),59) 징수유예기간·체납처분유예기간또는 연부연납기간 중에는 시효의 진행이 정지된다(국세기본법 제28조 3항). 그러나 부과권의 제척기간에는 중단·정지가 없다.60)

## 4. 조세부과처분의 취소

부과처분의 취소란 일단 유효하게 성립한 부과처분에 대하여, 그 성립에 무효원인이 아닌 하자가 있음을 이유로 그 효력을 소멸시키는 것이다. 당해 부과처분이 취소되면 그 부과처분에 의해서 구체적으로 확정된 납세의무는 처분시에 소급하여 소멸한다. 부과처분의 취소에는 처분을 발한 세무서장이 직권으로 행하는 경우와 쟁송기관이 쟁송제기에 의해 행하는 경우가 있다.

> 과세처분이 당연무효라고 하기 위하여는 그 처분에 위법사유가 있다는 것만으로는 부족하고 그 하자가 중요한 법규에 위반한 것이고 객관적으로 명백한 것이어야 하며, 하자가 중대하고도 명백한 것인가의 여부를 판별함에 있어서는 당해 과세처분의 근거가 되는 법규의 목적, 의미, 기능 등을 목적론적으로 고찰함과 동시에 구체적 사안 자체의 특수성에 관하여도 합리적으로 고찰함을 요하는바, 과세대상이 되는 법률관계나 사실관계가 전혀 없는 사람에게 한 과세처분은 그 하자가 중대하고도 명백하다고 할 것이나 과세대상이 되지 아니하는 어떤 법률관계나 사실관계에 대하여 이를 과세대상이 되는 것으로 오인할 만한 객관적인 사정이 있는 경우에 그것이 과세대상이 되는지의 여부가 그 사실관계를 정확히 조사하여야 비로소 밝혀질 수 있는 경우라면 그 하자가 중대한 경우라도 외관상 명백하다고 할 수 없어 과세요건사실을 오인한 위법의 과세처분을 당연무효라고는 볼 수 없다(대판 2001.7.10. 2000다24986).

---

59) 중단된 소멸시효는 고지한 납부기한, 독촉 또는 납부최고에 의한 납부기한, 교부청구 중의 기간, 압류해제까지의 기간이 경과한 때로부터 새로이 진행한다(국세기본법 제28조 제 2 항).

60) 참고로 독일의 조세기본법(AO)은 확정소멸시효(Festsetzungsverjährung, 부과권의 제척기간)와 징수소멸시효(Zahlungsverjährung)를 구별하여 규정하되, 전자에는 정지를, 후자에는 중단과 정지를 인정하고 있다(동법 제171조, 제230조, 제231조 참조).

## Ⅶ. 조세구제절차

위법·부당한 조세부과·징수처분에 의하여 개인이 법률상 이익을 침해받은 경우에는 그것을 구제하는 수단이 여러 가지 존재한다. 이하에서는 조세행정쟁송과 과오납금환급청구에 의한 구제를 간략히 살펴보기로 한다.

### 1. 조세행정쟁송

위법·부당한 조세부과나 징수처분에 대한 행정쟁송 역시 일반적인 행정쟁송과 마찬가지로 행정심판과 행정소송으로 나눌 수 있다. 그러나 이때에는 일반국세(국세기본법<br>제56조 2항)와 관세(관세법 제120<br>조 2항)의 경우 엄격한 행정심판전치주의가 적용된다는 점에 유의할 필요가 있다.

#### (1) 조세행정심판

조세부과·징수에 관한 행정심판에 대해서는 일반법인 「행정심판법」의 적용이 배제되고(국세기본법<br>제56조 1항), 「국세기본법」·「지방세기본법」·「관세법」이 적용된다. 이때의 조세행정심판은 특별법에 의한 행정심판에 해당하는 것이므로, 우선적으로 「국세기본법」 등의 규정이 적용되며, 「국세기본법」 등에 규정이 없는 경우에 한하여 「행정심판법」의 규정이 적용된다.

일반국세에 관한 행정심판은 국세청장에 대한 심사청구 또는 조세심판원장에 대한 심판청구 절차 중 하나를 거치면 된다(국세기본법<br>제55조 1항). 다만 납세자가 원하는 경우에는 당해 처분이 국세청장이 조사·결정 또는 처리하거나 하였어야 할 것인 경우를 제외하고는 그 처분에 대하여 심사청구 또는 심판청구에 앞서 이의신청을 할 수 있다(국세기본법<br>제55조 3항). 또한 관세에 관한 행정심판도 일반국세의 경우와 동일하다(관세법 제119조<br>1항, 제120조 1항). 그런데 지방세에 관한 행정심판은 종래 이의신청과 심사청구가 규정되고 있었는데, 지방세기본법이 제정되면서 지방세에도 심판청구가 추가되어 현재는 이의신청과 심사청구 및 심판청구가 모두 인정되어 국세와 동일한 구조로 통일되었다. 다만 지방세에 관해서 구 「지방세법」 제78조 제2항은 "…위법한 처분 등에 대한 행정소송은 「행정소송법」 제18조 제1항 본문·제2항 및 제3항의 규정에 불구하고 이 법에 의한 심사청구와 그에 대한 결정을 거치지 아니하면 이를 제기할 수 없다"고 규정하여 엄격한 전치주의를 채택하고 있었으나, 법개정(2001.<br>12.29)을 통하여 구 「지방세법」 제78조 제2항은 삭제된 바 있었다. 따라서 한 때 지방세에 있어서만큼은 엄격한 전치주의가 포기되어 심사청구나 이의신청을 거치지 않고도 직접 행정소송에 나아갈 수 있었다.61)

---

61) 헌법재판소가 2001. 6. 28, 2000헌바30 결정으로 행정심판의 필요적 전치주의에 관하여 규정한 구 지방세법 제78조 제2항이 헌법에 위반된다고 선언함에 따라 동 규정은 효력을 상실하게 되

그러나 지방세기본법이 제정되면서 동법 제98조 제2항에서 "심판청구의 대상이 되는 처분에 관한 사항에 대하여는 「국세기본법」 제56조 제1항을 준용한다"고 하여 다시 국세와 동일하게 엄격한 전치주의를 채택하게 되었다. 여기서는 일반국세를 중심으로 조세행정심판에 대하여 간략히 살펴보기로 한다.

### 1) 이의신청

국세의 부과·징수처분에 대하여 이의가 있는 자는 국세청장이 조사·결정 또는 처리한 처분인 경우를 제외하고는, 불복의 사유를 갖추어 세무서장이나 지방국세청장에게 이의신청을 할 수 있다($_{3항, 제66조 1항}^{국세기본법 제55조}$). 이의신청은 심사청구나 심판청구와는 달리 행정심판절차가 아니다. 이의신청은 처분의 통지를 받은 날로부터 또는 처분이 있었던 것을 안 날로부터 90일 내에 하여야 한다. 특별한 규정이 있는 경우를 제외하고는 이의신청제기는 당해 처분의 집행에 효력을 미치지 않는다. 이의신청결정에 대한 불복수단으로 관계인은 심사청구 또는 심판청구를 제기할 수 있다.

### 2) 심사청구

위법·부당한 처분이나 이의신청결정에 불복하거나, 소정의 기간 내에 이의신청 결정의 통지가 없을 때에는 불복의 사유를 갖추어 당해 처분을 하거나 하였어야 할 세무서장을 거쳐 국세청장에게 심사청구를 할 수 있다($_{제62조 1항}^{국세기본법}$). 심사청구기간은 이의 신청의 경우와 마찬가지로 당해 처분이 있는 사실을 안 날 또는 처분의 통지를 받은 날로부터 90일이며, 이의신청을 거친 경우에도 그 결정통지를 받은 날 또는 결정기간 이 경과한 날로부터 90일이다($_{제61조}^{동법}$). 심사청구 역시 당해 처분의 집행에 효력을 미치지 않는다. 심사청구에 대해서 국세청장은 심사청구를 받은 후 국세심사위원회의 심의를 거쳐서 결정을 내려야 한다($_{제64조}^{동법}$). 종전에는 이 기간 내에 결정의 통지가 없으면 심사청구가 기각된 것으로 보았으나($_{제65조 5항}^{구 국세기본법}$), 이 조항이 그 사이 법개정으로($_{12.31.}^{1993.}$) 삭제되었으므로 이러한 해석은 더 이상 타당하지 않게 되었다. 심사청구결정에 대한 불복수단으로 관계인은 행정소송을 제기할 수 있다.

한편 감사원의 감사를 받는 자의 직무에 관한 처분 기타 행위에 관하여 이해관계 있는 자는 감사원에 그 행위에 대해 심사의 청구를 할 수 있다($_{제43조 1항}^{감사원법}$). 감사원의 심사결정에 대해 불복이 있는 자는 90일 이내에 행정소송을 제기할 수 있다.

---

없었고, 위 규정을 제외한 같은 법 제72조 제1항, 제73조, 제74조 규정들에 의하면, 「지방세법」에 의한 처분에 대하여는 이의신청 및 심사청구를 할 수 있되 다만 심사청구를 하고자 할 때에는 이의신청을 거쳐 그에 대한 결정의 통지를 받은 날부터 소정의 기간 내에 심사청구를 하여야 한다고 되어 있을 뿐이어서, 「행정소송법」 제18조 제1항 본문에 따라 「지방세법」상의 이의신 청 및 심사청구를 거치지 아니하고도 바로 「지방세법」에 의한 처분에 대한 취소소송을 제기할 수 있게 되었다(대판 2003. 8. 22, 2001두3525).

### 3) 심판청구

심판청구는 당해 처분이 있은 것을 안 날로부터 90일 이내에 또는 이의신청을 거친 경우에는 이의신청에 대한 결정의 통지를 받은 날로부터 90일 이내에 불복의 사유를 갖추어 그 처분을 하였거나 하였어야 할 세무서장을 거쳐 조세심판원장에게 하여야 한다(국세기본법 제69조 1항). 조세심판원장이 심판청구를 받은 때에는 조세심판관회의가 그 심리를 거쳐 이를 결정한다. 다만, 심판청구의 대상이 소액인 것 또는 경미한 것인 경우나 심판청구가 청구기간의 경과 후에 있은 때에는 조세심판관회의의 심리를 거치지 아니하고 주심조세심판관이 이를 심리하여 결정할 수 있다(국세기본법 제78조 1항). 심판청구에 대하여 결정을 함에 있어서는 불고불리의 원칙과 불이익변경금지의 원칙이 적용되며(동법 제79조), 그 결정은 관계행정청을 기속한다(동법 제80조). 심판청구결정에 대한 불복수단으로 관계인은 행정소송을 제기할 수 있다.

### (2) 조세행정소송
### 1) 필요적 전치주의

심사청구결정 또는 심판청구결정에 불복이 있는 자는 행정소송을 제기하여 위법한 조세부과·징수처분을 다툴 수 있다. 조세에 관한 행정소송 역시「행정소송법」이 적용된다. 다만,「국세기본법」등은 행정심판전치주의·제소기간과 관련하여「행정소송법」제18조·제20조에 대한 특별규정을 두어, 심사청구 또는 심판청구에 대한 결정의 통지를 받은 날(이를 받지 못한 경우에는 소정의 결정기간이 경과한 날)로부터 90일 이내에 제소하도록 하고 있다(국세기본법 제56조 3항).62)

> 재결청의 재조사결정에 따른 심사청구기간이나 심판청구기간 또는 행정소송의 제소기간의 기산점(=후속 처분의 통지를 받은 날)　　[다수의견] 이의신청 등에 대한 결정의 한 유형으로 실무상 행해지고 있는 재조사결정은 처분청으로 하여금 하나의 과세단위의 전부 또는 일부에 관하여 당해 결정에서 지적된 사항을 재조사하여 그 결과에 따라 과세표준과 세액을 경정하거나 당초 처분을 유지하는 등의 후속 처분을 하도록 하는 형식을 취하고 있다. 이에 따라 재조사결정을 통지받은 이의신청인 등은 그에 따른 후속 처분의 통지를 받은 후에야 비로소 다음 단계의 쟁송절차에서 불복할 대상과 범위를 구체적으로 특정할 수 있게 된다. 이와 같은 재조사결정의 형식과 취지, 그리고 행정심판제도의 자율적 행정통제기능 및 복잡하고 전문적·기술적 성격을 갖는 조세법률관계의 특수성 등을 감안하면, 재조사결정은 당해 결정에서 지적된 사항에 관해서는 처분청의 재조사결과를 기다려 그에 따른 후속 처분의 내용을 이의신청 등에 대한 결정의 일부분으로 삼겠다는 의사가 내포된 변형결정에 해당한다고 볼 수밖에 없다. 그렇다면 재조사결정은 처분청의 후속 처분에 의하여 그 내용이 보완됨으로써 이의신청 등에 대한 결정으로서의 효력이 발생한다고 할 것이므로, 재조사결정에

---

62) 박종수, "지방세불복과 조세행정심판전치주의", 계간세무사, 2010년 여름호(2010. 8), 41면 이하.

따른 심사청구기간이나 심판청구기간 또는 행정소송의 제소기간은 이의신청인 등이 후속 처분의 통지를 받은 날부터 기산된다고 봄이 타당하다. [대법관 김영란, 대법관 양승태, 대법관 안대희의 별개의견] 재조사결정은 단지 효율적인 사건의 심리를 위하여 처분청에 재조사를 지시하는 사실상의 내부적 명령에 불과하다고 보아야 할 것이므로 그로써 이의신청 등에 대한 결정이 있었다고 할 수 없고, 후속 처분에 의하여 그 효력이 발생한다고 의제할 수도 없다. 따라서 이의신청인 등에게 재조사결정이나 후속 처분이 통지되었다고 하더라도 그 후 다시 재결청이 국세기본법에 규정된 유형의 결정을 하여 이의신청인 등에게 이를 통지할 때까지는 심사청구기간 등이 진행하지 않는다고 보아야 한다($\binom{\text{대판 2010.6.25,}}{\text{2007두12514(전합)}}$).

### 2) 당초처분과 경정처분의 관계

조세행정소송과 관련하여 종래 당초처분과 경정처분의 법률관계를 어떻게 볼 것인가에 대하여 학설과 판례에서 많은 논의가 있어 왔다. 논의여하에 따라 조세심판의 대상 또는 소송물, 조세심판전치주의의 충족여부, 청구기간 또는 제소기간의 준수여부, 심리범위, 소멸시효의 기산일, 체납처분 등과 관련하여 결론을 달리할 수 있었기 때문이다.

학설에서는 크게 경정처분은 당초처분과 독립하여 별개의 과세처분으로 병존하고, 경정처분의 효력은 당해 처분으로 인하여 증감된 세액부분에만 미친다는 견해($\text{별존}$)와 당초처분은 경정처분에 흡수되어 소멸하고 경정처분의 효력은 당초처분에 의하여 확정된 과세표준과 세액을 포함하여 다시 확정된 과세표준 및 세액의 전체에 대하여 미친다고 보는 견해($\text{흡수}$)가 주장되었고 그 밖에도 이들 학설을 보완하는 중간적 입장($\substack{\text{병존적 흡수설, 역흡수설,} \\ \text{역흡수병존설 등}}$)들이 주장되었다.

이에 대하여 판례는 증액경정의 경우와 감액경정의 경우를 나누어, 전자의 경우 당초처분은 증액경정처분에 흡수되어 당연히 소멸하는 것으로 보아야 한다($\binom{\text{대판 1999.5.11,}}{\text{97두13139}}$)고 하여 흡수설의 입장을 취하였고, 후자의 경우 감액경정처분은 세액의 일부취소라는 납세자에게 이익을 주는 처분이므로 감액경정처분의 취소를 구할 소의 이익이 없고, 행정심판의 대상 또는 소송물은 당초처분 중 감액경정처분에 의하여 취소되지 않고 남은 부분이므로 전심절차의 충족여부 및 제소기간의 준수여부도 당초처분을 기준으로 판단하여야 한다고 보았다($\binom{\text{대판 1998.5.26,}}{\text{98두3211}}$).

그러나 이러한 논의는 2002년 12월 18일 「국세기본법」 제22조의2가 신설됨으로써 입법적인 해결을 보게 되었다. 즉, 개정 「국세기본법」은 증액경정처분과 감액경정처분의 효력에 대하여 당초처분과 경정처분을 별개의 처분으로 보아 세법규정을 적용한다고 규정함으로써 일본 국세통칙법 제29조와 유사하게 병존설의 입장을 법제화하였다. 그 결과 현행법상 경정처분은 증액의 경우이든 감액의 경우이든 행정심판 또는

행정소송의 대상이 되며, 제소기간 및 소멸시효도 별도로 판단하게 되었다. 아울러 당
초처분에 따라 행한 납부·독촉·체납처분·가산금 등의 효력은 경정처분에 의하여
영향을 받지 않게 된다.

　　다만 남은 문제는 기존의 대법원 판례의 입장이 「국세기본법」 제22조의 2 신설에
따라 그대로 유지될 수 있는가에 두어진다. 생각건대 이 문제는 감액경정처분의 경우
와 증액경정처분의 경우로 나누어서 고찰할 수 있을 것이다. 먼저 기존의 감액경정처
분에 관한 대법원의 입장(이른바/일부취소설)에 대해서 본다면, "…감액경정처분은 … 당초처분과
별개 독립된 것이 아니고, 실질적으로 당초처분의 변경이다"라고 설시한 부분은 병존
설의 입장과 확연히 다르겠지만, "감액경정처분은 세액의 일부취소라는 납세자에게
유리한 효과를 가져오는 처분으로서 그 취소를 구할 소의 이익이 없고, 항고소송의
대상이 되는 것은 … 감액된 당초처분이다"라고 판시한 부분은 결과에 있어서 병존설
과 양립할 수 있으므로, 「국세기본법」 제22조의 2의 신설에도 불구하고 감액경정처분
에 관한 기존의 대법원판례의 입장은 유지될 수 있을 것이다. 다음, 증액경정처분에
대해서는 종래 대법원 판례의 입장이 흡수설을 채택한 것으로 해석할 수 있는 한, 병
존설을 입법화한 입법자의 의도와는 부합할 수 없다고 본다. 「국세기본법」 제22조의 2
의 문언상 증액경정처분의 경우에 대해서는 병존설에 입각한 해석과 법적용이 불가피
할 것으로 보인다. 즉, 그에 따라 당초처분과 증액경정처분은 모두 별개로 소송의 대
상이 될 수 있고, 제소기간의 준수여부도 각각을 기준으로 판단하여야 하며, 징수권의
소멸시효도 각 처분에 대하여 별개로 진행한다고 보게 된다. 다만, 병존설 자체에 대
해서도 심리범위나 전심절차의 경우 등 세부문제에 대해서는 반드시 타당한 결론이
도출된다고 단정할 수 없으므로, 사안과 논점마다 개별적으로 합리적 해결을 도모하
는 노력이 필요할 것이다.

　　**[1] 증액경정처분의 취소를 구하는 항고소송에서 과세관청의 증액경정사유뿐만 아니라
당초신고에 관한 과다신고사유도 함께 주장하여 다툴 수 있는지 여부(적극)**　　과세표준
과 세액을 증액하는 증액경정처분은 당초 납세의무자가 신고하거나 과세관청이 결정
한 과세표준과 세액을 그대로 둔 채 탈루된 부분만을 추가로 확정하는 처분이 아니
라 당초신고나 결정에서 확정된 과세표준과 세액을 포함하여 전체로서 하나의 과세
표준과 세액을 다시 결정하는 것이므로, 당초신고나 결정에 대한 불복기간의 경과 여
부 등에 관계없이 오직 증액경정처분만이 항고소송의 심판대상이 되는 점, 증액경정
처분의 취소를 구하는 항고소송에서 증액경정처분의 위법 여부는 그 세액이 정당한
세액을 초과하는지 여부에 의하여 판단하여야 하고 당초신고에 관한 과다신고사유나
과세관청의 증액경정사유는 증액경정처분의 위법성을 뒷받침하는 개개의 위법사유에
불과한 점, 경정청구나 부과처분에 대한 항고소송은 모두 정당한 과세표준과 세액의

존부를 정하고자 하는 동일한 목적을 가진 불복수단으로서 납세의무자로 하여금 과다신고사유에 대하여는 경정청구로써, 과세관청의 증액경정사유에 대하여는 항고소송으로써 각각 다투게 하는 것은 납세의무자의 권익보호나 소송경제에도 부합하지 않는 점 등에 비추어 보면, 납세의무자는 증액경정처분의 취소를 구하는 항고소송에서 과세관청의 증액경정사유뿐만 아니라 당초신고에 관한 과다신고사유도 함께 주장하여 다툴 수 있다고 할 것이다(대판 2013.4.18, 2010두11733(전합)).

[ 2 ] **증액경정처분이 제척기간 도과 후에 이루어진 경우, 납세의무자가 당초 처분에 의하여 이미 확정되었던 부분에 대하여 다시 위법 여부를 다툴 수 있는지 여부(소극)**  증액경정처분은 당초 처분과 증액되는 부분을 포함하여 전체로서 하나의 과세표준과 세액을 다시 결정하는 것이어서 당초 처분은 증액경정처분에 흡수되어 독립된 존재가치를 상실하고 오직 증액경정처분만이 쟁송의 대상이 되어 납세의무자로서는 증액된 부분만이 아니라 당초 처분에서 확정된 과세표준과 세액에 대하여도 그 위법 여부를 다툴 수 있는 것이지만, 증액경정처분이 제척기간 도과 후에 이루어진 경우에는 증액부분만이 무효로 되고 제척기간 도과 전에 있었던 당초 처분은 유효한 것이므로, 납세의무자로서는 그와 같은 증액경정처분이 있었다는 이유만으로 당초 처분에 의하여 이미 확정되었던 부분에 대하여 다시 위법 여부를 다툴 수는 없다(대판 2004.2.13, 2002두9971).

[ 3 ] **납세자가 감액경정청구 거부처분에 대한 취소소송을 제기한 후 증액경정처분이 이루어져서 그 증액경정처분에 대하여도 취소소송을 제기한 경우, 감액경정청구 거부처분에 대한 취소소송의 소의 이익이 있는지 여부(소극)**  납세의무 있는 내국법인의 각 사업연도 과세표준과 세액은 구 법인세법(1998. 12. 28. 법률 제5581호로 전문 개정되기 전의 것, 이하 '구 법인세법'이라 한다) 제26조의 규정에 의한 법인의 신고에 의하여 확정되는 것이지만 납세의무자가 과세표준과 세액을 신고하여 조세채무가 확정된 이후에도 과세관청이 그 신고내용에 오류 또는 탈루 등이 있다고 인정하여 구 법인세법 제32조 제2항의 규정에 따라 과세표준과 세액을 증액하는 경정처분을 하는 경우, 그 증액경정처분은 납세자의 신고에 의하여 확정된 과세표준과 세액을 그대로 둔 채 증액되는 부분만을 추가로 결정하는 것이 아니라 당초 신고확정된 과세표준과 세액에 증액부분을 포함하여 전체로서의 과세표준과 세액을 다시 결정하는 것이므로 증액경정처분이 되면 신고확정의 효력은 소멸되어 납세자는 증액경정처분만을 쟁송의 대상으로 삼을 수 있는 것이라 할 것이지만, 예외적으로 납세자의 감액경정청구에 대한 거부처분 취소소송이 제기된 후 과세관청의 증액경정처분이 이루어진 경우에는 당초신고나 감액경정청구, 감액경정청구에 대한 거부처분은 그 후에 이루어진 과세관청의 증액경정처분에 흡수·소멸되지 아니한다고 할 것이다. 그런데 납세자가 감액경정청구 거부처분에 대한 취소소송을 제기한 후 증액경정처분이 이루어져서 그 증액경정처분에 대하여도 취소소송을 제기한 경우에는 특별한 사정이 없는 한 동일한 납세의무의 확정에 관한 심리의 중복과 판단의 저촉을 피하기 위하여 감액경정청구 거부처분의 취소를 구하는 소는 그 취소를 구할 이익이나 필요가 없어 부적법하다고 할 것이다(대판 2005.10.14., 2004두8972).

## 2. 과오납금반환청구

### (1) 의    의

과오납금이란 법률상 조세로서 납부해야 할 원인이 없음에도 불구하고 납부된 금전을 말하며, 일종의 부당이득에 해당한다. 따라서 납세자는 과오납금에 관하여 반환청구권을 가지며, 국가 등은 이를 반환할 의무를 진다. 공법상 부당이득반환청구권에 해당하는 과오납금반환청구권의 법적 성질에 관해서는 공권설과 사권설이 대립하고 있는데, 판례는 사권설의 입장에서 그에 관한 사건을 민사소송으로 다루고 있다.63)

### (2) 과오납금의 발생

과오납금은 ㉠ 초과납부하거나 이중납부한 경우, ㉡ 부과처분에 따라 조세를 납부한 후에 부과처분이 취소되거나 변경($^{감액경}_{정결정}$)된 경우, ㉢ 무효인 부과처분에 따라 조세를 납부한 경우, ㉣ 납세의무가 없음에도 불구하고 착오로 조세를 납부한 경우에 발생한다. 다만 부과처분이 무효가 아닌 한, 부과처분이 존재하지 않음을 전제로 하는 부당이득반환청구권을 제기할 수는 없으므로, 과오납금반환청구는 당해 부과처분의 효력이 소멸된 이후 또는 부과처분의 취소소송과 병합하여 제기하여야 할 것이다.

### (3) 과오납금의 처리

세무서장은 납세의무자가 국세·가산금 또는 체납처분비로서 납부한 금액 중 과오납부한 금액이 있거나 세법에 의하여 환급하여야 할 환급세액이 있는 때에는 즉시 그 오납액·초과납부액 또는 환급세액을 국세환급금으로 결정하여야 한다($^{국세기본법}_{제51조\ 1항}$). 이렇게 국세환급금으로 결정한 금액은 다른 국세·가산금·체납처분비에 충당하여야 한다($^{동법}_{동조\ 2항}$). 이에 대하여 납세자는 충당청구권을 가지며, 이 경우 충당된 세액의 충당청구를 한 날에 당해 국세를 납부한 것으로 본다($^{동법}_{동조\ 4항}$). 충당한 후의 잔여금은 국세환급금의 결정을 한 날로부터 30일 내에 납세자에게 지급하여야 한다($^{동법}_{동조\ 6항}$). 납세자는 국세환급금에 관한 권리를 타인에게 양도할 수 있다($^{동법}_{제53조}$). 그리고 납세자의 과오납금반환청구권은 행사할 수 있는 때로부터 5년간 행사하지 아니하면 소멸시효가 완성하게 된다($^{동법}_{제54조}$). 지방세의 과오납금충당에 대해서는 「지방세기본법」에서 별도로 규정하고 있다.

> **국세의 환급결정 또는 환급거부처분이 항고소송의 대상인 행정처분인지 여부(소극) 및 환급거부 당한 경우의 구제절차(민사소송)**　　조세의 오납액, 초과납부액 또는 환급세액에 대한 납세의무자의 환급청구권은 오납액의 경우에는 납부 또는 징수시에, 초과납

---

63) 대판 1991. 2. 6, 90프2.

부세액의 경우에는 신고 또는 과세처분의 취소 또는 갱정에 의하여 조세채무의 전부 또는 일부가 소멸한 때에, 환급세액의 경우에는 각 개별세법에서 규정한 환급요건이 충족된 때에 각 확정되는 것으로서 과세관청의 환급결정에 의하여 비로소 확정되는 것은 아니므로 국세기본법이나 개별세법에서 위와 같은 과오납액이나 환급세액의 환급에 관한 절차를 규정하고 있다고 하여도 이는 과세관청의 내부적 사무처리절차에 지나지 않을 뿐이고 이러한 환급절차에 따른 환급결정 또는 환급거부처분은 납세자가 갖는 환급청구권의 존부나 범위에 구체적이고 직접적인 영향을 미치는 처분이 아니므로 항고소송의 대상이 되는 처분이라고 볼 수 없으며, 납세자는 부당하게 환급거부를 당한 경우에 직접 민사소송으로 그 환급을 요구할 수 있다(대판 1990.2.13., 88누6610).

# 제 4 절  전    매

## Ⅰ. 전매의 의의와 유형

### 1. 전매의 의의

전매란 국가가 수입(재력<br/>취득)을 얻을 목적으로 특정한 물품의 판매를 독점하는 것을 말하며, 전매에 따라서 특정한 물품의 판매를 독점할 수 있는 권리를 전매권이라 한다. 전매는 국가의 재력취득이라는 목적에서는 조세와 동일하나, 전매에는 권력적 요소와 비권력적 요소가 함께 있는 데 대해, 조세에는 권력적 요소만이 있을 뿐이다. 전매(섭)는 국가가 독점한다는 점에서는 공기업과 비슷하지만, 공기업은 공공이익의 증진에 이바지함을 목적으로 하는 점에서 전매와 구별된다.

전매는 특정한 물품의 판매를 독점함으로써 경쟁을 금하여 영업의 자유를 제한하는 셈이 되며, 따라서 가격을 일방적으로 고가로 정하는 것이 보통이다. 이러한 점에서 전매의 권력적 요소가 있으므로 전매는 반드시 법률의 근거가 필요하다. 그러나 전매는 사법상 판매행위를 통해서 행해진다는 점에서는 비권력적 요소도 있다.

### 2. 전매의 유형

전매에는 원료의 생산에서 제조·판매에 이른 모든 과정을 독점하는 전부전매와 판매 등 일부 과정만을 독점하는 일부전매가 있으며, 전매의 핵심은 판매의 독점에 있다.64) 한편 일부전매의 경우에도 전매의 목적을 실현하기 위하여 판매외의 과정에 대해서 감독·단속이 가해지기도 한다.

---

64) 이상규(하), 712면; 김동희(Ⅱ), 667면.

## Ⅱ. 전매의 대상

현행법상 전매는 더 이상 인정되고 있지 않다. 종전까지는 「인삼사업법」에 의한 홍삼전매가 인정되고 있었으나, 1995년 12월 「인삼산업법」이 새로이 제정되면서 홍삼전매제가 폐지되어 일정시설을 갖추면 누구나 홍삼을 가공·판매할 수 있게 되었다. 또한 과거 오랫동안 전매가 인정된 담배의 경우, 담배시장의 대외개방에 따른 「담배사업법」이 시행됨으로써 전매에서 제외되고, 일정시설을 갖추어 기획재정부장관의 허가를 받은 자는 누구나 담배제조업을 영위할 수 있다($\binom{\text{담배사업법}}{\text{제11조}}$).65)

# 제 5 절 회 계

## Ⅰ. 서 설

### 1. 회계의 의의

회계란 국가 또는 지방자치단체가 그의 재산과 수입·지출을 관리하는 작용, 즉 재정관리작용을 말한다. 일부 견해는 재산관리를 회계에서 제외하기도 하나,66) 다수견해는 포함시켜 회계를 정의하고 있다. 회계는 재정관리작용이므로 재정권력작용에 속하는 조세와는 달리 행정내부적·비권력적 성질을 가진다.

### 2. 회계의 종류

회계는 ㉠ 그것을 관리하는 주체에 따라 국가의 회계와 지방자치단체의 회계로, ㉡ 그 목적에 따라 일반회계와 특별회계로, ㉢ 그것의 대상에 따라 현금회계·채권회계·동산회계·부동산회계로 나눌 수 있다.

### 3. 회계법의 법원

국가의 회계에 관한 일반법으로는 「국가재정법」·「국가회계법」·「국고금관리법」67)·「정부기업예산법」·「국유재산법」·「물품관리법」·「국가채권관리법」 등이 있고, 지방자치단체의 회계에 관한 일반법으로는 「지방자치법」과 「지방재정법」·「공유재산 및 물품관리법」 등이 있다. 특히 국가가 특정한 사업을 운영하거나 특정한 자

---

65) 「담배사업법」 제11조는 2001. 4. 7. 전문개정되었다. 법개정 전에는 한국담배인삼공사의 독점사업이었다.
66) 김도창(하), 763면.
67) 구 「예산회계법」에서 규정하고 있던 국고금의 수입과 지출 및 자금관리 등에 관한 사항을 규정하는 법률로서 2003년 1월 1일부터 시행되고 있다.

금을 보유하여 운용하고자 할 때, 특정한 세입으로 특정한 세출에 충당함으로써 일반회계와 구분하여 계리할 필요가 있을 때에는 법률로써 특별회계를 설치하며($^{국가재정법}_{제4조 3항}$),68) 지방자치단체가 지방공기업법에 의한 지방직영기업 그 밖의 특정사업을 운영할 때 또는 특정자금이나 특정세입·세출로서 일반세입·세출과 구분하여 계리할 필요가 있을 때에 한하여 법률 또는 조례로서 특별회계를 설치할 수 있는데($^{지방재정법}_{제9조 2항}$), 이러한 특별회계에 관한 법률과 조례도 회계법의 중요한 법원이 된다.

## 4. 회계법의 특색

### (1) 내 규 성

회계는 행정내부적 작용이므로 회계법이 일반적으로 법령의 형식으로 되어 있다 하더라도, 그것의 실질은 행정내부법적인 법규에 해당한다. 따라서 회계법을 위반하더라도 행위자의 책임문제는 제기될지언정 그 위반행위의 대외적 효력에는 아무런 영향이 없는 것이 원칙이다.69) 그러나 회계법규정 가운데에는 강행규정으로 보아야 할 것이 있으며 이에 위반한 행위는 무효이다.70)

### (2) 사법에 대한 특칙성

회계법에는 사법에 대한 특칙적 특성을 갖는 규정이 많이 있다($^{시효규}_{정 등}$). 다만 회계가 비권력적 작용이므로 본질적으로 사인의 회계경리와 다르지 않다. 따라서 회계법에 사법에 대한 특칙이 없는 경우에는 원칙적으로 사법규정이 적용된다 할 것이다.71)

## Ⅱ. 현금회계

### 1. 현금회계의 기본원칙

현금회계란 국가 또는 지방자치단체의 현금수지에 관한 예산·출납 및 결산을 총칭한다. 현금회계의 목적은 국가 또는 지방자치단체의 재정수지의 균형을 확보하고, 그의 명료성·확실성을 기함과 아울러 회계의 문란을 방지하려는 데 있다. 이러한 목적을 달성하기 위하여 여러 원칙들이 역사적으로 발전하였으며, 그 결과 이들 원칙이 「국가재정법」 등에서 규정되어 있다.72) 한편 이들 원칙의 법적 성질과 관련하여 그것에 위반

---

68) 「국가재정법」은 특별회계를 설치하는 법률이 무분별하게 제정되는 것을 제한하기 위하여 이 법 별표 1에 규정된 법률에 의하지 아니하고는 이를 설치할 수 없도록 하고 있다(제 4 조 후단 제 3 항).
69) 대판 1968. 1. 3, 67다2631.
70) 대판 1964. 12. 29, 64다953.
71) 대판 1983. 12. 27, 81누366.
72) 김성수, "국가의 재정적 책임과 국가의 재정행위에 대한 법적 통제", 사법행정, 1994. 5, 12면

한 재정작용 및 관련규정이 위헌·위법인지 여부에 관해서는 아직 의견의 일치를 보지 못하고 있다. 이들 원칙에는 예외가 있는 점을 들어 준칙(Maxim)으로 보기도 한다.

### (1) 완전성의 원칙

완전성의 원칙(Grundsatz der Vollständigkeit)이란 국가의 모든 수입과 지출은 예산에 편입되어야 한다는 것을 말하며, 총계예산주의·총액예산주의 또는 예산총계주의라고도 한다. 총계예산주의는 재정수지의 균형을 도모함과 아울러 예산에 대한 국민적($^{국회}_{적}$)비판과 감독을 용이하게 한다. 「국가재정법」은 한 회계연도의 모든 수입을 세입으로 하고 모든 지출을 세출로 함을 규정함과 아울러 수입대체경비·현물출자·전대차관 등의 예외사항($^{제53}_{조}$)을 제외하고는 세입과 세출은 모두 예산에 계상하여야 한다고 하여($^{제17}_{조}$) 완전성의 원칙을 명시하고 있다. 완전성의 원칙에 의하는 한 일반회계 외로 설치·운용되는 특별회계나 기금은 예외에 해당하므로 반드시 법률이 명시적으로 규정하는 경우에 한하여 허용될 수 있다. 이러한 의미에서 「국가재정법」은 특별회계($^{제4}_{조}$)와 기금($^{제5}_{조}$)의 설치 요건과 근거를 명시하고 있다.

### (2) 회계총괄의 원칙

회계총괄의 원칙(Grundsatz der Gesamtdeckung)이란 국가의 수입은 종류를 불문하고 하나의 국고에 납부하여야 함과 아울러, 지출 역시 모두를 하나의 국고에서 지출하여야 한다는 것을 말한다. 통일국고주의라고도 말한다. 이 원칙은 달리 말하면 국가의 수입 모두는 국가의 모든 지출에 사용되어야 하며, 특정한 지출에 국한하여 사용되어서는 안 됨을 의미한다. 만약 회계총괄의 원칙이 인정되지 않는다면, 국가의 수입이 증대되더라도 그것의 목적구속(Zweckbindung)으로 말미암아 예산이 탄력적으로 운용되지 못하고 지정된 용도·목적에 비경제적으로 사용될 우려가 있다. 따라서 현행 「국고금관리법」도 "중앙관서의 장은 다른 법률에 특별한 규정이 있는 경우를 제외하고는 그 소관에 속하는 수입을 국고에 납부하여야 하며 이를 직접 사용하지 못한다"라고 규정하여 수입의 중앙관서 직접사용을 금지하고 있다($^{동법}_{제7조}$). 회계총괄의 원칙에 대한 예외로서는 앞서의 특별회계 외에도 재외공관에 있어 수입의 직접사용($^{재외공관수입금등직접}_{사용에관한법률 제2조}$), 목적세 등을 들 수 있다.

### (3) 회계통일의 원칙

회계통일의 원칙(Grundsatz der Einheit)이란 국가의 수입과 지출은 하나의 예산($^{회}_{계}$)에서 계리되어야 한다는 것을 말하며, 단일예산주의라고도 한다. 완전성의 원칙과 관

___
이하 참조.

련이 있는 회계통일원칙은 국가재정전반에 대한 조감을 가능케 함으로써 그것의 투명성을 보장함과 아울러 재정의 팽창·문란을 방지한다. 회계통일의 원칙에 대한 예외로서는 앞서의 특별회계와 추가경정예산이 있다.

### (4) 사전확정의 원칙

사전확정의 원칙(Grundsatz der Vorherigkeit)이란 예산안은 회계연도의 개시 전에 국회에서 심의·확정되어야 한다는 것을 말한다. 예산이 한 회계연도의 세입·세출의 예정서로서 갖는 일종의 계획과 같은 조종기능은 사전에 그것이 수립·의결될 때에만 발휘될 수 있다. 우리 헌법은 "정부는 회계연도마다 예산안을 편성하여 회계연도개시 90일 전까지 국회에 제출하고, 국회는 회계연도 개시 30일 전까지 이를 의결하여야 한다"(제54조 2항)라고 하여 사전확정의 원칙을 명시하고 있다. 그러나 현실적으로 의회내에서의 정파의 이해와 정략 때문에 사전확정의 원칙이 지켜지지 않는 경우가 많이 있으므로, 그에 대비하여 준예산제도가 마련되어 있다. 그러나 예외적인 준예산제도라는 방편으로 사전확정의 원칙의 본질이 훼손되어서는 안 될 것이다. 독일의 경우 연방헌법재판소가 1977년에 예산과정에 관계하는 모든 국가기관은 예산안을 적시에 의결하도록 배려해야 된다고 명시적으로 강조한[73] 이후에, 사전확정의 원칙의 엄수가 확립되고 있다.

### (5) 회계연도구분 및 독립의 원칙

회계연도구분의 원칙(Grundsatz der Jährlichkeit)이란 국가의 수입과 지출을 시간적으로 구분하여 그 기간을 단위로 계리하는 것을 말하며, 그 단위기간을 회계연도라고 한다. 현행법상 국가의 회계연도는 매년 1월 1일에 시작하여 12월 31일에 종료한다(국가재정법 제2조). 회계연도구분의 원칙은 회계경리의 명확과 재정수지의 균형을 도모함이 그 주된 목적이다.[74] 회계연도독립의 원칙이란 각 회계연도의 경비는 그 연도의 수입으로써 충당하여야 한다는 것을 말하며(국가재정법 제3조), 예산의 시간적 구속의 원칙(Grundsatz der zeitlichen Bindung)이라고도 한다. 회계연도독립의 원칙을 고수하면 회계연도의 종료에 가까울수록 예산이 낭비적으로 집행될 우려가 있다. 따라서 「국가재정법」은 회계연도독립의 원칙에 대한 예외로서 계속비(제23조)·이월사용(제24조 등) 등을 규정하고 있다.

---

73) BVerfGE 45, 32 ff.

74) 한편 독일의 경우 1960년대 말의 예산개혁을 통해서 기본법(제111조 제 2 항)과 예산법(제12조 제 1 항)이 2년을 회계연도로 하는 복수예산(Doppelhaushalte, Zweijahreshaushalte)이 성립할 수 있음을 규정하고 있다. 그러나 2차년도의 수입과 지출을 확실히 계상하기가 쉽지 않기 때문에 연방예산은 항상 1년을 회계연도로 하여 편성되었으며, 바덴—뷔르템베르크 등과 같은 주 역시 그렇게 선회하였다.

### (6) 회계기관분립의 원칙

회계기관분립의 원칙이란 수입·지출을 명하는 기관과 현금출납을 관장하는 기관을 상호 분리시키는 것을 말하는데, 이는 회계경리상의 부정을 방지하고 그것의 공정을 확고히 하려는 것이다. 따라서 국고금관리법은 징수기관인 세입징수관이 현금출납의 직무를 겸할 수 없으며, 재무관·지출관·출납공무원의 직무는 원칙적으로 서로 겸할 수 없음을 규정하고 있다(동법 제27조).

### (7) 예산집행에 있어 사항구속의 원칙

예산은 일단 독립기관75) 및 중앙관서76)의 소관별로 구분한 후 소관 내에서 일반회계·특별회계로 구분하되, 세입예산은 그 내용을 성질별로 관·항으로 구분하고, 세출예산은 그 내용을 기능별·성질별 또는 기관별로 장·관·항으로 구분한다(국가재정법 제21조). 예산집행에 있어 사항구속의 원칙(Grundsatz der sachlichen Bindung)이란, 정한 목적 이외에 예산을 집행(상)하거나 정한 각 기관간에 또는 각 장·관·항목에 이용(移用)할 수 없음을 말하며(국가재정법 제47조 1항), 목적적합성의 원칙이라고도 말한다. 그러나 사항구속의 원칙이 재정의회주의에서 파생되었다 하더라도 이를 모든 경우에 적용할 것을 고집하게 되면 예산집행이 경직성을 띨 우려가 있다. 따라서 「국가재정법」은 각 중앙관서의 장이 예산집행상 필요에 따라 미리 예산으로써 국회의 의결을 얻은 때에는 기획재정부장관의 승인을 얻어 이용하거나 기획재정부장관이 위임하는 범위 안에서 자체적으로 이용할 수 있음과, 예산의 목적범위 안에서 재원의 효율적 활용을 위하여 각 세항 또는 목의 금액을 기획재정부장관의 승인을 얻어 전용할 수 있음을 규정하고 있다(동법 제47조 1항, 제46조 1항).

### (8) 경제성 및 절약성의 원칙

예산을 수립하고 집행함에 있어서는 경제성 및 절약성의 원칙을 고려하지 않으면 안 된다. 경제성의 원칙(Grundsatz der Wirtschaftlichkeit)이란 일정한 성과를 최소의 재원으로 달성하거나 일정한 재원으로 최대의 성과를 달성하여야 한다는 것을 말한다. 또한 절약성의 원칙이란 일반적으로 경제성의 원칙의 내용 중의 전자의 의미로 이해하여, 과제달성에 필요한 범위에 국한하여 지출해야 한다는 것을 말한다. 이러한 점에서 절약성의 원칙은 경제성의 원칙의 구성요소로 간주될 수 있다. 다만 전자가 주로 예산집행에서 고려되어야 할 것인 데 대해서, 후자는 예산의 편성·집행 등 전 과정에서 고려되어야 한다는 점에 차이가 있다. 경제성 및 절약성의 원칙은 재정경제와 예

---

75) 독립기관이란 국회, 대법원, 헌법재판소 및 중앙선거관리위원회를 말한다.
76) 중앙관서란 헌법 및 「정부조직법」 그 밖의 법률에 따라 설치된 중앙행정기관을 말한다(국가재정법 제6조 제2항).

산제도와 관련하여 중대한 의의를 가진다. 독일의 경우에는 경제성 및 절약성의 원칙과 관련하여 연방예산법 등에서 명문의 규정($\frac{동법 제}{7조 1항}$)을 두고 있으나, 우리의 경우에는 「국가재정법」 등에 그에 관한 규정이 없다. 그러나 이들 원칙은 명문규정여부를 떠나서 건전재정주의에 비추어 당연히 인정되는 것이라고 하겠다.

### (9) 기타의 여러 원칙

이상의 여러 원칙 이외에도 명료성 및 진실성의 원칙, 공개성의 원칙 등을 들 수 있다. 명료성의 원칙(Grundsatz der Klarheit)이란 예산상에는 예산항목·지출목적·지출금액 등이 이해하기 쉽도록 일목요연하게 명기되어 있어야 함을 말한다. 진실성의 원칙(Grundsatz der Wahrheit)이란 예상되는 수입과 지출을 최대한 엄밀히 계상하여야 함과 아울러 금액이나 항목을 은폐·기만해서는 안 된다는 것을 말하며, 엄밀성의 원칙(Grundsatz der Genauigkeit)이라고도 한다. 공개성의 원칙(Grundsatz der Öffentlichkeit)이란 예산이 국회에서 심의·의결된 후에는 일반국민에게 완전히 공표되어야 한다는 것을 말한다. 「국가재정법」은 "정부는 예산, 기금, 결산, 국채, 차입금, 국유재산의 현재액 및 통합재정수지 그 밖에 대통령령이 정하는 국가와 지방자치단체의 재정에 관한 중요한 사항을 매년 1회 이상 정보통신매체·인쇄물 등 적당한 방법으로 알기 쉽고 투명하게 공표하여야 한다"($\frac{제9}{조}$)라고 하여 공개성의 원칙을 명시하고 있다. 이 원칙의 목적은 예산내용을 일반국민이 알도록 함으로써, 국민들이 예산에 대해서 문제제기나 통제를 행할 수 있도록 하는 데 있다. 정보기관이나 국방분야 등의 일정한 지출은 보안성의 이유에서 단순히 총액만으로 계상되고 있지만,[77] 이를 공개성의 원칙에 완전히 반한 것으로 보기는 어렵다고 할 것이다.

## 2. 예  산

### (1) 예산의 의의

예산이란 실질적으로 국가 또는 지방자치단체의 회계연도에 있어서의 세입·세출의 예정서를 의미하며, 형식적으로는 정부에 의하여 편성되어 국회의 심의·의결을 거쳐 확정된 그 회계연도 중의 세출·세입의 예정서를 말한다. 보통 예산이라고 하면 형식적 의미로 사용한다.

### (2) 예산의 기능

예산은 다음과 같이 몇 가지 기능과 임무를 수행한다고 할 수 있다. 첫째로, 국가

---

77) 국방예산 및 정보예산에 관한 미국의 사례에 대해서는 Werner Heun, Das Budgetrecht im Regierungssystem der USA, 1989, S. 27 f.

등의 과제를 실현하는 데 소요되는 재원을 마련하는 기능이 있는데, 여기서는 재정수지의 균형이 요구된다. 둘째로, 정부의 활동프로그램을 의미하는 것과 같은 정치적 기능이 있다. 셋째로, 계상된 지출을 행하거나 재정적 의무를 부담하는 것을 수권한다는 점에서 국가 등 재정작용에 관한 법적 근거가 된다. 넷째로, 국회와 감사원이 재정통제를 함에 있어 규준이 되는 기능이 있다. 다섯째로, 오늘날 예산은 그 규모가 날로 팽창하여 전체 국가경제에 대해서 심대한 영향을 미치고 있으므로, 경제정책상의 목표를 달성하기 위한 수단의 하나로서 활용되고 있다. 마지막으로 예산은 소득과 재산을 재분배하는 기능도 갖는다.

### (3) 예산의 종류
#### 1) 본예산과 추가경정예산

본예산은 1회계연도의 모든 세입·세출을 망라하여 편성된 예산을 말하며, 추가경정예산은 본예산성립 후의 새로운 사정으로 인하여 본예산에 변경을 가할 필요가 있을 때 본예산을 추가·경정하여 편성된 예산을 말한다(헌법 제56조, 국가재정법 제89조). 본예산을 기초예산으로, 추가경정예산을 보정예산으로 부르기도 한다.

#### 2) 확정예산과 준예산

확정예산은 회계연도개시 30일 전까지 국회의 심의·의결로 확정되어 당해 회계연도에 통용되는 본예산을 말하며, 준예산은 확정예산이 회계연도 개시 전까지 국회에서 심의·의결되지 아니한 경우에 전년도예산에 준하여 세입의 범위 안에서 집행되는 예산을 말한다(헌법 제54조 3항, 국가재정법 제55조 1항).

준예산으로 집행될 수 있는 것은 ㉠ 헌법이나 법률에 의하여 설치된 기관 또는 시설의 유지·운영비, ㉡ 법률상 지출의무가 있는 경비, ㉢ 이미 예산으로 승인된 계속비이다(헌법 제54조 3항). 준예산으로 집행된 예산은 당해연도의 예산이 확정되면 그 확정된 예산에 따라 집행된 것으로 본다(국가재정법 제55조 2항).

#### 3) 일반회계예산과 특별회계예산

일반회계예산은 국가의 일반적인 활동에 관한 세입·세출을 망라하여 편성하는 예산을 말하며, 특별회계예산은 국가가 특정한 사업을 운영하거나, 특정한 자금을 보유·운용하거나, 기타 특정한 세입으로 특정한 세출에 충당함으로써 일반회계와 구분하여 계리할 필요가 있을 때 법률로써 설치·편성하는 예산을 말한다(국가재정법 제4조 3항).

### (4) 예산의 내용

예산은 예산총칙·세입세출예산·계속비·명시이월비 및 국고채무부담행위로 이루어진다(국가재정법 제19조).

### 1) 예산총칙

예산총칙에는 세입세출예산·계속비·명시이월비 및 국고채무부담행위에 관한 총괄적 규정을 두고, 이 밖에 국채와 차입금의 한도액,[78) 재정증권의 발행과 일시차입금의 최고액,[79) 기타 예산집행에 관하여 필요한 사항을 규정한다($^{국가재정법}_{제20조}$).

### 2) 세입세출예산

세입세출예산은 독립기관 및 중앙관서의 소관별로 구분한 후 소관 내에서 일반회계·특별회계로 구분하되, 세입예산은 그 내용을 성질별로 관·항으로 구분하고, 세출예산은 그 내용을 기능별·성질별 또는 기관별로 장·관·항으로 구분한다($^{국가재정법}_{제21조 2항, 3항}$).

### 3) 계 속 비

완성에 수년도를 요하는 공사나 제조 및 연구개발사업은 그 경비의 총액과 연부액을 정하여 미리 국회의 의결을 얻은 범위 안에서 수년도에 걸쳐서 지출할 수 있다. 이 경우 국가가 지출할 수 있는 연한은 당해 회계연도부터 5년 이내로 하되(사업규모 및 국가재원 여건상 필요한 경우에는 예외적으로 10년 이내로 할 수 있음), 다만 필요하다고 인정할 때에는 국회의 의결을 거쳐 다시 그 연한을 연장할 수 있다($^{국가재정법}_{제23조}$).

### 4) 명시이월비

세출예산 중 경비의 성질상 연도 내에 그 지출을 끝내지 못할 것이 예측될 때에는 특히 그 취지를 세입세출예산에 명시하여 미리 국회의 승인을 얻은 후 다음 연도에 이월하여 사용할 수 있다. 이를 명시이월비라 한다. 각 중앙관서의 장은 명시이월비에 대하여 예산집행상 부득이한 사유가 있는 때에는 사항마다 사유와 금액을 명백히 하여 기획재정부장관의 승인을 얻은 범위안에서 다음 연도에 걸쳐서 지출하여야 할 지출원인행위를 할 수 있다($^{국가재정법}_{제24조 1항, 2항}$).

### 5) 국고채무부담행위

법률에 의한 것과 세출예산금액 또는 계속비의 총액의 범위 안의 것 이외에 국가가 채무를 부담하는 행위를 할 때에는 미리 예산으로써 국회의 의결을 얻어야 한다. 이 밖에도 재해복구를 위하여 필요한 경우에는 회계연도마다 국가는 국회의 의결을 얻은 범위 안에서 채무를 부담하는 행위를 할 수 있다($^{국가재정법}_{제25조 1항, 2항}$).[80)

### (5) 예산의 편성과 확정

### 1) 예산의 편성

예산편성에 관한 사무는 기획재정부장관이 관장하므로($^{정부조직법}_{제23조}$) 기획재정부장관은

---

78) 「국가재정법」 제18조 단서. 중앙관서의 장이 관리하는 기금의 기금운용계획안에 계상된 국채 발행 및 차입금의 한도액을 포함한다.
79) 「국고금관리법」 제32조.
80) 이 경우 그 행위는 일반회계 예비비의 사용절차에 준하여 집행한다.

각 중앙관서의 장이 예산안편성지침[81])에 따라 작성하여 제출한 예산요구서(각 소관에 속하는 다음 연도의 세입세출예산·계속비·명시이월비 및 국고채무부담행위 요구서)에 따라 예산안을 편성하여 국무회의의 심의를 거친 후 대통령의 승인을 얻어야 한다(국가재정법 제32조). 이렇듯 예산안은 정부가 편성하므로 국회·대법원 기타의 독립기관의 예산 역시 그 각 기관이 정부에 요구하여 정부가 편성한다. 다만 정부는 그러한 독립기관의 예산을 편성함에 있어 당해 독립기관의 장의 의견을 최대한 존중하여야 하며, 국가재정상황 등에 따라 조정이 필요한 때에는 당해 독립기관의 장과미리 협의하여야 한다(국가재정법 제40조 1항). 이러한 협의에도 불구하고 독립기관의 세출예산요구액을 감액하고자 할 때에는 국무회의에서 당해 독립기관의 장의 의견을 구하여야 하며, 정부가 독립기관의 세출예산요구액을 감액한 때에는 그 규모 및 이유, 감액에 대한독립기관의 장의 의견을 국회에 제출하여야 한다(상동).[82]

### 2) 예산안의 국회제출

정부는 대통령의 승인을 받은 예산안을 회계연도 개시 120일 전까지 국회에 제출하여야 한다(국가재정법 제33조). 정부 이외의 어느 기관도 예산안을 국회에 제출할 수 없다. 정부는 예산안을 국회에 제출한 후 부득이한 사유로 인하여 그 내용의 일부를 수정하고자하는 때에는 국무회의의 심의를 거쳐 대통령의 승인을 얻은 수정예산안을 국회에 제출할 수 있다(국가재정법 제35조).

### 3) 예산안의 심의·확정

국회는 회계연도개시 30일 전까지 정부가 제출한 예산안을 심의·확정한다(헌법 제54조). 국회는 예산안에 대해서 삭감·소멸과 같은 소극적 수정을 가할 수는 있지만, 정부의동의 없이 증액·새로운 비목설치와 같은 적극적 수정을 가할 수는 없다(헌법 제57조).

### 4) 공    포

국회에서 심의·확정된 예산은 정부에 이송되어 대통령이 공포한다(법령등공포에관한법률 제8조, 제11조).

### (6) 예산의 효력

### 1) 세입예산의 경우

세입은 그 예산과는 직접 관계없이 법령에 의하여 징수·수납된다. 따라서 세입예산은 그 자체로서 아무런 구속력을 가지지 못하며, 당해 회계연도의 세출충당의 재원을 제시하는 의미만을 가질 뿐이다.

### 2) 세출예산의 경우

세출예산은 세입예산의 경우와는 달리, 지출목적·지출금액 및 지출시기의 세 가

---

81) 「국가재정법」 제29조.
82) 정부가 감사원의 세출예산요구액을 감액하고자 할 때에도 국무회의에서 감사원장의 의견을 구하여야 한다(국가재정법 제41조).

지 점에서 관계기관에 대한 구속력을 갖는다. 즉 ㉠ 원칙적으로 각 중앙관서의 장은 세출예산이 정한 목적 이외에 경비를 사용하거나 예산이 정한 각 기관 간 등에 상호 이용(移用)할 수 없으며(국가재정법 제45조, 제47조 1항), ㉡ 원칙적으로 세출예산이 정한 금액의 한도 안에서만 경비를 사용할 수 있을 뿐 초과하여 사용할 수는 없고, ㉢ 매 회계연도의 세출예산은 원칙적으로 다음 연도에 이월하여 사용할 수 없다(동법 제48조 1항).

### (7) 예산의 집행

#### 1) 예산집행의 의의

국회에서 심의·확정된 예산에 따라 회계연도개시와 더불어 수입을 조달하고 공공경비를 지출하는 재정활동을 예산의 집행이라 한다. 광의의 예산집행은 정부수입의 조달과 공공경비의 지출 외에 수입의 조정, 납입의 통지, 수납, 예산의 배정, 지출원인행위의 실행, 국채의 발행, 일시차입금의 차입, 세출예산의 이용·전용·이체, 계약의 체결 등을 모두 포함하는 것이지만,[83] 일반적으로는 협의로 파악하여 예산에서 정하는 바에 따라 수입과 지출을 실현하는 일련의 절차를 예산집행이라 한다.

#### 2) 예산집행의 원칙

㈎ **집행통제의 원칙**    정부예산의 집행은 그 공공성이 확보되어야 하고 정해진 재정적 한계 내에서 이루어져야 하기 때문에 법령이 정한 일정한 규범적 틀 내에서 이루어져야 할 필요성이 제기된다. 이를 위한 통제장치로서 국가재정법은 ㉠ 예산의 배정(제43조), ㉡ 사업집행보고서와 예산 및 기금운용계획에 관한 집행보고서의 제출(제97조), ㉢ 국고채무부담행위의 통제(제25조) 등의 수단을 규정하고 있다. 이로써 국회가 심의·확정한 목적과 한계 내에서 예산이 집행될 수 있도록 하고 행정기관의 재량권이 적절하게 행사될 수 있도록 배려하는 것이다.

㈏ **집행신축성의 원칙**    예산은 국회가 의결한 목적과 금액의 한도 내에서 집행됨으로써 국가의 재정활동을 구체화하기 때문에 예산의 운용은 당해 회계연도 중 제반 여건에 탄력적으로 적응하면서 효율적인 집행이 이루어지도록 제도적으로 뒷받침할 필요가 있다. 이를 위한 장치로「국가재정법」은 ㉠ 예산의 총액계상(제37조),[84] ㉡ 예산의

---

83) 신해룡, 예산결산심사—이론과 실제, 1997, 599면.

84) 종래에는 실정법상 총액계상에 관한 명문의 규정 없이 "각 중앙관서의 장은 예산에 총액으로 계상된 사업으로서 대통령령으로 정하는 사업에 대하여는 예산배정 전에 사업시행계획을 수립하여 기획예산처장관과 협의하여야 한다"고 규정한 구「예산회계법」제35조 제5항을 총액계상 예산사업의 법적 근거로 설명해 오고 있었다. 그러나 이 규정은 예산의 배정과 관련한 것으로서 엄격한 의미에서는 총액계상예산제도의 직접적인 법적 근거로 삼기에는 곤란하다는 점, 예산을 그 내역이 없이 총액으로 편성·집행하도록 하는 것은 국회의 예산심의·확정권에 대한 본질적인 제약이 될 수 있기 때문에 일정한 한계 내에서만 이 제도가 운용될 수 있도록 제한하여야 한다는 점,「예산회계법시행령」제16조의 2에서 총액계상예산사업의 범위를 열거하고 있지

이용・이체($\frac{제47}{조}$), ⓒ 예산의 전용($\frac{제46}{조}$), ② 세출예산의 이월($\frac{제48}{조}$), ⓜ 예비비($\frac{제22}{조}$), ⓗ 계속비($\frac{제23}{조}$), ⊗ 국고채무부담행위($\frac{제25}{조}$) 등의 제도를 마련하고 있다.

### 3) 예산집행의 과정

예산집행은 예산에서 계획된 대로 예산집행기관에게 개별 재정활동을 허용하는 승인절차와 예산에서 정해진 바에 따라 수입・지출을 구체적으로 실현하는 일련의 절차로 구성된다. 전자를 예산의 배정이라 하며 예산집행은 예산의 배정으로부터 시작된다고 말할 수 있다. 한 회계연도에 있어서의 모든 수입과 지출을 각각 세입과 세출이라고 한다면($\frac{국가재정법}{제17조 1항}$), 세입은 국회의 의결에 따라 확정된 세입예산액이 달성되도록 법령이 정하는 바에 따라 세입원을 포착하여 징수절차를 밟아 이를 수납하는 절차를 말하고, 세출이란 배정된 예산을 그 정해진 목적과 용도에 따라 법령에 의한 절차에 의하여 사용하는 것을 말한다. 즉, 예산집행은 크게 예산의 배정, 세입 및 세출로 이루어진다. 「국가재정법」은 예산의 집행에 관하여 예산의 배정($\frac{제43}{조}$), 예산의 이용과 이체($\frac{제47}{조}$), 예산의 전용($\frac{제46}{조}$) 및 예산의 이월($\frac{제48}{조}$)에 대하여 규정하고 있으며, 수입과 지출에 대해서는 따로 「국고금관리법」에서 규정하고 있다.

### ⑺ 예산의 배정

① 의 의 　예산배정이란 확정된 예산을 계획대로 집행할 수 있도록 예산집행기관에게 허용하는 일종의 승인행위이다. 예산배정은 예산이 초과지출되거나 미집행부분이 생기는 것을 미연에 방지하기 위한 제도로서, 국가의 예산이 회계체계에 따라 질서 있게 집행되도록 하는 내부통제의 기능85)과 경기조절기능86)을 담당하고 있다.

---

만 "기타 대규모 투자 또는 보조사업"을 사업대상으로 규정함으로써 2001년의 경우 그 규모가 일반회계와 특별회계의 순계규모 6.7%에 달하는 등 총액계산예산제도가 편의적으로 운용되고 있는 점 등의 비판이 제기되었다(이에 대해서는 본서 제10판, 1092쪽 각주 74 참조). 이에 따라 예산의 총액계상에 관한 보다 직접적인 법적 근거를 마련함과 동시에 총액계상예산사업의 규모도 일반회계와 특별회계 순계규모의 4% 이하로 조정하는 노력이 필요하고, 아울러 총액계상예산제도의 특성상 효율적 예산집행을 위해 국회의 사전적 심의를 생략하도록 편의를 제공하였다면 최소한 국회의 결산과정에서는 이에 대한 적정한 사후통제가 가능하도록 제도화할 필요가 있으므로 이를 위해 세부사업시행계획이 확정되는 대로 국회에 보고하도록 하거나 별도의 결산보고서를 제출토록 하는 방안도 제시되었다(이에 대해서는 박종수, "국가재정법의 제정방안", 한국법제연구원, 2003, 91면 참조). 이러한 점을 반영하여 현행 「국가재정법」 제37조는 사업의 세부내용을 미리 확정하기 곤란한 경우에 이를 총액으로 계상할 수 있다는 점(제1항)과 총액계상사업의 총 규모는 매 회계연도 예산의 순계를 기준으로 대통령령이 정하는 비율을 초과할 수 없으며(제2항), 각 중앙관서의 장은 총액계상사업에 대하여 세부사업시행계획과 세부집행실적을 재정경제부장관・기획예산처장관 및 국회 예산결산특별위원회에 제출하도록 규정(제4항)함으로써 이 문제를 입법적으로 해결하였다.

85) 국회의 심의・확정으로 예산이 성립하더라도 해당예산이 배정되지 아니하면 예산집행기관은 지출원인행위(국고금관리법 제19조)를 할 수 없다.

86) 경기후퇴시에는 공공투자 등 예산의 조기집행을 위해 주요사업의 예산을 1/4분기에 집중되도록 할 수 있으며, 통화관리와 경기안정을 꾀하고자 할 때에는 주요사업의 예산배정을 늦추거나 유보할 수 있다.

② **절 차**    예산이 국회의 심의·확정을 거쳐 성립되면 각 중앙관서의 장은 사업운영계획 및 이에 의한 세입세출예산·계속비와 국고채무부담행위를 포함한 예산배정요구서를 기획재정부장관에게 제출하여야 한다(국가재정법 제42조). 기획재정부장관은 각 중앙관서의 장이 제출한 예산배정요구서에 따라 분기별 예산배정계획을 작성하여 국무회의의 심의를 거친 후 대통령의 승인을 얻어야 한다.

③ **예산배정과 재량통제**    종래 예산의 배정은 4분기별 연간배정계획에 따라 정기적으로 행해지는 '정기배정' 외에도 ㉠ 외국에서 지급하는 경비, ㉡ 선박의 운영·수리 등에 소요되는 경비, ㉢ 교통이나 통신이 불편한 지방에서 지급하는 경비, ㉣ 각 관서에서 필요한 부식물의 매입경비, ㉤ 범죄수사 등 특수활동에 소요되는 경비, ㉥ 여비 및 ㉦ 경제정책상 조기집행을 필요로 하는 공공사업비 등에 대해서는 회계연도 개시 전에 예산을 배정하는 '긴급배정'이 있고, 그 외에도 행정실무상 예산편성시 사업계획이 미확정이거나 사업시행의 점검이 필요한 사업에 대하여 분기별 정기배정에 관계없이 배정요구를 받아 해당사업의 추진상황·문제점 등을 분석·검토한 후 예산을 배정하는 이른바 '수시배정'이 있어서, 예산배정에 대하여는 중앙예산기관이 매우 광범한 재량권(또는 계획재량)을87) 행사하고 있는 실정이었다. 물론 예산배정의 수단은 추가경정예산의 편성과는 달리 예산심의기관인 국회의 승인을 추가로 획득함이 없이 기확정된 예산을 사후에 변경하여 예산의 미집행이나 예측하지 못한 필요에 대응하는 등 소기의 정책목적을 달성할 수 있는 제도로 활용될 수 있다. 그러나 예산배정과 관련한 재량권이 무한정 확대되는 것은 예산심의기관인 국회의 헌법상 권한을 제약할 우려가 있기 때문에 중앙예산기관의 재량권은 이를 적절한 범위로 제한하는 것이 필요하였다. 이를 위한 방안으로 「국가재정법」은 회계연도 개시 전의 예산배정(긴급배정)을 시행령 수준에서 법률규정으로 끌어 올리고(제43조 3항), 종래 근거 없이 실무적으로 운용되고 있던 수시배정을 법제화하여 그 법적 근거를 마련함은 물론(제43조 4항), 정기배정계획에 의하여 어떤 사업에 대한 분기별 배정계획이 확정되어 있다하더라도 경제정책이나 재정운용상의 필요에 의해 그 사업에 대한 예산배정을 일정기간 유보할 수 있는 배정유보제도(제43조 5항)를 도입하였다.

⑷ **수입과 지출**

① **수 입**    수입예산은 앞에서 본 바와 같이 단순한 세입의 예측표에 불과하다. 따라서 세입예산은 법령이 정하는 바에 의하여 징수 또는 수납하여야 한다(국고금관리법 제5조). 수입에는 조세·수수료·사용료 및 과징금과 같은 공법상의 수입뿐만 아니라, 국유재

---

87) 예산배정은 위에서 본 바와 같이 기획재정부장관이 작성하고 국무회의의 심의와 대통령의 승인을 받아 확정되는 '예산배정계획'에 의한다. 재량의 개념 및 계획재량의 의미에 대해서는 이 책 해당부분을 참조할 것.

산수입과 사업수입(공기업수입, 전매수입)과 같은 사법상의 수입도 포함된다. 기획재정부장관은 수입의 징수와 수납에 관한 사무를 총괄하고, 중앙관서의 장은 그 소관수입의 징수와 수납에 관한 사무를 관리한다(국고금관리법 제6조). 이때 중앙관서의 장은 법률에 특별한 규정이 있는 경우를 제외하고는 그 소관에 속하는 수입을 국고에 납입하여야 하며 이를 직접 사용하지 못한다(동법 제7조).

② 지 출　지출이란 세출예산 및 기금운용계획의 집행에 따라 국고에서 현금 등이 지급되는 것을 말한다(국고금관리법 제2조). 지출에 관한 사무는 기획재정부장관이 총괄하고, 각 중앙관서의 장은 그 소관에 속하는 지출원인행위와 지출에 관한 사무를 관리한다(동법 제19조).

㉠ 지출원인행위　지출원인행위는 국가의 지출, 즉 국고금의 지급을 가져오는 원인이 되는 계약 등의 행위를 말하며, 공법상의 것이든 사법상의 것이든 불문한다. 지출원인행위는 중앙관서의 장이 법령에 따라 배정된 예산 또는 기금운용계획의 금액 범위안에서 하여야 하는데(동법 제20조), 중앙관서의 장 또는 그 위임을 받은(동법 제21조) 공무원('재무관')은 그 소관에 속하는 세출예산 또는 기금운용계획에 따라 지출하고자 하는 때에는 소속 중앙관서의 장이 임명한 공무원('지출관')에게 지출원인행위 관계서류를 송부하여야 한다(동법 제22조).

㉡ 지출기관　지출기관에는 지출관과 출납공무원이 있는데, 이들은 서로의 직무를 겸할 수 없다(동법 제27조). 다만 기금의 경우에는 지출관과 출납공무원의 직무를 겸할 수 있다.

㉢ 지출방법　지출원인행위에 따라 지출관이 지출하고자 하는 때에는 채권자 또는 법령이 정하는 바에 따라 국고금의 지급사무를 수탁하여 처리하는 자의 계좌로 이체하여 지급하여야 한다(동법 제22조 3항, 4항).

(다) 예산의 이용(移用), 전용과 이체

① **예산의 목적외 사용금지**　각 중앙관서의 장은 세출예산이 정한 목적외에 경비를 사용하거나, 예산이 정한 각 기관간 또는 각 장·관·항간에 상호 이용할 수 없는 것이 원칙이다(국가재정법 제45조, 제47조 1항). 그러나 이 원칙을 고수한다면 예산편성시 예측할 수 없는 상황변경으로 사업별로 예산부족이나 집행잔액(불용액)이 발생할 수 있어, 전체적으로 예산사업의 효율적 추진을 보장할 수 없는 사태가 벌어질 것이다. 이를 방지하기 위하여 예산의 목적외 사용금지원칙에 대한 중대한 예외를 인정한 것이 예산의 이용 및 전용제도이다.[88)]

② **예산의 이용**　예산의 이용이란 예산의 입법과목간의 융통을 말하는 것으로

88) 「국가재정법」이 제정되면서 폐지된 「예산회계법」의 전신인 구 「재정법」에서는 동법 제26조 및 제27조에서 예산의 이용과 전용을 모두 '유용'이라고 규정하였었다.

예산이 정한 각 장·관·항 사이에 상호 융통하는 것을 말한다. 예산의 이용은 이처럼 입법과목에 대한 조치를 수반하기 때문에 원칙적으로 허용되지 않는 것이 각국의 입법태도이다. 그러나 국가재정법은 사업을 보다 효율적으로 추진하고 예산의 적정한 사용을 도모하기 위하여 미리 예산으로써 국회의 의결을 얻어 기획재정부장관의 승인을 얻어 이용하거나 기획재정부장관이 위임하는 범위 안에서 자체적으로 이용할 수 있도록 허용하고 있다(제47조 1항).

③ **예산의 전용**  예산의 전용이란 예산의 행정과목간의 융통을 말하는 것으로 예산이 정한 각 세항·목 사이의 상호융통을 의미한다. 각 중앙관서의 장은 예산의 목적범위 안에서 재원의 효율적 활용을 위하여 기획재정부장관의 승인을 얻어 예산상 각 세항·목의 금액을 전용할 수 있다(국가재정법 제46조 1항).

④ **예산의 이체**  예산의 이체란 예산의 기관간 상호융통을 말한다. 즉, 정부조직 등에 관한 법령의 제정·개정 또는 폐지로 인하여 그 직무와 권한에 변동이 생겼을 때 예산도 이에 따라 변경시키는 제도를 예산의 이체라고 한다(국가재정법 제47조 2항). 많은 경우 예산의 이체는 예산의 이용과 전용을 수반한다.

⒜ **예산의 이월**  예산의 이월이란 예산을 다음 회계연도로 넘겨서 다음 연도의 예산으로 사용하는 제도를 말한다. 이는 예산단년도주의를 완화하여 연도말에 낭비성 예산지출이 생기는 것을 방지하고 특정 사업에 대한 예산뒷받침이 일시적으로 중단되는 것을 막기 위한 배려에서 허용되는 것이다. 이에는 다시 명시이월과 사고이월이 있다.

① **명시이월**  명시이월이란 예산편성시부터 예산의 이월을 예상하여 미리 국회의 승인을 받는 경우를 말한다. 즉, 세출예산 중 경비의 성질상 연도내에 그 지출을 끝내지 못할 것이 예측될 때, 그 취지를 세입세출예산에 명시하여 미리 국회의 승인을 얻어 다음 연도에 이월하여 사용하는 것을 말한다(국가재정법 제24조 1항).

② **사고이월**  사고이월이란 명시이월과는 달리 예산편성시 예산의 이월을 미리 예상하지 못하고 예산집행과정에서 이월할 수밖에 없게 된 지출을 의미한다. 예산의 이월은 회계연도독립의 원칙에 대한 중대한 예외가 되기 때문에 국가재정법은 사고이월의 경우를 제한하여 열거하고 있다. 이에 따르면 사고이월할 수 있는 경비에는 ㉠ 연도내에 지출원인행위를 하고 불가피한 사유로 인하여 연도내에 지출하지 못한 경비와 지출원인행위를 하지 아니한 그 부대경비, ㉡ 지출원인행위를 위하여 입찰공고를 한 경비 중 입찰공고후 지출원인행위까지 장기간이 소요되는 경우의 경비, ㉢ 공익·공공사업의 시행에 필요한 손실보상비의 경비, ㉣ 경상적 성격 등의 경비 등이 있다(국가재정법 제48조 2항).

## (8) 결 산

현금회계는 결산으로써 종료한다. 정부는 결산이 정부회계에 관한 기준에 따라 재정에 관한 유용하고 적정한 정보를 제공할 수 있도록 객관적인 자료와 증거에 따라 공정하게 이루어지게 하여야 한다($\frac{국가재정법}{제56조}$). 각 중앙관서의 장은 회계연도마다 그 소관에 속하는 결산보고서를 작성하여 기획재정부장관에게 제출하고, 기획재정부장관은 이를 바탕으로 결산을 작성하여 국무회의의 심의를 거쳐 대통령의 승인을 얻어 다음 연도 4월 10일까지 감사원에 제출하여야 한다($\frac{국가재정법}{제59조 1항}$). 정부는 감사원의 검사를 거친 결산 및 첨부서류를 다음 연도 5월 31일까지 국회에 제출하여야 하며($\frac{국가재정법}{제61조}$), 국회는 결산에 대한 심의·의결을 정기회 개시전까지 완료하여야 한다($\frac{국회법}{제128조의2}$).

한편 새로 제정된「국가회계법」에는 상세한 결산규정을 두어 이에 따른 국가 재무보고서의 작성에 관한 사항을 정하고 있다. 따라서 현재는「국가재정법」에 의한 세입세출결산보고서와「국가회계법」에 의한 재무보고서가 병립하여 작성되게 되었다.

## (9)「국가재정법」상 금전채권의 소멸시효

### 1) 시효기간

금전의 급부를 목적으로 하는 국가의 권리로서 시효에 관하여 다른 법률에 규정이 없는 것은, 5년간 행사하지 아니할 때에는 시효로 인하여 소멸한다($\frac{동법 제}{96조 1항}$). 국가에 대한 권리로서 금전의 급부를 목적으로 하는 것도 또한 같다($\frac{2}{항}$). 여기서의 금전급부청구권은 공법상의 것이든 사법상의 것이든 불문한다.

### 2) 중단 및 정지

금전의 급부를 목적으로 하는 국가의 권리에 있어서는 소멸시효의 중단·정지 기타의 사항에 관하여 적용할 다른 법률의 규정이 없을 때에는 민법의 규정을 준용한다. 국가에 대한 권리로서 금전의 급부를 목적으로 하는 것도 또한 같다($\frac{제96조}{3항}$). 법령의 규정에 의하여 국가가 행하는 납입의 고지는 시효중단의 효력이 있다($\frac{4}{항}$).

## 3. 기 금

### (1) 기금의 의의

기금이란 국가가 특수한 행정목적을 실현하기 위하여 예산회계의 일반원칙에 의한 제약으로부터 벗어나 세입세출예산 외로 탄력성을 갖고 특정사업을 위한 특정자금을 보유·운용하는 것을 말한다. 기금의 개념을 광의로 보면 '기금'이라는 명칭을 가진 것 외에 이른바 '자금'[89]이라는 이름으로 법령상 또는 행정실무상 운용되고 있는

---

89) 현행「국가재정법」제95조는 "국가는 법률로 정하는 경우에 한하여 특별한 자금을 보유할 수 있다"고 규정하고 있다. 이는 일본 재정법 제44조의 규정을 그대로 답습한 규정으로서, 현행법상으

재원을 포함시켜 논의할 수 있지만, 일반적으로는 광의의 기금 중 '자금'이라는 명칭의 것을 제외한 나머지를 기금으로 파악한다. 기금에 대한 주요 법원으로는 「국가재정법」, 「국고금관리법」,[90] 「공공자금관리기금법」[91] 등을 들 수 있다.

### (2) 기금의 설치

기금은 국가가 특정한 목적을 위하여 특정한 자금을 신축적으로 운용할 필요가 있을 때에 한하여 설치할 수 있되, 반드시 법률로 하여야 하며 정부의 출연금 또는 법률에 따른 민간부담금을 재원으로 하는 기금은 「국가재정법」 별표 2에 규정된 법률에 의하지 아니하고는 이를 설치할 수 없다(<sup>국가재정법</sup><sub>제5조 1항</sub>).

### (3) 기금운용계획
#### 1) 기금운용계획의 수립·확정절차

현행 「국가재정법」은 기금에 대해서도 일반 예산과 유사한 편성 및 심의·확정절차를 거치도록 하고 있는데, 기금의 예산과정에 있어서 기금관리주체는 기획재정부장관이 통보하는 기금운용계획안 작성지침[92]에 따라 다음 연도의 기금운용계획안을 수립하여 매년 5월 31일까지 기획재정부장관에게 제출하여야 한다(<sup>국가재정법</sup><sub>제66조 5항</sub>). 이에 기획재정부장관은 기금운용계획안에 대하여 기금관리주체와 협의하여 조정한 후 기금운용계획안을 마련하여 국무회의의 심의를 거쳐 대통령의 승인을 얻어야 한다(<sup>同</sup><sub>항</sub>). 기금운용계획은 예산과 마찬가지로 국회의 의결을 거쳐야 하는데, 정부는 장·관·항 또는 세항·목의 주요항목 단위로 마련된 기금운용계획안을 회계연도 개시 120일전까지 국회에 제출하여야 한다(<sup>국가재정법</sup><sub>제68조 1항</sub>). 국회는 회계연도 개시 30일전까지 기금운용계획안을 심의·확정한다(<sup>국회법 제84</sup><sub>조의2 제1항</sub>). 기금운용계획이 확정되면 기금관리주체는 기금의 월별 수입 및 지출계획서를 작성하여 회계연도 개시 전까지 기획재정부장관에게 제출하여야 한다(<sup>국가재정법</sup><sub>제68조 2항</sub>).

#### 2) 기금운용계획의 내용

기금운용계획안은 운용총칙과 자금운용계획으로 구성된다. 운용총칙에는 기금의

---

로는 「에너지 및 자원사업 특별회계법」 제13조의 규정에 의한 '유가완충준비금', 「정부기업예산법」 제13조의 규정에 의한 '회전자금'을 그 예로 들 수 있다.

90) 2002년 「국고금관리법」이 새로 제정되면서 기금의 수입과 지출에 대해서도 대부분 이 법에서 별도로 규정하게 되었다.

91) 기금의 여유자금을 통합관리하여 이를 재정융자 등 공공목적에 활용하고 국채의 발행 및 상환 등을 효율적으로 관리하기 위하여 공공자금관리기금을 설치하고 그 운용 및 관리에 관하여 필요한 사항을 정하고 있다.

92) 기획재정부장관은 다음 연도의 기금운용계획안 작성지침을 기금정책심의회와 국무회의의 심의를 거쳐 대통령의 승인을 얻어 매년 3월 31일까지 기금관리주체에게 통보하여야 한다(국가재정법 제66조 제 2 항).

사업목표, 자금의 조달과 운용 및 자산취득에 관한 총괄적 사항을 규정한다. 자금운용계획은 수입계획과 지출계획으로 구분하되, 수입계획은 성질별로 구분하고 지출계획은 성질별 또는 사업별로 주요항목, 세부항목으로 구분한다(국가재정법 제67조).

### 3) 기금운용계획의 변경

기금관리주체는 지출계획의 주요항목지출금액 범위 안에서 세부항목지출금액을 변경할 수 있다. 기금관리주체가 기금운용계획 중 주요항목지출금액을 변경하고자 하는 경우에는 기획재정부장관과 협의·조정하여 마련한 기금운용계획변경안을 국무회의의 심의를 거쳐 대통령령의 승인을 얻은 후 국회에 제출하여야 한다. 그러나 일정한 경우에는 국회에 기금운용계획변경안을 제출하지 아니하고 변경할 수도 있다(국가재정법 제70조).

### (4) 기금의 결산

각 중앙관서의 장은 「국가회계법」에서 정하는 바에 따라 회계연도마다 소관 기금의 결산보고서를 중앙관서결산보고서에 통합하여 작성한 후 기획재정부장관에게 제출하여야 한다(국가재정법 제73조).

## Ⅲ. 채권회계

### 1. 채권회계의 의의

채권회계란 국가 또는 지방자치단체가 그의 채권을 관리하는 작용을 말한다. 채권회계는 본질적으로 사인이 자신의 채권을 관리하는 것과 다르지 않다. 국가의 채권회계에 관한 일반법인 「국가채권 관리법」은 국가의 채권에 대한 관리기관·관리절차·채권의 내용변경 및 면제 등에 관한 기준을 정함으로써 채권의 적정한 관리를 기함을 목적으로 하고 있다(동법 제1조). 지방자치단체의 채권회계에 관한 일반법으로서는 「지방재정법」이 있다.

### 2. 채권의 의의

「국가채권 관리법」상 채권이란 금전의 지급을 목적으로 하는 국가의 권리를 말한다. 다만 ① 벌금·과료(科料)·형사추징금·과태료·통고처분금액 및 이에 준하는 것으로서 대통령령으로 정하는 채권, ② 증권으로 된 채권, ③ 국가의 예금 및 예탁금에 관한 채권, ④ 보관금(科料)이 될 금전의 지급을 목적으로 하는 채권, ⑤ 기부금에 관한 채권, ⑥ 국세와 이의 징수에 관련된 채권 등은 「국가채권 관리법」이 적용되지 않는다(동법 제3조 제1항). 그리고 외국 또는 외국인을 채무자로 하는 채권, 즉시 소멸하는 채권, 기타 대통령령으로 정하는 채권에 대하여는 대통령령이 정하는 바에 따라 「국가채권 관리법」

의 일부를 적용하지 아니할 수 있다($\frac{동법}{조} \frac{제3}{2항}$).

### 3. 채권관리기관

#### (1) 총괄기관

채권관리의 총괄기관은 기획재정부장관이다. 기획재정부장관은 채권관리의 적정을 기하기 위하여 채권관리에 관한 제도를 정비하고, 채권관리사무에 관한 통일적 기준을 정하며, 채권관리사무의 처리에 대하여 필요한 조정을 한다($\frac{동법}{조} \frac{제5}{1항}$). 기획재정부장관은 채권관리의 적정을 기하기 위하여 필요하다고 인정하는 때에는 각 중앙관서의 장에 대하여 그 소관에 속하는 채권의 내용 및 관리상황에 관하여 보고를 요구하거나 소속직원으로 하여금 실지지도·조사를 하게 하고 기타 필요한 조치를 할 수 있다($\frac{동법}{조} \frac{제5}{3항}$).

#### (2) 관리기관

각 중앙관서의 장은 그 소관에 속하는 채권을 관리하고 채권관리관의 사무를 감독한다($\frac{동법}{조} \frac{제5}{2항}$). 각 중앙관서의 장은 당해 관서의 채권관리관 중에서 채권의 관리에 관한 사무를 총괄하는 채권관리관($\frac{총괄채권}{관리관}$)을 임명하여야 하며($\frac{동법}{의2,} \frac{제5조}{1항}$), 또한 대통령령이 정하는 바에 따라 그 소관에 속하는 채권의 관리사무를 그 소속공무원과 지방자치단체의 장 또는 그 소속공무원에 위임할 수 있다($\frac{동법}{조} \frac{제6}{1항}$).

### 4. 채권의 관리

채권관리에 관한 사무는 법령의 규정과 채권의 발생원인 및 내용에 따라 재정상 국가의 이익에 적합하도록 처리하여야 한다($\frac{동법}{제11조}$). 채권관리관은 채권의 관리사항을 기재할 장부를 비치하고, 채권발생의 통지를 받은 때 또는 채권의 인계를 받은 때에는 그 통지나 인계된 사항을 지체 없이 조사·확인하여 이를 기재하여야 한다($\frac{동법}{제12조}$). 채권관리관은 채권에 대하여 국가가 채권자로서 점유하여야 할 담보물이나 채권 또는 채권의 담보에 속하는 사항의 입증에 필요한 서류와 물건을 선량한 관리자의 주의로써 다루고 보존하여야 한다($\frac{동법}{제19조}$).

### 5. 채권의 면제

채권관리관은 이행연기의 특약을 한 채권에 대하여 당초의 이행기간으로부터 10년을 넘어도 채무자가 자력을 회복하지 못하고 장래 변제할 가능성이 없을 때에는 소속중앙관서의 장의 승인을 얻어 당해 채권·연체금 및 이자를 면제할 수 있다($\frac{동법}{제31조}$).

## Ⅳ. 동산회계

### 1. 동산회계의 의의

동산회계란 국가 또는 지방자치단체가 그 재산 중에서 동산을 관리하는 작용을 말한다. 동산회계에 관한 일반법으로서는 「물품관리법」이 있다. 따라서 물품관리에 관하여 다른 법률(<sup>국유재산법·문</sup><sub>화재보호법 등</sub>)에 특별한 규정이 있는 경우를 제외하고는 「물품관리법」이 적용된다(<sup>동법</sup><sub>제4조</sub>). 다만 군수품의 관리에 관하여는 「군수품관리법」이 적용된다(<sup>동법</sup><sub>제3조</sub>).

### 2. 물품의 의의

「물품관리법」의 적용을 받는 물품은 국가가 소유하는 동산 중 현금·한국은행에 기탁하여야 할 유가증권 및 「국유재산법」의 적용을 받는 동산93)을 제외한 동산과 국가가 사용하기 위하여 보관하는 동산이다(<sup>동법</sup><sub>제2조</sub>). 그 밖에 「물품관리법」 제 2 조에 규정된 물품 이외의 동산 가운데 국가가 보관하는 것에 대해서도 대통령령이 정하는 바에 따라 동법의 규정이 준용된다(<sup>동법</sup><sub>제47조</sub>).

### 3. 물품관리기관

#### (1) 총괄기관

기획재정부장관은 물품관리에 관한 제도와 정책에 관한 사항을 관장한다(<sup>동법 제7</sup><sub>조 1항</sub>).

조달청장은 각 중앙관서의 장이 행하는 물품관리의 총괄조정에 관한 사항을 관장한다(<sup>동법 제7</sup><sub>조 2항</sub>). 그리고 각 중앙관서의 장은 재고관리기준을 정하며, 필요한 때에는 각 중앙관서의 물품의 재고를 조정할 수 있다(<sup>동법</sup><sub>제18조</sub>).

#### (2) 관리기관(명령기관)

각 중앙관서의 장은 그 소관에 속하는 물품 및 물품의 재고를 관리한다(<sup>동법 제8조·</sup><sub>제18조</sub>). 각 중앙관서의 장은 대통령령이 정하는 바에 따라 소속공무원 또는 다른 중앙관서소속공무원에게 그 소관에 속하는 물품의 관리에 관한 사무를 위임할 수 있는데, 이 위임을 받은 공무원을 물품관리관이라 한다(<sup>동법 제9조</sup><sub>1항, 2항</sub>). 물품관리관은 소관물품을 관리하고 출납명령을 한다(<sup>동법</sup><sub>제31조</sub>). 각 중앙관서의 장은 물품관리관의 사무의 일부를 분장하는 공무원을 지정할 수 있는데, 이를 분임물품관리관이라 한다(<sup>동법 제12</sup><sub>조 1항</sub>).

#### (3) 집행기관

물품관리관과 분임물품관리관은 그가 속하는 관서의 공무원에게 그 관리하는 물품

---

93) 예컨대 국유부동산의 종물, 국유의 선박, 부표 등 정부기업 또는 그 시설에서 사용하는 기계 등.

에 관한 출납명령사무를 제외한 출납·보관사무를 위임하여야 하며, 이 위임을 받은 공무원을 물품출납공무원이라 한다(동법제10조). 물품관리관은 물품출납공무원의 사무의 일부를 분장하는 공무원을 둘 수 있는데, 이를 분임물품출납공무원이라 한다(동법제12조 1항). 물품관리관은 필요한 경우에는 그가 소속하는 관서의 공무원에게 물품을 국가의 사무 또는 사업의 목적과 용도에 따라서 사용하게 하거나 사용 중인 물품의 관리에 관한 사무(물품 사용에 관한 사무)를 위임할 수 있는데, 이 위임을 받은 공무원을 물품운용관이라 한다(동법제11조).

### 4. 물품의 관리

#### (1) 물품의 분류 및 표준화

각 중앙관서의 장은 효율적이고 적정하게 관리하기 위하여 그 소관에 속하는 물품을 기능별·성질별·기관별로 분류하여야 하며, 물품의 효율적인 사용이나 처분을 위하여 필요한 때에는 물품의 소속분류를 전환할 수 있다(동법제5조 1항, 2항). 각 중앙관서의 장은 당해 관서 및 그 소속기관에서만 사용하는 주요 물품에 관하여, 조달청장은 정부 각 기관에서 공통적으로 사용하는 주요 물품에 관하여 각각 그 표준을 정하여야 한다(동법제6조 1항).

#### (2) 물품수급관리계획

조달청장은 매년 기획재정부장관의 승인을 얻어 물품수급관리계획작성지침을 정하여 각 중앙관서의 장에게 통보하여야 한다(동법제15조 1항). 각 중앙관서의 장은 이 지침에 따라 물품수급계획(물품의 취득·보관·사용·처분에 관한 계획)을 수립하여 조달청장에게 제출하여야 하고, 조달청장은 이를 종합한 정부종합물품수급계획을 기획재정부장관에게 제출하여야 한다(동법제15조 2항, 3항). 각 중앙관서의 장은 물품수급관리계획에 따라 그 소관에 속하는 물품을 관리하여야 한다(동법제15조 4항).

#### (3) 재고관리와 재물조사

각 중앙관서의 장은 재고관리기준에 따라 소관 물품의 재고를 관리하여야 하며(동법제18조), 대통령령이 정하는 바에 따라 연 1회 소관 물품에 대한 정기재물조사(定期在物調査)를 실시하여야 하고, 필요하다고 인정할 때에는 수시로 재물조사를 실시할 수 있다(동법제19조).

#### (4) 물품의 취득

물품관리관은 물품수급관리계획에 정하여진 물품에 대하여는 그 계획의 범위 안에서, 그 밖의 물품에 대하여는 필요할 때마다 계약담당공무원에게 물품의 취득에 관한 필요한 조치를 할 것을 청구하여야 하고, 계약담당공무원은 예산의 범위 안에서 대통령령이 정하는 바에 따라 당해 물품을 취득하기 위한 필요한 조치를 하여야 한다 (동법 제28조 1항, 2항). 물품은 중앙관서의 장 또는 그 위임을 받은 공무원이 지명하는 관계 공무원이나 기술자의 검수를 받지 아니하고는 취득할 수 없다(동조 3항).

### (5) 물품의 보관

물품은 항상 사용 또는 처분할 수 있도록 선량한 관리자의 주의로서 국가의 시설에 보관하여야 한다. 다만 물품관리관이 국가의 시설에 보관하는 것이 물품의 사용 또는 처분에 부적당하다고 인정하거나 기타 특별한 사유가 있을 때에는 국가 이외의 자의 시설에 보관할 수 있다(동법 제30조). 물품출납공무원은 그 보관 중인 물품 중 사용할 수 없거나 수선 또는 개조를 요하는 물품이 있다고 인정할 때에는 그 사실을 물품관리관에게 보고하여야 한다(동법 제32조 1항).

### (6) 물품의 사용

물품관리관은 물품을 사용하게 하기 위하여 출납명령을 한 때에는 그 사용의 목적을 명백히 하여 그 사실을 물품운용관이나, 물품운용관을 두지 아니한 경우에는 물품을 사용하는 공무원에게 알려야 한다. 다만 물품운용관의 요청에 의하여 출납명령을 한 때에는 그러하지 아니하다(동법 제33조).

### (7) 물품의 처분
#### 1) 불용의 결정

각 중앙관서의 장은 그 소관에 속하는 물품 중 사용할 필요가 없거나 사용할 수 없는 물품이 있을 때에는 그 물품에 대하여 불용의 결정을 하여야 한다(동법 제35조 1항). 불용의 결정을 한 물품 중 매각하는 것이 국가에 불리하거나 부적당하다고 인정되는 때 또는 매각할 수 없는 물품은 폐기할 수 있다(동법 제35조 2항).
#### 2) 매각의 제한

물품은 매각을 목적으로 한 것이거나 불용의 결정을 한 것이 아니면 매각할 수 없다(동법 제36조).
#### 3) 대부의 제한

물품은 대부를 목적으로 한 것이거나 대부하여도 국가의 사업 또는 사무에 지장이 없다고 인정되는 것이 아니면 대부할 수 없다(동법 제41조).
#### 4) 출자 등의 제한

물품은 법률에 의하지 아니하고는 출자의 목적으로 하거나 이에 사권을 설정할 수 없다(동법 제42조).

## (8) 물품의 자연감모와 관급의 제한

물품의 장기보관이나 운송 기타의 불가피한 사유로 인하여 생기는 감모는 대통령령이 정하는 바에 따라 자연감모로 정리할 수 있다($^{동법, 제43조}_{1항, 2항}$). 물품은 법률의 규정에 의하지 아니하고는 공사나 제조 기타의 계약자에게 관급할 수 없다($^{동법}_{제44조}$).

# V. 부동산회계

## 1. 부동산회계의 의의

부동산회계란 국가 또는 지방자치단체가 그 부동산을 취득·유지·보존·운용·처분 등 관리하는 작용을 말한다. 국가의 부동산회계에 관한 일반법으로서는 「국유재산법」이 있고, 특별법으로서는 「문화재보호법」·「하천법」·「도로법」·「자연공원법」·「귀속재산처리법」 등94) 등이 있다. 따라서 국유재산의 관리·처분에 관하여 다른 법률에 특별한 규정이 있는 것을 제외하고는 「국유재산법」이 적용된다($^{동법}_{제2조}$).

## 2. 국유재산의 의의 및 종류

### (1) 국유재산의 의의

「국유재산법」이 적용되는 국유재산이란 국가의 부담이나 기부채납 또는 법령·조약의 규정에 의하여 국가의 소유로 된 부동산과 그 종물 등 「국유재산법」 제 5 조제 1 항 각호에 열거된 것을 말한다($^{동법, 제2}_{조, 1호}$).

### (2) 국유재산의 종류

국유재산은 그 용도에 따라 행정재산과 일반재산으로 나눌 수 있다($^{동법, 제6}_{조, 1항}$).

### 1) 행정재산

행정재산은 직접 행정목적에 제공된 재산이다. 행정재산은 다시 공용재산, 공공용재산, 기업용재산 및 보존용재산으로 나뉜다($^{동법, 제6}_{조, 2항}$). 공용재산이란 국가가 직접 사무용·사업용 또는 공무원의 주거용으로 사용하거나 대통령령으로 정하는 기한까지 사용하기로 결정한 재산을, 공공용재산이란 국가가 직접 공공용으로 사용하거나 대통령령으로 정하는 기한까지 사용하기로 결정한 재산을, 기업용재산이란 정부기업이 직접 사무용·사업용 또는 그 기업에 종사하는 직원의 주거용으로 사용하거나 대통령령으로 정하는 기한까지 사용하기로 결정한 재산을, 마지막으로 보존용재산이란 법령이나

---

94) 그러나 실효된 「귀속재산처리에 관한 특별조치법」 부칙 제 5 조의 규정에 따라서 모든 귀속재산은 1964년 12월 31일까지 매매계약이 체결되어 있는 것을 제외하고는 1965년 1월 1일부터 국유재산이 되었다. 따라서 오늘날 귀속재산에 관한 법률관계는 역사적 의미밖에는 갖지 않는다.

그 밖의 필요에 따라 국가가 보존하는 재산을 말한다.

### 2) 일반재산

일반재산이란 행정재산 외의 모든 국유재산을 말한다($\frac{동법}{조 3항}$제6). 종래 구 「국유재산법」상에서는 행정재산에 대비되는 것으로 잡종재산이 있었으나 잡종재산이라는 용어는 쓸모없는 재산이라는 부정적 이미지가 있어 잡종재산을 일반재산으로 명칭을 변경하였다. 아울러 종전 행정재산과 보존재산은 국유재산법령상 구분할 실익이 사실상 없으므로 개정 「국유재산법」에서는 보존재산을 행정재산의 한 유형인 보존용재산으로 통합하였다. 이로써 잡종재산의 부정적 이미지를 없애고, 국유재산 분류체계를 단순화함으로써 효율적으로 관리할 수 있는 터전을 마련하였다.

## 3. 국유재산의 관리기관

여기에는 총괄청과 관리청이 있다. 기획재정부장관(총괄청)은 국유재산에 관한 사무를 총괄하고 그 국유재산을 관리·처분한다($\frac{동법}{1항}$제8). 한편 각 중앙관서의 장(관리청)은 그 소관에 속하는 행정재산과 일정한 일반재산을 관리·처분한다.

### (1) 국유재산 사무의 총괄과 관리

총괄청은 일반재산을 보존용재산으로 전환하여 관리할 수 있다($\frac{동법}{조 2항}$제8). 총괄청은 다음 연도의 국유재산의 관리와 처분에 관한 계획의 작성을 위한 지침을 매년 4월 30일까지 중앙관서의 장에게 통보하여야 한다($\frac{동법}{조 1항}$제9). 중앙관서의 장은 이 지침에 따라 국유재산의 관리·처분에 관한 다음 연도의 계획을 작성하여 매년 6월 30일까지 총괄청에 제출하여야 한다($\frac{동법}{조 2항}$제9). 총괄청은 이렇게 제출된 계획을 종합조정하여 수립한 국유재산종합계획을 국무회의의 심의를 거쳐 대통령의 승인을 받아 확정하고, 회계연도 개시 120일 전까지 국회에 제출하여야 한다($\frac{동법}{조 3항}$제9). 총괄청은 국유재산종합계획을 확정하거나 변경한 경우에는 중앙관서의 장에게 알리고, 변경한 경우에는 지체 없이 국회에 제출하여야 한다($\frac{동법}{조 6항}$제9). 중앙관서의 장은 확정된 국유재산종합계획의 반기별 집행계획을 수립하여 해당 연도 1월 31일까지 총괄청에 제출하여야 한다($\frac{동법}{조 7항}$제9). 총괄청이 국유재산종합계획을 수립하는 경우에는 「국가재정법」 제6조제1항에 따른 독립기관의 장의 의견을 최대한 존중하여야 하며, 국유재산 정책운용 등에 따라 불가피하게 조정이 필요한 때에는 해당 독립기관의 장과 미리 협의하여야 한다($\frac{동법}{조 8항}$제9). 총괄청은 이러한 협의에도 불구하고 독립기관의 계획을 조정하려는 때에는 국무회의에서 해당 독립기관의 장의 의견을 들어야 하며, 총괄청이 그 계획을 조정한 때에는 그 규모 및 이유, 조정에 대한 독립기관의 장의 의견을 국유재산종합계획과 함께 국회에 제출하여야 한다($\frac{동법}{조 9항}$제9).

### (2) 관리사무의 위임·위탁

총괄청은 대통령령으로 정하는 바에 따라 이 법에서 규정하는 총괄에 관한 사무의 일부를 조달청장 또는 지방자치단체의 장에게 위임하거나 정부출자기업체 또는 특별법에 따라 설립된 법인으로서 대통령령으로 정하는 자에게 위탁할 수 있다(동법 제25조 1항).

중앙관서의 장은 대통령령으로 정하는 바에 따라 소속 공무원에게 그 소관에 속하는 행정재산의 관리에 관한 사무를 위임할 수 있고(동법 제28조 1항), 그 위임을 받은 공무원의 사무의 일부를 분장하는 공무원을 둘 수 있다(동법 제28조 2항). 또한 중앙관서의 장은 대통령령으로 정하는 바에 따라 다른 중앙관서의 장의 소속 공무원에게 그 소관에 속하는 행정재산의 관리에 관한 사무를 위임할 수 있으며(동법 제28조 3항), 그 소관에 속하는 행정재산의 관리에 관한 사무의 일부를 대통령령으로 정하는 바에 따라 지방자치단체의 장이나 그 소속 공무원에게도 위임할 수 있다(동법 제28조 4항). 이러한 사무위임은 중앙관서의 장이 해당 기관에 설치된 직위를 지정함으로써 갈음할 수 있다(동법 제28조). 또한 중앙관서의 장은 행정재산을 효율적으로 관리하기 위하여 필요하면 국가기관 외의 자에게 그 재산의 관리를 위탁할 수도 있다(동법 제29조 1항).

한편 총괄청은 대통령령으로 정하는 바에 따라 소관 일반재산의 관리·처분에 관한 사무의 일부를 총괄청 소속 공무원, 중앙관서의 장 또는 그 소속 공무원, 지방자치단체의 장 또는 그 소속 공무원에게 위임하거나 정부출자기업체, 금융기관, 투자매매업자·투자중개업자 또는 특별법에 따라 설립된 법인으로서 대통령령으로 정하는 자에게 위탁할 수 있다(동법 제42조 1항). 중앙관서의 장도 소관 일반재산을 위탁개발 방식으로 개발하려는 경우에는 이에 준하여 위탁할 수 있다(동법 제42조 3항). 일반재산의 관리·처분에 관한 사무를 위임·위탁한 총괄청이나 중앙관서의 장은 위임이나 위탁을 받은 자가 해당 사무를 부적절하게 집행하고 있다고 인정되면 그 위임이나 위탁을 철회할 수 있다(동법 제29조 5항).

### (3) 관리전환

국유재산의 관리전환은 ① 일반회계와 특별회계·기금 간에 관리전환을 하려는 경우는 총괄청과 해당 특별회계·기금의 소관 중앙관서의 장 간의 협의의 방법에 의하고, ② 서로 다른 특별회계·기금 간에 관리전환을 하려는 경우는 해당 특별회계·기금의 소관 중앙관서의 장 간의 협의의 방법에 따른다(동법 제16조 1항). 이러한 협의가 성립되지 아니하는 경우 총괄청은 해당 재산의 관리 상황 및 활용 계획, 국가의 정책목적 달성을 위한 우선 순위를 고려하여 소관 중앙관서의 장을 결정한다(동법 제16조 2항).

국유재산을 관리전환하거나 서로 다른 회계·기금 간에 그 사용을 하도록 하는 경우에는 유상으로 하여야 한다. 다만, ① 직접 도로, 하천, 항만, 공항, 철도, 공유수면, 그 밖의 공공용으로 사용하기 위하여 필요한 경우, 또는 ② 관리전환하려는 국유재산의 감정평가에 드는 비용이 해당 재산의 가액(價額)에 비하여 과다할 것으로 예상되는 경우 또는 상호교환의 형식으로 관리전환하는 경우로서 유상으로 관리전환하는 데에 드는 예산을 확보하기가 곤란한 경우에 해당하는 사유로 총괄청과 중앙관서의 장 또는 중앙관서의 장 간에 무상으로 관리전환하기로 합의하는 경우에는 무상으로 할 수 있다(동법 제16조).

## 4. 국유재산의 관리와 처분

국유재산의 관리·처분에 대해서는 여러 가지 제한과 특례가 인정되고 있는데, 이하에서는 국유재산 일반에 관한 것과 각 국유재산에 특유한 것을 구분하여 살펴보기로 한다.

### (1) 국유재산 일반

#### 1) 국유재산 관리·처분의 원칙

국가는 국유재산을 관리·처분할 때에는 ㉠ 국가전체의 이익에 부합되도록 할 것, ㉡ 취득과 처분이 균형을 이룰 것, ㉢ 공공가치와 활용가치를 고려할 것, ㉣ 경제적 비용을 고려할 것, ㉤ 투명하고 효율적인 절차를 따를 것 등의 기본원칙을 준수하여야 한다(동법 제3조).

#### 2) 국유재산의 보호

국유재산은 누구든지 「국유재산법」 또는 다른 법률에서 정하는 절차와 방법에 따르지 아니하고는 이를 사용하거나 수익하지 못한다(동법 제7조 1항). 행정재산은 민법 제245조의 규정에 불구하고 시효취득의 대상이 되지 아니한다(동법 제7조 2항). 국가는 국유재산의 매각대금과 비축 필요성 등을 고려하여 국유재산의 취득을 위한 재원을 확보하도록 노력하여야 한다(동법 제10조).

#### 3) 사권설정의 제한

사권이 설정된 재산은 그 사권이 소멸된 후가 아니면 국유재산으로 취득하지 못한다. 다만 판결에 따라 취득하는 경우에는 그러하지 아니하다(제11조 1항). 국유재산에는 사권을 설정하지 못한다. 다만 일반재산에 대하여 대통령령으로 정하는 경우에는 그러하지 아니하다(제11조 2항).

#### 4) 소유자 없는 부동산의 처리

총괄청이나 중앙관서의 장은 소유자 없는 부동산을 국유재산으로 취득한다(제12조 1항). 이때 총괄청이나 중앙관서의 장은 6개월 이상의 기간을 정하여 그 기간에 정당한 권리자나 그 밖의 이해관계인이 이의를 제기할 수 있다는 뜻을 공고하여야 하며(제12조 2항), 총괄청 또는 중앙관서의 장이 당해 부동산을 취득하려면 이 기간에 이의가 없는 경우에 한하여 위 공고를 하였음을 입증하는 서류를 첨부하여 「공간정보의 구축 및 관리 등에 관한 법률」에 따른 지적소관청에 소유자 등록을 신청할 수 있다($^{제12조}_{3항}$). 이렇게 해서 취득한 국유재산은 그 취득일부터 10년간은 처분을 하여서는 아니 된다. 다만 대통령령으로 정하는 특별한 사유가 있는 경우에는 그러하지 아니하다($^{제12조}_{4항}$).

### 5) 기부채납

총괄청이나 중앙관서의 장(특별회계나 기금에 속하는 국유재산으로 기부받으려는 경우만 해당한다)은 재산을 국가에 기부하려는 자가 있으면 대통령령이 정하는 바에 따라 이를 받을 수 있다($^{제13조}_{1항}$). 총괄청이나 중앙관서의 장은 국가에 기부하려는 재산이 국가가 관리하기 곤란하거나 필요하지 아니한 것인 경우 또는 기부에 조건이 붙은 경우에는 받아서는 아니 된다. 다만, ① 행정재산으로 기부하는 재산에 대하여 기부자, 그 상속인, 그 밖의 포괄승계인에게 무상으로 사용허가하여 줄 것을 조건으로 그 재산을 기부하는 경우 또는 ② 행정재산의 용도를 폐지하는 경우 그 용도에 사용될 대체시설을 제공한 자, 그 상속인, 그 밖의 포괄승계인이 그 부담한 비용의 범위에서 용도폐지된 재산을 양여할 것을 조건으로 그 대체시설을 기부하는 경우에는 기부에 조건이 붙은 것으로 보지 아니한다($^{제13조}_{2항}$).

### 6) 등기·등록 등

총괄청이나 중앙관서의 장은 국유재산을 취득한 경우 대통령령으로 정하는 바에 따라 지체 없이 등기·등록, 명의개서(名義改書), 그 밖의 권리보전에 필요한 조치를 하여야 한다($^{제14조}_{1항}$). 등기·등록이나 명의개서가 필요한 국유재산인 경우 그 권리자의 명의는 국(國)으로 하되 소관 중앙관서의 명칭을 함께 적어야 한다. 다만 일정한 법인에 증권을 예탁하는 경우에는 권리자의 명의를 그 법인으로 할 수 있다($^{제14조}_{2항}$).

### (2) 행정재산의 관리·처분

### 1) 처분의 제한

행정재산은 처분하지 못한다. 다만, ① 공유(公有) 또는 사유재산과 교환하여 그 교환받은 재산을 행정재산으로 관리하려는 경우 또는 ② 대통령령으로 정하는 행정재산을 직접 공용이나 공공용으로 사용하기 위하여 필요로 하는 지방자치단체에 양여하는 경우에는 교환하거나 양여할 수 있다($^{제27조}_{1항}$).

### 2) 사용허가

행정재산은 일정한 범위 내에서 그 사용을 허가할 수 있다. 즉, 중앙관서의 장은 공용·공공용·기업용 재산은 그 용도나 목적에 장애가 되지 아니하는 범위에서, 보존용 재산의 경우는 보존목적의 수행에 필요한 범위에서만 행정재산의 사용허가를 할 수 있다($^{제30조}_{1항}$).

사용허가를 받은 자는 그 재산을 다른 사람에게 사용·수익하게 하여서는 아니된다. 다만, 기부를 받은 재산에 대하여 사용허가를 받은 자가 그 재산의 기부자이거나 그 상속인, 그 밖의 포괄승계인인 경우에는 관리청의 승인을 받아 다른 사람에게 사용·수익하게 할 수 있다($^{제30조}_{2항}$). 행정재산을 사용허가하려는 경우에는 그 뜻을 공고하여 일반경쟁에 부쳐야 한다($^{제31조}_{1항}$). 행정재산의 사용허가에 관하여는 「국유재산법」에서 정한 것을 제외하고는 「국가를 당사자로 하는 계약에 관한 법률」의 규정을 준용한다($^{제31조}_{3항}$). 행정재산의 사용허가는 보통 5년 이내의 기간으로 하며($^{제35조}_{1항}$), 대통령령으로 정하는 요율과 산출방법에 따라 사용료가 부과·징수되고($^{제32조}_{1항}$), 일정한 법령위반사항이 있을 때에는 사용허가가 취소·철회될 수 있다($^{제36조}_{1항}$).

여기서의 사용허가의 법적 성질에 대해서는, 구법상의 판례를 인용하며 사법상 계약으로 보는 견해도[95] 있지만, 사용료에 관한 규정($^{제33조}_{이하}$) 및 사용허가의 취소·철회에 관한 규정($^{제36조}_{1항}$), 사용허가 취소·철회시의 청문실시 규정($^{제37}_{조}$) 등을 두고 있음에 비추어 행정행위로 보아야 할 것이다.

### 3) 행정재산의 용도폐지

중앙관서의 장은 대통령령으로 정하는 기준에 따라 행정재산의 용도를 폐지하며($^{제40조}_{1항}$), 용도를 폐지한 경우에는 그 재산을 지체 없이 총괄청에 인계하여야 한다($^{제40조}_{2항}$).

### (3) 일반재산의 관리·처분
### 1) 처분 등

일반재산은 대부 또는 처분할 수 있다($^{제41조}_{1항}$).

### 2) 계약의 방법

일반재산을 처분하는 계약을 체결할 경우에는 그 뜻을 공고하여 일반경쟁에 부쳐야 한다. 다만 계약의 목적·성질·규모 등을 고려하여 필요하다고 인정되면 대통령령으로 정하는 바에 따라 참가자의 자격을 제한하거나 참가자를 지명하여 경쟁에 부치거나 수의계약으로 할 수 있으며, 증권인 경우에는 대통령령으로 정하는 방법에 따를 수 있다($^{제43조}_{1항}$).

### 3) 처분재산의 가격결정

일반재산의 처분가격은 대통령령으로 정하는 바에 따라 시가를 고려하여 결정한다($^{제44}_{조}$).

### 4) 물납 증권의 처분 제한

「상속세 및 증여세법」 제73조에 따라 물납된 증권의 경우 물납한 본인 및 대통령령으로 정하는 자에게는 수납가액보다 적은 금액으로 처분할 수 없다. 다만, 「자본시

---

95) 이상규(하), 429면 이하.

장과 금융투자업에 관한 법률」 제8조의2 제4항 제1호에 따른 증권시장에서 거래되는 증권을 그 증권시장에서 매각하는 경우에는 그러하지 아니하다($^{제44조의}_{2\ 1항}$)(동 조항은 2018. 3. 13. 신설되었으며, 2019. 3. 14.부터 시행).

### 5) 대    부

일반재산의 대부기간은 그 종류에 따라 조림을 목적으로 하는 토지와 그 정착물은 20년, 대부받은 자의 비용으로 시설을 보수하는 건물(대통령령으로 정하는 경우에 한정한다)은 10년, 그 외의 토지와 그 정착물은 5년, 그 밖의 재산은 1년 이내의 기간으로 한다. 다만 영구시설물을 축조하는 경우에는 10년 이내로 한다($^{제46조}_{1항}$). 대부기간이 끝난 재산에 대하여는 대통령령으로 정하는 경우를 제외하고는 그 대부기간을 초과하지 아니하는 범위에서 종전의 대부계약을 갱신할 수 있다. 다만, 수의계약의 방법으로 대부할 수 있는 경우가 아니면 1회만 갱신할 수 있다($^{제46조}_{2항}$). 이 경우 갱신을 받으려는 자는 대부기간이 끝나기 1개월 전에 중앙관서의 장 등에 신청하여야 한다($^{제46조}_{3항}$). 그 밖에 대부료 및 대부계약의 해제나 해지에 관한 특례가 인정되고 있다($^{제47}_{조}$).

### 6) 매    각

일반재산은 ① 중앙관서의 장이 행정목적으로 사용하기 위하여 그 재산에 대하여 행정재산의 사용 승인이나 관리전환을 신청한 경우, ②「국토의 계획 및 이용에 관한 법률」 등 다른 법률에 따라 그 처분이 제한되는 경우, ③ 장래 행정목적의 필요성 등을 고려하여 처분기준에서 정한 처분제한 대상에 해당하는 경우 또는 ④ ①~③의 규정에 따른 경우 외에 대통령령으로 정하는 바에 따라 국가가 관리할 필요가 있다고 총괄청이나 중앙관서의 장이 지정하는 경우 외에는 매각할 수 있다($^{제48조}_{1항}$). 중앙관서의 장이 소관 특별회계나 기금에 속하는 일반재산 중 대통령령으로 정하는 일반재산을 매각하려는 경우에는 총괄청과 협의하여야 한다($^{제48조}_{2항}$). 그 밖에 매각대금의 납부($^{제50조}_{1항}$), 소유권의 이전($^{제51조}_{1항}$), 매각계약의 해제($^{제52}_{조}$) 등에 관한 특례가 인정되고 있다.

### 7) 교    환

① 국가가 직접 행정재산으로 사용하기 위하여 필요한 경우, ② 소규모 일반재산을 한 곳에 모아 관리함으로써 재산의 효용성을 높이기 위하여 필요한 경우 또는 ③ 일반재산의 가치와 이용도를 높이기 위하여 필요한 경우로서 매각 등 다른 방법으로 해당 재산의 처분이 곤란한 경우에는 일반재산인 토지·건물, 그 밖의 토지의 정착물, 동산과 공유 또는 사유재산인 토지·건물, 그 밖의 토지의 정착물, 동산을 교환할 수 있다($^{제54조}_{1항}$). 교환하는 재산의 종류와 가격 등은 대통령령으로 정하는 바에 따라 제한할 수 있으며($^{제54조}_{2항}$), 교환할 때 쌍방의 가격이 같지 아니하면 그 차액을 금전으로 대납(代納)하여야 한다($^{제54조}_{3항}$). 중앙관서의 장등은 일반재산을 교환하려면 그 내용을 감사원에 보고하여야 한다($^{제54조}_{4항}$).

### 8) 양    여

일반재산은 ① 대통령령으로 정하는 일반재산을 직접 공용이나 공공용으로 사용하려는 지방자치단체에 양여하는 경우, ② 지방자치단체나 대통령령으로 정하는 공공단체가 유지·보존비용을 부담한 공공용재산이 용도폐지됨으로써 일반재산이 되는 경우에 해당 재산을 그 부담한 비용의 범위에서 해당 지방자치단체나 공공단체에 양여하는 경우, ③ 대통령령으로 정하는 행정재산을 용도폐지하는 경우 그 용도에 사용될 대체시설을 제공한 자 또는 그 상속인, 그 밖의 포괄승계인에게 그 부담한 비용의 범위에서 용도폐지된 재산을 양여하는 경우 또는 ④ 국가가 보존·활용할 필요가 없고 대부·매각이나 교환이 곤란하여 대통령령으로 정하는 재산을 양여하는 경우에는 이를 양여할 수 있다($^{제55조}_{1항}$). 대통령령으로 정하는 일반재산을 직접 공용이나 공공용으로 사용하려는 지방자치단체에 양여한 재산이 10년 내에 양여목적과 달리 사용된 때에는 그 양여를 취소할 수 있다($^{제55조}_{2항}$). 중앙관서의 장등은 일반재산을 양여하려면 총괄청과 협의하여야 한다. 다만, 대통령령으로 정하는 행정재산을 용도폐지하는 경우 그 용도에 사용될 대체시설을 제공한 자 또는 그 상속인, 그 밖의 포괄승계인에게 그 부담한 비용의 범위에서 용도폐지된 재산을 양여하는 경우에는 그러하지 아니하다($^{제55조}_{3항}$).

### 9) 개    발

일반재산은 국유재산관리기금의 운용계획에 따라 국유재산관리기금의 재원으로 개발하거나, 같은 법 제58조에 따른 신탁 개발, 같은 법 제59조에 따른 위탁 개발, 같은 법 제59조의2에 따른 민간참여 개발에 따라 개발하여 대부·분양할 수 있다($^{제57조}_{1항}$). 이 경우 개발이란 ㉠ 「건축법」 제2조에 따른 건축, 대수선, 리모델링 등의 행위, ㉡ 「공공주택 특별법」, 「국토의 계획 및 이용에 관한 법률」, 「도시개발법」, 「도시 및 주거환경정비법」, 「산업입지 및 개발에 관한 법률」, 「주택법」, 「택지개발촉진법」 및 그 밖에 대통령령으로 정하는 법률에 따라 토지를 조성하는 행위를 말한다($^{제57조}_{2항}$). 다만 위 ㉡에 따른 개발은 같은 법 제59조에 따라 위탁 개발하는 경우에 한정한다($^{제57조}_{3항}$). 일반재산을 개발하는 경우에는 ㉠ 재정수입의 증대 등 재정관리의 건전성, ㉡ 공공시설의 확보 등 공공의 편익성, ㉢ 주변환경의 개선 등 지역발전의 기여도, ㉣ 위 ㉠부터 ㉢까지의 규정에 따른 사항 외에 국가 행정목적 달성을 위한 필요성을 고려하여야 한다($^{제57조}_{4항}$). 일반재산은 대통령령으로 정하는 바에 따라 부동산신탁을 취급하는 신탁업자에게 신탁하여 개발할 수도 있고(신탁 개발)($^{제58조}_{1항}$), 관리·처분에 관한 사무를 위탁받은 자가 위탁받은 일반재산을 개발할 수도 있다(위탁 개발)($^{제59조}_{1항}$).

### 10) 현물출자

정부는 ㉠ 정부출자기업체를 새로 설립하는 경우, ㉡ 정부출자기업체의 고유목적 사업을 원활히 수행하기 위하여 자본의 확충이 필요한 경우, ㉢ 정부출자기업체의 운영체제와 경영구조의 개편을 위하여 필요한 경우 등에 일반재산을 현물출자할 수 있다($^{제60조}_{1항}$). 현물출자의 절차($^{제61조}_{1항}$), 출자가액의 산정($^{제62}_{조}$), 현물출자에 따른 지분증권의 취득가액($^{제64조}_{1항}$) 등에 관한 특례가 인정되고 있다.

### (4) 변상금의 징수

국유재산의 대부 또는 사용허가 등을 받지 아니하고 국유재산을 점유하거나 이를 사용·수익한 자에 대하여는 대통령령이 정하는 바에 의하여 당해 재산에 대한 사용료나 대부료의 100분의 120에 상당하는 변상금을 징수한다($^{동법}_{제72조}$). 또한 변상금징수는 행정처분인 변상금부과처분에 의해서만 가능할 뿐, 사법상 계약에 의해서는 허용되지 않는다.[96]

---

96) 대판 1989. 11. 24, 89누787.

# 사항색인

## [ ㅊ ]

## [ ㅋ ]

## [ ㅌ ]

## [ ㅍ ]

## [ ㅎ ]

# 판례색인

## [헌법재판소 판례]

**著者略歴**

류지태(1958~2008)
고려대학교 법과대학 졸업(법학사)
고려대학교 대학원 법학과 졸업(법학석사)
독일 Regensburg대학교 법과대학 졸업(법학박사)
충북대학교 법과대학 교수 역임
한국공법학회 선정 학술장려상 수상(1991.6.)
사법시험, 행정고시, 입법고시, 지방고시, 감정평가사,
　변리사, 기술고시 등 시험위원
정보통신윤리위원회 위원 역임
서울시 토지수용위원회 위원 역임
대법원 행정소송법 개정위원회 위원 역임
서울시 인사위원회 위원 역임
고려대학교 법과대학 교수(1995~2008)

[저서]
신법학개론(공저, 법문사)
객관식 행정법연습(신영사)
소련법연구(Ⅵ)(공역, 법무부 법무연수자료 제147집)
주석 지방자치법(공저, 한국사법행정학회)
세법(공저, 법문사)
행정법사례연습(신영사)
환경법(공저, 법원사)
행정법의 이해(법문사) 외 다수

박종수
고려대학교 법과대학 졸업(법학사)
고려대학교 대학원 법학과 졸업(법학석사)
독일 Regensburg대학교 법과대학 졸업(법학박사)
사법시험, 변호사시험, 공인회계사시험, 세무사시험, 행정
　고시, 입법고시, 지방고시 등 각종 시험위원
한국법제연구원 수석연구원, 부연구위원, 연구위원 역임
국세청 본청 및 서울지방국세청 과세전적부심사위원회
　및 국세심사위원회 위원 역임
국무총리 조세심판원 비상임심판관 역임
중앙행정심판위원회 비상임위원 역임
기획재정부 세제발전심의위원회 위원 역임
기획재정부 국세예규심사위원회 위원 역임
방송통신심의위원회 규제심사위원회 위원 역임
방송통신위원회 감사자문위원회 위원 역임
국회 예산정책처 예산분석실 자문위원 역임
국회 사무처 입법지원위원 역임
방위사업청 계약심의회 외부심의위원 역임
현, 사단법인 방송통신법포럼 대표
　　고려대학교 법학전문대학원 교수

[저서]
공법인 과세에 관한 현행법제의 개선방안 연구
　(한국법제연구원)
이전가격 사전합의(APA)에 관한 조세법제 연구
　(한국법제연구원)
유럽연합의 부가가치세법제에 관한 연구(한국법제연구원)
국가재정법의 제정방안 연구(한국법제연구원)
약사법령에 의한 행정처분기준의 개선방안 연구
　(한국법제연구원)
화장품법령에 의한 행정처분기준의 선진모델 개발 연구
　(한국법제연구원)
전파법 해설집(한국전파진흥원)
주석 국세기본법(공저) 외 다수

제18판
**행정법 신론**

초판발행      1995년  1월  15일
제18판발행    2021년  3월  20일

지은이        류지태 · 박종수
펴낸이        안종만 · 안상준

편 집         윤혜경
기획/마케팅    이영조
표지디자인     이미연
제 작         고철민 · 조영환

펴낸곳        (주) **박영사**
             서울특별시 금천구 가산디지털2로 53, 210호(가산동, 한라시그마밸리)
             등록  1959. 3. 11. 제300-1959-1호(倫)

전 화         02)733-6771
f a x         02)736-4818
e-mail        pys@pybook.co.kr
homepage      www.pybook.co.kr
ISBN          979-11-303-3888-0  93360

copyright©류지태 · 박종수, 2021, Printed in Korea

* 파본은 구입하신 곳에서 교환해 드립니다. 본서의 무단복제행위를 금합니다.
* 저자와 협의하여 인지첩부를 생략합니다.

정 가        64,000원